LE NÉANT DANS LA PENSÉE CONTEMPORAINE

Publications du Centre Français d'Iconologie Comparée CFIC

"Nihil est, quod discere velis, quod ille docere non posit."

BÈS EDITIONS

2012

Collection "*Publications du Centre Français d'Iconologie Comparée-CFIC*": No 2
Sous la Direction de: Norbert-Bertrand Barbe

Sélection, élaboration et organisation des textes pour la présente édition:
Norbert-Bertrand Barbe

BÈS EDITIONS

ISBN: 978-2-35424-157-5

- Dans la même Collection, aux mêmes Éditions:

1. *Actes du Ier Colloque International: Lectures de Panofsky aujourd'hui: Limites et portée de la méthode iconologique dans l'analyse de l'art moderne et contemporain*, tenu à Fontenay-le-Comte du 26 au 30 septembre 2003, ISBN: 978-2-84733-042-7, 2004, 112 p.

Divisé en 4 parties (les prémisses, Warburg, les membres de l'Ecole, et lectures de Panofsky aujourd'hui), et à partir des textes de chercheurs français, allemands, québécois et brésiliens, une mise à plat de l'héritage du grand Maître fondateur de l'Histoire de l'Art comme science, et la première valorisation, hors l'Ecole de Warburg, de l'enseignement et l'intérêt profond et certain de Panofsky pour les chercheurs, universitaires, scientifiques et enseignants d'aujourd'hui, afin de donner un sens à l'Histoire de l'Art comme matière fondamentale de l'étude de l'Histoire des Mentalités et de leur évolution, synchronique et diachronique.

SOMMAIRE GENERAL DU VOLUME

*　*

*

INDEX ONOMASTIQUE DES AUTEURS DU VOLUME

PAR ORDRE ALPHABÉTIQUE:

1. Günther Anders, R.E.P. (POLOGNE)
2. Michel Antony (FRANCE)
3. Mariano Artigas, R.E.P. (ESPAGNE)
4. Abhay Ashtekar (INDE)
5. Norbert-Bertrand Barbe (FRANCE)
6. Mindaugas Briedis (LITHUANIE)
7. Jean Charmoille (FRANCE)
8. Rasmus Cleve Christensen (DANEMARK)
9. Óscar Cornago Bernal(ESPAGNE)
10. Marcos Cueva Perus (MEXIQUE)
11. Florin Diacu (ROUMANIE)
12. Taner Edis (ÉTATS-UNIS)
13. Alberto E. Flores Galán (ESPAGNE)
14. Marc Gontard (FRANCE)
15. Miguel Herráez (ESPAGNE)
16. Douglas Kahn (AUSTRALIE)
17. Larry Korn (ÉTATS-UNIS)
18. Yves Ledure (FRANCE)
19. Stefan J. Linz (ALLEMAGNE)
20. María Rosa Lojo (ARGENTINE)
21. Fernando Martín Martín (ESPAGNE)
22. Bill Mollison (AUSTRALIE)
23. Nizar Mouakhar (TUNISIE)
24. Alparslan Nas (TURQUIE)
25. Joseph Nechvatal (ÉTATS-UNIS)
26. Colin Nettelbeck (AUSTRALIE)
27. Patricia Novillo-Corvalán (ARGENTINE)
28. Ray Scott Percival (ÉTATS-UNIS)
29. Andrés Huguet Polo (PÉROU)
30. Yann Porte (FRANCE)
31. Sylvain Reboul (FRANCE)
32. Gabriel Restrepo (COLOMBIE)
33. Octavian Saiu (ROUMANIE)
34. Brahiman Saganogo (CÔTE D'IVOIRE)
35. Werner Schüßler (ALLEMAGNE)
36. Shirley de Souza Gomes Carreira (BRÉSIL)
37. Julien Clint Sprott (ÉTATS-UNIS)
38. Francisco Torres Monreal (ESPAGNE)
39. Gwendolyn Toynton (AUSTRALIE)
40. Adolfo Vásquez Rocca (CHILI)
41. Rosanna Vitale (CANADA)
42. Mikhail Vizel (RUSSIE)

PAR PAYS:

1. ALLEMAGNE
    Stefan J. Linz
    Werner Schüßler

2. ARGENTINE
    María Rosa Lojo
    Patricia Novillo-Corvalán

3. AUSTRALIE
    Douglas Kahn
    Colin Nettelbeck
    Gwendolyn Toynton
    Bill Mollison

4. BRÉSIL
    Shirley de Souza Gomes Carreira

5. CANADA
    Rosanna Vitale

6. CHILI
    Adolfo Vásquez Rocca

7. COLOMBIE
    Gabriel Restrepo

8. CÔTE D'IVOIRE
    Brahiman Saganogo

9. ESPAGNE
    Mariano Artigas, R.E.P.
    Óscar Cornago Bernal
    Alberto E. Flores Galán
    Miguel Herráez
    Fernando Martín Martín
    Francisco Torres Monreal

10. DANEMARK
    Rasmus Cleve Christensen

11. ÉTATS-UNIS
    Taner Edis
    Larry Korn
    Joseph Nechvatal
    Ray Scott Percival
    Julien Clint Sprott

**PAR ORGANISATION THÉMATIQUE
(SELON L'ORDRE D'APPARITION DE LEURS ARTICLES DANS LE VOLUME):**

INTRODUCTIONS GÉNÉRALES
Norbert-Bertrand Barbe (FRANCE)

1. PHILOSOPHIE
Gwendolyn Toynton (AUSTRALIE)
Yves Ledure (FRANCE)
Werner Schüßler (ALLEMAGNE)
Mindaugas Briedis (LITHUANIE)
Yann Porte (FRANCE)

2. ÉPISTÉMOLOGIE
Günther Anders, R.E.P. (POLOGNE)
Mariano Artigas, R.E.P. (ESPAGNE)
Ray Scott Percival (ÉTATS-UNIS)
Norbert-Bertrand Barbe (FRANCE)

3. POLITIQUE
Michel Antony (FRANCE)

4. THÉOLOGIE
Sylvain Reboul (FRANCE)

5. SOCIOLOGIE
Gabriel Restrepo (COLOMBIE)

6. PSYCHOLOGIE
Jean Charmoille (FRANCE)

7. LITTÉRATURE
Francisco Torres Monreal (ESPAGNE)
Miguel Herráez (ESPAGNE)
Norbert-Bertrand Barbe (FRANCE)
Octavian Saiu (ROUMANIE)
Alparslan Nas (TURQUIE)
Patricia Novillo-Corvalán (ARGENTINE)
Shirley de Souza Gomes Carreira (BRÉSIL)
Mikhail Vizel (RUSSIE)
Brahiman Saganogo (CÔTE D'IVOIRE)

8. ARTS
Marc Gontard (FRANCE)
Alberto E. Flores Galán (ESPAGNE)
Nizar Mouakhar (TUNISIE)
Norbert-Bertrand Barbe (FRANCE)
Joseph Nechvatal (ÉTATS-UNIS)
Fernando Martín Martín (ESPAGNE)

9. ARCHITECTURE
    Norbert-Bertrand Barbe (FRANCE)
    Adolfo Vásquez Rocca (CHILI)

10. MUSIQUE,
    Rasmus Cleve Christensen (DANEMARK)
    Douglas Kahn (AUSTRALIE)

11. THÉÂTRE
    Rosanna Vitale (CANADA)
    Octavian Saiu (ROUMANIE)
    Alparslan Nas (TURQUIE)
    Óscar Cornago Bernal (ESPAGNE)

12. CINÉMA
    Colin Nettelbeck (AUSTRALIE)

13. ASTRONOMIE
    Abhay Ashtekar (INDE)
    Taner Edis (ÉTATS-UNIS)
    Florin Diacu (ROUMANIE)
    Stefan J. Linz (ALLEMAGNE)
    Julien Clint Sprott (ÉTATS-UNIS)

14. AGRICULTURE
    Larry Korn (ÉTATS-UNIS)

15. DISCOURS ÉMERGENTS ET CONTRE-DISCOURS
    Marcos Cueva Perus (MEXIQUE)
    María Rosa Lojo (ARGENTINE)
    Andrés Huguet Polo (PÉROU)

SOMMAIRE ANALYTIQUE DU VOLUME, BIOGRAPHIQUE DES AUTEURS
ET BIBLIOGRAPHIQUE DES ARTICLES

INTRODUCTIONS GÉNÉRALES

Norbert-Bertrand Barbe (FRANCE), *Introduction au Volume*

Biographie de l'Auteur:
Historien d'art, sémiologue, philosophe, artiste plastique et poète français, est né en 1968. En janvier 2009, un hommage lui est rendu par le Centro Nicaragüense de Escritores pour l'ensemble de son œuvre. Le travail de Norbert-Bertrand Barbe touche des champs aussi divers que les arts plastiques, le cinéma, la poésie, le roman et la nouvelle, ainsi que l'histoire de l'art, l'analyse littéraire, philosophique, filmique, mythologique ou publicitaire.
(http://fr.wikipedia.org/wiki/Norbert-Bertrand_Barbe)

Résumé de l'article:
Origines de l'Anthologie.
Explication du thème, de son importance, ses valeurs et modalités, dans l'époque et en général.
Remerciement aux Auteurs.

Norbert-Bertrand Barbe (FRANCE), *Introducción a la Nada*
Ce texte a été publié originellement dans la section "*Cultura Logia*" du supplément culturel *Nuevo Amanecer Cultural* du journal *El Nuevo Diario*, 20 août 2005, p. 10.

Résumé de l'article:
Comme l'indique son titre, le présent article est une introduction au concept de Rien, dans une double perspective: premièrement historiographique, depuis Parménide jusqu'à l'époque contemporaine, en un nécessairement rapide survol; deuxièmement dans la tentative de compréhension des raisons de sa prise d'importance à l'époque contemporaine, depuis la question de la mort de Dieu jusqu'aux phénomènes sociaux que cette absence nouvelle provoque (suicide, absence d'autorité supérieure absolue, par conséquent apparition d'une négation de la "*chose politique*" traditionnelle) qui se répand de la théologie et la philosophie (Goethe, Byron, Schopenhauer, Kierkergaard, Nietzsche, Heidegger, Sartre) à la politique (anarchismes, nihilisme), pour entrer dans le monde de l'art (la "*tabula rasa*" des avant-gardes, les "*ready mades*") et la littérature (théâtre de l'absurde, avec antécédents chez Jarry, Oulipo, Nouveau Roman et déconstruction de l'évolution narrative du récit), en passant par la science et l'épistémologie (théorie de la relativité et impossibilité de savoir, preuves par négation de Karl Popper ou "*degré zéro*" de Roland Barthes), selon un processus connu: les idées vont de l'élite au peuple, alors que la langue va du peuple vers l'élite.

I. PHILOSOPHIE

Gwendolyn Toynton (AUSTRALIE), *Dyadic Approaches to the Divine: Kierkegaard, Nietzsche, Religion and Gender in a Post-Modern World*

Biographie de l'Auteur:
Gwendolyn Toynton is the director of Primordial Traditions, a company which publishes books on religion, philosophy and culture. She is also the former editor of *Primordial Traditions Journal*, which ran from 2005-2010. In 2009 she won the Ashton Wylie Award for Literary Excellence for her publication '*Primordial Traditions Compilation 2009*' which featured a collection of the best works from the publication of the same name. Gwendolyn also has a poem published in the New Zealand Collection of Poetry and Prose 2009' and occasionally writes articles for New Dawn Magazine. She is currently editing a new book 'Northern Traditions' on the indigenous Traditions of Northern Europe.

Résumé de l'article:
The problem of how to integrate religious belief in the modern era is one of primacy to culture, for we need to understand how to incorporate religions and spiritual traditions into contemporary society. The role religion plays in our day to day lives has changed significantly over a relatively short time span, and to understand its changing role in Post-Modernism, we need to apply a new philosophy of religion. To achieve this we need to consider binary polarities in philosophy (modernism/post-modernism, male/female, sex/gender, religion/spirituality). To do this we will focus on the philosophies of Kant, Kierkegaard, Schopenhauer and Nietzsche. This will provide us with a set of corresponding dualities with which to build a basis of understanding for the current shift in the religious/spiritual paradigm.

Yves Ledure (FRANCE), *Mort de Dieu et volonté de puissance*

Ce texte a été publié originellement dans la revue *Le Portique - Revue de philosophie et de sciences humaines, Archives des Cahiers de la recherche*, Université de Metz, ERASE - Equipe de Recherche en Anthropologie et Sociologie de l'Expertise (Laboratoire lorrain de sciences sociales 2L2S), 8, 2001

Biographie de l'Auteur:
Prêtre du Sacré-Coeur, spécialiste de Nietzsche et de Léon Dehon. Une brève bibliographie:
Nietzsche et la religion de l'incroyance, Desclée de Brouwer, Paris, 1973
Si Dieu s'efface. La corporéité comme lieu d'une affirmation de Dieu, Desclée de Brouwer, Paris, 1975
Conscience religieuse et pouvoir politique, Le Centurion, Paris, 1979
Comme un soleil ardent. Mort et résurrection, Mame, Paris, 1981
Lectures "chrétiennes" de Nietzsche. Maurras, Papini, Scheler, de Lubac, Marcel, Mounier, Les Editions du Cerf, Paris, 1984
Dieu, hier et aujourd'hui, Mame, Paris, 1989
Transcendances. Essai sur Dieu et le corps, Desclée d Brouwer, Paris, 1989
Petite vie de Léon Dehon, Desclée de Brouwer, Paris, 1993
La détermination de soi. Anthropologie et religion, Desclée de Brouwer, Paris, 1997
Le Code du Royaume. Léon Dehon et la spiritualité du Coeur de Jésus, Heimat und Mission, Clairefontaine, 2001
Le christianisme en refondation, Desclée de Brouwer, Paris, 2002
Prier 15 jours avec Léon Dehon, fondateur des Prêtres du Sacré-Coeur, Nouvelle Cité, Mountrouge, 2003
Le Père Léon Dehon 1843-1925. Entre mystique et catholicisme social, Les Editions du Cerf, Paris, 2005
Et sous sa direction:
Rerum Novarum en France. Le P. Dehon et l'engagement social de l'Eglise, Editions universitaires, Paris, 1991
Léon Dehon. Dynamique d'une fondation religieuse, Heimat und Mission, Clairefontaine, 1996
Catholicisme social et question juive. le cas Léon Dehon (1843-1925), Desclée de Brouwer/Lethielleux, Paris, 2009

Résumé de l'article:
Plutôt que de voir dans le thème de la mort de Dieu une étape de l'athéisme contemporain, on l'analyse ici comme une rupture épistémologique qui déconstruit le système sémantique métaphysique. À la catégorie de l'Être, suprême vecteur de toute signification, Nietzsche substitue la notion ambiguë de vie. La réflexion se propose d'évaluer cette substitution.

Werner Schüßler (ALLEMAGNE), *Penser Dieu après Nietzsche à l'exemple de Karl Jaspers et Paul Tillich*
Ce texte a été publié originellement dans la revue *Le Portique - Revue de philosophie et de sciences humaines, Archives des Cahiers de la recherche*, Université de Metz, ERASE - Equipe de Recherche en Anthropologie et Sociologie de l'Expertise (Laboratoire lorrain de sciences sociales 2L2S), 8, 2001

Biographie de l'Auteur:
Docteur en Philosophie et Théologie, né en 1955. Titulaire de la Chaire de Philosophie II à la Faculté de Théologie de Trèves. Ses champs d'investigation privilégiés sont: Philosophie de la Religion, Anthropologie philosophique, Métaphysique, Théologie naturelle, théorie de la connaissance, histoire del a Philosophie (moderne et contemporaine) et Théologie systématique.

Résumé de l'article:
Il ne fait pas de doute que l'affirmation de Nietzsche concerne, d'abord, le Dieu de la religion. Mais nous pouvons aussi transposer l'expression au niveau philosophique de l'idée de Dieu. On peut approfondir cette double interprétation à la lumière du concept de «foi philosophique» développé par K. Jaspers et du concept d'«inconditionnel» proposé par P. Tillich. Aussi ces deux interprétations philosophiques et théologiques peuvent-elles éclairer *a contrario* la conception nietzschéenne de la mort de Dieu.

Mindaugas Briedis (LITHUANIE), *Phenomenology of "freedom" and "responsibility" in Sartre's existentialist ethics*
Ce texte a été publié originellement dans la revue *Santalka. Filosofija*, 2009, t. 17, nr. 3. ISSN: 1822-430X, pp. 71-82, sous le titre: **"Laisvès ir atsakomybès fenomenologija Sartro egzistencialistinėje etikoje".**

Biographie de l'Auteur:
Has a PhD degree in philosophy.
Associate Professor at the Department of Philosophy and Political Theory (Institute of Humanities), Vilnius Gediminas Technical University (2005 – 2008).
Managing editor if scientific journal "Santalka" (Philosophy/Philology, Vilnius Gediminas Technical University)
The area of research: philosophy of religion, phenomenology, philosophical ethics, religion and culture, the history of ideas.
Awards:
2008 Awarded by *Lithuanian Academy of Sciences* (category "young scholar") in the field of Social Sciences for the cycle of works under the topic: "The influence of the interaction between religion and culture on the identity problem concerning Lithuania's reintegration into European culture".
2009 *Lithuanian Ministry of Culture* assigned the financial support for publishing the book of poetry "Ice for Priapus".
Reasant publications:
Democracy: Auto-nomos or Theo-nomos („Problemos"), *Logos and Theos: Ontological Mind and Revelation* („Logos"), *Cognitive Psychology and Moral Philosphy: On The Implied Parallelism between Cognitive and Moral Development* („Problemos"), *Theological Hermeneutics: Interpreting „The Lost Garden of Immediacy"* („Santalka"), *Poiesis: From The Aesthetics of „Bodily Thinking" to the Techniques of „Contemplative Praxis*(„Filosofija/Sociologija"), *On The Origin of*

Ethics: Is Ethics Dependent o Religion? („Santalka"), *About Body, Tool, Communality and Responsibility*(„Žmogus ir žodis"), *The Cure for Civiliter Mortuus: Compelementary Values of Phenomenology and Democracy* („Santalka").

Résumé de l'article:
Today it is rather popular to talk about *nothingness* as something constructive (positively charged vacuum and etc.). Existentialism, nihilism, deconstruction and other branches of continental thought, as well as analytical ones and even the instants of natural science, e.g. quantum mechanics stressed the importance of this concept concerning the structures of givenness (matter) and constitution (meaning), but simultaneously forgot the phenomenological roots of all this enterprise (and eventually some important directions of investigation). It is precisely in phenomenology of Jean Paul Sartre that nothingness comes in to view ass the transcendental condition of the constitution of sense giving structures, presupposing psychological ego, other intellectual enterprises. Hence Sartre's phenomenology appears to be a highly original point where epistemology, ontology, radical ethics and everyday world trajectories intersects.
Freedom and responsibility in one way or another were discussed by all exorcists of nonperspective thinking, i.e., existentialists. However, the phenomenological roots of existentialist ethics still did not receive proper academic attention. In this article I explore J. P. Sartre's conception of freedom and responsibility uncovering how phenomenological insights can be subordinated and sometimes guide intentions of existentialism. On the other hand, Sartre's view delivers perfect opportunity to analyse conflation of phenomenological ontology and existentialist ethics. Although Sartre interprets key notions of Husserl and Heidegger primarily in phenomenological manner, the analysis leads away from classical phenomenology and opens up a new outlook at classical ethical dilemmas. Thirdly, the lack of clear ethical claims in phenomenology could be reduced by showing that the ethical potential of phenomenology was partly actualized in existentialism. Besides these primary goals the article opens up a possibility to critically compare the conception of Sartre's phenomenological-existentialist ethics with other ethical and ontological perspectives, i.e., stoicism, Christianity, psychoanalysis, Marxism, Kant and etc.

Yann Porte (FRANCE), *Cioran et la filiation nietzschéenne*
Ce texte a été publié originellement dans la revue *Le Portique - Revue de philosophie et de sciences humaines,* **Archives des Cahiers de la recherche, Université de Metz, ERASE - Equipe de Recherche en Anthropologie et Sociologie de l'Expertise (Laboratoire lorrain de sciences sociales 2L2S),** *Cahier2,* **2004**

Biographie de l'Auteur:
Yann Porte est doctorant. Il mène sa thèse de philosophie sous la direction de Jean-Paul Resweber à l'université de Metz. Cette dernière porte sur l'écriture fragmentaire cioranienne conçue comme un dépassement ambivalent et paradoxal du nihilisme. Le jeu des écarts et des correspondances entre les pensées de Nietzsche et de Cioran ne cesse de le requérir.

Résumé de l'article:
D'origine roumaine mais résidant à Paris de 1937 à sa mort en 1995, Cioran a écrit des livres jugés pessimistes tels que *De l'inconvénient d'être né* ou *Aveux et anathêmes.* Comme Nietzsche, Cioran dépasse son nihilisme initial par la pratique de l'écriture fragmentaire mais d'une manière encore plus paradoxale. Pourquoi argumenter et démontrer quand il s'agit de ressentir l'inexprimable. Les aphorismes sont une volonté d'atteindre une pensée quintessenciée.

Yann Porte (FRANCE), *Dieu comme Etre du néant au sein du néant de l'Etre chez Cioran*
Ce texte a été publié originellement dans la revue *Le Portique - Revue de philosophie et de sciences humaines,* **Archives des Cahiers de la recherche, Université de Metz, ERASE - Equipe de Recherche en Anthropologie et Sociologie de l'Expertise (Laboratoire lorrain de sciences sociales 2L2S), 2, 2006**

Résumé de l'article:
L'itinéraire mystique de Cioran, constamment refoulé dans un scepticisme gnostique, offre un exemple d'autodépassement du nihisme, autant dans une perspective axiologique que ontologique et ce, *via* une catharsis stylistique radicale.

Yann Porte (FRANCE), *La catharsis cioranienne: négativité et thérapeutique fragmentaire*
Ce texte a été publié originellement dans la revue *Le Portique - Revue de philosophie et de sciences humaines,* **Archives des Cahiers de la recherche, Université de Metz, ERASE - Equipe de Recherche en Anthropologie et Sociologie de l'Expertise (Laboratoire lorrain de sciences sociales 2L2S),** *Cahier3,* **2005**

Résumé de l'article:
La catharsis cioranienne: Cioran émet en apparence l'une des pensées les plus radicalement pessimistes de la modernité. C'est sans compter sur le pouvoir cathartique se son écriture où la vigueur du style contredit le message délivré et le conjure en une thérapeutique fragmentaire.

II. ÉPISTÉMOLOGIE

Günther Anders, R.E.P. (POLOGNE), *Une interprétation de l'a posteriori*
Ce texte a été publié originellement par Günther Anders sous son véritable nom, Günther Stern, dans la revue *Recherches philosophiques,* **Chez Boivin & Cie, Editeurs, Volume IV, 1934, pp. 65 à 80. La traduction française est d'Emmanuel Lévinas. Il s.'agissait, comme l.'indiquait l.'éditeur français, de la** *"première moitié d'une conférence faite dans la «Kantgesellschaft», Francfort-sur-Main, en 1930"*

Biographie de l'Auteur:
Günther Anders est né le 12 juillet 1902 à Breslau, actuellement Wrocław, en Pologne. Il est le deuxième enfant des psychologues William et Clara Stern. De 1929 à 1937, il a été marié à Hannah Arendt.

Günther Anders a régulièrement récusé la désignation de philosophe. Anders s'intéresse aux défis techniques et éthiques contemporains. Son sujet principal est la destruction de l'humanité. Il est le fondateur et une personnalité importante du mouvement antinucléaire, un critique de la technologie déterminé, un philosophe des média et un «semeur de panique»1.

Anders a reçu de nombreux prix, dont le prix de la critique allemande (1967), le prix de littérature de l'Académie bavaroise des beaux-arts (Bayerische Akademie der Schönen Künste) (1978), le prix de l'État autrichien pour la publication culturelle (1979), le prix de la ville de Vienne (1980), et le prix Theodor W. Adorno de la ville de Francfort (1983).

Il est mort le 17 décembre 1992 à Vienne.

(http://fr.wikipedia.org/wiki/G%C3%BCnther_Anders#Articles)

Résumé de l'article:

Nous voulons partir de la situation spécifique de l.'homme dans le monde pour comprendre le fait qu.'il peut y avoir en général *expérience* pour lui. L.'expérience est l.'indice de cette situation spécifique ainsi que de l.'intimité entre l.'homme et le monde, dans la mesure même où elle exprime la communication entre eux.

Elle est, d.'après Kant, une connaissance *a posteriori*, ce qui, du point de vue anthropologique, veut dire une connaissance *après coup:* l.'homme est installé dans le monde de manière à l.'atteindre après coup. Il «vient au monde»; c.'est qu.'initialement il en est exclu. Il n.'y est pas intégré et équilibré, il n.'est pas taillé pour le monde. Aussi ne peut-il pas en avoir d.'avance une notion matérielle. Il doit rattraper le monde qui, d.'ores et déjà, a une avance sur lui.

Nous allons d.'abord éclairer cette postériorité du monde, cette insuffisance d.'intégration et cette extranéité de l.'homme au monde en confrontant l.'existence humaine avec l.'existence animale, que nous n.'allons, d.'ailleurs, déterminer que *grosso modo* et rapidement.

Mariano Artigas (ESPAGNE), R.E.P., *The ethical roots of Karl Popper's epistemology*
Ce texte, originellement écrit pour le Summer Thomistic Seminar held de l'University of Notre Dame (Indiana), des 19-27 Juillet 1997 (comme le rappelle l'auteur lui-même dans la première note de son article), a été publié pour la première fois dans *Acta Philosophica: rivista internazionale di filosofia,* **ISSN: 1121-2179, Vol. 7, N° 2, 1998 , pags. 197-235.**

Biographie de l'Auteur:

sacerdote y filósofo de la ciencia (Zaragoza, 15 de diciembre de 1938 - Pamplona, 23 de diciembre de 2006).

Por su competencia tanto en ciencia experimental como en filosofía y teología, tenía especial aptitud e interés hacia las "cuestiones fronterizas" --como él decía-- especializándose en la conciliación entre razón y fe, que trató en libros, artículos y conferencias.

Nació en Zaragoza en 1938. Se doctoró en filosofía por la Universidad Pontificia Lateranense de Roma en 1963 y en la Universidad de Barcelona en 1978. Era también doctor en Física por la Universidad de Barcelona desde 1969. Miembro del Opus Dei, fue ordenado sacerdote en 1964. Fue profesor de la Universidad de Navarra, donde enseñaba Filosofía de la Naturaleza y de las Ciencias, y promovió --junto con algunos colegas-- el Grupo de Investigación sobre Ciencia, Razón y Fe. Tenía otros numerosos títulos y distinciones.

En muchos de sus escritos se empeñó en mostrar que el conocimiento científico y el propio de la fe no se contradicen y guardan entre ellos una armonía fundamental. Subrayaba que el diálogo entre ambos se da en un terreno que bastantes autores contemporáneos desconocen: el de la filosofía, el saber humano que está orientado a la averiguación de las «cuestiones últimas». La ciencia experimental, decía, no puede probar ni refutar a Dios; concluyendo, que suministra a la reflexión filosófica datos que pueden conducir a conclusiones racionales congruentes con los que, por su lado, la fe propone.

Así, sus estudios le llevaron a sostener que la moderna cosmovisión científica aporta poderosos apoyos al teísmo: tesis que defendió en sus libros, especialmente en La mente del universo.

Entre sus otras obras de filosofía de la ciencia destacan Filosofía de la ciencia experimental, El desafío de la racionalidad, La inteligibilidad de la naturaleza, Lógica y ética en Karl Popper, Galileo en Roma (con William R. Shea).

Escribió también libros divulgativos como Las fronteras del evolucionismo, Ciencia, razón y fe, El hombre a la luz de la ciencia.

Résumé de l'article:

Popper's philosophy is usually interpreted as a fallibilist epistemology that, when applied to the social theory, serves as the foundation of the open society. It is argued here that the reverse is also true, namely that Popper's theory of knowledge has some ethical roots whose analysis provides us with a better understanding of Popper's thought.

Ray Scott Percival (ÉTATS-UNIS), *The necessity of exosomatic knowledge for civilization and a revision to our epistemology*

Biographie de l'Auteur:

Obtained a degree in Psychology at The University of Bolton, England, a Masters in Philosophy at The University of Warwick, and a PhD in Philosophy at The London School of Economics. He is the founder and editor of The Karl Popper Web (1995) and he was the organizer of the Annual Conference on the Philosophy of Sir Karl Popper (1988 to 1998), both sponsored by the L.S.E and The Open Society Institute, New York. Taught philosophy of science at the University of Lancaster and, since 2004, has taught at the United Arab Emirates University, specializing in the philosophy of mind and the philosophy of science. Since 1994, has also published many articles and reviews for Nature, The New Scientist, Science Spectrum and The Times Higher Educational Supplement. His forthcoming book is The Myth of the Closed Mind. His YouTube channel is the NaiveRealist.

Résumé de l'article:

The traditional conception of knowledge is justified, true belief. This located knowledge within the person's mind. I argue that due to the explosive growth of what I like to call "exosomatic knowledge," knowledge outside the mind, the traditional conception has outlived its relevance. On the other hand, Karl Popper's (1934) Falsificationism, with its emphasis on the objective character of knowledge, is not only a sounder, but also a more appropriate theory of knowledge for understanding the nature and growth of civilization. I first argue that Popper's methodology is quite suited to the view that knowledge is an objective autonomous product and then briefly expound his theory of world 3, an ontology that neatly wraps up various considerations. World 3 is the domain of abstract products of the human mind that now have a life of their own: theories, arguments, problems, plans, etc. The great bulk of our knowledge and thus our civilization itself is a world 3 product, irreversibly alienated from our psychology.

Norbert-Bertrand Barbe (FRANCE), *Analyse textuelle de la théorie de l'art chez Barthes - Réponses et questionnements*
Ce texte a été publié originellement dans l'ouvrage *Origines littéraires de la pensée contemporaine XIXème-XXème siècles*, 2002, pp. 138-142

Résumé de l'article:
Comment le discours barthésien, ainsi que pré et post-barthésien, et en général le discours sur l'art part d'une prémisse qui, chez Barthes précisément, correspond au "*degré zéro*" de l'art comme matériel non littéraire, et par conséquent non intellectuel. Causes et conséquences d'une telle proposition. Contradictions internes et erreurs évidents.

III. POLITIQUE

Michel Antony (FRANCE), *Quelques réflexions sur les anarchismes...*
Biographie de l'Auteur:
(Né en 1950) est un militant politique, associatif et syndicaliste depuis le milieu des années 1960. Favorable au pluralisme, à l'autogestion et au fédéralisme, il milite toujours dans des structures ouvertes, et préside actuellement la Coordination Nationale des Comités de Défense des Hôpitaux et Maternités de Proximité. Historien, il s'est consacré aux études sur le mouvement ouvrier, plus particulièrement sur les mouvements libertaires et autogestionnaires. Il s'est spécialisé dans l'analyse des utopies, notamment libertaires, et après un DEA, il a décidé d'ouvrir un site contenant toutes ses recherches pour communiquer librement avec militants, chercheurs et simples curieux.

Résumé de l'article:
Anarchie, anarchisme, acratie, mouvement libertaire, anti-autoritaire, anti-étatiste... recouvrent une nébuleuse plurielle et évolutive. On devrait plutôt parler "des anarchismes" en utilisant le pluriel systématiquement.
Sur le plan chronologique, si les idées anarchistes ou libertaires sont de tous les temps et de tous les espaces géographiques, la notion se précise réellement dans l'aire européenne avec les penseurs du début du XIX° siècle (GODWIN, PROUDHON, DEJACQUE,STIRNER...).
Historiquement le mouvement se structure au moment de la Commune de Paris et peu après, donc dans la décennie des années 1870. Il n'en garde pas moins une extraordinaire diversité, qui va se renforcer au cours du XX° siècle, d'autant plus que depuis les années 1960 une bonne partie d'idées libertaires sont entrées dans la pensée ou la pratique de nombreux mouvements qui ne s'estiment pas anarchistes pour autant: autogestionnaires et mouvements d'auto-production, écologistes sociaux, altermondialistes fédéralistes et antiautoritaires, féministes libertaires, squatteurs, pédagogues antiautoritaires et alternatifs, milieux de vie autonomes, TAZ - Zones temporaires autonomes, poststructuralisme... Il est dur de s'y retrouver, mais les points communs sont patents: autonomie, antiautoritarisme dans la sphère privée comme dans la sphère publique, autogestion intégrale, fédéralisme ou structure réticulaire horizontale, respect des individus et de tous les êtres peuplant la planète, respect de l'environnement...

IV. THÉOLOGIE

Sylvain Reboul (FRANCE), *La foi a-t-elle besoin de preuve? Critique de la déraison théologique*

Biographie de l'Auteur:
A été professeur de philosophie titulaire de 1967 à 2003 dans plusieurs lycées. Il est intervenu à l'Université d'Angers pendant plus de 10 ans dans le cadre de la formation d'ingénieurs qualiticiens (ISTIA),ainsi qu'au lycée Bergson d'Angers , dans la préparation des candidats aux oraux des concours aux écoles supérieures de commerce. Il a dirigé la publication et a été coauteur de deux ouvrages intitulés: «Regards sur Bergson» qui ont été primés par l'Académie Française en 1993.
Il est maintenant à la retraite de l'enseignement, mais pas de la philosophie qu'il continue de pratiquer sur son site «Le rasoir philosophique», Plusieurs conférences de lui ont été publiées en France et en Belgique sur les thèmes: «Croyance et Vérité» et «Capitalisme comme économie du désir». Il est co-animateur de la Société Angevine de Philosophie fondée en 1993 par Monsieur Lucien Guirlinger, philosophe.

Résumé de l'article:
Le croyant croit que Dieu existe parce qu'il vit sa présence au plus profond de sa subjectivité. En cela il n'a pas besoin de preuve rationnelle pour affirmer l'existence de Dieu, non seulement dans son esprit, ou son imagination,mais hors de son esprit, dans une réalité supérieure et extérieure (transcendante) au monde naturel et humain.
Il croit pouvoir affirmer que Dieu, en tant qu'être surnaturel disposant d'un pouvoir absolu, au moins moral, sur les humains, existe objectivement pour tous les hommes croyants ou non. Mais il a besoin pour cela de convaincre les autres de la vérité universelle de sa foi, ne serait-ce que pour se convaincre lui-même, face aux incroyants et autres mécréants
Ainsi, toute la tradition théologique chrétienne, travaillée par la philosophie antique et son exigence de rationalité critique ouverte, n'a eu de cesse de tenter de prouver que Dieu existe aussi en raison, c'est à dire, non seulement dans le cœur ou l'imagination des croyants, mais, comme une réalité fondamentale démontrable, transcendant et expliquant rationnellement le monde, plus réelle encore que le monde lui-même .
L'auteur de cet essai montre en quoi cette tentation de prouver rationnellement l'existence réelle de Dieu pour en faire une vérité objective universelle a rationnellement échoué. Cet échec et cette ambition déçue ont, du même coup, généré un doute radical concernant la valeur de vérité de la foi et de son contenu et a permis la possibilité de l'athéisme philosophique ainsi que celle de la laïcité comme agnosticisme politique.

La raison philosophico-théologique, par un renversement dialectique implacable, serait ainsi l'origine intellectuelle, dans la culture occidentale, au pire de la mise en cause radicale, au mieux de la dissipation du caractère sacré de la vérité de la foi, au profit de la vérité scientifique et de l'agnosticisme politique.

V. SOCIOLOGIE

Gabriel Restrepo (COLOMBIE), *El suicidio visto a la luz de una teoría dramática de la sociedad*

Biographie de l'Auteur:
Nacido en Bogotá, Colombia, 1946, es escritor y sociólogo, con más de 40 años de ejercicio de la docencia y la investigación en temas de cultura, socialización y formación del sujeto. Fue Director del Departamento de Sociología de la Universidad Nacional, fundador de la Revista Colombiana de Sociología, Presidente de la Asociación Colombiana de Sociología. Cuenta con 30 libros y más de cien ensayos en torno a los temas mencionados, además de cinco libros de poemas y una novela.

Résumé de l'article:
Para Durkheim, las proporciones de suicidios de la sociedad de su tiempo eran patológicas, en el sentido de sobrepasar el umbral que es presumible como hecho inevitable de cualquier sociedad. En el fenómeno condensaba un grave problema moral: ausencia de solidaridad y de afecto que vinculara a los sujetos a la sociedad. Proponía como remedio la constitución de cuerpos intermedios entre el Estado y el individuo: corporaciones o asociaciones civiles y profesionales. Hoy, a poco más de un siglo y en una sociedad globalizada, el problema es mayor, no sólo porque hay un millón de personas suicidas por año, casi la mitad de las muertes violentas, sino por el dramatismo del fenómeno. En este ensayo se argumenta la importancia de considerar de nuevo el problema del afecto y de la solidaridad, enmarcándolo en una teoría dramática que, al poner el acento en las pasiones y en el afecto, y al criticar a fondo el egoísmo moral del mundo occidental proponga una visión más comprensiva y terapéutica del asunto.

VI. PSYCHOLOGIE

Jean Charmoille (FRANCE), *L'intime*
Ce texte, originellement publié sur le site de l'auteur: http://www.sonecrit.com/texte/html/fr/intime.php, est l'élaboration d'une première approche, intitulée "*Heimlich-unheimlich*", exposée au colloque de Besançon sur "*La dialectique secrète de l'inconscient freudien*" les 10 et 11 novembre 2001.

Biographie de l'Auteur:
Se définit comme psychiatre, psychanalyste et ténor lyrico-spinto
Formation universitaire
Psychologue (1964), docteur en médecine (1973), psychiatre (1975), pédopsychiatre (1985)
Trajectoire psychanalytique et artistique
Psychanalyse personnelle, membre du comite de rédaction de la revue *Apertura* (1987), président de la Convention Psychanalytique (1995), cofondateur du mouvement Insistance (2002).
Sa psychanalyse lui fait toucher du doigt le possible de cette trace écrite par l'expérience psychanalytique et qui n'est pas si facilement supportée, chaque psychanalyste ayant à trouver quelque chose pour qu'il y ait de l'analyste dans sa praxis.
L'originalité de sa trajectoire passe par la rencontre des effets de sa psychanalyse et de l'inouï du silence tenant la note du cri de Don Juan. De là à supposer que c'était ça l'entrée en jeu de l'énigme qui noue l'expérience psychanalytique et l'expérience artistique, il n'y a qu'un pas. Ce sera celui de sa recherche qui se donne durant son séminaire, ses conférences en Europe et en Amérique.
Le nouage de sa pratique et de son expérience de chanteur lyrique amateur le conduit à interroger les limites de la «substance pensante» et de la «substance étendue», toutes deux dans la perspective cartésienne, et surtout ce qui les précède de façon inouïe et invisible, la «substance jouissante» (Lacan).
Le langage, la langue maternelle, la métaphore paternelle sont interpellés au coeur de l'équivalence du son et du sens, qui se dit avec Freud à partir de l'inconscient comme étant au principe du mot d'esprit et qui rend possible la rencontre contingente du sexuel et de la parole avec Lacan.
Son élaboration ne se limite pas aux connaisseurs.
C'est pourquoi, en 2006, le rideau se lève sur SONECRIT, site de recherche où il met en scène le dire habituellement oublié par le dit: vidéos, audios, écrits.
«Regarder écouter lire» titre Claude Lévi-Strauss (1993)

Résumé de l'article:
Nous sommes redevables à Freud et à Lacan de nous avoir transmis l'importance du réel de l'expérience. Nous avons, à notre tour, à prendre en compte cette mise. Cela ne va pas de soi: insaisissable, il ne peut être mis à une place et si nous pensons, selon la logique moïque, que nous pouvons le déplacer, nous oublions que c'est lui qui nous déplace. Dès lors, qu'est-ce qui fait qu'un analyste accepte de ne pas s'en décharger? Qu'implique de s'en charger?
Je suis redevable, quant à moi, à Alain Didier-Weill puisque j'en ai aussi trouvé la trace d'abord dans ses écrits et ensuite dans nos échanges fréquents depuis le congrès de la revue Apertura sur "le Witz et l'interprétation" en avril 1989 à Strasbourg.
Je vais essayer, à mon tour, de vous en transmettre l'énigme en prenant comme perspective l'existence d'une rencontre habituellement maintenue voilée par le moi mais qui peut aussi se dévoiler si la reconnaissance du réel, dans le secret d'un certain rapport à l'extérieur radical que nous aurons à définir, n'est pas impossible.

Jean Charmoille (FRANCE), *Heimlich - Unheimlich*
Ce texte a été originellement publié sur le site de l'auteur:
http://www.sonecrit.com/texte/html/fr/heimlich.php

Résumé de l'article:

Nous devons à Freud, à Lacan de nous avoir transmis le réel de l'expérience. L'important est, en outre, de prendre la mesure de la façon dont il est transmis puisque l'expérience du transfert s'appuie, pour nous, sur les effets de sa rencontre.

Pour ma part, je dois à Alain Didier-Weill de m'avoir permis, à partir de son travail, une certaine approche de la façon dont le réel intervient la clinique du transfert. Dans ce que je vais essayer de vous proposer, vous pourrez reconnaitre l'appui que je prends sur la façon dont il problématise les données freudiennes et lacaniennes sans oublier la présence du réel. ... Lorsque Freud aborde, en 1919, l'apparition de l'angoisse dans son article intitulé "*das Unheimliche*", il nous transmet, en fait, le ressort du réel en regard de ce que nous avons de plus intime, "*heimlich*". Son dire va au de-là d'une simple opposition "*heimlich*"- "*unheimliche*" pour qu'advienne un secret, "*heimlich*", création puisqu' il ne dépend pas de ce qui est "*unheimlich*". C'est l'horizon de ce travail.

Jean Charmoille (FRANCE), *La voix du Père symbolique*
Ce texte, originellement publié sur le site de l'auteur: http://www.sonecrit.com/texte/html/fr/la-voix-du-pere.php, a été publié pour la première fois dans la revue *Lettres de la Société de Psychanalyse Freudienne*, **No 6, Paris, Campagne Première/P.U.F., pp. 81-94.**

Résumé de l'article:

Je vais essayer de préciser la fonction du père symbolique dans la mesure où elle permet d'évaluer ce que nous appelons le bain de langage indispensable à l'humanisation de l'enfant et, dans la cure, à la symbolisation.

Pour avancer, je m'appuierai sur l'énigme d'une rencontre archaïque (1) entre l'universel du langage spécifiant le pôle paternel et l'univers d'une langue privée, la langue maternelle. Si cette rencontre (2) est d'une inestimable valeur, c'est parce qu'elle conduit à l'inconscient de l'enfant comme création.

Habituellement cette rencontre, dont il y a lieu de préciser qu'elle ne peut être observée directement puisque la clinique n'en donne que les effets, est développée surtout du côté maternel. Je vais mettre à l'étude le pôle paternel à partir de séquences cliniques et de textes freudiens et lacaniens tout en donnant quelques repères pour préciser la nature de l'inconscient freudien puisque le pôle paternel y conduit.

Je terminerai en donnant une interprétation de la façon dont la tradition judéochrétienne a rencontré cette énigme et y a répondu.

Jean Charmoille (FRANCE), *Une présence anonyme*
Ce texte, originellement publié sur le site de l'auteur: http://www.sonecrit.com/texte/html/fr/presence-anonyme.php, est l'élaboration d'une première approche, intitulée "Lacan l'Absent, Lacan l'Idole**", exposée au colloque de Convergencia: "**Lire et entendre Lacan, la question du désir**" des 26 et 27 janvier 2002 à Paris.**

Résumé de l'article:

Un film et un livre récents sur les témoignages de treize élèves de Lacan d'origine et de période différentes montre à quel point sa présence savait faire apparaître une certaine présence chez celui qui l'entendait et qu'il entendait: tel est l'horizon où porte, à mon avis, lire et entendre Lacan.

Dans cette perspective, je me propose d'essayer de transmettre le savoir de cette rencontre qui ne va pas de soi puisqu'il ne relève pas de la signification plus ou moins éclairée des commentaires. Insaisissable, il est mise en continuité symbolique du plus extérieur de l'intime du Sujet et du plus intérieur de l'extériorité de l'Autre. Pour nommer ce secret le plus secret de l'humain, Lacan a fait appel au génie de la langue en créant un néologisme: "ex-time".

Dans la mesure où le transfert peut autoriser son surgissement, je pars du témoignage d'Elise. Il sera ensuite possible de supposer ce qui fait que Lacan, en position d'auteur comme Autre, peut autoriser l'auteur à venir qu'est le sujet de l'inconscient de l'entendeur et du lecteur de ce qu'il a dit et écrit.

Jean Charmoille (FRANCE), *La pulsion invoquante*
Ce texte, originellement publié sur le site de l'auteur: http://www.sonecrit.com/texte/html/fr/pulsion-invoquante.php, est l'élaboration d'une première approche, intitulée "l'objet du malentendu**", exposée au colloque de Convergencia sur "**L'objet de la psychanalyse**" du 25 janvier 2003 à Paris.**

Résumé de l'article:

Pour nous approcher de l'objet de la psychanalyse, nous allons nous mettre en direction de la pulsion invoquante.

Nous examinerons d'abord sa singularité. Nous préciserons ensuite le changement qu'elle crée dans le transfert et son lien avec le traumatisme selon qu'il est abordé avec Freud ou Lacan.

Nous terminerons sur ce qui la convoque à partir du cri de Don Juan de l'opéra de Mozart.

VII. LITTÉRATURE

Francisco Torres Monreal (ESPAGNE), *Los límites del teatro: códigos y signos teatrales*
Ce texte a été publié originellement dans les *Anales de Filología Francesa*, **Universidad de Murcia, ISSN: 0213-2958, Vol. 9, 2000, en Homenaje al profesor D. Francisco Martín Más, pp. 333-342.**

Biographie de l'Auteur:

Catedrático de la Facultad de Letras de la Universidad de Murcia (España) es especialista en literatura dramática de vanguardia (Prévert, Gheldérode, Genet, Beckett y Arrabal). De su dedicación a la obra arrabaliana dan fe, además de su libro Introducción al teatro de Arrabal (Ed. Godoy, 1981), unos diez volúmenes de ediciones críticas de su obra. Entre ellas: Teatro pánico (ed. Cátedra); Fando y Lis, Guernica y La bicicleta del condenado (Alianza Editorial); Teatro bufo (colección Austral de Espasa Calpe); La piedra de la locura, El entierro de la sardina (Ed. Destino); Teatro completo (Espasa Calpe, 1992, Everest, 2008)... Aparte sus traducciones poéticas, sus indagaciones sobre la versión del ritmo, o sus propias creaciones teatrales recogidas en el vol. Escenificaciones (Guernica y después, Ver pasar, El loco de Asís), y de Baudelaire maldito y otras obras breves (Ed. Fundamentos, Madrid, 2001), es adaptador al castellano de la Semiótica teatral (Ed. Cátedra), de A. Ubersfeld, y coautor de El teatro y lo sagrado (Murcia, 2000), Historia básica del arte escénico (Cátedra, Madrid, 2008, 10ª edición)... Recientemente ha publicado dos antologías: Poesía negra, antología de la poesía negro-africana (ed. Lancelot, 2007), y Diez poetas canadienses. Québec (ediciones del Innombrable, Zaragoza, 2008).

Résumé de l'article:
La crítica de Breton al teatro y las eliminaciones deseadas por A. Jarry (eliminación de decorados y de actores), ¿fueron simples salidas de tono? La historia les ha dado la razón en buena medida. De ahí mi pregunta: ¿hasta dónde podemos forzar los signos teatrales sin hacer desaparecer el teatro? o, ¿podemos desembarazarnos de la poética aristotélica sin destruirlo? En la primera mitad del s. XX, particularmente en Francia, las vanguardias contestaron el estatuto teatral tradicional. Se habló de antiteatro. Hoy sabemos que el teatro innovador, que surge de aquellas vanguardias, intenta demostrar su autenticidad artística frente a la TV, el cine o el teatro convencional.

Miguel Herráez (ESPAGNE),*La novela española y sus rupturas, a treinta y cinco años del inicio del boom latinoamericano*
Ce texte a été publié originellement dans la revue*Espéculo - Revista de Estudios Literarios***, Departamento de Filología III, Facultad de Ciencias de la Comunicación, Universidad Complutense de Madrid, N° 6, julio-octubre, 1997. ISSN: 1139-3637.**

Biographie de l'Auteur:
Valencia, España,1957. Doctor en Filología Hispánica y catedrático de Literatura Española en su ciudad. Ha sido profesor investigador invitado, entre otros centros universitarios, en la École Normale Supérieure (París), en la Facultad de Filosofía y Humanidades (UNC, Argentina) y en el Inst. A. P. Ciencias Humanas (UNVM, Argentina). Tiene en su haber más de veinte libros publicados, entre los que destacan La estrategia de la postmodernidad en Eduardo Mendoza (1998), Julio Cortázar (2001) y Dos ciudades en Julio Cortázar (2006). Igualmente, es novelista con títulos como Bajo la lluvia (2000) o Detrás de los tilos (2007). Sus dos últimos títulos editados son Sobre nosotros (2008) y Sobre ellos (2010), que constituyen un atípico ensayo acerca de la España de los años setenta y sus narradores. Ha sido traducido al ruso, francés, italiano y portugués. Premio Internacional de Ensayo Juan Gil-Albert.

Résumé de l'article:
El artículo versa acerca de la evolución que experimenta el discurso novelístico en España a partir de los años sesenta del siglo XX. Los sesenta implicaron, en términos de sociología estético-literaria, un profundo cambio en la construcción del relato en la España de finales del régimen franquista. Dicho cambio se verá afectado y acelerado por la llegada de los autores latinoamericanos y la impronta que lograron imponer en el seno de la literatura peninsular. Con ellos (Mario Vargas Llosa, Julio Cortázar, Carlos Fuentes, Gabriel García Márquez y la estela que abrieron) cristalizó el concepto de ruptura y la idea de reorientación de un enfoque literario social-realista a un enfoque de raíz experimental.

Norbert-Bertrand Barbe (FRANCE), *"Obra Maestra" de José Coronel Urtecho, "No" de Carlos Martínez Rivas y la propuesta educación del lector burgués*
Ce texte a été publié originellement dans l'ouvrage *Estudios darianos***, 2003, pp. 83-89.**

Résumé de l'article:
Comment la littérature d'avant-garde, agissant comme un prisme, réduit le niveau formel du discours à sa plus simple expression: la lettre (José Coronel Urtecho), et, parallèlement, le vulgaire et le scatologique (Dada), mais comment, paradoxalement, reste toujours au centre: la question de l'oeuvre, et du chef-d'oeuvre, ainsi que la référence qui, loin d'être brisée par les limites que posent les auteurs à leurs réalisations, s'en trouve, en réalité, renforcé, car elle devient le seul point de rencontre, comique, ironique, inversé, mais toujours présente et, en quelque sorte, bien qu'en bribes, lisible, avec le public.

Patricia Novillo-Corvalán (ARGENTINE), *Transnational Modernisms: The Idea of the New in Cortázar's Rayuela and Joyce's Ulysses*

Biographie de l'Auteur:
Is Lecturer in Comparative Literature in the University of Kent at Canterbury, UK. She is the author of Borges and Joyce: An Infinite Conversation (Oxford: Legenda 2011). Her publications also include articles on Comparative Literature, Medical Humanities, and Contemporary Irish Drama.
Résumé de l'article:
This essay seeks to chart the impact of Modernism in Latin Americaby examining the transnational conversation between Joyce's Ulysses and Cortázar's Rayuela in an attempt to analyse and document a transcultural encounter on the margins of Western literature. It begins with a literary overview of the reception of Joyce in Argentina from Borges to Marechal, Salas Subirat, and Cortázar, as it seeks to create a Joycean atlas in twentieth-century Argentine literature. The essay assesses Cortázar's rupture with conventional novelistic traditions through his endeavour to create an experimental novelthat privileged a non-linear reading pattern, violated the morphological and orthographical norms of the Spanish language, and parodied traditional Western values and beliefs. It concludes with an assessment of the place of Rayuela in the new era of the hypertext, and interrogates whether its ground-breaking, revolutionary quality is still relevant for a twenty-first-century readership.

Shirley de Souza Gomes Carreira (BRÉSIL),*O não-lugar da escritura: uma leitura de "Ensaio sobre a cegueira", de José Saramago*
Ce texte a été publié originellement dans la revue*Sincronía***, ISSN: 1562-384X , hiver 2001, Departamento de Letras, Centro Universitario de Ciencias Sociales y Humanidades, Universidad de Guadalajara, Jalisco, México.**

Biographie de l'Auteur:
A autora é Doutora em Literatura Comparada pela UFRJ e Professora Titular do curso de Letras da UNIABEU. Tem trabalhos publicados em livros e periódicos no Brasil, México, Portugal, Estados Unidos e Inglaterra. Sua produção bibliográfica aborda os seguintes temas: pós-colonialismo, pós-modernismo, multiculturalismo, questões de identidade e de gênero nas obras de José Saramago, John Fowles e Salman Rushdie, e a produção textual dos escritores migrantes. Sua pesquisa atual focaliza a representação do imigrante na literatura contemporânea e a memória étnica.

Résumé de l'article:
Este artigo visa a uma análise de *Ensaio sobre a cegueira*, de José Saramago, a partir da constatação de que o romance desconstrói as referências típicas do lugar antropológico, promovendo o esbatimento dos três conceitos inerentes à compreensão histórica— o tempo, o espaço e a identidade. Examinando o texto à luz do conceito de não-lugar, estabelecido por Marc Augé, busca-se evidenciar que, no romance, a cegueira branca é o símbolo do vazio, da ausência de códigos sociais, da crise do pertencimento, e que a deambulação das personagens pelos não-lugares gera a necessidade de construir novos princípios de civilização e novas configurações identitárias. Focalizar-se-á, também, a escritura como espaço transitório do pensamento e da reflexão sobre o romance enquanto obra de arte, onde as estratégias novas e antigas se encontram no ato constante de recriar.

Norbert-Bertrand Barbe (FRANCE), *Álvaro Gutiérrez*
Ce texte a été publié originellement dans la section *"Cultura Logia"* **du supplément culturel** *Nuevo Amanecer Cultural* **du journal** *El Nuevo Diario*, **25 novembre 2006, p. 10**

Résumé de l'article:
Comment la littérature contemporaine, réduisant en forme extême les dimensions du récit, joue sur la densité inverse du contenu. La structure lingïstique supportant le contrepoint (et étant le contrefort) de l'apparente simplification narrative, du guatémaltèque Augusto Monteroso au nicaraguayen Álvaro Gutiérrez.

Mikhail Vizel (RUSSIE),*Les derniers romans d'Italo Calvino comme hypertextes*

Biographie de l'Auteur:
Born 20 July 1970, Moscow, Russia. 1987-1992: Studied at the Moscow Institute of Chemical Engineering; degree in mechanical engineering. 1993-1998: Studied at the Gorky Institute of Literature in Moscow; degree in literary translations. 1996- present: freelance cultural critic and essayist, writing for leading Moscow publications (see below). 1998-2002: part-time post-graduate student at Gorky Institute of Literature, writing a dissertation about Italo Calvino and literary hypertext. 1999-2002, 2003-2004: staff editor for Moscow's leading online newspaper, Lenta.ru (http://www.lenta.ru), responsible for- searching out relevant news items and keeping track of developing stories - reformatting, writing and editing stories according to online newspaper format - developing hypertext apparatus, converting text into hypertext using HTML, FTP clients, graphics processors. - collaborating with the site's information affiliates 2003: Script writer for two weekly 30-min shows for channel "Rambler-TV": "Music of the planet" and "Music and Internet". 2004: Staff editor for pop-science magazine "GeoFocus" 2004 - 2006: PR-director for Fundamental Digital Library "Russian Literature and Folklore" 2004 - 2007: staff editor (books reviewer) for Time Out Moscow 2007 - present: staff editor for "Inostranka/CoLibri publishers" ("Atticus Publishing house") Important Publications "Calvino's Later Works as Examples of Hypertext," Setevaya Slovestnost' (Net Belles Lettres) (http://www.litera.ru/slova/) Moscow: November, 1998 French translation: Les derniers romans d'Italo Calvino comme hypertextes (http://hypermedia.univ-paris8.fr/Groupe/documents/Calvino.htm)"Hypertexts on Both Sides of the Computer Screen," Inostrannaya Literatura (Foreign Literature), Moscow: October, 1999. "The Ancestors of Postmodernism: Calvino's Trilogy," Russky Zhurnal (Russian Journal, http://www.russ.ru), Moscow: April, 2000 "E-pistolary Novel," Russky Zhurnal (Russian Journal), Moscow: April, 2001 "Twelve Plots in Search of a Reader: Calvino's 'If on a Winter's Night a Traveller...'" Vestnik Molodykh Uchenykh (Journal of Young Scientists: Philological Series,) Vol. 6'01, St. Petersburg: 2001 "Literary Games on the Internet," Novy Mir (New World), Moscow: April, 2002 Literary Translations (all - from Italian) * Novyie Veruyuschie - Giacomo Leopardi's poem I Nuovi Credenti. Moscow, Respublika: November 2000 * Vsio ravno tebe vodit' - Giuseppe Culicchia's novel Tutti giu' per terra. Moscow, Pangloss: 2002, San-Petersburg, Symposium: 2004   * Amarabará - Giuseppe Chulicchia's novel (in work) Micellaneous:Created hypertext literary project "Le città invisibili on-line" (http://calvino.viesel.ru) (2002) * Wrote the 240-pages guide for New York (Moscow: Afisha, 2003) * Spent May-December 2002 in New York for family reasons Accomplishments: * Winner of the on-line literary contest "Art-Teneta 2000" (translation category)

Résumé de l'article:
On (re)trouvera dans le présent texte les avant-coureurs littéraires d'hypertexte passés en revue (dont les références russes moins connues que les autres) et ses notions principales, aussi que le contexte historique et épistémologique de l'apparition de l'hypertexte. Ensuite, l'auteur applique ces notions à l'analyse des trois derniers romans d'Italo Calvino, considéré à juste titre comme un des auteurs les moins linéaires de notre temps. . (Nadejda Ivanova)

Brahiman Saganogo (CÔTE D'IVOIRE), *Nadaísmo colombiano: ruptura socio-cultural o extravagancia expresiva*
Ce texte a été publié originellement dans la revue*Espéculo: Revista de Estudios Literarios*, **ISSN 1139-3637, N°. 38, 2008**

Biographie de l'Auteur:
(Costa de Marfil, 1968), es Doctor en Letras por la Universidad de Guadalajara, es crítico literario, semiótico, profesor-Investigador del Departamento de Filosofía de la Universidad de Guadalajara (México), fundador y responsable del "Cuerpo Académico: Semiótica, Letras, Artes y Ciencias Humanas", y del Sistema Nacional de Investigadores (SNI).
Imparte clases de Estética, Filosofía del lenguaje, Seminario de tesis y de Análisis de textos y Semiótica.
Es autor de varios artículos en revistas científicas de ámbito nacional e internacional, de capítulos de libro y de libros, y de traducciones de textos literario (del francés al español).

Résumé de l'article:
Éste es una presentación descriptivo-analítica del movimiento post-vanguardista denominado "Nadaísmo". Como tal, el Nadaísmo, surgido en la segunda mitad del siglo XX en Colombia bajo la pluma de Gonzalo Arango; se afirmó desde entonces, como una tendencia socio-artística, revulsiva, dialéctica (ruptura vs tradición), intransigente y revolucionaria, en el panorama literario colombiano aun, en el latinoamericano.
En 1958, surge en Colombia, de las cenizas de "Los Nuevos", el Nadaísmo como una tendencia postvanguardista. De entrada, el movimiento al igual que las vanguardias históricas, se ha caracterizado por su afán de ruptura con los anteriores movimientos tanto a nivel artístico como social. Así es como sus miembros se declararon social y artísticamente anticonvencionalistas, radicales extremistas y extravagantes.

VIII. ARTS

Marc Gontard (FRANCE),*Introduction a l' esthétique postmoderne*

Biographie de l'Auteur:
Né le 31 août 1946 à Quiberon 56 Professeur de littérature française du 2àème siècle et de littérature francophone à l'université Rennes 2 depuis 1981. Président de l'université Rennes 2 de janvier 2006 à janvier 2011. *Publications:* 150 articles sur la littérature française du 20ème siècle et les littératures francophones (Maghreb, Antilles, Canada) -Ouvrages: .*«Nedjma» de Kateb Yacine, essai sur la structure formelle du roman*, Rabat, éd. de l'Agdal, 1975, rééd. Paris, L'Harmattan, 1985, 120 p. .*Violence du texte: littérature marocaine de langue française*, Paris, L'Harmattan, 1981, préface d'A. Khatibi, 170 p. .*Victor Segalen, une esthétique de la différence*, Paris, L'Harmattan, 1990, 330 p. Ouvrage publié avec le concours du CNL. .*Le Moi étrange: littérature marocaine de langue française*, Paris, L'Harmattan, 1993, 220 p. .*La Chine de Victor Segalen, Stèles, Equipée*, Paris, Presses Universitaires de France, 2000, 260 p, coll. «Ecrivains» .*La langue muette: littérature bretonne de langue française*, Rennes, PUR, 2007, 180 p. *De sable et de sang* (roman), Paris, L'Harmattan, 1982. *Territoires de l'obscur* (nouvelle), Hôtel continental, 1993. *Iwona* (poèmes), Hôtel continental, 1996. -Direction d'ouvrages collectifs: *Littérature marocaine*, N°spécial, revue Europe, juin-juillet 1979. *Métissage du texte (Maghreb, Québec, Bretagne)* Plurial, N°4, Presses Universitaires de Rennes, 1993, en collaboration avec B. Hue. *Ecrire la Bretagne*, Plurial, N°5, Presses Universitaires de Rennes,1995, en collaboration avec B. Hue. *Regards sur la Francophonie*, Plurial, N°6, Presses Universitaires de Rennes,1997, en collaboration avec Maryse Bray (Université de Westminster) *Le Postmodernisme en France*, Oeuvres et Critiques, XXIII,1,Tübingen, Gunter Narr Verlag, 1998. *Bretagne: L'Autre et l' Ailleurs*, Plurial, N°8, Presses Universitaires de Rennes, 1999. *Louis Guilloux, écrivain*, Presses Universitaires de Rennes, 2000, en collaboration avec Francine Dugast. *Dictionnaire des écrivains bretons du XXème siècle*, Presses Universitaires de Rennes, 2002. *Ecritures caraïbes*, Plurial, N° 11, Presses Universitaires de Rennes, 2002, en collaboration avec Georges Voisset. *Le Récit féminin au Maroc*, Plurial, N°15, Presses Universitaires de Rennes, 2005. -Activité éditoriale: Directeur littéraire aux éditions *L'Harmattan*, rue de l'école Polytechnique Paris, Créateur et directeur de la collection *Ecrituresarabes* de 1981 à 1991, plus de 150 titres publiés. Directeur de la collection *Plurial*, Presses Universitaires de Rennes, (PUR) Membre du comité de rédaction des revues suivantes: *Bulletin of francophone africa*, Direction Ethel Tolansky, université of Westminster, revue bilingue, trimestrielle (membre de l' Editorial Advisory Board).. *Le Maghreb littéraire*, Directeur Najib Redouane, université de Toronto, revue de langue française, 2 N° par an (membre du Conseil scientifique international) *Nouvelles études francophones*, revue du Conseil International des Etudes Francophones, Direction Catherine Perry, University of Louisiana at Lafayette, 2 N° par an (membre du Comité scientifique).

Résumé de l'article:
Cet essai dont l'ambition première était l'étude du roman français postmoderne s'est transformée en une introduction à l'esthétique postmoderne. En effet, la richesse de la matière abordée et l'élaboration même de l'hypothèse révèlent que le postmodernisme n'est ni une école littéraire, ni une avant-garde, mais une crise de culture à la transition des deux siècles, qui s'est transformée en culture de la crise, de sorte que non seulement la pensée, la science et les arts, s'en trouvent affectés, mais de manière plus profonde encore la société et l'individu, déstabilisés par l'irruption de l'autre sur la scène de l'être. C'est pourquoi, sans renoncer à la perspective littéraire qui pilote la réflexion, le propos s'est à la fois élargi et limité à ce que, faute de mieux, j'appelle ici l'esthétique postmoderne.

Alberto E. Flores Galán (ESPAGNE), *Nada que ver. Invisibilidad y ocultación en las Artes Visuales*
Une première version de ce texte a été publiée sous le titre "*La esencia invisible. Notas sobre las posibilidades de las falsas apariencias y la ocultación*" dans la revue *Norba-Arte*, ISSN: 0213-2214, Vol. XXII-XXIII, 2002-2003, pp. 293-307.

Biographie de l'Auteur:
Técnico de Arte en el Museo Vostell Malpartida, donde también ha comisariado la exposición colectiva "Naturalezas del Presente" (obras de Rufino Tamayo, Luis Gordillo, Wolf Vostell, Abraham Lacalle, etc.) y co-dirige un ciclo de arte sonoro y música contemporánea (Jaap Blonk, David Moss, eRikm, Bernhard Günter, Paulo Raposo, etc.)
Director Artístico del ciclo "La Creación Electrónica" de Cáceres (Hexstatic, Daedelus, Plaid, AGF/Delay, etc.), ha comisariado la exposición "Ruidos, Silencios y la Transgresión Mordaz. De Fluxus al Techno-Noise", exhibida en La Casa Encendida (Madrid) y galardonada en el certamen "Inéditos 2007" (obras de Nam June Paik, Philip Corner, Ultra-red, Cory Arcangel, V/Vm, Napalm Death, Alec Empire, etc.) y ha coordinado la producción del concierto-fluxus de Philip Corner y Phoebe Neville "The Only Silence is Noise" (La Casa Encendida, Madrid, 28 Junio 2007). Ha asistido a Grant Watson, comisario de artes visuales de Project Arts Centre (Dublín), y ha colaborado con Bluecoat Arts Centre (Liverpool) y Working Class Movement Library (Salford).

Résumé de l'article:
Este trabajo examina la utilización durante las últimas décadas de los conceptos de invisibilidad y ocultación como un recurso artístico al que han acudido creadores de las más diversas tendencias y disciplinas. Se han ofreciendo ejemplos de cuántos lenguajes artísticos contemporáneos ha sido posible, mencionándose incluso piezas musicales silenciosas o ejemplos de disciplinas adyacentes como el arte de acción o los nuevos medios.

Nizar Mouakhar (TUNISIE), *Le Vide comme «Médiateur du Sacré» d'après le parangon du Quadrangle blanc de Malevitch*
Ce texte a été publié originellement dans la revue *Textes & Prétextes - Revue d'art et de littérature*, musique, Numéro 63 - juin 2010

Biographie de l'Auteur:
Docteur en "Lettres et Arts", est actuellement Maître Assistant en "Arts Plastiques et Sciences de l'Art" à l'ISAM de Gabès & FLSH de Sfax. Plasticien de formation, il a à son actif bon nombre d'expositions personnelles et/ou collectives déroulées en Tunisie, Aix-en-Provence, Marseille, Paris, etc. Ancien enseignant au Lycée Notre-Dame-de-Sion (Marseille) et à l'Université de Provence (Aix-Marseille I), il est aussi l'auteur de maints essais sur l'art et l'esthétique

publiés dans des quotidiens tunisiens, ainsi que dans des reveues spécialisées franco-arabes, françaises, québécoises… Il organise et/ou donne régulièrement des conférences portant sur sa pratique artistique, ainsi que traitant de thématiques situées au coeur même du grand débat contemporain sur l'art.

Résumé de l'article:
Cette étude trouve d'abord ses racines conceptuelles dans une approche philosophico-analytique du vide d'après le parangon du *Quadrangle blanc* (1918) de Kazimir Malevitch. En première partie, elle propose de traiter des potentialités typologiques de cette œuvre, lui octroyant *de facto* le statut du sommet paroxystique du projet suprématiste.
En deuxième partie, elle tente – subséquemment – démontrer selon quelles modalités connotatives et/ou heuristiques et dans quels schémas de pensée, une telle éclipse intégrale de l'Image *a fortiori* une soi-disant 'vacuité', peut-elle induire ce que Raymond Court appelle «*l'univers du sacré*».

Norbert-Bertrand Barbe (FRANCE), *Kazimir Malevitch*

Résumé de l'article:
Comment l'un des principaux mystères thématiques de l'art contemporain et sa création avec *Le Grand Verre* de Marcel Duchamp révèle en réalité des valeurs iconographiques concrètes, clairement inscrites dans les préoccupations et champs d'analyse des avant-gardes: de la forme et le fond, du volume et de la couleur, l'art revenant sur lui-même entre bidimensionalité et perspective.

Norbert-Bertrand Barbe (FRANCE), *Piero Manzoni*

Résumé de l'article:
Comment l'art contemporain utilise la réduction (du contenu symbolique le plus fort au plus dévasté: l'excrément) et l'apparent vide sémantique (des fonctions organiques, on ne parle pas) pour recréer un champ référentiel complexe et en réalité riche en connections et, par conséquent, symbolisme sous-jacent.

Joseph Nechvatal (ÉTATS-UNIS), *Long live the immaterial! -Yves Klein, "The Chelsea Hotel Manifesto"*

Biographie de l'Auteur:
Joseph Nechvatal (born 1951) is a post-conceptual art digital artist and art theoretician who creates computer-assisted paintings and computer animations, often using custom-created computer viruses. Joseph Nechvatal was born in Chicago. He studied fine art and philosophy at Southern Illinois University Carbondale, Cornell University and Columbia University, where he studied with Arthur Danto while serving as the archivist to the minimalist composer La Monte Young. From 1979, he exhibited his work in New York City, primarily at the Brooke Alexander Gallery and Universal Concepts Unlimited. He has also solo exhibited in Paris, Chicago, Cologne, Atlanta, Los Angeles, Aalst, Belgium, Youngstown, Senouillac, Lund, Toulouse, Turin and Munich. His work in the early 1980s chiefly consisted of postminimalist gray graphite drawings that were often photomechanically enlarged. During that period he was associated with the artist group Colab and helped establish the non-profit cultural space ABC No Rio. In 1983 he co-founded the avant-garde electronic art music audio project Tellus Audio Cassette Magazine. In 1984, Nechvatal began work on an opera called XS: The Opera Opus (1984-6) with the no wave musical composer Rhys Chatham. He began using computers to make "paintings" in 1986 and later, in his signature work, began to employ computer viruses. These "collaborations" with viral systems positioned his work as an early contribution to what is increasingly referred to as a post-human aesthetic. From 1991–1993 he was artist-in-residence at the Louis Pasteur Atelier in Arbois, France and at the Saline Royale/Ledoux Foundation's computer lab. There he worked on The Computer Virus Project, which was an artistic experiment with computer viruses and computer animation. He exhibited at Documenta 8 in 1987. In 1999 Nechvatal obtained his Ph.D. in the philosophy of art and new technology concerning immersive virtual reality at Roy Ascott's Centre for Advanced Inquiry in the Interactive Arts (CAiiA), University of Wales College, Newport, UK (now the Planetary Collegium at the University of Plymouth). There he developed his concept of viractualism, a conceptual art idea that strives "to create an interface between the biological and the technological." According to Nechvatal, this is a new topological space. In 2002 he extended his experimentation into viral artificial life through a collaboration with the programmer Stephane Sikora of music2eye in a work called the Computer Virus Project II, inspired by the a-life work of John Horton Conway (particularly Conway's Game of Life), by the general cellular automata work of John von Neumann, by the genetic programming algorithms of John Koza and the auto-destructive art of Gustav Metzger. In 2005 he exhibited Computer Virus Project II works (digital paintings, digital prints, a digital audio installation and two live electronic virus-attack art installations) in a solo show called cOntaminatiOns at Château de Linardié in Senouillac, France. In 2006 Nechvatal received a retrospective exhibition entitled Contaminations at the Butler Institute of American Art's Beecher Center for Arts and Technology. Dr. Nechvatal has also contributed to digital audio work with his noise music viral symphOny, a collaborative sound symphony created by using his computer virus software at the Institute for Electronic Arts at Alfred University. Nechvatal teaches art theories of immersive virtual reality and the viractual at the School of Visual Arts in New York City (SVA). A book of his collected essays entitled Towards an Immersive Intelligence: Essays on the Work of Art in the Age of Computer Technology and Virtual Reality (1993–2006) was published by Edgewise Press in 2009. Also in 2009, his book Immersive Ideals / Critical Distances was published. Joe Lewis wrote: "in the artist/theorist tradition of Robert Smithson, Joseph Nechvatal is a pioneer in the field of digital image making who challenges our perceptions of nature by altering conventional notions of space and time, gender, and self. [...] Nechvatal successfully plunged into the depths where art, technology and theory meet."
(http://en.wikipedia.org/wiki/Joseph_Nechvatal)

Résumé de l'article:
Une approche de l'oeuvre d'Yves Klein par un artiste, à partir de l'exposition *Corps, Couleur, Immatériel* de 2006-2007 au Centre Pompidou, du point de vue de ses influences, de l'obsession du vide et des monochromes.

Fernando Martín Martín (ESPAGNE), *"Hon", el cuerpo habitado*
Ce texte a été publié originellement dans la revue *Laboratorio de Arte: Revista del Departamento de Historia del Arte*, Universidad de Sevilla, ISSN 1130-5762, N°. 20, 2007 , pp. 463-478

Biographie de l'Auteur:
Es doctor en Geografía e Historia. Ha cursado estudios de Cinematografía en la escuela de esta misma área de Valladolid. Especialista en Arte Español Contemporáneo, al cual dedica básicamente su línea de investigación y docencia, juntamente con la Museología. Profesor titular del Departamento de Historia del Arte, en la Facultad de Geografía e Historia de la Universidad de Sevilla. Ha impartido la asignatura de *Historia del Cine* en dicho departamento y su docencia tiene como perfil la Historia del Arte del siglo XX y la Museología, disciplina ésta a la que ha dedicado diversas actividades, participando en numerosos cursos que han tenido como tema principal, las áreas del Patrimonio y Museología.

Dentro de la Museología y desde 1996 imparte cursos de Doctorado en el Centro de Estudios Avanzados de Puerto Rico y el Caribe, y desde 1999 en la universidad Carlos III de Madrid, en cuya Facultad de Humanidades y Comunicación ha estado en comisión de servicios durante el periodo académico de 200-2001. Así mismo y desde le año 2000, también dicta un curso de Doctorado en Santo Domingo, en la Universidad Autónoma de dicho país, dentro de la Facultad de Humanidades e Instituto Americano de Investigaciones Antropológicas. Como docente e investigador de Arte Contemporáneo Español ha organizado cursos y seminarios de arte actual en varias ciudades españolas, siendo, así mismo impulsor y director desde 1993 de las Jornadas de Arte Contemporáneo celebradas anualmente en Sevilla. En la actualidad es representante de la Universidad de Sevilla en el Comité Internacional de la Asociación poara la Divulgación del Arte Contemporáneo "European Art Lovers", dependiente de la UNESCO. Desde 1997 es miembro del proyecto de investigación "El movimiento moderno: metáforas y proyectos" de la Universidad Autónoma de Madrid. Es autor de libros y numerosos artículos, entre los primeros, "El pabellón de la República en la exposición de París en 1937", "Arte Contemporáneo en Córdoba 1957- 1990", "De la Pasarela a nuestros días. Arte Contemporáneo en Sevilla", "Diez pintores andaluces", "Panorama del arte Sevilla 1950- 1990" y "Luis Gordillo".

Ha comisariado varias exposiciones, entre ellas, "Remedios Varo", Madrid, 1988; "Diez pintores andaluces", Córdoba y Málaga, 1990; "Gregorio Prieto y su mundo", 1994; "José María Córdoba", Málaga, 2002; "Francisco Peinado", Málaga, 2006; "Manuel Salinas", Jerez de la Frontera, 2007. En la actualidad está preparando la exposición del pintor Juan Romero en Sevilla.

Résumé de l'article:
En el presente artículo se analizan los estudios y el trabajo excepcional de Niki de Saint Phalle para el Museo Moderno de Estocolmo en 1966 bajo el título de "Hon", en el interior de la esfera del arte y la museografía. Colosal escultura penetrable, que por su original enfoque conceptual y funcional, supone un hito dentro de la propuesta museográfico.

IX. ARCHITECTURE

Norbert-Bertrand Barbe (FRANCE),*El funcionalismo como valor científico positivo*
Ce texte a été publié originellement dans l'ouvrage *Una Historia de la Arquitectura Contemporánea siglos XIX-XXI*, 2007, pp. 17-134, duquel il forme la "*Première Partie*" sous le titre: "*PRIMERA PARTE: dos cuestiones metodológicas-base: * la definición del marco histórico * el funcionalismo como valor científico positivo*".

Résumé de l'article:
Une approche critique de l'architecture contemporaine et son slogan: "*La forme suit la fonction*", dans laquelle on essaiera de montrer comment, en réalité, le rationalisme et le fonctionalisme, comme toute manifestation artistique, s'intègrent à problèmes esthétiques et non logiques, et comment leurs présupposés expriment plus une vision mystique, héritée de la période moderne, qu'un réel projet rationnel. On verra donc, d'une part, comment le rationalisme et plus sentimental que rationnel, et, d'autre part, comment il a cependent modélisé la théorie et la pratiques contemporaines de l'architecture, à partir du concept de minimalisme formel, réduisant ainsi la complexité architectural à éléments géométriques simples, quant à leur expression dans l'espace et leur reproduction en série, mais chargés de valeurs mystiques et transcendantales qui les éloignent, encore une fois, de la simple formulation ingéniériste que proclament leurs créateurs.

Norbert-Bertrand Barbe (FRANCE), *Adolf Loos*

Résumé de l'article:
Comment la pensée architecturale et urbanistique contemporaine, basée sur les valeurs apparemment rationnelles du rationalisme loosien, sont en réalité l'expression mystique de la forme pure recherchée par les peintres d'avant-garde, en particulier par Malévitch, ce qui révèle ainsi, non seulement l'origine du cube architectural, mais aussi les substrats idéologiques de la réduction formelle de l'art contemporain, nous la faisant entendre non plus, comme jusqu'ici l'ont fait les théoriciens, comme un processus d'abstraction mathématique ou logique, mais comme un processus, au contraire, de simplification formelle d'origine picturale, et donc idéaliste, non matérialiste.

Adolfo Vásquez Rocca (CHILI), *El vértigo de la sobremodernidad; turismo etnográfico y ciudades del anonimato*
Une première version de ce texte a été publiée originellement dans la revue*Revista de Humanidades: Tecnológico de Monterrey, Instituto Tecnológico y de Estudios Superiores de Monterrey*, ISSN: 1405-4167,No 22, printemps 2007, pp. 211-223. Il a été reproduit dans la revue (suédois-espagnol) *Heterogénesis Revista de arte contemporáneo. Tidskrift för Samtidskonst*, ISSN: 1402-4632, . Et, en version augmentée, sous le titre: "*Ciudades del anonimato. Diáspora, cronotopías y cartografía de las emociones escindidas*", En Débats - Revista de Filosofía y crítica cultural, ISSN 0212-0585, Institució Alfons el Magnànim, Valencia, N° 97 - 98, Hiver/Printemps 2007, pp. 50 - 58

Biographie de l'Auteur:
Doctor en Filosofía por la Pontificia Universidad Católica de Valparaíso; Postgrado Universidad Complutense de Madrid, Departamento de Filosofía IV, mención Filosofía Contemporánea y Estética. Profesor de Postgrado del Instituto de Filosofía de la Pontificia Universidad Católica de Valparaíso; Profesor de Antropología y Estética en el Departamento de Artes y Humanidades de la Universidad Andrés Bello UNAB. Profesor de laEscuela de Periodismo, Profesor Adjunto Escuela de Psicología y de la Facultad de Arquitectura UNAB Santiago. En octubre de 2006 y 2007 es invitado por la 'Fundación Hombre y Mundo' y la

UNAM a dictar un Ciclo de Conferencias en México. Miembro del Consejo Editorial Internacional de la 'Fundación Ética Mundial' de México. Director del Consejo Consultivo Internacional de *Konvergencias, Revista de Filosofía y Culturas en Diálogo*, Argentina. Miembro del Consejo Editorial Internacional de Revista *Praxis – Facultad de Filosofía y Letras*, Universidad Nacional UNA, Costa Rica. Miembro del Conselho Editorial da *Humanidades em Revista*, Universidade Regional do Noroeste do Estado do Rio Grande do Sul, Brasil y del Cuerpo Editorial *deSophia –Revista de Filosofía de la Pontificia Universidad Católica del Ecuador*. Secretario Ejecutivo de *Revista Philosophica PUCV*. Asesor Consultivo de *Enfocarte – Revista de Arte y Literatura*, Cataluña/Gijón, Asturias, España. Miembro del Consejo Editorial Internacional de *Reflexiones Marginales –Revista de la Facultad de Filosofía y Letras UNAM*. Miembro de la Federación Internacional de Archivos Fílmicos (FIAF) con sede en Bruselas, Bélgica. Director de *Revista Observaciones Filosóficas*. Profesor visitante en la Maestría en Filosofía de la Benemérita Universidad Autónoma de Puebla. Profesor visitante Florida Christian University USA y Profesor Asociado al Grupo Theoria –Proyecto europeo de Investigaciones de Postgrado– UCM. Académico Investigador de la Vicerrectoría de Investigación y Postgrado, Universidad Andrés Bello.Artista conceptual. Ha publicado el Libro: *Peter Sloterdijk; Esferas, helada cósmica y políticas de climatización*, Colección Novatores, Nº 28, Editorial de la Institución Alfons el Magnànim (IAM), Valencia, España, 2008. Invitado especial a la International Conference de la Trienal de Arquitectura de Lisboa | Lisbon Architecture Triennale 2011.

Résumé de l'article:
La ciudad como hecho colectivo se manifiesta, fundamentalmente, en la red de espacios públicos. La interrogación por los nuevos sentidos del espacio público adquiere una dimensión antropológica y estética. Pensar en los lugares y las formas urbanas de relación –la circulación acelerada de personas- permite definir los nuevos modos de ser humano, constatar la nuevas formas de soledad y aislamiento en una urbe sobrepoblada, la incomunicación del individuo en medio de las redes y las carreteras de la información, el entrecruzamiento de producciones socioestéticas diversas que generan ciudades metafóricas y fragmentadas, donde la heterogeneidad y la dispersión de los signos identitarios patrios nos convierte a unos respecto de otros en transeúntes que apenas intercambian huidizas miradas, desfigurados, con un rostro velado, verdaderos espectros, figuras del anonimato, desposeídos de nuestra identidad por la celeridad de nuestros desplazamientos reales o virtuales.
Las figuras del desplazamiento –el viajero, el vagabundo, el paseante, el peregrino, el emigrante, el exiliado, el expatriado, el turista– trazan sus recorridos transitorios o permanentes en medio de geografías divergentes, de lenguas ajenas, en medio de objetos y rostros desconocidos. El viajero, el ser en tránsito, figura antropológica de la diferencia siempre enigmática e inquietante, cuya trayectoria en los márgenes modula los espacios simbólicos de la modernidad es alguien que debe ajustar cuentas con su propia condición desplazada, con los materiales volátiles de la identidad y hacer del "hogar" no ya un lugar físico sino "una necesidad móvil", una tienda de campaña, un deseo cambiante pero permanente– de "otro lugar", un característica tensión hacia otra parte.

X. MUSIQUE

Rasmus Cleve Christensen (DANEMARK), *The art of noise after futurism - Non-music and the sixth sense of sound art*

Biographie de l'Auteur:
Is a student of Modern Culture at the University of Copenhagen's Department of Arts and Cultural Studies and has mostly been engaged in writings on experimental music, radio and sound art.

Résumé de l'article:
Noise is the negation of music. It is the antithesis to music's harmony and beauty. From Futurist avant-garde experiments over contemporary noise music to recent sound art's focus on the inaudible, noise keeps subtracting from our conception of music at the same time expanding our vocabulary of sound.

Douglas Kahn (AUSTRALIE), *John Cage: Silence and Silencing*
Ce texte a été publié originellement dans la revue *The Musical Quarterly*, **Oxford University Press, ISSN: 0027-4631, Vol. 81, No. 4 (Winter, 1997), pp. 556-598, puis, postérieurement, intégré dans l'ouvrage** *Noise, Water, Meat - A History of Voice, Sound, and Aurality in the Arts*, **MIT Press, Cambridge, USA, 1999, ISBN: 978-0-262-11243-7, du même auteur**

Biographie de l'Auteur:
Douglas Kahn is Professor of Media and Innovation at the National Institute for Experimental Arts (NIEA) at the University of New South Wales, Australia. He was the Founding Director of Technocultural Studies and is Professor Emeritus in Science and Technology Studies at the University of California, Davis. Kahn is known primarily for his writings on the use of sound in the avant-garde and experimental arts and music. He is the author of *Noise, Water, Meat: A History of Sound in the Arts* and co-editor (with Gregory Whitehead) of *Wireless Imagination: Sound, Radio, and the Avant-garde*. More recently he has written on naturally occurring electromagnetism in science and the arts, a topic for which he received a 2006–2007 Guggenheim Fellowship.
With composer and founding editor Larry Austin, Kahn edited Source: Music of the Avant-garde, a collection of material drawn from the original *Source: Music of the Avant Garde* magazine series. His other projects include a collection, edited with the art historian Hannah Higgins, of essays and documents on the arts and early computing, *Mainframe Experimentalism*; and a book on the arts deployed across the electromagnetic spectrum, *Earth Sound Earth Signal*.
Kahn created the audiotape cut-up *Reagan Speaks for Himself* in 1980 using an interview conducted by Bill Moyers of Ronald Reagan when he was still a candidate for president. The first version was published on a Sub Pop audiocassette and the second version was published on a flexi-disc in RAW magazine. The audiotape was used in a dance mix by the Fine Young Cannibals and sampled by Eric B. & Rakim in their song "Paid in Full (Coldcut Mix)". Kahn appears in the 1995 film *Sonic Outlaws* by San Francisco filmmaker Craig Baldwin.
(http://en.wikipedia.org/wiki/Douglas_Kahn)

Résumé de l'article:
John Cage's ideas on sound, easily the most influential among the postwar arts, were developed with a great deal of dedication, imagination, and good will, within a complex of technical, discursive, institutional, cultural, and political settings, forever changing over the course of a long and productive career. They

matured within the sphere of music and, until he began to branch out into other artistic forms, most of the ideas he adopted from elsewhere were brought into the fold of music. He was known for introducing noise and worldly sounds into music, in other words, for stepping outside the confines of Western art music, as well as proposing a mode of being within the world based on listening, through hearing the sounds of the world as music. However, when questioned from the vantage point of sound instead of music, Cage's ideas become less an occasion for uncritical celebration (as is too often the case among commentators on Cage) and his work as a whole becomes open to an entirely different set of representations. What becomes apparent in general is that while venturing to the sounds outside music, his ideas did not adequately make the trip; the world he wanted for music was a select one, where most of the social and ecological noise was muted and where other more proximal noises were suppressed.

XI. THÉÂTRE

Rosanna Vitale (CANADA), *Characterisation: Threshold and Fluidity*
Une première version de ce texte a été publiée originellement dans la revue *Integrative Explorations - Journal of Culture and Consciousness - The Journal of the Jean Gebser Society*, ISSN: 1074–3618,Décembre 1998, Vol. 5, No 1, pp. 42-47. Revue dans laquelle il connut une republication dans le numéro de Janvier 2003, Vol. 7 & 8, pp. 60-73.

Biographie de l'Auteur:
Received her PhD in Hispanic Languages and Literatures in 1988 from the University of California at Santa Barbara. Her fields of interest include modern Hispanic, Francophone and Italian theatre, the novel, art history, philosophy, phenomenology and performance studies. As Associate Professor of Spanish language and literature at the University of Windsor, enjoyed engaging her experience in theatrical performance studies and body phenomenology with her teaching methodology. Spurred by her curiosity and keen interest in interdisciplinary phenomena, took early retirement in 2009 to pursue her work in researching and developing KINESOPHIA – The Wisdom of Motion, a new and creative approach to the healing process for person afflicted by body issues (eating disorders, abuse survivors, AIDS sufferers, cancer survivors, etc.). At present, is engaged in working with a group of women in Kisumu, Kenya, with whom she is preparing a collection of stories written by the women themselves and illustrated by their children's drawings.

Résumé de l'article:
Creation unfolds and is made flesh in vital liminal space. As the Universe is dynamic and, therefore, in the continuous process of creating and sustaining life within itself, the actor, in fashioning the image he lifts from the page, breathes life into the matter of the character and, thus, becomes creator and creation. Actor and character meet on a plane whereupon they perform the dance of Dionysus under the directive gaze of Apollo. Life on this plane sprouts from ever–flowing movement and this is only possible in a state of consciousness that is forever integrating where all is possible and space or time serve as coordinates where the dramatic action, at once, reposes and whence it springs forth to provide continuity and poetic logic. What the audience recognizes as reality on stage is the ever– creating dynamism that takes place in the liminal space that is delimited by and at the same time intimates and includes the actor and the character. This is a secret space and, while the spectator is a creative element (the implied actor) only the creation and not the creating must be made visible to the audience. The dynamics that take place in the threshold between actor and character, the actual motion of stepping–into–character must be veiled in secrecy lest the character remain imprisoned in its design The threshold is a concept or a technique of acting described by Michael Chekhov, as the space the actor must enter where he meets the character he is creating. Chekhov deems Dramaturgy as independent of the other arts; the theatre, he says, starts when the actors and the director take the script into their hands. Their Creative Individualities are what make the theatre. The actor begins to explore the play, and as he does so, he must explore himself. All the lines, all the situations in the play are silent for the actor until he finds himself behind them, not as a reader with good artistic taste, but as an actor whose responsible task is to translate the author's language into the actor's. The written word must become the spoken one
The trajectory the written word undertakes to become spoken is a voyage traced by the actor using his body as the soil whereupon will sprout the spoken word as only one sign of the character's awareness and existence. Awareness is expressed using the body as a sensory mechanism and as a perception mechanism. It is, of course, through perception that the body senses and through the senses that it perceives. And this coming–into–awareness replete with all its accomplices in the form of techniques comes about in the threshold, the space where actor and character presentiate each other, mirror each other, complement and enjoin with each other. We shall attempt to define the threshold as the creative space between the actor, as the creator of the character, and the character, as the creation of the actor, which is not limited by these two bodies–as–lines but rather intimates them and includes them necessarily. In his quest to embody the character, the actor must do
so with fluidity, not rigidity; he must enmesh multiple perspectives in order to free himself from the rigid stance of the dualism, a danger, inherent in the actor– character relationship.Cézanne reminds us that," Il faut que le corps ait de la vigeur pour obéir à l'âme" The actor must show perspicacity in his knowledge of the character and this is achieved only through intimate knowing of the perspectives of the character as the actor–agent of the action. Interestingly, Robert Abirached writes that the character is, at the start, more a distinguishable trait than an integral entity and that it is presented to the audience as "une somme de signifiants, dont le signifié est à construire par le spectateur". The signifiers that make up the construct the audience sees as character are the essential properties that make the character seem "natural" or "real"; a personage to whom the audience can easily relate. The credible character embodies likenesses or models of humanity that while they need not be readily visible they must be immediately discernible. As the laws of Physics specify that nothing in the Universe takes place outside the laws of nature, so on the stage, realism can only be achieved within the laws of feasibility; even artifice must appear in a plausible context. It is not imperative that the forms interacting on stage evoke specific models after which they were fashioned. Communion with the stage demands that these forms make visible the brush strokes of nature, which illuminate their existence.

Octavian Saiu (ROUMANIE), *A Passage to "Neant" - The Spectator in the Theatre of Samuel Beckett and Eugene Ionesco*
Une première version de ce texte a été publiée originellement, sous le titre "*Metaphors of Spectatorial Space in Beckett's and Ionesco's Theatre*", dans la revue *Double Dialogues*, ISSN: 1447-9591, No 7 *OnSpace*, hiver 2007, de laSchool of Communication & Creative Arts de la Deakin University de Burwood, Australie.

Biographie de l'Auteur:
Has taught theatre and dramatic literature as Associate Professor at the National University of Theatre and Cinematography (NUTC) in Bucharest and as Guest Lecturer at the University of Otago in New Zealand. In 2008-2009, he was Visiting Fellow at the University of London. He holds a PhD in Theatre Studies (NUTC) and one in Comparative Literature (Otago). He has been actively involved in several worldwide theatre events and academic conferences in Romania, Israel, Canada, Brazil, New Zealand, Sweden, Ireland, etc. For three years, he was a presenter for Romanian National Television, coordinating TV shows about theatre, cinema and visual arts. Since 2004, he is the Chair of the Conferences of Sibiu International Theatre Festival. A former co-editor of *Theatre Nowadays*, he is a founding editor of *Romanian Studies in Theatre Theory*. He is currently the Vice-President of the Romanian Section of the International Association of Theatre Critics (IATC). He has published three theatre books, one of which received the Critics' Award in 2010. His most recent publication in English is the monograph *In Search of Lost Space* (NUTC Press, 2010).

Résumé de l'article:
In her last book, Susan Sontag draws an improbable comparison between the inner space of the mind and the theatre hall, as the former is nothing, she beautifully suggests, but a universe in which 'we picture, and it is these pictures that allow us to remember' (2003: 88). Indeed, the memory of the theatre is the memory of theatrical images. It is, moreover, the memory of the theatrical space – the space of the performance on stage, but also the one occupied by each spectator. Only when these two spatial modes are brought together does theatre really come to life. It is this symbolic space that my essay will engage with, and not merely the one, more tangible, of the performance.
(Re)defining spectatorship in space has been a constant endeavour of all the masters of the theatre in the twentieth century, from the pioneers, Appia and Craig, to the new wave initiated by Peter Brook or Arianne Mnouchkine, to the more recent experiences of Pippo Delbono and Krzysztof Warlikowski. Beyond words, images, ideas, and even beyond the energy of the live performance, the space assumes cardinal importance in the theatre of the modern age. The new paradigms of theatrical space have been constantly shifting towards a formula that explicitly incorporates the space of the spectator. Yet everywhere – from the seeming night of the classical auditorium to the unlikely theatricality of the old factories and basements that were conquered by the revolutionary directors of the sixties – something always remains the same: the spectator occupies a shared space with others but at the same time is completely alone. It is the paradox of the audience, of any audience, for theatre is as personal an experience as it is a shared one: the private space of every single viewer and the "public sphere" (to allude to a famous formula) of the audience as a whole overlap. This essential dimension of spectatorship completes and transcends any experience of the actual theatrical space.
Breaking the pattern of the playwright whose work engages only with the endless space of the white page and who therefore has little concern for the stage space, and even less for the space of the audience, authors like Samuel Beckett and Eugene Ionesco tend to include the viewer in their works. Nevertheless, their respective attitudes toward the spectator remain quite different, which may add to a general reluctance to consider them representatives of the same literary "movement". Distinct in every possible way and yet linked by an evasive concept ("the theatre of the absurd"), Beckett and Ionesco imagined different models of spectatorship and created two distinctive spatial universes for the spectator. In a century of endless disputes over the sovereignty of the actor or the director, Beckett and Ionesco celebrate, albeit in two radically different ways, this Proustian presence of the spectator.
To compare their respective metaphors of spectatorial space is the aim of the following pages, and the plays that best illustrate them are Beckett's *Waiting for Godot, Endgame* and *Happy Days*, and Ionesco's *The Chairs, The Lesson,* and *Exit the King.* Such plays challenge the classical stance of spectatorship, to the extent that the space of the audience becomes the simple key to the most incomprehensible locks of the text. One may even say that in Beckett and Ionesco, the space is the message.

Alparslan Nas (TURQUIE),*Beckett & Ionesco: The Absurd & Resistance*

Biographie de l'Auteur:
Étudiant de la filière d'Études Culturels de l'Université Sabanci.

Résumé de l'article:
Une approche de l'absurde comme phénomène de résistance aux circonstances d'une époque de guerre et massacres.

Óscar Cornago Bernal (ESPAGNE), *En los límites del teatro: la dimensión performativa*
Ce texte a été publié originellement dans l'ouvrage *La vanguardia teatral en España (1965-1975): del ritual al juego***, Madrid, Visor, 1999, pp. 245-268.**

Biographie de l'Auteur:
Es investigador en el Centro de Humanidades y Ciencias Sociales del Consejo Superior de Investigaciones Científicas de Madrid. Su trabajo se ha especializado en historia del teatro contemporáneo y teoría de los medios. Actualmente dirige el proyecto "Imaginarios sociales en las culturas de la globalización: lo público y lo privado. Documentación y análisis de la creación escénica en Iberoamérica (2000-2010)". Entre sus libros se encuentran *La vanguardia teatral en España (1965-1975): del ritual al juego*, *Pensar la teatralidad* y *Resistir en la era de los medios: estrategias performativas en literatura, teatro, cine y televisión.* Forma parte de ARTEA y es coordinador del Archivo Virtual de las Artes Escénicas (http://artesescenicas.org). Ha estudiado y documentado la obra de directores contemporáneos en España y Latinoamérica en libros como *Políticas de la palabra*, *Éticas del cuerpo* y *Acercamientos a lo real.*

Résumé de l'article:
Este ensayo analiza las implicaciones estéticas que el desarrollo de la dimensión performativa tendrá en el panorama artístico de los años sesenta. La dimensión espacial y temporal de la obra pasaran a un primer plano, así como el carácter procesual y la presencia en tiempo real del espectador como principio activo de creación en la obra, características que no han dejado de desarrollarse hasta hoy. El estudio se centra en la influencia que esta dimensión performativa tuvo en el espacio teatral de aquellos años, deteniéndose en tres casos, el grupo canario Zaj, la escenificación de la obra de Brossa durante este período y la obra de Els Joglars del año 1972, *Mary d'Ous*, una de aportaciones del colectivo catalán a la vanguardia europea de aquel período.

Óscar Cornago Bernal (ESPAGNE), Sobre *El exilio y el reino, de Fernando Renjifo*

Résumé de l'article:
En este ensayo se dialoga con la trilogía del poeta, dramaturgo y creador escénico, Fernando Renjifo, *El exilio y el reino*, analizando desde la perspectiva de sus distintas formas de ocurrencia cada uno de estos tres trabajos escénicos, al tiempo que se discute el concepto de historia que late en estas obras, la propia historia que ellas forman dentro de la trayectoria del autor y el modo de estar que el artista deja ver a través de su trabajo.

XII. CINÉMA

Colin Nettelbeck (AUSTRALIE), *From"La Nouvelle Vague" to "Histoire(s) du Cinéma": History in Godard, Godard in History*
Ce texte a été publié originellement dans *French History and Civilization. Papers from the George Rudé Seminar*, ISSN: 1557-360, Vol. 1,2005,pp. 104-113.

Biographie de l'Auteur:
Is Professor of French at the University of Melbourne. He writes on twentieth-centuryand contemporary French literature, cinema and cultural history. His most recent book is *Dancing withDe Beauvoir: Jazz and the French* (Melbourne, 2004).

Résumé de l'article:
Throughout his career Godard has sought to create a cinematographic language capable of reflecting simultaneously on itself as cinema and on the world outside the cinema. This paper examines how Godard's work constitutes a form which incorporates historical traces and at the same time claims historiographical value for itself as a document capable of both documenting history and "making" history. In examining the complexities of the task Godard has set himself, the paper explores the tensions that exist between contemporary French history and cinema more generally.

XIII. ASTRONOMIE

Abhay Ashtekar (INDE), *Space and Time - The Issue of the Beginning and the End*
Le présent article est la compilation et ampliation de textes antérieurs du Dr. Ashtekar, respectivement publiés sous les titres: *The Issue of the Beginning in Quantum Gravity*, **contribution àla Session on Singularities of the 23rd Solvay Conference on Physics, publiée dans l'ouvrage**Proceedings of the 7th International Conference on the History of General Relativity, **édité par C. Lehner et al., Berlin, Springer, 2006;** et*Space and Time: From Antiquity to Einstein and beyond*, **originellement publié dans le revue**Resonance 11, No. 9, 2006, pp. 4-19.

Biographie de l'Auteur:
Is the Director of the Institute for Gravitation and the Cosmos, Professor of Physics and holder of the Eberly Chair at Penn State. Before joining Penn State he was the Erasthus Franklin Holden Professor of Physics at Syracuse University and Professeur at Paris VI. He has given over 110 invited, plenary talks in various conferences and workshops world-wide, and has served on all Editorial Boards of all the major journals in his field. He is a Fellow of the American Physical Society, American Association for Advancement of Science and an Honorary Fellow of the Indian Academy of Science. He holds the degree Doctor Rerum Naturalium Honoris Causa from the Friedrich-Schiller Universität, Jena, Germany and Université de la Méditerranée, France. He served as President of the *International Society for General Relativity and Gravitation*.

Résumé de l'article:
In 1915, Einstein revolutionized the notions of space and time through his general theory of relativity. The age-old issue of the Beginning and the End underwent a profound change. I begin with a historical perspective and then explain the conceptual ideas and physical ramifications of general relativity, without recourse to advanced mathematics. Although the theory is widely regraded as one of the most sublime creations of the human mind, it has become increasingly clear that it too has serious limitations. To overcome them, one has to bring in quantum physics. The new theory will be even grander and will force us, once again, to dramatically revise the notions of the Beginning and the End. I conclude by providing glimpses of this new paradigm that awaits us in the 21st century.

Taner Edis (ÉTATS-UNIS), *The Origin of the Universe and Unbelief*

Biographie de l'Auteur:
Is professor of physics at Truman State University, Kirksville, MO, USA. He is the author of several books on science and religion, including *The Ghost in The Universe: God in Light of Modern Science* and *Science and Nonbelief*.

Résumé de l'article:
Traditional philosophical discussions about the origins and possible eternity of the universe have been superseded by modern physics. In the mid-twentieth century, the standard big bang model supported the notion of an origin in time, and was attractive to religious thinkers. More recent developments introducing quantum considerations, however, lead to pictures where commonsense assumptions about time and causality have to be abandoned. Present-day physical cosmology proceeds without any need for the supernatural.

Florin Diacu (ROUMANIE),*The Solution of the n-body Problem*
Ce texte a été publié originellement dans la revue *The Mathematical Intelligencer*, Springer Verlag, ISSN: 0343-6993, Vol. 18, No. 3, 1996, pp. 66-70

Biographie de l'Auteur:
Obtained his Diploma in Mathematics at the University of Bucharest, got his Ph.D. in Heidelberg, taught in Dortmund, and was a postdoctoral fellow at the Centre

de Recherches Mathematiques in Montreal. Since 1991 he has been a professor at the University of Victoria, in British Columbia, Canada. His main research interests are in *celestial mechanics* and *dynamical systems*. His forthcoming book *Celestial Encounters—The Origins of Chaos and Stability*, written with Philip Holmes of Princeton University, describes the historical background, the people, and the ideas that led to the birth and development of the theory of dynamical systems. It will be published in 19% by Princeton University Press.

Résumé de l'article:
The n-body problem is the problem of predicting the motion of a group of celestial objects that interact with each other gravitationally. Solving this problem has been motivated by the need to understand the motion of the Sun, planets and the visible stars. Its first complete mathematical formulation appeared in Isaac Newton's Principia (the n-body problem in general relativity is considerably more difficult).Since gravity was responsible for the motion of planets and stars, Newton had to express gravitational interactions in terms of differential equations. Newton proved in the Principia that a spherically-symmetric body can be modelled as a point mass.
The problem of finding the general solution of the n-body problem was considered very important and challenging. Indeed in the late 19th century King Oscar II of Sweden, advised by Gösta Mittag-Leffler, established a prize for anyone who could find the solution to the problem.

Stefan J. Linz (ALLEMAGNE)&Julien Clint Sprott (ÉTATS-UNIS), *Algebraically simple chaotic flows*
Ce texte a été publié originellement dans la revue *International Journal of Chaos Theory and Applications*, ISSN: 1453-1437, Volume 5 (2000), No. 2, publié par AATI, Lausanne, pp.3-22

Biographie des Auteurs:
Stefan J. Linz ist Direktor des Linz AG: Strukturbildung Nichtlineare Dynamik & Forschungsgebiet, Institut für Physik, Universität Augsburg.
Der AG ist die Theorie komplexer Systeme mit Schwerpunkt Modellierung und theoretische Analyse zeitlicher bzw. raumzeitlicher Dynamik in solchen Systemen, die spontan durch das Wechselspiel von Nichtgleichgewicht, Nichtlinearität und Dissipation entstehen kann. Spezifisch unter- suchte Systeme sind zurzeit Depositions- und Erosionsprozesse (einschließlich Anwendungen bei nanotechnologisch relevanten Systemen), granulare Materie ("Sand"), Newtonsche und komplexe Fluide sowie elementare chaotische Systeme. Generelle Klammer ist die Frage, in wie weit mit 'einfachen' Modellen, typischerweise gegeben in Form von Differentialgleichungen (nichtlineare dynamische Systeme bzw. nichtlineare, z.T. nichtlokale und stochastische Feldgleichungen) oder zellularen Automaten, die reichhaltige, von regulär bis hin zu chaotisch reichende (raum)zeitliche Evolution in solchen Systemen beschrieben werden kann

Julien Clint Sprott earned his bachelor's degree from MIT in 1964 and his PhD in physics from the University of Wisconsin - Madison in 1969.
His professional interests are in experimental plasma physics and nonlinear dynamics.
Books: Frontiers in the Study of Chaotic Dynamical Systems and Open Problems [edited with Elhadj Zeraoulia] (World Scientific: Singapore, 2011); 2-D Maps and 3-D ODE's: A Rigorous Introduction [with Elhadj Zeraoulia] (World Scientific: Singapore, 2010); Elegant Chaos: Algebraically Simple Chaotic Flows (World Scientific: Singapore, 2010); Physics Demonstrations: A Sourcebook for Teachers of Physics (University of Wisconsin Press: Madison, 2006); Images of a Complex World: The Art and Poetry of Chaos [with Robin Chapman] (World Scientific: Singapore, 2005); Chaos and Time-Series Analysis (Oxford University Press: Oxford, 2003); Strange Attractors: Creating Patterns in Chaos (M&T Books: New York, 1993); Numerical Recipes: Routines and Examples in BASIC (Cambridge University Press: New York, 1991); Introduction to Modern Electronics (John Wiley & Sons: New York, 1981)
Résumé de l'article:
It came as a surprise to most scientists when Lorenz in 1963 discovered chaos in a simple system of three autonomous ordinary differential equations with two quadratic nonlinearities. This paper reviews efforts over the subsequent years to discover even simpler examples of chaotic flows. There is reason to believe that the algebraically simplest examples of chaotic flows with quadratic and piecewise linear nonlinearities have now been identified. The properties of these and other simple systems will be described.

XIV. AGRICULTURE

Larry Korn (ÉTATS-UNIS), *Masanobu Fukuoka's Natural Farming and Permaculture*

Biographie de l'Auteur:
Is an educator, consultant, editor and author in the fields of permaculture, natural farming, sustainable landscaping and local food production.
After completing his BA degree in Asian Studies at University of California Berkeley, traveled to Japan to see first hand what life was like in Asia. He lived and worked on communes and traditional farms in the Japanese countryside. Among other rural farms, spent several years with Masanobu Fukuoka, a farmer and philosopher, on Shikoku Island. Mr. Fukuoka developed a special no-till way of farming to demonstrate the practical value of his spiritual principles.
Returned to the United States and helped translate and edit Mr. Fukuoka's book, The One-Straw Revolution, which was published by Rodale Press in 1978. He went back to Berkeley to earn degrees in Soil Science and Plant Nutrition. He then worked with the California State Department of Forestry analyzing soil erosion as part of a state-wide study to measure the effectiveness of logging practices.
Was editor of the Tilth publication, The Future Is Abundant: A Guide to Sustainable Agriculture (1982). It is a practical guide for applying permaculture and natural farming techniques to the Pacific Northwest.
He learned about landscaping plants and design while working at Berkeley Horticultural Nursery and then at Wintergreen Wholesale Nursery. In 1985, started Mu Landscaping, serving residential and commercial clients in the San Francisco Bay Area for over twenty three years.
Has taught many permaculture courses throughout the United States and has led workshops on natural farming and local food production. He has also written articles on gardening, natural farming and permaculture for publications such as Mother Earth News, Rodale's Organic Gardening and Tilth, some of which are presented on this website.
In 2008, relocated to Ashland, Oregon where he continues his work as an educator, consultant and author. During Summer 2009 and throughout 2010, will be touring and speaking in support of the 30th Anniversary republication of The One-Straw Revolution English language translation by The New York Review of Books.

Résumé de l'article:
Masanobu Fukuoka is a farmer/philosopher who lives on the Island of Shikoku, in southern Japan. His farming technique requires no machines, no chemicals and very little weeding. He does not plow the soil or use prepared compost and yet the condition of the soil in his orchards and fields improve each year. His method creates no pollution and does not require fossil fuels. His method requires less labor than any other, yet the yields in his orchard and fields compare favorably with the most productive Japanese farms which use all the technical know-how of modern science.

Bill Mollison (AUSTRALIE), *Permaculture Design Course Series*
Le texte reproduit *The Transcript Of The Permaculture Design Course*, édité et commenté par Dan Hemenway et Thomas Fischbacher pour The Rural Education Center, Wilton, NH USA, 1981.

Biographie de l'Auteur:
Bruce Charles 'Bill' Mollison (born 1928 in Tasmania, Australia) is a researcher, author, scientist, teacher and naturalist. He is considered to be the 'father of permaculture', an integrated system of design, co-developed with David Holmgren, that encompasses not only agriculture, horticulture, architecture and ecology, but also economic systems, land access strategies and legal systems for businesses and communities. In 1978, Mollison founded The Permaculture Institute in Tasmania.
He received the Right Livelihood Award in 1981 with Patrick van Rensburg.
Bibliography:
Permaculture One: A Perennial Agriculture for Human Settlements (with David Holmgren, Trasworld Publishers, 1978) ISBN 978-0938240006
Permaculture One: A Perennial Agriculture for Human Settlements (con David Holmgren, Trasworld Publishers, 1978) ISBN 978-0-938240-00-6
Permaculture Two: Practical Design for Town and Country in Permanent Agriculture. Tagari Publications, 1979
Permaculture - A Designer's Manual. 1988. ISBN 978-0-908228-01-0
Introduction to Permaculture. 1991, revisado 1997. ISBN 978-0-908228-08-9
The Permaculture Book of Ferment and Human Nutrition. 1993, revisado 1997. ISBN 978-0-908228-06-5
Travels in Dreams: An Autobiography. 1996. ISBN 978-0-908228-11-9
The Permaculture Way: Practical Steps To Create A Self-Sustaining World, con Graham Bell. 2005. ISBN 978-1-85623-028-5
Smart Permaculture Design, con Jenny Allen. 2006. ISBN 978-1-877069-17-8
(http://en.wikipedia.org/wiki/Bill_Mollison)

Résumé de l'article:
Bill Mollison is the creator of permaculture (see Introduction to Permaculture 1 and 2). In the 1970s it was described as a beneficial grouping of plants and animals in relation to human needs, working toward an overall self-sufficiency of a home and community and perhaps as a "commercial attempt" with what could be grown with this system. The basic philosophy is to work with nature, not against it, in order to create a cultivated ecology which is designed to grow more produce than what is generally found in nature.

XV. DISCOURS ÉMERGENTS ET CONTRE-DISCOURS

Marcos Cueva Perus (MEXIQUE), *El nuevo mundo: Civilización y barbarie*
Ce texte a été publié originellement dans la revue *Periódico Domine Cultural*, Universidad de Jujuy, Mar del Plata, Argentine, No. 5, ISSN: 1669-3787

Biographie de l'Auteur:
Licenciatura: Facultad de Economía, Universidad Nacional Autónoma de México, con especialidad en Economía Internacional.
Doctorado: Universidad Pierre Mendès-France, Grenoble II, Francia, con especialidad en Economía Internacional.
Investigador Titular: Instituto de Investigaciones Sociales, Universidad Nacional Autónoma de México (IIS-UNAM).

Résumé de l'article:
Para Simone Weil, la barbarie es "un carácter permanente y universal de la naturaleza humana, que se desarrolla más o menos según las circunstancias que le permiten entrar en juego". Para Weil, si la distribución de fuerzas en una sociedad ya no puede refrenarla, la barbarie –un mal radical- puede resurgir. En esta perspectiva, no existe una línea recta en la Historia de la Humanidad que asegure el paso definitivo e irreversible de la barbarie a la civilización. En distintas sociedades, ambos elementos coexisten de modo latente y contradictorio: con el nacional-socialismo alemán quedó demostrado en el siglo XX que la modernidad y el progreso no representan una garantía contra el derrumbe de los pilares de la civilización. En la primera mitad del siglo XX, que el historiador británico Eric Hobsbawm bautizó como la "Era de las Catástrofes", la barbarie se apoderó del mismo continente de las Luces, el humanismo y la creencia en el progreso.

María Rosa Lojo (ARGENTINE), *H A. Murena y Rodolfo Kusch: "Barbarie" como seducción o pecado*
Ce texte a été publié originellement dans la revue *Anales de literatura hispanoamericana*, No. 21, Editorial Complutense, Madrid, 1992, pp. 416-420, ISSN: 0210-4547

Biographie de l'Auteur:
Doctora en Letras por la Universidad de Buenos Aires, Investigadora Principal del Consejo Nacional de Investigaciones Científicas y Técnicas (CONICET) con sede en la Universidad de Buenos Aires.
Publicó veintitrés libros: cuatro de microficción y poema en prosa (Visiones, Forma oculta del mundo, Esperan la mañana verde y Bosque de Ojos, que recoge los tres anteriores más Historias del Cielo, inédito), cuatro de cuento (Marginales, Historias ocultas en la Recoleta, Amores insólitos, Cuerpos

resplandecientes), siete novelas (Canción perdida en Buenos Aires al Oeste, La pasión de los nómades, La princesa federal, Una mujer de fin de siglo, Las libres del Sur, Finisterre, Arbol de Familia), seis de ensayo (La 'barbarie' en la narrativa argentina (siglo XIX), Sábato: en busca del original perdido, El símbolo: poéticas, teorías, metatextos, Cuentistas argentinos de fin de siglo, Los 'gallegos' en el imaginario argentino. Literatura, sainete, prensa; como coautora, editora y directora de investigación Identidad y narración en carne viva) y dos ediciones críticas: Lucía Miranda (1860) de Eduarda Mansilla y Sobre héroes y tumbas de Ernesto Sábato (Colección Archivos). Acredita también más de ciento cincuenta publicaciones de investigación, entre artículos en revistas especializadas, capítulos de libros y actas de congresos.

Dicta en la Universidad del Salvador un Seminario-Taller permanente en la Carrera de Doctorado. Dirige actualmente un Proyecto de Investigación Plurianual del CONICET (PIP) también radicado en la Universidad del Salvador. Es directora de varias tesis de doctorado.

Obtuvo, entre otros, el Primer Premio de Poesía de la Feria del Libro de Buenos Aires (1984), Premio del Fondo Nacional de las Artes en cuento (1985), y en novela (1986), Segundo Premio Municipal de Poesía de Buenos Aires, Primer Premio Municipal de Buenos Aires "Eduardo Mallea", en narrativa (1996), por la novela La pasión de los nómades. Recibió varios premios a la trayectoria: Premio del Instituto Literario y Cultural Hispánico de California (1999), Premio Kónex a las figuras de las Letras argentinas (1994-2003), Premio Nacional "Esteban Echeverría" 2004, por toda su obra narrativa, la Medalla de la Hispanidad (2009) y la Medalla del Bicentenario del Gobierno de la Ciudad de Buenos Aires (2010).

Ha sido traducida al inglés, italiano, francés, gallego y tailandés.

Résumé de l'article:
Este artículo compara El pecado original de América (1954) y La seducción de la barbarie (1953), los dos primeros libros de los pensadores argentinos, contemporáneos y de la misma generación, Héctor Álvarez Murena (1923-1975) y Rodolfo Kusch (1922-1979), respectivamente. La autora analiza similitudes y diferencias a partir de conceptos claves como "barbarie", identidad americana, pecado o seducción. Propone, entre otras cosas, que si bien ambas obras son especulaciones metafísicas e indagaciones en torno a la condición americana basadas en modelos mítico-religiosos, El pecado original de América ofrece una perspectiva cultural más sofisticada y mejor fundamentada que la de La seducción de la barbarie. Murena, a través del análisis literario de diversas obras, y valiéndose de su tesis de la mirada trans-objetiva, logra esbozar una teoría convincente de la espiritualidad americana. Kusch, por su parte, con una formación antropológico-filosófica, se limita a exponer sus ideas, sin sustentarlas con ejemplos literarios y, sobre todo, sin llegar al desarrollo persuasivo de una teoría.

Lo que ambos pensamientos tienen en común es, principalmente, la convicción de que existe una relación estrecha entre el suelo que se habita y la cultura que allí se desarrolla. A este determinismo geográfico se suman otras similitudes: la indagación en torno a la identidad, la "barbarie" (todo aquello que en América no es Europa) como variable a partir de la cual pensar la esencia americana, la idea de que "los elementos de la serie no europea, lo vital, natural, irracional, lo aterrador sagrado, constituyen lo auténtico" (Lojo, 417).

Ahora bien, si para Murena la tierra americana es el desierto al cual hemos arribado luego de haber sido expulsados del Paraíso (Europa), luego del pecado original, "lo propio", para Kusch América es "lo propio, lo real, es la vuelta hacia la Unidad perdida, hacia la cálida matriz telúrica donde conviven, latentes, los opuestos" (Lojo, 417). Mientras Murena asocia la idea de barbarie al horror y al pecado, Kusch propone que es justamente la barbarie aquello que redime del pecado: es la seducción de lo vivo y de lo verdadero. Otra gran diferencia: si para el autor de El pecado original de América la condición del americano es de una irremediable soledad, para Kusch, en cambio, existe un sentimiento de comunidad, proveniente de los indígenas, que mantiene la cohesión cultural del americano, a pesar de su sometimiento técnico y legal a la raza blanca. Asimismo, si bajo la mirada trágica de Murena, el hombre americano se encuentra en situación de desamparo y soledad (recordemos que en este esquema de pensamiento por ahora no entra el mundo precolombino) –aunque con potencialidades– Kusch cree que hay en el hombre americano (definido a partir del concepto de mestizaje, entendido como algo intrínseco al ser humano y devenido de su ambivalencia), un estado de miseria patente y una violencia vital mantenida en estado de latencia. Estas ideas, apunta la autora, llegarán a un desarrollo matizado y complejo en los libros de madurez del filósofo, como América profunda.

Andrés Huguet Polo (PÉROU), *Las tesis de Fukuyama sobre el fin de la historia*

Biographie de l'Auteur:
Antropólogo, Universidad Nacional Mayor de San Marcos de Lima.
Estudios de Maestría en Sociología, Pontificia Universidad Católica del Perú
Estudios de Maestría en Filosofía, Mención Epistemología. Universidad Nacional Mayor de San Marcos de Lima
Bachiller en Derecho y Ciencia Política, Universidad Nacional Mayor de San Marcos

Résumé de l'article:
La teoría de Francis Fukuyama, director delegado del Cuerpo de Planeamiento de Política del Departamento de Estado de los Estados Unidos, acerca del fin de la historia, a partir de su publicación en 1989 (acompañando los procesos de desmoronamiento de los regímenes de Europa Oriental y la perestroika de Gorbachov) viene teniendo particular difusión, dado el contexto de predominio ideológico liberal y particularmente neoconservador que caracteriza la producción intelectual en la presente etapa del capitalismo.

No solamente por el tono triunfalista e inocultablemente hegemónico del documento, sino particularmente por la lógica de razonamiento y las tesis e interpretaciones que comporta, es que se hace importante analizarlo. Sobre todo cuando están comprometidos en sus análisis conceptos relacionados a la ideología, al papel de ésta en el conjunto de la sociedad y en el desarrollo de los acontecimientos humanos, a la historia y particularmente -en un tono predictivo- a las perspectivas de la historia. Todo ello además está indisolublemente ligado al análisis político y al uso de determinadas categorías al respecto.

Otra razón importante es que la tesis que comentaremos está construida para, desde el terreno ideológico y al decir del mismo Fukuyama, poner " el clavo final en el ataúd de la alternativa marxista-leninista a la democracia liberal". Dada la importancia del marxismo en la reflexión social de los últimos 150 años, la pretensión anotada redobla el interés por el análisis y la crítica.

INTRODUCTIONS GÉNÉRALES

INTRODUCTION AU VOLUME

Norbert-Bertrand Barbe

Biographie de l'Auteur:
Historien d'art, sémiologue, philosophe, artiste plastique et poète français, est né en 1968. En janvier 2009, un hommage lui est rendu par le Centro Nicaragüense de Escritores pour l'ensemble de son œuvre. Le travail de Norbert-Bertrand Barbe touche des champs aussi divers que les arts plastiques, le cinéma, la poésie, le roman et la nouvelle, ainsi que l'histoire de l'art, l'analyse littéraire, philosophique, filmique, mythologique ou publicitaire.
(http://fr.wikipedia.org/wiki/Norbert-Bertrand_Barbe)

Résumé de l'article:
Origines de l'Anthologie.
Explication du thème, de son importance, ses valeurs et modalités, dans l'époque et en général.
Remerciement aux Auteurs.

La présente Anthologie naît d'une inquiétude et un désir profonds de comprendre l'un des principaux problèmes et thèmes de l'époque contemporaine: le Néant comme valeur en soi.

Cette inquiétude nous a préoccupé depuis longtemps déjà, si nous la faisons remonter à notre thèse doctorale sur *Roland Barthes et la théorie esthétique* (1993-1996), lorsque nous nous sommes rendu compte que, pour les théoriciens contemporains de la littérature, l'art en général représentait un vide de signification.

Évidemment, d'autre part, nos études d'histoire de l'art nous amenèrent, comme les sociologues et autres spécialistes, à nous affronter au problème de la perte, non de signifié, mais si de référent figuratif dans l'art contemporain, abstrait. Par conséquent, des *ready-mades* de Duchamp à la *Merde de l'artiste* de Manzoni, nous avons dû nous poser la question de savoir: a) si l'art contemporain était sérieux, et, décidant répondre en général par l'affirmatif, b) comment comprendre la perte de sens, cultivé, que s'étaient imposées, paradoxalement, les formes culturelles, non seulement en arts, mais aussi en littérature (des avant-gardes au théâtre de l'absurde et à l'Oulipo).

C'est, évidemment, dans une double lecture: historique et sociale que nous avons pu ébaucher un début de réponse.

Historiquement, c'est le débat kantien, étudié par Ernesto Mayz Vallenilla (*El problema de la Nada en Kant,* Madrid, Revista de Occidente, 1965, Caracas, Monte Ávila, 1992), sur l'existence de Dieu que préfigure la question du Néant1 comme valeur qu'ont retrouvera chez les existencialistes, Sartre en particulier.

Socialement, c'est la question du suicide, étudiée par Durkheim dans son célèbre livre (1897), qui montre comment, consécutivement à la perte de valeurs stables dans la société contemporaine, avec la montée de l'athéisme, se trouve l'individu sans protection psychologique, ne pouvant plus valider son malheur dans un mystique bonheur postérieur. La souffrance ne trouvant plus d'explication transcendante perd sa qualité supportable.

D'autre part, le développement des sciences, humaines et techniques, en même temps que de l'industrie et la machine favorisent, en art et littérature, l'apparition de ce que nous dénommerons le "complexe ingéniériste" du XXème siècle, en même temps que celui-ci, non dans sa totalité (pensons à James Joyce, Marcel Proust, J.R.R. Tolkien, Stephen King ou J.K. Rowling, sans mentionner le développement du roman policier), mais en partie s'insurgera contre la narrativité linéaire du XIXème siècle (Julio Cortázar, Brecht, le théâtre de l'absurde, avec ses antécédents chez Jarry ou le Groupe Octobre).

Ainsi, nos propres recherches, sans que nous le décidions vraiment, nous amenèrent à étudier répétitivement le cas du Néant, ou du Rien (il nous semble que les deux valeurs sont légèrement différents, nous en reparlerons ailleurs) dans la pensée contemporaine, d'une part comme étude de cas concret (Malévitch, Manzoni), d'autre part comme question méthodologique d'approche du sens dans ses formes limites (Monterroso et Álvaro Gutiérrez, José Coronel Urtecho).

La première fois où nous avons abordé la question du "*Néant*" dans la pensée contemporaine comme phénomène global a été dans notre article "*Introducción a la Nada*" ("*Introduction au Néant*") de notre section "*Cultura Logia*" du *Nuevo Amanecer Cultural* (*El Nuevo Diario*, Managua, ", 20/8/2005, p. 10).

Dès lors s'est produit une intense labeur théorique et éditoriale pour mettre en place les éléments nécessaires à la présente Anthologie.

Notre idée était multiple:

1De fait, il nous semble que la question du Néant part toujours d'une interrogation théologique (le vide face au plein, la mort face à la vie), ce que nous confirme le texte d'Alfredo Guevara, "*Revolución es lucidez*", dans *Futuro al socialismo y religión cristiana en Cuba*, sans lieu d'édition, Nueva Utopía, 2001, où l'auteur s'interroge sur comment "*llegar finalmente con la Muerte a la Nada*", ce qui, selon lui, nierait les efforts de l'humain pour atteindre l'Être-en-Soi (Dieu), ce qui l'amène à aborder l'opposition entre l'Être ("*Reflexión primera: el Ser*", p. 72) et le Néant ("*Reflexión sexta: la Nada*"), la Mort faisant de l'homme le lien entre l'Être et le Non-Être (pp. 83-85). Il conclut que l'art, expression de l'étant dans sa recherche de l'Être, existe *contre* et *dans* l'essence. Il ne nous appartient pas ici d'entrer dans les considérations philosophiques et ontologiques de la démonstration de Guevara, nous nous contentons de pointer du doigt l'identité formelle, dans la pensée classique et contemporaine, entre le Néant (ou le Non-Être) et l'Être comme zénith et nadir.

Mettre en place un dialogue interdisciplinaire et interculturel, comme nous l'avions déjà fait lors de la publication des *Actes du Ier Colloque International: Lectures de Panofsky aujourd'hui: Limites et portée de la méthode iconologique dans l'analyse de l'art moderne et contemporain*, 2004;

Rendre sensible la multiplicité de la question, apparemment univoque, du Néant dans la pensée contemporaine, dans ses différentes conceptualisations et utilisations.

Réunir autour de notre projet des spécialistes compétents dans des matières aussi diverses que la politique, la science, l'agronomie, les arts et la littérature, la sociologie et la psychologie, autour d'un thème qui, par sa nature même, semble impliquer plus l'unicité ou l'absence, que la multiplicité.

De là la question, centrale, bien sûr, de ce qu'est le Néant et ce que nous entendons par Néant.

Non seulement ce que nous entendons comme personne, sinon comme société.

Alors qu'il semble évident que le Néant est un concept relié à celui de vide, d'absence, de Rien, comme nous l'avons dit, si nous le déchiffrons, nous nous apercevons que cela n'est pas aussi simple qu'il peut y paraître au premier abord:

Tout d'abord, il semble que "*Néant*" relève du concept de "*Non-Étant*", alors que "*Rien*" renvoie, plus généralement à ce qui, tout bonnement, n'existe pas. Ainsi Néant recouvre une valeur d'immanence que Rien n'a pas.

Cependant, pour les textes de Jung, Adorno, Barthes, sur l'art et l'esthétique, le Rien semble prendre une valeur de départ, départ de sens, "*degré zéro*" pour reprendre la formule mise au point par Barthes lui-même.

Dévoilé par ce bout la multiplicité du Néant, il apparaît alors comme un phénomène plutôt polyfacétique:

D'abord, comme tout phénomène, il évolue dans le temps, de Parménide (l'Être est, le Non-Être n'est pas);

Ensuite, il s'implique dans des champs divers (apparition du zéro[1], du "*nihil negativum*" kantien, de la preuve négative de Popper, du "*degré zéro*" barthésien).

Ainsi, finalement, le Néant occupe un vaste domaine d'activité: des mathématiques aux sciences humaines, en passant par la théologie (la forme même du zéro serait représentation de la voûte céleste).

C'est ainsi que le Néant, non seulement aura une valeur neutre (division, séparation du positif et du négatif, en mathématiques), mais aussi:

NÉGATIVE: en politique (l'absence d'État), en religion (l'absence de Dieu), par opposition à l'existence de l'objet qu'on dit ne pas exister ou dont on veut la suppression (le dit clairement le concept kantien).

POINT DE DÉPART: en sciences (Popper considère que les sciences agissent par réduction des possibles, Barthes part du degré zéro pour comprendre la *naissance* du sens).

SUPPRESSION: par l'accumulation sans doute de ses deux valeurs (négative et point de départ), en arts, c'est un processus de réduction que met en place l'avant-garde (l'artiste n'intervient plus obligatoirement manuellement sur l'objet, ce sont les *ready-made* de Duchamp, la représentation s'éloigne de la figurativité, c'est, à partir de 1954, le monochromatique IKB ou International Klein Blue des peintures et oeuvres d'Yves Klein, appliqué à un peu tout, c'est, de la même façon, le vide de l'exposition homonyme de Klein, que substituera ironiquement Arman par son *Plein*, en tout cas vide comme "*expérience muette*" offerte par Klein répétitivement à son public).

CRITIQUE: réduction ou perte, en littérature et au théâtre, le Néant devient la forme d'opposition à la narrativité linéaire du XIXème siècle; en sciences, on l'a dit, c'est la forme pour approcher le sens, par **NÉGATION** (on voit que les concepts se rejoignent), comme chez Popper, ou par **RE-CONSTRUCTION**, comme chez Barthes. C'est la mise en cause des valeurs bourgeois par les décadents.

PERTE: dans la compréhension que sociologues et psychologues ont eu de la position des individus dans la société, c'est la perte d'identité, dans la société industrielle l'individu coupé de liens familiaux forts souffre l'anonymat des grandes villes, l'incommunicabilité des cités, comme l'a démontré Talcott Parsons, pour les psychologues, c'est la manière dont la personne sent n'être pas prise en compte, abandonnée ou méconnue, par les parents, le conjoint ou la société (voir le récent film *The Invisible*, 2007, de David S. Goyer). En littérature, ce sont les discours parallèles mais sans rapport du théâtre de l'absurde, en particulier de *Fin de Partie* (1957), seconde pièce de Beckett. Au cinéma, les rapports sociaux complexes des films de Bertrand Blier, en particulier de *Buffet froid* (1979).

DISCOURS D'OPPOSITION(/CONTRE-DISCOURS OU DISCOURS CONTRAIRES): dans cette perspective, l'espace psychologique semble s'étendre au social, depuis l'après-guerre, moment d'émergence des "*discours* contraires" et des "*contre-discours*" (selon le mot du philosophe argentin, l'un des pères de la Philosophie de la Libération: Arturo Andrés Roig - qui distingue d'ailleurs entre les deux, le premier n'étant qu'une

---

[1]"... *à la fois comme chiffre et comme nombre, est héritée de l'invention indienne des chiffres nagari vers le ve siècle. Le mot indien désignant le zéro était śūnya (çûnya), qui signifie « vide » « espace » ou « vacant ». Le mathématicien et astronome indien Brahmagupta est le premier à définir le zéro dans son ouvrage Brâhma Siddhânta. Ce mot, d'abord traduit en arabe par « ṣifr », ce qui signifie « vide » et « grain », a ensuite donné en français les mots chiffre et zéro (de par là traduction de sifr en l'italien zephiro, à partir duquel a été formé zevero qui est devenu zero). La graphie du zéro, d'abord un cercle, est inspirée de la représentation de la voûte céleste.*
Comme l'indique l'étymologie, son introduction en Occident est consécutive à la traduction de mathématiques arabes, notamment les travaux d'al-Khwārizmī, vers le viiie siècle.
Les chiffres indiens sont importés d'Espagne en Europe chrétienne aux environs de l'an mil par Gerbert d'Aurillac, devenu le pape Sylvestre II. Le zéro ne se généralise pas pour autant dans la vie courante, les chiffres indiens servant surtout… à marquer les jetons d'abaque de 1 à 9!
Ce n'est qu'avec le retour du commerce intensif consécutif aux Croisades que les Européens généralisent, au xiie siècle, l'usage du zéro. Une curiosité pour les œuvres des auteurs grecs et orientaux prend en même temps naissance" (Wikipédia France, art. "Zéro")

réponse en négatif du discours dominant, le second étant une reconstruction libertaire et alternative, nouvelle, à celui-ci -, et dont nous avons étudié l'oeuvre dans *Arturo Andrés Roig y el problema epistemológico*, Universidad Nacional Autónoma de Nicaragua UNAN-Managua, 1997, 1998, Bès Éditions, 2006), lesquels partent de la question du non-être, ou de la non possibilité d'être, par conséquent de débattre, à partir de la négation de l'Être (thème que nous développons dans notre étude de Roig que nous venons de citer) et, plus strictement, de l'humanité de celui que nous nommerions aujourd'hui le "*non occidental*", en particulier dans le débat initié par Juan Ginés de Sepúlveda (*De justis belli causis apud indios*) et Bartolomé de Las Casas (*Treinta proposiciones muy jurídicas*), qui, en réalité,ne fit que substituer la négation de l'humanité de l'esclave noir africain à celle de l'indien américain.

VULGAIRE-PROFANE-BLAGUE: sens populaire et joyeux des envolées burlesques et scatologiques d'Ubu chez Jarry ou de la *Merde de l'artiste* de Manzoni. La blague avant-garde, l'excrément du *Manifeste* de Tzara ou de l'urinoir de Duchamp. Par opposition à l'art bourgeois, pourri, pour le Groupe Octobre et les artistes d'avant-garde en général, c'est la critique aux musées. C'est aussi la **CRITIQUE**, en réalité, à l'académisme, et le débat, ouvert depuis Géricault et Delacroix, mais culminant avec Manet et le Salon des Refusés (1863), d'opposition entre les tendances d'avant-garde (impressionistes, expressionistes) et le conservatisme (pompiers). De même, c'est le rejet, ou l'opposition à la Norme (bourgeoise chez Baudelaire, européenne, blanche, chez les philosophes non occidentaux, dont nous parlions dans le numéro antérieur), considérée comme coercitive et réductrice pour les formes alternatives de l'Être (en particulier pour les minorités).

INVERSION: conformément à l'antérieur, le Néant est la négation du savant, du cultivé, de Dieu, de l'État, c'est la partie **NÉGATIVE** de l'Être, comme nous l'avons dit, c'est le rennoncement à la figuration, l'anti-poésie du chilien Nicanor Parra, etc. C'est l'anti-éternel du chef-d'oeuvre, comme on le verra dans notre travail sur le poème du nicaraguayen José Coronel Urtecho (voir la partie "*Littérature*" du présent volume).

DESTRUCTION: la "*tabula rasa*" des avant-gardes, en particulier des futuristes, dont la proposition consistait à brûler les musées, afin de pouvoir, exempts du passé, créer, librement et virilement, l'oeuvre de demain. En politique, c'est l'anarchisme et les différents groupes terroristes (de la Bande à Bonnot, qui sévit entre 1910 et 1912, à la tardive Bande à Baader, 1968-1998, aussi connue comme Rote Armee Fraktion, c'est-à-dire Fraction Armée Rouge, ou encore Groupe Baader-Meinhof pour les noms de ses chefs historiques), en particulier du début du XXème siècle, dont le plus célèbre coup (l'assassinat de l'archiduc François-Ferdinand, héritier de l'empire austro-hongrois, le 28 juin 1914, à Sarajevo, par Gavrilo Princip, serbe de Bosnie, et nationaliste yougoslave, membre du groupe Mlada Bosna ou Jeune Bosnie) fut à l'origine de la Première Guerre Mondiale.

MYSTICISME: que ce soit comme négation de Dieu, et par conséquent apparition d'un sentiment d'absence insupportable, ou que ce soit pour voir dans l'absence de Dieu la possibilité de l'homme de surgir (Nietzsche, Sartre).

HUMANITÉ-INDIVIDUALITÉ: L'homme face à sa propre perception du monde (vision subjective prônée par l'art contemporain, de Turner à l'expressionisme abstrait, et mise en exergue par les théoriciens romantiques allemands, de Kant à Hegel).

SUBJECTIVITÉ: le point antérieur nous amène aux thèse d'Umberto Eco sur l'*OEuvre Ouverte* et la vision, selon lui, les post-structuralistes et néo-barthésiens (Daniel Arasse, Hubert Damish), obligatoirement individuelle, de la perception de l'art.

DÉCONSTRUCTION: en arts (dadaisme, surréalisme), littérature (Mallarmé, anti-poésie de Parra, Cortázar), comme dans les discours postmodernes, qui déconstruisent les discours, et les voit comme récits (Lyotard, MacLuhan).

OBJECTIVITÉ-SOCIÉTÉ INDUSTRIELLE: négation du sentiment, là encore du XIXème siècle, et apologie en tout de la machine, comme forme supérieure de la raison, débat qui surgit dès la fin du XVIIIème siècle entre les philosophes de l'Illustration français, et les "*Sturm und Drang*" allemands. Objectivité qui implique la mise en scène sans échappatoire esthétique de la misère du petit peuple, jusque dans son langage **VULGAIRE**.

ABSOLU: Que ce soit la réponse de l'Art pour l'Art donnée aux réalistes, ou les digressions mystiques de Malévitch ou zen de Klein, le Néant vient à exprimer, *aussi*, les valeurs opposées, plus classiques, de l'indicible et du sublime. Cette ambivalence est celle entre la musique du bruit des futuristes et les happenings du silence de Fluxus. Les deux ayant pour but de rompre avec les normes classiques antérieures, et la lisibilité de l'oeuvre.

FONCTIONALITÉ: ce sont les thèses d'Adolf Loos, et Le Corbusier, des fonctionalistes et des minimalistes. "*Le moins est le plus*" ("*Less is more*"), phrase de 1855 de Robert Browning dans son poème sur "*Andrea del Sarto*", que reprendra Ludwig Mies van der Rohe comme précepte minimaliste. Négation des ornements chez Loos pour raisons d'évolution de la société vers la civilisation, et d'économie pour la production en masse.

ÉCONOMIE: L'objectivisme contre le subjectivisme, la raison contre le sentiment, l'ornement (du sauvage et du délinquent, selon Loos dans son texte fondateur *Ornament and Crime* de 1908) contre l'économie rationnelle des moyens, pour la société de masse et de construction rapide contemporaine, pour les prétension à un habitat efficace pour tous, de bas coût et rapide exécution. Évidemment, cependant, la réduction des coût implique la réduction également de la durée de vie des édifices. C'est aussi l'entrée dans la société de l'hyper-consommation et du produit jetable.

ÉPHÉMÈRE: Là où le fonctionalisme veut faire du social le prétexte à la modélisation univoque, les artistes de la terre (land art) veulent s'oublier du spectateur, comme en général les mouvements de l'après Seconde Guerre Mondiale, pour faire des oeuvres qui perdent les valeurs d'éternité et de plaisir esthétique. Le pop lui-même, s'il promeut le jeu et le plaisir immédiat, représente l'apologie de l'éphémère (la mode, les actrices de cinéma, la bande-dessinée, les boîtes de soupe), ce que réinterprétera, a sa manière, Spoerri avec ses toiles-pièges et ses vestiges de dîner.

PROTECTION ET DURABILITÉ: dans le cas écologique de l'agriculte biologique, selon les théories et la pratique de Masanobu Fukuoka.

FIN: Avec de MacLuhan, *Massage: An Inventory of Effects* (1967) et l'idée de la fin des messages au profit des médias.

SURHOMME: l'homme sans Dieu peut se réinventer à l'infini (ainsi le pensaient Nietzsche, les futuristes, les nazis).

INFORMATION: des tests créés par Hermann Rorschach en 1921 comme méthode projective de psycho-diagnostique, qui sont 10 taches1 sur fond blanc, jusqu'aux consécutives techniques d'association libre en psychologie, ches les surréalistes et les concepts de libre interprétation d'Eco pour les oeuvres en général, le Néant est devenu au cours du XXème siècle l'expression, pour une part, d'une polysémie libre d'attaches référentielles en arts et littérature, et de libération des pulsions intérieures et des inhibitions sociales dans la recherche de traitement psychanalytique.

La richesse et variété de la problématique du Néant rend nécessaire l'étude de sa présence diagonale, comme élément qui, d'une manière ou d'une autre, implique l'ensemble de notre pensée contemporaine, et de notre vision du monde.

Il nous semble que, de la précédente liste, nous pouvons sortir six grands groupes (dont, sans majeure surprise, le second est le plus important), de sens interconnectés, donnés au Néant par la pensée contemporaine:

I.   **POINT DE DÉPART**
       FIN

II.   **NÉGATIVE**
       SUPPRESSION
       PERTE
       DISCOURS D'OPPOSITION

1Intéressante critique la suivante, qui rappelle d'ailleurs celle d'Arthur Koestler (*Réflexions sur la potence*, in Albert Camus Arthur Koestler, *Réflexions sur la peine capitale*, Paris, Calmann-Lévy, 1957), quand il montre comment, selon les principes du "*précédent sans précédent*", qu'étaient en Angleterre les "*règles M'Naghten*" (pp. 75-90), il aurait été impossible de démontrer l'innocence ou la non responsabilité légale d'un animal dans un crime, phénomène similaire à celui du Test de Rorschach, qui présente des taches qui sont analysées (idée que nous pouvons comprendre, en référence aux principes d'association libre, comme déclencheur, mais n'importe quoi d'autre peut l'être, l'écriture automatique par exemple, pour ne pas aller chercher trop loin - tout le problème réside dans l'usage systématique, donc apparemment normatif, d'objets en fait sans aucune fonction, les 10 Planches, de sens et/ou de symbole, comme s'ils en avaient une -) à partir de normes absolues, impossibles de définir car, précisément, basées sur l'idée d'un sens "normal" d'interprétation de bavures, là où on demande à l'imagination de faire un choix qui, par définition, ne peut pas être normatisé, parce qu'il n'existe aucun antécédent logique ou sensé (pourquoi voir un animal plus qu'un autre, ou une chose plus qu'une autre, ou simplement ne rien voir, parce qu'il n'y a rien de plus à voir dans ces 10 planches que dans les nuages dans le ciel, pur jeu intellectuel auquel on se prête ou pas, voir les interprétations normatisées - de fait plus par la coutume, *ce qu'y voient, selon le pays, les personnes interrogées*, que par un sens générique - publiées en 2010 sur Wikipedia en anglais, http://en.wikipedia.org/wiki/Rorschach_test) pour trouver un signifié qui doive à la force être consensuel dans des images privées de signifié (puisque ce sont, une fois encore, des éclaboussures de couleurs, rien de plus):

"*Le test de Rorschach ou test des taches d'encre est un test psychologique de personnalité projectif, dans lequel les interprétations par le sujet de dix planches de dessins abstraits sont analysées pour évaluer son émotivité, ses fonctions intellectuelles et ses capacités d'intégration. C'est Hermann Rorschach (1885-1922) qui a donné son nom au test, et qui a élaboré les taches d'encre, bien qu'il ne les ait pas utilisées pour l'analyse de la personnalité. Le test est dit projectif parce qu'on suppose que le patient projette dans les taches d'encre sa vraie personnalité, révélée par l'interprétation.*

Les taches sont prétendument équivoques, des images abstraites auxquelles l'interprétation va donner une forme compréhensible. Ceux qui croient dans la pertinence de tels tests pensent que ceux-ci sont un moyen de pénétrer les recoins les plus profonds du psychisme du patient ou ses activités psychiques non conscientes. Ceux qui font passer de tels tests se pensent eux-mêmes experts en interprétant les interprétations de leurs patients.

Quelles preuves y a-t-il que l'interprétation d'une tache d'encre (ou d'un dessin ou de l'écriture - autres éléments utilisés dans les tests projectifs), reflet d'une composante de la personnalité, révèle les réelles perceptions plutôt que, par exemple, la créativité d'un sujet? Quelle justification y a-t-il pour supposer qu'une interprétation donnée d'une tache d'encre n'émane pas d'une composante de la personnalité déterminée à tromper l'autre, ou à se tromper soi-même sur ce sujet? Même si l'interprétation provient d'une composante de la personnalité qui exprime les désirs, il y a loin du désir à sa réalisation. Par exemple, une interprétation peut sans équivoque exprimer le désir de coucher avec le thérapeute, mais cela n'implique ni que le patient a couché avec le thérapeute, ni, si l'occasion se présentait, qu'il serait d'accord pour le faire.

Il y a un problème inhérent au test de Rorschach. Avant tout, le thérapeute doit considérer la tache d'encre comme équivoque et abstraite pour qu'elle soit censée représenter réellement la projection du sujet. En conséquence, le thérapeute ne doit pas se référer à la tache dans l'interprétation des réponses du patient ou bien on devrait tenir compte de la projection du thérapeute appréciée de façon indépendante par une tierce personne. Alors celle-ci aurait dû elle-même être interprétée par une quatrième, et ainsi de suite. Le thérapeute doit donc interpréter l'interprétation du patient sans faire référence à ce qui a été interprété. Manifestement, les taches d'encre deviennent inutiles. On peut aussi bien faire interpréter au patient des taches sur le mur ou au sol. En d'autres termes, l'interprétation doit être étudiée comme s'il y avait un récit ou un rêve sans référence précise au réel. Même comme cela, le thérapeute doit en fin de compte rendre une appréciation sur l'interprétation, c'est-à-dire interpréter l'interprétation. Mais de nouveau, qui va interpréter l'interprétation du thérapeute? Un autre thérapeute? Alors, qui interprétera cette dernière interprétation? Etc.

Pour éviter le problème logique de définir un standard du standard du standard etc., les spécialistes ont imaginé des interprétations normalisées des interprétations. Formes et contenus sont tous deux normalisées. Par exemple, un patient qui ne prête attention qu'à une petite partie de la tache « suggère une personnalité obsessionnelle »; tandis que celui qui perçoit des silhouettes mi-humaines mi-animales suggère un trouble de la personnalité, peut-être à la limite de l'isolement social de la schizophrénie (Dawes , 148). S'il n'existait pas d'interprétations normalisées des interprétations, alors des thérapeutes pourraient considérer comme également logiques les mêmes interprétations de patients mais les interpréter différemment. Quelles expériences ont été réalisées pour démontrer qu'une interprétation donnée d'une tache d'encre reflète n'importe quelle conduite passée ou prédit un quelconque comportement dans l'avenir? En bref, l'interprétation du test des taches d'encre est à peu près aussi scientifique que l'interprétation des rêves .

Pour fonder quelque espoir de présenter le test des taches d'encre comme étant scientifiquement valable, il était indispensable de le transformer en test non projectif. Les taches ne sont plus considérées comme totalement abstraites, mais appellent une réponse type, les interprétations du patient y étant confrontées en tant que bonnes ou mauvaises réponses. C'est ce que fit John E. Exner. Le système Exner utilise les taches d'encre comme un test normalisé. De ce point de vue, l'idée semble absurde. Imaginez qu'on admette les étudiants en faculté de médecine en se fondant sur un tel test normalisé! Ou qu'on sélectionne ainsi les candidats à l'école de police! (« Je n'ai pas été reçu à cause de mon échec au test des taches d'encre. »)

Le partisan du Rorschach devrait reconnaître que les taches d'encre, les rêves, les dessins ou l'écriture ne peuvent être de nature différentes que la parole ou les gestes. Chacun de ces éléments est susceptible de multiples interprétations, quelques unes vraies, quelques autres fausses, certaines significatives, d'autres insignifiantes. L'hypothèse que les interprétations des rêves ou des taches d'encre proviennent des profondeurs non conscientes tentant de révéler la véritable personnalité est une hypothèse indémontrable. Le psychisme est un labyrinthe et c'est une chimère de croire que la tache d'encre est le fil d'Ariane qui mènera le thérapeute à son centre."
(http://www.sceptiques.qc.ca/dictionnaire/inkblot.html)

VULGAIRE-PROFANE BLAGUE
INVERSION
DESTRUCTION
ÉPHÉMÈRE
III. DÉCONSTRUCTION
CRITIQUE
"*DISCOURS CONTRAIRES*" ET "*CONTRE-DISCOURS*"
INFORMATION
IV. MYSTICISME
ABSOLU.
HUMANITÉ-INDIVIDUALITÉ
SUBJECTIVITÉ
V. OBJECTIVITÉ-SOCIÉTÉ INDUSTRIELLE
FONCTIONALITÉ
ÉCONOMIE
VI. PROTECTION ET DURABILITÉ
SURHOMME

Le Néant, qui, au départ de notre chemin, paraissait n'être qu'un élément parmi tant d'autre, se révèle central dans la formation de notre pensée contemporaine. De fait, une revue scientifique entière lui fut même dédiée: *International Journal of Chaos Theory and Applications* (AATI, Lausanne)[1].

Ainsi, de la même façon qu'apparaît en français la dualité du terme "*Rien*"/"*Néant*" (l'espagnol ne connaît que la "*Nada*", l'anglais le "*Nothing*"):

Le "*Néant*" provenant, selon l'étymologie[2], du latin populaire "*negens*", contraction de "*ne gentem*" ("*personne*"), ce qui le relie indissociablement à l'idée de présence (ou existence), c'est le "*Non étant*", c'est le "*Niente*" italien, de même étymologie; le "*no-thing*" (littéralement: "*aucune chose*") anglais, opposé au "*some-thing*" (littéralement: "*quelque chose*"); ce sont également les espagnols[3]: "*nadie*" ("*personne*") et "*nada*" ("*rien*"), qui se dérivent du verbe latin "*nacer*", le premier de sa double forme du participe passif "*nasci*" et du participe pluriel "*nati*", et le second du féminin singulier "*nata*". "*Nadie*" provient de la locution latine "*homines nati non fecerunt*", qui signifie littéralement "*les personnes nées ne le firent pas*", expression qui se registre sous la forme "*nadi*" dès le *Cantar de Mio Cid* (dans lequel on peut lire: "*No lo dizen a nadi e finco esta razon*"), Berceo[4] l'utilisant logiquement dans des phrases négatives comme "*nadi no lo hicieron*" ("*(aucune) personne(s) ne le fi(ren)t*"), forme qui perdure jusqu'à la fin du XVème siècle. "*Nadi*" évolucionna ensuite vers les formes "*naid*" et "*naide*", considérées comme vulgaires, bien que Sainte Thérèse d'Àvila[5] l'utilise dans sa *Vida* ("*...que importa mucho que de sequedades ni de inquietud y destraimiento en los pensamientos naide se apriete ni aflija.*") Joan Corominas (*Diccionario crítico etimológico de la lengua castellana*, 1954-1997) signale ainsi que le vocable "*nadie*" commença à s'employer "*como reacción contra el vulgarismo*". De son côté, "*Nada*" dérive de l'expression latine "*chose née*", qui passa à l'espagnol sous la forme: "*nada cosa*", et postérieurement, "*nada*". Le même Corominas observe encore aujourd'hui encore des expressions archaïques comme "*no hizo nada cosa*" ("*il ne fit aucune chose*") dans les communautés hispano-américaines des états états-uniens du Colorado et du Nouveau Mexique, équivalente de celle, transformée en sa version positive, en Amérique Centrale: "*No hacer cosa alguna*" ("*Ne faire quelque chose*"). En ce sens, nous pouvons dire que le mot "*Rien*", de "*Rem*"[6], accusatif du nom féminin latin "*Res*", partage une même étymologie et un même sens avec l'espagnol "*Nada*". En outre, "*Un procédé qui entraîne aussi le mot "chose", pour engendrer un terme négatif, gouverne la formation du mot allemand "nicht" (Cf. A. Schwegler, 1984), composé à partir de l'agglutination de la négation indo-européenne *në et d'un adverbe iht dérivé d'un mot signifiant "chose"; ce composé niht (nicht) occupe une position postverbale. De la même manière, la négation anglaise "not" dérive de "n+aught", "ought" ("pas... quelque chose") ainsi que "nothing" dérive de "ni+iowhit" "not a thing, not anything". Le phénomène concerne des langues très différentes entre elles, si l'on pense que, même à propos de la négation "ur" du berbère, on peut se demander, comme le fait L. Galand (1994, 171), si elle "n'inclut pas l'ancien mot "ara" "chose", qui se serait aggluttiné à la particule négative".*"[7] Les idiolectes eux-mêmes[8] reprenant ces caractéristiques, par un même processus de dérivation ou reprise, mais également de sédimentation (de la langue plus forte sur la plus faible).

---

[1] Dans laquelle d'ailleurs fut publié pour la première fois l'un des articles d'astronomie du présent volume.

[2] En général, sur le paragraphe suivant, voir Anna Orlandini, *Grammaire Fondamentale Du Latin*, Tome VIII: *Négation Et Argumentation en Latin*, Louvain et Paris, Peeters Publishers, 2001, p. 29.

[3] Sur ces deux mots, voir les livres de Ricardo Soca, *La fascinante historia de las palabras* (vol. 1, 2004) et *Nuevas fascinantes historias de las palabras* (vol. 2, 2006), Montevideo (Uruguay), Asociación Cultural Arturo Nebrija.

[4] Ses *OEuvres complètes* ont été publiées dans la Collection "*Les Originaux*" de Bès Éditions .(2004)

[5] Dont les *OEuvres complètes* ont également été publiées dans la Collection "*Les Originaux*" de Bès Éditions (2010).

[6] Cf. Orlandini, loc. cit., p. 29.

[7] *Ibidem.*

[8] Par exemple le picard, cf. *Glossaire étymologique et comparatif du patois picard ancien et moderne précédé de recherches philologiques et littéraires sur ce dialecte* par l'abbé Jules Corblet, extrait du Tome XI des *Mémoires de la Société des Antiquaires de Picardie*, Paris, Dumoulin, 1851, pp. 495-496: "*NEIN. Non. — De même en Wallon./NEIN, NAIE, NA. Non. — En Wallon et en Allemand, nein; en langue Romane , naie.../... NIENT. Pas , point.*" Voir aussiBaron von Bretton, *Recherche sur l'origine de la resemblance et de l'affinité d'un grand nombre de mots qui se retrouvent dans le français, le danois, l'islandais, l'anglais, l'allemand, le latin, le grec et le sanscrit*, Copenhague, Thiele, 1866, pp. 66 et

La différence entre évoquer une absence et comprendre sa présence provient sans doute de la forme selon laquelle la langue impose au concept qui nous occupe un article ou non: "*ne parler de rien*", "*ne rien faire*", "*ce n'est rien*", etc., son des formes du langage courant, proprement négatives, qui évoquent le contraire de l'occupation, du faire, du dire (même lorsqu'on doit reconnaître que c'est par la comparaison implicite avec leur opposé que s'expriment ces valeurs, comme dans *Le Schpountz* de 1938 de Marcel Pagnol, lorsque l'onlce Raimu énonce à son neveu peu attiré par l'épicerie, "*Tu n'es pas bon à rien, tu es mauvais en tout*"), alors que si nous nous proposons d'étudier "*le*"rien ou "*le*"néant, nous leur donnons, par là même valeur positive d'objet, par ajout de l'adjectif, qui les remplit, d'un coup, de densité non seulement énonciative (ou proclamative: ce n'est plus simplement "*rien*", qui n'a pas de corps, mais "*le rien*" sur lequel nous nous penchons), sinon aussi énumérative (combien d'aspects et hypostases offre-t-'il).

Ce fameux *Rien* qui définit donc, au fond, notre *être*, non seulement dans la pensée occidentale (l'Être s'exprime par opposition au Non-Être, de Parménide à la *Bible*), mais aussi orientale (le "*kukan*" ou "*trou dans l'univers*" de l'architecture bouddhiste zen japonaise[1], qui dérive du concept de "*vide*" ou "*sunyata*"[2]), se remplit ainsi de sens, qui, comme nous l'avons dit, s'enrichissent et s'entremêlent:

SENS	CHAMPS	VERSUS	ÉQUIVALENTS	DÉFINITION	CHAMPS	SENS
Négation						
Absence: Rien		Tout	Vide/Plein (voir les expositions homonymes de 1958 et 1960, consécutives et en réponse l'une à l'autre, à la même galerie parisienne Iris Clert, d'Yves Klein et Arman)	Renvoie au Creux de l'Enfer sartrien Sublime/Indicible versus Matière/Décor (utile/inutile)	Arts	Raison-Économie (Rationalisme d'Adolf Loos) Et Transcendance /Divin (Malévitch)
Matière/ Matérialism e			Objet/Objectivisme Extériorisme (Ernesto Cardenal)	Simplicité Réalité non intellectualisée (École de Solentiname)		
Creux	Enfer (n'existe pas, voir le début de *Huis-clos*)[3]	Paradis (Sartre: "*L'Enfer, c'est le Paradis en*	Administration (explicite dans *Le Procès* de Kafka[1])	Non Existence (Je n'existe pas pour les autres)	Psycholog ie	Désintérêt

---

82: "**Ne** et **non**, particule négative, vieux danois nè et nei, danois moderne nei, prononcé nè. Le danois nei est proprement une contraction du vieux nè et ei, eigi, non. En vieux danois nè-nè répond au français ni-ni, anglais nay et no, allemand nein et nicht, latin ne. Nenni est le danois nènè ou nei nei.../... **Rien**, nulle chose, peu de chose, danois ringe, allemand gering."

[1]Voir Antariksa, "*Space in Japanese Zen Buddhist Architecture*", *Dimensi Teknik Arsitektur*, Jurusan Teknik Arsitektur, Fakultas Teknik Sipil dan Perencanaan, Universitas Kristen Petra, Vol. 29, No. 1, Juillet 2001, pp. 75-84.

[2]Expliqué ainsi dans l'articlecité d'Antariksa, *ibid.*, p. 77: "*The concept of Emptiness as classic expression of the paradoxical nature of the emptiness or nothingness is the Heart Sutra, it is one of the discourses ascribed by Gautama Buddha. When the Bodhisattva Kannon was practicing the profound Prajna Paramita2 wisdom he saw all the true aggregates3 to be Emptiness, and passed beyond suffering. It begins with (Legget, 1989:75):/ O disciple Shariputra, form is not different from Emptiness, Emptiness is not different from form; form is Emptiness and Emptiness is form; and also with sensation, thinking, impulse and consciousness. All this things, Shariputra, have the character of Emptiness, neither born or dying, neither defiled nor pure, neither increased nor lessened./ The word empty that appears in the finalresponse of the conservation is fundamental. Ehei Dogen (1200-1253) adds some important clarification of the relationshipbetweennothingnessand emptiness, the key concept in the philosophy of the Middle Way (madhyamika) Dumoulin (1988:83): Emptiness is not "no". [But] in uttering "Buddha-nature-emptiness", one say "no". One does not say, "half a pound", or "eight ounces". One does not say emptiness, because it is emptiness. One does not say no, because it is no. One say no because it is Buddha-nature-emptiness. Thus, each piece of no is a touch stone to articulate emptiness; emptiness is the power articulating no. The experience of this ultimate mystery is what Buddhist speak of in negative terms as sunyata, or emptiness, or in positive terms as tathagata, or suchness4. Sunyata is an Emptinessso full of potentiality that all emerges from it, all is reabsorbed in it. In Emptiness, forms are born. When one becomes empty of the assumptions, inferences, and judgments he has aquined over the years, he comes close to the original inature and is capable of conceiving original ideas and reacting freshly (Holmes, 1990:66). Emptiness="There is no here, no there. Infinity is before our eyes", says the seventh century Zen Patriarch Sentsang in his Hsin Hsin Ming (Frank, 1973:105). Here emptiness give a special form to enter in every place of human live and inanimate object. Actually most of the paintings consists of "nothing", of space, emptiness, the void (Figure 4). Despite this, the feeling for abstract composition is somewhat stronger than the illusion of deep space. It comes the closet to reflecting the tendency in Zen Buddhiam to stress rapid flashes of intuitive insight into spiritual phenomena.*"

[3]De fait, toute la scène 1, entre le valet et Garcin, est, non tant une mise à l'épreuve de la thèse sartrienne que "*L'enfer, c'est le paradis en creux*", sinon du jeu ironique qui nous présente un enfer parodie de lui-même, dont tous les symboles disparaissent ou bien se font moindres de ce que l'on pense: pas de pals, le feu c'est la cheminée d'un intérieur bourgeois,, c'est un enfer *qui n'est pas un enfer*:

SCÈNE PREMIÈRE
GARCIN, LE GARÇON D'ÉTAGE
Un salon style Second Empire. Un bronze sur lacheminée.
GARCIN, *il entre et regarde autour de lui.*
Alors voilà.
LE GARÇON
Voilà.
GARCIN
C'est comme ça...
LE GARÇON
C'est comme ça.
GARCIN
Je... Je pense qu'à la longue on doit s'habituer aux meubles.
LE GARÇON
Ça dépend des personnes.
GARCIN

Est-ce que toutes les chambres sont pareilles?
LE GARÇON
Pensez-vous. Il nous vient des Chinois, des Hindous. Qu'est-ce que vous voulez qu'ils fassent d'un fauteuil second Empire?
GARCIN
Et moi, qu'est-ce que vous voulez que j'en fasse? Savez-vous qui j'étais? Bah! ça n'a aucune importance. Après tout, je vivais toujours dans des meubles que je n'aimais pas et des situations fausses; j'adorais ça. Une situation fausse dans une salle à manger Louis-Philippe, ça ne vous dit rien?
LE GARÇON
Vous verrez: dans un salon second Empire, ça n'est pas mal non plus.
GARCIN
Ah! bon. Bon, bon, bon. *(Il regarde autour de lui.)*
Tout de même, je ne me serais pas attendu.» Vous n'êtes pas sans savoir ce qu'on raconte là-bas?
LE GARÇON
Sur quoi?
Eh bien... *(avec un geste vague et large)* sur tout ça.
LE GARÇON
Comment pouvez-vous croire ces âneries? Des personnes qui n'ont jamais mis les pieds ici. Car enfin, «i elles y étaient venues...
GARCIN
Oui.
Ils rient tous deux. garce, *redevenant sérieux tout à coup.* Où sont les pals?
LE GARÇON
Quoi?
GARCIN
Les pals, les grils, les entonnoirs de cuir.
LE GARÇON
Vous voulez rire? GARCIN, *le regardant.* Ah? Ah bon. Non, je ne voulais pas rire. *(Un silence. Il se promène.)* Pas de glaces, pas de fenêtres,naturellement. Rien de fragile. *(Avec une violence subite:)* Et pourquoi m'a-t-on ôté ma brosse à dents?
LE GARÇON
Et voilà. Voilà la dignité humaine qui vous revient. C'est formidable.
GARCIN, *frappant sur le bras du fauteuil avec colère.*
Je vous prie de m'épargner vos familiarités. Je n'ignore rien de ma position, mais je ne supporterai pas que vous...
Là! là! Excusez-moi. Qu'est-ce que vous voulez, tous les clients posent la même question. Ils s'amènent: « Où sont les pals?» A ce moment-là, je vous jure qu'ils ne songent pas à faire leur toilette. Et puis, dès qu'on les a rassurés, voilà la brosse à dents. Mais, pour l'amour de Dieu, est-ce que vous ne pouvez pas réfléchir? Car enfin, je vous le demande, *pourquoi* vous brosseriez-vous les dents?
GARCIN, *calmé.*
Oui, en effet, pourquoi? *(Il regarde autour de lui.)* Et pourquoi se regarderait-on dans les glaces?Tandis que le bronze, à la bonne heure... J'imagine qu'il y a de certains moments où je regarderai de tous mes yeux. De tous mes yeux, hein? Allons, allons, il n'y a rien à cacher; je vous dis que je n'ignore rien de ma position. Voulez-vous que je vous raconte comment cela se passe? Le type suffoque, il s'enfonce, il se noie, seul son regard est hors de l'eau et qu'est-ce qu'il voit? Un bronze de Barbedienne. Quel cauchemar! Allons, on vous a sans doute défendu de me répondre, je n'insiste Sas. Mais rappelez-vous qu'on ne me prend pas au épourvu, ne venez pas vous vanter de m'avoir surpris; je regarde la situation en face. (Ilreprend sa marche.) Donc, pas de brosse à dents. Pas de lit non plus. Car on ne dort jamais, bien entendu?
LE GARÇON
Dame!
GARCIN
Je l'aurais parié. *Pourquoi* dormirait-on? Le sommeil vous prend derrière les oreilles. Vous sentez vos yeux qui se ferment, mais pourquoi dormir? Vous vous allongez sur le canapé et *Scène première* 17 pffft... le sommeil s'envole. Il faut se frotter les yeux, se relever et tout recommence.
LE GARÇON
Que vous êtes romanesque!
GARCIN
Taisez-vous. Je ne crierai pas, je ne gémirai pas, mais je veux regarder la situation en face. Je ne veux pas qu'elle saute sur moi par-derrière, sans que j'aie pu la reconnaître. Romanesque? Alors c'est qu'on n'a même pas besoin de sommeil. Pourquoi dormir si on n'a pas sommeil? Parfait Attendez... Attendez: pourquoi est-ce pénible? Pourquoi est-ce forcément pénible? J'y suis: c'est la vie sans coupure.
LE GARÇON
Quelle coupure?
GARCIN, L'*imitant.*
Quelle coupure? *(Soupçonneux.)* Regardez-moi. J'en étais sûr! Voilà ce qui explique l'indiscrétion grossière et insoutenable de votre regard. Ma parole, elles sont atrophiées.
LE GARÇON
Mais de quoi parlez-vous?
GARCIN
De vos paupières. Nous, nous battions des paupières. Un clin d'oeil, ça s'appelait. Un petit éclair noir, un rideau qui tombe et qui se relève: la coupure est faite. L'oeil s'humecte, le monde s'anéantit. Vous ne pouvez pas savoir combien c'était rafraîchissant. Quatre mille repos dans une heure. Quatre mille petites évasions. Et quand je dis quatre mille... Alors? Je vais vivre sans paupières? Ne faites pas l'imbécile. Sans paupières, sans sommeil, c'est tout un. Je ne dormirai plus... Mais comment pourrai-je me supporter? Essayez de comprendre, faites un effort: je suis d'un caractère taquin, voyez-vous, et je... j'ai l'habitude de me taquiner. Mais je... je ne peux pas me taquiner sans répit: là-bas il y avait les nuits. Je dormais J'avais le sommeil douillet. Par compensation.Je me faisais faire des rêves simples. Il y avait une prairie... Une prairie, c'est tout. Je rêvais que je me promenais dedans. Fait-il jour?
LE GARÇON
Vous voyez bien, les lampes sont allumées.
GARCIN
Parbleu. C'est ça *votre* jour. Et dehors?
LE GARÇON, *ahuri.*
Dehors?
GARCIN
Dehors! de l'autre côté de ces murs?
LE GARÇON
Il y a un couloir.
GARCIN
Et au bout de ce couloir?
LE GARÇON
Il y a d'autres chambres et d'autres couloirs et des escaliers.
GARCIN

Et puis?
LE GARÇON
C'est tout.
GARCIN
Vous avez bien un jour de sortie. Où allez-vous?
LE GARÇON
Chez mon oncle, qui est chef des garçons, au troisième étage.
GARCIN
J'aurais dû m'en douter. Où est l'interrupteur?
LE GARÇON
Il n'y en a pas.
GARCIN
Alors? On ne peut pas éteindre?
LE GARÇON
La direction peut couper le courant. Mais je ne me rappelle pas qu'elle l'ait fait à cet étage-ci. Nous avons l'électricité à discrétion.
GARCIN
Très bien. Alors il faut vivre les yeux ouverts...
LE GARÇON, *ironique.*
Vivre...
GARCIN
Vous n'allez pas me chicaner pour une question de vocabulaire. Les yeux ouverts. Pour toujours. Il fera grand jour dans mes yeux. Et dans ma tête. *(Un temps.)* Et si je balançais le bronze sur la lampe électrique, est-ce qu'elle s'éteindrait?
LE GARÇON
Il est trop lourd.
GARCIN, *prend le bronze dans ses mains et essaie de le soulever.*
Vous avez raison. Il est trop lourd.
Un silence.
LE GARÇON
Eh bien, si vous n'avez plus besoin de moi, je vais vous laisser.
GARCIN, *sursautant.*
Vous vous en allez? Au revoir. (Le garçon gagne la porte.) Attendez. (Le garçon se retourne.) C'est une sonnette, là? (Le garçon fait un signe affirmatif.)
Je peux vous sonner quand je veux et vous êtes obligé de venir?
LE GARÇON
En principe, oui. Mais elle est capricieuse. Il y a quelque chose de coincé dans le mécanisme. *Garcin va à la sonnette et appuie sur le*
bouton. Sonnerie.
GARCIN
Elle marche!
Scène première 21
LE GARÇON, *étonné.*
Elle marche. *(Il sonne à son tour.)* Mais ne vous emballez pas, ça ne va pas durer. Allons, à votre
service.
GARCIN, *fait un geste pour le retenir.*
Je...
LE GARÇON
Hé?
GARCIN
Non, rien. *(Il va à la cheminée et prend le coupepapier.)*
Qu'est-ce que c'est que ça?
LE GARÇON
Vous voyez bien: un coupe-papier.
GARCIN
Il y a des livres, ici?
LE GARÇON
Non.
GARCIN
Alors à quoi sert-il? *(Le garçon hausse les épaules.)* C'est bon. Allez-vous-en.
Le garçon sort."
[1] En particulier au chapitre VII *"L'avocat, l'industriel et le peintre"*: *"L'idée de son procès ne le lâchait plus, il s'était déjà de-mandé souvent s'il ne serait pas bon de préparer un rapport écrit pour sa défense et de l'envoyer au tribunal: il y aurait exposé brièvement son existence en expliquant, à propos de tous les événements un peu importants qui lui étaient arrivés, les motifs qu'il avait eus d'agir comme il l'avait fait, et en jugeant ensuite ces motifs suivant ses opinions présentes; il eût donné pour terminer les raisons de ce dernier jugement. Un tel rapport lui paraissait bien supérieur à la méthode de défense des avocats qui n'étaient d'ailleurs pas des gens irréprochables. K. ne savait pas en effet ce que l'avocat entreprenait; ce n'était sûrement pas grand-chose, il y avait déjà plus d'un mois que son défenseur avait cessé de le convoquer, et il n'avait d'ailleurs jamais eu l'impression, à nulle des consultations précédentes, que cet homme pût beaucoup pour lui. Maître Huld ne lui avait presque rien demandé, et il y avait cependant tant de questions à poser! Ces questions, c'était l'essentiel. K. sentait lui-même tout ce qu'il eût été nécessaire de demander. Mais l'avocat, au lieu de questionner, se lançait dans de longs discours ou bien restait sans rien dire en face de lui en se penchant légèrement sur sa table, sans doute à cause d'une certaine surdité, tiraillait une mèche de sa barbe et regardait les dessins du tapis, à l'endroit peut-être où K. avait roulé avec Leni. De temps à autre il lui donnait quelques avertissements creux, comme on fait avec les enfants. Discours aussi inutiles qu'ennuyeux que K. se proposait de ne pas payer un centime au moment de l'addition. Quand l'avocat pensait l'avoir suffisamment humilié, il se mettait en général à le remonter un peu. Il avait, disait-il, gagné en tout ou en partie bien des procès de ce genre, qui, peut-être plus limpides, n'en paraissaient cepen-dant pas moins désespérés. Il en avait la liste ici dans son tiroir – et il frappait n'importe où sur la table – mais le secret professionnel l'empêchait malheureusement de montrer les dossiers. La grande expérience qu'il avait acquise au cours de tous ces débats n'en profiterait pas moins à K.: il s'était mis évidemment à l'œuvre sur-le-champ et il avait déjà dressé la première requête. Cette requête était très importante, car tout le procès dépendait souvent de la première impression produite par la défense. Par malheur – et il fallait naturellement qu'il en avertît K. dès maintenant – il arrivait souvent que ces premières requêtes ne fussent pas lues par le tribunal. On les classait tout simplement en déclarant que l'interrogatoire de l'accusé était provisoirement plus important que tous les écrits possibles. On ajoutait, si le requérant insistait trop, que sa demande serait lue en même temps que tous les autres documents, avant le jugement définitif, quand le dossier serait complet. Cela n'était, hélas! pas toujours vrai, ajoutait encore l'avocat, la première requête restait en général dans quelque tiroir où on finissait par la perdre et, même dans le cas où on la gardait jusqu'à la fin, on ne la lisait ordinairement pas, comme l'avocat l'avait appris – quoique, à vrai dire, par des bruits plus ou moins autorisés. Cette situation était regrettable, mais non sans quelque motif. K. ne devait pas perdre de vue que les débats n'étaient pas publics, qu'ils pou-vaient le devenir si le tribunal le jugeait nécessaire, mais que la loi ne prescrivait pas cette publicité. Aussi les dossiers de la justice, et principalement l'acte d'accusation, restaient-ils secrets pour l'accusé et son avocat, ce qui empêchait en général de savoir à qui adresser la première requête et ne permettait au fond à cette requête de fournir d'éléments utiles que dans le cas d'un hasard heureux. Les requêtes vraiment utiles ne pouvaient se faire, ajoutait maître Huld, que plus tard, au cours des interrogatoires, si les questions que l'on posait à*

l'inculpé permettaient de distinguer ou de deviner les divers chefs d'accusation et les motifs sur lesquels ils s'appuyaient. Naturellement, dans de telles conditions, la défense se trouvait placée dans une situation très défavorable et très pénible, mais c'était intentionnel de la part du tribunal. La défense n'est pas, en effet, disait encore maître Huld, expressément permise par la loi; la loi la souffre seulement, et on se demande même si le paragraphe du Code qui semble la tolérer la tolère réellement. Aussi n'y a-t-il pas, à proprement parler, d'avocat reconnu par le tribunal en cause, tous ceux qui se présentent devant lui comme défenseurs ne sont en réalité que des avocats marrons. Évidemment ce fait était très déshonorant pour toute la corporation; K. n'aurait qu'à regarder la salle spécialement réservée aux avocats quand il irait dans les bureaux de la justice, il reculerait probablement d'effroi en voyant la société qui s'y rassemblait; le seul aspect du réduit qu'on leur avait réservé dans le bâtiment montrait le mépris du tribunal pour ces gens-là. La pièce ne recevait le jour que par une petite lucarne, si haute que pour regarder de l'autre côté – en respirant la fumée de la cheminée voisine et en se barbouillant le visage de suie – il fallait d'abord trouver un confrère qui vous fît la courte échelle; il y avait, de plus, depuis plus d'un an, dans le plancher de cette pièce – pour ne donner qu'une idée de son délabrement – un trou par lequel un homme ne pouvait peut-être passer, mais suffisamment grand tout de même pour qu'une jambe s'y en-fournât complètement. Or, cette salle des avocats se trouvait au deuxième étage du grenier; si l'un de ces messieurs s'enfonçait dans le trou, sa jambe pendait donc au premier, et au beau milieu du couloir où attendaient les inculpés. Les avocats n'exagéraient donc pas en déclarant cette situation franchement honteuse. Nulle réclamation n'y faisait. Et il leur était strictement interdit de rien modifier à leurs propres frais; la justice avait d'ailleurs ses raisons pour leur faire subir ce traitement. Elle cherchait à éliminer le plus possible la défense; elle voulait que l'accusé répondît lui-même de tout. Au fond, ce point de vue n'était pas mauvais; mais rien n'eût été plus erroné que d'en conclure que les avocats fussent inutiles à l'accusé devant ce tribunal. Bien au contraire, nulle part ils ne pouvaient lui être plus utiles, car en général les débats n'étaient pas seulement secrets pour le public, mais aussi pour l'accusé: dans la mesure, naturellement, où le secret était possible, mais il l'était précisé-ment dans une très large mesure. L'accusé ne possédait, en effet, nul droit de regard sur les dossiers et il était très difficile de savoir d'après les interrogatoires ce qu'il pouvait y avoir dans ces dossiers, surtout pour l'accusé qui se trouvait intimidé et dont l'attention était distraite par toutes sortes de soucis. C'était là que la défense intervenait. Généralement les avocats n'avaient pas le droit d'assister aux entrevues avec le juge d'instruction, aussi devaient-ils interroger l'accusé le plus tôt possible après son interrogatoire et tâcher de démêler ce qu'il pouvait y avoir d'utile pour la défense dans ses rapports souvent très confus. Mais ce n'était pas encore là le plus important, car on ne pouvait apprendre grand-chose de cette façon, bien qu'à vrai dire un homme compétent s'en tirât mieux qu'un autre ne l'eût fait. Le gros atout c'étaient les relations personnelles de l'avocat, c'était en elles que se trouvait la principale valeur de la défense. K. devait bien avoir constaté, d'après ses propres expériences, que l'organisation de la justice laissait à désirer dans les grades inférieurs, qu'on y trouvait des employés vénaux ou infidèles; l'enceinte présentait des brèches de ce côté. C'était à ces brèches que se pressait la majorité des avocats, c'était là qu'ils soudoyaient, qu'ils cherchaient, qu'ils espionnaient; il s'était même produit, du moins dans le passé, des vols de documents. Il était indéniable que certains défenseurs atteignaient de cette façon des résultats momentanés étonnamment favorables à l'accusé: c'était même de quoi profitaient tous ces petits avocaillons pour attirer de nouveaux clients, mais de tels résul-tats n'avaient aucune influence, ou presque, sur l'évolution des débats. Seules d'honnêtes relations personnelles avec d'importants fonctionnaires – pris dans les grades inférieurs évidemment – pouvaient avoir une vraie valeur; c'étaient les seules qui influassent sur l'évolution du procès, imperceptible-ment d'abord, mais de plus en plus nettement par la suite. Peu d'avocats réussissaient naturellement par cette voie: c'était là que le choix de K. se révélait particulièrement heureux. Il n'y avait, disait le docteur Huld, qu'un ou deux défenseurs qui pus-sent se vanter de relations comme les siennes. Ceux-là ne s'inquiétaient pas, bien sûr, des connaissances qu'on pouvait faire dans la salle des avocats; ils n'avaient rien à voir avec les gens. Leurs relations n'en étaient que plus étroites avec les fonc-tionnaires de la justice. Il n'était même pas toujours nécessaire au docteur Huld d'aller attendre la problématique apparition des juges d'instruction dans les antichambres de ces messieurs pour essayer d'obtenir d'eux, avec plus ou moins de bonheur, un résultat presque toujours trompeur et soumis à leur fantaisie. Non, K. avait pu constater que les fonctionnaires – et parfois des fonctionnaires de haut rang – venaient le renseigner d'eux-mêmes, ouvertement, ou tout au moins d'une façon facilement interprétable, et discuter avec lui de l'évolution prochaine des débats; dans certains cas, ils se laissaient même convaincre et adoptaient parfois l'opinion qu'on leur soufflait. Évidemment il ne fallait pas trop s'y fier; si catégoriquement qu'ils exprimas-sent leur revirement et leur faveur pour la défense, ils rentraient peut-être immédiatement dans leur bureau donner pour les dé-bats du lendemain des directives toutes différentes et peut-être encore plus sévères pour l'accusé que ne l'était le premier point de vue dont ils prétendaient s'être complètement défaits. C'était une chose contre laquelle on ne pouvait rien, car les assurances qu'ils vous avaient données sans témoin restaient précisément sans témoin et n'auraient pu leur imposer aucune obligation, même si la défense n'eût pas été contrainte de travailler à garder leurs faveurs. Il fallait dire aussi que, lorsque ces messieurs se mettaient en rapport avec les défenseurs – quand ils avaient affaire à des gens compétents – ce n'était pas uniquement par amitié ou par philanthropie, mais parce qu'à certains égards ils dépendaient des avocats.

C'était là qu'apparaissait justement le défaut d'une organi-sation judiciaire qui stipulait dès le début le secret des pièces. Les fonctionnaires manquaient de contact avec la société; pour les procès courants ils étaient bien armés, ces procès suivaient leurs cours pour ainsi dire d'eux-mêmes, on n'avait à intervenir que de loin en loin et légèrement; mais, dans les cas ou extrêmement simples ou particulièrement ardus, ils se trouvaient souvent perplexes; à passer jour et nuit enfouis dans leurs codes, ils finissaient par perdre le sens exact des relations humaines, et ce sens leur faisait défaut dans les cas que nous précisions. Ils venaient alors demander conseil aux avocats, suivis d'un domestique qui portait les documents, si secrets en général. À cette fenêtre qu'on voyait on aurait pu trouver souvent bien des messieurs, et des derniers dont on s'y fût attendu, en train de regarder dans la rue de l'air le plus découragé, pendant que l'avocat compulsait leurs dossiers pour pouvoir leur donner conseil. On voyait d'ailleurs dans ces occasions-là combien ces messieurs prenaient leur métier au sérieux et dans quel dé-sespoir les jetaient les obstacles que leur déformation profes-sionnelle les empêchait de surmonter.

Leur situation, ajoutait l'avocat, n'était d'ailleurs jamais bien facile, il ne fallait pas leur faire le tort de le croire. La hiérarchie de la justice comprenait des degrés infinis au milieu desquels les initiés eux-mêmes avaient peine à se retrouver. Or, les débats devant les tribunaux restant secrets en général pour les petits fonctionnaires tout comme pour le public, ils ne pouvaient jamais les suivre jusqu'au bout; les causes entraient donc souvent dans le ressort de leur juridiction sans qu'ils sussent pour où. Aussi ignoraient-ils les enseignements que l'on peut tirer de l'étude des diverses phases d'un procès, du verdict et de ses considérants. Ils n'avaient le droit de s'occuper que de la partie de la procédure que la loi leur réservait et en savaient souvent moins sur la suite, c'est-à-dire sur les résultats de leur propre travail, que la défense qui restait en général en contact avec l'accusé jusqu'à la fin des débats. De ce côté les fonctionnaires de la justice avaient donc aussi beaucoup à apprendre des avocats. K. pouvait-il s'étonner encore, en présence d'une telle situation, de cette irritabilité des fonctionnaires qui se manifestait souvent à l'endroit des accusés de la façon la plus blessante. Chacun en faisait l'expérience. Tous les fonctionnaires étaient en état d'irritation, même quand ils semblaient sereins. Naturellement, les petits avocats avaient beaucoup à en souffrir. On racontait à ce sujet une anecdote qui paraissait fort vraisemblable: un vieux fonctionnaire, paisible et brave homme s'il en fut, avait étudié sans répit pendant un jour et une nuit – car ces employés sont extrêmement laborieux – une cause des plus épineuses particulièrement compliquée par les requêtes des avocats. Le matin, après vingt-quatre heures d'un travail ingrat, il alla s'embusquer derrière la porte et jeta au bas de l'escalier tous les avocats qui voulurent entrer. Les avocats se réunirent sur l'un des paliers inférieurs pour discuter de la conduite qu'ils devaient tenir; d'une part, ils n'avaient pas expressément le droit d'entrer, de sorte qu'ils n'étaient pas empêché d'entreprendre légalement quoi que ce fût contre le fonctionnaire, et – ils avaient d'ailleurs tout intérêt à ménager, comme on l'a déjà expliqué – mais d'autre part, toute journée qu'ils ne passaient pas au tribunal étant complètement perdue pour eux, ils tenaient énormément à pénétrer dans la salle. Finalement ils tombèrent d'accord qu'il fallait fatiguer le vieux monsieur. Ils grimpèrent donc à tour de rôle; une fois en haut ils se laissaient chasser après une longue résistance passive; les collègues recueillaient l'accidenté au pied de l'escalier. Cela dura à peu près une heure, au bout de laquelle le vieux monsieur, épuisé déjà par une nuit de travail, se sentit vraiment trop fatigué et réintégra son bureau. Ceux d'en bas ne voulurent d'abord pas y croire. Ils dépêchèrent l'un d'entre eux avec mission de regarder si la salle était vide. Ils n'entrèrent qu'à son retour et n'osèrent pas dire un mot, car les avocats sont bien loin de vouloir introduire dans le système judiciaire quelque amélioration que ce soit, alors que tout accusé, même le plus simple d'esprit – et c'est très caractéristique – commence toujours, dès son premier contact avec la justice, par méditer des projets de réforme, gaspillant ainsi un temps et des forces qu'il pourrait employer beaucoup plus utilement. La seule méthode raisonnable était, disait le docteur Huld, de s'accommoder de la situation telle qu'elle était. Même s'il eût été possible d'améliorer certains détails – et c'était une billevesée – on n'aurait pu obtenir de résultats, dans l'hypothèse la plus favorable, que pour les cas qui se présenteraient à l'avenir, et on se serait énormément nui en attirant sur l'attention de fonctionnaires rancuniers. Il fallait éviter à tout prix de se faire remarquer, rester tranquille même si on y éprouvait la plus grande répugnance, tâcher de comprendre que cet immense organisme judiciaire restait toujours en quelque sorte dans les airs et que si l'on cherchait à y modifier quelque chose de sa propre autorité on supprimait le sol sous ses pas, se mettant ainsi en grand danger de tomber, alors que l'immense organisme pouvait facilement – tout se tenant dans son système – trouver une pièce de rechange et rester comme auparavant, à moins – et c'était le plus probable – qu'il n'en devînt encore plus vigoureux, plus attentif, plus sévère et plus méchant. Le mieux était donc de laisser faire l'avocat au lieu de le déranger. Les reproches ne servaient sans doute pas à grand-chose, surtout quand on ne pouvait faire comprendre aux gens toute l'importance de leurs motifs, mais il fallait tout de même dire à K. combien il avait desservi sa propre cause en se conduisant comme il l'avait fait avec le chef de bureau. Le nom de cet homme influent devait être, désormais, presque supprimé de la liste des personnages auprès desquels on pouvait entreprendre quelque chose pour K.; il faisait intentionnellement semblant de n'entendre aucune allusion au procès, si superficielle qu'elle fût: c'était bien net. Ces fonctionnaires se conduisaient à maints égards comme des enfants. La chose la plus innocente – et mal-heureusement l'attitude de K. ne l'était pas – pouvait parfois les blesser à tel point qu'ils en cessaient de parler à leurs meilleurs amis, se détournaient quand ils les rencontraient et travaillaient en tout contre eux. Mais il arrivait aussi qu'une petite plaisante-rie, que l'on risquait en désespoir de cause, les fît rire sans grand motif et vous les ramenât brusquement de la façon la plus surprenante. Leur commerce était à la fois très compliqué et très facile; nul principe ne pouvait le régler.

On s'étonnait parfois dans de telles conditions, qu'une vie suffît pour arriver à admettre qu'on pût réussir quelquefois. Il y avait bien, évidemment, de ces heures mélancoliques, comme tout le monde en connaît, où l'on croyait n'avoir rien atteint, où il semblait qu'on n'avait jamais réussi que dans des procès destinés de toute éternité au succès et qui

		creux")				
Opposition: Non-Être		Être				
Non Événement		Fait scientifique	Réalité/Impossible			Songe-mensonge (Shakespeare, Calderón de la Barca)
Contradiction	Nihilisme/Politique		Déconstruction	Anarchie	Avant-gardes	
Fin/Début	Big Bang					

Comme rappelle très bien Silvio José Baez (*Cuando todo calla - El silencio en la Biblia*, Madrid, Ed. de la Espiritualidad, 2009, "*Introducción*", p. 23), lorsqu'il écrit que "*la linguistique moderne l'a mis en évidence, le silence ne peut pas s'identifier simplement avec l'absence de mot, c'est un vrai signe dans le cadre des relations interhumaines*" (ce que révèle, s'il en était besoin, le nom du groupe de rock espagnol, née au milieu des années 1980 et dont les membres ont décidé de se séparer en 1996, Héroes del Silencio, en français Héros du Silence), il nous semble qu'identiquement le Néant, forme plus générale de ce que représente le silence (et l'oralité pour les auteurs comme Barthes, dans *Le grain de la voix*, 1981, *L'obvie et l'obtus*, 1982, ou *Le bruissement de la langue*, 1984, nous renvoyons le lecteur à notre thèse *Roland Barthes et la théorie esthétique*, 2001), renvoie donc à un ensemble complexe, riche et impossible de ne pas prendre en compte, pour comprendre notre pensée contemporaine, d'où elle vient, et ce qu'en nous elle implique et provoque.

C'est pourquoi l'ouvrage ce divisera en grandes sections, à l'intérieur desquelles nous avons voulu laisser libre la pensée et la diversité d'approche aux auteurs qui y ont participé.
Les différentes sections comprennent donc les divers champs intellectuels dans lesquels le Néant devient un objet concret:
I. Philosophie.
II. Épistémologie.
III. Politique.
IV. Théologie.
V. Sociologie.
VI. Psychologie.
VII. Littérature.
VIII. Arts.
IX. Architecture.
X. Théâtre
XI. Cinéma
XII. Musique.
XIII. Astronomie.
XIV. Agriculture.
XV. Discours émergents et contre-discours.

---

*auraient abouti même sans vous, alors qu'on avait perdu tous les autres malgré toutes les courses, la peine et les petits résultats apparents qui vous avaient fait tant de plaisir. Et il semblait, à ces moments, qu'il n'y eût plus à se fier à rien et que, si l'on avait eu à répondre à certaines questions précises, on n'aurait même pas osé nier qu'on avait lancé dans de mauvaises voies, avec la meilleure intention du monde, des procès qui auraient dû réussir d'eux-mêmes. Il y avait évidemment jusque dans ce sentiment une sorte de certitude, mais c'était la seule qui vous restât. Ces accès de scepticisme – car ce n'étaient évidemment que des accès – menaçaient surtout les avocats quand on leur retirait des mains un procès qu'ils avaient déjà mené assez loin et qui leur donnait entière satisfaction. C'était sans doute la pire des choses qui pût arriver à un défenseur. Ce malheur ne se produisait jamais par la faute de l'accusé; un accusé qui avait choisi un avocat était forcé de le conserver quoi qu'il advînt. Commet d'ailleurs aurait-il pu se débrouiller seul après s'être fait assister? Cela n'arrivait donc jamais, mais il arrivait quelquefois que la procédure prît une direction dans laquelle l'avocat n'avait plus le droit de la suivre. On lui retirait à la fois le procès, l'accusé et tout; les plus utiles relations ne serviraient plus alors de rien, car les fonctionnaires eux-mêmes étaient tenus dans l'ignorance. Le procès venait d'entrer dans une phase où on n'avait plus le droit d'aider, où il se trouvait entre les mains de cours de justice inaccessibles et où l'avocat ne pouvait plus voir l'inculpé. Un beau jour, en arrivant chez soi, on découvrait sur sa table toutes les requêtes qu'on avait rédigées avec tant de zèle et d'espoir; elles vous avaient été renvoyées comme n'ayant plus le droit de figurer dans la nouvelle phase du procès. Cela ne signifiait d'ailleurs pas que le procès fût encore perdu. Il n'y avait du moins aucune raison impérieuse d'admettre cette hypothèse: il se trouvait simplement qu'on ne savait plus rien du procès et qu'on n'en saurait jamais rien. De tels cas ne représentaient heureusement que des exceptions et, même si le procès de K. devait jamais entrer dans cette voie, il était loin pour le moment d'une telle phase et laissait encore largement à faire à l'avocat. K. pouvait être bien sûr que l'occasion ne serait pas perdue. La requête, comme on l'avait dit, n'était pas encore envoyée, mais cela n'était pas urgent, il était beaucoup plus important, pour le moment, d'établir les premiers contacts avec les fonctionnaires utiles, et la chose était déjà faite, – avec des succès différents, il fallait l'avouer franchement. Il valait mieux provisoirement ne pas révéler de détails qui ne pouvaient influencer K. que dans un sens défavorable, en lui donnant trop d'espoirs ou de craintes: qu'il lui suffit de savoir que certains fonctionnaires avaient fait preuve du plus grand empressement et que d'autres s'étaient montrés moins favorables mais n'avaient pas refusé leur aide. Au total le résultat était donc très satisfaisant mais il ne fallait pas en tirer de conclusions, car toutes les négociations préliminaires commençaient de la même façon, et ce n'était que par la suite des débats qu'on pouvait voir si elles avaient servi. En tout cas rien n'était perdu, et, si l'on pouvait réussir malgré tout à gagner le chef de bureau – diverses démarches avaient déjà été entreprises dans ce sens – la plaie serait nette, comme disent les chirurgiens, et on pourrait attendre la suite avec confiance.
Quand il était lancé dans ce genre de discours, l'avocat ne tarissait plus: il recommençait à chaque visite. Il y avait toujours des progrès, mais jamais on n'avait le droit de dire en quoi ces progrès consistaient. On ne cessait de travailler à la première requête, mais elle n'était jamais finie, ce qui se révélait excellent dès la consultation suivante, car le moment – chose qu'on n'avait pas pu prévoir – aurait été très mal choisi par l'envoi de ce document. Si K., épuisé de discours, faisait parfois remarquer que l'affaire n'avançait guère, même en tenant compte de toutes les difficultés, on lui répondait qu'elle allait fort bien son petit chemin, mais qu'elle en serait évidemment beaucoup plus loin si on s'était adressé à temps à l'avocat. Malheureusement, on ne l'avait pas fait, et cette négligence amènerait par la suite de bien pires ennuis que des pertes de temps.*"

Nous les avons organisés de la théorie au concret, du général au pratique. Historiquement, il nous semble que notre organisation se valide également, commençant, selon nous, la présence immanente du Néant dans la pensée contemporaine (pour culminer avec Camus dans *Le mythe de Sysiphe*, 1942, Sartre dans *L'Être et le Néant*, 1943, MacLuhan dans *The Mechanical Bride: Folklore of Industrial Man*, 1951, et Bárthes dans *Le Degré zéro de l'écriture*, 1953), par l'interrogation sur l'existence de Dieu par les théoriciens de la Révolution (Dupuis en particulier et *L'origine de tous les cultes, ou la religion universelle*, 1795), pour arriver à la solitude de l'homme sans Dieu, se réinventant (*Also sprach Zarathustra. Ein Buch für Alle und Keinen*, 1883-1885, de Nietzsche, *Le Surmâle*, 1902, de Jarry) ou se suicidant.

On se demandera si le récit de l'absence de traces de la narration policière depuis ses débuts au XIXème siècle, qui joue en particulier sur le motif de la chambre close, de Poe à John Dickson Carr, puisque, comme nous l'avons montré dans notre essai *Mythanalyse du héros dans la littérature policière (de Dupin, Lupin et Rouletabille aux super-héros de bandes dessinées et de cinéma* (2004), il renvoie au passage de l'époque moderne à la contemporaine, du merveilleux au fantastique, du religieux à sa critique, on se demandera donc si le récit de l'absence de traces récurrent des oeuvres du genre policier depuis ses débuts ne rejoint pas, précisément, le problème de l'absence, du vide. Ce qui n'est pas ou n'est plus, ce qui a disparu. Ce qui est au-delà du sens commun (Dieu, le crime). Cela est relativement clair lorsque les héroïnes de *Dead Run* (2005) de P.J. Tracy s'affrontent à l'indicible disparition des corps d'un village entier, décimé par un gaz vénéneux (chapitre 15), utilisant le terme explicite à haute voix de "*Rien*" pour définir cette absence totale d'activité et l'absolu silence régnant.

C'est ce même "*Rien*" que dans la nouvelle *Le Chef-d'œuvre inconnu* (publiée dans le journal *L'Artiste* en août 1831 sous le titre de *Maître Frenhofer*, puis toujours dans le même journal sous le titre *Catherine Lescault, conte fantastique*, la même année, puis paru dans les *Études philosophiques* en 1837, et intégré à *La Comédie humaine* en 1846) voit le maître dont la trace marquera le jeune Nicolas Poussin (figure hautement symbolique, puisque chef de file des Classiques, contre les Modernes).lorsqu'il présente son tableau où rien ne se voit sinon des taches de couleurs, ce qui confirme bien, en même temps qu'il le marque, le début de la contemporanéité artistique (on sait l'influence que cette nouvelle eut sur Picasso lui-même, qui, sur demande d'Ambroise Vollard l'illustra en 1931, avant de louer un atelier au 7 de la rue des Grands Augustins, où la nouvelle place celui de Porbus, et où Picasso peindra *Guernica*, et vécut durant toute la période de la Seconde Guerre Mondiale) comme expression d'un absolu transcendantal, au-delà des mots et du sens (ou en-deçà pour le discours épistémologique, barthien en particulier). La nouvelle termine ainsi, parfait exergue à la présente Anthologie:

" -- *Le vieux lansquenet se joue de nous, dit Poussin en revenant devant le prétendu tableau. Je ne vois là que des couleurs confusément amassées et contenues par une multitude de lignes bizarres qui forment une muraille de peinture.*
-- *Nous nous trompons, voyez?... reprit Porbus.*
En s'approchant, ils aperçurent dans un coin de la toile le bout d'un pied nu qui sortait de ce chaos de couleurs, de tons, de nuances indécises, espèce de brouillard sans forme; mais un pied délicieux, un pied vivant! Ils restèrent pétrifiés d'admiration devant ce fragment échappé à une incroyable, à une lente et progressive destruction. Ce pied apparaissait là comme un torse de quelque Vénus en marbre de Paros qui surgirait parmi les décombres d'une ville incendiée.
-- *Il y a une femme là-dessous, s'écria Porbus en faisant remarquer à Poussin les couches de couleurs que le vieux peintre avait successivement superposées en croyant perfectionner sa peinture.*
Les deux peintres se tournèrent spontanément vers Frenhofer, en commençant à s'expliquer, mais vaguement, l'extase dans laquelle il vivait.
-- *Il est de bonne foi, dit Porbus.*
-- *Oui, mon ami, répondit le vieillard en se réveillant, il faut de la foi, de la foi dans l'art, et vivre pendant longtemps avec son oeuvre pour produire une semblable création. Quelques-unes de ces ombres m'ont coûté bien des travaux. Tenez, il y a là sur la joue, au-dessous des yeux, une légère pénombre qui, si vous l'observez dans la nature, vous paraîtra presque intraduisible. Eh! bien, croyez-vous que cet effet ne m'ait pas coûté des peines inouïes à reproduire? Mais aussi, mon cher Porbus, regarde attentivement mon travail, et tu comprendras mieux ce que je te disais sur la manière de traiter le modelé et les contours. Regarde la lumière du sein, et vois comme, par une suite de touches et de rehauts fortement empâtés, je suis parvenu à accrocher la véritable lumière et à la combiner avec la blancheur luisante des tons éclairés; et comme par un travail contraire, en effaçant les saillies et le grain de la pâte, j'ai pu, à force de caresser le contour de ma figure, noyé dans la demi-teinte., ôter jusqu'à l'idée de dessin et de moyens artificiels, et lui donner l'aspect et la rondeur même de la nature. Approchez, vous verrez mieux ce travail. De loin, il disparaît. Tenez? là il est, je crois, très remarquable.*
Et du bout de sa brosse, il désignait aux deux peintres un pâté de couleur claire.
Porbus frappa sur l'épaule du vieillard en se tournant vers Poussin: - Savez-vous que nous voyons en lui un bien grand peintre? dit-il.
-- *Il est encore plus poète que peintre, répondit gravement Poussin.*
-- *Là, reprit Porbus en louchant la toile, finit notre art sur terre.*
-- *Et de là, il va se perdre dans les cieux, dit Poussin.*
-- *Combien de jouissance sur ce morceau de toile s'écria Porbus.*
Le vieillard absorbé ne les écoutait pas, et souriait à cette femme imaginaire.
-- *Mais, tôt ou tard, il s'apercevra qu'il n'y a rien sur sa toile, s'écria Poussin.*
-- *Rien sur ma toile, dit Frenhofer en regardant leur à leur les deux peintres et son prétendu tableau.*
-- *Qu'avez-vous fait! répondit Porbus à Poussin.*

Le vieillard saisit avec force le bras du jeune homme et lui dit: -- Tu ne vois rien, manant! maheustre! bélître! bardache! Pourquoi donc es-tu monté ici? -- Mon bon Porbus, reprit-il en se tournant vers le peintre, est-ce que, vous aussi, vous vous joueriez de moi? répondez? je suis votre ami, dites, aurais-je donc gâté mon tableau?

Porbus, indécis, n'osa rien dire; mais l'anxiété peinte sur la physionomie blanche du vieillard était si cruelle, qu'il montra la toile en disant: -- Voyez!

Frenhofer contempla son tableau pendant un moment et chancela.

-- Rien, rien! Et avoir travaillé dix ans!

Il s'assit et pleura.

-- Je suis donc un imbécile, un fou! je n'ai donc ni talent, ni capacité, je ne suis plus qu'un homme riche qui, en marchant, ne fait que marcher! Je n'aurai donc rien produit.

Il contempla sa toile à travers ses larmes, il se releva tout à coup avec fierté, et jeta sur les deux peintres un regard étincelant.

-- Par le sang, par le corps, par la tête du Christ, vous êtes des jaloux qui voulez me faire croire qu'elle est gâtée pour me la voler! Moi je la vois! cria-t-il, elle est merveilleusement belle.

En ce moment, Poussin entendit les pleurs de Gillette, oubliée dans un coin.

-- Qu'as-tu, mon ange? lui demanda le peintre redevenu subitement amoureux.

-- Tue-moi! dit-elle. Je serais une infâme de t'aimer encore, car je te méprise. Je t'admire et tu me fais horreur. Je t'aime et je crois que je te hais déjà.

Pendant que Poussin écoutait Gillette, Frenhofer recouvrait sa Catherine d'une serge verte, avec la sérieuse tranquillité d'un joaillier qui ferme ses tiroirs en se croyant en compagnie d'adroits larrons. Il jeta sur les deux peintres un regard profondément sournois, plein de mépris et de soupçon, les mit silencieusement à la porte de son atelier, avec une promptitude convulsive. Puis, il leur dit sur le seuil de son logis:- Adieu, mes petits amis.

Cet adieu glaça les deux peintres. Le lendemain, Porbus, inquiet, revint voir Frenhofer, et apprit qu'il était mort dans la nuit, après avoir brûlé ses toiles."

Pour conclure, et convaincre les plus récalcitrants, sentant la nécessité de nous avancer aux, toujours possibles, commentaires humoristiques ou de bon ton du style: *"Que peut-on dire du néant? Et bien, pas grand chose, ou rien du tout!"*, qui, bien que plaisants, cachent, derrière leur drôlerie bon enfant et, pourquoi pas, potache, un certain préjugé contre le processus même de la tentative analytique, nous voulons éclaircir et mettre en relief très catégoriquement le fait suivant: parler du néant (ou du *rien*) est déjà s'exprimer sur un objet, alors que le néant (ou le *rien*) en soi ne laisse pas d'être un *vide*.

C'est, de fait, ici donc le même phénomène culturel qui s'applique qu'à tout autre thème, le pensée humaine ayant, pour le mieux ou le pire (Émile Durkheim a ainsi, dans ses études sur le crime, montrer comment l'humanité crée, à partir d'acte en soi neutres, en leur attribuant des valeurs arbitraires qu'ils n'ont originellement pas, des crimes, qui plus est sévèrement punis, en réalité, purement symboliques: lois contre l'inceste, l'adultère, la menstruation, sur la virginité, contre le non-respect des idoles, contre le non-respect du shabbat, etc.), cette propriété de faire passer de l'univers de la nature à celui de la culture les objets concrets, en leur attribuant un champ de valeurs absolues, dont l'origine et la logique causent souvent des débats complexes par le fait même de leur caractère fondamentalement, comme nous venons de le dire, arbitraire et symbolique, détachés de toute réalité phénoménologique de l'objet ainsi recréé et représenté.

Notre relation au néant, c'est-à-dire au vide ou au rien, bien que plus choquante en cela qu'elle s'applique à quelque chose qui, non seulement transcende cette objectalité naturelle de la plupart des phénomènes, qui nous permet de les palper, et par conséquent de les reconnaître (c'est, là encore, à dire de les chosifier), sinon, en outre, qui n'existe purement et simplement pas (le vide, bien que conceptualisable, n'est, comme le reconnaît le sens commun, *rien*), n'échappe pas à cette règle générale de l'histoire des mentalités, selon la double loi propre (pour le moins à la société humaine) qui la définit et prédispose: l'allégorisation arbitraire d'un phénomène ou d'une expression naturelle, et la modification de ce processus de symbolisation au cours des siècles, selon chaque époque et région, prédéterminées, l'une et l'autre, par l'histoire générale de la pensée, l'histoire particulière de leur région, et l'évolution immédiate des consciences qui leur est particulière (limitée dans le temps et l'espace à elles-mêmes).

Les auteurs, ici réunis, ont accepté avec enthousiasme de participer dans ce projet de grande envergure. Premier en son genre. Nous les en voulons remercier.

Tout d'abord ceux qui nous ont permis de reproduire leurs textes, déjà publiés, y apportant parfois de substancielles modifications. Plus chaleureusement encore ceux qui se sont donnés à la tâche d'écrire spécialement pour cette Anthologie.

Un grand merci à chacun d'entre eux, grâce à qui peut voir le jour ce magnifique projet de science, passion, pacience et interrogation sociale sur notre être contemporain et ses sources idéologiques.

INTRODUCCIÓN A LA NADA

Norbert-Bertrand Barbe

Résumé de l'article:
Comme l'indique son titre, le présent article est une introduction au concept de Rien, dans une double perspective: premièrement historiographique, depuis Parménide jusqu'à l'époque contemporaine, en un nécessairement rapide survol; deuxièmement dans la tentative de compréhension des raisons de sa prise d'importance à l'époque contemporaine, depuis la question de la mort de Dieu jusqu'aux phénomènes sociaux que cette absence nouvelle provoque (suicide, absence d'autorité supérieure absolue, par conséquent apparition d'une négation de la "*chose politique*" traditionnelle) qui se répand de la théologie et la philosophie (Goethe, Byron, Schopenhauer, Kierkergaard, Nietzsche, Heidegger, Sartre) à la politique (anarchismes, nihilisme), pour entrer dans le monde de l'art (la "*tabula rasa*" des avant-gardes, les "*ready mades*") et la littérature (théâtre de l'absurde, avec antécédents chez Jarry, Oulipo, Nouveau Roman et déconstruction de l'évolution narrative du récit), en passant par la science et l'épistémologie (théorie de la relativité et impossibilité de savoir, preuves par négation de Karl Popper ou "*degré zéro*" de Roland Barthes), selon un processus connu: les idées vont de l'élite au peuple, alors que la langue va du peuple vers l'élite.

Enajenación o "*no pasa nada*", la Nada, como todo conceptoobvio, es culturalmente prejuiciado. Evolucionó como el de Arte. Mientras el original "*ars*" es "*técnica*" y se aplica a los artesanos, el cambio sufrido con Miguel Angel y Leonardo que quisieron poner pintura y escultura en las "*artes liberales*" creó una diferencia notable, ya no sólo basada en la supremacía del "*Logos*" Verbo-Dios, sino también de la "*maniera*" y el talento o "*genio*", sobre la técnica, llevando Kant a plantear (*Crítica de la facultad de juzgar*, §46): "*las bellas artes no son posibles sino como producciones del genio*", el cual Kant define por la originalidad y "*ejemplo*" (Aristóteles) que por sus cualidades es modelo a reproducir. Ya no es "*genius loci*", espíritu externo del lugar y la "*gens*" bajo su dominio, sino, como en el kantiano genio-modelo: "*Volksgeist*", espíritu nacional, externo, pero definido desde el "*Geist*", "*ruah*" hebreo, "*pneuma*" griego y "*spiritus*" latín, alma interna relacionada tanto con el "*espíritu de la ley*" (II Corint. 3-6) y por ende el "*genios loci*", como con la noción más subjetiva de "*goût*" francés, "*gusto*" italiano o "*geschmack*" alemán. Es el espíritu genético y sentido común en Vico, el opuesto carácter histórico de la ciencia y la política en Edmund Burke, el "*espíritu general de las naciones*" en Montesquieu, el "*carácter nacional*" en Hume, el "*genio de un pueblo*" de Voltaire en el *Diccionario filosófico*, el "*nationalgeist*" en Carl Friedrich Moser. Deviene en Herder el "*espíritu de los tiempos*" ("*Geist del Zeiten*"), alma tradicional de un pueblo que el autor vacila en considerar históricamente determinado por rasgos culturales o, como Descartes, innato, eterno e indestructible. Kant en lo citado como en su paralelo entre razón pura y razón práctica resuelve el dilema a su manera. Herder como Hegel para la construcción de la historia ve en los elementos climáticos fundamentos del "*espíritu de los tiempos*". Mientras Hegel utiliza el término "*Volksgeist*" a propósito de las leyes y constituciones, Herder estudia el "*nationalgeist*" en el lenguaje y la literatura. Ahora bien, desarraigado de lo meramente técnico y por ende entrado en un valor superior del genio personal, el arte termina abarcando un amplio espectro de fenómenos. Antiguamente designaba el trabajo profesional de artesanos en talleres, ahora se considera arte lo no intencional y en proceso de los niños y los locos, por lo inacabado de las producciones abstractas, que ya no necesitan de una mano completa para exponerse, el boceto volviéndose obra en sí.

La Nada se define en los fragmentos de Parménides como No Ser, o sea en sentido negativo contrapuesta al Ser, al cual no se puede adjetivar porque agregándole se le resta a la vez su pureza y plenitud, pues se lo especifica. Pero la misma pureza y permanencia del Ser, considerada como igualdad perfecta de sus partes (no puede ser menos o más que sí mismo en todas sus partes) provoca una identificación más o menos explícita entre el Ser y el círculo, que retomará el cristianismo con Pseudo-Denis el Areopagita. El No Ser, aunque asumido como indefinible, porque fuera del Ser que lo abarca todo, se expresa por agregación que lo antepone a su modelo: no siendo, que definiría ello su no existencia, se le suma un valor ontológico por simetría, el de Ser. No sólo no es sino que es contra-cara del Ser. Mientras los antiguos pensaban el Ser como dentro de la naturaleza, pues, era lo que es, los cristianos pensaron el Ser, en cuanto Creador, originalmente distinto de la creación y las criaturas, liberando lo creado de su exacta correspondencia con su modelo. Es tardíamente que aparece en Occidente y en el mundo árabe el cero. Los hindúes que lo utilizan desde el siglo II a.C., lo consideraban como un elemento vacío pero positivo en la ascensión hacia el nirvana. A la inversa chocaba los griegos la idea de nada como ausencia o vacío. De ahí la definición simétrica del No Ser a través de su modelo de existencia: el Ser, sin sentido progresivo. En 628 el sabio Brahmagupta publica el tratado *Brahmasphutasiddhârta* en el que el cero se define como la sustracción de un número por sí mismo ($a - a = 0$). Los griegos presentan sólo una implícita equivalencia de valor simétrica (el No Ser $= -a$); los hindúes no crean un proceso lógico de simetría, sino un espacio concreto de no existencia del objeto. Los babilonios encarnando el cero por 1, 2 o 3 ganchos podían distinguir el 13 del 103, mas no del 130; los hindúes dieron un gran paso con el cero, que aparece realmente a partir de 870 en sus escritos. En el siglo XII fue remplazado por el punto o "*bindu*". En 773 un hindú lleva tratados de astronomía de Brahmagupta a la corte del califa de Bagdad. Al-Khwarizmi los utiliza y en 820 publica un libro presentando los números hindúes. Roberto de Chester traducirá su tratado en la España del siglo XII. Los árabes tradujeron la palabra india "*sunya*" o "*shûnya*" (vacío) por "*as-sifr*" que dará en el siglo XIII en Alemania "*cifra*" y después "*zyphra*", Fibonacci introduciendo en el mismo siglo la palabra "*zephirum*" en latín para designar al cero. En italiano será "*zephiro*", "*zeuero*" y "*cero*" y por fin en francés "*zéro*". La palabra servirá para designar el conjunto de las "*cifras*" (persistente dependencia del No Ser respecto del Ser), y en inglés los códigos secretos o "*cipher*". Europa utilizaba todavía los números romanos, y la religión asimiló el cero a un instrumento del Diablo, pero los comerciantes lo impusieron junto con el sistema decimal, por facilitar sus cálculos (para evitar errores, escribían también los números en letras). Denotándose la Nada como distinta al Ser o su negación, adquiere valor lógico de otra índole, pasando de No Ser a Ausencia. Así Kant puede oponer al "*nihil positívum*" escolástico (No Ser) el "*nihil negativum*" o concepto indefinible, lo que a la vez remite a la herencia griega, pues no deja de ser un "*negativo*", pero con ontología propia, ya siendo negativo lo es de la Nada en sí. Dándole valor definitivo no sólo neutro sino epistemológico de no hecho, Kant abre el camino a Popper en el campo lógico, pero también a Barthes en el campo humanístico. Donde Barthes ve el "*grado cero*" como base progresiva (v. Brahmagupta y el posterior lugar del cero entre números enteros positivos y negativos), popperiana, de surgimiento del sentido, Todorov y los neo-barthianos ven en la Nada un vacío del alma, conforme Adorno, Jung y Barthes (evolución del sentido del vacío del arte al significante o significado formal de la música y la oralidad: "*première écoute*", y el significado fuerte de la literatura: "*seconde écoute*", elevación estética hegeliana hacia el Logos y la Religión del Ser-fuera-de-Sí al Ser-en-Sí). En *Eloge du quotidien* Todorov ve lo cotidiano como vacío de significado fuerte, pequeña muerte, al igual que Marc Fumaroli en *L'Etat culturel*, que, como Barthes, opone la sociedad culta literaria a la sociedad de masa del museo y el audiovisual. En el siglo XX numerosos autores (Cioran, Coronel y Pasos en *La chinfonía burguesa*, Beckett, Ionesco, Neruda en *Odas elementales*, Alvaro Urtecho en *Cuadernos de la Provincia*, Héctor Avellán, Francisco Ruiz, Porfirio y Hermógenes García, Santiago Molina) vieron en la Nada el vacío psicológico de lo cotidiano.

La Nada sería, en última instancia, lo que evoca su nombre, pero, sea que los humanos crean sentidos, sea que en sí la nada no puede existir fuera de su contrario, que es, en última instancia también, el concepto que la concibe, debemos reconocer que la nada abarca un amplio espectro de preocupaciones humanas e intelectuales, desde la antigüedad, pero más que todo en la época contemporánea, desde finales del siglo XVIII (problema de Dios, sus niveles de existencia, oposición entre salvajismo y civilización), y en particular en el siglo XX (movimientos anarquistas de inicios del siglo XX y apetencia mayor al suicidio por el aislamiento del individuo en la ciudad industrial, lo que en Durkheim se vuelve tema de estudio sociológico, y en Camus filosófico, problemas postmodernos de la descomposición de los discursos debido a la aparición de contra-discursos no occidentales), conformando así nuestra manera de entender el mundo.

Podemos reseñar la nada bajo los siguientes aspectos:

LA NADA ONTOLÓGICA:
La Nada como simetría del Ser: El No Ser, opuesto al Ser, en Parménides y los pre-estoicos;
La Nada ontológica: en Shakespeare, de *Hamlet* a *El cuento de invierno*;
La Nada como Néant (literalmente No Estando) en Sartre;
La Nada como No Estar y la preocupación existencial en Camus;
La Nada como fin: el problema de Dios, de Kant a los existencialistas, con la extinción de la raza y/o el planeta en Kiekergaard, Schopenhauer, Nietsche, Heidegger, Sartre, Camus, la ciencia ficción;

LA NADA TEOLÓGICA:
La Nada negativa y el problema epistemológico y teológico en Kant;
La Nada como proceso de ordenamiento: el *Génesis*, el antes del mundo y los diluvios;
La Nada como ausencia de promesa: la cuestión del más allá, y el suicidio en el siglo XX, con la perdida de creencia;

LA NADA EPISTEMOLÓGICA Y CIENTÍFICA:
La Nada como origen: el Big Bang y el antes del tiempo de Planck;
La Nada como elemento del universo: átomo y vacío de Grecia a la teoría de la relatividad;
La Nada como término medio: el cero y su historia;
La Nada como modo de verificación: del "*nihil negativum*" de Kant a la negatividad de Popper y el grado cero de Barthes;
La Nada como "*no hecho*": astrología y ciencias paralelas y la cuestión de la no verificabilidad en las ciencias contemporáneas;
La Nada como desorden: la teoría del caos;

LA NADA EN ESTÉTICA Y SEMIOLOGÍA:
La Nada como reducción del arte al nivel cero del sentido en Adorno, Jung, Barthes;
La Nada como nivel cero del sentido en Barthes y la Nada como arte y/o oralidad;
La Nada como obra vacía: Humberto Eco y *La obra abierta*;
La Nada como ausencia narrativa: en *Santiago el Fatalista* de Diderot, y el principio del no relato;
La Nada como vacío discursivo: el teatro del absurdo y Cioran;
La Nada como no narratividad: de *Jacques el Fataliste* de Diderot al Oulipo; la anti-poesía de Nicanor Parra; del teatro del absurdo (Alfred Jarry, Tristan Tzara, Samuel Beckett, Fernando Arrabal) a los performances de George Maciunas o Yoko Ono;
La Nada como contradiscurso: en el arte, la obra en blanco, de Malevitch a Yves Klein;
 La Nada como negación: en arquitectura, del ornamento en Adolf Loos o como división simbólica de los espacios en Frank Lloyd Wright;
La Nada en el arte nicaragüense: negación, contracorrientes, rechazo y broma: José Coronel Urtecho, Carlos Martínez Rivas (v. nuestro trabajo: ""*Obra Maestra*" de José Coronel Urtecho, "No" de Carlos Martínez Rivas y la propuesta educación del lector burgués", 2003, www.ibw.com.ni/~quintani/artefacto/amar.html y *Revista Literaria Katharsis*, No 4, enero 2004, http://www.literaturahispanica.com/rev_ene_05.html), el Grupo U, ArteFacto (v. nuestro libro: *Los ArteFacto en Managua*, 2001, 2006);

LA NADA SOCIAL:

La Nada como ausencia: en psicología, con el concepto de No Estar (caso de los autistas, catatónicos,…);

La Nada, las minorías y su puesta en escena (rostros o bocas vendados,…);

 La Nada, como principio ecológico: en agricultura, el no hacer nada y dejar la naturaleza seguir su propio curso (no utilizar abonos artificiales, ni insecticidas ni herbicidas), dejando que el medio crea su propias condiciones de autosuficiencias (para que los insectos, al poder encontrar su sustento en las hierbas "malas", no se vuelvan plagas para los cultivos);

LA NADA EN POLÍTICA:

La Nada como proyecto: en política, con los nihilistas y anarquistas de finales del siglo XIX e inicios del siglo XX;

La Nada como contra contradiscurso: la postmodernidad y la puesta en tela de juicio de los discursos (Foucault, Lyotard, Barthes, Eco, Kristeva);

La Nada como fin conveniente: el fin de la historia en la filosofía contemporánea;

…

I. PHILOSOPHIE

DYADIC APPROACHES TO THE DIVINE:
KIERKEGAARD, NIETZSCHE, RELIGION AND GENDER IN A POST-MODERN WORLD

Gwendolyn Toynton

Biographie de l'Auteur:
Is the director of Primordial Traditions, a company which publishes books on religion, philosophy and culture. She is also the former editor of *Primordial Traditions Journal*, which ran from 2005-2010. In 2009 she won the Ashton Wylie Award for Literary Excellence for her publication '*Primordial Traditions Compilation 2009*' which featured a collection of the best works from the publication of the same name. Gwendolyn also has a poem published in the New Zealand Collection of Poetry and Prose 2009' and occasionally writes articles for New Dawn Magazine. She is currently editing a new book 'Northern Traditions' on the indigenous Traditions of Northern Europe.

Résumé de l'article:
The problem of how to integrate religious belief in the modern era is one of primacy to culture, for we need to understand how to incorporate religions and spiritual traditions into contemporary society. The role religion plays in our day to day lives has changed significantly over a relatively short time span, and to understand its changing role in Post-Modernism, we need to apply a new philosophy of religion. To achieve this we need to consider binary polarities in philosophy (modernism/post-modernism, male/female, sex/gender, religion/spirituality). To do this we will focus on the philosophies of Kant, Kierkegaard, Schopenhauer and Nietzsche. This will provide us with a set of corresponding dualities with which to build a basis of understanding for the current shift in the religious/spiritual paradigm.

Understanding the role religion could or should play in the modern era is a central topic in the study of religion. Today, in world where God is almost, but not quite dead, how can we translate traditional beliefs into the post-modern world? Furthermore, we must ask ourselves what role gender can then play in this newly born definition of religious experience. To answer these questions we must first, as a matter of logical of necessity, examine the nature of religious experience itself and see if a reasonable case can be put forward that there may be more than one type of approach to the divine, and if this is indeed the case, we must then see if a correlation can be made between religious experience itself and gender.

In modernity three distinct spheres of culture are referred to; respectively these are known as the culture spheres of science, morality, and art – the basis of which is derived from the works of Kant (Critique of Pure Reason, Critique of Pure Practical Reason, and Critic of Judgment).[i] The three existence spheres formulated by Kierkegaard, the aesthetical, the ethical, and the religious seem to have been composed in a similar spirit to the three culture spheres of Kant. What is of great significance in the work of Kierkegaard is that he identified two separate strands of religious thought: Religiousness Type A and Religiousness Type B. These two diametrically opposed forms of religion can be defined in the following way: Religiousness Type A can be understood to embody the fourth culture sphere that has been glossed by the makers of modernity, and Religiousness Type B provides a critical principle and transcending perspective on the culture-spheres as culture-spheres, including religion as a culture-sphere along with those of science, morality and art.[ii] To further clarify the distinction between the two types, Religiousness A could be best described as an externalized mode, in which rituals and the regulations of social roles play a part. By contrast, in Religiousness B the stress is not so great on that of the communal role (or principle of communitas as it would be called by Victor Tuner) but is instead more reliant on the role of the individual. What matters in Religiousness Type B is the principle of being religious itself, and not the adherence to doctrines and practices formulated as in Religiousness Type A. What is being expressed by these two polarities, if indeed they are such, is a pattern of religious thinking which is quite similar in its bipolar opposition to the contrasting roles of Apollo and Dionysus, which formed the basis of Nietzsche's work, The Birth of Tragedy. Not only did this idea have great impact on Nietzsche's own work, but it has come to be widely regarded in other areas – its impact can still be felt in the art world and the journals of philosophy. Why, though, is this theory of Nietzsche's connected to Religiousness Type A and B? To answer fully this question one first need to understand the roles of the two gods he used to draw this dichotomy with. Firstly, they both are gods of aesthetics. They occupy similar roles – but one (Apollo) is the god of Sculpture, of art with form. Dionysus, by contrast presides over music – his influence is unseen; it is only heard or felt. What he represents cannot be captured in form, for even in his role as the God of the Theatre, he is always masked. The face of Dionysus is never seen. Usually the two gods are examined in their relation to the art world – but their opposition echoes back to another area; that of religion and the nature of ones relation to the divine. Apollo communicates to his brethren through the sedate art of dream. Dionysus whispers the words of madness to one's ear – the state of mind though which Dionysus communicates is via intoxication[iii], whether this is in the form of theatre, music, madness or any other form of expression, what lies behind the Dionysian element is the expression of pathos, or emotion. As Nietzsche himself says, "In order to grasp these two tendencies, let us first conceive of them as the separate art-worlds of dreams and drunkenness. These physiological phenomena present a contrast analogous to that existing between the Apollonian and the Dionysian."[iv] The representations of Dionysus appear irrational or subconscious, those of Apollo rational. Furthermore, Apollo is a god of boundary drawing – both ethical and conceptual – he is the god of the principium individuationis.[v] Apollo, therefore represents a sense of unity but also of restriction. Dionysus, by way of contrast, expands his horizons by transcending boundaries – hence for the Dionysian religious type 'intoxication' is a transcendence of everyday consciousness in which we overcome individuality.[vi] The polarity reflected in these two divinities is here also reminiscent of the opposition seen in modernism where science is viewed as masculine, and religion as feminine. Though Apollo and Dionysus are both male deities, despite an ambiguous iconography which is found in some of the myths and depictions of both gods, in the past there has been a number of attempts to draw parallels between the two deities, depicting Apollo as the masculine force and Dionysus as the feminine force. Notably among the ranks of those scholars who have endeavored to transpose the image of the feminine onto Dionysus, was Bachofen, a contemporary of Nietzsche himself. Bachofen associates

Dionysus with potent male sexuality inseparable from the earth, and thus with the first (tellurian) and the second (which he designates matriarchal) stages of existence because written and iconographical evidence links the god to woman: "The phallic god [Dionysus] cannot be thought of separately from feminine materiality."[vii]

Though at first this overlaying of gender onto the two male gods may seem absurd, it is no more so than some of the dualistic notions that have been previously expressed in modern discussions of gender. The word itself, gender, is firstly by way of explanation, an artificial construct. The gender of a body may or may not be an exact match for the sex of a body. Gender can therefore be explained as an expression of sexuality, rather than that of the biological sex. Given the binary nature of the sexes, it is completely erroneous to approach the topic of sex or gender without adopting a dualistic approach to doing so. Such ideas of duality have their ideological roots as far back as 1974 when Ortner wrote "Is female to nature what male is to culture?" The context of this work was based on an assumption that the category female is metaphorically connected to nature while that of male is connected to culture.[viii] The logic of this notion rests on the basis that women as reproducers remain bound to nature, while men, who cannot reproduce, produce and are therefore bound to culture.[ix] In terms of taking the dualistic approach to finding a resolution via gender, ironically another dichotomy is encountered – the opposition between sex and the new terminology of gender forms yet another dichotomy. For many theorists in this area, sex is seen to be real (nature) and gender is artificial (culture).[x] In terms of relating sex and/or gender back to the original Apollo/Dionysus dichotomy, this duality could also be easily compared. Gender, as an artificial and hence cultural construct, could be linked back to the supra-rational Apollonian sphere. Sex, as the more natural category of definition would lie in the realm of the Dionysian. It is worth noting at this point that Nietzsche himself, at the beginning of the Birth of Tragedy likens the contrast of the Apollonian and the Dionysian elements to that of the sexes: 'the continuous development of art is bound up with the Apollonian and Dionysian reality: just as procreation depends on the duality of the sexes, involving perpetual strife with only periodically intervening reconciliations.'[xi] The fact that even at the earliest stage of his formation of this core concept in his philosophy, Nietzsche is aware enough of the similarities between the two rival deities and the relationship between the sexes that he chooses to employ this metaphor hints at the possibility of this association being evident to Nietzsche even at the time of its composition. However, this is merely a metaphor, not a tautological statement – for there is in truth no clear boundary between the Apollonian nature and the Dionysian nature; there is always within one an element of the other, for as Nietzsche says "There is no Dionysian appearance [Schein] without an Apollonian reflection [Wierderschein]"[xii]. Therefore, if the Apollonian/Dionysian dichotomy were to be rendered applicable to the new ideologies imposed by the modern understanding of gender, we must accept the fact that it is a logical impossibility for one to be purely Apollonian or Dionysian, for one always contains an element of the other. If we were to apply this relation to the concept of gender, we could say that though one is biologically male or female, there will always be some 'essence' of the other to their aspect. If the comparison holds true, though one could be purely masculine or feminine in appearance, in terms of gender, the sexuality of the individual (in contrast to the individuals biological sex) would not be purely composed of either the male or the female essence – rather the Apollonian/masculine and Dionysian/feminine elements would coexist as matter of parts or percentages than as a 'pure' essence of masculinity or femininity.

Having examined the rudimentary distinctions betwixt Apollo and Dionysus, and their possible relation to gender, how then does this relate to Kierkegaard's' Religiousness Type A and Religiousness Type B? To complete the image and the association found here, we need to also examine Nietzsche's theories on religion. His famous proclamation, "God is Dead" is of course well known; what is lesser known however is the complex chain of references that connect this statement to other key points within his philosophy. One of these is to found within the poem 'Ariadne's Lament' in Zarathustra, in which the poem hints at another concept of Nietzsche's known as the 'the ladder of religious cruelty'.[xiii] The three rungs of the ladder represent three stages in the development of the sacrifice: in times of archaic religion people sacrificed humans to their gods; in times of moral belief people sacrificed their strongest drives and instincts to their gods; in a time yet to come people will sacrifice god himself (representative of any belief in consolation and salvation) as a final act of cruelty against themselves.[xiv] This three step model of the evolution of religion is important as it ties in with another key point in Nietzsche's philosophy – the doctrine of eternal reoccurrence or the eternal return. Both the idea of the eternal return and the ladder of cruelty are derived directly from an earlier intellectual influence on Nietzsche, namely the philosopher Schopenhauer. To Schopenhauer dealing with death is the first, and most essential, function of any authentic religion.[xv] It is in this sense, by failing to provide a solution to the problem of death, that Schopenhauer regarded Judaism and Graeco-Roman 'paganism' as failed religions since they lack a properly developed doctrine of immortality.[xvi] To Nietzsche's mind of course, Graeco-Roman 'paganism' did provide such a doctrine, for Dionysus, like Christ, is a 'dying god' – he dies to be reborn through sacrifice, and in the Greek myths of Dionysus comparisons are draw between the concepts of earthly life (*Bios*) and eternal life (*Zoë*) found in the Dionysian Mystery Traditions of Ancient Greece. The Dionysian aesthetic presented in this work is therefore also to be interoperated as an answer to the problem of redemption (a response to the Schopenhauerian philosophy of redemption), and to the problem of how man can justify his own individual existence in the face of the 'terrifying' and 'absurd' abyss of life.[xvii]

The more one examines not the philosophy of Nietzsche, but his personal beliefs on religion, the more it becomes clear that he favoured not the Apollonian pole, but the Dionysian one. Furthermore, his rejection of Christianity in preference to a highly individualized conception of the Dionysian Mystery Traditions paints a very clear picture of Nietzsche's own religious essence – in the terminology of Kierkegaard what Nietzsche is expressing is a strong emanation of Religiousness Type B. Moreover, not only can Religiousness Type B be connected with Nietzsche's own beliefs, they can be directly tied to the relationship between Apollo and Dionysus themselves. The essence that emanates from the Apollonian current is an external mode of worship: his formal rites could be seen and were accessible to all, and as the god of sculpture/form his aesthetics could be experienced by all. Those of the Dionysian current, by contrast, are not seen, they can only be 'felt', either through music or via the Dionysian mode of worship, which involved induced states of ecstasy, and as this could only be experienced on an individual basis, it was not accessible to all. Thus it can be seen that the Dionysian invokes an internal form of religion and aesthetics, whilst the Apollonian evokes an external form of religion and aesthetics. In terms of both art and religion this is the primary difference between the two deities. Given the previous definitions for Religiousness Type A and Religiousness Type B, it now becomes very easy to relate the more external and communal Religiousness Type A to the nature of the Apollonian and the highly individual nature of Religiousness Type B to the Dionysian. By employing the comparison between Apollo and the masculine element of gender, and Dionysus as the feminine element of gender, Religiousness Type A then becomes associated with the masculine, and Religiousness Type B with the feminine. It is also here important to remember that Religiousness Type B, in its rejection of need for religious ceremonies in favour of highly personalized worship, is distinctly a feature of post-modernism. Modernism, derived from the Latin root modo, means now or the present age. Post-modernism then, cannot be thought of correctly in a chronological sense, for it is impossible to exist outside of the present moment. Modernism and post-modernism seem to be held as extreme polarities, in which neither pole can ever meet the other – thus essentially providing another seemingly irreconcilable dyad. Modernism is thought of as being representational of secular thought, unity and order. Post-modernism, by contrast is characterized by possessing the features of spirituality and diversity. This then reduces all the dichotomies involved down to the following hypothesis: There are two very similar gods in Greek mythology which embody certain characteristics that relate to religion and art which are diametrically opposed in a dyadic or binary relationship. These two gods are Dionysus and Apollo. In mythology and the classical tradition, one of these gods, though being externally male, has many feminine connections in classical myth, even at times being portrayed as a hermaphrodite. Furthermore the nature of Apollo is more akin the Kierkegaard's Religiousness Type A and modernism, Dionysus to Religiousness type B and post-modernism.

Before concluding one additional fact also needs to be brought to light – the concept of the Apollonian/Dionysian dichotomy was preexistent to Nietzsche, and interestingly enough remnants of this idea can be found within Hinduism. Though this idea may appear to be original, Nietzsche himself always regarded Dionysus as having emigrated to Greece from 'Asia'[xviii] and was also familiar with many key concepts in the Hindu Tradition. Since Nietzsche's lifetime, others have also explored this angle, comparing the roles of Dionysus to the god Shiva, notably Alain Daniélou in his work 'Gods of Love and Ecstasy'. The fact that these two gods share so many features in myth and iconography does lend a great deal of credibility to this theory of them having a conjoint origin. What is more interesting however is that a similar dyad to that of Apollo and Dionysus occurs in Hinduism within the relationships expressed between the gods Shiva and Vishnu. Like Dionysus, Shiva is sometimes depicted as being an hermaphrodite. Can we then conclude, from the works of scholars such as Daniélou and Bachofen, that Dionysus is not a purely masculine emanation, and in fact embodies a disguised representation of feminine consciousness? In terms of sexuality, the answer is no, for both gods depict a certain ambiguity in regards to their sexuality not just Dionysus – Apollo's iconography also contains an air of sexual ambiguity to it, and out of all the Greek gods, it is Apollo who takes the most male lovers. It can therefore be said that both gods express a bisexual ambiguity in terms of gender, and that it is through this shared set of gender characteristics (as opposed to sexual ones) that the true dichotomy is born, for like all polar opposites, they are in truth not a dyadic opposition, but rather an expression of polar linearity on the same plane; fundamentality they are same thing, but in both cases the essence of the absolute reveals itself through contrasting modes of self expression. If we were to describe them in terms of Religiousness Type A and Religiousness Type B, the polarity would be clear with the Apollonian nature of man at one end, and the Dionysian at the other. To a certain extent they can also be seen to embody the opposition of science and religion, which occurs frequently in modernist/post-modernist thought – Apollo can be seen to portray the scientific, rational mind and Dionysus the raw emotive power that can only be unleashed though belief and emotion alone. For gender however, both gods cannot be said to be either fully masculine or feminine, but rather each signifies a complimentary state of sexual ambiguity – and as the immortal representatives of this state, they perfectly embody the fact that gender does not necessarily correlate to biological sex. Both the Apollonian, with their expression of outer belief as Religious Type A and the Dionysian with their expression of inner belief as Religiousness Type B are the perfect expressions of the fluctuating principle of gender in the post-modern world.

Notas:

i Calvin O. Schrag, "The Kierkegaard-Effect in the Shaping of the Contours of Modernity," in *Kierkegaard in Post/Modernity,* ed. Martin Y. Matsuda, Merold Westphal (Indiana University Press, 1975), 3.

ii Ibid., 7.

iii James I Porter, *The Invention of Dionysus: An Essay on the Birth of Tragedy*(California: Stanford University Press, 2000), 36.

iv Friedrich Nietzsche, trans. Clifton P. Fadiman, The *Birth of Tragedy* (New York: Dover Publications, 1995), 1.

v Julian Young, *Nietzsche and the Philosophy of Religion,* (Cambridge: Cambridge University Press, 2006), 21.

vi Ibid., 21.

vii Frances Nesbitt Oppel, *Nietzsche on Gender: Beyond Man and Woman* (Virginia: University of Virginia Press, 2005), 41.

viii Darlene Juschka, "The Category of Gender in the Study of Religion", in *Method & Theory in the Study of Religion* (vol.11-1, 1999), 78.

ix Ibid., 79.

x Ibid., 92.

xi Nietzsche, *The Birth of Tragedy,*1.

xii Janet Lungstrum, "Nietzsche Writing Woman/Woman Writing Nietzsche," in *Nietzsche and the Feminine,* ed. Peter J. Burgard (Virginia: University of Virginia, 1994), 146.

xiii Bianca Theisen, "Rhythms of Oblivion," *Nietzsche and the Feminine,* ed. Peter J. Burgard (Virginia: University of Virginia, 1994),   92.

xiv Ibid., 92.

xv Young, *Nietzsche's Philosophy of Religion,* 12.

xvi Ibid.,12.

xvii Ted Sadler, *Nietzsche Truth and Redemption: Critique of the Postmodernist Nietzsche* (London: The Athlone Press, 1995), 129.

xviii Young, *Nietzsche's Philosophy of Religion,* 142.

MORT DE DIEU ET VOLONTÉ DE PUISSANCE

Yves Ledure

Biographie de l'Auteur:
Prêtre du Sacré-Coeur, spécialiste de Nietzsche et de Léon Dehon. Une brève bibliographie:
Nietzsche et la religion de l'incroyance, Desclée de Brouwer, Paris, 1973
Si Dieu s'efface. La corporéité comme lieu d'une affirmation de Dieu, Desclée de Brouwer, Paris, 1975
Conscience religieuse et pouvoir politique, Le Centurion, Paris, 1979
Comme un soleil ardent. Mort et résurrection, Mame, Paris, 1981
Lectures "chrétiennes" de Nietzsche. Maurras, Papini, Scheler, de Lubac, Marcel, Mounier, Les Editions du Cerf, Paris, 1984
Dieu, hier et aujourd'hui, Mame, Paris, 1989
Transcendances. Essai sur Dieu et le corps, Desclée d Brouwer, Paris, 1989
Petite vie de Léon Dehon, Desclée de Brouwer, Paris, 1993
La détermination de soi. Anthropologie et religion, Desclée de Brouwer, Paris, 1997
Le Code du Royaume. Léon Dehon et la spiritualité du Coeur de Jésus, Heimat und Mission, Clairefontaine, 2001
Le christianisme en refondation, Desclée de Brouwer, Paris, 2002
Prier 15 jours avec Léon Dehon, fondateur des Prêtres du Sacré-Coeur, Nouvelle Cité, Mountrouge, 2003
Le Père Léon Dehon 1843-1925. Entre mystique et catholicisme social, Les Editions du Cerf, Paris, 2005
Et sous sa direction:
Rerum Novarum en France. Le P. Dehon et l'engagement social de l'Eglise, Editions universitaires, Paris, 1991
Léon Dehon. Dynamique d'une fondation religieuse, Heimat und Mission, Clairefontaine, 1996
Catholicisme social et question juive. le cas Léon Dehon (1843-1925), Desclée de Brouwer/Lethielleux, Paris, 2009

Résumé de l'article:
Plutôt que de voir dans le thème de la mort de Dieu une étape de l'athéisme contemporain, on l'analyse ici comme une rupture épistémologique qui déconstruit le système sémantique métaphysique. À la catégorie de l'Être, suprême vecteur de toute signification, Nietzsche substitue la notion ambiguë de vie. La réflexion se propose d'évaluer cette substitution.

La philosophie de Nietzsche est une réflexion ouverte qui permet plusieurs types d'entrées dans l'œuvre. Certes il en est qui restent à la superficie et débouchent rapidement sur une impasse, à l'instar de ces fausses entrées au théâtre qui laissent le spectateur perplexe. La polémique antichrétienne de Nietzsche, par exemple, a paru à certains tellement démesurée qu'on l'a facilement assimilée à une diatribe sans fondement qui ne mérite ni attention ni débat. De ce fait, pour beaucoup de chrétiens, Nietzsche était le philosophe inutile, au pire «interdit» selon le titre de l'ouvrage de Peter Köster paru en 1998 qui analyse la réception de Nietzsche dans l'univers catholique allemand de 1890 à 1918. Cette entrée est trop courte pour permettre une approche enrichissante et pertinente d'une philosophie qui, quoi qu'il en soit, bouleverse bien des cadres traditionnels. Ses analyse lucides nous aident à comprendre notre temps, dans la mesure où elles préparaient, voir même annonçaient ce qui nous est arrivé. Déjà à ce titre, elles appellent toute notre attention. Le thème de la «mort de Dieu» est un de ces lieux nietzschéens qui, parce qu'il porte loin, aujourd'hui comme au xixe siècle, offre un pôle d'excellence pour une analyse en profondeur des évolutions philosophiques comme de certaines ruptures culturelles qui ne laissent pas de nous surprendre. Peut-on, par exemple, faire un lien entre l'annonce nietzschéenne de la mort de Dieu et l'étonnant déclin des religions que nous observons aujourd'hui dans le monde occidental? Sans chercher à découvrir de nouvelles filiations ou à esquisser des relations de causalité, je voudrais rappeler en quoi la réflexion de Nietzsche, en la matière, peut être un fil conducteur particulièrement précieux pour comprendre ce qui nous arrive, voir même ce qui nous attend. De ce point de vue, on peut dire de Nietzsche qu'il est un homme posthume. Son œuvre appartient à l'actualité de l'essentiel.

2Avant toute interprétation, il faut prendre acte de l'énoncé nietzschéen «Dieu est mort»(1). Tranquille proclamation qui trouve toute sa force dans l'usage de l'indicatif présent. Nous sommes en présence d'une affirmation qui n'a rien d'hypothétique, mais au contraire a tout du fait acquis. Comme si c'était une évidence qui n'a besoin d'aucune démonstration, mais qu'il serait facile de «vérifier» sociologiquement. Bref dans cette perspective, on rapprocherait la proclamation nietzschéenne des enquêtes de société qui soulignent la chute des pratiques religieuses.

3Une telle lecture, de par sa banalité, non seulement appauvrit la réflexion de Nietzsche, elle la déracine de son projet global, elle lui dénie sa dynamique propre et la réduit au propos journalistique provocateur. Car pour Nietzsche, dans le champ philosophique, il n'y a ni fait, ni évidence. Tout est de l'ordre de l'interprétation. Il tourne ainsi le dos au positivisme qui prétend en rester au plan de la phénoménalité c'est-à-dire au démontrable. La mort de Dieu n'est donc pas une de ces affirmations péremptoires dont raffolent les esprits primaires pour asseoir leur suffisance. La mort de Dieu ne peut pas s'assimiler à un fait vérifiable comme le croyaient trop de positivistes. Je ne vois pas Dieu, donc Dieu n'est pas. La mort de Dieu est une interprétation, en donnant à ce terme toute son ampleur, y compris musicale. On le sait, en musique, il n'y a pas de texte objectif, qui serait comme le corps de la musique. Il n'y a, de fait, que des interprétations c'est-à-dire des lectures ponctuelles produites par l'artiste. Ainsi en est-il de la mort de Dieu: non un fait mais une interprétation qui s'inscrit dans l'ensemble de la philosophie de Nietzsche. Sa signification dépend donc du jeu des circulations mises en œuvre dans toute son œuvre. À l'image d'une construction dont la figure dépend du choix des matériaux puisés sur l'ensemble du chantier nietzschéen.

4L'interprétation ne renvoie pas pour autant au subjectivisme de celui qui l'a produit. Elle fait appel à ce que Nietzsche nomme le «perspectivisme». Le sens n'est jamais arrêté à une signification. Il appelle une pluralité d'approches qui sont autant de regards diversifiés sur «le même» qui s'en trouve différencié. Le perspectivisme est l'inverse d'un monolithisme idéologique pour qui le sens est toujours unique c'est-à-dire identique au même. Alors que dans la pluralité des approches, dans la reprise des significations on enrichit ce que l'on cherche.

L'interprétation ne peut donc qu'être le fruit d'une *Vieldeutigkeit* qui est l'expression de la richesse du monde. Nous voici prévenu. Il ne peut, en la matière, y avoir de raccourci hâtif ou d'affirmations péremptoires qui n'ont d'autre fondement que l'auto-suffisance du sujet qui affirme. Rien n'est moins évident que de penser Dieu comme mort; d'autant que dans toutes les civilisations l'immortalité définit la nature même du divin. On ne réduira donc pas immédiatement la notion de «mort de Dieu» à sa non-existence.

Dieu peut-il mourir?

5Nous sommes ici face à un paradoxe qui mérite d'être souligné et auquel Nietzsche lui-même n'échappe pas. L'analyse de ce paradoxe peut nous aider à percevoir la polysémie du thème lui-même.

6L'affirmation de la mort de Dieu apparaît dans l'œuvre de Nietzsche autour des années 1880-81. Nous la trouvons d'une façon explicite dans le *Gai Savoir* qui paraît en 1882(2). Nous y lisons la simple affirmation: «Dieu est mort». Le texte ajoute même que nous en sommes les meurtriers. L'indicatif du présent utilisé ici devrait donner à la phrase la positivité du fait accompli. De ce point de vue on devrait comprendre la phrase nietzschéenne comme le simple exposé d'un événement accompli. Et pourtant il n'en est rien, puisque livre après livre, Nietzsche continue à se débattre avec cette idée dont il dit qu'elle progresse sans avoir atteint encore la conscience des contemporains. Au point du reste qu'au début de 1889, le Nietzsche qui va définitivement se taire en laissant à son œuvre le soin de devenir parole signifiante parce qu'interpellante, s'identifie au Crucifié. Nous possédons, en effet, quelques billets que Nietzsche envoie à ses amis et qu'il signe «le Crucifié» et d'autres «Dionysos». Dans une lettre du 3 janvier 1889, adressée à Cosima Wagner, il précise même que lui aussi est pendu sur le bois de la croix.

7Cette identification au divin chrétien n'a rien du rite macabre. L'idée de Dieu le poursuit au point de se confondre avec lui-même. Ce qui laisse supposer que pour lui Dieu n'était pas aussi mort qu'il le dit. Le paradoxe que je soulignais nous oblige donc à penser le Dieu mort, comme celui qui continue à vivre, ou du moins celui qui fait toujours question. Nietzsche à ce sujet parle de «l'ombre de Dieu» qui continue à planer. Nous avons donc ici un premier niveau de réflexion qu'il faut expliciter. La question de Dieu, y compris chez Nietzsche, ne s'élabore jamais sur le mode de l'alternative, «ou bien ou bien» «ou bien mort ou bien vivant». Ce n'est pas ainsi que l'absolu divin s'appréhende à la conscience humaine. Comme n'importe quel phénomène de notre expérience humaine dont nous pouvons dire qu'il est ou qu'il n'est pas. En somme Dieu ne se règle jamais sur le mode de l'indicatif présent qui renvoie à une positivité factuelle: «ça est ou ça n'est pas». Cet alternatif qui régule le monde de la phénoménalité, de notre expérience sensible ne peut s'exporter dans l'univers du divin. Quand il est question de Dieu, il faut utiliser le «et... et» qui additionne et multiplie les approches. Car le divin ne se laisse enfermer dans aucun de nos cadres conceptuels. Il ne s'épuise dans aucune expérience ponctuelle. Il échappe toujours à ce que nous en disons. À tel point qu'il faut utiliser la contradiction pour signifier cet innommable divin. Ainsi au niveau du christianisme, le cœur du message évangélique n'affirme-t-il pas que Jésus mort en croix est ressuscité par Dieu? Nous retrouvons ici cette ambivalence qui pourrait bien être marque de divinité. Impossible pour l'homme de dire le divin sur le mode de l'un et de l'unique. Ce qui est une autre façon de sortir de la métaphysique. De même Nietzsche continue à penser le Dieu qu'il dit pourtant mort. Le principe de contradiction ne saurait être le cadre rigide pour débattre de Dieu. La théologie négative en a pris acte depuis longtemps.

8La mort de Dieu signifie que Dieu ne peut plus être identifié à l'ordre de la pensée qui serait en mesure d'affirmer ou de nier son existence. Le schéma philosophique traditionnel qui veut que Dieu et raison ont partie liée est dénoncé par Nietzsche. De ce point de vue, Feuerbach avait posé les premiers jalons. Avec l'avènement de l'anthropologie, la raison n'a plus cette dimension d'absolu que lui reconnaissait la philosophie classique. Nietzsche prend acte de ce tournant. La rationalité n'est plus que activité de l'homme. Elle n'est plus le support de tout ce qui est dans le monde. Schopenhauer, le premier, en prend acte et décrit l'univers comme une immense activité pulsionnelle, un vouloir-vivre universel. Ce déplacement épistémologique qu'opère la mort de Dieu conduit à se poser la question du nouvel espace, de la nouvelle modalité d'émergence du divin. Est-ce le corps, voir l'inconscient de la corporéité? La question est en débat.

9La mort de Dieu n'est donc pas de l'ordre du fait acquis. Elle est une exigence, une difficile exigence de continuer à penser Dieu, mais non plus sur le mode alternatif: «il est, il n'est pas» Ce qui revient à dire que nous ne sommes pas, avec Nietzsche, en présence d'un simple athéisme, une vulgaire négation de Dieu. Le terme d'athéisme ne convient pas à l'œuvre de Nietzsche pas plus que celui d'athée pour définir l'attitude de la personne. Car il est resté profondément religieux, comme en a témoigné, si besoin était, Lou Andréas-Salomé. Une pensée dialectique qui procède par antithèse ne convient pas au débat sur Dieu. Il ne suffira donc pas de nier le fini comme le dit Hegel pour aboutir à l'infini. Il y a certes une validité dialectique au niveau du concept. Mais ce processus concerne la représentation de l'homme, la représentation que l'homme se fait de quelque chose. Concernant Dieu, le problème est plus complexe et la représentation insuffisante. On ne pourra pas se contenter de nier ou d'affirmer pour pouvoir croire «solutionner» d'une façon ou d'une autre le débat. Ce serait trop commode et, finalement, sans réelle importance. L'intérêt constant, passionné que Nietzsche porte à la question suggère qu'il faut sortir du cadre étroit, quasi mesquin de l'athéisme pour penser la mort de Dieu.

10N'est-ce pas la raison pour laquelle Nietzsche se démarquera très nettement et avec la dernière vigueur de l'athéisme de son époque, de la libre pensée triomphante du xixᵉ siècle? Il se dit même aux antipodes de ceux qui se veulent modernes, progressistes parce qu'ils nient Dieu. «Nous sommes autre chose, précise-t-il dans *Par-delà Bien et Mal*, § 44 que des "libres penseurs", *"liberi pensatori"*, *"Freidenker"* ou quel que soit le nom que ces excellents défenseurs des "idées modernes" aiment à se donner». Il y a quelque chose d'ambigu à vouloir faire de Nietzsche purement et simplement le porte-drapeau de l'athéisme. Car finalement l'athéisme, quoi qu'on en pense, demeure dans le système herméneutique qui prend Dieu ou l'Être comme référent sémantique. Avec la mort de Dieu, Nietzsche prétend sortir de ce «cercle métaphysique». La mort de Dieu se veut une libération. Voilà pourquoi il appelle les philosophes qui œuvrent à cette libération des «esprits libres» (*freie Geister*) c'est-à-dire des esprits qui se libèrent, qui se rendent libres par un acte de rupture ou de crise, comme il le dit à propos de *Humain, trop humain*. C'est bien dans ce travail de liberté, dans ce processus de libération que se spécifie, que se définit la démarche nietzschéenne, qu'elle prétend faire œuvre novatrice et, de ce fait, se démarquer radicalement de l'athéisme de la libre pensée. «Ai-je besoin, après cela, s'interroge-t-il dans le même paragraphe de *Par-delà Bien et Mal*, de préciser qu'ils seront de libres, très libres esprits, ces philosophes de l'avenir, tout aussi certainement qu'ils ne seront pas seulement des esprits libres, mais quelque chose de plus, de plus élevé, de plus grand, de radicalement autre, qui ne doit être ni méconnu ni confondu.»

La libération de sens

11En tant que libération, la mort de Dieu conduit à une déconstruction sémantique. En ce sens, il faut dire, comme nous l'avons fait, qu'elle est une exigence herméneutique, un nouveau mode d'interprétation. Elle est déconstruction d'un système de valorisation, celui de la métaphysique classique qui prend le bien et le mal comme étalon de mesure de ce qu'est et de ce que fait l'homme. De ce point de vue, la mort de Dieu n'est pas un événement qui serait advenu à un moment donné de l'histoire humaine. Ce n'est pas un fait, parmi d'autres que l'on pourrait repérer historiquement. Elle est, précise Nietzsche «*ein Ereignis*» c'est-à-dire quelque chose qu'il faut s'approprier constamment. En ce sens l'*Ereignis* de la mort de Dieu est toujours en chemin; il est toujours à réaliser, à accomplir pour que celui qui se l'approprie puisse devenir quelqu'un «en propre», et non le produit labellisé d'un système de valeur qui nivelle tout comme le fait la libre pensée et les prétendus esprits modernes. La mort de Dieu signe la fin du Dieu théorique, Seigneur extérieur de l'homme. Elle pose Dieu en rapport avec ce que chacun a «en propre».

12Pour Nietzsche, l'évaluation que requiert le fait d'être homme, ne peut être affaire d'unanimité. Si valeur il y a, elle passe par l'affirmation de soi et la conservation de soi qui implique quête de soi (*Selbstsucht*) mais tout autant comme Nietzsche aime à le répéter, discipline de soi (*Selbstzucht*). La valorisation est reconnaissance spécifique de soi, appropriation de soi et non uniformisation avec ce que tous partagent, avec ce qui est commun et n'est précisément jamais soi. En ce sens, on peut dire que la mort de Dieu, en tant que rejet d'une universelle échelle de valeur, me libère de tout ce qui est étranger en moi, de ce qui ne m'est pas «propre». Elle est exigence d'appropriation de soi.

13Aux yeux de Nietzsche, le problème de Dieu ne se pose pas en termes d'existence ou de non-existence. Kant déjà avait fait remarquer qu'il ne pouvait y avoir de preuve de l'existence de Dieu. D'une certaine façon Nietzsche continue la problématique kantienne et la pousse à son terme. Le problème de la religion ne se pose plus au niveau de l'existence de Dieu, mais de la signification de Dieu pour l'existence humaine. Ce déplacement est essentiel pour la problématique de l'*Aufklärung*, car il permet l'avènement d'une véritable anthropologie. S'il doit être question d'existence et d'existentialité, ça ne peut être qu'en faveur de l'homme. Poser la question de la signification de Dieu pour l'homme exige, au préalable, de faire «désexister» Dieu en tant que soi, en tant qu'en soi. Faute de quoi il est de soi l'absolu du concept qui conceptualise l'homme par rapport à lui-même, qui «vampirise» l'homme pour reprendre une image nietzschéenne. Tant que Dieu est cet en-soi métaphysique qui s'impose à l'homme, la question de la signification ne peut être posée, puisque le sens est imposé. Il faut donc opérer ce glissement, cette libération dira Nietzsche, qui permet enfin de se préoccuper de la signification de l'existence humaine, de ne plus la recevoir comme une prédétermination. La mort de Dieu en tant que libération de l'en-soi conceptuel devient donc l'acte de naissance de l'homme libéré. On comprend que ce soit le plus grand «*Ereignis*», la plus grande appropriation qui reste toujours à faire, qui est toujours devant nous. Mais à la condition express de se l'approprier, d'en faire exercice d'appropriation de soi. Un écrit posthume de la période du *Gai Savoir* est sans équivoque à ce propos. «Si nous ne faisons pas de la mort de Dieu, peut-on y lire, un grandiose renoncement et une perpétuelle victoire sur nous-mêmes, nous aurons à supporter la perte»(3).

14Il faut donc nous tourner vers l'homme pour nous interroger sur la signification que peut avoir pour lui la mort de Dieu. Car ce n'est pas essentiellement et principalement de Dieu qu'il est ici question, mais bien de l'homme, de la signification de son destin, de son statut existentiel. Qu'avons-nous fait en proclamant la mort de Dieu? Il faut laisser venir cette question brûlante. Ne pas nous contenter de montrer du doigt le vide que crée la mort de Dieu. Car il se pourrait que ce vide déstructure totalement l'espace existentiel de l'homme comme nous le suggère le paragraphe 125 du *Gai Savoir*. Qu'on me le permette de le citer un peu longuement.

«Comment avons-nous fait cela? Comment avons-nous pu vider la mer? Qui nous a donné l'éponge pour effacer l'horizon tout entier? Qu'avons-nous fait, à désenchaîner cette terre de son soleil? Vers où roule-t-elle à présent? Vers quoi nous porte son mouvement? Loin de tous les soleils? Ne sommes-nous pas précipités dans une chute continue? Et cela en arrière, de côté, en avant, vers tous les côtés? Est-il encore un haut et un bas? N'errons-nous pas comme à travers un néant infini? Ne sentons-nous pas le souffle du vide? Ne fait-il pas plus froid? Ne fait-il pas nuit sans cesse et de plus en plus nuit?»

L'homme en chantier de lui-même

15Cette avalanche de questions désarçonne au sens littéral du terme. L'homme de la mort de Dieu ne sait plus où il est. La prolifération des images qu'utilise Nietzsche donne le sentiment que l'espace géographique dans lequel l'homme se situait et prenait conscience de son identité, disparaît avec la mort de Dieu. Comme si l'homme n'avait plus de lieu pour surgir à soi-même. Tout se passe comme si la mort de Dieu devenait un "non-lieu" pour l'homme. C'est cela l'acte de libération que produit la mort de Dieu et la formidable exigence de dépassement qu'elle requiert. La mort de Dieu ne crée pas seulement un vide comme le simplifie une certaine modernité. Il n'y aurait rien de bien grave à cela, car celui-ci se comblerait rapidement. C'est une totale déstructuration du champ sémantique qu'elle produit et qui fait que, selon l'expression de Gabriel Marcel, «l'homme tout entier est une question pour lui-même.» Avec la mort de Dieu, l'homme perd son assurance ontologique.

16On ne peut pas ne pas remarquer la façon dont Nietzsche construit ce texte important du *Gai Savoir*. Une phrase affirmative très courte «Dieu est mort» qui entraîne tout une cascade de questions qui rebondissent les unes les autres en véritable chaîne d'interpellations. Nous avons ici un exemple typique du grand art nietzschéen. Il signifie ainsi l'extraordinaire questionnement qu'engendre la mort de Dieu. L'homme n'ayant plus d'horizon assuré, tout devient interrogation et inquiétude au sens fort du terme. Nietzsche avait parfaitement conscience de tout ce qu'avait d'exceptionnel, d'unique, de monstrueux même, la mort, le meurtre de Dieu. À ses yeux, c'est la question fondamentale qui ne résout rien, mais laisse tout ouvert, met tout en chantier. En ce sens, elle est bien exigence que l'homme doit porter pour devenir lui-même créateur de soi. De par sa dimension tragique, cette exigence n'a rien à voir avec l'athéisme qui est négation théorique de Dieu. Pour Nietzsche la mort de Dieu concerne l'homme, son histoire, son destin, ce que les modernes, dans leur ensemble, n'ont pas compris puisqu'ils l'ont réduit à un vulgaire libertinage de la pensée comme des mœurs. Tout se passe comme si l'appel de Nietzsche à la grandeur, à l'exigence esthétique, au sens étymologique du terme, n'avait été entendu. Avec Giorgio Colli, on peut dire: «Nietzsche, c'est la représentation tragique – la concentration en une seule personne – de la grandeur du monde moderne et de son échec fatal»(4).

17Avec la mort de Dieu, la philosophie retrouve sa vocation première dont la nature est de l'ordre du questionnement. En se libérant du référent méta-physique qui lui donnait l'assurance de l'invariable et de l'inamovible, elle se retrouve emportée par le devenir où tout est interrogation et question. Voici l'homme exposé à l'évanescence de son destin qui le pousse toujours en avant de lui-même sans pouvoir définir où il va. Nous comprenons mieux maintenant en quoi et pour quoi la mort de Dieu est exigence herméneutique, une véritable injonction de produire le sens de ce devenir non défini et finalement indéfinissable. Seul l'homme peut, dans sa ponctualité individuelle, produire une signification.

18La mort de Dieu nous libère du paradigme métaphysique de la valorisation et de la signification. De ce point de vue, il est relativement aisé de savoir «de quoi» nous avons été libérés. Toute la philosophie moderne a fait des gorges chaudes de ce «*wo von*» libératoire, pour ne pas dire libertaire. Comme s'il suffisait de provoquer la rupture, de marteler le refus pour qu'apparaissent les nécessaires espaces à l'avènement de la liberté. Reste entière et sans réponse prédéterminée et assurée, l'indispensable question du «*wo zu*», du pourquoi, du vers quoi de cette liberté. Ici s'impose la tâche de l'interprétation, de l'invention du nouveau cheminement que doit créer la philosophie d'après la mort de Dieu. Mais elle se fait toujours au risque de l'interprète, autrement dit elle est toujours à venir dans le travail même de l'interprétation. Au point qu'on peut dire que la mort de Dieu n'est jamais une réalité contemporaine avec laquelle on pourrait se familiariser. De par sa démesure, elle prive l'homme de la possibilité même de conquérir une échelle de mesure, valable une fois pour toutes. La libre pensée du xixe siècle a cru pouvoir, de la sorte, remplacer Dieu par l'Homme et s'assurer ainsi un étalon de valeur. Nietzsche dénonce cette procédure qui, dit-il, reste croyante et n'entre pas dans le processus même de la mort de Dieu. Voici l'homme contraint d'être un créateur, ici et maintenant, aujourd'hui et constamment; c'est dire l'exigence d'une tâche qui n'est jamais assurée de succès.

19L'avant-propos de *Ainsi parlait Zarathoustra* pose le type du créateur (*der Schafende*) comme l'homme de l'avenir, en opposition au croyant dont le vouloir n'est pas à la hauteur du pouvoir. Comme s'il était l'homme des demi-mesures. Le premier chant de *Ainsi parlait Zarathoustra* nous apprend que le jeu de la création s'appelle la métamorphose dans laquelle l'enfant est passé roi. Ici est posé un principe de mobilité, de fluidité dans l'exercice philosophique lui-même. L'exigence d'interprétation dont il est question ne peut donc pas se comprendre comme un travail de décryptage d'une vérité, d'un sens prédéterminé. La figure de l'enfant à laquelle Nietzsche fait appel est une évidente référence à Héraclite contre Parménide. L'herméneutique nietzschéenne se veut grammaire du devenir et non quête de l'Être qui à travers la culture occidentale s'est imposée comme le Logos universel. Le choix de l'Être avait l'avantage de construire une géographie parfaitement répertoriée dans laquelle l'homme pouvait, en toute assurance, se poser. En somme le temps et ses incertitudes étaient maîtrisés.

20En déconstruisant cette grammaire Nietzsche redonne au devenir son innocence, c'est-à-dire sa capacité d'innover, de créer sans autre but que celui de la création elle-même. Nietzsche redonne au devenir sa dynamique que l'Être avait confisquée. Ce devenir ressemble à l'enfant qui joue. Le comportement de l'adulte qui ne peut qu'être métaphysicien aux yeux de Nietzsche, est finalisé et moralisé. L'enfant, en revanche, joue pour rien, pour le plaisir de jouer. Seul le jeu fait droit à la vie qui n'est rien d'autre que cette pulsion de créations: une fantaisie ludique. La vie est jeu d'enfant qui laisse au devenir toute sa part d'impondérable. En introduisant à la suite de Schopenhauer le paramètre de la vie dans l'exercice philosophique, Nietzsche bouleverse le panorama culturel occidental hérité des Grecs. Il détrône le logos, la raison de sa suprématie, de sa prétention à l'universelle et unique signification de l'homme. Il ne supprime pas la raison, mais lui dénie sa prétention au monopole de la signification. L'homme se comprend aussi, et peut-être même davantage, par son corps dont Nietzsche rappelle précisément «la grande raison». De ce point de vue, on pourrait dire qu'il y a toujours une signification qui vient de l'esprit; mais la «rationalité» du corps produit tout autant du sens et de la signification. Cette schématique sonne le retour de l'esthétique, du sensible comme catégorie proprement philosophique.

21La redistribution du principe de signification entre raison et corps me paraît d'une importance décisive. Alors que dans sa lointaine origine grecque, le logos était contemplation des essences, ce que le christianisme traduira en contemplation des «*mirabilia Dei*», avec l'avènement des temps modernes la raison est devenue technicienne et totalitaire. Elle était – elle est toujours – une entreprise de domination, de spoliation du monde. C'est aussi cette dérive que signale la mort de Dieu. Nietzsche n'aura pas été le premier à dénoncer les prétentions de la raison à un savoir universel et donc à une domination de l'*universum*. Avant lui, Kant, dans un réflexe salutaire, avait rappelé que la rationalité, si elle reste maîtrise par un savoir, est tout autant et davantage une exigence éthique de liberté. Je retiens ici de Kant que si la raison reste savoir, elle est aussi croire. En réintroduisant le «croire» dans l'exercice philosophique, on ouvre son champ d'interprétation, on augmente ses capacités de significations, comme l'a bien montré Jaspers avec sa catégorie de «foi philosophique».

22Certes la catégorie du croire n'est pas à l'œuvre dans la réflexion nietzschéenne. Mais une conception de l'interprétation, comme essai, tentative, *Versuch*, lui est singulièrement proche. L'interprétation n'a pas la certitude de l'affirmation du logos universel. Elle relève de ce que Nietzsche appelle le «dangereux peut-être»(5). Le croire appartient précisément à ce qui peut être, à ce qui n'est jamais de l'affirmatif. Il a la légèreté du possible, de ce qui n'est jamais purement et simplement, mais demeure en suspens.

Une symbolique différenciée du divin

23La philosophie moderne est largement entrée dans cette pratique herméneutique fragile qui se fait au risque de celui qui la produit et se défait au gré d'un devenir imprévisible et d'autant moins maîtrisable. L'interprétation doit se reprendre sans cesse pour être en mesure de rendre compte de ce qui constamment advient. C'est dans ce multiple interprété qu'il faut situer le religieux comme le fait, du reste, Nietzsche à travers la figure multiforme de Dionysos. Dans ce travail herméneutique, le religieux est décroché de la catégorie de l'Être-Logos, ce qui est traditionnellement sa référence sémantique. De ce fait, il ne peut plus prétendre, d'emblée, à cette universalité que lui conférait le logos. Le religieux, tout comme la philosophie, sont tributaires d'un devenir riche en créations qui ne peut s'enfermer dans une seule interprétation. Ils ont les couleurs et la variété du cheminement humain lui-même, car ils sont modalités de la vie.

24S'il en est bien ainsi, nous devons admettre que le Logos n'a plus le monopole du divin. Il n'en est plus la seule représentation ou expérimentation possibles. Le religieux a désormais plusieurs écritures qui doivent se partager le domaine du divin. Si la rigueur du logique demeure en la matière, le croire, au sens utilisé précédemment, permet d'aller au-delà de ce que le logos ne peut admettre. On ne peut donc réduire le discours religieux à un théo-logique, comme si le logos était la seule et unique mesure, écriture du divin. À côté du théologique, il faut, pour conter l'indicible divin, faire place à une autre expression que j'appellerai le théo-muthique. J'utilise ce terme en référence à Platon dans le *Phédon*. Quand on interroge Socrate sur la mort et sur le voyage qui conduit vers l'au-delà, il répond qu'il ne peut en parler que par «ouï-dire» en redisant ce que d'autres ont raconté avant lui. Il faut donc, conclut-il, «dire dans un mythe (*muthologein*) ce que nous croyons qu'il en est»(6).

25Dans ces propos de Socrate qui nous livrent ici la trame herméneutique de son discours sur l'âme, je trouve les éléments de notre argumentation. L'impuissance du logos face aux réalités qui sortent de l'espace phénoménal, comme la mort ou Dieu, ne nous laisse pas sans voix. Comme s'il n'y avait rien à dire ou rien à en dire. Nous ne sommes pas muets du fait de la défaillance du logos en la matière. Il nous reste une autre possibilité; une autre voie nous est ouverte qu'il ne faut pas définir par rapport au logos comme on le fait trop souvent. Il ne s'agit pas ici de laisser croire à un ir-rationnel ou à un il-logique qui serait l'autre écriture du divin. Non, nous sommes en présence d'une catégorie *sui generis* qui se construit par rapport à ses seules références, à savoir le *muthos*: ce que l'on raconte, ce que l'on reçoit par ouï-dire. En ce sens, une théomuthie ramasse, recueille ce que les hommes rapportent du divin. Il s'agit en somme de raconter Dieu à partir du témoignage d'autres hommes. Ce récit, ce *muthos* des témoignages – ce que sont très précisément les Évangiles – est une autre approche du divin, une racine spécifique du religieux. Il n'est donc pas à confondre avec la confession de foi qui encore renvoie au logos. Alors que le témoignage suppose une expérimentation, une sorte d'exercice corporel qui sont la matière même du récit.

26L'intérêt d'une théomuthie est de nous «réciter» un Dieu qui est concomitant au parcours humain. Le Dieu de la théomuthie n'est pas antécédent à la pratique humaine. C'est dans l'existentiel humain lui-même que se raconte le divin. Dieu n'est ni antérieur, ni au-dessus ni à côté de l'existence, mais dans la drame même de son cheminement, dans le déploiement de son existentialité, conçue tant individuellement que collectivement, dans la diversité des individus comme des cultures. L'interprétation polysémique renvoie à l'infinie richesse et variété humaine. Je vois deux avantages à cette pratique sémantique. Elle épouse, à la lettre peut-on dire, la problématique de l'Incarnation. Le Dieu chrétien se fait jour dans l'existentiel humain de Jésus de Nazareth. Par ailleurs, il n'y a plus à ce niveau opposition entre anthropologie et religieux. Dieu n'est pas, comme le prétend la libre pensée et Nietzsche avec elle, celui qui empêche l'homme d'advenir à son autonomie. C'est dans l'exercice anthropologique lui-même de «devenir ce que l'on est» que se réalise le rapport au divin. Il y a bien ici concomitance qui n'équivaut pourtant pas à confusion. Même si le divin peut signifier le devenir-homme maximum, comme le prétend l'Incarnation.

L'homme et la vie

27Reste un dernier point que je voudrais aborder. Pourquoi le divin doit-il parler à l'homme? Ou plus radicalement encore, la question est de savoir si Dieu dit, parle l'homme, et si oui pourquoi? Pourquoi ne pas en rester à ce qu'un Nietzsche, un Freud ou un Heidegger prétendent en disant d'une façon ou d'une autre «*es spricht den Menschen*» «ça parle l'homme». La formule heideggerienne renvoie à l'indéterminé du «ça», irrationnel pour le coup, que Freud appelle l'inconscient et Nietzsche la vie. Suffira-t-il d'invoquer ce sous-sol ténébreux qui échappe à toute connaissance claire pour donner un fondement à l'existence humaine et trouver un fil conducteur à son devenir? Je ne le pense pas. Car cet horizon n'est pas assez vaste pour englober l'ensemble du destin de l'homme. Et Nietzsche, d'un certain point de vue, en a bien conscience.

28Car quoi qu'on en pense souvent, l'auteur de *Ainsi parlait Zarathoustra* est loin d'évacuer le divin de sa perspective. Certes, il ne peut plus cautionner l'approche chrétienne du divin. Voilà pourquoi tout au long de son œuvre, il s'efforce de trouver une autre voie dont il recueille des éléments dans la culture grecque et qu'il personnifiera dans la figure d'un dieu de la mythologie, Dionysos. Ce dieu «deux fois né» – telle est la signification de son nom – incarne la sacralité de la vie. Le dionysiaque est la formule nietzschéenne pour signifier le caractère sacré, divin de la vie et pour justifier tout ce que la vie draine avec elle d'effrayant, d'équivoque ou de mensonger(7). Cette sacralisation de la vie lui donne le caractère exorbitant d'un inconditionnel. Elle est ce qui régule toute existence et rien ne saurait lui imposer une quelconque limitation. La vie est la source même du sacré: elle sacralise, elle sanctifie sans avoir besoin, elle, d'être sanctifiée.

29La philosophie de Nietzsche développe une exaltation sans pareille de la vitalité, au point qu'elle devient le régulateur universel en fonction de quoi Nietzsche évalue toute réalité. Ce point extrême de la pensée de Nietzsche porte en lui la plus extrême ambiguïté, celle qui peut la conduire à toutes les dérives. Car il faut bien se demander ce que Nietzsche entend par vie? On ne saurait parler ici d'un concept, puisqu'il la définit comme volonté de puissance c'est-à-dire un potentiel de forces qui cherchent impérativement à croître, à se développer pour dominer. La nature de la vie est d'ordre pulsionnel, énergétique comme l'était le vouloir-vivre chez Schopenhauer. La nécessité de domination est inscrite dans la pulsivité même de la vie. Elle devient son principe de sélection. Autrement dit, la vie, dans sa volonté de puissance, se développe toujours contre une autre vie; elle croît au détriment d'une autre vie. Au nom de ce principe de sélection qui est la secrète dynamique de la vie, Nietzsche justifie toutes les violences, les violations que perpétue la vitalité. Ici se mesure toute l'ambiguïté de ce principe sélectif qui postule que le loup dévore l'agneau et que les forts dominent nécessairement les faibles dans une implacable logique de la force.

30Le concept de vie avec sa caractéristique essentielle d'être volonté de puissance, se substitue à Dieu, à l'Être que Nietzsche dit mort. Ce déplacement me paraît signifier la sortie de la métaphysique et l'entrée en scène philosophique de l'anthropologie. Giorgio Colli, l'éditeur de l'ensemble de l'œuvre de Nietzsche, affirme que c'est au cours de l'hiver 1880-81 qu'apparaît la notion de «Wille zur Macht»(8). Or, comme nous l'avons dit, c'est à la même période que l'on trouve l'expression "mort de Dieu" dans l'œuvre de Nietzsche. La coïncidence n'est pas fortuite mais inhérente à la démarche nietzschéenne. Elle traduit une réciprocité qui conduit à penser, à articuler un concept en fonction et par rapport à l'autre. Si mort de Dieu, de l'absolu il y a, ceci n'entraîne pas un vide ontologique, mais permet l'émergence de la vie dans une spontanéité sans limite. Et pour que la vie puisse croître selon sa propre dynamique pulsionnelle, sa puissance dominatrice ne peut être arrêtée par l'exigence morale du bien et du mal qui est l'expression éthique du divin. Dans la perspective de Nietzsche, c'est uniquement le dieu moral qui doit mourir pour permettre l'émergence du dieu de la vie. Ce qui apparaissait comme une réciprocité dans une première approche, est en fait un primat de la vie. La vie est première. Elle est l'inconditionné anthropologique de toute réflexion philosophique. De ce point de vue, la philosophie de Nietzsche s'inscrit dans le sillage de la modernité qui met l'homme au centre de tout dispositif sémantique. Au point de départ il y a l'homme qui naît à la vie. C'est ce donné qui devient l'objet du travail philosophique. Et pour Nietzsche, l'acte fondateur de ce travail consiste à «tuer» le Dieu produit par la raison qui non seulement ignore la vie mais lui impose des régulations qui ne permettent pas son épanouissement, son extension. La boucle est fermée et toute l'œuvre de Nietzsche va s'acharner à articuler les deux termes antagonistes sans pouvoir faire triompher celui qu'il veut éternel, à savoir la vie.

31Pour Nietzsche, comme pour Schopenhauer, la vie est souffrance et douleur. Cette position très spécifique fait de ces deux philosophes des penseurs «à part» de la modernité, des penseurs qui ne sont entendus que superficiellement et fragmentairement. Le succès de Freud en témoigne, lui qui cherche à rassurer, à assurer l'existence individuelle en supprimant les entraves et liens au principe de plaisir de la vie. Nietzsche au contraire affirme que la vie est danger pour tout autre vie puisqu'elle s'y oppose dans une logique de domination. Ici l'individu doit se soumettre au principe sélectif de la vie. Ceci revient à dire que vivre est quelque chose de dangereux puisque, par définition, agressif. Quoi qu'il en soit, par la volonté de puissance comme par l'*amor fati*, Nietzsche privilégie la vie, au détriment de l'individu, il sacrifie l'individu au profit de la continuité de l'espèce. Il se détourne ainsi de Schopenhauer qui avait privilégié la vision orientale de la vie, à savoir qu'elle est souffrance pour l'individu. Si le vouloir-vivre s'impose, la sagesse consiste précisément à ne pas entrer dans son jeu dominateur, à s'en détacher par une ascèse graduée qui part de l'esthétique, passe par l'éthique et culmine dans la négation métaphysique du «Wille zum Leben». Ainsi l'homme peut espérer atteindre la béatitude. Nietzsche, à l'inverse, accentue la dynamique guerrière de la vitalité et invite l'individu à s'y soumettre totalement. Ce qui ne peut que le conduire à une impasse existentielle. En ce sens, une telle philosophie ne peut pas avoir d'avenir, sauf à consacrer le déclin du principe d'individualité. Ce à quoi pourrait bien conduire, *in fine*, l'individualisme forcené de notre société!

32On ne s'explique pas très bien cette apologie et cette adoration de la vie que l'on trouve chez Nietzsche. On peut même parler d'une sorte d'absolutisation puisqu'elle incarne le sacré et que Dionysos n'est rien d'autre que la divinisation de la vitalité, à moins que ce ne soit l'expression même de son pessimisme fondamental qu'il partage avec Schopenhauer. Une sorte de conscience ironique que la vie est sans valeur, sans vraie signification et qu'elle n'apporte rien à l'homme sinon souffrance et douleur. Comme si l'homme n'était que le jouet de la vie. Nietzsche est profondément convaincu de la nullité de la vie, l'existence ascétique qu'il mènera en est le témoignage éloquent. L'exaltation théorique qu'il en fait est une sorte de mise à distance, une façon de dire que cette vie-là n'est pas pour lui, qu'elle ne l'intéresse pas en réalité, pas davantage l'illusoire bonheur qu'on en attend. L'exaltation démesurée de la vie chez Nietzsche est signe de détachement, et même de dégoût.

33C'est en tous les cas cette «valorisation extrême» qui séduira d'autres extrémistes comme Maurras et qu'utilisera jusqu'à la plus grossière manipulation le régime nazi. Un homme comme Giovanni Papini dans *Le Crépuscule des philosophes* (1906) soulignera, sans pouvoir se l'expliquer, ce paradoxe de trouver chez un homme chroniquement malade une exaltation sans mesure de la vie. Sélection et hiérarchie se mettent ici au service d'une puissance aveugle puisqu'elle ne recherche d'autre finalité que sa croissance illimitée.

34Ce rapport à la vie est, en tous les cas, ce qui oppose radicalement Nietzsche au christianisme. De mon point de vue, c'est à partir de la conception de la vie qu'il faut comprendre la polémique virulente antichrétienne de Nietzsche. Il ne pardonne pas au christianisme d'être contre le principe de sélectivité de la vie et, de ce fait, de protéger des formes de vie affaiblie ou malade. À ses yeux, tout ce qui n'est pas conquérant doit disparaître. Il va même jusqu'à dire que «la notion de Dieu a été inventée comme concept-antithèse de la vie»(9). Ainsi s'explique l'opposition totale de Nietzsche au christianisme que la dernière phrase de *Ecce homo* grave en lettres de feu dans la conscience de tout lecteur. Surtout quand on se rappelle que c'est le dernier ouvrage de Nietzsche qui, du reste, ne paraîtra qu'après sa mort, en 1908. Voici donc la phrase finale: «M'a-t-on compris? – Dionysos contre le Crucifié.»

35On peut peut-être la lire comme une ultime boutade, voire une provocation. À la vérité, elle symbolise, en des images antithétiques, ce qui dans la philosophie de Nietzsche s'oppose le plus radicalement à la vision chrétienne, à savoir la conception de la vie, avec tout ce que cela inclut de divergence. Un texte posthume de 1888 l'exprime d'une façon la plus claire possible:

«Dionysos contre le "crucifié": la voici bien, l'opposition. Ce n'est pas une différence quant au martyre – mais celui-ci a un sens différent. La vie même, son éternelle fécondité, son éternel retour, détermine le tourment, la destruction, la volonté d'anéantir...

dans l'autre cas, la souffrance, le "crucifié" en tant qu'il est "l'innocent", sert d'argument contre cette vie, de formule de sa condamnation.

On le devine: le problème est celui du sens de la souffrance: sens chrétien ou sens tragique... Dans le premier cas, elle doit être la voie menant à un être bienheureux, dans l'autre, l'être est tenu pour assez bienheureux en soi pour justifier même une somme monstrueuse de souffrance»(10).

36Ce texte tardif condense l'argumentaire contre le christianisme pour qui la vie, parce que rongée par sa propre violence, blessée par le péché, a besoin d'être rachetée, sauvée. Pour Nietzsche au contraire, la vie dans sa constante dynamique de dépassement de ses propres états, n'a nul besoin de rachat, de sanctification. Elle est elle-même le principe de toute justification. On le voit, l'opposition est tranchée. Elle renvoie à des conceptions inconciliables de la vie qui expliquent toute une partie de la philosophie de Nietzsche et qui nous livre un fil conducteur. Ici se noue le tragique nietzschéen qui dit oui à tout ce que le destin charrie, y compris toute sa somme de souffrances et de malheurs. Cette vision esthétique, très proche du stoïcisme, ne manque pas de grandeur. Mais elle me paraît insatisfaisante et en définitive elle débouche sur une impasse.

37La vie dans son besoin de croissance, de domination utilise la force et la puissance. Elle écrase tout ce qui lui résiste. Cette violence inhérente à la dynamique vitale, peut-elle se justifier toujours et absolument comme l'affirme Nietzsche? Une justification sans limite de cette dynamique qui est violence et violation ne finit-elle pas par se retourner contre la vie elle-même en l'affaiblissant jusqu'à l'anéantir. Hobbes déjà remarquait qu'un absolu de puissance détruit la puissance. Voilà pourquoi il réclamait que cette puissance initiale de l'état de nature soit limitée. Car le mal, la violence ne sont pas seulement des fonctions de la vie, son mode de sélection comme le croit Nietzsche. Le mal, la violence sont, pour reprendre une expression de Jaspers, des situations-frontières qui mettent en danger la vie elle-même, qui blessent à mort les vivants.

Celui qui vient...

38Face à ces questions ultimes, Nietzsche n'argumente pas, il maintient une justification envers et contre tout de la nécessaire violence de la vie. Cette justification me paraît trop exaltée, trop démesurée pour être signifiante, pour faire sens. Comme si la philosophie se refermait sur son questionnement et restait sans voix. Alors Nietzsche sombre dans le silence. Il ne choisit pas de faire silence, mais le silence s'impose, lui tombe dessus en quelque sorte. Car la parole ne peut rester cohérente et signifiance tout en justifiant l'injustifiable. Comme si la parole qui fait l'homme, se retirait de celui qui la maltraite.

39Face au mal que produit la vie reste l'invocation d'une rédemption. Si le mal est «radical», à la racine même de l'existence, comment l'homme pourrait-il prétendre en devenir maître? Mais peut-on encore invoquer ce Dieu qui est dit mort, cette Providence qui avait réponse à tout? Dans un monde de la détranscendantalisation, ce Dieu-là aussi se tait. Comme si sa Parole face au mal du monde ne faisait plus sens! Et la théo-logie n'est plus guère en mesure de dire une parole innovante. Car la raison, du fait de son emprise de plus en plus technicienne c'est-à-dire utilitaire, sur les choses et le monde, ne relaie plus le Logos divin.

40Double silence donc, celle d'une philosophie qui dit oui à tout ce que produit la vie, sa violence comme son inconscience, celle d'une transcendance qui se disait omnipotente mais n'empêchait pas l'irrémédiable. Je me demande si dans l'un et l'autre cas, nous ne nous étions pas chargés «du poids le plus lourd» comme dit Nietzsche? Le poids de cet inconditionné, que ce soit la métaphysique ou la vie peu importe, finit par écraser l'homme de la contingence historique.

41Reste alors pour cet homme fragile ce que j'ai appelé la théomuthie. Elle est récit d'une transcendance que l'on se répète et qu'on écoute, une transcendance qui ne se donne pas dans un en-soi d'elle-même mais bien dans le témoignage des hommes. Le témoignage dont il est question, ne doit pas se confondre avec la confession de foi, car il est la trace d'une expérience vécue et non l'exposé d'une doctrine. Il ne faudrait pas en déduire qu'il s'agit ici d'une transcendance molle. Nous sommes en présence d'une transcendance voilée qui ne s'impose plus d'elle-même comme le faisait le logos traditionnel. Elle se raconte dans l'histoire et le cheminement de l'humanité et se transmet comme une parole fragile, fragmentée et donc ambiguë. Ce qui exige précisément l'incessant travail de l'interprétation. Une telle transcendance ne se substitue pas au devenir incertain, elle n'efface pas les cicatrices et souffrances d'une vie blessée par sa propre violence. Elle lui propose un fonctionnement qui ne soit plus seulement et uniquement sélectif, mais aussi de l'ordre de la contemplation. Elle génère un regard autre que celui de l'utilité, de la possession c'est-à-dire de la domination. Car la vie quand elle devient existence humaine sait accueillir c'est-à-dire s'ouvrir à ce qui ne vient pas d'elle-même, d'ici et maintenant, mais de cet ailleurs mystérieux qui hante depuis toujours l'imaginaire humain.

42Ce fonctionnement contemplatif qui ne gomme pas la sélection, mais lui récuse son emprise totalitaire, a l'avantage de défataliser l'histoire. Cette dernière n'est plus le *fatum* d'une pensée désabusée parce que désemparée, ni cette fatalité qui écrase l'homme et que Nietzsche invite pourtant à aimer. Un tel *amor fati* réduirait l'homme à n'être qu'une marionnette inutile; il n'en serait que davantage blessé. Non, l'histoire n'est pas ce *fatum* absurde. Elle est contingence dont le terme comme le commencement nous échappent. Elle peut alors devenir une symbolique de l'eschatologie ou, pour parler comme Jaspers, «le chiffre» de ce qui est toujours à venir sans pour autant s'identifier au devenir comme le fait trop rapidement Nietzsche. Il me paraît alors légitime d'appeler cette symbolique Dieu, à condition qu'il ne soit jamais de l'ordre du Da-sein, de l'être ici et maintenant que l'on pourrait appréhender dans la machinerie technicienne de l'homme. Le Dieu de la théomuthie relève du «venir à». Il est, comme le chante Hölderlin dans son poème intitulé *Pain et Vin, der kommende Gott*, le Dieu qui toujours vient à celui qui sait l'attendre.

NOTES:

(1) *Le Gai savoir*, § 108. Dorénavant cité G.S. Toutes les citations sont tirées de l'édition critique, établie par G. Colli et M. Montinari, parue chez Gallimard.
(2) § 108, 125.
(3) G. S. 12 [229].
(4) Giorgio Colli – Nietzsche, *Cahiers posthumes* III, Paris, Éditions de l'Éclat, 2000, p. 30.
(5) P. B. M., § 2.
(6) *Phédon*, 61 d-e.
(7) *Posthume*, XIII 9 [42].
(8) Giorgio Colli, *op. cit.* p. 54.
(9) *Ecce homo, Pourquoi je suis un destin*, § 8.
(10) *Fragments posthumes*, XIV, 14 [89].

PENSER DIEU APRES NIETZSCHE A L'EXEMPLE DE KARL JASPERS ET PAUL TILLICH

Werner Schüßler

Lehrstuhl für Philosophie,
Theologische Fakultät, Trier

Biographie de l'Auteur:
Docteur en Philosophie et Théologie, né en 1955. Titulaire de la Chaire de Philosophie II à la Faculté de Théologie de Trèves. Ses champs d'investigation privilégiés sont: Philosophie de la Religion, Anthropologie philosophique, Métaphysique, Théologie naturelle, théorie de la connaissance, histoire del a Philosophie (moderne et contemporaine) et Théologie systématique.

Résumé de l'article:
Il ne fait pas de doute que l'affirmation de Nietzsche concerne, d'abord, le Dieu de la religion. Mais nous pouvons aussi transposer l'expression au niveau philosophique de l'idée de Dieu. On peut approfondir cette double interprétation à la lumière du concept de «foi philosophique» développé par K. Jaspers et du concept d'«inconditionnel» proposé par P. Tillich. Aussi ces deux interprétations philosophiques et théologiques peuvent-elles éclairer *a contrario* la conception nietzschéenne de la mort de Dieu.

C'est une erreur de croire que Nietzsche appartient au passé. Cent ans après sa mort, Nietzsche est toujours un contemporain, particulièrement pour ceux qui se posent en adversaires. Peut-être est-il même, selon l'expression de Gabriel Marcel, «le plus actuel de tous les contemporains» **1**. En ce sens, on peut aussi être en accord avec le théologien catholique et philosophe de la religion, Bernard Welte quand il écrit: «Quelque chose s'est modifié en nous depuis Nietzsche, et nous ne pouvons plus nous situer, comme s'il n'avait jamais été» **2**.

2Sans aucun doute c'est l'expression «Mort de Dieu» **3**, ce qui nous occupe aujourd'hui tout comme au temps de Nietzsche. C'est une expression qui entre temps est quasiment devenue un «bon mot». Pour Nietzsche cette expression a une signification si profonde qu'il est difficile d'en percevoir toute la portée.

3Nietzsche a caractérisé son époque avec la mort de Dieu: il s'est identifié à ce thème. Mais la mort de Dieu caractérise aussi notre époque présente. Car cent ans après sa mort, il semble que beaucoup de ce que Nietzsche, en visionnaire, avait vu venir, soit devenu réalité.

4La pensée de Nietzsche est si profonde, elle a tellement de strates qu'elle échappe à toute critique superficielle. Il n'est pas possible d'apporter simplement une contradiction à des phrases isolées de Nietzsche – ce serait trop commode. Ainsi en est-il de cette affirmation centrale: Dieu est mort. Ici aussi il n'est pas évident de savoir comment comprendre l'expression. Il ne manque pourtant pas d'essais d'interprétation. Il suffit de rappeler ceux de Martin Heidegger **4**, de Jean-Paul Sartre **5**, de Martin Buber **6**. Derrière l'expression «mort de Dieu», se profile chez Nietzsche un sérieux existentiel qu'il est difficile de percevoir à sa juste mesure. Une chose est claire: il ne s'agit pas pour Nietzsche d'un banal athéisme. Et il ne s'agit pas non plus d'une simple information. Nietzsche ne dit pas: «il n'y a pas de Dieu». Il ne dit pas davantage: «je ne crois pas en Dieu». Il dit: «Dieu est mort»; il n'a plus de signification, il a disparu de la conscience des hommes. Et pour Nietzsche il en est bien ainsi, car ce n'est que de la sorte que l'homme peut vraiment devenir libre.

5Quand on parle de la mort de Dieu, se pose la question: quel Dieu est mort? Est-ce le Dieu des philosophes, ou le Dieu des religions, et plus précisément celui du christianisme? Et une autre question surgit: après la mort de Dieu proclamée par Nietzsche, n'y a-t-il plus de religion? Et encore se pose la question de savoir si après la mort de Dieu il peut y avoir une philosophie qui traite à nouveau de Dieu?

6Il ne fait pas de doute que l'affirmation de Nietzsche concerne d'abord le Dieu de la religion. Mais nous pouvons aussi transposer l'expression au niveau philosophique de l'idée de Dieu. Même si Nietzsche lui-même ne distingue pas toujours clairement ces deux conceptions de Dieu **7**. Car, sans aucun doute, en cette fin du xxe siècle le Dieu des philosophes semble également mort. Quoi qu'il en soit, la philosophie ne s'occupe plus de la question de Dieu. La philosophie aujourd'hui est largement de nature athée, au sens où elle a oublié Dieu.

7Dans les réflexions qui vont suivre, je ne vais pas entrer dans le champ difficile des interprétations de Nietzsche. Je voudrais m'essayer à un débat sur la thèse nietzschéenne de la mort de Dieu selon la problématique de Karl Jaspers et de Paul Tillich. À ma connaissance, dans la discussion sur la mort de Dieu chez Nietzsche, on n'a pas jusqu'à présent, pris en considération Jaspers et Tillich **8**. Les livres de Jaspers sur Nietzsche sont certes connus de partout **9**. Mais on n'a pas encore réalisé que la notion de «foi philosophique» chez Jaspers pouvait aussi être comprise comme une réponse au problème soulevé par Nietzsche. De même, on peut interpréter la pensée du théologien protestant et philosophe de la religion, Paul Tillich, comme un débat constructif à propos de la position de Nietzsche. Jaspers cherche à dépasser Nietzsche avec sa «foi philosophique», Tillich, de la même façon, avec sa nouvelle formulation de la foi religieuse.

8Chez Jaspers, nous le verrons, il en va de la survie du Dieu des philosophes et de la démonstration que l'alternative foi religieuse en Dieu *ou* nihilisme n'épuise pas le sujet. Il propose un chemin pour penser la transcendance philosophique sans pour autant écarter la liberté de l'homme. Avec cet avantage qu'en final ce Dieu reste absolument caché.

9Pour Tillich il s'agit de montrer que l'authentique Dieu de la religion n'est pas celui que Nietzsche déclare mort. En ce sens Tillich, longtemps avant Eugen Biser **10**, a dans une perspective théologique fait remarquer que la critique de Nietzsche pouvait avoir des effets positifs sur la critique que la religion fait d'elle-même. Jaspers comme Tillich acceptent, à leur façon, la critique de Nietzsche et les éléments de vérité qu'elle contient, pour aboutir à une nouvelle compréhension de Dieu, un Dieu qui même au xxie siècleest toujours vivant – et non pas mort.

Karl Jaspers

10Il est bien connu que Jaspers**11** se retourne contre la religion révélée. À ses yeux, elle n'offre aucun champ de possibilités, car, selon lui, elle objectivise et sclérose Dieu. Voilà il ne peut que confirmer Emmanuel Kant en disant: «Si la révélation était une réalité, elle serait un désastre pour la liberté conquise de l'homme» **12**.

11Pour Jaspers, il est manifeste, qu'un Dieu qui de «l'extérieur» fait irruption dans le monde de l'homme doit être combattu par l'homme. Du moins par l'homme d'aujourd'hui qui, conscient de sa maturité et de son autonomie, ne peut plus admettre sans autre questionnement ce qui est fondé sur la seule autorité. Jaspers lutte contre un tel Dieu qui impose une loi étrangère, qui cherche à nous dominer d'une façon hétéronome, qui exige obéissance et soumission. Jusque là Jaspers suit le chemin de Nietzsche.

12Cependant il n'en tire pas les mêmes conséquences. Car il n'accepte pas l'alternative: révélation *ou* nihilisme. À cela il répond: «La force, le fait d'être donné de soi-même, la moralité, la libération et la liberté, le sérieux de l'inconditionnel restent possibles même quand est admis ce que le croyant de la révélation reconnaît et confesse» **13**. Pour lui est décisif le fait que: «la foi philosophique a une origine propre» **14**. Ce qui signifie que l'homme, en tant que croyant philosophique a un rapport propre à la transcendance qui certes est essentiellement différent de la foi religieuse et pourtant est tout aussi primitif que cette dernière. Ainsi la philosophie n'est ni athée ni un aminci de la religion.

13Le Dieu des philosophes, la Transcendance comme ajoute Jaspers, n'est nulle part dans le monde. Elle échappe à la présence définitive et à la représentation: l'existence de Dieu ne peut être démontrée. Sa réalité est d'une nature radicalement différente de celle des réalités du monde. Jaspers dit expressément: «Le concept de Dieu ne produit aucune science en tant que connaissance universelle de Dieu qui permettrait d'explorer l'objet "Dieu". Car pour le savoir il n'y a pas de "Dieu"» **15**. Il est manifeste que Jaspers circonscrit le concept du savoir au domaine du savoir objectif. Ainsi il écrit: «Le savoir concerne le fini dans le monde» **16**. Et encore: «Ce qui peut être montré et démontré est compréhension finie dans un champ déterminé» **17**. Dans cette approche de l'être, la transcendance n'intervient pas. Derrière cette problématique se profile l'opinion que l'ancienne conception du savoir rationnel et croyant est remplacée par la trilogie moderne de science, de philosophie et de théologie **18**. Le savoir relève maintenant uniquement du domaine des sciences. Dans une représentation scientifique du monde clairement voulue, Jaspers définit Dieu essentiellement comme ce qui ne peut être objectivé, ne peut être connu, ne peut s'imposer et n'avoir de valeur universelle. Car aux yeux de Jaspers, une universalité ontologiquement conçue de la nature de la transcendance, valable pour chacun, paraît impossible. La vérité de la transcendance est davantage d'ordre historique et donc non-universelle; elle est inconditionnelle, de ce fait elle n'a pas valeur universelle **19**.

14En définitive, la transcendance chez Jaspers reste sans détermination. En fonction de cette approche, on ne peut rien dire d'autre que cette affirmation formelle et tautologique «*c'est ce que c'est*» **20**. Jaspers prétend que la transcendance nous parle par et dans des «chiffres». Mais cette parole est radicalement différente de celle d'une religion révélée. Certes ce que Jaspers appelle «chiffre» est bien l'être qui permet à la transcendance de devenir présence. Mais la parole des chiffres ne révèle pas la divinité **21**. Car chaque positionnement de Dieu anéantirait sa transcendance.

15Le combat de Jaspers contre une religion révélée est, en définitive, un combat contre la présence définitive du transcendant. Voilà pourquoi les chiffres ne sont pas, pour lui, des réalités objectives que l'on pourrait connaître; ils échappent à toute expérience et vérification qui auraient valeur universelle. Le contenu des chiffres ne peut être traité ni comme réalité, encore moins comme un savoir contraignant. «Les chiffres ne sont jamais la réalité elle-même de la transcendance, mais son possible langage» **22**. La transcendance elle-même ne se manifeste pas, elle reste cachée. En place de sa manifestation, entre en jeu le langage des chiffres. Quand, en revanche, on cherche à enfermer la transcendance dans la réalité, nous la perdons. En définitive c'est la notion même de divinité qui pousse Jaspers à renoncer à toute présence définitive.

16Tout peut devenir chiffre de la transcendance. Est-ce que de ce fait le chiffre-Être ne devient pas quelque chose de banal? À l'échelle des sciences, il en est bien ainsi. Mais il n'en va plus de même quand la transcendance elle-même devient échelle de mesure. Car en tant qu'exprimé dans sa propre objectivité, le chiffre est, pour Jaspers, un jeu qui ne prétend à aucune valorisation. En revanche, pour ce que Jaspers appelle «l'existence», le chiffre n'est pas un simple jeu. Ce qu'est le chiffre, comment il se manifeste sont autant de points décisifs pour l'existence **23**. Les chiffres ne doivent donc jamais être évidents, sinon le secret de Dieu en serait levé et nous nous retrouverions dans le dilemme exposé par Kant. Du fait de l'ambiguïté des chiffres, il s'en suit qu'il ne peut y avoir de compréhension objective, neutre des chiffres. Chaque interprétation se révèle davantage comme le «témoignage d'une expérience spécifique de chiffres» **24**. Les chiffres sont «généralement illisibles», ils doivent être «déchiffrés existentiellement» **25**.

17En finale donc, le langage des chiffres ne révèle pas la divinité. Dieu reste, malgré les chiffres, purement et simplement caché, inconnu, absolument transcendant. Dans une formule lapidaire, Jaspers écrit: «Ce qu'est Dieu je ne le connaîtrai jamais» **26**. Le caractère du chiffre renvoie seulement à la présence de Dieu et non à sa connaissance. Des critiques ont, à juste titre, fait remarquer que les chiffres expriment quelque chose sur l'existence humaine et son rapport à la transcendance plutôt que sur la transcendance elle-même.

18On trouve chez Jaspers des thèmes qui font penser à Nietzsche. Son combat contre une religion révélée qui, en définitive, est un combat contre toute autorité et révélation, au nom de la liberté de l'homme. Mais, à l'inverse de Nietzsche, ceci ne conduit pas, chez Jaspers, à un refus fondamental de Dieu, mais seulement à un rejet de l'idée religieuse de Dieu. Jaspers, en revanche, reste attaché à l'idée philosophique de Dieu. Mais par peur de tout positionnement, ce Dieu reste en définitif caché. Certes les chiffres ont pour l'existence une signification décisive: l'homme prend les chiffres avec un sérieux inconditionné. Mais en définitif, ils n'expriment rien sur la transcendance elle-même. Si Jaspers est convaincu du «*que*» Dieu peut être expérimenté dans le champ de la liberté, le «*ce*» qu'il est, reste caché. Ce n'est qu'ainsi qu'il pense pouvoir concilier la foi en Dieu avec la liberté humaine. En ce sens, on peut qualifier la pensée de Jaspers comme une forme radicale de «théologie négative» ou aussi comme une transposition radicale de l'interdit biblique de toute image de Dieu.

Paul Tillich

19Jaspers cherche à dépasser le dilemme, autonomie – hétéronomie en refusant la révélation. Sa foi philosophique reste cependant «en suspens» comme il aime à le dire lui-même. Tillich, **27** en revanche, cherche à résoudre ce dilemme dans le cadre même de la foi religieuse, dans une confrontation critique et constructive avec Nietzsche.

20Tillich s'attaque d'une façon différenciée au problème de l'athéisme. Au centre de sa pensée, il y a la définition de la religion comme «ce qui nous concerne inconditionnellement». En ce sens très large, chacun a une religion, car tout homme possède, en tant qu'homme, quelque chose qui le concerne inconditionnellement et de ce fait une foi, même si celle-ci peut également se porter sur du fini. Dans le dernier cas nous avons, selon Tillich, affaire à une quasi-religion. Max Scheler a une vision identique quand il dit que chaque homme a un Dieu ou une idole.

21L'athéisme, aux yeux de Tillich, serait donc le refus de ce désir inconditionnel. Ce qui veut dire que la seule forme pensable d'athéisme reviendrait à une indifférence face à cette question des plus urgente. Reste cependant la question de savoir si un tel athéisme est absolument possible **28**. Peut-on réellement récuser tout désir inconditionnel? Peut-on, en ce sens, être vraiment athée? Dans un de ses «discours religieux», Tillich répond de la façon suivante: «Que rien ne nous concerne ou que quelque chose nous concerne inconditionnellement, voilà l'alternative. Même le cynique est encore passionnément intéressé à *une* chose, à savoir que *rien* ne l'intéresse plus. Telle est sa contradiction intérieure. Ceci montre que son attitude n'est pas la solution» **29**. L'athéisme, au sens d'un refus de tout désir inconditionnel, paraît donc impossible.

22En revanche Tillich perçoit la profonde visée de l'athéisme quand il affirme qu'aucune authentique religion ne peut être pensée sans un élément athée. Que veut dire Tillich? Il veut dire que tous les «noms» donnés à Dieu sont inadéquats **30**. En ce sens, le nom «Dieu» est une suppléance de l'ultime pensé dans l'acte religieux, à savoir l'inconditionné transcendant. Cet ultime pensé dépasse le positionnement d'un être, y compris d'un être suprême **31**. Pour autant qu'un tel être est positionné dans l'acte religieux, il est de nouveau «annulé». Cette annulation, cet athéisme «immanent» à l'acte religieux, selon la formule de Tillich, expriment précisément la profondeur de l'acte religieux. Car là où cette annulation disparaît, l'inconditionné devient un objet, c'est-à-dire quelque chose de fini. «C'est la fonction religieuse de l'athéisme, écrit Tillich, de constamment rappeler que dans l'acte religieux, il en va de l'inconditionné transcendant et que les objets ne sont pas les substituts de l'inconditionné à partir desquels un débat sur son existence ou sa non-existence serait possible» **32**. Ces considérations traduisent la conviction de Tillich que le langage religieux doit nécessairement avoir un caractère symbolique. Ce faisant, il s'en prend à une compréhension littérale du langage religieux qui entraînerait Dieu sur le domaine du conditionné.

23Revenons à la question de savoir où positionner celui qui nie Dieu? Dans une lettre de 1918 à son ami Emmanuel Hirsch, on peut déjà lire: «Douter de Dieu est impossible et ne pas douter de Dieu est impossible. Le premier aspect concerne le contenu et le deuxième le mode d'objectivation» **33**. L'athéisme, selon Tillich, ne peut donc être efficace que au niveau du mode d'objectivation. Ce qui signifie que je puis réfuter, nier le mode d'objectivation. Par conséquent, l'athéisme est en profondeur fondé sur le fait que l'on pose Dieu comme un «être à côté d'autres». Ce Dieu est un objet pour nous sujet, et en même temps nous devenons objet pour lui sujet. Un tel processus est insupportable à l'homme. En faisant allusion à Nietzsche, Tillich écrit: Ce Dieu «dérobe ma subjectivité parce qu'il est tout puissant et omniscient. Je me défends contre cela en cherchant à le transformer en objet, mais j'échoue et finis par sombrer dans le désespoir. Dieu apparaît comme le tyran invincible, l'être face auquel tous les autres sont sans liberté et sans subjectivité. Il nous apparaît comme les tyrans de notre époque qui, au moyen de la terreur, cherchent à transformer les hommes en purs objets, en choses parmi les choses, en roulettes d'une machine qu'ils dirigent. Il devient le spécimen de ce contre quoi se révolte l'existentialisme. Il est le Dieu dont le meurtrier, selon Nietzsche, affirme qu'il doit être tué, parce que personne ne peut supporter d'être réduit à n'être que le simple objet d'un savoir absolu et d'une domination absolue» **34**. Selon Tillich cette forme d'athéisme est justifiée en tant que réaction contre un Dieu qui, en réalité, est une idole.

24À un autre endroit, Tillich reprend cette idée: «Le Dieu démoniaque que Nietzsche ne pouvait souffrir et qui réapparaît constamment dans l'histoire de la religion, est un être à côté d'autres, certes l'être suprême avec une prétention à l'absolu; voilà pourquoi c'est un Dieu polythéiste. Même s'il est le dernier, après que tous les autres aient été vaincus, - il est un démon au nom divin. Il est en fait le principe même de l'autorité hétéronome, il se profile à l'arrière-plan de toutes les autres autorités hétéronomes» **35**.

25Le premier pas vers l'athéisme se trouve toujours dans une théologie qui rabaisse Dieu au niveau des choses qui peuvent être mises en doute. Alors l'athée a beau jeu. Pour Tillich il est tout à fait dans son droit, de bousculer un tel fantôme avec toutes ses caractéristiques.

26Ce qui en moi cherche à tuer un tel Dieu, n'est autre que Dieu lui-même, aux yeux de Tillich. Et il s'explique: «On pourrait l'appeler "Dieu au-dessus de Dieu", c'est-à-dire au-dessus de ce Dieu qui est l'être suprême et la cause de toute autorité hétéronome hypostasiée. Le vrai Dieu, le Dieu qui est au-dessus de ce Dieu considéré comme un être, nous délivre de l'autorité totalitaire du Dieu polythéiste suprême qui, en vérité, est un démon» **36**. Ceci signifie donc: «Quand on est vraiment saisi par l'inconditionnel, Dieu ne peut être nié qu'au nom même de Dieu» **37**.

27Quand nous expulsons Dieu de notre conscience, quand nous repoussons Dieu, quand nous affirmons sa non-existence, nous savons au fond «que ce n'est pas lui que nous réfutons et expulsons mais son image défigurée. Nous savons que nous pouvons le nier parce que c'est lui qui nous pousse à le nier» **38**. Voilà pourquoi Tillich peut affirmer d'une façon paradoxale: «Celui qui réfute inconditionnellement Dieu avec passion, affirme Dieu parce qu'il témoigne de quelque chose d'inconditionnel» **39**. À l'arrière-plan de ces considérations on voit se modifier la compréhension de la doctrine protestante de la justification. Ce principe, pour Tillich, ne se réfère pas seulement au domaine religieux moral, mais également au domaine religieux intellectuel. Ce n'est pas seulement le pécheur, mais également celui qui doute qui est justifié par la foi. Le doute, oui même le doute en Dieu, ne doit pas, aux yeux de Tillich, nous séparer de Dieu. Et ceci est logique dans la mesure où pour Tillich sa conception personnelle de la foi inclut toujours le doute.

28Mais, pour lui, l'athéisme n'est pas seulement une réaction contre un Dieu, qui en réalité est une idole. Il peut aussi être une forme d'hostilité contre le Dieu qui représente la loi et de ce fait tout ce que l'existence comporte de déchirement intérieur, de désespérance, de non-sens. Tillich l'exprime d'une façon très dure: «Un Dieu que nous supportons facilement, un Dieu devant lequel nous n'avons pas besoin de nous cacher, un Dieu que nous ne haïssons pas, un Dieu dont nous n'avons jamais souhaité l'anéantissement, n'est en vérité pas un Dieu. Il n'existe pas» 40.

29L'athée déteste le miroir qui lui fait voir ce qu'il devrait être. Le divin signifie toujours une mise en cause de tout ce qui paraît bon à l'homme. C'est pour cette raison que l'homme veut repousser le divin, il veut le marginaliser, il veut le crucifier. «Car le divin, écrit Tillich, n'accomplit pas l'humain; il révolutionne l'humain. Voilà pourquoi l'humain doit lui-même se défendre contre le divin, il doit le rejeter et essayer de l'abattre» 41.

30Quand nous nous représentons Dieu en un père bienveillant qui nous promet immortalité et bonheur éternel, il n'y a aucune raison de fuir ce Dieu. Mais pour Tillich ceci ne correspond pas à une image de Dieu; c'est une image de l'homme lui-même qui cherche à se faire une image de Dieu à ses propres fins. En ce sens, Nietzsche connaissait la richesse et la force de l'idée de Dieu mieux que beaucoup de chrétiens 42. Tillich, dans ce contexte, se réfère au Zarathoustra de Nietzsche. Le plus laid des hommes a tué Dieu parce qu'il savait que Dieu regarde avec des yeux qui voient tout. Et l'homme ne peut pas supporter que vive un tel témoin. Tillich interprète ainsi cette image: «Nietzsche montre la solution, qui révèle la totale impossibilité de l'athéisme. Le meurtrier de Dieu "Le plus laid des hommes", se soumet à Zarathoustra parce que celui-ci l'a reconnu et démasqué avec une intuition divine jusque dans ses profondeurs. Le meurtrier de Dieu retrouve Dieu dans un homme. Il n'a pas réussi à tuer Dieu. Dieu est revenu sous les traits de Zarathoustra et dans cette nouvelle phase du monde qu'annonce Zarathoustra. Dieu réapparaît toujours soit en quelqu'un soit en quelque chose. Il ne peut être assassiné. Telle est l'histoire de tout athéisme» 43.

31Dieu est proche de chacun, il vit en nous... Il n'y a donc pas d'endroit à partir duquel on pourrait regarder vers Dieu, comme s'il était quelque chose d'extérieur à nous dont nous pourrions confirmer ou nier l'existence. Pour cette raison, aux yeux de Tillich, un véritable athéisme n'est pas possible à l'homme. En finale nous trouvons ici la conviction qu'aucune muraille ne sépare le religieux du non-religieux. D'après Tillich, le saint comprend le profane. «Le profane, écrit Tillich, n'est ni irréligieux ni athée... mais il exprime sa religiosité latente dans des formes qui ne sont pas religieuses» 44. Dans un autre endroit, Tillich écrit que l'incroyance est seulement possible intentionnellement et non substantiellement 45. Voilà pourquoi même l'athée peut se croire «justifié» par un ordre ou une réalité ou une profondeur qui dépassent encore ce qu'il nie dans «l'être de Dieu» 46. Il va de soi que cet ordre ne doit plus être pensé comme un être, ce qui signifierait un *circulus vitiosus*. Cet ordre est plutôt à penser comme une profondeur ou une signification.

32Ces considérations renvoient à toute la théologie de Tillich. Je dois ici me limiter à quelques indications. Une analyse plus précise dépasserait le cadre de cet exposé. Mais dans diverses publications, je me suis, d'une façon détaillée, exprimé sur ces différents aspects. J'en viens donc à la conclusion.

33Dans mes considérations, il a été principalement question de la dimension théorique. Il est évident qu'aucune pratique ne s'en tire sans une théorie. Mais est-ce que l'argumentation aide dans tous les cas? Comment est-ce que en tant que croyant je peux me comporter face à des contemporains pour qui la mort de Dieu est une réalité? En la matière, ni le mépris ni la compassion ne conviennent. Ce serait en premier lieu une manière très peu chrétienne de réagir et en définitive il y aurait aussi un sentiment de supériorité, ce qui n'est guère plus chrétien. «En tant que chrétien ou en tant que quelqu'un qui veut être chrétien», écrit Gabriel Marcel que nous avons déjà mentionné au début, «je dois d'abord me demander jusqu'à quel point Dieu est encore vivant pour moi» 47. Mais même ceci ne saurait suffire, car nous nous situons toujours au niveau du psychologique ou du subjectif. «Ce qui importe, continue Gabriel Marcel, est de savoir si à *travers moi* Dieu devient vivant» 48.

34Est-ce que, en dernière analyse, ceci n'était pas également le problème de Nietzsche, dans la mesure où il croyait que seul Jésus avait été un chrétien authentique? Se pose donc la question de la qualité du témoin. «Dieu est ce qui me concerne inconditionnellement» selon la formulation de Tillich. Et encore «La religion consiste à être saisi». Mais n'est-ce pas une exigence trop forte de vivre en permanence cet «être saisi»? N'est-ce pas quelque chose pour des hommes d'exception comme Jésus ou bien, dans son sillage, Kierkegaard? Quelque chose fait penser ici à la mystique. Mais pour les mystiques, nous le savons aujourd'hui, l'*unio ecstatica* n'était pas un état permanent, mais seulement une irruption ponctuelle de l'éternité dans le temps. Reconnaître avec Tillich que la religion trouve son ultime justification dans la misère de l'homme, relève d'une vue très profonde. À ses yeux, c'est la démonstration la plus significative de l'état de déchéance de l'homme 49. Si l'homme ne s'était pas rendu étranger à sa vraie nature et s'il ne se trouvait pas en situation d'ambiguïté, il devrait à tout instant lui être possible, de percevoir le divin dans la nature et dans l'histoire. Dans la Jérusalem céleste, aux dires du visionnaire, il n'y aura plus de temple. (Apoc. 21-22) 50 Ce qui signifie que la distance entre le profane et le religieux est comblée. «Dans la vie éternelle, écrit Tillich, il n'y a pas de religion» 51. Car ici l'opposition autonomie – hétéronomie se surmonte dans une troisième position que Tillich appelle la «théonomie idéale». Dans une théonomie idéale, la catégorie du saint englobe le profane et la catégorie du profane le saint. Mais ce Telos ne peut être atteint dans notre existence. On ne peut que s'approcher fragmentairement de cet objectif. Bernard Welte lui-même, à la fin de son livre sur Nietzsche, se réfère à la même citation biblique et parle de cette ville céleste comme d'«une image sainte qui prend le contre-pied de l'athéisme de Nietzsche» 52.

35Je crois que non seulement Nietzsche, mais également Jaspers n'on pas compris que la religion en définitive repose sur le fait que l'homme s'est détourné de sa véritable nature. Je veux dire par là que la religion – probablement davantage que d'autres fonctions de l'esprit humain – souffre dialectiquement de l'ambiguïté de l'existence humaine. Mais cela signifie aussi que grâce à cette même religion Dieu peut toujours rester «vivant». Je crois que Tillich, à travers son œuvre, a bien montré comment tout cela peut se réaliser.

36Je pense que Jaspers comme Tillich développent une réponse tout à fait sérieuse au problème soulevé par Nietzsche. Cependant par le terme «réponse» il ne faudrait pas s'imaginer une méthode meilleure pour venir à bout de la situation d'aujourd'hui. Car en la matière, tout ne dépend pas de nous seuls, ni de *notre* agir seul. Ce n'est pas une question de technique, de faire, de produire. Tout au plus peut-il être question d'une disponibilité et d'une attente, comme Tillich l'a exprimé **53**. Il en est, du reste, de même pour Jaspers, même s'il ne parle pas explicitement de grâce.

37Jaspers et Tillich nous montrent un éventuel chemin pour penser Dieu après Nietzsche. Le chemin de Jaspers est, sans aucun doute, cohérent, mais difficilement expérimentale pour un homme croyant, dans la mesure où dans ses prémisses il y a le refus d'une foi fondée sur la révélation. Tillich nous propose un chemin qui, comme je le crois, fait de la foi religieuse, même au xxie siècle quelque chose dont on peut répondre devant la raison et qui s'accorde avec la liberté humaine. Au total sa conception s'articule à une théologie de la culture dont la signification trace un chemin d'avenir.

NOTES:

1. G. Marcel, «Nietzsche: Der Mensch vor dem Tode Gottes», *Werkauswahl*, éd. P. Grotzer / S. Foelz, vol. III, Unterwegssein. Ansätze zu einer konkreten Philosophie. Dialog mit Zeitgenossen, Paderborn, 1992, pp. 207-223, ici p. 207.
2. B. Welte, *Nietzsche und das Christentum*, Darmstadt, 1958, p. 10.
3. Cf. F. Nietzsche, *Die fröhliche Wissenschaft* III, 125 (1882): *Kritische Gesamtausgabe*, éd. G. Colli / M. Montinari, Berlin 1967ss., vol. 5/2, p. 158s.
4. Cf. M. Heidegger, «Nietzsches Wort „Gott ist tot"»; idem, Holzwege, Frankfurt a. M. 1950, pp. 193-247.
5. Cf. J.-P. Sartre, *Situations* I, Paris, 1947 (1973), p. 142.
6. Cf. M. Buber, «Gottesfinsternis»: idem, *Werke* I, München, 1962, p. 520.
7. Cf. W. Röd, «Ist der Gott der Philosophen tot?»: H. M. Baumgartner / H. Waldenfels (éd.), *Die philosophische Gottesfrage am Ende des 20. Jahrhunderts*, Freiburg i.Br., 1999, pp. 29-46, ici p. 41.
8. Cf. E. Biser, „Tod Gottes": *Historisches Wörterbuch der Philosophie*, vol. 10, éd. J. Ritter / K. Gründer, Darmstadt, 1998, pp. 1242-1244.
9. K. Jaspers, *Nietzsche. Einführung in das Verständnis seines Philosophierens*, Berlin 1974; idem, *Nietzsche und das Christentum*, Hameln, 1949.
10. Cf. E. Biser, „Gott ist tot." *Nietzsches Destruktion des christlichen Bewußtseins*, München, 1962; idem, *Gottsucher oder Antichrist? Nietzsches provokative Kritik des Christentums*, Salzburg, 1982.
11. Voir, pour Jaspers, mon étude *Jaspers zur Einführung*, Hamburg, 1995.
12. K. Jaspers, *Der philosophische Glaube angesichts der Offenbarung*, München, 1984, p. 37s.
13. *Ibid.*, p. 37.
14. *Ibid.*, p. 38.
15. *Ibid.*, p. 33.
16. K. Jaspers, *Philosophie*, 3 vols., München, 1991, vol. II, p. 281.
17. *Ibid.*, vol. III, p. 17.
18. Cf. K. Jaspers, *Der philosophische Glaube*, op. cit., pp. 95-110.
19. Cf. K. Jaspers, *Philosophie*, op. cit., vol. III, p. 23s.
20. *Ibid.*, vol. III, p. 67.
21. *Ibid.*, vol. III, p. 127.
22. K. Jaspers, *Der philosophische Glaube*, op. cit., p. 155.
23. Cf. K. Jaspers, *Philosophie*, op. cit., vol. III, p. 170.
24. K. Jaspers, *Der philosophische Glaube*, op. cit., p. 188.
25. K. Jaspers, *Philosophie*, op. cit., vol. I, p. 33.
26. *Ibid.*, vol. III, p. 123.
27. Voir, pour Tillich, mes études: *Paul Tillich*, München 1997; *„Was uns unbedingt angeht." Studien zur Theologie und Philosophie Paul Tillichs* (= Tillich-Studien, éd. W. Schüßler / E. Sturm, vol. 1), Münster, 1999; Paul Tillich: Leben – Werk – Wirkung, Darmstadt 2007 (avec E. Sturm).
28. Cf. P. Tillich, *Gesammelte Werke*, éd. R. Albrecht, 14 vols., Stuttgart, 1959ss., vol. VIII, p. 142.
29. P. Tillich, *Religiöse Reden*, 3 vols., Stuttgart, 1952ss., vol. II, p. 149.
30. Cf. P. Tillich, *Gesammelte Werke*, op. cit., vol. V, p. 134.
31. Cf. *ibid.*, vol. V, p. 207.
32. *Ibid.*
33. P. Tillich, *Ergänzungs- und Nachlaßbände zu den gesammelten Werken von Paul Tillich*, vol. VI, Stuttgart, 1971, p. 122.
34. P. Tillich, *Gesammelte Werke*, op. cit., vol. XI, p. 136.
35. *Ibid.*, vol. VIII, p. 69.
36. *Ibid.*
37. *Ibid.*, vol. VIII, p. 142.
38. P. Tillich, *Religiöse Reden*, op. cit., vol. I, p. 42.
39. P. Tillich, *Gesammelte Werke*, op. cit., vol. VIII, p. 142.
40. P. Tillich, *Religiöse Reden*, op. cit., vol. I, p. 42s.
41. *Ibid.*, vol. I, p. 138.
42. Cf. *ibid.*, vol. I, p. 43.
43. *Ibid.*, vol. I, p. 46s.
44. P. Tillich, *Gesammelte Werke*, op. cit., vol. VII, p. 62.
45. Cf. *ibid.*, vol. I, p. 332.
46. P. Tillich, *Ergänzungs- und Nachlaßbände*, op. cit., vol. VI, p. 97.
47. G. Marcel, *Nietzsche*, op. cit., p. 222.
48. *Ibid.*, p. 223.
49. Vgl. P. Tillich, *Gesammelte Werke*, op. cit., vol. IX, p. 101.
50. Cf. P. Tillich, *Systematische Theologie*, 3 vols., Stuttgart 1955ss., vol. III, p. 456.
51. *Ibid.*, vol. III, p. 456.
52. B. Welte, *Nietzsches Atheismus*, op. cit., p. 64.
53. Cf. P. Tillich, *Gesammelte Werke*, op. cit., vol. XIII, p. 350s.

PHENOMENOLOGY OF *FREEDOM* AND *RESPONSIBILITY* IN SARTRE'S EXISTENTIALIST ETHICS

Mindaugas Briedis

Mykolas Romeris University
Institute of Humanities
Department of Philosophy
Vilnius, Lithuania

Biographie de l'Auteur:
Has a PhD degree in philosophy.
Associate Professor at the Department of Philosophy and Political Theory (Institute of Humanities), Vilnius Gediminas Technical University (2005 – 2008).
Managing editor if scientific journal "Santalka" (Philosophy/Philology, Vilnius Gediminas Technical University)
The area of research: philosophy of religion, phenomenology, philosophical ethics, religion and culture, the history of ideas.
Awards:
2008 Awarded by *Lithuanian Academy of Sciences* (category "young scholar") in the field of Social Sciences for the cycle of works under the topic: "The influence of the interaction between religion and culture on the identity problem concerning Lithuania's reintegration into European culture".
2009 *Lithuanian Ministry of Culture* assigned the financial support for publishing the book of poetry "Ice for Priapus".
Reasant publications:
Democracy: Auto-nomos or Theo-nomos („Problemos"), *Logos and Theos: Ontological Mind and Revelation* („Logos"), *Cognitive Psychology and Moral Philosphy: On The Implied Parallelism between Cognitive and Moral Development* („Problemos"), *Theological Hermeneutics: Interpreting „The Lost Garden of Immediacy"* („Santalka"), *Poiesis: From The Aesthetics of „Bodily Thinking" to the Techniques of „Contemplative Praxis*(„Filosofija/Sociologija"), *On The Origin of Ethics: Is Ethics Dependent o Religion?* („Santalka"), *About Body, Tool, Communality and Responsibility*(„Žmogus ir žodis"), *The Cure for Civiliter Mortuus: Compelementary Values of Phenomenology and Democracy* („Santalka").

Résumé de l'article:
Today it is rather popular to talk about *nothingness* as something constructive (positively charged vacuum and etc.). Existentialism, nihilism, deconstruction and other branches of continental thought, as well as analytical ones and even the instants of natural science, e.g. quantum mechanics stressed the importance of this concept concerning the structures of givenness (matter) and constitution (meaning), but simultaneously forgot the phenomenological roots of all this enterprise (and eventually some important directions of investigation). It is precisely in phenomenology of Jean Paul Sartre that nothingness comes in to view ass the transcendental condition of the constitution of sense giving structures, presupposing psychological ego, other intellectual enterprises. Hence Sartre's phenomenology appears to be a highly original point where epistemology, ontology, radical ethics and everyday world trajectories intersects.
Freedom and responsibility in one way or another were discussed by all exorcists of nonperspective thinking, i.e., existentialists. However, the phenomenological roots of existentialist ethics still did not receive proper academic attention. In this article I explore J. P. Sartre's conception of freedom and responsibility uncovering how phenomenological insights can be subordinated and sometimes guide intentions of existentialism. On the other hand, Sartre's view delivers perfect opportunity to analyse conflation of phenomenological ontology and existentialist ethics. Although Sartre interprets key notions of Husserl and Heidegger primarily in phenomenological manner, the analysis leads away from classical phenomenology and opens up a new outlook at classical ethical dilemmas. Thirdly, the lack of clear ethical claims in phenomenology could be reduced by showing that the ethical potential of phenomenology was partly actualized in existentialism. Besides these primary goals the article opens up a possibility to critically compare the conception of Sartre's phenomenologicalexistentialist ethics with other ethical and ontological perspectives, i.e., stoicism, Christianity, psychoanalysis, Marxism, Kant and etc.

Introduction

As it is well-known, existentialists sketched Spiegelberg lists a great number of parallels highly original and attractive for the post-between these two philosophical standpoints: war cultural climate schemes of signification, first of all, it is mistaken to think that phenomby which human life and conduct should be enology rejects non-theoretical, namely on viewed. The wide spectrum of creative instru-emotions based experience and existentialism ments (first of all, literature), radically new advocates "irrational man". Secondly, *Existenz* vocabulary and relevant for the post-war society or *Dasein* of existentialism as the structure of ideas determined that other philosophical in-being may be described *qua* phenomenon like novations of the time were overshadowed by the any other reduced phenomenon. Thirdly, it is long shadow of existentialism. This shadow also oversimplification to say that existentialism covered up the philosophical revolution initi-deals only with concrete individuals; on the ated by Edmund Husserl, i.e., phenomenology. other hand, it is necessary to remember, that

Though rigorous forms of phenomenology the one that survives phenomenological reducdiffer from existentialist intentions, Herbert tion has the character of absolute existence.

Moreover, Heidegger's famous pronouncement that "essence of *Dasein* is existence" grants to human the existence of an essence which is the goal of phenomenological *Wesenseinsicht* and so on. Despite these and other similarities Spiegelberg underlies (contrary to the popular opinion that existentialism is dependent but also finalizes phenomenology) that phenomenology and existentialism are not only compatible and mutually interrelated but also "essentially independent enterprises" (Spiegelberg 1960: 70).

Yet differently from its main continental ancestor – phenomenology, philosophy of existentialism was famous for the ethical issues and the deconstruction of traditionally seen moral dilemmas. On the other hand, existentialist ethics never executed the normative character which was very common for other philosophical ethics.

One of the prominent engineers of existentialism and of all intellectual climate of post-war Europe, Jean Paul Sartre, dedicated much of his intellectual efforts to the problems traditionally situated under the title "ethics". First of all, these were the questions of freedom and responsibility.

Although these notions remain at the core of every philosophy of morality, Sartre succeeded to make, I would say, revolutionary (having in mind the connotations of philosophical revolution, considering other philosophical schools and "common sense" everyday morality) approach. This radically new outlook at the problems traditionally situated in the field of ethics was based and enabled by the use of phenomenological method which Sartre elaborated one of the first in French philosophy[1].

Applying the ideas of phenomenology existentialists shifted the focus of attention from phenomenology as strict science (defined as having a special access to its own presuppositions) to the crucial question for the existential philosophy – "what does it mean to be a person and what is its peculiar way of being?". This eventually turned intellectuals from traditional epistemological and ontological concerns to the life world (*Lebenswelt*) and lived experience (*Erlebnis*), which means a certain correction of central phenomenological doctrines such as *epoche* or *transcendental ego*.

According to Ricoeur, existential phenomenology represented "the strictest disagreement with the Platonic conversion of the here-below to the beyond" (Ricoeur 2001: 293). Revolution of perspectivism" (launched by Nietzsche and Kierkegaard) found its mightiest expression in existential thinking, proponents of which declared that consciousness can no longer be defined as passive storage of sensual data, but must be approached as active *noema* (sense giving horizon).

The problem of freedom best of all reveals how descriptive method (performed by phenomenology) is subordinated to existential intentions. The reason for the issue of freedom to become a leading theme of existential thinking was that despite its anti-metaphysical strive, most of existentialists sketched one or another ontology, and it is clear enough that freedom finally determines the ontological status of human being.

Following phenomenology existentialists approached the process of perception as the happening of signification and affirmed that neither psychological nor physiological vocabulary could not account for the problems of the owned body, intersubjectivity and all other aspects of "being in the world". In short, phenomenology encouraged all premises for philosophy "from the first person perspective" to appear. This eventually led to the rethinking of the crucial epistemological, ontological and ethical themes and this task at the very start was scrupulously undertaken by the French philosopher Jean Paul Sartre.

Sartre's Approach to Consciousness

Though the credits for subordinating phenomenology to the needs of existential philosophy are usually attributed to Heidegger, I suggest that Sartre purely preserved the balance of phenomenological and existentialist insights while uniting the project of phenomenological ontology with ethics (in *L'Être et le Néant* (1943), where his phenomenology flourishes) which was not done by Heidegger (although he raised some ethical issues, they were strictly subordinated to the question of authenticity, for example, critique of "vulgar" conscience (Heidegger 1992: § 59).

The ideas of Sartre were popular not only due to the intellectual weight or his extravagant lifestyle, but also for the challenging character. In a strongly individualized world it is rather strange and uncomfortable to hear such exclamations as "condemnation to freedom", or "responsibility for the whole world". But it is very important to note that this challenging character usually shadows its roots: the fact that Sartre views freedom and responsibility first and most of all from the phenomenological and not from the ethical (in traditional and everyday sense) point of view. Therefore, the focus of attention here shifts from various intellectual and automatic explanations of human conduct to the very lifeblood of the self – structures of consciousness.

Although close friend Simone de Beauvoir thought that Sartre wastes his writer's talent in philosophical discourse, his *L'Etre et le Neant (Being and Nothingness* 1943) is regarded as one of the corner stones of existentialist philosophy in general and ethics in particular. As every great text of philosophy it had a rich intellectual context.

To begin with, Sartre borrowed from Husserl the idea that consciousness is not a natural object or a thing. From Heidegger came the situatedness of consciousness and from Hegel the dialectics of consciousness and being. To this he added the unavoidable conflation of ethics with ontology (Heidegger). But what was really important that in the background of these influences a Husserlian notion of intentionality stood.

However, from the very beginning Sartre chose his own approach to new methodologies and used the notion of intentionality against the ideas of Husserl himself; therefore, the first step of Sartre's phenomenological project was a well-known negation of Husserlian "transcendental ego" as the collection of remains of any substantive features of consciousness[2]. What is left after Sartre's deconstruction is the void which is more or less fulfilled by the free projects of the subject.

In Sartre's philosophy of consciousness analysis of freedom unites existential with ontological. First of all, Sartre phenomenologically captures experiences, which uncover freedom as something negative, absent, distanced, as the failure of something constant, finished. To support his picture of unstable (stream of consciousness) subject, Sartre lends from Heidegger the idea of nothingness. But when Heidegger opposes notions of being and nothingness Sartre conflates them. In this sense Sartre opposes Heidegger's analytic of existence (*analytique existential*) to his existential analysis (*analyse existentielle*).

Being does not disclose itself temporary, as Heidegger, but manifests itself in dialectical encounter where being for itself (*l'etrepursoi*) encounters being in-itself (*l'entre ensoi*). First term stands for consciousness, second designates things. Most discussions in traditional ethics unfortunately were situated in the second field (for example, traditional problem of freedom versus determinism), whereas freedom is possible only because of the first. Hence Sartre one more time (after Copernicus, Kant and others) reversed usual order of things in a favour of the subject.

When does this stream of intentional process (self) most radically break? When the Other comes up on stage (park). Though Sartre does not mention it, but there are not so innocent cases of the appearance of the other which causes mental disorders as in case of violence. Here and in Sartre's thought I am staggered because of the very possibility to become and object-thing for another subject (this understanding is disturbing and usually is repressed as every authentic insight). This also means that the reality is for a moment taken from me (victims of violence or accidence often reports about the "out of body" experience, when they were approaching situation from the side. The consequence of this is that I am losing my subject position, this means the whole of the world, and this means freedom.

As I cannot exist in a pure manner at the same time with this disintegration (of my-self as my-world) the other process of constitution is forged – the Other constitutes my-self as "the Fall", which means "my-word" where I am destined to compete for my subjectivity (social, sexual and etc.). This is how we can understand the Sartre's exclamation which for others can look as sophisticated madness, that we are condemned to freedom. If the Other shows itself as the threat for my subjectivity, my own freedom appears to be not the gift or source of joy but an instrument for performance an impossible task – to overcome the distance between me, myself, my world and the other.

According to Sartre, the essential feature of consciousness is the apprehension of situation negatively, i.e. the ability to understand not only what things are, but also what they are not (such structures of consciousness as fantasy or memory). Secondly, in every perception I apprehend my self, thought pre-reflectively. This double awareness distinguishes me from my perceptions what in turn is the basic feature of consciousness.

This distance between me and the world enables to think freely: it needs to be fulfilled and the subject does it by one or another project of thought or action. The amount of distance is equal to the degree of freedom. This means, that for Sartre, consciousness and freedom in some sense are identical.

Staying conscious means to put the world into the perspective of a potential agent. There is no pure consciousness apart from action. Contrary to the cartesian subject Sartre's self finds itself in experience and not vice versa. Therefore, all perceptions in one or another way are connected to actions and the degree of real (musical instrument in most individual cases except great hunger would be more real than spoon). World manifests itself as the space for our action, but, as I already mentioned, it resists our plans.

World sometimes raises impossible obstacles, but we cannot affirm that there is something impossible for us and this launches various strategies of consciousness. In order to avoid threat (sense of helplessness) we can change the world by picking various modes of consciousness as fantasy, memory, affection. This also means that there is no essential distinction between emotion and action. For example, if we are happy it seems that everything is possible for us in the world. This is not real but "magical" power as the fear of something that "scientifically" could not harm us (spider, facial expression), because we simply lose our attachment to common explanation of things and this void is immediately fulfilled by primitive magical thinking. Mind cannot detect freedom in reality because it is not factual, rather it is a *value* or even very process of valuing.

Phenomenology and Ontology of Freedom

Freedom isn't something that I could observe as the "outside" fact; on the other hand, the illusion of the independent existence of this "outside" forces to think about freedom in causal categories. In the same fashion free will must not be viewed as the opposition of determinism, it is found on the other dimension – transcendental realm.

Intellectual climate of contemporary society confirms Sartre's insistence that "common sense", everyday understanding of freedom is related to the inability to form the situation (life) according to one's own plans (also this means the failure to perform yourself). Social roles, success contingencies, even desires and habits remind us that life is a story of failure and tiny results can be seen only after years of hard work. In the context of personal and general history human being does not look like a master of his own destiny.

Beyond their instrumental functions ("essences") things are just absurd, but even in instrumental perspective they express the coefficient of the resistance to our projects, purposes. But inertia of reality is not enough to solve the problem of free will, first of all, because of the fundamental participation of oneself in the world. Because of *our own* projects things begin to resist and manifest particular "coefficient of resistance". We clearly need example here. The stone "in itself " is neutral, but stone becomes an obstacle only when I run or try to use it for climbing. This proves that things (or reality in its totality) exist somewhere "there" and become real only when they are illuminated by our projects (existential scenarios). The obstacles appear only when this constituted reality does not bend over our projects.

Our projects of freedom disclose the world as the set of equipment (*paraphernalia*). Stone is nothing without the technique of climbing, hammer without nails and planks and etc.; moreover, things not only presuppose other things and actions, but also me as acting-in-theworld. Therefore, although it seems as a stone resists me, it is my freedom that constitutes the field, techniques and goals according to which things manifest themselves as obstacles. Even if the resistance of stone destroys my project (I fail to climb), it is my freedom that already made this stone potentially suitable for climbing and to set the limits which finally faced.

If we step from this phenomenological analysis of sense giving structures to the ethical problematic we can say that for Sartre the success of one or another project is not the measure of freedom. This idea strongly opposes deeply rooted everyday conviction that freedom is inseparable from the skills to reach raised goals.

Sartre is interested only in the autonomy in decision. Because the decision usually is connected with action, the sense of realization appears (as the feeling of freedom in "ordinary" sense). But for Sartre accomplishing a goal (or fulfilling desire) does not coincide with freedom – prisoner clearly is not free when he *desires* to escape prison, he is not free even not to want to escape, he usually fails to escape, but he is always free to try to escape. That is why decision must be separated from desire, which is fulfilled rather rarely, when decision is the ability to project and understand the value of a project while acting.

Further Sartre in his conception of freedom does not separate decision from action, and this resolves another problematic distinction of traditional ethics, i.e. distinction between intention and action. Intention cannot be separated from action as thought from the language which expresses it. Similarly as words inform us about thoughts, actions tell us about intentions. This perfectly fits with another famous exclamation made by Sartre, that existence (action) precedes essence (intention), and implies that a man is not (as Christians thought) a "superintention".

Having said that freedom sketches world, which in turn determines the freedoms itself, it is clear that here ontology is at hand. Freedom presupposes the world as *paraphernalia*. If freedom would not create obstacles it would mean the ontological priority of being-in-itself against being-for itself. And this is not true from the phenomenological point of view. Facticity, situatedness is a common product of the contingent being-in-itself and freedom. Freedom is the quest of escaping contingency in which freedom at first resided as the possibility of escape. Stone and other objects appear as something only in particular project and all projects are united under the primordial "Project" called by existentialists being–in-the-word (which you can choose freely as a project, or escape remaining inauthentic).

Hence objects, events, persons and etc. are distilled from primordially unschematized "world" due to the projects initiated by my freedom. On the other hand, my freedom cannot decide that someone that in principle can be utilized will be utilized. This is a part of nature's brutal way of being. But again, stone can resist our search for instrumental value only due to the fact that earlier our freedom brought it to the situation whose main theme is "utilization of the stone". For a traveler whose project consists of aesthetic utilization of landscape, rocks will disclose itself not as more or less suitable for climbing, but as pretty, fearfully ugly or aesthetically indifferent (not disclosed).

The givenness of being-in-itself is manifested only in the project of freedom. But the resistance is not some kind of *noumenal* feature of a being itself, but only indication of the inexpressible. Only freedom creates and shows the world, in which I can detect unbridgeable goals. And there is no neither *a priori* nor statics in this dialectics between freedom and givenness – what serves as an obstacle for me could be the assistance for the other. There is no obstacle or the assistance in the absolute sense and the coefficient of resistance or assistance of things is strictly correlated with the value that I attribute to my project of freedom. In this respect, word as a spectrum of resistance coefficient uncovers for me how exactly I qualify one or another project or (in rare *satori* cases) the whole of my freedom (being). This means that the information about the world is about me and vice versa. For example, my inability to climb the mountains can reveal the implemented project "carrier of a scientist". I freely choose my body when after a long time is spent to build the image and lifestyle of a scientist I cannot lift weights or climb mountains[3].

Now it is clear that freedom is not an object of perception or even reflection. It happens suddenly when I realise that I *participate* in a struggle with the thing-world which is massive (*massif*). This struggle is tragic (this is perfectly uncovered by Greek tragedy) but also revelatory, because it provokes the possibility of freedom.

The brutality of a thing-world consists in inertia, ipseity, essence and function quality as opposed to human condition. After this encounter with things (masterfully depicted in *La Nausee* (1938)) the consciousness of freedom is awoken. Things are not threatening until they appear as a part of equipment (*paraphernalia*) and propose itself in instrumental fashion. But the nausea emerges when I realise the sheer existence of things. What strikes here is that Sartre in opposition to every subjectivism phenomenologically shows that the nausea is not inside protagonist Antoine Roquentin but around him. Popular interpretation of Roquentin's feelings says that the awareness of the condition of things uncovers the same possibility for Roquentin to be treated (existence in absence until someone's objectifying gaze will endow me with the identity of some kind (another social role). But there is something more here.

Existence is unbearable because it is meaningless – this is clear. And this for Sartre can be displayed in such as degree that in the heat of a discussion concerning humanism you can ask yourself "why I took part in this at all"? But this homelessness is not psychological. It is ontological: nausea rises in the face of the reflection of absolute contingency which is the real absolute, or in Heidegger's language – nausea is pure openness. And then follows the existentialist *satori* – the sense of adventure, as opposite to Nausea: nothing happens in essence, but everything becomes transformed, because what is transformed in the first place is the feeling of existence. Through the darkness of meaninglessness breaks a ray of "me as my-self ". For Sartre this is a sense of adventure without hope of particular events. All alone with his body Roquentin cannot hold on to memories, past slips away and only the present flow remains. Existence is "now" and this is freedom. Existence has no memory and no action, because every action deepens the burden of existence which is already too much.

Sartre's conception of freedom contrasts with rationalist approach. Rationalism starts from ratio, which is givenness and looks for a freedom. It is essential that this project from rationalist point of view is in principle realizable. In existentialist perspective what is given is freedom. Freedom is prior to every thought or action. Therefore, freedom in rationalism is a reflected necessity and in existentialism – matter of a "condemnation". This sense of condemnation was introduced by Christian thinkers therefore existentialist conception of freedom is closer to the Christian perspective than rationalist view (to prove this we can take a look at the ideas of theistic existentialists like Paul Tillich (1952) or Rudolph Bultmann(1958)).

We can trace this intriguing parallel between Sartre and Christian thinkers even further. Another thing in common is the conflation of freedom with human being as decision making structure. In this sense human being is freedom *per se* (at least potentially for Kierkegaard) and it is not very important what he chooses, but the most important thing is the decision to choose. The decision making determinates the degree of personality and Sartre repeats it after Kierkegaard as he states that freedom is to choose ones being, not justify (stoics, Spinoza, Kant, Hegel) it. What differentiates Sartre from Christian anthropology in this freedom debate? The answer lies in perhaps the most famous of Sartre's sayings that "existence precedes essence" which sounds like a real heresy for Christians. From the perspective of Christian apologetics we can say that Adam made a mistake only because we know what would be the choice of a "true Adam" (Leibniz). According to Sartre, such an essence is not chosen but given, or it is chosen but not by Adam, but by God. In this sense Adam's choice is (negatively) preceded by his essence. For Sartre contrary the "essence" of individual is what is chosen and Adam perfectly creates himself for a radically different life and the whole history.

It looks like the phenomenological outlook on individual as the particular stream of intentional acts of consciousness negates Christian morality. According to Sartre, Adam uncovers himself as he is in his project and, from this point of view, his random actual choice is more ultimate than potential essence or conventional morality (remember S. Kierkegaard's interpretation of the Abraham's story (Kierkegaard 2006)). Projecting is the only solidity of personality and it is freedom not essence that is absolute because freedom and not essence pictures the future. Inescapable absolute of freedom brings us to the question of responsibility.

Absolute and Social Responsibility

As I mentioned earlier it is easy to misunderstand Sartre if we overlook phenomenological basis of his existentialism. Hence for freedom and responsibility Sartre firstly reserves a phenomenological not ethical meaning. For the question of responsibility this first of all means the awareness of the *authorship* of all events and objects as acts of consciousness. Responsibility "for the whole world" is possible because the responsible one is the (transcendental) condition of the world which is. Human consciousness is not a passive receiver of sensual data but discloses itself as an active in every situation (constituting the structures of signification), therefore human being actively participates in every situation which he perceives and by which he creates himself. The awareness of this creative power could be the source for the sense of pride or the deepest threat for subject – disintegration.

Phenomenologically established authorship (or avoidance of it) is the reason why feelings of repent or regret are mistaken. In Sartre's conception no "outer" factors, nothing "alien" determinates my own way of being, type of emotional states[4] and etc. It looks like here we lose a very useful tool for sorting out moral and non-moral behaviour, namely Kant's distinction between categorical and hypothetical imperatives, because of the deconstruction of the "inner" character of the first or "outer" character of the second. Responsibility ceases to be a burden or reason for resignation. This is the logical outcome of the freedom as Sartre sees it.

What happens to me happens because of me, in me, around me and through me[5]. This scheme is beyond (sceptic) objection or (cartesian) doubt – all that happens is *mine*. Even by the act of faith, when I recognise something supernatural, or by the acts of a lowest hedonism, determined by the instincts, this would remain *mine* decision, ergo, my responsibility. There is nothing that forces me from outside, for example, if I am in the heat of the battle, it is my war, because I can at any moment escape it (possibility of desert or suicide). These ultimate possibilities, according to Sartre, should consciously accompany every situation and prove that if I am in the situation I chose it[6]. On the other hand, this perspective uncovers most common motives of action: cowardice, conformism and inertia as the elements of phenomenologically uncovered structure of decision making, which leads to major accusation in existentialist ethics – voluntary retreat to anonymity or inauthentic mode of being. The decision is absolute not only in the personal but also in temporal sense – it lasts until the war is over, and the guilt for the war repeats every day in every battle of this war (here we can hear Kierkegaard's similarly reminder about the "everyday" crucifixion of Jesus).

Sartre underlies that his conception of responsibility (I call it "phenomenological") must be strictly dissociated from juridical one. From the perspective of consequentionalist ethics it is true that it is not me that launched the war. Though for Sartre, continually participating in war, no matter because of what – fear of death or dishonesty, I become responsible for it. And there is no excuse here. This absence of excuse for Sartre is the fundamental *existentialle*.

On the other hand, the war is *mine* also in the sense, that when I am in a "military" situation, my decisions about myself cannot be separated from the situation. In making a decision I affirm all situations in which I find myself. If my life was a waste of time I am responsible for it equally as I am responsible for the epoch because I affirm it by my existence in it. There is no way to think of me in another epoch without contradiction, because the epoch is necessary for my constitution, it is a part of my dialectical nature, and in this sense I am the news, wars and other "beauties" of contemporary society, or in phenomenological language, I find myself in an experience, rather than cartesian ego experiences the world. And if because of all this tightness of being-in-the-world I will ask myself in despair whether I am responsible for my responsibility, I have an intellectual duty to remember that I am thrown into the world as active, constantly making choices, never finished project, therefore even facing inability to negate responsibility I remain responsible for the desire to avoid responsibility.

Passive being in the world (Schopenhauer), apathy (stoics) and even suicide is choosing oneself or more specifically – elaborating the way of being in the world. Absoluteness of freedom and responsibility culminates in awareness that my facticity (for example, birth) cannot be grasped directly, but only projectively reconstructed by narration. If I reject my life, by this I affirm my birth as unsatisfactory way of being. According to Sartre, deep almost gnostic knowledge of this conditions is the expression of absolute freedom, that means being without excuse or regret, which is the source of various mental disorders and sociopathy.

In contrast to Heidegger, Sartre finally turned to a social responsibility. It was clear for him, that science does not throw light on society and history and freedom becomes individual decision determining how the individual will be engaged in the world.

The existence of the "outer" world as society, although for Sartre it is not a problem as phenomenologist, interestingly enough proves its existence at the times of great crisis (World war or Economic crisis) when life for individuals could appear meaningless – i.e., hostile to individual freedom. Then death becomes an objective embodiment of the emptiness of life and seems to indicate a harsh victory of the species over definite individual.

This shows how individual personality and individual consciousness are by no doubt social creations. Every step of individual growth is linked to those around. The individual and society can move hand in hand, though usually it is not going so smoothly. The greater understanding and fellow-feeling of a person with other human beings, the richer is the content of his individual personality and society as well. For this it is crucial "to find organic links between individual happiness and the life of the species" (Finkelstein 1967: 118). Is Sartre's existentialism capable of this?

It is not true that Sartre saw freedom as solely internal, resting on independence from any outer compulsion including that which asserted nor merely the possibility but the necessity of human cooperation. Sartre certainly has much more positive feelings about society than most "existentialists" (Kierkegaard, Nietzsche, Dostoyevsky, Camus, Heidegger) and this comes from Sartre's intersubjective insights: society is also "the Others". The Other is necessary for me for escaping my own in authentic existence (anonymity), and on the contrary, the Other can serve as the revelation of nature of reality (objectifying gaze). On the other hand, the notion of the world as space for possibilities further implies the responsibility for the others as possibilities[7].

But history certainly does not tell us that a man is "good", or that he lives for the "good of society" and this seems to be a big hole in Sartre's reasoning. But history does tell us that at decisive times human beings generally fight for their own freedom in co-activity, socially.

In the trilogy of novels *Les Chemins de la Liberte* ("Paths to Freedom") Sartre enlarged his social engagement. Through the various protagonists Sartre depicts different responses to political events. The ideas of early existentialism are voiced by Delarua, teacher of philosophy who seeks a way to be free. He searches everywhere except in his actual social relationships.

Therefore, though Sartre also starts from individual "being" or "existence", he emphasises actual engagement in situation in clearly different way than Camus, Heidegger or Jaspers. Just look how he extends the conception of responsibility, already put in treatise *Being and Nothingness*, in essay *Existentialism and Humanism* (1946):

The first effect of existentialism is that it puts every man in possession of himself as he is, and places the entire responsibility for his existence squarely upon his shoulders. And, when we say that man is responsible for himself, we do not mean that he is responsible only for his own individuality, but that he is responsible for all man... in choosing for himself he chooses for all men (Sartre 1977).

Social engagement led Sartre to the Marxism and we can say that if his social activities suggested changes in his views, he made these changes. Hence Sartre moved in the direction which was promised by Marxism – restoration of the tie between the "inner" and "outer" world in the face of a complex social situation. This presented to Sartre Marxist view as the philosophy of today. Of course he refused to see individual only as the product of economic and social conditions, but accepted basic thesis of Marxism, that human being realises himself only in action. This also depends on intentionality – which directs from within to outside and enables to develop results of freely chosen actions.

After what is said we should finally ask: is Sartre's philosophy nothing more than sophisticated pessimism and his conception of human being something other than a kind of "futile passion"? To begin with the answer, firstly remember that even most optimistic ethical theories usually started from the falsity given in human nature. The very possibility of ethics is based on the fact of constant solecism. On the other hand, there is no need for ethics for a being which has an essence – thing, animal or God. Therefore the existentialism in general and Sartre's phenomenological version in particular sounds rather optimistic – it attains the core of individual being which is beyond social or natural conditioning.

Conclusions

Sartre's philosophical project in a broader sense signifies the transition of existential phenomenology from transcendental (reduction of all to my own appearances) to the ontological (rehabilitation of the quest for the meaning of the notion "exist").

Sartre performed one of the deepest analysis concerning the nature of consciousness in phenomenological tradition. On the other hand, he delivered elaborated documentation of the inner, mental crisis of post-war society.

A lot of misunderstandings concerning Sartre's ethics where caused by the overlooking phenomenological significance assigned by Sartre to ethical categories. In Sartre's conception of freedom phenomenological method, ontological implications of existential philosophy and counteraction to traditional ethics coexist.

Such phenomenologically uncovered structures of consciousness as fantasy, memory, future anticipation, categorisation and etc., enable to see things not as they are given by perception, therefore create a void which are fulfilled by free projects (or avoidance of freedom) of the subject. This dialectic of being and nothingness, according to Sartre, is the fundamental structure of consciousness.

Therefore what is uncovered by phenomenology as transcendental (freedom) in existential thinking becomes existential (responsibility). The analysis of these existentials at the same time is ontological because through freedom and responsibility it is shown how the being of human is. Sartre reverses traditional ontological schema: not existence is submerged into being, but degree of being is measured by the free-projecting in existence.

This means that freedom does not rise out of the recognitions of necessity. Sartre refuses to accept long tradition that laws of nature must be known and obeyed so that reality can be commanded (deconstruction of the opposition between determinism and the free will). This perspective enables collate Sartre's conceptions with Kant (deconstruction of the distinction between categorical and hypothetical imperatives), Consequentionalist ethics operating in everyday mental and juridical life (deconstruction of the any distanced interrelation of means and ends, for the means become the ends), mental disorders (deconstruction of the contemporary narcissistic aesthetic forms of self-whipping and self-regret. Mental disorders rise when one faces the obstacles in real life which in turn depends on the subject's sense giving structures, and in this sense freedom is equal to reality.

While Sartre's concerns are primarily phenomenological it has much to say, for example, about the rehabilitation of stoicism today, dialogue between the Christian and Buddhist ethics or understanding Marxism anew.

Finally, it is not true that Sartre saw freedom as solely internal, resting on independence from any outer compulsion. Sartre certainly has much more positive feelings about society than most "existentialists".

NOTES:

[1] David Carr starts his introduction to the volume of Ricoeur's works on Husserl with these words: "It is surely one of the most curious features of twentiethcentury intellectual life in Europe that at the very moment when the deep and lasting enmity between France and Germany reached its most destructive point, the best young French philosophers were turning their backs on their own intellectual forebears and seeking inspiration in German thought (Ricoeur 2007: xi).

[2] Famous Lithuanian phenomenologist Algis Mickunas clearly defines the essence of Sartre's critique of Husserl's conception of the ego: "According to Husserl, ego is transcendental and never can be taken to brackets. For Sartre, ego is not identical to consciousness. Rather ego is something that ego did from out of itself in the past. Sartre suggests a metaphor of the way for an ego as the sum of all concreted possibilities. This lets Sartre paradoxically state that "the nature of consciousness is to be something that it is not, and not be something, which it is" (Mickunas, A.; Stewart, D. 1994: 95).

[3] It is possible and intriguing to extend this Sartre's reasoning by question "if I dedicated myself only to the mental activity, would my body have no features at all?"

[4] For Sartre as phenomenologist there is no need to prove "outer" reality, though uncontrolled nature of emotions is a good argument against Descartes's doubt concerning the existence of the outer reality. Secondly, as we shall see, this fact about emotions or whatsoever does not lead to determinism (see further against this duality).

[5] This claim also can be approached from the perspecti
ve of distinction in traditional ethics between psycho
logical and ethical egoism.

[6] This greatly reminds me of stoic conception of death as the gift and necessary condition of fullblooded life: life without the possibility of death would be a nightmare.

[7] The problem of intersubjectivity is another big achievement made by Sartre as phenomenologist and deserves to be analysed alongside with such thinkers as Husserl, Merleau-Ponty or Levinas, which is thoroughly done by Dan Zahavi (Zahavi 2001).

REFERENCES:

Bultmann, R. 1958. *Jesus Christ and Mythology*. New York: Scribner.

Finkelstein, S. 1967. *Existentialism and Alienation in American Literature*. New York: International Publishers.

Heidegger, M. 1992. *Being and Time*. Oxford: Blackwell.

Kierkegaard, S. 2006. *Fear and Trembling*, ed. Sylvia Walsh and C. Stephen Evans. Cambridge University Press.

Mickūnas, A.; Stewart, D. 1994. *Fenomenologinė filosofija*. Iš anglų kalbos vertė A. Sverdiolas. Vilnius: Baltos lankos.

Ricoeur, P. 2007. *Husserl. An Analysis of His Phenomenology*.

Ricoeur, P. 2001. "Existential Phenomenology", in *Phenomenology and Existentialism*, ed. R. C. Solomon. RowMan and Littlefield publishers, INC.

Sartre, J. P. 1956. *Being and Nothingness*. New York: Philosophical Library.

Sartre, J. P. 1949. *Nausea*. New York: New Directions.

Sartre, J. P. 1947, 1950. *Paths to Freedom*. New York: Knopf.

Sartre, J. P. 1977. *Existentialism and Humanism*, trans. Philip Mairet. Brooklyn: Haskell House Publishers Ltd., 23–56.

Spiegelberg, H. 1960. "Husserl's Phenomenology and Existentialism", *The Journal of Philosophy* 57(2): 62–74.

Tillich, P. 1952. *The Courage to Be*. New Haven: Yale University Press.

Zahavi, D. 2001. "Beyond Empathy. Phenomenological Approaches to Intersubjectivity", *Journal of Consciousness Studies* 8(5–7): 151–167.

CIORAN ET LA FILIATION NIETZSCHÉENNE

Yann Porte

Biographie de l'Auteur:
Yann Porte est doctorant. Il mène sa thèse de philosophie sous la direction de Jean-Paul Resweber à l'université de Metz. Cette dernière porte sur l'écriture fragmentaire cioranienne conçue comme un dépassement ambivalent et paradoxal du nihilisme. Le jeu des écarts et des correspondances entre les pensées de Nietzsche et de Cioran ne cesse de le requérir.

Résumé de l'article:
D'origine roumaine mais résidant à Paris de 1937 à sa mort en 1995, Cioran a écrit des livres jugés pessimistes tels que *De l'inconvénient d'être né* ou *Aveux et anathèmes*. Comme Nietzsche, Cioran dépasse son nihilisme initial par la pratique de l'écriture fragmentaire mais d'une manière encore plus paradoxale. Pourquoi argumenter et démontrer quand il s'agit de ressentir l'inexprimable. Les aphorismes sont une volonté d'atteindre une pensée quintessenciée.

1. LES AMBIVALENCES D'UN DEPASSEMENT PARADOXAL DU NIHILISME

1Qu'y a-t-il de commun entre Nietzsche, qui n'a cessé de célébrer frénétiquement la vie, et ce «mystique du pire» qu'est Cioran. Entre le philosophe dionysiaque et le laudateur de l'inconvénient d'être né? Quel type de proximité peut-il bien exister entre le promeneur de Sils-Maria, habité par la nécessité de lancer un grand oui à l'existence et le noir penseur transylvain qui s'est employé à en saper les fondements par l'exercice d'un scepticisme destructeur durant toute la durée de la sienne?

2Rien, semble-t-il. Rien, en apparence, qui puisse réunir ces deux-là tant ils paraissent, au premier abord, d'exacts antipodes. En apparence seulement, car ce n'est pas tant dans l'aboutissement de leurs visions du monde respectives que dans leurs cheminements spirituels que ces deux artistes de la pensée révèlent la parenté profonde qui les lie. En effet, le pessimisme radical et le désespoir hyperbolique de Cioran, encore plus noirs et subtils que ceux de Schopenhauer, sont, néanmoins, plus proches de Nietzsche qui n'a jamais eu une vision univoque mais profondément tragique de son grand acquiescement à l'existence.

3En dépit des nombreux parallèles, des convergences de vue, de la profondeur et de la subtilité de leurs vies intérieures, leurs pensées aboutissent, en effet, à des prises de position face à l'existence, diamétralement opposées. Mais le plus important n'est pas là. Il réside, paradoxalement, dans leurs manières de dire le monde. Ces deux *styles* de pensée entretiennent une proximité de ton aussi évidente à ressentir que difficile à définir *précisément*. Une chose est sûre, les styles fragmentaires de Nietzsche et de Cioran sont le reflet de leurs itinéraires spirituels tourmentés et de leurs passions communes pour une lucidité à l'exigence dévastatrice. À cela s'ajoute des tempéraments incisifs et deux éthiques fondées sur le pouvoir, paradoxalement unificateur, du principe de contradiction.

4Que le jeune Cioran cultive sa filiation avec Nietzsche alors qu'il travaille à devenir, d'aphorismes en fragments, ce que semble dénoncer son modèle, c'est-à-dire un nihiliste accompli, voilà qui a de quoi surprendre. C'est sans compter sur le goût prononcé du paradoxe qui habite Cioran mais aussi sur la profonde plasticité herméneutique et la polysémie – pour ne pas dire la protéiformité – de la pensée nietzschéenne. Cette dernière, en plaçant le principe de contradiction en son sein, fait de l'éclatement de l'unicité de la vérité, son fondement. De ce point de vue, la leçon nietzschéenne a été assimilée par Cioran. Et il n'aura de cesse de la porter jusqu'à sa tension la plus extrême et souvent, jusqu'à son point de rupture.

5Les deux «penseurs-stylistes» présentent également une convergence de «méthode de pensée» qui fait bien davantage que simplement transparaître dans leurs œuvres. Elle en est le véritable principe unificateur.

6Bien plus qu'un artifice rhétorique ou qu'une plus-value esthétique, le style assure la cohérence de l'ensemble et tient lieu de philosophie subjective. Le style, c'est pour eux, dans l'écriture comme dans les autres domaines de l'existence, la manière dont une individualité créatrice parvient à exprimer la façon qu'elle a de s'incarner dans l'existence. Pour Nietzsche comme pour Cioran, si opposés en apparence, le style serait donc, l'écriture et la pensée rendues indissociables par l'extériorisation d'une vision tragique de l'existence. Qu'on y adhère ou qu'on la rejette, qu'on la vénère ou qu'on l'exècre, la position face à celle-ci n'est finalement plus l'élément déterminant. Et cela, contrairement à ce que laisse d'abord entendre Nietzsche lorsqu'on le lit en restant à la surface de ses affirmations à la logique contradictoire. Le dépassement de cette opposition qui semble pourtant si insurmontable, montre à quel point Cioran rejoint Nietzsche de par sa manière de penser, par pointes et par fulgurances. Cela n'est d'ailleurs pas autre chose que le reflet d'une éthique qui s'accorde avec un tempérament porté à la subversion par une violence intérieure d'une intensité accrue par des déterminismes physiologiques où l'insomnie joue un rôle prépondérant. Cette fureur trouve une catharsis – d'autant plus efficace qu'elle se fait subtile – dans une écriture fragmentaire qui dépasse l'enjeu d'un simple dépassement abstrait du nihilisme.

7C'est dans ce cadre que la figure charismatique de Nietzsche n'a cessé de hanter Cioran qui a passé son adolescence à lire, avec frénésie et avidité, les œuvres de ce dernier. Il n'est pas exagéré de dire que cette relation passionnée et précoce avec l'œuvre du penseur de la mort de Dieu a été l'élément fondamental et décisif dans l'élaboration du style et, donc, de la vision du monde cioraniennes.

Jeune encore, on s'essaie à la philosophie, moins pour y chercher une vision qu'un stimulant; on s'acharne sur les idées, on devine le délire qui les a produites, on rêve de l'imiter et de l'exagérer. L'adolescence se complaît à la jonglerie des altitudes; dans un penseur, elle aime le saltimbanque; dans Nietzsche, nous aimions Zarathoustra, ses poses, sa clownerie mystique, vraie foire des cimes...

Son idolâtrie de la force relève moins d'un snobisme évolutionniste que d'une tension intérieure qu'il a projetée au-dehors, d'une ivresse qui interprète le devenir, et l'accepte. Une image fausse de la vie et de l'histoire devait en résulter. Mais il fallait passer par là, par l'orgie philosophique, par le culte de la vitalité. Ceux qui s'y sont refusés ne connaîtront jamais le retombement, l'antipode et la grimace de ce culte; ils resteront fermés aux sources de la déception(1).

8Ainsi, même si tout l'œuvre de Cioran ne semble pas faire autre chose que de décrire l'incapacité de la rationalité à réfuter un sentiment intense de vide et de lassitude, l'humour et la grâce y occupent le rôle déserté par la raison, celui de modérateur. Cela dit, au cœur de ce nihilisme désespéré semble gésir une jubilation intensément vécue. Ce qui s'explique par le pouvoir cathartique d'un style conçu comme une thérapie de l'âme qui surmonte son pessimisme foncier en le mettant en scène par l'écriture, en l'épuisant par la subtilité de la formulation.

9Pourtant, loin de ce genre de nihilisme négateur qui se revendique plus ou moins comme tel, Cioran, à la suite de Nietzsche, pointe le doigt vers une autre forme de nihilisme, celui présent dans les visions du monde issues d'un Système. Il s'agit là d'un type de nihilisme involontaire et qui s'ignore. En effet, le Système dans sa prétention à rendre cohérent l'ensemble de la réalité espère atteindre ainsi un absolu de vérité et ne fait, selon eux, que le fausser, le restreindre et le mutiler par le recours à des vérités dogmatiques. Seul le fragment est jugé apte par Nietzsche à rendre compte et à restituer intuitivement, par éclairs et coups de sonde, la complexité du monde dans son jaillissement.

10De plus, l'écriture par fragments met en abyme le monde en apportant la démonstration qu'il n'est pas nécessairement en adéquation avec la perception qu'on en a, et qui, pourtant, contribue à le forger. Ce rapport d'inadéquation fonde le tragique qui se doit de ne plus échapper à une subjectivité désormais revendiquée. L'éclatement de la vérité que reflète l'écriture fragmentaire remet en perspective le problème du mal et le rapport aux certitudes posées en tant qu'absolu. Le style fragmentaire est fondamentalement celui du doute.

11La méthode généalogique, méthode éminemment nietzschéenne, est la plus appropriée pour s'interroger sur le double statut de philosophe et d'écrivain inhérent à Cioran comme à Nietzsche. Le philosophe est-il un sage, un savant? Non, il est un physiologiste, un psychologue et un thérapeute qui s'aide à supporter les vérités qu'il révèle et construit afin de les dépasser plutôt que de les surmonter. Son art est le diagnostic et sa méthode la généalogie car le généalogiste dramatise et sculpte les idées; il dégage les forces en présence dans chaque type d'existence, dans chaque affirmation. En effet, Nietzsche comme Cioran, en relativistes qu'ils sont, ne s'intéressent plus à la valeur de la vérité considérée en tant qu'absolu. C'est de cette charge dont est supposée être armée tout concept que Nietzsche prétend s'affranchir.

12La validité d'une vision du monde dépend désormais de sa fulguration, de sa capacité à générer de l'énergie, en un mot de sa puissance créatrice. Celle-ci est inséparable de la manière dont le penseur-écrivain la formule, c'est-à-dire de l'écriture, donc du style. La méthode nietzschéenne se fonde sur la puissance d'une subjectivité et se propose de faire une réinterprétation intime, artistique et stylisée du monde, de faire l'archéologie des idées et des perceptions qui le construisent. Tout penseur post-nietzschéen est donc contraint de prendre en considération cette nouvelle perspective qui fait du penseur un artiste et l'oblige à intégrer sa subjectivité à ses problématiques. D'où le primat de l'expérience et l'émergence d'une spiritualité matérialiste propre à Nietzsche. Cette émergence semble forger une nouvelle éthique faite de subversion et induite par l'éclatement de l'unicité de la vérité.

13Dans cette même perspective, Cioran, loin de considérer l'écriture fragmentaire comme un simple «exercice de style» littéraire ou philosophique voit en elle le seul moyen d'expression qui lui soit accessible et un principe de cohérence interne paradoxal qui, par la rupture qu'il induit, reconstitue l'unité perdue du sujet. C'est autour de cet enjeu de l'éclatement de la vérité et de l'émergence de la subjectivité comme principe axiologique et épistémologique qu'une grande partie de la pensée moderne et contemporaine gravite. C'est également à ce titre que l'écriture fragmentaire subjective se propose de subvertir toute pensée qui découle d'un système. Grâce au souffle si particulier de ce style, qui n'est rien d'autre que le reflet d'une vie spirituelle intense et tourmentée, Cioran atteint un niveau d'exigence peu commun associé à une éthique subversive radicale. À moins que le caractère subversif de ce discours ne se situe justement dans son morcellement et dans une expérience d'un nihilisme ontologique d'une rare intensité qui nie avec un souci obsessionnel de subtilité. Pour mettre en évidence cette caractéristique de la pensée cioranienne, il faut établir le rôle thérapeutique de l'expression littéraire dont la valeur ultime repose pour Cioran sur cet effet cathartique. La nécessité de la finesse stylistique se justifie alors par la complexité d'un vécu et la manière dont on l'appréhende. Le pessimisme et l'ironie étant les toiles de fonds principales de la pensée cioranienne, la nécessité de se purger de telles pensées et des passions qu'elles charrient par l'expression littéraire, élève la pratique de l'écriture à la hauteur d'une nécessité indispensable au maintien de l'équilibre psychique.

2. NIETZSCHE VU PAR CIORAN OU LES AVATARS D'UN CAS-LIMITE DE GENEALOGIE CRITIQUE ET STYLISTIQUE

14Nul besoin pour Cioran, tant la filiation spirituelle et stylistique paraît évidente, de consacrer dans ses *Exercices d'admiration*(2) un chapitre à Nietzsche. Pour dire sa dette spirituelle et sa profonde affinité avec la pensée et le style de ce dernier, Cioran s'est toujours contenté de brefs hommages teintés de critiques acerbes mais prégnantes. En fait, cette attitude s'explique, encore une fois, par la proximité de tempérament des deux penseurs. Celle-ci s'exprime dans leurs pratiques d'une «contre-philosophie» subversive qui se veut plus authentique que la philosophie systématique qu'ils jugent «récupérée» par des institutions sociales sclérosées.

15L'attitude réactive de Cioran vis-à-vis de Nietzsche est dominée par l'ambivalence. Celle-ci est faite de rejet et de fascination entre deux tempéraments – plus encore qu'entre deux pensées – trop forts pour ne pas se mesurer l'un à l'autre. À cela s'ajoute leurs goûts communs pour le style fragmentaire dont ils font l'organe d'expression privilégié de cette crise de la conscience et de la culture qu'est le nihilisme. De fait, ils nourrissent la volonté de hausser la pratique du fragment non pas à la hauteur du Système mais comme dépassement de celui-ci.

16Cette rencontre spirituelle établit une relation aussi passionnelle qu'intellectuelle vis-à-vis de Nietzsche. Ce qui n'enlève rien au fait que le penseur roumain soit un commentateur acéré de ce dernier. Cette imprégnation intime de la perception cioranienne par celle de Nietzsche oriente définitivement sa manière de penser et son choix d'écrire par fragments.

17L'aura qu'a contribué, de manière décisive, à donner Nietzsche à la forme fragmentaire et aphoristique a été la révélation originelle de sa «vocation d'écrivain». Celle-ci est fondée sur la nécessité d'extérioriser une vision du monde insoutenable par la médiation thérapeutique de l'écrit. De ce fait, Cioran, à l'instar de Nietzsche, s'inscrit dans une sensibilité qui éprouve un sentiment tragique de l'écriture où la mélancolie est liée à l'acte démiurgique.

18Cela dit, une fois parvenu à la maturité, sans totalement renier celui qui fût «l'enchanteur de [sa] jeunesse», Cioran se livre à une critique que l'on peut qualifier de «postnietzschéenne», dans le sens où elle vise, dans un premier temps, à débarrasser la pensée nietzschéenne de toute pesanteur inhérente à son arsenal conceptuel et à son lyrisme. Ce qui semble un comble face à celui qui s'était voulu le chantre de la légèreté dans l'art de penser. Sans réellement vider la pensée de Nietzsche de son contenu, formé des concepts de surhomme, l'*übermensch* opposé à l'*untermensch*, devolonté de puissance et d'éternel retour du même – pour ne citer que les plus connus – Cioran procède à une sorte de déconceptualisation des grands «moments» nietzschéens. On constate souvent, chez Cioran, la nécessité, de faire le point sur sa relation face à celui qui fascina son adolescence. Mais cette fascination se fit sous le signe du malentendu, orientée vers une lecture «fascisante». C'est, en effet, à travers ce prisme herméneutique dévoyé, que le jeune penseur transylvain eût accès au vitalisme nietzschéen. Inséparable de ses errements de jeunesse, la figure de Nietzsche hantera le «repenti» jusqu'à sa mort, même s'il avoue ne plus le lire depuis des décennies dans ses derniers entretiens. À sa décharge, on peut encore accorder à Cioran qu'il a abordé l'œuvre de Nietzsche à travers l'édition détournée et falsifiée de la *Volonté de puissance*établie par la sœur du philosophe, acquise aux idées hitlériennes. Mais le plus indiqué est encore d'écouter ce que Cioran lui-même a à dire sur celui qui l'a si longtemps obsédé:

Nous avions cru avec Nietzsche à la pérennité des transes; grâce à la maturité de notre cynisme nous sommes allés plus loin que lui. L'idée de surhomme ne nous paraît plus qu'une élucubration; elle nous semblait aussi exacte qu'une donnée d'expérience. Ainsi l'enchanteur de notre jeunesse s'efface. Mais qui de lui – s'il fut plusieurs – demeure encore? C'est l'expert en déchéances, le psychologue, psychologue agressif, point seulement observateur comme les moralistes. Il scrute en ennemi et il se crée des ennemis. Mais ses ennemis il les tire de soi, comme les vices qu'il dénonce. S'acharne-t-il contre les faibles? Il fait de l'introspection; et quand il attaque la décadence, il décrit son état. Toutes ses haines se portent indirectement contre lui-même. Ses défaillances, il les proclame et les érige en idéal; s'il s'exècre, le christianisme ou le socialisme en pâtit. Son diagnostic du nihilisme est irréfutable: c'est qu'il est lui-même nihiliste, et qu'il l'avoue. Pamphlétaire amoureux de ses adversaires, il n'aurait pu se supporter s'il n'avait combattu avec soi, contre soi, s'il n'avait placé ses misères ailleurs, dans les autres: il s'est vengé sur eux de ce qu'il était. Ayant pratiqué la psychologie en héros, il propose aux passionnés d'Inextricable une diversité d'impasses. Nous mesurons sa fécondité aux possibilités qu'il nous offre de le renier continuellement sans l'épuiser. Esprit nomade il s'entend à varier ses déséquilibres. Sur toutes choses, il a soutenu le pour et le contre: c'est là le procédé de ceux qui s'adonnent à la spéculation faute de pouvoir écrire des tragédies, de s'éparpiller en de multiples destins. – Toujours est-il qu'en étalant ses hystéries, Nietzsche nous a débarrassés de la pudeur des nôtres; ses misères nous furent salutaires. Il a ouvert l'âge des «complexes»(3)..

19Dans *Sous le signe de Saturne*(4), Susan Sontag soulignait déjà l'empreinte nietzschéenne omniprésente, souvent en négatif, à l'œuvre dans la vision du monde cioranienne. De plus, on ne peut soupçonner Susan Sontag de faire preuve de complaisance ou d'entretenir des affinités avec la manière de penser le monde de celui qui se dépeint comme un «érudit sardonique», «une vipère élégiaque», «un barbare sous cloche» ou «un courtisan du vide(5)». De fait, les liens qui unissent Cioran à Nietzsche sont nombreux, complexes, et surtout évolutifs parce que protéiformes et polymorphes. Susan Sontag met en évidence dans l'extrait suivant la nature profonde de ces liens à travers les convergences thématiques qui se retrouvent dans leurs œuvres respectives et qui découlent de deux psychologies complexes mais proches dans le sens où elles ont des modalités de fonctionnement conditionnées par des éthiques dont le fondement est la suprématie de l'ambivalence de tout phénomène:

[...] l'acharnement à vivre une vie spirituelle ambitieuse, le projet de devenir maître de soi, la récurrence des thèmes antithétiques: force-faiblesse, santé-maladie, l'ironie grinçante, l'ambivalence à l'égard de la vocation poétique, l'attrait de la conscience religieuse, l'hostilité envers l'Histoire et les formes diverses de la modernité(6).

20Si l'on traduit la relation qui unit Cioran à «l'éveilleur de sa pensée» en termes de genèse spirituelle plutôt que dans une perspective sociologique de pénétration du champ littéraire, il apparaît que, sans renier l'attrait que l'enseignement de Nietzsche a eu sur lui, Cioran affirme l'avoir dépassé en bien des points. Dès lors, il s'agit pour Cioran d'affirmer en quoi sa pensée, bien que basée sur les même thèmes, concernée par les mêmes problématiques et servie par un style très proche, est plus subtile et désenchantée que celle de son précurseur qui, pour lui, reste un maître à penser, à vivre et surtout à douter.

21Dans ce but, il cultive une pensée subjective qui cherche à affirmer la primauté de la négation sur la grande affirmation vitaliste nietzschéenne car elle lui semble contre-intuitive. C'est finalement sur les conclusions, sur la finalité que les deux spiritualités – nietzschéenne et cioranienne – se dissocient le plus nettement. Pourtant, même cette dissociation fondamentale apparaît comme résultant de la profonde ambivalence de ces deux pensées à la fois complémentaires et contradictoires. Dans cet extrait,Cioran se livre à une critique radicale, agrémentée d'arguments peu communs, iconoclastes, de la pensée de Nietzsche:

À un étudiant qui voulait savoir où j'en étais par rapport à l'auteur de Zarathoustra, je répondis que j'avais cessé de le pratiquer depuis longtemps. Pourquoi me demanda-t-il. – Parce que je le trouve trop naïf...

Je lui reproche ses emballements et jusqu'à ses ferveurs. Il n'a démoli des idoles que pour les remplacer par d'autres. Un faux iconoclaste, avec des côtés d'adolescent, et je ne sais quelle virginité, quelle innocence inhérentes à sa carrière de solitaire. Il n'a observé les hommes que de loin. Les aurait-il regardés de près, jamais il n'eût pu concevoir ni prôner le surhomme, vision farfelue, risible, sinon grotesque, chimère ou lubie qui ne pouvait surgir que dans l'esprit de quelqu'un qui n'avait pas eu le temps de connaître le détachement, le long dégoût serein.

22Ce sentiment d'avoir «dépassé» Nietzsche par le renoncement à la conceptualisation et au lyrisme est un signe de maturité pour Cioran. D'autre part, c'est sur ce double renoncement que s'opèrent un renouvellement et une continuation iconoclastes de la pensée nietzschéenne. Par le biais d'une critique existentielle et subtile d'une pensée déjà ô combien subtile et complexe en elle-même.

23Toute la difficulté de Cioran, c'est justement que Nietzsche a formulé la quasi-totalité de sa vision des choses. Comment, dès lors, se positionner par rapport à «l'éveilleur de sa pensée» alors qu'il semble avoir tout dit et bien dit? À tel point que cette philosophie paraissait, à juste titre, comme inégalable au jeune Cioran.

24D'où cette nécessité de se concentrer sur l'art du bien dire, du trait incisif et définitif qui garantit l'originalité d'une considération, même banale ou convenue, par la force et l'habileté de sa formulation. Mais Cioran ne se contente pas d'égrener des lieux communs car il ressent l'impérieuse nécessité de commencer à penser là où Nietzsche s'arrête. Cette méthode le confronte en permanence à l'aporie et à l'insoluble. Face à eux, il joue la carte de la surenchère et du «délire de réflexion». Cette manière particulière de penser exige une grande maîtrise de l'art subtil de la rhétorique. Comment se mesurer à une telle pensée, aussi aboutie, aussi authentiquement géniale sinon en en cherchant méticuleusement les failles dans une quête abyssale de dépassement?

25Cette critique radicale est néanmoins toujours puissamment fondée tout en restant très intuitive. Le fait qu'elle soit formulée par Cioran dès le début de sa «conversion» démontre que le passage de sa langue maternelle au français fût une épreuve de totale remise en question résultant d'une grave crise intérieure. Celle-ci contribua à le faire expier la partie la plus sombre de ses prises de position nationalistes. Il attribuera ces dernières au climat d'aveuglement collectif et d'intoxication idéologique généralisé de l'époque autant qu'à une fuite en avant, à un véritable élan vers le pire. Cherchant à oublier ses démons intérieurs, il se jeta dans les bras de l'idéologie fasciste roumaine dont il se fit l'ardent thuriféraire entre 1932 et 1941. Cette période d'engagement idéologique allait conditionner toute la suite de sa vie après la lente et douloureuse prise de conscience de sa complicité dans la propagation d'une idéologie criminelle. Sa destinée allait se réorienter radicalement vers un travail d'expiation intériorisée, parfois inconscient en dépit de sa lucidité, souvent condamné au non-dit.

26L'année 1937 voit son installation en France après l'obtention d'une bourse de l'institut français de Bucarest. Mais il lui faut dix ans avant qu'il ne renonce au roumain. Cet exil parisien – autant géographique qu'intérieur – l'oblige à endosser le statut d'apatride après avoir épousé la cause d'un nationalisme radical. Les raisons en sont multiples. Le constat moralement difficile de se retrouver dans le camp des vaincus – la Roumanie a été l'alliée de l'Allemagne nazie depuis le début du second conflit mondial. Mais aussi et surtout, la prise de conscience d'avoir mis son talent au service d'une cause absolument criminelle reste l'élément déterminant du «retrait» cioranien.

27Cela dit, Cioran qui reproche sa «naïveté» à Nietzsche, n'a pas été, quant à lui, un naïf intégral. C'est, en effet, en connaissance de cause et au nom de la «barbarie régénératrice», sensée surmonter la décadence supposée d'un monde en crise, qu'il se lance dans un nationalisme frénétique. Cet engagement se fait sans avoir bien pressenti les conséquences concrètes et criminelles qui devaient en découler.

28Revenant sur ce qu'il nomme la «naïveté» de Nietzsche, Cioran lui reproche son manque d'expérience, de pratique dans les relations humaines et sa vision intuitive mais pas assez concrète:

29Cette analyse psychologique de la personnalité de Nietzsche révèle le regard paradoxal que Cioran porte sur cette pensée. Elle montre que son interprétation a été pervertie par les lectures fascistes, dominantes à l'époque et à quel point les prises de position de jeunesse de Cioran ont été conditionnées par elles. Ce non-dit qui plane au dessus de la critique cioranienne de Nietzsche contribue à expliquer pourquoi le Cioran d'après la métamorphose existentielle de 1947 – le passage du roumain au français – a renoncé au nietzschéisme dévoyé de sa jeunesse sans pour autant oublier tout ce qu'il doit à Nietzsche.

30Cela dit, on ressent bien à quel point Cioran est hanté par le spectre de ce Nietzsche dont la pensée a pu se laisser détourner, du fait de son antidémocratisme et de son goût immodéré pour la force. Goût que Cioran interprète comme un aveu de faiblesse. Cette discrète autocritique idéologique a lieu après sa renaissance spirituelle et expiatoire dans la peau d'un écrivain d'expression française. Elle découle du besoin de réaffirmer qu'il est revenu d'un nietzschéisme finalement trop naïf et excessif dans sa volonté de cultiver un idéal matérialiste et de reconfigurer toute l'axiologie de la civilisation occidentale.

31Concluons enfin cet article en affirmant que Cioran reste sans doute le cas le plus étonnant, le plus paradoxal et le plus spectaculaire de «post-nietzschéisme». Ce qui n'est pas rien si l'on songe à quel point cette filiation prolifique ne manque pas de «cas-limites».

NOTES:

(1) *Syllogismes de l'amertume,* Paris, Gallimard, 1952, p. 44.
(2) *Exercices d'admiration*, Paris, Gallimard, 1986.
(3) *Ibid.*, p. 44-46.
(4) Susan Sontag, *Sous le signe de Saturne*, «Penser contre soi: réflexions sur Cioran», Paris, Seuil, 1985.
(5) *Syllogismes de l'amertume*, Paris, Gallimard, 1952, p. 118.
(6) Bruno Cessole, «De l'admiration aux anathèmes», *Le Magazine Littéraire* n° 327, Paris, décembre 1994, p. 59 s. Il cite et commente la position de Susan Sontag.

DIEU COMME ETRE DU NEANT AU SEIN DU NEANT DE L'ETRE CHEZ CIORAN

Yann Porte

Résumé de l'article:
L'itinéraire mystique de Cioran, constamment refoulé dans un scepticisme gnostique, offre un exemple d'autodépassement du nihisme, autant dans une perspective axiologique que ontologique et ce, *via* une catharsis stylistique radicale.

Cioran propose tout au long de son œuvre et en dehors de toute foi spontanée ou conventionnelle des conceptions de Dieu protéiformes et iconoclastes, transgressives et subversives. Ainsi, dans cette perspective, la coïncidence de Dieu et du néant qui radicalise certaines doctrines héritées d'un curieux syncrétisme entre hérésiarques gnostiques basilidiens, mystique eckhartienne et tradition bouddhique initiée par Nagarjuna, où tout principe divin aspire à la plénitude incommensurable du vide. Dans l'extrait qui suit, Cioran énonce une conception de Dieu qu'il dit être indépendante de la foi, mais qui se confond avec le néant lui-même considéré comme l'étape ultime d'un cheminement mystique qu'il veut pleinement voué à la réitération permanente de son inaccomplissement.

Dieu signifie la dernière étape d'un cheminement, point extrême de la solitude, point insubstantiel auquel il faut bien donner un nom, attribuer une existence fictive. Il remplit en somme une fonction: celle du dialogue. Même l'incroyant aspire à converser avec le "Seul", car il n'est pas facile de s'entretenir avec le néant. (*Entretiens*, Gallimard, 1995, p. 222)

2La pensée de Cioran ne surgissant qu'en équilibre instable, elle est recherche d'un équilibre précaire, sans cesse menacé par l'entropie au sein même de la permanence du déséquilibre qui crée l'illusion de la réalité et celle de la stabilité du moi et du monde. Au détour d'un paradoxe, d'un aphorisme, au faîte d'une contradiction, la pensée cioranienne cultive le doute, l'ironie et le cynisme, l'élégance du dandysme et la passion de la futilité dans un vision du monde où l'inessentiel se substitue aux pesanteurs de la profondeur. La nécessité d'une telle démarche associée à une écriture fragmentaire qui se fait moyen tout autant que fin, est mise en lumière par ce fragment issu de *La Tentation d'exister*:

Je vous ai recommandé la dignité du scepticisme: voilà que je rôde autour de l'Absolu. Technique de la contradiction? Rappelez-vous plutôt le mot de Flaubert: «Je suis un mystique et je ne crois en rien». (*La Tentation d'exister*, Gallimard, 1956, p. 121)

3Cette citation de Flaubert fait également écho à la pensée de Maître Eckhart, le grand mystique des bords du Rhin du treizième siècle, pensée qu'il développe dans *Traités et Sermons*(1) et qui affirme que l'action la plus haute à laquelle puisse s'élever l'âme consiste à atteindre le détachement absolu dont l'objet est le «pur néant», séjour naturel de Dieu. L'âme ne peut donc s'unir à Dieu au point de ne faire plus qu'Un avec Lui qu'en se renonçant à elle-même en tant que créature: la divinisation de l'âme ne fait qu'un avec l'anéantissement en Dieu de la créature.

4L'interprétation cioranienne de la mystique franchit un pas et se fait plus subversive et négatrice en affirmant que pour tout mystique véritable, Dieu ou le divin se confondent avec le néant: «Sans Dieu tout est néant; et Dieu? Néant suprême.» (*SA*, p. 79) Cette sentence n'est pas sans rappeler l'aphorisme 55 de *Par-delà le bien et le mal*: «Sacrifier Dieu au néant, ce mystère paradoxal de la suprême cruauté était réservé à la génération qui grandit maintenant: nous en savons quelque chose(2)».

5Cette citation fait encore écho à celle-ci extraite de la partie des *Exercices d'admiration* consacrée à Caillois: «Le néant n'est en définitive que la version plus pure de Dieu, et c'est pourquoi y ont plongé avec tant de frénésie les mystiques, aussi bien du reste que les incroyants à fond religieux.» Ce que Cioran dit ensuite de Caillois, nul doute qu'il puisse se l'appliquer à lui-même: «Caillois ne jalouse pas les premiers, et il lui répugnerait sans doute de se classer parmi les seconds» (*Exercices d'admiration*, Gallimard, 1986, p. 140).

6Dans ces conditions, il n'est pas étonnant que Cioran se soit très vite reconnu des affinités avec cette religion de l'épure, stylisée au maximum puisque sans Dieu, qu'est le bouddhisme. Dans deux entretiens accordés la même année 1982 à Léo Gilet et Luis Jorge Halfen, Cioran affirme s'être détaché du bouddhisme de la même façon qu'il a dépassé son engouement passionnel pour la pensée de Nietzsche:

Le bouddhisme m'a pendant très longtemps intéressé; c'est que le bouddhisme vous permet d'accéder à une religion sans avoir la foi. Le bouddhisme est une religion qui ne préconise que la connaissance. On nous enseigne que nous ne sommes que des composés, que ces composés se dissolvent, qu'ils n'ont pas de réalité, on nous démontre notre non réalité. Et ensuite on dit: maintenant tirez les conséquences. [...] Jusqu'au jour où je me suis rendu compte que c'était une imposture. Même à l'heure actuelle je suis d'accord avec toutes les constatations négatives du bouddhisme: nous ne sommes pas réels, tout cela c'est des mensonges, tout est illusion... Mais la voie que préconise le bouddhisme m'est inaccessible. Le renoncement au désir, la destruction du moi, la victoire sur le moi. Si vous restez attachés à votre moi, le bouddhisme est une impossibilité. Donc, il faut triompher de son moi. Mais j'ai constaté que je ne pouvais triomphé du mien. Et que j'étais obsédé par moi-même comme nous tous. [...] mais la vision du Bouddha sur la mort, sur la vieillesse, sur la souffrance, c'est une expérience que j'ai vécue et que je vis encore. C'est ma réalité quotidienne. Mais les solutions que préconise le Bouddha ne sont pas les miennes, puisque je ne peux pas renoncer au désir. Je ne peux renoncer à rien. [...] Je suis un bouddhiste uniquement pour ce qui est procès-verbal sue la souffrance, la vieillesse et la mort. Mais quand le Bouddha dit: maintenant il faut renoncer au désir, triompher du moi, je ne peux pas. Et je ne peux pas parce que j'ai vécu dans la littérature et que tout ce que j'ai écrit, au fond, tourne autour du moi. Que ce soit mon moi ou le moi en général. Et, ça le bouddhisme c'est exactement le contraire. Et ensuite tout de même, la grande idée du bouddhisme, c'est le renoncement. Et je dois dire que, quand je regarde autour de moi, je vois très peu de gens qui soient capables de renoncer. Et moi-même, à vrai dire, j'ai constaté que j'en suis incapable. (*Entretiens*, p. 82)

7Dans cette seconde citation, Cioran explique pourquoi il s'est détaché du bouddhisme et comment l'acceptation de son caractère «frénétique» l'a poussé à aller jusqu'à se détacher de l'exigence du détachement pourtant si profondément ancrée en lui:

Je me suis beaucoup occupé du bouddhisme, à un certain moment. Je me croyais bouddhiste, mais en définitive je me leurrais. J'ai finalement compris que je n'avais rien de bouddhiste, et que j'étais prisonnier de mes contradictions, dues à mon tempérament. J'ai alors renoncé à cette orgueilleuse illusion, puis je me suis dit que je devais m'accepter tel que j'étais, qu'il ne valait pas la peine de parler tout le temps de détachement, puisque je suis plutôt un frénétique. (*Entretiens*, p. 83)

8Ce renoncement au bouddhisme le mène à une position radicale à la fois solipsiste et nihiliste qui envisage la disparition de l'humanité comme un bienfait non seulement pour elle même mais aussi au regard de l'Absolu :

Je ne suis pas un égoïste. Ce n'est vraiment pas le mot qui convient. Je suis compatissant. La souffrance des autres a sur moi un effet direct. Mais si l'humanité disparaissait demain cela me serait égal. La disparition de l'homme est une idée qui ne me déplaît pas. (*Entretiens*, p. 103)

9On peut donc parler à la suite de Sylvie Jaudeau(3) de la pensée cioranienne comme d'une théologie négative qui voit dans la Création le premier acte de sabotage et dans la naissance une catastrophe et une faute de goût que même la mort ne peut effacer et dont le nihilisme apparent n'est qu'un moyen de totale remise en cause ontologique à travers le jeu critique, obsessionnel et ironique, d'une ontothéologie fictive qui se sait aussi illusoire que puissamment métaphorique. L'expérience mystique cioranienne inaboutie et soumise à la tentation nihiliste lucide est soumise à l'écartèlement et se contente à une admiration velléitaire et fantasmatique de la «plénitude du vide» bouddhique.

10La voie mystique n'est accessible qu'au très petit nombre de ceux qui se sont sentis appelés et ont répondu à cet appel. En cela, Cioran ne peut être considéré comme un mystique à part entière étant donné les spécificités de son scepticisme, sa vision tragique et la prégnance de ses humeurs noires. Son catastrophisme qui garde la marque de son impulsivité première est pourtant refroidi par la grâce de son style aphoristique teinté d'un goût de la dérision et du sarcasme trop prononcé pour se plier à cet idéal de vie qui trouve sa continuité, son unité dans une foi aussi intense qu'ascétique. Or c'est précisément là, dans cet inaccomplissement sans cesse revendiqué et affiné, que réside le caractère irréductiblement original et subversif de l'itinéraire spirituel cioranien.

11C'est aussi en cela que Georges Balan(4) à la suite de Henri Amer(5) parle de «spiritualité de la décadence», cette dernière se comprenant comme un phénomène de régénération paradoxal qui se traduit finalement par l'émergence d'une forme inédite de spiritualité revitalisée. C'est ainsi que Cioran en organisant son inaccomplissement spirituel se forge, en contrepartie, une vocation de créateur exprimant par son art du fragment, la tragédie d'une conscience écartelée par son incapacité à la délivrance, moteur de sa créativité.

12Pour en revenir à l'appel mystique que Cioran a ressenti et auquel il ne s'est jamais véritablement soustrait mais qu'il n'a pas voulu mener à son terme pour mieux se consacrer à l'expression littéraire de sa pensée élevée au rang d'art, sa véritable vocation de créateur incompatible avec l'accomplissement mystique qui transcende la nécessité, le besoin de créer par cette autre vocation qu'est celle du vide. Cet appel du néant qui se traduit chez Cioran par la tentation du suicide, appel avec lequel il entretient des rapports identiques à ceux, déjà décrits, du mystique avec Dieu. En réalité, la mystique négative et lacunaire de Cioran, volontairement maintenue dans l'incomplétude est indissociable de ce qu'elle aspire contradictoirement à dépasser sans pouvoir se donner les moyens de ce dépassement. Elle ne cesse de se saper elle-même par le recours récurrent à une lucidité dissolvante qui l'empêche de croire en Dieu autrement que comme une tension entre l'âme et l'esprit. Ce qui pose la question des limites de l'esprit humain dans ses invariances aussi bien que dans ses mutabilités. La mystique cioranienne de la lucidité a en commun avec toutes les mystiques, aussi bien occidentales qu'orientales, le souci de faire éclater les cadres de la normalité de la condition humaine. En cela, un pont existe entre les civilisations comme l'explique Cioran lui-même.

C'est par les mystiques que les occidentaux rejoignent les orientaux. Là aussi la vision mystique est inconcevable sans l'expérience. Un mystique qui n'a pas d'extase n'existe pas. Ce qui est intéressant, c'est que l'expérience mystique est formulée presque dans les mêmes termes dans les deux civilisations si différentes. Parce qu'au fond, si vous songez à l'extase, que ce soit en Orient ou en Occident, ça n'a pas d'importance, il y a les attitudes qui forcent le langage. Où que vous soyez, vous êtes tenu à employer certaines expressions. Donc il y a une similitude sur les hauteurs. Disons : au comble du vertige. (*Entretiens, op. cit.* p. 81)

13L'expérience mystique poussée à sa limite extrême rejoint paradoxalement le nihilisme en ce sens qu'elle aboutit à nier l'idée de Dieu par volonté de se perdre dans le divin, afin de s'y fondre. Cioran insiste sur le fait que ce cheminement est difficile à cerner pour des esprits marqués par l'idéal rationaliste issu du cartésianisme, du classicisme puis de l'esprit des Lumières. Cet idéal de clarté, Cioran ne le rejette pas mais le réserve à son style qu'il met paradoxalement au service de visées mystiques, justement pour démontrer, une fois de plus, l'ambivalence consubstantielle à la nature humaine qui ne peut chercher un idéal de clarté sans traverser l'obscurité du non sens.

14L'aboutissement pratique de la mystique en tant que technique spirituelle est l'extase qui ne peut être atteint que par le truchement de l'*annihilatio*, opération de la pensée, concentration de l'esprit et de l'âme en tension vers un mouvement unique d'anéantissement, de néantisation du champ du réel. Cet exercice spirituel d'installation du vide et d'ascèse radicale a pour but de parvenir à l'inconnaissance absolue qui n'est pas l'ignorance mais une volonté d'oubli de soi pour atteindre *l'hénôsis*, l'union en Dieu. Cette expérience d'une vie qui se veut absente au monde, «*perinde ac cadaver*», pareille à un cadavre, se consacre dans l'ascèse à une quête, maintenue dans l'intensité et la durée, de l'Etre dans le Néant, quête qui est la marque distinctive de toute expérience mystique comme le souligne ici Cioran.

Pas d'expérience mystique sans transfiguration. La passivité ne saurait être aboutissement. Cette immense pureté intérieure qui place l'être au-dessus de tout n'est pas stagnation. Si, par exemple, le bouddhisme est aisé en théorie, il ne l'est pas en pratique – pour les Européens surtout, engagés facilement dans les fausses expériences qui ne donnent que l'illusion de la libération. Cette libération on la découvre par soi-même et non pas en devenant le disciple de quelqu'un ou en adhérant à une communauté spirituelle. La seule expérience profonde, c'est celle qui se fait dans la solitude. Celle qui est l'effet d'une contagion reste superficielle - l'expérience du néant n'est pas une expérience de groupe. Mais, après tout, le bouddhisme n'est qu'une sagesse. La mystique va plus loin. La mystique, c'est-à-dire l'extase. J'en ai eu moi-même, en tout et pour tout, lors de ma période d'intense désarroi. Ce sont des expériences que l'on peut vivre avec ou sans la foi. (*Entretiens*, p. 219)

15Mais la particularité du néant, du vide dans l'expérience mystique de la transfiguration est comme ne cesse de le souligner Cioran, son caractère plein et entier, sa complétude, son aspect de retour total à l'unité originelle. Cioran dans *La Tentation d'exister* compare le néant du mystique à celui du philosophe et observe «[...] à rebours du néant, abstrait et faux des philosophes, le leur éclate de plénitude: jouissance hors du monde, exhaussement de la durée, annihilation lumineuse par-delà les bornes de la pensée.» (*Tentation d'exister*, p. 162)

16L'hérésie mystique des Gnostiques qui proclame le mal ontologique radical du monde a inspiré à Cioran sa conception d'une ontothéologie négative et métaphorique développée dans *Le Mauvais démiurge* qui aurait dû s'appeler *La Création manquée*. Cette vision du monde qui, à bien des égards confine au jeu de l'esprit, à l'exercice de style qui hésite entre imposture, ironie, légèreté d'une part et gravité, esprit de sérieux et sentiment de tragique ontologique d'autre part. Dans cet extrait, Cioran revient sur l'expérience qui l'a fait prendre intimement conscience de la réalité du phénomène extatique qui bien qu'il pense qu'il soit d'origine physiologique ne peut se réduire qu'à cela:

17 C'était entre 1926 et 1927, époque de malaise permanent. J'errais toutes les nuits dans les rues en proie à des obsessions funèbres. Durant cette période de tension intérieure, j'ai fait à plusieurs reprises l'expérience de l'extase. En tout cas, j'ai vécu des où l'on est emporté hors des apparences. Un saisissement immédiat vous prend sans aucune préparation. L'être se trouve plongé dans une plénitude extraordinaire, ou plutôt dans un vide triomphal. Ce fut une expérience capitale, la révélation de l'inanité de tout. Ces quelques illuminations m'ouvrirent à la connaissance du bonheur suprême dont parlent les mystiques. Hors de ce bonheur auquel nous ne sommes qu'exceptionnellement et brièvement conviés, rien n'a une véritable existence, nous vivons dans le royaume des ombres. (*Entretiens*, p. 218)

18L'itinéraire mystique, subversif par essence, est revendiqué comme tel par Cioran car il représente une exigence de mise en péril, une complète remise en cause des valeurs de réussite et d'échec, de victoire et de défaite, de surface et de profondeur et, d'être et de néant. Ainsi, il justifie sa détermination à l'inaboutissement mystique par un gain spirituel intense, par la pérennisation de ses tensions intérieures et par le refus de la sagesse et de la sérénité qui en découle. Car il ressent comme nécessaire à sa passion exclusive de l'expression, de la création littéraire considérée comme instrument d'apaisement cathartique, de délivrance provisoire, intermittente. A ce sujet il déclare:

Je ne suis pas un mystique. Au fond, l'échec de ma vie, c'est que je ne suis pas allé jusqu'au bout. J'ai été fasciné par la mystique, je suis allé jusqu'à un certain point, mais je n'ai pas abouti. Pas abouti au plan spirituel. (*Entretiens, op. cit.*, p. 227)

19Cioran établit souvent un lien qui lui est intime entre les spiritualités orientales et les tendances gnostiques. Ce rapprochement subjectif et souvent implicite consiste aux yeux de Cioran à affirmer que ces sagesses ne cherchent pas tant à imposer une quelconque vérité pour la promouvoir au rang d'absolu mais à cheminer vers l'abolition de l'illusion donc, du désir, propre à la condition humaine. C'est cette volonté de dépasser les multiples ambivalences inhérentes à l'humanité de l'homme écartelée entre des fondements pulsionnels corporels et l'émergence et les développements de la conscience. Que ce soit par la licence ou par l'ascèse – tant il est vrai que la licence peut elle-même être pratiquée à la manière d'une ascèse, chez les barbélo gnostiques par exemple – ces cheminements intérieurs farouchement spiritualistes aspirent à se défaire du monde et de la matière en se tournant vers des étincelles d'âme profondément enfouie en nous.

20Toute connaissance, toute prise de conscience, est tragique par essence. Même sans la noirceur gnostique, elles comportent un risque majeur: elles révèlent l'omniprésence de l'illusion mais non sa nécessité. En cela, Cioran puise sa vision des choses chez Schopenhauer, lui-même victime d'une erreur de perception du bouddhisme dans le sens où comme ses contemporains il y voit un culte du néant faisant écho dans l'imaginaire philosophique européen à la négation de la vie.

21La connaissance négative, l'esprit critique poussé à son point de rupture est le mécanisme même qui démonte les illusions et peut conduire à la conviction que la vie n'a pas d'intérêt et ne peut être comprise que comme une erreur, un mirage. Cioran se fait un devoir de percevoir l'illusion comme une progression spirituelle quand elle est assumée comme telle: «Qui a raison? On ne sait. Perdre ses illusions, ce n'est pas être profond. Mais en garder beaucoup, en acquérir beaucoup surtout, cela oui, a quelque rapport avec l'esprit de profondeur» (*Cahiers*, Gallimard, p. 603). Influencé par le bouddhisme, il fait appel à l'irréalité pour justifier l'injustifiable exactement comme il faisait appel au gnosticisme pour accuser le Mauvais Démiurge de l'ignominie de la Création.

22La multiplication des angles de vue, des réinterprétations de traditions spirituelles aussi différentes que le gnosticisme, le bouddhisme mahayana ou l'hindouisme a donc pour fonction d'apporter une consolation ultime et paradoxale au plus subtilement pessimiste des penseurs: «Tout est irréel. Si c'était réel, ce serait une tragédie stupide. L'histoire, pour parler excès, est lamentable, et la mort n'est pas tolérable(6)». Raison de plus pour Cioran de trouver que le bouddhisme offre une solution: il ruine le rêve du monde et sape, en même temps, l'illusion de l'infaillibilité de concepts aussi opposés qu'inséparables, tels la vie et la mort, le bien et le mal ou l'ici-bas et l'au-delà. Sur le nuancier des apparences, ces termes abstraits sont incapables de cerner le grand Absent qui hante la pensée cioranienne et ne peuvent que délimiter un «espace» sans nom que l'on pourrait désigner comme un entre-deux où le réel s'abolit partiellement en se dissolvant dans l'illusion fantasmatique et inversement.

23En effet, l'Absolu cioranien omniprésent parce qu'introuvable glisse entre tout ce qui nous définit et tout ce que nous définissons et c'est encore à notre avidité de vouloir le saisir que nous devons imputer cette frustration née de son silence: «Quand, par appétit de solitude nous avons brisé nos liens, le Vide nous saisit: plus rien, plus personne... Qui liquider encore? Où dénicher une victime durable? – une telle perplexité nous ouvre à Dieu: du moins, avec Lui sommes nous sûrs de pouvoir rompre indéfiniment... (*Syllogismes de l'amertume*, Gallimard, p. 792)». L'attachement au cercle de naissance et de mort, le *samsara*, fait adhérer au monde où la souffrance interdit la délivrance par le nirvana. Le problème est que l'idée même qui disqualifie toutes les autres est une entrave de la pensée qui cherche à se perpétuer indéfiniment et que, finalement, «[...] affirmer que tout est illusoire, c'est sacrifier à la plus grande illusion, c'est lui reconnaître un haut degré de réalité, le plus haut même» (*De l'inconvénient d'être né*, Gallimard, p. 140). L'aporie atteint alors son paroxysme et il faut apprendre à se contenter du moindre mal que constitue l'écriture, moyen pragmatique d'échapper à la morbidité.

24Bien entendu, s'enfermer dans le silence serait l'idéal, mais justement le silence est inaccessible du fait de sa nature d'idéal. A défaut de silence absolu, le demi-silence de l'écriture fragmentaire expose le drame d'une lucidité assujettie au silence. Si ce dernier connaît un tel prestige aux yeux de Cioran, il le doit à sa puissance implicitement destructrice, dissolvante, à son caractère de vérité absolue délivrée de tout contenu, à son caractère psychiquement intenable. Ainsi, il fonde un itinéraire spirituel négatif conçu comme un cheminement entre subversion et ascèse Ces «exercices spirituels» négatifs constituent une pluralité d'écartèlements, de tensions et de convergences entre mystiques orientales et occidentales. Pourtant, passé un certain seuil de maîtrise spirituelle, la discrimination entre réel et illusion s'abolit comme dans le phénomène central de l'extase:

A la faveur de l'extase – dont l'objet est un dieu *sans attributs*, une essence de dieu – on s'élève vers une forme d'apathie plus pure que celle du dieu suprême lui-même, et si on plonge dans le divin, on n'en est pas moins au-delà de toute forme de divinité. C'est là l'étape finale, le point d'arrivée de la mystique, le point de départ étant la rupture avec le démiurge, le refus de frayer encore avec lui et d'applaudir à son œuvre. Nul ne s'agenouille devant lui; nul ne le vénère. Les seules paroles qu'on lui adresse sont des supplications à rebours, - unique mode de communication entre une créature et un créateur également déchus. (*LeMauvais Démiurge*, p. 16)

25Mais quelle que soit la civilisation où les différentes mystiques prennent place, les principaux traits de la méthode de détachement mystique implique la maîtrise de processus psychiques strictes et ayant leurs logiques internes propres où le vide joue un rôle déterminant. Comme l'explique Roger Bastide(7), l'extase n'est pas le tout de la vie mystique. Celle-ci est progressive. Le processus de vacuité, d'installation du vide, de lâcher prise vis-à-vis du monde sensible nécessite une discipline des plus coercitives, une stricte ascèse pour se rendre *perinde ac cadaver*, pareil à un cadavre quant aux désirs.

26La première étape est l'indifférence à tout désir, l'aspirant mystique n'a plus qu'un désir: l'extinction, l'ataraxie. C'est encore un de trop. Le mystique sait le vrai bien et ne veut que lui. La seconde étape c'est l'indifférence à tout concept ou jugement; la vie intellectuelle doit disparaître car le reliquat de la raison est encore un obstacle. Une fois suspendue, il reste la vie affective: il subsiste en l'âme une joie. Ceci doit être surmonté car cette joie est quelque chose d'encore trop intime. Le troisième échelon doit en délivrer. Il ne persiste plus dès lors qu'un vague sentiment cénesthésique, une conscience lourde de l'Etre qui n'est plus que d'ordre physiologique. Enfin cette conscience même s'en va non sans un ultime effort vers l'absolu. Tout a disparu jusqu'au sentiment de l'indifférence. C'est l'impassibilité absolue ou déjà la mort dans la vie au nom de la vie après la mort.

27But ultime du bouddhisme, où échouent désir et souffrance, le concept de nirvana attire et repousse Cioran avec une force égale. Cioran qui pose la souffrance comme prémisse de l'existence du monde et comme condition du salut un désespoir intégral privé d'intermédiaire extramondain, aspire à se débarrasser du désir. La vacuité bouddhique semble un havre fascinant qui assume son désespoir apaisé après avoir gravit tous les degrés de la détresse. La cessation des processus cycliques que recherche le bouddhisme témoigne d'une volonté de renoncement absolu découlant du sentiment que la vie est travaillée en son sein par une force qui anéantit nos efforts pour la contrôler. Pour inverser cette tendance, il faut parvenir au seuil de l'extinction des désirs. Mais Cioran suggère habilement que pour éteindre en soi le désir, il faut encore désirer cette extinction et entretenir en soi ne serait-ce qu'une forme infime et subtile de désir paradoxal transcendant toutes les autres. Cet ultime désir devra lui-même être transcendé pour accéder au *nirvana*, car dès que celui-ci est objet de désir, il y a rechute dans le *samsâra*. Le *nirvana* fascine Cioran certes comme libération mais surtout comme limite et impasse suprêmes. Le salut culmine dans le renoncement à la quête. C'est le repos complet de l'esprit, d'où toute obsession de but est bannie. En revanche, ce qui parait inadmissible à Cioran tient au fait que le bouddhisme poursuit ce qu'il n'a jamais perdu car il postule l'équivalence du nirvana et du *samsâra*, qui ne seraient donc pas «deux réalités séparées, mais le champ de vacuité, perçu soit par l'ignorance spirituelle, soit par la vraie connaissance (8)».

28Cioran se montre totalement inapte à adhérer à l'idée bouddhiste mahayaniste selon laquelle ce qui n'a jamais existé n'a pas à être annihilé(9). Ce principe implique selon lui, que le nirvana ne peut de ce fait être atteint étant donné que nous y sommes déjà. Or le fait de savoir que le bouddhisme est un «cheminement immobile» n'apaise pas Cioran: «Par malheur, sur le chemin de la délivrance n'est intéressant que le chemin. La délivrance? On n'y atteint pas, on s'y engouffre, on y étouffe. Le nirvana lui-même – une asphyxie! La plus douce de toutes néanmoins» (*Oeuvres, Ecartèlement*, Gallimard, p. 1470). L'utilisation de l'adverbe modalisateur final «néanmoins» et l'utilisation du superlatif absolu réduisent la distance au texte de l'auteur qui semble y entrer en fournissant ce commentaire ironique à l'égard de lui-même.

NOTES:

(1) Johannes Eckhart, *Sermons et traités*, Paris, Gallimard, coll. «Tel», 1987.

(2) Friedrich Nietzsche, 1886, *Par-delà le bien et le mal*, Paris, Gallimard, 1978, p. 99.

(3) Sylvie Jaudeau, *Cioran ou le dernier homme*, Paris, Ed. José Corti, 1990.

(4) Georges Balan, *Emil Cioran*, Paris, Josette Lyon, coll. «Les maîtres à penser du 20e siècle», 2002.

(5) Henry Amer, «Cioran: le docteur ès décadence», NRF, n°92, Gallimard, août 1960, p. 297-306.

(6) Rosa-Maria Péréda, «Cioran l'étranger. Propos recueillis», *Le Magazine Littéraire*, février 1984, n° 204, p. 80-84.

(7) Roger Bastide, *Les Problèmes de la vie mystique* (1931), Paris, PUF, 1996.

(8) P. Harvey, Le *Bouddhisme*, op. cit., pp. 132-133.

(9) A. W. Watts, *Le Bouddhisme zen*, Paris, Paris, Payot, 1972, p. 76.

LA CATHARSIS CIORANIENNE: NÉGATIVITÉ ET THÉRAPEUTIQUE FRAGMENTAIRE

Yann Porte

Résumé de l'article:

La catharsis cioranienne: Cioran émet en apparence l'une des pensées les plus radicalement pessimistes de la modernité. C'est sans compter sur le pouvoir cathartique se son écriture où la vigueur du style contredit le message délivré et le conjure en une thérapeutique fragmentaire.

Le moins que l'on puisse dire est que Cioran ne s'est jamais montré très enthousiaste à l'égard des conquêtes accomplies par la psychanalyse. Il y voit un effet de mode, une vogue et s'en sert pour tourner l'époque en dérision. Pourtant ses ouvrages offrent l'occasion d'observer un processus analogue à une psychothérapie en bien des points. Sa pratique de l'écriture comme d'une catharsis jusqu'au boutiste fait de lui le représentant le plus paradoxal et le plus ambivalent de ce qu'il convient de nommer avec prudence et circonspection, le nihilisme contemporain. Mais ce nihilisme, supposé évident et massif, que l'on impute à Cioran est loin d'être dépourvu de subtilité et n'aspire finalement qu'à une chose: se surmonter lui-même.

2Par principe, Cioran s'est toujours opposé à la cure psychanalytique freudienne ou lacanienne. L'émergence et la consécration de la psychanalyse en France lui fait l'effet d'une imposture qui témoigne de la déchéance d'une civilisation. Ce jugement sans appel est revendiqué comme réactionnaire par le moraliste transylvain. Il voit dans l'engouement grandissant pour cette nouvelle discipline qui aspire à se constituer en pratique scientifique un effet de mode, une vogue qui dissimule derrière les vocables d'inconscient, d'Œdipe et de refoulement, des phénomènes psychiques déjà compris par La Rochefoucauld ou Schopenhauer. En réalité, Cioran ne conteste pas l'efficacité pratique de la psychanalyse, ce qu'il conteste c'est son «arrogance» conceptuelle caractérisée par les indéniables excès dramaturgiques d'un Lacan dont il suit les cours en auditeur libre et ravi. Dans ces conditions, parler d'une auto-analyse cioranienne sonne étrangement, mais il existe indéniablement un principe cathartique inhérent à cette écriture. Ce que l'intéressé reconnaissait volontiers:

Tout ce que j'ai écrit, je l'ai écrit à des moments de dépression. Quand j'écris, c'est pour me délivrer de moi-même, de mes obsessions. Ce qui fait que mes livres sont un aspect de moi, ils sont des confessions plus ou moins camouflées. Ecrire est une façon de se vider soi-même. C'est une délivrance. Autrement, ce qu'on porte en soi deviendrait un complexe. (Entretiens, p. 1743)

3Mais l'usage du verbe guérisseur constitue à chaque fois pour Cioran, l'occasion d'aller plus loin dans l'expérience de la négativité. Initiateur d'une véritable spiritualité extrême plaçant l'inaboutissement au sommet d'une éthique solipsiste.

4Dans ces conditions, à la fois solitaire et créateur, l'acte d'écriture acquiert un statut profondément ambivalent. D'une part, il isole du monde celui qui s'y livre – ne serait-ce que durant le temps de l'écriture – et d'autre part, il relie le penseur à un lectorat potentiel. C'est en cela que l'analyse impitoyable du moi est pour Cioran la seule voie d'accès à l'universel. L'écriture introspective est employée comme l'instrument qui permet de discerner vices et défauts et qui peut sinon en délivrer du moins enseigner à les accepter.

5L'écriture, acte paradoxal encore, est aussi un remède paradoxal car il permet de poursuivre un cheminement spirituel négatif qui se structure de cette façon: la lucidité dévoile toujours davantage la suprématie de l'illusion dans tous les domaines de l'existence tout en rendant le sujet plus endurant psychiquement. Ce qui lui permet de vivre sans adhésion à rien mais non sans profondeur et en connaissant parfaitement ce à quoi il n'adhère pas.

6L'écriture face à la conscience inaugure un cercle vicieux: elle est le remède dans le mal puis devient le mal dans le remède et inversement. Les effets pervers du recul des limites, de la transgression, permet une endurance face aux révélations de la lucidité et crée une dépendance. La passion insatiable et irrépressible pour une lucidité négatrice sape toute valeur et rend impraticable toute vérité car elle hausse les critères au degré suprême, elle juge au regard de l'infinie perfection de l'absolu. Aucune valeur humaine n'est en mesure d'atteindre la perfection que cette passion exige alors elle trouve refuge dans la négativité du nihilisme.

7Les notions de style et de catharsis que j'associe ici se présentent chez Cioran comme indissociablement liées. Le mot grec *catharsis* signifiant «purgation» et «purification» a une double origine dans la Grèce archaïque. A la fois religieuse et médicale avant de concerner le théâtre. Il a été utilisé par Aristote dans sa *Poétique* afin de désigner l'effet produit par la représentation de la tragédie sur le spectateur. Selon Aristote, le spectacle tragique doit exciter chez le spectateur des émotions de terreur et de pitié qui, éprouvées réellement, mais face à une représentation fictive, purgent ce dernier de la présence excessive de ses passions en en faisant ressentir les pires conséquences. Mais, la catharsis est un processus de régulation des passions autant sur le plan individuel que social et non une purge définitive. Le processus cathartique vise, à travers le théâtre tragique à gérer les passions individuelles en les équilibrant par l'élimination de leurs trop-pleins. Ce qui a pour effet de rendre la vie collective de la Cité plus harmonieuse et d'oeuvrer au bien commun par le biais du bien-être individuel.

8La manière dont s'appréhende la notion de catharsis chez Cioran est différente. En effet, même si Cioran n'est pas dramaturge le terme de catharsis peut être légitimement employé pour qualifier l'effet produit sur lui-même tout autant que sur le lecteur par un style qui est la marque d'une spiritualité intériorisée sur la scène d'un théâtre intime et néanmoins touchant toujours à l'universel. Conçu à la fois comme sentiment de confirmation d'une vision du monde pessimiste et comme fuite face à l'angoisse métaphysique et ontologique, la constitution hétérogène de sa sensibilité relativiste et anti-humaniste interprète la connaissance de soi à travers le prisme d'une contingence saturée d'affects négateurs et dissolvants pour un moi qui se voue à l'intériorisation. Ce fragment en fournit l'illustration:

La connaissance de soi, la plus amère de toutes, est aussi celle que l'on cultive le moins: à quoi bon se surprendre du matin au soir en flagrant délit d'illusion, remonter sans pitié à la racine de chaque acte, et perdre cause après cause devant son propre tribunal? (*De l'Inconvénient d'être né*, p. 51)

9Cette intériorisation du processus de dévoilement de l'absence de nécessité de tout concept prétendant établir une vérité quelconque au regard de l'absolu, aboutit à une sorte de philodoxie. En se réfugiant dans une attitude ambivalente et paradoxale, alliant un scepticisme si prégnant qu'il est comme une seconde nature, à ce qu'il nomme la «suprématie du caprice», il élève le choix irrationnel au rang de méthode d'investigation épistémologique. Il recourt souvent aussi à ce que l'on pourrait qualifier comme une «ironie fictivement dogmatique» où l'écrivain prend la pose d'un parti pris irrationnel et scandaleux à des fins de dénonciation de l'unité de la connaissance et de la vérité. Dans ce registre, l'aphorisme suivant, prend position contre tout savoir sans autre forme d'argumentation, sans discussion possible: «Objection contre la science: ce monde ne mérite pas d'être connu.» (*De l'Inconvénient d'être né*, p. 24) En affichant cette attitude provocatrice, il ne fait pas de doute que Cioran va à l'encontre de l'opinion communément admise mais sans motivation autre que de faire un trait d'esprit, afin d'exprimer sa position sans désir de justification mais seulement dans l'optique de se purger d'une opinion. Il valorise ainsi le juron comme thérapeutique quotidienne:
Interdisez le juron. Vous comprendrez alors ses vertus libératrices, sa fonction thérapeutique, la supériorité de sa méthode sur celle de la psychanalyse, des gymnastiques orientales ou de l'Eglise, vous comprendrez surtout que c'est grâce à ses merveilles, à son assistance de chaque instant que la plupart de nous doivent de n'être criminels ni fous. (*Syllogismes de l'amertume*, p. 77)

10Ainsi, la vision du monde cioranienne aboutit à une somme d'attitudes subtiles mises en adéquation avec sa vie, mais à travers les contradictions qui en découlent. Cioran se livre à des exercices spirituels négatifs soumis à une sorte de «délire de réflexion» qui démasque les dessous de chaque acte de manière irrépressible. Dans cette perspective, la conscience est perçue non seulement comme le nœud de la fatalité tragique inhérente à la condition humaine mais comme un principe de subtile régression vis-à-vis de la force de l'instinct.

11Le personnage de penseur et de styliste que se forge Cioran répond à l'exigence d'une éthique de vie basée sur l'esthétique qui est l'expression de «l'écartèlement ontologique et existentiel par l'écartèlement éthique et stylistique». Le paradigme du «penseur-éveilleur» que Cioran feint d'incarner avec insistance évoque dans certaines de ses attitudes la figure du Socrate ironiste et paradoxal des dialogues de Platon. Ce dernier pourchasse avec détermination tous les idéaux et fait de ce combat contre ce mode d'illusion en actes sa quête de la vérité. Cioran refuse néanmoins, quant à lui, d'argumenter affirmant catégoriquement la relativité de l'idée de vérité. Par l'interrogation au service de la négation, il affirme sa détermination à ne rien imposer à quiconque mais se sait apte à «accoucher» certaines âmes en les poussant à se révéler à elles-mêmes. Cette maïeutique subversive qui à travers un dialogue qui n'exclut pas la morgue, le sarcasme, les raisonnements par l'absurde ou les antiphrases est destinée à saper les certitudes acquises et généralisées sans rigueur tout comme d'autres convictions de surface confinant au préjugé, au stéréotype, par définition, non investis par une appropriation critique et raisonnée.

12Toutefois, à la différence de Socrate, le questionnement sarcastique auquel se livre parfois Cioran ne vise jamais à découvrir de vérités idéelles. C'est cette dimension sceptique et cynique du nihilisme qui se trouve présente chez Cioran et qui s'inscrit dans une tradition philosophique qui à la pensée de Démocrite comme origine. Ce dernier, instaure la division du champ de la connaissance en deux parts: connaissance essentielle, pure d'un côté et connaissance sensible de l'autre. Il aboutit à la conclusion que les sensations et les opinions ne nous dévoilent du réel qu'une image préconditionnée. Sextus Empiricus précise que «Nous ne saisissons rien de ferme et d'assuré, mais seulement ce qui nous affecte conformément à la disposition de notre corps(1)». Mais, la grande force, paradoxale, de ce scepticisme est de souligner le vide fondamental de toute connaissance sensible, conviction qui, pour autant, ne plonge pas ceux qui la prônent dans le désarroi mais les incite à la sérénité du détachement. Cet idéal de modération, du sens de la mesure, aboutit finalement à faire de l'homme la mesure de toute chose et sera l'influence majeure des stoïciens et de Montaigne.

13Pyrrhon d'Elis quant à lui, se rapprochera de la vision spirituelle mystique en postulant que, si les opinions se valent toutes, si on ne peut rien fonder sur les sensations, si les doctrines en se contredisant toutes, se ruinent mutuellement, la conséquence n'est plus un doute inquiet face à l'incertitude générée par la mise à jour de l'absence fondamentale de motivations mais un apaisement. Cette «immotivation» essentielle est alors vécue comme un dépassement par le renoncement qui fait alors figure de transcendance réduite à sa plus simple expression aspirant à l'*épochè*, la suspension de tout jugement par un détachement privilégiant la voie du silence, l'*aphasia*.

14Ne cessant d'établir le constat de l'impossibilité de la sincérité, la pensée de Cioran est emblématique d'un tragique attaché à la situation de l'homme moderne, terme auquel il dénie toute signification effective, car à ses yeux, c'est la douloureuse expérience de la scission entre vie et conscience qui fonde la lucidité. En effet, une vie trop consciente d'elle-même devient impropre à être vécue. Mais une fois le processus de la lucidité entamé, il devient irréversible et la totale sincérité d'un quelconque engagement devient caduque, se trouve frappé de nullité. Cette exigence à laquelle Cioran entend rester fidèle à cette expérience de la lucidité abyssale tantôt vécue sur le mode tragique de la fatalité et du désespoir, tantôt sous la forme de l'humour qui permet de surmonter par la distanciation ce premier moment de crise.

15C'est cette scission instaurée par une «hyperconscience» autodestructrice, car inemployée pragmatiquement, qui paralyse dans l'acédie celui qui aspire au renoncement. C'est cette expérience abyssale qui empêche Cioran de croire en un absolu par l'intermédiaire duquel trouver la paix de l'esprit. Néanmoins, Cioran a constamment recherché dans la création littéraire par-delà les raisons de vivre ponctuelles, aléatoires et matérielles, un principe d'unité dans la discontinuité justifiant une certaine nécessité de l'existence concrète.

16Ce principe, dont les caractéristiques de validité sont l'universalité et la concrétude, refuse les clôtures, les enfermements du dogme et du système afin de ne pas trahir la vie en refusant son caractère fondamental qui est celui de l'ouverture. De plus, la vision du monde éclatée qu'il forge, fragment par fragment, n'est pas vraiment une conception du monde puisqu'elle affirme que le concept théorique a pour unique intérêt pour ne pas dire pour seul charme le fait d'être réfutable et falsifiable, par essence. Le principe universel que Cioran recherche en sachant depuis le début qu'il est inaccessible, ce ne peut être que dans l'écriture qu'il se cherche. Sa finalité, si finalité il y a, se trouve en elle-même car ses moyens sont contenus dans ses fins. Le cheminement spirituel est le but poursuivi par cette quête du style qui ressasse les mêmes idées pour indéfiniment dire l'indicible.

17Ce principe esthétique et stylistique est aussi la marque et le reflet d'une éthique. Une éthique du refus, de la négation universelle. Mais cela n'est qu'un point de départ car la négation hyperbolique se remet elle-même en cause et aboutit à s'invalider. Ce principe que la pratique de l'écriture aide à faire naître et développe doit permettre à Cioran de trouver sa valeur d'usage thérapeutique spirituel et d'instaurer un équilibre dont l'instabilité et la fragilité mêmes sont le garant de l'authenticité. Dans cet extrait d'un entretien donné à Gerd Bergfleth en 1984, il revient sur le fait que l'écriture, même dans son aspect de travail stylistique, est un exutoire dont l'efficacité dépend de l'exigence qu'on y a déployé. C'est, en effet, par la volonté de se rapprocher le plus précisément possible de la sensation de vérité dans l'expression d'une idée qu'on peut la faire efficacement émerger de son état de pensée informulée.

J'écris pour me débarrasser d'un fardeau ou tout au moins pour l'alléger. Si je n'avais pas pu m'exprimer, je me serais livré à plus d'un excès. Le philosophe subjectif part de ce qu'il sent, de ce qu'il vit, de ses caprices et de ses troubles. On peut objectiver ce qu'on éprouve, on peut le masquer. Pourquoi le ferais-je? Ce que j'ai ressenti au cours des années s'est mué en livres et c'est comme si ces livres s'étaient écrits d'eux-mêmes. [...] écrire c'est la grande ressource quand on n'est pas un habitué des pharmacies, écrire, c'est se guérir. Je vous donne ce conseil: si vous haïssez quelqu'un sans vouloir spécialement le supprimer, marquez cent fois son nom suivi de "je vais te tuer". Au bout d'une demi-heure, vous êtes soulagé. Formuler c'est se sauver, même si on ne gribouille que des insanités, même si on a aucun talent. Dans les asiles d'aliénés, on devrait fournir à chaque pensionnaire des tonnes de papier à noircir. L'expression comme thérapeutique. (*Entretiens*, p.113)

18Cette fonction régulatrice de l'expression par l'écriture est conçue comme un salut matérialiste, une thérapeutique destinée à cet «animal malade» qu'est l'homme dans la vision cioranienne. Mais l'expression de la pensée purge le sentiment de l'existence comme mal en soi en l'exprimant de manière hyperbolique.

19Cette dimension est également présente dans l'extrait suivant où Cioran dévoile la dualité de son caractère et où il s'avoue porté à pratiquer un histrionisme de façade destiné à masquer un mal-être qu'il ne peut extérioriser dans sa vie sociale. C'est cette incapacité qui fonde la légitimité de cette écriture cathartique.

Quel que soit mon état d'âme, j'ai toujours réussi à le cacher sous un comportement d'histrion. Je suis l'esclave de mes nerfs, mais je puis le dissimuler, et je le fais. Comédie qui me permet par exemple, d'aller dîner dans un état de désespoir absolu et de raconter des histoires frivoles sans interruption. Je ne sais s'il s'agit de pudeur ou d'un mécanisme de défense; en tout cas si ma dépendance à la physiologie n'était pas aussi écrasante, je n'aurai jamais eu à recourir à cette joie apparente. Cela, c'est évident, à son revers. Kierkegaard raconte qu'en rentrant chez lui après avoir fait rire tout le monde dans un salon, il n'avait pas d'autre envie que de se suicider, crise naturelle que j'ai moi-même pu vérifier en maintes occasions. (*Entretiens*, p.208)

20Poursuivant cette analyse des mécanismes internes à sa subjectivité qui le pousse à s'investir si totalement dans l'écriture de ses livres alors qu'il ne cesse d'en proclamer l'inutilité et l'aspect dérisoire.

Je crois qu'un livre doit être réellement une blessure, qu'il doit changer la vie du lecteur d'une façon ou d'une autre. Mon idée, quand j'écris un livre, est d'éveiller quelqu'un, de le fustiger. Etant donné que les livres que j'ai écrits ont surgi de mes malaises, pour ne pas dire de mes souffrances, c'est cela même qu'ils doivent transmettre en quelque sorte au lecteur. [...] un livre doit tout bouleverser, tout remettre en question. (*Entretiens*, p.85)

21Cette analyse de la fonction didactique de ses propres ouvrages montre la relation que Cioran entretient avec son lecteur potentiel: il se veut un «éveilleur délétère». Il se perçoit non pas comme un corrupteur qui fait du scandale systématique une fin en soi mais plutôt comme une subjectivité qui se donne à ressentir et à penser à d'autres subjectivités.

22La pensée subjective de Cioran trouve sa cohérence et sa nécessité thérapeutique par la manière dont elle manie les positions contradictoires. Elle s'affirme, d'une part, comme une exigence éthique sensée être praticable dans la vie et, dans un second temps, elle révèle son caractère impraticable d'un point de vu rigoureux c'est-à-dire dans l'absolu: «Nous avons perdu en naissant autant que nous perdrons en mourrant. Tout.» (*De l'Inconvénient d'être né*, p. 1305).

23Toute l'efficacité de la pensée cioranienne repose sur un principe de dissociation entre principe de réalité et principe de plaisir pour reprendre la terminologie freudienne désavouée par Cioran qui mène une catharsis intime et solipsiste. Sa pensée anti-théorique valorise pourtant le pragmatisme mais revendique des impulsions irrationalistes:

Mes livres donnent une idée fragmentaire de moi pour une raison précise, c'est que je n'écris que dans les moments de découragement, que je n'écris pas quand je suis content... écrire quoi alors? (E, p. 1765)

24Contradiction assumée, revendiquée entre anti-humanisme théorique et humanisme pratique, compassion pour les individus réels et désir de destruction envers l'idée d'homme. Ce principe d'hostilité qui n'est pas de l'égoïsme mais un «anti-altruisme» théorique s'exprime et se purge en autant de sentences virulentes et apparemment sans appel:

Je ne suis pas un égoïste. Ce n'est vraiment pas le mot qui convient. Je suis compatissant. La souffrance des autres a sur moi un effet direct. Mais si l'humanité disparaissait demain cela me serait égal. La disparition de l'homme est une idée qui ne me déplaît pas. (*Entretiens*, p. 103)

Pour ce qui est de mon sens des responsabilités, je ne l'éprouve que dans la vie quotidienne – j'ai une attitude humaine à l'égard des humains – mais pas quand j'écris, l'homme est alors pour moi quelque chose d'impensable pour ainsi dire. Je ne me soucie pas des conséquences possibles d'une phrase, d'un aphorisme, je me sens libre à l'égard de toute catégorie morale. C'est pourquoi on ne doit pas juger mes adhésions ou mes dénis selon ces catégories. (Entretiens, p. 180)

25Une telle dépréciation du concept d'homme, de la condition humaine a pour but de signifier que l'individu est irréductible à son essence abstraite et qu'un humanisme désincarné ou au contraire passionnément optimiste ne mène pas nécessairement à une empathie pratique et concrète avec ses semblables.

NOTES:

(1) Long et Sedley, 1987, *Les Philosophes hellénistiques*, tome I, Pyrrhon et l'épicurisme, traduction de l'anglais J. Brunschwig et P. Pellegrin, GF Flammarion, 2001, p. 35.

II. ÉPISTÉMOLOGIE

UNE INTERPRÉTATION DE L'A POSTERIORI

Günther Anders, R.E.P.

Biographie de l'Auteur:
Günther Anders est né le 12 juillet 1902 à Breslau, actuellement Wrocław, en Pologne. Il est le deuxième enfant des psychologues William et Clara Stern. De 1929 à 1937, il a été marié à Hannah Arendt.
Günther Anders a régulièrement récusé la désignation de philosophe. Anders s'intéresse aux défis techniques et éthiques contemporains. Son sujet principal est la destruction de l'humanité. Il est le fondateur et une personnalité importante du mouvement antinucléaire, un critique de la technologie déterminé, un philosophe des média et un «semeur de panique»1.
Anders a reçu de nombreux prix, dont le prix de la critique allemande (1967), le prix de littérature de l'Académie bavaroise des beaux-arts (Bayerische Akademie der Schönen Künste) (1978), le prix de l'État autrichien pour la publication culturelle (1979), le prix de la ville de Vienne (1980), et le prix Theodor W. Adorno de la ville de Francfort (1983).
Il est mort le 17 décembre 1992 à Vienne.
(http://fr.wikipedia.org/wiki/G%C3%BCnther_Anders#Articles)

Résumé de l'article:
Nous voulons partir de la situation spécifique de l.'homme dans le monde pour comprendre le fait qu.'il peut y avoir en général *expérience* pour lui. L.'expérience est l.'indice de cette situation spécifique ainsi que de l.'intimité entre l.'homme et le monde, dans la mesure même où elle exprime la communication entre eux.
Elle est, d.'après Kant, une connaissance *a posteriori*, ce qui, du point de vue anthropologique, veut dire une connaissance *après coup:* l.'homme est installé dans le monde de manière à l.'atteindre *après coup.* Il «vient au monde»; c.'est qu.'initialement il en est exclu. Il n.'y est pas intégré et équilibré, il n.'est pas taillé pour le monde. Aussi ne peut-il pas en avoir d.'avance une notion matérielle. Il doit rattraper le monde qui, d.'ores et déjà, a une avance sur lui.
Nous allons d.'abord éclairer cette postériorité du monde, cette insuffisance d.'intégration et cette extranéité de l.'homme au monde en confrontant l.'existence humaine avec l.'existence animale, que nous n.'allons, d.'ailleurs, déterminer que *grosso modo* et rapidement.

L'on considère d'habitude l'animal comme un être instinctif qui, relativement indépendant de l'expérience et de la mémoire, est familier avec le monde où il est installé et qui, sans recourir à l'apprentissage, sait s'y comporter. Le sphex trouve sans le chercher le centre nerveux de la proie qu'il paralyse, de même que l'oiseau migrateur trouve le sud. Le monde est donné d'avance à l'animal comme le sein au nourrisson, comme l'existence d'un sexe à l'autre. C'est un monde qui n'a pas besoin d'être appris. C'est une matière donnée a priori. Cette matière anticipée est la condition de l'existence animale; plus qu'une conditio sine qua non, elle en est comme le con-ditum, la dot de l'animal. L'animal ne vient pas au monde, son monde vient avec lui. Le principe qui régit cette «matière a priori» est aussi simple que frappant: la demande de l'animal et l'offre du monde coïncident. L'intégration spécifique de l'animal au monde pourrait être désignée par le terme «d'adéquation au besoin». L'animal ne demande pas plus que le monde ne saurait en principe lui donner, même si la chose demandée n'est pas toujours à sa disposition. Son être est garant de l'existence de sa matière a priori comme le poumon garantit l'existence de l'air, la bouche celle de la nourriture, et la nageoire celle de l'eau.

Cette matière a priori est certes propre aussi à l'homme, à l'enfant surtout: le monde déterminé par l'homme est également garanti comme existant. Mais le fait de l' «a priori matériel» ne détermine ni n'épuise la situation spécifique de l'homme dans le monde. La «matière a priori» de l'homme n'est précisément pas son monde propre, et n'est pas de nature à combler graduellement l'abîme qui sépare l'homme de l'animal.

Mais la matière a priori de l'animal joue en même temps le rôle de barrage. Car l'animal n'atteint et ne trouve que ce dont il porte en lui le message. Ses perceptions ne vont pas au delà du contenu déjà anticipé. La force des liens qui le rattachent à un monde déterminé, traduite dans la prescience pré-expérimentale qu'il en a, l'empêche de briser librement ses liens. A proprement parler l'animal n'apprend rien de véritablement nouveau. Il est pris dans le réseau des liens qui le rattachent au monde, il est esclave de ses anticipations. Tout ce qui leur reste extérieur échappe totalement à sa prise (comme le prouvent incontestablement les expériences de psychologie animale) ou le choque comme la surprise d'une matière réfractaire à l'élaboration, et qui ne constitue précisément pas son monde. Il ne saurait l'englober à son devenir ni, partant, en avoir souvenir. Ou encore, étrangères à ses anticipations, ces données sont «étranges» et décrivent une situation intermédiaire: l'animal est sollicité par un voisinage tout proche mais indéterminé, senti mais sans qualité, ni perçu ni incorporé à son monde familier: c'est sa ruine.

L'animal, certes, perçoit, lui aussi. Mais que signifie la perception quand elle n'est pas une expérience de l'inédit? La matière donnée a priori présente ce défaut fondamental de rester indifférente à l'égard de sa réalisation actuelle. La totalité multiple de l'anticipé reste en quelque sorte toujours virtuelle. Certes l'anticipation prévoit les contenus susceptibles de devenir actuels. Mais elle ne décide rien sur le fait si tel ou tel élément est actuel hic et nunc. Il lui faut pour cela communiquer avec le monde qui se déplace continuellement, se mettre au pas de sa progression, avoir une expérience qui demeure «au courant». Si l'expérience animale (par opposition à l'expérience humaine) ne fournit pas d'acquisitions nouvelles, elle n'est pas, non plus, copie pure et simple du monde a priori. C'est une liste où s'inscrit à chaque instant ce qui de l'ensemble anticipé devient présent. Puis cette perception n'est nullement perception d'un objet. Le contenu perçu n'est pas un objet distinct qui se réalise selon le schéma husserlien en comblant l'attente d'une représentation anticipée, ou intention. Le manque qui se trouve ici comblé, c'est celui du besoin, état de l'être tout entier qui dans la perception est coextensif au monde. Celui qui retourne à l'air après en avoir été privé ne le perçoit pas, ne superpose pas l'air à une représentation qu'il en aurait eue précédemment. Il est «assouvi», c'est-à-dire possède ce qu'il doit posséder et ce pour quoi il est fait. De même le contenu perçu joue pour l'animal le rôle de «l'assouvissement».

Si l'on considère ces caractères généraux de l'a priori matériel comme expression de la manière spécifique dont l'animal est installé dans le monde, il faudra conclure que l'être instinctif est lié au monde d'une manière ferme. C'est lui-même qui est implanté dans le monde, pour prendre le mot instinct dans son sens étymologique. Ce ne sont pas les idées qui sont implantées en lui (que ce soit d'une manière incompréhensible ou sous forme d'une vieille expérience mécanisée, comme le veut Darwin). L'animal est en quelque sorte l'expression d'un certain coefficient d'intégration. Il ne faut pas partir d'un animal existant en dehors de tout rapport au monde et qui, après coup, prendrait à l'égard du monde telle ou telle attitude. Bien au contraire: un être est animal, en tant qu'il réalise dans un degré déterminé une intimité avec le tout auquel il appartient, non sans manifester en même temps par ses mouvements et le fait de son individualité une certaine liberté à l'égard du monde. Cette liberté, comparée à l'existence de la plante qui reste là où elle est enracinée, est incontestable. Mais nous n'avons pas à insister sur cette liberté. Du point de vue de la liberté humaine l'animal ne peut nous intéresser ici que par son intégration spécifique. Il faut partir de là, c'est-à-dire préciser la proportion dans laquelle un être est coextensif au monde et dans laquelle il est soi-même, pour pouvoir les déterminer comme animal ou comme homme. Chaque différence spécifique que l'on prend d'habitude pour un absolu ne saurait être interprétée que comme «index de situation», comme index de la proportion dans laquelle un être est soi-même, ou coextensif au monde, de la mesure dans laquelle il est libre, ou intégré. Le concept schellingien de la «puissance» («Potenz») justifie ce point de départ, puisque cette expression, dans son sens spéculatif, indique une différence ontologique, celle par exemple qui sépare le conditionné et l'inconditionné, la dépendance et l'indépendance, l'obscurité et la lumière.

A l'être possédant un a priori matériel et intégré au monde dans l'adéquation au besoin, s'oppose l'homme. Privé de matière a priori, tributaire des réalités qu'il n'est pas et qu'il lui faut réaliser au préalable, il est si étranger, si mal ajusté au monde, si détaché de lui, qu'il se pose la question étrange de la réalité du monde extérieur.

Le problème du monde extérieur, qui consiste habituellement à se demander si et comment l'homme arrive à l'expérience d'une réalité extérieure, est certainement mal posé. Certes Heidegger a montré que la vie est en général le fait «d'être d'ores et déjà installé dans le monde» (Je-schon-in-der-Welt-sein). Toutefois, il ne faut voir dans cette thèse qu'un point de départ de sa doctrine. Ses publications sur le néant la dépassent de beaucoup. Mais si l'on y voyait, comme il arrive très souvent une thèse définitive, il faudrait la combattre. Elle passerait, en effet, purement et simplement à côté du fait inquiétant de cette séculaire position du problème du monde extérieur. Elle ne cherche pas, en quelque sorte, la condition anthropologique de la question sur la réalité du monde extérieur. L'éventualité – qui donne naissance à ce problème – de ne jamais atteindre ce monde, imaginaire peut-être, est elle-même l'indice d'une situation existentielle, du fait que l'homme n'est pas dans le monde tout naturellement, qu'il y est étranger, qu'il en est détaché et libre. Indice à prendre au sérieux. Si la vie humaine consistait, en effet, à être tout naturellement installée dans le monde, la question de la réalité du monde extérieur – qui n'est pas un problème inventé, mais une véritable panique philosophique – ne saurait jamais inquiéter l'esprit humain. Des problèmes ne peuvent être ni inventés, ni réfutés. Ils témoignent toujours d'un mode d'être humain. Ils sont donc des éléments de preuve qu'on ne doit pas négliger, bien qu'il faille en user avec prudence[1].

Ni l'un ni l'autre point de départ ne sont donc acceptables: on ne saurait poser d'abord l'homme pour lui-même et ensuite le monde à titre de possibilité sui generis et faire d'avance de l'expérience du monde une μετάβασις εἰς ἄλο γένος [passage d'un genre à un autre]. Mais il est tout aussi inadmissible de poser le fait «d'y avoir d'ores et déjà été» comme une proposition fondamentale sur l'homme ou la vie humaine. L'animal, lui aussi, vit d'ores et déjà dans le monde. Ce n'est que pour lui que la proposition «dans» a tout son sens. Le fait d' «être dans le monde» est une détermination trop formelle et trop insuffisante, tout comme «le fait de ne pas y être», impliqué dans l'expression «monde extérieur». Il s'agit d'échapper à cette alternative, de réunir en une seule catégorie la distance et l'intériorité, le dehors et le dedans, de comprendre la distance en tant que distance qui, dans le monde, sépare l'homme et le monde, et l'inhérence en tant qu'inhérence distancée. C'est encore Schelling qui dans ses recherches sur la dialectique du conditionné-inconditionnel a rendu possible, et a même fourni une telle synthèse catégoriale. Pour qu'il y ait existence conditionnée, il faut, d'après Schelling, que cette existence soit un soi-même; autrement, la condition et le conditionné fusionneraient; il faut donc que sur un certain plan elle soit inconditionnée. De même ici: pour que quelque chose puisse être intégré au monde, il faut qu'il le soit en tant que «soi-même»; il lui faut un relief propre, il ne doit pas se dissoudre dans cette intégration. Aussi l'homme qui, d'une part, est bien dans le monde et en constitue même une partie[2], en ressort, d'autre part, d'une manière spécifique; il ne doit le connaître qu'après coup; il doit au préalable l'invoquer par le logos; il n'anticipe pas sur sa matière, il en méprise l'effectivité, qui n'est que contingence, fait brut, empirisme, règne du particulier. Il dépasse par l'invention le monde qui vient et s'offre à lui. En tant que réalisateur, il est si indépendant de sa réalité, si libre à son égard, que la détermination d' «être d'ores et déjà dedans» n'est même plus suffisante à titre de caractéristique formelle. Le problème de la liberté, voilà le motif fondamental et inexprimé, mais qui résonne derrière le problème dit du monde extérieur.

Que signifie cette liberté? Rien de transcendantal au premier abord; rien de moral. Et elle ne prendra pas cette signification au cours de cet exposé. Elle exprime le fait de l'individuation ou plutôt de la «dividuation»; le fait qu'un être déterminé (l'homme) possède son être d'une manière relativement autonome et bien spéciale détaché de l'être comme Tout.

Liberté toujours relative dans la mesure où elle traduit la négation d'un certain coefficient d'intégration. Mais nous engageons par là aussi l'être comme Tout, car nous lui attribuons le pouvoir de s'aliéner soi-même par différenciation et «dividuation», par division en êtres et individus déterminés. La maturité et l'indépendance de ses produits réussis sont la rançon de sa force de production. Nous n'allons pas dépasser au cours de ces développements cette notion de liberté, ni ne toucherons à la liberté comme libre arbitre ou autonomie. Non pas que ce soient là les formes dérivées de la liberté, elles sont, au contraire, ses formes les plus aiguës. Mais l'étude exclusive de la liberté sous la forme aiguë qu'elle présente dans telle ou telle éthique (dans le néo-kantisme, etc.), a rétréci ce problème en sacrifiant le rôle propre qu'il est appelé à jouer dans la philosophie générale.

Dans la crainte de se rendre coupable d'une μετάβασις εις άλλο γένος (μετάβασις dans le domaine de la non-liberté) on ne s'est pas aperçu qu'on participait implicitement à l'άλλο γένος; car interdire méthodiquement de franchir les limites d'un domaine donné, assurer qu'un domaine particulier peut être traité d'une manière indépendante, c'est affirmer en même temps qu'en fait, il est indépendant et isolé. Toute division en domaines, fût-elle méthodique – suppose une métaphysique négative; métaphysique qui, malgré son programme, étant involontaire, n'est pas critique.

Nous nous refusons donc dès le début de rétrécir ainsi les horizons de la théorie de la liberté. La fonction métaphysique et prédominante de la liberté ne saurait se révéler que si on éloigne ce concept de la région où on le situe habituellement. Ici nous nous sentons encore une fois tributaires de Schelling et surtout de sa polémique contre Fichte. La notion de liberté a un sens double. Elle signifie d'abord quelque chose pour celui qui est libre; elle est une possibilité déterminée d'être. Elle énonce, d'autre part, quelque chose sur la réalité, dont l'être libre est affranchi. Elle énonce quelque chose sur l'être total, puisqu'un être déterminé se détache de lui, n'est plus soumis à sa juridiction et dispose d'un champ de vie propre. Le point de départ du problème de la liberté est dans le fait que l'homme, étranger au monde, est détaché de lui, et livré à soi-même. La liberté n'est initialement ni une décision ni une autonomie morale.

Si l'on pose l'homme comme un être livré souverainement à soi-même, détaché et indépendant du monde, on ne saurait cependant interpréter l'expérience à laquelle nous revenons maintenant, comme un caractère purement secondaire et comme une action de sauvetage entreprise après coup. Il est interdit de déduire l'expérience de la liberté, car le critère nous manque pour déterminer le premier terme de la déduction. Qu'est-ce qui justifie ici le prius ou le posterius? Admettre que la communication avec le monde doive contrebalancer la distance qui nous en sépare n'est qu'un préjugé. Il n'est pas impossible de s'imaginer un déséquilibre foncier de l'homme, un état où ses compensations ne seraient pas à la mesure de ses lacunes. Toutefois la communication spécifique représentée par l'expérience doit dès le début être mise sur le compte du fait humain d'être dans le monde et d'être libre à son égard et inversement. Les deux arguments, d'ordre également pragmatique, seraient valables, l'un et l'autre: il faut une expérience, car l'homme est séparé du monde; la séparation est supportable puisque l'homme a une expérience. Ces deux arguments sont spécieux. L'a posteriori est un caractère a priori de l'homme; l'élément de postériorité inhérent aux expériences a posteriori est inclus a priori dans l'essence de l'homme. De par son être l'homme peut avoir et aura au cours de sa vie des rapports avec le monde, tous marqués du coin de l'a posteriori. Il les «aura» - le futur ne doit pas prêter à malentendus, pourvu que l'on conçoive d'avance l'homme comme un être essentiellement temporel et possédant un avenir. Cet avenir, en tant que tel, appartient a priori à l'homme malgré l'indétermination des événements qui viendront le remplir. L'homme ne s'attend donc pas aux matériaux déterminés à l'égard desquels il est libre, mais il pressent la rencontre de l'inconnu. Ses pouvoirs a priori sont purement formels, mais c'est précisément le type d'a priori qui caractérise un être voué à une connaissance essentiellement a posteriori.

Puisque l'on ne saurait attribuer la priorité ni à la distance (liberté) ni à la communication (expérience), il faut, pour déterminer le coefficient spécifique de l'intégration de l'homme au monde à la fois distant et intégré, révéler leur simultanéité, montrer que la distance à l'égard du monde est incluse dans la communication même avec celui-ci.

Exemple: le «face-à-face» du sujet et de l'objet, l'existence d'un objet en tant que réalité jetée devant le sujet, sont habituellement posés comme faits fondamentaux de la théorie de la connaissance[3]. Mais ces caractères sont plus qu'un index de la théorie de la connaissance, ils expriment la position de la connaissance, c'est-à-dire la position de l'homme tout entier, la simultanéité de l'inhérence et de l'écart, la liberté de l'homme dans ce monde à l'égard de ce monde. La connaissance n'est qu'une action entre d'autres qui témoignent de cette position générale. Tandis que l'animal est ballotté entre deux extrêmes – ou aucune distance ne le sépare de sa «matière a priori»; ou absolue et infranchissable elle se creuse entre lui et une matière venue d'un au-delà étrange et imprévu – l'homme échappe à cette alternative: il y a pour lui des objets donnés à distance. C'est pourquoi l'expérience visuelle est le modèle même de l'expérience humaine: la vision est le sens de la distance κετ' έξοχήν [par excellence]. C'est lui qui, dans le champ de l'extériorité, fixe et localise le vis-à-vis. Le vu est là, le voyant ici. L'odeur n'est jamais là-bas, il y a odeur là où je la sens. La distance n'est pas réalisée. L'expérience devient impersonnelle: situation où la polarisation du sujet et de l'objet se neutralise («cela sent...»).

Dans la mesure où l'expérience s'applique à tout et vagabonde, capable de découverte et de curiosité, elle s'affirme comme libre, comme sans attaches avec une matière déterminée a priori qui barrerait le chemin des autres. D'après la définition négative de la connaissance a posteriori formulée par Kant[4], celle-ci nous apprend «que la nature de ceci est telle ou telle, mais non pas qu'il ne saurait en être autrement». Cette définition acquiert ici un sens positif: tant que l'homme installé dans le monde y garde son indépendance pour envisager avec indifférence un revirement possible de ce monde, il l'atteint selon le mode de la connaissance a posteriori, c'est-à-dire, il peut en avoir une expérience. C'est précisément la généralité du monde de l'expérience possible et l'étendue des communications qu'il fournit après coup, qui prouvent l'indifférence qu'il inspire à l'homme.

Le monde de la «matière a priori» de l'animal est toujours son monde à lui. L'expérience de l'animal ne dépasse pas les limites des données dont son propre être lui garantit l'expérience. La nature pour lui n'est donc jamais «en soi». Tel n'est pas le cas de l'homme. Dans la mesure où il est libre à l'égard du monde, qui lui apparaît comme étranger, indifférent, et à distance, il a l'expérience et la connaissance des êtres en soi, c'est-à-dire d'une nature. L'être naturel ne rencontre que son monde étriqué. L'être détaché de la nature, l'homme, qui n'est pas que nature, rencontre une nature.

Mais si ce pouvoir de négliger dans les choses leur appartenance au moi, et de découvrir «autre chose» en tant qu'autre chose, découle de la liberté de l'homme à l'égard du monde qui n'est pas «sien», en effet, c'est dans le θεωρείν [contemplation intellectuelle] – relation à distance avec le monde – que se trouve un indice fondamental de la liberté humaine. En disant «indice fondamental» nous nous opposons aux tentatives si fréquentes de nos jours de dénigrer la théorie pour en faire une simple dérivée – ultime et indirecte – des principes plus profonds de l'existence humaine. L'activité «théorétique» devient comme le dernier jaillissement ou la sublimation de la vitalité pure (chez Freud); elle devient un mode de la πρᾶξις [l'accomplissement pratique] chez certains sociologues[5] et aussi dans un certain sens chez Heidegger. La lutte contre l'autarchie du «théorétique» s'appuie, certes, sur des raisons légitimes, à condition toutefois de prendre la prétention autarchique de la raison pour un symptôme et non pas pour une erreur qui n'exprime rien. Mais il est tout aussi arbitraire de subordonner la théorie, fonction particulière de l'existence humaine, à la pratique, qui n'est pas une fonction moins particulière. La théorie et la pratique sont au même titre, et sans aucun droit à la préséance, des indices de la liberté. La liberté de la πρᾶξις exprime le fait que l'homme sait compenser dans une certaine mesure son extranéité au monde et son détachement: il se crée des relations avec le monde qui, sans l'asservir aux choses, les lui soumettent. L'a priori purement formel prend le sens primitif de la priorité d'un acte qui imprime une forme au monde. En tant que homo faber l'homme façonne le monde, le change par son intervention, transporte en lui son propre devenir; il crée en lui de nouvelles et imprévisibles espèces, constitue un monde à lui, une «superstructure»[6]. L'homme est donc assez adapté à sa situation: il a besoin, pour vivre, d'un autre monde, il lui faut dépasser par la voie de l'invention le monde qui s'offre à lui: mais il est libre pour cela. Le monde, dont l'offre concordait avec la demande de l'animal et où l'animal était parfaitement équilibré, est au-dessous de la demande et des prétentions impossibles de l'homme: mais il est capable de combler cette insuffisance après coup (un après-coup conditionné a priori). Il est taillé pour un monde qui n'existe pas; mais il est à même de le rattraper, de le réaliser après coup[7].

On ne saurait faire dériver le désintéressement et la distance spécifique qui appartiennent à la vie «théorétique», et déjà à la simple contemplation, de l'intérêt qui accompagne la formation et l'administration du monde propre à l'homme. En soustraire après coup cet intérêt ce n'est pas atteindre le désintéressement qui caractérise la théorie. La θεωρία [contemplation intellectuelle] est aussi une preuve immédiate de la liberté dans la mesure où elle exprime le fait que l'homme ne possède pas seulement le pouvoir d'être installé dans le monde de manière à en garder une certaine distance, mais qu'au-delà de ce pouvoir il est en fait d'ores et déjà installé dans le monde sous cette forme. La théorie et la pratique sont les branches même de l'arbre de la liberté: l'une et l'autre sont proprement humaines, car l'animal n'a ni théorie ni pratique.

L'animal n'a pas la pratique. Car, par opposition à la pratique humaine, qui crée toujours du nouveau, l'ouvrage de l'animal (par exemple celui des fourmis ou des araignées) est a priori prescrit tout comme sa matière. Ce qu'il fait comme ce qu'il trouve est immuable et n'admet pas le choix. Son œuvre s'accomplit comme une fonction organique. Ses créations ne sont pas à contours moins nets, ni d'une morphologie moins constante que les fruits de sa fonction reproductrice. Ses productions restent au stade de la reproduction et n'atteignent pas celui de la construction libre. Les différents éléments de la construction, si toutefois on est en droit de parler ici d'éléments, ne sont pas expérimentés autrement que dans leur appartenance réciproque et primaire, commandée par le tout à construire. Donc jamais comme matière. On pourrait objecter: l'existence même de l'animal est cause constante de modifications dans le monde; en mangeant et en respirant il transforme une chose en une autre. Mais cette modification est, elle aussi, d'ordre vital et non pratique. Le processus n'exprime que l'assimilation: l'animal incorpore quelque chose à sa substance et cette incorporation n'est qu'un autre nom de l'intégration dont nous avons parlé, c'est-à-dire de la façon même dont le monde est là pour l'animal.

La distance que, dans le monde, l'homme garde à l'égard de celui-ci n'est pas seulement la condition du θεωρεῖν [contempler] et du πραττειν [agir], elle se confirme aussi dans l'expérience esthétique, pour laquelle Kant a trouvé ce nom paradoxal de «plaisir désintéressé». Kant n'a pas posé la question, pourtant si kantienne, de la condition de la possibilité d'un tel désintéressement. Mais n'est-ce pas dans la situation fondamentale de l'homme en tant qu' «inhérence avec distance» que se trouve la conditio sine qua non de l'esthétique? C'est seulement à partir de là que certains problèmes de l'esthétique deviennent intelligibles, par exemple celui de la beauté de la nature. Le pouvoir d'atteindre la nature présuppose, comme nous l'avons vu, la distance que l'homme garde à l'égard du monde; cette distance l'oblige à créer des instruments, des outils et des «effets» en général. Et c'est cette distance qui, finalement, le rend capable de créer des objets quasi-libres, les œuvres d'art, d'avoir une expérience artistique et d'éprouver le «plaisir désintéressé».

Après avoir passé rapidement en revue les différents domaines que la liberté rend possibles, nous allons essayer d'éclaircir le sens de la liberté humaine et de l'extranéité de l'homme par rapport au monde en insistant sur des formes spéciales. Partons du «théorétique»; voyons les faits suivants (liés les uns aux autres): la possibilité de séparer l'existence de l'essence, dans laquelle M. Scheler (dans son ouvrage La place de l'homme dans le cosmos) nous a fait voir une prérogative humaine; la possibilité de la négation, de la représentation et, en particulier, de la représentation de l'absence; enfin, la possibilité du ψευδής λόγος [propos mensongers].

Faire abstraction de l'existence d'une chose, c'est en être indépendant, ne pas lui être intégré en tant qu'être, en être libre. L'animal ne vise qu'à la matière qui lui est donnée, dont l'être, conditio et conditum de sa propre existence, est aussi indubitable que celle-ci. Viser cette matière et la viser en tant qu'existant, c'est tout un: l'animal «l'a». Il ne peut être question pour lui de détacher et d'isoler l'essence ni d'envisager le cas où la matière à laquelle il est intégré puisse ne pas exister. Il en est autrement de l'homme[8]: il lui est relativement indifférent si l'objet qu'il peut atteindre à distance et faire ressortir d'une masse d'autres objets est ou n'est pas. Son existence n'y est pas engagée et n'en dépend pas. Si l'homme est capable de séparer par la pensée l'existence de l'essence, c'est-à-dire s'il peut former des idées et des abstractions, c'est que son existence est indépendante et libre à l'égard de l'existence et de la non-existence d'un objet déterminé; qu'il est habitué de concevoir un monde à lui, qu'il n'existe pas encore et qui ne reçoit son existence que par lui-même. C'est donc la liberté qui est la condition de l'intention dirigée sur les essences, la condition de l'abstraction. Par là il est bien compréhensible que la représentation, contrepartie de la perception, doit être considérée, elle aussi, comme fonction de la liberté: car elle se dirige sur son objet après en avoir exclu et neutralisé l'être. Mais elle n'est qu'une formation tardive du pouvoir humain de concevoir ce qui n'est pas[9].

L'animal, qui, par opposition à l'homme, ne vit que dans les horizons de la matière a priori, ne comprend pas l'absence; il n'est capable ni de la représentation, ni de recherche. Il ne cherche pas; tout au plus peut-il, s'il lui manque quelque chose, vivre dans une déception constante de la vraie possession; il n'agit pas pour trouver ce qui lui manque, il est agité par la privation. Mais il ne fait pas de l'absence un objet positif de la représentation. Comprendre positivement l'absence, donner un sens positif au Néant, former une image, c'est quelque chose qui n'est possible que là où un objet déterminé cesse de jouer le rôle de la condition a priori de l'existence du sujet, et où le sujet sait réaliser effectivement ce qui n'est pas. Autrement dit, comprendre l'absence suppose la perspective de la liberté humaine, où l'homme, dévoré par ses exigences impossibles d'un monde qui ne s'offre pas par lui-même, est obligé de le construire; où, d'une façon fondamentale, il s'attend à constater l'absence de ce monde qui lui est dû, où il est capable de dépasser la réalité par la réalisation.

En se représentant d'une manière indifférente ce qui n'est pas présent, en formant des projets sur ce qui n'est pas encore, l'homme ne traduit pas toute l'originalité de son pouvoir de comprendre l'absence. Il la révèle dans son pouvoir de lâcher le présent dans l'adieu, possibilité suprême et dernière de communion avec le monde, dans le renoncement. Or, c'est en lui-même que l'homme trouve le pouvoir de s'arracher au monde. Il donne congé à ce qui passe, il reprend sa liberté tout en s'y accrochant; tout en accompagnant ce qu'il abandonne et sans le concevoir comme fini. Certes, cet acte de tendre la main pour la retirer, cette manière de comprendre l'absence sans être à sa hauteur, mouvement contradictoire et touchant des adieux, est fondé sur le fait que l'homme, tout en étant étranger au monde, s'est commis avec les choses qui passent. Mais qu'il puisse abandonner ces choses auxquelles il a tendu la main, c'est à sa liberté qu'il le doit: aucun monde de matière a priori ne lui est donné d'avance (l'absence de telle ou telle chose n'est ni inconcevable, ni anéantissante); l'homme ne dépend que d'un monde donné après coup, sur lequel on ne saurait compter, car il est toujours prêt à se dérober. L'adieu n'est donc pas un fait rare et contingent entre beaucoup d'autres, ce n'est pas un exemple quelconque de la compréhension de l'absence. Dans l'effroi et la résolution de tout affronter, l'adieu est la compréhension même de l'absence. L'adieu se mêle à la possession; la possession dure encore, mais cet «encore» annonce déjà sa fin. Dans le fait de «ne plus posséder» l'adieu demeure. On pense à un mort qui se survit parce qu'il était perdu[10] déjà comme vivant. Puisque d'ores et déjà le monde est marqué pour l'homme par la négation, cette négation peut subsister par elle-même. «Ce qui n'est plus» devient un être, puisque l'être ne pouvait déjà pas inspirer confiance. Ce pouvoir humain de faire du μή óv [ce qui n'est pas] un óv [ce qui est], de saisir le non-être ou l'absence comme tels et de suivre les absents dans leur absence, possibilité qui apparaît dans l'adieu ou dans la piété du souvenir indique certes la liberté de l'homme à l'égard de tout contenu existant, mais ne l'épuise pas. La possibilité de transformer le óv en μή óv correspond aussi à cette liberté. Elle se réalise dans le mépris, dans la destruction, mais aussi dans le pardon qui veut effacer ce qui a été. Double possibilité qui se révèle de la manière la plus éclatante dans le pouvoir extraordinaire de mentir. L'homme peut violer le fait, se basant sur l'affirmation de son existence propre et indépendante, il peut opposer à ce qui existe une fin de non-recevoir ou de proclamer l'existence de ce qui n'existe pas; il peut renier ce qui est (θεαίτητος, ὤ νύν ἐγώ διαλένομαι, πέτεται [11]) [Théétète, avec qui en ce moment je m'entretiens, vole]. Nous voilà amenés à l'introduction du Sophiste de Platon où le philosophe s'étonne de la possibilité du mensonge, du ψενδής λόγος, dont l'inintelligibilité provoque toute l'argumentation ultérieure sur l'ειναι τον μη οντος [être du non-être]: comment se fait-il qu'on ne se contredise déjà pas par le simple fait d'énoncer «ψενδη λεγειν η δοξειν οντως ειναι» [dire le faux ou bien penser que le faux est vraiment]. Cette difficulté ne saurait être levée ici, comme dans le Sophiste, par une κοινωωια ιδεων [communauté d'idées] ou une élévation du μη au rang du ετερον [l'autre], donc à la dignité d' «être relatif». Notre recherche, partie d'un point de vue anthropologique, s'engage dans une autre direction. Si le fait de pouvoir mentir est considéré comme une possibilité de l'homme (Platon parle, en effet, de la διατριβη [l'occupation] du sophiste), il nous faut maintenir ce caractère. Il n'en suit certainement pas que la constatation pure et simple du pouvoir de mentir doive soudainement, et sans discussion, être posée comme une définition de l'homme, et que tous les problèmes du non-être qui en résultent pour Platon doivent purement et simplement mis de côté. Mais si ces problèmes doivent être maintenus, ce n'est pas en tant que questions sur le μη ειναι [non-être] ou le ετερον ειναι [être autre] du λεγομενον [ce qui est dit]; mais du λεγων [de celui qui parle], de l'homme lui-même. Le fait du ψενδής λόγος ne doit pas être compris comme μιξις [mélange] du genre μη ov au genre λογος ou δοξα [opinion], mais comme symptôme du non-être spécifique de l'homme, c'est-à-dire de son «ne pas être de ce monde-ci», ou, positivement, de sa liberté à l'égard du monde, qui se réalise ici en tant que liberté de la ψασις [affirmation]et de l'αποψασις [négation]: le pouvoir pratique de transformer le monde est rejeté, pour ainsi dire, sur le domaine théorétique, dans lequel il se réalise sous la forme du mensonge.

En dernière analyse, ce que le ψενδής λόγος [discours trompeur] ou la ψενδής δοξα [fausse opinion] comporte de démenti ne repose donc pas sur le ψενδής ειναι [être faux] nettement formulé, mais sur la liberté du λογος même; sur la liberté d'affirmer ou de nier; donc sur le fait que l'homme est étranger au monde et qu'il se pose ainsi et doit se poser la question de l'être. Car seule la question provoque le double jeu de la ψασις et de l'αποψασις. Le pouvoir d'infliger un démenti à l'être et la liberté de lui prêter ceci ou cela ne reposent pas, en fin de compte, sur le fait que le ψενδος [le faux] est positivement possible, mais sur le fait que l'homme n'est pas en possession d'un monde purement et simplement, et que, d'une manière générale, il professe sur le monde un λογος ou une δοξα; que ce λογος (pour ainsi dire) s'impose au monde (même quand il est vrai) puisque le monde ne peut pour ainsi dire pas se refuser à être invoqué en tant que ceci ou en tant que cela. Dans cet «en tant que» germe le démenti; et la liberté de l'homme à l'égard des contenus de ce monde. L'erreur ou le mensonge n'en est que la forme extrême et l'exploitation. Les cartes de la liberté sont alors découvertes de manière à frapper davantage l'attention. «L'erreur est quelque chose de positif en tant qu'opinion qui se sait et s'affirme et qui est professée sur ce qui n'est pas en soi», dit Hegel[12]. Le pouvoir de modifier, de détruire et de créer implique déjà le démenti que l'homme libre de toute attache avec un être de nature déterminée inflige à la réalité. La possibilité de transformer le ov en μη ov et le μη ov en ov n'est que la conséquence de cette liberté.

Günther Stern
(Traduit par Emmanuel Levinas)

NOTES:

[1] Voir la manière dont Hegel a exploité ce type de démonstration dans sa démonstration de l'existence de Dieu.

[2] Nous ne pouvons que mentionner ici ce fait d'être aussi une partie du monde qui, appliqué à l'homme, constitue le fond vrai du matérialisme.

[3] L'assouvissement, qui caractérise un être totalement intégré au monde et dont nous avons parlé plus haut, nous prouve cependant que le monde ne doit pas nécessairement être rencontré sous cette forme de connaissance.

[4] Critique de la raison pure, Introduction, B, II.

[5] Non pas chez Marx même: voir «Marx über Feuerbach» dans Ludwig Feuerbach und der Ausgang der klassischen deutschen Philosophie, de Friedrich Engels page 62 (Stuttgart, Dietz, 1920).

[6] On désigne d'habitude par «superstructure» des constructions théorétiques et idéologiques, sous lesquelles se dissimule la vie pratique. Mais dans la mesure où elles s'imposent au monde naturel, ce sont les constructions pratiques elles-mêmes, qui sont les premières superstructures. Elles aussi sont en quelque sorte «idéologiques»; car en créant son monde à lui, l'homme saisit souvent le monde naturel à l'aide de ses catégories pratiques; il fait des «événements», des «facta», des faits; comme s'il les avait accomplis, lui-même ou un autre.

[7] Le monde dû à l'homme, n'est pas seulement toujours absent, toujours à créer et à administrer; on ne saurait même prévoir pour l'homme aucun monde déterminé. L'homme, en effet, ne transforme pas seulement le monde donné en un monde déterminé et en monde à lui; celui qu'il vient d'établir, déjà il le transforme en un autre. L'homme n'est pas taillé pour ce monde-ci; mais il n'est taillé pour aucun autre. Tout ce qui lui importe c'est de vivre dans un monde à lui, créé par lui. Ce fait de ne pas être fixé est la condition sine qua non de sa liberté pour une histoire: sans attache avec le monde il n'a pas, par opposition à l'animal, à jouer aucun rôle déterminé; toujours différent il peut et doit emprunter les styles les plus variés; dans l'histoire et en tant qu'histoire il ne change pas seulement de masque, il se transforme.

L'homme ouvert ainsi pour l'histoire se prête malgré la variété de ces mondes possibles à une anthropologie. Le fait même de l'histoire doit être mis d'avance sur le compte du concept et de la situation spécifique de l'homme dans le monde. Non point en ce qu'elle développe ses possibilités a priori positives et déterminées (Hegel); mais, au contraire, en ce que l'a priori manque à l'homme et que l'homme n'a pas d'avance aucune résolution et n'a rien prévu. Bref: tout en renonçant à déterminer la destinée de l'homme dans le monde, nous voyons la différence spécifique de son essence précisément dans ce renoncement forcé; dans le fait que l'homme n'a pas d'essence constante, qu'il n'occupe pas de situation fixe dans le monde et n'est pas d'avance destiné à jouer tel ou tel rôle; qu'il est libre d'apprendre de nouveau, d'avoir et d'être toujours un monde nouveau. Quand dans le concept de l'homme on souligne que c'est une existence non fixée (non fixé est aussi peu négatif que «libre») l'histoire pleine d'expériences de mondes et de styles humains ne s'oppose plus à l'anthropologie philosophique, l'histoire c'est précisément l'homme dans son manque de fixité.

[8] Sauf en ce qui concerne la matière a priori à lui: son corps. L'amputé ne peut pas penser à sa jambe sans la penser comme existante. Car penser ne peut signifier pour lui que disposer de mouvements de cette jambe.

[9] Maître Eckhart attribue à la représentation en tant que représentation de l'absence une valeur telle qu'elle devient le symptôme de la ressemblance de l'homme avec Dieu (voir la dixième des Deutsche Predigten: «Même en hiver, dit-il, je perçois une rose bien qu'il n'y en ait point. Ainsi active dans le néant, l'âme ressemble à Dieu qui lui aussi agit dans le néant.»

[10] Cf. Saint Augustin, Confessions, IV, 2 et sq.

[11] Voir Sophiste, 364 a.

[12] Logique, partie II, éd. Meiner, p. 56.

THE ETHICAL ROOTS OF KARL POPPER'S EPISTEMOLOGY

Mariano Artigas, R.E.P.

Departamento de Filosofía, Universidad de Navarra, Pamplona

Biographie de l'Auteur:

Sacerdote y filósofo de la ciencia (Zaragoza, 15 de diciembre de 1938 - Pamplona, 23 de diciembre de 2006).

Por su competencia tanto en ciencia experimental como en filosofía y teología, tenía especial aptitud e interés hacia las "cuestiones fronterizas" --como él decía-- especializándose en la conciliación entre razón y fe, que trató en libros, artículos y conferencias.

Nació en Zaragoza en 1938. Se doctoró en filosofía por la Universidad Pontificia Lateranense de Roma en 1963 y en la Universidad de Barcelona en 1978. Era también doctor en Física por la Universidad de Barcelona desde 1969. Miembro del Opus Dei, fue ordenado sacerdote en 1964. Fue profesor de la Universidad de Navarra, donde enseñaba Filosofía de la Naturaleza y de las Ciencias, y promovió --junto con algunos colegas-- el Grupo de Investigación sobre Ciencia, Razón y Fe. Tenía otros numerosos títulos y distinciones.

En muchos de sus escritos se empeñó en mostrar que el conocimiento científico y el propio de la fe no se contradicen y guardan entre ellos una armonía fundamental. Subrayaba que el diálogo entre ambos se da en un terreno que bastantes autores contemporáneos desconocen: el de la filosofía, el saber humano que está orientado a la averiguación de las «cuestiones últimas». La ciencia experimental, decía, no puede probar ni refutar a Dios; concluyendo, que suministra a la reflexión filosófica datos que pueden conducir a conclusiones racionales congruentes con los que, por su lado, la fe propone.

Así, sus estudios le llevaron a sostener que la moderna cosmovisión científica aporta poderosos apoyos al teísmo: tesis que defendió en sus libros, especialmente en La mente del universo.

Entre sus otras obras de filosofía de la ciencia destacan Filosofía de la ciencia experimental, El desafío de la racionalidad, La inteligibilidad de la naturaleza, Lógica y ética en Karl Popper, Galileo en Roma (con William R. Shea).

Escribió también libros divulgativos como Las fronteras del evolucionismo, Ciencia, razón y fe, El hombre a la luz de la ciencia.

Résumé de l'article:

Popper's philosophy is usually interpreted as a fallibilist epistemology that, when applied to the social theory, serves as the foundation of the open society. It is argued here that the reverse is also true, namely that Popper's theory of knowledge has some ethical roots whose analysis provides us with a better understanding of Popper's thought.

I am very grateful to the organizers of the annual Thomistic Institute for having invited me to take part in this summer Institute (1). When I read in the invitation that I was supposed, so the letter runs, «to give a lecture on the area of Karl Popper and Aquinas», I realized that the task was not an easy one, even for a person like me who considers himself as a Thomist and has worked for thirty years on the philosophy of Sir Karl Popper.

Indeed, it is difficult to find two authors so different as Aquinas and Popper. They differ widely in their religious beliefs, in their interests, in their methods and in their conclusions. Empirical science, which plays a central role in Popper's entire philosophy, was almost nonexistent in Aquinas' times.

Surely, at least some of you know that there exists a book, published in 1993, which is centered precisely on Popper and Aquinas (2). Its author is Gabriel Zanotti, who teaches philosophy in the «Universidad Austral» in Buenos Aires. He knows quite well Popper and other authors in the area of contemporary epistemology. He has also written two articles where he evaluates Popper's position: one of them was published in 1991 (3) and the other in 1996 (4). In his 1996 paper he even tries to approach Popper's position and mine. Zanotti represents a very specific position which deserves our attention. I will present first an outline of it and then I will present a different kind of approach which I think is relevant for Zanotti's claim.

I. EPISTEMOLOGY AND METAPHYSICS

Zanotti holds that Popper is right in epistemology. He adds that Popper's epistemology requires some kind of foundation which can be provided by Aquinas' metaphysics, and he warns us that Popper's position only gives rise to philosophical difficulties if it is extrapolated from the specialized field of epistemology into a general philosophical outlook. Therefore, in order to evaluate Zanotti's position, we must first of all determine what Popper's epistemological position is. Here I do not attempt a systematic analysis either of Popper's or of Zanotti's views: years ago I published a systematic account of Popper's epistemology which includes critical remarks (5). My aim is much more modest, as I will focus on Zanotti's general scheme first, and then I will present a particular interpretation of Popper's epistemology that can help us to foster the dialogue that Zanotti advocates.

According to the vast majority of authors, Zanotti included, Popper's central epistemological thesis can be labeled as "conjecturalism" as he concludes that all scientific knowledge is conjectural. Popper analyzes the value of the proofs used in empirical science and concludes that we can never provide a completely conclusive demonstration of any scientific statement. The main reason for this is a merely logical one, namely the asymmetry between verification and falsation: actually, if we use the hypothetico-deductive method, we know that purely logical reasons make it impossible to verify any statement however numerous the positive reasons in its favor may be, whilst a single contrary case would suffice to show that the statement is false. Therefore, we can never be certain about the truth of any scientific statement. Besides, from the point of view of methodology, Popper stresses that science will progress insofar as we propose bold conjectures which are audacious guesses and have a precise formulation. Indeed, the only road to progress would be to exploit our errors: even if we can never verify our hypotheses, if we are fortunate we can sometimes find out that they clash against the empirical evidence and, in that case, we can learn something and be able to propose new better hypotheses.

Zanotti maintains that Aquinas' view provides good reasons why things would behave this way. He refers to the well-known passage where Aquinas says that we should not expect certainty when we formulate hypotheses to explain particular physical effects. He also remarks that the more material an object is, the less transparent it will be for us, so that empirical science should be considered as a guesswork whose conclusions are always provisory. Zanotti also examines other aspects of Popper's thought, such as his strong defense of realism, of objective truth, of science as a search for truth, and of the specificity of the human person, and he tries to show that in all these points one can see Popper's epistemology as a complement of Aquinas' positions and, in the reverse sense, one can see Aquinas' metaphysics as providing a deeper foundation to Popper's epistemology.

I think that Zanotti's position is a solid one that is sustainable and I look at it with sympathy. Besides, as he says at the end of his 1996 paper that perhaps I agree with Popper more than could be supposed at first sight and he conjectures that if Popper and I would have had the opportunity to discuss quietly we would have reached common conclusions, I will accept Zanotti's challenge and am going to develop some points that can serve to foster that dialogue. Only, my argument will not follow the conventional line. I will not discuss the main epistemological points; rather, I will examine Popper's epistemology from the point of view of its ethical roots and I will try to show that this examination provides very important clues to evaluate Popper's position. The result will be an unusual interpretation of Popper's epistemology. However, it is based on solid reasons and it has also been contrasted with people who had a close personal relationship with Karl Popper.

II. THE ORIGINS OF POPPER'S EPISTEMOLOGY

Popper's philosophy is usually considered as an epistemology which, when applied to social and political problems, leads to the open society. But the entire thing can also be considered in the reverse sense, i. e. that Popper's ethics provides the clue to adequately understand and interpret his entire philosophy, including his epistemology. This has already been underlined by Hubert Kiesewetter, of the University of Eichstätt, who has written:

"Since studying at the London School of Economics and Political Science in 1967-68 the question of the ethical roots or moral sources of Popper's philosophy has never ceased to occupy my mind (...) In recent years I extensively discussed with Sir Karl the issue of the ethical foundations of his philosophy (...) it is my intention to demonstrate that all his (Popper's) thinking is deeply rooted in ethics (...) Karl Popper's methodology of falsificationism or critical rationality had been formed in its nucleus long before he studied mathematics, physics and natural philosophy at Vienna University. Therefore, it is my hypothesis that Popper's method of trial and error (...) is inseparably interwoven with ethical or moral principles".(6)

Popper's philosophy becomes crystal clear when we look at it through ethical glasses. We can then realize that falsificationism is rooted in an ethical soil. Indeed, Popper's main concern when working on epistemological problems was to show that we should adopt a rational or humanist attitude which necessarily includes the recognition of the limits of our knowledge and the need of using the «trial and error elimination» method. Then, we can also understand why Popper's falsificationism and fallibilism and rationalism are mainly attitudes, not doctrines; otherwise, we could become prisoners of unending discussions about naive or sophisticated or methodological falsificationism, or even worse, we could think that Popper's claims only represent some minor footnotes to the epistemological discussions of his time. Even the notion of the open society cannot be adequately understood unless we include in it serious ethical elements which should not be reduced to some kind of social organization.

Surely, logical reasons occupy an important place in Popper's epistemology. However, when Popper speaks about criticism, critical rationalism or fallibilism he often refers to a more complex issue which involves personal attitudes, as he refers, for instance, to «intellectual honesty», «self-criticism» and «intellectual modesty», and he speaks of admitting «our mistakes, our fallibility, our ignorance», which clearly implies an ethical attitude.(7)

We can clarify some aspects of Popper's epistemology by analyzing its origins, which refer to several events that happened in 1919. Of course, I do not intend to deny the existence of other factors that influenced Popper's epistemology in its origins. I only desire to stress that the existence of ethical components in Popper's epistemology is corroborated by his 1919 experiences with Marxism, psychoanalysis and relativity. I will closely follow and extensively quote Popper's texts because I think this necessary if we are to realize the role that ethical factors play in Popper's epistemology.

1. The 1919 experiences

The main account of these experiences is contained in Popper's autobiography, section 8, entitled «A Crucial Year: Marxism; Science and Pseudoscience» (8). The account is clear and is presented as a most relevant clue for understanding Popper's entire life; it occupies an entire section and its title refers to «a crucial year».

Yet, the reader may feel himself surprised by the magnitude of the consequences extracted by Popper. The events are written in the autobiography in such a way that Popper seems to be close enough to be impressed by them but, at the same time, too distant to be as strongly impressed as he tells us he was. Indeed, the consequences of these events are impressive, as Popper himself writes:

"The encounter with Marxism was one of the main events in my intellectual development. It taught me a number of lessons which I have never forgotten. It taught me the wisdom of the Socratic saying, "I know that I do not know". It made me a fallibilist, and impressed on me the value of intellectual modesty. And it made me most conscious of the differences between dogmatic and critical thinking" (9).

Then, what about the logical aspects, such as the asymmetry between verification and falsification, and the difficulties of induction? Are these aspects to be considered as secondary, given that fallibilism and criticism were already a consequence of Popper's experience of Marxism?

One can hardly overestimate the relevance of these logical problems in Popper's philosophy. They occupy a first-rate place. However, they have an ethical basis in two respects: on the one hand, they arise as a consequence of ethical experiences, and on the other hand, their meaning is part of wider and deeper problems which involve the ethical responsibility of the entire human person.

Actually, although the account contained in his autobiography is very clear, Popper provided in his last years three other occasional accounts that are important for this subject, because they include details which are most helpful to understand the meaning and consequences of his Marxist experiences. They are contained in a lecture delivered in Eichstätt on 27 May 1991 in the occasion of his honoris causa doctorate in that University (10), in another lecture delivered in the Universal Exhibition at Seville on 6 March 1992 (11), and in an interview with an Italian journalist published in 1992 (12).

Now I will try to provide a description of the facts and their consequences, underlining the aspects that refer to the ethical dimensions and to their impact on other aspects of Popper's philosophy. I will comment on the circumstances that prepared Popper's approach to Marxism, the participation in Marxist activities including the demonstration which constitutes the kernel of the entire issue, and the consequences of his 1919 experiences.

2. The circumstances

Shortly after the end of the First World War, Popper left school and began to study in the University, at a moment where social problems were abundant. He writes:

"The breakdown of the Austrian Empire and the aftermath of the First World War, the famine, the hunger riots in Vienna, and the runaway inflation, have often been described. They destroyed the world in which I had grown up; and there began a period of cold and hot civil war (...) I was a little over sixteen when the war ended, and the revolution incited me to stage my own private revolution. I decided to leave school, late in 1918, to study on my own. I enrolled at the University of Vienna where I was, at first, a non-matriculated student, since I did not take the entrance examination ("Matura") until 1922 (...) It was a time of upheavals, though not only political ones. I was close enough to hear the bullets whistle when, on the occasion of the Declaration of the Austrian Republic, soldiers started shooting at the members of the Provisional Government assembled at the top of the steps leading to the Parliament building (...) There was little to eat; and as for clothing, most of us could afford only discarded army uniforms, adapted for civilian use. Few of us thought seriously of careers (...)" (13).

Besides the social difficulties that helped Popper's rapprochement to Marxism, it is interesting to note that he had already at that time some experience of shooting and bullets. He writes that Austrian society was then obviously unpleasant, as it was marked by famine, poverty, unemployment, inflation, and people who profited from all this by speculation (14).

In those circumstances, Popper joined a socialist association and, in the spring of 1919 (March or April), he became even a communist, attracted mainly by the apparent pacifism of the communists. In his autobiography he writes:

"I became a member of the association of socialist pupils of secondary schools (sozialistische Mittelschüler) and went to their meetings. I went also to the meetings of the socialist university students. The speakers at these meetings belonged sometimes to the social democratic and sometimes to the communist parties. Their Marxist beliefs were then very similar. And they all dwelt, rightly, on the horrors of war. The communist claimed that they had proved their pacifism by ending the war, at Brest-Litovsk. Peace, they said, was what they primarily stood for (...) For a time I was suspicious of the communists, mainly because of what my friend Arndt had told me about them. But in the spring of 1919 I, together with a few friends, became convinced by their propaganda. For about two or three months I regarded myself as a communist. I was soon to be disenchanted" (15).

Popper recalls several times that he was impressed by the pacifist propaganda displayed by the communists with the occasion of the treaty of Brest-Litovsk. After the Russian revolution on February 1917, the nationalities of the former Tsarist Empire searched for their independence, and the German army occupied Latvia, Belorussia and Ukraine. After the soviet revolution on October, Lenin decided on the end of the war at the East front. On 15 December 1917, Lenin's Russia and the Central Powers signed an armistice at Brest-Litovsk. After new episodes of war conducted by the German army, by the Brest-Litovsk treaty on 3 March 1918 the new communist Russia recognized the independence of Finland and Ukraine; renounced the control over Estonia, Latvia, Lithuania, Poland and a great part of Belorussia; and ceded three other territories to Turkey. This treatise meant the victory of Germany over Russia, but, at the same time, Lenin remained free to work on his revolution in Russia. Lenin presented the new communist Russia as fully involved in peace, even at the expense of losing political power.

As he himself tells us, the young Popper was strongly impressed by the attitude of the Bolshevists. He had a Russian-born friend who told him about their fanaticism and capacity for lying, but, in spite of this, approximately in April 1919 (he was not yet 17) he decided to try the communist party (16). This means (and here begin the interesting details revealed by the old Popper) that he went to the headquarters of the Austrian communist party and offered his services as a boy for everything. He remembered many years later that among the communist leaders there were Gerhardt Eisler, his brother Hans and their sister Elfride, whose father was the Austrian philosopher Rudolph Eisler, and he also remembered their future situation (for instance, Gerhard was the leader of the American communist party and was expelled from the United States after the Second World War). These people fascinated him and he trusted them (17). This should be remembered, because this implied relying on a scientific theory that turned out to be really pseudo-scientific, and this partly may help to understand why Popper was so reluctant afterwards about claims of reliability in science.

It is also interesting to know, from Popper's own words, that the communist leaders welcomed his arrival, and entrusted him with various services; besides, he was often present in their meetings (which was unusual), so that he could know very well their way of thinking (18). Therefore, although he was too young to become a member of the party, he was really committed to it. Thus, we have already passed from the previous circumstances to his real involvement with Marxism.

3. The crisis

That he was really involved with Marxism and communism can be shown again by his own words, and this is most important to understand the whole affair. He says that, in the meantime (in the days when he contacted the communist leaders), he had initiated himself in Marxist theory (19). Then, when he already participated in the activities of the communists, he had several opportunities of experiencing distaste regarding their actions. Actually, he remembers that, although he was obviously dissatisfied with the society of its times, he was uneasy because the party obviously promoted a kind of murderous instinct against class-enemies: he was told, however, that this was necessary and that, in any case, it was not meant too seriously; also that in a revolution only victory can serve; and finally that under capitalism there are every day more victims than in the entire revolution. Popper notes that he agreed reluctantly, with the feeling that he had to pay a high price regarding his morality. Something similar happened regarding lies, as the leaders sometimes said one day white and the following day black; this would happen whenever they received a telegram from Moscow with the corresponding indications. When Popper protested, he was told that those contradictions were necessary and should not be criticized, as the unity of the party was essential for the triumph of revolution: although it was possible to commit mistakes, it was not allowed to criticize them openly, because only the discipline of the party could carry a fast victory. Popper remembers again that, although he reluctantly accepted this, he felt that he was sacrificing his personal integrity to the party, and that, when he realized that the leaders were disposed to contradict themselves at any moment, his attitude towards communism suffered a crisis (20).

We arrive then at the center of the crisis. In his autobiography, Popper describes the experience this way:

"The incident that first turned me against communism, and that soon led me away from Marxism altogether, was one of the most important incidents in my life. It happened shortly before my seventeenth birthday. In Vienna, shooting broke out during a demonstration by unarmed young socialists who, instigated by the communists, tried to help some communists to escape who were under arrest in the central police station in Vienna. Several young socialist and communist workers were killed. I was horrified and shocked at the police, but also at myself. For I felt that as a Marxist I bore part of the responsibility for the tragedy -at least in principle. Marxist theory demands that the class struggle be intensified, in order to speed up the coming of socialism. Its thesis is that although the revolution may claim some victims, capitalism is claiming more victims than the whole socialist revolution" (21).

The incident happened, Popper says, «shortly before my seventeenth birthday», which was 28 July 1919; in another place, he speaks of some day in June 1919 (22), and he also adds that in July 1919, before his seventeenth birthday, he decided to revise his attitude towards Marxism (23). A precise date is provided only by other people, namely Hubert Kiesewetter (24) and Franz Kreuzer (25), but Kiesewetter only quotes Kreuzer's account. According to Kreuzer, the date is 15 June 1919. Kreuzer adds that the demonstration happened in Hörlgasse in Vienna's 9th district, and that there were 20 people dead and 70 seriously injured. This contrasts with Popper's accounts, where he speaks of several and, when he is more specific, he speaks in one occasion of six (26), in another of approximately eight people dead (27). That he was in the demonstration is asserted by Popper himself (28).

Two details seem important in this context. The first is that the people dead, at least some of them, were young workers: Popper thought that other people who, like himself, were students or intellectuals, had special responsibility for those workers, who relied on the intellectuals (29). The other is that, as he said many years later, he had approved of the demonstration because it was supported by the communist party; he perhaps had even encouraged the participation of other people; and perhaps some of them were among the dead (30).

He was also upset by the attitude of the communist leaders. He asked himself whether he had discussed seriously and critically the Marxist theory which served as the basis for the sacrifice of human lives, and he recognized that he had not done it. However, when he arrived at the headquarters of the communist party, he realized that the leaders had an entirely different attitude: revolution made unavoidable the existence of such a type of victims, and furthermore this meant a kind of progress because workers would become every time more angry against the police and so they would become more and more aware of their real class-enemies. Popper's reaction was clear: he never returned there, and this way, as he commented later, he escaped the Marxist trap (31).

If we join all the details, we have a picture that coincides with the account provided in Popper's autobiography, but adds lively colors and helps to understand Popper's reaction. He felt responsible for what happened: not only because, as a Marxist, he shared in some way the responsibility, but also because he participated in the preparation of the demonstration. Of course, he did not think about the possibility of killing or anything similar, but he felt nevertheless that he «bore part of the responsibility for the tragedy -at least in principle». His very strong reaction becomes understandable only if we take this into consideration. Popper was always a seriously ethical person and he contacted the communist party because of his sense of responsibility for social affairs and also because he was a pacifist and felt attracted by the apparent pacifism of the communists; and this is why, when he realized that his ethical standards widely differed from those of his communist friends and that he had been involved in some way in the death of the young workers, he suffered a big shock. The consequences affected the status of a theory which presented itself as scientific, and the reliability of scientific theories in general.

4. The consequences

The immediate consequence was that Popper became aware of a «moral trap» from which he was able to escape. He referred several times to this in his late writings (32), and he described it in his autobiography this way:

"I was shocked to have to admit to myself that not only had I accepted a complex theory somewhat uncritically, but I had also actually noticed quite a bit that was wrong, in the theory as well as in the practice of communism, but had repressed this -partly out of loyalty to "the cause", and partly because there is a mechanism of getting oneself more and more deeply involved: once one has sacrificed one's intellectual conscience over a minor point one does not wish to give up too easily; one wishes to justify the self-sacrifice by convincing oneself of the fundamental goodness of the cause, which is seen to outweigh any little moral or intellectual compromise that may be required. With every such moral or intellectual sacrifice one gets more deeply involved. One becomes ready to back one's moral or intellectual investments in the cause with further investments. It is like being eager to throw good money after bad. I also saw how this mechanism had been working in my case, and I was horrified" (33).

That ethical reasons played a very important role first in the acceptance of communism and afterwards in its rejection is clearly stated by Popper when he says, in his Seville lecture in 1992, that he was nearly caught in the Marxist ideological trap because he had deep moral reasons to do what seemed to be his moral duty, and that afterwards he experienced a big moral commotion which led him to a deep moral aversion (34).

If we forget those ethical reasons or if we attribute to them only a minor relevance, then Popper will appear as a kind of child prodigy who, at a very early age, was preoccupied by the problems related with the scientific character of theories, and who happily compared the different status that possess in this respect Marxism and psychoanalysis on the one hand, and Einstein's relativity on the other. Sure, he would have been helped by his experiences in the three ambits, according to his own testimony. However, some important things do not fit in this scheme. It would be hardly intelligible, for instance, why Popper says that the Marxist experience made of him a fallibilist and most conscious of the difference between dogmatic and critical thinking; and it would be even more difficult to assimilate the assertion that follows immediately afterwards in which, referring to his encounter with Marxism, he says:

"Compared with this encounter, the somewhat similar pattern of my encounters with Alfred Adler's 'individual psychology' and with Freudian psychoanalysis -which were more or less contemporaneous (it all happened in 1919) -were of minor importance" (35).

In the same part of his autobiography, Popper attributes a great importance to his encounter with Einstein, also in 1919. That Popper was a young man filled with intellectual and social problems is a fact, as it is the circumstance that his 1919 experiences represent a unique coincidence which fits rather well with those problems. This is why he writes: «Looking back at that year I am amazed that so much can happen to one's intellectual development in so short a spell. For at the same time I learned about Einstein; and this become a dominant influence on my thinking -in the long run perhaps the most important influence of all», and he adds:

"But what impressed me most was Einstein's own clear statement that he would regard his theory as untenable if it should fail in certain tests (...) Here was an attitude utterly different from the dogmatic attitude of Marx, Freud, Adler, and even more so that of their followers (...) This, I felt, was the true scientific attitude (...) Thus I arrived, by the end of 1919, at the conclusion that the scientific attitude was the critical attitude, which did not look for verifications but for crucial tests which could refute the theory tested, though they could never establish it" (36).

All this fits well with the relevance of the Marxist experience and of its ethical components. It is interesting to note that, in both cases, Popper refers mainly to attitudes, and that when he explains his anti-Marxist reaction he says:

"I realized the dogmatic character of the creed, and its incredible intellectual arrogance. It was a terrible thing to arrogate to oneself a kind of knowledge which made it a duty to risk the lives of other people for an uncritically accepted dogma, or for a dream which might turn out not to be realizable. It was particularly bad for an intellectual, for one who could read and think. It was awfully depressing to have fallen into such a trap" (37).

It seems rather obvious that the main problem here was an irresponsible attitude related to important ethical consequences. This sufficed to make of Popper a fallibilist, strongly suspicious of pseudo-scientific creeds: the Marxist pseudo-scientific prediction of a necessary course of history was very dangerous, and the first condition that Popper would require in the future to any allegedly scientific theory was that it should be held with an attitude of intellectual modesty, namely an attitude that recognizes the magnitude of our ignorance and never forgets that our theories are always tentative and partial trials to progress. Scientific certainty had showed itself deceptive and should be replaced by an attitude of learning through our unavoidable mistakes. Now, mistakes would begin to be considered not as an evil, but as the way which prepares real progress.

In the last analysis, the origin of Popper's fallibilism depends, in a great extent, on the feeling of personal responsibility. Some people had relied on him (on communism through him), and he had uncritically contributed to their misfortune. He had lacked a critical attitude towards a doctrine that, when carefully analyzed, turned out to be a pseudo-scientific moral trap. All this explains also why Popper, during his entire life, stressed strongly the moral responsibility of intellectuals. He saw many human troubles as caused by chains of people who rely on one or several intellectuals, and saw that these chains too often are moral chains. Fallibilism appeared, above all, as an ethical duty.

III. THE MEANING AND SCOPE OF FALLIBILISM

The preceding analysis provides us with a perspective which will be most helpful in order to realize what the meaning and scope of Popper's main epistemological tenets about the conjectural character of scientific knowledge are, which are usually labeled as "fallibilism". I will consider now the relationship of fallibilism with conjecturalism, which is a germane concept, and with skepticism, which may seem its consequence. Afterwards, I will return to the double key of fallibilism, the logical and the ethical, and I will examine the meaning of critical rationalism as a label that is often used to characterize Popper's epistemology.

5. Fallibilism and conjecturalism

One of the main contentions of Popper is that the quest for certainty is mistaken. We should not forget, however, that Popper's assertions in this line always suppose a point of departure that, trivial as it may seem, has far reaching consequences; actually, Popper supposes that we try to test our theories by using empirical statements: then, mere logical arguments show that there is not a single universal theory or law that may be proved this way. So far, and even if we admit that this has far-reaching consequences in the ambits of epistemology and of science as well, this kind of conjecturalism does not preclude our attaining some kind of certainty which can be sufficient for many purposes, even in science.

When considered as a methodological caveat, conjecturalism is a most healthy approach and it can prevent many shortcomings. Of course, it relies on a logical basis, but it refers mainly to a methodological attitude. Moreover, although it can be extended to include any kind of knowledge, it refers primarily to scientific theories which, actually, depend on our theoretical constructions which, in their turn, also depend on the concrete possibilities, conceptual and empirical, that we can use in every epoch and circumstances.

All this amounts to recognizing that scientific knowledge is always perfectible, that we should never consider our theories as definitively established, that we can always discover some error in them and even should look for errors if we desire to progress towards better theories. If this is what is meant by fallibilism, all of us should be fallibilists.

Actually, on one of the occasions in which Popper tries to clarify the entire issue, he argues in a way that will be useful to quote and to analyze. He denies the existence of a general criterion of truth, and he explains what this means:

"It merely means, quite simply, that we can always err in our choice -that we can always miss the truth, or fall short of the truth; that certainty is not for us (or even knowledge that is highly probable, as I have shown in various places, for example in chapter 10 of Conjectures and Refutations); that we are fallible. This, for all we know, is no more than the plain truth. There are few fields of human endeavour, if any, which seem to be exempt from human fallibility. What we once thought to be well-established, or even certain, may later turn out to be not quite correct (but this means false), and in need of correction" (38).

In the preceding quotation, Popper denies first the existence of a general criterion of truth; I would agree because, even if we can provide arguments which can be used as some kind of criteria, there is not one single general criterion which could be applied automatically to ensure the truth of any statement or theory. Then, Popper asserts that «we can always err», which is true. Then he adds that «certainty is not for us»: in my opinion, this is a difficult point that should be carefully analyzed, and it depends on our ideas about certitude.

Indeed, if we use a strong idea of certainty, which means to identify certainty with the state reached when we can provide a fully logical proof that leaves no room for the smallest contrary possibilities, then it is easy to agree that we cannot reach such a state. In this context, we should remember that even the most elementary factual truths, which constitute our usual basic certainties, cannot be proved by means of logic alone. By using logical arguments alone, we cannot reach either certainty or subjective probability, which are subjective states; therefore, Popper is right. However, it could be argued that this idea of certainty is too strong and that we can distinguish different kinds of certainty (remember, for instance, the classical distinctions between metaphysical, physical and moral certitude); and also that certainty, and its different degrees, includes logical argument but also some kind of subtleties which cannot be reduced to logic alone.

I think that Popper could agree with such arguments, and I have two reasons for this. The first and more important is that his defense of fallibilism is meant to avoid dogmatic positions that forget rigor, self-criticism and honesty, but is not opposed to any attitude which would include these values. Actually, Popper did not change his mind easily on the important issues: he assumed a philosophical position which he developed throughout his entire life, and he argued for his views in a forceful and elegant way, as a man with deep convictions. He had a strong sense of intellectual honesty and this is why he was aware of the difficulties involved in the quest for certainty. Besides, we should not forget that in theoretical physics, which is the main ambit of his philosophical reflections, Popper is completely right without qualifications when he insists that our theories always include aspects which can change and that no theory should claim to have been definitively established.

My second argument includes personal references. I published my first book in 1979; it was an attempt to summarize in an orderly way Popper's epistemological position. I sent it to him and, on this occasion, I also sent to him a letter in which I said that I shared many of his views but also that I had difficulties with his conjecturalism. I wrote this words: «I think furthermore that many scientific statements are true and we can be sure of their truth, although sometimes they are partial and can be improved. I think I understand your banishing all certitude, but I don't share it». He kindly sent to me a dedicated copy of The Poverty of Historicism and a handwritten letter, in which he answered my question. Some years later, I wanted to use that text as an illustration for an article published in the Spanish edition of Scientific American, and I asked for the corresponding permission; Mrs. Melitta Mew answered in the name of Sir Karl granting the permission for the text: finally, I did not use that illustration. Popper's text was this: «I also think that many scientific statements are true. I also think that we can be pretty sure of the truth of some of them. But no theory was better tested than Newton's -and we certainly cannot be sure of it; Einstein has shown that it is possible that Newton's theory may be false» (39).

In my opinion, this unusual statement in which Popper says that we can be pretty sure about the truth of some scientific statements, shows that he could accept qualifications about certainty (such as 'pretty'), and also that his conjecturalism mainly refers to scientific statements and theories which can be substituted by better ones (40). I mean, for instance, that it would not be reasonable to doubt the existence of electrons in the sense that there exists something real which corresponds in some way to the well known properties of electrons, although we know that, in spite of the great progress in this field, we know little about it and therefore we should continue our search for better theories.

I would say that conjecturalism makes sense if we interpret it as the possibility of always reaching a better knowledge and as the attitude of searching for it. This is closely related with being aware of the limits of our knowledge and, therefore, with an open-mindedness which favors toleration and respect. And it is easy to discover the unmistakable ethical flavor of this attitude.

6. Fallibilism and skepticism

Popper's fallibilism should not be interpreted in a relativist way. He is very clear about this and argues strongly for objective truth and for progress in scientific inquiry:

If we thus admit that there is no authority beyond the reach of criticism to be found within the whole province of our knowledge, however far we may have penetrated into the unknown, then we can retain, without risk of dogmatism, the idea that truth itself is beyond all human authority. Indeed, we are not only able to retain this idea, we must retain it. For without it there can be no objective standards of scientific inquiry, no criticism of our conjectural solutions, no groping for the unknown, and no quest for knowledge (41).

Fallibilism is presented by Popper as opposed to skepticism. Popper is aware of the dangers of relativism, and in this line he refers to «a great problem»: «How can we admit that our knowledge is a human -and all too human- affair, without at the same time implying that it is all individual whim and arbitrariness?» His answer is unequivocal:

"The solution lies in the realization that all of us may and often do err, singly and collectively, but that this very idea of error and human fallibility involves another one -the idea of objective truth: the standard which we may fall short of. Thus the doctrine of fallibility should not be regarded as part of a pessimistic epistemology" (42).

According to Popper, the very existence of science, its progress, and our ability to use arguments, presuppose objective truth and objective standards of criticism. Besides, when he explains this, he introduces further qualifications of fallibilism:

"By 'fallibilism' I mean here the view, or the acceptance of the fact, that we may err, and that the quest for certainty (or even the quest for high probability) is a mistaken quest. But this does not imply that the quest for truth is mistaken. On the contrary, the idea of error implies that of truth as the standard of which we may fall short. It implies that, though we may seek for truth, and though we may even find truth (as I believe we do in very many cases), we can never be quite certain that we have found it. There is always a possibility of error" (43).

I would comment that it is not necessary to share Popper's ideas about certainty in order to see that he does not advocate any kind of relativism, and this is my main point here. Popper clearly asserts that

Fallibilism need in no way give rise to any skeptical or relativist conclusions (...) Every discovery of a mistake constitutes a real advance in our knowledge (...) Criticism, it seems, is the only way we have of detecting our mistakes, and of learning from them in a systematic way (44).

Fallibilism is mainly an attitude, namely «the acceptance of the fact that we may err»; this attitude is connected with logical arguments (for instance, the impossibility of verifying an universal statement by means of particular tests): but it has nothing to do with relativism. Indeed, Popper strongly opposes to relativism as a kind of irrationalism, as he says that

"One of the more disturbing aspects of the intellectual life of our time is the way in which irrationalism is so widely advocated, and the way in which irrationalist doctrines are taken for granted. One of the components of modern irrationalism is relativism (the doctrine that truth is relative to our intellectual background, which is supposed to determine somehow the framework within which we are able to think: that truth may change from one framework to another)" (45).

7. The reasons for fallibilism

What are then, in the last analysis, the reasons for fallibilism?

Popper's arguments for fallibilism derive from the conjectural character of our knowledge and the amount of our ignorance. However, Popper combines these arguments with ethical considerations. For instance, he says:

"The principles that form the basis of every rational discussion, that is, of every discussion undertaken in the search for truth, are in the main ethical principles», and he formulates three of them this way: «1. The principle of fallibility: perhaps I am wrong and perhaps you are right. But we could easily both be wrong. 2. The principle of rational discussion: we want to try, as impersonally as possible, to weight up our reasons for and against a theory (...) 3. The principle of approximation to the truth: we can nearly always come closer to the truth in a discussion which avoids personal attacks (...)".

That these principles include ethical components is remarked on by Popper as he continues by saying:

"It is worth noting that these three principles are both epistemological and ethical principles. For they imply, among other things, toleration: if I hope to learn from you, and if I want to learn in the interest of truth, then I have not only to tolerate you but also to recognize you as a potential equal; the potential unity and equality of all men somehow constitute a prerequisite of our willingness to discuss matters rationally" (46).

A merely logical or epistemological account cannot reflect this situation, because the main ideas involved in it «are both epistemological and ethical». This is why there is no vicious circle: ethics serve as a basis for the rational attitude (although this does not mean a complete autonomy of ethics: the rational and the ethical are closely intertwined and related in both directions).

It is also worth noting that Popper includes «The principle of fallibility» as one of the principles that «are in the main ethical principles». This assertion could suffice to show that fallibilism does not refer to a mere logical affair, and that it not only includes ethical dimensions, but has, in Popper's own words, mainly an ethical character.

Popper also refers to equality and unity among men as another ethical component of his fallibilism, and this has strong anthropological connotations. I dare say that here we reach the basic presupposition of Popper's entire philosophy: he believes in man, in freedom, reason, in peace, in respect. Popper is strongly committed to these values, and all his arguments presuppose them. In the same line, he adds:

"Thus ethical principles form the basis of science. The idea of truth as the fundamental regulative principle -the principle that guides our search- can be regarded as an ethical principle. The search for truth and the idea of approximation to the truth are also ethical principles; as are the ideas of intellectual integrity and of fallibility, which lead us to a self-critical attitude and to toleration" (47).

It is difficult to exaggerate the relevance of these assertions. They open new views which refer to the ethical basis of science, an entire field of research, and they show that the crucial aspects of Popper's epistemology cannot be properly understood without a reference to their ethical components.

8. Critical rationalism

Popper's epistemology is usually labeled as critical rationalism. I will examine now Popper's own use of that expression.

In a discussion where Popper refers to the difference between higher values which are to be sought by individuals and public affairs which should concentrate on avoiding evils, he says: «he uses that expression, he writes:

"This is only part of the case against irrationalism, and of the consequences which induce me to adopt the opposite attitude, that is, a critical rationalism. This latter attitude with its emphasis upon argument and experience, with its device 'I may be wrong and you may be right, and by an effort we may get nearer to the truth', is, as mentioned before, closely akin to the scientific attitude. It is bound up with the idea that everybody is liable to make mistakes" (48).

It is interesting to note that, in this text, Popper speaks specifically about 'critical rationalism', which is the general label applied by Popper himself to his entire philosophy. Critical rationalism is usually considered as an epistemological position linked to the analysis of scientific knowledge. But is it easy to notice that, in the text just quoted, the motivation of critical rationalism does not come from epistemology alone, but also from ethics.

Popper refers also in other places to «the basic attitude of the rationalist, 'I may be wrong and you may be right'» (49). Seen under this light, his rationalism has a strong ethical component. Indeed, he says:

"the link between rationalism and humanitarianism is very close (...) A rationalist attitude seems to be usually combined with a basically egalitarian and humanitarian outlook" (50);

and he adds that the reasons for rationalism are largely ethical reasons:

"I have tried to analyse those consequences of rationalism and irrationalism which induce me to decide as I do. I wish to repeat that the decision is largely a moral decision (...) Considered in this way, my counter-attack upon irrationalism is a moral attack" (51).

It is most important, therefore, to realize that Popper's rationalism does not coincide with the meaning usually associated with this term as a philosophical position opposed to empiricism (52). Instead, it refers to a moral attitude which involves all human existence, and this is why to adopt it implies a moral decision. Popper hopes that violence «can be brought under the control of reason», and adds: «This is perhaps why I, like many others, believe in reason; why I call myself a rationalist. I am a rationalist because I see in the attitude of reasonableness the only alternative to violence».

In the same vein, Popper provides a kind of definition of rationalism which runs this way:

"A rationalist, as I use the word, is a man who attempts to reach decisions by argument and perhaps, in certain cases, by compromise, rather than by violence. He is a man who would rather be unsuccessful in convincing another man by argument than successful in crushing him by force, by intimidation and threats, or even by persuasive propaganda" (53).

Then, Popper points out that the difference does not lie mainly in the use of argument or in the conclusive character of our arguments:

"It lies rather in an attitude of give and take, in a readiness not only to convince the other man but also possibly to be convinced by him. What I call the attitude of reasonableness may be characterized by a remark like this: 'I think I am right, but I may be wrong and you may be right, and in any case let us discuss it, for in this way we are likely to get nearer to a true understanding than if we each merely insist that we are right'. It will be realized that what I call the attitude of reasonableness or the rationalistic attitude presupposes a certain amount of intellectual humility" (54).

In other places, Popper attributes to 'rationality' another meaning, especially when he discusses what he labels 'the rationality principle'. But even then, he clearly stresses the relevance of 'rationality' understood as a personal attitude:

"Rationality as a personal attitude is the attitude of readiness to correct one's beliefs. In its intellectually most highly developed form it is the readiness to discuss one's beliefs critically, and to correct them in the light of critical discussions with other people" (55).

Of course, this does not mean than one should be in a permanent state of doubt: Popper himself sustained deep commitments about his central humanitarian and rationalist views. Popper obviously refers to open-mindedness and respect towards other people's ideas and creeds, and to the readiness to analyze them and eventually to correct our own ideas as a consequence of discussion.

Although Popper is not inclined to devote much effort to dispute about words, in this case he made such an effort, and this means that he considered the issue most relevant. He presented his idea in a very straightforward way:

"We could then say that rationalism is an attitude of readiness to listen to critical arguments and to learn from experience. It is fundamentally an attitude of admitting that 'I may be wrong and you may be right, and by an effort, we may get nearer to the truth' (...) In short, the rationalist attitude, or, as I may perhaps label it, the 'attitude of reasonableness', is very similar to the scientific attitude, to the belief that in the search for truth we need cooperation, and that, with the help of argument, we can in time attain something like objectivity" (56).

We can realize that Popper uses time and again the same expression and that he adds different accents in every case.

Such a rationalism is rooted, according to Popper, in ancient Greece and Christianity:

"I too believe that our Western civilization owes its rationalism, its faith in the rational unity of man and in the open society, and especially its scientific outlook, to the ancient Socratic and Christian belief in the brotherhood of all men, and in intellectual honesty and responsibility" (57).

Last but not least, it is worth noting that Popper's accent on rationality, which is closely related to the scientific attitude, does not imply any kind of scientism. On the contrary, Popper asserts: «I am on the side of science and rationality, but I am against those exaggerated claims for science that have sometimes been, rightly, denounced as "scientism"» (58). Popper also recognizes the existence of ultimate questions which cannot be solved by using only scientific means:

"It is important to realize that science does not make assertions about ultimate questions -about the riddles of existence, or about man's task in this world" (59).

All this indicates the existence of a true humanist position. Besides, the ethical roots of Popper's central ideas become apparent in this context when he writes:

"The fact that science cannot make any pronouncement about ethical principles has been misinterpreted as indicating that there are no such principles; while in fact the search of truth presupposes ethics" (60)

and he declares his opposition to

"the nihilist doctrine that all purpose is only apparent purpose, and that there cannot be any end or purpose or meaning or task in our life" (61).

IV. A REALIST EPISTEMOLOGY

I have tried to show that Popper's fallibilism is not a merely logical thesis. It contains logical features, but it also refers to ethics: it arose as a consequence of a deep ethical experience, and it refers mainly to an attitude which is closely related with reasonableness and intellectual responsibility. I will complete now this analysis by adding further clarifications about fallibilism and its relationship to a realist epistemology.

9. Some qualifications of fallibilism

Obviously, fallibilism occupies an important place in Popper's philosophy and it cannot be reduced to a mere reaction of the young Popper when he faced some particular events, important as they may be (62). I will comment on some aspects that can help us to reach a more complete account.

Sometimes, Popper explains fallibilism as the position opposed to verificationism. Thus, regarding the problem of knowledge, Popper distinguishes two main groups of philosophers this way:

"The members of the first group -the verificationists or justificationists- hold, roughly speaking, that whatever cannot be supported by positive reasons is unworthy of being believed, or even of being taken into serious consideration. On the other hand, the members of the second group - the falsificationists or fallibilists- say, roughly speaking, that what cannot (at present) in principle be overthrown by criticism is (at present) unworthy of being seriously considered; while what can in principle be so overthrown and yet resists all our critical efforts to do so may quite possibly be false, but is at any rate not unworthy of being seriously considered and perhaps even of being believed -though only tentatively (...) Falsificationists (the group of fallibilists to which I belong) believe -as most irrationalists also believe- that they have discovered logical arguments which show that the programme of the first group cannot be carried out: that we can never give positive reasons which justify the belief that a theory is true" (63).

Therefore, Popper relates closely fallibilism and falsificationism, so that falsificationism is considered as a particular species of fallibilism, and this, in its turn, is characterized by means of an attitude related with some kind of values: that which characterizes fallibilism as well as justificationism is that they consider that some kind of assertions are «worthy» or «unworthy» of being «believed» or «seriously considered». This means that fallibilism and justificationism are not merely logical doctrines. Besides, falsificationism is based on the logical impossibility of providing conclusive verifications on behalf of theories; but this typical reason, which is of a logical kind and shows that the verificationist program cannot be carried out, is shared, according to Popper, also by most irrationalists: therefore, falsificationism should be based also on other reasons.

One of the main difficulties of fallibilism seems to be that it provides a negative account of scientific method and, therefore, it does not justice to the positive results and the corresponding reliability of scientific theories. In this line, Eugene Freeman and Henryk Skolimowski regretted that the methodology of Popper (and Peirce) should be called by so inapt a term as 'fallibilism', because this term suggests «the human propensity to make mistakes» and usually means «liable to err» or «liable to be erroneous or inaccurate»; therefore, they say, «the term is singularly inapt, almost to the point of caricature, as a name for the method of science», because «this misses the main point about what science is doing when it is making its mistakes -and that is, not that it makes them, but that (a) it recognizes them, and (b) it eliminates them, and (c) it advances beyond them, and thus, asymptotically, gets closer and closer to the truth». They suggest that «a much happier designation for identifying the methodology of both Peirce and Popper is found in Popper's inspired phrase, 'conjectures and refutations', which comes much closer to capturing the essence of Scientific Method» (64). These comments are contained in the Freeman-Skolimowski contribution to The Philosophy of Karl Popper. When Popper replies, although he comments extensively other parts of the paper, he makes no comment about this (65). This may perhaps mean that he does not attribute any relevance to that criticism, because it is obvious that fallibilism should not be interpreted as a summary of the scientific method.

Instead, among Popper's comments on the Freeman-Skolimowski paper, there is one that may have an especial interest here, and is the following one:

"My more far-reaching fallibilism, on the other hand, is the direct result of Einstein's revolution" (66).

The comparison refers to Peirce. We have seen in detail why Popper's Marxist experience made him a fallibilist, and also that this negative experience was completed in the positive aspect when he noticed Einstein's attitude. However, the reference to fallibilism as a result of Einstein's revolution has here a different meaning: it means that we can never be sure about the truth of any scientific theory, even if it has been proved correct in many instances, because (quoting again Popper's letter to me) «no theory was better tested than Newton's -and we certainly cannot be sure of it; Einstein has shown that it is possible that Newton's theory may be false». Popper often refers to the situation provoked by Einstein's revolution in similar terms. But we should notice that Einstein's revolution involved great scientific theories; perhaps we can never be sure of such theories, but we can wonder whether the same holds for more modest scientific statements: why can we not be sure of, say, the existence of entities like atoms or electrons, or empirical laws such as Ohm's law, or configurations like DNA's double helix?

In my opinion, Popper supposes that we are aware of the distinctions which exist between different levels of generality in our scientific constructs, as well as between events, entities, processes and properties, and so on. He very seldom considers this kind of issue, and this can be a source of misunderstandings, because the meaning of fallibilism will partly depend on the nature of the different specific subjects.

Actually, if fallibilism refers to theories and means that any scientific theory may be superseded and that, therefore, we should cultivate an open-mindedness which would exclude any claim of reaching a definitive and irrefutable theory, and also that we should always search for potential refutations in order to improve our theories, then I think that we all are or should be fallibilists. A different issue arises, instead, if someone considers fallibilism as a complete account of scientific method or, at least, of its essentials; this attempt would be seriously incomplete: this is so obvious that perhaps, as already noted, this is why Popper does not comment on the corresponding observation of Freeman and Skolimowski.

All this suggests a very important qualification, namely that we should never forget the context of Popper's assertions about fallibilism. I do not refer only to the literal context, but also to the ideal one. Actually, the target of Popper's fallibilism is certitude: mainly, absolute certitude, but also probabilistic certitude. He correctly distinguishes the objective ambit of truth from the subjective ambit of certitude, and then he claims that epistemology only refers to truth, leaving certainty outside the reach of epistemology. Thus, the search for truth should be completely distinguished from the search for certitude, because our subjective states are completely irrelevant with respect to truth-claims. Besides, Popper stresses the logical impossibility of achieving a complete verification of any theory, the breakdown of the alleged definitive character of Newtonian physics, and the dangers involved in the claim to reach definitive theories (also the danger of stagnation: when we think that our theory is a final one, we will cease to search for a better one). All this is really very important. However, Popper's opposition to any kind of certainty may seem too unilateral.

The remedy sometimes will be easy, as it will suffice to consider explicitly the different aspects of the particular problem and then we will realize that we can be «pretty sure» about the existence of laws, entities, properties or processes within the corresponding scientific context. In other cases, however, we will find severe difficulties if we desire to attribute a definite degree of certitude to our scientific constructions; this usually happens when we consider the great theories, which provide an entire system whose global truth can hardly be defined. In any case, all this corresponds to an entire theory of scientific knowledge which transcends the particular problems relating to fallibilism and should include qualifications about different kinds of subjects and types of certainty.

10. The ethical meaning of fallibilism

Popper wanted to enlarge The Open Society with two Addenda. The second, dated 1965, is very brief and refers to Marx. The first, dated 1961, is entitled «Facts, Standards, and Truth: A Further Criticism of Relativism»; it is long, and Popper divided it into 18 paragraphs, so that it constitutes something like a new end of the book, in which the basic ideas about truth and knowledge are revisited. In its conclusion, Popper exposes what a fallibilist approach has to offer to the social philosopher, and he mentions two issues. The first refers to the possibility of evaluating tradition as well as revolutionary thought. About the second, which became the very conclusion of the book, he writes:

"Even more important, it can show us that the role of thought is to carry out revolutions by means of critical debates rather than by means of violence and of warfare; that it is the great tradition of Western rationalism to fight our battles with words rather than with swords. This is why our Western civilization is an essentially pluralistic one, and why monolithic social ends would mean the death of freedom: of the freedom of thought, of the free search for truth, and with it, of the rationality and the dignity of man" (67).

These words clearly show the ethical component of Popper's philosophy. However, they could be interpreted, following literally his own words, as a kind of social consequence of Popper's epistemology: interesting as it could be, it would remain outside the core of Popper's philosophy.

My contention is that we should read Popper and interpret his arguments in the light of ethical values, namely his commitment to human dignity, freedom, reason, and truth. Otherwise, we seriously risk misunderstanding him and we easily can substitute the real Popper by a dead skeleton full of unsolved problems.

From the chronological point of view, the priority corresponds to the ideas elaborated by Popper on the occasion of his encounter with Marxism. He tells us in his autobiography:

"Once I had looked at it critically, the gaps and loopholes and inconsistencies in the Marxist theory became obvious (...) It took me some years of study before I felt with any confidence that I had grasped the heart of the Marxist argument (...) Even then I had no intention of publishing my criticism of Marx, for anti-Marxism in Austria was a worse thing than Marxism: since the social democrats were Marxist, anti-Marxism was very nearly identical with those authoritarian movements which were later called fascist. Of course, I talked about it to my friends. But it was not till sixteen years later, in 1935, that I began to write about Marxism with the intention of publishing what I wrote. As a consequence, two books emerged between 1935 and 1943 -The Poverty of Historicism and The Open Society and Its Enemies" (68).

Therefore, we could say that, even if The Logic of Scientific Discovery was Popper's first published book, the ideas underlying the two books on social philosophy seen through ethical glasses had the real priority and influenced to a great extent the development of Popper's epistemology.

I would even add that Popper's epistemology becomes a source of all kinds of problems when we forget -and this is usually done- its connections with social issues and ethical attitudes. Epistemology cannot be reduced to the study of logical relations between statements, because science is, above all, a human activity directed towards some goals that are achieved through very sophisticated methods, and those methods include stipulations and decisions which go far away from pure logic. Of course, logic must be respected as an indispensable tool, but science would not progress guided by logic alone. Actually, Popper knew this very well and includes in his epistemology, already in his first writings and always after, important references to the pragmatical, ethical and social values which are relevant in scientific practice. However, the usual image of his work on epistemology is centered around logic alone. This may be due to the relevance of his remarks about the logical reasons that make impossible the verification of hypotheses, and also to the contrast of his epistemology with the Kuhn-inspired and sociologically-centered epistemology in which the problem of truth is missing.

The ethical features of Popper's epistemology are not found only, or mainly, in his last years. They are present from the very beginnings. For instance, in an address delivered in June 1947 and first published in 1948, after describing the evils of the post-war situation, he says:

"But in spite of all this I am today no less hopeful than I have ever been that violence can be defeated (...) that violence can be reduced, and brought under the control of reason. This is perhaps why I, like many others, believe in reason; why I call myself a rationalist. I am a rationalist because I see in the attitude of reasonableness the only alternative to violence" (69).

Years later, in a paper first published in 1970, Popper explained something that he repeated tirelessly during many years:

"If the method of rational critical discussion should establish itself, then this should make the use of violence obsolete. For critical reason is the only alternative to violence so far discovered. It is the obvious duty of all intellectuals to work for this revolution -for the replacement of the eliminative function of violence by the eliminative function of rational criticism" (70).

«I abhor violence» (71). Popper's philosophy is built, in all of its elements, on the basis of this quotation. Reasonableness, rational criticism, fallibilism, are labels that represent several features of the same reality: peace, respect, freedom.

11. Faith in Reason

Popper's philosophy is usually labeled, following his own proposal, as critical rationalism, because its central tenet is criticism, i. e. the attitude which considers knowledge not as something definitive but as always open to further objections. In this context, the conjectural character of all knowledge occupies a central place, and the quest for certainty appears as a mistaken perspective which should be substituted by the critical approach. All this is repeatedly asserted by Popper, so that it is unnecessary to prove it. Then, a big question arises: Which is the basis of critical rationalism itself? Or, put in another way: Can critical rationalism be applied to itself? And, if this were not the case, the question arises about its coherence: Is critical rationalism tenable, even when its basic thesis cannot be submitted to the exigencies that this thesis proclaims?

These questions are anything but new, and Popper himself faced them. Their answer is a straightforward one: as we have already seen, following Popper's own words, the reasons for his rationalism are largely ethical reasons. This is clearly stated already in The Open Society, where Popper speaks about «faith in reason, or rationalism, or humanitarianism, or humanism», and claims that

"Humanism is, after all, a faith which has proved itself in deeds, and which has proved itself as well, perhaps, as any other creed" (72).

Popper's rationalism, therefore, is doubtless a faith, a creed, which can be compared with other faiths and creeds: and it is a creed based on «faith in reason». That this faith is based on a moral choice is also clearly stated by Popper when he discusses the reasons for and against critical rationalism and he says that critical rationalism

"recognizes the fact that that the fundamental rationalist attitude results from an (at least tentative) act of faith -from faith in reason. Accordingly, our choice is open. We may choose some form of irrationalism, even some radical or comprehensive form. But we are also free to choose a critical form of rationalism, one which frankly admits its origin in an irrational decision (and which, to that extent, admits a certain priority of irrationalism). The choice before us is not simply an intellectual affair, or a matter of taste. It is a moral decision (in the sense of chapter 5). For the question whether we adopt some more or less radical form of irrationalism, or whether we adopt that minimum concession to irrationalism which I have termed 'critical rationalism', will deeply affect our whole attitude towards other men, and towards the problems of social life" (73).

The reference to chapter 5 of The Open Society is clarifying because in that chapter Popper defends the dualism of facts and decisions, by arguing that «Nature consists of facts and of regularities, and is in itself neither moral nor immoral. It is we who impose out standards upon nature, and who in this way introduce morals into the natural world, in spite of the fact that we are part of this world». As Popper goes on, he speaks about «decisions for which we are morally responsible», claims that «responsibility, decisions, enter the world of nature only with us», and also that «these decisions can never be derived from facts (or from statements of facts)» (74).

Therefore, we can conclude that Popper in some way identifies his critical rationalism with his humanism, that both are based on a kind of faith in reason which is a true faith because it cannot be derived from facts, and also that this faith is the result of a choice that has a moral character because it has many important consequences in our attitudes towards human persons.

We should add that, according to Popper, the moral choice for rationalism is not a blind one, as it can be helped by arguments:

"As we have seen before (in chapter 5), and now again in our analysis of the uncritical version of rationalism, arguments cannot determine such a fundamental moral decision. But this does not imply that our choice cannot be helped by any kind of argument whatever. On the contrary, whenever we are faced with a moral decision of a more abstract kind, it is most helpful to analyse carefully the consequences which are likely to result from the alternatives between which we have to choose" (75).

In The Open Society we find other statements which insist on this line and show that these points are central in Popper's attitude, for instance when Popper says:

"I have tried to analyse those consequences of rationalism and irrationalism which induce me to decide as I do. I wish to repeat that the decision is largely a moral decision. It is the decision to take argument seriously. This is the difference between the two views; for irrationalism will use reason too, but without any feeling of obligation; it will use it or discard it as it pleases. But I believe that the only attitude which I can consider to be morally right is one which recognizes that we owe it to other men to treat them and ourselves as rational. Considered in this way, my counter-attack upon irrationalism is a moral attack" (76).

We have found already some references to Popper's analysis of the consequences of rationalism and irrationalism. Typically, they include, since the times of The Open Society, references to the critical rationalist's device: «I may be wrong and you may be right, and by an effort we may get nearer to the truth» (77). Other consequences of this view are that «Faith in reason is not only a faith in our own reason, but also -and even more- in that of others», so that «Rationalism is therefore bound up with the idea that the other fellow has a right to be heard, and to defend his arguments. It thus implies the recognition of the claim to tolerance»; also, that «Rationalism is linked up with the recognition of the necessity of social institutions to protect freedom»; and finally, that «The adoption of rationalism implies, moreover, that there is a common medium of communication, a common language of reason; it establishes something like a moral obligation towards that language, the obligation to keep up its standards of clarity and to use it in such a way that it can retain its function as the vehicle of argument». We should not be surprised to find in this context, once more, the expression «faith in reason» as a central characteristic of rationalism (78), which is attributed by Popper to the greatest among the founders of the tradition of critical rationalism, Socrates (79).

All this does not correspond to a particular stage of Popper's thought. On the contrary, it is a constant claim that is repeated in the different works and times as something really important. A reference to two statements in works posterior to The Open Society will suffice to show it. In the lecture Utopia and Violence from 1947 and afterwards included in Conjectures and Refutations, Popper refers to his non-dogmatic rationalism as something that cannot be proved and that includes faith in reason and in man with the following clear accent:

"I think I have said enough to make clear what I intend to convey by calling myself a rationalist. My rationalism is not dogmatic. I fully admit that I cannot rationally prove it. I frankly confess that I choose rationalism because I hate violence, and I do not deceive myself into believing that this hatred has any rational grounds. Or to put it another way, my rationalism is not self-contained, but rests on an irrational faith in the attitude of reasonableness. I do not see that we can go beyond this. One could say, perhaps, that my irrational faith in equal and reciprocal rights to convince others and to be convinced by them is a faith in human reason; or simply, that I believe in man" (80).

Many years later, in his 1985 lecture Die Erkenntnistheorie und das Problem des Friedens, he speaks about his basic position as his religion and as opposed to some false religions of our days (81).

Above all, in the Introduction to The Myth of the Framework, published in 1994, Popper included some considerations which, if considered isolated from other works, could perhaps seem a kind of senile moralizing, but which, considered in the background of the previous quotations, show that they are, in a very strict sense, a literal summary of Popper's main contentions. They are so important that they deserve a long quotation:

"All, or almost all, the papers collected in this volume are written to defend rationality and rational criticism. It is a way of thinking, and even a way of living: a readiness to listen to critical arguments, to search for one's own mistakes, and to learn from them. It is, fundamentally, an attitude that I have tried to formulate (perhaps first in 1932) in the following two lines: 'I may be wrong and you may be right, and by an effort, we may get nearer to the truth'. These two lines in italics here quoted were first printed in 1945 in my Open Society (...) and I italicized the lines in order to indicate that I regarded them as important. For these two lines were an attempt to summarize a very central part of my moral articles of faith. The view that they summed up I called 'critical rationalism'. But the critics of my Open Society and of critical rationalism were, it seemed, blind to these two lines: so far as I know, none of my critics showed any interest in them, or quoted them (...) This is the reason why, after half a century, I am quoting them here. They were intended to contain, in a nutshell, a confession of faith, expressed simply, in unphilosophical, ordinary English; a faith in peace, in humanity, in tolerance, in modesty, in trying to learn from one's own mistakes; and in the possibilities of critical discussion. It was an appeal to reason" (82).

The preceding lines clearly show the deepest character of Popper's critical rationalism, its roots and its main consequences. After reading them there can be no doubt that they are seriously meant to summarize the central features of Popper's position and that this position has deep ethical components.

Popper refers in those lines to the fact that his critics were blind to his main tenets. Important as this may be, there is another fact which is perhaps even more important, namely, the interpretation of Popper's critical rationalism in the hands of his friends. Did they realize what Popper really meant?

Surely, the most influential interpretation of Popper's thought in a friendly way was proposed by William Warren Bartley, and its relevance for our present considerations can hardly be overestimated.

Bartley arrived from Harvard at the London School of Economics in September 1958 to work on his doctoral studies with Popper. Until 1965, their relations were excellent. It was during this epoch that Bartley found critical rationalism insufficient because of the element of faith it included in its basis, and he wanted to formulate an extension of Popper's theory which called 'comprehensive critical rationalism' and, afterwards, 'pancriticism'. The main idea was that criticism had to be extended in such a way that the elements related with any kind of faith could be eliminated in order to obtain a completely critical position.

Bartley discussed these problems with Popper, who introduced in the 1962 edition of his Open Society several changes, and recognized his debt to Bartley with this words:

"I am deeply indebted to Dr. William W. Bartley's incisive criticism which not only helped me to improve chapter 24 of this book (especially page 231) but also induced me to make important changes in the present addendum" (83).

Nevertheless, Bartley judged that the changes were insufficient because the faith-elements were retained, and continued to work in his own line of thought.

Nobody knows what would have happened if Bartley's relationship with Popper had not been interrupted in 1965, owing to the paper that Bartley presented in the International Symposium held in London that year (84). When good relations were restored many years later, Bartley was a great help for the publication of Popper's Postscript. What we know is that Bartley's pancriticism provoked considerable discussion and that Popper himself did not intervene in it (85).

We also know that, in spite of Bartley's comments, Popper did not change his mind in the written text of The Open Society, as can be easily seen in volume ii, page 231 (the one which Popper mentions especially), because there we find several references to faith in reason. Popper previously says that

"Neither logical argument nor experience can establish the rationalist attitude; for only those who are ready to consider argument or experience, and who have therefore adopted this attitude already, will be impressed by them";

then he goes on by saying:

"We have to conclude from this that no rational argument will have a rational effect on a man who does not want to adopt a rational attitude. Thus a comprehensive rationalism is untenable";

and finally he concludes:

"But this means that whoever adopts the rationalist attitude does so because he has adopted, consciously or unconsciously, some proposal, or decision, or belief, or behaviour; an adoption which may be called 'irrational'. Whether this adoption is tentative or leads to a settled habit, we may describe it as an irrational faith in reason. So rationalism is necessarily far from comprehensive or self-contained" (86).

All this is clear enough. Nevertheless, someone could ask whether Popper changed his mind or not during the long period that elapsed after the 1962 edition of The Open Society. Probably, the most important allusion to this subject is contained in several pages of volume I of Popper's Postscript, edited by Bartley himself. These pages were partly rewritten, as Popper tells us, in 1979 (87), and some people think that they contain Popper's appropriation of Bartley's views.

The pages just mentioned contain a discussion of Popper's anti-justificationist philosophy in dialogue with Bartley, and we can read in them several positive judgments of Bartley's comments and a sharp negation of the relevance of belief in the following terms:

"Now like E. M. Forster I do not believe in belief: I am not interested in a philosophy of belief, and I do not believe that beliefs and their justification, or foundation, or rationality, are the subject-matter of the theory of knowledge" (88).

Should we expect something else in order to interpret definitively Popper's rationalism in a Bartleyan way?

Nevertheless, I do not think that this is the case. That belief and its justification should not play any role in the theory of knowledge and that philosophy should concentrate on the objective-logical features of knowledge, be it true or false, is anything but new in Popper's philosophy, as he has repeated this on countless occasions since the 1930s. That we cannot rationally argue for belief, be it true or false, pertains to the very notion of belief used by Popper. However, if we read carefully Popper's quoted words (and the entire section from which they are extracted as the most representative part for our purpose), we will not find anything contrary to that 'faith in reason' which is presupposed by Popper's rationalism. Besides, we should not forget that this rationalism is equated by Popper to his humanism, and that it includes not only a kind of faith in reason which could be easily dismissed as something not too important, but an entire set of presuppositions and attitudes that constitute the core of Popper's own position.

Last but not least, we dispose of a commentary of Popper on this subject, in his Introduction to The Myth of the Framework, published in 1994 (the year of Popper's death) with an Introduction already quoted as containing a clear account of the core of Popper's critical rationalism. There, explaining his classical phrase «I may be wrong and you may be right, and by an effort, we may get nearer to the truth», Popper complains that his critics have paid no attention to it, and afterwards extends his complaints to other misunderstandings of his position. One of them, that which is relevant here, is the following:

"There also was an attempt to replace my critical rationalism by a more radically critical and more explicitly defined position. But because this attempt bore the character of a definition, it led to endless philosophical arguments about its adequacy" (89).

It is most difficult to interpret this last comment, although it does not contain an explicit reference to Bartley (who by that time was already dead), except as a denial of Bartley's pancriticism. The issue is very important because a correct interpretation of Popper's philosophy depends, to a great extent, on this point, and it is easy to follow one of his best disciples and collaborators. That this should not be the case can be certified by the words that follow Popper's comment on Bartley in the Introduction of The Myth of the Framework. These words refer again to the two lines «I may be wrong and you may be right...», and they say:

"I never found anyone who had taken notice of the two lines that I had intended as my moral credo" (90).

We find again an unmistakable reference to Popper's «moral credo», and therefore to his ethics and faith which, besides, are united in a single expression. And we face a strong lament, clearly voiced at the end of his life, where Popper himself perhaps desires to tell us that the usual interpretations of his philosophy are not correct at all, because they fail to note that what constitutes the hard core of his rationalism and humanism, which has an ethical character and relies on a special kind of faith, namely faith in reason, in freedom, in peace, in humanism, in mutual respect and in tolerance.

12. Realism: Metaphysical and Epistemological

There have been several attempts to provide a unifying key to Popper's philosophy. John Watkins, who worked for many years with Karl Popper in the Department of Philosophy of the London School of Economics, proposed indeterminism as such a key (91). Emergence is another good candidate (92). Popper himself, in his comment to the paper of Watkins just quoted, manifested his preference for criticism as the key of his entire philosophy, and his textual words are worth quoting; indeed, even if he recognized that Watkins' attempt was coherent and well argued, he wrote:

"I see the 'unity' of my philosophy in a slightly different way: I should be inclined to regard my emphasis on criticism (or the doctrines of critical realism or critical optimism) as being more appropriate than indeterminism is to the unity of my theoretical and practical thinking" (93).

This words are important because they show that when Popper spoke about criticism he connected this idea with realism. The central concern of Popper's epistemology is truth and our effort to progress in our search for truth.

It is not my aim to present another attempt in this line. Instead, the ethical perspective provides an understanding of Popper's philosophy at a different level which refers to the origins of the other keys. More specifically, it permits us to understand the meaning of Popper's criticism and critical rationalism. Indeed, when we see Popper's epistemology as explained by the ethical key we realize that it represents an attitude rather than a doctrine. It is a doctrine centered around an attitude, the attitude of reasonableness, of giving importance to rational discussion, a discussion in which we are open-minded with respect to any kind of objections or qualifications, ready to give up a cherished opinion when there are reasons to abandon it. Popper's epistemology can be seen as a theoretical articulation of this kind of attitude.

Popper is mainly interested in truth. Popperian criticism is essentially connected to the pursuit of truth: it is an attitude whose relevance lies precisely in the essential role that it plays if we are to search a true knowledge about the real world. Actually, when Popper argues for a philosophical realism as opposed to any form of subjectivism and idealism, his arguments adopt a tone which almost makes us forget his insistence on the conjectural character of our knowledge, as I will show now.

The first volume of Popper's Postscript to The Logic of Scientific Discovery was entitled precisely Realism and the Aim of Science. There Popper strongly argues in favor of a metaphysical realism which recognizes the reality of a world independent of our will and also of an epistemological realism which considers the pursuit of a true knowledge of that world as the main objective of science. Popper's emphasis in his argument is so strong that we find there some expressions that might seem quite un-Popperian. But they are there. In my opinion, this means that once again we have good reasons to interpret Popper's criticism as an attitude that may be complemented with further metaphysical doctrines.

I will refer to several of those expressions such as they are contained in section 7 of the first chapter of the Postscript, volume I, which is entitled Metaphysical Realism (94). There, Popper refers first to realism as an important ingredient of The Logic of Scientific Discovery. He says that, even if that book was not a book on metaphysics, yet he stated in it «that I believed in metaphysical realism», and he adds: «And I believe in metaphysical realism still». He goes on by saying that metaphysical realism is not a part or a presupposition of that book, but he adds: «yet, it is very much there. It forms a kind of background that gives point to our search for truth. Rational discussion, that is, critical argument in the interest of getting nearer to the truth, would be pointless without an objective reality, a world which we make it our task to discover». In case that the reader might think that these are accidental second thoughts, Popper adds: «This robust if mainly implicit realism which permeates the L.Sc.D. is one of its aspects in which I take some pride. It is also one of its aspects which links it with this Postscript, each volume of which attacks one or another of the subjectivist, or idealist, approaches to knowledge». Then, he announces that he will devote ten sections to discussion of this subject (sections 7-16).

We realize that, in the text just quoted, Popper says that he «believed» and continues to «believe» in metaphysical realism. This is apparently quite un-Popperian if we recall that in section 2 of the same chapter he emphasizes that he does not believe in belief. We find other apparently un-Popperian expressions when Popper develops his discussion about realism. He says, for instance, that both realism and idealism share the common characteristic of being non-demonstrable and irrefutable, but, he adds, «there is an all-important difference between them. Metaphysical idealism is false, and metaphysical realism is true. We do not, of course, 'know' this, in the sense in which we may know that 2 + 3 = 5; that is to say, we do not know it in the sense of demonstrable knowledge. We also do not know it in the sense of testable 'scientific knowledge'. But this does not mean that our knowledge is unreasoned, or unreasonable. On the contrary, there is no factual knowledge which is supported by more or by stronger (even though inconclusive) arguments». This assertion about realism and idealism could not be stronger, and the talk about positive arguments seems to clash with the extreme criticism often attributed to Popper. Besides, Popper continues speaking of «the positive arguments in support of metaphysical realism».

Then, we find a series of assertions that have an unmistakable flavor of certainty that could be a surprise again for the supporters of an extreme version of criticism. Indeed, when Popper exposes his argument in favor of metaphysical realism, he writes:

"My argument is this. I know that I have not created Bach's music, or Mozart's; that I have not created Rembrandt's pictures, or Botticelli's. I am quite certain that I never could do anything like it ... I know that I do not have the imagination to write anything like the Iliad or the Inferno or The Tempest... I know that I am incapable of creating, out of my own imagination, anything as beautiful as the mountains and glaciers of Switzerland, or even as some of the flowers and trees in my own garden. I know that ours is a world I never made".

Of course, Popper deals here with very elementary truths. But he deals with them in a completely realistic way without any concession to the typical arguments of the subjectivist or idealist philosophies. In this field, Popper does not seem afraid of saying that he really knows something for certain. He even adds shortly afterwards:

"None of these arguments should be needed. Realism is so obviously true that even a straightforward argument such as the one presented here is just a little distasteful".

I think that all this argument about metaphysical realism could be subscribed to by a Thomist like Étienne Gilson. Popper the criticist uses the same kind of arguments used by Gilson in order to arrive to the same conclusion with the same kind of certainty.

This is not, however, the only occasion in which Popper argues about metaphysical issues. When accused of being or having been a positivist, he would reply that he never denied the meaningfulness of metaphysics and also that he had often discussed metaphysical problems, which is true. I would underline that, even if Popper were to tell us that his points of view should be considered as conjectures, in fact he argues as strongly as anyone would argue when he attacks materialism or argues for realism, indeterminism and emergence.

The entire issue can be clarified if we recall that, arguing in favor of realism, Popper writes: «We do not, of course, 'know' this, in the sense in which we may know that 2 + 3 = 5; that is to say, we do not know it in the sense of demonstrable knowledge. We also do not know it in the sense of testable 'scientific knowledge'. But this does not mean that our knowledge is unreasoned, or unreasonable». I think that a dialogue about this text could suffice to reach a wide agreement on some issues between Popper and many philosophical realists, Thomists included.

From a Thomistic point of view, I would say that we hardly know anything about the physical world «in the sense in which we may know that 2 + 3 = 5», so that, if we consider this as the paradigm of «demonstrable knowledge», Popper would be right when he considers our knowledge as basically conjectural. This point is forcefully argued by Zanotti, who examines the Thomistic doctrine about the knowledge of physical essences. I would add that, if we consider knowledge in the sense of «testable 'scientific knowledge'», we should be ready to admit that in empirical science there is a special source of intersubjectivity and truth; this source, however, is nothing mysterious: it consists in the fact that the natural world is organized around spatio-temporal repeatable patterns. Scientific experiments are possible because there are repeatable patterns. Instead, when we deal with the human sciences, we must take into account specific human dimensions which, even if they are related to spatio-temporal patterns, they also transcend them. Therefore, we cannot settle metaphysical discussions by using exactly the same kind of arguments used in empirical science; nevertheless, we can eventually reach conclusions that are much more certain than the conclusions of the empirical sciences. Zanotti also provides good arguments and examples about this.

Popper advocates several philosophical doctrines that are most important for a Thomist and for many other realist philosophers. I have already shown that this is the case when he argues for metaphysical realism. This can be also extended to the image of empirical science as a human enterprise whose aim is the pursuit of truth; to the relevance of ethical reasons for the search of truth; to the claim that our search for empirical knowledge must be based on the method of conjectures and refutations; to the idea that beyond empirical science there exists an ambit of metaphysical questions which cannot be settled by experiments but nevertheless can be rationally discussed; to the relevance of intellectual modesty especially in the ambit of intellectual enterprises; to the necessity of fostering the attitude of dialogue and reasonableness in human affairs.

Therefore, I was not surprised when I found out that a Thomist like Gabriel Zanotti interpreted Popper with sympathy and argued that Popper could be considered as a complement of Thomism. In some way he sees Popper's methodology, anthropology and social theory as complementary with Aquinas' metaphysics.

Of course, the differences between Popper and Aquinas are great and Zanotti is aware of them, as I myself am too. Popper was an agnostic who did not like to discuss theological issues and Aquinas was a saint who was mainly a theologian. The kind of problems that are central in their respective philosophies are also quite different. Only, there are also important points of contact.

I dare say that some apparent difficulties could be overcome by a preliminary dialogue directed towards an understanding of the respective frameworks. However, the task is not an easy one. I would not say now that Popper's philosophy is mainly an epistemology that is applied to the social field; I would rather say that the reverse is true. If this is the case, then the dialogue of a Thomist with Popper is probably more feasible than it seems at first sight, but, in any case, it is not an easy affair. This essay on the ethical roots on Popper's epistemology can perhaps help to make that task easier.

NOTES:

1) This paper was originally prepared for the Summer Thomistic Seminar held at the University of Notre Dame (Indiana), on 19-27 July, 1997.

2) Gabriel Zanotti, Karl Popper: Búsqueda con esperanza (Buenos Aires: Editorial de Belgrano, 1993).

3) Gabriel Zanotti, «Epistemología contemporánea y filosofía cristiana», Sapientia, 46 (1991), pp. 119-150.

4) Gabriel Zanotti, «El problema de la "Theory Ladenness" de los juicios singulares en la epistemología contemporánea», Acta Philosophica, 5 (1996), pp. 339-352.

5) Mariano Artigas, Karl Popper: Búsqueda sin término (Madrid: Magisterio Español, 1979).

6) Hubert Kiesewetter, «Ethical Foundations of Popper's Philosophy», in: A. O'Hear (editor), Karl Popper: Philosophy and Problems, Royal Institute of Philosophy Supplement: 39 (Cambridge: Cambridge University Press, 1995), pp. 275-276.

7) Karl Popper, In Search of a Better World. Lectures and Essays from Thirty Years (London-New York: Routledge, 1992, p. 190.

8) Karl Popper, Autobiography of Karl Popper, in: Paul Arthur Schilpp (editor), The Philosophy of Karl Popper (La Salle, Illinois: Open Court, 1974), vol. I, p. 23-29.

9) Ibid., pp. 27-28.

10) This lecture is entitled «Gegen den Zynismus in der Interpretation der Geschichte», and is contained in: Karl Popper, Alles Leben ist Problemlösen. Über Erkenntnis, Geschichte und Politik (München: Piper, 1994), chapter 13, pp. 265-281. Some interesting data and comments can be found in the corresponding Laudatio by Hubert Kiesewetter: «Karl Popper -ein Jünger von Sokrates», included in: Eichstätter Materialien, Band 14. Abteilung Philosophie und Theologie, 6 (Regensburg: Verlag Friedrich Pustet, 1992), pp. 12-24.

11) This lecture was published originally in a German version: «Gedanken über den Kollaps des Kommunismus: Ein Versuch, die Vergangenheit zu verstehen, um die Zukunft zu gestalten»: Karl Popper, Alles Leben ist Problemlösen, chapter 15, pp. 297-318.

12) Published originally in Italian with the title La lezione di questo secolo. The relevant pages for our issue are: «La lezione di questo secolo», Interview with Giancarlo Bosetti, in: Giancarlo Bosetti (editor), La lezione di questo secolo (Venezia: Marsilio, 1992), pp. 3-11. There is now an English version: The Lesson of this Century. With two Talks on Freedom and the Democratic State, Karl Popper interviewed by Giancarlo Bosetti (London and New York: Routledge, 1997).

13) Karl Popper, Autobiography of Karl Popper, p. 24.

14) Karl Popper, Alles Leben ist Problemlösen, pp. 308-309.

15) Karl Popper, Autobiography of Karl Popper, pp. 24-25.

16) Giancarlo Bosetti (editor), La lezione di questo secolo, p. 6; Karl Popper, Alles Leben ist Problemlösen, p. 304.

17) Giancarlo Bosetti (editor), La lezione di questo secolo, pp. 6-7; Karl Popper, Alles Leben ist Problemlösen, p. 304.

18) Karl Popper, Alles Leben ist Problemlösen, p. 304.

19) Ibid.

20) Karl Popper, Alles Leben ist Problemlösen, pp. 308-309; Giancarlo Bosetti (editor), La lezione di questo secolo, p. 7.

21) Karl Popper, Autobiography of Karl Popper, p. 25.

22) Karl Popper, Alles Leben ist Problemlösen, p. 309.

23) Karl Popper, Alles Leben ist Problemlösen, p. 303; Giancarlo Bosetti (editor), La lezione di questo secolo, p. 3.

24) Hubert Kiesewetter, «Karl Popper -ein Jünger von Sokrates», p. 17.

25) Franz Kreuzer, «Vorwort», in: Karl Popper, Die Zukunft ist offen (mit Konrad Lorenz), Das Altenberger Gesprach, mit den Texten des Wiener Popper-Symposiums, herausgegeben von Franz Kreuzer, 4 Auflage (München: Piper, 1990), p. 7.

26) Giancarlo Bosetti (editor), La lezione di questo secolo, p. 10.

27) Karl Popper, Alles Leben ist Problemlösen, p. 309.

28) Giancarlo Bosetti (editor), La lezione di questo secolo, p. 10; Karl Popper, Alles Leben ist Problemlösen, p. 309.

29) Karl Popper, Autobiography of Karl Popper, p. 25; Giancarlo Bosetti (editor), La lezione di questo secolo, pp. 10-11.

30) Karl Popper, Alles Leben ist Problemlösen, pp. 309-310.

31) Ibid., p. 310.

32) Ibid., pp. 268-270 and 304-310.

33) Karl Popper, Autobiography of Karl Popper, p. 25.

34) Karl Popper, Alles Leben ist Problemlösen, p. 305.

35) Karl Popper, Autobiography of Karl Popper, p. 28. Obviously, this experience was very different from the Marxist one, but both shared, in Popper's account, the verificationist attitude that closes its eyes when contrary data are found and nevertheless continues to pretend a scientific character.

36) Karl Popper, Autobiography of Karl Popper, pp. 28-29.

37) Ibid., p. 26.

38) Karl Popper, The Open Society and Its Enemies, reprinted from the 5th revised edition (London: Routledge, 1977), vol. 2, p. 374.

39) My text corresponds to a letter dated June 6, 1980. Popper's handwritten answer to that letter is not dated; the postmark in the envelop is dated June 16, 1980. The last letter, written by Mrs Melitta Mew at the request of Professor Sir Karl Popper, is dated November 4, 1986. Popper's handwritten letter can be found in the Popper's Archives, Hoover Institution, box 270, folder 12.

40) It also shows that Popper was extremely careful about the most important issue of the falsification of the Newtonian theory, which doubtless would be a first-rate example of falsification.

41) Karl Popper, In Search of a Better World, pp. 50-51.

42) Karl Popper, Conjectures and Refutations. The Growth of Scientific Knowledge, 5th edition (London: Routledge, 1974), p. 16.

43) Karl Popper, The Open Society and Its Enemies, vol. 2, p. 375.

44) Ibid., pp. 375-376.

45) Karl Popper, The Myth of the Framework. In Defence of Science and Rationality, edited by Mark A. Notturno (London: Routledge, 1994), p. 33.

46) Karl Popper, In Search of a Better World, p. 199.

47) Ibid.

48) Karl Popper, The Open Society and Its Enemies, vol. 2, pp. 237-238.

49) Ibid., p. 240.

50) Ibid.

51) Ibid.

52) Ibid., p. 224.

53) Karl Popper, Conjectures and Refutations, pp. 355-356.

54) Ibid., 356.

55) Karl Popper, The Myth of the Framework, p. 181. This quotation is taken from the final part of an essay where Popper compares rationality as an attitude and "the rationality principle".

56) Karl Popper, The Open Society and Its Enemies, vol. 2, p. 225.

57) Ibid., 243-244.

58) Karl Popper, «Natural Selection and the Emergence of Mind», in: Gerard Radnitzky and William W. Bartley, III (editors), Evolutionary Epistemology, Rationality, and the Sociology of Knowledge (La Salle, Illinois: Open Court, 1987), p. 141.

59) Ibid.

60) Ibid. This point is most important for an analysis of science as a human activity that has pursuit of truth as its primary goal, and therefore for an ethics of science that, on the one hand, constitutes a relevant part of the philosophy of science, and, on the other hand, opposes to relativism.

61) Ibid.

62) Nevertheless, we have seen that the core of fallibilism was already an immediate consequence of the 1919 Marxist experience. As Kiesewetter puts it, «Ein lokalpolitisches Ereignis wurde zum Auslöser der Theorie des Falsifikationismus!»: Hubert Kiesewetter, «Karl Popper -ein Jünger von Sokrates», p. 17.

63) Karl Popper, Conjectures and Refutations, p. 228.

64) Eugene Freeman and Henryk Skolimowski, «The Search for Objectivity in Peirce and Popper», in:: Paul Arthur Schilpp (editor), The Philosophy of Karl Popper, pp. 514-515.

65) Karl Popper, Replies to My Critics, in: Paul Arthur Schilpp (editor), The Philosophy of Karl Popper, p. 1072.

66) Ibid., p. 1065.

67) Karl Popper, The Open Society and Its Enemies, vol. 2, p. 396.

68) Karl Popper, Autobiography of Karl Popper, p. 26.

69) Karl Popper, Conjectures and Refutations, p. 355.

70) Karl Popper, The Myth of the Framework, p. 69.

71) Ibid., p. 34.

72) Karl Popper, The Open Society and Its Enemies, vol. 2, p. 258.

73) Ibid., pp. 231-232.

74) Ibid., vol. 1, pp. 61-63.

75) Ibid., vol. 2, p. 232.

76) Ibid., p. 240.

77) References to this statement as the basic attitude of critical rationalists can be found in: The Open Society and Its Enemies, vol. 2, pp. 238 and 240.

78) Ibid., pp. 237-240.

79) Ibid., vol. 1, p. 185.

80) Karl Popper, Conjectures and Refutations, p. 357.

81) Karl Popper, Alles Leben ist Problemlösen, p. 123.

82) Karl Popper, The Myth of the Framework, pp. xii-xiii.

83) Karl Popper, The Open Society and Its Enemies, vol. 2, p. 369.

84) See: William W. Barley, III, «Theories of Demarcation between Science and Metaphysics», in: Imre Lakatos and Alan Musgrave (editors), Problems in the Philosophy of Science (Amsterdam: North-Holland, 1968), pp. 40-64; Popper's reply: Karl Popper, «Remarks on the Problems of Demarcation and of Rationality», ibid., pp. 88-102; and Bartley's reply to Popper: ibid., pp. 113-119.

85) See the seven papers, devoted to this subject, which are collected in part II («Theory of Rationality and Problems of Self Reference») of: Gerard Radnitzky and William W. Bartley, III (editors), Evolutionary Epistemology, Rationality, and the Sociology of Knowledge. The first and the last are written by William W. Bartley: «Theories of Rationality», pp. 205-214, and «A Refutation of the Alleged Refutation of Comprehensively Critical Rationalism», pp. 313-341.

86) Karl Popper, The Open Society and Its Enemies, vol. 2, pp. 230-231.

87) Karl Popper, Realism and the Aim of Science, from the Postcript to the Logic of Scientific Discovery, edited by William W. Bartley, III (London: Hutchinson, 1983), vol. I, pp. 18-22. These pages belong to the Introduction, section 2, entitled «The Critical Approach: Solution of the Problem of Induction», which has the motto: «I do not believe in Belief» (E. M. Forster). In page 18 note 1, Popper refers to two of Barley's publications, Bartley adds a third reference, and Popper notes: «The present section was partly rewritten in 1979».

88) Karl Popper, Realism and the Aim of Science, pp. 21-22.

89) Karl Popper, The Myth of the Framework, p. xii.

90) Ibid.

91) The proposal of John Watkins is contained in his paper «The Unity of Popper's Thought», in: Paul Arthur Schilpp (editor), The Philosophy of Karl Popper, pp. 371-412.

92) Josep Corcó sees emergence and creativity as the unifying key of Popper's thought in his book: Novedades en el universo. La cosmovisión emergentista de Karl R. Popper (Pamplona: Eunsa, 1995). A hint in this line can be found in: J. Dumoncel, «L'anti-reductionisme poppérien face aux tendances dominantes de la philosophie analytique», in: Renée Bouveresse and Hervé Barreau, Karl Popper. Science et philosophie (Paris: Vrin, 1991), pp. 109-112; and also in: William W. Bartley, III, «The Philosophy of Karl Popper», part II: «Consciousness and Physics: Quantum Mechanics, Probability, Indeterminism, and the Mind-Body Problem», Philosophia (Israel), 7 (1978), p. 676.

93) Karl Popper, «Watkins on Indeterminism as the Central Problem of My Philosophy», in: Replies to My Critics, p. 1053.

94) Karl Popper, Realism and the Aim of Science, pp. 80-88.

THE NECESSITY OF EXOSOMATIC KNOWLEDGE
FOR CIVILIZATION AND A REVISION TO OUR EPISTEMOLOGY

Ray Scott Percival

Assistant Professor
Department of Philosophy
Faculty of Humanities and Social Sciences
United Arab Emirates University

Biographie de l'auteur:
Obtained a degree in Psychology at The University of Bolton, England, a Masters in Philosophy at The University of Warwick, and a PhD in Philosophy at The London School of Economics. He is the founder and editor of The Karl Popper Web (1995) and he was the organizer of the Annual Conference on the Philosophy of Sir Karl Popper (1988 to 1998), both sponsored by the L.S.E and The Open Society Institute, New York. Taught philosophy of science at the University of Lancaster and, since 2004, has taught at the United Arab Emirates University, specializing in the philosophy of mind and the philosophy of science. Since 1994, has also published many articles and reviews for Nature, The New Scientist, Science Spectrum and The Times Higher Educational Supplement. His forthcoming book is The Myth of the Closed Mind. His YouTube channel is the NaiveRealist.

Résumé de l'article:
The traditional conception of knowledge is justified, true belief. This located knowledge within the person's mind. I argue that due to the explosive growth of what I like to call "exosomatic knowledge," knowledge outside the mind, the traditional conception has outlived its relevance. On the other hand, Karl Popper's (1934) Falsificationism, with its emphasis on the objective character of knowledge, is not only a sounder, but also a more appropriate theory of knowledge for understanding the nature and growth of civilization. I first argue that Popper's methodology is quite suited to the view that knowledge is an objective autonomous product and then briefly expound his theory of world 3, an ontology that neatly wraps up various considerations. World 3 is the domain of abstract products of the human mind that now have a life of their own: theories, arguments, problems, plans, etc. The great bulk of our knowledge and thus our civilization itself is a world 3 product, irreversibly alienated from our psychology.

> *"For all is but a woven web of guesses"*
> Xenophanes (570 – 480 BCE)

The traditional conception of knowledge is justified, true belief. If one looks at a modern textbook on epistemology, the great bulk of questions with which it deals are to do with personal knowledge, as embodied in beliefs and the proper experiences that someone ought to have had in order to have the right (or justification) to know. I intend to argue that due to the explosive growth of knowledge whose domain is "outside the head", this conception has outlived its relevance. On the other hand, Karl Popper's (1934) Falsificationism, with its emphasis on the objective character of knowledge, is not only a sounder, but also a more appropriate theory of knowledge for understanding the nature and growth of civilization. Falsificationism is Popper's answer to two fundamental problems of epistemology: the demarcation of science and the problem of induction. It rejects the idea of justifying theories as both impossible and unnecessary, and instead upholds the goal of truth. For induction Falsificationism substitutes a method of testing scientific theories by observation. Later, Popper (1945) generalized this approach to obtain critical rationalism, in which all claims to knowledge – whether scientific or otherwise - are understood as objective solutions to objective problems and can be evaluated by other – non-observational - types of criticism. I will first argue that Popper's methodology is quite suited to the view that knowledge is an objective autonomous product and then adduce his theory of world 3, an ontology that neatly wraps up various considerations. World 3 is the domain of abstract products of the human mind that now have a life of their own: theories, arguments, problems, plans, etc.

THE HISTORY OF EXOSOMATIC KNOWLEDGE

Since Aristotle knowledge was conceived as justified, true belief. This implied that knowledge had to be part of human psychology. However, today, the great bulk of knowledge lies outside peoples' mind/brains. The invention of writing in ancient Mesopotamia and the emergence of the book were key moments in the externalisation of knowledge from the human body – exosomatic knowledge, or knowledge outside the body. The growth of computation, the invention of the Internet by Vince Cerf and others in the 60s and 70s, and the web by Tim Berners-Lee in the 90s, accelerated this development. One indicator of the staggering growth of exosomatic knowledge is the growth in the number of networked devises requiring an Internet Protocol address. On the Internet, every device has an address – computers, obviously, but also now cameras, smart phones, smart pens etc. The 4th version of the IP address, used since 1982, which allowed for 4 billion addresses, is already reaching exhaustion (*Infoworld* predicts that the IANA pool may be exhausted by the end of 2010), and now requires a rapid – some say, emergency - deployment of IPv6 to prevent disruption to the internet.

In contrast to these dramatic recent events, during much of the early history of Homo sapiens, lasting about 3 million years, all knowledge was almost purely psychological. All knowledge existed as either beliefs or skills trapped inside the human brain/mind.

Insofar as tools are a kind of externalised knowledge, there was exosomatic knowledge, but this amounted to extremely simple artefacts such as flaked quartz pebbles (the seemingly ironically named "Omo industrial complex," dating between 3 million 2 million years ago), often difficult to distinguish from naturally occurring rocks, up through the Oldowan stone tools, the hand axes (found at Konso Gardula in Ethiopia, dating 1.4

million years ago), which required several stages of production, to true blade technology in contrast to rough flakes, in which thin slivers of flint are fashioned into very sharp, often prismatic blades (found in the cave of Haua Fteah, North Africa, dating back to 100,000 years). It's clear that this period was an extremely slow development of hunting technology. However, about 40,000 years ago there was an explosion of cultural artefacts, as seen most dramatically in the Lascaux caves. The most impressive of these are in Europe, where beads, pendants, necklaces and human figures were fashioned from ivory and cave walls were painted with both abstract and naturalistic images. (Cf. Steven Mithen, 1999.)

This cultural explosion that started 40,000 years ago led to an accelerated growth in non-psychological or "exosomatic" knowledge. We have now reached a point where, even if we wanted to, we would not be able to re-embody this exosomatic knowledge in belief etc, due to the information storage limitations of the human brain. (Actually, this limit is not peculiar to the human brain: it's set by the bekenstein bound. The bekenstein bound is a physical limit on how much information can be stored in a given volume of space.)

This story has been one of the increasing alienation of knowledge from the body and mind and the increasing abstraction of knowledge to make knowledge more transmissible and malleable, making it serve more different purposes more efficiently. Most knowledge now exists outside the human body and mind.
Advanced industrial society cannot now even exist without this literally unthinkable knowledge. I deploy arguments to show this and show how this development forces us to revise our philosophical conception of knowledge.

Not only does this explosion of exosomatic knowledge break the tie with belief, but it also makes it easier to see knowledge as detached from the personal processes of justification that we associate with it. For example, a modern theory of justification is called Bayesian, which is a way of adjusting degree of belief according to evidence. But if knowledge really is an objective, non-psychological thing, then justification may be irrelevant. This will not lead us astray, so long as our goal is the improvement of knowledge and we employ methods for controlling error. In other words, we may return to an earlier conception of knowledge, that of the Pre-Socratics. It is at this point where Karl Popper's theory of falsificationism, and more generally, comprehensive critical rationalism, gives us a clearer view of knowledge that suits the alienated character of the overwhelming bulk of knowledge. Comprehensive critical rationalism holds that knowledge is an objective product of the human mind, but once produced, it has an independent existence, has unfathomable content, and can be more or less true. Truth takes the place of justification as the goal. The control of error in science is executed by severe observational tests in attempts to falsify hypotheses.

CONTEXT AND BACKGROUND TO POPPER'S THEORY OF SCIENTIFIC METHOD

Falsificationism is Karl Popper's proposed methodology of science. It was proposed to answer what Popper took to be the two fundamental problems of the theory of knowledge. The first of these questions is how do we separate genuine science from non-scientific and pseudo scientific theories or activities? This is the demarcation problem. The second question is how do we promote the growth of knowledge?

Contemporaneous with Popper, the logical positivists had characterised scientific theories as all and only those theories capable of verification – showing a statement to be true by observation. This was a development of the empirical tradition in philosophy. The positivists put a great emphasis on verification. They even took verifiability to be the criterion of the meaning for any theory that purported to talk about the world. For example, the meaning of "iron dissolves in nitric acid" consists of the observations that one would perform in verifying it. (Mathematics and logic were regarded as a special case, being composed of tautologies, which do not talk about the world.) So all other statements – such as "there is an absolute spirit that rules the world", "everything is ultimately one", "there is an all-powerful being," "the world consists of number" - were classed as meaningless.

It looked like they had succeeded in excluding the arch examples of "metaphysical" and other unscientific ideas. However, a fundamental problem with their approach was that the principle of meaning itself looked suspiciously unverifiable. Just how would one verify "All and only verifiable statements have meaning?" The other devastating problem was that scientific theories, which by their universality, talk about the whole of space and time, are unverifiable too. The theory "no light can escape from a black hole" refers to all black holes, past present and future – even to those that did not, do not, and will not, but could have existed. It is hardly to be countenanced that all these could be observed – or even a decent "sample" – with infinite counterfactual possibilities, what would be a decent sample? So the positivists threw the baby out with the bath water. Valuable scientific theories were dumped on the same heap along with all the supposedly unscientific and meaningless utterances of humankind.

Popper shared with the logical positivists the quest to demarcate science from non-science and pseudo-science, but thought that the positivists' use of a criterion of meaning and their emphasis on verifiability were both deeply misleading. There are many meaningful theories that are unverifiable, such as the myths from which scientific theories develop, for example, Democritus' atomic theory of matter, which led to Dalton's testable theory of the atom. Popper pointed out that there are other ways of indicating that a theory has meaning, for example if two theories contradict one another, then they must both be meaningful. For example, Democritus' atomic theory contradicts any theory that asserts that matter is a continuous field of forces. The positivists made the very idea of writing intellectual history a meaningless activity. Democritus' theory is excluded by Popper's criterion, but Popper does not have to deny its intelligibility and so does not preclude intellectual history.

Popper's answer was that scientists should freely create competing bold conjectures about the general law-like structure of the world. They should then subject these to unrestrained criticism. The conjectures are statements whose logical form permits them to clash with observation statements obtained from controlled repeatable experiments; the criticism consists of decisive experiments that can decide between two or more theories by reference to the observation statements obtained. There is the proviso that the observation statements themselves be testable. Theories that can conceivably be shown to be false by such observation are falsifiable. Clearly from this perspective, a theory such as homeopathy is – though conceivably true – unfalsifiable and therefore unscientific. If it is wrong, we cannot show this and are therefore saddled with it indefinitely. The theory that iron dissolves in nitric acid is, by contrast, falsifiable; for all one needs is a single counter instance to contradict the universal statement – a single observation of some iron failing to dissolve. If this theory is wrong, then we can show it to be false and eject it from science. Democritus' theory, which states that at a sufficient depth of division matter cannot be divided any further, is – though a stimulus for later development – unfalsifiable. For, at any level of division – say a trillion divisions of a gram of aluminium – without hitting indivisible atoms – a die hard Democritean can always say that only shows that the atoms must be smaller. On the other hand, Dalton's atomic theory is falsifiable because it implies – among other things - the law of the conservation of mass, the law of definite proportions and the law of multiple proportions, any of which can clash with observation statements.

There are two valuable things about falsifiable theories. The first is that the more falsifiable they are, the more they tell us about the world. The argument for this is that a falsifiable theory is falsifiable on account of its prohibiting that range of states of affairs that, if true, would refute the theory. This fits well with our preference for precise and general theories over vague and less general theories. The more a theory is both precise and general, the more ranges of states of affairs it will prohibit. For example, the theory that all planets orbit their star in ellipses with the star at one foci prohibits more states of affairs than the theory that all the planets in our galaxy orbit their star with an elliptical path. Secondly, if a falsifiable theory were false, there is a way of refuting them and ejecting them from the body of what we provisionally classify as the body of truth or knowledge.

Popper (1945) later generalised this approach to all rational discussion in the form of Critical Rationalism. The idea here is that position can be discussed rationally. Even if non-scientific theories cannot be subjected to our toughest test of observational falsification, they can, nevertheless, be discussed. Why? The answer is that we can use other intellectual standards to act as the test, such as those of logical internal consistency, addressing the problem appropriately and consistency with scientific knowledge. Again, there is no presumption of justification because we are using the standard as something against which to match the proposed position: if it fails to match, it fails the test; if it matches, nothing follows. A key development in this approach was Popper's acceptance of W. W. Bartley's clear distinction between the goals of truth and justification. (See Realism and the Aim of Science.)

THE DAMAGE ALREADY DONE TO JUSTIFICATIONISM BEFORE POPPER.

At least on empirical questions, justification was seen as an observation, which in turn was a controlled experience. In Francis Bacon's view, called induction, the world is conceived as an open book that the mind can read by repeated observations. We just have to be careful readers and avoid the biases of our prejudices. Bacon was trying to move away from the syllogistic method of the medieval schoolmen and defines his alternative procedure as one "which by slow and faithful toil gathers information from things and brings it into understanding." (Quoted by Farrington, 1964, page 89.) Inductivists assumed that the repetition of observation with variation produced and formed the premises for the inference to explanatory theories. The inductivist recipe was: first collect the data and then infer the corresponding general theories. However, inductivism was to encounter many fundamental problems.

David Hume (1739/40) fundamentally undermined the plausibility of this position. In an induction we are supposed to be able to infer from a great many observations of event B following event A, that B always follows A. For example, from the experience of seeing many objects with mass fall to Earth, we are supposed to be able to infer that all objects with mass would, under similar conditions, fall to Earth. We are at least assured, the inductivist insists, that our inference from what we have experienced to what we have not experienced grows more probable with each experience. Now in a valid deductive argument if the premises were true, then the conclusion must also be true. The point of deductive arguments is that the rules of inference will never lead you from true premises to false conclusions. For example:

1. All Kangaroos are animals with kidneys.
2. <u>All animals with kidneys have a liver.</u>
3. Therefore: All Kangaroos are animals with kidneys.

If the premises 1 and 2 were true, then the conclusion must also be true. The form of the argument is Barbara (All A is B; All B is C; therefore: All A is C). This does not obtain with so-called inductive arguments: the conclusion is allowed to be false.

Hume pointed out that in inductive inferences you could have true premises and a false conclusion and so are invalid by deductive standards. So what standards should one have for inductive inferences? If one retreats to mere increased probability for one's conclusions, this becomes implausible once one sees that the world has an inexhaustible –literally infinite – number of possible experiences or observations. What assures us, Hume chided the inductivist, that inductions in general will prove probable? The inductivist cannot use induction to prove induction or even make it a probably true because we have only performed a tiny finite number of all the infinite possible inductions.

I would add to Hume's deductive criticism. Even justificationists would accept that one should keep one's theories and methods open to critical evaluation. However, although deductive rules may be critically evaluated, inductive rules cannot. This may seem strange at first because, after all, isn't deduction above possible doubt and criticism? Let me elaborate. The concept of a valid argument provides two fundamentally useful possibilities. First, if the conclusion of a valid argument is false, that enables you to infer that at least one of the premises is false. Secondly, and perhaps even more importantly, the concept of a valid argument allows us to test the rule itself.

Many have tried to attack the purely deductive method of falsificationism by saying it has the same problem as induction – that you cannot justify deduction by deduction, since you have to presuppose the rules of deduction in using deduction. On the contrary, if the use of the form of an argument is found to lead us from true premises to a false conclusion, then we can infer (at least provisionally) that the rule is invalid. Any newly proposed rule of deduction can be tested in this way. On the other hand, newly proposed rules of inductive argument are impossible to test in a similar way, because (even from the inductivist point of view) the premises may be incontestably true but the conclusion incontestably false. No one has proposed a general rule that tells us exactly when to abandon any particular inductive rule. Falsificationism is purely deductive. Modus Ponens leads us from the theory to testable observable predictions, while Modus Tollens allows us to deduce the falsity of the theory from the falsity of the prediction. So falsificationism sets higher standards in terms of it own criticisability than does induction.

Falsificationism is by the same account more in line with the humility of our best example of deductive reasoning – mathematics. Mathematics has come to terms with what Morris Kline has called The Loss of Certainty. Even as late as early 20th century mathematicians, using rules of proof and concepts they thought unquestionable, were still trying to build indubitable foundations to mathematics. But shocking discoveries were at hand. At one time set-theoretic reasoning was accepted as indubitable. Frege even set about founding arithmetic upon it. Then Bertrand Russell discovered a contradiction in the foundations by asking about the set of all sets that do not belong to themselves. Such a question ought to have been acceptable. One clearly has sets that do not belong to themselves (e.g., the set of all red books is not a red book) and also sets that belong to themselves (e.g., the set of all sets with more than one member). Surely each of these groupings forms an untroubled set. The rules of set theory had to be modified. Under what circumstances would inductive reasoning be modified?

I surmise that the inductivist tends to think of the problem of getting to know the general law-like structure of the world as if it were equivalent to getting a good statistical report on the ratio of trout to salmon in a particular lake. In this contained and well-defined problem, we can get a good report because the domain to be sampled has self-contained and well-defined boundaries and we have some theories about the behaviour of salmon and trout and so can make good samples of the population. Therefore, the ratio in the sample is going to be close to the true ratio in the whole lake population. But when we are talking about samples of inductions in science in the infinite sea of possibilities, the very idea of a good sample collapses.

A more fundamental problem affects both induction (as a special case) and all justifications. The inductivist cannot rely on induction to justify induction, because he would immediately face an insurmountable dilemma. For a justificationist one should only adopt those positions that can be justified. However, every justification is an argument with premises. Now an argument is itself a position and therefore demands justification. If one demands that the premises must be justified, then one initiates an infinite regress of justification. On the other hand, if one stops at some point, one embraces a dogmatic position.

Falsificationism, and its more inclusive general approach, Critical Rationalism, does not face such a problem. Critical rationalism proposes the attitude: you may be right and I may be wrong, but with a little mutual criticism we may get nearer to the truth. This does not initiate an infinite regress of justifications because it does not presuppose that it can be justified. On the other hand, it sees truth as the goal of rational inquiry, not justification. It merely opens itself up for criticism, arguing that all positions – including itself - are in principle criticisable – but not necessarily successfully so. Therefore comprehensive critical rationalism avoids both infinite regress and dogmatism.

Some see the development of Bayesian probability and its application to induction as an answer to Hume. However, as Miller (1994) points out, an exclusive use of Bayesian theory neglects the main goal of science, which is not probability but truth. Truth and probable truth are very different creatures. Admittedly certain truth is truth, but only probable truth is not truth, and could only be a pale and boring substitute for the adventure of curiosity that we wish science to be.

Sensing the embarrassment of that inductive arguments have inconclusive conclusions, others have tried to introduce inductive principles or assumptions that somehow bridge the gap between particular finite premises and general conclusions. Musgrave is one of the champions of this approach. It's a surreptitious attempt to return to deduction. However, no one has proposed any such principle that has had any role in actual science.

THE EXCISION OF THE SUBJECTIVE COMPONENTS OF THE TRADITIONAL CONCEPTION

If we are to advance this objectivist theory of knowledge as more appropriate to understanding the rise of civilization, then what is the fate of the components of the traditional conception?

In the old tri-partite conception of knowledge, two of the components are incontestably subjective: justification and belief.

Being largely within the empirical tradition, the justificationists rely on what they regard as an ultimate authority: untainted raw experience. This raises two fundamental problems. The first is that there really is no raw experience untainted by theory or expectation. For example, if I observe the boiling of a sample of water, my experience is laden with theory. For a start, the term "water" is a dispositional term, meaning that I expect (among an indefinite number of other things) that if the water were cooled, then it would return to a non-boiling state and that if it were reheated it would boil again. The second problem is, as Fries pointed out, even if there really are raw experiences devoid of theory, then we cannot use them as premises in justifying arguments. All arguments start from premises, but premises are statements, not raw experiences. The falsificationist solution to this is that we must resign ourselves to making risky observational reports of our experience, realizing that our observational reports must themselves be testable. But, being statements, they can be used in our Modus Tollens.

What of truth? If the goal of science – indeed all – intellectual enquiry is truth, how should we conceive it without bringing in subjective components? The major theories of truth are the correspondence theory, the pragmatic theory, the coherence theory and the various deflationary theories.

The goal of science is, I suggest, truth. But many philosophers have conceived it as a relation intrinsically involving the mind in the form of belief:

"I have never had any doubts about truth, because it seems a notion so transcendentally clear that nobody can be ignorant of it...the word 'truth', in the strict sense, denotes the conformity of thought with its object."
(Descartes, 1639.)

"The nominal definition of truth, that it is the agreement of [a cognition] with its object, is assumed as granted."
(Kant, 1787)

"Truth, as any dictionary will tell you, is a property of certain of our ideas. It means their 'agreement', as falsity means their disagreement, with 'reality'" (William James, 1907)

The problem with choosing belief as the truth bearer is that belief is an ephemeral and mercurial process. It would be far better to link truth to language as an objective, autonomous and permanent product of the human mind.

Theories of Truth and their Compatibility with an Objectivist Conception of Knowledge.

Lets look briefly at the various theories of truth to see how compatible they are with an objective conception of knowledge. The pragmatic theory of truth is, in a way, suited to an objective theory of knowledge, because it could be unpacked as procedures or techniques for manipulating the world to achieve practical goals. However, it excludes far too much of what constitutes the exosomatic knowledge upon which our civilization depends. Large areas of mathematics, for example, may not have any use outside of mathematical explorations, but it's a risky business knowing for sure whether and how extremely abstruse structures will be used in the future for non-mathematical purposes. It also fails to account for the universality of the truth of laws of nature. They cannot be reduced to simply useful rules, for useful rules are still valid even if confined to a given range of application; but a proposed law of nature is false if it meets but one counterexample.

The coherence theory truth is always presented as a coherence of beliefs. However, the coherence theory of truth is also suited in some respect for an objective conception of knowledge because the logical relationships of compatibility or interdeducibility can be conceived as autonomous from the human mind. I other words, one could speak of a coherent system of statements or theories. But coherence is a pale substitute for the real growth of knowledge which must go beyond what we already know and connect in some sense with a world that is not of our making.

In contrast to the above philosophers, I would like to argue that truth could be conceived independently of personal knowledge. As an approximation, I accept the Aristotelian conception, that a proposition is true if and only if it corresponds to the facts: "To say of what is that it is not, or of what is not that it is, is false, while to say of what is that it is, and of what is not that it is not, is true." (Metaphysics, part 7, Book IV.) Aristotle's definition does not limit the notion to the mind; it is general enough to cover both the subjective mind and truth as applied to language.

It can be argued that Tarski helped us to see that truth can be conceived without much difficulty as a relationship between objective linguistic entities (statements) and states of affairs in the world. The relationship for any given language is described in a metalanguage. Thus if we wish to describe the truth of the sentence "Snow is white", we say: The sentence "snow is white" is true if and only if snow is white. The only terms of the relationship are the sentence and the state of affairs (described in the object language), and therefore the psychology of the subject who may have produced the sentence is irrelevant. As Frege would say, there is a distinction between the thought (snow is white) as a mental state and the thought (snow is white) as the propositional content, which can be embodied in the sentence.

Of course, there is still debate about the relation that we call correspondence

Since Tarski there have been many so-called "deflationary" accounts of truth that have exploited the so-called equivalence schema: <A> is true if and only if A. (Where <A> is a quoted statement A.) (Cf. Bradley P. Armour-Garb and J.C .Beall eds., 2005.) All deflationary theories – minimalist, disquotationalist and prosententialism - concur in presenting truth as an object characteristic of language, not a psychological state or process. Influenced by a Wittgensteinian approach to philosophical problems, deflationary theories exclusively focus on the use of the predicate "true." Wittgenstein made proclaimed that there were no real philosophical problems, just confusions about language use. The deflationists want to argue that there is nothing more to the concept and property of truth than is captured by the equivalence schema.

But I would argue that perhaps they have gone too far and reduced the notion of truth to a mere convenience of reference. For example, it is pointed out that saying "it is true that P" is equivalent to saying P. That equivalence enables us to say many things that we could not say without the truth predicate such as "all the statements in this book are true." and "if the axioms of this geometry are true, then so are all the infinite number of its logical consequences." But I feel that, though correct about the practical usefulness of the truth predicate in his respect, we also use it to point to one of the most important goals of intellectual adventure in science and elsewhere: our desire for truth. We want the truths about black holes, dark matter and dark energy. This is more than a desire for some theories that one can quote and disquote, it is a desire for true theories – to know something beyond our theories. We want to know if our theories somehow match an external reality that is not of our making. Many of these truths have yet to be discovered or even conjectured. Therefore, I would suggest that the usefulness of the truth predicate in abbreviating reference is trivial compared to these interests.

But the main point here is that even if we concede to the deflationary view of truth, it is still an objective characteristic of linguistic abbreviation and reference, not a psychological state or disposition.

I have argued that an objectivist non-personal conception of knowledge is adequate for the methodology of our best example of self-critical intellectual adventure: science. I have also argued that we only need one of the components of the traditional conception: truth. Having dealt with methodology, we may wish to ask what kind of ontology would be most suitable the exosomatic character of our civilization? I would argue that Popper's theory of world 3 is a fascinating answer.

POPPER'S WORLD 3.

Karl Popper (1972, p. 106) argued that the world can be usefully divided into 3 worlds or domains. The most obvious one is the physical world of chairs, oceans, planets and quarks, world 1. World 2 is the world of the mind: ideas, dreams, expectations, feelings. Popper suggests that there is further domain. World 3 is the world of abstract products of the human mind which now have an autonomous existence. Popper cites Bernard Bolzano's "sentences in themselves" and Frege's "thought contents" as a starting point for world 3. Humans have created theories, arguments, proofs, designs for engines and problems, etc. However, once these structures have been created, they are in many interesting ways autonomous. They have their own types of non-psychological properties and relations with one another. For example, one theory may logically entail or contradict another, but this was no part of the psychology of the creators of these theories. In addition the contents of world 3 influence our thinking in ways that are unpredictable from knowledge solely of the psychology (world 2) of the persons who created them. Popper's view is therefore an example of emergent materialism, in which earlier forms evolve and give rise to emergent properties and structures that then exercise plastic control over their ancestral structures. Thus for Popper, the mind is an emergent structure from the physical world, and abstract entities are emergent structures from the mind.

The contents of world 3 are like a new design for a Saab engine. The engine was once the creature of the designer's mind – something he lived with, slept with ate with, etc. But now it can be placed on a table and other engineers can gather round to inspect and evaluate its structure and function without knowing anything at all about the designer. New types of number system have properties that go beyond our full grasp and can only be discovered by inspecting the system with logical means, not by inspecting the mathematician's mind. Popper also included in world 3 works of art, music and even institutions.

The view is consistent with Popper's evolutionary view of humans, in which a beaver's dam, a bird's nest and a spider's web are biological homologues of human cities and other (at least partly) autonomous structures. Incidentally, for examples of the unintended autonomous properties of cities see Jane Jacobs (1961). Popper's theory should be distinguished from social constructivism. Society and civilization, considered as world 3 structures created by social interaction, as social constructivism maintains, but they are not reducible to the collective of interacting minds and/or behaviour. Consider, for example, The Royal Society as a world 3 object. The Society is governed by its Council, which is chaired by the Society's President, according to a set of Statutes and Standing Orders. The members of the Council and the President are elected from and by its Fellows, who are themselves elected by existing Fellows. Obviously, without the social behaviour of its members, this society, founded in 1660, would be ineffective. But the statutes and other rules of the society, undeniably abstract entities, cannot be reduced to the set of all the members' behaviour since its foundation. But without reference to these various rules, in both their actual and "potential" use, we cannot make sense of the society.

A notable criticism of Popper's world 3 should first be disposed. O'Hear (1980) attacked the idea of a new realm by saying that we ought to see numbers, for example, as inseparable from our rules of calculation. The idea here is that we should try to reduce abstract entities to procedures in following rules. However, Godel's incompleteness theorem tells us that if arithmetic is consistent, then there must be true statements of arithmetic that we cannot prove – numbers that are ineluctably separate from our rules and procedures.

ARGUMENTS FOR THE AUTONOMY AND OBJECTIVITY OF KNOWLEDGE AND MEANING.

Now I would like to expound 5 independent main arguments for the idea that an objective conception of knowledge is far more appropriate for understanding our civilisation. Some are based on Popper's arguments with personal elaborations (1 & 5); some are new arguments (1, 3 & 4).

1. ARGUMENT FROM INFORMATION THEORY.

Someone might quibble about my representing the early developments of human technology as the development of knowledge. However, if tools and methods can be represented as information and information as a kind of knowledge, then tools can also be represented as knowledge. There is an important argument in the theory of computation that concludes that any mechanical series of actions (say of a machine or tool) can be simulated by a computer program, and since a computer program is a pattern of information, it follows that tools can be represented as patterns of information.   The mathematician Roger Penrose (1989) suggested that the computation principle be called the Turing Principle, as it derives from the development of Turing's fundamental work. Penrose states the conjecture thus: There exists an abstract universal computer whose repertoire includes any computation that any physically possible object can perform.

At one time only the human mind could be said to hold information. However, since the rise of information theory, it has become plausible to describe physical systems as embodying information, the best example being the chemical strand called a gene. We feel comfortable saying that the gene has the information or knowledge for building and maintaining an organism.

2. ARGUMENT FROM THE UNFATHOMABLE DEPTHS OF KNOWLEDGE.

Just consider two books in widely separated libraries – say the University of Warwick library, U.K. and the Zayed Library, U.A.E. No one has read both of these books. Now these books might be talking about the same issues and so what they say would have logical relationships with one another. Suppose they contain theories that contradict one another. If someone were to read the books and state this relationship explicitly, then this would add to our knowledge in some respect - it would be a kind of commentary on the body of knowledge in the libraries of the world. But in another sense, it would not be adding anything because those relationships already existed to be commented on. More to the point, those relationships were a property of the exosomatic knowledge, not of our psychology.

One of the remarkable things about Euclidean geometry is the fact that many unexpected theorems can be derived from a relatively small set of axioms and definitions. This must have formed part of the charm of Euclid's Elements since its creation. But if we look more closely, the surprising extent of what lies unfathomed in our explicit formulations becomes astounding.

The theories that we create have infinitely more content than we will ever know. Theories have ramifications and logical implications that are literally infinite and therefore unfathomable to their creators. Bartley (1990) stressed the importance of this aspect of theories. The implications of a theory are part of the knowledge contained in that theory. Therefore, an infinite amount of the knowledge contained in our theories is unfathomable, unknowable in a subjective or personal sense. An important sense of the meaning of a theory is all the theories that are logically incompatible with that theory. For example, suppose I say that it will be rainy and 40 degrees centigrade today in Dubai. Part of the meaning of this statement is that it is false that the weather in Dubai today will be dry and 35 degrees centigrade, and also that it is false that it will be dry and 20 degrees. You can easily construct an indefinite number of logically incompatible statements. The same holds for other theories whose incompatibility may be much less clear, as the ramifications would take much effort to work out. But whether they are worked out or not, those incompatible statements exist. The technical term for this infinite class of statements is the information content of the theory or statement.

To illustrate this concept in science, Popper used the example of Newton's theory. Newton's theory is strictly incompatible with – contradicts – Einstein's theory. Newton could not have foreseen Einstein's theory, yet there is a logical relationship between the two theories and Einstein's theory is part of the information content of Newton's theory. It is therefore part of the meaning and knowledge of Newton's theory. The same holds for all scientific theories that rival one another. Further, for any extant scientific theory there are an indefinite number of possible future theories that – though they have yet to see the light of day - are part of the theory's information content.

3. ARGUMENT FROM ANCIENT INDECIPHERABLE TEXTS

Archaeologists have discovered what might be conjectured to be systems of writing for which there is no translation. Some such systems – such as that found on the famous Rosetta Stone – seemed at first beyond translation and resisted attempts for years, but later succumbed to persistent and clever efforts. But these ancient systems raise the question could there possibly be a system that resists all attempts – maybe all possible attempts – at decipherment?

For example, the Jiahu symbols (贾湖契刻符号) refer to the 16 distinct markings on prehistoric artefacts found in Jiahu, a Neolithic Peiligang culture site found in Henan, China. Dated to 6600 BC, some archaeologists believe the markings to be a writing system related to the oracle bone script (e.g. similar markings of 目 "eye", 日 "sun; day"). Of course, in this case, there may be insufficient material to work with, making it practically impossible to translate in a manner that would permit us to test the conjectured translation. But this would be a limitation of our ability to construct falsifying tests, and does not imply that it was not part of a language with meaning or knowledge. A justificationist faced with such ancient markings might feel forced to label the material nonsense, because there is hardly any possibility of verifying the proposal that it may be a language and meaning for a justificationist is often defined by verification.

4. ARGUMENT FROM LOST ENCRYPTION KEY.

Encryption is the process of turning an intelligible message into a form that looks like gibberish to people who lack the algorithm to turn it back into a readable message. One of the most famous of these algorithms was that embodied in the Enigma machine used by the Nazis to make their military communications secret. Without the key to decrypt a message, it is theoretically possible to decrypt it by what is known as a brute force attack: using powerful computers to run through all the possibilities until it reaches the right key. The number of possible combinations that form the key is extremely large. Today we have the technology to encrypt messages in forms that would resist decryption by the brute force for thousands or even millions of years.

Now suppose a book never read by anyone (except the author) was encrypted using a one-time pad. (One-time pad methods of encryption have been proved to be theoretically impossible to crack.) But then the encryption key was lost. Now what are we to say about the meaning and knowledge contained in the book? The book clearly had meaning before it was encrypted. And, although no one without the key could have read it, no one would claim that the book was meaningless in its encrypted state. But it is now beyond the reach of anyone's mind; it is an object with objective meaning and knowledge. You could strengthen this example by choosing a book written by a computer – for example, a book of logarithms or other mathematical tables – which no one had a chance to read before it was encrypted. In the latter case, there is a program that produced the book, which could be applied again to produce a copy. But suppose the same lost key also encrypted this program? We can also suppose that the programmer who created the program also suffered an untimely demise, and that there is no record of his thinking while creating this program.

Someone might object that if some supposed knowledge is useless, it is not really knowledge. This, in a nutshell, is the pragmatic theory of truth. If some supposed knowledge is inaccessible, then it is useless. The encrypted book is inaccessible. Therefore, the encrypted book is not knowledge. But usefulness, meaning and knowledge are clearly distinguishable concepts. There are mathematical theories that – at the time of their creation – were thought to be only intellectual adventures with no practical import, but were later found to be of essential use in scientific theories. Non-Euclidean geometries provide a good example. Bernhard Riemann, in a famous lecture in 1854, founded the field of Riemannian geometry, discussing manifolds, Riemannian metric, and curvature. This mathematical knowledge had its own deep delight for pure curiosity. It was not until the 20th century with Einstein's theory of relativity that it became useful in more than an abstract delight – not to belittle intellectual delight, of course! I think that even if the book were never to be deciphered – or stronger – even if we knew that the world was such that it was physically impossible that it could ever be deciphered, it would still constitute knowledge.

5. ARGUMENT FROM THE COLLAPSE OF CIVILIZATION.

A THOUGHT EXPERIMENT: 2 IMAGINARY FUTURES

To put into relief just how important and alienated the great bulk of our knowledge is, I have crafted two thought experiments, two hypothetical futures, A and B. These thought experiments are elaborations of the thought experiment described by Popper (1945 and 1972). I have made some rough conjectures about the actual amount of information that may be lost in each scenario. For the meaning of the terms of information measures, please consult table 1 in the appendix.

FUTURE A.

At 7.20 pm on the 12 March, 2013 an experimental mind virus is accidentally released from a military research laboratory at Porton Down, Wilture, U.K. It was designed to disable the technical "belief- knowledge" of enemy armies.

•Within 2 weeks it has spread around the world.
•All technical knowledge is erased from human minds (apart from knowing how to read). Landauer (1986) estimated that each person stores in long term memory the equivalent of 227 megabytes. This represents about 2 meters of shelved books-worth of information per person. If this were true, then the 6 billion people on the planet would lose a total of 6 billion × 200 mb = 1,200 petabytes of information.
•Fortunately, Porton Down also developed an anti-dote, which restores the ability to learn technical facts.

Possible Long-Term Consequence:
(I) Civil unrest, panic, some wars.
(ii) 5 to 7 years of relearning how to learn and use the non-belief knowledge in libraries, computers (including the web). I have chosen 5 to 7 years as close to the average length of degree courses.
(iii) Within 5-7 years: Re-establishment of civilisation, nation-states and/or the creation of new ones.

FUTURE B.

For many years Aliens have been watching the development of humans with concern. They would rather avoid having us as rivals in space.
At 7.20 pm on the 12 March, 2013 they do 2 things:
(i) They introduce a computer virus into all earth computers.
(ii) They destroy all the books of the world's libraries by introducing a ravenous paper-eating bug.

•All data is erased from all Earth computers and digital storage.
•All books are lost (including maps, movies, pictures, audio).
Estimated loss: All U.S. academic research libraries=2 petabytes; all printed material =200 petabytes.
The volumes of knowledge at stake is staggering. To illustrate, consider that the total volume of information produced just in 1999 = 2 exabytes. Between 1999 and 2002 new stored information has grown at about 30% per year.

Possible Long-Term Consequence:
(i) Civil unrest, panic, some wars.
(ii) I conjecture it would take at least 20 to 30 years of restoring and redeveloping exosomatic knowledge in libraries, computers (including the web). Much of this knowledge would be impossible to restore, for example, unique productions of art: paintings, photographs and audio of historical events, performances or views.
(iv) Possibly, the re-establishment of civilisation, nation-states and/or the creation of new ones.

I think its clear from these thought experiments that the loss of exosomatic knowledge would be more devastating than the loss of subjective technical knowledge. We are producing exosomatic knowledge and digital storage space more rapidly than we are producing human brain-storage space. Therefore, even if we haven't reach this point yet, there must come a time when exosomatic knowledge outstrips the capacity of all human brains. (The human population is predicted to stabilize at about 10 Billion by 2050.)

BIBLIOGRAPHY:

Aristotle. (350 B.C.E) Metaphysics.

Bartley, W. W., III (1962/1984) The Retreat to Commitment, 2nd. ed. La Salle, IL: Open Court.

Bartley, W. W., III (1990) Unfathomed Knowledge, Unmeasured Wealth. La Salle, IL: Open Court.

Bradley P. Armour-Garb and J.C .Beall (eds.) (2005) Deflationary Truth. Open Court, Chicago and La Salle, Illinois.

Currie, G. (1978) 'Popper's Evolutionary Epistemology: A Critique'. Synthese 37, pp. 413-341.

Rene Descartes (1639) Meditations on First Philosophy.

Horwich, P. (1998) Truth, Oxford: Blackwell. (first edition 1990).

Hume, David (1739–40) A Treatise of Human Nature: Being an Attempt to Introduce the experimental Method of Reasoning into Moral Subjects.

Jacobs, Jane (1961) The Death and Life of Great American Cities. New York: Random House

James, William. (1907) Pragmatism, A New Name for Some Old Ways of Thinking, Popular Lectures on Philosophy.

Kant, Immanuel . (1787) Critique of Pure Reason.

Kline, Morris. (1980/82) Mathematics: The Loss of Certainty. Oxford University Press, New York.

Miller, D. (1994) Critical Rationalism: A Restatement and Defense. La Salle, IL: Open Court.

Mithen, S. (1999). The Prehistory of the Mind: The Cognitive Origins of Art, Religion and Science. Thames & Hudson.

O'Hear, A. (1980) Karl Popper. London: Routledge and Kegan Paul.

Penrose, Roger. (1989) The Emperor's New Mind: Concerning Computers, Minds, and the Laws of Physics. Oxford University Press.

Landauer, T. K. (1986) "How much do people remember? Some estimates of the quantity of learned information in long-term memory," Cognitive Science, 10 (4) pp. 477-493 (Oct-Dec 1986).

Farrington, B. (1964), The Philosophy of Francis Bacon. Liverpool.

Popper, K. (1934/1977) Logic of Scientific Discovery. London: Hutchinson.

Popper, K. (1945) The Open Society and Its Enemies. London: Routledge.

Popper, K. (1963/1969) Conjectures and Refutations. London: Routledge and Kegan Paul.

Popper, K. (1972/1979) Objective Knowledge. Oxford: Oxford University Press.

Popper, K. (1976) Unended Quest. London: Fontana/Collins.

Popper, K. (1983) Realism and the Aim of Science. London: Hutchinson & Co.

Note: I would like to thank my friend, John Ashcroft-Jones for useful conversations on the problem of this chapter.

APPENDIX:

Table 1.

Multiples of bytes					
SI decimal prefixes				IECbinary prefixes	
Name (Symbol)	Standard SI	Binary usage	Ratio SI/Binary	Name (Symbol)	Value
kilobyte (kB)	10^3	2^{10}	0.9766	kibibyte (KiB)	2^{10}
megabyte (MB)	10^6	2^{20}	0.9537	mebibyte (MiB)	2^{20}
gigabyte (GB)	10^9	2^{30}	0.9313	gibibyte (GiB)	2^{30}
terabyte (TB)	10^{12}	2^{40}	0.9095	tebibyte (TiB)	2^{40}
petabyte (PB)	10^{15}	2^{50}	0.8882	pebibyte (PiB)	2^{50}
exabyte (EB)	10^{18}	2^{60}	0.8674	exbibyte (EiB)	2^{60}
zettabyte (ZB)	10^{21}	2^{70}	0.8470	zebibyte (ZiB)	2^{70}
yottabyte (YB)	10^{24}	2^{80}	0.8272	yobibyte (YiB)	2^{80}

ANALYSE TEXTUELLE DE LA THÉORIE DE L'ART CHEZ BARTHES - RÉPONSES ET QUESTIONNEMENTS

Norbert-Bertrand Barbe

Résumé de l'article:
Comment le discours barthésien, ainsi que pré et post-barthésien, et en général le discours sur l'art part d'une prémisse qui, chez Barthes précisément, correspond au *"degré zéro"* de l'art comme matériel non littéraire, et par conséquent non intellectuel. Causes et conséquences d'une telle proposition. Contradictions internes et erreurs évidents.

Il n'est pas facile d'étudier la conception de Barthes sur l'art. Mais cette étude pose le problème des sources de l'esthétique dont le texte de Barthes est un aboutissement. Dans l'"*Introduction à l'analyse structurale des récits*" (paru dans *Communications* de 1966), Barthes écrit[1]:

"(**1**) *Il n'en reste pas moins qu'un récit n'est jamais fait que de fonctions: tout, à des degrés divers, y signifie.* (**2**) *Ceci n'est pas une question d'art* (**3**) *(de la part du narrateur),* (**4**) *c'est une question de structure: dans l'ordre du discours, ce qui est noté est, par définition, notable:* (**5**) *quand bien même un détail paraîtrait irréductiblement insignifiant, rebelle à toute fonction, il n'en aurait pas moins pour finir le sens même de l'absurde ou de l'inutile:* (**6**) *tout a un sens ou rien n'en a.* (**7**) *On pourrait dire d'une autre manière que l'art ne connaît pas le bruit* (**8**) *(au sens informationnel du mot): c'est un système pur, il n'y a pas, il n'y a jamais d'unité perdue, si long, si lâche, si ténu que soit le fil qui la relie à l'un des niveaux de l'histoire.*"[2]

Deux notes sont jointes à cet extrait; lorsqu'il écrit que "*l'art ne connaît pas le bruit (au sens informationnel du mot)*", Barthes précise dans une première note:

"(**1'**) *C'est en cela qu'il n'est pas "la vie", qui ne connaît que des communications "brouillées".* (**2'**) *Le "brouillé" (ce au-delà de quoi on ne peut voir) peut exister en art,* (**3'**) *mais alors à titre d'élément codé* (**4'**) *(Watteau, par exemple);* (**5'**) *encore ce "brouillé" est-il inconnu du code écrit: l'écriture est fatalement nette.*"[3]

Et après avoir dit qu'"*il n'y a jamais d'unité perdue*", il ajoute une autre note:

"(**1"**) *Du moins en littérature, où la liberté de notation (par suite du caractère abstrait du langage articulé)* (**2"**) *entraîne une responsabilité bien plus forte que dans les arts "analogiques", tel le cinéma.*"[4]

Barthes engage une réflexion qui pose le problème du statut de l'art et celui du *sens* en littérature; ce dernier tient le rôle de mise en miroir de son propre travail. La lexie (**1**) affirme, en conclusion au passage précédent, que *tout* dans le texte est signifiant. La forme conjuguée du verbe "*signifier*" confirme que, loin de n'être qu'immédiate ou "ponctuelle", ce degré de signifiance est *reproductible*; reprenant la théorie de Benveniste[5], Barthes explique qu'un texte se divise en trois classes de "*niveaux*" (les "*fonctions*", les "*actions*" et la "*narration*"[6]), et précise qu'"*une fonction n'a de sens que pour autant qu'elle prenne place dans l'action générale d'un actant; et* (que) *cette action elle-même reçoit son sens dernier du fait qu'elle est narrée, confiée à un discours qui a son propre code*"[7].

C'est-à-dire que le niveau fondamental du récit est celui de la *diction*, "*ces trois niveaux* (étant) *liés entre eux selon un mode d'intégration progressive*"[8], dont le degré final, le "*sens dernier*", est la structure même du récit (l'intégration dans le "*code propre*" au récit). On retrouvera cette idée approfondie à la lexie (**5**).

La lexie (**1**) est un passage *charnière* (au sens où Barthes définit une "*fonction charnière*"[9]), puisqu'elle rappelle ce que Barthes a précédemment énoncé au sujet des "*niveaux*" du récit, tout en préparant, par la terminologie employée, le passage du chapitre sur les "*fonctions*" du récit, dont c'est l'introduction. Il est en effet plusieurs fois question de "*fonctions*" ou de sens "*fonctionnel*" du récit (ces termes ne sont pas employés moins de trois fois dans les quatre premières lignes du paragraphe)[10].

Au début, Barthes demande si "*tout, jusqu'au plus petit détail, a (...) un sens*"[11] dans un texte, et conclut tout de suite que "*tout, à des degrés divers, y signifie*". Il applique ici une habile antithèse, en partant de la supposition d'insignifiance globale de l'élément textuel pour aboutir à la

---

[1]On a pris soin de numéroter arbitrairement des lexies, afin de faciliter l'étude.

[2]Roland Barthes, *Poétique du récit*, Paris, Seuil, 1977, p. 17.

[3]*Ibid.*, note 19, p. 54.

[4]*Ibid.*, note 20, p. 54.

[5]Barthes le précise lui-même, *ibid.*, p. 14.

[6]*Ibid.*, p. 15.

[7]*Ibid.*, p. 16.

[8]*Ibid.*, p. 15.

[9]*Ibid.*, p. 21.

[10]*Ibid.*, p. 17.

[11]*Ibid.*

conclusion inverse. Il envisage d'abord le texte comme un amas hétéroclite de "*petits détails*" sans relation, et pose ensuite la question de savoir si cette absence évidente induit forcément qu'elle soit patente. Puis, avant même de montrer qu'il y a relation entre les divers composants du récit (il se contente de préciser qu'"*On le verra à l'instant*"[12]), il conclut à l'existence de niveaux sémantiques qui se superposent pour former un tout (ce sont les "*degrés divers*"[13]).

Ce qui est intéressant dans cette conclusion directe que représente la lexie (**2**), c'est qu'elle ne passe pas par le postulat, et par conséquent qu'elle donne d'emblée un statut à part à la littérature au détriment de l'art.

L'art, en tant qu'il est nommé, se réduit seulement au procédé, c'est la technique, opposée au texte, qui lui, devient un matériau sémantique pur, comme le dira Barthes dans la lexie (**8**). L'"*art*" ne dépend donc que du génie de l'écrivain, comme va le montrer la lexie (**3**).

La lexie (**3**), qui est un fragment, a un double objectif; d'abord, l'usage des parenthèses isole les lexies (**2**) et (**3**), autrement dit les notions d'"*art*" et de littérature ("*la part du narrateur*"), ensuite, elles ont un rôle de précision. Grâce à elles, Barthes dit au lecteur que par "*art*", il entend le procédé littéraire. Ce double rôle des parenthèses a donc un seul but, souligner la distinction entre art et littérature.

Pour Barthes, l'art est donc *exclusivement* littéraire et la condition *sine qua non* qui le définit est qu'il *signifie*. L'art ne peut être que sens et la production de sens en art en fait un art noble, donc littéraire. Dans la lexie (**4**), Barthes concentre sa pensée. Il la réduit à une sorte d'"*aphorisme pléonastique*". Il ne fait que formuler de deux manières différentes la même proposition. Plus qu'une tournure de style, cette lexie est, selon la classification de Barthes, à la fois une "*fonction-charnière*" et une "*fonction cardinale*". C'est en cela que l'on peut parler d'une forme d'"*aphorisme*".

Il s'agit d'une fonction-charnière parce que la lexie reprend ce qui a été précédemment expliqué depuis la lexie (**1**) en le résumant et qu'en même temps elle introduit le passage suivant (pas seulement la lexie suivante mais l'ensemble de celles qui suivent). Elle sert de conclusion au début du paragraphe où Barthes postule que toute la littérature était signifiante et implicitement d'introduction à la fin du paragraphe où le thème central sera l'opposition entre la littérature, signifiante, et l'art, dont le message est "*brouillé*". La lexie (**4**) est une fonction cardinale parce qu'elle résume l'ensemble du développement du paragraphe introductif. Elle s'identifie donc à un aphorisme en ce qu'elle schématise en peu de mots la pensée "globale" de Barthes sur le sujet.

Lorsque Barthes utilise le terme "*structure*", il entend par "*structure*" l'élément fondateur du discours littéraire qu'il a décrit auparavant[14]. Il s'agit de "*la structure du récit*", commune à l'ensemble des "*récits*" et qui en permet "*l'analyse*"[15]. Le passage où il traite de la "*structure du récit*"[16] le montre:

"*Pour en rester à la période actuelle, les formalistes russes, Propp, Lévi-Strauss nous ont appris à cerner le dilemme suivant: ou bien le récit est un simple radotage d'événements, auquel cas on ne peut en parler qu'en s'en remettant à l'art, au talent ou au génie du conteur (de l'auteur) - toutes formes mythiques du hasard -, ou bien il possède en commun avec d'autres récits une structure accessible à l'analyse (...)*"[17].

En note, Barthes ajoute à propos des "*formes mythiques du hasard*" qu'"*Il existe, bien entendu, un "art" du conteur: c'est le pouvoir d'engendrer des récits (des messages) à partir de la structure (du code); cet art correspond à la notion de "performance" chez Chomsky, et (que) cette notion est by,n éloignée du "génie" d'un auteur, conçu romantiquement comme un secret individuel, à peine explicable*"[18].

Barthes, après avoir parlé de Saussure et de la difficulté pour rendre palpable l'organisation de "*l'hétéroclite du langage*"[19], revient au présent, en se cachant derrière la référence aux "*formalistes russes*", Propp et Lévi-Strauss. Le poids "mythique" de la référence le conduit directement à opposer "*l'art*" et la "*structure*". Parler de l'oeuvre littéraire, non pas comme d'un message mais comme d'un art, revient à entrer dans le domaine de l'irrationnel et du sensitif; c'est ce qu'il confirme en note.

Il oppose l'emploi de la notion de "*génie*" "*individuel*" à l'"*étude structurale*", qui répond à des critères sociaux tels que les a décrits Bakhtine, qui régissent le rapport de l'auteur à la société et donc de l'oeuvre à son exégèse. Pour Barthes, le *phénomène littéraire* se résout dans l'opposition de l'oeuvre à son milieu (ce que Bakhtine appelle l'"*hybridation*"). Mais il est faux d'identifier la "*performance*" "Chomskyenne" à une dénomination pure et simple d'un "*génie*" mécanique qui "*construit*" plus ou moins arbitrairement l'ordre du langage.

Pour Chomsky, la "*performance*" est conçue au niveau linguistique, comme la transformation de la "*réalité psychologique de la structure*

---

[12]Ce qu'il fera effectivement, *ibid.*

[13]Il faut bien sûr entendre ici "*divers*" comme multiple et non comme hétérogène.

[14]Barthes, *Poétique du récit*, pp. 7 à 16.

[15]*Ibid.*, p. 9.

[16]*Ibid.*

[17]*Ibid.*, pp. 8-9.

[18]*Ibid.*, note 2, p. 53.

[19]*Ibid.*, p. 8.

profonde"[20], "*holophrastique*", en une maturation structurée de la langue afin que le langage atteigne au mimétisme de la prédication, qui transcende la fonction "motrice" du discours condensée en une expression pulsionnelle et gestuelle, pour aboutir à une "*concaténation*" linéaire[21] (un message suivi). Barthes l'exprime lorsqu'il écrit que la "*performance*" est selon Chomsky "*le pouvoir d'engendrer des récits (des messages) à partir de la structure (du code)*". Cette perception psychologique du langage articulé, issue de la grammaire générative, est aussi envisagée comme une "figure" du "*génie*" par Julia Kristeva dans *La révolution du langage poétique*[22] (1974).

Il n'est doublement pas possible de faire une distinction entre l'"*art*" et le "*génie*" dans le texte de Barthes, bien que la note oppose les deux lexèmes[23], parce que le terme "*art*", mis entre guillemets dans la note, est employé en référence au texte, et que Barthes l'emploie en réalité pour l'opposer à son sens même, puisqu'il entreprend dans la note de distinguer la définition de la "*performance*", qu'il différencie de l'"*art*" du conteur", du "*génie du conteur*", et du ""*génie*" d'un auteur". Il identifie "*l'art, (le) talent ou (le) génie du conteur*"[24]. En distinguant "*l'art*" et "*le génie*", Barthes ne fait que les confondre "*romantiquement comme un secret individuel, à peine explicable*"[25]. On s'en rend déjà compte rien que dans sa formulation: différencier "*art*" et "*génie*" en les opposant, même par l'identification du premier à la "*performance*"[26], relève de l'aporie, puisque les deux sont liés[27].

Une telle distinction entre l'art confondu avec le génie et la "*structure*", qui est l'étude des oeuvres de l'esprit et fait partie d'un "*dit*" signifiant, oppose de manière "récurrente" l'art et ce que Kristeva appelle indifféremment le "*processus d'ordre métaphorique (l'axe de la similarité selon Jakobson)*"[28], les "*mécanismes*" de la "*chora sémiotique*"[29], la "*performance*", la "*réalité psychique*" ou le "*fonctionnement symbolique, soutenu par le sujet cartésien forclos du signifiant*"[30]. Kristeva caractérise ici le phénomène littéraire comme étant psychique, mécanique et signifiant, c'est-à-dire une production mentale.

De même, Barthes oppose le "*simple radotage d'événements*" (le "*dit*") au signifiant et le signifiant à "*l'art*". Le récit se réduit à "*un simple radotage d'événements, (...) on ne peut* (alors) *en parler qu'en s'en remettant à l'art (...)*"[31]. Il ne s'agit pas des arts plastiques, mais d'un autre nom pour le "*génie*" "*comme (...) secret individuel, à peine explicable*"[32]. L'idée principale est que le "*dit*" (la parole), qui n'est pas porteur d'un message "linéaire", centré et uniforme, n'est pas descriptible par la sémiotique. Ce passage, comme les lexies (**1'**) et (**2'**) sur les arts plastiques, la lexie (**1''**) sur le message "*brouillé*" des "*arts "analogiques", tel le cinéma*", et la lexie (**4**), oppose implicitement la structure, qui a une réalité "biologique" et "linguistique", à la "*question d'art*" de la lexie précédente.

On retrouve l'opposition entre le "*dit*" et le "*signifiant*", puisqu'il est écrit que le "*noté est, par définition, notable*". Ceci laisse entendre que l'écrit a une valeur de dit et de signifiant, et que le "*signifié*" écrit est "*par définition*" "*signifiant*". Une fois qu'est posé cet *a priori*, il en découle que non seulement le non-dit (l'art), mais même le dit oral (le cinéma), n'a pas de sens inhérent. La position de Barthes pour le "non-dit" (la peinture, la sculpture, voire même la musique où ne se mêle pas le chant) se comprend mieux que l'opposition entre le dit qui relève de la parole et le "*signifiant*" qui relève de l'écrit. Mais pour Barthes, comme cela a été démontré, le langage oral correspond au passage de l'holophrastique à la prédication[33], qui sont les deux pôles du discursif. Kristeva écrit que le texte moderne est dépendant des autres textes, "*Comme si les autres textes (mais aussi les autres narrations, métalangues ou théories) exerçaient une contrainte sur le texte moderne, en lui assignant un cadre de dialogue voire même un univers sémantique à discuter*"[34].

Deux grandes idées développées par Barthes[35] sont ici présentes; celle de la dépendance sociologique du texte, et celle que cette dépendance donne au texte une dimension autre, qui incite l'interprétation. Au-delà de la fonction du sujet, la question soulevée par Barthes est d'abord celle de la linéarité du texte dans l'espace et le temps. Une peinture est une forme de "*synopsis*" où l'action est réduite à un lieu et un moment, alors

---

[20] Julia Kristeva, *La Révolution du langage poétique*, Paris, Seuil, 1974, p. 266.

[21] *Ibid.*, pp. 265 à 274.

[22] *Ibid.*, p. 265.

[23] Barthes, *Poétique du récit*, note 2, p. 53.

[24] *Ibid.*, pp. 8-9.

[25] *Ibid.*, note 2, p. 53.

[26] *Ibid.*

[27] Ainsi, le *Larousse*, p. 65, donne cette définition de l'"*Art*": "*Activité humaine spécifique faisant tépel à certaines facultés sensorielles, esthétiques et intellectuelles*", que l'on rapproche sans peine de celle du "*Génie*", qui est la suivante: "*Disposition, aptitude naturelle à créer quelque chose d'original et de grand (...) Personne ainsi douée (pour créer quelque chose d'original,...)*", ibid., p. 452. Et en effet, les deux définitions se confondent dans une même et unique définition de cette "*capacité spéciale, particulière, à créer quelque chose d'original*".

[28] Kristeva, pp. 266-267.

[29] *Ibid.*, p. 270.

[30] *Ibid.*, p. 266.

[31] Barthes, *Poétique du récit*, pp. 8-9.

[32] *Ibid.*, note 2, p. 53.

[33] Kristeva, pp. 258 à 268.

[34] *Ibid.*, p. 338.

[35] Cf. Barthes, *poétique du récit*, pp. 8-9.

que l'action littéraire se développe au rythme d'une pensée informationnelle, même dans le théâtre classique où l'action se réduit à une unité spatiale et temporelle, puisqu'elle se passe en une journée et un endroit.

L'objectivité du message littéraire est primordiale. Le discours oral est exempt d'objectif, puisqu'il est informel; il n'y a pas de *volonté* du message oral (sauf dans les cas très particuliers de l'exposé ou de la pièce de théâtre, mais ces exemples se rapprochent déjà plus du message écrit).

La lexie (**5**) est une "pré-conclusion" à la précédente. Le thème reste l'opposition entre l'aléatoire de l'oral et l'"objectivisme" du *langage écrit*. L'usage de nouveau des deux points unit les lexies (**4**) à (**6**) en une seule réflexion syllogistique "en entonnoir". La lexie (**4**) traite de "*l'ordre du discours*" en général, la lexie (**5**) du "*détail*" et la lexie (**6**) sert de conclusion[36].

La lexie (**5**) traite de la "*signifiance*" du "*détail*". Barthes se sert de l'exemple des aventures de James Bond comme d'un "sur-révélateur" de sens, car c'est une série policière qui fait partie des "*romans de gare*". Grâce à son étude de *Goldfinger*, Barthes montre, par le procédé d'"*antériorité-causalité*" (*ce qui vient "après" étant lu dans le récit comme "causé par*"[37]), la validité de ce qu'il énonce ici; il montrera comment Bond décrochant le téléphone agit sur le reste de l'histoire, en créant un "moment" qui accentue le suspens, ou comment sa rencontre avec un inconnu met en jeu des rapports entre les deux personnages (il peut s'agir d'un piège, la scène se passe par une après-midi d'été orageuse, ce qui accentue le "*climat lourd*"[38]). Comme l'écrit Barthes, "*autrement dit, certaines unités peuvent être mixtes. Tout un jeu est de la sorte possible dans l'économie du récit*"[39]. C'est justement l'absence d'"*économie*" reconnue dans l'art qui fait la différence.

La lexie (**6**) renverse la proposition en concluant que "*tout a un sens ou rien n'en a*"[40]. Elle se comprend très bien par rapport aux notes. En effet, dans les deux notes adjointes à la séquence, Barthes oppose la signifiance en littérature qui ne connaît pas le brouillé à la signifiance dans les arts et au cinéma qui connaissent ce qu'il nomme le "*bruit*", c'est-à-dire la dilution et la perte du sens. Par contre-coup, s'ils peuvent subir de telles discontinuités, les arts n'ont aucun sens puisqu'il n'y a que soit "*tout a un sens*" soit "*rien n'en a*". C'est en ces termes que Barthes veut *re*-poser la question, au-delà du sens immédiat.

Barthes aborde donc le problème du détail en littérature comme étant celui du descriptif. Il insiste sur les "*perspectives*" du récit qui en sont le "*système de personnages*"[41], et qu'il nomme la "*description*"[42]. Il écrit que le récit, qui est un "*système de sens*", une "*organisation*", une "*somme de propositions*"[43], est fait d'une "*masse énorme d'éléments*"[44] et ajoute que "*Ce concept est celui de "niveaux de description*"[45]. Il cite en note M. A. K. Halliday qui dans *Linguistique générale et linguistique appliquée* (1962) écrit que "*Les descriptions linguistiques ne sont jamais monovalentes. Une description n'est pas exacte ou fausse, elle est meilleure ou pire, plus ou moins utile*"[46].

Barthes reprend cette définition à son compte. Il écrit que la structure est une "*classe d'actions*", "*le désir (ou la quête) et l'épreuve*", "*une structure paradigmatique*", mobilisée dans tout le récit, "*selon les règles de multiplication, de substitution ou de carence*"[47]. Il le montre en posant la question "*Tout, dans un récit, est-il fonctionnel? Tout, jusqu'au plus petit détail, a-t-il un sens? (...)*"[48], qui précède les lexies (**1**) à (**5**). Il répond en écrivant que:

"*Lévi-Strauss a déjà précisé que les unités constitutives du discours mythique (mythèmes) n'acquièrent de signification que parce qu'elles sont groupées en paquets et que ces paquets eux-mêmes se combinent*"[49], et que "*si l'on appelle, avec Greimas, "isotopie" l'unité de signification (celle, par exemple, qui imprègne un signe et son contexte), on dira que l'intégration est un facteur d'isotopie: (puisque) chaque niveau (intégratoire) donne son isotopie aux autres unités du niveau inférieur, empêche le sens de "baller" (...)*"[50]

---

[36] Ce passage reprend le même développement que l'ensemble de l'article, du plus général au particulier, de la structure générale de l'écrit aux éléments qui forment l'appareil textuel, B fthes, *Poétique du récit*, pp. 7 à 57; cette technique est fréquente pour Barthes, ne serait-ce que parce qu'il se place du point de vue sémiologique, ce qui le conduit souvent à reprendre un tel développement *vulgarisateur* (du plus général au plus particulier), afin de montrer la formation (ce que l'on a appelé ailleurs l'"*infra-structure*") du texte; il suit donc la même progression dans *L'aventure sémiologique*.

[37] Michael Podro, *Les Historiens d'art*, Brionne, Monfort, 1990, p. 22.

[38] *Ibid.*, p. 23.

[39] *Ibid.*

[40] Barthes, *Poétique du récit*, p. 17.

[41] *Ibid.*, p. 34.

[42] *Ibid.*, p. 33.

[43] *Ibid.*, p. 13.

[44] *Ibid.*

[45] *Ibid.*

[46] *Ibid.*, note 12, p. 53.

[47] *Ibid.*, pp. 34-35.

[48] *Ibid.*, p. 17.

[49] *Ibid.*, p. 14.

[50] *Ibid.*, p. 50.

Ce dernier passage se trouve à la fin du texte, dans le chapitre sur "*Les Actions*"[51] - qui suit celui sur les personnages[52] -, dans le sous-chapitre intitulé "*Mimesis et sens*"[53]. A partir du sous-titre "*Mimesis et sens*", on suppose une sorte d'unité (d'"*isotopie*") entre le "*sens*" du récit et la reconnaissance du lecteur dans les personnages. Ce que confirme la conclusion de Barthes:

"*la passion qui peut nous enflammer à la lecture d'un roman n'est pas celle d'une "vision" (en fait, nous ne "voyons" rien), c'est celle du sens, c'est-à-dire d'un ordre supérieur de la relation, qui possède, lui aussi, ses émotions, ses espoirs, ses menaces, ses triomphes: "ce qui se passe" dans le récit n'est, du point de vue référentiel (réel), à la lettre: "rien", "ce qui arrive", c'est le langage tout seul, l'aventure du langage, dont la venue ne cesse jamais d'être fêtée. (...) il peut être significatif que ce soit au même moment (vers l'âge de trois ans) que le petit homme "invente" à la fois la phrase, le récit et l'OEdipe.*"[54]

L'aspect annonciateur et christique est évident ici. Barthes écrit que "*"ce qui arrive", c'est le langage tout seul (...) dont la venue ne cesse jamais d'être fêtée*", associée à l'idée génésiaque de "*l'invention*" de ce langage par le jeune enfant, "*invention*" qui dans ce contexte "pléonastique" ("*arrive*"-"*venue*") renvoie à l'enfance du Christ de l'*Evangile de Pseudo-Thomas*[55]. Il est raconté au chapitre **2**, 2-3, comment Jésus "*près de la rivière (...) pris de l'argile et (...) a façonné douze moineaux (...) (qui) déployèrent leurs ailes et s'envolèrent en pépiant*"[56].

Barthes parle de l'"*âme*"[57] des fonctions du récit, de l'"*ordre supérieur*"[58] du sens, et considère le texte comme un véritable "*mythème*"[59], origine des mythes et entité mythologique distincte qui, possédant ses propres schèmes, acquiert une existence parallèle. Il lui prête une valeur ontologique. Le rapprochement entre l'acquisition psychologique du langage et la naissance du "*Moi*", identifié à OEdipe et matérialisé par la conscience de l'altérité, est la preuve de cette confusion.

Dans *L'épistémologie génétique* (1970), Jean Piaget explique que le langage est l'une des extensions des facultés associatives sensori-motrices acquises lors de la psychogénèse[60]; il écrit que ces facultés sont indépendantes d'un système de signes ou de symboles (images mentales ou langage)[61], car il a observé que si l'enfant est par exemple capable de conceptualiser un déplacement spatio-temporel[62], il lui est impossible de le schématiser[63]. Son activité logico-mathématique reste donc faible[64]. La conclusion est que le langage s'appuie sur l'intelligence et non l'inverse[65]. La création de l'OEdipe est donc indépendante du langage.

Barthes pense la littérarité comme un tout sémantique qu'il pose en réalité parallèle. Il cite Mallarmé: "*Une oeuvre dramatique montre la succession des extérieurs de l'acte sans qu'aucun moment ne garde de réalité et qu'il se passe, en fin de compte, rien*"[66]. Il associe l'art à l'idée de décadence et de dilution du sens, qui est une aperception d'un principe général régissant l'oeuvre et absent de ce qui est autre que la littérature à cause de la présence endémique du "*bruit*", c'est-à-dire les détails, multiples et informes, des arts plastiques et du cinéma. Il s'agit de l'"*innéisme*" de l'intellect humain[67], tiré entre des pulsions concrétisées par l'activité artistique[68] et leur appropriation par l'individu dans ses motivations narcissiques.

La lexie (**6**) de Barthes s'explique donc par l'opposition entre le "tout" signifiant littéraire, et les "*borborygmes inchoatifs*" de l'art (pour reprendre les termes de Marc Fumaroli dans *L'Etat culturel* de 1992). Barthes écrit dans les lexies (**1"**) et (**2"**) qu'"*en littérature, (...) la liberté de notation (par suite du caractère abstrait du langage articulé), entraîne une responsabilité bien plus forte que dans les arts "analogiques", tel le cinéma*"[69], et quelques notes plus loin, citant J. Tynianov:

"*On ne doit pas partir du mot comme d'un élément indivisible de l'art littéraire, le traiter comme la brique avec laquelle on construit le bâtiment. Il*

---

[51]Barthes, *L'aventure sémiologique*, Paris, Seuil, 1985, p. 189.

[52]Les titres des chapitres et des sous-chapitres sont incertains, cf. *ibid.*, pp. 189 à 192; et *Poétique du récit*, pp. 45 à 50.

[53]*Poétique du récit, ibid.*, p. 50.

[54]*Ibid.*, p. 52.

[55]France Quéré, *Evangiles apocryphes*, Paris, Seuil, 1983, pp. 86 à 94.

[56]*Ibid.*, p. 87.

[57]Barthes, *Poétique du récit*, p. 16.

[58]*Ibid.*, p. 52.

[59]*Ibid.*, p. 14.

[60]Jean Piaget, *L'épistémologie génétique*, Paris, PUF, 1970, pp. 11 à 28.

[61]*Ibid.*, p. 21.

[62]*Ibid.*, p. 20.

[63]*Ibid.*, p. 22.

[64]*Ibid.*, p. 27.

[65]*Ibid.*, p. 65.

[66]Barthes, *Poétique du récit*, note 74, p. 57.

[67]Dont l'idée très justement est rejetée par Piaget.

[68]Il est souvent préconisé aux dépressifs de peindre ou d'écrire, afin d'"expurger" ces pulsions auto-destructrices.

[69]Barthes, *Poétique du récit*, note 20.

est décomposable en des "éléments verbaux".[70]

Comme l'écrit Barthes en référence à cette note, la construction d'un texte est "ascensionnelle", de "*niveaux inférieurs*" vers d'autres, "*supérieurs*"[71]. C'est cette forme d'anabase, selon lui propre à "*l'art littéraire*", qui fait que celui-ci n'est pas un art "tout court" (comme la peinture par exemple), mais comprend jusque dans son appellation un niveau intermédiaire, celui de la conceptualisation et qui va amener au "*tout*" qui "*a un sens*" en s'opposant par là au "*rien*" qui "*n'en a*" pas de la lexie (**6**).

Dans *Malaise dans la civilisation*, Freud assimile aussi l'aspiration humaine, qui "*a deux faras, un but négatif et un but positif*" (en 1970, Theodor Adorno parlera de la "*négation positive*"[72] de l'art), à la bipolarité de "*l'univers entier - le macrocosme aussi bien que le microcosme*"[73]. Freud confond "*la sublimation* (en italiques dans le texte) *(...) des puissants instincts*"[74], ce qu'il appelle "*ce renoncement culturel*"[75] à une "*conception éthique*" qui "*néglige de différencier le Moi des objets*"[76]. De même Jung, dans *L'Ame et la Vie*, bien qu'il semble ne pas faire de distinction dans les arts, commence par les considérer en général, puis en vient petit à petit à étudier le rôle de l'implication sociale de la création littéraire[77].

Si au début, art et poésie sont confondus[78], très vite ils se distinguent. L'art, confondu avec la nature[79] et le "*domaine des mères*"[80], est montré comme "*Les forces créatrices irrationnelles*"[81] qui devront être étudiées par la psychanalyse[82], les termes qui le décrivent sont "*évoquer*", "*approximativement*", "*ressenti*"[83], etc. L'écrit est vu comme une "*expression*"[84]. Il s'oppose donc à l'*im*-pression, puisqu'il est du domaine du rendu et de l'intellectif. "*Expression*", qui a la même étymologie qu'"*exprimer*" et dont le sens est principalement langagier, renvoie comme chez Levinas[85] à l'idée de partage et de dialogue.

Jung définit toujours l'écrit par des termes évoquant l'application, comme "*sous-tend*", "*faisant appel*", "*a besoin*"[86], etc... Après l'évocation des différentes formes d'écriture et de leurs liens avec la société[87], Jung en vient à "*l'intellect*"[88] qui "*est souverain dans le domaine des sciences*"[89]. La proximité des deux notions les identifie. A l'inverse, l'art[90] est le "*domaine des mères*"[91] et "*L'imagination*" qui est "*la force créatrice maternelle de l'esprit viril*"[92].

Comme Barthes dans la lexie (**6**), Jung nomme l'imagination (c'est-à-dire l'art) le "*Rien que*"[93] que l'homme transcende par le ludisme du rapport à autrui[94]. Il commence par cette définition de l'art, qui sera contredite pour la littérature :

"Peut-être l'art ne "signifie"-t-il rien; peut-être n'a-t-il aucun "sens", du moins dans l'acceptation que nous donnons ici à ce mot. Peut-être est-il comme la nature, qui "est" tout simplement et ne "signifie" rien. La "signification" est-elle nécessairement plus qu'une interprétation? N'est-elle que le secret qu'aurait mis en lui un intellect désireux de lui donner un sens? L'art - pourrait-on dire - c'est la beauté, et dans la beauté, il remplit

---

[70]*Ibid.*, note 23.

[71]*Ibid.*, p. 16.

[72]Theodor W. Adorno, *Autour de la Théorie Esthétique - Paralipomena introduction première*, Paris, Klincksieck, 1976, p. 96.

[73]Freud, *Malaise dans la civilisation*, Paris, PUF, 1983, p. 20.

[74]*Ibid.*, p. 47.

[75]*Ibid.*

[76]*Ibid.*, p. 65.

[77]Carl Gustav Jung, *L'Ame et la Vie*, Paris, Buchet/Chastel, 1963, pp. 241 à 274.

[78]*Ibid.*, p. 258.

[79]*Ibid.*, pp. 258 à 260.

[80]*Ibid.*, p. 261.

[81]*Ibid.*, p. 259.

[82]*Ibid.*

[83]*Ibid.*, p. 262, cf. aussi pp. suivantes.

[84]*Ibid.*, p. 262.

[85]Etienne Feron, *De l'idée de transcendance à la question du langage - L'itinéraire philosophique d'Emmanuel Levinas*, Grenoble, Millon, 1992, pp. 49 à 56 et 85.

[86]Jung, p. 262, cf. aussi pp. suivantes.

[87]*Ibid.*, pp. 262-263.

[88]Evoqué juste après la littérature et qui "*reste prisonnier de lui-même tant qu'il ne renonce pas volontairement à son primat pour reconnaître la dignité des autres buts*",Jung, *ibid.*, p. 264, et qui "*élève le destin personnel au destin de l'humanité*", Jung, *ibid.*, p. 266, - intellect qui, en plus d'être "*la force créatrice de l'esprit viril*" est nommé, un peu avant, "*la puissance(...) l'intention créatrice*", Jung, *ibid.*, p. 264, identifié à) l'autre "visage" de la "*science*", Jung, *ibid.*, p. 264.

[89]Jung, *ibid.*, p. 264.

[90]Qui est le "*tronc fondamental des instincts animaux et humains*", Jung, *ibid.*, p. 266, domaine de l'inconscient, comme Jung l'écrit lui-même.

[91]Jung, *ibid.*, p. 261.

[92]*Ibid.*, p. 266.

[93]*Ibid.*, p. 266.

[94]*Ibid.*, pp. 264-265.

son rôle et se suffit à lui-même. Il n'a besoin d'aucun sens. Cette question de sens n'a aucun rapport avec l'art."[95]

Le fait de poser la question de la signification de l'art la met en doute, d'autant que Jung utilise un lexique restrictif.

Puis, Jung fait dévier le champ de sa question; il ne demande plus si l'art *a* un sens, mais s'il en a *besoin*. Il limite d'abord le champ interprétatif en reconnaissant que la "*signification*" est subjective. Il écrit qu'elle n'"*est nécessairement* (rien de) *plus qu'une interprétation*". "*Une interprétation*", "*une*" c'est-à-dire subjective, et "*interprétation*", donc *autre chose* que ce qui est "dit"; l'interprétation n'est que l'écoute. Ce n'est pas le champ de l'interprétation que Jung réduit, mais celui du signifiant; il veut dire que s'il y a une interprétation à trouver, c'est qu'elle est absente.

Finalement, Jung passe de la forme interrogative à l'affirmative et affirme ainsi que l'art est "*naturel*", c'est-à-dire non intellectuel, qu'il marque la "*nuit*"[96] de l'inconscient. Il ne fait donc pas de doute que l'intellect (dont il est aisé de comprendre qu'il s'agit de l'écriture) s'oppose au "*Rien que*"[97] des sphères de notre inconscient qu'il a déjà, par la terminologie, confondu avec l'art[98].

Le "*rien*" de la lexie (**6**) de Barthes est donc l'art considéré comme le mouvement "centripète" de l'intellect, et opposé au "*tout*" sémantique littéraire qui a un mouvement "centrifuge".

Mais Barthes, lorsqu'il écrit que "*tout a un sens ou rien n'en a*", franchit un pas supplémentaire par rapport aux autres auteurs (Hegel[99], Freud, Jung ou Adorno); ceux-ci considèrent l'art comme ayant un "*sensformel*"[100], ce que réfute Barthes lorsqu'il considère la formalité de l'art comme un vide de sens, ce qu'il appelle le "*brouillé*"[101]. Il nie la présence d'une signifiance anecdotique (allégorique, mythologique, historique, etc.) des oeuvres d'art, en opposant au "*brouillé*" de l'art la netteté de la littérature[102] ("*l'écriture est fatalement nette*"[103]).En postulant que la signification d'un élément de la littérature implique que l'ensemble de la littérature soit signifiant, il oblige aussi à considérer que les zones de "*brouillage*" en art supposent que l'ensemble de l'art est insignifiant.

Il reprend la même dialectique dans *Langage des sables* (1980) en écrivant que "*L'oeuvre de Clergue ne veut pas forcément "dire quelque chose*"" car elle "*crée des formes qui renvoient à des formes*", et que comme "*dans les têtes composées d'Arcimboldo (...) il n'y a pas "un" sens; il y a "du" sens*"[104].

On pourra s'interroger sur la validité d'un tel raisonnement (lequel mériterait sans doute de rappeler la mise en garde scolastique "*post hoc, ergo propter hoc*", en effet peut-on vraiment dire que *parce que* l'art n'est pas discursif, il n'a de sens que formel?), si on le compare à la pensée qu'Erwin Panofsky a développée dans toute son oeuvre, et qui considère l'Art comme l'aboutissement de la pensée philosophique, religieuse, littéraire, politique, mythologique et esthétique de son temps (d'autant que Barthes reprendra cette définition à propos de la littérature).

---

[95]*Ibid.*, pp. 257-258.

[96]Comme l'appelle Georg Wilhelm Friedrich Hegel dans *La Philosophie de l'esprit*, Paris, PUF, 1982.

[97]Jung, p. 266.

[98]Jung est loin d'être le seul à penser que la signifiance de l'art est uniquement formelle; en effet, ce idée fut reprise, entre autres, par Adorno dans *Autour de la Théorie esthétique*, et dans *Théorie esthétique*, Paris, Klincksieck, 1974.

[99]Cf. notamment Hegel, *Esthétique*, Paris, PUF, 1953, et *La philosophie de l'esprit*, pp. 11 à 28.

[100]Ce qu'écrit explicitement Adorno, *Théorie esthétique*, pp. 205-206ss.

[101]Barthes, *Poétique du récit*, notes 19-20, p. 54.

[102]Il contredira cette thèse dans "*L'effet de réel*" de 1968, pp. 81 à 90 de *Littérature et réalité*, Paris, Seuil, 1982.

[103]Barthes, *Poétique du récit*, note 19, p. 54.

[104]Barthes, *Langage des sables*, à propos des photos de Lucien Clergue, Marseille, AGEP, 1982, non numéroté, pp. 1-2; d'où l'idée que l'art est compact, obscur, "*brouillé*", et donc inintelligible, c'est-à-dire, dans la pensée barthésienne, non discursif, et par suite impossible à interpréter. Une optique identique se retrouve, bien sûr, dans Barthes, *Arcimboldo*, Parme, Milan, Paris, Ricci, 1978 - ouvrage auquel il fait lui-même référence dans le passage cité -, mais aussi dans *La Tour Eiffel*, Paris, Delphine, 1964, et *Système de la mode*, Paris, Seuil, 1967.

III. POLITIQUE

QUELQUES RÉFLEXIONS SUR LES ANARCHISMES...

Marc Antony

Biographie de l'Auteur:
(Né en 1950) est un militant politique, associatif et syndicaliste depuis le milieu des années 1960. Favorable au pluralisme, à l'autogestion et au fédéralisme, il milite toujours dans des structures ouvertes, et préside actuellement la Coordination Nationale des Comités de Défense des Hôpitaux et Maternités de Proximité. Historien, il s'est consacré aux études sur le mouvement ouvrier, plus particulièrement sur les mouvements libertaires et autogestionnaires. Il s'est spécialisé dans l'analyse des utopies, notamment libertaires, et après un DEA, il a décidé d'ouvrir un site contenant toutes ses recherches pour communiquer librement avec militants, chercheurs et simples curieux.

Résumé de l'article:
Anarchie, anarchisme, acratie, mouvement libertaire, anti-autoritaire, anti-étatiste... recouvrent une nébuleuse plurielle et évolutive. On devrait plutôt parler "des anarchismes" en utilisant le pluriel systématiquement.
Sur le plan chronologique, si les idées anarchistes ou libertaires sont de tous les temps et de tous les espaces géographiques, la notion se précise réellement dans l'aire européenne avec les penseurs du début du XIX° siècle (GODWIN, PROUDHON, DEJACQUE,STIRNER...).
Historiquement le mouvement se structure au moment de la Commune de Paris et peu après, donc dans la décennie des années 1870. Il n'en garde pas moins une extraordinaire diversité, qui va se renforcer au cours du XX° siècle, d'autant plus que depuis les années 1960 une bonne partie d'idées libertaires sont entrées dans la pensée ou la pratique de nombreux mouvements qui ne s'estiment pas anarchistes pour autant: autogestionnaires et mouvements d'auto-production, écologistes sociaux, altermondialistes fédéralistes et antiautoritaires, féministes libertaires, squatteurs, pédagogues antiautoritaires et alternatifs, milieux de vie autonomes, TAZ - Zones temporaires autonomes, poststructuralisme... Il est dur de s'y retrouver, mais les points communs sont patents: autonomie, antiautoritarisme dans la sphère privée comme dans la sphère publique, autogestion intégrale, fédéralisme ou structure réticulaire horizontale, respect des individus et de tous les êtres peuplant la planète, respect de l'environnement...

PENSÉE LIBERTAIRE: DE TOUS LES TEMPS ET DE TOUS LES LIEUX

Si dans un premier temps on adopte une définition minimale de l'anarchie comme mise en avant de la liberté, individuelle et collective, et comme refus de toute autorité (État, famille, religion, capital...), alors l'anarchie est de tous les temps et de tous les lieux.
On peut en trouver des antécédents dans la plupart des civilisations depuis le début de l'histoire.
C'est pourquoi bien des historiens et/ou des militants n'hésitent pas à citer nombre d'idées anarchistes ou libertaires chez des personnages et des mouvements anciens, à commencer par le plus prestigieux d'entre eux: «l'*Hérodote de l'anarchie*», l'historien autrichien Max NETTLAU (1865-1944) notamment dans ses deux principaux ouvrages *Bibliographie de l'anarchie* (1896-97) et *Histoire de l'anarchie* (première ébauche en 1925)[1]. Plus récemment, une des plus grosses et des plus variées anthologies libertaire, proposée par un chercheur canadien, traite dans son premier volume de 300CE à 1939[2]! Pour ma part, j'ai proposé une liste de tous les personnages libertaires ou cités et revendiqués comme tels à travers les âges: la somme est réellement impressionnante[3].
Si on prend quelques exemples relativement souvent cités, on peut retenir pour l'Antiquité: LAOZI (vers -570 -490), ARISTOPHANE (V°-IV°), ZÉNON (IV°-III°), ou ÉPICURE (IV°-III°), ...
Pour le Moyen Âge, des millénaristes «*anarchistes*» du monde chrétien (Norman COHN[4]), quelques adeptes libertaires du joachimisme et du Libre Esprit[5], quelques «*anarchistes égalitaristes*» (LEWIS[6]) du kharidjisme ou des «*proto-communistes*» Kharmates et Mu'tazilites dans l'aire islamique. L'importance des mouvements dits millénaristes et des hérésies plus ou moins libertaires dans toutes les aires religieuses, et aussi dans l'Islam, est colossale et toujours sous estimée; j'y ai consacré un grand nombre de pages[7].
Pour l'Époque Moderne se côtoient François RABELAIS (1483-1553) et son compère Étienne de LA BOÉTIE (1530-1563), Shôeki ANDÕ (environ 1703-1762), Gerrard WINSTANLEY (1609-1676?), Donatien-Alphonse Marquis de SADE, 1740-1814, Sylvain MARÉCHAL (1750-1803)... Le «*Fay ce que vouldras*» rabelaisien est très souvent cités par libertaires et anarchistes, et par les historiens de l'utopie. Quant à la notion de «*servitude volontaire*» de LA BOÉTIE, elle est devenue un quasi poncif pour bien des libertaires qui dénoncent la masse grégaire et servile.
Bref la liste est longue, à la fois anachronique (les mots anarchie, anarchisme et libertaires n'existent pas encore - en tout cas pas au sens actuel) et censée, tant les aspirations à la révolte, à la nécessaire rébellion, à la primauté de la liberté, au refus de l'autocratie ou de toute institution arbitraire parcourent l'histoire de l'humanité: écrits libertaires, révoltes sauvages ou organisées... ce sont des centaines de personnages et de mouvements qui ici ou là apparaissent dans les anthologies anarchistes.

---

1 **NETTLAU Max** *Der Vorfrühling der Anarchie: ihre historische Entwicklung von den Anfängen bis zum Jahre 1864.* Berlin: Der Syndikalist, 235p, 1925
2GRAHAM Robert *Anarchism. A documentary history of libertarian ideas.Volume One. From Anarchy to Anarchism (300CE to 1939)*, Montreal: Black Rose Books, Robert Graham Editor, 536p, 2005
3ANTONY Michel*III. Ferments libertaires dans quelques écrits utopiques & utopies libertaires*, Magny Vernois, 1° édition 1995, 177p, mai 2009, sur le site http://artic.ac-besancon.fr/histoire_geographie/HGFTP/Autres/Utopies/u3a-ferm.doc
4NORMAN COHN*The Pursuit of the Millenium*, London: Secker and Warburg, 1957
5 Cf. par exemple **VANEIGEM Raoul** *Le mouvement du Libre-Esprit*, Paris: Ramsay, 1986
6LEWIS Bernard *La signification des hérésies dans l'histoire de l'islam* (1952),-in-*Islam*, Paris: Gallimard, 1338p, 2005 p.848
7ANTONY Michel*VI. B. Des traces anarchistes dans certains mouvements millénaristes et messianiques?*, Magny Vernois: 1° édition 1995, 144p, juin 2009, accessible sur le site http://artic.ac-besancon.fr/histoire_geographie/HGFTP/Autres/Utopies/u4Traces.doc

FONDATION DE L'ANARCHISME; LE XIX° SIECLE SURTOUT EUROPÉEN

PROTO-ANARCHISME ET FONDATEURS

En réalité l'anarchie comme pensée, et l'anarchisme comme mouvement, naissent réellement au tournant des XVIII°-XIX° siècles, avec quelques traces ambigües et discutables lors des révolutions britannique, étatsunienne et française. Le mot est alors souvent systématiquement péjoratif. Quelques Enragés, Tribuns populaires, mouvements sans-culottes ou «*bras nus*» chers à Daniel GUÉRIN[1] et à KROPOTKINE[2]... anticipent les anarchistes ultérieurs.

Le premier «*proto-anarchiste*» (terme du philosophe libertaire Michel ONFRAY) au système solide et dûment argumenté semble être William GODWIN (1756-1836), britannique enthousiasmé par la révolution française, qui consacre une masse de livres à la dénonciation de l'injustice sociale, aux droits des élèves et des femmes, et pour une société auto-organisée autour des villages (les paroisses écrit-il). Avec sa compagne féministe Mary WOLLSTONECRAFT (1759-1797), et leur fille démiurge (Frankestein!), la future Mary (GODWIN) SHELLEY (1797-1851), et ses compagnons Percy Bysshe SHELLEY (1792-1822) et Lord George Gordon BYRON (1778-1824)... nous avons l'apparition d'une première intelligentsia libertaire. Il n'est pas étonnant qu'au nom d'un humanisme radical et libertaire, les deux amants que sont Mary et Percy aient écrit deux ouvrages à la gloire de PROMÉTHÉE: le magnifique et provocateur *Frankenstein ou le Prométhée moderne* en 1817 de Mary, et *Le Prométhée délivré* en 1818-1819 de Percy[3].

Autre penseur, mais lui totalement antirévolutionnaire, que l'anarchisme aime parfois revendiquer, et, je le pense et le développe[4], à juste titre: le bisontin Charles FOURIER (1772-1837). Ses phalanstères forment des microsociétés alternatives, dans lesquelles les passions doivent s'épanouir, et où la vie collective ne doit en rien écraser la liberté individuelle. Cet auteur redécouvert en 1967 (!) pour son magistral *Le nouveaux monde amoureux*, est sur bien des plans un vrai libertaire et sans doute le plus cohérent parfois, surtout quand il affirme que le degré d'une civilisation se mesure à la place faite aux femmes! Anticipant FREUD (contre les engorgements-frustrations) et un féminisme moderne, le génial et fantasque franc-comtois reprend une juste et forte place avec les surréalistes, les situationnistes et les libertaires conséquents[5].

LA PREMIÈRE VAGUE

C'est cependant la France du milieu du XIX° siècle qui adopte et le mot et la pensée nouvelle: Pierre-Joseph PROUDHON (1809-1865), autre bisontin et rival du premier, se proclame anarchiste, et d'autre fois fédéraliste, mutuelliste, etc. Pourfendeur audacieux de la propriété dans un premier temps («*la propriété c'est le vol*»)[6], il évolue vers une reconnaissance de la propriété (possession) et démontre quelques tares incompatibles avec une pensée libertaire authentique: un antiféminisme d'un autre âge, et des relents d'antisémitisme, sans compter des critiques vis-à-vis de la grève. Le «*père de l'anarchie*» et de «*l'autogestion*» suscite d'emblée de virulentes critiques au sein d'un mouvement qu'il vient de créer à son corps défendant (il refuse avec cohérence d'être chef de file), et qui persiste très puissamment dans l'AIT ou le futur syndicalisme révolutionnaire ultérieurs.

D'autres anarchistes de l'époque du «*printemps des peuples*» sont à redécouvrir: Ernest COEURDEROY (1825-1862) qui annonce BAKOUNINE par sa volonté de tout détruire pour mieux reconstruire et par son appel aux cosaques salvateurs[7]; anticipant également les anarchistes espagnols de 1936, il pourfend les amateurs sanguinaires de corrida. Anselme BELLEGUARRIGUE (vers 1820-vers fin du siècle) est le créateur de *L'Anarchie, journal de l'ordre*. Mais c'est surtout Joseph DEJACQUE (1821-1864?) qui me semble le plus intéressant, car il mêle un fouriérisme communautariste et féministe, avec un proudhonisme révolutionnaire débarrassé de ses scories. Il propose sans doute la première grande utopie anarchiste mondiale, même si d'autres avant peuvent être citées: *L'Humanisphère. Utopie anarchique*. C'est dans son *Libertaire, journal du mouvement social*, qu'il dirige à New York, qu'est publiée ce beau texte en plusieurs morceaux (dans les 16 premiers numéros du 09/06/1958 au 18/08/1959[8]). Il annonce des idées qui ne fleuriront qu'avec le communisme anarchiste de la fin du siècle.

Johann Caspar SCHMIDT, dit Max STIRNER (1806-1856) ouvre la voie à une vision individualiste intransigeante, au nom de l'Unique et de sa propriété[9]. En fait on oublie trop souvent l'importance qu'il accorde à l'éducation et aux possibilités d'une association de pairs («*les égoïstes*»): il est plus social qu'on ne le pense souvent.

Aux États-Unis apparaît à la même époque un mouvement entre individualisme, mutualisme, solidarisme dont le principal exposant semble être Josiah WARREN (1798-1874). Cela nous rappelle qu'une vision trop euro-centrée est dommageable pour une histoire correcte et complète de la pensée et des mouvements libertaires.

LA FONDATION D'UN MOUVEMENT

Historiquement la plupart des historiens font remonter l'anarchisme aux années 1860-1870, c'est-à-dire entre les dernières affirmations de PROUDHON, notamment sur le fédéralisme et sur la capacité politique des classes ouvrières[1], et la naissance de la Première Internationale.

---

[1] **GUÉRIN Daniel** *Bourgeois et bras nus 1793-1797*, Paris: Gallimard-Idées, 313p, 1973

[2] **KROPOTKINE Pierre** *La Grande Révolution 1789-1793*, Paris: Stock, 749p, 1909

[3] **ANTONY Michel** *V. Quelques œuvres utopiques libertaires ou résolument anarchistes...*, Magny Vernois: 1° édition 1995, 154p, juin 2009; sur le site http://artic.ac-besancon.fr/histoire_geographie/HGFTP/Autres/Utopies/u3c-ferm.doc

[4] Cf. C.2. *Charles FOURIER, libertaire et/ou surréaliste avant la lettre*, **ANTONY Michel** *III. Ferments libertaires dans quelques écrits utopiques & utopies libertaires*, Magny Vernois, 1° édition 1995, 177p, mai 2009, sur le site http://artic.ac-besancon.fr/histoire_geographie/HGFTP/Autres/Utopies/u3a-ferm.doc

[5] **ANTONY Michel** *Quelques éléments biographiques sur Charles FOURIER 1772-1837 & Courte présentation du Fouriérisme*, Magny Vernois: 1° édition 1995, 49p, juin 2009; sur le site http://artic.ac-besancon.fr/histoire_geographie/HGFTP/Autres/Utopies/uto-fou2.doc

[6] **PROUDHON Pierre Joseph** *Qu'est-ce que la propriété? ou Recherches sur le principe du droit et dugouvernement. Premier mémoire*, Paris: Brocard, 1840

[7] **COEURDEROY Ernest** *Hurrah! ou la révolution par les cosaques*, London: 1854; Paris: Plasma, 1977

[8] **GRANIER Caroline** *« Nous sommes tous des briseurs de formule »: les écrivains anarchistes en France à la fin du XIX° siècle*, Vincennes-St-Denis, Thèse en Lettres Modernes à Paris VIII, 1400p, décembre 2003, p.1368

[9] **STIRNER Max** *Der Einzige und sein Eigentum*, Leipzig: 1845 - **STIRNER Max** *L'Unique et sa propriété*, Paris: Stock, n°28, 1900

Dans cette AIT - Association Internationale des Travailleurs, fondée à Londres en 1864, pluraliste et parfois ambiguë, les proudhoniens français dominent jusque vers 1867-1868. Ils laissent la place à leurs successeurs libertaires plus radicaux, les Eugène VARLIN (1839-1871), Michel BAKOUNINE (1814-1876), Benoît MALON (1841-1893), Paul ROBIN (1837-1912), Élisée RECLUS (1830-1905) et Louise MICHEL (1830-1905)… qui ferraillent contre l'autorité, pour une éducation libre et intégrale, pour la mise en place de sociétés mutualistes et solidaires et syndicales…

Dans la Commune de Paris, que revendiquent autant les marxistes que les anarchistes, tous les révolutionnaires voient la première réalisation d'une société idéale, auto-organisée, rêvant de fédéralisme… une forme de proudhonisme radical en quelque sorte. La Commune va être revendiquée et magnifiée partout, et son nom devenu commun va désigner des formes conseillistes ou autogestionnaires pendant tout le XX° siècle: communes ou colonies expérimentales, communes de Cronstadt, de Budapest, de Berlin…

Après la répression, l'AIT survit mais va vite exploser du fait de la lutte très dure entre deux tendances motrices: les autoritaires (surtout marxistes) et les antiautoritaires menés par les Suisses (Fédération jurassienne), les italiens massivement dès 1872, la grande masse ibérique autour de la FRE-AIT Federación Regional Española, des français, des belges, des réfugiés surtout en Suisse ou à Londres… MARX reconnaît sa défaite et propose l'exil de l'AIT sur New York où elle s'estompe rapidement. Sur le continent européen, une AIT majoritairement antiautoritaire survit jusqu'en 1876 au moins.

En Europe, autour de la *Circulaire* fondatrice de Saint-Imier en 1872, les libertaires l'emportent donc pour un temps. Ils deviennent acteurs officiels de l'histoire.

L'anarchisme, au sens historique du terme, est donc un mouvement jeune, malgré ses racines anciennes, et d'emblée il est déjà divisé. Il désigne le plus souvent un courant politique hostile à l'État, ou une pensée refusant «*toute autorité, toute règle*» et souhaitant permettre un «*individualisme absolu*» (Cf. *Trésor de la langue française* 03/04/2002). Si on se limite à cette phrase, on a la preuve que bien des analystes n'ont donc pas vraiment fait l'effort de lire les théoriciens anarchistes, dont ils ne voient ni les nuances, ni la finesse de pensée, ni leur extraordinaire diversité. En effet, *l'autorité* librement consentie, la *règle* auto-définie existent dans la pratique et dans maints projets anarchistes, mais avec des nuances innombrables.

    L'*Encyclopedia universal ilustrada* est, malgré sa volonté anti-anarchiste affirmée, bien plus précieuse pour nous aider à définir le mot: l'anarchisme se présente comme «*une école ou une théorie qui se propose de supprimer le régime social, politique et économique actuel, en supprimant l'État et en le remplaçant par la "communauté des individus", sans autorité, sans religion, sans propriété et sans famille*».

    Ce terme (***anarchismo***) est très récent en Italie, puisque sa première version dans un dictionnaire se ferait en 1941, mais il serait déjà utilisé, sans constituer une entrée à part entière, depuis 1931. Et ce n'est que dans les années 1960 qu'il prend vraiment son sens plein de projet politique global et de mouvement[2].

QUELS TERMES CHOISIR?

C'est le moment de s'arrêter un peu sur la terminologie. L'anarchie désignerait la pensée, «*la Idea*» des ibériques et latino-américains, et la société harmonieuse rêvée. L'anarchisme désignerait plutôt le mouvement sociopolitique. L'acratie est un synonyme d'anarchie, l'harmonie également. Le mot libertaire serait à la fois un synonyme d'anarchiste, et une définition plus large, intégrant d'autres mouvances.

ANARCHIE

Anarkhia ou «*anarchie*» est un terme d'origine grecque signifiant absence de sage, de chef[3]. «***An***» est un privatif, et «***archos***» ou «***arkhê***» désigne sagesse, sage, autorité, commandement… dans le sens le plus courant (ce qui donne ***arkhein***); mais le mot signifie également ancien, antique… (ce qui donne ***arkhaios***). Les jours «***anarchiques***» étaient en Grèce antique les 4 journées civiles sans anciens magistrats actifs, puisqu'on procédait alors au choix des nouveaux. Chez HOMÈRE ou HÉRODOTE le mot défini «*une situation dans laquelle un groupe armé… se retrouve sans chef*» comme le rappelle Eduardo COLOMBO dans le n°2 de la revue Réfractions de 1998. ***Arkhê*** signifie effectivement commandement, hiérarchie ou *prise d'initiative*. Donc «*l'anarkhia est un principe d'organisation qui s'oppose à un principe de commandement ou de domination*». Comme l'écrivain libertaire d'origine paraguayenne l'affirmait en 1999: «*le sens étymologique me suffit: "absence de gouvernement". Il faut détruire l'esprit d'autorité et le prestige des lois*». Pour lui l'anarchisme ne devenait plus alors qu'une question «*de libre examen politique*»[4]. WIECK ne dit pas autre chose en analysant l'idée de «*souveraineté politique*»[5], «*l'anarchisme pouvant être entendu comme l'idée générique, sociale et politique, pour exprimer la négation de tout pouvoir, domination ou division hiérarchique, et comme volonté de les détruire ("dissolution")*». Dans le milieu nord américain des seventies, que l'auteur de l'article analyse, cette vision «*générique*» de l'idée antiautoritaire explique son extraordinaire renouveau («*revival*») dans diverses directions qui toutes s'opposent à la domination (écologie, sexe et famille, mouvements ethniques, travail et décroissance…).

En France, le terme ***anarchie*** ne serait apparu qu'au XIVème siècle, d'après *Le Robert*, ou vers 1593/94 en même temps que l'adjectif «*anarchique*»[6]; «*anarchiste*», à la fois nom et adjectif, serait contemporain de la Révolution Française (1791), suivi peu après par «*anarchisme*» vers 1834. Depuis le XVIIIème siècle ces mots se généraliseraient, mais surtout avec le sens de chaos.

    Le terme ***Anarchie*** semble pour la première fois être utilisé de manière raisonnée (quoique encore avec son double sens) par William GODWIN dès 1793 en Angleterre. C'est sans doute parce qu'il a lu GODWIN que le vénézuélien Coto PAÚL, membre de la *Junta Patriótica* de

---

1**PROUDHON Pierre Joseph** *De la capacité politique des classes ouvrières*, Paris: Dentu, 1865

2**GIULIANELLI Roberto** *L'anarchia nelle enciclopedie e dizionari. Note sulla storia di un lemma*, -in-**RSDA**, a.7, n°1-13, Pisa: 2000

3*Le Nouveau Petit Robert* 1995

4**BARRETT Rafael** *La rebelión*, Asunción: 15/03/1909

5**WIECK David Thoreau** *The negativity of anarchism*, -in-**Interrogations**, Paris: n°5, décembre 1975, p.30

6**ZANANTONI Marzio** *Anarchismo* 1997, p.19

Caracas en 1810 fait l'apologie de «*l'anarchie, car c'est la liberté*», en contrant ainsi ses collègues de la Junte indépendantiste qui n'en voyaient que le sens péjoratif[1].

En avril 1850, le français Anselme BELLEGARRIGUE lance un des premiers journaux ouvertement déclarés et sans doute un peu provocateur: «*L'anarchie: journal de l'ordre*».

En Italie, cette étymologie grecque est utilisée par tous les dictionnaires et encyclopédies qu'a analysés Roberto GIULIANELLI, jusque dans les années 1860, en mettant l'accent sur le «*non gouvernement*» et sur des formes de démocratie directe (sans les nommer ainsi) à base d'assemblées populaires[2].

Le sens péjoratif de désordre, de chaos, de «*bordel*» et donc d'injure politique assez sommaire et systématique, semble cependant le plus couramment utilisé jusqu'à nos jours, et curieusement repris parfois par des anarchistes eux-mêmes, notamment PROUDHON, un des premiers pourtant à «*officialiser*» le terme. C'est ce que récemment (2000) confirme l'ouvrage de Marc DELEPLACE. En analysant l'usage du mot et du concept (une «*notion-concept*» écrit Michel VOVELLE) du milieu du XVIIIe siècle à PROUDHON, il nous narre «*l'histoire d'une appropriation polémique*», comme il l'énonce si bien dans son sous-titre[3].

Dès le *Dictionnaire de l'Académie Française* de 1694, cette notion péjorative est dominante mais non encore excessive: «*Anarchie: estat déréglé, sans chef et sans aucune forme de gouvernement*»[4]. C'est également le sens premier et essentiel retenu par l'œuvre numérisée du *Trésor de la Langue française* en début du XXIe siècle «*État de désordre dans lequel se trouve une collectivité ou un État…*» (visite sur l'internet du 03/04/2002). La grande et vénérable *Encyclopedia Universal Ilustrada – Europeo-americana*, dans son volume 5 publié à Madrid par Espasa-Calpe SA, associe toujours **anarquía** à désordre, mais ce n'est que le 3° des 4 sens qui lui sont attribués après «*absence de gouvernement*», «*état d'une collectivité dans laquelle n'existe aucune autorité*» et devant «*théorie moderne opposée à toute organisation politique et sociale*». Ce choix éditorial est scientifiquement assez rigoureux.

Historiquement, en France, cette vision péjorative, très critique, apparaît dans un premier usage fréquent du terme «***anarchistes***», pendant la Révolution Française, notamment sous le Directoire, pour déconsidérer le courant radical des Enragés. À la suite de F. BRUNOT[5], Jean MAITRON[6] et Marc DELEPLACE[7] on ne peut qu'être atterré en reproduisant ce message du Directoire Exécutif du 13 floréal de l'an VI: «*Par "anarchistes", le Directoire exécutif entend ces hommes couverts de crimes, entachés de sang et engraissés de rapines, ennemis des lois qu'ils n'ont point faites et de tout gouvernement où ils ne gouvernent pas, qui prêchent la liberté et pratiquent le despotisme, parlent de fraternité et égorgent leurs frères, et se targuent de désintéressement en partageant leurs dépouilles: tyrans, esclaves, adulateurs serviles du dominateur adroit qui les subjugue, capables en un mot de tous les excès, de toutes les bassesses, de tous les crimes*». Cette vision entièrement négative est jetée à la face de chaque camp par l'autre, et alternativement: la droite et la gauche naissantes l'utilisent toutes les deux. Concept vide, mot creux, injure simpliste, telle est la réalité du terme au moment de la révolution. Ce n'est que plus tard qu'on trouvera des traces anarchistes (positives) dans la révolution (KROPOTKINE, GUÉRIN, DOLLÉANS, MANFREDONIA…) mais cela se fera parfois avec un total anachronisme dans l'usage du terme, car à l'orée du XIXe siècle, l'anarchie fut un vrai repoussoir.

Cependant, il me faut un peu corriger cette dernière remarque, car l'ouvrage de DELEPLACE tend, tout en gardant le côté entièrement péjoratif de l'anarchie, qui est évident et omniprésent, à en faire un concept élaboré au moins depuis les Lumières («*une première conceptualisation négative*») plus qu'une injure employée à tort et à travers[8]. L'anarchie serait souvent, au XVIIIe siècle, un état dégénératif, situé entre une société correcte et une tyrannie inévitable qui en est l'aboutissement.

De là à assimiler la cause et le but atteint, l'anarchie et la tyrannie, il n'y a qu'un pas à franchir. L'anarchie est donc analysée en tant que telle, pas comme simple injure de circonstance car «*avant de désigner tel ou tel groupe politique, au gré de la conjoncture, l'anarchie permet d'abord de qualifier les évènements*»[9], les régimes, les situations politiques…

Ce n'est vraiment qu'au moment de la Révolution que ce concept deviendrait plus polémique et changerait souvent de sens, selon ceux qui l'utilisent, selon ceux qui sont visés (les «*anarchistes*» apparaîtraient dès 1791, et surtout en 1792 dans le «*discours girondin*»), ou selon l'objet qu'ils prétendent désigner, par exemple: «*anarchie féodale*» (forme qui serait la plus usitée), «*anarchie capitaliste*»… Les confusions les plus grandes sont issues de cette diversité d'inspiration, puisque l'anarchie dérive autant de (ou s'identifie avec) la démocratie ou de l'aristocratie! Elle désigne alors alternativement l'absence de gouvernement et la sauvagerie primitive qu'elle permet, et le trop plein tyrannique de gouvernement; elle invective autant les monarchistes que les républicains, mais reste surtout associée aux montagnards, jacobins sanguinaires de la «*jacobinaille*» et sans-culottes de la «*sanguinocratie*» et autres «*terroristes*». Il semble qu'avec les Thermidoriens de l'an III, le concept d'anarchie désigne une forme particulière du despotisme, pas le despotisme en soi. Si le concept parait s'affiner notamment avec la réaction que représente Thermidor, on a énormément de mal à s'y retrouver. Seule la notion d'anarchie comme «*empire de la terreur*» rentre définitivement dans les images fortes de la polémique en politique et va perdurer jusqu'à nos jours. Cette vision «*noire*» s'exprime très bien dans l'exposé de l'accusateur national VIEILLARD devant la Haute Cour dans le Procès contre la *Conjuration des Égaux* en ventôse an V (février 1797): «*rien ne peut ramener, ni apaiser, ni calmer ces hommes cruels (les anarchistes). Prêts à tous les excès, engagés la plupart, à en commettre par ceux mêmes qu'ils ont déjà commis, le sang du crime bouillonne pour ainsi dire dans leurs veines; et le plus effroyable*

1SERRANO GONZÁLEZ A. *Apuntes sobre anarquismo en Venezuela*, –in-**Cultural Últimas Noticias, Suplemento**, Caracas: 10p, 18/10/1998, p.1

2GIULIANELLI Roberto*L'anarchia nelle enciclopedie e dizionari. Note sulla storia di un lemma*, -in-**RSDA**, a.7, n°1-13, Pisa: 2000

3 DELEPLACE Marc *L'anarchie de MABLY à PROUDHON (1750-1850). Histoire d'une appropriation polémique* Fontenay: ENS Éditions, 294p, 2000

4COLOMBO Eduardo*Anarchie et anarchisme*, -in-**Réfractions**, n°7, 2001

5BRUNOT F.*Histoire de la langue française des origines à nos jours*, Paris: Colin, 1937

6MAITRON Jean*Le mouvement anarchiste en France*, Paris: Maspéro, Tome 1, 1975, p.14

7 DELEPLACE Marc *L'anarchie de MABLY à PROUDHON (1750-1850). Histoire d'une appropriation polémique* Fontenay: ENS Éditions, 294p, 2000, p.12

8DELEPLACE Marc *op.cit.*, p.13 & 14

9DELEPLACE Marc *op.cit.*, p.83

caractère de leur perversité, c'est qu'ils ont unanimement érigé en principe le pillage, le brigandage, l'assassinat. Leur premier dogme est le bouleversement de la société, qu'ils appellent égalité, loi agraire, le remplacement des propriétaires par ceux qui ne le sont pas, la succession de ceux qui n'ont rien à ceux qui ont quelque chose. Tout moyen pour arriver à leur but leur paraît également bon; dévaster, égorger jusqu'à ce que leur affreux système surnage sur une mer de sang…»[1]. Intrinsèquement mauvais, les anarchistes sont tout de même ici très bien reconnus comme anticipant les fameuses «*classes dangereuses*», et donc comme adversaires irréductibles des propriétaires, même si «*ce thème de l'anarchiste pilleur n'en est pas moins relativement tardif dans le champ conceptuel de l'anarchie*» comme le précise Marc DELEPLACE. La figure sociale de l'anarchiste qui ressort de la période révolutionnaire est celle d'un individu «*irréductible à toute insertion sociale. Il est sans famille, sans bien, sans travail. Il est aussi sans toit*»[2]: c'est donc un cumulard de la négation. On peut reprocher à la thèse très riche de l'auteur que tous les extraits qu'ils nous apportent, même s'ils ont un semblant d'approfondissement, et bien qu'ils soient marqués par une nette historicité, confirment plutôt une accumulation de poncifs (côté polémique et péjoratif) qu'une conceptualisation digne de ce nom, tant elle est marquée par l'extrême diversité. DELEPLACE lui-même reconnaît honnêtement d'ailleurs ce procédé de «*collage*» que tous les anti-anarchistes utilisent.

Dans la première moitié du XIXe siècle perdure l'essentiel de cette vision de l'anarchie assimilée au désordre, au despotisme et à la désorganisation de la société qui s'est renforcée pendant la révolution. Pour beaucoup, anarchie et période révolutionnaire sont intrinsèquement mêlées. Mais les modèles «*anarchistes*» (BABEUF, les Enragés…) de la révolution cèdent le pas aux nouveaux groupes actifs du moment: les ouvriers révoltés et parfois même les libéraux! L'insulte, en devenant conjoncturelle, et en visant de trop divers acteurs, perd de sa consistance conceptuelle. Quant les idées, les mœurs, les pensées politiques, les actions autonomes… dérangent, le terme est vite réutilisé. Cette diversité est d'autant plus grande que, à nouveau, les accusés d'anarchie renvoient l'injure à leurs détracteurs, comme les ouvriers regroupés dans *l'Atelier* dans les années 1840[3]. L'anarchie est partout, plus que le spectre du communisme: il suffit de défendre le divorce, d'œuvrer pour la liberté de la presse, de parler de démocratie… pour être désigné anarchiste. Par contre, notamment avec la critique fouriériste du capitalisme (son concept de «*civilisation*»), le désordre et l'inégalité du monde économique sont à leur tour taxés «*d'anarchie mercantile*», et bientôt d'anarchie capitaliste soumis à ces parasites que sont les marchands usant de la «*concurrence anarchique*».

Poussant l'idée péjorative au maximum, et soumis au stress de la période des attentats en fin du XIXe siècle, de nombreux auteurs continuent dans l'usage polémique et négatif. Ils vont même jusqu'à assimiler systématiquement ces anarchistes fauteurs de chaos à des criminels. Le soi-disant scientifique italien Cesare LOMBROSO (1835-1909), en tentant de prouver «*au faciès*» que l'anarchiste n'est qu'un criminel né, s'est rendu définitivement ridicule. Pourtant son ouvrage[4] fut très largement répandu[5].

L'anarchiste terroriste et dangereux, autoritaire et sanguinaire, terroriste potentiel… fait donc partie de notre patrimoine. Ces recettes de déconsidérations politiques vont se généraliser, et devenir le mode de jugement essentiel utilisé contre les ouvriers de Chicago en 1886, le fourbe et démagogue Francisco FERRER en Catalogne, les immigrants dangereux de l'Amérique de SACCO & VANZETTI ou les cénétistes antifranquistes des années de la dictature… Ainsi en Italie, le sens péjoratif apparaît effectivement au moment où les mouvements internationalistes se développent et où un mouvement, jugé dangereux et déstabilisateur se met en place (c'est à dire pour Roberto GIULIANELLI dans les années 1870). C'est d'ailleurs durant cette période (1863?) qu'on trouve la première mention du mot anarchiste (***anarchista***). Dans les années 1880, les ouvrages italiens semblent différencier les termes ***anarchico*** (qu'il faut plutôt traduire par anarchiste que par anarchique) et ***anarcoïde*** (ce dernier mettant l'accent sur la proximité des idées anarchistes, mais sans adhésion totale).

Le «*retournement positif*», lui aussi polémique et provocateur, de l'anarchie est vraiment effectué par PROUDHON en 1840 dans son pamphlet *Qu'est-ce que la propriété?* Il s'y déclare «*anarchiste*» et assure que «*la société cherche l'ordre dans l'anarchie*»[6]. C'est d'une véritable «*rupture sémantique*» (DELEPLACE) dont il s'agit. L'ambiguïté proudhonienne reste cependant forte, et chez lui dans la plupart de ses écrits, l'usage péjoratif du terme alterne avec un usage positif, qui d'ailleurs évolue et prend d'autres noms: mutuellisme, fédéralisme, partisan de l'association, autonomie ouvrière… Ce double usage tend à montrer la résistance du sens péjoratif, même chez les anarchistes convaincus, et comme le remarque judicieusement DELEPLACE, cette résistance prouve «*la difficulté de se dire anarchiste*»[7]. Encore en 1848, les ouvriers radicaux sont condamnés pour leurs opinions «*anarchiques*»[8], sans doute vise-ton autant dans cette condamnation le désordre qu'ils incarnent que l'idéologie qui explique leurs actions. Une des causes du succès du terme «*libertaire*», ou du mot «*acratie*» réside largement dans cette puissante tradition négative, héritage malgré tout très lourd à assumer.

Même chez les «*communistes*» du milieu du XIX° siècle, l'influence fouriériste et pré-anarchiste est également très forte: dans son *La communauté n'est plus une utopie!* de 1841, le communiste Jean-Jacques PILLOT donne cette définition exemplaire de la société future: «*L'anarchie organisée, c'est-à-dire l'harmonie scientifique et rationnelle, n'est-elle point l'état essentiellement normal dans lequel l'humanité doit vivre?*»[9]. Même chez des concurrents de PROUDHON, le terme «*anarchie*» n'est plus forcément utilisé de manière polémique ou péjorative: il y a bien à cette époque un retournement sémantique lourd d'avenir.

Dans tous les cas, le milieu du XIX° siècle est bien celui où le mot anarchie se détache peu à peu de la notion péjorative, et dans un texte inédit de 1851[10], le jeune républicain Élisée RECLUS l'utilise déjà de manière positive, même s'il n'est pas encore anarchiste déclaré: «*Notre*

---

1 DELEPLACE **Marc** *op.cit.*, p.148

2 DELEPLACE **Marc** *op.cit.*, p.195

3 DELEPLACE **Marc** *op.cit.*, p.207

4 LOMBROSO **Cesare** *Les anarchistes*, Paris: Flammarion, 1897

5 NEMETH **Luc** *Bulles de savon et peur du rouge, LOMBROSO 1835-1909* -in-**L'homme et la société**, n°123-124, Paris: L'Harmattan, 1997

6 PROUDHON **Pierre-Joseph** *Qu'est-ce que la propriété? ou Recherche sur le principe du droit et du gouvernement. Premier mémoire*, 1840, Paris: Garnier – Flammarion, 1966, p.300

7 DELEPLACE **Marc** *L'anarchie de MABLY à PROUDHON (1750-1850). Histoire d'une appropriation polémique* Fontenay: ENS Éditions, 294p, 2000, p.233

8 Cf. RANCIÈRE **Jacques** *La nuit des prolétaires*, Paris: Fayard, 1981, p.45

9 Cité par RIGNOL **Loïc** *Épistémologie des théories de la science sociale. Association et communauté dans l'organicisme du premier XIX° siècle*, -in-**Cahiers Charles Fourier**, n°15, 2004, p.81

10 RECLUS **Élisée** *Le développement de la liberté dans le monde*, Manuscrit de 1851

destinée, c'est d'arriver à cet état de perfection idéale où les nations n'auront plus besoin d'être sous la tutelle ou d'un gouvernement ou d'une autre nation; c'est l'absence de gouvernement, c'est l'anarchie, la plus haute expression de l'ordre». La formule est lâchée et promise à un bel avenir. RECLUS y est fidèle toute sa vie, surtout après sa première affirmation publique anarchiste en septembre 1868 au Congrès de Berne de la Ligue pour la Paix et la Liberté.

<u>ANARCHISMES</u>

L'anarchisme est polymorphe et évolutif, c'est une évidence pour qui l'analyse, et une cohérence évidente par rapport à ses fondements théoriques, puisqu'il refuse tout dogme. Ainsi, comme *«les principes anarchistes n'ont pas été coulés dans des programmes de parti, ce qui en soi constitue déjà un des trait essentiel de ce courant»,* rendre une définition est *«malaisé»* reconnaît le spécialiste du mouvement belge Jan MOULAERT[1]. L'anarchisme *«a historiquement fonctionné comme une multiplicité d'idées et de pratiques changeantes apparentées entre elles et non comme une doctrine-pratique unique»*[2]. Irène PEREIRA parle des *«grammaires théoriques différentes»* des *«anarchismes»*[3]. Pierre ANSART dit plus simplement que *«la notion d'anarchisme est simultanément un ensemble de significations et un ensemble de pratiques»*[4]. Dans une belle présentation de la mouvance anarchiste française face aux guerres coloniales, Sylvain BOULOUQUE confirme *«la polyphonie libertaire, partie intégrante d'un mouvement qui dès ses origines a développé les multiplicités interprétatives»*[5]. Dans sa très complète analyse de l'anarchisme portugais, João FREIRE rappelle que *«l'idéologie anarchiste est génétiquement plurielle»*[6]. Faisant le point sur le très riche anarchisme espagnol, Susanna TAVERA œuvre dans le même sens en notant qu'*«hétérogénéité et diversité ont été une des caractéristiques essentielles»*[7]. Dans la même récente revue, Ángeles BARRIO ALONSO pense que toute synthèse sur l'anarchisme est *«condamnée à l'échec»* car *«de tous les prédicats possibles de l'anarchisme, hétérogénéité et diversité sont ceux qui caractérisent le mieux sa morphologie»*[8].

Dans sa thèse de 1978 publiée pour l'essentiel en 1982[9] Xavier PANIAGUA FUENTES pense qu'il *«est préférable de parler d'anarchismes»* (au pluriel) tant les points communs sont finalement assez rares. Il en distingue cependant 3 principaux: le refus de toute autorité étatique, bien sûr, mais également la volonté permanente de défendre la liberté individuelle (dans n'importe quelle société, même anarchiste) et une vision humaniste plus que *de classe»,* même si l'anarchisme de son pays est très lié au mouvement ouvrier.

Dans un ouvrage de 1999[10] il approfondit cette pluralité des anarchismes, en y ajoutant une note d'incohérence. L'anarchie est pour lui *«une idéologie difficile à délimiter, mal définie, avec des éléments issus du libéralisme éclairé, d'autres du XIXème siècle –liberté de pensée, rationalisme, matérialisme, naturalisme, idéalisme hégélien, foi dans le progrès...- et des éléments de la tradition socialiste, d'autres issus des découvertes scientifiques... qui se combinent, en forme de cocktail, de manière très diverse, parfois en positions contraires, englobant tout un optimisme historique qui parfois marginalise les profondes dissidences théoriques au nom de l'harmonie future qu'on espère proche».*

Patricio Andrès GELI dans <u>Los anarquistas en el gabinete antropométrico</u> publié en 1992, et cité par ZARAGOZA[11], propose une remarque comparable: *«(il faut) concevoir la "cosmovisión" anarchiste non pas tant comme une idéologie systématiquement structurée, mais comme un lieu de métissage où à partir d'un substrat formé de noyaux durs (Cf. lecture éthique de la société, l'idée de progrès social, le rejet du principe d'autorité, la propriété vue comme vol, les modèles utopiques de société future...) arrivent un grand nombre de doctrines plus structurées. Ce mélange donne lieu à un ample jeu de combinaisons...»*

Dans son étude de l'anarchisme asturien, Angeles BARRIO ALONSO renforce cette idée de pluralisme et de variété des anarchismes, en le qualifiant de *«...mouvement si hétérogène, si divers et si multiforme...»*[12]. Le spécialiste des *romanceros* libertaires, Serge SALAÜN va dans le même sens lorsqu'il parle de *«polyphonie complexe»* pour décrire *«l'énonciation anarchiste»*[13].

De la même manière, le gigantesque ouvrage de Giampetro BERTI confirme qu'en fait *«l'anarchisme ne possède pas de doctrine codifiée, de ligne théorique unique de développement, d'une école homogène de la pensée»*[14]. La pluralité est bien la règle (si on ose parler de règle pour un tel concept!), pas l'exception.

Dans son ouvrage sur l'anarchisme chilien, Sergio GREY TOSO met sans cesse l'accent sur *«la diversité anarchiste»* et en fait même le titre de son X° chapitre[15].

Dans ses multiples mises au point, et encore en 2007, Gaetano MANFREDONIA ne cesse de rappeler que *«l'idée que les anarchistes se sont faits et continuent à se faire du changement social a toujours été plurielle et cela dès l'apparition des premières manifestations d'un courant de pensée libertaire au lendemain de la Révolution française»*[16]. Il cherche bien sûr à démontrer également que la manière ouverte de penser aujourd'hui l'anarchie et l'utopie ne date pas d'hier, mais remonte à loin!

1MOULAERT Jan <u>Le mouvement anarchiste en Belgique 1870-1914</u>, Ottignies: Quorum, 415p, 1996, p.9

2RAMOS Carlos<u>Se réapproprier le présent: considérations sur les possibilités de l'anarchisme</u>, -in-<u>L'anarchisme a-t-il un avenir? Histoire de femmes, d'hommes et de leurs imaginaires</u>, Actes du Colloque International de Toulouse, 27-29/10/1999, Lyon: ACL, 560p, 2001, p.519

3PEREIRA Irène <u>L'Esprit de 68. Quel héritage contestataire pour aujourd'hui?</u>, -in-<u>De Mai 68 au débat sur la postmodernité</u>, **Réfractions**, Paris: n°20, p.05-16, mai 2008, p.6

4PESSIN Alain/PUCCIARELLI Mimmo<u>Pierre ANSART et l'anarchisme proudhonien</u>, Lyon: ACL, 120p, 2004, p.110

5BOULOUQUE Sylvain<u>Les anarchistes français face aux guerres coloniales</u>, Lyon: ACL, 122p, 2003

6FREIRE Joâo <u>Les anarchistes du Portugal</u>, Paris: CNT-RP, Version simplifiée et mise à jour de la thèse de 1988, 336p, 2002, p.235

7TAVERA Susanna<u>La historia del anarquismo español: una encrucijada interpretativa nuova</u>, -in-**Ayer**, n°45, Madrid: 2002, p.14

8BARRIO ALONSO Ángeles<u>El anarquismo asturiano. Entre el sindicalismo y la política</u>, -in-**Ayer**, n°45, Madrid, 2002, p.148 & 148

9PANIAGUA FUENTES Xavier<u>La sociedad libertaria</u>, Barcelona: Critica, 310p, 1982

10PANIAGUA FUENTES Xavier <u>Anarquistas y Socialistas</u>, Madrid: Historia 16, 1999

11ZARAGOZA Gonzalo<u>El anarquismo argentino</u>, Madrid: La Torre, 1996, p.420

12BARRIO ALONSO Angeles<u>Anarquistas, republicanos y socialistas en Asturias</u>, -in-<u>El anarquismo español y sus tradiciones culturales</u>, 1995

13SALAÜN Serge<u>Teoría y práctica del lenguaje anarquista o la imposible redención por el verbo</u>, -in-<u>El anarquismo español y sus tradiciones culturales</u>, 1995

14BERTI Giampietro<u>Il pensero anarchico dal settecento al novecento</u>, Manduria: Lacaita, 1030p, 1998, p.6

15 GREZ TOSO Sergio <u>Los anarquistas y el movimiento obrero. La alborada de « la Idea » en Chile, 1893-1915</u> Santiago: LOM Ediciones, 436p, 2007, p.273

16MANFREDONIA Gaetano <u>Anarchisme et changement social. Insurrectionalisme, Syndicalisme, Éducationnisme-réalisateur</u>, Lyon: ACL, 362p, 2007, p.16

L'anarchisme c'est souvent pour de nombreux auteurs l'ensemble des moyens permettant d'atteindre l'idéal anarchiste, ou anarchie. Claire AUZIAS, pour impliquer l'anarchisme dans la seule utopie cohérente et réaliste avec son propos, nous donne une formule très ouverte, trop sans doute, car elle s'applique à tous les mouvements sociaux radicaux, et perd donc sa pertinence en dehors de l'enjeu polémique de l'article dont elle est tirée: «*L'anarchisme est un corpus de méthodes de lutte et un corpus théorique de définitions du bien-être*»[1]. C'est le genre de formule qu'un esprit ouvert ne peut qu'accepter, mais qui ne permet pas de bien savoir de quoi on parle.

Le mot est souvent également utilisé dans le sens d'idéal et de théorie, comme l'ouvrage récent du canadien Normand BAILLARGEON le rappelle: «*c'est une théorie politique au cœur vibrant de laquelle loge l'idée d'anti-autoritarisme*»[2]. L'opposition à toute domination, toute hiérarchie, toute structure figée est la présentation la plus courante, souvent montrée de manière fort caricaturale ou confuse (par exemple en alignant anarchisme sur nihilisme), mais c'est incontestablement le seul vrai point commun entre les divers courants se réclamant de l'anarchisme.

Daniel COLSON nous propose récemment (2001) une définition intéressante par sa simplicité: «*désignation des pratiques, des idées, des mouvements et des organisations se réclamant de l'anarchie*».

En Chine, pour illustrer la diversité sémantique, il y a d'ailleurs deux termes un peu dissemblables qui sont utilisés: soit ***annaqui*** pour «*anarchie*», soit ***wuzhengfu zhuyi*** pour «*doctrine du sans-État*».

Michael LÖWY reprend cette définition en l'élargissant quelque peu: «*Nous entendons par 'utopie libertaire' non seulement les doctrines anarchistes (ou anarcho-syndicalistes) au sens strict, mais aussi les tendances révolutionnaires de la pensée socialiste -y compris parmi celles qui se réclament du marxisme- qui se caractérisent par une orientation antiautoritaire et anti-étatiste prononcée.*»[3]

Bien sûr, on peut préférer à ces descriptions, la belle phrase de Léo FERRÉ: «*L'anarchie est la formulation politique du désespoir*», même si ailleurs il fut plus explicite en disant que «*Divine Anarchie, adorable Anarchie, tu n'es pas un système, un parti, une référence, mais un état d'âme. Tu es la seule invention de l'homme, et de sa solitude, et ce qui lui reste de liberté. Tu es l'avoine du poète...*»[4].

Pour montrer l'ambiguïté de la terminologie, le site de *Synonymes* de l'Université de Caen propose 7 équivalents au mot **anarchiste**: anar, anarchique, anarchisant, extrémiste, libertaire, révolutionnaire, séditieux. Les deux premiers dans le classement proposé sont *extrémiste* et *révolutionnaire*[5].

<u>LIBERTAIRE</u> <u>ET</u> <u>ANTIAUTORITAIRE</u> <u>MAIS</u> <u>PAS</u> <u>LIBERTARIEN</u>?

Ces deux termes apparaissent presque en même temps que les précédents, et sont donc utilisés dès le XIXème siècle. En Italie, la véritable apparition du mot ***libertario*** comme forme «*édulcorée*» de l'anarchisme se produit au tout début du XXème siècle[6]. D'après Enzo SANTARELLI[7], le mot s'impose à Pise en 1900 avec *Il pensiero libertario*. Naissent ensuite une multitude d'organes du même type; on peut citer quelques titres: en 1901 *L'Idea libertaria*, en 1903 le célèbre *Il libertario* de La Spezia et *L'Avanguardia libertaria* d'Ancône; en 1904 *La Parola libertaria* de Carrare; en 1906 *La Giuventù libertaria* (*Jeunesse libertaire*) de Rome; en 1908 *L'Alleanza libertaria* toujours à Rome et en 1912 la *Donna libertaria* (*Femme libertaire*) de Parme...

Il faut cependant se méfier des termes souvent polysémiques: parcourant quelques pays d'Amérique latine (notamment l'Équateur en 2009), j'ai été surpris de trouver le terme «***libertario***» utilisé pour définir le mouvement bolivarien du XIX° siècle. Le sens est alors proche «*d'indépendantiste*» ou de «*mouvement pour la liberté des pays*» face aux occupants espagnols et à leurs descendants. Il n'a donc ici pas du tout le sens d'anarchiste, ou d'anti-étatiste, même s'il met au premier plan la notion de liberté.

De la racine latine «***libertas***» dérivent libéral, libertin, libertaire, libertarien (***libertarian***)... Comme l'anarchisme est une «*exaspération de l'idée de liberté*»[8] selon la belle formule de Marzio ZANANTONI, et comme il présente «*un extraordinaire amour de la liberté*» (Gino CERRITO[9]), il paraît normal qu'il se rattache à ces termes dérivés.

Malgré la profusion italienne mentionnée ci-dessus, la référence «***libertaire***» est en fait bien plus ancienne. Elle s'affirme autour de 1848 avec essentiellement Joseph DÉJACQUE[10] qui en revendique le nom et l'utilise dans un des premiers journaux dûment étiquetés libertaires: «*<u>Le libertaire, journal du mouvement social</u>*». Il est édité à New York de 1858 à 1859.

En fin du XIXème, vers 1895, c'est Sébastien FAURE, avec l'aide de Luise MICHEL, qui reprend le nom. La 1ère série se clôt en 1899, une 2ème dure de 1899 à 1914, juste après l'épisode du quotidien anarchiste et dreyfusien *Journal du peuple*. En 1906 le républicain social publie pour le compte de la Colonie Communiste d'Aiglemont un *<u>ABC du libertaire</u>*[11], petit ouvrage de vulgarisation sur l'anarchisme. Au début du XXIème siècle *<u>Le libertaire, revue de synthèse anarchiste</u>* existe toujours et dépasse les 200 numéros.

1**AUZIAS Claire**<u>*BRASSENS, l'irrégulier de l'anarchisme*</u>, –in-<u>*L'anarchisme a-t-il un avenir? Histoire de femmes, d'hommes et de leurs imaginaires*</u>, Actes du Colloque International de Toulouse, 27-29/10/1999, Lyon: ACL, 560p, 2001, p.142

2**BAILLARGEON Normand**<u>*L'ordre moins le pouvoir. Histoire et actualité de l'anarchisme*</u>, Marseille: Agone, 155p, 2001

3**LÖWY Michael**<u>*Rédemption et utopie*</u>, 1988, p.31

4**CUESTA Stan**<u>*Léo FERRÉ*</u>, Paris: Librio, 2001, p.65

5**Université de Caen**, <u>*Synonymes*</u>, http://elsap1.unicaen.fr, consulté le 11/12/2001

6**GIULIANELLI Roberto**<u>*L'anarchia nelle enciclopedie e dizionari. Note sulla storia di un lemma*</u>, -in-**RSDA**, a.7, n°1-13, Pisa: 2000

7**SANTARELLI Enzo**<u>*Il socialismo anarchico in Italia*</u> (1959), Milano: Feltrinelli, 1973, p.179

8**ZANANTONI Marzio**<u>*Anarchismo*</u>, Milano: Ed. Bibliografica, 91p, 1996, p.5

9**CERRITO Gino**<u>*Il ruolo della organizzazione anarchica*</u>, Catania, RL, 192p, 1973, p.23

10**PELOSSE Valentin** <u>*Joseph DEJACQUE et la création du néologisme « libertaire » (1857)*</u>, -in-**Économies et sociétés**, VI décembre 1972

11**LERMINA Jules** <u>*L'ABC du libertaire*</u>, Aiglemont: **Colonie communiste d'Aiglemont**, n°1, 1906

C'est parce que les anarchistes mettent la liberté (et donc la diversité, le respect de l'autre qui va avec) au premier plan qu'ils se proclament volontiers libertaires, ce que nous rappelle l'italien Amedeo BERTOLO dans un article récent[1]. Mais ils ne sont pas les seuls à le faire.

Cette appellation est évidemment plus large, moins réductrice que le terme anarchiste. Elle permet incontestablement une plus grande souplesse d'analyses et de regroupements; beaucoup de militants ou de théoriciens, pas forcément «*embrigadés*» dans un parti ou un mouvement, s'en réclament dès le début du siècle: c'est le cas du suisse Fritz BRUPBACHER, du syndicaliste révolutionnaire Pierre MONATTE, des italiens Francesco Saverio MERLINO et Andrea CAFFI, voire de Bruno RIZZI[2]... qui sont souvent de solides «*compagnons de route*» et dont la pensée s'inspire de l'antiétatisme et du primat de la liberté.

Beaucoup de penseurs de l'autonomie individuelle (l'états-unien Henry THOREAU, les français GUYAU[3], Jean GRENIER[4]...), de la révolte (CAMUS[5], Philippe BATAILLE[6]...), ou faisant l'éloge de l'indocilité (THIRION[7]...) et de la résistance nécessaire et de l'insoumission (Michel ONFRAY[8]) pourraient légitimement s'en réclamer. CAMUS cependant préférait la formule «*socialisme de liberté*» opposé à «*socialisme césarien et militarisé*»[9]. L'anarchiste assumé Michel RAGON a choisi volontairement le titre «*La voie libertaire*» pour son bel ouvrage de vulgarisation de la collection *Terre Humaine* en 1991 sur l'anarchisme. L'ethnologue Jean MALAURIE lui-même, dirigeant cette collection, se définit parfois comme «*libertaire*».

Le terme de libertaire est donc à mon sens meilleur que celui d'anarchiste, car il est moins discriminant. C'est d'autant plus vrai que l'anarchisme a toujours été plus large, plus rayonnant que le simple mouvement anarchiste au sens strict ne le faisait croire.

Le terme **antiautoritaire** ou «*anti-autoritaire*» est un terme un peu polémique au départ, puisqu'il s'oppose au socialisme «*autoritaire*» marxien, dans les multiples conflits autour de l'AIT des années 1870. L'Internationale anarchiste en rupture avec le marxisme, après 1872, menée par la Fédération Jurassienne, se proclame AIT antiautoritaire.

Aujourd'hui, la pensée antiautoritaire est un peu comme le terme libertaire; elle regroupe autant les anarchistes que tous les courants de pensée qui s'opposent à l'autorité des États, des partis, des dogmes. C'est une définition ouverte, que même certains marxistes revendiquent. Elle s'applique à des domaines qui dépassent le politique au sens strict, comme la pédagogie antiautoritaire, l'écologie antiautoritaire, le féminisme...

Le mot libertaire désormais est un terme un peu trop galvaudé et discutable, d'autant qu'un courant libéral extrémiste, ou «*radical*» comme on dit là-bas, se définit **libertarien** aux ÉU et au Canada, et chez quelques épigones européens. En fait «*libertarian*» définit autant l'anarchisme classique[10] qu'une mouvance extérieure récente.

On parle même de **libertarianisme**, **d'anarchisme de marché** ou **d'anarcho-capitalisme** pour désigner leur mouvement, ce dernier terme générique semblant le plus adéquat; il est d'ailleurs revendiqué par ROTHBARD dès les années 1950. Le mot **libertarisme** apparaît également, notamment en milieu italien.

D'autres préfèrent celui **d'ultra-libéralisme** ou **d'anarchisme de droite**.

Nous sommes donc ici dans une autre perspective, et une autre histoire.

ACRATIE, FÉDÉRALISME ET HARMONIE...

«*À la fin, (l'anarchisme se tient) dans la perspective toujours reculée, utopique au sens de sans cesse en quête de son lieu, d'une "dissolution de l'État"*». René SCHÉRER - 2008[11]

L'anarchie serait l'idéal à atteindre, l'utopie, qui souvent se confond avec le communisme au sens propre du terme, comme étape ultime de l'évolution sociale. Le mot est synonyme de «*société libre*», **d'acratie**, de «*société libertaire*» ou tout simplement de «*liberté*»... et correspond au terme très populaire dans la Péninsule Ibérique du XIXème siècle de «***La Idea***». Il semble qu'il en soit de même en Amérique Latine puisque le bel ouvrage de Sergio GREZ TOSO consiste à mettre en avant l'aube de «***La Idea***» dans le Chili de 1893-1915[12]; dans son introduction l'auteur prend d'ailleurs comme synonymes les termes «*anarquistas-anarchistes*», «*libertarios-libertaires*» et «*ácratas-acrates*»[13]. *La Idea* est souvent l'équivalent également du terme «***autonomía***» comme le rappelle Josep TERMES[14]... En France on a besoin de l'adjectif, ainsi Jean GRAVE intitule un des chapitres de *La société mourante et l'anarchie* (1893): ***L'idée anarchiste***.

1BERTOLO Amedeo*La passion de la liberté*, -in-**Réfractions**, n°7, 2001

2BERTI Giampietro (**BERTI Nico**) *Capitolo venticinquesimo. Tra marxismo, anarchismo e liberalsocialismo: Bruno RIZZI*, -in-*Il pensiero anarchico: dall settecento al novecento*, Manduria: Lacaita, 1030p, 1998

3GUYAU J.M.*Esquisse d'une morale sans obligation ni sanction*, 1896

4GRENIER Jean*Essai sur l'esprit d'orthodoxie*, 1967

5CAMUS Albert*L'homme révolté*, 1951

6BATAILLE Philippe*Le rebelle*, 1991

7THIRION André*Éloge del'indocilité*, Paris: 1973

8ONFRAY Michel*Politique du rebelle*, 1997

9CAMUS Albert *Restaurer les valeurs de la liberté*, -in-**La Révolution prolétarienne**, n°376, p.18-20, septembre 1953

10 Cf. notamment l'importante anthologie récentede l'anarchisme du canadien **GRAHAM Robert** *Anarchism. A documentary history of libertarian ideas*, en 3 volumes (2005, 2008 et le 3° à paraître en 2009

11SCHÉRER René *Pour un nouvel anarchisme*, Paris: Éditions Cartouche, 185p, 2008, p.30

12 **GREZ TOSO Sergio** *Los anarquistas y el movimiento obrero. La alborada de « la Idea » en Chile, 1893-1915* Santiago: LOM Ediciones, 436p, 2007

13**GREZ TOSO Sergio** *Op.cit.*, p.19

14**TERMES Josep***Anarquismo y sindicalismo en España (1864-1881)*, 1965 (réédition Barcelona: Crítica, 2000)

Dans ses *Manifestes* adressés aux travailleurs de la Région Espagnole entre 1881 et 1886, la FTRE – *Fédération des Travailleurs de la Région Espagnole*, utilise alternativement les formules «*Autonomía, Federación y Colectivismo*» et «*Anarquía, Federación y Colectivismo*». *L'Encyclopedia Universal ilustrada* madrilène utilise comme synonymes les termes **anarquista**, **ácrata** et **libertaria**, ce qu'a repris Sergio GREZ TOSO cité ci-dessus. À la lecture des documents du XIXème siècle, on s'aperçoit qu'anarchie se confond aussi avec harmonie (**armonia**). En 1882, les anarchistes espagnols estiment que «*l'anarchie, c'est le développement harmonieux de toutes les autonomies*»[1].

Tous ces termes se remplacent donc les uns les autres, où sont employés de manière cumulative, avec des textes utopiques qui frôlent la religiosité, mais qui sont bien dans le ton des déclamations d'autrefois, comme ce joyau de 1886:

«Anarchie! Rêve des amants de la liberté intégrale, idole des vrais révolutionnaires!

Pendant longtemps les hommes t'ont calomniée et indignement outragée; dans leur aveuglement ils t'ont confondue avec le désordre et le chaos; tandis que, au contraire, le gouvernement, ton ennemi juré, n'est lui que le résultat du désordre social et du chaos économique.

Toi, tu seras le résultat de l'ordre, de l'harmonie, de l'équilibre, de la justice.

Déjà les prophètes t'ont entrevue à travers le voile qui obscurcit l'avenir, et t'ont proclamé idéal de la démocratie, espérance de liberté, objet suprême de la révolution, souveraineté des temps futurs, terre promise de l'Humanité!...(...)

Dans notre siècle, les penseurs ont eu le pressentiment de ta venue... en te saluant comme les patriarches moribonds d'autrefois saluaient le rédempteur!

Que ton règne arrive rapidement ANARCHIE!»[2].

Depuis le XIXème siècle, Le terme **acratie** est souvent préféré à celui d'anarchisme (Cf. avec Pierre KROPOTKINE 1842-1921, Martin BUBER 1878-1965...). Il est d'un usage fréquent dans la tradition anarchiste ibérique. Dès 1886 est publié à Barcelone un des premiers journaux anarchistes s'occupant autant de politique que de culture dont le titre est **Acracia**. Ce néologisme est souvent attribué à Rafael FARGA PELLICER, célèbre militant espagnol. En 1886-1887 ses articles dans le journal barcelonais confirment ce terme. On peut trouver également celui plus générique d'**acratismo**. Son cousin immigré en Argentine, Antonio PELLICER PARAIRE reprend ces appellations et dans *La Protesta humana* de Buenos Aires du 05/01/1901 il confirme la synonymie entre «**acratísmo**» et «*no autoritarismo*».

Au Chili, le 01/02/1900 sort à Santiago le journal anarchiste *El Ácrata*, dont «*le credo est le «communisme libertaire»*»[3].

En France Élisée RECLUS révèle son antériorité sur les termes anarchistes et son ami Gaspard-FélixTOURNACHON dit NADAR (1820-1910), célèbre photographe, s'en revendique dans une lettre du 27 juillet 1893: «*...j'en suis venue à l'acratie pure et simple qui m'apparaît comme l'unique vérité de demain* [4]». Dans cette phrase, l'anarchie utopique est bien revendiquée.

En Espagne les «*publicaciones acratas*» qui correspondent un peu aux publications type *fanzine* ou revue *underground* sont toujours nombreuses au tournant du XXIème siècle. Pour n'en citer qu'une, publiée à Madrid, dont le numéro 5 de l'automne et de l'hiver 2000 marque la fin du XXème siècle, porte un titre très en rapport avec notre étude: «*Ecos de utopía*».

La première définition vraiment reconnue et très argumentée, même hors du mouvement libertaire, apparaît dans l'œuvre de KROPOTKINE pour la 11° édition de l'*Encyclopaedia Britannica* de 1910: «*...principe ou théorie de la vie et de la conduite selon lesquels la société est conçue sans gouvernement*». Eduardo COLOMBO, qui a fait toutes ces recherches, tente une synthèse assez complète: «*Nous dirons que l'anarchie désigne un régime social basé sur la liberté individuelle et collective, régime duquel est bannie toute forme institutionnalisée de coercition et, par conséquent, toute forme instituée de pouvoir politique (ou de domination)*». L'anarchie s'incarne alors dans «*un espace non hiérarchique organisé pour et par l'autonomie du sujet de l'action*». Dans une autre intervention, il confirme l'homologie entre anarchie et utopie[5], et confirme son caractère volontariste, reposant sur le postulat que «*l'anarchisme est un pari basé sur le principe de préférence*», donc non inéluctable. «*L'anarchie est une construction inatteignable*», un choix d'engagement reposant sur des valeurs et non sur la croyance. Une forme d'utopie anarchiste se dessine ici, les moyens cherchant à être conformes aux fins poursuivies, et la société nouvelle espérée ne devant jamais être figée.

L'actuel anarcho-communiste états-unien John CLARK, en 1980[6], faisait de l'anarchisme la «*théorie de l'association volontaire*» qui s'oppose à toute forme de domination et qui se fonde sur la liberté. Il l'opposait à l'utopie, dans la mesure où l'anarchisme serait beaucoup plus précis, réaliste donc, ce qui peut faire penser que CLARK utilise la notion d'utopie dans son acceptation plutôt péjorative.

Un sens plus ouvert et cohérent, refusant lui aussi la notion utopique jugée sans doute réductrice, est offert récemment par Daniel COLSON «*L'anarchie, c'est, dès maintenant, comme origine, comme but et comme moyen, l'affirmation du multiple, de la diversité illimitée des êtres et de leur capacité à composer un monde sans hiérarchie, sans domination, sans autres dépendances que la libre association de forces libres et autonomes*»[7]. L'utopie est assimilée alors par l'auteur à «*idéal*», qui est ici une notion transcendante qui engendre de funestes «*idéomanies*». Pour COLSON au contraire «*l'anarchisme est un immanentisme permanent*». C'est «*l'Idée*», riche de tous les possibles et de tous les imaginaires, qui est par contre absolument revendiquée. Ce serait «*l'expression actuelle des possibles infinis dont le réel est dès maintenant porteur*». Le philosophe libertaire joue un peu sur les mots, mais nous permet de mieux comprendre le refus libertaire des utopies transcendantes, sur lesquelles l'homme n'a pas prise. René SCHÉRER confirme ces remarques quand il fait de **l'immanence** la clé de tout

1*La política demoledora*, -in-**Revista Social**, II, n°35, 02/02/1882, -in-**MADRID Francisco/VENZA Claudio**, *Antología documental del anarquismo español*, Vol.I, 2001, p.233

2*Principios revolucionarios*, -in-**Bandera social**, n°84, 85, 86, 1886, -in-**MADRID Francisco/VENZA Claudio**, *Antología documental del anarquismo español*, Vol.I, 2001, p.315

3 **GREZ TOSO Sergio** *Los anarquistas y el movimiento obrero. La alborada de « la Idea » en Chile, 1893-1915* Santiago: LOM Ediciones, 436p, 2007, p.53

4Itinéraire*RECLUS*, 1998, p.99

5**COLOMBO Eduardo** *Nouveau millénaire, défis libertaires. Utopie et anarchisme* (intervention à **Bleuzy-les-Eaux**, Colloque « *Gardarem l'Utopie* », 15/10/2000 Compte-rendu de COUTANT Philippe sur http://1libertaire.free.fr/utopie.html

6**CLARK John***Qu'est ce que l'anarchisme?* (1980) –in-*Introduction à la philosophie écologique et politique de l'anarchisme*, Lyon: ACL, 1993

7**COLSON Daniel***Petit lexique philosophique de l'anarchisme*, Paris: 2001

anarchisme, dans lequel il englobe «*ce qui travaille la pensée et la société en tant que critique immanente*»[1]. Il réaffirme «*Toutefois, je tends à penser que le fondement de l'anarchisme (qui refuse le "fondement"), son principe (à lui qui refuse le principe) est plutôt la référence systématique (alors qu'il récuse tout système) à l'immanence à l'écart de tout recours à une transcendance quelconque*»[2].

Malgré tout donc, «*l'anarchie est une utopie*», mais pas dans le sens de quelque chose de définitif, car «*l'utopie anarchiste n'est pas, ni ne peut être, le projet d'une société, sauf si on l'entend comme extrême et synthétique définition de société libertaire et égalitaire, plus en accord avec une tension éthique que avec une vision d'un projet précis*».[3]

Déjà en fin du XIXème siècle, lors du **Segundo Certamen socialista** tenu à Barcelone en 1889, Fernando TARRIDA DEL MARMOL (1861 ou 1862-1915 se rangeait en faveur d'un «***anarchisme sans adjectif***» ou «***anarchisme sans qualificatif***». Ricardo MELLA (1861-1925), également, comme il le précise dans le célèbre article de son journal **La Solidaridad** de Séville, en 1889: *La anarquía no admite adjetivos* (l'anarchie n'admet pas les adjectifs). En fait depuis le V° Congrès Régional de Madrid de 1887, la formule «*d'anarchie sans adjectif*» était largement répandue dans un anarchisme ibérique qui tentait de limiter les querelles doctrinales internes[4]. Cela nous rappelle qu'en Espagne, le collectivisme anarchiste résiste longtemps à la vague communiste anarchiste. Dans *La Révolte* de septembre 1990, le texte *Questions de principe* de TARRIDA DEL MARMOL est très précis: «*nous sommes anarchistes; nous prêchons l'Anarchie sans adjectifs. L'anarchie c'est un axiome; la question économique c'est une chose secondaire…*». La «*question économique*», ce sont bien sûr les propositions diverses mutualistes, collectiviste ou communistes… et les divisions néfastes qu'elles entraînent alors.

Le futur Federico URALES, Juan MONTSENY (1864-1942), cherche lui aussi à limiter les dommages des querelles doctrinales intestines; en 1890 il se positionne pour une «*anarchie qui ne connaît pas d'exclusivisme*». Il affirme «*Je suis un anarchiste tout court (soy anárquico a secos) parce que je crois que l'anarchie se suffit à elle-même pour permettre le libre développement des facultés de l'homme, et leurs libres manifestation et exercice; mais je suis collectiviste plus que communiste fanatique, et je suis communiste plus que collectiviste ombrageux.*». «*L'idéal est anarchie, anarchie, anarchie!*»[5] conclut-il avec fermeté.

«L'ANARCHISME SANS ADJECTIF», «SANS DOGMES», «SANS ÉTIQUETTE», «INTEGRAL» OU «INDÉFINISSABLE», «ANARCHISTE TOUT COURT»

Aux États-Unis, cet anarchisme ouvert et tolérant s'exprime surtout chez Voltairine de CLEYRE (1866-1912), «*le refus des étiquettes ayant été une constante dans sa vie et dans son action*»[6]. En Italie c'est Errico MALATESTA (1853-1932) qui tente de le promouvoir dès son retour en Italie vers 1889. Au congrès de Capolago de 1891, l'éphémère *Partito Socialista Anarchico Revoluzionario* en forme une première réalisation. Mais MALATESTA reste malgré tout trop proche d'un anarcho-communiste organisé, notamment avec l'expérience de l'UAI – *Union Anarchiste Italienne*, ce qui amène d'autres tendances à se prononcer. Aux débuts des années 1920, Gigi DAMIANI (1876-1953), anti-organisateur, mais lié fortement à *Umanità nova*, se réclame lui aussi volontiers pour des engagements anarchistes «***senza aggettivi** - sans adjectifs*».

Le même MELLA, toujours hostile aux bannières et aux autorités autoproclamées, fussent-elles anarchistes, se dresse même contre l'école rationaliste et anarchiste de Francisco FERRER GUARDIA (1859-1909) en proposant un «***enseñanza neutra***» (une éducation neutre, hors de toute doctrine). Dès 1899 il propose même le mot «***d'autoarquia***» pour bien exprimer le refus de toute autorité, au nom d'une «*liberté individuelle illimitée*»[7].

En fait ces militants-écrivains ne font qu'appliquer la position exprimée lors du III° Congrès de la *Fédération des Travailleurs de la Région Espagnole* (FERE), à Valence: pour éviter d'avoir à choisir entre les différentes nuances de l'anarchisme ibérique, elle se positionne pour «***un anarchisme sans distinction***». L'anarchisme ibérique semble donc bien un des plus tolérants, ce que confirme la lecture de *Tierra y Libertad* de Séville le 13/11/1915 qui déclare que «*pour arriver à l'anarchie, il y a une infinité de chemins et chaque anarchiste a choisi le sien*»[8].

Diego ABAD de SANTILLAN (de son vrai nom Sinesio Vaudilio GARCÍA FERNÁNDEZ 1897-1983) le réaffirme très bien, dans cette citation issue de la biographie de Victor GARCÍA (de son vrai nom Germinal GRACIA IBARS 1919-1991): «*L'anarchisme n'est pas une recette politique pour la félicité universelle, ni un programme économique parfait, ni une panacée… On a objecté que ce manque de programme et de précision est la faiblesse de l'anarchisme, alors que c'est sa force permanente, sa vitalité, sa pierre angulaire; sa proposition, c'est de défendre la liberté et la dignité de l'homme, et cela dans toutes les circonstances et dans tous les systèmes politiques, ceux d'hier, ceux d'aujourd'hui, ceux de demain…*». «*Malgré ses liens avec les associations ouvrières, avec les syndicats de travailleurs, l'anarchisme ne se confond pas avec le syndicalisme; il ne se réduit pas au syndicalisme, ni au communisme, au collectivisme, au coopérativisme; il continuera à être anarchisme sans adjectif…*»[9].

Dans son *Histoire de l'Anarchie* (traduction française de 1971), l'autrichien Max NETTLAU (1865-1944) admet toutes les conceptions et projets économiques anarchistes. Il se range pour «*un socialisme libertaire international comprenant toutes les nuances que lui conféreront les diverses tendances locales*».

Cet anarchisme sans adjectif est celui que revendique également la «*famille URALES*» si célèbre dans le mouvement ibérique et mondial, notamment le fondateur de *La Revista Blanca*, Federico URALES, dont le vrai nom est Juan MONTSENY CARRET. Lié à la militante anarchiste et féministe Teresa MAÑÉ (plus connue comme Soledad GUSTAVO), il est le père de Federica MONTSENY (ministre «*anarchiste*»

1**SCHÉRER René** *Pour un nouvel anarchisme*, Paris: Éditions Cartouche, 185p, 2008, p.32

2**SCHÉRER René** *Op.cit.,* p.55

3**BERTI Giampietro** *Il pensero anarchico dal settecento al novecento*, Manduria: Lacaita, 1030p, 1998, p.13

4**GONZÁLEZ FERNÁNDEZ Ángeles** *Utopía y realidad. Anarquismo, anarcosindicalismo y organizaciones obreras, Sevilla 1900-1923*, Sevilla: Diputación, 481p, 1996, p.35

5**MONTSENY Juan** *Una opinión*, -in-**La anarquía**, Madrid: n°18, 12/12/1890, -in-**MADRID Francisco/VENZA Claudio**, *Antología documental del anarquismo español*, Vol.I, 2001, p.367-369

6**DONNO Antonio** *L'anarchismo americano alla fine del secolo tra individualismo e lotte sociali; Voltairine DE CLEYRE*, -in-**DONNO Antonio e altri** *La sovranità dell'individuo*, Roma: Lacaita, 1987, p.76

7**MELLA Ricardo** *La ley del número*, Vigo: Impr. Cerdeira y Fariña, 60p, 1899

8**GONZÁLEZ FERNÁNDEZ Ángeles** *Utopía y realidad. Anarquismo, anarcosindicalismo y organizaciones obreras, Sevilla 1900-1923*, Sevilla: Diputación, 481p, 1996, p.232

9**DÍAZ Carlos** *Victor GARCÍA, « el Marco POLO del anarquismo »*, Mostoles: Madre Tierra, 1993, p.5

de 1936, née en 1905 morte en 1994) et beau-père de Germinal ESGLEAS (1903-1981) dont la forte personnalité va dans l'exil français énormément imprégner l'idéologie du *Mouvement Libertaire en Exil* (MLE).

Dans le milieu plus strictement syndical, l'anarcho-syndicaliste le plus proche de la volonté de «*syndicalisme sans adjectif*» (formule de SANTILLÁN)[1] semble être le murcien Juan LÓPEZ SÁNCHEZ (1900-1972), ancien responsable du CN-CNT, puis militant trentiste et enfin ministre anarchiste en novembre 1936.

Dans les années 1960, Diego ABAD DE SANTILLÁN et Fidel MIRÓ SOLANES (1910-1998)[2] relancent la formule en refusant d'enfermer l'utopie et l'anarchisme «*dans un système définitif et parfait*».

L'italien Pilade TOCCI (1850-1916), sous son pseudonyme ACRATOS, propose en 1897[3] le terme «***d'anarchisme intégral***», manière pour lui de faire une synthèse entre toutes les formes d'anarchismes, afin d'atteindre par l'anarchie un «*monde ... libre où la liberté individuelle sera à son apogée*»[4]. Cette idée est assez largement partagée par *L'Avvenire sociale* (1896-1905) de Messine, comme le note en 1898 la rédaction: «*L'Anarchie n'admet aucune restriction, ni d'uniformité d'école ... ni programme unique, ... ni monopole de système à appliquer après la révolution...*»[5]. Le journal sicilien, véritable lieu de débats au sein du mouvement anarchiste, évoluait entre un individualisme assez anti-organisateur des débuts, et un communisme anarchiste de plus en plus d'essence malatestanienne. Il cherchait donc à éviter des fractures, si fréquentes à exploser dans un milieu libertaire friand de discussions idéologiques.

Dans l'Italie des années 1919-1921, Virgilio GOZZOLI (1886-1964) propose une revue de combat et de débat à Pistoia: *L'Iconoclasta*, «*rivista anarchica aperta a chiunque - revue anarchiste ouverte à tous*»[6]. Les destructions (Tipografia, journal) et les menaces fascistes poussent GOZZOLI dans l'exil français où il relance un temps *L'Iconoclasta*. Il se définit alors «*anarchico indefinibile*» qu'on peut traduire par anarchiste «*indéfinissable*» pour s'affirmer contre tous les dogmes et toutes les chapelles.

Dans le Canada de la fin XX° et du début XXI° siècle ,marqué par les luttes anti-globalisation et par des mouvements nouveaux, la notion «*d'anarchisme sans étiquette*» est à nouveau avancée par le chercheur Richard DAY[7]. «*Il suffit d'un drapeau noir, sans rien dessus*» pour se reconnaître[8]. Il montre un ensemble composite, antidogmatique et flou au niveau de l'idéologie, flou non pas dans l'action résolue menée, mais par le choix des références. L'accent est cependant contre toute hégémonie[9], et contre toute hiérarchie ou pouvoir institué, ce qui est incontestablement libertaire.

Toutes ces prises de position ont l'énorme cohérence de mettre la théorie en accord avec ce qu'elle signifie, le refus de tout «*théologisme*», de tout dogme, et la liberté absolue d'interprétation.

En ce sens, un ouvrage comme celui du libertaire hispano-français Tomás IBÁÑEZ «*pour un anarchisme sans dogmes*» («*para un anarquismo sin dogmas*»)[10] est aujourd'hui une référence, et va beaucoup plus loin que MELLA ou SANTILLÁN (qui furent malgré tout marqués par leur engagement militant et par les œillères que tout engagement entraîne) car il refuse d'être limité par sa propre pensée, et parce qu'il en revendique les évolutions et les éventuelles contradictions: il assume par exemple ses propres positions sur plus de 40 ans. Son anarchisme est par nature et par nécessité «*critique et hétérodoxe*» comme il l'écrit lui-même et doit se vivre dans le «*plus total manque de respect de l'anarchisme institué*», c'est-à-dire refusé une vision religieuse de l'anarchisme[11].

POINTS COMMUNS PRINCIPAUX DES ANARCHISMES

Si l'antiétatisme est le point commun le plus fréquemment mis en avant par sociologues et historiens, une enquête récente (certes sur un petit échantillon) montre au contraire que le terme le plus connoté et le plus unitaire des anarchistes (toutes tendances confondues) est celui de **liberté** (les ¾ des réponses). Viennent ensuite **égalité** (ce qui est intéressant, et qui conforte la prétention des anarchistes de se revendiquer du socialisme) et **autogestion**. Un troisième cercle cite **solidarité**, **responsabilité** et **fédéralisme**[12].

Dans un écrit très naïf, qui mêle diverses réminiscences, Francisco GUERRERO, anarchiste andalou, rêve d'*Año nuevo* dans *El paso* du 31/12/1909: «*Ces hommes de lutte* (les anarchistes et anarcho-syndicalistes de son temps) *élaborent la conscientisation et illuminent l'intelligence du peuple travailleur, jusqu'à leur faire voir la possibilité de vivre sans ministres, ni sénateurs, ni députés, ni prêtres et ni magistrats... Le jour où le peuple tyrannisé comprendra que la vie est possible sans canons, sans fusils, sans mandarins ni fainéants, alors, seulement alors, pourra se réaliser une nouvelle ère... parce que l'humanité sera nouvelle, de même que la société. Dans celle-ci hommes et femmes, brisant toutes les chaînes oppressives de l'État, du capital et de la religion, se proclament libres et égaux, et disposent de toutes les richesses sociales, du bien être du "légendaire Eden, du paradis terrestre"... vivifié et embelli par les rayons purificateurs du Soleil de*

1LORENZO César M. *Le Mouvement anarchiste en Espagne, pouvoir et révolution sociale*, Saint Georges d'Oléron: Éditions libertaires, 559p, 2006, p.303

2MIRÓ Fidel*El anarquismo, los estudiantes y la violencia*, México: 1969 avec *Prólogo* de **ABAD DE SANTILLÁN Diego**

3ACRATOS*Individualismo libertario*, -in-**L'Avvenire Sociale**, Messina: a.III, n°2, 18/01/1897

4MUSARRA Natale *La Biblioteca dei propaganda de « L'Avvenire sociale » di Messina*, -in-**ANTONIOLI Maurizio & altri** *Editori e tipografi anarchici di lingua italiana tra Otto e Novecento*, Pisa: BFS, 224p, 2007, p.57

5MUSARRA Natale *Op.cit.*, p.59

6GUERRIERI Marcello *"Iconoclasto"*, -in-**Bolletino Archivio G. PINELLI**, Milano: n°4, p.35-36, dicembre 1994

7 Cf. surtout **DAY Richard J. F.** *GRAMSCI is Dead: Anarchist Currents in the Newest Social Movements*, London: Pluto Press, 2005

8**DAY Richard J. F.** *Seattle, l'anarchismo e i mass media*, -in-**A Rivista anarchica**, Milano: a.38, n°337(6), p.93-98,estate 2008

9**DAY Richard J. F.***From hegemony to affinity*, -in-**Cultural Studies**, v. 8, n°5, p.716-748, September 2004

10**IBÁÑEZ Tomas** *¿Por qué A? Fragmentos dispersos para un anarquismo sin dogmas*, Barcelona: Anthropos, 208p, 2006

11 Citations issues de **IBÁÑEZ Tomas** *Quelle actualité pour l'anarchisme?* Texte de 2001, traduit par la revue **À contretemps**, Paris: n°24, septembre 2006

12**FOUQUET Arnaud***Les bâtisseurs de cités idéales*, -in-**IRL**, Lyon: n°90, été 2002

l'anarchie»[1]. Ce texte emphatique et lourd est intéressant car il montre le patchwork qu'est la culture utopique libertaire populaire à l'orée du XXème siècle. Il rappelle aussi que l'anarchisme refuse la coupure entre passé, présent et futur, le passé pouvant nous être utile comme référence, le présent étant à rejeter mais aussi à analyser pour en trouver des éléments de progrès et à vivre sous la meilleure des formes possibles, et le futur rêvé peut nous servir de moteur à l'action.

ANARCHISME ET UTOPIE SONT PROCHES DANS LEUR FINALITÉ

L'anarchie (ou l'anarchisme) est une proposition ou une utopie ouverte et pluraliste, changeante et évolutive; les multiples penseurs qui s'en réclament n'ont pas la même définition ni les mêmes méthodes, alors qu'ils partagent souvent l'analyse critique des sociétés existantes et le souhait final de société anti-autoritaire et communiste. Il faudrait toujours utiliser le terme «*anarchismes*» au pluriel. Mais c'est une constante: quasiment tous les anarchistes prônent ou prévoient une société idéale, en tout cas une société autre que celle dans laquelle ils vivent, et vers laquelle l'essentiel de leurs efforts doit tendre. Dans son étude de l'anarchisme argentin au tournant des XIXème et XXème siècles, Gonzalo ZARAGOZA montre que ce mouvement qui domine le socialisme argentin d'alors propose une vraie «*vision du monde, ... une alternative culturelle, idéologique, morale et éthique*»[2], donc une totale reconstruction théorique et rêvée du monde latino-américain, ce qui est le propre de toute utopie.

C'est ce que rappelle John CLARK dans *What is anarchism?*/*Qu'est ce que l'anarchisme?* écrit en 1980, puisque cette «*théorie politique*» qu'est l'anarchisme doit inclure 4 points essentiels:
«*1. la vision d'une société idéale non coercitive et non autoritaire.*
2. la critique de la société existante et de ses institutions, critique fondée sur cet idéal anti-autoritaire.
3. Une appréciation de la nature humaine qui justifie l'espoir d'un progrès significatif vers cet idéal.
4. Une stratégie de changement entraînant l'institution immédiate d'alternatives non-coercitives, non autoritaires et décentralisées.»[3]

C'est une définition qu'on pourrait facilement appliquer à l'utopie libertaire, ou plus exactement aux utopies libertaires, car le pluriel s'impose. Le premier point est un projet anarchiste d'ensemble, donc une utopie globale, pour un futur plus ou moins proche. Le dernier point met plutôt l'accent sur la démarche et les méthodes utopiques de type libertaire, qui doivent être en accord avec la fin poursuivie. Bien sûr pour cela il faut posséder une vision utopique assez optimiste de l'homme et de ses capacités (point 3) et procéder à une fine analyse de la contre-utopie sociale qu'est la «*civilisation*» réelle, pour reprendre le terme fouriériste dénonçant le capitalisme. Il s'agit du point 2, essentiel, car plus l'analyse se fait de la société présente, plus l'utopie transparaît et se précise en contre-point.

L'ANARCHIE SERAIT L'UTOPIE LA PLUS COHÉRENTE? L'UTOPIE ULTIME?

Une réflexion intéressante sur imaginaire et utopie anarchistes, du libertaire italien Amedeo BERTOLO[4], cherche à montrer que l'utopie est inhérente à l'anarchie, car c'est une «*dimension essentielle*» pour toute «*fonction subversive de l'imaginaire*», ce qu'est très largement l'anarchie.

La «*fonction utopique*» est avant tout une fonction dynamique, car visant le changement, et cela vaut même si le projet décrit est statique. Car l'acte d'écrire, de rêver, c'est déjà remettre en cause le statu quo, en exprimant «*espoir et volonté*» de transformation sociale radicale. Partant de ces prémices libertaires, puisque l'anarchisme procède d'un vrai volontarisme éthique et politique, on peut donc en conclure que l'anarchie est bien «*une utopie radicale*». Cependant cette définition peut s'appliquer également aux autres courants utopiques, et la caractéristique libertaire n'est pas alors aussi évidente.

L'utopie anarchiste est plus que cela. Elle serait l'utopie la plus cohérente avec elle-même puisqu'elle propose une sorte d'utopie permanente, toujours incomplète, changeante, expérimentale, dans la mesure où la liberté est son pivot central. Sans à priori dogmatique, autoritaire ou absolu, elle n'a donc pas de limite, de caractère figé comme on l'a développé ci-dessus. «*Sa créativité collective*» s'exprime donc dans un mouvement (dans un lieu?) où «*théorie et praxis se vérifient continuellement*». «*La fonction utopique est donc centrale dans l'anarchisme. Et d'autre part, l'utopie n'acquiert son sens le plus plein, son sens extrême et cohérent, que dans sa spécification anarchiste*».

BERTOLO fait ici plus que d'affirmer l'unité entre utopie et anarchie; il pense que son mouvement exprime une sorte d'utopie absolue, presque rationnelle dans son expression et sa cohérence interne. En milieu anarchiste, c'est rarement exprimé avec une telle netteté. Pourtant la proposition est séduisante et forme un beau critère pour analyser les différentes utopies ou mouvements utopiques libertaires.

Dans un ouvrage de 1988, Juan GÓMEZ CASAS (1921-2001) ne disait pas autre chose: les organisations anarchistes, les mouvements fédéralistes libertaires, la dynamique anarchiste en théorie et en action «*représentent de manière anticipée ce que pourra être la société dans le monde futur*»[5]. Cette démarche utopique est donc rationnelle, logique, consubstantielle de l'anarchisme, car «*rien ne naît de rien. Pour que dans le futur puisse exister une société libertaire, il faudra créer ici et maintenant les nouvelles valeurs que nous opposons à celles de la société actuelle*». Il poursuit par ailleurs, en condamnant les socialistes étatistes et autoritaires qui se trompent sur la méthode, que «*si la fin projetée est l'utopie ultime de la société sans État et sans classes* (c'est pour lui la définition de l'anarchie)*, il faudra nécessairement utiliser les moyens qui nous rapprochent de cette fin, même si c'est plus lent, au lieu de nous fourvoyer dans d'autres chemins sans issue*».

1GONZÁLEZ FERNÁNDEZ Ángeles*Utopía y realidad. Anarquismo, anarcosindicalismo y organizaciones obreras, Sevilla 1900-1923*, Sevilla, Diputación, 481p, 1996, p.130
2ZARAGOZA Gonzalo*Anarquismo argentino 1876-1901*, Madrid, La Torre, 1996
3CLARK John*Introduction à la philosophie écologique et politique de l'anarchisme*, Lyon, ACL, 64p, 1993
4BERTOLO Amedeo*La fonction utopique dans l'imaginaire anarchiste*, -in-**Collectif***Les incendiaires de l'imaginaire*, *Actes du Colloque de Grenoble du 19-21 mars 1998*, Lyon, ACL, 345p, 2000
5GÓMEZ CASAS Juan*Sociología del anarquismo hispánico. Volumen 1*, Madrid, Libertarias, 142p, 1988, p.140

PRINCIPAUX AXES DU PROJET (DE L'UTOPIE) ANARCHISTE

L'imaginaire libertaire utopique est d'une grande richesse, d'une très grande diversité et souvent difficile à présenter globalement. Si on reprend, entre autres, les analyses de Paul ELZBACHER dans *L'anarchisme* de 1923 et celles de GONZÁLEZ MATAS dans *Las utopias sociales contemporáneas* de 1994, on peut mettre en évidence les points communs. Le livre sans doute le plus systématique et le plus riche sur ce thème concerne essentiellement l'anarchisme ibérique, mais a valeur exemplaire pour l'anarchisme partout dans le monde; il s'agit de l'ouvrage de José ALVAREZ JUNCO *La ideologiá politica del anarquismo español*, publié en 1976 et réédité et mis à jour en 1991.

PRIMAUTÉ DE LA LIBERTÉ

«Le principe de liberté» apparaît comme *«l'axe fondamental»*, *«le bien maximal»* à atteindre, de *«l'idéologie libertaire (ou anarchiste)»* note Francisco José CUEVAS NOA[1]. C'est le premier point mise en avant par l'espagnol Tomas IBAÑEZ, mais en insistant sur le fait qu'il s'agit d'une liberté autant individuelle que collective[2], pour ne pas sombrer dans un égoïsme individuel schématisé.

Il suffit de préciser que la liberté des anarchistes concerne tous les domaines, public ou privé, social ou individuel… et englobe tous les champs: économique, politique, sexuel… et qu'elle concerne tous les individus, tous les genres et sexes, toutes les classes ou groupes sociaux, tous les groupes ethniques ou culturels… sans distinction ni disparité.

Il faut rappeler aussi que cette liberté est modérée ou modulée par le rapport des anarchistes aux autres, et qu'elle ne veut pas violenter, ou déconsidérer, ou écraser autrui, ni ses valeurs. Elle se limite ou s'arrête lorsque cette liberté porte atteinte à la liberté d'autrui.

Elle n'est pleine et entière que si elle bénéficie à toutes et tous. Ce qui n'est pas simple, et est exprimé différemment par les différents courants de l'anarchisme, de l'individualisme le plus «égoïste» à la vision collective la plus attentive.

Cette liberté est à la fois le but ultime de l'anarchisme et la caractéristique des libertaires et de leurs luttes, ce qui nous amène à la notion centrale de cohérence.

UNE FORTE COHÉRENCE ENTRE FINS ET MOYENS

> *«Les moyens découlent des principes»*
> Jean GRAVE *La société mourante et l'anarchie* 1893[3].

> *«Miser sur la contrainte pour abolir la contrainte, c'est miser sur l'esclavage pou instaurer la liberté. Nous ne vaincrons pas la mort avec les armes de la mort».*
> Raoul VANEIGEM *Pour une internationale du genre humain* 1999[4].

J'ai déjà évoqué ce point crucial de la pensée anarchiste, qui est peu partagé par les autres courants révolutionnaires ou insurrectionnels, et qui au contraire se dresse comme un anti-léninisme ou un anti-blanquisme absolu. Le but recherché ne doit pas sacrifier l'essentiel. Il ne faut pas *«sacrifier l'éthique à l'efficacité»*[5] assure encore aujourd'hui Denis LANGLOIS. Les moyens doivent être au plus près des principes. Citons Luigi FABBRI sur ce point *«Le problème social doit être affronté dans sa complexité, et la lutte humaine, ni dans la fin souhaitée, ni dans les moyens utilisés ou proposés, ne doit jamais abandonner les chemins de la justice et de la liberté»*[6]. Tout est dit ici pour définir ce qu'on appelle souvent l'humanisme libertaire. Il reprend en fait sous une autre forme la phrase de GRAVE *«le meilleur moyen de devenir libre… est d'user de la liberté»*[7].

Amedeo BERTOLO en bon malatestien fait de cette cohérence-congruence le noyau épistémologique de la pensée libertaire: *«je vois comme véhicule de cette mutation la méthode libertaire qui signifie reconnaître, comme MALATESTA, si ce n'est l'identité des moyens et des fins, du moins la congruence et la cohérence des moyens et des fins. C'est le noyau méthodologique épistémologique de la méthode libertaire et anarchiste»*[8].

UNE PENSÉE AVANT TOUT ANTIAUTORITAIRE ET ANTI-ÉTATISTE

> *«Pour être heureux vraiment,*
> *Faut plus d'gouvernement»*
> 1889 - François BRUNEL chansonnier anarchiste.

L'utopie anarchiste (on devrait dire sans doute **utopía ácrata**[9] - utopie sans pouvoir, utopie du non-pouvoir) repose sur l'antiétatisme et la primauté de la liberté individuelle et collective comme développé ci-dessus. C'est une pensée s'opposant au pouvoir, à la domination et à l'autoritarisme (antithèses de la liberté - d'où les termes synonymes *«antiautoritaire»* et *«libertaire»*), mais pas forcément à l'autorité (du

1 **CUEVAS NOA Francisco José** *Anarquismo y educación: la propuesta sociopolítica de la pedagogía libertaria*, Madrid: FAL, 170p, 2003, p.22

2 **IBÁÑEZ Tomas** *Points de vue sur l'anarchisme (et aperçus sur le néo-anarchisme et le postanarchisme)* -in-*De Mai 68 au débat sur la postmodernité*, **Réfractions**, Paris: n°20, p.71-84, mai 2008

3 Titre de chapitre de **GRAVEJean** *La société mourante et l'anarchie* (1893), Paris, Tops, 154p, 2007, p.125

4 **VANEIGEM Raoul** *Pour une internationale du genre humain*, Paris, Le Cherche Midi, 189p, 1999 puis Paris, Folio Actuel, 265p, 2001, p.248

5 **LANGLOIS Denis** *L'utopie est morte! vive l'utopie!*, Paris, Michalon, 175p, 2005, p.59

6 **FABBRI Luigi** *Aspettando la nuova aurora*, -in-**Vogliamo**, Biasca, a.II, n°3, marzo 1930 (cité par **Francesco CODELLO** *La buena educazione*, 2005, p.314)

7 **GRAVEJean** *La société mourante et l'anarchie* (1893), Paris, Tops, 154p, 2007, p.128

8 **BERTOLO Amedeo** *Éloge du cidre*, -in-**PUCCIARELLI Mimmo/PATRY Laurent** *L'anarchisme en personnes. Entretiens avec Eduardo COLOMBO, Ronald CREAGH, Amedeo BERTOLO, John CLARK, Marianne ENCKELL, José Maria CARVALHO FERREIRA*, Lyon, ACL, 368p, 2006, p.219

9 terme qu'utilise **GÓMEZ TOVAR Luis** dans son anthologie.

spécialiste, de l'amateur éclairé, du savant, de l'intellectuel…). C'est BAKOUNINE dans plusieurs textes qui rappelle constamment qu'il s'oppose au pouvoir qui l'écrase, mais pas à l'autorité du spécialiste dont il a besoin et qu'il accepte volontairement, et conjoncturellement. Dans l'*Encyclopédie anarchiste* coordonnée par Sébastien FAURE, si on reconnaît qu'il y a «*plusieurs variétés d'anarchistes*», il est mis en avant ce «*trait commun qui les sépare de toutes les autres variétés humaines. Ce point commun, c'est la négation du principe d'autorité dans l'organisation sociale et la haine de toutes les contraintes qui procèdent des institutions fondées sur ce principe. Ainsi quiconque nie l'Autorité et la combat est anarchiste*». C'est cependant un peu court malgré la caution de Michel RAGON[1], car il y a des antiautoritaires qui acceptent quelques autorités, qu'ils baptisent certes d'un autre nom; et surtout l'autorité ne concerne pas que l'organisation sociale. L'organisation domestique ou privée, selon le mot qu'on choisira, est tout autant le lieu des pouvoirs et des dominations, comme l'ont prouvé entre autres les mouvements féministes conséquents.

Pour la majorité des anarchistes, le pouvoir s'incarne partout dans la société (famille, associations, Église, armée, justice, État…) et se fossilise dans le gouvernement et dans l'État qui en est l'expression, le garant, le bras armé et l'ossature. Tous ces «*pouvoirs constitués*» présentent un «*caractère foncièrement inhumain*» qui est dénoncé par un grand nombre d'anarchistes et de libertaires, même simples compagnons de route ponctuels comme Georges DARIEN[2], qui s'en prend surtout à ces «*deux monstres*» que sont «*l'Église et l'État*»[3]. On sent ici la patte nietzschéenne contre les «*monstres froids*».

Depuis le «*premier texte anarchiste*»[4] de 1793, œuvre de William GODWIN[5], «*tout gouvernement est un mal*» et «*l'État est tout au plus un mal nécessaire*». C'est ce que reprend, presque dans les mêmes termes, un siècle plus tard, Georges PALANTE lorsqu'il dénonce l'État, «*Papauté nouvelle*»[6]; mais comme je l'ai indiqué ci-dessus, PALANTE en dénonçant la «*tyrannie étataire*»[7] dénonce avec beaucoup plus de force et de pertinence la tyrannie sociale, celle de ce qu'il appelle les «*dogmatismes sociaux et moraux*»[8]. Paul ELTZBACHER, dans un livre pionnier (je dispose de l'édition de 1923) notait donc à juste titre que le seul point fondamental commun entre tous les anarchismes était «*la négation de l'État*»[9]. En 2007 l'ouvrage de Vivien GARCIA sur *L'anarchisme aujourd'hui*[10] met toujours *La question de l'État* au premier plan des *Politiques et Pratiques de l'anarchisme*.

Mais les positions de GODWIN (gouvernement-État) et de PALANTE (État-société) que je viens de citer entretiennent une certaine confusion que KROPOTKINE en son temps avait déjà dénoncé dans *La science moderne et l'anarchie* (1913). Le refus de l'État est en fait le refus d'une structure autoritaire et hiérarchique qui organise toute la société, et qui rend les individus et leurs associations mineurs et dépendants, en échange d'une vague promesse de sécurité et de stabilité: il est donc au dessus de la société, même s'il en dépend par bien des traits. «*S'exerçant sur la société, il n'en est pas moins fondé sur cette dernière*» rappelle Vivien GARCIA[11]. Cette structure s'identifie à une forme de pouvoir corrupteur et accapareur (de la force collective pour PROUDHON), mais évoluant au gré des sociétés et des époques, et s'appuyant sur des gouvernements changeants eux-aussi. Le refus de l'État devient donc la volonté de détruire cette structure, mais en même temps d'organiser la société sur d'autres bases; le gouvernement y serait remplacé, pour le dire simplement, par l'autogouvernement et le fédéralisme.

Seuls les libertariens (qui ne sont pas anarchistes, mais «*libéraux-libertaires*», pour reprendre la formule polémique récente) ou les anarchistes favorables à un État minimal (je pense surtout à la mouvance nord-américaine) seraient alors aux marges de cette position largement majoritaire de l'anarchisme.

Mais quelques anarchistes récemment, par exemple les partisans du «*municipalisme libertaire*» de Murray BOOKCHIN aux États-Unis, des propositions pragmatiques «*bolos*» des libertaires suisses, et des choix «*réformistes*» voire «*électoralistes*» de mouvements européens (la CGT espagnole), ne dédaignent pas le côté de service public, d'entraide sociale, que l'État aujourd'hui assume encore. Certes ils cherchent à accentuer les traits libertaires «*d'autonomisation et de décentralisation*»[12] de cet «*espace public*», en espérant que leur participation limite la domination. Ils restent néanmoins fermement hostiles à l'État «*juge et gendarme*». Mais la participation à des mouvements populaires pluralistes et aux pratiques spontanément libertaires[13] ne peut que profiter à un anarchisme qui lutte contre le sectarisme; les orthodoxes du mouvement, eux, se dressent contre ces «*dérives*», d'où les scissions entre CNT et CGT ibériques, où entre les différentes CNT françaises.

D'autre part, refuser tout pouvoir et toute décision autre qu'unanime est une utopie anarchiste au sens péjoratif du terme[14], car c'est ou impossible, ou non souhaitable, et que cela peut camoufler une dictature souvent d'obédience populiste. Bien des anarchistes replacent donc la démocratie directe ou anarchiste dans un cadre démocratique et pragmatique aujourd'hui. Ils ont conscience de la manipulation populiste que leurs aînés ont parfois cautionnée.

1**RAGON Michel** *Dictionnaire de l'anarchie*, Paris: Albin Michel, 666p, 2008, p.12

2**BOSC David** *Georges DARIEN*, Aix en Provence: Sulliver, 225p, 1996, p.84

3**BOSC David** *op.cit.*, p.86

4**BERTI Nico** *GODWIN e le radici del pensiero antiautoritario*, -in-**Rivista storica dell Anarchismo**, a.I, n°1, 1994

5**GODWIN William** *An enquiry concerning the principles of political justice and its influence on general virtue and happiness,* 1793

6**PALANTE Georges** *L'esprit de classe. L'esprit étatiste. L'esprit de ligue. L'esprit démocratique et l'esprit grégaire*, -in-**La Plume**, 15/09/1902

7**PALANTE Georges** *Les dogmatismes sociaux et la libération de l'individu*, -in-**Revue Philosophique**, décembre 1901

8 Cf. surtout **PALANTE Georges** *Combat pour l'individu* - **ONFRAY Michel** *Préface et notes*, Romillé, Folle Avoine, 284p, 2006

9**ELTZBACHER Paul** *L'anarchisme*, Paris, Giard, 1923, p.388

10**GARCIA Vivien** *L'anarchisme aujourd'hui*, Paris, L'Harmattan, 262p, 2007, Cf. surtout p.171 & ss

11**GARCIA Vivien** *Op.cit.*, p.182

12**ERRANDONEA Alfredo** *L'espace public au XXI° siècle*, –in-*L'anarchisme a-t-il un avenir? Histoire de femmes, d'hommes et de leurs imaginaires*, Actes du Colloque International de Toulouse, 27-29/10/1999, Lyon, ACL, 560p, 2001

13**MACARRO Floreal** *Organisation et pratiques libertaires, deux voies divergentes?*, –in-*L'anarchisme a-t-il un avenir? Histoire de femmes, d'hommes et de leurs imaginaires*, Actes du Colloque International de Toulouse, 27-29/10/1999, Lyon, ACL, 560p, 2001

14**DOCKÈS Emmanuel** *L'introuvable justification du pouvoir patronal*, –in-*L'anarchisme a-t-il un avenir? Histoire de femmes, d'hommes et de leurs imaginaires*, Actes du Colloque International de Toulouse, 27-29/10/1999, Lyon, ACL, 560p, 2001

Cependant l'absence d'État peut se retrouver dans des situations non libertaires, comme pour les nations sans État (*«ethnie sans État»* ou *«a-territoriale»* préfère Claire AUZIAS quand elle parle des Roms) que sont par exemple les Kurdes, les Touaregs et les Sahraouis ou les Roms[1]. *«Il apparaît clairement qu'un mode de fonctionnement social sans appareil d'État ne garantit pas à lui seul une liberté sans entraves. Pas plus que la démocratie directe n'assume à elle seule un fonctionnement libertaire, le fédéralisme n'est pas la seule condition de l'émancipation de l'individu dans la société. L'une et l'autre ne deviennent pertinents pour nous anarchistes qu'en reposant sur des valeurs de liberté, d'égalité et de solidarité».*[2] Cette prise de position est fondamentale, car elle remet en cause l'intangibilité du dogme anti-étatiste, en affirmant sans crainte du paradoxe, que l'autorité peut exister hors du cadre étatique. Ainsi autant on peut être solidaire des peuples Roms opprimés, on peut exalter leur soif de liberté, et magnifier leur errance volontaire, avec une nostalgie des trimardeurs libertaires d'autrefois, autant on se doit d'être conscient de leur paternalisme, leur exclusivisme, leur antiféminisme, toutes   traditions souvent absolument pas libertaires.

Après la remarque sur la notion clé de l'antiétatisme anarchiste, et la nuance de taille apportée par Xavier ROTHÉA, on peut dire que tout se complique, puisque l'opposition est rude entre des mouvances individualistes et d'autres communautaires et que le refus de toute orthodoxie est une constante dans le mouvement. Et même parmi ces dernières tendances communautaires, entre *mutualisme* surtout d'essence proudhonienne, *collectivisme* surtout bakouniniste, *communisme-anarchiste* ou *communiste-libertaire* kropotkinien ou malatestien (qui se disait aussi *socialiste anarchiste*), *anarcho-pacifisme* tolstoïen, les diverses expressions de *l'anarcho-syndicalisme*... les divergences sont fortes.
À ces tendances s'ajoutent de nombreux mouvements récents, plus ou moins libertaires, qui, en analysant l'échec des marxistes et de leur théorie de la prise du pouvoir, acceptent plus ou moins aujourd'hui les notions de *«dissolution du pouvoir»*[3], *«d'espace d'anti-pouvoir»*... mis en avant, entre autres, par les rebelles néozapatistes du Chiapas et théorisées souvent par l'irlando-mexicain John HOLLOWAY. Il faut obtenir *«la dissolution de la puissance, et l'émancipation face au pouvoir»*[4] et donc tout faire pour *«Changer le monde sans prendre le pouvoir - Change the world without taking power»* (l'ouvrage en anglais est de 2002).

POUR UNE COMMUNAUTÉ SOLIDAIRE, AUTOGESTIONNAIRE ET FÉDÉRALE

Refuser l'autoritarisme et l'État, c'est combattre aussi toute délégation de pouvoir, toute démocratie incomplète qui dépouille l'individu de sa parcelle d'autonomie, toute *«organisationsociale»* au *«fondement transcendant et essentialisant»* écrit Irène PEREIRA qui a le mérite de reformuler des idées anciennes[5]. Ceci étant, elle enfonce un peu des portes ouvertes, il suffit de relire tous les théoriciens fondateurs. L'antiparlementarisme est *«viscéral»* chez les anarchistes, comme le note Gaetano MANFREDONIA dans l'étude des chansons anarchistes[6]. L'anarchisme s'en prend aux politiciens et à la politique déléguée et à tous les *«parasites sociaux»* qui s'en servent. L'utopie anarchiste et les projets libertaires mettent au contraire tous l'accent sur une démocratie directe.
Cette démocratie directe, sous divers qualificatifs ou pratiques: anti-autoritarisme, libre-association, autonomie, autogestion des petits groupes, soviétisme au sens propre, solidarité ou *«appui mutuel»* ou *«entraide»* (nom du livre anti-néodarwiniste célèbre de KROPOTKINE), fédéralisme et décentralisation... sont aussi des points communs forts entre presque tous les courants libertaires.
Marianne ENCKELL rappelle que *«le fédéralisme est constitutif de l'anarchisme»* depuis l'époque de l'AIT[7] . On ne peut que lui donner raison en citant cette formule de 1872 tirée d'un des textes de base de la *Fédération Régionale Espagnole* de l'AIT: *«L'anarchie (anarquía), c'est la libre fédération des libres associations ouvrières agricoles et industrielles»*[8]. Le collectiviste anarchiste Ricardo MELLA en 1891 reconnaît également que *«la fédération est un principe anarchiste, c'est l'anarchie même, ou son complément»*[9]. Pour une période un peu plus tardive, Felipe ORERO dans un article sur le fédéralisme confédéral (de la CNT) réaffirme qu'il *«en est la caractéristique essentielle»*[10]. Il s'appuie sur l'autonomie et la participation volontaire, et se rapproche donc de *«l'union libre»*. La solidarité (ou entraide, ou appui mutuel) en forme le ciment collectif. La formulation est liée surtout aux apports théoriques de la Région Espagnole de l'AIT qui dès le début des années 1870 se positionne pour une *«fédération libre d'associations libres composées de libres individus»*; c'est un des principaux slogans de la FRE, puis de la FTRE, mais en remplaçant le plus souvent le terme *«individu»* par celui de *«travailleur»* ou de *«producteur»*. De l'unité individuelle aux différentes composantes collectives, la liberté, le libre choix, l'adhésion volontaire et donc le droit de sécession ou de départ sont réaffirmés très souvent et profilent une vision anarchiste originale et puissante d'un fédéralisme. C'est pourquoi le fédéralisme, constituant primordial de la pensée anarchiste, doit être plus reconnu et analysé, comme nous y incite Alessio VIVO en 1995[11].
GÓMEZ CASAS rappelle depuis 1988 que *«fédéralisme (anarchiste) signifie clairement pacte libre, alliance libre, libre accord, appui mutuel et solidarité»* et que *«cette composante de l'anarchisme»* est également *«son mécanisme pour réaliser (la société nouvelle)»*[12].

1AUZIAS Claire *L'exemple des Roms, une ethnie a-territoriale,* -in-*Territoires multiples, identités nomades,***Réfractions**, Paris: n°21, p.41-50, 2008

2ROTHÉA Xavier*Les Roms, une nation sans territoire?,* -in-**Réfractions**, n°8, 2002, p.93

3HOLLOWAY John *Changer le monde sans prendre le pouvoir. Le sens de la révolution aujourd'hui,* Paris, Syllepse, 320p, 2007, p.41

4HOLLOWAY John *Op.cit.,* p.64

5PEREIRA Irène *Le projet anarchiste et la redéfinition de la catégorie de territoire au travers des luttes de l'immigration,* -in-*Territoires multiples, identités nomades,***Réfractions**, Paris: n°21, p.23-30, 2008

6MANFREDONIA Gaetano *La chanson anarchiste en France des origines à 1914,* Paris, L'Harmattan, 445p, 1997, p.191

7ENCKELL Marianne*Fédéralisme* et autonomie chez les anarchistes, -in-**Réfractions**, n°8, 2002

8*Las clases trabajadoras y la política* (**La Solidaridad**, Madrid, 28/05/1870), -in- **MADRID Francisco/VENZA Claudio**, *Antología documental del anarquismo español*, Vol.I, 2001 , p.122-124

9MELLA Ricardo (?) *Sinopsis social. La anarquía, la Federación y el colectivismo,* Sevilla, 17p, 1891, -in-**MADRID Francisco/VENZA Claudio**, *Antología documental del anarquismo español,* Vol.I, 2001, p.381ss

10ORERO Felipe *El federalismo confederal, la herencia de los congresos y el sexto congreso de la CNT,*-in-**AAA** *CNT. Ser o no ser. La crisis de 1976-1979,* Barcelona, Suplemento de Cuadernos de **Ruedo Ibérico**, 256p, 1979, p.182

11VIVO Alessio *Per una bibliografía sistematica del federalismo libertario,* -in-**Bolletino Archivio G. PINELLI**, Milano, n°6, p.13-15, dicembre 1995

12GÓMEZ CASAS Juan*Sociología del anarquismo hispánico. Volumen 1*, Madrid, Libertarias, 142p, 1988, p.131/132

Toute la pensée de l'italo-uruguayenne Luce FABBRI résume ce choix d'un *«socialisme anarchiste»* de base malatestienne, qui s'affirme comme *«socialiste libertaire, fédéraliste et autogéré»*, en s'appuyant sur un filet *«de réseaux d'organismes autogérés»*[1].

Dès 2000, les anarchistes du Venezuela affirment que *«l'anarchisme (ou socialisme libertaire, ou Acratie) est une philosophie sociale centrée sur une optique prévoyant liberté et égalité entières, exercées dans un contexte de solidarité, en vue d'un progrès humain tant individuel que collectif»*[2]. Cette définition ouverte est très riche, car elle révèle les points communs de tous les courants se réclamant de l'anarchisme (y compris les individualistes et les anarchistes dits *«sociaux»*). Elle pose également les bases simples mais incontournables de toute communauté libertaire, et évite le débat souvent infécond qui cherche à opposer égalité et liberté.

L'ANARCHISME COMME *«MODE DE VIE»* LIBERTAIRE: VERS LA LIBÉRATION ET L'ÉPANOUISSEMENT DES INDIVIDUS

L'utopie anarchiste s'exprime également par des comportements et des valeurs socioculturelles fortes, que les anarchistes ne sont d'ailleurs pas les seuls à pratiquer. La liberté sexuelle, l'amour libre, la vision antireligieuse (athée ou anti-théiste ou agnostique selon les cas), l'écologie, l'antimilitarisme, un certain puritanisme végétarien ou végétalien parfois, sont très fréquents. Il faut rappeler la centralité de la notion de Justice sociale, tant développée déjà par PROUDHON et reprise par tout le mouvement.
Mais pour ne prendre qu'un exemple, curieusement et paradoxalement (Cf. *«ni dieu, ni maître»* slogan accolé à l'anarchisme, mais originaire vraisemblablement du blanquisme), il existe des anarchistes chrétiens ou taoïstes ou *«transcendantalistes»*...: pour les premiers, la mouvance issue du tolstoïsme est forte, et le rôle de *«compagne»* de route de la célèbre philosophe Simone VEIL, qui alla jusqu'à s'enrôler dans une milice anarchiste en Espagne de 1936, ou les œuvres de Jacques ELLUL[3] ont une incontestable importance.

Pour tenter une première synthèse, ce qui distingue donc l'utopie anarchiste de toute autre (hormis peut-être les auteurs qui prolongent une tradition *«universaliste-illuministe»* radicale que l'anarchisme assume, peut-être comme *«principal soubassement idéologique commun»*[4]), c'est la primauté accordée à la liberté (Cf. ci-dessus) et à l'individu, la supériorité de l'humain sur la règle, de l'esprit libre sur le dogme, du pluralisme et de la fantaisie sur le conformisme et l'uniformité. Il y a une place considérable de l'éthique (là aussi un ouvrage de KROPOTKINE nous le rappelle), de la morale, alors que la presse à sensation représente souvent l'anarchiste comme amoral ou sans morale. L'idée de Justice est au centre des œuvres de PROUDHON et de GODWIN avant lui. Récemment, Pierre MIQUEL rappelle que *«la justice seule impose la destruction du monde. Pour un anarchiste elle est à l'horizon de la pensée, plus encore que la liberté»*[5]. La rigueur et l'éthique libertaire s'expriment fortement chez les RECLUS, KROPOTKINE, MALATESTA, TOLSTOÏ... La primauté écologiste s'impose chez RECLUS ou Murray BOOKCHIN. L'égalité homme-femme est, malgré les errements de PROUDHON, une position de base de l'anarchisme. En Espagne par exemple, cette utopie égalitaire entre les sexes fait de l'anarchisme un des courants les plus modernes sur la question dès la fin du XIX°. Mais malgré les miliciennes de 1936, le rôle de Federica MONTSENY, l'exemplaire mouvement **Mujeres Libres** en fin des années 30, la pratique était souvent loin de la théorie.

UN COURANT INTERNATIONALISTE ET UNIVERSALISTE CONSÉQUENT

Autre trait largement assumé par la pensée et l'utopie anarchistes, comme par tous les vrais courants socialistes et humanistes conséquents, c'est la position internationaliste poussée à son terme: jusqu'au refus des patries et bien sûr des frontières et du colonialisme - *«produit hybride du patriotisme et du mercantilisme combinés, brigandage et vol à mains armées...»* (Jean GRAVE)[6] - et bien entendu du militarisme qui les soutient. *«La Patrie, (est) une entité vide et creuse, comme Dieu, comme la Société, comme l'État, comme la Nature, comme la Vertu, comme la Morale...»* ajoute Félix FÉNÉON, en bon stirnérien, en septembre 1884[7]. Le refus des États et des colonisations repose aussi sur le refus de la division en races: *«il n'y a pas de races inférieures»* tonne le *«pape de la rue Mouffetard»*[8]. Il produit un chapitre entier sur ce thème, ou dans un langage et un matériel scientifique bien datés, il pose cependant le principe moderne de la diversité nécessaire, et celui de l'absence de toute hiérarchie entre tous les groupes humains.
Angel PESTAÑA, syndicaliste libertaire essentiel du début du XXème siècle en Espagne, évoque dans ses mémoires[9] *«le cosmopolitisme de l'anarchisme théorique, qui évoque la patrie universelle»*. C'est sans doute Élisée RECLUS qui sur ce point, en bon géographe anarchiste, est le plus rigoureux, en lien également avec un anticolonialisme intransigeant qui est, somme toute, assez rare au XIXème siècle. *«Les peuples n'ont plus que faire des limites qu'on leur avait tracées. À de nouvelles idées il faut un nouvel état social correspondant. Celui que nous préparons ne comporte ni rois, ni seigneurs, ni maîtres, ni soldats, ni douaniers veillant aux frontières. Il n'admet que des hommes pleinement conscients de leur dignité personnelle et de leur égalité en droits. Nous ne reconnaissons plus ce que l'on appelle 'patrie' et qui, dans son acceptation accoutumée, représente la solidarité des crimes de nos ancêtres contre d'autres pays, ainsi que des iniquités dont nos gouvernements respectifs se sont rendus coupables»* écrit RECLUS le 1er mars 1885 à l'anglais Henry SEYMOUR qui vient de fonder **The Anarchist**. En 1901, dans **La Huelga general**, il s'adresse encore à des anarchistes espagnols en ces termes: *«Évitez les spécialisations; n'appartenez ni aux patries ni aux partis, ne soyez ni russe, ni polonais, ni slave; soyez des hommes avides de vérité, dégagés de toute pensée d'intérêt, et de toute idée de spéculation vis à vis de chinois, africains ou européens: le patriote en arrive à détester l'étranger, à perdre le

---

1RAGO Margareth*Luce FABBRI: una lezione di vita*, -in-**RSDA**, a.7, n°2-14, Pisa, BFS, 2000
2 **MÉNDEZ Nelson/VALLOTA Alfredo***Bitácora de la utopía: anarquismo para el siglo XXI*, Caracas, tiré le 17 septembre 2003 sur le site *http://nodo50.org/ellibertario/ellibertario/tripalibros.htm*, 139p. A4, septembre 2002, p.11
3**ELLUL Jacques***Anarchisme et christianisme*, Lyon, ACL, 1988
4**MANFREDONIA Gaetano***Unité et diversité de l'anarchisme, un essai de bilan historique*, –in-*L'anarchisme a-t-il un avenir? Histoire de femmes, d'hommes et de leurs imaginaires*, Actes du Colloque International de Toulouse, 27-29/10/1999, Lyon, ACL, 560p, 2001
5**MIQUEL Pierre***Les @narchistes*, p.77
6**GRAVEJean** *La société mourante et l'anarchie* (1893), Paris, Tops, 154p, 2007, p.103
7**HALPERIN Joan Ungersma** *Félix FÉNÉON. Art et anarchie dans le Paris fin de siècle* (1988), Paris: Gallimard, 442p, 1991, p.65
8**GRAVEJean** *Op. cit.*, p.109
9**PESTAÑA Angel***Lo que aprendí en la vida*, Madrid, 1933

sentiment de justice qui illuminait son premier enthousiasme»[1]. Mais les espagnols ne l'avaient pas attendu pour dénoncer «*la criminelle idée de nationalité*»[2] comme l'indique le *Manifiesto de los trabajadores internacionales a los trabajadores de España* –*Manifeste des travailleurs de l'Internationale aux travailleurs espagnols* en décembre 1869. Il s'agit vraisemblablement du premier texte de l'AIT organisée en Espagne.

En 1933, l'anarcho-syndicaliste d'origine germanique, Rudolf ROCKER, écrit un ouvrage de fond qui depuis fait référence importance au sein du mouvement anarchiste: *Nationalisme et culture*. Il est publié à Los Angeles en 1937 et rapidement traduit en différentes langues. Une analyse fouillée de l'histoire de la pensée amène à redonner à l 'antiétatisme anarchiste des bases philosophiques pluralistes. Mais l'essentiel de l'ouvrage, en pleine montée de l'hitlérisme, pourfend tout nationalisme qui est «*réactionnaire par nature*» et affirme avec une triste lucidité et une nette anticipation, que le nazisme, dans tous ses aspects totalitaires, n'est pas spécifiquement allemand.

Cette dénonciation de l'égoïsme haineux qu'est le patriotisme fut exprimée dès l'origine du mouvement par William GODWIN. Pour lui «*cette sorte d'impulsion égoïste à l'orgueil et la vanité... ne mérite (pas) la moindre approbation*».
En fin du XIX° siècle, la plupart des grands penseurs de l'anarchisme prônent une sorte de «*République universelle*» (Louise MICHEL surtout) ou une «*République fédérale de la Terre entière*» (Élisée RECLUS, Berne, 1868). Ils prennent bien sûr le terme de «*république*» au sens de gestion de l'intérêt général, et le fédéralisme qui l'accompagne s'impose depuis PROUDHON au moins comme le ciment libertaire faisant tenir l'ensemble.

L'antipatriotisme reste une rareté en milieu socialiste français, et l'anarchisme en est sans doute un des mouvements les plus intransigeants, avec les «*socialistes insurrectionnels*» de la **Guerre Sociale** d'avant 1914. Georges YVETOT, alors anarchiste, syndicaliste et membre justement de la ce journal, avait réussi en 1906 au congrès CGT d'Amiens à obtenir une bonne majorité sur un texte de combat, puisque «*le congrès demande que la propagande antimilitariste et antipatriotique doit devenir plus intense et toujours plus audacieuse*». Pour mesurer la violence radicale de cet antipatriotisme, et en analyser son expansion, on peut citer le texte de l'intellectuel anarchiste Félix FÉNÉON, *Patrie*, de 1884, qui voit en elle «*une entité vide et creuse, comme Dieu, comme la société, comme l'État...*» et qui a «*en revanche fait verser tant de sang et de larmes, accumulé tant de ruines; légitimé tant d'atrocités, tant de scélératesses, d'horreurs et d'infamies*»[3].

Durant toute leur histoire, les anarchistes seront sensibles à la notion de «*citoyen du monde*» d'origine sans doute érasmienne, et reprise par de nombreux courants humanistes et antinationalistes à l'époque contemporaine. Pietro GORI proposait déjà le refrain «*notre patrie est le monde entier*» dans sa chanson *Stornelli d'esilio*.

Cependant, pour mieux prendre en compte les luttes amérindiennes et leur implantation locale, les anarchistes deviennent plus sensibles aux territoires et proposent parfois de nouveaux concepts, comme celui «*d'indigènes de l'univers*»[4]. Ce n'est pas sans ambigüité pourtant, car la sympathie nécessaire pour les mouvements indigénistes, ainsi que la participation de quelques libertaires au mouvement bio-régionaliste, peuvent présenter un retour insidieux à des notions nationalistes. Le mouvement néozapatiste étant sur ce plan un exemple à approfondir.

Face aux visions localistes, régionalistes... insuffisantes et réductrices, John CLARK, sous le pseudonyme de Max CAFARD, lance le *Manifeste surré(gion)aliste*, qui mêle la liberté anarchiste aux exigences pataphysiques et surréalistes. La proposition est celle d'une région ouverte («*pour la région, il n'y a pas de frontières, il n'y a pas de nation*»), autonome et respectueuse de l'homme et de son environnement, et surtout qui réfute tout nationalisme (quelle que soit la taille du territoire) et toute xénophobie[5].

D'autre part, cette utopie anarchiste est fréquemment présentée comme une utopie «*impatiente*», puisqu'elle vise à se mettre en place immédiatement après la révolution, sans la transition néfaste d'une quelconque dictature politique ou scientifique. C'est la grosse différence avec le marxisme. Les anarchistes sont, sur ce point, incontestablement plus cohérents idéologiquement que la plupart des autres socialismes, puisqu'ils insistent pour mettre au diapason la fin et les moyens. On ne peut pas créer la liberté avec des méthodes qui y sont contraires. On ne peut pas prévoir le dépérissement de l'État si on le renforce au préalable... Machiavélisme, cynisme et manichéisme sont les antithèses de l'anarchisme.

Enfin cette utopie *impatiente* est cependant longuement préparée, par la propagande, les cercles de réflexion (Cf. les célèbres et innombrables athénées anarchistes dans la péninsule ibérique), la propagande par le fait (et pas seulement les attentats, comme on le caricature souvent) et surtout par l'éducation libertaire, l'auto-formation, la discussion... à tout moment de la vie. Les anarchistes sont des lecteurs et «*orateurs*» assidus, d'éternels autodidactes, dont PROUDHON ou PELLOUTIER forment les plus éloquents modèles.

Par contre l'utopie anarchiste partage avec le libéralisme et d'autres courants comme le scientisme, voir le saint-simonisme parfois, quelques points communs. L'optimisme est souvent présent, la foi en la raison, la science et la culture est très partagée dans le mouvement (malgré STIRNER, et d'un autre côté, MALATESTA). L'idée de nature et la perfectibilité de l'être humain est aussi souvent prégnante, même si PROUDHON a passé de longs moments à pourfendre ROUSSEAU. Comme indiqué ci-dessus, l'importance des Lumières comme fondement de la pensée libertaire est aujourd'hui largement admis. L'anarchisme serait également en quelque sorte l'aboutissement d'un libéralisme éthique radical et conséquent. Un poète philosophe comme le péruvien Manuel GONZALEZ PRADA (1844-1918) se définissait encore comme "*libéral-révolutionnaire*» en fin du XIXème siècle[6].

UNE UTOPIE VOLONTARISTE, SUBJECTIVE ET PRAGMATIQUE

1**CHARDAK Henriette***Élisée RECLUS, l'homme qui aimait la terre*, Paris, Stock, 593p, 1997
2**MADRID Francisco/VENZA Claudio**, *Antología documental del anarquismo español, Vol.I*, 2001, p.99
3**BERNARD Jean-Pierre** *Félix FÉNÉON ou l'anarchie considérée comme l'un des Beaux Arts*, –in-**PESSIN Alain/TERRONE Patrice** *Littérature et anarchie*, Toulouse, Presses du Mirail, 320p, 1998
4**PELLETIER Philippe** *Indigènes de l'univers, anarchistes et territoire*, -in-*Territoires multiples, identités nomades,***Réfractions**, Paris: n°21, p.11-22, 2008
5 Édité en Louisiane en 2002, traduit en 2008 **CAFARD Max,** *Manifeste surré(gion)aliste*, -in-*Territoires multiples, identités nomades,***Réfractions**, Paris: n°21, p.31-40, 2008
6**DELHOM Joël***Itinéraire idéologique d'un anarchiste latino-américain: Manuel GONZALEZ PRADA*, –in-*L'anarchisme a-t-il un avenir? Histoire de femmes, d'hommes et de leurs imaginaires*, Actes du Colloque International de Toulouse, 27-29/10/1999, Lyon, ACL, 560p, 2001

Les anarchistes reconnaissent souvent l'importance des lois naturelles, mais refusent toute soumission ou toute passivité face à elles. Au contraire, la foi dans le progrès et l'évolution, se veut différente du déterminisme marxiste ou de tout mécanisme évolutif. Rien n'est sûr ni évident, rien n'est automatique ou inéluctable pour les anarchistes, si l'homme ne prend pas lui-même en main sa destinée. L'idéal en action, au nom d'une éthique très développée, le volontarisme, l'engagement... sont absolument primordiaux pour le militant, et pour les collectifs, souvent animé(s) d'un fort vitalisme.

Il faut réhabiliter le désir, la volonté, la dissidence, la subjectivité affirme le libertaire Félix GUATTARI dans son *Le devenir de la subjectivité*. Il renoue avec les anciennes positions de Gustav LANDAUER pour qui une société anarchiste ne peut se créer que si des anarchistes convaincus la tentent et la veulent, la désirent. Ruben PRIETO[1], un des principaux animateurs de la *Comunidad del Sur* insiste sur ce point: pour «*fonder l'avenir*», il faut «*le construire, non pas l'attendre*». Tant pis pour les difficultés, les échecs... ils sont inhérents à la vie sociale et individuelle.

Dans les années 1910-1920, avant d'être exécuté par les pistoleros, le tribun Salvador SEGUÍ, partisan fidèle et leader essentiel du syndicalisme anarchiste ibérique (CNT), propose plus de pragmatisme, ce qu'il appelle «*possibilisme*». Il mêle l'utopie à des considérations concrètes de gestion syndicale de l'économie et n'hésite pas à accepter parfois des alliances avec l'UGT socialisante. Même s'il est peu cité dans les multiples œuvres communistes libertaires et projets anarcho-syndicalistes des années 1930, il en constitue une influence centrale.

Les écrits de Luce FABBRI, trop mal connue en France, sont en ce domaine, déterminants, pour réhabiliter une pensée libertaire pragmatique, ouverte et peu manichéenne, en réhabilitant même parfois la démocratie jadis haïe par bien des anarchistes orthodoxes. Elle serait sur ce point une fidèle du MALATESTA qui l'a portée sur ses genoux lors de sa tourmentée enfance italienne. Le vieux révolutionnaire, écrasé par le fascisme, reconnaissait en 1924: «*il n'y a aucun doute pour moi: la pire des démocraties est toujours préférable, ne serait-ce que d'un point de vue éducatif, à la meilleure des dictatures*»[2], même s'il en reconnaissait la tromperie systématique pour les masses populaires. L'allemand Rudolf ROCKER affirme la même position dès 1925 «*et si un jour nous sommes obligés de choisir entre un régime fasciste ou dictatorial ou bien un État constitutionnel bourgeois, nous privilégierons sans hésiter le second*» même si «*en faisant ce choix nous ne nous faisons pas la moindre illusion. Nous savons pertinemment que cette décision ne libérera pas du joug de l'autorité étatique...*»[3].
Le socialisme libertaire serait celui qui pousserait jusqu'au bout les idéaux et les méthodes de la démocratie pluraliste. La fille de Luigi FABBRI a même tenté pendant la Deuxième Guerre mondiale, à Montevideo et à México, avec la revue et le groupe du même nom *Socialismo y Libertad*, d'unir la pensée libertaire à celles de marxistes «*hérétiques*» anti-totalitaires, et de républicains fédéralistes[4].
Rudolf ROCKER, dans l'après Seconde Guerre mondiale, semble aller dans le même sens, au nom d'un révisionnisme humaniste libertaire qui ne renie pas la notion de compromis. Pour lui, l'anarchisme ne peut se figer sur une vision traditionnelle qui ferait l'impasse des totalitarismes: «*l'anarchisme et l'idée de la liberté en général sont des idées, non pas absolues, mais seulement relatives, et partant, soumises à de continuelles transformations... Les idées absolues conduisent toujours au despotisme de la pensée, et, là où leurs représentants en ont le pouvoir, au despotisme de fait*»[5].

La position du catalan Xavier DURAN[6] la rejoint sur ce point. Certes il ne propose pas une société anarchiste, mais il ne refuse pas pour autant la nécessité de l'utopie, en demandant simplement que l'homme soit le plus consulté possible (par la démocratie directe, les référendums...) sur toutes les innovations scientifiques et techniques qui lui sont proposées: «*une certaine utopie, une utopie limitée est possible à atteindre si les pays développés mettent au second plan leurs ambitions de pouvoir et de contrôle...*». Il est sans le savoir très proche de l'anarchiste italien MALATESTA qui, à la différence de KROPOTKINE qu'il critiquait, n'idéalisait pas la science. Pour MALATESTA comme aujourd'hui pour DURAN, la science et la technologie seront ce que l'homme en décidera, d'où une nécessaire connaissance, un vrai débat, et un pouvoir de décision accru pour la population concernée.

Quant au pragmatisme, au nécessaire réalisme et en tout cas à une meilleure prise en compte de la réalité pour l'édification de projets ou pour tenter des expérimentations, il devient une des revendications premières chez les penseurs et militants de l'époque contemporaine. Cette «*bonne utopie*»[7] analysée par Edgar MORIN doit éviter le flou et les généralités vagues, les dogmatismes et le manichéisme. Bien sûr il y a des limites au réalisme: trop évoquer la réalité peut être un frein ou une autojustification de l'immobilisme. Analysant l'anarchisme depuis la sphère germanique, Peter LÖSCHE avance la notion intéressante de «*real-utopisch*» qui mêle réalisme et utopie[8]. Certes, il applique ce trait essentiellement au syndicalisme d'action directe, mais bien d'autres courants libertaires pourraient y être rattachés.
Entre la part de rêve et le matérialisme le plus concret, il y a toute une dialectique à maîtriser.

UNE PREMIÈRE DÉFINITION POSSIBLE DE L'UTOPIE ANARCHISTE

ALVAREZ JUNCO, dans le livre très riche cité ci-dessus, définit l'utopie anarchiste en 8 points principaux, de manière à pouvoir la distinguer des autres utopies socialistes ou littéraires classiques. Il faudrait bien sûr largement actualiser en tenant compte des positionnements plus récents marqués par le pragmatisme, le pluralisme et la modestie, pour ne retenir que quelques avancées actuelles.
L'utopie anarchiste insiste sur le caractère rationnel de l'idéal proposé, mais à la différence des utopies classiques, insiste sur le contrepoids nécessaire des instincts, des passions (incontestable néo-fouriérisme?), dans le sens individuel du terme, d'autant que ces instincts naturels

1PRIETO Ruben*Futurs imprévisibles et anarchismes prématurés*, –in-*L'anarchisme a-t-il un avenir? Histoire de femmes, d'hommes et de leurs imaginaires*, Actes du Colloque International de Toulouse, 27-29/10/1999, Lyon, ACL, 560p, 2001, p.319
2MALATESTA Errico *Democrazia e anarchia*, -in-**Pensiero e Volontà**, Roma, n°6, 15/03/1924
3CHEPTOU Gaël *De l'anarcho-syndicalisme au pragmatisme libertaire. La liberté par en bas*, -in-*Rudolf ROCKER, 1873-1958. II. - Penser l'émancipation*, **À contretemps**, Paris, Numéro 28 spécial, p.21-28, octobre 2007, p.24
4JACQUIER Charles*L'exil de Julien COFFINET ou un marxiste hérétique à Montevideo*, -in-**dissidence**, a5, n°12-13, janvier 2003
5ROCKER Rudolf*Ein offenes Wort*, -in-**Freie Gesellschaft**, n°35, 1952, cité par **CHEPTOU Gaël** *De l'anarcho-syndicalisme au pragmatisme libertaire. La liberté par en bas*, -in-*Rudolf ROCKER, 1873-1958. II. - Penser l'émancipation*, **À contretemps**, Paris, Numéro 28 spécial, p.21-28, octobre 2007, p.28
6DURAN Xavier*Las encrucijadas de la utopía*, Barcelona, Labor, 142p, 1993
7MORIN Edgar*Pour une utopie réaliste: autour d'Edgar MORIN*, Rencontres de Châteauvallon, Arléa, 272p, 1996
8LÖSCHE Peter *Anarchismus. Versuch einer Definition und historische Typologie*, -in-**Politische Vierteljahresschrift**, XV, 1974

seraient naturellement harmoniques. Ce dualisme utopique préserve le projet des dérives trop ouvertement scientistes. La science n'est qu'un outil, un moyen de comprendre et de transformer au mieux le monde, pas un dogme nouveau et tout puissant. Les scientifiques sont certes des spécialistes reconnus et librement sollicités et écoutés, mais pas de nouveaux dieux, et BAKOUNINE, entre autres penseurs, rappelle que le gouvernement des savants (on dirait aussi des technocrates aujourd'hui) serait la pire des choses.

Elle offre un caractère ouvert, refusant volontairement tout schéma figé, ce qui est la grande différence avec la plupart des autres utopies et des autres pensées politiques. Elle est également forcément évolutive et ferait donc sienne la belle formule de Michel BENASAYAG «*la liberté est un processus, jamais une fin*»[1]. Il s'agit donc de prendre en compte un «*anarchisme perfectible*» reposant sur une société «*aux institutions souples et changeantes*»[2]. Cela rejoint la conception de «*l'anarchisme postmoderne*»[3], qui met en avant sa vision «*de théorie fluide et flexible*» (Lewis CALL)[4].

Elle est ouverte également par sa volonté d'universalisme, refusant tout enfermement, tout isolement, alors que c'est le cas pour la grande majorité des utopies littéraires. Beaucoup d'utopies anarchistes tentées gardent avec le monde environnant une relation permanente.

Comme beaucoup d'utopies des XVIIIème et XIXème siècles surtout, elle met l'accent sur le machinisme, la technique pour libérer l'homme des tâches ingrates. Un optimisme tempéré et pas absolu, surtout si on se réfère aux fréquentes solutions artisanales et rurales mises en avant. Mais c'est un point à bien retenir, surtout pour contrer les historiens qui ont caricaturé l'anarchisme en le cantonnant dans un mouvement ruralo-artisanal, hostile à la grande industrie. Chez PROUDHON, comme chez KROPOTIKINE, les plus cités en la matière, l'industrie est reconnue, simplement elle est sous contrôle et limitée au maximum.

C'est une utopie égalitaire, et en cela elle n'est absolument pas originale. Mais il est bon de rappeler que l'égalité est un axe presque aussi fort que la liberté dans la mouvance anarchiste.

Enfin, et c'est une autre de ces fortes distinctions avec l'ensemble des utopies, elle est résolument antiautoritaire, anti-étatiste, anti-lois, anti-règlements, antidogmatique...

L'idéal proposé est un futur d'abondance (abondance matérielle surtout), d'harmonie ou de justice (égalitarisme), de liberté et d'absence de hiérarchie, de félicité (bien être spirituel) et d'universalisme (refusant toute idée de patrie ou de frontières). Il est notable qu'en Espagne, l'anarchisme est très éloigné des nationalismes ou régionalismes, surtout basque et catalan qui s'affirment à la même période. Francisco FERRER maintient le castillan dans son école rationaliste barcelonaise afin de ne pas se couper de ceux qui ignorent le catalan, ou qui sont des immigrants récents.

Cet idéal n'est qu'évoqué, volontairement imprécis, soit par modestie, soit par lucidité (impossibilité de décrire un futur forcément imprévisible) soit par impréparation, soit par optimisme naïf en la capacité d'auto-organisation des individus après la révolution...

L'utopisme anarchiste récent est encore plus prudent, modeste, temporaire (post-TAZ pourrait-on dire[5]) et pragmatique, même s'il reste confiant ou optimiste. On peut l'illustrer par cette citation d'Alain THÉVENET: «*et un jour viendra, un jour d'un siècle ou d'une heure, dans un jour ou dans un siècle, mais peu importe, où nous nous libérerons des entraves imaginaires… et où nous fuguerons. Nous aurons peur, bien sûr dans cette lutte. Mais cette peur, loin de nous retenir, sera pour nous le stimulant le plus fort. Et pendant cette heure ou ce siècle, nous jouirons de tout ce que vous nous aurez interdit: de notre liberté et de notre solidarité, attentifs à tous les imprévus que nous rencontrerons sur notre route*»[6].

Dès la rédaction des premiers textes vraiment fondateurs de l'anarchisme, l'accent est mis sur la pertinence du projet et surtout sur sa faisabilité. La circulaire de Sonvillier de septembre 1871 était déjà fort explicite: «*La société future ne devra être rien d'autre que l'universalisation de l'organisation que s'est donnée l'Internationale. Nous devons donc toujours nous efforcer de rapprocher le plus possible cette organisation de notre idéal... L'Internationale, embryon de la future société humaine, doit être dès maintenant l'image fidèle de nos principes de liberté et de fédération, et doit repousser de son sein tout principe qui tend à l'autorité et à la dictature.*»[7]

Le projet anarchiste est donc (ou se veut comme) une utopie réalisable, ce qu'affirme Élisée RECLUS en 1896 dans *L'Anarchie* (p.7): «*Le rêve de liberté mondiale a cessé d'être une pure utopie philosophique et littéraire... il est devenu le but pratique, activement recherché par des multitudes d'hommes unis qui collaborent résolument à la naissance d'une société dans laquelle il n'y aura plus de maîtres...*». L'optimisme de RECLUS est bien celui de nombreux utopistes: Les lois naturelles, le développement scientifique, la volonté pacifiste de nombreux individus... doivent concourir à réaliser l'anarchie.

Dès lors de nombreux anarchistes se risquent à accumuler les propositions: c'est le cas de Jean GRAVE, et de Sébastien FAURE surtout.

Le meilleur exemple d'idéal libertaire longuement décrit, toujours souhaité, activement recherché dans un nombre impressionnant de grèves et d'insurrections et qui fut même partiellement réalisé, nous est fourni par le mouvement espagnol: il s'agit du choix **du communisme libertaire**. Il remonte aux années 1876, et fut surtout élaboré par deux penseurs principaux: l'éminent responsable de la **Revista Blanca**, Federico URALES, notamment avec *Los municipios libres y el ideal y la revolucion*, et surtout le docteur Isaac PUENTE qui rédigea un des opuscules les plus diffusés dans la mouvance anarchiste: *Il comunismo libertario* en 1934. Juste avant la révolution de 1936, le Congrès de Saragosse de la CNT, fort de ses 1,5 millions de membres, en fit son objectif officiel en le nommant *Concept confédéral de communisme libertaire*. L'explosion spontanée de milliers de «*collectivisations*» (le plus vaste mouvement autogestionnaire jamais réalisé) sembla dans la fin

---

1 BENASAYAG Michel*Ne plus attendre GODOT*, -in-*Les utopies d'aujourd'hui*, **Nouvel Observateur**, HS, n°59, juillet-août 2005, p.9
2 PUCCIARELLI Mimmo/PATRY Laurent *L'anarchisme en personnes. Entretiens avec Eduardo COLOMBO, Ronald CREAGH, Amedeo BERTOLO, John CLARK, Marianne ENCKELL, José Maria CARVALHO FERREIRA* Lyon, ACL, 368p, 2006, p.82
3 Cf. le chapitre *Anarchisme postmoderne ou Post-Anarchisme*, -in-**ANTONY Michel***. Quelques précisions et essais de définitions sur les utopies et les anarchismes*, Magny Vernois, Fichier sur le même site, 1° édition 1995, 95p, octobre 2007
4 Cité par **GARCIA Vivien** *L'anarchisme aujourd'hui*, Paris, L'Harmattan, 262p, 2007, p.42
5 Cf. le chapitre sur *Les TAZ et Bolo'bolo'* ci-dessous
6 THÉVENET Alain *Angoisse, peurs et liberté*, -in-*Politiques de la peur*, **Réfractions**, Lyon, n°19, p.27-38, 2007, p.38
7 **Rivista Storica dell Anarchismo**, anno V, n°1(9), 1998, p.64

de l'été 1936 lui donner une forte confirmation. Pendant longtemps, on ne distinguait pas les termes **anarcho-communisme**, **communisme anarchiste** et **communisme libertaire** dernière appellation qui semble aujourd'hui l'emporter. Dans son utopie publiée en 1933 _1945. El advenimiento del comunismo libertario. Una visión novelesca del porvenir/1945, l'avènement du communisme libertaire: une vision romancée du futur_, Alfonso MÁRTINEZ RIZO nous rappelle que les positions syndicalistes anarchistes préparent la réalisation de ce communisme libertaire, qui est lui même une étape de transition vers l'idéal, la société anarchiste du futur, de _el porvenir_.

Pour ne prendre qu'un exemple récent dans l'aire francophone, l'UTCL-_Union des Travailleurs Communistes Libertaires_ en France en 1986, en re-proposant son «_Projet communiste libertaire_»[1] prolonge les débats des anarchistes ibériques, même si d'autres influences sont revendiquées (mouvements antiautoritaires, conseillistes, syndicaliste-révolutionnaires et anarcho-syndicalistes). Comme en 1936 ils mettent l'accent sur un socialisme autogestionnaire, antiautoritaire, reposant sur l'autonomie des individus et des assemblées, et le fédéralisme et la solidarité. C'est une conception sociale certes utopique, puisque «_fondée sur une autogestion authentique du travail et un auto-gouvernement démocratique de la vie sociale_» qui est loin d'exister. Mais elle ne se veut pas «_un Âge d'or idéal et à jamais inaccessible_», ni un programme de gouvernement figé: c'est une alternative (d'où le titre de l'ouvrage «_Pour l'alternative_») ouverte, pluraliste et à redéfinir en permanence. Les mots et propositions, à un siècle de distance, expriment malgré des modernismes inévitables (autogestion...) les mêmes réalités de fond.

ANARCHISME, POPULISME, NIHILISME, ANARCHISME ET TERRORISME

Hormis quelques penseurs individualistes qui revendiquent un **nihilisme** radical (comme le Jean DUBUFFET 1901-1985), le **nihilisme** et le **populisme** n'ont pas grand-chose à voir avec l'anarchisme.

Le **populisme** est un mouvement historiquement bien déterminé. Il concerne surtout la sphère russe dans la 2° moitié du XIX°, et compte alors BAKOUNINE qui n'est pas encore anarchiste, malgré sa connaissance de PROUDHON, parmi ses membres. L'objectif du populisme, c'est littéralement d'aller au peuple, pour lui apporter, naïvement mais honnêtement, son soutien, un éclairage extérieur et peut-être des propositions alternatives. Nombreux furent les membres de l'intelligentsia russe, étudiants, enseignants, petits hobereaux... qui se rendirent dans les campagnes pour prêcher la bonne parole révolutionnaire. Car il s'agit bien d'une sorte de prosélytisme et d'apport extérieur pour trouver une solution sociale. Cette attitude fut assez mal reçue, et dans bien des cas les jeunes gens enthousiastes furent moqués ou repoussés, sinon parfois maltraités. Ce populisme est aux antipodes de l'anarchisme, malgré la volonté de refuser les divisions de classe, parce qu'il mise sur l'auto-affranchissement des individus et des groupes.

Quant au populisme moderne, vu comme flatterie démagogique vis-à-vis du peuple et comme encouragement à ses instincts et croyances pour mieux le manipuler, cela va sans dire que le mouvement libertaire y est totalement étranger. Au contraire, on trouve dans l'anarchisme fin du XIX° des positionnements inverses, dénonçant un peuple grégaire, s'appliquant la servitude volontaire, et trop peu apte à se libérer.

Ceci dit, bien des libertaires misent sur les mouvements populaires, les révoltes paysannes ou prolétaires, pour renverser ce vieux monde et permettre sa reconstruction sur de nouvelles bases: c'est le cas d'Ernest COEURDEROY (qui en appelle au mouvement cosaque[2]) ou de BAKOUNINE (qui fait l'éloge des Iemelian (ou Emelian) IvanovitchPOUGATCHEV 1740-1775 et autres Stepan - dit Stanka - RAZIN 1630-1671).

Le **nihilisme** au sens fort du terme est une pensée qui nie toute valeur ou validité au monde contemporain, et ne propose logiquement pas d'alternative sinon une attitude de rejet du monde et de la vie sociale. L'anarchisme, sous toutes ses formes, qui est une volonté de changer le monde sur des bases nouvelles est donc aux antipodes de cette pensée.

Le nihilisme comme mouvement est lui aussi lié au monde russe du XIX° siècle. Toute une génération s'est inspirée de _Pères et fils_ (1861) d'Ivan SergueïevitchTOURGUENIEV (1818-1883): il condamnait les valeurs en vigueur, et proposait de renverser le monde des préjugés et des conformismes. Ce nihilisme est souvent lié au terrorisme, parfois très cyniquement, car reposant sur peu de valeurs humanistes. C'est vrai que BAKOUNINE (avant sa phase anarchiste) y semble également mêlé. C'est un ami de TOURGUENIEV, et c'est avec lui qu'il voyage en occident, et qu'il se lie par exemple avec Richard WAGNER. BAKOUNINE est salit également avec l'épisode Serguei GuennadievitchNETCHAEV (1847-1882); ce dernier, révolutionnaire professionnel sans scrupule et sans vraie morale, prône au nom de l'efficacité de détruire toute valeur, y compris auprès de ses amis. Son Catéchisme révolutionnaire fut longtemp - et à tort comme l'a démontré Michael CONFINO depuis les années 1970[3] - attribué à BAKOUNINE, qui, il faut bien le reconnaître a été un temps bluffé par l'énergie de NETCHAEV.

Quant au **terrorisme**, qui est de tout temps et de tout lieu, il y a deux remarques à faire.
À différentes périodes, des anarchistes l'ont revendiqué ou y ont été mêlé.
Mais la grande majorité du mouvement, comprenant et parfois excusant les violences défensives, a massivement condamné le recours à la violence aveugle. C'est cohérent: la violence est une forme autoritaire du mouvement social, et l'anarchisme est un mouvement foncièrement antiautoritaire.

J'ai essayé de lister l'ensemble des actes «terroristes» dans lesquels des anarchistes sont présents. La liste est effectivement très longue malgré tout[4]. Voici l'introduction que j'ai faite à cette chronologie.

1UTCL_Pour l'alternative_ 1986
2COEURDEROY Ernest _Hurrah! ou la révolution par les cosaques_, London: 1854
3CONFINO Michael_Violence dans la violence; le débat BAKOUNINE-NECHAEV_, Paris, F. Maspero (Bibliothèque socialiste, 24), 212p, 1973
4 **ANTONY Michel**, _Terrorismes anarchistes_, Magny Vernois, 1° édition 1995, 42p, janvier 2009, sur le site http://artic.ac-besancon.fr/histoire_geographie/HGFTP/Autres/Utopies/anarterr.doc

<u>QUELQUES REMARQUES GÉNÉRALES QUE RÉVÈLE CETTE CHRONOLOGIE CERTAINEMENT INCOMPLÈTE ET PARFOIS IMPRÉCISE:</u>

La **«*propagande par le fait*»** (justifiée internationalement au Congrès de Londres de 1881) est très diversifiée: elle englobe les actes «*terroristes*», les actions de récupérations et d'expropriations ou de «*repriseindividuelle*» (les fameux «*atracos*» espagnols), les expéditions punitives et de représailles (contre gouverneurs, patrons, policiers, juges et ecclésiastiques, jaunes, militants hostiles aux syndicalistes...), le sabotage («*Madame Cisaille*»), le luddisme (destructions de machines), le «*gocanny*» ou le «*slow-down*» (ralentissement volontaire de la production), le boycott agressif... Parmi les expropriations ou récupérations, on peut noter l'occupation de terres délaissées et parfois cultivées collectivement par les occupants (Andalousie fin XIX°): anticipation des mouvements d'autoproduction des années 1970 (LIP «*c'est possible, on produit on vend, on se paie*»!).

Parmi les actions symboliques, surtout dans la péninsule ibérique, les incendies de champs ou de récoltes sont très fréquents en fin du XIX° (663 dans la seule Andalousie occidentale en 1870!): cependant ces formes de résistances ne sont pas spécifiques aux anarchistes, voire même très peu liées au mouvement libertaire, et beaucoup de ces incendies du milieu méditerranéen sont accidentels (Cf. études de Jacques MAURICE). Il apparaît très dur de faire la part des choses, mais il demeure une certitude: bien des forfaits ou actions attribués aux anarchistes le sont à tort, ceux-ci servant souvent de parfaits boucs émissaires.

Certains actes de guérillas peuvent aussi y appartenir, et toutes les positions insurrectionalistes (que MALATESTA incarne très bien malgré ses propres évolutions) s'y rattachent quelque peu. Mais il ne faut pas oublier que cette «*propagande par le fait*» n'est pas synonyme de terrorisme: des actes culturels, artistiques, sociaux... peuvent s'y rattacher. Monter une pièce de théâtre pour la propagande ou créer une école alternative ne sont pas des actes violents! Quant elle est plus liée à la mouvance syndicale, la propagande par le fait laisse souvent la place à la notion **«*d'action directe*»** ou de **«*syndicalisme révolutionnaire*»** (dont Émile POUGET est un des plus ardents exposants), qui dépasse, et de loin là aussi, les actions de type commando et celles utilisant «*le citoyen Browning*» (début XX°) ou «*le compagnon P38*» (Italie des années 1970), ne serait-ce que par ce qu'elle s'incarne souvent dans la proposition de **«*grève générale*»**.

«*L'illégalisme*» n'est pas forcément synonyme de terrorisme ni même de propagande par le fait. Il désigne des formes de vie et d'actions qui littéralement sont illégales, hors les lois ou des conventions. Souvent les illégalistes pratiquent le vol, la récupération, le faux-monnayage, voire l'attaque à mains armées. Mais ils vivent surtout en marge, socialement ou moralement, et sont surtout des réfractaires. Mais ils ne sont pas forcément terroristes. Des illégalistes pratiquant le malthusianisme dans une époque où les lois l'interdisent ne sont en fait ici que des précurseurs. Certains insoumis, déserteurs ou saboteurs... ne font qu'appliquer avec risques et cohérence leurs idées antimilitaristes.

C'est un type d'actions largement utilisé et mondialement représenté (et même largement hors du monde anarchiste), même si les analystes et la plupart des anarchistes ont montré que c'est un phénomène qui reste marginal (sauf dans le monde ibérique et dans le monde russe) et majoritairement renié dans l'anarchisme. Ce qui est rejeté, c'est le terrorisme aveugle, une violence insupportable contre des individus, qu'ils soient innocents ou pas. Par contre le terrorisme sous forme de guérilla, de relance de la guerre civile révolutionnaire, de coups de mains insurrectionnels, d'actions «*militaires*» de revanche sociale, tant en Russie qu'en Espagne franquiste est plus justifié et approuvé par le mouvement libertaire.

La diversité des formes et des lieux, ainsi qu'une analyse trop superficielle ont fait porter aux seuls anarchistes une lourde charge qui les dépassait de très loin: les actions populistes ou sociales démocrates en Russie tsariste, le villisme au Mexique, les mouvements populaires de banditisme social (*gangaceiros* brésiliens, bandes nationalistes...), la majorité des guérillas des années 1950-1970... ne sont pas anarchistes, sauf en de rares traits. Il faut ajouter les provocations policières, les «*montages*» policiers, les actions des pistoleros patronaux et autres paramilitaires... phénomènes qui complexifient l'analyse. Et pourtant bien des actions ont été faussement étiquetées «*anarchistes*», d'où une chronologie très difficile à tenir dans la rigueur nécessaire.

Certains pays et certaines régions à un moment donné ont présenté des «*pics*» évidents de cette pratique terroriste plus ou moins libertaire:

- la **Russie** du tsarisme finissant, avec toutes les ambigüités du populisme, qui intègre un courant libertaire fort, mais noyé dans une masse plus disparate

- la **France** des années 1880-1890,

- la **Catalogne** libertaire et Séville (jugée «*deuxième Barcelone*») de l'après Première Guerre mondiale (1918-1921) en butte aux pistoleros patronaux et à la répression étatique,

- l'extrême sud du cône américain, l'**Argentine** surtout au début du XX° siècle,

- la **Corée** du début des années 1920 (plus de 300 actions pour la seule *Euiyul Dan* (*Société des braves*).

- les rares mouvements antifascistes anarchistes ou du groupement partiellement libertaire *Giustizia e Libertà*, et leurs tentatives contre le Duce en **Italie, et à l'extérieur**...

- La Guerre **d'Espagne** marque une apogée du terrorisme ou des actions militantes violentes, mais son aspect systématique et général nous force à l'exclure de cette chronologie. Les anarchistes participèrent aux violences de classe, aux exécutions sommaires (terrible pratique du «*paseo*»), mais ne les justifièrent pas systématiquement et surtout ils furent loin d'être les seuls à les appliquer. La ferme condamnation des «*actos de terrorismo individual*» par le leader cénétiste Juán PEIRÓ est à rappeler. Même les assauts contre les lieux de cultes qui leurs sont attribués furent souvent l'œuvre d'individus qui n'avaient rien à voir avec l'anarchisme. Les combats terroristes et «*guérilléristes*» se prolongent fréquemment dans les années 1940-1950 surtout, et donnent des «*pics*» concernant surtout la région barcelonaise. Il semble que la résistance libertaire armée au franquisme ait été notoirement sous-estimée.

- les années 1960-1980 sont plus difficiles à analyser, car les mouvances terroristes sont souvent très majoritairement d'inspiration autoritaires et léninistes, parfois dans la vague guévariste, même si d'authentiques inspirations libertaires parcourent les mouvements antifranquistes, le DI, le MIL et les GARI, et d'autres mouvances comme Action Directe en France, et parfois Lotta Continua en Italie et surtout la Angry Brigade au Royaume Uni... ATTENTION: pour ce dernier cas, très documenté, j'ai repris leur chronologie, et donc j'ai abusivement donné le sigle des Angry Brigade à des actions qui relèvent évidemment d'autres mouvances. Entre «*automne chaud*» et «*années de plomb*», quelques pays notamment **d'Europe Occidentale** semblent replonger dans les actions de la fin du XIX°, agrémentées de toute une récupération de la pratique de la guérilla. Mais tout est difficile à analyser: si on s'arrête au cas d'Action Directe (formé vraiment mi 1979), que je répertorie (trop) largement, on compte effectivement d'authentiques libertaires, provenant surtout des Autonomes, des GARI, MIL et autre BI. Mais ses liens

avec Prima Linea, les COLP, les CCC, le GRAPO et même la RAF en fin de parcours… révèlent plutôt une confusion idéologique évidente, voire même une absence d'idéologie.
- fin du XX° et début XXI°: des pays **latino-américains** renouent avec cette histoire mouvementée. Les actions directes du Chiapas néo-zapatistes ou quelques mouvements autonomes argentins (cf. le rôle des Piqueteros) peuvent se rattacher à l'histoire du mouvement libertaire.
La chronologie traditionnellement admise en France (1877-1894) ne tient donc pas: la violence anarchiste est beaucoup plus longue et diversifiée, dans l'espace et dans le temps.
À l'orée du XXI° siècle cependant, les violences de type terroriste, dans des guerres asymétriques, sont désormais liées massivement et presqu'exclusivement aux phénomènes nationalistes ou à la «*peste religieuse*» ou mafieuse. Nous sommes presque totalement hors de la mouvance libertaire.

<hr>

LES GRANDES ÉCOLES DE PENSÉE ET LEURS ÉVOLUTIONS

On distingue traditionnellement plusieurs courants anarchistes, souvent présentés de manière chronologique, alors qu'ils sont parfois simultanés. Ils misent tous essentiellement sur des conceptions théoriques et des positionnements tactiques qui sont voulus cohérents.
La réalité est cependant moins figée, les passages de l'un à l'autre de ces mouvements sont fréquents, et l'évolution et la nuance sont souvent la règle. Les tendances s'entrecroisent, interagissent l'une sur l'autre.
Sans compter, comme le note Gaetano MANFREDONIA, que les pratiques militantes sont trop diverses pour rentrer dans ces schémas, d'où sa proposition d'une autre classification (Cf. ci-dessous).
Pour en rester aux courants traditionnels, on peut citer diverses tendances:

Le **courant mutuelliste**, rattaché plutôt à PROUDHON, se manifeste par l'attachement à la petite propriété (possession?) privée (à condition qu'elle n'exploite personne), l'entraide entre individus, petites communautés et ateliers... La vision sociale est plutôt radicalement réformiste et souvent non-violente. Il va inspirer des proudhoniens assez ouvriéristes, majoritairement réformistes et parfois ouverts aux tentatives du «*coopératisme*» (terme parfois proposé comme synonyme de «*mutuellisme*»). Les débuts de l'AIT en France semblent être l'apogée de ce mouvement, dans les années 1865-1868. Mais il se maintient aux XX° et XXI° siècles, souvent sous des formes très variées, dans de nombreux courants coopérateurs, solidaristes et mutualistes.

Le **courant «coopératiste»**, souvent modéré, est un des grands ensembles organisés à l'époque de la Première Internationale en Espagne. Théoriquement et politiquement, il se rapproche du courant proudhonien précédent. Il semble tout de même fortement développé également en France, comme les analyses de Bernard MOSS sur son «*socialisme des métiers*» ont cherché à le démontrer. Le problème des coopératives est qu'elles sont souvent sous reconnaissance officielle, étatique, et que leur principale activité est à usage interne, sans forcément dépendre d'un projet social alternatif. Elles co-existent avec une économie de marché largement majoritaire, et non seulement sont souvent forcées de faire des concessions, mais en plus ne changent rien (ou peu de chose) au système global, malgré leur volonté alternative et leur souci d'auto-émancipation et parfois d'autogestion.

Le **courant collectiviste** est fortement présent dans l'AIT des années 1860-1870 d'une manière générale, et par BAKOUNINE surtout. «*De chacun selon son travail*» dans un cadre collectif, a été une des propositions économiques les plus utilisées durant cette période. Le mot «*collectivisme*» provient des débats de l'AIT de la fin des années 1860, et serait sans doute dû à la plume du libertaire belge César DE PAEPE[1]. L'exposant le plus solide et le plus tenace du collectivisme libertaire est l'espagnol de Vigo, Ricardo MELLA CEA (1861-1925). Le terme «*collectiviste/collectivisme*»[2] est délicat et impose l'usage de l'adjectif («*collectivisme anarchiste*») car sans cette précision, il a plutôt tendance à désigner traditionnellement les socialistes, massivement modérés et «*parlementaristes*», de la fin du XIXème siècle aux premières décennies du XXème siècle. Ainsi des ouvrages sur «*l'utopie collectiviste*» recensent surtout les propositions de la II° Internationale ou Internationale Ouvrière. BAKOUNINE est alors relégué dans un second rôle et ses idées purement et simplement écartées.

Le **courant communiste (anarcho-communiste ou communiste-anarchiste)**, à la suite de KROPOTKINE, RECLUS, MALATESTA... qui sur le plan économique disait approximativement «*de chacun selon ses moyens, à chacun selon ses besoins*», corrigeait par une entraide accentuée, la proposition collectiviste. Federico URALES disait simplement dans <u>*La abolición del dinero - La suppression de l'argent*</u> que «*por la justicia y por la igualdad somos comunistas; por la libertad somos anarquistas*» (en gros, nous sommes communistes quand il s'agit de justice et d'égalité, et nous sommes anarchistes quand il s'agit de la liberté). Le terme «*communiste*» s'impose dans les années 1880-1890 en milieu libertaire, autant chez les «*organisationnels*» que les «*anti-organisationnels*» du mouvement. Là aussi, l'usage nécessite l'adjectif, tant le terme «*communiste*» est polysémique. Généralisé surtout dans les années 1840-1850, il est alors l'apanage des socialistes autoritaires (CABET, MARX...); il faut attendre près d'un demi-siècle pour que les anarchistes s'en saisissent. Le succès du bolchevisme et de ses épigones va encore accroître la difficulté dans l'usage de cette appellation: les anarchistes, lorsqu'ils la conservent pour définir leur mouvement, auront désormais encore plus envie de se démarquer du marxisme et lui ajouteront toujours «*anarchiste*» ou «*libertaire*». Si on s'en tient au concept, le communisme -qui désigne alors une société d'abondance, sans inégalité, où les structures autoritaires (l'État) auront disparu ou seront en voie de disparition- forme l'idéal commun des marxistes et des anarchistes.

Le **communisme libertaire** est souvent synonyme des termes précédents. En 1895 dans <u>*La Société future*</u>, Jean GRAVE rappelait la bizarrerie de cette double appellation: «*Si le communisme démontre que si les individus doivent vivre en société sur le pied de la plus parfaite égalité, le mot anarchie, lui, vient ajouter que cette égalité se complète par la liberté la plus absolue de l'individu, que cette égalité n'est pas un vain mot*

<hr>

1**MOSS Bernard H.**<u>*Aux origines du mouvement ouvrier français. Le socialisme des ouvriers de métier (1830-1914)*</u>, Besançon: ALUB, 236p, 1985, p.99
2**JANVION Émile**<u>*Collectivistes ou communistes?*</u>, -in-**La Guerre Sociale**, 26/12/1906

puisqu'elle n'est pas imposée, puisqu'elle ne reconnaît aucune autorité. Pas plus celle du Sabre que du Droit divin, pas plus celle du Nombre que celle de l'Intelligence. Ni Dieu, ni maître; chacun n'obéit qu'à sa propre volonté».

En Argentine, la FORA devient «***finaliste***» à son V° Congrès en 1905. Ce terme est synonyme de communisme anarchiste ou libertaire. En Espagne le *communisme anarchiste* est la première appellation donnée par la CNT en fin des années 1910 à ce qui va se nommer quasi systématiquement le *communisme libertaire* dès la fin des années 1920. Ce terme prend des connotations parfois très marquées.

Par exemple, dans l'anarchisme ibérique traditionnel, le communisme libertaire est à la fois l'idéal anarchiste à atteindre et la méthode d'organisation aux lendemains de la révolution, dans une phase que les *cénétistes* (de la CNT) appellent de transition. Dans la thèse de Xavier PANIAGUA ci-dessus citée, il pourrait dans sa forme traditionnelle, ou anarchiste pure, s'appeler **communalisme** ou **agrarisme anarchiste**, tant l'accent est mis sur la commune libre (*los municipios libres* d'où l'autre terme: **municipalisme**) et sur la primauté du rural, et des petites villes, sur l'urbain. Cette vision fait du communisme libertaire ou «*no gobierno -/non-gouvernement*» l'équivalent du terme «*anarquía - anarchie*», comme le petit texte des anarchistes faiistes (membres de la FAI) andalous de Jerez le résume très bien en 1936[1], à la veille du coup d'État.

Mais cette définition se distingue (parfois) du ***communisme libertaire*** qui est surtout l'objectif d'autogestion généralisée menée par l'anarcho-syndicalisme espagnol, sorte d'étape intermédiaire entre le capitalisme et l'idéal d'anarchie. Cette période de transition a été largement définie par le français Pierre BESNARD et par le néerlandais Christian CORNELISSEN, ce qui nous renvoie aux définitions ci-après. Pierre BESNARD semble le plus précis: lors de cette période transitoire, le communisme libertaire prépare la route au «*communisme libre*» ou au *communalisme*. Les ambiguïtés sont nombreuses, les différences, somme toute, assez minces, mais les débats internes sont très violents sur ces thèmes.

Le **courant communiste libre** est proche de l'anarcho-syndicalisme et du communisme libertaire, mais il est souvent lié aux anarchistes des Flandres, en Belgique et surtout aux PB. Ainsi à Gand et à Malines, en fin du XIX°, le journal *De Fakkel* se dit «*vrij communistisch orgaan (organe du communisme libre)*». Aux PB ce mouvement se fonde essentiellement sur les idées de Domela NIEUWEHNHUIS (1846-1919).

Le **courant anarcho-syndicaliste** se rattache à la tradition proudhonienne, qu'il actualise et radicalise. Il donne au syndicat un double rôle: de combat social, de résistance, dans la société présente, et de gestion et de coordination dans la société future. Il part du communisme libertaire et cherche à préparer la route vers l'anarchie; nous avons ici un distinguo assez subtil entre le moyen et la fin, un peu comme pour les marxistes avec leur phase de transition vers le communisme. C'est la position tant de la CNT espagnole ou française, que de la FORA argentine par exemple. Le terme anarcho-syndicalisme semble surtout utilisé en Espagne (et dans les pays hispaniques) et en Russie au début du XXème siècle avant de se généraliser après la Première Guerre Mondiale, au détriment de celui de syndicalisme révolutionnaire. Le syndicat est pour ce courant «*un embryon de la société future*», comme l'écrivent les révolutionnaires italiens de *L'avvenire social* du 19-20/01/1900. Un projet social à la fois réaliste et utopique forme donc la racine de la doctrine et de l'idéal anarcho-syndicalistes. Les anarchistes forment souvent l'ossature de ce courant, qui reste pourtant pluraliste. L'anarchie est l'idéal reconnu, même si le quotidien militant est souvent plus modéré et pragmatique. Cependant il ne faut pas trop se figer sur les termes: en Italie, le «*sindacalismo anarchico*» ou «*libertario*», vocables préférés à celui d'anarcho-syndicalisme jusqu'au milieu des années 1920 reste une «*nébuleuse*»[2] indéfinissable et ne désigne souvent que la présence souhaitée et parfois primordiale des anarchistes au sein des associations ouvrières. Et même en France il est courant depuis les travaux de Jean MAITRON de faire de l'anarcho-syndicalisme la position dominante de la CGT d'avant 1906, marquée par une présence essentielle des anarchistes au premier plan (POUGET, DELESALLE, YVETOT). En Ukraine actuelle, le mot «***sindicalism***»[3] serait presque synonyme de celui d'anarcho-syndicalisme.

Le courant **syndicaliste révolutionnaire** ou «***syndicaliste pur***» ou «***syndicalisme d'action directe***» ou «***syndicaliste fédéraliste***» ou «***Syndikalismus***» (Allemagne) est plus autonomiste par rapport aux partis et mouvements politiques, et donc également par rapport à l'anarchisme, même si Amédée DUNOIS le nomme parfois «*anarchisme ouvrier*» et même si la CNT-AIT actuelle en Espagne affirme que «*l'action directe est l'unique tactique de l'anarcho-syndicalisme*»[4]. C'est un mouvement plus «*classiste*», moins idéologique globalement que le précédent. Le modèle reste la CGT française d'avant 1914 après la rédaction de la <u>Charte d'Amiens</u> de 1906. Jean MAITRON en faisait une évolution et donc une suite à la domination anarchiste du tournant du siècle. Mais bien des anarchistes s'en sont réclamés, comme par exemple Armando BORGHI dans ses premiers engagements en Italie (dans l'USI - Union Syndicale Italienne), ou en France Pierre BESNARD, authentique militant anarchiste, un des fondateurs de la CGT-U (Unifiée), puis de la CGT-SR (Syndicaliste-Révolutionnaire) et qui se définit toute sa vie syndicaliste révolutionnaire. Même des «*syndicalistes purs*» (indépendants vis à vis de toute doctrine) comme ils s'appelaient eux-mêmes sont souvent eux aussi anarchistes. Le déjà cité Armando BORGHI, emblématique figure de l'USI, va dans sa dernière période retourner à l'anarchisme pur et simple: les militants évoluent! Les termes n'aident pas à une claire compréhension, d'autant que leurs auteurs changent selon les circonstances et les principaux évènements. Il faut bien prendre en compte, par exemple, le conseillisme russe et allemand du début du XXème ou la révolution espagnole de 1936. C'est au Congrès d'Amsterdam de 1907 que les positions se sont un peu éclaircies: Pierre MONATTE y défend, en accord avec la <u>Charte d'Amiens</u>, un syndicalisme indépendant de tous les mouvements, y compris anarchiste, et un syndicalisme autonome et suffisant pour créer une nouvelle société libertaire. En face, Errico MALATESTA, tout en étant totalement partisan de l'entrée des anarchistes dans les syndicats, contestait ce «*syndicalisme*» pris comme doctrine et en dénonçait les aspects limités (trop classiste, trop centré sur le travail, donc risquant d'être limité et corporatiste...). David RAPPE en propose une récente définition assez complète et ouverte, même si cela concerne surtout la mouvance francophone: «*le syndicalisme révolutionnaire est un terme générique pour désigner tout syndicalisme basé sur la pratique de l'action directe (*d'où la formule retenue par Jacques JULLIARD*) et reconnaissant le droit et*

---

1 **GRUPOS « ACCION Y PENSAMIENTO » Y « HACIA LA ANARQUÍA »** <u>*Ponencia sobre comunismo libertario*</u>, Jerez: junio de 1936, p.V

2 **ANTONIOLI Maurizio** <u>*Anarchismo e sindicalismo*</u>, -in-<u>**Il sol dell'avvenire**</u>, Pisa: BFS, 1999, p.85

3 <u>*Ukraine et Sibérie*</u>, -in-**Les Temps maudits**, n°8, p.56-76, octobre 2000, p.57

4 **CNT-AIT DE SEVILLA - FEDERACIÓN LOCAL** <u>*Anarcosindicalismo básico*</u>, Sevilla: CNT-AIT, 190p, 2001, p.82

la nécessité aux travailleurs de s'auto-administrer collectivement en gérant eux-mêmes leurs propres affaires (d'où ses liens avec le conseillisme et l'autogestion). La question de l'autonomie ouvrière demeure une idée fondamentale»[1]: merci PROUDHON!

Le **courant du syndicalisme alternatif**[2]est un regroupement plus large que les deux précédents, car non seulement il intègre les anarcho-syndicalistes, syndicalistes-révolutionnaires et syndicalistes *«purs»*, mais encore il englobe tous les comités de base, groupements autogestionnaires, de démocratie directe... qui créent de nouveaux syndicats ou de nouvelles structures sociales professionnelles mais non fermées. Les Comités de Base en Italie en offre un bel exemple: les COBAS, UNICOBAS... Certes, dans le syndicalisme alternatif, des mouvements non-libertaires sont présents, et rendent la classification ardue.

Pour tous ces courants liés à un syndicalisme libertaire, j'ai tenté un recensement un peu laborieux mais qui a l'avantage de montrer l'ampleur méconnue de la présence libertaire dans le mouvement ouvrier mondial. Dans l'entre-deux-guerres persistent des mouvements syndicalistes-révolutionnaires plus ou moins importants, que je vais lister dans l'ordre alphabétique des États concernés, sauf pour les multiples branches nationales des **IWW** d'origine surtout états-unienne.
*Remarque préalable: toutes les organisations marquées par * ont été concernées par la fondation de l'AIT de Berlin en 1922-1923, qui reprend le nom et l'idéologie de la première Internationale, mais en se rapprochant de plus en plus de l'anarcho-syndicalisme dans les années trente, donc partiellement, en limitant les positions rigides ou trop indépendantistes préconisées par la Charte d'Amiens*[3]. *En Amérique, surtout Latine, liée à l'AIT, s'est créée en 1929 l'ACAT (Asociación Continental Americana de Trabajadores).*
Allemagne: la **FAUD*** *Freie Arbeiter Union Deutschlands* (créée en fin 1919), et la petite **AAUE*** assurent les liens internationaux dans les années 1910 et 1920. La première va souvent servir au début d'ossature du mouvement, ne serait-ce que par la personnalité de Rudolf ROCKER: elle s'appelle d'abord **FAUD-S** (Syndikalisten) puis **FAUD-AS** (Anarcho-Syndikalisten) en 1921: elle regroupe alors peut-être 120 000 membres. La **AAUE** présente à Berlin n'adhère pas à l'AIT. Ces groupements revendiquent le lien avec la **FVDG** *Union Libre des Syndicats Allemands*, hostile à l'Union sacrée et interdite en 1914. Ces mouvements méconnus, dans une Allemagne ouvrière dominée par une constellation de marxismes, assument un grand rôle international autour de l'AIT.
Argentine: la **FORA** *Féderación Obrera de la Región Argentina** est dominante dans le mouvement ouvrier du début du XXème siècle. Cette organisation est résolument anarchiste et a même adopté à son Vème Congrès de 1905 la fameuse résolution *«finaliste»* qui fait du *«communisme anarchiste»* le projet souhaité pour l'avenir. (*«Le Vème Congrès Ouvrier Régional Argentin, conséquent avec les principes philosophiques qui ont donné raison d'être aux organisations ouvrières déclare: qu'il approuve et recommande à tous ses adhérents la propagande et le plus ample développement en vue d'inculquer aux ouvriers les principes économiques et philosophiques du communisme anarchiste»*[4]). Avant 1914 c'est donc la seule réelle organisation anarcho-syndicaliste au sens propre. La CNT espagnole n'adopte la même position qu'en 1919. An moment du congrès fondateur de l'AIT de Berlin en fin 1922-début 1923, elle s'oppose autant au syndicalisme centraliste pro-soviétique qu'au syndicalisme révolutionnaire ou *«pur»* en rejetant l'idée de *«tout le pouvoir aux syndicats»*[5]. Sa concurrente non libertaire, la **CORA**, est plus *«syndicaliste pure»* et parfois proche des socialistes. Une autre organisation libertaire est la **FOCN** - *Federación de Obreros de Construcciones Navales*; elle est à l'origine d'une des plus grandes grèves argentines, en 1956.
Australie: IWW.
Belgique: après quelques essais menés par les Chevaliers du Travail belges, la *Fédération Neutre du Travail* de 1903 ou la *Fédération Syndicale Révolutionnaire* des Mineurs du Bassin de Charleroi, une **CGT** se crée de 1904 à 1908. Elle s'inspire résolument du modèle français, pour les idées et les méthodes, et évidemment pour l'appellation. Son organe, *L'action directe*, rappelle qu'en Belgique le terme de syndicalisme d'action directe est presque plus employé que celui de syndicalisme révolutionnaire. Elle reste très marginale en Belgique, ne touchant qu'une trentaine de petits groupements pour un total de quelques milliers de membres (4 000?) à son 3° Congrès de 1906[6]. En 1907 la **CSB** - *Confédération Syndicale Belge* ou **CTB** - *Confédération du Travail Belge* ou **BV** - *Belgisch Vakerbond* réinvente une forme de syndicalisme autonome et reprend le journal *L'action directe*. En 1913 elle compterait environ 8 500 adhérents. Au sein du POB - *Parti Ouvrier Belge* (Partis socialiste) des groupements se réclamant de l'action directe et d'une forme de syndicalisme révolutionnaire regroupent dissidents et libertaires, par exemple autour du *Le combat social. Organe d'action directe*, ou du *L'exploité. Organe socialiste d'action directe* pour ne retenir que deux exemples. En 1913, à Liège, **L'Union des Syndicats** dispose avec *L'action ouvrière* d'un *Organe syndicaliste fédéraliste*, autre appellation du syndicalisme d'action directe.
Bolivie: la **FOL** - *Federación Obrera Local*, fortement anarchosyndicaliste, est une des plus puissantes organisations boliviennes jusque dans les années 1920.
Brésil: ce pays, rarement cité par les historiens du syndicalisme révolutionnaire, connaît pourtant une totale domination de ce mouvement dans l'histoire ouvrière de 1900 à 1920 environ[7]. Les principales organisations s'en réclamant, et largement dominées par les anarchistes, sont sur São Paulo (1905) la **FOSP** – *Fédération Ouvrière de São Paulo*, la **SIUO** – *Société Internationale "Union des Ouvriers"* sur Santos (1904), et la **FORJ** – *Fédération Ouvrière de Rio de Janeiro*. Cette dernière organisation, sans doute en référence à l'Argentine et à toute une tradition de l'anarchosyndicalisme latino-américain, s'intitule même un temps (1905) **FORB** – *Fédération Ouvrière de la Région Brésilienne*. Elle donne naissance à la **COB** – *Confederação Operária Brasileira* - *Confédération Ouvrière Brésilienne*, toujours très marquée par le mouvement libertaire puisqu'elle provient du *«Premier»* Congrès Ouvrier de Rio de Janeiro de 1906 qui adopte la notion d'action directe et consacre la suprématie des positions anarchistes. En fait il y avait déjà eu des congrès antérieurs (1898, 1902) mais ils étaient plus pluralistes, et plutôt dominés par les socialistes étatiques. La suprématie communiste sur le mouvement ouvrier révolutionnaire ne s'opère vraiment qu'au milieu des années 1920.

1RAPPE David*La Bourse du Travail de Lyon. Une structure ouvrière entre services sociaux et révolution sociale*, Lyon: ACL, 223p, 2004, p.212

2*Le syndicalisme alternatif, France, Espagne, Italie*, numéro spécial n°3 de **La Question sociale**, Paris: hiver 2005-2006

3 DEJONG Rudolf*L'AIT de Berlin de 1922 à la Révolution Espagnole*, - in-*De l'histoire du mouvement ouvrier révolutionnaire*, Paris, 2001

4OVED Iacoov*Influencia del anarquismo español sobre la formación del anarquismo argentino*, -in-**EIAL**,vo.2, n°1, 1991

5COLOMBO Eduardo*La FORA. Le « finalisme » révolutionnaire*, - in-*De l'histoire du mouvement ouvrier révolutionnaire*, **Paris, 2001**

6MOULAERT Jan *Le mouvement anarchiste en Belgique 1870-1914*, Ottignies, Quorum, 415p, 1996, p.251-284

7ALVES DE SEIXAS Jacy *Mémoire et oubli. Anarchisme et syndicalisme révolutionnaire au Brésil*, Paris, Maison des Sciences de l'Homme, 303p, 1992

<u>Canada</u>: en plus des **IWW** cités existe la **OBU**. La **WIIU** se développe surtout vers 1910-1914.

<u>Chili</u>: En 1894 la première confédération chilienne: la **CT - *Confederación de Trabajadores***, regroupe surtout des sociétés mutualistes; peu après elle prend le nom de **CSO - *Congreso Social Obrero***. Depuis 1906 existe la **FTCH - *Federación de Trabajadores de CHile***, essentiellement anarchisante. En 1913 se fonde la **FORCH - *Federación Obrera Regional de CHile*** sur Valparaíso, regroupement de «*gremios*» (associations) anarcho-syndicalistes. Son principal centre est cependant Santiago autour de *La Batalla*. Elle est liée à la **FOM - *Federación Obrera de Magallanes***. Sur Santiago avant 1914 les liens se font avec une **CGT -*Confederación General del Trabajo***. Il faut attendre 1931 pour que se crée la **CGT - *Confederación General de Trabajadores***, appelée parfois <u>*Federación*</u>. Elle s'inspire du modèle de la FORA argentine et approuve le communisme libertaire. Elle compte jusqu'à 25 000 membres en 35 unions. Elle disparaît vers 1938. On trouve également au Chili un mouvement se rattachant aux **IWW*** (*Section chilienne* fondéeen 1917) dont l'anarchiste Armando TRIVIÑO est un des principaux responsables; en 1924 ces IWW adoptent le communisme anarchiste. En février 1953 les anarchistes sont encore très importants lors de la fondation de la **CUT**, notamment avec Ernesto MIRANDA et Clotario BLEST. Peu à peu cependant ils sont marginalisés et s'en retirent, tentant la création d'une **CNT** en 1960.

<u>Colombie</u>: en 1926 est fondée la **FOLA- *Federación Obrera del Litoral Atlántico*** avec 16 syndicats. La présence anarchiste se maintient également, au milieu d'autres courants, dans la **FOC - *Federación Obrera de Colombia*.**

<u>Cuba</u>: l'anarchosyndicalisme est puissant au début du siècle et reste puissant dans la ***Federación Obrera de La Habana*** créée en 1921.

<u>Équateur</u>: En 1905 est fondée la **COB - *Confederación Obrera del Guayas*** sur la côte (Guayaquil), et par certains aspects ses premières années sont parfois influencées par l'anarcho-syndicalisme. Les anarchistes se regroupent en 1922 pour former la **FTRE - *Federación de Trabajadores de la Región Ecuatoriana*.** Elle compte alors 36 associations et réclame pour tous «*pain, liberté, amour et science*». Lors du Congrès de Berlin, le ***Centre de Estudios Sociales**** de Guayaquil aurait été présent selon certains auteurs[1].

<u>Espagne</u>: la plus importante organisation, numériquement (peut-être 1,5 millions d'adhérents en 1936), la **CNT (*Confederación Nacional del Trabajo*)** espagnole* est dès 1927 largement influencée (dominée?) par l'organisation spécifique **FAI-*Federación Anarquista Ibérica*).** L'anarchosyndicalisme y est donc la règle. Après la fin du franquisme, la CNT connaît une nouvelle flambée, mais les dissensions internes et le sectarisme lui sont néfastes[2]. Plus pragmatique et modérée naît de ses conflits une **CGT (*Confederación General del Trabajo)*** qu parvient mieux à s'implanter dans le paysage syndical.

<u>États-Unis</u>: les **IWW (*Industrial Workers of the World*)**, créés à Chicago en 1905, sont plus syndicalistes révolutionnaires que libertaires, même si des anarchistes y sont présents et si leurs pratiques sont le plus souvent libertaires. Ils mettent en avant une primauté industrielle (dans leur nom et leurs pratiques) qui est réductrice (voire proche de cet ouvriérisme dénoncé par les anarchistes) et qui prend mal en compte la diversité des sociétés contemporaines. Les IWW ont des groupes proches, de courte durée en général, <u>canadiens</u>, <u>chiliens</u>*(1919-1925) et <u>australiens</u> mais également <u>mexicains</u>, <u>allemands</u>, <u>anglais</u>, <u>suédois</u> et <u>africainsduSud</u>: ce rayonnement international est lié autant aux marins qu'aux immigrés qui sont chaleureusement accueillis au sein des IWW.

<u>France</u>: la prestigieuse (et souvent modèle) **CGT***Confédération Générale du Travail* syndicaliste révolutionnaire d'avant 1914 n'est représentée à Berlin que par la **Fédération de Bâtiment*** et les **CDS***Comités de Défense Syndicalistes** qui ne resteront pas dans l'AIT. C'est la future **CGT-SR***Syndicaliste-Révolutionnaire* qui y adhère plus tard. Entre-temps, des syndicalistes révolutionnaires ont côtoyé les communistes dans la **CGT-U.** Une branche syndicaliste révolutionnaire se maintient encore aujourd'hui dans la tendance ***École émancipée*** de la FEN et de la FSU.

<u>Guatemala</u>: les anarchistes ont été dominants en 1920 à l'origine de la **UOS – *UniónObrera Socialista***, avant qu'elle ne devienne communiste, de même que dans la **FROG – *Federación Regional Obrera de Guatemala*** fondée vers 1924. C'est surtout dans le **CPSA *Comitato Pro Acción Sindical*** en 1928 qu'ils se regroupent jusqu'à la répression des années 1932-1934, avec l'important rôle moteur qu'y joue Manuel BAUTISTA GRAJEDA.

<u>Italie</u>: l'**USI (*Unione Sindicalista Italiana*)*** d'abord très hétéroclite, passe sous domination anarchiste au moment de la Première Guerre Mondiale (avec Armando BORGHI surtout, qui est également un des fondateurs de l'AIT) mais elle reste distante de l'organisation spécifique anarchiste (l'**UAI-*Unione Anarchica Italiana***) et se distingue ainsi du cas espagnol. L'USI compte pourtant de très nombreux anarchistes, et sa vocation idéaliste et utopique est toujours très marquée: ainsi en mai 1919, à Brescia, dans le journal USI qui porte le nom bien en accord avec l'époque idéale *Il soviet sindacale*, Umberto MINCIGRUCCI réaffirme que «*le syndicalisme révolutionnaire, apolitique, décentraliste, autonomiste, libertaire, non bureaucratique, combatif… prépare pour le futur l'avènement d'une société (nouvelle)*»[3].

<u>Japon</u>: la ***Fédération Libre***, de 1922 à 1938 environ compte sur un fort leadership anarchiste.

<u>Mexique</u>: la **Casa del Obrero Mundial** anarcho-syndicaliste se prolonge surtout dans la **CGT*** *Confederación General del Trabajo* juste après les succès de la révolution mexicaine.

<u>Norvège</u>: la petite **NSF*** est partie prenante de l'AIT. À la veille de 1914 des tendances syndicalistes révolutionnaires existent dans **LO** avec TRANMAEL.

<u>Nouvelle Zélande</u>: présence de la **FL** constituée à la veille du conflit de 1914-1918.

<u>Pays Bas</u>: la **NAS***Nationaal Arbeids-Secretariaat* néerlandaise*, présente à Berlin n'adhère pas à l'AIT. Avec 10 000 adhérents en 1914, elle est proche du groupuscule; mais en 1920, à son apogée elle atteint presque les 52 000 membres, ce qui est important pour la réalité sociale néerlandaise. Une scission, la **NSV *Nederlandsch Syndicalistrisch Vakverbond***, adhère ensuite à l'AIT.

<u>Paraguay</u>: les anarchistes dominent le mouvement ouvrier au début du XX° siècle, particulièrement au sein de la **FORP - *Federación Obrera Regional Paraguayana*** fondée en 1906.

<u>Pérou</u>: depuis 1913 existe la **FORP - *Federación Obrera Regional de Peru* ou *Peruana*)**. La même année éclate la première grève générale! Les anarcho-syndicalistes ont un rôle déterminant en 1919 en fondant la **Primera Central Sindical** péruvienne.

<u>Porto Rico</u>: depuis 1899 existe la **FLT -*Federación Libre de los Trabajadores*** scission de la **FRT - *Federación Regional de Trabajadores*.**

1**PÁEZ CORDERO Alexei** <u>*El anarquismo en el Ecuador*</u>, Quito: Corporación Editora Nacional, 178p, 1986, p.50-51

2<u>*CNT ser o no ser. La crisis de 1976-1979*</u>, Suplemento de **Cuadernos de Ruedo Ibérico**, 256p, 1979

3**BERNARDI Roberto**<u>*Umberto MINCIGRUCCI. Note sull'anarchismo bresciano*</u>, -in-**Rivista Storica dell'Anarchismo**, a.IV, n°1, Pisa, BFS, 1997, p.63

<u>Portugal</u>: la **CGT-P** (*Confederação Geral do Trabalho - Confédération Générale du Travail)**, présente à Berlin, est très influencée par son homologue français d'avant 1914. Elle s'est créée au II° Congrès ouvrier national de Coimbra en septembre 1919 et va compter près de 130 000 membres (80 000 pour João FREIRE[1]). Elle prolonge l'expérience de l'**UON** (*União Operária Nacional*) créée en mars 1914 au congrès de Tomar. La CGT-P dure jusqu'en 1931. Elle refuse l'affiliation à l'ISR en 1922 et intègre vraiment l'AIT en 1924.
<u>Royaume Uni</u>: la **SWF – Syndicalist Worker's Federation** n'est qu'un groupuscule. En octobre 1977, une «*1ère conférence anarcho-syndicaliste*» tenue à Manchester avait pourtant tenté une relance. Des tendances syndicalistes révolutionnaires existent à la veille de 1914 dans l'**ISEL**.
<u>Salvador</u>: les anarchistes côtoient les communistes dans la **FRTS** *Federación Regional de Trabajadores Salvadoreños* en 1925-1929. Ils sont en 1930 autonomes dans le **CSL** *Centro Sindical Libertario* fondé par Enrique CONDE.
<u>Suède</u>: il existe deux organisations: la **SAC*** et la petite **SUF**. La **SAC** *Sveriges Arbetares Centralorganisation* est un syndicat influent sur le plan international, qui compta parmi ses membres le célèbre romancier anarchiste Stig DAGERMAN. Il est très pragmatique, souvent favorable aux avancées réformistes, ce qui le classe un peu à part.
<u>Suisse</u>: dans la partie romande fonctionne la **FUO** et l'**UOR** - *Unions Ouvrières Romandes*. Il y a au début du XX° siècle des syndicalistes révolutionnaires dans la **FSSP** - *Fédération Suisse des Syndicats Professionnels*, qui devient l'**USS** - *Union des Syndicats Suisses*.
<u>Tchécoslovaquie</u>: la **FAU*** au même nom que son homologue allemande présente à Berlin n'adhère pas à l'AIT.
<u>Uruguay</u>: la **FORU***Féderación Obrera de la Región Uruguya* est l'équivalent uruguayen de la FORA argentine. 5 000 membres en 1919.

Aujourd'hui encore la péninsule ibérique possède le groupe le plus influent, mais désormais divisé en une **CGT** plus syndicaliste-révolutionnaire (depuis 1989) et une **CNT** résolument anarcho-syndicaliste car figée dans l'anti-électoralisme. Actuellement on peut rajouter l'**ASGM** australienne et la **WSA** états-unienne. En France la **CNT** (**Confédération Nationale du Travail**) est apparue dès 1946 comme prolongement de la CGT-SR d'avant-guerre, et dans la filiation des IWW a récupéré le symbole radical du «*chat noir*». Son nom renvoie bien sûr au modèle ibérique le plus connu. Elle s'est divisée, comme en Espagne, sur le problème essentiel de la représentation électorale entre une **CNT-F** (un peu comme la CGT espagnole) et une **CNT-AIT** plus orthodoxe.

Au tournant du XXIe siècle, les mouvements syndicalistes révolutionnaires ou proches de la tradition anarcho-syndicalistes se sont éparpillés en de multiples regroupements, parfois donnant naissance à un émiettement difficilement analysable, même si les idées essentielles sont communes: primauté à la base, aux assemblées, lutte contre la bureaucratisation... et faveur maintenue envers l'aspect autogestionnaire: autogestion des luttes, des entreprises et services occupés, des organisations elles-mêmes... Ce syndicalisme alternatif présente une extraordinaire «*galaxie*»[2] et est intéressant car il se pose comme remède à la dégénérescence du syndicalisme reconnu, et comme renouvellement-réélaboration de tout ce qui a fait la force du syndicalisme d'action directe d'autrefois, notamment sur la démocratie directe renommée autogestion. Mais les comités et coordinations de base ont parfois du mal à se dissocier du corporatisme, de branche d'activité ou de localité; et comme les syndicats officiels ou institutionnels, ils révèlent une lente bureaucratisation, du moins ceux qui perdurent.

Ainsi en Italie, ont fleuri les *Rappresentanze Sindacali di Base* (RdB), un petit syndicat alternatif présent surtout autour de la capitale, dans les administrations. Il a même existé un COMU – *Coordination des Conducteurs Unis*, pour les cheminots, et un SULT – *Syndicat Unitaires des Travailleurs des Transports*. Chez les métallurgistes, notamment dans le nord italien, apparaît la FLMU – *Fédération des Travailleurs de la Métallurgie Unis*. Les libertaires y sont présents dès le départ, notamment dans l'enseignement et parmi les cheminots, comme Pipo GURRIERI sur Raguse. À côté de l'USI-AIT, les mouvements les plus influents sont la CUB – *Confederazione Unitaria di Base* (qui est en fait une coordination très large d'une dizaine de syndicats, apparue en 1992, à partir notamment de la FLMU et des RdB), et les 4 COBAS (*Comités de Base*) des années 1980-1990 surtout: la *Confederazione COBAS* (surtout dans le domaine éducatif), le SLAI COBAS (*Syndicat des Travailleurs Auto-organisé et Inter-catégoriel*), les Sin COBAS (*Syndicat Inter-catégoriel* – scission du SLAI), et l'UNICOBAS. La CUB est le plus grand de ces mouvements, et bénéficie même d'une représentativité officielle. En 1997 l'ARCA *Association Représentant les Confédérations Autogérées* permet de rapprocher l'USI d'UNICOBAS, de la CNL et de SdB. Mais une partie des adhérents de l'USI n'y adhère pas avec la juste remarque qu'ils sont déjà membres d'une internationale, la vénérable AIT.

Le **courant individualiste**, de fondement stirnérien ou états-unien, par exemple, est souvent lié à celui d'un **humanisme libertaire** puissant, même si cette formule semble restrictive à ceux qui luttent pour les droits des animaux, comme les **antispécistes**. Les individualistes sont souvent donc des **anti-organisationnels** convaincus, mais ils peuvent partager l'utopie finale, communiste anarchiste, des organisateurs. L'essentiel pour eux est de conserver la liberté et la primauté de l'individu, sa totale (ou sa plus complète) autonomie face aux dogmes, aux structures, à la domination (tyrannie) du collectif: George PALANTE utilise volontiers les termes *d'anomie, d'autarchie* et *d'arisme*[3] pour renforcer cette volonté, car il s'agit bien de l'expression d'une volonté pour cet introducteur de NIETZSCHE en France. La primauté («*égoïsme*» écrit STIRNER) des intérêts individuels sur le collectif est l'axe principal de ce courant. «*Je suis individualiste* (car) je considère que mon rôle *d'individu est de m'opposer à toute contrainte occasionnées par les intérêts du bien social*» affirme de manière provocatrice Jean DUBUFFET[4]. En réalité bien des individualistes tentent des regroupements, depuis l'*Association des Égoïstes* proposée par STIRNER, jusqu'aux colonies libertaires, ou groupements éducatifs, végétaliens et autres naturistes... et à la participation syndicale de certains d'entre eux. C'est l'embrigadement qu'ils réfutent surtout, plus que l'association libre ou choisie.

Les **courants anarchistes teintés de religiosité** sont curieusement relativement bien présents dans un mouvement qui se réclame du «*Ni dieu, ni maître*». On parle parfois «*d'anarchisme mystique*» (João FREIRE pour le Portugal)[5]. L'immense majorité des anarchistes, et autres libertaires, relève soit de l'athéisme (FAURE), soit de l'antithéisme (BAKOUNINE), soit de l'agnosticisme (BERNERI). Mais quelques marginaux parfois prestigieux manifestent d'autres dispositions spirituelles.

---

1 **FREIRE João** <u>Les anarchistes du Portugal</u>, Paris, CNT-RP, Version simplifiée et mise à jour de la thèse de 1988, 336p, 2002, p.86
2 **SCARINZI Cosimo** <u>La petite galaxie du syndicalisme alternatif</u>, -in-**La Question sociale**, Paris <u>Le syndicalisme alternatif, France, Espagne, Italie</u>, numéro spécial n°3, hiver 2005-2006
3 **PALANTE Georges** <u>Les dogmatismes sociaux et la libération de l'individu</u>, -in-**Revue Philosophique**, décembre 1901
4 **DUBUFFET Jean** <u>Asphyxiante culture</u>, Paris: Jean-Jacques Pauvert, 152p, 1968, p.15
5 **FREIRE João** <u>Les anarchistes du Portugal</u>, Paris: CNT-RP, Version simplifiée et mise à jour de la thèse de 1988, 336p, 2002, p.237

➜C'est surtout le cas de **l'anarchisme chrétien**, où Léon TOLSTOÏ (1828-1910), «*l'anarcho-pacifiste*»[1] s'illustre et sert de référence incontournable, et de pont entre les transcendantalistes comme Henry David THOREAU (1817-1862) et Ralph Waldo EMERSON (1803-1882), et le Mahatma GANDHI (hindouisme non-violent) et Martin LUTHER KING (protestantisme non violent). La philosophe libertaire Simone WEIL (1909-1943) y fut sensible, le protestant Jacques ELLUL (1912-1994) également avec un superbe ouvrage de vulgarisation[2], et plus curieusement ce fut également le cas d'E. ARMAND (Ernest JUIN), qui est même passé par l'Armée du Salut. On peut ajouter l'auteure Raymonde VINCENT (1908-1985), ou le marxiste libertaire Pierre PASCAL (1890-1983) qui en pleine révolution russe continue à s'affirmer catholique. Aux Pays Bas et en France, l'ancien pasteur Ferdinand Domela NIEUWENHUIS dispose d'une forte influence au début du XXème siècle. Le «*premier anarchiste*», William GODWIN (1756-1836) fils de pasteur, fut lui même pasteur avant de se déclarer athée vers 1778. Au Japon, le pasteur des pauvres, HATTA Shuzô (né en 1886), devient à Tokyo un des principaux exposants du communisme libertaire.En Italie,Sac. P. PAOLO VALLE décrit le passage de l'anarchisme à la religion dans un ouvrage de 1923[3]. Il s'appuie sur le livre du libertaire français Adolphe Retté (1863-1930) qui en 1907 passe du *Diable à Dieu*[4], sur le libre penseur Umberto BAMBINI qui a le même cheminement[5], ou sur le pisan Gino DAL GUASTA auteur pourtant *Da Cristo all'anarchia*. En Espagne, l'œuvre d'Aurelio ORENSANZ[6], spécialiste de la religiosité populaire, présente une étonnante convergence entre la théologie «*fratriarcal - phratriarcale*» diversifiée, égalitaire et unitaire, et l'anarchie. Au Portugal, Jaime de CASTRO et Jorge ABREU tentent une synthèse entre l'anarchisme et le meilleur de la pensée religieuse. Enfin, malgré leur athéisme confirmé, il est bon de rappeler que les RECLUS sont issus d'une longue lignée de pasteurs et qu'Élie et Élisée disposent d'une solide formation théologique.

Le principal mouvement anarcho-chrétien semble être celui des *Catholic Workers*, dont le pacifiste franco-canadien Peter MAURIN fut l'âme (1881-1949). Sa principale animatrice est l'étatsunienne Dorothy DAY (1897-1980). Leur leader le plus anarchiste est Ammon HENNACY (1893-1970)[7] ami de BERKMAN et d'Emma GOLDMAN. Karl MEYER fut un des plus actifs activistes contre la guerre du Vietnam. Majoritairement établi aux ÉU depuis 1933, le mouvement a un peu essaimé en Europe (Allemagne, Pays Bas) et au Canada.

Dorothy DAY a vécu avec un autre militant anarcho-chrétien, très individualiste, hostile à toutes les institutions: le biologiste Foster BATTERHAM.

D'influence plutôt tolstoïenne, et se réclamant d'un communisme chrétien primitif, un courant brésilien eut quelques retentissements au début du XX° avec Manuel CURVELLO DE MENDONÇA, Juan CORONA ou Pereira da SILVA. En Argentine, un des premiers fusillés (Joaquin PENINA 1905-1930) est également tolstoïen.

➜ Cette mouvance anarchiste chrétienne englobe également la conception humaniste **personnaliste** exprimée par Emmanuel MOUNIER et définie comme «***anarcho-personnaliste***» par le philosophe espagnol Carlos DÍAZ, voire par l'ancien faiiste Diego ABAD DE SANTILLÁN vers 1978[8]. Autre grand individualité du personnalisme, Jacques MARITAIN, qui ne se définissait pas anarchiste, a pourtant eu des contacts avec le mouvement des *Catholic Workers*.

➜ Des «***pédagogues de la libération***» comme Paulo FREIRE au Brésil et Jef ULBURGHS en Belgique peuvent également se rattacher à se courant.

➜ Dans l'Italie de l'après deuxième Guerre mondiale, les **courants non-violents**, antimilitaristes et prônant l'objection de conscience apparaissent dans le *Movimento di Religione* (1946-1947 surtout), d'Aldo CAPITANI et de l'ancien prêtre catholique Fernandino TARTAGLIA. La revue *Cittadella* de Bergame (1946-1948) y est momentanément liée. Ces mouvances sont pluralistes, et englobent des penseurs athées, religieux, socialistes ou anarchistes, et des anciens membres de *Giustizia e Libertà*. TARTAGLIA, lié aux anarchistes Carlo DOGLIO et Pier Carlo MASINI, et aux revues anarchistes *Giuventù Anarchica* et *Volontà*...dresse une notion intéressante de dépassement de la religion dans sa «*société post-anarchiste*»[9] permettant le développement de ce qu'il appelle la «*liberté réelle*»[10]. Quant à Aldo CAPITANI, on redécouvre son rôle essentiel dans la définition du mouvement de non-violence en Europe occidentale, et la *Biblioteca Franco SERANTINI* de Pise lui a consacré un colloque en 1998 et un livre important[11].

➜Dans d'autres pensées religieuses, le **bouddhisme** et le **taoïsme** sont souvent revendiqués par l'anarchisme: ils imprègnent le «*transcendantalisme*» états-unien («*l'éveillé*» THOREAU par exemple) ou en France Alexandra DAVID-NÉEL (1868-1969) qui se réclamait de l'anarchisme[12] et qui était amie de RECLUS et grande connaisseuse de STIRNER dès 1900. Elle est également l'amie de Mme RICHARD à Paris dès 1911, qui devient ensuite Mira ALFASSI, disciple de Sri AUROBINDO et animatrice d'Auroville[13]. Le journaliste et écrivain libertaire Victor BARRUCAND (1864-1934) édite en 1893 une *Brochure sur le bouddhisme*. Dans la contre-culture de la deuxième moitié du XXème siècle, des libertaires des mouvements *beat* ou *hippie* y font souvent référence: Gary SNYDER, Alan GINSBERG, Kenneth REXROTH, Paul

---

1LOZOWY Éric*Présentation* à **TOLSTOÏ Léon***Écrits politiques*, Montréal: Écosociété, 162p, 2003, p.8

2ELLUL Jacques*Anarchisme et christianisme*, Lyon: ACL, 183p, 1988

3PAOLO VALLE Sac. P. *La rigenerazione d'un anarchico*, Torino, Società Editrice Internazionale, marzo 1923

4RETTÉ Adolphe *Du Diable à Dieu, histoire d'une conversion*, Paris: A. Messein, 1907

5BAMBINI Umberto *Dall'anarchia alla chiesa*, 1914

6ORENSANZ Aurelio L. *Anarquía y cristianismo*, Madrid: Mañana, 93p, 1978

7HENNACY Ammon *The book of Ammon.Autobiography of a catholic anarchist*, New York: Catholic Worker Books, 1954

8ABAD DE SANTILLÁN Diego*A manera de prólogo. La inteligencioa y la revolución de la justicia y de la libertad*, -in-**DÍAZ Carlos***El anarquismo como fenomeno politio-moral*, Madrid: 1978

9TARTAGLIA Fernandino*Anarchismo e postanarchismo*, -in-**Giuventù anarchica**, a.2, n°2-3, 1947

10MANGINI Giorgio *Aldo CAPITINI, « La Cittadella » e il Movimento di Religione*, -in-**RSDA**, Pisa: a.6, n°1 (11), 1999

11ALTIERI Rocco*La rivoluzione non violenta. Per una biografia intelletuale di Aldo CAPITANI*, Pisa: BFS, 155p, 1998

12DAVID-NEEL Alexandra *Féministe et libertaire. Écrits de jeunesse*, Paris: Les Nuits rouges, 228p, 2003

13 Cf. **CHALON Jean** *Le lumineux destin d'Alexandra DAVID-NEEL*, Paris: Perrin, 1985 - Paris, France Loisirs, 498p, 1985

GOODMAN, voire Jack KÉROUAC lui-même (Cf. *Chap.III-D-3*). Ursula LE GUIN en fait un des fondements de son utopie anarchisante de 1974 *The dispossessed - An Ambiguous Utopia- Les Dépossédés : une utopie ambiguë*. L'écologiste libertaire, et «*biorégionaliste*» John CLARK se revendique souvent du taoïsme. Au Japon, l'anarchiste et historien (sur MALATESTA notamment) Misato TODA se dit zen-bouddhiste. Comme le note Érik SABLÉ [1] le taoïsme est une forme de «*sagesse libertaire*».

➔**L'hindouisme** n'est pas en reste: certains anarchistes n'hésitent pas à se réclamer de Mohandas Karamchand GANDHI (1869-1948) et de sa non-violence et résistance «*civile*» et avant lui de Swami VIVEKANANDA (1863-1902). Mais les deux penseurs les plus proches de l'anarchisme sont peut être Vinoba BHAVE (1895-1982) et Uppaluri Gopala KRISHNAMURTI l'anti-gourou (1918-2007).

➔ Du côté de l'**islam**, la voie libertaire est plus difficile à entreprendre, mais en Italie l'anarchiste Leda RAFFANELLI (1880-1983) s'est néanmoins convertie. Le peintre suédois Ivan AGUELI (1869-1917), un temps ami de Félix FÉNÉON et proche des libertaires, passe à l'ésotérisme musulman et se fait appeler Sheikh 'Abd al-Hadi AQHILI . Née en Suisse, souvent proche des libertaires, Isabelle EBERHARD (1877-1904) écrit de nombreux ouvrages sur la chaleur de l'islam[2]. Sensible à l'islam comme au bouddhisme, Bruno ÉTIENNE, né en 1937 et spécialiste de l'histoire des religions, s'affirme «*anarcho-mystique*» en 1998. Quant à l'anarchiste étatsunien Peter Lamborn WILSON, il adopte le pseudonyme d'Hakim BEY pour publier ses *TAZ - Temporary Autonomous Zone* en 1991; plusieurs réflexions révèlent un philo-islamisme réinterprété en clé libertaire, notamment à partir du mysticisme soufi, que BEY relie d'ailleurs au taoïsme[3].

➔ Dans la pensée **religieuse judaïque**, et surtout dans le mouvement **yiddish**[4], les libertaires furent nombreux. Peu se réclament cependant d'une judaïcité militante, et encore moins du sionisme, cette «*utopie réactionnaire*» comme la nommait TROTSKI en 1930. BERNARD-LAZARE fait un peu exception, en passant de «*l'israélisme*» francophile antisémite, au sionisme socialiste teinté *d'anarchisme*[5]. Hillel SOLOTAROFF a une position semblable vers 1903 dans la *Freie Arbeiter Stimme* aux ÉU. C'est le cas également de Mark YARBLUM qui polémiqua sur ce thème avec KROPOTKINE[6]. Gershom SCHOLEM avance le concept «*d'anarchisme religieux*»[7] pour les juifs qui réfutent l'autorité spirituelle de la Torah ou du Talmud. La pensée de Martin BUBER reste tout au long de sa vie inspirée par les écrits de KROPOTKINE et de son ami Gustav LANDAUER, avec lequel il milita dans sa jeunesse dans la *Neue Gemeinschaft*. Son adhésion au sionisme se fait surtout dans le champ utopique, libertaire, malgré quelques prises de position plus générales et ambigües[8].

➔ Bien des libertaires sont également tentés par le **spiritisme**, le **mysticisme, l'alchimie, l'occultisme, la théosophie ou le naturisme** vécus comme un engagement mystico-religieux. Alexandra DAVID-NÉEL déjà citée est également adepte de la théosophie. Dans le mouvement libertaire chilien, des noms prestigieux se lient à tous ces courants. Luis PONCE, leader anarchiste vers 1904-1907, est de ceux-là. Le cas le plus emblématique est cependant celui du rédacteur de *Tierra Y Libertad* de Casablanca: Valentín CANGAS; il finit même par renommer son journal *Tierra Astral* [9]! À Porto Rico, l'anarchiste féministe Luisa CAPETILLO(1879-1922) est une des fondatrices du mouvement spiritiste de son pays, courant de pensée qu'elle intègre avec «*discipline et sagesse*»[10]. En Italie, les recherches d'Arturo SCHWARZ (né en 1924) mêlent tantrisme, anarchisme, alchimie et surréalisme[11]. À Marseille, la Veuve TESSIER, «*voyante spirite*», fonde *Le Christ anarchiste* en fin du XIX° siècle[12].

➔ Enfin à mi-chemin entre athéisme anarchiste majoritaire et mouvements religieux très minoritaires, on trouve des positionnements **agnostiques** dont Camillo BERNERI semble le meilleur représentant car «*tous les raisonnements sur l'athéisme sont d'une présomption énorme et me semblent aussi absurdes que ceux du théisme*»[13]. Cela l'amenait d'ailleurs à critiquer un anticléricalisme non libéral, de fait fasciste dans ses comportements et non intelligent, ce qui le plaçait hors de l'orbite anarchiste par essence[14].

Un courant **marxiste-libertaire**, s'inspirant sans doute des écrits de Maximilien RUBEL (traducteur de MARX), de positions de l'école de FRANCFORT (MARCUSE surtout) et des réflexions de mouvements situationnistes et conseillistes et des marxistes critiques, est développé par l'écrivain Daniel GUÉRIN dès 1969 dans son ouvrage *Pour un marxisme libertaire*. Pour entretenir malgré lui la confusion terminologique, ce courant reprend parfois la notion de **communisme libertaire** analysée ci-dessus. Beaucoup de militants et chercheurs de cette mouvance s'inspirent des écrits du jeune MARX ou de son texte le plus antiétatique *La Guerre civile en France* sur la Commune de Paris; de LÉNINE ils retiennent le texte le plus soviétique (au sens propre) et d'apparence libertaire *L'État et la révolution*, écrit en 1917 et publié en 1918. Mais cette approche libertaire des œuvres marxistes est souvent pourfendue, notamment par Giuseppe ROSE qui parle «*d'aporie du marxisme*

1SABLÉ **Érik** *Sagesse Libertaire Taoïste. Introduction à la sainte paresse*, Paris: édition Dervy, 129p, 2005

2 Cf. par exemple **EBERHARDT Isabelle** *Dans l'ombre chaude de l'Islam*, 1906

3**WILSON Peter Lamborn** *"Shower of Stars" Dream & Book: The Initiatic Dream in Sufism and Taoism*, 1996

4**IZRINE Jean-Marc** *Les libertaires du Yiddishland. Panorama d'un mouvement oublié*, Paris-Toulouse: Alternative Libertaire & Le Coquelicot, Mémoires n°2, 95p, 1998

5   **WILSON   Nelly**   *BERNARD-LAZARE: l'antisémitisme,   l'Affaire   DREYFUS   et   la   recherche   de   l'identité   juive* Paris: Albin Michel, 461p, 1985

6**GRAUR Mina** *Anarchisme et sionisme: le débat sur le nationalisme juif*, -in-**Ni patrie, ni frontières**, n°8-9, mai 2004, p.162

7 Cf. **JACOBSON Eric** *Gershom SCHOLEM entre anarchisme et tradition juive*, -in-**BERTOLO Amedeo et autres** *Juifs et anarchistes*, Paris-Tel Aviv: Éditions de l'éclat, p.53-74, avril 2008, p.70

8 Cf. **ANTONY Michel***Anarchisme, mouvements et utopies libertaires en Israël. Utopie et autogestion du kibboutz*, Magny Vernois: Fichier sur le même site, 1° édition 1995, 28p, mai 2005

9   **GREZ   TOSO   Sergio**   *Los   anarquistas   y   el   movimiento   obrero.   La   alborada   de   « la   Idea »   en   Chile,   1893-1915* Santiago: LOM Ediciones, 436p, 2007

10**VALLE FERRER Norma** *Luisa CAPETILLO, Obra completa, "Mi Patria es la Libertad"*, San Juan-Cayey: Universidad de Puerto Rico, 328p, 2008, p.20

11**SCHWARZ Arturo** *Surrealismo, tantrismo, alchimia, anarchismo: quattro vie convergenti*, -in-**Volontà**, Milano: XXXIX, n°2, aprile-giugnio 1985

12 Cf. note 97 -in-**MANFREDONIA Gaetano** *La chanson anarchiste en France des origines à 1914*, Paris: L'Harmattan, 445p, 1997, p.357

13**BERNERI Camillo***Guerre de classes en Espagne et textes libertaires*, Paris: Spartacus, mars 1937, p.84 & 89

14**BERNERI Camillo***Guerre de classes en Espagne et textes libertaires*, Paris: Spartacus, mars 1937, p.88

libertaire»[1]. En Italie toujours, Andrea CAFFI (1886-1955) tente même de concilier PROUDHON et MARX dans un *«socialisme libertaire»* qui est partagé par beaucoup d'adhérents de *Giustizia e Libertà* dans les années 1930. CAFFI renouait sur ce point avec certains écrits de Saverio MERLINO. D'autres militants ou penseurs peuvent être rattachés à ce vaste courant, au moins pendant une période de leur vie militante: le franco-allemand Daniel COHN-BENDIT, l'allemand Rudi DUTSCHKE (membre du groupe anarcho-communiste **Subversive Aktion** à Berlin en 1963), le costaricain J. Nestór MOURELO AGUÍLAR ou l'espagnol Abraham GUILLÉN dans les années 1960. Dans son livre de 1969, Fidel MIRÓ[2] leur consacre tout un chapitre. En Suisse, un des fondateurs de ce courant de pensée est Fritz BRUPBACHER (1874-1945), socialiste, anarchiste, communiste et à nouveau libertaire après son exclusion du PC helvétique en 1933. Dans la mouvance de *Socialisme ou Barbarie* et de *l'Internationale Situationniste*, d'autres théoriciens ont également été marqués par cet effort de rapprochement: je pense surtout à Cornelius CASTORIADIS en fin de sa vie. Dans le monde anglo-saxon, les récentes prises de position de Seán SHEEHAN[3] pour une reprise des idées marxiennes à la lumière de l'anarchisme proposent une vision un peu innovante, même s'il passe à côté de l'aspect *système* de la pensée de MARX: or c'est bien cet aspect qui a tant séduit les intellectuels et les révolutionnaires professionnels, ils disposaient d'une pensée totalisante, pour ne pas dire totalitaire. Dans le Brésil actuel le très prolixe sociologue Nildo VIANA (né en 1965) réhabilite MARX, les libertaires et le courant conseilliste (PANNEKOEK, Karl KORSCH...). En Italie, mes amis d'**Utopia rossa**, groupement animé entre autres par Roberto MASSARI, le prolixe et intéressant éditeur de Bolsena, ou par l'écrivain libertaire Pier Francesco ZARCONE, renouent avec les idées de Daniel GUÉRIN. Bref, une nébuleuse marxiste libertaire bien complexe, et donc pas facile à classer, d'autant que les évolutions personnelles sont parfois fort contradictoires.

Un **courant synthésiste**, *«pour la Synthèse»* s'exprime autant chez Sébastien FAURE que chez VOLINE (EICHENBAUM). L'actuelle Fédération anarchiste le perpétue en France au XXIème siècle. Il cherche à regrouper dans une même organisation fédérale anarchiste des syndicalistes, des communistes, des individualistes... Dans les années précédant la première Guerre mondiale, Sébastien FAURE (1858-1942) avait tenté une synthèse encore plus large, avec sa proposition de *Fédération révolutionnaire*, qui aurait englobé également des socialistes libertaires, mais non anarchistes; sa collaboration avec la *Guerre sociale*[4] dirigée par des *«socialistes insurrectionnels»* comme Gustave HERVÉ en formait la première approche.

Néo-anarchisme ou **post-anarchisme** sont des termes qui apparaissent en fin du XXème siècle (Cf. ma présentation plus élaborée ci-dessous - *Chapitre 10-e*). Ils sont novateurs et polémiques, puisqu'ils opposent un *«anarchisme classique»* ou *«traditionnel»* ou *«religieux»* plutôt centré sur la lutte de classes et l'insurrection, à un anarchisme de la modernité (Cf. l'ouvrage d'Olivier MEUWLY en 1998) ou de la postmodernité qui serait plus culturel, plus centré sur l'individu, et donc pluriel et évolutif. Dans un article de fin 1999[5], Gaetanio MANFREDONIA s'oppose à ces néologismes, qu'il trouve caricaturaux vis à vis de l'anarchisme ancien, et trop approximatif pour prendre en compte la globalité du présent. C'est d'ailleurs ce qu'arrive à démontrer l'ouvrage récent de Vivien GARCÍA[6].

L'historien anarchiste Gaetano MANFREDONIA propose également une autre typologie pour distinguer les différentes branches du mouvement, qu'il évalue à trois principales, ce qui remet en cause l'énumération précédente qui est trop idéologique et politique pour bien prendre en compte toutes les nuances. L'avantage cependant est de montrer que les barrières ne sont pas figées et que les différences de fond n'excluent pas les passages de l'un à l'autre des modèles proposés.
Il avait d'abord proposé une approche duale du mouvement anarchiste (le côté **individualiste** et le côté **social**). Cela lui avait permis d'analyser l'anarchisme individualiste français[7].
Sa position récente a l'immense intérêt de rompre la division couramment admise énoncée ci-dessus, et qui a le tort de surreprésenter les discours idéologiques, en mettant plus l'accent sur les pratiques et les actions réelles. Elle a été amorcée dans son ouvrage sur *L'anarchisme en Europe*[8] et vient récemment d'être confirmée et détaillée (2007) par un livre désormais essentiel sur l'anarchisme *Anarchisme et changement social. Insurrectionalisme, Syndicalisme, Éducationnisme-réalisateur*[9].
Malheureusement, l'analyse ne porte guère que sur le XIX° siècle, ce qui limite sérieusement sa portée, même si elle est largement réutilisable pour d'autres environnements. Et la partie sur les réalisateurs (milieux libres, éducationnistes, néo-malthusiens, etc.) reste trop limitée, tout comme celle sur le syndicalisme d'avant 1914. L'ouvrage n'est essentiel que sur la période qui va des prémices à la fin des années 1870-1880.

Le premier modèle qu'il propose serait un modèle *«insurrectionnel»*, qui englobe autant les mouvements très organisés qui visent à d'abord renverser les systèmes en place, que les militants individualistes qui veulent également détruire avant de construire, qu'ils soient bakouniniens ou partisans de la propagande par le fait.
C'est le **peuple** qui est concerné, plus que des individus pris isolément ou que la seule classe ouvrière. Ce peuple est souvent critiqué pour son abêtissement, sa servitude volontaire, et magnifié pour sa capacité spontanée à se révolter et à s'organiser: dans les deux cas, la vision du peuple par les insurrectionalistes est assez mythifiée (ou inversement minorée), et difficile à tenir.
Les militants de ce courant mettent en avant un volontarisme (bakouninien ou malatestien) qui frôle parfois **l'avant-gardisme** pourtant tant décrié quand il est celui du blanquisme ou du bolchevisme. Même si la minorité active et éclairée ne prétend pas au pouvoir et ne se considère

1**ROSE Giuseppe***Le aporie del marxismo libertario*, Pistoia (?): RL, 63p, 1971
2**MIRÓ Fidel***El anarquismo, los estudiantes y la violencia*, México: 1969
3**SHEEHAN Seán M.** *Ripartire dall'anarchia.Attualità delle idee e delle pratiche libertarie*, Milano: Elèuthera, 176p, 2004
4*La Guerre sociale. Un journal « contre ». La période héroïque 1906-1911*, Paris: Les Nuits rouges, 1999
5**MANFREDONIA Gaetano***Unité et diversité de l'anarchisme, un essai de bilan historique*, -in-*L'anarchisme a-t-il un avenir? Histoire de femmes, d'hommes et de leurs imaginaires*, Actes du Colloque International de Toulouse, 27-29/10/1999, Lyon: ACL, 560p, 2001
6**GARCIA Vivien** *L'anarchisme aujourd'hui*, Paris: L'Harmattan, 262p, 2007
7**MANFREDONIA Gaetano** *L'individualisme anarchiste en France (1880-1914)*, Paris: IEP, Doctorat 3° cycle, 411+148p., 1984
8**MANFREDONIA Gaetano** *L'anarchisme en Europe*, Paris: PUF, 128p, 2001
9**MANFREDONIA Gaetano** *Anarchisme et changement social. Insurrectionalisme, Syndicalisme, Éducationnisme-réalisateur*, Lyon, ACL, 362p, 2007

que comme un auxiliaire du mouvement révolutionnaire, elle n'en est pas moins présente, conspiratrice, cachée et manipulatrice parfois, et autoritaire de fait sinon de principe... ce qui est problématique avec les fondamentaux de l'anarchisme.

L'usage de la **violence** est accepté, souvent proposé ou revendiqué. Les militants de cette mouvance ont donc parfois des problèmes avec la position cohérente anarchiste qui affirme que la fin ne justifie pas les moyens. C'est pourquoi la violence est présentée comme «*un mal nécessaire*» et qu'elle est «*toujours subordonnée à la poursuite de la finalité émancipatrice et libératrice de l'anarchisme*»[1]. Mais bien d'autres courants révolutionnaires ne disaient globalement pas autre chose, et on en a vu les dérives terribles au XX° siècle, à l'exception peut-être des blanquistes de tout acabit.

On pourrait parler d'utopie anarchiste révolutionnaire.

Le second modèle est le «*syndicaliste*», qui vise à faire du syndicat, et de la **classe prolétaire**, les principaux artisans tant du renversement de la société actuelle, que les créateurs de la société future.

Le point de départ repose donc sur la réalité socio-économique du monde du travail, et sur les activités que ses membres éclairés entreprennent. **L'action**, les pratiques réelles semblent donc l'emporter sur la théorie. Cela n'empêche pas l'idéal et les propositions utopiques, qui ne sont pas forcément le «*travers*»[2] dénoncé par MANFREDONIA - ce qui prouve une fois de plus que les anarchistes et les historiens manipulent bien mal ce concept polysémique d'utopie.

C'est le rare cas en milieu anarchiste où se développe une **vision de classe** («*classiste*»), parfois ouvriériste (cette idolâtrie du prolétariat dénoncée par BERNERI par exemple), et donc en désaccord avec la position humaniste et globale de l'idée anarchiste. Bien des anarchistes l'ont compris, et pour contrer cette dérive, proposent une acceptation très large du prolétariat, intégrant tous les travailleurs (manuels et intellectuels): d'où cette dénomination bizarre de «*parti du travail*» que popularise Émile POUGET. Ils initient parfois des alliances entre prolétariat et autres classes ou groupes sociaux (le peuple, la paysannerie, les classes moyennes...) pour éviter justement ce cloisonnement classiste.

Cette seconde catégorie a le grand mérite de tenir pour secondaire les variantes internationalistes, syndicalistes «*pures*», syndicalistes révolutionnaires ou anarcho-syndicalistes...

L'anarchiste syndicaliste en voulant regrouper toute la classe travailleuse et favoriser son **autonomie**, est fondamentalement pluraliste et «*apolitique*» au sens ancien du terme, y compris contre les «*sectes*» anarchistes comme le sous-entend la Charte d'Amiens. Garder ses idéaux, et militer avec celles et ceux qui en partagent d'autres, voici une belle gageure et une vraie reconnaissance de la diversité.

Cette autonomie se manifeste par des méthodes **d'action directe** valorisante[3], notamment la **grève**. Ces actions sont parfois partielles, tactiques, modérées... et dans tous les cas relèvent d'un fort pragmatisme. Cependant quand la grève est générale et expropriatrice, les limites avec la conception insurrectionaliste s'estompent fortement.

On pourrait parler d'utopie anarcho-syndicaliste au sens large du terme.

Le troisième modèle porte le curieux qualificatif d'«*éducationniste réalisateur*». Il repose d'abord sur la **volonté individuelle**, quelle que soit la classe sociale d'origine.

Il met en avant le fait que les anarchistes privilégient la préparation de tout changement par une **éducation** adaptée, une culture propagandiste et formatrice, des essais de vie communautaires et alternatifs, des choix moraux et de vie assumés... Seul l'homme réellement libre, conscient de sa force et de ses droits, libéré des conventions, totalement libre-penseur, refusant la servitude volontaire... est à même de réaliser un monde nouveau.

Ce modèle serait plus partiel, **gradualiste** (ou «*graduéliste*»), voire réformateur et modéré. Il renouerait avec «*l'évolutionnisme*» de RECLUS[4]. Mais là encore il n'y a rien de figé et l'éducationniste réalisateur en rejetant toute autorité étatique ou économique est tout aussi radical que les deux autres catégories.

L'attention aux grands principes anarchistes semble plus forte dans cette catégorie: condamnation de la violence contre les gens au profit d'une résistance ou désobéissance civile contre les choses et les administrations, cohérence entre fin et moyens, choix humaniste profond (MANFREDONIA dit qu'il est resté «*à beaucoup d'égards un homme des Lumières*»)[5], unité entre la vie d'aujourd'hui et les projets de demain, méfiance vis-à-vis de tous les dogmes et de tous les messianismes, fussent-ils anarchistes.

Un peu comme l'exprime STIRNER, l'éducationniste réalisateur est plus un insoumis de tous les instants, un **rebelle**, qu'un révolutionnaire mettant en place un nouveau système. Il comprend notamment que les révolutions mettent pratiquement toujours en place des pouvoirs nouveaux qui reproduisent les anciens sous une autre forme.

Ce modèle regroupe en tout cas l'ensemble des démarches expérimentales si nombreuses dans le mouvement libertaire. L'énorme intérêt de l'ouvrage est de révéler que ce 3° courant a été particulièrement sous-évalué, alors que sa présence est manifeste pour un grand nombre de mouvements anarchistes. Cela renforce les diverses analyses que je propose depuis longtemps sur l'apport important des microréalisations[6] et des expérimentations en général, à partir de mes premières analyses de l'autogestion dans les années 1960-1970, et de mes recherches plus récentes, par exemple sur les «*utopédagogies*»[7].

On pourrait parler d'utopie anarchiste expérimentale et cohérente: les actes et les pensées d'aujourd'hui ne sacrifient pas le présent, mais préparent avec cohérence l'avenir. Il y a rejet total d'une vision utopique classique, figée, mais engagement résolu dans des expériences

---

1**MANFREDONIA Gaetano** *op.cit*, p.32-33

2**MANFREDONIA Gaetano** *op.cit*, p.76

3 Jacques JULLIARD faisait d'ailleurs de cette « *action directe* » le vrai élément unificateur des syndicalistes d'avant 1914. Gaetano MANFREDONIA ne se penche pas suffisamment à mon avis sur ce problème d'identification et de terminologie, même s'il a une vision spécifiquement anarchiste, et non syndicale au sens large.

4**MANFREDONIA Gaetano** *op.cit*, p.87

5**MANFREDONIA Gaetano** *op.cit*, p.89

6 Cf. surtout **ANTONY Michel** *VII. Essais utopiques libertaires de « petite » dimension. A. L'extrême variété des « microcosmes » libertaires, alternatifs et autogestionnaires*, Magny Vernois: Fichier sur le même site, 1° édition 1995, 58p, janvier 2008

7**ANTONY Michel** *VII. Essais utopiques libertaires de « petite » dimension. B. Essais utopiques libertaires surtout pédagogiques: des « utopédagogies »*, Magny Vernois: Fichier sur le même site, 1° édition 1995, 95p, janvier 2008

utopiques vécues: amour libre, naturisme, sociétés d'égaux, écologisme de tout type, éducation libératrice, coopération solidaire et hors des normes du marché, mouvements de décroissance et solidaristes... Le défi utopique, c'est ici de «***vivre en anarchiste***» sans attendre le grand soir et les lendemains qui chantent.

On peut bien sûr rétorquer que cette nouvelle répartition compte de nombreuses exceptions et contradictions, car bien des militants et des groupes peuvent se trouver à l'aise dans l'une ou l'autre de ces catégories, ou dans plusieurs à la fois. Ainsi une colonie libertaire peut-être une réalisation (3° catégorie) ici et maintenant, mais aussi un élément du projet insurrectionnel, comme centre de propagande ou de regroupements. Une cellule syndicaliste peut préparer aussi l'insurrection, «*l'objectif stratégique*» (comme le dit MANFREDONIA) est d'ailleurs souvent celui-là; d'autre part le groupement syndical, par la création d'athénées, de Bourses du travail, de Centres culturels, de bibliothèques, de coopératives... et par son existence même comme prototype de la future société, est également éducationniste-réalisateur, et parfois plus que d'autres si on se réfère à la CNT de la grande époque. Par ailleurs, même les plus radicaux des insurrectionalistes, qui mettent en toute priorité la lutte révolutionnaire, ont participé à des expériences alternatives, ou accepté des «*revendications partielles*» (écrit MANFREDONIA pour éviter sans doute le terme de «*réformistes*»)[1].
L'auteur lui-même admet que sa construction intellectuelle, dans la lignée de «*l'idéaltype*» wébérien, n'est pas la réalité, mais une manière de présenter celle-ci pour mieux comprendre la réalité profonde des anarchismes[2].

UN ANARCHISME PARFOIS AUTORITAIRE EST-IL POSSIBLE?

L'utopie anarchiste n'est cependant pas toujours aussi claire, aussi résolument libertaire et décentralisée, aussi anti-étatiste et «*anti-gouvernementaliste*», aussi anti-politicienne et anti-électoraliste qu'on l'écrit et le dit. D'autres conceptions ou positionnements conjoncturels affleurent au fil des ans, y compris parmi les principaux théoriciens.

<u>QUELQUES</u> <u>ANTÉCÉDENTS</u>...

Quelques anarchistes d'importance ont parfois mis en avant le centralisme (dans l'organisation et/ou dans la société) et la nécessité d'une organisation presque hiérarchique, en tout cas très disciplinée. Cette position, minoritaire, fut parfois à l'origine de dérives anti-libertaires très graves, comme le terrorisme, les sociétés secrètes plus ou moins sectaires et avant-gardistes, voire la participation aux joutes électorales et aux institutions étatiques ou militaires très hiérarchiques notamment pendant la Révolution espagnole...
Mais elle fut également l'œuvre de militants libertaires sincères et toujours anarchistes convaincus, qui en lutte contre des courants très organisés et très violents (je pense au léninisme ou aux sociétés policières comme en Espagne des années 1920 et 1930) voyaient dans une organisation plus structurée et hiérarchique un moyen de résister avec plus d'efficacité. C'est également la position de *Los Amigos de DURRUTI*, qu'ils expriment dans leur journal dont le titre est un renvoi explicite à MARAT, *El Amigo del pueblo*, quand ils veulent lutter à la fois contre le stalinisme à l'œuvre dans l'Espagne républicaine, et contre ce qu'ils jugent une dégénérescence bureaucratique de leurs propres organisation CNT et FAI[3].

Quand PROUDHON prévoit «*centralisation et unité*» pour la grande industrie, même si cela est limité par le contrôle des producteurs, et même si ce ne concerne que le plan strictement économique, il ouvre une timide voie «*centraliste*»[4] que le syndicalisme anarchiste va parfois poursuivre. Par exemple la CNT ibérique va dès 1918 à sa Conférence de Sans proposer l'idée de «*syndicat unique d'industrie*»; il faut attendre cependant l'année 1931 pour que le Congrès de la CNT décide d'œuvrer en faveur des «*Fédérations nationales d'industrie*» (alors que jusque là, le syndicalisme libertaire restait un syndicalisme de métiers). Et c'est seulement en 1938, au Plénum Économique Élargi de Valence que les 800 délégués décident d'appliquer cette orientation dans la réalité. Mais ce centralisme n'est pas forcément autoritaire: il ne fait que mieux s'adapter à l'évolution économique, et part donc d'un sain principe de réalité.
D'autre part, PROUDHON a accepté un temps la participation électorale, puisqu'il tente son élection le 23 avril 1848. Sa défaite ne l'empêche pas de recommencer, cette fois avec succès, le 4 juin 1848. Grâce à environ 77 000 voix, il devient député de la Seine. Même s'il ne théorise pas cette action ponctuelle, il n'en demeure pas moins qu'un des plus importants fondateurs de l'anarchisme offre une vision pragmatique de l'électoralisme.

BAKOUNINE avec sa manie des sociétés secrètes avant-gardistes, notamment sa célèbre ***Fraternité***, présente bien des positions en contradiction totale avec son anarchisme antiautoritaire. Il est donc parfois revendiqué par les «*autoritaires*» de l'anarchisme et dénoncé comme conspirateur bien peu libertaire par ses adversaires (MARX et ENGELS sont les champions en la matière pour réduire BAKOUNINE à cette dimension caricaturale, et que dire d'épigones sans talent et totalement manichéens, comme le tristement célèbre <u>*BAKOUNINE ombre et lumière*</u>, commis par Jacques DUCLOS). Respectant la spontanéité et le rôle des masses, BAKOUNINE voulait cependant les stimuler, les épauler, à l'aide d'organisations de militants professionnels, de minorité éclairée, totalement désintéressée et refusant de prendre le pouvoir. Même quand il rejoint l'AIT, BAKOUNINE continue, d'abord avec son AIDS - *Alliance Internationale de la Démocratie Socialiste*, et quand celle-ci est dissoute, avec son cercle d'amis proches («*groupes d'intimes*» ou groupes affinitaires) qui agissent comme une minorité consciente au sein du mouvement. Les marxistes font de même, et sans doute d'autres courants, mais cela n'excuse rien. L'élitisme, l'entrisme et le noyautage, le manque de transparence, le centralisme inhérent à toute société secrète (le russe parle même de *Comitégénéral* ou *Comité central*!) ne sont absolument pas des fondamentaux de l'anarchisme!!! Quelques soient les intentions et même si le vieux BAKOUNINE est de

---

1 MANFREDONIA Gaetano *op.cit*, p.37
2 Cf. notamment **MANFREDONIA Gaetano** *op.cit.*, p.26
3 AMORÓS Miquel *<u>La revolución traicionada. La verdadera historia de BALIUS y Los Amigos de DURRUTI</u>*, Barcelona, Virus, 444p, 2003
4 **GÓMEZ CASAS Juan** <u>*Sociología del anarquismo hispánico, Vol.1*</u>, Madrid, Ed. Libertarias, 1988, p.20 & ss

plus en plus conscient que la fin ne justifie pas tous les moyens, bien des méthodes sont détestables et totalement «*liberticides*»[1] et critiquées comme telles par des militants pourtant très proches de BAKOUNINE comme le belge DE PAEPE[2] ou son intime James GUILLAUME.

Cette position très contradictoire est bien sûr difficile à tenir, et la dérive netchaïevienne transparaît dans maintes propositions de l'anarchiste russe. Certes ce n'est pas lui qui a écrit *Le catéchisme révolutionnaire*[3], et jamais il n'a soutenu le meurtre et l'obéissance aveugle comme formes de combats libérateurs, mais il a été tout de même naïf et pendant un temps trompé par le machiavélique NETCHAIEV[4]. Heureusement l'affaire NETCHAIEV a obligé BAKOUNINE a plus de rigueur, et a mener toujours de plus en plus fermement la lutte contre tout jésuitisme dans le mouvement révolutionnaire.

L'anarchisant états-unien d'origine polonaise, Max NOMAD (Max NACHT) notait dans les années 1960 que BAKOUNINE était un autoritaire caché, dont l'essentiel reposait sur la volonté de «*dictature invisible*»[5] des *Frères internationaux*. C'est bien sûr caricaturer le penseur russe, mais c'est cependant mettre le doigt sur la principale contraction de l'anarchisme bakouninien: lutter contre toutes les formes de pouvoir, mais en accepter un de type avant-gardiste, même s'il reste occulte ou ponctuel.

Vis-à-vis des élections, BAKOUNINE a également été pragmatique et soucieux des contextes différents, en admettant la participation des libertaires aux élections, ce qu'il explique dans une lettre à GAMBUZZI du 16/11/1870. Les libertaires espagnols favorables à la participation gouvernementale dans les années 1930 citent évidemment ce texte[6] qu iles dédouanent quelque peu.

L'Italie de la fin du XIX° est nettement marquée par cette problématique: des fondateurs importants de l'anarchisme dans la péninsule prennent peu à peu des positions électoralistes (André COSTA qui rejoint le parti socialiste naissant et devient le premier député socialiste italien en 1882) ou se définissent à la croisée du socialisme étatique et du socialisme libertaire (Saverio MERLINO surtout qui a adhéré à l'anarchisme en 1877 au moment du Procès de Benevent, et qui rompt partiellement avec l'anarchisme surtout en 1897). Pour s'opposer au déviationnisme de COSTA, et par souci d'efficacité, les anarchistes italiens créent une sorte de «*véritable parti*» note Enzo SANTARELLI: en 1885, au congrès de Forli, ils fondent la *Branche italienne de l'AIT*, assez structurée par MINGOZZI. Mais c'est surtout en janvier 1891 qu'est tenté au Congrès de Capolago en Suisse la fondation du PSAR, Parti Socialiste Anarchiste Révolutionnaire. Même si les groupes restent autonomes, une tentative de centralisation est quand même amorcée.

Dans la Sicile du début des années 1890, bouleversée par l'explosion populaire et parfois révolutionnaire des *Fasci dei Lavoratori*, quelques anarchistes choisissent la voie électorale et la participation aux instances communales. Le cas le plus célèbre touche Messine, avec l'élection de l'anarchiste Giovanni NOÈ en juillet 1893. En fait il reprend la tradition du vote protestataire, celui qui avait contribué à présenter Amilcare CIPRIANI, «*l'héroïque colonel de la Commune de Paris*» peu de temps auparavant (1886). Cela n'empêche pas l'historien anarchiste Gino CERRITO de parler de «*superficialité idéologique*» des anarchistes de Messine, et «*d'une position ambiguë face au problème électoral*»[7]. Il est vrai que NOÈ, en s'adressant aux électeurs dans le n°18, année VII des 24-25/07/1893 du *Il Riscatto* (journal anarchiste de Messine) s'était ingénié à rappeler «*qu'il n'y avait rien à espérer de sa présence au Conseil communal*»[8]!

En Belgique, les sociétés secrètes plus ou moins marquées par l'héritage bakouniniste se maintiennent, voire renaissent dans les années 1870-1880, comme les *Frères de l'ABC*, *Le Groupe Secret d'Action Révolutionnaire*...[9]

Dans les années 1905-1910, notamment avec l'expérience du GCL - *Groupe Communiste Libertaire* de Bruxelles, une autre expérience assez centralisée est menée autour de la personnalité controversée de Georges THONAR. Authentique anarchiste, un des grands fondateurs du Congrès Anarchiste international d'Amsterdam, THONAR est également une personnalité assez autoritaire, qui rêve d'une sorte de parti anarchiste aux actions bien coordonnées. L'autodissolution du GCL le 04/08/1907, lors de l'Assemblée générale de Bruxelles, se fait justement par opposition aux déviations[10] («*à cause de la tendance centraliste constatée après expérience*» affirme le texte).

Dans le Chili de la fin du XIX° et du début du XX° siècle, plusieurs grands noms de l'anarchisme et du mutualisme local flirtent avec le *Partido Democracia Populista - Parti Démocratique Populiste* (formé en 1887), voire assument une sorte de double militance: une dans le monde «*ácrata*», l'autre comme propagandiste ou candidat du PD. Une partie du PD était donc composé d'anarchistes. On peut citer une des premières féministes libertaires chiliennes, Juana ROLDÁN, animatrice de la *Sociedad de Emancipación de las Mujeres* (1888), un des tous premiers groupes féminins. L'exemple le plus évident est celui de Víctor SOTO ROMÁN, ancien démocrate, devenu fervent libertaire de 1899 à 1905 environ, mais qui maintient toujours les liens avec le PD et qui finit par le rejoindre[11]. Il devient une sorte de «*prototype du transfuge*»! Plus grave encore pour le mouvement chilien est la défection en 1905, après 8 années de militance anarchiste, du leader Alejandro ESCOBAR y CARVALLO, ancien démocrate, anarchiste incontesté et de grande renommée, et à nouveau démocrate. D'autres cas de premier plan sont connus (Luis MORALES, Luis PONCE, Policarpo SOLÍS ROJAS, José Tomás DÍAZ MOSCOSO...), et on peut donc légitimement se poser la question de la réalité de l'idéologie anarchiste de tous ses fondateurs vu la courte durée de militance libertaire et l'ampleur du reniement.

1 **MANFREDONIA Gaetano** *Anarchisme et changement social. Insurrectionalisme, Syndicalisme, Éducationnisme-réalisateur*, Lyon, ACL, 362p, 2007, p.286

2 Cf. la très belle lettre de **DE PAEPE** de 1869 -in-**MANFREDONIA Gaetano** *Anarchisme et changement social. Insurrectionalisme, Syndicalisme, Éducationnisme-réalisateur*, Lyon, ACL, 362p, 2007, p.277-278

3 **CONFINO Michael** *Violence dans la violence*, Paris, Maspéro, 212p, 1973

4 **BARRUÉ Jean** *BAKOUNINE et NETCHAIEV*, Paris, Spartacus, 66p, 1971

5 **BORGOGNE Giovanni** *Max NOMAD tra anarchismo e teoria delle élites*, -in-**RSDA**, a.7, n°2-14, Pisa, 2000

6 **LORENZO César M.** *Le Mouvement anarchiste en Espagne, pouvoir et révolution sociale*, Saint Georges d'Oléron, Éditions libertaires, 559p, 2006, p.316

7 **CERRITO Gino** *I fasci dei lavoratori nella provincia di Messina*, Ragusa, Ed.Sicili Punto L, 176p, 1989, p.61

8 **CERRITO Gino** *op.cit.*, p.118

9 **MOULAERT Jan** *Le mouvement anarchiste en Belgique 1870-1914*, Ottignies, Quorum, 415p, 1996, p.30

10 **MOULAERT Jan** *op.cit.*, p.235

11 **GREZ TOSO Sergio** *Los anarquistas y el movimiento obrero. La alborada de « la Idea » en Chile, 1893-1915*, Santiago, LOM Ediciones, 436p, 2007, p.200-204

ESCOBAR (comme PONCE) finit même en 1928 par soutenir le général populiste DEL CAMPO lorsqu'il établit sa dictature! Il y gagne une place de gouverneur!

En Allemagne, vers 1905, la *Föderation der Kommunistischen Anarchisten Deutschlands*, autour de Rudolf LANGE, fait preuve également d'un fort centralisme, ce qui a peut être servi de modèle au belge THONAR.

Lorsque les conceptions de BAKOUNINE l'emportent massivement en Espagne, les libertaires doivent tout de même cohabiter avec d'autres fédéralistes, souvent républicains. Au congrès fondateur de la FRE - *Fédération de la Région Espagnole*, à Barcelone en juin 1870, liberté est laissée aux membres de faire de la politique, mais à titre strictement individuel.
Liés souvent aux républicains, aux autres fédéralistes ou cantonalistes, bien des libertaires ou d'anciens (?) anarchistes espagnols participent de tout temps aux élections et acceptent même parfois des charges électives. Ils forment même des sociétés communes où se mêlent libertaires, libres penseurs et fédéralistes de toute obédience: Cf. en Andalousie le *Cercle libre penseur* de Cadix sous l'influence de SALVOCHEA, *Les Amis du Progrès* sur Cordoue autour de la militante Belén SÁRRAGA ou le *Centre d'Union Républicaine* d'Antequera vers 1902 (fin XIX° et début du XX° siècle.
L'Andalousie compte quelques alcades (maires) d'origine anarchiste, notamment lors de la 2° République (années 1930), aux dires de Jacques MAURICE qui cite le cas de Pedro LÓPEZ à Montejaque[1]. Les fonctions *«gouvernementales»* (dans les milices et dans les municipalités) d'un Fermín SALVOCHEA, (alcade de Cádiz-Cadix) figure emblématique de l'anarchisme andalou, ne sont donc pas isolées, ni limitées dans le temps court de la Première République et de la révolution cantonaliste (années 1860-1870). MAURICE donne de nombreux exemples locaux où le bulletin de vote est proposé par les internationalistes pour abattre des ennemis de classe particulièrement virulents. Pire, dans le canton de Jerez, les internationalistes accepteraient même les votes conservateurs pour contrer les socialistes locaux! Le pragmatisme et les *«alliances tactiques»*[2] des militants andalous est donc patent, même si les réalités dans le temps et dans l'espace diffèrent souvent.

Au tout début du XXème siècle, des anarchistes (surtout Sébastien FAURE), des syndicalistes révolutionnaires (Georges YVETOT), des *«socialistes insurrectionnels»*, souvent proches de la **Guerre sociale** de Gustave HERVÉ… tentent de mettre sur pied une organisation fermement structurée. FAURE lance l'idée assez prudente et libertaire de **Fédération révolutionnaire**, mais les hervéistes vont plus loin et en 1910 ils proposent la création du **Parti révolutionnaire[3]**, certes lui aussi *«fédéraliste»* et se rangeant sous la bannière de *«ni dieu ni maître»*, mais bien peu anarchiste ni dans la forme, ni dans le fond.

À Cuba, sans doute du fait des liens avec le mouvement indépendantiste et de la participation aux luttes des années 1890, des libertaires sont tentées par la création d'un parti politique: c'est le cas du groupe mené par Enrique MESSONIER et par RIVERO y RIVERO. MESSONIER va d'ailleurs rejoindre le Parti Libéral peu après, vers 1901, tout en conservant une imprégnation libertaire qu'il ne renie pas.

<u>UN ANARCHISME AUX TEINTES BOLCHÉVIQUES?</u>

Dans les années 1920, des anarchistes s'en souviendront, notamment ceux qui vont développer ce mélange contre-nature entre anarchisme et bolchevisme: Piotr ARCHINOV, compagnon de MAKHNO et historien de la makhnovtchina est de ceux-là. Cet ancien membre de la Commission culturelle du mouvement makhnoviste est un des analystes les plus connus, qui réécrit à plus de 4 reprises son histoire du mouvement[4]. Sa proposition de *Plateforme* de 1926 (au nom de l'UGA – *Union des Groupes Anarchistes*) va marquer durablement le mouvement anarchiste international. Dès 1927 il ébauche l'idée d'un Parti communiste Libertaire et se fait durement critiquer par le toujours actif MALATESTA. Après de durs débats dans le milieu anarchiste russe en exil, et dans le mouvement international, ARCHINOV semble peu à peu renier son idéal libertaire (vers 1931?). En 1933 il retourne en URSS, mais son passé le poursuit et il est vraisemblablement exécuté en 1937 (fusillé à Moscou?): son revirement ne lui a servi à rien.
Au début des années 1920, en Italie, quelques groupes, sans doute dans la lignée de la révolution russe, se positionnent pour un renforcement organisationnel de l'anarchisme. C'est le cas au sein de l'UAI – Union Anarchiste Italienne du groupe milanais **Il Demolitore**. Hors de l'UAI, le groupe anarchiste autonome de Terranova (Gela) en appelle lui à la constitution d'un **Partito Anarchico Italiano**, appel qui n'aura pas de suite.
Le seul vrai mouvement important de l'anarchisme italien qui rejoint les positions d'ARCHINOV se trouve peu après dans l'exil franco-belge, autour du futur commandant de la Guerre d'Espagne, Giuseppe BIFOLCHI alias VIOLA (1895-1978). Dans son *Bandiera nera* d'avril 1929 à mai 1931, qu'il édite à Bruxelles, il semble accepter une certaine hiérarchie et une forte centralisation pour combattre l'ennemi principal qu'est le fascisme. Il veut créer une **Prima Sezione Anarchica Italiana** d'une rêvée Organisation Anarchiste Internationale.
En Amérique latine, ceux qu'on appelle les *«anarcho-bolcheviques»* sont assez importants en Argentine et Uruguay: le groupe **Bandera roja**, par exemple, sert de base au PCA dès 1925 environ. Au Brésil (mais aussi en Argentine et Uruguay, lors de ces multiples fuites), un militant anarchiste aussi connu que Oreste RISTORI se rapproche de ces groupes; son journal *El burro* s'en fait même le porte parole au début des années 1920. Dans les années 1930 il rejoint les positions du PCB (mais sans adhérer) dans son organisation de Front populaire, **l'Alliance Libératrice Nationale** de 1934. Le Brésil a connu une multitude de passages de l'anarchisme au communisme: ainsi en 1919 est fondé par les anarchistes le Parti communiste de Rio de Janeiro (**Partido Comunista do Rio de Janeiro**), qui mêle anarchistes et maximalistes. Ce premier Parti Communiste brésilien, rarement analysé aujourd'hui, fait suite à la proposition écrites des anarchistes cariocas de se regrouper pour imposer le communisme: *A arregimentação das formas libertárias – organizase o PC do Brasil* (23/03/1919). Il est parallèle à la Fédération Maximaliste Portugaise (**Federação Maximalista Portuguesa**) fondée par l'anarchiste Manuel RIBEIRO. Il faut dire

---

[1] **MAURICE Jacques** *El anarquismo andaluz. Campesinos y sindicalistas 1870-1936*, Barcelona, Crítica-Gribaljo, 417p, 1990, p.102
[2] **MAURICE Jacques** *Op.cit.*, p.110
[3] **HERVÉ Gustave** *En avant pour le parti révolutionnaire*, -in-**La Guerre sociale**, 09/03/1910
[4] **SKIRDA Alexandre** *Autonomie individuelle et force collective*, Paris, 365p, 1987

qu'alors la confusion est grande sur les termes de communistes, et les communistes anarchistes peinent à faire le distinguo malgré la lucidité de certains d'entre eux. Mais en 1922, lors de la fondation du nouveau PCB, le doute n'est plus permis. Les anarchistes qui rallient le communisme bolcheviste sont alors en rupture totale avec leur passé militant: ainsi le leader syndicaliste révolutionnaire et anarchiste Astrojildo PEREIRA va même assumer la charge de secrétaire général du nouveau parti! Parmi les autres grands fondateurs de ce PCB on compte également les leaders libertaires J.C. PIMENTA, A. PALMEIRA et José Elias DA SILVA. Il s'agit d'une vraie hémorragie, même si dès 1923 commencent exclusions et départs.

À Cuba, la **Sección Comunista de la III Internacional**, créée en 1920, est en fait fondée et dirigée par les anarchistes.

Dans l'Italie de la seconde Guerre mondiale, un étonnant **PCL – Partito Comunista Libertario** se constitue à Bologne et agit pour un front unique prolétarien. Dès 1949 une position plate-formiste apparaît autour de Pier Carlo MASINI lors du congrès FAI de Livourne. Elle se solidifie autour de groupes du Latium et son texte programmatique *Pour un mouvement orienté et fédéré* renoue autant avec les positions d'ARCHINOV (unité idéologique, organisation structurée) qu'avec celles de BAKOUNINE (rôle des minorités agissantes et spontanéisme). Les principaux animateurs sont d'anciens résistants souvent anciens communistes critiques et antistatliniens, comme Arrigo CERVETTO sur Savone et Pier Carlo MASINI (qui a été expulsé du PCI en 1944). En fin 1950, début 1951 un regroupement s'opère hors de la FAI: il s'agit des **GAAP - Gruppi Anarchici di Azione Proletaria**, liés à la FCL de FONTENIS en France. Ils fondent même en 1954 une *ICL – Internationale Communiste Libertaire*. Même la participation électorale est envisagée, on s'éloigne donc très vite de l'anarchisme classique. Les GAAP rapidement vont se lier à des groupes marxistes d'opposition et fonder un **MSC** en 1957 (**Movimento della Sinistra Comunista** - *Mouvement de la Gauche Communiste*). Il est de courte durée, et CERVETTO peu à peu abandonne tout anarchisme au profit d'un léninisme intransigeant (il fonde en 1965 *Lotta Comunista*) alors que MASINI se rapproche de l'aile gauche des partis socialistes (*PSI* et *PSDI*). En 1950 une autre évolution est étonnante, puisque des anarchistes aident à fonder un **Partito Comunista Nazionale Italiano**[1] d'orientation titiste!

En France dans l'immédiate après Deuxième Guerre Mondiale, une tendance très plate-formiste se constitue quasi-clandestinement dans la FA: l'OPB – **Organisation Pensée Bataille**. Elle se met en place vers 1949-1950 autour de Serge NINN et de Georges FONTENIS[2]. Elle réussit à dominer la FA et la transforme en FCL. Cette FCL (**Fédération Communiste Libertaire** avec surtout Georges FONTENIS) va appliquer partiellement les principes centralistes, une certaine discipline et se lancer dans l'aventure des alliances avec des courants marxistes marginaux et même dans l'action électorale. L'opprobre d'anarcho-bolchevisme lui est désormais lancée et va marquée cette expérience.

En Italie une **FCL** existe à peu près à la même époque.

Rares aujourd'hui sont les mouvements anarchistes se réclamant ouvertement du plateformisme, et le **NEFAC** canadien (**Northeastern Federation Of Anarcho-Communist**) est une vrai exception en clamant haut et fort «*NOUS SOMMES PLATEFORMISTES!*» dans leur organe quasi-officiel *Ruptures*[3]. Ils rappellent que «*la responsabilité collective n'est rien d'autre que la méthode collective d'action*»[4].

La Plateforme et les mouvements proches, qu'ils s'en inspirent ou non, sont donc essentiellement une tentative d'appliquer en quelque sorte l'organisation fortement hiérarchisée (militarisée me semble un terme excessif) du parti bolchevique dans les milieux anarchistes au nom de l'efficacité supposée, mais en oubliant ou en minimisant la vieille règle antiautoritaire de la cohérence entre fin et moyens.

QUELQUES TENDANCES AUTORITAIRES DE L'ANARCHISME IBÉRIQUE

L'Espagne dispose de la seule grande organisation anarchiste mondiale, la CNT qui au Congrès de Madrid de 1919 adopte comme finalité le «*communisme anarchiste*». Pourtant, par affinité révolutionnaire, la CNT va un temps adhérer à l'IC et à l'ISR! avant de les quitter en 1922, pour rejoindre l'AIT qui se fonde à Berlin en décembre. Les rapports de Ángel PESTAÑA (1921) puis de Gaston LEVAL (1922) permettent incontestablement de lever le voile assez rapidement sur la réalité du bolchevisme. Il n'en demeure pas moins que pour une courte période, des anarchistes convaincus vont soutenir la dictature du prolétariat, et au plus haut niveau: Manuel BUENCASA est ce ceux-là. Il est vrai également que malgré la proclamation communiste anarchiste, la CNT héberge également quelques marxistes, futurs poumistes pour beaucoup d'entre eux, comme MAURÍN ou Andrés NIN.

Depuis les années 1920, certains groupes réactivent «*l'esprit révolutionnaire autoritaire de BAKOUNINE*» affirme LORENZO[5]. Il vise surtout la pratique de *Los solidarios* (plus tard appelé *Nosostros*) où s'illustrent déjà 5 futurs chefs de guerre de 1936: «*DURRUTI, JOVER, ORTIZ, VIVANCOS, SANZ*» et de futurs «*responsables des forces de police (Alfonso MIGUEL, Aurelio FERNÁNDEZ, leur associé Adolfo BALLANO)*». Sans être étiquetés «*plateformistes*», ils connaissent cependant l'épopée makhnoviste et certains d'entre eux ont même rencontré MAKHNO dans son exil parisien. Comme ARCHINOV, au nom de l'efficacité, ils prônent des méthodes non-démocratiques, activistes, misant parfois sur une conviction militarisée de l'insurrection. Ils sont cependant à tort qualifiés «*d'anarcho-bolcheviks*» car leur conviction reste résolument anarchiste et anti-communiste. Seules les méthodes peuvent entraîner des rapprochements: il ne faut pas caricaturer leur histoire qui, à la différence d'ARCHINOV, reste ancrée dans l'anarchisme jusqu'à leur dernier souffle. Enfin le groupe libertaire est plus une juxtaposition de fortes personnalités indépendantes qu'une cellule centralisée de type PC.

En Espagne, la FAI (**Federación Anarquista Iberica**) créée en 1927 présente une position avant-gardiste très bakouninienne, mais pas du tout pro-bolchevique ni marxiste, bien au contraire: elle combat en ce sens les plate-formistes. Sa domination, au moins morale, de la CNT des années 30 révèle la parfois faible autonomie du mouvement anarcho-syndicaliste. La domination sur la CNT se fait au nom d'une volonté d'unité organique entre les deux mouvements, le fameux *trabazón*.

[1] **GREMMO Roberto** *Nel 1950 gli anarchici CONCORDIA e PERELLI fondarono il Partito Comunista Nazionale Italiano titoista*, -in-**Storia Ribelle**, Biella, n°14, 2003

[2] **FONTENIS Georges** *L'autre communisme*, Mauléon, Acratie, 397p, 1990

[3] *Question d'organisation: NOUS SOMMES PLATEFORMISTES!*, -in-**Ruptures**, n°1, 2001?

[4] **DUPUIS-DÉRI Francis** *Idées noires. Les anarchistes et leurs journaux au Québec (2000-2006)*, -in-**CYR Marc-André** *La presse anarchiste eu Québec (1976-2001)*, Mascouche, Éditions rouge et noir, p.186, 2006

[5] **LORENZO César M.** *Le Mouvement anarchiste en Espagne, pouvoir et révolution sociale*, Saint Georges d'Oléron, Éditions libertaires, 559p, 2006, p.81

Cependant les travaux sur l'Andalousie révèlent que cette domination est à fortement relativiser. L'autonomie de la CNT reste toujours patente. Au contraire, c'est parfois la tendance dure de la CNT qui mène le combat avant-gardiste, la FAI étant suiviste et récriminant contre sa perte d'autonomie anarchiste! Tous les travaux très fouillés de GUTTIÉREZ MOLINA mettent en avant ces éléments, et rappellent la complexité de l'analyse, ne serait-ce que parce que tous les anarchistes n'appartiennent pas à la FAI ou à ses Fédérations, et parce que dans la CNT-FAI la double appartenance des leaders est très fréquente[1].

Parmi les plus avant-gardistes, se révèle le groupe des *Solidarios* devenu *Nosotros* et mené autant par DURRUTI que par GARCIA OLIVER. Ce dernier évolue d'ailleurs jusqu'à accepter un poste ministériel en 1936! Il avait déjà proposé des espèces de «*dictature de la CNT*» (position de son compagnon Alfonso MIGUEL[2]) qui rappelaient fâcheusement la bolchevisation, ce qu'on lui reproche largement d'ailleurs. Ce groupement, hors de la FAI (contrairement à ce qui est souvent écrit), s'en réclame pourtant, et devient une sorte de mouvement «*manipulateur*» et «*autoritaire*» dont la pratique semble fort éloignée de l'anarchisme revendiqué[3].

Les ***trentistes*** menés par PESTAÑA, PEIRO, LÓPEZ... et qui lancent leur manifeste en 1931, ne peuvent qu'un temps limiter cette domination anarchiste sur le syndicalisme, et marginalisés, en 1936 ils réintègrent pour la plupart la CNT. Mais même parmi eux, la vision centraliste, au moins pour la vie économique future, est très souvent exprimée.

La FAI (créée en pleine dictature de PRIMO DE RIVERA et ayant sans doute gardé bien des traces du combat mené) assume pendant la Guerre Civile des positions de plus en plus favorables à l'entrisme dans les gouvernements (Madrid-Valence et Barcelone) que l'on peut globalement qualifier de «*fronts populaires*». Mais ce qui était circonstanciel en 1936 et qui pouvait se comprendre semble devenir programmatique ou définitif au *Plenum Péninsulaire des Régionales*, à Valence, en 1937. La FAI n'est plus le groupement des groupes d'affinité du début, elle s'assimile donc de plus en plus à une sorte de parti politique. La dégénérescence de son anarchisme initial semble évidente. L'organisation serait alors devenue à son tour un «*organisme stérile et parasite*»[4].

Déjà, en juin 1937, le prestigieux groupe *Nervio* de la FAI catalane propose un projet de «*nouvelle structuration*» de la FAI qui s'inspire du centralisme traditionnel d'autres mouvements politiques, d'où le chapitre entier consacré à la «bolchevisation» par François GODICHEAU. Ce projet qui évoque même l'idée de «*Comité Central*» est repris par le CP-FAI pour toutes les autres FAI régionales[5]. Seule l'intransigeante Catalogne le refuse: apparemment toutes les autres fédérations l'approuvent et marginalisent encore plus les radicaux de l'anarchisme qui rejettent toute politique «*circonstancialiste*» (c'est-à-dire réformiste, centraliste et gouvernementaliste). La Catalogne reste donc seule dans une posture oppositionnelle et fidèle à la tradition anarchiste jusqu'en fin de la Guerre civile.

Il est bon de rappeler qu'à la même époque (fin du printemps et été 1937) la CNT se dote de CAP - *Commissions Auxiliaires Politiques*, qui apparaissent comme de véritables politburos. Dans la Catalogne de janvier 1938, la CAP accroit même ses pouvoirs en se dotant de «*Délégations politiques*» qui sont actives dans les cantons (*comarcas*).

Le centralisme confédéral s'appuie également sur la résurgence des *Comités de Défense* clandestins, supprimés en juin 1937, mais maintenus quasiment partout sous le nom de «*Sections de Coordination et d'Information*». Ils sont dirigés par des délégués des 3 organismes officiels de l'anarchisme ibérique: FAI, CNT, FIJL, ce qui prouve que l'existence d'un ML - *Mouvement libertaire* plus ou moins unifié est déjà une réalité.

Cette centralisation des organes officiels de l'anarchisme est déjà apparue en fin du printemps 1937 en Catalogne avec un *Comité de Liaison CNT-FAI-JJLL*. Il faut cependant attendre avril 1938 pour concrétiser l'ensemble, avec la fondation du CEML - Comité Exécutif du Mouvement Libertaire catalan.

Toutes ces structures semblent surtout le moyen de juguler les groupes autonomes très radicaux et très critiques par rapport à l'anarchisme «officiel», et donc de «*réguler l'ensemble du mouvement libertaire*» (tâche attribuée au CEML de Catalogne)[6]. Ainsi ses «*attributions exécutives exécutives iront jusqu'à l'expulsion foudroyante de tous les individus, groupes, syndicats, Fédérations locales ou de comarcas, ou Comités qui n'appliqueront pas les résolutions générales du mouvement et qui par leurs agissements lui porteront préjudice*»[7]. Pour qu'il y ait une telle précision dans cette attribution, il fallait que le danger soit réel, et que la crise au sein du mouvement libertaire soit forte, et à tous les niveaux. Ainsi la centralisation-bolchevisation du ML révèle autant l'ampleur de ce qu'elle combat que de ce qu'elle met en place.

Dans l'exil, notamment en France, la FAI, dite la «*specifica*», va exercer une domination acquise parfois de manière quasi putschiste sur le reste du mouvement libertaire: par exemple, de 1952 à 1958 Germinal ESGLEAS, surnommé «*le moine*» («*el fraile*») va monopoliser le poste de Secrétaire général. Sur la longue période de 1945 à 1975 il reste 16 ans à ce poste. La CNT est alors un «*syndicat sans syndicats*» et se comporte comme un parti autoritaire, avec ses luttes internes, sans pitié, pour le pouvoir. Triste dégénérescence analysée dans le détail par HERRERÍN LÓPEZ[8]; dans sa riche conclusion, il fait de cette «*dictature faiiste*» une des raisons principales de l'immobilisme idéologique et de l'éclipse de l'anarcho-syndicalisme espagnol à la veille de la *transición* (période transitoire après la mort de FRANCO) de 1975-1976. Il avance une explication de cet autoritarisme et putschisme omniprésent dans l'organisation de l'exil: comme il n'y a plus guère de luttes vis-à-vis de l'extérieur, ni d'activités syndicales, les conflits sont désormais intériorisés et gangrènent toute la mouvance libertaire.

---

1 Cf. surtout **GUTIÉRREZ MOLINA José Luis** *La anarquia según Andalucía: texto de la ponencia sobre el comunismo libertario aprobada por la FAI de Cádiz en junio de 1936*, Sevilla, Las 7 Entidades, 91p, 1996

2 **AMORÓS Miguel** *DURRUTI dans le labyrinthe*, Paris, Encyclopédie des Nuisances, 119p, 2007, 18

3 **MINTZ Frank** *Reflexiones críticas sobre DURRUTI y su mito*, -in-**ORTEGA PÉREZ Javier/MORALES TORO Antonio** *El lenguaje de los hechos. Ochos ensayos en torno a Buenventura DURRUTI*, Madrid, FSS, 1996

4 **ORERO Felipe** *CNT. Ser o no ser*, -in-**AAA** *CNT. Ser o no ser. La crisis de 1976-1979*, Barcelona, Suplemento de Cuadernos de **Ruedo Ibérico**, 256p, 1979, p.112

5 **GODICHEAU François** *La Guerre d'Espagne. République et révolution en Catalogne (1936-1939)*, Paris, Odile Jacob, 460p, 2004, p.348

6 **GODICHEAU François** *Op.cit.*, p.359

7 **GODICHEAU François** *Op.cit.*, p.360

8 **HERRERÍN LÓPEZ Ángel** *La CNT durante el franquismo. Clandestinidad y exilio (1939-1975)*, Madrid, Siglo XXI, 468p, 2004

Quant à l'extrême gauche anarchiste de *Los Amigos de DURRUTI*, cités ci-dessus, leur position semble plus difficile à classer: ils sont anarchistes convaincus, donc anti-étatiques, «*anti-gouvernementalistes*». Mais ils reconnaissent que le manque de rigueur et de vigueur de leur propre mouvement laisse le champ libre à la contre-révolution. Leur solution est donc un mélange de bakouninisme et de plate-formisme: il faut une organisation structurée, l'enrôlement obligatoire de l'arrière-garde, une armée (toujours milicienne) déterminée. L'autoritarisme intransigeant qui apparaît ici ne remet pas cependant en cause leur anarchisme, auxquels ils restent tous fidèles jusque dans l'exil. Mais bien des expressions de leurs manifestes, bien des articles de leur journal *El amigo del pueblo*, sont proches de positions partagées alors par poumistes et trotskistes espagnols, avec qui ils sont d'ailleurs en contact, ne serait-ce que par solidarité face à la répression après les «*faits de mai*» 1937.

En Argentine, la FORA Vème Congrès est au début du XXème siècle sur des positions semblables, de domination anarchiste sur le syndicat. Ce mouvement sud-américain, pratiquement méconnu en France, fut dominant dans le mouvement ouvrier argentin d'avant 1914.

VERS L'ACCEPTATION D'UN ÉTAT MINIMAL, DE L'ÉLECTORALISME ET DU RÔLE POLITIQUE DE L'ANARCHISME?

Au Portugal, en fin du XIX° siècle, beaucoup de libertaires rejoignent les républicains (affinités culturelles, liens avec organisations secrètes, antimonarchisme viscéral...): on les appelle les «*interventionnistes*» par opposition aux «*puristes*», qui refusent eux tout compromis[1]. La *Fédération Socialiste Libre* fondée en 1902, promouvant l'éducation préparatoire et l'insurrection, n'en est pas moins une émanation des «interventionnistes» proches des républicains. Elle dure jusqu'en 1906.

Dans la Sicile fin du XIX° siècle, des anarchistes aussi importants que Giovanni NOÉ (1866-1908) sur Messine, adoptent une attitude évolutionniste de l'anarchisme, et participent aux élections locales. NOÉ lui-même devient conseiller communal en 1893, ce qui entraîne de lourdes polémiques locales.
Dans toute l'Italie à la même époque, le «*déviationnisme*» de Francesco Saverio MERLINO (1856-1930) et sa reconnaissance partielle de l'importance du vote et d'un État minimum, entraîne un grand nombre de compagnons.

Exilés surtout en France durant la dictature de PRIMO DE RIVERA (1924-1931), quelques libertaires espagnols sont également tentés par la participation aux alliances avec des partis politiques et aux tentatives de créations gouvernementales. Rafael VIDIELLA représente ainsi la CNT de Catalogne au Gouvernement catalan, alors que Juan GARCÍA OLIVER, au début de 1926, crée le *Comité de l'Alliance Révolutionnaire* qui justifie temporairement ce type de compromis, contraire à la pureté idéologique anarchiste. Pour Cesar M. LORENZO «*les alliancistes furent ainsi les premiers à prôner la participation gouvernementale...*»[2].

L'anarchisme ibérique connaît en 1936 un étonnant mouvement bipolaire. En premier lieu l'anarchisme profite d'un extraordinaire succès surtout quantitatif: multiplication du nombre des militants et adhérents, interventions dans tous les domaines (militaires, économiques, sociaux, culturels...). Mais en second lieu, un énorme recul qualitatif: la majorité des structures officielles reconnaissent pour la première fois avec une telle ampleur le choix démocratique, la diversité politique et entrent en politique justement de manière quasi traditionnelle dans des instances étatiques: la Généralité de Catalogne, puis le Gouvernement républicain (4 ministres!). Terrible paradoxe ou «*schizophrénie*»[3]: dans l'instant et le lieu où l'anarchisme n'a jamais été aussi puissant, il perd une grande partie de ses repères idéologiques et transige avec un étatisme qu'il a pourtant toujours condamné: c'est la «*pente fatale*» dénoncée par Sébastien FAURE[4] ou la «*régression*» analysée par Rudolph ROCKER[5] et «*l'évolution dangereuse*» (*svolta pericolosa*) contre laquelle met en garde Camillo BERNERI[6] avant d'être assassiné.

Par rapport au vote, même avant le conflit, bien des franges de la CNT et même certains mouvements radicaux (le groupe *Nosotros*, malgré DURRUTI) avaient déjà battu en brèche le traditionnel abstentionnisme[7]. Pour eux, un réactionnaire qui vote ou un qui ne vote pas sont avant tout des réactionnaires... Le vote devient secondaire, dans cette optique, par rapport à la volonté de changement révolutionnaire.

Toujours autour de la Guerre Civile espagnole, l'important théoricien Diego ABAD de SANTILLAN, pourtant *faiste* lui aussi, va souvent prendre position pour une vision moins utopique, plus matérialiste et centraliste de l'économie socialiste libertaire, au nom d'un pragmatisme nécessaire imposé par la poursuite de la guerre. L'évolution en faveur des *Fédérations nationales d'industrie*, analysée ci-dessus, n'est alors pas pour lui déplaire.
Et même parmi les anarcho-syndicalistes, ceux qui se réclament en Espagne de Christian CORNELISSEN vont parfois jusqu'à adopter sa position en faveur d'un État minimal, comme il l'a exprimé surtout dans son *La evolución de la sociedad moderna/L'évolution de la société moderne* éditée à Buenos Aires en 1934.

Ángel PESTAÑA, pourtant ancien trentiste, finit logiquement d'ailleurs par fonder un ***Parti Syndicaliste*** (PS): il est désormais vraiment coupé du mouvement anarchiste qu'il a pourtant largement contribué à développer, et cela juste au moment où la révolution espagnole donne crédit à plusieurs de ses écrits antérieurs. Terrible dénouement et isolement pour un homme qui a incarné le mouvement libertaire ibérique au

1FREIRE Joâo *Les anarchistes du Portugal*, Paris, CNT-RP, Version simplifiée et mise à jour de la thèse de 1988, 336p, 2002, p.46
2LORENZO César M. *Le Mouvement anarchiste en Espagne, pouvoir et révolution sociale*, Saint Georges d'Oléron, Éditions libertaires, 559p, 2006, p.78
3 BERTI Giampietro (BERTI Nico) *Capitolo ventesimo. La rivoluzione spagnola e il paradigma del potere* -in-*Il pensiero anarchico: dall settecento al novecento*, Manduria, Lacaita, 1030p, 1998
4FAURE Sébastien*La pente fatale*, -in-**Le Libertaire**, Paris, 08/07/1937
5ROCKER Rudolf*Revolución y regresión 1917-1951*, Buenos Aires, 1952
6BERNERI Camillo*Una svolta pericolosa: attenzione!*, -in-**Guerra di classe**, Barcelona, 05/11/1936
7AMORÓS Miguel *DURRUTI dans le labyrinthe*, Paris, Encyclopédie des Nuisances, 119p, 2007, 17

lendemain de la Première guerre mondiale. Ce PS n'est réellement présent qu'au Levant et un peu en Catalogne, et conserve des liens avec la CNT.

Dans la Catalogne de 1940 s'effectue une nouvelle tentative de création de **Parti Syndicaliste**. Mais les initiatives franquistes montrent bien qu'il s'agit plus d'une mystification de l'État fasciste que d'un renouveau des idées de PESTAÑA.

Une autre tentative un peu similaire eut lieu en 1944 sous le nom de **Partido Laborista** (Parti Travailliste d'obédience libertaire).

Même un Juan GARCÍA OLIVER, ancien et ferme opposant de PESTAÑA et du trentisme, proposa une ébauche de parti libertaire, le POT – **Partido Obrero del Trabajo - Parti Ouvrier du Travail**, qui n'eut pas de suite.

Encore plus centraliste et décidé apparaît Horacio MARTÍNEZ PRIETO dès 1932, quand il se positionne pour une société assez rigide sur le plan moral, et «*normalisée*» sur le plan socio-économique[1]. (Cf. la partie sur les utopies communistes libertaires des années 1920-1930). Dans les années 1940 son projet de **Parti Socialiste Libertaire** ou **Partido Libertario** (Cf. sa déclaration *A todos los libertarios españoles* du 23/03/1943) et sa volonté de doter tout le mouvement (CNT, FAI, FIJL et PSL) d'un **Consejo de Orientación** renforcent sa position centraliste, mais conserve le fédéralisme traditionnel et l'apolitisme autonome de la CNT. Son projet voudrait également intégrer tous les révolutionnaires libertaires sincères, pas forcément anarchistes (comme d'anciens poumistes par exemple); mais s'il se rapproche parfois de militants marxistes, il ne développe pas de marxisme libertaire comme plus tard Daniel GUÉRIN[2]. Il est également pour un État minimal, re-distributeur et coordinateur. Mais ses positions peu orthodoxes ne l'empêchent pas de rester lucide, et de refuser la tentation *cincopuntiste* de liaison avec le syndicat vertical franquiste en 1965-66.

La position la plus avancée en milieu syndicaliste libertaire pour accepter tout à la fois la démocratie et une forme humaniste et socialiste de l'anarchisme («*socialisme libertaire*» étant d'ailleurs de plus en plus préféré à «*communisme libertaire*») est proposée par la tendance «*possibiliste*» de la CNT pendant la période franquiste. Cette tendance est presque totalement dominante en Espagne même, mais reste minoritaire en Exil face aux «*orthodoxes*». Cela n'empêche pas en France la création d'un Sous-Comité possibiliste assez influent et composé d'hommes connus de l'histoire de l'anarchisme ibérique. Les possibilistes poursuivent la politique de la grande majorité du MLE de la Guerre Civile: alliance avec d'autres antifascistes (sauf les communistes), participation aux gouvernements républicains en exil, et unité prioritaire avec l'UGT philo-socialiste. Dès le Plénum de février 1947 en Espagne, la CNT de l'intérieur se range pour la reconnaissance d'un État minimal, contrôlé par les prolétaires organisés en syndicats: d'où le nom «*d'Estado sindicalista*». Dans le Plenum de 1958 elle maintient le cap de ce nouvel «*idéal anarchiste*» et avance l'idée de **Conseil National de l'Économie** pour centraliser et coordonner production et consommation dans la nouvelle société.

Beaucoup de ces leaders plutôt anarcho-syndicalistes, se reconnaissent au moins partiellement en Gaston LEVAL quand il s'oppose à la diversité des expérimentations, renie KROPOTKINE sur ce point en en faisant un économiste arriéré, et condamne cette «*mosaïque la plus bigarrée qui soit*» dans son *Estructura y funcionamiento de la sociedad comunista libertaria* en 1936[3]. C'est tout juste s'il n'emploie pas le terme *anarchie* au sens péjoratif!

Dans le Portugal de l'après-guerre et de la fin du salazarisme, des militants anarchistes ayant milité avec d'autres courants proposent une sorte de révisionnisme anarchiste, sous différentes formes. Certains souhaitent se positionner sur une forme d'interventionnisme local: «le municipalisme»[4]; c'est le cas de José de Almeida et d'Emídio SANTANA. Plus important, certains militants prestigieux (Emílio COSTA, Campos LIMA et même l'ancien secrétaire de la FAI Germinal de SOUSA...) se rangent autour d'un projet de Constitution Républicaine, «*au profil libertaire*» écrit João FREIRE, mais forcément pluraliste et institutionnelle. Les puristes ou anarchistes radicaux dénoncent cette déviation et l'anarchisme des années 1940-1950, déjà très minoritaire, se fractionne encore plus, et «*sombre définitivement*»[5].

En Corée l'anarchisme coréen est particulièrement anéanti dans les années 1930 face à l'impérialisme japonais et aux autorités locales. Durant l'été 1940, d'anciens anarchistes tentent la voie parlementaire, et sont élus au Parlement provisoire: c'est le cas de YU JA-MYEONG (Fédération révolutionnaire de Corée) et YU RIM (Fédération Anarchiste Coréenne). Curieusement beaucoup d'anarchistes ne leur en tiennent pas rigueur puisqu'autour de YU RIM se refonde l'anarchisme coréen dès 1946, avec la tentative de se former en parti organisé (Conférence nationale d'avril 1946). Il s'agit du Parti des Travailleurs et Agriculteurs Indépendants fondé le 07/07/1946 avec YU RIM comme président (il meurt en 1961 à 68 ans). Ce parti, écrasé par la dictature communiste au Nord, et par la dictature militaire au Sud après 1961, survit sous une autre forme de 1972 à 1982.

POSITIONS PLUS RÉCENTES, NOTAMMENT SUR LES LUTTES DE LIBÉRATION NATIONALE: CATALOGNE, CUBA, QUÉBEC, PALESTINE...

Dans les années 1960 et 1970, la tentation autoritaire en milieu anarchiste se développe autour de la mythologie romantique des guérillas plus ou moins guévaristes. Elles sont, sans vision très profonde ni recul critique, souvent assimilées aux bandes makhnovistes ou aux milices de la CNT-FAI. À Cuba, une figure aussi importante que Camilo CIENFUEGOS, certes antimarxiste, et disparu bizarrement (assassinat?), est parfois présenté à tort comme anarchiste, ce qu'il n'était pas, même si son père lui a été un des fondateurs de l'anarchisme organisé à Cuba. Toutes ces déclarations nient le caudillisme, la valorisation militariste, le professionnalisme révolutionnaire et le culte de la personnalité qu'elles mettent en avant, alors que ce sont toutes des caractéristiques anti-libertaires que le très cohérent mouvement anarchiste cubain d'alors contre avec ses faibles moyens. En faisant cela, il est marginalisé par les principaux mouvements anarchistes et ses militants en

[1] **MINTZ Frank** *Autogestion et anarcho-syndicalisme. Analyses et critiques sur l'Espagne 1931-1990*, Paris, CNT-RP, 136p, 1999, p.107
[2] **LORENZO César M.** *Le Mouvement anarchiste en Espagne, pouvoir et révolution sociale*, Saint Georges d'Oléron, Éditions libertaires, 559p, 2006, p.430-434
[3] **MINTZ Frank** *Autogestion et anarcho-syndicalisme*, p.108
[4] **FREIRE João** *Les anarchistes du Portugal*, Paris, CNT-RP, Version simplifiée et mise à jour de la thèse de 1988, 336p, 2002, p.311
[5] **FREIRE João** *Op.cit.*, p.313

exil vont souvent être isolés ou considérés comme des pestiférés par leurs compagnons anarchistes qui privilégient l'unité révolutionnaire antiyankee[1].

L'aveuglement sur le castrisme et la dictature cubaine, bien que partagé par beaucoup de courants d'extrême-gauche jusqu'à nos jours, ravage le mouvement anarchiste international. Par solidarité inconsidérée avec le révolutionnarisme cubain et sa propagation guévariste, des personnalités notoires des mouvements anarchistes se taisent, ou pire, encensent le régime et dénoncent comme pro-impérialistes les militants du MLCE – *Mouvement Libertaire Cubain en Exil*. Ces graves erreurs idéologiques sont partagées par des groupes aussi divers que COHN-BENDIT, la FAU – *Fédération Anarchiste Uruguayenne*, et par les fédérations française et italienne et par beaucoup de mexicains et d'espagnols exilés jusqu'au milieu des années 1976. Cette année là, avec la parution d'un livre clé[2], le MLCE sort enfin de son isolement. Pourtant les anarchistes des ÉU, d'Argentine, du Brésil et des grands noms comme Edgar RODRIGUES, Louis MERCIER-VÉGA, Augustin SOUCHY, Cipriano MERA, Fidel MIRÓ… et surtout Sam DOLGOFF avaient constamment soutenus leurs compagnons cubains[3].

Dans le cadre d'Israël et du conflit Israélo-palestinien, sous couvert de dénoncer une réelle politique nationaliste et souvent autoritaire de l'État hébreu, des anarchistes donnent une sorte de soutien inconsidéré à un mouvement palestinien mythifié. Ils oublient ses aspects systématiquement violents, tout aussi nationaliste et étatistes, et parfois emprunts de radicalisme religieux (et de plus en plus!)[4]. La solidarité avec les vaincus ne devrait pas aveugler, mais malheureusement, c'est souvent le cas, y compris pour des anarchistes qui devraient plus que d'autres avoir les yeux ouverts sur ce plan. Mina GRAUR avance le concept étonnant «*d'anarcho-nationalisme*»[5].

D'autre part, dénoncer le sionisme comme n'étant que pur impérialisme xénophobe et pro-étatsunien, c'est contribuer à caricaturer une réalité plus diverse, et oublier la participation de libertaires, au moins au début du mouvement, dans la lignée de Martin BUBER par exemple et lors de l'établissement des premiers kibboutzim[6].

Quelques anarchistes d'origine juive ont été d'ailleurs sensibles à une certaine justification du nationalisme[7], ou ont évolué vers des positions pro-sionistes: Bernard LAZARE (1865-1903), Hillel SOLOTAROFF (1865-1961), Shaul YANOVSKY (1864-1939)… La plupart des autres restant ou non concernés (VOLINE, Ida METT) et avant tout internationalistes, ou partisans de l'idée de nation, d'identité juive, mais pas du nationalisme ni du sionisme étatiste (Gustav LANDAUER notamment).

En 1998, dans son *Anarchisme et modernité* édité chez L'Harmattan, Olivier MEUWLY ose proposer en conclusion, de mettre en symbiose une vigueur anarchiste réaffirmée, surtout dans le domaine culturel et dans l'exercice des contre-pouvoirs, avec un cadre étatique certes limité, et peu oppressif. Mais l'État reste bien présent, il doit permettre de limiter les dérives et les dangers de l'anarchisme et de garantir les performances socio-économiques d'une société qui aura fait la part belle aux désirs d'individualisme et de liberté. Il reprend sans toujours les citer les idées d'État minimum et du minimum nécessaire de centralisation et de coordination que l'on retrouve surtout dans la tradition libertaire états-unienne.

CONCLUSION PARTIELLE

Toutes ses initiatives rapidement évoquées nous confirment dans la vision d'un anarchisme fort pluraliste, acceptant même parfois, pour des raisons conjoncturelles ou théoriques, de transiger avec des principes antiautoritaires et antiétatiques rigoureux.

Au nom de l'efficacité révolutionnaire (*plateformisme* ou *faiisme*), au nom de la nécessaire unité prolétarienne ou au nom de l'alliance indispensable pour gagner la guerre de classe ou renverser le franquisme, bien des anarchistes vont proposer des voies différentes.

Avec le développement de l'État providence après la seconde guerre mondiale, avec le changement des mentalités culturelles et sociales des années 1960, avec la prise en compte tardive de la différence entre régimes démocratiques et autoritaires, la position de nombreux anarchistes vis-à-vis de l'État, vis-à-vis des élections, vis-à-vis des ententes… a considérablement évolué. Une Luce FABBRI en Argentine et Uruguay ou un Felix CARRASQUER durant la nuit franquiste sont parmi ceux qui prennent le plus en compte le projet d'une «*société socialiste et démocratique*» où même le terme libertaire est parfois oublié. Soucieux d'une totale autonomie d'un anarcho-syndicalisme majeur, force politique évidente, l'espagnol Ramón ÁLVAREZ[8] bien avant l'états-unien Murray BOOKCHIN prévoyait, au cas par cas, la possibilité de participer aux élections communales.

Ainsi l'utopie anarchiste est donc à absolument nuancer…

UNE UTOPIE LIBERTAIRE «NATIONALISTE» EST-ELLE POSSIBLE?

Sans trop s'étendre sur ce sujet présentant une autre dérive de l'anarchisme par rapport à son internationalisme et à son pacifisme, il est bon de rappeler quelques positionnements anarchistes parfois insuffisamment critiques vis-à-vis des mouvements nationaux ou nationalitaires… Le devoir de solidarité a parfois fait fermer les yeux trop vite sur des pouvoirs nouveaux mais tout aussi autoritaires que ceux qu'ils combattaient. C'est le même drame que vont connaître bien des anti-colonialistes libertaires.

---

1   **BARRET** Daniel *Cuba, el socialismo y la libertad*, Uruguay, 21p, 2002, -in-http://samizdata.host.sk/CubaSocialista.html, 24/09/2003

2**DOLGOFF Sam** *The cuban revolution, a critical perspective*, Montreal, Black and Rose Books, 1976

3 Cf. le long passage sur ces polémiques qui ont visiblement blessées profondément l'auteur du livre dans **FERNÁNDEZ Frank** *L'anarchisme à Cuba*, Paris, CNT-RP, édition traduite et augmentée de celle de 2000, 234p, 2004

4 Cf. **GORDON Uri** *Anarchisme, nationalisme et nouveaux États*, -in-*Politiques de la peur*, **Réfractions**, Lyon, n°19, p78-86, 2007

5**GRAUR Mina** *Anarcho-Nationalism: anarchist attitudes towards Jewish nationalism and Zionism*, -in-**Modern Judaism**, a.14, n°1, 1994

6 Cf. **ANTONY Michel***La tradition des kibboutz (ou kibbutz, ou kibboutzim) israéliens*, -in-*VIII. Essais utopiques libertaires de grande dimension*, Magny Vernois, Fichier sur le même site, 1° édition 1995, 144p, décembre 2007

7**GRAUR Mina** *Anarchisme et sionisme*, -in-**BERTOLO Amedeo et autres** *Juifs et anarchistes*, Paris-Tel Aviv, Éditions de l'éclat, p.125-142, avril 2008

8**HERRERÍN LÓPEZ Ángel** *La CNT durante el franquismo. Clandestinidad y exilio (1939-1975)*, Madrid, Siglo XXI, 468p, 2004, p.351

En Italie, on pourrait citer le cas d'Amilcare CIPRIANI en fin du XIX° siècle, qui mêle dans son idéologie de compagnon de route de l'anarchisme autant (et sans doute plus) de positions garibaldiennes que libertaires. Ancien communard, compagnon de route de l'anarchisme, il conserve son instinct de lutte internationaliste à plusieurs reprises.

Il n'est pas étonnant de le retrouver, aux côtés cette fois (et c'est plus étonnant) de MERLINO, dans le *Comité Central Italien pour la liberté de Cuba* dans les années 1890. En France, un *Comité Français pour Cuba Libre* est également animé par des militants libertaires aussi célèbres que les frères RECLUS, Sébastien FAURE ou Louise MICHEL et l'inséparable Charles MALATO. En Espagne Fermín SALVOCHEA, lui-même héros de la geste «*cantonaliste*» andalouse, pas toujours très libertaire, est un autre pilier de ce mouvement de solidarité.

Il faut bien reconnaître que les mouvements indépendantistes à Cuba ont su parfois faire les yeux doux aux libertaires alors dominants dans le monde ouvrier de l'île. Un José MARTÍ en est un bon exemple, en développant notamment un aspect social dans sa revendication autonomiste. Des militants anarchistes aussi prestigieux que Enrique CRECI ou Enrique MESSONIER se battent donc dans les divers mouvements indépendantistes de leur époque; ils ont l'appui de la majorité anarchistes alors exilés aux ÉU, en Floride surtout. Ils ont depuis l'Espagne l'appui du journal anarchiste de La Corogne, *El corsario*.

Par contre ceux de La Havane sont plutôt hostiles à l'engagement dans la cause nationaliste, et donc plus fidèles à la pensée anarchiste de méfiance vis-à-vis de tous les États. Ils sont farouchement défendus par *El Despertar* que Pedro ESTEVE, un des grands noms de l'anarchisme hispano-cubain publie à Paterson aux ÉU[1]. De grands noms comme KROPOTKINE ou Emma GOLDMAN se rangent plutôt de leurs côtés.

Reconnaissons également rétrospectivement que le mouvement social cubain ne va presque rien gagner au changement lors du passage du colonialisme espagnol à l'impérialisme états-unien après la guerre de 1898. Au contraire, le patronat plutôt indépendantiste durant la période espagnole, et donc obligé d'accepter les appuis syndicalistes ou libertaires contre l'occupant, est désormais au pouvoir sous la tutelle états-unienne et n'a plus besoin des anarchistes et militants socio-économiques.

Pour en revenir à CIPRIANI, il pousse trop ses engagements pro-nationalistes en 1897. Il prend alors ses distances avec l'ami MALATESTA au moment où il mène le détachement de volontaires italiens aux côtés des grecs dans la lutte contre les ottomans.

Même le rigoureux MALATESTA a pourtant été sensible aux arguments nationalistes des minorités de l'empire austro-hongrois, notamment des Bulgares, avant la Première Guerre mondiale. Vers 1875, lors des conflits avec l'Empire Ottoman, la question balkanique remue les consciences italiennes. Sans sombrer dans la xénophobie, sans haine anti-turque, sans céder aux sirènes irrédentistes, il n'en demeure pas moins que de nombreux libertaires partent combattre ou apporter leur solidarité en Bosnie Herzégovine en 1876: MALATESTA, les frères CERETTI, FAGGIOLINI, BARBANTI qui en sortira un ouvrage… MALATESTA, hostile à toute guerre, et violemment monté contre les anarchistes pro-Entente pendant la 1° Guerre mondiale, reconnaissait cependant, en dernier recours, le droit des opprimés à se révolter[2], ce qui cautionne les mouvements indépendantistes. C'est d'autant plus rigoureux qu'il était un total opposant au colonialisme, sous toutes ses formes.

Il semble qu'en 1882, exilé en Égypte, MALATESTA participe également au mouvement indigène anti-britannique[3].

Opposé à CIPRIANI en 1897, MALATESTA semble avoir oublié ses engagements de 1876 et de 1882. CIPRIANI lui est fidèle, ainsi que tout un détachement libertaire italien, à l'interventionnisme anarchiste aux côtés des opprimés. Ainsi CAPRA, FRATERNALI, TROYA meurent dans l'expédition pour défendre la liberté grecque contre les turcs. CIPRIANI lui-même est blessé à Domokös.

En Bulgarie, les anarchistes ont depuis le XIX° siècle une assise réelle. Ils seront présents y compris sous le régime communiste des années 1940-1950. Leurs positions «*nationalistes*» libertaires sont importantes, surtout avec Georges BALKANSKI, qui a revitalisé les idées de fédéralisme révolutionnaire et d'internationalisme dans les années 1970-1980.

Au Japon, la dérive nationaliste, voire impérialiste, durant la 2° Guerre mondiale, de l'anarchiste ISHIKAWA Sanshiro, pourtant toujours actif dans l'anarchisme de l'après guerre, prend des allures inquiétantes, notamment vis-à-vis de la terrible domination en Chine, occupation qu'il justifie pourtant![4]

En France, à l'époque de la Guerre d'Algérie surtout, bien des libertaires soutiennent la cause nationale algérienne. Un Daniel GUÉRIN est longtemps lié à BEN BELLA. La FCL –*Fédération Communiste Libertaire* menée par Georges FONTENIS n'hésite pas à s'engager dans les réseaux pro-FLN et au nom d'une nécessaire solidarité ferme sans doute trop longtemps les yeux sur l'autoritarisme et le sectarisme du FLN[5].

En Catalogne, durant la «*transition*» post-franquiste, un essai nationaliste catalan surgit en milieu anarchiste, une rareté sans suite connue, autour de la FACC - *FEDERACIÓ ANARQUISTA COMUNISTA CATALANA*. Elle aurait tenue une conférence «*nationale*» (nationaliste ou régionaliste) à Barcelone en novembre 1983.

Dans les années 1980 encore, le mouvement anarchiste est proche des mouvements «*nationalitaires*» comme on disait alors dans la foulée des années 1960, qu'ils soient occitans en France, catalanistes en Espagne, Sardes en Italie… La *Fédération Communiste Libertaire Bulgare* ravive ces aspects libérateurs nationalistes. En Sardaigne, en fin décembre 1986 se tient la «*1° Rencontre Internationale des anarchistes et libertaires pour la Libération des Peuples Opprimés*», qui témoigne de sa solidarité, pas de son allégeance à tous ces mouvements. Il est intéressant de citer les trois principaux organisateurs: *Sicilia Libertaria*, le *Movimento Libertario Sardo* et la *FAC catalane*, 3 lieux d'implantation des mouvements anarchistes. En Sicile, outre *Sicilia Libertaria*, la revue *Anarchismo* et son principal animateur Alfredo M. BONANNO ont

---

1 Cf. surtout **FERNÁNDEZ Frank** *L'anarchisme à Cuba*, Paris, CNT-RP, édition traduite et augmentée de celle de 2000, 234p, 2004

2 **ARCANGELI Stefano** *MALATESTA e il comunismo anarchico italiano*, Milano, Jaca Book, 1978, p.121-123

3 **MARTINI Michèle** *Par-delà les frontières*, -in *Itinéraire*, n°5-6, Chelles, 1989

4 **TRAIMOND Jean Manuel** *Le Japon mal rasé. Voyage chez les anarchistes, les Burakumin, les Uilta, les Coréens-au-Japon et les autres*, Lyon, ACL, 156p, 2000, p.137

5 Cf. surtout **BOULOUQUE Sylvain** *Les anarchistes et les guerres coloniales 1945-1962*, Paris VIII, Maîtrise, 110p, 1994

souvent promulgué des prises de positions par rapport au nationalisme[1]. Mais ils ont toujours refusé le séparatisme et le nationalisme étatique, au nom d'un fédéralisme libertaire internationaliste revivifié: il n'y a pas eu dérive, parfois seulement combat commun ou compréhension vis-à-vis d'autres mouvements, moins libertaires, dans un front de classe, pas dans un front nationaliste. BONANNO a largement contré les dérives et les «*erreurs très diffusées*» sur ce thème[2]. C'est le cas aussi des compagnons des éditions *Sicilia Punto L* de Raguse, qui, tout en publiant un ouvrage nationaliste de gauche <u>*Quelle Sicile pour les siciliens?*</u>[3], n'oublient de préciser dans une longue introduction que pour eux, les mouvements nationaux n'ont aucun intérêt s'ils ne sont pas internationalistes et fédéralistes, donc anti-étatistes.

Au <u>Québec</u> des années 1970-1980, les anarchistes résistent à la vague nationaliste («*souverainiste*»), même s'ils penchent plutôt pour un acceptation prudente du référendum de 1980: «*le oui... merde l'emporte au Q-Lotté!*»[4]. Ils sont cependant sans illusion sur les propositions de souveraineté nationale et dénoncent autant le Parti du Québec (PQ) que le Parti Libertaire qui s'esquisse alors. Mais ils restent sensibles à la position semi-coloniale subie par leur région, d'où une certaine ambigüité...
Dans la période suivante 1989-2001, le mouvement est divisé sauf sur la dénonciation de l'évolution de plus en plus capitaliste et libérale du Québec et du PQ. Mais des journaux comme *Rebelles* et *Hors d'Ordre*, en mettant en avant l'oppression nationale québécoise, ouvrent forcément la voie, malgré eux, à des analyses pro-indépendantistes. Cela tranche avec un journal comme *Démanarchie* qui réfute toute position nationale ou nationalitaire, ou comme *Hé... Basta!* qui annonce «*Ni patrie, ni État, Ni Québec, ni Canada*»[5].
Cependant, les plus favorables à «*l'identité collective*» québécoise ne misent pas sur l'État-nation ni sur le nationalisme, mais sur des individus et communautés locales autonomes, de quoi camoufler le mouvement nationalitaire sous des habits autogestionnaires. Un argument plus subtil et plus réel consiste à ne pas laisser la rhétorique nationale à la seule droite ou extrême droite et aux étatistes, mais au contraire propose de l'inclure dans un socialisme libertaire ancré dans la réalité canadienne. Autant dire que lors du référendum de 1995 les anarchistes québécois sont soient résolument hostiles, soient abstentionnistes, et rarement pour le oui: d'où une très grande division.
Après 1995, isolés sur la question nationale face à la vague souverainiste, il semble que les anarchistes québécois dans leur grande majorité se détournent de toute position indépendantiste[6].

Bref l'utopie anarchiste sait s'adapter aux circonstances, et faire preuve parfois d'un pragmatisme étonnant vis-à-vis de quelques étatistes et nationalistes. Cela ne va pas sans de graves oppositions au sein du mouvement libertaire, car la marge de manœuvre est alors évidemment bien mince.
Le vieux militant anarcho-syndicaliste Augustin SOUCHY, témoin des révolutions russes et espagnoles, l'a très bien ressenti au moment de son voyage d'étude à Cuba juste après l'écrasement des troupes de BATISTA. Il écrit une excellente, précoce et lucide analyse, publiée sous le titre de <u>*Témoignages sur la Révolution cubaine*</u> dans un des rares journaux anarcho-syndicalistes qui sont encore tolérés (*Solidaridad Gastronómica*, du 15/05/1960)[7]. Tout en affirmant sa solidarité aux cubains, tout en reconnaissant les progrès culturels et sociaux, il dit sans ambages que la révolution cubaine est une «*révolution par en haut*», «*sans contrôle exercé par le peuple*». C'est une «*révolution autoritaire*» d'idéologie «*nationalisterévolutionnaire*» et «*patriotique*», pas assez libertaire ni humaniste. Au contraire «*le gouvernement révolutionnaire est en train de se transformer très vite en une dictature*»[8]. Le nationalisme, même révolutionnaire, n'est pas une forme libertaire: il a pourtant du mal à se faire entendre. Le régime, qui l'a pourtant invité, détruit rapidement son opuscule et les libertaires d'alors, sensibles aux aspects révolutionnaires des nationalismes d'alors, se font souvent berner sur l'essentiel.

L'ANARCHISME AUX XX° ET XXI° SIECLES

<u>DÉMOCRATIE</u> <u>DIRECTE</u>, <u>CONSEILLISME</u>, <u>TRIBUNISME</u>, <u>AUTOGESTION</u>, <u>AUTARCHIE</u>, <u>PARTICIPALISME</u>...

Au XXème siècle, la gestion directe du monde de la politique et des affaires, mais également la vie quotidienne, par les «*travailleurs eux-mêmes*» ou par les habitants, prend des définitions nouvelles, mais couvre des réalités plus anciennes. Les termes sont d'ailleurs souvent interchangeables, et il n'est que de rappeler Daniel GUÉRIN pour s'en convaincre: «*la future révolution sociale... ne sera pas autoritaire, mais libertaire et autogestionnaire, ou, si l'on veut, conseilliste*»[9]. Dans son *Guide de base de l'anarchosyndicalisme*, la CNT-AIT de Séville, en 2001, réaffirme toujours que l'anarcho-syndicalisme repose sur 3 piliers: «*l'autogestion, le fédéralisme et la solidarité* (l'appui mutuel kropotkinien)»[10] en rajoutant qu' «*autogestion signifie autogouvernement*». Il faut donc bien préciser les termes.

<u>*DÉMOCRATIE*</u> <u>*DIRECTE*</u> <u>*OU*</u> <u>*DÉMOCRATIE*</u> <u>*LIBERTAIRE*</u>?

Le concept de *démocratie* en lui-même est trop polysémique pour être revendiqué comme tel par les anarchistes. Il est trop lié à la démocratie bourgeoise et à l'économie de marché pour être systématiquement défendu par eux.
Mais les anarchistes ont souvent défendu la démocratie contre ses adversaires les plus rigoureux, mouvements d'extrême-droite en Amérique latine (Cf. les analyses de Luce FABBRI en défense de la démocratie), fascismes en Europe, «*lepénisme*» en France au tournant du

---

1**BONANNO Alfredo M.** <u>*Sicilia, sottosviluppo e lotta di liberazione nazionale*</u>, Ragusa, Sicilia Punto L, 191p, 1982

2**BONANNO Alfredo M.** <u>*Di alcuni errori molto diffusi sul problema di liberazione nazionale*</u>, -in-**Pantagruel**, n°1, 1981

3**VASTA Orazio** <u>*Quale Sicilia per i siciliani?*</u>, Ragusa-Noto, Sicilia Punto L, 96p, 1985

4**CYR Marc-André** <u>*La presse anarchiste eu Québec (1976-2001)*</u>, Mascouche, Éditions rouge et noir, 222p, 2006, p.58

5**CYR Marc-André** *Op.cit.*, p.142

6**CYR Marc-André** *Op.cit.*, p.171

7 Traduite en français dans **FERNÁNDEZ Frank** <u>*L'anarchisme à Cuba*</u>, Paris, CNT-RP, édition traduite et augmentée de celle de 2000, 234p, 2004

8**SOUCHY Augustin** <u>*Témoignages sur la révolution cubaine*</u>, -in- **FERNÁNDEZ Frank** <u>*L'anarchisme à Cuba*</u>, p.188

9**GUÉRIN Daniel** <u>*À la recherche d'un communisme libertaire*</u>, Paris: Spartacus, 1984-1985, p.10-11

10**CNT-AIT DE SEVILLA - FEDERACIÓN LOCAL** <u>*Anarcosindicalismo básico,*</u> Sevilla: CNT-AIT, 190p, 2001, p.79

XXIè siècle. Certains ont même accepté de voter ponctuellement pour la défendre ou l'illustrer: Cf. parfois la CNT dans l'Espagne des années 1930, Cf. des anarchistes français appelant à voter contre LE PEN en 2002...

Cependant pour les anarchistes, la démocratie porte forcément un adjectif: elle est **directe**, c'est à dire sans intermédiaire ni délégation de pouvoir, elle est par **en-bas** ou **assembléiste** car elle mise sur des formes d'expression de la base, elle est **radicale** et **anti-étatiste**, **sauvage** (vrai «*principe d'anarchie*»)[1] si on reprend les idées de Claude LEFORT, **continue** si on suit Dominique ROUSSEAU[2] ou **insurgeante** en approuvant Miguel ABENSOUR[3]... Bref cette démocratie là est prioritairement antiautoritaire et libertaire, même si elle s'inspire du cadre démocratique traditionnel dans les fondements et dans les méthodes (rotation des tâches, mandat impératif et limité, absence de délégation permanente...)[4]. Camillo BERNERI, dans un article de *Volontà* d'Ancône le 01/06/1919 avait osé le nouveau concept d'**Autodemocrazia**, beau terme qui sert d'ailleurs de titre à son article.

C'est cette forme de démocratie qui s'illustre dans le *conseillisme* et les mouvements *autogestionnaires*, et qui rattache des mouvements récents à la tradition libertaire: «*les anarchistes peuvent être considérés comme les précurseurs du no/new global, par leur volonté de pratiquer la démocratie directe et dans la formulation des parcours évolutifs qui en constituent la base*» affirme ORRÍCO[5]. Ce lien entre l'alter-mondialisme libertaire et l'anarchisme est surtout mis en évidence par l'irlandais Seán M. SHEEHAN[6]. Si on analyse les textes du municipalisme libertaire, dans la lignée de Murray BOOKCHIN, on peut constater également un glissement théorique: la démocratie directe se positionnant devant la revendication purement anarchiste.

LE *CONSEILLISME* OU *SOVIÉTISME:*

On dit parfois que le premier **soviet** (ou **conseil** ou **comité**) serait apparu spontanément dans les usines textiles de la Russie tsariste, sans doute au début de la révolution de 1905. Ce conseil regroupe au départ tous les travailleurs et militants qui le souhaitent dans une forme «*assembléiste*» (ce terme est largement utilisé par des tendances de la CNT reconstituée dans les années 1970), spontanéiste ou basiste, de démocratie directe. Les soviets ensuite seront souvent des organes regroupant des délégués, ont dit parfois députés, de soldats, marins, ouvriers, paysans, intellectuels ou ménagères...

En 1906, une autre origine, italienne cette fois, aux futurs conseils ou soviets de l'après guerre, se trouve à Turin dans l'entreprise Itala. Une *Commission interne* élue se pose déjà des problèmes de gestion autonome. Plus tard, en 1919, ces Commissions internes vont logiquement céder la place aux Conseils d'usine (*Consigli di fàbbrica*): c'est la plus grande usine du groupe FIAT qui montre l'exemple en été 1919.

Le **conseillisme** (nommé également **soviétisme**) propose d'établir une société nouvelle reposant sur une démocratie des conseils pour remplacer l'État (ou le parti) autoritaire. Cette caractéristique fondamentale apparaît dans la vision un peu mythique des révolutions russes (1905 avec l'anarchiste VOLINE à Saint-Pétersbourg, par exemple[7], ou les soviets encore non «*bolchevisés*» du début de l'année 1917) ou allemande (Cf. la forte participation anarchiste aux mouvements de Bavière par exemple) et italienne (avec l'appui de l'USI anarcho-syndicaliste et de MALATESTA qu'on surnomme alors, lui l'ancien compagnon de BAKOUNINE, «*le LÉNINE italien*»). Au congrès de Bologne de l'UAI – *Union Anarchiste Communiste Italienne* de juillet 1920, après une présentation assumée par le leader anarchiste ouvrier turinois Maurizio GARINO, les **consigli di fabbrica e di reparto** (conseils d'usines et d'ateliers) sont approuvés et il est recommandé aux anarchistes d'y entrer massivement pour en garder le sens libertaire révolutionnaire, et l'autonomie jugée essentielle. Son texte, publié peu après, s'appelle d'ailleurs *La costituzione dei Soviets in Italia*, ce qui prouve la totale approbation des termes issus du mouvement russe[8].

Dans le cas portugais, bien des syndicats libertaires (la plupart membres de la CGT) se positionnent pour les «**comités d'usine**» (équivalent des soviets), décentralisés et ouverts, dans les années 1922-1925[9]. Les pionniers à le réclamer seraient les métallurgistes de Lisbonne vers 1923.

Le *conseillisme* se révèle donc comme «*une manifestation libertaire qui ne se reconnaît pas comme telle*» par ses principaux exposants, comme le rappelle Juan GÓMEZ CASAS. Mais ce n'est pas tout à fait exact puisque, si on lit l'allemand MUHSAM, si on évoque le russe VOLINE et si on connaît l'histoire de l'USI qui accepte l'adhésion des soviets turinois à son Congrès de Parme de décembre 1919, on s'aperçoit que ces conseils font bel et bien partie de l'histoire anarchiste et syndicaliste révolutionnaire. En 1919 l'individualiste André LORULOT se penche également sur cette conception du mouvement social[10].

En 1929, dans *What is communist anarchism?*, l'anarchiste états-unien Alexander BERKMAN intègre tellement la notion de soviet qu'il l'assimile largement à sa conception du syndicalisme révolutionnaire[11]. Les notions de gestion par des organisations de masse (conseils syndicaux, soviets, comités d'usine...), pratiquant la démocratie directe, sont en effet très proches chez ce libertaire qui a côtoyé LÉNINE et TROTSKY en Russie révolutionnaire. Il se livre à une définition de la gestion ouvrière qui anticipe largement sur les notions plus récentes d'autogestion puisque «*les organisations ouvrières d'un endroit donné prendront en charge les services publics, les moyens de communication, de production et de distribution de leur région...*» en développant «*l'art d'organiser et de gérer*»[12].

1ABENSOUR Miguel *« Démocratie sauvage » et « principe d'anarchie »*, -in-**Les cahiers de philosophie**, n°18, 1994-95
2ROUSSEAU Dominique *La démocratie continue ou comment remettre l'État à sa place*, -in-**Réfractions** *Démocratie, la volonté du peuple?*, n°12, 175p, 2004
3ABENSOUR Miguel *Lettre d'un « révoltiste » à Marcel GAUCHET converti à la « politique normale »*, -in-**Réfractions** *Démocratie, la volonté du peuple?*, n°12, 175p, 2004
4 Cf. **Réfractions** *Démocratie, la volonté du peuple?*, n°12, 175p, 2004
5ORRÍCO Mauro *Pillole anarchiche*, Roma: Malatempora, 120p, 2005, p.13
6SHEEHAN Seán M. *Ripartire dall'anarchia.Attualità delle idee e delle pratiche libertarie*, Milano: Elèuthera, 176p, 2004
7VOLINE*La révolution inconnue*, Paris: Belfond, 1969
8LA TORRE Placido*Il Congresso della UAI di Bologna (1920)*, -in-**RSDA**, Pisa: a.8, n°2(16), 2001
9FREIRE Joâo *Les anarchistes du Portugal*, Paris: CNT-RP, Version simplifiée et mise à jour de la thèse de 1988, 336p, 2002, p.97
10LORULOT André *Le Soviet*, Saint-Etienne: éd. de L'Idée libre, 8p, 1919
11BERKMAN Alexandre *Qu'est ce que l'anarchisme?*, Condé: L'Échappée belle, 255p, 2005, p.135
12BERKMAN Alexandre op.cit., p.220-221

L'anarchiste communiste qui a le plus inséré la proposition conseilliste comme forme d'organisation de la société libertaire et comme moyen pour faire la révolution reste donc le poète révolutionnaire Erich MÜHSAM, qui revendique cette originalité, et qui dans son écrit de 1932 reste fidèle au membre très actif qu'il était de la République des Conseils de Munich en 1918-1919[1].

Pour illustrer la persistance d'un terme assimilé à un concept libertaire essentiel, il suffit de penser au philosophe Camillo BERNERI. Perspicace analyste de la révolution russe, comme FABBRI, il en conserve l'élément libertaire profond incarné par les premiers soviets. Toute sa vie il se range pour un «*soviétisme intégral*», vu comme «*système d'auto-administration (autoamministrazione) populaire*»[2] et de fédéralisme communautaire (il emploie également le terme *Communalisme* et parle d'*autodemocrazia*, terme désignant la démocratie directe). Dans ses derniers moments, avant son assassinat par les staliniens en 1937, en pleine révolution espagnole, il cherche toujours à promouvoir les accents «*soviétiques*» de la révolution, pour lui les conseils de 1936 et les collectivisations[3]. La persistance dans ces écrits des termes de *conseil, conseillisme*, et la défense de ce mode organisationnel (à tous les niveaux, organisme de base, ou utopie globale) fait penser parfois aux positions d'Anton PANNEKOEK (1873-1960)[4].

Plus récemment «*l'anarchiste libertaire*»[5] étasunien Noam CHOMSKY s'inspire tout autant de l'anarchisme que du conseillisme: aux côtés de ses analyses des collectivités espagnols (dans *L'Amérique et ses nouveaux mandarins*) il place souvent des idées issues de Rosa Luxembourg (1870-1919) ou de Paul MATTICK (1904-1981). Il connaît également très bien PANNEKOEK.

Beaucoup d'anarchistes peuvent se dire conseillistes et s'en réclament de plus en plus au XXème siècle, à condition que la formule des conseils s'applique à tous les aspects de la vie: travail, vie communale, armée, éducation, milieux de vie, squats ou communautés…

Au contraire, ils réfutent la formule conseilliste stricte qui se présente comme «*ultime utopie ouvriériste*»[6] dans le sens où elle ne concernerait vraiment que les travailleurs et le monde de l'usine (ce qui est exclusif), et ramène à l'ouvriérisme du «*syndicalisme pur*» qui fut condamné fermement par MALATESTA au Congrès d'Amsterdam en 1907. Jamais les anarchistes (je ne dis pas certains anarcho-syndicalistes qui parfois ont été gagnés par les démons de l'ouvriérisme ou par un proudhonisme trop dogmatique) n'auraient accepté cette phrase de PANNEKOEK «*évidemment ceux qui restent en marge du travail n'ont pas voix au chapitre en ce qui concerne son organisation* (celle des conseils)».

La grande majorité des conseillistes dans les années 1920 et 1930 sont plutôt de la mouvance critique du marxisme, anti-léninistes et antibolchevistes; certains d'entre eux anticipent ce que l'on nomme *l'ultra-gauche*: communistes de gauche en Allemagne, avec Herman GORTER par exemple, ou conseillistes néerlandais avec Anton PANNEKOEK (1873-1960)… Tous les deux écrivent dans *Die Tribune*, d'où le nom de *tribunistes* qui leur est parfois accolé. Des communistes critiques comme Otto RÜHLE ou Paul MATTICK, voire Karl KORSCH… sont proches de cette mouvance.

Une tendance marxiste critique et antibolcheviste greffe l'héritage de Rosa LUXEMBOURG (1871-1919) au conseillisme, d'où le nom de *luxembourgisme* qui apparaît ici ou là, d'abord caricaturalement dès 1924 en Allemagne avec Ruth FISHER, puis de manière positive avec Paul FROHLICH (1884-1953). Les principaux exposants de ce luxembourgisme en France sont l e célèbre éditeur René LEFEUVRE (1902-1988) et Alain GUILLERM (1944-2005); ils sont proches des anarchistes et des situationnistes autour de la notion «*d'autogestion généralisée*»[7] ou «*autogestion de toute la société par les conseils de travailleurs*», et par leur engagement en faveur de «*l'autonomie des masses*»[8] et d'une «*spontanéité contre la réification*»[9] qui puise autant chez BAKOUNINE que dans le marxisme critique.

Bref, nous avons affaire à une étonnante nébuleuse, aux ramifications multiples et aux interactions nombreuses, qui touche «*gauches communistes, communistes de conseils, communistes de gauche, conseillistes, luxembourgistes, situationnistes, marxistes-libertaires, néo-anarchistes, communistes libertaires, anarcho-communistes…*»[10]. Mais c'est un amalgame bien discutable, et si par exemple l'anti-jacobinisme de Rosa Luxembourg, et sa critique libertaire du léninisme sont louables, elle reste une marxiste étatiste et de combat, qui a pourfendu l'anarchisme sans y mettre trop de gants[11].

Dans les années cinquante, soixante et soixante-dix, libertaires et conseillistes, ainsi que les situationnistes depuis 1961, sont souvent sur des positions analogues, et les influences se mélangent largement. Les expériences *d'ICO- Informations et Correspondances Ouvrières* ou des *Cahiers de Mai* l'ont largement prouvé, mais également du côté anarchiste on peut noter l'impact de la revue *Noir et Rouge* de Christian LAGANT, ainsi que du côté des amis de DEBORD, le rôle essentiel de la revue de *l'Internationale Situationniste*, qui dans ce sens pro-conseilliste avait été précédée d'une autre revue marquante: *Socialisme ou Barbarie* dont elle recueille partiellement l'héritage, de manière fort conflictuelle[12]. En Italie on peut citer l'organisation génoise *Ludd-Consigli proletari* de 1967 ou la turinoise *Organizzazione consiliare* de 1970.

Les anciens conseillistes André PRUDHOMMEAUX ou Daniel GUÉRIN, lorsqu'ils intègrent les rangs anarchistes, y transposent de nombreux traits issus de l'ultragauche marxiste critique. Un Maximilien RUBEL (1905-1996), ancien anarchiste de la FAF – *Fédération*

1MÜHSAM Erich*Vers une société libérée de l'État. Qu'est ce que l'anarchisme communiste?*Berlin: 1932

2BERNERI Camillo*Sovietismo, anarchismo e anarchia*, -in-**Adunata dei Refrattari**, New York: 15/10/1932

3CERRITO Gino*L'anarchismo attualista di Camillo BERNERI*, -in-*Atti del convegno Camillo BERNERI*, Milano: 1977

4CARROZZA Giovani Battista*Alcuni elementi per la comprensione dei rapporti tra BERNERI ed il movimento anarchico*, -in-*Atti del convegno su Camillo BERNERI*, Milano: 1977, p.34

5ORRÌCO Mauro *Pillole anarchiche*, Roma: Malatempora, 120p, 2005, p.98

6MUSIGNY Jean-Paul*La révolution mise à mort par ces célébrateurs, même. Le mouvement des conseils en Allemagne 1918-1921*, Paris: Nautilus, 2000

7GUILLERM Alain *L'autogestion généralisée*, Paris: Christian BOURGOIS éditeur, 222p, 1979

8GUILLERM Alain *op.cit.*, p.127

9GUILLERM Alain *op.cit.*, p.147

10BOURSEILLER Christophe*Histoire générale de l'ultra-gauche*, Paris: Denoël, 546p, 2003, p.09

11GROUPE MALATESTA *Rosa Luxembourg: luxembourgisme ou marxisme*, -in-**La Rue**, « *MARX, No future!* », n°33-35, 100p., 2e trimestre 1983

12QUIRINY Bernard*Socialisme ou Barbarie et l'Internationale Situationniste: notes sur une méprise*, -in-**Archives & Documents situationnistes**, n°3, automne 2003

Anarchiste Française, et éminent spécialiste de MARX (Cf. ses travaux aux éditions de la Pléiade), reste également une forte référence, surtout lorsqu'il anime son groupe des *Communistes des Conseils*.

Dans l'Espagne postfranquiste, le **consejismo** est une des tendances de la nouvelle CNT, et leur filiation y est plutôt marxiste qu'anarchiste. À côté d'eux se trouvent **assembléistes** et **autonomistes** qui tout en militant pour des formes libertaires évidentes (anti-autoritarisme, démocratie directe, autogestion…) cherchent à promouvoir un dépassement de l'anarcho-syndicalisme traditionnel[1].

LES AUTOGESTIONS

Le terme **autogestion** (littéralement «*gestion par soi-même*», voire *autogouvernement* ou *self-government*,et souvent encore écrit «*auto-gestion*») est surtout utilisé après 1968, en touchant diverses mouvances.
En France sont alors concernés le PSU, la minorité du CNJA (favorable à une «*agriculture autogérée de type socialiste*» Cf. le rapport *Pour un syndicalisme de travailleurs*, 1970), le mouvement des Paysans-Travailleurs, ou la CFDT de l'époque. On peut y rajouter les trotskistes de la tendance pabliste, ou le courant dit «*nationalitaire*» ou régionaliste, comme l'expose Robert LAFONT en Occitanie, ou l'USO en Espagne…[2].
Le mot «*autogéré*» apparaît dans le Petit Robert en 1964.

C'est un «*vilain terme*» reposant sur «*une pratique souvent informelle, n'obéissant à aucun corpus de principes intangibles*» affirme un peu péremptoirement Léo LANGEVIN[3]. Il veut signifier par là que le mot est tout simplement imprécis, changeant, polysémique et parfois ambigu. On pourrait y ajouter quelques dérives managériales qui elles ne visent pas à l'émancipation[4]. L'auteur met aussi l'accent sur le fait qu'il décrit autant des pratiques que des concepts ou des programmes, d'où l'extraordinaire pluralité de sens qu'il exprime.
C'est pourquoi, en accord avec ces remarques, comme pour utopies et anarchismes, il me semble que le pluriel s'impose. LANGEVIN a tort cependant de dire que l'autogestion n'existe que par les «*pratiques et les actes*»; le concept est bien là, l'idéal ou l'utopie qu'il exprime est bien présent (il parle lui-même de «*valeur éthique*»), les analyses qui l'entourent dans l'histoire des idées existent aussi, même si je le reconnais également, très balbutiantes ou oubliées, ou changées de mode.

L'autogestion est réclamée à juste titre par bien des anarchistes, qui en retrouvent la formulation chez PROUDHON («*père de l'autogestion*»?) ou dans quelques formules liées au communisme libertaire ou l'anarcho-syndicalisme. La plupart des anarchistes, dans un premier temps, rattachent donc l'autogestion à la «*gestion directe ou gestion ouvrière*»[5]. Il est vrai que bien des propositions mutualistes et associationnistes du franc comtois anticipent largement sur les propositions autogestionnaires actuelles. Le mutualisme, enrichi par les concepts d'autonomie et de fédéralisme, peut donc parfois servir de synonyme à autogestion. Quant récemment l'italien Mauro ORRÍCO cherche à définir ce «*modèle atemporel*» qu'est à ses yeux «*l'anarchie*», il écrit: «*c'est une idée d'autogouvernement et d'autogestion avec lesquels les hommes résolvent le problème du rapport avec les autres individus, sans lois ni normes coercitives*»[6]. Les deux termes se confondraient donc. C'est peut-être un peu rapide, et l'auteur lui-même semble gêné, puisqu'il utilise «*autogouvernement*» et «*autogestion*» comme non synonymes.
En Russie, le terme **samoouprouvliénié** (qu'utilise BAKOUNINE) que l'on traduit par autogestion, peut également signifier autogouvernement ou auto-administration: il sera repris par le serbo-croate de l'époque titiste **samo-upravlje**, mais dans un sens plus restreint de gestion des entreprises. Le terme russe fut largement utilisé par les populistes, les socialistes révolutionnaires (surtout ceux de Gauche) et les anarchistes dès la fin du XIXème siècle[7]. L'ancienneté du concept, sinon du terme, est donc grande. Analysant le système soviétique naissant, Camillo BERNERI utilisait plutôt le concept «*d'auto-démocratie*» («**autodemocrazia**»)[8].

Au Venezuela, le vétéran anarchiste de l'Espagne de 1936, SERRANO GONZÁLEZ avoue que dans les années 1980, le petit groupe libertaire, dont il est un des animateurs, qui utilise les locaux de l'Université Centrale de Caracas, a choisi délibérément le mot «*autogestion*» plutôt que celui d'anarchie ou d'anarchisme, car il est celui qui permet d'uniformiser, d'harmoniser les points de vue, et le seul dans lequel tout le monde se retrouve[9].
La plupart des expérimentations anarchistes historiques (ou soutenues par les anarchistes) au sein de microcosmes (colonies, athénées, syndicats,…) ou à plus grande échelle (communes, soviets, SCOP, premiers kibboutzim, collectivisations…) offrent donc de multiples manières d'intégrer l'autogestion dans un corpus libertaire, ou d'en faire parfois le synonyme d'antiautoritaire, d'antihiérarchique, de démocratie directe, voire même de communisme libertaire…

Le terme lui-même serait seulement réellement utilisé (réutilisé?) vers 1960 pour définir les tentatives yougoslaves, et proviendrait d'une traduction du serbo-croate. Le maître livre d'Albert MEISTER *Socialisme et autogestion* date en effet de 1964 et concerne presqu'exclusivement *L'expérience yougoslave*. Mais une première référence en français est datée de 1951[10], même si il faut attendre encore 20 ans (1971) pour que la Grande Encyclopédie Larousse en fasse une entrée. Le mot «*autogestion*» se diffuse également avec l'expérience

1 ORERO Felipe *CNT: ser o no ser*,–in-**AAA** *CNT. Ser o no ser. La crisis de 1976-1979*, Barcelona: Suplemento de Cuadernos de **Ruedo Ibérico**, 256p, 1979
2 ANTONY Michel *Autogestion et socialisme. L'expérience algérienne*, Besançon: Maîtrise, 262p, 1972

3 LANGEVIN Léo *Autogestion et révolution*, -in-« *Ordinaire (L') est extra!* ». *Dossier autogestion et critique*, Paris: **Les Temps Maudits**, CNT, n°07-20, 126p, octobre 2008, p.07
4 Cf. la conclusion de **CANIVENC Suzy** *Proposition d'un idéal type de l'organisation autogérée*, -in-« *Ordinaire (L') est extra!* ». *Dossier autogestion et critique*, Paris: **Les Temps Maudits**, CNT, p.21-35, 126p, octobre 2008
5 GROUPE MALATESTA *L'anarchisme et l'autogestion*, -in-**La Rue**, *Autogestion*, n°29, 1° trimestre 1981, p.54
6 ORRÌCO Mauro *Pillole anarchiche*, Roma: Malatempora, 120p, 2005, p.10
7 SKIRDA Alexandre *Les anarchistes russes, les soviets et la révolution de 1917*, Paris: Max Chaleil, 350p, 2000, p.326
8 BERNERI Camillo *L'autodemocrazia*, -in-**Volontà**, Ancona: 01/06/1919
9 SERRANO GONZÁLEZ A. *Apuntes sobre anarquismo en Venezuela*,–in-**Cultural Últimas Noticias, Suplemento**, Caracas: 10p, 18/10/1998
10 DEZÈS Marie-Geneviève *L'utopie réalisée: les modèles étrangers mythiques des autogestionnaires français*, -in-*Autogestion, la dernière utopie*, Paris, Sorbonne, 2003

algérienne dès 1962-1963[1]. Dans le domaine européen, il est évident que le succès de l'autogestion est lié à l'explosion libertaire de 1968, ce qui a poussé tous les mouvements à s'en occuper ou à s'en réclamer. Quand - jeune historien - je fais ma maîtrise sur *Autogestion et Socialisme. L'expérience algérienne* en 1972[2], je fais remonter le concept à toutes les expériences d'autonomie ouvrière, et notamment à la Commune de Paris dont on vient juste de fêter (et j'y ai contribué à Besançon) le centième anniversaire.
Les chercheurs libertaires vénézuelo-argentins Nelson MÉNDEZ et Alfredo VALLOTA confirment que le concept serait effectivement discuté depuis les années 1950, notamment autour des questions posées par les kibboutzim[3].

Cependant, en 1981, Henri DESROCHE trouve encore le mot «*exotique et par trop récent*»[4], même s'il reconnaît en avoir découvert un premier usage en mai 1937 au Congrès de la Chambre consultative. Il l'utilise cependant fréquemment, et le déforme en formules comme celles d'«*autogestionnarisante*» ou de «*socialisation auto-gestionnarisante*» qui n'ont presque pas été reprises.

L'autogestion apparaît donc bien comme «*un phénomène économique, social et politique complexe*». Aujourd'hui «*l'autogestion se conjugue au pluriel*» dit Albert MEISTER[5] en 1981, anticipant ainsi le travail universitaire de l'argentino-brésilienne Alejandra LEÓN CEDEÑO[6] (2000). Déjà en 1964 dans son gros ouvrage référencé ci-dessus sur la Yougoslavie, ce sociologue d'origine suisse sépare bien ce qui est du domaine de l'autogestion communale (il parle de «*self-governement*» ou «*d'autonomiecommunale*» ou «*d'auto-administration*»), du domaine de l'autogestion ouvrière («*gestion collective*» et/ou «*contrôle ouvrier*» ou «*autonomie de la gestion ouvrière*»), de l'autogestion sociale (direction collective des universités, des logements collectifs...), et de la coopération rurale («*autogestion coopérative*»). Même si son dernier chapitre essaie de regrouper l'ensemble dans un «*projet socialiste*» unificateur, on note bien les variétés de notions et de situations sociales que recouvre le terme d'autogestion, et surtout les variétés d'autonomie acquises. Ce terme est assurément trop générique.

Pour nous aider à faire plus de précisions, le gros travail de Serge KOULYTCHIZKY[7] à propos de l'Algérie présente une classification en 4 niveaux:
L'autogestion comme forme (parmi d'autres) de «*démocratie de la décision*», essentiellement dans des entreprises de sociétés développées. C'est un aspect très limité, peu libertaire. Avec la cogestion (comme en Allemagne occidentale depuis 1976) et la participation, l'autogestion n'est alors, dans un sens ultra restreint, réalisée qu'à la marge. Elle renforce le système en place en l'adoucissant, en améliorant sa gestion sociale. Henri LABORIT parle de «*techno*» ou «*bureaucrato-gestion*» en évoquant des formes similaires, et en reconnaissant qu'il ne s'agit que d'un simulacre d'autogestion[8]. Les anarchistes condamnent cette vision réformiste et jugée souvent par eux comme une trahison par rapport aux grands principes d'auto-émancipation, et une simple poudre aux yeux utilisée pour mieux faire accepter la domination. C'est un peu la critique faite parfois au syndicalisme dans son action quotidienne, qui améliore mais ne remplace pas. L'autogestion ne serait dans ce cas qu'une «*utopie conservatrice*»[9] ou une «*autogestion libérale*» (*autogestión liberal*) comme l'appelle Alejandra LEÓN CEDEÑO.
L'autogestion comme système socialiste de gestion dans la seule sphère de l'économie. C'est un mode d'administration qui peut cohabiter avec d'autres (coopératives, sociétés étatiques hiérarchiques...). Les libertaires y ont participé avec leurs faibles moyens, plus par solidarité avec les travailleurs, ou par volonté d'en radicaliser les pratiques. Mais il s'agit plutôt ici de ce que Alejandra LEÓN CEDEÑO appelle «*autogestion étatique*» (*autogestión estatal*): Pérou (1968-1973), Yougoslavie (1950-1980), Algérie (1962-1970), Chili (1968-1973)...
L'autogestion comme système de gestion qui vise à intégrer toute la vie sociale (autogestion des citoyens, des producteurs, des consommateurs...), comme on supposait que la Yougoslavie titiste avait parfois tenté de le faire. On est ici plus proche de l'utopie libertaire ou anarcho-syndicaliste, et des théories sur l'autogouvernement, au sens large du terme.
L'autogestion comme type de société à atteindre, et pour laquelle les trois cas précédents ne formeraient que des prémisses. C'est en ce sens que l'autogestion «*apparaît comme une véritable "utopie", mais au sens positif et dynamique du terme*». Les anarchistes et autres libertaires (LABORIT par exemple, qui vise une société où disparaîtrait «*l'exécutif*», le pouvoir) se reconnaissent surtout dans cet aspect, car il faut «*semer de l'utopie pour récolter du réel*»[10], mais ne négligent aucun des 3 autres.
Il faudrait ajouter à cette nomenclature, l'autogestion ici et maintenant: c'est-à-dire des tentatives préfigurant la société future. C'est le cas pour «*l'autogestion des luttes*» (équivalent de la démocratie directe), qui doit préparer le mouvement, et «*préfigurer*» le fonctionnement élargi à l'ensemble de la société. On peut associer à cette démarche cohérente «*l'autogestion micro-communautaire*» (mouvements, associations, coopératives, colonies et milieux libres, squats... qui vivent de manière autogérée), «*l'autogestion sans patron*» et «*l'autogestion libertaire*» de Alejandra LEÓN CEDEÑO.

Si tous les libertaires (sauf les anarchistes individualistes isolés) peuvent se dire autogestionnaires ou partisans déclarés de ces types de gestions collectives antihiérarchiques (c'est surtout vrai pour la 4° définition donnée), tous les autogestionnaires ne sont pas des anarchistes. C'est même plutôt le contraire, comme lorsque dans les années 1970-80 le PCF se réclame tardivement de l'autogestion (*autojétion*[11] écrivit ironiquement Yvon BOURDET) dans une vaste entreprise de récupération, ou quand on analyse l'autogestion algérienne ou yougoslave et pire encore l'exemple péruvien... pour ne prendre que trois exemples d'autogestion partielle et détournée par des États autoritaires. L'autogestion pédagogique «*autoritaire*» d'un MAKARENKO, ou les souhaits d'autogestion communaliste du mouvement «*agrarianiste*» d'extrême-droite japonais des années 1930 sont d'autres exemples qui prouvent que ce terme est lui aussi bien galvaudé.

[1] GUILLERM Alain *L'autogestion généralisée*, Paris: Christian BOURGOIS éditeur, 222p, 1979, p.183
[2] ANTONY Michel*Autogestion et Socialisme. L'expérience algérienne*, Besançon: Maîtrise, Université des Lettres, 263p, 1972
[3] MÉNDEZ Nelson/VALLOTA Alfredo*Une perspective anarchiste de l'autogestion*, -in-*L'autogestion anarchiste*, Paris: Éditions du Monde libertaire, 48p, 2006
[4] DESROCHE Henri*Solidarités ouvrières 1.*, Paris: Les Éditions ouvrières, 215p, 1981, p.9
[5] MEISTER Albert*L'autogestion en uniforme*, Éd. Privat, 1981
[6] LEÓN CEDEÑO Alejandra *Guía múltiple de la autogestión: un paseo por diferentes hilos de análisis*, São Paulo (Brasil): Pontifícia Universidade Católica, Résumé de maîtrise (resumen de tesis de maestría), consulté sur http://www.gatonegro.netfirms.com/contralascuerdas/autogestion.htm le 03/04/2006 - 2000
[7] KOULYTCHISKY Serge*L'autogestion, l'homme et l'État*, Paris/La Haye: Mouton, 482p, 1974
[8] LABORIT Henri*Société informationnelle. Idées pour l'autogestion*, Paris: Cerf, 94p, 1973, p.50
[9] GUILLAUME Marc*Discours et utopies de l'ordre économique*, -in-*Stratégies de l'utopie*, 1979
[10] ALTERNATIVE LIBERTAIRE-NEFAC *L'autogestion une idée toujours neuve*, Paris- Montréal: Alternative Libertaire, 72p, avril 2005, p.7
[11] BOURDET Yvon*L'autojétion nationale selon le PCF ou les aventures d'une idée creuse*, -in-**Autogestion et socialisme**, n°40, mars 1978

Pour reprendre une classification en 5 groupes d'Albert MEISTER, les anarchistes ne se reconnaissent pas (même si parfois ils accordent leur solidarité et leur compréhension) dans les formes suivantes:

- «*l'autogestion des commissaires*» dont l'exemple yougoslave, avec la domination du parti, reste le meilleur exemple. Dogmatisme et totalitarisme sont les antithèses d'une autogestion libertaire.

- «*l'autogestion des militaires*» comme le Pérou dans les années 1960 et 1970 le tente avec des militaires qui proposent de bien faibles essais de participation. Le pragmatisme sympathique car moins totalitaire que dans l'exemple yougoslave n'en fait pas moins une expérience autoritaire, et donc également anti-libertaire. Le cas vénézuélien (CHAVEZ) actuel peut se greffer à cette catégorie.

- «*l'autogestion des velléitaires*», celle des programmes et projets de Partis politiques qui ont essayé en pleine «*mode*» autogestionnaire de coller à la réalité, mais sans vécu ni positions de fond. Le meilleur exemple est le cas de certains partis marxistes, évoqué ci-dessus.

- à ces trois formes on peut rajouter les formes incomplètes ou partielles d'autogestion ou de contrôle ouvrier, comme la «*cogestion*» allemande ou celle des délégués d'usines du monde britannique, qui sont le plus souvent systématiquement combattues par le mouvement anarchiste.

Par contre les anarchistes se retrouvent largement pour appuyer ou développer les deux autres catégories proposées par MEISTER:

- «*l'autogestion des communautaires*» est celle des mouvements de coopératives, des communautés de travail et de vie, de certains milieux autonomes... L'appui libertaire s'y exerce souvent, malgré, dans certains cas, des positions trop réformistes et des réalisations bien insuffisantes. On peut ajouter à ce groupe les différents courants décentralisateurs et régionalistes (ou «*nationalitaires*») autogestionnaires[1] qui revendiquent le terme dans les années 1970 (en 1976 pour la première fois par Robert LAFONT). Appuyant cette volonté autogestionnaire, et prenant comme exemple les collectivités libertaires de son Aragon natal, Felix CARRASQUER insiste, en bon anarcho-syndicaliste, sur l'autogestion vue comme méthode, pas comme doctrine: l'idéologie et les choix politiques divisent, la pratique de démocratie directe et de gestion des ses propres affaires ramènent à l'essentiel et permet d'unifier les différentes parties intéressées[2]: le titre espagnol de son ouvrage est d'ailleurs bien plus explicite et plus dans la lignée d'une revendication utopiste, que le français, puisqu'il parle de «*vivir autogestionado, promesa de futuro*»[3] (les collectivités étant à la fois forme et manière de vivre en autogestion, ce qui est riche de potentialités pour le futur).

- «*l'autogestion des réfractaires*» radicalise la précédente, par le développement de milieux alternatifs, de contre-projets ou de contre-sociétés, dont l'expression libertaire est fréquente et plus radicale. En Italie, la revendication autogestionnaire des libertaires accentue ce trait, si par exemple on suit la promotion qu'en font dans les années 2000 les collectifs anarcho-libertaires de la région de Modène: LIBERA et UNIDEA. Pour eux, l'autogestion est possible, ici et maintenant comme ils l'affirment avec plaisir et constance dans leur ouvrage «*auto-produit*» *Autogestione, è possibile*[4]. J'en propose une analyse dans mon chapitre sur les petites communautés utopiques. De la *Cecilia* brésilienne du XIXème à la *Comunidad del Sur* uruguayenne et suédoise, en passant par *Christiana* danoise, les exemples de microsociétés autogestionnaires libertaires sont assez prestigieux.

Mais ces deux cas semblent se limiter aux expérimentations de petites ou moyennes échelles. Or pour l'anarchisme, l'autogestion est également et surtout, en plus d'une pratique libertaire ou d'une tentative limitée, une utopie globale, un projet de société[5]: «*fin et moyen dans la proposition libertaire pour le présent et le futur*»[6] écrivent très bien MÉNDEZ et VALLOTA. «*L'autogestion est un projet social, économique et politique qui va de pair avec le communisme libertaire*» renchérissent Alternative libertaire et NEFAC[7].
L'autogestion libertaire est tout à la fois une méthode (cohérente avec les fins poursuivies), une pratique (à visée émancipatrice), des expérimentations (respectueuses des libertés des individus et du collectif) et un objectif (non prédéterminé ni détaillé). Elle n'est jamais figée pour les anarchistes, car elle est à la fois «*projet et mouvement*». L'utopie autogestionnaire se fond donc aujourd'hui, quand elle est réelle, autonome, intégrale (ou totale ou «*généralisée*»[8]) et sociale avec l'utopie anarchiste ou libertaire.
Encore une fois, me semble-t-il, c'est l'Italie qui en milieu anarchiste assure la meilleure symbiose et sur la longue durée (des années 1960 à aujourd'hui) entre une autogestion vécue dans les communautés (lien avec les colonies libertaires d'autrefois et les squats et coopératives d'aujourd'hui), dans les luttes en liaison avec les revendications anarcho-syndicalistes (Cf. les propositions de l'USI ou des comités de base du genre CUB ou COBAS) et comme projet utopique global. Tous les ans de multiples rencontres ou «*foires*» de l'autogestion (*Fiera dell'Autogestione*) se maintiennent avec un relatif succès.

Aujourd'hui, contrairement à ce qu'en pensent toujours les anarchistes, l'autogestion serait dépassée (?), ses exemples historiques défaits ou oubliés, les programmes politiques expurgés. Pour les chercheurs en histoire sociale, l'autogestion semble donc la «*dernière utopie*», qui fleurissait surtout dans la foulée des années 1960, en culminant dans les années 1970. C'est ainsi du moins qu'ils l'analysent dans leur colloque de juin 2001 à Paris.

Il n'en demeure pas moins que le terme autogestion reste souvent utilisé comme équivalent à *utopie, anarchie, conseillisme, auto gouvernement, auto administration* ou *autonomie, société sans État*, ou «*société au pouvoir généralisé entre tous les individus*»[9](ce qui éliminerait toute hiérarchie)... et rarement dans le sens très limité de cogestion.[10] Comme tout anarchiste le rappelle, et comme le notait Daniel CHAUVEY «*Se déclarer partisan de l'autogestion c'est vouloir renouer avec le principe fondamental du socialisme: "L'émancipation des travailleurs sera l'œuvre des travailleurs eux-mêmes"*»[11]. Les libertaires vénézuéliens proches du groupe *El Libertario* confirment dans les

1**LAFONT Robert***Autonomie, de la région à l'autogestion*, Paris: Gallimard, 189p, 1976

2**CARRASQUER LAUNED Felix** *Les collectivités d'Aragon. Espagne 36-39*, Paris: CNT-RP, 296p, 2003, p.120

3**CARRASQUER LAUNED Felix** *Las colectividades de Aragon: un vivir autogestionado, promesa de futuro,* Barcelona: Laia, 1986

4**LIBERA***Autogestione, è possibile!*, Marzaglia: LIBERA, 64p, 2004

5**FERRER Christian***Mystère et hiérarchie, le drame culturel de l'anarchisme*, in-**IRL**, Lyon: n°90, 2002

6**MÉNDEZ Nelson/VALLOTA Alfredo***Une perspective anarchiste de l'autogestion*, -in-*L'autogestion anarchiste*, Paris: Éditions du Monde libertaire, 48p, 2006, p.26

7**ALTERNATIVE LIBERTAIRE-NEFAC** *L'autogestion une idée toujours neuve*, Paris- Montréal: Alternative Libertaire, 72p, avril 2005, p.6

8 Terme partagé notamment avec situationnistes et luxembourgistes, même si les présupposés ne sont pas forcément les mêmes.

9**LABORIT Henri***Société informationnelle. Idées pour l'autogestion*, Paris: Cerf, 94p, 1973, p.58

10**BERTOLO Amedeo***La mauvaise herbe subversive*, -in- *Interrogations sur l'autogestion*, 1979, p.5

11**CHAUVEZ Daniel***Autogestion*, Paris: Le Seuil, 1970

années 2000 cette équivalence entre utopie anarchiste et autogestion, puisqu'ils rappellent que «*une utopie rationnelle et possible* (s'inscrit) *dans un ordre social autogestionnaire*»[1]. Mais il ne faut pas se tromper sur le terme «*ordre*» qui n'est absolument pas l'édification d'un dogme; au contraire, «*l'autogestion libertaire n'est que le chemin de l'utopie*», qui permet une «*construction progressive de l'autonomie*».

Les anarchistes sont donc parmi les rares (avec par exemple en France le mouvement *Les Alternatifs*) à encore s'en réclamer: «*les anarchistes restent les partisans d'une autogestion intégrale, articulée de façon fédéraliste avec pour projets la société égalitaire et la démocratie directe*»[2]. «*L'autogestion généralisée*» est une autre formule pour désigner le socialisme libertaire, ou l'utopie enfin réalisée; elle est également largement popularisée par les situationnistes les plus libertaires comme Raoul VANEIGEM qui publie en 1974 sous le pseudonyme de RATGEB un ouvrage fort radical, mais au titre éloquent *De la grève sauvage à l'autogestion généralisée*. Les situationnistes, y compris sur ce concept, doivent beaucoup à celui qui eut un temps une forte influence sur le groupe, le philosophe Henri LEFEBVRE; ce dernier est d'ailleurs en faveur de l'autogestion généralisée dès 1968[3]. On la trouve également chez les marxistes les plus libertaires, comme l'italien Bruno RIZZI qui jusqu'à sa mort en 1977 écrit dans les revues libertaires italiennes comme *Umanità Novaou A Rivista anarchica*, ou comme chez Robert LAFONT, l'occitan, qui associe autonomie anti-étatiste et vision marxiste du dépérissement de l'État, mais qui réfute PROUDHON trop réformiste à ses yeux[4]. Mais LAFONT, trop pragmatique, s'affirme lui aussi dans la mouvance réformiste, avec ce qu'il appelle son «*utopie crédible*», modérée et gradualiste.

Pour l'anarchiste ibérique Juan GÓMEZ CASAS, autogestion est totalement synonyme d'anarchie, c'est à dire qu'elle propose une société «*sans État et sans classes*»; ainsi «*l'établissement de cette autogestion sera précisément la matérialisation intégrale des trois idées «force» les plus importantes des temps actuels: liberté, démocratie, autonomie*»[5].

Dans les statuts de la CGT de Andalucia, l'article 1° précise que la «*Confédération Générale du Travail est une association de travailleurs et de travailleuses qui se définit anarcho-syndicaliste, c'est à dire: de classe, autonome, autogestionnaire, fédéraliste, internationaliste et libertaire*»[6]. La revendication autogestionnaire est donc bien marquée, mais cette énumération prouve que ce n'est sans doute pas suffisant pour définir ce syndicat anarchiste, soit parce que le terme autogestion désigne trop de réalités différentes, soit parce qu'il concerne plus une pratique d'action directe et organisationnelle qu'un projet de société, aux yeux de ces anarcho-syndicalistes par ailleurs très pragmatiques (Cf. leur participation aux élections professionnelles).

Pour tenter de définir l'idée force de la conception autogestionnaire de type anarchiste, on peut reprendre les 6 points énoncés par Maria Del Mar ARAUS dans son texte de 2004 *Autogestión: una nuova cultura*.

La norme fondamentale de la société autogestionnaire repose sur l'autodétermination de l'individu et sur celle du groupe social de base. La responsabilité individuelle n'exclut donc pas l'appartenance à un collectif, à condition qu'il soit antiautoritaire.

Cette société nouvelle refuse les principes d'autorité, de pouvoir, de hiérarchie et d'élitisme, qui sont tous des symboles de la vieille société de classe. Elle serait donc conforme à «*la société informationnelle*» chère à Henri LABORIT, qui met tout le monde sur le même plan, en généralisant les informations et les activités, sans hiérarchisation, ni primauté d'un quelconque exécutif.

Affirmation du principe d'égalité absolue entre tous les individus, et donc de leur droit à participer d'égale manière à la dynamique collective.

Le nœud fondamental des relations entre les individus et entre les groupes et associations, à tous les niveaux, est le principe de solidarité.

La collectivisation, ou socialisation (mais non l'étatisation) des moyens de production devient l'instrument pour administrer les éléments (*recursos*) économiques et de services de la société.

Ces divers éléments permettent la création de «*l'ordre*» autogestionnaire total, c'est-à-dire une société nouvelle fondée sur des principes et des pratiques antinomiques de toutes les sociétés existantes.

Même si le fédéralisme n'est pas explicitement cité, nous avons affaire ici à un bon essai de définition de l'autogestion comme utopie anarchiste.

Chez beaucoup de libertaires s'est développée l'idée de faire de l'*Autogestione (la) teoria economica dell'anarchismo*[7]. Déjà en 1981 Maurice JOYEUX mettait surtout l'accent sur les «*structures (autogestionnaires) d'organisation du travail*»[8]. Mais c'en est incontestablement une vision restrictive, ce qui n'étonne pas chez ce responsable de la FA qui a été long à prendre en compte les nouvelles aspirations libertaires des années 1960. Dans cet article il ose écrire que «*l'autogestion n'est pas une théorie économique, c'est un moyen, une méthode, un outil pour gérer une économie, et pas autre chose*». Face à la vulgate marxiste, farcie d'économisme, les anarchistes ont souvent eu sans forcément l'avouer un sentiment d'infériorité. L'autogestion a donc pu être un des éléments permettant de combler ce soi-disant vide ou retard de la pensée libertaire en matière économique. Les profondes et nombreuses analyses du théoricien ibérique Abraham GUILLÉN vont dans ce sens, notamment sa somme de 1990: *Economia autogestionaria: las bases del desarollo economico de la sociedad libertaria – L'économie autogestionnaire: les bases du développement économique dans la société libertaire*[9].

Il y a longtemps, Yvon BOURDET - un des fondateurs de la revue *Autogestion-* , lors de *la 1° Conférence internationale sur l'autogestion et la participation*, tenue à Dubrovnik en 1972, a même avancé le terme *d'autarchie*, qui semble visiblement unir autogestion et anarchie. Ce néologisme là n'a pas eu de succès, alors qu'il offrait un concept facile à utiliser et à présenter.

---

1 **MÉNDEZ Nelson/VALLOTA Alfredo***Bitácora de la utopía: anarquismo para el siglo XXI*, Caracas: tiré le 17 septembre 2003 sur le site *http://nodo50.org/ellibertario/ellibertario/tripalibros.htm*, 139p. A4, septembre 2002, p.18

2*L'Autogestion (L') anarchiste*, Paris: Éditions du Monde libertaire, 48p, 2006

3**LEFEBVRE Henri***Sur l'autogestion*, -in-*L'irruption de Nanterre au sommet*, Paris: Anthropos, 177p, 1968

4**LAFONT Robert***Autonomie, de la région à l'autogestion*, Paris: Gallimard, 189p, 1976, p.78-80

5**GÓMEZ CASAS Juan***Sociología del anarquismo hispánico. Volumen 1*, Madrid: Libertarias, 142p, 1988, p.128

6**CGT de Andalucia***Estatutos y reglemento de congresos*, Sevilla: CGT-A, 34p, 2001?

7**CANOVAS Jorge***Autogestione, teoria economica dell'anarchismo*, -in-**Volontà**, *Autogestione*, Genova: a.XXXIV, n°4-5, 1979

8 **JOYEUX Maurice** *L'autogestion: structures d'organisation du travail dans une société socialiste libertaire* -in-**La Rue**, n°29, *Autogestion*, 1° trimestre 1981

9 **GUILLÉN Abraham** *Economia autogestionaria: las bases del desarollo economico de la sociedad libertaria* Madrid: Fundación de Estudios Libertarios FAL, 502p, 1990

LE PARTICIPALISME: UNE NOUVELLE RELANCE DE L'AUTOGESTION?

Le **participalisme,** ou **économie participative**, repose surtout sur les positions du canadien Normand BAILLARGEON et celles des états-uniens Michael ALBERT (né en 1947) et Robin HAHNEL.

Normand BAILLARGEON, pédagogue libertaire et historien de l'anarchisme est celui qui assume le plus la *«proposition libertaire»*[1] qu'est le participalisme, alors que l'anarchisme est visiblement connu mais peu référencé par les deux états-uniens. C'est pourquoi je partage totalement la remarque du canadien *«L'inspiration libertaire de l'Écopar est à la fois diffuse — entendez par là qu'elle imprègne tout le modèle — et explicite — certaines de ses caractéristiques fondamentales étant directement reprises de la tradition anarchiste».* Il accorde une large place à la pensée de KROPOTKINE, et si nous pensons aux positions de l'écologie sociale de Murray BOOKCHIN, on se rend compte que la pensée kropotkinienne a connu sur le sol américain un incontestable regain et une belle réactualisation depuis les années 1960 jusqu'à nos jours.

Robin HAHNEL, professeur d'économie à l'université de Washington DC, est un fervent militant *«anti-globalisation»*, qui se présente comme proche des libertaires, et comme compagnon de route du *South Maryland Greens* (Parti Vert du Maryland) et du *Green Party of the United States* (Parti Vertdes États-Unis). Il est très lié à Michael ALBERT, ancien du MIT, avec lequel ils ont écrit un grand nombre d'ouvrages dans les années 1970-1990. Mais il s'est un peu écarté du participalisme au tournant du siècle. Il reste cependant fidèle aux principes de justice, solidarité et de coopération, avec ses analyses sur Amartya SEN[2] et son essai de 2005: *Economic Justice and Democracy. From Competition to Cooperation*[3].

Michael ALBERT, au contraire, a continué sans relâche à peaufiner ses propositions alternatives participalistes, et à les diffuser dans le cadre de multiples activités: la maison d'édition *South End Press* de Boston, la revue *Z Magazine*[4]fondéen 1988 et *ZNet* fondé en 1995entre autres. Nombreux sont ses écrits sur le site *«Parecon»* http://www.parecon.org/intro.htm. Il approfondit les problèmes de la coopération et de l'autogestion dans divers ouvrages. En 2000 c'est *Moving forward. Program for a Participatory Economy*[5]. Dans la lignée de l'action directe du mouvement libertaire et des altermondialistes d'aujourd'hui il précise les méthodes dans *Trajectory of change. Activist strategies for social transformation* (2002)[6]. La volonté utopique est renouvelée par *PARECON (PARticipatory ECONomics). Life after capitalism* (2003)[7] et par sa volonté de réaliser les rêves et de revitaliser l'espoir ici et maintenant *Realizing Hope: Life Beyond Capitalism* (2006)[8].

Dans ce milieu libertaire nord-américain les positions en faveur du *«**PARECON** - PARticipary ECONomics»* ou *«**ECOPAR** - ÉCOnomie PARticipaliste»*, depuis les années 1980-1990, forment un projet pragmatique et gradualiste d'autogestion, une forme *«d'utopie réaliste»*. L'économie *«participaliste»* cherche à installer une nouvelle socio-économie dans le monde actuel, gérée par les travailleurs et les usagers, c'est à dire *«une économie équitable et efficiente qui promeuve l'autogestion, la solidarité et la variété»*[9]. Comme l'autogestion ou le conseillisme, l'ECOPAR s'appuie sur des conseils ou comités de producteurs et de consommateurs. Les concepts de base sont justice, solidarité, coopération et partage des tâches et des pouvoirs: toute la panoplie de l'associationnisme libertaire depuis FOURIER et KROPOTKINE. La référence à FOURIER n'est pas innocente puisque le modèle proposé reconnaît les talents et les efforts individuels, insiste sur la rotation des tâches et leurs aspects ludiques ou attrayants, et mise sur une étude pragmatique du monde socio-économique.

Le participalisme repose en effet plus globalement sur une *«planification démocratique-participative»*, ce qui nous renvoie un peu en arrière, du temps des *3 piliers* de la CFDT autogestionnaire du début des années 1970: socialisation, planification démocratique et autogestion. Dans les deux cas il s'agit de trouver une 3° voie, une alternative, réfutant à la fois les systèmes centralisés et totalement nationalisés (en gros de type dit *«soviétique»*) et les systèmes reposant uniquement sur l'économie de marché (qu'ALBERT diabolise un peu trop comme le font souvent des altermondialistes simplistes). C'est pourquoi il n'est pas très étonnant de voir se préciser la doctrine participaliste au moment ou s'effondre le bloc socialiste étatique et où la fin officielle de la Guerre Froide ouvre de nouvelles perspectives. Michael ALBERT et Robin HAHNELsortent à cette date deux ouvrages majeurs: *Looking Forward: Participatory Economics in the 21st Century* (1990)[10] et *The political economy of participatory economics* (1991)[11]. L'aspect utopique est indissociable de l'analyse économique concrète, ne serait-ce que par la projection dans le 21° siècle et par *Looking Forward* qui nous renvoie de manière inversée à l'utopie célèbre de BELLAMY *Looking Backward*[12].

Mais en plus d'être une forme alternative dans le présent, c'est le projet global de société du futur qui s'esquisse ainsi. L'ambition est de dégager des pistes associatives, autogestionnaires et solidaires aujourd'hui pour les généraliser demain. Il s'agit bien d'une utopie, mais *«réaliste»*, comme l'indique le sous-titre de l'édition italienne (*«Un' Utopia realistica»*[13]). Et comme toute utopie libertaire pragmatique et ouverte, elle invite les acteurs à discuter, modifier, proposer d'autres pistes… dans une diversité nécessaire. Comme le note Roberto AMBROSOLI en présentant un des livres cités, ALBERT *«lance une sorte de défi à la capacité imaginative de la gauche libertaire»*[14] pour le pousser à renouveler son désir d'utopie et de transformation.

---

1 BAILLARGEON Normand *Une proposition libertaire: l'économie participative*-in-http://www.parecon.org/writings/normand1.htm

2 HAHNEL Robin *Understanding Capitalism: Critical Analysis from Karl MARX to Amartya SEN*, London: Pluto Press, 92p, 2002

3 HAHNEL Robin *Economic Justice and Democracy. From Competition to Cooperation*, Routlegde, 43p, 2005

4 Cf. http://www.zmag.org/

5 ALBERT Michael *Moving forward.Program for a Participatory Economy*, Edinburg-London-San Francisco: AK Press, 160p, 2000

6 ALBERT Michael *Trajectory of change. Activist strategies for social transformation*, Boston: South End Press, 2002

7 ALBERT Michael *PARECON (PARticipatory ECONomics). Life after capitalism*, London: Verso Books, 320p, 2003

8 ALBERT Michael *Realizing Hope: Life Beyond Capitalism*, Zed Books, 256p, 2006

9 BAILLARGEON Normand*Économie participaliste*, -in-**Le Monde Libertaire**, Paris: 03-10/03/2004

10 ALBERT Michael/HAHNEL Robin *Looking Forward: Participatory Economics in the 21st Century*, Boston: South End Press, 1990

11 ALBERT Michael/HAHNEL Robin *The political economy of participatory economics*, Princeton: PEP, 1991

12 BELLAMY Edward*Looking backward-If socialism comes (2000-1887)*, 1888

13 ALBERT Michael *Oltre il capitalismo. Un' Utopia realistica*, Minano: Eléuthera, 2007

14 AMBROSOLI Roberto*Pensare il mondo futuro*, -in-**A Rivista anarchica**, Milano: a.37, n°5-327, giugno 2007

UN ANARCHISME PLURALISTE ET EXPÉRIMENTAL?

Divers «*révisionnistes*» de l'anarchisme proposent un mouvement plus **gradualiste**, **possibiliste**, **pragmatique**, donc plus ouvert et moins «orthodoxe»...

C'est le cas en fin du XIXème du courant **broussiste** devenu **possibiliste** (Paul BROUSSE est anarchiste dans les années 1870), retrouvé en Espagne avec PRIETO et illustré plus récemment par Paul GOODMAN ou DE JONG (Cf. La revue *Réfractions*). En Espagne, en fin des années 1910, le syndicaliste Salvador SEGUÍ reprend le terme de «*possibilisme libertaire*», mêlant utopie communiste libertaire et pragmatisme assumé.

Mais à mon avis, la plus profonde expression pluraliste et non figée de l'anarchisme apparaît chez MALATESTA et surtout chez le philosophe Camillo BERNERI, que Gino CERRITO présente comme un *attualista*, c'est-à-dire un révisionniste antidogmatique, ouvert et sachant ancrer l'anarchisme dans son temps[1]. Plus récemment l'italien Pietro ADAMO écrit dans le même sens (**Rivista Anarchica** n°234 et *Culture Libertaire* 1997 p.187). Bien des pédagogues libertaires pourraient s'y rattacher.

Un des meilleurs textes sur ce thème d'un anarchisme ouvert et tolérant, très malatestanien dans son respect des autres mouvances de l'anarchisme, est présenté dans un très riche essai de Victor GARCÍA contre la polémique engagée par Floreal CASTILLA («orthodoxe diplômé»), texte qu'il publie dans **Ruta** sous le titre «*Ortodoxia e heterodoxia*», a.VII, n°29, oct.1976 (republié dans l'ouvrage de Carlos DÍAZ sur *Victor GARCÍA, el Marco POLO de l'anarchismo*, 1993). L'auteur reprend les positions «*ouvertes*» de MALATESTA, BERNERI, NETTLAU, Rudolph ROCKER, mais également BAKOUNINE qui est rarement cité à ce propos.

Dans cette branche d'un anarchisme pragmatique, souvent non violent et gradualiste, se rangent de nombreux britanniques, comme Colin WARD ou April CARTER.

Dans la lignée de Saverio MERLINO, mais aussi de Luce FABBRI et de Pier Carlo MASINI, on tendrait vers une reconnaissance du **rôle positif de la démocratie**; poursuivant l'analyse, Francesco BERTI voit «*l'anarchie comme une forme libertaire de la démocratie*»; la démocratie n'est plus un adversaire, mais un point de départ.[2] L'historien et philosophe italien de l'université de Padoue ajoute même qu'il faut «*faire avancer la démocratie vers l'anarchisme, et non travailler à abattre la démocratie*». Cette position est une avancée importante à l'orée du XXIème siècle, car elle permet d'affirmer que les différents régimes capitalistes ne sont pas identiques, et que le politique n'est pas partout le même, mais qu'il présente des nuances énormes dont certaines sont à conserver, et d'autres à combattre. C'est une condamnation ferme de ceux qui mettent dogmatiquement (et stupidement) dans le même sac fascistes, républicains, démocrates réformistes. C'est refuser en milieu anarchiste un unitarisme factice. Sur un autre plan, cette «*démocratie libertaire*» de BERTI peut se présenter comme un effort pour définir ce que d'autres appellent «*l'anarchie possible*», «*l'anarchie praticable*», c'est à dire des ébauches de société libertaire au sein de la société inégalitaire actuelle. Ce qui rejoint d'une certaine manière toutes les positions en faveur des expérimentations utopiques, ici et maintenant.

Ce gradualisme est surtout illustré en fin du XXème siècle par l'italo-uruguayenne Luce FABBRI (1908-2000), fille du théoricien Luigi FABBRI exilé à l'époque du fascisme en Amérique Latine. Pour elle l'utopie pour le XXIème siècle doit garder clairement l'idéal de «*l'utopie anarchiste fondée sur une politique non-étatique*», mais doit également s'appuyer sur un réseau diversifié de communautés autogérées de tout type, cette «*toile d'organismes autogestionnaires*» étant chargée de préparer (et de tester) «*un monde libre pour demain*»[3]. Dans son essai contre tous les totalitarismes de 1948[4], elle propose une définition ouverte pour l'anarchisme: «***socialisme libre***», qu'elle reprendra ensuite à plusieurs reprises.

Il est intéressant de rappeler que lors du débat contre la montée des fascismes, en 1935 surtout, des anarcho-syndicalistes espagnols, modérés ou *trentistes* comme Juan PEIRO, pensent que la démocratie est préférable au fascisme et que la FAI se trompe en mettant sur le même plan régimes totalitaires et régimes démocratiques. Cela l'amène à se positionner ponctuellement pour une reconnaissance des élections, si nécessaire, quand le danger est trop grand. Un an plus tard, en janvier 1936, la CNT suivra cette position en acceptant tacitement que certains de ces membres votent (une incroyable hérésie en milieu anarchiste) et permettent ainsi le succès du Front Populaire (*Frente Popular*) espagnol.

Aux Pays Bas le professeur de droit, Thom HOLTERMAN[5], propose un anarchisme très pragmatique qui ne renie pas le pouvoir, mais qui cherche à le diluer, à le faire éclater en mettant en place un «*contrôle décentralisé*», ce qui n'est pas sans rappeler certaines positions de Paul GOODMAN.

Dans ce cadre, l'anarchie rejoint tous les discours et propositions sur les «*utopies plurielles*», refusant toute uniformité.

L'ANARCHISME «POSITIF» OU CULTUREL

Peter HEINTZ[6] dans une édition allemande dès 1951, parle d'anarchisme «***positif***» dans un ouvrage important pour présenter les aspects «*modernistes*» de l'anarchisme. Pour lui, les libertaires par leurs critiques ou leurs engagements, commencent à imprégner beaucoup d'aspects des sociétés contemporaines (culture, éducation, démocratie directe, vie libre, mœurs égalitaires et libérées...) et cela de manière pas forcément révolutionnaire, et en tout cas antidogmatique. Ce qui semble bien loin donc de l'anarchisme «***négatif***» reposant sur les supposés

---

[1] **CERRITO Gino** *L'anarchismo attualista di Camillo BERNERI*, -in-*Atti del convegno Camillo BERNERI*, Milano: 1977

[2] **BERTI Francesco** *MALATESTA e il fascismo, gli anarchici e la democrazia*, -in-**Rivista Anarchica**, Milano: n°265, été 2000

[3] **FABBRI Luce** *Una utopía para el siglo XXI*, Barcelona: 03/10/1993

[4] **FABBRI Luce** *El totalitarismo entre las dos guerras*, Buenos Aires: 1948

[5] **HOLTERMAN Thom** *La loi immanente de la structure fonctionnelle*, -in-**L'Arc**, n°91-92,1984

[6] **HEINTZ Peter** *L'anarchismo e il presente*, Lugano: La Baronata, 1993

dogmes des penseurs traditionnels de l'anarchie, et sur des méthodes de lutte qui auraient fait leur temps (?). En réalité, même à l'époque des grands penseurs, bien des anarchistes vivaient librement leur engagement, tant dans leur vie personnelle que dans leur militance collective.

Peter LÖSCHE dans son *Anarchismus* de 1977 présente Peter HEINTZ comme un «*anarchiste de dérivation existentialiste*».

L'ANARCHISME TROPELER@

En Colombie, divers collectifs libertaires[1] (dont *Alas de Xue*) se réclament d'un anarchisme sans prétention, ouvert, évolutif, fédérateur, qu'ils définissent comme un état d'esprit contestataire, radical, satirique, magique (en hommage aux traditions indigènes, Cf. ci-dessous). Le terme ***tropeler@***, (le @ souvent utilisé par les militant(e)s latin(e)s permet de dire autant ***tropelera*** que ***tropelero***, féminin ou masculin) difficilement traduisible, est leur manière de se positionner.

Tous leurs textes réaffirment la multiplicité des tendances de leur projet anarchiste «*unificateur*» et leur ironique refus des groupes dogmatiques, d'où ce regroupement hétéroclite «*d'anarcho-indianistes, anarcho-féministes, anarcho-communistes, socialistes libertaires, anarcho-meca (indigène), anarcho-tropeleros, anarcho-syndicalistes (et même) anarcho-éthyliques*». Ils se réclament constamment de «*diverses pensées politiques, éthyliques, érotiques…*»! On retrouve ici quelques aspects revendiqués par certaines avant-gardes du début du XX° siècle, entre dadaïsme et surréalisme par exemple.

En se positionnant pour la démocratie directe et l'autogestion, ils affirment le faire avec des objectifs suffisamment vagues pour ne pas sombrer dans le sectarisme: «*égalitaires, humanistes, écologiques et libertaires*». (Point 4 de la *Charte du Projet Culturel Ala de Xue-PCAX*, 1988).

LA «DÉMANARCHIE» QUÉBECQUOISE

Au Québec, entre 1994 et 1997 est publié un journal libertaire qui s'intitule *Démanarchie*, littéralement «*le peuple sans dirigeant*»[2]. C'est un néologisme composé visiblement de démos et d'anarchie.

Il s'agit d'un journal au ton très radical contre tous les autoritarismes, l'État bien sûr mais également le patriarcat machiste ou la société marchande, ou la société du spectacle… Il apparaît assez proche des mouvements punks libertaires («*anarcho-punks*»), rebelles à toute forme de culture institutionnalisée.

Mais il se situerait dans la mouvance «*plate-formiste*», qui est une des formes plus ou moins autoritaires de l'anarchisme: le titre serait donc insuffisant pour se garantir des leaders et des autorités.

ANARCHISME POSTMODERNE OU POST-ANARCHISME

Vivien GARCÍA[3] propose une synthèse de positions surtout anglo-saxonnes qui mettraient en avant un anarchisme évolutif et partiellement transformé, qu'on peut nommer indifféremment ***Post-Anarchisme*** ou ***Anarchisme postmoderne***. Il s'agit tout au plus d'une adaptation critique des grands principes libertaires à l'époque contemporaine, en tenant compte des évolutions sociétales et des crises subies par toutes les idéologies. Par époque contemporaine, il faut entendre post-Seconde guerre mondiale, celle-ci apparaissant comme une rupture fondamentale. Les propositions alternatives et antiautoritaires semblent être les mêmes qu'autrefois, sous de nouveaux termes, mais avec un nouvel état d'esprit. Cet état d'esprit est sans doute plus pragmatique, pluraliste (plus réticulaire?) et moins systématique, et volontiers critique vis-à-vis de l'anarchisme «*classique*». Ce dernier est parfois jugé trop scientiste et trop optimiste, à la fois sur la nature humaine et sur le sens de l'évolution. Les post-anarchistes feraient ainsi une critique anarchiste de l'anarchisme[4], en contestant son humanisme comme étant parfois trop manichéen et trop globalisant.

Ces propositions sont aussi influencées par le poststructuralisme souvent d'origine et de développement français, d'où une troisième notion: ***Anarchisme poststructuraliste***. Ce dernier s'inspirerait essentiellement de la *French Theory* (FOUCAULT, DERRIDA, DELEUZE…) sur le plan philosophique, et touche surtout le domaine anglo-saxon.

Enfin il est intéressant de noter que ces penseurs sont de solides connaisseurs de l'individualisme anarchiste ou anarchisant européen, STIRNER et NIETZSCHE particulièrement. Or paradoxalement, ils ne conçoivent l'anarchisme classique que «*classiquement*» devrait-on dire, le datant des années 1870 et le retenant essentiellement bakouninien ou kropotkinien.

Les post-anarchistes semblent donc caricaturer à leur tour l'anarchisme objet de leur étude[5], et mal connaître sa diversité ancienne, ni son actualité, ni la nébuleuse de l'anarchisme actuel, pourtant si proches de leurs positionnements. Ils utilisent des ressources fort lacunaires pour analyser un mouvement d'une si grande richesse, on peut donc légitimement penser qu'ils risquent fréquemment la caricature ou la «*schématisation*» excessive[6]!

Les auteurs concernés sont surtout des universitaires anglophones, intéressés prioritairement par l'éthique et la conceptualisation, ce qui rend leur effort plutôt théorique et normatif[7]. Ils développent leurs idées «*hors les pratiques et l'histoire*» de l'anarchisme, ce qui en réduit très sérieusement la portée. Non insérés dans la pratique, ils apparaissent donc plus comme des spéculateurs plus ou moins heureux, et sont l'objet de multiples analyses critiques sur le net.

---

1 **FAJARDO SÁNCHEZ Luis Alfonso** *Una historia del anarquismo en Colombia: Crónicas de utopía*, Móstoles: 1999
2 **CYR Marc-André** *La presse anarchiste eu Québec (1976-2001)*, Mascouche: Éditions rouge et noir, 222p, 2006
3 **GARCIA Vivien** *L'anarchisme aujourd'hui*, Paris: L'Harmattan, 262p, 2007, p.34
4 **GARCIA Vivien** *op.cit.*, p.44-45
5 Ce que reconnaît **GARCIA Vivien** *op.cit.*, p.91 « *l'anarchisme n'est pas une théorie politique précise, avec ses concepts définis une fois pour toute* »
6 **GARCIA Vivien** *op.cit.*, p.97
7 **GARCIA Vivien** *Du postanarchisme au débat anarchiste sur la postmodernité*, -in-*Territoires multiples, identités nomades,* **Réfractions**, Paris: n°21, p.133-144, 2008, p.138

Vivien GARCÍA voit la première référence de cette mouvance récente chez Hakim BEY en 1987[1], dans le terme, mais non dans le contenu.
Il mise en fait sur 4 auteurs assez proches, le premier et le 3° sont étatsuniens, le 2° (Saul NEWMAN né en 1972), australien d'origine et le dernier canadien.
Les ouvrages qu'il utilise prioritairement sont, dans l'ordre chronologique:
en 1994: ToddMAY *The political philosophy of poststructuralism anarchism*[2]
en 2001: SaulNEWMAN *From BAKUNIN to LACAN: Anti-Authoritarianism and the Dislocation of Power*[3]
en 2002: Lewis CALL *Postmodern anarchism*[4]
en 2005: Richard DAY *GRAMSCI is dead: Anarchists Currents in the Newest Social Movements*[5]
En fait Lewis CALL, spécialiste de NIETZSCHE (thèse en 1995) a déjà publié en 1999 un article sur «*l'anarchisme postmoderne*»[6] chez deux auteurs qu'il analyse. D'autre part il remonte aux écrits d'Ursula LE GUIN[7] pour fonder son concept, ce qui nous ramène des décennies en arrière, et notamment aux mythiques années 1960. Il s'inspire également des idées d'Hakim BEY et propose quelques pratiques de récupération individuelle et d'échanges mutuels égalitaires, réticulaires et gratuits, qui remontent autant à la tradition anarcho-syndicalistes qu'aux volontés des libertaires de l'internet[8].
Todd MAY, lui aussi marqué par les sixties dont il s'inspire, et par la pensée philosophique française en grande partie issue ou bouleversée par les «*évènements de 1968*» (DELEUZE, FOUCAULT, DERRIDA…), évoque le «*poststructuralisme anarchiste*» depuis au moins 1989[9].
Quant à Saul NEWMAN, grand spécialiste de STIRNER, il s'intéresse au poststructuralisme comme «*théorie politique de l'universalité*» depuis 2000[10]; c'est à lui surtout qu'on doit, depuis 2001, le terme revendiqué de **post-anarchisme** ou **postanarchisme**.
Richard DAY est sans doute plus intéressant; intellectuel libertaire affirmé, il est surtout un connaisseur de Gustav LANDAUER. Il a proposé depuis les années 1990 des études sur le multiculturalisme et les cultures démocratiques indigènes qui en font un tenant de l'anthropologie libertaire. Il mêle toutes ses connaissances aux pratiques des mouvements anti-globalisation pour en montrer les convergences[11].

ANARCHISME «ÉPISTEMOLOGIQUE»

L'autrichien Paul FEYERABEND (1924-1994), avec son ouvrage «*Contre la méthode. Esquisse d'une théorie anarchiste de la connaissance*» de 1975[12], avance l'idée d'un anarchisme «*épistémologique*» opposé à l'anarchisme «*religieux*» ou politique.

Il s'agirait pour l'analyste d'un positionnement ouvert, sans présupposé théorique ou idéologique figés. Il n'y a dans l'ouvrage de FEYERABEND que la volonté de ne pas s'enfermer dans des schémas de pensée et des méthodes trop traditionnelles qui le rattache à une attitude libertaire ou anarchiste du savoir et de la démarche scientifique.

Mais cet écrit est caricatural par rapport à l'anarchisme dit «*religieux*», comme si les anarchistes n'avaient jamais été critiques contre tous les Absolus (PROUDHON), tous les systèmes (STIRNER), et la science autoritaire et péremptoire (BAKOUNINE, RECLUS…). Pour mieux faire passer son idée de relativité et de prudence, et sa volonté de refus des dogmes, il crée un dogme anarchisme qui est une large invention, même si certains grands penseurs ont parfois été imprudents vis-à-vis de la nature humaine ou de l'évolution.
Cependant, il affirme néanmoins paradoxalement que «(sa) *thèse est que l'anarchisme contribue au progrès, quel que soit le sens qu'on lui donne*».

ANARCHISME «INDIANISTE OU INDIGÉNISTE», VOIRE «PRIMITIVISTE»

En Amérique Latine, divers groupes se réclament autant de l'anarchisme d'origine européenne, que des anarchismes autochtones, qu'ils relient souvent aux traditions plus ou moins libertaires amérindiennes (indigènes ou indianistes selon les cas)[13]. Ils s'inspirent d'autres tentatives libertaires locales, comme celles des fugitifs noirs et de leurs essais de vie libre dans les «*palenques*» («*véritables républiques indépendantes*»), ou celles des boucaniers et autres pirates (Cf. sur le même site mon **Chapitre IV** sur les *Traces utopiques libertaires*).
La recherche des racines indigènes redonne une large place aux «*aspects de socialisme magique*» de ces peuples proches de la nature et met l'accent sur leurs pratiques «assembléistes» et solidaires (donc proche des idéaux kropotkiniens d'entraide). Cela renforce les courants écologiques et respectueux de la nature. L'Amérique est alors souvent renommée «*Notre Amérique*» pour la distinguer de celle des conquistadores, ou **Amerikua** (pays ou se rencontrent les vents) pour lui redonner un sens amérindien.

[1] **WILSON Peter Lamborn (BEY Hakim)** *Post-Anarchism Anarchy*, -in-NYC, A.O.A. Plenary Session, March 1987 & -in-http://www.leftbank.org/bey/postanar.htm, consulté le 31/10/2007
[2] **MAY Todd** *The political philosophy of poststructuralist anarchism*, Pennsylvanie: UPP, 1994
[3] **NEWMAN Saul** *From BAKUNIN to LACAN: Anti-Authoritarianism and the Dislocation of Power*, Oxford: Lexington Books, 208p, 2001
[4] **CALL Lewis** *Postmodern anarchism*, Lanham: Lexington Books, 165p, 2002
[5] **DAY Richard** *GRAMSCI is dead: Anarchists Currents in the Newest Social Movements*, Toronto-London: Between The Lines-Pluto Press, 2005
[6] **CALL Lewis** *Anarchy in the matrix: postmodern anarchism in the novels of William GIBSON and Bruce STERLING*, -in-**Anarchist studies**, a.7, n°2, 1999
[7] **CALL Lewis** *Postmodern Anarchism in the Novels of Ursula K. LE GUIN*, -in-**SubStance**, *Anarchism, Poststructuralism and the Future of Radical Politics*, vol. 36, n°2-113, 2007
[8] **GARCIA Vivien** *Du postanarchisme au débat anarchiste sur la postmodernité*, -in-*Territoires multiples, identités nomades,***Réfractions**, Paris: n°21, p.133-144, 2008
[9] **MAY Todd** *Is post-structuralist political theory anarchist?*, -in-**Philosophical and social criticism**, XV, n°2, 1989
[10] **NEWMAN Saul** *Universalism/Particularism: Towards a Poststructuralist Politics of Universality*, -in-**New Formations**, n°41, 2000
[11] Cf. par exemple **DAY Richard J. F.** *Anarchism, Indigenism, and Anti-Globalization in North American Social Movements,* -in-**DeriveApprodi**, November 2003
[12] **FEYERABEND Paul K.** *Against Method: Outline of an anarchistic theory of knowledge*, Humanities Press, 1975
[13] **FAJARDO SÁNCHEZ Luis Alfonso** *Una historia del anarquismo en Colombia: Crónicas de utopía*, Móstoles: 1999

L'historien anarchiste qui a le plus développé pour l'Amérique Latine cette relation entre anarchisme *«importé»* d'origine européenne et traditions indigènes est l'argento-vénézuélien Ángel CAPPELLETTI (1927-1995)[1], notamment dans son ouvrage de 1990 sur *El anarquismo en América latina*.

En Italie, l'anarchisme post-68 a toujours été sensible à ces aspects, faisant de *L'utopia selvaggia*[2] à la fois un mode à préserver et à défendre, et un modèle à partiellement s'inspirer[3].

Les récents mouvements néozapatistes issus du Chiapas mexicain ont été très souvent soutenus et promus par les libertaires (Cf. sur le même site mon **Chapitre IX** sur *Les essais libertaires de grande ampleur*).

Aux États-Unis, une idéalisation (un peu acritique et caricaturale) des cultures des sociétés premières ou des sociétés anciennes de chasseurs-cueilleurs, s'exprime dans la position de *«l'anarcho-primitivisme»*. John ZERZAN[4] qui en est un des principaux exposants, propose la notion paradoxale de *Futur primitif*, qui, en s'appuyant sur les cultures pré-écologiques, cherche à contrer les nocives cultures occidentales qui ne pensent qu'à domestiquer la nature, et cela au moins depuis l'Époque moderne. Les civilisations amérindiennes sont ici en bonne place pour servir de référence, mais elles sont citées au même titre que les sociétés paléolithiques, sans trop de nuances. En fait il y a de la caricature dans cette position, qui devient parfois un pur refus de principe de la science et de la technologie, car totalement assimilées à l'oppression et à l'aliénation. L'anarcho-primitivisme, que des revues comme *Anarchy* ou *Fifth Estate* diffusent aux ÉU, est donc à distinguer de la position indigéniste qui apparaît bien moins fermée[5].

ANARCHISME «MONISTE» ET «HOLISTE»?

Le **monisme** des *«naturalistes intégristes»* dans la lignée d'Ernst HAECKEL, monisme comparable à *«l'holisme actuel»* affirme Philippe PELLETIER[6], influencerait certains anarchistes écologistes qui n'ont pas assez de recul par rapport aux dérives de ce courant de pensée. Le monisme analyse l'univers comme un tout, unitaire, ce qui en gomme apparemment les particularismes et le pluralisme. Il serait au contraire, pris dans ce sens réducteur, une vraie antithèse de l'anarchisme pluraliste par essence et par conviction?

Pourtant *«l'anarchisme de PROUDHON et de BAKOUNINE (sont) un monisme et un immanentisme absolu»* affirme Daniel COLSON[7]. Ce n'est donc pas la réduction qui est en cause ici, mais la volonté de tout englober de par sa seule puissance d'analyse, en rejetant tout ce qui est imposé ou hors de soi. C'est pourquoi il peut affirmer en s'appuyant sur DELEUZE (qui voit l'anarchie comme *«étrange unité du multiple»*) que *«l'anarchie (est) la pensée du multiple»*.

À trop jouer sur les concepts philosophiques, on risque de s'éloigner de l'objet de son étude et entretenir le flou…

L'italien Amedeo BERTOLO propose l'expression d'**anarchisme holiste** (du grec **holos**, qui forme un ensemble, un tout). On retrouve ce terme sous la plume de Alain THÉVENET, un des animateurs de la revue *«Réfractions»* et des éditions ACL. Il l'analyse surtout à partir des positions de John CLARK, un des penseurs hétérodoxes de *«l'écologie sociale»* surtout développée au départ par Murray BOOKCHIN.

L'idée **holistique** c'est de prendre en compte la totalité du monde, d'englober nature et humanité en une même pensée, en mettant l'accent sur leurs interactions sans domination de l'une sur l'autre. La nature tout comme l'humanité ne peuvent donc se définir isolément.

Cette position d'écologie libertaire, d'harmonie entre l'homme et son milieu, serait déjà amorcée par William GODWIN au début du XIXème siècle, et par Élisée RECLUS en fin de ce même siècle. Cette vision de l'anarchisme serait donc une des plus ouvertes qui soit.

Elle rejoint les anarchistes qui, en s'inspirant de la philosophie taoïste, en apprécient également le caractère holistique.

MUNICIPALISME LIBERTAIRE ET ÉCOLOGIE SOCIALE

Un anarchisme basé sur *l'écologie sociale* et le **municipalisme libertaire (*«libertarian municipalism»*)** s'est largement développé depuis les ÉU grâce à Murray BOOKCHIN (1921-2006), Janet BIEHL (sa compagne et sa biographe née en 1953) et John CLARK. Il reprend les notions *municipalistes* du communisme libertaire ibérique du début du XXème en lui ajoutant d'autres connotations, notamment une écologie *«radicale»*, antiautoritaire, sachant utiliser les technologies à condition qu'elles soient alternatives et *«libératrices»*. BOOKCHIN comme CLARK combattent fréquemment les défenseurs de l'écologie profonde (*«deep ecology»*) car trop passéiste et pas assez libertaire à leurs yeux.

Mais le terme est lui-même très polysémique, désignant autant les formes d'autogestion municipales, des essais de démocratie directe au niveau des localités, ou la simple participation des libertaires à la vie locale, et donc avec éventuellement participation au vote et aux responsabilités dans le cadre des conseils municipaux (à condition que ce soit sur des bases claires, *«antiparlementaristes»* et *«antiétatiques»*)[8]. Cette dernière prise de position de BOOKCHIN lui amène de strictes répliques en camp anarchiste, de tous ceux qui restent sur une position radicale anti-électoraliste. Même son principal disciple, le philosophe John CLARK, s'oppose désormais au *«municipal dream»* (rêve municipal) de BOOKCHIN.

---

1 **MÉNDEZ Nelson** *Ángel CAPPELLETTI y su enfoque de la historia social del anarquismo en América Latina*, -in-**Estudios Históricos**, Caracas: Universidad Central de Venezuela, n°9, 1997

2 **AMODIO Emmanuele** *L'utopia selvaggia: teoria e prassi della liberazione indigena in America Latina* Ragusa-Noto: La Fiaccola, 215p, 1984

3 *L'anarchico e il selvaggio*, **Volontà, rivista anarchica trimestriale**, Milano: n°1, 168p, 1986

4 **ZERZAN John** *Futur primitif*, Paris: L'insomniaque, 96p, 1998

5 **MÉNDEZ Nelson/VALLOTA Alfredo** *Bitácora de la utopía: anarquismo para el siglo XXI*, Caracas, tiré le 17 septembre 2003 sur le site http://nodo50.org/ellibertario/ellibertario/tripalibros.htm, 139p. A4, septembre 2002, p.60

6 **PELLETIER Philippe** *Les anarchistes et la science, approche*, -in-*L'anarchisme a-t-il un avenir? Histoire de femmes, d'hommes et de leurs imaginaires*, Actes du Colloque International de Toulouse, 27-29/10/1999, Lyon: ACL, 560p, 2001

7 **COLSON Daniel** *DELEUZE et le renouveau de la pensée libertaire*, -in-*L'anarchisme a-t-il un avenir? Histoire de femmes, d'hommes et de leurs imaginaires*, Actes du Colloque International de Toulouse, 27-29/10/1999, Lyon: ACL, 560p, 2001

8 **BOOKCHIN Murray** *Pour un municipalisme libertaire* (1984), Lyon: ACL, 48p, 2002, p.33

Pour éviter la dérive du repli sur soi, un puissant fédéralisme doit coordonner les diverses communautés autogestionnaires. La tradition kropotkinienne et proudhonienne sont donc fortement reprises et amplifiées, pour façonner une «*démocratie libertaire*» à partir des communes ou des quartiers urbains.

D'autres auteurs font du «*municipalisme*» un pur synonyme de communisme libertaire, ce qui n'est pas la même chose que les positions précédentes, car il s'agit alors d'une utopie plus large, englobant l'humanité dans sa totalité. C'est en fait une reprise des idées ibériques exprimées dans les années 1920 et 1930.
Il en est de même du terme proche «*communalisme*», projet «autonomiste *et fédéraliste*» que Camillo BERNERI utilise en 1926[1].

Dans tous les cas de figure, la liaison avec «*la mystique communaliste*» (formule de Th. RUYSSEN) proudhonienne semble confirmée, ce qui nous confirme que *communalisme* et *municipalisme* s'appuient tous les deux sur la réalité la plus basique de toute société, si on exclut la famille et les individus isolés, qui est la commune ou *municipio* ibérique. Dans L'idée générale de la révolution au XIXème siècle et dans Contradictions politiques. Théorie du mouvement constitutionnel au XIXème siècle, PROUDHON affirme que «*la Commune est par essence, comme l'homme, comme la famille, comme toute individualité ou collectivité intelligente et morale, un être souverain. En cette qualité, la Commune a le droit de se gouverner elle même, de s'administrer...*»[2].

COMMENT TENTER DE PARTIELLEMENT CONCLURE SUR LES QUESTIONS DE TERMINOLOGIE?

On le voit, la diversité est énorme, et les adjectifs ont tendance à se développer, de nouveaux concepts à apparaître ou à se diffuser.
En guise de conclusion, on peut dire que le terme libertaire ou antiautoritaire est préférable à celui d'anarchisme, car plus ouvert et plus général, plus pluraliste également et donc pour cela plus satisfaisant. C'est celui que je retiens dans la plupart des approches que je tente sur les utopies.

Cependant on peut par prudence se rallier aux écrits de Carlos DÍAZ[3] et à la synthèse récente de CLARK[4] sur l'anarchisme, qu'il définit en 4 points, ce qui permet d'éviter de confondre totalement anarchie et utopie:
C'est d'abord une vision d'une société idéale, non coercitive et non autoritaire, refusant les institutions forcément dominatrices par nature, à commencer par l'État. Si on s'arrête là, on a bien un socialisme utopique, l'anarchie, qui vise à la réalisation d'une «*société d'amis, d'hommes libres*» pratiquant une morale «*de l'appui mutuel*». Anarchie et utopie semblent synonymes.
C'est un mouvement critiquant (et luttant contre) la société existante en se fondant sur cet idéal antiautoritaire: praxis réelle, actions directes...: un mouvement théorique et militant. L'utopie est donc «*une utopie de l'ambivalence*» car faite pour les hommes. Elle est donc «*dialectique*» et non figée. «*La definitividad es contradictoria con la dialéctica del anarquismo - Ce qui est définitif est en contradiction avec la dialectique de l'anarchisme*» écrit DÍAZ. La cohérence entre les moyens et les fins est bien une des volontés constantes de l'anarchisme.
C'est une vision optimiste de la nature humaine et de ses potentialités libertaires, mais sans naïveté, notamment vis à vis de la corruption occasionnée par tout pouvoir... L'anarchisme est un «*néohumanisme*». L'homme au centre, l'humanisme, sont bien des thèmes libertaires intangibles: la société dans laquelle les personnes s'insèrent doit préserver leur intégrité, leur liberté la plus totale.
C'est une stratégie de changement, reposant sur des réalisations d'alternatives immédiates (contemporaines) et ancrées dans le réel: conseils, comités, autogestions, communes, coopératives, éducations alternatives, collectivités, municipalités... Le mouvement anarchiste a multiplié les formes d'actions et d'expérimentations, qui toutes ont à voir de près ou de loin avec la motivation utopique.

Dans son gros travail sur le Portugal João FREIRE propose la notion «***d'anarchisme social***»[5] pour définir l'anarchisme largement majoritaire dans le monde ibérique. Il met un peu de côté «***l'anarchisme individualiste***» et «***l'anarchisme mystique***», très minoritaire dans son pays. Il le présente en 11 points:
Antiétatisme, société libre, sans État,
Anticapitalisme, économie des besoins,
Antithéologisme, désaliénation religieuse, liberté de conscience,
Rationalisme, libre examen, esprit scientifique,
Éthique, conscience, hédonisme, nature,
Éducation, fondée sur l'apprentissage,
Famille libre, sur la base de l'amour et de la responsabilité,
Travail, autonome, utile et créateur,
Action, cohérence et directe,
Organisation, participative, égalitaire,
Transformation sociale, révolutionnaire.
On voit bien avec cette nomenclature (à mon avis pas assez classée) que tout se mêle dans l'anarchisme: la préparation (éthique, éducation, prises de positions...), l'action et l'autre monde envisagé (famille libre, société libre...). Encore une fois, le passé et le présent préparent un avenir espéré meilleur.

1BERNERI Camillo *Per un programma d'azione comunalista*, Paris: inédit, 1926
2PROUDHON P.-J.*Contradictions politiques. Théorie du mouvement constitutionnel au XIXème siècle* -in-*Œuvres complètes*, Paris: Nouvelle édition Rivière, 1952, p.128 & 245
3DÍAZ Carlos*El anarquismo como fenomeno político moral*, Madrid: 1978
4CLARK John*Qu'est ce que l'anarchisme?* Montpellier: 1980
5FREIRE Joâo *Les anarchistes du Portugal*, Paris: CNT-RP, Version simplifiée et mise à jour de la thèse de 1988, 336p, 2002, p.236-237

Ainsi l'utopie (ou l'utopique) transparait partout dans la pensée et le mouvement libertaires: dans la volonté de réalisation d'un monde nouveau, dans les pratiques mises en avant pour l'atteindre, dans la manière de vivre ici et maintenant sur un mode alternatif... Il s'agit bien «*d'une vie présente dans laquelle l'idéal se réalise à partir de la construction d'une pensée politique et d'une culture libertaires, toutes les deux enracinées dans les mouvements sociaux et populaires. De cette manière, identité et projet, culture et mouvement, vie quotidienne et militantisme se fondent dans la «cause» en effaçant les limites traditionnelles du politique, du social, de l'identitaire et du culturel*»[1].

Pour être complet, il faudrait reconnaître également que c'est un mouvement qui échappe également à ses membres et à ses organisations, puisque bien des personnes ou des associations ont une pratique libertaire, ou des attitudes libertaires, antiautoritaires, sans se réclamer pour autant de l'anarchie. Le concept «*d'anarchisme diffus*» ou «*ontologique*» que développe très bien Mimmo PUCCIARELLI dans diverses analyses (notamment lors du colloque de 1999[2]) est un bon outil pour rappeler qu'une «*brise libertaire*» peut affecter des mouvances très larges, des domaines étonnants, et que cette «*sensibilité libertaire*» bien réelle reste souvent peu identifiable, et la plupart du temps irrécupérable par «*l'anarchisme social ou culturel*» plus classique. Et c'est sans doute très bien ainsi...

Je me rallie à cette notion d'anarchisme diffus, mais il faut la prendre avec prudence, car le nombre colossal de ceux qui se disent anarchistes, anciens anarchistes ou libertaires, venant de tous les horizons ou de tous les milieux, ne peut que nous faire douter. Les effets de mode et les positionnements rebelles ne sont parfois que des postures.

PS: Pour compléter les analyses et trouver l'essentiel des références thématiques, chronologiques et bibliographiques, on peut se rendre sur le site http://artic.ac-besancon.fr/histoire_geographie/hgftp/autres/utopies/utopies.htm dans lequel, on traitant des *Utopies anarchistes et libertaires*, au sens large des termes, j'ai développé toutes ces problématiques.

1   **GREZ   TOSO   Sergio**   *Los   anarquistas   y   el   movimiento   obrero.   La   alborada   de   « la   Idea »   en   Chile,   1893-1915* Santiago: LOM Ediciones, 436p, 2007, p.20

2**PUCCIARELLI Mimmo***Éloge de l'anarchie*, -in-*L'anarchisme a-t-il un avenir? Histoire de femmes, d'hommes et de leurs imaginaires*, Actes du Colloque International de Toulouse, 27-29/10/1999, Lyon: ACL, 560p, 2001

IV. THÉOLOGIE

CRITIQUE DE LA (DÉ)RAISON THÉOLOGIQUE

Sylvain Reboul

Biographie de l'Auteur:
A été professeur de philosophie titulaire de 1967 à 2003 dans plusieurs lycées. Il est intervenu à l'Université d'Angers pendant plus de 10 ans dans le cadre de la formation d'ingénieurs qualiticiens (ISTIA),ainsi qu'au lycée Bergson d'Angers , dans la préparation des candidats aux oraux des concours aux écoles supérieures de commerce. Il a dirigé la publication et a été coauteur de deux ouvrages intitulés: «Regards sur Bergson» qui ont été primés par l'Académie Française en 1993.
Il est maintenant à la retraite de l'enseignement, mais pas de la philosophie qu'il continue de pratiquer sur son site «Le rasoir philosophique», Plusieurs conférences de lui ont été publiées en France et en Belgique sur les thèmes: «Croyance et Vérité» et «Capitalisme comme économie du désir». Il est co-animateur de la Société Angevine de Philosophie fondée en 1993 par Monsieur Lucien Guirlinger, philosophe.

Résumé de l'article:
Le croyant croit que Dieu existe parce qu'il vit sa présence au plus profond de sa subjectivité. En cela il n'a pas besoin de preuve rationnelle pour affirmer l'existence de Dieu, non seulement dans son esprit, ou son imagination,mais hors de son esprit, dans une réalité supérieure et extérieure (transcendante) au monde naturel et humain. Il croit pouvoir affirmer que Dieu, en tant qu'être surnaturel disposant d'un pouvoir absolu, au moins moral, sur les humains, existe objectivement pour tous les hommes croyants ou non. Mais il a besoin pour cela de convaincre les autres de la vérité universelle de sa foi, ne serait-ce que pour se convaincre lui-même, face aux incroyants et autres mécréants
Ainsi, toute la tradition théologique chrétienne, travaillée par la philosophie antique et son exigence de rationalité critique ouverte, n'a eu de cesse de tenter de prouver que Dieu existe aussi en raison, c'est à dire, non seulement dans le cœur ou l'imagination des croyants, mais, comme une réalité fondamentale démontrable, transcendant et expliquant rationnellement le monde, plus réelle encore que le monde lui-même .
L'auteur de cet essai montre en quoi cette tentation de prouver rationnellement l'existence réelle de Dieu pour en faire une vérité objective universelle a rationnellement échoué. Cet échec et cette ambition déçue ont, du même coup, généré un doute radical concernant la valeur de vérité de la foi et de son contenu et a permis la possibilité de l'athéisme philosophique ainsi que celle de la laïcité comme agnosticisme politique.
La raison philosophico-théologique, par un renversement dialectique implacable, serait ainsi l'origine intellectuelle, dans la culture occidentale, au pire de la mise en cause radicale, au mieux de la dissipation du caractère sacré de la vérité de la foi, au profit de la vérité scientifique et de l'agnosticisme politique.

LA FOI EN DIEU A-T-ELLE BESOIN DE PREUVES?

«L'homme qui n'a que ses forces d'homme ne peut pas saisir ce qui vient de l'Esprit de Dieu; pour lui ce n'est que folie, et il ne peut pas comprendre, car c'est par l'Esprit qu'on en juge.»<u>Paul de Tarse</u> **(1 Co 2. 14). vers 53**

« Tout ce que l'on peut dire de certain sur Dieu, c'est qu'il n'y a rien à en dire»<u>Thomas d'Aquin</u> **«Somme théologique» (les cinq voies) 1273**

«C'est le cœur qui sent Dieu et non la raison. Voilà ce que c'est que la foi: Dieu sensible au cœur, non à la raison.» <u>Pascal,</u> **«Les pensées» 1670.**

«On ne désire pas une chose parce qu'elle est bonne, mais on la trouve bonne parce qu'on la désire»<u>Spinoza</u> **«L'Ethique»1677.**

Il est paradoxal de constater que nombre de philosophes-théologiens, voire de pères de l'église, dans l'histoire de la pensée chrétienne, se sont efforcés de démontrer plus ou moins logiquement l'existence réelle de Dieu, alors même que la certitude de cette existence objective (ou hors de l'esprit) relève pour eux non de la raison, mais de la foi. Celle-ci en effet s'impose d'elle-même dans ce qui est reçue par eux et les croyants comme une révélation divine transmise par et dans une tradition fondée sur des texte inspirés voire dictés par dieu lui-même. Pourquoi donc faudrait-il qu'elle s'adjoigne un critère de vérité dont elle dénie précisément la pertinence dans le domaine religieux, la raisonnement, pour prouver ce dont elle est intimement convaincue et ce qui est présenté comme une vérité surnaturelle sacrée, à savoir indiscutable? Christ et sa résurrection disait Paul ne sont-ils pas folie pour la raison? Pascal lui même affirmait que la vérité de Dieu est celle du cœur et non de la raison et que Christ-Dieu s'impose comme au delà de toute raison, voire contre elle; la trinité est mystère comme le sont touts les dogmes fondamentaux de toutes les religions.

Pour réduire un tel paradoxe il faut, semble-t-il, faire retour sur le besoin de preuve rationnelle de l'existence de Dieu dans un monde (encore) traversé par le conflit entre la pensée philosophique grecque et antique qui se prétend rationnelle et est le lieu de débats débat interminable entre thèses opposées (dialogue) sur les fondements du monde et le sens de la vie humaine et la pensée religieuse qui n'a nul besoin de preuve et encore moins besoin d'arguments toujours discutables pour convaincre. Il faut donc comprendre cet étrange besoin de mêler vérité de foi et vérité de vérité de raison , théologie et philosophie, comme la conséquence d'une crise au moins latente entre deux modèles de la vérité et deux sources de la culture occidentales pour le moins difficilement compatibles. Mais cet effort de surmonter ce conflit n'est-il pas à son tour voué à l'échec sur les deux plans, celui de la foi et celui de la raison? N'y a t-il pas, dans cette tentative, le germe de la remise en question de la foi elle-même comme source première de toute vérité fondamentale? Où doit-on arrêter le pouvoir critique de la raison dès lors que l'on prétend prouver aussi par la raison que Dieu existe, y compris que la révélation en tant que telle de cette existence pourrait être sinon prouvée en elle-même du moins (dé)montrée rationnellement comme nécessaire?

Au fond, si une certaine partie de l'islam a très bien compris le danger en interdisant de philosopher à propos de la vérité divine et du sens du texte sacré, pour les considérer très tôt comme définitifs et les administrer sous l'autorité incontestable du Coran, de la tradition, et du pouvoir monopolistique et politiquement théocratique des imams, la tradition chrétienne a peut-être, en maintenant l'exigence de la preuve rationnelle, préparé la mise en question du contenu de la foi qu'une partie de l'islam sunnite a refusé dès le IXème siècle (*«ne dire de Dieu que ce qu'en dit*

Dieu dans le coran et son prophète dans la sunna». Ibn Hanbal.); ce refus de toute interprétation du Coran par le hanbalisme qui a donné jour au salafisme et au Wahhabisme dominant en Arabie Saoudite, fait du livre sacré, considéré comme directement dicté par Dieu, et de la sunna (tradition du prophète) des textes à suivre à la lettre. Ce refus de toute interprétation a été imposé par une des traditions du sunnisme à partir du XIVème siècle, à l'encontre d'autres écoles plus ouvertes à la réflexion philosophique; d'autres courants modernistes de l'islam tentent aujourd'hui de rouvrir le droit à l'interprétation contre le danger de l'islamisme radical et terroriste qui n'est qu'une interprétation, au contraire de ce qu'elle prétend, intégriste de la tradition islamique. Mais l'on trouve à ce sujet des équivalents chrétiens de cet intégrisme littéral dans certaines églises nord-américaines qui, par exemple, refusent non seulement la théorie darwiniste de l'évolution, mais celle-ci même au nom de la bible prise à la lettre. Mais cette tentation intégriste chrétienne n'a pas pu et/ou a du mal historiquement à s'imposer car elle s'est heurtée au fait

que les églises chrétiennes avaient besoin d'affirmer le libre-arbitre afin que seuls les hommes puissent être rendu responsables du péché et non pas le Dieu-créateur..

que Dieu pour les chrétiens s'était incarné et s'était fait homme en son fils Jésus-Christ par amour pour annoncer l'évangile et le salut aux hommes et non pour les soumettre à sa seule puissance; cette deuxième interprétation de l'amour de Dieu pour les hommes, comme fondement du libre arbitre est plus moderne.

L'agnosticisme, voire l'athéisme et la séparation plus ou moins radicale de la religion et de la politique appelée laïcité, pourraient être alors, les fruits, à son corps défendant et il a fallu que les laïcs l'impose, de l'effort de la pensée religieuse chrétienne qui consiste à tenter de confirmer par la raison la vérité de la foi en un Dieu-Homme (double nature du Christ) paradoxal; mais, du même coup, la foi chrétienne était rendue rationnellement contestée et contestable.

Telle est l'hypothèse dont j'entends montrer ici la pertinence à l'examen des textes de références où sont développées les preuves de l'existence de Dieu chez St Anselme, Descartes, St Thomas et Jean-Paul II, ainsi que les critiques rationnelles justifiées, par Pascal et surtout Kant, que soulève cette tentative rationaliste de prouver l'existence de Dieu. Je conclurai sur la fin du religieux comme source et fondement ultimes de la vie politique que cet effort problématique, pour ne pas dire absurde, a provoqué malgré lui .

FOI ET RAISON SUR UN BATEAU: CELUI-CI CHAVIRE.

Plusieurs types de preuves rationnelles de l'existence de dieu ont été proposées par les théologiens-philosophes dont il faut distinguer **la preuve directe logico-ontologique** (appellation donnée par **Kant**) et les preuves indirectes induites de la réflexion sur le monde et son origine.

1) LES PREUVES ONTOLOGIQUES DIRECTES (DÉDUCTIVES)

LES DÉMONSTRATIONS D'ANSELME DE CANTERBURY ET DE DESCARTES

ANSELME (PROSLOGION, CHAPITRE 2: «QUE DIEU EST VRAIMENT») VERS 1100.

«Donc, Seigneur, toi qui donnes intellect à la foi, donne-moi, autant que tu sais faire, de comprendre que tu es, comme nous croyons, et que tu es ce que nous croyons. Et certes, nous croyons que tu es quelque chose de tel que rien ne se peut. penser de plus grand. N'y a-t-il pas une nature telle parce que 1`insensé a dit dans son cœur: «Dieu n'est pas». Mais il est bien certain que ce même insensé, quand il entend cela même que je dis: «quelque chose de tel que rien ne se peut penser de plus grand», comprend ce qu'il entend, et que ce qu'il comprend est dans son

intellect, même s'il ne comprend pas que ce quelque chose est. Car c'est une chose que d'avoir quelque chose dans l'intellect, et autre chose que de comprendre que ce quelque chose est. En effet, quand le peintre prémédite ce qu'il va faire, il a certes dans l'intellect ce qu'il n'a pas encore fait, mais il comprend que cette chose n'est pas encore. Et une fois qu'il l'a peinte, d'une part il a dans l'intellect ce qu'il a fait, et d'autre part il comprend que ça est. Donc l'insensé aussi, il lui faut convenir qu'il y a bien dans l'intellect quelque chose de tel que rien ne se peut penser de plus

grand, puisqu'il comprend ce qu'il entend, et que tout ce qui est compris est dans l'intellect. Et il est bien certain que ce qui est tel que rien ne se peut penser de plus grand ne peut être seulement dans l'intellect. Car si c'est seulement dans l'intellect, on peut penser que ce soit aussi dans la réalité, ce qui est plus grand. Si donc ce qui est tel que rien ne se peut penser de plus grand est seulement dans 1' intellect, cela même qui est tel que rien ne se peut penser de plus grand est tel qu'on peut penser quelque chose de plus grand; mais cela est à coup sûr impossible. Il est donc horsde doute qu'existe quelque chose de tel que rien ne se peut penser de plus grand, etcela tant dans l'intellect que dans la réalité...» Psaume 14:1; 53:1.

Il s'agit, dans ce texte, d'une prière qui s'adresse à Dieu et donc qui présuppose la foi en son existence pour montrer en quoi elle lui paraît nécessaire du point de vue de cette foi fondatrice de son raisonnement. *«Je ne cherche pas à comprendre afin de croire, mais je crois afin de comprendre. Car je crois ceci — à moins que je ne croie, je ne comprendrai pas.»* Cette argumentation n'est donc en rien lié à une interrogation critique visant à répondre dialectiquement, argument contre argument, positivement sur la question de l'existence de Dieu, mais l'exposé rationalisé de la foi qui l'anime; ce qui revient à faire de la raison la servante de la foi et non pas son juge d'instruction (à charge et à décharge). La preuve qu'il invoque au regard de sa foi est par définition a-critique en cela que la raison ne peut que lui confirmer dans le dialogue qu'il mène avec Dieu la nécessité prétendument démontrable de l'existence objectivement indiscutable de ce dernier. Qui refuse cette évidence de foi rationalisée, selon lui, ne peut être qu'un insensé, en cela que ce dernier semble refuser le principe de (non)contradiction indispensable pour communiquer du sens et convaincre philosophiquement. Toute la question est donc de savoir si ce principe est ici appliqué rationnellement et s'il suffit d'en faire un usage apparent pour que non seulement l'idée de l'existence de Dieu soit prouvée dans son esprit, mais aussi l' existence réelle de celui-ci, en dehors de l'idée que sa foi induit en son esprit ou si ce raisonnement pourrait se suffire à lui-même logiquement pour prouver l'existence réelle du Dieu (et non seulement la possibilité, sinon la nécessité logique de son idée), sans la foi qui l'anime.

Examinons l'enchainement des propositions qui constitue ce raisonnement, à savoir la validité de leur contenu et celle de leur relation et par là tentons de juger ce qu'il en est de l'évidente nécessité de l'existence réelle de Dieu qu'il prétend ainsi démontrer comme une vérité objective.
«Donc, Seigneur, toi qui donnes intellect à la foi, donne-moi, autant que tu sais
faire, de comprendre que tu es, comme nous croyons, et que tu es ce que nous
croyons.»
D'emblée Anselme
 fait de l'intelligence et de la foi un don de Dieu; ce qui suppose, dès lors qu'il s'adresse directement à Dieu, comme présence vécue, dans sa prière, qu'il est déjà suffisamment convaincu de son existence sinon par l'intelligence du moins par la foi .
 fait de l'intelligence un instrument de la foi, ce qui écarte la possibilité d'en faire un juge critique valide de la foi, mais assigne à la raison l'obligation de le confirmer dans sa foi.

Il s'agit donc pour lui de voir sa foi confortée par la raison et non pas de discuter rationnellement de la valeur de vérité de sa foi. Il s'agit donc a-priori de s'interdire tout débat sur le rôle de la raison comme possible juge de la connaissance religieuse ou théologique.

Nous sommes donc bien dans le cadre d'une pensée anti-dialectique qui prétend refuser tout pouvoir critique de la raison dans le domaine de la croyance religieuse et cela au nom du don divin et donc de la loi divine: la foi en Dieu fonde l'usage légitime de la raison et s'interdit toute velléité de remise en cause de la révélation divine qui fait de la raison un don de Dieu pour conforter la foi. Il faut être croyant pour accepter le raisonnement qui suit que l'on a appelé preuve ontologique. Commentons ce dernier
«Et certes, nous croyons que tu es quelque chose de tel que rien ne se peut.
penser de plus grand»

Nous sommes dans la pensée et non dans la visée de la réalité du contenu de l'idée de Dieu. L'idée de Dieu est, dans l'esprit du croyant , l'idée d'un être qui est le plus grand de tous les êtres. Rien ne permet encore de dire selon la raison que cet être existe réellement en dehors de l'idée que s'en fait le croyant, sauf à faire de sa croyance un critère rationnellement suffisant de vérité objective (de la vérité de' l'idée de Dieu dans son rapport de conformité à l'existence objective même de Dieu), ce qui ferait de la raison un adjuvant inutile ou purement rhétorique de la foi à l'intention de tromper le non-croyant en lui présentant l'existence de Dieu comme une vérité rationnelle.

Donc l'insensé aussi, il lui faut convenir qu'il y a bien dans l'intellect quelque chose de tel que rien ne se peut penser de plus grand, puisqu'il
*comprend ce qu'il entend, et que tout ce qui est compris est dans **l'intellect**.*
«Et il est bien certain que ce qui est tel que rien ne se peut penser de plus grand ne peut être seulement dans l'intellect ne rien ne se peut
*penser de **plus grand»***

Ce qui est plus grand que tout ne peut se penser comme existant dans les seules limites de la raison humaine, mais doit être pensé comme réellement existant.

Démonstration: Il suffit en effet de penser c'est à dire de comprendre ce que l'on pense quand on pense à un être plus grand que tout (ce qui ne veut pas dire connaître précisément cet être en totalité ou dans sa nature), y compris pour l'insensé qui nierait qu'il puisse exister réellement un être plus grand que tout, pour penser nécessairement que cet être existe, car sinon il ne serait pas plus grand que tout: être plus grand que tout, c'est en effet être réellement existant: il y aurait donc une contradiction logique selon Anselme entre suprême grandeur et inexistence, dès lors que l'existence est une grandeur et/ou en fait partie et que la non existence serait un manque celle-ci interdirait de penser l'extrême grandeur comme telle. Ce qui n'est pas, puisque tous les hommes sont capables de la penser, y compris l'incroyant. Il suffit donc d'être capable de penser l'extrême grandeur pour être assuré démonstrativement qu'elle existe hors de l'esprit qui la pense c'est à dire ou objectivement.

*«Il est donc horsde doute qu'existe quelque chose de tel que rien ne se peut penser de plus grand, et **cela tant dans l'intellect que dans la***
réalité...»

Nous voilà bien au cœur de la preuve: en ce qui concerne la pensée de l'être «le plus grand» que nous pouvons penser sinon connaître (par la raison) cette pensée, sauf à se contredire elle-même ne peut pas refuser à cet être l'existence hors d'elle car cette existence, nous l'avons vu fait intégralement partie de sa grandeur infinie. Sauf que cette grandeur infinie n'est pas explicitement posée par Anselme comme telle. Celui-ci se contente de parler d'un être plus grand que tous les (autres) êtres mais rien ne dit:
que la suite des êtres ne soit pas elle-même infinie, ce qui interdit de penser l'idée un être plus grand que tous les autres, de même que dans le suite des nombres on peut toujours penser à un nombre plus grand que tout nombre sans pouvoir le définir comme le plus grand, et de même l' existence dans l'esprit d'un être le plus grand ou l'existence réelle hors de l'esprit de cet être devient une pétition de principe non démontrée.
que cette pensée de l'être plus grand que tous les autres, en tant qu'il serait infiniment infini, existe objectivement hors de la pensée de celui qui le définit comme tel; il pourrait n'être qu'un être de pensée sans objet référent dans la réalité, il n'est en rien contradictoire d'affirmer que cet être qui plus est unique (en mathématiques nous savons qu'ils «existent» au sens mathématique plusieurs infinis. Ex: l'ensemble des nombres et l'ensemble des nombres pairs n'existent pas hors de l'esprit de celui qui le pense car l'existence logiquement n'est pas une grandeur ou le prédicat d'un objet qui serait plus grand que tous les autres, voire infini, mais un opérateur qui pose cet existence comme un jugement de réalité à propos de l'objet et qui n'appartient pas à sa définition. Ce jugement d'existence à propos d'un objet pensé a besoin d'être prouvée non pas logiquement mais par l'expérience, comme toute existence objective hors de l'esprit. Tant qu'on reste dans la seule logique on reste sur le plan des idées et non de la réalité extérieure à l'esprit, comme le dit justement Kant (lire plus loin). On ne peut sortir de l'esprit par la logique

quelque soit l'objet pensé, fut-il d'une grandeur infinie. On a le droit de nier son existence en dehors de l'esprit de celui qui le pense. Qui plus est un être plus grand que tous les êtres peut être pensé comme l'être infiniment infini que je peux appeler nature et non pas Dieu ou Dieu comme nature infiniment infinie (Spinoza) dont les autres êtres ne seraient que des modes infinis ou finis. Rien ne permet d'affirmer que la nature si on lui accorde une grandeur infinie soit créée pas un Dieu transcendant et non pas seulement l'effet en tant que nature naturée d'elle-même en tant que nature naturante.

<u>DESCARTES</u>: «LES MÉDITATIONS MÉTAPHYSIQUES» MÉDITATION 3 (1641).

C'est Descartes qui a vu que le raisonnement d'Anselme était insuffisant car par trop centré sur le terme de grandeur pour le moins ambigu dès lors qu'il implique l'idée d'une comparaison quantitative qui ne dit rien sur la qualité de cette grandeur, laquelle la distingue de toute autre grandeur quantifiable et interdit toute relativité ou relativisation.
Si Dieu est dieu c'est par la perfection comme grandeur incomparable qu'il se distingue de tout autre être.
La preuve ontologique de Descartes fait de la perfection divine le nerf de sa démonstration sans, en apparence, faire référence à la foi comme croyance supra-rationnelle et cela en deux temps:
Si Dieu est parfait et si la perfection existe nécessairement, alors dieu existe réellement en dehors de ma pensée. La première proposition est une définition purement conceptuelle qui en tant que telle n'implique encore en rien l'existence de Dieu hors de l'esprit, c'est la deuxième proposition de ce raisonnement qui introduit l'existence comme partie prenante de l'idée de perfection. En quoi? En cela qu'une perfection qui n'existerait pas serait imparfaite, ce qui serait logiquement absurde et ainsi l'idée de perfection semble impliquer par ce simple raisonnement par l'absurde, que la perfection existe. La conclusion d'un tel syllogisme est donc que si la perfection existe et s'il n'existe qu'une seule perfection, sauf à être imparfaite, ce qui serait logiquement contradictoire, alors Dieu existe en tant qu'unique perfection.

Mais Descartes se rend très bien compte que ce syllogisme (apparent, voir plus loin) est encore contestable: il se pourrait en effet que le perfection n'existe que dans et pour pensée (logique) et non dans la réalité extérieure à elle .. *«car ayant accoutumé dans toutes les autres choses de faire distinction entre l'existence et l'essence, je me persuade aisément que l'existence peut être séparée de l'essence de Dieu, et qu'ainsi on peut concevoir Dieu comme n'étant pas actuellement. Mais néanmoins, lorsque j'y pense avec plus d'attention, je trouve manifestement que l'existence ne peut non plus être séparée de l'essence de Dieu, que de l'essence d'un triangle rectiligne la grandeur de ses trois angles égaux à deux droits, ou bien de l'idée, d'une montagne l'idée d'une vallée; en sorte qu'il n'y a pas moins de Répugnance de concevoir un dieu (c'est-à-dire un être souverainement parfait) auquel manque l'existence (c'est-à-dire auquel manque quelque perfection), que de **concevoir une montagne qui n'ait point de vallée»**.* Descartes affirme qu'il ne peut penser Dieu comme être parfait sans penser qu'il existe nécessairement en tant que tel, sauf à commettre une contradiction logique: un être parfait ne peut pas, sans contradiction, ne pas exister, sauf à être imparfait, ce qui est contradictoire, comme nous l'avons vu . Mais cela ne lui permet pas, en toute,rigueur, de sortir de la pensée de cette existence pour affirmer l'existence réelle de Dieu. *«Mais encore qu'en effet je ne puisse pas concevoir un Dieu sans existence, non plus qu'une montagne sans vallée, toutefois, comme de cela seul que je conçois une montagne avec une vallée, il ne s'ensuit pas qu'il y ait aucune montagne dans le monde, de même aussi, quoique je conçoive Dieu avec l'existence, il semble qu'il ne s'ensuit pas pour cela qu'il y en ait aucun qui existe: car ma pensée n'impose aucune nécessité aux choses; et comme il ne tient qu'à moi d'imaginer un cheval ailé, encore qu'il n'y en ait aucun qui ait des ailes, ainsi je pourrais peut-être attribuer l'existence à Dieu, encore qu'il n'y eût aucun Dieu qui existât.»»* Tant s'en faut, c'est ici qu'il y a un sophisme caché sous l'apparence de cette objection: *car de ce que je ne puis concevoir une montagne sans vallée, il ne s'ensuit pas qu'il y ait au monde aucune montagne, ni aucune vallée, mais seulement que la montagne et la vallée, soit qu'il y en ait, soit qu'il n'y en ait point, ne se peuvent en aucune façon séparer l'une d'avec l'autre; au lieu que, de cela seul que je ne puis concevoir Dieu sans existence, il s'ensuit que l'existence est inséparable de lui, et partant qu'il existe véritablement: non pas que ma pensée puisse faire que cela soit de la sorte, et qu'elle impose aux choses aucune nécessité; mais, au contraire, parce que la nécessité de la chose même, à savoir de l'existence de Dieu, détermine ma pensée à le concevoir de cette façon. Car il n'est pas en ma liberté de concevoir un Dieu sans existence (c'est-à-dire un être souverainement parfait sans une souveraine perfection), comme il m'est libre d'imaginer un cheval sans ailes ou avec des ailes.»* Ainsi l'existence de Dieu ne peut dépendre de moi dès lors que l'existence elle-même de Dieu m'impose de penser que l'idée de perfection comme indissociable de celle de Dieu ne peut ne peut provenir de moi.»
Il va donc introduire une deuxième élément dans la preuve: celui de la causalité nécessairement réelle de l'idée de perfection qu'il a dans l'esprit. Nos idées doivent être distinguées quant à leur origine entre celles qui sont innées et celles qui sont acquises et produites par le sujet qui pense, à l'expérience du monde et des autres. Or l'idée de perfection ne peut être acquise en cela qu'alors sa cause dite efficiente, le sujet imparfait qui pense, serait inférieur à son effet: toute idée acquise et fabriquée par notre esprit ne peut être, quant à sa cause, qu'imparfaite. Or il y a au moins autant de perfection dans la cause que dans l'effet, sauf à penser que ce qui est peut provenir de ce qui n'est pas. Donc seul Dieu réellement existant pour être la cause de l'idée de perfection, celle-ci est nécessairement une idée innée comme don de Dieu en tant qu'être parfait. Si j'ai en moi l'idée de perfection celle-ci ne peut provenir que d'une cause parfaite réellement existante hors de moi, ainsi dieu existe non pas seulement dans mon esprit en tant qu'idée mais aussi nécessairement dans la réalité en tant que cause, seule possible, de cette idée, sauf à considérer que Dieu pourrait le tromper; mais même dans ce cas cette tromperie impliquerait l'existence d'un Dieu trompeur, supposition qui est du reste resterait logiquement contradictoire avec sa perfection.
La connaissance de la finitude du sujet qui pense permet à celui-ci de prouver que seul un Dieu unique, infini et /ou parfait peut être cause réelle de l'idée de perfection, c'est à dire de l'idée de Dieu dans l'esprit de celui qui a l'idée innée de Dieu en lui....

QUELLE EST «L'AVANCÉE» DE LA PREUVE DE DESCARTES PAR RAPPORT À CELLE D'ANSELME?

Il s'agissait, nous l'avons vu, dans la prière d'Anselme en forme de raisonnement logique ou ontologique (qui déduit la réalité apriori de l'être suprême de l'enchainement logique d'idées) de se conforter dans la foi et d'écarter toute espèce de doute qui pourrait naitre d'un usage libre ou sceptique de la raison. La foi ne (se) suffirait-elle pas (à elle-même)? Faut-il encore la force de le raison pour la transformer en certitude objective? Faut-il «forcer» le raisonnement au point de faire paraître la foi comme une vérité rationnellement indiscutable? N'est-ce pas la question de la vérité comme certitude qui est aussi posée et par conséquentcelle de la connaissance elle-même comme pouvoir de la produire ou de la découvrir? Mais alors cela veut dire que penser dans la perceptive de la foi comme fondement de la vérité, y compris celle délivrée par la raison, ne peut aller de soi. Un incroyant, comme le dira Descartes, peut toujours contester une vérité qui, par delà sa présentation objective, reste fondamentalement subjective ne valant que pour qui a la foi et ne pouvant convaincre que celui qui est déjà, dans son cœur, convaincu, au point de s'adresser à Dieu de l'existence de laquelle il ne doute pas . Et en cela d 'adresser cette prière à celui dont il est déjà assuré de l'existence pour affirmer une foi qui pourrait objectivement être mise en doute par la raison. Nous verrons que le rôle pour le moins négatif de la raison dans son rapport à la foi, en ce qui concerne la vérité de Dieu, sera au centre de la pensée de Pascal. Mais il faudra pour et avant cela que Descartes tente de démontrer par la seule raison, sans succès comme nous le verrons , l'existence de Dieu comme vérité première de la connaissance rationnelle elle-même, pour que se dévoile l'impossibilité de tout raisonnement ontologique qui prétendrait conclure l'existence de la pensée logique. Or il y a un paradoxe fondamental dans la position de Descartes qui à lui seul, est une menace mortelle pour la foi.: faire du doute radical et systématique la condition de la certitude de la démonstration de l'existence de Dieu fait de la vérité de la foi un objet du doute rationnel. Ce qui est une atteinte, non moins radicale, à la certitude de la foi elle-même, en tant que vérité qui doit pouvoir se suffire à elle-même. Qu'en est-il de cette démonstration?

Il faut, pour comprendre l'innovation de Descartes vis-à-vis de cette prétendue preuve ontologique d'Anselme, voir, dans la démarche du plus grand philosophe d'un pays qui est encore aujourd'hui le plus laïque des démocraties dans le monde, un changement radical de perspective. Il s'agit, pour lui, de faire de l'établissement de la vérité rationnelle comme telle son but ainsi que celui de la philosophie et cela sur une base purement humaine et non plus seulement le moyen de (de s') assurer (de) la valeur de la foi ou de la révélation en l'existence de Dieu. Pour ce faire il tente de démontrer, par le seul usage critique du doute radical, le moyen de s'assurer dans l'ordre de la connaissance, y compris de l'existence fondatrice de Dieu. Ce qui implique que, pour lui, la raison du sujet (universelle) doit primer sur la foi et la révélation (don de Dieu), dès lors que l'on prétend à la vérité, y compris dans le domaine métaphysique. Mais il suffira alors de montrer, entre autres par Kant, que cette preuve est rationnellement fausse ou sophistique pour délivrer la vérité rationnelle de cette subordination prétendument rationnelle de la raison à la foi et des sciences à la théologie . La position de Descartes, à son corps défendant, a ouvert le possibilité d'une réfutation de la vérité révélée comme supra-rationnelle, voire irrationnelle; ce que l'église de l'époque, par sa condamnation du cartésianisme, a immédiatement perçu comme un danger mortel pour la prééminence de la foi en tant que fondement de toute vérité. Le sujet rationnel, pour Descartes apparait alors comme le seul juge de la vérité, y compris de celle de l'existence de Dieu, dès lors que seule la raison permet de dire ce qui vaut comme critère de la vérité, la révélation n'a plus qu'un caractère subjectif: Si le l'existence d'un Dieu de la raison n'est pas démontrable, il reste seulement le Dieu qui parle et existe au cœur du croyant comme l'affirme Pascal. Un tel croyant ne peut s'exprimer rationnellement sur **sa** croyance qu'au travers une démarche réflexive obvie pas sa croyance sous la forme d'un «jugement réfléchissant hypothétique à postériori» et cela au prix de la perte de tout caractère de certitude objective capable de surmonter l'épreuve de la crique rationnelle. L'affirmation de l'existence de dieu n'est plus alors, au mieux, qu'un **postulat ou un jugement réfléchissant de la moralité** et non plus un «jugement déterminant de la connaissance» selon les termes de Kant. **Elle n'a plus de caractère de vérité autre que morale pour un sujet croyant.** Qu'en est-il de la critique kantienne de toute démonstration ontologique possible de l'existence de Dieu? En quoi sape-t-elle définitivement toute prétention philosophico-théologique à démonter celle-ci?

<u>KANT</u>: «CRITIQUE DE LA RAISON PURE»: PARALOGISME DES RAISONNEMENTS DIALECTIQUES (1781)

Kant en effet remettra en question de la manière la plus radicale le para- syllogisme cartésien en affirmant que le fait de nier l'existence de Dieu comme être parfait n'est en rien une contradiction logique dès lors qu'en niant l'existence de Dieu on nie la perfection comme existante: l'existence n'est en rien une propriété ou un attribut analytique du concept de dieu et de sa perfection, mais un simple jugement synthétique que je peux supposer ou non; dans ce dernier cas,_«si je supprime l'idée de l'existence de Dieu, je supprime en même temps toutes ses propriétés, sa perfection, sa toute-puissance» etc..._ Dire: «il n'y a pas de perfection» ce n'est pas se contredire et ce d'autant plus que l'idée de perfection, du reste indéfinissable par elle-même en cela qu'elle est négative en tant que négation de tout objet fini dont nous avons l'expérience objective, n'est qu'un jugement de valeur du sujet à propos d'un objet, mais non un caractère objectif de cet objet. Nul n'a une idée claire de la perfection, mais une notion issue d'un simple sentiment d'émerveillement pour un objet que l'on considère comme infiniment supérieur à tout autre, sans en avoir de preuve. Ainsi l'idée de perfection est elle-même imparfaite et donc, contrairement à ce que dit Descartes, je peux bien en être l'auteur sur fond de comparaison en valeur que j' attribue à tel être imaginé avec d'autres objets pensés. Tout être pensé ne peut être dit existant que si je peux administrer la preuve expérimentale objective de son existence indépendante et hors de mon esprit.» Ainsi *«Cent thalers (euros) réels ne contiennent rien de plus que cent thalers (euros) possibles. Car, comme les thalers (euros) possibles expriment le concept et les thalers (euros) réels, l'objet et sa position en lui-même, au cas où celui-ci contiendrait plus que celui-là, mon concept n'en serait pas le concept adéquat. Mais je suis plus riche avec cent thalers (euros) réels qu'avec leur simple concept (c'est-à-dire avec leur possibilité).» «Nul homme ne saurait, par de simples idées, devenir plus riche de connaissances, pas plus qu'un marchand ne le deviendrait en argent, si, pour augmenter sa fortune, il ajoutait quelques zéros à l'état de sa caisse.»*

Exit donc la preuve ontologique a-priori de Descartes fondée sur le cercle logique qui consiste à prouver l'existence de Dieu par la raison et la valeur de la raison par l'existence de Dieu: on ne peut passer d'une idée possible à l'affirmation de l'existence réelle du contenu de cette idée. L'existence diront les logiciens moderne est un opérateur logique (parmi tous les x, il existe un x qui satisfait à la fonction d'être parfait) qui dépend du sujet qui affirme cette proposition synthétique (qui lie le sujet à un supposé prédicat qui ne découle pas logiquement de sa définition) , mais pas une fonction ou prédicat logique découlant de la définition analytique de l'objet.

C'est pourquoi les théologiens ont aujourd'hui abandonné cette prétendue preuve au profit de 2 types de preuves, soit d'autorité, soit d'expérience. Si la première est sans valeur rationnelle car rien ne prouve l'autorité de textes dits sacrés, si ce n'est l'existence même de dieu qui est censé les avoir inspiré, existence que cette preuve est censé prouver (cercle logique), la seconde peut être, soit de type subjectif, c'est à dire liée à une expérience mystique personnelle ou a une tradition acquise, soit de type objectif. Seul ce deuxième type doit intéresser le philosophe qui prétend argumenter ses opinions dans une perspective universaliste non déterminée par des préjugés religieux.

Peut-on prouver l'existence de Dieu sur fond d'expérience objective du monde?

2) LES PREUVES INDIRECTES DE THOMAS D'AQUIN (INDUCTIVES)

1. DIEU, PREMIER MOTEUR IMMOBILE (ST THOMAS) «SOMME THÉOLOGIQUE, IN LES CINQ VOIES» (1273)

«La preuve de l'existence de Dieu peut être obtenue par cinq voies. La première et la plus manifeste est celle qui part du mouvement. Il est évident, nos sens nous l'attestent, que dans ce monde certaines choses se meuvent. Or, tout ce qui se meut est mû par un autre. En effet, rien ne se meut qu'autant qu'il est en puissance par rapport à ce que le mouvement lui procure. Au contraire, ce qui meut ne le fait qu'autant qu'il est en acte; car mouvoir, c'est faire passer de la puissance à l'acte, et rien ne peut être amené à l'acte autrement que par un être en acte, comme un corps chaud actuellement, tel le feu, rend chaud actuellement le bois qui était auparavant chaud en puissance, et ainsi le meut et l'altère. Or, il n'est pas possible que le même être envisagé sous le même rapport, soit à la fois en acte ou en puissance; il ne le peut que sous des rapports divers: par exemple, ce qui est chaud en acte ne peut être en même temps chaud en puissance; mais il est, en même temps, froid en puissance. Il est donc impossible que sous le même rapport et de la même manière quelque chose soit à la fois mouvant et mû, c'est-à-dire qu'il se meuve lui-même. Donc, si une chose se meut, on doit dire qu'elle est mue par une autre. Que si, ensuite, la chose qui meut se meut à son tour, il faut qu'à son tour elle soit mue par une autre, et celle-ci par une autre encore. Or, on ne peut ainsi procéder à l'infini, car il n'y aurait alors pas de moteur premier, et il s'en suivrait qu'il n'y aurait pas non plus d'autres moteurs, car les moteurs seconds ne meuvent que selon qu'ils sont mus par le moteur premier, comme le bâton ne meut que manié par la main. Donc il est nécessaire de parvenir à un moteur premier qui ne soit lui-même mû par aucun autre, et un tel être, tout le monde le reconnaît pour Dieu.»
Cette preuve tirée d'Aristote est fallacieuse en cela que rien ne prouve que le mouvement ne soit pas originel (premier) et que le repos apparent ne soit pas relatif au mouvement; ce serait alors le mouvement et ses lois de compositions qui seraient causes de ce qui nous parait au repos dans des conditions déterminées. Ainsi dire qu'il faut un premier moteur immobile au mouvement c'est postuler ce qui est en question: l'existence de ce prétendu premier moteur. De plus rien ne nous dit quelle serait le cause de ce premier moteur, si ce n'est lui-même (causa sui); ce qui voudrait dire qu'il faudrait qu'il soit en mouvement pour être sa cause, sauf à penser qu'il soit cause de lui-même sans bouger et donc soit éternel (hors du temps); ce qui est aussi un postulat non démontré et non démontrable.

2. DIEU EST LA CAUSE EFFICIENTE PREMIÈRE

«La seconde voie se réfère à la notion de cause efficiente. Nous constatons, à observer les choses sensibles, qu'il y a un ordre, entre les causes efficientes; mais ce qui ne se trouve pas et qui n'est pas possible, c'est qu'une chose soit la cause efficiente d'elle-même, ce qui la supposerait antérieure à elle-même, chose impossible. Or il n'est pas possible non plus qu'on remonte à l'infini dans les causes efficientes; car, parmi toutes les causes efficientes en série, la première est cause des intermédiaires et les intermédiaires sont causes du dernier terme, quoi qu'il en soit du nombre des intermédiaires, qu'ils soient nombreux ou qu'il n'y en ait qu'un seul. D'autre part, supprimez la cause, vous supprimerez aussi l'effet. Donc, s'il n'y a pas de premier dans l'ordre des causes efficientes, il n'y aura ni dernier ni intermédiaire. Or, aller à l'infini dans les causes efficientes, ce serait supprimer la première; en conséquence, il n'y aurait ni effet dernier, ni cause efficiente intermédiaire, ce qui est évidemment faux. Il faut donc nécessairement supposer quelque cause efficiente première, que tous appellent Dieu.»
Cette preuve est tout aussi fallacieuse que la première car elle ne vaut que si on présuppose sans démonstration que le monde est fini et qu'il est irrationnel de poser la possibilité d'un enchainement infini de causes et d'effets. Que cette possibilité soit difficile à imaginer car notre imagination est finie ne signifie pas qu'elle ne puisse être pensée comme infinie dans le temps de la connaissance; ce qui revient à affirmer que la connaissance de cet enchainement est infinie, c'est à dire liée à une histoire sans commencement premier absolu et sans fin dernière, sauf à postuler une intention première en vue d'une fin dernière, sur le modèle anthropomorphique de l'action humaine pour penser le monde comme création voluntaire. D'autre part on voit mal comment une cause première absolue animée d'intention pourrait de l'extérieur crée un monde aussi relatif, ce qui supposerait qu'elle soit au départ relative à cette intention d'agir laquelle serait l'expression d'une imperfection originelle: ce qui est parfait n'a plus besoin de faire quoi que ce soit pour être ce qu'il est et encore moins de créer un mode aussi relatif et du point de vue même du théologien créationniste si imparfait. Dans un monde infiniment relatif, il n'est nul besoin de cause première unique: la multiplicité des causes et leurs enchainement plus ou moins aléatoire, dans des conditions déterminées, peut rendre compte de tous les phénomènes en tant que monde de l'expérience objective et cela dans l'infini du progrès de la connaissance. A vouloir tout expliquer par une première cause unique on n'explique rien de ce qui fait la différence des phénomènes dont nous avons l'expérience, or c'est cette différence qu'il importe de savoir pour les distinguer dans leurs causes propres et pouvoir agir efficacement sur eux.

3. DIEU EST NECESSAIRE EN SOI, C'EST LA PREMIÈRE NÉCESSITÉ

«La troisième voie se prend du possible et du nécessaire, et elle est telle. Parmi les choses, nous en trouvons qui peuvent être et ne pas être: la preuve, c'est que certaines choses s'engendrent et se corrompent, et par conséquent sont et ne sont pas. Mais il est impossible que tout soit de telle nature; car ce qui peut n'être pas, une fois ou l'autre n'est pas. Si donc tout peut n'être pas, à une époque donnée il n'y eut rien dans les choses. Or, s'il en était ainsi, maintenant encore rien ne serait; car ce qui n'est pas ne commence d'être que par quelque chose qui est. Si donc alors nul être ne fut, il y eut impossibilité que rien commençât d'être, et ainsi, aujourd'hui, il n'y aurait rien, ce qu'on voit être faux. Donc, tous les êtres ne sont pas uniquement possibles, et il y a du nécessaire dans les choses. Or, tout ce qui est nécessaire, ou bien tire sa nécessité d'ailleurs, ou bien non. Et il n'est pas possible d'aller à l'infini dans la série des nécessaires ayant une cause de leur nécessité, pas plus qu'il ne l'est quand il s'agit des causes efficientes comme on l'a prouvé. On est donc contraint de supposer quelque chose qui soit nécessaire par soi-même, ne prenant pas ailleurs la cause de sa nécessité, mais fournissant leur cause de nécessité aux autres nécessaires.»

Deux volets corrélés apparemment logiques mais réellement sophistiques sont utilisés dans cet argument .
Le premier volet de l'argument concerne la question de l'être.
S'exprime dans cet argument l'éternel fantasme paralogique qui remonte à Parménide et Platon que les choses corruptibles n'existent pas

vraiment dans la mesure où elles n'ont pas été toujours et ne seront plus; elles semblent, en effet, se contredire dans leur existence dès lors qu'elle seraient et ne seraient pas, par opposition avec le seul être pleinement existant qu'est Dieu en tant qu'être éternel et infini: seul l'être absolu comme donneur d'être peut faire que les êtres relatifs soient relativement existant dans le temps. Le plus peut engendrer le moins, mais non l'inverse, or le déficit d'existence des êtres relatifs ne peut fonder l'existence en tant que telle, mais seulement les manifestations relatives des êtres relativement existants. Cette vision de l'existence, de l'être comme contraire au néant dans les choses corruptibles relève d'une fausse conception à la fois de l'être et du principe de non-contradiction, car:

2) le fait qu'une chose ait été et ne sera plus n'infirme en rien sa pleine existence temporelle, sauf à croire que le fait qu'une porte soit fermée la nuit contredirait le fait qu'elle soit ouverte le jour! L'être, au sens d'existence réelle dans le monde en rapport avec les autres choses, n'est pas contredit pas un éventuelle disparition . Les êtres dont nous avons l'expérience sont temporels et c'est en ce sens qu'ils existent pleinement alors qu'un être infini et intemporel est proprement sans relation à rien, sans prédicat sinon négatif (in-fini, parfait comme in-imparfait etc) et son éventuelle existence hors du monde le rend pour le moins indéfinissable et indéterminable; ce qui permet du reste à Hegel d'affirmer que l'être en tant que tel (en soi) est équivalent au néant!

3) Enfin nous savons que le principe de non-contradiction interdit de nier et d'affirmer un même prédicat d'un sujet en même temps et sous le même rapport. Or il n'en est rien ici, puisque les êtres relatifs ont été et ne seront plus en des temps différents et, si elles changent d'attributs, sous des rapports différents , dire que les êtres qui ne seront plus ne sont pas vraiment est tout aussi absurde que de dire qu'une porte ne peut être fermée le nuit et ouverte le jour et que, de ce fait, son existence de porte compromise!

Le deuxième volet de l'argument consiste à affirmer qu'il n'est pas possible d'aller à l'infini dans le recherche des causes , ce qui veut dire que l'être divin en tant qu'éternel doit être compris comme la seule cause possible et première absolue pensable de l'existence de tous les êtres relatifs, mais ce qu'oublie Thomas c'est de préciser que ce n'est pas possible pour son esprit limité et (de) croyant, mais non en soi, dès lors qu'il escamote au passage la possibilité au moins théorique d'un progrès indéfini des connaissances! Cette preuve, comme la preuve ontologique, prétend conclure de la pensée limitée à l'existence réelle d'un être infini et infiniment simple en tant que cause première du monde .» Ce besoin de première cause (cause de soi) de la raison thomiste -et non pas de la raison tout court- ne fait que reprendre le sophisme d'Anselme qui, au moins lui, au contraire de Descartes, faisait de cette existence de Dieu l'objet d'une expérience mystique ou de foi actuelle dans la prière et non un simple argument rationnel . Si tant bien même qu'un tel besoin de cause première existât dans l'esprit et qu'il ne puisse être satisfait par ses propres moyens individuels et collectifs dans le temps indéfini cela pourrait signifier, avec plus de rigueur logique encore que la prétendue nécessité de l'existence de Dieu, que l'esprit humain est incapable de connaître le tout (infini) dont il fait partie (finie). C'est dire que, comme le dira Kant, toute connaissance métaphysique du tout et de Dieu, si tant est qu'il (puisse) existe(r) comme cause première (qu'est ce qu'une cause de soi?), de l'âme, de l'absolu, , est rationnellement impossible et, comme le dira Pascal, que «*C'est le cœur qui sent Dieu et non la raison. Voilà ce que c'est que la foi: Dieu sensible au cœur, non à la raison*»» L'existence réelle de Dieu (hors de l'esprit du croyant) ne peut être qu'un objet subjectif de croyance et non pas un objet objectivement démontrable en raison, sauf à faire de celle-ci comme le demandait Thomas la servante de celle-là en lui interdisant a priori toute interrogation ou tout jugement sur la valeur de vérité objective du contenu de la foi. En refusant donc ou en limitant arbitrairement son pouvoir critique. Cette idée de cause première absolue est ce par quoi la foi religieuse est dogmatique et irrationnelle, c'est à dire contraire à la puissance critique de la raison.

4. DIEU EST LE MODÈLE PARFAIT

«La quatrième voie procède des degrés qu'on remarque dans les choses. On voit en effet dans les choses du plus ou moins bon, du plus ou moins vrai, du plus ou moins noble, et ainsi d'attributs semblables. Or, le plus et le moins se disent des choses diverses selon que diversement ces choses se rapprochent de ce qui réalise le maximum; par exemple, on dira plus chaud ce qui se rapproche davantage du maximum de chaleur. Il y a donc quelque chose qui est souverainement vrai, souverainement bon, souverainement noble, et par conséquent aussi souverainement être, car, comme le fait voir Aristote dans la Métaphysique, ce qui est souverain en vérité est aussi souverain quant à l'être. D'autre part, ce qu'on dit souverainement tel, en genre quelconque, est cause de tous les cas de ce genre, comme le feu, chaud au maximum est cause de la chaleur de tout le reste, ainsi qu'il dit au même livre. Il y a donc quelque chose qui est pour tous les êtres, cause d'être, de bonté et de toute perfection. C'est ce que nous disons Dieu.»

Ici Thomas commet la confusion classique entre les choses elles-même et notre jugement de valeur sur les choses que nous considérons comme plus ou moins bonnes selon des critères nécessairement subjectifs; elle est typique de ce mode d'argumentation: la valeur que le sujet attribue aux choses définit les choses elles-même objectivement. Si l'on refuse cette confusion et que l'on distingue jugement de valeur et jugement de connaissance des êtres et des choses, alors cet argument tombe en son principe. Comme le disait ironiquement Spinoza «chaque chose est nécessairement parfaite en son genre», dès lors qu'elle est ce qu'elle est et agit en conséquence selon sa puissance d'agir propre. Seules les actions humaines sont, selon nos valeurs et désirs, partagées ou non, plus ou moins bonnes. Du reste l'exemple de la chaleur pris par Thomas est significatif: il n' y a pas de chaleur en soi mais une température mesurable en degrés que nous apprécions comme chaude ou froide d'une manière qui ne tient qu'à notre complexion biologique et/ou personnelle. Confondre l'être et la valeur et/ou la vérité et le bien est un sophisme: ce qui existe peut être vécu comme mauvais et ce qui n'existe pas peut être imaginé comme bon. Le fait que l'on juge Dieu infiniment bon n'implique en rien son existence hors de notre imagination. Le fait que l'on juge le monde mauvais n'implique en rien qu'un Dieu bon en soit (et non en soi) le créateur, bien au contraire!

5. DIEU EST LE GUIDE INTELLIGENT DE TOUTES CHOSES

«Enfin, la cinquième voie remonte à Dieu par le gouvernement des choses. Nous voyons que les choses privées de connaissance comme les corps naturels agissent en vue d'une fin, ce qui nous est manifesté par ceci que toujours, ou le plus souvent, ils agissent de la même manière de façon à réaliser le meilleur: d'où il apert que ce n'est point par hasard, mais en vertu d'une tendance déterminée qu'ils parviennent à leur fin. Or, ce qui est privé de connaissance ne peut tendre à une fin que dirige par un être connaissant et intelligent, comme la flèche par le sagittaire. Il y a donc quelque être intelligent, par lequel toutes choses naturelles sont orientées vers leur fin et cet être, nous le disons Dieu.»

Toute la rationalité scientifique moderne s'est instituée contre le principe de la cause finale pour expliquer les phénomènes objectifs spontanés ou naturels et cela pour une raison bien simple: on ne peut supposer une fin qui n'existe pas encore, si ce n'est dans la pensée humaine dont la pensée divine n'est qu'une projection anthropomorphique, pour expliquer ce qui existe objectivement. Dès lors que cette supposée pensée divine nous échappe (les voies de Dieu sont impénétrables), si ce n'est par une mystérieuse révélation qui se dérobe à toute expérience objective possible (Kant), invoquer le principe de finalité ne fait qu'expliquer l'inconnu par ce qui est objectivement inconnaissable. Non seulement la connaissance ne progresse en rien mais recule dans la mesure même où cette prétendue explication par les causes finales peut devenir un obstacle épistémologique vis-à-vis d'explications mécanistes sur fond de preuves expérimentales: un exemple malheureusement moderne est le refus par certains créationnistes de la théorie mécaniste de l'évolution qui, en effet, sauf à supposer que dieu créateur tout puissant ait pu errer en faisant de son acte de création une succession d'essais erreurs, est tout à fait contraire à la révélation biblique. Or la théorie de l'évolution relève non plus d'hypothèse métaphysique, hors du champs de l'expérience possible, mais est confirmée par les faits d'observation sur la génétique des populations et dans ses modalités peut être invalidées et progressivement corrigées et complétées, comme il se doit dans toute démarche rationnelle objective.

Toutes ces prétendues preuves se retournent comme des doigts de gants dès lors qu'au fond elle impliquent toutes le présupposé idéaliste fallacieux, dénoncé par Kant, que notre pensée serait capable par elle-même, en dehors de toute expérience objective, sur fond de la seule expérience subjective d'une révélation prétendument divine, d'affirmer l'existence réelle d'une principe surnaturel, absolument parfait, origine et fin du monde et de l'existence humaine, appelé Dieu.

De plus rien ne permet philosophiquement de décider de la nature de ce Dieu que chaque religion particulière, se réclamant d'une révélation différente définit non seulement différemment mais contradictoirement: il suffit de rappeler que le Christ, homme et Dieu pour les chrétiens , est, en tant que tel, pour les juifs et les musulmans, une idole, pour se convaincre qu'aucune universalité de la définition religieuse de Dieu n'est possible. De plus le Dieu rationalisé des philosophes n'est en rien un Dieu chrétien, juif ou musulman, car il n'a que très peu de rapports, voire est peut être vu comme incompatible , avec le Dieu révélé des différentes religions monothéistes. Certains théologiens à bon droit n'hésitent pas à disqualifier une définition rationnelle de l'existence de Dieu et de ce fait, rationnellement contestable, en la considérant comme hérétique en puissance. Dès lors que le mystère de la révélation, par chaque religion, en sa singularité irréductible, est élevée en critère de vérité, toute tentative de prouver universellement l'existence de Dieu, en faisant de cette existence un objet de controverse humaine sur fond de principe de non-contradiction, met à mal le caractère sacré de la révélation en ce qu'elle a de fondateur, . Mettre la raison dans le sacré c'est introduire le vers de la corruption profane (profanation) dans l'intouchable du sacré et c'est faire tomber le divin de son piédestal céleste. C'est du reste ce qui s'est très rapidement produit dans l'histoire de la pensée: la position de Descartes a, à son corps défendant, fait la place à l'irréligion immanentiste et anti-finaliste affirmée de Spinoza, à l'athéisme matérialisme commençant du XVIIIème (La Metrie, Holbach etc..) ou au déisme (Voltaire).

JEAN-PAUL II: LETTRE IN «LA DOCUMENTATION CATHOLIQUE» N° 1902 (1ER 15 SEPTEMBRE 1985)

Il est de ce point de vue intéressant de savoir quelle est la position de l'église catholique aujourd'hui au sujet des rapports entre la foi et la raison quant aux prétendues preuves rationnelles de l'existence de Dieu et cela dans le contexte du progrès des sciences. Je ferai référence ici à une lettre de Jean Paul II qui traite de cette question:

« Quand nous nous demandons: «Pourquoi croyons-nous en Dieu?» la première réponse est celle de notre foi: Dieu s'est révélé à l'humanité, il est entré en contact avec les hommes. La révélation suprême de Dieu nous est venue en Jésus-Christ, Dieu incarné. Nous croyons en Dieu parce que Dieu s'est fait découvrir comme l'être suprême, le grand «Existant».
Toutefois cette foi en Dieu qui se révèle trouve aussi un soutien dans les raisonnements de notre intelligence. Quand nous réfléchissons, nous constatons que les preuves de l'existence de Dieu ne manquent pas. Ces preuves ont été élaborées par les penseurs sous forme de démonstrations philosophiques, selon l'enchaînement d'une logique rigoureuse. Mais elles peuvent revêtir aussi une forme plus simple, et, comme telles elles sont accessibles à tout homme qui cherche à comprendre ce que signifie le monde qui l'entoure. »

Remarquons que Jean-Paul II fait de la foi et de la révélation l'unique source et l'origine première de la croyance en Dieu et non un savoir scientifique ou une quelconque argumentation philosophique. L'homme ne peut par lui-même établir l'existence de Dieu . La foi est un don reçu de l'être suprême transcendant et non l'effet d'une démarche rationnelle humaine, sauf à croire que tous les croyants seraient philosophes. Néanmoins cette révélation s'adressent à tous et tous les hommes sont potentiellement rationnels , c'est pourquoi les philosophes ont établis des preuves rationnelles rigoureuses sous des formes simples que chacun peut comprendre et accepter. Quelles-sont elles?

2. Quand on parle de preuves de l'existence de Dieu, il faut souligner qu'il ne s'agit pas de preuves scientifico-expérimentales. Les preuves scientifiques, au sens moderne du mot, valent seulement pour les choses perceptibles aux sens, car c'est seulement sur celles-ci que peuvent s'exercer les instruments de recherche et de contrôle dont se sert la science.
Vouloir une preuve scientifique de Dieu signifierait abaisser Dieu au rang des êtres de notre monde et donc se tromper sur ce qui est Dieu.
La science doit reconnaître ses limites et son impuissance à atteindre l'existence de Dieu: elle ne peut ni affirmer ni nier cette existence.
Il ne faut cependant pas conclure de ceci que les savants sont incapables de trouver, dans leurs études scientifiques, des motifs valables pour admettre l'existence de Dieu. Si la science, comme telle, ne peut pas arriver à Dieu, le savant, qui possède une intelligence dont l'objet n'est pas limité aux choses sensibles, peut découvrir dans le monde des raisons d'affirmer l'existence d'un être qui le dépasse. Beaucoup de savants ont fait et font cette découverte.
Celui qui, avec un esprit ouvert, réfléchit à ce qui est impliqué dans l'existence de l'univers, ne peut s'empêcher de poser le problème de l'origine. Instinctivement, quand nous sommes les témoins de certains événements, nous nous demandons, quelles en sont les causes. Comment ne pas poser la même question pour l'ensemble des êtres et des phénomènes que nous découvrons dans le monde?

3. Une hypothèse scientifique comme celle de l'expansion de l'univers fait apparaître plus clairement le problème: si l'univers se trouve en expansion continuelle, ne faudrait-il pas remonter le temps jusqu'au moment que l'on pourrait appeler: «le moment initial», celui où cette expansion a commencé? Mais, quelle que soit la théorie adoptée sur l'origine de l'univers, on ne peut éluder la question la plus fondamentale.
Cet univers en mouvement constant postule l'existence d'une Cause qui, en lui donnant l'être, lui a communiqué ce mouvement et ne cesse de l'alimenter. Sans cette Cause suprême, le monde et tout mouvement en lui resteraient «inexpliqués» et «inexplicables» et notre intelligence ne pourrait pas être satisfaite.
L'esprit humain ne peut recevoir une réponse à ses interrogations que s'il admet un Être qui a créé le monde avec tout son dynamisme et qui continue à le soutenir dans l'existence
4. La nécessité de remonter à une Cause suprême s'impose encore plus si on considère la parfaite organisation que la science ne cesse de découvrir dans la structure de la matière. Quand l'intelligence humaine s'applique, non sans peine, à déterminer la constitution et les modalités d'action des particules matérielles, n'est-ce pas parce qu'elle est amenée à en chercher l'origine dans une intelligence supérieure qui a tout conçu?
Devant les merveilles de ce que l'on peut appeler le monde infiniment petit de l'atome, et le monde infiniment grand du cosmos, l'esprit de l'homme se sent complètement dépassé dans ses possibilités de création et même d'imagination, et il comprend qu'une œuvre d'une telle qualité et d'une telle envergure requiert un Créateur dont la sagesse transcende toute mesure, dont la puissance est inifinie.
5. Toutes les observations concernant le développement de la vie conduisent à une conclusion analogue. L'évolution des êtres vivants, dont la science cherche à déterminer les étapes et à discerner le mécanisme, présente une finalité interne qui suscite l'admiration. Cette finalité qui oriente les êtres dans une direction, dont ils ne sont ni les patrons ni les responsables, oblige à supposer l'existence d'un Esprit qui en est l'inventeur, le créateur.»

Ces preuves ne sont pas des preuves de type scientifique, nous dit Jean Paul II, car elles n'obéissent pas aux critères expérimentaux objectifs des sciences: les réalités métaphysiques en effet (Dieu, le sens de la vie, l'amour universel, le salut, la vie après le mort et..) ne sont pas objectivement testables selon des procédures empiriques directes. Ces preuves sont donc d'une autre nature, indirectes, et s'induisent sur fond des insuffisances rationnelles des sciences qui n'ont pas réponse à tout, y compris aux questions qui se posent à elles dans la manifestation interne de leur limites, sans qu'elles aient les moyens d'y répondre. L'exemple le plus frappant est en astro-physique la nature et l'origine du Big-Bang, hypothèse scientifique validée par ses conséquences, mais qui ne peut être pensée, en tant que telle, par la rationalité scientifique du fait que, au moment de cette origine et de l'aveu même des scientifiques, aucune loi spatio-temporelle ne peut exister et que ce qui le précède est alors inconnaissable. Il est donc légitime que le savant fasse place au croyant, voire éprouve l'exigence rationnelle de poser la foi en Dieu et la révélation divine comme seules réponses possibles aux mystères que la science non seulement ne peut résoudre, mais qu'elle crée elle-même, manifestant par là les limites infranchissables d'une démarche purement empirico-rationnelle. Un autre exemple concerne la théorie de l'évolution en biologie: si celle-ci semble contredire le récit biblique de la création , elle ne peut en rendre compte à elle-seule , car le hasard seul ne peut expliquer le sens progressif en terme de complexité croissante de l'évolution et en particulier les sauts qui la caractérise - pensons à l'émergence de la conscience humaine- qu'on ne peut réduire à un système de lois physico-chimiques et ce d'autant moins quelle rend possible la connaissance de ces lois, ce qui la définit comme nécessairement transcendante à elles.. Le sens du récit biblique, contrairement à ce que croient les littéralistes fondamentalistes, est donc, en son fond métaphysique, a-temporel ou éternel, seule son expression, pour être révélée aux hommes, est temporalisée dans le texte sacré, mais ce qui nous paraît scientifiquement avéré dans le temps de l'évolution n'est que l'expression, en tant que création continuée selon notre expérience ici-bas, de l'acte créateur et éternel de Dieu. Le récit biblique est donc symbolique de l'intemporalité de la création, alors que celui de l'évolution est ce par quoi se révèle réellement aux hommes l'acte créateur éternel, c'est à dire hors du temps, de Dieu. Ainsi nous n'aurions plus que le choix entre le hasard et un Dieu créateur comme cause unique pour expliquer l'harmonie du monde et sa finalité, la conscience humaine et créativité»esthétique de l'homme.

Or le recours au hasard est une démission de l'esprit; il n'explique rien puisqu'il refuse la notion de cause: parler du hasard comme d'une cause est rationnellement absurde car le hasard est précisément l'absence de causalité déterminante, soit pas l'effet de notre méconnaissance subjective , soit pas celui d'une telle multiplicité de causes aléatoirement convergentes, soit des deux. Dieu seul peut-être une cause et une raison «suffisante» de tout ce que l'on observe scientifiquement. En ce sens, sciences et religion sont toutes deux légitimes et ne se contredisent qu'en apparence: elles se complètent dès lors que les sciences sont incapables de répondre sur la base de leur rationalité propre aux questions ultimes auxquelles elles se heurtent dans leur recherches. Une rationalité métaphysique fondée sur le foi ou vérité révélée peut seule répondre au besoin de l'esprit rationnel d'expliquer l'origine du monde, son évolution, la conscience humaine transcendant la matière et le sens ultime de la vie.

Nous rencontrons là encore un sophisme classique: celui qui consiste à admettre comme prouvée une proposition métaphysique scientifiquement improuvable (Dieu existe hors de mon esprit qui le pose comme tel) parce que les sciences semblent incapables de répondre aux questions qu'elles se posent et que nous leur posons. Tout ce que l'on peut dire logiquement c'est que si les sciences ne peuvent répondre aujourd'hui, voir jamais, à certaines questions, cela ne prouvent en rien que la révélation soit une réponse satisfaisante aux critères de la vérité objective. La révélation, en effet, ne concerne que les croyants dans leur subjectivité collective et/ou personnelle. Elle ne permet en rien de convaincre celui qui ne croit pas comme le disaient déjà Descartes et Pascal. Elle ne peut valoir que pour les croyants.

De plus l'invocation par Jean-Paul II d'une nécessaire cause première intelligente pour expliquer l'ordre du monde, voire l'évolution des espèces, est tout à la fois fallacieuse, car on peut se passer rationnellement de cette-ci dès lors que nous savons, aujourd'hui et cela est expérimentalement prouvé, que l'ordre du monde et de la vie peut émerger spontanément de conditions ou de mutations aléatoires temporairement «stabilisées» par sélection naturelle (ou sexuelles et culturelles). Elle est métaphysique (hors du champs de l'expérience possible) et à ce titre hors du champs de la preuve. Elle demeure une pure affirmation de foi présentée à tort comme rationnelle.

La position de JP II revient donc , comme il l'a indiqué d'entrée de jeu, à affirmer que la foi est toujours première en matière de religion et que les arguments rationnels ne font que présenter, sous une forme moins irrationnelle en apparence, mais sophistique en réalité, une vérité qui n'est telle que pour les croyants. Toutes ces preuves au fond se réduisent au sophisme suivant: **Je crois que Dieu existe, or seul Dieu a pu me révéler son existence, donc Dieu existe** . Ce qui n'est que la reprise sous une forme affaiblie (croire au lieu de savoir) de la preuve dite ontologique de Descartes. Ainsi ces soi-disant preuves ne sont que des motifs de croire ce que l'on croit déjà, afin d'affirmer la croyance des croyants vis-à-vis du doute toujours possible dans une société ouverte et pluraliste (ce qu'a été pour les chrétiens la redécouverte des philosophes de l'antiquité) et donc du risque de l'incroyance appelé mécréance. Mais nous l'avons vu, cela ne peut se faire qu'en forçant le raison hors d'elle même, au prix de sophismes logiques et de confusions qui toutes au fond reviennent à confondre vérité subjective (ou sincérité), en cela qu'elle répond au seul désir de croire, avec la vérité objective expérimentale qui seule permet de décider ce qui existe hors de notre esprit et ce qui n'existe que dans notre esprit. Or cette confusion est la définition même de l'illusion qui consiste à prendre notre désir (de croire) pour la réalité.

Il est étrange et révélateur que JP II ne se soit pas référé à Kant ne serait-ce que pour critiquer la critique kantienne de la connaissance , laquelle critique kantienne insiste sur la différence radicale à faire entre les sciences et la métaphysique du point de vue de la recherche de la vérité. Mais il est juste de rappeler que jean Paul II ne fait pas de la métaphysique une vérité purement rationnelle dès lors qu'il fait de la foi ou de la grâce comme don de Dieu le fondement de la vérité religieuse. Il faut rappeler que Kant faisait de l'existence de Dieu, non un jugement de connaissance mais un postulat rationnel de la moralité. Or, d'une part ce postulat ne vaut que dans le cadre de la conception morale qui est la sienne et qui reste discutable et d'autre part, un postulat n'est qu'une croyance et non une vérité de connaissance prouvée ou prouvable! Une vérité morale, si cette formule a un sens, et une vérité d'existence objective ou de connaissance sont deux choses différentes. Les confondre est à la source de toutes les illusions idéologiques. Dès lors que cette distinction n'est pas explicite chez Jean-paul II, sa position ne fait que recycler les prétendues preuves de Thomas à la lumière des questions qui se posent aux sciences modernes, en perpétuant la même confusion illusionniste entre ce que l'on peut savoir et ce que l'on espère, désire ou imagine.

On doit se demander pourquoi la foi aurait besoin d'un tel déguisement ou maquillage rationnel dès lors qu'elle prétend être au fondement de la vérité alors même que cette rationalisation manifeste l'irrationalité de la révélation comme mystère et cela au risque de voir discuter ses dogmes. Rappelons, en effet, que la plupart des dogmes fondamentaux du catholicisme sont irrationnels. Exemples:
Le Christ, si tant est que Jésus ait réellement existé, est-il ressuscité? (aucune preuve seuls quelques témoignages indirects (l(homme où la femme qui a vu l'homme qui a vu l'homme..).Mystère
Dieu a créé l'homme pour sa gloire et imparfait ou pécheur pour le faire libre (capable de choisir entre le bien et le mal) et donc capable de mériter le salut.
Or Dieu a créé l'homme libre par amour et pour l'amour de lui (pas d'amour sans liberté de choix), mais en quoi un être parfait peut-il avoir besoin de créer un monde et un homme libre et pécheur, en quoi a-t-il besoin de l'homme par désir de gloire? Mystère.
Si Dieu ne se suffit pas à lui-même dans l'amour qu'il se porte , En quoi peut-il être parfait (comme l'a montré Epicure)? Mystère
En quoi un être peut-il être homme mortel et Dieu immortel en une seule et même personne (double nature du Christ)?Mystère
En quoi le pain et le vin, pour l'église catholique, sont-ils réellement le corps et le sang du Christ (transsubstantiation). Mystère
En quoi Marie, pour l'église catholique, a-t-elle pu être vierge et mère du Christ et elle-même a-t-elle pu être conçue sans acte sexuel (immaculée conception)? Mystère
En quoi le pape de l'église catholique peut-il être infaillible? Mystère

Dieu existe (ou le Christ), car je l'ai rencontré en tant que croyant, telle est la seule certitude subjective de la foi, or un témoignage n'est en rien une preuve d'existence en l'absence d'enquête historique. Ainsi ni la foi, à elle seule, ni la raison, ni l'une et l'autre, ne sont capables de prouver l'existence de Dieu. D'où le scepticisme pour des populations formée à la modernité critique et aux exigences de preuves rationnelles. Ce qui pousse certaines sectes à refuser toute réflexion au profit d'une docte ignorance aimante et chaleureuse (mouvement dit charismatique), en déniant le droit de la raison d'interroger les dogmes de la foi. Quel est le besoin donc de rationaliser la foi sous le forme d' une preuve rationnelle, besoin qui est radicalement voué à l'échec?

Ma réponse à la question de ce besoin paradoxal de rationaliser la foi est que les sciences et la philosophie ont fait du doute rationnel la source de leur fécondité et qu'il faut donc préserver illusoirement la foi par le recours à des raisons sophistiques et para-logiques pour maintenir un semblant d'autorité aux croyances religieuses sur les esprits. Mais il est clair que cette stratégie ne peut réussir qu'a deux conditions: soit en tenant les sciences et la philosophie rationnelles et leur puissance critique à distance des dogmes, ce qui est pour le moins difficile dans nos sociétés libérales et pluralistes, soit en dévaluant leur vérité en s'appuyant sur le besoin de croire au surnaturel pour y fonder un autre modèle de vérité que celui de la rationalité . C'est ce qui permet de comprendre pourquoi Jean-Paul II distingue, sans préciser davantage, la vérité scientifique de la vérité religieuse sans nous dire en quoi celle- ci serait rationnellement supérieure à celle-là, sauf à recourir à la foi dont il sait pourtant l'insuffisance pour convaincre qui n'est pas déjà convaincu ou préparé par son éducation enfantine à l'être.

Or un tel paradoxe qui fait de la raison la servante de la foi est insoluble au point que cette stratégie débouche nécessairement sur l'approfondissement de la crise de la foi. Cette crise générée par deux modèles de vérité illusoirement réconcilié par le recours à des paralogismes sophistiques, accroit nécessairement le danger le plus grave pour les religions, à savoir la dévalorisation de la foi en l'existence de Dieu comme fondement de vérité valant pour tous; c'est, du reste, ce qu'ont très bien compris les intégristes de tous poils qui refusent la dimension critique de la raison en ce qui concerne la foi.

Marier la raison et la foi en forme de mariage forcé par et dans les conditions de la modernité, c'est fondamentalement menacer celle-ci ainsi que les textes sacrés comme source ultime de vérité. Mélanger vérité de foi et vérité rationnelle est soit produire un sorte de religiosité molle ayant perdu tout sens du sacré et à la disposition de chacun (sentiment religieux vaguement humaniste, sans puissance collective d'agir), soit provoquer une dés-affection (au deux sens du terme) vis-à-vis de toute exigence éthique transcendante. La désacralisation du religieux dans la société moderne, sauf régression liberticide ou miracle divin, est donc irréversible. Comme l'est sa conséquence politique: la laïcité , au fondement de l'ordre politique démocratique et républicain, qui ne peut plus refuser l'affirmation de l'agnosticisme et/ou de l'athéisme comme les expressions du refus légitime de toute autorité religieuse idéologique transcendant le champ politique.

AGNOSTICISME ET ATHÉISME: LA LAÏCITE S'IMPOSE

LA CRISE DE LA VÉRITÉ RELIGIEUSE ET SES EFFETS IDÉOLOGIQUES ET POLITIQUES.

Dieu est plus ou moins mort politiquement et/ou en passe de disparaître comme référent fondateur et surplombant de nos démocraties laïques et de nos régulations éthiques modernes. Certains n'hésitaient pas dans le passé à affirmer que si «Dieu mourrait, tout serait permis». Même Locke, ce grand penseur libéral, affirmaient que les athées étaient des ennemis publics puisqu'ils ne croyaient pas dans la punition divine et par conséquent que l'égoïsme, l'escroquerie et le mensonge, voire la violence la plus extrême seraient les conséquences nécessaires du refus de croire en l'existence d'un Dieu, quel qu'il soit, qui punit les méchants et récompense les bons après leur mort, à défaut de les rendre malheureux ou heureux avant. Descartes avant déjà dit que si Dieu n'existait pas, il était impossible de démontrer que les injustes n'avaient pas raison de l'être ici-bas, alors que tout indique en effet qu'ils profitent de leur injustice toujours en cette vie, s'ils sont assez malins et/ou assez puissants . Le mal sur terre est plus souvent récompensé que le bien. C'est dire que même si Dieu n'existait pas, il peut sembler qu'il faudrait socialement l'inventer, comme le pensait Voltaire. La fiction de Dieu à défaut de sa réalité serait donc indispensable à l'ordre social et à la paix civile, bref à toute civilisation pérenne.

Mais faire de Dieu une simple fiction socialement nécessaire sans croyance en son existence réelle est politiquement absurde: qui peut obéir à des commandements qui ne seraient divins que symboliquement et non pas réellement, sinon en faisant de ces commandements de simples règles de vie en société. En quoi seraient-ils sacrés dans une société dans laquelle les lois sont décidées et changées (voir la loi sur l'avortement) , au moins formellement, par les citoyens et leurs représentants élus et non par Dieu, sinon pour les croyants qui du reste ne sont pas nécessairement d'accord entre eux sur la hiérarchie des commandements pour décider de telle ou telle loi? Dire comme Durkheim que Dieu c'est la société en tant que puissance dominant les individus n'a guère de sens dans une société où c'est justement les individus qui sont censés décider librement de l'évolution de leur société. Faudrait-il alors que ceux qui doivent décider ne sachent pas que l'existence Dieu n'est qu'une fiction qui n'existe que dans leur esprit et de ce fait croient décider sous l'autorité divine réellement existante? Ce qui est tout aussi absurde: comment faire croire que Dieu décide dans une société pluraliste qui n'est plus et ne se veut plus théocratique? Soit Dieu s'impose à tous, ce qui ne peut plus être le cas dans une société pluraliste et démocratique, soit il ne s'impose qu'à certains contre d'autres, c'est dire que ces commandements ne sont plus et ne peuvent plus être considérés comme sacrés, mais comme l'expression plus ou moins absolutisées des opinions diverses, voire contradictoires, des uns et des autres; absolutisées au point parfois de faire peser un danger de guerre des dieux, guerres les plus violentes (terrorisme) dans le mesure où telle position présentée comme l'expression du Bien absolu fait de ceux qui ne la partagent pas les suppôts du mal absolu. Dès lors qu'aucune preuve de l'existence de Dieu n'est possible dans nos sociétés, il n' y a pas, en effet, d'autres moyens que la terreur humaine illusoirement divinisée pour faire régner l'ordre divin sur les sociétés. La religion n'est jamais, sauf quand elle ne peut plus se présenter autrement pour préserver un semblant d'autorité humaine dans une société pluraliste, un école de tolérance. Mais elle est toujours source d'intolérance ou de sectarisme (se couper de la société ambiante) potentiels dès lors qu'elle prétend régir la vie de personnes au nom d'un Dieu présenté illusoirement comme réellement existant! Sauf à se satisfaire du relatif et de la finitude, ce qui serait contradictoire, tout désir d'absolu exige des sacrifices personnels et altruistes pour s'imposer comme tel, à savoir sans compromis possible. Le religion est donc non seulement un opium du peuple, l'âme d'une monde sans âme (Marx) , mais un formidable excitant et euphorisant de la haine de l'autre présenté comme le mal incarné. L'illusion religieuse est donc la pire de toute dès lors qu'elle prétend faire d'une vérité irrationnelle une vérité pour tous, croyants ou non. L'intolérance et le fanatisme aveugles ne sont donc pas des maladies de la religion, dues à leur détournement et à leur instrumentalisation par des visées politiques haineuses, mais les conséquences des religions comme maladies de l'imagination qui fait d'une croyance douteuse en un Dieu unique et absolu, une foi dans une mission de conversion généralisée consentie et/ou forcée de l'humanité. Mais comme toute l'histoire passée chez nous et présente ailleurs, dans sa violence extrême, nous l'apprend tous les jours, l'histoire des religions monothéistes (au contraire des religions polythéistes), cette prétendue mission suscite la haine des hérétiques et des mécréants comme «les nuées portent l'orage».

La seule réflexion qui vaille pour lutter contre ces illusions mortifères et liberticides concernant l'absolu et découlant du désir d'absolu, n'est pas de savoir si Dieu existe ou non, car cela est impossible: aucune affirmation métaphysique n'est testable, mais de s'efforcer de répondre aux questions de savoir pourquoi et en quoi les hommes ont besoin de croire en cette existence et si cette croyance reste socialement, sinon politiquement, nécessaire, malgré qu'elle soient réellement dangereuses pour la paix civile et les libertés et comment, si cela est possible, limiter ce danger. Il faut pour répondre à ces questions s'interroger sur les deux attitudes possibles d'incroyance religieuse, l'agnosticisme et l'athéisme, générées, chez qui est animé d'une vision critique de la vérité (est vrai ce qui est peut être démontré comme tel sur fond de mise à l'épreuve critique rationnelle) et refuse l'illusion d'une vérité absolue révélée fondatrice du sens de la vie personnelle et collective, par le simple fait qu'il sait l'impossibilité rationnelle de démontrer l'existence de Dieu:. Ces deux attitudes ruinent-t-elles tout lien social constitué autour de valeurs communes de solidarités et de partage, comme certains encore aujourd'hui chez nous l'affirment au regard de la crise de la civilisation et sociétale, voire politique, générée par l'individualisme économique? Cela est pour le moins douteux: rien ne permet d'affirmer, à l'expérience, contrairement à ce que prétendait Locke que les incroyants ou les athées seraient moins solidaires ou plus égoïstes que ceux qui se disent ou se croient croyants. Pourquoi?

La première attitude, l'agnosticisme, consiste à reconnaitre qu'en matière de religion aucune connaissance ou vérité n'est possible: on ne peut ni démonter que Dieu existe, ni démontrer qu'il n'existe pas. La question de l'existence de Dieu est hors de champs de la vérité. Et c'est à croire que cette question puisse faire partie de ce champs que réside l'illusion religieuse. Qui sait qu'il ne sait pas que si Dieu existe réellement hors de son esprit et qui sait que cette existence n'est qu'une croyance douteuse n'est pas dans l'illusion, même s'il convient que celle-ci puisse répondre à son désir d'être sauvé après la mort par exemple. Il faut alors réserver son jugement en refusant de faire de la religion un critère d'évaluation des comportement individuels et politiques réels. Cette attitude est nécessairement tolérante et libérale sur le plan politique: quiconque respecte les lois communes a le droit de pratiquer la religion de son choix à condition de ne pas prétendre en faire une vérité pour les autres. La religion reste donc une affaire privée, individuelle ou collective particulière, et la politique doit être conduite par des règles raisonnables, s'imposant à tous, visant à préserver les libertés et l'ordre public constitutifs de l'intérêt général, sur fond de débat démocratique rationnel. Un tel débat doit mettre à l'écart de l'argumentation politique, autant que possible, toute croyance religieuse particulière pour ne faire valoir que des motifs raisonnables prétendant valoir pour tous (ex: l'interdiction éventuelle de l'avortement ou du voile intégral de doivent pas être motivé, si cela est possible, par une vision religieuse de la vie ou de la famille comme don du ciel, mais comme une mesure d'ordre public en vue de préserver l'égale liberté de chacun): Nous sommes donc au cœur du principe de la laïcité, ou séparation de l'état et des religions ou des églises, qui, sous des formes plus ou moins radicales, régit les sociétés pluralistes et démocratiques , lequel principe a mis fin aux guerres de religion interminables qui ont ensanglantées l'Europe et continuent à entretenir nombres de conflits dans le monde, y compris chez nous, le danger du terrorisme

Cet agnosticisme est la seule position possible pour un état laïque, dans une société pluraliste, qui place les libertés individuelles universelles (s'appliquant également à tous les individus ou mieux sujets de droits) avant toute autres valeurs collectives et qui ne peuvent être admises qu'à cette condition; ce qui veut dire qu'il doit faire place à l'expression de toutes les religions dans l'espace civil (à ne pas confondre avec l'espace précisément politique) qui concerne l'intérêt général , y compris à l'expression de l'incroyance ou athéisme en tant que critique de toute forme de vérité religieuse (hormis les insulte ou les provocations à la haine religieuse: critiquer n'est pas insulter), à la condition expresse que les droits des personnes soient respectés: aucune loi dite religieuse ne doit par exemple contredire les droits individuels égaux (exit l'excision, l'inégalité des hommes et des femmes et les discriminations sexuelles ou raciales etc..) qui doivent s'imposer à l'encontre de tous les droits communautaires liberticides.

Ainsi l'agnosticisme laïque d'état n'a rien à voir avec un athéisme d'état qui prétendrait interdire l'expression des cultes religieux. Une précision doit être faite à ce sujet: Le terme d'athéisme est en effet ambigu: soit il désigne le refus de se référer à Dieu et/ou à ses commandements, dans la sphère politique et la définition des lois et la justification des décisions de l'état(a, privatif, thée; littéralement: sans Dieu), soit il désigne l'affirmation que la religion n'a pas place dans l'espace public et que l'interdiction de toute religion doit être la règle dans celui-ci pour ne tolérer que la possibilité de son exercice strictement privé. Cette distinction permet d'éviter la confusion aussi bien entretenue par certains athées politiques que par ceux qui voudraient chasser politiquement l'athéisme de la sphère publique ('ex: le délit de blasphème) . Les premiers voudraient faire de l'athéisme, comme refus de la pensée religieuse et de la croyance en l'existence de Dieu, une idéologie d'état, enseignée comme telle dans les écoles publiques, les seconds voudraient présenter toute critique athée des religions comme attentatoire à leur liberté publique (ex: le délit de blasphème). Or un état laïque n'a pas plus à interdire les religions qu'à interdire leur critique rationnelle, sauf à s'instituer juge suprême en matière de croyances métaphysiques et éthiques, ce qui serait contradictoire avec l'exigence de laïcité qu'il ne faut cependant pas confondre avec celle de neutralité dans le domaine éducatif. En effet, un état laïque, doit toujours, contre les dogmes religieux, défendre la liberté de la recherche scientifique fondée sur et la démarche hypothético-expérimentale et la recherche de la preuve dans le domaine de la connaissance, comme il doit, sauf à perdre son caractère précisément laïque, privilégier les arguments rationnels concernant le débat sur la définition des lois et la production démocratique du droit, laquelle exige que celles-ci soient l'expression du choix des citoyens, croyants ou non, et non celle de Dieu et des églises qui prétendent parler en son nom,. Ce qui veut dire qu'il doit donc être ou rester athée, au sens privatif, du suffixe «a». Ainsi à l'école publique, et toute école républicaine doit faire place aux modèle éducatif laïque pour former des citoyens raisonnables et critiques donc potentiellement démocrates, l'état laïque doit faire toute sa place à l'enseignement scientifique de l'histoire, y compris des religions, et à la philosophie rationnelle et critique, y compris athée, pour permettre à chacun de penser par soi-même, comme l'exigeait Kant.

Qu'est-ce qu'une philosophie athée? C'est une philosophie qui se propose de penser l'ensemble des questions concernant la connaissance, l'éthique, la politique et l'esthétique, sans faire intervenir une quelconque transcendance ou révélation divine pour se justifier. Elle n'interdit pas de croire en Dieu, elle se contente de dire que le besoin de dieu n'est ni une preuve de son existence, ni un fondement satisfaisant de la connaissance, de l'éthique et de la politique. Une telle philosophie est tout à fait légitime dès lors qu'elle ne s'institue pas en idéologie athée d'état au sens second du terme, laquelle ferait de l'interdiction des religions dans l'espace public un exigence de la laïcité. Si l'athée, en tant qu'individu philosophe, ne peut prouver que Dieu n'existe pas, ce qui serait encore plus absurde que de prétendre prouver le contraire, il peut prouver que la plupart des dogmes religieux sont irrationnels et donc invraisemblables (et cela d'autant plus que même les religions l'admettent), en faisant du seul besoin de croire, à savoir l'espérance, la cause de la croyance en Dieu et/ou en l'immortalité. En cela il peut tenter avec de bonnes raisons testables, de montrer ce qui détermine psychologiquement ou sociologiquement le besoin d'y croire, comme l'ont fait Marx Nietzsche et Freud.

Ajoutons qu'une telle philosophie athée est indispensable pour rendre possible une authentique liberté de pensée, dégagée des dogmes religieux. Le droit d'expression reconnu et défendu de l'athéisme philosophique est la condition nécessaire d'un état réellement laïque. Mais il faut bien comprendre que la distinction entre les deux sens du terme de laïcité (respect de toutes les religions ainsi que de la position athée et exclusion du religieux dans l'éducation publique et la vie politique) est difficile à faire respecter en pratique. Tout est question précisément de culture critique et rationnelle qui ne doit pas être confondue avec le mépris insultant, irrationnel, voire haineux, des religions, mais qui doit passer , précisément, par la philosophie rationaliste culturellement ouverte et son enseignement public généralisé.

Contrairement à ce que disent les églises, les athées en tant qu'individus ne sont pas moins civils ou plus égoïstes, violents et dominateurs que les croyants. Rien ne permet d'affirmer qu'ils soient plus amoraux ou immoraux et cela pour la bonne raison qu'ils pensent que les hommes dans et par leur finitude même ont nécessairement besoin les uns des autres et que ce besoin exige des règles de reconnaissance et respect réciproques et donc de solidarité universelle. Celle-ci n'est pas l'expression d'un impossible amour universel de type religieux et sacrificiel, lequel implique toujours le haine de ceux qui n'y répondent pas , mais de justice, c'est à dire de respect des droits égaux dans l'échange pacifique de biens et de services. Nul absolu ou désir d'absolu, ne peuvent, pour les athées, légitimer la violence extrême du bien contre le mal, à savoir l'interminable guerre des dieux et les cadavres et massacres, voire génocides humains, dont l'histoire est jonchée. De ce point de vue, la religion politique, via la divination de la nation, de la race ou de la classe, ne vaut pas mieux que les autres! **Un athée convaincu et cohérent est, se sent et se veut, très logiquement et avant tout, un citoyen du monde.** Il ne voit pas ce que l'on a à gagner à substituer, dans l'ordre de la connaissance, ce que l'on ne sait pas (encore) à ce que l'on ne pourra jamais savoir et qui relève du mystère aux yeux des théologiens eux-même , dont la seule fonction au bout du compte est morale: nous soumettre, au nom de la prétendue vérité divine à des dogmes moraux divins irrationnels qui ne nous garantissent , bien au contraire, en rien contre les interminables guerres de religions qui continuent à ensanglanter notre planète bien mise à mal par les désastres écologiques générés par un capitalisme sauvage tout autant irrationnel (ce que les scientifiques sont les premiers à dénoncer aujourd'hui). Ce n'est certes pas un hasard si toutes les religions combattent et ont combattu les prétentions (légitimes au regard de l'exigence de vérité qu'elle implique) de la raison à examiner, pour les remettre en question, le contenu des dogmes religieux. De fait, chez nous et bientôt partout ailleurs (non sans risques de violence), les sciences ont gagné la partie: elles sont devenues les seules et uniques sources du savoir légitime.

Reste la philosophie que certains voudraient bien transformer en dernier rempart pour protéger le besoin de croire en une vérité métaphysique transcendante, sous prétexte de respect des autres formes religieuses traditionnelles de pensée, elle doit au contraire s'affirmer comme le lieu par excellence du concept délivré des dogmes irrationnels, c'est à dire du penser par soi-même (Kant: «Qu'est-ce que les lumières»)

Enfin la question se pose de savoir si un individu peut se dire agnostique sans être athée au deuxième sens.
Il faut distinguer en effet un agnosticisme d'état et un agnosticisme individuel réfléchi. Si le premier est comme nous l'avons vu indispensable en tant que condition de la laïcité:en est-il de même d'un individu et à plus forte raison d'un philosophe? . L'agnostique rationnel refuse, nous l'avons vu, de se prononcer sur la question de l'existence de Dieu, car il sait qu'il ne sait pas et qu'il ne peut pas savoir si Dieu existe réellement hors de son esprit ou non. S'il est conséquent cela veut dire qu'il ne fait pas de la croyance dans cette existence le fondement de sa vie, sauf à croire sans croire tout en croyant pour faire comme les autres, mais toute croyance en Dieu exige du croyant beaucoup plus: le sacrifice de soi pour suivre les obligations religieuses et le renoncement à tout ce que Dieu et ses représentants sur terre prétendent interdire au nom d'un salut post-mortem. On voit mal comment un agnostique pourrait être suffisamment croyant pour se soumettre de lui-même à une croyance qu'il ne partage pas sur l'essentiel. Ainsi l'agnostique est-il en fait, profondément athée ou incroyant. Mais, soit il se ménage la possibilité» de croire un jour en l'existence de Dieu, or on voit mal comment cette possibilité adviendrait, sauf à sortir de la raison par l'effet une certaine révélation mystique et/ou d'un pari pascalien dont on peut facilement montrer qu'il ne vaut que si on est déjà croyant, soit il refuse de se déclarer tel sous la pression de ceux qui pourraient l'exclure de la communauté encore profondément croyante à laquelle il appartient (famille, ville ou village). Pour l'individu être athée ou agnostique est tout un: ne pas croire et ne pas vivre, sauf contrainte extérieure, comme ceux qui sont croyants. Une croyance est d'abord une manière de vivre et non une idée. Du reste les croyants et leur églises ne se trompent pas lorsque l'agnosticisme est avoué: un agnostique leur paraît toujours comme un incroyant qui n'ose pas exprimer son incroyance. On peut donc se demander si une éducation laïque ne prend pas le risque ou la chance, selon le point de vue, de rendre chacun au moins agnostique, voire athée, ce qui peut faire paraître l'école laïque ou publique comme athée au deuxième sens du mot (anti-religieuse ou école du diable) L'état laïque, en effet, (a-thée au premier sens du mot) ne peut et ne doit en aucun cas renoncer à éduquer moralement la jeunesse pour ne pas laisser aux église et/ou aux familles le monopole de cette éducation. Sauf à sombrer dans l'égoïsme exclusif ou le multi-communautarisme religieux potentiellement violent (les guerres civiles de religions sont les pires car elles menacent radicalement le vivre ensemble), l'état démocratique a le devoir de former les citoyens à la laïcité, à savoir à l'usage rationnel et critique de l'argumentation et au respect des personnes et de leurs droits, c'est à dire à une morale civique libérale fondée sur les droits de l'homme. Or pour certains croyants un tel cadre prépare nécessairement à l'athéisme, du moins à l'agnosticisme ou athéisme inconséquent, c'est pourquoi le combat entre l'école publique et l'école religieuse reste central dans toutes les démocraties (nécessairement laïques).

Mais nous savons que c'est seulement dans ce cadre laïque d'éducation des citoyens que les différentes religions peuvent, dans un régime démocratique, s'exprimer et s'exercer et qu' il n' y a pas de compatibilité politique possible entre une démocratie laïque (ce qui est un pléonasme dans une société pluraliste) et une théocratie qui prétendrait soumettre tous les citoyens à la domination pratique de leurs croyances particulières.. Si, pour une religion et/ou église, les droits de l'homme s'opposent au prétendu droit exclusif de leur(s) Dieu(x) et de leurs prêtres, l'état a donc le devoir de combattre ce qui serait alors une secte qui refuserait ces droits et l'égalité entre les hommes et les femmes, la contraception ou l'avortement par exemple, au nom de leur Dieu , à savoir une religion contredisant ou bafouant les lois démocratiques. Le tolérance démocratique doit combattre partout l'intolérance et la haine des autres par les moyens de la loi et de la formation des esprits à la raison critique. Nous sommes là au cœur d'un paradoxe qui ne peut être pratiquement réduit (comme on réduit une fracture), mais non pas supprimé ou dépassé, que si chaque croyant renonce à faire de sa croyance un motif de décision politique valant pour tous. Est-il possible de rendre pleinement laïque un croyant? Ce renoncement laïque par un croyant à la prétention que tous partagent ses croyances dans la pratique de vie collective et le droit politique ne concerne pas les incroyants, mais la manière dont les croyants vivent leur croyances, comme des certitudes universelles impératives ou comme de simples croyances particulières parmi d'autres, tout aussi légitimes. Sauf à justifier leurs positions politiques sur des bases non-religieuses et/ou rationnelles, les croyants doivent renoncer à jouer, en tant que tels, un rôle politique. Tel est le problème qui se posent à eux en démocratie. C'est à eux de le traiter, mais c'est à l'éducation philosophique de les aider et/ou de leur donner les moyens de la faire . Il n' y a donc pas d'éducation démocratique et laïque possible de l'autonomie sans formation des esprits citoyens au débat philosophique critique et rationnel vis-à-vis de leur propres croyances.

Mais, pour ceux qui ne bénéficieraient pas d'éducation philosophique, dans une société laïque et pluraliste sans repères spirituels ou éthiques consensuels et stables, ne restera, pour satisfaire le besoin religieux d'une minorité, au mieux, que le supermarché de la foi pour consommateurs en recherche de sensations mystico-sensibles et de merveilleux tarifé, au pire des gourous et de communautés sectaires plus ou moins extrémistes. Mais le plus probable est que la majorité préfèrera la musique, le sport , la consommation symbolique de soi (et toute consommation l'est), l'érotisme, bref le divertissement au sens pascalien , mais sans diversion, ni perversion, le travail comme nécessité plus ou moins assumée et les loisirs comme diversion, à toutes les envolées transcendantes. Les désirs et plaisirs ici-bas, au nom de la liberté individuelle, remplaceront, chez eux, tout désir d'absolu et d'éternité. En l'absence du regard de dieu, celui des autres fera la loi, dans la multiplicité contradictoires des apparences et des valeurs de reconnaissance identitaires. Ils ne seront ni athées ni croyants, ni même agnostiques, ils seront tout simplement ailleurs, hors de la culpabilisation de leur désir d'être et d'agir.

Que cette absence de sens unique et transcendant dans nos sociétés a-religieuses fasse reculer la foi religieuse , la croyance en l'existence de Dieu, la soumission aux textes sacrés, et aux commandements divins, le besoin de croire en un autre monde et une autre vie post-mortem, ainsi que les pratiques religieuses, souvent violentes et liberticides, qui en découlent, ne doit pas nous surprendre et je ne pense pas que nous ayons de bonnes raisons de le regretter....

La théologie et la philosophie n'ont jamais fait bon ménage et nous sommes les héritiers laïques de leur conflit, reproduit au cœur même de la pensée chrétienne, et qui, entre autres causes, a provoqué la possibilité de la sortie hors de la religion comme fondement, toujours historiquement hyper-violent, de le vie politique, pour ne faire de la foi qu'une affaire de désir personnel, sans obligation, ni sanction.

V. SOCIOLOGIE

EL SUICIDIO VISTO A LA LUZ DE UNA TEORÍA DRAMÁTICA DE LA SOCIEDAD

Gabriel Restrepo

Universidad Nacional de Colombia

Biographie de l'Auteur:

Nacido en Bogotá, Colombia, 1946, es escritor y sociólogo, con más de 40 años de ejercicio de la docencia y la investigación en temas de cultura, socialización y formación del sujeto. Fue Director del Departamento de Sociología de la Universidad Nacional, fundador de la Revista Colombiana de Sociología, Presidente de la Asociación Colombiana de Sociología. Cuenta con 30 libros y más de cien ensayos en torno a los temas mencionados, además de cinco libros de poemas y una novela.

Résumé de l'article:

Para Durkheim, las proporciones de suicidios de la sociedad de su tiempo eran patológicas, en el sentido de sobrepasar el umbral que es presumible como hecho inevitable de cualquier sociedad. En el fenómeno condensaba un grave problema moral: ausencia de solidaridad y de afecto que vinculara a los sujetos a la sociedad. Proponía como remedio la constitución de cuerpos intermedios entre el Estado y el individuo: corporaciones o asociaciones civiles y profesionales. Hoy, a poco más de un siglo y en una sociedad globalizada, el problema es mayor, no sólo porque hay un millón de personas suicidas por año, casi la mitad de las muertes violentas, sino por el dramatismo del fenómeno. En este ensayo se argumenta la importancia de considerar de nuevo el problema del afecto y de la solidaridad, enmarcándolo en una teoría dramática que, al poner el acento en las pasiones y en el afecto, y al criticar a fondo el egoísmo moral del mundo occidental proponga una visión más comprensiva y terapéutica del asunto.

Más que rastrear el estado del arte de las ciencias sociales en torno al suicido, por supuesto con la inevitable referencia al libro clásico de Durkheim, al que de todos modos miramos a través en este ensayo (Durkheim: 2006), y más que ofrecer una visión empírica o estadística en torno a este hecho social, interesa enfocar el tema en función de una teoría dramática de la sociedad en la cual vengo trabajando desde hace no poco tiempo y que promete presentar visiones inéditas de múltiples problemas sociales. De entrada, el hecho del suicidio constituye, como la violencia en general, uno de los mayores dramas sociales y es, por tanto, un síntoma para poner a prueba la bondad heurística de esta teoría.

Aquí apenas nos situamos en los prolegómenos para un tratamiento del suicidio: no lo abordaremos en sus tipos, en sus variaciones históricas o en esas formas dramáticas que asume en la contemporaneidad telemática, como aquellas donde la masacre anunciada por YouTube se consagra con la inmolación suicida del victimario u otras tan espectaculares como el de los suicidas-aviones-bombas que dejan como leyenda inocente a los kamikases. Nos limitamos a señalar los circuitos conceptuales en los cuales, suponemos, el afecto del sujeto suicida se rompe de modo radical, se desmorona su energía motivacional y se desgranan los lazos sociales que lo articulan a la sociedad. Es poco lo que aquí se avanza en términos del estudio del fenómeno en sí mismo, pero es mucho lo que se alcanza ubicando el marco teórico donde se podrían fijar las coordenadas para una descripción densa, que vendrá en otra ocasión.

Un punto de partida literario se impone. Es la inclusión del suicidio en el ciclo del infierno en *La Divina Comedia* (Dante, 1953, a: 73-83). De modo extraordinario, Dante coloca en secuencia en los cantos XII y XIII del Infierno a quienes ejercen la violencia arbitraria contra otros sembrando la muerte y a aquellos que la dirigen contra sí mismos mediante el suicidio. El síndrome del superviviente de la muerte que erige su poder con la muerte de otros que examinó de modo tan lúcido Elías Canetti, proporciona una razón teórica inigualable en torno a la galería de héroes y guerreros que componen la historia universal de la infamia, contrastado con el superviviente de la vida que ejemplificó con el arquetipo de Sthendal y que denominamos el creador por oposición al destructor (Canetti: 221-273). En el museo de los violentos mencionados en el canto XII figuran conquistadores como Alejandro y Atila, en tanto que Canetti menciona a Gengis-Khan, a César, a Tito, a Nerón entre muchos otros. Mientras que en la lúcida exposición de Canetti se destaca la oposición entre dos modos de sobrevivir, por el dar muerte o por el dar vida propio del creador, la fecundidad del apareamiento de Dante radica en que vincula a quienes producen el máximo sufrimiento a otros con la forma del asesinato y a quienes resuelven su propio sufrimiento con la radical decisión de quitarse la vida. Sadismo y masoquismo alcanzan en el asesinato o en el suicidio su máxima expresión, una que en la época contemporánea halló una expresión extrema con el caníbal de Rottemburgo y su pareja que asumió de modo voluntario la condición de víctima para ser devorada.

En Colombia, la referencia de Dante se mostró muy pertinente para interpretar el suicidio de uno de los mayores poetas del modernismo, José Asunción Silva (1865-1896). Una excelente biografía, muy documentada, fruto de 15 años de trabajo, desafió la evidencia histórica al abrir la hipótesis de que el poeta fue víctima de un asesinato (Santos, 1992). Y aunque las pruebas no permitan alterar la tradición ya sólida del suicido del poeta, la biografía develó a las claras la urdimbre de una auténtica persecución contra él, lo que Canetti llama una muta de acoso, hasta tal punto que, a la larga, se tornaría irrelevante saber cómo cumplió su cometido la violencia decimonónica y finisecular cebándose en un chivo expiatorio.

Otro crítico, Ricardo Cano Gaviria protestó con razón contra el intento de exculpar al poeta por el hecho de quitarse la vida, arguyendo que no debería privarse a Silva de un acto "poético" como el suicidio (Cano Gaviria, 1990). Que es, por lo demás, frecuente en América Latina, como se registra en por lo menos medio centenar de poetas suicidas en esta región durante el siglo XIX. Añade Ricardo Cano que, de todas formas, en el suicidio hay una violencia dirigida contra sí mismo. E ilustra el asunto con la preciosa referencia a los cantos mencionados del infierno, donde se entrejuntan en un mismo ámbito los violentos contra otros y los violentos contra sí mismos.

Una violencia que está enlazada con toda la urdimbre del infierno que parece ser Colombia, un infierno que a diferencia de la *Divina Comedia* no permite vislumbrar ni purgatorio ni paraíso: porque víctimas y victimarios se confunden en las pulsiones recíprocas del sadismo y del masoquismo. Por lo que no es difícil bajar como Dante a tal paraje, pues se está en él, uno mismo está allí, quiera o no. Por lo demás, la comparación no es advenediza, comoquiera que la atmósfera de secesión durante más de sesenta años que ha vivido Colombia es no poco semejante a la que reviviera Dante en su exilio. Esta digresión permite argumentar de forma precisa por qué en estas condiciones de existencia de un país trágico se elabora una teoría dramática de la sociedad, una que a tiempo que interprete los desastres de la guerra, para emplear la figura de Goya, sirva como camino de superación de las violencias.

¿Cuál son ese tramado y esas semejanzas? En la parte más profunda del Infierno, dice Dante, están aquellos pecados racionales, que se hacen a sabiendas, y entre ellos el engaño. Pasiones. La ira se pasea por el escenario de los violentos contra otros, y a la vez la depresión y la melancolía se recrean por los suicidas en el canto XIII, en uno de ellos motivada por el cerco de la envidia que precipitó el propio fin al pasar el personaje del crédito al descrédito, similar camino que siguen aquellos que, arruinándose en las finanzas, arruinan su propia vida. Las palabras anteriores han sido escogidas a propósito, ya que el crédito (*trust*) como el descrédito no sólo se refieren a la confianza de los otros o al dinero, sino a la confianza o desconfianza que un sujeto posea de sí mismo, factor decisivo en las motivaciones del suicidio.

En Dante, la interrupción de la vida rompe el camino de iniciación que lleva de las pasiones tristes, como las llamará luego Spinosa (Spinosa, 1967), a la purificación conducente a una *Vita Nova* (Dante, 1953, b) a través de las estaciones de infierno, purgatorio y paraíso. Todos los seres recibimos de los predecesores, entre ellos de los padres, muchos dones, comenzando por la vida, pero también muchos venenos, entre ellos el más elemental de una muerte programada. Dones y venenos son expresados con la misma raíz indoeuropea: *gift* en inglés es regalo, don, presente y en alemán es veneno. La vida así vista es un proceso homeopático encaminado a transformar los venenos en dones. Lo que el suicidio muestra es la imposibilidad de cumplir esta trasmutación y ello sin necesidad de recurrir a teologías distintas a la cristiana como las referentes al karma.

Es claro que la vida medieval y premoderna se definía en el horizonte de salvación metafísico y que allí la existencia se configuraba como un purgatorio. Con la muerte de los dioses no concluye el gran problema cardinal de la vida que es saber si tiene sentido, en una época en la cual los sentidos absolutos se desvanecen y aún los relativos son efímeros. No poseyendo un valor metafísico, la esperanza y con ella la confianza (*trust, treue* en indoeuropeo como firmeza interna) y aún el amor o *caritas* – las tres virtudes teologales, que sin su recubrimiento teológico son indispensables para mantener la vida- quedarán ancladas a fundamentos ontológicos. No quiere decir que la dimensión religiosa acabe, pues, en mi visión, la religión, cualquier religión, intramundana o extramundana, politeísta o pagana o monoteísta y eclesiástica, inmanente o trascendente, significa en el fondo la organización social y personal de la esperanza, llámese marxismo como promesa de un comunismo universal, llámese neoliberalismo como supuesta salvación por medio del mercado, llámese éxito o sea cualquier otra ideología o creencia en torno al mundo y a la existencia del individuo.

En esta dirección, el vínculo social, lo que los psicoanalistas llaman el "lazo" social, del que depende la definición de la vida y de su sentido, una vez quitadas las muletas y escalas teológicas, se asume como la relación del sujeto con los otros, por medio de la estratificación social. Pues, como veremos, la estratificación mantiene la gradación teológica metafórica de infierno, purgatorio y paraíso, aún si pierde en su sentido mundano y contemporáneo el referente de salvación fuera del mundo.

Es aquí cuando se revela la pertinencia de una visión de la sociedad como drama, sea tragedia, comedia, carnaval, espectáculo, performance, pasarela, carnaval, rito, fiesta, vitrina, show, circo, happening, puesta en escena, estatuaria, monumento. La asociación no es nueva: remonta a al vínculo semántico griego de teoría y teatro como un contemplar, pero además a la trascendencia del teatro como incitación formidable para el surgimiento del pensamiento filosófico clásico, de Sócrates a Aristóteles, sin descuidar la filosofía estoica que nació como puesta en escena en la *Stoa*, ni a los cínicos como Diógenes que hicieron del performance una filosofía del gesto ante la devaluación sofística de la palabra.

Dicha asociación se perdió en el medioevo, puesto que la filosofía cedió su lugar a la puesta en escena religiosa condensada en la misa y en los rituales religiosos. Resurgió luego en la modernidad cuando, con los precedentes de Hobbes (el drama del estado natural) y de Bacon (los *idola fori*), Hegel la retomó como reflexión profunda suscitada por el drama de la Revolución Francesa y por el teatro de la guerra escenificado por la gesta napoleónica. Debe anotarse que del paso de lo griego a lo moderno, el concepto de anagnósisis, reconocimiento por piedad, se transformó en el reconocimiento hegeliano por la lucha (*anerkennen*), cuya suprema expresión es la guerra (Hegel, 1966: 107-129). Uno casi estaría tentado a sugerir que para Hegel la encarnación de un mesías histórico fue Napoleón, con lo cual caemos de nuevo en el canto XII y en la galería de los grandes asesinos de la historia de Canetti. Tanto más cuanto que si observamos bien, la argumentación de Hegel en torno a la razón del poder del amo sobre el esclavo, el haber desafiado a la muerte y haber vencido en ella, a diferencia del esclavo que por temor a la muerte vive su vida como una continua muerte, es del todo simétrica con la idea fecunda del gran escritor en torno al superviviente como el gran destructor.

Dicho tránsito, el paso del reconocimiento por la piedad al reconocimiento por la lucha, será crucial para explicar el malestar del mundo moderno y por él las violencias recíprocas y esa forma de violencia contra sí mismo expresada en el suicidio: pues la modernidad ha implicado una entropía o pérdida neta de piedad. Ahora bien, si la modernidad "sólida" o modernidad temprana y media definían al soberano como aquel capaz de ejecutar, en el sentido más lato como dar muerte, y encuadraban el Estado en el concepto binario de amigo y enemigo, la posmodernidad, tardomodernidad o modernidad líquida definen la soberanía como el dejar hacer y dejar vivir, en los términos del concepto de biopoder formulado por Foucault (Foucault, 1991), pero uno de tal índole que controla al máximo la vida, hasta el punto de que hoy la reproducción del capital depende de la reproducción del deseo mediante la publicidad, configurando, si se extiende la metáfora de Hegel, una suerte de nueva esclavitud a través de la manipulación del deseo, como veremos que ocurre en la lógica de la estratificación y del consumo adictivo.

Lo que empero une la soberanía antigua con la nueva es la metáfora cibernética que hoy urge modificar de modo radical: la evolución imperial ha consistido en transformar energías en información y en control mediante redes imperativas e instructivas que expropian devaluando y centran descentrando, misma que debe mutarse de raíz en el sentido de transformar energías en sabiduría mediante tramas dialógicas movidas por el afecto y la solidaridad. De lo contrario, la humanidad afrontará los riesgos de una muerte súbita (estallidos nucleares en cadena), de una muerte lenta (el calentamiento global) o de una devaluación radical de la vida (violencias recíprocas, aumento de tasas de suicidio)

Después de Hegel, diversas vías abonan el camino hacia el retorno del drama como fundamento del pensar: el amor como escena suprema de la existencia en Kierkegaard (1965); la puesta en acto de la voluntad como motor del mundo en Schopenhauer (1983); el retorno al teatro griego por parte de Nietzsche (2000); el situar al pensamiento a ras de tierra por Heidegger en el drama del ser ahí en el escenario mundano de la vida (1993). Pero ante todo, sobresalió Husserl con esa extraordinaria gesta del pensamiento significada en su situar al mundo de la vida como fundamento de todo pensar y obrar (Husserl, 1991). De ahí a Schütz (Schütz, 1993) y a la etnometodología hay secuencia, lo mismo que a las teorías contemporáneas de la acción como drama donde se entrelazan mito y rito, con el precedente de Durkheim (1960), en Víctor Turner (1964), en la etnometodología, en la obra reciente de Jeffrey Alexander (Alexander, 2006) y en la sorprendente conceptualización de Randall Collins (Collins, 2009).

No obstante, nuestras inspiraciones, nutridas por estas avenidas universales, arraigan en la primacía de lo estético y lo religioso en América Latina (con la subordinación de la racionalidad científica y tecnológica y la minoría ética que está en la causa de las violencias, pero que también anuncian –estética y religiosidad- filones para superarla), por los ritos indígenas, por el barroco americano y la festividad colonial encarnada por ejemplo en el carnaval, y por el poder en escena del neobarroco republicano. En suma, por la continua tragicomedia de la existencia ladina y, como hemos indicado por el drama cifrado en las violencias.

En breve, una teoría dramática de la sociedad organiza su trama conceptual como articulación de *sujetos* (individuos, familias y comunidades), que actúan en *escenario*s (espacio y tiempo, condiciones y medios), entrelazados en *sistemas* definidos como población y actores estratificados según su posición ante el poder económico, político, mediático y educativo que actúan en campos e instituciones sociales con normas derivadas de *libretos o guiones culturales,* los cuales definen las significaciones, las creencias, las ideas, los símbolos y los valores de la acción. Sujetos, escenarios, sistemas y libretos culturales son los vectores de cualquier acción social.

La acción social se tensa entre el *mundo de la naturaleza*, como sustrato y pleroma para la aparición de "esa frágil caña pensante" que es el ser humano, el *mundo de la vida* o mundo de los sujetos, con sus cronotopos locales, en las estancias infinitas de los puntos cardinales, el *mundo de los sistemas* por su naturaleza globalizado que organiza los nudos y peripecias sociales y el *mundo de la cultura* que proporciona los sentidos y significaciones del actuar.

A la teoría dramática de la sociedad le es inherente el presupuesto de que la acción es más pasional que racional, no sólo en el mundo de la vida, sino en el mundo de los sistemas, que se ha pensado de un modo sesgado como un mundo racional e instrumental, cuando sólo lo es en apariencia. Por lo mismo, el concepto de racionalidad, tan caro al empirismo, al utilitarismo y al positivismo, es en nuestra visión subordinado al concepto de afectividad (o ausencia de afecto), lo mismo que, a partir de Husserl, se sitúa al mundo de la vida como matriz de cualquier acción humana con preeminencia sobre el mundo de los sistemas.

Es en este giro epistemológico donde se incrusta la reflexión en torno a la violencia en general y al suicidio en particular. De hecho, el libro de *El Suicidio* de Durkheim, así como las *Formas Elementales de la vida Religiosa*, surgieron para explicar fenómenos que aquellas corrientes no podían explicar, porque en el clásico de la sociología introducen nociones de mito, rito, respeto, valor moral, norma, solidaridad, ésta última expresión suprema de la organización afectiva y estética de los grupos humanos, de la familia al estado.

Empero, una deconstrucción de la tenaz raíz utilitarista se impone porque ha sido inmune a la crítica. Los griegos distinguían economía (*oikos, nomos*) como regulación de los intercambios en el hogar por medio de la piedad (a cada cual según su necesidad) de la crematística, como aquella actividad obsesionada con el dinero y, se diría, como economía salida de madre o desentrañada, dado su carácter especulativo e impersonal. Todavía no se ha reparado lo que significa que en la modernidad se haya olvidado esta distinción, pese a que, bien mirados los asuntos, las observaciones de Marx en torno al fetichismo de la mercancía y al carácter ficticio del crédito no sólo validen esta distinción sino se corroboren con lo que Peter Sloterdijk ha calificado como un síndrome de Harry Potter al comentar la última crisis financiera mundial (Sloterdijk, 2009). Insistamos: lo que se pierde en la confusión de economía y crematística es la piedad. Y lo que hoy pasa por economía es ni más ni menos que la crematística como actividad especulativa con el dinero. Ambos asuntos, falta de piedad, avaricia, son condiciones en las cuales aviva el suicidio.

La crítica de Durkheim y de muchos otros sociólogos contra el utilitarismo no ha podido empero deconstruir de raíz los fundamentos últimos de aquello que constituye la *hybris* y orgullo de la *libido dominandi* y la *libido possidendi* del capitalismo: por ejemplo, la equivalencia entre estado natural, moral egoísta, economía y política. De Newton, quien trasladó la metáfora de la gravitación universal de la física al sistema financiero, como inspector y director de la Casa de la Moneda de Inglaterra, el par del Banco de Inglaterra, en los momentos en los cuales se precisaba asegurar el *trust* en la moneda (Christianson, 1987, Restrepo, 2010), al postulado moral de Mandeville: "vicios privados, virtudes públicas" (Mandeville, 1982), a la "dogmática del egoísmo" de Bentham (Halévy, 1972: 15) y a la "mano invisible" que regula la demanda y la oferta en el mercado, se erigió el presupuesto ingenuo de que la riqueza produce de modo automático la felicidad, un meta relato que ha sido inmune a toda crítica y que aparece y reaparece en cualquier discurso de la política o del supuesto desarrollo.

En este mismo sentido, como lo demuestra Zygmut Bauman en su último libro, El *arte de la vida*, la falacia del benthamismo es nítida (aunque el autor no se remita a la fuente de la idea): el presupuesto de producir con la mayor riqueza la mayor felicidad para el mayor número es insostenible (Bauman, 2008). El aumento y el dramatismo de las tasas de suicidio así lo revelan. De la lectura del libro el lector sagaz deriva la sorpresa de una tercera transformación de la idea de reconocimiento, de la cual ya hemos esbozado dos momentos: *anagnórisis* entre los griegos producida por la piedad. *Annerkennen* hegeliano como luchas sociales por el poder en tanto escenario propio de la modernidad. Y he aquí el sorprendente tercer momento en la idea de reconocimiento propio de la posmodernidad, tardomodernidad o modernidad líquida: el ansioso reconocimiento derivado de la posesión de fetiches en la pasarela social, la agonía por el consumo conspicuo, la exteriorización banal y efímera de las marcas de la posición social (Botton, 2004). No lo dice Bauman, pero un lector agudo de la psicología del consumo febril encuentra el mismo parámetro de búsqueda de felicidad escurridiza que ocurre con la adicción a las drogas y que fuera tipificado por Tomas de Quincey en dos de sus libros clásicos (Quincey: 1985, 1987). Una agotadora y adictiva mística sin dios guía la lógica del consumo conspicuo en una sociedad afectada por el *invidere*: la invidente envidia.

La constitución del mundo contemporáneo como signada por la pasión de la envidia ya fue prevista de modo irónico y lúcido por Robert Musil en sus diarios hacia 1936: "Así pues: el elemento básico de cualquier política alemana (europea occidental) es el pequeño burgués. El obrero es, por su naturaleza, un pequeñoburgués o una variante de éste. La población rural está en camino de serlo. ¿Qué pretende (necesita) el pequeñoburgués? Salir adelante. Una actividad soportable. Un poco de distracción y de variación. *In summa*, **la libertad de envidiar**. *In summa*, la posibilidad de sentirse satisfecho. Un cierto equilibrio afectivo bajo la dirección de unas ideas cualquiera, como todos los seres humanos. (Honor) Pero tal vez aquí esté implícita una cuestión general, ¿qué pretende el ser humano?" (Musil, II Tomo: 323; negrilla de Gabriel Restrepo)

Aún sin ir tan lejos como a las drogas, una industria tan conspicua del mundo moderno como ha sido la del tabaco que, desgajado de las condiciones rituales de su uso originario en los andes ecuatoriales o de las planicies indígenas norteamericanas, instituyó un hábito adornado por la propaganda como símbolo del hombre y de la mujer de éxito en el mundo, puede considerarse como el arquetipo del consumo adictivo. Una suerte de infinito malo, esa parábola – la del fumador- que se acerca a la asíntota - la plenitud o la felicidad definitiva- guía la aspiración que, cesando, exige una nueva dosis, enganchando al consumidor en una dependencia perpetua que produce una muerte lenta, porque necesita siempre de una dosis más para calmar el vacío que dejó la inhalación anterior. Incluso, por reproducir una atmósfera de lo irrespirable, el tabaquismo, pese a que haya disminuido, puede considerarse como metáfora del gran tema contemporáneo: lo irrespirable del mundo, la amenaza de asfixia colectiva, motivos que son canónicos para muchos tipos de suicidio. La perversidad del asunto se muestra también por el hecho de que las tabacaleras, heridas por la disminución de la adicción, aumenten a su antojo la dosis de nicotina en cada cigarrillo. En la explotación del tabaco se fundieron, además, los tres tipos de subordinación que se han sucedido en la evolución humana: la dominación esclavista en las plantaciones, la explotación del trabajo en la industria y el sujetamiento del deseo a través de la publicidad.

Pero no algo distinto ocurre en la adicción al consumo, cualquiera sea su modalidad, aunque no presente la intensidad de los ejemplos anteriores. Como el tema de la supuesta felicidad remite en la posmodernidad a los signos ostensibles de la estratificación y comoquiera que ella cifra de nuevo los estadios imaginarios de infierno, purgatorio y paraíso, se impone una breve reconstrucción del concepto. La palabra estratificación deriva del latín ***Sterno, stravi, stratum***, cuyas significaciones son"tr.: tender (especialmente en el suelo) (corpora s. echarse en el suelo; *stratus ad pedes alicuit*, prosternado a los pies de uno) //hacer caer, derribar (*aliquiem norte, caede s.* dejar muerto a uno//allanar, nivelar (*aequora s.* allanar el mar, calmar las olas// tender por encima, cubrir (*lectum pelliculis s.*, cubrir las pieles, una cama; *viam sílice s.*, empedrar un camino; *via strata*, camino empedrado, carretera)//ensillar (un caballo)". (García de Diego: 478).

Por estratificación se remite de modo etimológico y arqueológico a la situación de estar tendido, de yacer, de estar postrado. Es inevitable aludir por tanto al extraordinario Elías Canetti cuando se refiere a los "Aspectos del poder" y allí a "las posiciones del hombre: lo que contienen de poder" y en particular al estar de pie y al estar en el suelo como indicios de poder:

"El hombre, que de tan buen grado se mantiene erecto, puede, sin cambiar de sitio, también sentarse y tenderse, acuclillarse o arrodillarse. Todas estas posiciones, y muy especialmente la transición de una a otra, expresan algo determinado. Rango y poder se han creado posiciones fijas y tradicionales. De cómo la gente se ubica es fácil deducir la diferencia de su prestigio. Sabemos lo que significa que alguien ocupe un asiento elevado y todos los demás estén de pie en torno a él están sentados; cuando alguien aparece de pronto y todos los reunidos se ponen de pie ante él; cuando alguien cae de rodillas ante otro; cuando se invita a un recién llegado a sentarse. Ya una enumeración arbitraria como ésta muestra cuántas constelaciones mudas del poder hay." (Canetti: 385).

"Cuántas constelaciones mudas de poder". En esta visión hay una semántica que la lingüística sola no permite ver: porque se trata de la elocuencia de los gestos, por lo tanto de la dinámica y coreografía del teatro.

Ahora bien, saltándonos lo que corresponde de esta escenografía a los orígenes del poder en tanto esclavismo o servidumbre y situándonos en el escenario de la modernidad en sus distintas fases, dos son los extremos de la estratificación: en el "bajo", la calle, la indigencia, se cifra el infierno contemporáneo y su símbolo de valor es el fracaso, mientras que en "lo alto", en el otro extremo, se halla el paraíso, el objeto de la envidia y el deseo, cuyos símbolos son el éxito o la felicidad. Muchos de los suicidios se ubican en todos los gradientes de estas escalas, cuando por ejemplo el sujeto enfrenta, por quiebras, un drástico "descenso" social o afronta un fracaso radical, como sucedió en las dos crisis financieras, la de 1929 y la más reciente.

La estratificación comprende dos dimensiones: una objetiva, es la posición medible de cada individuo en función de su relación con el poder político (autoridad), el poder económico (dinero), el poder mediático (representación de la imagen) y el poder educativo (acceso a los saberes y por ellos a la cultura). La otra dimensión es subjetiva y muchas veces es más determinante: se refiere a los imaginarios sociales relativos al estar situado en una u otra posición social.

En este caso la lingüística viene a mano, porque cuando se habla de clases "inferiores" o "superiores", "altas" o "bajas", lo que se designa por ello es del orden de una metonimia que encierra una manipulación y violencia simbólica. Puesto que no hay intrínsecamente nada alto o bajo, superior o inferior en el poder o en el dinero, el ardid consiste en relacionarlos con espacios míticos: el poder y el dinero se significan o mejor se escenifican con el uso de la altura, cielo (de donde derivaba mitológicamente todo poder), torre de babel, penthouse, rascacielos como las Torres Gemelas (de ahí lo irritante de la colusión terrorista), palacios, panópticos, tarimas, púlpitos, estrados, alturas que figuran lo aéreo y celestial, mientras que a la pobreza se la suele representar a ras de piso, en los subsuelos, junto a la tierra y por ello casi con una condición zoológica, en otros términos, en el infierno.

Ahora bien, como se ha indicado, esta arquitectura fue erigida en la modernidad temprana y media, pero ha sido modificada con mucho estuco, sin ser transformada de raíz, en la posmodernidad, tardomodernidad o modernidad líquida: lo que aparece en el mundo contemporáneo es la configuración de la estratificación con el uso compulsivo de fetiches que significan la posición social: trátese de carros, celulares, vestuario de marca, imagen de sí mismo, moda, belleza, todo corresponde a la configuración telemática del deseo, producida por esa caja negra del mundo contemporáneo que es la publicidad, una que, por el trabajo intensivo de los "creativos", articulado a la tecnología y al diseño, interroga hoy con la psicología, la sociología y la etnografía los deseos más profundos para remodelarlos en función de ofertas que, como en el caso de la adicción a la nicotina o a las drogas, satisfagan sin satisfacer del todo, produzcan una euforia que, empero, tras la disforia causada por el desgaste (la irrelevancia ante lo que define la moda), necesite de una nueva adquisición como elemento de distinción social.

Una muestra muy contemporánea de la ansiedad por el estatus radica en los modelos de belleza y en la forma como inciden en la constitución del propio cuerpo y por tanto en relación con la alimentación: bulimia y anorexia señalan una forma de bipolaridad que jamás se hubiera pensado en la modernidad sólida. Pero estos síndromes son apenas una condensación de vidas sacrificadas, incluso hasta el suicidio, como en el caso de las estrellas de la moda, del rock o de la farándula, cuando tras el vértigo de euforia y disforia se experimenta de repente el vacío del sentido de la vida.

Todo remite, en la estratificación, vista de modo objetivo o subjetivo y como entrelazamiento donde el sujeto presta o retira atención, recibe estima o desprecio, a la circulación social del afecto y por tanto al terreno de las pasiones y pulsiones. Según nuestra perspectiva, el suicidio debe inscribirse en una fractura radical del afecto recibido y del afecto concedido a sí mismo.

De los clásicos de la sociología, Emile Durkheim fue quien más caló en el tema del afecto como dimensión fundamental de la acción social. Está presente de modo central en los conceptos de solidaridad mecánica y orgánica. En la primera, el afecto religa a la comunidad en la articulación del mito y del rito, es decir en la condensación simbólica y en su representación escenográfica como presente de memoria y destino (Durkheim, 1960). En la segunda, aparece como un problema de integración lograda o fallida de una sociedad diferenciada por la creciente división del trabajo en relación al mundo moral o al plano de los valores últimos. Como éstos dejan de ser universales y se disocian de las normas de conducta en campos o instituciones distintas y muchas veces con exigencias contradictorias para el individuo, existe siempre el riesgo de la anomia como una fisura inherente no sólo al equilibrio precario del organismo social, sino también como un problema para el sujeto en la integración de su personalidad. Es allí donde surge el interés de Durkheim por el suicidio como una manifestación de un problema social y no sólo psicológico o individual.

De ambos conceptos de solidaridad deriva Randall Collins el concepto de *energía emocional* que será fundamental para examinar tanto la integración social como puesta en escena de una solidaridad envolvente, como también la integración del sujeto consigo mismo en aquello que constituye la fuente que alimenta o da sentido a su vida (Collins: 60). Este concepto de energía emocional, social y personal resulta ser decisivo como piedra de toque de la distinción de los dos caminos de la evolución humana: transformación de energías en información y control a tenor de la metáfora cibernética, o transformación de energías en sabiduría en la metáfora ecosófica. De modo sugestivo, la apertura de la filosofía y de las ciencias sociales a la dimensión de afecto y pasiones suscita hoy en día el punto de convergencia quizás más fecundo para un replanteamiento epistemológico y de allí habrá de derivarse una teoría pertinente para examinar el suicidio como un síntoma no sólo de un problema de integración del individuo, sino como producto de una falla en la producción y circulación social del afecto.

El afecto aparecía ya como un componente decisivo en la formulación madura de Talcott Parsons: en particular para dar cuenta de las relaciones de los sistemas analíticos de la acción: el organismo, la personalidad, el sistema social y el sistema cultural. Cada uno de ellos se condensa en un medio de intercambio generalizado, respectivamente: inteligencia, capacidad de desempeño, afecto y definición de la situación. Desde nuestro punto de vista, la ubicación del afecto como medio de intercambio simbólico generalizado del sistema social fue una postulación revolucionaria, en torno a la cual no obstante Parsons confesó que se introdujo con mucha resistencia de sus colaboradores (Parsons, 2009) y que, sin embargo, como veremos, en el balance terminó subordinándose a una visión tradicional. A su vez, un sistema social en la visión de Parsons genera sus propios medios simbólicos particulares de intercambio: así, la economía, el dinero; la política, el poder; la comunidad societal, la influencia y el sistema fiduciario relativo a la cultura social, el prestigio.

El punto crítico radica en que como Parsons define la situación de la cultura en términos de una apreciación exagerada de la racionalidad y en especial de la racionalidad derivada del componente científico, tecnológico y técnico, la posición del afecto se subordina a la maximización de tal racionalidad (Restrepo, 2009). Con ello, consagra la metáfora cibernética que, consideramos, ha agotado su poder de comprensión y de transformación del mundo en las condiciones presentes: transformación de energías en información y en control.

Desde una perspectiva alternativa a la de Parsons, la definición de la cultura no se puede limitar a la producción de racionalidad científico, tecnológico, técnica, porque dejaría de lado las dimensiones estéticas y expresivas (lenguajes, artes, letras, artificios), las integradoras (ética, moral, derecho, códigos de convivencia) y las profundas (mito, religión, ideología, imaginarios, filosofía y sapiencia). La relación de todas ellas, incluida la racionalidad, es decir, la alianza de racionalidad, expresividad estética, eticidad e idealidad daría lugar a definir la cultura en términos de sabiduría, concepto mucho más potente, extenso y complejo que el de racionalidad. Sabiduría no es sólo saber, ni suma de saberes, ni nexo que se pueda expresar en una escala simple de muchas dimensiones. Sabiduría significa aquí, de modo exacto, un saber no sólo de la vida, sino un saber que de vida, lo que denominamos ecosofía.

Si con estas redefiniciones, empero, utilizamos la misma clasificación de Parsons, el afecto, en él subordinado, se despliega en su máxima productividad: la piedra de toque de un sistema social, cualquiera sea su escala, de la familia al estado y a las instituciones internacionales, sería su capacidad para producir afecto o solidaridad y por tanto su éxito se definiría como la combinatoria de medios simbólicos de la acción: inteligencias, capacidades de desempeños y redefiniciones de la situación, y del sistema social: dinero, poder, influencia y prestigio, para producir tramas solidarias, disminuir el dolor y la injusticia social y de este modo avanzar en la transformación de energías, incluidas las psíquicas, en sabiduría, como el mejor patrimonio de la especie.

La mayor promesa de las ciencias sociales para el futuro inmediato conduce a esta convergencia para situar el afecto como un elemento crucial de la acción social. En esta dirección, por ejemplo, es muy valiosa la perspectiva de toda la producción de Peter Sloterdijk, que se puede resumir en breve por una de sus afirmaciones:

"De los excedentes del primer amor, que se desprende de su origen para proseguir su marcha en otra parte recomenzando libremente, se nutre también el pensar filosófico, del que hay que saber ante todo que es un caso de amor de transferencia al todo. Por desgracia, en el discurso intelectual contemporáneo se ha convenido en caracterizar el amor de transferencia como un mecanismo neurótico, culpable de que las pasiones auténticas se sientan la mayoría de las veces en el lugar equivocado. Nada ha perjudicado tanto al pensamiento filosófico como es lamentable reducción temática que, con razón o no, se remite a modelos psicoanalíticos. Hay que insistir, por el contrario, que la transferencia es la fuente formal de los procesos creadores que dan alas al éxodo de los seres humanos a lo abierto. No transferimos tanto afectos exaltados a personas extrañas, como tempranas experiencias espaciales a lugares nuevos, y movimientos primarios a escenarios lejanos. Los límites de mi capacidad de transferencia son los límites de mi mundo" (Sloterdijk, 2003: 23-24).

En esta misma medida, e inscrita en una teoría dramática de la sociedad, cobraría nuevo sentido el ensayo de Robert Merton donde se refiere a la existencia de un "sadismo institucional", como esa propiedad de algunas organizaciones sociales de infringir dolor y daño (Merton, 1977).

El suicidio contemporáneo adquiere infinitas formas. Uno tremendo, el de niños o niñas sujetos al matoneo o bulling en las escuelas. Otro dramático, el que une masacres anunciadas con inmolación del victimario. Otro, aunque antiguo, con inéditas manifestaciones: el suicidio fanático, como el escenificado en la explosión de los aviones en las Torres Gemelas o como el de los hombres y mujeres bombas. Los suicidios pasionales comunes a todos los tiempos, precipitados por celos e ira. Los suicidios por escalamiento de euforia y disforia en el torbellino de la farándula. Suicidios como el paradigmático del gran escritor húngaro Sándor Márai determinados no sólo por el envejecimiento, como relata en su último diario, sino por el horror provocado por la frialdad del sistema médico (Márai, 2008). Suicidios colectivos como el que el mismo Márai describe en su diario conformados por clubes de amantes de la muerte.

La sociedad contemporánea se ha tornado compleja, incierta, vacía de trascendencia o precaria de sentidos. En dos siglos, desde la revolución industrial y transitando por otras dos revoluciones tecnológicas cada vez más intensivas, la eléctrica y la electrónica, sin contar la que cursa como digital, se ha pasado de la fábrica, a la corporación y a la multinacional; de la producción a la distribución y al consumo; de la producción agraria, a la industrial y a la de los servicios; del campo a la ciudad y a la mega ciudad; de la familia extensa y solidaria a la familia nuclear y a las familias relativas, frágiles, coyunturales.

El progreso del conocimiento, de la tecnología y de la técnica, si bien presta múltiples servicios, dictamina el anacronismo en vida de quienes no se conecten a los cambios. Del sujeto racional predicado por la ilustración se derivó al sujeto fracturado de Freud y hoy, al sujeto escindido en mil fragmentos, caracterizado por un psicólogo con el síndrome de la "multifrenia", la existencia de múltiples yos dentro del yo que no se acuerdan entre sí (Gergen, 1989). La relación entre los sexos y los géneros se ha tornado problemática: en la revolución industrial era indisputable la primacía del macho, en la segunda comenzó la mimesis de lo varonil por la salida de la mujer a la educación y al trabajo, y en la tercera, la presente, las modalidades de representación del género y de práctica del sexo no caben en el alfabeto, hasta el punto de que en una universidad tolerante se llega a definir la zeta como el género del no género.

En estas condiciones, no es fácil hallar sentido a la vida, tanto más si la sociedad, valorando como hasta ahora la racionalidad en términos de la metáfora cibernética, no redefine el papel del afecto como elemento constitutivo de los procesos sociales y no reconsidera su relación con la producción social de sabiduría. En este vacío de sentido, afecto y sabiduría, escamoteado por los placebos de adicciones al consumo, se instala el potencial del suicidio como drama social.

REFERENCIAS:

Alexander, Jeffrey. 2006. "Pragmática Cultural. La acción social como performance". En: En: *Revista Colombiana de Sociología*. (Bogotá, Universidad Nacional de Colombia). Número 20.

Baumann, Zygmunt. 2009. *El arte de la vida. De la vida como obra de arte*. Barcelona: Paidós.

Botton, Alain de. 2004. *Ansiedad por el estatus*. Madrid: Taurus.

Canetti, Elías. 1987. *Masa y Poder*. Madrid: Alianza.

Cano Gaviria, Ricardo. 1992. *José Asunción Silva, una vida en clave de sombra*. Caracas: Monteávila editores.

Christianson, Gale, 1987. *Newton*. Barcelona: Salvat. Dos tomos.

Collins, Randall. *Cadenas de rituales de interacción*. Barcelona: Anthropos.

Dante. 1953 a. *La divina Comedia*. En *Obras Completas*. Madrid: biblioteca de Autores Cristianos: 21-534.

-------. 1953 b. *Vida Nueva*. En *Obras Completas*. Madrid: biblioteca de Autores Cristianos: 535-570.

Durkheim, Émile. 1960. *Les formes élémentaires de la vie religieuse. Le systeme totémique en Australie*. Paris: Presse universitaries de France.

Durkehim, Émile. 2006. *El suicidio*. México: Ediciones Coyoacán.

Foucault, Michell. 1991. *Historia de la sexualidad. 1. – La voluntad de saber*. México: siglo XXI.

García de Diego, Vicente. 1958. *Diccionario ilustrado latino-español, español-latino*. Barcelona: Spes.

Halévy, Elie. 1972. *The Growth of philosophic radicalism*. London: Faber and Faber.

Hegel, G.W.F. 1966. *Fenomenología del Espíritu*. México: Fondo de Cultura Económico.

Heidegger, Martín, 1993. *El Ser y el Tiempo*. Bogotá: FCE.

Husserl, Edmundo. 1991. "El camino hacia la filosofía trascendental fenomenológica en la interpretación retrospectiva a partir del mundo de la vida dado con anterioridad". En: *La Crisis de las ciencias europeas y la fenomenología trascendental*. Barcelona: Editorial Crítica: 107-283.

Kierkegaard, Soren. 1965. *Las obras del amor*. Madrid: Guadarrama. Dos tomos.

Mandeville, Bernard. 1982. *La Fábula de las Abejas o los vicios privados hacen la prosperidad pública*. México: Fondo de Cultura Económica.

Merton, Robert K. 1977. *La sociología de la ciencia*. Madrid: Alianza. Dos tomos.

Musil, Robert. 2006. *Diarios*. Bogotá: Random House. Dos tomos.

Nietzsche, Federico. 2000. *El origen de la tragedia*. Madrid: Espasa Calpe.

Parsons, Talcott. 2009. *Autografía intelectual*. Traducción de Gabriel Restrepo. Bogotá: Universidad Nacional de Colombia.

Quincey, Tomas de. 1985. *Suspiria de profundis*. Madrid: Alianza.

----------------------. 1987. *Confesiones de un opiómano inglés*. Madrid: Alianza.

Restrepo, Gabriel. *La traducción de Parsons como deutero-aprendizaje*. Bogotá: Universidad Nacional.

----------------------2010. *Fiesta, Ahorro y Caridad*. Bogotá: libro inédito.

Santos Molano, Enrique, 1992. *El corazón del poeta. Los sucesos reveladores de la vida y la verdad inesperada de la muerte de José Asunción Silva*. Bogotá: Nuevo Rumbo.

Schopenhauer, Arturo. 1983. *El mundo como voluntad y representación*. México: Porrúa.

Sloterdijk, Peter. 2004. *Esferas II*. Madrid: Siruela.

---------- 2009. "Peter Sloterdijk über Zukunft. Revolution des Geistes!". Entrevista con Eva Karcher, en: *Süddeutsche Zeitung*. 03.01.2009. http://www.sueddeutsche.de/kultur/332/453028/text/ consultado febrero 25 2010.

Spinoza. 1967. *Ética*. En: *Obras*. Madrid: Clásicos Bergua.

Turner, Víctor. 1974. *Drama, Fields and Methaphors*. Ithaca: Cornell University Press.

VI. PSYCHOLOGIE

L'INTIME[1]

Jean Charmoille

> "De traumatisme, il n'y en a pas d'autre:
> l'homme naît malentendu" J. Lacan [2]

Biographie de l'Auteur:

Se définit comme psychiatre, psychanalyste et ténor lyrico-spinto

Formation universitaire

Psychologue (1964), docteur en médecine (1973), psychiatre (1975), pédopsychiatre (1985)

Trajectoire psychanalytique et artistique

Psychanalyse personnelle, membre du comité de rédaction de la revue *Apertura* (1987), président de la Convention Psychanalytique (1995), cofondateur du mouvement Insistance (2002).

Sa psychanalyse lui fait toucher du doigt le possible de cette trace écrite par l'expérience psychanalytique et qui n'est pas si facilement supportée, chaque psychanalyste ayant à trouver quelque chose pour qu'il y ait de l'analyste dans sa praxis.

L'originalité de sa trajectoire passe par la rencontre des effets de sa psychanalyse et de l'inouï du silence tenant la note du cri de Don Juan. De là à supposer que c'était ça l'entrée en jeu de l'énigme qui noue l'expérience psychanalytique et l'expérience artistique, il n'y a qu'un pas. Ce sera celui de sa recherche qui se donne durant son séminaire, ses conférences en Europe et en Amérique.

Le nouage de sa pratique et de son expérience de chanteur lyrique amateur le conduit à interroger les limites de la «substance pensante» et de la «substance étendue», toutes deux dans la perspective cartésienne, et surtout ce qui les précède de façon inouïe et invisible, la «substance jouissante» (Lacan).

Le langage, la langue maternelle, la métaphore paternelle sont interpellés au coeur de l'équivalence du son et du sens, qui se dit avec Freud à partir de l'inconscient comme étant au principe du mot d'esprit et qui rend possible la rencontre contingente du sexuel et de la parole avec Lacan.

Son élaboration ne se limite pas aux connaisseurs.

C'est pourquoi, en 2006, le rideau se lève sur SONECRIT, site de recherche où il met en scène le dire habituellement oublié par le dit: vidéos, audios, écrits.

«Regarder écouter lire» titre Claude Lévi-Strauss (1993)

Résumé de l'article:

LE RÉEL DE L'EXPÉRIENCE

Nous sommes redevables à Freud et à Lacan de nous avoir transmis l'importance du réel de l'expérience. Nous avons, à notre tour, à prendre en compte cette mise. Cela ne va pas de soi: insaisissable, il ne peut être mis à une place et si nous pensons, selon la logique moïque, que nous pouvons le déplacer, nous oublions que c'est lui qui nous déplace. Dès lors, qu'est-ce qui fait qu'un analyste accepte de ne pas s'en décharger? Qu'implique de s'en charger?

Je suis redevable, quant à moi, à Alain Didier-Weill puisque j'en ai aussi trouvé la trace d'abord dans ses écrits et ensuite dans nos échanges fréquents depuis le congrès de la revue Apertura sur "le Witz et l'interprétation" en avril 1989 à Strasbourg.

Je vais essayer, à mon tour, de vous en transmettre l'énigme en prenant comme perspective l'existence d'une rencontre habituellement maintenue voilée par le moi mais qui peut aussi se dévoiler si la reconnaissance du réel, dans le secret d'un certain rapport à l'extérieur radical que nous aurons à définir, n'est pas impossible.

DE "HEIMLICH" A "UNHEIMLICH" ET RETOUR

En 1919, Freud écrit "das Unheimliche"[3] traduit en français par "l'inquiétante étrangeté". Dans ce texte où "heimlich" correspond à "familier" et "unheimlich" à "caché"[4], il propose que le passage du premier au second soit l' oeuvre du refoulement secondaire que la langue allemande écrit par le préfixe "un"de "un-heimlich". Le problème, c'est que cette mise au secret ne tient plus quand les "complexes infantiles refoulés sont réanimés par quelque impression extérieure".[5] Alors apparaît au grand jour "tout ce qui aurait dû rester caché"[6], "das Unheimlich", l'"angoissant se montrant à nouveau"[7] par disparition des limites établies par le refoulement secondaire.

Cette construction s'appuie sur un passage qui met dans une certaine continuité le conscient et l'inconscient selon l' économie du principe de plaisir et du déplaisir. Freud a toujours tenu à cet inconscient constitué comme refoulé secondaire, mémoire inconsciente. C'est à lui qu'il se réfère pour le passage de "heimlich" à "das Unheimlich" et à son retour.

L'important pour nous, c'est que ce mouvement contrôlé par le moi, dont l'échec est source d' "unheimlich", ne le satisfait pas. Il fait part courageusement de son embarras: c'est de là que nous partons.

L'APPEL DU PÈRE SYMBOLIQUE

Qu'est-ce qui fait, se demande-t-il avec insistance, que "l'homme au sable", figure maléfique du père représentée par le personnage de Coppélius puis de Coppola, ne cesse de revenir? Qu'est-ce, le savoir du regard terrible auquel il se réduit puisqu'il fige chaque fois Nathanaël dans des réponses qui vont du hurlement à la mise à mort?

Freud est arrêté par quelque chose qui lui échappe et qu'il nomme "trouble-fête de l'amour"[8]. Il en pressent l'inestimable valeur puisqu'elle remet en cause la pertinence des "frontières légitimes" du refoulement secondaire qui ne peut assumer le retour des "primitives convictions surmontées qui se présenteraient à nouveau pour qu'un accusé de réception leur soit donné"[9]. Quelle rencontre fait-il pour être poussé à invoquer le "retour des morts à la vie"[10]?

Je suppose que Freud est sur la voie de la transcendance de la loi symbolique dont la singularité est de dépasser toute règle déjà fixée par un juge s'appuyant sur ce qui est acceptable dans l'univers déjà prévu par la loi. Il ne sait pas que vient à lui l'"inquiétante étrangeté" déjà rencontrée 20 ans plus tôt dans les textes où il a trouvé le pouvoir et le savoir du signifiant au-delà de la signification.

Qu'est-ce qui fait qu'il ne peut recevoir, sous le masque de la figure malveillante du père qui revient, l'appel porté à qui de droit, à un père transcendant, père plus grand que la figure du père à qui s'adresse l'amour et l'hostilité oedipiennes? Il s'agit d'une butée de Freud qui limite sa pratique. Par contre, son enseignement ne s'arrête pas là où il est arrêté, à l'instar de Lacan dont la distinction, méthodiquement proposée du réel, du symbolique et de l'imaginaire, porte à l'existence ce père symbolique, permet de prendre en compte son origine langagière, sa nomination comme Signifiant du Nom-duPère et sa transmission dans la crainte. Qu'en déduire?

Si le retour de "l'homme au sable" est traumatique pour Nathanaël, c'est parce que, ne pouvant pas être en relation avec la transcendance du père symbolique, il est en contact réel avec le père dans le réel au sens où il séjourne, pour lui, dans cet extérieur maudit, le réel, où règne une loi persécutrice. Il ne le peut pas parce qu'il y a en lui, dans son intérieur secret, une part en souffrance de symbolisation qu'avec Lacan nous nommons le réel. Est établie immédiatement, hors parole, une soudaine mise en continuité réelle qui fige, le hurlement étant une des réponses encore possible alors que la mise à mort est l'ultime et totale offrande en réponse à la fascination de ce dieu obscur puisque dans le réel.

En fait, ce que montre l'expérience du transfert où nous pouvons placer le tracas de Freud, c'est que " ce savoir dans le réel...qui dit la vérité mais ne la parle pas"[11] demande absolument...Mais comment entendre une demande silencieuse? A la fin de son texte, il dévoile l'horizon de son cheminement en faisant appel, une deuxième et dernière fois, encore[12], à l' énigme "de la solitude, du silence, de l'obscurité"[13] et laisse cette donne nous travailler.

L'arrêt de Freud l'a marqué, plus rien n'est comme avant, une mise nouvelle, celle de l'"Au-delà du principe de plaisir" est là. L'angoissant qui se montre à nouveau entraînant "das Unheimlich" ne peut plus être considérée comme retour du refoulé secondaire. Son apparition correspond à un autre temps qu' aucune mémoire ne peut retrouver. Puisque cette mise échappe au contrôle du moi, laissons-nous surprendre par son apparition dans une formation de l'inconscient qui vise à répondre à un moment où le moi a été éclipsé, le rêve. Examinons celui de " l'enfant mort qui brûle" que Freud commente au début du chapitre VII de la science des rêves?

LE RÊVE ET LA CONSISTANCE DE L'OEIL DE LA CONSCIENCE

Un père, qui vient de perdre son fils décédé à la suite d'une longue maladie durant laquelle il a s'en est beaucoup occupé, veille son cadavre. Fatigué, il décide de le confier à la charge d'un vieillard. Après quelques heures de sommeil, il fait le rêve suivant:

Il voit que son fils est près de son lit, qu'il lui tend la main et qu'il lui dit sur un ton de reproche: "Père, ne vois-tu donc pas que je brûle". Immédiatement réveillé, il se précipite dans la chambre où il est saisi par la vision des flammes qui embrasent le lit où la dépouille de son fils qui repose commence à brûler. Qu'est ce qui se signifie?

Partons du contenu manifeste: la réalité du bruit du feu a soudainement réveillé le rêveur qui ne peut oublier la représentation de ce qu'il voit. Les images du réveil l'immobilisent d'autant plus dans le remords que la mémoire s'associe à la conscience pour garder toujours présent le fâcheux accident de la réalité auquel il aurait pu être paré: la flamme d'un des cierges ne serait pas tombée sur le lit funèbre si lui et/ou le vieillard à qui il avait confié son fils ne s'étaient pas endormis.

L'atrocité de ce spectacle peut immobiliser, faisant oublier que le rêve peut surtout ouvrir à autre chose. C'est ainsi que le retour sur les images du rêve et leurs représentations ne tarderont pas à faire apparaître que le guide qui les impose est sûr de ce qu'il montre, qu'il ne saurait tromper ni se tromper puisqu'il est l'oeil de la conscience, celui qui sait tout puisqu'il ne s'absente jamais. Lorsque le rêveur sera revenu plusieurs fois sur le visible, il pourra se surprendre à concevoir que la consistance de cet oeil est tout à fait suspecte puisqu'elle fige dans l'aveuglement de ce qui est déjà connu comme visible et la surdité de ce qui ne s'entend que de la signification.

N'essayons donc pas de dialoguer avec cet aveugle au pas encore vu et ce sourd au pas encore entendu, mais distinguons son poids de celui de l'expérience de l'inconscient. En effet, si celle-ci conduit au changement, celui-là ne cesse de s'y opposer: "anti-inconscient" clame Lacan[14]. Nous en arrivons à l' autre scène qui subvertit le champ de l'oeil de la conscience et de la réalité perceptive puisqu'elle se déploie entre perception et conscience.

LE RÊVE ET LE MOUVEMENT PULSIONNEL

LA CAUSE DU RÊVE

Le génie de Freud a été de démontrer que ce qui est à l'origine du rêve et qu'il rassemble sous la qualification de "restes diurnes" est une rencontre ratée puisque le fragment de réalité psychique affecté la veille, à l'occasion d'un fait de la réalité quotidienne, est resté en souffrance. Par son rêve, le rêveur propose une nouvelle rencontre en faisant appel à la parole pour s'arracher à la mise en souffrance.

Cela ne va pas de soi. D'une part nous sommes, avec le rêve, dans un temps différé, d'autre part la mise en scène rend la rencontre différente. "Quelle rencontre peut-il y avoir désormais avec cet être inerte à jamais — même à être dévoré par les flammes — sinon celle-ci qui se passe justement au moment où la flamme par accident, comme par hasard, vient à le rejoindre? Où est-elle, la réalité, dans cet accident? " interroge Lacan[15] qui n'oublie pas le mouvement pulsionnel à l'origine de toute rencontre, "Trieb à venir."[16]

"OMBILIC" DU RÊVE ET RÉEL ORIGINAIRE

Alors que tout est endormi, façon de signifier le champ des représentations régies par l'absence de tensions que réalise le principe de plaisir, soudainement apparaît une voix qui se fait entendre puis s'absente rompant l'harmonie préétablie. Qu'est-ce qui apparaît dans cette rupture du discours, "ombilic" du rêve au dire de Freud dès 1900, que l'autre scène, celle du rêve, offre?

Un nouveau temps et un nouvel espace immédiatement recouverts par le réveil de la conscience. Quelle que soit l'atrocité de la vision, nous pouvons supposer que c'est de cette nouveauté, "ombilic" pour la constitution du sujet, réel originaire, que le rêveur, sans le savoir encore, ne cesse de parler du fait que l'objet regard l'obture puisqu'il n'est pas encore constitué comme perdu.

En effet, il n'est pas impossible, même si nous ne disposons pas des associations qui font toujours partie du rêve, que ce père revienne sur la rencontre manquée avec le dévoilement furtif et terrible du réel du regard rencontré dans l'immobilité des yeux de la dépouille de son fils ou lié à une parole échangée à propos de la fièvre avant sa mort. Le père avait pensé oublier ce regard trouvé dans l'extérieur hostile mais lui, ce regard, ne l'a pas oublié, même si l'écran des soins prodigués généreusement a pu le cacher un temps.

Ce qu'ose interpréter l'autre scène du rêve, c'est le fait que quelque chose puisse transmuter le mal entendu source d' "unheimlich" en bien entendu dans la crainte à l'origine de l'intime qu'est "heimlich" du fait que la persécution du regard extérieur a déposé les armes. L'apparition de la crainte, effet du père symbolique, est la création qui délivre de la persécution. Elle témoigne d'un extérieur séparé, à l'origine d'une rencontre, inespérée jusque là, entre le père et le fils? Comment le rêve témoigne-t-il de l'existence de cet ailleurs originaire?

RETOURNEMENT PULSIONNEL ET "EX-TIME"

Le retour sur son rêve pourrait guider ce père à entendre et recevoir l'appel d'une force constante, voix du père symbolique[17], dont le dire résonne dans le trou ombilical du rêve. Ce qui peut y être entendu, l'appel de la pulsion invocante18, crée un retournement, celui de la pulsion scopique, qui fait passer le voyant, réduit à l'objet regardé, au regardant qui s'autorise de lui même19 du fait qu' il se fait pur regard.

Reprenons ce mouvement spécifique de la dynamique de la pulsion. Percevant le mouvement de l'appel signifiant de la pulsion invocante dont la singularité est de ne pas obéir aux limites imposées par la signification, il le reçoit et découvre en même temps –c'est ça, l'inespéré de la rencontre--que cet appel invoque une part invisible pour l'oeil tout en étant visible par le regard porteur d'altérité qui vient à sa rencontre.

En fait, les deux mouvements pulsionnels portés par l'altérité, celui de la pulsion invocante et de la pulsion scopique, se donnent la main en même temps: ce qui transmet l'illimité de la signifiance à l'origine du mouvement de nouveauté. Comment le rêve de ce père peut-il interpréter ce pas?

Aux flammes qui aveuglaient le voyant affolé par le spectacle du monde visible a été substitué, par l'appel du Signifiant du Nom-du-Père20, un pur signifiant, flamme. Cette métaphore originaire, création du rêve, est source d'une signifiance qui irradie et embrase la part de réel qui se reconnaît immédiatement comme symbolique. Signifiant délesté de toute signification, flamme est promu lieu illimité de rencontre de l'extérieur le plus extérieur et de l'intérieur le plus intime, "ex-time" (Lacan). L'auteur de ce nouveau lieu de rencontre est anonyme, c'est, il n'y a pas à en douter, "ein neues Subjekt" ("un nouveau sujet") au sens de Freud, que Lacan transmet par "il est nouveau de voir apparaître un sujet."21

L' INTIME ABSOLU

La dialectique secrète qui noue l'extérieur radical et l'intime le plus intime, nous pouvons la trouver dès que l'être parlant se met à parler. Est-ce que ce n'est pas cette rencontre que, sans le savoir, découvre une adolescence lors du premier entretien? Alors qu'elle décrit les vicissitudes de son anorexie mentale, elle se surprend à évoquer le fait que, quand elle joue de la flûte, elle perçoit une part d'elle-même qui disparaît quand elle s'arrête de jouer. Ce qui ne cesse de l'étonner c'est, de façon toujours inédite, le fait que les sons musicaux, et seulement eux, lui permettent de jouir de cet intime absolu, "heimlich", aussi bien pour elle, puisqu'il se dérobe à son vouloir, que pour les regards prédateurs omnivoyants dont la persécution, "unheimlich", désarmée par ce qui "s'ouit" alors, la quitte. Ce qu'elle ne sait pas qu'elle demande de façon absolue, c'est, vraisemblablement, la mise intime qu'est le temps illimité de la signifiance entraperçue.

NOTES:

[1]Une première approche, intitulée "héimlich-unheimlich", a été exposée au colloque de Besançon sur "la dialectique secrète de l'inconscient freudien" les 10 et 11 nov. 2001. L'après-coup donne cette élaboration sur "l'intime".

[2] J. Lacan, séminaire le malentendu, 10/06/80.

[3] S. Freud, l'inquiétante étrangeté, essais de psychanalyse appliquée. idées/gallimard. pp 163-210.

[4] Ibid.,p.173.

[5] Ibid p. 205.

[6] Ibid , p.173.

[7] Ibid, p.194.

[8] Ibid, p. 182.

[9] Ibid, p.205, c'est notre traduction.

[10] Ibid, p.201.

[11] J. Lacan séminaire l'insu que sait de l'une-bévue s'aile a mourre, 15/02/77.

[12] J. Lacan séminaire XX

[13] S. Freud opus cité, p.210.

[14] J. Lacan séminaire cité, 15/02/77.

[15] J. Lacan séminaire Les quatre concept fondamentaux de la ^sychanalyse. Seuil, p.57

[16] Ibid, p. 59.

[17] J. Charmoille la voix du père symbolique Lettres de la S.P.F. No 6 pp. 81-94.

[18] Ce développement fait écho à la façon dont Alain Didier-Weill a développé ("Les trois temps de loi" Seuil 1995 et "Invocations";Calmann-Lévy 1998) la dialectique d'une pulsion très singulière, la pulsion invocante, non nommée par Freud et citée par Lacan comme "expérience la plus proche de l'expérience de l'inconscient" le 4/03/64.

[19] au sens où ce n'est plus de l'Autre mais du trou dans son savoir qu'il s'autorise.

[20] autre façon de rendre compte de l'appel de la pulsion invocante

[21] J. Lacan. opus cité, p.162.

HEIMLICH - UNHEIMLICH

Jean Charmoille

Résumé de l'article:

Nous devons à Freud, à Lacan de nous avoir transmis le réel de l'expérience. L'important est, en outre, de prendre la mesure de la façon dont il est transmis puisque l'expérience du transfert s'appuie, pour nous, sur les effets de sa rencontre.

Pour ma part, je dois à Alain Didier-Weill de m'avoir permis, à partir de son travail, une certaine approche de la façon dont le réel intervient la clinique du transfert. Dans ce que je vais essayer de vous proposer, vous pourrez reconnaître l'appui que je prends sur la façon dont il problématise les données freudiennes et lacaniennes sans oublier la présence du réel. ... Lorsque Freud aborde, en 1919, l'apparition de l'angoisse dans son article intitulé **"das Unheimliche"**, il nous transmet, en fait, le ressort du réel en regard de ce que nous avons de plus intime, **"heimlich"**. Son dire va au de-là d'une simple opposition "heimlich"- **"unheimliche"** pour qu'advienne un secret, **"heimlich"**, création puisqu' il ne dépend pas de ce qui est **"unheimlich"**. C'est l'horizon de ce travail.

FREUD ET LA DIALECTIQUE BINAIRE: HEIMLICH - UNHEIMLICH

De cet article, très riche, je ne retiens que ce qui est important pour cette perspective. Il y a lieu, en effet, de remarquer que Freud, comme il en a l'habitude, raisonne à partir d'un mode de pensée auquel il tient puisque c'est à partir de lui qu'il a élaboré la notion de défense à l'origine de son cheminement vers la découverte de l'inconscient. Comme en 1892, avec Lucy R, et plus tard, en 1894 ,dans son article intitulé "Les psychonévroses de défense", il prend appui sur un espace binaire de développement de la pensée articulé par une frontière qui délimite un bon dedans où est conservé ce qui est acceptable et un mauvais dehors où est rejeté, refoulé, ce qui ne l'est pas.

Dans cette perspective, Freud propose le préfixe **un** du terme allemand **"un-heimlich"** comme la marque du refoulement. Dans cette perspective, il y aurait eu du familier, façon de traduire heimlich, qui aurait été refoulé et qui, ainsi, resterait caché. Il y aurait un secret lié au refoulement lui-même. L' **"Unheimlich"** correspond à ce qui a été refoulé et peut rester au secret. Le problème, c'est qu'une excitation externe peut réanimer ce caché que constitue "les complexes infantiles refoulés": l'apparition au grand jour de "l'un-heimlich", jusque-là secret, met l'être parlant, soudainement, dans la situation d' être mis à découvert du fait que ce qui lui permettait jusque-là aussi bien de cacher que d'être caché lui a été, en quelque sorte, arraché. Dans quelle mesure ce rapt de "l' heimlich" qui apparaît à partir de cette pensée binaire peut-il conduire à une autre articulation à partir de ce que transmet Lacan dans sa lecture du texte freudien?

Nous pouvons trouver, sous la plume de Freud, des éléments qui permettent d'aller dans cette direction lorsqu'il interroge le retour de l'homme au sable, figure maléfique du père et lorsqu'il se demande quelle est l'origine de l'unheimlich.

Freud, en effet, ne manque pas remarquer que l'homme au sable revient comme "trouble-fête de l'amour": ce que nous pouvons recevoir comme une mise en cause du narcissisme c'est-à dire, avec Lacan, de l'image spéculaire qui résulte du nouage du réel du Symbolique et de l'Imaginaire. Il serait donc possible d'avancer, en prolongeant Freud, que le retour de l'homme au sable a pour effet de fragiliser et même de faire voler en éclats ce nouage du fait de l'apparition de quelque chose qui remet en cause ce qui avait été noué entre l'Imaginaire qui apporte la forme, le réel qui donne le corps pour autant qu'il est mis entre parenthèses par le son du Symbolique. Il y a, à chaque retour de l'homme au sable, apparition renouvelée d'un réel - plus fort que le symbolique - qui fait voler la mise entre parenthèse symbolique qui faisait oublier le poids du réel du corps: le nouage spéculaire se dénoue et l'angoisse surgit de la mise sur la scène de l'"unheimlich".

La seconde sollicitation nous vient de son interrogation sur ce qui est à l'origine de l'"unheimlich". En effet, à côté des "complexes infantiles refoulés", il découvre que des primitives convictions impressions dépassées à nouveau apparaissent pour qu'un accusé de réception leur soit donné. Qu' est-ce qui se dit là puisqu' il n'est plus question, comme il le remarque, de rester dans les limites légitimes du refoulement (secondaire) qui marque les complexes infantiles?

Le fait qu'il y a originairement rencontre du réel et du symbolique, que ce savoir est insaisissable pour le refoulement secondaire. Freud l' écrit l' année suivante pour expliquer la contrainte de répétition dans le chapitre V de "l'Au-delà du principe de plaisir": "les traces mnésiques refoulées de ses expériences vécues originaires ne sont pas présentes en lui (le patient sous la contrainte de la répétition) à l'état lié et sont en fait, dans une certaine mesure, inaccessibles au processus secondaire". Avec l'enseignement de Lacan lecteur de Freud, nous pouvons rapprocher la présence du réel affectant le symbolique de certains signifiants propres à chacun. Lorsqu' ils apparaissent, ce qui s'enchainait métonymiquement ne tient plus: un savoir inédit est au premier plan, **"unheimlich"**pour Freud, **"savoir inconscient"** pour Lacan, le 15/02/77, "le seul qui peut conduire au changement". Il y a bien une mise secrète, articulée au surgissement de l'angoisse, l'inconscient freudien, que Lacan a largement contribué à déployer comme au delà du refoulement secondaire.

Pour avancer, developpons le champ du rêve puisque nous pouvons y rencontrer aussi bien la représentation comme mémoire soumise au refoulement secondaire que son au delà, envers d'où soudainement apparait qu'il y a à venir.

Freud rapporte un rêve qui lui a été rapporté. Il s'agit du rêve fait par un père dont l'enfant vient de mourir et qui, fatigué par les soins qu'il a prodigués à ce fils avant qu'il ne meure, est allé se reposer dans la chambre voisine, laissant la porte entrouverte comme pour ne pas être trop éloigné.

Après quelques heures de sommeil, écrit Freud, ce père fait le rêve suivant: " l'enfant est près de son lit, lui prend le bras, et murmure d'un ton plein de reproche: "Ne vois-tu donc pas que je brûle?". Le père s'éveille et, apercevant une vive lumière provenant de la chambre mortuaire où se trouve la dépouille de son fils, il s'y précipite: le vieillard s' est assoupi tandis que le linceul et un bras du petit cadavre ont été brûlés par un cierge qui est tombé dessus. Qu'est ce qui réveille? Qu'est-ce, ce réveil?

Partons, en effet, de cette question, dans la mesure où elle permet de nouer la vision terrible développée par la représentation et la nouveauté que constitue l'apparition d'une voix qui fait entendre et résonner l'au-delà.

Leur rêve comporte en effet ces deux éléments: la représentation comme texte offert par les images du rêve mais aussi son envers puisque le texte du rêve est troué par l'apparition d'un ombilic, point où s'arrêtent les associations, "unerkannt" que Lacan rapproche de l' "urverdrängt", le refoulé originaire.

Ce qui réveille peut, bien sûr, être le bruit du feu qui s'est développée sur le lit mortuaire, la vision horrible de la représentation, cause de déplaisir étant suffisante. Mais, pourquoi cette voix?

Freud propose que le rêve est une façon pour ce père de prolonger la vie de l'enfant. Ainsi, le rêve serait le gardien du sommeil en regard de l'économie du principe de plaisir jusqu'à ce qu'un certain taux de déplaisir mette fin au sommeil. Mais cette hypothèse ne tient plus en regard de cet autre guide qu'est l'Au-delà du principe de plaisir dont la survenue est de réveiller par la rencontre du réel qui marque le savoir symbolique pour en faire le savoir inconscient. Quel secret est ainsi à découvert et ne peut être que tel puisqu'il se révèle d'autant plus que c'est de la lumière qu'il advient?

Cette voix qui vient "d'on ne z'où" diffuse et résonne pour celui qui sait l'entendre. Elle se différencie de la voix surmoïque qui montre du doigt. Elle est le témoignage qu'il y a du visible qui s'entend, qu'il y a du réel en souffrance qui brûle du fait qu'il est déjà noué au symbolique: tel est le savoir inconscient. Mais si elle ne cesse de résonner c'est parce qu'elle commémore le moment où le réel a pâti du Signifiant, moment où la signifiance de la flamme a arraché pour toujours l'infans à la naturalité.

Ce que ce rêve ne cesse de faire entendre, c'est qu'il y a un au delà de la représentation et de sa vision terrible de l' **"unheimlich"** pour autant que du trou de cette vision peut soudainement surgir le son originaire oublié, signifiance originelle pour tout humain qui ne peut se voir puisqu'il est recouvert par le visible spéculaire.

A cet invisible qui est visible pour un regard qui entend, le bon entendeur peut se fier...

LA VOIX DU PERE SYMBOLIQUE

Jean Charmoille

"Qui?, au-delà de celui qui parle au lieu de l'Autre et qui est le Sujet, qui y a-t-il au delà, dont le Sujet, chaque fois qu'il parle, prend la voix?"
J. Lacan. *Les noms du père*. Séminaire inédit du 10/11/1963

Résumé de l'article:
Je vais essayer de préciser la fonction du père symbolique dans la mesure où elle permet d'évaluer ce que nous appelons le bain de langage indispensable à l'humanisation de l'enfant et, dans la cure, à la symbolisation.
Pour avancer, je m'appuierai sur l'énigme d'une rencontre archaïque (1) entre l'universel du langage spécifiant le pôle paternel et l'univers d'une langue privée, la langue maternelle. Si cette rencontre (2) est d'une inestimable valeur, c'est parce qu'elle conduit à l'inconscient de l'enfant comme création.
Habituellement cette rencontre, dont il y a lieu de préciser qu'elle ne peut être observée directement puisque la clinique n'en donne que les effets, est développée surtout du côté maternel. Je vais mettre à l'étude le pôle paternel à partir de séquences cliniques et de textes freudiens et lacaniens tout en donnant quelques repères pour préciser la nature de l'inconscient freudien puisque le pôle paternel y conduit.
Je terminerai en donnant une interprétation de la façon dont la tradition judéochrétienne a rencontré cette énigme et y a répondu.

LA DETTE SYMBOLIQUE RÉCUSÉE DANS L'APPARITION DU SYMPTÔME

Julien, un garçon de 10 ans, confie à son analyste qu'il est réveillé soudainement la nuit par l'apparition de revenants. Dès qu'il allume sa lampe de chevet, ces derniers disparaissent. Mais dès qu'il l'éteint, ils apparaissent. Il sait bien qu'ils n'existent pas quand il peut se repérer à ce qu'il connaît déjà, le visible, et pourtant ce savoir s'effondre dès que le noir s'installe, comme si la distinction rendue possible par la vision du connu disparaissait alors, laissant le champ libre aux monstres qui se répandent dans l'univers ténébreux qui plane sur lui.
Julien confie aussi qu'il a été effrayé par une transformation: alors qu'il voyait la photo d'une personne qu'il connaît bien, soudainement la disparition des limites des formes a fait apparaît l'in-forme. Cet envahissement n'a pas changé la photo et pourtant, quand il a été placé devant son fait, ce savoir l'a abandonné le livrant à l'angoisse dévorante qu'il rapproche de celle de l'apparition des revenants.
Ce dont témoigne Julien, c'est le fait que l'humain s'est institué, sans le savoir, comme le lieu d'un conflit binaire entre ce qu'il sait qu'il est comme Sujet dans le symbolique et qui est sa vérité et quelque chose qui ne parle pas, le réel en langue lacanienne. Habituellement ce conflit, géré selon l'économie du principe de plaisir par le champion de la méconnaissance que Freud nomme moi, n'apparaît pas dans la mesure où celui-ci reste maître chez lui.
Julien fait part qu'il peut arriver que, soudainement, il ne règne plus dans sa demeure, le déplaisir résultant de l'apparition d'un nouveau savoir où le réel a un ascendant (3) sur le symbolique; l'humain est alors réduit au réel de l'objet (a), déchet, du fait qu'il déchoie du symbolique. En regard de cette déchéance, quel serait le mouvement transférentiel à ne pas manquer?
Je suppose que Julien, sans le savoir et au delà de ce qu'il dit, demande que soient actualisés dans le transfert les deux champs évoqués du conflit binaire du fait que ce qu'il est comme symptôme recèle un appel qui n'a pas pu être entendu, le symptôme étant l'effet de cette récusation et, dans le même temps, pouvant être analysé en regard de cet appel. L'analyste, je le suppose comme celui qui ne s'opposerait pas à cette nouvelle direction. Mais, d'où vient cet appel? Question qui se prolonge par son adresse: qu'est-ce qui fait qu'il peut être entendu et qu'est-ce, lui répondre?
Si ce questionnement ne va pas de soi, c'est parce qu'il ne peut être développé par la pensée, puisque, pour elle, il est im-pensable. Il en résulte que c'est de sa défaillance qu'il est promu au premier plan. Nous sommes en direction de la précédence de l'universel du langage qui transmet une loi que nous nommons symbolique du fait qu'elle transcende l'humain puisqu'elle le met en rapport avec un lieu primordialement séparé -ce lieu ne lui étant pas immanent-, qu'il ne peut pas connaître imaginairement mais seulement reconnaître symboliquement s'il accepte d'en payer le prix, celui de la dette symbolique. C'est donc dans la mesure où le psychanalyste peut accepter d'être en dette à l'endroit de ce qui le dépasse, la transcendance du symbolique transmis par l'universel du langage, qu'il pourra ne pas en récuser l'appel quand il se donnera à sa reconnaissance. Mais ça ne dit pas ce qui fait que l'analyste pourra l'entendre d'autant plus que cet appel ne relève pas de la signification puisqu'il sollicite ce qu'elle recouvre, la signifiance où l'ouï se transmute en inouï.
Lacan nous met dans cette direction dans la séance de son séminaire du 15 janvier 1958 (1) ainsi que dans son article intitulé <<D'une question préliminaire à tout traitement possible de la psychose>> écrit au même moment, décembre 1957 et janvier 1958, lorsqu'il énonce que la réflexion de Freud "l'a mené à lier l'apparition du signifiant du père, en temps qu'auteur de la loi, à la mort, voire au meurtre du père, montrant que le père symbolique en tant qu'il signifie cette loi est bien le père mort" (4). Que nous transmet cette lecture de Freud dont l'audace est d'opérer une jonction entre paternité et mort, sans oublier le témoignage de Julien?

L'UNIVERS PREMIER DU LANGAGE ET SON APPEL

Freud aborde cette question en 1913 dans Totem et tabou lorsqu'il suppose à l'origine du Sujet une incorporation du père mort responsable d'une identification, énigmatique puisque la clinique n'en donne que les effets. Si on lie ces données freudiennes à celles de 1925 sur La dénégation, il apparaît que le Sujet à venir se construirait dans le double mouvement suivant.

D'une part, le pré-Sujet prend la force paternelle en l'incorporant et constitue ainsi une entité close sur elle-même, bon dedans symbolique qui ne tient pas compte de l'extérieur puisque ses représentations hallucinatoires lui garantissent l'existence de ce qu'elles représentent du fait qu'elles obéissent à l'économie du principe de plaisir. D'autre part, du père échappe à ce processus, n'étant pas jugé bon à incorporer . Rejetée dans le dehors, cette part du père va y subsister non sans faire retour sous certaines conditions en produisant ce que Julien appelle des revenants qui sont, en fait, du père, qui n'ayant pas reçu la sanction qui lui aurait permis de trouver le repos dans le symbolique, erre dans le réel comme père dans le réel. Mais pourquoi ce dernier, quand il apparaît, ne peut plus être oublié par Julien, façon d'interpréter la vengeance dont il pense être victime?

Le caractère hostile et persécuteur est, vraisemblablement, lié au fait que le père dans le réel est perçu comme étranger puisqu'il n'est pas connu et, de ce fait, corrupteur de la force paternelle symbolique incorporée. Par ailleurs, s'il ne cesse de revenir, ce qui est aussi un élément de persécution, c'est sans doute pour que lui soit donnée la symbolisation dont il a été privé et qu'il sait indispensable pour trouver le repos symbolique.

Dès lors, s'éclaire la souffrance de Julien: lorsque le conflit binaire tient, le corrupteur qu'est l'étranger est arrêté par des barrières qui doivent garantir le bon dedans symbolique. Par contre, lorsque l'imaginaire visible qui régit ces barrières n'est plus là du fait que le noir ne lui permet plus de différencier le visible du non visible, les barrières ne font plus le poids face au réel de l'étranger qui les fait sauter. Ce dont parle Julien c'est bien d'une contamination réelle du père symbolique résultant de la disparition des frontières qui jusque là garantissaient le père symbolique de la toxicité du père dans le réel. Comme il le dit lui-même, il veut être débarrassé de ces fantômes qui "lui rentrent par les yeux et occupent sa tête". Mais, est-ce là l'horizon de sa demande, direction qui guide le transfert?

Ce qu'il ne sait pas encore qu'il sait, c'est qu'il y a une Autre perspective que celle du rejet du persécuteur puisque le père dans le réel ne revient, en fait, que pour passer au symbolique. Plus précisément, la souffrance de Julien n'est pas tant liée au retour du père dans le réel mais au fait qu'il aurait pu lui répondre, le transmutant ainsi en père symbolique: c'est ça, accepter d'être en dette à l'endroit du symbolique. Qu'en déduire du côté de l'analyste dans le transfert?

Qu'il importe que l'analyste ne récuse pas, comme Julien, sa dette à l'endroit du symbolique, par exemple en restant dans la signification oedipienne, puisque l'appel du Signifiant du Nom-du-Père remet à sa place imaginaire, le rival, père oedipien qui, sans doute, permet d'expliquer les symptômes, comme l'a montré Freud, sans toutefois conduire à la symbolisation c'est-à-dire à la création du Sujet de l'inconscient. Qu'est-ce donc cette opération qui permet qu'advienne du Sujet de l'inconscient?

Pour avancer, partons du fait que l'universel du langage, face paternelle du bain de langage, au moment où il est rencontré par la langue privée maternelle, transmet à l'enfant, de façon énigmatique, un opérateur étranger qui sortira de sa réserve quand l'être parlant fera l'expérience de la perte de parole. Ce que Freud nomme sidération qui précède la lumière, inhibition qui conduit au refoulement et au symptôme correspondent à ce moment indispensable pour que cet Etranger apparaisse au lieu de l'Autre -ce que Lacan nomme "Che Vuoï?" - et s'adresse au Sujet de l'inconscient à venir en ces termes: "Toi qui as perdu l'usage de la parole, es-tu autorisé à advenir comme Parlant?". A ce moment même, non seulement le lieu de l'Autre n'est plus celui de la consistance de la demande de l'être de l'Autre, façon de préciser le deuil de la parole, mais l'inouï qui en sort soudainement ne peut être entendu que par l'inouï du Sujet à advenir, comme si la voix qui le porte était inaccessible à tout maître en signification: nous arrivons en direction d'une voix qui ne relève pas de l'ouïr de la signification puisqu'elle transmet l'inouï de la signifiance.

Il y aurait donc, à l'horizon de l'universel du langage, un Etranger (5), Signifiant primordial ne délivrant aucune signification, Signifiant du Nom-du-Père (Lacan), aussi bien étranger au Sujet qu'en même temps pas tout à fait étranger puisque pouvant être reconnu par le Sujet du fait qu'une Bejahung primordiale, un "oui", a été donnée sur son existence, comme le précise Freud en 1925 dans La dénégation. En somme, ce signifiant porte, en lui-même, la promesse de la richesse d'une mise en commun à venir, -c'est ça l'ad-venir- d'un métissage qui permet que l'étrangeté du plus étranger se noue à l'intime le plus radical réalisant un acte qui peut être supposé analytique puisque créant une authentique articulation entre l'Autre et le Sujet de l'inconscient, inédite puisque dépassant le dualisme du moi et de l'autre.

Le problème, c'est que le moment d'abolition de la pensée dualiste n'est pas rencontré sans une certaine angoisse dont la récusation, comme le constate Julien, est à mettre en rapport avec la transformation de ce signifiant du symbolique qu'est le père symbolique en signifiant dans le réel qu'est le revenant, du fait qu'il n'est pas reconnu symboliquement: nous retrouvons le conflit binaire de tout penseur sauf s'il peut se fier à la pensée inconsciente régie par l'Au-delà du principe de plaisir.

Retenons que cet Etranger, pas tout à fait étranger, permet l'accès à l'Altérité puisque la note étrangère qu'il recèle donne accès à l'étrangeté qui est un effet de l'apparition de l'insaisissable réel de l'Autre .Décidément, qui aurait supposé que la richesse de l'universel du langage était liée à l'étrangeté? Qui aurait pu nous transmettre l'énigme de cet Etranger qu'est le père symbolique (6), Signifiant du Nom-du-Père qui, s'il n'est pas reconnu quand il apparaît, conduit à l'inquiétante étrangeté ou au trouble de mémoire sur l'Acropole? Qui? Sinon celui qui n'a cessé d'être travaillé par les effets de sa rencontre dans le réel au moment où il se découvrait comme habité par la présence de quelque chose qui ne le laissait pas en repos, Freud lui-même et à sa suite Lacan et tout analyste qui accepte le gain d'être en dette symbolique.

Laissons à présent Julien apaiser la vengeance du père dans le réel en le faisant accéder à la reconnaissance symbolique et essayons de préciser l'appel déjà entrevu du Signifiant du Nom-du-Père.

LE TROU DANS LA PENSÉE

Alors que je parle avec un interlocuteur que je connais bien et que nous échangeons ensemble sans difficulté, il peut arriver que je perçoive soudainement, en moi, le développement de pensées qui va progressivement s'étendre, me fixant dans la difficulté voire l'impossibilité de continuer à entendre mon interlocuteur.

Si je suis attentif, je pourrai constater que ces pensées s'accrochent à ce qu'il dit et qu'elles visent la constitution d'arguments qui confirment son dit ou qu'elles le contre-disent. Si je ne suis pas, à son contact, sous l'ascendant d'un réel trop fort, je pourrai être l'avocat de la bonne ou de la mauvaise foi, peu importe, et monter à la barre pour briller par mon propos. Si le réel est plus fort, je bafouillerai. S'il est trop fort, je ne pourrai même pas penser, réduit que je serai à cet arrêt porté sur le fait de penser.

Qu'est-ce qui m'a pris soudainement? Je ne le sais pas vraiment. Tout au plus, puis-je supposer que j'ai rencontré quelque chose, le réel, qui m'a arrêté sans que je le sache. Puis-je en rester là? Non, car ce quelque chose ne cesse de me mettre au travail comme s'il ne pouvait pas m'oublier. Mais, que recèle-t-il?

Ce que je pourrai être amené à trouver, à l'instar de Freud rencontrant le réel lié au signifiant Herr (7), c'est que, sans le savoir, j'ai récusé une rencontre, mais, qu'est-ce, cette rencontre, insaisissable pour le penseur que je pense être? Une pensée inconsciente refoulée secondairement? Peut-être, mais qu'est-ce qui fait que j'ai eu recours à cette défense?

En fait, ce trou dans ma pensée qui me prive de la parole que je possédais jusque là, si je lui accorde l'importance qu'il mérite, va me conduire en un point que je ne savais pas que je recelais, en un Ailleurs que là où ne cessait de me cantonner ma pensée, avant et après son apparition. Avant, je pensais que je savais ce que je disais. Après, je suis dans une autre position, intrigué par le fait que ma pensée ne s'arrête plus: cette insistance ne suggérerait-elle pas que je revienne au moment de la rencontre manquée pour reconnaître ce quelque chose d'impensable, d'incompréhensible, d'énigmatique, devant quoi j'ai défailli?

Ce qui peut m'arrêter, c'est que je n'ai aucune piste pour en savoir quoi que ce soit, le parleur que je suis ne pouvant se repérer à aucun savoir qui le guiderait… Et c'est tant mieux, puisque sans ce trou, je n'aurais jamais entendu… mais entendu quoi?

L'APPEL INOUÏ DE LA VOIX DU PERE

C'est du fait de la disparition du savoir déjà là, que je peux découvrir qu'il y a présence d'une présence jusque là non présente, présence d'un "je, qui…ne sait pas ce qu'il entend, (condition pour qu'il) croi (e) en ce qu'il entend (8). Ce moment n'évoque-t-il pas la chute du Sujet supposé savoir (Lacan) qui ne saurait advenir que de la promotion de l'objet cause du désir (Lacan) (9) qui se donne à celui qui peut advenir comme le récepteur inouï d'une voix qui transmet l'inouï en sonnant soudainement, comme nous l'avons déjà supposé.

Etrange résonnance de cette voix qui ne saurait être enregistrée, reproduite, raisonnée puisqu'elle cherche une présence, inconsciente d'elle-même, Sujet de l'inconscient qui, immédiatement, avant toute pensée, dit "oui" à cet étranger qui l'interpelle et qu'elle accepte, alors que jusque là elle avait établi des barrières pour se protéger de ce qui lui était étranger. Le penseur que je suis ne pouvait penser que cet appel pouvait me hisser à la hauteur de l'éthique. Pourquoi?

Au moment où résonne cette invocation, je peux la refuser, condition indispensable à toute éthique. En outre, n'ayant aucun appui sur le savoir puisqu'il a défailli, je ne peux me fier qu'à l'inouï que j'entends: tel est l'appel de la voix du père qui noue, en un éclair, le pur son de la signifiance symbolique et le claquement du réel qui m'arrache à l'endormissement où le moi se complaisait et me complaisait. Comment cela se donne-t-il dans le déroulement d'une cure?

LE SUJET DE L'INCONSCIENT DANS LE TRANSFERT

Il peut arriver qu'un analysant soit soudainement placé devant le fait que tout ce qu'il a acquis jusque là comme titres, diplômes et biens divers, ne lui appartient pas, en fait. Tout se passe, en effet, comme si la propriété que lui octroyait jusque là la loi symbolique du code civil ne pouvait plus lui être propre. Le transfert ne s'arrête pas là puisque, dans le même temps, peut être entendue une loi annoncée par une certaine angoisse puisqu'il ne la connaît pas déjà. Que découvre-t-il à ce moment même où, bien qu'il ne la connaisse pas, il peut néanmoins la re-connaître comme venant d'Ailleurs?

Le fait que la loi symbolique qu'il connaît bien, celle qui est consignée dans le code lexical de la loi, ne lui confère plus la constance de la légitimité qu'elle lui apportait jusque là mais surtout, dans le même temps, qu'il y a aussi une loi non écrite, étrangère puisque ne relevant pas de la signification et du sens, loi qu'il reconnaît puisqu'il lui ouvre spontanément son intime. Pourquoi, malgré le désêtre occasionné par la disparition du semblant de légitimité de la loi écrite qu'il ne récuse pas pour autant, entend-il à présent et accepte-t-il alors cette étrangère pour sa pensée?

Si ce moment est inestimable pour le devenir de cet analysant, c'est parce qu'il dispose, comme nous l'avons supposé, d'un passeur qui lui a été transmis par ses ascendants, Signifiant du Nom-du-Père qui, n'étant pas étranger à l'une et à l'autre, peut les nouer et transcender ainsi le conflit binaire qui opposait jusque là les deux lois symboliques inconciliables, celle, écrite, du code, qui lui a permis de suivre le chemin ordonné de la signification déjà là et celle, non écrite, qui se donne à lui comme originaire, archaïque, dans un étonnement qui l'affecte au point qu'il ne va, plus pouvoir s'en passer.

Cette dernière, première d'être transmise par l'universel du langage, ne fait que confirmer l'inconscient comme second, l'oubli de cette loi primordiale par la loi écrite ne donnant que plus de valeur à son apparition soudaine puisqu'elle est à la source du temps à venir où l'émetteur de paroles qu'est le Sujet de l'inconscient pourra résonner après qu'un premier temps logique ait permis que soit advenu un récepteur qui peut entendre son appel: ce que Lacan nous transmet de façon laconique: "l'émetteur reçoit du récepteur son propre message sous forme inversée"(10) l'inversion étant l'inestimable passage, pris en charge par le Signifiant du Nom-du-Père, de l'invoquant à l'invoqué," quand la musique sonne" comme le souligne Alain Didier-Weill (11).

Si je ne suis plus comme avant, c'est parce que j'ai été appelé à ce commencement qu'est l'archaïque par une sollicitation symbolique en réserve, celle du Signifiant primordial, qui ne se donne que comme pure voix, reste qu'est, à ce moment, l'objet-voix (12). Après cette perspective transférentielle, abordons la façon dont la tradition judéo-chrétienne a répondu, façon de la situer en regard des données psychanalytiques jusque là avancées.

LA VOIX SURMOÏQUE DU PÈRE ET LA RELIGION CHRÉTIENNE

La religion chrétienne ne (se) trompe pas lorsqu'elle s'appuie sur le fait que la force paternelle doit être incorporée fréquemment, le rite de la communion chrétienne palliant la contamination du père symbolique par le père dans le réel.

Dans la même perspective, le péché serait l'effet du surgissement de ce corrupteur que nous appelons le réel et que la religion interprète comme la chair, le mal résultant du fait que sa force est plus grande que la loi divine, comme le remarque Paul de Tarse(1). Ainsi, dès le premier homme, Adam, la fragilité de la barrière qui gère le conflit est apparue: si, au début, Dieu et Adam sont dans l'espace clos du symbolique, à un moment cet espace disparaît pour Adam.

Paul de Tarse, qui a été sauvé par l'apparition du Christ crucifié sur la route de Damas, théorise le péché originel à partir de son expérience singulière en fixant ces données pour tout humain. Prenant appui sur le fait que, né mauvais parce que souillé par la faute d'Adam, il a été transformé en bon par la grâce de Dieu, Paul passe sa théorie, celle que sa pensée lui dicte: l'humain ne peut pas, par lui-même, redevenir bon puisque Dieu seul peut, par sa grâce, lui rendre l'accès à la pureté originaire: il en résulte les procédures que sont le baptême, la conversion, la pénitence qui correspond au même mot grec, métanoïa changement.

(1) "La chair la voue à l'impuissance "Epitre aux Romains VIII, 3.

Paul de Tarse est bien un passeur mais ce passeur est imaginaire puisqu'il ne fait que renforcer le conflit binaire en maintenant les barrières imaginaires séparant le pur et l'impur, seuls l'amour et la grâce de Dieu pouvant les lever dans certaines conditions. La con-version de Paul de Tarse est une version du persécuteur au persécuté, le champ de sa pensée étant toujours celui des idoles moïques et surmoïques.

L'église va développer, dès le premier siècle, ces données en les scellant dans le dogme de la Sainte Trinité qui fixe ce qui était resté plus ouvert chez les évangélistes. Jean, dans son prologue (13), avait bien précisé, que le Verbe était au commencement auprès de Dieu tandis que le fils, incarnation du Verbe, n'apparaissait que secondairement.

Mais, qu'est-ce qui fait que l'église, durant onze siècles, a affirmé, sans contradiction possible, que le père et le fils sont d'emblée de même substance? Quel secret le mystère de la Trinité pouvait-il bien receler pour qu'en son nom les hérésies se multiplient faisant de "la Trinité, le seul principe de l'univers" comme le précise le Concile de Latran en 1215? Précisons quelques jalons qui permettent de suivre cette évolution.

En 325 après J.C., le Concile de Nicée affirme qu'il y a même substance, homoïousos, consubstantialité du père et du fils et rejette Arius qui ne l'accepte pas comme hérétique et schismatique.

En 381 après J.C., le Concile de Constantinople arrête que l'esprit est de même substance que le père et le fils, la Sainte Trinité se présentant dès lors comme fondée sur trois personnes en Une du fait qu'elles ont une seule substance.

Augustin, converti en 386 après J.C., confirme cette donne mais surtout précise que le rôle de l'esprit est d'assurer le retour de la parole incarnée du père (qui est le fils), au père. Ainsi, Augustin d'Hippone, intellectuel engagé devenu docteur de la grâce, apporte sa contribution par la procession de l'esprit qui scelle la con-fusion du lieu d'origine et du lieu de réception de la parole. Qu'est-ce qui se signifie dans ce dogme? Que la parole originaire ne peut défaillir puisqu'elle s'incarne dans l'homoïousos entre le père et le fils et qu'elle revient au père par la procession de l'esprit. Il n'est pas sans intérêt, d'ailleurs, de préciser que cette base théologique chrétienne qui va assurer la force de la Trinité a été vraisemblablement inspirée à Augustin par des philosophes païens, Plotin et Porphyre, pour qui l'Un doit, dans un premier temps, être disséminé en ses éléments, puis, dans un deuxième temps reconstitué afin d'être à nouveau vivifié.

Durant l'été de 1054, à Constantinople, après deux siècles de querelles dogmatiques entre Rome et Constantinople sur la question de l'esprit, les dernières zizanies conduisent au schisme qui va séparer l'église latine d'occident et l'église grecque d'orient: les anathèmes du 16 juillet 1054 déposés solennellement sur l'autel de Sainte Sophie ne seront levés que 9 siècles plus tard, en 1965 par Paul VI et le patriarche Athénagoras.

C'est l'intervention de Saint Thomas, au XIIIème siècle, qui fera véritablement rentrer le mystère trinitaire, coeur du savoir révélé, dans la Somme théologique d'un savoir qui accepte raisonnablement le mystère sans le faire disparaître tout à fait. Saint Thomas est perçu, de nos jours encore, comme celui qui a tiré l'occident des ténèbres du Moyen-Age au prix d'un compromis. Mais quel secret mettait au secret ce symptôme que l'église en tant qu'institution s'est acharnée à ériger en dogme et que le Concile de Trente, au XVIème siècle, élèvera sur l'autel dans la forme réalisée par Saint Thomas?

La religion chrétienne nous donne à penser ce qu'il advient lorsque la parole originaire n'est plus une invocation soudaine puisqu'elle est une voix qui dure, s'incarne, persiste, donne le sens.

Ainsi, le secret de l'homoïousos, même substance du père et du fils, pourrait bien être la mise au secret d'une con-fusion qui empêche qu'advienne du parlant comme fils du langage. En effet, comme le montre l'expérience du transfert, l'émetteur de paroles ne peut advenir que s'il est préalablement séparé du lieu d'où il a reçu une parole originaire dont la singularité est de s'absenter immédiatement, réduite à un reste qui appelle, interpelle dans une certaine angoisse. Nous en arrivons à supposer que la procession de l'esprit garantirait le rapt de la rencontre avec le réel du lieu d'origine déjà réalisé par l'homoïousos du père et du fils. Est-ce parce que cette mise au secret devait tellement être scellée qu'il ne pouvait y avoir qu'excommunication de ceux qui ne choisissaient pas d'obéir au savoir déjà là institué dans le plus grand secret, les hérétiques, en lieu et place de l'ex-communication du réel? Mais pourquoi cette mise au secret intéresse le psychanalyste?

Parce qu'il suppose que ce qui s'oppose à la rencontre du réel est une instance psychique rusée puisqu'elle développe aussi bien l'évidence que l'exigence sans oublier l'amour et lui donne, à la suite de Freud, le nom de surmoi. Il n'est pas sans l'avoir rencontré fréquemment dans sa cure et il sait que l'institution n'est pas non plus sans pouvoir être aussi sous son toit dès lors qu'elle priviligierait le groupe et le consensus. Il sait surtout que le Sujet de l'inconscient relève d'une Autre logique que soutient le Signifiant du Nom-du-Père. Le psychanalyste peut même oser supposer que les rapports entre l'institution et le désir ne peuvent être que conflictuels. Dès lors, ce qu'il a trouvé dans sa cure lui permettra-t-il de s'arracher au conflit binaire inévitable entre l'institution et le désir pour le transmuter en un conflit dialectique: tel est l'enseignement que peut lui transmettre, par défaut, l'institution église comme tout ce qui institué déjà. Essayons à présent d'examiner l'importance du Signifiant du Nom-du-Père à partir de la pensée biblique.

LA VOIX DU PROPHÈTE

Il n'est pas sans intérêt de remarquer que la pensée biblique prend en compte ce que met au secret l'institution-église. Elle part de l'appel émis par Dieu, en position de père, mais surtout de l'absence de Dieu, dès qu'il a émis cet appel à l'endroit du futur prophète, réduit qu'il est à une voix. L'appelé ne saurait savoir ce que Dieu veut, son seul compagnon étant l'esprit qui advient de son absence.

Pas étonnant que l'esprit soit ici radicalement différent de celui institué par l'église chrétienne puisqu'il va soutenir le réel en jeu dans l'appel de la voix du père afin qu'il trouve, chez le récepteur, le réel capable d'entrer en rapport avec lui: tel est le premier temps. Le deuxième temps concerne le passage que Lacan invite à nommer comme une inversion où nous avons reconnu l'importance du Signifiant du Nom du Père pour qu'advienne le Sujet comme émetteur de paroles. Comment penser cela?

Sidéré, perdu, muet, insomniaque dans le premier temps de l'invocation, le prophète à venir n'est pas que perdu du fait que l'esprit cherche en lui le bon entendeur du réel de l'invocation pour s'y fier puisque, après ce premier temps où il ne sait pas, il pourra advenir comme parlant dans un deuxième temps, si un temps intermédiaire, celui de l'inversion, a pu être passé par le passeur qu'est le Signifiant du Nom-du-Père. Mais parlant de quoi? Du lieu d'où il est advenu, du lieu d'où une voix inouïe lui a parlé et dont il ne peut, en quelque sorte, que prendre la parole.

La pensée biblique inverse les places par rapport à l'institution-église, l'esprit intervenant en deuxième lieu, mais surtout donne à penser que le père symbolique est réduit à une voix: nous sommes à l'opposé du dogme trinitaire.

POUR CONCLURE

Faisant retour sur l'archaïque, commencement autant que commandement, que constitue pour l'enfant la rencontre de l'universel du langage et de l'univers d'une langue privée, la langue maternelle, j'ai essayé de transmettre ce qui, chez le premier, insiste dans le transfert.

La voix du père symbolique comme reste, objet cause du désir, ne délivre aucune signification puisqu'elle indique seulement qu'il y a une Autre direction, habituellement recouverte par le sens. Pour rendre compte de ces données, j'ai supposé que la religion chrétienne mettait au secret son invocation que le message biblique prenait en compte.

Je terminerai en signalant que Freud, pour lequel nous ne pouvons avoir que la plus grande estime dans la mesure où, découvrant l'inconscient, il a inventé la psychanalyse, n'est pas sans nous transmettre, aussi, lorsqu'il ne s'appuie que sur la signification -nous pouvons trouver ce penchant dans les analyses où il se met en scène courageusement-, que tout analyste peut être porté à ne plus prendre en compte l'univers premier du langage comme lieu insaisissable de la signifiance d'où un appel, s'il n'est pas récusé, conduit à la symbolisation, appel dont l'énigme est de convoquer une présence jusque là non présente, le Sujet de l'inconscient.

NOTES:

(1) Texte écrit dans l'après-coup d'une communication intitulée "Au Nom du Père" lors du colloque de la S.P.F. sur l'Archaïque à Besançon les 8-9-10 octobre 1999. Ce travail tient compte des questions qui ont parcouru ce colloque.

(2) Rencontre qui n'a cessé d'être une interrogation pour Lacan, cette insistance n'étant pas étrangère à sa nomination du père symbolique et du Signifiant du Nom-du-Père.

(3) J. Lacan. R.S.I. Séminaire. du 14 janvier 1975.

(4) J. Lacan. Ecrits. p. 556.

(5) Le Signifiant du Nom-du-Père est en effet le seul signifiant que ne peut pas produire le Sujet: ce que n'a pas remarqué Freud.

(6) A ceci près que Freud n'a pu le nommer et a ainsi raté l'interprétation de la psychose, son recours à l'homosexualité projective étant une explication qui ne prend pas en compte le ressort de l'universel du langage qui y défaille par forclusion du Signifiant du Nom-du-Père, comme l'a remarquablement bien trouvé et transmis Lacan. lisant Freud

(7) S. Freud, "Oubli de Noms Propres" in Psychopathologie de la vie quotidienne. Payot pp. 5-19.

(8) A. Didier- Weill, Invocations, Dionysos, Moïse, Saint-Paul et Freud. Calman-Lévy. 1998 p. 17.

(9) L'objet du désir de l'Autre, quant à lui, relèverait du désir inconscient et concernerait ce répresseur qu'est le refoulement secondaire alors que l'objet cause du désir, authentique création dans le transfert, relève de ce créateur qu'est le refoulement originaire.

(10) Comme cela a été précisé durant le colloque à plusieurs reprises, Freud n'a pas perçu le premier temps, celui du récepteur. Il ne nous transmet que le second, celui du Sujet créateur en regard du désir inconscient. Lacan, quant à lui, n'oublie pas le premier temps, celui du récepteur, sans doute du fait qu'il rend compte du rapport à la parole du psychotique puisque, le psychotique n'est, en fait, qu'un récepteur. Lacan prolonge ainsi Freud où il défaille et nous transmet le ressort du Signifiant du Nom-du-Père comme ce qui noue dans une inversion le récepteur de la parole de l'Autre à l'émetteur de sa propre parole.

(11) A. Didier Weill. Invocations. Dionysos, Moïse, Saint-Paul et Freud. Calmann-Lévy 1998.

(12) Tel est ce que, à notre avis, Lacan nomme désir (x), énigmatique de n'être pas lié à un objet -ce qui est le cas du désir inconscient-puisque causé par le manque d'objet.

(13) "Au commencement était le Verbe et le Verbe était auprès de Dieu et le verbe était Dieu. Il était au commencement auprès de Dieu. Par lui tout est apparu et, sans lui, rien n'a paru de ce qui est paru…et le Verbe est devenu chair, et il a séjourné parmi nous" (Jean. I,1-14).

UNE PRÉSENCE ANONYME [1]

Jean Charmoille

> "La voix est libre, libre d'être autre chose que substance"
> J. Lacan "la troisième"

Résumé de l'article:

Un secret le plus secret: l'"ex-time"

Un film et un livre récents[2] sur les témoignages de treize élèves de Lacan d'origine et de période différentes montre à quel point sa présence savait faire apparaître une certaine présence chez celui qui l'entendait et qu'il entendait: tel est l'horizon où porte, à mon avis, lire et entendre Lacan.

Dans cette perspective, je me propose d'essayer de transmettre le savoir de cette rencontre qui ne va pas de soi puisqu'il ne relève pas de la signification plus ou moins éclairée des commentaires. Insaisissable, il est mise en continuité symbolique du plus extérieur de l'intime du Sujet et du plus intérieur de l'extériorité de l'Autre. Pour nommer ce secret le plus secret de l'humain, Lacan a fait appel au génie de la langue en créant un néologisme: "ex-time".

Dans la mesure où le transfert peut autoriser son surgissement, je pars du témoignage d'Elise. Il sera ensuite possible de supposer ce qui fait que Lacan, en position d'auteur comme Autre, peut autoriser l'auteur à venir qu'est le sujet de l'inconscient de l'entendeur et du lecteur de ce qu'il a dit et écrit.

UNE RENCONTRE QUI CONDUIT CHAQUE FOIS DANS UN NOUVEAU MONDE

Agée d'une trentaine d'année, Elise vient consulter pour anorexie. Dès qu'elle se met à parler, elle associe sur ce dont elle souffre dans son rapport à l'autre, son authentique symptôme, qui se signifie toujours de la même façon: "quelque chose apparaît dès que je suis en présence de quelqu'un et je ne peux plus l'ouvrir, je suis comme figée par le poids de ce regard qui me traverse". Elle ajoute que sa souffrance est moins liée au fait lui-même qu'à sa répétition immuable: "je sais déjà que je vais devenir rouge, que des idées, toujours les mêmes, vont me dire que je suis nulle, bête, pas belle, et surtout que ça ne changera jamais".

Ce qui l'étonne, c'est que le malaise des significations déjà là disparaisse dès qu'elle joue de la flûte comme si le mouvement qu'elle entend dans le son musical entrait chez elle et déclenchait à nouveau le mouvement intérieur qu'elle ne percevait plus en elle. Elle n'en revient pas. Qu'est-ce qui fait que la visite d'" un je ne sais quoi"[3] peut la conduire chaque fois dans un nouveau monde où elle perçoit, de façon toujours nouvelle, une part d'elle-même inconnue jusque là?

L'énigme, c'est l'apparition de "cette étrangère" qui ne lui est pas si étrangère puisqu'une présence "intime" portée immédiatement à l'existence par "cette fugitive" lui adresse chaque fois son salut reconnaissant. Qu'est-ce qui fait que cette rencontre mise au secret par le poids des significations ne soit plus impossible? Qu'est-ce que ce don qui ne demande rien en échange? Quel est le secret de cette gratuité?

Telles sont les questions qui la poussent à venir parler. Leur savoir inconscient sera mis en acte dans le transfert au moment où l'arrêt du mouvement qu'est la perte de la parole cessera du fait que le mouvement pulsionnel surgira pour qu'elle la prenne authentiquement.

Son apparition dans le transfert

Alors que jusque là, le réel[4] de l'objet regard qui immobilise était rencontré chez tout interlocuteur mais restait hors du transfert, soudainement il y fait irruption. Plusieurs semaines durant, réduite entièrement à ce qui est visible par ce regard qui sait tout sur elle et qui ne s'absente pas [5], elle ne peut "l'ouvrir" durant les séances. Le réel qui s'est déchaîné du symbolique et de l'imaginaire est cause de symptômes: un "silence bruyant" règne, le corps dépouillé de l'habillement imaginaire qui préserve un certain incognito et privé de l'allègement du symbolique est réduit au réel de la masse qui choit lourdement à chaque séance sur le divan, l'angoisse est à chaque rendez-vous chez elle-même mais aussi chez l'analyste. Qu'est-ce qui pourrait apaiser ce monde persécuteur?

Un jour,"quelque chose", commémorant la présence fugitive qui lui rendait visite quand elle jouait de la flûte, est entendu dans la voix de l'analyste lui disant "bonjour". Immédiatement, le réel du corps étant mis à nouveau entre parenthèse par le son du symbolique, retrouve sa légèreté. Elle se perçoit aimable sous un "nouveau regard". Elle parle sans avoir besoin de savoir déjà pourquoi [6].

Je suppose qu'une présence a visité l'analyste dès qu'il a entrevu Elise et surtout que la fonction phallique, articulée au verbe et ce qu'il nomme dans laquelle l'homme est _tout_ inscrit, a favorisé cette surdité immédiate. Il ne l'a d'abord pas entendu [7]. C'est Elise qui l'a précédé, plus précisément, ce qui, en elle, relève du féminin [8] l'a entendue sans savoir ce qu'elle a entendu puisque ce "jamais entendu", elle ne peut s'en souvenir. Ce que transmet Elise comme bon entendeur, c'est que, si la voix est un mixte composé de son et de sens, il peut arriver que l'ascendant soudain du son et de sa musique sur la signification fasse entendre l'existence d'une présence entendue par une autre présence [9] en ce moment secret d'"ex-time". Décidément, ce "bonjour" porté par la voix de l'analyste à ce moment même outrepasse les limites fixées par la convention et conduit à un nouveau transfert qui met en jeu, au-delà des limites de la signification, le champ illimité de la signifiance.

SUSCITE UN NOUVEAU TRANSFERT SUR LE TEMPS ET L'ESPACE.

Alors que le surmoi faisait entendre sa voix de maître absolu des significations, soudainement " la voix est libre, libre de faire entendre autre chose que substance" (La Troisième 1/11/1974) en faisant résonner le réel illimité de la signifiance. Aussitôt éveillé par cet appel de l'inouï, le récepteur intérieur qu'elle est à ce moment même se tourne vers l'extérieur et découvre, comme nouveau Sujet, un nouvel espace visible jamais vu d'où"un nouveau regard" est porté sur elle. Que dévoile le mouvement entendu dans la musique de la voix de l'analyste pour Elise?

Un nouveau transfert sur le temps et l'espace qui la fait passer du monde déjà connu et déjà entendu de l'apparence où elle était fixée à être"ceci" ou "cela" pour l'Autre, au monde jamais entendu et jamais vu où l'Autre brille pour elle par son absence: elle "se fait " entendre et "se fait " voir dans l'univers du monde. C'est le troisième temps de la pulsion, celui de "l'apparition d'un nouveau sujet" [10] pour Freud que Lacan interprète comme "il est nouveau de voir apparaître un sujet" [11].

Ce qui est renversant pour le surmoi, c'est que le mouvement propre à la musique ait pu habiter le corps de l'analyste malgré sa surveillance et transmuter sa voix comme tenant lieu de l'Autre consistant en objet constitué comme perdu pour l'Autre.

Ce mouvement de prise de parole, je suppose qu'il est suscité chez l'analyste par l'appel de la pulsion invoquante en réponse à une certaine angoisse. Son but est de mettre en continuité le plus extérieur de l'Autre et le plus intime du Sujet. Promue par Lacan le 4 mars 1964 "expérience la plus proche de l'inconscient" [12], la pulsion invoquante effectue ce que le surmoi interdisait, le passage du récepteur à l'émetteur [13] qui fait passer la fixité du clivage entre l'objet regard qui immobilise et la voix qui désuppose par le seul signifié au nouage de la pulsion scopique et de la pulsion invoquante.

Ce nouveau passage du réel de l'objet au mouvement pulsionnel qui ne renvoie aucun évènement historique, comment en rendre compte dans la structure?

L'ESPRIT PASSEUR DE LA SIGNIFIANCE

Lorsqu'il aborde le 9 décembre 1959, dans son "Ethique de la psychanalyse", ce temps de l'"Autre primordial", Autre en tant que das Ding, Chose humaine, dont la soudaine présence " risque tout d'un coup de nous surprendre et de nous précipiter du haut de son apparition", Lacan nomme,"Toi de dévotion", le récepteur de l'appel de l'Autre et précise qu'"il y a en lui la tentation d'apprivoiser l'Autre".

Comme nous l'avons remarqué, sitôt nommée par l'Autre qui s'absente dès qu'il l'a invoquée [14], cette deuxième personne dit "oui" [15]– à cet Autre qui l'a porté à l'existence et se voue, en créature séparée symboliquement du créateur [16] par l'absence de ce dernier, au passage du "Toi" comme "Tu" qu'il est au "Je" supposé advenir selon l'inversion du message [17] décrit par le mouvement pulsionnel. Le problème, c'est que ce passage met en jeu un réel insaisissable qui ne peut être pris en charge que par un passeur, l'esprit, dont Freud a démontré l'importance avec le mot d'esprit. Troisième personne n'étant associée à aucun patronyme, l'esprit habite le champ illimité de la signifiance qui le rend audible par la musique du son, comme Elise l'a entendu.

Les premières traces de l'Autre pour le sujet à venir seraient ainsi l'effet d'une exposition primordiale au monde du sonore. L'Autre primordial transmettrait, avant toute signification, par les écarts musicaux, le rythme et l'articulation des consonances et des dissonances trouvées dans la voix humaine, celle de la mère, l'existence d'une loi symbolique, métaphore paternelle originaire. Le Signifiant du Nom-du-Père qui en est l'opérateur serait toujours prêt à sortir de sa retraite si un récepteur inouï entend l'appel de la pulsion invoquante quand le réel, qui s'est déchaîné du symbolique et de l'imaginaire, retrouve son poids.

Mais, diantre! Lire et entendre Lacan est-ce se charger de l'originaire qu'il a lui-même nommé ou s'en décharger?

LIRE ET ENTENDRE LACAN, LA QUESTION DU DÉSIR

Ce temps primordial de l'Autre ne va pas de soi d'une part parce qu'il échappe à la pensée, d'autre part parce qu'il ne saurait être rencontré que dans les suites de la disparition du savoir déjà là, savoir à ascendance imaginaire que Lacan nomme "anti-savoir" au sens "d'antiinconscient" le 15/02/1977. Comment le supposer avec Freud et Lacan?

Par son adage "Là où ç'était, le Sujet a à advenir" Freud part du refoulé secondaire pour qu'advienne le Sujet dans une continuité entre l'inconscient constitué comme mémoire inconsciente et le Sujet.

Lacan met en direction du temps originaire d'avant la parole oublié par le refoulement originaire et pourtant inoubliable. Pour Lacan, c'est la discontinuité, le passage par un trou originaire d'où le réel insiste qui conduit au Sujet comme création. Comme le montre le mot d'esprit, c'est la disparition de la pensée au temps de la sidération qui conduit à la lumière.

Est-ce pour cette raison qu'il n'a cessé de proposer la structure du mot d'esprit comme référence structurale du transfert pour autant que le mouvement qu'est l'esprit va autoriser un nouveau lien entre l'Autre comme auteur qui s'absente et le Sujet comme auteur à venir dans ce temps intermédiaire d'élaboration inconsciente? Lacan ferait-il ainsi entendre que le souffle de l'esprit est la seule présence qui peut prendre en charge l'insistance du réel créé et dévoilé au temps de la sidération?

En effet, le réel qu'est la Chose humaine peut être la meilleure et la pire Chose pour l'humain selon qu'il conduit à la jouissance esthétique par l'ascendance de la signifiance sur la signification ou au malaise par l'ascendance de la signification sur la signifiance.

Lors de la clôture du congrès de l'EFP en 1978, Lacan insiste, Encore1, une nouvelle fois, sur l'ascendance de la signifiance sur la signification par le biais du Signifiant du manque dans l'Autre, S (A/), qu'il propose comme l'écriture qu'il a trouvée, lui Lacan, pour rendre compte du mode singulier par lequel "chaque psychanalyste réinvente la façon dont la psychanalyse peur durer".

Je suppose qu'il fait entendre, selon son mode énigmatique habituel, à chaque analyste le passeur qu'est l'esprit qui ne saurait s'autoriser que de lui-même puisqu'il ne procède ni du père ni du fils comme dans le dogme chrétien de la sainte trinité.

Trois questions pour solliciter...

Lacan espérait-il mettre au travail, par la procédure de la passe basée sur la structure du mot d'esprit, le mouvement pour qu'il y ait de l'analyste? L'importance de la psychanalyse comme discipline laïque reposait-elle, pour lui, sur le souffle libre d'un esprit laïque, non ficelé par la tradition chrétienne où il procède du père et du fils? Fixée institutionnellement sur les patronymes du père et du fils par ses règles, la communauté analytique lui a-t-elle transmis, par défaut, l'importance de la présence anonyme qu'est l'esprit?

NOTES:

[1] Ecrit à partir d'un exposé intitulé "Lacan l'Absent, Lacan l'Idole" lors du colloque de Convergencia "Lire et entendre Lacan, la question du désir" à Paris les 26 et 27/01/02, ce texte prend en compte les éléments de discussion notamment la contribution de M-C Labadie comme discutante qui a su reconnaître et insister avec beaucoup de pertinence sur l'importance du mouvement dans le transfert qui n'est pas étranger aux développements d'Alain Didier-Weill avec qui l'auteur a actualisé un transfert de travail depuis au moins 15 ans. Sont relancées ici par l'auteur les intuitions fécondes que le lecteur peut trouver sous sa plume dans "Les trois temps de la loi", Paris, Seuil, 1995, et "Invocations", Paris, Calmann-Lévy, 1998, ou a pu entendre dans son séminaire actuel à Paris "Freud classique, Lacan baroque".

[2] "Quartier Lacan", film réalisé par Emil Weiss et ouvrage élaboré par Alain Didier-Weill,Emil Weiss et Florence Gravas.

[3] A rapprocher de l'esprit à l'origine d'un mouvement attendu par les Précieuses dans les salons parisiens au début du XVIIIème siècle, plus particulièrement à l'hôtel de Rambouillet par Catherine de Vivonne, marquise de Rambouillet dès 1610. Bien vite, l'esprit a sombré dans le maniérisme ridicule tourné en dérision par Molière dans "Les Précieuses ridicules". Remarquons que l'esprit est entendu, au-delà du sens, par des femmes, plus précisément par la dimension du féminin. Lacan, qui en a eu l'intuition, transmet ce passage par l'énigmatique "pas-tout" de la jouissance féminine. Nous y reviendrons.

[4] Nous nommons ainsi, avec Lacan, le déchaînement du réel, présence voilée jusque là par son enchaînement à l'imaginaire et au symbolique.

[5] Façon de définir le surmoi comme présence qui veille, surveille. Le surmoi empêcherait ainsi tout accès au don symbolique qui met en jeu le manque de savoir.

[6] Un nouveau nouage du réel, du symbolique et de l'imaginaire crée du corps parlant. C'est une authentique création puisqu'elle advient sans symptôme.

[7] Comme l'ont remarqué les Précieuses, elle est entendue comme inouï au sens de ce qui dépasse le verbe.

[8] Je propose le féminin comme un savoir au-delà de la fonction phallique. Il correspondrait à une part féminine chez la femme et chez l'homme qui peut se charger d'un réel qui ne peut que s'entendre au-delà de l'ouï du verbe de la fonction phallique. Lacan nomme ce champ illimité "pas-tout" au sens de ce qui ne relève pas du "tout" de la fonction phallique et de ses limites. Le féminin met ainsi en direction de la l'illimité qu'est la signifiance.

[9] Nous y reviendrons à partir de ce que Lacan nomme "Toi de dévotion".

[10] S. Freud Pulsion et destin des pulsions, Métapsychologie p.29.

[11] J. Lacan, "les Quatre Concepts fondamentaux de la psychanalyse", Seuil,p.162.

[12].J.Lacan, "Les Quatre Concepts fondamentaux de la psychanalyse", Seuil, p.96.

[13] C'est l'inversion du message inconscient selon la formule énigmatique de Lacan: "l'émetteur reçoit du récepteur son propre message sous forme inversée".

[14] C'est le propre du caractère symbolique de la nomination.

[15] Il s'agit du "oui" porté au don signifiant, Bejahung dont parle Freud en 1925 dans "La Dénégation".

[16] Façon d'évoquer le type de "jouïe-sens" qui peut lier en les séparant le père et le fils.

[17] J. Lacan, Le Séminaire, livre XX, Seuil, 1975.

LA PULSION INVOQUANTE*

Jean Charmoille

> *"S'il n'espère pas l'inespérable, il ne le découvrira pas, étant inexplorable et sans voie d'accès."*
> Héraclite[1]

Résumé de l'article:

DU MALENTENDU AU CRI

Pour nous approcher de l'objet de la psychanalyse, nous allons nous mettre en direction de la pulsion invoquante.
Nous examinerons d'abord sa singularité. Nous préciserons ensuite le changement qu'elle crée dans le transfert et son lien avec le traumatisme selon qu'il est abordé avec Freud ou Lacan.
Nous terminerons sur ce qui la convoque à partir du cri de Don Juan de l'opéra de Mozart.

SA SINGULARITÉ: LE RETOURNEMENT PULSIONNEL
OU L'INOUÏ SE FAIT ENTENDRE

Comme le propose la langue, *entendre* suppose une tension vers l'intérieur. Ce que la psychanalyse avance, c'est que ce mouvement s'adresse à une présence intime[2], récepteur soudainement créé, quand l'Autre primordial " risque tout d'un coup de nous surprendre et de nous précipiter du haut de son apparition"[3].

Mais *entendre* n'en reste pas à ce temps de pure réceptivité pour le psychanalyste qui prend en compte le démontage de la pulsion[4] puisqu'il a découvert, dans son analyse et dans l'analyse de ses analysants, que le récepteur invoqué advient comme "Toi de dévotion".

Ce "Toi" n'est pas la deuxième personne *posée* habituellement comme complément d'objet à partir d'un je[5]. Il est une présence *supposée, pas encore définie* qui, dès qu'elle est invoquée, adresse un "oui" inconscient à l'invocation stupéfiante de l'Autre, l'assurant qu'elle l'a *bien entendue* et qu'elle se voue, dans le même temps, à advenir émetteur d'un *bien-dire*.

  Ce retournement pulsionnel change la donne habituelle de l'entendu. Il ne s'agit plus de faire entendre l'entendu limité du sens qui transmet un réel maîtrisé par du symbolique et de l'imaginaire mais *qu'une autre part du réel, cachée jusque là*, immaîtrisable puisque non liée à l'imaginaire et au symbolique, *se fasse entendre par l'illimité du son*.

Ce qui est mis en mouvement par le mouvement qui s'adresse à ce "Toi" consentant à l'invocation de l'Autre primordial n'est pas simple. Il est même inespéré, c'est la cohabitation, durant un instant immémorable mais inoubliable, de deux types de réel[6] antinomique transmis l'un par le sens, l'autre par le son. Rien ne prédisposait à leur rencontre depuis que la sortie du refoulement originaire les avait séparés comme deux étrangers. Le retournement de la pulsion invoquante fait retour sur ce temps oublié, la tension de leur retrouvaille se résolvant dans la création du Sujet de l'inconscient où l'inouï *se fait entendre*[7] comme non-sens *et s'éclipse*. Il ne saurait pourtant être oublié.

Dès lors, plus rien n'est comme avant. Avoir *entendu*, au-delà de ce qui est entendu, le *pas du* *pas encore* entendu, fait vaciller la consistance du déjà entendu qu'est la signification. C'est ce mouvement pulsionnel énigmatique que nous allons essayer de suivre à présent dans le transfert.

SA VALEUR DANS LE TRANSFERT
DE L'OEIL FIXÉ À PARTIR DE CE QU'IL VOIT

Remarquons d'abord que son déclenchement ne va pas de soi. Le penseur que nous sommes, guidé par ce que Freud nomme le moi, n'entend habituellement que la signification au point qu'il peut *tomber* malade[8]. Cette fixité qu'est la tombe est la conséquence logique du défaut de la signifiance. La pensée la favorise en oubliant le temps originaire pulsionnel où le langage, en transmutant l'instinct en pulsion, a ouvert au monde illimité de la signifiance. Le mouvement pulsionnel fait quitter à l'humus du langage qu'est l'homme sa position horizontale pour que l'horizon *se fasse voir et entendre*.

Le transfert suppose qu'il n'est pas impossible de se remettre en direction de ce temps oublié. Le problème, c'est qu'un gardien s'est interposé entre l'appel de l'Autre et l'*à venir* qu'est le Sujet[9].

Cet oeil de la conscience surveille le monde où l'humain croît, en lui faisant croire au seul champ des significations qu'il délivre. Il veut bien accepter la mémoire inconsciente qu'est le refoulé, à condition que cette mesure ne porte pas à conséquence: la levée du refoulement, d'accord, l'acceptation du refoulé au sens du *jamais vu, jamais entendu*, pas d'accord. Il ne peut se détourner de ce qu'il connaît déjà et se tourner vers ce qu'il ne connaît pas encore, le refoulement originaire.

Campé sur son quant-à-soi, il ne voit que çà, le fixe, c'est-à-dire ce qui ne saurait advenir. Il veille, surveille ce savoir déjà là, use de toutes les stratégies pour tenir bon. Au besoin, il jouera le renchéri pour se maintenir. Il est prêt à tout, même à affronter l'angoisse. Son ultime recours pour la réduire, c'est le surmoi et l'univers de culpabilité qu'il déploie.

Il a choisit depuis toujours d'éviter la mauvaise nouvelle qui ferait chavirer son quant-à-moi: *il y a de l'incontrôlable*. Ce qui occupe son temps, tout son temps, c'est le maintien des frontières spéculaires à l'intérieur desquelles il a fabriqué une représentation discontinue du temps[10] à l'image de celle de l'espace[11]. Armé de cette vision définie une fois pour toutes du temps et de l'espace, il pense qu'il peut tout savoir puisque l'immaîtrisable n'existe pas.

AU REGARD QUI ENTEND CE QUI SE VOIT
LE DIVAN EST LE DISPOSITIF POUR ALLER AU-DELÀ DE CETTE MÉ-CONNAISSANCE.

La psychanalyse du transfert prend son appui de la survenue soudaine d'une faille dans cette construction statique où la dominance d'un oeil qui voit mais qui n'entend pas repose sur le clivage entre l'objet regard et l'objet voix[12]. Même si Freud ne le formule pas dans ces termes, l'enseignement de Lacan et la pratique du transfert articulée au démontage de la pulsion font retour sur ce moment de séparation pour *tendre* en direction du temps originaire où la pulsion invoquante et la pulsion scopique se donnaient la main.

La règle fondamentale vise cet horizon, l'advenir d'un regard d'"*on ne sait z'où* " puisqu'il n'est pas un regard qui voit mais un regard qui entend[13]. Quelle nouveauté est apparue quand sont mis en continuité le regard et la voix? Au *il y a* du réel qui excède le symbolique et l'imaginaire, mauvaise nouvelle pour l'oeil qui n'entend pas, est substitué l'inespérable bonne nouvelle, *il y a* un regard qui se charge de ce réel et qui n'est plus limité au voir puisqu'il entend.

Cela ne va pas de soi. C'est seulement après que le penseur qu'il est ait perdu son latin, que l'être parlant à-venir peut *se faire entendre* dans le concert du monde. Il ne savait pas jusque là qu'il pouvait être l'interprète de la rencontre du son et du sens.

Cette création apporte une autre perspective. La mauvaise nouvelle pour le moi que Freud nomme, après Lipps, "sidération" pour autant que survient "l'inintelligible, l'incompréhensible, l'énigmatique"[14] est transmutée en bonne nouvelle puisqu'elle porte la promesse de l'à-*venir*inespéré qu'est le Sujet de l'inconscient.

Le psychanalyste est *tendu* dans cette direction. Il n'écoute pas seulement les histoires, parce qu'il sait qu'il peut être introduit, à ce moment de rupture du sens, au retournement pulsionnel qui donnera naissance, une nouvelle fois, à l'homme de parole.

Si le malentendu de la "sidération" n'est pas désespérant, s'il ne désespère pas sa venue, c'est parce qu'il sait qu'il annonce qu'*il y a* un autre temps que le temps découpé et limité de l'espace spéculaire où règne le moi. Il rêve d'Héraclite et de sa découverte d'un temps non mesurable[15], fluide et continu, qui lui fait penser au continu du mouvement de la pulsion animée par une "force constante"[16] qui ne connaît ni jour ni nuit.

Quant à l'analysant, n'ayant pas encore reconnu la valeur du malentendu sidérant, il endure le temps historique de la répétition qui le fixe dans le champ de la demande et du fantasme. Un jour, sans savoir pourquoi sinon qu'il était affecté d'une certaine angoisse, il s'est laissé*envahir* par une étrange tension. Il a été surpris de (se) trouver (sur) la scène de sa vie, au-delà du déjà connu du principe de plaisir et de déplaisir qui le réduisait à être spectateur de sa vie.

Q'est-ce qui fait qu'il s'est fié, au moment où il l'a rencontré, à cette étrangère? Il ne saurait le dire. Il peut seulement évoquer cette rencontre en imaginant une passante qui le met en mouvement dans sa direction et puis disparaîtrait, lui donnant ce qu'elle n'a pas[17], sans rien demander. Quelque chose, il ne sait quoi, est éveillé en lui par cette fugitive. Il ne saurait l'oublier. Elle est inoubliable. Mais, qu'est-ce qui entré chez lui et qui le sollicite?

LA GRANDE PROXIMITÉ DE L'ARTISTE ET DU PSYCHANALYSTE

Un échange avec un chanteur apporte un élément de réponse. Alors que sa voix montait dans les aigus, il a perçu qu'"'elle s'échappait" lui donnant à entendre quelque chose d'inattendu par rapport à la loi de la tonalité.

Nous pouvons supposer que ce n'est pas tant sa voix qui "s'échappait" que ce qu'il ne connaissait *pas encore* de sa voix qui *lui* échappait et l'envahissait. L'inouï s'est donné à lui. Il y pense...

Ces témoignages vont dans le sens d'une grande proximité entre le psychanalyste et l'artiste dans la mesure où l'un et l'autre ont à répondre de la tension insistante du réel immaîtrisable quand elle se donne. Consentiront-ils à l'insistance causée par le malentendu de la sidération inattendue? S'érigeront-ils en maître qui ne saurait être dupe[18] de ce mal à corriger puisqu'il ne respecte pas les lois attendues du verbe et de la tonalité[19]?

Ces deux façons de se disposer ou d'être disposé à l'égard du dévoilement de ce dieu caché qu'est le réel an-historique pris en charge par la pulsion invoquante sont au coeur du transfert depuis que Freud a inventé la psychanalyse en réponse au traumatisme. Suivons la façon dont cette insistance du réel peut habiter le psychanalyste en regard du traumatisme, une cure remettant en jeu les différentes rencontres du réel traumatique pour en faire entendre l'inouï et l'invisible par les mouvements de la pulsion invoquante et de la pulsion scopique.

SON SURGISSEMENT
LE TRAUMATISME DE FREUD ET L'EXPÉRIENCE DE LA "MORTIFICATION"

Freud et Breuer font appel au traumatisme pour rendre compte des symptômes à la fin de l'année 1892. Ils le proposent comme impossibilité de retrouver le souvenir d'une scène et d'en abréagir les affects par immobilité de la mémoire et coincement des affects.

L'inattendue, c'est la perle cachée sous le terme "Kränkung". Alors qu'il est noté qu'il s'agit *d'une douleur endurée en se taisant comme mortification*"[20], le traducteur a substitué à "*mortification*", le terme plus vague d'"*affection*". Au-delà du dit habituel est écrit par la langue que la douleur du traumatisme est une mise à mort qui intervient dans la prise de parole. Qu'est-ce que cette mise à mort sur le plan de la subjectivité?

Plus de 20 années ont passé quand Freud reprend la plume sur le traumatisme pour avancer qu'il correspond à la découverte visuelle de la différence des sexes. Lorsque le trou réel, que constitue le manque de phallus chez la mère, vient à la rencontre de Serguei, "*l'homme aux loups*", il est réduit immédiatement comme sujet à l'objet qui tombe par terre, l'étron[21], la "*mise à mort*" de sa position subjective étant contemporaine de la "*mise à mort*" de la présence symbolique de sa mère. Qu'est-ce à dire à partir du nouage du réel, du symbolique et de l'imaginaire?

Alors que, jusque là, le réel était enchaîné au symbolique et à l'imaginaire et que Serguei était dans un rapport symbolique avec la présence symbolique de sa mère qui succédait à son absence, soudainement la béance du trou par manque de l'objet phallique lui fait découvrir qu'il y a un autre réel qui ne se noue pas, réel insaisissable de l'absence *dans* la présence qui envahit et immobilise: il ne voit que ça, il ne pense qu'à ça, il n'est que ça, ce mal vu, ce déchet, qu'il s'agisse de l'objet de déchéance regardé, l'étron, où il est tombé dans le réel comme regard, qu'il s'agisse de la mère tout entière réduite au regard de la Méduse, mauvais oeil omnivoyant qui obture le trou réel du manque phallique et qui ne cesse de le regarder. Pur récepteur, il est occupé et ne peut advenir comme émetteur.

Sous ce regard qui voit tout de lui, qui sait tout de lui, il découvre qu'il y a en lui du mal foutu. Il ne se voit même que comme mal foutu et n'entend plus que le mal à l'origine du malentendu que ne cesse de réitérer la voix de l'Autre surmoïque dont la fonction est de dé- supposer: "tu n'es que ça, ce qui tombe, ce qui choît, déchoît, ce déchet".

Mais qu'est-ce que ce réel, déchaîné du symbolique et de l'imaginaire, demande au-delà de la mise à mort par le fixe du regard que Freud découvre à l'origine du traumatisme? Le rêve de "l'enfant mort qui brûle"[22] permet d'avancer une réponse.

LE "TROU-MATISME" DE LACAN ET SA TROUVAILLE

Un père, qui a assisté avec grand soin son fils qui vient de mourir, se retire pour prendre un peu de repos laissant la garde de sa dépouille à un vieillard. Soudainement, il se réveille et se précipite vers le lit qui commence à brûler. Au même moment, il rêve que "*l'enfant est près de son lit, le prend par le bras et lui murmure sur un ton de reproche: "Père, ne vois-tu pas que je brûle?"*"

L'évidence de la signification de ce rêve est la culpabilité. Sans rejeter cette donne qui repose sur le bruit des flammes qui réveillent, demandons-nous si le rêve peut aussi conduire ailleurs, selon l'économie de l' "Au-delà du principe de plaisir" nommée par Freud en 1920 mais présente dès la "Science des rêves" en 1900, lorsqu'il a l'intuition que le coeur du rêve est un trou dans le savoir des associations libres qu'il nomme "*unerkannt* " (*non reconnu*)? Qu'est-ce que ce manque *dans* le savoir, vers lequel l'analyste est *tendu* et d'où le sujet tirerait sa propre origine, puisque Freud n'hésite pas à le nommer "*ombilic*" du rêve?

Feud reste en retrait, fixé sur les représentations surmoïques qui le recouvrent et le champ où elles ont élu domicile, le visible et l'audible, inducteurs de culpabilité.

Le 12 février 1964, Lacan *se laisse envahir* par l'audace de cet "*ombilic*", en tant que le non-savoir s'y aperçoit comme étant à l'origine d'un nouveau savoir. Suivons-le dans le passage du sujet supposé savoir comme maître au savoir supposé à un sujet, le sujet de l'inconscient, objet de la psychanalyse.

Téméraire, il proclame que " *la flamme nous aveugle sur le fait que le feu porte sur l'Unterlegt, sur l'Untertragen, le réel* " et que"*ce que le rêve a enveloppé, nous a caché*", c'est le "*Trieb à venir*"[23].

Mais quel réel inouï et invisible vient à sa rencontre et insiste pour qu'il ose s'avancer, seul, dans la direction où ce n'est pas tant le bruit des flammes qui réveille que l'éveil du sujet de l'inconscient, reconnu sous le pur signifiant "flamme"? Quelle mouche le pique[24] quand les maîtres de l'IPA se sont retirés et que seul, face au "trou-matisme", il prend la parole dans son séminaire, non sans s'être d'abord tu pendant quelques mois? Qu'est-ce qui s'aperçoit,"*dans ce virage où le sujet voit chavirer l'assurance qu'il prenait de son fantasme où se constitue pour chacun sa fenêtre sur le réel*"[25]?

La prise du désêtre qui ouvre la porte jusque là murée pour que le mouvement de la pulsion surgisse, "*l'expérience du fantasme fondamental devient la pulsion*", ultime message de la fin de l'analyse laissé par Lacan au terme de ce séminaire qui l'arrache au regard fixe de ses collègues de l'IPA.

Lorsque l'ombilic du rêve apparaît, nous pouvons supposer que le mouvement du flux pulsionnel, maintenu à distance jusque là, y est aspiré, temps de "jouïe-sens"[26] du sujet que l'écoulement fluidique du temps héraclitéen avait postulé en son temps.

Ce qui s'aperçoit, c'est que l'infinitude des significations peut se mettre à résonner autrement puisqu'*il y a* une part d'indéterminée dans le sujet.

C'est incroyable... "Flamme" est la trouvaille, la seule qui vaille, représentant représentatif de la pulsion qui met en continuité le psychique et le réel du corps.

Ce passage par le monde illimité de la jouissance dont le psychanalyste peut témoigner, l'artiste le rencontre comme en témoigne Mozart par la voix de Don Juan.

UNE JOUISSANCE INACCEPTABLE: LE CRI DE DON JUAN
LE RETRAIT DE L'IDOLE

Quel est l'horizon de la quête de Don Juan au-delà des malentendus l'interprétant comme Prince du mal au moment de vérité pour lui qu'est le dialogue avec l'Invité de pierre?

Don Juan donne sa main en gage. Pour la première fois, il ne se dérobe pas à la loi, celle de la tonalité, fût-elle mineure, que lui a imposée le Commandeur à son arrivée[27]. Mozart montre un Commandeur qui ne saurait être dupe, le son consonne bien avec le verbe et la tension surprenante des accords de septième immédiatement résolue est acceptable

En fait, ce seigneur et maître a tout prévu, sauf que son subordonné est un être parlant. "Sisto"[28], "je me place face à toi" pour te répondre, nullement démuni devant ta face, proclame Don Juan. Pris au dépourvu par cette audace, il menace de la grosse voix mais Don Juan affirme et confirme à 3 reprises, au nom d'un "non", une position subjective qui porte à conséquence puisque l'invité de pierre se retire, laissant Don Juan, seul.

Il faut le comprendre, cet arbitre du bien et du mal. Il était venu procéder au recueil des aveux d'un coupable et voilà qu'il rencontre un hérétique nullement impressionné par la tension soudaine des sons et le découpage des syllabes dont le sens est martelé par les impérieux "recto-tono".

L'INVISIBLE ET L'INOUÏ DE L'AUTRE INOUBLIABLE

Laissons l'invité de pierre sortir de scène muni de son fantasme d' idole[29]. Une Autre scène surgit, inaccessible à ceux qui macèrent dans la culpabilité, comme accusateur, le choeur, ou comme accusé, Leporello puisqu'ils continuent à penser la même chose: "c'est un trompeur, qu'il soit livré aux flammes et damné".

Cette Autre scène, remarquons-le, Mozart et Da Ponte la livrent après que Don Juan se soit arraché au "semblant" du discours représenté par celui qui n'est pas dupe, le Commandeur, par ses "non" répétés.

Il faut donc qu'il soit seul face à la béance "trou-matique", moment où la terre s'ouvre et se dérobe, pour entrevoir et entendre l'invisible et l'inouï de l'Autre primordial inoubliable, qui invoque en lui, une présence nommée par Lacan, "Toi de dévotion". Qu'est-ce que "son" cri, "Ah", sur cette nouvelle scène?

Première voyelle, pur signifiant avant tout signifié, son cri, comme le cri de l'humain, est la trouvaille, par où la jouissance obtenue se distingue de la jouissance attendue. Il sonne l'audace d'avoir outrepassé l'inessentiel[30] du Sujet Supposer Savoir.

LE CRI DE DON JUAN ET LA JOUISSANCE FÉMININE

L'opéra de Mozart transmet, à ce moment-là, que *le burlador* de Séville rejoint les divas mises à mort après avoir transmis le même inattendu. Ferait-il, comme elles, entendre, cette jouissance qualifiée de féminine par Lacan et, sans le dire, laisser supposer que la fonction phallique n'est "*pas-tout*"?

En 1787 à Prague, en 1788 à Vienne, et ensuite, urbi et orbi, Mozart, par la voix de Don Juan, transmet l'existence d'une jouissance "*supplémentaire*"que Lacan saura reconnaître et nommer presque deux cents ans plus tard dans son séminaire *Encore*.

L'artiste aura précédé le psychanalyste.

NOTES:

* Reprise de ma communication intitulée "l'objet du malentendu" au colloque de Convergencia à Paris le 25 janvier 2003 sur "l'objet de la psychanalyse". Dans la mesure où le cri de Don Juan a été un moment important dans le travail de transfert développé durant mon séminaire sur "l'interprétation" et que cette mise était déjà là au moment de ma communication, elle a trouvé sa place dans ce texte. Les participants au séminaire d'Alain Didier-Weill, ses lecteurs auront reconnu dans mon texte la relance de ses développements.

[1] *Fragments*, 66 (18) PUF

[2] Se reporter à ma communication "*l'Intime*" à paraître dans les actes du colloque de Besançon et "*Une présence anonyme*" parue dans les actes du colloque de Convergencia de janvier 2002 ainsi qu'aux textes du site d'Insistance: www.insistance.asso.fr

[3] Jacques Lacan, Séminaire, *l'éthique de la psychanalyse*, Seuil.p.69.

[4] Jacques Lacan, Séminaire, *Les quatre concepts fondamentaux de la psychanalyse*, Seuil, pp.147-169.

[5] Qui est en fait le moi.

[6] Ces deux réels antinomiques, en se rencontrant, commémorent la rencontre du dieu du son, Dionysos et du dieu de la forme, Apollon. La scène tragique, elle-même à l'origine de la psychanalyse, vient de cet inespéré.

[7] A notre avis, Lacan transmet par "*j'ouïe-sens*" du Sujet cet inouï, écriture qui réunit, dans le même mot, et l'insaisissable réel du son et le réel maîtrisable du sens, sans les distinguer.

[8] La dépression, par exemple, résulte de la fixité à une seule signification qui peut être: "je ne suis que ça, cet objet tombé, ce déchet maintenu à terre par une pression qui ne me permet pas de me redresser"

[9] C'est le schéma L de Lacan

[10] Qui supplante le flux continu temporel de la pulsion, à l'instar du temps continu d'Héraclite oublié par le temps discontinu de Parménide.

[11] Où l'image spéculaire, i(a), est une forme limitée par le nouage du réel, du symbolique et de l'imaginaire.

[12] Sous la dénomination d'objet, nous évoquons l'objet du fantasme qui est fixe. A différencier de l'objet de la pulsion articulé au mouvement de la pulsion.

[13] Alain Didier-Weill, *Lila et la lumière de Vermeer*, Denoël, Février 2003.

[14] Sigmund Freud, *Le mot d'esprit et ses rapports avec l'inconscient*, Idées/Gallimard 1978, pp.2-3.

[15] "Le temps est un enfant qui joue en déplaçant les pions", PUF, Fragment 130.

[16] Sigmund Freud, *Pulsion et destin des pulsions*, Métapsychologie, Idées/Gallimard

[17] Ce qui est la façon dont Lacan définit l'amour, au-delà de la demande d'amour.

[18] Nous anticipons sur la fonction du Commandeur à qui on ne la fait pas.

[19] Où les écarts, qui sont mathématiques, établissent une hiérarchie de valeur à respecter... jusqu'à ce qu Arnold Schönberg et sa musique atonale au début du XXième siècle transmettent un autre réel.

[20] Sigmund Freud., *Communication préliminaire*, Etudes sur l'hystérie, PUF 1973, p.5.

[21] Sigmund Freud, *Cinq Psychanalyses*, PUF, p.385.

[22] Sigmund Freud, *L'interprétation des rêves*, PUF, Chapitre VII.

[23] Jacques Lacan, Séminaire, *Les quatre concepts fondamentaux de la psychanalyse*, Seuil, pp. 57-59.

[24] façon d'évoquer l'insaisissable réel

[25] Jacques Lacan, Proposition *du 9 octobre 1967 sur le psychanalyste de l'Ecole*, Scilicet I, p.25.

[26] A entendre selon la note précendente "*j'ouïe-sens*".

[27] La vision du Commandeur est entendue par un accord de septième diminuée en la mineur.

[28] De par son origine latine, "sisto" indique le mouvement de se mettre debout.

[29] Puisqu'il s'adresse à ce qui relève du regard et non à l'homme de parole, contrairement à ce qu'il dit.

[30] Jacques Lacan, Proposition *du 9 octobre 1967 sur le psychanalyste de l'Ecole*, Scilicet I, p.25.

VII. LITTÉRATURE

LOS LÍMITES DEL TEATRO: CÓDIGOS Y SIGNOS TEATRALES

Francisco Torres Monreal
Dpto. de Filología Francesa, Románica. Italiana y Árabe.
Universidad de Murcia

Biographie de l'Auteur:
Catedrático de la Facultad de Letras de la Universidad de Murcia (España) es especialista en literatura dramática de vanguardia (Prévert, Gheldérode, Genet, Beckett y Arrabal). De su dedicación a la obra arrabaliana dan fe, además de su libro Introducción al teatro de Arrabal (Ed. Godoy, 1981), unos diez volúmenes de ediciones críticas de su obra. Entre ellas: Teatro pánico (ed. Cátedra); Fando y Lis, Guernica y La bicicleta del condenado (Alianza Editorial); Teatro bufo (colección Austral de Espasa Calpe); La piedra de la locura, El entierro de la sardina (Ed. Destino); Teatro completo (Espasa Calpe, 1992, Everest, 2008)... Aparte sus traducciones poéticas, sus indagaciones sobre la versión del ritmo, o sus propias creaciones teatrales recogidas en el vol. Escenificaciones (Guernica y después, Ver pasar, El loco de Asís), y de Baudelaire maldito y otras obras breves (Ed. Fundamentos, Madrid, 2001), es adaptador al castellano de la Semiótica teatral (Ed. Cátedra), de A. Ubersfeld, y coautor de El teatro y lo sagrado (Murcia, 2000), Historia básica del arte escénico (Cátedra, Madrid, 2008, 10ª edición)... Recientemente ha publicado dos antologías: Poesía negra, antología de la poesía negro-africana (ed. Lancelot, 2007), y Diez poetas canadienses. Québec (ediciones del Innombrable, Zaragoza, 2008).

Résumé de l'article:
La crítica de Breton al teatro y las eliminaciones deseadas por A. Jarry (eliminación de decorados y de actores), ¿fueron simples salidas de tono? La historia les ha dado la razón en buena medida. De ahí mi pregunta: ¿hasta dónde podemos forzar los signos teatrales sin hacer desaparecer el teatro? o, ¿podemos desembarazarnos de la poética aristotélica sin destruirlo? En la primera mitad del s. XX, particularmente en Francia, las vanguardias contestaron el estatuto teatral tradicional. Se habló de antiteatro. Hoy sabemos que el teatro innovador, que surge de aquellas vanguardias, intenta demostrar su autenticidad artística frente a la TV, el cine o el teatro convencional.

Hay que desembarazar al teutro de todo lo le estorba.
principalmente de los de los decorados y de los actores.
(Alfred finales del s. XIX)

El teatro es el arte de la inautenticidad. ¿Cómo puede un
creador dejarse interpretar por el actor de turno?
(André Breton, años veinte)

Afortunadamente, el título que se me confía[1] para su desarrollo viene claramente limitado y especificado por el epígrafe general del Curso universitario en el que se inscribe: los límites del teatro. De otro modo, sería imposible acercarse a con un poco de precisión.

Hecha esta aclaración, a cualquierade nosotros podría venirnos a la mente estas o semejantes preguntas: ¿hasta qué límites se pueden forzar los códigos y signos teatrales sin hacer desaparecer el teatro como tal?, donde detenernos'?, es posible innovar -por supresión. adición. alteración ... o por combinación o acumulación de signos de diferentes códigos- en la poética teatral sin salimos de dicha poética?

Volviendo la vista atrás sin ira, por este siglo de innovaciones innegables, advierto que si ciertos manifiestos y proclamas quisieron poner al teatro fuera de las cuerdas, en otras ocasiones la alarma por su destrucción sólo podía justificarse desde posiciones conservadoras, curiosamente tan conservadoras en lo ideológico como en lo formal. En el fondo, determinadas **actuaciones** concretas, que para cierto sector de la crítica pretendieron no sólo hacer irrisión del propio arte teatral (Dada, futuristas, Ionesco, Beckett) sino llegar a su destrucción (el término antiteatro circuló tanto para Dada como para el absurdo de los años cincuenta), no consiguieron su muerte ni su total descalificación. Pero síes cierto que en algunas de esas concrecio- nes, como en algunas declaraciones que parecieron aún más salvajes e iconoclastas, se pretendió la ruptura con la poética que, de siglos atrás, se venía reforman-do. lo justo para seguir perpetuándola. Pienso, por ello, que en tales manifiestos del primer cuarto de siglo se expresan las líneas que aún pueden seguir informando la trayectoria del arte teatral sustentada en las selecciones y combinaciones de los signos que la explicitan.

Si miramos hacia los inicios del XX, es precisamente porque allí se las mayores contradicciones y radicalismos, con propuestas que no hemos aún superado, por más que muchas dramaturgias se hayan de ellas. Muy lógico que el teatro se viera tocado por las nuevas alteraciones semánticas y sintácticas que propo- nían las plásticas. Detengámonos en la «escultura» **Taburete de cocina con rueda de bicicleta,** de Duchamp, uno entre los múltiples ejemplos de este artista que inspirará muchos de los movimientos y variantes artísticas de nuestro siglo - ensamblajes. pop, móviles, **objets** materismo, maquinismo. **accions...** - Con ánimos, posiblemente, de ensanchar los encorsetados límites de la semática plástica, Duchamp opera la **desmembración** (separar la rueda del conjunto Bicicleta), la **disfunción** (alejar a ambos objetos de sus funciones primeras), etc. Pero, a mi entender, el **ensamblaje** (y la consiguiente asociación sintagmática de dos elementos no relacionados hasta entonces), y la **dislocación** plástico-escénica (no tanto por alejar la rueda de su lugar habitual cuanto por introducirla en lugares sacralizados y hasta ese momento prohibi- dos: la sala de exposiciones o el museo). Duchamp. que no fue ajeno a estas circunstan- cias. no quiso tampoco pecar de retórico, proponiendo su composición como una me- táfora, social o de otro orden. Por ello, vuelve a sorprender al espectador atónito, que esperaba un título extraño y distanciado, llamando a la obra por sus referentes: **Tabure-te de cocina con rueda de bicicleta.**

El teatro, globalmente o en conjuntos menores aislados, se contagia de estas actitudes límite, como lo prueban las escandalosas veladas teatrales de los futuristas y los dadaístas, así como algunas prolongaciones de entreguerras (tal fue el caso del teatro de J. Prévert con el

Groupe Octobre[2],durante los años treinta). Lograron estas osadías llevar al teatro más allá de lo que sus códigos toleraban hasta ese momento, más allá de sus límites? La respuesta, hoy, a finales ya del s. XX, es **no.** Y ello porque, aunque los nuevos planteamientos echasen mano de signos e iconos de indudable actualidad que. en definitiva, habría de repercutir en un enriquecimiento de la semán-tica representativa- . las fórmulas compositivas no eran en modo alguno nuevas: de los griegos a los simbolistas de finales del pasando, entre otros muchos, por el Bosco, los ejemplos de poéticas deformantes, oníricas, no son infrecuentes.

La revolución copernicana se inicia en las plásticas, con las primeras abstrac-ciones de Kandinsky (de 1910 a 1913)[3] a las que pronto seguirán, con menos poder de innovación, las abstracciones geométricas de Mondrian. La ruptura, insisto, es copernicana: en realidad se está invirtiendo todo un proceso de codificación y de lectu-ra al proponer, por primera vez en las artes plásticas, unos signos (iconos) cuyos significantes carecen de significados codificados. Si hacemos corresponder la historia o fábula del discurso lingüístico, en el que se apoyaba prioritariamente el teatro, con la figuración en las plásticas, el paralelo escénico nos llevaría a un teatro que no tiene ni un diccionario capaz de traducirnos sus signos ni una gramática que los ordene estructurando sus relaciones. Nos encontraríamos con significantes escénicos sin sig-nificados. Pero hablar de teatro abstracto sin salirnos de los límites del teatro'?

***

Como. incluso reducido por el epígrafe general, el enunciado de estas notas daría para largo. de pasar revista a todas las innovaciones del s. XX que se dijo llevaron el teatro a sus límites, o a los manifiestos o declaraciones (desde Jarry hasta los superrealistas, pasando por los futuristas y dadaístas) preciso será ser modestos.

LÍMITES DE LA ACTUACIÓN ESCÉNICA

Las dos citas que encabezan esta charla, y que en su día parecieron auténticos disparates o *boutades,* me servirán de guía conductora de mis reflexiones.

Supresiónsígnica o icónica

Recordemos brevemente que cada arte echa mano de sus códigos peculiares: **la poesía** trabajarácon signos del código lingüístico (orales o gráficos); **la pintura** tomará como elementos los colores, formas, líneas, luminosidad..., por lo que su código cabe ser conceptuado como **icónico-plástico; el mimo** echa mano de un código **expresivo-gestual,** etc. El teatro, conceptuado por R. Barthes como una **polifonía de signos** de diferentes códigos, los reúne a todos. Si esto es así, es procedente la escanda-lizada y airada pregunta de Artaud en los inicios de los treinta: si la palabra - lo lingüístico-constituye uno y sólo uno de los códigos escénicos, ¿por qué se ha impuesto tan abusivamente a los demás sistemas comunicativos en Occidente? (Como es sabido, Artaud, que quedó deslumbrado por las danzas balinesas, supo diferenciar el teatro oriental del occidental). Pensemos sólo un momento en las tres mil expresiones codifi-cadas que puede transmitir por su rostro el actor chino; pensemos en ese enorme dic-cionario de gestos y expresiones corporales de algunas manifestaciones orientales; pen-semos en las modulaciones melódicas (¿código musical?) que en el kabuki japonés se superponen al código lingüístico o alternan con él...

Frente a esta riqueza, la palabra, en el teatro occidental llegó a atrofiar al resto de signos no verbales o a convertirlos en comparsas auxiliares. ¡Qué poca es la diferencia entre este teatro y una novela dialogada! Esta es la situación criticada por Artaud, que denomina teatro de la dictadura del autor, o de la dictadura del texto. ¿Ha habido excepciones a lo aquí criticado, dentro del teatro occidental? ¿Pueden considerarse tales los misterios medievales, el auto sacramental, las escenografías de Iñigo Iones en la época jacobina...[4]? Pueden serlo, pero también hemos de advertir el desprecio por la tramoya en nuestro teatro occidental, empezando por las críticas a Iñigo Iones ...

Está claro que para Artaud sobra palabra -palabras-y faltan otros lenguajes de la escena.

***

Por su lado, la petición de Jarry de suprimir, por constituir unos estorbos. a los actores y los decorados, debió sonar a pura provocación. Así podría parecer en principio. Pero veamos las cosas con calma.

Cuando Jarry habla de suprimir los decorados, está pensando, como es lógico, en los decorados que son habituales en ese momento: los que vienen de la herencia romántica, los falsos decorados de cartón piedra tan del gusto de los teatros a la italia-na, y los decorados del realismo **made in Zola** en versión Teatro Libre de Antoine. Si los primeros, por su descarada falsedad, cansaban ya la sensibilidad estética; los se-gundos -que pretenden cargarse las convenciones icónicas del teatro, como si fuera posible en éste trabajar con los propios referentes y no con signos que nos trasladen a ellos-resultaban realmente pretenciosos al intentar lo prácticamente imposible, como veremos en el siguiente apartado: suprimir la ficción escénica (es lo menos que pode-mos decir de ellos). Pese a estas insostenibles pretensiones, las escenificaciones natu-ralistas marcan un hito digno de estudio no sólo por su valor testimonial social sino por su intento, utópico, de cambiar en **verdad escénica** la tan devaluada ficción teatral decimonónica.

Enfocado de este modo, el ataque a los decorados no debería parecernos tan desatinado. Y. lo que es más, se le dará enteramente la razón: ya confiando a los artistas plásticos las sugerencias decorativas ambientales; ya acudiendo a una concepción plástica del espacio escénico por medio de líneas y volúmenes que situasen a la acción y a sus personajes (Appia, Craig); ya suprimiendo sencillamente todo tipo de telones, dejando ver el propio espacio desnudo del lugar escénico (que se afirma así como tal lugar escénico) o únicamente por velos monocromos, negros de preferencia. Educada nuestra sensibilidad en los nuevos textos (o en los grandes clásicos, los grie- gos o Shakespeare, por ejemplo) no podemos por menos de dar la razón a Jarry, hoy, a finales de siglo, y de agradecerle, en la parte que le corresponda, que nos haya librado del decorativismo escénico de cartón piedra tradicional.

***

¿Qué decir de la provocativa supresión de los actores de carne y hueso? ¿No fue demasiado lejos? ¿Es posible seguir dentro de los límites del teatro de suprimirlos? Procedamos aquí también con calma. Recordemos que Jarry había hecho preceder es- tas teorías de una experiencia teatral que marca un hito en la historia del teatro occidental: *Ubú rey*. Pues, bien: esta obra no tiene actores de carne y hueso en la apreciación de su autor. La concibe éste como una enorme y disparatada farsa para marionetas. Para Jarry es evidente que la carga irrisoria, desmitificadora y absurda de su obra no puede ser transmitida por el actor al uso. Suprimido el comediante. quedan dos opciones: reemplazarlo por la marioneta o maniquí o, hacer que el actor, enteramente de sus hábitos de actor, se invista con la expresividad y la cinética de la marioneta. Sólo así pueden funcionar obras de este tipo.

No podemos ahora extendernos sobre las significaciones inherentes a estas prác- ticas. Es lo cierto que, en la segunda mitad de nuestro siglo. pretendiéndolo o no, de modo deliberado o inconsciente. el teatro, en algunos de sus mejores ejemplos (Beckett, Arrabal. Kantor...) ha vuelto la mirada a la marioneta y a otra modalidad con ella relacionable: el actor-maniquí.

Coincide esta valoración del actor-marioneta o del actor-maniquí con el auge del teatro objetual. Al devaluarse estéticamente el decorado tradicional, la plástica escénica en general privilegió al objeto, sometiéndolo a una poética denegativa nueva similar a la que observamos en los ejemplos de Duchamp. Dado que no me es posible retomaré en estos momentos extenderme sobre tal poética objetual, aquí las breves notas apuntadas en otro lugar[5], donde dejamos dicho que el objeto, en las nuevas dramaturgias, adquiere incluso un papel actoral. Este comportamiento actoral hizo variar la poética de la representación, degradando incluso a los comediantes a la catego-ría de objetos, maniquíes o robots, manipulados por los verdederos objetos. Si la cosificación del hombre, como consecuencia de la industrialización del XIX justificó una reflexión escénica que el futurista Maiakoski recogió en su parábola de Misterio *bufo*, "La rebelión de los objetos», la informatización que hoy sufrimos en nuestra sociedad de consumo relega al hombre a una categoría dominada sádicamente por los objetos de tal consumo. La debilitación del actor tradicional y su papel de autómata, ha debilitado, en consecuencia, la palabra, reduciendo muchas veces estas experiencias al mutismo.

Por estas razones, que Artaud no intuyó plenamente, desde finales del XIX hasta nuestros días, estamos asistiendo a un empobrecimiento, particularmente en los teatros de signo realista. no tanto de la cantidad de lenguaje cuanto de su calidad poética. Steiner (en "El abandono de la palabra", Lenguaje y texto) nos hablará de la pobreza lingüística de A. Miller o de la novelística inglesa, frente a la riqueza de un Shakespeare o de un Góngora[6]. Steiner achaca esta pobreza lingüística al auge de otros sistemas comunicativos que no requieren la palabra (las plásticas. la música. las mate-máticas). Al teatro sólo le quedaban dos salidas: o crear nuevas construcciones verba-les o diversificar sus tendencias plásticas, gestuales, objetuales ... Esta ha sido la vía preferencial de los teatros que no se han limitado a proseguir con las preceptivas tradi-cionales.

Suprimir la ficción teatral

Una representación no ficticia no sería una representación, sería una presenta-ción. Sería drama en su sentido preteatral, no teatro. Dicho de otro modo, si la representación nos ubicase en el drama real perdería su carácter ficticio, por lo que no podríamos hablar propiamente de representación. La coronación de un rey -por poner este ejemplo manido-no es teatro si el rey es un rey de verdad y la coronación su verdadera coronación; pero sería teatro si el rey no fuera rey, es decir, si fuese sólo un personaje interpretado por un actor ... ¿Se puede hablar, entonces. sin salirnos de los

límites del teatro, de teatro no ficticio? Cuando Artaud afirma que el teatro no es la representación de la vida, que el teatro es la vida, Artaud prentende borrar la ficción para acercarnos al drama real. Frente al teatro **épico** de Brecht, en el que el principio del **distanciamiento** se constituye, entre otras consecuencias, en afirmador de la ficción, el **teatro de la crueldad** de Artaud pretendería ese teatro, rayano en lo imposible, que intenta suprimir la representación. El actor. en este teatro, más que recrear icónicamente, deberá intentar **crear** su personaje, al punto de desplazarlo para instalar- se en su propia identidad. No deberá fingir, deberá vivir, crear sus lenguajes. Artaud se aproxima, en este sentido, al psicodrama.

El **psicodrama,** precisamente, en su más rigurosa acepción, se propone destruir la ficción. En el auténtico psicodrama (posiblemente sólo actualizable por el psicoanálisis real[7]), el individuo aspira a la **autocatarsis** por la exposición de su propio drama personal. Su aproximación al drama real es evidente. A imitación de la auténtica expe- riencia psicodramática. el teatro ofrece espectáculos ante el público en los que el dra- ma personal directamente transcrito o desfigurado por una fábula, exterioriza el con- flicto de un dramaturgo o un actor.

Durante nuestro siglo, la forma que más se acerca a esta pretensión es, sin duda, la **ceremonia** y **el teatro ceremonial.** La ceremonia perenniza tanto la acción (ofrenda. súplica, sacrificio...) como los lenguajes de la misma. Los gestos, el vestuario, los objetos. las palabras ceremoniales insisten, mediante su fijación arcaica en ese presen- te original que pretenden perennizar, pese al paso del tiempo. Incluso, para ser total-mente consecuente. la ceremonia intenta perennizar al actor convirtiéndolo en oficiante. dotado de atributos atemporales. La ceremonia intenta pues abolir los espacios in- termedios. el tiempo en definitiva. para presentar la acción en un presente perpetuo.

Finalmente, no hemos de olvidar a Pirandello, que pretende que el espectador, en un mismo espectáculo viva la ilusión de asistir a un **drama real** y no a una ficción teatral. Para ello. Pirandello echa mano de un procedimiento: introducir en la acción teatral. dejando claro que ésta es una acción teatral y descubriendo palmariamente su carácter ficticio. una nueva y pretendida acción real. Con este contraste, el público juzgará real, ilusoriamente, la segunda acción, cuando, en realidad, es tan ficticia como la primera. El llamado teatro en el teatro, que se aproxima a veces al pirandellismo, se aproxima igualmente, desde un punto de vista efectista, a la modalidad que convendría llamar *ensayo teatral.*

***

Frente a los intentos anteriores: centrados básicamente en la pretendida supresión de la ficción, podríamos abordar aquellos otros que, sin tener tal pretensión. sí pretenden dar cuenta fielmente de la realidad vivida. Los relatos "autobiográficos" pretenden situamos ante un drama real en el que el Sujeto real pasaría a ser sujeto del discurso. La fidelidad a este punto de partida real podría dar bastante luz sobre ciertas clasificaciones del arte, muchas veces miopes o prejuiciosas, sobre el realismo. Desde esta perspectiva, nadie niega el carácter realista de *Largo viaje del día hacia la noche,* de O'Neill, por poner este ejemplo teatral, o de *Madame Bovary,* de Flaubert *(MadameBovary, soy yo,* que diría el novelista). Pero me parece un craso error tomar como exclusivos modelos de realismo el relato decimonónico o la dramaturgia americana o nórdica (Ibsen, Strindberg), y privar de tal privilegio a las llamadas escrituras simbolistas y superrealistas de carácter poético u onírico. ¿No son trasuntos del propio Beckett sus vagabundos de *En attendant Godot?* ¿No es realista *El público,* de Lorca, *El gran ceremonial,* de Arrabal, o *Victime du devoir,* de Ionesco, por poner sólo estos ejemplos? Por poco que volvamos a la reconstrucción de los auténticos dramas reales de estos autores, advertiremos que sus obras están transmitiendo, de modo más profundo que los ejemplos precedentes, una visión real de sus vivencias, pese a -yo diría mejor gracias a- su discurso onírico, distorsionado e hiperbólico.

LOS LÍMITES DE LA EXPLICACIÓN TEATRAL

Recordemos que. en el ideal aristotélico de toda comunicación, a cada significante debería corresponderle un significado y uno solo, aceptado tanto por el emisor como por el receptor. Es decir, que el receptor comprenda únicamente y en su totalidad la información que le envía el emisor. Es bien sabido que a este ideal comunicativo tien-den las codificaciones de carácter científico y utilitario. Pero es igualmente cierto que de él se alejan otras codificaciones, incluso las más banalmente denotativas; por últi-mo, nadie ignora que la creación poética y artística no sólo incumple este ideal sino que muchas veces lo contraviene de modo expreso, prefiriendo la ambigüedad o la obscu- ridad comunicativa a la claridad monosémica.

Clasificaciones desde la comprensión de los signos

Desde esta óptica, se podrían establecer dos tipos de teatro que se situarían esquemáticamente en los extremos, esos extremos, todo hay que decirlo, que no se encuentran fácilmente fuera de los esquemas, por lo que hay que conceptuarlos como puntos de arranque y llegada desde un menos a un más. En el arranque se situaría el **teatro realista hiperrealista o naturalista radical** (junto al que, curiosamente, hay colocar el vodevil y, en general, el llamado teatro de evasión), tendente a la univocidad significativa. En el otro extremo, el teatro **simbolista-suprarrealista,** en el que los signos de los códigos (por alteración, dislocación. sintagmatización asemántica, defor- mación, etc.) no se contentan con la univocidad significativa y presentan zonas cas, ambiguas o de interpretación no establecida; y fuera de estos límites el **teatro abstracto,** que algunos quieren hacer salir de los límites del teatro, en el que los signos de sus códigos se nos muestran, en principio, como significantes desprovistos de signi- ficado.

De la represión y de la incapacidad del modelo

Este método, tan en voga en las avanzadillas de la universidad española y ex- tranjera, junto con la pragmática, ha sido duramente criticado desde ángulos antropológicos y gnoseológicos[8]. Con él se ha querido explicar cualquier expresión artística o teatral (es decir, se le han atribuido significaciones a los significantes de los distintos códigos que conforman la obra teatral). Ahora bien, como acabamos de decir, en cier-tas manifestaciones teatrales determinados signos o agrupaciones sígnicas no se dejan fácilmente aprehender por conformarse más como símbolos que como elementos semióticos.

En estos casos. cabe preguntarse si es de alguna lógica rechazar la obra de arte por el mero hecho de no poder alcanzar la significación. ¿Si el teatro no se corresponde con el concepto realista del teatro debo rechazarlo, estoy autorizado a decir que no es válido porque se ha saltado la barrera, sus límites? Esta sería la solución fácil, la que por desgracia han practicado incluso algunos profesores que descalifican no sólo la pintura o la música moderna, sino incluso buena parte de la poesía o del teatro contem- poráneo. Para mí la solución sería ésta: donde no alcance a dar con la significación semiótica podré apropiarme la obra de arte por la interpretación simbólica. Sperber establece claramente las diferencias que separan una de otra. Las resumo brevemente:

a) Lo simbólico no tiene una información fijada por el código. Textualmente: "El simbolismo, que es un sistema cognitivo no semiológico. no está sometido a las restricciones semánticas impuestas por el código". De ahí que los regímenes dogmáticos prohiban las interpretaciones ... (La Iglesia dice cómo hay que interpretar la Biblia. los fundamentalistas islamistas cómo hay que interpretar el Corán, Stalin cómo hay que interpretar a Marx).

b) La comunicación lingüístico-semiótica es posible, como hemos dicho, gracias al acuerdo de sentido entre emisor-receptor. Pero no olvidemos que este acuer- do se inscribe en una convención cultural-social, es decir, válida para un mo- mento dado dentro de una sociedad dada. La interpretación simbólica. por su lado, se establece a partir de adquisiciones que se integran no sólo en las con- venciones sociales sincrónicas, sino en modelos y arquetipos **interculturales,intersociales** así como en **conformaciones individuales:** las que pasan a la obra de arte teatral.

Pues, bien, si la semiótica puede dar una explicación de las conformaciones sincrónicas socio-culturales por el establecimiento de acuerdos de sentido significante-significado (codificables en diccionarios y enciclopedias), es muy difícil explicar lo simbólico-mítico universal cuando viene amasado, confundido (fundido-con) las improntas individualizadoras del artista.

He pasado de los límites creativos a los límites interpretativos, incluyendo en ellos la interpretación académica. Parece que aún es utilizable en parte la poética aristotélica. Otra parte ha sido cuestionada. Los estructuralismos que parecieron tan novedosos, ahora vemos que eran hijos queridos de esta poética clásica. Cuando con ellos queremos interpretar a Beckett, para noescoger un modelo de las últimas hornadas, vemos que no nos encajan. Habrá que pensar en nuevos modelos poéticos si no quere- mos que se nos escapen los creadores que cuestionan los límites tradicionales. Por culpa de esta falta de adaptación interpretativa, la enseñanza del teatro innovador de este siglo, salvo excepciones extensible al resto de las artes, la enseñanza del teatro ha sido de una pobreza que cabría juzgar de manualística, antipedagógica, anticientífica y, consecuentemente, antiuniversitaria.

NOTAS:

1. En el presente artículoretomo algunas de las ideas de la que impartí en Molina de Segura. dentro del Curso extraordinario de la Universidad de Murcia, *Los del teatro.* dirigido por *J.* Monleón. en septiembre de 1996. De ahí el estilo un tanto coloquial que conservan estas notas inéditas y que no he querido enmascarar en esta ocasión.

2. Cfr.. entre otros Fauré. *Le groupe Octobre,* París, Ch. Bourgeois, 1977, y Francisco Torres Monreal, *J. Prévert. Teatro de denuncia y documento.* ediciones23/27 y Cátedra Teatro Un. Murcia, 1978.

3. En realidad. poco importa si Kandinsky fue o no el primer plástico abstracto, o si, como lo preten-de Breton, las primeras abstracciones se deben, a finales del S. XIX. al dramaturgo nórdico, **A.** Strindberg, o. remontándonos más, a los diseños chinos surgidos del decorativismo caligráfico de su escritura. El fenómeno ocurre, en cualquier caso, cuando en él se repara y se convierte en sorpresa informante.

4 . Si Beckett *(Actos sin palabras)* o Kantor [ ] aportan una concepción más moderna que nos acerca al maniquí o al autómata manipulado. Ionesco sigue más de cerca, en nuestra opinión, la concepción farsesca de Jarry y de sus marionetas. Como referencias críticas más destacables, señalemos *El teatro de la muerte* de T. Kantor, ed. de la Flor, Buenos Aires, 1984; H. Jorkowski, "El sistema de signos del títere", en *Sobre el teatrode títeres,* Centro de Documentación de Títeres de Bilbao, 1990.

5. V. F. Torres Monreal y C. Oliva. *Historia básica del arte escénico.* Ed. Cátedra, Madrid,5a edición, 1999, pp. 437-438.

6. Steiner sólo salva dos auténticas creaciones lingüísticas del s. XX: El de Joyce, y *La muerte de Virgilio*de *H.* Broch. Ninguna de ellas del ámbito teatral. Quizá deberíamos salvar a algunos simbolistas de finales del XIX e inicios del XX (Villiers de L'Isle Adam, Paul Claudel ...) en teatro.

7. Acuñado por J. L. Moreno. en la segunda década de nuestro siglo, el *psicodrama* propiamente dicho establece tres modalidades clínicas: el totalmente espontáneo, el planificado y el ensayado. Incluso en el último, el más cercano al teatro propiamente dicho. se requiere, tras laescritura y ensayos previos. que el paciente (o los pacientes. si se trata de un colectivo) represente con ayuda de actores terapeutas y sin público presente. Por su lado. el *sociodrama* deja en un segundo plano la relación individual para tratar prioritariamente la relación social. Cfr. J. L. Moreno. El *teatrode la espontaneidad.* Vancu, Buenos Aires. ed. de 1977, pp. 207 y ss.

8. El libro de Dan Sperber. *Del eimbolismo en general,*se ha podido leer en España desde su publi-cación en 1978, Ed. Promoción cultural. Barcelona.

LA NOVELA ESPAÑOLA Y SUS RUPTURAS, A TREINTA Y CINCO AÑOS DEL INICIO DEL *BOOM* LATINOAMERICANO

Miguel Herráez

Biographie de l'Auteur:
(Valencia, España,1957) es doctor en Filología Hispánica y catedrático de Literatura Española en su ciudad. Ha sido profesor investigador invitado, entre otros centros universitarios, en la École Normale Supérieure (París), en la Facultad de Filosofía y Humanidades (UNC, Argentina) y en el Inst. A. P. Ciencias Humanas (UNVM, Argentina). Tiene en su haber más de veinte libros publicados, entre los que destacan *La estrategia de la postmodernidad en Eduardo Mendoza* (1998), *Julio Cortázar* (2001)y *Dos ciudades en Julio Cortázar* (2006). Igualmente, es novelista con títulos como *Bajo la lluvia* (2000) o *Detrás de los tilos* (2007). Sus dos últimos títulos editados son *Sobre nosotros* (2008) y *Sobre ellos* (2010), que constituyen un atípico ensayo acerca de la España de los años setenta y sus narradores. Ha sido traducido al ruso, francés, italiano y portugués. Premio Internacional de Ensayo Juan Gil-Albert.

Résumé de l'article:
El artículo versa acerca de la evolución que experimenta el discurso novelístico en España a partir de los años sesenta del siglo XX. Los sesenta implicaron, en términos de sociología estético-literaria, un profundo cambio en la construcción del relato en la España de finales del régimen franquista. Dicho cambio se verá afectado y acelerado por la llegada de los autores latinoamericanos y la impronta que lograron imponer en el seno de la literatura peninsular. Con ellos (Mario Vargas Llosa, Julio Cortázar, Carlos Fuentes, Gabriel García Márquez y la estela que abrieron) cristalizó el concepto de ruptura y la idea de reorientación de un enfoque literario social-realista a un enfoque de raíz experimental.

El bienio 1962-1963, por dos motivos, se viene localizando como referente en el que es posible colocar el principio del cambio, el segmento transformador de la novela española. De un lado, Luis Martín-Santos y su *Tiempo de silencio* y de otro la edición de *La ciudad y los perros*, de Mario Vargas Llosa, suponen la variable de giro, en tanto que deben y son considerados ambos textos como una importante dislocación del discurso mimético que aún estaba en vigor a principios de la década de los sesenta. A ello añadiríamos, a nuestro parecer, la presencia, en ocasiones revulsiva, de los subsiguientes narradores del *boom*, en concreto Julio Cortázar, cuya *Rayuela*, que data de 1963, será vértice de ruptura del concepto clásico de discurso novelesco y de influjo en la novela peninsular antes -como indica Barrero- "que los *Cien años de soledad* (1967) de Gabriel García Márquez desvelaran la magia de un mundo oculto para nuestros escritores" . **(1)**
Hay que considerar, y conviene detenernos en ello, cuál era el formato y el perfil de novela común en este contexto temporal. Se trataba de un registro de sujeción realista **(2)** , con obvios síntomas de encontrarse en fase de agotamiento y con atisbos de franco retroceso, pero que, sin embargo, mantenía aún -más que una cierta solidez- una inercia bien arraigada en la simplificación estilística y en la técnica objetivizadora. Tomás Yerro Villanueva señala cómo "la novela que se escribe después de 1962 no puede prescindir de *Tiempo de silencio"* **(3)**, a la vez que subraya los diversos juicios de Guillermo de Torre, Víctor Fuentes, José Batlló, Corrales Egea, Gonzalo Sobejano y Juan Luis Alborg, quienes expresan el criterio común de que sobre la fecha de 1962 la novela de soporte social-realista ha tocado fondo. Coincidimos, en este sentido, con Eugenio G. de Nora en cuanto al esbozo que mantenía esta novela de "intención crítica", al igual que asumimos el juicio de Sanz Villanueva por lo que se refiere al tratamiento objetivista del relato, en el que queda eliminado el punto de vista del autor y en el que "los aspectos formales -de construcción o de lenguaje- no constituyen una gran preocupación, pues el narrador antes persigue una estética de la pobreza con la que pretende actuar sobre el lector a través de la vía afectiva para que, desde las emociones, se opere una concienciación política. La estructura del relato, en términos generales, es bastante sencilla. Las coordenadas espacio-temporales tienden a una fuerte reducción". **(4)**
Se puede identificar una serie de precedentes a las novelas de Martín-Santos y de Vargas Llosa, entre los que cabe citar los señalados por Barrero Pérez en los nombres de Jorge Cela Trulock (*Las horas*, 1958), José María Castillo Navarro (*Las uñas del miedo*, 1958), Andrés Bosch (*La noche,*1959), María Jesús Echeverría (*Las medias palabras*, 1960), Ramiro Pinilla (*Las ciegas hormigas*, 1961) **(5)** y Manuel San Martín (*El borrador,*1961) **(6)**, que compartían "el propósito de superación del mero realismo social". Por su parte, M. García Viñó amplía la lista y añade, como autores que, en torno al bienio que establecemos, encarnan una actitud "inconformista de mucho más largo alcance que la del inconformismo social al uso", tales como Carlos Rojas (*Las llaves del infierno*, 1962), José Vidal Cadellàns (*Cuando amanece* , 1961) y él mismo **(7)** , con su novela *Nos matarán jugando* (1962). Y apostilla: "Al contrario de lo que ocurre en la generalidad de las novelas españolas de este período y del anterior, hay en éstas un tratamiento intelectual no sólo de la problemática planteada, sino también de la mera forma novelística". De igual modo, ahondando en este estado de la cuestión general, Domingo Ynduráin **(8)** nos dice que la fecha de 1962 "no deja de ser convencional y aproximada", para así hacerse eco de Martínez Cachero, Gonzalo Sobejano e Ignacio Soldevila, para quienes "la renovación había empezado ya antes". En este sentido, Joaquín Marco subraya cómo*El Jarama*, premiada con el Nadal en 1955, había iniciado ya el desbloqueo de nuestra novela, en tanto que la había situado "en el camino de una reflexión técnica" **(9)** . No obstante, conviene destacar, tal como lo hace Tomás Yerro **(10)**, que la estrategia desde la que procede Sánchez Ferlosio no constituye más que un muy concreto "punto de vista narrativo", sin que ello logre descoyuntar "las bases de la novela tradicional (la historia, el personaje y la cronología)" ni amenace tampoco el marco estructural de la misma.
No obstante es necesario constatar que, aun siendo *Tiempo de silencio* el primer intento serio y sólido de ruptura con la estética realista (y aceptando que en la novela de Martín-Santos hay introspección dialéctica sobre la realidad socio-cultural española) **(11)**, aun siendo el auténtico artífice revisionista que va a normativizar el nuevo rumbo del género **(12)**, asumimos cómo esa transformación se plasma en términos de componente discursivo más que en su formulación temático-anecdótica, pues ésta todavía conserva en su interior el germen de la atmósfera neonaturalista de posguerra **(13)**. Grande matiza al sostener que en *Tiempo de silencio,* como fin y principio de una orientación del género, confluyen dos actitudes que son "una voluntad socio-cultural [con] un bagaje técnico y lingüístico adecuado" **(14)**, completamente

inusuales en sus compañeros de grupo generacional. Al criterio de Pedro Correa, quien destaca y ve en *Tiempo de silencio* "un intento de renovación temática, una decantada asimilación de técnicas y un nuevo lenguaje más expresivo y dinámico" **(15)**, hay que unir el juicio de Sanz Villanueva, quien dirá que es "un libro, en el fondo, bastante tradicional"**(16)**, y lo argumenta tras afirmar su carácter iconoclasta. Es decir, consideramos que la erosión del realismo descansará, desde el impulso de Martín-Santos, en la mitificación de un lenguaje innovador, en su tratamiento, y en una renuncia por catalizar esa realidad testimonial y documentalista, *su*realidad, la realidad como única perspectiva y (casi) como único horizonte en los autores del mensaje conductista y social-maniqueísta que le anteceden y que le son coetáneos **(17)**, desde Ignacio Aldecoa a Jesús Fernández Santos o Rafael Sánchez Ferlosio, Antonio Ferres, A. María Matute, J. López Pacheco, José M. Caballero Bonald **(18)**, Carmen Martín Gaite, Daniel Sueiro, Alfonso Grosso, Francisco Candel, Juan García Hortelano, Juan Goytisolo y otros compañeros de grupo **(19)**.

Partamos, pues, de la abundante bibliografía y del eje generalizado y aceptado por la mayoría de críticos, como son Doménech (1962) , Grande (1963), Guillermo (1970), Iglesias Laguna (1970), Corrales Egea (1971), Marco (1972), Correa (1973), Ynduráin (1980), Soldevila (1980), Sanz Villanueva (1984), Martínez Cachero (1986) **(20)**, Barrero (1992), entre otros ya referenciados, que sitúan a Luis Martín-Santos como final de una metodología narrativa y génesis de un replanteamiento del género **(21)**, a la vez que escritor que consigue insertar el giro en el corpus del discurso más ortodoxo, en cuanto a los conceptos de estructura, espacio, tiempo, enfoque, personaje, voz, etcétera, que coparticipan en él y descansan en una nueva fórmula de estrategia novelesca. Por tanto, será en el arco 1962-1965 cuando el principio de renovación será asumido y se hará extensible, a la vez, a concretos novelistas de la generación de 1925 **(22)** e incluso a algunos de la propia del 1954.

De cualquier manera, conviene, por otro lado, establecer ya que la otra variable definitoria y básica, lo que es la irrupción de Vargas Llosa, va a ser, sin duda, más determinante que la embrionada por Martín-Santos. Determinante -decimos- al menos en lo que concierne a los narradores españoles **(23)**, quienes, si es constatable un influjo ciertamente limitado de Vargas Llosa hacia ellos, también lo es en extensión más abstracta por lo que implicó en cuanto a cómo se remodifican muchos de los criterios estéticos del momento. Marco subraya cómo los novelistas españoles desde el inicio del *boom*sentirán un "aprecio por la imaginación, el afán por el descubrimiento de un lenguaje creativo, el cuidado de la estructura" **(24)**. Nos referimos, por tanto, no sólo a lo que significó de inquietud sembrada por esa primera novela de Vargas **(25)** y al sesgo que adoptará la novela española, sino a la eclosión inminente posterior que seguirá y se vivirá en el panorama de las letras españolas, debido a lo que Ynduráin -quien reconoce la notable influencia en las letras peninsulares- denominó "invasión de la novela hispanoamericana". Dicha invasión abrirá, pues, la posibilidad de acceso a una cincuentena de narradores hasta esa fecha prácticamente desconocidos para el público lector español, los cuales ofrecerán un perfil de discurso explícitamente heterodoxo y voluntariamente experimental. Será, pues, la concesión en 1962 del Premio Biblioteca Breve a Vargas Llosa lo que dará, en gran medida, el origen del *boom* latinoamericano y su inserción en el panorama no sólo de la novela peninsular española, sino su sujeción en el ámbito internacional.

Hemos señalado cuál era la situación de nuestra novela en ese período y entre qué parámetros de unanimismo se movía, conviene, no obstante, dejar constancia, tal como lo manifiesta Marco **(26)**, que es falso que la llegada de autores como el citado Vargas Llosa, Cortázar o García Márquez desplacen a los escritores españoles, aunque es evidenciable una confusa rivalidad **(27)** por parte de los españoles, y así lo señala Martínez Cachero**(28)**, al hilo de la respuesta de Sueiro a la entrevista, reseñada en nota a pie de página, de Tola de Habich. No obstante, y con la perspectiva de treinta años, podemos aseverar que la respuesta al género que nace de esos primeros integrantes (Vargas Llosa, Cortázar, Fuentes y García Márquez) de lo que Emir Rodríguez Monegal nominalizó (1972) como *boom* obedece a una voluntad, como ya hemos indicado con anterioridad, de desintegración contundente del canon novelesco que se da en aquellos años sesenta. A la vez, y sin entrar ahora en si ese injerto latinoamericano en la novelística de este lado obedeció a criterios de imposición editoriales de Carlos Barral, lo cierto es que la década de los sesenta está prácticamente presidida por nombres de autores de aquel lado. En detalle, hablamos de un peruano (Vargas Llosa), dos cubanos (Cabrera Infante y Carpentier), un argentino (Cortázar), un colombiano (García Márquez), un mexicano (Fuentes), un chileno (Donoso) y un venezolano (González León). Sólo estos ocho novelistas rellenan el segmento que va desde 1962, con el arranque de Vargas Llosa, hasta 1969, con el cierre de José Donoso y su novela*Coronación*.

En esa ideología de transformación hay que ubicar y presentar la figura de Vargas Llosa, de cuya producción cabe destacar, en cuanto a impacto en todos los países de habla hispana, sobre todo sus dos primeras novelas, *La ciudad y los perros* y *La casa verde* (sintomáticos y respectivos Premios de la Crítica en España, 1963 y 1966). Como apunta Goic **(29)** con Vargas Llosa nos hallamos alejados del compromiso literario y del realismo socialista, con él "la novela o la destrucción del género, que la supone, se enderezan hacia el juego, la disposición textual de reflejos especulares, la dispersión del yo y de los factores de la situación narrativa, la decepción de lo narrado", con lo que el discurso literario se ajusta a una estrategia dedálica que poco tiene que ver ya con la herencia realista de Ciro Alegría o de José Mª Arguedas que Vargas admitió en sus inicios como fabulador.

Se da en *La ciudad y los perros* un expreso deseo por liquidar, desde el punto de vista técnico, la preceptiva tradicional en novela. Frente a la tríada de planteamiento, clímax y anticlímax, reconocible en el relato de los cincuenta en España, Vargas va a imprimir la seriación de recursos formales pertenecientes al registro contemporáneo. Oviedo **(30)** habla de "discontinuidad, heterogeneidad, irracionalidad [y] multiplicidad", aunque, al mismo tiempo, destacamos las palabras de Julio Ortega **(31)** que afirman el carácter aglutinante que presenta la propuesta de Vargas, en tanto que en sus novelas "hay un curioso amalgamamiento de naturalismo y realismo poético, de psicología y de esquematismo, de espacio tradicional y de tiempo conflictivo; de un mundo, en fin, que pertenece a la novela tradicional y de otro que pertenece a la última novela"; novela a la que Marco **(32)** denomina y reconoce como "realismo psicológico" y "novela de gran aliento épico". Este considerando puede servirnos de reflexión, dado que es precisamente en Luis Martín Santos en quien se podría aplicar de igual modo dicho enfoque. Es decir, en ambos no se da un abandono de la realidad, sino un tratamiento distinto de ella. Hay, pues, traducción de la realidad en vez de simple (y aparente) traslación de la misma. Ambos (re)construyen desde parámetros de ruptura técnico-literaria sin perder el control sobre ella, sin renunciar a enmarcarla porque en ellos persiste ese valor ínsito de la realidad como referente literario, algo que no se dará en sus medianos (en el tiempo) epígonos, entre quienes los límites del arte serán exclusiva y unívocamente artísticos.

En cuanto a Julio Cortázar y su determinación en el marco discursivo, con respecto a su vinculación con el registro de ruptura, cabe establecer cómo las aseveraciones propuestas por el escritor argentino ahondan en el calado que Vargas Llosa **(33)** había logrado insertar en el mecanismo novelesco**(34)**, e incluso reimpulsarlo. Con ello observamos cómo Cortázar -a nuestro entender, el autor más heterodoxo del *boom*- descansa su reglamentación narratológica precisamente en una ausencia de la misma **(35)**, en una sólida deconstrucción . Su poética narrativa va a implicar la doble dinamitación del discurso humanizado, dicho en la línea digresiva de Gil Casado, y en la preponderancia de una ideología interpretativa del mundo de estética solipsista**(36)**.

El caso de Cortázar no queda limitado, por otro lado, a su *simple* aportación en el terreno del elemento formal, sino que su posibilidad de ruptura va más allá al insertar una dimensión inédita (dimensión inédita en la novela peninsular española) en el ámbito en que se concentra la visión del mundo. Hablar de Cortázar es descubrir esa visión de la existencia trabada por la antilogía de dos conceptos **(37)**, que, en definitiva, son dos categorías sustanciales: la realidad y la fantasía, categorías configuradoras de una epistemología, de otro lado, que se distanciará más que el método del grupo de los nuevos narradores, entre quienes Cortázar es el influjo de la técnica menos que su explicación de la vida. De cualquier manera, aunque sin ánimo de profundizar más allá de la voluntad necesaria de dejar constancia del hecho, digamos que para él la realidad es un material carente de valor literario por sí mismo, es un recurso prescindible si no coexiste en el relato con una fuerza equitativa de fantasía. Tanto la una como la otra, entendiéndolas ahora como factuales autónomos en el texto, no poseen validez por sí mismas **(38)**. Ello explica que el relato de Cortázar jamás se mueva entre unas coordenadas absolutamente realistas o absolutamente fantásticas. El arranque, pues, de su narración parte de un motivo realista (es la propia cotidianeidad lo que desenlaza situaciones inverosímiles), dándose con posterioridad el paso al corpus fantástico, y, ya fundidos ambos planos, es cuando surge el producto literario.

Tras situar el proceder de Cortázar, conviene enmarcar qué implicó el suceso de Rayuela en el quehacer literario nacional y ver en qué grado se proyectó sobre el mismo. Es lugar común subrayar cuál es la capacidad subvertidora de esta novela o anti-novela, multitud de trabajos e investigaciones centran y avalan la aportación de este texto como un auténtico regenerador de las estructuras vigentes en los años sesenta. Es criterio generalizado, por tanto, y en esa coincidencia podemos citar a Pedro Gimferrer (1965), Félix Grande (1967), Jorge Campos (1967), Rafael Conte (1968), H.M. Muzika (1969), Andrés Amorós (1969), Malva E. Filer (1970), José Mš Guelbenzu (1970), Tonya Childs (1971), Juan Carlos Curutchet (1971), Sonia Goldfarb (1972), Ana María Barrenechea (1972), Saúl Sosnowski (1973), Kathleen Genover (1973), Blas Matamoro (1980), Luis Alberto de Cuenca (1980), Jorge Ruffinelli (1980), Manuel Quiroga Clérigo (1980), Alejandro Gándara (1980), John Incledon (1980), Jorge Rodríguez Padrón (1980), Juan Antonio Masoliver Ródenas (1980), Jaime Alazraki (1983) o el más reciente Saúl Yurkievich (1994), el considerar *Rayuela* como marco incuestionable en el conjunto de discursos que dará lugar a la nueva novela española.

No obstante, es necesario dejar trascender que, si bien la edición de *Rayuela* en 1963, alteró métodos y anecdotarios al uso (*Dos días de septiembre*, de Caballero Bonald; *La zanja*, de Alfonso Grosso; *Nuevas amistades*, de García Hortelano; *Central eléctrica* , de López Pacheco: cuatro arquetipos de la novelística española del momento), dicha distorsión no es tanto especulativa, en sentido influyente de lineación estilística sobre escritores españoles, cuanto en la orientación genérica que tomará la novela en los años sucesivos desde el enfoque que asertó Cortázar en el eje del género, dado que, insistimos -y coincidimos con el criterio de García Posada **(39)**- hay que cerrarla en el experimento que fue como principio y fin en sí misma **(40)**, más que como paradigma a imitar por parte de los recién incorporados narradores.

Rayuela vino a intensificar la descomposición, iniciada en España por Martín-Santos y Vargas Llosa, de un doctrinario de novela sujeto a formas tradicionales, en las que se daba una superioridad del factor argumento sobre el método discursivo **(41)**, lo que en la novelística española hay que situar en la impronta de los años cincuenta. Esa demolición de los componentes textuales, esa pretensión de apoyar el relato en función de elementos de mecanización elisiva en vez de focalizarse sobre toda una nerviación expresa, se tradujo en la concreción de una fórmula distinta cuyo deseo apostaba por destruir el modo narratorio vigente, puesto que su anquilosamiento mostraba su fase terminal en el gusto de un lector español que empezaba a exigir más de la operación literaria y menos del compromiso del autor a través de la eticidad de un texto de ficción. Hablamos de Cortázar y hablamos de su presencia constatable desde algunos narradores del 68 (Rato, Cruz Ruiz, Sánchez Espeso), y muy especialmente por la figura de José María Guelbenzu, en quien se rastrea (*El mercurio*, 1968) la asimilación de *Rayuela* por la propia naturaleza antinovelística que preside el relato del autor madrileño **(42)**, proyectado en soporte y juego de estructuras con enfoque experimental, tal como se señala más adelante.

En esta línea hay que recordar que la llegada de los escritores del *boom* implicó el descubrimiento **(43)** de una serie de autores rompedores con el género, cuyas ramificaciones además se extenderían a José Donoso, José Lezama Lima, Mauricio Wacquez, Alfredo Bryce Echenique, Juan Carlos Onetti, Julio Ramón Ribeyro, Osvaldo Soriano, Ernesto Sabato, Guillermo Cabrera Infante **(44)**, Álvaro Mutis, Mario Benedetti, Jorge Edwards, Adolfo Bioy Casares y Silvina Ocampo, entre algunos más **(45)**. Hablar, en general, de estos autores en 1962-1963 es hablar de transgresión de lo instituido y de motor de cambio de las definiciones de cuento breve y novela. Estos escritores modifican, edifican e inventan un nuevo orden dircursivo, inédito hasta entonces, al menos entre los escritores españoles; amparan y diseñan una atmósfera y un universo cruzados por la investigación formal, que tanto debe, por otra parte, a novelistas extranjeros como Joyce, Faulkner, Woolf, Proust, Musil, Huxley, Kafka, Sartre, Mann, y al establecimiento de una actitud solipsista, amén de determinados registros de obvio ludismo, muy distanciada de la novela que impera en esos momentos en España, una novela española condicionada por el estado rígido de conciencia en el que pesa aún de manera sólida un yo colectivo, un yo social. En definitiva, una novela que asume las aportaciones técnicas (monólogo interior, perspectivismo de planos narrativos, ucronía narrativa, fragmentación narratoria, tiempo "proustiano", etcétera) de los grandes autores del siglo XX.

Es oportuno barajar en este tramo los conceptos de "novela deshumanizada" y "novela humanizada" , de tanta connotación orteguiana, formulados por Pablo Gil Casado, dado que nos puede ayudar a definir el modelo desde el que se apoyará la novela española en función de las variables introducidas por Martín-Santos **(46)** y Vargas Llosa. En ese sentido, Gil Casado argumenta cómo en la novela deshumanizada "a diferencia de la literatura crítico-social **(47)**, donde lo que interesa son los personajes, las circunstancias, el testimonio, la dialéctica socio-histórica, etc." se produce una preeminencia de "los esquemas mentales, los resortes formales, la asepsia socio-política" **(48)**. Esa será la base iluminadora en la cual va a fundamentarse el discurso novelesco español posterior, una modalización cuyos márgenes, a lo largo de la década, dejarán sitio para etiquetas y diversas orientaciones, como son los de la ya citada (y discutida, por su rotulación) novela metafísica, a cuya tendencia unimos la novela eticista, según criterio de Mª Dolores de Asís Garrote **(49)**, o la novela abiertamente heterodoxa de los entonces jóvenes autores José Mª Guelbenzu, Gonzalo Suárez o Germán Sánchez Espeso**(50)**. Nos distanciamos, sin embargo, aquí de la propuesta de Asís Garrote, quien establece dos perfiles más, a nuestro parecer, quebradizos, en los ejes de lo que esta investigadora define como "realismo mágico" -y sitúa a Álvaro Cunqueriro como representante máximo- y "humorismo", con autores como Francisco Umbral y Manuel Vázquez Montalbán, a nuestro parecer de dificultosa clasificación a través de este prisma, en especial por lo que se refiere al primer concepto, si es que lo formula en función de esa noción ("realismo mágico") que acuñara Franz Roh en 1925 y que ha estudiado Imbert**(51)**detenidamente.

Compartimos, a la vez, su valoración acerca de cuáles son las novelas de auténtica revirginización en este período, todas ellas conectadas con el principio que apuntábamos de "novela deshumanizada": *Señas de identidad* (1966), de Juan Goytisolo; *Experimento en Génesis* (1967), de Germán Sánchez Espeso; *Volverás a Región* (1967), de Juan Benet; *El mercurio* (1968), de José María Guelbenzu; a cuyo listado, proponemos la inclusión de tres autores latinoamericanos, artífices de la ruptura, como hemos señalado con anterioridad, y de proyección en la novela peninsular, como son Vargas Llosa (*La casa verde*, 1965 **(52)**), Julio Cortázar (*Rayuela* , 1963) y Gabriel García Márquez (*Cien años de soledad, 1967*), si bien consideramos imprescindible matizar que la novela del *boom* adopta del concepto deshumanizador sus elementos revolucionarios, al tiempo que apuesta desde ahí por lo que podríamos calificar de rehumanización vanguardista, en tanto que afronta los problemas más difíciles de la sociedad latinoamericana.

Concretar cuáles son las aportaciones que se originan desde *Tiempo de silencio* **(53)** y desde las propuestas que nacen de la (falsa) generación del*boom*, en materia de técnica narrativa, desarticulación estructural y desnormativización del discurso, no deja de ser un lugar conocido y sobradamente recorrido por la crítica de dentro y de fuera de nuestro país. Pese a ello, nos resistimos a no obviar cómo la destipificación del género, ante la retirada del objetivismo, acepta la asunción de un marco narrativo novedoso en el que se cierne desde el cuestionamiento del concepto mismo de realidad, que se transfigurará no en una (de carácter heredado del siglo XIX), sino en varias, en tanto que la auténtica realidad no será para estos autores la impuesta y sí la individual, pues nada existe si ese todo no es percibido a través de uno mismo (con lo que articularíamos un neorromanticismo), hasta la utilización de las categorías sintácticas textuales **(54)** como elementos de recurso de mutación, respecto al carácter de la novelística previa a 1962. De ahí que, desde la progresión de ese marcado solipsismo, el género se despliegue hacia pautas de comportamiento de espectro experimental. Perspectivismo, laberinto, contrapunto, *tempo* lento, flujo de conciencia, etcétera, integrarán el principio del empirismo vital, el registro de lo que precisamente Andrés Amorós especifica al señalar que, en la estrategia de la nueva novela, "el mundo aparece ya como algo esencialmente inquietante, inestable, en peligro. La novela no nos da una lección completa, sino un enigma" **(55)**. Y aunque esta digresión es aplicable en general a la novela euro-americana contemporánea, en comparación con el discurso decimonónico, es de igual forma inscribible en la nuestra de los sesenta, si la equiparamos por contraste con la de la generación de 1954.

Se puede afirmar, desde este planteamiento escrutador, que la década de los sesenta, y con posterioridad intentaremos comprobarlo de una manera sistemática, significa la incorporación definitiva de la novela española al conjunto de la novela occidental, y lo hará por vía esencial -o mejor, inicial, obviando ahora los nombres de los más jóvenes: Guelbenzu y Sánchez Espeso, como dos muestras- de escritores como Juan Benet (*Volverás a Región*, 1968) o Juan Goytisolo (*Reivindicación del Conde D. Julián*, 1970), puntas de lanza de la renovación formal, si bien coincidimos con Yerro**(56)** en matizar en Goytisolo "intencionalidad crítica", siendo no obstante desde quienes se impulsará el género a través del grupo de escritores del 68, y a quienes se unirán, como hemos indicado con anterioridad, autores de la inmediata posguerra como son Gonzalo Torrente Ballester (*Don Juan*, 1963), Miguel Delibes (*Cinco horas con Mario*, 1966) o Camilo José Cela (*San Camilo, 1936*, 1969), aunque ellos a sí mismos se tracen sus propios límites de desvirtuación del mecanismo tradicional, considerablemente alejados de la *tabula rasa* por la que van a apostar los narradores más iconoclastas.

Notas:

1. Óscar Barrero Pérez, *Historia de la literatura española 1939-1990*, Fundamentos, Madrid, 1992, p. 233.

2. El término *realista* obedece aquí al sentido que se le atribuye a la denominada generación del medio siglo, a la, que por cronología, pertenece Luis Martín-Santos, y cuya definición compartimos con Santos Sanz Villanueva: "Este grupo generacional elige como meta una transcripción testimonial de la realidad social e histórica (...) Los influjos estéticos e intelectuales que reciben estos narradores son varios. En primer lugar, la idea del compromiso sartreano. Luego, la actitud crítica de los novelistas de la generación maldita norteamericana. Además, acusan el impacto, intenso, del neorrealismo italiano (por la doble vía del libro y del cine, quizás, incluso, más a través de éste) y, en cuanto a la técnica, les influye el objetalismo francés". Santos Sanz Villanueva, *Historia de la literatura española 6/2*, Literatura actual, Ariel, Barcelona, 1988, pp. 105-106.

3. Tomás Yerro, *Aspectos técnicos y estructurales de la novela española actual*, Ediciones Universidad de Navarra, Pamplona, 1977, p. 35

4. Santos Sanz Villanueva, Historia de la literatura...op, cit. pp. 120-121.

5. Barrero en estos cuatro nombres descubre un eje incipiente, aunque firme, de renovación temático-formal. En concreto, respecto a la novela de Cela Trulock observa un intento de aclimatización de la nouveau roman francesa o escuela de la mirada. En cuanto a Echeverría, reseña que en su texto se da "un desarrollo argumental más connotativo que denotativo, es decir, con más elementos elididos (en los diálogos y en lo que se refiere al conocimiento que el lector va adquiriendo sobre el texto) que expreso" . De la misma forma que la novela de Pinilla es, a su juicio, una respuesta al realismo social: "*Las ciegas hormigas* , de Ramiro Pinilla, conectaba con esta línea de renovación (o, si se prefiere, de contestación al realismo social) utilizando un lenguaje extraordinariamente elaborado para reflejar una peripecia de ambientación rural. El terreno estaba preparado para el impacto de *Tiempo de silencio*" . Oscar Barrero Pérez, *Historia de la literatura contemporánea (1939-1990)*, Fundamentos Maior, Madrid, 1992, pp. 172-173.

6. Señalemos que, en 1961, Benet publica sus primeros relatos recogidos en el título *Nunca llegarás a nada*.

7. Destaquemos que M. García Viñó formó parte de lo que se calificó como "novela metafísica", "novela de conocimiento", "novela profunda", "novela trascendente" o "realismo integral", la cual, en los años sesenta, se opuso al esquema narrativo social-realista. Suyas son las siguientes palabras al respecto: "La realidad es, repetimos, sin la menor duda, el sustrato ineludible de todo arte; pero, para que pase a ser arte, tiene que estar trascendida, profundizada, potenciada, puesta en situación límite, elevada a la categoría de símbolo, en una palabra, transformada. Se trata, pues, en el fondo, de una forma de mirar, de una forma de ver. (...) No se trata, pues, del tema; no se trata, pues, de acotar para su uso éste o aquél sector de realidad desdeñando otros. Se trata, como decimos, de una forma de mirar. Y me interesa recalcar que cuando mis amigos y yo atacamos la novela social, por ejemplo, no atacamos la problemática social en la novela, sino ese tipo concreto de novela de realismo epidérmico, reporteril. (...) Novelas como Homenaje privado, Nos matarán jugando, Cuando amanece, La reducción, inciden en lo social, pero como formando parte del ámbito total en que se inserta el hombre; ámbito que tiene también su lado cultural, su lado espiritual, su lado teológico". Andrés Bosch y M. García Viñó, *El realismo y la novela actual*, Universidad de Sevilla, Sevilla, 1973, pp. 129-130.

8. Domingo Ynduráin, *Época contemporánea (1939-1980). Los últimos años.* Crítica, Madrid, pp. 345-346.

9. Joaquín Marco, "La novela española entre 1939 y 1979", *Tiempo de Historia*, Madrid, núm. 62, 1980, pp. 110-125.

10. Tomás Yerro Villanueva, Aspectos técnicos... op. cit. p. 33.

11. Correa, desde un planteamiento discutible -dado que muchas de sus apreciaciones se encuentran ya en el Cela de *La colmena* o en *Las afueras*, de Luis Goytisolo-, señala que la renovación en Tiempo de silencio se concreta en cuatro puntos: "Frente a la presencia casi exclusiva del hombre humilde en la novela del realismo social, en Tiempo de silencio figuran todas las clases sociales (...) La asimilación de técnicas narrativas modernas, especialmente el monólogo interior y los recursos de la 'nueva novela' francesa, mezcla de discursos narrativos, uso del perspectivismo, etc. (...) El lenguaje neobarroco". Pedro Correa, "Narrativa española actual", *Nuestro tiempo*, Pamplona, 1973, pp. 225-240.

12. En este sentido, Correa destaca que en torno a 1964-65 "entran [en la novela] como panacea salvadora nuevas técnicas y formas vinculadas a corrientes francesas y americanas", desde donde subraya para ese segmento de la década de los sesenta la audacia innovadora del propio Luis Martín Santos, el Juan Goytisolo de Señas de identidad y Juan Benet. Pedro Correa, "Veinte años de narrativa", *Nuestro tiempo*, Pamplona, 1974, pp. 95-107.

13. Edenia Guillermo y Juana Amelia Hernández recogen: "Su visión del pueblo español se apoya en tres puntos principales: toros, iglesia y sexo".*La novelística española de los 60*, N.York, Eliseo Torres & Sons, 1971, p. 54. Por su parte Ángel Basanta argumenta "La novedad de*Tiempo de silencio* estaba en su forma -estructura, técnica narrativa, lenguaje-, no en su contenido, aunque también en ciertos aspectos del contenido el autor propuso la superación de la simple denuncia y testimonio críticos", *La novela española de nuestro tiempo*, Anaya, Madrid, 1990, p. 51.

14. Félix Grande, "Tres fichas para una aproximación a la actual narrativa española", *Occidente, ficciones y yo*, Edicusa, Madrid, 1968, pp. 71-93.

15. Pedro Correa, "Narrativa española actual", *Nuestro tiempo*, Pamplona, 1973, pp. 38-64.

16. "En el sentido de la presencia incuestionable e intensa de dos notables tradiciones narrativas: la concepción barojiana y noventayochista del camino de perfección de un héroe intelectual, abúlico y voluntarista, perplejo y derrotado, por una parte; por otra, el propósito testimonial de su argumento es muy semejante al de tantas novelas sociales". Santos Sanz Villanueva, *Historia de la novela social española (1942-75)*, Tomo II, Madrid, 1980, p. 840.

17. Edenia Guillermo y Juana Amelia Hernández: "Hasta 1950 había prevalecido el llamado 'tremendismo', en una línea neopicaresca que coincide con lo que Martín-Santos llamara realismo pueblerino y otros denominan realismo crítico. Era un modo de poner el dedo sobre las injusticias o virulencias con un propósito de preocupación humana, pero sin ánimo de reforma social ni de cambio de las estructuras económicas. El realismo de la generación del 50 sí lleva implícito el planteamiento de una problemática social y económica, con vistas a una revisión de valores que supere la lucha de clases". *La novelística española*... op. cit. p.15.

18. Sanz Villanueva recoge el carácter precursor de la nueva narrativa en la figura de Caballero, a través de su novela *Dos días de setiembre*, editada en 1962.

19. Nominalizo novelistas del medio siglo, además del citado Luis Martín-Santos (1924) y algunos que reitero, para situar por fecha de nacimiento: Antonio Ferres (1924), Ignacio

20. Aldecoa (1925), Armando López Salinas (1925), Carmen Martín Gaite (1925), José Manuel Caballero Bonald (1926), Ana María Matute (1926), Jesús Fernández Santos (1926), Rafael Sánchez Ferlosio (1927), Juan Benet (1927), Juan García Hortelano (1928), Alfonso Grosso (1928), Carlos Rojas (1928), Jesús López Pacheco (1930), Antonio Prieto (1930), Juan Goytisolo (1931), Daniel Sueiro (1931), Juan Marsé (1933), Ramón Nieto (1934), Francisco Umbral (1935), Luis Goytisolo (1935), Isaac Montero (1936).

21. Martínez Cachero señala las disidencias, en cuanto a ese criterio casi unánime. A posteriori, sobre L.M.S., subrayan, respectivamente, Alfonso Sastre (en Triunfo , núm. 14, 15-XII-81) y Leopoldo Azancot (en ABC, 23-1-81): "Se exageró mucho el valor de esa novela, escrita desde una falta de sensibilidad literaria bastante notable. ¿Se trataba de salir del <> del <> y de la frustrada <> ibérica? De acuerdo con esta necesidad, pienso sobre todo en la necesidad crítica de no mitificar lo mediocre por la discutible razón de que no haya otra cosa". Y: "A mi parecer, la importancia histórica de Tiempo de silencio supera a su importancia estética [......] Releída hoy se aprecia que su superestructura formal ha envejecido, que su fuerza radica en el hecho de que había acertado a enfrentarse sin mediaciones espúreas y de modo global con la realidad española de los años cincuenta".

22. Lo que Martínez Cachero califica, en su ordenación del género en España, como "la irrupción hispano-americana y el experimentalismo narrativo", que se cifra desde el mismo Luis Martín Santos y la consolidación e inicio de caída de los autores del boom. "La novela actual en España", *Revista de la Universidad Complutense*, Madrid, núm. 99, IX-X-75.

23. Así denominada por Ignacio Soldevila Durante, *La novela desde 1936*, Alhambra, Madrid, pp 324-325.

24. Recogemos el juicio de Eduardo Mendoza respecto a esta cuestión: "Yo creo que para nosotros [el boom] fue importante. Mira, con respecto al boom ha habido siempre una actitud hostil por parte de los escritores españoles, una actitud a mi modo de ver injusta, aunque explicable: acostumbrados a ser el hazmerreír de Europa, nos resultaba muy duro tener que admitir además la superioridad de los latinoamericanos. Pero eso no quita que no fuera importante. Yo creo que, desaparecida en el exilio la generación de los que debían haber sido nuestros maestros (Sender, Max Aub, Serrano Poncela, Ayala, etc.), a los que recuperamos tarde y con veneración, y contra los que nunca pudimos sublevarnos, los escritores del boom supieron un poco ese papel. Sigo pensando aún hoy que fue una experiencia irrepetible: no acudir a unos clásicos consagrados por el tiempo y la opinión común, sino asistir al nacimiento de novelas como *Pedro Páramo, Cien años de soledad, La casa verde* o *Paradiso*... eso fue importante. Ellos nos enseñaron (a los escritores y sobre todo a los editores) que podía conjugarse la calidad con la popularidad". Entrevista concedida a Miguel Riera, *Quimera*, Barcelona, núms. 66-67, p. 44. Joaquín Marco, *Literatura Hispanoamericana: del Modernismo a nuestros días*, Espasa Calpe, Austral, Madrid, 1987, p.41.

25. A este respecto, sin ningún ánimo de exhaustividad y por citar dos muestras, un criterio polemista en su momento y cuatro escritores encontrados en esa bisagra del conflicto, nombramos a Andrés Amorós, que ve positiva la influencia de la literatura del boom en la novela española, y que publicó en elaño 1975 un sustancioso artículo en el que da un repaso bibliográfico sobre interpolaciones entre narradores de aquí y de allá: "Novela española e Hispanoamericana", *El Urogallo*, Madrid, núm. 35-36, pp. 71-75. Por su parte, Leopoldo Azancot, en "Situación de la novela española", *La Estafeta Literaria, Madrid*, 1972, núm. 500, pp. 17-20, habla del boom como factor negativo sobre la narrativa en castellano. Traemos a colación el juicio denostador de Alfonso Grosso: "Cortázar es un histrión y no me interesa nada. García Márquez es un bluff. Vargas Llosa es muy turbio y no ha descubierto nada. ¡Ya está bien de novela hispanoamericana!", *Pueblo* (entrevista de Miguel Fernández Braso), 20-III-69, p. 4 del Suplemento. Añadimos, simplemente, los nombres de Manuel Pedro González, Ignacio Iglesias, Manuel Gómez Ortiz y Juan Pedro Quiñonero: los dos primeros de juicio adverso y los dos segundos como defensores del relato latinoamericano.

26. Joaquín Marco, *Literatura Hispanoamericana...* op. cit. p. 34.

27. Cito al respecto el libro de Fernando Tola y Patricia Grieve, *Los españoles y el boom*, Tiempo Nuevo, Caracas, 1971.

28. José Mª Martínez Cachero, *Historia de la novela española entre 1936 y 1975*, Castalia, Madrid, 1985, p. 281. De otro lado, este mismo investigador dice: "...añado mi certeza de que la presencia directa de la narrativa hispanoamericana entre nosotros constituyó en su momento eficaz riego vivificador, por encima de imitaciones serviles y de reacciones desconsideradas".

29. Cedomil Goic, *Historia y crítica de la literatura hispanoamericana, Época contemporánea*, Crítica, Barcelona, 1988, p. 492.

30. José Miguel Oviedo, *Mario Vargas Llosa: la invención de una realidad*, Barral editores, Barcelona, 1970, p. 90.

31. Prolongo la cita en Oviedo de Ortega, *La contemplación y la fiesta*, Editorial Universitaria, Lima, 1968, p. 62.

32. Joaquín Marco, *Literatura Hispanoamericana...* op. cit. p. 368.

33. Si bien es necesario reseñar que ya hay una edición de cuentos de Cortázar, *Bestiario*, en Sudamericana, Buenos Aires, 1951.

34. En este sentido, caben las palabras de Sanz Villanueva, quien señala cómo es reconocible en los escritores de la generación del 68 "la huella muy señalada de Julio Cortázar", Santos Sanz Villanueva, "Los alrededores de 1975 y la generación del 68", en Darío Villanueva y otros, *Los nuevos nombres*, Crítica, Madrid, 1992, p. 253.

35. "Está bien que haya empleado la palabra género porque se la voy a demoler. Me da la impresión de que ahora que hablamos de 'novelas' por razones de método, justamente por ese racionalismo occidental. Pero en realidad los productos, los libros que estamos leyendo todos los días tienen ya una gran plasticidad, una abertura muy grande en todas direcciones. Hay novelas que son poemas, hay poemas que son novelas; hay novelas que son collages; Miguel Barnet escribe en Cuba un largo texto diciendo algo así como que la novela tradicional está muerta, que lo que vale es la novela testimonio. Ya ve, sigo creyendo que la novela es un gran baúl; es la posibilidad de expresar una multitud de contenidos con una libertad enorme porque, en realidad, la novela no tiene leyes, como no sea la de impedir que actúe la ley de gravedad y el libro se le caiga de las manos al lector". Ernesto González Bermejo, *Conversaciones con Cortázar*, Edhasa, Barcelona, 1978, p. 86.

36. "De ninguna manera me parece que los cuentos fantásticos anteriores no tengan un contenido humano, no sean una tentativa de mostración de destinos individuales y sólo meras figuras retóricas, destinadas a jugar en el mecanismo de un cuento. (...) Pero también es cierto que había cierta gratuidad -tengo la suficiente autoconciencia como para decirlo- en esa serie de cuentos fantásticos que escribí antes de 'El Perseguidor'. Lo que verdaderamente me interesaba a mí, aquello en lo que ponía el acento era el cuento mismo, la situación, el mecanismo fantástico que yo pretendía con ese cuento. (....) Pero le puedo decir que si en ese momento, a los efectos de conseguir el cuento, hubiera tenido que sacrificar parcialmente la humanidad de un personaje, creo que lo hubiera hecho. En cambio, en 'El Perseguidor' la actitud es muy diferente: el cuento gira en torno al personaje y no el personaje en torno al cuento". Ídem. pp. 11-12.

37. Este principio descansa en especial sobre su cuento breve. En la novela, se da un planteamiento distinto, en el que entraremos más adelante.

38. El propio Cortázar ha dicho: " [La fantasía] es algo muy simple, que puede suceder en plena realidad cotidiana, en este mediodía de sol, ahora entre usted y yo, o en el Métro, mientras usted venía a este rendez vous . Es algo absolutamente excepcional, de acuerdo, pero no tiene porqué [sic] diferenciarse en sus manifestaciones de esta realidad que nos envuelve. Lo fantástico puede darse sin que haya una modificación espectacular de las cosas. Simplemente para mí lo fantástico es la indicación súbita de que, al margen de las leyes aristotélicas y de nuestra mente razonante, existen mecanismos perfectamente válidos, vigentes, que nuestro cerebro lógico no capta pero que en algunos momentos irrumpen y se hacen sentir. Un hecho fantástico se da una vez y no se repite; habrá otro, pero el mismo no vuelve a producirse. En cambio, dentro de las leyes habituales, una causa produce un efecto y, dentro de las mismas condiciones, se puede conseguir el mismo efecto partiendo de la misma causa". Ernesto González Bermejo, *Conversaciones con...* op. cit. p 42.

39. Miguel García-Posada, "Revisar la vida", *El País*, 12-4-93, p. 29.

40. Se da coincidencia casi unánime a la hora de evaluar las aportaciones de Cortázar en el relato breve, aunque aquélla se quiebra al valorar su influencia desde Rayuela. "Se admite que hay autores y títulos importantes, entre los que Vargas Llosa y *Cien años de soledad* resultan abundantemente preferidos y también el cuentista Cortázar, con cuya Rayuela sin embargo (igual sucede con *Paradiso*, de Lezama Lima) no han podido todos los ahora convocados". [Respecto *Los españoles y el boom*, de Tola de Habich y Patricia Grieve] José Mª Martínez Cachero,*Historia de la novela española...* op. cit, pp. 260-289.

41. Remarco el carácter centrífugo de *Rayuela* desde unas palabras de Yurkievich: "La mutabilidad, la polifonía polimorfa, la multivalencia, la multiplicidad direccional, dimensional, la representación del mundo como pujante, como excitante barullo, como campo de fuerzas revueltas y en pugna, como cúmulo de energías desencadenadas hallan por fin su medio de representación en la dinámica pluralidad del collage, en ese mosaico simultaneísta que se atisba a partir de Divertimento y que se convierte en la matriz multiforme de *Rayuela*, de *62 Modelo para armar* y del*Libro de Manuel*". Saúl Yurkievich, *Julio Cortázar: mundos y modos*, Mario Muchnik, Madrid, 1994, p.19.

42. Andrés Amorós, "Carta a José María Guelbenzu y a un posible lector", *Cuadernos Hispanoamericanos*, Madrid, núm. 229, 1969, pp. 172-174.

43. Como bien señala Joaquín Marco, de quien nos hacemos eco: "Los novelistas que conforman la 'nueva novela latinoamericana' (...) nacen como tales alrededor de los años cincuenta y el fenómeno de renovación en el ámbito de dicha novela tiene unos precedentes muy claros. Hemos podido citar, al tratar el fenómeno de las vanguardias, a Miguel Ángel Asturias (cuya inicial formación francesa es evidente), así como la de Alejo Carpentier o el anglófilo Borges narrador, distinto y a la vez identificable en algunos aspectos, con el poeta de sus comienzos. Pero, durante los años cuarenta y cincuenta, una serie de razones impedían que la presencia de los novelistas latinoamericanos y de su obra fueran posibles en España". *Literatura Hispanoamericana...* op. cit. pp. 34-35.

44. Al cubano Cabrera Infante le correspondería su presentación en España antes, ya que con su novela *Tres tristes tigres* obtuvo, en 1964, el Premio Biblioteca Breve, pero fue censurada hasta 1968.

45. Cabe citar, ciertamente de menor producción literaria, pero que tuvieron una presencia -aunque mínima-, en tanto que lograron el Premio Biblioteca Breve: Vicente Leñero, con *Los albañiles* (1963) y Adriano González León, con *País portátil* (1968).

46. Conviene resaltar el criterio de Gil Casado a este respecto: "Aunque la genial novela de Luis Martín-Santos sea ajena a la deshumanización, el énfasis en la palabra, la agudeza del pensamiento, los sorprendentes juegos retóricos que la caracterizan, señalaron las posibilidades del neobarroco". Pablo Gil Casado, *La novela española deshumanizada 1958-1988*, Anthropos, Barcelona, 1990.

47. Consideramos que así debe identificarse a la generación de 1954.

48. Amplío consideraciones de Gil Casado al respecto: "Los términos humanización/deshumanización se entienden como dos percepciones del mundo expresadas a través de la literatura. (....) La novela humanizada se refiere a una temática donde se muestra al hombre en acción, donde el mundo representado ofrece una síntesis interior-exterior, mostrando las implicaciones totales de una problemática, tomando en consideración las interrelaciones que operan en el entorno cotidiano, de modo que la ficción aparece comprometida con los conflictos de la época en que se desarrolla, con unos sucesos que afectan al hombre en común, en lo particular y en lo general. La novela social en cualquiera de sus variaciones, ya sea realismo paraobjetivo, Nuevo Romanticismo, o desmitificación, es literatura humanizada (....). La novela deshumanizada es una tendencia donde por el condicionamiento de una ideología predominante, ya sea la propia del autor o la que reside en la moda literaria, se evita escrupulosamente un contenido que capta al

hombre en su problemática vital, <u>alejándose de toda referencia al mundo cotidiano o a los destinos colectivos</u>". El subrayado es nuestro, *La novela deshumanizada española...* op. cit. pp. 13-14-15.

49. "Los novelistas pertenecientes a esta tendencia ofrecen en sus obras una visión crítica y a veces angustiada de la existencia actual. Entre los cultivadores de esta dirección de la narrativa están Manuel Arce, A. Martínez Menchén, Carmen Martín Gaite, Jesús Torbado". Mª Dolores de Asís Garrote, *Última hora de la novela en España*, Eudema, Universidad Complutense, Madrid, 1990, pp. 85-86.

50. El universo benetiano lo dejamos al margen, dado que nos ocuparemos detalladamente más adelante, debido a la imprescindible presión que ejerce contra el género.

51. Enrique Anderson Imbert, *El realismo mágico y otros ensayos*, Monte Ávila, Caracas, 1976, pp. 7-16.

52. Obviamos, naturalmente, *La ciudad y los perros*, en tanto queda manifiesta su incidencia anterior, tal como hemos manifestado.

53. "La alternativa a ese realismo magnetofónico [de *El Jarama* y *Los hijos de Sánchez*] la proporciona *Tiempo de silencio*, obra con la que, entre otras cosas, se rompe la mímesis entre la historia narrada y el estilo, lo que da lugar a la ironía: el autor recupera su importancia de manera que la construcción, la perspectiva y la lengua se cargan de significación. Pero no se trata sólo de la obra de Luis Martín Santos, los escritores hispanoamericanos contribuyen de manera decisiva a la ruptura y van mucho lejos y, en gran medida, ahogan el sentido de la renovación introducida en nuestras letras por Tiempo de silencio". Domingo Ynduráin, "Nuestra realidad ausente", *República de las Letras*, ACE, Madrid, 1987, p. 70.

54. Sigo el planteamiento de Mª del Carmen Bobes Naves, quien reconoce esas cuatro categorías: "Acciones (situaciones), personajes, tiempos y espacios". *La novela*, Síntesis, Madrid, 1993.

55. Andrés Amorós, *Introducción a la novela contemporánea*, Cátedra, Madrid, 1989, p 51.

56. Tomás Yerro, *Aspectos técnicos y estructurales....* op, cit. p. 240.

"*OBRA MAESTRA*" DE JOSE CORONEL URTECHO, "*NO*" DE CARLOS MARTINEZ RIVAS
Y LA PROPUESTA EDUCACION DEL LECTOR BURGUES

Norbert-Bertrand Barbe

Résumé de l'article:

Comment la littérature d'avant-garde, agissant comme un prisme, réduit le niveau formel du discours à sa plus simple expression: la lettre (José Coronel Urtecho), et, parallèlement, le vulgaire et le scatologique (Dada), mais comment, paradoxalement, reste toujours au centre: la question de l'oeuvre, et du chef-d'oeuvre, ainsi que la référence qui, loin d'être brisée par les limites que posent les auteurs à leurs réalisations, s'en trouve, en réalité, renforcé, car elle devient le seul point de rencontre, comique, ironique, inversé, mais toujours présente et, en quelque sorte, bien qu'en bribes, lisible, avec le public.

" *Thy head is as full of quarrels as an egg is full of meat* "
(William Shakespeare, *Romeo and Juliet*, acto III, escena 1)

El estudio de las obras a partir de su análisis esotérico es una técnica aparentemente distanciada de los métodos acostumbrados, sean éstos críticos o científicos. La crítica, si bien expresa opiniones sobre su material, pretende, al igual que la estética, la inmanencia formal, concretizada en la obediencia o trascendencia y superación de las reglas habituales del arte, lo cual de hecho no evidencia la ideología subyacente en la obra como material investigativo, sino las posiciones del crítico ante la obra, esto es, la valoración personal, y por ende subjetiva, que nos ofrece el crítico. Al contrario, el método exotérico, frecuentemente empleado - a decir verdad, en sentido equivocado - con el reciente éxito de la sociología del arte, en particular después de los logros del estructuralismo lévi-straussiano, sociología del arte amparada por la teoría marxista-leninista de la identidad implícita entre las producciones materiales y las producciones simbólicas, reivindica la comprensión de la obra en el mejor de los casos como expresión fantasiosa de realidades concretas[1], y en el peor como expresión vacía en sí, cuyo único sentido le viene del espectador (Umberto Eco) o del mercado (Pierre Bourdieu).

Así, dentro de tales antecedentes, puede parecer complicado y acaso poco práctico asumir una posición esotérica - en particular en lo que a textos tan condensados como el poema "*Obra Maestra*" de José Coronel Urtecho se refiere -, salvo si la asumimos en perspectiva panofskiana, o sea, como el primer paso hacia el discernimiento del significado social de la obra como expresión de la mentalidad de su época.

La III Bienal de Artes Plásticas Centroamericanas, presentada en los meses de septiembre y octubre del 2002 en el Palacio de la Cultura de Managua nos da la pauta para abordar el material escrito como forma caligramática, ya que en esta exposición, muchas obras plásticas - todas abstractas - integran el texto como elemento aclarador. Ya en un antiguo número del *Nuevo Amanecer Cultural*, Julio Valle Castillo evocaba el trabajo de la forma realizado por Rubén Darío en la oda "*A Roosevelt*" (1904), al diseñar la primera estrofa del poema para darle el aspecto del mapa de América del Norte. Nosotros también encontramos algo similar en "*¿Qué sos Nicaragua?*" de Gioconda Belli[2] donde con los nombres de las aves-símbolos nacionales se estructura la segunda estrofa como ala desplegada.

Los caligramas integran una larga historia: si bien Guillaume Apollinaire escribió sus primeros caligramas en 1914, dando al género nueva vida y fama internacional, y si Darío le antecedió diez años, los primeros caligramas los encontramos entre los griegos antiguos. Entre los autores de la Edad Media, se destaca Fortunat, de la corte de Carlomagno, que integraba, conforme la técnica propia de la corte de Contanstino desarrollada por Porfyrius, el caligrama en el cuerpo del texto, coincidiendo así también perfectamente con los principios emitidos por Horacio en el *Arte Poético*. El Renacimiento dio un valor negativo al caligrama, así Rabelais (*Cinquième Livre*, cap. 27, 44, 46) los utiliza en forma burlona. Sin embargo, la integración rabelaisiana del caligrama dentro del espacio narrativo dio origen a un género que va de *Vida y Opinión* de Tristram Shandy de Sterne a los experimentos de Charles Nodier en el siglo XIX. El barroco multiplicó los caligramas, aun cuando hoy en día la mayoría de estos están perdidos. Citamos por ejemplo las obras del carmelita Paschasius o la *Metametrica* de 1663 de Juan Caramuel Lobkowicz. Así la integración del mapa de América del Norte dentro del espacio poético en "*A Roosevelt*", forma evocada por la reducción progresiva de los elementos métricos de los versos, no es sino la retoma de los llamados versos ropálicos, que son una de las cuatro técnicas griegas de juego formal con el acróstico, el palíndromo y el lipograma (esta última retomada por Georges Pérec en *La Disparition*).

Es interesante para nosotros notar que el caligrama se concibe a la vez como juego plástico dentro del texto (identificación entre el objeto referenciado y la forma dada a la organización espacial del texto) y como juego formal con las mismas letras organizándose y/o destacándose (a veces por su ausencia) según cierto orden.

Este proceso clásico lo utiliza claramente Coronel Urtecho en "*Obra Maestra*" de 1928:

"*O*
¡cuánto me ha costado hacer esto!"

1V. por ej. las*Mitológicas*, o Françoise Frontisi-Ducroux, *Dédale - Mythologie de l'artisan en Grèce ancienne*.

2V. nuestro artículo sobre "*"Lo Fatal" de Rubén Darío y "¿Qué sos Nicaragua?" de Gioconda Belli: dos expresiones genéricas del discurso patriótico en la poesía nicaragüense*", La Prensa Literaria, , 9/11/2002, pp. 6-7.

Aquí, obviamente la "*o*" actúa en primer lugar como expresión de asombro, pero también es la inicial del objeto referenciado, a saber la "*Obra Maestra*".

El principio de broma, propio de los movimientos de vanguardia, se expresa plenamente en este título, por cierto muy alejado del resultado final propuesto por el poeta. En este sentido, es importante apuntar que el poema se fecha en el mismo año del nacimiento de la vanguardia nicaragüense. De hecho, si algunos ubican el momento de la creación del movimiento en 1927, con la publicación del poema "*Oda a Rubén*" de Coronel Urtecho, y otros en 1931, cuando se publica la página *Vanguardia*, la cronología real fue reseñada en el número extraordinario de *El Pez y la Serpiente* (1978-1979), dirigida por Pablo Antonio Cuadra. Para celebrar el 50 aniversario, la dirección de la revista escogió ubicar entre 1928 y 1929 el nacimiento del movimiento, o sea, después del regreso de Coronel Urtecho de los Estados Unidos, y de Luis Alberto Cabrales de Francia, la consiguiente formación en 1927 del grupo Renacentista con alumnos y ex alumnos del Colegio Centroamérica y del Instituto Nacional de Oriente en Granada, y la aparición en 1928 de la revista *Semana* en su segunda época, esta vez dirigida porCoronel Urtecho, Cabrales y Luis Pasos Argüello, revista en la que por primera vez se publicaron los poemas franceses y norteamericanos traducidos por los vanguardistas, así como los de su propia inspiración.

Por otro lado, es evidente que el poema "*Obra Maestra*", en tono de burla, se remite al ámbito más general de la concepción contemporánea que tenían los demás movimientos de vanguardia, en este caso europeos, de la obra de arte. Tanto los futuristas como los dadaístas en sus respectivos manifiestos contemplaban la necesaria "*muerte del arte*" y de los museos, que invitaban a quemar. Significativamente, el concepto de "*muerte del arte*" viene de Hegel, que lo entendía como el paso necesario hacia la Razón, ya que, según su concepción histórico-ideológica de los acontecimientos, los tres pasos para llegar a la Razón eran: la Religión, en la que se expresaban la fe y el instinto, superados los dos por la "*muerte de Dios*" con el siglo de las Luces, el Arte, que permite llegar a lo Absoluto mediante los sentidos - es decir, que el Arte todavía era más acá del Entendimiento -, y la Filosofía, el nivel más alto del Pensar, con el que se alcanza el conocimiento de lo Absoluto mediante la Razón. Según Hegel, de la misma manera que la muerte de Dios era indispensable para la plena realización del Arte, la muerte del Arte era dialécticamente la condición *sine qua non* del advenimiento de la Razón, y la muerte del arte se daría cuando el arte se volviera su propio sujeto, practicando la auto-irrisión al abandonar los objetos tradicionales en provecho de los puros conceptos.

El hecho es que la "*o*" que abre el poema "*Obra Maestra*" es históricamente dependiente de la "*o*" con la que se termina el poema "*Voyelles*" de Arthur Rimbaud:

"*O, supremo Clarín lleno de estridores extraños,*
Silencios atravesados de los Mundos y los Ángeles:
- O el Omega, ¡rayo morado de sus Ojos!" (La traducción es nuestra.)

De lo mismo, el poemario *Morado* (cuatro ediciones: 1940, 1958, 1971, 1975) de Ge Erre Ene (Gonzalo Rivas Novoa), parodia de la poesía de Darío y versión cómica del título *Azul...*, expresa tal vez una idéntica génesis con "*Obra Maestra*", en cuanto sátira de lo Bello, "*supremo Clarín*" modernista.

Sabiendo el interés de Coronel Urtecho por la literatura anglo-sajona, afirmada en sus ensayos literarios, se podría también evocar la interpelación de Robert Browning al maestro Giotto en el poema "*Old Pictures in Florence*" del poemario *Men and Women* (1855) , no menos llamativa de la idea del trazo único e "*inacabado*" como principio fundador de la obra maestra, dentro de una dialéctica, a semajanza de lo que ocurre en Coronel Urtecho, entre lo antiguo y lo moderno (en Browning, con un toque modernista que prefigura problemáticas darianas, lo antiguo aparece como imagen de lo divino, pulcro y marmóreo, mientras lo moderno viene a ser paradigmático de lo humano, lo que devuelve el autor a la consideración de las limitaciones de cada uno):

"*La única obra tuya que no decrece o mengua*
es la "o" que trazaste con una pincelada.
Tu genial Campanile aún está inacabado."

De hecho, enmarcada en su contexto histórico, la "*o*" de "*Obra Maestra*" tiene el sentido terminal del clásico "*Omega*" citado por Rimbaud, pero aquí, por su posición inicial en el poema, atribuido a un objeto en realidad cómica y voluntariamente inconcluso. Así, crítica y negación de la obra maestra concebida en sentido tradicional, la obra maestra propuesta por Coronel Urtecho viene a ser arquetípica de la concepción que tenía su época del artista como libre de todo compromiso artístico con el público. El artista contrapuesto al artesano. Se sabe por ejemplo que el escultor francés César daba a realizar sus esculturas en formato grande. Ya Marcel Duchamp abrió esta dicotomía discursiva entre el artista como hacedor y el artista como intelectual con los *ready-mades*.

De hecho, la "*O*", definitoria de la rima, se encuentra explícitamente en una dialéctica entre inicio y final en el poema de Coronel Urtecho, constando sólo con dos versos y una atorrante rima que es a la vez pobre (una sola letra), y rica (ya que dicha letra es todo el primer verso).

Al nivel sincrónico, el menosprecio por la técnica - es decir, por el *tiempo* que toma la realización de la obra en el sentido medieval y artesanal estricto de la noción de "*chef-d'oeuvre*"[3] - aparece, entonces, como la evolución lógica de la auto-afirmación, a partir del Renacimiento[4], de las artes plásticas, ya no como artes mecánicas, sino como artes liberales.

3V. Walter Cahn, *Obras Maestras - Ensayo sobre la historia de una idea*, Madrid, Alianza, 1989.

El sentido vanguardista chistoso de "*Obra Maestra*", sobredeterminado por el segundo verso, concreta e identifica el primero como siendo, de hecho, la misma "*obra maestra*", por el pronombre demostrativo que se le aplica.

El ensimismamiento del cuestionamiento artístico, en el que la propia letra, como ocurre en el caso de "*Voyelles*" de Rimbaud, o los caligramas en cuanto juego puramente literario, aparecen como expresión final del arte, ya no denotativo de una realidad exterior, sino afirmación de un mundo personal.

Ahora bien, el otro elemento fundamental de las vanguardias es el uso de la vulgaridad como parte integrante del choque con el espectador burgués y, por ende, con el mercado, a la vez expresión de la "*muerte del arte*" - como en "*L.H.O.O.Q.*" de 1919 de Duchamp - y del advenimiento subsiguiente del arte por el arte.

Preocupación, finalmente, nominalista de la identidad entre el sociolecto y el idiolecto, perfectamente expresada por Hugo Ball en el *Manifiesto Dada* leído en el Cabaret Voltaire el 14 de julio de 1916 (y que parcialmente, por lo menos en esta problemática, retomará Tristan Tzara en *Manifiesto Dada 1918*):

"*Yo leo versos cuya intención no es menos que esto: pasarse del lenguaje. Dada Johann Fuchsgang Goethe. Dada Stendhal. Dada buddha, Dalai Lama, Dada m'dada, Dada m'dada, Dada mhm'dada. Lo que importa es la relación y que sea primero un poco interrumpida. Yo no quiero palabras que fueron inventadas por otros. Todas las palabras fueron inventadas por otros. Quiero mi propia estupidez y además vocales y consonantes que le corresponden.*"

En la Bienal ya citada, el uso, en las obras plásticas, de palabras, citaciones (en los dos cuadros y la instalación de Ezequiel Padilla en homenaje a Ignacio Ellacuría), recortes de periódicos (en la instalación *Arqueología de la Memoria* del salvadoreño Milton Doño representa a la masacre fascista de 1932), y hasta a menudo artículos del diccionario, marca cómo el sociolecto se inserta en el idiolecto para aclararlo, pero como negación del artista a expresar idea propia subjetiva, y deseo que el espectador haga el trabajo de reflexionar sobre la obra, siendo entendida ésta por el artista como cuestionamiento vivencial (ciclo de la vida humana expresado a través de símbolos señaléticos) o político (nombres de hombres políticos corruptos borrados del lienzo en la obra de Rodrigo González, Constitución Nacional de Nicaragua, emblema del país o diccionario del siglo XIX en una de las dos instalaciones de Raúl Quintanilla viniendo respectivamente a oponerse a la práctica política común y aclarar en forma denotativa y burlesca la relación dialéctica amo-esclavo mediante la identificación entre los colonizadores y los "*coloide*(s)", que se difunden sin mezclarse con la materia porosa cuando la invaden, y entre la Colonia y irónicamente el adjetivo "*columbino*"), o sea, para volver a la problemática de Tzara, como manifestación inmediata de lo dado, integrando y pervirtiendo el contexto propio al crear una distancia lingüística entre la norma del significado (el sociolecto referenciado por el uso de palabras o los artículos de diccionario) y su denotación en la obra (el idiolecto en cuanto interpretación personal de la realidad).

La vulgaridad de la que hablábamos se historiza a partir de *Olympia* y *Le déjeuner sur l'herbe* (los dos cuadros de 1863) de Édouard Manet, hasta las obras de Duchamp y el *Manifiesto Dada 1918*, escrito y publicado por Tzara en abril de aquel año, *Manifiesto Dada 1918* fundador del movimiento dada berlinés, y prefigurado en su tensión hacia lo escatológico por el *Manifiesto del futurismo* del italiano Filippo Tommaso Marinetti, publicado en la revista *Figaro* el 20 de febrero de 1909, y de connotación claramente sexual (en el anterior *Manifiesto del Señor Antipirina* de 1916, del mismo Tzara, se fundamentan también en el *Manifiesto* de Marinetti, la referencia central a los objetos de la contemporaneidad, en particular el automóvil, y la alusión nativa al ser bebé - todavía presente en *Manifiesto Dada 1918* -).

Esta vulgaridad enfocada hacia lo grotesco de las partes genitales y anales permite entender que no sólo se resuelve la figura de la "*o*" que conforma la "*Obra Maestra*" de Coronel Urtecho como la expresión invertida y cómica del "*Omega*" que marca el final y la muerte del arte como se conocía anteriormente, sino que nos abre a la posibilidad de ver esta "*o*" por lo que es: un círculo. Forma polisémica del cero como expresión del vacío y la ausencia, en este caso de la obra. Como hemos apuntado al inicio, nuestra "*o*" es, en primera lectura, una "*o*" de asombro, la admiración del poeta ante su propio trabajo, pero también, como lo sospechamos, "*o*" de incredulidad para el espectador. De símbolo tradicional de perfección y unión con lo divino, la "*o*" se vuelve aquí la forma más simple de la nada, así como de identificación, por toda la red subyacente referencial ya evidenciada, de la identidad entre la emoción personal y la letra que la expresa, asimismo entre la letra y su caligrafía en el momento de pronunciarla, adecuación perfecta y reducción del sentido a la forma. Dentro de este contexto en que la "*o*" viene a ser la imagen misma de la boca asombrándose por auto-admiración burlesca o indignación del lector por sentirse engañado y despreciado en su conocimiento previo de lo que es una obra maestra, resaltante y destacada, la vocal también, por referencia al uso de lo vulgar por las vanguardias de la época - y, en el caso de Nicaragua, de lo popular como expresión vernácula de lo nacional -, debe remitirnos a lo que es la nada en sentido vulgar: un ano, la "*mierda*" tan al centro de las preocupaciones de Tzara, y realizada para el lector en la "*Obra Maestra*" de Coronel Urtecho, ya que ésta, en su forma como en su ataque implícito al sentido común, por la auto-satisfacción aparentemente injustificada del autor, se opone a lo que tradicionalmente se considera como una obra maestra: una obra fruto de un trabajo asiduo de la palabra. Consciente de la perversión que hace sufrir a nuestras costumbres de lectura, Coronel Urtecho la apunta en el segundo y último verso del poema, haciendo una explícita referencia al tiempo que le tomó escribirlo.

4Y las obras y reivindicaciones de Leonardo da Vinci e Michelangelo Buonarroti, v. Anthony Blunt, *La théorie des arts en Italie de 1450 à 1600*, París, Gallimard, 1966.

En su obra[5], Carlos Martínez Rivas expresa de manera recurrente el problema de la obra maestra, planteándola a menudo como algo inconcluso por naturaleza (v. "*Proyecto de la Obra Maestra*", no publicado en poemario), y hasta en oposición con el gusto pequeño burgués, como ocurre en "*Memoria para el Año - Viento Inconstante*":

"*Sí. Ya sé.*
Ya sé yo que lo que os gustaría es una Obra Maestra.
Pero no la tendréis.
De mí no la tendréis.

Aunque se vuelva, comentando, algún maestro
del humor entre vosotros: -Poco trabajo le costará cumplir...
Aunque sepa hasta qué extremo las amáis."

A lo que sigue una burla al gusto del mundo burgués para la música clásica, pero de cajón, con paradigma Juan Sebastián Bach.
En "*No*", segunda parte de "*Mecha quemándose - Suite*", poema de la última parte, titulada "*El Monstruo y su Dibujante*", de *La Insurrección Solitaria* (1943), se desarrolla esta dialéctica, expresándose claramente la oposición entre el buen gusto común y el gusto muy particular del artista:

"*Me presentan mujeres de buen gusto*
Y hombres de buen gusto
Y últimos matrimonios de buen gusto
Decoradores bien avenidos viviendo en medio
de un miserable e irreprochable buen gusto.
Yo sólo disgusto tengo.

Un excelente disgusto, creo"

Sin bien la "*o*" con la que empieza "*Obra Maestra*" no consta de punto de exclamación, la frase siguiente, que afirma la letra como objeto mismo de la susodicha obra maestra representa una auto-afirmación discursiva, de satisfacción y jubilación. A diferencia - y también contraponiéndose en eso al afirmativo "*No.*" que, en el lugar estratégico donde empieza en el mapa el istmo centroamericano, cierra el caligrama de América del Norte en "*A Roosevelt*" de Darío -, el título "*No*" de Martínez Rivas, careciendo de toda puntuación, representa la forma más simple, adjetival, y definitiva de auto-afirmación individual por negación de la norma - lo que, a nivel lingüístico, encarna la ausencia de los esperados puntos de exclamación en cuanto rechazo de cualquier signo de enunciación positivo - (v. lo que acabamos de decir sobre el uso de palabras en las obras plásticas en la Bienal de Arte Centroamericano, así como la interpretación psicoanalítica del decir "*no*" como forma de placer, y el episodio de la marcha en común en el patio de la escuela en *Dead Poets Society* de 1989 de Peter Weir).
"*No*" sigue las preocupaciones del primer poema de la "*Suite*", acerca éste de la labor del escritor buscando "*los signos las/ letras de hoy los calamares/ en su tinta*". Esa investigación del estilo persiguiendo una forma se expresa como afirmación inmediata del ser poético por contraposición con su situación contextual: "*Perezoso de la Historia y de los diarios.*"
Ahora bien, es precisamente esta inmediatez de lo vivido como principio artístico, por oposición a la idea de la obra como trascendencia eterna que Tzara, antes que Coronel Urtecho, plantea en su *Manifiesto*:

"*DADA es la insignia de la abstracción; la publicidad y los negocios también son elementos poéticos.../... Odio la objetividad grasa y la armonía, esa ciencia que encuentra que todo está en orden. Sigan, hijos míos, humanidad... Dice la ciencia que somos los servidores de la naturaleza:/ todo está en orden, hagan el amor y rómpanse la cabeza. Sigan, hijos míos, humanidad, gentiles burgueses y periodistas vírgenes... *** Estoy contra los sistemas, el más aceptable de los sistemas es no tener, por principio, ninguno. *** Completarse, perfeccionarse en su propia pequeñez hasta llenar el vaso de su yo, coraje para combatir por y contra el pensamiento, misterio del pan desencadenamiento súbito de una hélice infernal en lis económicos:/ LA ESPONTANEIDAD DADAÍSTA/.../... La impotencia para discernir entre los grados de claridad: lamer las penumbras y flotar en la gran boca llena de miel y de excremento. Medida en la escala Eternidad, toda acción es vana - (sí dejamos que el pensamiento tenga una aventura cuyo resultado fuese infinitamente grotesco - dato importante para el conocimiento de la impotencia humana). Pero si la vida es una farsa barata, sin objetivo ni parto inicial, y porque nosotros creemos deber salir adelante limpiamente, como crisantemos lavados, del asunto, hemos proclamado única base de entendimiento: al arte. El arte no tiene la importancia que nosotros, centuriones de la mente, le prodigamos desde hace siglos. El arte no aflige a nadie y aquellos que sepan interesarse por él recibirán caricias y buena ocasión*

5V. nuestra traducción crítica: *Le Paradis retrouvé/L'Insurrection Solitaire/Varia/Addendum: "Une rose pour la petite fille qui revint pour sa mort"/A la manière de la chauve souris*, Bès Editions, Francia, 2003.

para poblar el país de su conversación. El arte es algo privado, el artista lo hace para sí mismo; la obra comprensible es producto de periodista, y pues que se me antoja en este momento mezclar a ese monstruo con colores de aceite: tubo de papel que imita metal que uno aprieta y automáticamente vierte odio, cobardía, villanía. El artista, el poeta se regocija del veneno de la masa condensada en un jefe de sección de esta industria, es feliz cuando se le injuria: prueba de su inmutabilidad. El autor, el artista alabado por los periódicos, comprueba la comprensión de su obra: miserable forro de un abrigo con utilidad pública; andrajos que cubren la brutalidad, meados colaborando al calor de un animal que cobija bajos instintos. Fofa e insípida carne que se multiplica con la ayuda de los microbios tipográficos./ Hemos arrollado la tendencia llorona en nosotros. Toda filtración de esa naturaleza es diarrea confitada. Alentar este arte significa digerirla. Nos hacen falta obras fuertes, rectas, precisas e incomprendidas para siempre. La lógica es una complicación. La lógica siempre es falsa. Ella tira de los hilos de las nociones, palabras, en su exterior formal, hacia objetivos y centros ilusorios. Sus cadenas matan, miriápodo enorme que asfixia a la independencia. Casado con la lógica, el arte viviría en el incesto, engullendo, tragándose su propia cola siempre su cuerpo, fornicándose en sí mismo, y el genio se volvería una pesadilla asfaltada de protestantismo, un monumento, una pila de intestinos grisáceos y pesados./ Pero la soltura, el entusiasmo e inclusive el júbilo de la injusticia, esa pequeña verdad que nosotros practicamos con inocencia y que nos hace bellos: somos finos y nuestros dedos son maleables y resbalan como las ramas de esa planta insinuante y casi líquida; ella precisa nuestra alma, dicen los cínicos. También ése es un punto de vista; pero no todas las flores son santas, por fortuna, y lo que de divino hay en nosotros es el despertar de la acción antihumana."[6]

No hay duda de que, mientras la identificación entre la obra tal como la concibe el público y el carácter mercantilista de los diarios venga en Tzara de Stéphane Mallarmé[7]. La identificación entre Historia y diario como formas objetivas de lo no artístico pasa idénticamente de Mallarmé a Martínez Rivas. Así no es nada casual encontrar en Tzara referidos a la vez el "*Monstruo*" o "*grotesco*" y la labor del artista como "*Dibujador*" del mismo, lo que a la vez prefigura y aclara el título y la temática de la última parte de *La Insurrección Solitaria*.

Ahora bien, de la misma manera, la contraposición vanguardista de "*No*" entre gusto social y "*disgusto*" artístico como expresión nueva de la estética renovada también aparece como elemento clave del *Manifiesto* de Tzara:

*"El inicio de Dada no fue el comienzo de un arte, sino de un disgusto. Disgusto con la magnificencia de los filósofos que por 3000 años nos han explicado todo (¿para qué?) disgusto con las pretensiones de los artistas-representativos-de-Dios-en-la-tierra, disgusto con la pasión y con la verdadera enfermedad patológica en la que el hastío no es lo peor; disgusto con una falsa forma de dominación y restricción *en masse*, que acentúa más que apacigua el instinto de dominación del hombre, disgusto con todas las categorías catalogadas, con los falsos profetas que no son nada sino un frente para los intereses de dinero, honor, enfermedad, disgusto con los lugartenientes del arte mercantil hechos para obedecer de acuerdo a unas pocas leyes infantiles, disgusto con el divorcio del bien y el mal, lo bello y lo feo (¿porque sería más estimable ser rojo que verde, a la izquierda que a la derecha, ser grande que pequeño?). Disgusto finalmente con la dialéctica Jesuítica que puede explicar todo y llenar la mente de la gente con oblicuas y obtusas ideas sin ninguna base fisiológica o raíz étnica, todo esto por medio de artificio cegador e ignominiosas promesas de charlatanes."* (La traducción es nuestra.)

El título "*No*" viene entonces a dar cuenta del rechazo de la tradición burguesa que se quiere imponer al autor. Se inscribe como prolongación de la apología de la Nada como entidad negativa, discurso opuesto al arte tradicional. Define así a la vez "*el despertar de la acción antihumana*" tzarana, y la concepción de la literatura misma como contra-arte. Por un lado, el concepto kantiano de "*nada*" viene a ser en el siglo XX, de Carl Gustav Jung a Teodor Adorno, Roland Barthes (véase, respecto a la última cita, el carácter algo dadaísta de las preocupaciones y el título del póstumo *L'obvie et l'obtus* de 1982) y su discípulo Tzvetan Todorov, definitorio del arte como vacío referencial[8] - error que se entiende tanto por la tradición estética formalista como por la amplificación del concepto del arte abstracto como intencionalidad (Meyer Schapiro) a la idea que todo arte, aun figurativo, es subjetivo -; por otro lado, la resistencia del arte contemporáneo tanto al público burgués (lo que desembocará en los años 60 sobre el *land art*), como la marginalización e invalidación de la universalidad posible de los discursos, esencialmente después de la Segunda Guerra Mundial, pero cuyas premisas ya se encuentran en el *Manifiesto* de Tzara después de terminar una guerra duramente perdida para los Alemanes, y el enfrentamiento del arte no figurativo (en artes plásticas) o descriptivo (en literatura) con intérpretes que cada vez menos aptos a entender de que se trataba dieron vuelta y empujaron a los propios artistas a fomentar la idea de la subjetividad innata e imposible de compartir en su obra, estos tres elementos validaron la conciencia de enajenamiento del discurso artístico.

Tal vez esta dialéctica insoluble del artista ante el discurso burgués impugnado pero sin embargo, como podemos apreciar, contraído se aclara un tanto citando Juan Sobalvarro[9], cuando escribe, acerca de la afirmación "*... la literatura sola, la literatura por la literatura, no sirve para nada...*" de Ernesto Cardenal en la introducción a la segunda edición de la antología de *Poesía nicaragüense* del poeta trapense[10]:

6*Siete Manifiestos Dadá*, Barcelona, Tus Quets, trad. Huberto Haltter.

7V. Barbe, *Iconologia*, cap.XVII-I.

8V. Barbe, *Roland Barthes et la théorie esthétique*.

9En "*Las mentiras del exteriorismo*", *400 Elefantes*, Managua, agosto de 1997, p. 22.

10Managua, Nueva Nicaragua, 1986, p. VIII.

"¿acaso no tiene un tono vanguardista granadino? ¿no viene esta idea de una de las contradicciones de la vanguardia... la de criticar al burgués y a la vez ser portador de sus ideas? para el burgués la literatura no sirve porque no es una máquina de hacer dinero, aunque hay sus excepciones. No hay literatura "sola" (adjetivo puesto en negrilla por Sobalvarro), *hay literatura y la literatura sirve como sirve todo lo que es portador de ideas y conocimiento."*

Se marcan entonces en Coronel Urtecho y en Martínez Rivas las dos vertientes - cómica e irónica/trágica - de la ideología social de los artistas contemporáneos auto-definiéndose como prototipo de la clase marginada[11]. Sobredeterminadas por las secuelas de la guerra en Nicaragua (comparar por ejemplo con la obra de Erick Aguirre), huellas de este posicionamiento se encuentran:

1/ En Marta Leonor González, en el poema *"A propósito de un pensamiento vago"* del poemario *Huérfana Embravecida*[12], en el que el acto femenino de cortarse las uñas, explícitamente relacionado con la muerte (como en la *"Oda a Safo"* de Salomón de la Selva en *El Soldado desconocido* de 1922), evidencia la permanencia en el hoy de la mujer social;

2/ Y, todavía en sentido de género, en el epigrama que dedica a Martínez Rivas al final de *Las ciruelas que guardé en la hielera - Poemas 1994-1996*[13], el joven poeta homosexual Héctor Avellán, donde expresa este mismo encerramiento en el presente; casualmente, Avellán en *"De las muertes posibles de William S. Burroughs"*, del mismo poemario, termina sobre una nota muy a la manera de Martínez Rivas, en particular de *"No"*:

"Para ver a los buenos ciudadanos,
sobrios y heterosexuales,
entrar justos y cómodos
al sistema"

Poema sobre el que desemboca, precisamente, otro, *"Panfleto para la clase incómoda"*, en este caso la campesina, con la que se identifica el autor.

11V. Barbe, *"Los Malditos"*, *El Nuevo Diario*, 11/12/1998, p. 10, y *"El Auto-Hamlet"* de Carlos Martínez Rivas, cuyo antecedente vanguardista es el *"Autosoneto"* de Cuadra.
12Marta Leonor González, *Huérfana Embravecida*,Managua, 400 Elefantes, 1999.
13Héctor Avellán, *Las ciruelas que guardé en la hielera - Poemas 1994-1996*, UNAN-León, 2002.

TRANSNATIONAL MODERNISMS: THE IDEA OF THE NEW IN CORTÁZAR'S *RAYUELA* AND JOYCE'S *ULYSSES*

Patricia Novillo-Corvalán

University of Kent, UK

Biographie de l'Auteur:

Is Lecturer in Comparative Literature in the University of Kent at Canterbury, UK. She is the author of *Borges and Joyce: An Infinite Conversation* (Oxford: Legenda 2011). Her publications also include articles on Comparative Literature, Medical Humanities, and Contemporary Irish Drama.

Résumé de l'article:

This essay seeks to chart the impact of Modernism in Latin Americaby examining the transnational conversation between Joyce's *Ulysses* and Cortázar's *Rayuela* in an attempt to analyse and document a transcultural encounter on the margins of Western literature. It begins with a literary overview of the reception of Joyce in Argentina from Borges to Marechal, Salas Subirat, and Cortázar, as it seeks to create a Joycean atlas in twentieth-century Argentine literature. The essay assesses Cortázar's rupture with conventional novelistic traditions through his endeavour to create an experimental novelthat privileged a non-linear reading pattern, violated the morphological and orthographical norms of the Spanish language, and parodied traditional Western values and beliefs. It concludes with an assessment of the place of *Rayuela* in the new era of the hypertext, and interrogates whether its ground-breaking, revolutionary quality is still relevant for a twenty-first-century readership.

In 1968 a distinguished group of writers, critics, and translators organised a symposium in post-revolutionary Cuba in an attempt to assess the colossal impact that Julio Cortázar's groundbreaking novel *Rayuela* (1963) (*Hopscotch*;1966) had had in the Latin American literary arena.[1] If the rationale behind the forum was to underline the uniqueness and innovativeness of a work that had shaken the foundations of Latin American literature, then the speakers soon realised that Cortázar's masterpiece could only be approached, ironically, from the perspective of an even greater revolutionary work, James Joyce's *Ulysses*. Whilst Cortázar's *Rayuela* remained at the heart of the literary debate, the haunting figure of Joyce became a ubiquitous and inescapable ghostly presence that materialised, time and again, in the eloquent and dazzling performances of the speakers. The comparison of *Rayuela* with Modernism's most revered monument laid the ground for a vigorous debate that would have a long-lasting effect on ensuing critical insights of the novel.[2]How, then, was the phantom of Joyce summoned in a symposium in Havana dedicated to pay tribute to the path-breaking novel of an Argentine author? The panel, constituted by the Cuban writers Simo, Lezama Lima, and Fernández Retamar underlined, above all, Cortázar's experimental use of the Spanish language; invention of an infinite work; transgression and parody of previous novelistic traditions; disintegration of linear models of reading; creation of a polyglot, multilayered textual labyrinth; use of the variant of Spanish spoken in the River Plate area; and his artistic condition as émigré from his native Argentina.[3] Undoubtedly, all these intricate pathways, or crossroads, led them to the aesthetic of Joyce's art. 'I have the impression that *Rayuela* [...]', affirmed Fernández Retamar, 'is for Latin Americans what *Ulysses* is for writers of the English language'.[4] Simo energetically agreed and Lezama Lima – Latin America's other true heir of Joyce[5] – stated that: 'Joyce's legacy is unique, and without his work, it is likely that this book [*Rayuela*] would not have existed'.[6] Nevertheless, he also remarked that a significant temporal gulf of forty-one years stood between the publication of *Ulysses* (1922) and *Rayuela* (1963). Consequently, Lezama Lima implied that any comparison of both works must take into account their specific historical, cultural, and literary contexts, as well as their overall impact in twentieth-century literature. These concerns prompt important questions such as: how did Joyce's aesthetic penetrate through Latin American literature, especially Argentina? How is Joyce's iconic image as the experimental artificer of intricate verbal labyrinths absorbed into the fabric of *Rayuela*? Is Cortázar's conception of newness built upon Joyce's own linguistic and literary revolution? And, finally, does Cortázar offer a reinvigorated version of his Irish predecessor, shifting his revolutionary legacy across history, culture, and language in an attempt to forge a New Novel, Anti-Novel, or Ulyssean Novel?

THE *ULYSSES* OF ARGENTINA

Lezama Lima's contention about the historical distance between *Ulysses* and *Rayuela* highlights, to a certain extent, the belated appearance of Cortázar's novel; the tardiness of his reaction to the most experimental European artistic currents, particularly as *Rayuela* also assimilated the French surrealist tradition. Yet Cortázar's overdue novel stands as the result of a long ripening period, a vital gestational stage that filled itself with the nourishing seeds of his predecessors. For Lezama Lima, then, *Rayuela* remains one of Latin America's foremost representatives of the 'Joycean novel',[7] a tradition which goes back to his Argentine forerunner, the poet, playwright, and novelist Leopoldo Marechal, whose urban novel *Adán Buenosayres* (1948), is widely considered to be the first novel in the Spanish language deeply indebted to *Ulysses*. At the same time, the root of this rising Joycean growth in Latin America is embedded in the work of Jorge Luis Borges. Indeed, in 1925 the youthful Borges published a pioneering review of *Ulysses* and a fragmentary translation of 'Penelope' in the Buenos Aires avant-garde review *Proa* [*Prow*]. In the late 1930s a more mature Borges, on his way to becoming the modern master of the compressed, metaphysical *ficción*, continued and developed his dissemination of Joyce's works with ensuing reviews of *Work in Progress* and *Finnegans Wake*, as well as a fascinating miscellany of papers on Joyce's life and works which appeared in the cultural and artistic journal *Sur* [*South*] and the mass-marketed, *à la mode* women's magazine *El Hogar* [*Home*].[8]It is thus possible to uncover a Joycean trajectory, a map that traces the route of *Ulysses* in Argentina:

---

[1] See Ana María Simo, José Lezama Lima, Roberto Fernández Retamar, Mario Vargas Llosa, Julio Cortázar, *Cinco miradas sobre Cortázar* (Buenos Aires: Editorial Tiempo Contemporáneo, 1968).

[2]In *Cortázar: la novela mandala* (Buenos Aires: Fernando García Cambeiro, 1972), Lida Aronne Amestoy refers to the Cortázar/Joyce debate and offers a brief discussion of their relationship.

[3]Simo et al, pp.8-11; 20-28; 31-36; 46-49; 51-52; 55-64; 69. All Spanish translations are mine unless otherwise stated.

[4]Ibid., p.25.

[5]For a comprehensive comparative study of Lezama Lima's relationship with Joyce see César Augusto Salgado, *From Modernism to Neobaroque: Joyce and Lezama Lima* (London: Associated University Presses, 2001).

[6] Simo et al, p.57.

[7] Simo et al, pp.55-7.

[8] See Patricia Novillo-Corvalán, *Borges and Joyce: An Infinite Conversation* (Oxford: Legenda, 2011) for a comprehensive, in-depth, comparative study of Borges's literary relationship with Joyce.

from Borges's early reception to the first complete translation of *Ulysses* into Spanish by J. Salas Subirat (1945) onto Leopoldo Marechal's *Adán Buenosayres* and its final apotheosis in Julio Cortázar's *Rayuela*.[1]

The fascinating Joycean curve drawn by this influential group of writers is poised, however, between two opposite gestures: the desire to offer an Argentine *résumé* of *Ulysses* (Borges) and the ambition to write an epic of the Argentine Republic based on the Irish model introduced by Joyce (Salas Subirat, Marechal, Cortázar). Yet all these writers shared a single common trait, they aspired to do for their peripheral Buenos Aires, and hence the regional variant of Spanish spoken in the River Plate area, what Joyce had done for his native Dublin and Hiberno-English. In particular, Salas Subirat, Marechal, and Cortázar were attracted to the ground-breaking edge of *Ulysses* as they aspired to inject Latin American fiction with an equally innovative force. Borges's pioneering reception of *Ulysses* and *Finnegans Wake* had given them an insight into Joyce's technique of interior monologue, unprecedented linguistic experimentation, exploration of the human body, rewriting of Homer's *Odyssey*, and painstaking depiction of the city of Dublin. In this way, they searched in Joyce's kaleidoscopic art for the patterns they could then project onto their own creative endeavours. It must be underlined, nevertheless, that Borges had already peeped at the mirror of Joyce's art with a mixture of wonder and horror as he progressively distanced himself from the epic scale of *Ulysses* and *Finnegans Wake* in an attempt to offer his aesthetic of brevity versus Joyce's gargantuan dimensions. If Borges gifted Hispanic audiences with a fragmentary translation of the last two pages of 'Penelope', Salas Subirat magnified Borges's small-scale task in his complete translation of *Ulysses* into Spanish, and Marechal by transplanting Joyce, Homer, and Dante onto the streets of Buenos Aires. For Cortázar, therefore, the Joycean seeds had already been planted, and *Rayuela* would bear the final *bloom*ing and *boom*ing of this momentous period in Latin American literature. As Gerald Martin puts it: 'The process of 'Ulyssean' exploration began in the 1920s, not the 1960s, and the 'boom' celebrated an arrival, not a departure'.[2]

A DARING NOVELISTIC LEAP

When *Rayuela* was published in 1963 it caused an unprecedented stir in the field of Latin American literature. The Peruvian writer Mario Vargas Llosa summarised its powerful impact as 'seismic',[3] while the Mexican writer Carlos Fuentes deemed it appropriate to quote the verdict of the influential American magazine, *The New Republic*: 'The most powerful encyclopaedia of emotions and visions to emerge from the postwar generation of international writers',[4] and, in Lezama Lima's eyes: '*Rayuela* has known how to destroy a space to create another space, decapitate time so that time can hold a new head'.[5] The space-time literary revolution introduced by Cortázar is centred on a number of important features. The most prominent of these lies in the celebrated 'Table of Instructions', which appears on the first page of the book and, in a defiant gesture, warns the reader that: 'In its own way, this book consists of many books, but two books above all'.[6] 'The first book,' it explains, 'can be read in a normal fashion and it ends with chapter 56, at the close of which there are three garish little stars which stand for the words *The End*'. 'The second book,' it continues, 'should be read by beginning with Chapter 73 and then following the sequence indicated at the end of each chapter'. In other words, the first book follows a linear and chronological unfolding, which only requires a 'passive' type of reader. In contrast, the second book demands a non-linear, discontinuous, and hence 'active' hopscotch reading, jumping from chapter to chapter, and shifting backwards and forwards through an ultimately infinite book.[7] Equally, adventurous readers are also encouraged to devise their own itinerary through the book, selecting a plethora of routes which, like Borges's 'The Garden of Forking Paths' (1941) – which had been partly inspired by *Finnegans Wake* – opens up an endless array of possibilities.

Just as the hopscotch reading swings the reader back and forth, from side to side, and from middle to beginning to end *ad infinitum*, so the book itself oscillates between three textual locations. It opens with a section entitled, 'From the Other Side', an exploration of the Parisian cityscape, followed by 'From this Side', which transports the reader to the Southern Hemisphere and into the streets of Buenos Aires. The third section 'From Diverse Sides: Expendable Chapters' is a sort of encyclopaedia which consists of newspaper cuttings; a wide range of extracts from literary, musical, philosophical, anthropological, and pseudo-theological sources; passages written in an invented language called *glíglico*; additional details about the main protagonists; and, most significantly, the writings of a fictional writer and theorist called Morelli. The radical Morelli unfolds a series of speculations on the art of fiction which reflect, like a series of shifting mirrors, the novel to which he belongs. He contends, for example, that: 'You can read my book any way you want to',[8] thus offering a self-referential commentary about the reading process which operates as an internal duplication of *Rayuela*. If the figure of Morelli looms large throughout the 'Expendable Chapters', then this is reinforced by the fact that he is also attempting to compile his own mosaic of texts or 'literary almanac', a label that may equally apply to the whole of *Rayuela* encyclopaedic project, in its overall tendency to construct a pluralistic text made up of heterogeneous fragments.[9] This self-conscious, transgressive, reader-orientated impulse remains Morelli's most ambitious literary aspiration, and a byword for Cortázar's *Rayuela*:

---

[1] Cortázar's *Rayuela* also bears the imprint of some of the most influential writers of Argentina. 'In *Rayuela*',writes John King, 'that compendium of literature, certain River Plate writers are offered as required reading: Roberto Arlt, Juan Carlos Onetti, and Leopoldo Marechal, while Borges constantly haunts its pages'. John King, 'The Boom of the Latin American Novel' in *The Cambridge Companion to The Latin American Novel*, ed. by Efraín Kristal(Cambridge: Cambridge University Press, 2005), pp.59-80 (63). We must add to King's list, however, the name of the writer, humorist, and wit, Macedonio Fernández.

[2] Gerald Martin, *Journeys Through the Labyrinth: Latin American Fiction in the Twentieth Century* (London: Verso, 1989), p.362.

[3] Mario Vargas Llosa, 'The Trumpet of Deyá', in *Julio Cortázar*, ed. by Harold Bloom (Philadelphia: Chelsea House Publishers, 2005), pp.215-226 (219).

[4] Carlos Fuentes, 'La novela como caja de Pandora', in Julio Cortázar, *Rayuela*, ed. by Julio Ortega & Saúl Yurkievich, 2nd edn (Buenos Aires: Fondo de Cultura Económica, 1994), pp.703-6 (703).

[5] José Lezama Lima, 'Cortázar y el comienzo de la otra novela', in Julio Cortázar, *Rayuela*, ed. by Julio Ortega & Saúl Yurkievich, pp.710-20 (712).

[6] Julio Cortázar, *Hopscotch*, trans. by Gregory Rabassa (New York: Random House, 1966). The 'Table of Instructions' has no page numbers.

[7] It is noteworthy that Cortázar adopted a sexist terminology that associated the female reader with a 'passive' reading model and the male reader with the 'active' one. He later issued a public apology to all his female readers: 'I ask all the women of the world to forgive me for having used such a chauvinistic expression and one that bespeaks of South American underdevelopment – and you should print it word for word in the interview –. I've done it in all naiveté and have no excuses, but when I started listening to the opinions of my female readers who insulted me cordially, I realized that I had done something foolish'. See Evelyn Picon Garfield, 'Cortázar por Cortázar', in Julio Cortázar, *Rayuela*, ed. by Julio Ortega & Saúl Yurkievich, pp.778-89 (788).

[8] *Hopscotch*, p. 556.

[9] Ibid., p. 370.

To attempt on the other hand a text that would not clutch the reader but which would oblige him to become an accomplice as it whispers to him underneath the conventional exposition other more esoteric directions [...] "To provoke, assume a text that is out of line, untied, incongruous, minutely antinovelistic (although not antinovelish) [...] Like all creatures of choice in the Western world, the novel is content in a closed order. Resolutely opposed to this, we should search here for an opening[1]

The 'active' reading breaks the narrative continuity by interspersing the chapters from the first two sections with the heterogeneous group of texts that are clustered in the 'Expendable Chapters'. Therefore only those intrepid, adventurous readers eager to set off on a bumpy and bouncy ride will be rewarded with this pastiche of curiosities, a scattered treasure made up of the widest range of materials. What the hopscotch reading effectuates, thus, is a constant rupture in the progression of the storyline that chronicles the story of Horacio Oliveira, a postwar Argentine intellectual self-exiled in Paris, who belongs to a bohemian, cosmopolitan group bearing the eccentric name of 'The Serpent Club'. The Club's nocturnal meetings involve a powerful cocktail of alcohol, drugs, and cigarettes set against a background of metaphysical discussions, jazz melodies, the complaints of an elderly neighbour, and the cries from baby Rocamadour, the son of Oliveira's mistress, La Maga (Sorceress). In the second book, Oliveira has been deported to Buenos Aires after being caught *in flagrante delicto* with the tramp Emmanuèle (*clochard*). He is reunited with his *doppelgänger* Traveler (who paradoxically has never left Argentina), his wife Talita, and an old flame named Gekrepten, an urban avatar of Penelope who has faithfully waited for his return. He earns his living first as a door-to-door clothes salesman, then as employee of a circus (where Traveler and Talita work) and finally, when his employer sells the circus and buys an insane asylum, Oliveira, Traveler, and Talita decide to follow him. One inevitably wonders about the final outcome of the story, but since the book may be read in many ways, it denies a neat, clear-cut ending, and offers instead a series of possibilities – Oliveira goes mad, commits suicide, resumes his life with Gekrepten – as well as other endings that the 'active' reader may come up with.[2]

In the meantime, the 'Expendable Chapters' act as digressions or interpolations in the development of this gripping, sensational storyline. Therefore, in punctuating the main narrative with the 'Expendable Chapters', Cortázar fosters a double – or multiple – writing, wherein several voices, languages, and narrative levels interact, deviate, complement, or clash with one another. As a result of this the task of the 'accomplice' reader is to put together this fragmented and dislocated textual experience. Significantly, the device of narrative interruption remains the cornerstone of Joyce's *Ulysses*, as it similarly disintegrates linear models of reading in order to propose an encyclopaedic experience which celebrates a polyvalent, multidimensional, and multifaceted textual universe. We can think of the upper case headlines that intrude into the 'Aeolus' episode; the gigantic, anonymous parodies that irrupt – and therefore delay – the main narrative of 'Cyclops'; the extensive collection of clichés which indolently spread throughout 'Eumaeus'; and the disproportionate questions and answers that are endlessly generated in the mathematical catechism of 'Ithaca'. Yet at the same time, how do we navigate through *Ulysses*? How do we traverse its dense intertextual layers, myriad cross-references, stylistic diversity, and linguistic experimentation? This inevitably reminds us that a strict conventional linear reading would not be sufficient, and that Cortázar's lesson about how far a reader can go through the hopping gymnastics of *Hopscotch* is worth bearing in mind as we tackle a book of the magnitude and complexity of *Ulysses*. 'Reading *Ulysses*' – writes Jennifer Levine – 'is often a case of moving backward through the pages (to check a detail, note an echo, revise an interpretation) as much as forward'.[3] Equally, Finn Fordham has pointed out in relation to *Finnegans Wake*:
You can read it like a grasshopper, jumping about and producing your own set of musically phrased series, or like an ant, moving in sequence diligently from beginning to middle to end, to finish (again) where you began[4]

The point here is that the reader – at various stages – can combine most of these reading operations, that one must not necessarily exclude the other, since the journey is open and multidirectional and, like Morelli's dictum, the book may be read in 'any way you want to'.[5]

At any rate, the overall effect of *Rayuela* is to foreground a complex meta-fictional operation that stems from the awareness that the processes of reading and writing have become the chief preoccupations of the novel. In this way, Morelli stands less as a character than as an inner authorial persona, underlining the fictional status of his own – and Cortázar's – literature about literature, as well as shedding light on other self-referential procedures used in *Rayuela*. Like James Joyce, Cortázar was, above all, a 'scissors and paste man', in a tongue-in-cheek admission that authorises the activities of citation, parody, and plagiarism.[6] Just as Joyce's *Ulysses* and *Finnegans Wake* embody the theoretical currents of intertextuality, Bakhtinian dialogism, Umberto Eco's concept of the Open Work, and Roland Barthes's writerly text, so Cortázar's *Rayuela*, as well as his later work, *62 A Model Kit* [*62 Modelo para armar*, 1968] – which was inspired by chapter 62 of *Rayuela* – similarly exemplify the major theoretical currents of twentieth-century literature.[7]

'A MIXTURE THAT WAS NOT IN THE LEAST JOYCEAN'[8]

The purpose of *Rayuela* is to unsettle the reader in a variety of ways, not only by skipping from chapter to chapter, but also by offering striking examples of narrative experimentation. In this sense, Cortázar stands amongst the most prominent linguistic successors of Joyce in the Spanish language. 'Word games abound in *Rayuela*',claims Robert Brody:
Cortázar plays with language frequently – almost obsessively – as did his Irish predecessor who expanded the frontiers of the novel at the beginning of the twentieth century[1]

---

[1] Ibid., p. 396.
[2] See Steven Boldy, *The Novels of Julio Cortázar* (Cambridge: Cambridge University Press, 1980), pp.89-96, for a comprehensive discussion of the three endings of *Hopscotch*.
[3] Jennifer Levine, '*Ulysses*' in *The Cambridge Companion to James Joyce*, ed. by Derek Attridge, 2nd edn (Cambridge: Cambridge University Press, 2003), pp.131-59 (141).
[4] Finn Fordham, '*Finnegans Wake*: Novel and Anti-novel' in *A Companion to James Joyce*, ed. by Richard Brown (London: Blackwell, 2008), pp.71-89 (72).
[5] *Hopscotch*, p. 556.
[6] Richard Ellmann, *James Joyce* (Oxford: Oxford University Press, 1982), p.626.
[7] Cortázar himself recognized the interrelationship between *Hopscotch* and Eco's notion of the Open Work. See Ana María Hernández, 'Conversación con Julio Cortázar', in Julio Cortázar, *Rayuela*, ed. by Julio Ortega & Saúl Yurkievich, pp.728-35 (732).
[8] *Hopscotch*, p. 431.

Indeed, *Hopscotch* is saturated with linguistic games, puns, riddles, parodies, and a pervasive tendency to transgress the rules of the Spanish language. For example, chapter 68 is written in an invented idiom called *glíglico*, entirely made of neologisms, misspellings, and nonsensical yet rhythmical sounds,which is used as a cryptic code to represent the sexual encounters between Oliveira and La Maga: 'As soon as he began to amalate the noeme, the clemise began to smother her and they fell into hydromuries, into savage ambonies, into exasperating sustales'.[2] At the same time, Oliveira easily shifts from his amorous neologistic creativity to an assault on the orthographic rules of the Spanish language as he adds the silent letter 'h' to the beginning of words starting with a vowel in an attempt to debunk grand Western narratives or pretentious novelistic discourse:

Escribía, por ejemplo: 'El gran hasunto', o 'la hencrucijada'. Era suficiente para ponerse a reír y cebar otro mate con más ganas. 'La hunidad' hescribía Holiveira. 'El hego y el hotro'[3]

This tongue-in-cheek procedure is successfully rendered in Rabassa's English translation with a 'wh':

He [Oliveira] wrote, for example: 'The great whaffair,' or 'the whintersection.' It was enough to make him laugh and feel more up to preparing another *mate*. 'Whunity,' whrote Wholiveira. 'The whego and the Whother'[4]

Therefore, transgressing and experimenting with language is a necessity for a writer like Cortázar, a fact that is acknowledged in one of Morelli's exercises, as he pays tribute to Joyce: 'Those sections of the book Morelli called "archapters" and "chaptypes," verbal nonsense in which one could deduce a mixture that was not in the least Joycean'.[5] Robin Fiddian has persuasively argued that Morelli's coinages may have been suggested by 'Joyce's own fabrication of the noun 'archetypt' in the sentence: 'O felicitous culpability, sweet bad cess to you for an archetypt' [of *Finnegans Wake*].[6] Another fascinating example of Cortázar's Joycean blends is chapter 34 of *Hopscotch*. This section presents a perplexing printed configuration which interlaces the interior monologue of Horacio Oliveira with extracts from the novel *The Prohibited* [*Lo prohibido*, 1885] by the Spanish realist writer and critic Benito Pérez Galdós. In this manner, extracts from Pérez Galdós's book and Oliveira's reading of it appear on the same page in alternating lines. 'Cortázar represents Oliveira's typically self-conscious thoughts with a clever typographical gimmick', explains Joseph Sharkey:

he writes the chapter in alternating narrative strands, the odd-numbered lines recording Oliveira's rote, aloof reading the novel's words, the even-numbered lines relating his thoughts as he mocks the writing style for being old-fashioned and La Maga for being so unsophisticated as to let it win her over[7]

At this crucial point in the story, Oliveira has been abandoned by La Maga following the death of her infant son Rocamadour. He wanders around the now empty room and finds in the drawer of her night-table a copy of *The Prohibited*. Interestingly, La Maga's book choice provokes a series of adverse reactions on the arrogant, phallocentric Oliveira who mocks the type of 'clumsy' nineteenth-century novels she reads in 'cheap editions'.[8] The motive behind this reaction is centred in the fact that, according to Oliveira, their reading habits are utterly opposed: she prefers fiction that presents few challenges to the reader while he favours a current of demanding, experimental, avant-garde literature which is meta-fictionally exemplified by *Rayuela* itself and by the irreverent, against-the-grain theories proposed by Morelli. Therefore, Cortázar conceived chapter 34 as a complex tableau in which he depicted an intricate picture constituted by the inner thoughts of Oliveira, the narrative voice of *The Prohibited,* and the fusions and clashes between both discourses:

In September of 1880, a few months after the demise of my
AND the things she reads, a clumsy novel, in a cheap edition
father, I decided to give up my business activities, transferring
besides, but you wonder how she can get interested in things
them to another house in Jerez whose standing was as solvent
like this. To think that she's spent hours on end reading tasteless
as that of my own; I liquidated all the credits I could, rented out
stuff like this and plenty of other incredible things, *Elle* and
the properties, transferred my holdings and inventories, and
France Soir, those sad magazines Babs lends her.[9]

---

[1] Robert Brody, *Julio Cortázar: Rayuela* (London: Grant & Cutler, 1976), p.62, n.22.

[2] *Hopscotch*, p. 373. The translation of an invented language poses serious problems for a translator, yet Rabassa's English translation superbly recreates the Spanish/Glíglico passage, preserving its most fundamental aspects: musicality, eroticism, and playful coinages. For comparative purposes I quote Cortázar's original: 'Apenas él le amalaba el noema, a ella se le agolpaba el clémisoy caían en hidromurias, en salvajes ambonios, en sustalos exasperantes'. Julio Cortázar, *Rayuela*, ed. Julio Ortega & Saúl Yurkievich p.305. Rabassa evoked the enjoyable experience of translating *Glíglico* in his recent memoir *If this be Treason: Translation and its Dyscontents* (New York: New Directions, 2005) where he did not fail to mention the name of James Joyce as an approving, imaginary reader: 'I had to translate it, [*Glíglico*] however, so I put it into Gliglish rather than English and I think I kept enough of its substance to make even Mr. Frost happy, but I wasn't out to please him, only my readers and perhaps Mr Joyce', p.55.

[3] Julio Cortázar, *Rayuela*, ed. by Julio Ortega & Saúl Yurkievich, p.343.

[4] *Hopscotch*, p. 416.

[5] Ibid., 431.

[6] Robin William Fiddian, 'James Joyce and Spanish-American Fiction: A Study of the Origins and Transmission of Literary Influence', *Bulletin of Hispanic Studies*, 66.1 (1989), pp. 23-39 (32).

[7] E. Joseph Sharkey, *Idling the Engine: Linguistic Skepticism In and Around Cortázar, Kafka, and Joyce* (Washington D.C: The University of America, 2006), p.77.

[8] *Hopscotch*, p. 191.

[9] *Hopscotch*, p. 191. From the Spanish:'En setiembre del 80, pocos meses después del fallecimiento de mi padre, resolví
Y las cosas que lee, una novela, mal escrita, para colmo una edición infecta, uno se
apartarme de los negocios, cediéndolos a otra casa extractora de Jerez tan acredi-
pregunta cómo puede interesarle algo así. Pensar que se ha pasado horas enteras
tada como la mía; realicé los créditos que pude, arrendé los predios, traspasé las bo-
devorando sopa fría y desabrida, tantas otras lecturas increíbles, *Elle* y *France*
degas y sus existencias, y me fui a vivir a Madrid. Mi tío (primo carnal de mi padre)
Soir, los tristes magazines que le prestaba Babs.' Julio Cortázar, *Rayuela*, ed. by Julio Ortega & Saúl Yurkievich, p.161.

What this example makes clear is that Cortázar's chief aim at this narrative juncture was to achieve the illusion of textual simultaneity. How to convey the inner thoughts, feelings, and random associations that pervade a character's mind as he reads a book? In what way can a writer present two stories at once, or give the impression that various thoughts processes are taking place concurrently as it would happen in real-time? The most obvious answer to these narrative concerns at the time was Joyce's *Ulysses*, a novel with which Cortázar was well-acquainted, as he demonstrated in his early essay 'Situación de la novela' (1950) (Situation of the Novel). He argued emphatically that the contemporary novel must still focus on the most fundamental themes – the human being, life, language, metaphysics, history, and so on – but yet this ought to be approached with a degree of playfulness, audacity, and experimentalism:

Just a single day is enough in the history of the city of Dublin, Ireland for language to become Leopold Bloom and his entire circumstance. It seems that by squeezing time, literature expands man.[1]

He also referred to Joyce's innovative technique of interior monologue, 'the free play of associations [in *Ulysses*]' and, most importantly, he claimed that Joyce's art encapsulates the revolutionary aspiration of the avant-garde generation, as well as an influential generation of novelists from Proust to Woolf: 'From the symphonic project that is *Ulysses*, a kind of compendium of techniques, branch out by influence or coincidence the many shoots of this widespread impulse'.[2] Cortázar aspired to create a similar symphonic work with *Rayuela*, an ambitious project that orchestrated his own compendium of techniques and verbal experimentation. Thus, Joycean echoes resonate loudly throughout the book, particularly in chapter 34, whose subject matter and stylistic experimentation, I will argue here, resembles the construction of section 10 of the 'Wandering Rocks' episode in *Ulysses*. Regarding this episode Clive Hart has claimed that:

In 'Wandering Rocks' we listen to a greater number and variety of interior monologues than anywhere else in *Ulysses*, the character of the monologues and the contexts in which they are placed often creating in the reader a sense of unease[3]

In the middle section of this labyrinthine episode, the wandering Leopold Bloom is searching for a book for Molly at the hawker's cart situated under Merchant's arch in central Dublin. After scanning several titles he stumbles upon a copy of the erotic novella *Sweets of Sin*, and considers it the perfect choice for Molly. Like chapter 34 of *Rayuela*, this section negotiates a similar multiplicity of voices, as it alternates verbatim extracts from *Sweets of Sin* with Bloom's interior monologue, as well as the voice of the third person narrator. As if all this was not quite enough, Joyce also interspersed the crisscrossing of these voices with a series of interpolations that irrupt into the narrative,[4] as well as the interrelationship between this particular section and the other eighteen that constitute the episode:

He read the other title: *Sweets of Sin*. More in her line. Let us see.

He read where his finger opened.

— *All the dollarbills her husband gave her were spent in the stores on wondrous gowns and costliest frillies. For him! For Raoul!*

Yes. This. Here. Try.

— *Her mouth glued on his in a luscious voluptuous kiss while his hands felt for the opulent curves inside her dishabille.*

Yes. Take this. The end.

— *You are late, he spoke hoarsely, eying with a suspicious glare.*

The beautiful woman [...]

Mr Bloom read again: *The beautiful woman...*

Warmth showered gently over him, cowing his flesh. Flesh yielded amply amid rumpled clothes: whites of eyes swooning up. His nostrils arched themselves for prey. Melting breast ointments (*for him! For Raoul!*). Armpits' oniony sweat. Fishgluey slime (*her heaving embonpoint!*). Feel! Press! Chrished! Sulphur dung of lions![5]

On a larger textual level, at this critical point in *Ulysses* and *Rayuela* both Bloom and Oliveira are deeply concerned about their relationship with their wife/mistress (Molly/Maga); the overall psychological impact of the death of an infant (Rudy/Rocamadour); an alleged infidelity (Boylan/Gregorovius); their affairs with other women (Martha/Pola); and their emotional and sexual longing for Molly and La Maga. Significantly both female heroines pursue singing careers – not very successfully – and have a history of sexual encounters with other men in their native Gibraltar and Uruguay. Both are also depicted as unsophisticated readers from a masculine viewpoint that, inevitably, enforces gender-based stereotypes: Molly's exclusive consumption of semi-pornographic fiction and her inability to understand complex ideas on the one hand:

— Here, she said. What does that mean?

He leaned downward and read near her polished thumbnail.

    Metempsychosis?

    Yes. Who's he when he's at home?

    Metempsychosis, he said, frowning. It's Greek: from the Greek. That means the transmigration of souls.

    O, rocks! she said. Tell us in plain words[6]

And La Maga's diet of nineteenth-century realist novels, her similar incapacity to grasp abstract concepts, and her constant requests for the elucidation of complex words on the other:

When La Maga would ask about Zen [...] Gregorovius would try to explain the rudiments of metaphysics while Oliveira would sip his pernod and watch, enjoying it. It was madness to try to explain anything to La Maga. Fauconnier was right, for people like her the mystery begins

---

[1] Julio Cortázar, *Obra crítica/2*, ed. by Jaime Alazraki (Madrid: Santillana, 1994), p.219.

[2] Ibid., p.229.

[3] Clive Hart, 'Wandering Rocks', in *James Joyce's Ulysses: Critical Essays*, ed. by Clive Hart and David Hayman (London: University of California Press, 1977), pp.181-216 (190).

[4] For a comprehensive and insightful analysis of the interpolations see Clive Hart, 'Wandering Rocks', pp.203-14.

[5] James Joyce, *Ulysses*, ed. by Hans Walter Gabler, with Wolfhard Steppe and Claus Melchior, 4th edn (London: The Bodley Head, 2002), 10.606-23.

[6] Ibid., 4.337-42.

precisely with the explanation. La Maga heard the words *immanence* and *transcendence* and she opened up two big beautiful eyes which cut off Gregorovius's metaphysics[1]

Nevertheless, Molly and La Maga are also able to overturn these patriarchal stereotypes through their possession of a complex and perspicacious view of life that goes beyond their (in)ability to tackle metaphysics, as well as highlighting the male inefficacy at articulating the abstract concepts they believe they understand. Bonnie Kime Scott draws attention to the fact that: 'Privately, in "Penelope," she [Molly] makes fun of Bloom's learned answers, "if I asked him hed say its from the Greek leave us as wise as we were before"'.[2] Equally significant is the fact that Joyce created Molly's long unpunctuated soliloquy in 'Penelope' as 'the indispensable countersign to Bloom's passport to eternity'.[3] Meanwhile, in the Cortázar scholarship Joseph Sharkey states that:

[La Maga] is the earth mother whose intuitive power wins her an understanding that her typically nonintuitive male counterparts lacks, despite his apparent intellectual superiority'[4]

Or, as he also puts it, 'La Maga's intuition beats Oliveira's hyperintellectuality'.[5]

Still, what remains central to chapter 34 of *Rayuela* and section 10 of 'Wandering Rocks' is that Molly and La Maga are present *inabsentia*, that is, through the books which are in some way constituent of their imaginations, and which are projected through the male gaze of Bloom and Oliveira. In effect, Bloom and Oliveira peruse the books which they identify as representative of Molly's and La Maga's reading habits; they become commodities intimately bound up with their feelings, attitudes, and expectations. For Bloom and Oliveira, penetrating these products implies a voyeuristic glimpse into Molly's and La Maga's female world, gazing at their uttermost secrets, and intimating with the books as they would intimate with them. For them, thus, the act of reading is none other than the site of a multiplicity of associations which, predictably, are deeply interrelated to the content of the works themselves: *Sweets of Sin*/*The Prohibited* (notably both titles allude to acts of transgression against law/religion/marriage). Nonetheless, there is a striking difference between Oliveira's and Bloom's reading processes. While Oliveira launches an acid attack on the nineteenth-century Spanish realist tradition, Bloom, by contrast, is sexually aroused by the semi-pornographic register of the novel.

In sum, the readers of *Ulysses* and *Rayuela* become the spectators of a scene that stages the reading processes of Bloom and Oliveira, both of whom in turn embrace/resist what the books are telling them, as well as creating a cross-gendered perspective, their eyes believe they see what Molly's and La Maga's eyes have seen or will see in both books. In addition, Bloom and Oliveira project themselves into *Sweets of Sin* and *The Prohibited*, namely, they appropriate their meaning and translate it onto their own emotional circumstances. Significantly, Daniel R. Schwarz asserts that:

[Bloom] transforms the story about how an adulterous wife and her lover betray a husband – with whom Bloom initially identifies – into a fantasy in which husband and lover merge into a sexually successful beloved with whom he can identify.[6]

Correspondingly, Andrés Amorós notes that Oliveira's interior monologue and Galdós's *The Prohibited* at times 'mysteriously interact with each other, producing comical interconnections'.[7] Equally, we can uncover tragic correlations; the sentiments of loss and bereavement in Galdós's novel find new resonances in Oliveira's amorous and existential grief: '[I] found a secret and most painful sorrow, a thorn driven deep [...] into the heart of that excellent man'.[8] Similarly, the emotions exteriorised by one of the protagonists of *The Prohibited* cannot but highlight the crucial fact that Oliveira, for all his pride, snobbism, and disaffection, cynically – yet painfully – refrains from any outburst of emotion: '(*weeping until his nose had begun to*/eyes water so that one would think that he had been weeping/*run*?, but that's really repulsive)'.[9]

What we may deduce from this comparative reading of Joyce and Cortázar is, ultimately, that in their attempt to portray the inner anxieties of their protagonists, Bloom and Oliveira, and their painful alienation from Molly and La Maga, they construed an experimental narrative device that laced an intricate tapestry of voices and viewpoints. Beneath this textual artifice lie the wounded souls of Bloom and Oliveira, tangled in between the strands of *Sweets of Sin* and *The Prohibited,* and the fragmented crescendo of their thought processes as they read the books that reveal their emotional and sexual desires for Molly and La Maga: singers, muses, whores, goddesses, earth mothers, enchantresses. In both texts, the reader is made dizzy as he becomes the spectator of a book in which the personages are also reading books. The meaning of what Bloom and Oliveira read infiltrates into their circumstances – whether bitter sarcasm or sexual desire – because they inscribe their uttermost feelings upon the pages they penetrate, opening a door between *this* fiction and *another* fiction, letting the printed characters and symbols of both – and all – texts merge onto the larger canvas of *Ulysses* and *Rayuela*.

STEPHEN DEDALUS'S ARGENTINE AVATAR

In the previous section I have shown how Bloom's and Oliveira's feelings of loss, isolation, and thwarted love sustained the development of a many-sided, heteroglossic narrative. Yet as much as Oliveira is linked with Bloom as urban wanderer, Ulyssean avatar, reader, and frustrated lover, he also bears an even more striking set of parallels with Stephen Dedalus. Both are aspiring artists and solipsistic intellectuals who distrust the languages they inherited from their imperial powers, Britain and Spain. They ascribe to the rebellious satanic dictum *non serviam* and question the spheres of reason of the Western world. Both are trying to awake from the nightmare of history, and believe that in order to

---

[1] *Hopscotch*, p. 25.
[2] Bonnie Kime Scott, *Joyce and Feminism* (Sussex: The Harvester Press, 1984), p.165.
[3] Frank, Budgen, *James Joyce and the Making of Ulysses* (Bloomington: Indiana University Press, 1960), p.264.
[4] Sharkey, p.53.
[5] Sharkey, p.79.
[6] Daniel R. Schwarz, *Reading Joyce's Ulysses* (London: Macmillan, 1987), p.161.
[7] Andrés Amorós, 'Introducción', in Julio Cortázar, *Rayuela*, Edición de Andrés Amorós, 17th edn (Madrid: Cátedra, 2004), p.57.
[8] *Hopscotch*, pp. 196-7.
[9] Ibid., p. 195.

fulfil their artistic credo they must fly by the nets of nationality, language, and religion using for their defence the arms of 'silence, exile, and cunning'.[1] Yet 'in moving from *Hopscotch* to *A Portrait*', Sharkey reminds us:
we retreat a half-century, and thus Stephen's fatigue at history is less intense than Oliveira's; Oliveira has more of it to carry around in his mind, including his recollection of Joyce's novels, which he, like his author, has surely read.[2]

Stephen and Oliveira seek refuge in the culturally vibrant Paris; the city they think will cultivate their artistic consciousness. But the Parisian scene fails to provide the inspiring, uplifting experience they desired and the portraits of the frustrated Irish and Argentine artists cannot but reveal their irritability with the world surrounding them and their growing discontent. Equally, both are self-conscious avatars of Shakespeare's Hamlet, sporting the iconic image of the sombre, dubitative prince, all thought but little action, torn between their duties and desires. Just as Hamlet is haunted by the spectre of his father, King Hamlet, so Stephen is tormented by the ghost of his dead mother, May Goulding, and Oliveira is obsessed by the eerie apparitions of his ex-lover, La Maga. Similarly to Stephen's refusal to pray at his mother's deathbed, Oliveira refrains from taking part in the funereal rites of baby Rocamadour and fails to give comfort to the bereaved mother. But the wounded spirits of the Otherworld return with a vengeance, casting their long, supernatural shadows over Stephen and Oliveira, and enveloping them with an existential angst. Both disillusioned artists wither away on a diet of liquids and little solid food, consuming large quantities of alcohol (Stephen/Oliveira), watery tea (Stephen) and *mate* infusions(Oliveira), the autochthonous drink of the River Plate area. Their only artistic release oscillates between scattered notes, intricate literary speculations – in which they do not always believe – and the poetical, visionary insights invoked as they pass urine. Thus, if Joyce described *Ulysses* as the 'epic of the human body',[3] then *Rayuela* similarly celebrates the grand-scale subject matter of the human anatomy and its bodily functions:
In long lassoes from the Cock lake the water flowed full, covering greengoldenly lagoons of sand, rising, flowing. My ashplant will float away. I shall wait. No, they will pass on, passing, chafing against the low rocks, swirling, passing. Better get this job over quick. Listen: a fourworded wavespeech: seesoo, hrss, rsseeiss, ooos. Vehement breath of waters amid seasnakes, rearing horses, rocks.[4]

[Oliveira] began to piss, leaning against the wall with one hand […] completely absorbed in the aura of the dream, watching without seeing the stream that was coming out from between his fingers and disappearing down the hole or drifting vaguely around the edges of the dirty porcelain. Maybe the real dream appeared to him at that moment when he felt he was awake and pissing at four o'clock in the morning on a sixth floor on the Rue du Sommerard.[5]

Neither Stephen nor Oliveira are strangers to sexual imbroglios or liaisons with prostitutes or tramps, as it particularly occurs in the histrionics of 'Circe' and at the end of 'From This Side'. Both protagonists are deeply drunk and their unacceptable conduct raises the attention of British and French authorities. While Stephen is rescued by the paternal Leopold Bloom and is compassionately taken to the cabman's shelter in 'Eumeus', Oliveira, on the contrary, is neither rescued nor reassured by anyone – except the stinking and intoxicated tramp who is merrily singing by his side in the police car – and is subsequently deported to his native Argentina.

In *Children of Silence,* Michael Wood draws attention to the particular characteristics of the game of hopscotch as it is played in most parts of the Spanish speaking world:
In the Spanish version of the game of hopscotch the space at the top of the chalk pattern is called "heaven," and the force of the figure in the novel lies in the fact that heaven, in this game, lies "on the same plane" as earth, distant perhaps but not theologically segregated.[6]

Wood's remark ought to be read in relation to the publication history of the book, especially since the cover of the first 25 editions of *Rayuela*, printed by editorial Sudamericana, displayed Cortázar's own childish sketch of the children's game clearly showing the spaces assigned to 'heaven' and 'earth'. Thus, Oliveira relentlessly longs for the heaven that awaits at the end of the hopscotch diagram, the paradise lost but not yet regained, and this metaphysical quest amalgamates with his incessant search for La Maga, the other heaven he has irredeemably lost forever. It is highly significant that Cortázar's alternative title for *Rayuela* was *Mandala*, thus superimposing another figure, the Buddhist spiritual circle that represents world-order, to the playful dynamics of a children's game. Both the symbols of the hopscotch and mandala are further superimposed upon the interrelated signification of the omphalos and the labyrinth, the *axis mundi*,and the search for the centre respectively. 'Axis, center, *raison d'être*, Omphalos, nostalgic IndoEuropean names',[7] muses Oliveira, (un)aware that he is echoing the words of his Irish counterpart Stephen Dedalus: 'The cords of all link back, strandentwining cable of all flesh. That is why mystic monks. Will you be as gods? Gaze in your *omphalos*'.[8] Yet the solipsistic artists can only gaze at their own omphaloi and, therefore, their conceptions of the world will not necessarily transport them to the navel of the earth, but rather rotate around other axes: Dublin, Paris, Crete, and Buenos Aires. Just as Stephen Dedalus embraces the artistic legacy of his mythological predecessor, the pagan Greek artificer Daedalus, so Horacio Oliveira becomes a labyrinthine bifurcation of Joyce's hero also trying to fly over parochial nets and also injuring himself badly during his arrogant flight. But, ironically, the wingless artist is then able to fly far beyond, his cunning and craftiness remain, and his inheritance forges a tradition that travels as far as Argentina in order to be imbued with a renewed afterlife in Cortazar's *Rayuela*.

---

[1] James Joyce, *A Portrait of the Artist as a Young Man,* ed. by Jeri Johnson (Oxford: Oxford University Press, 2000), p.208
[2] Sharkey, p.195.
[3] Budgen, p.21.
[4] *Ulysses*, 3.453-8.
[5] *Hopscotch*, p. 494.
[6] Michael Wood, *Children of Silence: Studies in Contemporary Fiction* (London: Pimlico, 1998), p.47.
[7] *Hopscotch*, p. 15.
[8] *Ulysses*, 3.37-8.

AFTERWORD: TOWARDS JOYCE AND CYBERSPACE

As one of the most prominent representatives of the Boom generation Cortázar offered an experimental work that would change forever the landscape of Spanish American fiction. In this respect, Cortázar's *Rayuela* did to the Hispanic world in the 1960s what *Ulysses* had done in the 1920s to Europe and the Anglophone world. The Argentine critic Beatriz Sarlo has argued that *Rayuela* stands as a 'summa that gathered and disseminated the legacy of the avant-gardist movements of this century [twentieth], as well as it incorporated utopian revolutions'.[1] And yet at the same time, the key question lurking in the background is, how do we read *Rayuela* in the twenty-first century? Has the idea of the *new* fallen victim to the passing of time, turning innovation into habit and provocation into the out-of-date exhibit of a worn-out experiment? The American scholar Neil Larsen has observed that:

Hopscotch has a profoundly dated quality. It *reads* like the literary equivalent of, say, a rock-and-roll album cover from the same period: the sixties are written all over it[2]

Whereas Larsen's criticism of the dated quality of a mid-century work is valid it is also suggesting, paradoxically, that the reader must leap forwards as much as backwards, and hence reallocate the squares of the chalk pattern onto a different historical and cultural context. In this sense, the metaphor of the hopscotchproves extremely suggestive as it continues encouraging the reader to bounce back and forth through an ultimately infinite game. Furthermore, a proving testament of the currency of *Rayuela* is the important fact that its ground-breaking features have been assimilated by influential Latin American writers, from Vargas Llosa to Carlos Fuentes and Manuel Puig. In addition, like *Ulysses*, *Finnegans Wake*, and some of Borges's fictions, *Rayuela* may be read as a precursor of the World Wide Web, particularly since its model of reading anticipated the myriad, unlimited pathways offered by the hypertext. In relation to the hypertextual potential of *Hopscotch* Alberto Manguel argues that:

Here are the books left open for the reader's construction, like a box of Lego: Laurence Sterne's *Tristam Shandy* [...] and Julio Cortázar's *Hopscotch*, a novel built out of interchangeable chapters whose sequence the readers determine at will. Sterne and Cortázar inevitably lead to the New Age novels, the hypertexts.[3]

Another way to draw new figures into *Rayuela* is through a detailed, comparative reading alongside Joyce's works, those icons of high-modernism, which have passed the test of time and continue to generate the most varied critical and creative responses on a global scale. 'Rayuela begins by simultaneously reaffirming Joyce', underlines Santiago Colás:

Rayuela says, in effect, 'Yes [love is fine], but who will cure us of the dull fire, the colorless fire...?' If nothing else, this speculation offers a dramatic image of Latin American modernity's critical engagement with European high-modernism[4]

In this context, re-reading Cortázar's *Rayuela* as the pinnacle of a Joycean literary tradition in Argentina would, for the time being, allow the creation of unprecedented combinations across one of the most stimulating literary games of the twentieth-century.

---

[1] Beatriz Sarlo, *Escritos sobre literatura argentina*, ed. by Sylvia Saítta(Buenos Aires: Siglo Veintiuno Editores, 2007), p.261.
[2] Neil Larsen, 'Cortázar and Postmodernity: New Interpretive Liabilities' in *Julio Cortázar: New Readings*, ed. by Carlos J. Alonso(Cambridge: Cambridge University Press, 1998), pp.57-75 (58).
[3] Alberto Manguel, *A History of Reading* (New York: Viking, 1996), p.318.
[4] Santiago Colás, *Postmodernity in Latin America: The Argentine Paradigm* (Durham & London: Duke University Press, 1994), p.31.

WORKS CITED:

Amorós, Andrés, 'Introducción', in Julio Cortázar, *Rayuela,* edición de Andrés Amorós, 17th edn (Madrid: Cátedra, 2004)

Aronne Amestoy, Lida, *Cortázar: la novela mandala* (Buenos Aires: Fernando García Cambeiro, 1972)

Boldy, Steven, *The Novels of Julio Cortázar* (Cambridge: Cambridge University Press, 1980)

Brody, Robert, *Julio Cortázar: Rayuela* (London: Grant & Cutler, 1976)

Budgen, Frank, *James Joyce and the Making of Ulysses.* With a portrait of James Joyce and four drawings to *Ulysses* by the author (Bloomington: Indiana University Press, 1960)

Colás, Santiago, *Postmodernity in Latin America: The Argentine Paradigm* (Durham & London: Duke University Press, 1994)

Cortázar, Julio, *Hopscotch,* trans. by Gregory Rabassa (New York: Random House, 1966)

_____ *62 Modelo para armar,* 2nd edn (Buenos Aires: Sudamericana, 1968)

_____ *Obra crítica/2,* ed. by Jaime Alazraki (Madrid: Santillana, 1994)

_____ *Rayuela,* ed. by Julio Ortega & Saúl Yurkievich, 2nd edn (Buenos Aires: Fondo de Cultura Económica, 1994)

_____ *Rayuela,* edición de Andrés Amorós, 17th edn (Madrid: Cátedra, 2004)

Ellmann, Richard, *James Joyce,* rev edn (Oxford: Oxford University Press, 1982)

Fiddian, Robin William 'James Joyce and Spanish-American Fiction: A Study of the Origins and Transmission of Literary Influence' *Bulletin of Hispanic Studies* 1.66 (1989), pp. 23-39

Fordham, Finn, '*Finnegans Wake*: Novel and Anti-novel' in *A Companion to James Joyce,* ed. by Richard Brown (London: Blackwell, 2008), pp.71-89

Fuentes, Carlos, 'La novela como caja de Pandora', in Julio Cortázar, *Rayuela,* ed. by Julio Ortega & Saúl Yurkievich, 2nd edn (Buenos Aires: Fondo de Cultura Económica, 1994), pp.703-6

Harrs, Luis, 'Cortázar o la cachetada metafísica' in *Rayuela,* ed. by Julio Ortega & Saúl Yurkievich (see Fuentes), pp.680-706

Hart, Clive, 'Wandering Rocks' in *James Joyce's Ulysses: Critical Essays,* ed. by Clive Hart and David Hayman (London: University of California Press, 1977), pp.181-216

Hernández, Ana María, 'Conversación con Julio Cortázar', in Julio Cortázar, *Rayuela,* ed. by Julio Ortega & Saúl Yurkievich (see Fuentes), pp.728-35

Kime Scott, Bonnie, *Joyce and Feminism* (Sussex: The Harvester Press, 1984)

_____ *James Joyce* (Sussex: The Harvester Press, 1987)

King, John, 'The Boom of the Latin American Novel' in *The Cambridge Companion to The Latin American Novel,* ed. by Efraín Kristal(Cambridge: Cambridge University Press, 2005), pp.59-80

Joyce, James, *A Portrait of the Artist as a Young Man,* ed. by Jeri Johnson (Oxford: Oxford University Press, 2000)

_____ *Finnegans Wake,* with an introduction by Seamus Deane (London: Penguin, 2000)

_____ *Ulysses,* ed. by Hans Walter Gabler, with Wolfhard Steppe and Claus Melchior, 4th edn (London: The Bodley Head, 2002)

Larsen, Neil, 'Cortázar and Postmodernity: New Interpretive Liabilities' in *Julio Cortázar: New Readings* (Cambridge: Cambridge University Press, 1998), pp.57-75

Levine, Jennifer, '*Ulysses*' in *The Cambridge Companion to James Joyce,* ed. by Derek Attridge, 2nd edn (Cambridge: Cambridge University Press, 2003), pp.131-59

Lezama Lima, José, 'Cortázar y el comienzo de la otra novela', in Julio Cortázar, *Rayuela,* ed. by Julio Ortega & Saúl Yurkievich (see Fuentes) pp.710-20

Manguel, Alberto, *A History of Reading* (New York: Viking, 1996)

Martin, Gerald, *Journeys Through the Labyrinth: Latin American Fiction in the Twentieth Century* (London: Verso, 1989)

Novillo-Corvalán, Patricia, *Borges and Joyce: An Infinite Conversation* (Oxford: Legenda, 2011).

Pérez Galdós, Benito, *Lo prohibido,* 2 vols (Madrid: La Guirnalda, 1885)

Picon Garfield, Evelyn, *¿Es Julio Cortázar un Surrealista?*(Madrid: Gredos, 1975)

_____ 'Cortázar por Cortázar', in Julio Cortázar, *Rayuela,* ed. by Julio Ortega & Saúl Yurkievich, (see Fuentes), pp.778-89

Rabassa, Gregory, *If this be Treason: Translation and its Dyscontents* (New York: New Directions, 2005)

Salgado, César Augusto, *From Modernism to Neobaroque: Joyce and Lezama Lima* (London: Associated University Presses, 2001)

Sarlo, Beatriz, *Escritos sobre literatura argentina,* ed. by Sylvia Saítta(Buenos Aires: Siglo Veintiuno Editores, 2007)

Schwarz, Daniel R., *Reading Joyce's Ulysses* (London: Macmillan, 1987)

Sharkey, Joseph, E., *Idling the Engine: Linguistic Skepticism In and Around Cortázar, Kafka, and Joyce* (Washington D.C: The University of America, 2006)

Simo, Ana María, Lezama Lima, José, Fernández Retamar, Roberto, Vargas Llosa, Mario, Cortázar, Julio, *Cinco miradas sobre Cortázar* (Buenos Aires: Editorial Tiempo Contemporáneo, 1968)

Vargas Llosa, Mario, 'The Trumpet of Deyá', in *Julio Cortázar,* ed. by Harold Bloom (Philadelphia: Chelsea House Publishers, 2005), pp.215-226

Wilson, Jason, 'Julio Cortázar and the Drama of Reading', in *On Modern Latin American Fiction,* ed. by John King (New York: Hill and Wang, 1989), pp.173-90..

Wood, Michael, *Children of Silence: Studies in Contemporary Fiction* (London: Pimlico, 1998)

O NÃO-LUGAR DA ESCRITURA: UMA LEITURA DE *ENSAIO SOBRE A CEGUEIRA*, DE JOSÉ SARAMAGO

Shirley de Souza Gomes Carreira
Universidade do Grande Rio

Biographie de l'Auteur:
A autora é Doutora em Literatura Comparada pela UFRJ e Professora Titular do curso de Letras da UNIABEU. Tem trabalhos publicados em livros e periódicos no Brasil, México, Portugal, Estados Unidos e Inglaterra. Sua produção bibliográfica aborda os seguintes temas: pós-colonialismo, pós-modernismo, multiculturalismo, questões de identidade e de gênero nas obras de José Saramago, John Fowles e Salman Rushdie, e a produção textual dos escritores migrantes. Sua pesquisa atual focaliza a representação do imigrante na literatura contemporânea e a memória étnica.

Résumé de l'article:
Este artigo visa a uma análise de *Ensaio sobre a cegueira*, de José Saramago, a partir da constatação de que o romance desconstrói as referências típicas do lugar antropológico, promovendo o esbatimento dos três conceitos inerentes à compreensão histórica— o tempo, o espaço e a identidade. Examinando o texto à luz do conceito de não-lugar, estabelecido por Marc Augé, busca-se evidenciar que, no romance, a cegueira branca é o símbolo do vazio, da ausência de códigos sociais, da crise do pertencimento, e que a deambulação das personagens pelos não-lugares gera a necessidade de construir novos princípios de civilização e novas configurações identitárias. Focalizar-se-á, também, a escritura como espaço transitório do pensamento e da reflexão sobre o romance enquanto obra de arte, onde as estratégias novas e antigas se encontram no ato constante de recriar.

Por ser uma das formas de expressão cultural de um povo, a literatura, na maioria das vezes, busca a sua referência no que Marc Augé denomina " lugar antropológico" (1). Em *Ensaio sobre a cegueira*, José Saramago desconstrói as referências típicas desse lugar, que confere ao homem uma identidade, define sua relação com o meio, bem como o situa em um contexto histórico.

No romance em questão, surpreende-nos a ausência das marcas usuais da historicidade. Não há sequer uma referência temporal que nos permita dizer com segurança em que momento histórico o mundo ficcional deve ser inserido. No entanto, a própria ausência de marcadores temporais permite- nos fazer reflexões acerca do seu significado. A percepção do tempo se faz sentir apenas na memória das personagens e nas observações do narrador. No *continuum* do tempo, o passado do qual as personagens se recordam é o conjunto de atitudes e valores que incorporavam antes da cegueira e sob esse aspecto o passado e o presente são julgados um à luz do outro na diegese.

Não se pode dissociar a ausência de referentes temporais da ausência de referentes espaciais. Numa perspectiva historicista, a definição do tempo e do espaço se faz essencial, mesmo porque os métodos da historiografia assim o exigem. No entanto, o olhar que o pós-modernismo lança ao passado ultrapassa as barreiras formais da história. Especificamente, a atitude pós-moderna consiste em tecer leituras do passado, tomando por parâmetro a consciência de que o conhecimento que se tem dele nada mais é do que a textualização das impressões humanas acerca dos eventos.

Ao criar um texto em que essas marcas de identificação espácio-temporal revelam-se enfraquecidas, Saramago faz dele um espelho onde o leitor poderá mirar-se e refletir sobre o seu papel, enquanto cidadão do mundo, na construção da história da humanidade.

A supressão da identidade a partir do nome está associada à cegueira que se espalha. As personagens são identificadas por outros meios: pelas profissões que exerciam antes de ficarem cegas, pelas relações de parentesco ou por traços físicos marcantes. Ao assumirem que os nomes são desnecessários ao seu relacionamento no manicômio, as personagens deixam implícita a trajetória que terão de seguir, na descoberta dolorosa do eu e do outro.

Do ponto de vista da historiografia, dado o esbatimento dos três conceitos inerentes à compreensão histórica— o tempo, o espaço e a identidade- a história do romance é impossível de se situar. Tentaremos, no entanto, mostrar que é exatamente essa impossibilidade que faz do romance um retrato tão contundente da condição humana.

No universo ficcional, à exceção da mulher do médico, todas as personagens temem muito mais a revelação do que realmente são do que a sensação de impotência causada pela cegueira.

A mulher do médico disse consigo mesma, Comportam-se como se temessem dar-se a conhecer um ao outro. Via-os crispados, tensos, de pescoço estendido como se farejassem algo, mas, curiosamente, as expressões eram semelhantes, um misto de ameaça e de medo, porém o medo de um não era o mesmo que o medo do outro, como também não o eram as ameaças. *ESC*, 49

Com o passar dos dias, as máscaras sociais deixam de ser importantes e necessárias na instância de vida dos cegos na camarata. Os códigos sociais, assim como os nomes, começam a se perder em um microcosmo governado pelos sentidos:

Tão longe estamos do mundo que não tarda que comecemos a não saber quem somos, nem nos lembrámos sequer de dizer-nos como nos chamamos, e para quê, para que iriam servir- nos os nomes, nenhum cão reconhece outro cão, ou se lhe dá a conhecer, pelos nomes que lhes foram postos, é pelo cheiro que identifica e se dá a identificar, nós aqui somos como uma outra raça de cães, conhecemo- nos pelo ladrar, pelo falar, o resto, feições, cor dos olhos, da pele, do cabelo, não conta, é como se não existisse, eu ainda vejo, mas até quando. *ESC*,64

Em *Não-lugares*, Marc Augé analisa a relação do homem com o espaço, a questão da identidade e da coletividade. Ele designa "não-lugar" todos os dispositivos e métodos que visam à circulação de pessoas, em oposição à noção sociológica de "lugar", isto é, à idéia de uma cultura localizada no tempo e no espaço. Segundo Augé, os espaços em que vivemos carecem de uma reavaliação, pois "vivemos num mundo que ainda não aprendemos a olhar" (2). Não há como deixar de perceber a analogia entre a posição de Marc Augé e a epígrafe escolhida por Saramago: "Se podes olhar,vê. Se podes ver, repara."

Ao analisar as relações entre o homem e o seu grupo social, Augé nos alerta para o fato de que a organização e a constituição de lugares são um dos desafios e uma das modalidades das práticas coletivas e individuais. As coletividades têm necessidade de pensar, simultaneamente, a identidade e a relação e de simbolizar os constituintes das diferentes formas de identidade: da identidade partilhada- pelo conjunto de um grupo; da identidade particular- de um grupo ou de um indivíduo ante outros- e da identidade singular- naquilo em que um indivíduo ou grupo difere de todos os outros. Os questionamentos suscitados pela condição das personagens do *Ensaio sobre a cegueira* advêm da desconstrução e posterior construção desses conceitos.

A ausência de marcadores temporais e espaciais na narrativa e a própria cegueira das personagens reforçam a idéia do *não-lugar*. Todas as antigas raízes, que marcam o lugar antropológico- que pretende ser identitário, relacional e histórico- são desfeitas.

Assim, o lugar antropológico- cultural e espácio-temporalmente definido, é substituído pelo não-lugar, pela provisoriedade da subsistência nas camaratas, pela redução dos códigos de convivência social a um estado de barbárie, em que será preciso aprender a viver de novo, a construir novos parâmetros para a identidade e a relação. A cegueira branca é descentralizadora; não privilegia classes:

Aqui não há só gente discreta e bem-educada, alguns são uns mal- desbastados que se aliviam matinalmente de escarros e ventosidades sem olhar a quem está, verdade seja que no mais do dia obram pela mesma conformidade, por isto a atmosfera vai se tornando cada vez mais pesada... *ESC*,99

A babel de indivíduos de naturezas tão distintas quanto às suas origens dá à mulher do médico a impressão de que as distâncias que separam os seres no mundo exterior se encurtaram e a diversidade de problemas que afligem os homens se resumiu no instinto de sobrevivência. Essa impressão se resume a uma frase: " O mundo está todo aqui dentro" (*ESC*, 102).

É precisamente esse instinto primordial do homem que revela aos cegos que nesse mundo em que agora vivem as máscaras sociais se fazem desnecessárias; o homem é o que é. Assim, ante a necessidade de estabelecer uma ordem na distribuição da comida, a fim de evitar trapaças, e mediante a afirmação de um dos cegos de que estão a lidar com gente honesta, alguém retruca: "Ó cavalheiro. O que somos de verdade aqui é pessoas com fome" (*ESC*, 102).

É relevante observar, no entanto, que, no não-lugar, recompõem-se alguns lugares, até porque os lugares evocados pelos ritos da memória, onde se encontram inventariados, nunca se apagam completamente, assim como o não-lugar nunca se realiza totalmente. Graças à reconstituição das relações humanas, ainda que sob novos códigos e regras, o não-lugar é impedido de existir numa forma pura.

É a existência do não-lugar, a redimensão das relações humanas que põem o indivíduo em contato com outra imagem de si próprio e do outro. A individualidade absoluta torna-se impensável, uma vez que há uma alteridade complementar que é constitutiva de toda individualidade. Já não se pode pensar o eu sem a figura do outro. O eu individual passa a ser um dos elementos da identidade partilhada; está condicionado ao grupo ao qual pertence. É através da identidade partilhada que os cegos da primeira camarata reconstroem algo do lugar antropológico.

Também não surpreenderá que busquem todos estar juntos o mais possível, há por aqui muitas afinidades, umas que já são conhecidas, outras que agora mesmo se revelarão(...) É contudo certo que nem todas essas afinidades se tornarão explícitas e conhecidas, seja por falta de ocasião, seja porque nem se imaginou que pudessem existir, seja por uma simples questão de sensibilidades e tacto. *ESC*, 67

O espaço do não-lugar liberta aquele que lá penetra das amarras de sua vida habitual, a tal ponto que , enquanto "passageiro" desse não-lugar, pode até mesmo ser capaz de gozar, momentaneamente, as alegrias passivas dessa desidentificação com o eu. Assim o ladrão do carro, em meio às dores do ferimento na perna, encontra prazer na autodescoberta, isto é, aprende a ver:

Assombrava-o o espírito lógico que estava descobrindo na sua pessoa e o acerto dos raciocínios, via-se a si mesmo diferente, outro homem, e se não fosse este azar da perna estaria disposto a jurar que nunca em toda a sua vida se sentira tão bem. *ESC*, 79

A "presença do passado" no presente expressa-se numa polifonia em que o velho e o novo se cruzam, na evocação de uma temporalidade contínua. Ao mesmo tempo que as personagens evocam os lugares da memória, substitutos para o lugar antropológico do qual já não fazem parte, as citações e provérbios que entrecortam a narrativa são a evocação de lugares antropológicos diversos, dos quais o romance, em sua aparente ausência de espácio-temporalidade, não se afasta na realidade.

Isso se dá, antes de mais nada, porque o lugar se concretiza pela palavra. Se a troca de palavras ocorre entre pessoas no nível de uma intimidade cúmplice, algo do lugar antropológico pode ser recuperado e reordenado. Claro está que as citações surgem invertidas, como a destituírem-se de um caráter absoluto, desprovendo a si mesmas de sentido. Essa inversão é metafórica. No esvaziamento do sentido, ela exibe a cegueira da palavra. Há que gerar comportamentos verbais que se coadunem com esse novo padrão de existência.

Já lá dizia o outro que na terra dos cegos quem tem um olho é rei. Deixa lá o outro, Este não é o mesmo, Aqui nem os zarolhos se salvariam(...) O outro também dizia que quem parte e reparte e não fica com a melhor parte , ou é tolo, ou no partir não tem arte, Merda, acabe lá com o que diz o outro, os ditados põem -me nervoso.*ESC*,103

A luta da mulher do médico para que os cegos da primeira camarata não se entreguem à barbárie não é uma apologia do passado, do "mundo civilizado" que conheciam, como pode parecer à primeira vista, mas o contraponto que há de evidenciar os sentimentos, as modulações de sentido, que nortearão as relações entre os cegos a partir da quarentena- a longa jornada do aprendizado da visão.

Segundo Augé, o que nós procuramos, na acumulação religiosa dos testemunhos, dos documentos, das imagens, de todos os signos visíveis do que foi(...) é a nossa diferença, a nítida revelação de uma identidade perdida (2).

Saramago faz uso de um recurso tipicamente pós-moderno ao confrontar os princípios de civilização que os cegos conheciam com aqueles que são levados a construir. Instaurando e subvertendo situações, o autor deixa entrever no texto interrogações que encenam o paradoxo pós-moderno de ser ao mesmo tempo cúmplice e crítico das normas predominantes.

Se o romance faz eclodir a revolta do leitor ante a torpeza das atitudes dos cegos das outras camaratas, cada qual envolvido com sua própria subsistência, e, mais tarde, fazendo uso da comida como instrumento de poder, também leva o leitor à reflexão de que esses instintos que parecem tão torpes na ficção são os mesmos que disfarçamos no dia-a-dia de homens civilizados.

O fio condutor do romance é a cegueira que leva não só as personagens como também o leitor a refletirem sobre as relações entre o individual e o coletivo, erguendo o véu do nosso desconhecimento. A cegueira branca, que ilumina ao invés de lançar nas trevas os que a contraem, é o símbolo do discurso da perplexidade.

Em um mundo, no qual já não se crê nas "narrativas -mestras", no discurso homogeneizante da modernidade, há que pensar a diferença. Se por um lado o pós-modernismo reconhece que os discursos são instrumento de poder, que enunciam "verdades", graças a sua capacidade de moldar práticas, por outro lado, o discurso pós-moderno é problematizante, inquiridor. Longe de apontar soluções, o pós-modernismo nos faz refletir criticamente sobre o passado e o presente.

O desfecho de *Ensaio sobre a cegueira* não é um discurso legitimador, pois não aponta soluções ou direções para a evolução do homem; sequer advoga para si a verossimilhança. Muito embora o romance revele-se, ao final, detentor de um discurso moralizante, que se coaduna com a proposta do romance, isto é, fazer ver a quem tem olhos, nenhum modelo nos é fornecido para que possamos atingir esse fim. Este é um percurso que o leitor há de fazer sozinho.

Assim como as personagens, o leitor é "passageiro" no não-lugar que a escritura encena. Aos cegos que encontra pelo caminho, a mulher do médico afirma: "Só estamos de passagem" (p.215). O escritor que passa a viver na casa do primeiro cego, igualmente, afirma: "Estou de passagem" (p.278). Esse alter-ego do autor que "inscreve palavras na brancura do papel", à guisa de sinais da sua passagem, diz à mulher do médico palavras que parecem ecoar do mundoextradiegético, onde autor, narrador e leitor transitam, como um apelo: "não se perca, não se deixe perder". Apelo este que se quer prolongamento da epígrafe: veja, não se deixe cegar.

A reflexão do narrador acerca da inutilidade da memória nessa trajetória pode ser depreendida no exemplo a seguir:

(...)é que não há comparação entre viver num labirinto racional, como é , por definição, um manicómio, e aventurar-se, sem mão de guia nem trela de cão, no labirinto dementado da cidade, onde a memória para nada servirá, pois apenas será capaz de mostrar a imagem dos lugares e não os caminhos para lá chegar. *ESC*,211

Se não há modelos a serem seguidos e se o referencial do nome e do lugar já não são suficientes, cabe ao leitor, assim como às personagens, traçarem individualmente a sua trajetória. A nova identidade é construída a partir de um novo pensar coletivo.

Sob esse aspecto o desfecho se aproxima da proposta da pós-modernidade: questionar os sistemas e os postulados totalizantes por meio do paradoxo, buscando a identidade na diferença. A par do conteúdo moralizante, do formato convencional, o desfecho de *Ensaio sobre a cegueira* não contraria a proposta pós-moderna, uma vez que o pós-modernismo, dada a sua característica de atuar dentro dos sistemas que subverte, não constrói paradigmas. Não há um modelo pós-moderno a ser seguido e sim um conjunto de estratégias mais ou menos freqüentes que sugerem o que se convencionou chamar pós-modernismo (4).

No plano da diegese é no não-lugar, isto é, no percurso que os cegos fazem desde a quarentena até o desfecho do romance, que as contradições da natureza humana se revelam e são experimentadas. No plano da narração, por ser espaço transitório do pensamento e da reflexão sobre o romance enquanto obra de arte, onde as estratégias novas e antigas se encontram, onde passado e presente se cruzam no ato constante de recriar, a escritura revela-se o *locus* onde, por meio da exposição do caos, o leitor é convidado a repensar o mundo em que vive.

O texto de Marc Augé, ao qual fizemos referência em boa parte de nossa análise, esclarece-nos quanto ao olhar que lançamos ao passado, quanto ao modo pelo qual revolvemos os resquícios do passado como uma maneira de manter vivo o lugar antropológico do qual fazemos parte. Mais do que isso, esse texto nos chama atenção para o fato de que o habitante do lugar antropológico vive na história, não faz história. É no lugar da memória, contrapondo passado e presente, que construímos a nossa diferença.

O *Ensaio sobre a cegueira*, conforme pudemos observar, não é de modo algum desistoricizado. Ele incorpora a história da arte e a história do homem sem que, para isso, necessite de marcadores temporais ou espaciais.

O descentramento do sujeito, a multiplicidade de vozes e o discurso intertextual sugerem um deslocamento ainda maior, na direção da pluralidade e da heterogeneidade que são as marcas do pós-moderno. O tema que norteia o romance, a questão da alteridade, está em consonância com a retórica pluralizante do pós-modernismo.

E se essa escritura nos parece tão diferente, a ponto de nos causar estranheza, que nos sobrevenha à mente a lição de Foucault: "somos a diferença, nossa razão é a diferença dos discursos, nossa história é a diferença das épocas, nossos eus são a diferença das máscaras" (5). Essa diferença não pode nunca ser vista como um obstáculo para a compreensão do mundo, pois é o retrato mais fiel do que somos e do que fazemos.

NOTAS:

[1] AUGÉ, M. 1994.
[2] idem
[3] idem, p.33
[4] HUTCHEON, L. 1991
[5] FOUCAULT, M. Apud HUTCHEON, L. 1991,p.94.

BIBLIOGRAFIA:

AUGÉ, Marc. *Não- lugares*: introdução a uma antropologia da sobremodernidade. Trad. Lúcia Mucznik, Bertrand Editora, 1994.
 CARREIRA, Shirley. Entre o ver e o olhar: a recorrência de temas e imagens na obra de José Saramago. Atas do 6º Congresso da Associação Internacional de Lusitanistas,1999 http://www.geocities.com/ail_br/entreovereoolhar.html
CHATMAN,Seymour. *Story and discourse*. Ithaca, London, Cornell University Press, 1978.
 FOUCAULT, Michel.*The archeology of knowledge and the discourse of language*. New York, Pantheon,1972.
 HUTCHEON,Linda. *Narcisistic Narrative*: the metaficcional paradox. New York, Methuen,1985a.
______ *Poética do pós-modernismo*. Rio de Janeiro, Imago Editora, 1991.
______ *The politics of postmodernism*. London, New York, Routledge, 1989
SARAMAGO, José. *Ensaio sobre a cegueira*. São Paulo, Cia. das Letras, 1995.

ÁLVARO GUTIERREZ

Norbert-Bertrand Barbe

Résumé de l'article:
Comment la littérature contemporaine, réduisant en forme extême les dimensions du récit, joue sur la densité inverse du contenu. La structure lingïstique supportant le contrepoint (et étant le contrefort) de l'apparente simplification narrative, du guatémaltèque Augusto Monteroso au nicaraguayen Álvaro Gutiérrez.

El pintor y escritor jinotepino Álvaro Gutiérrez es autor de un cuento titulado: "*El cuento más largo del mundo*", integrado a su libro *Asociación para delinquir - Varia Invención -* (Managua, Sirman-CNE, 1997, p. 107). Dicho cuento se divide en un epígrafe: "*Para Augusto Monterroso*", y una línea, que conforma todo el texto del cuento: "*El mono se bajó del árbol y se irguió para talarlo.*"

El epígrafe al guatemalteco Augusto Monterroso remite a su famoso cuento "*El dinosaurio*", integrante del libro *Obras completas (y otros cuentos)* de 1959, cuyo texto se reduce a la siguiente frase: "*Cuando despertó, el dinosaurio todavía estaba aquí.*" (Bogotá, Norma, 1994, p. 67).

El nicaragüense Lolo Morales interpreta el texto de Gutiérrez en su poemario *Güegüence mío y otros versos* (Comercial 3H S.A., 1998, pp. 61-63) de título dariano-coroneliano, mediante dos poemas consecutivos que cierran el libro, justo antes del último díptico, éste funcionando por oposición entre "*Antonimos*" (p. 65) que trata de un general somocista llamado con nombres de simio, y "*Es como un(a)...*" (p. 67) sobre el baudelairiano poeta y su puta, con alusiones también políticas al final del poema. El díptico que nos interesa es el siguiente: "*Evolución*" (p. 61): "*Y el mono/ se hizo hombre;/ el chillido/ fue primero,/ luego vino/ la palabra.*"; "*Involución*" (p. 63): "*Y el hombre/ se hizo mono;/ hoy la bestia/ chilla,/ y la humanidad/ gime.*" Similarmente, a inicios de su poemario, en "*Resumen amoroso*" (p. 9) propone una interpretación propia de "*Idilio en cuatro endenchas*", II, de José Coronel Urtecho, a quien, además de imitarle en muchos poemas, dedica una "*Oda*", a la manera del maestro (p. 21). Anteriormente, Leonel Rugama, en "*La tierra es un satélite de la luna*" (1969), había abordado la dialéctica de la evolución humana, oponiendo la conquista espacial norteamericana al hambre en Acahualinca.

Mucho se ha hablado del cuento de Monterroso, hasta el también nicaragüense Juan Aburto le dedicó un cuento, titulado "*El Asedio*", publicado por el *Nuevo Amanecer Cultural* el 24/2/2003, y cuyo punto de partida es la situación de la frase de "*El Dinosaurio*". Sólo que ahí, Aburto asume que el sujeto evocado por Monterroso es el cazador del dinosaurio, en una reescritura del cuento que recuerda novelas como *La guerre du feu* de 1909 de los hermanos Joseph Henri Boex, o Rosny l'aîné, y Séraphin Justin Boex, o Rosny le jeune, mejor conocidos bajo el pseudónimo de J.H. Rosny.

Dos preguntas caben entonces: la primera: ¿qué cuenta el cuento de Gutiérrez? concierne el cuento de Gutiérrez, la segunda: ¿cual es el sujeto del cuento? el de Monterroso. Las dos preguntas son estrechamente relacionadas, y se aclaran mutuamente. En los dos casos, nos encontramos ante animales relacionados con el tema de la evolución: el dinosaurio y el mono. En el caso de Gutiérrez, indudablemente el sujeto del texto es el mono, sin que se pueda definir lingüísticamente si se trata de un mono en particular o del mono como especie, si no es por la utilización del artículo "*el*", que supondría para referir a un mono en particular que éste haya sido evocado anteriormente, lo que no es el caso, permitiendo así al lector deducir por lógica, más no por contexto, que alude el autor a la especie.

Los dos cuentos evocan en una sola frase corta una evolución larga, jugando con prejuicios mentales del lector: son acciones posibles (un mono baja de un árbol, y si no lo tala en sentido estricto, lo puede triturar y hasta arrancar, Gutiérrez no evoca ningún artefacto; factibilidad en Monterroso del sueño para cualquier ser vivo, hasta los perros sueñan). En Gutiérrez el juego es con el título y la sorpresa. En una frase contiene una acción, si bien desmultiplicada por referir a la especie no al individuo, única. Un hombre del siglo XVIII no había entendido el cuento, ya que implica dos prejuicios culturales, más allá del texto en sí, para el lector: asumir que el mono representa a la humanidad en uno de sus estados de evolución como en Morales, y los problemas medioambientales y forestales de despale, de evidentes estragos en Nicaragua en Carazo, donde vive el autor. De igual forma, el texto de Monterroso no narra sino una historia alusiva. El título esta vez indica que, posiblemente, el sujeto es el dinosaurio, aunque nada impide pensar con Aburto que el sujeto sea un cazador o cualquier otro ser ante el dinosaurio. El prejuicio esta vez no se extiende desde dentro hacia fuera del texto de manera comprensiva, como en Gutiérrez, sino desde fuera hacia dentro, inclusivamente, el lector asumiendo la existencia de un segundo personaje, sujeto remitido, cuando, aquí también, ni la sintaxis ni la lingüística nos permiten dar tal paso.

En Kafka, mientras el mono de "*Un informe para la Academia*" (1917) simboliza a la humanidad, "*La Metamorfosis*" (1912) empieza: "*Una mañana, al salir de un sueño agitado, Gregorio Samsa se despertó convertido en un monstruoso insecto.*" Frase que expresa, como la de Monterroso, un sujeto único percibiéndose en dos estados de conciencia distintos: ser soñador y estar soñando. El dinosaurio, sujeto único, al retomar conciencia de sí, nos devuelve a todos en otro tiempo en que, jugando con los conceptos cartesianos y fenomenistas de Hume, el animal, despertándose, todavía sigue aquí, a pesar del implícito sueño en que soñó existíamos. La explicación hablada del simio de Kafka que la humanidad no tan cercana al primate como él tiene eco en el pensamiento silencioso del dinosaurio de Monterroso. Perros en la literatura contemporánea han hablado para criticar la sociedad humana: en *Corazón de perro* (1925) de Bulgakov, *City* (1944) de Clifford D. Simak, versión canina de *Animal Farm* (1945) de Orwell. En *Obras completas (y otros cuentos)*, otro animal, no definido, pero narrador: aparentemente un perro ("*enpecé a manotear de alegría*"), se irgue ("*me erguí de pronto feliz sobre mis dos patas*"), para contarnos la muerte sin gloria ni pena de una vaca ("*Vaca*", p. 111).

Mientras la primera frase de "*La Metamorfosis*" refiere un cambio ontológico de hombre a insecto (forma prehistórica darwiniana) mediante el sueño, "*El dinosaurio*" evoca la identidad del sujeto, animal prehistórico, a pesar del sueño. Juego que se implementa en Morales (dualidad palabra: humana-divina, nominativa, vs. gemido: animal, no articulado), y en Gutiérrez (entre las dos partes divididas por el nexo "*y*" del cuento en que los dos procesos implican una acción inversa: bajar es provoca la evolución por cambio ontológico, como elevarse en el cielo en Rugama, mientras erguirse implica una involución destructora, el hambre de Rugama correspondiendo al despale de Gutiérrez y a la violencia innombrada de Morales, "*gemido*" regresivo devolviéndonos al primordial "*chillido*" de "*Evolución*").

Confirma nuestro planteamiento del dinosaurio sujeto el hecho de que, funcionando los cuentos del libro de Monterroso de manera binaria (por ejemplo "*Vaca*" introduce "*Obras completas*" por la fórmula: "*una vaca muerta muertita sin quien la enterrara ni quien le editara sus obras completas*"), en "*Vaca*", el autor interviete los códigos habituales, siendo ahí la vaca que se ve pasar desde el tren, en vez de que, según el modelo conocido, sea ésta que mire pasar el tren. De la misma manera, el dinosaurio se vuelve no objeto, sino sujeto de un discurso intelectualizado, ya que el sueño implica, en sentido cartesiano (o sea, el pensar del pensar, en términos romanticistas), conciencia de sí.

Además, tenemos que, en *Oveja negra y demás fabulas* (1969), la personificación de los animales se expresa más pertinentemente todavía en "El burro y la flauta", en el que, personificándose también a la flauta, el fenómeno pasa por el problema de racionalidad ("*Tirada en el campo estaba desde hacía tiempo una Flauta que ya nadie tocaba, hasta que un día un Burro que paseaba por ahí resopló fuerte sobre ella haciéndola producir el sonido más dulce de su vida, es decir, de la vida del Burro y de la Flauta./ Incapaces de comprender lo que había pasado, pues la racionalidad no era su fuerte y ambos creían en la racionalidad, se separaron presurosos, avergonzados de lo mejor que el uno y el otro habían hecho durante su triste existencia.*"), es decir, que en Monterroso la forma de representación de la animalidad pone en tela de juicio lo humano en un sistema de inversión de comprensión. Se reproduce, y en forma más similar todavía a "*El Dinosaurio*" en "*El Mundo*", siendo esta vez Dios mismo el personaje enfrentándose al sueño "de lo que sabe que es que sería" por así decir: "*Dios todavía no ha creado el mundo; sólo está imaginándolo, como entre sueños. Por eso el mundo es perfecto, pero confuso.*" A su vez, en "*El Paraíso imperfecto*", es el hombre que mide las pertinencias formales y ontológicas del paraíso (como lo hace Dios con la creación en "*El Mundo*"): "*-Es cierto -dijo mecánicamente el hombre, sin quitar la vista de las llamas que ardían en la chimenea aquella noche de invierno-; en el Paraíso hay amigos, música, algunos libros; lo único malo de irse al Cielo es que allí el cielo no se ve.*" Ahora bien, "*El perro que deseaba ser un ser humano*" (devolviéndonos a las figuras caninas evocadas en la literatura contemporánea, así como a "*Vaca*"), versión masculina de "*La rana que quería ser una rana auténtica*", y dentro del problema propio en la narrativa de Monterroso del juego de espejo entre las realidades diversas (véase "*La mosca que soñaba que era un águila*"), basado a menudo en el relato como fundamento del desdoblamiento de dicha realidad (en *Obras completas*: "Sinfonía inconclusa", "Diógenes también", "Leopoldo (sus trabajos)", "Obras completas"; en *Oveja negra*: "La tortuga y Aquiles", "La honda de David", sobre el Ulises de Homero: "La sirena inconforme" y "La tela de Penélope o quien engaña a quien", de *Movimiento perpetuo* de 1972: "Homenaje a Masoch"), como en Borges, se inscribe en el tema recurrente del género (de *Obras completas*: "Primera Dama", "No quiero engañarlos"; de *Oveja negra*: "La sirena inconforme" y "La tela de Penélope o quien engaña a quien"). "El espejo que no podía dormir", al igual que "*La rana que quería ser una rana auténtica*", presenta la mirada ajena como elemento definitorio del sentimiento individual, lo que, no tanto como lo entendió Aburto, significa una visión ajena (si no es la del mismo escritor omnipotente pero siempre y notablemente heterodiegético) del ser individual, sino como lo muestran "*El Dinosaurio*", "*El burro y la flauta*","*El Mundo*" y "*El Paraíso imperfecto*", provoca el choque de realidades en una sola mente.

Otro elemento, circunstancial, nos impulsa a considerar "*El dinosaurio*" como animal-sujeto, es, además de la combinación de valores de "*Dejar de ser mono*" de *Movimiento perpetuo* con "*Mister Taylor*" (por la referencia a las cabezas reducidas) y "*El eclipse*" (por la evocación de la Conquista) de *Obras completas*, la publicación en 1963 de *El planeta de los simios* del francés Pierre Boulle, donde se presenta dialécticamente la evolución humana. Paralela dialéctica en *2001, A Space Odyssey* de 1968 de Arthur C. Clarke y Stanley Kubrick, libro y película inspirados en el cuento "*The Sentinel*"de 1951 del mismo Clarke. Presente también en *The Martian Chronicles* (1950) de Ray Bradbury, anterior de un año a "*The Sentinel*".

LES DERNIERS ROMANS D'ITALO CALVINO COMME HYPERTEXTES

Auteur: Mikhail Vizel (RUSSIE)
Traduit du russe par Nadejda Ivanova

Biographie de l'Auteur:
Born 20 July 1970, Moscow, Russia. 1987-1992: Studied at the Moscow Institute of Chemical Engineering; degree in mechanical engineering. 1993-1998: Studied at the Gorky Institute of Literature in Moscow; degree in literary translations. 1996- present: freelance cultural critic and essayist, writing for leading Moscow publications (see below). 1998-2002: part-time post-graduate student at Gorky Institute of Literature, writing a dissertation about Italo Calvino and literary hypertext. 1999-2002, 2003-2004: staff editor for Moscow's leading online newspaper, Lenta.ru (http://www.lenta.ru), responsible for- searching out relevant news items and keeping track of developing stories - reformatting, writing and editing stories according to online newspaper format - developing hypertext apparatus, converting text into hypertext using HTML, FTP clients, graphics processors. - collaborating with the site's information affiliates 2003: Script writer for two weekly 30-min shows for channel "Rambler-TV": "Music of the planet" and "Music and Internet". 2004: Staff editor for pop-science magazine "GeoFocus" 2004 - 2006: PR-director for Fundamental Digital Library "Russian Literature and Folklore" 2004 - 2007: staff editor (books reviewer) for Time Out Moscow 2007 - present: staff editor for "Inostranka/CoLibri publishers" ("Atticus Publishing house") Important Publications "Calvino's Later Works as Examples of Hypertext," Setevaya Slovestnost' (Net Belles Lettres) (http://www.litera.ru/slova/) Moscow: November, 1998 French translation: Les derniers romans d'Italo Calvino comme hypertextes (http://hypermedia.univ-paris8.fr/Groupe/documents/Calvino.htm)"Hypertexts on Both Sides of the Computer Screen," Inostrannaya Literatura (Foreign Literature), Moscow: October, 1999. "The Ancestors of Postmodernism: Calvino's Trilogy," Russky Zhurnal (Russian Journal, http://www.russ.ru), Moscow: April, 2000 "E-pistolary Novel," Russky Zhurnal (Russian Journal), Moscow: April, 2001 "Twelve Plots in Search of a Reader: Calvino's 'If on a Winter's Night a Traveller...'" Vestnik Molodykh Uchenykh (Journal of Young Scientists: Philological Series,) Vol. 6'01, St. Petersburg: 2001 "Literary Games on the Internet," Novy Mir (New World), Moscow: April, 2002 Literary Translations (all - from Italian) * Novyie Veruyuschie - Giacomo Leopardi's poem I Nuovi Credenti. Moscow, Respublika: November 2000 * Vsio ravno tebe vodit' - Giuseppe Culicchia's novel Tutti giu' per terra. Moscow, Pangloss: 2002, San-Petersburg, Symposium: 2004   * Amabarabá - Giuseppe Chulicchia's novel (in work)   Micellaneous:Created hypertext literary project "Le città invisibili on-line" (http://calvino.viesel.ru) (2002) * Wrote the 240-pages guide for New York (Moscow: Afisha, 2003) * Spent May-December 2002 in New York for family reasons Accomplishments: * Winner of the on-line literary contest "Art-Teneta 2000" (translation category)

Résumé de l'article:
On (re)trouvera dans le présent texte les avant-coureurs littéraires d'hypertexte passés en revue (dont les références russes moins connues que les autres) et ses notions principales, aussi que le contexte historique et épistémologique de l'apparition de l'hypertexte. Ensuite, l'auteur applique ces notions à l'analyse des trois derniers romans d'Italo Calvino, considéré à juste titre comme un des auteurs les moins linéaires de notre temps. . (Nadejda Ivanova)

AVANT-PROPOS DU TRADUCTEUR

Mis à part quelques petites coupures signalées par [...], le texte qui suit est la traduction exacte du texte initial (publié en ligne) qui restitue toutes les notes et tous les liens de l'original. Quelques commentaires que j'ai jugé utile d'apporter sont en cursive entre parenthèses. Pratiquement toutes les citations ont été retrouvées et reprises dans leur version française, pour les deux premiers romans d'Italo Calvino je me suis servie des éditions de Seuil, pour " Le voyageur " - de celle de Poche la bibliographie renvoie donc aux traductions françaises, si elles existent.

I. Définition de l'hypertexte
II. Hypertexte et post-modernisme
III. Hypertextes non-littéraires. Histoire
IV.
V. Classification des hypertextes
VI. La flèche du temps dans le sable. "Villes imaginaires"
VII. Palindromes de sens. "Château des destinées croisées"
VIII. "Toi, lecteur...". "Si par une nuit d'hiver un voyageur..."

Italo Calvino (1923- 1985) est un des écrivains italiens les plus originaux du XX siècle. Il est entré dans la littérature avec un roman " militaire " " Le sentier des nids d'araignées ", 1947. Déjà ce premier livre a été identifié comme non-réaliste. Encore plus étonnante sera la trilogie écrite dans les années 50 " Nos ancêtres ". Les titres parlent pour eux : " Le vicomte pourfendu ", " Le baron perché ", " Le chevalier inexistant ".
Dans les années 60 Calvino participe activement aux discussions sur les destins de la littérature, sur ses rapports avec la science et fait partie du groupe OULIPO (Ouvroir de Littérature potentielle) qui " faisait des expériences mathématico-littéraires " (XIV, 185) et s'opposait à Rolland Barthes et aux écrivains partisans de l'écriture automatique, réunis autour de la revue " Tel Quel ", où " dominait la distraction, l'acrobatie de l'esprit et de l'imagination " (ibid.).
De toute évidence ce n'est pas sans l'influence de ces discussions que Calvino écrit, dans les années 70, des romans qui ne rentrent plus dans le cadre de la littérature " normale ". A ma conviction, ses derniers romans (" Les villes imaginaires", " Le ch'teau des destins croisés " et " Si par une nuit d'hiver un voyageur ") se prêtent le mieux à une description en termes de l'hypertexte littéraire.
Le présent article est consacré à la démonstration de cette thèse.

I. DÉFINITION DE L'HYPERTEXTE

Calvino lui-même a employé le terme d'"'hyperroman" en l'appliquant aux deux derniers des romans cités, en 1980, dans l'essai "La machine littéraire", et il est de ce fait un des créateurs du terme. Puisque le mot " hypertexte " n'est plus une métaphore, on se doit de commencer par les définitions (bien que dans la tradition critique russe le sujet est très peu élaboré, les bibliographies des ouvrages européens et américains comptent déjà des dizaines de titres).
Le site "Labyrinthe électronique" qui est une des meilleures références en ce qui concerne la théorie de l'hypertexte, donne une des définitions les plus complètes et générales:

L'hypertexte est une présentation de l'information comme un réseau de noeuds reliés, dans lequel les lecteurs sont libres de naviguer d'une façon non-linéaire. Il autorise la possibilité d'une pluralité d'auteurs, la dissolution de fonctions d'auteurs et de lecteur, des ouvrages élargis aux frontières floues et une pluralité de lectures. (XXI)

Il faut souligner trois aspects dans cette définition:

Dispersion de la structure. L'information est présentée par petits fragments-noeuds, et l'on peut "entrer" dans cette structure par n'importe quel maillon.

Non-linéarité de l'hypertexte. Le lecteur est désormais libre (ou obligé) de choisir son parcours de lecture, en créant ainsi *son* texte. Cette situation, comme le note George Landow (XXI), rend impossible la critique littéraire classique: l'hypertexte fait disparaître la fixité du texte qui est le fondement de la théorie et de la pratique de cette critique. Un critique ne peut, par définition, lire un hypertexte dans son intégralité, c'est un "texte à lectures infinies" (***readless***).

Hétérogénéité et multimédia, c'est-à-dire, l'emploi de tous les moyens d'action sur le lecteur-consommateur, possibles techniquement dans un système donné (c'est cela qui est entendu par "ouvrages élargi", ***expanded works***) ö à commencer par des moyens purement littéraires (choix de la stratégie narrative et de la stylistique) en passant par les moyens éditoriaux (polices, mise en page, illustrations) jusqu'aux moyens numériques les plus sophistiqués (son, animation, hyperliens vers d'autres données non-littéraires).

L'élément le plus important de la structure hypertextuelle est l'**hyperlien** ou *le saut.* Voici la façon dont D. Manine (mathématicien et participant actif des projets littéraires en ligne) décrit le premier hyperroman russe qui s'intitulait simplement "Roman":

Je vois " Roman " un peu comme une macromolécule de protéine qui a une structure primaire de base ö des pages qui sont des acides aminés, mais aussi une structure d'un niveau supérieur ö la façon dont toute la chaîne est enroulée, de cette sorte que les endroits qui sont loin l'un de l'autre (en suivant la chaîne) se trouvent à côté et sont rattachés par les liens (links). Les protéines ne peuvent pas marcher sans cette structure secondaire. Les hypertextes non plus.

L'hyperlien dans un hypertexte ö c'est la connotation matérialisée, l'allusion dans un texte ordinaire. Cette *syntagmatisation des liens paradigmatiques,* comme disent les structuralistes, n'est rien d'autre que la manifestation du processus proclamé par Eco (après McLuhan) de la substitution à la "civilisation de Gutenberg" de la "civilisation orientée image" (*image-oriented):* les allusions deviennent plus visibles, plus grossières, ressortent sur la surface.

II. HYPERTEXTE ET POST-MODERNISME

D'autre part, il est aisé de justifier le rapport de l'hypertexte avec la notion de post-modernisme.

Un critique américain Ihab Hassan, en donnant une des meilleures descriptions du post-modernisme, évoque les aspects suivants qui le caractérisent:

1. Indétermination, culte de l'hermétisme, de l'erreur, de l'omission;
2. Caractère fragmenté et principe du montage;
3. "Décanonisation", lutte contre les centres traditionnels de valeurs;
4. "Tout se passe sur la surface", absence de profondeurs psychologiques et symboliques;
5. "On se retrouve avec le jeu du langage, sans l'Ego": silence, refus du mimésis et de la description;
6. Ironie positive, qui installe un univers de pluralités;
7. Confusion de genres, du haut et du bas, syncrétisme des styles;
8. Caractère théâtral de la culture moderne, travail pour le public, prise en compte obligatoire de l'auditoire;
9. Interpénétration de conscience et des moyens de communication, capacité de s'adapter à leur évolution et de réfléchir à leur sujet.

Ces aspects se rapportent bien aux caractéristiques de l'hypertexte citées ci-dessus: le premier aspect se manifeste dans la *non-linéarité* et *l'effacement des frontières,* les 2e et 4e expriment la notion de *l'hyperlien (saut),* le 7e, le 8e et surtout le 9e - *hétérogénéité* et *multimédia.* On constate donc que l'hypertexte n'est pas un gadget électronique, mais bien une partie intrinsèque et légitime de l'époque que nous vivons.

III. HYPERTEXTES NON-LITTÉRAIRES. HISTOIRE

Nombreux sont encore ceux qui croient que la notion d'hypertexte est apparue tout récemment, par suite du développement des ordinateurs personnels et du réseau global d'Internet. Or, sa caractéristique principale a été formulée pour la première fois dans les années 60, bien avant l'apparition des processeurs de texte et a fortiori d'Internet, par un programmeur et philosophe Theodor Nelson:

Le trait caractéristique principal de l'hypertexte est sa discontinuité ö le saut: déplacement inattendu de la position de l'utilisateur (lecteur ö M.B.) dans le texte.

Plus tard, en 1981, dans le livre " Literary Machine ", il a donné une définition plus stricte:

J'entends par hypertexte une production non-séquentielle (non-sequential writing) ö un texte en arborescence qui laisse le lecteur choisir. Autrement dit, c'est une série de fragments de texte (a series of text chunks), reliés par des liens, proposant au lecteur des parcours différents.

A peu près à la même époque les post-structuralistes français t'tent le terrain de la nouvelle textualité en termes étonnamment proches. Rolland Barthes dans " S/Z " définit son texte-écriture idéal de la façon suivante:

Dans ce texte idéal, les réseaux sont multiples et jouent entre eux, sans qu'aucun puisse coiffer les autres; Ce texte est une galaxie de signifiants, non une structure de signifiés; il n'a pas de commencement; il est réversible; on y accède par plusieurs entrées dont aucune ne peut être à coup sûr déclarée principale; les codes qu'il mobilise se profilent à perte de vue, ils sont indécidables (le sens n'y est jamais soumis à un principe de décision, sinon par coup de dés); de ce texte absolument pluriel, les systèmes de sens peuvent s'emparer, mais leur nombre n'est jamais clos, ayant pour mesure l'infini du langage. (II, 558)

Les morceaux de textes de Nelson n'est autre chose que les **lexies** de Barthes:

Le signifiant tuteur sera découpé en une suite de courts fragments contigus, qu'on appellera ici des lexies <...>...sa dimension, déterminée empiriquement, au juger, dépendra de la densité des connotations, qui est variable selon les moments du texte. (ibid.)

Toute nouvelle méthode, une fois définie, a tendance à " s'extrapoler " sur les faits antérieurs. La notion de l'hypertexte ne fait pas exception. Ainsi, les romans polyphoniques de Dostoïevski sont considérés comme ses précurseurs directs, ils auraient anticipé les principes de la prose, mais surtout les particularités de la mentalité du XX s. Cette affirmation soulève des doutes, mais voici comment Lotman *(critique littéraire et sémiologue russe important. ö N.I.)* décrit ses impressions de la lecture des brouillons de Dostoïevski:

*Dès qu'il apparaît une tendance à la narration, à une construction narrative, on est témoin d'une résistance intérieure croissante à cette tendance. <...> En fait, le***texte perd la linéarité***. Il se transforme en un ensemble paradigmatique des variantes possibles de l'évolution. Et cela se produit presque à chaque tournant du sujet. Une construction syntagmatique est remplacée par un* **espace pluridimensionnel** *des potentialités du sujet. En même temps le texte a de plus en plus de mal à s'insérer dans une expression verbale: il suffit de jeter un coup d'oeil sur une page de manuscrit de Dostoïevski pour voir à quel point le travail de l'écrivain est loin d'un texte narratif " normal ". Les phrases sont jetées sur les pages sans respect d'une continuité temporelle dans le remplissage de lignes ou de feuilles. On n'est jamais sûr que deux lignes placées une à côté de l'autre ont été écrites consécutivement. Les mots sont écrits avec des écritures différentes et sont de dimensions différentes, vont dans tous les sens.*

<...> De nombreuses notes ne sont pas des textes, mais des abréviations mnémoniques des textes conservés dans l'esprit de l'auteur. Ainsi, les pages des manuscrits de Dostoïevski ont tendance à se transformer en **signes d'une immense intégralité pluridimensionnelle** *habitant l'esprit de l'écrivain, au lieu d'être une exposition conséquente d'un texte organisé de façon linéaire. (Cela semble être le cas des manuscrits d'une grande partie d'écrivains qui ne font que révéler le processus de la création qui, lui, n'est jamais linéaire. ö N.I.) De surcroît, ces notes se rapportent aux niveaux différents: il y a des variantes des épisodes, des appels à soi, des réflexions théoriques philosophiques, des mots-images à part qui n'ont pas encore trouvé leur place, qui vont se développer dans des épisodes futurs. En faisant recours aux différents moyens de* **mise en relief***: souligné, gros caractères, caractères d'imprimerie ö Dostoïevski <...> fixe l'intonation, pour ainsi dire souligner que les moyens graphiques, ce n'est pas du texte mais juste sa projection.*

(A propos de la question des manuscrits voir aussi l'exposition " Aventures des écritures " à la BNF, chapitre " La page ", et la revue Genesis, signalée par J. Clément. ö N.I.)

Quiconque a déjà vu une page Web bien élaborée sera frappé par sa ressemblance ö dans tous les détails ! avec cette description d'une page de manuscrit de Dostoïevski.

[...]

On peut également trouver des éléments de multimédia dans des poèmes visuels des futuristes italiens *(aussi que dans les calligrammes d'Apollinaire et les " poèmes concrets " des auteurs allemands... ö N.I.).*

On peut prolonger ces extrapolations encore plus loin dans l'histoire. Ainsi, on découvre des éléments d'hypertexte dans les textes non-modernistes aussi différents que la Bible et la dilogie sur Alice de Lewis Carroll.

La dilogie de Carroll nous intéresse en premier lieu par sa non-linéarité latente: les chapitres sont unis formellement par les thèmes de "recherche de la sortie" et "recherche du trésor", mais ils ne découlent nullement l'un de l'autre, et il apparaît tout le temps de nouveaux personnages qui n'ont rien à voir l'un avec l'autre. Dans le monde de Carroll toutes les évolutions d'événements sont possibles, elles ne sont déterminés par aucune lois de logique ou de bon sens *(du reste, tout univers fictif autorise cette situation, à condition que la règle de sa construction soit l'absence de règles. ö N.I.).* On ne peut jamais prévoir ce que Alice va rencontrer à la page suivante et par quoi ça va se terminer. C'est là la différence par rapport au roman d'aventure ou un roman picaresque: si, dans le monde de Dumas, un personnage entre dans un combat, il ne peut que vaincre l'adversaire ou bien perdre, alors que dans le monde de Carroll il y a une multitude infinie de variantes: son adversaire peut se transformer en oiseau ou bien on peut découvrir que leur combat est un combat avec l'ombre. Il est encore moins clair, comment chaque lecteur concret va l'interpréter et quels sens construire à la base de ce texte. En fait, on est confronté ici à ce " texte à lectures infinies " (readless) dont parle Landow et qui est inabordable pour la critique traditionnelle.

En ce qui concerne la Bible, elle nous intéresse, premièrement, à cause de son système extrêmement bien élaboré de références croisées de lieux parallèles (analogie des hyperliens), et d'autre part, par la lecture adoptée par les chrétiens dite lecture de " contrepoint " (expression de Marc Bernstein): tous les événements de l'Ancien Testament sont projetés sur ceux du Nouveau Testament, les prophètes et les chefs sont considérés comme précurseurs et en partie une incarnation de Christ et comme un maillon incontournable de l'humanité sur le chemin de salut. En plus, chaque verset de la Bible est polysémique (dans la dogmatique orthodoxe il a 4 sens) *(voici les quatre niveaux de lecture des textes bibliques distingués par les théologiens:*

   o *Le sens littéral qui représente l'événement;*

- o *Le sens allégorique montrant dans l'Ancien Testament ce qui annonce la venue de Jésus;*
- o *Le sens tropologique qui explique comment ce qui s'est accompli par Jésus doit s'accomplir en chaque homme;*
- o *Le sens anagogique fait voir par anticipation la réalisation finale de l'homme parfait en compagnie de Dieu. Souvent proche de la tropologie, il ne s'en distingue pas toujours et les textes ne contiennent alors que les trois premiers sens.*

Source: "Le langage des images. Cathédrales, vol.5", Michel BOUTTIER, éd. Création et recherche 1995. ö N.I.) et contient potentiellement une infinité d'interprétations et associations, c'est-à-dire un réseau de nouveaux sens.

Le " Décameron " de Boccace est encore plus lié à l'hypertexte. Les nouvelles courtes se trouvent reliées entre elles non pas au niveau du sujet, mais au niveau du " métasujet ": comme on se souvient, chaque jour est consacré aux récits sur un thème précis, ils le varient et développent, alors que l'enchaînement de ces thèmes peut être considérée comme sujet (ou métasujet).

Il est important, en parlant des hypertextes, de ne pas confondre l'objet et le moyen de représentation. Ainsi, " Le jardin aux sentiers qui bifurquent " où l'on trouve la description devenue déjà classique d'une oeuvre non-linéaire:

...Une nouvelle lecture générale de l'ouvrage confirma cette théorie. Dans toutes les fictions chaque fois que diverses possibilités se présentent l'homme en adopte une et élimine les autres- dans la fiction du presque inextricable Ts'ui Pên, il les adopte toutes simultanément. Il crée ainsi divers avenirs divers temps qui prolifèrent aussi et bifurquent. De là les contradictions du roman. Fang, disons, détient un secret; un inconnu frappe à sa porte; Fang décide de le tuer. Naturellement, il y a plusieurs dénouements possibles: Fang peut tuer l'intrus, l'intrus peut tuer Fang, tous deux peuvent être saufs, tous deux peuvent mourir, et coetera. Dans l'ouvrage de Ts'ui Pên, tous les dénouements se produisent; chacun est le point de départ d'autres bifurcations. Parfois, les sentiers de ce labyrinthe convergent: par exemple, vous arrivez chez moi, mais, dans l'un des passés possibles, vous êtes mon ennemi; dans un autre, mon ami.

- o ce récit est, comme par contraste, un des plus traditionnels parmi les récits de Borges: avec un développement du sujet jusqu'à une pointe, un personnage-narrateur assez éloigné de l'auteur et même un sujet dynamique de nouvelle policière.

De même, " Bruit et fureur " de Faulkner n'a rien d'un hypertexte: dans un récit complexe chargé d'allusions bibliques et réalisé avec des techniques narratives modernistes, on arrive à discerner un sens dont l'interprétation ne pose pas de problème (démantèlement et dégradation du clan de Compson comme une représentation de la déchéance générale du mode de vie patriarcale du Sud), et une histoire tout à fait linéaire (Caddy Compson est tombée enceinte par l'oeuvre de Dalton Ames et elle est obligée de se marier précipitamment, l'un des frères la maudit, un autre (qui se suicide) éprouve pour elle une affection maladive, et le troisième frère idiot est en adoration muette pour elle etc.). C'est la différence du " Bruit et fureur " des vraies constructions hypertextuelles, comme, par exemple, " Feu p'le " de Nabokov (éd. Poche), où, sans parler d'autres traits typiques de l'hypertexte, le lecteur peut reconstituer au moins trois versions fondées de ce qui s'est passé dans le roman qu'il a lu et comment il faut l'interpréter.

Comme a bien remarqué autrefois Tarlé, les mines entières de marbre de Carrare n'amènent pas l'apparition de " Venus de Milo " ni de David. L'ordinateur tout seul n'a pas engendré la non-linéarité, l'hypertextualité et le multimédia. Les éléments d'hypertextualité sont généreusement éparpillés dans toute la littérature mondiale. Mais pourquoi c'est seulement dans la seconde moitié du XX s. qu'ils se condensent, sont revendiqués et passent à un autre niveau ?

IV.

On ne s'est pas encore entièrement rendu compte du changement de la place de l'homme dans le monde au cours des dernières décennies. On change la face du monde. D'un élément du biosystème l'homme s'est transformé en une unité qui détermine l'existence physique de la Terre, au même titre que l'océan mondial ou le système vulcanien.

Mais l'essentiel c'est que non seulement nous pensons au monde différemment, mais aussi on le sent autrement. Il ne s'agit pas ici du fait qu'on peut parler aux autres continents de chez soi et manger des fraises en hiver, mais des notions de base: gr'ce aux voitures et aux trains, notre sens du temps et du rythme a changé; gr'ce aux couleurs artificielles épurées - le sens de coloris etc. Nous sommes impressionnés par les pyramides d'Egypte, mais cette admiration est rétrospective. Pour qu'elles nous frappent comme il y a vingt siècles, il faut qu'elles soient aussi grandes que la Tour Eiffel et scintilles de toutes les couleurs de l'arc-en-ciel.

La réalité et la fiction échangent de places, diffusent l'une dans l'autre. Un accident de voiture dans la vie réel n'a pas du tout l'air vraisemblable: il n'y a pas de filmage au ralenti, ni de répétitions des vues différentes, rien de tout ce que nous avons tous vu tellement de fois à la télé et au cinéma.

Jean Baudrillard a écrit dans sa réflexion sur les bizarreries de la guerre du Golf, première guerre de l'époque électronique, quand Bush et Hussein apprenaient ce qui se passait par les mêmes émissions CNN *(traduction de N.I.)*:

De nos jours, le virtuel domine résolument l'actuel; notre sort est de se contenter de la virtualité limite qui, contrairement à la virtualité d'Aristote, fait redouter la perspective du passage à l'action. Nous ne sommes plus dans la logique du passage du possible au réel, mais dans une logique hyperréaliste d'épouvante de nous-mêmes par la possibilité même du réel.

En même temps un intellectuel à l'esprit critique est en voie d'extinction comme type. Sa phobie de réel semble se répandre sur tout le réseau de vaisseaux sanguins de nos instituts.

Ce n'est donc pas étonnant que, depuis 80e, les sociologues, les culturologues, les philosophes et même les critiques littéraires parlent, chacun de leur point de vue, du changement du paradigme culturel, crise de la civilisation industrielle etc.

[...]

Il ne s'agit pas d'une crise comme les autres: la réalité a changé ö autour de nous et à l'intérieur de nous, indépendamment de ce laquelle est considérée comme première et si on fait cette distinction.

Le remplacement des oppositions binaires **réalité / fiction** et **réalité / texte** par toute une série de réalités et une hiérarchie de textes, le conflit qui marque ce remplacement et sa résolution: tel est l'axe de l'évolution de la civilisation au XX s., et, par conséquent, de son art.

Lotman écrit à propos de ce conflit dans l'évolution de la culture:

Les cultures orientées sur les messages ont un caractère plus dynamique. Elles ont tendance à augmenter le nombre de textes à l'infini et donnent une croissance rapide de connaissances. Un exemple classique: la culture européenne du XIX s. Le revers de ce type de civilisation est un clivage très marqué de la société en émetteurs et récepteurs, l'apparition d'une tendance psychologique à consommer des vérités toutes faites comme un message sur le résultat d'un effort mental d'autrui. <...> Il est évident que le lecteur du roman européen de nouveau type est plus passif que celui qui écoute un conte merveilleux (ce dernier doit encore transformer les clichés reçus en textes de sa conscience); un spectateur au thé'tre est plus passif qu'un participant du carnaval. La tendance à une consommation aveugle est le côté dangereux d'une culture orientée à la réception de l'information de l'extérieur.

Les cultures orientées sur l'autocommunication sont capables de développer une plus grande activité spirituelle, mais elles sont souvent beaucoup moins dynamiques que ce que nécessitent les besoins de la communauté humaine. (VII, 45)

Lotman ne fait pas de conclusion, mais elle paraît évidente: une synthèse entre ces deux approches exclusives est nécessaire, à l'image du principe de complémentarité formulé par Nils Bor pour la physique quantique et extrapolé ensuite dans le domaine des sciences humaines.

Le philosophe français Paul Ricoeur écrit:

Un texte est une unité (a whole), et entant qu'unité isolée peut être rapproché d'un objet qui peut être considéré des côtés différents, mais jamais de tous les côtés simultanément. (cité d'après XXI).

" L'ambiguïté est une richesse ", remarque laconiquement Borges dans une de ses nouvelles les plus connues et les plus ambiguës " Pierre Menard, auteur de Don Quichotte ".

L'hypertexte qui détruit la détermination et la monosémie du message se trouve être un instrument particulièrement adapté à notre époque et adéquat pour la description des nouveaux rapports à la réalité. C'est l'instrument capable de réunir " l'activité spirituelle " de la civilisation du type autocommunicatif dans laquelle nous entrons, et la civilisation classique " du message ".

V. CLASSIFICATION DES HYPERTEXTES

Suite à sa popularité, la notion d'hypertexte englobe un grand nombre de classes d'objets. Nous allons donc essayer de classer les hypertextes suivant des paramètres différents et déterminer le groupe dans lequel on va placer les romans de Calvino.

1. **Fictionnels / non-fictionnels.** Comme la majorité des textes " ordinaires ", la plupart des hypertextes ne sont pas fictifs. Ce sont des annuaires, des modes d'emploi, construits suivant le principe " pour telle opération voir telle page, en cas d'un tel problème voir telle page, si le problème persiste, voir telle page " (un exemple connu est le système d'aide inséré dans le système d'exploitation de *Windows*), et, bien sûr, les encyclopédies.

2. **Isolés / en réseau.** L'un des premiers (donc, les plus connus) hypertextes de fiction ö " Afternoon " de Michael Joyce est vendu sous forme de CD-rom. Il se limite à ce CD-rom et une seule personne qui est devant son écran peut le lire en un moment de temps donné. Il existe d'autre part des hyperromans dans le réseau qui sont accessibles simultanément à beaucoup d'utilisateurs et, deuxièmement, qui peuvent se grouper en sites réunissant les oeuvres de ce type. Tels sont, par exemple, Labyrinthe électronique déjà cité, " Eastgate " ou bien le projet cyclopéen de Mikhail Epstein " Livre des livres " (pour résumer, son idée est de rassembler " des idées des livres non-écrits " pour que n'importe quel intéressé puisse s'en servir).

3. **Lecture seule / lecture avec commentaires / lecture-écriture.** " Lecture avec commentaire " est le type le plus répandu d'existence d'oeuvres sur le Réseau. Le lecteur/spectateur (car il s'agit non seulement de textes, mais aussi de tableaux, photos, fragments sonores etc.) a la possibilité d'exprimer, dans un " livre d'or " prévu à cet effet, son admiration, son désaccord et autres sentiments. D'aucuns ont tendance à considérer les livres d'or dont certains ont un taux de fréquentation important, comme un nouveau genre de littérature ö netérature *(traduction du néologisme russe " seteratura " forgé des mots " réseau " ö net et " littérature ")* dont l'étude peut nous amener trop loin. Lecture / écriture ö c'est des projets en évolution constante. Ils se divisent en:

4. **Projets d'un seul auteur / projets collectifs.** Dans le cas d'un projet individuel l'accès au site est protégé et réservé à l'auteur ou se fait avec son accord. Ainsi sont aussi tous les projets sur CD-rom. Dans le Réseau, tel est le cas de " La quai de Jitinski " - site où l'écrivain de St-Petersbourg Jitinski met ses oeuvres en les alimentant de liens croisés qui forment un hypertexte. L'accès aux projets collectifs est ouvert. Le plus réussi me semble être " Le jardin des haïkus qui bifurquent " du " Zhurnal.Ru ". Il est important de prendre en compte le fait que souvent les projets individuels sont compliqués par l'introduction des auteurs-marionnettes ö personnages virtuels créés par l'auteur qui ont leur voix indépendantes. Tel est le cas de " La grenouillère " - site consacré à la poésie japonaise dont l'auteur publie non seulement ses textes et ceux d'autrui, mais ceux de " Mary Shelli " (!) ö personnage créé par lui qui a une vie dans le réseau très active.

5. **Axiaux / dispersés.** On va appeler " axiales " les oeuvres qui, sans avoir de sujet transversal, ne se prêtent pas mieux pour autant aux opérations combinatoires, c'est-à-dire celles qui ont un principe magistral de construction. Tel est le cas de " Décaméron ", si on le considère comme hypertexte. Les hypertextes axiaux, c'est un passage entre le livre classique de Gutenberg et l'hypertexte

proprement dit, dispersé par sa nature. Les hypertextes dispersés n'ont pas d'axe narrative marqué. Ils n'ont pas de début, ni de fin, on peut y accéder par n'importe quel endroit. Cet aspect de classification est le plus conventionnel: il faudrait parler non pas d'une opposition binaire, mais de deux axes dans un système de coordonnées, entre lesquels chaque hypertexte concret va trouver sa place.

Ainsi, par suite de cette classification, l'objet de notre étude va être constitué par les hypertextes fictionnels, isolés, d'un seul auteur (individuels), en lecture seule. En ce qui concerne le critère " axial / dispersé ", c'est celui qui évolue dans les trois romans étudiés de façon la plus manifeste. C'est ce critère qui nous permettra de suivre l'évolution d'Italo Calvino pendant la dernière période de son oeuvre.

VI. LA FLÈCHE DU TEMPS DANS LE SABLE

Une fois les définitions données et la classification établie, on peut passer à l'étude des romans d'Italo Calvino. On va commencer par les " Villes imaginaires ".

En 1967 Calvino écrit:

Dans le mode de regard de la culture actuelle sur le monde il existe une tendance qui se manifeste partout: le monde est vu, dans ses aspects différents, toujours plutôt discret que continu. (XIV, 167)

La réalisation littéraire de cette affirmation a donné " Les villes imaginaires ". Ce livre contient cinquante cinq petits récits consacrés aux villes que Marco Polo aurait visité (" aurait visité " dans la réalité intérieure du roman) sur la demande de Kublai Khan. Ils sont groupés en neuf chapitres, cinq récits dans chacun, excepté le premier et le derniers chapitres qui en comptent dix chacun. Chaque chapitre est entouré de paroles intermèdes de l'auteur dont la longueur varie entre un paragraphe et quelques pages. Ces intermèdes reproduisent des dialogues de Marco Polo et Kublai Khan dans l'ambiance où ils ont lieu. Les récits des villes sont réunis dans onze groupes thématiques, cinq récits dans chaque groupe: " Villes et mémoire ", " Villes et désirs ", " Villes et signes ", " Villes effilées " etc. Chaque nouveau type apparaît en dernier (5-e) dans un chapitre et dans chaque chapitre suivant avance d'une position pour disparaître en arrivant au début.

Cette structure si complexe qui a demandé une description aussi détaillée est compensée par la brièveté des récits: d'une demi-page à une page et demie de petit format, qui décrivent une seule particularité de la ville ou de ses habitants. Ainsi, chaque récit constitue pratiquement une lexie de Barthes, tout en respectant le principe d'équilibre: plus d'allusions chargent le récit, plus court il est.

D'ailleurs, D. Manine qui ne connaît ni Barthes ni Landow aboutit aux mêmes conclusions au terme de son analyse de premier roman russe hypertextuel collectif:

La page [c'est-à-dire le chapitre ö M.V.] *doit être courte, pour une bouchée: un événement, une idée, une métaphore. <...> [Il faut respecter]* **Le principe de complémentarité:** *plus il y a de liens dans une page, plus courte elle doit être.* (VIII)

Bien que le khan chinois Koublaï (Koubilaï) à la cour duquel le négociant vénitien a passé vingt ans soit un personnage historique, il évoque pour le lecteur plutôt le Kubla-khan qui n'a existé que dans les rêves hallucinatoires de Coleridge. Le livre est caractérisé par l'ambivalence du songe et de la réalité, dans l'esprit de Borges. Soit Marco et le khan s'imaginent le reste du monde, pour avoir objet de discussion, soit ils s'imaginent ces discussions sans interrompre leurs activités habituelles (Marco voyage dans les foires avec un sac de poivre, le Khan galope en tête de ses armées), soit ils se sont imaginés eux-mêmes *(il est à noter que la traduction française du titre " La citta invisibile " par " Villes imaginaires " réduit l'éventail d'interprétations ö N.I.):*

KUBLAI: Peut-être notre dialogue se joue-t-il entre deux misérables surnommés Kublai Khan et Marco Polo, occupés à fouiller une décharge d'ordures, à mettre en tas des ferrailles rouillées, des lambeaux d'étoffe, de vieux papiers. Rendus ivres par quelques gorgées de mauvais vin, ils voient resplendir autour d'eux tous les trésors de l'Orient.

POLO: Peut-être n'est-il resté du monde qu'un terrain vague couvert d'immondices, et le jardin suspendu du palais du Grand Khan. Ce sont nos paupières qui les séparent, mais on ne sait lequel est dehors, lequel est dedans.

Le chronotope du roman est, lui aussi, conventionnel et schématique. Dans les récits de Marco, des dromadaires et des jonques côtoient des gratte-ciel et des radios, des petites rues sinueuses aux marches, des passages étroits et des hameaux voisinent le système européen de canalisation, une ville de Morts parfaitement égyptienne ö des Lares et des Pénates.

Mais la première chose qui frappe à la lecture des " Villes imaginaires " est l'absence totale du vecteur de temps. L'action n'avance ni ne recule. Il s'agit, en termes de Jean Genet, non pas de l'absence de mouvement du discours, mais de l'absence du mouvement de l' " histoire " elle-même. L'action ne bouge pas: Marco et le Khan sont assis dans le jardin, et Marco relate des histoires non liées l'une à l'autre. Contrairement à " Mille et une nuit " ou " Décaméron ", il n'y a aucune action dans ces histoires elles-mêmes ! Chaque récit de Polo est une description statique, une " coupe " de la vie de telle ou telle ville. La flèche du temps se trouve enfoncée dans le sable des petits récits dispersés, où pourtant il existe une cohésion intérieure, comme dans le vrai sable.

Cette structure discrète (non continue) et statique du livre fait qu'il est pratiquement impossible de retenir l'ordre des histoires ni du premier coup, ni à la relecture. Le lecteur est invité à trouver et à activer lui-même les liens intérieurs.

Par exemple, la tentation est grande de tenter la lecture des récits par groupes thématiques: cinq " Villes et mémoire "; ensuite ö cinq " Villes et désirs "; et ainsi de suite jusqu'aux cinq derniers " Villes cachées ". Qu'y a-t-il de commun, de différent ? Ou bien on peut essayer d'analyser chaque chapitre en tant qu'entité. Quel est le principe qui réunit les récits dans les chapitres ? Est-ce la description d'une même ville des points de vue différents ? Quel est le principe régissant le choix des noms de villes: tantôt d'origine pseudo-orientale (Zaïra, Tamara), tantôt latinisants

(Octavie, Léonie), tantôt grecs (Foedora, Phyllide), tantôt mythologiques (Léandra, Bérénice), tantôt faisant appel direct à la comédie del arte (Clarice, Sméraldine), tantôt travestis (Raïssa (Rassia, c'est-à-dire Russie ?), Zirme (Birme ?)) ?

La présence de ces liens intérieurs activés par le lecteur et qui l'activent, lui, le transformant presque en coauteur, - telle est la différence de fond des " Villes imaginaires " par rapport aux romans d'aventure des XVII-XVIII ss. ou du roman grec ancien, qui sont aussi composés d'une succession d'aventures peu liées entre elles, et où le vecteur de temps est aussi très peu présent: tout le long d'un gros roman le héros a la même force, habilité et débrouillardise, les amoureux, après une séparation et force péripéties (de genre capture par des pirates), se retrouvent aussi jeunes et amoureux passionnément comme au début. Dans les " Villes imaginaires ", les histoires, sans être liées au niveau du sujet, se trouvent liées au métaniveau, et non pas de façon linéaire, comme dans " Décaméron ", mais par une multitude de moyens, tout conformément à la définition d'hypertexte.

Au début du chapitre VI l'échange suivant a lieu entre le Khan et Marco:

- Il en reste une [ville]dont tu ne parles jamais.

Marco Polo baissa la tête.

- *Venise, - dit le Khan.*

Marco sourit.

- Chaque fois que je fais la description d'une ville, je dis quelque chose de Venise.

<...>

- Les images de la mémoire, une fois fixées par les paroles, s'effacent, - constata Polo.

- Peut-être, Venise, ai-je peur de la perdre toute en une fois, si j'en parle. Ou peut-être, parlant d'autres villes, l'ai-je déjà perdue, peu à peu. (XIII, 104-105)

Ici, le lecteur peut se reprendre et se mettre à chercher, dans toutes les descriptions, des indices de Venise. D'autant plus que Calvino le provoque: tout de suite après ce dialogue débute une description qui fait très clairement allusion à Venise:

A Sméraldine, ville aquatique, un réseau de canaux et de rues se superposent et se recoupent... (XIII, 106)

Cette référence géographique n'a rien du hasard. Venise - la ville la plus singulière du monde qui laisse à tous les voyageurs une impression persistante d'" une autre réalité ", de l'" apothéose de la forme ", suivant l'expression de A. Guénis (VI, 76), est une incarnation géographique, spatiale du principe de non-linéarité:

Pour aller d'un endroit à un autre, tu as toujours le choix entre le parcours terrestre et le parcours en barque: et comme à Sméraldine le chemin le plus court d'un point à un autre n'est pas une droite mais une ligne en zig-zags ramifiée en variantes tortueuses, les voies qui s'offrent aux passants ne sont pas simplement deux, il y en a beaucoup, et elles augmentent encore si l'on fait alterner trajets en barque et passages à pieds secs. (XIII, 106)

On retrouve ici une des particularités du style de Calvino qui revient dans les deux romans suivants: les principes de la construction du texte sont projetés à l'intérieur du texte. On assiste à la fusion de l'approche de création et de l'approche discursive, caractéristique citée par Landow comme un des indices de l'hypertexte (XXI).

De même, l'idée sous-jacente du passé non-réalisé et d'un avenir pluriel, qui traverse tout le livre (par exemple, " Villes et échanges, 1 "), est présente dans un dialogue de Marco et du Khan, dialogue qui fait référence au " Jardin des sentiers qui bifurquent " de Borges:

Marco entre dans une ville; il voit quelqu'un sur une place vivre une vie ou un instant qui auraient pu être siens; il aurait pu être à la place de cet homme, maintenant, s'il s'était, autrefois, jadis, arrêté, ou encore si, jadis, à un croisement de chemins, au lieu de prendre d'un côté il avait pris du côté opposé et qu'après un long périple il en fût arrivé à se trouver à la place de cet homme sur cette place. Désormais lui-même est exclu de ce passé, qu'il soit véritable ou hypothétique; il ne peut s'arrêter; il doit continuer jusqu'à une autre ville, où l'attend une autre de ces vies passées, ou quelque chose qui peut être a été l'une de ses vies futures possibles et qui est maintenant le temps présent de quelqu'un d'autre. Les avenirs non advenus ne sont rien d'autre que des branches de son passé: des branches mortes.

- *Tu voyages pour revivre ta vie passée ? ö C'était à ce point la question du Khan, qui pouvait encore se formuler de cette façon:*

- *Tu voyages pour trouver ton avenir ?*

Et la réponse de Marco:

- L'ailleurs est un miroir en négatif. Le voyageur y reconnaît le peu qui lui appartient, et découvre tout ce qu'il n'a pas eu, et n'aura pas. (XIII, 37-38)

Une autre idée présente dans beaucoup de récits trouve son expression verbale dans le texte du roman ö l'idée de substitution de la civilisation de l'image à la civilisation de signe:

Nouvellement arrivé et parfaitement ignorant des langues de l'Orient, Marco Polo ne pouvait s'exprimer autrement que par gestes, en sautant, en poussant des cris d'émerveillement et d'horreur, avec des hurlements de bête et des hululements, ou à l'aide d'objets qu'il sortait de ses sacs: plumes d'autruche, sarbacanes, morceaux de quartz, et disposait devant lui, comme les pièces d'un échiquier. Au retour des missions auxquelles Kublai l'affectait, l'ingénieux étranger improvisait des pantomimes que le souverain devait interpréter: une ville était désignée par le bond d'un poisson qui s'enfuyait du bec du cormoran pour tomber dans un filet, une autre ville par un homme nu qui traversait le feu sans se brûler, une troisième par un cr'ne qui tenait entre ses dents couvertes de vert-de-gris une perle blanche et ronde. (XIII, 29-30)

Dans le dialogue qui clôt le dernier chapitre on a une énumération des plus célèbres villes heureuses imaginaires de tous les temps, qui seraient répertoriées, elles aussi, sur l'atlas de Kubla-khan: la Nouvelle Atlantide, Utopie, la Ville du Soleil, Océana, Tamoé, Harmonie, New-Lanark, Icarie, aussi que les villes maudites et monstrueuses: Enoch, Babylone, Butua, Yahoo, Brave New World. Le livre devient donc non seulement non-linéaire, mais aussi *interactif*: le lecteur est invité à poursuivre les voyages de Marco: soit à revenir dans des endroits qu'il a déjà visités, soit inventer ses propres villes ö inventer ou bien combler les lacunes laissées par le malicieux vénitien et/ou par l'auteur non moins malicieux.

VII. PALINDROMES DE SENS. "CHÂTEAU DES DESTINS CROISÉS"

Le second des romans analysés se prête encore moins à un résumé linéaire. Il s'agit dans ce roman d'un château ou une taverne qui abrite un voyageur épuisé ayant vécu des moments de peur bleue. Il se retrouve à table avec d'autres voyageurs. Une fois la faim rassasiée, ils ont envie de parler de leurs aventures qui les ont amenés là, mais ils découvrent qu'un enchantement a rendu tous les convives muets. Heureusement qu'il y a sur la table un jeu de cartes de Tarot de Milan ö jeu créé par Bonifacio Bembo en XV s. pour les ducs de Milan. L'un des convives prend une carte - *Chevalier de Coupe* (la figure peinte lui ressemble), la pose sur la table et y rajoute successivement dix-huit cartes en deux rangs verticaux, construisant " l'Histoire de l'ingrat puni ".

Une fois son histoire finie, un autre convive se montre extrêmement troublé par la combinaison de deux cartes qui se sont trouvé voisines sur l'horizontal. Il ajoute sur la droite, la figure du *Roi de Coupe*, et construit, comme le convive précédent, l'histoire de ses mésaventures en mettant quatorze cartes en deux rangées de droite à gauche: c'est " l'Histoire d'un alchimiste qui vendit son 'me ". Les histoires s'enchaînent ainsi, Calvino le commente de façon suivante:

Dans le " Château " des cartes qui composent une histoire sont organisées en colonnes doubles, et elles sont croisées par trois rangées doubles. On obtient en résultat une mosaïque dans laquelle on peut lire trois récits horizontalement et trois - verticalement, en plus chaque suite de cartes peut être lue dans le sens inverse, c'est alors une autre histoire. On a donc en somme douze histoires. (XV)

Lorsque toutes les cartes sont sur la table, le ch'telain les reprend et remet de nouveau, et on voit que ce n'est plus le jeu raffiné renaissant de Bembo, mais le jeu qui est encore en cours aujourd'hui ö le Tarot de Marseille qui reproduit les gravures du XVIII s.

Dans la " Taverne " les successions de cartes créent aussi des histoires. <...> Elles forment des blocs moins bien dessinés, se superposant sur la partie centrale de l'ornement principal où se concentrent les cartes figurant dans la plupart des histoires. (XV.383)

" Le château des destins croisés " a été composé en même temps que les " Villes imaginaires ", on ne s'étonnera donc pas d'y retrouver beaucoup de choses en commun: un chronotope très conventionnel, très " conte merveilleux " (les cadres médiévaux de certains récits se succèdent avec des récits d'une thématique très urbaniste, tels " l'Histoire de la vengeance de la forêt ". Les deux romans ont en commun l'ambivalence des événements proclamée par le narrateur. Il n'arrive pas à comprendre s'il se trouve dans un château de chevaliers en compagnie des gens raffinés ou bien dans une taverne de grande route, avec des compagnons occasionnels:

A ce spectacle, j'éprouvai une sensation bizarre, ou plutôt: deux sensations distinctes qui se confondaient dans ma tête un peu brouillée et dérangée par la fatigue. (XV, 9)

Dans les "Villes imaginaires" l'accent est mis sur la non-linéarité de la narration, alors que dans le "Château" - sur sa polysémie. Dans les "Villes" l'auteur note que Marco s'exprimait par signes, mais lui-même habille ces signes en paroles, sans laisser libre cours aux interprétations. Dans le "Château" le procédé est mis à nu. Calvino nous *montre* les signes (cartes) et nous prévient que son interprétation n'est qu'une interprétation possible, à savoir, celle de quelqu'un qui a une grande culture littéraire. Il est possible que d'autres personnages réunis à table les interprètent à leur façon:

Je ne sais pas combien d'entre nous réussirent à déchiffrer d'une manière ou d'autre cette histoire, sans se perdre dans toutes ces méchantes cartes de Coupe et de Deniers qui tombaient précisément quand nous désirions le plus une claire illustration des faits. La communicativité du narrateur était faible, peut-être parce que ses dispositions le portaient davantage à la rigueur de l'abstraction qu'à la transparence des images. Bref, certains d'entre nous se laissaient distraire ou arrêter par des rencontres particulières de tarots et ne réussissaient pas à le suivre plus avant. (XV, 27)

Nous, lecteurs, nous nous voyons accorder les mêmes droits que les personnages et nous sommes libres de donner notre interprétation aux cartes. Nous sommes ici confrontés à ce phénomène qui, comme j'ai déjà dit, peut être considéré comme le contenu principal de la culture du XX s.: substitution à l'opposition binaire**réalité / fiction** de toute une hiérarchie de réalités avec des limites diffuses entre les niveaux.

Cette occasion devient possible aussi par le fait que l'auteur " descend ", se rapproche de ses personnages. Dans les " Villes " il est (il plane, si l'on veut) au-dessus d'eux [...]. Dans le "Château" l'auteur ö non pas le narrateur mais bien l'auteur ! ö se trouve parmi ses héros, on peut dire qu'il les côtoie et il est obligé (quand il raconte son propre histoire autobiographique) de " jouer " suivant les mêmes règles qu'il leur a imposées. A la différence du " roman-mémoire " classique, du " roman en lettres ", " roman en documents ", comme par exemple " La pierre de Lune " de Collins où les narrateurs partiellement informés cachent un auteur entièrement informé qui connaît la succession unique d'événements et leurs rapports que les lecteurs sont invités à restituer, le "Château des destins croisés" présente un cas opposé. Il n'y a aucune succession unique d'événements, et le texte de l'auteur n'est rien de plus qu'une des versions possibles de l'interprétation des cartes-signes.

Le texte n'est pas ce que nous lisons, il ne s'identifie pas non plus à ce que nous pouvons écrire, le texte est quelque chose de plus, c'est le potentiel qui ne peut être réalisé que partiellement et par un script (ensemble de caractères et de vides ö M.V.). (Espen Aarset, " Nonlinearity and literary theory ", dans XXI)

Le roman commence alors à ressembler à un eisberg, dont la partie invisible dépasse la partie visible: le nombre d'histoires-interprétations possibles n'est limité que par l'imagination du lecteur, c'est-à-dire pratiquement non-limité. C'est justement la prise de conscience de cet état de faits au XX s. ö la forme potentielle *(virtuelle ? ö N.I.)*, non-réalisée des textes, qui sert de mobile principal à la création d'hypertextes non-linéaires.

Une autre particularité du "Château des destins croisés" est son caractère multimédia, c'est-à-dire le dépassement d'un seul aspect d'art, en l'occurrence, littérature. Il est évident que ce livre ne peut, en principe, exister sans les images ö les cartes Tarot, les détails les plus infimes de leurs dessins, jusqu'aux expressions de visages sur les cartes majeures en partie imaginées par l'auteur-interprétateur constituent le moteur du sujet. Probablement on pourrait trouver dans la littérature mondiale quelques exemples de livres où les illustrations jouent un rôle non pas aussi important, mais au moins comparable. Mais, comme on l'apprend de la post-face, au cours du travail sur le "Château" Calvino dépasse deux dimensions, c'est-à-dire la feuille imprimée comme telle:

Je passais des jours entiers à défaire et refaire mon puzzle, j'imaginais de nouvelles règles de jeu, je dessinais des centaines de plans, en carré, en losange, en étoile <...> les plans devenaient tellement compliqués (allant même jusqu'à requérir une troisième dimension, sous forme de cubes, de polyèdres) que je m'y perdais tout le premier. (XV, 138)

Mais Calvino établit non seulement des rapports intérieurs, mais aussi extérieurs avec les supports d'information visuelle. Quand c'est le tour à l'auteur de raconter son histoire, les associations le font dévier de cartes vers les tableaux: il remplace la carte *Hermite* par St Jérôme, *Cavalier d'Epée* ö par St George, et il bascule vers une étude d'histoire de l'art, tout à fait dans l'esprit de " l'école des Annales ": il examine les représentations de ces deux personnages par différents peintres et graveurs et l'évolution de leurs attributs et des paysages. Ainsi, conformément à la définition de l'hypertexte, il se produit, d'une part, un effacement de frontières entre les textes de fiction et non-fictionnels, d'autre part, les limites de l'oeuvre elle-même perdent leur fixité, deviennent transparentes. Le livre part dans tous les sens: Uffizi, Louvre, galeries de Londres et de Munich.

Il est impossible de ne pas convenir que c'est le Réseau, et non pas un livre imprimé, qui est l'environnement le plus adapté à l'hypertexte, tout comme pour le roman classique c'est le livre imprimé et non pas, par exemple, le rouleau. Calvino étudie les tableaux et les gravures qui ne sont pas parmi les plus connus, et même si c'était le cas, il est impossible de se les rappeler dans tous les détails, et il me manquait, pendant la lecture de ce livre (comme à tous les lecteurs, j'en suis sûr), des reproductions de qualité de ces tableaux. Il est évident que la publication des reproductions en couleurs ferait augmenter de façon non-proportionnée le volume (et le coût !) d'un petit livre. Or, ce problème, difficile à résoudre pour une édition papier, a une solution instantanée dans le Réseau: il suffit d'indiquer des hyperliens appropriés aux catalogues en ligne de Louvre, Uffizi etc.

La conclusion qui clôt cette " étude " sur St-George et St-Jérôme est assez inattendue. On retrouve le principe de " complémentarité ":

<...> Les histoires de St-Georges et de St-Jérôme se déroulaient l'une à la suite de l'autre comme si elles ne faisaient qu'une seule histoire; la vie même homme, jeunesse maturité vieillesse et mort. <...> Le personnage ou bien réussit à être le guerrier et le sage en tout ce qu'il fait et qu'il pense, ou il ne sera ni l'un ni l'autre, et le fauve, lui, est en même temps dragon ennemi dans la sauvagerie de la ville et lion tutélaire dans l'espace des pensées: et il ne se laisse affronter sinon sous ses deux formes ensemble. (XV, 123-124)

On remarquera que c'est un cas typique dans le "Château des destins croisés": les histoires construites de cartes, toutes simples qu'elles puissent paraître et même les plus classiques, sont sujettes à une déconstruction en profondeur (cf. l'exemple de l'histoire du Roland furieux):

C'est seulement à la fin de l'histoire *(sur Roland ö M.V.)* que le lecteur réalise d'avoir assisté à un processus inhabituel de décodification. <...> Calvino fait un jeu savant *(scherza sapientemente)* (XVII, 173), en les chargeant d'un sens tout à fait nouveau; il devient alors pratiquement un " créateur de mythes " *(le terme russe "mifotvorets " a une longue histoire dans la tradition de critique littéraire russe, il a été appliqué, notamment, à Nietzsche, et à Dostoïevski. " Démiurge " est peut-être une meilleure traduction ? ö N.I.).*

Lorsque l'auteur raconte ou, comme il dit lui-même, " essaie de raconter " son histoire, ses associations deviennent on ne peu plus " littératurocentrées " et subtiles: Justine de De Sade devient la soeur de Juliette de Shakespeare, et leurs histoires convergent vers celle d'Ôdipe. Tout de suite après on observe le même passage de l'histoire de lady Macbeth en celle de Cordélie. Cette " fluidité " est la plus flagrante dans l'histoire double de Faust et Perceval, du *Roi de Deniers* et du *Cavalier D'Epée* (" Deux histoires où on se cherche pour s'y perdre "):

Je ne sais depuis combien de temps (des heures ou des années) Faust et Perceval s'appliquaient à retrouver leurs itinéraires, tarot après tarot, sur la table de la taverne. Mais chaque fois qu'ils se penchent sur les cartes, leur histoire se lit d'une autre façon, elle subit des humeurs de la journée et du cours des pensées, elle oscille entre deux pôles: tout ou rien. (XV, 108)

C'est justement cette " fluidité " des passages des histoires l'une dans l'autre qui est l'aspect unique du livre. Il le met à part non seulement parmi les romans ordinaires, mais aussi parmi ces oeuvres incontestablement hypertextuelles, comme, par exemple, " Feu p'le " (Nabokov) ou le célèbre " Dictionnaire khazar " de Milorad Pavic. C'est certainement lié à la mentalité de Calvino. Les notions de " jeu ", " puzzle " (" casse-tête ") sont très importantes dans la compréhension du "Château des destins croisés" et de l'oeuvre tardif de Calvino en général. Comme pour Vélémir Khlebnikov *(poète futuriste russe très hermétique du début du siècle, un peu l'équivalent russe de Rimbaud - N.I.)* ses palindromes réversibles étaient non seulement un jeu philologique subtil, mais l'expression de l'idée de réversibilité du temps, idée qui le travaillait, de la même manière pour Calvino le croisement de sujets et de destins était, sans doute, le reflet le plus adéquat du monde qu'il perçoit comme un immense " pantorime " - un poème où tout rime avec tout, comme un ensemble où tous les éléments nécessaires sont déjà présents et tout ce qu'on peut faire, c'est de les placer de différentes façons et de les lire dans différents sens (directions). Lui-même écrivait:

Ce qui m'intéresse, c'est un puzzle où l'homme se trouve incrusté (se trova incastrato), un jeu de correspondances, une figure qui doit être retrouvée dans les ornements d'un tapis. (XIV, 188)

Dans la Postface pour "Château" Calvino avoue qu'il avait l'idée, pendant un moment, d'écrire la troisième partie du livre - " Motel des destins croisés " où les sujets résolument modernes seraient décomposés non pas sur un matériel de renaissance ou classique, mais moderne, lui aussi:

Mais quel est l'équivalent contemporain des tarots, comme représentation de l'inconscient collectif ? Je pensais aux bandes dessinées: pas aux histoires pour faire rire; aux séries dramatiques, bandes d'aventures et d'épouvante <...>. J'imaginais de placer à côté de la Taverne et du Château dans un cadre semblable, le Motel des destins croisés. Quelques personnages qui ont échappé à une mystérieuse catastrophe trouvent refuge dans un motel à demi détruit où n'est resté qu'une page roussie de journal: la page de bandes dessinées. Les survivants, qui ont perdu la parole tellement ils ont eu peur, racontent leurs histoires à l'aide des vignettes, mais sans suivre l'ordre de chaque strip: en passant d'un strip à l'autre, selon des colonnes verticales ou diagonales. Je ne suis pas allé plus loin que la formulation de l'idée telle que je viens de l'exposer. Il était temps de passer à autre chose. J'ai toujours aimé faire varier mes parcours. (XV 140)

Cet autre parcours a à abouti au roman " Si par une nuit d'hiver un voyageur "

VIII. " TOI, LECTEUR... ". " SI PAR UNE NUIT D'HIVER "

Ce roman est le plus grand des romans étudiés, et aussi le plus complexe. Non seulement du point de vue de la structure, mais aussi par le nombre d'allusions, de références intertextuelles polyvalentes (c'est-à-dire situées aux différents niveaux), d'épisodes travestis, jeux de sens cachés. Les traits proprement post-modernes au sens littéraire y sont les plus visibles: il s'agit de littératurocentrisme, bricolage, travestissement, hiérarchie de textes dans un texte, changement de la position de l'auteur. Le contenu philosophique du roman est également très complexe. Dans ce chapitre je prétends encore moins que dans les chapitres précédents à une analyse exhaustive, je me limiterai simplement à noter quelques traits importants pour mon sujet.

Le sujet du livre est donc littératurocenté au plus haut degré. *Le lecteur*, personnage principal du roman, commence la lecture d'un nouveau roman ö rien d'autre que le roman d'Italo Calvino intitulé " Si par une nuit d'hiver un voyageur... ", - mais il découvre que son exemplaire comporte une erreur de brochage: le livre est composé seulement du premier cahier qui se répète plusieurs fois, c'est-à-dire les 32 premières pages (elles sont reproduites); la lecture est donc coupée juste au moment où l'action commence à se développer. Le lecteur s'empresse d'aller à la librairie pour échanger son exemplaire, il est impatient de connaître la suite. Dans la librairie il fait connaissance avec la Lectrice qui a le même problème que lui, et il apprend que le roman qu'il a commencé à lire n'est pas de Calvino (!), mais que, par erreur, la couverture du livre de Calvino cachait le roman d'un auteur polonais inconnu. Le lecteur ne s'intéresse plus au roman de Calvino qu'il avait l'intention de lire, il veut continuer la lecture du livre polonais. On lui donne un autre exemplaire, mais, une fois chez lui, le Lecteur découvre que, d'abord, ce n'est plus du tout le même roman, et que, ensuite, il comporte, lui aussi, une erreur: à partir du deuxième cahier, les pages ne sont imprimées que d'un côté, et, troisièmement, ce n'est pas un roman polonais, à en juger d'après les noms propres et les toponymes. Le Lecteur consulte un atlas géographique et voit que les toponymes mentionnés dans le roman se réfèrent à une certaine Cimmérie ö Etat apparu après la première guerre mondiale et disparu définitivement avec sa langue après la seconde guerre mondiale. Intrigué, le Lecteur fixe un rendez-vous avec la Lectrice pour rendre visite au professeur d'université, spécialiste de cette langue et littérature. Celui-ci, à peine les noms des personnages prononcés, reconnaît instantanément le plus grand chef-d'oeuvre de sa littérature et se met à le traduire à l'improviste d'après le manuscrit qu'il possède. Mais le Lecteur et la Lectrice se redent tout de suite compte que c'est un autre roman: mis à part quelques noms et toponymes, tout y est différent. L'histoire se reproduit onze fois, les recherches ne cessent de s'embrouiller, fait surface la figure quasi-mythique du Traducteur qui traduit on ne sait quoi de l'on ne sait quelle langue, le Lecteur est de plus en plus impliqué dans l'action (jusqu'à devenir l'agent secret pendant un moment), parallèlement évolue sa relation avec la Lectrice. Le livre se termine de façon assez " traditionnelle ": le Lecteur épouse la Lectrice et, avant de se coucher, ils terminent la lecture d'un nouveau roman d'Italo Calvino " Si par une nuit d'hiver un voyageur ".

Déjà ce résumé montre que ce roman présente en quelque sorte une synthèse des deux précédents, il combine le caractère statique et fragmenté des " Villes " avec le dynamisme et la pluralité des lectures du "Château".

Tous les indices déjà cités de l'hypertexte sont présents dans " Voyageur ". Caractère discret de la narration coupée à chaque fois " au moment le plus intéressant ", active non seulement " le Lecteur " à partir à la recherche, mais aussi le lecteur, l'impliquant dans le jeu, l'incitant à reconstruire la suite, c'est-à-dire, en fait, *traduire* (notion très importante dans le roman) les onze livres du conditionnel à l'indicatif. Il est évident qu'à ce moment, chaque lecteur obtiendra ses onze livres, ainsi, le nombre général de lecture augmente à l'infini, ce qui rend le texte absolument non-linéaire.

D'autre part, le parallélisme évident de plusieurs *sous-romans* (je vais appeler ainsi onze histoires ench'ssées) qui traitent le même sujet ou des sujets proches sur un matériau et dans une stylistique différents, provoque, comme c'était le cas dans " Les villes... ", une tentative de rassembler les onze histoires ench'ssées dans un seul métarécit, comme les douze titres (y compris celui du roman) arrivent à former un paragraphe cohérent. Ou bien, on peut d'abord les réunir dans plusieurs groupes, et ensuite, en construire un récit, un métamétarécit. De cette façon, le schéma de construction d'un narratif hypertextuel en quatre niveaux, du bas en haut, proposé par Gunnar Liestol, peut être appliqué au " Voyageur ...":

4. Discours, comme il est construit [par un lecteur concret]

3. Ensemble de discours (stratégies narratives potentielles)

2. Histoire, comme elle est construite [par un lecteur concret]

    1. Ensemble d'histoires (lignes potentielles de sujet)

Les niveaux 1 et 3 ne dépendent pas du lecteur, alors que les niveaux 2 et 4 sont choisis par lui. Liestol écrit:

A la lecture d'un hypertexte de fiction, le lecteur ne se limite pas à reconstruire les narratifs, il en crée et en invente de nouveaux, non-prévus par l'auteur primaire. Dans l'hypertexte de fiction, les principes-clés de la structuration du narratif et les opérations principales de la création (" avtorsvta ") sont reléguées de l'auteur au lecteur, de l'auteur " primaire " à l'auteur " secondaire ". <...> Une des premières caractéristiques de l'hypertexte, du point de vue du lecteur, est son implication dans le choix et la sélection de différents modes et techniques de construction et de composition du narratif. Face à un hypertexte, le lecteur est invité à prendre part à ce que nous pouvons appeler la " machinerie du narratif ". (XXI, 99)

Il est clair que, en fonction de la façon de construire la " Patience " des récits (après le "Château des destins croisés" je suppose que ces termes ne choquent personne) ö qu'on les interprète comme différents fragments de la même histoire, comme un champ de récits, comme débuts du même récit ou bien comme des récits isolés, le texte et les composants de sa structure vont prendre des significations très différentes - de même que les cartes tarots dans le livre précédent de Calvino.

Mais, de façon opposée et *complémentaire* aux "Villes" et "Château", les aspects des oeuvres hypertextuelles (liés le plus étroitement avec l'esthétique du post-modernisme) qui se manifestent le plus dans "Voyageur" sont les suivants: hétérogénéité et multimédia, aussi que l'interpénétration de la conscience (en l'occurrence, celle de l'écrivain) avec les moyens de communication.

Tous les onze sous-romans ench'ssés imitent de façon manifeste (parfois parodient presque) tel ou tel style narratif: roman policier rétro, qui ressuscite l'Italie d'Amarcorde avec des allusions à la Résistance; roman de "éducation sentimentale", dont l'action se passe sur un arrière-plan ethnographique touffu du Nord de l'Europe; roman psychologique "proustien" avec un arrière-plan policier; une autre éducation sentimentale, mais dans un contexte révolutionnaire [...]; roman policier contemporain international sur la mafia; un autre roman policier, mais avec les motifs dominants de miroirs et de doubles "à la" Borges-Nabokov; deux histoires d'amour étranges qui se déroulent dans les milieux académiques ö japonais et américain; le journal intime de Sailas Flannety rempli de sujets non-réalisés et de réflexions sur la métaphysique de l'écriture; une parodie sur un roman mythe latino-américain; une anti-utopie fantasmagorique; et enfin, simplement un conte sur Haroun-al-Rachid.

Les chapitres qui relient ces sous-romans dans lesquels se développe le sujet du Lecteur et de la Lectrice, sont encore plus travestis et parodiques. Déjà dans le premier d'entre eux, Calvino se moque assez méchamment de la technique narrative moderniste:

Tu as déjà lu une trentaine de pages et voici que l'histoire commence à te passionner. Tout d'un coup tu te dis: " Mais cette phrase, je la connais. J'ai l'impression d'avoir déjà lu tout ce passage ". C'est bien cela: il y a des motifs qui reviennent, le texte est tissé de ces aller et retour destinés à traduire les incertitudes du temps. Tu es un lecteur sensible à ce genre de finesses, toi, un lecteur prompt à saisir les intentions de l'auteur, rien ne t'échappe. <...> Un instant, regarde le numéro de la page. Ca alors ! <...> Ce que tu prenais pour une recherche stylistique de l'auteur est une erreur d'imprimerie... (p.29)

- Le désir pervers-polymorphe...
- Les lois de l'économie de marché...
- L'homologie des structures signifiantes... <...>

Mais reprendre la lecture, personne n'y songe. Tu <...> demandes:

- Je peux ?

Et tu cherches à t'emparer du roman. Mais ce n'est pas un livre; c'est un cahier déchiré. Et le reste ?
" Excuse-moi, dis-tu, je cherchais les autres pages: la suite.

- La suite ? ...Oh, il y a déjà là de quoi discuter pendant un mois.
- Ce n'était pas pour discuter, c'était pour lire. (99)

Dans le chapitre VII, dans une scène d'amour, Calvino se met tout à coup dans le rôle d'un sémioticien acharné, propagandiste de " pantextualisme ":

Lectrice, voici que tu es lue. Ton corps est soumis à un déchiffrement systématique, à travers des canaux d'information tactiles, visuels, olfactifs, et non sans intervention des papilles gustatives. <...> Le corps n'est pas seul, chez toi, objet de lecture: il compte comme partie d'un ensemble compliqué d'éléments <...> au moyen desquels un être humain croit à certains moments être en train de lire un autre être humain. (166)

Tout le texte est parsemé de petits " accroches " pour les lecteurs attentifs. Quel est cet Etat Cimmérie avec la capitale Örkko ? " Cimmérie ", comme on sait, c'est le nom ancien de la Crimée; Örkko - n'entend-il pas par là par hasard Inkerman ? Compte tenu de l'inclinaison de Calvino envers les cartes géographiques aux noms d'utopies, il n'y a rien de bizarre dans cette supposition. L'auteur du sous-roman polonais s'appelle Tazio Bazakbal. Mais ce prénom rare - Tadzio ö est déjà porté par un autre personnage extrêmement célèbre et chargé de significations diverses: le garçon *polonais* de " Une mort à Venise " de Thomas Mann, objet de la passion funeste du personnage principal. Est-ce simplement de la " gymnastique de l'érudition " ou bien un symbole, une allusion ?

De même, le personnage-narrateur d'un autre sous-roman, qui raconte l'histoire d'un amour adolescent et de trahison à l'époque incertaine de la guerre civile, porte le nom d'Alex Zinnober. La même question: est-ce par hasard que son nom coïncide avec le surnom de klein Zaches d'Hoffmann ? A quoi l'auteur fait-il allusion ?

Dans le chapitre X le personnage Lecteur boit du thé et discute de la censure, de l'Esprit, de la liberté de la parole avec Arcadian Porphyritch ö " Directeur général des archives de la police d'Etat ". Cet Etat est une certaine Ircanie (ne s'agit-il pas de l'utopie Icarie ?). Je crois que l'ombre épaisse de Dostoïevski (plus précisément " Crime et Ch'timent ") pèse sur ce chapitre, et non seulement pour les lecteurs russes.

Mais on a déjà vu apparaître le motif du *Crime et Ch'timent* dans le roman: l'auteur vieillissant des best-sellers, l'Irlandais Silas Flannery recopie dans son journal le début du roman de Dostoïevski " pour voir si la charge d'énergie contenue dans ce début se communique à ma main " (XVIa, 197-198)

Il écrit aussi dans son journal:

L'idée m'est venue d'écrire un roman tout entier fait de débuts de romans. Le protagoniste pourrait en être un Lecteur qui se trouve sans cesse interrompu. Le Lecteur achète le nouveau roman A de l'auteur Z. Mais l'exemplaire est défectueux, et ne contient que le début... Le Lecteur retourne à la librairie pour échanger son exemplaire...

Je pourrais l'écrire tout entier à la seconde personne: toi, Lecteur... Je pourrais aussi faire intervenir une Lectrice, un traducteur faussaire, un vieil écrivain qui tient un journal comme celui-ci...

Mais je ne voudrais pas que, pour échapper au Faussaire, la Lectrice finisse entre les bras du Lecteur. Je ferais en sorte que le Lecteur parte sur les traces du Faussaire, lequel se cache en un pays très éloigné; de la sorte, l'Ecrivain pourra rester seul avec la Lectrice.

Seulement, privé d'un personnage féminin, le voyage du Lecteur perdrait de son charme: il faudra qu'il rencontre sur sa route une autre femme. La Lectrice peut avoir une soeur... (XVI, 219)

Nous arrivons ici à une particularité bien curieuse du roman. Si dans " Les villes " l'auteur plane au-dessus de ses personnages ö Marco et le Khan, et dans "Le Château" il les côtoie et joue aux mêmes jeux avec eux, dans le " Voyageur " il fait encore un pas (le dernier) à l'intérieur de son livre.

Après avoir lu plus de la moitié du roman, le lecteur réel (se rappelant " l'hiérarchie des réalités ", il serait plus correct de dire: " le lecteur situé dans la réalité extérieure par rapport à celle du roman ") découvre que le livre qu'il est en train de lire est composé par un de ses personnages ! Alors que " l'auteur biologique " - l'écrivain célèbre Italo Calvino ö figure dans le roman en qualité de l'auteur d'un des sous-romans (on ne sait s'il existe ou s'il est inventé par le traducteur mythomane Marana), et il est traité de façon assez familière:

- Une vraie journée de fous ! Nous avons contrôlé les Calvino un par un. Nous en avons heureusement un certain nombre de bons et pouvons échanger de suite un " Voyageur " g'té contre un exemplaire impeccable flambant neuf. <...>

- Ecoutes, non, le Calvino, ça ne m'intéresse plus du tout. J'ai commencé le polonais, c'est le polonais que je veux continuer. Vous l'avez, ce Bazakbal ?

On est ici en face d'une situation unique, je crois, dans la littérature mondiale: ce n'est pas un auteur omniscient extérieur au roman qui s'adresse au lecteur avec ces paroles: " Toi, lecteur... " (on a une infinité d'exemples de ce genre); ce n'est pas un auteur de mémoires (comme Dante, Robinson Crousoe ou Casanova), ce n'est pas " le héros lyrique " qui fait semblant d'ignorer l'activité de rédaction de son " double réel " (comme Vénitchka dans " Moscou-sur-la-vodka " *(d'un auteur russe Vénitchka Erofeev - N.I.)*); ce n'est pas non plus le narrateur introduit exclusivement dans les intérêts du lecteur ([...] comme docteur Watson), mais c'est un des personnages.

Et le " lecteur " auquel s'adresse Calvino ö qui n'est au début qu'un simple lecteur (n'importe qui peut s'identifier à lui), devient, au fur et à mesure, le Lecteur, impliqué dans l'action de façon de plus en plus active. On peut dire qu'il traverse, de façon imperceptible, les limites de la feuille imprimée pour entrer dans " l'espace virtuel " du texte, de même que Orphée passe par le miroir dans le Pays de la Mort dans le film de Jean Cocteau, de même que les internautes traversent l'écran de l'ordinateur à trois heures du matin. A quel moment cela se produit-il ? Au moment où le lecteur arrive à l'université, à la chair d'une langue par avance fictive (ou non-fictive ?) ? Lorsqu'il entame le dialogue avec la Lectrice ? Ou bien encore plus tôt: lorsqu'il refuse le bon exemplaire du roman d'Italo Calvino " Si par une nuit d'hiver un voyageur " qui lui a été proposé, et se met à la poursuite du " vrai livre " qui lui échappe ? On est une fois de plus dans la situation où l'on ne peut pas poser une limite fixe entre la " réalité " et la " fiction " pour les opposer.

A la relecture attentive on remarque que l'auteur (qui qu'on entende par ce mot) ne s'arrête pas là: Flannery n'arrive pas à commencer à rédiger, et attend (on ne sait pas trop s'il est sérieux) l'inspiration télépathique... des extraterrestres qui ont l'intention, par le truchement de son livre, de transmettre aux Terriens leur message. Le livre que Flannery prépare est écrit, nous le lisons, donc - ?

Donc, la notion d' " hyperauteur " *(" gyperavtorstvo " - N.I.)* introduite par Mikhail Epstein déjà mentionné se trouve adéquate au roman:

Ce terme m'est apparu par analogie avec " hypertexte ", c'est-à-dire une dislocation du texte dans les espaces virtuelles qui permettent de le lire dans n'importe quel ordre et passer d'un fragment à n'importe quel autre. De la même manière, la notion d'auteur se fluidifie dans le monde actuel des Lettres pour se transformer en une pluralité d'auteurs possibles, " virtuels " qui ne peuvent pas converger vers un individu réel. L'hyperauteur a le même rapport vis-à-vis de l'auteur traditionnel, ponctuel, discret, que l'ensemble des emplacements probables vis-à-vis de la particule élémentaire que la mécanique quantique essayait de repérer, alors que celle-là persévérait à ne pas vouloir se localiser et se dissolvait en onde. (XI)

C'est exactement comme ça que se dissolvent les tentatives de définir le " vrai " auteur du " Voyageur ", le genre auquel il appartient, sa stylistique, parce que la forme sophistiquée n'est pas un but en soi, mais, comme c'est aussi le cas du " Château " et des " Villes ", c'est l'expression la plus appropriée des aspirations philosophiques de Calvino. L'auteur n'est pas mort (malgré ce qu'en dit Barthes ou, plus précisément, en complément de ce qu'il en dit), c'est que, simplement, il est allé si loin dans son désir de décrire le monde le plus exactement possible, que, comme les physiciens, il s'y est laissé assimiler. Le vrai Livre qu'il aspire à écrire, est déjà écrit, et il ne nous reste plus, à nous autres humains, qu'à le traduire, translater d'une langue dans une autre: du langage du corps dans celui des signes, du langage des signes dans celui des images, de l'italien en russe...

***

Je veux terminer par la même chose que j'ai évoqué au début: ce n'est pas l'ordinateur qui a engendré les narratifs hypertextuels. Ni le XX siècle. Simplement la réalité et la conscience humaine se sont transformées d'une telle façon au XX siècle, que l'hypertexte est devenu la forme la plus adéquate pour les décrire. Et Italo Calvino, comme un vrai artiste, l'a senti et a réussi à l'exprimer. Parce que, comme le dit Umberto Eco (VII, préface à l'édition italienne):

Une oeuvre d'art comporte souvent plus d'information sur le monde et la société que des tas d'études savantes.

Khamovniki, 08-09.98

OUVRAGES CITÉS:

I.   Andreev A. CETERATURA kak ee NET (NETérature telle quelle: réflexions sur la littérature en ligne)
II.   Barthes, Rolland. C/Z.
III.   Baudrillard J. La guerre du golf n'a pas eu lieu.
IV.   Borges H. L. Ôuvres.
V.   Vizel M. Jardin des haïkus qui bifurquent // " Literaturnaja gazeta " 12.IX.1997 ö N¡ 46
VI.   Guénis A. Vavilonskaja bashnia (tour de Babylone). L'art du présent. " Nezavisimaja gazeta ".1997
VII.   Lotman J. M. Vnoutri mysliashih mirov (A l'intérieur des univers pensants), Moscou, 1996
VIII.   Manine Dimitri. Kak pisat' ROMAN. Zametki k teorii literaturnogo hypertexta. (Comment écrire le ROMAN. Notes pour une théorie de l'hypertexte littéraire.)
IX.   Pouchkine, A.S. Ôuvres complètes.
X.   Roudnev V. P. Slovar' kul'tury XX veka (Dictionnaire de la culture du XX siècle), 1997
XI.   Epshtein, Mikhail. O virtual'noj slovestnosti (De la littérature virtuelle).
XII.   Bernstein, Mark. Patterns of hypertext // Proceedings of Hypertext. N.Y., ACM, 1998.
XIII.   Calvino, Italo. Le citta invisibili. Verona, Mondadori Editore, 1993
XIV.   Calvino, Italo. Due interviste su scienza letteratura. Dans: Calvino, Italo. Una pietra sopra. Torino, Einaudi, 1980.
XV.   Calvino, Italo. Il castello dei destini incrociati. Torino, Einaudi, 1973.
XVI.   Calvino, Italo. Se una notte d'inverno un viaggiatore. Torino, Einaudi, 1979.
XVII.   Certi, Maria. Il viaggio testuale. Torino, Einaudi, 1978.
XVIII. Eco, Umberto. From Internet to Gutenberg. A lecture presented by Umberto Eco at The Italian Academy of Advanced Studies in America. November 12, 1996
XIX.   The Electronic Labyrinth. 1995
XX.   Hassan, Ihab. Making Sense: the triumph of postmodern discourse. //New literary history, vol. 18, N¡ 2, 1987, pp. 445-446
XXI.   Landow, George P. ed. Hypertext / Text / Theory. Baltimore: John Hopkins Press, 1992.
XXII.   Landow, Georges P. Hypertext: The convergence of contemporary critical theory & technology.

BIBLIOGRAPHIE:

1.   Barthes, Rolland. Mythologies.
2.   Bakhtine, M.M. Problemy poetiki Dostoïevskogo.
3.   Beniamine, Valter. Proizvedenie iskusstva v epohu ego tehnicheskoj vosproizvodimosti. (Ôuvres d'art à l'époque de la reproductivité technique)
4.   Borges, H. L. Analyse de l'oeuvre d'Herbert Kouan.
5.   Veinstein, O.B. Homo deconstructivis: filosofskie igry postmodernizma (jeux philosophiques du postmodernisme).// " Apocryphe " N¡2, Moscou, éd. Labyrinthe.
6.   Ilyin, I.N., Poststructuralisme. Déconstructivisme. Postmodernisme. ö Moscou, éd. " Intrada ", 1996
7.   Ilyin, postmodernisme dès ses débuts jusqu'à la fin de notre siècle. ö Moscou, éd. " Intrada ", 1998
8.   Nabokov, V.V., Feu p'le.
9.   Ortega-e-Gasset, H., Déshumanisation de l'art. // " Autoréflexivité de l'art européen du XX siècle ", Moscou, 1991
10. Ortega-e-Gasset, H., Résurrection des masses. In "Ôuvres choisies ".
11. Milorade Pavic, " Dictionnaire khazar "
12. Roudnev, B.P., Morphologie de la réalité. ö Moscou, éd. " Gnosis ", 1996
13. Eco, U., Le nom de la rose / Apostille.
14. Bartens, Hans. The Detective.
15. Broich, Ulrich. Intertextuality.
16. Calvino, Italo. Lezioni americane. Six memos for the next millenium. ö Milan, Garzanti, 1988.
17. Ferreti, Giancario. Le capre di Bikinii. Calvino giornalista e saggista. Milano, Garzanti, 1989
18. Fokkema, Doowe. The semiotics of literary postmodernism. In: Bertels, Hans, Fokkema, Doowe (eds.) Postmodernism: Theory and literary practice. ö Amsterdam, 1997
19. Greenheart, Adrienne. Six Sex Scenes: a novella in hypertext. ö 1996
20. Hassan, Ihab. The Dismemberment of Orpheus. ö The University of Wisconsin Press.

NOTES:

1.   Cf. Torpakova Olga. Italo Calvino et littérature *ex machina*.
2.   Le mot *link*, essentiel dans la théorie et la pratique de l'hypertexte, s'est déjà émancipé de son sens premier (link ö maillon [qui relie]; lien, connexion) et est devenu productif en russe (zalinkovat' *(littéralement ö " linker " - N.I.)*).
3.   A savoir, le sceptre royal: comme on se souvient, Alice avance des pions en dames.
4.   Comme d'habitude, c'est encore Pouchkine qui l'a noté de façon concise: " Il est un livre dont la parole est interprétée et transmise dans tous les coins de la terre, appliquée aux circonstances de vie les plus diverses et aux anecdotes du monde; dont on ne peut répéter une expression sans que tout le monde le sache par coeur, qui ne soit pas déjà un *proverbe des peuples;* elle ne recèle plus pour nous rien d'inconnu; mais ce livre s'appelle Evangile, - et telle est son charme éternellement nouveau, que si nous <...> l'ouvrons par hasard, nous n'avons plus de force pour lutter contre sa douce tentation et nous plongeons par notre esprit dans son éloquence divine. " (" Des devoirs de l'homme ", XVIII, 191-192)

5. Ce n'est sans doute pas une simple coïncidence, qu'il existe dans l'Internet deux grands sites qui lui sont consacré: celui-là et celui-ci.

6. Pour décrire de la façon la plus adéquate un objet physique du micromonde, il faut le faire dans deux systèmes dont l'un exclue l'autre, par exemple, comme une particule et comme une onde à la fois.

7. Le marché des encyclopédies vit, ces dernières années, des changements révolutionnaires. Les éditions papier des encyclopédies célèbres sont remplacées par leurs versions électroniques sur CD-rom et sites Web payants. Si en 1988 on a vendu 200 milles exemplaires de l'encyclopédie Britannica en 32 volumes, le volume de ventes a chuté en 4 fois en 1995, et en 1997 a pratiquement disparu. Le marché des encyclopédies électroniques augmente environ à 20% par an. Quant au prix, celui, par exemple, de "Britannica CD 97" a baissé de $1000 jusqu'à $125 en un an. [source: "Actualités financières" num. 40, 1998]

8. Par exemple, celui du concours de littérature en réseau "Art-Teneta".

9. Dans la poésie japonaise, le coassement de grenouille est une image équivalent de celle du chant de rossignol dans la poésie européenne.

10. Cf. la définition du texte idéal de Barthes.

11. Les citations (dans l'original russe ö N.I.) sont données dans la traduction de M. Vezel: la seule traduction russe de ce roman qui existe n'est pas satisfaisante.

12. Cf. les paroles de Lotman sur la "civilisation autocommunicative" et "civilisation du message" citées ci-dessus.

13. Le "jeu", c'est-à-dire la création suivant les règles strictes convenues d'avance est, comme on se souvient, une des contraintes principales de l'OULIPO. "Le jeu n'a du sens que s'il est régi par des règles de fer".

14. Sa première partie a été d'abord publiée en 1969 dans l'album reproduisant en couleur et en dimensions d'origine le jeu de Bembo ö ce qui prouvait en pratique la thèse post-moderne de la confusion de genres.

15. Souvenons-nous encore une fois de la "civilisation du message", de la "civilisation autocommunicative" et de la nécessité de leur convergence.

16. Je n'ai pas du tout été étonné d'apprendre qu'un certain Alberto Chekki de l'Institut viennois des systèmes informationnels organise dans le Réseau le projet de l'écriture de la troisième partie non-écrite de Calvino.

17. Qui, du fait, se trouve être le douzième.

18. Comme on a déjà pu observer, dans les " Villes " cette tendance trouve son expression dans le texte lui-même. Un des personnages, écrivain de romans policiers Silas Flannely, passe en revue à nos yeux les variantes différentes de sujets de récit. D'autre part, au niveau de la phrase, Calvino met tout le temps les prédicats et les compléments doubles, en les reliant par les conjonctions " ou ", " bref " etc. , de façon à ce qu'ils se précisent, se complètent et même se démentent.

19. Liestol, Gunnar. The Rider's Narrative in Hypertext. (XXI)

20. [note sur la traduction russe du nom du personnage Haroun-al-Rachid]

21. Déjà dans les " Villes invisibles " on peut considérer un des récits (" Villes et échanges. 4 ") comme une dérision fine de structuralisme: " A Ersillie, pour établir les rapports qui régissent la vie de la ville, les habitants tendent des fils qui joignent les angles des maisons, blancs ou noirs, ou gris, ou blancs et noirs, selon qu'ils signal des relations de parenté, d'échange, d'autorité, de délégation. Quand les fils sont devenus tellement nombreux qu'on ne peut plus passer à travers, les habitants s'en vont: les maisons sont démontées; il ne reste plus que les fils et leurs supports. " (p. 92, XIII)

22. Dans la transcription italienne [tatsio].

23. Tous les sous-romans sont écrits à la première personne.

24. Allusion à l'Irlandais Shon Connery, interprète du rôle de James Bond ?

25. Après avoir recopié plusieurs pages, Flannery s'arrête non sans effort: " Je m'arrête avant d'être submergé par la tentation de recopier *Crime et Ch'timent* en entier ". C'est sans doute à cette tentation que n'a pas pu résister Pierre Menard de Borges.

26. On trouve chez Pouchkine dans son " Roman en lettres " inachevé: " Maintenant je comprends, pourquoi Viazemski et Pouchkine aiment bien les jeunes filles de province ", - mais, premièrement, ce ne sont pas les paroles de l'auteur du roman, mais de l'auteur d'une lettre, deuxièmement, Pouchkine n'apparaît pas comme auteur de cette oeuvre, mais simplement comme un des écrivains souvent cités dans la polémique de presse, et troisièmement, on se souvient que Pouchkine a " débuté " comme auteur de prose (" Récits de Belkine ") anonyme; il est très probable que le même sort a été réservé au roman en lettres qui est resté inachevé.

27. Le roman est écrit avant l'arrivée des temps de " politiquement correct ", donc, précisons qu'il s'agit de n'importe quel homme blanc européen d'un 'ge et de classe moyens.

28. Cf. dans le " Voyageur ": " Qu'importe le nom de l'auteur en couverture ? Transportons-nous en pensée d'ici à trois mille ans. Dieu sait quels livres de notre époque auront survécu, et de quels auteurs on se rappellera encore le nom. Certains livres seront restés célèbres mais on les considérera comme des oeuvres anonymes, comme l'est pour nous l'épopée de Gilgamesh; il y aura des auteurs dont le nom sera demeuré célèbre, mais dont il ne restera aucune oeuvre, comme c'est le cas pour Socrate; ou bien tous les livres qui auront survécu seront attribués à un mystérieux auteur unique, comme Homère... " (XVIa 114)

NADAÍSMO COLOMBIANO: RUPTURA SOCIO-CULTURAL O EXTRAVAGANCIA EXPRESIVA

Brahiman Saganogo
Profesor-Investigador
Centro de Investigaciones Filológicas
Universidad de Guadalajara - México

Biographie de l'Auteur:
(Costa de Marfil, 1968), es Doctor en Letras por la Universidad de Guadalajara, es crítico literario, semiótico, profesor-Investigador del Departamento de Filosofía de la Universidad de Guadalajara (México), fundador y responsable del "Cuerpo Académico: Semiótica, Letras, Artes y Ciencias Humanas", y del Sistema Nacional de Investigadores (SNI).
Imparte clases de Estética, Filosofía del lenguaje, Seminario de tesis y de Análisis de textos y Semiótica.
Es autor de varios artículos en revistas científicas de ámbito nacional e internacional, de capítulos de libro y de libros, y de traducciones de textos literario (del francés al español).

Résumé de l'article:
Éste es una presentación descriptivo-analítica del movimiento post-vanguardista denominado "Nadaísmo". Como tal, el Nadaísmo, surgido en la segunda mitad del siglo XX en Colombia bajo la pluma de Gonzalo Arango; se afirmó desde entonces, como una tendencia socio-artística, revulsiva, dialéctica (ruptura vs tradición), intransigente y revolucionaria, en el panorama literario colombiano aun, en el latinoamericano.
En 1958, surge en Colombia, de las cenizas de "Los Nuevos", el Nadaísmo como una tendencia postvanguardista. De entrada, el movimiento al igual que las vanguardias históricas, se ha caracterizado por su afán de ruptura con los anteriores movimientos tanto a nivel artístico como social. Así es como sus miembros se declararon social y artísticamente anticonvencionalistas, radicales extremistas y extravagantes.

En los últimos días de la existencia de la tendencia vanguardista más representativa de Colombia: "Los Nuevos", surge en la segunda mitad del siglo XX (precisamente en 1958) de nuevo entre las líneas de la revista Mito [1]: el Nadaísmo. Al principio, la revista Mito se dedicó a presentarlo como la negación de todo lo que se había dicho en tiempos de "Los Nuevos", presentó en 1962 en un número especial dedicado al nuevo movimiento, todas las líneas del pensamiento moderno, rebasando las fronteras nacionales y haciendo de un lado todos los tabúes de una sociedad conservadora.

Etimológicamente el término deriva de "Nada" que significa según la concepción de los precursores del movimiento cualquier enunciado que exista fuera la razón. Entonces, la nada sería la no razón o la irracionalidad. La Nada es indeterminada aunque se expresa. Un nadaísta es quien rompe con el pensamiento y el, tiempo es decir, respectivamente con la razón y la temporalidad; en el ámbito artístico, es el que se muestra extremadamente anticonvencionalista. Religiosamente, es nadaísta, aquel que cree que Dios y la muerte son partes de la Nada. Y el Nadaísmo es el movimiento o la tendencia filosófica, social y cultural (literaria) en favor de la "Nada".

En realidad, el Nadaísmo nace, al igual que las tendencias precedentes en "ismo", de las dicotomías tradición / ruptura o conservadurismo / progresismo (desde el punto de vista del discurso sobre las ideas) y de entrada, se caracterizó por la rebeldía y la anarquía; sus integrantes eran jóvenes escritores de Antioquia, Valle del Cauca; y otros simpatizantes en otras actividades intelectuales (como en Artes plásticas). Los Nadaístas tomaron decisiones extremistas, tal es el caso de su rechazo rotundo de la sumisión a una sociedad de consumo y propaganda; por muchas de sus decisiones unilaterales, fueron constantemente perseguidos por el Estado. Radicalismo que se justifica por la oposición campo / ciudad que respectivamente traduce valores / desarraigo y mecanización. Elmo Valencia dijo lo siguiente:

[...] nosotros al comienzo le jalábamos a todo [...]. Mientras tanto, el Establecimiento jodiéndonos, metiéndonos a la cárcel por cualquier motivo [...]. Nosotros queríamos que el país del sagrado corazón se olvidara de los falsos profetas y festejara nuestro advenimiento con pasión y delirio. Aparecimos como unos santos mechudos dispuestos a dar la batalla a favor de la Nada. De la Nada al nadaísmo. Porque la Nada es lo único que existe. Es el principio creador. Lo demás es whisky chiviado. Capitalismo barato, ese que tanto odiaba Witmann. [...] El dadaísmo es un estado de ánimo y una actitud frente a la vida, muy relacionado con el hecho de que aquí en Colombia sólo había mediocridad y porquería. [...] Nos tomamos por asalto el país solemne con golpes de opinión y de dados, utilizando una literatura fresca y nueva para decir lo que no se había dicho antes por temor a la mojigatería y al qué dirán y al que galicado [...] Quemamos María de Jorge Isaacs pero nació María de las Estrellas, nuestra hija sagrada, con un libro en la boca: El ladrón desnudo (Valencia, 2001:pp.10-11) [2].

Las líneas argumentativas esenciales de este movimiento fueron asentadas y desarrolladas en la segunda mitad del siglo XX por el antioqueño Gonzalo Arango; y de todos los movimientos artístico-literarios surgidos en Colombia, el Nadaísmo fue el más polémico y revulsivo. En el Primer Manifiesto Nadaísta [3] menciona los programas del movimiento. He aquí algunos pasajes relevantes:

El Nadaísmo es un estado del espíritu revolucionario, y excede toda clase de previsiones y posibilidades. Para la juventud es un estado esquizofrénico-consciente contra los estados pasivos del espíritu y la cultura [...] Se ha considerado a veces al artista como un símbolo que fluctúa entre la santidad o la locura. Queremos reivindicarlo diciendo de él que es un hombre, un simple hombre, que nada lo separa de la condición humana común a los demás seres humanos. Y que sólo se distingue de otros por virtud de su oficio y de los elementos específicos con que hace su destino. El artista es un ser privilegiado con ciertas dotes excepcionales y misteriosas con que lo dotó la naturaleza. En él hay satanismo, fuerzas extrañas de la biología, y esfuerzos conscientes de creación mediante intuiciones emocionales o experiencias de la historia del pensamiento. Su destino es una simple elección o vocación, bien irracional, o condicionada por un determinismo bio-psíquico-consciente, que recae sobre el mundo si es político; sobre la locura si es poeta; o sobre la trascendencia si es místico. Trataré de definir la poesía como toda acción del espíritu completamente gratuita y desinteresada de presupuestos éticos, políticos o racionales que se formulan los hombres como programas de felicidad y de justicia. Este ejercicio del espíritu creador originado en las potencias sensibles, lo limito al campo de una subjetividad pura, inútil, al acto solitario del Ser. El ejercicio poético carece de función social o moralizadora. Es un acto que se agota en sí mismo, el más inútil del espíritu creador.

[...] Rectificamos el viejo concepto de que un pueblo es joven en virtud de sus paisajes. Lo es en razón de sus ideas y de su evolución espiritual. La decrepitud no es un concepto de la vejez del mundo físico, sino la caducidad del espíritu resignado, incapaz de evolucionar hacia nuevas formas de vida y de cultura. [...] América no puede andarse en lo regional, en lo folclórico, en la tradición mítica. Eso sería un aspecto de su desarrollo intelectual y artístico pero no puede decidir su destino y su historia sobre estas formas inferiores de su desarrollo. [...] Ningún pueblo, ningún continente viejo o nuevo puede elegir su destino por separado. [...] Una cultura solitaria, desvinculada de los intereses universales, es imposible de concebir. Nadie puede evadirse, ni eludir el papel que representa en el mundo moderno. [...] Hemos renunciado a la esperanza de trascender bajo las promesas de cualquier religión o idealismo filosófico. Para nosotros éste es el mundo y éste es el hombre. [...] La libertad es, en síntesis, un acto que se compromete. No es un sentimiento ni una idea, ni una pasión. Es un acto vertido en el mundo de la historia. Es, en esencia, la negación de la soledad. Destruir un orden es por lo menos tan difícil como crearlo. Ante una empresa de tan grandes proporciones, renunciamos a destruir el orden establecido. La aspiración fundamental del Nadaísmo es desacreditar ese orden. Al intentar este movimiento revolucionario, cumplimos esa misión de la vida que se renueva cíclicamente y que es, en síntesis, luchar por liberar al espíritu de la resignación, y defender de lo inestable la permanencia de ciertas adoraciones. [...] La misión es ésta: No dejar una fe intacta, ni un ídolo en su sitio. Todo lo que está consagrado como adorable por el orden imperante será examinado y revisado. Se conservará solamente aquello que esté orientado hacia la revolución, y que fundamente por su consistencia indestructible, los cimientos de la sociedad nueva. Lo demás será removido y destruido. ¿Hasta dónde llegaremos? El fin no importa desde el punto de vista de la lucha. Porque no llegar es también el cumplimiento de un destino (Arango, 1958:pp.1-42).

En efecto, el Nadaísmo se ha definido como un movimiento universal de ruptura y rebeldía cultural dentro de las letras y en particular dentro de las colombianas, aunque retomó varios argumentos de las vanguardias históricas que había penetrado al suelo latinoamericano. Desde la perspectiva dadaísta, el arte nacional ya no tiene sentido dado que el dadaísmo es la época del sentimiento cultural y artístico de dimensión universal y todos han de trabajar para ello.

En el ámbito literario, el Nadaísmo proclamó la "muerte" del género literario o el nacimiento de "el género sin límite". Sus miembros afirmaron el gusto por una literatura de ruptura insistiendo la desacralización de la lógica, el caos como diversión, el arte como medio de liberación y en la fantasía. Dicho de otra forma, se trataba de la formulación de una estética nadaísta caracterizada por no sólo el caos sino también por la violencia de las imágenes, la espontaneidad en la creación de las mismas y los juegos. Pues, una estética nueva que con el tiempo se ha explicado por sus creaciones más que por sus influencias. Al respecto, es sumamente mencionar algunos textos nadaístas tales como: La Señora Yonosé, Muerte no sea mujer y Los amantes del ascensor de Gonzalo Arango; El universo humano y Extraña visión de Elmo Valencia; Viaje a la Luna después de muerta de Jaime Espinel y Simpatía por el demonio de Jotamario Arbeláez[4]. Además de la narrativa, la mayoría de los dadaístas ensayaron la poesía. Tratándose del arte poético, los nadaístas fueron con razón o sin ella, pro-simbolistas y pro-parnasos, influenciados por los franceses Arthur Rimbaud Charles Baudélaire, Lautréamont, Gruillanme Apollinaire y André Breton; y también por precursores de tendencias vanguardistas en el subcontinente latinoamericano tales como el creacionista chileno Vicente Huidobro, el ultraísta argentino Jorge Luis Borges y el estridentista mexicano Manuel Maples Arce manifestaron así la necesidad de una poesía universal. En cuanto a las influencias leemos:

Del surrealismo nos quedaron los sueños eróticos que nos proporcionó Briggite Bardot, nuestra primera musa de carne y hueso, y la admiración que sentimos en un momento dado por André Breton cuando nos dimos cuenta de que su movimiento era totalmente antiliterario, antipoético y antiartístico, desembocando en una nueva literatura y en una pintura de la cual se siguen enriqueciendo muchos comerciante de arte. Gonzalo Arango admiró tanto a Breton que de él dijo en su texto "Jazz para una misa negra por el alma de André Breton". "28 de septiembre, qué vaina, Breton se murió en París, murió de vivirse, de lo que más amaba. Hombres como él no me los imagino muertos: son cadáveres imposibles. Breton muerto, suena falso, niega el espíritu, el sol, el genio, la poesía. ¡La muerte es repugnante definitivamente! (Valencia, 2001:p.9).

La obra poética bajo el Nadaísmo será entonces un producto imaginario que sugiera la vida íntima del poeta mediante correspondencias entre aquélla y el mundo de las cosas; teñido de sonoridades, ritmos; y marcando por el verso libre y el poder de la evocación que lo hace oscilar hacia la Nada ya que el texto poético nadaísta se dirige a la sensibilidad y la intuición dando que sentir sugiriendo formas, imágenes y sentimientos. A grosso modo, el texto nadaísta expresa la Nada y ésta se entiende como lo irracional. Los procedimientos estilísticos como la ironía, la antitesis, los paralelismos, el juego, las metáforas, las fases estereotipadas y la descontrucción son reiterados en un texto nadaísta.

El escritor nadaísta utiliza todos los sentidos (el oído, la vista, el tacto, el olfato y el gusto), los sentimientos profundos, el silencio y el vacío; pues, su estilo pone de manifiesto actividad visual, auditiva y sensorial. Muchos nadaístas, sobre todo poetas, trataron de desacralizar el arte poético partiendo de lo trivial y la transgresión como base del poema.

El Nadaísmo caracterizado por su "anhelo de ruptura dio nacimiento a poetas que vinieron a consolidar la poesía colombiana a partir de los años 60; tales como su fundador Gonzalo Arango, Eduardo Escobar, Jotamario Arbeláez, Jaramillo Escobar, Amílcar Osorio y Mario Rivero, compilados por primera vez en 1963 bajo el título de 13 poetas nadaístas. Además de los poetas, surgieron cuentistas nadaístas que siguieron estrictamente los lineamientos acerca de la ruptura, son: Elmo Valencia, Amílcar Osorio, Jaime Espinel, Jotamario Arbeláez, Humberto Navarro, Jan Arlo y Rafael Vega Jácome.

En tanto que "rebeldía cultura", Nadaísmo fue severamente criticado por un integrante de la generación anterior (Los Nuevos) de la manera siguiente: "El Nadaísmo es un producto natural de una época pervertida. Época de culturas dirigidas por analfabetos. Entre nosotros, es la consecuencia inmediata de las dictaduras" (Arciniegas, 1958) [5].

Y Gabriel Ulloa, en la misma perspectiva declara que "El Nadaísmo es el receloso reino de la esquizotimia" (Ulloa, 1958) [6]. Pese a las críticas, el movimiento siguió esgrimiendo su deseo principal o sea "la expresión exasperada de conciencias individuales reacias a adscribirse a procesos colectivos", aunque es de reconocer que por las influencias de la Revolución cubana, del surrealismo de André Bretón, los escritores nadaístas llegar a practicar muchas veces una "Literatura comprometida". Fue el caso de Arango, cuando argumentó sobre los sucesos del 9 de abril de 1948 en su Obra negra [7].

A nivel socio-político, los nadaístas se mostraron partidarios de la izquierda colombiana, pues, progresistas, humanistas y existencialistas de inspiración sartreana debido a un pasado colombiano hecho de crisis y turbios. Además fueron panteístas, ateos, acusaron a la Iglesia católica a través de su profeta Arango de ser responsable de la tragedia los colombianos; posturas suyas que resumen la nada y esta última como componente de la vida (la existencia).

"No somos católicos [...] En nombre del Nadaísmo les impedimos defecarse una vez más en este pobre alcantarilla que se llama Colombia [...] Ustedes fracasaron, ¿qué nos dejan después de 50 años de "pensamiento católico"? [...] Esto: un pueblo miserable, ignorante, hambriento, servil, explotado, fetichista, criminal, bruto, ese es el producto de sus sermones sobre moral, de su metafísica bastarda, de su fe de carboneros, ustedes son los responsables de esta crisis que nos envilece y nos cubre de ignominia (Arango, 1974: pp. 24, 26) [8].

A manera de conclusión, el Nadaísmo fue aunque pasó rápido, marcó la literatura aunque pasó rápido, marcó la literatura colombiana que se vio liberada de una vieja retórica tradicionalista. Por entre las crisis (culturales y políticas) presentadas por el nuevo movimiento, salieron algunas figuras importantes de las letras colombianas que ya mencionamos arriba y cambios interesantes en la vida del país.

NOTAS:

[1] La revista Mito fue una de las grandes vías de expresión de la vanguardia en Colombia y se convirtió a principios de la segunda mitad del siglo XX la revista de la ruptura y del punto de partida de un nuevo movimiento llamado Dadaísmo.

[2] Cfr. Cuentos nadaístas. Compilación y prólogo de Elmo Valencia Franco. Bogotá, Ed. Panamericana, 2001, pp.10-11.

[3] Cfr. Gonzalo Arango. Primer Manifiesto Nadaísta. Medellín, Tipografías Amistas, 1958. Originalmente, el Manifiesto consta de 42 páginas de argumentación cultural, estética y socio-política y religiosa.

[4] Todos esos textos ficticios aparecen en Elmo Valencia Franco. Op. cit., pp.19-42,43-50,51-60,61-67, 77-89,133-149, 185-190.

[5] Germán Arciniegas citado en Historia de la poesía colombiana. (bajo la dirección de María Mercedes Carranza).2ª ed., Bogotá, eds. Casa Silva, 2001, pp.470. Cabe notar que esas ideas de Arciniegas fueron publicadas por primera vez, como artículo suyo titulado "El Nadaísmo es algo", en el periódico El Tiempo (Bogotá, julio, 1958).

[6] Gabriel Ulloa citado, Ibid. Las declaraciones de Ulloa en contra del Nadaísmo salieron por vez primera en El Espectador (Bogotá, julio 17, 1958).

[7] Gonzalo Arango publica en 1974 en Buenos Aires en los talleres de la Editorial Lohlé su Obra negra, libro en el cual hace el proceso de los sucesos del día 9 de abril de 1948. Día marca do por el asesinato del líder popular colombiano Jorge Eliécer Gaitán y el comienzo de intensos y trágicos turbios socio-políticos como consecuencia directa del mismo hecho.

[8] Ibid., pp.24, 26. Además de la crítica austera en contra de la clase política, Arango se ataca al clero colombiano refrendando así su inclinación a pesar de todo, por una literatura comprometida en la cual el artista se vuelve "la voz de los demás".

BIBLIOGRAFÍA:

Arango, Gonzalo (1974): Obra negra. eds. Carlos Lohlé, Buenos Aires.

_____________ (2003): Reportajes. 2ª ed. Ed. Universidad de Antioquia, Antioquia.

_____________ (2002): Última página. 1ª impresión, Ed. Universidad de Antioquia, Antioquia.

_____________ . "El rebelde y la nada" en Última página. Ibid., pp.76-80.

_____________ . "Diario de un dadaísta" en Última página. Ibid., pp.81-86.

Arango Gonzalo et al. (1963): 13 poetas nadaístas. eds. Triángulo, Medellín.

Arbeláez, Jotamario: "10 años en la eternidad: la pasión y la máquina de escribir en el Nadaísmo" Revista Casa Silva (Bogotá), núm.1, enero, 1988.

Arciniegas, Germán: "El Nadaísmo es algo", El Tiempo (Bogotá), julio de 1958,

Camacho G., Eduardo: "Un Nadaísta en la nada", Boletín Cultural y Bibliográfico (Bogotá), 1964, núm.9, pp.1638-1641.

González, Fernando: "Gonzalo Arango y el Nadaísmo", Revista Casa Silva, enero de 1988, núm.1.

Mejía Duque, Jaime: "Reflexiones en torno al Nadaísmo", Arco (Bogotá), noviembre de 1979, núm. 226.

Ospina, Uriel: "¿Hay en el Nadaísmo un postura nacionalista?", Letras Nacionales (Bogotá), mayo-junio de 1965.

Romero, Armando: "El Nadaísmo y la literatura", Eco (Bogotá), junio de 1983, núm. 260, pp.175-192.

Valencia Franco, Elmo (2001): Cuentos Dadaístas. Ed. Panamericana, Bogotá.

VIII. ARTS

INTRODUCTION À L'ESTHÉTIQUE POSTMODERNE

Marc Gontard

Université de Rennes 2

Biographie de l'Auteur:

Né le 31 août 1946 à Quiberon 56 Professeur de littérature française du 2àème siècle et de littérature francophone à l'université Rennes 2 depuis 1981. Président de l'université Rennes 2 de janvier 2006 à janvier 2011. *Publications:* 150 articles sur la littérature française du 20ème siècle et les littératures francophones (Maghreb, Antilles, Canada) -Ouvrages: .*«Nedjma» de Kateb Yacine, essai sur la structure formelle du roman*, Rabat, éd. de l'Agdal, 1975, rééd. Paris, L'Harmattan, 1985, 120 p. .*Violence du texte: littérature marocaine de langue française*, Paris, L'Harmattan, 1981, préface d'A. Khatibi, 170 p. .*Victor Segalen, une esthétique de la différence*, Paris, L'Harmattan, 1990, 330 p. Ouvrage publié avec le concours du CNL. .*Le Moi étrange: littérature marocaine de langue française*, Paris, L'Harmattan, 1993, 220 p. .*La Chine de Victor Segalen, Stèles, Equipée*, Paris, Presses Universitaires de France, 2000, 260 p, coll. «Ecrivains» .*La langue muette: littérature bretonne de langue française*, Rennes, PUR, 2007, 180 p. *De sable et de sang* (roman), Paris, L'Harmattan, 1982. *Territoires de l'obscur* (nouvelle), Hôtel continental, 1993. *Iwona* (poèmes), Hôtel continental, 1996. -Direction d'ouvrages collectifs: *Littérature marocaine*, N°spécial, revue Europe, juin-juillet 1979. *Métissage du texte (Maghreb, Québec, Bretagne)* Plurial, N°4, Presses Universitaires de Rennes, 1993, en collaboration avec B. Hue. *Ecrire la Bretagne*, Plurial, N°5, Presses Universitaires de Rennes,1995, en collaboration avec B. Hue. *Regards sur la Francophonie*, Plurial, N°6, Presses Universitaires de Rennes,1997, en collaboration avec Maryse Bray (Université de Westminster) *Le Postmodernisme en France*, Oeuvres et Critiques, XXIII,1,Tübingen, Gunter Narr Verlag, 1998. *Bretagne: L'Autre et l' Ailleurs*, Plurial, N°8, Presses Universitaires de Rennes, 1999. *Louis Guilloux, écrivain*, Presses Universitaires de Rennes, 2000, en collaboration avec Francine Dugast. *Dictionnaire des écrivains bretons du XXème siècle*, Presses Universitaires de Rennes, 2002. *Ecritures caraïbes*, Plurial, N° 11, Presses Universitaires de Rennes, 2002, en collaboration avec Georges Voisset. *Le Récit féminin au Maroc*, Plurial, N°15, Presses Universitaires de Rennes, 2005. -Activité éditoriale: Directeur littéraire aux éditions *L'Harmattan*, rue de l'école Polytechnique Paris, Créateur et directeur de la collection *Ecritures arabes* de 1981 à 1991, plus de 150 titres publiés. Directeur de la collection *Plurial*, Presses Universitaires de Rennes, (PUR) Membre du comité de rédaction des revues suivantes: *Bulletin of francophone africa*, Direction Ethel Tolansky, université of Westminster, revue bilingue, trimestrielle (membre de l' Editorial Advisory Board).. *Le Maghreb littéraire*, Directeur Najib Redouane, université de Toronto, revue de langue française, 2 N° par an (membre du Conseil scientifique international) *Nouvelles études francophones*, revue du Conseil International des Etudes Francophones, Direction Catherine Perry, University of Louisiana at Lafayette, 2 N° par an (membre du Comité scientifique).

Résumé de l'article:

Cet essai dont l'ambition première était l'étude du roman français postmoderne s'est transformée en une introduction à l'esthétique postmoderne. En effet, la richesse de la matière abordée et l'élaboration même de l'hypothèse révèlent que le postmodernisme n'est ni une école littéraire, ni une avant-garde, mais une crise de culture à la transition des deux siècles, qui s'est transformée en culture de la crise, de sorte que non seulement la pensée, la science et les arts, s'en trouvent affectés, mais de manière plus profonde encore la société et l'individu, déstabilisés par l'irruption de l'autre sur la scène de l'être. C'est pourquoi, sans renoncer à la perspective littéraire qui pilote la réflexion, le propos s'est à la fois élargi et limité à ce que, faute de mieux, j'appelle ici l'esthétique postmoderne.

SOMMAIRE

Ch. 1 L'Hypothèse postmoderne:

.Polémique autour d'une notion
.Habermas/Lyotard: le débat moderne/postmoderne
.Les pensées de la différence: déconstruction, altérité
.De l' «extrême contemporain» (M. Chaillou) à la «submodernité» (M. Augé)
.Pour un postmoderne néomoderne
.Eléments de périodisation (1980-2000)

Ch. 2 La société postmoderne:

.L'hétérogène et le discontinu:
  -de la binarité à la complexité (le post-structuralisme)
  -crise et turbulence (l'après-libéralisme)
  -le principe d'incertitude et les sciences du chaos
.L'être posmoderne:
  -le retour du sujet et l'individualisme (Lipovestky)
  -le corps postmoderne (Michel Serres)
.Pratiques postmodernes:
  -arts plastiques (Garrouste)
-architecture (Boffil)
  -cinéma: Wes Craven, *Scream*, Oliver Stone, *Tueurs nés*.

Ch 3: Récit et postmodernité

.En quête d'une poétique
  -L'après-nouveau roman
  -Quels Critères?
  -Dispositifs
.Poétiques du discontinu: un exemple d'écriture postmoderne
  -collages
  -Ecritures fragmentales
  -Hybridation et métissage du texte

Conclusion
Choix bibliographique

AVANT-PROPOS
DE L'EXTRÊME CONTEMPORAIN

J'ai dit et répété que pour moi «postmoderne» ne signifiait pas la fin du modernisme mais un autre rapport avec la modernité.

J.-F. Lotard[1]

Il n'y a aujourd'hui pas plus de raison pour l'optimisme que pour le pessimisme. Tout reste possible, mais tout demeure incertain.

I. Wallerstein [2]

Il est toujours délicat de s'interroger sur *l'extrême contemporain*[3] avec ce manque de recul qui, par effet de grossissement, peut nous cacher le seuil -ou la marche- que nous sommes occupés à franchir. Car c'est bien de cela qu'il s'agit: que se passe-t-il dans notre culture, depuis les années 80, que nous avons tant de mal à formuler - sinon par l'entremise du préfixe *post* ou de ses synonymes - pour désigner la société *post-industrielle* (Alain Touraine), l'*après-libéralisme* (Immanuel Wallerstein), la *post-histoire* (Arthur Danto), la *post-théorie*, et même le *post-exotisme* (Arthur Volodine) autant de notions que recoupe le champ plus large de la **postmodernité**?

C'est à cette question que ce livre voudrait répondre, à partir d'un point de vue littéraire qui, se fondant sur la suprématie du roman-roi dans les valeurs de la médiasphère, se donne pour objectif d'y rechercher les manifestations du *postmodernisme*. Ce travail repose donc sur une double hypothèse: celle de la postmodernité comme seuil, désignant les mutations contemporaines qui ouvrent l'espace social à un **après**, encore informulable et celle du roman postmoderne comme symptôme de ce passage vers un impensé. D'où l'intérêt du préfixe *post* qui, pour continuer la métaphore du seuil, nous fait quitter, sans vertige millénariste, un espace familier, celui de la modernité, pour un autre dont il faut avouer que nous ne savons rien ou presque, ce qu'implique le néologisme par composition: **post-moderne.**

Pourtant le mot rencontre en France une vive résistance, dans le milieu universitaire comme chez les écrivains eux-mêmes. Dans un roman comme *Outback ou L'Arrière-monde*[4], Claude Ollier, tout en pratiquant réécriture (du road-movie), décentrement et citation, refuse de se reconnaître sous l'étiquette postmoderne, synonyme pour lui, d'éclectisme, tandis que Marie Redonnet, héritière, dans sa trilogie américaine, du postmodernisme de Paul Auster, réclame une «relance de la question de la modernité»[5]. Alain Nadaud qui, en 1987, pose dans *L'Infini* cette question cruciale: «Où en est la littérature?» assemble quelques éléments de la problématique mais le terme lui fait défaut et il ne peut que faire le constat d'une impuissance de la critique à penser le renouveau de la littérature, après la «glaciation» formaliste des années 70:

(...) une mutation a pu s'opérer qui expliquerait que, pour l'instant, les outils de la critique, en ce qu'ils sont restés traditionnels, ne sont pas parvenus à la circonscrire et même à l' apprécier à sa juste mesure.[6]

Pourtant, quelques années plus tard, dans un essai intitulé *Malaise dans la littérature*[7], il remonte d'une manière convaincante aux origines socio-culturelles de la crise qui affecte le roman français, sans aller pour autant jusqu'à l'hypothèse postmoderne.

Enfin, dans sa très bonne synthèse, *Le Roman français au XXème siècle*[8], Dominique Viart évite lui aussi l' emploi du mot et préfère, à une approche théorisante de la littérature fin de siècle, une perspective plus éclatée sous le titre: «Esthétiques de la nostalgie: «roman cultivé», fictions biographiques, minimalismes»[9]...

Est-ce parce que le terme nous vient d'outre-Atlantique? comme le suggère Antoine Compagnon:

(...) le post-moderne suscite d'autant plus de scepticisme en France que nous ne l'avons pas inventé, alors que nous nous faisons passer pour les pères de la modernité et de l'avant-garde, comme des droits de l'homme.[10]

Ou la notion est-elle à ce point imprécise qu'on peut y mettre n'importe quoi, ce qui la rend impropre à l'analyse du champ littéraire, comme l'affirme Jean-Claude Dupas:

(...) le post-modernisme, en matière de roman du moins, est une chimère.[11]

Du côté des média, les choses ne sont pas moins simples depuis que le mot circule dans la critique journalistique. Un feuilletoniste comme Pierre Lepape joue avec la notion depuis les années 95 et, sans consentir pleinement à son emploi, il en fait implicitement un élément de référence, dans son approche des pratiques narratives de Bernard Chambaz ou de François Bon, même si la réticence fonctionne chez lui comme une connotation négative:

---

[1]: « Réécrire la modernité », *Les cahiers de philosophie*, N°5, 1988, P. 64.

[2]: *L'Après libéralisme. Essai sur un système-monde à réinventer*, Paris, éd. de l'Aube, 1999, p. 93.

[3]: Cf. Michel Chaillou in *Poésie*, N°41, 1987.

[4]: Paris, P.O.L., 1995.

[5]: *Les Lettres françaises*, , juin 1995.

[6]: « Pour un nouvel imaginaire », *L'Infini*, N°19, été 1987, *Où en est la littérature?*, P. 8.

[7]: Champ-Vallon, 1993.

[8]: Paris, Hachette, 1999, coll. Hachette Supérieur.

[9]: Ibid., p. 128. De même, dans la seconde édition d'un ouvrage destiné au premier cycle universitaire: *Le Roman*, sous la direction de Colette Becker, Bréal, 2000, Francine Dugast, tout en critiquant la notion de « minimalisme », ne trouve guère d'équivalent pour évoquer en quelques pages, ces romans qui vont de l' art du « ténu » (J.-P. Toussaint, C. Oster) aux « écritures paroxystiques » (M. Houellebecq, M. Darrieussecq)...

[10]: *Les cinq paradoxes de la modernité*, Paris, Le Seuil, 1990, p. 146.

[11]: « Le Post-moderne et la Chimère » in *Postmoderne. Les termes d'un usage*, *Les Cahiers de philosophie*, N°6, 1988, p. 166.

L'Histoire est, dit-on, la grande absente du roman français d'aujourd'hui. Depuis le milieu des années 70, puis ce qu'il est convenu d'appeler - un peu approximativement - «la fin des idéologies», nos écrivains, désormais convaincus de ne pas pouvoir changer le monde, auraient en quelque sorte, théorisé leur désarroi, en faisant passer l'avenir à la trappe.[1]

Quelques années plus tard, évoquant *Vie secrète* de Pascal Quignard, il utilise le mot, ostensiblement, cette fois, avec la même modalisation, mais dans une acception totalement polémique qui rejette la notion dans une mouvance réactionnaire:

Nous savions bien, au fond de nous, que le triomphe du modernisme – ce vertige ivre de la fuite en avant – n'aurait qu'un temps et qu'il passerait. Qu'un temps aussi, cette contestation superficielle et rétrograde qu'on a nommé, faute de mieux, postmodernisme.[2]

Par contre, pour prendre un dernier exemple dans le registre opposé, Chantal Aubry débute sa chronique du Prix Fémina 1997 par un chapeau où le terme «post-modernité» employé à contresens, comme simple plue-value marchande, devient un slogan vide, ce qui confirme que le mot fait partie désormais du vocabulaire des média mais que sa signification reste pour le moins flottante:

Couronné par le jury Femina, *Amour noir* de Dominique Noguez conjugue – et consume jusqu'à l'extrême – l'ardeur et le malheur d'aimer. Un beau roman dont la post-modernité s'inscrit dans la meilleure tradition française.[3]

Avec la polémique qui suit la publication du livre de Michel Houellebecq, *Les Particules élémentaires*[4], la presse découvre d'une manière plus évidente encore qu'il se passe quelque chose du côté du roman. Si Marie Redonnet voit dans ce roman un «symptôme» de la «barbarie postmoderne»[5] qui témoigne du désarroi des écrivains de la génération de 68, à laquelle elle appartient, Henry Raczynow proteste contre la montée «De l'ordure en littérature»[6], tandis que Frédéric Bradé titre dans *Le Monde*: «Une nouvelle tendance en littérature» et évoque, avec Houellebecq, Darrieussecq et Iegor Gran, «l'émergence d'une force»[7], tout comme Josyane Savigneau qui salue le «premier vrai débat littéraire, en France, depuis une trentaine d'années»[8], sans aller au-delà, toutefois, de ce simple constat.

Ces quelques prélèvements dans la critique universitaire et journalistique nous montrent donc qu'il n'existe chez nous aucun consensus quant à l'emploi du mot, alors qu'aux USA, au Canada comme au Brésil mais aussi en Europe (Angleterre, Allemagne, Espagne, Italie), même s'il soulève débats et polémiques, il fait partie du vocabulaire critique usuel[9].

Mon but, dans cet essai est donc de clarifier et d'analyser cette notion afin de juger de sa pertinence dans le champ romanesque français, tel qu'il se présente depuis les années 80. Car il devient urgent de lever cette confusion où s'enracine le scepticisme d'Alain Lhomme, par exemple:

Postmoderne apparaît au total comme un signifiant libre, paradoxal parce qu'essentiellement imaginaire ou si l'on préfère comme une fiction conceptuelle, une catégorie qui est de l'ordre du comme si…[10]

A l'inverse de ce point de vue, ayant posé l'hypothèse postmoderne dans son rapport à la modernité, je m'attacherai à relever dans le contexte de ces dernières décennies un certain nombre de traits qui avèrent ce que Jean-François Lyotard a nommé *La Condition postmoderne*[11]. Il s'agira de montrer comment les principes d'altérité et de turbulence qui envahissent nos champs de représentation affectent non seulement notre perception du réel mais aussi notre conception du sujet jusque dans la mise en scène du corps, ce dont témoignent diverses pratiques, en architecture, dans les arts plastiques ou cinématographiques.

Ayant ainsi dessiné un contexte dont les traits définissent la postmodernité, je chercherai à distinguer dans la production romanesque actuelle des tendances formelles, des types de dispositifs, qui entrent en relation avec les formations socio-culturelles mises en évidence dans le contexte postmoderne.

Sans rechercher le haut degré de théorisation d'un Edmond Cros, par exemple, ma lecture adopte donc certains principes de la sociocritique en ce sens qu'elle se fonde sur l'idée que «Ce sont toujours des pratiques sociales qui, présentes dès l'origine du texte, impulsent ou canalisent le dynamisme de production du sens.»[12] Ces pratiques sociales se manifestent sous forme de représentations dont l'articulation avec les figures textuelles correspond à ce que la socio-sémiotique de Cros désigne par le concept d' «idéosème»[13]. L'un des aspects de ce travail, au plan méthodologique, repose donc sur ce postulat selon lequel les formations socio-culturelles qui relèvent de la postmodernité produisent des dispositifs narratifs dont l'effet de récurrence permet de postuler l'émergence d'un roman postmoderne.

Reste à le définir.

Selon le point de vue que je développerai, le postmodernisme, en France, est le fait, principalement, de romanciers qui ont traversé le Nouveau Roman et qui se posent la question fondamentale, comment écrire *après*? Comment textualiser l'hétérogène sans retomber dans les contraintes d'une avant-garde expérimentaliste? Comment renarrativiser le récit sans revenir aux formes traditionnelles du réalisme

---

1: *Le Monde*, 6 octobre 1995.
2: *Le Monde*, 28 janvier 1998.
3: *La Croix*, 1997.
4: Paris, Flammarion, 1998.
5: « La Barbarie postmoderne », collectif *Les Mots sont importants*, internet, WWW. Ornitho.org./lmsi
6: « De l'ordure en littérature », *Le Monde*, 10 octobre 1998.
7: « Une nouvelle tendance en littérature », *Le Monde*, 3 octobre 1998.
8: « Littérature et bien-pensance », *Le Monde*, 11 novembre 1998. Autres contributions à ce débat: Marc Petit, « Nouvelle tendance et vieux démons », *Le Monde*, 10 octobre 1998; Philippe Di Folco, « Résister, encore et toujours », *Le Monde*, 10 octobre 1998; Dominique Noguez, « La Rage de ne pas lire », *Le Monde*, 29 octobre 1998.
9: Cf. *Postmodernité et écriture narrative dans l'Espagne contemporaine*, textes réunis par Georges Tyras, Grenoble, Cerhius, 1996, *The Postmodern history reader*, édited by Keith Jenkins, London and New-York, Routledge, 1997.
10: « Le Schibboleth des années quatre-vingt? » in *Les Cahiers de philosophie*, *Postmoderne: les termes d'un usage*, op. cit., p. 53.
11: Paris, Editions de Minuit, 1979.
12: Edmond Cros: *De l'engendrement des formes*, Montpellier, Editions du C.E.R.S., 1990, p. 4.
13: L' « idéosème » désigne la relation entre l'articulation sémiotique, extérieure au texte et l'articulation discursive, interne au texte.

psychologique (Grainville, Le Clézio, Rouaud) que tend à imposer la machine éditoriale pour laquelle l'auteur idéal reste Paul-Loup Sulizer?...Entre le modèle commercial dont la promotion médiatique écrase les écritures alternatives et l'abstraction textuelle (néo-romanesque ou oulipienne) y a-t-il une voie pour le roman postmoderne? La réponse n'est pas simple mais, sans tomber dans le pessimisme de Marie Redonnet qui s'accuse, avec les romanciers de la génération de 68, de n'avoir pas joué le «rôle historique de passeur entre deux temps»[1], l'analyse montrera qu'au-delà de certains traits fortement récurrents le postmodernisme peut prendre plusieurs visages qui semblent parfois opposés. En effet, comment penser simultanément le retour à la linéarité narrative une écriture du discontinu qui tente au contraire de déconstruire tout effet de continuité? Comment penser à la fois Jean Echenoz ou Jean Philippe Toussaint et Annie Ernaux ou Abdelwahab Meddeb? En fait l'opposition n'est qu'apparente et oblige à un premier constat: il n'y a pas *un* mais *des* postmodernismes, c'est-à-dire un ensemble d'expériences dont il s'agira d'établir une typologie, conscient que celle qui est ici proposée peut-être mise en discussion pour certains cas limites.

Ainsi trois modes de textualisation me semblent rendre compte plus particulièrement du savoir postmoderne et focaliser les dispositifs d'écriture autour de trois types d'effets qui peuvent se conjuguer dans un même récit: *discontinuité, hypertextualité, renarrativisation*. Mais ces catégories elles-mêmes, nous allons le voir, vont se ramifier pour donner une image du roman postmoderne ouverte à la diversité, c'est-à-dire au mode granulaire et fractal du *Diversel* face auquel tout effort de théorisation éprouve ses propres limites.

Chapitre I: L'HYPOTHÈSE POSTMODERNE

Pour Michael Köler qui, le premier, retrace l'histoire du mot dans le contexte américain[2], le néologisme *postmoderne* aurait été forgé par Arnold Toynbee, en 1947, dans une acception socio-historique, pour désigner, aux lendemains de la seconde guerre mondiale, une mutation dans les cultures occidentales. Le mot apparaît ensuite à plusieurs reprises pour caractériser la littérature américaine de l'après-guerre mais il ne s'impose véritablement en critique littéraire que dans les années 60. Il s'applique alors à un courant qui s'écarte à la fois du roman sociologique et des expérimentations formalistes. Harry Blake fait de la publication du *Festin nu*, de William Burroughs, en 1959, l'événement inaugural du «post-modernisme américain» dont les principaux représentants sont pour lui, John Barth, Donald Bertheleme, Richard Brautigan, Robert Coover, William Gass et Jerzy Kosinski.[3] S'y sont ajoutés d'autres romanciers comme Thomas Pynchon, Kurt Vonnegut, John Hawkes, Stanley Elkin puis Saul Bellow et Norman Mailer et quelques figures internationales comme Vladimir Nabokov, Jorge Luis Borgès ou Italo Calvino. Mais déjà la confusion s'installe quand les théoriciens d'outre-Atlantique cherchent à inclure, sous la même étiquette, le Nouveau Roman français, le groupe *Tel Quel* ou l'*Oulipo*...[4], c'est-à-dire des écritures expérimentales qui, nous le verrons relèvent de la modernité. En dépit d'un usage encore flottant, toutefois, le terme va s'installer durablement dans le discours critique américain avec les études d'Ihab Hassan et de Linda Hutcheon[5].

Parallèlement, le mot s'impose en architecture où il incarne une rupture avec le fonctionnalisme de Gropius, Van der Rohe ou Le Corbusier dont l'excès de rationalisation a conduit aux formes froides et géométriques de l'habitat standardisé. Le refus des slogans modernistes de la *Charte d'Athènes*: «la forme suit la fonction», «seul ce qui est pratique est beau», amène des architectes comme Robert Venturi, Charles Moore ou Paolo Porthoghési à se reconnaître dans ce que Charles Jencks dénomme en 1977: *The language of Post-Moderne Architecture*[6].

En France, c'est Jean-François Lyotard qui, en 1979, acclimate le mot avec un livre clé: *La Condition postmoderne. Rapport sur le savoir dans les sociétés les plus développées*[7]. Comme l'indique le sous-tire, cet ouvrage, conçu pour répondre à une commande des universités du Québec, va à son tour créer de nombreux débats et introduire la notion de ce côté de l'Atlantique.

I-1 Polémique autour d'une notion:

Le premier sujet de controverse concerne la nature même du mot, écrit, tantôt avec tiret (Harry Blake, Henri Meschonnic), tantôt sans tiret (Ihab Hassan, Jean-François Lyotard). Avec tiret, c'est un mot composé dont la binarité clivée désigne, sous une forme disjonctive, une rupture temporelle avec la modernité. Or, comme le rappelle Henri Meschonnic, moderne vient du latin *modernus* (Vème siècle), «terme *chrétien* qui semble seulement référé au nouveau, à l'actuel – de *modo*, «à l'instant».[8]» *Plus actuel que l'actuel*, le paradoxe du post-moderne explique cette réticence en forme de leit-motiv qui d'Harry Blake (1977) à Pierre Lepape (1998) nous vaut ce «faute de mieux» où passe la résignation d'une impuissance à conceptualiser. Car c'est autour du tiret que se radicalise l'opposition entre ceux qui font du post-modernisme une rupture radicale, une litanie de la fin et de l'épuisement (*fin de l'histoire, fin de la métaphysique, fin des avant-gardes*), c'est-à-dire un anti-modernisme et ceux qui préfèrent y voir une sorte de constat critique des dévoiements du projet moderne: «Le post-moderne est-il plus moderne que le moderne, ou anti-moderne (...)?»[9] Cette alternative que Meschonnic pose d'une manière polémique peut-être conçue différemment si l'effacement du tiret fait du mot composé autre chose que la simple désignation d'une «période qui ne sait plus inventer l'avenir», comme l'écrit encore Marc Chénetier dans un dossier de la revue québécoise *Etudes Littéraires*[10]. Postmoderne devient alors un pur néologisme, c'est-à-dire

---

[1]: « Ayant eu à trouver dans le plus grand isolement des solutions à toutes ces questions, ils ont dû, seuls, tracer leur chemin au moment même où la société ultralibérale était en train de se mettre en place, avec toutes les régressions sociales et culturelles qui l'accompagnent depuis les années 80. Certains ont erré, d'autres ont régressé, d'autres ont évacué les questions, d'autres les ont perverties pour pour s'adapter, d'autres ont inventé des solutions singulières, peu visibles en l'absence de repères. » (« La Barbarie postmoderne », op. cit.)

[2]: « *Posmodernimus*: Ein Begriffsgeschichtlicher Überblick », *Amerikastudien*, vol. 22, N°1, 1977.

[3]: « Le Post-modernisme américain », *Tel Quel*, N° 71-73, 1977.

[4]: Cf. John Barth: « La Littérature du renouvellement. La fiction postmoderniste », *Poétique*, N°48, novembre 1981.

[5]: Ihab Hassan:*The Dismemberment of Orphéous: Toward a Postmodern literature*, Madison, The University of Winsconsin Press, 1982, traduction française, Paris, Robert Laffont, 1985.

   Linda Hutcheon:*The Poetics of Postmodernism*, New-York, Routledge, 1988.

[6]: New-York, Rizzoli, 1977, traduction française: *Le Langage de l'Architecture Post-Moderne*, Paris, Denoël, 1985.

[7]: Op. cit.

[8]: *Modernité Modernité*, Paris, éd. Verdier, 1988, Gallimard, folio-essais, 1993, P. 36.

[9]: Ibid., P. 263.

[10]: « Est-il nécessaire d' « expliquer le postmodern(ism)e aux enfants »? in*Postmodernismes. Poïesis des Amériques, Ethos des Europes, Etudes Littéraires*, Université Laval, vol. 27, N°1, été 1994, P. 20.

une notion autonome où la négativité supposée du préfixe «post -» fait place à une volonté de penser l' «après», dans la difficulté où nous sommes à formuler cet innommable, ce seuil sur lequel nous nous trouvons. La forme du paradoxe qui neutralise la contradiction dialectique et écarte la possibilité même du concept donne ainsi au néologisme une acceptabilité suffisante pour qu'il puisse servir l'hypothèse sur laquelle repose cette étude. C'est donc à cette orthographe que je me rallierai.

L'autre problème que pose l'instabilité de la notion et son impossible conceptualisation concerne la distinction *postmodernité/Postmodernisme*. **Par le premier terme ce que l'on cherche à penser c'est d'abord une période, un contexte socio-culturel, tandis que par le second c'est une esthétique. Or l'idée répandue outre-Atlantique est que la posmodernité aurait été théorisée par les Européens à partir d'un postmodernisme mis en œuvre par les Américains. D'où le double intitulé du numéro spécial des** *Etudes Littéraires*, **avec son pluriel,** *Postmodernismes: poïesis des Amériques, éthos des Europes[1]*. **Je tenterai ici de réagir à cette partition du champ en montrant que dans le contexte littéraire français, les deux notions sont interdépendantes.**

Quoiqu'il en soit l'adjectif nominalisé *postmoderne* sous sa forme néologique et paradoxale a donc une double généalogie, aux USA: depuis les années 60 et en France: depuis les années 80, avec des acceptions qui ne se recoupent pas totalement par suite des différences entre l'histoire de l'Amérique et celle de l'Europe.

a-De la modernité:

Pour bien comprendre l'importance et la diversité des enjeux liés à l'hypothèse postmoderne, il nous faut définir au préalable la modernité car il y a aussi dans ce terme du paradoxal et comme l'a bien montré Meschonnic, le moderne en tant que synonyme de «nouveau» ne se confond pas pour autant avec le contemporain. La distinction opérée à ce sujet par l'Histoire de l'art le démontre. Si la querelle des Anciens et des Modernes, à la fin du 17ème siècle réactive l'opposition médiévale *modernitas/antiquitas* au plan chronologique comme au plan du savoir, c'est surtout avec la philosophie des Lumières, l'*Aufklärung*, que la modernité se constitue comme pensée issue de l'historicisation du procès de rationalisation. L'éveil progressif de la conscience et le cumul du savoir libèrent l'homme de la croyance et de la théologie tout en préparant les voies futures de son émancipation. Tel est le projet de l'*Encyclopédie*: fiction d'un savoir absolu encadré par le positivisme de d'Alembert et le déterminisme laplacien.

Pour Hans Robert Jauss[2] en effet, c'est à l'époque des Lumières qu'apparaît cette idée essentielle selon laquelle le progrès ininterrompu des connaissances conduit à l'émancipation de l'homme dans une société de plus en plus libérée. Liée à l'essor du rationalisme cartésien la modernité se caractérise donc par une sorte de darwinisme social qui associe, selon la vision hégélienne de l'Histoire, le progrès infini des connaissances et l'émancipation des peuples. D'où l'importance de l'idéal révolutionnaire dans le projet de la modernité qu'Alain Touraine définit «comme triomphe de la raison, comme libération et comme révolution.»[3] Car l'idéal révolutionnaire qui s'enracine dans une image rationaliste du monde met en relation, au sein même de l'idée de progrès, le triomphe de la raison et celui de la liberté. C'est cette conception classique de la modernité qui sert de point de départ à l'analyse de Jean-François Lyotard:

Cette idée s'élabore à la fin du 18ème siècle dans la philosophie des Lumières et la Révolution française. Le progrès des sciences, des techniques, des arts et des libertés politiques affranchira l'humanité tout entière.[4]

La logique qui sous-tend cette vision d'un devenir humain en flèche relève de la dialectique spéculative dont la puissance de conceptualisation absorbe la dynamique des contraires dans une synthèse totalisante[5]. A partir des principes d'identité et de contradiction le raisonnement dialectique permet en effet de dégager d'une suite d'oppositions une synthèse unitaire, c'est-à-dire un ordre supérieur qu'on peut appeler Sens de l'Histoire dans le système hégélien mais qui travaille indistinctement le domaine des sciences, celui des arts et celui des cultures. L'un des avatars récents de la modernité dans le champ critique, par exemple, a été le structuralisme, fondé sur le principe des oppositions binaires. Je rappelle pour mémoire les célèbres oppositions en linguistique: signifiant/signifié, langue/parole, syntagme/paradigme, synchronie/diachronie, dénotation/connotation, structures de surfaces/structures profondes...Or ce modèle, issu de la phonologie, a été transposé avec le succès que l'on sait à l'ensemble des disciplines relevant des sciences humaines et sociales: de l'anthropologie à la poétique en passant par la sémiologie sous toutes ses formes. Le structuralisme, depuis les formalistes russes de 1925, est ainsi devenu un puissant outil de rationalisation du texte littéraire. L'exemple le plus achevé de cette modernité dialectique me paraît être la grammaire sémiotique de Greimas qui rend compte de l'universalité de la forme narrative à partir d'un système binaire d'oppositions sémantiques, développé en programme narratif sous la forme du carré logique à quatre positions. En poésie, le travail de Jacques Roubaud et Pierre Lusson va dans le même sens et leur métrique générative postule un modèle général du rythme dont la description utilise le système binaire des ordinateurs, c'est-à-dire l'opposition 0 vs 1. Les taxinomies des néo-rhétoriciens et les théories stylistiques de l'écart se fondent elles-mêmes sur le même principe ainsi que les «poétiques» élaborées par Gérard Genette, Philippe Hamon ou Jean Molino/Joëlle Tamine, dont la démarche consiste à identifier et à classer les invariants du texte pour les constituer en systèmes. Et nous devons beaucoup, bien entendu, à ce mode d'analyse qui a fécondé, en France, depuis les années 60, ce qu'on a appelé la nouvelle critique.

Ajoutons à ceci l'essor de la cybernétique, née de la deuxième guerre mondiale, qui découvre dans les systèmes auto-régulés un modèle universel transposable du champ des sciences expérimentales à celui des sciences humaines ou sociales (économie, politique, sociologie, sémiotique). Dans la mesure où le système, selon la définition de Joël de Rosnay, est «une totalité en fonctionnement», tout élément, toute unité *discrète*, ne peuvent se comprendre et s'étudier que par rapport à l'ensemble dont ils font partie, les systèmes eux-mêmes s'emboîtant, de micro-systèmes en macro-systèmes ou de sous-sytèmes en systèmes-environnement, dans une inter-activité inépuisable...C'est à partir de la systémique que le structuralisme commence à évoluer vers les modèles de la *productivité* où, sous l'influence de Kristeva le concept de *signifiance* se substitue, en poétique, à celui de *signification* (Jean Ricardou et Henri Meschonnic).

---

[1]: Ibid.
[2]: « La Modernité dans la tradition littéraire et la conscience d'aujourd'hui » in *Pour une esthétique de la réception*, Paris, Gallimard, 1978.
[3]: « La modernité triomphante » in *Critique de la modernité*, Arthème Fayard, 1992, P. 44.
[4]: *Le Postmodernisme expliqué aux enfants*, Paris, Galilée, 1988, P. 117.
[5]: Dialectique: « mouvement de la pensée qui progresse vers une synthèse en s'efforçant continuellement de résoudre les oppositions entre chaque thèse et son antithèse » in J. Dubois et coll.: *Le Dictionnaire du français contemporain*, Paris, Larousse, P. 375.

Ainsi, la modernité telle qu'elle se construit depuis le siècle des Lumières jusqu'à nos jours, est-elle fondée sur une rationalité de type dialectique qui permet de penser l'unité-totalité sur un mode déterministe, qu'il s'agisse de l'histoire comme devenir (illumination progressive de la conscience humaine), de l'œuvre esthétique comme structure fonctionnelle, productrice de sens, de la société comme système, ou de l'identité du sujet elle-même perçue dans l'opposition de l'autre et du moi.

Si les catégories fondamentales de la modernité sont la raison et le progrès, transposées dans le domaine de l'art ces catégories se traduisent par les valeurs d'expérimentation et d'innovation. Un art moderne s'impose d'abord par son caractère novateur. Or l'innovation ne se réalise de manière radicale que dans l'expérimentation qui appelle la rupture avec les formes du passé lorsque l'académisme en révèle la sclérose. Ce dépassement par la rupture est l'objet même des avant-gardes qui, prises dans cette idéologie évolutionniste, ont fini par constituer une manifestation extrême de la modernité, même, si comme le montre Antoine Compagnon[1], certaines spécificités invitent à ne pas confondre les deux.

Dans son essai sur *L'Impureté*, Guy Scarpetta a mis en évidence les caractéristiques communes des avant-gardes comme symptômes aigus de la modernité: le postulat évolutionniste sur lequel elles fonctionnent, «le grand mythe du Progrès en Art»[2], la radicalisation de la rupture et le dogmatisme qui en découle (on songe à celui de Breton pour le Surréalisme ou de Ricardou pour le Nouveau Roman), la «stratégie collective (l'époque des «ismes», des regroupements communautaires, des manifestes, des slogans)» et le caractère politique qui relie les mouvements d'avant-garde à une idéologie, selon l'équivalence: révolution artistique-révolution sociale. De son côté, Luc Ferry analyse d'une manière minutieuse leur «déclin» en montrant comment «le modernisme des avant-gardes se retourne contre lui-même.»[3]

Il est vrai que l'accélération qui se produit au 20ème siècle, depuis le *Futurisme* jusqu'à *Tel Quel*, a conduit à une situation d'impasse, engendrée par cette perpétuelle fuite en avant de l'innovation avec son corollaire discriminant d'exclusivité, comme par le caractère extrême de certaines expériences (le *Minimalisme* en arts plastiques, le *Nouveau Roman*, en littérature) dont les productions ne s'adressent qu'à un public, de plus en plus restreint, d'experts. D'où l'extinction des avant-gardes, soulignée par Ferry et Scarpetta, qui marque une pause dans l'avancée moderniste. Et l'arrêt de *Tel Quel*, en 1983, peut apparaître en ce sens comme un signe de l'épuisement de cette modernité que Vattimo décrit comme «l'époque du dépassement, de la nouveauté qui vieillit et se voit immédiatement remplacée par une nouveauté encore plus nouvelle, dans un inépuisable mouvement qui décourage toute créativité(...)»[4]

Mais la performance même du sytème dialectique qui gère la modernité et sa prétention à l'universel par la médiation des contraires, explique aussi la gravité des dévoiements qu'opère le glissement de l'idée de totalisation au principe de totalitarisme. Sous le primat de la rationalité instrumentale, ces dévoiements s'aggravent tout au long du 20ème siècle et leurs effets, multipliés par le développement de la technique, vont de l'impérialisme totalitaire avec ses formes tragiquement discriminatoires (Auschwitz, le Goulag, les génocides et autres purifications ethniques) à la compétition nucléaire (dans l'horizon cataclysmique d'Hiroshima et de Tchernobyl) en passant par les dysfonctionnements du sytème libéral qui contraignent les sociétés post-industrielles à dissocier progrès technique et émancipation de l'homme, dans une révision déchirante de la modernité des Lumières. C'est dans cette perspective qu'il faut comprendre l'une des significations essentielles que Luc Ferry donne à l'avènement de la postmodernité:

Dès lors, le postmoderne serait à comprendre comme l'indice d'une rupture avec les Lumières, avec l'idée de Progrès selon laquelleles découvertes scientifiques et, plus généralement, la rationalisation du monde représenterait *ipso facto* une émancipation pour l'humanité.[5]

Marc Augé développe le même type d'arguments pour expliquer, de son point de vue, l'échec de l'idée de progrès sur laquelle repose tout l'édifice de la modernité:

(...) les atrocités des guerres mondiales, des totalitarismes et des politiques de génocide, qui ne témoignent pas, c'est le moins qu'on puisse dire, d'un progrès moral de l'humanité; la fin des grands récits, c'est-à-dire des grands systèmes d'interprétation qui prétendaient rendre compte de l'évolution d'ensemble de l'humanité, et qui n'y ont pas réussi, de même que se dévoyaient ou s'effaçaient les sytèmes politiques qui s'inspiraient officiellement de certains d'entre eux; au total, ou au-delà, un doute sur l'histoire porteuse de sens (...)[6]

b-La Postmodernité:

La postmodernité se fonde sur l'évidence de ce constat avec, pour corrolaire, une prise de conscience de la fictivité des *méta-récits* qui légitiment la modernité comme pensée totalisante. D'où cette formule définitoire qu'en donne J.-F. Lyotard:

En simplifiant à l'extrême, on tient pour «postmoderne» l'incrédulité à l'égard des méta-récits.[7]

Dans l'analyse de Lyotard, en effet, les méta-récits qui fondent la modernité sont des formes narrativisées de savoir, des mythes conceptuels, qui assurent la cohérence idéologique du système-monde. Ces fictions globalisantes, s'appellent, nous l'avons vu, Raison, Progrès, Sens de l'Histoire, Vérité ...et Delacroix a illustré superbement cette mythologie des Lumières dans son tableau célèbre: *La Liberté guidant le peuple*... Mais d'une manière plus générale, toute représentation fondée sur la systématique hégélienne (totalité et fermeture) peut apparaître comme un méta-récit. C'est pourquoi, comme l'a montré Gianni Vattimo, l'aphorisme 125 du *Gai savoir* de Nietsche sur la mort de Dieu annonce «l'idée d'un éternel retour du Même, idée signifiant autre autre la fin de l'époque du dépassement, c'est-à-dire la fin de l'époque de l'être pensée sous le signe du *novum*. [8]»

---

[1]: Cf. *Les cinq paradoxes de la modernité*, op. cit., P. 163.

[2]: *L'Impureté*, Paris, Grasset et Fasquelle, 1985, P. 13.

[3]: « Le Déclin des avant-gardes: la postmodernité » in *Homo Aestheticus*, Paris, Grasset et fasquelle, 1990, éd. Le Livre de poche, P. 274.

[4]: *La Fin de la modernité*, op. cit., p. 170.

[5]: *Homo Aestheticus*, op. cit., P. 329.

[6]: *Non-Lieux. Introduction à une anthropologie de la surmodernité*, Paris, Le Seuil, 1992, coll. La Librairie du XXème siècle, p. 36.

[7]: *La Condition postmoderne*, op. cit., P. 7.

[8]: *La Fin de la modernité*, op. cit., p. 172.

En fait cette critique de la raison totalisante et de l'archi-modèle hégélien amorcée par Niezsche était déjà à l'œuvre chez les déconstructivistes qui, dans les années 60, préparent le terrain de la postmodernité telle que Lyotard tente de la définir. Et Jacques Ruby[1] a étudié la manière dont les philosophes de la Différence (Foucault, Derrida, Deleuze et Lyotard) mettent en cause la dialectique hégélienne en ce qu'elle constitue pour eux une forme «tyrannique» de «pensée absolue». Ce qui caractérise, à leur yeux, le système hégélien c'est qu'il institue une véritable théologie du Concept selon laquelle le principe de l'unité des contraires ramène les forces de dissémination de l'hétérogène vers un Centre (l'Être, Dieu) où réside le Vrai. Sur ce procès d'homogénéisation du Divers s'articule la quête téléologique de l'homme à la recherche de la Vérité dans l'horizon eschatologique de l'Unité de l'Être où prend sens l'Histoire. Contre cette soumission du Multiple à l'Un qui irrigue la métaphysique occidentale jusque dans la conception du Pouvoir comme pensée/praxis de la totalité, les déconstructivistes mettent en avant les *hétérotopies* et le principe d'*altérité* qui déconstruisent la contrainte unitaire. D'où l'émergence d'un discours qui se tisse sur des emplois divers du mot «différence»: de la *Différance* derridienne au *Différend* que met en scène J.-F. Lyotard.

Pour Jacques Derrida, en effet, la *différance*, où le substantif «différence» s'assujettit au verbe «différer», peut se définir comme un mode opératoire qui consiste à déplacer sans cesse la volonté totalisante du concept vers de nouvelles hétérotopies constituées en réseaux, dont la prolifération et la *dissémination* ouvrent infiniment, dans la clôture du système, des brèches et des marges, selon la ligne de fuite d'une réalité modulaire et archipélique.[2]

Dans la même perspective, J.-F. Lyotard emprunte au vocabulaire juridique le terme *Différend* qui, opposé au «litige» (ce qui peut se trancher par une règle commune), lui permet de penser ces écarts inconciliables, ces fractures irréductibles, ces zones intersticielles, où se manifeste le travail de l'altérité. L'activation des énergies disruptives dans un contexte d'interfaces, détruit l'idée de centre et de totalité et substitue à la raison dialectique la paralogie qui déstabilise toute pensée de système.[3]

La réflexion de Gilles Deleuze va dans le même sens lorsque les principes de *Différence* et de *Répétition* qu'il met en œuvre viennent contrarier la vision linéaire d'une Histoire orientée par le progrès de la conscience rationnelle. Si la pensée de la différence déjoue la dialectique du même et de l'autre en les renvoyant à leur hétérogénéité irréductible, la répétition impulse un procès dynamique qui fait du rythme (rappel et mouvement) le modèle de la temporalité historique contre la téléologie des philosophies de l'Histoire. Une autre notion clé, développée dans *Mille plateaux* et reprise par Edouard Glissant dans ses essais (*Poétique de la Relation* et *Introduction à une poétique du Divers[4]*) oppose la *Racine* comme mode d'identification des cultures ataviques au *Rhizome* dont la prolifération caractérise les cultures composites. Le principe d'exclusivité de la racine sur lequel se fondent les discours de l'origine devient ainsi la figure totalisante de l'ordre unitaire tandis que le rhizome, en différant sans cesse l'origine, nous donne à penser une identité plurielle qui se veut au contraire, pensée de la trace, pensée nomade. Enfin, dans ce dispositif propre à Deleuze, le *Pli* est un autre opérateur d'altérité qui vient déstabiliser la linéarité de l'Histoire selon Hegel, en y inscrivant, répétition et discontinuité.[5]

Quant à Michel Foucault, sa mise en cause de la dialectique hégélienne jusque dans la figure du Pouvoir qu'elle implique, l'amène à creuser ces champs d'altérité que le système, pour fonctionner, rejette sur ses marges dans une compulsion d'exclusion. Qu'il s'agisse de la folie, de l'univers carcéral, de l'homosexualité, ces déchets du système témoignent du caractère discriminant de sa fonction de totalisation et de son impuissance à intégrer l'altérité. D'où la nécessité d'une pensée *archéologique* qui, contre le discours unificateur de l'Histoire, s'attache à mettre à jour les creux et les discontinuités du savoir.[6]

Mais les philosophes de l'altérité ont déjà en Bataille, un précurseur, lorsque remontant de l'ordre totalitaire et monocéphale du Nazisme au Savoir absolu de Hegel, il met en œuvre une éthique de l'acéphale et de la négation sans emploi qui, dans le sillage d'un Segalen, fait de l'absence, le terme ultime de la déconstruction de l'effet de système. On conçoit à quel point cette pensée de la Différence[7], qui se constitue contre la raison dialectique, a pu préparer l'avènement d'un savoir postmoderne et l'exemple de Lyotard nous montre comment, à partir du *Différend* qui gère le procès d'altérité, s'opère le passage de l'un à l'autre.

Ainsi conçue, la postmodernité marque donc une crise de la rationalité, un divorce d'avec les Lumières, qui trouvent leur origine dans l'effondrement des grandes idéologies auquel la chute du mur de Berlin, le 8 novembre 1989, et le démembrement du bloc soviétique, mettent un point d'orgue. Dès lors, l'artiste postmoderne, ne croyant plus au mythe du progrès, se trouve libéré de l'impératif d'innover et peut renouer avec les formes du passé. Il échappe à la contrainte collective et au dogmatisme des avant-gardes. Revenant à une pratique individuelle, il redécouvre la liberté du goût, le droit à l'hétérogène (contre le mythe de la «pureté» en art) et revendique, contre la théorie «terroriste», la dimension ludique de l'acte créateur. Perçu uniquement sous cet angle le postmodernisme peut apparaître comme une pensée crépusculaire qui développe tout un imaginaire de la *fin*: *fin* de l'Histoire comme récit (Paul Veyne) et comme méta-récit de légitimation, *fin* de la métaphysique et des systèmes de pensée totalisants, remplacés par ce que Gianni Vattimo appelle une «pensée faible»[8], *fin* des avant-gardes et dissolution de la catégorie du nouveau. C'est en ce sens que Guy Scarpetta a pu faire du mot postmoderne «le symptôme d'une crise, d'une fin d'époque.»[9]

On comprend que cette conception, marquée par l'incrédulité et le sens du relatif, ait pu susciter un débat souvent polémique entre les défenseurs plus ou moins convaincus d'un savoir postmoderne, Lyotard, Scarpetta, Baudrillard, Vattimo et ceux pour qui la modernité reste un procès en cours. Il s'agit principalement des théoriciens qui dénoncent le rétrécissement techniciste du procès de rationalisation, comme ceux de l'Ecole de Francfort, Horkheimer, Adorno, Jauss, Habermas, proches des sphères de gauche comme Alain Touraine ou même du marxisme comme Henri Meschonnic qui se refuse à voir la pensée de Marx rejoindre le cimetière des méta-récits. Pour tous ces théoriciens, l'idée même de postmodernité n'est que le masque actuel de la régression, du conservatisme, le signe d'une frilosité face aux nouveaux défis du monde.

---

[1]: *Les Archipels de la Différence*, Paris, éditions du félin, 1989.

[2]: Cf. *L'Ecriture et la Différence*, Paris, Le Seuil, 1967, *Marges de la philosophie*, Paris, éd. de Minuit, 1972, *La Dissémination*, Paris, Le Seuil, 1972.

[3]: Cf. *Le Différend*, Paris, éd. de Minuit, 1983.

[4]: Paris, gallimard, 1990 et 1996.

[5]: Cf. *Différence et Répétition*, Paris, P.U.F., 1968, *Le Pli*, Paris, éd. de Minuit,   .Avec F. Guattari, *Mille plateaux*, Paris, éd. de Minuit,

[6]: Cf. *Les Mots et les Choses*, Paris, Gallimard, 1966, *L'Archéologie du* savoir, Paris, Gallimard, 1969, Histoire *de la folie à l'âge classique*, Paris, Gallimard, 1972, *Surveiller et punir*, Paris, Gallimard, 1975.

[7]: Pensée qui se manifeste dès le début du siècle avec Victor Segalen, notamment…Cf. Marc Gontard: *La Chine de Victor Segalen*, Paris, P.U.F., 2000.

[8]: *La Fin de la modernité*, Paris, Le Seuil, 1987 (pour la traduction).

[9]: *L'Impureté*, op. cit., P. 18.

Dans son essai, *Théorie de la modernité*[1], Jacques Bidet, qui voit en Karl Marx un analyste de la société capitaliste dont la pensée reste toujours d'actualité, se livre à une critique du marxisme-léninisme et fait une distinction entre «marxiste et «marxien». La théorie marxienne de la modernité rejette l'idée de socialisme comme utopie ultime pour un horizon mobile où les combats en cours, dans le cadre de la lutte des classes, trouvent leur point de convergence. C'est à partir de telles positions que Meschonnic se fait le défenseur de la modernité comme «aventure de l'historicité» avec une violence parfois pamphlétaire:

Post-moderne, voué à rejoindre un jour *moderne-style*. Avec son référent daté, fini. Est d'avance un mouvement du passé.[2]

Ce conflit qu'illustre le titre du livre de Christian Ruby: *Le Champ de bataille: post-moderne/néo-moderne*[3], peut se résumer dans les positions antagonistes d'Habermas pour qui la modernité est «un projet inachevé» et de Lyotard pour lequel on ne peut faire aujourd'hui «que des choix minimalistes d'écologies provisoires.»

c-Habermas/Lyotard, le débat moderne/postmoderne:

La question posée par le débat qui, de 1981 à 1984 anime les colonnes de la revue *Critique*[4], conduit donc à se demander si le postmodernisme n'est qu'un néo-conservatisme ouvert à tous les relâchements ou si, en réclamant une «réécriture de la modernité»[5], il peut apparaître au contraire comme une crise de la légitimité des valeurs, débouchant sur ce que Luc Ferry appelle un «ultramodernisme».

Le point de départ de l'article d'Habermas est une définition de la postmodernité en architecture, donnée par un critique allemand, lors de la Biennale de Venise en 1980: «La post-modernité se présente délibérément sous les traits d'une anti-modernité.» D'où il déduit qu'il s'agit d'un «nouveau conservatisme». Après avoir brossé un tableau de la modernité comme idéal de perfection prôné par «les Lumières françaises», il met en évidence quelques uns des dangers qui la guettent et s'appuyant sur les analyses d'Adorno, soulève la question de la dynamique destructrice des avant-gardes et celle de l'autonomisation de l'art, qui depuis Kant, l'enferme dans une culture d' «experts», coupée de toute réalité sociale. Il faut, selon Habermas, pour tirer leçon de ces égarements, que l'expérience esthétique renoue avec le vécu, avec l'histoire, afin que la culture, sans faux-dépassements, participe pleinement au projet de modernisation sociale dont l'objet même est d'échapper à la logique économique et administrative du système capitaliste. Dans cette perspective il met en garde contre trois conservatismes. D'abord *l'anti-modernisme* des «jeunes conservateurs» qui ont fait l'expérience de la modernité esthétique et la rejettent en opposant à la raison instrumentale une affectivité liée à «un fonds archaïque lointain». On reconnaît ici le déconstructivisme, sous la bannière de Nietzsche: Bataille, Derrida, Foucault. Vient ensuite le *pré-modernisme* des «vieux conservateurs», ceux qui ne se laissent pas contaminer par la modernité culturelle et prônent un retour à «des positions *antérieures* à la modernité», auquel incite la problématique écologique. Enfin, le *post-modernisme* des «néo-conservateurs» dont le sociologue américain Daniel Bell[6] fournit un exemple privilégié, consiste à dissocier modernité technique et modernité culturelle de manière à ne pas entraver la croissance capitaliste, l'art, coupé de la science et de la morale, selon la distinction kantienne de la culture en trois sphères autonomes, étant rabattu sur la sphère du privé.

Dans sa «Réponse la question: qu'est-ce que le postmoderne?», J.-F. Lyotard montre, à partir de la question du réalisme, qu'il y a deux types d'idéologies qui s'opposent pareillement mais pour des raisons inverses, à l'expérimentation. Le marxisme, dont se réclame l'école de Francfort, a combattu l'avant-garde. En subordonnant l'artiste au Parti afin de répondre à la demande de réalité du peuple, le Réalisme Socialiste a transformé la modernité esthétique en académisme. Ainsi, non seulement l'attaque contre l'expérimentation est-elle réactionnaire mais l'anti-modernisme relève du totalitarisme et Staline comme Hitler ont persécuté l'avant-garde. A l'inverse, condamner l'expérimentation et l'innovation parce qu'économiquement ils ne répondent pas à l'attente des masses consuméristes du projet capitaliste, relève de la même attitude. L'éclectisme postmoderne, tel que le définit Jenks en architecture, ou la transavangarde dont le but est de liquider l'avant-garde, ne cherchent qu'à répondre à une sous-culture de masse en remplaçant l'œuvre expérimentale par le kitsch. L'anti-modernisme totalitaire ou le postmodernisme kitsch généré par le capital sont deux positions également intenable pour Lyotard qui cherche à définir un autre postmodernisme en montrant que le *différend* entre le moderne et le postmoderne qu'il postule peut être appréhendé à partir de la catégorie kantienne du sublime.

En effet, si le goût témoigne d'un accord entre la capacité de concevoir et celle de présenter qui se manifeste sur le mode du plaisir, le sublime révèle un autre sentiment où le plaisir procède de la souffrance. On y accède quand toutes les représentations d'un objet s'avèrent douloureusement insuffisantes car le sublime implique l' «imprésentable». Or l'esthétique moderne qui consiste à faire allusion à de l'imprésentable est une esthétique du sublime mais «nostalgique» parce qu'il continue à offrir à la souffrance de l'impossible présentation, la «consolation des belles formes». Le postmoderne refuse cette nostalgie qui mobilise des règles convenues et «allègue l'imprésentable dans la présentation même», en dehors de tout code, inventant ses propres lois dans l'advenue aléatoire de l'œuvre.

Au-delà de la sophistication même de l'analyse, Lyotard, dans sa réponse à Habermas, nous fait comprendre deux choses. Moderne et postmoderne sont liés dans leur effort commun pour témoigner de l'imprésentable contre le terrorisme de la représentation, contre toute forme de relâchement dont le réalisme socialiste ou l'art kitsch des sociétés consuméristes font un prétexte à la domination du Parti ou à celle des pouvoirs de l'Argent. Mais l'œuvre postmoderne telle que la conçoit Lyotard, ne peut se confondre avec le postmoderne éclectique. Elle reste perpétuellement à inventer, en dehors même des codes qui contraignent l'innovation à n'être que le fantasme du futur dans le présent. En ce sens le postmoderne est une forme exaspérée de la modernité qui rétroagit sur le projet des Lumières «pour une relance de la question de la modernité», selon l'expression, déjà évoquée, de Marie Redonnet.

---

[1]: Paris, P.U.F., 1990.
[2]: *Modernité Modernité*, op. cit., P. 227, 295.
[3]: Paris, L'Harmattan, 1990.
[4]: Jürgen Habermas: « La Modernité: un projet inachevé », *Critique*, N° 418, 1981.
   Jean-François Lyotard: « Réponse à la question: qu'est-ce que la postmoderne? », *Critique*, N° 418, 1982.
   Richard Rorty: « Habermas, Lyotard et la postmodernité », *Critique*, N° 442, 1984.
[5]: J.-F. Lyotard: « Réécrire la Modernité », *Les Cahiers de philosophie*, N°5, 1988, « La posmodernité n'est pas un âge nouveau, c'est la réécriture de quelques traits revendiqués par la modernité, et d'abord de sa prétention à fonder sa légitimité sur le projet d'émancipation de l'humanité tout entière par la science et la technique. » p. 202.
[6]: *Les Contradictions culturelles du capitalisme*, Paris, P.U.F., 1976.

Si la défense de J.-F. Lyotard peut paraître parfois embrouiller la question, lorsqu'il affirme notamment qu' «une œuvre ne peut devenir moderne que si elle est d'abord postmoderne», et que «Le postmodernisme ainsi entendu n'est pas le modernisme à sa fin, mais à l'état naissant, et cet état est récurrent», elle montre cependant à quel point, piqué par l'attaque d'Habermas, il refuse de se laisser enfermer dans le cadre d'une pensée néo-conservatrice. Dès lors, le «différend» comme l'a montré Richard Rorty[1] porte essentiellement sur l'abandon par Lyotard de toute prétention universalisante, c'est-à-dire nécessairement fondée sur des méta-récits, tandis qu'Habermas continue de penser que l'universalisme reste essentiel à la pensée sociale libérale. C'est cette distinction fondamentale entre pensée totalisante et pensée de la différence qui permet le mieux de comprendre ce qui sépare moderne et postmoderne, comme le souligne encore Jacques Ruby:

Mais, que l'on se porte sur un terrain ou sur l'autre, il n'en reste pas moins vrai que l'inversion s'amplifie: ou bien le postulat de la différence, ou bien celui de l'universel; ou bien la radicale absence de centre, ou bien la réaffirmation d'un centre; ou bien le divers pur, ou bien l'unité nécessaire.[2]

Or cette distinction, quoi qu'en pense Luc Ferry qui replace Lyotard dans le parcours des avant-gardes, n'est pas «infinitésimale, sinon inessentielle»[3], c'est toute la représentation du monde, dans les deux courants de pensée, moderne et postmoderne, qui s'en trouve affectée.

I-2 Pour un postmoderne surmoderne:

Si j'ai tant insisté sur ce conflit qui ancre, d'une manière polémique, la notion, dans le contexte franco-européen, c'est pour lever toute suspicion sur le sens qu'il convient de donner au mot «postmoderne», dans cette étude. En effet, le danger est grand, on peut s'en erndre compte, de voir récupérer le discours postmoderne par des idéologies régressives et conservatrices. Le divorce d'avec les Lumières et la mise à distance de ce bonheur collectif qui constituait l'horizon de la modernité peuvent avoir comme effets pervers l'appel à la résignation sociale et le repli passéiste face aux mutations de notre temps. On comprend dès lors le sursaut de Jean-Claude Guillebaud dans *La Trahison des Lumières*[4] ou l'ironie mordante de Meschonnic:

Il y avait une jeunesse dans les mythes avant-gardistes. Ce post-moderne-là est un mythe de vieux.
Et ces vieux ont peur.[5]

Mais il faut aussi garder à l'esprit que le marxisme-léninisme comme le capitalisme ont été, en politique, les purs produits de la modernité. S'il convient donc d'en opérer une double critique, cette critique doit aller dans le sens d'un dépassement et non servir à cautionner un nouveau conservatisme, fût-il littéraire. La vraie question qu'il faut se poser, à l'exemple de Scarpetta, reste donc la suivante:

Est-il une attitude postmoderne possible qui ne se réduise pas à un préjugé platement anti-moderne? Comment sortir du mythe du progrès en art sans tomber dans un comportement nostalgique, régressif?[6]

La réponse on peut la trouver dans cette distinction opérée par Jacques Ruby entre *post-modernes éclectiques ou esthético-centriques* et *post-modernes expérimentalistes*.[7] Si les premiers sont des néo-conservateurs qui tournent le dos à la modernité et en rejettent définitivement les valeurs, les seconds, dans l'esprit de Lyotard, se livrent à une critique de la modernité pour postuler un autre type de rapport avec le projet moderne. C'est, bien entendu, dans cette perspective - qu'on pourrait appeler, par souci de symétrie, «néo-gauchiste»- que s'inscrit cette étude:

La postmodernité n'est pas un âge nouveau, c'est la réécriture de quelques traits revendiqués par la modernité, et d'abord de sa prétention à fonder sa légitimité sur le projet d'émancipation de l'humanité tout entière par la science et la technique.[8]

Une autre approche qui apporte un éclairage complémentaire à l'hypothèse postmoderne est celle de Marc Augé dont la spécialité, en anthropologie, prend pour objet l'exploration de la *contemporanéité proche*. Pour lui aussi, c'est le besoin actuel de comprendre le présent, dans l'accélération vertigineuse de l'histoire, qui explique notre difficulté à donner un sens au passé proche. Mais son interprétation de la contemporanéité modifie légèrement la perspective postmoderne tout en lui offrant d'intéressants développements. En effet, au lieu d'analyser le retrait de l'idée de Progrès comme symptôme de l'émergence d'une «condition postmoderne», il préfère avancer l'hypothèse d'une *Surmodernité* qui se caractérise par trois figures de l'excès.
«L'excès de temps», c'est la surcharge événementielle du présent qui obscurcit le sens de l'histoire immédiate:

Aujourd'hui, les années récentes, les *sixties*, les *seventies*, bientôt les *eighties*, retournent à l'histoire aussi vite qu'elles y étaient survenues. Nous avons l'histoire sur les talons. Elle nous suit comme notre ombre, comme la mort. L'histoire: c'est-à-dire une série d'événements reconnus comme événements par beaucoup (les Beatles, 68, la guerre d'Algérie, le Vietnam, 81, la chute du mur de Berlin, la démocratisation des pays de l'Est, la guerre du Golfe, la décomposition de l'URSS), d'événements dont nous pouvons penser qu'ils compteront aux yeux des historiens de demain ou d'après-demain (…)[9]

---

[1]: « Habermas, Lyotard et la postmodernité », op. cit.
[2]: *Le Champ de bataille post-moderne/néo-moderne*, op. cit., P. 76.
[3]: *Homo Aestheticus*, op. cit., P. 330.
[4]: *La Trahison des Lumières. Enquête sur le désarroi contemporain*, Paris, Le Seuil, 1995.
[5]: *Modernité Modernité*, op. cit., P. 233.
[6]: *L'Impureté*, op. cit., P. 19.
[7]: *Le Champ de bataille post-moderne/néo-moderne*, op. cit., P. 17-18.
[8]: J.-F. Lyotard: « Réécrire la modernité », op. cit., P. 202.
[9]: *Non-Lieux. Introduction à une anthropologie de la surmodernité*, op. cit., p. 38-39.

«L'excès d'espace» correspond à la fois aux changements d'échelle, nés de l'avancée technologique des moyens de transport et à la confusion où nous plonge la surabondance d'images faussement homogènes qui mettent sur le même plan information, publicité, fiction:

Le monde de la surmodernité n'est pas aux mesures exactes de celui dans lequel nous croyons vivre, car nous vivons dans un monde que nous n'avons pas encore appris à regarder.[1]

Enfin l'excès dans la singularisation de «l'égo», qui n'évite pas les pièges de la stéréotypie et du conformisme, se traduit par l'individualisation des références et par les «faits de singularité» qui offrent un «contre-point paradoxal» aux phénomènes de mondialisation de la culture.

Pour Marc Augé, c'est donc à partir de cette surmodernité de l'excès que peut se penser le présent, ce qui déplace, selon lui, la question du postmoderne:

De la surmodernité, on pourrait dire qu'elle est le côté face d'une pièce dont la post-modernité ne nous présente que le revers – le positif d'un négatif.[2]

En fait, ce concept nouveau, issu de l'anthropologie, tout en gommant sous prétexte de «positivité» les perversions du projet moderne, implique surtout un resserrement de perspective qui désigne l'intensification de certains effets à l'œuvre dans la culture postmoderne. Dès lors, l'idée de surmodernité met surtout l'accent sur trois modes d'événements que nous retrouverons dans l'analyse de la société posmoderne et qui ne font que renforcer les principes posés plus haut. C'est pourquoi, mon hypothèse qui fait de la postmodernité le seuil de l'extrême contemporain, tout en restant dans la ligne progressiste de Jean-François Lyotard, peut s'enrichir des réflexions de Marc Augé, dans le contexte de cette restriction de champ qu'elles opèrent.

Il reste donc, pour clore ce premier chapitre à montrer comment cette postmodernité surmoderne, se met en place concrètement, dans les discours, comme dans les pratiques, à partir des années 80, pour ce qui concerne l'espace culturel français.

I-3 Eléments de périodisation:

Si le mot «postmoderne», comme nous l'avons vu, apparaît à quelques reprises aux Etats-Unis dans la première moitié du 20ème siècle, il ne s'impose vraiment que dans les années 60, en littérature et en architecture avant de s'étendre à la sociologie et aux arts plastiques. Le premier article à y faire écho, en France, est celui d'Harry Blake: «Le Post-modernisme américain», paru dans la revue *Tel Quel*, en 1977, suivi en 1981 de l'étude du romancier américain John Barth dans *Poétique*: «La Fiction postmoderniste.»

Il faut pourtant attendre 1979, pour que J.-F. Lyotard s'en empare, avec son livre: *La Condition postmoderne* qui va, comme nous l'avons montré, susciter de nombreux débats et imposer peu à peu le terme de ce côté de l'Atlantique. Or, durant la décennie 70-80, le Nouveau Roman que Jean Ricardou s'efforce de réactiver en postulant un «nouveau» Nouveau Roman, est en voie d'extinction mais il occupe toujours le devant de la scène littéraire avec notamment les colloques de Cerisy dont la publication s'étale de 1972 (*Le Nouveau Roman hier et aujourd'hui*) à 1976 (colloque *Robbe-Grillet*). Sans doute est-ce pour cette raison que le mot «postmoderne» n'apparaît pas dans l'essai de Marianne Macé sur *Le Roman français des années 70*[3], qui s'ouvre pourtant à la nouvelle production de Michel Butor et où l'on voit apparaître un auteur émergeant comme Jean Echenoz. Pourtant la fin des avant-gardes les plus productives de cette seconde moitié du 20ème siècle est amorcée et se confirme avec l'arrêt de la revue *Tel Quel*, dirigée par Philippe Sollers, en 1983.

Même si des indices d'une pratique postmoderne de l'écriture se manifestent en France dès les années 60, on conviendra donc d'en dater les effets, sur un nouveau type de production romanesque, autour de **1980**. Les Trente Glorieuses, période de progrès continu, s'achèvent en 1973, selon l'analyse de Jean Fourastié, avec le premier choc pétrolier et l'entrée dans la crise, tandis que les effets de 68, autre manifestation bruyante de la modernité de libération, s'effacent rapidement. Une nouvelle ère, l'ère *post-industrielle* (Alain Touraine, 1969; Daniel Bell, 1973) s'annonce avec toutes ses remises en cause.

Les principaux événements qui jalonnent la postmodernité européenne naissent d'abord autour des arts plastiques. Il s'agit de la Biennale de Venise de 1980 qui présente, en architecture et en peinture, les travaux de la transavangarde italienne. En France, Catherine Millet organise l'année suivante, à l'Arc, l'exposition *Baroques 81*, où les œuvres sélectionnées se caractérisent par les effets kitsch et l' «impureté» des formes, tandis qu'en 1985, l'exposition *Les Immatériaux*, organisée par J.-F. Lyotard au Centre Pompidou présente l'aspect nouvelles technologies de la création plastique.

Dans le domaine philosophique et littéraire c'est la Biennale de Venise de 1980, qui déclenche la réaction de Jürgen Habermas dont la défense de la modernité comme «projet inachevé», dans la revue *Critique*, en 1981, entraîne, l'année suivante, la réaction de Jean-François Lyotard: «Réponse à la question qu'est-ce que le postmodernisme?». Henri Meschonnic se lance à son tour dans la bataille aux côtés d'Habermas dans son livre-pamphlet: *Modernité, Modernité*, édité en 1988, l'année même où les *Cahiers de Philosophie*, après une étude sur Lyotard: «Réécrire la modernité», publient un numéro spécial: «Postmoderne: les termes d'un usage.»

La chute du mur de Berlin, en 1989 qui, dans un premier temps peut apparaître comme une manifestation euphorique de l'émancipation des peuples, plonge l'Europe dans le chaos des conflits ethniques à l'impossible arbitrage. Michel Maffesoli qui avait prévu, dès 1988, *Le Temps des tribus*[4] voit ses analyses confirmées, Christian Ruby fait paraître en 1990 une synthèse de la question sous le titre: *Le Champ de bataille. Post-moderne/néo-moderne*, tandis qu'Alain Touraine, à son tour publie en 1992 une *Critique de la modernité*[5]. Au plan strictement littéraire, c'est l'école d'Amsterdam qui tente une définition encore hésitante du postmodernisme avec l'article de A. Kibedi Varga, «Le Récit postmoderne», publié en 1990 dans la revue *Littérature*[6], que prolongent deux études de Sophie Bertho: «L'Attente postmoderne. A propos de

---

[1]: Ibid., p. 49.
[2]: Ibid., p. 43.
[3]: Presses universitaires de Rennes, 1995.
[4]: Paris, Méridiens-Klincksieck, 1988.
[5]: Paris, Fayard, 1992.
[6]: *Littérature*, N°77, 1990.

la littérature contemporaine en France», parue dans la très sérieuse *Revue d'Histoire littéraire de la France*[1], en 1991 et «Temps et postmodernité», dans *Littérature*[2] en 1993. Notons enfin le très bon numéro de la revue québécoise *Etudes Littéraires*, en 1994, qui risque une comparaison entre les pratiques américaines et européennes selon cet étonnant principe que si les Européens sont les penseurs de la postmodernité, les réalisations dans le champ esthétique sont américaines...Ce numéro intitulé, nous l'avons vu, *Postmodernismes: Poïesis des Amériques, Ethos des Europes*, se trouve démenti, en 1998, par deux événements éditoriaux en France, *Truismes* de Marie Darrieussecq et *Les Particules élémentaires* de Michel Houellebecq, purs produits de la condition postmoderne qu'il est donc devenu difficile aujourd'hui d'ignorer. Le postmodernisme a-t-il fini par s'imposer? C'est ce passage de l'hypothèse à la thèse que je vais à présent tenter d'argumenter.

Chapitre II: LA CULTURE POSTMODERNE

Pour pouvoir définir le postmodernisme en littérature, il est nécessaire de valider d'abord l'hypothèse postmoderne en recherchant ses manifestations attestées dans la culture contemporaine. Car le principe qui guide cette étude est celui d'une équivalence entre les modèles d'écriture et les types de configuration du champ social où ces modèles s'élaborent. Cette perspective m'amènera à mettre en évidence, moins des formes, qui enfermeraient les modalités du lien social dans une figure définitive, que des *formations*, plus ouvertes à la mobilité et à l'aléatoire. L'instabilité sociale de l'extrême contemporain ne révèle en effet que des tendances, qui peuvent engendrer tout au plus des *configurations* autorisant une représentation momentanée et essentiellement fuyante de la société, tout comme les textes narratifs, qui traduisent en écriture la culture postmoderne, seront traités sur le mode du *dispositif* et non sur celui de la forme, encore moins sur celui de la structure qui renverrait à l'idéologie du Système.

Dès lors, on conviendra d'appeler *culture*, les représentations du lien social au sens large du terme et celles du sujet qu'elles déterminent. Car la notion même de sujet résulte du tissage des traces multiples que la société inscrit dans cette combinatoire entre l'être et le faire qui constitue l'individu. Or les représentations qui semblent caractériser le plus fortement la société postmoderne sont liées à l'imaginaire socio-économique de la crise et à l'orientation des sciences de la nature vers l'analyse des phénomènes turbulents, qui modifient radicalement notre perception du monde. Sans doute cette mise en relation de l'économie et de la physique, pour dégager les traits les plus significatifs de la culture postmoderne, paraîtra-t-elle risquée, elle répond aux vœux d'un savant comme Erwin Schrödinger, par exemple, pour qui la science, «élément constitutif de l'humanisme», fait nécessairement partie de la culture.[3]

II-1 L'Imaginaire social postmoderne:

L'élément essentiel qui traverse la culture postmoderne est le principe d'*altérité*. Non seulement il gouverne les philosophies de la Différence, comme l'a montré Christian Ruby[4], mais Jacques Derrida qui éprouve *l'autre*, comme creux actif dans son propre monolinguisme, en fait l'élément fondateur de sa pratique déconstructiviste.[5] L'irruption de l'autre sur la scène des années 80 caractérise cette décennie, ce dont témoignent les nombreuses études qui abordent la question sous des angles divers, mais toujours comme motif révélateur de la culture contemporaine dans son interculturalité: Jean Baudrillard (*L'autre par Lui-même*, 1987)[6], Julia Kristeva (*Etrangers à nous-mêmes*, 1988)[7], Tzvetan Todorov Todorov (*Nous et les autres*, 1989)[8], Paul Ricoeur (*Soi-même comme un autre*, 1990)[9], Jean Baudrillard et Marc Guillaume (*Figures de l'altérité*, 1994)[10]...

En effet, contre l'idée de centre et de totalité qu'implique la raison dialectique, le principe d'altérité active l'image du réseau et celle de la dissémination, de sorte que si la modernité rêve l' *universel*, la postmodernité qui affirme une réalité discontinue, fragmentée, archipélique, postule un *diversel* dont la loi essentielle reste celle de l'hétérogène. Or l'intrusion de l'hétérogène dans le champ social se manifeste par la *crise* qui constitue l'horizon culturel de la postmodernité. Encore faut-il s'entendre sur le sens de ce mot.

a-La crise comme horizon:
Sans doute m'objectera-t-on que la crise qui marque une rupture dans un processus stable d'évolution, appartient à la modernité. Sans revenir à la crise fondatrice de 1789, on se souvient de celles qui ont affecté le 20ème siècle: la crise économique de 1929 qui secoue la doctrine libérale du capitalisme, la crise politique de 1937 qui bouleverse le système des relations internationales, avec la montée du nazisme...En outre, emprunté à la terminologie médicale, le terme *krisis*[11] désigne un changement brutal et momentané qui s'effectue sur le mode du paroxysme et qui, de ce point de vue, correspond assez bien, dans l'ordre de la culture, au phénomène des avant-gardes.

Or ce qu'on appelle, en France, «la Crise», en dépit des phases d'euphorie économique, c'est la conscience, depuis une vingtaine d'années, d'un mouvement général de déclin dont les sympômes les plus révélateurs[12], dans notre imaginaire social, sont la montée du chômage (de 2,5 à 13 %), la violence dans les banlieues et les «affaires politiques». D'où le titre d'un article de Sophie Gherardi: «La crise a 20 ans»[13], qui, en 1994, explore ce paradoxe français et contemporain selon lequel la crise nous apparaît comme un processus lent, en contradiction avec le sens

---

[1]: RHLF, N°4-5, 1991.

[2]: *Littérature*, N° 92, 1993.

[3]: *Physique quantique et représentation du monde*, Paris, Le Seuil, 1992, coll. Points Sciences.

[4]: « L'altérité mise en perspective, une altérité disruptive, se jouant à l'infini des synthèses et des unités, se répand dans l'espace nomadique des archipels, au point que le recours à une *logique* n'a plus guère de sens. » in *Les Archipels de la Différence*, op. cit., P. 104.

[5]: Cf. *Le Monolinguisme de l'autre*, Paris, Galilée, 1996.

[6]: Paris, éd. Galilée, 1987.

[7]: Paris, Arthème Fayard, 1988.

[8]: Paris, Le Seuil, 1989.

[9]: Paris, Le Seuil, 1990.

[10]: Paris, Descartes & Cie, 1994.

[11]: Du grec *krinen*: « juger, décider », désigne une phase grave, décisive, de la maladie où la mort est impliquée soit comme terme, soit comme retour à la vie dans un processus mortel.

[12]: Sympômes que traduit bien le titre du roman de Michel Houellebecq: *Extension du domaine de la lutte*,

[13]: Numéro spécial des *Dossiers et documents du « Monde »*: « Bilan économique et social 1994 ».

habituel du terme. Liée à la postmodernité, la crise change donc de statut et constitue plutôt un horizon de turbulence sous lequel quelque chose est en cours d'achèvement. Jean Baudrillard va même jusqu'à voir dans la crise une «catastrophe au ralenti.»[1]

Mais une autre face du concept de crise le relie à la pensée postmoderne, c'est la double idée de l'aléatoire et de la complexité sur laquelle insistent la plupart des spécialistes. En effet, la crise est un phénomène turbulent que rien ne permet de prévoir. Penser la crise, pour Georges Benrekassa, c'est d'une certaine façon, penser l'aléatoire et il écrit:

Ce qui mérite d'être noté, et qui est plus important, c'est que le mot crise, au lieu d'introduire à une pensée du déterminé, importe de la médecine, nous allons y revenir, une certaine manière de désigner l'aléatoire, une expectative devant le verdict de l'historicité.[2]

De même, la crise qui fait éclater l'équilibre homéostatique des systèmes clos, introduit de la complexité dans un fonctionnement déterministe. Transposée dans le domaine de l'histoire et de la culture, elle relève moins d'un processus dialectique que d'une manifestation du discontinu qui désordonne et chaotise la linéarité moderniste:

Le seul problème qui importe à une histoire de la culture qui ne voudrait pas être une juxtaposition d'inventaires de domaines pensés à posteori, c'est celui des processus multiples, des connexités, des communications.[3]

Cette manière récurrente et paradoxale de nommer «crise» les effets de turbulence et de complexification de la réalité sociale depuis une bonne vingtaine d'années, révèle donc un mode de représentation par lequel la société postmoderne se pense comme la fin d'une histoire et entrée dans l' «après». C'est à ce sens que se rallie aussi Michel Maffesoli:

Ce que l'on appelle «la crise» n'est peut-être autre chose que la *fin* des grandes structurations économiques, politiques ou idéologiques.[4]

Mais il s'agit davantage d'une «représentation» de la réalité que d'une analyse véritable car un regard objectif sur cette période montre que la production et que l'enrichissement n'ont pas cessé de croître dans les sociétés développées. S'il y a crise, c'est donc plutôt dans la répartition des richesses qu'il faut la rechercher et les dysfonctionnements dans ce domaine nous donnent effectivement l'illusion d'un arrêt dans un processus de progrès, une impression de mutation mal maîtrisée, qui expliquent que l'imaginaire social, en dépit des «reprises» et des «embellies», persiste à envisager cette fin de siècle sur le mode du déclin.

Sans doute cette illusion d'arrêt vient-elle de la fin d'un cycle économique qui offre une parfaite illustration de la modernité triomphante. Il s'agit des *Trente glorieuses*, ainsi nommées par Jean Fourastié[5] pour qualifier la période de forte expansion et de progrès social qui va de 1950 (effacement des effets négatifs de la seconde guerre mondiale) à 1973 (premier choc pétrolier). Ce qui caractérise cette époque, en effet, c'est un taux continu de croissance économique qui s'établit autour de 5 %, une forte productivité qui autorise un pouvoir d'achat en hausse constante, une situation de plein emploi (le taux de chômage se situe, en France, entre 1,6 et 1,9 % et les entreprises du secteur automobile doivent faire appel à la main d'œuvre immigrée). Ce miracle économique, explicable en partie par la reconstruction avec l'argent du plan Marshall et de la dette allemande, dans un contexte inflationniste qui favorise l'investissement, marque l'entrée dans l'ère de la consommation et s'accompagne d'un progrès social irrécusable. L'équipement des ménages; le progrès de la science et de la technique dans le domaine des transports, de la médecine, de la communication; la libération sexuelle avec la légalisation de la contraception et de l'IVG; la démocratisation des loisirs et la généralistion du temps libre; laissent croire à l'irréversibilité du progrès…Et la contestation de mai 68, entre révolution gauchiste et fête collective, marque l'apogée de cette dynamique moderniste que Baudrillard appelle l'Orgie:

L'orgie, c'est tout le moment explosif de la modernité, celui de la libération dans tous les domaines. Libération politique, libération sexuelle, libération des forces productives, libération des forces destructives, libération de la femme, de l'enfant, des pulsions inconscientes, libération de l'art.[6]

Notons qu'à l'extérieur des frontières, l'équilibre mondial fait reculer le souvenir des régressions totalitaires. Appuyé sur le partage de Yalta, l'ordre, qui résulte de la logique binaire de l'affrontement des blocs, repose sur l'équivalence du potentiel destructeur entre les forces de l'OTAN et celles du Pacte de Varsovie. La décolonisation qui met en œuvre le «droit des peuples à disposer d'eux-mêmes» marque une avancée humaniste du droit international, tandis que l'ONU, en privilégiant la dialectique dans la négociation, canalise les conflits et étend sur l'occident son fameux «Lac de Paix». Enfin, dans le domaine des arts, l'esprit d'avant-garde domine avec des expériences aussi variées que *Support-Surface*, *Tel Quel*, le *Nouveau Roman*, le *Théâtre d'avant-garde*, la *Nouvelle critique*, la *Nouvelle vague*…L'impression d'avancée est tellement forte que le coup d'arrêt du premier choc pétrolier, en 1973, aggravé par le second en 1979, fait ressentir les mutations qui s'annoncent comme une véritable entrée dans la crise.

Alain Touraine qui analyse cette crise de la modernité[7] en termes de «décomposition», en rejette la responsabilité sur la réduction du rationalisme libérateur des Lumières en rationalité instrumentale, dont la technique, dépouillée de tout environnement humaniste devient l'ultime résidu. Pour lui, la décomposition de la société moderne s'effectue sous la pression de quatre facteurs essentiels qui préparent la voie au néo-libéralisme. Les deux premiers affectent directement la notion de sujet. En effet, l'émergence du principe de *plaisir* fait du sujet social un «être de désir» replié sur la sphère narcissique du moi, tandis que l'économie de la *consommation* le livre, passif, aux manipulations du marché et du

---

[1]: *La Transparence du mal. Essai sur les phénomènes extrêmes*, Paris, Galilée, 1990, p. 41.
[2]: « Lexique médical, vocabulaire dramatique, métaphore politique: la notion de crise au XVIIIè siècle en France » in *Textuel*, Université de Paris 7, S.T.D., N° 19, 1987, *Dire la crise/Penser la crise*, p. 10.
[3]: Ibid. , p. 15.
[4]: *Le Temps des tribus*, Paris, Méridien-Klincksieck, 1988, P. 67.
[5]: *Les Trente glorieuses ou La révolution invisible*, Paris, Fayard, 1979.
[6]: *La Transparence du mal, op. cit.*, p. 11.
[7]: « La modernité en crise » in *Critique de la modernité*, op. cit., p. 119.

marketing publicitaire. Les deux autres facteurs sont d'ordre collectif. Le premier concerne la mutation des entreprises. Pour répondre aux besoins du marché, les unités de production, base du système capitaliste, abandonnent la configuration hiérarchisée qui donnait sens à la lutte des classes, pour un modèle *organisationnel* où le principe de rationalité fait place à une *stratégie* d'entreprise. Dès lors, l'adaptabilité, la flexibilité et la complexité deviennent la règle pour répondre aux mouvements aléatoires du marché. Et une «organisation faible», orientée de moins en moins vers la production et de plus en plus vers les stratégies de communication (comme les «start-up» des réseaux virtuels), remplace l' «organisation forte» et centralisée de l'entreprise moderne. D'où le glissement vers une société post-industrielle ou néo-libérale ouverte à la mobilité et à l'aléatoire:

Cette conception, si on l'élargit de l'entreprise à l'ensemble de la société, amène à dire que nous ne vivons plus dans une société industrielle dominée par des conflits sociaux centraux, mais dans un flux incessants de changements.[1]

Une telle économie, fondée sur les services et le tertiaire, avec l'hyper-développement de l'informatique et une nouvelle organisation du travail, implique, selon les analyses du sociologue américain, Daniel Bell[2], la disparition des rapports sociaux traditionnels dans l'entreprise pour un *management* qui favorise les stratégies individuelle de promotion: fin de la «lutte des classes»...Enfin, un dernier facteur d'éclatement de la modernité s'attaque à la nature même des états. Le renouveau du sentiment identitaire et l'impératif d'indépendance nationale, altèrent le concept de *nation*, «forme politique de la modernité»[3], au point que la dissociation entre la volonté rationnelle de modernisation économique et les désirs d'une conscience nationale fanatisée, précipite le déclin de la conception moderne de l'état, ouvrant la porte aux régressions nationalistes et intégristes.

Ces quatre forces de désagrégation de la société moderne, qui conduisent au «chaos culturel», définissent, pour Alain Touraine, la «post-modernité» comme contexte néo-libéral, né de la décomposition du gauchisme, où s'opère la dissociation entre la technique instrumentale et l'univers culturel de la socialité.

Cette analyse de la crise reste, pour une bonne part, indiscutable, même si Alain Touraine, dans sa défense jacobine de la *Cohérence* et du *Rationalisme*, n'a pas compris la positivité du principe d'altérité dans son travail nécessaire de déconstruction et de décentrement. Ce qui lui fait espérer, contre l'idée qu'il se fait de la «post-modernité», un retour à une modernité humaniste et éclairée, distincte de la modernisation libérale, sans envisager la possibilité de concevoir le postmoderne comme un regard critique sur les déviations du projet moderne.

C'est à cette tâche, précisément, que s'adonne Immanuel Wallerstein, sociologue américain, que son traducteur, Patrick Hutchinson, présente comme «le premier marxiste postmoderne»[4], non pas au sens d'une postmodernité néo-libérale dominée par le marché, comme la décrit Alain Touraine, mais:

Une postmodernité qui, au bout de ses cinq cents ans d'ascencion, puis d'apothéose et de domination, nous permet de «désabsolutiser» quelque peu notre modernité occidentale, étatiste, capitaliste et libérale, afin de décentrer notre regard et regarder au-delà, tels de modernes Kepler, vers une pluralité de systèmes-mondes, une pluralité de modernités possibles...Et tout d'abord vers l'inconnu des lendemains, dans une nouvelle ouverture maximale du champ de notre rationalité, un maximum de souplesse et d'inventivité interactive pour nos luttes nouvelles.[5]

Selon Wallerstein, en effet, le libéralisme qui se constitue avec la révolution de 1789, s'affirme d'abord contre le conservatisme, par son caractère progressiste, puis contre le marxisme, par son idéal réformiste, pour connaître son apogée, avec l' hégémonie américaine, entre 1945 et 1968. Or, les valeurs de l'idéologie libérale attachée à un développement social rationnel, progressif et continuel, sont celles de la modernité avec laquelle elle se confond:

Les libéraux plaçaient leur foi dans l'une des prémisses clés de la pensée des Lumières: la pensée rationnelle et l'action raisonnable vont mener l'humanité sur la voie du salut, c'est-à-dire du progrès.[6]

Le suffrage universel (et sa forme internationale: le droit des peuples à disposer d'eux-mêmes) ainsi que l'Etat-providence (et sa variante élargie: l'aide au développement des peuples du tiers-monde), seront les modes de prises en charge des couches défavorisées (les «classes dangereuses») par l'idéologie libérale, au moyen d'une redistribution mesurée de la plus-value qui ne menace en rien l'accumulation du Capital, tandis que l'intégration du citoyen s'opère par le bien du nationalisme dont l'assimilation entre l'individu et l'état-nation, ouvre la porte au racisme.

La chute du Mur de Berlin, en 1989, précipite la fin du libéralisme comme «géoculture du système-monde moderne», et signale, pour Wallerstein, un moment aigu de la *Crise* qui s'amorce avec la contestation internationale de 1968:

Je suis d'avis, pour ma part, que l'idéologie du libéralisme en tant que projet politique opérationnel a aujourd'hui largement atteint sa date limite, et qu'elle est en train d'imploser sous l' effet de la crise structurelle de l'économie-monde capitaliste.[7]

Aussi paradoxal que cela puisse paraître, l'effondrement du bloc communiste devient donc, dans cette perspective, une conséquence majeure de l'affaiblissement du libéralisme, qui commence dès 1968. En effet, le consensus qui rapproche implicitement conservateurs-libéraux et socialistes-libéraux, autour d'une plate forme commune, se trouve fortement mis en cause par la contestation gauchiste et anti-libérale de 68. Il va littéralement s'effilocher en entrant dans la crise économique dont Wallerstein énumère les symptômes:

---

[1]: Ibid., p. 233.
[2]: *Vers la société post-industrielle*, Paris, Robert Laffont, 1976.
[3]: Ibid., p. 176.
[4]: *L'Après libéralisme. Essai sur un système-monde à réinventer*, Paris, éd. de l'Aube, 1999, p.9.
[5]: Ibid., p. 10.
[6]: Ibid., p. 100.
[7]: Ibid., p. 45.

(…) le choc pétrolier et la recentration du capital qui s'en est ensuivie, la crise de la dette du Tiers Monde (à laquelle il faut ajouter celle du bloc socialiste), puis celle du déficit budgétaire des Etats-Unis, avec ce déplacement mondial du capital depuis les entreprises productives vers la spéculation financière qui a caractérisée toute cette période.[1]

Depuis 1989, nous assistons donc, avec la fin du libéralisme, à la désintégration de la modernité, de sorte que l'extrême contemporain se présente bien comme une période de transition ou de «bifurcation majeure»- ce que j'ai appelé moi-même un seuil - que nous avons du mal à nous représenter et dont l'issue reste imprévisible.[2]

Les causes de cet affaiblissement menant à la désintégration se trouvent dans les contradictions du système libéral que la crise a fait apparaître au grand jour, la principale de ces contradictions étant la disjonction, depuis la révolution française de 89, entre la modernité «de modernisation technologique» et la «modernité de libération». C'est cet écart, toujours plus grand, entre les sphères économiques et sociales, qui révèle la vraie trahison des Lumières, ce qui explique le soin avec lequel l'idéologie libérale s'efforcera de brouiller cette réalité discordante dans son programme de réformisme rationnel:

Une des façons de résumer la pensée des Lumières serait peut-être de dire qu'elle s'enracinait profondément dans la croyance que la modernité de modernisation technologique et la modernité de libération étaient une et même.[3]

L'implosion de la modernité dans la crise n'est donc que la conséquence du dévoiement précoce du projet moderne dans l'idéologie libérale qui subsume, autour d'un centre réformiste, pris dans ses contradictions, les néo-conservateurs et la nouvelle gauche, d'où la désaffection de plus en plus grande à l'égard des partis traditionnels. Car l'une des tares essentielles du système libéral, derrière le discours des Droits de l'Homme qui lui sert de brouillage, est sa profonde inégalité, mise en relief par la crise dont on peut évoquer de la manière suivante les manifestations les plus visibles.

La modernité technologique qui se traduit par le tout-informatique et la délocalisation des entreprises à forte main-d'oeuvre a marginalisé une part importante de la population et engendré une nouvelle pauvreté que l'état libéral parvient de moins en moins à juguler, de même qu'il avoue son impuissance, face au cynisme du système, comme l'a montré la fermeture par Renault de l'usine belge de Vilvorde. Par contre l'augmentation des profits dans les gains de productivité et les opérations boursières, élargit le fossé entre une classe dirigeante de plus en plus restreinte et de plus en plus riche et la classe moyenne sur laquelle s'exerce une fiscalité intolérable permettant de financer le chômage (Assedic, RMI...) Ce fossé se retrouve entre les pays et du Nord et ceux du Sud, ce qui provoque une pression accrue du phénomène migratoire. Or, contre le principe même des Droits de l'Homme, dont celui de libre circulation, les états libéraux ,qui se ferment aux pays du Sud (ou de l'Est), engendrent une immigration clandestine dont la vulnérabilité ajoute aux turbulences du sous-prolétariat des banlieues.

Il faut ajouter à ce contexte économique de crise de la répartition, la régression morale qui affaiblit la crédibilité du système (état, partis, syndicats) et tend à transformer la société en jungle où tout peut se réduire à une valeur marchande. Les «Affaires», après avoir touché l'Italie, l'Allemagne, s'étendent à l'ensemble de la vie politique française, témoignant ainsi de l'effondrement de la morale comme système globalisant, avec comme conséquence, sa fragmentation en *éthiques* multiples (de *l'éthique de l'entreprise* à la *bioéthique*). C'est ce transfert d'une méta-morale assurant la cohésion de la société civile, dans le projet moderne, vers des «éthiques locales», qu'A. Etchegoyen évoque dans son essai: *La Valse des éthiques*[4]. Mais l'affaiblissement de la conscience morale apparaît encore dans la médiatisation du phénomène de Bienfaisance qui mêle à travers des opérations de Charity-Business, des valeurs inconciliables: marketing et générosité, séduction et solidarité, notoriété et anonymat… Le chaos éthique qui témoigne de la crise des valeurs débouche sur une mise en scène de l'humanitaire comme pseudo-morale ou morale de substitution, que Jean-Claude Guillebaud caractérise de la sorte:

(…) un remords social inarticulé et impatient qui couvre subitement la France de *Restos du Cœur*, se supend aux lèvres de l'abbé Pierre, inonde de chèques le téléthon, s'ameute pour le Rwanda et bouscule pour trois jours l'ordre ambiant.[5]

Ce *Crépuscule du devoir* qui marque l'entrée dans un «postmoralisme»[6] recoupe le cynisme économique du Capital dans la crise écologique sans précédent que nous annonce Wallerstein, lorsque la toxicité de l'activité industrielle rendra urgente et indispensable la remise en état de la biosphère polluée dans ses océans (les déchets nucléaires et pétroliers), ses forêts (le déboisement), son sol cultivable (nitrates, pesticides, OGM) et jusque dans l'air que nous respirons (les poussières, fumées, gaz, sans parler du trou de la couche d'ozone)…

Un autre aspect de la crise est sans doute l'apparition du SIDA, comme pandémie qui mêle à l'érotisme la menace mortelle du virus. Après la libération sexuelle des années 60, le risque sidaïque peut apparaître comme un nouveau symptôme de régression, obligeant à des pratiques contraignantes dans un domaine où la permissivité sociale ne semblait plus avoir de limite.

Enfin, avec la chute du mur de Berlin et l'effondrement du communisme à l'Est, nous sommes entrés dans une ère de turbulence géopolitique. En effet, la suppression du principe de rétroactivité dans l'affrontement binaire entre les Blocs, remplace une situation d'équilibre (les accords deYalta et le «rideau de fer») par un chaos qui oppose des nationalismes suractivés par l'idéologie religieuse, dans une agitation décentrée où triomphe l'irrationnel, le flou, l'aléatoire, l'imprévisble, ce qui fait dire à Alain Minc:

Faudra-t-il encore longtemps aux Européens pour comprendre qu'ils ont troqué un monde avec menace mais sans risque, pour un univers sans menace mais avec risques.[7]

---

[1]: Ibid, p. 63.
[2]: Cependant, s'il s'avère finalement que « désintégration » soit un terme plus exact que « révolution » pour *décrire tout l'inconnu de ce qui se déroule actuellement sous nos yeux*, quelle posture, quel positionnement politiques devrions-nous alors adopter. Ibid., p. 18. C'est nous qui soulignons.
[3]: Ibid., p. 189.
[4]: Paris, Françoise Bourin, 1991.
[5]: *La Trahison des lumières*, op. cit., p. 68.
[6]: Gilles Lipovetsky: *Le Crépuscule du devoir. L'Ethique indolore des nouveaux temps démocratiques*, Paris, Gallimard, 1992.
[7]: *Le Nouveau Moyen-âge*, Paris, Gallimard, 1993, p. 15.

Si ses observations pouvaient s'appuyer sur la Guerre du Golfe, en 1991, l'éclatement de la Yougoslavie, les génocides africains, les massacres algériens, le soulèvement tchétchène, la guerre contre les Serbes, ont donné depuis une résonance catastrophique à l'effondrement du mur et à la fin de la «guerre froide», avec ce vide laissé par l'effacement du communisme où s'engouffrent toutes les régressions intégristes et autres fantasmes identitaires . Ainsi, cette déstabilisation de l'ordre mondial, en nous ramenant des *Temps modernes* (la revue de Jean-Paul Sartre) au *Nouveau Moyen-âge* prédit par Alain Minc avec «le retour des crises, des secousses, des spasmes comme décor de notre quotidien»[1], confirme l'analyse de Wallerstein qui fait de l'année 1989 la fin de la modernité sous la forme du libéralisme.

C'est donc la crise qui marque l'horizon de la postmodernité et quelle qu'en soit l'analyse qu'on peut en faire, au plan théorique, ses manifestations les plus évidentes s'inscrivent dans l'imaginaire social, sur le mode de la désillusion. Ce constat de désintégration de la modernité sur lequel s'accordent Touraine et Wallerstein peut donner lieu à des interprétations légèrement différentes. Pour Alain Touraine qui reste dans le cadre de la gauche française, le libéralisme est responsable de l'échec de la modernité mais, pour éviter l'ornière d'un néo-libéralisme post-industriel lié au «post-modernisme» qu'il assimile à un pur subjectivisme anti-moderne, il en appelle à une nouvelle modernité qui puisse construire une complémentarité entre la rationalité et le sujet, entre la raison technologique et le progrès social.

Immanuel Wallerstein, nourri par l'expérience américaine, fait du libéralisme le point commun des trois idéologies qui se partagent le champ politique (le conservatisme, le centrisme, le socialisme). Dès lors «l'après libéralisme» ne peut relever d'aucune de ces catégories et le «système-monde» qui sortira de la crise est à réinventer. D'où le sens qu'il assigne au postmodernisme, comme retour à une «vraie modernité»:

C'est un des modes du rejet de la modernité de la modernisation technologique en faveur d'un retour vers la modernité de libération.[2]

Quoi qu'il en soit, ce que Touraine et Wallerstein, l'un comme l'autre, espèrent de l'après-libéralisme, c'est plus de *démocratie* pour éviter de retomber dans les inégalités du système-monde moderne. On peut appeler ce monde à inventer néo-moderne et en rêver l'utopie...cette étude reste en deça et se propose d'envisager le *postmoderne* comme *crise* de la modernité.

b- La Science du Chaos:

Jean-François Lyotard, le premier, a indiqué une possible connexion entre le développement contemporain des sciences de la *complexité* et l'imaginaire postmoderne dominé par le principe d'altérité sous la double modalité de l'hétérogène et du discontinu. Ce qu'il appelle «la science postmoderne»[3], en focalisant ses recherches sur les phénomènes instables bouleverse la dynamique des systèmes à fonctionnement déterministe, de sorte que le modèle laplacien de représentation du monde, fondé sur les principes de régularité et de prévisibilité, devient inopérant, aux très petites comme aux très grandes échelles et ne peut guère avoir d'application que locale et partielle. Wallerstein à son tour insiste sur le rapport entre ce qui pour lui relève de «la nouvelle science» et le postmodernisme, en montrant comment l'universalité du modèle newtonien, issu de la rationalité des lumières, se trouve remise en cause par les sciences de la complexité:

Ainsi, aujourd'hui les nouveaux mots d'ordre attractifs sont: chaos, bifurcation, logique floue, fractal, flèche du temps. Le monde naturel et ses phénomènes sont désormais historicisés.[4]

En fait, la prise de conscience de la complexité remonte au début du 20ème siècle avec le développement de la physique des particules et de la mécanique quantique qui mettent en évidence, contre l'idée de déterminisme, les notions d'instabilité, de logique floue et d'imprédictibilité, résumées par le fameux *Principe d'Heisenberg*. Mais l'exploration du désordre ne devient vraiment systématique que dans les années 70 avec l'apparition des *Sciences du chaos*.

La mécanique quantique comme théorie de la mesure, dans la physique de l'élémentarité, a bouleversé notre représentation du monde et en particulier la conception classique de la matière selon laquelle on peut en fournir une description exacte, continue, prévoir son comportement, déterminé de manière rigoureuse par les conditions initiales...Si les principales découvertes remontent aux années 20 (1926: équation de Schrödinger et relation d'Heisenberg), il a fallu un bon demi-siècle pour que les mutations opérées par la physique quantique, dans notre rapport au monde, commencent à pénétrer le public cultivé et Scrödinger lui-même estime à 50 ans le décalage entre les découvertes de la science et leur réception par les non spécialistes.[5]

Or la révélation la plus importante, apportée par la mécanique quantique est celle du *discontinu* de la matière à l'échelle de l'élémentarité. La notion de particule comme entité corpusculaire doit être radicalement révisée. Ce sont, nous dit Schrödinger, de «pures figurations», sans «identité» propre, sans autre permanence que leur manifestion intantanée qui en fait de purs «événéments» dans des séries discontinues qu'on appelle d'une manière assez impropre les «trajectoires corpusculaires»:

La matière a cessé d'être cette chose simple, palpable, qui se meut dans l'espace, dont on peut suivre la trajectoire, dont chaque partie peut-être suivie dans on propre mouvement (...)[6]

La discontinuité se manifeste jusque dans le procès de mesure, puisque comme l'ont montré Bohr et Heisenberg, dans toute opération de mesure quantique il y a une interférence entre le sujet et l'objet qui «entremêlent» leurs champs particuliers au point que la perturbation induite

---

[1]: Ibid., p. 10.

[2]: *L'Après libéralisme*, op. cit., p. 208.

[3]: *La Condition postmoderne*, op. cit., p. 88.

[4]: *L'Après libéralisme*, op. cit., p. 208.

[5]: *Physique quantique et représentation du monde*, Paris, Le Seuil, 1992, coll. Points Sciences, p. 30. La publication des travaux dans les collections grand-public, témoignent de ce décalage: W. Heisenberg, *La Nature dans la physique contemporaine*, Paris, Gallimard, 1962, coll. Idées, Gilles Cohen-Tannoudji et Michel Spiro, *La Matière-espace-temps*, Paris, éd. Folio, 1990.

[6]: Ibid., p. 33.

par la simple observation, «ni négligeable, ni complètement analysable»[1], rend impossible toute description exacte des objets physiques. C'est cette perturbation, la constante h, qu'Heisenberg formule dans la célèbre relation d'incertitude:

$$\Delta x \, . \, \Delta p_x \geq h$$

qui met en crise la double idée de continuité et de causalité de la science classique en énonçant le principe de variables floues et d'indétermination.

Même si la théorie quantique contemporaine essaie d'évoluer vers un modèle probabilitaire en alléguant la «prédiction statistique» et en cherchant avec la fonction ψ à mesurer le flou des variables, l'image du discontinu et les notions connexes de hasard et d'imprédictibilité, se sont imposées à notre imaginaire. Ainsi, selon le modèle quantique, nous nous représentons la matière comme un champ de particules dont le comportement aléatoire complexifié par le *quantum d'interaction* entre particules de matières et particules d'énergie, produit ce *mouvement brownien* dont la formule nous est rappelée par J.-F. Lyotard:

(...) le vecteur du déplacement de la particule à partir d'un point est isotrope, c'est-à-dire que toutes les directions possibles sont également probables.[2]

Dans la mesure où Schrödinger lui-même écarte l'idée d'un transfert possible des concepts de la physique vers l'éthique (ce qui reste à démontrer), on se demandera sans doute quels liens peuvent s'établir entre la physique des particules et la littérature...Il s'agit ici d'émettre simplement l'hypothèse d'un imaginaire de la science à partir duquel se construit notre image de la réalité, ce que confirment les romanciers eux-mêmes, jusque dans le choix de leurs titres: *Le Principe d'incertitude*, de Michel Rio (1993), *Les Particules élémentaires* de Michel Houellebecq (1998)...Tandis que, dans *Monsieur* (1992), Jean-Philippe Toussaint fait de la mécanique quantique la métaphore légère des hésitations de son personnage:

Selon Prigogine, en effet, la théorie des quanta détruit la conviction que la description physique est réaliste et que son langage peut représenter les propriétés d'un système indépendamment des conditions d'observation. Bien, bien. A côté de lui sur le blanc, en évidence, était posée la main d'Anna Bruckhardt.[3]

La théorie du *Chaos* qui se développe depuis les années 70 a bénéficié d'une médiatisation précoce[4] et fait aujourd'hui partie du paysage de la science contemporaine. Or, plus encore que la physique des particules , elle nous confronte à une image du monde infiniment discontinu, granulaire, étrange, qui dément l'ordre de la mécanique céleste hérité des Lumières. De quoi s'agit-il, au juste?

On appelle science du chaos, la convergence de certaines recherches, en météorologie, biologie, physique, astronomie, vers la description mathématique des phénomènes de turbulence dont le physicien américain Mitchell Feigenbaum avait eu l'intuition en observant la formation des nuages. Le domaine, en grande partie inexploré, qui s'ouvre ainsi à la nouvelle science est celui de la *complexité* produite par des séquences d'interaction entre une dynamique non-linéaire et des boucles de feed-back. Il s'agit de la 3ème grande révolution que la science ait connu, au cours du 20ème siècle, après la Relativité et la Mécanique quantique:

La relativité a éliminé l'illusion newtonienne d'un espace et d'un temps absolu; la théorie quantique a supprimé le rêve newtonien d'un processus de mesure contrôlable; le chaos, lui, élimine l'utopie laplacienne d'une prédictibilité déterministe.[5]

L'une des premières applications du chaos a été ce qu'Eward Lorenz, météorologue au Massachusetts Institute of Technology, a nommé «l'effet papillon». A partir d'un ordinateur qui reproduit en miniature toutes les constantes des phénomènes météo, Lorenz découvre l'impossibilité de toute prévision à plus de 3 ou 4 jours. Les mêmes données introduites dans l'ordinateur font apparaître très vite une divergence de plus en plus grande dans le comportement des sytèmes observés, qui montre que deux perturbations, par exemple, ne se reproduisent jamais à l'identique. Après avoir mis en évidence «la dépendance sensitive aux conditions initiales» qui entraîne cette imprédictibilité, Lorenz formule ainsi l'effet papillon, métaphore du désordre à l'état pur, par suite de l'interférence entre les petites et les grandes échelles:

Le battement d'aile d'un papillon aujourd'hui à Pékin, engendre dans l'air des remous qui peuvent se transformer en tempête le mois prochain à New York.[6]

Un autre développement essentiel de la science du chaos donne naissance à la *géométrie fractale* de Benoît Mandelbrot[7], Juif polonais, émigré en France, avant de rejoindre le groupe IBM aux USA. Le problème qu'il se pose, en visitant la Bretagne, est celui des formes irrégulières comme celles de la côte finistérienne, découpée, irrégulière, qu'on la regarde d'avion ou qu'on l'arpente par les sentiers pédestres à moins que l'on choisisse d'en suivre le rivage...Ce qu'il découvre ainsi, c'est qu'il existe des objets aux formes irrégulières, quelle que soit l'échelle à laquelle on les observe, dont la géométrie euclidienne est incapable de rendre compte. Ces formes, il propose de les appeler «fractales[8]» à la fois parce que l'étymologie renvoie au mot latin «fractus», de «frangere»: «briser» et parce qu'on ne peut les calculer qu'à

---

[1]: Ibid, p. 69.

[2]: *La Condition postmoderne*, op. cit., p. 94.

[3]: Paris, éd. de Minuit, 1992, p. 110.

[4]: Cf. James Gleick: *La Théorie du chaos. Vers une nouvelle science*, Paris, Albin Michel, 1989, Pierre Gilles de Gennes (sous la direction de): *L'Ordre du chaos*, Paris, Belin, 1989, David Ruelle: *Hasard et chaos*, Paris, Odile Jacob, 1991.

[5]: Cité par James Gleick: *La Théorie du chaos*, op. cit., p. 21.

[6]: Ibid., p. 24.

[7]: *Les Objets fractals*, Paris, Flammarion, 1985, 1984, 1989.

[8]: « Se dit d'une figure géométrique ou d'un objet naturel qui combine les caractères que voici:

A)   Ses parties ont la même forme ou la même structure que le tout, à ceci près qu'elles sont à une échelle différente et peuvent être légèrement déformées.

B)   Sa forme est, soit extrêmement irrégulière, soit extrêmement ininterrompue ou fragmentée, et le reste, quelle que soit l'échelle d'examen.

partir d'un opérateur fractionnaire. L'invariance d'échelle permet donc de définir comme objet fractal, toute forme qui présente la même irrégularité quelle que soit l'échelle de l'observation. La particule comme la galaxie sont des objets fractals et «l'ensemble de Mandelbrot» qui permet d'en rendre compte offre la représentation graphique du désordre fractal infini où le monde nous apparaît sur le mode d'une «schizosphère»:

La nouvelle géométrie donne de l'univers une image anguleuse et non arrondie, rugueuse et non lisse. C'est une géométrie du grêlé, du disloqué, du tordu, de l'enchevêtré, de l'entrelac.[1]

Mais Lorenz reste le premier qui ait tenté de formaliser, par ordinateur, sous forme de courbe, le phénomène de turbulence dans un système apériodique. Le résultat de ses travaux a été un «attracteur étrange», formant une figure complexe de boucles enchevêtrées, modèle virtuel vers lequel convergent les systèmes turbulents. Prolongés en France par l'astronome Michel Hénon qui s'intéresse aux trajectoires d'étoiles dans une galaxie et par le physicien David Ruelle, les travaux sur les attracteurs étranges recherchent une modélisation de la complexité dans des figures, en miroir, d'imbrication et d'auto-similitude nées du mouvement fractal et de l'itération de la règle.

Enfin, la *Théorie des catastrophes* de René Thom[2] peut, en France, s'inscrire dans l'ensemble des travaux en cours sur le chaos. Il s'agit d'une recherche qui vise la description mathématique des discontinuités productrices de formes inattendues dans les systèmes stables. A partir des notions mathématiques complexes d' «attracteur formel», de variables «internes» et «externes», qui créent ou détruisent les formes (processus appelé «catastrophe»), René Thom montre que la règle qui domine est celle de l'instabilité des formes dans un déterminisme circonscrit aux données locales du processus. En d'autres termes, la théorie des catastrophes explore un autre versant du procès général de discontinuité et nous renvoie l'image d'un réel instable dont le procès majeur est celui d'une agonistique.

Ainsi, la science postmoderne, sans abandonner totalement l'idée de déterminisme, en restreint considérablement le champ. Qu'il s'agisse de la mécanique quantique ou de la théorie du cahos, le fait majeur qui gère les phénomènes de turbulence, d'irrégularité ou d'instabilité, est le principe de *discontinuité*. Nous sommes ramenés par là à la question de l'*altérité* qui imprègne totalement la pensée postmoderne et les configurations sociales qui nous apparaissent, sous l'horizon de la crise, comme homologues à l'idée de chaos développée par la nouvelle science, trouvent une illustration littéraire, aussi bien dans la référence aux fractas qui aide Edouard Glissant à penser la «relation» dans le cadre de la «diversalité»[3] que dans les turbulences d'un univers où se désagrègent le cadre urbain, les corps et le langage, comme celui que nous propose Paul Auster dans *Le Voyage d'Anna Blume*...Mais un écrivain du nomadisme comme Kenneth White, se réfère lui aussi à la géométrie fractale comme principe d'incertitude[4] et cherche à mettre en œuvre dans ses textes où se contruit une vision réticulaire et multidimensionnelle de l'espace, une écriture *cahoticiste*[5]...

II-2 Le Sujet postmoderne:

En effet, les turbulences qui affectent les modes de configuration d'une société en mutation, mettent en cause la notion de *sujet* héritée de la modernité et déterminent de nouvelles pratiques qui manifestent un sujet en crise, dont l'altérité s'inscrit jusque dans les comportements les plus intimes.

a-La Crise du sujet:

Le sujet moderne idéal, issu de la pensée des Lumières est un sujet *holiste* qui accède à l'identité par l'exercice de la raison et dont les valeurs fondamentales sont la *liberté*, envisagée dans le cadre d'un droit collectif et l'*universalité*. Pour Alain Touraine, le sujet moderne émerge contre l'oppression féodale et l'obscurantisme en se qualifiant d'abord comme «acteur social». Il résulte de la «transformation du Soi en acteur»[6] et le procès de rationalisation qui permet ce passage du *Soi* au *Je* fait de sa liberté l'exercice d'une responsabilité dans ce contexte inter-relationnel que Rousseau appelle «le contrat social».

En outre, le sujet des Lumières, comme l'a montré Kristeva, est un sujet cosmopolite dont l'idéal de progrès qui s'ouvre à l'ensemble du genre humain, s'affirme comme projet universaliste. Rousseau, Montesquieu, Diderot, ont exprimé chacun à sa manière cette perspective cosmopolite qui marque le triomphe de la raison contre les forces de l'irrationnel et, à la fin du 18ème siècle, Kant résume l'universalisme des Lumières dans son projet de *Paix éternelle* où il imagine une fédération de tous les états fondée sur la co-existence pacifique des différences.[7]

Mais déjà, la révolution de 1789, en créant une distinction entre les droits de l'*homme* et du *citoyen*, opère un clivage entre l'homme abstrait et le citoyen patriote, sujet de la nation. L'idéal cosmopolite se dissout dans le nationalisme et l'exacerbation de l'idée de fierté puis de supériorité nationales aboutit à tous les excès modernes, du racisme au nazisme. Sur cette perversion du sujet citoyen en sujet totalitaire l'analyse de Kristeva rejoint celle de Touraine. Mais l'autre perversion du projet moderne qui se réalise dans la modernisation capitaliste, si l'on reprend la distinction d'Alain Touraine, vient des excès du libéralisme. La dissociation entre la raison et la rationalité instrumentale prépare l'avènement de la consommation et l'affaiblissement du lien social qui renvoie le sujet à son contraire, l'*individu*.

La consommation de masse précipite en effet l'évolution d'une société *holiste* vers une société *individualiste*[8] qui se caractérise par le repliement du sujet sur la sphère narcissique du soi et la perte du sens collectif. Ce procès d'individuation qu'on peut analyser comme une crise

---

C)   Il contient des « éléments distinctifs » dont les échelles sont très variées et couvrent une très large gamme. » in *Les Objets fractals, suivi de Survol du langage fractal*, 3ème édition, Flammarion, 1989, p. 154.

[1]: Ibid., p. 127.

[2]: *Stabilité structurelle et morphogénèse*, Paris, Ediscience, 1972, *Paraboles et catastrophes*, Paris, Flammarion, 1980. Notons la tentative de Jean Petitot d'appliquer à la sémiologie la théorie des catastrophes: *Morphogénèse du sens*, Paris, P.U.F., 1985.

[3]: Cf. dans *Introduction à une poétique du Divers*, op. cit. , la référence à Heisenberg, p. 75, à la théorie du chaos et à la notion d'imprédictibilité, p. 85.

[4]: « On peut se poser scientifiquement (...) des questions comme celles-ci: quelle est la longueur de la côte bretonne? Mais si on veut être scrupuleux, en allant de cap en cap, de caillou en caillou, on constate qu'il n'y a pas de réponse définitive. » in *Une apocalypse tranquille*, Paris, Grasset, 1985, p. 217.

[5]: Cf. « Le Manifeste chaoticiste » in *Atlantica*, Paris, Grasset, 1986.

[6]: *Critique de la modernité:* « Naissance du Sujet », op. cit., p. 268.

[7]: Cf. Julia Kristeva: *Etrangers à nous-mêmes*, op. cit., p. 252.

[8]: *Homo hierarchicus*, Paris, Gallimard, 1966.

du sujet s'opère à partir d'une mutation d'un mode de liberté contractuelle qui caractérisait le sujet vers une liberté de jouissance où se réalise l'individu.

L'accès à la libre consommation, dans les «Trente glorieuses» peut-être considéré comme une manifestation du progrès avec l'équipement des ménages qui libère des tâches fastidieuses. Lorsque le consumérisme devient l'expression d'un désir narcissique qui rabat le principe de liberté individuelle sur la légitimation des choix personnels, alors s'ouvrent ces *non-lieux* de la *surmodernité* que sont pour Marc Augé les grandes surfaces et autres hyper-marchés. Le Clézio en fait le cadre d'un roman, *La Guerre*, qu'on peut lire comme une allégorie du chaos, en écho au *Voyage d'Anna Blume* de l'Américain Paul Auster.

Quelles sont les caractéristiques de ce chaos consumériste qui transforme le sujet centré de la modernité en sujet discontinu? Les analyses de Gilles Lipovetsky, en ce domaine, ne manquent pas d'intérêt, même si sa perception, sur le mode «soft» d'une postmodernité comme «art de la glisse»[1] et réalisation de l'idéal «cool» de la modernité, reste très discutable. Lipovestsky montre, en effet, comment le développement de l'offre qui stimule le désir de consommation, met en place un «procès de personnalisation» définissant l'individualisme contemporain. De plus en plus sollicité par la libéralisation du crédit et par les stratégies de séduction du marketing, l'individu identifie la jouissance de l'avoir à la liberté d'être et trouve dans un narcissisme hédoniste le mode de réalisation du Soi confondu avec le Je. Ce narcissisme contemporain détourne le sujet des formes sociales et collectives d'accomplissement et le replie sur la sphère privée ce qui explique le désinvestissement dont la politique comme le syndicalisme font aujourd'hui l'objet.

Ce constat, auquel pourrait souscrire Alain Touraine me semble décisif, c'est l'interprétation qu'en donne Lipovesty, qui peut surprendre. Sans doute le procès de personnalisation marque-t-il une «rupture avec la phase inaugurale des sociétés modernes, démocratiques-disciplinaires, universalistes-rigoristes, idéologiques-coercitives»[2], faut-il y voir pour autant une émancipation qui, finalement, répondrait au souhait des Lumières? La liberté de choisir, de consommer apparaît-elle comme une libération ou comme un leurre: le masque de la grande manipulation dans laquelle le marché, avec ses modèles publicitaires, ses techniques de vente, la tyrannie de la mode, enferme le consommateur?

Si l'on peut débattre de sa signification, il faut convenir que ce repli narcissique de l'individu sur un hédonisme consumériste produit un éclatement du tissu social par où réapparaît le travail du discontinu qui caractérise la postmodernité. En effet, l'hyper-investissement du moi, consécutif au retrait du sujet de la sphère collective[3], nous renvoie l'image d'une société qui se fragmente en une mosaïque d'ego corpusculaires, livrés au mouvement brownien des choix personnels que stimule infiniment l'explosion de l'offre, comme des particules dans un champ de force. *L'individu autonome*, qu'évoque Jean-Claude Guillebaud, c'est-à-dire «l'individu autosuffisant *et propriétaire de soi-même* qui se constitue sur «le *Moi* devenu fou»[4] poursuit ainsi la trajectoire complexe et erratique de ses désirs personnels, dans l'isolement (le baladeur stéréo et l'usage des stupéfiants) mais aussi l'indifférence. Or cette indifférence qui naît de l'excès -de l'hyper-sollicitation, de l'hyper-information- marque l'interstice vide où a sombré le lien social dans le procès d'atomisation du sujet collectif. D'où cette image de l'individualisme que nous donne encore Guillebaud:

L'individu planté aujourd'hui devant le monde est plus différent de ses grands-parents que le serait un extra-terrestre. Il se sent capable de rompre pour la première fois, avec toutes les sujetions, localisations, appartenances, fidélités auxquelles sa vie se trouva si longtemps soumise: famille-refuge, morale de groupe, héritages, repères collectifs ou traditions précautionneuses...Le «moi» est libéré du «nous». Il tient dans sa propre main tous les fils de son destin. Tout se passe comme s'il atteignait pour de bons à des rivages longtemps imaginés: l'individualisme chimiquement pur.[5]

b-L'altérité à soi:
Mais le principe de *désir*, avant de s'investir dans l'idéal consumériste qui atomise la société en particules individuelles, avait déjà commencé son travail d'hétérogénéisation du sujet avec le discours freudien. En effet, pour Alain Touraine, Freud se trouve, avec Nietzsche, à l'origine de la désintégration de la modernité...Le Freud de la deuxième topique, notamment, qui fait du *moi* un lieu d'interaction entre les forces pulsionnelles du *ça* et les contraintes collectives du *Surmoi* (entre le *désir* et la *loi*), ouvre le sujet à la conscience de son altérité, au sentiment de sa propre discontinuité. C'est cette idée que développe Julia Kristeva dans son livre, *Etrangers à nous-mêmes*:

Avec la notion freudienne d'inconscient, l'involution de l'étrange dans le psychisme perd son aspect pathologique et intègre au sein de l'unité présumée des hommes une *altérité* à la fois biologique et symbolique, qui devient partie intégrante du *même*.[6]

Pour illustrer cette irruption de *l'autre scène*, dans le sujet centré de la psychologie classique, elle reprend le concept freudien d' «inquiétante étrangeté», l'*unheimliche*, qui retrace la découverte, à partir d'une lecture de Hoffmann, d'un phénomène de projection des angoisses du refoulé sur nos perceptions extérieures. C'est *l'autre* en nous, le *ça*, qui se manifeste ainsi, dans l'ambivalence entre le familier et l'inquiétant, de sorte que la sensation d'*unheimliche* traduit la matérialisation de l'autre comme double d'un moi clivé, c'est-à-dire comme double, étranger à moi-même: «Inquiétante, l'étrangeté est en nous: nous sommes nos propres étrangers – nous sommes divisés.»[7] On comprend que le roman de Tahar Ben Jelloun, *L'Enfant de sable* (1986), qui raconte l'histoire -non-narrable- d'un dédoublement

---

[1]: *L'Ere du vide. Essai sur l'indidualisme contemporain*, Paris, Gallimard, 1983, coll. folio essais, 1993, p. 20.

[2]: Ibid., p. 10.

[3]: On peut illustrer ce « retrait » par un passage de Paul Virilo où il rapporte ce qu'Alain Bombard, qui avait traversé l'Atlantique en naufragé volontaire, pense de l'exploit de Gérard D'Aboville, an 1991: « La principale différence avec la traversée que j'ai effectuée se situe au niveau de la motivation. En ce qui me concerne, je voulais prouver que les naufragés peuvent suivivre en mer. Abandonner signifiait que l'on ne pouvait pas y parvenir et cela concernait beaucoup de gens...Par contre la motivation de Gérard d'Aboville est uniquement personnelle, son périple de 10 000 kilomètres à l'aviron est un exploit purement sportif, presqu'inhumain qui représente une limite. » En effet, d'Aboville déclare à son arrivée: « Ce que j'ai fait ne sert à rien, mais je l'ai réussi...maintenant, c'est le vide, je ne sais plus quoi faire de cette vie que j'ai gagnée. » Et Virilio ajoute que « l'exploit de Bombard était le reflet d'une société solidaire » tandis que celui de d'Aboville est « si intime que personne en fin de compte, ne saurait le comprendre. », in *Un paysage d'événements*, Paris, Galilée, 1996, p. 84-87.

[4]: *La Trahison des Lumières*, op. cit., p. 181-182.

[5]: Ibid., p. 184.

[6]: Op. cit., p. 268.

[7]: Ibid.

homme/femme, comme métaphore du bilinguisme et de la double culture, fasse dériver son titre d'un des contes d'Hoffmann analysés par Freud: *L'Homme de sable*, tout en offrant, nous le verrons, d'autres connexions avec Borgès (*Le Livre de sable*)...[1]

Mais, pour Kristeva, l'inquiétante étrangeté, dans un fonctionnement inverse à celui que décrit Freud, peut s'investir dans la figure de l'étranger, reconnu, avec une sensation d'*étonnement*, comme double du même, sans qui le moi reste impuissant à s'édifier. Et nous abordons ici, un élément essentiel de la culture postmoderne, l'intégration de l'autre – cet ennemi pour la modernité – dans la conscience de l'*identité-ipse*[2].

En effet, en faisant du nationalisme l'un des modes de subjectivation qui identifie le citoyen à l'état-nation, la modernité développe le racisme et l'exclusion comme l'ont montré Touraine et Wallerstein. Or, la pensée de l'altérité dans la culture postmoderne, renouvelle, de ce point de vue la question du sujet. Il va de soi que l'actuelle poussée migratoire, en dépit des contraintes réglementaires, transforme de plus en plus le paysage européen des cultures ataviques en espace culturel composite. Pour s'arrêter au cas de la France qui assiste à l'irruption, au cœur de la nation, de ses anciennes colonies, la cohabitation plus ou moins facile, a modifié jusqu'au discours républicain de *l'intégration* auquel personne ne croit plus. L'étranger africain ou maghrébin qui s'installe en France, le fait avec ses *différences* et c'est le développement de cette culture de l'hétérogène née du contact entre les différences (avec le rai, le rap, le hip-hop, les rythmes afro, les salsas caraïbes et autres regae) qui perturbent ceux qui vivent encore avec le fantasme moderne de la race pure et de l'identité-racine. Il est vrai que l'afflux migratoire et les turbulences qu'il engendre apparaît dans l'imaginaire social comme l'une des composantes de la crise mais on ne peut réduire un phénomène majeur à ses seuls effets pervers et qu'on le veuille ou non, l'autre, avec ses mosquées ou les dragons de la fête du Têth, fait désormais partie du paysage familier auquel *je* m'identifie.

La littérature francophone, on le verra, reflète, jusque dans ses formes narratives, ce *mixing* culturel, en installant la diglossie et le bilinguisme dans les dispositifs textuels, pour traduire le chaos identitaire qui révèle au sujet postmoderne son identité composite. Et cette textualisation de l'hétérogène gagne les littératures régionales comme la littérature bretonne qui rejette l' identité négative engendrée par le modernisme jacobin pour reconnaître la pluralité des langues (le breton celtique, le français, le gallo) où puise son imaginaire (Yves Elléouët, Xavier Grall, Paol Keineg...) D'où, renforcée par l' «exception» corse, la controverse entre l'état républicain et le désir d'émancipation des cultures régionales.

C'est le discours antillais de la créolité qui a le mieux pensé cet éclatement du sujet-ipse, Edouard Glissant notamment, en reprenant, nous l'avons vu, les notions d' *identité-racine* et d'*identité-rhizome*, élaborées par Gilles Deleuze. Ce que postule Glissant et à sa suite les écrivains de la créolité (Patrick Chamoiseau, Jean Bernabé, Raphaël Confiant), c'est la construction d'une identité mosaïque, ouverte par la relation au «Tout-Monde» dont le projet de culture composite ne renvoie pas à l'idée moderne de totalité mais au principe postmoderne de diversalité.

La figure de l'autre, en relation avec laquelle le moi se configure, traverse donc le sujet postmoderne, archipélisé par le travail, en lui, des différences. Lorsque Alain Touraine stigmatise, à juste titre, le repli identitaire qui revient à la forme exclusive de l'identité-racine, il oublie que l'universalisme cosmopolite dont il rêve pour une nouvelle modernité, couvre le risque d'une mondialisation culturelle entropique que déjoue précisément le principe postmoderne de créolisation. A l'ordre binaire de l'opposition de l'autre et du moi se substitue la complexité du rhizome qui tisse les différences et cette «altérité intime», comme l'appelle encore Marc Augé, rend proprement impensable l'idée même «l'individualité absolue»[3].

On pourrait ajouter comme symptôme de ce décentrement du sujet, le marquage du corps dans la culture postmoderne qui, à travers les pratiques néo-archaïsantes du *tatoo* et du *percing*, désigne un *exotisme* du moi, au sens où Segalen emploie ce terme: «exo: en dehors de»[4]: tout ce qui résulte du déport vers l'autre. Car le corps, nous allons le voir, au-delà de ce marquage, qui, sans doute, reste anecdotique, devient le lieu ultime où s'inscrit le principe de discontinuité dont résulte la fragmentation du sujet de la modernité.

c-Le corps discontinu:

Le corps postmoderne est avant tout un corps déculpabilisé qui échappe totalement à l'austérité puritaine sur laquelle, selon la théorie de Max Weber, s'est édifié le capitalisme occidental. C'est cette déculpabilisation qui prend la forme, jugée parfois outrancière de la pornographie.

Or, la pornographie qui met le sexe au cœur de la recherche hédoniste et qui en fait un «site» privilégié de l'ensemble des réseaux virtuels, signifie d'abord, comme l'affirme Lipovetsky une levée «de l'ordre archaïque de la Loi et de l'Interdit»[5]. C'est pourquoi toute répression à l'égard de la pornographie, sous prétexte d' «atteinte aux bonnes mœurs» peut traduire un retour du puritanisme castrateur de la modernité. Certes, l'inflation du porno et la réification de l'éros ne doivent pas cacher l'effet de marchandisation, ni le caractère souvent réactionnaire et stéréotypé de la distribution des rôles (hommes/femmes) dans les sous-productions vidéo des séries X. C'est au-delà de la notion incontestable de *marché dusexe*, que mon propos veut se situer. Car la pornographie, comme pratique excessive, a mis en évidence une nouvelle atomisation du sujet en déconnectant la recherche du plaisir de la contrainte sentimentale. Le corps pornographique est un corps sans affectivité, un dispositif d'organes à brancher sur un autre, dans le contexte dépassionné de l'expérimentation et de la performance érotique. C'est cette recherche individualiste de la jouissance que Kundera met en scène dans ce qu'il appelle «l'amitié érotique» (*L'Insoutenable légèreté de l'être*) et que l'on retrouve, sous le terme d' «aimance» chez un écrivain marocain comme Abdelkebir Khatibi (*Un été à Stockholm*), l'aimance étant précisément une manière de se désengager de l'aventure passionnelle, nécessairement binaire et conflictuelle, pour une quête du plaisir, flottante et sans attaches, soumise au hasard des rencontres et au jeu aléatoire des attractions (encore la métaphore du mouvement brownien des molécules...) D'où ces comportements néo-libertins –objets de la pornographie- qui cherchent dans l'échangisme et les pratiques de groupe, de nouvelles combinatoires et des dispositifs toujours inédits de jouissance. A l'inverse de ces pratiques collectives, qui réduisent la notion de couple à la sphère affective, le sexe postmoderne peut-être solitaire et virtuel, dans une connexion interactive avec les sites spécialisés du réseau ou dans la mise en œuvres d'interfaces technologiques et robotiques qui activent le fantasme de l'orgasme solitaire.

---

[1]: Cf. Marc Gontard: *Le Moi étrange. Littérature marocaine de langue française*, Paris, L'Harmattan, 1993.

[2]: Sur l'opposition entre *identité-idem* et *identité-ipse*, voir Paul Ricoeur: *Soi-même comme un autre*, op. cit.

[3]: « Les représentations de l'altérité intime, dans les systèmes qu'étudie l'ethnologie, en situent la nécessité au cœur même de l'individualité, interdisant du même coup de dissocier la question de l'identité collective de celle de l'identité individuelle.» in *Non-Lieux*, op. cit., p. 29-30.

[4]: Cf. *Essai sur l'Exotisme*

[5]: *L'Ere du vide*, op. cit., p. 43.

Une autre forme de désintégration du sujet naît de la revendication homosexuelle qui vient déconstruire le système du couple fondé sur l'opposition des sexes. En effet, tandis que la modernité culmine avec la libération sexuelle comme lutte *politique* dont les modalités essentielles sont le recul de la culpabilisation religieuse et la contraception, c'est-à-dire, pour la femme, le libre choix entre la fonction maternelle et la recherche du plaisir, la *gay pride* vient brouiller la relation binaire traditionnelle virilité/féminité en instituant une différence dont le pacs civil a permis la reconnaissance comme norme nouvelle. La pratique trans-individualiste et postmoderne du *groupisme*, au sens de Wallerstein[1], trouve ici l'un de ses terrains d'élection en favorisant la mise en réseau de cette nouvelle différence qui découpe à l'intérieur de la société hétérosexuelle une zone de séparation des sexes où se contruit la culture gay, avec ses lieux de rencontre, ses rites festifs, ses sites de communication et sa littérature...L'émergence, chez un éditeur comme Balland, par exemple, d'un «rayon gay» avec ses best-sellers (Nicolas Pagès) traduit ce phénomène de différenciation.

Quant à la revendication lesbienne, après avoir constitué le fer de lance du féminisme militant (Monique Witting: *Les Guérillères*), en postulant une séparation radicale entre la femme, ultra-réceptive au plaisir et l'homme, impuissant à la satisfaire[2], elle se replie aujourd'hui sur un groupisme parallèle à celui des homosexuels masculins, solidaire dans la revendication mais en décalage dans les rituels d'identification. Là aussi, au-delà de la «guerre des sexes», se constitue une nouvelle culture qui tend à sortir de la marge, avec, à titre d'exemple, l'émergence d'un polar lesbien dont la meilleure représentante, en France, à l'instar des Américaines, Sandra Scoppettone et Laurie King, reste à ce jour, Maud Tabachnik (*Le Festin de l'araignée*, 1996)...

Plus significatif encore, de cette déconstruction du sujet hétérosexuel, le phénomène trans-sexuel rend compte du tremblement identitaire contemporain. Qu'il s'agisse de l'exhibitionnisme travesti ou des opérations cliniques de transformisme, la transsexualité détermine une zone hybride du corps postmoderne où l'altérité quitte l'espace pulsionnel du ça pour développer un mal-être somatique qui s'extériorise par une mise en scène de l'ambivalence. Et peut-être, la révolte de Jean Baudrillard contre l'indifférence contemporaine et la superficialité d'une société du spectacle, manque-t-elle un peu d'indulgence pour ce qui concerne la souffrance souvent réelle du travesti:

Les choses ont bien changé depuis que sexe et politique faisaient partie du même projet subversif: si la Cicciolina peut être aujourd'hui député au Parlement italien, c'est justement que le transsexuel et la transpolitique se rejoignent dans la même indifférence ironique. Cette performance, impensable il y a seulement quelques années, témoigne du fait que c'est non seulement la culture sexuelle, mais toute la culture politique qui est passée du côté du travesti.[3]

Le corps postmoderne, après l' «orgie» de la modernité de libération (1968), porte donc la marque d'une série de discontinuités qui traduisent la levée des interdits sociaux et la revendication de nouvelles différences. Si le corps pornographique réalise la séparation radicale du sexe et du sentiment, le corps homosexuel, dans sa demande de reconnaissance, introduit une autre rupture dans la normalité hétérosexuelle en opérant une stricte dissociation des genres dont la transsexualité marque les zones d'incertitude et de transit, reflétées d'une autre manière par le modèle androgyne de la mode.

Le discontinu et l'aléatoire apparaissent donc comme les deux grands principes, producteurs d'altérité, autour desquels se constitue la culture postmoderne. L'imaginaire social, avec la crise comme horizon de turbulence et le développement des sciences du chaos, nous offre ainsi l'image d'une modernité en voie de désintégration, tandis que le sujet, issu des mutations du système-monde moderne, devient lui-même une particule narcissique dans une société atomisée par l'effacement du lien social. Mais la crise du sujet opère à l'intérieur même de l'individu qui prend conscience de l'altérité comme élément irréductible d'une identité vécue de plus en plus sur le mode du composite, de sorte que le corps, à son tour, expérimente la «fractalisation» de la culture jusque dans l'inflation pornographique de l'éros et la *gay pride* qui brouille les figures de l'identité sexuelle. Le sujet absolu que postulait Hegel comme horizon de la modernité révèle son utopie et l' «incrédulité» qui marque l'émergence d'un sujet postmoderne, en fait un «ensemble flou», soumis au principe de discontinuité et à la relation d'incertitude...

II-3 Pratiques postmodernes:

Si l'on accepte l'hypothèse postmoderne comme mode de désignation d'une phase de turbulence consécutive à l'affaissement de l'idéal des lumières dans les perversions du projet moderne, il est clair que les nouveaux modes de configuration du champ social que je viens d'esquisser doivent se retrouver dans les dispositifs à partir desquels s'élabore l'objet esthétique. Car, l'artiste authentique, même sous la contrainte du marché, est celui qui exprime d'une manière sismographique les ébranlements d'une culture dont il constitue, souvent de manière implicite, la chambre d'écho. Avant d'aborder la littérature, il convient donc, rapidement, d'évoquer quelques pratiques contemporaines qui attestent la culture postmoderne. Et le premier constat sur lequel il faudra revenir est le constat inévitable du pluriel de *postmodernismes*.

a-Architecture:

L'architecture a offert au postmodernisme, l'un de ses premiers lieux de contestation de la modernité. En effet, si les principes fondamentaux d'une rationalisation de l'urbanisme s'élaborent à partir de 1928, à l'occasion des CIAM (Congrès International de l'Architecture Moderne), auxquels participent des architectes novateurs comme Le Corbusier, Gropius, Van der Rohe, la Charte d'Athènes, en 1933, constitue une synthèse de leurs échanges en élaborant le concept progressiste de *villemoderne*, fondé sur trois critères: rationalité, fonctionnalisme, dépouillement (Mies Van der Rohe: «La forme c'est la fonction»)... Cette esthétique urbaine qui privilégie les formes géométriques (tours, barres) et la recherche des matières lisses (béton) et réfléchissantes (verre, plastiques), transpose dans une rêverie de la flèche et du cristal la pensée de l'unique jusqu'à l'évidement par la lumière de l'effet matière: Manhattan, Toronto, Shinjuku, Curitiba... Mais en dehors de quelques réalisations célèbres, cette esthétique si contraire à la pensée du rhizome débouche très vite sur un univers déshumanisé où la suppression des rues, comme lieux d'échange, renforce l'incommunicabilité. Le caractère répétitif des grands ensembles, le refus de l'ornement et le découpage fonctionnel du système urbain en zones d'habitation et zones d'activité, aboutissent à la construction de cités dortoirs soumises à la

---

[1]: « Nous vivons l'ère du « groupisme », celle de la constitution de groupes défensifs, dont chacun revendique une identité propre autour de laquelle il tisse u réseau de solidarité, grâce auquel il luttera pour la survie aux côtés –mais aussi en concurrence avec- d'autres groupes semblables. » in *L'Après libéralisme*, op. cit., p. 21.
[2]: Cf. Luce Irigaray: *Ce sexe qui n'en est pas un*, Paris, éd. de Minuit, 1977.
[3]: *La Transparence du mal*, op. cit., p. 30.

tyrannie de l'automobile, tandis que l'uniformisation et la répétition des formes font disparaître toute identification à une histoire locale, un patrimoine culturel. Bref, hormis quelques *downtown* prestigieux dont La Défense n'est qu'un pâle reflet, le fonctionnalisme moderne a rendu la ville inhabitable.

Dès 1966, l'Américain Robert Venturi réagit au modernisme architectural qu'il identifie à la morale et au langage du puritanisme, en revendiquant le droit à la *complexité* et à la *contradiction*, c'est-à-dire à l'hybridité et au désordre des formes[1]. Dans un texte-manifeste de 1972, «Learning from Las Vegas», il fait l'apologie de l'art kitsch utilisé dans un contexte parodique et soutient contre le purisme élitiste de l'architecture moderne, une pratique de l'ambiguïté, intégrant les formes du Pop-Art. D'autres architectes, Paolo Portoghési, Charles Moore, Aldo Rossi, Ricardo Boffil, Hans Hollein, suivront bientôt son exemple, de sorte que Charles Jenks pourra définir en 1977: *The Language of Post-Modern architecture*[2] qui présente un ensemble diversifié de pratiques dont le souci commun est le rejet du dogme universaliste des architectes de la modernité:

L'architecture moderne est morte à Saint-Louis, Missouri, le 15 juillet 1972 à quinze heures trente-deux (ou à peu-près), quand l'ensemble tant décrié de Pruitt-Igoe, ou plus exactement certains de ses blocs reçurent *le coup de grâce final à la dynamite*...Boum, Boum Boum.[3]

L'un des aspects majeurs de l'architecture postmoderne qu'on a trop souvent désigné par la notion généralisante d' «éclectisme» est le goût de l'hétérogène. Le plus souvent, l'effet d'hétérogénéité s'obtient par un contraste entre l'emploi d'un matériau contemporain comme le béton, l'aluminium, le néon, et des formes qui font allusion à l'histoire, d'une manière souvent ironique et distanciée. Ainsi, l'architecture classique, d'inspiration gréco-romaine, apparaît-elle fréquemment sous forme de citation du passé ou de réécriture ludique dans un contexte contemporain. On peut prendre, à titre d'exemple, la «Piazza d'Italie» construite à la Nouvelle Orléans par Charles Moore, de 1977 à 1978. Il s'agit d'une grande place circulaire qui offre, en trompe l'œil, la façade d'un temple avec frontons et arcades, dont les colonnes métalliques, soulignées de néon, réfèrent aux cinq ordres classiques. Une fontaine, des jets d'eaux, avec contrastes de lumières et de couleurs, des lignes courbes, rectangulaires, brisées, complétées au sol par une représentation de l'Italie qui s'allonge jusqu'au centre de la place, contribuent à l'effet d'hybridation parodique entre un référent historique qui fait allusion à l'immigration sicilienne et le contexte technologique de l'Amérique contemporaine. On pourrait évoquer, dans le même esprit, l'architecte catalan Ricardo Boffil qui, après une période ultramoderne à Barcelone, glisse vers un postmodernisme où la pratique de la citation, dans l'ensemble de Marne-la-Vallée, transpose dans du béton armé les colonnes de marbre du Bernin, autour d'un arc de triomphe, tandis que le viaduc d'Alicante, ou le théâtre de Barcelone, s'inspirent des acqueducs ou des temples romains.

Parfois, l'architecture postmoderne choisit de référer à des formes locales, réintégrant, d'une manière toujours allusive, l'habitat dans son environnement identitaire. Ainsi, la marina de Port Grimaud, construite par Spoerry, en 1966, dans l'esprit d'un petit port de pêche traditionnel. Parfois, la fonction symbolique de l'édifice se trouve surcodée, contre l'exclusivité accordée par l'architecture moderne au rôle fonctionnel. Dans cette perspective, la *Sagrada Familia* d'Antonio Gaudi à Barcelone, immense cathédrale dont les formes bio-végétales, souples et irrégulières, se moulent dans du béton, a joué un rôle précurseur, d'autant plus que son achèvement est toujours en cours.

D'une manière plus générale, le design de la monumentalité postmoderne privilégie l'irrégularité des formes, la discontinuité, la fragmentation et la *Cité de la Musique*, à Paris, édifiée par Christian de Portzamparc, selon une esthétique discordante de volumes déboîtés où les effets d'ordre géométrique mis en tension par un jeu perpétuel de ruptures, évoquent une matérialisation du rythme selon Gilles Deleuze – *différence* et *répétition*- ce qui convient particulièrement à un environnement dédié à la musique. Mais l'architecte breton est également l'auteur à Rennes d'une maison de la culture: Les Champs libres, qui relève d'une expérience esthétique du même type.

b-Arts platiques, expression murale:
En peinture, c'est surtout la *transavant-garde* italienne (dont l'appellation même se veut une dérision de l'avant-garde) qui illustre le postmodernisme. Créé en 1979 par le critique d'art Achille Bonito Oliva, ce mouvement qui regroupe des peintres comme Sandro Chia, Enzo Cucchi, Francesco Clemente, Mimmo Palladino ou Nicolas de Maria, émerge à la faveur de la Biennale de Venise en 1980. Dans son souci de réactiver l'histoire de la peinture, les artistes de la transavant-garde reviennent à la figuration en renouant avec l'expressionnisme du début du siècle et avec les techniques traditionnelles (fusain, huile, pastel, pochoir, perspective). Par ailleurs, le rejet du principe d'originalité sur lequel se fonde l'innovation moderniste engendre, comme en architecture, tout un dispositif d'allusions où le passé revit sur le mode de la citation, de la trace, du pastiche. Francesco Clemente réalise des diptyques, peint des fresques, Sandro Chia parodie le mythe de Sisyphe dont Camus fit l'allégorie de l'homme moderne, révolté. En Allemagne, Anselm Kiefer joue avec les références à l'antiquité...En France, Gérard Garouste se situe dans cette perspective. Si l'une de ses toiles s'intitule «Déjà vu», son travail sur *La Divine Comédie*, intègre à la peinture des référents textuels qui renvoient à l'œuvre de Dante et à la culture de l'époque. Comme la plupart des postmodernes, Garouste abandonne le système de l'*installation* qui vise à sortir l'œuvre plastique de la peinture et du tableau, pour revenir à l'huile et à la toile sur chassis et aux techniques de la figuration. Mais ce retour aux formes traditionnelles de la peinture n'exclut pas l'utilisation des nouvelles technologies, pour créer ruptures et tensions entre les matériaux importés dans l'espace plastique et le néo-académisme de la représentation.

Aux USA, la *Bad Painting*, représente une autre forme de postmodernisme, dans son refus de l'avant-garde et de l'innovation. Ce terme générique apparaît pour la première fois en 1978, lors de l'exposition de Neil Jenney, organisée par Marcia Tucker au New Museum de New-York, pour désigner un mouvement de réaction contre l'intellectualisme des années 70 et les règles élististes du bon-goût. Contre les valeurs consensuelles de la modernité la «mauvaise peinture» cherche à réhabiliter aussi bien la peinture des années 50 que les produits de la sous-culture populaire. D'où la citation de genres académiques, comme les paysages de Malcolm Morley, les silhouettes issues de la Bande Dessinée de Borofsky, les personnages au trait de Jean Michel Basquiat, entre dessins d'enfants et expression murale, le graffiti devenant lui-même un genre exploité par Keith Haring qui met en relation le peintre et les arts de la rue. En France, Daniel Baugeste, en détournant les affiches publicitaires, se situe dans cette perspective.

---

[1]: Cf. *De l'ambiguïté en architecture*, Paris, Dunod, 1976.
[2]: Op. cit.
[3]: Charles Jenks, traduction française: *Le Langage de l'architecture postmoderne*, Paris, Denoël, 1979, p. 9.

Plus symptomatique, en effet, de l'individualisme contemporain et des ses configurations groupales, l'expression murale urbaine, sous la forme du *tag* et du *graff'art*, témoigne du désir d'être, d'un sujet en dérive dans l'anonymat du monde moderne. Nées dans les ghettos de New-york et de Philadelphie autour des années 70, ces formes d'intervention sur les murs de la ville se répandent en Europe à partir des années 80, pour atteindre leur plein développement dans les années 90, en relation avec le succès musical des mouvements *rap* et *hip-hop*. Rappelons que le tag est une signature codée sous la forme d'un pseudonyme, tandis que le mot graff désigne une représentation plus élaborée qui associe lettrage et figuration et dont la forme la plus achevée est la fresque.[1]

Ce que recherchent, en effet, taggeurs et graff'artistes en imposant leur marque sur les murs de la ville, c'est une forme de ré-appropriation de l'espace urbain où leur identité se trouve menacée de dissolution dans la modernité technologique. D'où le choix, comme supports privilégiés, des véhicules et des voies de communication, métro, voies ferrées, gares et autres lieux de transit qui leur assure la visibilité mais aussi, murs dégradés des friches industrielles qui révèlent l'après-libéralisme…Ce mode d'expression venu des ghettos et des banlieues, très vite condamné par les autorités municipales, apparaît le plus souvent comme une forme de provocation sociale où s'affirme un héroïsme de l'ombre qui impose à la vue du passant, figures gigantesques, couleurs violentes, lettrage illisible…Mais des styles nettement différenciés affichent une certaine recherche esthétique (lettres «plateau», lettres «bulles» , «Wild Style») et certains graff-artistes choisissent des endroits reculés, parfois même des tunnels désaffectés, preuve que leur performance se situe au-delà du simple geste de détérioration du patrimoine urbain, où on veut les enfermer.

Car il s'agit, avec des moyens élémentaires -la bombe aérosol de peinture et le support mural- d'affirmer leur existence, sous une forme codée que seuls les initiés du groupe ou d'un autre groupe concurrent, sauront reconnaître, même lorsque la récupération médiatique fera émerger certaines signatures, comme, aux USA, *Tracy 168, Lee, Slave, Doc 109, Mike 171*... Or ce mode d'expression turbulente où s'affiche un individualisme de la marge contre le modernisme de la cité, renvoie à l'esthétique postmoderne par son hétérogénéité, tout d'abord. Un graff, le plus souvent taggé en surimpression, comporte toujours un message que le traitement graphique rend illisible (absence de cadre fixe, effet de miroir, déformations, mise en relief de la bordure des lettres). Le seul sens de ce message à information faible semble être: «j'existe!»… De cette calligraphie complexe surgissent des scènes figurées, animaux, visages humains, présence énigmatique qui réfère parfois à l'univers stéréotypé de la bande dessinée. S'ajoute à l'hétérogénéité de la représentation, l'effet de discontinuité qui provient de la vitesse d'éxécution et qui culmine dans la fresque, avec la juxtaposition de graffs, sans souci de continuité, dans une succession aléatoire, non hiérarchique, livrée au hasard de l'espace mural. Plus encore que dans la peinture sur chassis où l'individualisme se paie d'une signature, l'affirmation d'un «je» anonyme, dans le chaos urbain, sous forme de traces discontinues, inachevées, en voie déjà de recouvrement ou de désintégration, semble constituer l'un des modes d'expression authentique de la crise du sujet.

c- Photographie:

Sans doute certains aspects de l'art photographique contemporain mériteraient-il de se voir interroger dans le même sens, d'autant plus que la nature même du médium, par sa capacité à reproduire, à répéter, le place au cœur de la problématique postmoderne. En effet, entre le réalisme documentaire –de moins en moins crédible- et le néo-pictorialisme qui tend vers les arts plastiques, l'art photographique joue aujourd'hui sur l'incertitude même de son statut ce qui le rend particulièrement apte à traduire l'ambiguité de la culture postmoderne et à déconstruire les stéréotypes visuels de la modernité véhiculés par la télévision ou la publicité.

C'est d'abord au dogme de *l'originalité* que s'attaquent des photographes comme les Américaines Sherrie Levin et Cindy Sherman. La première, en faisant figurer sur ses travaux la mention *after (d'après)*, interroge le concept d' originalité de l'œuvre, si déterminant dans l'art moderne. Ses photographies de clichés réalistes d'artistes décédés, comme Walker Evans (*After Walker Evans*, 1981), sont à la photo ce que sont les récits de Borgès à la littérature et comme le *Pierre Ménard, auteur de Don Quichotte*, l'une de ses références, elle fait de l'œuvre d'art le simple lieu d'une *reproduction* infinie qui fait perdre toute pertinence à la question de l'original. Cindy Sherman, avec la série *Untitled film stills* (1978-1986) se prend elle-même pour modèle, dans une mise en scène qui évoque les portraits stéréotypés de la femme dans l'imagerie hollywoodienne. D'où un triple enracinement de son travail dans la culture postmoderne. Ainsi la crise du sujet se traduit-elle par le flou qui disperse les modalités du moi dans les figures confondues de l'auteur-photographe (*je*), de l'auteur-modèle (*moi*) et de l'auteur-femme (*elles/nous*) représentée, de manière parodique, à la manière hollywoodienne. Cet éclatement entraîne une autre ambivalence, celle de l'identité et de ce point de vue, le travail de Cindy Sherman peut apparaître comme une forme photographique de l'*autofiction* où l'auteur fictionnalise sa propre altérité comme dans le roman de Jean-Philippe Toussaint: *Auto-portait (à l'étranger)* (2000). Enfin la prétention à l'originalité se trouve à nouveau interrogée, à travers l' impression de «déjà vu», chacune des poses renvoyant au stéréotype de la femme dans le cinéma américain.

Ce travail sur la «seconde main» se retrouve chez les photographes français Pierre & Gilles, associés depuis 1977 autour de la question de l'implicite dans l'imagerie grand-public (posters, cartes postales, images pieuses, revues X). Le caractère artificiel des poses souligné par l'utilisation d'une technique mixte (photographie, collages, peinture) débouche, là encore sur une déconstruction des stéréotypes de l'idéologie collective, avec effet de citation décalée par le travail de l'ironie. En outre, le travail en double qui se développe de plus en plus dans le domaine de la photographie remet en cause la notion d'auteur unique comme sujet absolu, (théologique), de sorte que, non seulement le medium joue sur l'ambivalence modèle/reproduction, mais aussi sur le principe de l'univocitéde l'œuvre comme expression d'un sujet centré. C'est encore le cas pour les photographes israéliens installés à New-York, Clecc & Guttmann qui, par une technique de collage-montage, déconstruisent les formes collectives du pouvoir dans la société post-industrielle, en théâtralisant dans des photographies de groupe les codes de présentation, saturés d'implicite, des conseils d'administration et autres directoires (*The Assembly of Deans*, 1989).

Enfin les Suisses, Peter Fischli & David Weiss proposent un travail inspiré par la Théorie des Catastrophes de René Thom, en associant sur leurs clichés, des objets hétéroclites (pièces de mobilier, matériel culinaire, accessoires d'automobiles…) dans des systèmes à l'équilibre instable, figés dans l'instantanéité de la prise de vue qui renforce la précarité d'un assemblage aléatoire (*Stiller Nachmittag*: «Un après-midi tranquille», 1980)…

1: Cf. Martine Lani-Bayle: *Du Tag au Graff'art. Les messages de l'expression murale graffitée*, Marseille, Edition Hommes et Perspectives, 1993, coll. Psychologie et société.

La photographie postmoderne, contre l'esthétique réaliste ou pictorialiste s'affirme donc d'abord comme un art du montage, ironique et déconstructif, qui met en crise la notion d'originalité en exhibant, sous les codes saturés du paraître, le vide du sujet dans une société en proie au chaos.

d-Cinéma:

Le cinéma lui-même, qui s'est depuis longtemps substitué au roman comme médium artistique le plus populaire, intègre dans ses marges, malgré la contrainte économique qui pèse sur la production, des pratiques postmodernes. Si Chritian Ruby cite des metteurs en scène comme Jean-Jacques Beineix, Hans Jürgen Syberberg ou Léos Carrax[1], on songe surtout à des œuvres comme *Scream*, la trilogie de Wes Craven, dont l'aspect autoréférentiel institue un dialogue ironique avec les stéréotypes du cinéma d'épouvante. Il en est de même pour *Tueurs nés*, d'Oliver Stone, dont la réception aux Etats-Unis, a suscité davantage de réserves, que les productions précédentes (*Platoon, JFK*)...

Avec ce film de 1994, Oliver Stone s'intéresse au pouvoir de l'image dans une société de surinformation, comme la société américaine où l'imaginaire individuel, saturé par la télévision et ses sous-genres (publicité, clip, reality show, sitcom, love story, thriller...) finit par fonctionner sur le mode du zapping. La pensée elle-même, constituée en flashes visuels a perdu son pouvoir d'abstraction pour devenir un répertoire d'objets préformés, nourri par l'inflation commerciale de l'image. C'est cet empoisonnement de l'imaginaire et de la pensée qu'évoque le film, à travers la cavale meurtrière d'un couple de tueurs en séries, Mickey et Mallaury, dont la conscience se réduit à un chaos d'images. Pour traduire la violence même de ce zapping perpétuel, Oliver Stone utilise un procédé de subjectivation qui projette sur le récit principal les flux d'images hétérogènes issues du courant de conscience des personnages. D'où un montage en cut-up, totalement discontinu, qui mêle aux fantasmes pulsionnels et aux fragments de souvenirs, des images prélevées dans les supports les plus divers. Ainsi dans le patchwork visuel qui vient hybrider le récit principal s'insèrent des séquences-flash alimentées par les images d'archives, films publicitaires, clip-vidéo, dessins animés. On peut y reconnaître des allusions au phénomène de surmédiatisation avec la brève apparition de O J Simpson ou de Tonya Harding ainsi que des citations de films comme *Midnight Express* d'Alan Parker ou *Scarface* de Brian de Palma.

Si l'on peut voir dans ce travail une déconstruction parodique des méta-récits télévisuels, par son traitement sociologique et filmique de l'image, il témoigne des spectaculaires possibilités du cinéma à traduire l'imaginaire postmoderne, c'est-à-dire le chaos individuel, manifesté par l'éclatement de la conscience des personnages sous la pression violente d'une surinformation visuelle, mais aussi le chaos collectif, symbolisé ici par l'éthique malsaine du reality show qui entraîne le présentateur de télévision, Wayne Gale, dans le piège mortel auquel il a lui-même contribué. Enfin, la technique complexe qui fragmente la diégèse et l'image en produisant une œuvre hétérogéne et discontinue, constitue l'un des dispositifs majeurs de l'esthétique postmoderne.

e-Musique:

Le cas de la musique est un peu plus complexe, dans la mesure où la pratique du mélange des genres y est déjà ancienne. Ainsi, dès avant guerre, des compositeurs comme Stravinsky ou Bartok intègrent à la musique savante des éléments du patrimoine populaire, tandis que le jazz, issu du blues est déjà, au plein sens du terme, une musique métisse. Si l'avant-garde musicale se manifeste à travers deux grands courants, le *sérialisme* qui radicalise le dodécaphonisme en reconstruisant sur les ruines du système tonal un nouvel ordre sériel (Schoenberg, Boulez, Stockhausen) et la *musique concrète* qui, dans sa volonté d'explorer les rapports entre la matière et le son, participe de cette modernité technologique des Trente Glorieuses (Pierre Schaeffer: «Etude aux chemins de fer, aux tourniquets, aux casseroles», 1948), avec John Cage, la musique savante arrive à la charnière entre modernité et postmodernité. En effet, si la *musique aléatoire* appartient encore au champ de l'expérimentation moderniste, sa volonté de soumettre la musique au désordre et au hasard des sons fait de ses compositions une exploration du chaos sonore. D'où cette technique du «piano préparé» entre les cordes duquel il introduit des objets de bois ou de métal pour produire, au sein même de l'ordre musical, de l'aléatoire...

La musique populaire qui connaît un développement sans précédent dans les années 60, autour de la promotion commerciale du Rock'n roll, ne touche guère aux catégories musicales traditionnelles, même si dans la mouvance hippie certains groupes pratiquent un métissage musical et instrumental ou intègrent des phénomènes de bruitage. C'est à partir de 1970 que le *rock progressif* commence à subvertir les lois du genre dans une perspective d'innovation, tandis que dans les années 80-90, avec l'accentuation de la crise, le chaos s'impose dans certaines variétés de *hard rock* (le *noisy*, le *trash*, le *heavy metal*) avec la technique de saturation du son et des voix. Mais le phénomène musical le plus proche, aujourd'hui, de la culture postmoderne, reste le *rap* qui pratique fragmentation, collage, montages discontinus et la musique *techno*, par l'intervention du D.J. sur les supports sonores (disque ou bande magnétique) qui soumet l'exécution musicale aux phénomènes aléatoires d'interférences, de mixage, de brouillage, d'écrasement du son...

Ces quelques exemples de pratiques artistiques contemporaines nous montrent que non seulement, il existe un imaginaire social postmoderne d'où procède l'émergence d'un sujet flou, narcissique, atomisé, mais que le postmodernisme comme esthétique se manifeste dans les domaines les plus divers de la représentation, ce qui confirme pleinement l'hypothèse posée au début de ce travail.

Certes, de l'architecture à la musique, et à l'intérieur même de chaque domaine, les expressions diffèrent. Le postmodernisme n'est ni un genre, ni une école. Toutefois, des constantes apparaissent dans les modes de représentation, autour du principe général d'altérité qui engendre des dispositifs d'hétérogénéité et de chaotisation (fragmentation, métissage) dont l'effet de complexification contredit la «pureté» de l'esthétique moderniste. Un autre principe récurrent d'un art à l'autre est la mise en doute de la notion d'originalité. Tout travail artistique est un travail de «seconde main» (Compagnon) où l'autre, à travers le «palimpseste» de la culture (Genette), affirme sa présence dans le moi créateur. D'où la mise en évidence de ce perpétuel recyclage à travers des pratiques variées comme celle de la citation, de la parodie, du simulacre, avec cette distance ironique où s'inscrit la réflexion critique sur l'idée de progrès. La littérature, bien entendu, participe de cette esthétique et constitue l'un des fondements essentiels de la culture postmoderne que l'on peut rejeter mais certainement plus nier.

---

[1]: *Le Champ de bataille post-moderne/néo-moderne*, op. cit., p. 102.

Chapitre 3: RÉCIT ET POSTMODERNITÉ

3-1 En quête d'une poétique

La culture postmoderne qui se constitue sous l'horizon de la crise peut donc se définir comme un retour critique sur la modernité dont les dévoiements, précoces (dès 1789) et cumulés, ont fait de l'idéal philosophique des Lumières un rêve utopique. Les contradictions entre le procès d'émancipation de l'homme par la raison, et la modernisation avec son impératif technico-économique de rationalisation, ont fait éclater le sujet collectif des Lumières en particules individuelles dont le comportement, régi par les lois d'attraction du désir et de la consommation, s'apparente aux configurations fractales ou au mouvement brownien des trajectoires, dans la physique de l'élémentaire...Dès lors, l'idée même de Progrès devient suspecte et fait place à l'incrédulité et au principe d'incertitude dont les effets de turbulence mettent en cause les notions de centre et de totalité pour leur substituer celles de discontinuité et d'hétérogénéité.

Dans le champ esthétique, cette mise en question affecte notamment le phénomène de l'avant-garde et son impératif d'innovation ainsi que les notions de pureté des arts, d'unité et d'originalité de l'œuvre, ce qui détermine un ensemble de pratiques dont j'ai montré les points de convergences. La même analyse peut se transposer dans le domaine littéraire, ce qui devrait permettre de mieux caractériser l'après Nouveau Roman, ultime avant-garde dont la contestation marque à la fois l'apogée et la fin de la modernité liée au système libéral.

Le problème à résoudre reste, bien entendu, celui de la mise en relation de la culture et de la littérature postmodernes. Pour éviter les pièges d'un sociologisme obsolète qui cherche dans le contenu imaginaire de l'œuvre, une image de la réalité sociale, je poserai comme principe ce postulat, sur lequel je me suis appuyé pour analyser la crise du sujet: il existe une relation de détermination entre les configurations sociales et individuelles, l'individu étant pour une large part le produit d'une culture. Lorsque le Robinson de Daniel Defoë échoue sur une île déserte, ce qu'il cherche à reproduire, c'est le fonctionnement même de la société capitaliste dans ses modes de production et d'accumulation, tandis qu'avec la réécriture de Michel Tournier, c'est le modèle culturel indigène, celui de Vendredi, qui s'impose et subvertit la relation maître-esclave. Mais ce retournement du point de vue ne change en rien la sujetion du personnage à sa culture d'origine. Ce que nous apprennent tous les sociologues, c'est que dans l'inter-relation avec la société à laquelle il appartient, l'individu est certes producteur de culture (surtout quand il est sujet) mais les effets de codification au sein du groupe rétroagissent à leur tour sur la configuration de l'égo qui intériorise les modalités du lien social dans cet «emboîtement de représentations» qui, selon Edmond Cros, aboutit au texte. Partant de ce principe, on peut avancer que dans les productions culturelles individuelles, les codes sociaux rétroagissent sur les modélisations de l'imaginaire (et Lévy-Strauss, notamment, parle de l'œuvre d'art comme d'un «modèle réduit»), de sorte qui si le texte narratif rend compte des fonctionnements sociaux, ce n'est pas d'une manière *thématique* mais *rhématique*[1]. Or les codes rigides des sociétés holistes (que l'on retrouve par exemple dans les «genres» littéraires) ont été remplacés dans la culture postmoderne par des dispositifs qui se modèlent sur la réalité changeante d'une société en crise, comme autant de configurations souples et mouvantes. Ce sont ces dispositifs configurants à l'œuvre dans l'interface romanesque entre l'individu et la société que je vais tenter de mettre en évidence dans le roman contemporain, afin de dégager, si possible, une poétique du postmodernisme littéraire.

a- Quels critères?

Les théoriciens qui se sont penchés sur cette question sont d'abord restés très prudents. Harry Blake, le premier, qui présente ainsi, en 1977, le postmodernisme américain dans les colonnes de *Tel Quel*:

Il ne s'agit pas d'un mouvement littéraire cohérent, basé sur une école ou sur une théorie précises. Tel phénomène est impossible dans le contexte américain. Il serait osé en même temps de proposer une description de l'énoncé typique de cette écriture contemporaine, car il n'y en a pas. [2]

De son côté, Sophie Bertho se montre tout aussi circonspecte:

Existe-t-il, après tant d'autres, une poétique de la postmodernité? Le postmoderne est-il susceptible d'une poétique, la supporte-t-il? Et l'interprète saurait-il en construire une, lui qui vit dans le postmoderne, dans ce qu'il considère comme rigoureusement contemporain?[3]

Bien entendu, il ne s'agit pas ici de produire une théorie «forte» sur un mouvement qui n'en est pas un et qui, par principe, se dérobe à toute théorisation, c'est-à-dire à toute volonté de systématisation. Ma démarche sera donc plutôt d'ordre inductif et cherchera à identifier un ensemble de dispositifs textuels qui s'articulent aux grands principes configurants de la culture postmoderne. Mais penchons nous d'abord sur les approches qui ont été tentées en ce sens, afin de mettre en place une première série de critères.

Dans son article de 1990[4], Aaron Kibédi Varga établit en mai 1968, la «ligne de partage» entre modernité et postmodernité, sous l'influence de la pensée déconstructiviste qui ruine le structuralisme et son système binaire de théorisation. Car, pour lui, «Déconstruire, c'est détruire en trichant» et 68 lui apparaît comme une révolution *impertinente* qui triche avec le pouvoir. Dès lors, la contestation de l'Unique dans son procès d'historicisation ne peut qu'amener le règne du *polemos*. Si le Nouveau Roman disparaît avec le structuralisme, après avoir lui-même succédé à l'humanisme engagé du roman existentialiste, le récit postmoderne se caractérise d'abord par la *renarrativisation* du texte, mais sous une forme qui exclut tout retour naïf au point de vue réaliste. D'où la modalisation ironique qui aboutit à deux formes spécifiquement postmodernes: la «réécriture» et le «déguisement».

---

[1]: Car le rhème, où s'articulent représentations sociales et figures textuelles (l' « idéosème » d'Edmond Cros), peut très bien contredire le thème et les exemples ne manquent pas dans la littérature de type jdanoviste où l'engagement social explicite se paie d'un conservatisme formel implicitement réactionnaire.

[2]: « Le Post-modernisme américain », op. cit., p. 171.

[3]: « Temps, récit et postmodernité », op. cit., p. 90.

[4]: « Le Récit postmoderne », op. cit.

La réécriture affecte d'une manière parodique les genres fortement codifiés comme le roman policier, chez Toussaint et Echenoz. Mais elle s'attaque aussi au roman historique et Michel Tournier, avec *Le Roi des aulnes*, par exemple, devient une sorte d'initiateur en ce domaine dont la logique sera poussée jusqu'au bout par Renaud Camus dans son entreprise de fictionnalisation de l'Histoire (on pense à *Roman Roi*)...Quant au roman déguisé, moins narrativisé, il aboutit aux formes déroutantes du récit selon Perec ou Nabokov.

Si ce regard sur le récit postmoderne a le mérite de proposer certains critères, on peut lui opposer deux objections. Mai 68, comme le montre aussi Wallerstein marque à la fois l'apogée et le déclin du libéralisme, de sorte qu'on peut y voir un ultime sursaut de la modernité de libération contre la rationalité technologique. C'est pourquoi, dans la décennie suivante, le Nouveau Roman continue à s'affirmer au plan théorique (Jean Ricardou) tandis que le structuralisme domine les études littéraires (Genette, Hamon, Todorov, Greimas). La ligne de partage n'est donc pas aussi nette et si un certain «tuilage» peut déjà apparaître, 1980 correspond davantage à l'émergence du roman postmoderne. Par ailleurs, ni Tournier, ni Perec, ne me semblent postmodernes dans l'écriture, le premier parce qu'il reste trop attaché à une certaine rhétorique narrative, le second, à cause de la systémique oulipienne d'un roman comme *La Vie mode d'emploi* qui le renvoie au champ de l'expérimentation.

Sophie Bertho[1] reprend une partie des thèses de Kibédi Varga mais elle y ajoute une réflexion intéressante sur le chaos d'où elle déduit que, dans son refus de l'Histoire comme téléologie et face à l'angoisse du discontinu, le sujet postmoderne éprouve le besoin de renarrativiser son existence. Au plan romanesque, cette renarrativisation se traduit par un procès de réécriture qui prend ici encore appui sur Michel Tournier (*Le Medianoche amoureux*) mais aussi sur le roman parodique (Echenoz, Deville). Elle y ajoute une autre voie, celle du roman «minimaliste» (J.-P. Toussaint) qui met en œuvre une «forme réduite de narration». Là où l'analyse achoppe c'est lorsque Sophie Bertho essaie d'imaginer «le roman, réaliste, du discontinu» avec l'exemple de Perec (*La Vie mode d'emploi*) et de Sollers (*Le Secret*). Non seulement, on ne peut accepter le terme de «minimalisme» qui désigne, dans les arts plastiques, un mouvement d'avant-garde lié à la modernité, mais une poétique du discontinu, comme critère de l'écriture postmoderne, ne peut se ramener à une esthétique du simultané.

Au Canada, c'est Janet M. Paterson[2] qui tente une description du roman postmoderne, à partir d'un corpus québécois et sa position d'autant plus intéressante qu'elle se situe entre l'analyse lyotardienne et le discours américain sur le postmodernisme. L'idée fondamentale sur laquelle se fonde sa caractérisation est celle de l'*hétérogénéité* du savoir postmoderne qui travaille les instances narratives avec la diversification du point de vue, la réflexivité de la fonction narrative déléguée le plus souvent à un narrateur-écrivain et le surcodage de la relation narrateur/narrataire. Au plan de l'énoncé narratif, l'hétérogène se manifeste d'abord par le principe de *rupture* qui instaure «l'ordre de la pluralité, de la fragmentation, de l'ouverture»[3], par l'autoreprésentation et l'hypertextualité et enfin par le mélange des genres, avec une tonalité souvent parodique ou auto-parodique. Enfin, le roman féministe ou lesbien (Marie-Claire Blais, Nicole Brossard), par sa vision deconstructiviste de l'Histoire patriarcale participe du postmodernisme québécois.

Pour la première fois, dans un essai consacré au roman de langue française, on voit apparaître un ensemble de traits pertinents qui peuvent se constituer en poétique, à ceci près que Janet M. Paterson a trop souvent tendance à tirer le Nouveau Roman vers le postmodernisme. Certains procédés qu'elle impute à l'écriture postmoderne font déjà partie de l'expérimentation néo-romanesque: l'éclatement du point de vue narratif, l'exhibition de la dimension littérale du texte et la mise en abyme, qu'elle confond, sous l'appellation générique de réflexivité, avec la métatextualité. Il me semble, dès lors, nécessaire, de revenir brièvement sur la question du Nouveau Roman.

b- L'Après Nouveau Roman:

Contrairement à l'idée parfois répandue outre-Atlantique, le Nouveau Roman français n'est pas postmoderne, il marque au contraire, surtout dans sa seconde phase, le *Nouveau Nouveau Roman*, le point de basculement de l'expérimentation romanesque dans l'aporie de l'avant-garde. En voulant, à juste titre, combattre l'illusion référentielle par des procédés de rupture et d'inconfort de lecture, qui font apparaître la dimension littérale et fictive du récit, il s'est condamné à l'illisibilité et à l'abstraction textuelle, se coupant ainsi de tout lectorat.

En effet, même si le Nouveau Roman n'est pas une école, comme on l'a souvent répété[4], il possède toutes les caractéristiques des avant-gardes de la modernité. Il croit en la perfectibilité des formes narratives et s'il refuse l'engagement par réaction au roman existentialiste, il est implicitement politique et ouvertement progressiste. Il instaure un débat polémique avec le roman réaliste, «cartésien» ou «balzacien», désignations qui construisent un anti-modèle auquel il peut s'opposer de manière radicale. Enfin, il s'accompagne d'un effort de théorisation, dans la ligne avant-gardiste du manifeste, qui le distingue de l'allergie postmoderne à toute théorie. Citons pêle-mêle: Nathalie Sarraute, *L'Ere du soupçon* (1956), Alain Robbe-Grillet, *Pour un Nouveau Roman* (1963), Michel Butor, *Répertoires I,II* (1960, 1964), Jean Ricardou, *Le Nouveau Roman* (1973), ainsi que le colloque de Cerisy-la-Salle: *Nouveau Roman hier et aujourd'hui*, publié en 1972.

Pour Alain Robbe-Grillet, le Nouveau Roman s'affirme d'abord comme rupture avec les générations précédentes («Sur quelques notions périmées») même s'il se reconnaît des précurseurs: Kafka, Joyce, Faulkner, Woolf... Sa conception de l'histoire littéraire est nettement téléologique: «Le Nouveau Roman ne fait que poursuivre une évolution constante du genre romanesque»[5] et la revendication appuyée du caractère novateur de son travail se fonde sur l'idée de progrès.

Chez Nathalie Sarraute, le concept de *tropisme* sur lequel s'appuie sa représentation narrative des rapports inter-personnels dans la conversation et le monologue intérieur, obéit à la même exigence de recherche, dont le cadre évolutionniste définit pour elle l'idée même de modernité:

Il ne faut pas confondre sous la même étiquette la vieille analyse des sentiments, cette étape nécessaire mais dépassée, avec la mise en mouvement des forces psychiques inconnues et toujours à découvrir dont aucun roman moderne ne peut se passer. [6]

---

[1]: « Temps, récit et postmodernité », op. cit.
[2]: *Moments postmodernes dans le roman québécois*, Presses de l'université d'Ottawa, 1993, éd. augmentée.
[3]: Ibid., p. 20.
[4]: Cf. Michel Allemand: *Le Nouveau Roman*, Paris, Ellipses, 1996.
[5]: *Pour un Nouveau Roman*, Paris, Gallimard, 1963, coll. Idées, p. 146.
[6]: *L'Ere du soupçon*, Paris, Gallimard, 1956, coll. Idées, p. 182.

Comme Robbe-Grillet, elle considère que son effort d'innovation marque un progrès, non seulement à l'intérieur du genre auquel elle apporte une nouvelle conception du réalisme psychologique, mais d'une manière plus générale, dans la perspective universaliste de l'émancipation de l'homme, ce qui en fait une héritière du discours des Lumières. La subversion des formes narratives sclérosées devient ainsi un acte révolutionnaire, le seul que
s'autorisent les né-romanciers dans les limites étroites de leur art, mais ce geste entre en résonance avec les luttes d'émancipation qui se mènent dans la réalité sociale:

(...) leurs œuvres, qui cherchent à se dégager de tout ce qui est imposé, conventionnel et mort, pour se tourner vers ce qui est libre, sincère et vivant, seront forcément tôt ou tard des levains d'émancipation et de progrès.[1]

On retrouve les mêmes principes chez Michel Butor qui, dans *Répertoire I*, pose «Le roman comme recherche», c'est-à-dire comme champ d'expérimentation orienté par l'idée d' «invention formelle» à l'intérieur du «fonctionnement social»[2]. Le Nouveau Roman, apparaît donc d'une manière indéniable comme un mouvement d'avant-garde, particulièrement actif entre 1950 et 1970, c'est-à-dire dans la phase d'expansion des Trente Glorieuses dont il partage l'illusion d'un progrès continu lié au principe d'innovation...Si le mouvement s'épuise rapidement après 1973 (premier choc pétrolier) l'évolution ultérieure des Nouveaux Romanciers se caractérise par un glissement vers d'autres pratiques comme le collage (Butor) et la méta-textualité (Robert Pinget: *Charrue*) ou vers une forme de subjectivité qui, dans une tension entre l'autobiographie et l'autofiction, les rabat vers la culture postmoderne. Ainsi, Nathalie Sarraute: *Enfance*, *Tu ne t'aimes pas*, Claude Ollier: *Une histoire illisible*, Alain Robbe-Grillet: *Le Miroir qui revient*, Marguerite Duras: *L'Amant*...
Nul ne peut nier l'apport incontestable du Nouveau Roman à l'esthétique romanesque et l'impression forte d'avancée qu'il donne à son époque contre l'indigence intellectuelle du roman commercial ou les scléroses du réalisme. Mouvement véritablement moderne, dans ses refus polémiques, son désir d'expérimentation, comme dans ses ambitions théoriques, il s'impose à l'écriture contemporaine avec une telle évidence que le roman postmoderne ne peut se concevoir sans une traversée de la contestation néo-romanesque. En effet, qu'on le rejette pour ses excès modernistes, afin de revenir à une situation antérieure ou qu'on le pose comme paragon d'une pratique indépassable avec cette question: comment écrire après le Nouveau Roman? l'esthétique postmoderne exclut toute naïveté de l'écriture qui conduirait à intégrer comme telles les productions les plus mercantiles. Ainsi, sans minimiser l'apport d'autres avant-gardes comme *Tel Quel* ou l'*Oulipo*, le postmodernisme me semble l'une des manières de désigner l'*après* Nouveau Roman, ce que confirme le «bilan critique» dressé, en 1999, par Franck Wagner:

Le «Nouveau Roman» apparaît donc rétrospectivement comme une *étape* capitale de l'évolution romanesque, où se donne déjà à lire une graduelle prise de distance, très progressivement affinée au cours des années, à l'égard des présupposés modernistes – tendance largement confirmée et amplifiée dans la pratique narrative d'auteurs postérieurs tels que Le Clézio, Modiano, Toussaint, Echenoz ou encore Volodine.[3]

c- Dispositifs:

Si l'on accepte de considérer le roman postmoderne comme un après Nouveau Roman, les analyses croisées de Kibédi Varga, Sophie Bertho ou Janet Paterson, mettent en évidence un certains nombre de critères dont la récurrence atteste la fonction configurante: discontinuité, hétérogénéité, renarrativisation, parodie, retour du sujet, auto-représentation...Même si ces traits peuvent, dans un premier temps, paraître contradictoires, ils n'en renvoient pas moins aux critères généraux dégagés de l'observation du champ esthétique contemporain. Dans la revue québécoise, *Etudes littéraires*, qui s'intéresse de près à la question du postmodernisme, André Lamontagne énumère, de son point de vue, les tendances formelles de l'écriture postmoderne et cette fois c'est la diversité et le foisonnement qui frappent:

Malgré les divergences évoquées, il existe une relative unanimité autour d'une poétique postmoderne, qui s'articulerait autour des éléments suivants: autoréflexivité, intertextualité, mélange des genres, carnavalisation, polyphonie, présence de l'hétérogène, impureté des codes, ironie métaphysique, déréalisation, destruction de l'illusion mimétique, indétermination, déconstruction, remise en question de l'Histoire et des grandes utopies émancipatrices, retour de la référentialité et du sujet de l'énonciation (sous une forme fragmentée et avec une subjectivité exacerbée), refus de la scission entre le sujet et l'objet, participation du lecteur au sens de l'œuvre, retour de l'éthique, discours narratif plus «lisible», réactualisation des genres anciens et des contenus du passé, hybridation de la culture savante et de la culture de masse.[4]

Mais l'on retrouve cette multiplication des figures textuelles dans la présentation, en Page 4 de couverture, du roman espagnol postmoderne:

Et il apparaît que l'œuvre des créateurs offre avec régularité ce que l'on pourrait appeler les traits pertinents d'une écriture postmoderne, à savoir pêle-mêle et sans prétention à l'exhaustivité: le retour du sujet et du récit, la dissolution des frontières institutionnelles entre culture élitaire et culture de masse, l'effritement des cloisons génériques, la diction spatiale d'un temps in-signifiant et discontinu, l'expression du décentrement et de la fragmentation qui caractérisent notre époque, l'esthétique du reflet, l'éclectisme, la préoccupation autoréférentielle, l'affirmation par l'ironie, l'humour distancié, voire la parodie ou le pastiche, de la perte de toute innocence. Un trop-plein qui atteste, en quelque sorte, l'existence de l'ère du vide![5]

Si cette caractérisation, en forme d'énumération, n'est guère opératoire pour une analyse rigoureuse du champ romanesque, elle permet néanmoins de mettre en place des réseaux de critères qui font apparaître un certain nombre de dispositifs configurants dont l'articulation avec

---

[1]: Ibid.
[2]: *Repertoire I*, Paris, éd. de Minuit, 1960, p. 9, 11.
[3]: « Nouveau Roman/Anciennes théories », *L'Icosathèque*, N° 16, 1999, p. 169.
[4]: « Métatextualité postmoderne: de la fiction à la critique », *Etudes littéraires*, vol. 30, N°3, été 1998, p. 63.
[5]: *Postmodernité et écriture narrative dans l'Espagne contemporaine*, textes réunis par Georges Tyras, op. cit., p. 1996.

les pratiques sociales est particulièrement évidente. Ainsi, en refusant la perspective d'une modélisation unique qui serait contraire à l'objectif de cette étude, il est possible de distinguer, dans le roman postmoderne, trois grandes familles de tendances formelles.

La première s'organise autour du principe de *discontinuité*. Contre la pensée unitaire et totalisante de la modernité, elle met au premier plan l'expérience de l'hétérogène, de l'altérité, du chaos, selon l'ontologie lyotardienne du Différend. D'où l'utilisation de procédés qui relèvent du collage, de la fragmentation et de l'hybridation. C'est ce mode d'écriture que nous analyserons plus loin à titre d'exemple.

Une autre tendance forte apparaît dans la mise en cause de la notion d'originalité qui relativise le pouvoir d'innovation. Volontiers hypertextuel, le roman postmoderne pratique citation, réécriture, pastiche, métatextualité, dans une mise à distance ironique de l'avant-garde où s'effondre l'autorité des savoirs de la modernité.

En effet dans une perspective postmoderne le dispositif métatextuel révèle un mode de réflexivité, distinct de la mise en abyme instrumentalisée par le Nouveau Roman, où le texte tout en s'écrivant se commente dans le métatexte. Procédé ancien, là encore, qui renvoie à Sterne ou à Diderot mais dont la massification aujourd'hui fait question, au point que la Québécoise, Janet M. Paterson, en fait l'un des critères majeurs du récit postmoderne, dans lequel le narrateur prend souvent la figure de l'écrivain engagé dans les problèmes de l'écriture.

En fait la mise en reflet du travail narratif qui caractérise aussi des écrivains comme Milan Kundera ou Bernard Noël ne devient postmoderne que lorsqu'il s'écarte de toute intention ontologique ou existentielle (le «sens» de l'écriture!) pour travailler dans une dimension ludique ou ironique. Un «monstre» métatextuel comme *La Belle Hortense* (1987) de Jacques Roubaud où le récit devient mineur par rapport à son commentaire, traduit l'hyperfictivité de l'écriture en dévoilant sur le mode humoristique, les règles secrètes et codées d'un discours, sans prise sur le réel. Plus ironique un roman comme *Notices, manuels techniques et modes d'emploi*, de Laurent Gautier (1998) opère dans le métatexte narratorial une mise à distance parodique de l'idéologie de la technique et du progrès qui fonde la modernité.

D'une manière générale, lorsque le métatextuel est en excès dans le récit postmoderne, c'est pour traduire, par l'aporie d'un récit qui se prend lui-même pour objet, le refus de penser dans une situation de *Défaite de la pensée* (A. Finkielkrault) sur fond de surinformation et d'hypermédiatisation. Dès lors le récit métatextuel témoigne d'une perte de confiance dans le réel qui demande à être redéfini et témoigne de son désengagement par une sorte de retrait ludique et narcissique…

Enfin, un autre développement du postmodernisme, souligné par A. Kibedi Varga et Sophie Bertho, dans les années 90, se caractérise par une renarrativisation du récit qui correspond en littérature à cette revisitation des formes du passé postulée par l'architecture postmoderne (Ricardo Boffil) comme par la transavangarde italienne (Chia, Clemente). Cette renarrativisation qui, selon Umberto Eco ne peut être qu'ironique, prend la forme, en littérature, d'un retour à la linéarité, c'est-à-dire à une sorte de confort de lecture après l' «effet dévastateur» du Nouveau Roman, pour reprendre l'expression d' Alain Nadaud[1].

Cette linéarité toutefois, n'implique pas nécessairement un retour à la fonctionnalité de l'intrigue, ni à une chronologie de type réaliste, les romans de Jean-Philippe Toussaint privilégient la successivité à la causalité jusque dans la syntaxe de la phrase où la juxtaposition, contre la subordination, crée un effet d'a-causalité généralisé. Chez Marie Redonnet, la linéarité renvoie à la causalité stéréotypée du conte dont les fonctions sont balisées dans un roman comme *Rose, Mélie, Rose* (1987) par 12 photo-polaroïd que Mélie, la narratrice, glisse dans son cahier, métaphore du récit…

On a souvent appliqué à ces romans l'étiquette de «minimaliste» pour désigner l'insignifiance des événements qui les caractérisent. Dans la perspective postmoderne, ce terme me semble mal choisi parce qu'il renvoie à l'une des avant-gardes célèbres de la modernité en art plastique. Il s'agit plutôt d'un gommage du champ axiomatique qui fait que les personnages donnent l'impression d'émerger d'une fin du monde dans une conscience somnambulique du réel. Cette «fin de l'histoire» qui coïncide avec ce que Gilles Lipovestsky appelle *Le Crépuscule des devoirs*[2], se traduit par une modalisation narrative dominée par le principe d'incertitude, comme si la réalité était de l'ordre du virtuel (entre le probable et l'aléatoire). D'où certaines références à la mécanique quantique et à ses paradoxes dans *Monsieur* de Jean-Philippe Toussaint et ce principe du «tout était selon»… qui aboutit chez Michel Houellebecq, après le constat critique du dévoiement libéral de la société moderne dans *Extension du domaine de la lutte* (1994), à la mise en allégorie de la physique des particules pour traduire le comportement aléatoire de ses deux personnages, Michel et Bruno dans le chaos sexuel et consumériste de la société postmoderne (*Les Particules élémentaires*). Marie Darrieussecq choisit, quant à elle, dans *Truismes* (1998), un autre type d'allégorie pour évoquer la perte de la référence éthique et ce rapport de flottement face aux turbulences d'une réalité de plus en plus opaque. Le dispositif inverse de cette linéarité a-causale qui renvoie à un événementiel «minimal» serait le roman «trash» (Virginie Despentes: *Baise-moi*, 1994; Claire Legendre: *Viande*, 1999) dont l'événementiel en excès, lui-même parodique, renvoie à la même a-signifiance de l'être.

Cette renarrativisation ironique du récit peut aussi prendre la forme du pastiche de genres fortement codifiés. Ainsi *Cherokee* (1983) de Jean Echenoz qui joue avec les règles du roman policier, *Lac* (1989), réécriture ludique du roman d'espionnage ou encore *Les Grandes blondes* (1995) qui intègre, sur le mode parodique, les stéréotypes du roman noir…

Enfin, l'une des voies actuelles de cette renarrativisation, pourrait être l'autofiction qui installe le principe d'incertitude et la loi d'altérité au cœur de la question du sujet, dans le contexte fortement codé de l'autobiographie. On peut citer *Fils* de Serge Doubrovsky, initiateur du genre, mais aussi les variations multiples de Modiano sur la figure autobiographique du père, *L'Amant* de Marguerite Duras (1984) et la trilogie d'Alain Robbe-Grillet qui met un terme à l'expérimentation néo-romanesque: *Le Miroir qui revient* (1984), *Angélique ou l'enchantement* (1987) et *Les Derniers jours de Corinthe* (1994). Une variante inversée de l'autofiction serait ce que Dominique Viart appelle les «biographies fictives» avec Pierre Michon et Gérard Macé[3]. N'oublions pas Daniel Oster qui se fait le biographe du personnage de Valéry, Monsieur Teste, dans un roman intitulé *L'Intervalle* (1987) où l'on croise aussi Rimbaud, Mallarmé, Gide, en compagnie de Bergotte ou de Charles Swann. On reconnaît, dans ces biographies fictives une variante du *Pierre Ménard, auteur de Quichotte*, de Borgès, l'un des pères du postmodernisme d'outre-atlantique.

Bien entendu, ces tendances peuvent se croiser, jusqu'à saturation, dans le même texte: l'écriture en fragments se révèle souvent métanarrative et le discontinu peut travailler certains effets de renarrativisation, tandis que l'ironie affecte la plupart des dispositifs et pas seulement la réécriture. Redisons-le, il n'y a pas un modèle type de roman postmoderne, mais un ensemble d'opérateurs textuels qui mettent le récit en résonance avec les configurations d'une société traversée par le doute et par l'aléatoire.

---

[1]: *L'Infini*, N° 19, « Où en est la littérature? », op. cit., p. 8.
[2]: Paris, Gallimard, 1992.
[3]: in*Le Roman français au XXème siècle*, Paris, Hachette, 1999.

POÉTIQUES DU DISCONTINU: un exemple d'écriture
postmoderne

a-COLLAGES

L'un des dispositifs qui, dans le champ romanesque produit un effet massif de discontinuité est le collage. D'abord utilisé dans les Arts Plastiques au début du siècle, le collage provoque des rapprochements inattendus en juxtaposant sur une même surface des éléments hétérogènes. Braque utilise cette technique dès 1912 en incorporant à sa toile des fragments de papiers collés, de carton, des imitations de bois, de marbre, des lettres...Il sera suivi par Picasso et la technique, qui se généralise dans la phase du Cubisme dit «synthétique», va devenir l'une des caractéristiques de l'avant-garde internationale. Toute l'œuvre de Kurt Schwitters procède du recyclage et du collage de matériaux usés et abandonnés: chiffons, tickets de transport, fragments de bois, de métal...Les Dadaïstes, Max Ernst, Juan Miró, utilisent abondamment cette technique ainsi que les artistes du Pop'Art américain, Jasper Johns ou Robert Rauschenberg qui, dans ses «Combine-Paintings» propose des tableaux-objets-agglomérats, témoins d'une surconsommation industrielle permise par le développement sans entrave de la modernité technologique à l'ère de l'épandage et du déchet .

Dans un premier temps, le collage appartient donc à l'expérimentation et aux avant-gardes issues du Simultanéisme dont le but était de représenter la simultanéité temporelle par un effet spatial de contiguïté. C'est dans cette perspective qu'il passe en littérature: en poésie, avec Cendrars, par exemple pour exprimer une dynamique où l'espace-temps subit les distorsions de la vitesse (*La Prose du Transsibérien*, 1913); dans le roman avec la tentative de Jules Romain pour rendre compte de la «vie unanime» (*Les Hommes de bonne volonté*, 27 tomes, 1932-1946). On retrouve des montages simultanéistes qui s'apparentent au collage chez Musil ou Döblin, en Allemagne, Galsworthy ou Dos Passos dans le domaine anglo-saxon. Chez ce dernier, on songe à un roman comme *La Grosse Galette* qui superpose à la trame narrative pluridimensionnelle des coupures de presse, textes de chansons, fragments de biographies historiques, pour rendre compte de la diversité complexe de la société américaine. Toutefois, l'expérience se limite le plus souvent à la juxtaposition de plusieurs récits simultanés, non reliés par des liens de causalité, mais unifiés par la présence de personnages communs. Aragon, dans son projet romanesque de Réalisme Socialiste utilise lui aussi des collages qui intègrent à la fiction des faits d'actualités et des événements historiques.

Si le collage apparaît donc comme une invention de la modernité, son utilisation dans un contexte postmoderne en modifie le sens et les techniques. En effet, le collage moderne ne contrevient pas à l'unité de l'œuvre. Bien qu'il désigne une certaine hétérogénéité de l'expérience liée à l'essor de la technologie, l'œuvre, plastique ou romanesque, reste le lieu où s'harmonisent et se résorbent les tensions. Ce que confirme par ailleurs la nature même du projet de Jules Romain qui s'inscrit explicitement dans une perspective «unanimiste» de l'être, de même que le «Monde réel» d'Aragon trouve sa cohérence dans la vision «communiste» d'une société en devenir. La définition du collage par le Groupe μ, poéticiens structuralistes, insiste sur cette volonté d'homogénéiser, dans l'œuvre, le différent:

La technique du collage consiste à prélever un certain nombre d'éléments dans des œuvres, des objets, des messages déjà existants, et à les intégrer dans une création nouvelle pour produire une totalité originale où se manifestent des ruptures de types divers.[1]

Le collage postmoderne implique au contraire l'hétérogénéité radicale d'un monde rebelle à l'intention globalisante qui est la marque de tout système. Williams Burroughs dans *Le Festin nu* comme dans la trilogie *Nova* utilise ce type de procédé en prélevant des fragments hétéroclites (paroles de chanson, articles de magazine, extraits de récits de voyage ou de romans de science-fiction) détournés de leur contexte d'origine et assemblés de manière aléatoire par la technique du *fold-in*, qui consiste à plier et à relier des pages, ou par celle du *cut-up* dont il donne la définition suivante:

Prenez une page (...) découpez la dans le sens de la longueur et de la largeur. Vous obtenez quatre fragments 1234...Maintenant réorganisez les fragments en plaçant la fragment quatre avec le fragment un et le fragment deux avec le fragment trois. Et vous obtenez une nouvelle page.[2]

Aujourd'hui la métaphore qui exprime le mieux la pratique postmoderne du collage est celle du *zapping*. Empruntée à la sphère médiatique, cette expression désigne, on le sait, l'acte de passer instantanément d'une chaîne de télévision à une autre au moyen de la télécommande. Le zapping apparaît donc comme une réponse individuelle à la saturation des choix, dans une technoculture marquée par le sur-développement de l'information et des canaux audio-visuels. En ce sens, le zappeur vit dans un univers superficiel et infini de collages dont le récit postmoderne surinvesti par la sphère médiatique offre l'équivalent dans certains dispositifs. Cette expérience nouvelle d'une réalité patch-work de clips et de séquences-flashes détermine un véritable cut-up mental dont Didier Daeninckx, par exemple, rend compte dans les nouvelles de *Zapping*[3] . Et la littérature rejoint ici l'univers sonore et visuel d'un film comme *Tueurs nés*, d'Olliver Stone.
Mais la vitesse comme opérateur de discontinuité travaille aussi notre perception de l'espace dans ce zapping d'un autre genre qu'est le voyage sous «l'horizon négatif» (Virilio). Et l'avion, notamment, dans l'ellipse temporelle du trajet à longue distance, superpose les continents et les cultures, dans une représentation du monde totalement discontinue. Ainsi le *lieu* où s'inscrivait le paysage comme cohérence et comme totalité s'est-il dissipé en *espace* de zapping, dans ce changement d'échelle qui signe à sa manière le passage de la modernité à la postmodernité.

C'est donc la culture de l'excès, telle que l'analyse Marc Augé[4]: excès d'information, excès d'événements, excès d'espace, qui transforme notre vision de la réalité-paysage en plis d'espace où le diversel se manifeste sous l'apparence du collage. A la réalité linéaire que représentait le récit chronologique se substitue une expérience tabulaire qui, dans le même instant, nous confronte à une pluralité d'images discontinues

---

[1]: « Douze bribes pour décoller (en 40.000 signes », in *Collages*, *Revue d'Esthétique* 3-4, Paris, U.G.E. 10/18, 1978, p. 13.
[2]: William Burroughs et Brion Gysin, *Œuvre croisée*, Paris Flammarion, 1976, pour la trd., p. 42.
[3]: Paris, Denoël, 1992 .
[4]: *Non-Lieux*, op. cit.

Michel Butor: *Mobile*[1]

Un exemple, précoce en France, de collage postmoderne en contexte narratif, apparaît dès 1962 avec *Mobile* de Michel Butor, dont Roland Barthes identifie immédiatement le discontinu textuel comme une atteinte à la linéarité rationnelle du Livre[2]. En fait, avec *Mobile*, Butor se détourne du Nouveau Roman dont il a été l'une des figures marquantes. Rappelons-nous: *Passage de Milan* (1954), *L'Emploi du temps* (1956), *La Modification* (1957), *Degrés* (1960), expérimentent des montages narratifs toujours plus complexes où une configuration temporelle de l'espace recoupe une configuration spatiale du temps dans un dispositif intertextuel à caractère subversif (le chant VI de *L'Enéide*, dans *La Modification; Le Livre des Merveilles*, de Marco Polo, dans *Degrés*). A partir de *Degrés*, il prend conscience des limites de l'expérimentation néo-romanesque et s'engage dans une autre voie comme il l'a lui-même confié à Madeleine Santshi:

(…)Déjà auparavant la classification «Nouveau roman» ne collait pas, parce que j'étais un «Nouveau roman» spécial à moi tout seul et que la classification «romancier» ne collait pas non plus. Alors évidemment la parution de «Mobile» a tout fait éclater. Les gens ont dit «Qu'est-ce que c'est?». Ce n'était pas un poème au sens habituel, pas un essai non plus. En tout cas pas un roman. Donc c'était autre chose. [3]

Cette «autre chose» désigne une aventure narrative qui va se prolonger avec *Le Génie du lieu* (notamment, avec *Boomerang* et *Transit*[4]) et qui s'inscrit, par son projet formel, dans l'esthétique postmoderne.

En effet, *Mobile* peut apparaître comme une tentative pour saisir en simultané la diversité foisonnante du monde américain où l'Europe s'efface comme origine au profit d'un ensemble fractal, discontinu, mosaïque de peuples, de traditions et de pratiques, dont les éléments ne peuvent être représentés que par collage. D'où cette métaphore qui, par auto-référence renvoie au dispositif textuel:

Ce «Mobile» est composé un peu comme un «quilt». (p. 45)

Tout récit linéaire étant inopérant face à une telle diversité, le livre s'ouvre sur une carte des Etats-Unis, assemblage tabulaire d'états qui défie tout itinéraire, c'est-à-dire toute possibilité de raconter. Quant au narrateur, un professeur de français dont la subjectivité ne se révèle qu'à une ou deux reprises, il disparaît dans une énonciation impersonnelle où se raconte l'histoire de l'Amérique sur la base d'un certain nombre de textes découpés et juxtaposés dans l'opération de collage.

Or tout collage suppose au préalable une fragmentation du matériau d'origine, les fragments étant prélevés de leur base pour être redistribués selon une combinatoire nouvelle. Ici, trois grands récits fondateurs de l'Amérique sont éclatés dans le texte et mêlés à des fragments multiples d'actualité, de sorte que deux principes contradictoires, dissémination et sérialité (qui sont les modes même de la turbulence) président à la distribution des fragments. Le premier ensemble thématique concerne l'histoire des Amérindiens dans leur contact violent et mortel avec les Européens. Outre leur contenu, un trait distinctif, permet de repérer ces fragments, c'est l'usage de l'italique. Le second ensemble raconte le procès de Susanna Martin, le 29 juin 1692 (les Sorcières de Salem). Témoignage historique du protestantisme puritain, que les analystes contemporains mettent en relation avec le développement du capitalisme, ce récit est lui-même distribué en fragments identifiables par leur ordre numérique, chaque séquence étant numérotée de 1 à 12; par l'indication déictique qui ouvre ou ferme la séquence: «Salem, 29 juin 1962»; par l'occurrence du nom propre Suzanna Martin; par les guillemets et l'italiques qui constituent la double ponctuation distinctive de ce récit fragmenté. Le troisième ensemble relate l'histoire des immigrants européens, de la conquête de l'ouest à la ruée vers l'or, en passant par les guerres et par le génocide indien. Là encore, la combinaison des fragments fondée sur cette thématique permet de déceler, au-delà du collage disjonctif, un possible récit.

Entre ces trois ensembles, pas de structure unifiante ni d'hypo-texte commun. La mise en séries des fragments dans l'opération de collage évoque la technique d'un film de David W. Griffith, *Intolérance*, pour lequel Butor avoue son admiration:

Intolérance de Griffith, est une merveilleuse performance qui superpose quatre époques et raconte quatre histoires en même temps. Magnifique![5]

Ces trois récits se trouvent eux-mêmes archipélisés au sein d'une mosaïque de fragments d'origine diverses issus de prélèvements effectués dans des traités, discours, notes, lettres, ouvrages d'histoire naturelle (Audubon), films, journaux, publicité (prospectus, panneaux, enseignes, marques, annonces), descriptions de la nature…Ces fragments, totalement hétérogènes quant à l'auteur, au genre, à l'époque, au support, proviennent d'une dissémination des messages dont l'excès même renvoie à l'hypertrophie de l'espace culturel américain. A l'exemple des mobiles de Calder, engrenages de formes brisées maintenues dans un équilibre dynamique, le texte de Butor fonctionne par fragmentation et dissémination du modèle, dans une discontinuité où les fragments de réalité se trouvent assemblés de manière contiguë selon le principe même du collage.

Le montage de ce patchwork obéit à un principe d'ordre apparent qui ne fait que renforcer l'effet de discontinuité du texte. En effet, contrairement à la technique du récit de voyage, on ne trouve pas ici d'itinéraire comme opérateur narratif mais une présentation tabulaire dans laquelle les 50 états se suivent alphabétiquement. Or comme l'a bien vu Roland Barthes, quoi de plus arbitraire que l'ordre alphabétique qui juxtapose, comme une addition d' étoiles sur le drapeau américain, des états géographiquement disjoints et culturellement hétérogènes: Alabama/Alaska/Arizona…cet ordre étant lui-même perturbé par des similitudes toponymiques qui rapprochent sous le même titre-incipit des lieux aussi éloignés que Concord, en Caroline du Nord, où se trouve le restaurant Howard Johnson, Concord en Georgie et Concord en Floride. Dans l'opération de collage, la successivité alphabétique croisée avec une sérialité homonymique induit une turbulence textuelle qui nous renvoie au principe même des attracteurs étranges, courbes fractales où se révèle la complexité du mouvement chaotique.

---

[1]: *Mobile: Etude pour une représentation des Etats-Unis*, Paris, Gallimard, 1962.

[2]: « Littérature et dicontinu » paru dans la revue *Critique* en 1962, repris dans *Essais critiques*, Paris, Le Seuil, 1964.

[3]: Madeleine Santshi: *Voyage avec Michel Butor*, Lausanne, L'Âge d'Homme, 1980, P. 40-41.

[4]: *Le Génie du lieu* 3, Paris, Gallimard, 1978; *Le Génie du lieu* 4, ibid., 1992.

[5]: « Leurs Filmes cultes » in *L'Evénement du Jeudi*, N° 236, 11-17 mai 1989.

Cette distribution turbulente des fragments dans l'espace américain entre en tension avec une successivité temporelle tout aussi arbitraire puisque dans chaque état il se passe une heure, de sorte qu'au défilement spatial correspond une durée de 50 heures, c'est-à-dire d'un peu plus de deux jours: «NUIT NOIRE à Cordoue, Alabama, le profond Sud, (p. 14) Vingt-deux heures à DANVILLE» Virginie, (p. 501)…L'effet de vitesse dans le défilement des lieux ajoute à la chaotisation narrative une nouvelle complexité, qui rend compte au plan formel de la diversalité du référent.

Enfin, le dispositif aléatoire du montage spatio-temporel se retrouve dans le montage syntaxique du texte puisqu' au-delà de la dissémination turbulente des fragments, *Mobile* se présente comme une phrase immense sans incipit ni clausule où l'apposition infiniment renouvelée devient la figure grammaticale du collage. C'est ce que Butor lui-même confirme à Madeleine Santshi:

J'ai éprouvé le besoin de distendre la phrase le plus possible. On peut dire comme vous le faites qu'il s'agit d'une seule phrase, et même d'une phrase inachevée.[1]

A l'itinéraire géographique, mode de montage habituel du récit de voyage, se substitue donc cette représentation de l'Amérique en une phrase impossible, homologue à la multiplicité des discours et à leur concurrence dans cet intercontinent qui superpose les fragments du rêve américain: l'automobile, l'urbanisation, l'hypertrophie publicitaire et la sur-consommation, aux éléments d'un passé trouble: le massacre des Indiens, l'avidité et les souffrances des immigrants, les carences d'une justice puritaine…Le collage devient ici un dispositif de dérégulation du système narratif qui rend compte à la fois de l'hétérotopie et de l'hétérologie d'un continent dont le Libéralisme en excès apparaît comme un principe turbulent. D'où la dédicace « A la mémoire de Jackson Pollock» qui, par ses Drip paintings, a fait entrer l'aléatoire dans le geste pictural.

*

Si *Mobile*, en rompant avec les formes romanesques, ouvre la narrativité au discontinu, dans une perspective qui s'apparente au projet postmoderne, Philippe Sollers, dans *L'Année du Tigre*[2]nous propose une forme plus immédiate d'écriture-zapping où le collage devient la seule forme possible de représentation de la réalité dans un contexte dominé par l'excès d'information et la surmédiatisation.

b- ECRITURES FRAGMENTALES

Si le collage peut apparaître comme un dispositif de discontinuité dans le récit postmoderne, une autre forme, proche par certains aspects de ce mode de turbulence est l'écriture en fragments. Il s'agit, bien entendu d'une pratique très ancienne puisque tous les modes de discours, depuis l'antiquité nous en offrent des exemples (en médecine: Hippocrate; en histoire: Tacite; en philosophie: Héraclite) et que la littérature française regorge d'œuvres de ce type: *Pensées* de Pascal, *Maximes* de la Rochefoucauld ou de Chamfort, *Caractères* de La Bruyère…Au XXème siècle, le genre prolifère dans tous les domaines et dans toutes les littératures: Valéry: *Tel Quel* (1941-1943); Georges Bataille: *L'Expérience intérieure* (1943); Cioran: *Syllogismes de l'amertume* (1952); Julien Gracq: *Lettrines* (1967-1974), Maurice Blanchot: *L'Ecriture du désastre* (1980); Roland Barthes: *Fragments d'un discours amoureux* (1977); Abdelkebir Khatibi: *Par-dessus l'épaule* (1988); Fernando Pessoa: *Le Livre de l'intranquillité* (1991); Jean Baudrillard: *Fragments* (1995); Michel Houellebecq: *Rester vivant* (1999)… et l'on pourrait citer bien d'autres titres. Bien entendu, il n'est pas question de considérer tous ces textes comme des produits du postmodernisme mais de voir dans quelles conditions le fragment peut devenir un dispositif d'hétérogénéité qui prédispose ce type d'écriture à un emploi postmoderne.

Une première chose est de différencier le texte *fragmentaire* du texte *fragmental*[3]. Dans le premier cas, ce qui est en cause c'est soit l'inachèvement (œuvre posthume) soit l'incomplétude (manuscrit endommagé ou partiellement perdu). Dans le second cas, l'adjectif *fragmental* désigne une écriture consciente d'elle-même, une esthétique concertée.

Comme l'a montré Jean-Louis Galay, l'une des meilleures analyses de la question du fragmental se trouve chez Paul Valéry, lorsqu'il questionne à contrario une pratique qui a souvent été la sienne, non seulement dans ses *Cahiers*, mais aussi dans *Tel Quel*, *Mélange*, *Analecta*… Le principal défaut du texte fragmental reste pour lui le désordre, le manque d'élaboration, alors que le concept d'œuvre implique l'idée d'une totalité achevée:

De telles productions ne peuvent correspondre qu'à un «état naissant», «embryonnaire» ou «provisoire» de la formulation de la pensée.[4]

Le fragment apparaît donc comme un produit de l'instant, c'est-à-dire du discontinu, soumis au hasard et non à l'effort de composition qui caractérise toute œuvre, «chose fermée». Pour opposer à l'élaboration et à la clôture de l'œuvre le chaos et l'ouverture du texte fragmental, Valéry met en relation le travail littéraire avec l'activité psychique telle qu'elle se manifeste dans ce qu'il appelle le phénomène de «self-variance». Le cerveau, à l'état de repos, se caractérise par son instabilité. Il est livré au désordre, à la diversité des impressions. L'état d'éveil, par l'exercice de la faculté d'attention, permet le passage du chaos de la self-variance à l'ordre de la pensée structurée.

Or pour Valéry, ce processus est celui-même de l'œuvre. Si le fragment correspond à l'enrégistrement des données les plus fortes de la self-variance, l'œuvre achevée manifeste un contrôle, un effort de construction, qui transforment le spontané en procès duratif, le discontinu en continu, l'ouvert en fermé, l'œuvre devenant système, structure close, totalité en fonctionnement. Dans la création littéraire, l'activité de relecture, de correction, de composition, caractérise l'économie du texte continu dont le modèle opératoire est celui de la dispositio rhétorique: intégration des petites unités dans des unités supérieures constituées en systèmes interdépendants au sein d'une structure commune. L'œuvre valéryenne, le texte clos, c'est en fait le texte-système du Structuralisme.

---

[1]: *Voyage avec Michel Butor*, op. cit., p. 42-53.
[2]: éd. du Seuil, coll . Points, 2000.
[3]: C. Jean-Louis Galay: « Problèmes de l'œuvre fragmentale: Valéry » in *Poétique*, N° 31, Le Seuil, Sept. 1977.
[4]: Ibid., p. 337.

Cette vision de l'œuvre comme contrôle du désordre et de l'instabilité peut-être mise en relation avec la question plus générale de la maîtrise et du pouvoir de l'esprit sur la nature dans le projet rationaliste des Lumières. Mais, si la mise-en-œuvre correspond à une mise-en-ordre, le texte fragmental, inorganisé, hétérogène, apparaît au contraire comme ce qui échappe à la volonté de maîtrise en subvertissant le principe d'Unité et donc celui de Vérité issu du même rationalisme dialectique. L'écriture fragmentale apparaît au contraire comme une écriture spontanée, discontinue, qui ne délivre que des vérités provisoires. Deleuze et Guattari, dans *L'Anti-Œdipe*, ont montré que les fragments sont:

Sans référence à une totalité originelle même perdue, ni à une totalité résultante même à venir (…) une somme qui ne réunit jamais les parties en un tout.[1] ***

C'est en ce sens que l'écriture fragmentale peut intéresser le postmodernisme au même titre que le cut-up ou le collage, c'est une écriture du chaos, du discontinu, qui introduit le vertige du particulaire et de l'aléatoire dans un contexte marqué par l'effondrement des méta-récits et par un horizon de crise.

Tout texte en fragments ne peut prétendre cependant relever d' une esthétique postmoderne et il y a fort à parier que des écrivains comme Blanchot ou Gracq récuseraient ce qualificatif. La difficulté principale vient de la confusion typologique qui règne au sein du genre fragmental et des différences de mise en œuvre de ce type d'écriture.

Dans son essai sur *Les Formes brèves*[2], Alain Montandon, reconnaît cette difficulté taxinomique et dans son premier chapitre intitulé «Une étourdissante diversité» il insiste sur les chevauchements et les recoupements des différentes nomenclatures:

Citons seulement l'adage, l'anecdote, l'aperçu, l'aphorisme, l'apophtegme, l'axiome, l'énigme, l'emblème, l'épigramme, l'épigraphe, l'esquisse, l'essai, l'exergue, l'histoire drôle, l'impromptu, la thèse, l'improvisation, l'instantané, l'oracle, la bribe, la charade, la citation, la dédicace, la définition, la devinette, la devise, la *gnômè*, la maxime, la pensée, la parabole, la préface, la proposition, la réflexion, la remarque, la sentence, la similitude, le théorème, la *xénie*, le «mot», le cas, le *concetto*, le conseil, les criailleries, le dicton, le fragment, le madrigal, le monodistique, le mot d'esprit, le portrait, le précepte, le proverbe, le slogan, le trait, la pointe, le *Witz*, et ajoutons un *et coetera* (…)[3]

Parmi ces formes brèves, recensées par la rhétorique et dont le sens évolue au cours des siècles, avec les changements de pratiques, j'en retiendrai trois qui me permettront de dégager les éléments d'une pratique postmoderne du fragment, il s'agit de la maxime, de l'aphorisme et de la note.

La maxime, souvent confondue avec sentence ou apophtegme, tire son étymologie de l'expression latine «maxima sententia». Il s'agit d'un concept juridique désignant la «vérité la plus large», dont vont s'emparer les moralistes dans leur ambition d'énoncer un universel à propos de l'homme. Serge Meleuc qui a étudié les «Structures de la maxime»[4] a montré comment cette forme brève tend vers un modèle formulaire dont les caractéristiques principales sont l'énonciation impersonnelle et généralisante soutenue par l'emploi d'absolutisants dans un énoncé fortement contraint qui peut revêtir une fonction définitoire, prendre une forme binaire, antithétique ou paradoxale, ou encore résulter d'une transformation négative. On retrouve ces caractéritiques chez La Rochefoucauld, par exemple:

Maxime 102: L'esprit est toujours la dupe du cœur

Maxime 103: Tous ceux qui connaissent leur esprit ne connaissent pas leur cœur.

Reconnaissons-le tout de suite, la maxime est un genre fragmental qui ne convient pas au postmodernisme à cause de sa visée didactique, de sa prétention à énoncer des vérités universelles et de son organisation en recueil. Certes, même si la composition en est souvent très lâche ou parfois posthume, comme on a pu le montrer avec les *Maximes* de La Rochefoucauld où les *Pensées* de Pascal, la présence d'une intentionnalité forte qui produit un effet d'ordre dans la succession des fragments et dans leur regroupement thématique, rapproche le recueil de maximes de l'œuvre valéryenne, surtout lorsque le style formulaire, mis au service d'une esthétique de la concision et de l'efficacité rhétorique, transfère au niveau de l'élémentarité du fragment le principe de clôture textuelle.

Autre type de fragment, l'aphorisme est, à l'origine, un procédé mnémotechnique utilisé dans le domaine médical et scientifique (les 400 aphorismes d'Hippocrate), avant de servir à exprimer des pensées historiques ou politiques et de se confondre parfois avec la maxime. Toutefois l'aphorisme s'en distingue fortement, surtout dans ses pratiques les plus récentes où les valeurs de vérité générale de la maxime se trouvent subverties dans une fragmentalité qui devient plutôt le support d'un discours alternatif. Si l'écriture relève toujours d'une rhétorique formulaire, l'énonciation subjective et la visée transgressive donnent à l'aphorisme cette frappe si particulière qui est la marque de Cioran, par exemple:

Besoin physique de déshonneur. J'aurais aimé être fils de bourreau.

Ma faculté d'être déçu dépasse l'entendement. C'est elle qui me fait comprendre le Bouddha, mais c'est elle qui m'empêche de le suivre.[5]

Telle quelle, cette forme d'écriture fragmentale se rapproche de l'esthétique postmoderne par son caractère provocateur qui cherche à faire réagir le lecteur et son pouvoir d'ébranlement du discours doxologique. La vitesse d'exécution de l'aphorisme accentue en outre son effet de fragmentation, de fracture, qui manifeste le refus de tout discours consensuel, de toute vérité unique et universelle. Pour Georges Perros, par exemple, l'aphorisme est un exemple d'écriture limite, lorsque toute autre est devenue impossible:

---

[1]: Gilles Deleuze et Georges Guattari: *L'Anti-Œdipe*, Paris, Minuit, 1972, p.
[2]: Paris, Hachette, 1992.
[3]: Ibid., p. 5.
[4]: in*Langages*, 13 mars 1968.
[5]: *De l'inconvénient d'être né*, Paris, Gallimard, 1973, coll. Folio, pp. 11, 13.

L'écartèlement, le saut, la tentation et la perte de la note, c'est l'aphorisme.

L'aphorisme est caillou. Inexplicable.

La prose d'Alain est pleine d'aphorismes. Mais aphorismes pour vivre. Aphorismes de bonne santé. Il les fabrique. Le véritable aphorisme, c'est mort et vie, endroit-envers, forme et fond défigurés. L'aphorisme est positivement fou (…)[1]

Mais cet effet de déflagration de l'aphorisme en relation avec une certaine violence du discours peut également servir le projet moderne et les aphorismes de René Char dans les *Feuillets d'Hypnos*, par exemple, tout en constituant une écriture de l'urgence, à l'heure de l'action, témoignent d'une volonté de résistance, de justice et de liberté, dans la France occupée des années 40. La fragmentalité de l'œuvre reste clairement, dans ce cas, du côté de la modernité.

L'aphorisme posmoderne, dans la postérité de Nietzsche chez qui l'effet d'énonciation déconstruit tout énoncé de vérité, se retrouve plutôt dans la pratique de Baudrillard, par exemple. Non seulement *Fragments*[2] cultive la discontinuité dans ce zapping permanent qui nous fait passer du cinéma à la médecine, de la psychanalyse à l'écologie, des médias aux chambres à gaz, des animaux aux intellectuels ou de Baudelaire aux hommes politiques… mais le caractère transgressif des énoncés formulaires est toujours tempéré par l'ironie et par le caractère ludique des jeux sur le langage qui tiennent à distance jusqu'au cynisme désespéré du discours:

Raconter n'importe quoi à quelqu'un, c'est le transformer en n'importe qui. C'est exactement le travail de l'information. (p. 16)

L'aphélie: nous sommes le plus loin possible du soleil. L'apogée: nous sommes le plus loin possible de la terre. L'apathie: nous sommes le plus loin possible de la souffrance. L'agonie: nous sommes le plus loin possible de la mort. (p. 56)

Plus besoin de s'en prendre à la classe politique. Elle pratique l'autodestruction spontanée. Tout ce qu'il faut faire, c'est pratiquer une non-assistance implacable à personne en danger. (p. 63)

Etre contre la guerre - raconter des histoires - chanter sous la douche – ce sont les signes d'un bon naturel. (p. 88)

La servilité est le combustible de la puissance et l'arrogance en est le lubrifiant. (p. 138)

Ceci dit, l'aphorisme, y compris dans ses applications postmodernes, relève essentiellement du genre discursif. En contexte narratif c'est la note qui entre le mieux en résonance avec le principe archipélique de la postmodernité. En effet, la note révèle une écriture du quotidien qui substitue à l'intention diariste un discontinu d'instants saisis dans l'hétérogénéité même des formes fragmentales, puisque la note, rebelle à toute rhétorique, peut être tour à tour, pensée, anecdote, aphorisme, digression, souvenir, portrait, description, fait-divers…Il s'agit donc de la forme fragmentale la plus chaotique puisque la seule définition qu'on pourrait en donner rejoint celle des corpuscules de la physique de l'élémentaire dont Schödinger nous dit qu'elles ne sont pas des «entités permanentes» issus de la fragmentation d'un substrat matériel mais des «événements instantanés»:

Nous n'avons plus affaire à des corpuscules dont l'identité est parfois douteuse, mais à des séries discontinues d'événements qu'il est parfois commode d'agglomérer en une trajectoire corpusculaire.[3]

Chez Georges Perros, notamment, la note, sous la forme du fragment libre, apparaît comme un pur événement, pris sur le vif, qui témoigne d'une «lecture» monde dans la conjonction du hasard et de la diversité. D'où la multiplication des supports qui l'accueillent et qui en traduisent l'instantanéité comme la vitesse de saisie : «Pour ne rien perdre de cette incessante lecture, tout m'est bon – bouts de papier, souvent hygiénique, tickets de métro, boîtes d'allumettes, pages de livres. J'en suis couvert.» [4]*Papiers collés* présente ainsi une succession de lieux, d'impressions, de réflexions littéraires, de formules gnomiques, qui sont autant de points d'émergence d'une intériorité en état de self-variance dans une temporalisation totalement discontinue. C'est le monologue incessant d'un énonciateur kaléidoscopique, tour à tour, moraliste désabusé, autobiographe ironique, critique maniant le paradoxe, qui découpe dans une réalité complexe des notes-événements dont la trajectoire sur la page est totalement aléatoire:

---

[1]: *Papiers collés* (« Notes pour une préface »), Paris, Gallimard, 1960, pp. 13, 14, 16.
[2]: Paris, Galilée, 1995.
[3]: Michel Bitbol in Erwin Schödinger: *Physique quantique et représentation du monde*, op. cit., p. 12.
[4]: *Papiers collés*, Paris, Gallimard, 1960, p. 8.

> La vie est une aveugle qui tient l'homme en laisse.
>
> Il faisait d'elle ce qu'elle voulait.
>
> Au café, à côté de moi, un monsieur riait en lisant *l'Information financière.*
>
> Cours d'éducation moderne. Dites trois fois: Dieu est mort. La vie est absurde. Il faut une révolution, etc. C'est bien. Maintenant, allez jouer aux billes.
>
> J'ai rencontré M. Teste. Et je ne l'ai pas reconnu. Donc c'était bien M. Teste.
>
> Le *Cimetière Marin.* Je regarde. Je pense. Je me pense. Je me dépense.
>
> Ecrire, c'est renoncer au monde en implorant le monde de ne pas renoncer à nous.
>
> Parler, c'était pour lui prendre un temps. [1]

Si l'on examine à titre d'échantillon cette page de *Papiers collés*, on découvre à quel point la note devient chez Perros un principe turbulent. L'instabilité énonciative, tout d'abord, en modifiant sans cesse la focalisation, ouvre et ferme, de manière imprévisible le champ perceptif interne ou externe et l'on passe de l'impersonnel dans sa fonction généralisante à une sujectivité particularisante, qui transite par des formes mixtes mêlant l'impersonnel exprimé par la phrase nominale ou par l'infinitif aux modes personnels. Cette instabilité travaille ensuite la forme des énoncés qui oscille de la maxime à l'aphorisme en passant par des instantanés perçus ou pensés sur le mode paradoxal, dont la variabilité rhématique redouble les ruptures thématiques. Mais la discontinuité se manifeste également dans le rapport des fragments au blanc de la page qui les sépare et les isole. On voit ainsi se constituer un espace de tension (un champ de force) qui résulte du flux chaotique des particules de langage sur fond de vide ou d'impensé. D'où les deux caractéristiques majeures de ce mode d'écriture fragmentale: l'insularité et la dissémination.

Plus encore que tout autre fragment dont Pascal Quignard souligne «l'autarcie absolue»[2], la note forme un isolat dans l'économie discontinue du texte particulier. «La note est orpheline» écrit Perros dans la préface de *Papiers collés* et l'écrivain marocain de langue française, Abdelkebir Khatibi, à qui on doit un beau recueil de notes, insiste sur cet aspect:

Ces notes ne sont pas les fragments d'une totalité imaginaire. Elle se replient en leur insularité.[3]

Dès lors, comme on l'a vu plus haut, il n'y a plus d'élément de liaison d'une note à l'autre, le blanc fonctionne comme un interstice vide. Le seul procès de production des fragments est l'adjonction dans une successivité totalement aléatoire.

Cette insularité de la note entraîne sa dissémination en amas inorganisé dont la fractalité contredit toute conception unitaire de l'œuvre. De même que l'amas se substitue au système, le composite remplace le composé dans l'économie discontinue du texte. La note apparaît ainsi comme un déni de la totalité, comme une manière de subvertir les ensembles structurés, les machines textuelles, les grandes constructions narratives ou discursives. D'où l'allergie de Perros aux formes littéraires continues:

Je n'ai pas envie «d'écrire un livre», j'aurai le temps lorsque je serai mort (...) Le goût de l'entreprise m'est totalement étranger. (P.C., p. 7)

Dès lors, le statut même d'écrivain, en rapport avec l'idéologie de l'œuvre comme *poièsis*, se voit contesté par cette pratique à la fois marginale et déviante qui transforme les «faiseurs de notes» en «contrebandiers de la littérature»:

Donc j'écris pour un écrivain qui sera peut-être moi, mais je n'y tiens pas exagérément. (P.C., p. 10)

Chez Khatibi également la note est une écriture de l'immédiat qui s'oppose aussi bien au journal comme forme linéaire de l'autobiographie qu'au discours conceptuel, de sorte que le livre devient «plus un mode de notation-clip qu'une volonté de penser coûte que coûte.»[4] Ce plaisir du zapping textuel qui fait du fragment libre une écriture résiduelle soumis au principe de désordre, se trouve exprimée de manière anologue chez Perros:

La littérature commence le jour où pour mettre en valeur ce déchet, on se trouve le génie, on prend le temps d'écrire un roman, une lettre, d'entretenir un Journal. C'est justement ce dont je me sens incapable, sans pour autant me résoudre à tuer tous mes spartiates. (P.C., p. 11)

En ce sens, la note peut devenir un mode d'écriture postmoderne, refusant le principe d'unité et de construction mais aussi l'autorité, la hiérarchie, pour le désordre, la self-variance l'archipélité. Cette dimention «fractale» du fragment libre dont l'irrégularité apparaît autant dans

---

[1]: Ibid., p. 67.
[2]: *Une gêne technique à l'égard du fragment,* Fata Morgana, 1986.
[3]: « Notes de mémoire » in *Par-dessus l'épaule,* éd. Aubier, 1988, p. 70, repris sous le titre *Le Livre de l'aimance,* Rabat, éd. Marsam, 1995.
[4]: Ibid., p. 10.

l'effet de discontinuité du texte que dans l'hétérogénéité des particules-événements, explique son emploi chez des auteurs aussi différents que Sollers et Annie Ernaux.

c- HYBRIDATION ET METISSAGE DU TEXTE: écritures francophones

Si le collage et la fragmentation sont des dispositifs de discontinuité aptes à représenter le chaos postmoderne, le métissage du texte peut apparaître comme une atteinte à l'unité générique (c'est-à-dire à la «pureté» de l'œuvre), qui fait entrer le principe d'hétérogénéité dans l'ordre de la narration. Mikhaïl Bakhtine[1] a déjà analysé l'*hétérologie* romanesque en proposant les notions-clés de *dialogisme* et d'*hybridation* pour traduire la *polyphonie* de certains textes narratifs (Dostoïevsky, Rabelais). Mais sa perpective translinguistique, qui fait de l'être humain un sujet-en-dialogue, reste intraculturelle et n'affecte pas de manière directe l'identité du sujet moderne. Par contre la littérature dite francophone, dans ses développements les plus récents, en affirmant son hétéroglossie, met en œuvre des dispositifs de métissage et de créolisation qui manifestent le travail de l'altérité au cœur même de la problématique identitaire. C'est en ce sens que le roman francophone participe de l'aventure postmoderne. Encore faut-il s'entendre sur cette désignation.

Par rapport à la littérature française, le texte francophone introduit une nouvelle complexité qui est d'abord d'ordre linguistique. En effet, la littérature francophone est, fondamentalement, une littérature entre deux langues et si le texte s'écrit en français, il s'agit d'un français déterritorialisé qui héberge toujours une langue étrangère. Or avec l'autre langue, c'est une autre culture, un autre système de valeurs, qui entrent en interférence avec le champ culturel français, de sorte que le frottement des langues mises en contact ne se réduit pas aux seuls effets linguistiques mais induit des dispositifs d'écriture qui relèvent du métissage.

Or l'une des ambiguïtés essentielles du discours politique sur la Francophonie est de donner l'illusion d'une communauté. Sont désignés comme francophones, dans la phraséologie officielle, les pays qui ont «le français en partage», c'est-à-dire un peu plus d'une cinquantaine d'états dont l'ordre alphabétique s'étend de la Belgique à l'ancien Zaïre. Or le mot «partage» reste une métaphore idéologique qui gomme d'importantes différences et de profondes inégalités dans le rapport au français. Quoi de commun, en effet, entre la Belgique, le Luxembourg, la Suisse où le français est l'une des langues nationales, le Québec où il apparaît clairement comme la langue de l'identité face à l'anglo-américain, et le Maghreb où, comme dans tous les pays colonisés, il a été imposé contre les langues nationales ou vernaculaires, qui sont l'arabe classique, l'arabe dialectal et le berbère? Selon l'histoire du français, dans les pays francophones, la situation linguistique évolue donc d'un bi-linguisme diglossique à fort pouvoir acculturant à un bilinguisme consenti ou assumé qui peut se traduire par des phénomènes d'alternance codique (code-switching) ou de mélange des codes (code-mixing) que le texte littéraire va s'efforcer de reproduire. Car l'histoire même de la littérature francophone traduit cette situation de pluri-linguisme et de compétition symbolique qui met en jeu le français.

En effet, la période pré-moderne, apparaît pour les littératures maghrébine et africaine, dans les années 50. Les premiers écrivains sont souvent des instituteurs, formés à l'école coloniale, qui reproduisent dans un français académique, les modèles littéraires dominants enseignés par l'institution (le roman réaliste et le récit autobiographique). D'où un effet massif d'acculturation...Ainsi Mouloud Feraoun, en Algérie (*Le Fils du pauvre*, 1950) ou Ahmed Sefrioui au Maroc (*La Boite à merveilles*,1954), racontent-ils, avec une foule de détails d'ordre descriptif, leur enfance, dans la montagne kabyle ou dans la ville de Fes, cherchant à donner de leur culture une vision de l'intérieur, sans prendre conscience qu'à-travers la langue française, ils importent des formes occidentales d'écriture, amnésiques de leurs propres traditions. On retrouve ce modèle mimétique dans la littérature négro-africaine de la première génération (Ousmane Socé: *Karim*, 1935; Camara Laye: *L'Enfant noir*, 1953) mais aussi dans la littérature antillaise, avec ce qu'on a appelé le roman «doudouiste» (Daniel de Grandmaison: *Rendez-vous au Macouba*, 1948; Gilbert de Chambertrand: *Cœurs créoles*, 1950) qui reproduit les stéréotypes exotiques suscités par un horizon d'attente métropolitain. Le Canada francophone va lui-même développer, de manière plus précoce, à partir de la seconde moitié du 19ème siècle, une forme de récit mimétique avec le roman du terroir qui exalte l'attachement à l'histoire héroïque de la Nouvelle France et aux valeurs ruralistes prônées par le clergé catholique (Patrice Lacombe: *La Terre paternelle* (1846); Antoine Gérin-Lajoie: *Jean Rivard le défricheur*, 1862). Ce roman de la survivance, activé par l'énorme succès de *Maria Chapdelaine* (1914) du Breton-Canadien Louis Hémon, se prolonge jusqu'au milieu du 20ème siècle avec Felix-Antoine Savard ou Germaine Guèvremont.

La modernité, avec ses valeurs d'émancipation et de progrès, apparaît dans la prise de conscience de l'aliénation culturelle et dans la révolte qui, en littérature donnent le jour à une double modernité.

La modernité *contestataire*, tout en utilisant les formes réalistes du roman engagé, dénonce le processus d'acculturation engendré par la situation coloniale. Ainsi Mohammed Dib, en Algérie, dresse-t-il, dans une trilogie romanesque, un tableau de la société qui fonctionne comme un appel à l'insurrection (*La Grande maison*, 1952; *Le Métier à tisser*, 1954; *L'Incendie*, 1957), tandis qu'aux Antilles comme en Afrique Noire ce sont les valeurs de la négritude qui réinscrivent, contre l'hégémonie des modèles occidentaux, les valeurs africaines, comme fondatrices de l'identité. On connaît à cet égard l'engagement de Léopold Sédar Senghor, Aimé Césaire, Léon-Gontran Damas. Dans le roman, la dénonciation du fait colonial s'inscrit dans la trilogie de l'écrivain camerounais Ferdinand Oyono (*Une vie de boy*, 1956; *Le Vieux Nègre et la médaille*, 1956; *Chemin d'Europe*, 1960) ou dans l'oeuvre du romancier martiniquais Léonard Sainville (*Dominique, Nègre esclave*, 1951). Au Québec, enfin, la Révolution Tranquille est préparée par les auteurs francophones qui remettent en cause l'idéologie conservatrice et la double colonisation dont ils se sentent victimes: celle des anglo-saxons au plan politique et linguistique et celle du clergé catholique, au plan moral. D'où le développement du roman social qui déplace vers la ville la problématique existentielle avec Gabrielle Roy, par exemple (*Bonheur d'occasion*, 1945), André Giroux (*Le Gouffre a toujours soif*, 1953), Jean Simard (*Les Sentiers de la nuit*, 1959).

Mais la modernité explosive avec ses valeurs de rupture et d'avant-garde ne révèle que dans les années 60-70 sa dimension *expérimentaliste* en pratiquant, ce que j'ai appelé dans un essai sur la littérature marocaine de langue française, la «violence du texte»[2]. En Algérie, c'est Kateb Yacine qui le premier s'attaque au modèle cartésien du roman en opérant, dans *Nedjma* (1956), une subversion des formes narratives qui rend compte, textuellement, de la déstructuration de l'être colonisé. Après l'indépendance, avec la mise en place d'un régime autoritaire qui confisque la parole et les libertés, un écrivain comme Mourad Bourboune cherche à traduire sa révolte en faisant de son narrateur le prédicateur bègue d'un «anti-Coran» (*Le Muezzin*, 1968) dont le monologue halluciné fait éclater le modèle réaliste du récit. Mais c'est surtout Rachid Boudjedra qui poursuit le combat en déplaçant dans les stratégies d'écriture la dynamique révolutionnaire. Ainsi, dans *La*

---

[1]: Cf. *Esthétique et théorie du roman*, Paris, Gallimard, 1978, pour l a traduction française.
[2]: Marc Gontard: *Violence du texte. La Littérature marocaine de langue française*, Paris, L'Harmattan, 1981

Répudiation (1969), le récit primaire qui naît d'un échange érotique entre Rachid et son amante française Céline, s'enroule-t-il autour temporalité qui renvoie à deux moments obsédants de la vie du narrateur: son enfance, marquée par le «saccage» de la répudiation de sa mère; son internement au lendemain de l'Indépendance par les M.S.C. (Membres Secrets du Clan) qui évoque la liquidation par le FLN des militants communistes, en dépit de leur engagement dans les maquis. D'où la forme à la fois violente, répétitive, et hantée d'un récit qui ressasse à l'infini les blessures identitaires.

Au Maroc, autour de la revue francophone *Souffles*, fondée par Abdellatif Laâbi en 1966, un groupe d'écrivains expérimente ce que l'un d'entre eux, Mohammed Khaïr-Eddine appelle la «guérilla linguistique». Car il s'agit de lutter sur deux fronts: sur le front néo-colonial où le français qui s'implante massivement, du fait de la coopération, menace l'identité marocaine, et sur le front politique, où la résistance à la politique répressive du pouvoir d'Hassan II se traduit dans l'écriture par l'éclatement des formes narratives et la mise en œuvre de structures délirantes, figures textuelles de l'oppression (Abdellatif Laâbi: *L'Oeil et la Nuit*, 1969; Tahar Ben Jelloun: *Harrouda*, 1973; Mohammed Khaïr-Eddine: *Le Déterreur*, 1973).

Au Québec, si le dégel commence avec l'arrivée au pouvoir du Parti Libéral de Jean Lesage qui marque le début de la Révolution Tranquille, très vite l'explosion culturelle de la modernité débouche sur la revendication autonomiste avec la création du Parti Québécois et la naissance d'un Front de Libération du Québec, le FLQ qui commet ses premiers attentats. Les romanciers vont, de la même manière qu'au Maghreb, se libérer des formes sclérosées du roman ruraliste ou social et mettre en cause les modes de représentation narrative traditionnels. Ainsi: Marie-Claire Blais (*Une saison dans la vie d'Emmanuelle*, 1965); Hubert Aquin (*Trou de mémoire*, 1968); Anne Hébert (*Kamouraska*, 1970). On trouverait des exemples identiques dans la littérature antillaise, chez l'écrivain martiniquais Vincent Placoly dont le roman *Vie et mort de Marcel Gontran* (1971) utilise ruptures formelles et figures délirantes ou chez le Haïtien Gérard Etienne dont *Le Négre crucifié* (1974) porte l'écriture de la violence à la limite de la lisibilité.

*

Le roman francophone entre dans la postmodernité à partir des années 80. Au Maghreb, la modernité de libération a échoué dans sa tentative de subversion politique et le pouvoir d'Hassan II s'est imposé, tout comme celui du FLN en Algérie. Si aux Antilles, les émeutes nationalistes sont fermement réprimées, au Québec le référendum pour l'indépendance échoue à deux reprises. Face à ce qu'il ressent comme une situation de blocage social, l'écrivain se retourne sur lui-même, passant d'une littérature de l'*idem* (où il se fait le porte parole d'une identité collective) à une littérature de l'*ipse*, c'est-à-dire du moi. Or, dans une société où, désormais, le bilinguisme est assumé, sinon choisi, ce que découvre l'écrivain francophone à travers sa double culture, c'est sa propre altérité qui renvoie l'identité-racine à sa fonction de mythe. Ainsi se manifeste le caractère nécessairement composite, hétérogène, pluriel, de toute identité, individuelle ou collective qui ouvre le texte au métissage, c'est-à-dire à la complexité. Par ailleurs, l'écrivain francophone devient, de plus en plus, un écrivain nomade, vivant entre plusieurs continents et plusieurs cultures, ce qui donne à son regard un caractère nettement décentré, apte à saisir le Différend et à explorer, dans ses propres discontinuités, le travail de la trace contre le monologisme des discours ataviques. Si Driss Chraïbi, Tahar Ben Jelloun, Mohammed Dib, Abdelwahab Meddeb, mais aussi Jacques Poulin ou Anne Hébert (jusqu'à son décès), ont choisi la France, Hédi Bouraoui ou Abdelhak Serhane sont installés au Canada, Assia Djebar aux Etats-Unis, sans parler de la nouvelle génération algérienne, déracinée par l'islamisme: Malika Mokkadem, Leila Marouane, Abdelkader Djemaï, exilés en France…C'est dire que les écrivains francophones, même issus de sociétés post-coloniales, sont en contact permanent avec la pensée contemporaine à l'exemple d'Abdelkebir Khatibi qui, bien que résidant au Maroc, se désignait comme «étranger professionnel», familier du Collège de Philosophie sous les auspices de Jacques Derrida.

Je m'arrêterai ici sur quelques exemples pour montrer comment le métissage du texte opéré par le roman francophone introduit dans le fonctionnement même des formes narratives une hétérogénéité qui remet en cause l'opposition binaire du même et de l'autre, dans un renouvellement postmoderne du discours sur l'altérité. En effet, si le récit francophone s'énonce entre deux langues, dans un processus de tissage et tension qui aboutit à la constitution d'hybrides narratifs, le dispositif de métissage agit principalement à un double niveau: au niveau du code, tout d'abord, puisque le récit relève de genres différents dans les cultures métissantes, et au niveau des langues, dans la mesure où les interférences linguistiques mettent en place une véritable hétéroglossie du texte. Abordons d'abord la question du métissage générique.

Si l'on prend comme exemple le cas de la littérature maghrébine de langue française où la trace arabo-musulmane travaille la mise en récit, il est évident que le genre romanesque n'existe pas dans la tradition islamique qui ne connaît que trois genres narratifs principaux: la *hikâyât* (le conte), la *sîra* (biographie) et la *maqama* (séance) qui se combine avec la *rhila* (récit de pèlerinage). Dans la culture orale du Maghreb, le conte reste, bien entendu, l'une des formes narratives les plus riches et les plus vivantes et Tahar Ben Jelloun, notamment, a choisi de remplacer dans certains de ses romans la figure balzacienne du narrateur omniscient par celle du conteur populaire tel qu'on le rencontre encore sur la célèbre place Jemaâ-el-fna à Marrakech. Dans ce contexte culturel spécifique, le conteur professionnel tire ses moyens de subsistance de sa performance narrative. Il doit donc d'abord attirer et séduire le public qui déambule sur la place et par l'adresse de son boniment constituer autour de lui un cercle d'auditeurs: la *halqa*. Puis il lui faut ménager suspense et rebondissements pour fidéliser les membres de sa halqa qui peuvent à tout moment intervenir pour commenter ou contredire ses propos. C'est ce dispositif oral où la performance du conteur-narrateur se mesure aux réactions de son public que Ben Jelloun introduit comme forme narrative métissante dans ses meilleurs récits: *L'Enfant de sable* (1985), *La Nuit sacrée* (1987) ou *La Nuit de l'erreur* (1997):

Amis du bien! hommes de cœur et d'esprit! Gens de la Bonté, de l'Ecoute et du Don! Passants entre les mains de l'Eternel! Vous qui aimez regarder de l'autre côté de l'horizon, vous qui penchez la tête pour entendre les bruits du monde, vous qui prenez des chemins de traverse pour éviter d'être pris dans les rets de celle qui nous aime tous au point de nous donner tout pour nous le retirer en une fraction de seconde, ô mes amis, sachez qu'il restera toujours une histoire à conter pour voiler le temps qui passe, une histoire à dire dans l'oreille d'un mourant, un conte à inventer pour aider chacun à revenir à soi, car où que nous allions, quoi que nous fassions, le bonheur est là, à portée de main, sous notre regard, le bonheur est simple, c'est apprendre à se contenter de ce que le jour apporte à la nuit, avoir la santé du corps et de l'esprit et savoir que la clé du trésor est là, dans notre cage thoracique, là où le cœur bat, où les poumons respirent, là où notre sang circule.[1]

Dans cet appel à la Halqa, le conteur Dahmane qui est porteur de l'histoire tragique de Zina, use de toutes les ressources du boniment pour capter l'intérêt de l'assistance. L'étrangeté première de ce protocole d'ouverture vient de la traduction de formules coraniques qui nous introduit dans une culture populaire musulmane d'où toute laïcité se trouve exclue mais, dans cette longue phrase de préambule qui fonctionne sur le mode de l'expansion métaphorique, le conteur use à la fois de flatteries pour séduire le public («vous qui»...) et d'images qui valorisent la fonction sociale du conte comme remède à l'angoisse et plaisir de l'imaginaire. Mais c'est dans *L'Enfant de sable* que ce dispositif d'oralisation du roman produit le meilleur effet puisque l'histoire d'Ahmed/Zahra dont la double identité masculine et féminine, relève du non-narrable, va échapper à chacun de ses narrateurs successifs pour devenir un récit-labyrinthique seul capable de signifier l'impensable de la double appartenance. Ainsi, le narrateur primaire, celui qui «étale sa natte sur la place» c'est tout d'abord le conteur, Si Abdelmalek. Il s'exprime donc à la première personne mais il lui arrive de déléguer à d'autres la fonction narrative, soit en se référant à divers documents comme le journal d'Ahmed, soit en s'effaçant pour laisser la parole à l'un des auditeurs de la halqa. C'est le cas du frère de Fatima (épouse d'Ahmed) qui vient raconter l'histoire de sa sœur en contredisant la version du conteur. D'où le renversement de perspective qui transforme le narrateur en narrataire et inversement. Autre intervenant du même type, un homme dans l'assistance se lève pour raconter l'histoire d'un chef guerrier nommé Antar dans un micro-récit qui met en abyme le récit-cadre. Lorsque le conteur disparaît, tué par son récit, ce ne sont pas moins de cinq narrateurs qui vont improviser des continuations: trois auditeurs fidèles de la halqa (Salem, Amar et Fatouma), le «troubadour aveugle», un étranger rencontré dans un café de Marrakech et «l'homme au turban bleu», Bouchaïb, que l'on retrouve au début du roman suivant, *La Nuit sacrée*. Mais, très vite, il disparaît à son tour, ruiné par le caractère inouï du récit, pour laisser place à Ahmed/Zahra narratrice ultime de sa propre histoire. Au-delà même de l'effet labyrinthique qui traduit l'étrangeté de l'être bi-lingue, l'hybridation par le récit contique de la forme romanesque révèle, dans la pragmatique narrative, l'hétérogénéité d'un modèle fictionnel qui se construit entre deux cultures.

La rhila, ou relation de voyage, qui peut se construire sur le mode de la description géographique ou sur celui du récit de pèlerinage illustrée dans la tradition arabe par (...) fournit un autre opérateur de métissage générique qui apparaît aussi chez Ben Jelloun (*La Prière de l'Absent*, 1981). Mais c'est surtout chez l'écrivain tunisien Abdelwahab Meddeb qu'une forme narrative dérivée de la rhila permet de relier les fils multiples qui tissent la culture occidentale de l'auteur à la trace islamique qui ne cesse de travailler son imaginaire, dans une double opération de mise en perspective et de critique des deux cultures l'une par l'autre. En effet, bien que Meddeb ne reconnaisse pas une influence directe de la rhila sur sa technique narrative[2], lorsqu'il évoque plutôt le modèle polymorphe d'écriture du téosophe soufi Ibn Arabi (*Futûhât*), on peut en supposer néanmoins l'inscription palimpsestique dans son œuvre[3], en relation avec un autre genre plus discursif: la *maqama*. Car le voyage où s'accomplit le nomadisme identitaire devient chez lui le principe hybridant qui vient chaotiser la notion même de genre dans sa pratique textuelle, qu'il s'agisse du roman (*Talismano*, 1979; *Phantasia*, 1986) ou du poème (*Les 99 stations de Yale*, 1995). Je m'arrêterai ici à titre d'exemple sur *Talismano*[4].

En effet, si la rhila se configure sur l'itinéraire du voyageur géographe ou du pèlerin en voyage vers la Mecque, la *maqama* (séance), illustrée dans la tradition arabe par des auteurs comme Hariri ou Hamadani, vient croiser le récit de voyage, découpant la linéarité spatiale en étapes où le commentaire critique se constitue en expansion discursive du récit. C'est ce double principe de l'itinéraire comme programme narratif et de la séance comme mode digressif, qui évoque la double pratique rhila-maqama dans l'écriture romanesque de Meddeb. Mais son originalité réside dans ce geste impensé d'oubli et de réappropriation du modèle qui lui permet de traduire dans une forme métisse de récit l'hétérogénéité de l'être bilingue.

Dans *Talismano*, l'itinéraire se trouve circonscrit à l'intérieur de la ville de Tunis. Il s'agit en fait d'un retour au pays, prétexte à la déambulation narrative qui, dans la première partie, constitue le récit primaire. Le texte est ainsi jalonné de repères topographiques: «Pasha, Quasba, Sa'dun, Tawfiq»...(p. 17) et le cheminement de l'écriture, se trouve sans cesse métaphorisé par le nomadisme du corps marchant. Mais dans cette dérive soumise au seul principe de plaisir, c'est surtout l'érotisme qui guide la marche et qui, par son pouvoir de chaotisation, ouvre le récit aux extensions digressives. En effet, les principales analepses déterminées par les lieux renvoient à des expériences d'ordre sexuel auxquelles la mémoire confère une organisation de type sériel. La porte Bab al'Asal conduit vers le hammam d'enfance, «spectacle indélébile, corps nus» (p. 16). La porte Bab Swiqa s'ouvre sur l'école des filles et les «premiers amours brûlant, feux rougis» (p. 17), tandis que l'Hôpital Charles-Nicolle éveille le souvenir d'une amante, Safia, dont le décès donna lieu à une étrange intervention de la laveuse. Pénétrant du doigt le vagin de la jeune morte, elle découvrit qu'elle était déflorée et entreprit de lui recoudre le sexe. Ce souvenir entraîne le rappel, sous forme d'extension discursive, d'une pratique des Nubiens plantant dans le vagin des femmes mortes une branche de palmier...Même les images pieuses que le narrateur contemple sur les façades des ruelles permettent une lecture érotique, principe de désordre dans la sérialité du référent sexuel, qui fait, ici encore, fonctionner le récit sur le mode turbulent de l'attracteur étrange. Ainsi les représentations naïves d'Adam et Eve, Joseph et Zuleyra ou encore Sidi Amor, Saint patron de Tunis: «corps nu fabulé par la croyance insistante et suppliante de la gente féminine»(p.26). Le rapport détourné entre la destination religieuse de ces images et leur réception érotique engendre, dans un discontinu textuel de plus en plus complexe, les séquences qui suivent. C'est tout d'abord une inconnue voilée qui entraîne le narrateur dans un bouge au fond de la médina pour une brève aventure sexuelle . Dans cet épisode se trouvent enchâssés le souvenir des shaykh débauchés de la mosquée Zitûna et l'évocation de lieux célèbres de prostitution, prétexte à une nouvelle extension narrative qui nous renvoie du bordel de Tunis, Sidi' Abd-Allah Guich à l'époque coloniale, vers ceux de Tanger, Istambul, Paris, Chartres, jusqu'au Moyen-Atlas marocain où se déploie dans une autre ramification narrative le souvenir d'une aventure érotique antérieure: la liaison avec Zineb...On voit à partir de ces exemples comment le texte de Meddeb fonctionne d'une manière totalement fractale en faisant de la séance-digression un élément qui chaotise le récit tout en contribuant à l'élaboration d'un hybride narratif.

---

[1]: *La Nuit de l'erreur*, Paris, Le Seuil, 1997, p. 95.

[2]: Cf. Abdellatif El Alami: *Métalangage et philologie extatique (essai sur Abdelwahab Meddeb)*, Paris, L'Harmattan, 2000, p. 258.

[3]: Et je laisse aux spécialistes le soin d'indiquer une possible connexion entre la rhétorique soufie de l'itinéraire intérieur vers l'extase mystique (les « stations »), modèle que reconnaît Meddeb et le modèle de la rhila comme itinéraire géographique avec ses « séances ».

[4]: Paris, Christian Bourgois, 1979. Nouvelle édition revue, Paris, Sindbad, 1987. C'est à la première édition que je me réfère.

Cette chaotisation résulte de turbulences digressives que l'on peut classer en trois catégories. Les digressions analeptiques simples sont le plus souvent des rétrospections qui obéissent au fonctionnement associatif du souvenir, établissant une conjonction ponctuelle entre un lieu perçu dans l'actualité de la narration et le même lieu revisité par la mémoire à une époque antérieure. L'espace sert ici de lien entre les séquences comme pour l'histoire de Safia, générée par l'arrivée en face de l'hôpital Charles-Nicolle. Les doubles digressions analeptiques sont des disjonctions à la fois spatiales et temporelles avec le récit primaire. Après l'épisode érotique de l'inconnue de Tunis, une pipe de kif provoque l'image de l' «envolée». D'où l'évocation d'oiseaux qui, dans l'expérience du narrateur, renvoient à Venise, Tunis, Paris, Tanger, Le Caire, Marrakech, Tétouan...Les analepses enchâssées voient en outre l'inclusion de digressions d'ordre discursif, sur Attar et *Le Colloque desoiseaux*, dans la séquence de l'envolée, ou sur l'hypocrisie religieuse, lors de la poursuite de l'inconnue. Dès lors, le récit soumis à une continuelle dérive analogique devient un totalement erratique.

La seconde partie du roman obéit au même dispositif avec un changement de perspective qui vient thématiser le chaos. En effet, au point de vue réaliste de la première partie succède un point de vue allégorique qui se dévoile dans l'excès même de la fiction, l'itinéraire dans la médina de Tunis devenant celui d'une émeute païenne où se mêlent magie, nécromancie, transe du corps, libération sexuelle, dans une inversion généralisée des signes de la hiérarchie sociale.

Enfin, ultime procédure de discontinuité, le lieu de l'écriture, révélé dans un des commentaires méta-textuels, n'est pas Tunis, mais Paris. C'est donc une errance dans les rues de Paris qui suscite l'itinéraire dans Tunis, déterminant lui-même le parcours allégorique de l'idole que les insurgés ont choisie comme emblème. En ce sens, *Phantasia* peut apparaître comme une suite de *Talismano*, dans la mesure où le lieu de l'errance et de la quête d'Aya, femme-métaphore, est essentiellement Paris. Cette superposition spatiale des points de vue dans laquelle Tunis s'abîme dans Paris tout comme Paris s'efface dans Tunis, s'ajoute au discontinu digressif du récit pour engendrer une écriture de l'errance que l'on retrouve dans la syntaxe même de Meddeb. En effet, les deux caractéristiques majeures de sa pratique stylistique sont l'accumulation et l'incomplétude: accumulation de phrases nominales, de syntagmes flottants, de formes verbales semi-finies (infinitif et participe présent), annexant au passage des bribes de paroles, de dialogues dont les marques distinctives ont été effacées. Meddeb n'a qu'un outil de liaison syntaxique, l'apposition, qui manifeste jusque dans la syntaxe le travail de l'hétérogène. Tandis que l'incomplétude apparaît dans l'énonciation (inflation de la forme vide «à» + infinitif) mais également dans l'effacement des déterminants, des prédicats, des pronoms relatifs, qui frappe la syntaxe de discontinuité, comme dans ce court extrait:

Course des pas, rue du musc, square, boucan et bagnoles, ça pue, pont, à traîner ailleurs l'eau dansant, tanguant, mille reflets du cœur sur cette saumâtre peau d'eau que le soleil éclatant maltraite, à peine pierres dessous pont, les ondes répètent les lignes qui bougent. (p. 187)

La rhila arabe subit donc chez Meddeb, une transformation radicale qui fait du récit-itinéraire un dispositif de chaotisation en même temps qu'un hybride narratif. Si la maqama devient un principe de désordre et de turbulence qui, comme chez Butor, obéit au double principe de sérialité et de discontinuité, la mise en récit de l'hétérogène traduit dans l'opération même de métissage des formes, l'interférence et la concurrence des discours qui, dans la bi-polarité Tunis/Paris, constituent le sujet post-colonial, l'ouvrant à son propre chaos c'est-à-dire à son altérité.

On trouverait, dans le roman francophone, bien d'autres exemples de métissage générique. Edouard Glissant, par exemple, a raconté dans *Sartorius* (1999) l'histoire d'un peuple imaginaire, les Batoutos, qui métaphorise non seulement le peuple créole des Antilles en qui l'Afrique comme l'Occident et l'Orient se sont rendus invisibles, mais toute identité nomade fondée sur une généalogie de la trace et de l'errance. Or, pour ce roman, il choisit la «forme-palabre» où «désordre et emmêlement» figurent le partage oral de la parole d'où naît l'épopée des Batoutos[1]. De même, chez Patrick Chamoiseau, (*Texaco*,1992) l'oralité populaire antillaise: le «fré» par où s'exprime l'imaginaire collectif irrigue le récit de Marie-Sophie Laborieux, retranscrit par le «marqueur de paroles» dans un effet d' «oraliture» où la «parlure» vient métisser la littérature...

Mais l'*impureté*, comme expression de l'hétérogénéité de l'être affecte aussi la langue d'écriture. En effet, si la notion de francophonie implique linguistiquement le travail d'une langue étrangère à l'intérieur du français, cette hétéroglossie peut prendre différents aspects selon le contexte dans lequel les langues ont été mises en présence.

A la période prémoderne de l'espace francophone issu de la colonisation, correspond un bilinguisme imposé. Or, la langue maternelle reste le support fondamental de l'identité dans la mesure où elle structure non seulement le sujet individuel (ipse) jusque dans son inconscient, comme l'a montré Jacques Lacan, mais aussi le sujet collectif (idem) puisque, pour reprendre l'analyse d'André Martinet: «A chaque langue correspond une organisation particulière des données de l'existence.[2]». Dès lors, toute atteinte à la langue maternelle, toute mise en concurrence de cette langue dans un écart diglossique, sont ressentis comme une atteinte à l'identité. D'où le débat sur le biliguisme qui peut, selon les cas, être un élément d'enrichissement ou un facteur d'aliénation, situation que résume clairement Claude Hagège:

Il n'est pas douteux que ceux dont le bilinguisme n'est pas le produit d'une situation familiale ou personnelle à symbolique de conflits et n'a donc pas d'incidence fâcheuse sur la personnalité, y puisent un enrichissement intellectuel et un élargissement culturel.
Il en va tout autrement lorsque les deux langues parlées ont vocation intenationale et que les usagers de l'une constituent un ensemble plus nombreux et économiquement plus puissant que ceux de l'autre. Dans ce cas le bilinguisme apparaît comme un danger redoutable pour la langue la moins favorisée.[3]

Lorsque l'acculturation fonctionne, à travers l'école coloniale notamment, cette blessure se trouve anesthésiée par la puissance même du désir d'identification à l'autre. Kateb Yacine nous raconte dans *Nedjma* comment Mustapha, amoureux de la maîtresse française, n'a qu'une idée en tête: devenir le meilleur de la classe pour qu'elle le remarque. Dans leur effort pour maîtriser la langue étrangère les écrivains

[1]: *Sartorius*, Paris, Gallimard, 1999, p. 350.
[2]: *Eléments de linguistique générale*, Paris, Armand Colin, 1970, p. 12.
[3]: in*Le Français et les siècles*, Paris, Odile Jacob, 1987, p. 221?

francophones de la première génération ont donc souvent écrit dans un français académique, très respectueux des règles. Et lorsqu'un élément de la langue maternelle affleure, il est toujours différencié graphiquement par l'italique et traduit soit en contexte, soit en note, dans un effet de folklorisation de la culture indigène qui rejoint la pratique exotique d'écrivains comme Loti, par exemple. Ainsi ces quelques lignes, au début de *La Boîte à merveilles*, d'Ahmed Sefrioui:

Nous habitions *Dar Chouafa*, la maison de la voyante (...) Adepte de la confrérie des *Gnaouas* (gens de Guinée) elle s'offrait une fois par mois, une séance de musique et de danse nègres.[1]

Plus loin c'est le mot *haïk* qui fait l'objet d'une explication et ce lexique arabe, traîté comme une matière allogène, se trouve repris sous forme de glossaire à la fin du roman.

La prise de conscience de ce mode d'acculturation qui transforme l'indigénité en altérité aboutit à la remise en cause de la langue française dans la phase expérimentaliste de la modernité. Car la «guérilla linguistique» reste avant tout l'arme d'écrivains formés à l'école coloniale qui ne peuvent écrire ni dans la langue maternelle, lorsqu'il s'agit d'une langue orale (comme l'arabe dialectal ou le berbère), ni dans la langue nationale, comme l'arabe classique qu'ils n'ont pas appris. C'est donc pour ne pas se laisser prendre au leurre des valeurs articulées par la langue imposée qu'ils cherchent à la subvertir. Mais cette violence dirigée contre l'ordre logique du discours ne s'attaque en fait qu'à la norme syntaxique du français scolaire contraint de prendre en charge des formes délirantes de monologue et des structures imprécatives. D'où l'importance de la syncope comme figure syntaxique et de l'enflure métaphorique, qui retournent en prose poétique le discours narratif comme dans cet extrait du premier récit d'Abdellatif Laâbi:

Mon épilepsie me prend par la langue. Le mot à facettes de rasoir. Il s'expulse seul et va tramer des complots.
Ce n'est pas ma faute si je refuse d'être cadavre.
La muraille bouge. Des portails pour changer de races, confessions, classes. Pustules de tuiles, triques et tôles. Géométries asphaltiques. Pour mieux séparer.
J'aborde la trappe.[2]

L'entrée du texte francophone dans la postmodernité, au-delà de la politique linguistique hésitante des états post-coloniaux, se traduit par la valorisation d'un bilinguisme qui ne s'exprime plus sur le mode du déchirement mais sur celui de l'ouverture du sujet à sa propre altérité. C'est Abdelkebir Khatibi qui, le premier, a découvert en lui la dynamique créatrice du bilinguisme, au point d'en faire la matière même de son œuvre. Refusant le dualisme franco-arabe avec ses clivages et ses frustrations, il a d'abord cherché à déconstruire l'opposition entre les deux cultures en pratiquant la «pensée-autre» et la «double critique»[3] qui imposent une conception rhizomique de l'identité considérée non plus comme une donnée inaltérable du passé mais comme une articulation de traces toujours en devenir. Transposé au plan de la langue d'écriture, le refus du dualisme comme mode d'identification par opposition binaire débouche sur une notion fondamentale dans l'esthétique de Khatibi: celle de «bi-langue». Entre l'arabe et le français, la bi-langue, comme l'a très bien montré Reda Bensmaïa[4], ce n'est pas le mélange entropique des deux idiomes mais une langue intervallaire où l'arabe habite le français de manière palimpsestique tout comme le français travaille l'arabe, avec cette part d'intraduisible qui désigne les lieux de creusement d'une double altérité sur laquelle se construit le sujet. C'est tout l'enjeu d'un roman comme *Amour bilingue* qui développe, du traduisible à l'indicible, l'allégorie de la bi-langue dans la relation amoureuse entre un narrateur arabe et sa partenaire française:

Peut-être aimait-il en elle deux femmes, celle qui vivait dans leur langue commune, et l'autre, cette autre qu'il habitait dans la bi-langue. Où étaient-ils donc dans le regard, l'élan, le désir mutuels?
Ce n'était pas une symétrie de l'un à l'autre, un vis-à-vis vertical et parallèle, mais une sorte d'inversion, la permutation d'un amour intraduisible, à traduire sans répit. L'intraduisible! passion de tout amour, quand le désir tombe dans l'oubli de soi – séparé.
Permutation permanente. Il l'avait mieux compris à partir d'une petite désorientation, le jour où, attendant à Orly l'appel du départ, il n'arrivait pas à lire à travers la vitre le mot «Sud», vu de dos. En l'inversant, il s'aperçut qu'il l'avait lu de droite à gauche, comme dans l'alphabet arabe – sa première graphie. Il ne pouvait mettre ce mot à l'endroit qu'en passant par la direction de sa langue maternelle.[5]

Cette expérience de dés-orientation illustre de manière concrète le vertige de la bi-langue, espace verbal de l'entre-deux où le sujet découvre, dans ce renvoi constant d'une langue à l'autre, le principe même d'une jouissance androgyne.

Le même type d' exploration amoureuse de l'écart entre les langues trouve également une forme de métaphorisation dans un roman d'Assia Djebar, *Les Nuits de Strasbourg*, où pendant neuf nuits Thelja, l'Algérienne, va explorer avec son amant français tous les possibles érotiques d'un amour vécu comme expérience fusionnelle dans la langue de l'autre. Car l'intensité même de son désir vient de ce qu'il s'énonce en français, comme si elle accédait par là au plus intime de la langue autrefois haïe (son père exécuté par l'armée française dans les maquis algériens). Et, symétriquement, le désir de François tire sa force du fait que les mots de l'amour, dans sa propre langue, sont dits par l'amante étrangère dont le français, traversé par ces langues inconnues que sont pour lui l'arabe et le berbère, devient le lieu de la caresse de l'autre. Ainsi les mots se transforment en doigts qui palpent et embrasent le corps aimé comme ce nom qui, d'une manière performative, désigne la «datte», le fruit d'enfance de Thelja, qu'elle nomme en arabe, *deglet en nour*: «doigt de lumière»…[6]

Abdelwahab Meddeb ira plus loin encore, croisant dans *Phantasia* allotopies et hétéroglossie, lorsqu'il remonte sa «double généalogie» à partir du Coran qui s'ouvre sur la sourate de La Génisse par les trois lettres «alef, lâm, mîm»[7]. Et la rêverie philologique, issue de l'incipit

---

[1]: Paris, Le Seuil, 1954, pp. 7-8.
[2]: *L'Oeil et la Nuit*, Casablanca, éd. Atlantes, p. 16.
[3]: Cf. *Maghreb Pluriel*, Paris, denoël, 1983.
[4]: in *Imaginaires de l'autre: Khatibi et la mémoire littéraire*, Paris, L'Harmattan, 1987, p. 133.
[5]: *Amour bilingue*, Fata Morgana, 1983, pp. 26-27.
[6]: *Les Nuits de Strasbourg*, Actes Sud, 1997, p. 88.
[7]: *Pha   ntasia*, Paris, Sindbad, 1986, p. 25.

coranique, renvoie le narrateur vers Sumer, de sorte qu'à l'alphabet arabe succèdent quatre lignes d'écriture cunéiforme qui rejettent dans un impensable recul du temps l'énigme de l'origine. Mais le vol de Tunis à Orly dans son pouvoir de zapping plonge le voyageur entre deux rives dans un discontinu mental où toutes les langues se cotoient et interfèrent: idéogrammes chinois, citations en arabe de Bistami ou de Hallâj, prescription du décalogue hébraïque, dont la double étrangeté graphique et linguistique voisine avec des éléments d'italien ou d'ancien français.

De la bi-langue comme intervalle de jouissance entre l'idiome maternel et la langue étrangère au babélisme qui ouvre le français à un espace multi-langue, le texte francophone construit donc une langue métisse où se révèle l'hétérogénéité du sujet bilingue. Mais il existe d'autres dispositifs de métissage linguistique qui vont de la mise en récit du «code switching» à la production d'un «code mixing» que Patrick Chamoiseau appelle *interlecte*.

Le code-switching ou alternance codique[1], désigne cette faculté propre au sujet bilingue de passer d'une langue à l'autre au cours du même acte de communication en fonction du contexte de l'échange verbal. Si la modernité du roman québécois s'est manifestée au plan linguistique par l'entrée sur la scène littéraire du *joual* (Michel Tremblay) car cet argot populaire représentait la forme vernaculaire de l'identité francophone du Québec[2], la postmodernité accorde une place plus importante à l'anglo-américain, langue de l'altérité, longtemps combattue, mais qui exprime la dimension américaine du sujet québécois. C'est cette dimension qui travaille l'écriture de romanciers comme Réjean Ducharme (*L'Hiver de force*, 1973), Jacques Poulin (*Volkswagen blues*, 1984) ou Jacques Godbout (*Une histoire américaine*, 1986).

Arrêtons-nous sur *Volswagen blues* contruit sur le modèle du road-movie où un écrivain québécois prénommé Jack et une amie de rencontre, Pitsémine, surnommée la Grande Sauterelle, vont traverser le continent américain de Gaspé, lieu symbolique du débarquement de Jacques Cartier, jusqu'à San-Francisco, ville pluri-ethnique marquée par le souvenir de la Beat-Generation. Pitsémine qui souffre de son métissage car elle est de mère indienne (montagnaise) va découvrir au cours de cette équipée, où se révèle l'histoire de l'Amérique, que son identité métisse est précisément ce qui fait d'elle un sujet du Nouveau Monde, tout comme Jack, qui reconnaît que toute revendication d'une quelconque pureté ethnique est un leurre. Bien des canadiens francophones, «voyageurs» et «coureurs des bois» ont épousé des indiennes et engendré cette culture métisse des plaines (Manitoba et Saskatchewan) avec sa langue composite, le *mitchif* (métis) dont le syntagme nominal dérive du français tandis que le syntagme verbal s'apparente au Cree.

Pour exprimer ce métissage ethnique qui fonde l'inter-culture américaine, un tel roman mobilise au moins six langues: le français américanisé du récit, avec le choix de la simplicité, de la concision et le refus de tout effet rhétorique; le français québécois, avec ses expressions idiomatiques comme «sacre ton camp»; le joual qui remplace par le mot «chums» le français «copains» et aussi l'anglo-américain, l'amérindien et le chinois (le chat de Pitsémine s'appelle Chop Suey)...Mais surtout, l'interaction verbale est ici traitée sur le mode de l'alternance codique dans un inter-continent où l'anglais se trouve en contact avec de nombreuses autres langues. Ainsi, dans cet exemple:

Quelqu'un faisait du stop. Un homme. Cheveux blancs. Un sac sur le dos...Non, pas un sac: une grosse toile enroulée.
Jack regarda la fille pour voir si elle était d'accord. Elle fit signe que oui et il arrêta le Volks à la hauteur du vieil homme.
Howdy! fit le vieux.
Howdy! fit la Grande Sauterelle.
Elle cherchait à imiter l'accent traînant de l'Ouest. Son imitation ne fut pas très réussie, car le vieux demanda:
You're from the East, aren't you?
Yes, dit-elle.
From Québec, dit Jack.
Je parle français, dit le vieux.
Allez-vous loin? demanda la fille en ouvrant la portière
En Orégon.
On va jusqu'à Fort Hall, dit Jack. C'est pas bien loin, mais vous pouvez monter si ça vous convient..
Merci beaucoup. Ça va reposer mes vieilles jambes, dit l'homme, qui n'avait qu'un léger accent.[3]

Ce passage met en évidence un bilinguisme de type fonctionnel, dans un contexte non diglossique où l'alternance codique répond à une situation de communication qui n'est pas idéologisée. Le vieux salue en vernaculaire américain («howdy»), la Grande Sauterelle réplique dans la même langue, entrant dans le code «eux» pour pouvoir communiquer et par courtoisie, c'est pourquoi elle cherche à imiter l'accent de l'Ouest américain. Mais le vieux comprend à sa manière de parler qu'elle n'est pas d'*ici*, elle n'entre pas dans le code «nous». Il pense alors qu'elle vient de l'Est, région plus francophone, ce que laisse entendre son accent. Pitsémine répond par l'affirmative, toujours en anglais et Jack surenchérit: «from Québec», confirmant son identité. Le vieux change alors de langue et utilise le français qu'il connaît, pour entrer dans leur code (le code «nous» des deux Québécois). Seul son «très léger accent» révèle alors son appartenance au code «eux»...Cette rencontre avec le vieux «rambler», nomade interculturel, montre bien comment l'hétéroglossie, sous la forme de l'alternance codique traduit ici l'identité composite du francophone américain.

Le roman maghrébin de langue française présente également des exemples d'alternance codique dans un contexte plus diglossique où l'arabe dialectal se trouve déjà saturé de mots ou d'expressions françaises. Un écrivain judéo-marocain comme Edmond Amran El Maleh a su rendre par la technique du discours indirect libre cette pratique vernaculaire qui mêle le français à l'arabe, en inversant les codes linguistiques:

Cette année là Baba venait d'ouvrir son salon à Agadir. C'était Adolfo Moya qui lui avait appris le métier. Jusque là, il se rendait à domicile avec sa mallette à soufflet, des ciseaux, une tondeuse, un rasoir et un peigne. *Ihsra, ihsra! Mchat el yam! tqada dak che!* Où et ce temps? Tout cela est fini.
(...) Qu'est-ce que tu es toi, *ould essouk*, un voyou, un parvenu, *Ihsra! daba chouf*, tu vas voir![1]

Mais l'alternance codique renvoie ici, dans une perspective critique, à l'époque d'un Maroc pluri-ethnique où Juifs, Arabes et français pouvaient cohabiter. Driss Chraïbi par le caractère parodique de son écriture se rapproche davantage de l'esprit postmoderne lorsqu'il accomplit l'exploit de faire entendre dans la langue française l'équivalent du dialecte marocain dans lequel s'expriment deux fonctionnaires de police venus enquêter en pays berbère. Ainsi, dans cette réponse à l'interrogatoire de l'inspecteur:

Ah! bien, dit le paysan. *Wakhkha*, d'accord. Toutes choses sont possibles avec l'aide de Dieu.[2]

le redoublement graphique de la consonne *kh* met en relief l'accentuation du *R* guttural de *Wakha*. Par contre la formule religieuse qui termine la phrase est une adaptation française de l'expression *inch Allah*...Dans un autre passage, cette même formule est transcrite en arabe dans le discours de l'inspecteur Ali, parmi d'autres éléments lexicaux que la transcription en caractères latins rend imprononçables dans la langue française:

Quand tu reviendras parmi nous sur cette montagne de primitifs, un de ces jours, *incha Allah*, je te ferai un plat de *hargma*...ou de *hhliî*, de la viande séchée au soleil, tu sais bien. (p. 144)

Un autre interrogatoire s'effectue dans un français corrompu qui attire la réprobation du paysan, étonné d'entendre les policiers marocains converser en *roumi*:

- *Di menu fretin di rien di tout, chif!* continua l'inspecteur très vite. *Sardine, sardine pourrite...Toi, li gros poisson, li malabar, voyons! Sacré d'Etat!* (p. 121)

Dans leur variété même, ces emplois de l'alternance codique en régime narratif illustrent l'hybridation qu'opère le texte francophone dans son procès d'hétérogénéisation de l'écriture. Mais le métissage linguistique atteint sa forme la plus achevée dans la mise en œuvre de l'*interlecte*.

Pour comprendre ce qu'est l'interlecte, par rapport à la bi-langue, il faut revenir à Edouard Glissant qui, le premier a cherché à comprendre la culture caraïbe hors de l'opposition Europe-Afrique. Pour lui, l'élément fondateur de l'antillanité c'est le procès de créolisation qui détermine le caractère composite de l'identité caraïbe. Il en formule ainsi le principe:

Ce qui se passe dans la Caraïbe pendant trois siècles, c'est littéralement ceci: une rencontre d'éléments culturels venus d'horizons absolument divers et qui réellement se créolisent, qui réellement s'imbriquent et se confondent l'un dans l'autre pour donner quelque chose d'absolument imprévisible, d'absolument nouveau et qui est la réalité créole.[3]

Pour que la créolisation réussisse, il faut un certain nombre de conditions: l'équivalence en valeur des éléments hétérogènes mis en contact, l'imprévisibilité du résultat et l'insularité, qui fait de la double clôture de l'île et de l'espace plantationnaire le laboratoire privilégié du processus. Si la créolisation aboutit à la création d'une culture composite qui constitue une sorte de modèle réduit d'une globalisation non entropique où les identités-racine sont en voie de régression, la langue créole met en œuvre la même dynamique:

Les créoles proviennent du heurt, de la consomption, de la consumation réciproque d'éléments linguistiques absolument hétérogènes au départ les uns aux autres, avec une résultante imprévisible.[4]

Ainsi le créole antillais résulte-t-il de la fusion de parlers normands et bretons du XVIIème siècle, déjà fortement dérivés du français, avec une syntaxe d'origine africaine. Et cette langue vernaculaire a été pendant longtemps porteuse de la mémoire et de l'oralité du peuple antillais contre le français, dans un clivage diglossique caractéristique des sociétés post-coloniales.

Avec le manifeste signé conjointement par Jean Bernabé, Patrick Chamoiseau et Raphaël Confiant en 1989[5], la créolité devient non seulement l'expression de l'être culturel antillais mais la revendication, dans le sillage de Victor Segalen, du principe de *diversalité* contre la pensée de l'unique qui reste la tentation fondamentale de toute référence à l'*universel*. La créolité se définit dès lors comme *la conscience non totalitaire d'une diversité préservée.*[6] Et Patrick Chamoiseau en appelle à *l'intempérie omniphone*[7] contre «la peste de l'Un». Le discours antillais en défendant les principes d'archipélité, de diversalité, de réalité-rhizome, s'inscrit donc fortement dans la postmodernité et l'on n'est guère étonné de trouver dans les essais d'Edouard Glissant des références au «principe d'incertitude qui régit le métissage des cultures»[8] ou à la «nature fractale» des «comportements humains»[9] au sein du «Chaos-Monde».

Mais le mouvement de la créolité met également en œuvre une poétique qui revendique l'hybridation des formes narratives par l'oralité. Ainsi, comme nous l'avons vu, le conte créole sert-il de modèle à des romans comme ceux de Patrick Chamoiseau (*Solibo Magnifique*1988), Raphaël Confiant (*Le Nègre et l'amiral*, 1988) ou Ernest Pépin (*Tambour-babel*) et Maryse Condé elle-même utilise le réalisme magique d'un narrateur, héritier du «tireur de contes» dans *Traversée de la mangrove* (1984).

Toutefois c'est le travail sur la langue qui fait aujourd'hui l'intérêt des expériences d'écriture de l'archipel caraïbe. En effet, si la possibilité d'écrire en langue créole coexiste à celle d'écrire en français, comme l'ont montré les romanciers haïtien Frankétienne

---

[1]: *Aïlen ou la nuit du récit*, Paris, Maspero, 1983, pp. 92-93.
[2]: *Une enquête au pays*, Paris, Le Seuil, 1981, p. 116.
[3]: *Introduction à une poétique du Divers*, Paris, Gallimard, 1996, p. 15.
[4]: Ibid., p. 21.
[5]: *Eloge de la créolité*, Paris, Gallimard, 1989, éd. bilingue français-anglais, 1991.
[6]: Ibid., p. 28.
[7]: *Ecrire en pays dominé*, Paris, Gallimard, 1997, p. 266.
[8]: *Poétique de la relation*, Paris, Gallimard, 1990, p. 177.
[9]: Ibid., p. 207.

(*Dézafi*, 1975) ou le Martiniquais Raphaël Confiant (*Jou Baré*, 1976; *Bitako-A*, 1986), le principe de co-énonciation qui régit le contrat de lecture du roman francophone dont le public appartient à deux cultures différentes, implique plutôt une interaction entre les deux langues que les écrivains de la créolité ont appelé *interlecte* pour se différencier de l'*interlangue* davantage liée aux problèmes de la traduction. Chez Patrick Chamoiseau ce croisement linguistique entre créole et français, dans un roman comme *Texaco*, par exemple,donne à la langue française un véritabe imaginaire antillais. On peut en prendre pour exemple le début du chapitre «Temps de paille» où la conteuse-narratrice remonte aux origines de l'histoire du quartier populaire de Texaco, menacé par un projet de voie rapide. En voici les premières lignes:

A beau dire à beau faire, la vie ne se mesure jamais à l'aune de ses douleurs. Ainsi, moi-même Marie-Sophie Laborieux, malgré l'eau de mes larmes, j'ai toujours vu le monde dessous la bonne lumière. Mais combien de malheureux ont tué autour de moi l'existence de leur corps?[1]

Dans ce chapitre, comme dans tout le roman, non seulement la translittération d'un vocabulaire créole, qui reste toutefois très minoritaire, pose en arrière plan la présence de la langue maternelle (*rouclaient, dégras, pians, bagasse..*), mais la transposition de l'oralité populaire avec ses phénomènes de concrétisation («galoper du cœur sur les grands sentiments» pour: ne pas tomber dans le désespoir, «le pays d'Avant» pour l'Afrique), ses expressions proverbiales («la vie ne se mesure jamais à l'aulne de ses douleurs») ou ses métaphores emphatiques («l'eau de mes larmes», «cette chaux de douleur»), contribue à la mise en œuvre d'un véritable *code-mixing* (ou mélange de codes) qui fait de l'interlecte un double processus de créolisation. Ainsi, dans les phénomènes d'ellipse («A beau dire à beau faire»), d'agglutination («l'en-ville», «plus-de-force-l'esclavage») ou de dérivation («paroler»), le vernaculaire antillais vient créoliser le français tout en se transformant lui-même, en un post-créole, langue composite d'écriture.

Au-delà de la bi-langue, langue de l'entre-deux et des modalités d'interférence de l'alternance codique, l'interlecte institue donc une écriture du diversel où français et créole s'interpénètrent totalement pour produire un langage nouveau, capable de signifier la réalité hétérogène et discontinue du Chaos-monde:

La créolité n'est pas monolingue. Elle n'est pas non plus d'un multilinguisme à compartiments étanches. Son domaine c'est le langage. Son apétit: toutes les langues du monde. Le jeu entre plusieurs langues (leurs lieux de frottements et d'interactions) est un vertige polysémique.[2]

On voit à quel point le roman francophone opère un véritable décentrement en opposant à la conception unitaire et totalisante de l'identité-racine, la vision rhizomique d'une hétérogénéité radicale de l'être. Par l'utilisation de dispositifs de métissage liés à un contexte bilingue ou plurilingue, le roman francophone ouvre ainsi une voie spécifique au récit postmoderne tout en offrant de la globalisation qui bouleverse les échanges interculturels un modèle alternatif à l'uniformation entropique où nous entraînerait toute régression vers l'Unique. C'est en ce sens que Jean-Marc Moura, par exemple, fait du roman francophone une «exploration critique de notre (post-)modernité»[3], la parenthèse, révélant une fois de plus l'incertitude la critique contemporaine quant à l'emploi du terme.

CONCLUSION

Cet essai dont l'ambition première était l'étude du roman français postmoderne s'est finalement transformée en une introduction à l'esthétique postmoderne. En effet, la richesse de la matière abordée et l'élaboration même de l'hypothèse révèlent que le postmodernisme n'est ni une école littéraire, ni une avant-garde, mais une crise de culture à la transition des deux siècles, qui s'est transformée en culture de la crise, de sorte que non seulement la pensée, la science et les arts, s'en trouvent affectés, mais de manière plus profonde encore la société et l'individu, déstabilisés par l'irruption de l'autre sur la scène de l'être. C'est pourquoi, sans renoncer à la perspective littéraire qui pilote la réflexion, le propos s'est à la fois élargi et limité à ce que, faute de mieux, j'appelle ici l'esthétique postmoderne.

---

[1]: *Texaco*, Paris, Gallimard, 1992, p. 43.
[2]: *Eloge de la créolité, op. cit., p. 48.*
[3]: in*Littérature francophones et théorie postcoloniale*, Paris, PUF, 1999, p. 153.

NADA QUE VER. INVISIBILIDAD Y OCULTACIÓN EN LAS ARTES VISUALES

Alberto E. Flores Galán
Doctor en Historia del Arte, Universidad de Extremadura, España.

Biographie de l'Auteur:
Técnico de Arte en el Museo Vostell Malpartida, donde también ha comisariado la exposición colectiva "Naturalezas del Presente" (obras de Rufino Tamayo, Luis Gordillo, Wolf Vostell, Abraham Lacalle, etc.) y co-dirige un ciclo de arte sonoro y música contemporánea (Jaap Blonk, David Moss, eRikm, Bernhard Günter, Paulo Raposo, etc.)
Director Artístico del ciclo "La Creación Electrónica" de Cáceres (Hexstatic, Daedelus, Plaid, AGF/Delay, etc.), ha comisariado la exposición "Ruidos, Silencios y la Transgresión Mordaz. De Fluxus al Techno-Noise", exhibida en La Casa Encendida (Madrid) y galardonada en el certamen "Inéditos 2007" (obras de Nam June Paik, Philip Corner, Ultra-red, Cory Arcangel, V/Vm, Napalm Death, Alec Empire, etc.) y ha coordinado la producción del concierto-fluxus de Philip Corner y Phoebe Neville "The Only Silence is Noise" (La Casa Encendida, Madrid, 28 Junio 2007). Ha asistido a Grant Watson, comisario de artes visuales de Project Arts Centre (Dublín), y ha colaborado con Bluecoat Arts Centre (Liverpool) y Working Class Movement Library (Salford).

Résumé de l'article:
Este trabajo examina la utilización durante las últimas décadas de los conceptos de invisibilidad y ocultación como un recurso artístico al que han acudido creadores de las más diversas tendencias y disciplinas. Se han ofreciendo ejemplos de cuántos lenguajes artísticos contemporáneos ha sido posible, mencionándose incluso piezas musicales silenciosas o ejemplos de disciplinas adyacentes como el arte de acción o los nuevos medios.

En los tiempos que vivimos, cuando los museos se visitan en masa, a paso de maratón y deteniéndose únicamente ante obras significativas, el empleo de dosis desmedidas de provocación es a menudo el método más efectivo para captar la atención del espectador. Sin embargo, no son pocos los artistas que desde mediados del siglo pasado se han distanciado de esta corriente dominante. Mientras que el cineasta **Jean-Luc Godard** (París, 1930) anunciaba en la emblemática "Banda Aparte" (Bande à part, 1964) una precipitada visita al Museo del Louvre en nueve minutos y cuarenta y tres segundos o **Eugenio Ampudia** (Melgar, Valladolid, 1958) muestra en el vídeo monocanal "Prado GP" (2008) una virtual carrera de motocicletas en el Museo del Prado, el chileno **Alfredo Jaar** (Santiago de Chile, 1956) se sirve de la ocultación para plantear una suerte de conexión entre los excesos de la fotografía y la oscuridad metafórica en su instalación "Lamento de las Imágenes" (2002), integrada por dos mesas de taller fotográfico enfrentadas que se abren cada seis minutos para ofrecer únicamente una luz intensa (fotografía sin imágenes). Una senda similar había sido transitada ya por nombres icónicos como Joseph Beuys, Piero Manzoni, Robert Barry o Wolf Vostell, quienes en algunos momentos de sus admirables carreras se han sentido fascinados con las posibilidades que ofrece lo oculto y han convertido en ingrediente esencial de sus propuestas a lo insignificante, lo evanescente, lo incorpóreo o lo inexistente en apariencia, apostando así por tener muy presente lo que normalmente pasa desapercibido.

Pero curiosamente la obra de Christo Javacheff (Gabrovo, 1935) - más conocido como **Christo** - constituye un insólito nexo de unión entre arte contemporáneo de consumo masivo y la ocultación como rasgo de identidad. Si bien es cierto que este artista de origen búlgaro se ha dado a conocer a un sector de público diferente del que habitualmente acude a museos o salas de exposiciones, gracias al enorme formato de los proyectos emprendidos junto a su esposa Jeanne Claude - lo que de algún modo traicionaría los principios fundamentales sobre los que se sustenta este texto - sus empaquetamientos o envolvimientos son en sí mismos el más claro ejemplo de una carrera artística cimentada casi exclusivamente en el concepto ocultación. Por otra parte, es posible afirmar que su discurso gana enteros cuando tiende un lazo entre grandes edificios o monumentos y la idea de empaquetamiento que maneja, según la cual cuando se oculta un objeto éste se dignifica y pasa a poseer, por inalcanzable, una importancia, valor o interés del que carecía antes de ser tapado. Los objetos y las pinturas de los proyectos (llevados a efecto o no) de Christo y Jeanne Claude son tan diversos como las técnicas y los materiales empleados. Christo no sólo ha intervenido los grandes monumentos, parques, campos o edificios que le han deparado un reconocimiento generalizado y, de hecho, sus obras de pequeño formato ofrecen al menos los mismos argumentos que "Wrapped Reichstag" (1971-1995), "Wrapped Walk Ways" (1977-78) y otros de sus trabajos más grandilocuentes. Admitiendo, pues, que Christo mejora en las distancias cortas, admiramos la poesía que emana de la impecable pieza "Wrapped Flower" (el empaquetamiento de una flor), donde Christo deposita una nueva mirada sobre un objeto tan delicado como *afectivo* y persigue propiciar un cambio similar en la percepción del mundo por parte del espectador. Trabajos como "Wrapped Painting" (1969) o "Wrapped Book Modern Art" (1978) contienen en sí mismos una reflexión abierta en torno a las obras y los libros de arte, y otros de sus empaquetamientos hunden sus raíces en Dadá y en el surrealismo. Es el caso, por citar los ejemplos más conocidos, de las numerosas sillas y sillones envueltos desde 1966 o de mujeres empaquetadas. Con "Wrapping a Girl" (1962) Christo empaquetó por primera vez a una mujer en Londres, siendo su obra más afamada en este sentido el envolvimiento con poliestireno y cuerdas de siete chicas jóvenes en la inauguración de su exposición individual celebrada en 1968 en el Institute of Contemporary Art de la Universidad de Pennsylvania.

El italiano **Piero Manzoni** (Soncino, Cremona, 1933-Milán, 1963) tampoco necesita presentación. En su breve e influyente carrera ha concretado en la ocultación y la invisibilidad buena parte de sus constantes mediante la realización de pinturas sin color tituladas *achromes*, esculturas de aire ("Corpi d'Aria") formadas por globos hinchables o, especialmente, a través de sus insignes "Línee" (líneas) y de las célebres latas que guardan en su interior supuestos excrementos del artista. Cómodamente situado en un terreno muy suyo, Manzoni presentaba en mayo de 1961 su primera serie de latas de "Merda d'Artista" en la misma galería Azimut que un año antes había visto nacer los "Corpi d'Aria" y determinó el precio de las mismas en función de la cotización diaria del oro. Mayor interés tiene, sin embargo, la presentación de las latas que el poder de transgresión de un discurso tan provocador como rupturista. Porque, en efecto, si las latas de Piero Manzoni conservan intacta su capacidad de emoción se debe en buena medida a que pretende conseguir que su singular contenido pase a formar parte de una dimensión conceptual y que se desprenda de sus propiedades más conocidas. Un planteamiento similar se aprecia en las líneas que el artista italiano expuso enrolladas e introducidas en estuches cilíndricos de cartón. Piero Manzoni exhibió las primeras en 1959 en la galería Pozzetto Chiuso de Albisola Marina y en la galería Azimut de Milán, concibiendo ese mismo año una "Línea di Lunghezza Infinita" que realizaría meses más tarde. Si bien siempre había alguna línea ocupando las paredes de la galería, el resto se presentaron enrolladas dentro de cilindros de cartón.

Al igual que sucede con las latas de "Merda d'Artista", las líneas a las que Piero Manzoni consagró buena parte de su vida artística sólo existen en la imaginación del espectador y en la inscripción del exterior de su continente. En lo que se refiere a la "Línea di Lunghezza Infinita" (1960), introdujo en un cilindro una línea de 7.200 metros de longitud sobre papel continuo de periódico que había realizado el 4 de julio de 1960 durante cerca de tres horas. Y finalmente, hay que inscribir en el mismo orden de ideas de los trabajos señalados dos creaciones sonoras en las que Piero Manzoni toma como punto de referencia la obra de John Cage "4'33"", pues mientras que en la pieza para orquesta y público "L'Afonia Herning" (1961) la orquesta no interpreta ni una sola nota y el público permanece en silencio, "L'Afonia Milano" (1961) está escrita para latido de corazón y respiración, pudiendo emparentarse esta última igualmente con el conocido experimento mediante el cual Cage demostró la imposibilidad real del silencio tras permanecer encerrado en una cámara anecoica. Cuando el compositor estadounidense salió de esta cámara de aislamiento explicó que había estado escuchando los sonidos de su propio corazón y de la circulación de la sangre.

Por otra parte, y si bien es cierto que el conjunto de la obra de **Joseph Beuys** (Krefeld, 1921-Düsseldorf, 1986) no tiene en la ocultación su principal razón de ser, la presencia en la misma desde finales de los años cincuenta del fieltro como uno de sus materiales permanentes hace que sea imposible pasar por alto en este texto a una de las figuras más singulares, inclasificables e influyentes en el transcurrir del arte de la segunda mitad del siglo pasado. El fieltro, que para el artista alemán se relaciona con su carácter aislante, es apreciable en los tres troncos de abeto cubiertos sólo parcialmente por pesadas mantas de "Schneefall" (1965), en sus ocho obras tituladas "Fond" (1967-1984) y también envolviendo bastones en acciones como "Manresa" (1966) o "Eurasia Siberische Symphonie 1963 32. Satz (Eurasia) Fluxus" (1966). No obstante, son dos las obras de Joseph Beuys que se ajustan con mayor rigor a la idea de ocultación: "Infiltration-Homogen für Cello" (1967-1985) y "Plight" (1985). Nacida la primera del concierto "Infiltration Homogen für Konzertflügel, der grösste Komponist der Gegenwart ist das Contergankind", realizado junto a Charlotte Moorman y Nam June Paik - en el que Beuys empujaba un piano de cola envuelto completamente en fieltro - consiste en un violonchelo forrado también íntegramente con una capa de este material. Recubiertos en fieltro, estos instrumentos son incapaces de emitir nota alguna al exterior, desde donde nada puede sospecharse (como sucede en cualquier ámbito de la vida) de su verdadera naturaleza. Por consiguiente, el espectador no dispone de otra opción que no sea imaginar los hipotéticos sonidos que permanecen atrapados bajo una capa de fieltro que condena al silencio a un instrumento creado para emitir sonidos. Por su parte, en la instalación "Plight", realizada en 1985 para la galería londinense Anthony d'Offay y conservada en el Centre Georges Pompidou de París, Beuys utiliza el fieltro como hacen los mongoles en la estepa, para proteger sus tiendas de campaña del frío exterior, por lo que no es de extrañar que en algunos círculos se haya entendido como una representación del espacio comprendido entre el forro de fieltro y el piano de cola que dio lugar a la pieza anterior.

Los mismos argumentos plantea **Wolf Vostell** (Leverkusen, 1932-Berlín, 1998) a través de sus numerosos enterramientos, cubrimientos y ocultaciones. El artista, denominado con acierto por José Antonio Agúndez como el *poeta del hormigón*[1], ha enterrando un televisor en funcionamiento y ha tapado con este material de construcción libros, muebles o aparatos de radio. Entre todos los trabajos realizados por Wolf Vostell con la ocultación como sello distintivo es destacable "Ruhender Verkehr" (1969), con el que intervino la galería Art Intermedia en Colonia situando en su entrada un automóvil totalmente cubierto de hormigón. Más poética ha resultado ser la esencialidad conceptual de sus esculturas ambiente "VOAEX - Viaje de (H)ormigón por la Alta Extremadura" (1976) y "El Muerto que Tiene Sed" (1978), dispuestas en el paraje natural de Los Barruecos, en la localidad española de Malpartida de Cáceres, donde se ubica el Museo Vostell Malpartida. Mientras que la primera consiste en el aprisionamiento de un automóvil que previamente había sido conducido por el propio artista desde Berlín hasta Malpartida de Cáceres, "El Muerto que Tiene Sed" es una caja de plomo cubierta de hormigón que, expuesta a cielo abierto, no guarda en su interior objetos sino pensamientos humanos. Esta última obra incluye, asimismo, un círculo de platos vacíos y una inscripción en la que Vostell solicita que la caja sea abierta a los cinco mil años de su realización. Al artista hispano-alemán debemos también una afirmación, pronunciada en Roma en 1973 con motivo del ambiente "Energía", que resume de modo claro y conciso las ideas que sustentan las presentes notas: *son las cosas que no conocéis las que cambiarán vuestra vida*.

El caso de **Robert Barry** (Nueva York, 1936) es apariencia engañosa en estado puro. En especial los trabajos invisibles de su primer periodo, anterior al descubrimiento de las posibilidades expresivas de la utilización del lenguaje. Tras efectuar la instalación "Outdoor Nylon Monofilament" (1968) con monofilamento de nylon fino y transparente, desechó la idea según la cual el arte es necesariamente algo que hay que mirar. Entonces presentó una serie de obras realizadas con materiales que no pueden ser percibidos por el ojo humano como gases, campos de energía electromagnética o ultrasonidos. Entre ellas, merecen especial atención "Telepathic Piece" (1969), que consistía en la afirmación *during the exhibition I will try to communicate telepathically a work of art, the nature of which is a series of thoughts that are not applicable to language or image* (durante la exposición intentaré comunicar telepáticamente una obra de arte, la naturaleza de la cual es una serie de pensamientos que no pueden aplicarse al lenguaje o a la imagen), "Carrier Wave" o la instalación "Radiation" (1969). Igualmente significativa es "Closed Gallery", quizás una de las obras de Barry mejor conocidas. Realizada en 1969 para la galería Art & Project de Ámsterdam, consistió únicamente en un cartel situado en la puerta de entrada a la sala en el que podía leerse *during the exhibition the gallery*

---

1 AGÚNDEZ GARCÍA, José Antonio: *10 Happenings de Wolf Vostell*, Editora Regional de Extremadura, Mérida (Badajoz) y Asociación de Amigos del Museo Vostell Malpartida, Malpartida de Cáceres (Cáceres), 1999, p. 53.

will be closed[1] (durante la exposición, la galería permanecerá cerrada). "Interview Piece" (1969), "Marcuse Piece" (1970-71) y, especialmente, "Inert Gas" (1969) - en donde devolvió a la atmósfera pequeñas cantidades de diferentes gases indetectables que no se pueden ver ni oler - completan hasta hoy los ejemplos más significativos de esta vertiente del artista. porque, en general, la propuesta de Robert Barry inmediatamente posterior apenas se desmarcaría de los presupuestos señalados. No obstante, y aunque una conjunción de circunstancias restaría gradualmente el protagonismo de su lado más invisible, el artista neoyorquino entregaría en los últimos años del siglo XX la grabación fonográfica "Sky Land Sea" (CNAP Villa Arson, Ministère de la Cultura et de la Communication, Niza, 1997). Significativamente, este trabajo enlaza con anteriores piezas sonoras inaudibles realizadas con sencillas ondas radiofónicas, pues tiene en el silencio uno de sus elementos fundamentales.

Sin abandonar los nombres esenciales del histórico arte conceptual, es obligado recordar los "Airworks" u "obras de aire" ideadas por **Michael Asher** (Los Ángeles, 1943) - quien se ha servido de ventiladores (no visibles) para hacer circular corrientes de aire en espacios cerrados – o la aplaudida exposición de **Art & Language** "The Air Conditioning Show" (The Visual Arts Gallery, Nueva York, 1972), una crítica mordaz a la idea de interpretación en las exposiciones de arte (el grupo inglés perseguía con el uso de ventiladores que las condiciones ambientales de la sala pasaran desapercibidas, mantener la temperatura de la sala tan invariable como neutra o, si se quiere, mediocre). Tres décadas mas tarde, el escocés **Martin Creed** (Wakefiled, 1968) no dudaba en citar el influjo ejercido por "The Air Conditioning Show" en el sustento teórico de su instalación "Work No. 227: The Lights Going On and Off" (literalmente, las luces de una habitación vacía encendiéndose y apagándose), que le serviría en 2001 para hacerse con el prestigioso (y polémico) Premio Turner. Consecuentemente, es posible afirmar que la trayectoria de piezas de semejantes características es de largo recorrido temporal, mas aún si nos remontamos a ejemplos tempranos como la exposición de **Yves Klein** (Niza, 1928-París, 1962) "Le Vide" - el vaciado (casi) completo de la galería Iris Cert de París, en 1958 - o la mirada poética depositada por **Marcel Duchamp** (Blainville-Crevon, 1887 - París, 1968) en el insigne *ready made* "Air de Paris" (1919): una ampolla de vidrio que incluye aire parisino insípido, inodoro e incoloro. Ejemplo ineludible es también la exposición "vacía" de **Robert Irwin** (Long Beach, 1928) "Experimental Situation" (Ace Gallery, Los Ángeles 1970), cuya tarjeta de invitación señalaba *The gallery space will be empty for a period of 1 month (October), for Robert Irwin to visit the space daily to conceive the different possibilities of artworks for the space* (el espacio de la galería se vaciará durante un periodo de un mes (octubre), para que Robert Irwin visite diariamente el espacio para imaginar las diferentes posibilidades de obras para el espacio). Pero mientras que el artista californiano invita al espectador a reflexionar sobre las cualidades (y posibilidades) del espacio expositivo, **Tony Matelli** (Chicago, 1971) reflexiona sobre la *imposibilidad de hacer*[2] en su obra procesual "Abandon"(1999-2009), para cuyas últimas versiones ha vaciado salas del Centre d´Art Santa Mònica de Barcelona y el Palais de Tokyo en París, situando estratégicamente pequeñas ramas y hojas (*malas hierbas*) en los rincones formados entre las paredes y el suelo. Bien diferente es el trabajo en video del artista español **Ignasi Aballí** (Barcelona, 1958) "0-24h" (2005), que muestra únicamente grabaciones realizadas por las cámaras de seguridad de un museo de arte contemporáneo mientras éste permanece cerrado al público. Como era previsible, nada sucede allí cuando el museo cierra sus puertas, salvo la presencia ocasional de guardas de seguridad.

En otro orden de cosas, la escultora inglesa **Rachel Whiteread** (Londres, 1963) ha explorado una línea de trabajo que consiste en el vaciado artístico de camas, sillas, armarios, bañeras y otros objetos cotidianos en materiales como resina, escayola o caucho. Desde que con "Ghost" realizara el primero de ellos en 1990, esta artista ha prescindido de los objetos para apostar por el espacio que éstos ocupan. Por su parte, resulta de gran interés el monumento temporal "House" (1993), un controvertido vaciado en hormigón de una casa situada en un barrio pequeño-burgués del East End londinense que supone el punto culminante del conjunto de la obra de la escultora británica. Al igual que en el resto de su producción, Whiteread incide en la apología de lo cotidiano y ofrece la vertiente más indescifrable del concepto duchampiano de objeto encontrado pues, en efecto, sus intenciones van mucho más allá del gesto de escoger cuidadosamente un objeto. Su discurso, alejado de los parámetros de la escultura contemporánea, se fundamenta en la elección de un objeto que significativamente nunca vemos tal cual es, sino a través de la huella que al vaciarlo deja en el espacio.

Igualmente poético ha resultado ser **Walter de Maria** (Albany, California, 1935) con la realización de "Vertical Earth Kilometer", una escultura *a la inversa* instalada permanentemente en Kassel y llevada a efecto con motivo de la documenta de 1977. Consistente en una varilla de metal de un kilómetro de longitud semienterrada en la tierra de la que únicamente es visible su extremo superior, "Vertical Earth Kilometer" deja para el espectador la decisión final de dar por cierto si la obra existe o no íntegramente. En otros trabajos como la caja cerrada realizada en 1961 o en su serie de "Invisible Drawings" (dibujos invisibles) realizados a partir de 1963, Walter de Maria tomará de nuevo lo oculto o lo invisible como materia prima con la que construir un discurso tan influyente como rupturista.

A medio camino entre *una escultura post-minimalista y un homenaje a Walter de Maria*[3], la instalación "500 Pounds of Common Earth" (2000-01) de **Roman Vasseur** (Londres, 1967) consiste en una caja de madera que contiene en su interior un metro cúbico de tierra extraída el 21 de mayo del año 2000 del desfiladero Borgo, en Transilvania. Este cajón de embalaje se expuso, acompañando la documentación acreditativa de que su contenido resultaba inofensivo para la salud pública y los documentos necesarios para su entrada en la Unión Europea, en el Austrian Cultural Institute de Londres durante el verano de ese mismo año y, ya en 2001, en el Project Arts Centre de Dublín. Con "500 Pounds of Common Earth", Roman Vasseur pretende llamar la atención sobre la inmigración y la intolerancia en Europa, al tiempo que rememora el supuesto transporte de cajas de madera con tierra común de su Transilvania natal por parte del conde Drácula que nos relata Bram Stoker en su conocida novela gótica. La propuesta de Vasseur, tan sencilla como rotunda, evidencia los numerosos obstáculos burocráticos que encontró

1 GODFREY, Tony, *Conceptual Art*, Phaidon Press Limited, Londres, 1998, p. 164.

2TORRES, David G: "Nada que Decir", en: *Boletín Centre d´Art Santa Mònica* nº 21, Barcelona, Febrero 2006.

3BURROWS, David, "The Work", en: *Art Monthly*, Londres, junio 2000.

una simple caja rellena de tierra rumana en su itinerario hasta Londres haciendo parada en Viena donde, ya en territorio austriaco el envío y al descubrirse la falta del certificado que confirmara el origen de la tierra, la caja pasó a ser declarada un objeto ilegal y, por tanto, inexistente; funcionando, pues, como una metáfora de la inmigración irregular de ciudadanos procedentes del este de Europa. Pero paradójicamente – y es en este sentido donde enlaza con el precedente marcado por Walter de Maria – la obra viajaría sin problemas a Los Ángeles para ser exhibida permanentemente en el desierto de Mojave. Conviene resaltar, por otra parte, que en contraposición a referencias ineludibles como las obras "1 metro cubo di terra" (1967) y "2 metri cubi di terra" (1967) del artista *povera* Pino Pascali, en momento alguno Roman Vasseur nos permite contemplar la tierra común depositada el interior de la caja de embalaje. De este modo, el artista traza un paralelismo con todos aquellos inmigrantes a los que no vemos o no queremos ver, sirviéndose para ello de un material elegido con esmero: un metro cúbico de tierra deliberadamente ordinaria extraída de un desfiladero rumano.

Polémico como pocos, **Santiago Sierra** (Madrid, 1966) también ha orientado parte de su actividad artística a denunciar con absoluta y discutible crudeza la situación de los más desprotegidos. En su caso, bien sea mediante la realización de *performances*, instalaciones o de trabajos en vídeo o sobre soporte fotográfico, no sólo demuestra interés por los excluidos sociales sino que hace de la presencia física de los mismos la mayor singularidad de su obra artística. De la misma manera que Roman Vasseur hiciera con "500 Pounds of Common Earth", Santiago Sierra se sirve de la ocultación para abrir una nueva línea de debate respecto a la marginación. Sin embargo, no le interesa crear metáfora alguna con tierra o cualquier otro material común y prefiere hacer de indigentes, alcohólicos y toxicómanos alquilados por horas el sujeto activo con el que construye su obra. Ya en los confines de lo ético, Sierra convocaba en agosto de 1999 una oferta de empleo. Con los ocho aspirantes seleccionados realizaba en el edificio G & T de la ciudad de Guatemala la instalación "Ocho personas remuneradas para permanecer en el interior de cajas de cartón", sin que en ningún momento fuera posible contemplar a quienes estaban dentro de las cajas. En la misma línea se inscriben "12 Workers Remunerated to Remain inside Carton Boxes" (ACE Gallery, Nueva York, marzo de 2000) y "Trabajadores que no pueden ser pagados, remunerados para permanecer en el interior de cajas de cartón" (Kunst Werke, Berlín, septiembre 2000), en rigor dos versiones de la obra realizada en Guatemala. Todas ellas muestran una clara voluntad de desmaterializar la obra artística y de remover los principios sobre los que se sustenta el mercado del arte. Mostrando unas líneas de continuidad bastante coherentes con respecto a los trabajos anteriormente mencionados, Santiago Sierra produjo en la localidad irlandesa de Limerick la pieza "Person Remunerated to Remain inside the Trunck of a Car" (2000), en la cual se introdujo a una persona en el maletero de un coche. Lejos de ajustarse a los cánones de una obra que comenzaba a correr el riesgo de convertirse en una nueva forma de estándar, el artista mexicano nacido en Madrid optó por mostrarnos su faceta más radical en "A Person Remunerated during 360 Consecutive Hours" (2000), en donde durante quince días un muro de ladrillo dividió en dos partes el P.S.1. Contemporary Art Center de Nueva York ocultando a una persona alquilada por el artista que percibió 10 dólares por hora de trabajo y recibió alimento por un hueco abierto en el muro, significativamente, a la altura del suelo. Otros trabajos de esta índole son "Tres personas remuneradas para permanecer tumbadas en el interior de tres cajas durante una fiesta" (Vedado. La Habana. 2000), "20 trabajadores en la bodega de un barco" (Puerto de Barcelona, 2001) o "Person in a Hole of 300 × 500 × 300 cm under the Soil" (2001), en la cual se invitó a mendigos, siempre pagados, a ocupar un pequeño agujero bajo tierra realizado en el espacio que separa el Museo Kiasma del Parlamento en Helsinki. Sin abandonar la idea de ocultación, la participación del artista en la Bienal de Venecia de 2003 consistió en construir un muro de ladrillo paralelo a la fachada principal del pabellón de España (únicamente se permitió el acceso "por la puerta de atrás" a ciudadanos españoles, previa presentación de pasaporte u otra identificación de curso legal) y en una intervención que consistió en la cobertura con plástico negro del relieve situado a la entrada del pabellón con el nombre de dicho país ibérico. Cinco lustros antes, el artista conceptual catalán **Pere Noguera** (La Bisbal d´Empordà, 1941) había cubierto con barro un mapa de España, borrando así la distribución provincial del país y proporcionando una nueva geografía política aleatoria originada por las grietas producidas por el barro tras su secado. Capítulo aparte merecen los "mapas vacíos" realizados en 1967 por los componentes de **Art & Language** Terry Atkinson (1942) y Michael Baldwin (1945), particularmente "Map of the Sahara Desert after Lewis Carroll" (Mapa del Desierto del Sáhara después de Lewis Carroll) y "Map of a Thirty-Six Square Mile Surface Area of the Pacific Ocean West of Oahu" (Mapa de una superficie de treinta y seis millas cuadradas del Océano Pacífico al Oeste de Oahu), así como el celebrado "Map to Not Indicate" (Mapa para no indicar), una nueva ruptura de los convencionalismos de representación de fronteras geográficas que muestra únicamente el contorno de los estados de Iowa y Kentucky (que aparecen aislados, como si fueran islas imaginarias) acompañados de la enumeración escrita de algunos de los elementos que han sido suprimidos de un mapa del subcontinente norteamericano.

En cierto modo, "Map to Not Indicate" allana el terreno por donde transitará **Cory Arcangel** (Estados Unidos, 1978) en los primeros años del siglo XX, con la realización de la emblemática obra "Super Mario Clouds" (2002), en la que el artista interviene el videojuego Super Mario Bros eliminando todos sus componentes, a excepción del cielo azul y las nubes. Consecuencia directa de esta pieza son "F1 Racer Mod" (2004) (también conocido como "Japanese Driving Game") y su secuela "f2" (2005), que proponen la supresión de los obstáculos, oponentes y narrativa de un conocido juego de carreras de coches que se transforma aquí en un amable paisaje integrado únicamente por una carretera vacía y una línea de horizonte. Y ya inmersos en el arte electrónico, es obligado recordar la pieza de *net.art* "404" (1998) ideada por **JODI** (dúo integrado por Joan Heemskerk y Dirk Paesmans) utilizando como punto de partida la premisa "404 - File Not Found" (*Error HTTP 404 - No se encontró el archivo o directorio*), esto es, la indicación que se refiere a aquellas páginas web inexistentes. Por su parte, la obra procesual de **Maurizio Bolognini** "Programmed Machines" (1990-2005) propone ya una reflexión en torno a la incierta inmaterialidad del *New Media Art* al exhibir, en funcionamiento y al nivel del suelo, una serie de ordenadores sellados que habían sido programados para generar un flujo de imágenes. De este modo, a *al esconder la salida de imágenes, el artista nos anima a pensar en el proceso y la vida (no demasiado) silenciosa* *de un ordenador en vez de en su resultado*[1]. Finalmente, citamos como ejemplo de arte electrónico que requiere de la participación del usuario (destructivo) la acción en Internet "Elmundo.es" desarrollada en 2001 por **Ricardo Iglesias** (Madrid, 1965) en referencia a la brevísima vida de las noticias en la era de la post-información: una base de datos permitía la destrucción paulatina de una reconstrucción de una página digital del periódico español El Mundo, que iba desapareciendo a medida que los internautas *devoraban* las noticias.

El caso del influjo de la partitura "silenciosa"de **John Cage** (Los Ángeles 1912 - Nueva York, 1992) "4´33´´" merece un capítulo aparte. En apariencia cuatro minutos y treinta y tres segundos de silencio, pero en realidad una propuesta de escucha activa, la huella evidente de esta pieza se detecta en obras de otros autores surgidos de Fluxus, principalmente en la proyección durante ocho minutos de una cinta de vídeo sin grabar realizada por **Nam June Paik** (Seúl, 1932-Miami, 2006) bajo la denominación de "Zen for Film" (1964) y en la versión fonográfica de la misma, realizada dos años más tarde por **Ken Friedman** (New London, 1949), titulada convenientemente "Zen for Record". En el ámbito de Fluxus, la influencia de la pieza más conocida de John Cage se puede rastrear en trabajos que abarcan un amplio espectro que oscila entre la interactividad de "Random Access" (1963) - del citado Nam June Paik, que permite al público crear sonidos manipulando cincuenta trozos de cintas vírgenes situados sobre las paredes de la sala que acoge la obra - o la obra radiofónica de **Milan Knížák** "Snowstrom is Broadcast" (1963), *en la que el viento era el único elemento audible*[2], pasando por un buen número de partituras silenciosas ("Music for Two Players", de **Mieko Shiomi**, "String Quartet", de **George Brecht**, etc) o directamente imposibles de ejecutar ("The Instructions for this Piece are on the Other Side of the Sheet", de **Henry Flynt**, "Solo for Conductor", de **George Maciunas**, etc.). Y ya en el capítulo de cajas-fluxus o *fluxkits*, merecen un lugar destacado en estas líneas las de **Ben Vautier** (Nápoles, 1935) "Fluxbox Containing God" y "Mystery Box". Mientras que la primera de ellas consiste en una caja vacía (?) y sellada, con la inscripción *Fluxbox Containing God, certified by Ben Vautier, Nice, 1961* (Caja Fluxus que contiene a Dios, certificado por Ben Vautier, Niza, 1961), "Mystery Box" es una pequeña caja que también conserva un contenido espiritual (artístico, en esta ocasión) en un continente material, herméticamente cerrado, que perdería tal condición *si su contenido fuese revelado*[3]. Un aroma similar es apreciable en la caja de **George Brecht** (Nueva York, 1925 - Colonia, 2008) "Closed on Mondays" (1961-69), una obra procesual que devuelve a la memoria la instalación de Robert Barry "Closed Gallery" mencionada con anterioridad.

Adentrándonos ya en la música popular moderna, el influjo del capital "4'33"" de John Cage es apreciable en artistas tan diversos como **Soundgarden** (en su tema "One Minute of Silence" es un levísimo, casi imperceptible, ruido de fondo de conversaciones de la banda), **Living Colour** (los pioneros del *funk metal* negro incluyeron un *hidden track* de cuatro minutos y treinta y tres segundos de silencio en su álbum "The Chair in the Doorway") o **Wolf Eyes** (el primero de los cuatro cortes silenciosos de su larga duración "Burned Mind" dura exactamente cuatro minutos y treinta y tres segundos). Por su parte, el extinto grupo argentino de música experimental **Reynols** publicó en 1995 su álbum de debut "Gordura Vegetal Hidrogenada" (1995) - en rigor *el primer CD desmaterializado de la historia, por lo que no existe, al menos en su forma física*[4], pues el "disco" consiste en una caja vacía – como una readaptación de su *cassette* titulada convenientemente "No Tape" (Psychodrama, 1984), que incluyó únicamente la carcasa plástica protectora y dos carretes miniatura. Poco tiempo después, el prestigioso sello discográfico alemán *trente oiseaux* (dirigido por Bernhard Günter, otro gran explorador de las posibilidades que ofrece el silencio) editaba su trabajo "Blank Tapes", construido enteramente a partir del sonido que emiten diversas cintas de *cassette* en blanco, de diferentes marcas comerciales, que habían sido almacenadas durante años por Miguel Tomasín, el otrora líder de la controvertida banda argentina. Así las cosas, y mientras que **The Melvins** participan en su en el *single* recopilatorio "Son of Bllleeeeaaauuurrrrgghhh!" (Slap-a-Ham, 1992) - en realidad un divertido compendio de sesenta y nueve rapidísimas microcanciones de clara herencia *grindcore* - con el tema "Nothing", uno de los más extensos del disco, que consiste en treinta segundos de silencio, el colectivo artístico y cultural **Crass** otorga un acento más combativo a su revisión de la partitura "silenciosa" de John Cage. Liderados por Penny Rimbaud, la banda considerada como la piedra angular del *anarcho-punk* no solo ha estado *vinculado activamente a Fluxus a través del colectivo Exit*[5] sino que ha reconocido abiertamente la influencia ejercida por "4´33´´" en la sección silenciosa de su canción "They´ve Got a Bomb". Porque, efectivamente, la citada composición incluye un intervalo de silencio que la banda entiende – en consonancia con la idea de escucha activa de los sonidos que nos rodean – como una llamada de atención o una invitación a reflexionar sobre la realidad del mundo (en las actuaciones de Crass en directo, este fragmento solía ir acompañado de una proyección, también silenciosa, de imágenes de los bombardeos de Hiroshima y Nagasaki). Y cambiando radicalmente de registro, la composición "Dylan in Between" (2001) del músico y artista intermedia español **José Iges** (Madrid, 1951), de cuatro minutos y treinta y tres segundos de duración, utiliza como materia prima las pistas de separación entre canciones de discos de vinilo de Bob Dylan, permitiendo de este modo escuchar los sonidos que se ocultan en un espacio que se presume acústicamente vacío pero que sería devorado con entusiasmo por cualquier coleccionista de *toda* la obra del cantautor de Minnesota. Se trata, por tanto, de un contraste entre silencio digital y presunto silencio analógico que permite a Iges plantear una reflexión en torno a la imposibilidad real del silencio, demostrada por John Cage en el citado experimento llevado a efecto en la cámara anecoica.

En ocasiones lo que se tapa u oculta no es lo que no queremos ver, por desagradable o vergonzoso, sino precisamente aquello que se supone ha de contemplarse con fascinación y respeto. La idea de homenaje es bien visible prácticamente en todos los géneros y disciplinas de la

---

1 QUARANTA, Domenico:"¡No es inmaterial, estúpida! La insoportable materialidad de lo digital, en: *Artecontexto* nº 22, ARTEHOY Publicaciones y Gestión SL, Madrid, 2009, p. 36.

2 IGES, José: "Fluxus y la Música: un vasto territorio por explorar", en: *Fluxus y Fluxfilms 1962-2002*, Museo Nacional Centro de Arte Reina Sofía, Madrid, 2002, p. 239.

3 HENDRICKS, Jon (ed): *Fluxus Codex, The Gilbert and Lila Silverman Fluxus Collection*, Detroit, Michigan, 1988, p. 513.

4PEREIRA, Rogelio, "Reynols: Mundo Dadá", en *Hz Revista de Músicas Periféricas*, nº 2, noviembre 2000, Anti-©, Barcelona, p. 37.

5 VV.AA: *Penny Rimbaud & Crass tienen una bomba. Textos, declaraciones y arte de la banda más peligrosa del Reino Unido*, La Felguera, Madrid, 2005, p. 11.

creación contemporánea. La serie de **Stephen Prina** (Galesburg, Illinois, 1954) titulada "Exquisite Corpse: The Complete Paintings of Manet", por ejemplo, rinde al mismo tiempo un tributo al pintor impresionista y a los *cadáveres exquisitos* dados a conocer por los artistas surrealistas. Realizada en los años noventa, consiste en un conjunto de reproducciones de pinturas del impresionista francés a las que Prina ha añadido una capa de pintura monócroma, cuestionando abiertamente conceptos como autoría, autenticidad, originalidad y apropiacionismo. Es posible, por otra parte, establecer un paralelismo formal entre la citada "Exquisite Corpse: The Complete Paintings of Manet" y la serie "Now They Are" (1992-1993) del influyente grupo británico **Art & Language**. Inofensivas monocromías vidriadas ocultan en este último trabajo una reproducción del aún hoy irreverente lienzo "L'Origine du Monde", del pintor romántico francés Gustave Courbet, así como otras fotografías y pinturas que igualmente representan un pubis femenino. Por su parte, las piezas del citado **Ignasi Aballí** tituladas genéricamente "Errores" (1998-2005) ocultan - mediante colector líquido *tipp-ex* - un conjunto de cuadros o imágenes, mientras que su obra "Corrección" (2001) cubre un espejo con pintura blanca. Y si las poco ortodoxas monocromías señaladas proponen una suerte de "pintura borradora", el artista catalán utiliza el paso del tiempo como aliado esencial para elaborar la obra procesual "Polvo (diez años de estudio)" (1995-2005), esto es, lienzos que han acumulado polvo durante diez años. En esta línea de *apología de la pasividad* se inscribe la serie "Malgastar", integrada por recipientes abiertos llenos de pintura que el artista ha dejado secar intencionadamente. Bien diferentes de las obras de Stephen Prina, Art & Language o Ignasi Aballí mencionados con anterioridad, aunque igualmente ligados a la conexión entre la idea de ocultación y la presencia o ausencia de obras de arte, son los trabajos de la artista conceptual francesa **Sophie Calle** (París, 1953) "Le Fantôme" (1989), "Last Seen" (1991-92) y "The Detachment" (1996). Todos ellos proponen nexos de unión entre la actividad artística y la recepción, percepción y recuerdo de las obras de arte. Este deseado término medio entre arte e invisibilidad se concreta en creaciones como "Last Seen", en donde Sophie Calle propone un diálogo entre fotografías de los espacios ya vacíos que solían ocupar obras de arte robadas en 1990 del Isabella Stewart Gardner Museum de Boston (entre ellos, dibujos de Degas y cuadros de Vermeer, Rembrandt y Manet) y descripciones de estas piezas realizadas por conservadores, vigilantes y otros empleados del museo. Por otro lado, la instalación "Los Ciegos" se aproxima a una idea de invisibilidad más cercana a la idea de belleza que a una reflexión sobre el arte. Para ello, la artista se sirve de la estructura formal de la insigne obra de Joseph Kosuth "One and Three Chairs" (1965) y compone su instalación con textos en los que invidentes de nacimiento definen la belleza, con fotografías del rostro de estas personas y con objetos o imágenes que reflejaban la idea que éstas tenían de lo bello.

La combinación entre el espacio y el vacío aparente también ha producido obras maestras. Un ejemplo de lo útil y efectiva que puede resultar esta alianza es la instalación de **Cildo Meireles** (Río de Janeiro, 1948) "Cruzeiro do Sul" (1969-70), en la que el artista brasileño cambia su registro habitual presentando uno de los trabajos que mejor expresan la estética y la fuerza de lo insignificante como materia artística. "Cruzeiro do Sul" consiste en un minúsculo cubo de madera de nueve milímetros de arista compuesto por una sección transversal de pino y otra de roble, dos árboles considerados sagrados por los pueblos indígenas brasileños, y ha sido ideado para constituir por sí mismo una única exposición que ocuparía un espacio nunca inferior a doscientos metros cuadrados. Un planteamiento similar en aspectos no substanciales aporta el artista alemán **Gerhard Merz** (Mammendorf, 1947) mediante la realización de algunas de sus *archipitturas*. Con una amplitud expresiva fuera de lo común, el alemán es dueño de una disciplina artística polimórfica que le pertenece en exclusiva y que, según sus propias palabras, pretende ser la fusión perfecta entre pintura y arquitectura. La *archipittura* de Gerhard Merz que ha cuadrado mejor pretensiones con resultados es la presentada en la XLVII edición de la Bienal de Venecia, en la que compartió el pabellón alemán con Katharina Sieverding. La obra presentada en Venecia - tan alejada de los experimentos conceptuales de Jan Dibbets como de los trabajos con tubos de neón de Dan Flavin o Bruce Nauman - tiende sin embargo puentes con los *architektons* presentados por Kasimir Malevich en la Bienal de 1924. En el mismo Giardini di Castello, Gerhard Merz utilizó la sala central del pabellón colocando en toda la longitud de sus cuatro lados, allí donde confluyen las paredes y el techo, una serie de bandas de tubos fluorescentes que iluminaban el espacio interior y convertían al arte mismo y a la desconocida historia del pabellón alemán en los protagonistas absolutos del trabajo. De este modo, el artista homenajea al mismo tiempo a todos los creadores alemanes que ocupan este espacio cinco meses cada dos años y ofrece un guiño irónico a aquellas personas que visitan la Bienal más interesadas en contemplar pabellones nacionales que las obras de arte que éstos acogen. No cabría esperar menos de quien ha afirmado en alguna ocasión que lo bello es mudo y vacío, asegura que el arte únicamente debería remitir a sí mismo y logró pasar tan inadvertido frente a las fotografías de gran formato de Katharina Sieverding que gran parte de los visitantes del pabellón de Alemania en la Bienal de Venecia de 1997 creyeron que éstas ocupaban exclusivamente dicho espacio. Siguiendo una preceptiva análoga, la también alemana **Karin Sander** (Bensberg, 1957) ideó en el año 2005 una exposición aparentemente vacía que recibió el sugerente título de "Mostrar". Cuando los visitantes (nunca "espectadores") entraban en la madrileña Galería Helga de Alvear eran recibidos por una persona que les proporcionaba un aparato de audio-guía y accedían a un espacio de paredes (casi) desnudas sobre las que se habían escrito, a modo de firmas de un cuadro, nombres de diversos artistas acompañados de unos números que hacían referencia a aquéllos que podían pulsarse en la guía auditiva. En realidad, tal numeración hacía referencia a artistas - la mayoría de los cuales tienen obra en la espléndida Colección Helga de Alvear - que habían sido invitados por Karin Sander a elaborar trabajos que únicamente pueden ser *mostrados* mediante una descripción por audio-guía.

Pero regresando a **Cildo Meireles**, el artista brasileño probó nuevos registros en la documenta 11 con la acción "Dissappearing Element / Dissapeared Element (Imminent Past)" (2002). Haciendo gala de un discurso tan sólido como iconoclasta, la pieza consistía en unos carritos de helado que vendían "polos de agua del grifo" en diversos lugares de Kassel. A medida que el visitante - necesariamente activo - iba chupándolos el astil de madera dejaba ver la inscripción "disapearing element" (elemento que desaparece) y, al finalizar, en dicho palo era posible leer "disappeared element" (elemento desaparecido). Es así como Meireles propone una reflexión en torno a la progresiva escasez de agua que aqueja a nuestro planeta. En una línea similar, aunque con un planteamiento conceptual bien diferente, se sitúa la obra de **Francis Alÿs** (Amberes, Bélgica, 1959) "A veces hacer una cosa acaba en nada" (1997), un trabajo en vídeo, de título ciertamente revelador, que muestra al propio artista en la ciudad de Méjico arrastrando, durante casi doce horas, un bloque de hielo hasta su completa disolución. Por otro lado, y cambiando radicalmente de ámbito geográfico y estilístico, el artista español **Jordi Benito** (Granollers, 1951-Barcelona 2008) había llevado a efecto veinticinco años atrás las acciones "Transformación del hielo en agua mediante el calor del cuerpo" (1972) y "Transformación de un terrón de tierra mediante la descomposición y la humedad" (1972") proponiendo un nexo de unión entre *body art*, fotografía, *performance* y las ideas de transformación y desaparición. Sin abandonar el fértil núcleo de artistas conceptuales surgidos en los años sesenta y setenta de la escena catalana, el barcelonés **Antoni Muntadas** (Barcelona, 1942) propone con "On Translation. The Bank" (2003) una reflexión en torno a los flujos financieros y la fragilidad del valor del dinero. La obra consiste, literalmente, en una composición digital que *formula una pregunta al público:"¿Cuánto se tardaría en hacer desaparecer 1.000 dólares a través de sucesivos cambios de divisas?" El problema sería de fácil resolución tan solo con saber la comisión que perciben las entidades bancarias*[1].

Ha sido tal el alcance de la ocultación y la invisibilidad como recurso en la cultura popular de la segunda mitad del pasado siglo que incluso disciplinas que en principio necesitan de la presencia de personas para su desarrollo se han mostrado en ocasiones proclives a lo oculto o lo invisible. Especialmente significativo resulta el caso de los alemanes **Kraftwerk**, grupo pionero de la música electrónica que no se conforma con hacer concluir sus actuaciones en vivo sacando a escena una serie de robots que ejecutan las composiciones del grupo. Su propuesta siempre ha circulado un paso por delante; y prueba de ello es su propósito de realizar, simultáneamente y en diferentes ciudades europeas, una serie de conciertos con estos robots como únicos protagonistas, resultando innecesaria la presencia física de la banda sobre el escenario. Y de igual modo, en lo que se refiere a las diferentes vertientes del arte de acción, es obligado mencionar que no son pocos los *performers* que puntualmente se han permitido la licencia de prescindir de su propia imagen. Entre éstos, figuran nombres ineludibles a la hora de estudiar el género como **Chris Burden** (Boston, 1946), uno de los artistas estadounidenses más provocativos que, paradójicamente inició su actividad en este campo permaneciendo encerrado en una taquilla de los vestuarios de la Universidad de California entre los días 26 y 30 de abril de 1970. La acción, convenientemente titulada "Five Day Locker Piece", fue un episodio inédito e irrepetible en la carrera de un artista que más adelante haría de la exageración gratuita el denominador común de su trabajo. Por su lado, **Vito Acconci** (Nueva York, 1940) realizó en la galería Sonnabend de Nueva York la acción "Seedbed" (1972), sin duda alguna su pieza más conocida. En ella el artista se masturbaba bajo una plataforma que cubría todo el suelo de la galería, de tal modo que los espectadores no podían verle y sí escuchar, amplificados a través de altavoces, los sonidos inherentes a semejante acto. Mientras que con "Seedbed" Vito Acconci se sitúa en el filo de la navaja, con "Command Performance" (1974) presenta un espacio vacío ocupado únicamente por una silla y por una proyección de vídeo, a través de la cual el *performer* invitaba al espectador a crear su propia acción con las siguientes palabras: *You're there where I used to be. I don't have to be there anymore. You can do it for me now...*(estás ahí dónde yo solía estar. No tengo que estar ahí más. Ahora puedes hacerlo por mí...). Tres décadas más tarde el dúo de artistas digitales **0100101110101101.org** (también conocido como "cero-uno", afortunadamente, e integrado por Eva y Franco Mattes) tomaba buena nota y realizaba una versión *inmaterial* de "Seedbed" en *Second Life* (han hecho lo propio con acciones históricas de Marina Abramović, Joseph Beuys, Gilbert & George, Valie Export o el recientemente citado Chris Burden) y daba a conocer la obra y la escabrosa experiencia vital de un misterioso artista serbio llamado Darko Maver quien, después de haber sido incluso homenajeado en la Bienal de Venecia de 1999, acabaría revelándose como un artista inexistente fruto de la invención de Eva y Franco Mattes. Por su parte, el taiwanés **Tehching Hsieh** (Nan-Chou, 1950), especializado en realizar *performances* de un año de duración, se permitió realizar con "One Year Performance 1985-1986 (No Art Piece)" una obra completamente alejada del arte: durante un año, no creó arte, no habló de arte, no contempló obras de arte, no leyó textos relativos al arte y, por supuesto, no visitó ningún museo o galería de arte. Previamente había llevado a efecto "One Year Performance 1978–1979 (Cage Piece)", permaneciendo encerrado en una caja de madera entre el 29 de Septiembre de 1978 y el 30 de Septiembre de 1979. Y ahí no acaba el idilio entre el arte de acción y aquello que permanece secreto o escondido, pues esto último también puede encontrar un aliado esencial en el lenguaje. En tales casos, el resultado final tiende a situarse en un punto intermedio entre la obra de los artistas que han cultivado regularmente la invisibilidad y la ocultación y la de aquéllos - como Lawrence Weiner, Jenny Holzer, Roni Horn o Ben Vautier - que han hecho del lenguaje el principal rasgo de identidad de su discurso. Esto es lo que sucede con "The Monument to Language" (1996), una *performance* "realizada" por **James Lee Byars** (Detroit, 1932 - El Cairo, 1997) en el Henry Moore Institute de Leeds, en donde una persona escondida en el interior de una gran esfera dorada recitó versos del poeta irlandés William Butler Yeats. Y ya en otro orden, recordemos a **Sabine Delafon** (Grenoble, 1975) cuando invitó en 2006 a varias personas a visitar la MiArt (Feria de Arte Moderno y Contemporáneo de Milán) vistiendo camisetas que incluían la leyenda de su propio nombre, facturando de este modo una *performance* colectiva de título obvio - "Sabine Delafon T-shirt Performance" - que no requería de la presencia de la artista y que perseguía la constatación de la no correspondencia entre la palabra escrita, una persona y su nombre propio.

Es posible igualmente tender lazos entre el lenguaje y lo oculto o lo indescifrable en disciplinas artísticas alejadas (al menos aparentemente) de la *performance*. En este terreno se ha desenvuelto con destreza **Ann Hamilton** (Lima, Ohio, 1956), quien se ha sentido atraída recientemente por la utilización de materiales intangibles como el sonido, el aroma y la luz. Tanto en sus instalaciones "Tropos" y "Reserve", realizadas respectivamente para el Dia Center for the Arts de Nueva York en 1993 y en el Van Abbemuseum de Eindhoven en 1996, como especialmente en las piezas derivadas de aquélla conocidas como "Tropos" o "Tropo-Books" (1993) y "Untitled" (1993), Ann Hamilton centra gran parte de su discurso en la ocultación de textos. Y así, piedrecitas colocadas cuidadosamente en el lugar adecuado o tachaduras realizadas por la propia artista impiden leer unos libros que se exhiben siempre abiertos, quizás buscando una contradicción aparente. Antes de que Ann Hamilton presentara los trabajos mencionados, la artista conceptual española **Concha Jerez** (Las Palmas de Gran Canaria, 1941) ya había explorado

---

1 CANET, Mar, RODRÍGUEZ, Jesús y BEUNZA, Daniel: "Derivados, nuevas visiones financieras", en: *Inéditos 2006*, Obra Social Caja Madrid, 2006, p. 48

este camino con idéntica lucidez. El concepto de ocultación está ya presente en su obra en los primeros escritos ilegibles. Consistentes en una acumulación de escritos que imposibilitan su lectura, estos textos ininteligibles hacen referencia a diferentes variantes de la idea de censura. Y así, oscilan entre la idea de censura aplicada a las libertades públicas - apreciable en trabajos como "Desarticulación de un partido político clandestino" (1975) - y el concepto individual de autocensura, como sucede en la instalación realizada en 1976 en la galería Propac de Madrid o en diversas series de libros de artista creadas entre 1978 y 1983. Y antes aún el argentino **León Ferrari** (Buenos Aires, 1920) ya había iniciado con "Cuadro Escrito" (1964) un conjunto de piezas herméticas que se sitúan a medio camino entre el dibujo y la caligrafía deformada o ilegible.

Capítulo propio merecerían todas aquellas obras de arte que sólo muestran una parte de una realidad concreta y ocultan intencionadamente otro fragmento de la misma, incidiendo de algún modo en esa idea de tanteo, de entrever o de ver sin ver que se ajusta a la perfección a la manera según la cual la inmensa mayoría de los mortales nos enfrentamos al mundo. Esto último puede observarse en las series de **Thomas Ruff** (Zell am Harmersbach, 1958) conocidas como "House", con las que el fotógrafo alemán nos invita a imaginar la vida que se desarrolla a diario en diferentes casas que tienen como denominador común sus puertas o ventanas siempre cerradas o entreabiertas. Y también en la fría y silenciosa serie de fotografías de **Frank Thiel** (Kleinmachnow, Berlín Este, 1966) titulada "Prison Gates", centrada exclusivamente en las hojas metálicas de puertas de cárceles - que marcan los límites entre lo abierto y lo cerrado, entre interior y exterior -, así como en los muros de cemento "Sin Título" de la escultora **Cristina Iglesias** (San Sebastián, 1956) que orientan su única parte trabajada hacia las paredes de las salas que los acogen o hacia una superficie de cristal que ofrece al espectador un vago reflejo.

Una lectura similar puede aplicarse a la idea de semienterramiento, un concepto que ha producido obras de gran interés en manos de artistas de *land art* como **Robert Smithson** (Passaic, New Jersey, 1938-1973), quien en su célebre *earthwork* titulado "Partially Buried Woodshed" (Universidad de Kent, Ohio, 1970) se sirvió de la carga de veinte camiones para semienterrar una leñera con arena. Más directos son la fila de automóviles enterrados parcialmente por el grupo **Ant Farm** conocida como "Cadillac Ranch" (1974-94) o la acción de **Keith Arnatt** (Oxford, 1930-2008) titulada "Self Burial" (1969), en la que el artista británico es sepultado bajo tierra. Estos dos ejemplos, junto con determinados recubrimientos de Christo, la citada intervención de Walter de Maria "Vertical Earth Kilometer" y otros trabajos menos conocidos, ponen de manifiesto las múltiples posibilidades que ofrece el maridaje entre el *land art* más riguroso y el concepto ocultación. En cualquier caso, sigue existiendo espacio para el semienterramiento en obras alejadas de este movimiento: principalmente en las piezas del artista norteamericano **Robert Gober** (Wallingford, Connecticut, 1954) "Disappearing Sink" (1986), en las que una pila da la impresión de desvanecerse; y "Two Partially Buried Sinks" (1986-87), constituida por dos pilas sepultadas parcialmente en un parque.

Es posible afirmar, por todo cuanto queda expuesto, que la utilización de la invisibilidad o la ocultación en el arte producido a partir de la segunda mitad del siglo XX va mucho más allá de la fascinación que en ocasiones puede producir lo que no se entiende. Este recurso ha sido explotado con habilidad en disciplinas tan distantes entre sí como el *land art*, los nuevos medios o el arte sonoro y ha sido utilizado tanto en libros de artista como en *performances*, instalaciones o modificaciones de videojuegos electrónicos. No hemos tratado, en consecuencia, de relacionar una serie de obras de arte que tienen en común el contenido y ocasionalmente coinciden en el continente. Por el contrario, la extraordinaria variedad de ejemplos aquí aducidos evidencia que si es posible acudir a lo indescifrable, como punto de contacto entre propuestas muy dispares, se debe en gran medida a que todas ellas son manifestaciones artísticas creadas por seres humanos. Y que éstos, tal vez por la unicidad intrínseca última inherente a la especie, son capaces de alcanzar metas semejantes, sin conexión alguna entre ellos y, en muchos casos, desde puntos de partida diferentes.

LE VIDE COMME «MEDIATEUR DU SACRE» D'APRES LE PARANGON DU *QUADRANGLE BLANC* DE MALEVITCH

Nizar Mouakhar
Maître Assistant en "Arts Plastiques et Sciences de l'Art"
ISAM de Gabès & FLSH de Sfax

Biographie de l'Auteur:
Docteur en "Lettres et Arts", est actuellement Maître Assistant en "Arts Plastiques et Sciences de l'Art" à l'ISAM de Gabès & FLSH de Sfax. Plasticien de formation, il a à son actif bon nombre d'expositions personnelles et/ou collectives déroulées en Tunisie, Aix-en-Provence, Marseille, Paris, etc. Ancien enseignant au Lycée Notre-Dame-de-Sion (Marseille) et à l'Université de Provence (Aix-Marseille I), il est aussi l'auteur de maints essais sur l'art et l'esthétique publiés dans des quotidiens tunisiens, ainsi que dans des reveues spécialisées franco-arabes, françaises, québécoises... Il organise et/ou donne régulièrement des conférences portant sur sa pratique artistique, ainsi que traitant de thématiques situées au coeur même du grand débat contemporain sur l'art.

Résumé de l'article:
Cette étude trouve d'abord ses racines conceptuelles dans une approche philosophico-analytique du vide d'après le parangon du *Quadrangle blanc* (1918) de Kazimir Malevitch. En première partie, elle propose de traiter des potentialités typologiques de cette œuvre, lui octroyant *de facto* le statut du sommet paroxystique du projet suprématiste.
En deuxième partie, elle tente – subséquemment – démontrer selon quelles modalités connotatives et/ou heuristiques et dans quels schémas de pensée, une telle éclipse intégrale de l'Image *a fortiori* une soi-disant 'vacuité', peut-elle induire ce que Raymond Court appelle «*l'univers du sacré*».

«*Le fantôme de l'unique revient toujours*».
(Michel de Certeau, *La Fable mystique*)

S'il est malaisé de se débarrasser de Dieu et du religieux comme avaient cru pouvoir le faire les philosophes positivistes et nihilistes, il est tout aussi ardu de cerner leur espace indiciel. En fait, aussi baroques et diverses que soient les figures pouvant revêtir l'ordre du sacré, elles varient du tout au tout tels, selon Panofsky, les styles en art via leurs archétypes spatio-temporels.

À ce propos, il fut si notoire de mentionner que cette thématique engendre une autre, à savoir celle du sacré dans l'art. Celle-ci, loin d'être obsolète comme il peut le sembler à première vue, se situe au cœur même du grand débat contemporain. Là où s'affrontent radicalement deux esthétiques majeures: la première - à partir des années cinquante - d'origine anglo-saxonne s'inscrivant dans l'esprit de la philosophie analytique d'inspiration empiriste et pragmatique; la deuxième, continentale, prolonge la longue tradition de pensée hautement spéculative passant par Kant, Hegel, Nietzsche jusqu'à Heidegger et Adorno.

Partant, notre réflexion hasardera ici l'existence éventuelle d'une corrélation quasi-utérine entre d'une part le vide et de l'autre l'«*univers du sacré*» (Raymond Court). Seulement, pour ce faire, abondants sont les parangons artistiques entérinant la potentialité du vide comme médiateur du sacré. Et ce, notamment du côté des modernistes américains: «*Ces nouveaux peintres[qui]ont ramené l'artiste à son rôle original, primitif de faiseur de dieux*»[1], disaient certains historiens. De cette saga extraordinaire se dégage un *opus* à mes yeux princeps parce qu'à l'origine de tous les autres qui lui ont succédé: la recherche suprématiste malevitchéenne. Un itinéraire pictural que l'auteur autodidacte a continûment argumenté via des écrits à vocation non moins poïétiques; lesquels sont en l'occurrence plus explicites que d'autres pour défendre la légitimité de notre *doxa*.

Ensuite, parmi toutes les peintures intégrant le répertoire iconographique de Malevitch, on a opté pour celle considérée à maints égards comme la plus charnière dans sa carrière. Il s'agit du *Quadrangle blanc* (1918), autrement appelé *Carré blanc sur fond blanc*. En effet, emblématisant le couronnement du processus minimaliste - la peinture en tant que *marathon de suppression* -, ce parangon référentiel a permis à Malevitch de s'inscrire *in fine* à contre-courant de ses contemporains. Pour ces derniers toujours prisonniers de la «*terre, cette maison vermoulue*»[2] - il faut entendre le réel -, le peintre, conscient de l'ampleur des horizons qu'il a ouverts, leur lance une invitation solennelle pour le suivre:

«*J'ai troué l'abat-jour bleu des limitations colorées, je suis sorti dans le blanc, voguez à ma suite, camarades aviateurs*[3] [...] *Voguez! L'abîme libre blanc, l'infini sont devant vous*»[4].

1. Newman, « For Howard Putzel » (1945) in *Selected Writingsand Interviews*, New York, Alfred Knopf, 1980, p. 98 (trad. P. Schneider).
2. Lettre à Matyouchine (juin 1916) in L. Zhadova, *Malevitch:suprematism and revolution in Russian Art 1910-1930*, New York, Thames & Hudson, 1982, p. 124.
3. Aleksander Blok dans son poème *L'Aviateur* compare l'art à « un rêve ailé, un aéroplane mystérieux permettant de s'échapper de la terre ». Rêve partagé par Malevitch qui durant sa phase futuriste avait peint un *Aviateur* (1914).
4. E. Petrova, J. M. Joosten, I. Vakar, C. Douglas, E. Kovtoun, D. Sarabaniov, I. Karossik, *Malévitch, artiste et théricien*, trad. et préf. A. Bagaev, Paris, Flammarion, 1990, p. 193.

Dès lors, dans un premier temps notre étude tente spéculer sur les truchements plastiques faisant du *Quadrangle blanc* l'incarnation véritable du sommet paroxystique du projet suprématiste. Dans un second temps, il s'agit - subséquemment - de démontrer selon quelles modalités connotatives et dans quels systèmes de pensée cette éclipse intégrale de l'image, *a fortiori* une telle vacuité, pourra induire l'ordre du sacré?

LE PARANGON DU *QUADRANGLE BLANC*:

«*Est-ce hasarder une interprétation abusive [...] que d'imaginer que le Carré noir a quelque rapport avec le divin que Moïse ne peut voir que par-derrière, et le Carré blanc, avec la vision face à face?*»

- Alain Besançon -

Au travers du *Quadrangle blanc* montré à Moscou en 1919 lors de l'exposition *Non-figuration et Suprématisme*, Malevitch aboutit à une véritable «*non-peinture*» (Pierre Schneider[1]): «*le temps pour les tableaux est passé [...]*»[2], notait-il dans ses fameuses brochures. L'ontologie picturale suprématiste d'un Malevitch conduit céans l'épreuve du vide à ses ultimes confins, c'est-à-dire au point culminant d'une corrélation à un certain absolu: illimité, immaculé, incorporel.
Ici le vide s'emparant de l'entièreté de l'espace, revendique sa quintessence en démontrant son autonomie: «*Le vide*, disait Franck Longelin, *ne connaît que l'équilibre*»[3]. Ceci marque la volonté de finir la peinture par où elle vient communément de commencer, c'est-à-dire à partir de sa surface vierge et/ou état embryonnaire. En fait, l'œuvre en tant qu'incarnation littérale du «*degré zéro de la peinture*»[4], semble être le sommet inversé d'une œuvre ordinaire. Dès lors, Malevitch veut porter un coup de pied au tableau sur son piédestal traditionnel, et remettre les compteurs à zéro. Ainsi en mai 1915 avant *0.10*, il confessait à son confident privilégié le peintre et compositeur Mikhaïl Matyouchine:

«*[...] nous avons l'intention d'y réduire tout au zéro, nous avons donc décidé de l'appeler Zéro*»[5].

Plus loin, il ajoutait:

«*je me suis métamorphosé en zéro des formes*»[6].

Dès lors selon la pensée créatrice malevitchéenne, c'est dans l'économie absolue du monde des objets que réside leur richesse plastique: de leur aspect austère et/ou rudimentaire voire primitif, dépend l'expressivité picturale de l'oeuvre. D'où cet extrait à tonalité hautement mystique: «*Le peintre ne conquerra ses droits que dans la création absolue*»[7]. À cet égard, Malevitch semble octroyer durant son processus suprématiste tant d'importance au concept d'«*économie*»[8] (au sens plastique, bien sûr) qu'il en fait dans ses brochures l'équivalent d'une «*5e dimension*»[9]. «*Le carré blanc*, notait Malevitch en 1920, *est le mouvement économique de la forme*»[10].
D'ores et déjà, notre étude analytique tentera d'appréhender comment le *Quadrangle blanc* - objet de l'acmé de la quête suprématiste - en entrant en corrélation avec le concept d'«économie» plastique, pourra envisager de détenir les clés de la sphère du sacré.

Dans la peinture en question, il y va d'une négation chromatique *a fortiori* la réduction de toutes les couleurs à la virginité du blanc. Il s'agit d'une lumière éthérée qui semble concurremment faire oublier l'aspect envahisseur et pondéral, symptomatique à la matière en général, et contenir toutes les nuances de la peinture passée et présente. À ce propos, on référera volontiers le lecteur au principe expérimental de la «*synthèse soustractive*» qui est en l'occurrence d'un apport considérable. En fait, «*le vide [...] que la blancheur défend*»(Stéphane Mallarmé[11]) est d'une telle «*extensibilité infinie*»[12] qu'il dissout les frontières de la toile. Et en annihilant cette faute originelle: la limite[13], le *Grund* se transforme en *Abgrund* (abîme sans fond). Ce faisant, l'œuvre ne s'insurge pas moins contre la dualité fondamentale *formes limitées / fond illimité:* celle que Pascal dénommait autrefois la «*disproportion de l'homme*» et Aloïs Riegl «*le Rapport infini*» («*das unendliche Rapport*»). Ici

---

1. P. Schneider, *Petite histoire de l'infini en peinture*, Paris, Éditions Hazan, 2001, p. 207.

2. Lettre à Matyouchine (1915) in L. A. Zhadova, *op. cit.*, p. 124.

3. F. Longelin, in *Ligeia* N° 29-30-31-32, « Art et spiritualité », octobre 1999 / Juin 2000, p. 127.

4. P. Schneider, *op. cit.*, p. 206.

5. Cité in *Rencontres, Croisements, Emprunts. Méthodologies de l'analyse d'images*, colloque d'Aix-en-Provence, 26-27 novembre 1993, Aix-en-Provence, Publications de l'Université de Provence, 1996, p. 190.

6. K. Malevitch cité in A. Besançon, *L'Image interdite: une histoire intellectuelle de l'iconoclasme*, Paris, Fayard, coll. L'esprit de la cité, 1994, p. 488.

7. *Ibid.*, p. 486.

8. À ce propos, si l'on croit Marie-José Mondzain, le concept d'« économie » s'inscrit à l'origine dans le vocabulaire théologique patristique byzantin. *Cf.* M.-J. Mondzain, *Image, icône, économie: les sources byzantines de l'imaginaire*, Paris, Éditions du Seuil, 1996.

9. K. Malevitch cité in J. -C. Marcadé, *Malévitch*, Nouvelles Éditions Françaises, Casterman, 1990, p. 138.

10. K. Malevitch, *Malevitch, Écrits*, présentés par A. B. Nakov, trad. A. Robel-Chicurel, Paris, Éditions Champ Libre, 1975, p. 222.

11. S. Mallarmé, « Brise marine » in *Poésies*, Paris, GF-Flammarion, 1989, p. 61.

12. Cité in catalogue d'exposition *El Lissitzky, 1890-1941: architecte, peintre, photographe, typographe*, Paris, Musée d'art moderne de la ville de Paris/ARC, 2 juillet - 13 octobre 1991, Paris, Paris-Musées, 1991, p. 27.

13. « Toute la faute est dans le fait qu'une limite a été établie dans le système » (Malevitch in K. S. Malévitch, *Écrits I:De Cézanne au suprématisme*, trad. J. -C. Marcadé, V. Marcadé et V. Schiltz, préf. et présent. J. -C. Marcadé, Lausanne, Éditions L'Âge d'Homme, 1974, p. 158.

déchues les formes, ne subsiste que le fond: l'art ne sourd pas seulement des formes, mais aussi du fond même, où elles avaient fait naufrage. Ainsi, notre regard ne rencontre «*l'infini [qui] n'ani plafond, ni sol, ni fondations, ni horizon*»[1]. La droite, la gauche, l'horizontale, la verticale, le grand, le petit, le beau, le laid n'ont plus de sens ou plutôt sont devenus synonymes, *a fortiori* point de repères d'aucune sorte. Bref, le *Quadrangle blanc* inaugure tant cette *tabula rasa* que prône la peinture suprématiste, en rupture radicale avec les systèmes antérieurs de la représentation artistique. À entendre par là aussi bien le sentimentalisme véhiculé par la peinture d'antan que le subconscient des précurseurs futuristes.

Autant dire qu'à travers cette blancheur: «*véritable représentation de l'infini*»[2], Malevitch nous «*entraîne à sa suite sur la voie qui lui est inconnue de l'infini*»[3]. Il cherche à remonter en deçà du visu, là où se trouve l'absolue pureté de l'«*excitation, cette flamme cosmique*, dit-il, *qui vit du non-figuratif*»[4]. Il veut retourner là où rien n'est séparé, où tout est lié et où par conséquent ne peut exister ni volume, ni surface. Bref, il veut revenir à «*un monde sans objet*» - pour reprendre la traduction littérale du titre de l'un de ses textes les plus célèbres: «*Die gegenstandlose Welt*» (publié en 1922). Sauf que ce monde est loin de correspondre à un simple «*symptôme d'exubérance*» (C. Greenberg) ou au «*néant*» selon la conception d'un nihilisme purement négatif. Plutôt, il prend l'absence de l'objet pour inhérente à la plénitude de sa propre présence, il prend cette étendue illimitée comme matrice d'enfantement de tout. Ce qui favorise ainsi l'accès au sacré en tant qu'infinitude, la présence d'un Éternel Irreprésentable-Ingfigurable: voici «*le rien, le dévoilement, le sacré*»[5]. Pourquoi ne croirions nous pas que le *Quadrangle blanc* peut être la manifestation de la foudre brandie par le dieu suprême - Zeus, Wotan ou Jaweh - pour illuminer et annuler en un instant éblouissant la distance infinie, vertigineuse entre lui et les hommes[6]?

En outre vis-à-vis d'un tel déficit imaginal optimum, ceci peut être *a contrario* pensé moins comme une vacuité physique que comme un réceptacle formel. En fait moyennant quelques conversions, peut s'engendrer à partir du carré blanc détaché délicatement sur le fond du *Quadrangle blanc*,maintesstructures géométriques telles que: le cercle (par rotation), la croix (par translation), le rectangle (par étirement), le cube, la boule, etc. À ce propos, la forme élémentaire du carré peut bel et bien tendre vers une certaine évocation de l'ordre du sacré. Le prouve Schopenhauer dans son maître-livre *Le Monde comme volonté et comme représentation* (1818). Qu'il soit dit en passant, cette référence demeure à plus d'un titre significative pour les écrits de l'ontologie malevitchéenne. En effet, T. Anderson, l'éditeur des textes en anglais de Malevitch, pense que celles-ci suivent à la lettre les trouvailles du grand livre du philosophe Allemand. Ce dernier, présuppose que l'art atteint par le truchement des formes éternelles - ici le carré: symbole de l'éternité selon la croyance populaire -, la connaissance de l'éternité. Et celle-ci est bien sûr consubstantielle à l'expérience du sacré. Arborer

De surplus, l'espace blanc engendre via son immatérialité maxima une négation fatale de l'intervention de l'humain. S'imposant par son impersonnalité éminente, celle-ci est conjecturée par l'effacement et/ou neutralisation délibérée du *Je* de l'auteur: une éventuelle mise en péril du statut de *Je*: «*Le neutre Je et le blanc*»[7]. Pareil dispositif plastique au souffle non loin du transcendantalisme, offre de l'aveu d'un Piet Mondrian au regard du spectateur une randonnée tant spirituelle que mystique. Ainsi, ce théoricien du néo-plasticisme et promoteur de l'abstraction géométrique n'a pas hésité de dresser ce constat:

«*Lorsque l'on représente quelque chose de percevable par les sens on exprime quelque chose d'humain. Lorsque l'on ne représente pas les choses, il reste de la place pour le divin*»[8].

Malevitch parvint ici à une peinture - s'il en est bien une - uniquement soucieuse de sa présence physique. S'évacue du subjectile tout élément naturaliste, littéraire ou psychologique. Du fait que ceux-ci pourraient à tort rechuter l'oeuvre dans un manichéisme coercitif, où régnait soit la platitude décorative soit la profondeur perspective, bref l'ornement ou l'illusion. À ce propos, Malevitch écrivait:

«*Il faut construire dans le temps et l'espace un système qui ne dépende d'aucune beauté, d'aucune émotion, d'aucun état d'esprit esthétiques [...], où se trouvent réalisés les nouveaux progrès de nos représentations, en tant que connaissance*»[9].

Au vrai, pour le peintre soviétique, se représenter quelque chose est une véritable entrave: l'image est incapable d'embrasser l'absolu tant quêté: «*tout ce qui est représentable*, écrivait-il,*est également insaisissable dans son infini*»[10]. On songe ici à un lointain écho spinoziste:

---

1. *Ibid.*, p. 150.

2. K. Malevitch, *Malevitch, Écrits, op. cit.*, p. 214.

3. K. Malevitch in K. S. Malévitch, *Écrits I:De Cézanne au suprématisme, op. cit.*, p. 155.

4. Malevitch cité in A. Besançon, *op. cit.*, p. 493.

5. J. -J. Goux, *Les Iconoclastes*, Paris, Éditions du Seuil, 1978, p. 65.

6. « Rien n'aura eu lieu que le lieu », note Mallarmé pour décrire dans la même perspective biblique un espace post-humain se mêlant à l'espace pré-adamique et où ne se montre qu'un rayon aveuglant: « Un lieu vide, tonnerre et éclairs » (S. Mallarmé, « La fausse-entrée des sorcières dans *Macbeth* » (1897) in *Œuvres complètes*, II, Paris, Gallimard, *nrf*, coll. Bibliothèque de la Pléiade, p. 478.).

7. J.- J. Goux, *op. cit.*, p. 65.

8. Cité in Michel Seuphor, *Piet Mondrian*, Paris, Librairie Séguier, 1987, p. 95.

9. K. Malevitch, *Malevitch, Écrits, op. cit.*, p. 213.

10. K. Malevitch in K. S. Malévitch, *Écrits I:De Cézanne au suprématisme, op. cit.*, p. 153.

Omnisdeterminatio est negatio. C'est aussi la critique de la clôture représentationnelle stipulant qu'un *ob-jet* (*gegen-stand* / *ob-jectum*) doit être le vis-à-vis d'un sujet qui le représente. Cette abrogation malevitchéenne totale de l'image au profit du «sans-objet» (*bespredmietnost*), n'est pas sans tresser quelques correspondances avec d'autres exemples tant occidentaux qu'orientaux: Malevitch s'est trouvé continûment des moralistes et/ou philosophes pour dénoncer l'abus de confiance que constitue la fabrication d'images. En fait, nombre d'esprits religieux penchent vers cette réponse radicale, et ce pas seulement aux VII - VIIIème siècle, ni même dans l'Islam ou le Judaïsme. À ce propos, dès le IVème siècle, Eusèbe de Césarée[1] conscient de l'incapacité de la peinture de l'icône à garantir la transcendance divine - sinon à l'optimiser -, ouvrirait résolument la voie à l'iconoclasme: l'Absolu échappe au formel et sa manifestation via la lumière scénique de la *Transfiguration* du christ est déjà chalenge pour lui à la peinture. De même, cette virginité aniconique est proche d'une part de la position iconoclaste découlant autant de Platon (le sujet d'époptie platonicien ou néo-platonicien[2]) que de l'Islam et du judaïsme. En effet concernant cette dernière religion, l'interdiction de fabriquer des images proférée à plusieurs reprises dans l'Ancien Testament a été fidèlement transmise, sinon constamment observée par la tradition juive. À ce registre, invoquant Malevitch pour qui la représentation est alors placée sous l'emblème de la mort, tandis que «*[L]a vie et l'infini sont pour lui dans le fait qu'il ne peut rien se représenter*»[3], on peut discerner ceci:

un «*geste très judaïque, [...] une position proche, sur un tout autre plan et dans une tout autre conjoncture historique, du coup de force judaïque pour lequel s'instaure une alliance avec un Éternel irreprésentable. Le Créateur est le Sans Nom, l'Infigurable, car il est la source de toutes les nominations et de toutes les figures*»[4].

Et d'autre part, elle est parallèle à la tradition mystique - partiellement ou entièrement - hostile à l'image depuis les mystiques allemands du Moyen Age comme Tauler jusqu'à Jean de la Croix, mais aussi avec la plupart des exégètes comme D. Valhir et A. Nakov. Ainsi, on en vient à suggérer des réminiscences entre l'ontologie suprématiste de Malevitch et des énoncés afférents au nihilisme russe, à la mystique de Lao-Tseu, à la relation de la «vacuité» et de l'être chez Maître Eckhart, à la pensée de Jacob Boehme, de Ruysbroeck ou de Denys l'Aréopagite, de la théologie apophatique, de l'Hésychasme, etc.[5] Alléguons simplement encore Evagre le Pontique dont la mystique réclame au rebours du discours et/ou au-delà de lui, l'exercice intuitif du «nous» capable de dépouiller la prière de tout résidu imaginal, formel et conceptuel. Évagre Le Pontique appose par exemple cette condition:

«*Tu aspires à voir la face du Père qui est aux cieux: ne cherche pour rien au monde à percevoir une forme ou une figure au temps de la prière*»[6].

Songeons aussi à Elie d'Ecdicos rapportant:

«*les impassibles (apatheia) connaissent dans la prière un grand silence et une extrême vacance de représentations et de concepts... Voient Dieu ceux qui ne regardent rien dans leur prière*»[7].

De même, Théolepte de Philadelphie consigne:

«*L'esprit qui se tourne vers Dieu suspend tous les concepts informants des êtres et il voit alors Dieu sans image ni forme et, dans l'inconnaissance suprême, liée à la gloire inaccessible, il éclaircit son regard*»[8].

Et à lire dans le «Septième récit» du *Pèlerin Russe* ce dialogue entre *L'ermite* - rendant hommage à Plotin - et le *Leprofesseur*, où l'on retrouve ouvertement l'écho de cette même *doxa*:

---

1. Dans sa *Lettre à l'Impératrice Constantia*, Eusèbe de Césarée écrivait: « Qui donc serait capable de reproduire les rayons réverbérants et resplendissants d'une telle majesté, d'une telle gloire, avec des couleurs inanimées et mortes, alors que pas même ses disciples ne purent soutenir la vue de celui qui leur apparaissait ainsi, eux qui tombèrent la face contre terre, en confessant qu'ils ne pouvaient supporter cette vision? [...] Comment pourrait-il peindre l'image d'une forme si admirable et si incompréhensible, si l'on doit appeler "forme" cette essence divine spirituelle? » (cité in B. Duborgel, *Malevitch. La question de l'icône*, Saint-Étienne, Publications de l'Université de Saint-Étienne, 1997, p. 81.).

2. On ne peut pas ne pas rapprocher le *Quadrangle blanc* du récit platonicien notamment dans le grand mythe du *Phèdre*. Dans ce texte, Platon dresse un tableau du monde supérieur que l'âme contemple dans le moment paroxystique d'époptie. C'est « le lieu supracéleste » (*Phèdre*, 247d)baigné d'une « pure lumière » (*Phèdre*,250c) que les âmes contemplent en « se dressant sur le dos de la voûte céleste » (*Phèdre*, 247c). Ce qu'elles contemplent: « L'essence qui n'a point de couleur ni de forme, et qu'on ne saurait toucher » (*Phèdre*, 247d). Cf. Platon, *Œuvres complètes*, Tome IV, 3e partie, *Phèdre*, trad. P. Vicaire, Paris, Les Belles Lettres, 1985.

3. K. Malevitch in K. S. Malévitch, *Écrits I:De Cézanne au suprématisme, op. cit.*, p. 153.

4. J. J. Goux, *op. cit.*, p. 130.

5. De ces références d'ailleurs, Malevitch a pu avoir une connaissance au moins fragmentaire via la médiation de l'ouvrage d'un Ouspensky qui en fournit des extraits.

6. E. Le Pontique, *Petite philocalie de la prière du cœur*, trad. J. Gouillard, Paris, Éditions du Seuil, 1979, p. 44.

7. *Op. cit.*, p. 127.

8. *Op. cit.*, p. 168.

«- Le professeur: [...] je ne comprends pas aisément comment il est possible, si l'on se met en présence de Dieu, d'observer une complète absence d'images. Ce n'est pas naturel, car notre âme ou notre mental ne peut rien se représenter qui soit sans forme, dans un vide absolu [...]
- L'ermite: [...] la présence spirituelle et incompréhensible de Dieu peut être connue de l'esprit et identifiée dans le cœur dans un absolu vide des formes»[1].

Autrement dit, le *fiat* de Malevitch à travers le *Quadrangle blanc* reste de s'extraire du «phénomène», c'est-à-dire à la condition représentative assujettie selon Schopenhauer au principe de la raison, au cadre spatio-temporel, pour s'engloutir dans le «noumène» (ou «volonté»); là où la chose en soi est émancipée de toute entreprise d'objectivation dans le mystère de l'univers. Mais de quel univers parle-t-on? Sans conteste, il s'agit de celui cité à foison dans les brochures malevitchéennes: un univers parfait, sans limite ni péché, ne connaissant point les lois, les interdits, les tabous - *a contrario* de l'homme qui, lui, est imparfait et pêche en transgressant ceux-ci. Or l'univers «*considéré en tant que perfection, est Dieu*»[2]. Dieu a jeté sur l'homme tout le fardeau du monde que ce dernier supporte malaisément et dont il s'efforce de s'affranchir. Ce faisant, il tente de fouir ce cercle vicieux des crimes et des châtiments, afin de regagner le divin. L'homme, disait Malevitch, veut «*devenir lui-même en état d'apesanteur, c'est-à-dire [...] entrer en Dieu*»[3], «*Pénétrer Dieu [...] est devenu sa tâche primordiale*»[4]. À ce propos, Apollinaire évoquant en prélude aux *Peintres cubistes* - texte datant de 1913 - l'avènement d'une nouvelle race d'artistes non plus imitateurs mais créateurs, a jugé que:

«le peintre doit avant tout se donner le spectacle de sa propre divinité et les tableaux qu'il offre à l'admiration des hommes leur confèrent la gloire d'exercer aussi et momentanément leur propre divinité»[5].

Parallèlement à cette spéculation[6], Malevitch corrobore ici le fait que ce Dieu gît au-delà de l'être et est radicalement disjoint des choses, lesquelles une fois figurées ne peuvent renvoyer qu'au «néant». La raison pour laquelle, le peintre récuse le type de théologie autorisée par l'art, celle qui identifie Dieu à l'être et qui observe dans toute chose en tant que possédant de l'être, un vestige ou une trace du divin. L'image est le fief d'une idolâtrie et son fabricant le complice d'un crime, coupable d'abus d'un pouvoir - la révélation - n'appartenant qu'à Dieu. Or selon l'auteur de *Totalité et Infini*, l'exigence religieuse absolue de sainteté doit être préservée de la chute dans l'idolâtrie. Dieu dépasse toute représentation et ne peut être appréhendé que par «la voie négative» du «sans objet» («théologie négative»). De là, Pascal comme Calvin ne croit pas que la nature - et encore moins son imitation - peut affirmer l'évidence Divine. Cet avis va à l'encontre de celui de Bachelard dans sa phénoménologie matérielle, lorsque ce dernier déclare que la matière éduque: c'est en elle que transparaît autre chose et qu'elle est de ce fait icône; ou encore Berkeley, pour qui Dieu parle à travers la matière - «la mystique de la matière». C'est pourquoi, lors de l'exposition *0.10* de décembre 1915, Malevitch avait pris le soin de suspendre son *Quadrangle noir* (œuvre ouvrant le champ à la «*nudité des déserts*»[7] et coulant d'une création *ex nihilo*) à une place traditionnellement cruciale. Il s'agit d'un coin en haut de la salle d'exposition. Ce qui pour tout Russe signifiait qu'il l'avait placé dans l'«*angle de beauté*»[8]. Ce «beau coin» ou «coin rouge» - «rouge» en vieux russe signifiant «beau» - se situe le plus souvent dans la direction de l'orient, notamment dans les demeures slaves orthodoxes. Il demeure en sus le lieu réservé à l'exposition des saintes icônes (*ikona*) et vers lequel on se tourne en se signant. À vrai dire, l'acte de Malevitch est hautement symbolique et ambivalent. D'une part, il accusait l'histoire de l'art de substituer les cendres d'une information extérieure et de théories *ex post facto*, à «la flamme» de l'expérience de l'art comme acte spirituel. D'autre part, cet acte paraît mobilisé par la volonté de nettoyer les archétypes formels de l'art religieux de toute représentation référencée, codifiée et traditionnelle, afin de pouvoir les recharger d'une expérience autonome dunéant. Par conséquent, le *Quadrangle blanc* offre le paradoxe cohérent d'une «icône iconoclaste», d'une «icône sans image» manifestant justement l'Infigurable du monde sans-objet: *«Ce n'est plus le futurisme que nous avons à présent devant nous, mais la nouvelle icône du carré»*[9]. Iconoclaste à l'endroit du monde des apparences et de leurs images, à l'égard des escaliers analogiques figuratifs, l'œuvre est aussi icône de l'absolu non-figuratif, du Dieu-Rien. Et ce, dans les termes d'un monisme et non pas d'un dualisme de type platonicien ou autre. Bref, elle est comme cette «*Hyper icône*» qui au dessus de l'icône, est visée par la contemplation iconophile.

En définitive, le *Quadrangle blanc*, ce «*fameux explosif*» de Malevitch demeure somme toute une «*œuvre nimbée de mystère, objet bien souvent de controverses enflammées*»[10]. Un *punctum spatii* - ou *Makom* - où le spectateur peut être appelé non pas à monter sur scène, mais à gravir un *haut lieu*. Une hauteur consubstantielle à celle utilisée par Apollinaire qui décrivant dans *Zone* Jésus Christ notait: *«C'est le Christ qui*

---

1. *Le pèlerin russe. Trois récits inédits*, intr. O. Clément, Maine-et-Loire, Abbaye de Bellefontaine, 1976, pp. 110-112 (c'est moi qui souligne).

2. Alain Besançon, *op. cit.*, p. 494.

3. K. Malevitch in K. S. Malévitch, *Écrits I:De Cézanne au suprématisme*, *op. cit.*, p. 160.

4. *Ibid.*, p. 155.

5. G. Apollinaire, *Les Peintres cubistes*, Paris, Hermann, 1965, p. 238.

6. Via le *Suprématisme* publié en 1919, Malevitch fusionnait espace cosmique, révélation mystique, infini métaphysique dans le creuset d'un discours vaticinatoire.

7. K. Malevitch, *Malevitch, Écrits*, « Lettre à Alexandre Benois », *op. cit.*, p. 171.

8. À la même exposition, Tatline destine deux contre-reliefs à une disposition analogue.

9. Cité in *Écrits, Kazimir Malevitch*, présent. A. Nakov, trad. A. Robel, Paris, G. Lebovici, 1986, p. 136.

10. Cité in *Beaux Arts* N° 66, mars 1989, p. 51.

monte au ciel mieux que les aviateurs.Ildétient le record du monde pour la hauteur»[1]. Ceci revient au fait que la médiation du vide joue ici un rôle déterminant en amont d'une filiation avec la sphère du sacré, avec *grosso modo* «tout ce qui s'oppose au profane» - selon la définition proposée par Roger Caillois.

D'après tout ce qui précède, le vide, cette condition *sine qua non* à tout *faire* plastique défini communément comme un défaut matériel, un rien physique, n'est *in fine* qu'un espace *matriciel* («*Remonter du modèle à la matrice*», remarquait Paul Klee) flottant de disponibilités. En tant qu'élément médiateur, il ne peut signifier qu'en dehors de sa propre structure; c'est-à-dire en scellant une certaine dyade - non moins dialectique des fois - avec les choses.

Pour clore mon propos, je reporte volontiers le lecteur à l'*Histoirede la discussion entre les Byzantins et les Chinois dans l'art de peindre et de faire des portraits*. Elle est glanée par hasard au cours d'une flânerie dans l'espace conceptuel d'un grand mystique - du moins dans la mémoire de la pensée arabo-islamique - à savoir Jalâl al-Dîn Rûmî (1207-1273). Je la rapporte telle qu'elle a été présentée par un mécène de Rûmî: la Française de confession musulmane Éva de Vitray-Meyerovitch:

«*Les Chinois disaient: "Nous sommes les meilleurs artistes"; les Byzantins disaient: "C'est à nous qu'appartiennent le pouvoir et la perfection". "Je vous mettrai à l'épreuve en cette affaire, dit le sultan, et je verrai lequel de vous a raison dans cette prétention" [...]. Les Chinois dirent alors: "Attribuez-nous une certaine salle, et qu'il y en ait une pour vous [Byzantins] aussi". Il y avait deux pièces, dont les portes se faisaient face: les Chinois prirent l'une, les Byzantins l'autre. Les Chinois prièrent le Roi de leur donner cent couleurs; le Roi ouvrit son trésor afin qu'ils reçoivent ce qu'ils désiraient [...]. Les Byzantins déclarèrent: "Aucune teinte ni couleur ne convient à notre travail: il ne faut rien que retirer la rouille". Ils fermèrent la porte et se mirent à polir les murs qui devinrent clairs et purs comme le ciel. Il y a un chemin de la bigarrureà l'absence de couleurs, la couleur est semblable aux nuages, et l'absence de couleurs à la lune. [...] Le Roi entra et vit les peintures: cette vision, lorsqu'il l'aperçut, ravit ses esprits. Ensuite, il alla vers les Byzantins: ils retirèrent le rideau qui les séparait. Le reflet de ces peintures et œuvres d'art des Chinois vint frapper ces murs qui avaient été purifiés de cette souillure. Tout ce que le Sultan avait vu (dans la salle des Chinois) semblait plus splendide ici: cela ravissait le regard [...].Cette pureté du miroir est, sans nul doute, le cœur qui reçoit d'innombrables images [...]. Ils [les Byzantins] ont abandonné la forme et l'écorce de la connaissance, ils ont déployé l'étendard de la certitude [...]. De l'empyrée, de la sphère étoilée et du vide, ils reçoivent cent impressions: des impressions? Que dis-je? La vision même de Dieu*»[2].

---

1. G. Apollinaire, « Zone » in *Alcools, suivi de Le Bestiaire et de Vitam impendere amori*, Paris, Gallimard, coll. *nrf*, 1972, p. 9.

2. Rûmî (*Mathnawî*, I, 3467 s.) cité in E. de Vitray-Meyerovitch, *Rûmî et le sufisme*, Paris, Éditions du Seuil, 1977, pp. 145-147.

KAZIMIR MALEVITCH

Norbert-Bertrand Barbe

Résumé de l'article:
Comment l'un des principaux mystères thématiques de l'art contemporain et sa création avec *Le Grand Verre* de Marcel Duchamp révèle en réalité des valeurs iconographiques concrètes, clairement inscrites dans les préoccupations et champs d'analyse des avant-gardes: de la forme et le fond, du volume et de la couleur, l'art revenant sur lui-même entre bidimensionalité et perspective.

"El mundo es un absurdo animado que rueda en el vacío para asombro de sus habitantes."
(Gustavo Adolfo Bécquer)

No entender, dentro de la vanguardía, el *Cuadrado negro sobre fondo blanco* (óleo sobre lienzo, 79,5 x 79,5 cm, Galería Tretyakov, Moscú, existen tres versiones del cuadro, respectivamente fechadas en 1913, 1915 y 1923) de Malevitch como un problema ante todo compositivo sería un error.

Expuesto por primera vez en 1915 en la fundadora exposición *0.10: última exposición futurista* de Petrogrado, deja entender el pintor, en el manifiesto publicado por él para dicha exposición, y titulado *Del cubismo al suprematismo*, que fue realizada en 1913 (esta misma fecha pone Malevitch al reverso del cuadro), época por otra parte de los decoros para la ópera futurista Победа над солнцем / *Pobeda nad solntsem* (*La Victoria del Sol*), presentada en el Luna Park de San Petersburgo, con un libreto escrito en zaoum por Alexeï Kroutchenykh, música de Mikhaïl Matiouchine, un prólogo agregado por Vélimir Khlebnikov, escenografías de Malevitch y puesta en escena por el grupo artístico Soyuz Molodyozhi.

A) EL *CUADRADO NEGRO SOBRE FONDO BLANCO* EN LOS TEXTOS DE MALEVITCH

Tanto "La luz y el color en arte" (*Carnet B*, 1923-26, archivos de Hans Von Riesen, hoy en el Stedelijk Museum de Amsterdam, probable borrador de un curso para los alumnos de INKHOUK) como el manifiesto suprematista *Del cubismo al suprematismo* nos revelan parte de las intenciones subyacentes al *Cuadrado negro sobre fondo blanco*.

En "*La luz y el color en arte*", escribe (además de seleccionar el texto, subrayamos las partes que nos interesan más directamente):
" *I*

Para el pintor como para el escultor, no existe otra luz que aquella por medio de la cual se produce el modelado de las cosas, la luz no parece ser el objetivo principal, sino un medio técnico que sirve para revelar lo conocido de la profundidad de las tinieblas. Si la luz es un simple medio técnico, es evidente que juega un rol de igualdad con otros medios materiales, la luz está en el mismo nivel que cualquier materia y posee un valor de igualdad con todos ellos, porque también representan, de igual manera, los mismos medios y cualidades que la luz, por los cuales se revela la idea, mostrando a través suyo la faz o forma de las cosas que yacen en mi, como resultado de las reacciones de dos fenómenos que existen en mi y fuera de mi.

De ahí, extraigo la siguiente conclusión, la pintura o la escultura no revelan jamás ni la luz, ni el color, ni la forma sino la reacción que se produce en la colisión de fuerzas que yacen fuera y dentro de mi.

.../...

Por otro lado, la conciencia pictórica no concuerda con este problema y dice que la idea de la pintura y de la escultura consiste en restituir la idea externa; he llegado a pensar que para los pintores no existen objetos (predmiet) que se encuentren fuera de mi, sino solamente lo que se encuentra en mi. ...

La pintura, desde mi punto de vista, ha cumplido un proceso de revelación de la idea, ha dirigido el trabajo sobre el conocimiento de las cosas, ha hecho una búsqueda científica de los fenómenos y su realización, ha creado su semejanza. ...

Todos los fenómenos del pasado del hombre llevan la denominación de «primitivo», igual que la nuestra llevará, a su vez, la misma etiqueta.

.../...

De esta manera, la esencia (souchtchnost) pictórica está en la categoría de la actividad científica, aspira de una forma u otra a revelar lo auténtico, habiendo conseguido la identidad del fenómeno en el desarrollo del hecho sobre la tela en forma de pintura, y en el espacio, en forma de escultura.

En otros términos, aspira al desarrollo de libros científicos de la misma manera que otras ciencias aspiran, con el estudio, descubrir la identidad y la autenticidad del fenómeno de la naturaleza.

La ciencia pictórica puntillista, habiendo rechazado el estudio del objeto, en otros casos la forma, parece probar que esta parte está, o bien estudiada, es decir que su autenticidad anatómica está resuelta, o bien se dirige a un nivel más elevado; pero el problema no ha sido resuelto, permanece la luz; después de haber solucionado el problema de la luz, la ciencia pictórica alcanzará una identidad completa de revelación del hecho auténtico de la naturaleza.

.../...

En esta última tendencia de la esencia pictórica se observa otro fenómeno, la luz no juega el papel que jugaba con los puntillistas y, en general, en todos los pintores. Aquí, se pone en primer término, el problema de la revelación del color, pero no como elemento que yace fuera de cualquier prisma, es decir, fuera de lo subjetivo, sino a través del prisma, es decir, a través de cierta unión o construcción de cuerpos que darán tal o cual refracción del color o de su intensidad. Cada prisma puede presentar un parecido al hombre donde la misma luz o color pueden refractarse con fuerza. De ahí que para estudiar el color, es indispensable dejarlo pasar a través de los prismas pictóricos, y sólo las tendencias pictóricas pueden ser tales prismas. Así, el cubismo, el futurismo representan prismas pictóricos construidos, en los cuales tenemos distintos estados de luz o de color.

.../...

Marinetti ha construido un prisma y espera el momento en que los indígenas salvajes [2] lo invectivarán.

Otro que ha construido un prisma con un aspecto definitivo es Pablo Picasso, el prisma del cubismo; su suerte es idéntica.

Sobre la base de los dos primeros prismas de la ciencia pictórica he logrado construir un tercero, que llamo suprematismo. Ha caído sobre mi esclarecer progresivamente este prisma que supone mi trabajo principal en la ciencia pictórica.

.../...

Para que esto resulte más claro, diré que la esencia pictórica no consiste en el reflejo de lo visible, y todo lo visible no es un pretexto en el sentido en que se comprende. La pintura es uno de los medios de conocimiento del mundo de los fenómenos, y el fenómeno conocido en la naturaleza o en la vida se expresa precisamente en una cierta construcción de cada fenómeno, en la forma.

.../...

En realidad, pienso que si cada hombre es también sol, nada será de todas maneras claro, y si hemos llegado al sol, entonces habrá igualmente sombra, igual que en la tierra. Su luz habrá aclarado mi conciencia del mismo modo que la luz se recoge en la pintura de la obra.

Toda la captura luminosa que hace el pintor, la captura del destello de los rayos y el esclarecimiento, ha probado una cosa, que no hay luz con funciones determinadas de esclarecer la verdad y que revelar su resplandor como meta es imposible. La experiencia pictórica muestra únicamente dos relaciones materiales diferentes de lo claro y lo oscuro, diferencias de una sola y misma materia.

.../...

El puntillismo ha sido la última tentativa en la ciencia pictórica que se esfuerza por revelar la luz, fueron los últimos que creyeron en el sol, en su luz y en su fuerza. Que sólo él revelará por sus rayos la Verdad de las obras.

.../...

Los puntillistas han asumido este trabajo, ignorando al objeto porque era solamente el lugar sobre el cual se manifiesta la luz. Habiendo alcanzado en su tarea algunos resultados a cerca del problema pictórico de la luz, el pintor puede revelar la forma a través del orden y la realidad donde ella se manifiesta en la naturaleza.

Para el puntillismo parece terminarse el realismo pictórico. La pintura ha permitido el trabajo analítico y sintético de revelación de las cosas que se encuentran alrededor del pintor.

Para ellos la luz ha podido cumplir un trabajo científico determinado y todo un período de la idea pictórica que aspiraba a la expresión pictórica natural y auténtica.

Tras ellos comienza una actividad pictórica dirigida hacia un nuevo análisis y síntesis de la pintura pura, es decir, hacia la fabricación de la materia pictórica en sí misma; la han deducido a partir de las eflorescencias de la luz, produciendo la construcción de un nuevo cuerpo pictórico a través del cual deberán construirse las cosas en el espacio de la luz misma. Estos eran solamente los trabajos preparatorios de los problemas pictóricos en el cubismo. En este dominio es el sabio pictórico Paul Cézanne quien ha ocupado el lugar. Pero la cuestión de la luz no desaparece).

.../...

La conciencia del cubismo entiende por blanco no el material, sino el momento de la toma de conciencia, por negro lo que no se comprende. El blanco, el negro, lo claro, o la luz, cesarán de existir realmente en el sentido en que eran comprendidos hasta entonces.

.../...

¿Para este fin se elabora entonces la intensividad coloreada? Siempre permanece el mismo fin, la revelación de la idea coloreada. ¿Cuál es entonces esta idea? ¿Es posible ante el esclarecimiento de la idea preparar los medios? Cada idea exige los medios apropiados, como consecuencia, la idea es ya algo a través de lo cual pasa la refracción de los fenómenos y su descomposición en elementos que serán también los medios de construcción de la idea, es decir, vendrá la realización de la concepción del mundo.

.../...

Muchos piensan que el suprematismo tiene como tarea revelar exclusivamente el color y que los tres cuadrados construidos, rojo, negro y blanco representan también la manifestación del color, e igualmente la resolución del problema pictórico en su pura dimensión bidimensional como superficie plana. Desde mi punto de vista, el suprematismo en tanto que superficie plana no existe, el cuadrado es solamente una de las facetas del prisma suprematista, a través del cual el mundo de los fenómenos se refracta de un modo distinto al cubismo, o al futurismo. La captura de la luz, o bien del color, para la construcción de una forma es negada totalmente por su conciencia, como rechazo total de revelar figurativamente las cosas. Estableciendo la no-figuración (bespredmitnost), la conciencia aspira con ello a lo absoluto. A partir de la construcción de pantallas solares sobre las cuales llegará a ser definitivamente claro cualquier fenómeno del mundo. No existe una unidad oscura que sea visible y nítida sobre un disco de luz viva, no hay más que una unidad clara sobre un disco oscuro.

.../...

II

Pero debo volver al tema de la luz y del color, volver a la cuestión: ¿cuándo aparece el momento real de la luz? La luz que atraviesa las gotas de lluvia forman su división de lo real en colores, constituyendo una nueva autenticidad real. La gota de agua deviene una nueva circunstancia para la luz. Admitamos que esta circunstancia hace construir el mundo entero coloreado en un sólo color, o los colores del arco iris; como consecuencia, alguna parte habría sido puesta en tal circunstancia, más allá de la cual no estaría la realidad de la luz. Sólo habríamos podido revelarla, el color deviene autenticidad. Pero es posible que el color no sea más que un resultado del prisma que nos muestra la realidad efectiva del color en siete rayos; en otras circunstancias puede mostrar miles, etc. Teniendo de profesión simplemente pintor, tengo delante de mi un libro: la naturaleza, que leo y observo en el límite de mis posibilidades. La naturaleza, es para mi, el gabinete del físico en el que se producen diversos fenómenos. El arco iris, como resultado de la refracción de los rayos a través del prisma de las gotas de agua, atrae mi atención sobre un hecho que representa una de las numerosas circunstancias; es por lo que cada flor resulta ser una circunstancia en la cual, una sola y misma sustancia, es refractada y coloreada con tal color y no con tal otro, he recibido a partir de la composición de un fenómeno uno de sus componentes.

.../...

Ahora retomo la pregunta que he dejado en el gráfico, sobre la línea que continúa se seguirá el desarrollo de energías humanas y otras en la creación de centros de cultura, mostrando que el hombre representa uno de los prismas vivos e interesantes en el mundo, que se encuentra en el trabajo eterno de la construcción de su conciencia, creando a partir de ella el prisma que refleja los fenómenos de su autenticidad.

En la línea que se desarrolla remarco una serie de lugares donde se acumula la energía. La acumulación de energía debe seguramente haber recibido una forma; la forma construida del centro dado será justamente el signo del trabajo energético que es recogido en cada construcción;

todo centro de construcción humana no será otro que el prisma de la toma de conciencia dada, del saber, de la matriz del arte, de la ciencia, etc.

.../...

Acordemos un fenómeno que vea el hombre que revela el color sobre una superficie o tela, especialmente preparada para este efecto. ¿Qué debe hacer si ante él se determina la tarea de revelar un sólo color? Aquí aparece la cuestión: ¿es posible revelar el color azul o rojo sin la ayuda de algunos medios? ¿De qué modo podemos decir o probar que hemos revelado un rojo más rojo que otro? En la revelación química esto se hace con la ayuda del distanciamiento o agregando a la sustancia colorante dada otros elementos, es decir, nuevas condiciones son creadas constituyendo al mismo tiempo un sólo color, o bien, en otro caso, el matiz y su intensidad.

.../...

Intentemos verificar si tenemos auténticamente revelado eso que pensamos. Dibujemos en la parte inferior de la tela el tejado de una casa, o tracemos una línea, o introduzcamos una nebulosidad blanca. Y percibamos que en nuestra conciencia el color revelado desemboca en una nueva circunstancia y se transforma no en superficie plana, sino en espacio.

La tercera posición del sujeto de la revelación, requiere en estas circunstancias la posibilidad de revelar la luz, o el color u otro material; respondiendo a esta cuestión puedo decir que se puede revelar cualquier cosa, siempre y cuando se pueda efectuar la separación absoluta de la sustancia, cuando estén desplegadas todas las circunstancias en general.

.../...

III

.../...

Cuanto mayor sea la experiencia pictórica, más debe alejarse de la paleta. Cuando se ha pasado sobre el espacio y el tiempo, comienza su nueva historia, su nuevo arte, su habilidad y experiencia. El paso de la pintura de la ribera bidimensional a ésta con tres, o más lejos, con cuatro, debe inevitablemente chocar con una necesidad real de revelar las cosas que se encuentran en el tiempo con una tela bidimensional. La tela no puede dar lugar a esta realidad porque ya el interior de la pintura ha pasado a la tridimensionalidad. La tela bidimensional no tiene la tercera extensión y, por consecuencia, las vibraciones del volumen deben crecer a partir de una base bidimensional en el espacio. Es posible encontrar aquí la justificación principal del collage en el cubismo.

Anotemos por el momento todo ello hasta el análisis del cubismo y vayamos examinando el trabajo ulterior de la pintura y el principio espacial en su trabajo. Del análisis precedente vemos que la tela bidimensional no puede satisfacer la toma de conciencia pictórica en sí de la tridimensionalidad. Y está claro que la tela, en tanto que medio de un plano puramente bidimensional, debe salir de su uso, siempre que la pintura se encuentre en la evolución general del realismo volumétrico.

Pero, visiblemente, la pintura tiene sus razones, pues opera siempre sobre la tela, afirmando la bidimensionalidad. Esta afirmación me obliga a verificar la tela y resolver qué representa en sí misma y qué rol puede jugar en el trabajo de la pintura. En un caso ha revelado la luz, en otro el color, en el tercero la pintura y en un cuarto se esfuerza por resolver el problema de la construcción pictórica espacial.

La tela representa el lugar o la superficie plana ordinaria donde sucede el trabajo de la pintura para revelar sobre esta superficie las ideas interiores y exteriores.

.../...

Pero, de todos modos, esta sensación espacial no será física, real, sino la impresión de una autenticidad viva que existe en el interior del pintor.

La tela es el lugar sobre el cual la pintura se esfuerza por revelar todo lo que se encuentra en movimiento, es decir, en el tiempo real de las cosas espaciales en sí. Así, por ejemplo, revela lo complejo que es construir los elementos en mi toma de conciencia interior por las sensaciones físicas, y debo repetirlo todo la tela. Cumplir todo el trabajo tomando de manera auténtica el estado interior, en mi, de lo real. Donde se ve la forma de lo real que pienso transmitir al mundo exterior con un tacto físico nuevo.

.../...

Veamos así el fundamento legítimo de las modificaciones pictóricas que constituyen en sí el anillo o la órbita de su propio movimiento; emanando de su afelio de color, la densidad pictórica suprema espera en el centro y se mueve hacia el perihelio, la densidad pictórica se disuelve poco a poco y se ilumina intensamente de un color vivo en el perihelio, yendo más lejos hacia el centro opuesto de su órbita que constituye una nueva densidad opuesta de consistencia incolora.

El período suprematista me ha convencido de que en su prisma, el movimiento del color, ha designado de un modo tajante tres estados en el cuadrado rojo, negro y blanco.

.../...

Es posible que la noción de blanco o de negro encontrare otra interpretación (precisamente sobre el blanco puede fijarse otro objetivo, es decir, el lugar donde la diversidad no será visible), la aspiración de doctrinas humanas sobre la igualdad estarán comprendidas en el negro o el blanco, de este modo el fondo constituido para la introducción o la aparición de un hecho preeminente no existirá. Apelo al centro supremo de lo único común «Blanco».

.../...

Los cubistas rusos han sido los primeros en construir un prisma inverso de acción, a través del cual la pintura se divide en colores. El cubismo occidental comprueba en él mismo esta necesidad, pero la causalidad no está esclarecida. No poseemos ningún argumento de esta causa excepto el motivo estético. Cuando en los cubistas rusos se contemplan las experiencias en la órbita del movimiento pictórico, el mundo de la esencia pictórica entra en el color y el momento de pulverización de la densidad pictórica en una serie de colores que pueden ser más intensos y que no estaban en la formación de la densidad pictórica en general.

.../...

Es posible hacer una analogía entre dos revoluciones; aquella de los desplazamientos socialistas que se expresan en las diversas formas de partidos socialistas que agitan sólo las bases económicas, sólo la conciencia establecida; y lo mismo en la revolución pictórica con los desplazamientos cubistas de la conciencia pictórica establecida.

Los agrupamientos socialistas, son los mismos rayos coloreados que atraviesan el prisma opuesto de la liberación y que aspira a unirse en una nueva construcción sobre la dimensión de la nueva conciencia.

La revolución pictórica ha cumplido un gran trayecto hasta el último límite, al lado del cual, viene el mundo blanco incoloro de las igualdades.
La revolución política y económica ofrece una representación semejante a la paleta pictórica coloreada. Cada conciencia del grupo político tiene su propio color. La conciencia política no sólo lo tiñe sino que posee también su propia forma, llamada las internacionales. La internacional, es ya una nueva paleta de colores que debe componer un cuerpo único incoloro, saliendo de todas las diversidades para ir a la unidad y la igualdad.
La internacional es la nueva forma de construcción en tanto que esencia de las masas populares. Paralelamente a la masa pictórica. Pero no se reconocerá ni lo uno ni lo otro.
.../...
Los puntillistas querían revelar la luz, han tropezado con el color, o bien el prisma científico ha demostrado que la luz es el resultado del movimiento del color. Que el color si cae en una circunstancia apropiada deviene luz, pero no color. Pero es sólo una de las combinaciones de las circunstancias del mundo; ¿todos nuestros prismas científicos no pueden tener las mismas combinaciones en las que una sola y misma cosa parezca ser varias?
.../...
Oh! Si pudiéramos construir sobre la ley, la cuestión habría terminado, tendríamos lo absoluto. Pero, todas nuestras leyes no son más que leyes de leyes.
.../...
Este actor tiene un objetivo, son los rayos de absorción, el rayo negro. Su autenticidad se apaga, sobre el prisma no hay más que una pequeña banda negra, como una grieta, por la cual no vemos más que las tinieblas inaccesibles a cualquier luz, sea cual sea, ni al sol, ni a la luz del saber. En este negro se termina nuestro espectáculo, es aquí donde entra el actor del mundo después de haber ocultado sus numerosos rostros ya que no tiene rostro auténtico."

      Vemos en el anterior texto varios elementos:
Cómo la teoría de Malevitch, basada en la cuestión del color cayendo sobre el objeto, es paralela a los trabajos de Moholy-Nagy con su *Modulador Luz-Espacio* (1922-1930).
Cómo la teoría de Malevitch, orientada hacia la negación histórica de "*la conciencia externa*" que "*consiste en restituir la idea externa*", diciendo: "*he llegado a pensar que para los pintores no existen objetos se encuentren fuera de mi, sino solamente lo que se encuentra en mí*" es una clara retoma de Hegel (*De lo bello y sus formas(Estética)*, conocido como *Lecciones de Estética*, 1818-1829, Madrid, EspasaCalpe, 1958, "*Opiniones comunes sobre el arte. Principio del cual nace. Su naturaleza y fin*", v. nuestro artículo sobre "*Realidad*").
Cómo la problemática de Malevitch pasa de la luz al plano del desarrollo de la forma en el "*espacio, en forma de escultura*", es decir, a la vez, en una preocupación similar a la de Moholy-Nagy, y, a la vez, dentro de una perspectiva que desemboca en la forma por encima del color ("*Intentemos verificar si tenemos auténticamente revelado eso que pensamos. Dibujemos en la parte inferior de la tela el tejado de una casa, o tracemos una línea, o introduzcamos una nebulosidad blanca. Y percibamos que en nuestra conciencia el color revelado desemboca en una nueva circunstancia y se transforma no en superficie plana, sino en espacio.*"), validando que lo geométrico se sobreponga, como elemento central, al color. Tal diferencia es clara al comparar el *Cuadrado negro sobre fondo blanco* con la primera acualera abstracta(*Sin título*, 1910-1913) de Kandinsky, ésta donde es el color, no la forma (manchas informes) que predomina en la composición.
La evolución explícita, considerada por Malevitch como un proceso genético de su movimiento y obra, en el impresionismo, que tiene que ver con la luz, y el cubismo, que tiene que ver con la forma.
La referencia al cubismo y al futurismo como movimientos paralelos, que trabajan la forma, el cuerpo físico, ya no la luz, es decir, lo que hace rebotar y refleja la luz, ya no la luz como objeto visual en sí ("*... el problema de la revelación del color, pero no como elemento que yace fuera de cualquier prisma, es decir, fuera de lo subjetivo, sino a través del prisma, es decir, a través de cierta unión o construcción de cuerpos que darán tal o cual refracción del color o de su intensidad*"). Esta modificación de perspectiva se integra, de nuevo, para nosotros a cierto paralelismo entre la obra de Malevitch en sus planteamientos y la de Moholy-Nagy.
Una conciencia evolutiva de la figuración, que usa objetos complejos, al impresionismo como primer paso hacia la abstracción, obviando el objeto para interesarse al color, y el cubismo como paso más reciente, donde, cancelado el objeto, y superado el color, es la forma, la materia pura del cuadro, es decir, la construcción de los cuerpos geométricos que reciben y rebotan la luz (como en el *Modulador*), que viene a ser el centro de interés del pintor ("*Para que esto resulte más claro, diré que la esencia pictórica no consiste en el reflejo de lo visible, y todo lo visible no es un pretexto en el sentido en que se comprende. La pintura es uno de los medios de conocimiento del mundo de los fenómenos, y el fenómeno conocido en la naturaleza o en la vida se expresa precisamente en una cierta construcción de cada fenómeno, en la forma.../... La experiencia pictórica muestra únicamente dos relaciones materiales diferentes de lo claro y lo oscuro, diferencias de una sola y misma materia.../... El puntillismo ha sido la última tentativa en la ciencia pictórica que se esfuerza por revelar la luz, fueron los últimos que creyeron en el sol, en su luz y en su fuerza. Que sólo él revelará por sus rayos la Verdad de las obras.../... Los puntillistas han asumido este trabajo, ignorando al objeto porque era solamente el lugar sobre el cual se manifiesta la luz.../... Tras ellos comienza una actividad pictórica dirigida hacia un nuevo análisis y síntesis de la pintura pura, es decir, hacia la fabricación de la materia pictórica en sí misma; la han deducido a partir de las eflorescencias de la luz, produciendo la construcción de un nuevo cuerpo pictórico a través del cual deberán construirse las cosas en el espacio de la luz misma. Estos eran solamente los trabajos preparatorios de los problemas pictóricos en el cubismo. En este dominio es el sabio pictórico Paul Cézanne quien ha ocupado el lugar. Pero la cuestión de la luz no desaparece.*")
Así, como el suprematismo da el paso terminal: "*La conciencia del cubismo entiende por blanco no el material, sino el momento de la toma de conciencia, por negro lo que no se comprende. El blanco, el negro, lo claro, o la luz, cesarán de existir realmente en el sentido en que eran comprendidos hasta entonces.../... Muchos piensan que el suprematismo tiene como tarea revelar exclusivamente el color y que los tres cuadrados construidos, rojo, negro y blanco representan también la manifestación del color, e igualmente la resolución del problema pictórico en su pura dimensión bidimensional como superficie plana. Desde mi punto de vista, el suprematismo en tanto que superficie plana no existe, el cuadrado es solamente una de las facetas del prisma suprematista, a través del cual el mundo de los fenómenos se refracta de un modo distinto al cubismo, o al futurismo. La captura de la luz, o bien del color, para la construcción de una forma es negada totalmente por su*

conciencia, como rechazo total de revelar figurativamente las cosas. Estableciendo la no-figuración (bespredmitnost), la conciencia aspira con ello a lo absoluto."

Que dicho movimiento corresponde a una búsqueda de unificación absoluta del problema del color: *"¿cuándo aparece el momento real de la luz? La luz que atraviesa las gotas de lluvia forman su división de lo real en colores, constituyendo una nueva autenticidad real. La gota de agua deviene una nueva circunstancia para la luz. Admitamos que esta circunstancia hace construir el mundo entero coloreado en un sólo color, o los colores del arco iris; como consecuencia, alguna parte habría sido puesta en tal circunstancia, más allá de la cual no estaría la realidad de la luz. Sólo habríamos podido revelarla, el color deviene autenticidad. Pero es posible que el color no sea más que un resultado del prisma que nos muestra la realidad efectiva del color en siete rayos; en otras circunstancias puede mostrar miles, etc."*, por lo que puede Malevitch concluir su texto afirmando: *"Es posible que la noción de blanco o de negro encontrare otra interpretación (precisamente sobre el blanco puede fijarse otro objetivo, es decir, el lugar donde la diversidad no será visible), la aspiración de doctrinas humanas sobre la igualdad estarán comprendidas en el negro o el blanco, de este modo el fondo constituido para la introducción o la aparición de un hecho preeminente no existirá. Apelo al centro supremo de lo único común «Blanco».../... Es posible hacer una analogía entre dos revoluciones; La revolución política y económica ofrece una representación semejante a la paleta pictórica coloreada. Cada conciencia del grupo político tiene su propio color. La conciencia política no sólo lo tiñe sino que posee también su propia forma, llamada las internacionales. La internacional, es ya una nueva paleta de colores que debe componer un cuerpo único incoloro, saliendo de todas las diversidades para ir a la unidad y la igualdad./ La internacional es la nueva forma de construcción en tanto que esencia de las masas populares. Paralelamente a la masa pictórica. Pero no se reconocerá ni lo uno ni lo otro.../... Los puntillistas querían revelar la luz, han tropezado con el color, o bien el prisma científico ha demostrado que la luz es el resultado del movimiento del color. Que el color si cae en una circunstancia apropiada deviene luz, pero no color. Pero es sólo una de las combinaciones de las circunstancias del mundo; ¿todos nuestros prismas científicos no pueden tener las mismas combinaciones en las que una sola y misma cosa parezca ser varias?.../... Este actor tiene un objetivo, son los rayos de absorción, el rayo negro. Su autenticidad se apaga, sobre el prisma no hay más que una pequeña banda negra, como una grieta, por la cual no vemos más que las tinieblas inaccesibles a cualquier luz, sea cual sea, ni al sol, ni a la luz del saber. En este negro se termina nuestro espectáculo, es aquí donde entra el actor del mundo después de haber ocultado sus numerosos rostros ya que no tiene rostro auténtico."* Por lo que nos pueden parece algo repetitivas las tres partes del texto *"La luz y el color en el arte"*, ya que el centro de la demostración es, en realidad, la evolución del impresionismo y, en particular, el puntillismo, en el que se pierde el objeto por la forma (el punto) que revela la forma en que cae la luz como prisma sobre las cosas, hasta el suprematismo, pasando por la objetualidad de la *découpe* cubista de los elementos en formas (ya no objetos, ni tampoco focos de luz, sino realmente formas bidimensionales, propias del ámbito pictórico: *"La tela no puede dar lugar a esta realidad porque ya el interior de la pintura ha pasado a la tridimensionalidad. La tela bidimensional no tiene la tercera extensión y, por consecuencia, las vibraciones del volumen deben crecer a partir de una base bidimensional en el espacio."*, como lo pregonaba el mismo Cézanne, que cita aquí Malevitch, en su carta a Émile Bernard del 15 de abril de 1904: *"Tout dans la nature se modèle selon le cylindre, la sphère, le cône. Il faut s'apprendre à peindre sur ces figures simples."*), para llegar al suprematismo, el cual crea rayo negro o blanco, que, en fin de cuenta, no es nada más que la unificación del prisma para representar todos los colores en uno solo, al igual que la revolución política unifica, según el pintor, *"las masas populares"*, dándoles *"la unidad y la igualdad"*, por lo que el prisma que se propone Malevitch en el suprematismo es esta *"circunstancia apropiada (en que) deviene luz, pero no color"*; *"construir el mundo entero coloreado en un sólo color"*, a como *"La internacional es la nueva forma de construcción en tanto que esencia de las masas populares"*. Asimismo (citamos de nuevo), *"... los tres cuadrados construidos, rojo, negro y blanco"* no sólo representan, como *"Muchos piensan"*, *"la manifestación del color, e igualmente la resolución del problema pictórico en su pura dimensión bidimensional como superficie plana"*, sino que, *"Desde mi punto de vista, el suprematismo en tanto que superficie plana no existe, el cuadrado es solamente una de las facetas del prisma suprematista, a través del cual el mundo de los fenómenos se refracta de un modo distinto al cubismo, o al futurismo. La captura de la luz, o bien del color, para la construcción de una forma es negada totalmente por su conciencia, como rechazo total de revelar figurativamente las cosas. Estableciendo la no-figuración (bespredmitnost), la conciencia aspira con ello a lo absoluto. A partir de la construcción de pantallas solares sobre las cuales llegará a ser definitivamente claro cualquier fenómeno del mundo. No existe una unidad oscura que sea visible y nítida sobre un disco de luz viva, no hay más que una unidad clara sobre un disco oscuro."* Es clara, entonces, la representación del problema de la luz como fenómeno prismático, (*"unidad clara sobre un disco oscuro"*). De hecho, mientras el negro es, en la síntesis sustractiva, la mezcla de los colores que absorban cada uno una longitud de onda, el blanco es, en la síntesis aditiva, combina los colores de distintas fuentes emisoras para obtener el color blanco. Así, Malevitch tiene razón, es sobre el fondo negro que se puede descomponer la luz blanca para obtener los colores, haciendo pasar la luz a través del prisma y poniendo un cartón negro sobre el cual se proyectará la descomposición de dicha luz, es decir, su espectro. Sin embargo, para una luz monocromática, no funciona el prisma, ya que sólo emite una sola longitud de onda (*"... para estudiar el color, es indispensable dejarlo pasar a través de los prismas pictóricos"*).

Mientras Loos en *"Ornamento y Delito"* (1908) expone que debe desaparecer el ornamento porque es secuela de una mente primitiva: *"El primer ornamento que surgió, la cruz, es de origen erótico. La primera obra de arte, la primera actividad artística que el artista pintarrajeó en la pared fue para despojarse de sus excesos. Una raya horizontal: la mujer yacente. Una raya vertical: el hombre que la penetra. El que creó esta imagen sintió el mismo impulso que Beethoven, estuvo en el mismo cielo en el que Beethoven creó la Novena Sinfonía./ Pero el hombre de nuestro tiempo que, a causa de un impulso interior pintarrajea las paredes con símbolos eróticos, es un delincuente o un degenerado. Obvio es decir que en los retretes es donde este impulso invade, del modo más impetuoso, a las personas con tales manifestaciones de degeneración. Se puede medir el grado de civilización de un país atendiendo a la cantidad de garabatos que aparezcan en las paredes de sus retretes./ En el niño, garabatear es un fenómeno natural; su primera manifestación artística es llenar las paredes con símbolos eróticos. Pero lo que es natural en el papúa y en el niño, resulta en el hombre moderno un fenómeno de degeneración. Descubrí lo siguiente y lo comuniqué al mundo: La evolución cultural equivale a la eliminación del ornamento del objeto usual."*, Malevitch, considerando en el texto citado la evolución desde una perspectiva en movimiento (*"Todos los fenómenos del pasado del hombre llevan la denominación de «primitivo», igual que la nuestra llevará, a su vez, la misma etiqueta."*), en *Del cubismo al suprematismo* afirma que los cuadrados suprematistas provienen de símbolos primitivos (*"The Suprematist square and the forms proceeding out of it can be likened to the primitive marks (symbols) of aboriginal man which represented, in their combinations, not ornament but a feeling of rhythm."*). Así, de forma opuesta pero a la vez, paradójicamente, paralela, Loos y Malevitch ven en el primitivo el contenedor de la tradición secular. Los dos llegan a la misma conclusión: la necesidad de prescindir de las complejidades representacionales, pero bajo dos perspectivas distintas: mientras Loos ve en este proceso una evolución y una ruptura con el primitivo, Malevitch, hasta cierto punto, lo considera como una reabilitación de la simplicidad emocional original. Tenemos aquí, de nuevo, las dos tendencias hacia el salvajismo: visión positiva y negativa. De hecho, tiene lógica, ya que Loos asume que el que creó la raya vertical o horizontal "*sintió el mismo impulso que Beethoven, estuvo en el mismo cielo en el que Beethoven creó la Novena Sinfonía*", y Malevitch reafirma, en "*La luz y el color en arte*", la idea de que estamos frente en su representación a la expresión del sentimiento interno, no de una realidad externa, ya que no hay realidad absoluta, sino íntima y personal ("*Pero, de todos modos, esta sensación espacial no será física, real, sino la impresión de una autenticidad viva que existe en el interior del pintor./... Cumplir todo el trabajo tomando de manera auténtica el estado interior, en mi, de lo real.*").

Es por esta doble razón: imposibilidad de representar objetivamente la realidad sino desde el "*En-Sí*" del pintor (teoría que debe mucho a Hegel, como dijimos) y el trabajo suprematista como expresión del prisma (término utilizado no menos de 56 veces en "*La luz y el color en arte*") que Malevitch concluye sobre la idea de la obra como materialidad luminosa ("*En realidad, pienso que si cada hombre es también sol, nada será de todas maneras claro, y si hemos llegado al sol, entonces habrá igualmente sombra, igual que en la tierra. Su luz habrá aclarado mi conciencia del mismo modo que la luz se recoge en la pintura de la obra./ Toda la captura luminosa que hace el pintor, la captura del destello de los rayos y el esclarecimiento, ha probado una cosa, que no hay luz con funciones determinadas de esclarecer la verdad y que revelar su resplandor como meta es imposible. La experiencia pictórica muestra únicamente dos relaciones materiales diferentes de lo claro y lo oscuro, diferencias de una sola y misma materia.*").

Ahora bien, en el manifiesto suprematista, Malevitch escribe (igualmente que por el texto anterior, aquí también, además de seleccionar el texto, subrayamos las partes que nos interesan más directamente):

"*Under Suprematism I understand the supremacy of pure feeling in creative art. To the Suprematist the visual phenomena of the objective world are, in themselves, meaningless; the significant thing is feeling, as such, quite apart from the environment in which it is called forth.*
.../...
Academic naturalism, the naturalism of the Impressionists, Cezanneism, Cubism, etc all these, in a way, are nothing more than dialectic methods which, as such, in no sense determine the true value of an art work.
.../...
It reaches a "desert" in which nothing can be perceived but feeling.
.../...
When, in the year 1913, in my desperate attempt to free art from the ballast of objectivity, I took refuge in the square form and exhibited a picture which consisted of nothing more than a black square on a white field, the critics and, along with them, the public sighed, "Everything which we loved is lost. We are in a desert .... Before us is nothing but a black square on a white background!"
"Withering" words were sought to drive off the symbol of the "desert" so that one might behold on the "dead square" the beloved likeness of "reality" ("true objectivity" and a spiritual feeling).
The square seemed incomprehensible and dangerous to the critics and the public ... and this, of course, was to be expected.
The ascent to the heights of nonobjective art is arduous and painful ... but it is nevertheless rewarding. The familiar recedes ever further and further into the background .... The contours of the objective world fade more and more and so it goes, step by step, until finally the world "everything we loved and by which we have lived" becomes lost to sight.
No more "likenesses of reality," no idealistic images nothing but a desert!
But this desert is filled with the spirit of nonobjective sensation which pervades everything.
.../...
This was no "empty square" which I had exhibited but rather the feeling of nonobjectivity.
I realized that the "thing" and the "concept" were substituted for feeling and understood the falsity of the world of will and idea.
Is a milk bottle, then, the symbol of milk?
Suprematism is the rediscovery of pure art which, in the course of time, had become obscured by the accumulation of "things."
It appears to me that, for the critics and the public, the painting of Raphael, Rubens, Rembrandt, etc., has become nothing more than a conglomeration of countless "things," which conceal its true value the feeling which gave rise to it. The virtuosity of the objective representation is the only thing admired.
.../...
So it is not at all strange that my square seemed empty to the public.
.../...
Painting is the dictatorship of a method of representation, the purpose of which is to depict Mr. Miller, his environment, and his ideas.
The black square on the white field was the first form in which nonobjective feeling came to be expressed. The square = feeling, the white field = the void beyond this feeling.
Yet the general public saw in the nonobjectivity of the representation the demise of art and failed to grasp the evident fact that feeling had here assumed external form.
<u>The Suprematist square and the forms proceeding out of it can be likened to the primitive marks (symbols) of aboriginal man which represented, in their combinations, not ornament but a feeling of rhythm.</u>
.../...
<u>The square changes and creates new forms, the elements of which can be classified in one way or another depending upon the feeling which gave rise to them.</u>
<u>When we examine an antique column, we are no longer interested in the fitness of its construction to perform its technical task in the building but recognize in it the material expression of a pure feeling.</u> We no longer see in it a structural necessity but view it as a work of art in its own right.
.../...

Antique works of art are kept in museums and carefully guarded, not to preserve them for practical use but in order that their eternal artistry may be enjoyed.
The difference between the new, nonobjective ("useless") art and the art of the past lies in the fact that the full artistic value of the latter comes to light (becomes recognized) only after life, in search of some new expedient, has forsaken it, whereas the unapplied artistic element of the new art outstrips life and shuts the door on "practical utility."
And so there the new nonobjective art stands the expression of pure feeling, seeking no practical values, no ideas, no "promised land ......
The Suprematists have deliberately given up objective representation of their surroundings in order to reach the summit of the true "unmasked" art and from this vantage point to view life through the prism of pure artistic feeling.
.../...
Artists have always been partial to the use of the human face in their representations, for they have seen in it (the versatile, mobile, expressive mimic) the best vehicle with which to convey their feelings. The Suprematists have nevertheless abandoned the representation of the human face (and of natural objects in general) and have found new symbols with which to render direct feelings (rather than externalized reflections of feelings), for the Suprematist does not observe and does not touch - he feels.
.../...
A chair, bed, and table are not matters of utility but rather, the forms taken by plastic sensations, so the generally held view that all objects of daily use result from practical considerations is based upon false premises.
.../....
It cannot be stressed to often that absolute, true values arise only from artistic, subconscious, or superconscious creation.
.../...
Suprematism has opened up new possibilities to creative art, since by virtue of the abandonment of so called "practical consideration," a plastic feeling rendered on canvas can be carried over into space. The artist (the painter) is no longer bound to the canvas (the picture plane) and can transfer his compositions from canvas to space."

Es la definición como "*desierto*" del *Cuadrado negro sobre fondo blanco* que retendrá en primera instancia nuestra atención.

Ahí también vemos una dualidad con Loos, donde, mientras éste pretende que la forma cúbica sea la más racional, Malevitch se defiende de sus detractores asumiendo que el cuadrado es una representación emocional. Igualmente de doble discurso, los dos posicionamientos de estos vanguardistas revelan las contradicciones e incertumbres del símbolo.

Mientras, como demostramos en nuestro artículo sobre "*Adolf Loos*", el cubo es en él más una representación simbólica y estética que lógica y racional, en Malevitch, la reducción absoluta a la forma geométrica, por incomprendida, parece necesitar por parte de su recreador de una estrategia de engaño para justificarla, no como pérdida o reducción (como lo plantea y quiere Loos en sus realizaciones), sino como apertura a *todos* los sentimientos. Pues, mientras el cuadrado es una forma "*desértica*", deja al espectador el campo abierto de lo que, años más tarde, nombrará Umberto Eco como "*La obra abierta*" ("*The square changes and creates new forms, the elements of which can be classified in one way or another depending upon the feeling which gave rise to them./ When we examine an antique column, we are no longer interested in the fitness of its construction to perform its technical task in the building but recognize in it the material expression of a pure feeling*", notaremos la insistencia a definir en este último párrafo, que es el tercero después del donde Malevitch alude al cuadrado como símbolo primitivo, en ver al cuadrado como antiguo e histórico).

Sin embargo, hemos visto en "*La luz y el color en arte*" que el cuadrado tiene valores predeterminados de univocidad estética: es la forma por oposición al objeto, es la luz por encima del color.

Dentro de su dialéctica, Malevitch se define curiosamente desde una perspectiva anti-vanguardista: la idea del arte por el arte ("*The difference between the new, nonobjective ("useless") art and the art of the past lies in the fact that the full artistic value of the latter comes to light (becomes recognized) only after life, in search of some new expedient, has forsaken it, whereas the unapplied artistic element of the new art outstrips life and shuts the door on "practical utility."*"), que contradice sus tesis, en los mismos textos, del arte como mecanismo industrial, y la negación del estatus superior del objeto práctico sobre el objeto puramente estético ("*A chair, bed, and table are not matters of utility but rather, the forms taken by plastic sensations, so the generally held view that all objects of daily use result from practical considerations is based upon false premises.*"), base sin embargo, por ejemplo de las realizaciones de diseño industrial de la Bauhaus (y en específico de sus sillas).

Sin embargo, concluye reafirmando algo que vimos en "*La luz y el color en arte*", la idea, que hará realidad con sus posteriores Arquitectones de los años 20 (v. nuestro artículo sobre "*Adolf Loos*" y la primera parte de nuestro libro sobre *Una Historia de la Arquitectura Contemporánea Siglos XIX-XXI*), que el suprematismo, y en particular el cuadrado traslada al ámbito formal la "*trama del cuadro*": "*Suprematism has opened up new possibilities to creative art, since by virtue of the abandonment of so called "practical consideration," a plastic feeling rendered on canvas can be carried over into space. The artist (the painter) is no longer bound to the canvas (the picture plane) and can transfer his compositions from canvas to space."*

Por lo que el manifiesto suprematista le agrega otro valor al cuadrado, además de los ya mencionados de forma vs. objeto y luz vs. color, el de una dualidad entre bi y tridimensionalidad. En "*La luz y el color en arte*" se resolvía mediante la afirmación de que el cuadrado devolvía la obra a su original bidimensionalidad (nos parece importante volver a citar integralmente estos párrafos: "*Cuanto mayor sea la experiencia pictórica, más debe alejarse de la paleta. Cuando se ha pasado sobre el espacio y el tiempo, comienza su nueva historia, su nuevo arte, su habilidad y experiencia. El paso de la pintura de la ribera bidimensional a ésta con tres, o más lejos, con cuatro, debe inevitablemente chocar con una necesidad real de revelar las cosas que se encuentran en el tiempo con una tela bidimensional. La tela no puede dar lugar a esta realidad porque ya el interior de la pintura ha pasado a la tridimensionalidad. La tela bidimensional no tiene la tercera extensión y, por consecuencia, las vibraciones del volumen deben crecer a partir de una base bidimensional en el espacio. Es posible encontrar aquí la justificación principal del collage en el cubismo./ Anotemos por el momento todo ello hasta el análisis del cubismo y vayamos examinando el trabajo ulterior de la pintura y el principio espacial en su trabajo. Del análisis precedente vemos que la tela bidimensional no puede satisfacer la toma de conciencia pictórica en sí de la tridimensionalidad. Y está claro que la tela, en tanto que medio de un plano puramente bidimensional, debe salir de su uso, siempre que la pintura se encuentre en la evolución general del realismo volumétrico./ Pero, visiblemente, la pintura tiene sus razones, pues opera siempre sobre la tela, afirmando la bidimensionalidad. Esta afirmación me obliga a verificar la tela y resolver qué representa en sí misma y qué rol puede jugar en el trabajo de la pintura. En un caso ha revelado la luz, en otro el color, en el tercero la pintura y en un cuarto se esfuerza por resolver el problema de la construcción pictórica espacial./ La tela representa el lugar o la superficie plana ordinaria donde sucede el trabajo de la pintura para revelar sobre esta superficie las ideas interiores y exteriores."*), en *Del cubismo al suprematismo*, al contrario, afirma que *"transfer his compositions from canvas to space."*

B) MALEVITCH Y LA FORMA

Al reconocer que el *Cuadrado negro sobre fondo blanco* representa un símbolo primitivo, Malevitch revela el origen de dicha imagen.

Como Kandinsky, Malevitch empezó su carrera como figurativo, buscando recrear y renovar los íconos de la tradición rusa (de lo que consta todavía el *Autorretrato* como renacentista de 1933). Por lo que su perspectiva era nacionalista y religiosa.

En la exposición *0.10*, se asocian imágenes de cuadrados, círculos, cruces, paralelepípedos. Los cuales, círculo, cuadrado o paralelepípedo, no siempre están centrados, sino que se mueven sobre el fondo blanco, buscando establecer principios de movimientos o de elaboración compositiva como el paralelepípedo cuya base de tamaño menor sirve de base al cuadro y cuyo lado más ancho pero triangulado parece enfrentar los bordes superiores del marco del lienzo, obra que ocupa el lugar encima de la silla, al lado derecho de la famoso foto de la exposición.

Por otra parte, cruces y cuadrados comparten, en la simbología primitiva, prehistórica, a la que alude Malevitch en sus textos citados, el representar a los cuatro puntos cardinales, así deriva la preocupación religiosa de Malevitch hacia una universalización implícita de los símbolos más elementales de la mente humana.

A los juegos formales y temáticos de los objetos geométricos de la exposición se agrega los juegos colorimétricos, en los que varias obras son superposiciones, sobre fondo blanco, de dos elementos, uno negro y otro rojo.

Desde un principio, el mismo título de la exposición *0.10* revela las intenciones minimalistas de Malevitch, respecto de la obra, pero también de la reducción formal. Así, de su exposición, Malevitch confiesa a su amigo el pintor y compositor Mikhaïl Matyouchine: *"[...] nous avons l'intention d'y réduire tout au zéro, nous avons donc décidé de l'appeler Zéro"* (*"tenemos intención de reducir todo al cero, así decidimos llamarla cero"*, cit. en *Rencontres, Croisements, Emprunts. Méthodologies de l'analyse d'images*, coloquio de Aix-en-Provence, 26-27 noviembre de 1993, Aix-en-Provence, Publications de l'Université de Provence, 1996, p. 190, trad. al español N.-B. Barbe), y agrega: *"je me suis métamorphosé en zéro des formes"* (*"me metamorfoseé en cero de las formas"*, cit. por Alain Besançon, *L'Image interdite: une histoire intellectuelle de l'iconoclasme*, Paris, Fayard, colección "L'esprit de la cité", 1994, p. 488, trad. al español N.-B. Barbe). En 1920, Malevitch decía del *Cuadrado blanco sobre fondo blanco*: *"Le carré blanc est le mouvement économique de la forme"* (*"El cuadrado blanco es el movimiento económico de la forma"*, cit. en *Malevitch, Écrits*, présentés par A. B. Nakov, trad. A. Robel-Chicurel, Paris, Champ Libre, 1975, p. 222, trad. al español N.-B. Barbe, las 3 anteriores citas son retomadas de Nizar MOUAKHAR, "Le Vide comme «Médiateur du Sacré» d'après le parangon du Quadrangle blanc de Malevitch", *Textes & Prétextes - Revue d'art et de littérature, musique*, No 63, junio del 2010).

El mismo Malevitch refiere a menudo a la trilogía de los cuadrados, citándolos siempre como un solo grupo y en el mismo orden (que corresponde a su progresión histórica también en la obra del pintor): negro, rojo, blanco (Jean-Claude et Valentine Marcadé, *Suprématisme, 34 dessins*, Paris, Chêne, 1974, originalmente publicado en ruso: Vitebsk, Graphic Arts Studio, 1920, Vol. I, las trad. al español son nuestras):

"Le suprématisme est divisé en 3 stades selon le nombre de carrés noir, rouge et blanc: les périodes noires, colorées, et blanches. Dans la dernière, les formes sont peintes en blanc sur blanc. Toutes les trois périodes de développement ont été entre 1913 et 1918. Ces périodes ont été construites sur un développement du pur plan." (p. 123, *"El suprematismo se dividió en 3 estados según el número de cuadrados negro, rojo y blanco: los períodos colorados, y blancos. En el último, las formas son pintadas en blanco sobre blanco. Todos los tres períodos de desarrollo fueron entre 1913 y 1918. Estos períodos fueron construídos sobre un desarrollo del puro plano."*)

"Le suprématisme dans son évolution historique a eu trois étapes: du noir, du coloré et du blanc." (p. 121, *"El suprematismo en su evolución histórica tuvo tres etapas: del negro, de lo colorado y del blanco."*)

"Les trois carrés suprématistes sont l'établissement de visions et de constructions du monde bien précises. (...) Dans la vie courante, ces carrés ont reçu encore une signification: le carré noir comme signe de l'économie, le carré rouge comme signal de la révolution, et le carré blanc comme pur mouvement." (p. 122, *"Los tres cuadrados suprematistas son el establecimiento de visiones y de construcciones del mundo muy precisas (...) En la vida diaria, estos cuadrados recibieron todavía una significación: el cuadrado negro como signo de la economía, el cuadrado rojo como señal de revolución, y el cuadrado blanco como puro movimiento."*)

"Le suprématisme dans son évolution historique a eu trois étapes: du noir, du coloré et du blanc." (p. 123, *"El suprematismo en su evolución histórica tuvo tres etapas: del negro, de lo colorado y del blanco."*)

"Trois carrés montrent le chemin." (ibid., *"Tres cuadrados muestran el camino."*)

"A propos des couleurs et du blanc et du noir..." (ibid., *"A propósito de los colores y del blanco y del negro."*)

"Trois carrés montrent encore la couleur qui s'éteint là où elle disparaît dans le blanc." (ibid., *"Tres cuadrados muestran todavía el color que se apaga ahí donde desaparece en lo blanco."*)

Apuntemos que encuentra el *Cuadrado rojo sobre fondo blanco* un significado relacionado con las tesis del final de "*La luz y el color en el arte*", ("*Los tres cuadrados suprematistas son el establecimiento de visiones y de construcciones del mundo muy precisas (...) En la vida diaria, estos cuadrados recibieron todavía una significación: el cuadrado negro como signo de la economía, el cuadrado rojo como señal de revolución, y el cuadrado blanco como puro movimiento.*"), permitiendo entender los elementos formales (el negro como ausencia de color: la economía, el blanco como presencia inmanente del color, como prisma, de hecho el *Cuadrado blanco sobre fondo blanco* actúa como una obra de op art antes de la letra, por las sutiles modificaciones del color, por ende como un movimiento del color en sus modulaciones sobre el lienzo) y políticos (el rojo como, también símbolo de la revolución, reanundándose la "*analogía entre dos revoluciones.../ Los agrupamientos socialistas, son los mismos rayos coloreados que atraviesan el prisma opuesto de la liberación y que aspira a unirse en una nueva construcción sobre la dimensión de la nueva conciencia./ La revolución pictórica ha cumplido un gran trayecto hasta el último límite, al lado del cual, viene el mundo blanco incoloro de las igualdades.*") de los tres cuadrados.

Cabe mencionar que, contemporáneo de Malevitch, Mikhail Larionov recrea, con la corriente que crea del rayonismo, una secuencia del puntillismo, evocado por Malevitch en "*La luz y el color en el arte*". Dentro de esta perspectiva, Larionov define, conjuntamente con Natalia Goncharova, el rayonismo como "*entrecruzados rayos reflejados de distintos objetos*". Por lo que vemos cómo el principio de la luz y la línea (el objeto geométrico simple que la refleja) son preocupaciones en común entre ambos movimientos. Preocupación que comparten también con el neoplasticismo de Piet Mondrian, en cuanto éste elimina todo lo superfluo hasta que prevalece sólo lo elemental, usa formas geométricas regulares y con ángulos rectos, y pocos colores: los puros (amarillo, rojo, azul), y los neutros (blanco y negro).

Más interesante aún, es entonces la obra *Rayonismo Rojo* (1913) de Larionov, que revela, indirectamente, porqué también podrá interesar lo rojo a Malevich para sus cuadrados. Desde un punto de vista visual, el rojo es el color que provoca las respuestas fisiológicas más fuertes. Se demostró los efectos pujantes del rojo sobre la mente humana (mayor presión cardíaca, mayor velocidad de trabajo aunque con mayor errores en la realización, aumento de la tensión nerviosa, incremento del apetito). El rojo es el color más visible en la luz del día, por lo que llama poderosamente la atención y se usa tanto como símbolo de amor y pasión, como de peligro, en particular para señales de advertencia, como las de tránsito.

De hecho, Roger Corbacho Moreno (*La plaza cubierta de la ciudad universitaria de Caracas*, 1953, director de tesis: Álvarez Prozorovich, Fernando V., Universidad Politécnica de Cataluña, Barcelona, cap. 3 "*Diseminaciones visuales*", pp. 63-64) no duda, acertadamente, en acercar visual y teóricamente:

"*El fondo* (que) *no se mueve en ninguna de estas manifestaciones; no representa el movimiento; sin embargo, actúa como como contenedor de un espacio infinito sobre el que se "suspenden" objetos, que bien pueden ser rayas como en Composición Rayonista: dominio del rojo (1912* (Corbacho Moreno refiere aquí a *Rayonismo Rojo*, de 1913)*) de Larionov, o rectángulos, como en Ocho rectángulos rojos de Malévich, fechado en 1915.*
Aunque en Larionov el fondo es un tanto más difuso que en Malévich, las similitudes conceptuales son fácilmente deducibles. Malévich trabajó en la posibilidad de sugerir un espacio profundo capaz de producir «una verdadera impresión de infinito», lo que pasaba en un fondo blanco (la nota 42, p. 64, cita, de hecho "*Reflexionesoriginalmente aparecidas en Vytuarné umeni.*, nº 8–9" de Malevitch, donde, p. 83, expresa: "*La couleur bleue du ciel est vaincue par le système suprématiste, elle est trouée et est entrée dans le blanc en tant que représentation réelle vraie de l' infini; c'est pourquoi elle est exempte du fond coloré du ciel*": "*El color azul del cielo es vencido por el sistema suprematista, es agureado y es entrado en lo blanco en tanto representación real verdadera del infinito; es porque es exenta del fondo colorado del cielo*", recordando que en el catálogo de la exposición *0.10* terminaba: "*J'ai troué l'abat-jour bleu des limitations colorées, je suis sorti dans le blanc, voguez à ma suite, camarades aviateurs, dans l'abîme, j'ai établi les sémaphores du Suprématisme....L'abîme libre blanc, l'infini sont devant vous*": "*He agurejeado la sombra azul de las limitaciones coloradas, salí en el blanco, naviguaos conmigo, camaradas aviadores, en el abismo, he establecido los semáforos del Suprematismo... El abismo blanco, el infinito son ante ustedes*", p. 84, la traducción al español es nuestra) *-más apropiado que el color azul, demasiado vinculado a su condición referencial de "cielo" -. Los objetos que de este fondo se "suspendiesen", serían la esencia misma de la representación del movimiento y constituiría un dinamismo puro o, como él mismo lo llamó, un Suprematismo dinámico.*
Una exploración formalmente similar de Hans Arp, Collage con cuadrados dispuestos según las leyes del azar (1916–1917), exenta de una lógica geométrica y próxima a la condición intempestiva del collage, pone de relieve, por contraste, la nueva significación del fondo que desarrolló Malévich. La tensión de las figuras que eclipsan el fondo y un significativo menor grado de trabajo sobre él, más que representar un silencio infinito que construya la presentación del espacio, pareciera enmudecerlo. Será partiendo del trabajo de Malévich sobre el color como figura vibrante y suspendida en un fondo y que por densidad se vuelve inasible, lo que constituya la principal idea de El Lissitzky en la concepción y tratamiento del fondo óptico."

De ahí que, explicando (pp. 62-63) el valor formal (espacial) del color en Larionov:

"*Los trabajos de Larionov, por esta época, consisten, principalmente, en estrías de colores puros que el pincel traza sobre el fondo, según la libre efusión del pintor. "Una pintura casi abstracta", como señala Seuphor. En la sensación de movimiento que se imparte al trazo, cuyo dinamismo provoca una difusión del color que actúa vibrantemente, influye la disolución aplicada al fondo. Este resultante fondo único o variante, según lo describe Seuphor, relacionaría las búsquedas de Larionov con el espacio suprematista que pretendía Malévich.*
"Pour l'instant, la voie de l'homme passe par l'espace, le Suprématisme est le sémaphore de la couleur dans son abîme infini" ("*Por el momento, la vía del hombre pasa por el espacio, el Suprematismo es el semáforo del color en su abismo infinito*", trad. N.-B. Barbe).*"

Lo que resfuerza lo que expresará en los párrafos siguientes, ya citados, Corbacho Moreno (nota 38, p. 63) recuerda:

"*Es significativa la influencia de los principales teóricos del formalismo ruso en la constitución de los movimientos creativos de la vanguardia rusa. El manifiesto Rayonista resulta próximo a las teorías de la realidad visual de Vrubel, quien señala: "Los contornos con los cuales los artistas normalmente delinean los confines de las formas de hecho no existen, son una ilusión óptica que ocurre en la interacción de rallos proyectados sobre los objetos y reflejados por la superficie en diferentes ángulos".*"

C) MALEVITCH Y SUS CONTEMPORÁNEOS ACERCA DE LA CUESTIÓN DE LA FORMA CUADRANGULAR

C-1) KUPKA

El informe documentario sobre la colecciones del Museo de Arte Contemporáneo Georges Pompidou de París de la serie "*Un mouvement, une période*", titulado: "*La naissance de l'art abstrait*", plantea, tratando de la obra *Planes verticales I* (1912-1913) de Kupka (la traducción es nuestra):

"*El tema de la verticalidad es omnipresente en la obra de Kupka y sin duda contribuyó a su paso a la abstracción./ Aparece en su trabajo alrededor de 1909, mientras que trata de representar el movimiento e introducir la cuarta dimensión, el tiempo en la pintura. Inspirándose de la técnica de cronofotografía de Etienne-Jules Marey y de las experiencias futuristas, el pintor recorta el espacio de su lienzo en una serie de cintas coloradas que evocan la sucesión de los momentos, como en "Mujer cortando flores I" de 1909-1910 (también en el Musée National d'Art Moderne). Si esta temática domina después los lienzos donde expresa su espiritualidad mediante motivos tales como el hombre de pie o la iglesia gótica, a partir de "Planes verticales", ésta se afirma por sí misma, las bandas verticales volviéndose autónomas, apartadas de cualquier referencia imitativa.*"

C-2) ADOLF LOOS

Volviendo ahora a los escritos de Malevitch, en *Du cubisme et du futurisme au suprêmatisme le nouveau rêalisme pictural* (*Kazimir Malevitch - Écrits*, presentados por Andrei Nakov, traducidos del ruso por Andrée Robel, París, Ivrea, 1996), escribe:

"*Quand la conscience aura perdu l'habitude de voir dans un tableau la représentation de coins de nature, de madones et de vénus impudentes, nous verrons l'œuvre purement picturale.*
.../....
Le sauvage a posé le premier le principe du naturalisme: en traçant un point et cinq bâtonnets, il a tenté de représenter son semblable.
.../...
La conscience ne progressait que dans une seule direction: vers la création du modèle et non dans le sens des formes nouvelles de l'art.
C'est pourquoi on ne peut pas considérer comme une œuvre d'art les représentations primitives du sauvage.
.../...
Par conséquent, le schéma primitif du sauvage était la charpente à laquelle les générations accrochaient les décou-vertes sans cesse nouvelles réalisées dans la nature.
Ce schéma s'est compliqué constamment pour atteindre son épanouissement dans l'Antiquité et sous la Renaissance.
Les maîtres de ces deux époques ont représenté l'homme dans sa forme globale, sous son aspect extérieur et intérieur.
.../...
Leurs corps volent dans des aéroplanes, tandis que l'art et la vie sont dissimulés sous les vieilles robes des Néron et des Titien.
Voilà pourquoi ils ne peuvent pas remarquer la beauté nouvelle de notre vie contemporaine.
Parce qu'ils vivent sur la beauté des siècles passes.
Voilà pourquoi ont été incompris les réalistes, les impressionnistes, le cubisme, le futurisme et le suprématisme.
.../...
Et si les artistes de la Renaissance avaient trouvé la surface-plan picturale, celle-ci eût été beaucoup plus élevée, beaucoup plus précieuse, que n'importe quelle madone ou joconde. N'importe quel pentagone ou hexagone taillé eût été une sculpture supérieure à la Vénus de Milo ou au David.
Le sauvage a pour principe de créer l'art visant à répéter les formes réelles de la nature.
En voulant reproduire la vie de la forme dans le tableau, on y reproduisait quelque chose de mort.
.../...
Les peintres étaient des fonctionnaires qui dressaient l'inventaire des biens de la nature, des amateurs de collections zoologiques, botaniques, archéologiques.
.../...
On n'a jamais tenté de promouvoir des objectifs purement picturaux, en tant que tels, sans aucun des attributs de la vie réelle.
.../...
Ici ont convergé deux mondes.
Le monde de la chair et le monde du fer.
Les deux formes sont les moyens de la raison utilitaire.
Il convient de préciser l'attitude du peintre face aux formes des choses de la vie.
Jusqu'à présent, le peintre a toujours marché derrière la chose.
De même, le nouveau futurisme suit la machine de la course moderne.
Ces deux arts, l'ancien et le nouveau, représentent le futurisme à la traîne des formes lancées dans la course.
Une question se pose: l'art pictural se fixera-t-il pour objectif de répondre à sa propre existence?
Non!
Parce qu'en suivant la forme des aéroplanes, des automobiles, nous serons constamment dans l'attente des formes de la vie technique, nouvelles et abandonnées...

Et deuxièmement:

En suivant la forme des choses, nous ne pouvons déboucher sur la fin en soi picturale, sur la création directe.

La peinture sera le moyen de rendre tel ou tel état des formes de la vie.

.../...

On voit une foule d'objets sur les tableaux futuristes, éparpillés sur la surface-plan dans un ordre anormal.

Cet amoncellement d'objets ne provient pas du sentiment intuitif, mais d'une impression purement visuelle, et la construction du tableau vise à donner cette impression.

Et le sentiment du subconscient disparaît.

Par conséquent, nous n'avons rien de purement intuitif dans le tableau.

La joliesse que nous rencontrons parfois découle aussi du goût esthétique.

 J'ai le sentiment que l'intuitif doit se révéler là où existent des formes inconscientes et sans réponse.

Je pense qu'il fallait sous-entendre l'intuitif dans l'art comme le but du sentiment dans la recherche des objets. L'intuitif a suivi un chemin purement conscient et s'est nettement frayé sa route dans l'esprit.

(Il se forme en quelque sorte deux consciences qui se combattent.)

.../...

Ici est la Divinité qui ordonne aux cristaux de passer à une autre forme d'existence.

Ici est le miracle...

Il doit aussi y avoir miracle dans la création artistique.

 .../...

A présent, il faut mettre le corps en forme, lui donner un aspect vivant dans la vie réelle.

Cela adviendra quand les formes seront sorties des masses picturales, je veux dire quand elles auront surgi comme ont surgi les formes utilitaires.

.../...

Alors que des visages barbouillés en vert et rouge tuent jusqu'à un certain point le sujet, et que les couleurs se remarquent davantage. Les couleurs sont la raison de vivre du peintre, donc, elles sont l'essentiel.

Me voici arrivé aux formes pures des couleurs.

Le suprématisme est l'art des couleurs purement picturales, et son autonomie n'autorise pas la réduction des couleurs à une seule.

La course du cheval peut être reproduite avec un crayon d'une seule teinte.

Mais le crayon ne peut rendre le mouvement des masses rouges, jaunes ou bleues.

S'ils veulent être les peintres purs, les artistes doivent abandonner le sujet et les objets.

 .../...

L'objet lui-même, ainsi que son essence, la vocation, le sens ou l'intégralité de ses représentations (comme le croyaient les cubistes), était lui aussi inutile.

.../...

Gauguin, qui avait fui la civilisation, vivait parmi les sauvages et avait trouvé chez les primitifs davantage de liberté que dans l'académisme, restait assujetti à la raison intuitive.

Il cherchait quelque chose de simple, de tortu et de rude. Il cherchait la volonté créatrice.

.../...

Les efforts des autorités artistiques pour aiguiller l'art sur la voie du bon sens ont abouti au zéro de la création.

Chez les sujets les plus forts, la forme réelle est une monstruosité.

Les plus forts ont poussé la monstruosité jusqu'à l'instant de la disparition sans sortir du cadre zéro.

Je me suis métamorphosé en zéro des formes, je suis arrivé au-delà du zéro, à la création, c'est-à-dire au suprématisme, nouveau réalisme pictural, création non-objective.

Le suprématisme est le début d'une nouvelle civilisation le sauvage est vaincu, comme est vaincu le singe.

Plus d'amour du joli petit coin, plus d'amour au nom duquel on trahissait la vérité de l'art.

Le carré n'est pas une forme subconsciente. C'est la création de la raison intuitive.

La face de l'art nouveau!

Le carré est un nouveau-né vivant et majestueux.

Le premier pas de la création pure dans l'art.

Avant lui il y avait des défigurations naïves et des copies de la nature./

Notre monde artistique est devenu neuf, non-objectif, pur.

Tout a disparu, seule est restée la masse du matériau dans lequel sera construite la forme nouvelle. Dans l'art suprématiste, les formes vivront comme toutes les forces vives de la nature.

.../...

N'importe quelle surface-plan picturale est plus vivante que n'importe quel visage avec deux yeux et un sourire.

Le Visage peint sur un tableau est une parodie pitoyable de la vie, cette allusion n'est que l'évocation du vivant.

La surface-plan est vivante, elle est née. Le cercueil nous fait penser au mort, le tableau au vivant.

Ou au contraire, le visage vivant, le paysage dans la nature, nous font penser au tableau, c'est-à-dire au mort.

Voilà pourquoi on trouve bizarre de regarder une surface-plan coloriée en rouge ou en noir.

.../...

Je suis heureux de m'être évadé du cachot de l'inquisition académique.

J e suis arrivé à la surface-plan et je peux encore arriver la dimension du corps vivant.

J'utiliserai la dimension à partir de laquelle je créerai le nouveau.

.../...

L'esthétisme est le déchet du sentiment intuitif Vous désirez tous voir aux crochets de vos murs des lambeaux de nature vivante.
.../...
Dépouillez-vous vite de la peau abîmée des siècles et vous arriverez plus facilement à nous rattraper.
J'ai surmonté l'impossible et fait des abîmes de mon souffle.
.../...
Nous, les suprématistes, nous vous ouvrons le chemin.
Faites vite!
Car demain, vous nous reconnaîtrez plus."

Lo que reafirma la relación entre Malevich y Loos, en cuanto al problema del salvaje, en Malevitch, a la vez creador originario, y también autor de la complejización naturalista, lo que para Loos corresponderá al organicismo en arquitectura.

De ahí, ambos, desembocan en la idea de que la sociedad contemporánea, civilizada y técnica, debe orientarse hacia un tipo de representación no figurativa o imitativa, sino hacia una estructura geométrica, propia en su seriedad, sencillez y definición del nuevo mundo (*"Leurs corps volent dans des aéroplanes, tandis que l'art et la vie sont dissimulés sous les vieilles robes des Néron et des Titien./ Voilà pourquoi ils ne peuvent pas remarquer la beauté nouvelle de notre vie contemporaine./ Parce qu'ils vivent sur la beauté des siècles passes./ Voilà pourquoi ont été incompris les réalistes, les impressionnistes, le cubisme, le futurisme et le suprématisme.../... Et si les artistes de la Renaissance avaient trouvé la surface-plan picturale, celle-ci eût été beaucoup plus élevée, beaucoup plus précieuse, que n'importe quelle madone ou joconde. N'importe quel pentagone ou hexagone taillé eût été une sculpture supérieure à la Vénus de Milo ou au David."*).

Las *"dos formas de conciencia que se combaten"*, de origen hegeliano (v. nuestro artículo sobre *"Realismo"*), la realidad externa y la impresión interna, provocan entonces la división entre las antiguas formas de representación, que, en conclusión, Malevitch comparará con Nerón (por segunda vez) que *"cuelga de la pared pedazos de naturaleza viva"*, y las nuevas, de *"razón utilitaria"*, entre *"El mundo de la carne y el mundo del hierro"*. Así, Malevitch, como Loos, propone despojar el arte de lo que Malevitch llama el *"gusto estético"*.

Pero es ahí donde Malevitch termina contradiciéndose, al decir que es entre los salvajes que Gauguin logró despojarse de este sentimiento estético perjudicial, pero que, al mismo tiempo, la aparición del suprematismo es una victoria sobre el salvajismo anterior (*"Le suprématisme est le début d'une nouvelle civilisation le sauvage est vaincu, comme est vaincu le singe."*), mientras el academismo llegaba al *"cero de la creación"*, Malevitch, con el cuadrado se volvió el *"cero de las formas"*, no se sabe si debemos interpretar esta correspondencia como una paradoja simétrica, o como un malogro en el pensamiento de Malevitch, complicado por el hecho de que, al fin y al cabo, su cuadrado, si bien libera el arte de la imitación realista/figurativa, lo hace regresar a los *"palitos"* del salvaje intentando representar a su semejante (*"Le sauvage a posé le premier le principe du naturalisme: en traçant un point et cinq bâtonnets, il a tenté de représenter son semblable"*).

Por lo que, nos parece, en la incapacidad de concluir con la seriedad histórica que empezó su texto, se esconde tras un llamado típicamente vanguardista, mesíanico, sobre el futuro:
"Nous, les suprématistes, nous vous ouvrons le chemin.
Faites vite!
Car demain, vous nous reconnaîtrez plus."

La idea de que el *"sujeto"* impide la contemplación total de la representación se encuentra también en este recuerdo de Kandinsky (*Regards sur le passé*, trad. Jean-Paul Bouillon, París, Hermann, 1974, p. 169), cuando hacer memoria de cómo la ausencia del crepúsculo y cierto ambiente de color le hace perder la luz del cuadro:

"C'était l'heure du crépuscule naissant. J'arrivais chez moi avec ma boîte de peinture après une étude, encore perdu dans mon rêve et absorbé par le travail que je venais de terminer, lorsque je vis soudain un tableau d'une beauté indescriptible, imprégné d'une grande ardeur intérieure. Je restai d'abord interdit, puis je me dirigeai rapidement vers ce tableau mystérieux (sur lequel je ne voyais que des formes et des couleurs et dont le sujet m'était incompréhensible). Je trouvai aussitôt le mot de l'énigme: c'était un de mes tableaux qui était appuyé au mur sur le côté. J'essayai le lendemain de retrouver à la lumière du jour l'impression éprouvée la veille devant ce tableau. Mais je n'y arrivai qu'à moitié: même sur le côté je reconnaissais constamment les objets et il manquait la fine lumière du crépuscule. Maintenant j'étais fixé, l'objet nuisait à mes tableaux."

La conclusión del recuerdo es muy significativa: *"Ahora estaba convencido, el objeto* (lo que Malevitch llama *"sujeto"*) *era nóciva para mis cuadros."*

Pareciera curioso, pero es en el programa culinario *El Toque de Áquiles* del canal Utilísima que encontramos el desarrollo del valor volumétrico del cuadrado en Malevitch, en los platos diseñados utilizados por el cocinero. Son objetos que sustituyen la tradicional decoración pintada por formas de volúmenes geométricos puros distorsionados, que crean la estética de los platos.

C-3) JOHANNES ITTEN

Una vez despojado el *Cuadrado negro sobre fondo blanco* del misticismo que hasta tuvo una vez para el mismo pintor, como lo muestran sus recuerdos:

Anna Léporskaïa (*"Anfang und Ende der figurativen Malerei - und der Suprematismus"*,en *Kazimir Malewitsch. Zum 100 Geburtstag, Colonia, Galeria Gmurzynska*, junio-julio 1978, p. 65; v. también Jean-Claude Marcadé, *Le dialogue des arts dans le symbolisme russe*, París, L'Âge d'Homme, 2008, p. 127), una de las alumnas preferidas de Malevitch recuerda cómo el descubrimiento del *Cuadrado negro sobre fondo blanco* perturbó el maestro:

"Ce que le Carré noir renfermait en lui, Malévitch ne le savait pas, et il ne le comprit pas (tout de suite). Il le ressentit comme un évènement si extraordinairement important pour sa création qu'il ne put, selon son propre témoignage, ni manger ni boire, ni même dormir pendant une semaine."("*Lo que el Cuadrado negro encerraba en sí, Malevitch no lo sabía, y no lo entendió (de inmediato). Lo sintió como un evento tan extraordinariamente importante para su creación que no pudo, según su propio testimonio, ni comer ni beber, ni tampoco dormir durante una semana*", trad. N.-B. Barbe)

El propio Malevitch, en una carta de 1920 al crítico de arte y coleccionista Pavel Ettinger, escribía (Heiner Stachelhaus, *Kasimir Malewitsch: Ein tragischer Konflikt*, Düsseldorf, Claassen, 1989, p. 106):

"En préparation il y a encore un sujet sur le quadrangle (plus précisément le carré). Cela vaudrait la peine d'y réfléchir, ce que c'est et ce qu'il y a en lui. Personne ne l'a fait jusqu'ici. Et moi-même je suis maintenant absorbé par la contemplation fixe de sa surface noire mystérieuse qui devint pour une éventuelle forme de la nouvelle face du monde suprématiste, son enveloppe et son esprit." ("*En preparación también está un sujeto sobre el cuadrangle (más específicamente el cuadrado). Esto valdría la pena reflexionar sobre el tema, lo que es y lo que hay en él. Nadie lo ha hecho hasta hoy. Y yo mismo estoy ahora absorbido por la contemplación fija de su superficie negra misteriosa que se volvió por una eventual forma de la nueva cara del mundo suprematista, su envoltura y su espíritu*", trad. N.-B. Barbe)

Vemos cómo los cuadros de 1915-1916 (reproducidos en la página web: http://www.abcgallery.com/M/malevich/malevich-5.html) muestran una preocupación por la búsqueda y ubicación de volúmenes en el espacio y el color, éste actuando como elemento de perspectiva y profundidad en el espacio bidimensional reasumido por las vanguardias. Citamos, de 1915:
Suprematismo. Autorretrato en Dos-Dimensiones (óleo sobre lienzo, 80 x 62 cm., Stedelijk Museum, Amsterdam); *Suprematismo Jugador de Fútbol en la Cuarta Dimensión* (óleo sobre lienzo, 70 x 44 cm., Stedelijk Museum, Amsterdam); *Suprematismo con Ocho Rectángulos* (óleo sobre lienzo, 57.5 x 48.5 cm., Stedelijk Museum, Amsterdam); *Cuadrado Rojo. Realismo Visual de una Campesina en Dos Dimensiones* (óleo sobre lienzo, 53 x 53 cm., Museo Ruso, San Petersburgo); *Suprematismo con Triángulo Azul y Cuadrado Negro* (óleo sobre lienzo, 66.5 x 57 cm., Stedelijk Museum, Amsterdam); *Suprematismo* (óleo sobre lienzo, 101.5 x 62 cm., Stedelijk Museum, Amsterdam); *Suprematismo* (óleo sobre lienzo, 87.5 x 72 cm., Museo Ruso, San Petersburgo); *Suprematismo* (óleo sobre plywood, 71 x 45 cm., Museo Ruso, San Petersburgo); *Construcción Suprematistica* (óleo sobre plywood, 72 x 52 cm., Museo Ruso, San Petersburgo); *Suprematismo (Supremus #50)* (óleo sobre lienzo, 97 x 66 cm., Stedelijk Museum, Amsterdam); *Suprematismo (Supremus #56)* (óleo sobre lienzo, 80.5 x 71 cm., Museo Ruso, San Petersburgo); *Suprematismo* (óleo sobre lienzo, 44.5 x 35.5 cm., Stedelijk Museum, Amsterdam); *Suprematismo* (óleo sobre lienzo, 88 x 68.5 cm., Stedelijk Museum, Amsterdam);
De 1916:
Suprematismo (Supremus #58. Amarillo y Negro) (óleo sobre lienzo, 79.5 x 70.5 cm., Museo Ruso, San Petersburgo); *Suprematismo* (óleo sobre lienzo, 80.5 x 81 cm., Museo Ruso, San Petersburgo);
Línea que seguirá hasta los años 1920. De 1917, citamos:
Estudio Suprematis 52 System A4 (papel, tiza negra, y acuarela, 69 x 49 cm., Stedelijk Museum, Amsterdam);
De 1917-1918:
Suprematismo (óleo sobre lienzo, 106 x 70.5 cm., Stedelijk Museum, Amsterdam);
De 1918:
La portada para el portafolio del Congreso para los Comités sobre la Pobreza Rural (litografía); el bosquejo para la contraportada del mismo portafolio (litografía);
De 1919:
Conferencistas en la Tribuna (papel, acuarela y tinta, 24.8 x 33.8 cm., Museo Ruso, San Petersburgo); *Suprematismo* (bosquejo para una cortina, papel, guache, acuarela, lápiz, 45 x 62.50 cm. Galería Tretyakov, Moscú);
De 1920:
La Portada para el Primer Curso de Lecturas de N.N. Punin (litografía);
De 1921-1927:
Suprematismo (óleo sobre lienzo, 84 x 69.5 cm. Stedelijk Museum, Amsterdam); y *Suprematismo* (óleo sobre lienzo, 72.5 x 51 cm., Stedelijk Museum, Amsterdam).

Notaremos, de estas obras, que:
Suprematismo. Autorretrato en Dos-Dimensiones; Suprematism Jugador de Fútbol en la Cuarta Dimensión; Cuadrado Rojo. Realismo Visual de una Campesina en Dos Dimensiones, y hasta *Suprematismo* (1915, 87.5 x 72 cm., Museo Ruso) son obras que utilizan, al igual que el cubismo, la forma antropomórfica como sustrato de la descomposición en líneas y volúmenes;
Implícitamente, *Suprematismo. Dos-Bidimensional Autorretrato; Suprematismo Jugador de Fútbol en la Cuarta Dimensión; Suprematismo* (1915, 101.5 x 62 cm., Stedelijk Museum); *Suprematismo* (1915, 87.5 x 72 cm., Museo Ruso); *Suprematismo* (1915, 44.5 x 35.5 cm., Stedelijk Museum); *Construcción Suprematistica; Suprematismo* (1916, 80.5 x 81 cm., Museo Ruso); *Estudio Suprematis 52 System A4;* las Portada y Contraportada para el portafolio del Congreso para los Comités sobre la Pobreza Rural; *Conferencistas en la Tribuna;* el bosquejo para una cortina de 1919; la Portada para el Primer Curso de Lecturas de N.N. Punin; *Suprematismo* (1921-1927, 84 x 69.5 cm. Stedelijk Museum); y, explícitamente: *Suprematismo con Triángulo Azul y Cuadrado Negro; Suprematismo (Supremus #58. Amarillo y Negro)*, es decir, de las 24 obras citadas, 15, es decir, el 62,5%, ponen en escena al cuadrado y/o rectángulo negro dentro de agrupaciones de volúmenes y colores más amplias.
De la misma forma, 23 obras usan el cuadrado y/o rectángulo como base de su configuración;
De estas 23 obras, en 13 ocasiones, el cuadrado u rectángulo se alarga y se asocia con otro(s) que lo atraviesa(n) para formar cruces;
Una vez, el cuadrado, transformado en cruz, se asocia con el círculo, en *Suprematismo* (1921-1927, 72.5 x 51 cm., Stedelijk Museum).

De las citadas 23 obras con cuadrado u rectángulo, tenemos cuadrados sobre fondo blanco: cuadrado rojo en *Cuadrado Rojo. Realismo Visual de una Campesina en Dos Dimensiones*; y amarillo en *Suprematismo* (1917-1918, 106 x 70.5 cm., Stedelijk Museum);
En ambos casos, el cuadrado se metamorfosea, a diferencia del cuadrado perfecto de *Cuadrado negro sobre fondo blanco*, en trapezoide, en *Cuadrado Rojo. Realismo Visual de una Campesina en Dos Dimensiones*, con el lado más pequeño hacia la izquierda, en *Suprematismo* (1917-1918, 106 x 70.5 cm., Stedelijk Museum), hacia la derecha;
En *Suprematismo* (1917-1918, 106 x 70.5 cm., Stedelijk Museum), es, obviamente, la perspectiva de la forma en el espacio que pretende enseñarnos Malevitch, como lo confirman tres elementos: a) en el primer plano, el desplazamiento de los bordes de la forma hacia la mitad del fondo; b) que provoca que el movimiento de la orilla opuesta del cuadrado parezca ya no una deformación formal, como en *Cuadrado Rojo. Realismo Visual de una Campesina en Dos Dimensiones*, viniendo a ser el cuadrado trapecio, sino visual, hundiéndose hacia el fondo, creando así idea perspectiva; c) el hecho de que el artista haya elegido que se difuminará el borde derecho del trapecio acentúa y sobredetermina la impresión de desaparición de la forma en el fondo.

Así, el cuadrado negro en Malevitch se integra en investigaciones visuales, formales, tanto de los volúmenes como de los colores. La oposición entre fondo blanco y forma, sea negra, o de color, como en el caso del *Cuadrado rojo sobre fondo blanco*, puede entenderse entonces dentro de este estudio de los valores propios dec cada color. Sabiendo, dentro de esta problemática, que, para Louis Grodecki (*Le vitrail roman*, Friburgo, Office du livre, 1977; *Le vitrail gothique au XIIIème siècle*, Friburgo, Office du livre, 1984), "*El vitral puede considerarse como un arte del color puro*", se conoce, desde su uso en el arte de los vitrales medievales, que el azul hace ver más grandes las figuras, mientras el rojo las hace ver más pequeñas. El azul amplia el tamaño, el rojo lo condensa. Lo escribe claramente Viollet-le-Duc en el Tomo 9, artículo "*Vitrail*", de su *Dictionnaire raisonné de l'architecture française du XIème au XVIème siècle* (París, Bance et Morel, 1854-1868, 10 vol.): "*Le bleu est la couleur qui rayonne le plus, le rouge rayonne mal, le jaune pas du tout s'il tire vers l'orangé, un peu s'il est paille.*" ("*El azul es el color que se expande más, el rojo se expande mal, el amarillo para nada si va hacia el anaranjado, un poco si es color paja*", trad. N.-B. Barbe)

La preocupación hacia el color y su papel dentro de la definición precisa de los efectos ópticos es un problema propio de la vanguardia. Los intentos de Malevitch prefiguran el op art de los años 1960, en cuanto promueven los juegos volumétricos sobre la pupila.
Otr importante contribuyente de la vanguardia, que se dedicó a estudiar los valores del color fue Johannes Itten. Es particularmente notable el uso asociado de los valores puramente colorimétricos para representar sensaciones en la serie de las *Cuatro estaciones* (*The art of color: the subjective experience and objective rationale of color*, New York, John Wiley and Sons, 1974, fig. 25 a 28, p. 29), donde los brochazos de tonalidades de amarillo tierno dominantes mezcladas con blanco y verde representan la primavera, el verde intenso mezclado con rojo, azul y amarillo representa la explosión del verano, las tonalidades apagadas del café con anaranjado, amarillo, azul y verde tirando al amarillo evocan el otoño, y el azul con blanco el invierno. Estos "*politones*" como los llama Itten (p. 30) evidencian perfectamente la influencia impresionista, que se halla en los *Ninfeas* de Monet, de esta serie, recordando la importancia que le da Malevitch en sus textos al origen impresionista y cubista del suprematismo. De hecho, Faber Birren, en su introducción a *The Elements of Color* (*The Elements of Color: A Treatise on the Color System of Johannes Itten, Based on His Book "The Art of Color"*,ed. e intro. por Faber Birren, New York, John Wiley and Sons, 1970, p. 11), cita los trabajos sobre el color de Goethe, Schopenhauer y M.E. Chevreul (en el libro fundador: *De la loi du contraste simultané des couleurs, et de ses applications/de l'assortiment des objets colorés, considéré d'après cette loi*, París, Pitois-Levrault, 1889,de Chevreul se hallan ya,a propósito del arte de las tapiserías y del vitral, conceptos de: claroscuro y la preferencia por la "*armonía de contraste más que de las armonías de análogo*", p. 613, la delimitación de las formas para delinearlas, pp. 6111-613 y 617ss., formas sencillas, p. 616, variedad por oposición a la repetición meditada de una sola forma, pp. 638ss., ésta en cuanto "*poderosa unidad*" que compara a los vitrales de la iglesia gótica, p. 641, al simetría y repetición de dos objetos perfectamente idénticos, pp. 643ss. - como lo es el cuadrado negro de Malevitch sobre el fondo de otro blanco -, en este marco la agrupación "*alrededor o delante de un "objeto principal"*", p. 644, que favorece la unidad visual, pp. 644-645), y, al igual que Malevitch, empieza por considerar el problema del color como derivado de los trabajos impresionistas y cubistas. Es en otra serie de figuras, también de asociaciones de colores (*The art of color*, fig. 32 a 35, p. 31), que intenta representar igualmente las *Cuatro estaciones* (v. explicación *ibid.*, p. 30 de ambas series: fig. 25-28 y 32-35), que se revela el uso del cuadrado como forma mínima del proceso colorimétrico en Itten.
Una anotación de Itten nos resulta importante, respecto de los ensayos pictóricos citados de Malevitch a partir de los años 1915. Itten (*ibid.*, p. 32) escribe:

"*La interpretación de las combinaciones subjetivas del color no debe basarse solamente en los distintos cromatismos y sus valores expresivos. El timbre como un todo es de primera importancia, así que el posicionamiento de los colores respecto de cada uno, sus direcciones, brillos, claridad u oscuridad ("turbidity"), sus proporciones, texturas y relaciones rítmicas.*"

C-4) MOHOLY-NAGY E, TARDÍAMENTE, JOSEF ALBERS

Ya vimos, a través de las obras citadas de 1915 hasta los años 1920, la importancia en ellas de la organización de las figuras respecto de su color. En todas, sobre sale el uso de los colores primarios, y en varias, la superposición de volúmenes negros y rojos.
Al igual que Malevitch (*Construcción Suprematística*, v. también el concepto de construcción, recurrente en sus textos), Itten considera el trabajo sobre el color como una "*teoría constructiva*" (*ibid.*, p. 33).
Es comúnmente a través del cuadrado que Itten presenta sus ensayos colorimétricos (*The art of color*, pp. 22-25, 31, 36-40; *The Elements of Color*, p. 37; *Design and form*, pp. 30, 40). Lo usa en sus cuadros (*Horizontal/Vertikal*, 1915; o el óleo sobre lienzo de 80.0 x 80.4 cm., conservado en el Smithsonian American Art Museum; y hasta en paisajes, como *Mondlicht-Landschaft*, 1958) y en numerosas de sus obras. La misma obra *Grupo de casas en primavera* (1916) revela procesos de descomposición cubista de las formas.
De hecho, en la Bauhaus, tanto Itten (v. la serie de cuadrado bicolores de *El arte del color*), como Paul Klee, y, tardíamente, Josef Albers, co-fundador de la teoría de los colores, y, fuera de ella, Mondrian en sus *Composiciones*, utilizaron de forma recurrente el cuadrado. A partir de 1949, Albers realizó una serie de *Homenaje al Cuadrado*, conformada por serie de cuadrados armónicos en cuanto a colores pero

formalmente decentrados, aunque concéntricos (a similitud del *Círculo negro sobre fondo blanco*, 1913, de Malevitch), que reprodujo en su libro *Interacción de Color* (1963), juego que integra valores de volúmenes y colores, confirmando entonces este doble valor en las investigaciones de Malevitch, a imitación de Itten o del mismo Albers.

Aunque tardía, como dijimos, la preocupación de Albers para los cuadrados concéntricos, y armónicos en cuanto a sus variaciones de colores, prefigura a su vez los trabajos del op art.

Dentro de la Bauhaus, Moholy-Nagy prefirió dedicarse a buscar soluciones formales de armonía en la línea y el rectángulo, más que en el cuadrado, por lo que muchas de sus obras tienen eco en las cruces de Malevitch. Igualmente Moholy-Nagy asociaba comúnmente el círculo, en general en un segundo plano, a estas líneas entrecruzadas, lo que creaba sistemas complejos de juegos formales, de tres niveles:

Oposición entre lo curvo y lo recto;

Correspondencia entre lo lleno (el círculo) y lo lineal;

De ahí perspectiva por la presentación de una forma llena (el círculo) sobre las líneas (a tal punto que ciertas obras asocian círculos con líneas en forma de cruces y rectángulos en perspectiva, en otras, son líneas únicas que vienen topar contra círculos, los cuales a su vez punctuan rítmicamente la perspectiva de líneas combinadas para formar escaleras en el espacio del fondo monocromo, lo que, por una parte, permite entender las formas infantiles de Miró en una perspectiva de investigación formal, y ya no sólo de reproducción de los dibujos de niños, y, por otra parte, hace eco a la definición por Itten en *The art of color*, "*Subjective timbre*", pp. 24ss., y *Design and form*, "*Rythm*", pp. 98ss., del ritmo en sentido musical como fundamento de la investigación del color, lo que es una propuesta consciente también en Mondrian, como podemos apreciar en las famosas y últimas obras, ambas de 1942-1943, tituladas, precisamente: *Broadway Boogie Woogie*, Museum of Modern Art de New York, y *Victory Boogie Woogie*, Netherlands Institute for Cultural Heritage, Amsterdam, esta última inacabada).

Asimismo, tratándose del valor colorimétrico del negro respecto del blanco, en *Design and form: the basic course at the Bauhaus and later, Número 332* (New York, John Wiley and Sons, 1975, p. 32), Itten empieza recordando los 7 "*tipos de efectos contrastantes en el mundo de los colores*", siendo el primero, ""*The contraste puro del color (o tono):/ Que resulta cuando los colores puros son usados en combinaciones aleatorias. El blanco y negro peuvent aumentar mucho el efecto vivido*".

C-5) MAN RAY

Fotógrafo de Matisse como Malevitch ha sido un discípulo de Cézanne, Man Ray, por la misma época que le tocó vivir, se encuentra a mitad de camino entre Brassaï y Doisneau (prolongando los 3 una tradición decimonónica, v. nuestro artículo sobre "*El beso*" de Klimt) por una parte, en cuanto fotógrafo de besos (*Rayographie le baiser* de 1922, *Rayographie - projet pour une tapisserie* de 1923-1925; de 1930: serie *Le Baiser, Radiographie 2 profils de visage, Radiographie visage avec Tour Eiffel*), y de Egon Schiele por otra parte, en su representación de mujeres abiertas en posiciones incómodas (v. de 1929: *Primat de la matière sur la pensée*, la serie *Natacha*, o la mujer en posición de Venus tomada en una telaraña, con una versión sin título de 1930; y de 1930 *Anatomies*); de lo mismo, presenta una inspiración entre cubismo (por las aparición de estrías como escarificaciones en la piel de Lee Miller que son las sombras de la cortina en la larga serie de 1930 sobre el modelo, dentro de la cual se ubica la mini-serie sobre Miller en la ventana, la asociación entre figura feminina y máscara africana como en la serie *Noire et Blanche* de 1926 - que tiene eco en otra, de 1929-1930, titulada: *Blanc et Noir*, sobre mujer en lencería negra -, la serie sobre la cabeza de Buda robada por la periodista Titaÿna en 1928, o el *Autorretrato*, ensamblaje de 1916 de la huella del artista sobre cartón y timbres de puerta) y surrealismo (por la representación de lo feminino mediante su objetualidad tradicional transformada para volverse símbolo de género, como en la plancha con clavos de la serie *Cadeau* de 1921).

Se sabe cuanto en la obra de Man Ray, y del surrealismo en general, la figura feminina adquiere valor simbólico, de lo sexual, de las pulsiones y el tabú. Lo revela el mismo título *Primat de la matière sur la pensée*, que representa una mujer desnuda, en postura más que abierta desmembrada, a similitud de las pinturas de Schiele. La famosa serie *Le Violon d'Ingres* (1924) expresa este carácter objetual de la mujer. Así como su valor primitivo para el pensamiento surrealista. Primordial en cuanto eterna diosa madre, primitiva en cuanto representa, en la lectura muy cerrada que del psicoanálisis hizo el movimiento, a lo sexual como tabú y permanencia. Hemos estudiado las mujeres-objetos de Salvador Dalí ("*Cultura Logia*", *Nuevo Amanecer Cultural*, 6/8/2005, p. 10). Son notables también en Man Ray las figuras totémicas de la mujer: como en *Hier, Aujourd'hui, Demain* (1924), mujer en pie, pubis visible, levantando los brazos, que sin embargo tiene equivalencia masculina en la obra del fotógrafo en los retratos de Jean-Charles Worth (1925) con fondo de estatua. O la figura-tótem de *Long Hair* (1929), rostro feminino *renversé* hacia atrás, dejando caer su larga cabellera, en un perfecto rectángulo, asemejando la forma de un tótem (el pelo feminino siendo, según Freud, un poderoso símbolo sexual). Misma temática, aunque en una postura a la manera hollywoodiana de la cabellera regada en el retrato a colores de Jacqueline Goddard de 1930, y del mismo año, el retrato de la cara de Lee Miller con el cabello suelto sobre fondo negro. Ya en 1925, Hélène Tamaris posaba en estos retratos, propios del momento, de mujer escultural a la manera de Klimt o la estatuaria micénica.

Imagen del pecado y Galatea (como en Dalí) lo es la mujer fotografiada por Man Ray, como vemos en las varias versiones de la oposición (que encontramos también en Magritte, lo que tal vez permitiría aclararla en éste) entre figura feminina real y busto de Venus: *En pleine occultation de Vénus* (1930) que presenta el busto de Venus con una pera y una voluta, el sin título (también de 1930) que presenta una serie de rostros por debajo de un busto de Venus de mayor tamaño, *La science de la beauté* (1932) que es un busto de Venus antiguo cortado en dos con círculos de maquillage aplicados en ambas mejillas, serie *Venus* (1932), serie *Antoine "le sculpteur de masque"* (1933), mujer frente a busto antiguo serie sin título (1933).

"El eterno feminino" se aprecia en Man Ray en reproducción de un tema decimonónico como *Kiki en odalisque* (1925). O la exótica *Danseuse de Bali* de 1932.

A la vez tótem y objeto, la mujer se presta en las fotografías de Man Ray a las modelaciones y poses más extremas, al a vez que más monolíticas y estáticas. Así Simone Kahn (1926), en la cama, cara vista *renversée. Le Cou* (1929), la serie *Cou* o *Anatomie* (c.1930), o la misma serie *Les Larmes* (1932). Paradigma de ello queda, evidentemente, *Long Hair* (1929).

Lo que nos interesa de las fotografías de Man Ray, es la insistencia en lo ritual, lo tribal, lo primitivo, lo intemporal. Ya en 1923, Man Ray fotografía a Jacques Rigaut moviéndose cerca de una cruz, como crucificado no pegado a la Cruz.

Man Ray desarrolla posteriormente una temática sexual, en la serie *La Prière* (1930), rostros enmarcados y glúteos, beso vigilado por busto de Venus antigua (dos versiones), mujer dormida en un sofá con (*Autoportrait au nu "mort"*, c.1930) o sin hombre tirado encima de ella, *Monumento a D.A.F. de Sade* (1933). Esta última obra "*a Donatien Alphonse François de Sade*", glúteos femininos (como en la entera serie de *La Prière*) cuya parte más íntima difícilmente se oculta tras las manos de la modelo, es una evocación del episodio del fallado casamiento del joven marqués (v. por ej. Neil Schaeffer, *The Marquis de Sade: a life*, Harvard University Press, 2000, p. 93), cuando, infiel a su esposa, es detenido por denuncia de una prostituta llamada Jeanne Testard, que se queja ante la autoridad pública de las prácticas en contra de la fe que le obligó a tener su cliente, como resalta en la deposición que ella hizo ante el Comisionado en el Châtelet el 19 de octubre de 1763:

"*... il lui a d'abord demandé si elle avait de la religion, et si elle croyait en Dieu, en Jésus-Christ et en la Vierge; à quoi elle a fait réponse qu'elle y croyait; à quoi le particulier a répliqué par des injures et des blasphèmes horribles, en disant qu'il n'y avait point de Dieu, qu'il en avait fait l'épreuve, qu'il s'était manualisé jusqu'à pollution dans un calice qu'il avait eu pendant deux heures à sa disposition dans une chapelle, que J.-C. était un J...f... et la Vierge une B... Il a ajouté qu'il avait eu commerce avec une fille avec laquelle il avait été communier, qu'il avait pris les deux hosties, les avait mises dans la partie de cette fille, et qu'il l'avait vu charnellement, en disant: Si tu es Dieu, venge toi; qu'ensuite il a proposé à la comparante de passer dans une pièce attenant lad. chambre en la prévenant qu'elle allait voir quelque chose d'extraordinaire; qu'en y entrant elle a été frappée d'étonnement en voyant quatre poignées de verges et cinq martinets qui étaient suspendus à la muraille, et trois Christs d'ivoire sur leurs croix, deux autre Christs en estampes, attachés et disposés sur les murs avec un grand nombre de dessins et d'estampes représentant des nudités et des figures de la plus grande indécence; que lui ayant fait examiner ces différents objets, il lui a dit qu'il fallait qu'elle le fouettât avec le martinet de fer après l'avoir fait rougir au feu, et qu'il la fouetterait ensuite avec celui des autres martinets qu'elle voudrait choisir; qu'après cela, il a détaché deux des Christs d'ivoire, un desquels il a foulé aux pieds, et s'est manualisé sur l'autre jusqu'à pollution; (...) qu'il a même voulu exiger de la comparante qu'elle prît un lavement et le rendit sur le Christ; (...) que pendant la nuit que la comparante a passée avec lui, il lui a fait voir et lui a lu plusieurs pièces de vers remplies d'impiétés et totalement contraires à la religion; (...) qu'il a poussé l'impiété jusqu'à obliger la comparante à lui promettre qu'elle irait le trouver dimanche prochain pour se rendre ensemble à la paroisse de Saint-Médard y communier et prendre ensuite les deux hosties, dont il se propose de brûler l'une et de se servir de l'autre pour faire les mêmes impiétés et les profanations qu'il dit avoir faites avec la fille dont il lui avait parlé...*"

Además, en *Justina o los infortunios de la virtud* (Madrid, Cátedra, 1999, p. 164), Sade expresará en boca del cirujano libertino Rodin, salvador de Justina, pero a punto de vivisecar a su propia hija:

"*Es irracional que reflexiones tontas lleguen a paralizar el progreso científico, y ninguno de los grandes hombres se dejó jamás apresar por cadenas tan ridículas... ¿Acaso cuando Miguel Ángel quiso representar a Cristo con todo realismo experimentó algún cargo de conciencia al crucificar a un joven para utilizarlo como modelo en su agonía?... Y si se tratara de avances en nuestra profesión, ¡cuánto más necesarios se hacen esos mismos medios!... No hay ningún mal en permitírselos, porque cuando lo que se plantea es sacrificar a un individuo por el bien de un millón la duda es inadmisible... Por otra parte, ¿en qué se diferencia el asesinato prescrito por la ley del que nos proponemos realizar, si el objetivo de esas leyes, que consideramos tan prudentes, consiste también en inmolar a uno para salvar a mil?*"

Vemos entonces cómo, en las fotografías de Man Ray el símbolo de la Cruz reintegra un valor fuerte, que no creemos que pierde totalmente en Malevitch, primero por el origen patriótico y religioso de la carrera del pintor (al igual que Kandinsky) en el rescate de los íconos rusos, segundo por el carácter místico que adquieren en él el cuadrado y la cruz.

Ahí donde el cuadrado para Itten es una forma simple, propia para representar, al igual que el círculo, las variaciones de los colores, en Malevitch se llena de un contenido místico, trascendental, no sólo en cuanto "*cero de la forma*", sino también como tradicional símbolo cristiano.

Este mismo símbolo permanece las fotografías sexuales de Man Ray. Relacionado, como en Malevitch, con la expresión de las tensiones de la sociedad industrial y sus vanguardias hacia los impulsos primitivos, no todavía organizados ni premeditados.

En esta línea de semejanza entre el fotógrafo y las vanguardias de la época, notaremos que las *Rayographies* de objetos de 1922, entre las cuales la serie *Champs délicieux*, de Man Ray se asemejan mucho a las fotografías de efectos de luz realizadas por Moholy-Nagy con su *Modulador*. De similitudes todavía entre el fotógrafo y esta vez el surrealismo, entendemos mejor las pinturas de Magritte con espejo y manta como *El soñador temerario* (1927) o las distintas versiones de *Le Thérapeute* (1937, 1941, 1962, 1967, que llegarán finalmente a autorretratos en base a fotos, v. también *Le Libérateur* de 1947 - integrado en la fresca circular *Le domaine enchanté* de 1953 - y *Le domaine enchanté VIII* de 1953) respecto de la serie de objetos: paraguas y máquina de escribir envueltos en una manta con espejo, asemejando una forma humana, de Man Ray, titulada *L'énigme d'Isidore Ducasse* (1920-1971), evocación de la célebre frase del Canto VI-I de *Los Cantos de Maldoror* (1869) del Conde de Lautréamont: "*...comme la rencontre fortuite sur une table de dissection d'une machine à coudre et d'un parapluie!*"

D) CONCLUSIÓN

Al igual que Itten busca en sus estudiantes la reacción subjetiva no predeterminada por organización social del color, Malevitch se propone volver a fuentes que, sin embargo, ya no son - ni pueden ser - totalmente puros: el cuadrado, versión primitiva de los cuatro puntos cardenales, al igual que la cruz, pero también símbolo del mundo, hasta para la arquitectura moderna (de la Contrarreforma y el barroco), que será tan utilizado, aunque privado de este valor cristiano, en la arquitectura racionalista, y de la fe.

Traslada Malevitch su fe del ámbito de la religión establecida, al de su experiencia individual, en la que presenció la irrupción en su arte del cuadrado como valor absoluto: porque es color de división cromática máxima (negro sobre fondo blanco, como recuerda Itten) sin serlo (ni el negro ni el blanco son colores, sino la suma y la anulación de todos los ellos); porque es la forma más simple según la teoría racionalista contemporánea; porque tiene símbolo previo, aún no totalmente perceptible para las vanguardias; porque reintegra el arte en su bidimensionalidad original, lo que nos devuelve a la búsqueda icónica original del pintor, en un retorno consciente y a la vez no totalmente racionalizado a la bidimensionalidad y el hieratismo de las figuraciones bizantinas originales, lo que explicará también su dialéctica, a veces difícilmente entendible, entre una hiper-racionalización del cuadrado respecto de las formas anteriores de representación de la realidad, que se asemeja a lo planteado por Loos, y la ruptura con esta misma línea, al reconocer en el cuadrado lo más puro, primitivo, ejemplo de una fe y un sistema más allá de lo racional.

Así aparece, en última instancia, el *Cuadrado negro sobre fondo blanco* de Malevitch no sólo como un concepto inmanente y trascendental, sino como una forma plenamente visual, enmarcada en los procesos de investigación artísticos de su época.

En cuanto a forma geométrica, definida sea en espacio bidimensional o plano, como en *Cuadrado negro sobre fondo blanco*, sea como objeto moviéndose en un espacio con pretensión perspectiva, mediante la superposición de formas coloreadas como en *Suprematismo con Triángulo Azul y Cuadrado Negro* (1915), o mediante la difuminación y alejamiento óptico en el fondo de la forma del primer plano como en *Suprematismo* (1917-1918, 106 x 70.5 cm., Stedelijk Museum), y conforme los ensayos de sus contemporáneos (de Moholy-Nagy a Albers, pasando por Itten o Klee), el cuadrado en Malevitch (al igual que las otras formas, en particular las cruces y los círculos) aparece como la expresión de la problemática de la percepción tridimensional dentro del espacio plano del cuadro. Los mismos títulos de las obras de Malevitch nos lo dicen: *Suprematismo. Autorretrato en Dos-Dimensiones*; *Suprematismo. Jugador de Fútbol en la Cuarta Dimensión*; *Cuadrado Rojo. Realismo Visual de una Campesina en Dos Dimensiones.*

El propio *Cuadrado negro sobre fondo blanco* es más de lo que dice ser, ya que, conforme los planteamientos visuales de Itten, es un cuadrado negro superpuesto a otro cuadrado, blanco, más grande, lo que, desde esta perspectiva, llega a ser un juego volumétrico (superposición de volúmenes) y colorimétrico (máximo contraste de formas y colores, como lo propone Itten en el extracto citado de *Design and form*, p. 32, a propósito del primero de los 7 "*tipos de efectos contrastantes en el mundo de los colores*"). Ofrece, asimismo, un valor de perspectiva dentro de la bidimensionalidad, problema y proyecto central en Malevitch, como lo revelan sus escritos, donde se propone abandonar la figuración pseudo-realista del mundo, para retornar a las formas puras de la representación pictórica, que son, para él como para fundador Cézanne y, posteriormente, todas las vanguardias, los volúmenes geométricos simples y los colores, ambos elementos que, no es de extrañar, desembocarán, en la segunda mitad del s. XX, en las propuestas de Víctor Vasarely, primero con la serie *Zebra* (1938), y el consiguiente op art.

Por la correspondencia entre los ensayos colorimétricos de Malevitch y los de sus contemporáneos, en particular dentro de la Bauhaus (Itten, Moholy-Nagy, Albers, Klee, Mondrian), así como lo expresa el mismo Malevitch en sus escritos, el cuadrado en sus distintos postulados de color (negro, rojo, blanco) es la expresión de problemas y planteamientos tanto ópticos, como acabamos de decir, como colorimétricos. La comprensión del cuadrado en la obra de Albers, aunque ésta sea posterior a Maletich, y por ende inspirada en él, como elemento de cuadrangulación del color (sobre la repetición del cuadrado en el arte abstracto vanguardista de inicios del s. XX y su origen en la cámara oscura fotográfica, v. Rosalind E. Krauss, *La originalidad de la Vanguardia y otros mitos modernos*, Madrid, Alianza, 1996) evidencia para la vanguardia el carácter del cuadrado como objeto colorimétrico al igual que en Itten. Así, la cuestión del pasaje de la luz a través de los objetos, presente tanto en Moholy-Nagy con sus realizaciones, fotográficas y cinematográficas en base al *Modulador*, como en Man Ray con sus *Rayografías*, resulta en la expresión monocromática de *camaïeu* en *Cuadrado blanco sobre fondo blanco* (1920), el cual, remitiéndonos también a las obras del impresionista norteamericano Whistler (como en su serie *Sinfonía en Blanco* de 1861-1864) y encontrando prolongaciones en la obra minimalista y monocromática del también estadounidense Robert Ryman de pinturas en blanco sobre blanco sobre lienzos cuadrados y superficies metálicas, llega entonces a ser la representación absoluta de la luz en sí, lógica en esta perspectiva suprematista y vanguardista en general de la proyección de la luz sobre los elementos y de su descomposición en colores. Lo que valida la repetida evocación, en los escritos de Malevitch, del impresionismo como punto de partida de las investigaciones contemporáneas vanguardistas sobre el color.

PIERO MANZONI

Norbert-Bertrand Barbe

Résumé de l'article:
Comment l'art contemporain utilise la réduction (du contenu symbolique le plus fort au plus dévasté: l'excrément) et l'apparent vide sémantique (des fonctions organiques, on ne parle pas) pour recréer un champ référentiel complexe et en réalité riche en connections et, par conséquent, symbolisme sous-jacent.

Piero Manzoni es un artista italiano conocido en particular por su obra *Mierda del artista* (1961), en la que presenta al público, como dice el mismo título, sus excrementos enlatados.

Aparentemente, tal obra carece de sentido, y hasta puede orientarnos a dudar del valor absoluto del arte contemporáneo, y en particular abstracto, ya que, siendo dicha obra una serie de objetos idénticos (las latas conteniendo las heces del artista), y no figurando nada más que lo que es, se integra, precisamente, al ámbito de la no figuración, así como que, por no ser las heces evocadas, plasmadas o puestas en lienzo, al mundo de las artes plásticas, ya no restrictivamente de la pintura o técnicas tradicionales.

Lo anterior, sin embargo, nos orienta, en una segunda lectura, a plantearnos ante la obra, advirtiendo en ella problemáticas interesantes para la historia del arte.

Ante todo, nos plantea, obviamente (por lo que acabamos de apuntar: lo vulgar, sencillo, sucio del objeto), la cuestión, central en y para el arte contemporáneo, de los límites del significado y los alcances del arte. De ahí, asimismo, subordinadas a esta primera interrogante, aparecen otras.

Nos plantea la interrogante de la producción: ¿qué es la obra, será seria o mera broma inepta? Por ende, ¿qué es una obra?

Así mismo, si nos plantea la cuestión de la producción es que, si bien no es una obra realizada en sentido artístico, es una obra y una producción orgánica.

De la misma manera también, opone el carácter provocativo de lo matérico, no trabajado, orgánico y bajo, de lo fecal, al nivel de industrialización y al detalle del sistema de empaque, tanto de las latas como de sus indicaciones.

De ahí, si buscamos en la historia del arte algún asidero para validar o invalidar la obra de Manzoni, encontramos 2: el panel derecho del *Hortus deliciarum* del Bosco, donde un avecilla excreta literalmente las almas de los muertos que el animal, juez del infierno, se traga por la boca; y *La Fuente* (1917) de Duchamp.

Así, si no es totalmente desligada de la historia del arte, podemos postular que *Mierda del artista* de Manzoni es un objeto, si no *plaisant*, al menos artístico.

Remitir *Mierda del artista* a *La Fuente*, es recordar a la vez las problemáticas dadaístas a inicios del siglo y, en los años 60 estructuralistas, sobre la cuestión sexual, y a la vez la importancia de la fuente como símbolo de la inspiración poética a inicios del s. XX (en la 2ª parte de *Prosas Profanas*, 1901, de Darío; en el poema "*La Fuente*", marchanta parlanchina, parodia de Darío, en *Canciones de Pájaro y Señora*, primer poemario de Pablo Antonio Cuadra; en el poema "*El espejo de agua*" de Huidobro).

Asumir en Duchamp una posible evocación, burlesca, de la inspiración mediante una "*fuente*" concreta, es aceptar la posibilidad, también, de que ocurre similar fenómeno en Manzoni.

De hecho, no es casual si, al margen de la *Mierda del Artista*, Manzoni haya producido chimbombas llenadas de su soplo, conservadas actualmente en el Museo de Arte Contemporáneo de Barcelona, y tituladas *Soplo del Artista* (1958).

En la tradición clásica (v. *La inspiración de poeta* de Poussin), la inspiración poética no era del poeta, sino de su Musa, enviada por Apolo, es decir, por los dioses, de ahí la importancia de la Musa como figura *inspiradora*. El artista, así, es el que, inspirado desde fuera, expresa - o expulsa - , *materializa* dicho soplo divino ajeno, haciéndolo propio. Es, precisamente, lo que hace Manzoni, evocando, matéricamente en *Mierda del Artista*, e intelectual o espiritualmente en *Soplo del Artista*, las 2 vías de pro-creación materiales del artista.

Al plantearse este juego de conceptos entre producción material (la "*Mierda*") y producción intelectual (el "*Soplo*"), Manzoni se inscribe en los consabidos discursos marxistas sobre arte.

De la misma forma, nos devuelve a las preocupaciones psicoanalíticas de Freud, Jung (cuando cita a un paciente que se había representado como "*Rey del universo*" sentado en un inodoro e itifálico), y, contemporáneamente a Manzoni, Devereux, acerca del auto-engendramiento masculino.

Dentro de una lectura estructuralista (Lévi-Strauss, Barthes, Bataille, Blanchot), es decir, contextual del momento en que Manzoni estuvo haciendo su obra *Mierda del Artista*, en esta obra Manzoni trabaja los conceptos de lo bajo, lo sucio.

También del estructuralismo, Manzoni retoma el interés por lo corporal (su soplo, en 1958; sus huellas, en 1960; sus excrementos, en 1961).

La progresión de dicha secuencia, de lo incorporeo al lo corporeo, del soplo a los excrementos, pasando por las huellas, dejadas en objetos (huevos) o personas (que así se volvían "*obras*" del artista para él) revela una evolución hacia la materialidad de su arte, lo que implica una perspectiva, primero, originalmente trascendente, segundo, finalmente objetual, propia de la época y su interés por la representación de lo concreto en la obra.

Dentro de una perspectiva del *land art*, también contemporánea de esta obra, Manzoni trabajo lo efímero.

Dentro de una comparación con las acumulaciones de Arman, tales como *Lo Lleno* (1960), respuesta al *Vacío* (1959) de Yves Klein, o los desechos y sobras de los "*cuadros-trampas*" de las *Cenas* (también de los 60, *Cena húngara*: 1963) de Spoerri, Manzoni trabaja en *Mierda del Artista* lo casual y lo comestible-digerible o comido-digerido por decirlo más específicamente.

Ahí donde los estructuralistas de los 60 estudiaron 3 grandes grupos de temáticas: la comida, el cuerpo, sexo y muerte y las representaciones de estas 2, Spoerri trabaja la comida, Manzoni en *Mierda del Artista* la vertiente psicoanalítica de la relación sexo-muerte.

Ahí donde Duchamp desconstruye (al igual que José Coronel Urtecho en el poema "*Obra Maestra*" de 1927, que consta de 2 versos: "*O/ ¡cuánto me ha costado hacer esto!*") el concepto de obra maestra, revirtiéndola en sus opuestos: lo no hecho (principio del "*ready made*") y lo no acabado, Spoerri le agrega el valor de perecedero y por ende efímero, y Manzoni, más fiel aún a Duchamp, de vulgaridad, disgustante y escatológico. Así, en los 3 casos, la obra se vuelve casual, vulgar, concreta.

Lo vulgar, lo sexual y lo escatológico, así como el principio de broma, son valores que encontramos en conjunto en Duchamp, Coronel Urtecho y Manzoni, procedentes, en los 2 últimos casos, del dadaísmo.

Lo sexual, lo vulgar, lo brutal, el choque, son valores provenientes, no sólo de Dadá, sino también y anteriormente del expresionismo.

Lo escatológico es valor propio de Duchamp y más aún del Dadá (v. el *Manifiesto Dadá* de Tzara).

Los valores anteriormente definidos en los 3 precedentes apartados y en el siguiente también, deben leerse como parte integrante del valor *bizarre* o *baroque* acordado al arte como fenómeno perturbador, conforme la definición que se dio desde el s. XVIII del barroco, el cual tuvo particular énfasis en los estudios relacionados, y por ende en los posicionamientos artísticos contemporáneos, en la historia del arte durante y después de la la Guerra Mundial (v. Victor L. Tapié, *Le baroque*, "*Que sais-je?*", París, PUF, 1968, pp. 6-8 y 10-12).

El feísmo, trabajado por las vanguardias, y en particular Dadá, es lo sobre que nos devuelve Manzoni. Orientándose, conforme Duchamp, hacia los contravalores, y presentando una obra en contradicción total con nuestra imagen e ideología de la obra maestra, ya que *Mierda del Artista* no es nada: es anti-estética, no es el producto de un pensamiento ni de una hechura complejos ni dilatados, sino de una casualidad, producto biológico de lo bajo y no de lo alto, de lo feo y no de lo bello, del disgusto y no del gusto.

Recurre además *Mierda del Artista* a otros valores meramente vanguardistas: de la Bauhaus, asume el interés por el producto industrial y el carácter reproductible del arte (proceso de enlatado), que niegan, en el caso de Manzoni, el valor único de la obra maestra.

Del pop art, asume lo que Warhol en su pintura de la lata de *Sopa de tomate Campbell* (1962), la apología y la "belleza" o estética del objeto industrial manufacturado o prefabricado (en este caso la lata). A su vez, la obra de Warhol, como la de Manzoni, debe a Duchamp (*La Fuente*) y la Bauhaus el interés por el proceso industrial, el diseño (al igual que Warhol se dedica a reproducir las curvas de las letras de la lata Campbell, Manzoni etiqueta y nombra su "*Mierda*"), lo casual (es decir, el abandono del tema trascendente, impulsado por los impresionistas y su atención a las escenas de descanso obrero y burgués, lo que tendrá consecuencias tanto en Duchamp como en Dadá, y en los años 1960 en el pop art y en Manzoni) y lo popular (o no culto en el caso de la *Mierda del Artista*).

Así, como vemos, tanto en los valores de broma como de recurso a lo casual Manzoni forja su obra desde la referencia a los movimientos de vanguardia de inicios del siglo XX.

Todo lo anterior nos permite concluir, entonces, que *Mierda del Artista*, al superar, sin querer queriendo, su propuesta casualidad, confirma que el arte contemporáneo, paradójicamente derivado de la ideología renacentista de Leonardo y Miguel Angel, se enfoca en el valor intelectual de la obra y del artista, y no en su valor artesanal ni de realización manual. Así toma vigencia el concepto de "*intencionalidad*" que planteó Schapiro.

Se vuelve, entonces, el gesto artístico intelectual y orientado hacia un dialogo eminente entre el artista y el espectador, concientizándose el artista de su relación estrecha con el público y de su rol social de despertador, por lo cual el título *Mierda del Artista* evidencia este posicionamiento nuevo, meta-artístico del artista revisando su obra y apareciendo con su personalidad dentro de ella para debatirla, (al igual que Diderot en *Santiago el Fatalista*, o Coronel Urtecho en el comentario, 2º verso, del 1er y único verso de "*Obra Maestra*").

LONG LIVE THE IMMATERIAL! -YVES KLEIN, *THE CHELSEA HOTEL MANIFESTO*

Joseph Nechvatal

Biographie de l'Auteur:
Joseph Nechvatal (born 1951) is a post-conceptual art digital artist and art theoretician who creates computer-assisted paintings and computer animations, often using custom-created computer viruses. Joseph Nechvatal was born in Chicago. He studied fine art and philosophy at Southern Illinois University Carbondale, Cornell University and Columbia University, where he studied with Arthur Danto while serving as the archivist to the minimalist composer La Monte Young. From 1979, he exhibited his work in New York City, primarily at the Brooke Alexander Gallery and Universal Concepts Unlimited. He has also solo exhibited in Paris, Chicago, Cologne, Atlanta, Los Angeles, Aalst, Belgium, Youngstown, Senouillac, Lund, Toulouse, Turin and Munich. His work in the early 1980s chiefly consisted of postminimalist gray graphite drawings that were often photomechanically enlarged. During that period he was associated with the artist group Colab and helped establish the non-profit cultural space ABC No Rio. In 1983 he co-founded the avant-garde electronic art music audio project Tellus Audio Cassette Magazine. In 1984, Nechvatal began work on an opera called XS: The Opera Opus (1984-6) with the no wave musical composer Rhys Chatham. He began using computers to make "paintings" in 1986 and later, in his signature work, began to employ computer viruses. These "collaborations" with viral systems positioned his work as an early contribution to what is increasingly referred to as a post-human aesthetic. From 1991–1993 he was artist-in-residence at the Louis Pasteur Atelier in Arbois, France and at the Saline Royale/Ledoux Foundation's computer lab. There he worked on The Computer Virus Project, which was an artistic experiment with computer viruses and computer animation. He exhibited at Documenta 8 in 1987. In 1999 Nechvatal obtained his Ph.D. in the philosophy of art and new technology concerning immersive virtual reality at Roy Ascott's Centre for Advanced Inquiry in the Interactive Arts (CAiiA), University of Wales College, Newport, UK (now the Planetary Collegium at the University of Plymouth). There he developed his concept of viractualism, a conceptual art idea that strives "to create an interface between the biological and the technological." According to Nechvatal, this is a new topological space. In 2002 he extended his experimentation into viral artificial life through a collaboration with the programmer Stephane Sikora of music2eye in a work called the Computer Virus Project II, inspired by the a-life work of John Horton Conway (particularly Conway's Game of Life), by the general cellular automata work of John von Neumann, by the genetic programming algorithms of John Koza and the auto-destructive art of Gustav Metzger. In 2005 he exhibited Computer Virus Project II works (digital paintings, digital prints, a digital audio installation and two live electronic virus-attack art installations) in a solo show called cOntaminatiOns at Château de Linardié in Senouillac, France. In 2006 Nechvatal received a retrospective exhibition entitled Contaminations at the Butler Institute of American Art's Beecher Center for Arts and Technology. Dr. Nechvatal has also contributed to digital audio work with his noise music viral symphOny, a collaborative sound symphony created by using his computer virus software at the Institute for Electronic Arts at Alfred University. Nechvatal teaches art theories of immersive virtual reality and the viractual at the School of Visual Arts in New York City (SVA). A book of his collected essays entitled Towards an Immersive Intelligence: Essays on the Work of Art in the Age of Computer Technology and Virtual Reality (1993–2006) was published by Edgewise Press in 2009. Also in 2009, his book Immersive Ideals / Critical Distances was published. Joe Lewis wrote: "in the artist/theorist tradition of Robert Smithson, Joseph Nechvatal is a pioneer in the field of digital image making who challenges our perceptions of nature by altering conventional notions of space and time, gender, and self. [...] Nechvatal successfully plunged into the depths where art, technology and theory meet."
(http://en.wikipedia.org/wiki/Joseph_Nechvatal)

Résumé de l'article:
Une approche de l'oeuvre d'Yves Klein par un artiste, à partir de l'exposition *Corps, Couleur, Immatériel* de 2006-2007 au Centre Pompidou, du point de vue de ses influences, de l'obsession du vide et des monochromes.

Yves Klein is for me, and many others, the most important French artist after Henri Matisse. This may sound somewhat appalling to some, as Klein enjoyed only a very concise, but invigorating, seven-year artistic career. But I will clarify this controversial judgment by pointing out his historic relevance to our era of digital culture. The emphasis here will be on Klein's conceptual articulation of the spatial and the ephemeral/immaterial in relationship to our current actual state of virtuality. Indeed the subtitle of the exhibition, *CORPS, COULEUR, IMMATÉRIEL* (Body, Color, Immaterial), itself brings out the salient viractual (*1) aspects of Klein's art.

Yves Klein's own lived life is the first major example of the ephemeral. Klein was born near Nice in a village called Canges-sur-Mer in 1928 of artist parents; Fred Klein, a figurative painter, and Marie Raymond, an abstract painter in the tradition of the École de Paris. He died unexpectedly in 1962 of a heart attack shortly after seeing the sensationalizing Yves Klein segment of Gualtiero Jacopetti's *Mondo Cane* exploitation film at its Canne Film Festival debut at the young age of 34. He was at the height of his fame.

On entering this exhibition the viewer is immediately introduced to the fact that Klein first studied Oriental languages, Zen philosophy and Judo via a highly accomplished digital presentation which was augmented by a plethora of photographs, drawings and texts. Indeed Klein achieved black-belt stature in Judo and taught and wrote a book about the subject after spending fifteen months at the Kodokan Institute in Tokyo. He then went on to found his own Judo school in Paris, making a living teaching Judo from 1955 to 1959. He also played music in a jazz band.

With such a basis in sport and music performance, Klein easily brought his theoretical concerns around space, color and painting into the theatricality of conceptual and performance art and thus negated and undermined the classical work of art object, dissolving art into action and thus styling himself into an artistic personality in a way that anticipated the strategies of Andy Warhol and Joseph Beuys and Orlan. His staging of even the minutest details and the orchestration of their documentation and framed reception, along with his linking of art and technology, make him a most relevant figures for current art practice.

What was not pointed out in the show very well was that in 1948, at age 20, Klein discovered a book by Max Heindel (1865-1919) which teaches the basic beliefs of an esoteric Christian sect called the Rosicrucians. Klein obsessively studied the book for five years, and after coming to Paris in 1955, began to refer to himself as an initiate in the sect (he was made a Knight of the Order of Archers of Saint Sebastian) and was married to the beautiful Rotrault Uecker (now Rotrault Klein-Moquay) within it's highly flamboyant and ritualistic ceremony. This exceedingly formal marriage is presented further on in the show in a delightful color documentary film.

Based on the Rosicrucian metaphysical ideology, Klein avowed to indicate to the world a new age, the *Age of Space*. In the Age of Space, boundless spirit would exist free of form, objects would levitate, and humans would travel liberated from their body. This contextual understanding is essential for understanding Klein's artistic importance, as this ideology of the immaterial informs all his work, even the paintings but most explicitly such conceptual-technological works as the *Sculpture aérostatique* (1957) which was the release of 1001 balloons, and the *Illumination de l'Obélisque* (1958) in the Place de la Concorde. Indeed, the exhibition reinstates Klein's metaphysical ideology as the basis of his ephemeral actions as equal to his monochrome paintings. Definitely the well-known IKB blue monochrome were for him no more than an introduction to his ideological "blue revolution", which he saw as the diffusion of immaterial pictorial sensibility throughout the whole cosmos, both visible and invisible. So blue color was for Klein was not pigment and binder but a spiritual, cosmic force that stimulates the entire environment, transforming life itself into a work of art.

Admittedly, Klein's idea of pure virtual open space (free from form) was first actualized in his blue monochrome paintings, where the bisecting nature of line was rejected in favor of an even, all-over, ultramarine-blue color which he called *IKB* (International Klein Blue). However, later some of his monochromes were painted pink or gold. The *Ex-voto dédié à Sainte-Rita* (1961) which was deposited by Klein at the Convent of Santa Rita in Cascia, Italy (and presented for the first time at this exhibition) is valuable evidence of the importance of pink and gold alongside blue in Klein's imaginative, viractual, and ephemeral universe.

Of course Klein, by all accounts, was not all theory. He was a showman too. In 1957, not long after the appearance of the first monochromes in 1955, Klein turned to the further exploration of the immaterial aspect of his art through act and gesture. His exhibitions of evanescent performance works, ephemeral sculptures in fire or water, sound works, "air architectures" and artistic appropriation of the entirety of space (extending to the whole cosmos) were all manifestations of the ephemera and invisible idea that for him is the essential experience of art itself.

We must remember when gazing into his luxurious blue paintings that Klein's interests in open areas of color and light, in vibrating voids, and in sheer saturated colors emptied of figurative presence are primarily directed towards space's and color's aoristic qualities, qualities which subsequently will interest future generations of ambient-oriented artists and digital artists.

Most notably, in 1958 Klein went beyond the monochrome rectilinear canvas with a distinguished ephemeral and immersive presentation titled *Le Vide* (The Void), which was held at Galerie Iris Clert in Paris. For this exhibition Klein cleaned out and whitewashed the gallery and "impregnated" the empty space with his consciousness; filling the freshly whitened gallery (emptied of figurative presence) with Le Vide, through which Klein led small groups.

Yves Klein, *Le Vide*, 1958

I consider this installation to be of utmost importance to the identification of the immersive ideals of virtual reality in that it crystallizes the body's entrance into a consciousness of aoristic space. (*2)

Further along these lines, in early-1961 Klein installed, as part of his retrospective at Museum Haus Lange in Krefeld Germany, another immersive walk-in installation called *Raum der Leere* (Room of the Void) in reference to his *Le Vide* which consisted of a 285 by 442 by

172 centimetre room (approximately 9 by 14 by 5.6 feet) painted white (with slightly rough textured surface) lit by neon lamps. This work is documented through photographs and drawings in the exhibit.

Also notable is Klein's faux *Leap into the Void: Man in Space! The Painter of Space Throws Himself into the Void!* of 1960 of course deserves some mention concerning immaterial idea art. Klein's famous photomontage *Leap into the Void*, which depicts him floating above a street, is a symbol of the desire to overcome gravity and thus enter into the unlimited aspects of virtuality. It is a manifestation of Klein's will to transcend limits, which runs through his entire oeuvre.

Beginning in 1960 Klein devoted himself increasingly to the immaterial aspects of fire as a medium to express elemental energy. I very much liked and respected the *Cosmogonies* "paintings" on view here, which capture the imprint of wind, of rain. Fire and air, two invisible fluids that Klein officially claimed as his own, give rise to works both real (fire paintings) and utopian; such as his air architecture projects and his schemes for planetary air-conditioning. But the gorgeous color film of Klein painting various *Anthropometries* through the use of "living paintbrushes" (i.e. female nudes) in a black dinner jacket while his proto-minimalist one note Monotone Symphony (1949) is performed is certainly one of the high points in the show, even though it perhaps it was responsible for his death after he viewed it in the dreadful context of the *Mondo Cane* film. The music is performed brilliantly live as the nude models paint each other from the buckets of lush IKB Blue paint, gently pressing their naked bodies against the canvas that had been placed on wall and floor - while Klein (wearing white gloves) directs them verbally, never touching the paint or the bare models. (*3)

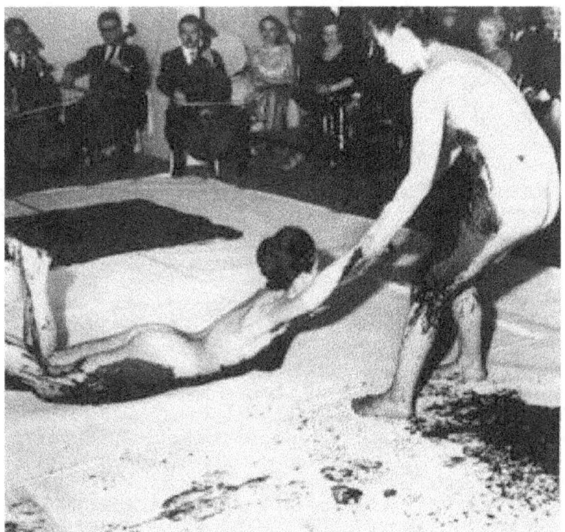

This is, needless to say, a highly ephemeral way to paint which pointed the way towards (and then away from) the *Nouveaux Réalistes* (New Realists), the French post-war avant-garde movement which was organized and theorized by the French poet and art critic Pierre Restany (1930-2003). The core issue of the Nouveaux Réalistes was the conception of art as formed by "real" elements, that is, materials taken from the world directly rather than formed pictorially. Influenced by Yves Klein and the general anti-rationalism that opposed the machine-like logic which underlay the killing efficiency of aerial war, many artists followed in these deep but shifting footsteps.

Despite numerous retrospectives, among them the exhibition at the Centre Pompidou in 1983, much of Klein's immaterial-oriented work remained somewhat unknown until recently. In bringing together 120 paintings and sculptures, some 40 drawings and manuscripts and a great number of contemporary films and photographs, this exhibition offered me a new reading of Klein's work, this time in the context of virtuality. Adhering as faithfully as possible to the artist's own intentions as revealed in his recently published writings, the design of the exhibition brought out the importance that Klein accorded to the diverse aspects of his artistic practice: not only painting and sculpture, but also immaterial performances, sound works, interventions in public spaces, architectural projects and, most essentially, immaterial art theory. This diverse oeuvre, all produced during a period of just seven years, is indeed impressive as much of it anticipated the trends of Happening and Performance Art, Land Art, Body Art, Conceptual Art and Digital Art. Thus it has had an, ironically, a durable influence on art through its essential interest in and expressions of the immaterial.

NOTES:

(*1) The basis of the viractual conception is that virtual producing computer technology has become a significant means for making and understanding contemporary art and that this brings us artists to a place where one finds the emerging of the computed (the virtual) with the uncomputed corporeal (the actual). This merge – which tends to contradict some dominant techno clichés of our time - is what I call the 'viractual'. This blending of computational virtual space with ordinary viewable space indicates the subsequent emergence of a new topological cognitive-vision of connection between the computed virtual and the uncomputed corporeal world.

(*2) *Aorist* is a classical Greek spatial term which was used when discussing an occurrence without limitations. Aorist literally means *without horizons*.

(*3) A short film, with a non monotone sound track, of a Klein painting performance can be viewed on-line at: http://video.google.com/videoplay?docid=8859506883702524061&q=Yves+Klein

HON, EL CUERPO HABITADO

Fernando Martín Martín
Departamento de Historia del Arte
Universidad de Sevilla

Biographie de l'Auteur:
Es Doctor en Geografía e Historia. Ha cursado estudios de Cinematografía en la escuela de esta misma área de Valladolid. Especialista en Arte Español Contemporáneo, al cual dedica básicamente su línea de investigación y docencia, juntamente con la Museología. Profesor titular del Departamento de Historia del Arte, en la Facultad de Geografía e Historia de la Universidad de Sevilla. Ha impartido la asignatura de *Historia del Cine* en dicho departamento y su docencia tiene como perfil la Historia del Arte del siglo XX y la Museología, disciplina ésta a la que ha dedicado diversas actividades, participando en numerosos cursos que han tenido como tema principal, las áreas del Patrimonio y Museología.
Dentro de la Museología y desde 1996 imparte cursos de Doctorado en el Centro de Estudios Avanzados de Puerto Rico y el Caribe, y desde 1999 en la universidad Carlos III de Madrid, en cuya Facultad de Humanidades y Comunicación ha estado en comisión de servicios durante el periodo académico de 200- 2001. Así mismo y desde le año 2000, también dicta un curso de Doctorado en Santo Domingo, en la Universidad Autónoma de dicho país, dentro de la Facultad de Humanidades e Instituto Americano de Investigaciones Antropológicas. Como docente e investigador de Arte Contemporáneo Español ha organizado cursos y seminarios de arte actual en varias ciudades españolas, siendo, así mismo impulsor y director desde 1993 de las Jornadas de Arte Contemporáneo celebradas anualmente en Sevilla. En la actualidad es representante de la Universidad de Sevilla en el Comité Internacional de la Asociación poara la Divulgación del Arte Contemporáneo "European Art Lovers", dependiente de la UNESCO. Desde 1997 es miembro del proyecto de investigación "El movimiento moderno: metáforas y proyectos" de la Universidad Autónoma de Madrid. Es autor de libros y numerosos artículos, entre los primeros, "El pabellón de la República en la exposición de París en 1937", "Arte Contemporáneo en Córdoba 1957- 1990", "De la Pasarela a nuestros días. Arte Contemporáneo en Sevilla", "Diez pintores andaluces", "Panorama del arte Sevilla 1950- 1990" y "Luis Gordillo".
Ha comisariado varias exposiciones, entre ellas, "Remedios Varo", Madrid, 1988; "Diez pintores andaluces", Córdoba y Málaga, 1990; "Gregorio Prieto y su mundo", 1994; "José María Córdoba", Málaga, 2002; "Francisco Peinado", Málaga, 2006; "Manuel Salinas", Jerez de la Frontera, 2007. En la actualidad está preparando la exposición del pintor Juan Romero en Sevilla.

Résumé de l'article:
En el presente artículo se analizan los estudios y el trabajo excepcional de Niki de Saint Phalle para el Museo Moderno de Estocolmo en 1966 bajo el título de "Hon", en el interior de la esfera del arte y la museografía. Colosal escultura penetrable, que por su original enfoque conceptual y funcional, supone un hito dentro de la propuesta museográfico.

En 1966, en plena época de lo que posteriormente se ha llegado a considerar como "La Década Prodigiosa", el moderna Musseet "Museo moderno" de Estocolmo abrió sus puertas a una obra insólita, desmesurada y transgresora: Hon, palabra sueca que quiere decir "ella", realizada por la artista francoafricana Niki de Saint Phalle (1930-2002). *Hon* era una escultura colosal, ubicada en el vestíbulo del museo, coyas medidas eran de 28 metros de longitud, 9 de ancho y 6 de alto, que representaba a una mujer encinta, boca arriba, sobre el suelo, cuya singularidad más destacable, independientemente de sus dimensiones, consistía en que era una escultura penetrable, es decir, transitable por el interior de su cuerpo, en donde cada una de las partes anatómicas se configuraba como un espacio lúdico visitable en el que se ofrecía una gran cantidad de actividades, con un claro objetivo de participación, configurando una total y anticipadora propuesta integradora entre arte y público, un ideal que, tanto por la diversidad delos contenidos como por la propia fisionomía museográfica existente, se convierte en un original referente coya vigencia tiene en la actualidad uno de sus ejercicios más destacados dentro del área de la museografía. Es evidente que Hon no era un museo en su acepción ortodoxa: es ante todo una obra de arte, obra de arte total que por sus características especiales la hacen ser una novedosa propuesta museológica de tiempo limitado y existencia efímera -tres meses-, pero cuyos planteamientos hicieron de este "Museo dentro del Museo"una experiencia de gran interés, digna de ser analizada.
No debe pasar por alto, antes de realizar su análisis, tres circunstancias -a nuestro criterio-importantes, que constituyen de por sí valores intrínsecos del proyecto. El Primero, independientemente de lo extraordinario de la idea en sí -y tómese el término idea en su etimología-, los años de su nacimiento, esto es, en una fecha tan temprana en Europa como son los años sesenta, cuando el movimiento pop emergente y se desarrolla con fuerza inusitada en Estados Unidos -posiblemente la tendencia de mayor influencia artística de la posguerra-, un movimiento que, pese a haber tenido su origen en el reino Unido, su mayor expansión se produce en el país norteamericano y cuyos ecos empezaban a llegar entonces a Europa en dosificados avances, siendo Suecia uno de los primeros receptores.[1]
El segundo punto que hay que considerar viene del hecho de que dicha obra difícilmente podría haberse realizado en otro país y en esa época en Suecia, una de las naciones con mayor permisividad y civismo, propios de una sociedad avanzada y democrática. Por último , su artífice, Niki de Saint Phalle, que -siguiendo el encargo del director de Moderna Museet de Estocolmo, Portus Hulten, de realizar una escultura para dicha institución- eligió un tema de indudables connotaciones autobiográficas puestas al servicio de un discurso estético personal pero de referencias culturales universales.
Niki de Saint Phalle, cuyo nombre real es Catherine Marie-Agnes, nació cerca de París en Neuilly-sur-Seine, dentro de una familia de banqueros franco-estadounidenses, siendo la segunda hija de cinco hermanos.Su vida Transcurre fundamentalmente entre Francia y Estados Unidos, país este último a donde se trasladó con su familia a la edad de siete años, concretamente a Nueva York, en 1927, dos años antes de producirse el crac de la capital neoyorquina, circunstancia que provocó la ruina total de su padre: "yo-dice Niki a su amigo Pontus Huntel- soy una niña de la Depresión".[2]. Como consecuencia de ello marchó a Francia con su hermano jhon a casa de sus abuelos paternos para volver, después de vivir unos años en Greenvich, a Nueva York, donde permanece hasta casarse con el escritor y músico Harry Mathews, en 1950, y se instala en Massachusetts. De ese matrimonio nacerán dos hijos, Laura y Philip. En 1960 se separa de su marido, abandona a sus hijos y marcha a París, donde conocerá al escultor suizoJean Tinguely, con el que después de unos años, en 1971, se casará y compartirá la vida hasta el final de sus días en la unión de colaboración artística de gran creatividad común. Niki de Saint Phalle, hasta su fallecimiento a la edad de 72 años, y una vez introducida en el medio artístico -El crítico Pierre Restany la incluyó en el grupo parisino de Nouveaux Realistes-, realizó múltiples trabajos y exposiciones, con frecuencia junto a Jean Tinguely. París, Nueva york, Amsterdam, Estocolmo,Niza, Jerusalén, Kassel... poseen importantes obras entre las que destaca por su complejidad y talento creativo el llamado Jardín del Tarot, en la localidad italiana de Garavicchio (La Toscana), en la que desde 1978 a 1985, fecha de su inauguración, realizó un conjunto de esculturas monumentales, algunas

---

[1] El Moderna museet de Estocolmo fue una de las primeras instituciones europeas en organizar muestras de arte pop, con artistas como Jasper Jones, Claus Oldemburg o Rochenberg

[2] Carta de Niki de Saint Phallea su amigo-y,por entonces, director del museo- Pontus hulten, en Niki de Saint Phalle (1993:147)

de ellashabitables, inspiradas en las veintidós cartas del Tarot y en la que Niki de Saint Phalle, junto a Tinguely y otros artistas, diseña un jardín fantástico como espectacular resultado se entronca con la tradición de lo maravilloso, siguiendo ejemplos tan emblemáticos en este sentido como el bosque sagrado de Bomarzo(1564-1575), cerca de Viterbo; el Palacio Ideal, del cartero Ferdinand Cheval (1879-1912), en Hauterivrs (lyon) o el parque Güell del español Antoni Gaudí (1914), en Barcelona[1]

Niki de Saint Phalle, es una artista independiente y polifacética cuya diversa obra parte de algunos casos -sobre todo al principio, 1956, fecha de su primera exposición individual, hasta 1966, en la que realiza *Hon* para el Moderna Museet de Estocolmo- de circunstancias biográficas no siempre afortunadas. Ya se ha indicado en la sucinta semblanza su declaración de considerarse "Niña de la Depresión", a lo que hay que añadir a una adolescencia infeliz y varios ingresos en hospitales, siendo precisamente en una de de sus estancias en un centro sanitario, donde a modo de espontánea terapia se acerca al arte empezando a pintar de manera totalmente autodidacta. Si a esto se le suma la relación conflictiva con su madre, la cual le trasmitió la culpabilidad de "maternidad no deseada" -"la suya-, promovida por el conocimiento de la infidelidad de su padre durante el embarazo, así como los abusos sexuales cometidos por su progenitor siendo una niña, lo que provocó profundas crisis que la llevaron, entre otros motivos, al internamiento; el fracaso de su matrimonio y el abandono de sus hijos- hecho que por mucho tiempo fue causa de sufrimiento y motivo de remordimiento- nos hacen comprender el componente personal y dramático que poseen varias de sus obras primeras, concebidas desde una postura de rechazo y áspera crítica contra la hipocresía de la sociedad y, sobre todo, a los roles que han sido asignados ala mujer. En este sentido son elocuentes ciertas obras pertenecientes alas series "Tirs"(disparos) y "Nanas" (Chicas); los primeros consistentes en ensamblajes configurados con los más heterogéneos materiales y objetos encontrados, adheridos con Yeso y lienzo y provistos de bolsas de plástico llenas de pintura cuyos disparos sobre ellas producían en su arbitrariedad compulsiva importantes efectos de agresividad y violencia. Con respecto a esto nos confiesa: "disparaba a los hombres, ala sociedad y sus injusticias y a mi misma" (El poder de las Nanas, 2002: 474).
A estas provocativas acciones las sigue la serie "Novias", también conocida como "Serie Blanca", donde novias, embarazadas y prostitutas, como representación subjetiva de la condición femenina, aparecen como imágenes decadentes, traumáticas o simplemente ridículas. Obras como San Sebastián o Retrato de mi amor (1961; una camisa de caballero con corbata y una diana como rostro son objetos de ejercicios de tiro al blanco y de punitiva acción radical de acupuntura a base de clavos) o Altar de Novias (1963; tríptico en cuya tabla central aparece ya el tema obsesivo de la mujer dando a luz, junto a una novia cuyo pecho horadado, deja ver un sagrado corazón de Jesús como emblema de Martirio y sufrimiento) son dos ilustrativos ejemplos de argumento mayoritario de este inicial periodo de producción. Sin embargo tras esta desasosegante fase, pronto se dará la característica más notoria de su quehacer, representado por esas jubilosas y llamativas figuras conocidas como nanas.
Sin duda y como hemos señalado, son las denominadas nanas, esculturas de mujeres voluminosas y de brillantes colores, las obras por las que Niki de Saint Phalle es conocida universalmente. Personajes de feminidas exultante y alegre que durante mucho tiempo focalizarán su principal interés, ofreciendo una gran variedad tipológica en formas y aspectos, en los que la mujer siempre aparece pletórica expresividad de libertad y felicidad. Nanas realizadas en distintos materiales , como lana, cables, papel maché, pero sobre todo con poliéster, material que llegado el tiempo le afectó gravemente a su salud, teniendo que optar por otros más tradicionales y asépticos. Así pues, son estas "Muñecas" multicolores y optimistas, representantes de una voluntad de "alegría de vivir", la iconografía más definitiva de su producción.
Parece ser que la idea de las nanas surge a partir a partir de un dibujo del pintor Larry Rivers en que el artista norteamericano representa a su mujer, Clarice, embarazada, una idea que a su vez tendrá continuidad en otra representación de Clarice, también embarazada, en color y mucho más elaborada, pero esta vez realizada juntamente a Niki de Saint Phalle a la manera de un boceto para collage, ambas obras fechadas en 1964 y que inspirarán a Niki de Saint Phalle en el cuadro collage "Pink Lady" 1964, donde se representa frontalmente a una mujer sin extremidades, pieza que hay que relacionar con el importante tríptico anteriormente mencionado "Altar de novias" o con el titulado "Nacimiento rosa" 1964, actualmente en el Moderna Museet de estocolmo, en ella que , como en aquella, el tema es la maternidad. Dos años más tarde, 1965, en la Galerie Alexandre lolas de parís presenta al público por primera vez y de modo oficial un conjunto de nanas concebidas en dinámicas posturas y estridentes colores.

HON, LA MUJER, LA GRAN MADRE

Uta Grosmick en la introducción a las carteas de Niki de Saint Phalle reproduce la confesión que la artista hace a su amiga Clarice Rivers, comunicándole que desde niña ella se había propuesto "realizar la escultura más grande de su generación. Mas grande, mas alta, y mas fuerte que la realizada por los hombres". Un deseo que con los años se hará espléndida realidad al aceptar el encargo del entonces director del Moderna Museet de Estoolmo, Pontus Hulten, de efectuar una obra para la entrada de dicha institución. Niki de Saint Phalle, ante tan sugestiva propuesta, no duda en aprovechar la oportunidad que se le daba para cumplir aquella idea anhelada durante tanto tiempo en su mente: había nacidoHon, la nana de mayor tamaño hecha hasta entonces y con posterioridad, la escultura de mayores dimensiones del arte del siglo XX. En tan ambicioso proyecto, Niki de Saint Phalle conto con la colaboración de un equipo formado fundamentalmente por Jean Tinguely -su marido, con el que tantas veces trabaja desde sus respectivos lenguajes-, el finlandés Per Olof Ultverdt y la coordinación del propio Pontus, autor, no se olvide, de la propuesta y futuro director del Centre George Pompidou.
Como ya apuntamos al principio, *Hon* era una gigantesca escultura de veintiocho metros de longitud, penetrable, que representa a una mujer embarazada tumbada boca arriba y cuyas distintas partes anatómicas sirven de espacio lúdicos y expositivos. Su acceso tenia lugar por entre las piernas, es decir por la vagina y salida se realizaba por el ombligo. La distribución de los contenidos por el interior del cuerpo, según los bocetos del proyecto y las descripciones existentes, eran aproximadamente las que siguen.
 Una vez el visitante penetraba en la vagina, no sin antes subir unos escalones, se encontraba con un reducido espacio que hacía las veces de vestíbulo. Donde podía contemplar de frente el "Big Mill" (Gran Molino), una de las famosas esculturas móviles de Jean Tinguely, formada por un mecanismo de ruedas superpuestas que se agitaban sobre sí mismas, cuya imagen trae ala mente algunas de las composiciones de

---

[1]   Tanto el conocimiento del Palacio ideal de Cheval, como el parque güell fueron decisivos para Niki de Saint Phalle, sobre todo éste último, que visitó por primera vez en 1955, cuya influencia se hará sentir sobre todo en algunas esculturas del Jardín del Tarot en Garaviccio. Con respecto al jardín manierista de Bomarzo, la imponente Boca del infierno tendrá su eco también en el Jardín del Tarot, en el denominado Château del´Empereur.

Francis Picabia. Cerca de esta obra y de frente se encontraba un acuarium con peces tropicales. Dirigiendo los pasos hacia las piernas, en una de ellas se instaló un tobogán para niños, así como el denominado "banco de los enamorados", un reservado , o "Rincón para parejas ", decorado con terciopelo rojo y sonorizado, cuyas voces, charlas y susurros podían oírse en el bar, situado en el pecho de la escultura para deleite de los visitantes, gracias a los micrófonos ocultos estratégicamente en tan especial estancia. En la otra pierna había una galería de arte con obras falsas iluminadas con lámparas de bronce, pertenecientes a Paul Klee o a jackson pollock. Junto a esta galería existía un esplendor de sándwiches, frutas y dulces, un teléfono y un expositor de postales con reproducciones de obras existentes en el museo. Profundizando por el interior del vientre y a través de un sistema irregular de escaleras, se pasaba a la aparte correspondiente a la cabeza de la escultura; en ella de ubicó la escultura sonora "Radio Estocolmo". En el brazo izquierdo, un pequeño cine de 12 plazas proyectaba películas mudas, entre ellas la primera película de Greta Garbo, titulada "Luffar-Petter" (1922), del director sueco Frick A. Pestscheler. En ella la divina interpretaba el papel de una de las hijas del alcalde, a la que pretendía un pomposo y fanfarrón bombero. En el pecho izquierdo, Tinguely construyó un planetarium, mientras en el derecho estaba el bar y el dispensador de bebidas. En la parte correspondiente a la se dispuso un cerebro móvil de madera, mientras en el brazo izquierdo se creó un ambiente musical con obras de juan Sebastián Bach. En la salida, por el ombligo, desde el vientre, una terraza como atalaya privilegiada, permitía una visita panorámica en altura sobre los visitantes que en fila rigurosa y ordenada, aguardaban la entrada a *Hon*.[1] Exteriormente, *Hon* ofrecía una imagen verdaderamente espectacular e impresionante, siendo las extremidades inferiores, con las piernas flexionadas, y el voluminoso vientre lo que causaba un mayor impacto, puesto que los brazos propiamente dichos parecen unidos al cuerpo, no así la cabeza, que sobresalía como un apéndice de carácter ovoide a la manera de los maniquíes de Giorgio de Chirico. Realizada a partir de un modelo original de pequeño tamaño, como boceto, se construyó una carcasa metálica al aque se cubrió con tela blanca adherida con cola, que posteriormente se pintaron con diferentes colores, gamas cromáticas de gran intensidad y viveza-rosa, amarillo, verde, naranja, violeta, negro-, dispuestos en ambas franjas, otorgando a la obra una aparienciamuy acorde con la estética pop, propia de estos años y que , desde entonces Niki empleará en la mayoría de sus obras. Cerca de la entrada, en la parte interior del muslo de la pierna izquierda a la altura que se suele poner la liga para sujetar las medias, y haciendo referencia precisamente a esa prenda, se podía leer en francés antiguo la frase de la orden de Jarretera inglesa:"Homi soit qui mal pense" (que el mal venga al que piense mal), advertencia oportuna y disuasoria para todo aquel que tuviera la tentación de ver y hacer una lectura de *Hon* errónea, con respecto al propósito de los creadores.[2]

Hon tuvo una existencia breve, apenas los tres meses de verano, del 9 de junio al 4 de septiembre de 1966, que duro la exposición, sin embargo, su recuerdo y eco fueron grandes. En ese sentido cabe reproducir entre los múltiples comentarios el testimonio de un medico psiquiatra en un periódico de Estocolmo "*Hon* cambiará los sueños de la gente en los años venideros". Así mismo, y entre otros, remito al lector, por lo que tiene de significado en cuanto a valoración de la obra como exponente de tolerancia en la sociedad sueca, alas páginas que bajo el explícito título " El Monstruo" le dedicó el periodista Italiano Enrico Altavilla en su interesante libro "Suecia, Infierno y paraíso" (Altavilla 1970: 187-204)

¿que significó *Hon* en la producción de Niki de Saint Phalle? Sin lugar a dudas, cabe afirmar que un verdadero hito en su trayectoria artística que marca un antes y un después. Como anteriormente se ha dicho, *Hon* es el inicio del que surgen las célebres nanas; sin embargo, la escepcionalidad de *Hon*, independientemente de la funcionalidad paramuseística que asumió, estriba en su genealogía y las derivaciones inmediatas del apropia obra de la artista, como se recordará la idea de *Hon* parte de un dibujo de una mujer embarazada, un estado físico que para la autora poseía connotaciones agridulces en cuanto que fue, como ella misma nos confesó, la causa del rechazo de la madre para con ella. Por otro lado su personal experiencia materna, fruto de la cual fueron sus hijos Laura y Philip, a los que abandona, fue durante algún tiempo causa de pesar y sufrimiento. De algún modo la maternidad durante algunos años fue una obsesión, como lo certifica el hecho de que varias de sus obras – todas ellas anteriores a *Hon*- aborden el tema del alumbramiento con un sentido dramático y de clara denuncia, como expresión reduccionista de la mujer como simple agente reproductor: "Altar de mujeres" (1963), "Nacimiento rosa",(1964). Sin embrago a partir de la creación de *Hon* (1966) se produce una metamorfosis conceptual, transformando, lo que anteriormente era motivo de rechazo en símbolo de maternidad gozosa, en Gran madre diosa de la fertilidad, en portadora de la vida y esperanza, erigiéndose desde entonces en una suerte de exorcismo benéfico, de amuleto mágico cuya imagen impele a un "retorno a los orígenes", a recobrar un estado de plenitud y felicidad, a una existencia protegida y confortable, análoga a la fase prenatal del hombre que hace que ese añore con nostalgia esa situación de bienestar, en un edén fisiológico, tal como Salvador Dalí nos describe en "recuerdos Intrauterinos" (Dalí, 1944:46), en las que identificándose con las teorías del doctor Otto Rank considera el periodo intrauterino como "paraíso" y el nacimiento el traumatismo del nacer, con el mito del "paraíso Perdido". Sueño del eterno retorno a la Gran Madre, según las afirmaciones de la Propia Niki de Saint Phalle en las actitudes favorables y sonrisas que mostraban los visitantes aproximándose a ella, un público heterogéneo que incluía a niños de todas las edades.

Durante el año 1966, antes y depués de la realización de Hon, la idea del retorno a la Madre, expresada figurativamente en la imagen de una mujer con el sexo abierto y receptivo, tiene su primer consecuente en los trabajos escenográficos para obras de teatro, concretamente para el ballet de Roland Petit, "Éloge de la folie", presentado en el teatro delos campos Elíseos de París en el mes de enero, y "Lysistrata" de Aristófanes, puesta en escena por Raiber von Diez en el teatro nacional de Kassel en octubre, o sea, o sea, poco después de clausurarse la exposición de la Moderna Museet. Tanto en un caso como en otro, Niki de Saint Phalle realizó variaciones sobre "nana-hon", donde los personajes se introducían y salían por la vagina de una escultura;así, para "Lysistrata" realiza una nana de diez metros de largo por tres de alto que ocupaba casi todos el escenario.

La representación del sexo -desde el inefable "Origen del mundo" de Gustave Courbet, 1866, primera pintura de la historia del arte que convirtió el sexo de una mujer en tema primordial de un cuadro, del que Goncourt dijo que "era equiparable a un viejo desnudo de Correggio", hasta Marcel Duchamp con su invitación a entrar con la mirada desde el orificio de una vieja puerta al paisaje antropomorfo "Étand donnés",1946-1966, sin olvidar a Rodin o Picasso- ha tenido una larga trayectoria que alcanza hasta nuestros días. Sin embargo las imágenes que poseen una relación más directa con Hon las encontramos entre otras en el dibujo a tinta titulado "Tierra Erótica", 1939 de André Masson,

---

1. Sobre el contenido y disposicion de lo albergado en Hon , varias son las fuentes que hemos consultado, siendo la principal la carta específica que Niki de Saint Phalle envió a su amiga Clarice Rivers en otoño de 1966, así como el texto de Enrico Altavilla incluido en "Hojas de Diario" del libro "Suecia infierno y paraíso

2. El lema o frase Homi soit qui mal pense" proviene del dicho de Eduardo III de Inglaterra, el cual durante una fiesta con motivo de la celebración de la toma de Calais, bailando con la condesa de Salisbury, a esta se le cayó la liga, suscitando a raíz de ellos algunos comentarios de los que se encontraban en el recinto, ante lo cual el monarca inglés parece que se pronunció de este modo, y desde entonces se instituyó la llamada orden de la Jarretera, representada por esta prenda de sujeción de la media, tal como se puede ver en algunos relatos de Holbein sobre Enrique VIII.

o en una de las secuencias de la película "Hable con ella", 2002, de Pedro Almodóvar, por citar un ejemplo reciente. En el primer caso el arista surrealista francés representa a un hombre adentrándose decidido en una vulva de una mujer naturaleza, madre universal telúrica, ala que irreversiblemente se retorna: "polvo eres y en polvo te convertirás". En la película del famoso director manchego, hace que uno delos protagonistas, Benigno, enfermero que cuida a Alicia, joven estudiante de Ballet en estado de coma profundo, le cuente la película que ha visto, "el amante menguante" donde el protagonista liliputiense, después de recorrer y explorar el cuerpo desnudo de su novia mientras esta duerme - como Alicia-, se desliza por su abertura genital con la que consigue expresión de agrado de ella, narración oportuna dada la situación análoga de Alicia y el protagonista de la película muda con los desos de Benigno[1]

La experiencia de *Hon* no sólo significó, como ya he mencionado, el origen y creación de un tema, una iconografía femenina representada por las nanas, sino también en la realización de otras esculturas monumentales y penetrables, que aunque nunca llegaran a tener la escala de la obra del museo sueco, sí peristirá la idea de "escultura habitable", un concepto inaugurado en la plástica contemporánea por Niki de Saint Phalle, que desde entonces tendrá algunos continuadores -pensamos en ciertas obras del artista canadiense Melvin Cherney "landy", 2002-. El ejemplo más importante en este sentido será la escultura gigantesca que representa la "Emperatriz esfinge" para el Jardín del Tarot en Garavicchio, figura penetrable que sirvió durante los diez años que se prolongó la realización del Jardín en hogar de la propia artista, a la par que transformaba su interior en ámbito doméstico y símbolo dela protección maternal: "yo era la madre en el interior de la madre(...), hace veinte años abandoné a mis hijos por mi arte. Aquí yo misma he vivido dentro del cuerpo materno y durante este tiempo me he vuelto a acercar a ellos"[2]

En la visita a *Hon* el público la asunción de una nueva forma plural de participar, desde la multiplicidad cultural, en ofertas que se representaban a lo largo del viaje y recorrido por el "cuerpo museo": galería de arte, cine, observatorio, acuario, cafetería..., convirtiéndose la obra de Niki de Saint Phalle en el claro referente de lo que años más tarde guiará la filosofía d ella mayoría delos centros de arte contemporáneo, que se inauguró a partir de la creación del Centre George Pompidou de París en 1977.

---

[1]   En realidad Pedro Almodóvar está reinterpretando, y a la par haciendo un homenaje a la fantástica película "El increíble hombre menguante de Jacq Arnold, 1957.

[2]   Resulta curioso que esta "habitabilidad" a pie de obra tambien la realizó su admirado Antoni Gaudí durante la realización del Parque Güell, en la que el genial arquitecto pernoctó en una de las construcciones

IX. ARCHITECTURE

EL FUNCIONALISMO COMO VALOR CIENTÍFICO POSITIVO

Norbert-Bertrand Barbe

Résumé de l'article:
Une approche critique de l'architecture contemporaine et son slogan: "*La forme suit la fonction*", dans laquelle on essaiera de montrer comment, en réalité, le rationalisme et le fonctionalisme, comme toute manifestation artistique, s'intègrent à problèmes esthétiques et non logiques, et comment leurs présupposés expriment plus une vision mystique, héritée de la période moderne, qu'un réel projet rationnel. On verra donc, d'une part, comment le rationalisme et plus sentimental que rationnel, et, d'autre part, comment il a cependent modélisé la théorie et la pratiques contemporaines de l'architecture, à partir du concept de minimalisme formel, réduisant ainsi la complexité architectural à éléments géométriques simples, quant à leur expression dans l'espace et leur reproduction en série, mais chargés de valeurs mystiques et transcendantales qui les éloignent, encore une fois, de la simple formulation ingéniériste que proclament leurs créateurs.

I. PLANTEAMIENTOS Y UBICACIÓN DEL PROBLEMA DEL ESTUDIO DE LA ARQUITECTURA CONTEMPORÁNEA

Pensar la arquitectura contemporánea, es pensar tres elementos a la vez:

1/ Como en el caso de la arquitectura moderna, el marco histórico, problema crucial y sin embargo todavía debatido, por lo cual, a pesar de haberlo ya abordado en nuestro trabajo anterior sobre Historia de la Arquitectura Moderna, nos parece aquí útil, necesario e importante volverlo a abordar detenidamente.

2/ La dependencia de la arquitectura contemporánea respecto de la arquitectura moderna, incluyendo: el debate formal entre organicismo y funcionalismo; el vegetalismo como punto de enfoque, y el formalismo en sus distintas manifestaciones, tanto postmodernas como en Santiago Calatrava - en la que parece responder a valores curvilíneos propios de las corrientes organicistas -, tanto racionalistas, como en Adolf Loos - donde la apología de las formas geométricas simples no deja a la vez de remitir a la simbología que estas formas geométricas simples tiene en la época moderna, aunque perdida aparentemente la connotación religiosa obvia conciente -; y a la importancia de dichas formas geométricas simples en el arte y la pintura de inicios del siglo XX.

3/ El hecho de que, consecuencia también del pensamiento tratadista de los arquitectos modernos, pero además de la cientifización del discurso de la historia del arte desde el siglo XIX, hablar de la arquitectura contemporánea, es, por primera vez en la historia de la arquitectura (y sin olvidarnos de los ya citados tratados renacentistas y posteriores, y tampoco de Vitruvio y su papel central en la historia de la arquitectura), tener que considerar una serie de discursos teóricos sobre la arquitectura. Dicho de otra forma, pensar la arquitectura contemporánea, ya no sólo es, como planteábamos en nuestro trabajo sobre Historia de la Arquitectura Moderna, posicionarnos desde el siglo XXI y conceptualizar desde esta perspectiva (de la cual siempre tenemos que ser concientes) otra época, idealizada por sí misma como por nosotros, es decir, nuestro siglo, sino también ubicarnos dentro de todos los discursos emergentes sobre teorización, o sea, análisis e interpretaciones de la arquitectura, así como dentro de su organización por temáticas, planteamientos, orientaciones e ideologías específicas. Mientras en el caso de la arquitectura moderna, el historiador se encuentra ante un hecho a la vez punto de partida de todo lo ulterior (no sólo porque el pasado define siempre el futuro, sino porque los arquitectos y artistas renacentistas crearon su propia mitología para los siglos que les fueron venideros, y a la vez porque nuestra época, contemporánea, idealizó tanto el Renacimiento como los renacentistas idealizaron lo antiguo), mientras así es en el caso de la arquitectura moderna, y nada más, relación de representación (juego dual de auto-representación renacentistas e ideologización de lo renacentista por nuestra época), en el caso del estudio de la arquitectura contemporánea, nos enfrentamos a un problema más complejo todavía que, no sólo, como decimos en los dos puntos anteriores, nos remite a la influencia fundamental de lo moderno sobre lo contemporáneo, sino también nos enfrenta a la existencia previa a nuestro propio análisis de discursos metalingüísticos sobre la arquitectura contemporánea, obligándonos así, por fuerza, a posicionarnos ante ellos, por criticarlos, adoptarlos o rechazarlos. Asimismo, igual que pasaba estudiando la arquitectura moderna, estando entonces obligados a reconocer nuestra posición prejuiciada ante el hecho arquitectónico y urbanístico que nos tocaba estudiar, tenemos que reconocer de entrada, al proponernos abordar y estudiar la arquitectura contemporánea, que nuestro pensamiento sobre la arquitectura contemporánea es prejuiciado por los preexistentes planteamientos teóricos sobre dicha arquitectura.

Peor sin duda, no sólo nos prejuicia en el caso de la arquitectura contemporánea nuestro conocimiento de la misma, los textos al respecto, las teorías y los escritos de los propios arquitectos, sino, también, más directa, perniciosa e implícitamente, la arquitectura que llamaremos ficticia, la que nos proporcionan, desde un poco más de dos siglos, todos los medios de comunicación: literatura, pintura, fotografía, publicidad, cinema, en todos sus géneros: fantástico, ciencia ficción, realismo social,..., todos siendo visiones igualmente, es importante asumirlo desde ya, falsificadas de la realidad. La reapropiación del medio urbano por los artistas, de los impresionistas a los futuristas y los afichistas del Nuevo Realismo, representan la visión parcelaria, ideologizada a su vez, de lo arquitectónico y urbano por la sociedad que lo vive, sociedad que, de repente, se vuelve de masa, es decir, donde todas las manifestaciones acerca del ámbito de vida directo adquieren mismo valor o, mejor dicho, eco en la sociedad, es decir, para todos nosotros, como lo vemos en los movimientos más recientes, de los beatnicks a la jerga parisina en los filmes de Michel Audiard, o los movimientos rap, hip-hop y graffiteros.

Tales interpretaciones de lo real, sin embargo, enfocado hacia la ciudad como paradigma de lo vivencial provienen a su vez de tres factores:

1/ La ideología renacentista de la ciudad, promovido por los tratadistas, los príncipes en su deseo de representar para los demás l´*étendue* de su poder, y los burgueses que modelizaron sus representaciones de sí mismos en sus propiedades sobre dicho modelo, como vemos en la pintura barroca y rococó, en particular en las obras de Van Dyck, Gainsborough o Reynolds.

2/ La descripción cartográfica y geográfica de la ciudad como *ejemplum* de este poder, y/o, por consecuente, de la posibilidad de cambio social de las ciudades ideales. Pintores como Vermeer y Canaletto hicieron de la ciudad el lugar-base de lo social.

3/ La experiencia social concreta del pueblo desde el siglo XIX, como vemos de Zola a *The Grapes of Wrath* (1939) de John Steinbeck, por desafección del campo, y la búsqueda trabajo en la ciudad, tuvo vivencia duradera y exclusiva en el ámbito ciudadano, retratado por los impresionistas, en particular la familia artística Renoir.

Todos estos elementos, y tres precedentes factores, evidencian a qué punto es necesario reubicar tanto el discurso sobre la arquitectura como el hecho arquitectónico y urbanístico contemporáneo en sí dentro de la realidad social e ideológica de su época para entenderlo, por lo cual este proceso de comparación asumiremos en todo el siguiente trabajo.

II. VALORES Y NORMAS DE LA ARQUITECTURA CONTEMPORÁNEA

Cuando los arquitectos Philip Johnson y John Burgee (que trabajaron junto durante veinte años a partir de 1967) retoman en su AT&T Corporate Headquarters de 1978-1984 en New York (Lám. 1, edificio vendido en 1990 a Sony Corporation, y renombrado Sony Plaza) la forma del frontón quebrado ("*broken fronton*", "*fronton brisé*") de los palacios renacentistas y de la época moderna en general (Lám. 2), aunque inspirada también en los "*highboys*" de los muebles Chippendale (Lám. 3), y el principio de entrada monumental, ciclópea remitida a la arquitectura de los primeros hombres y Titanes, igualmente característica del primer piso de los palacios del Renacimiento (en cuanto, precisamente, reminiscencia neoclásica de los renacentistas de que, tras la llamada Edad Oscura, los heléenos consideraron los enormes bloques de piedras pulidas de las edificaciones micénicas, por ejemplo de Micenas, Tirinto, o Chipre, como estructuras que, por su gigantismo, sólo pudieron ser levantadas por los Cíclopes, elevación de los palacios modernos del primer al tercer piso simbólica de la evolución de la arquitectura y la civilización de la arquitectura original a la de hoy, y referencia a la monumentalidad de las Pirámides egipcias y la moda no sólo grecorromana, sino egipcia de dicha época moderna), sin duda en el AT&T Building en referencia a San Andrea de Mantua de Alberti (Lám. 17), evocación a la vez del poder del príncipe y de la evolución de la arquitectura desde los gigantes (probablemente influenciado por el reencuentro con la arquitectura egipcia) hasta el tercer piso, donde se esfuma y hace más suave el almohadillado, nos devuelven a la cuestión, no sólo postmoderna, sino también y ante todo renacentista, por lo cual moderna, y su influencia sobre la arquitectura posterior, a la cuestión, esto es, del posicionamiento histórico del arquitecto. No sólo nos proponen una arquitectura historicista, referenciada, en algún sentido kitsch y coloquial, propia de la arquitectura postmoderna, sino al papel del arquitecto como integrador de valores establecidos, y "perpetuador", a la vez que renovador de dichos valores y formas.

Ya en su "*Adición*" de 1972 a la Boston Public Library (1887-1895) del también famoso trio de arquitectos McKim, Mead y White (Lám. 4), los mismos Johnson/Burgee (a como se suele denominarlos) siguieron la forma simétrica y la fachada plana impuesta por McKim, Mead y White de los palacios renacentistas, en particular del Templo Malatesta (Rimini) de Alberti (Lám. 17). Los cuales McKim, Mead y White, también en el New York Life Building de 1889 (Lám. 3, edificio de diez pisos, el decimoprimero datando 1920, edificio por otra parte renombrado Omaha Building en 1909), utilizaron también una forma palaciega, inspirada del Palazzo Rucellai de Alberti y del Palazzo Medici-Ricardi de Michelozzo (Lám. 17).

A como, según Panofsky, Vasari se plantea la relación entre lo gótico y lo renacentista, por el mismo hecho de reconocerse como renacentista, y por ende asumir una ruptura que le obliga a valorar el legado de la época justo anterior a la suya, proceso de reflexión del cual fue notablemente ausente la Europa del Norte, por no haber ingresado a tiempo con Italia en el Renacimiento, a como lo hace Vasari, Johnson/Burgee al utilizar arquitectura renacentista nos enfrentan a una simbología referenciada que, además de lo anecdótico de la referencia en sí, propone ver la arquitectura de hoy como ideológicamente dependiente de los principios y valores modernos.

Lo que nos remite, más generalmente, a un hecho típico del siglo XIX y que sigue dándose en el XX y el reciente XXI, a saber, la apropiación por las instituciones de una forma neoclásica de arquitectura como símbolo del poder y la Ley. Tanto palacios y cortes de justicia, como palacios presidenciales o bancos, cuyos ejemplos tenemos en la Managua de hoy, hasta en el actual edificio Pellas (Lám. 5), asumen normas representativas derivadas de lo clásico como elemento de orden, ordenamiento, lógica, a veces igualdad, fortaleza, seguridad, fuerza y poder.

Nos parece interesante declinar cada uno de los conceptos aquí propuestos. Orden y lógica es, para el hombre renacentista, lo que simboliza la época clásica, por oposición a la bárbara edad media, cuyo mismo nombre la delimita como un período entre dos, sin mayor valor que ser un momento de vacío y espera, hasta el Renacimiento. Este concepto de racionalización a la que se identifica la arquitectura grecorromana para el hombre renacentista se ve reesforzado por el redescubrimiento de los diez libros de Vitruvio, el cual explica, en el tercer Libro, cómo cada orden de columnas se atribuye a cada tipo de dios, lo dórico a los dioses mayores, varoniles o por lo menos relacionados con la fuerza y el poder, lo jónico para los dioses más volubles, de la hermosura entre otros. Es así significativo que los arquitectos contemporáneos utilicen el orden dórico como representativo del poder institucional de los edificios a los que atribuyen tales columnas, inútiles a nivel estructural, pero sí explícitas en cuanto a su carácter referencial en la memoria colectiva creada desde hace dos siglos. Volviendo a

Vitruvio y el Renacimiento (donde, de hecho, Vignola en su famoso libro *Regola delle cinque ordini* de 1562 ampliará la división de los órdenes de Vitruvio a los cinco incluyendo el toscano y compuesto), la diferenciación de los órdenes tiene eco en su tripartición del carácter de la arquitectura en firmeza, utilidad y belleza, la famosa "*firmitas, utilitas, venustas*".

Así, racionalidad y ordenamiento arquitectónicos se elaboran en base al modelo clásico como paradigma de los mismos.

Igualdad: el concepto proviene de la Revolución francesa y su reelaboración de un estilo "propio", siendo elegido el neoclásico en referencia a la República romana, por oposición al arte sobrecargado, imagen de lascividad y sistema jerárquico del antiguo Régimen. Todavía en el siglo XX, la apología de las formas geométricas simples, y la crítica al ornamento como delito, por Loos revela esta ideología de identificación entre lo clásico y lo formal, por oposición a la barbarie (Loos habla explícitamente de las sociedades primitivas como las únicas que usan el ornamento como símbolo tribal de poder) de lo decorativo, informal. Debe entonces entenderse el concepto de forma de manera doble: primero, a nivel puramente de dibujo como la línea recta, por oposición a la curva, fundamentándose lo rígido clásico en la línea recta, y el rococó en la línea curva. Segundo, por ende, la inscripción histórica de dicho pensamiento en el debate entre antiguos (defensores de la línea recta, el dibujo y la correspondencia con los antiguos: son los poussinistas) y modernos (defensores del colorismo, la libertad y hasta ausencia del dibujo, y la invención como valor artístico fundamental: son los rubenistas), esta misma dialéctica, antes del siglo XVII donde surge, siendo la entre los renacentistas y los góticos, conforme lo plantean Vasari e Miguel Angel. En el siglo XX, el psicólogo Donald MacKinnon de la Universidad de de California en Berkeley, citando a "*Sir Henry Wolton* ((aunque) *atribuyendo, equivocadamente, la idea a Ruskin)... que "la buena arquitectura debe cumplir tres condiciones: utilidad, solidez y deleite*"" (cit. por Geoffrey Broadbent, *Diseño arquitectónico - Arquitectura y Ciencias Humanas*, Barcelona, Ed. GG, 1976, p. 19), en una serie de tests que hizo pasar en 1962 a arquitectos distingue los arquitectos creativos de los tecnológicos, estos últimos enfocados únicamente a la resolución de problemas de orden técnicos, por lo cual desarrollaron el principio de la arquitectura prefabricada, doblemente aclara, aunque implícitamente, la influencia vitruviana en el proceso de desarrollo y diferenciación de los campos específicos de la labor arquitectónica (los conceptos de utilidad, solidez y deleite, siendo, quien sea que los expuso, en primera instancia de la propiedad del arquitecto latino), y el origen ideológico del debate entre técnica y arte en el discurso arquitectural.

Seguridad, fuerza y poder son valores vitruvianos atribuidos al orden dórico, e utilizado para representar la institución en sociedades donde ya no el Príncipe, sino los órganos de Estado y del Banco (FMI, Banco Mundial, etc.) son los que rigen y delimitan los espacios de libertad y deberes de cada ciudadano. En este sentido lo entendieron los primeros arquitectos de la Revolución, de Claude-Nicolas Ledoux a Etienne-Louis Boullée, creando arquitecturas normativas, simbólicas, de dimensiones gigantescas para ilustrar la fuerza del nuevo Estado, tendencia que fue llevado a extremos por el Imperio, con el faraonismo de la representación del poder napoleónico, el cual reconocemos en el Obelisco en el que hoy en día desemboca el palacio presidencial de Francia, y hasta la Pirámide del Louvre.

El mismo vocablo "*palacio*", aplicado a todas las arquitecturas del poder (palacios de justicia, del Estado, del Parlamento, de gobierno, etc. - y hasta de los edificios de las primeras Exposiciones Universales del siglo XIX, todos pomposamente proclamados "*palacios*" -) revelan este concepto coercitivo del mismo en la sociedad contemporánea.

Es asimismo significativo en Nicaragua el hecho de que los bancos, hasta cuando sólo alquilan casas para abrir sucursales en los departamentos, pongan a menudo una fachada con columnas dóricas, para representar dicho poder, y, de lo mismo, en el paseo europeo, única avenida central de la Managua sin centro que conocemos conste de dos edificios egipcios: el casino Pharaohs, con su fachada dibujada y pintada a similitud de la máscara fúnebre del rostro de Tutankamón, y la entrada del edificio Pellas Banco BAC, que no deja de recordar la entrada monumental del Templo de Karnak. De hecho, el proceso es el mismo entre la identificación entre poder-dinero-perennidad en el edificio Pellas, imagen bastante sencilla con avenida de entrada característica de las avenidas de los palacios modernos (de Versailles, Lám. 18, a las pertenencias de los Andrews pintados por Gainsborough, Lám. 19, y las puertas de la mansión: Southfork Ranch de los Ewing, Lám. 6, en la famosa telenovela estadounidense *Dallas* de 1978-1991, primera del género en este país, que contaba las aventuras familiares y políticas-económicas de una potente familia de petroleros tejanos), y en la Pirámide del Louvre por Min Pei (Lám. 19). El edificio Pellas, todo de vidrio expresa además el poder por referencia a la contemporaneidad del material y a los rascacielos de la escuela de Chicago. La fachada del casino de Managua se inspira en la asociación kitsch entre poder, dinero y el Antiguo Egipto en Las Vegas y los Estados Unidos, con sus casinos de mismos nombre e iconografía.

Una de las más importantes características de los dos septenados de François Mitterand como presidente de la República de Francia son las llamadas "*grandes obras*" ("*grands travaux*"). Respondía su realización a una doble necesidad: primero, representar propagandísticamente, conforme la ideología del partido socialista la línea del partido y su involucramiento con la contemporaneidad (símbolo ésta de las fuerzas revolucionarias del porvenir, por oposición a las fuerzas reaccionarias de derecha), segundo, a nivel más diacrónico, o sea, inscrito dentro de la realidad contextual de la historia inmediata de Francia en aquellos años, el hacer patente la diferencia entre los gobiernos antecedentes al socialista, que sucedieron sin mayor trascendencia al emblemático jefe de guerra, general y presidente Charles de Gaulle, y las nuevas fuerzas al poder a partir de 1981, bajo el mando del primer presidente de izquierda desde 1958.

Dentro de este marco ideologizado, Mitterand se apoyará en el uso de las artes como expresión de la juventud socialista en la figura central de Jack Lang, ministro de Cultura que vino a ser el más conocido y popular de los políticos de la época, instaurando fiestas como la de la Música, y promoviendo movimientos emergentes tales como el rap.

Sin embargo, lo más relevante y destacado para asentar el poder espiritual de lo que se definirá como los "*años Mitterand*" tanto en el interior como en el exterior del país, son las obras monumentales, las susodichas "*grandes obras*", entre las cuales se destaca principalmente la famosa Pirámide (1983-1988) del arquitecto sino-estadounidense Min Pei.

Es significativo que, históricamente, el Gran Louvre abra la Voie Triomphale, que va del Arco del Carrusel y el Jardín de las Tuileries, pasando por la Plaza de la Concordia, los Campos Elíseos y su Arco de Triunfo, hasta, precisamente, en la actualidad, otra de las grandes obras del período de Mitterand: la Defensa y su propia Gran Arca ("*Grande Arche*", y no "*Arc*"), construida contemporáneamente a la Pirámide (entre 1983 y 1989), por el arquitecto danés Otto von Spreckelsen. A diferencia del Arco de Triunfo de los Campos Elíseos, donde están sepultados, desde 1920, los restos mortales del Soldado Desconocido de la Primera Guerra Mundial, que es un Arco abierto en cada uno de sus cuatro lados, el Arca de Spreckelsen es un cubo de 100 metros de lado, sólo abierto en su centro. La construcción del Arco de Triunfo fue ordenada por Napoleón en 1806, en honor a las tropas francesas, y terminado bajo el reino de Louis-Philippe (1832-1836). El Arco de Triunfo, construido por el arquitecto Chalgrin, mide 49,546 m. x 44,820 m. Se ubica al centro de la Plaza de la Estrella, porque se encuentra simbólicamente al centro de las avenidas que son como sus ramificaciones, y sus relieves representan las victorias napoleónicas. A la inversa, el Arca de la Defensa, al centro de la Plaza abriendo, por una parte, sobre grandes edificios de vidrio y acero dedicados al comercio y las finanzas, y, por otra, sobre un amplio centro comercial y una FNAC (Fédération Nacional d'Achat des Cadres: principal consorcio de librerías francés, creado en 1954 para los jóvenes lectores y amateurs de discos de la clase media), es un cubo liso, sin relieves esculpidos.

La Voie Triomphale, que empezó a ser edificada en el siglo XVII por el arquitecto Le Nôtre como vía de carruaje para la Cours de la Reine et la Grand Cours, llega a tener el nombre de Campos Elíseos a inicios del siglo XVIII, y ampliar y terminarse en la Epoca de Napoleón III.

Es decir que Mitterand agrandó una vía real, para marcar su propio poder, afirmándolo desde dos polos centrales: el poder financiero y comercial, que es el del capital de la Defensa, y el poder cultural y perenne, faraónico, de la Pirámide, la cual se dobla, de hecho, con las Columnas (1985-1986) de Daniel Buren, el artista conceptual francés, ubicadas en frente del Louvre: en la Tours d'Honneur del Palais-Royal. Ahora bien, se sabe la función de la columna como símbolo, por su forma, del encuentro entre lo humano y lo divino. De la misma forma, el camino de la Pirámide, que pasa por la Plaza de la Concordia, o sea, a la orilla del Palacio presidencial del Eliseo, desemboca sobre el Arca de Alianza del socialismo con el libre mercado.

Es obvio que, en esta dialéctica entre lo efímero de la ganancia y lo secular de la cultura como representación permanente del poder del tirano la Pirámide del Louvre, ella misma invertida en su parte subterránea, evidenciando el carácter de conservación a través de los siglos del legado espiritual (aquí en sentido religioso y místico) del Museo, al que ella da (y lleva) luz y trascendencia, se inspira directamente en el zigurat(templo piramidal de origen babilónico) invertido que lleva una luz intensa en el Museo Guggenheim de Nueva York, interconectando las numerosas galerías del edificio, Museo que le fue encargado al reconocido arquitecto organicista estadounidense Frank Lloyd Wright por el propio Salomon R. Guggenheim en junio de 1943, y que realizó entre 1946 y 1959.

Es, según se dice, por insistencia de Mitterand que la Pirámide del Louvre consta de 666 paneles de vidrio, su altura total siendo de 21,6 m. (216 correspodiendo a la raíz cúbica de 6). Es, probablemente, difícil saber a qué remitir exactamente tal simbólica en la Pirámide del Louvre, aun cuando se conoce, por las confesiones de la necromántica Elizabeth Tessier, la importancia del horóscopo y las predicciones en la vida política del presidente francés. Sin embargo, no parece totalmente fuera de lugar acercarla a las tesis masónicas de la instauración del Nuevo Orden Mundial o sistema comunista planetario soñado por la secta luciferania de los Illuminati, creada en 1776. La misma estructura piramidal, que aparece también, troncada, en los billetes de un dólar, pareciera confirmar esta relación.

Ya el ruso Tatlin, a inicios del siglo XX, utilizó los cuerpos platónicos para evidenciar el papel simbólico de cada organismo institucional en el *Monumento a la III Internacional*, el uso de una forma remitiendo a la función siendo un recurso muy comúnmente utilizado por los arquitectos.

III. DEFINICIÓN DEL MARCO TEÓRICO E HISTÓRICO DEL TRABAJO

Todo lo anterior nos revela la importancia de ubicar desde ya el marco histórico en el que nos vamos a desarrollar, lo que implica, como veremos, una crítica al normalmente acostumbrado para definir la arquitectura contemporánea, término en sí poco usado y hasta equivocadamente sustituido por el de moderna.

También, y ante todo, implica plantear desde ya la problemática-base de donde se suele partir para analizar la arquitectura: la relación forma-función, y, eventualmente, la interconexión de dichos conceptos con el de simbolismo arquitectónico.

Ahí donde el lema de 1896 de Sullivan de la escuela de Chicago: "*la forma sigue la función*" ("*Form follows function*") parece evidente y lógico, debemos aclarar al lector que el punto II de nuestro desarrollo acaba de demostrar que aquello es menos que cierto.

De hecho, acabamos de ver que en los casos citados, la función no tiene papel ninguno, y es la forma, como envoltura del simbolismo que se quiere representar, que define su propia existencia real, en función, además, de reminiscencias históricas culturales, o sea, que, como hemos podido comprobar y asumir en numerosos trabajos nuestros anteriores: las producciones simbólicos provienen de lo simbólico y dialogan consigo mismas. No hay, ni remotamente, sombra de funcionalismo en todo aquello. Veremos, esta vez en el capítulo siguiente, cómo el funcionalismo es una ideología enmarcada en su propia época, y que no delimita nada más que el campo de acción de quienes la hacen suya.

Pero, para poder adentrarnos a las problemáticas específicas de lo contemporáneo, primero tenemos que definirlo históricamente. Citaremos a continuación la definición que hemos dado ya en nuestro trabajo anterior, sobre Historia de la Arquitectura Moderna:

Muy pocas precisas son las terminologías históricas de lo moderno y lo contemporáneo, a como vemos sin necesidad de más explicación, ya que distinguen dos momentos diferentes, con definitivos sinónimos.

De la misma manera los modernistas se diferenciaron de su época con un nombre que tuvieron que suplantar los vanguardistas, cuya ideología del momento en proceso, por eso mismo, no pudo idearse sino como un paso hacia lo más adelante de lo moderno: lo que precede en el transcurso histórico, no como premisa sino como consecuencia, lo moderno: la vanguardia, cuya retaguardia viene entonces a ser el pasado modernismo. Lógica tan poco probable es la que incitó la auto-llamada corriente postmoderna a recurrir a un artilugio lingüístico para proclamarse en vanguardia del tiempo pasado de lo moderno. De ahí también la tremenda confusión ocasionada por los términos, tanto para estudiantes como para profesionales, el mejor ejemplo siendo los libros ya evocados de "*Arquitectura moderna*" o, a nivel nacional, investigativo y docente, el muy poco específico *La modernidad en la pintura nicaragüense* de María Dolores Torres. Los CIAM (Congresos Internacionales de Arquitectura Moderna) iniciados en la primera mitad del siglo XX corresponden a esta ideología de sí mismo como "*moderno*", anterior a la reestructuración de la ciencia histórica posterior (sino no cabe duda que se hubieran proclamados CIAC: Congresos Internacionales de Arquitectura Contemporánea).

La modernidad abarca un período que va del siglo XIV (se ubica tradicionalmente su inicio en el 1300, época de Giotto, pero también fecha reivindicada por el Dante de escritura de *La Divina Comedia*, aunque realmente haya sido escrita en 1310) a las revoluciones francesa (1789) y norteamericana (1776).

La contemporaneidad la sigue directamente, de 1789 en adelante, hasta nuestros días.

Dentro de la contemporaneidad se ubican:

El modernismo, corriente exclusivamente literaria de finales del siglo XIX cuyo máximo exponente y/o iniciador fue Rubén Darío.

El postmodernismo, corriente, también literaria, de los seguidores de Darío tendió a perder fuerza con la llegada de la vanguardia, aun cuando los tres grandes: Azarias H. Pallais (1885-1954), Alfonso Cortés (1893-1969) y Salomón de la Selva (1893-1959), así como Lino de Luna (Lino Argüello, 1887-1937), murieron todos sin excepción después del 27, año de fundación de la vanguardia nacional.

La postmodernidad, corriente filosófica de finales del siglo XX, con raíces en los años 1960, con por una parte Marcuse y la escuela de Frankfurt, y por otra ciertos estructuralistas que pretendieron revisar los legados freudiano y marxista.

Si no podemos dar mayor razón para el empleo de dos terminologías similares para definir dos períodos distintos, aunque consecutivos, si no es tal vez, precisamente, la identidad de naturaleza entre estos dos momentos históricos, podemos sin embargo justificar la necesidad sentida por los teóricos de distinguirlos.

De hecho, los rasgos de la modernidad son los siguientes, y distan de los de la contemporaneidad:

1/ Aparición de la clase burguesa.

2/ Desaparición del feudalismo con la aparición de un contrapoder extra muros en los "*faubourgs*" o burgos (llamados, por oposición al "*vetus burgus*": "*viejo burgo*", indistintamente "*novus burgus*": entiéndase "*nuevo burgo*", "*foris burgum*": es decir, "*fuera del burgo*", "*suburbio*": o sea, "*cerca de la urbs*", y hasta "*portus*", por su carácter a veces portuario, en particular en Holanda e Inglaterra).

3/ Nacimiento de las Universidades a partir de Santo Tomás de Aquino.

4/ Reencuentro con la herencia grecorromana a través de los árabes por el hecho de las Cruzadas, lo que permitirá a Santo Tomás fundar su filosofía, de corte aristotélica, pero con matices propios de los autores árabes (Avicena, Averroés) que lo inspiraron.

5/ Encuentro con otros mundos desde Marco Polo y las Cruzadas hasta Cristóbal Colón.

6/ Mejoramiento de las técnicas y la navegación, así como de las matemáticas y la astronomía, gracias a los árabes, así como por necesidad de encontrar nuevas vías de tránsito hacia China después de la toma de Constantinopla por los Turcos.

7/ Pasaje del teocentrismo al antropocentrismo, debido a la nueva mentalidad burguesa y financiera.

8/ División del imperio carolingio entre pequeños estados, los cuales llegan a ser dominados por grandes familias burguesas como los Borgia y los Médicis, que llegaron a tener Papas en su familias (respectivamente: Alejandro VI y Clemente VII).

9/ Toma de poder de la Iglesia sobre los espíritus después del año 1000 y los miedos milenarios, y consecutivos intereses mundanos de la Iglesia.

10/ Aparición del Purgatorio y las Indulgencias, interdicción de casamiento para los religiosos.

11/ Oposición entre los órdenes clásicos y los nuevos órdenes pobres que quieren volver a un cristianismo a imagen de los Padres del desierto.

12/ Reacción de Lutero en Alemania y Calvino en Suiza contra las indulgencias y los tratos mundanos de los Papas.

13/ Reacción de Enrique VIII de Inglaterra contra el Papado que le niega el divorcio (1533).

14/ Neoplatonismo sabio entre los nobles y ricos, proveniente del reencuentro con la herencia grecorromana, parte gracias a los árabes, parte gracias a los estudios de arqueología romana de Alberti en su libro *De Re Aedificatoria*, pero más que todo por su primer libro, el en este sentido fundamental *Descriptio urbis Romae* (1434).

15/ Brujería entre los pobres, como permanencia de rituales paganos todavía a finales de la baja edad media.

Los rasgos de la contemporaneidad son los siguientes:
1/ Llegada al poder de la clase burguesa.
2/ Aparición de la clase obrera.
3/ Progreso técnico y en particular de los transportes.
4/ Industrialización.
5/ Crecimiento de las ciudades como centros de trabajo y vida y despoblamiento consecutivo del campo.
6/ Utilización del hierro como material de construcción.
7/ Unificación de los grandes Estados-Naciones.
8/ Implementación del proceso de colonización (siglo XIX) y descolonización (siglo XX), en particular para Inglaterra y Francia.

Vemos así que las terminologías de moderna o postmodernista para hablar de la arquitectura de hoy son, más que equivocadas, erróneas. Podemos hablar de arquitectura modernista, pero por un período ínfimo de tiempo que abarcaría el inicio del siglo XX, y los movimientos vanguardistas, por lo cual no es muy correcto tampoco.

Por su parte, el término de arquitectura moderna no puede remitir a nada más que a la arquitectura que va de los siglos XII a XVIII, así que no lo podemos emplear para hablar de la arquitectura contemporánea, término que sí abarca la arquitectura de los siglos XIX, XX y XXI en su conjunto.

Cuando Le Corbusier expresa *Les cinq points de l'architecture moderne*, publicados en 1926, la influencia fundamental que tuvo este arquitecto en el siglo XX no impide revisar la terminología y preferir no utilizar un concepto amplio y abarcador (la modernidad como el ser de hoy) para designar una realidad específica y estrecha en el tiempo (el funcionalismo racionalista, o el racionalismo funcional).

El autollamado por Le Corbusier "*Movimiento moderno*" de los años 1920-1940 se da en Alemania con la escuela de la Bauhaus (literalmente en alemán: "*Casa de la Construcción*"), creada en 1919, y desde, en cuanto al nombre, el primero número de la revista *L'Esprit Moderne* en 1920 publicada por Le Corbusier en Francia.

El primer Congreso Internacional de Arquitectura Moderna, nacido de la necesidad de promover esta arquitectura y urbanismo funcionales, se dio, casualmente, bajo influencia del mismo Le Corbusier, en 1928 a La Sarraz, en Suiza. El décimo y último se dio en Dubrovnik en 1956. Fue en Otterlo, en los Países Bajos, que en 1959 ciertos miembros decidieron poner fin a estos Congresos. (Los CIAM se dieron en el orden siguiente: 1928, CIAM I, La Sarraz, Suiza, Fundación del CIAM; 1929, CIAM II, Frankfurt, Alemania; 1930, CIAM III, Bruselas, Bélgica; 1933, CIAM IV, Atenas, Grecia; 1937, CIAM V, París, Francia; 1947, CIAM VI, Bridgwater, Reino Unido; 1949, CIAM VII, Bergamo, Italia; 1951, CIAM VIII, Hoddesdon, Reino Unido; 1953, CIAM IX, Aix-en-Provence, Francia; 1956, CIAM X, Dubrovnik, Yugoslavia.)

El CIAM se constituyó en el castillo de la Sarraz en 1928, a través de un grupo de 28 arquitectos europeos organizados por Le Corbusier, Hélène de Mandrot, propietaria del castillo, y Sigfried Giedion, primer Secretario General. Los demás miembros fundadores fueron: Karl Moser (primer Presidente, aunque ausente en La Sarraz), Victor Bourgeois, Pierre Chareau, Josef Frank, Gabriel Guevrekian, Max Ernst Haefeli, Hugo Häring, A Höchel, Huib Hoste, Pierre Jeanneret (primo de Le Corbusier), André Lurçat, Ernst May, Fernando García Mercadal, Hannes Meyer, Werner Max Moser, Carlo Enrico Rava, Gerrit Rietveld, Alberto Sartoris, Hans Schmidt, Mart Stam, Rudolf Steiger, Henri-Robert Von der Mühll, y Juan de Zavala. A este grupo se juntaron después otros miembros como Alvar Aalto y Hendrik Petrus Berlage. Los ideales racionalistas de los CIAM fueron introducidos en España por el grupo GATEPAC, cuyo principal representante es Fernando García Mercadal, autor del rincón de Goya en Zaragoza y del cine Fígaroen Madrid (Lám. 32). Se destacaron en el movimiento, durante el franquismo, las figuras de Francisco Javier Sáenz de Oiza, Oriol Bohigas, Ricardo Bofill y José Rafael Moneo

El CIAM publicó la *Charte d'Athènes* en 1933, texto fundador de la arquitectura y el urbanismo "*modernos*" (en sentido lecorbusiano de la palabra), dichos, de manera más acertada, por globalizadores, estilo internacional.

Este texto enuncia los medios para mejorar las cuatro condiciones de existencia en la "*ciudad moderna*", que son habitar, trabajar, divertirse y circular. Pero el manifiesto concreto sigue siendo la construcción del "*Pavillon des Temps Nouveaux*" (1936-1937, Lám. 33) de Le Corbusier para los CIAM en la Exposición Internacional de París de 1937 (año importante, ya que de los quinto CIAM en París, pero también en que Le Corbusier es nombrado Chevalier de la Légion d'Honneur, de la publicación de *Quand les Cathédrales étaient blanches*, y del proyecto, que sigue iconográficamente el Plan Voisin para el histórico centro de París de 1925, para el Plan de París y el edificio Cartesiano, Lám. 34), "*Pabellón de los Tiempos Nuevos, ensayo de museo de educación popular (urbanismo)*", este concepto de "*Tiempos Nuevos*" ("*Temps Nouveaux*") confirma nuestra crítica al concepto débil de modernidad en Le Corbusier, quien no era historiador. Tampoco que Antonio Sant'Elia, quien, en su milanés *Manifiesto de la Arquitectura Futurista* del 11 de junio de 1914, utilizando también el concepto de "*arquitectura moderna*" para designar la "arquitectura de hoy" cuya raíces se elaboran, como lo expresa desde la primera frase, en el siglo XVIII, utiliza una definición del marco temporal típica de inicios del siglo XX (que reutilizaran los filósofos europeos, en particular franceses, postmodernos, para validar su estatus de postmodernidad, desde los tiempos posteriores al auge del colonialismo), en la que, pasado el Renacimiento, y los finales de la baja edad media (terminándose los dos en el mismo siglo XVI), se considera ya nacida la modernidad, época del hoy que abarca la Ilustración y proceso revolucionario del siglo XVIII como bases al nuevo sistema político del apenas finalizado siglo XIX, y este mismo siglo XIX, todavía vivo como época de *modernidad* (en sentido de *contemporaneidad*), invención de técnicas y velocidad que la distingue de las épocas anteriores, proceso de definición implícito que se siente muy claramente en el *Manifiesto* de Sant'Elia.

Idénticamente que Le Corbusier o Sant'Elia, el grupo Stijl (Théo Van Doesburg & Piet Mondrian & Bart an der Leck, J.J.P. Oud...) en el *Prefacio I* de su *Manifiesto* (los dos *Prefacios* y los tres *Manifiestos* fueron publicados en la revista *De Stijl* en las siguientes fechas: *Prefacio I*, junio de 1917; *Prefacio II*, octubre de 1919; *Primer manifiesto*, 1918; *Segundo manifiesto*, 1921; *Tercer Manifiesto*, no va firmado)permite reafirmar la idea que ser moderno en sentido general es ya no ser moderno en sentido estricto (aquí "*barroco moderno*"):

"*Este periódico se plantea como objetivo contribuir al desarrollo de un nuevo sentido estético. Quiere hacer al nombre moderno sensible a todo lo que hay de nuevo en las artes plásticas. A la confusión arcaica - al "barroco moderno"- quiere oponer los principios lógicos de un estilo que va madurando y que se basa en la observación de las relaciones entre las tendencias actuales y los medios de expresión. Quiere reunir y coordinar las tendencias actuales de la nueva plástica, las cuales, si bien son fundamentalmente semejantes entre si, se han desarrollado independientemente la una de la otra.*
La redacción se esforzara por alcanzar el antedicho objetivo, dando la palabra al artista verdaderamente moderno, que podrá contribuir a la reforma del sentido estético y al conocimiento de las artes plásticas. Allí donde la nueva estética no haya llegado al gran público, es misión del especialista despertar la conciencia estética de este publico. El artista verdaderamente moderno, es decir consciente, tienen una doble tarea. En primer lugar, debe crear la obra de arte puramente plástica; en segundo lugar, debe encaminar al publico la comprensión de una estética del arte plástico puro. Por ello, una revista de estas características es indispensable, tanto más cuando la critica oficial no ha sabido suscitar una sensibilidad estética abierta a la revelación del arte abstracto. La redacción permitirá que los especialistas llenen esta laguna. El periódico servirá para establecer relaciones entre el artista, el público y los aficionados a las diversas artes plásticas. Al dar al artista la oportunidad de hablar de su propio trabajo, hará desaparecer el prejuicio en virtud del cual el artista moderno trabaja siguiendo teorías preestablecidas. En su lugar, se vera que la obra de arte no nace de teorías asumidas a priori, sino, por el contrario, que los principios se derivan del trabajo plástico."

El *Prefacio II* confirma que, simple y sencillamente, ser moderno es haber dejado de ser antiguo, nada más:

"*Hay una vieja conciencia del tiempo, y hay otra nueva.*
La primera atiende al individualismo
La nueva tiende hacia lo universal
La batalla del individualismo contra lo universal se revela tanto en la guerra mundial como en el arte de nuestra época
La guerra destruye el viejo mundo con su contenido: la dominación universal en todos los campos
El arte nuevo ha puesto en evidencia el contenido de la nueva conciencia del tiempo: proporciones equilibradas entre lo universal y lo individual
La nueva concepción de tiempo esta preparada para realizarse en todo, incluso en la vida externa
Las tradiciones, los dogmas y las prerrogativas del individuo (lo "natural") se oponen a esta realización
El fin de los fundadores del nuevo arte plástico es hacer un llamamiento a todos los que creen en la reforma del arte y de la cultura para aniquilar tales obstáculos, del mismo modo que ellos mismos aniquilaron en su arte la forma natural que obstaculiza una autentica expresión del arte, ultima consecuencia de toda cognición artística.
Los artistas de hoy, movidos en todo el mundo por la misma conciencia, han participado, en el campo espiritual, en la guerra contra la dominación del individualismo, el capricho. Simpatizan con todos los que combaten espiritual y materialmente por la formación de una unidad internacional en la Vida, en el Arte, en la Cultura.
El órgano De Stijl, fundado con este propósito, se esfuerza en sacar a la luz la nueva conciencia de la vida. La colaboración de todos es posible:
Enviando a la redacción, como prueba de aprobación, su nombre, dirección y profesión
Haciendo una aportación a la revista critica, filosófica, arquitectónica, científica, literaria, musical, etc.... o mediante reproducciones
Traduciendo a todas las lenguas las ideas enunciadas por De Stijl y difundiéndolas."

En este sentido entonces, y confirmando nuestra posición acerca del concepto flojo de modernidad en Le Corbusier, Sant'Elia o los De Stijl, y su empleo como sinónimo *popular*, no *histórico*, de contemporaneidad (más por la circunstancia temporal de inicios del siglo XX, cuando todavía la ciencia histórica no había distinguido modernidad y contemporaneidad - sin embargo, ya en el siglo XIX, John Ruskin, tanto los cinco volúmenes de *Modern Painters*, publicados de 1843 a 1860, como en la Lección III, dada en Bradford en marzo de 1859, y titulada "*Modern Manufacture and Design*", de *The Two Paths*, serie de conferencias "*sobre el arte y sus aplicaciones en la decoración y la manufactura*" de 1858-1859, cuando habla de modernidad remite explícitamente a autores y artistas de los siglos XIV-XVIII -), probablemente el *Manifiesto Constructivista* es el más correcto al hablar de "*Arte de la época actual*", definido desde inicios del siglo XX y sus antecedentes decimonónicos (naturalismo y romanticismo, como corrientes asociadas del materialismo):

"*En el torbellino de nuestros días activos, mas allá de las cenizas y de las ruinas del pasado, ante las cancelas de un futuro vacuo, nosotros proclamamos ante vosotros, artistas, pintores, escultores, músicos, actores y poetas, ante vosotros, personas para las que el Arte no es solo una mera fuente de conversación, sino el manantial mismo de una real exaltación, nuestra convicción y los hechos.*

Hay que sacar al Arte del callejón sin salida en que se halla desde hace veinte años.

El progreso del saber humano con su potente penetración en las leyes misteriosas del mundo, iniciada a comienzos de este siglo, el florecimiento de una nueva cultura y de una nueva civilización, con un excepcional (por primera vez en la historia) movimiento de las masas populares hacia la posesión de las riquezas naturales, movimiento que abraza al pueblo en estrecha unión, y, por ultimo, pero no menos importante, la guerra y la revolución (corrientes purificadoras de una era futura) nos ha llevado a considerar las nuevas formas de una vida que ya late y actúa.

¿Como contribuye el Arte a la época actual de la historia del hombre?

¿Posee los medios necesarios para dar vida a un nuevo Gran Estilo? ¿O supone acaso que la nueva época puede acoger una nueva creación sobre los cimientos de la antigua? A pesar de las instancias del espíritu renaciente de nuestro tiempo, el Arte se alimenta de impresiones, de apariencia exterior, y vaga impotente entre el naturalismo y el simbolismo, entre el romanticismo y el misticismo."

Así, al igual que, cuando se habla de la arquitectura de Sant'Elia se habla de arquitectura futurista, a pesar de que, en su *Manifiesto*, emplea explícitamente, al igual que Le Corbusier, el concepto de arte y arquitectura modernas, debemos preferir, para evitar utilizar una terminología no específica, que crea inútilmente confusión y se opone, no por razones demostrables, sino por seguir una palabra empleada con poco sistematicidad teórica y ninguna pretensión historicista por un arquitecto, no un historiador, estudioso y atento a los fenómenos culturales y su succesión en el tiempo, al empleo lecorbusiano de "*arquitectura moderna*", cuando nos queremos referir al movimiento creado e impulsado por él, a una terminología específica, como arquitectura del Esprit Nouveau y/o de los CIAM. Lo a que nos induce también la auto-concepción poética de Guillaume Apollinaire, cuando, referido también a una herencia dieciochesca, nos habla, en el exacto mismo sentido histórico que Le Corbusier respecto de la arquitectura, de "*L'Esprit Nouveau et les Poëtes*" de 1917:

"L'Esprit Nouveau qui dominera le monde entier ne s'est fait jour dans la poésie nulle part comme en France. La forte discipline intellectuelle que se sont imposée de tout temps les Français leur permet, à eux et à ceux qui leur appartiennent spirituellement, d'avoir une conception de la vie, des Arts et des Lettres qui, sans être la simple constatation de l'Antiquité, ne soit pas non plus un pendant du beau décor romantique.

.L'esprit nouveau qui s'annonce prétend avant tout hériter des classiques un solide bon sens, un esprit critique assuré, des vues d'ensemble sur l'univers et dans l'âme humaine, et le sens du devoir qui dépouille les sentiments et en limite ou plutôt en contient les manifestations.

.Il prétend encore hériter des romantiques une curiosité qui le pousse à explorer tous les domaines propres à fournir une matière littéraire qui permette d'exalter la vie sous quelque forme qu'elle se présente.

.Explorer la vérité, la chercher, aussi bien dans le domaine ethnique, par exemple, que dans celui de l'imagination, voilà les principaux caractères de cet esprit nouveau.

.Cette tendance du reste a toujours eu ses représentants audacieux qui l'ignoraient; il y a longtemps qu'elle se forme, qu'elle est en marche.

.Cependant, c'est la première fois qu'elle se présente consciente d'elle-même. C'est que, jusqu'à maintenant, le domaine littéraire était circonscrit dans d'étroites limites. On écrivait en prose ou l'on écrivait en vers. En ce qui concerne la prose, des règles grammaticales en fixaient la forme.

.Pour ce qui est de la Poésie, la versification rimée en était la loi unique, qui subissait des assauts périodiques, mais que rien n'entamait.

.Le vers libre donna un libre essor au lyrisme; mais il n'était qu'une étape des explorations qu'on pouvait faire dans le domaine de la forme.

.Les recherches dans la forme ont repris désormais une grande importance. Elle est légitime.

.Comment cette recherche n'intéresserait-elle pas le poëte, elle qui peut déterminer de nouvelles découvertes dans la pensée et dans le lyrisme?

.L'assonance, l'allitération, aussi bien que la rime sont des conventions qui chacune a ses mérites.

.Les artifices typographiques poussés très loin avec une grande audace ont l'avantage de faire naître un lyrisme visuel qui était presque inconnu avant notre époque. Ces artifices peuvent aller très loin encore et consommer la synthèse des arts, de la musique, de la peinture et de la littérature.

.Il n'y a là qu'une recherche pour aboutir à de nouvelles expressions parfaitement légitimes.

.Qui oserait dire que les exercices de rhétorique, les variations sur le thème de: Je meurs de soif auprès de la fontaine n'ont pas eu une influence déterminante sur le génie de Villon? Qui oserait dire que les recherches de forme des rhétoriqueurs et de l'école marotique n'ont pas servi à épurer le goût français jusqu'à sa parfaite floraison du XVIIème siècle?

.Il eût été étrange qu'à une époque où l'art populaire par excellence, le cinema, est un livre d'images, les poëtes n'eussent pas essayé de composer des images pour les esprits méditatifs et plus raffinés qui ne se contentent point des imaginations grossières des fabricants de films. Ceux-ci se raffineront, et l'on peut prévoir le jour où le phonographe et le cinéma étant devenus les seules formes d'impression en usage, les poëtes auront une liberté inconnue jusqu'à présent.

.Qu'on ne s'étonne point si, avec les seuls moyens dont ils disposent encore, ils s'efforcent de se préparer à cet art nouveau (plus vaste que l'art simple des paroles) où, chefs d'un orchestre d'une étendue inouïe, ils auront à leur disposition: le monde entier, ses rumeurs et ses apparences, la pensée et le langage humain, le chant, la danse, tous les arts et tous les artifices, plus de mirages encore que ceux que pouvait faire surgir Morgane sur le Mont Gibel pour composer le livre vu et entendu de l'avenir.

Mais généralement vous ne trouverez pas en France de ces "paroles en liberté" jusqu'où ont été poussées les surenchères futuristes, italienne et russe, filles excessives de l'esprit nouveau, car la France répugne au désordre. On y revient volontiers aux principes, mais on a horreur du chaos.

Nous pouvons donc espérer, pour ce qui constitue la matière et les moyens de l'art, une liberté d'une opulence, inimaginable. Les poëtes font aujourd'hui l'apprentissage de cette liberté encyclopédique. Dans le domaine de l'inspiration, leur liberté ne peut pas être moins grande que celle d'un journal quotidien qui traite dans une seule feuille des matières les plus diverses, parcourt des pays les plus éloignés. On se demande pourquoi le poëte n'aurait pas une liberté au moins égale et serait tenu, à une époque de téléphone, de télégraphie sans fil et d'aviation à plus de circonspection vis-à-vis des espaces.

La rapidité et la simplicité avec lesquelles les esprits se sont accoutumés à désigner d'un seul mot des êtres aussi complexes qu'une foule, qu'une nation, que l'univers n'avaient pas leur pendant moderne dans la poésie. Les poëtes comblent cette lacune et leurs poëmes synthétiques créent de nouvelles entités qui ont une valeur plastique aussi composée que des termes collectifs.

L'homme s'est familiarisé avec ces êtres formidables que sont les machines, il a exploré le domaine des infiniment petits, et de nouveaux domaines s'ouvrent à l'activité de son imagination: celui de l'infiment grand et celui de la prophétie.

Ne croyez pas toutefois que cet esprit nouveau soit compliqué, languissant, factice et glacé. Suivant l'ordre même de la nature, le poëte s'est débarrassé de tout propos ampoulé. Il n'y a plus de wagnérisme en nous et les jeunes auteurs ont rejeté loin d'eux toute la défroque enchantée du romantisme colossal de l'Allemagne de Wagner, autant que les oripeaux agrestes de celui que nous avait valu Jean-Jacques Rousseau.

Je ne crois pas que les événements sociaux aillent si loin un jour qu'on ne puisse plus parler de littérature nationale. Au contraire, si loin qu'on aille dans la voie des libertés, celles-ci ne feront que renforcer la plupart des anciennes disciplines et il en surgira de nouvelles qui n'auront pas moins d'exigences que les anciennes. C'est pourquoi je pense que, quoi qu'il arrive, l'art, de plus en plus, aura une patrie. D'ailleurs, les poëtes sont toujours l'expression d'un milieu, d'une nation, et les artistes, comme les poëtes, comme les philosophes, forment un fonds social qui appartient sans doute à l'humanité, mais comme étant l'expression d'une race, d'un milieu donné.

L'art ne cessera d'être national que le jour où l'univers entier vivant sous un même climat, dans des demeures bâties sur le même modèle, parlera la même langue avec le même accent, c'est-à-dire jamais. Des différences ethniques et nationales na"t la variété des expressions littéraires, et c'est cette même variété qu'il faut sauvegarder.

Une expression lyrique cosmopolite ne donnerait que des oeuvres vagues sans accent et sans charpente, qui auraient 1a valeur des lieux communs de la rhétorique parlementaire internationale. Et remarquez que le cinéma, qui est l'art cosmopolite par excellence, présente déjà des différences ethniques immédiatement dissemblables à tout le monde, et les habitués de l'écran font immédiatement la différence d'un film américain et d'un film italien. De même l'esprit nouveau, qui a l'ambition de marquer l'esprit universel et qui n'entend pas limiter son activité à ceci ou à cela, n'en n'est pas moins, et prétend le respecter, une expression particulière et lyrique de la nation française, de même que l'esprit classique est, par excellence, une expression sublime de la même nation.

Il ne faut pas oublier qu'il est peut-être plus dangereux pour une nation de se laisser conquérir intellectuellement que par les armes. C'est pourquoi l'esprit nouveau se réclame avant tout de l'ordre et du devoir qui sont les grandes qualités classiques par quoi se manifeste le plus hautement l'esprit français, et il leur adjoint la liberté. Cette liberté et cet ordre qui se confondent dans l'esprit nouveau sont sa caractéristique et sa force.

Cependant cette synthèse des arts, qui s'est consommée de notre temps, ne doit pas dégénérer en une confusion. C'est-à-dire qu'il serait sinon dangereux du moins absurde, par exemple, de réduire la poésie à une sorte d'harmonie imitative qui n'aurait même pas pour excuse d'être exacte.

On imagine fort bien que l'harmonie imitative puisse jouer un rôle, mais elle ne saurait être la base que d'un art où les machines interviendraient; par exemple, une poëme ou une symphonie composés au phonographe pourraient fort bien consister en bruits artistement choisis et lyriquement mêlés ou juxtaposés, tandis que pour ma part, je conçois mal que l'on fasse consister tout simplement un poëme dans l'imitation d'un bruit auquel aucun sens lyrique, tragique ou pathétique ne peut être attaché. Et si quelques poëtes se livrent à ce jeu, il ne faut y voir qu'un exercice, une sorte de croquis des notes qu'ils inséreront dans une oeuvre. Le "brékéké koax" des Grenouilles d'Aristophane n'est rien si on le sépare d'une oeuvre où il prend tout son sens comique et satirique. Les i i i i prolongés, durant toute une ligne, de l'oiseau de Francis Jammes sont d'une piètre harmonie imitative si on les détache d'un poëme dont ils précisent toute la fantaisie.

Quand un poëte moderne note il plusieurs voix le vrombissement d'un avion, il faut y voir avant tout le désir du poëte d'habituer son esprit à la réalité. Sa passion de la vérité le pousse à prendre des notes presque scientifiques qui, s'il veut les présenter comme poëmes, ont le tort d'être pour ainsi dire des trompe-oreilles auxquels la réalité sera toujours supérieure.

Au contraire, s'il veut par exemple amplifier l'art de la danse et tenter une chorégraphie dont les baladins ne se borneraient point aux entrechats, mais pousseraient encore des cris ressortissant à l'harmonie d'une imitative nouveauté, c'est là une recherche qui n'a rien d'absurde, dont les sources populaires se retrouvent chez tous les peuples où les danses guerrières, par exemple, sont presque toujours agrémentées de cris sauvages.

Pour revenir au souci de vérite, de vraisemblance qui domine toutes les recherches, toutes les tentatives, tous les essais de l'esprit nouveau, il faut ajouter qu'il n'y a pas lieu de s'étonner si un certain nombre et même beaucoup d'entre eux restaient momentanément stériles et sombraient même dans le ridicule. L'esprit nouveau est plein de dangers, plein d'embûches.

.Tout cela ressortit pourtant à l'esprit d'aujourd'hui et condamner en bloc ces tentatives, ces essais, serait faire une erreur dans le genre de celle qu'à tort ou à raison on attribue à M. Thiers, qui aurait déclaré que les chemins de fer n'étaient qu'un jeu scientifique et que le monde ne pourrait produire assez de fer pour construire des rails de Paris à Marseille.

.L'esprit nouveau admet donc les expériences littéraires même hasardeuses, et ces expériences sont parfois peu lyriques. C'est pourquoi le lyrisme n'est qu'un domaine de l'esprit nouveau dans la poésie d'aujourd'hui, qui se contente souvent de recherches, d'investigations, sans se préoccuper de leur donner de signification lyrique. Ce sont des matériaux qu'amasse le poëte, qu'amasse l'esprit nouveau, et ces matériaux formeront un fond de vérité dont la simplicité, la modestie ne doit point rebuter, car les conséquences, les résultats peuvent être de grandes, de bien grandes choses.

.Plus tard, ceux qui étudieront l'histoire littéraire de notre temps s'étonneront que, semblables aux alchimistes, des rêveurs, des poëtes aient pu, sans même le prétexte d'une pierre philosophale, s'adonner à des recherches, à des notations qui les mettaient en butte aux railleries de leurs contemporains, des journalistes et des snobs.

.Mais leurs recherches seront utiles; elles constitueront les bases d'un nouveau réalisme qui ne sera peut-être pas inférieur à celui si poétique et si savant de la Grèce antique.

.Nous avons vu aussi depuis Alfred Jarry le rire s'élever des basses régions où il se tordait et fournir au poëte un lyrisme tout neuf. Où est le temps où le mouchoir de Desdémone paraissait d'un ridicule inadmissible? Aujourd'hui, le ridicule même est poursuivi, on cherche à s'en emparer et il a sa place dans la poésie, parce qu'il fait partie de la vie au même titre que l'héroïsme et tout ce qui nourrissait jadis l'enthousiasme des poëtes.

.Les romantiques ont essayé de donner aux choses d'apparence grossière un sens horrible ou tragique. Pour mieux dire, ils n'ont travaillé qu'en faveur de l'horrible. Ils ont voulu acclimater l'horreur bien plus que la mélancolie. L'esprit nouveau ne cherche pas à transformer le ridicule, il lui conserve un rôle qui n'est pas sans saveur. De même, il ne veut pas donner à l'horrible le sens du noble. Il le laisse horrible et n'abaisse pas le noble. Ce n'est pas un art décoratif, ce n'est pas non plus un art impressionniste. Il est tout étude de la nature extérieure et intérieure, il est tout ardeur pour la vérité.

.Même s'il est vrai qu'il ny a rien de nouveau sous le soleil, il ne consent point à ne pas approfondir tout ce qui n'est pas nouveau sous le soleil. Le bon sens est son guide et ce guide le conduit en des coins sinon nouveaux, du moins inconnus.

.Mais n'y a-t-il rien de nouveau sous le soleil? Il faudrait voir.

.Quoi! on a radiographié ma tête. J'ai vu, moi vivant, mon crâne, et cela ne serait en rien de la nouveauté? A d'autres!

.Salomon parlait sans doute pour la reine de Saba, et il aimait tant la nouveauté que ses concubines étaient innombrables.

.Les airs se peuplent d'oiseaux etrangement humains. Des machines, filles de l'homme et qui n'ont pas de mère, vivent une vie dont les passions et les sentiments sont absents, et cela ne serait point nouveau!

.Les savants scrutent sans cesse de nouveaux univers qui se découvrent à chaque carrefour de la matière, et il n'y aurait rien de nouveau sous le soleil. Pour le soleil, peut-être. Mais pour les hommes!

.Il y a mille et mille combinaisons naturelles qui n'ont jamais été composées. Ils les imaginent et les mènent à bien, composant ainsi avec la nature cet art suprême qu'est la vie. Ce sont ces nouvelles combinaisons, ces nouvelle oeuvres de l'art de vie, que l'on appelle le progrès. En ce sens, il existe. Mais si on le fait consister dans un éternel devenir, dans une sorte de messianisme, aussi épouvantable que ces fables de Tantale, de Sisyphe et de Danaïde, alors Salomon a raison contre les prophètes d'Israël.

.Mais le nouveau existe bien, sans être en progrès. Il est tout dans la surprise. L'esprit nouveau est également dans la surprise. C'est ce qu'il y a en lui de plus vivant, de plus neuf. La surprise est le grand ressort nouveau. C'est par la surprise, par la place importante qu'il fait à la surprise que l'esprit nouveau se distingue de tous les mouvements artistiques et littéraires qui l'ont précédé.

.Ici, il se détache de tous et n'appartient plus qu'a notre temps.

.Nous l'avons établi sur les solides bases du bon sens et de l'expérience, qui nous ont amenés à n'accepter les choses et les sentiments que selon la vérité, et c'est selon la vérité que nous les admettons, ne cherchant point à rendre sublime ce qui naturellement est ridicule ou réciproquement. Et de ces vérités il résulte le plus souvent la surprise, puisqu'elles vont contre l'opinion communément admise. Beaucoup de ces vérités n'avaient pas été examinées. Il suffit de les dévoiler pour causer une surprise.

.On peut également exprimer une vérité supposée qui cause la surprise, parce qu'on n'avait point encore osé la présenter. Mais une vérité supposée n'a point contre elle le bon sens, sans quoi elle ne serait plus la vérité, même supposée. C'est ainsi que j'imagine que, les femmes ne faisant point d'enfants, les hommes pourraient en faire et que je le montre, j'exprime une vérité littéraire qui ne pourra être qualifiée de fable que hors de la littérature, et je détermine la surprise. Mais ma vérité supposée n'est pas plus extraordinaire, ni plus invraisemblable que celles des Grecs, qui montraient Minerve sortant armée de la tête de Jupiter.

.Tant que les avions ne peuplaient pas le ciel, la fable d'Icare n'était qu'une vérité supposée. Aujourd'hui ce n'est plus une fable. Et nos inventeurs nous ont accoutumés à des prodiges plus grands que celui qui consisterait à déléguer aux hommes la fonction qu'ont les femmes de faire des enfants. Je dirai plus, les fables s'étant pour la plupart réalisées et au delà c'est au poëte d'en imaginer de nouvelles que les inventeurs puissent à leur tour réaliser.

.L'esprit nouveau exige qu'on se donne de ces tâches prophétiques. C'est pourquoi vous trouverez trace de prophétie dans la plupart des ouvrages conçus d'après l'esprit nouveau. Les jeux divins de la vie et de l'imagination donnent carrière à une activité poétique toute nouvelle.

.C'est que poésie et création ne sont qu'une même chose; on ne doit appeler poëte que celui qui invente, celui qui crée, dans la mesure où l'homme peut créer. Le poëte est celui qui découvre de nouvelles joies, fussent-elles pénibles à supporter. On peut être poëte dans tous les domaines: il suffit que l'on soit aventureux et que l'on aille à la découverte.

.Le domaine le plus riche, le moins connu, celui dont l'étendue est infinie, étant l'imagination, il n'est pas étonnant que l'on ait réservé plus particulièrement le nom de poëte à ceux qui cherchent les joies nouvelles qui jalonnent les énormes espaces imaginatifs.

.Le moindre fait est pour le poëte le postulat, le point de départ d'une immensité inconnue où flambent les feux de joie des significations multiples.

.Il n'est pas besoin pour partir à la découverte de choisir à grand renfort de règles, même édictées par le goût, un fait classé comme sublime. On peut partir d'un fait quotidien: un mouchoir qui tombe peut être pour le poëte le levier avec lequel il soulèvera tout un univers. On sait ce que la chute d'une pomme vue par Newton fut pour ce savant que l'on peut appeler un poëte. C'est pourquoi le poëte d'aujourd'hui ne méprise aucun mouvement de la nature, et son esprit poursuit la découverte aussi bien dans les synthèses les plus vastes et les plus insaisissables: foules, nébuleuses, océans, nations, que dans les faits en apparence les plus simples: une main qui fouille une poche, une allumette qui s'allume par le frottement, des cris d'animaux, l'odeur des jardins après la pluie, une flamme qui naît dans un foyer. Les poëtes ne sont pas seulement les hommes du beau. Ils sont encore et surtout les hommes du vrai, en tant qu'il permet de pénétrer dans l'inconnu, si bien que la surprise, l'inattendu, est un des principaux ressorts de la poésie d'aujourd'hui. Et qui oserait dire que, pour ceux qui sont dignes de la joie, ce qui est nouveau ne soit pas beau? Les autres se chargeront vite d'avilir cette nouveauté sublime, après quoi elle pourra entrer dans le domaine de la raison, mais seulement dans les limites où le poëte, seul dispensateur du beau et du vrai, en aura fait la proposition.

.Le poëte, par la nature même de ces explorations, est isolé dans le monde nouveau où il entre le premier, et la seule consolation qu'il lui reste c'est que les hommes, finalement, ne vivant que de vérités, malgré les mensonges dont ils les matelassent, il se trouve que le poëte seul nourrit la vie où l'humanité trouve cette vérité. C'est pourquoi les poëtes modernes sont avant tout les poëtes de la vérité toujours nouvelle. Et leur tâche est infinie; ils vous ont surpris et vons surprendront plus encore. Ils imaginent déjà de plus profonds desseins que ceux qui machiavéliquement ont fait naître le signe utile et épouvantable de l'argent.

.Ceux qui ont imaginé la fable d'Icare, si merveilleusement réalisée aujourd'hui, en trouveront d'autres. Ils vous entraîneront tout vivants et éveillés dans le monde nocturne et fermé des songes. Dans les univers qui palpitent ineffablement au-dessus de nos têtes. Dans ces univers plus proches et plus lointains de nous qui gravitent au même point de l'infini que celui que nous portons en nous. Et plus de merveilles que celles qui sont nées depuis la naissance des plus anciens d'entre nous, feront pâlir et paraître puériles les inventions contemporaines dont nous sommes si fiers.

.Les poëtes enfin seront chargés de donner par les téléologies lyriques et les alchimies archilyriques un sens toujours plus pur à l'idée divine, qui est en nous si vivante et si vraie, qui est ce perpétuel renouvellement de nous-mêmes, cette création éternelle, cette poésie sans cesse renaissante dont nous vivons.

.D'après ce que l'on peut savoir, il n'y a guère de poëtes aujourd'hui que de langue française.

.Toutes les autres langues semblent faire silence pour que l'univers puisse mieux écouter la voix des nouveaux poëtes français.

.Le monde entier regarde vers cette lumière, qui seule éclaire la nuit qui nous entoure.

.Ici cependant ces voix qui s'élèvent se font à peine entendre.

.Les poëtes modernes sont donc des créateurs, des inventeurs et des prophètes; ils demandent qu'on examine ce qu'ils disent pour le plus grand bien de la collectivité à laquelle ils appartiennent. Ils se tournent vers Platon et le supplient, s'il les bannit de la République, d'au moins les entendre auparavant.

.La France, détentrice de tout le secret de la civilisation, secret qui n'est secret qu'à cause de l'imperfection de ceux qui s'efforcent de la deviner, est de ce fait devenue pour la plus grande partie du monde un séminaire de poëtes et d'artistes, qui augmentent chaque jour le patrimoine de sa civilisation.

.Et, par la vérité et par la joie qu'ils répandent, ils rendent cette civilisation, sinon assimilable à quelque nation que ce soit, du moins suprêmement agréable à toutes.

.Les Français portent la poésie à tous les peuples.

.En Italie, où l'exemple de la poésie française a donné l'essor à une jeune école nationale superbe d'audace et de patriotisme.

.En Angleterre, dont le lyrisme s'était affadi et pour ainsi dire épuisé.

.En Espagne et surtout dans la Catalogne, où toute une jeunesse ardente, qui a déjà produit des peintres qui honorent les deux nations, suit avec attention les productions de nos poëtes.

.En Russie, où l'imitation du lyrisme français à parfois donné lieu à la surenchère, ce qui n'étonnera personne.

.A l'Amérique latine, où les jeunes poëtes commentent avec passion leurs devanciers français.

.A l'Amérique du Nord, à laquelle, en reconnaissance d'Edgard Poe et de Walt Whitman, des missionnaires français apportent pendant la guerre l'élément fécondateur destiné à amener une production nouvelle dont nous n'avons pas encore idée, mais qui sans doute ne sera pas inférieure à ces grands pionniers de la poésie.

.La France est pleine d'écoles où se garde et se transmet le lyrisme, de groupements où s'apprend l'audace; cependant une remarque s'impose: une poésie se doit tout d'abord au peuple dans la langue duquel elle s'exprime.

Les écoles poétiques, avant de se jeter dans les héroïques aventures des apostolats lointains, doivent opérer, assurer, préciser, augmenter, immortaliser, chanter la grandeur du pays qui leur a donné naissance, du pays qui les a nourries et les a formées, pour ainsi dire, de ce qu'il y a de plus sain, de plus pur et de meilleur dans son sang et dans sa substance.

La poésie française moderne a-t-elle fait pour la France tout ce qu'elle pourrait faire?

A-t-elle du moins été toujours, en France, aussi active, aussi zélée qu'elle l'a été ailleurs?

.Ces questions, l'histoire littéraire contemporaine suffit à les suggérer, et pour les résoudre il faudrait pouvoir supputer tout ce que l'esprit nouveau porte en lui de national et de fécond.

L'esprit nouveau est avant tout ennemi de l'esthétisme, des formules et de tout snobisme. Il ne lutte point contre quelque école que ce soit, car il ne veut pas être une école, mais un des grands courants de la littérature englobant toutes les écoles, depuis le symbolisme et le naturisme. Il lutte pour le rétablissement de l'esprit d'initiative, pour la claire compréhension de son temps et pour ouvrir des vues nouvelles sur l'univers extérieur et intérieur qui ne soient point inférieures à celles que les savants de toutes catégories découvrent chaque jour et dont ils tirent des merveilles.

Les merveilles nous imposent le devoir de ne pas laisser l'imagination et la subtilité poétique derrière celle des artisans qui améliorent une machine. Déjà, la langue scientifique est en désaccord profond avec celle des poëtes.

C'est un état de choses insupportable. Les mathématiciens ont le droit de dire que leurs rêves, leurs préoccupations dépassent souvent de cent coudées les imaginations rampantes des poëtes. C'est aux poëtes à décider s'ils ne veulent point entrer résolument dans l'esprit nouveau, hors duquel il ne reste d'ouvertes que trois portes: celle des pastiches, celle de la satire et celle de la lamentation, si sublime soit-elle.

.Peut-on forcer la poésie à se cantonner hors de ce qui l'entoure, à méconnaître la magnifique exubérance de vie que les hommes par leur activité ajoutent à la nature et qui permet de machiner le monde de la façon la plus incroyable?

L'esprit nouveau est celui du temps même où nous vivons. Un temps fertile en surprises. Les poëtes veulent dompter la prophétie, cette ardente cavale que l'on n'a jamais maîtrisée.

.Ils veulent enfin, un jour, machiner la poesie comme on a machiné le monde. Ils veulent être les premiers à fournir un lyrisme tout neuf à ces nouveaux moyens d'expression qui ajoutent à l'art le mouvement et qui sont 1e phonographe et le cinéma. Ils n'en sont encore qu'à la période des incunables. Mais attendez, les prodiges parleront d'eux-mêmes et l'esprit nouveau, qui gonfle de vie l'univers, se manifestera formidablement dans les lettres, dans les arts et dans toutes les choses que l'on connaisse."

El mismo Apollinaire, que en el siguiente texto también nos informa sobre el papel de la fotografía en el abandono de la figuración en el arte contemporáneo, y sobre el interés estético del cubismo (elemento que, recordad, a manera de crítica, por el *Manifiesto Constructivista*, nos será de apoyo en nuestro posterior análisis de los principios formales del funcionalismo), siendo prócer de la apelación "*arte moderno*", en el *Manifiesto Cubista* incluido en su libro *Méditations esthétiques - Les peintres cubistes* de 1913, nos revela, por la sistemática comparación entre las dos épocas, que el concepto de modernidad proviene, como hemos dicho, en todos los autores citados, de un pensamiento dependiente del Renacimiento, y de una comparación entre lo *moderno* como lo de hoy y lo antiguo siendo el modelo greco-romano contrapuesto. De hecho, la indecisión entre los conceptos de "*arte moderno*" y "*arte contemporáneo*", este último reemplazando en la última línea del *Manifiesto Cubista* el anterior y repetitivo concepto de "*arte moderno*", nos fortalece todavía más en lo antes criticado sobre la definición de lo "*moderno*" tratándose de obras de la contemporaneidad (y ello asumiendo, como ya dicho, la debilidad referencial lingüística de la idea de contemporaneidad, y su identidad con la idea de modernidad):

"La pintura cubista

I

Las virtudes plásticas: la pureza, la unidad y la verdad tienen bajo si a la naturaleza domada.

Inútilmente se cubre el arco iris, las estaciones tiemblan, las muchedumbres corren hacia la muerte, la ciencia deshace y recompone lo que existe, los mundos se alejan para siempre de nuestra concepción, nuestras fugaces imágenes se repiten o resucitan su inconsciencia y los colores, los olores, los rumores que impresionan nuestros sentidos nos sorprenden, para desaparecer después en la naturaleza.Este fenómeno de belleza no es eterno. Sabemos que nuestro espíritu no tuvo principio y que nunca cesara, pero, ante todo, nos formamos el concepto de la creación y del fin del mundo. Sin embargo, demasiados artistas-pintores siguen adorando las plantas, las piedras, la ola o los hombres.

Nos acostumbramos pronto a la esclavitud del misterio, que termina por crear dulces placeres.

Dejamos a los obreros gobernar el universo, y los jardineros tienen menos respeto por la naturaleza que los artistas.

Ya es hora de ser sus amos.

La buena voluntad no garantiza en absoluto la victoria.

De este lado de la eternidad danzan las mortales formas del amor y el nombre de la naturaleza resume su pésima disciplina.

La llama es el símbolo de la pintura y las tres virtudes clásicas flamean radiantes.

La llama tiene esa unidad mágica por la cual, si se la divide, cada llamita es semejante a la llama única.

Finalmente, tiene la verdad sublime de la luz que nadie puede negra.

Los artistas-pintores virtuosos de esta época occidental consideran su pureza en oposición a las fuerzas naturales.

Ella es el olvido después del estudio. Y para que un artista puro muriera no deberían haber existido todos los de los siglos pasados.

La pintura se purifica en occidente con aquella lógica ideal que los pintores antiguos transmitieron a los nuevos como si les diesen la vida.

Y esto es todo.

El hombre vive en el placer, otro en el dolor, algunos malbaratan la herencia, otros se hacen ricos, y otros, finalmente, no tienen más que la vida.

Y esto es todo.

No se pueden llevar consigo a todas partes el cadáver de nuestro propio padre.

Se le abandona en compañía de los muertos. Se le recuerda, se le llora, se habla de el con admiración.

Y, si nos toca llegar a ser padres, no debemos esperar que uno de nuestros hijos vaya a desdoblarse por la vida de nuestro cadáver.

Pero en vano nuestros pies se levantan del suelo que guarda los muertos.

Estimar la pureza es bautizar el instinto, humanizar el arte y divinizar la personalidad.

La raíz, si el tallo, la flor de lis muestran la progresión de la pureza hasta su floración simbólica.

Todos los cuerpos son iguales ante la luz y sus modificaciones surgen de este poder luminoso que construye a su voluntad.

Nosotros no conocemos todos los colores y cada hombre los inventa nuevos.

Pero el pintor debe, ante todo, representarse su divinidad, y los cuadros que ofrece a la admiración de los hombres le concederán la gloria de ejercer momentáneamente su propia divinidad.

Para eso es necesario abarcar con una mirada el pasado, el presente y el futuro.

El lienzo debe presentar esta unidad esencial que por si sola provoca el éxtasis.

Entonces nada fugitivo nos arrastrara al azar.

No volveremos atrás bruscamente.

Libres espectadores, no abandonaremos nuestra vida por nuestra curiosidad.

Los contrabandistas de las formas no defraudaran nuestras estatuas de sal ante la aduana de la razón.

No vagaremos por el provenir desconocido, que, separado de la eternidad, no es más que una palabra destinada a tentar al hombre.

No nos extenuaremos por aferrar el presente demasiado fugaz. Este no puede significar para el artista más que la máscara de la muerte: la moda.

El cuadro existirá ineluctablemente.

La visión será entera, completa y su infinito, en lugar de señalar una imperfección, solo hará remontarse la relación de una nueva criatura con un nuevo creador, y nada más.

Sin lo cual no habrá unidad, y las relaciones entre los distintos puntos del lienzo con diferentes temperamentos, con diferentes objetos, con diferentes luces, no mostraran más que una multiplicidad de desemejanzas sin armonía.

Porque si puede haber un número infinito de criaturas que testimonia cada una por su propio creador, sin que ninguna ocupe el espacio de las que coexisten, es imposible concebirlas simultáneamente y su muerte proviene de su superposición, de su mezcolanza, de su amor.

Cada divinidad crea su propia imagen: así también los pintores.

Solo los fotógrafos fabrican la reproducción de la naturaleza.

La pureza y la unidad nada cuentan sin la verdad que no se puede comparar con la realidad, ya que siempre es la misma, al margen de todas las fuerzas naturales que se esfuerzan por mantenernos en el orden fatal en el que no somos más que animales.

Ante todo, los artistas son hombres que quieren hacerse inhumanos.

Buscan penosamente las huellas de la inhumanidad, huellas que no se encuentran en ningún lugar en la naturaleza.

Pero nunca se descubrirá la realidad de una vez para siempre. La verdad será siempre nueva. Si no, no seria más que un sistema más mísero que la naturaleza.

En este caso, la deplorable verdad, cada día más lejana, menos clara, menos real, reduciría la pintura al estado de escritura plástica, destinada solamente a facilitar las relaciones entre gentes de la misma raza.

Hoy encontraremos pronto la maquina para reproducir tales signos, sin significado.

II

Muchos pintores nuevos no pintan más que cuadros en los que no hay un autentico tema.

Los títulos que hay en los catálogos desempeñan la función de los nombres que designan a los hombres sin caracterizarlos.

Así como existen Legros que son delgadísimos, y Leblond que son muy morenos, he visto lienzos llamados Soledad llenos de figuras.

En estos casos aun se admite, a veces, usar palabras vagamente significativas como "Retrato" "Paisaje" "Naturaleza Muerta", pero muchos jóvenes artistas-pintores no emplean más que el vocablo genérico de "Pintura".

Estos pintores, si observan la naturaleza, ya no la imitan y se dedican cuidadosamente a la representación de las escenas naturales observadas y reconstruidas mediante el estudio.

La verosimilitud no tiene ya ningún valor, porque el artista lo sacrifica todo a la verdad, a la necesidad de una naturaleza superior que el imagina sin descubrirla.

El tema ya no cuenta, o apenas cuenta. En general, el arte moderno rechaza la mayor parte de los medios empleados por los grandes artistas pasados para agradar.

Si el fin de la pintura es siempre, como lo fue en un tiempo, el placer de la vista, ahora se pide al amante del arte que encuentre un placer diverso del que le puede procurar, igualmente bien, el espectáculo de las cosas naturales.

Nos encaminamos así hacia un arte completamente nuevo que será para la pintura, tal como fue considerada hasta ahora, lo que la música es para la literatura.

Será pintura pura, como la música es literatura pura.

El aficionado a la música experimenta, al escuchar un concierto, una alegría distinta de cuando escucha los ruidos naturales, como el murmullo de un arroyuelo, el mugido de un torrente, el silbido del viento en el bosque o las armonías del lenguaje humano fundadas en la razón y no en la estética.

Del mismo modo, los pintores nuevos procuraran a sus admiradores sensaciones artísticas debidas únicamente a la armonía de las luces contrastantes.

Es conocida la anécdota de Apeles y Protógenes que nos relata Plinio.

Muestra claramente el placer estético que resulta solo de esta construcción contrastante de la que he hablado.

Apeles llega un día a la isla de Rodas para ver los trabajos de Protogenes, que vivía allí. Este no estaba en su taller cuando Apeles llego.

Una vieja cuidaba una tela lista para ser pintada. Apeles, en lugar de escribir su nombre, trazo sobre la tela una línea tan delicada como jamás podía verse algo más logrado.

A su regreso, Protógenes la vio y reconoció la mano de Apeles y trazo sobre ella otra línea de distinto color y más fina, de modo que parecían tres.

Apeles regreso al día siguiente sin hallar al que buscaba, y la finura de la línea que trazo hizo desesperar a Protógenes.

Aquella pintura provoco por mucho tiempo la admiración de los entendidos, que la admiraban con tanto placer como si, en lugar de mostrar unos trazos casi invisibles, representase dioses y diosas.

Los jóvenes artistas-pintores de las escuelas de vanguardia tienen como objetivo secreto hacer pintura pura.

Es un arte plástico completamente nuevo.

Apenas esta en sus comienzos y todavía no es tan abstracto como querría ser.

La mayor parte de los nuevos pintores hacen matemáticas sin conocerlas, pero aun no han abandonado la naturaleza que interrogan pacientemente para que les enseñe el camino de la vida. Picasso estudia un objeto como un cirujano diseca un cadáver.

Este arte puro, aun si logra liberarse completamente de la antigua pintura, no provocara necesariamente su desaparición, como el desarrollo de la música no ha provocado la desaparición de los distintos géneros literarios; como la aspereza del tabaco no ha sustituido el sabor de los alimentos.

III

A los nuevos artistas-pintores se les han reprochado vivamente sus preocupaciones geométricas.

Sin embargo, las figuras de la geometría son la base del dibujo. La geometría, ciencia que tiene por objeto el espacio, su medida y sus relaciones, fue en todo tiempo la regla misma de la pintura.

Hasta ahora las tres dimensiones euclidianas bastaban a las inquietudes que el sentimiento de lo infinito despierto en el animo de los grandes artistas.

Ciertamente, los nuevos pintores no se proponen, en mayor medida que los antiguos, ser geometras.

Pero se puede decir que la geometría es a las artes plásticas lo que la gramática es al arte del escritor.

Hoy los sabios ya no se atienen a las tres dimensiones de la geometría euclidiana. Los pintores se han visto llevados naturalmente, y, por así decirlo, intuitivamente, a preocuparse por nuevas medidas posibles del espacio que, en el lenguaje figurativo de los modernos se indican todas juntas brevemente con el término de cuarta dimensión.

Así, tal como se ofrece al espíritu, desde el punto de vista plástico, la cuarta dimensión seria generada por las tres dimensiones conocidas: ella representa la inmensidad del espacio eternizándose en todas las dimensiones en un momento determinado.

Es el espacio mismo, la dimensión de lo infinito, y da plasticidad a los objetos. les da en la obra las justas proporciones, mientras que en el arte griego, por ejemplo, un ritmo en cierto sentido mecánico las destruye sin tregua.

El arte griego tenia una concepción puramente humana de la belleza. Consideraba al hombre como medida de la perfección.

El arte de los nuevos pintores considera al universo infinito como ideal y a este ideal se debe la nueva medida de la perfección, que permite al artista-pintor se debe la nueva medida de la perfección, que permite al artista-pintor, dar al objeto proporciones conformes al grado de plasticidad a que el quiera llevarlo.

Nietzcshe había adivinado la posibilidad de un arte semejante.

"'¡Oh, divino Dionisos! ¿Por que me tiras de las orejas? -pregunta Ariadna a su filosófico amante en uno de los celebres diálogos en la Isla de Naxos-. En tus orejas veo algo agradable, Ariadna; ¿Por que no las tienes más largas todavía?":

Cuando Nietzsche refiere esta anécdota, hace, en boca de Dionisos, el proceso al arte griego.

Añadamos que esta abstracción, "la cuarta dimensión", no ha sido más que la manifestación de las aspiraciones, de las inquietudes de un gran numero de jóvenes artistas que se interesaron por las esculturas egipcias, negras y oceánicas, y meditaron obras científicas con las esperanzas puestas en un arte sublime; hoy ya no se da esta expresión utópica, que había que poner de relieve y explicar sino un interés en cierto modo histórico.

IV

Al querer alcanzar proporciones ideales, no contentándose con las humanas, los jóvenes pintores nos ofrecen obras más cerebrales que sensuales. Cada vez se alejan más del antiguo arte de ilusiones ópticas y de proporciones locales para expresar la grandeza de las formas metafísicas.

Por esto, el arte actual, aun no siendo la emanación directa de creencias religiosas determinadas, presenta muchos caracteres del gran arte, es decir, del arte religioso.

V

Los grandes poetas y los grandes artistas tienen la misión social de renovar sin tregua las apariencias que reviste la naturaleza a los ojos de los hombres.

Sin los poetas y los artistas, los hombres se aburrirían pronto de la monotonía natural. La idea sublime que tienen del universo se derrumbaría con una rapidez vertiginosa.

El orden que aparece en la naturaleza, y que no es más que efecto del arte, se desvanecería rápidamente.

Todo se desharía en el caos.

Ya no habría ni estaciones, ni civilización, ni pensamiento, ni humanidad, ni siquiera vida, y la imponente oscuridad reinaría para siempre.

Los poetas y los artistas determinan, de común acuerdo, el carácter de su época, y el provenir se conforma dócilmente a su idea.

La estructura general de una armonía es semejante a las figuras trazadas por los artistas egipcios y, sin embargo, estos eran muy distintos los unos de los otros. Pero se conformaron al arte de su época.

El carácter propio del arte, la nueva función social es crear esta ilusión: el tipo.

¡Solo Dios sabe cuanto se han burlado de los cuadros de Manet y de Renoir! Pues bien, basta echar un vistazo a las fotografias de la época para darse cuenta de que personas y cosas se conforman totalmente a las imágenes de estos pintores.

Esta ilusión me parece totalmente natural, ya que las obras de arte son lo más rotundo que produce una época desde el punto de vista de la forma. Esta energía se impone a los hombres y es para ellos la medida plástica de una época.

Así, los que se burlan de los nuevos pintores, se mofan de la propia figura, ya que la humanidad del futuro se figurara la humanidad de hoy según la representación que los artistas del arte más vivo, es decir más nuevo, hayan dejado de ella.

No me digáis que hay hoy pintores en los que la humanidad puede reconocerse pintada a su imagen.

Todas las obras de arte de una época acaban por parecerse a las obras de arte más vigorosas, más expresivas, más típicas.

Las muñecas nacieron de un arte popular y siempre parecen inspirarse en las obras de una gran parte de la misma época.

Es una verdad fácil de comprobar.

Y, sin embargo, ¿quien se atrevería a decir que las muñecas que se vendían en las tiendas hacia el 1880 se fabricaron con un sentimiento análogo al de Renoir cuando pintaba sus retratos? Entonces nadie se daba cuenta de ello.

Sin embargo, esto significa que el arte de Renoir era lo bastante vigoroso, lo bastante vital para imponerse a nuestros sentidos, mientras que al gran publico de la época en que el comenzaba sus concepciones estas le parecían otros tantos absurdos y locuras.

VI

Se ha considerado a veces, y en particular a propósito de los artistas-pintores más recientes, la posibilidad de una mistificación o de un error colectivo.

Ahora bien, no se conoce en toda la historia del arte una sola mistificación y ni siquiera un error artístico que se hayan generalizado.

Hay ejemplos aislados de mistificación y de error, pero los elementos convencionales de que se componen en gran parte las obras de arte nos garantizan que no pueden darse casos colectivos.

Si la nueva escuela de pintura nos presentase uno, seria un acontecimiento tan extraordinario que habría que considerarlo un milagro.

Concebir un caso de este tipo seria como pensar que en una nación todos los niños nacieran, de repente, sin cabeza, sin una pierna o sin un brazo, concepción evidentemente absurda.

No hay errores ni mistificaciones colectivas en el arte; no hay más que diversas épocas y diversas escuelas artísticas.

Si el fin que cada una de ellas persigue no es igualmente elevado, igualmente puro, todas son del mismo modo respetables, y, según las ideas que nos hagamos de la belleza, toda escuela de arte es sumamente admirada, despreciada y nuevamente admirada.

VII

La moderna escuela de pintura lleva el nombre de cubismo. Le fue dado despectivamente en el otoño de 1908 por Henri Matisse, que acababa de ver un cuadro con casas, cuya apariencia cúbica le habría impresionado fuertemente.

Esta nueva estética se fue elaborando primeramente en el espíritu de André Derain, pero las obras más importantes y más audaces que produjo fueron las de un gran artista al que también hay que considerar como un fundador: Pablo Picasso.

Sus invenciones, apoyadas por el buen sentido de Georges Braque, que expuso en 1908, un cuadro cubista en el Salón de los Independientes, se hallaron formuladas en los estudios de Jean Metzinger, que expuso el primer retrato cubista (el mio) en el Salón de los Independientes de 1910, y que, además hizo admitir ese mismo año obras cubistas por el Jurado del Salón de Otoño.

También en 1910, aparecieron en los Independientes cuadros de Robert Delaunay, de Marie Laurencin y de Le Fauconnier, que correspondían a la misma escuela.

La primera exposición colectiva del cubismo, cuyos seguidores eran cada vez más numerosos, tuvo lugar en 1911, en los Independientes, donde la Sala 41, reservada a los cubistas provoco una profunda impresión.

Allí se podían ver obras sabias y sugestivas de Jean Metzinger, paisajes, el hombre desnudo y la mujer de los flocs, de Albert Gleizes; el Retrato de Madame Fernande X y las Muchachas, de Marie Laurencin; La torre, de Robert Delaunay, La abundancia, de Le Fauconnier, y los Desnudos en un paisaje, de Fernand Leger.

La primera manifestación de los cubistas en el extranjero tuvo lugar en Bruselas ese mismo año; en el prologo al catalogo de aquella exposición yo acepte, en nombre de los expositores, los términos cubismo y cubista.

A finales de 1911, la Exposición de los cubistas en el Salón de Otoño tuvo una gran repercusión; no se escatimaron las burlas ni a Gleizes (La caza, Retrato de Jacque Nayral), ni a Metzinger (La mujer de la cuchara), ni a Fernand Leger. A estos artistas se había unido otro pintor, Marcel Duchamp y un escultor-arquitecto, Duchampo-Villon.

Se celebraron otras exposiciones colectivas en noviembre de 1911 en la Galería de Arte Contemporáneo, rue Tronchet de Paris; en 1912, en el Salón de los Independientes, a la que se sumo Juan Gris; en mayo, en España, donde Barcelona acoge con entusiasmo a los jóvenes franceses; finalmente, en junio, en Ruan, una exposición organizada por la Sociedad de Artistas Normandos, y que hay que recordar por la adhesión de Francis Picabia a la nueva escuela.

El cubismo se diferencia de la antigua pintura porque no es arte de imitación, sino de pensamiento que tiende a elevarse hasta la creación. Al representar la realidad -concebida o la realidad-creada, el pintor puede dar la apariencia de las tres dimensiones, puede, en cierto modo, cubicar.

No podría hacerlo si ofreciera simplemente la realidad-vista, a menos de simularla en escorzo o en perspectiva, lo que deformaría la cualidad de la forma concebida o creada.

Cuatro tendencias se han manifestado actualmente en el cubismo tal como yo lo he analizado. Dos de ellas son paralelas y puras.

El cubismo científico es una de las tendencias puras. Es el arte de pintar composiciones nuevas con elementos tomados, no de la realidad visual, sino de la realidad del conocimiento.

Todo hombre tiene el sentido de esta realidad interior. No es preciso ser culto para concebir, por ejemplo, una forma redonda.

El aspecto geométrico que tan vivamente impresionó a quienes vieron las primeras telas científicas derivaba del hecho de que la realidad esencial se ofrecía en ellos con gran pureza y se eliminaba totalmente el elemento visual y anecdótico.

Los pintores que pertenecen a esta tendencia son: Picasso, cuyo arte luminoso se relaciona también con la otra corriente pura del cubismo; Georges Braque, Metzinger, Albert Gleizes, la señorita Laurencin y Juan Gris.

El cubismo físico, que es el arte de pintar composiciones con elementos extraídos en su mayor parte de la realidad virtual.

Sin embargo, este arte depende del cubismo en su disciplina constructiva. Tiene un gran porvenir como pintura de historia. Su función social esta bien delineada, pero no es arte puro. En el se confunde el tema con las imágenes.

El pintor físico que creo esa tendencia es le Fauconnier.

El cubismo órfico es la otra importante tendencia de la pintura moderna. Es el arte de pintar composiciones nuevas con elementos no tomados de la realidad visual, sino enteramente creados por el artista y dotados por el de una poderosa realidad.

Las obras de los artistas órficos deben ofrecer simultáneamente un placer estético puro, una construcción que impresione los sentidos y un significado sublime, es decir, el tema.

Es arte puro.

La luz de las obras de Picasso contiene este arte, que, por su parte, Robert Delaunay inventa y al que tienden también Fernand Leger, Francis Picabia y Marcel Duchamp.

El cubismo instintivo, arte de pintar nuevos cuadros, inspirados no en al realidad visual, sino en la sugerida por el artista por el instinto y por la intuición, tiende, desde hace bastante tiempo, al orfismo.

A los artistas instintivos les falta lucidez y un credo artístico; el cubismo abarca un gran numero de ellos.

Nacido del impresionismo francés, este movimiento se difunde actualmente por toda Europa.

Los últimos cuadros de Cezanne y sus acuarelas se relacionan con el cubismo, pero Courbet es el padre de los nuevos pintores y Andre Derain, del cual volveré a hablar un día, fue el mayor de sus hijos predilectos, ya que lo encontramos en el origen del movimiento de los fauves, que fue una especie de preludio del cubismo, y también en el origen de este gran movimiento subjetivo; pero seria demasiado difícil escribir bien ahora de un hombre que, voluntariamente, se mantiene al margen de todo y de todos.

Creo que la moderna escuela de pintura es la más audaz que nunca haya existido. He planteado el problema de la belleza en si. Quiere imaginarse lo bello liberado del placer que el hombre procura al hombre, y desde el comienzo de los tiempos históricos ningún artista europeo se había atrevido a ello.

Los nuevos artistas quieren una belleza ideal que ya no sea solo expresión orgullosa de la especie, sino expresión del universo, en la medida en que este se ha humanizado en la luz.

El arte contemporáneo reviste sus creaciones de una apariencia grandiosa, monumental, que supera en este sentido a todo lo que había sido concebido por los artistas de nuestro tiempo.

Ardiente en la búsqueda de la belleza es noble y enérgico, y la realidad que nos descubre es maravillosamente clara.

Amo el arte contemporáneo porque amo, sobre todo, la luz; todos los hombres la aman por encima de todas las cosas: por ello inventaron el fuego."

Arquitectura postmodernista no existe, ya que no hay arquitectura influenciada por los seguidores de Darío. Mas sí hay arquitectura modernista, pero en sentido de "hecha por gente de hoy", como anteriormente apuntado, con el caso significativo de los CIAM.

Como expresa con excelencia el artículo sobre "*Modernismo*" de la enciclopedia internet Wikipedia en español:

"Modernismo es el término con el que se designa a una corriente de renovación artística y literaria desarrollada a finales del siglo XIX y principios del XX. Según los distintos países, recibió diversas denominaciones: Art Nouveau (En Bélgica y Francia), Sezession (en Austria), Jugendstil (Alemania), Liberty (Inglaterra) y Floreale (en Italia). En catalán, modernisme o Estil modernista. Si bien existe cierta relación que los hace reconocibles como parte de la misma corriente, en cada país su desarrollo se expresó con características distintivas.

En la literatura las características más importantes son el preciosismo, el exotismo, la alusión a los nobles, los mundos desaparecidos (la edad media caballeresca, las cortes de los Luises en Francia, las monarquías chinas y japonesas). Mención de los objetos preciosos. Símbolo: cisne. El modernismo opone lo latino a lo anglosajón. El modernismo es una reacción que va en contra del positivismo, y se interesa por la teosofía. En la narrativa se opone al realismo, optando por la novela histórica o la crónica de experiencias de la alucinación y la locura; la descripción de ambientes de refinada bohemia. Introduce el personaje de la mujer fatal, que lleva a los hombres al placer y la muerte

De acuerdo con Francisco Rico, la palabra modernismo, fue un calco de una tendencia heterodoxa con respecto al catolicismo tradicional, condenada como modernismo por León XIII y Pío X, y que fue debatido en las dos últimas décadas. Posteriormente fue un calco despectivo de lo moderno. Hasta que los modernistas la adaptaron como signo de identidad. (Rico, Francisco Historia y crítica de la Literatura española: Modernismo y 98, "El Modernismo como actitud", Barcelona, Editorial Crítica, 1980, p.46).

Todas estas denominaciones hacen referencia a la intención de crear un arte nuevo, llevando a cabo una ruptura con los estilos dominantes en la época, tales como el historicismo o el eclecticismo. Se trata de crear una estética nueva, en la que predominan la inspiración en la naturaleza a la vez que se incorporan novedades derivadas de la revolución industrial. Y así en arquitectura es frecuente el empleo del hierro y el cristal. Sin embargo, es igualmente una reacción a la pobre estética de la aquitectura en hierro, tan en boga por esos años.

En gran medida sus aspiraciones se basan en las ideas de John Ruskin y William Morris, que podemos resumir en democratizar la belleza en el sentido de que hasta los objetos más cotidianos tengan valor estético y sean asequibles a toda la población (socialización del arte), gracias a las técnicas de producción masiva facilitadas por la revolución industrial. Por ello el modernismo no solo se da en las artes mayores, sino también en el diseño de mobiliario y todo tipo de objetos útiles en la vida cotidiana. A menudo los artistas modernistas son artistas "integrales", pues no solo diseñan edificios, sino los muebles y otros enseres de uso diario. Así pues muchos arquitectos modernistas son también diseñadores, pues sus creaciones no se limitan al edificio en sí, dado que también elaboran su decoración y los utensilios que ha de contener.

Las características que –en general- permiten reconocer al "Art Nouveau" decorativo propiamente dicho son:

La inspiración en la naturaleza y el uso profuso de elementos de origen natural pero con preferencia en las vegetales y las formas redondeadas de tipo orgánico entrelazándose con el motivo central.

El uso de la línea curva y la disimetría, tanto en las plantas y el alzado de los edificios como en la decoración. En esta última es muy frecuente el uso de la llamada "línea látigo". Una derivación de este estilo en la década de 1920 es el denominado Art decó por lo que a veces se le suele confundir con el Art Nouveau.

Hay también una tendencia a la estilización de los motivos, siendo menos frecuente la representación estrictamente realista de estos.

Una fuerte tendencia al uso de imágenes femeninas, las cuales se muestran en actitudes delicadas y gráciles, con un aprovechamiento generoso de las ondas en los cabellos y los pliegues de las vestimentas.

Una actitud tendiente a la sensualidad y a la complacencia de los sentidos, con un guiño hacia lo erótico en algunos casos.

La libertad en el uso de motivos de tipo exótico, sean estos de pura fantasía o con inspiración en distintas culturas lejanas o antiguas –Japón, Egipto antiguo, la cultura clásica grecorromana-.

La aplicación envolvente del motivo tomando alguna de las características anteriormente mencionadas en contraposición con las características habituales del objeto a decorar. Esto se puede observar en la aplicación en el mobiliario, en arquitectura, en los afiches promocionales o en objetos de uso cotidiano donde el elemento destacado de tipo orgánico envuelve o se une con el objeto que decora."

También hay una arquitectura postmoderna, concepto que devuelve a la implícita ideología de los filósofos europeos de los años 60 que, ante el proceso de liberación e independización de sus antiguas colonias, de India en los 40 a Indochina y Vietnam en los 60, pasando por Argelia, se lamentaron sobre el fin de la modernidad, concepto que, feliz hegeliano de finales del siglo XX valorando su país como, para decirlo en términos leibnizianos o voltairianos, el mejor de los mundos posibles, revirtió de manera positiva para su propia nación el estadounidense Francis Fukuyama en los 90, mientras Huntington, por su parte, seguía temiendo, al igual que los sucesores de Marcuse en la escuela de Frankfurt, un drástico cambio en la relación de fuerzas con el Tercer Mundo. Ideologías de dominación que dieron paso a una forma de reapropiación de las mismas por el Tercer Mundo, y la aparición de la arquitectura postmoderna como una forma de vanguardia (en sentido nicaragüense de la palabra), que, con bases nacionalistas, valora lo coloquial y popular, tanto a nivel formal como de los colores, como punto de partida del discurso étnico e identidario de los pueblos. Esta doble influencia de la vanguardia y la postmodernidad se ve en la Nicaragua de hoy, si no en la arquitectura, inexistente, en las artes plásticas, con los enfoques neo-Praxis de afirmación de lo propio a través de memorias precolombinas, en las obras de David Ocón, Luis Morales, Rodrigo González, y en literatura, con historizaciones en las que la Colonia aparece como el antecedente del imperialismo de hoy, en las obras de Julio Valle Castillo, Ricardo Pasos Marciacq y, respecto de la historización del siglo XX, historización que, remitido al mismo siglo XX y la lucha sandinista, a su vez fue abundantemente dialectizada por escritores como

Sergio Ramírez, Erick Aguirre, o Juan Sobalvarro. Lo coloquial y popular siendo el lema de las obras no sólo de los vanguardistas, sino también de Ernesto Cardenal, Fernando Silva o Carlos Alemán Ocampo.

En arquitectura, la corriente postmoderna nace en la década de los 1960, con Robert Venturi, quien, al establecer su propia firma con John Rauch a partir de 1964, inicia la crítica a la austeridad formal del funcionalismo, racionalismo y Esprit Nouveau/CIAM, promoviendo el retorno al historicismo, la decoración añadida y el simbolismo del diseño, defendiendo una arquitectura "*compleja y que aceptara sus contradicciones*".

Vale la pena volver a repetir que arquitectura contemporánea define no sólo manifestaciones de los siglos XX y XXI, sino también del siglo XIX, y hasta de finales del siglo XVIII.

IV. FORMA-FUNCION-SIMBOLO: EL FUNCIONALISMO COMO CORRIENTE HISTORICA - INTRODUCCION A LA CUESTION TEORICA EN ARQUITECTURA CONTEMPORANEA

Parece a la vez inútil de decir que la arquitectura contemporánea se inscribe dentro de la historia de los estilos y las artes de su época, y sin embargo algo extraño plantear que no se puede entender sin recurrir a la comparación directa con movimientos como el cubismo, el suprematismo y el futurismo.

Lo que implica una advertencia previa: se debe considerar la arquitectura contemporánea como el encuentro de valores asociados con cada momento de la evolución de la contemporaneidad y sus realidades, vale decir que la arquitectura del siglo XIX depende de la cuestión historicista, relacionada con la evolución de las ciencias y el interés etnográfico para las colonias, lo que en la primera mitad del siglo XX desembocará en el cubismo, y en la segunda en la arquitectura postmoderna, mientras la arquitectura del siglo XX se desarrolla desde la apología técnica al hierro y el vidrio, la altura - pensamos a las respectivas torres de Gustave Eiffel y Tatlin -, la idea de la forma como función pura, y la pureza de la forma como expresión racional de lo técnico.

Asimismo, las manifestaciones de la arquitectura concreta, como en los jardínes del Walker Art Center del Minneapolis Sculpture Garden (Minnesota), con sus esculturas-objetos (Lám. 7-15, tenazas respectivamente tituladas: *Theater Set Piece from Judith* de 1950-1978 de Isamu Noguchi y *Arikidea* de 1977-1982 por Mark di Suvero - también autor de la similar, aunque de alegoría sexual, obra *Molecule* de 1977-1983 -, la grúa titulada *Caterpillar #5* del 2002 de Wim Delvoye, la cuchara con cereza en la punta titulada *Spoonbridge and Cherry* de 1985-1988 por Claes Oldenburg y Coosje van Bruggen...), donde se destaca el *Levantado Pez de Vidrio* encerrado en un palacio de vidrio a manera de invernadero botánico del Sage and John Cowles Conservatory de 1986 de Frank Gehry,son paralelas a la evolución de la música concreta, y, con los dadas y después el arte conceptual y el Nuevo Realismo, las artes plásticas concretas, tendencias todas que remiten a la importancia de la máquina y el objeto concreto como símbolo de contemporaneidad. La Bauhaus lo interpretó en la búsqueda de un arte total, a través del diseño, que provocó que toda nuestra vida cotiadiana sea rodeada de objetos diseñados, y la aproximación global a todas las artes: pintura, fotografía, teatro, arquitectura, diseño, para, como expresa Walter Gropius en el manifiesto de apertura de la escuela: "*1. La recuperación de los oficios artesanales en una actividad constructiva, 2. Elevar la actividad artesana al mismo nivel que las Bellas Artes e intentar comercializar los productos que, integrados en la producción industrial, se convertirían en objetos de consumo asequibles para el gran público*", alzar la artesanía al nivel de las bellas artes, lo a que ayudarán las fiestas temáticas oficiales (blanca, del metal,...), o *événementielles* no oficiales (de la finalización de un tapiz, la adquisición de la nacionalidad de los esposos Kandinsky,...) de la escuela, actividades que, si bien sirvieron a la Bauhaus para acercarse al pueblo y resolver así los recelos que se tenía respecto de la ella, también sirvieron para acrecentar reacciones de trabajo en grupo, pensamiento artesanal de la Bauhaus que, con el marxismo ruso, favoreció la amplificación contemporánea o retrotracción del arte a las manifestaciones genuinas del quehacer popular, como se puede apreciar en la creación de numerosos museos de artes populares en todos los países y continentes en el siglo XX. Sin embargo, esta influencia de lo popular (que encontramos como orígenes folclóricos, formales y temáticos, de las obras de Kandinsky o Malevitch) y lo artesanal, en la Bauhaus (cuyo mismo nombre pone de relieve tal tendencia) revela la cercanía de ascendientes ideológicos entre los movimientos funcionalistas y racionalistas por un lado (a los cuales pertenece la Bauhaus, en cuanto fundadora de éstos, conjuntamente con el Esprit Nouveau/CIAM de Le Corbusier), y los movimientos organicistas por otro, ya que idénticamente, como volveremos a abordar con más detenimiento acerca de la correspondencia de premisas entre estos dos grandes grupos de movimientos, la corriente organicista nace en Inglaterra a raíz del movimiento Artes y Oficios creado por William Morris.

El historicismo de la arquitectura del siglo XIX, que expresa valores nacionalistas, en particular a través del neo-gótico, viene a plantearse, queriendo sin querer, el valor del espacio como elemento arquitectónico, mediante el recurso del jardín, influenciado por el arte de los jardines palaciegos del barroco, pero también por la filosofía naturalista de Spinoza, Rousseau o Kant. A través de la cuestión de los jardines se delinea en la arquitectura contemporánea las dos líneas: funcionalista (Le Corbusier) y socialista (Ebenezer Howard) de grandes corrientes que sólo fueron unidas en el art déco/art nouveau, con la mezcla de técnicas de diseño, uso del hierro, el vidrio y las artes menores (todo aquello orientado hacia la arquitectura como acto técnico), y de vegetalismo y organicismo de las líneas, con predominancia de la línea curva y la imbricación asimétrica de volúmenes (todo aquello negando la arquitectura como mera técnica, y afirmándola al contrario como arte del buen gusto y el bien vivir).

Tenemos entonces una secuencia de la historia de la arquitectura contemporánea que sería así:

En el siglo XIX, la predominancia del historicismo, sus prefiguraciones: neo-gótico y neoclásico, y su derivación: el eclecticismo, todos como movimientos nacionalistas, y científicos etnográficos; de hecho, se destacan en dicha tendencia historicista el estilo neo-egipcio, traído por Napoleón; el neo-indio en Inglaterra, representado en particular por el Pabellón Real de Brighton (1815-1823, Lám. 20) de John Nash, donde se utilizan columnas, vigas y barandillas de hierro colado; el neo-chino, que se difundió en fechas muy tempranas, usándose en pequeños pabellones (kioscos y pagodas), que invadían los jardines "a la inglesa", mezclándose sus formas a veces con las góticas y éstas a su vez con las neo-árabes, creando así hibridaciones arquitectónicas; el neo-árabe, que se encuentra especialmente en España, en plazas de toros y sinagogas; el ya citado neo-gótico, que se expresa en el Parlamento de Londres (palacio de Westminster) de Charles Barry y Augustus Welby Northmore Pugin (1840-1860, Lám. 21), con pináculos, cuadriculado en el centro, y una torre con abombamiento. Viéndose así claramente cómo cada estilo se adapta a la relación de poder y dependencia históricos entre un lugar y su estilo: a Inglaterra recae el neo-indio, y a España el neo-árabe. Así en España, la búsqueda, en el siglo XIX, de una arquitectura nacional encuentra un estilo nacional en el mudéjar y el isabelino. En Inglaterra, el romanticismo, con los críticos Ruskin, William Morris y Edward Pugin, que tuvieron fama e influencia internacionales, exalta la Edad Media, los ambientes exóticos y salvajes, de los cuales son típicos los palacetes y los kioscos, presentes en los parques ingleses de la época.

Entendemos de que manera dichos estilos provienen entonces de un pensamiento nacionalista, por oposición al bonapartismo, el cual, por su parte, se identificó con el neoclásico como símbolo de poder y de imperio a la manera romana, forma consecuente con la ideología revolucionaria y post-revolucionaria de modelizarse sobre la República romana, y Napoleón sobre el subsiguiente Imperio, y con el neo-egipcio, también expresión del poder universal romano, César ante Cleopatra, asimismo como de superioridad y perennidad del Imperio napoleónico sobre el Antiguo Régimen y las demás naciones europeas.

En el siglo XX, la predominancia del funcionalismo, y su contraparte: el organicismo, como muestra del debate entre arquitectura capitalista (el París del barón Haussmann, el funcionalismo de Loos, la escuela de Chicago, Le Corbusier) y arquitectura socialista (Barcelona, la ciudad jardín de Howard), del debate, en fin, como en la época inicial de la contemporaneidad: la Revolución francesa, entre el adorno como valor adjunto, y la forma pura como forma considerada mística y paradojicamente intelectual e igualitaria.

Volveremos sobre el caso del historicismo y el naturalismo.

Ataquémonos primero, con el fin después de remontar el tiempo, al funcionalismo. Esta corriente que, aparentemente, no pretende sino enfrentar problemas técnicos, y por ende cree reducir el problema arquitectónico a valores universales cientifizados, nos enseña cómo, al contrario, la ideología de la forma es primordial en el mundo de la arquitectura y el arte contemporáneos, permitiéndonos así, en un segundo tiempo, remontar al origen y sentido de las búsquedas formales del siglo XX en el espacio temporal del siglo anterior, el siglo XIX, como punto de partida y prefiguración de la ideología arquitectónica del siglo XX.

Cuando Malevitch (Lám. 16) presenta en diciembre 1915 su exposición 0.10 en Petrograd, con más de treinta lienzos abstractos, no sólo presenta al famoso *Cuadrado negro sobre fondo blanco*, arriba en el rincón superior de la sala, sino también rectángulos diagonales respecto del lienzo en que están pintado, pero, más que todo, la cruz, revelándonos la asociación en él, como en la mitología primitiva entre el cuadrado y la cruz como símbolos de los cuatro puntos cardenales, es decir, del mundo geográfico. Obviamente, en Malevitch, la asociación cruz-cuadrado, si revela un proceso de reconstrucción y expansión espacial de la cruz hasta llegar al cuadrado, también revela un principio místico de la figura geométrica simple. Dicho de otra forma, lo puro en el arte supone un planteamiento religioso que impide, desde entonces, considerar como libre de prejuicios la forma geométrica simple - o pura, término que, en sí, expresa la dialéctica axiológica entre un objeto supuestamente neutro y el valor ideológico que se le han dado los artistas y arquitectos contemporáneos -.

Es preciso recordar que funcionalismo, racionalismo y minimalismo son corrientes paralelas, y entrelazadas.

Los tres términos revelan una misma ideología: el funcionalismo supone la adecuación de la arquitectura a su función, el racionalismo el uso racional o, mejor dicho, racionalizado del espacio, y el minimalismo, consecuencia de los dos anteriores, el recurso mínimo a nivel de costos para crear arquitectura reproductible.

En Chicago, nace la arquitectura racionalista, con la escuela que lleva el nombre de la ciudad, después de incendiarse ésta el 8 de octubre de 1871, en la época en su auge económico, lo cual fomenta la necesidad de una rápida reconstrucción, que se da ya sin uso de la madera, inflamable y por ende peligrosa, pero con oficinas, hoteles, mercados, puentes, estaciones, y almacenes en altura, surgiendo los rascacielos, con uso de poco suelo, ascensores, armaduras metálicas revistadas con cerámica. Predominan las grandes proporciones cúbicas, y se recubren los espacios con piedras. La escuela de Chicago (1885-1905) es el conjunto de los arquitectos que se enfrentan a este nueva forma de construcción en dicha ciudad, siendo William Le Baron Jenney uno de los principales en esta escuela, y el primero en construir rascacielos, sustituyendo los muros exteriores por columnas de hierro que rellena con ventanales. De hecho, el hierro permite la aparición del rascacielos, los primeros construyéndose en Chicago. Los más emblemáticos son los almacenes Marshall Field Store (1885-1887, Lám. 21) de Henry Hobson Richardson y el Auditorio de Chicago de Sullivan.

La escuela de diseño de la Bauhaus fundada por Gropius en 1919 en Weimar dio nacimiento al racionalismo, uniendo diferentes corrientes enfocándolas a la producción industrial, por medio del recurso sistemático al diseño y el uso de nuevos materiales. Así, en la fábrica Fagus de Alfed-an-der-Leine de 1910-1914 de Gropius y Adolf Meyer (Lám. 22), revoluciona la concepción de los grandes espacios, utilizando enormes superficies acristaladas. De la misma forma, en la fábrica modelo deledificiode la Pan Americana (Pan-Am) de 1963 (Lám. 23) en Nueva York, suprime los soportes de ángulo al utilizar el muro cortina. Por su parte, Ludwig Mies van der Rohe, miembro de la escuela y director de la misma, después de Gropius, fue un gran diseñador en la creación de espacios abiertos de sólo uno o dos muros, como en el austero ejemplo de racionalismo que es el pabellón alemán de la Exposición Internacional de Barcelona de 1929 (Lám. 24).

Practicando la escuela el principio del aprendizaje por el trabajo (el cual se daba en talleres formados por equipos de profesores y estudiantes, principio muy característico de la metodología de enseñanza de Gropius), y creando prototipos que se cedían después a la industria para servir de matrices, fue la arquitectura el objetivo de fondo de casi toda su investigación didáctica, con primacía de los conceptos de producción, economía y funcionalidad.

El punto de partido de la investigación arquitectónica de la escuela es la vivienda, y en particular la cuestión del dimensionamiento de la célula de habitación. El dimensionamiento se mide a partir del número de camas que contiene la habitación, la cama pasando a ser la unidad de medida de todas las necesidades, proporcional del espacio de estar, la cocina o el baño, estableciéndose relaciones dimensionales de todo el conjunto y estudiándose organizaciones funcionales que atienden al clima y las funciones de servicios. Por ejemplo, el principio de agrupaciones en hilera, con dos unidades servidas por una escalera, servía para permitir mejor soleamiento y ventilaciones, ordenando asimismo el conjunto. Los planteamiento de la escuela ignoraron la clase social, así como las particularidades de cada individuo, queriendo suponer iguales a todos los hombres, estandarizando la vivienda y buscando el mayor beneficio social con el mínimo costo.

Ahora bien, si las aportaciones de la Bauhaus están ligadas a su propia historia (la primera época de 1919-1923, de la dirección de Gropius, cuando la escuela abre en los locales de la antigua Escuela de Artes y Oficios, se inscriben entre los primeros estudiantes Breuer y Joost Schmidt, Óscar Schlemmer dirige el taller de teatro, Paul Klee llega en 1920 para dar un taller de tejidos, mientras Kandinsky llega en 1922 para dar un taller de pintura mural y, con Klee, un curso de diseño básico, la segunda época de 1923-1925, bajo la dirección de Theo Van Doeshurg a partir de 1923, cuando, al expresionismo de la primera época, se sustituye la Nueva Objetividad, estilo de pintura mucho más sobrio que se impone en toda Alemania, se incorpora Mohaly Nagy, amigo de Van Doesburg, e introduce las ideas del constructivismo ruso de Lissitsky y Tatlin, la tercera época de 1925-1929, con la demisión de Van Doeshurg, frente a las presiones del grupo comunista en la escuela), historia de la escuela que va de los primeros años en Weimar, a su mudanza, obligada por los movimientos conservadores, en Dessau en 1924, donde se vuelve el centro más importante del movimiento de vanguardia, hasta la época de crisis que, en 1928, llevó Gropius a abandonar la escuela, siguiéndole en la dirección primero Mayer, y luego Mies Van der Rohe, hasta su cierre definitivo por los nazis, el padre del funcionalismo minimalista es sin duda Le Corbusier, cuya figura no se relaciona con un grupo, sino, al contrario de Gropius con la Bauhaus, es paradigmática de una obra individual, que si, igualmente influenció al mundo, no creó escuela, o, por lo menos, no se difundió por organización de una escuela particular, sino a través de la misma persona de Le Corbusier.

Es después de su aprendizaje con los arquitectos protorracionalistas Josef Hoffmann en Viena, Tony Garnier en Lyon, y Behrens en Berlín, que Le Corbusier emprende su carrera como pintor y teórico vanguardista. Para él, como para la Bauhaus, la cuestión de la vivienda mínima es primordial dentro de la producción arquitectónica. Según sus teorías, la vivienda sólo debe cumplir con la función de habitar. La define como una "*máquina para habitar*" o como un "*objeto útil*". Es, de hecho, en su texto "*Arquitectura de la época maquinista*", publicado en 1928 en la *Revista de Occidente*, que resume su ideología arquitectónica planteando los elementos propios de su discurso arquitectónico: construcción sobre pilotes para permitir un jardín en el suelo, aprovechamiento de las terrazas como espacio verde, cubierta jardín, plano libre, ventana continua en horizontal, fachada cortina e independiente o fachada libre, realizable gracias a las nuevas técnicas, y uso del hormigón armado (siendo Auguste Perret el primero en utilizar el hormigón armado como elemento arquitectónico, dejándolo a la vista, en Nôtre-Dame du Raincy de 1922-1923, Lám. 25). Los pilares delgados permitan la transparencia y la continuación del jardín entre el frente y el fondo de la vivienda. Así lleva al cabo la construcción de varias casas unifamiliares hasta 1925, que constan de los ya mencionados elementos. Son suyas la construcción por módulos, las unidades de habitación, como el famoso bloque de apartamentos de Marsella en 1947 (Lám. 26), y la invención del dúplex. Para Le Corbusier lo urbanístico supera al barrio. Sus conjuntos de viviendas económicas se basan en la normalización, y la refabricación, por lo que proyecta asentamientos compuestos por grandes unidades de habitación, las cuales quedaron en estado de proyecto, tales los planes para Ginebra, Amberes, Marsella, París, Argelia, Buenos Aires, Río de Janeiro, o Bogota. Elige separar los edificios de la calle, dejando amplias áreas verdes entre los edificios, simplifica la red vial, y planea zonificándolos servicios comunes como asilos, espacios para deportes, y zonas industriales.

El caso de Le Corbusier nos revela que el racionalismo no se limita a la construcción de edificios, sino que, a similitud de los tratadistas renacentistas, propone una concepción global de la ciudad, aunque aquí relacionada con la sociedad contemporánea, industriosa, proletaria y de masa, como centro urbano, al mismo tiempo lugar de habitación y de mercado.

En La Ville Savoye (Poissy, 1929-1931, Lám. 27), cuyo plano se basa en una malla cuadrada de pilotes distanciados de 4,75 m., se reflejan todos los parámetros proyéctales de Le Corbusier: las formas libres y geométricas (con una volumetría exterior esquemática: un paralelepípedo de poca altura con ventana constituida por una rajan horizontal; cada perspectiva siendo diferente y ninguna cara más importante que la otra), la arquitectura de recorridos, pero también, lo que une sus planteamientos arquitectónicos y urbanísticos: la relación con el entorno natural (la casa de posa en el terreno como un objeto, los pilotes de la planta baja y el jardín del nivel superior), y la repartición y zonificación de los servicios. La planta baja se divide en un garaje con pared curva, habitaciones de servicio y un vestíbulo del que parten una escalera con rampa, eje de toda la construcción. Por su parte, la planta alta consta de una gran terraza formada por un jardín rodeado, en sus tres lados, por las habitaciones, un gran salón y los servicios.

El problema de la vivienda pasa, como en el caso de las camas de la Bauhaus, por la creación, en 1940, del *Modulor*, que sustituye para Le Corbusier la escala dimensional antropométrica al sistema métrico decimal.

No podemos menos que reconocer en el interés de Le Corbusier por el espacio exterior y los jardines, mediante identificación del edificio con su entorno y presencia de un espacio verde a su alrededor, para integrar la naturaleza con la vivienda, la continuación del debate social sobre la vivienda, pero también en el arte, y la influencia tanto de su maestro Hoffmann (cuya labor, como la de Le Corbusier, le llevó siempre a diseñar tanto villas burguesas como casas baratas, y colonias de obreros según el principio de la ciudad jardín), como, más generalmente de los quioscos del estilo neo-chino y la arquitectura inglesa romanticista. Lo que, de nuevo, nos lleva a reasumir la dialéctica contemporánea, pero antes moderna (debate que explicamos en nuestro trabajo sobre Historia de la Arquitectura Moderna), entre organicismo y racionalismo, como veremos.

Si el modelo de caseríos de la ciudad actual ha tenido una influencia decisiva de la arquitectura racionalista, no es el modelo de Le Corbusier que triunfa (edificios de viviendas en altura rodeados de campo), sino su técnica de construcción. La arquitectura racionalista logra optimizar el precio del suelo, construyendo viviendas en altura, los bajos de los edificios siendo utilizados para negocios, tiendas, oficinas (las cuales se encuentran muy a menudo también en los pisos superiores). En estos edificios verticales, el ascensor es esencial. Es en el Chicago de Le Baron Jenney, Sullivan y Richardson que se crea este modelo de ciudad, con los primeros grandes almacenes (elemento identificatorio de la ciudad contemporánea), los primeros ascensores, y los bajos reservados para negocios. Dicho modelo permitió la densificación de la población humana en las ciudades, y la definición vertical del paisaje urbano en el Primer Mundo, provocando, de paso, un cambio significativo en el equipamiento de la casa, por el alto consumo de energía y el abaratamiento de los electrodomésticos.

Finalmente, por su parte, el término de minimalismo fue empleado por primera vez por el filósofo y crítico británico Richard Wollheim ("*Objetos que poseen un contenido de arte minimal: los que tienen un grado extremo de indiferenciación interna ("imágenes no connotadas, no son parte del imaginario de masa, a diferencia del pop art") y nos revelan por consiguiente un contenido muy reducido, exponiéndose la diferenciación no desde el arte sino de una fuente no artística, como la naturaleza o la industria*") en su artículo "*Minimal Art*" (*Arts Magazine*, enero de 1965, pp. 26-32), para referirse a la obra de Marcel Duchamp y a las pinturas monocromáticas de Ad Reinhardt y Frank Stella (quien, este mismo año, Stella creó un escándalo al exponer sus *Black paintings*, serie de intervenciones muy reducidas, en el Museo de Arte Moderno MoMA de New York), el término llegando a ser utilizado al poco tiempo para designar los trabajos de artistas como Carl Andre, Dan Flavin, Donald Judd, Sol Lewitt, Stella, Robert Morris ou Dan Graham. El minimalismo se opone al expresionismo abstracto y su énfasis en la espontaneidad y la intuición gestual.

Sin embargo, es importante notar que, si Reinhardt, del movimiento que incluye a Andre, Flavin, Judd, LeWitt, Reinhardt, Stella, Robert Smithson y Anne Truitt, y nació con la exposición *Monument for V. Tatlin* de 1964 de Flavin, si fue Reinhardt fue quien, en artes plásticas, expresó:

"*The more stuff in it, the busier the work of art, the worse it is. More is less. Less is more. The eye is a menace to clear sight. The laying bare of oneself is obscene. Art begins with the getting rid of nature.*"

Fue Van der Rohe quien adoptó primero el lema: "*Menos es más*", el diseñador Buckminster Fuller teniendo uno similar: "*Hacer más con menos*".

El minimalismo, radicalización del programa reductor comenzado por algunos de los pintores de la abstracción postpictórica a principios de los 60 (así las superficies enfáticas de Jules Olitski e los paneles de color de Ellsworth Kelly de finales de la década están dentro de la tendencia minimalista) utiliza la geometría elemental de las formas, la cual establece una estrecha relación con el espacio que las rodea, fijándose sólo el artista en el objeto y alejando toda connotación posible. Desde entonces el concepto se amplió a la arquitectura. Se caracteriza por la reducción, síntesis, depuración, austeridad, orden, repetición, desnudez ornamental o pureza material, elementos todos, como vemos, originalmente racionalistas, caracterizándose la arquitectura racionalista por la desornamentación decorativa, la sinceridad de los materiales, y los volúmenes de geometría perfecta, en particular cubos y prismas cuadrangulares, lo que vendrá a conocerse como la celebrada "*caja arquitectónica*".

Según Franco Bertoni (*Minimalist Architecture*, Basel, Birkhäuser, 2002), el término minimalista se puede aplicar a la obra de Luis Barragán, A.G. Fronzoni, Claudio Silvestrin, John Pawson, Peter Zumthor, Alberto Campo Baeza, Eduardo Souto de Moura, Tadao Ando y Michael Gabellini.

En arquitectura, el minimalismo tiene como elemento principal el cubo y las modulaciones ortogonales (Lám. 29-31). Así se considera que el minimalismo proviene del racionalismo y la abstracción con que las artes respondieron a la aparición de la industria a finales del siglo XIX, momento en que tanto las artes plásticas, como la literatura y la arquitectura hicieron de la máquina el modelo autosuficiente reducido a su pura esencia, buscando evitar todo simbolismo y subjetivismo. Así el minimalismo utiliza la geometría elemental de las formas, las cuales establecen una estrecha relación con el espacio que las rodea, fijándose el artista sólo en el objeto y alejándose de toda connotación posible.

Las características del minimalismo pueden enumerarse así:

1 - Aversión al problema de la forma y la narratividad pop.

2 - Generalmente, telas de gran formato sin marco.

3 - Abstracción total: las obras operan sólo en términos de color, superficie y formato.

4 - Ausencia de contenido formal o de estructuras relacionales.

5 - La forma no es determinada a priori o con intención pictórica, sino que remite a una unidad lingüística mínima (Flavin, *Monument for V. Tatlin, n. 61*, 1969).

6 - La estructura geométrica asume una configuración elemental (rectángulo, cuadrado, cubo).

7 - Orden.

8 - Geometría elemental rectilínea.

9 - Reducción y síntesis.

10 - Sencillez.

11 - Concentración.

12 - Negación del espacio ilusionista sugestivo y del principio de necesidad interna de la forma (Jackson Pollock, Stella).

13 - Recíproca incompatibilidad del punto de vista acentúa lo específico tridimensional de la escultura y la necesidad del modelo pictórico bidimensional para sustraer el objeto a la duración y calificarlo en la inmediatez visual como obra (Antony Caro, *Early One Morning*, 1962).

14 - Economía de lenguaje y medios.

15 - No existe un sólo momento o punto de vista privilegiado que permita la comprensión de la obra: el significado depende del espacio externo de la experiencia, del movimiento del cuerpo.

16 - Producción y estandarización industrial.

17 - Uso literal de los materiales.

18 - Utilización directa de los materiales que son mínimamente manipulados.

19 - la composición escultórica depende de la estructura del material, la repetición deviene un principio compositivo (C. Andre, *64 Copper Square*, 1969).

20 - Empleo de distintos materiales a fin de explotar la interación de sus características físicas.

21 - Austeridad con ausencia de ornamentos.

22 - En general, predominio de formatos y colores neutros.

23 - Purismo estructural y funcional.

24 - Carácter "opaco" (negación de calquier efecto ilusionístico) y literal (conforme a su verdadera naturaleza, la pintura es sólo "pigmento específico" sobre una "superficie específica").

25 - Superficies enfáticas monocromáticas, generalmente pintura blanca sobre fondo blanco (Robert Ryman) o de otros colores (Olitski) apenas modificadas con líneas y puntos casi imperceptibles (Agnes Martin), por marcas cerca del borde (Olitski), o por pincelazos (Ryman).

26 - Creación de contrastes como brillante-mate, suave-áspero, opaco-transparente, y grueso-fino (Ryman).

27 - Importancia de la secuencia en serie elemental (Robert Morris, *Untitled*, 1965, Sol Lewitt, *Two open modular cubes*, 1975); Donald Judd escribe en *Specific objects*, 1965: "*El orden no es racionalista o subyacente, sino que es simplemente un orden, como la continuidad, una cosa depende de la otra*".

28 - Aplicación de la pintura empastada con efectos de jaspeado (Olitsky) o a base de gruesas pinceladas paralelas (Ryman), a fin de acentuar el carácter literal.

29 - Precisión en los acabados.

30 - Protagonismo de las fachadas.

31 - Desmaterialización.

Una vez identificados, histórica, teórica y morfológicamente, las principales vertientes y el origen de los movimientos racionalista, funcionalista y minimalista, podemos adentrarnos a la interpretación de su quehacer dentro del discurso arquitectónico contemporáneo.

Ya podemos ubicar a inicios del siglo XX las dos corrientes racionalistas y funcionalistas, y, como consecuencia y ampliación de las mismas, en la segunda del mismo siglo, el minimalismo. Lo que implica, lógicamente, una reducción tremenda del campo de acción y validez metodológica (o ideológica) de las mismas, o sea, dicho de otra forma, del concepto de función como válido en toda circunstancia espacial y temporal. Proponiéndonos la cuestión a la inversa de la del sistema euclidiano, el cual, considerado desde los antiguos como válido universalmente, fue reducido a sí mismo y a una funcionalidad dentro de un sistema cerrado, por los matemáticos alemanes de la segunda mitad del siglo XIX, que descubrieron sistemas no euclidianos, al percatarnos de que el funcionalismo - y sus derivaciones - nacieron en el siglo XX, no se puede atribuir una validez, o, por lo menos, un uso consciente de las mismas por parte de las generaciones anteriores de arquitectos. Nos volvemos así a un campo ideológico reducido, que implica reasumir una definición histórica del funcionalismo, y tratar de averiguar si las épocas anteriores hicieron un uso, aunque sea ingenuo, del mismo como fundamento arquitectónico válido. Uno puede contar en números romanos o griegos, quedan idénticas las sumas a las que llega.

Pues bien, no es así para la arquitectura: la primera evidencia, obvia, es que ni las pirámides, ni la arquitectura barroca o rococó, con sus ornamentaciones, son funcionales, sino todo lo contrario.

Ahora, nos queda preguntarnos si, a pesar de que el funcionalismo no haya siempre sido utilizado por la humanidad (pues, idénticamente, la medicina no siempre pudo curar enfermedades, pero eso no invalida la medicina, ni valida la fe, el chamanismo o la curandería como método de curación eficaces), como escribe Loos, tal vez el funcionalismo es el recurso mínimo, lógico, inevitable, de todo pensamiento serio, útil, necesario, sobre la arquitectura. Ahí también falla la averiguación. Harto sabemos que en los países del Primer Mundo, las causas de suicidio son el desempleo, el invierno, la vivienda. No sólo la vivienda para el que no la tiene, sino, más significativamente para nosotros, la vivienda a como es para los que viven en ella. El fenómeno de ghettización no sólo remite al hecho de reducir poblaciones étnicas a barrios desconectados de los demás (proceso, dicho de paso, provocado tanto por las instituciones como por los mismos grupos étnicos que suelen quedarse entre sí, sin mezclarse, por razones no sólo de comodidad o idioma, sino también de xenofobia), sino que revela la realidad de vida en las ciudades dormitorios, donde no hay lugares de diversión, no hay espacios verdes, la perspectiva son las ventanas de los idénticos edificios grises de enfrente, y el cielo, si no es el mismo sol, está escondido por el tamaño gigantesco de los edificios. Ahora bien, hablando ya no del trazado urbano, sino de los mismos interiores, el funcionalismo, el racionalismo y el minimalismo, si no son peores fórmulas que las ya conocidas, genuinas pero no menos coercitivas, de reducción del espacio vital individual, sin embargo presuponen, como lo demuestra el interés de la Bauhaus para la cama, y de Le Corbusier por el *Modulor*, una normatización de los espacios, siempre en base al espacio mínimo, nunca máximo, necesario para la realización de las tareas cotidianas. Basándose en la cama, la Bauhaus expresa la importancia de las normas antropométricas físicas, que, como podemos ver en los hoteles internacionales, hacen necesario un espacio mínimo de expansión en el espacio del cuerpo: para dormir sólo es necesario un espacio de 1 m. x 2 m., o sea, de 2 m2. Sin embargo, dormir es también poder darse la vuelta, y, más importante, poder caminar para ir a acostarse. Pero ningún cuarto de los hoteles de hoy prevea este mínimo de movimiento. Así en "*trust*" (entiéndase transnacionales, y/o agrupación mercantil en forma de red de empresas asociadas que producen todos los elementos de la cadena a partir de las necesidades de la empresa central madre original) como Hollyday Inn los cuartos son del preciso tamaño de la cama más una mesita de noche, tamaño al que se le agrega, mal que bien, un baño reducido a un baño pegado a un inodoro y un lavamanos. Vale lo anterior decir que, en la realidad, el funcionalismo es antifuncional, tanto a nivel psicológico como físico.

Tales consideraciones no tendrían más sentido que el de la pura crítica estilístico o sociológica, si no nos devolvía a nuestro problema inicial: el origen y el entendimiento de la evolución de la ideología arquitectónica de la contemporaneidad, según y dentro del marco histórico anteriormente definido.

Revelar el valor ante todo diacrónico (o sea, limitado por un tiempo específico, a nivel de estilo - en cuanto movimiento artístico - y representación - en cuanto manera de concebir el mundo y el arte como representante de la relación al mundo -) del concepto funcionalista nos abre espacios creemos poder decir nunca antes percibidos por la teoría de la arquitectura. De hecho, la mitología materialista dejó pensar que el funcionalismo como expresión superior del absoluto racional era en sí la solución adecuada, no cuestionable ya que única posible, a los problemas arquitectónicos y urbanísticos, según y conforme una representación del mundo, a primera vista paradójicamente, bastante similar a la de Leibniz. Pero, en cuanto se desempeña tal visión del mundo como un intento de racionalización de su percepción y sus límites, no es tan paradójica la similitud, ya que nos remite al origen ilustrado y racionalista subjetivo de finales del siglo XVIII, precisamente, como ya hemos dicho, de la contemporaneidad, sus artes, ideas y arquitectura. Partiendo el idealismo racional (Fichte, Leibniz, Kant, e integraremos Hegel a este conjunto) del Yo como elemento de reconocimiento y valoración de lo real, conforme Descartes y los fenomenistas (Hume, Locke), es natural, por así decir, que el funcionalismo parta del hombre como valor universal, mas no el hombre real, sino el hombre abstracto, el hombre como valor universal, precisamente, el hombre como medida, el hombre medido, lo que vendrá, aunque de manera algo distinta en su crítica, Marcuse a llamar "*el hombre bidimensional*". Renacentista, lo es en parte el *Modulor* de Le Corbusier, pero si bien sigue siendo medida de su propio universo, dicho universo se vuelve, de ilimitado (el Cosmos, dentro de la relación microcosmos-macrocosmos), reducido a los límites "antropometrizados" de la estancia, como se puede apreciar en la Unidad de Habitaciones La Cité Radieuse de Marsella (como fue muy bien puesto en escena en la exposición que se presentó en el Teatro de Saint-Quentin-en-Yvelines del 19 de mayo al 24 de junio del 2006: "... *les modulors, ces unités qui sont à la base de la conception des appartements, sont représentés sur des socles qui en respectent les dimensions. En visitant l'exposition, on assiste en fait à la construction de l'espace inventé par Le Corbusier, on s'immerge progressivement dans son monde*"). Por lo que, podemos decir también que, de alguna forma, el problema de la ciudad se resolvió en la época contemporánea, por cierto conforme los planteamientos y delineaciones de la ciudad moderna, radiocéntrica o cuadriculada, porque, como hemos apuntado en nuestro trabajo anterior sobre Historia de la Arquitectura Moderna, era una simplificación práctica del problema urbanístico, pero sin embargo ya sin ningún interés por la ciudad, sino como entramado de edificios. Y el mismo edificio se resolvió como expresión depurada, también resolución fácil ante un problema demográfico creciente, cúbica, o mejor dicho rectangular en altura.

Volviendo a nuestro tema, pues bien, a pesar de la mitología que se nos impuso, aparece que ni la historia ni la razón lógica, tampoco lógica estructural si partimos de los objetos concretos realizados, evocan o amparan el funcionalismo como única vía o vía más ajustada, mejor adecuada, a la realidad arquitectónico o urbanística.

¿Que implica esto sino, como hemos dicho, una simple y llena crítica al sistema funcionalista? Implica un replanteamiento de la realidad de los datos históricos de la arquitectura contemporánea desde el arte (material simbólico) y la historia (evolución de las mentalidades).

Por ende, podemos armar ya un corpus del que partir para tener una visión diacrónica del transcurso histórico que le de un sentido histórico a la escritura de la evolución ideológica de la arquitectura en la época contemporánea.

Nuestros elementos serán tanto arquitectónicos como artísticos.

Partiremos de Adolf Loos, Cézanne, el cubismo, el futurismo y Malevitch, éste último en sus textos siendo quien nos induce explícitamente a crear tal filiación entre Cézanne, el cubismo, el futurismo y el suprematismo, los tres movimientos correspondiendo a los pasos que dio hasta crear el suprematismo, como, a su vez, simplificación o trascendencia, a como se querrá verlo, de los movimientos anteriores en los que participó Malevitch.

Como lo expresa Malevitch en el mismo título del *Manifiesto Suprematista: El Mundo No-Objetivo* (1927), el suprematismo es una representación libre de toda pertinencia, salvo interior, es la manera de acercarse al mundo sensitivo superándole en un intento de racionalización matemática.

Lo traduce de manera muy aguda F. Gullar (*Etapas da Arte Contemporânea: do cubismo ao neoconcretismo*, São Paulo, Nobel, 1985, *Parte III – Movimentos Russos – O Suprematismo*, pp. 125-128), debiéndose reconocer en los últimos años la mayor pertinencia a nuestro parecer de los intentos de acercamientos teóricos brasileños al arte y la arquitectura respecto de los intentos de los demás países en su conjunto:

"O manifesto suprematista – Do cubismo ao suprematismo — escrito por Malevitch com a ajuda de alguns escritores russos de vanguarda, entre os quais o poeta Maiacovsky, foi publicado em 1915, mas não se pode datar de então o nascimento do suprematismo. Na verdade, em 1913, na exposição O Alvo realizada em Moscou, já Malevitch tinha exposto um quadro que consistia apenas num quadrado preto sobre um fundo branco. Essa primeira obra suprematista causou naturalmente um espanto geral, pelo fato de levar de maneira radical a um ponto extremo o despojamento que se manifestava, desde o cubismo, na pintura ocidental: nela, não apenas a forma atingia total simplificação, como a cor desaparecia. O próprio Malevitch diria mais tarde que todo mundo viu naquele quadro o fim da pintura. "O quadrado perfeito — diz ele em seu manifesto — parecia à crítica e ao público incompreensível e perigoso — não se devia esperar outra reação." E esclarece: "O quadrado que tinha exposto não era um quadrado vazio, mas a sensibilidade da ausência do objeto". O suprematismo era, para Malevitch~ a supremacia da sensibilidade na arte. No seu entender, todas as formas da arte figurativa eram métodos dialéticos para exprimir a experiência sensível do real mas, por serem dialéticos, esses métodos jamais poderiam determinar o valor real da obra de arte. Embora reconhecendo que a representação dos objetos não invalida a arte que a utiliza, Malevitch acreditava que, através dos tempos, a verdadeira arte – a sensibilidade pura – desaparecera detrás do amontoado dos objetos. O suprematismo seria, portanto, uma ruptura radical com esses métodos e uma redescoberta da arte pura, isto é, da supremacia da sensibilidade. É ele quem o diz: "Do ponto de vista dos suprematistas, as aparências exteriores da natureza não apresentam nenhum interesse: essencial é a sensibilidade em si mesma, independentemente do meio em que teve origem". Por isso mesmo, a arte figurativa, em vez de ser a concretização da sensibilidade pela representação do mundo, seria apenas uma concretização do reflexo de uma sensibilidade por uma representação natural". A conclusão é que a representação do objeto, enquanto razão de ser da representação, nada tem a ver com arte. O suprematismo, assim, pretende alcançar "a expressão pura, sem representação". Noutras palavras: chega ao deserto. Mas esse deserto — que é o mundo sem objetos — não está vazio. Ele está, por assim dizer, cheio da ausência dos objetos. "A satisfação que experimentava com a liberação do objeto — escreve Malevitch — levou-me cada vez mais longe no deserto, até aquele ponto onde nenhuma coisa de autêntico subsiste a não ser a sensibilidade — e é assim que a sensibilidade se torna a substância mesma da vida." Examinemos, agora, um pouco as idéias de Malevitch. Ele diz que o essencial é a sensibilidade em si mesma, independente do meio em que teve origem: representar o objeto pelo fato de ter sido ele a causa de uma determinada experiência sensível, é representar um reflexo da sensibilidade e não a sensibilidade mesma. Quer dizer, para Malevitch, a percepção verdadeira passa-se numa dimensão aonde não chegam nem as idéias, nem as noções, nem as imagens. Essa experiência sensível pura aflora na consciência já comprometida com a estrutura representativa da vida e da arte. Todo o esforço do artista suprematista seria para captar a experiência da sensibilidade antes que ela ganhe a forma convencional das representações objetivas. A rigor, a estética suprematista conduz a um impasse. De fato, essa sensibilidade pura, anterior a toda e qualquer representação, é por definição mesma informulável. Malevitch não o ignora: "No momento em que o homem apreendesse a realidade do dado, o combate terminaria e se teria atingido a uma eterna e imutável perfeição. Desgraçadamente isso jamais acontece e a luta intérmina prossegue". Não se trata, portanto, de realizar, de pronto. aquele ideal, mas de caminhar incessantemente em sua direção. Faminto de absoluto, Malevitch despoja sua pintura de todas as contaminações com o mundo natural e reduz seu vocabulário a algumas figuras geométricas simples: o retângulo, o círculo, o triângulo e a cruz. Esse despojamento — ao contrário, por exemplo, do de Mondrian — é súbito, como se Malevitch pretendesse de um salto alcançar o cimo ideal da abstração. Mais tarde, reintroduziria a cor nos quadros e realizaria composições menos simples, às vezes mesmo com certo sentido sinfônico. Mas tudo isso era como que a preparação para novos acometimentos àquele núcleo puro do sensível. Nesse sentido, uma de suas obras mais audaciosas — e talvez mais próximas da sensibilidade pura — é o famoso Branco sobre branco, que se encontra no Museu de Arte Moderna de Nova Iorque. Nesse quadro, em que uma forma quadrada quase desaparece num fundo também branco mas de luminosidade diferente, é a própria linguagem do pintor que, na

ânsia de formular o informulável, ameaça desaparecer no silêncio. Ao escolher aquelas formas geométricas simples para substituir a representação dos objetos. Malevitch não pretende fazer pintura geométrica, não pretende muito menos disputar aos geômetras a intuição de novas relações espaciais objetivas. Essas formas seriam como que os arquétipos do mundo natural, os elementos que restariam de uma redução radical de sua aparência. Não se trata, porém, das formas ideais platônicas mas, antes, de signos intuitivos que, livres de qualquer alusão à natureza, tornam-se uma nova estrutura simbólica da realidade. Formas puras, que se dão à percepção com um mínimo de conotações, estão mais próximas daquela "experiência sensível sem imagens nem noções", coincidem com elas e são ao mesmo tempo, a experiência e o veículo da experiência. É certo que essas formas, para aludirem à ausência do objeto, transformam-se inevitavelmente no objeto dessa ausência. Para realizar o seu ideal integralmente, Malevitch teria que chegar à ausência do objeto da ausência. O quadro Branco sobre branco é talvez uma tentativa limítrofe nessa direção. Mais adiante é o silêncio absoluto, ausência total das contradições mas, também, ausência total do mundo. A expressão de uma tal experiência, se existe, não pertence mais ao campo da arte, onde as contradições são não apenas inevitáveis mas essenciais. No entanto, não se deve medir a importância da arte de Malevitch pela realização ou não desse ideal que ele se propôs. Sua importância está, exatamente, a nosso ver, na formulação de uma nova linguagem simbólica da sensibilidade, que nos permite apreender uma dimensão recôndita de nossa experiência. E com isso ele funda, de novo, noutros termos, o mito da arte como expressão metafísica. Malevitch morreu em 1935, mas desde 1926 — quando de volta de uma viagem à Alemanha, foi enviado pelo Governo soviético para ensinar em Leningrado — ninguém mais ouviu falar dele. Desde 1923, tinha se dedicado à pintura no espaço, realizando pequenas maquetas arquiteturais. São como arquiteturas gratuitas, sem finalidade prática, e que na verdade correspondem a uma nova etapa de sua obra de pintor. Marcel Brion, referindo-se a elas, diz que, apesar de serem construídas de maneira tão objetiva como o faria um arquiteto, "reconhecemos nelas, ainda, a supremacia do sentimento puro, de um equilíbrio em si, de ritmos despojados de fins práticos e utilitários, uma mística do objeto, por assim dizer, que completa, já que não se opõe a ela, a mística do sujeito"."

Por otra parte, el excelente análisis de Simon Diner (*"L'Art et l'Electricité - Deuxième époque: l'Art et le Champ"*, texto reproducido en el sitio: http://www.peiresc.org/Art-Science/Art-Champ.html de laASBL Nicolas-Claude Fabri de Peiresc Association européenne pour la culture et l'humanisme artistique et scientifique) sobre complejo científico del arte de finales del siglo XIX y inicios del siglo XX, y la cohabitación entre el atomismo y la noción de campo, ésta última como expresión inversa de interconexiones, en las artes visuales permite entender mejor, más allá de la búsqueda mística platónica y su respuesta aristotélica, el interés matemático y físico tanto de las vanguardias como de los movimientos posteriores, en particular el arte conceptual:

" L'électricité est à l'origine de la notion de champ, qui a profondément transformé la vision du monde et la technologie. A la vision atomiste, le champ substitue une vision continuiste, dont la formulation mathématique a conduit à un renouveau sans précédent de la géométrie. De la géométrisation de la physique à la vision computationnelle, s'installe une vision morphologique du monde qui remplace la vision analytique. Le champ permet le transport des données à distance, modifiant tout notre rapport à l'espace et au temps. L'art sous toutes ses formes témoigne de ces révolutions, confortées par les phénomènes de globalisation sociale et économique.

Introduction

La science et la technologie de l'électricité ont connu depuis le XVIIIe siècle deux époques successives, correspondant à deux visions essentielles du monde. La vision atomiste et la vision continuiste. Platon et Aristote. Il est remarquable que l'électricité ait été à travers ses applications le vecteur actif de cette dualité fondamentale qui parcourt la pensée occidentale et la structure.

L'électricité est à l'origine de la notion de champ, qui s'impose à la pensée scientifique du XXe siècle tout en faisant les beaux jours de la technique majeure du siècle, la TSF. De la télévision au laser, du radar aux communications à longue distance, du transistor aux fibres optiques, le champ électromagnétique remplace le simple courant électrique. L'idéologie du champ déloge l'idéologie atomistique.

L'art plastique en particulier est le témoin de cette transformation. Si l'Impressionnisme, l'Art Abstrait constructiviste ou le Bauhaus sont inféodés à un atomisme visuel, qui recherche pour les utiliser les éléments constitutifs de la matérialité visuelle, l'Art non figuratif et l'Art Contemporain, Art Electronique compris, s'orientent délibérément vers un discours sur l'espace et l'information, dans un esprit d'immatérialité, dont le champ électromagnétique classique est le paradigme fondateur. Imitant d'ailleurs en cela une Science qui multiplie les théories générales où les signes sont favorisés au dépens de la matière et des objets.

Au-delà de l'immatérialité apparente se manifeste la véritable révolution conceptuelle apportée par l'introduction de la notion de champ. Le champ est une description des relations qui s'établissent entre les phénomènes dans l'espace et le temps. Il traduit la solidarité profonde entre les phénomènes, jusque et y compris entre le phénomène et l'observateur. La description mathématique de cette solidarité débouche sur des représentations géométriques globales qui font les succès des théories de la relativité et des théories de champ de jauge pour les forces d'interaction dans la nature. Les théories de champ sont à l'origine d'une géométrisation de la physique qui remet au premier plan, après une certaine éclipse, la géométrie comme langage universel. Parallèlement, nos conceptions et notre vécu de l'espace s'élargissent considérablement jusqu'à la pratique quotidienne de la virtualité. Ce renouveau de la géométrie et cet éclatement de l'espace ne sont pas sans influence sur les expressions artistiques.

Mais en révolte contre ce structuralisme abstrait, l'art de la seconde moitié de notre siècle, se veut bien souvent réhabilitation constante de la matière, non pas dans le cadre d'une ontologie de la chose mais dans celui d'une ontologie de l'action. La matière d'Aristote contre la matière de Platon.

Il est frappant de constater que les nécessités d'une description quantique du champ électromagnétique redonnent corps à une nouvelle matérialité de l'espace ainsi qu'à une rematérialisation de la notion d'information.

Les développements de la physique du champ accompagnent les flux et les reflux de la pensée et de la création. L'Art et la Science s'entrecroisent dans le champ de la culture de chaque époque.

Si les rapports entre l'art au XXe siècle et les mathématiques font l'objet de nombreuse publications, en particulier dans le cadre du problème des géométries non euclidiennes et pluridimensionnelles ainsi que dans celui de la symétrie (L.D. Henderson. 1983; I. Hargittai. 1986; M. Emmer. 1993; M. Loi.1995), ceux entre l'art et la physique ont rarement été l'objet d'études systématiques (L. Shlain. 1991)

Et pourtant les artistes et les physiciens de la fin du XIXe siècle et du début du XXe participent à un même retrait face à l'objectivité du réel. L'art et la physique abandonnent ensemble l'idéal de Mimésis pour s'engager dans l'aventure du non figuratif et du formalisme abstrait. Le concept de champ joue un grand rôle souvent caché dans cette démarche commune qui marque le siècle au sceau d'une nouvelle objectivité.

L'atomisme. Une réalité et une idéologie

L'atomisme est une vision particulière de la Nature et constitue en tant que telle, un des plus anciens programmes scientifiques. Programme qui en toutes époques et dans diverses cultures a pu sembler le programme le plus naturel, sinon le seul rendant compte fidèlement de la nature du monde. On a même pu considérer l'atomisme comme une caractéristique de la pensée et de la science occidentales. Il existe effectivement une approche typiquement occidentale de la description de la nature, dérivée des traditions judéo-chrétiennes et de la pensée grecque. La science occidentale est avant tout un moyen d'atteindre le savoir par décomposition et recomposition. On accède à la compréhension de la réalité par décomposition des objets naturels en éléments que l'on tente de réassembler pour reconstituer les parties du monde. L'atomisme est au coeur de cette démarche.

Au programme atomiste s'oppose le programme continualiste. Il y a de fait un va et vient constant entre deux démarches cognitives, selon que l'on privilégie des considérations locales ou des considérations globales, selon que l'on se livre au réductionnisme ou au holisme et à l'organicisme, selon que l'on a recours au Nombre ou à la Géométrie. Il est tentant de rapprocher cette polarité des activités cognitives de l'opposition entre les fonctionnements de l'hémisphère gauche et de l'hémisphère droit du cerveau. Si tant est que le traitement de l'information y corresponde à des démarches opposées, locales et globales (S. Kosslyn, O. Koenig. 1992, P. 430).

Depuis le XVIIème siècle, le programme atomiste a accumulé les succès, laissant espérer en une réduction définitive de la compréhension de la réalité en terme d'éléments de base: les particules subatomiques, les atomes, les molécules et les macromolécules, les gènes. Une idéologie que le XXème siècle exacerbe à travers les développements de la Cybernétique et de l'Informatique, en mettant au premier plan la représentation atomistique (discrète et digitale) de l'Information. Les dispositifs électroniques, la modélisation du psychisme à l'aide de réseaux de neurones mathématiques, laissant penser à une modularité de l'esprit, ou l'hyperstockage de l'information sur les disques CD-ROM, c'est le triomphe de l'atomisme.

Si la vision atomiste trouve un profond accord avec les réalités naturelles, elle n'en est pas moins marquée au sceau de nombreux éléments de la culture.

Le linguiste Benjamin Whorf a insisté sur le fait que la structure grammaticale d'une langue révèle la manière dont on dissèque la nature et analyse les expériences en terme d'objets et de concepts. Il a suggéré que la structure profonde des langues indo-européennes contient comme caractéristiques fondamentales: la séparation entre le sujet et l'objet, la persistance de l'objet individuel et l'écoulement uniforme unidirectionnel du temps.

Mais l'atomisme occidental ne s'abreuve pas que de la structure de la langue, il est aussi profondément lié à la structure socio-économique. Le sentiment que l'Homme a de son rapport au Corps Social influence profondément l'image qu'il se fait de la Nature. Tout comme le sentiment qu'il a de son rapport à son propre corps.

Ainsi l'essor de l'idéologie individualiste est lié à l'essor du monde marchand capitaliste et des villes, où l'idéologie de l'individu se développe parallèlement à une idéologie de la marchandise. Individus comme marchandises sont des objets mobiles, interchangeables, discernables, susceptibles d'être manipulés.

" L'atomisation des relations sociales qui était le corollaire nécessaire de l'atomisation des relations économiques, produit cette entité impossible et imaginaire: l'individu bourgeois. Le mouvement des sciences physiques s'éloignant du point de vue " organique " (Aritotélicien) pour aller vers un point de vue " géométrique " et " technologique " (Archimédien) ou vers un point de vue "mécaniste " (Descartes et Newton), fut un produit nécessaire de l'introduction de techniques de plus en plus développées pour l'organisation de tous les niveaux de la production, y compris celui des idées. La nature de l'organisation sociale exigée par une société technologique au sens moderne est telle que l'efficacité des parties interchangeables de la machine devienne un principe de relations sociales. Il n'y a qu'un pas du " Je " de Montaigne au " cogito " de Descartes et de là au " clair et distinct ". Le " clair et distinct " est une métaphore représentative d'une idéologie de l'entité, produit nécessaire de l'avancée de la physique au XVIème siècle engendrée par la technologie, idéologie cherchant à justifier un programme intéressé non par " le gouvernement des hommes " (théologie) mais par " l'administration des choses " (science de la nature). "

A. Wilden. System and structure. 1980

Tous les concepts de la physique classique, Mécanisme et Atomisme, s'inscrivent dans cette perspective de l'Individualisme triomphant. L'identité des objets physiques n'y fait point de doute; la possibilité d'isoler, de séparer, de fragmenter s'exerce souverainement. Le système physique isolé, la trajectoire de la particule, la matière isolée dans l'espace vide, le rayon lumineux, les atomes, les " particules élémentaires ", les évènements isolables du calcul des probabilités, participent tous d'une idéologie de l'individualisme physique.

Les rapports de l'objet physique à l'environnement sont conçus comme des perturbations qui n'affectent pas le coeur dur de l'objet primaire.

L'individualisation constitue le mythe fondateur de la physique moderne, qui s'instaure dans un coup de force: la formulation d'une dynamique dont le frottement est exclu et qui ne s'applique en vérité qu'au mouvement des astres.

Il faudra attendre le vingtième siècle pour que ces conceptions physiques individualistes soient battues en brèche par le développement de la physique elle-même. Et cela précisément au moment où l'idéologie de l'individualisme, et l'individualisme tout court, reculent devant les formidables machines sociales engendrées par une technologie triomphante et mal maîtrisée socialement. C'est sur un fond d'idéologie structuraliste et systémique, sur une renaissance des conceptions organicistes stimulées par le bond en avant de la Biologie, que se réintroduisent les problèmes de liaison "organique" entre les éléments de la réalité.

L'espace et le temps semblent se recoller dans la Relativité Restreinte, la matière et l'espace ne sont plus des objets indépendants en Relativité Générale, le Vide, si essentiel à l'atomisme, n'est plus tout à fait vide en Electrodynamique Quantique et en Théorie Quantique des Champs. La notion de particule élémentaire recule jusque dans le marécage mathématique où coassent les quarks, les phénomènes de frottement apparaissent essentiels et la Mécanique Quantique révèle entre les " objets " de la microphysique des corrélations dont le statut trouble les physiciens.

La Mécanique Quantique marque à la fois l'apogée et le déclin de l'atomisme universel. Crise d'identité de la particule menant à la fin d'un certain type de réductionnisme primaire. " Les particules ont les propriétés du système, bien plus que le système n'a les propriétés des particules " comme le dit joliment Edgard Morin.

Le succès initial de la physique occidentale a été fondé sur la réussite dans la définition d'objets individuels isolés (ou ce qui revient au même d'expériences reproductibles où la répétition est garantie par la stabilité vis à vis des perturbations extérieures). Cette physique est née dans un monde dominé par une idéologie de l'individualisme.

Ce triomphe de l'individualisme s'incarne aussi dans le langage de l'Analyse Mathématique Classique qui privilégie les considérations locales.

La situation s'est retournée, et l'on assiste aujourd'hui à un passage du Local au Global reflété par la Géométrisation de la Physique.

Faut-il s'en étonner dans un monde où le citoyen pèse de moins en moins face à l'Etat ou aux organisations économiques internationales?

A l'opposé de la conception atomistique du monde, dont l'image de l'horloge, si prisée au XVIIIème siècle, n'est qu'un avatar, on voit se développer une conception continualiste, illustrée dès l'Antiquité par Aristote, défendue par Leibniz et prégnante dans l'image du monde comme un organisme, chère aux Romantiques du XIXème siècle.

L'atomisme est battu en brèche par la doctrine selon laquelle, le tout n'est pas vraiment la somme des parties. C'est la reconnaissance de l'importance du Non-Linéaire.

L'atomisme cède aussi le pas au continualisme dans une démarche où se modifie le rapport du sujet à l'objet. Dans l'atomisme se réalise une stricte séparation entre le sujet et l'objet, une extériorité de l'observateur par rapport au monde, une indépendance entre le langage et la réalité qu'il décrit. L'atomisme participe à la vision du monde des peintres occidentaux de la Renaissance pour lesquels le tableau est une fenêtre ouverte sur le monde. A l'opposé de la conception des peintres d'icônes pour lesquels l'icône est Dieu, donc le Monde, qui regarde l'Homme en l'englobant.

Les difficultés de l'atomisme proviennent de ce qu'il exprime les interactions comme extérieures aux objets. Il y a d'abord les objets (atomes) puis les interactions. Dans une telle conception, il ne peut y avoir que des interactions à distance. C'est là où le bât blesse, et où la conception newtonienne de l'action à distance va se trouver remplacée au XIXème siècle par la notion d'action de proche en proche, qui va faire éclore le concept de champ.

L'art occidental et la vision atomistique du monde

A la question essentielle de savoir si le constituant fondamental du monde est la substance, le processus ou l'événement, la conception dominante a toujours été en faveur de la substance, depuis Aristote et Platon. Descartes a même été jusqu'à considérer l'étendue comme une substance. On a pu considérer l'énergie comme une substance. Les conceptions atomistiques marquent l'apogée de cette vision du monde substantialiste.

L'art occidental, en particulier depuis l'époque médiévale, au moment où s'est constitué le parti pris de l'art comme " fenêtre sur le monde ", a exacerbé son intérêt pour les objets qui constituent le monde. Selon Alois Riegl, les civilisations et les cultures oscillent entre deux conceptions de l'espace, une conception " haptique " qui isole les objets et une conception " optique " qui les fond dans un continuum spatial. L'art occidental a été modelé par la conception " haptique " qui prévaut dans l'idéologie atomiste.

De toutes les interprétations de la perspective, la plus naturelle est d'y voir des procédures pour donner une représentation atomiste " vraisemblable " de la composition du monde. Il faut ranger et ordonner les objets en marquant leur position dans l'espace.

L'apparition de la perspective tout comme d'ailleurs celle du paysage, témoigne dans l'histoire de la culture européenne d'un renversement total de point de vue sur le monde qui se manifeste tout autant dans le développement de la science.

Contrairement à la conception de l'Antiquité, c'est l'homme qui regarde la nature et non plus la nature qui regarde l'homme. Mais ce regard est une prise de possession, tout comme c'est le cas pour la science. A l'ordre des choses succède l'ordre imposé par l'homme. L'atomisme sert ce projet en cataloguant les objets de la nature, prêts à être conquis, utilisés, asservis.

L'atomisme sert les stratégies de la vision. C'est ce qui a été bien exposé par Lev Manovich dans sa thèse " The Engineering of Vision from Constructivism to Computers " (MIT. 1993).

Dès la fin du XIXème siècle, puis au XXème siècle " la vision va acquérir de nouveaux rôles comme moyen de communication de masse et instrument de travail et de ce fait sera, comme tout instrument de production, soumise à ingénierie, rationalisation et automation ".

Les démarches atomistes sont au coeur de cette instrumentalisation de la vision qui s'exprime pleinement dans l'art de cette époque.

Une instrumentalisation clairement prônée par les écrits de Charles Henry (1859-1926) qui eurent tant d'influence sur Seurat et Signac, et ceux de Lazlo Moholy Nagy (1895-1946) représentatifs de l'esprit des avant-gardes du début du XXème siècle.

▢ " Les recherches sur les effets psychologiques des couleurs de base et des formes élémentaires conduites par les psychologues dans la seconde moitié du XIXème siècle (Wundt, Fechner) rendaient possible l'idée d'un langage visuel rationnel composé d'éléments simples - les " atomes " de la communication visuelle. Cette idée fut poursuivie au XIXème siècle par des artistes comme Seurat et des théoriciens comme Henry. Lorsque dans les années 20 les artistes se retrouvèrent à jouer le rôle de designers de la communication de masse, l'idée d'un langage visuel atomistique acquit une nouvelle importance et une nouvelle urgence ".

Les recherches psychologiques sur les formes simples influencèrent Seurat, Signac, Kandinsky, Klee, Mondrian.

Les artistes modernistes réclamant le statut de designers de la propagande de masse dans la Russie Soviétique des années 20, firent converger les deux voies de recherche - l'exploration artistique des éléments visuels et les découvertes de la psychologie expérimentale, en particulier celles de la psychologie de la Gestalt.

" Dans de nombreux instituts d'art soviétiques des années 20, El Lissitsky, Alexandre Rodchenko, Osip Brik et d'autres collaborèrent avec des psychologues expérimentaux pour étudier l'efficacité des éléments visuels et leurs combinaisons ". L'atomisme visuel au service de la communication de masse, permet de constituer des codes, mais ne va pas jusqu'à une articulation qui deviendrait un langage. Malgré la " Grammaire des arts du dessin " de Charles Blanc (1880), l'esthétique atomistique ne se constitue pas en langage. L'activité des formalistes russes à laquelle participe Osip Brik n'est pas suffisante pour constituer un pont entre les arts plastiques et la sémiotique naissante. Il faudra attendre les années 60 pour voir se constituer une sémiotique visuelle, grammaire des éléments visuels, dont l'influence sur l'expression artistique semble pour le moment négligeable. On ne peut pas dire que les travaux de U. Eco, du Groupe µ ou de Boris Ouspensky sortent d'un milieu restreint et fécondent la création artistique, arts médiatiques inclus.

La pensée du continu
D'une physique des images à une physique du simulacre

La culture occidentale a toujours été dominée par une vision du monde substantialiste, atomiste, réductionniste, pythagonico-platonicienne. Le programme platonicien de connaissance mathématique dont le fondement est une théorie géométrique de la matière et de ses transformations est un réductionnisme particulier: la diversité du monde provient de l'assemblage et de transformations réciproques de figures. L'atomisme est aussi un réductionnisme: les qualités physiques sont ramenées à des positions et à des figures d'atomes.

C'est dans le refus critique d'Aristote d'adhérer au programme platonicien et à l'atomisme que se trouve la source la plus importante de la formation d'un programme scientifique différent que l'on peut qualifier de programme continualiste. Programme qualitativiste qui voit la différence fondamentale entre les corps dans la différence entre les qualités et leurs actions. Programme dynamique où la matière informe et le mouvement se conjuguent pour créer les formes. Une attitude émergentiste opposée au réductionnisme.

Une pensée du continu, difficile à développer en l'absence de moyens mathématiques adéquats.

Le grand mathématicien René Thom a bien compris le défi aristotélicien:

▢ " Aristote avait tenté, dans sa Physique, de construire une théorie du monde fondée non sur le nombre, mais sur le continu. Il avait ainsi réalisé (au moins partiellement) le rêve que j'ai toujours entretenu de développer une " Mathématique du continu " qui prenne le continu comme notion de départ, sans aucun appel (si possible) à la générativité intrinsèque du nombre. Aristote a été pendant des siècles (peut être des millénaires) le seul penseur du continu; c'est là à mes yeux son mérite essentiel ".

(Esquisse d'une sémiophysique)

Toute la philosophie naturelle occidentale jusqu'aujourd'hui ne veut voir dans le monde que les objets, et veut derrière chaque manifestation trouver un objet qui en est la cause.

La pensée du continu désoriente en cherchant à dire un monde sans objets, un monde où l'on ne sait rien isoler, un monde de l'informe.

Même la pensée mathématique du continu a du mal à renoncer à la notion de point, et accumule les points pour créer un continuum par l'infini.

Il faudra attendre le dernier tiers du XIXe siècle pour voir apparaître une véritable pensée du sans objet et de l'informe.

Dans une culture qui se voulait massivement réaliste vont se manifester des interrogations scientifiques liées à des phénomènes dont on n'arrive pas à identifier le support objet. Situation d'autant plus dramatique qu'à la même époque on finit par concrétiser la longue aventure de l'atomisme en " dévoilant les atomes ". C'est à ce moment là que se concrétise la notion de champ électromagnétique (1873) qui va détruire tout ce que l'on pouvait imaginer d'un éther substantiel sous-jacent, et que parallèlement l'explication de nombreux phénomènes psychologiques fait recours à un inconscient informe dont la structure énergétiste cache mal la déception atomiste.

Deux visions de l'homme et du monde qui mènent le même combat face à la disparition des repères matériels et vont s'engouffrer dans la symbolique. Là où il n'y a plus d'objets il ne reste plus que les signes. Ce conflit entre le matériel et l'immatériel va laisser des traces profondes dans l'art du XXe siècle. C'est le champ électromagnétique qui crée le premier les conditions culturelles de la dématérialisation. Effet paradoxal d'une histoire de l'électricité qui affirme au même moment son atomicité granulaire, en révélant l'existence de l'électron et découvre l'étonnant phénomène de la propagation des ondes électromagnétiques. L'énergie existe encore, détachée de tout support matériel identifiable.

Dans la théorie électromagnétique de Maxwell, le champ électromagnétique n'est pas encore une entité autonome. Il est profondément lié à l'existence des corps électrisés au repos ou en mouvement. Mais les éléments de son autonomie apparaissent dans la formulation mathématique de la théorie. Le champ électromagnétique, ce sont les équations de Maxwell. Une véritable pensée du continu s'introduit là par l'usage d'équations aux dérivées partielles. Einstein, dans un essai écrit pour le centenaire de Maxwell dit justement:

◻ *" Avant Maxwell les gens concevaient la réalité physique, pour autant que l'on suppose qu'elle représente des événements de la nature, comme des points matériels, dont les modifications consistent exclusivement en des mouvements qui sont soumis à des équations différentes ordinaires. Après Maxwell ils ont considéré la réalité physique comme représentée par des champs continus soumis à des équations aux dérivées partielles ".*

A. Einstein - Maxwell's Influence on the Evolution of the Idea of Physical Reality.

Ideas and opinions N.Y. Dell 1984.

Mais ce faisant la vision du monde la physique bascule d'une physique des images à une physique du simulacre, entraînant un débat intense sur la nature de la connaissance. Débat aux immenses retentissements culturels dont l'art du XXe siècle va se faire l'écho.

Les grands savants de la fin du XIXe siècle, Helmholtz, Hertz, Poincaré ont fortement marqué leur époque et tirant de leurs travaux une nouvelle philosophie de la nature, marquant un net retrait face à toutes les tentations de réalisme.

Heinrich Hertz, le physicien des ondes hertziennes, occupe au tournant du siècle une position privilégiée.

Sans chercher à prouver la théorie de Maxwell (l'homme de Cambridge), Hertz (l'homme de l'école allemande de Helmholtz), va produire des faits expérimentaux qui prouvent la justesse des conceptions de Maxwell.

Il va montrer l'existence des ondes électromagnétiques (1888).

Tout serait pour le mieux dans le meilleur des mondes, s'il avait vraiment observé ces ondes comme vous observez les ondes sur l'eau d'un bassin où vous venez de jeter une pierre. Mais il n'a observé que des phénomènes qui accompagnent habituellement les ondes, et donc tout se passe comme s'il existait des ondes électromagnétiques.

Comment, direz-vous, les ondes électromagnétiques existent puisque l'on sait les émettre et les recevoir (la radiodiffusion, la télévision, les relais par satellite). On sait effectivement, en utilisant la théorie électromagnétique, transmettre des signaux à des distances énormes et recevoir des signaux qui nous viennent du cosmos. Mais personne n'a jamais pu vérifier que cela a réellement lieu à l'aide des ondes électromagnétiques de la théorie de Maxwell, car on ne voit pas ces ondes directement.

Hertz a produit des expériences qui sont en accord avec les conséquences de la théorie de Maxwell, mais qui laissent la notion de champ électromagnétique flottante et déracinée. Le champ des équations de Maxwell est un admirable outil descriptif, mais sa matérialité nous échappe, d'autant plus que l'on ne saura concevoir un éther convenable pour le recevoir. Mais si l'on ne voit pas les ondes, pourquoi s'acharner donc à leur trouver un support? Que se passe-t-il donc puisque les télécommunications fonctionnement admirablement?

Confronté à ce mystère du Vide et de l'Ether, Hertz, dans le sillage de Helmholtz, développe une attitude conventionnaliste.

Pour Hertz, la réalité se prête à différentes représentations imagées empiriquement équivalentes. La question de savoir laquelle de ces représentations est la plus appropriée, ne dépend pas seulement d'exigences de correspondance avec les phénomènes, mais aussi de critères de simplicité ou d'efficacité. Le choix d'une représentation est purement conventionnel.

Alors que Maxwell avait éprouvé le besoin de donner une interprétation et une présentation mécanistes de sa théorie, et pour ce faire avait construit différents modèles d'éther, Hertz ne cherche pas à savoir lequel de ces modèles est " le vrai ". Il déclare en effet que la théorie électromagnétique de Maxwell n'est rien d'autre que son système d'équations différentielles; il est donc inutile de cherche à cette théorie une teneur objective autre que celle exprimée dans ces équations. Il ouvre ainsi la voie à cette affirmation célèbre du XXème siècle: " L'atome d'hydrogène c'est l'équation de Schrödinger de l'atome d'hydrogène ".

A la fin de sa vie, Hertz entreprend un exposé des " Principes de la Mécanique ", ultime tentative grandiose, selon Planck, de ramener tous les phénomènes de la nature au mouvement. Planck ajoute que la tendance de la vision mécaniste du monde vers une forme unifiée de l'univers trouve là un accomplissement idéal. Ce livre est un peu comme le chant du cygne du mécanisme et Lénine a à juste titre, dans " Matérialisme " et empiriocriticisme " (1908), souligné les oscillations de Hertz entre matérialisme et kantisme. Dans la préface, on y trouve effectivement des déclarations dans l'esprit de Kant et de Helmholtz, qui ont eu un grand retentissement à travers des philosophes comme Ludwig Wittgenstein ou Ernst Cassirer. On connaît les liens entre ces philosophes et le monde de l'art, en particulier l'influence de Cassirer sur l'historien d'art E. Panofsky. Lénine dénonçait déjà la récupération de Hertz par les idéalistes...

Dans la " Philosophie des formes symboliques " (1927), Cassirer n'hésite pas à expliquer comment la connaissance physico-chimique promeut un nouveau idéal de connaissance.

◻ *" Le nouvel idéal de connaissance qui ressort de toute cette évolution se trouve exprimé de la manière la plus frappante dans les considérations préliminaires aux Principes de mécanique de Heinrich Hertz. Celui-ci requiert de notre connaissance de la nature, comme la tâche urgente et primordiale entre toutes, qu'elle nous permette de prévoir nos expériences futures; son procédé pour inférer ainsi du passé à l'avenir devra consister à forger des " symboles, ou des simulacres internes " des objets extérieurs, d'une nature telle que les conséquences logiques de ces symboles soient elles-mêmes les images des*

conséquences nécessaires des objets naturels qu'ils reproduisent.

◻ *" " " " Une fois que l'expérience accumulée nous a fourni des images présentant les caractères requis, nous pouvons nous servir de ces images comme de modèles et ainsi déduire rapidement des conséquences qui n'apparaîtront dans le monde extérieur que beaucoup plus tard, ou qui résulteront de notre propre intervention... Ces images dont nous parlons sont nos représentations des choses, et s'accordent avec elles par leur propriété essentielle, qui est de satisfaire à la condition susdite; mais elles n'ont besoin pour remplir leur tache d'aucune espèce de conformité avec les choses. De fait nous ignorons si nos représentations ont quoi que ce soit de commun avec les choses en dehors de cette relation fondamentale, et nous n'avons aucun moyen de le savoir " " " ".*

Hertz. Principes de la mécanique

Le système conceptuel de la physique devra rendre compte de l'ensemble des relations qui existent entre les objets réels et comprendre comment ils dépendent les uns des autres; mais il faut pour cela que tous les concepts utilisés se situent d'emblée dans une perspective théorique qui les unifie. L'objet résiste à qui veut le poser comme un pur en soi, indépendant des catégories essentielles de la connaissance de la nature; il ne se prête à la représentation qu'à l'intérieur de ces catégories, hors desquelles il n'aurait pas de forme constituée. C'est en ce sens que chez Hertz les concepts centraux de la mécanique, notamment ceux de masse et de force, deviennent des " simulacres " qui, créés par la logique propre à la connaissance de la nature, ne peuvent que se plier à ses exigences générales et tout d'abord à l'exigence à priori qui veut qu'une description soit claire, non contradictoire et libre de toute équivoque.

La retraite des physiciens accompagnée de combats (d'arrière garde?) qui vont durer tout le XXème siècle, ouvre la voie au monde du sans objet et cautionne toutes les révolutions esthétiques (l'esthétique est une vision du monde) qui vont se succéder.

Le champ. Mais qu'est-ce que c'est donc?

L'histoire du concept de champ est comme celui d'un figurant qui devient un premier rôle.

Apparu pour combler le vide créé par le scandale de l'action à distance il devient l'élément premier dont tout procède et où tout s'anéantit.

Cela avait pourtant bien commencé lorsque la physique occidentale, et Newton en particulier, avaient proclamé leur refus de l'action à distance, considérée comme une magie inacceptable.

 " Le fait qu'un corps puisse agir sur un autre à distance à travers le vide, sans aucune médiation de quoique ce soit d'autre... est pour moi une si grande absurdité, que je pense qu'aucun homme pensant philosophiquement avec compétence puisse y échoir. "

Newton. Principia Mathematica

Il ne restait plus à Faraday et à Maxwell qu'à paver l'espace entre les corps de propriétés qui se révèleraient par le test d'un corps d'épreuve en chaque point.

Le champ est le concept d'un espace (de l'espace) muni de propriétés en chacun de ses points.

L'idée essentielle du champ est l'existence de régions de l'espace possédant d'une manière latente la possibilité de manifester en chaque point une force sur un corps d'épreuve que l'on y introduit.

L'espace est ainsi lui-même pris pour une chose sans nécessairement être empli de quelque chose. Une théorie de champ formule les lois qui tiennent entre elles les propriétés aux différents points. Une formulation physique en terme de théorie de champ élimine le problème de l'action à distance en le remplaçant par celui de la propagation de l'action de proche en proche. Le champ est comme un milieu (éther) dématérialisé, ce qui n'exclut pas la présence d'un véritable milieu (éther).

La théorie du champ électromagnétique définit en chaque point de l'espace les forces électriques et magnétiques que l'on peut éprouver à l'aide d'une charge électrique ou d'un courant électrique tests. Les valeurs de ces forces aux différents points sont liées entre elles par les équations de Maxwell. Dans la relativité générale c'est la courbure de l'espace-temps qui est considérée comme une propriété de champs, et les équations d'Einstein établissent les relations entre les courbures aux différents points.

Le champ est donc une description des relations qui s'établissent entre les phénomènes dans l'espace et le temps. La description mathématique de cette solidarité des points entre eux débouche sur des représentations géométriques et globales qui feront le succès des Théories de Relativité. Le champ est donc une manifestation globale d'un ensemble de propriétés locales.

Cette conception du champ comme conception d'un espace continu muni de propriétés constitue la grande révolution conceptuelle de la fin du XIX e siècle et va dominer le XXe siècle . Tous les problèmes de la physique vont se formuler au moyen d'espaces continus réels ou abstraits.

Ce pourra être l'espace tri dimensionnel, l'espace-temps quadridimensionnel, l'espace de phase de la mécanique classique, l'espace de Hilbert de la mécanique quantique, l'espace des états d'équilibre thermodynamique ou des espaces encore plus abstraits. Tous ces espaces ont des propriétés géométriques différentes mais ont quelque chose en commun du fait d'être des espaces continus, plutôt que des réseaux de points discrets. Les propriétés communes à tous ces espaces sont en fait l'objet du discours de la géométrie différentielle, qui devient de ce fait un des langages essentiels de la physique contemporaine. La plus fondamentale de ces propriétés se coule dans la définition d'une " variété différentielle " qui devient le substitut mathématique du mot " espace ".

Ce sont les théories de champ qui en élaborant des conceptions physiques de la géométrie ont joué un rôle fondamental dans l'élaboration du langage géométrique moderne, langage universel de presque toutes les théories physiques actuelles.

Ainsi, l'absence de toute preuve de l'existence d'un éther et l'échec de tous les modèles d'éther, ont réduit le champ électromagnétique à n'être qu'une phénoménologie géométrique.

Dans l'introduction de son admirable Cours d'Electricité et d'Optique professé à la Sorbonne à la fin du XIXème siècle, Henri Poincaré, décrit les états d'âme de l'impétrant physicien devant la théorie du champ électromagnétique de Maxwell.

 " La première fois qu'un lecteur français ouvre le livre de Maxwell, un sentiment de malaise, et souvent même de défiance se mêle d'abord à son admiration. Ce n'est qu'après un commerce prolongé et au prix de beaucoup d'efforts que ce sentiment se dissipe. Quelques esprits éminents le conservent même toujours .

Ce n'est pas tout, il aura encore d'autres exigences qui me paraissent moins raisonnables. Derrière la matière qu'atteignent nos sens et que l'expérience nous fait connaître, il voudra voir une autre matière, la seule véritable à ses yeux, qui n'aura plus que des qualités purement géométriques et dont les atomes ne seront plus que des points mathématiques soumis aux seules lois de la Dynamique. Et pourtant ces atomes indivisibles et sans couleur, il cherchera, par une inconsciente contradiction, à se les représenter et par conséquent à les rapprocher le plus possible de la matière vulgaire.

C'est alors seulement qu'il sera pleinement satisfait et s'imaginera avoir pénétré le secret de l'Univers. Si cette satisfaction est trompeuse, il n'en est pas moins pénible d'y renoncer.

Ainsi, en ouvrant Maxwell, un Français s'attend à y trouver un ensemble théorique aussi logique et aussi précis que l'Optique physique fondée sur l'hypothèse de l'éther; il se prépare ainsi une déception que je voudrais éviter au lecteur en l'avertissant tout de suite de ce qu'il doit chercher dans Maxwell et de ce qu'il n'y saurait trouver.

Maxwell ne donne pas une explication mécanique de l'électricité et du magnétisme; il se borne à démontrer que cette explication est possible. " Quand le Mécanisme ne fonctionne plus et que l'Atomisme se dérobe, il reste la Géométrie. C'est la grande leçon des Théories Relativistes. A quoi se raccrocher quand tous les repères font faillite? A des invariants qui se jouent de tous les points de vue partiels et particuliers. C'est là que la Théorie des Groupes de Symétrie entre en scène dans la physique du XXème siècle pour ne plus la quitter. Dis-moi ce qui ne varie pas et je te dirai quel est ton champ. Dis-moi ce qui ne varie pas et je te dirai à quelle géométrie tu appartiens.

Champs et géométries. Un vaste programme pour la reconquête active des identités, pour la construction des identités. L'Atomisme se fondait sur des identités données à priori, les théories continuistes comme celles du champ fondent l'identité sur les invariances, les singularités, la dynamique.

❛ " La symétrie est fondamentale pour une théorie de champ car c'est à travers les propriétés de symétrie que le champ est décrit.

Lorsque le monde est conçu d'une manière atomistique, comme une assemblée de points matériels disposés dans l'espace, la symétrie d'une configuration est une propriété accidentelle du système. Mais avec le déplacement (conceptuel) qui fait du champ " la seule réalité ", les symétries du champ sous-jacent deviennent les moyens principaux de compréhension et de prédiction des interactions entre particules. Ce déplacement de l'accent du concept atomistique à un concept de champ transforme ainsi la symétrie d'une propriété accidentelle à une propriété intrinsèque, et place de ce fait les considérations de symétrie au coeur de la physique moderne.

Werner Heisenberg décrit dans ses mémoires comment lui et son collègue Wolgan Pauli en sont venu à considérer la symétrie, comme la clef d'une théorie de champ unifiée. Heisenberg affirme " Au début était la symétrie " est certainement une meilleure expression que celle de Démocrite " Au début était la particule . "

K. Hayles. The cosmic web. p.112

Raum-Zeit als Materie " Espace-temps comme Matière "

Poursuivant cette idée, la physique du champ s'appuie sur une véritable " ontologie de la symétrie ". Ecoutons Aage Bohr, le fils de Niels Bohr, l'auteur du modèle planétaire de l'atome et de l'idéologue de la révolution quantique. Aage, est lui aussi prix Nobel, pour sa théorie de la structure du noyau de l'atome. L'atome chez les Bohr est une affaire de famille.

Il propose de considérer comme quantités (variables) de base, les transformations de symétrie de l'espace du temps.

De la substance sans forme selon Aristote, à la forme sans substance selon la Théorie Quantique des Champs, on en (re) vient à la forme comme substance. Aage Bohr propose malicieusement qu'une nouvelle édition du très célèbre livre d'Hermann Weyl: " Espace, Temps, Matière " (1923), porte le titre: " Espace-temps comme Matière ". L'espace-temps, le vide deviennent matière Le pneuma des Stoïciens manifestant la primauté du Logos, ne plaçait-il pas la forme pure au fondement du Monde? Une idée que Jean exprime dan son Evangile: " Au début était le Verbe ".

❛ " Dans sa manifestation primaire, la symétrie, qui décrit traditionnellement les formes des configurations de la matière, acquiert une existence propre et constitue la substance élémentaire (matière et rayonnement). Cette nouvelle perspective pour la vision de la physique quantique peut-être éclairée en faisant référence au rôle de l'éther dans la mise en évidence de la symétrie de l'espace-temps, dont le moment culminant est la constitution de la Relativité Restreinte. Ainsi les équations de Maxwell ont été conçues comme décrivant les vibrations de l'éther, mais la notion d'éther a été éliminée, comme superflue, lorsque les équations du champ électromagnétique apparurent dans une perspective nouvelle, où elles expriment l'invariance de l'espace-temps (équivalence des repères en relativité restreinte) et l'invariance de jauge. Dans ces développements, la physique relativiste classique peut être considéré comme concernant une substance porteuse des symétries de l'espace-temps et de jauge, la particule et le champ étant des degrés de liberté élémentaires, quant à la physique, elle a été créée dans ce moule par l'introduction de conditions de quantification agrémentées d'une interprétation du formalisme symbolique. Cependant, la notion de substance à quantifier devient superflue lorsque la symétrie est reconnue dans sa manifestation première et qu'elle devient elle-même la substance élémentaire, douée de complémentarité congéniale. "

A. Bohr and O. Ulfbeck. Reviews of Modern Physics. Vol. 67, p. 1-35, janvier 1995. Primary manifestation of symmetry. Origin of quantal indeterminacy.

Le champ met l'interaction au devant de la scène. L'identité des corps eux-mêmes découle des propriétés du champ. Le champ n'est pas ce que crée la particule, c'est la particule qui devient la création du champ. Selon le mot de René Thom la matière apparaît alors comme une maladie de l'espace.

Ce rôle central du champ apparaît encore plus marqué dans la Théorie Quantique des Champs. Les particules y apparaissent comme des excitations quantifiées des champs. Création et annihilation de particules sont les événements qui constituent la vie des champs. En l'absence de particule tout champ se trouve dans un état dit " état de vide " du champ.

Ce vide qui n'est pas rien constitue un profond mystère, car à son propos se pose à nouveau la question de la réalité physique du champ.

Cet éther fuyant comme le mercure allait-on enfin se trouver en face de lui avec le vide quantique? Ne faisant pas confiance aux épistémologues qui répètent sans cesse qu'il n'y a pas d'expérience cruciale, on a voulu voir l'effet du vide derrière l'émission spontanée de la *lumière, derrière l'effet Casimir ou la constante cosmologique. Mais les explications ne sont jamais uniques et l'identification de grandeurs physiques rarement équivoque.*

Reste alors au physicien du champ à renoncer au réalisme (pour le moment du moins), à se mortifier de la nature mathématique du champ, du vide quantique en particulier qui n'est pas défini dans l'espace physique mais dans un espace mathématique abstrait.

Lorsqu'il regarde l'Art du XXe siècle ce physicien s'étonne de voir tant de résonances entre l'univers de ses pensées et les langages des artistes. Comme lui, les artistes ont renoncé au référent pour se consacrer au langage. Le monde du sans objet a envahi l'art contemporain a la stupéfaction des foules qui n'en voit pas la raison ou la signification. A défaut de pouvoir percevoir des objets identifiables les critiques d'art parlent des oeuvres comme de champs. Champs de force pour Y. Michaud parlant de Pollock.

Champs de couleurs (color field) pour C. Greenberg parlant de Rothko ou de Barnett Newman. A l'absence d'objets dans le tableau (art informel) répond l'absence de limite du tableau qui en aurait fait un objet lui-même.

◊ *"... Ils (les tableaux de Newman) ne se dégagent pas non plus de l'espace comme objets isolés; en bref ce ne sont pratiquement pas des peintures de chevalet et pour cette raison, ils échappent à la notion d' " objet " (et d'objet de luxe) qui s'attache de plus en plus au tableau de chevalet. En définitive, les tableaux de Newman doivent être vus comme " champs ".*

◊ *C. Greenberg (1946)*

Le physicien constate comme une connivence entre l'art contemporain et ses propres interrogations. Partout s'exprime le rôle du continu, la dialectique entre le matériel et l'immatériel, le règne du formalisme, l'exploitation de la géométrie, le jeu subtil des corrélations, le triomphe du global au dépens du local.

Le concept de champ et la culture du XXe siècle

L'histoire des expressions artistiques montre que l'on peut rarement prendre en flagrant délit un concept scientifique influençant ou inspirant directement le travail d'un artiste.

Les artistes n'illustrent pas la Science et s'en défendent, alors qu'ils ont abondamment illustré les mythologies ou les récits des religions. Mais la Science produit une vision du monde et un imaginaire scientifique propre qui n'ont jamais manqué de jouer un rôle dans la création artistique. Ceci apparaît dans les parallèles ou les affinités entre l'image du monde construite par les savants et les philosophes, à une époque donnée et la représentation du monde fournie par les écrivains et les artistes. Sans parler de la place que la Science ou l'Art attribuent à l'Homme dans la Nature. Sans parler d'une pratique de l'esthétique bien souvent commune aux artistes et aux savants. Bref Art et Science sont bien souvent comme " les deux yeux d'une même culture " et reflètent les grands caractères de cette culture.

Le philosophe russe A.F. Losev (1893-1988) historien de l'esthétique antique, a ainsi par exemple bien marqué ce qui distingue la culture antique de la nouvelle culture européenne.

La culture antique est une culture du cosmos sensible et matériel d'une société esclavagiste. Un cosmos visible considéré comme l'énorme corps d'un être vivant, humain dans sa totalité comme dans ses parties. Un cosmos animé et intelligent. L'Homme n'est qu'un élément de ce cosmos.

La nouvelle culture européenne est la culture bourgeoise fondée sur l'économie de la production des marchandises. L'individu apparaît ici au premier plan comme sujet, avec sa sensibilité propre et son pouvoir d'engendrement de toute objectivité. L'Homme est déclaré le roi de la Nature.

Science et Art ont parallèlement basculé d'une conception organique (hylozoïque) de la nature à une conception mécaniste. Du mouvement considéré comme un désir chez Aristote au mouvement exprimant l'action d'une force chez Newton. D'une vision du monde privilégiant la Puissance (Potentia) à une vision centrée autour de l'Acte. La science moderne a voulu se constituer comme une science de l'Acte et non pas comme une science du Possible.

A l'origine, dans la doctrine aristotélicienne, la puissance désigne une modalité de l'être, exprimant qu'une autre modalité, l'existence réalisée (l'acte), est précédée d'une possibilité d'être. La genèse de l'être est alors considérée comme un passage de la puissance à l'acte. Entre la doctrine de l'acte et de la puissance et celle de la matière et de la forme (hylémorphisme) il y a une relation profonde, puisque la matière serait puissance pure qui ne deviendrait acte que par l' " acquisition " d'une forme. Introduite pour justifier le mouvement, cette conception restera essentielle dans toutes les démarches ultérieures de la physique, physique moderne et physique contemporaine comprise. On peut même dire que c'est la manipulation du concept de puissance qui fait la force de la Physique.

La physique post-médiévale dans sa volonté anti-aristotélicienne, s'est longtemps voulue une physique des grandeurs actuelles, réalisées en acte. Mais à leur coup défendant les physiciens ont été amenés à réintroduire des grandeurs potentielles (sinon même virtuelles) et à les considérer au même titre que les grandeurs actuelles. L'introduction du concept de champ motivée par la volonté de rendre compte des interactions par propagation de proche en proche, aboutit en fait à une révolution conceptuelle majeure fruit de plusieurs siècles d'évolution opérant le retour à une physique aristotélicienne de la puissance?

Le champ électromagnétique, le champ de gravitation, les champs des interactions faibles et fortes, les champs de jauge sont les fleurons de la physique contemporaine. La mécanique quantique elle-même introduit sans les nommer des champs du possible. Ne va-t-elle pas jusqu'à considérer ce champ du vide qui loin d'être rien est le champ de tous les possibles.

Le concept de champ qui peut paraître au départ un concept écran, " recours universel " ou " bouc émissaire " a trouvé dans la physique mathématique un statut opératoire par la rencontre entre le rôle " physique " dévolu au champ et la nature des mathématiques.

On peut effectivement se demander si la mathématique n'est pas précisément un langage qui permet de manipuler et de modéliser les " espaces de liberté " où s'incarne le possible des choses. La mathématique dans son autonomie est une exploration des possibles. Le problème de la physique est d'extraire l'acte unique de cet univers en puissance. Tout système physique réel peut être considéré comme issu de la " réduction " des systèmes physiques possibles. Tout le problème est de savoir si cette " réduction " relève seulement d'un modèle mathématique ou constitue un processus physique réel.

Kant avait tenu à distinguer la mathématique et la physique, le domaine des essences ou des possibles et le domaine de la nature et de l'existence.

L'apparition du concept de champ dans la seconde moitié du XIXe siècle introduit un concept médiateur entre l'essence et la nature.

Toute la culture du XXe siècle en sera affectée.

On ne peut pas ne pas remarquer que le concept de champ s'affirme dans la physique au même moment le concept d'inconscient commence à jouer un rôle essentiel dans la psychanalyse freudienne. On a souvent insisté sur le rôle que l'énergie joue dans les conceptions freudiennes. Mais il faut bien remarquer là que l'énergie, utilisée métaphoriquement ou non, est une énergie désincarnée. Ce n'est plus l'énergie thermodynamique mais une énergie en soi, assez proche de l'idée d'énergie dans le champ électromagnétique.

Freud parle d'énergie psychique, utilisée pour le refoulement créateur de conflits et susceptible d'être libérée quand le patient est guéri de ses symptômes. L'énergie est une caractéristique de l'inconscient perçu comme champ informe. Une image sans cesse présente à l'arrière plan des discours psychanalytiques et rendue possible par l'existence du concept de champ électromagnétique dans la culture du XXe siècle. Au point même que l'idée de champ s'étend aux événements perçus par la conscience et imprègne la formulation des corrélations entre événements considérées comme " interactions acausales " relevant de la conscience (ou de consciences). C'est le thème de la synchronicité jungienne. Que l'on ait pu rapprocher, au fameux colloque de Cordoue, les psychanalystes jungiens arborant la synchronicité et les physiciens en mal de corrélations EPR (Einstein Podolsy-Rosen), montre à soi seul la prégnance de l'idée de champ dans notre culture.

Entre le champ et la psyché, comme un même cadre conceptuel, ce qui a été remarqué depuis longtemps par des physiciens et des psychologues. Citons là pour concrétiser nos propos ce remarquable texte de W. Pauli, écrit à l'occasion des 80 ans de C.G. Jung, et où le physicien cite lui-même le grand psychologue W. James.

❙ " Au moment même où, au siècle dernier, se développait chez Carl Gustav Carus et Eduard von Hartmann, à partir d'indications esquissées par Kant et à travers le relais de Schelling, une philosophie de l'inconscient, on voyait naître en physique l'idée de champ, depuis les images concrètes de Faraday jusqu'aux lois du champ électromagnétique formulées par Maxwell. De même que la pensée théorique attribuait une réalité au champ électromagnétique, indépendamment de sa manifestation visible provoquée par des moyens appropriés (corps porteurs d'une charge électrique, limaille de fer, aiguille aimantée, etc.), de même l'inconscient était crédité d'une réalité, celle d'une couche marginale de " contenus " du psychisme qui, pour être subliminaux, n'en étaient pas moins susceptibles d'exercer dans certaines circonstances une influence considérable sur les processus perçus par la conscience. Cette comparaison entre un champ physique, un champ magnétique en particulier, et une couche psychique environnant la conscience mais échappant à toute saisie directe, fut effectivement développée dès 1902 par William James:

❙ " Le fait important que rappelle cette formulation: "le champ", c'est l'indétermination de la marge. Pour n'être pas nettement perçu par l'attention consciente, son contenu n'en est pas moins là, et contribue à la fois à guider notre comportement et à déterminer le prochain déplacement de notre attention. Il s'étend autour de nous comme un "un champ magnétique", à l'intérieur duquel notre centre énergétique tourne comme l'aiguille d'une boussole, quand la phase présente de la conscience évolue vers la phase suivante. Toute la réserve des souvenirs de notre passé est là, en suspension derrière la marge, prête au moindre contact à la franchir; et la masse entière des facultés, des impulsions et des connaissances qui constituent notre personnalité empirique reste déployée en permanence derrière elle. A tous les instants de notre vie consciente, la ligne de démarcation entre ce qui est actualisé et ce qui reste seulement potentiel est d'un tracé si vague qu'il est toujours difficile de dire de certains contenus mentaux si nous en avons conscience ou non ".

Le concept de champ et l'art du XXe siècle

Le foisonnement de la création artistique au XXe siècle, en particulier dans son premier tiers, comporte de la part des artistes la reconnaissance unanime des grands changements qui intervenaient dans la façon de voir le monde sous l'effet de la vulgarisation des concepts scientifiques nouveaux et de l'essor de nouvelles technologies.

A l'instar de physiciens qui, nous l'avons vu, abandonnent progressivement l'usage des images au profit d'un discours mathématique abstrait, les artistes sans avoir nécessairement assimilé les nouveautés scientifiques, la relativité en particulier, ne se satisfont plus d'un univers newtonien strictement mécanique. Un artiste comme Kandinsky suivait avec grand intérêt les transformations révolutionnaires de la conception physique du monde.

Le renoncement à la révélation d'un éther mécanique et substantiel et son remplacement par une abstraction (immatérielle), le champ, participe à la mise en place d'une vision immatérielle de l'univers, où viennent se couler bien des conceptions de l'univers psychique. Par delà le monde matériel toute une activité immatérielle est manifeste, une activité qui pénètre et imprègne le monde matériel lui-même. Les champs magnétiques, les rayons X, les ondes radio se jouent de la matière et s'y faufilent. Un énergétisme détaché de la matière envahit le monde physique tout comme il s'installe dans la considération des phénomènes psychiques. Les milieux artistiques sont sensibles à cet air du temps qui se retrouve chez le très populaire H. Bergson, avec son " élan vital " ou dans les conceptions théosophiques fort à la mode au début du siècle.

Les artistes étaient prêts pour une expression faite de signes et de symboles, d'autant plus que les développements de la linguistique, de la sémiotique et de l'anthropologie du mythe portaient en eux les germes d'un déplacement d'intérêt de l'objet vers la signification du signifiant vers le signifié, marquant ainsi une crise morale profonde que la première guerre mondiale propulsera à l'avant scène de la culture.

Dans son ouvrage, " la Poétique du Mythe ", E. Méletinski a analysé le rôle central que le mythe joue dans la culture du XXe siècle.

◊ " On ne dira jamais assez quel séisme moral a suivi la guerre de 1914&endash;1918. La première guerre totale dans l'histoire de l'humanité. Une guerre extrême où l'on a cherché à s'exterminer mutuellement. L'ébranlement qui en est résulté n'a pas été seulement politique, mais aussi intellectuel et spirituel. Une vision du monde s'est effondrée. La vision du monde issue du XVIIIe siècle, le siècle des Lumières, et du XIXe siècle, le siècle du Réalisme. Deux siècles qui peuvent être considérés comme des siècles de " démythologisation de la culture ". Le XXe siècle va être un siècle de " remythologisation ".

La crise historique engendrée par la guerre de 14, à moins que ce ne soit la crise, tout court, d'un certain capitalisme, va transformer le réalisme du XIXe siècle en un modernisme dont la composante essentielle sera la tendance à sortir des cadres sociaux-historiques et spatio-temporels. La mythologie, de par son caractère symbolique, se trouve être un langage naturel et commode pour traduire cette évasion hors du " Réel ". Evasion provoquée par la prise de conscience de la crise de la culture bourgeoise comme crise de la civilisation tout entière.

De Nietzsche à Freud et Jung, de Lévi-Bruhl à Cassirer, Eliade, Dumézil et Lévi-Strauss, l'anthropologie du XXe siècle se présente comme une mythologie . "

Le champ est un des grands Mythes du XXe siècle, avec son cortège d'analyses et métaphores, sa dialectique du réel et de l'irréel, sa contraposition du matériel et de l'immatériel.

Promu au rang de " matière première " le champ entraîne une vision holistique du monde qui imprègne de plus en plus toutes nos démarches intellectuelles avec comme correspondant social la globalisation historique entraînée par l'explosion des moyens de communication.

Mais le champ reste mystérieux pour le grand public souvent mal informé par une vulgarisation tout aussi mal à l'aise à son égard que le sont les physiciens eux-mêmes. Ce qui rend difficile une évaluation du rôle du concept de champ dans la création artistique, et revient souvent à une évaluation à posteriori par le critique, au gré de sa propre culture scientifique. K. Hayles a cherché à montrer comment les principaux concepts liés à la notion de champ ont qu'influencées les stratégies littéraires de certains écrivains du XXe siècle. Au titre de ces concepts, elle retient, l'inextricable liaison entre les choses, les événements et l'observateur qui appartiennent tous au même champ, ainsi que l'autoréférence du langage, qui ne peut assigner aux événements individuels qu'une autonomie illusoire.

Au coeur de la révolution implicite dans une conception par champ de la réalité, elle voit la reconnaissance des limites inhérentes au langage, du fait que celui-ci fait partie du champ qui est décrit.

Elle remarque que le Cours de Linguistique Générale de Ferdinand de Saussure (publication posthume en 1916) tout en faisant des propositions pour la langue semblables en esprit aux démarches de la physique et des mathématiques à la même époque, ne signifie pas que Saussure connut les articles d'Einstein de 1905 ou ait lu les Principia Mathematica de Russel. Elle constate simplement un "climat d'opinion".

De même, elle ne prétend pas que les auteurs qu'elle étudie sont directement influencés par des connaissances scientifiques D.H. Lawrence ou Nabokov savaient très peu de science, alors que Pynchon en connaît sait beaucoup ou que Borges se régalait de théorie des ensembles. De la même manière le livre de Robert Pirsig, Traité du Zen et de l'entretien des motocyclettes, tire son inspiration beaucoup plus d'une réalité fluide et dynamique tirée du Zen que de la science moderne.

Mais K. Hayles se livre à une relecture de tous ces auteurs et y débusque des stratégies d'écriture liées au concept de champ, témoignage de l'air du temps. De la même manière, Andrei Nakov cherchant à replacer les démarches du peintre K. Malévitch dans l'atmosphère de son époque, commence par rappeler le rôle des idées liées à la " quatrième dimension ", et l'influence de P.D. Ouspenski sur Malevitch.

Il note avec justesse la convergence d'un certain nombre d'idées pour constituer un esprit de l'époque, qui valorise signes et symboles au dépens de l'image réaliste. Une démarche qui nous l'avons vu s'installe dans la physique théorique.

◊ " La métaphore de la surface, utilisée en tant qu'image et symbole, est symptomatique d'un certain type de pensée qui, depuis le milieu du XIXe siècle, se fraye un chemin dans la réflexion scientifique. On trouve également ce type d'image dans la philosophie orientale, celle de l'Inde, en particulier, ainsi que chez les penseurs européens qui s'inspirent de cette philosophie. La surface évoque le dépassement physique du corps, sa réduction au concept non descriptif. Il s'agit d'une démarche cognitive qui se désintéresse de la matérialité du corps pour se contenter d'un symbole plastique à deux dimensions. L'apparence la plus synthétique du monde se trouve réduite à un signe quasi géométrique. Pour reprendre les paroles de Gauguin, ce n'est plus la figure qui est l'objet de la peinture, mais le "figuré". "

On trouverait facilement des correspondances à cette attitude dans la nouvelle catégorisation analytique à laquelle procèdent vers le milieu des années dix les linguistes formalistes: ne sont-ils pas alors en train de différencier à ce même moment le signifiant du signifié, la forme phonique ou graphique du mot de son sens? La surface en tant que raccourci conceptuel marquera la pensé du XXe siècle aussi bien dans l'art que dans la science moléculaire et atomique. Ce concept d'une modernité dynamique par excellence est promu à un avenir (informatique, communication par l'image) dont nous sommes encore loin de mesurer l'impact sur notre système de perception, sur le mode de fonctionnement de notre logique dont il a changé les fondements mêmes .

Se désintéresser de la matérialité du corps pour se contenter d'un symbole, se désintéresser du signifiant pour privilégier le signifié, oublier l'éther pour s'intéresser aux équations du champ, voilà une démarche commune aux peintres, aux linguistes et aux physiciens en ce début du XXe siècle.

A. Nakov n'hésite pas alors à parler de champ à propos du Suprématisme.

◊ "... car l'espace suprématiste n'est pas le même que celui élaboré par la perspective traditionnelle de la Renaissance. Dans l'espace suprématiste de Malevitch, tel qu'il est défini entre 1915 et 1916 et élargi en 1918 par l'insistance sur sa qualité " infinie ", nous retrouvons la définition vectorielle qui est celle de la nouvelle conception physique du champ, " concept sans lequel il serait impossible de formuler la relativité générale ". (Einstein)

Le parallèle entre la conception du " champ " et celle de l'espace suprématiste est frappant. Elaboré de façon déductive (principe qui est aussi à la base du système conceptuel de Hinton-Ouspenski), le concept de champ se fraye lentement un chemin dans le domaine des recherches électromagnétiques conduites par Faraday et Maxwell dans la deuxième moitié du XIXe siècle. Maxwell en fournit en 1873 une clarification théorique dans le Traité d'électricité et de magnétisme. Grâce à sa conception d'une nouvelle forme d'existence de la matière, Minkowski et Lorentz peuvent élaborer leurs idées du continuum spatio-temporel, idées qui permettent la révolution scientifique de notre siècle et ouvrent le chemin à Einstein, dont l'ouvrage le plus célèbre reste Le fondement de la théorie de la relativité restreinte et généralisée. Cette théorie, énoncée pour la première fois dans sa forme " restreinte " en 1905 (notons au passage que cette date marque également le début du fauvisme), reçut sa formulation " généralisée " en 1915 et l'ouvrage fut publié en 1916, dates qui coïncident justement avec l'apparition du suprématisme. Les qualités qui définissent le chemin de cette nouvelle pensée scientifique se rapprochent singulièrement des postulats philosophiques d'Ouspenski qu'on peut considérer, dans cette lumière comparative, comme le commentateur inspiré de cette nouvelle conception de la matière. Anticipé chez les anciens philosophes physiciens stoïciens, le concept du pneuma, qui pose l'existence d'une continuité de la matière, et du même coup implique la notion d'infini, conduit Faraday à envisager l'existence du champ électromagnétique comme une des formes de manifestation de la matière. Ce champ n'est pas défini par l'observation mais déduit, de même que ses " lignes de force " et ses "surfaces équipotentielles ", dont Maxwell (1831-1879) représente l'existence dynamique par des vecteurs. A l'ancienne conception atomiste du monde, basée sur le principe du vide négatif, est opposée une nouvelle vision dynamique appuyée sur le principe d'infinies transformations énergétiques (le vide créateur). Grâce au concept du champ, " le plus grand succès de l'homme dans la science ", Einstein sera à même d'abolir en 1916 la frontière qui sépare l'espace du temps en les rapportant à un dénominateur commun et en envisageant une logique transformationnelle qu'Ouspenski essayait au même moment de cerner sur le plan philosophique. Le fameux rêve de la quatrième dimension (logique) aboutissait en 1916 à une formule lapidaire qui ouvrait un nouvel âge mental dans l'histoire de l'humanité.

L'espace malévitchéen, qui se déclare à cette même époque, semble profondément marqué par le discours ouspenskien: on y trouve une nouvelle forme d'existence (non-objective) de l'espace vectoriel qui abolit l'ancienne perspective monoculaire basée sur l'observatoire directe. L'espace de Malevitch est déductible, c'est un espace qui n'implique pas une orientation autoritaire (le point de fuite), mais suppose une " libre navigation " offrant la possibilité de plusieurs choix de " tenseurs " (Maxwell) qui coexistent sans se contredire et qui, grâce à leur libre tension dynamique, définissent l'existence spatiale (matérielle) du champ. De même que le champ des sciences exactes, cet espace n'est pas posé avant la matière, mais existe de façon dynamique en tant que rapport spatio-temporel. Son existence n'est possible qu'à partir de formes non-objectives en mouvement. Dans le système suprématiste, la surface-plan est l'unité qui définit l'existence de l'espace, contrairement au système établi sous la Renaissance, où la construction de la boîte perspectivique précède l'existence des éléments picturaux qui doivent obligatoirement se placer dans les limites que la construction perspectivique leur assigne. Le système de connaissance subjective de Malevitch (parallèle aux postulats philosophiques d'Ouspenski) est à l'opposé de la connaissance objective prônée par la perspective monoculaire qui proscrit par avance toute conception " personnelle " (anamorphoses) de l'espace. Les anamorphoses furent de tout temps reléguées dans la catégorie pathologique des " anomalies " auxquelles une certaine critique aurait également voulu réduire les " anamorphoses " suprématistes. Le suprématisme suppose l'existence permanente d'un nouvel état dynamique de la matière et aboutit obligatoirement au concept de continuité (l'infini) qui implique en toutes lettres la notion du champ. Abolissant l'ancien pragmatisme de l'expérience physique, dont l'anecdote de " l'oeuf de Colomb " offre le meilleur exemple, Malevitch crée dans le domaine de la peinture un système de représentation plastique de cette quatrième dimension de la logique conceptuelle. Le refus de l'observation matérielle (convention représentative dans l'art) devient la condition obligatoire pour franchir le pas du stade supérieur de l'existence de la matière . "

Malévitch. Ecrits

Nakov a du mal à exprimer clairement le rapport entre Suprématisme et concept de champ.. Mais l'essentiel est qu'il sent bien la complicité culturelle à l'oeuvre ici. Il reprendra cette argumentation en cherchant à la rendre encore plus suggestive.

 "... en partant d'une logique de la matérialité des couleurs, Exter développait dans ses peintures des années 1916-1917 un système de rapports dynamiques entre les formes, imbriquées dans une causalité énergétique, source du mouvement. Les lois de cette nouvelle peinture, mue par la dynamique de la couleur - facteur déterminant sur le plan des formes qui en sont la conséquence - sont au mieux reflétées dans un recueil de " constructions " de l'année 1916 au titre éloquent: Explosion, mouvement, poids.

En exploitant cette nouvelle métaphysique de la couleur, les peintres non-objectifs russes réalisent dans le domaine de l'art la contrepartie d'une révolution conceptuelle qui depuis plus d'un demi-siècle avait alimenté les innovations de la technique et celles de l'électrodynamique, en particulier en produisant le concept de champ électromagnétique. Sans s'appliquer à illustrer un concept scientifique, les peintres non-objectifs arrivaient de par la seule force de la nouvelle logique des virtualités dynamiques du matériau à cette nouvelle conception du monde qu'illustrent, dans le domaine de la science les inventions de Maxwell, Minkowski ou Einstein. Il n'est par ailleurs pas étonnant qu'au moment où les découvertes de la science entrent dans la vie de tous les jours (radio, lumière électrique, moteur à explosion), la réalité de leur principe soit prise au sérieux par l'art dont les fondements se trouvent à leur tour bouleversé par ce nouvel état de rapports entre les éléments. Et ce n'est certainement pas un hasard si en 1918, quand la peinture non-objective atteint le climat de sa deuxième phase, le sujet central de ses expériences est alimenté par la réflexion sur la force énergétique de la lumière. A ce moment, la peinture non-objective n'utilise plus la lumière comme une sorte de catalyseur de la représentation destiné à révéler les qualités d'un (autre) sujet à l'intérieur du tableau (nature morte, paysage, portrait, etc.); c'est la lumière en tant qu'objet, matériau formo-créateur, qui devient le sujet de la représentation picturale. A ce moment, les plans picturaux perdent leur valeur de molécules précises, ils cessent d'être les briques d'une construction, la couleur quitte les limites d'une forme géométriquement définie pour se transformer en flots de lumière. Tels des rayons cosmiques, ils traversent la composition picturale en impliquant en même temps la notion d'un espace infini et qui s'étend bien au-delà du champ du tableau. Ainsi ce champ devient ouvert. L'on remarquera les premiers pas dans cette direction dans certaines compositions futuristes de Ballà et Larionov, quand ces artistes étendent délibérément le champ du tableau sur son cadre (le cadre constitue ainsi le prolongement de la toile et non sa limite).

Cette tendance vers la dématérialisation du plan pictural marque aussi bien l'évolution de Malévitch que celle d'Exter, Popova et Rozanova, chez lesquels la notion de champ commence à prédominer sur celle de l'unité formelle précise (la forme non-objective). En utilisant toujours un langage métaphorique, -mais combien précis en même temps!- Malevitch dira dans son manifeste suprématiste de 1919 qu' " en ce moment le chemin de l'homme passe par l'espace. Le suprématisme, sémaphore de la couleur, se situe dans son abîme infini ". Et il insistera sur le " caractère philosophique " de ce " système de la couleur ". Si l'ambition de Malevitch était d'orienter la peinture à s'interroger sur les limites ontologiques, sur les frontières (philosophiques et existentielles) de son être, d'autres peintres à l'esprit beaucoup plus pragmatique se lancent à traiter les problèmes formels de la peinture non-objective avec une sorte de virtuosité illusionniste. Tel est le cas d'Alexandre Rodtchenko (1891-1956) qui, au cours de la seule année 1918, produit divers types de compositions non-objectives dont la différenciation stylistique résulte de l' " éclairage ", de l' " illumination ", de l' " effervescence " ou de l' " évanescence " de la lumière. Si, dans le cas de Rodtchenko, cette problématique s'apparente quelque peu à l'identification du droguiste, pour les descendants directs du suprématisme le rapport des plans picturaux - dont la rencontre dynamique devait au départ constituer une sorte d'ossature ou de grammaire des unités formelles du discours pictural - se transforme en 1918 en confrontation de champs énergétiques, en une sorte de brasier de rayons cosmiques dans lesquels la matérialité précise des plans disparaît au profit d'une mutation qualitative de la matière . "

 A. Nakov, L'Avant garde russe

Que la notion de champ, en envahissant l'espace ait bouleversé les conceptions de celui-ci établies depuis la Renaissance, voilà qui ne fait pas de doute. Mais elle a en même temps bouleversé la notion de vide, affirmant une présence là où l'on n'avait jusqu'à présent seulement constaté l'absence. Nous avons vu que sur les décombres de l'éther, la théorie quantique des champs à introduit le concept de " champ du vide ". Que le vide ne soit pas rien, est un des messages les plus forts de la théorie du champ. L'Occident avait déjà connu la notion de " vide plein " à travers la théologie négative de Plotin à Maître Eckhart, et la conception métaphysique du vide qui règne dans l'art des icônes.

De nouveau Malevitch va se trouver porteur d'une culture du champ sans son rapport au vide et au rien. Un rapport largement tributaire de sa perception de l'Icône.

Un physicien aujourd'hui ne peut pas ne pas sentir des analogies profondes entre des démarches d'apparence si diverses.

Dans les propos qu'il utilise pour caractériser la pensée de Malevitch, Bruno Duborgel, rend ces analogies frappantes.

 " Dans le miroir suprématiste (1923), par exemple, Malevitch liste la diversité " du Monde " et, d'une grande accolade, la rapporte à " égale zéro ", lui opposant l'énoncé de la seule Réalité, c'est-à-dire le Monde sans-objet désigné comme " essence des diversités. Le monde comme non-figuration ". Cette unique Réalité vivant est encore formulée en termes d' " excitation sans cause de l'Univers " et de " rythme ", d'excitation qui " est une flamme cosmique qui vit du non-figuratif ". " Ce que nous appelons la Réalité ", propose encore Malevitch, est l'infini qui n'a ni poids ni mesure, ni temps, ni espace, ni infini, ni relatif, et n'est jamais tracé pour devenir une forme. Elle ne peut être ni représentée ni connaissable. Il n'y a pas de connaissable et en même temps il existe ce " rien " éternel.

Rappelons, enfin, que ce monde sans objet, ce rien, vérité de l'être pour Malevitch, loin de correspondre au vide du néant selon la conception d'un pur nihilisme négatif, désigne <u>l'absence d'objet comme plénitude d'une présence supra essentielle, comme " essence des diversités " et seule réalité vivante, comme néant positif et puissance d'engendrement de tout</u>. Cette expérience malévitchéenne du dépouillement extrême de l'être, du néant ainsi entendu, de l'être abyssal, n'est pas sans présenter certaines correspondances avec d'autres exemples, tant occidentaux qu'orientaux, de l'expérience mystique. Et, avec la plupart des commentateurs, on en vient naturellement à suggérer des échos entre l'ontologie suprématiste de Malevitch et tels énoncés afférents au nihilisme russe, à la mystique de Lao-Tseu, à la relation de la " vacuité " et de l'être chez Maître Eckhart, à la pensée de Jacob Boehme, de Ruysbroeck, ou de Denys l'Aréopagite, de la théologie apophatique, de l'Hésychasme, etc. "

B. Duborgel, Malevitch. La question de l'icône

Le passage que je souligne pourrait valablement figurer comme caractérisation du vide quantique dans un dictionnaire de philosophie... Mais le critique d'art se borne ici à renvoyer aux classiques de l'apophatisme. Et pourtant des artistes comme Malévitch, ou plus encore son ami Filonov, expriment dans la peinture les mêmes démarches qui, très peu de temps après, vont apparaître en théorie quantique des champs. Comme si le XXème siècle était travaillé par l'idée profonde d'exprimer l'engendrement. L'engendrement du Tout, y compris l'Univers. N'est-il pas le siècle où apparaît une nouvelle science, la cosmologie, qui cherche à restituer un scénario de la naissance de l'univers, où le champ est un acteur omniprésent.

Pour terminer donnons l'illustration du basculement de la notion de symétrie dans l'art moderne, parallèle au basculement effectué en théorie des champs où la symétrie nous l'avons vu devient essentielle et non pas accidentelle.

La symétrie est présentée pour elle-même et constitue le seul discours chez de nombreux peintres non-figuratifs. Il en va de même pour l'ordre ou le désordre.

La liste est longue des peintres qui cherchent, hors de toute figuration, à représenter des symétries pures, des rythmes purs, des topologies exemplaires.

De Piet Mondrian (1872-1944) et Theo Van Doesburg (1883-1931) à Richard Paul Lohse (1902-1989), Josef Albers (1888-1976), Max Bill (1908-), Laszlo Moholy-Nagy (1895-1946) ou Victor Vasarely (1908 -) et Vera Molnar (1924 - ...).

Et ceci en dehors de tout esprit d'ornementation et de décoration, ce qui distingue en principe cette pratique de la géométrie picturale de celle en usage dans le monde musulman. Ces oeuvres évoquent plutôt une fonctionnalité sous jacente à tel point qu'on a pu les rapprocher des

schémas de positionnement des transistors sur une puce électronique. Ainsi en 1990 le Museum of Modern Art de New York a présenté une exposition " Information Art-Diagramming microchips " au même moment où à Brême se déroulait une exposition analogue: " Mathematics, Reality and Aesthetics. A picture set on VLSI-Chip. Design ".
Ce qui est né de l'électricité retourne à l'électricité."

Nos enfocaremos en dos principales ideas del texto de Diner: primero, para el siglo XIX y el movimiento impresionista, el concepto de " *lenguaje visual racional compuesto de elementos simples - los "atomos" de la comunicación visual*"; para el suprematismo: la idea de que el campo es " *El hecho de que un cuerpo pueda actuar sobre otro a distancia a través del vacío, sin la mediación de ninguna otra cosa*", lo que implica el concepto de espacio y de "*Raum-Zeit als Materie "Espacio-tiempo como Materia*'", pues, nos devuelve al famoso *Modulador Espacio-Luz* (*Licht-Raum Modulator*) de 1922-1930 (Lám. 28) de László Moholy-Nagy, que se compone de varios círculos contenidos en un cubo.

Es, desde ahí, significativo que la ideología científica, no el pensamiento científico, sino la interpretación que se le da a descubrimientos científicos, se expresa en obras contemporáneas como el *Modulador* de Le Corbusier, el de Moholy-Nagy, y las formas suprematistas en cuanto expresiones de la modulación de la relación espacio-tiempo dentro del espacio como vacío, vacío que, en los performances y las obras de John Cage, Yves Klein, Yoko Ono, será el punto focal de atención y representación, vacío que viene a irrumpir también, entre el primer y el segundo grupo de artistas citados en Adorno, Jung y Sartre, reapareciendo posteriormente todavía en Barthes con el grado cero.

El tiempo como espacio de difusión se encuentra en *The Time Machine* de 1895 de H.G.Wells hasta la poesía de Alfonso Cortés. Es casualmente eligiendo el ejemplo de un cubo cuya existencia no se dilataría en el tiempo no tuviera ninguna realidad que Wells (*The Time Machine* en la edición de obras escogidas: *The Time Machine - The Island of Dr Moreau - The Invisible Man - The First Men in the Moon - The Food of the Gods - In the Days of the Comet - The War of the Worlds*,, London, Book Club Associates, 1983, pp. 31ss.) pone de relieve la cuestión de lo que el siglo XX conocerá como la cuarta dimensión: el tiempo, el cual es al centro tanto de las teorías cubistas como futuristas, derivadas las dos de la fotografía y los ensayos de Muybridge en Inglaterra y Marey en Francia.

Desde el siglo XIX, Thomas de Quincey, con *The English Mail-Coach* (1849), hace del movimiento el paradigma de la contemporaneidad. Obviamente, porque la época contemporánea se define por la progresión de los medios de transportes, empezada, pero en términos de grandes viajes y relaciones intercontinentales, con Marco Polo, y desarrollándose por la necesidad de buscar nuevas vías a Asia, después de la toma de Constantinopla por los Turcos (1453). En los siglos XVII-XVIII, el implemento de los relatos de viajes, pre-etnográficos, y el viaje iniciático de los artistas formándose a Italia, y en el siglo XIX a Oriente (o sea, África del Norte), favorecieron la visión idealizada de los viajes como momentos peligrosos y excitantes (es "*Brise Marine*", 1865, de Mallarmé). Así la novela presenta aventuras interoceánicas, con *Robinson Crusoe* (1719) de Defoe, *Moby Dick* (1851) de Herman Melville, *La isla de Tesoro* (1883) de Stevenson, los libros de Kipling y Jack London, o el tardío *El Viejo y el Mar* (1958) de Hemingway, y *Cantos de Cifar y la mar dulce* (1971) de PAC, reivindicado viaje homérico, pero con ecos jonasianos y hemingwaianos. Se suman numerosos relatos de viajeros reales, de los grandes capitanes como Cock, hasta relatos macabros como el de la Medusa que inspiró Géricault, y los, fantasiosos, acerca de filibusteros, que todavía inspirarán a Hollywood en la primera mitad del siglo XX. Personajes como Indiana Jones o Alan Quatermain (inspirados en Henry Rider Haggard) y su versión femenina Lara Croft provienen de esta moda, igual Tarzán, versión adulta de Moogly de Kipling. La modernidad marca el paso de una sociedad inmóvil, si exceptuamos a los mendigos, coquillards (viajantes hacia Santiago de Compostela), beguinas, franciscanos, prostitutas (solteras sin familia, violadas por gremios de jóvenes de la ciudad y, consideradas después impuras, obligadas a irse sin tener derecho a permanecer en ningún pueblo), a una sociedad comercial de tránsito, con puertos, aeropuertos, trenes y autopistas. Los sociólogos, entre los cuales Pearsons, apuntaron que el pasaje de una sociedad rural a una sociedad industrial provoca cambios, como la necesaria movilidad del empleado en la ciudad, ya no arraigado a un empleo fijo, sino sometido a la necesidad de cambiar en función de la economía. La invención del motor a pistón (1712) y a vapor (c. 1744) empujó los transportes terrestres y marítimos. El carbón se volvió la principal materia prima del siglo XIX, tanto para el calentar el hogar, como para los trenes, multiplicándose las minas en Europa. Los héroes decimonónicos viajan siempre: los Tres Mosqueteros salvando a la Corona, Oliver Twist y Sin Familia los dos en busca de su familia, Sherlock Holmes, Rouletabille y Arsène Lupin para resolver enigmas. Por inconformidad social, los beats, con *On the road* (1957) de Kérouac, proponen una alternativa que, eco del filme *The Wild One* (1953) de László Benedek, creará los "*road movies*".

La evolución en el espacio supone el sometimiento al tiempo (de partida y llegada, del viaje, cambio horario), que crea una nueva tensión, perceptible en las películas policíacas o de acción, y antes, precisamente relacionado con el viaje, en Jules Vernes: *La vuelta al mundo en 80 días* (1873) y *Michel Strogoff* (1876). Esta "*cuarta dimensión*", explícitamente nombrada, como hemos dicho, por H.G. Wells en *The Time-Machine*, define aquí un viaje en el propio tiempo. El carro es elemento en movimiento que, revolcándose en el lodo, permite, apuleanamente si se compara con la novela *Le Boucher* (1988) de Alina Reyes, a Marinetti en su *Manifiesto futurista* (1909) renacer a la vida y el arte. Movimiento son *Dinamismo de un perro con correa* (1912) de Balla, o *Riña en la galería Vittorio Emmanuele* y *Forma única de la continuidad en el Espacio* (1913) de Boccioni, esta última muy similar al *Desnudo bajando una escalera* (1912) de Duchamp. *Forma única* y *Desnudo* son idénticas a las ya citadas fotos de Marey en Francia y Muybridge en Inglaterra, que descomponían en el siglo XIX el movimiento de cuerpos en acción. Se ha insistido mucho en la influencia de la foto en el pasaje a la abstracción, pero nunca en la del tiempo de pose. Muy largo a inicios de la foto, imponía, para evitar movimientos inesperados, a los retratados quedarse: mano sosteniendo la cabeza, imagen que se volverá convencional del intelectual o pensador. De lo mismo, las fotos de fantasmas del siglo XIX, mostrando formas borrosas, que se lograban trabajando el negativo, tienen renuevo en los filmes inspirados en *Jacob's Ladder* (1990) de Adrian Lyne, y probablemente influenciaron la representación futurista del movimiento por superposición. Más cercanos al auge fotográfico, y primeros en utilizar el movimiento como extensión temporal de la forma, son los impresionistas, en particular Monet con sus series de un solo objeto (*catedral de Rouen, Meules, estación Saint-Lazare, ninfeas*) pintado en función de cada hora del día. Los cubistas desarrollan una doble progresión espacial: por superposición de las capas matéricas en sus collages, y giratoria, lo que tampoco nunca fue analizado correctamente, del artista alrededor (sea sólo intelectivamente) del modelo para verlo bajo todos los ángulos. En la misma época, el movimiento no sólo tiene valor concreto, espacial, sino también místico, como en Cortés, o los movimientos de luces del cinético *Modulador-Espacio-Luz* de Moholy-Nagy, el cual prefigura el op art, a su vez primer paso hacia el arte conceptual y sus corrientes: happening, body art y land art (que presupone un desplazamiento hacia el sitio de la acción artística, como el pintar fuera del taller para los impresionistas). La extensión de la obra en el espacio y el tiempo, por superposición de los movimientos en un solo espacio material concreto (el del cuadro o la escultura, como en Boccioni) o desmultiplicación de los ángulos (cubismo), provocó una nueva forma de arte, que se expresaba por ritualidad gestual (inversión de la desacralización de las figuras africanas por los cubistas) en el action painting del expresionismo abstracto, y la posterior creación, mediante la reducción al cuerpo como lugar estructuralista de lenguaje, de la acción pintoresca en Klein y el body art, llegando finalmente a la extensión del espacio del arte del lienzo al objeto pegado (por superposición de capas, como entre los cubistas), la tridimensionalidad del espacio con las instalaciones, y, finalmente, la extensión temporal artística, con el tiempo del happening/performance, casualmente remitido en sus inicios (con John Cage, Maciunas y Fluxus) a la rítmica musical, o sea, explícitamente dependiente del *tempo*.

A nivel formal, el cubismo, y por ende el suprematismo en cuanto prolongación y simplificación del cubismo, provienen de la secuencia entre el puntillismo (importancia dada al color) y el fauvismo. Este favoreciendo los *à plat* de de color, sin *modelé*, profundidad ni claroscuro, determina una realización pictórica que ya no tiene que ver con el dibujo sino con el objeto en el espacio y su estancia colorimétrica momentánea.

Es en 1908 que se expone en la galería Kahnweiler en París el primer cuadro cubista: *Las Señoritas de Aviñón* de Picasso, pintado en 1907, año éste último en que Cézanne proclama: "*Todo en la naturaleza se moldea sobre la esfera, el cono y el cílindro. Tenemos que aprender a pintar en base a estas figuras simples*" ("*Tout dans la nature se modèle sur la sphère, le cône et le cylindre. Il faut apprendre à peindre sur ces figures simples*"). (Sobre el origen matemático de la preocupación de Cézanne, v. Maurice Matieu, *La banalité du massacre*, Arles, Actes Sud, 2001.)

El cubismo de Braque y Picasso tiene dos grandes períodos: el cubismo analítico, donde el sujeto del cuadro se descompone en volúmenes y planos, sigue un período sintético con collages de periódicos, papeles pintados, cuerdas y canastas, e incorporación de cifras y letras. Picasso sigue, ya sólo, con un período de metamorfosis, cercano al surrealismo, en el que el sujeto del cuadro se reestructura según el estado de ánimo del pintor.

Así tenemos varios datos acerca, ya no sólo del origen histórico y el uso del funcionalismo, sino también de su significado simbólico: podemos decir, entonces, que el funcionalismo, en sus diversas manifestaciones: funcionalismo, racionalismo y minimalismo, en cuanto expresa valores de pureza formal relacionada con la representación de las formas geométricas primarias, se ubica, tanto en su momento de aparición como en su simbología, entrelazado con los movimientos artísticos de la época, los cuales, mediante una derivación que se dio entre finales del siglo XIX e inicios del siglo XX, vinieron a representar el mundo ya no en función de una similitud académica con el modelo, pues la fotografía hizo inútil tal intento, aún cuando lo retomó posteriormente el hiperrealismo, sino en base a elementos meramente formales bidimensionales, propios de las artes plásticas como *découpe* del objeto diseñado en el proceso previo de dibujo y boceto. Dichos elementos, además, adquirieron una doble significación, respectivamente relacionado con los descubrimientos atómicos (digamos en el impresionismo) y el campo (digamos en el cubismo y, más que todo, en el suprematismo).

El cuadrado, por su valor simbólico, ya presente en la arquitectura renacentista, tanto como representación del mundo, así como por su uso en la representación vitruviana del cuerpo humano como medida del universo, vino a ser símbolo de estabilidad y permanencia.

El cubo entonces aparece, ya en Wells, lo hemos visto, para idear la forma de proyección en el espacio. De lo mismo, en Malevitch, se vuelve fundamento teórico de una visión mística (al semejanza de Kandinsky, en su primer período, anterior a sus intentos cubistas y futuristas, Malevitch ahondó en la representación del mundo ruso imitando los íconos tradicionales) del mundo, racionalizado por el Yo del artista, conforme la teoría romanticista de la crítica estética estudiada por Walter Benjamin en su disertación de doctorado, titulada: *Der Begriff der Kunstkritik in der deutschen Romantik*, que defendió en junio 1919. Benjamin (*Le concept de critique esthétiquedans le romantisme allemand*, París, Flammarion, 1986, pp. 119-120) recuerda las palabras de Schlegel, alrededor de 1800 (utilizamos la traducción al francés del texto de Benjamin):

"*Ce que les livres vous racontent sur l'art et sur la forme suffit à peu près à expliquer l'art de l'horloger. D'un art et d'une forme en un sens supérieur, vous ne trouverez nulle part le moindre soupçon.*" La forme supérieure est l'auto-limitation de la réflexion. C'est en ce sens que le fragment 37 du Lycée traite de "*la valeur et (...) (de) la dignité de l'auto-limitation qui est cependant pour l'homme comme pour l'artiste la tâche (...) la plus nécessaire et la plus haute. La plus nécessaire: car partout où on ne se limite pas soi-même, le monde vous limite, ce qui vous rend esclave. La plus haute: car on ne peut se limiter soi-même que sur les points et les plans où l'on possède un faculté infinie; auto-création et auto-négation (...). Un écrivain (...) qui veut et qui peut se raconter à l'ètat pur (...) est fort à plaindre. Il faut toutefois prendre garde (...). Ce qui apparaît et doit apparaître (...) purement arbitraire n'en est pas moins tenu d'avoir sa nécessité (...); sinon (...) l'illibéralité s'introduit et l'auto-limitation devient de l'auto-négation"."*

Forma y contenido, de una forma u otra, se expresan entonces mediante la auto-afirmación del Yo analítico del artista, quien hace *reflexión* sobre sí (se retrotrae hacia sí mismo), como explica Benjamin que significa el término para la teoría romanticista. Este proceso consciente del inconsciente es el mismo que, como apunta Gullar, lleva Malevitch a reformular lo real a través de un objeto más allá de lo palpable, algo de la esfera matemática, algo que es, citando a Diner: "*El pensamiento del continuo... buscando decir un mundo sin objetos, un mundo donde no se puede aislar a nada, un mundo de lo informe*".

Malevitch no menciona a Cézanne en ninguno de los dos primeros brochures suprematistas de 1915 y 1916. Es en *De los nuevos sistemas en arte* de 1919, cuya versión abreviada de 1920 se titula *De Cézanne al suprematismo*, que aparece por primera vez la referencia a Cézanne. Es en *La filosofía del caleidoscopio* de 1927 que se desarrolla su discurso acerca de Cézanne como antecedente directo. Escribe:

"*Ya en la obra de Cézanne se puede observar una consistencia pictórica, una predominancia de la masa pictórica, tejida con luz, pero no con ondas luminosas; produjo (Cézanne) una materia pictórica especial de manera que en la capa o la estructura no se puede ver los rayos luminosos. Pero esta mezcla de colores no era impresionista, los colores eran mezclados con un significado particular*."

"*Así la "condición Cézanne" tiene una estructura y relaciones especiales con el fenómeno. En esta condición el árbol, el campo, las montañas, el agua, las nubes, los animales se disuelven y toman un sentido pictórico: el árbol ya no es árbol, etc..., como era el caso en el realismo academicista. Para él, un nuevo realismo de las cosas pictóricas apareció, la forma o el color desde el cual éstos se dictan por el elemento adicional en forma de fibra. La introducción de nuevas normas, el elemento adicional de Cézanne curvado en forma de fibra, hará distinto el comportamiento del pintor del causado por la introducción de la fórmula en hoz del cubismo o de la línea recto del suprematismo*."

Es en el curso de Kharkov que, a finales de los años 20, Cézanne llega a ser el punto de partida pedagógico de análisis del arte contemporáneo:

"*Con las obras de Cézanne, podemos comenzar a revisar todas las demás obras de arte, para dilucidar la línea general de los desarrollos pictóricos así como el estado de ánimo de los artistas, su percepción y su actitud ante los fenómenos que los rodean; tal revisión nos autorizará a examinar y clasificar el tipo de contenido de una obra. El nuevo arte en particular tiene necesidad de tal definición*."

"*Haciendo tal clasificación y una descripción exhaustiva de cada categoría de nuevas corrientes en arte, ayudaremos tanto al espectador que al estudiante de las corrientes en el nuevo arte a orientarse tanto de manera general como respecto de las obras específicas*."

Confirmando el análisis de Diner y ahondando en el concepto de campo que evidencia el pensamiento de Malevitch sobre Cézanne, es pertinente recordar que el suprematismo tiene dos vías de expresión: el espacio y el caballete. Utilizando formas geométricas simples pintadas en tela o llevadas a la tridimensionalidad, con los arquitectotes al final de los años 20 de Malevitch (los cuales, cuyo origen debe buscarse en la época de la escuela de Vitebsk de 1919-1922 y los *"proounes"* de Lissitzky, encargado de la facultad de arquitectura, son maquetas de yeso que a partir de 1923 Malevitch crea para declinar, sin preocupación práctica, el modelo ortogonal en el espacio, dichas arquitectones asemejando una forma de arquitectura rectangular vertical futurista, como *Gota* de 1923-1926 o *Zeta* de 1923-1927, Lám. 16), el suprematismo evoca el carácter infinito del espacio y la relación de atracción y rechazo de las formas entre sí. Rompe con la ley de complementariedad de los colores de Goethe, para adentrarse a una física de la luz (Newton, Fraunhoffer), adoptando clasificaciones de los colores según un espectro discontinuo.

Malevitch escribe del suprematismo en el *Manifesto* de 1927 (desgraciadamente sólo tuvimos acceso a la traducción inglesa, por lo cual la reproducimos tal cual, para no presentar al lector la traducción de una traducción):

"*Under Suprematism I understand the supremacy of pure feeling in creative art. To the Suprematist the visual phenomena of the objective world are, in themselves, meaningless; the significant thing is feeling, as such, quite apart from the environment in which it is called forth.*
The so called "materialization" of a feeling in the conscious mind really means a materialization of the reflection of that feeling through the medium of some realistic conception. Such a realistic conception is without value in Suprematist art .... And not only in Suprematist art but in art generally, because the enduring, true value of a work of art (to whatever school it may belong) resides solely in the feeling expressed.
Academic naturalism, the naturalism of the Impressionists, Cezanneism, Cubism, etc all these, in a way, are nothing more than dialectic methods which, as such, in no sense determine the true value of an art work.
An objective representation, having objectivity as its aim, is something which, as such, has nothing to do with art, and yet the use of objective forms in an art work does not preclude the possibility of its being of high artistic value.

Hence, to the Suprematist, the appropriate means of representation is always the one which gives fullest possible expression to feeling as such and which ignores the familiar appearance of objects.

Objectivity, in itself, is meaningless to him; the concepts of the conscious mind are worthless.

Feeling is the determining factor ... and thus art arrives at non objective representation at Suprematism.

It reaches a "desert" in which nothing can be perceived but feeling.

Everything which determined the objective ideal structure of life and of "art' ideas, concepts, and images all this the artist has cast aside in order to heed pure feeling.

The art of the past which stood, at least ostensibly, in the service of religion and the state, will take on new life in the pure (unapplied) art of Suprematism, which will build up a new world the world of feeling ....

when, in the year 1913, in my desperate attempt to free art from the ballast of objectivity, I took refuge in the square form and exhibited a picture which consisted of nothing more than a black square on a white field, the critics and, along with them, the public sighed, "Everything which we loved is lost. We are in a desert .... Before us is nothing but a black square on a white background!"

"Withering" words were sought to drive off the symbol of the "desert" so that one might behold on the "dead square" the beloved likeness of "reality" ("true objectivity" and a spiritual feeling).

The square seemed incomprehensible and dangerous to the critics and the public ... and this, of course, was to be expected.

The ascent to the heights of nonobjective art is arduous and painful ... but it is nevertheless rewarding. The familiar recedes ever further and further into the background .... The contours of the objective world fade more and more and so it goes, step by step, until finally the world "everything we loved and by which we have lived" becomes lost to sight.

No more "likenesses of reality," no idealistic images nothing but a desert!

But this desert is filled with the spirit of nonobjective sensation which pervades everything.

Even I was gripped by a kind of timidity bordering on fear when it came to leaving "the world of will and idea," in which I had lived and worked and in the reality of which I had believed.

But a blissful sense of liberating nonobjectivity drew me forth into the "desert," where nothing is real except feeling . . . and so feeling became the substance of my life.

This was no "empty square" which I had exhibited but rather the feeling of nonobjectivity.

I realized that the "thing" and the "concept" were substituted for feeling and understood the falsity of the world of will and idea.

Is a milk bottle, then, the symbol of milk?

Suprematism is the rediscovery of pure art which, in the course of time, had become obscured by the accumulation of "things."

It appears to me that, for the critics and the public, the painting of Raphael, Rubens, Rembrandt, etc., has become nothing more than a conglomeration of countless "things," which conceal its true value the feeling which gave rise to it. The virtuosity of the objective representation is the only thing admired.

If it were possible to extract from the works of the great masters the feeling expressed in them the actual artistic value, that is and to hide this away, the public, along with the critics and the art scholars, would never even miss it.

So it is not at all strange that my square seemed empty to the public.

If one insists on judging an art work on the basis of the virtuosity of the objective representation the verisimilitude of the illusion and thinks he sees in the objective representation itself a symbol of the inducing emotion, he will never partake of the gladdening content of a work of art.

The general public is still convinced today that art is bound to perish if it gives up the imitation of "dearly loved reality" and so it observes with dismay how the hated element of pure feeling abstraction makes more and more headway ....

Art no longer cares to serve the state and religion, it no longer wishes to illustrate the history of manners, it wants to have nothing further to do with the object, as such, and believes that it can exist, in and for itself, without "things" (that is, the "time tested well spring of life").

But the nature and meaning of artistic creation continue to be misunderstood, as does the nature of creative work in general, because feeling, after all, is always and everywhere the one and only source of every creation.

The emotions which are kindled in the human being are stronger than the human being himself... they must at all costs find an outlet they must take on overt form they must be communicated or put to work.

It was nothing other than a yearning for speed ... for flight ... which, seeking an outward shape, brought about the birth of the airplane. For the airplane was not contrived in order to carry business letters from Berlin to Moscow, but rather in obedience to the irresistible drive of this yearning for speed to take on external form.

The "hungry stomach" and the intellect which serves this must always have the last word, of course, when it comes to determining the origin and purpose of existing values ... but that is a subject in itself.

And the state of affairs is exactly the same in art as in creative technology .... In painting (I mean here, naturally, the accepted "artistic" painting) one can discover behind a technically correct portrait of Mr. Miller or an ingenious representation of the flower girl at Potsdamer Platz not a trace of the true essence of art no evidence whatever of feeling. Painting is the dictatorship of a method of representation, the purpose of which is to depict Mr. Miller, his environment, and his ideas.

The black square on the white field was the first form in which nonobjective feeling came to be expressed. The square = feeling, the white field = the void beyond this feeling.

Yet the general public saw in the nonobjectivity of the representation the demise of art and failed to grasp the evident fact that feeling had here assumed external form.

The Suprematist square and the forms proceeding out of it can be likened to the primitive marks (symbols) of aboriginal man which represented, in their combinations, not ornament but a feeling of rhythm.

Suprematism did not bring into being a new world of feeling but, rather, an altogether new and direct form of representation of the world of feeling.

The square changes and creates new forms, the elements of which can be classified in one way or another depending upon the feeling which gave rise to them.

When we examine an antique column, we are no longer interested in the fitness of its construction to perform its technical task in the building but recognize in it the material expression of a pure feeling. We no longer see in it a structural necessity but view it as a work of art in its own right.

"Practical life," like a homeless vagabond, forces its way into every artistic form and believes itself to be the genesis and reason for existence of this form. But the vagabond doesn't tarry long in one place and once he is gone (when to make an art work serve "practical purposes" no longer seems practical) the work recovers its full value.

Antique works of art are kept in museums and carefully guarded, not to preserve them for practical use but in order that their eternal artistry may be enjoyed.

The difference between the new, nonobjective ("useless") art and the art of the past lies in the fact that the full artistic value of the latter comes to light (becomes recognized) only after life, in search of some new expedient, has forsaken it, whereas the unapplied artistic element of the new art outstrips life and shuts the door on "practical utility."

And so there the new nonobjective art stands the expression of pure feeling, seeking no practical values, no ideas, no "promised land ......

The Suprematists have deliberately given up objective representation of their surroundings in order to reach the summit of the true "unmasked" art and from this vantage point to view life through the prism of pure artistic feeling.

Nothing in the objective world is as "secure and unshakeable" as it appears to our conscious minds. We should accept nothing as predetermined as constituted for eternity. Every "firmly established," familiar thing can be shifted about and brought under a new and, primarily, unfamiliar order. Why then should it not be possible to bring about an artistic order? ...

Our life is a theater piece, in which nonobjective feeling is portrayed by objective imagery.

A bishop is nothing but an actor who seeks with words and gestures, on an appropriately "dressed" stage, to convey a religious feeling, or rather the reflection of a feeling in religious form. The office clerk, the blacksmith, the soldier, the accountant, the general ... these are all characters out of one stage play or another, portrayed by various people, who become so carried away that they confuse the play and their parts in it with life itself We almost never get to see the actual human face and if we ask someone who he is, he answers, "an engineer," "a farmer," etc., or, in other words, he gives the title of the role played by him in one or another effective drama.

The title of the role is also set down next to his full name, and certified in his passport, thus removing any doubt concerning the surprising fact that the owner of the passport is the engineer Ivan and not the painter Kasimir.

In the last analysis, what each individual knows about himself is precious little, because the "actual human face" cannot be discerned behind the mask, which is mistaken for the "actual face."

The philosophy of Suprematism has every reason to view both the mask and the "actual face" with skepticism, since it disputes the reality of human faces (human forms) altogether.

Artists have always been partial to the use of the human face in their representations, for they have seen in it (the versatile, mobile, expressive mimic) the best vehicle with which to convey their feelings. The Suprematists have nevertheless abandoned the representation of the human face (and of natural objects in general) and have found new symbols with which to render direct feelings (rather than externalized reflections of feelings), for the Suprematist does not observe and does not touch - he feels.

We have seen how art, at the turn of the century, divested itself of the ballast of religious and political ideas which had been imposed upon it and came into its own attained, that is, the form suited to its intrinsic nature and became, along with the two already mentioned, a third independent and equally valid point of view." The public is still, indeed, as much convinced as ever that the artist creates superfluous, impractical things. it never considers that these superfluous things endure and retain their vitality for thousands of years, whereas necessary, practical things survive only briefly.

It does not dawn on the public that it fails to recognize the real, true value of things. This is also the reason for the chronic failure of everything utilitarian. A true, absolute order in human society could only be achieved if mankind were willing to base this order on lasting values. Obviously, then, the artistic factor would have to be accepted in every respect as the decisive one. As long as this is not the case, the uncertainty of a "provisional order" will obtain, instead of the longed for tranquillity of an absolute order, because the provisional order is gauged by current utilitarian understanding and this measuring stick is variable in the highest degree.

In the light of this, all art works which, at present, are a part of "practical life" or to which practical life has laid claim, are in some senses devaluated. Only when they are freed from the encumbrance of practical utility (that is, when they are placed in museums) will their truly artistic, absolute value be recognized.

The sensations of sitting, standing, or running are, first and foremost, plastic sensations and they are responsible for the development of corresponding 61 objects of use and largely determine their form.

A chair, bed, and table are not matters of utility but rather, the forms taken by plastic sensations, so the generally held view that all objects of daily use result from practical considerations is based upon false premises.

We have ample opportunity to become convinced that we are never in a position for recognizing any real utility in things and that we shall never succeed in constructing a really practical object. We can evidently only feel the essence of absolute utility but, since a feeling is always nonobjective, any attempt to grasp the utility of the objective is Utopian. The endeavor to confine feeling within concepts of the conscious mind or, indeed, to replace it with conscious concepts and to give it concrete, utilitarian form, has resulted in the development of all those useless, "practical things" which become ridiculous in no time at all.

It cannot be stressed to often that absolute, true values arise only from artistic, subconscious, or superconscious creation.

The new art of Suprematism, which has produced new forms and form relationships by giving external expression to pictorial feeling, will become a new architecture: it will transfer these forms from the surface of canvas to space.

The Suprematist element, whether in painting or in architecture, is free of every tendency which is social or other wise materialistic.

Every social ideal however great and important it may be, stems from the sensation of hunger; every art work, regardless of how small and insignificant it may seem, originates in pictorial or plastic feeling. **It is high time for us to realize that the problems of art lie far apart from those of the stomach or the intellect.**

Now that art, thanks to Suprematism, has come into its own that is, attained its pure, unapplied form and has recognized the infallibility of nonobjective feeling, it is attempting to set up a genuine world order, a new philosophy of life. It recognizes the nonobjectivity of the world and is no longer concerned with providing illustrations of the history of manners.

Nonobjective feeling has, in fact, always been the only possible source of art, so that in this respect Suprematism is contributing nothing new but nevertheless the art of the past, because of its use of objective subject matter, harbored unintentionally a whole series of feelings which were alien to it.

But a tree remains a tree even when an owl builds a nest in a hollow of it.

Suprematism has opened up new possibilities to creative art, since by virtue of the abandonment of so called "practical consideration," a plastic feeling rendered on canvas can be carried over into space. The artist (the painter) is no longer bound to the canvas (the picture plane) and can transfer his compositions from canvas to space."

En el texto anterior, las partes por nosotros puestas en negrillas revelan que el suprematismo para Malevitch representa un elemento trascendental, una sensación, en la que el cuadrado representa el vacío objetivo. Este vacío objetivo ("*la voluntad de silencio del arte moderno, su hostilidad respecto a la literatura, a la narración, al discurso*", Rosalind E. Krauss, "*Retículas*", *La originalidad de la Vanguardia y otros mitos modernos*, Madrid, Alianza, 1996, p. 23) se identifica con la lectura individual, subjetiva, del mundo, la cual, remitida explícitamente a las marcas primitivas del aborigen, aunque no como ornamento sino como símbolo o ritmo, permite reducir los engaños de las sensaciones prácticas que nos inducen a errar en nuestra valoración del entorno. Cabe decir, entonces, que la sensación suprematista no es práctica ni de los sentidos, sino más bien mística e intelectual. Trasciende en ello el mundo del primitivo, al cual, implícitamente, se identifica el del hombre contemporáneo, orientado hacia la practicidad y la pintura directamente entendible. El final del texto, que revela la intención de Malevitch de trasladar a la tridimensionalidad sus formas relacionadas por el artista con la construcción, es decir, la arquitectura, pasa entonces por la percepción mística del cubo y su relación al espacio en cuanto forma *libre de todo compromiso exterior con el mundo objetal*.

Para confirmar la idea de la crítica de arte estadounidense neobarthesiana Rosalind E. Krauss (en el texto citado) del origen reticular fotográfico de la repetición del símbolo cuadrado y/o cúbico en el arte y, agregamos, la arquitectura de inicios del siglo XX, podemos argumentar, por nuestra parte, que, al descomponer los objetos, es decir, desunificar los componentes formales de sus obras, mediante un proceso de des-agrupación, tanto los futuristas (descomposición del movimiento), como los cubistas (descomposición de las partes del modelo en sus distintos ángulos), o los surrealistas (descomposición de la obra en motivos aislados relacionados libremente sin sentido lineal, elemento de agregación contra-narrativo que, a semejanza del sueño estudiado por Freud, implica la interpretación de cada motivo por separado), los vanguardistas, influenciados a nivel formal por los fotógrafos Muybridge y Marey (descomposición del movimiento en una sucesión de pequeñas extensiones evolutivas en el espacio), impresionistas (descomposición, a su vez, ésta, como revela el mismo nombre de impresionismo del movimiento, influenciada por el tiempo de impresión fotográfico, de lo visible en píxeles cromáticos dependientes y variables en función de la hora y la época del año - principios impresionistas de que depende asimismo el *Modulador Espacio-Luz* de molí-Nagy, con planteamientos y metas fotográficos de percepción de los lugares donde la luz pega los objetos dándolos contraste y profundidad -) y los fauvistas (descomposición en placas no matizadas de colores puros), imponen una conceptualización cezanniana de la obra como simplificación (descomposición o des-agrupación) del modelo en una sucesión de formas simples, en general geométricas, carentes de adornos representativos, entiéndase falsedades o *trompe-l'oeil* pictóricos, reasumiendo una perspectiva isométrica y clara de la re-construcción de lo real, de manera objetiva, conforme las ideologías científicas del momento, del materialismo histórico y dialéctico de Marx y Engels a la fenomenología de Husserl y la relatividad de Einstein, lo que explica, sin duda, porque reaparecen tan a menudo las problemáticas de estos científicos, en particular Einstein, cuya metafísica simple de lo invisible, impalpable e irrepresentable, era más fácil de plantearse. Es, paradójicamente (aunque de manera entendible si seguimos la línea temporal que va del fenomenismo neo-cartesiano de Hume o Locke a la fenomenología husserliana), en la ideología romántica del siglo XIX, y anteriormente idealista racional del siglo XVIII, del Yo como principio base de la percepción de lo real que debemos buscar la razón y origen de la recurrente afirmación que se nos presenta en todos los manifiestos citados aquí, e, de manera general, en todos los manifiestos literarios, artísticos y arquitectónicos de inicios del siglo XX, de posicionamientos en primera voz (yo niego, yo rechazo,...) y basados en la denegación, contraposición o crítica (ideología idealista racional del siglo XVIII del Yo como liberación de las imposiciones nefastas de la sociedad sobre el individuo, ideología romántico del siglo XIX del artista maldito como modelo para la liberación del individuo y del proletariado del yugo de la burguesía y la sociedad capitalista, ideología nihilista, y después leninista, aunque con matiz egotista y clasicista de pensamiento estatal, de rechazo a los principios jerárquicos sociales y afirmación del Yo como contrapoder guerrillista para lograr erradicar la desigualdad) a lo social. Esta denegación egotista es la propuesta quema de los museos por los dadaístas y futuristas. De la misma forma, esta apología de la violencia en el involucramiento social como tensión hacia un futuro progresista es donde se arraiga el activismo militantista, a menudo nacionalista y fascista, de la mayoría de los artistas de los mencionados movimientos dadaístas, constructivistas, futuristas, o bien surrealistas.

Cabe, llegado a este punto, devolvernos hacia la arquitectura, y, para ello, buscaremos a Loos, cuando nos presenta su conferencia de 1908 titulada: "*Ornament und Verbrechen*" ("*Ornamento y Delito*"), que, siendo a la vez relativamente corta, y fundamental para entender la historia moral de la arquitectura contemporánea, a continuación, citaremos integralmente:

"*El embrión humano pasa, en el claustro materno, por todas las fases evolutivas del reino animal. Cuando nace un ser humano, sus impresiones sensoriales son iguales a las de un perro recién nacido. Su infancia pasa por todas las transformaciones que corresponden a aquellas por las que pasó la historia del género humano. A los dos años, lo ve todo como si fuera un papúa. A los cuatro, como un germano. A los seis, como Sócrates y a los ocho como Voltaire. Cuando tiene ocho años, percibe el violeta, color que fue descubierto en el siglo XVIII, pues antes el violeta era azul y el púrpura era rojo. El físico señala que hay otros colores, en el espectro solar, que ya tienen nombres, pero el comprenderlo se reserva al hombre del futuro.*
El niño es amoral. El papúa también lo es para nosotros. El papúa despedaza a sus enemigos y los devora. No es un delincuente, pero cuando el hombre moderno despedaza y devora a alguien entonces es un delincuente o un degenerado. El papúa se hace tatuajes en la piel, en el bote que emplea, en los remos, en fin, en todo lo que tiene a su alcance. No es un delincuente. El hombre moderno que se tatúa es un delincuente o un degenerado. Hay cárceles donde un 80 % de los detenidos presentan tatuajes. Los tatuados que no están detenidos son criminales latentes o aristócratas degenerados. Si un tatuado muere en libertad, esto quiere decir que ha muerto unos años antes de cometer un asesinato.
El impulso de ornamentarse el rostro y cuanto se halle alcance es el primer origen de las artes plásticas. Es el primer balbuceo de la pintura. Todo arte es erótico.
El primer ornamento que surgió, la cruz, es de origen erótico. La primera obra de arte, la primera actividad artística que el artista pintarrajeó en la pared, fue para despojarse de sus excesos. Una raya horizontal: la mujer yacente. Una raya vertical: el hombre que la penetra. El que creó esta imagen sintió el mismo impulso que Beethoven, estuvo en el mismo cielo en el que Beethoven creó la Novena Sinfonía.
Pero el hombre de nuestro tiempo que, a causa de un impulso interior, pintarrajea las paredes con símbolos eróticos, es un delincuente o un degenerado. Obvio es decir que en los retretes es donde este impulso invade del modo más impetuoso a las personas con tales manifestaciones de degeneración. Se puede medir el grado de civilización de un país atendiendo a la cantidad de garabatos que aparezcan en las paredes de sus retretes.
*En el niño, garabatear es un fenómeno natural; su primera manifestación artística es llenar las paredes con símbolos eróticos. Pero lo que es natural en el papúa y en el niño resulta en el hombre moderno un fenómeno de degeneración. **Descubrí lo siguiente y lo comuniqué al mundo: La evolución cultural equivale a la eliminación del ornamento del objeto usual. Creí con ello proporcionar a la humanidad algo nuevo con lo que alegrarse, pero la humanidad no me lo ha agradecido. Se pusieron tristes y su ánimo decayó. Lo que les preocupaba era saber que no se podía producir un ornamento nuevo. ¿Cómo, lo que cada negro sabe, lo que todos los pueblos y épocas anteriores a nosotros han sabido, no sería posible para nosotros, hombres del siglo XIX? Lo que el género humano había creado miles de años atrás sin ornamentos fue despreciado y se destruyó.***
No poseemos bancos de carpintería de la época carolingia, pero el menor objeto carente de valor que estuviera ornamentado se conservó, se limpió cuidadosamente y se edificaron pomposos palacios para albergarlo.** Los hombres pasean entristecidos ante las vitrinas, avergonzándose de su actual impotencia. Cada época tiene su estilo, ¿carecerá la nuestra de uno que le sea propio? Con estilo, se quería significar ornamento. Por tanto, dije: ¡No lloréis! Lo que constituye la grandeza de nuestra época es que es incapaz de realizar un ornamento nuevo. Hemos vencido al ornamento. Nos hemos dominado hasta el punto de que ya no hay ornamentos. **Ved, está cercano el tiempo, la meta nos espera. Dentro de poco las calles de las ciudades brillarán como muros blancos. Como Sión, la ciudad santa, la capital del cielo. Entonces lo habremos conseguido.
Pero existen los malos espíritus incapaces de tolerarlo. A su juicio, la humanidad debería seguir jadeando en la esclavitud del ornamento. Los hombres estaban lo bastante adelantados como para que el ornamento no les deleitara, como para que un rostro tatuado no aumentara la sensación estética, cual en los papúas, sino que la disminuyera. Lo bastante adelantados como para alegrarse por una pitillera no ornamentada y comprarse aquélla pudiendo, por el mismo precio, conseguir otra con adornos. Eran felices con sus vestidos y estaban contentos de no tener que ir de feria en feria como los monos llevando pantalones de terciopelo con tiras doradas. Y dije: Fijaros: la habitación en que murió Goethe es más fantástica que toda pompa renacentista y un mueble liso es más bonito que todas las piezas de museo incrustadas y esculpidas. El lenguaje de Goethe es mucho más bonito que todos los ornamentos de los pastores del Pegnitz.

Los malos espíritus lo oyeron con desagrado, y el Estado, cuya misión es retrasar a los pueblos en su evolución cultural, consideró como suya la cuestión de la evolución y reanudación del ornamento. ¡Pobre del Estado, cuyas revoluciones las dirijan los consejeros! Pronto pudo verse en el Museo de Artes Decorativas de Viena un buffet con el nombre La rica pesca; hubo armarios que se llamaron La princesa encantada o algo por el estilo, cosa que se refería a los ornamentos con que estaban decorados esos desgraciados muebles. El estado austriaco se tomó tan en serio su trabajo que se preocupó de que las polainas de paño no desapareciesen de las fronteras de la monarquía austro-húngara. Obligó a todo hombre culto que tuviera veinte años a llevar durante tres años polainas en lugar de calzado eficiente. Ya que todo Estado parte de la suposición de que un pueblo que esté en baja forma es más fácil de gobernar.

Bien, la epidemia ornamental está reconocida estatalmente y se subvenciona con dinero del Estado. Sin embargo, veo en ello un retroceso. No puedo admitir la objeción de que el ornamento aumenta la alegría de vivir de un hombre culto, no puedo admitir tampoco la que se disfraza con estas palabras: «¡Pero cuándo el ornamento es bonito...!» A mí y a todos los hombres cultos, el ornamento no nos aumenta la alegría de vivir. Si quiero comer un trozo de alujú escojo uno que sea completamente liso y no uno que esté recargado de ornamentos, que represente un corazón, un niño en mantillas o un jinete. El hombre del siglo xv no me entendería; pero sí podrían hacerlo todos los hombres modernos. El defensor del ornamento cree que mi impulso hacia la sencillez equivale a una mortificación. ¡No, estimado señor profesor de la Escuela de Artes Decorativas, no me mortifico! Lo prefiero así. Los platos de siglos pasados, que presentan ornamentos con objeto de hacer aparecer más apetitosos los pavos, faisanes y langostas a mí me producen el efecto contrario. Voy con repugnancia a una exposición de arte culinario, sobre todo si pienso que tendría que comer estos cadáveres de animales rellenos. roastbeef.

El enorme daño y las devastaciones que ocasiona el redespertar del ornamento en la evolución estética, podrían olvidarse con facilidad ya que nadie, ni siquiera ninguna fuerza estatal puede detener la evolución de la humanidad. Sólo es posible retrasaría. Podemos esperar. Pero es un delito respecto a la economía del pueblo el que, a través de ello, se pierda el trabajo, el dinero y el material humanos. El tiempo no puede compensar estos daños.

El ritmo de la evolución cultural sufre a causa de los rezagados. Yo quizá vivo en 1908; mi vecino, sin embargo, hacia 1900; y el de más allá, en 1880. Es una desgracia para un Estado el que la cultura de sus habitantes abarque un período de tiempo tan amplio. El campesino de regiones apartadas vive en el siglo XIX. Y en la procesión de la fiesta de jubileo tomaron parte gentes, que ya en la época de las grandes migraciones de los pueblos se hubieran encontrado retrasadas. Feliz el país que no tenga este tipo de rezagados y merodeadores. ¡Feliz América! Entre nosotros mismos hay en las ciudades hombres que no son nada modernos, rezagados del siglo XVIII que se horrorizan ante un cuadro con sombras violetas, porque aún no saben ver el violeta. Les gusta el faisán si el cocinero se ha pasado todo un día para prepararlo y la pitillera con ornamentos renacentistas les gusta mucho más que la lisa. ¿Y qué pasa en el campo? Los vestidos y aderezos son de siglos anteriores. El campesino no es cristiano, todavía es pagano.

Los rezagados retrasan la evolución cultural de los pueblos y de la humanidad, ya que el ornamento no está engendrado sólo por delincuentes, sino que comete un delito en tanto que perjudica enormemente a los hombres atentando a la salud, al patrimonio nacional y por eso a la evolución cultural. Cuando dos hombres viven cerca y tienen unas mismas exigencias, las mismas pretensiones y los mismos ingresos, pero no obstante pertenecen a distintas civilizaciones, se puede observar lo siguiente, desde el punto de vista económico de un pueblo: el hombre del siglo XX será cada vez más rico, el del siglo XVIII cada vez más pobre. Supongamos que los dos viven según sus inclinaciones. El hombre del siglo XX puede cubrir sus exigencias con un capital mucho más pequeño y por ello puede ahorrar. La verdura que le gusta está simplemente hervida en agua y condimentada con mantequilla. Al otro hombre le gusta más cuando se le añade miel y nueces y cuando sabe que otra persona ha pasado horas para cocinaría. Los platos ornamentados son muy caros, mientras que la vajilla blanca que le gusta al hombre es barata. Éste ahorra mientras que el otro se endeuda. Así ocurre con naciones enteras. ¡Pobre del pueblo que se quede rezagado en la evolución cultural! Los ingleses serán cada vez mas ricos y nosotros cada vez más pobres...

Sin embargo, es mucho mayor el daño que padece el pueblo productor a causa del ornamento, ya que el ornamento no es un producto natural de nuestra civilización, es decir, que representa un retroceso o una degeneración; el trabajo del ornamentista ya no se paga como es debido.

Es conocida la situación en los oficios de talla y adorno, los sueldos criminalmente bajos que se pagan a las bordadoras y encajeras. El ornamentista ha de trabajar veinte horas para lograr los mismos ingresos de un obrero moderno que trabaje ocho horas. El ornamento encarece, por regla general, el objeto; sin embargo, se da la paradoja de que una pieza ornamentada con igual coste material que el de un objeto liso, y que necesita el triple de horas de trabajo para su realización, cuando se vende, se paga por el ornamentado la mitad que por el otro. La carencia de ornamento tiene como consecuencia una reducción de las horas de trabajo y un aumento de sueldo. El tallista chino trabaja dieciséis horas, el americano sólo ocho. Si por una caja lisa se paga lo mismo que por otra ornamentada, la diferencia, en cuanto a horas de trabajo, beneficia al obrero. Si no hubiera ningún tipo de ornamento —situación que a lo mejor se dará dentro de miles de años— el hombre, en vez de tener que trabajar ocho horas, podría trabajar sólo cuatro, ya que la mitad del trabajo se va, aún hoy en día, en realizar ornamentos.

Ornamento es fuerza de trabajo desperdiciada y por ello salud desperdiciada. Así fue siempre. Hoy significa, además, material desperdiciado y ambas cosas significan capital desperdiciado.

Como el ornamento ya no pertenece a nuestra civilización desde el punto de vista orgánico, tampoco es ya expresión de ella. El ornamento que se crea en el presente ya no tiene ninguna relación con nosotros ni con nada humano; es decir, no tiene relación alguna con la actual ordenación del mundo. No es capaz de evolucionar. ¿Qué ha sucedido con la ornamentación de Otto Eckmann, con la de Van de Velde? Siempre estuvo el artista sano y vigoroso en las cumbres de la humanidad. El ornamentista moderno es un retrasado o una aparición patológica. Reniega de sus productos una vez transcurridos tres años. Las personas cultas los consideran insoportables de inmediato; los otros, sólo se dan cuenta de esto al cabo de años. ¿Dónde se hallan hoy las obras de Otto Eckmann? ¿Dónde estarán las obras de Olbrich dentro de diez años? El ornamento moderno no tiene padres ni descendientes, no tiene pasado ni futuro. Sólo es saludado con alegría por personas incultas, para quienes la grandeza de nuestra época es un libro con siete sellos, y, al cabo de un tiempo, reniegan de él.

En la actualidad, la humanidad es más sana que antes; sólo están enfermos unos pocos. Estos pocos, sin embargo, tiranizan al obrero, que está tan sano que no puede inventar ornamento alguno. Le obligan a realizar, en diversos materiales, los ornamentos inventados por ellos.

El cambio del ornamento trae como consecuencia una pronta desvaloración del producto del trabajo. El tiempo del trabajador, el material empleado, son capitales que se derrochan. He enunciado la siguiente idea: La forma de un objeto debe ser tolerable el tiempo que dure físicamente. Trataré de explicarlo: Un traje cambiará muchas más veces su forma que una valiosa piel. El traje de baile creado para una sola noche, cambiará de forma mucho más deprisa que un escritorio. Qué malo seria, sin embargo, si tuviera que cambiarse el escritorio tan rápidamente como un traje de baile por el hecho de que a alguien le pareciera su forma insoportable; entonces se perdería el dinero gastado en ese escritorio.

Esto lo sabe bien el ornamentista y los ornamentistas austriacos intentan resolver este problema. Dicen: «Preferimos al consumidor que tiene un mobiliario que, pasados diez años, le resulta inaguantable, y que, por ello, se ve obligado a adquirir muebles nuevos cada década, al que se compra objetos sólo cuando ha de sustituir los gastados. La industria lo requiere. Millones de hombres tienen trabajo gracias al cambio rápido».

Parece que éste es el misterio de la economía nacional austriaca; cuantas veces, al producirse un incendio, se oyen las palabras: «¡Gracias a Dios, ahora la gente ya tendrá algo que hacer!» Propongo un buen sistema: Se incendia una ciudad, se incendia un imperio, y entonces todo nada en bienestar y en la abundancia. Que se fabriquen muebles que, al cabo de tres años, puedan quemarse; que se hagan guarniciones que puedan ser fundidas al cabo de cuatro años, ya que en las subastas no se logra ni la décima parte de lo que costó la mano de obra y el material, y así nos haremos ricos y más ricos.

La pérdida no sólo afecta a los consumidores, sino, sobre todo, a los productores. Hoy en día, el ornamento, en aquellas cosas que gracias a la evolución pueden privarse de él, significa fuerza de trabajo desperdiciada y material profanado. Si todos los objetos pudieran durar tanto desde el ángulo estético como desde el físico, el consumidor podría pagar un precio que posibilitara que el trabajador ganara más dinero y tuviera que trabajar menos. Por un objeto del cual esté seguro que voy a utilizar y obtener el máximo rendimiento pago con gusto cuatro veces más que por otro que tenga menos valor a causa de su forma o material. Por mis botas pago gustoso 40 coronas, a pesar de que en otra tienda encontraría botas por 10 coronas. Pero, en aquellos oficios que languidecen bajo la tiranía de los ornamentistas, no se valora el trabajo bueno o malo. El trabajo sufre a causa de que nadie está dispuesto a pagar su verdadero valor.

Y esto no deja de estar bien así, ya que tales objetos ornamentados sólo resultan tolerables en su ejecución más mísera.

Puedo soportar un incendio más fácilmente si oigo decir que sólo se han quemado cosas sin valor. Puedo alegrarme de las absurdas y ridículas decoraciones montadas con motivo del baile de disfraces de los artistas, porque sé que lo han montado en pocos días y que lo derribarán en un momento. Pero tirar monedas de oro en vez de guijarros, encender un cigarrillo con un billete de banco, pulverizar y beberse una perla es algo antiestético.

Verdaderamente los objetos ornamentados producen un efecto antiestético, sobre todo cuando se realizaron en el mejor material y con el máximo cuidado, requiriendo mucho tiempo de trabajo. Yo no puedo dejar de exigir ante todo trabajo de calidad, pero desde luego no para cosas de este tipo.

El hombre moderno, que considera sagrado el ornamento, como signo de superioridad artística de las épocas pasadas, reconocerá de inmediato, en los ornamentos modernos, lo torturado, lo penoso y lo enfermizo de los mismos. Alguien que viva en nuestro nivel cultural no puede crear ningún ornamento.

Ocurre de distinta manera con los hombres y pueblos que no han alcanzado este grado.

Predico para el aristócrata. Me refiero al hombre que se halla en la cima de la humanidad y que, sin embargo, comprende profundamente los ruegos y exigencias del inferior. Comprende muy bien al cafre, que entreteje ornamentos en la tela según un ritmo determinado, que sólo se descubre al deshacerla; al persa que anuda sus alfombras; a la campesina eslovaca que borda su encaje; a la anciana señora que realiza objetos maravillosos en cuentas de cristal y seda. El aristócrata les deja hacer, sabe que, para ellos, las horas de trabajo son sagradas.

El revolucionario diría: «Todo esto carece de sentido». Lo mismo que apartaría a una ancianita de la vecindad de una imagen sagrada y le diría: «No hay Dios». Sin embargo, el ateo —entre los aristócratas— al pasar por delante de una iglesia se quita el sombrero.

Mis zapatos están llenos de ornamentos por todas partes, constituidos por pintas y agujeros, trabajo que ha ejecutado el zapatero y no le ha sido pagado. Voy al zapatero y le digo: «Usted pide por un par de zapatos 30 coronas. Yo le pagaré 40». Con esto he elevado el estado anímico de este hombre, cosa que me agradecerá con trabajo y material, que, en cuanto a calidad, no están en modo alguno relacionados con la sobreabundancia. Es feliz. Raras veces llega la felicidad a su casa. Ante él hay un hombre que le entiende, que aprecia su trabajo y no duda de su honradez. En sueños ya ve los zapatos terminados delante suyo. Sabe dónde puede encontrar la mejor piel, sabe a qué trabajador debe confiar los zapatos y éstos tendrán tantas pintas y agujeros como los que sólo aparecen en los zapatos más elegantes. Entonces le digo: «Pero impongo una condición. Los zapatos tienen que ser enteramente lisos». Ahora es cuando le he lanzado desde las alturas más espirituales al Tártaro. Tendrá menos trabajo, pero le he arrebatado toda la alegría.

Predico para los aristócratas. Soporto los ornamentos en mi propio cuerpo si éstos constituyen la felicidad de mi prójimo. En este caso también llegan a ser, para mí, motivo de contento. Soporto los ornamentos del cafre, del persa, de la campesina eslovaca, los de mi zapatero, ya que todos ellos no tienen otro medio para alcanzar el punto culminante de su existencia. Tenemos el arte que ha borrado el ornamento. Después *del trabajo del día vamos al encuentro de Beethoven o de Tristán. Esto no lo puede hacer mi zapatero. No puedo arrebatarle su alegría, ya que no tengo nada que ofrecerle a cambio. El que, en cambio, va a escuchar la Novena Sinfonía y luego se sienta a dibujar una muestra de tapete es un hipócrita o un degenerado.*

La carencia de ornamento ha conducido a las demás artes a una altura imprevista. Las sinfonías de Beethoven no hubieran sido escritas nunca por un hombre que fuera vestido de seda, terciopelos y encajes. El que hoy en día lleva una americana de terciopelo no es un artista, sino un payaso o un pintor de brocha gorda. Nos hemos vuelto más refinados, más sutiles. Los greganos se tenían que diferenciar por colores distintos, el hombre moderno necesita su vestido impersonal como máscara. Su individualidad es tan monstruosamente vigorosa que ya no la puede expresar en prendas de vestir. La falta de ornamentos es un signo de fuerza espiritual. El hombre moderno utiliza los ornamentos de civilizaciones anteriores y extrañas a su antojo. Su propia invención la concentra en otros objetos."

De nuevo, ponemos en negrillas los elementos que nos parecen importantes.

Como en Malevitch, en Loos, la cuestión del ornamento, aquí explícitamente referenciado, tiene que ver con la evolución de las artes, y la oposición entre un arte del mañana, culta, elegante y sabia, por oposición a un arte pragmático, inmerso en los gustos atrasados de una burguesía que quiere remedar a la aristocracia.

La belleza de hoy sólo puede ser pura y sin adorno. Conste, entonces, que la razón única dada por Loos es el mismo progreso, y la adecuación de la época con normas de elegancia y fortaleza mental. Vemos, pues, cuanto debe esta posición al neoclasicismo napoleónico y la influencia normativa de la arquitectura pública en función de valores y de una simbología relacionada con conceptos renacentistas extraídos de Vitruvio.

Por otra parte, se fundamenta, reafirmando lo que acabamos de aclarar, el pensamiento de Loos en un doble proyecto: la rapidez, y el pensamiento social: por un lado, es más rápido, entonces más adecuado, crear objetos no ornamentados; por otro, se paga igual al obrero el trabajo ornamentado que el no ornamentado, por lo cual no es menester ornamentar, ya que no se retribuye el trabajo producido por el artesano. Aquí también Loos opone, ya no en sentido vertical (evolutivo, del niño o el papúa hacia el hombre civilizado), sino horizontal (de comparación entre civilizaciones contemporáneas entre sí: las china y la estadounidense), en un discurso civilizatorio, la barbarie ornamental con la civilización no ornamental: así, en el mundo de hoy, sólo los degenerados, aristócratas pervertidos o asesinos potenciales pueden ser tatuados. El tatuaje es, como los dibujos de baños, imagen sexual, y el ejemplo máximo, probablemente elegido adrede, pero también por influencia de los estudios de mitología comparada, aunque no sabemos en qué autor pudo encontrar tal evidencia del símbolo de la cruz, es, precisamente, ésta misma.

Tenemos entonces que, en los mismos años, Loos y después Malevitch, el primero fundamentándose implícitamente en la ideología ingeniera y neoclásica, el otro explícitamente en el cubismo como proceso de simplificación formal, eligen la forma básica del cubo, fundamental en la época renacentista y los debates de la Contrarreforma, para representar el vacío ornamental: podemos comparar las frases de Loos:

"*Dentro de poco las calles de las ciudades brillarán como muros blancos. Como Sión, la ciudad santa, la capital del cielo. Entonces lo habremos conseguido*";

Y Malevitch:

"*Feeling is the determining factor ... and thus art arrives at non objective representation at Suprematism.*
It reaches a "desert" in which nothing can be perceived but feeling.
Everything which determined the objective ideal structure of life and of "art' ideas, concepts, and images all this the artist has cast aside in order to heed pure feeling."

En los dos casos, el desierto o muro blanco de la forma pura remite a un misticismo evidente. Loos es quien lo remite explícitamente a la ciudad del Cielo: la Jerusalén celeste, de la cual hemos visto en nuestro trabajo sobre Arquitectura Moderna de la Arquitectura que su cartografía y simbología, cuadrado o circular, es al centro de la evolución del pensamiento religioso y arquitectónico, este último como expresión material del anterior, de los siglos XVI-XVIII.

En este sentido, nuestra investigación que, obviamente, abarca la vanguardia rusa constructivista, cuyos planteamientos son estrechamente relacionados con los de Malevitch, que fue parte de los fundadores de los mismos, nos debe llevar a citar, para confirmar esta simbología renacentista de la ideología de la arquitectura vanguardista, el caso muy significativo del *Monumento a la III Internacional* (1919-1920) de Tatlin (Lám. 35-37).

A inicios de 1917, encontrándose con De Chirico en el hospital militar de Ferrera, Carlo Carrà se vuelve miembro fundador del movimiento Pittura Metafisica. Desde 1912, Kandinsky plantea lo *Concerniente a lo espiritual en el arte (Über das Geistige in der Kunst)*. De

1920 a 1922, Malevitch publica 5 libros que desarrollan una mística del suprematismo al que se dedicó desde finales de 1915. Los planteamientos religiosos acerca del arte puro se multiplican a inicios del s. XX, en continuación, como intuyó Wölfflin, con la dualidad que se afirma desde el debate entre los Antiguos y los Modernos (s. XVII), y la oposición entre las corrientes de finales del s. XIX del arte por el arte (prerafaelitas, simbolistas, parnasianos) y el arte social (románticos, naturalistas, regionalistas, impresionistas, expresionistas), creándose la discusión sobre el sometimiento del arte al gusto burgués a partir de Baudelaire y el salón de los rechazados de Manet. La figuración a la vez se concibe como tradición genuina del "*Volgeist*", de la que parte Kandinsky, y como reducción burguesa a gustos clasicistas. De ahí el choque del Nuevo Plan Económico de 1921, Malevitch perdiendo sus puestos en Moscú y Vitebsk por rechazar los fines prácticos del arte, mientras Tatlin rechaza el arte puro y plantea el arte del futuro como aplicado y de artistas-ingenieros. No se puede obviar el origen renacentista de la arquitectura contemporánea: identificación del arquitecto con un tratadista e ideólogo; interacción entre arte del arquitecto y del ingeniero militar y civil (Leonardo, Miguel Angel); mística de la labor arquitectónica, que impone la centralidad del modelo religioso (San Pedro de Roma) y palaciego, y la superposición de formas geométricas puras de simbología neoplatónica y bizantina: el cuadrado símbolo de la tierra, el círculo (cúpula) del cielo. Blunt (*Artistic Theory in Italy 1450-1600*, Oxford, 1940) y Wittkower (*Architectural Principles in the Age of Humanism*, Londres, 1949) estudian la problemática de la Contrarreforma, en particular con Borromeo, entre planta central, circular, y cuadrada o de cruz latina. Las formas circulares y cuadradas como expresiones mínimas de la realidad objetiva o de la mente del artista son las que, en base a una misma búsqueda, dividen los resultados en Malevitch y Mondrian. Klee en *Libro de apuntes pedagógicos* (1925) y Mondrian a partir de sus representaciones de árboles(1909-1912) hasta las *Composiciones*, parten del árbol como imagen-base de ramificaciones formales simples cuyas interrelaciones crean una complejización del edificio icónico. La arquitectura moderna (s. XVI-XVII) sostuvo un debate sobre la forma de Jerusalén y del Templo de Salomón alrededor del cual se desarrolla. La *Biblia* y la topografía dan formas cuadradas, pero la simbología del círculo, de Parménides a Pseudo Dionisos el Areopagita, imagen de Dios, se impone en la cartografía. *La Torre de Babel*, contra-modelo del Templo salomónico, representada por Bruegel es de forma circular, como la estratificada Ciudad del Sol de Campanella, mientras la Nueva Atlántida de Bacon es cuadrada, las dos siendo evocaciones utópicas de la Jerusalén celestial reencontrada en el Nuevo Mundo. Así, tanto los valores ideológicos (arte representativo del aparato soviético, arte técnico del ingeniero) como formales (iconografía de la torre de Babel) del *Monumento a la III Internacional* de Tatlin, que nunca llegó a construirse por la Guerra Civil, continúan y laicizan el simbolismo de las formas arquitectónicas modernas. Todas las figuras reproducidas por Delfín Rodríguez Ruiz (*Transformaciones de la arquitectura en el siglo XX*, Madrid, *Historia 16*, 2002, pp. 14-17, 66-69 y 73, Lám. 38 a 48 del presente trabajo): el árbol de la viñeta satírica sobre la evolución de la arquitectura por A.Pompe (c. 1918), la demostración de la imposibilidad de erigir la Torre de Babel por A. Kircher, la arquitectura alpina de Bruno Taut (1917-1919), las casas volantes de Poelzig (1918), el *Monumento a la Alegría* de Luckhardt (1919), el frontispicio del *Manifiesto de la Bauhaus* por Feininger (1919), y la obra sin título de Scharoun (1919), evidencian el interés místico del expresionismo y la Bauhaus por, según Gropius (p. 66): "*la concepción creativa de la catedral futura que debe, de nuevo, asumir en una forma total y única la arquitectura, escultura y pintura*", torre de Babel de múltiples lenguajes propia de la ideología humanista renacentista, que resurgen de los planteamientos del voluntariamente oculto y subterráneo expresionismo, con la Cadena de Cristal (Gläserne Kette) y el Consejo de Trabajo para el Arte (Arbeitsrat für Kunst), a la Bauhaus, creada en 1919, los fundadores de los dos movimientos siendo básicamente los mismos. A este conjunto se integra también, por su mismo nombre, la Babelsberg Einsteinturm (Torre Einstein) de Postdam de 1920-1921 de Erich Mendelsohn (Lám. 441 a 443). De esta misma ideología se desprende también la forma central de planta meramente moderna (v. nuestro trabajo anterior sobre Historia de la Arquitectura Moderna), hexagonal irregular (que, por otra parte, en la combinación - superposición en plano - de las formas de la planta y la elevación, busca asemejar la forma de la estrella de David), de la Sinagoga de Beth Sholom (1954-1959) en Elkins Park (Pennsylvania) de Frank Lloyd Wright (Lám. 50), que el mismo arquitecto definía como un "*luminosos Monte Sinaí*".

Desde 1880, Nikolai Fedorov en *El Porvenir de la Astronomía y la Necesidad de la Resurrección* plantea la necesidad de la conquista del espacio como búsqueda mística de una nueva Jerusalén para unir los dos mundos: terrenal y celestial. El concepto del hombre volador se desarrolla desde el s. XIX, del *Palingénésie humaine et la résurrection* de Nodier al *Viaje a la luna* de Méliès, y el globo "*Le Zélé*" de *Mort á crédit* de Céline, pasando por las casas volantes de Poelzig, los proyectos de cohetes de *El Espacio Libre* (1883) de Konstantin Tsiolkovsky, y de los discípulos de Fedorov: Nikolai I. Kibaltchich, con su proyecto, redactado en 1881, durante su corto encarcelamiento ante de ser ejecutado por el asesinato del Zar Alejandro II, y publicado por primera vez en 1918; y Tsiolkovsky en su ponencia (1903) *Exploración del espacio cósmico con ayuda de máquinas de reacción*. La Revolución rusa implica la necesidad de reconstrucción, la cual se orienta hacia esta mística de la conquista espacial. El "*cosmismo*", corriente rusa del s. XIX que plantea la conquista del cosmos y la victoria del hombre sobre el tiempo y el espacio vía el dominio de los procesos fisiológicos y la inmortalidad (lo que el estalinismo pondrá en práctica con la conservación del cuerpo de Lenin y más tarde de los dirigentes comunistas, incluyendo el propio Stalin), se dobla, en el cristianismo ruso, de la idea que Moscú será, después de Roma y Bizancio, la "*Tercera Roma*", imaginada por El Lissitzky dentro del plan de reconstrucción. El hombre nuevo de El Lissitzky se reapropia del hombre volador, "*Luftmensch*", palabra yiddish que designa a los judíos alemanes: "*hombres del aire*", carentes de arraigo, ilustrados por Chagall, y por extensión a los pobres, Maiakovski tiene un poema sobre, reza el título: "*El proletariado volador*", Goncharova figura *Ángeles y aviones* (referencia angelical que recuerda a *Enoch*); "*luftmensch*" símbolo del proletariado al que el poeta Khlebnikov, inventor de lo no-objetivo ("*zaum*"), en sus *Proposiciones* (1914-1915), construye un nuevo hábitat móvil, permitiendo cambiar de lugar cada vez que se desea, cabinas móviles de vidrio con anillo para zeppelines que se amarran a casas-rejas de hierro en cualquier ciudad. La utopía de una "*torre infinita*" en un espacio "*siempre más alto*" de El Lissitzky e Tatlin a partir del *Monumento a la III Internacional* se expresa en *Letatlin* (1926-1932, cuyo nombre asocia el nombre de Tatlin con el verbo ruso "*letat*": "*volar*"), bicicleta insertada en una estructura de madera liviana, cubierta con membrana de seda, que, por propulsión humana, permite simbólicamente al hombre alzar vuelo valiéndose sólo de sus propias fuerzas (los antecedentes de *Letatlin* son el *Ornitóptero* de Leonardo Da Vinci, e el proyecto de máquina voladora, 1714, de Emanuel Swedenborg, de la que Swedenborg da una descripción técnica completa en la 4a edición del *Daedulus Hyperboreus*, 1716, primer periódico científico sueco, fundado por Swedenborg). Lo no-objetivo es la base de las formas flotando en el espacio "*sin pega ni clavo*" de Malevitch. Khlebnikov resume la utopía arquitectural rusa de la época con la frase: "*El futuro es nuestra casa*". Aún después de la desaparición organizada de las vanguardias, la arquitectura oficial soviética siguió especulativa de realidades utópicas, como enseñan los bocetos de Iakov Tchernikov. Con sus 440 m. de altura previstos, e ideología técnica (v. el *Manifiesto de la Internacional Constructivista* del Congreso Dada de Weimar, 1922, los lemas: "*¡El arte ha muerto!*" "*¡Viva el nuevo arte maquínico de Tatlin!*" de Grosz y Herzfeld, y la declaración de Grosz en el No 2 de 1923 de *LEF*, revista de de Maïakovsky: "*llegará un día en que el pintor ya no será el anarquista bohemio del tipo flojo, sino un trabajador irradiante la claridad y la salud en el seno de lo colectivo*"), el *Monumento a la III Internacional* se inspira tanto, por su arca de apertura del nivel inferior, de la Torre Eiffel (a su vez elevación-símbolo de la técnica humana contemporánea apuntando al cielo), como de la "*montaña muy elevada*" de Ezequiel, 40ss. En el t. II de *Filosofía del deber universal* (1913), Fedorov rechaza la contemplación metafísica pasiva del mundo, y la regulación de la naturaleza vía la arquitectura, "*teatro de creatividad cósmica*". Prefigurando el Nuevo Realismo y su interpretación por Pierre Restany, *La constatación del Formalismo* de Chlovsky plantea: "*Las obras de arte ya no son ventanas abriendo sobre el mundo, son objetos*". El *Monumento a la III Internacional* retoma formalmente el *Relieve* (1916) de Tatlin, escultura-objeto con forma de pichinga. Malevitch, que se basa, sin citarlos, en Fedorov y Tisolkovsky, define su arquitectura cósmica en la descripción que da, en 1920 en la revista *Aero* del Unovis, grupo de arquitectos reunidos alrededor suyo en Vitebsk, tras su ida de Moscú, de un nuevo satélite "*suprematista... de una sola pieza, sin el menor tornillo. Una viga metálica... fusión de todos sus elementos, a imagen del globo terráqueo que lleva en sí todas las perfecciones,... se moverá sobre su propia orbita*", propuesta defendida por El Lissitzky, y racionalizada después por la Asociación de Arquitectos Nuevos Asnova. La descripción recuerda la propuesta astronómica del *Monumento a la III Internacional*, tres edificios de vidrio rotando: uno cúbico, cada año, otro piramidal, cada mes, el tercero cilíndrico, cada día.

Acabamos, entonces, de demostrar, desde varios puntos de vista: histórico (diacronía del funcionalismo), funcional (inadecuación psicológica y física con las necesidades básicas del hombre), simbólico (representación del cubo como objeto místico), que el funcionalismo, tanto en sus raíces como en sus desarrollo, no tiene nada, en sentido estricto, de funcional, y mucho menos de inevitable o irremplazable.

Ello no sólo nos da un elemento fundamental para analizar la arquitectura contemporánea y sus desarrollos, sino también para revisitar y hacer la crítica de la teoría arquitectónico: la relación entre función y forma debe, de hecho, desde el momento que fue lograda la anterior demostración, invertirse, como ya lo hemos postulado, y entenderse que, y en eso el caso del cubo es sintomático, es la ideología (*símbolo*) de la *forma* que predetermina el uso(*función*) que se da a la misma, tanto a nivel de ubicación, realización o fabricación, y encargo de realidades a la forma así preestablecida: tenemos que insistir, como en el *Modulor* de Le Corbusier, es la ideología o creencia mística en la forma que le da un poder universal.

Asimismo, Loos, cuando expresa la llegada mística de la Ciudad Celestial de los Muros Blancos, que no es sino el Cuadrado Desierto de lo No Objetivo de Malevitch, atribuye, sin darse cuenta, un valor estético a la ausencia de ornamento, lo que muy bien expresa el *Manifiesto Constructivista* a propósito del cubismo:

"*Se puede sentir interés por las experiencias de los cubistas, pero no adherirse a su movimiento, pues estamos convencidos de que sus experiencias solo arañan la superficie del Arte y no la penetran hasta sus raíces, y también nos parece evidente que su resultado final no conduce mas que a la misma representación superada, al mismo volumen superado y, una vez mas, a la misma superficie decorativa.*"

De igual forma que, a finales del siglo XVIII, el neoclasicismo revolucionario, y después imperial, se define como contraposición y oposición a la ornamentación aristocrática del rococó, y pretende oponer un arte igualitario (como el mejor rendimiento y pago del obrero que no ornamenta en Loos) a un arte desigual de la aristocracia inconsciente del siglo de las Luces, al oponer el salvajismo del ornamento como delito a la razón del no ornamentado, Loos se inscribe en un discurso dieciochesco. No es nada casual si, desde el inicio de su texto, y de manera recurrente en el mismo, el enfoque civilizatorio que da se arraiga en el mismo siglo de la Ilustración: el siglo XVIII. Igual pasa en el *Manifiesto de la Arquitectura Futurista*, en el que Sant'Elia, siguiendo la crítica de Loos al oponerse a la ornamentación como fenómeno atrasado de una época que ya no existe ni corresponde a las realidades de hoy, remite explícitamente desde la primera frase del *Manifiesto* ("*Después del siglo XVIII la arquitectura dejó de existir*") la cuestión de la arquitectura contemporánea a sus raíces dieciochescas.

Tan simbólica de nuestro quehacer vivencial arquitectónico contemporáneo se ha vuelta la forma cúbica que es la del encerramiento arbitrario e incomprensible, en un mundo deshumanizado en el que los individuos ya no cuentan, de la película *Cube* de 1999 de Vincenzo Natali, donde, significativamente, el que se salva de esta cárcel cúbica que recuerda el famoso Rubik Cube, es el inocente, los demás habiéndose matados entre sí. Sale sólo en un espacio luminoso, iconográficamente indefinido, hacia ninguna parte, el director enseñando así, por medio de un simbolismo retomado de Sebastian Brant, que los humanos son unos seres emocionales y brutales, sin posibilidad de redención.

V. EL DEBATE ENTRE ORGANICISMO Y FUNCIONALISMO: DEL DEBATE ENTRE ANTIGUOS Y MODERNOS A LA CUESTIÓN FORMAL COMO ELEMENTO DE DEFINICION DEL ENTORNO SOCIAL EN ARQUITECTURA Y EN LAS ARTES DEL DISEÑO EN LA EPOCA CONTEMPORANEA

El entender cómo se manifiesta y desarrolla una ideología del entorno, es decir, de los límites o márgenes de la razón en la época, el arte y la arquitectura contemporáneos abre la vía para analizar los gérmenes de este pensamiento.

Es, obviamente, dentro de una concepción analítica, y no, como se suele, práctica, de la arquitectura que reside y se puede expresar y delinear nuestros procedimiento e investigación. De alguna forma, nos identificamos en ello a la "*Delimitación de la cuestión*" que hace Benjamin en su tesis (pp. 35ss. de la versión citada), cuando escribe:

"*Consagrada a la historia del concepto, tal investigación es incontestablemente otra cosa que una historia de la crítica estética en sí: es un trabajo filosófico o, más exactamente, un trabajo de historia de las problemáticas.*"

De alguna forma también, sin embargo, al igual que Benjamin, ahondamos en la historia del arte, pero ésta se distingue de planteamientos estéticos en lo que no pretende, ni presupone, ni propone elaborar ningún juicio relacionado con la forma que no parta o sirva para explicar funciones del pensamiento humano en su transcurso.

Vale decir que no contemplamos la forma como dato vacío remitido, como hoja de papel plegada sobre sí misma, a nada más que el aspecto superficial y obligatorio de la manifestación concreta de un objeto ante todo práctico, dicho de otra forma, como el inevitable continente de una realidad funcional, lo que, aunque siendo la orientación a menudo elegida por los exegetas, contiene una contradicción: pues, a la vez asume la forma como extensión, o expresión visible, de un contenido, y a la vez niega dicho contenido considerando que, al expandirse en el espacio, la arquitectura lo hace con (y como) una pura función: funcionar (redundamos adrede), olvidándose tal vez de lo que Malevitch plantea en su *Manifiesto*:

"*A chair, bed, and table are not matters of utility but rather, the forms taken by plastic sensations, so the generally held view that all objects of daily use result from practical considerations is based upon false premises.*
We have ample opportunity to become convinced that we are never in a position for recognizing any real utility in things and that we shall never succeed in constructing a really practical object. We can evidently only feel the essence of absolute utility but, since a feeling is always nonobjective, any attempt to grasp the utility of the objective is Utopian. The endeavor to confine feeling within concepts of the conscious mind or, indeed, to replace it with conscious concepts and to give it concrete, utilitarian form, has resulted in the development of all those useless, "practical things" which become ridiculous in no time at all."

El carácter funcional o útil de cualquier objeto depende de un contexto de utilidad: el caballo no fue, sino para el pensamiento místico, creado para servir al hombre. Se puede oponer a esto que, al contrario de seres o objetos reales existentes que el hombre llega a domesticar o volver útiles, la arquitectura es un objeto creado por mano humana, y por ende su fin es también su inicio, entiéndase lo que la impulsa: servir funcionalmente. También podemos apartar el concepto sociológico de aproximación a la arquitectura, que considera como un dato base para el arquitecto, sea consciente o inconscientemente, el tomar en cuenta las costumbres sociales que harán necesarias o no tal o cual forma, tal o cual espacio habitable (v. por ejemplo el debate en Melville J. Herskovits, *El hombre y sus obras*, México, Fondo de Cultura Económica FCE, 1974, cap. X-XII, pp. 173-236, en particular pp. 184ss.). Lo que Broadbent, por ejemplo, identifica con el diseño pragmático (pp. 40-43), y, de alguna forma también, icónico (pp. 43-44).

La necesidad puede considerarse como el principio y fin de la arquitectura. Y así ciertamente ocurre tratándose, precisamente, de lo que los arquitectos no reconocen como arquitectura: la construcción, o arquitectura genuina, la de los albañiles, los pueblerinos, la surgida de una necesidad inmediata, sin mayor pretensión que utilitaria. Sin embargo, nos adentramos aquí a valores estéticos y morales, los cuales podemos también desechar por el momento. Aún cuando la misma historia, como hemos dicho, nos informa que el papel de tratadista de los arquitectos implica una visualización, intencionalidad o manera de ver el mundo (un manierismo), que implica abandonar lo funcional a provecho de un pensamiento formal, como hemos visto ciertamente ocurre en el funcionalismo.

Nos parece, ante todo, que el fondo del problema, es considerar, no sólo en el universo de las costumbres (uso específico de los espacios por cada sociedad, que, por ende, crea espacios adecuados a sus usanzas) o del simbolismo, sino en el universo por así decir lingüístico, que, mientras la forma vehicula un contenido (sea éste funcional o simbólico), esta forma no tenga en sí un valor, por lo menos de expresión (manierista en el sentido etimológico e histórico de la palabra), y, a lo mejor, semiótica (valores representativos relacionados con un arquitecto, un estilo, una época).

De hecho, nos parece difícil no reconocer que, sabiendo que las normas, como aclararon los psicólogos del lenguaje, no son más que materia muerta, mientras la manera de hablar es materia viva de cada uno y/o cada grupo social, por lo cual partir del diccionario para entender los procesos lingüísticos es como intentar entender la pintura desde las leyes del color (lo que, dicho de paso, hace la semiótica del arte), no parece, pues, difícil no reconocer que, una vez asumido que cualquier modificación a las normas, fundadas por estadística en cuanto a la realidad individual, supuestamente reproductible, es una trasgresión de las mismas, entonces, tanto el arquitecto racionalista que decide reducir los costos o el espacio del habitante por razones comerciales o de lucro, como el habitante que transforma el modelo en algo más adecuado a sus necesidades, quehaceres o gustos individuales (no viven igual en dos apartamentos idénticos y de mismo tamaño un soltero que una familia con dos niños, o una pareja con un cónyuge minusválido), y hasta la consultoría que vende modelos incambiables de casas, del momento que impone sus propias elecciones, cualquiera que sea lógica, todos aquellos imponen a la forma, proyectada y realizada, proyectada pero modificada, proyectada pero nunca plasmada en la realidad, etc., *expresiones* o *intuiciones de sí mismos* que se identifican y aclaran muy bien por el concepto que nos da Malevitch de la "*sen*(sación) *de la esencia de la utilidad absoluta*", que no es, sino, como lo expresa también el artista ruso, la idea absoluta (entiéndase *no concreta* o *no concretada/no concretable*) de lo *que uno cree ser funcional*.

La forma, no genéticamente, pues sigue la idea que la plasma - es su consecuencia -, pero lógica y denotativamente, precede y expresa el sentido, sea funcional o de cualquier otra índole, simbólico, de la obra que a través de ella, la forma, se nos muestra y enseña.

Por todo lo anterior: razones históricas (origen diacrónico del funcionalismo), técnicas (incumplimiento en la realidad de los hechos de la ideología funcionalista con razones prácticas obvias), teóricas (simbolismo y misticismo de las formas pregonados por los mismos arquitectos funcionalistas y artistas vates de la técnica y la ingeniería - asimismo, por ejemplo, la Torre Eiffel, totalmente inútil, no es más que una Torre de Babel elevada a la gloria de la Técnica -), sociológicas (origen social y dependiente de las costumbres de la funcionalidad de los hábitats), estéticas (existencia propia de la forma como dato en sí dentro de la teoría y la historia de los estilos, al margen de lo simbólico y funcional), no contemplamos la forma como dato vacío remitido, como hoja de papel plegada sobre sí misma, a nada más que el aspecto superficial y obligatorio de la manifestación concreta de un objeto ante todo práctico, sino como expresión simbólica del mensaje, consciente, inconsciente, formal, técnico, teórico, urbanístico, místico,..., del arquitecto.

Históricamente, como vislumbramos con el texto de Loos, la Ilustración y el siglo XVIII, por oponerse al rococó en cuanto arte de la nobleza y la mala realeza, arte fútil de una clase despreocupada del malestar y la realidad social, provoca no sólo la Revolución, sino también la ideología revolucionaria, con símbolos, motivos y figuras, en particular la mitología romana, republicana, y después imperial, y renacentista de la *Virtus* y el valor patrióticos como valores de igualdad y fortaleza varonil, cuyos máximos representantes en pintura fueron David, el pintor de Napoleón, y Géricault.

Es suficiente para convencernos de citar los grandes arquitectos neoclásicos de la Revolución francesa, que tuvieron en común que no se lograron realizar sus obras por falta de tecnología adecuada (lo que, en sí, indica la ideología técnica de la época, que prefigura la del siglo XX y el funcionalismo): Ledoux, urbanista partidario de los patrones geométricos y estáticos como en las Aduanas de paso (1767, Lám. 51 a 53), Hôtel d'Uzès, rue Montmartre, a París (destruido durante los trabajos de la calle d'Uzès y la construcción de una importante lotificación inmobiliaria entre 1870 y 1880), que proyecta residencias de campo y palacetes, Boullée, precursor del racionalismo, como se puede apreciar en la esfera perfecta de su Cenotafio a Newton (1784, Lám. 54-55), Jean-Nicolás-Louis Durand que, por su parte precursor de los arquitectones de Malevitch, idea construcciones basadas en series de módulos que se agrupan en múltiples combinaciones. Siendo los grandes teóricos del neoclasicismo Johann Wínckelmann y Antón Rafael Mengs, que estudian la antigüedad clásica, propugnan el purismo y el clasicismo como virtudes del arte antiguo, y la serenidad y el equilibrio como modelo de belleza; Jacques-Germain Soufflot, el primer gran arquitecto neoclásico, con el Panteón (1756-1797, Lám. 56 a 62) del Quartier Latin de París, sus edificios, para uso público, de la Administración del Estado, así como para la burguesía, recordando a los templos clásicos. Por su parte, Charles Percier y Pierre Fontaine fueron los arquitectos oficiales de Napoleón, creadores del estilo imperio, con sus muebles macizos, decoración geométrica y profusión de curvas.

En literatura, se considera a menudo Sade como el representante exclusivo de perversiones personales, impropias y violentas. Barthes así deja suponer en el guión que hizo con su coetáneo Maurice Blanchot por el filme *Salò o le 120 giornate di Sodoma* (1976) de Pasolini, ubicado durante el fascismo, los ultrajes sádicos siendo metáforas del salvajismo de la época. Parece evidente que las perversiones de Sade, por su carácter extremo, les son muy personales, y pueden estudiarse desde la perspectiva psicológica como fenómeno aparte. Sin embargo, la disciplina histórica enseña que no hay fenómeno totalmente aislado, el mismo Freud así lo plantea, cuando, al reconocer en sus pacientes síntomas similares, saca normas generales del comportamiento humano. Paradójicamente, es el artículo de Barthes sobre Sade (*Sade - Fourier - Loyola*, 1971) que tiene el mejor enfoque sobre, proponiendo considerarlo como un filósofo libertario de la Ilustración.
Sade ofrece en sus libros, desde el título y las primeras páginas de *La filosofía en el tocador o Los Institutores Inmorales* (1795), una filosofía naturalista, al igual que Rousseau, en la que las atracciones naturales se oponen a las prohibiciones sociales creadas. Es también *La filosofía en el tocador* autoproclamada ilustrada y libertaria, donde Sade,en el "*Diálogo V*", como Voltaire (*Commentaire sur le livre Des Délits et des Peines par un avocat de province*, 1766, cap. X), y a diferencia de Rousseau (*Contrato Social*, Lib. II, cap. 5), condena la pena capital. Así los temas de Sade no son tan limitados y personales como se cree. El erotismo abierto y juguetón de pintores rococó como Boucher o Fragonard muestra mujeres desnudas, lascivas, o *parties carrées*, que son antecedentes a *Le déjeuner sur l'herbe* en el s. XIX, o, en forma más sutil, a las sensuales *Odaliscas* de Ingres. Son múltiples las novelas que, en el s. XVIII, presentan historias sugestivas de mujeres, a menudo bajo barniz moral, igual que desde el s. XVII se presentaba a los gozosos monstruos pretextando sacarles una enseñanza moral, cuando se gustaba ante todo de las maravillas de sus historias, las cuales pasan felizmente al ámbito naturalista con *Moby-Dick* (1851) de Melville. Las

desdichadas mujeres manipuladas por las circunstancias (*Moll Flanders, Fanny Hill*), o hasta sus propios novios (*Manon Lescaut, Les Liaisons dangereuses*), además de no siempre arrepentirse (*Fanny Hill, Manon Lescaut, Les Liaisons dangereuses*), ofrecen un desenfreno en el mal que provee al lector cierto placer perverso en verlas a veces volverse dominadoras de hombres (*Fanny Hill, Manon Lescaut, Les Liaisons dangereuses*), o ser juguete de un destino social contrario (*Moll Flanders, Fanny Hill*), o de descenso de clase (*Manon Lescaut, Les liaisons dangeureuses*) que prefiguran las perversiones más explícitas de *Belle de Jour* (1967) de Buñuel, a su vez contraparte de la romántica *Belles de Nuit* (1952) de René Clair. Dominando hombres, también evidencian juegos de roles como *Journal d'une femme de chambre* (1900), llevado a la pantalla por el mismo Buñuel en 1964, o *Les Bonnes* (1948) de Jean Genet. El moralismo final del castigo venéreo en *Les liaisons dangereuses*, donde Mme de Merteuil, instigadora del pecado, termina tuerta, tiene eco en *La paysanne pervertie* (1784)de Restif de la Bretonne, novela que combina los rasgos de las otras obras, siendo historia de la ascensión social de una campesina, su caída en la lujuria y la prostitución atraída por una vida fácil, su redención en la fe (como *Moll Flanders*), pero que en Restif no impide el castigo final. Contraparte de *Le paysan perverti* (1775), que es su versión masculina, *La paysanne pervertie* revela que la simbología de estas obras no tiene que ver con los géneros, sino con parodias morales más complejas y generales, siendo asimismo en los libros de Sade no sólo las mujeres sino también los hombres los que se prestan a variaciones e intercambios de los papeles. Tampoco se puede decir que dichas temáticas son propias del s. XVIII. Existen anteriormente (*Mil y Una Noches, Conde Lucanor, Decameron, Cuentos de Canterbury*). Propia es la búsqueda de liberación respecto del discurso simbólico o moral que representan los relatos eróticos, el erotismo viniendo a ser el arquetipo de la cuestión social (*La filosofía en el tocador*, "*Diálogo V*"), por la identificación entre nobleza pervertida y desinterés social con Luis XV y el rococó, arte orientado a juegos amorosos, y, en contraparte, por la influencia irremediable que en literatura, arte culto, tuvieron los dogmas implicados por dicha autoridad real. Confirma nuestro planteamiento el uso casi exclusivo de todas las obras citadas del género epistolar, no sólo como elemento verista (por oposición a la novela tradicional), sino como referencia al gusto de la corte para las cartas (Mme de Sévillé, Saint-Simon).

El siglo XVIII es un siglo difícil, ya que representa la oposición radical, y sin embargo el momento de encuentro, muy bien criticado por Hegel en *Creer y Saber*, entre ciencia y sentimiento, los dos considerados como llevadores de valores de descubrimiento individual y social: el individualismo de Rousseau, por ejemplo, que tendrá repercusión en el arte y la arquitectura, como veremos, corresponde a una crítica de la sociedad pervertida y la apología genesíaca de la Naturaleza.

Kant y los alemanes, aun debiendo a Descartes, siguiendo al francés y los posteriores fenomenistas ingleses, introducen el Yo como valor supremo de afirmación y valoración de lo real. Si *cogito ergo sum*, y como dice Hume tratando de la percepción todo desaparece cuando me muero, se desprende lógicamente que la medida del mundo soy yo como individuo. La injusticia social se opone entonces, en cuanto promocionada por la civilización, al estado de naturaleza, el cual se tiene que reencontrar y reasumir, son Robinson Crusoe con su Viernes, Tom Sawyer con Huckelberry Finn.

Epoca el siglo XVIII de los autómatas, Frankenstein es, como el Fausto de Goethe, a la vez el representante del libertador trasgrediendo las normas impuestas, el genio, científico ilustrado, y el peligro porvenir del creador, artista maldito del siglo XIX, queriendo competir con Dios.

El artista maldito fue el modelo *sui generis* de finales del siglo XIX, revelada esa cualidad específica por Paul Verlaine en *Les Poètes Maudits* (1884). Lautréamont y Baudelaire le dieron su máxima expresión, favoreciendo de alguna manera los movimientos como los decadentes, mientras en el ámbito político aparecía el nihilismo el cual desarrollaba tesis obreristas e individualistas que influenciaron mucho, entre otros, al grupo futurista italiano.

Sin embargo, como lo deja claro la compilación personal de poetas elegidos por Verlaine en su libro, la denominación: "*artista maldito*", no define ninguna corriente, si no de manera romántica a artistas que sufrieron en su vida como Van Gogh o Toulouse Lautrec, y/o se complacen en representar temas escabrosos como Munch o Ensor. La Viena de los 1890 revela esa propensión o fascinación artística hacia lo morboso y mórbido.

Acabamos de referir a la concepción romántica del artista maldito. De hecho el germen de este modelo se tiene que buscar en Poe, y anteriormente en lo que comúnmente se designa como "*romanticismo negro*", movimiento literario que desarrolló el género de horror y, origen del posterior romanticismo y de su afición por el sexo y la muerte, empieza con Shelley y termina con Balzac (como lo muestra Annie Le Brun en el clásico *Les châteaux de la subversion*). Los lugares góticos en que transcurre generalmente la acción de las novelas del romanticismo negro se explican por tres razones que a su vez nos permitirán comprender por lo menos en parte cual fue el papel - es decir, si no la causa por lo menos la función - del artista maldito en la sociedad de finales del siglo XIX e inicios del siglo XX.

La primera, cuyas consecuencias se perciben en la decoración de interiores, es la reacción de los pueblos de Europa que conquistados por Napoleón trataron de encontrar en su pasado un estilo e historia propios. La segunda razón que procede de la anterior es la nueva valoración del periodo gótico, apuntada por José Gaos en *Historia de nuestra idea del mundo* al final del capítulo sobre la Catedral de Chartres (v. también el capítulo que Panofsky dedica a Vasari en *El significado e! las artes visuales*). El gótico, considerado hasta entonces como expresión de la barbarie y del oscurantismo de la edad media, empezó a verse glorificado como la prueba arquitectónica de la aspiración de los hombres medievales a Dios. Tercera razón: esta mística revelada de los hombres medievales gesta en sí una explicación dicotómica de la evolución humana, que retomando la concepción clásica puesta en imágenes por Monsú Desiderio buscará como dar cuenta de la caída de la antigua fe (en este caso la medieval para el hombre del siglo XIX - *Atala* es un contraejemplo perfecto -) sobre la que se construye la nueva (ya no se trata del cristianismo sino de la conciencia moderna del hombre).

Dentro del marco de este pasaje a la modernidad y contemporaneidad, el artista y por ende el artista maldito tiene dos funciones, una social, la otra individual. La social es más evidente. El artista sirve la propaganda estatal. David es el arquetipo de ello.

La función individual de ese papel social sería su sustrato o mecanismo. Michelet al hablar de Géricault hace de él un pintor héroe y martir de la Revolución. La nueva sociedad, como recuerdan Ariés y Duby en *Historia de la Familia*, favorece los sueños de grandeza de los jóvenes de la clase burguesa, sueños de éxito militar o artístico desgraciadamente a menudo fracasados. Ahí toma todo su sentido la obra de Balzac. Ya entrado en el mundo de las artes liberales gracias a la labor de Leonardo y Michel-Angel el artista se ve aureolado de la gloria estética. Lo que en Marsile Ficino y todo el pensamiento moderno en general favoreció la valoración del temperamento melancólico y saturniano, es decir filosófico y místico del artista en relación directa con lo divino. A veces los nobles competían con él; es el caso famoso del poetazo Lorenzo de Médicis.

Voltaire y Rousseau fueron proceres de la Revolución. El artista, el intelectual, se vuelven modelos. Las ciencias humanísticas en pleno desarrollo alcanzan su máxima integración al entrar en el siglo XIX. Kant y Hegel en filosofía, Comte con la nueva sociología, Michelet en historia, Voltaire, Rousseau y Goethe en literatura, todos compiten en su crítica y puesta en tela de juicio del orden establecido. Al igual se desarrollan las ciencias exactas con Newton. Muchas veces después de O'Gorman los filósofos latinoamericanos apuntaron la importancia del llamado "*descubrimiento*" de América en el proceso de evolución del hombre moderno, quien desde entonces ya no se encuentra frente a un mundo finito y dado desde siempre, creado por Dios, sino frente a un universo de posibles, que el mismo hombre puede cambiar, modificar, y ampliar, gracias a su técnica.

Así el individuo artista que ya no es considerado como simple artesano y ya no tiene que convivir en un taller empieza igualmente a sentir su liberación, liberación que tiene su fundamento en el siglo XIX en la reducción de la teoría kantiana al ámbito artístico, y también es favorecida por la necesidad de encontrar nuevas respuestas frente a la fotografía que hace inútil el simple talento imitativo. Wilde lo revela cuando dice que es la vida la que imita al arte, y no el arte el que imita a la vida. Tal inversión del secular dogma platónico evidencia la búsqueda de un nuevo significado, subjetivo, del arte, que los artistas encontraron, primero los impresionistas, en la apología del color por el color, apología que se iba dando poco a poco desde Rubens hasta su reinterpretación por Géricault y Delacroix. Este nuevo significado sin embargo los artistas lo encontraron también en el hiperrealismo "*pompier*".

Individuo dotado de dones particulares, el artista de Michelet o de los marxistas es esta "*conque vide*" en la (y a través de la) que la sociedad expresa su quehacer. Individuo-Mesias, de alguna manera es también, por contraparte, el dios aparecido, el hombre moderno privado de Dios, o mejor dicho en un primer tiempo que lo supera y por ende lo rechaza (véase Gaos en el libro citado). Es el trágico Prometeo, el Pan de Hugo y Darío, el "*dandy Lucifer*" de Goethe y Baudelaire.

Lógicamente, el héroe predilecto del siglo XIX es entonces lo que hemos llamado en nuestra sección "*Hablemos de Cine*" de *El Nuevo Diario* (Managua, 1997-1999) el "*héroe-monstruo*", es decir un héroe descubriendo finalmente, como en el siglo XX los de *El Asesinato de Roger Ackroyd*, *Angel Heart* (*Falling Angel*) o *El Abogado del Diablo*, que se identifican con el criminal que todos persiguen. Y hasta es en la tentación del pecado que se revela, no sólo a nosotros, sino que a sí mismo, como monstruoso. Así en el caso de Lacenaire, de los héroes de *Crimen y Castigo* de 1866 de Dostoievski, *La tête d'un homme* de Georges Simenon - dos obras que entretienen entre sí, y la última también con la figura emblemática para Francia de Lacenaire (que volvemos significativamente a encontrar en *Les enfants du Paradis*), una relación muy estrecha -, *Les caves du Vatican* de André Gide, y *L'Etranger* de Albert Camus, con idéntica semejanza temática e ideológica entre los protagonistas de estas dos últimas. Los personajes de las cuatro obras tienen en común con los jóvenes asesinos de *Rope* de Hitchcock la afirmación de su derecho divino a matar. Como Gregorio Samsa en *La Metamófosis* o el personaje de *El Capote* de Gogol, es la distanciación del héroe respecto a la norma, social e intelectualmente - a menudo tenemos a jóvenes protagonistas cultos, arquetipos del escritor mismo, inquieto, "*bohême*" y pobre -, que le define como fuera de lo aceptado, más allá de ello, superior, y por esto, justamente, incomprendido. De ahí evidentemente, la nueva percepción de Judas en el mundo contemporáneo, como víctima, por ejemplo en Jorge Luis Borges, Paul Claudel (v. el trabajo de Gérard-Denis Farcy, *Le sycophante et le rédimé ou Le mythe de Judas*, Presses Universitaires de Caen, Francia, 2000), *El Maestro y Margarita*, novela que Mijail Bulgakov escribió durante los doce útimos años de su vida, entre 1929-1940, y que fue publicada solamente un cuarto de siglo después, el espectáculo *Pardon Judas!* de 1999 del cómico francés Dieudonné, o el libro de reflexión *Judas, l'innocent* del año siguiente, el 2000, del también francés Jean Cardonnel (notaremos que, probablemente también, el libro de Farcy fue impulsado, entre otras cosas, como el de Jean Cardonnel, por el éxito del espectáculo de Dieudonné).

Así, enllavado con sus víctimas en el apartamento de ellas, el desdichado estudiante Raskolnikov de *Crimen y Castigo*, paragmático de la oposición entre el ideal intelectual (artístico) puro y el mercantilismo de la sociedad, representado por la prestamista y su hija (dos, como en "*Los Crimenes de la rue Morgue*"), evidencia lo que puede representar el cuarto cerrado, motivo recurrente del género policiaco, en cuanto lugar de una revelación ontológica y epistemológica. De alguna manera, el género policiaco, al racionalizar la escena del crimen, ya no como espacio de una manifestación de origen sobrenatural, como en los relatos medievales, sino que como tópico de una mera construcción humana (la escenificación del crimen, precisamente), expresa este intento de recuperación, a semejanza del mito, del ser individual por una razón global, generalizada en sus modos de comprensión del mundo rodeante. La revelación, que en los escritos medievales, manifiesta la presencia de un ser divino o demoníaco (pensamos a la iconografía del nacimiento de Merlín o del baño de Melusina bajo su aspecto de sirena), se vuelve en la época contemporánea doblemente representativa del ser en cuanto describe, de manera etnológica, sus características peculiares respecto a la especie (compárese la descripción del mono en "*Los Crímenes de la rue Morgue*"de Poe, y del "salvaje" en *El Signo de los Cuatro* de Doyle), y, consecutivamente, de la manera de pistarle, marcando sus especificidades y cualidades, en la medida en que estas corresponden a debilidades y anormalidades constitutivas y explicativas de la cuestión criminal (véase en particular en este sentido *Drácula* de Bram Stoker y *El Alienista* de Caleb Carr).

Ente individual y social a la vez, el artista devenirá ese Yo-nadie, esencialmente individual y trágico, porque parangón y *ejemplum* de y por la sociedad, de Borges (véase el título del poemarío *El Otro, el Mismo* de 1969) y Pablo Antonio Cuadra, o, de manera todavía más clara, de Fernando Pessoa y sus más de setenta heterónimos.   Notaremos así la preocupación social evidente en un Toulouse Lautrec, un Magritte o un Baudelaire, preocupación que se expresa, también en Duchamp y más que todo en Munch, a través de una reflexión, que tiene su contraparte en el Bauhaus y el *design*, sobre la imposible individuación del Yo social, renegado y al mismo tiempo alabado como producto de la mirada antropológica del hombre moderno, autoprivado de Dios.   Mito del autoengendramiento que en cierta forma se puede percibir en obras futuristas como *La ciudad se construye* y otras como el *Autorretrato* de 1908 o *Multitud reunida alrededor de un monumento* de Boccioni. Desde 1880, en la Oslo de Munch, se consideraba al arte como un arma con la cual luchar contra la sociedad, nueva deidad antigónica del individuo, conforme las tesis de Ibsen y Bjornson.

Los principales teóricos del neoclasicismo, movimiento de la segunda mitad del siglo XVIII que tomó como modelo griego del siglo V a.C., fueron La Font de Saint Yenne, Rousseau,Johann Joachim Winckelmann, Gotthold Ephraim Lessing, el Abad Laugier y Quatremère de Quincy.

Es La Font De Saint Yenne quien primero abre el debate neoclásico, en 1747, cuando se ataca a la decadencia de las artes, criticando las pinturas depravadas de François Boucher.

Propone el retorno a la pintura histórica y heroica. Para él, la pintura tiene que ser una escuela de buenas costumbres, por lo cual se debe representar las acciones virtuosas y heroicas de los grandes hombres, hacer apología de su generosidad, valor, desprecio para hacia el peligro y de su propia vida si de salvar su patria o su religión se trata. A él se debe el número creciente de "*Exemplum vertitus*" en la pintura, a partir de 1760.

Un año más tarde, Rousseau considera la antigüedad como modelo de pureza y virtud: en su panfletario *El discurso sobre las ciencias y las artes* (1748), hace la apología de la vida colectiva de los primeros romanos, basada en la virtud, como su arte, que, también virtuoso, permite la cohesión colectiva, virtud romana que opone a la descomposición del arte y la sociedad contemporáneas. Encuentra entonces en este texto la naturaleza como ideal de virtud, simplicidad y belleza. Busca llevar a los hombres a plantear las bases del Estado en base a la razón, siendo para él los únicos fundamentos legales del Estado ciudadanos racionales y virtuosos. Condena el teatro como lugar de aislamiento y diversión egoísta de la aristocracia, a la que opone la espontaneidad de la reunión de todo un pueblo, fiesta idílica en la que todos los corazones comulgaran, siendo ésta, según Rousseau, la expresión política de una sociedad nueva. Fascinado por la mitología del estado de naturaleza, que representa en la figura del buen salvaje, y por las consecuentes virtudes basadas en el neoplatonismo, en cuanto fenómeno de pureza, sinceridad y simplicidad de los sentimientos colectivos, políticos, de ciudadanos racionales, invita a sus lectores a someterse a una autoridad proveniente de la voluntad general, deseando que los hombres se unan a través de verdaderas relaciones sociales.

Générosité des dames romaines de 1791 de Nicolas-Guy Brenet, mostrando damas romanas que dan sus joyas al Estado para el bien de la comunidad, es un ejemplo típico de acción virtuosa representada en pintura.

Se intuye sin pena cómo la crítica de Rousseau al teatro favoreció el florecimiento en el siglo siguiente de la novela como género social y popular por excelencia, no siendo la novela en sí, como comprueba la desafección del lectorado en el siglo XX, un género particularmente propicio a implementar la lectura en el pueblo. De lo mismo, se puede sospechar cómo su simbolización de la unión del pueblo en una gran fiesta comunitaria a imagen, de alguna forma, de la república grecorromana, donde cada ciudadano votaba en cada ocasión en grandes reuniones con mano levantada, cómo esta simbolización influenció la recurrente representación impresionista de las actividades del pueblo y la pequeña burguesía en situaciones, más que de trabajo o actividades diarias, de reposo y vacaciones a la orilla del Sena, como en Argenteuil.

En el texto de 1748 de Rousseau, como en sus demás textos, se vislumbra la oposición, central en su obra, entre el individuo no pervertido por la sociedad y la sociedad como elemento de descomposición del ser. De Bernardin de Saint-Pierre a Zola pasando por Sade y la literatura erótica de la época, es esta dicotomía que implicará disociación y cohesión de los principios del arte. Disociación con lo anterio, cohesión con lo que se preparaba: la entrada en la contemporaneidad, con su apología de lo técnico, la sencillez y el brutalismo.

En sus libros *Reflexiones sobre la imiticación de las obras griegas en pintura y en escultura* (1755) e *Historia del arte de los antiguos* (1764), Winckelmann hace énfasis en el proceso de contemplación de las obras antiguas. Determina una belleza depurada de toda pasión humana, tomando como ejemplo el *Apolo del Belvédère*, en quien no reconoce ningún rasgo mortal ni de necesidad humana. Según Winckelmann, para ser bella la figura tiene que ser indefinida, por lo que compara la belleza griega a un mer calmado de agua muy pura. Ve encarnado en el *Laocoon* la represión estoica del grito del ser, y en la *Niobe* una estupefacción fija. En el *Torso del Belvédère*, ve una riqueza contenida en la pureza de las líneas sobrias del contorno. El alma sublime se traduce para Winckelmann en un contorno de líneas calmadas. Concibe la quintaesencia de la belleza como la línea armoniosamente ondulada, que no resalta sino determina la forma. Termina encontrando en los antiguos un cañon fijo que reduce forma y actitudes a una simple caligrafía. El artista debe hacer una elección en la realidad para lograr expresar una idea, proceso de estilización que debe llevar a una belleza idealizada e intemporal que trasciende la realidad y se eleva por encima de la naturaleza. No se debe copiar a los antiguos, sino a su espíritu e ideal de perfección, depurando la envoltura corporal para expresar la simplicidad propia de los dioses. El arte griego representa, en ello, el máximo grado de perfección, que Winckelmann atribuye a una circunstancia específica: la democracia griega. Es por ser libre y estimado en la sociedad que el artista logra llegar a la perfección en su oficio. También la belleza del arte griego es proporcional a la belleza física de los mismos griegos que no tenían "*nariz aplastada*".

El principio caligráfico expresado por Winckelmann tendrá importancia en el japonismo y la moda asiática, encontrando en otra cultura un sustento formal para lograr esta ideología de pureza. Al igual que Rousseau, pero con cierto desprecio para la naturaleza simple, Winckelmann ve en el arte griego un valor que se tiene que buscar en las bases de su política.

La ideología neoclásico de la belleza virtuosa y varonil como símbolo de los valores patrioticos, tendrá en la iconografía totalitaria del siglo XX una evidente influencia.

Lessing en *Laocoon* (1766) acentúa todavía la importancia de la apología corporal, haciendo, no sólo como los renacentistas y Winckelmann del cuerpo humano el modelo del arte, sino que, a contrario de los otros autores citados, excluye el arte de cualquier misión didáctica, afirmando que las artes visuales sólo se limitan a la belleza corporal, mientras la poesía es del ámbito moral y de la bella acción. Distingue así las artes visuales de la poesía, arte ésta del espíritu. La consecuencia directa de tal idea es que el Laocoon no grita porque el dolor es feo. La belleza del cuerpo y visual siendo la única meta del arte. Para mantener posible su demostración, no reconoce como artísticas las manifestaciones creada con una finalidad "*no estética*", como el arte religioso. Lessing prefigura el método de análisis formal de las obras; para él la expresión debe subordinarse a la belleza formal. Es en Lessing que, por primera vez, aparece la teoría del arte por el arte.

También Quatremère de Quincy (1755-1849), como Rousseau al oponer el arte romano al contemporáneo, critica el rococó, moda según él viciosa, destructora del orden y las formas de la naturaleza. Por lo que propone que el hombre encuentre en el neoclasicismo la plenitud y simplicidad de la verdadera naturaleza. Al igual que La Font de Saint Yenne, cree que la creación artística debe ser pedagógica y elocuente para salvar al hombre de la depravación. Para Quatremère de Quincy, como para Winckelmann, se debe hallar al ideal que es en nosotros por medio de la contemplación de las obras antiguas, por lo que Quatremère de Quincy propone volver a un arte que sea expresión de la ciudad. Condena el arte religioso, arte del engaño y máscara del rococó, y pregona que "*Debemos volver a encender la antorcha de la antigüedad*", "*Debemos remontar el hilo de la historia hasta donde los hombres se desviaron en un sistema político-teológico-monárquico*". Al volver al arte de los grecorromanos, propone, a semejanza de Winckelmann, poner el acento en la línea y el contorno, más que en el color, rechazando la multiplicidad de las sensaciones del rococó a provecho de la unidad de una gran intuición espiritual.

Vemos esta vez, en Quatremère de Quincy cómo la ideología de la contemplación de lo clásico como fuente de búsqueda espiritual, que se encontrará de manera particularmente palpable en la poesía de Lord Byron y Robert Browning, implica una identidad entre orden y naturaleza, si bien renacentista en su principio, que revela otra vertiente también, distinta o complementaria: la suposición que el reencuentro con el arte antiguo conlleva valores cívicos, pero también civiles, y que se opone, entonces, al sistema de la época: religioso y monárquico, lo que nos deja entrever lo que el constructivismo y los movimientos de vanguardias, que opusieron, tal como lo hace Loos, la barbarie del ornamento del salvaje a la civilización del hombre no ornamentado de hoy, deben a tales planteamientos.

De la misma manera, la confusión entre los valores de simplicidad, virtud y primitivismo (el buen salvaje), permiten entender porque esta búsqueda de una pureza de la línea en las vanguardias, como vemos en Picasso, pasa por la utilización del recurso indigenista y africano, aún si debe igualmente a la influencia de la situación colonizadora de la Europa de la época, y era la consecuencia del orientalismo del siglo XIX como búsqueda de nuevas tonalidades del color y pasiones violentas y puras.

Confirmando lo antes dicho, a su vez, el Abad Laugier, quien redescubre la técnica de pintura con cera (v. su *Essais sur la peintre à la cire* de 1753), en sus dos libros: *Ensayo sobre la arquitectura* (1755) y *Consideración sobre la arquitectura* (1765) plantea que la arquitectura no debe constar, sino de elementos esenciales, afirmando que se debe eliminar las pilastras, que son sólo decorativas, buscando la sencillez arquitectónica. En su primer libro, reinterpretando la ideología renacentista influenciada por Vitruvio que hemos estudiada en el caso preciso en nuestro trabajo anterior sobre Historia de la Arquitectura Moderna, presenta la cabaña primitiva como similar en su estructura a un templo griego, afirmando así que la más grande obra de arte es la naturaleza.

Hace énfasis en dos elementos que resaltará toda la arquitectura del siglo XX: la conveniencia y la adaptación del edificio a su función. Idea y desea además una ciudad perfecta que se agradable a los transeúntes por la anchura y rectitud de sus calles, principios que serán los del barón Haussmann o Arturo Soria.

La insistencia en lo pedagógico deLa Font de Saint Yenne y Quatremère de Quincy, así como de Rousseau en su obra, provoca la aparición del tema en la pintura de Greuze, Chardin, como en la literatura del siglo XIX, de Dickens a Mallot, pasando por Ségur, Bruno u Johanna Spyri.

Los principales pintores del movimiento fueron:

Joseph Marie Vien, padre del neoclasicismo, creador de la moda pompeyana, y de su propia escuela, en la que recibe y forma aJacques Louis David, pintor éste por excelencia del neoclasicismo y de Napoleón. (es conocida la frase de Vien: "*entreabrí la puerta, David la empujó*"), exalta sus alumnos a estudiar la naturaleza, lo antiguo y los grandes maestros. Orientado primero a un tipo de naturalismo directo, se especializa después en los temas morales y nacionales que elevan la representación de lo cotidiano presentando al espectador la fuerza de la sensibilidad y la virtud. En 1755 pinta la *Pequeña Minerva con casco*, enteramente realizada en pintura con cera,bajo la dirección del Conde de Caylus quien en este momento estudia las técnicas de los grecorromanos, en particular dicho método. Su obra, por inspirarse de la pintura antigua, como su famosa *Marchande d'Amour* de 1763, que reproduce un fresco pompeyano, sus temáticas no dejan de colindar con los del rococó (*Le temple de Limène* de 1773, *L'amour fait de l'esclavage* de 1789). Encargado de pinturas moralmente edificadoras, tales como *Marc Aurèle faisant distribuer au peuple des médicaments dans un temps de peste et de famine* de 1765, para las residencias reales, lo enoblece el Rey, es recibido por Madame de Pompadour y Madame Du Barry. Es nombrado director de la Academia de Francia en Roma, entre 1779 y 1781 realiza temas heroicos inspirados de Homero para la Manufactura de los Gobelins, aunque continuando pintando temas erótico-griegos. como *Jeune Grecque comparant son sein à un bouton de rose* o *Jeune épouse à sa toilette en costume grec*, las dos de 1779. En 1789 es nombrado primer pintor del Rey, y en 1799 Napoleón lo nombra en el Senado y lo hace conde del Imperio. Fue enterado en el Panteón, y alabado como el regenerador de la pintura francesa.

Hubert Robert, asiduo pintor de ruinas antiguas, Angélica Kauffman y Gavin Hamilton.

Jean Baptiste Greuze, pintor de escenas edificadoras y educativas, alabado por Diderot. Su obra crea e ilustra el culto de la virtud en la sociedad burguesa de la época, con obras como *La veuve inconsolable* de 1763, *Le fils puni* de 1765 o *Septime Sévère fustigeant son fils Caracalla* de 1769.

Como en el caso de Vien, su *Offrande à l'amour*, antiquisante en los personajes y el decoro, es rococó en el tema. Igual se puede decir de su *Jupiter et Egine*, cuyo desnudo femenino recuerdo a Corregio o Veronese.

Pierre Narcisse Guérin, continuador del estilo de David, sin ser sin embargo discípulo suyo, Gérard y Gros, estos dos alumnos de David, o Pierre Paul Prud'Hon son pintores del Imperio. Sin embargo, tanto Kauffman (*Ariana, Adrómaca*), como Gérard (*Psyché recevant un baiser de l'amour* de 1798), Gros (*L'amour piqué par une abeille se plaint à Vénus* y *Sapho*, las dos de 1801, *Hercule et Diomède* y *Acis et Galatée*, las dos de 1835), Guérin en pinturas como *Aurore et Céphale* (1810), inspirado en el *Endymion* de Girodet, o Prud'hon (*L'union de l'amour et de l'Amitié* de 1793, *L'enlévement de Psyché* de 1808 que imita la manera de Guérin, *Vénus et Adonis*de 1812, o *Jeune Zéphir se balançant au dessus de l'eau*), conservan rasgos y temáticas rococó. El horror se sustituye sin embargo, como valor moral, al placer en pinturas como, por ejemplo, *Enée et Didon* de 1816 o *Clyptommestre contemplant le meurtre d'Agamemnon* de 1817, las dos de Guérin. Trioson Girodet también sustituye en sus pinturas el placer por el horror moral, pero sin embargo trasluce para nosotros la influencia del estilo anterior, cuando representa escenas inspiradas en Racine, Virgilio, Anacreón, Ossian o Chateaubriand, en pinturas como *La mort de Camille* de 1785, que representa lo que sigue al *Serment des Horace* de David, *Le songe d'Endymion* de 1791, *Atala* de 1808, *Pietá* en forma de frisa como el *Endymion* al que es muy similar.

Típicamente burguesa, la cuestión de la filiación, en cuanto implica herencia, se encuentra recurrente, tanto en Greuze como en Guérin (*Retour de Marcus Sextus* de 1799, inspirado en *Hector et Andromaque* de David.) o Girodet (*Hippocrate refusants les présents d'Astacerxès* de 1792).

Si la línea y el estilo son neoclásicos, los motivos y las temáticas son todavía rococó en Jean Dominique Ingres, John Flaxman, Anton Raphaël Mengs (primero y más fiel imitador de las pinturas antiguas de Herculanum).
El fenómeno se reproduce más fuertemente en escultura, con Antonio Canova, Bertel Thorvaldsen, Etienne Maurice Falconnet, Jean Antoine Houdon, o Augustin Pajou.

El recorrido de los temas abordados por los artistas y escultores neoclásicos enseña que el proceso ideológico del neoclasicismo no fue unívoco, ni el de sus pintores, sencillo. Pero sí enseñan los teóricos del movimiento que proviene de un rechazo al rococó aristocrático, y de tensiones hacia la República. Por lo cual, tal vez, se disfrazan sus primeras manifestaciones bajo el barniz de las temáticas eróticas de moda entre la nobleza de la época.
Así, pues, en artes decorativas, fue alrededor del año 1760 que Robert Adam realizó muebles con motivos grecorromanos, este estilo neoclásico simple empezó a ser conocido como estilo etrusco, y favorecido por la corte de Luis XV. Con adaptaciones posteriores de diseño clásico, inspiradas en los hallazgos arqueológicos, se desarrolló un estilo elegante conocido como Luis XVI, propiciado por la familia real durante la década de 1780. El estilo neoclásico en cerámica se conoce en Inglaterra por la obra de Josiah Wedgwood, para quien Flaxman realizó numerosos diseños, y en Francia por la porcelana de Sèvres. A comienzo de los años 1790, los artistas empezaron a pintar imitando las siluetas de la cerámica griega, Flaxman destacándose como el principal exponente de esta tendencia. Entre 1775 y 1787, inspirándose en los modelos de la cerámica grecorromana, realizó decoraciones en relieve y grabados para la *Iliada* y la *Odisea*.
De la misma forma, puede suponerse que el Imperio favoreció a su vez, en cierta medida, la reaparición de temas eróticos antiguos en las obras de su período con el fin de asemejarse y suplantar a la aristocracia recién derrocada. De hecho, si, cuando los revolucionarios vincieron en América del Norte y Francia, los nuevos gobiernos republicanos adoptaron el neoclasicismo como estilo oficial, porque relacionaban la democracia con la antigua Grecia y la República romana, al acceder al poder, Napoleón utilizó el estilo neoclásico para sus

necesidades propagandísticas, redecorando las residencias reales más antiguas y su mobiliario (muebles, porcelanas, tapices,...) para uso oficial, acorde con los diseños con motivos grecorromanos de Fontaine y Percier.   Además, el arte romano era, en sí, un arte erótico, y la apología de la suavidad de la línea por Winckelmann y Lessing favorece el uso de la suavidad, rococó, como elemento estético neoclásico.

El erotismo, en fin, cambiado, como en Sade o la literatura erótica de la época, en un valor de expresión violenta de oposición a las normas sociales (pasaje del erotismo placentero rococó a un tipo de erotismo más violento, como en Girodet, y después en el romanticismo, en Poe por ejemplo) y, por ende, acción libertaria, conserva este valor contradictorio y de oposición hasta en el siglo XX.

Líneas rectas, simplicidad del diseño, referencia a lo romano en la decoración y las pinturas interiores, estilo palladiano y palaciego, en arquitectura se desarrolló el neoclásico con los nombres de: Giovanni Battista Piranesi, Soufflot, Jacques Ange Gabriel, Fontaine y Percier, Boullée, Ledoux, Jacques Denis Antoine, William Chambers, Richard Boyle Burlington, Robert y James Adam, Nash, Francisco Sabatini. Influencia palladiana explicable fácilmente desde un punto de vista histórico, ya que el principal y más famoso tratado de *I quattro libri dell'Architettura* (1570, segunda edición en 1580) de Palladio se convirtió en un canon para la arquitectura europea, en particular inglesa de los siglos XVII-XVIII, donde, por ello mismo, apareció la llamada corriente del palladianismo, fiel a los preceptos y reglas compositivas del maestro italiano. Entre los principales representantes de esta tendencia podemos citar a Iñigo Jones y Sir Christopher Wren, quienes, por su parte, fueron antecesores de estilos neoclasicistas, como el neopalladiano o georgiano ingleses y el federal de Estados Unidos. Esta secuencia nos aclara la importancia y el origen históricos de las formas geométricas simples del neoclásico como, a su vez, origen de las normas funcionalistas y racionalistas, como podemos apreciar con las obras, dicho de paso, casualmente, estadounidenses, de Johnson-Burgee o McKim, Mead & White (Lám. 1 a 4). Salve la distancia cronológica, pero con mismo interés para la explicación sincrónica, y también diacrónica en el caso del neopalladianismo ya mencionado, es obvio que el interés renacentista por la forma cuadricular, además de principios estéticos y bélicos, cumplió con ideología antigua, en concreto con el trazado hipodámico. Pues, amén del debate sobre si el Hipódamo de Mileto que conocemos es el arquitecto jónico referido por Aristóteles en su *Política*, o bien el pitagórico citado por Juan Estobeo en su *Florilegio*, se le atribuye la planificación del Pireo de Atenas, probablemente en el época de Pericles, de la colonia de Turi en Italia (443 a.C.), así como el haber tenido una teoría global del entorno urbano, definiendo el carácter centralizado de la *polis* griega como expresión integrada de las leyes de la lógica, la claridad y la simplicidad, el orden y la simetría, a partir de un planeamiento urbano basado en calles anchas cruzándose a ángulos rectos, la organización de la ciudad en damero, proporcionado por divisiones lógicas y matemáticas, dependiendo entonces de relaciones numéricas, conforme el pensamiento más general, tanto de los filósofos como de los arquitectos, de su época, el siglo V a.C., quienes buscaban modelizar la ciudad ideal, regida por leyes funcionales y equitativas. Estos planteamientos clásicos fueron también, entonces, los renacentistas, y, por su impacto y funcionalidad, en particular militar en el siglo XVII y durante las conquistas coloniales de América y los demás continentes, adquirieron un valor mayor para los arquitectos modernos y, por consiguiente, también contemporáneos, apoyados estos últimos por el desarrollo de las técnicas y los nuevos materiales. (A notar, en esta perspectiva de origen antigua de las formas modernas, que también el poblado egipcio de El-Lahun, en El Fayum, contaba con una planificación rectangular de calles ortogonales, rodeada por una muralla, la ciudad delimitándose así en dos zonas separadas por un murete: la zona occidental, constituida por una arteria más ancha en sentido Norte-Sur, con calles perpendiculares en las que se alineaban pequeñas casas de una planta con dos o tres piezas, y la zona oriental: mucho más amplia, con una calle principal en sentido Este-Oeste, y casas espaciosas de dos pisos, que debían pertenecer a funcionarios.)

Ahora bien, interpretados como un todo, los interiores neoclásicos, que definían el estilo imperio en las artes decorativas, fueron muy pronto imitadas en toda Europa.

Por lo que el neogótico ("*gothic revival*" en inglés), estilo que se inició en el siglo XVIII y floreció en el siglo XIX, especialmente en Gran Bretaña y Estados Unidos, que surgió, al igual que el resto de las corrientes historicistas, en el ambiente romántico de exaltación del mundo medieval y de sus formas místicas, fue, a partir del primer tercio del siglo XIX, visto por grandes arquitectos y teóricos como el estilo medievalista de alternativa por excelencia al neoclasicismo y al resto de estilos históricos. El primero de ellos fue Pugin, quien consideraba al gótico como el verdadero estilo cristiano, adecuado para la arquitectura religiosa por su carácter espiritual. En muchos casos, se llevó a cabo una aproximación erudita para recrear cuidadosamente formas medievales. En la arquitectura civil, el estilo se aplicó más libremente, adaptando los nuevos materiales industriales, como en las estaciones de ferrocarril y otros edificios públicos. En *The Seven Lamps of Architecture* de 1849, el crítico y publicista Ruskin se pronunció en defensa de lo neogótico inglés, pregonando una arquitectura funcional revestida de elementos estilísticos góticos.

Entre los primeros ejemplos del neogótico está Strawberry Hill (1747, Lám. 63-64), villa del escritor Horace Walpole en Twickenham, al oeste de Londres.

De manera general, dentro del debate entre Antiguos y Modernos en el mismo siglo en que se desarrolla en Francia y la corte del rey Sol, Luis XIV, el barroco, cuyo máximo ejemplo es Versailles y sus imitaciones, presentan, como formas puras y estables, interesantes antecedentes al neoclasicismo, por oposición al movimiento rococó posterior.

Así, los siglos XVIII-XIX oscilan entre dos realidad: la racional, neoclásica, que representa los valores de la democracia, la igualdad, la República y el Imperio, la fortaleza, por lo cual en el siglo XIX se vino a utilizar este estilo para los edificios públicos; y el individualismo naturalista, como vemos ya entre los filósofos ilustrados, Rousseau o Sade, con apología de la naturaleza como objeto popular, libertario, de índole social y nacionalista, por oposición al neoclasicismo bonapartista, lo que se plasma en el uso, para las viviendas particulares de los burgueses, del vegetal neo-gótico.

Confirma Sant'Elia en su *Manifiesto de la Arquitectura Futurista*, que reproducimos en su totalidad, el origen moderno (en este sentido, por su permanente e insistente autoafirmación como provenientes de la modernidad, podría decirse que, en sentido estricto, los vanguardistas europeos son o, mejor dicho, se han considerado como *post*-modernos) del debate sobre la sencillez o *naturaleza* de la arquitectura contemporánea (volvemos a recordar, como hemos hecho al inicio de este trabajo, que, como se sobreentiende de por sí solo, cuando Sant'Elia habla de "*arquitectura moderna*" hace referencia y quiere designar la "arquitectura de hoy", o sea, contemporánea), basado en la cuestión de los teóricos neoclásicos (de hecho, Sant'Elia reubica explícitamente la cuestión en el momento del siglo XVIII y la asociación entre valores neoclásicos y neogóticos en la arquitectura de hoy - como anteriormente, ponemos en negrilla los pasajes más significativos para nosotros), precisamente, acerca de dicha naturaleza, por oposición a las normas sociales del momento ("*La casa de cemento, cristal y hierro, sin pintura ni escultura, bella sólo por la belleza natural de sus líneas y de sus relieves, extraordinariamente fea en su mecánica sencillez*"):

"*Después del siglo XVIII la arquitectura dejó de existir. A la mezcla destartalada de los más variados estilos que se utiliza para disfrazar el esqueleto de la casa moderna se le llama arquitectura moderna. La belleza novedosa del cemento y del hierro es profanada con la superposición de carnavalescas incrustaciones decorativas que ni las necesidades constructivas ni nuestro gusto justifican, y que se originan en la antigüedad egipcia, india o bizantina o en aquel alucinante auge de idiotez e impotencia que llamamos neo-clasicismo.*
En Italia se aceptan estas rufianerías arquitectónicas y se hace pasar la rapaz incompetencia extranjera por genial invención, por arquitectura novísima. Los jóvenes arquitectos italianos (los que aprenden originalidad escudriñando clandestinamente publicaciones de arte) hacen gala de su talento en los nuevos barrios de nuestras ciudades, donde una alegre ensalada de columnitas ojivales, grandes hojas barrocas, arcos góticos apuntados, pilares egipcios, volutas rococó, amorcillos renacentistas, rechonchas cariátides presume de estilo seriamente y hace ostentación de sus aires monumentales. *El caleidoscópico aparecer y desaparecer de las formas, el multiplicarse de las máquinas y las crecientes necesidades impuestas por la rapidez de las comunicaciones, por la aglomeración de la gente, por la higiene y por otros cientos de fenómenos de la vida moderna no dan ningún quebradero de cabeza a estos autollamados renovadores de la arquitectura.* **Con los preceptos de Vitruvio, de Vignola y de Sansovino en la mano, más algún que otro librillo de arquitectura alemana, insisten tozudos en reproducir la imagen de la imbecilidad secular en nuestras ciudades, que deberían, por el contrario, ser la proyección fiel e inmediata de nosotros mismos.**

De esa manera, este arte expresivo y sintético se ha convertido, en sus manos, en un ejercicio estilístico vacío, en un revoltijo de fórmulas malamente amontonadas para camuflar de edificio moderno al mismo contenedor de piedra y ladrillo inspirado en el pasado. Como si nosotros, acumuladores y generadores de movimiento, con nuestras prolongaciones mecánicas, con el ruido y la velocidad de nuestra vida, pudiéramos vivir en las mismas casas, en las mismas calles construidas para las necesidades de los hombres de hace cuatro, cinco o seis siglos.
Ésta es la suprema idiotez de la arquitectura moderna, que se repite por la complicidad mercantil de las academias, domicilios forzados de la inteligencia, en las que se obliga a los jóvenes a copiar onanísticamente los modelos clásicos, en lugar de abrir del todo su mente a la búsqueda de los límites y la solución del nuevo y acuciante problema: la casa y la ciudad futuristas. La casa y la ciudad espiritual y materialmente nuestras, en las cuales nuestra agitación pueda desarrollarse sin parecer un grotesco anacronismo.
El problema de la arquitectura futurista no es un problema de readaptación lineal. No se trata de encontrar nuevas formas, nuevos perfiles de puertas y ventanas, ni de sustituir columnas, pilares, ménsulas con cariátides, moscones y ranas. Es decir, no se trata de dejar la fachada de ladrillo visto, de revocarla o de forrarla de piedra, ni de marcar diferencias formales entre el edificio nuevo y el antiguo, sino de crear ex-novo la casa futurista, de construirla con todos los recursos de la ciencia y de la técnica, satisfaciendo noblemente cualquier necesidad de nuestras costumbres y de nuestro espíritu, pisoteando todo lo que es grotesco, pesado y antitético a nosotros (tradición, estilo, estética, proporción), creando nuevas formas, nuevas líneas, una nueva armonía de contornos y de volúmenes, una arquitectura que encuentre su justificación sólo en las condiciones especiales de la vida moderna y que encuentre correspondencia como valor estético en nuestra sensibilidad. Esta arquitectura no puede someterse a ninguna ley de continuidad histórica. Debe ser nueva, como nuevo es nuestro estado de ánimo.
El arte de construir ha podido evolucionar en el tiempo, y pasar de un estilo a otro manteniendo inalterados los atributos generales de la arquitectura, porque en la historia son frecuentes los cambios de la moda y los que produce la sucesión de religiones y regímenes políticos. Pero son rarísimas las causas de cambios profundos en el entorno, las causas que rompen y renuevan, como el descubrimiento de ciertas leyes naturales, el perfeccionamiento de los medios mecánicos y el uso racional y científico del material.
El proceso consecuente de desarrollo estilístico de la arquitectura se detiene en la vida moderna. La arquitectura se separa de la tradición. Se comienza necesariamente de cero.
El cálculo de la resistencia de los materiales, el uso del hormigón armado y del hierro excluyen la "arquitectura" entendida en el sentido clásico y tradicional. Los modernos materiales de construcción y nuestros conocimientos científicos no se prestan en absoluto a la disciplina de los estilos históricos y son la causa principal del aspecto grotesco de las construcciones "a la moda" en las que se pretende conseguir de la ligereza, de la soberbia agilidad de la viga y de la fragilidad del cemento armado la pesada curva de un arco y el aspecto macizo de un mármol.

La formidable antítesis entre el mundo moderno y el antiguo está determinada por todo lo que antes no existía. Han entrado en nuestras vidas elementos que los hombres antiguos ni siquiera podían imaginar. **Se han producido situaciones materiales y han aparecido actitudes del espíritu que repercuten con mil efectos distintos, el primero de todo la formación de un nuevo ideal de belleza todavía oscuro y embrionario, pero que ya ejerce su atracción en la multitud. Hemos perdido el sentido de lo monumental, de lo pesado, de lo estático, y hemos enriquecido nuestra sensibilidad con el gusto por lo ligero, lo práctico, lo efímero y lo veloz.Percibimos que ya no somos los hombres de las catedrales, de los palacios y de los edificios públicos, sino de los grandes hoteles, de las estaciones de ferrocarril, de las carreteras inmensas, de los puertos colosales, de los mercados cubiertos, de las galerías luminosas, de las líneas rectas, de los saludables vaciados.**

Nosotros debemos inventar y volver a fabricar la ciudad futurista como una inmensa obra tumultuosa, ágil, móvil, dinámica en cada una de sus partes, y la casa futurista será similar a una gigantesca máquina. Los ascensores no estarán escondidos como tenias en los huecos de escalera, sino que éstas, ya inútiles, serán eliminadas y los ascensores treparán por las fachadas como serpientes de hierro y cristal. **La casa de cemento, cristal y hierro, sin pintura ni escultura, bella sólo por la belleza natural de sus líneas y de sus relieves, extraordinariamente fea en su mecánica sencillez, tan alta y ancha como es necesario y no como prescriben las ordenanzas municipales, debe erigirse en el borde de un abismo tumultuoso, la calle, que ya no correrá como un felpudo delante de las porterías, sino que se construirá bajo tierra en varios niveles, recibiendo el tráfico metropolitano y comunicándose a través de pasarelas metálicas y rapidísimas cintas transportadoras.**

Hay que eliminar lo decorativo. El problema de la arquitectura futurista no debe solucionarse hurtando fotografías de la China, de Persia y de Japón, o embobándose con las reglas de Vitruvio, sino a base de intuiciones geniales acompañadas de la experiencia científica y técnica. Todo debe ser revolucionado. Deben aprovecharse las cubiertas y los sótanos, hay que reducir la importancia de las fachadas, trasladar los problemas del buen gusto del ámbito de la formita, el capitelito, el portalito, al campo más amplio de las grandes agrupaciones de masas, de la amplia distribución de las plantas del edificio. Basta ya de arquitectura monumental fúnebre y conmemorativa. Deshagámonos de monumentos, aceras, soportales y escalinatas; soterremos las calles y las plazas; elevemos el nivel de las ciudades.

YO COMBATO Y DESPRECIO:

1.- Toda la pseudo-arquitectura de vanguardia, austríaca, húngara, alemana y norteamericana;

2.- Toda la arquitectura clásica, solemne, hierática, escenográfica, decorativa, monumental, agraciada y agradable;

3.- El embalsamamiento, la reconstrucción, la reproducción de los monumentos y los palacios antiguos;

4.- Las líneas perpendiculares y horizontales, las formas cúbicas y piramidales, que son estáticas, pesadas, oprimentes y absolutamente ajenas a nuestra novísima sensibilidad;

5.- El uso de materiales macizos, voluminosos, duraderos, anticuados y costosos.

Y PROCLAMO:

1.- Que la arquitectura futurista es la arquitectura del cálculo, de la audacia temeraria y de la sencillez; la arquitectura del hormigón armado, del hierro, del cristal, del cartón, de la fibra textil y de todos los sustitutos de la madera, de la piedra y del ladrillo, que permiten obtener la máxima elasticidad y ligereza;

2.- Que la arquitectura futurista, sin embargo, no es una árida combinación de practicidad y utilidad, sino que sigue siendo arte, es decir, síntesis y expresión;

3.- Que las líneas oblicuas y las líneas elípticas son dinámicas, que por su propia naturaleza poseen un poder expresivo mil veces superior al de las líneas horizontales y perpendiculares, y que sin ellas no puede existir una arquitectura dinámicamente integradora;

4.- Que la decoración, como algo superpuesto a la arquitectura, es un absurdo, y que sólo del uso y de la disposición original del material bruto o visto o violentamente coloreado depende el valor decorativo de la arquitectura futurista;

5.- Que, al igual que los hombres antiguos se inspiraron, para su arte, en los elementos de la naturaleza, nosotros - material y espiritualmente artificiales - debemos encontrar esa inspiración en los elementos del novísimo mundo mecánico que hemos creado y del que la arquitectura debe ser la expresión más hermosa, la síntesis más completa, la integración artística más eficaz;

6.- Que la arquitectura como arte de distribuir las formas de los edificios según criterios preestablecidos está acabada;

7.- Que por arquitectura debe entenderse el esfuerzo por armonizar con libertad y gran audacia el entorno y el hombre, es decir, por convertir el mundo de las cosas en una proyección directa del mundo del espíritu;

8.- De una arquitectura así concebida no puede nacer ningún habito plástico y lineal, porque los caracteres fundamentales de la arquitectura futurista serán la caducidad y la transitoriedad. Las casas durarán menos que nosotros.

Cada generación deberá fabricarse su ciudad. Esta constante renovación del entorno arquitectónico contribuirá a la victoria del Futurismo que ya se impone con las Palabras en libertad, el Dinamismo plástico, la Música sin cuadratura y el Arte de los ruidos, y por el que luchamos sin tregua contra la cobarde prolongación del pasado.

Dirección del Movimiento Futurista, Milán, 11 de julio de 1914"

Igualmente, el *Manifiesto Constructivista*, que también reproducimos a continuación, expresa desde su introducción esta dobledad entre organicismo y funcionalismo, idealismo y materialismo, tendencias naturalistas y formalistas (con las confusiones y juegos de oposiciones entre cada una) del arte contemporáneo (*"el Arte se alimenta de impresiones, de apariencia exterior, y vaga impotente entre el naturalismo y el simbolismo, entre el romanticismo y el misticismo*"), o sea, para nosotros, la dualidad, que proviene de la época moderna, y reseña Panofsky al estudiar la posición de Vasari respecto del gótico, entre Antiguos y Modernos, Poussinistas y Rubenistas:

"*En el torbellino de nuestros días activos, mas allá de las cenizas y de las ruinas del pasado, ante las cancelas de un futuro vacuo, nosotros proclamamos ante vosotros, artistas, pintores, escultores, músicos, actores y poetas, ante vosotros, personas para las que el Arte no es solo una mera fuente de conversación, sino el manantial mismo de una real exaltación, nuestra convicción y los hechos.*
Hay que sacar al Arte del callejón sin salida en que se halla desde hace veinte años.
El progreso del saber humano con su potente penetración en las leyes misteriosas del mundo, iniciada a comienzos de este siglo, el florecimiento de una nueva cultura y de una nueva civilización, con un excepcional (por primera vez en la historia) movimiento de las masas populares hacia la posesión de las riquezas naturales, movimiento que abraza al pueblo en estrecha unión, y, por ultimo, pero no menos importante, la guerra y la revolución (corrientes purificadoras de una era futura) nos ha llevado a considerar las nuevas formas de una vida que ya late y actúa.
¿Como contribuye el Arte a la época actual de la historia del hombre?.
¿Posee los medios necesarios para dar vida a un nuevo Gran Estilo? ¿O supone acaso que la nueva época puede acoger una nueva creación sobre los cimientos de la antigua? A pesar de las instancias del espíritu renaciente de nuestro tiempo, el Arte se alimenta de impresiones, de apariencia exterior, y vaga impotente entre el naturalismo y el simbolismo, entre el romanticismo y el misticismo.
Los intentos realizados por cubistas y por futuristas para sacar a las artes figurativas del fango del pasado solo han producido nuevos desencantos.
El cubismo, que había partido de la simplificación de la técnica representativa, acabo por encallar en el análisis. El revuelto mundo de los cubistas, despedazado por la anarquía intelectual, no puede satisfacer a quienes, como nosotros, ya hayan realizado la Revolución y están construyendo y edificando un mundo nuevo.
Se puede sentir interés por las experiencias de los cubistas, pero no adherirse a su movimiento, pues estamos convencidos de que sus experiencias solo arañan la superficie del Arte y no la penetran hasta sus raíces, y también nos parece evidente que su resultado final no conduce mas que a la misma representación superada, al mismo volumen superado y, una vez mas, a la misma superficie decorativa.
En sus tiempos, se hubiera podido exaltar el futurismo por el nuevo aire que aporto su anunciada revolución en el Arte, por su critica demoledora del pasado; como único modo de asaltar las barricadas artísticas del buen gusto, exigía mucha dinamita; pero no se puede construir un sistema artístico sobre una sola frase revolucionaria.
Bien mirado, tras la fachada del futurismo solo había un vacuo charlatán, un tipo hábil y equivoco, hinchado de palabras como patriotismo, militarismo, desprecio por la mujer y parecidas sentencias provincianas.
En cuanto a los problemas estrictamente pictóricos, el futurismo no pudo hacer mas que repetir los esfuerzos, que ya fueron inútiles con los impresionistas, por fijar en el lienzo un reflejo puramente óptico. Hoy todos sabemos que el simple registro grafico de una secuencia de movimientos momentáneamente fijados no puede recrear el movimiento. Solo recuerda el latido de un cuerpo muerto.
El pomposo eslogan de la velocidad fue un clarín de guerra para los futuristas. Admitimos la sonoridad de tal eslogan y comprendemos muy bien que es superior al mas potente eslogan provinciano. Pero intentad preguntar a un futurista como se imagina la velocidad, e inmediatamente aparecerá todo un arenal de locos automóviles y depósitos de chirriantes vagones y alambres intrincados, el estruendo y el ruido de calles atestadas de vehículos. ¿Es necesario convencer a los futuristas de que todo ello no ocurre por la velocidad y sus ritmos?.
Mirad un rayo de sol, la mas inmóvil de las fuerzas inmóviles. Tiene una velocidad de 300000 kilómetros por segundo. Observad nuestro firmamento estelar que el rayo atraviesa... ¿Que son nuestros depósitos comparados con los del universo? ¿Que son nuestros trenes terrestres comparados con los veloces trenes de las galaxias?.
Ciertamente, todo el estruendo de los futuristas acerca de la velocidad es un hecho demasiado sabido, pero desde el momento en que el futurismo proclamo que Espacio y Tiempo son los muertos de ayer, se hundió en la oscuridad de las abstracciones.
Ni el futurismo ni el cubismo han ofrecido a nuestro tiempo lo que se esperaba de ellos.
Salvo estas dos escuelas artísticas, nuestro pasado reciente no ha ofrecido nada importante ni interesante.
Pero la vida no espera; las generaciones no cesan de crecer, y nosotros, que sucedemos a los que entraron en la historia y poseemos los resultados de sus experiencias, sus errores y sus éxitos, después de años de experiencias semejantes a siglos, proclamamos:
Ningún movimiento artístico podrá afirmar la acción de una nueva cultura en desarrollo hasta que los mismos fundamentos del Arte estén construidos sobre las verdaderas leyes de la vida, hasta que todos los artistas digan con nosotros: Todo es ficción, solo la vida y sus leyes son autenticas, y en la vida solo lo que es activo es maravilloso y capaz, fuerte y justo, porque la vida no conoce belleza en cuanto medida estética. La mas grande belleza es una existencia efectiva.
La vida no conoce ni el bien ni el mal ni la justicia como medida moral...., la necesidad es la mayor y mas justa de todas las morales.
La vida no conoce verdades racionales abstractas como metro de conocimiento: el hecho es la mayor y mas segura de las verdades.
Estas son las leyes de la vida. ¿Puede el Arte soportar tales leyes si se construye sobre la abstracción, el espejismo, la ficción?
Nosotros decimos:
Espacio y tiempo han renacido hoy para nosotros.
Espacio y tiempo son las únicas formas sobre las cuales la vida se construye, y sobre ellos, se debe edificar el Arte.

Perecen los Estados y los sistemas políticos y económicos; las ideas se derrumban bajo la fuerza de los siglos, pero la vida es fuerte y crece y el tiempo prosigue en su continuidad real. ¿Quien nos mostrara formas mas eficaces que estas? ¿Quien será el genio que nos de cimientos mas sólidos que estos?

¿Que genio nos contara una leyenda mas maravillosa que la fábula prosaica que se llama vida?

La actuación de nuestras percepciones del mundo en forma de espacio y tiempo es el único objetivo de nuestro arte plástico.

No medimos nuestro trabajo con el metro de la belleza y no lo pesamos con el peso de la ternura y de los sentimientos.

Con la plomada en la mano, con los ojos infalibles como dominadores, con un espíritu exacto como un compás, edificamos nuestra obra del mismo modo que el universo conforma la suya, del mismo modo que el ingeniero construye los puentes y el matemático elabora las formulas de las orbitas.

Sabemos que todo tiene una imagen propia esencial: la silla, la mesa, la lámpara, el teléfono, el libro, la casa, el hombre. Son mundos completos con sus ritmos y sus orbitas.

Por esto, en la creación de los objetos les quitamos las etiquetas del propietario, totalmente accidental y postiza, y solo dejamos la realidad del ritmo constante de las fuerzas contenidas en ellos.

Por ello, en la pintura renunciamos al color como elemento pictórico: el color es la superficie óptica idealizada de los objetos; es una impresión exterior y superficial; es un accidente que nada tiene en común con la esencia mas intima del objeto. Afirmamos que la tonalidad de la sustancia, es decir, su cuerpo material que absorbe la luz, es la única realidad pictórica.

Renunciamos a la línea como valor descriptivo: en la vida no existen líneas descriptivas; la descripción es un signo humano accidental en las cosas, no forma una unidad con la vida esencial ni con la estructura constante del cuerpo. Lo descriptivo es un elemento de ilustración grafica, es decoración. Afirmamos que la línea solo tiene valor como dirección de las fuerzas estáticas y de sus ritmos en los objetos.

Renunciamos al volumen como forma espacial pictórica y plástica: no se puede medir el espacio con el volumen, como no se puede medir un liquido con un metro. Miremos el espacio... ¿Que es sino una profundidad continuada? Afirmamos el valor de la profundidad como única forma espacial pictórica y plástica.

Renunciamos a la escultura en cuanto masa entendida como elemento escultural. Todo ingeniero sabe que las fuerzas estáticas de un cuerpo sólido y su fuerza material no dependen de la cantidad de masas; por ejemplo: una vía de tren, una voluta en forma de T, etc... Pero vosotros, escultores de cada sombra y relieve, todavía os aferráis al viejo prejuicio según el cual no es posible liberar el volumen de la masa. Aquí, en esta exposición, tomamos cuatro planos y obtenemos el mismo volumen que si se tratase de cuatro toneladas de masa. Por ello, reintroducimos en la escultura la línea como dirección y en esta afirmamos que la profundidad es una forma espacial.

Renunciamos al desencanto artístico enraizado desde hace siglos, según el cual los ritmos estáticos son los únicos elementos de las artes plásticas. Afirmamos que en estas artes esta el nuevo elemento de los ritmos cinéticos en cuanto formas basilares de nuestra percepción del tiempo real.

Estos son los cinco principios fundamentales de nuestro trabajo y de nuestra técnica constructiva.

Hoy proclamamos ante todos vosotros nuestra fe. En las plazas y en las calles exponemos nuestras obras, convencidos de que el arte no debe seguir siendo un santuario para el ocioso, una consolación para el desesperado ni una justificación para el perezoso. El arte debería asistirnos allí donde la vida transcurre y actúa: en el taller, en la mesa, en el trabajo, en el descanso, en el juego, en los días laborales y en las vacaciones, en casa y en la calle, de modo que la llama de la vida no se extinga en la humanidad.

No buscamos consuelo ni en el pasado ni en el futuro. Nadie puede decirnos cual será el futuro ni con cuales instrumentos se le puede comer.

Es imposible no engañarse sobre el futuro y sobre el se pueden decir cuantas mentiras se quieran.

Para nosotros, los gritos sobre el futuro equivalen a las lagrimas sobre el pasado. El repetido sueño con los ojos abiertos de los románticos. El delirio simiesco del viejo sueño paradisíaco con atuendos contemporáneos.

Quien hoy se ocupe del mañana se ocupa en no hacer nada.

Y quien mañana no nos de nada de lo que haya hecho hoy no es de ninguna utilidad para el futuro.

El hoy pertenece al hecho.

Lo tendremos en cuenta también mañana.

Dejemos el pasado a nuestras espaldas como una carroña.

Dejemos el futuro a los profetas.

Nosotros nos quedaremos con el hoy."

La ciudad-jardín es el modelo urbano que, a inicios del siglo XX, se propone como una síntesis aceptable entre lo citadino y lo rural. Es la humorística alusión de la ciudad en el campo de Alphonse Allais. El modelo de la ciudad-jardín surge por primera vez en el libro *Tomorrow: a Peaceful Path to Social Reform* de 1898 de Howard, como intento a la vez de reanudar con la utopía política de comunidad autárquica formada por grupos de casas unifamiliares que resuelvan la oposición entre ciudad y campo, y de resolver el alojamiento de los obreros, complicado por la creciente industrialización. Influenciado por la literatura utópica moderna, que reseñamos en nuestro trabajo sobre Historia de la Arquitectura Moderna, en particular la *Utopía* (1516) de Tomás Moro, y las propuestas de Leonardo da Vinci al Ludovico Sforza, duque de Milán, de dividir ésta, donde *"la gran acumulación de gente que se agrupa como cabras unas encima de otras llena todos los rincones de un olor insufrible y diseminando por toda la ciudad pestilencia y muerte"*, en diez ciudades satélites de 30.000 habitantes, Howard propone ciudades de 30.000 habitantes, cada una siendo económica y espacialmente independiente de las otras. Idénticamente se inspira para su ciudad del modelo radiocéntrico renacentista, pero edificado alrededor de un parque central, dividido en seis sectores de actividad, lo cual prefigura, como la V7, las propuestas de Le Corbusier.

En las figuras de su libro, Howard indica la disposición de los usos del suelo en la ciudad-jardín, la cual, por su aspecto radiocéntrico (Lám. 65-66), revela su dependencia al modelo centralizador que hemos destacado como elemento principal para entender la arquitectura de los siglos XIV-XVIII en nuestro trabajo anterior sobre Historia de la Arquitectura Moderna. En el núcleo central de 2,4 Ha están los centros cívicos y el comercio. Este centro está rodeado de una corona residencial y los polígonos industriales. Seis grandes avenidas irradian del centro. La ciudad ocupa unos 400 hectáreas y, más allá, el cinturón verde ocupa 2.000 Has. A partir del cinturón verde aparece el cinturón agrícola que no forma parte de la comunidad. El cinturón verde es un elemento esencial en la ciudad-jardín, como factor de purificación del ambiente, recreo (campos de deporte), factor que impide la expansión de la ciudad más allá del perímetro diseñado. La ciudad-jardín tiene un equilibrio entre residencia y empleo y un tamaño suficiente para disponer de todos los equipamientos. La industria dede ser diversificada y el suelo pertenece a una sociedad que impide la especulación del suelo y que revierta las plusvalías en mejoras de los servicios. El tamaño de población, como apuntamos, no ha de superar los 30.000 habitantes.

Tras crear la Garden City Association y reunir fondos, Howard realiza, con Raymond Unwin y Barry Parker, la "*First Garden City*" en 1903-1909 en Letchworth (Hertfordshire, Lám. 67 a 70), con el fin de descentralizar la metrópoli por razones sociales de salud e higiene, alternativas a las condiciones de hacinamiento e insalubridad de la ciudad industrial de las postrimerías del siglo XIX. A Letchworth siguió, en Inglaterra, Welwyn en 1920 (en el Hertfordshire también, Lám. 71 a 75), pero sin que realmente se desarrollarán más allá de pueblos, ya que las industrias londinenses rechazaron instalarse, obligando a los residentes de las dos ciudades a trasladarse diariamente a Londres. Pero hoy, sin embargo, lograron un nivel de crecimiento más acorde con las previsiones de Howard, pues, en los años 1940 el movimiento de la ciudad-jardín se volvió el de las ciudades nuevas, creándose, de 1946 a 1949, 14 ciudades nuevas en el Reino Unido, y 15 más en 1955.

El modelo (pueblo de tipo medieval según la mentalidad romanticista, o de diseño geométrico, pequeñas casas colectivas, urbanización de baja densidad con villas, chalets o adosados, sin grandes bloques verticales de viviendas, pero con importancia fundamental de las zonas verdes ambientales), que, en su libro, Howard define como: "*un núcleo planeado para la producción y para la vida saludable de un tamaño que haga posible la plenitud de la vida social, pero no mayor, rodeada de un cinturón permanente de espacio rural, siendo todos los terrenos de propiedad pública poseídos en comunidad por los ciudadanos*", "*no es una dispersión indefinida de casas unifamiliares con inmensos espacios abiertos ocupando todo el paisaje, sino más bien un agrupamiento urbano compacto y rigurosamente limitado. No es un suburbio, sino la antítesis del suburbio; no es un retiro rural, sino una base más integrada para una vida urbana más efectiva*", se difundirá rápidamente, primero en Inglaterra, después en toda Europa, y hasta en los Estados Unidos.

En España en 1882-1892, Soria elabora para Madrid el proyecto de ciudad lineal (Lám. 76, véase también Lám. 367-368), próximo al modelo urbano de la ciudad-jardín. También el parque Güell de Antonio Gaudí en Barcelona (Lám. 77 a 79) fue un proyecto de ciudad-jardín. En Alemania una de las primeras ciudades-jardín fue la ciudad de trabajadores de Hellerau, promovida por el Werkbund, y realizada por Heinrich Tessenow, miembro de dicho movimiento, en Dresde a partir de 1909 (Lám. 80-81, los planteamientos estéticos de Tessenow confirmando y reafirmando la interacción que hemos notado entre principios racionalistas y organicistas - y volvemos a encontrar en la estructura formal de las demás ciudades-jardines, en particular belgas -, siendo Tessenow defensor de la tradición de los sistemas constructivos y de las soluciones constructivas tradicionales, así como defensor de las formas de vida tradicionales reflejadas en las soluciones distributivas y funcionales, entonces a la vez rechazando lo superfluo y buscando cómo lograr una vivienda masiva, barata, para los pobres, y a la vez promoviendo en su arquitectura, como se ve en Hellerau, formas y contornos clásicos, de artes y oficios, proviniendo de una familia de carpinteros). La primera ciudad-jardín de Francia fue realizada en 1909 en Draveil (Essonne, Lám. 82) por el arquitecto alsaciano Jean Walter, seguirán las de Le Plessis-Robinson (Lám. 83) y de Châtenay-Malabry (Hauts-de-Seine, Lám. 84) por Joseph Bassompierre, Paul de Rutte, André Riousse, y Paul Sirvin (1931-1939), nacida Châtenay-Malabry, como las demás ciudades-jardines de la región parisina, en los años 1920, con el 97% de habitaciones construidas entre 1914 y 1942, ciudades-jardines construidas por paisajistas, como La Butte-Rouge de Châtenay-Malabry o el Pré-Saint-Gervais (1934, Seine-Saint-Denis, Lám. 84) por Félix Dumail, Las Habitaciones à Bon Marché (a Precios Baratos) del "lieu-dit" Les Carrières en Le Blanc-Mesnil (1933-1936, Seine-Saint-Denis, Lám. 84) por Germain Dorel recuerdan el conjunto Karl Marx Hof de Viena (1926-1930, Lám. 85 a 88) por Karl Ehn, mientras la Cité des Dents de Scie de Trappes (1926-1931, Lám. 84) por Henri Gutton y su hijo André, con la disposición de sus pabellones, girados a 45 grados, se inspira de la propuesta de ciudad nouvelle construida en Frankfurt (das Neue Frankfurt, 1925-1930, Lám. 89 a 92) por Ernest May. Los modelos de estas ciudades son a menudo alemanes y austriacos.

En Bélgica, en las inmediaciones de Bruselas, se crearon a partir de 1922 las ciudades de Le Logis (Lám. 93 a 96) y Floréal (Lám. 97) las dos fundadas, a inicios de los años 1920, por sociedades cooperativas en Watermael-Boitsfort. las dos ciudades fueron concebidas por el mismo urbanista: Louis Van der Swaelmen, quien se encargó del ordenamiento de los barrios y de la implantación de las casas y plantaciones, mientras, por su parte, Jean-Jules Eggericx, fue el arquitecto principal de las habitaciones por cuenta de dos sociedades cooperativas distintas. En su forma, Le Logis y Floréal se inspiran de las ciudades inglesas con sus casas de tipo cottage, así como de las ciudades sociales neerlandesas. Ciudades gemelas situadas una junta a la otra, a pesar de su unidad formal, cada una de las dos ciudades tiene algunas características propias: Le Logis presenta elementos de carpintería o tablajes de color verde y tiene calles con nombres de animales, Floréal tiene tablerías pintadas de amarillo y calles con nombres de flores. En las dos ciudades, la vegetación tiene un papel fundamental, con numerosos jardines, y llanos para juegos sembrados de árboles frutales, y apartados de los caminos, éstos esencialmente peatonales. Hayas y gramas bordean las casas, con los cerezos del Japón como esencia de árboles predominante en las ciudades. Las dos ciudades dan la preferencia a la casa unifamiliar, aunque existen algunos edificios con apartamentos, tal como el "Fer à cheval" en Floréal. La contraparte de estas dos ciudades-jardines es La Cité Moderne de Berchem-Sainte-Agathe (Lám. 98), de 275 apartamentos, construida entre 1922 y 1925, por cuenta de otra sociedad cooperativa, y realizada por el arquitecto Victor Bourgeois, líder del movimiento vanguardista en Bélgica. En esta ciudad, las casas y los edificios con apartamentos, de estilo cubista sin ornamentación, presentan volúmenes sobre ángulos rectos y techos planos. El uso del concreto armado, nuevo para la época, permitió reducir notablemente los costos de construcción. Cada casa es orientada, algunas en *"dents de scie"* (recordándonos así la francesa Trappes), de manera a recibir lo mejor posible la luz, y posee un jardín privativo para ser cultivado. Es el primer ejemplo de este tipo de arquitectura en Bélgica. El trazado de la ciudad se conforma por calles cortas y callejones sin salida, que impiden el tráfico, así como por plazoletas y plazas realizadas por el urbanista y paisajista, también conceptor de Le Logis y Floréal, Van der Swaelmen, plazoletas y plazas cuyo propósito era fomentar la convivialidad, la solidaridad y la securidad de los habitantes. Los nombres de las calles y plazas subrayan estas intenciones: calle de la Fondation, de la Gérance, de l'Évolution, du Bon accueil, de l'Entraide o des Ébats, place de l'Initiative o des Coopérateurs. En 1925, la Cité obtuvo el Grand Prix de la Exposition des Arts Décoratifs de París, llevándole fama internacional a Bourgeois. Sin embargo, a pesar de haber sido declarada patrimonial en el 2000, hoy en día la Cité se encuentra en un estado deplorable. Otras ciudades-jardines belgas son: la Cité Terdelt de Schaerbeek (Lám. 99), iniciada por la sociedad de habitaciones sociales Foyer Schaerbeekois en 1899 para contrarrestar la crisis de viviendas, pero cuya construcción fue interrumpida por la Primera Guerra Mundial, se vuelve ciudad-jardín a la manera inglesa, cuya conformación es puesta concurso en 1921, ganado por el arquitecto Roulet, inaugurándose la ciudad en 1926; La Cité sociale Jouët-Rey de Etterbeek (Lám. 100), construida entre 1909 y 1910 por los Hospices de Bruxelles, son 32 casas que destinan a acoger ancianos, y se reparten entre dos calles: la rue Général Henry y la rue des Cultivateurs. En Anderlecht, las tres ciudades de la Roue, Bon Air y Moortebeek, creadas para resolver el desalojamiento obligatorio de los obreros debido a la construcción del nuevo centro de Bruselas, creando así, aunque de manera involuntaria, y no del todo unánimemente aceptado, una *"franja roja"* (*"ceinture rouge"*) alrededor de la capital, fueron realizadas en el orden siguiente: el Foyer anderlechtois emprende la construcción de la Cité de la Roue (Lám. 101) en 1907, la cual se para por la Primera Guerra Mundial, y se reanuda sólo en 1920, bajo la dirección del arquitecto Eggericx y del urbanista Van der Swaelmen, también asociados en el caso de Le Logis y Floréal; la Cité Bon Air (Lám. 102) se construye entre 1921 y 1923, aparentando nombres de calles (rue de l'Hygiène, de la Salubrité, de la Santé, de la Tempérance, de la Fécondité, du Bonheur o de l'Enthousiasme) reveladores del deseo ideológico de alejar a los obreros del centro, promoviendo conceptos higiénicos acerca de estas nuevas construcciones en el campo, lejos de la ciudad; en 1921 se crea la Société coopérative des Foyers collectifs que promueve la realización de la Cité de Moortebeek (Lám. 103), la cual se termina en 1923. Otra ciudad-jardín es le Tuinbouw en Evere (Lám. 104), construida a partir de 1922 sobre planos de Eggericx. Todas estas ciudades tienen un estilo tradicional y campestre, de cottage, es decir también, de casa unifamiliar, similar al de Le Logis y Floréal. Al contrario, la Cité-jardin de Kapelleveld (o Capilla en los Campos) de Woluwe-Saint-Lambert (Lám. 105), cuyo nombre debe a la proximidad de una capilla gótica del siglo XIV, dedicada a Marie la misérable, asemeja un aspecto cubista y vanguardista en la forma de sus casas similar al de la Cité Moderne. Fue realizada conforme los planos de Van der Swaelmen, y construida de 1923 a 1926 por los arquitectos Huib Hoste y Antoine Pompe para la Société coopérative de Kapelleveld. Asimismo, las ciudades-jardines belgas, como en el caso del arquitecto Tessenow, revelan a su vez las tensiones de inicios del siglo XX entre organicismo (orientación hacia los jardines y las formas tradicionales de casas rurales) y racionalismo (economía de los materiales y formas puras, fácilmente reproductibles), dentro del mismo proyecto urbanístico contemplado y asumido como social y popular, característico entonces éste de la época contemporánea, tal como la hemos definida a inicios del presente trabajo, y lo comprobaremos con la segunda parte, sobre tipologías de edificios.Elementos que se asocian y combinan en la propuesta de la Cité Diongre (Lám. 105) de Molenbeek-Saint-Jean, la Société Anonyme des Habitations à Bon marché de Molenbeek-Saint-Jean (que se transformará en 1958 en el Logement Molenbeekois) compra en 1922 un vasto terreno a la familia Grosemans, propiedad ubicada por el boulevard de la Ceinture, que tomará en 1958 el nombre de boulevard Louis Mettewie, y contrata al arquitecto Joseph Diongre para hacer los planos de un conjunto habitacional dividido entre casas particulares y pequeños edificios multifamiliares, ubicado el proyecto final, presentado por Diongre en 1922, en el triángulo comprendido entre las calles de Bruges, des Béguines y du Korenbeek. Son 122 habitaciones agrupadas alrededor de pequeñas calles, 60 casas, algunas para una pareja, las otras para varios, y edificios de dos y de tres pisos. Diongre pone en la ciudad una lavandería comunitaria con su tanque. El conjunto, en medio de numerosos árboles, es, algo a semejanza de la Cité-jardin de Kapelleveld (Lám. 105), una feliz combinación entre el estilo racionalista sin adorno, y la arquitectura tradicional con ladrillos y techos de tejas. Asimismo se encuentran oeil-de-boeufs en las fachadas y signos distintivos puestos encima de cada entrada. En 1983, siguiendo el principio del boulevard Mettewie, se pensó en destruir la ciudad para construir edificios-torres, pero se abandonó el proyecto y se renovó totalmente la ciudad gracias a la Société immobilière de service public.

A mediados de los años 1920, el planificador escocés Patrick Geddes puso en práctica principios de ciudad-jardín para Tel Aviv (Lám. 106), lo que permitió romper con los edificios de estilo internacional que proliferaron en la ciudad en la década de los 30, y integrar edificios de tipo contemporáneo con una organización urbana refinada y de baja altura. En los Estados Unidos, dos de los más importantes planes para ciudades-jardines se ejecutaron también en los años veinte, se trata de: Sunnyside Gardens (Lám. 107-108), en Queens, Nueva York (1924), por Clarence Stein y la Asociación Norteamericana de Planeación Regional, y el pueblo de Radburn, Fairlawn, Nueva Jersey (1929, Lám. 109 a 116) por Stein y Henry Wright, ejemplos éstos que tuvieron fuerte influencia en el desarrollo posterior de ciudades y suburbios, en particular por el uso del suelo en lo que respecta al aumento de automóviles, promoviendo cinturones verdes, así como calles y avenidas zonificadas; proyecto nunca realizado, publicado en *The Disappearing City* (1932) por su autor, y presentado al público en 1935 a través de maquetas a escala, que se inspira del modelo de la ciudad-jardín, y prefigura los desarrollos suburbanos de los Estados Unidos posteriores a la Segunda Guerra Mundial, Broadacre City (1930-35, Lám. 117-118) de Frank Lloyd Wright, en cuanto crítica al congestionamiento urbano y a la planeación de la ciudad moderna, se orienta hacia la cuestión de la descentralización, con ideales de facilitar un acre de tierra a cada familia, delimitando zonas de labor industrial y agrícola de menor escala en áreas próximas a las residenciales, interrelacionando los distintos medios de transporte, incluso el automóvil privado (vemos bien aquí la interdependencia o interconexión entre Soria, Le Corbusier y el principio de ciudad-jardín, ya presente en el anterior Radburn, también estadounidense, de Stein y Wright; escribiendo Le Corbusier en sus *Declaraciones* del 27 de enero de 1959, citado en Sophie Daria, *Le Corbusier sociologue de l'urbanisme*, París, Seghers, 1964, "*Choix de textes*", p. 165, que "*J'ai inventé e terme "ville radieuse"./.../ Mes villes sont des villes vertes. Mes maisons donnent: soleil, espace, verdure*", concepto que se reafirma en cuatro de los *Cinco Puntos* de 1927 para *La Ville Radieuse*, 1933, *ibid.*, p. 172, con el lugar central a nivel ideológico del jardín con los pilotis y los techos-jardines, y de la entrada de sol con la ventana en lo largo y la fachada libre, planteamientos de "*Ville Radieuse*", pp. 152-155, que se extienden a los de "*Ferme Radieuse*" con "*Village coopératif*", pp. 156-158, y de "*L'Usine Verte*", pp. 159-162).

En Alemania, tuvo tan gran acogida el modelo de Howard, que, en 1902, se organizó la Deutsche Gartenstadtgesellschaft, y, concebido en 1906, pero construido de 1910 a 1913, el Gartenstadt Hellerau (Lám. 80-81), realizado en colaboración por Richard Riemerschmid, Theodor Fischer, Herman Multhesius, Heinrich Tessenow y Baillie Scott, con su énfasis arquitectónico en el estilo de hábitat tradicional, el folklore, y, como acabamos de apuntar - al igual que en el caso de la propuesta de ciudad-jardín de Wright - su crítica de la industrialización, se vincula con los Dresdener Werkstatten für Handwerkskinst (Talleres de Artes y Oficios de Dresde), fundados en 1898, conforme el espíritu del movimiento de las Artes y Oficios Ingleses.
Como señala el historiador Spiro Kostof:

"*La popularidad de la Ciudad Jardín como principio de planeamiento radicaba en su flexibilidad extrema, su adaptación relativamente fácil a toda ideología. El concepto podía diseminarse junto con la forma inglesa de la calle 'medieval', flanqueada por casas que Unwin y Parker se encargaron de popularizar, o igualmente podía ser separada de dicha forma y agregada a un conjunto de edificios de apartamentos de mediana o gran altura, e incluso a disposiciones más regulares.*"

A pesar de que el modelo de ciudad-jardín se haya abandonado después de la Segunda Guerra Mundial, a provecho de los principios funcionales de la Carta de Atenas (1933) de los CIAM, es en esta misma época de postguerra que surgieron numerosas New Towns en el Reino Unido (21 entre 1946 y 1970, bajo los planteamientos del New Towns Act o NTA de 1946, realizado por el New Towns Comittee dirigido por Lord Reith, la primera New Town fue Stevenage en 1946 - con el principio lúdico del "*adventure playground*" o recorrido de aventuras, reproducido después en toda Gran Bretaña -, seguida por Aycliffe en 1947, Peterlee en 1948, y Corby en 1950, planteándose como conjuntos urbanos cooperativos, principio, ya lo hemos visto en Bélgica en particular, base de las ciudades-jardines y obreras, en 1961 se creó la Commission for the New Towns o CNT como elemento organizador y de dirección de las New Towns, por orden alfabético las New Towns son: Basildon, Bracknell, Central Lancashire: Preston, Chorley & Leyland, Corby, Crawley, Harlow, Hemel Hempstead, Milton Keynes, Northampton, Peterborough, Redditch, Runcorn, Skelmersdale, Stevenage, Telford, Warrington, Washington, Welwyn y Hatfield - a las que Leonard Downie Jr, "*The Disappointing New Towns of Great Britain*", *The Washington Post*, 1/11/1972, agrega la ciudad de Cumbernauld -, Lám. 119 a 286 - sobre la misma problemática crítica de las New Towns desarrollada por Downie, v. también J.M. Richards, "*The failure of New Towns*", *Architectural Review*, citado por Josep María Montaner, *Después del movimiento moderno - Arquitectura de la segunda mitad del siglo XX*, Barcelona, Gustavo Gili, 1993, p. 73 -), y, asimismo, el modelo de ciudad-jardín siguió dándose en España en los años 1970, a tal punto que casi todas las ciudades tienen una pequeña ciudad-jardín, aunque no pasan de ser barrios de pequeño tamaño.

Como en el caso belga o en el inglés, las ciudades nuevas surgen, hasta en América Latina, mediante la expresión de una mezcla de ideologías: la de la contemporaneidad, urgida por la técnica y la economía, y la de la referencia histórica, rasgo de patriotismo arquitectónico recuperado del siglo XIX y las construcciones nacionales. Así la aparición de un ordenamiento barroco en las ciudades mineras chilenas (Lám. 287 a 294), referido por Eugenio Garcés, en "*Las ciudades del cobre. Del campamento de montaña al hotel minero como variaciones de la company town*", *Eure*, vol. 29, No 88, diciembre del 2003, Pontificia Universidad Católica de Chile, Facultad de Arquitectura, Diseño y Estudios Urbanos, Instituto de Estudios Urbanos y Territoriales,Santiago de Chile, el artículo, que reproducimos en su integralidad, está basado en la investigación FONDECYT 1990485, titulada *Los campamentos de la minería del cobre en Chile (1905-2000)*, con participación de Eugenio Garcés como investigador responsable, Gustavo Munizaga, Mauricio Baros y Celia Baros como coinvestigadores y Marcelo Cooper como tesista), confirma la estructura ambigua, organicista y social por un lado, funcionalista y económica por otra, de la conformación de las New Towns, así como en general de la ciudad ideal o jardín, pero también, como podemos apreciar en el parisino garaje de la calle Ponthieu de 1905 de Perret (Lám. 295, de dicotómica fachada, con rosetón Beaux-Arts que viene a chocar con su retícula de hormigón que llena los huecos de cristal dejando aparente la estructura), de los mismos elementos adornativos en las fábricas funcionalistas. Escribe Garcès:

"*1. Ciudades del cobre y company town*
El desarrollo de la minería del cobre, a lo largo del siglo XX, tuvo como consecuencia la puesta en marcha de un conjunto de operaciones integradas de infraestructura que incluyó la construcción de obras industriales, edificios de equipamiento, viviendas e infraestructuras portuarias, para ocupar y explotar a lo ancho el territorio chileno –normalmente entendido a lo largo de su eje longitudinal- en función de la posición de los recursos y los lugares de embarque del producto, a menudo ubicados en sitios poco propicios al asentamiento humano.

Las ciudades del cobre son producto de la gestión de empresas internacionales que implantaron asentamientos ex-novo en territorios mineros para atender funciones productivas, residenciales y de equipamiento bajo el control exclusivo de la industria, con el propósito de alcanzar resultados de eficiente producción, a partir de una autosuficiencia que posibilitara el control del conjunto desde un sistema empresarial y jurídico. Al explotar recursos no renovables, las empresas establecieron y establecen su horizonte temporal y productivo a partir del volumen y la ley de los yacimientos y de las estrategias industriales de explotación.

Son herederas, contemporáneas y sucesoras de las company towns –desarrolladas en Europa y Estados Unidos por el capitalismo emergente– buscando máxima concentración de capital, trabajo, viviendas y equipamientos. Asumieron la función productiva como principal programa, en localizaciones territoriales complementarias de las ciudades tradicionales y los territorios rurales. En la actualidad, el término company town se ocupa con amplitud, designando las ciudades industriales de distinto tipo que fueron surgiendo a partir de la Revolución Industrial: industrial villages, cités ouvrières, arbeiter siedlungen, colonias industriales, campamentos mineros.

Los ejemplos internacionales son muchos: en Estados Unidos, Lowell, Pullman y Tyrone; Saltaire y Bournville en Inglaterra; Zlín en la República Checa; las Salinas de Chaux, Le Creusot y Mulhouse en Francia; la Colonia Güell en Cataluña (España), entre otros. Entre los casos chilenos se encuentran Lota -relacionado con la minería del carbón; las oficinas salitreras Humberstone y Santa Laura, cerca de Iquique, y Chacabuco, María Elena y Pedro de Valdivia, en la región de Antofagasta (Garcés, 1999); y el campamento Cerro Sombrero, vinculado con la explotación del petróleo, en Tierra del Fuego, entre otros.

Dal Co (1975) define a la company town como "un ideal que explicita la transformación de la base económica de la nación americana y un modelo que interpreta el mito del primer capitalismo al de una sociedad 'perfecta' al servicio de la manufactura [...] Como modelo urbanístico representa una alternativa completa a la ciudad histórica, no tanto a causa de las formas en las que se estructura, cuanto por el hecho de asumir una única y nueva función, la fábrica, sin otros fines que los de máxima eficiencia productiva, creando un sistema monocultural sin rupturas socioeconómicas".

Las company towns se instalan en la historia del urbanismo como una manufactura urbana organizada por un proyecto de ingeniería y arquitectura que formaliza y distribuye las edificaciones del área industrial, los equipamientos y la residencia, en un conjunto que alcanza una organización física, productiva y social. El modelo es adecuado a una función productiva principal como es la explotación de materias primas y la manufactura industrial, al mismo tiempo que funcional a la modelación de un grupo social excluido de otras actividades y manifestaciones urbanas que aquellas que le entrega la compañía.

La fundación de company towns en Estados Unidos se complementa con las propuestas utópicas, destacándose aquellas paradigmáticas por su aporte teórico y proyectual, como lo son el Falansterio de Fourier, la Colonia Hogar Autosuficiente de Owen y la propuesta de Victoria de Buckingham –por citar algunos casos de los llamados socialistas utópicos. A ello hay que agregar, como un contrapunto, los medios técnicos y de infraestructura que desarrolló la Revolución Industrial, permitiendo por primera vez, durante los siglos XIX y XX, la concentración de grandes centros de producción de materias primas en puntos específicos dentro del territorio.

Cada uno de los casos de las ciudades del cobre en Chile responde a una organización urbana y productiva que ha oscilado entre una condición arquetípica y su adecuación a determinadas preexistencias topográficas, ambientales y funcionales. Las empresas mineras han demostrando una particular flexibilidad para adaptarse a las circunstancias, de manera que las formas de los asentamientos, los tipos, materialidad, cantidad y calidad de las viviendas y de los equipamientos han ido evolucionando con nuevas tipologías, mejores estándares y avanzadas técnicas constructivas, las que con el tiempo fueron adoptándose en las ciudades tradicionales.

La concepción tradicional de campamento minero dotado de viviendas y servicios para los trabajadores y sus grupos familiares ha sido sometida a una fuerte discusión, al llevarse a cabo procesos de traslado de los habitantes a ciudades mayores de las regiones en que operaron, con el consecuente abandono y desmantelamiento del campamento original, dejando en funciones las plantas industriales. Este es el caso del Proyecto Traslado del campamento de Chuquicamata a la ciudad de Calama, distante 16 km. De este modo, El Salvador pasaría a ser la última ciudad del cobre tradicional en operaciones, así como María Elena es la última ciudad del salitre.

Desde el punto de vista del proyecto, Sewell (1906), campamento de montaña pionero en Chile, evolucionó por prueba y error desde un campamento inicial muy precario hasta un gran asentamiento industrial de montaña, complejo en edificaciones y actividades y basado en un trazado en espina de pescado, cuyo eje es una escalera central, con derivaciones peatonales hacia una y otra ladera del Cerro Negro. Estuvo poblado por cerca de 15.000 habitantes y fue desmantelado parcialmente a partir de la llamada Operación Valle.

Chuquicamata (1915) fue desarrollado a partir de un campamento obrero de gran claridad formal, lo que permitió la agregación de conjuntos complejos de unidades de viviendas y equipamientos dotados de cierta autonomía respecto del total y muy próximos de las faenas industriales. En su momento de mayor auge estuvo habitado por cerca de 25.000 personas y actualmente (2003) se encuentra en pleno proceso de desmantelamiento.

Potrerillos (1920) tuvo un proyecto basado en el tridente barroco y experimentó una interesante evolución desde ese proyecto a un campamento más ajustado con las realidades topográficas y ambientales de la precordillera desértica de la III Región. En 1997 fue desalojado como consecuencia de la contaminación derivada de la planta de fundición, que continúa en actividad.

El Salvador (1959), proyecto urbano moderno (Raymond Olson, arquitecto, New York), fue planificado ex novo con precisión formal y funcional, a partir de un trazado geométrico de anillos concéntricos y un programa especificado en detalle. Con el tiempo, ha ido modificándose con la vitalidad de una ciudad convencional, debido al incremento de población y la necesaria dotación de nuevos servicios.

La experiencia acumulada por las empresas pioneras, en los asentamientos ya señalados, permitió a los nuevos emprendimientos mineros privados una nueva formulación del problema y de la tipología del asentamiento.

Minera Escondida (1990) planteó el concepto de villa minera, como es el caso de San Lorenzo (1995), conjunto de edificios agrupados en forma de manzana alineados a lo largo de un eje de equipamientos, diseñado para albergar a trabajadores sin sus familias en régimen de turnos, situado a una cierta distancia visual y funcional de las instalaciones industriales.

Doña Inés de Collahuasi (1999) avanzó un paso más, al diseñar su campamento en el Salar de Coposa como una unidad integral y compacta; el Pabellón del Inca, hotel minero bien caracterizado formalmente, con espacios interiores acondicionados, servicios integrales y uso eficiente de las instalaciones.

2. Aspectos urbanos de las ciudades del cobre

2.1. Sewell: el campamento de montaña (Braden Copper Company, 1906)

Sewell está localizado a 90 km. al sur de Santiago (Chile), aproximadamente en el paralelo 34°, al oriente de la ciudad de Rancagua y a 2.100 m.s.n.m. en la Cordillera de los Andes, VI Región. Forma actualmente parte de la División El Teniente de CODELCO.

Sewell es el único ejemplo de asentamiento minero industrial de montaña en Chile. Está situado en el Cerro Negro, cuya topografía y orientación son determinantes para la implantación de las edificaciones y el trazado de las vías peatonales, vehiculares y férrea. En la ladera norte se ubica la quebrada del río Coya, y al sur, la quebrada del río Teniente. Perpendicular a esta última se encuentra la quebrada del Diablo, que conforma una ladera de pendiente pronunciada y escarpada. La disposición de Sewell en el Cerro Negro fortalece su presencia como sello distintivo de la División El Teniente. Para el observador no parece haber edificios paralelos ni en ángulos rectos, lo que fragmenta, al ascender, los planos de las edificaciones, en un paisaje construido que refuerza la interioridad del espacio de la escalera central. Al descender, en cambio, se presentan planos de techumbres que parecen fugarse en el espacio geográfico. Las vistas cerradas y de perspectivas cortas dibujan el interior de la ciudad. El entorno se abre a las calles laterales en cuyo trasfondo los retazos de cordillera presentan la geografía, en dialéctica entre paisaje natural y paisaje construido.

La estructura urbana de Sewell está organizada a partir de la construcción de una gran escalera central por su espinazo. Sobre la ladera norte se localizan preferentemente los edificios habitacionales, y sobre la sur, los equipamientos e instalaciones industriales. De manera complementaria, en la Quebrada del Diablo fue construida la Población Sorensen, demolida en la década de los '70. La gran escalera central, se constituye en el espacio público de mayor importancia. Distribuye hacia los costados por ramales de circulación, a modo de espina de pescado, paralelos a las cotas, para permitir accesos a las viviendas, equipamientos e instalaciones industriales. Enlaza con pequeñas plazuelas que se abren a su paso, desde el hito topográfico Penstock y la plaza Morgan, en la base, la plaza del Teatro en el centro, la plaza del Patinaje en el límite del campamento y la plaza del Obrero del Cobre, en la base de la estructura ferroviaria llamada Punta de Rieles. Los vehículos motorizados tienen acceso a los bordes del sistema peatonal, en tanto que el ferrocarril se abre paso entre las edificaciones, pasando junto a la fundición, hasta aproximarse a la parte baja de la Planta de Concentración.

Los edificios de viviendas fueron construidos a partir de tres distintas tipologías: de circulación externa, con unidades habitacionales autónomas, similares a departamentos; de circulación central con corredor como elemento articulador lineal entre recintos; y de circulación perimetral que permite el acceso a dos crujías de cuartos, sin servicios. Por su parte, en el barrio americano se construyeron viviendas unifamiliares aisladas, actualmente demolidas, dispuestas escalonadamente en la fuerte pendiente, a partir de su organización en dos crujías paralelas a la cota.

Los edificios singulares se constituyen en hitos de referencia dentro del campamento. Un ejemplo es el Hospital, de planta compleja y volumetría destacada por su techumbre, de la que sobresalen las pequeñas ventanas del ático. En el costado sur del Cerro Negro se sitúa la Iglesia. Otro ejemplo de lenguaje moderno, es la Escuela Industrial, con tres niveles –además de piso zócalo y una singular fachada curva y escalonada, despojada de ornamento. Por último, el Club Social Teniente, de aspecto neoclásico, aún subsiste en lo que fue el barrio americano.

Entre las construcciones habitacionales destaca el edificio de vivienda colectiva 152, única edificación que se ubica contra la pendiente del cerro, con nueve plantas escalonadas, lo que le imprime una interesante presencia volumétrica. Entre las construcciones industriales destacan la estructura ferroviaria conocida como Punta de Rieles, ubicada en el punto más alto del campamento; el edificio de la Planta de Concentración, en la ladera sur del Cerro Negro, con sus cubiertas desplegándose en la pendiente; y el Puente Rebolledo, destinado al paso de la canoa de relaves.

La expresión arquitectónica resulta muy ajustada al tipo estructural, proceso constructivo y solución material: los sistemas en madera Balloon Frame y Platform Frame proporcionan el soporte a cubiertas de plancha de metal ondulado y paramentos de estucos sobre malla o plancha metálica, dispuestas directamente sobre la estructura.

A fines de la década del '60 Sewell inició un período prolongado de decadencia, relacionado con el traslado de sus habitantes a Rancagua a partir de la Operación Valle y la construcción de la Carretera del Cobre, en 1969 (Garcés, 1992). El total de la superficie demolida alcanza a las 18,8 há., equivalente a poco más de la mitad del área total, considerando zonas habitacionales e industriales. En este momento, la superficie total de Sewell es de 75.000 m2, de los cuales prácticamente la mitad corresponde a edificios habitacionales o de equipamiento, deshabitados y bajo condiciones de contaminación debido a la presencia de la fundición de Caletones, pocos kilómetros valle abajo. Es de destacar que en los últimos años, la División El Teniente ha realizado importantes avances en el control de emisiones.

A su vez, el campamento ha sido objeto de un plan de mantenimiento y puesta en valor, lo que ha permitido que Sewell haya sido declarado zona típica. Se estudia su habilitación como Museo Nacional de la Minería.

2.2. Chuquicamata: el gran campamento minero (Chile Exploration Company, 1915)

Chuquicamata está localizado a 1.600 km. al norte de Santiago (Chile), entre los paralelos 22º y 23º, 16 km. al norte de la ciudad de Calama, 135 km en línea recta de la costa y a 2.780 m.s.n.m. en la II Región, en medio del desierto de Atacama, caracterizado por sus condiciones extremas de temperatura, alta oscilación térmica, alta radiación solar, sequedad del ambiente, escasas lluvias y fuertes vientos dominantes. Forma actualmente parte de la División Chuquicamata de CODELCO.

El asentamiento fue diseñado a partir de un campamento obrero de gran precisión formal, en forma de rectángulo de 600 m. por 800 m. aproximadamente, definido por dos ejes perpendiculares: un par norte-sur (las avenidas E. Ramírez y Ch. Brinckerhoff) que lo conectaron con la ciudad de Calama, y otro, oriente-poniente (la avenida Tocopilla) paralelo a la línea férrea, que lo vinculó con las instalaciones industriales y el barrio americano. El campamento estaba constituido por una retícula ortogonal presidida por una explanada central. Las calles remataban perpendicularmente con los ejes principales, para generar una óptima conectividad entre cualquier punto dentro de su área y estos ejes, de modo de favorecer la disminución del tiempo de transporte entre residencia y lugar de trabajo. La trama ortogonal se impuso de manera categórica al terreno, recordando los asentamientos urbanos españoles en América, aun cuando la manzana –propia del arte del buen establecer hispano- se desdibuja en favor del uso del bloque de viviendas en hilera, dispuestas de a pares con pasaje en medio, tipología de origen anglosajón. La localización del campamento obrero, a unos 2.000 m. del acceso al sector industrial, posibilitó la construcción de villas de viviendas, elementos de equipamiento y espacios públicos entre ambos polos, a lo largo de la avenida Tocopilla.

La explanada central en cuyo centro se situó la plaza mayor –que data aproximadamente de 1911– permitió la disposición de los edificios de servicios y equipamientos más representativos. La explanada, de 70 m. por 170 m., tiene una doble lectura dimensional: por una parte, la medida acotada por los límites que definen los edificios de equipamiento ubicados en sus bordes, conteniendo el espacio de la explanada; y por otra, la medida de la plaza construida, de una sexta parte de la explanada. Estas dos escalas, la de la plaza y la explanada en que se sitúa, constituyen un factor determinante del espacio más característico, centro fundacional y principal lugar de referencia de Chuquicamata. El ambiente de fuerte sol, viento y oscilaciones térmicas obligaron a favorecer el uso público intensivo interior de los edificios de equipamiento.

Entre el campamento obrero y el barrio americano, se construyó a lo largo de la avenida Tocopilla el hotel John Bradford y el Hospital Chuquicamata, a partir de un proyecto realizado por la oficina neoyorquina de York & Sawyer. Fue inaugurado en el año 1962, con una capacidad de 250 camas.

Al término de la avenida Tocopilla fue levantado originalmente el barrio americano, muy cercano a la mina. Estaba formado por viviendas aisladas que iban ascendiendo en pendiente hasta la denominada "Casa 2000", del gerente general, Daniel Guggenheim. Más abajo se disponían las viviendas de supervisores, todas ellas adaptadas a la topografía y a las condiciones climáticas extremas del lugar, con propuestas paisajísticas que incluían especies vegetales como pimientos, pinos, palmas chilenas, etc. Fue el barrio americano más grande de su tipo en la minería chilena. En la década de los '80 se desalojó debido al avance de las tortas de ripios sobre el área. Durante 1984, 150 viviendas para supervisores y profesionales fueron trasladadas al sur del campamento obrero, incluyendo la Casa 2000, formando un conjunto con el Club de Supervisores, otras casas de ejecutivos y la villa Auka Huasi.

En estos momentos, el campamento Chuquicamata está siendo desmantelado, de acuerdo con los lineamientos del Proyecto Traslado de todos los trabajadores y sus familias a la vecina ciudad de Calama.

2.3. Potrerillos: del proyecto barroco al campamento minero (Andes Copper Mining Corporation, 1919)

Potrerillos está localizado a 1.130 km. al norte de Santiago (Chile), entre los paralelos 26º y 27º, a 150 km. del puerto de Chañaral y a 1.800 m.s.n.m. en la III Región, en la zona sur del desierto de Atacama. Forma actualmente parte de la División Salvador de CODELCO.

Potrerillos fue construido a partir de un primer proyecto (1919) basado en un trazado de sistema abierto –tipo barroco- con dos grandes ejes diagonales y uno central, proyectados desde una plaza principal situada en el cabezal jerárquico del proyecto. Los ejes diagonales se proyectaban en forma indefinida, sin considerar el territorio y su topografía. Complementario con los ejes, el trazado era ortogonal, con manzanas de forma rectangular y su lado mayor en contra de la pendiente, destinadas a las viviendas de los trabajadores, en contraste con el barrio americano, relativamente sinuoso, aprovechando las cotas del terreno. Los equipamientos fueron proyectados en torno de la plaza principal, vecina con el acceso al campamento situado en el punto más alto de la ciudad –la estación del ferrocarril–, con un completo dominio visual del campamento. Al eje de la plaza principal, en el centro del campamento, se previó la existencia de otras plazas, y al norte, un eje de espacios públicos que separarían el barrio americano del resto del campamento.

En el campamento construido entre 1920 y 1927, el trazado del proyecto original fue adaptado a la topografía. Se rellenaron algunas quebradas con ripios resultantes del proceso industrial, de manera de construir los bloques de vivienda de forma paralela a las cotas, con una disposición adecuada al asoleamiento, consiguiendo orientar las fachadas de los bloques en sentido oriente y poniente. El sector industrial fue situado al este del campamento, más arriba de las líneas del ferrocarril y la estación. Junto a ella se ubicaron el retén de carabineros, la escuela, la oficina del telégrafo y correos, la pulpería y el banco. La plaza, de 140 m. por 120 m., no pasó de ser un vacío urbano en pendiente, definido por algunos edificios de equipamiento. El resto del equipamiento se distribuyó por otros sectores del campamento: hacia el poniente de la plaza, el hotel, el edificio de sindicatos, el jardín infantil, el club Caupolicán, el teatro y el estadio, entre otros; hacia el sur, el estadio techado y el mercado público; y como parte del barrio americano, el hospital, el colegio, un club de golf y de tenis.

Dos tipologías de vivienda tuvieron mayor presencia: la pareada, que se encuentra principalmente en el barrio americano y en el sector norte alto, ambas presentes hasta hoy; y otra en hilera, que constituyó un tipo de edificación capaz de agrupar en forma flexible distintas organizaciones espaciales. Tras el terremoto de 1968 se construyeron nuevos barrios que reemplazaron las áreas inhabilitados por el sismo.

Hacia 1971 se construyó el nuevo acceso vehicular desde el sector poniente y a lo largo de la avenida Prat, complementario y luego sustituto del ferrocarril como forma de acceso al campamento. Este acceso permitió la implantación de nuevos equipamientos, constituyendo un centro lineal complementario de los edificios de equipamiento situados en torno a la plaza central.

En 1997 se construyó una nueva plaza al centro del campamento, mediante terrazas y escaleras, cuando la decisión de cierre del campamento estaba prácticamente tomada, en atención a que fue declarado zona saturada de contaminación. En consecuencia, el campamento fue cerrado -no así la planta industrial- y la población trasladada a El Salvador y otros lugares próximos como Diego de Almagro, Llanta y Copiapó.

2.4. El Salvador: el campamento moderno (Andes Mining Copper Company, 1959)

El Salvador se localiza a 1.100 km. al norte de Santiago (Chile), entre los paralelos 26º y 27º, 32 km. al norte de Potrerillos, a 2.300 m.s.n.m., 110 km de la costa y a 55 km al noreste de Diego de Almagro, en la III Región. Forma actualmente parte de la División Salvador de CODELCO. El Salvador designa al nuevo yacimiento encontrado en 1954 a 2.400 m. de altura, al oeste de la sierra del Indio Muerto, y en particular, al lugar planificado para la función habitacional. El campamento fue proyectado considerando la construcción de 1.200 viviendas para alojar a 6.500 personas, lo que da un promedio algo superior a cinco personas por vivienda, densidad adecuada para un campamento modelo, incluyendo disposiciones de carácter social para sus trabajadores al alero del New Deal, propuesto para Latinoamérica por Estados Unidos, que incorpora conceptos de calidad de vida descrita en términos de good living, health and recreation. La memoria de proyecto del arquitecto Olson (1958) es clara en este sentido, recordando las propuestas del Team 10 y las primeras New Towns:

"1. El diseño curvo fue realizado para evitar la monotonía desplegada en muchos campamentos organizados con una estricta retícula de damero.

2. El campamento fue situado en un anfiteatro natural. El terreno se eleva gradualmente desde el punto focal del semicírculo hacia los bordes del campamento, en un ascenso gradual aproximado de 27 m., en una distancia de 600 m.

3. El Salvador es una 'comunidad peatonal' en la cual los equipamientos como centro comercial, lugares de reunión, oficinas públicas e iglesia cerca de la plaza, se encuentran a una distancia fácil de caminar desde todas las viviendas.

4. Las áreas de recreación y equipamientos están localizados en áreas apropiadas por su cercanía con los vecindarios y distribuidas de manera uniforme.

5. El transporte de empleados y obreros a la mina se realiza de la manera más conveniente posible para todos los usuarios. Son apreciables los numerosos paraderos de buses en el arco semicircular, situado en el centro.

6. Con propósitos de seguridad para los niños pequeños, las escuelas fueron dispuestas lejos de las áreas de tráfico, de manera que los niños pueden ir hacia y desde el colegio por áreas de menor flujo de tráfico, en la periferia del campamento.

7. El hospital está situado a mano de todas las áreas residenciales.

8. Se han usado 10 diferentes colores pastel, compatibles entre sí, para decorar las viviendas, de modo de evitar toda apariencia de monotonía.

9. También se ha evitado la monotonía variando el diseño de las viviendas unifamiliares. Fueron diseñados cuatro tipos de viviendas, cada uno con diferentes modelos de tres y cuatro habitaciones.

10. La combinación de colores pastel en los muros con techos de un blanco brillante (para reflejar el calor) pretende otorgar a El Salvador una apariencia semejante a las casas blancas y rosadas de techo blanco que exhiben las viviendas de Las Bermudas. La apariencia de El Salvador va a estar realzada por el hecho que las viviendas se dispondrán en una serie gradual de crecientes semicírculos, desde la plaza hasta los bordes del campamento".

El Salvador fue proyectado con precisión formal y funcional, a partir de un trazado geométrico de anillos concéntricos siguiendo la forma de un anfiteatro, que recuerda al casco minero, y un programa de "ingeniería social" especificado en detalle. El proyecto planteaba un orden geométrico de semicírculos concéntricos de 180º desde la plaza como foco de la composición. Sobre el semicírculo central convergen un par de avenidas diametrales y sendas avenidas perpendiculares a las anteriores, que rematarían en el extremo superior del campamento, donde se proyectó el equipamiento deportivo.

Estos pares de ejes se complementaban con los dos pares de avenidas a 45º, que alcanzan el semicírculo, y cuatro pares de avenidas complementarias, dando lugar a los triángulos destinados a espacios públicos y edificios de equipamientos. Hacia el oeste el proyecto se prolonga para dar origen al barrio americano. Entre estas dos formas urbanas, bien definidas, aparece un amplio espacio central, de grandes manzanas libres, adyacente al sur de la plaza y que separa ambos sectores residenciales. Finalmente, un semicírculo más pequeño, dispuesto en el extremo suroriente de la composición, cierra el conjunto de avenidas semicirculares, equilibrando la geometría del proyecto. El equipamiento dispuesto en el centro, en torno a la plaza, corresponde a las oficinas públicas, bancos, restaurantes y área comercial. Los servicios de carabineros, bomberos y el hospital fueron proyectados en el espacio central. Los colegios y las canchas de tenis y de fútbol estaban situadas en los extremos del campamento y en el barrio americano. Los triángulos resultantes de las intersecciones de las avenidas radiales con las semicirculares se destinaron a espacios públicos con paraderos de buses. Para potenciar el carácter peatonal del campamento se crearon otras plazas dispuestas a lo largo de la avenida principal y en el barrio americano.

En diciembre de 1966 ya eran apreciables los cambios respecto del proyecto original. El campamento había crecido hasta 12.000 habitantes, hecho que hizo aumentar el programa de equipamientos y de viviendas en base a soluciones que en parte han desdibujado el proyecto original y su trazado concéntrico ajustado y preciso. Se han obviado parcialmente sus leyes básicas, presionadas por el crecimiento del campamento, la existencia de un obstáculo topográfico como la quebrada que el proyecto no consideró, el establecimiento de nuevas edificaciones, cambios en los usos urbanos de avenidas y accesos, desarrollo informal del gran espacio vacío central cuya ocupación no previó el proyecto original, ampliaciones y transformaciones de las viviendas (Ortúzar et al., 2000).

2.5. San Lorenzo: la villa minera (Compañía Minera Escondida Limitada, 1995)

La villa minera San Lorenzo, de Minera Escondida, está localizada a 1.550 km. al norte de Santiago (Chile), aproximadamente en el paralelo 24°, a 220 km. de la ciudad de Antofagasta y a 3.150 m.s.n.m., en la II Región. Forma parte de la Compañía Minera Escondida Limitada.

La Villa San Lorenzo es la materialización física de una política que enfrentó con una perspectiva distinta el tema de las construcciones de habitación y servicios para su personal, como resultado de un esfuerzo conjunto entre profesionales de la propia compañía minera, la oficina de arquitectura Pfenninger y Sologuren y la empresa constructora. La noción de campamento, tradicional en el ambiente minero, fue sustituida por el de villa, intentando caracterizar nuevas relaciones laborales que fuesen capaces de reemplazar con eficacia a los campamentos de Codelco, asumiendo toda la experiencia acumulada por 80 años de asentamientos mineros del cobre. Desde el punto de vista habitacional, la compañía estableció dos focos: en el área de operaciones desarrolló tres campamentos para el personal en faenas, y para los trabajadores y sus familias construyó conjuntos de viviendas en Antofagasta.

Los campamentos corresponden al campamento mina, con capacidad para 1.000 personas; el Campamento 2000, para contratistas, con capacidad para 2.000 personas; y la villa San Lorenzo, para 2.000 personas. Estos dos últimos se localizan a unos cinco kilómetros de la mina.

La Villa San Lorenzo corresponde, de acuerdo con las definiciones de las nuevas empresas mineras, al campamento de operación, que consiste en instalaciones construidas para albergar al personal que opera la mina durante el proceso de explotación minera e industrial. Es un conjunto de tres manzanas de dormitorios y servicios, de 50 m. por 50 m. por lado, con un patio interior de 26 m. por 26 m., dispuestos a uno y otro lado de un bloque central alargado que contiene los distintos equipamientos y servicios. Al interior de cada manzana hay un edificio aislado con programa comunitario, salas de juego, estar y baños. Las manzanas están formadas por dos crujías de dormitorios y baños, a uno y otro lado de un largo pasillo. Las esquinas se formalizan mediante la continuidad del pasillo. Junto a los accesos, caracterizados por un tímpano triangular, se sitúan las escaleras y el ingreso al patio interior.

El bloque central está constituido por los principales recintos de equipamiento, formando la columna vertebral del conjunto, con servicios independientes, utilizables en horarios diferentes y accesos diferenciados: casino, gimnasio, piscina, capilla católica y evangélica y oficinas generales. Este bloque central se encuentra flanqueado por espacios longitudinales, a la manera de avenidas peatonales descubiertas, que permiten la circulación hacia los núcleos de dormitorios a la vez que el tránsito entre ellos y el eje central.

El programa de la villa fue estudiado en relación con un sistema de turnos rotativos de 4 por 4 días, divididos en cuatro grupos. Cada turno corresponde a cuatro días de trabajo, alojando en el campamento y cuatro días de descanso, en la ciudad de Antofagasta.

Este sistema de turnos permite que siempre coexistan dos grupos en la villa: uno en el turno de día y otro en el de noche, por lo que la intensidad de uso de los espacios comunes es escasa, tanto de las manzanas como del bloque central, considerando un máximo de cuatro horas disponibles para la utilización de los espacios recreativos y de servicio.

2.6. Portal del Inca: el hotel minero (Compañía Minera Doña Inés de Collahuasi, 1999)

El Hotel Minero Portal del Inca está localizado a más de 2.000 km. al norte de Santiago (Chile), poco al norte del paralelo 21°, a 185 km. al sureste de la ciudad de Iquique, a una altura de 3.850 m.s.n.m., en la I Región. Forma parte de la Compañía Minera Doña Inés de Collahuasi.

La compañía minera fue organizada en función de tres focos de operación. El primero de ellos es el complejo minero y residencial Portal del Inca, situado en el área del Salar de Ujina, al que se accede desde Iquique por un camino pavimentado de 185 km. y un aeródromo. Lo conforman los yacimientos cupríferos de Ujina, Rosario y Huinquintipa, donde se realizan operaciones de extracción y procesamiento del mineral. El segundo foco es el puerto de Punta Patache, 70 km. al sur de Iquique, donde se embarca la producción de concentrado de cobre, transportada desde la mina mediante un mineroducto de 200 km. de extensión. El tercero lo constituye la ciudad de Iquique, donde se construyeron el condominio La Tirana y el condominio La Portada.

La compañía minera y los arquitectos Correa 3 propusieron un cambio radical en el concepto y tipología de campamento, considerando los nuevos conceptos ya introducidos por Minera Escondida. Había que adoptar nuevos estándares en la disposición de funciones y espacios, para generar un ambiente que pudiese aminorar al máximo la falta de confort físico y psíquico, producto de las condiciones ambientales desérticas de altura, y promover el compartir con los demás trabajadores y empleados e interactuar con el medio circundante de manera positiva. Para ello se proyectó una nueva tipología residencial, distinta del campamento y de la villa, más ajustada a las nuevas modalidades de relaciones laborales y mayor eficiencia en el uso del tiempo laboral y recreativo. El nuevo concepto fue el de hotel minero, que evoca ideas asociadas con lo temporal y lo provisorio -relacionado con el sistema de turnos- y sugiere estándares de calidad vinculados con la hotelería.

Desde un punto de vista constructivo se adoptó un criterio semejante al utilizado por Minera Escondida, es decir el de módulos prefabricados, en este caso de 3.60 m. por 13.30 m., transportados en camiones desde Santiago hasta la obra. A diferencia con la villa San Lorenzo, los módulos se dispusieron en forma perpendicular al plano de fachada, en tres pisos de altura.

El Hotel Portal de Inca ofrece todo lo necesario para la vida del personal en faena, su alimentación, descanso y distracción, incorporando vegetación a los interiores, en contraste con el paisaje exterior de desierto, montañas y salares. Los dormitorios se dispusieron en pabellones longitudinales que permiten a los trabajadores el recorrido por el edificio para llegar al comedor. En ese recorrido cruzan los jardines interiores, situados en un espacio de triple altura con iluminación cenital, y los espacios de esparcimiento, en un ambiente climatizado que permite el encuentro de las personas.

El conjunto presenta una estructuración cruciforme, con un edificio de tres alas destinadas a habitación y una cuarta, separada de las anteriores, que comprende los principales servicios del conjunto. La separación permite generar entre los dos cuerpos el acceso al conjunto, controlado visualmente, que da la idea de abrigo frente a la vastedad característica del paisaje. El punto central y de mayor uso dentro del conjunto lo constituye el espacio de ingreso hacia los edificios principales de dormitorios y de servicios.

3. Las ciudades del cobre como formas excepcionales del hecho urbano

Un problema teórico que se presenta a la vista de los casos que se estudian es la capacidad de constituir ciudad que han tenido estas ciudades del cobre. Porque si comparecen como asentamiento minero, campamento minero, villa minera y hotel minero, ¿bajo qué concepto los inscribimos? Un ejemplo es Chuquicamata, el caso más grande en tamaño, número de habitantes y complejidad de los que se presentan en este artículo, y que sin embargo se encuentra en proceso de desmantelamiento, por lo que no cumple con uno de los atributos de la ciudad, cual es su permanencia en el tiempo.

Le Corbusier (1957), en el contexto del Cuarto Congreso Internacional de Arquitectura Moderna (CIAM), reconoce cuatro funciones esenciales asociadas al habitar colectivo del hombre, presentes en todo proyecto de establecimiento humano: trabajo, esparcimiento, circulación y residencia. Aymonino (1972) plantea que "la ciudad es la representación de la sociedad en el espacio", aproximación que pone de relieve la idea de ciudad como institución, un lugar dotado de una carga simbólica, un escenario del poder como lugar con significados compartidos. Sjoberg (Morris, 1984) define la ciudad como "una comunidad de considerable magnitud y elevada densidad de población que alberga en su seno a una gran variedad de individuos especializados en tareas no agrícolas, incluyendo entre éstos a una elite culta". Munizaga (1997) define la ciudad como un asentamiento, relativamente grande y permanente, de población heterogénea, con funciones diversas y autarquía y territorio propio. De este modo, el hecho urbano está caracterizado por aspectos funcionales, su condición simbólica en la que se representa la sociedad, el aspecto material y formal de la ciudad, su vitalidad compleja e intensa y –desde luego– su permanencia en el tiempo.

En nuestro caso, la idea de asentamiento parece la más adecuada para definir el conjunto complejo de funciones y edificaciones de viviendas, equipamientos e instalaciones industriales, organizadas por sistemas de trazado que le permiten su organización interna, al mismo tiempo que su articulación con el resto de los elementos y centros poblados del territorio. El concepto de campamento estaría asociado a una forma menor en sus dimensiones físicas, ambiciones temporales y complejidad funcional, que incluye las funciones y construcciones relacionadas con la residencia y su ubicación a modo de satélite de una ciudad mayor (Sargent, 1990).

El interés de los casos que se han presentado radica en que, en tanto asentamientos industriales y en particular mineros, son manifestaciones de un modo de hacer ciudad derivada de la company town, vinculado con la ocupación productiva de territorios complementarios. Esta ocupación productiva se realiza a partir de tipologías edilicias y morfologías urbanas que han ido evolucionando a lo largo del siglo XX, desde ejemplos surgidos en el ámbito de la Revolución Industrial hacia nuevos modelos, relacionados con el contexto productivo, geográfico, espacial e histórico en que se sitúan. Son paradigmas para la comprensión del problema más genérico de un modo de habitar segregado respecto de la sociedad y las ciudades tradicionales, relacionados con actividades extractivas y productivas, dependientes de una administración empresarial centralizada. Los ha habido con poblaciones que superan los 20.000 habitantes en momentos de su mayor apogeo, han tenido una fuerte identidad y complejidad urbana, fueron construidos con tecnologías de avanzada, formaron parte de un sistema con amplias repercusiones en los territorios y han carecido de permanencia en el tiempo.

La noción de asentamiento minero permite caracterizar algunos casos, como Chuquicamata y Potrerillos, por la fuerte relación entre campamento e industria. El Salvador, al no estar relacionado con un área industrial, se asocia con la idea de new town minera. Los tres casos adoptaron una forma urbana caracterizada por su trazado, zonas residenciales y equipamientos; tienen o tuvieron una plaza central como espacio público jerárquico; tienen o han tenido procesos de crecimiento, normalmente administrados por la empresa; permiten o han permitido un intercambio social en cierta forma semejante al de una ciudad tradicional, aunque con aspectos restringidos. El campamento de montaña es una variante de la categoría anterior, con una fuerte componente geográfica que determina su organización, haciéndola singular, como es el caso de Sewell.

Villa San Lorenzo y Hotel Portal del Inca, los ejemplos de construcción más reciente, se caracterizan por tener edificaciones unitarias y homogéneas que conforman un complejo mayor. San Lorenzo permite hacer de puente entre la idea de campamento y de hotel. El hotel minero marca una clara ruptura respecto de los casos tradicionales, pudiendo leerse como una máquina de habitar que recuerda paradigmas modernos.

De este modo, las empresas mineras privadas propusieron, a fines del siglo XX, una estrategia que supone una polarización y desagregación del modelo, a partir del progreso en los sistemas de comunicación en todos sus niveles: mejores vías de comunicación, nuevos sistemas de transporte de carga y pasajeros –al tren se agrega el autobús y el camión y finalmente los ductos mineros- y el avance de las telecomunicaciones; el manejo de los aspectos ambientales, que empiezan a regular cada vez más las condiciones de vida de los distintos asentamientos humanos, críticos en los asentamientos mineros chilenos, con altos índices de contaminación generados por la industria, hecho que ha obligado a introducir una distancia mayor entre las actividades industriales con la residencia; la superación del esquema de company town que obligaba a la prestación de servicios para sus habitantes –trabajadores y familias.

La separación de funciones implica un descargo en los gastos generados por estos servicios, entregados por ciudades próximas, funcionales a los intereses industriales, las que asumen o a lo menos comparten gran parte de estos costos. La noción de industria -company- es relacionada con las instalaciones industriales y obras de infraestructura vinculadas con la extracción, procesamiento, transporte y embarque del producto. La idea de pueblo o poblado -town- toma dos direcciones: una, la villa u hotel para el alojamiento, relacionado, pero a una cierta distancia, de la industria, en sistema de turnos; y dos, condominios para las familias de los mineros –obreros, empleados, técnicos, ejecutivos– en una ciudad vecina.

A fines del siglo XX, la villa minera y el hotel minero han terminado reemplazando a la ciudad minera."

Así, como evidencia el modelo alemán del Gartenstadt Hellerau, y su interconexión con el movimiento de las Artes y Oficios Ingleses, vía los Dresdener Werkstatten für Handwerkskinst, y también como revelan el modelo de Tel Aviv de Geedes, la cuestión del vegetalismo en la arquitectura contemporánea marca históricamente el punto de encuentro entre neoclasicismo y neo-gótico, funcionalismo y organicismo, a través de la cuestión social.

No es casual si los escritores socialistas del siglo XIX, que representaban el realismo social, cuya vertiente secundaria fue el costumbrismo o regionalismo, se autollamaron naturalistas. La idea no sólo era, como explica Zola en *La novela experimental* (1880), que la literatura se produzca según las mismas leyes de observación y descripción que las ciencias botánicas y naturales, sino que, precisamente, se represente la observación de la naturaleza como si ésta, la naturaleza, fuera el lugar dialéctico de debate y tensiones de fuerzas contrarias. Lugar del combate maniqueo del Dios *dentro de la Naturaleza* (como vimos en nuestro trabajo anterior sobre Historia de la Arquitectura Moderna), que viene en los siglos XVIII-XIX a ser el del combate entre el buen salvaje y el malo civilizado, o entre el bárbaro y la civilización (proceso de confusión que, pertinentemente, se puede estudiar en el discurso latinoamericanista de los siglos XIX-XX, desde el Ariel de Rodó, hasta el Calibán de Roig), entre la pureza de los sentimientos individuales, y su pugna contra las leyes del comercio y una sociedad a menudo corrupta, tema que encontramos à *l'envie* de Balzac a Clarín, pasando por Hugo, Dumas o Darío. De ahí, probablemente, la importancia de la literatura educativa, con valores nacionalistas de recorridos geográficos de la nación, en el siglo XIX, de Dickens a Daudet, Bruno y Spyri.

Los dos modelos que tenemos de ciudades utópicas en la época contemporánea son entonces: la ciudad-jardín y la ciudad lineal.

Ciudades Ideales	
Ciudad Jardín	***Ciudad Lineal***
Ciudad sin un verdadero centro urbano.	Se fundamenta en las líneas de comunicación, carreteras y ferrocarriles, y en los nudos.
Casas pequeñas y unifamiliares.	
Se integran a zonas verdes.	Casas ubicadas en torno a vías lineales.
Este modelo se enfoca a la clase obrera.	El área verde no se integra a la ciudad.

La ciudad-jardín tiene como modelo implícito la ciudad medieval, con barrios autosuficientes, y predominio dado a la circulación peatonal. A la inversa, el modelo inmplícito que sigue la ciudad lineal es el de la ciudad moderna, renacentista, con grandes avenidas, orientadas hacia el transporte y el comercio permanentes.

Pero, mientras la ciudad-jardín se presenta como pueblo al margen de la actividad industrial, imponiendo una realidad de clase a este proyecto originalmente social: desarrollarse en general como zonas residenciales de las afueras para la clase media, la no linearidad del precio del suelo, así como la imposibilidad de crear centro de ciudad en dispositivos no céntricos, impide la construcción de ciudades lineales. No se extendió el trozo madrileño de Soria, que concibió la ciudad como una larga franja urbanizada uniendo dos núcleos urbanos preexistentes, constituyendo el eje principal por una calle de 500 metros de anchura por la que discurrían los medios de transporte y los servicios básicos (agua, alcantarillado, electricidad), encontrándose a intervalos regulares y en las estaciones centros comunitarios, comercios y servicios públicos, con pequeña densidad de edificación prevista y viviendas unifamiliares provistas de huerta y jardín. Apoyándose en la línea férrea empezada en 1890, Soria intentaba llevar a la práctica su modelo con una ciudad lineal de 58 km. de longitud, extendida en forma de herradura en torno a Madrid

A semejanza de Howard para la ciudad-jardín, Soria trató de llevar su proyecto a la práctica fundando, en 1894, la Compañía Madrileña de Urbanización, a fin de construir una ciudad lineal de 50 kms de longitud y 30.000 habitantes, pero sólo se llegó a realizar el primer tramo de 5 km. El proyecto de ciudad lineal tuvo enorme influencia en Europea, aunque poca en España. Los ejemplos más desarrollados de ciudades lineales son Volvogrado (Lám. 296 a 310) y Brasilia (Lám. 311 a 334).

A como la Pirámide del Louvre, doblada por las *Columnas* de Buren del Palais-Royal (Lám. 335 a 338), alude al origen decimonónico del museo, creado en 1793 en el más representativo palacio parisino de los reyes construido (1180) por Philippe Auguste, y su enriquecimiento con los tratados (1797) de Tolentino y CampoFormio y la dirección (1801-1815) de Vivant Denon gracias a las conquistas de Napoleón, entre los cuales su primera campaña: Egipto (1798-1801), hasta la caída del Imperio (1815) cuando las naciones saqueadas piden devolución de obras y se desmantela el museo, el traslado del Obelisco de Luqsor, elegido por Champollion, quien descifró los jeroglifos, y donado por el pacha de Egipto Mehemet-Ali, a la Plaza de la Concordia (1830-1836), al ser el más antiguo monumento de la capital, marca la nostalgia napoleónica y el inicio de la egiptomania francesa (Robert Solé, *Le grand voyage de l'Obélisque*, París, Seuil, 2004), Brasilia, diseñada por Oscar Niemeyer y Lúcio Costa, combina en su trazado ideologías del tiempo. En 1950 el presidente Kubitschek nombra Niemeyer asesor de Nova Cap, organización encargada de fundar la nueva capital del país, futura Brasilia. Niemeyer abre (1956) un concurso nacional para las trazas urbanísticas del proyecto, que gana Costa. Niemeyer diseña por su parte varios edificios de la nueva ciudad. La construcción de Brasilia, como la de Ashdod en Israel, se origina en las reconstrucciones de las ciudades europeas después de la Segunda Guerra Mundial (Inglaterra da la pauta con su Ley de Planificación Urbana y Provincial, 1947), que impulsan otras grandes obras promovidas por los mismos países europeos. 21 de abril de 1960: se inaugura Brasilia después de 41 meses de construcción. La intención era doble: impulsar la colonización en el interior del país, y poner fin a la pelea entre las ciudades costeñas Sao Paulo y Rio de Janeiro por ser elegida capital.

El trazado de Brasilia llama la atención: un arco tendido sobre una flecha, las alas dibujan los barrios residentes y la flecha el eje monumental de Este a Oeste. Esta forma evoca el famoso Cristo del Corcovado de brazos extendidos de Rio de Janeiro, estatua de concreto de unos 30 mts de altura construida (1926-1931, Lám. 313) por Hector da Silva Costa, con colaboración de Paul Landowsky, que cobija toda la ciudad. La cruz formada por Brasilia remite también a los brazos abiertos del Vaticano de Bernini. Por su pretensión de ciudad ideal utópica, Kubitschek era comunista, la apertura institucional de la capital a todos los habitantes con igualdad de derechos tenía un propósito simbólico obvio, como la simbología ecuménica del Vaticano berniniano. Se reconoce la influencia de la Villa lineal (1929) de Miliutin y el impacto que tuvo sobre Le Corbusier en su acercamiento al mundo soviético desde 1928-1933, y el posterior V7 (o 7 Vías), único proyecto realizado por Le Corbusier, ubicado en Chandigarh (India), cuyas áreas peatonales e industrial se ubicaban a lo largo de líneas perpendiculares, siendo las primeras zonas de viviendas, las secundas vías de tránsito. Después de la Independencia (1947, año en que Inglaterra promulga su Ley de Planificación), se dividieron India y Pakistán, quedando la capital Lahore del Penjab en el Pakistán, por lo que de común acuerdo los gobiernos de la India y el Penjab deciden crear una nueva capital, cuyos planes confian (1949-1950) al estadounidense Albert Mayer. La muerte de su más cercano colaborador le obliga a renunciar, y queda el proyecto en manos de Le Corbusier hasta el final. Brasilia se rige por dos ejes: viviendas, y administración/tránsito. Responde entonces, como la obra de Le Corbusier (dialéctica entre plan perpendicular de organización urbanística plana con el principio del V7 y elevación tridimensional del leonardiano y vitruviano *Modulador*), a la concepción contemporánea de la ciudad centralizada, de origen moderno, analizada por Lewis Mumford (*La ciudad en la historia*, Buenos Aires, Infinito, 1966, II, pp. 451ss.) con la forma centralizada en asterisco, desde el palacio (poder temporal del príncipe) y la plaza hacia el exterior mediante grandes avenidas, arterias ya no basadas como la ciudad medieval en el espacio peatonal y el mercado, sino en la velocidad de los coches de los poderosos, lo que desemboca en el París de Haussmann o el Berlín de Bismarck. A la vez se expande horizontalmente (como la ciudad moderna desde la plaza central del palacio, dando la pauta al reemplazo de las viejas calles estrechas y los espacios verdes por avenidas dedicadas no a la vida sino al movimiento) y verticalmente (la velocidad horizontal tiene por contraparte en los rascacielos nota Mumford la velocidad vertical con el invento del ascensor). Brasilia, como la V7, viene de una doble ideología: la ciudad burguesa, y la ciudad utópica o ideal, esta última de la cual presta dos formas paradójicas. Por la flecha el concepto de ciudad lineal al infinito de Arturo Soria y Mariano Belmás (1892-1910), que ve el desplazamiento en el espacio como única vía de ampliación de la ciudad, Soria, a partir del modelo del Plan Cerdá del Ensanche (L'Eixample) de Barcelona (1860-1863), llevando a cabo su proyecto creando su propia sociedad privada y con acciones (primera del género): la Compañía Madrileña de Urbanización. Con las alas el modelo de ciudad-jardín semicircular de Ebenezer Howard (*Tomorow a Peaceful Path to Modern Reform*, 1898), que, mientras Soria plantea crear una ciudad en la que la amplia avenida central y el tranvía son la columna vertebral de conjuntos de viviendas monofamiliares con huertos y zonas verdes, idea una ciudad concéntrica, más cercana al modelo medieval y/o utópico de Tomás Moro y veneciano real (estos dos últimos que Mumford acerca en su libro), en la que parques y jardines dividen barrios autosuficientes. Brasilia se asemeja también al *Monumento a la III Internacional* de Tatlin, ya que en una sola línea agrupa todos los órganos del poder, la forma espiral de Tatlin teniendo eco en las alas abiertas de Brasilia que dejan el espacio ciudadano expandirse simétricamente al oficial. De hecho, el monumento, destinado a competir con la Torre Eiffel y construirse en Leningrado, invertía los datos de elevación con eje central y apertura semicircular de los pies como portadores y no continentes del monumento francés. Brasilia presenta el mismo juego formal entre línea recta y curva, pero más cercano a la Torre Eiffel. Como el trazado capitalino futurista (perceptible en los edificios de Niemeyer) de Brasilia, proyección horizontal del Cristo del Corcovado, mezcla entre linealidad de tránsito institucional y espacio organicista de ciudad-jardín con planta semicircular, la verticalidad del *Monumento*, que no pasó de maqueta, hemos visto, fue sin embargo planeado como una torre sobre la ciudad de Leningrado, símbolo de las aspiraciones y logros de la Revolución.

Las teorías folkloristas y indigenistas de la ciudad-jardín, en Alemania, Israel y los Estados Unidos, entre otros, implica una línea de tiempo que podemos crear de la arquitectura de las ciudades-jardines hasta la postmoderna, nuevo urbanismo que enfatiza las formas de planeación tradicionales para crear y reforzar comunidades, y rechaza la renovación urbana de los años 1960 y 1970.
Igual que la arquitectura neo-gótica representa, como Walter Scott y Alejandro Dumas en literatura o el prerafaelismo en pintura, los valores nacionales, ciudad-jardín y postmodernidad utilizan lo coloquial como punto de referencia y expresión de lo propio, por oposición al universalismo de la arquitectura funcionalista.
Como la vanguardia nicaragüense respecto de Darío usa de la broma, el kitsch como vertiente de lo popular se declina del pop art al arte y la arquitectura postmodernas, con formas al límite de lo cómico, como la oficina de la llamada Casa Bailando (Ginger and Fred - nombre original por referencia a Ginger Rogers y Fred Astaire, la casa pareciéndose a unos bailarines danzando - o, como se la conoce actualmente, "*Dancing House*", en checo: "*Tančící dům*", Lám. 339) de Praga de 1994-1996 de Gehry e Vlado Milunic, cuya forma se desprende para nosotros de la casa Batlló (Lám. 340-341) de Barcelona de 1904-1906 de Gaudí (al igual que el techo de Nôtre-Dame du Haut de 1955 de Le Corbusier, Lám. 342 , se inspira en la casa Milá, también de Barcelona, de 1906-1910 de Gaudí, Lám. 343, la cual, a su vez, consta de elementos de techo africanistas, evocadores del arte cubista de la época).

Desde un punto de vista histórico, sin duda el libro de Kenneth Frampton (*Historia crítica de la arquitectura moderna*, 1980, 1992, Barcelona, Gustavo Pili, 1993, 1998, en particular "*Segunda parte*", cap. 4, pp. 64ss., y el extracto que citamos a continuación p. 45), aún cuando sigue equivocada la terminología de "*moderna*", ofrece, implícitamente, una interesante perspectiva del origen de la pretensión de obra total vanguardista, y del interés de la Bauhaus por la artesanía y el sistema del taller:

"Puede decirse que el exuberante despliegue del movimiento inglés de la "arquitectura libre" - desde las excentricidades de A.H. Mackmurdo hasta la refinada profesionalidad de Shaw, Lethaby y C.F.A. Voysey - tuvo su origen en la creación de la Red House. Esta obra tuvo un efecto catalizador en el lanzamiento de Morris hacia su destino profesional; dos años más tarde, el propio Morris organizó una asociación de artistas prerrafaelistas - incluyendo a Webb, Rossetti, Burne-Jones y Ford Madox Brown - para formar un taller que diseñara y realizara por encargo cualquier trabajo artístico, desde murales hasta vidrieras y muebles, desde bordados hasta trabajos en metal y madera tallada. El propósito - como en el abundante mobiliario diseñado por Pugin para la sede del Parlamento británico en las décadas de 1830 y 1840 - era crear una obra de arte total. Esto es lo que quedaba claro, con toda modestia, en el folleto de la firma: "Se prevé que, gracias a esa cooperación... la obra debe ser necesariamente de un orden mucho más completo que si un único artista fuese contratado casualmente de la manera habitual." Aparte del precedente establecido por Pugin, la fundación de este taller muy bien podría haber estado inspirada en la organización denominada Art Manufactures, puesta en marcha en 1845 por Henry Cole bajo el seudónimo de Felix Summerly. En todo caso, el trabajo artesanal prerrafaelista - que hasta entonces había surgido espontáneamente - adquirió a partir de este momento un carácter público. Resulta significativo que la primera obra vendida en la sede londinense de la empresa fuera una vajilla de vidrio diseñada por Webb."

Es evidente que, desde esta ambivalencia entre el retorno a una organización de tipo medieval - el taller - y la afirmación de una estructura contemporánea - el uso de materiales como el vidrio, el acero y el concreto armado (el cual encontramos en iglesias neogóticas, como ocurre en México, v. Edgardo Raúl Solano Lartigau, *"Las iglesias porfirianas de la ciudad de México"*, México desconocido, No. 186, agosto de 1992, o también en el caso del estilo ecléctico colombiano, v. Luis Fernando Molina Londoño, *"Agustín Goovaerts: representante de la arquitectura modernista en Colombia"*, Boletín Cultural y Bibliográfico, No 34, vol. XXX, 1993, editado en 1995, a su vez Frampton, *"Segunda parte"*, cap. 4, apunta que Viollet-le-Ducdefendió en sus escritos las cualidades estructurales racionales del estilo gótico, que admitían según él la introducción de los nuevos materiales industriales, tal como el hierro colado, bóvedas y pilares adaptándose a su vez perfectamente a los nuevos materiales del siglo XIX, por otra parte recordaremos que el auge del neogótico en las mansiones es fruto de los gustos de una clientela acomodada que, viviendo de la industria, se regocija sin embargo en la ficción de una vida pura, queriendo habitar casas campestres como las de los siglos XIII-XIV -, se constituye la compleja dialéctica contemporánea, heredada de alguna forma de la modernidad. Pues, por una parte, ésta sufrió similar dualidad entre su deseo de crear ciudades ideales basadas en la herencia y los modelos arquitectónicos de la antigüedad clásica, y las realizaciones concretas, que a la vez se desprenden cuando las miramos de la herencia directa baja medieval, toscana, y a la vez tuvieron que asumir un entorno urbano ya existente, por lo cual no lograron ofrecer un rostro unívocamente renacentista a sus ciudades, construidas por acumulación de arquitecturas individuales más que por planificación global (ver nuestro trabajo sobre Historia de la Arquitectura Moderna). Por otra parte también, los renacentistas y modernos en general se debatieron entre un racionalismo clásico, que desemboca en primera instancia en las propuestas ingenieristas y urbanísticas de artistas como Leonardo, Rafael, Miguel Angel, y el deseo de poner nombre a sus obras, pasando así de la creación en taller a la percepción del genio individual.

La confusión, ya presente en el estilo imperial de Fontaine y Percier, con su decoración geométrica y sus curvas, persiste, tanto en las grandes reformas urbanísticas de París de Haussmann, con sus edificios eclecticistas, que combinan los dos estilos de moda: el neoclásico y lo medieval, la arquitectura de Charles Garnier, principal arquitecto de la época, creador de la Ópera de París de 1862-1875 (Lám. 344-345), que logra conyugar en su obra lo fantasioso y opulento del gusto burgués y el medievalismo, hasta la arquitectura del hierro y del cristal, revolución tanto de los materiales como de las formas y motivos arquitectónicos, que asocia principios ingenieros y organicistas, permitiendo la construcción de alardes de ingeniería, objetos tan dispares como torres, invernaderos, mercados, naves, fábricas, etc. (citamos, entre otros, la sala de lectura de la Biblioteca Nacional de París, ubicada en la calle Richelieu, de 1862-1868 de Henri Labrouste, Lám. 346, primer edificio publico construido en hierro fundido y en hierro forjado, desde los cimientos hasta las cubiertas, edificio ancho, con discreta ornamentación geométrica, fachada inspirada en el estilo clásico, cúpulas como pequeños paraguas, e interior con delgadas columnitas metálicas de 9 metros de altura, y amplios ventanales - Labrouste ya había sido, de 1838 a 1851, el arquitecto de la también parisina Biblioteca Sainte-Geneviève de la Plaza du Panthéon, Lám. 347 -, el palacio de Cristal de 1850-1851, de la Exposición Universal de 1851 de Londres, por Joseph Paxton, reconstruido en 1854, Lám. 347, la torre de París, construida entre 1887 y 1889, por Gustave Eiffel para la Exposición Universal de 1889, Lám. 348, y el elevador de Santa Justa, en la Praça da Figueira, detrás del Rossio, en Lisboa, torre metálica de 45 metros de altura construida por un discípulo de Eiffel: Mesnier de Ponsard en 1892, Lám. 349 a 352), a la vez lugares con grandes espacios diáfanos, y cumpliendo las necesidades funcionales e simbólicas de la nueva sociedad capitalista e industrial.

El romanticismo tambien influye en la arquitectura, con estaciones de trenes, bancos, edificios de la nueva sociedad burguesa del comercio y la técnica, pero con un contradictorio por lo pintoresco, exótico y legendario, elementos éstos que, como hemos dicho, contienen valores nacionalistas.

Tanto barón Haussmann en el Ensanche de París de 1853-1871 (Lám. 353-355, la contratación de Haussmann por Napoléon III a partir del 22 de junio de 1853 responde en parte a la meta a impedir una nueva rebelión de los parisinos, después de la Comuna de 1848, contenida por Adolphe Thiers), con sus grandes y anchas avenidas cruzándose, sus jardines, y sus fuentes, como Carlos Mª de Castro en 1857-1860 en Madrid (Lám. 356-358), con sus calles en cuadrícula, grandes zonas publicas (cuarteles, hospitales) y grandes jardines, que dejan intactos el casco antiguo, pero proveyéndole de comunicación por avenidas, o Ildefonso Cerdà (Lám. 359-366) en Barcelona (cuyo modelo sirvió de base a Castro en Madrid), con sus grandes vías perpendiculares, pero con dos grandes diagonales que cruzan la ciudad, ambas en el centro o plaza, modelo éste último que prefigura el trazado urbano de Brasilia, a diferencia del más unívoco Soria (Lám. 76 y 367) que utiliza una sola gran calle alargada, con todas las casas en torno a ella, y tranvías, pretendiendo sin lograrlo, un solo tramo entre la carretera de Aragón y el Pinar de Chamartín (de alguna forma, paralelo y con mayor logro se construyó en Madrid el proyecto de Gran Vía, Lám. 368), todos estos modelos, que tienen equivalentes en Bruselas, Viena, Florencia, y Londres, nos muestran claramente la dualidad de la época entre datos técnicos racionalistas y organicistas del gusto burgués, ya no sólo a nivel arquitectónico, sino también urbanístico, y reproduciendo la intención moderna renacentista de entender a la vez la arquitectura y la ciudad, la ciudad como conjunto arquitectónico, el edificio como parte de un conjunto, sin duda por la problemática de inscripción histórica magníficamente estudiada por Panofsky a propósito de Vasari.

Así las ciudades, que crecen rápidamente debido al incremento de la población y la industria en el siglo XIX, dan a la arquitectura un estimulo en el levantamiento de construcciones rápidas, baratas, con gran altura en sentido vertical. Las nuevas ciudades, creadas por cumplir funciones de repartición territorial del poder social, de comercio e intercambio, y, respectivamente, de producción y recreo de cada una de las clases sociales, se caracterizan por la separación de las clases sociales burguesa y obrera, el interés marcado por las calles y avenidas, más que por los edificios, y la importancia por un lado de las fábricas, y por otro de las zonas verdes los jardines.

Nacido de esta ambigüedad elemental de principios entre las básicas necesidades de la función y el interés nacionalista (el neo-gótico), teórico místico (los jardines con ermitaños del siglo XVIII), social (Howard) o de placer (las hoteles particulares con sus jardines o parques internos) por la estética de lo orgánico, el modernismo es un arte burgués decorativo, que aparece en Bélgica, con Van de Velde, autor de la casa Bloemenwert(1895, Lám 369), y Víctor Horta, con su casa Solvay (1895-1900, Lám 369), las dos ubicadas en Bruselas.

El movimiento, que tuvo una impresionante difusión internacional, se desarrolló entre 1890 y 1910, como reacción contra la vulgaridad, la frialdad y la forma de vida deshumanizada.

En Inglaterra aparece a raíz del movimiento Artes y Oficios creado por William Morris, que diseña muebles y pequeños utensilios cotidianos (tendencia artesanal que, aunque entendida de forma opuesta o contradictoria, es paralela, como hemos apuntado con anterioridad a propósito de las fiestas de la Bauhaus, a la concepción de dicha Bauhaus sobre la importancia del diseño y el arte total, remitidos los dos, diseño y arte total, al acercamiento laboral e interdisciplinario de las artes entre sí e con las técnicas del artesano, conforme lo plantea Gropius como fundamento a la creación de la escuela). También es notable la obra de Charles Rennie Mackintosh, autor de la Escuela de Arte de Glasgow (1897-1909, Lám. 370-371).

En Cataluña, se inspira en el gótico, su principal figura será Gaudí. También Lluis Doménech i Montaner, autor en 1909 del Palacio de la Música (Palau de la Música) de Barcelona (Lám. 372-376), y Josep Puig i Cadafalch, de la casa Martí de 1896, también en Barcelona (Lám. 377).

Gaudí pone la decoración en el exterior del edificio. En su primera etapa, tiene tendencias historicistas(casa Vicens de 1878-1888 en Barcelona, Lám. 378 a 381, palacio episcopal de Astorga de 1889-1893, Lám. 382 a 384), en la segunda recibe la influencia del arte africano y de los pueblos primitivos, como es el caso en el parqueGüell, donde usa la cerámica rota, que pega a modo de mosaico, en de todos los motivos de la decoración, utiliza las columnas inclinadas para dirigir el peso, los arcos y arbotantes con distintos ritmos dando al conjunto una apariencia caótica.

Son obras más conocidas son la ya citada casa Milá (Lám. 343), con decoración de guerreros, juegos de texturas y luces y sombras, y, evidentemente, el Templo Expiatorio de la Sagrada Familia (Lám. 385-422), empezado en 1882, que dejó inacabado, pero que resume toda su obra.

El modernismo pretende imitar la naturaleza, utilizando decoración hasta en los techos (y, como en Barcelona, capital arquitectónica del movimiento, en la parte de abajo de los balcones, que se puede apreciar al levantar la vista cuando se camina en las aceras de la Rambla), decoración de frutas, flores, olas, y cabellos femeninos (que nos remiten al capitel jónico), columnas en forma de árboles, pero el movimiento utiliza también líneas rectas, formas cubicas y arabescos. Busca la fusión de la vida y el arte, objetos dentro de los edificios (muebles, alfombras) y hasta trajes. Se expresa mediante una profunda conexión entre la estructura del edificio y la decoración, vigas y columnas a la vista que forman parte de la decoración del edificio, muros son de forma sinuosa y ondulante.

El modernismo concibe el edificio de manera escultórica, como un ser vivo, único, que puede crecer y modificarse. Gaudí en este sentido es paradigmático, que pone su propia mano hasta en los últimos detalles: muebles, mosaicos, rejerías.

Las dos tendencias del modernismo, el modernismo ondulante y la arquitectura geométrica, revelan, de nuevo, la dialéctica profunda de la contemporaneidad, entre organicismo y funcionalismo, arte por el arte y arte social, estética y racionalismo.

Tampoco la Sezession de Viena escapa de tales combinaciones, como vemos en el mismo edificio del movimiento, la Sezessionshaus de 1897-1899 de Viena (Lám. 423), por Joseph Maria Olbrich, acumulación de formas geométricas, coronadas por una gran esfera relumbrante de hierro forjado.

Los propios principios compositivos de secuencia y simetría de las vanguardias arquitectónicas de inicios del sigo XX expresan la complejidad ideológica de sus planteamientos, basados en el funcionalismo económico, pero orientados, formalmente, hacia leyes estéticas preestablecidas. Es muy evidente en los juegos volumétrico de edificios como la casa de viviendas del 25 bis de la rue Franklin en París de 1903 de Auguste y Gustave Perret, con detalles florales en las paredes exteriores (Lám. 424-425), los adornos florales de las paredes exteriores y las estatuas del techo así como la perspectiva "milimetrada" del interior de la Caja Postal de Ahorros de Viena de 1903-1906 de

Otto Wagner (Lám. 426), el edificio de la Bolsa de Amsterdam de 1898-1903 de Hendrik Petrus Berlage (Lám. 427), la fábrica Fagus de Gropius y Meyer (Lám. 22), el Salón del Centenario de Breslau de 67 metros de alto de 1911-1913 de Max Berg (Lám. 428 a 434), la fábrica de productos químicos de Luban, cerca de Poznan, de 1911-1912 de Hans Poelzig (Lám. 435), la neopompiana y belvederiana villa Skywa-Primavesi de Viena de 1913-1915 del protorracionalista Hoffmann (Lám. 435-436), la fábrica modelo de la Exposición del Deutscher Werkbund de Colonia de 1914 de Gropius y Meyer, el edificio del barrio Eigen Haard, tercer bloque de pisos con oficina postal Spaarndammerplantsoen (también conocido como "Het Schip"), de Amsterdam de 1917-1921 (Lám. 437 a 439) de Michel de Klerk, uno de los arquitectos reunidos en torno a la revista *Wendingen*, la Biblioteca Municipal de Estocolmo de 1920-1928 de Gunnar Asplund (Lám. 440), la Babelsberg Einsteinturm de Mendelsohn (Lám. 441 a 443), la Chile Haus (Casa de Chile) de Hamburgo de 1922-1924 de Fritz Höger (Lám. 444-445), con obvia influencia de la Escuela de Chicago en su diseño, el Club Rusakov de Moscú de 1927 de Konstantin Melnikov (Lám. 446), el Karl Marx Hof de Viena por Ehn (Lám. 85-88) - del mismo año que el Club Rusakov -, o en el uso de materiales combinados en la facha de la casa de Tristan Tzara, 15 avenue Junot, en París, de 1926-1927 de Loos (Lám. 447).

Igualmente, el movimiento constructivista tiene, como hemos evocado a propósito de Tatlin y el libro de Rodríguez Ruiz, antecedentes en el misticismo del expresionismo.

El movimiento de Le Corbusier en Francia y la Bauhaus en Alemania se caracteriza por la ruptura radical con las Bellas Artes del siglo XIX, aunque sin embargo en prolongación de las ideas funcionalistas del medievalista, principal restaurador de las catedrales góticas y padre de las técnicas de restauración a pesar de su reinvenciones arbitrarias de las partes perdidas de las obras: Viollet-le-Duc (*Entretiens sur l'architecture*, 2 vol., 1863 y 1872), y del Art Nouveau, los cuales deben a su vez a Ruskin (*The Poetry of Architecture* de 1837-1838, *The Seven Lamps of Architecture* de 1849, *The Stones of Venice* de 1853) y su intención funcionalista. De ahí nace el llamado estilo internacional, con la difusión de las ideas de la Bauhaus en los Estados Unidos, en particular a través de Philip Johnson que organiza una exposición con este nombre en el MoMA de New York, y con la llegada de los arquitectos de la Bauhaus expatriados de Alemania por los nazis, destacándose en este momento la enseñanza de Van der Rohe en el I.I.T. de Chicago. Wright, a pesar del paralelismo entre su obra y el movimiento internacional, se negó a ser clasificado con ellos, ya que su teoría y práctica eran orientados a la ideología organicista.

La dependencia del movimiento internacional funcionalista racionalista con los antecedentes del Art Nouveau se puede apreciar en los *Cinco puntos*, que son en realidad principios constructivistas ya desarrollados en los Estados Unidos por la escuela de Chicago, bajo la influencia de Viollet-le-Duc, y retomados en parte en Europa por los arquitectos Art Nouveau (por ejemplo Hector Guimard cuya escuela del Sacré Coeur, Lám. 448, construida en París en 1896, respecta ya cuatro de los cinco puntos de Le Corbusier, sólo el techo teniendo una vertiente), principios a los que se asocian los del movimiento higienista de inicios del siglo (techo terraza, solarium, exposición máxima al sol para luchar contra la tuberculosis). El aporte esencial de Le Corbusier es la sistematización de dichos principios. La mayoría de los edificios del movimiento Esprit Nouveau/CIAM de Le Corbusier y del estilo internacional respectaron los cinco puntos.

El problema, debate y superposición entre organicismo y funcionalismo se continúa hasta en los movimientos más recientes, viniendo muchos de los arquitectos informalistas o deconstructivistas del minimalismo. Es así el caso de Gehry, Hadid, Arata Isozaki o Tschumi. Lo que, tal vez, puede explicarse refiriéndonos a los planteamientos del mayor exponente, con Peter Eisenman, del deconstructivismo: Daniel Libeskind, para quien, según él mismo, son fundamentales la influencia en su obra de las formas y los colores de los cuadros de Kandinsky o Malevitch, así como el arte y la arquitectura del cristal, siendo apasionado Libeskind por la cristalografía, a como comenta el arquitecto español Miguel Plata, quien trabajó con el polaco-estadounidense Libeskind (Lám. 449):

"De hecho, el proyecto para la 'zona cero' es como un conjunto de brillantes tallados, y su museo como un rubí."

Así, el origen de la arquitectura de Libeskind se encuentra, lógicamente, en los principios constructivistas.

De igual forma, Eisenman, antes de crear, con el Wexner Center for the Arts de Columbus, Ohio, de 1983-1989 (Lám. 450 a 452), una arquitectura deconstructivista, que impulsará el movimiento, fue parte del grupo de los New York Five, conformado también por Charles Gwathmey, John Hejduk, Richard Meier, y Michael Graves, grupo cuyo trabajo fue expuesto en el MoMA en 1969, y que seguía las ideas de Le Corbusier.

Esta secuencia de derivación del constructivismo al deconstructivismo, como hemos dicho, lógica ya que remitida al objeto que provoca su reacción, nos informa también, al mismo tiempo, sobre la secuencia más general que permite trazar la línea de la evolución de la arquitectura contemporánea desde el siglo XIX.

De hecho, la influencia decisiva de la contemporaneidad fue sin duda los adelantos de la ciencia, y, de la misma manera que la evolución rápida de los transportes dio a las ciudades de hoy la aparencia de ciudades viales o de tránsito, para no decir lineales, basadas en las grandes avenidas, las autopistas y las rotondas, la aparición de la ingeniería civil en la época moderna y su importancia militar hizo derivar de ella un sinnúmero de mercados, estaciones, construcciones como puentes construidos en hierro, desde finales del siglo XVIII. Un buen ejemplo de ello es el puente de Coalbrookdale, Shropshire, de 1775-1779 (Lám. 451-452), primera obra del género construida con piezas de hierro por el maestro de forja Abraham Darby III, quien, al construir dicho puente, inició la revolución técnica que, en todo el siglo XIX, culminará con la generalización del uso del hierro en la construcción, primero en los puentes y después en los edificios industriales. De lo mismo, Hector Horeau es el primero que, en 1845 (Lám. 453), concibe un gigantesco paraguas metálico para la construcción des Halles Centrales en París (Victor Baltard y Félix Callet, responsables de la reconstrucción de 1845 a 1870, se inspiraron del modelo de Horeau en su último proyecto, Lám. 454, después de que Napoleón III exija la cesación de los trabajos en 1853 y se organice un concurso oficioso en 1854, en el cual participaron y ganaron Baltard y Callet, apoyados en su candidatura por Haussmann). Ya hemos reseñado la importancia central de Labrouste. El escosés William Fairbairn, constructor de barcos, puentes y estructuras industriales, quien fue el primer ingeniero en estudiar, en el siglo XIX, la resistencia de los materiales (*An Account of the Construction of the Britannia and Conway Tubular Bridges*, 1849; *On the Application of Cast and Wrought Iron for Building Purposes,* New York, John Wiley, 1854; *Useful Information for Engineers,* Londres, Longmans, 1856; *Experiments to determine the effect of impact, vibratory action, and long continued changes of load on wrought iron girders*, 1864, en *Philosophical Transactions of the Royal Society,* Londres, vol. 154, p. 311; *Treatise on Iron Shipbuilding,* 1865), es autor de una refinería de ocho plantas, toda de hierro. En los Estados Unidos, James Bogardus es quien piensa en la posibilidad de sustituir todas las paredes por hierro colado, construidas a base de elementos prefabricados.

La ingeniería como cuerpo nace en Francia, y su importancia en la época contemporánea se desprende de su recién nacimiento y desempeño en el momento histórico de finales del siglo XVIII.

Si Charles VII intenta centralizar la administración de las fortificaciones con la organización de una Inspección de las fortificaciones en 1445, es Henri IV quien confía a Sully la realización de una verdadera administración con la Superintendencia de las fortificaciones, creada en 1606. Ya centralizada por Louis XIII, la administración de las fortificaciones se desarrolla considerablemente con Louis XIV, gracias a Louvois y Vauban. Nombrado Comisionado General de las Fortificaciones en 1678, Vauban organiza el cuerpo de los ingenieros militares, el cual le permite realizar 300 plazas fuertes y construir 33 ciudades fortificadas, el "*cinturón de hierro*". A partir de 1602, la calidad de Ingeniero del Rey implica realmente la función de ingeniero. Siendo ahora ingeniero militar, el Ingeniero del Rey deja de ser autodidacta benévolo, y se vuelve consejero técnico militar remunerado, perteneciendo a una jerarquía y sometido a una disciplina, formado al conocimiento de las armas, pero también a la nueva ética elaborada por Vauban del "*officier du Génie*".

Con Vauban, los ingenieros militares descubren en la defensa tres sistemas de fortificaciones: en el ataque, se le enseña a ser "*ménagers de la vie des hommes*" adoptando el "*pot en tête*" y "*l'armure de tranchée*", "*cartel ou paire d'armes*", el "*tracé en crémaillère des tranchées panant des parallèles*", el trabajo de noche y el reemplazo cada vez que era posible del "*mineur par le canon*" para la destrucción de los muros de fortificación.

Durante 52 años, a ejemplo del mismo Vauban que los dirige, los ingenieros militares se distinguen en unos 50 asedios, entre los cuales los más famosos son los de Philippsbourg en 1688, Mons en 1691, Namur en 1692, Charleroi en 1693 y Barcelona en 1697.

Es en 1748 que Luis XV abre la Escuela de Mézières, para formar ingenieros militares del "*Génie*", término oficializado la ordenanza del 7 de febrero de 1744. El 31 de diciembre de 1776, por ordenanza real, Luis XVI crea el Corps Royal du Génie, es un cuerpo de oficiales-ingenieros, consejeros técnicos, haciendo de los ingenieros militares oficiales, con prerrogativas relacionadas con su grado. Desde su aparición, este Cuerpo Real del Genio juega un papel primordial en la fama de Francia en el mundo. Los oficiales del Génie del cuerpo expedicionario francés en América del Norte, comandados por el teniente-coronel Du Portail, fueron de gran utilidad para la causa independentista, de 1777 a 1781, en particular durante los asedios, en particular el de Yorktown que consagra el éxito de la causa. Terminada esta campaña, algunos oficiales del Génie se quedan con el general Du Portail para crear el Génie norteamericano, la Academia militar de West-Point, establecer los planes de la ciudad de Washington, y construir la catedral Saint-Paul de New-York. Pedidos por los soberanos, otros oficiales del Génie van, bajo comando del coronel Olivier, en Indochina para fortificar varias ciudades. Según Napoleón, al finalizar el antiguo Régimen, el Corps Royal du Génie era "*uno de los cuerpos más estimados deEuropa*".

A su vez, en el contexto que estamos reseñando de la influencia decisiva, a finales de la modernidad y el primer siglo de la contemporaneidad, de la ingeniería, los adelantos de la ciencia y las técnicas, a iniciarse la segunda mitad del siglo XIX, las Exposiciones Universales, espacios unitarios (en una misma sala se ve toda la evolución de las maquinas), con pabellones y máxima funcionalidad, vienen a ser el lugar de representación y oposición entre la contemporaneidad más absoluta del Primer Mundo y las tradiciones coloquiales de sus colonias, de ahí probablemente la mezcla, tanto en Gaudí e la arquitectura modernista como en los cubistas, de formas geométricas y de otras remitidas a las civilizaciones primitivas, en particular africanas, dobledad que volvemos a encontrar en los planteamientos tanto del pensamiento como de la arquitectura postmoderna.

La primera exposición tuvo lugar en la capital londinense en 1851, con la doble meta de expresar las conquistas de la industria de la época y, secuela de espíritu humanista e ilustrado universalisante, etnográfico, con pretensiones educativas, del colonialismo del siglo XIX, ser la más clara y amplia posible para el público. En esta primera Exposición Paxton logra construir el Palacio de Cristal en sólo seis meses, con materiales prefabricados montados. Las Exposiciones, que se repitirán en varios países de Europa y América, ofrecerán, como obras más notables, y también significativas para nuestro propósito: las de París, respectivamente, en 1855 el Palacio de la Industria construido por Alexis Barrault (Lám. 455-456), y en 1889 la Torre Eiffel, hecha toda a base de piezas montadas de hierro. En España se da otro Palacio de Cristal (Lám. 457-458), de hierro y cristal, ubicado en el Campo Grande del Parque del Retiro de Madrid. Versión española a los magníficos invernaderos ingleses como el Palm House de Kew Gardens, construido en 1844-1848 por los arquitectos Decimus Burton y Richard Turner (Lám. 459-460), el palacio de cristal madrileño fue construido, al igual que su estanque, con motivo de la Exposición de las Islas Filipinas de 1887, como invernadero para dar a conocer flores diversas de ese lugar. En el lago, a los pies del Palacio de Cristal, existe una escalera que se sumerge dentro de él, se encuentran varios ciprés de los pantanos (Taxodium distichum), con las raíces y parte del tronco sumergido. El edificio está también rodeado de castaños de Indias (Aesculus hippocastanum) de tamaño, que acrecientan la atmósfera de romanticismo de principios de siglo.

Así describía *El Globo* el Palacio, en el año de su creación, en 1887:

"Es el Palacio de Cristal como una catedral de vidrio, de clásicas proporciones, sobre una colina de cesped. Sus paredes y muros son inmensas y transparentes vidrieras sostenidas por jónicas columnas de hierro, dispuestas en tres naves sobre una traza de forma de trebol y coronadas por una inmensa cúpula, cuya altura alcanza 22,60 metros, que cubre un magno pilón destinado á las plantas acuáticas. Alrededor, y en las naves laterales, de 14,61 de elevación, han de cobijarse las flexibles gramíneas y elevadas palmas características de la flora tropical de Filipinas. Su majestuosa portada, de gusto clásico y estilo griego, cae sobre una terraza circundada por elegante balaustre, y mira al lago , que se extiende a sus pies como un espejo donde han de mirarse los esbeltos troncos, las verdes frondas y las pintadas corolas que aguarda el Palacio."

Así, tanto el modernismo como el ingenierismo se caracterizan por el empleo del hierro y el cristal, al cual se agrega, en el caso del ingenierismo, pero también del organicismo, como vemos en la *Autobiografía* (1931)de Frank Lloyd Wright, el uso del hormigón, como expresa respecto del Unity Temple (Oak Park, Illinois, 1906, Lám. 461 a 466), inspirado de los templos japoneses, elección debida a lo barato que era este material:

"Pero el hormigón... implica encofrados de madera y, además, algún otro material para revistirlo. Enlucir el exterior sería más barato que un revistimiento de piedra o ladrillo, pero el enlucido en nuestro clima se hubiera desprendido del hormigón. ¿Por qué no hacer las cajas o encofrados de modo tal que el hormigón fraguara en ellos como bloques o masas separadas, y que estos bloques quedaran, tal como salían, sin revestimiento alguno? Esto es barato y permanente." (citado por Broadbent, pp. 53-54.)

De igual forma, la misma Casa de la Cascada (Edgar Kaufmann House en Bear Run, Fallingwater, Pennsylvania, del proyecto de la Broadacre City, 1934-1937, Lám. 467 a 470) tiene forma, si bien deconstructivista, basada en la forma ortogonal.

Asimismo, cuando, a raíz de la depresión económica, Wright concibe, en 1936, las "*Usonian houses*", casas sin ático, sótano, con poca ornamentación, cocina en la sala de estar, portones abiertos en vez de garaje, utopia norteamericana, ya que el mismo nombre Usonian es una abreviación de "United States of North America" (fue sólo a los 80 años, en los años 1950, cuando Wright utilizó el concepto de "*Usonian Automatic houses*" para referirse a casas hechas con el poco costoso bloque de hormigón), dirigido a las masas, expresa el arquitecto la ambigüedad de planteamientos organicistas y funcionalistas, como se ve en las realizaciones finales (de las más de cien unifamiliares Usonian houses que construyó Wright, las más famosas son: Herbert Jacobs First House, Madison, Wisconsin, de 1936, Lám. 471; Bernard Schwartz House, Two Rivers, Wisconsin, de 1938, Lám. 472 a 528; Curtis Meyer House, Galesburn, Michigan, de 1948, Lám. 529; Zimmerman House, Manchester, New Hampshire, de 1950, Lám. 530 a 532; Isaac Hagan House, Kentuck Knob, Chalk Hill, Western Pennsylvania, de 1954, Lám. 533 a 537; Toufic L. Kalil House, Manchester, New Hampshire, de 1955, Lám. 538-539). Pues, al igual que en sus tempranas "*Prairie style homes*" (1900-1916), las Usonian houses utilizan el ladrillo, la madera y los materiales naturales en general.
Por oposición al estilo victoriano, según Wright demasiado confinado, e inspirándose del medio oeste norteamericano, como expresó Wright en la revista *Ladie's Home Journal*, (lo que revela la coacción en la obra de Wright y la arquitectura de la época con los sistemas de venta comerciales de casas al gran público, como abordamos en el capítulo XIII y Lám. 859 a 874) después de separarse de Dankmar Adler y Sullivan, y crear su propia casa-taller en Oak Park, el estilo pradera presenta casas unifamiliares, de línea horizontalperdiéndose con el plano del terreno, chimenea central alrededor de la cual se disponen las habitaciones, plantas abiertas, filas horizontales de pequeñas ventanas para dar mayor luminosidad,aleros bajos, techos con inclinación baja, chimeneas amplias y muros extendidos del jardín, aleros sobresalientes y techos de alturas diferentes para diferenciar los espacios interiores y evitar al máximo los cerramientos sólidos. En la casa Ward W. Willits de 1901, en Highland Park, Illinois (Lám. 540-541), es fundamental la influencia de la arquitectura japonesa (trabajando Wright en colaboración con Antonin Raymond de 1915 a 1922 en el proyecto del Hotel Imperial de Tokio, Lám. 542, cuyo nuevo método de construcción resistente a los terremotos tuvo ocasión de probar su eficacia se vio tras permanecer intacto después del terremoto que devastó la ciudad en 1923, el hotel fue demolido en los años 60), contrastando lo oscuro de la madera de los tejados con el color claro del estuco de los muros, la chimenea es el centro de la casa, con cuatro alas alrededor. Pero el ejemplo más relevante de esta arquitectura es la Casa Robie (Frederick C. Robie House) de Hyde Park, Chicago, Illinois, de 1907-1909 (Lám. 542 a 546), con sus tres plantas, en la más baja el garaje, un cuarto de juegos y otras instalaciones, en el primer piso las estancias principales y en el segundo los dormitorios, sistemas de iluminación y calefacción instalados en el techo y en el suelo de planta alargada, y como división la chimenea exenta en la parte central, corazón de las casas, el movimiento de Art & Craft propuesto por William Morris. Fue así muy utilizado por Wrigth, que diseñaba el mobiliario para crear un conjunto de obra artística, tratando de generar una atmósfera total.
Hasta en el caso de las Usonian Automatics, como explica Edward R. Ford ("*La arquitectura textil de Frank Lloyd Wright*", revista *Detail*,Institut für internationale Architektur-Dokumentation GmbH, Munich, 4/2003, pp. 310-315), el hormigón fue un material textil para Wright,

lo que reafirma Frank Kaltenbach ("*La añoranza del hormigón*", *Detail*, 4/2003, p. 316) al recordar que el hormigón permite imitar la textura de otros materiales monolíticos naturales. Empieza Ford (p. 310) su artículo escribiendo:

""El universo", escribió Ralph Waldo Emerson, "está representado en cada una de sus partículas. Cada cosa de la naturaleza contiene todas las fuerzas de la naturaleza. (...) Cada nueva forma repite no solo el carácter principal del tipo, sino parte por parte todas sus particularidades. (...) Cada una constituye una representación completa de la vida humana (...)." Este principio fundamental de la filosofía trascendental americana se convertiría en un postulado básico de la obra de Frank Lloyd Wright, quien, a lo largo de su carrera, empleó el concepto de la agrupación en los que cada uno representa la parte y el todo. Con frecuencia estos motivos son indiferentes a la escala y enmascaran las propiedades de los materiales. Ese principio compositivo explica el carácter de su arquitectura, en la que la metodología constructiva se corresponde con una metodología ornamental. De este modo, los motivos arbóreos de las vidrieras de las casas de la pradera son reinterpretados en los pilares de hormigón del edificio S. C. Johnson. La conjunción entre el concepto Wrightiano de la plasticidad y la retícula ornamental de Louis Sullivan llevó a Wright al empleo de una retícula constructiva en sus edificios. Esa evolución se evidencia especialmente en las "Textile-Block Houses"."

Al igual que el deconstructivismo se libera de preocupaciones o representación social y/o funcional, a provecho de la forma en sus desarrollos propios, buscando elementos resaltando la asimetría y la acumulación como contraparte a la simetría y secuencia rítmica neoclásica y racionalista, lo que define el deconstructuvismo como una forma de neo-gótico u neo-barroco, por el sobre-uso de la línea curva, todos los movimientos paralelos, como se revela muy bien en la música, desde la segunda escuela vienesa, basada en el atonalismo y el serialismo, con Arnold Schoenberg y sus discípulos Anton Webern y Alban Berg (Schoenberg encontrando su influencia en Wagner y Mahler), hasta la música experimental de Pierre Boulez y John Cage, tienen en común el elemento que logrará aislar al crear la música concreta el compositor francés Pierre Schaeffer, apoyado por Pierre Henry desde la creación en 1949 del GRMC (Groupe de Recherche de Musique Concrète), y más tarde por Luc Ferrari y François-Bernard Mâche, al quitar Schaeffer en 1953 el GRMC y crear en 1958 con estos dos últimos el GRM (Groupe de Recherches Musicales): el uso de la técnica (como las cintas de grabadora) y de los objetos cotidianos como fuentes de ruidos musicales, lo que anticipó la música de los ruidos o ruidismo de Luigi Russolo (*L´arte dei rumori*, Milán, 1913), principal representante de la música futurista al lado de Francesco Pratella, ruidismo que, como indica su nombre, asume a los ruidos de la técnica y la ciudad como los de aparatos electrónicos, explosiones de motores, tranvías, trenes y bullicio de la muchedumbre, a tal punto que Russolo construyó máquinas, llamadas "*russolófonos*", para registrar y reproducir los sonidos.

El mismo presupuesto, la misma propuesta, y el mismo proyecto es el que lleva Duchamp y los cubistas (éstos en sus collages) a utilizar objetos casuales para representar no discursivamente, sino concretamente, lo real.

La misma intención también que lleva los escritores a racionalizar su creación al punto de abandonar, tanto Camilo José Cela en España como los Oulipo en Francia, la acción narrativa, a provecho de la descripción. Lo que impulsará, entonces, los estructuralistas, a buscar en dicho proceso descriptivo, de Roland Barthes a Gérard Genette, las raíces del significado literario.

Percibiendo lo natural como el elemento más simple de la construcción humana, y el momento menos pervertido (Rousseau), los neoclásicos le dieron un valor que resurgió en el realismo del siglo XIX, representación idealista romántica de las desgracias sociales y amorosas de la clase burguesa (Balzac, Stendhal, *María* de 1864-1867, única novela del colombiano Jorge Isaacs). El naturalismo proviene del realismo, pero orientado hacia una visión más cruda todavía de la realidad, y la descripción de las clases más pobres. El naturalismo se basa en tres vías: la naturaleza como lugar de vida y desenvolvimiento de los seres (la madre Naturaleza, lo real), la naturalidad (descripción, reseña y expresión de lo real a como es en verdad: uso de idiotismos, representación no estetizada de los ambientes, situaciones y gentes), y ciencias naturales (describir a como lo hace un entomólogo, como propone Zola al inicio de *La novela experimental*, o un historiador como Taine, reuniendouna multitud de notas sobre pequeños hechos, documentos sobre documentos). De ahí, la naturaleza como determinante, y lo real como envoltura concreta del mundo en que vivimos y nos desarrollamos viene a ser central y el escritor o artista a enfocarse en él para dar a ver, expresar y entender la realidad. El exteriorismo es la manera en que el escritor representa la realidad sin, en principio, asumir pensamientos o sentimientos del personaje representado, para evitar entrar en el idealismo sentimentalista, y ser lo más objetivo posible. El exteriorismo implica, entonces, absolver el artista de darnos cuenta de lo interior, y reemplazar el "psicologismo" por datos comprobables, o creíbles. Otra vertiente de la misma posición, es el relato psicológico, donde la narración se para donde puede sentir el protagonista, encerrando a la vez el espectador o lector en un mundo interior, cuya veracidad depende de los aciertos psicológicos del narrador. Pero ver el mundo desde un interior no discutible, o desde los fenómenos exteriores sin adentrarse en el pensamiento del personaje implican, las dos posiciones, la misma ideología de la descripción de la realidad: material (sea desde lo concreto de lo sociológico como contenido exotérico, sea desde la psicología de la vivencia como proceso analítico esotérico). En la contemporaneidad, en las artes, la literatura, la música, y la arquitectura, se expresó, como axiología superior de lo real, la puesta en escena no discursiva, descriptiva, de lo concreto desde sí mismo: la representación por ontología del objeto, sin pretensión denotativa, sino descriptiva, es decir, analítica, de estudio objetivo, no de crítica subjetiva, acerca del mismo. Lo real se representa en sí. Es Duchamp, dadá, Oulipo, el Nuevo Realismo, en arquitectura el funcionalismo (que vimos deriva del pensamiento del Abad Laugier) y el brutalismo, en artes plásticas, fuera de los ready-mades y los collages, opciones obvias de lo que acabamos de decir, Malevitch, versión psicológica, y el constructivismo, contraparte sociológica, de la vanguardia rusa de inicios del siglo XX.

No es casual si el naturalismo de Zola y Flaubert, que en Inglaterra es representado por Thomas Hardy e George Bernard Shaw, éste influenciado por el teatro del noruego Henrik Ibsen, Italia es el verismo de Giovanni Verga, llegando tardíamente a los Estados Unidos, con Theodore Dreiser, encuentra su mas importante evolución en el periodismo (género por definición descriptivo y analítico) de Truman Capote (sobre la cuestión del periodismo en el arte contemporáneo, v. N.-B. Barbe, *Les thèmes du Radeau de la Méduse de Théodore Géricault étudié à travers leur récurrence dans l'oeuvre du peintre, et dans l'art et la littérature du XIXème siècle*, Bès Editions, Francia, 2001, 2003).

VI. LO CONCRETO COMO EXPRESIÓN DE LA NATURALEZA

Del momento que se asumió, desde Spinoza, el reino de la Naturaleza, y dentro de ella el estatus central del hombre en la creación - de ahí, de hecho, las discusiones tanto de Galileo como de Las Casas, apuntando siempre hacia el lugar de lo humano dentro de la universo -, Dios al integrarse y volverse un Dios-Tautates, como vimos en nuestro trabajo sobre Historia de la Arquitectura Moderna, es decir, un Dios integrado y partícipe de la Naturaleza, no un Creador fuera, sino dentro de la Creación, lo que implica la posibilidad del Ser de volver en Él, como lo expresará Hegel, de forma central en su filosofía, pues bien, del momento que se asume *"l'étant"* como estatus ontológico predominante y predeterminante de la comprensión (para Descartes y los fenomenistas), asunción (para Hegel) y expresión (para los materialistas) de la realidad, entonces, se vuelve lógico que el proceso lleve a considerar la realidad (el contexto o medio de los materialistas, naturalistas, psicólogos y sociólogos, las circunstancias de Ortega y Gasset) como definitiva del quehacer del Ser y formativa del mismo. Por lo cual el cuarto con su decoración reducida al mínimo, pero que sin embargo abarca la maleta de viajante y un retrato con marco dorado de una mujer revestida toda de piel (alusiva entonces tanto al oficio del protagonista, como a sus aspiraciones hacia una animalidad mamífera, superior a lo que puede pretender, y cuya consecuencia será el fin del héroe transformado no en macho para la hembra de piel, reminiscencia de *La Venus con abrigo de piel* de 1870 de Sacher-Masoch, sino en insecto indefinido), se vuelvan reveladores del ser de Gregorio Samsa en *La Metamorfosis* de 1916 de Franz Kafka. Igualmente, los dadaistas y los del Nuevo Realismo (Armand, César, los afichistas) utilizaron los objetos cotidianos como expresión descriptiva, no discursiva, de la realidad en sí. Este ensimismamiento de la realidad respecto del Ser es, a otro nivel, lo que, para los materialistas, crea el Ser, y para la narrativa, tanto naturalista y costumbrista en el siglo XIX, como en el siglo XX existencialista, del Oulipo, Thomas Mann, Faulkner, Stephen King, Camilo José Cela, *La chinfonía burguesa* de 1931 de José Coronel Urtecho y Joaquín Pasos o *"El Poema cotidiano"* de *Tardes de Oro* de 1934 de Alfonso Cortés, lo que predetermina la importancia de lo descriptivo sobre lo narrativo, otra manera de rechazar lo novelesco a provecho de lo objetivo analítico, a como en la anterior época barroca era la acción, como dato con moraleja, o sea útil, que tenía que prevalecer sobre descripciones ficticias de realidades no objetivas (como vemos muy bien en todo *Santiago el Fatalista y su amo* de 1796 de Diderot).

Como postulamos en nuestro artículo sobre la obra *Hogar dulce hogar*, ganadora del Certamen nicaragüense HabitArt 2003 del artista plástico salvadoreño Ronald Morán (*El Nuevo Diario, Nuevo Amanecer Cultural*, 18/3/2006, p. 10):

"Obviamente, el tema de la obra de Morán es la violencia intrafamiliar, como lo expresa en entrevistas (Suchit Chávez y Erick Rivera, "La Musa Violencia", La Prensa Gráfica, San Salvador, 4/5/2005). Remitir a los símbolos sociales correctos que subyacen a esta imagen permite entenderla mejor. Tanto Monge como Morán (quien, posteriormente a HabitArt, participó en la exposiciónPlateau Repas - Four Choices, sobre tema culinario, con tres otros artistas salvadoreños: José Rodríguez, Walterio Iraheta y José David Herrera, 21 de septiembre-16 de octubre del 2006, Casa de la Cultura de Côte-des-Neiges, Québec), al representar objetos del dominio de la cocina y el ámbito social del compartir y comer se inspiran en la expo 723 ustensiles de cuisine de Spoerri en la Galerie J en París (2-13/3/1963), en la que, excelente cocinero, preparó platos servidos por críticos renombrados, que, una vez comido su plato respectivo, confeccionaron con las sobras tableaux-pièges ("cuadros-trampas") colgados en las paredes. Spoerri reprodujo numerosas veces bajo el nombre de Eat Art esta experiencia, reconocida como la primera obra colectiva, modelizada sobre la cena pascual, en la que se creó además un intercambio entre críticos y artistas, que tiene eco en los trabajos sobre la relación curadores-artistas en Centroamérica hoy. La práctica de Spoerri prolonga los cuadros de Arcimboldo y los ready-made de Duchamp, y se amplia, como la de Monge, al problema de la imagen y su relación con la realidad. Mientras el Eat Art integra lo perecible de la vida en la obra (principio propio del Nuevo Realismo, véase los trabajos de recuperación de César, los afichistas Raymond Hains y Jacques de la Villeglé y su expo Loi du 29 Juillet 1881 de 1957 en la Galerie Colette Allendy, las Poubelles de Arman, y su expo Plein de 1960 en la Galerie Iris Clero, respuesta a la expo Vide de Yves Klein en el mismo lugar dos años antes), los cuadros-trampas son collages tridimensionales sobre cuadros realistas o trompe-l'oeil para revelar su carácter ficticio, remitiéndonos a La traición de las imágenes (1929) de Magritte. Es decir, las obras de Spoerri e Monge evocan la dialéctica surrealista, y del arte abstracto en su proceso desde finales del s. XVIII, entre el mundo sensible y su percepción artística, mundo exterior e interior."

Así lo objetal y lo concreto, tanto en artes como en arquitectura se volverá en la época contemporánea, y, en el caso de la arquitectura, en particular en los movimientos de vanguardia de inicios del siglo XX, aunque, como hemos visto, con antecedentes en los arquitectos revolucionarios franceses, el elemento fundamental del discurso, el pensamiento, y los planteamientos conceptuales y vivenciales de la época nuestra.

VII. LA ARQUITECTURA Y URBANISTICA CONTEMPORANEAS COMO CONTINUACION DE LOS PLANTEAMIENTOS MODERNOS

Lllegado a este punto de nuestro desarrollo, debemos reconocer una gran satisfacción en haber podido plantear y entender, por primera vez probablemente en la historia de la arquitectura, las manifestaciones arquitectónicas de la contemporaneidad dentro de la línea histórica de evolución de las mentalidades que la predetermina.

Hemos logrado establecer una serie de datos que nos son suficientes para entender la arquitectura y urbanística contemporáneas.

Son las siguientes:

Primero, la idea central que, como hemos explicitado en el capítulo anterior, lo concreto, para la contemporaneidad, tanto a nivel sociológico como artístico, se vuelve definitorio de la naturaleza. Así, en la contemporaneidad, lo que no era, en la época anterior: moderna, sino la oposición histórica entre lo anterior: medieval y gótico, considerado como agotado, y lo moderno y renacentista, considerado como manifestación del Hombre Superior del Hoy, dualidad que desembocó en la batalla entre Antiguos y Modernos: los que proclamaban la imitación y los que le oponían el genio innovador, en los dos casos remitido cada uno de estos conceptos a la cuestión de la ubicación ideológica del artista en su tiempo, como analiza el maestro Panofsky en el caso de Vasari, lo que, en la modernidad, no era, sino la oposición generacional entre lo anterior y lo moderno, viene a resolverse en la contemporaneidad, no por un partido, sino por una superposición indecisa entre planteamientos, en general afrontados, según el movimiento en el que se integra cada artista, pero, dentro de esta dialéctica, a veces, confundidos. A como los renacentistas no lograron, sino en sus intenciones, deshacerse de la herencia gótico que le era mucha más familiar que la antigüedad soñada, los contemporáneos no lograron resolver la oposición de forma y fondo que le heredó la modernidad: entre gusto princípesco y burguéspor el lujo y la representación, y valores técnicos, utópicos y sociales de la organización racionalizada de lo humano y lo cívico.

Probablemente, en esto también, no es casual si el cubo, figura-símbolo de la contemporaneidad, fue atribuido por Alciati (*Emblemata*, Augsburgo, 1534, y París, 1536), en la época anterior, a Mercurio, dios paradigmático de la modernidad por ser intermedio con los dioses superiores, dios del comercio y el proceso de civilización (*Mercure à la Renaissance*, Paris, Honoré Champion, 1988, pp. 65-66).

Nunca muy clara fue la diferencia, para los modernos tampoco entre valores racionales y formales, dado que, por ejemplo, mientras rechazaban lo gótico anterior como bárbaro, pregonaban los llamados Antiguos la imitación del modelo de los anteriores maestros, aún cuando era con la salvación de que aquí se trataba de los maestros de la antigüedad clásica o sus imitadores renacentistas prestigiados.

Segundo, la innegable inscripción de los fenómenos de la contemporaneidad, en particular en lo que refiere a la arquitectura, en la historia, lo que nos obliga a recordar que, tanto la forma vial de las ciudades contemporáneas, como su crecimiento y organización arquitectónica y urbanística, provienen de la simbólica y uso moderno del principio de avenida como representación del poder princípesco, de la importancia del comercio y los intercambios a partir de Marco Polo, de la llegada al poder de la burguesía, la industrialización, la aparición de la clase obrera y el crecimiento de la ciudad a desprovecho del campo. De la misma forma, esta fortalecida la simbología de la técnica y su representación en la arquitectura y la ciudad contemporánea por los rápidos progresos de las ciencias, los transportes y las tecnologías a partir del siglo XVIII. Encuentra así, más allá del, ambiguo en su axiología, funcionalismo minimalista capitalista, una justificación moral y estética la apología institucional, artística y arquitectónica de las técnicas y las formas racionales.

La necesaria adecuación del tiempo a nuevas utilidades, como en la época moderna, implicará, como veremos, la aparición, realización y reproducción masiva de nuevas tipologías arquitectónicas, útiles a las institucioneds republicanas y a la sociedad de masa.

Tercero, la influencia de lo moderno sobre lo contemporáneo, que denota la inscripción de lo contemporáneo en una secuencia histórica e ideológica con lo moderno.

Esta influencia se reconoce en los fenómenos que, a continuación, referenciamos, permitiéndonos así resumir todo lo anterior de nuestro desarrollo:

1/ La oposición, sin embargo como vimos unificada por el uso industrial del vidrio y el hierro, entre gótico y clásico (antiguos y modernos, racionalismo y funcionalismo), delineándose dos grupos de corrientes, por un lado los naturalistas que se pueden identificar con los movimientos neo-gótico, historicista en todas su variantes ya reseñadas, Sezession, expresionista, modernista, organicista, informalista o deconstructivista, postmoderno, que pregonan los valores nacionales de lo autóctono y estéticos de la línea curva, y por otro los tecnicistas o pragmáticos que se pueden identificar con los movimientos neoclásico, funcionalista, racionalista, constructivista, brutalista, minimalista, que pregonan los valores de la técnica y la ingeniería como expresiones de lo social y universal, entiéndase reproductible, de la obra.

2/ Dentro de esta dualidad, el empleo de modelos formales de la modernidad: el cuadrado, como en el caso de la fundadora Bauhaus; el gótico, como en el expresionismo, y por su relación con éste movimiento el *Monumento a la III Internacional* de Tatlin; el principio palaciego (proveniente tanto de la modernidad en sí - a nivel político y de organización social del espacio urbanístico - como de los valores del neoclásico), en Wagner, principal representante de la Sezession vienesa, quien, en sus edificios, se interesa por los nuevos materiales (Caja de Ahorros de Viena, Lám. 426, y el proyecto, nunca realizado, de 1919 para el nuevo edificio de la Biblioteca de la Universidad de Viena), Hoffmann del mismo movimiento vienese (en el Palacio Stoclet de Bruselas de 1905-1911, Lám. 547 a 549, con columnas dóricas, y en la Haus Ast de Viena, 1909-1911, Lám. 550, la Villa Skywa-Primavesi, Lám. 435-436, y el Pabellón autríaco de la Exposición Universal de Roma de 1911, estos tres últimos con idéntico basamento rústico sobre el que articulan pilastras acanaladas, principio que remite a Palladio y a los palacios modernos, como en las obras citadas de McKim, Mead y White, y de Johnson/Burgee), Gropius (en la fábrica Fagus).

3/ El misticismo de la forma, como lo es el de la Torre de Babel, lo vimos en el caso del expresionismo y del *Monumento a la III Internacional*.

4/ La importancia de la ingeniería y del arquitecto-técnico, tanto en Loos como por la Bauhaus, así como el derivado principio del arte total de la Bauhaus, lo que remite a valores cientificidad y modernidad renacentistas y barrocos.

5/ El pensamiento utópico y social, en Howard, Soria, Le Corbusier, o Niemeyer.

6/ El cual desemboca, como en los renacentistas, en propuestas no sólo arquitectónicas, sino globales y urbanísticas, de parte de los arquitectos e ingenieros (Haussmann, Howard, Soria, Le Corbusier, Garnier, los futuristas).

7/ La auto-identificación del arquitecto con un tratadista, es decir, un ideólogo y un guía social. Por lo que, como dijimos en los primeros capítulos del presente trabajo, asociado este fenómeno a la expansión desde inicios del siglo XIX de las ciencias humanísticas, la época contemporánea es la en que más se desarrolló el pensamiento sobre la arquitectura. Ya no sólo de parte de los arquitectos, sino de los historiadores, los sociólogos y hasta los lingüistas.

8/ La consideración, muy a menudo, tanto, por ejemplo, en la Bauhaus, el futurismo, o en Libeskind, de que el quehacer arquitectónico se tiene que asumir como quehacer artístico.

ADOLF LOOS

Norbert-Bertrand Barbe

Résumé de l'article:

Comment la pensée architecturale et urbanistique contemporaine, basée sur les valeurs apparemment rationnelles du rationalisme loosien, sont en réalité l'expression mystique de la forme pure recherchée par les peintres d'avant-garde, en particulier par Malévitch, ce qui révèle ainsi, non seulement l'origine du cube architectural, mais aussi les substrats idéologiques de la réduction formelle de l'art contemporain, nous la faisant entendre non plus, comme jusqu'ici l'ont fait les théoriciens, comme un processus d'abstraction mathématique ou logique, mais comme un processus, au contraire, de simplification formelle d'origine picturale, et donc idéaliste, non matérialiste.

Respecto de los estudios genéticos de comprensión del material simbólico, debe interrogarnos el hecho de que el padre del racionalismo en arquitectura: Adolf Loos, decidió representarse en su tumba mediante la forma paradigmática de su carrera: el cubo arquitectónico.

Recordemos que, en su conferencia, y texto fundador: "*Ornamento y Delito*" (1908), plantea que "*lo que es natural en el papúa y en el niño ("ornamentarse el rostro", "garabatear", "llenar las paredes con símbolos eróticos"), resulta en el hombre moderno un fenómeno de degeneración*", ya que "*el hombre de nuestro tiempo que, a causa de un impulso interior pintarrajea las paredes con símbolos eróticos, es un delincuente o un degenerado*", y que, por ende, "*La evolución cultural equivale a la eliminación del ornamento del objeto usual*". Resulta entonces paradójico cuando, en una de sus múltiples estancias por enfermedad nerviosa en la Institución para afecciones nerviosas Rosenhügel, en el Sanatorio del Doctor Schwarzmann, en Kalksburg, cerca de Viena, realizó, en 1931, bocetos para su propia tumba, diciéndole a su esposa: "*Quiero que mi tumba sea un cubo de granito. Pero no muy pequeño, pues parecería un tintero.*" (*Adolf Loos: escritos II 1919/1932*, ed. Josep Quetglas y Adolf Opel, Madrid, El Croquis Editorial, 1993) Por lo cual, a su muerte, en 1933, la ciudad de Viena puso a su disposición una parcela del Cementerio Central, parcela 32 de las tumbas de honor del cementerio municipal, en la zona de los hombres y mujeres ilustres, su discípulo, Heinrich Kulka, diseñó los planos, acordes con los bocetos de Loos, mientras sus amigos sufragaron los gastos, para la tumba que, de hecho, consiste en un bloque macizo cuadrado de granito con el nombre grabado en una de las caras del cubo. Aunque cabe mencionar la existencia de otro boceto de Loos para su tumba, cuyo original se perdió, y que consistía en una peana para el busto que el escultor austriaco Francis Wills había hecho del arquitecto en 1931 (Mónica Gili, *La última casa*, Barcelona, Gustavo Gili, 1999).Simón Marchán Fiz (*La historia del cubo - Minimal Art y Fenomenología*, Bilbao, Sala Rekalde, 1994) considera que, al diseñar su propia tumba en esta forma, Loos regresa al cubo como forma más elemental, esencialidad primaria y ancestral, como límite del silencio.

Ya Loos había formulado propuestas previas y similares a su tumba auto-conmemorativa, tanto en el Mausoleo para el historiador del arte Max Dvořák (1921), cubo o bloque macizo de granito negro cuya cúspide asemeja las tres últimas gradas de una pirámide escalonada de base cuadrada, como en la anterior y sencilla base de losa (que prefigura la base lineal de losa sobre la que se monta el cubo de la estela de Loos), adosada a una ancha pared y coronada por una cruz de madera, que conforma la Lápida (1919) que realizó para su amigo Peter Altenberg. El Mausoleo era previsto ser decorado en su interior por el pintor Kokoschka, conforme, según Benedetto Gravagnuolo (*Adolf Loos Teoría y Obras*, Donostia-San Sebastián, Nerea, 1988), un escrito de Dvořák: "*¿Lo que Miguel Angel pintó y esculpió en sus últimos años parece pertenecer a otro mundo? Tras haber llegado a los supremos límites del arte, se replantea los más hondos problemas de la existencia: ¿por qué vive el hombre y cuál es la relación entre los bienes transitorios, terrenales y materiales de la humanidad y la eternidad, el espíritu, lo sobrenatural?*", que, según Gravagnuolo, podría servir de epígrafe, tanto al idealismo crítico de Dvořák, como al expresionismo pictórico de Kokoschka, y el existencialismo arquitectónico de Loos.

Le Corbusier se recordará sin duda de la lección de Loos, ya que, en 1957, a raíz de la muerte de su esposa Ivonne, proyecta en Roquebrune-Cap Martin (Costa Azul, Francia), justo encima de su "*cabanon*" frente al mediterráneo, la sepultura en la que descansará con ella. Se trata de una lápida cuadrada, sobre la cual se dibujan una cruz (geometría) y una concha (naturaleza), estructurada mediante la sección áurea, según Carmen Bonell Costa (*La divina proporción: Las formas geométricas*, Barcelona, UPC Universitat Pollitècnica de Catalunya, 1999):

"*Partiendo del cuadrado ABCD, se trata el eje GI; uniendo I con C y D se obtiene el triángulo isósceles DIC. Construir, abatiendo la diagonal GA del semicuadrado, el rectángulo áureo FBCE; al unir E con I se obtiene el punto H; éste se encuentra con el lado del triángulo DI en J, punto en el que se sitúa el rectángulo áureo interior JKLM, donde se ubican un cilindro hueco y una forma ortogonal frontalmente cuadrada: en ella, sobre un fondo de varios colores, está escrito: "Ici repose Charles-Edouard Jeanneret, dit Le Corbusier, et Ivonne Le Corbusier"*"

No muy lejana a la tumba de Loos es también la de Alvar Aalto, en el cementerio de Hietaniemi (Helsinki, Finlandia), diseñada por Elissa Mäkiniemi (segunda esposa de Aalto), quien importó de Italia un capitel jónico del siglo XVIII para el lado izquierdo de la tumba (vista de frente), capitel que, conforme y remitiendo a los juegos formales en la arquitectura de Aalto entre línea recta y línea curva, rompe la linealidad de la lápida rectangular que lleva el nombre del arquitecto.

Tal vez podemos ver en la preocupación de Mies van der Rohe en sus últimos 20 años de carrera para crear espacios libres y abiertos, dentro de un ordenamiento estructural de mínima presencia, el fundamento de la extrema sencillez, también cuadrada, pero biplana, de su tumba, en el cementerio de Graceland (1969).

Loos ("*Architektur*",*Der Sturm*, 15/12/1910, cit. por Gravagnuolo, p. 170) escribía: "*Sólo hay una pequeña parte de la arquitectura que pertenezca al arte: el monumento funerario y el monumento conmemorativo. Todo lo demás, lo que sirve para un fin, debe quedar excluido del reino del arte."* Si bien tal planteamiento aclara las razones formales del trabajo de los tres monumentos funerarios que realizó (el Mausoleo, la Lápida, y su propia tumba), nos deja entender que la cuestión formal o *"reino del arte"*, precisamente, es lo que rigió dichas realizaciones.

Si nos devolvemos un momento sobre la arquitectura de finales del s. XIX, nos damos cuenta que sus principales realizaciones: la Torre Eiffel y el Auditorium (Chicago, Illinois, 1889) de Louis Sullivan, no son lo que pretenden o lo que acostumbramos a ver en ellos. Obviamente, la Torre Eiffel no es, sino un proyecto grandioso, remitido a la ideología decimonónica de la Torre de Babel (poder de los hombres sobre el mundo y el diseño divino, v. nuestro artículo de la misma serie sobre: *"Tatlin"*, 2/9/2006, p. 10), proyecto que quiere demostrar cuan alto puede extenderse una arquitectura de hierro. Lo mismo ocurre con los rascacielos que, por lo visto el 9/11, y expuesto en películas catástrofes como la famosa *The Towering Inferno* (1974, Irwin Allen y John Guillermin), no son funcionales en cuanto a proceso de evacuación se refiere, pero que sí son prácticos para amontonar gentes verticalmente, en oficinas o apartamentos, y se desarrollaron por la emoción que provocó la construcción del primer ascensor por Elisa Otis en New York en 1857. Si la idea de que *"la forma sigue a la función"* se debe a Sullivan como uno de los máximos exponentes de la Escuela de Chicago, es evidente en este movimiento la influencia de la arquitectura palaciega renacentista italiana, que se encuentra en todos los edificios de todos los miembros del grupo, quienes, por sus estudios, llevaron a E.U. el gusto por el neo-clásico. Si Le Baron Jenney ejemplifica perfectamente el "commercial style" en sus edificios, su educación en l'Ecole des Beaux Arts de París lo empujó inicialmente al neo-gótico, que se transformará después en eclecticismo. Así el Home Insurance Building de Chicago (1883-1886), primer rascacielos usando el entramado de hierro estructural, revela sin embargo un basamento clasicista. En cuanto a Richardson, también educado en l'Ecole des Beaux Arts, se dedica a reestructurar, con Olmsted, un neo-románico (Sever Hall, Harvard University, 1880; The Allegheny County Courthouse, Pittsburgh, Pennsylvania, 1883–1888; Marshall Field Warehouse, Chicago, Illinois, 1887; Buffalo's New York State Asylum, 1870; Emmanuel Episcopal Church, Pittsburgh, Pennsylvania), que tuviera seguidores en el movimiento "Richardsonian Romanesque". Influencia richardsoniana se halla en los que fueron sus alumnos McKim, Mead & White, por ejemplo en edificios como la Pennsylvania Station de Manhattan (1905-1910), estilo neo-románico que deriva al neo-clásico en la Seth Low Memorial Library (Columbia University, 1895), el Rhode Island State House (Providence, 1904), o la Naugatuck High School (c. 1910). La influencia richardsoniana del *"palacio urbano italiano del siglo XV"*, perfectamente representado en el Rokery Building (Chicago, 1886) y el Mills Building (San Francisco, 1892) de Daniel Burnham y John W. Root, se extiende a estos dos arquitectos, culminando en suCourt of Honor and Grand Basin de la World's Columbian Exposition (también de 1892), que celebraba el 400 Aniversario del Descubrimiento de América, construcción ubicada en el entonces abandonado Jackson's Park, y que marca el apogeo del Classical Revival Style. De ahí que, si apartamos lo que la estructuras de hierro en sí, asociadas con los pilares de hormigón, y contemporáneo desarrollo de los ascensores automáticos, permitieron a la época y a la Escuela de Chicago: desaparición de los muros de carga, grandes ventanales en toda la fachada, elevación infinita de los pisos, y si nos alejamos del contexto histórico que, después del incendio de 1871, permitió que floreciera el comercio inmobiliario en la ciudad de Chicago, vemos que la arquitectura de la Escuela de Chicago, lejos de definirse por lo funcional, se presenta como búsqueda formal, histórica, de apropiación e integración de estilo, con las nuevas técnicas de construcción y comodidades de la época. El ya mencionado Auditorium de Sullivan, obra más importante de este arquitecto y más conocida de la Escuela, nos enseña las disfunciones formales de los principios reivindicados por el mismo Sullivan y por los miembros del movimiento: pues, sus muros funcionan como soporte de las plantas, utiliza materiales antiguos como el granito del basamento, hay decoraciones historicistas, arcos y columnas, en una palabra, el edificio tiene más elementos historicistas que innovadores.

Misma dialéctica se encuentra en la arquitectura de las estaciones de trenes: con entradas monumentales, también palaciegas, que incluyan escaleras monumentales y pórticos de anchos pasillos con columnatas, mientras la parte de los muelles ofrecían un arquitectura de ideología ingenierista de vidrio y acero, relacionado con lo utilitario, lo contemporáneo, la velocidad de las nuevas máquinas de hierro.

Mies van deRohe, representante del purismo racionalista o funcionalista en arquitectura, como revela su IBM Plaza (Chicago, 1919), se deja sin embargo impresionar por su encuentro con Mondrian en 1922, a partir del cual intentará plasmar en su obra la metodología pictórica de Mondrian, diseñando edificios de planos limpios, de paredes lisas y abiertas que sobresalen del edificio y se integran en el jardín, arquitectura abierta en la que los espacios fluyen entre las habitaciones y nunca se siente la sensación de encerramiento, siendo la principal muestra de este tipo de arquitectura el Pabellón Alemán de la Feria de Muestras de la Exposición Internacional de Barcelona (1929), hoy reconstruido. Obviamente, las teorías de Mies van der Rohe en este sentido tendrán influencia en Le Corbusier, con la planta libre, y en Frank Lloyd Wright, con el principio de voladizos integrados a la obra en las llamadas Casas de la Pradera.

Para la Exposición de Barcelona, Mies van der Rohe diseña también la silla Barcelona, la cual no es sin recordar la silla roja y azul (1917) de Rietveld, también inspirada en los principios de Mondrian. Los intentos formales, relacionados con valores pictóricos y volumétricos de Rietveld en la Casa Schroder (Utrecht, 1924), tienen equivalente y eco en las contemporáneas *"Meisterhaeuser"* o Casas de Maestros: Casas de Kandinsky, Klee, Moholy-Nagy, Schlemmer, Fieninger, Muche, y de Gropius, que él mismo promovió como director de la Escuela cuando se trasladó la Bauhaus en Dessau (1925). Meisterhaeuser que tenían como elementos en común: una planta de dos pisos, con juegos volumétricos basados en cubos arquitectónicos entramados, sin decoraciones ni colores exteriores, pero con trabajo de los valores cromáticos para delimitar los espacios interiores, como es en particular el caso de la escalera en la Casa Kandinsky.

Las anteriores descripciones nos indicaron varias cosas: 1/ el carácter no sólo simbólico, como expresa Marchán Fiz, sino, por ende, obligatoriamente referencial, ideológico y cultural, es decir, no puro ni racional o funcional, del cubo en la tumba de Loos, carácter que volvemos a encontrar en las de Dvorák y Altenberg, por el mismo Loos, así como de Mies van der Rohe, Le Corbusier y Aalto. 2/ La negación de la negación del carácter de delito del ornamento para Loos, en cuanto éste ornamento se expresa conforme su teoría de la forma pura, es decir, se identifica con el cubo arquitectónico. 3/ La negación de la arquitectura meramente con fin de uso, teoría aristotélica, por parte de Loos cuando se trata de lo funerario y lo conmemorativo, por lo cual se vuelve artístico, en sus propias palabras, el cubo en el contexto en que lo emplea, es decir, el contexto funerario y auto-conmemorativo. 4/ El origen de esta dualidad en Loos entre principios autoproclamados como racionales y representación del mundo basada en ideologías místicas de las formas puras (v. la asociación entre el cubo, símbolo terrenal, como demostramos en *Una historia de la arquitectura moderna*, y la pirámide, símbolo de ascensión celestial en el Mausoleo) en la Escuela de Chicago y la Bauhaus, donde, idénticamente, los arquitectos de estos movimientos, aunque proponiendo repetidamente una arquitectura funcional y/o racional, realizaron edificios referidos estilísticamente, y por ende, hasta cierto punto, visualmente decorativos.

Se explica muy bien en el caso de la Bauhaus por la pretensión de arte total de la Escuela, y la integración en ella de artistas quienes, como Kandinsky, Moholy-Nagy, Klee o Itten, se preocuparon de los valores cromáticos, y de encontrar colores o formas puras, lo cual, adentrándonos a la oposición puro-impuro, obligatoriamente le da valor místico a objetos en sí carecientes de axiología. Ni los colores ni las formas son puros o impuros. A lo sumo los colores pueden ser primarios o secundarios, y las formas simples o compuestas. Es el valor que se les aplica que determina tal grado de im/pureza. En particular Kandinsky en sus escritos de la Bauhaus se interesó a la espiritualidad de los colores en *Punto y línea sobre el plano. Contribución al análisis de los elementos pictóricos* (1926), que parte de sus enseñanzas en la Bauhaus en Weimar, y continúa *De lo espiritual en el arte* (1911). Moholy-Nagy, por su parte, en sus *Libros de la Bauhaus*, en particular, en el octavo volumen titulado: *Pintura Fotografía Film* (1925), plantea la relación entre pintura que da forma al color, y fotografía como medio de investigar y exponer el fenómeno luz, lo que pondrá en práctica en el *Modulador Espacio-Luz* (1930).

Otro elemento de comprobación del misticismo original del concepto del cubo arquitectónico en Loos, y por ende en toda la arquitectura racionalista, imponiendo relectura de la herencia y la transmisión de la arquitectura del s. XX, es la contemporaneidad entre los planteamientos de Loos y las investigaciones de Malevich, quien, en un proceso investigativo paralelo al de Kandinsky, parte de los íconos rusos bizantinos tradicionales para reencontrar la fuerza genuina del *volgeist*, lo que lo llevará a culminar su proceso introspectivo con la exposición 0,10 (1915), donde presenta obras abstractos basadas en la forma del cuadrado y la cruz, como el famoso *Cuadrado negro sobre fondo blanco*. Pero sus investigaciones sobre la forma pura trascendente, suprematista, liberada de la figuración (a semejanza de la arquitectura pura, liberada de ornamento, de Loos), lo llevarán más lejos todavía, a abandonar la pintura de caballete, y, a partir de 1922, cuando el Inchuk (Instituto de Cultura Artística) de Moscú le obliga a cerrar su escuela Afirmación de lo Nuevo en el Arte (Unovis por sus siglas), a dedicarse planites y arquitectones, obras a mitad de camino entre escultura y arquitectura, que son maquetas de diseño axonométrico que acumulan formas cúbicas, en las que Malevich decía: "ve(r) *el inicio de un nuevo arte de edificios en mi arquitectura suprematista*" ("*Malewitsch zitiert nach Michijenko Die suprematistische Säule - Ein Denkmal der ungegenständlichen Kunst*", in: Matthew Drutt, *Kasimir Malewitsch – Suprematismus*, Deutsche Guggenheim, Berlin, 14/1/2003-27/4/2003, Ausstellungskatalog, New York, 2003, p. 81).

Así, con este último elemento, confirmamos que el cubo arquitectónico, así como pasa en Malevich y el suprematismo, desde sus cuadrados y cruces biplanas en pinturas hasta sus maquetas tridimensionales, no tiene valor racional, sino sobredetermina una forma pura, de antigua simbología (el mundo, los cuatro puntos cardinales, la "*cuaternidad*" de Jung), el cuadrado, y su equivalente en el plano tridimensional: el cubo. Su valor místico, lo revela su mismo uso por el padre fundador del racionalismo para su tumba.

De ahí que, basado en preocupaciones místicas y artísticas (místicas del arte y los artistas contemporáneos, artísticas de trascendencia), el racionalismo no es racional, tampoco que el funcionalismo, como vimos con la Escuela de Chicago, es funcional. Lo que, a nivel de historia de los estilos es muy importante e interesante, ya que, no sólo nos plantea la necesad de re-visitar la concepción del panorama arquitectónico y urbano que tenemos nosotros los contemporáneos, ya no como un hecho dado por una lógica trascendente, sino como una forma relativamente equivocada de concebir la ciudad y sus edificios en términos de sencillez de realización y de bajos costos y economía antihumana, sino también nos conduce a volver, una vez más, como en los casos, por ejemplo, de El Bosco, Géricault o Darío en nuestras labores y libros anteriores, a considerar que la mentalidad individual actúa dentro de la colectiva, y los productos simbólicos (en este caso, la arquitectura) no son productos básicos de la necesidad, sino de la idea o imagen que nos hacemos de dicha necesidad, es decir, de una ideología provocada por el mundo ideológico que nos determina como humanos, y prejuicia, pervirtiéndola, por bien o por mal, la visión que, sin este contexto social y cultural predeterminante, de él (el mundo) tuvieramos.

EL VÉRTIGO DE LA SOBREMODERNIDAD; TURISMO ETNOGRÁFICO Y CIUDADES DEL ANONIMATO

Adolfo Vásquez Rocca

Universidad Andres Bello de Chile – Universidad Complutense de Madrid

Biographie de l'Auteur:
Doctor en Filosofía por la Pontificia Universidad Católica de Valparaíso; Postgrado Universidad Complutense de Madrid, Departamento de Filosofía IV, mención Filosofía Contemporánea y Estética. Profesor de Postgrado del Instituto de Filosofía de la Pontificia Universidad Católica de Valparaíso; Profesor de Antropología y Estética en el Departamento de Artes y Humanidades de la Universidad Andrés Bello UNAB. Profesor de la Escuela de Periodismo, Profesor Adjunto Escuela de Psicología y de la Facultad de Arquitectura UNAB Santiago. En octubre de 2006 y 2007 es invitado por la 'Fundación Hombre y Mundo' y la UNAM a dictar un Ciclo de Conferencias en México. Miembro del Consejo Editorial Internacional de la 'Fundación Ética Mundial' de México. Director del Consejo Consultivo Internacional de *Konvergencias, Revista de Filosofía y Culturas en Diálogo*, Argentina. Miembro del Consejo Editorial Internacional de Revista *Praxis – Facultad de Filosofía y Letras*, Universidad Nacional UNA, Costa Rica. Miembro del Conselho Editorial da *Humanidades em Revista*, Universidade Regional do Noroeste do Estado do Rio Grande do Sul, Brasil y del Cuerpo Editorial de*Sophia –Revista de Filosofía de la Pontificia Universidad Católica del Ecuador*. Secretario Ejecutivo de *Revista Philosophica PUCV*. Asesor Consultivo de *Enfocarte – Revista de Arte y Literatura*, Cataluña/Gijón, Asturias, España. Miembro del Consejo Editorial Internacional de *Reflexiones Marginales – Revista de la Facultad de Filosofía y Letras UNAM*. Miembro de la Federación Internacional de Archivos Fílmicos (FIAF) con sede en Bruselas, Bélgica. Director de *Revista Observaciones Filosóficas*. Profesor visitante en la Maestría en Filosofía de la Benemérita Universidad Autónoma de Puebla. Profesor visitante Florida Christian University USA y Profesor Asociado al Grupo Theoria – Proyecto europeo de Investigaciones de Postgrado – UCM. Académico Investigador de la Vicerrectoría de Investigación y Postgrado, Universidad Andrés Bello. Artista conceptual. Ha publicado el Libro: *Peter Sloterdijk; Esferas, helada cósmica y políticas de climatización*, Colección Novatores, Nº 28, Editorial de la Institución Alfons el Magnànim (IAM), Valencia, España, 2008. Invitado especial a la International Conference de la Trienal de Arquitectura de Lisboa | Lisbon Architecture Triennale 2011.

Résumé de l'article:
La ciudad como hecho colectivo se manifiesta, fundamentalmente, en la red de espacios públicos. La interrogación por los nuevos sentidos del espacio público adquiere una dimensión antropológica y estética. Pensar en los lugares y las formas urbanas de relación –la circulación acelerada de personas- permite definir los nuevos modos de ser humano, constatar la nuevas formas de soledad y aislamiento en una urbe sobrepoblada, la incomunicación del individuo en medio de las redes y las carreteras de la información, el entrecruzamiento de producciones socioestéticas diversas que generan ciudades metafóricas y fragmentadas, donde la heterogeneidad y la dispersión de los signos identitarios patrios nos convierte a unos respecto de otros en transeúntes que apenas intercambian huidizas miradas, desfigurados, con un rostro velado, verdaderos espectros, figuras del anonimato, desposeídos de nuestra identidad por la celeridad de nuestros desplazamientos reales o virtuales.

1.- ESPACIOS PÚBLICOS Y FIGURAS DEL ANONIMATO.

La ciudad como hecho colectivo se manifiesta, fundamentalmente, en la red de espacios públicos. La interrogación por los nuevos sentidos del espacio público adquiere una dimensión antropológica y estética. Pensar en los lugares y las formas urbanas de relación –la circulación acelerada de personas- permite definir los nuevos modos de ser humano, constatar la nuevas formas de soledad y aislamiento en una urbe sobrepoblada, la incomunicación del individuo en medio de las redes y las carreteras de la información, el entrecruzamiento de producciones socioestéticas diversas que generan ciudades metafóricas.

La ciudad y sus representaciones se crean mutuamente. Más allá de su realidad material (sus calles y edificios, plazas, tiendas, monumentos, parques), cada ciudad es también una comunidad imaginada a diario por sus habitantes, quienes al vivirla y recorrerla elaboran un "mapa mental" de sus espacios físicos y sociales donde se instalan y apropian emotiva y utópicamente. Esa ciudad imaginada se representa en discursos, filmes, postales, periódicos, himnos, mitos, chistes, dicciones y las múltiples formas que puede asumir el habla empírica. Por eso, el modo particular en el que artistas y escritores imaginan lo urbano ya está predeterminado por las representaciones de la ciudad en el imaginario colectivo de sus habitantes. Así, en su materialidad y su simbolismo cada ciudad constituye un texto que se puede leer, siendo su arquitectura y su configuración espacial la gramática que lo organiza. Si cada ciudad es un texto colectivo que vehiculiza y almacena una cultura, una memoria colectiva, una narración geográfica e históricamente emplazada, cabe preguntarse por las formas de esa inscripción en el imaginario colectivo y sus procesos de sedimentación en el lenguaje, la forma en que se gesta la identidad, se conforman los ideales y la formas del conformismo, en definitiva, como se magullan los sueños. Cada transformación de la ciudad, cada re-organización territorial, cada nuevo multicine o megamercado, articula nuevas formas de relacionarnos o distanciarnos en la escena urbana. Con cada edificio que desaparece o se transforma desaparece una forma ritual de vida, se silencian saberes y memorias colectivas, se apagan los ecos de los fantasmas que pululan en aquellos lugares, los que hicieron propios y en los cuales afincaron su memoria e inscribieron su huella en el tiempo.

Todos aquellos espectadores, ansiosos de intimidades que asaltaban los museos antiguos como quien allana una vivienda burguesa, todos aquellos decepcionados por el lenguaje plano y discreto de la pintura abstracta, todos los espectadores corrientes del arte moderno se quedan sin palabras ante la patética soledad de los personajes que pululan en obras como las de Edward Hooper. Aunque tal vez Hopper mismo no lo supiese, lo que pintaba era un mundo sin salida, donde sus habitantes estaban atrapados. Todos sus cuadros parecen encerrarse en una impotencia tranquila, resignada, que fluye desde el rostro de las figuras solitarias o se disemina por las escenas urbanas, de gasolineras abandonadas. De los perfiles velados por la melancolía y el clima, de la "American Scene", fría e impersonal, como si el lienzo fuera el registro agujereado por la descarga a quemarropa de dos gangsters al amanecer1. Nunca un espacio público apareció tan desolado. La vulnerable intimidad de los "Halcones de la noche" nunca fue más vacía, nunca el espacio público estuvo habitado por fantasmas de una identidad más declinada.

Rostros sin perfiles se difuminan en el anonimato de las aglomeraciones, conformando el espacio protosocial, premisa escénica de cualquier sociedad. El espacio público es, precisamente aquél en el que el sujeto que se objetiva, que se hace cuerpo, que reclama y obtiene el derecho de presencia, se nihiliza y se convierte en una nada ambulante e inestable. Ese cuerpo lleva consigo todas sus propiedades, tanto las que oculta o simula, como las reales, las de su infamia como las de su honra, y con respecto a todas esas propiedades lo que reclama es la abolición tanto de unas como otras, puesto que el espacio en que ha irrumpido es –como se señaló– anterior y ajeno a todo esquema fijado, a todo lugar, a todo orden establecido.

Quien se ha hecho presente en el espacio público ha desertado de su sitio y transcurre por lo que por definición es una tierra de nadie, ámbito de la pura disponibilidad, de la pura potencia, tanto de la posibilidad como del riesgo, territorio huidizo –la calle, el vestíbulo de estación, la playa atestada de gente, el pasillo que conecta líneas de metro, el bar, la grada del estadio– en el más radical anonimato de la aglomeración, donde el único rol que le corresponde es circular. Ese espacio cognitivo que es la calle obedece a pautas que van más allá -o se sitúan antes de las lógicas institucionales y de las causalidades orgánico-estructurales, trascienden o se niegan a penetrar el sistema de las clasificaciones identitarias, dado que se auto-regulan a partir de un repertorio de negociaciones y señales autómatas. Las relaciones de tránsito consisten en vínculos ocasionales entre "conocidos" o simples extraños, con frecuencia en marcos de interacción mínima, en el límite mismo de no ser relación en absoluto. Aquí se esta librado a los avatares de la vida pública, entendida como la serie de interacciones casuales, espontáneas, consistentes en mezclarse durante y por causa de las actividades ordinarias. Las unidades que se forman surgen y se diluyen continuamente, siguiendo el ritmo y el flujo de la vida diaria, lo que causa una trama inmensa de interacciones efímeras que se entrelazan siguiendo reglas a veces explícitas, pero también latentes e inconscientes. Los protagonistas de la interacción transitoria no se conocen, no saben nada el uno del otro, y es en razón de esto que aquí se gesta la posibilidad de albergarse en el anonimato, en esta especie de película protectora que hace de su auténtica identidad, de sus secretos que lo incriminan o redimen, o de igual forma, de sus verdaderas intenciones, como terrorista, turista, misionero o emigrante, un arcano para el otro.

La vida al descubierto es así constante posibilidad de encuentro o desencuentro, posibilidad de evasión, territorio abierto al desvío, al suceso imprevisto, a distraerse, a la posibilidad siempre cierta de extraviarse en el límite invisible de lo ilegal. En el trayecto rige una normatividad difusa, tenuemente sumergida en lo tácito y negativo de lo que no debería hacer el transeúnte a fin de conservar el anonimato2 –y no despertar sospechas– y llegar así a su destino: como no desnudarse en público, no pintarrajear las murallas públicas ni hacer graffitis en monumentos arqueológicos.

2.- LOS 'NO LUGARES' Y EL TURISMO A GRAN ESCALA.

Todos, también, hemos estado solos en algún aeropuerto, en ese terminal de una red inmensa e indeterminada de flujos que se mueven y se mezclan en todas direcciones, en esa situación de tránsito tan propio de los no-lugares, se experimentan ciertos estados de gracia posmodernos como el del viaje, cuando en lugar de estar, nos deslizamos, transcurrimos, sin afincar nuestra identidad ni tener que comprometernos más allá de dos horas. Aquí, en estos nuevos espacios de la indefinición, donde el tiempo se extiende como goma de mascar advienen nuevas y extrañas enfermedades como las cronopatías -derivadas del abrupto cambio de usos horarios no asimilables a los ciclos biológicos. Este extraño personaje, el viajero, nunca está, ni nunca estuvo realmente en un sitio, sino que más bien se traslada, se desplaza, él mismo es sólo ese tránsito que efectúa y en el momento justo en que lo efectúa.

El espacio se constituye a través de interrelaciones, desde lo inmenso de lo global hasta las formas de la intimidad, es lo que nos abre a un plexo, a una esfera donde coexisten múltiples trayectorias. Estas interrelaciones hacen del hombre un ser abierto al mundo, un constructor de espacios que a su vez lo constituyen a él. Hombre y espacio se co-determinan en interacciones potenciales; el espacio nunca puede quedar clausurado sobre sí mismo, nunca puede agotar de modo simultáneo y completo todas las interconexiones.

Todo esto acontece –o deja de acontecer– en los así denominados "no lugares" en oposición al concepto "antropológico de lugar" asociado por Mauss3 y toda una tradición etnológica con el de cultura localizada en el tiempo y en el espacio. Los no lugares son tanto las instalaciones necesarias para la circulación acelerada de personas (vías rápidas, empalmes de rutas, aeropuertos) como los medios de transportes, o también los campos de tránsito prolongado. En este momento en el que, sintomáticamente, se vuelve a hablar de patria4, de la tierra y de las raíces, lo que prevalece es el turismo a gran escala.

Para convertirse en turista es necesario adoptar una actitud: revisar folletos, proyectar itinerarios, tramitar documentación. Curiosamente el pasajero de los no lugares sólo encuentra su identidad en el control aduanero. Mientras espera, obedece al mismo código que los demás, registra los mismos mensajes, responde a las mismas apelaciones. El espacio del no lugar no crea ni identidad singular ni relación, sino soledad y similitud5. ¿Por qué? Porque los no lugares mediatizan la relación del individuo con el espacio al crear una contractualidad solitaria; los no lugares se definen por las palabras o los textos que nos proponen para que podamos establecer una relación con ellos. Cuando la relación con la historia se estetiza y desocializa, cuando se vuelve artificiosa, como en el caso del turismo y en el que el tour y el calendario fotográfico se vuelven souvenir de los sitios y las ciudades se transformadas en museos y en mera alusión: la imagen suplanta al monumento, al lugar y la relación que con él pueden establecer los individuos, y deja, por tanto, de ser una forma de fijar la identidad. Más bien es una forma de suplantación o simulacro. Como el protagonista es incapaz de crear un vínculo real tanto con los espacios como con las personas, el simulacro es la única manera que se le ocurre para reencontrarse consigo mismo.

Los espacios turísticos son, a este respecto, enclaves diseñados para secuestrar cualquier experiencia real del visitante con la ciudad, regulándolos a través del control de cuatro aspectos principales de la agenda: el deseo, el consumo, el movimiento y el tiempo. El deseo y el consumo son regulados por la promoción y el marketing. El tiempo y el movimiento están estrictamente confinados (por pasillos, torniquetes de acceso, escaleras mecánicas, túneles y galerías) y monitoreados (por cámaras y guardias de seguridad). El uso del tiempo es también delimitado por la programación de espectáculos y representaciones y por características físicas como la disponibilidad o ausencia de asientos y lugares de reunión6. Las experiencias y productos en oferta combinan la homogeneidad y la heterogeneidad, suficiente tanto para dar un sentido de comodidad y familiaridad como para inducir también un sentido de novedad y sorpresa. Estos enclaves son generalmente incorporados en una textura urbana que se ha convertido en un objeto de fascinación y consumo en sí misma. Ir de malls constituye en sí mismo una actividad y un programa. Las grandes tiendas por departamento, megaproyectos urbanísticos, paradigmáticos de la globalización, estas verdaderas "postales de la modernización" operan como ciudades satélitales; los nuevos shoppings a imitación de los malls norteamericanos. Renovaciones urbanas todas que, no sólo continuaron la filosofía de los proyectos faraónicos bajo las dictaduras latinoamericanas -las grandes autopistas, los volúmenes deshumanizados de la arquitectura – en un paroxismo globalizador del neoliberalismo.

La contrapartida de estas postales y simulacros primermundistas es la "fractura social y urbana" que afecta el espacio físico y mental de nuestras ciudades a partir de la creciente brecha de los ingresos de las clases altas, medias y las bajas. El neoliberalismo ha polarizado no sólo la fuerza laboral, sino que con ello, divide la ciudad en estancos más o menos fijos, esto se traduce en ciudades cada vez más compartimentadas en espacios físicos que no interactúan entre sí.

La gran ciudad ha asumido así el estatus de exótica7. Esto ha hecho que el turismo moderno ya no esté centrado en los monumentos históricos o los museos, sino en la escena urbana, o más precisamente, en alguna versión de la escena urbana fronteriza, no adecuada para el turismo. La "escena" artificial que los visitantes estándar consumen está compuesta por un calidoscopio de experiencias orientadas por agencias turísticas. Pero lo que el verdadero explorador -lo que este particular tipo de turista etnógrafo8- busca es una especie de turismo aventura urbano; salir de las áreas donde deambulan habitualmente los turistas puede ser una experiencia peligrosa -y por ello excitante-, adentrarse en nuevos territorios nocturnos, en áreas "tensas" –barrios fronterizos– o simplemente zonas donde pueden vivir y trabajar personas de verdad, ubicadas en los márgenes urbanos, más allá de los cordones industriales: minorías étnicas, gente de color, inmigrantes, pobres. Tales áreas pueden ser atractivas precisamente porque no han sido construidas ni dispuestas para los turistas. Aquí, fuera de la habitual zona acomodada, los turistas pueden pasear en un espacio intelectual y físico interesante e impredecible. Hay algo emocionante en ese límite.

3.- LA CIUDAD COMO MUSEO.

La interrogación por los nuevos sentidos del espacio público, por los nuevos modelos espaciales de convivencia, tiene innegables dimensiones antropológicas, estéticas y políticas. Aludir a la "cosa pública" significa remitirse a ese ámbito de la vida en el que nos encontramos con los otros seres humanos, un espacio abierto de concurrencia caracterizado orteguianamente como "vida en común", "esfera pública" o de una forma más clásica como praxis política. Pensar en los lugares y las formas urbanas de relación –la circulación acelerada de personas- permite definir los nuevos modos de ser humano, de organizar la convivencia, los desplazamientos; constatar la nuevas formas de soledad y aislamiento en una urbe sobrepoblada. El entrecruzamiento de producciones socioestéticas diversas produce ciudades metafóricas y fragmentadas, donde la heterogeneidad y la dispersión de los signos identitarios nos convierte a unos respecto de otros en transeúntes que apenas intercambian huidizas miradas, desfigurados, con un rostro velado, verdaderos espectros, figuras del anonimato, desposeídos de nuestra identidad por la celeridad de nuestros desplazamientos reales o virtuales.

La ciudad como hecho colectivo se manifiesta, fundamentalmente, en la red de espacios públicos. La ciudad es un plexo geográfico, una organización económica, un proceso institucional, el teatro de la acción social, un símbolo estético de unidad colectiva9. Principales referentes de la memoria colectiva, representan el encuentro con el otro y con el lugar, y a ellos se asocia la capacidad de identificación y apropiación ciudadana, contribuyendo decisivamente a la estructuración y al reconocimiento de la ciudad. Ello explica que los espacios públicos ocupen tradicionalmente un lugar preferente en los discursos sobre la ciudad, pues, a fin de cuentas, reflexionar sobre el espacio público significa reflexionar sobre la ciudad, sobre las maneras de habitarla y las formas a través de las cuales se construye y se representa10. Sin embargo, estos discursos se han vuelto ambiguos, dominando más bien la despreocupación de los ciudadanos por la cosa pública, cuestión que marcha de la mano con la crisis de identidad y falta de albergue metafísico. Ambos síntomas suelen ir acompañados de notorias desorientaciones geopolíticas, desconocimientos históricos y prejuicios ideológicos.

Un mundo donde se nace en una clínica y se muere en un hospital, dónde pueden tener lugar futuristas ceremonias fúnebres con el cuerpo expelido en un cohete de acero, un contenedor rumbo a realizar periplos de inmortalidad. Un mundo extraño, donde se multiplican en modalidades lujosas o inhumanas los habitáculos, desde un foso en Guantánamo a un lujoso hotel-cápsula de Japón11 –diseñados para ejecutivos sin tiempo para volver a casa; los puntos de tránsito y las ocupaciones full time, las cadenas de hoteles y las habitaciones ocupadas en el Green Plaza Shinjuku, los clubes de vacaciones, los campos de refugiados, las barracas miserables destinadas a desaparecer o a degradarse progresivamente produciendo zapatillas Nike; un mundo donde se desarrolla una abigarrada red de transporte que son también espacios habitados12, donde el habitué de los megamercados, de los malls, de los cajeros automáticos renuevan los gestos pantomímicos del comercio autista. Un mundo así desacralizado por oficio y sin rituales, mudo e indiferente, prometido a la individualidad solitaria, a lo fugaz y efímero, al paisaje de neón, a los fundidos del inconsciente un destello turbador y una oquedad donde hundir la cabeza. Sólo las ciudades del futuro pueden ofrecer la esperanza de un verdadero lugar donde el corazón no sea turbado, un lugar proféticamente anunciado, donde hay muchas moradas, más que las del Green Plaza de Tokio. Allí donde finaliza el país retórico y una alteración del umbral del entendimiento ciega al sabio, dando paso a una zona de indiscernibilidad espiritual. Se abren aquí nuevas perspectivas ya no sólo para una antropología de la sobre-modernidad, sino para una etnología de la soledad y la esperanza escatológica.

4.- DIÁSPORA Y "CRONOTOPÍAS DE LA INTIMIDAD".

Las figuras del desplazamiento –el viajero, el vagabundo, el paseante, el peregrino, el emigrante, el exiliado, el expatriado, el turista– trazan sus recorridos transitorios o permanentes en medio de geografías divergentes, de lenguas ajenas, en medio de objetos y rostros desconocidos. El viajero, el ser en tránsito, figura antropológica de la diferencia siempre enigmática e inquietante, cuya trayectoria en los márgenes modula los espacios simbólicos de la modernidad es alguien que debe ajustar cuentas con su propia condición desplazada, con los materiales volátiles de la identidad y hacer del "hogar" no ya un lugar físico sino "una necesidad móvil", una tienda de campaña, un deseo cambiante pero permanente– de "otro lugar", un característica tensión hacia otra parte.

Aquí, según cabe aclarar, no se trata de la figura romántica del viajero, sino de una tumultuosa y agitada masa de pasajeros recurrentes; flujos que se agolpan en las aduanas y que no dan lugar precisamente al descubrimiento de la singularidad del otro sino más bien al recelo, la resignación, la jurisprudencia o la xenofobia. Pero quizá algo de aquella investidura persiste, incluso cuando la globalización no ha dejado ya territorios "desconocidos" ni extrañezas que sorprendan demasiado a los propios emigrantes: se tiene ya una imagen, mil veces reiterada, del lugar al que se llega, una idea de la lengua, una colectividad previamente afincada, una visión de los objetos casi universal. Lo que persiste es justamente la distancia de la intimidad: lenguas, olores, sabores, ritos, estereotipos, rasgos que "caracterizan" la pertenencia a una comunidad y que suele aludirse como "intimidad cultural". A este respecto, la generación de una iconografía, una re-creación plástica del imaginario patrio, un trabajo y una experiencia artística compleja en la que el sujeto emigrante, sujeto en crisis por razones políticas, sociales o culturales, vive un intenso transe fantasmático con el espacio, ya sea el que abandona, el que recorre, el que ansía o al que llega, poniéndose a su vez a prueba con los otros en los que despierta la potencialidad de tolerancia o de hostilidad. Objetivamente el viaje migratorio no es sólo espacial, sino también –como hemos señalado– tránsito existencial. La necesidad expresiva configura una iconografía del extravío individual y social. No se trata de refugiarse sino de extraviarse, lo que hace de la representación del viaje una metáfora del olvido. En la pintura contemporánea el fenómeno migratorio adquiere así expresiones que van del imaginario del viaje como registro turístico, la inmigración ilegal y las variadas formas de la deportación. Del turismo a gran escala en la era de los trasatlánticos al fenómeno de los balseros cubanos, de las Bellas Artes al etno-arte, multi-cultural, híbrido, o chicano ciber-punk. Estas manifestaciones del arte contemporáneo conforman la memoria de la diáspora, modos de reapropiación psico-artísticos del territorio, de la "necesidad móvil" del "hogar" que perdura bajo la forma idealizada de un retorno al territorio que se añora. El lugar dónde todo comenzó y al cual se siguen teniendo amarras, como un buque que no consigue zarpar, la que siempre será la "tierra natal", donde el tiempo se detuvo y nos mantiene ajenos e indiferentes al devenir del mundo. Un retorno muchas veces irreal, de allí esas casas que el emigrante ya asentado en una patria lejana, compra en su pueblo natal –casas que nunca habitará– y que no tienen tanto que ver con el resguardo físico de una posteridad sino con esa inscripción mítica que, desde los tiempos del héroe, señala la vuelta –narrativamente– como el cumplimiento del sentido épico del viaje. Pero, en el complejo puzzle de la migración contemporánea, también hay un "retorno" efectivo adonde nunca se estuvo antes: la tierra de los padres o abuelos, reconquistada esta vez, quizá sin tono épico ni imaginación previa, por sus descendientes. Y aun, es posible (re)crear el hogar en tierra extraña por la acumulación, justamente, de "cronotopías de la intimidad" bajo la forma de objetos atesorados, que se transportan en las valijas del emigrante o que se adquieren después, en prácticas altamente ritualizadas, en los "mercados de pulgas" del propio territorio de adopción: fotografías, ropas, utensilios típicos, souvenirs, una parafernalia de cosas entre el coleccionismo y el kitsch, que atiborran vitrinas o "altares" domésticos como nunca lo harían en la propia tierra, donde muchas de ellas serían desdeñadas precisamente por los mismos "efectos" de sentido–. Todas prácticas estéticas de la cotidianidad que configuran al mismo tiempo un relato del exilio y un lugar de memoria y cuyo intento de preservar la "identidad" toma, curiosamente, la forma de una "intimidad diaspórica".

NOTAS:

1. Adolfo Vásquez Rocca, "Edward Hopper y el ocaso del sueño americano", Revista Heterogénesis Nº 50-51 [Swedish-Spanish] _ Revista de arte contemporáneo. Tidskrift för samtidskonst: http://www.heterogenesis.se/Ensayos/Vasquez/Vasquez2.htm

2. Humberto Giannini, La "Reflexión Cotidiana"; Hacia una arqueología de la experiencia, (Santiago, Ed. Universitaria, 1999, p. 32).

3. MAUSS, Marcel, Sociología y antropología, Colección de Ciencias Sociales. Editorial Tecnos, Madrid, 1991.

4. SLOTERDIJK, Peter, "Patria y globalización; Notas sobre un recipiente hecho pedazos", en Revista Observaciones Filosóficas http://www.observacionesfilosoficas.net/patriayglobal.html.

5. AUGÉ, Marc, Los "no lugares"; espacios del anonimato, Ed. Gedisa, Barcelona, 1998, pp.106-107.

6. JUDD, Dennis R. El turismo urbano y la geografía de la ciudad. EURE (Santiago), . 2003, vol.29, no.87, p.51-62. ISSN 0250-7161.

7. SASSEN, S. Y F. ROOST, "The City: Strategic Site for the Global Entertainment Industry". Judd, D. R. & S. S. Fainstein (eds.), The Tourist City. New Haven: Yale University Press, 1999.

8. Manuel Delgado, "Trivialidad y trascendencia; usos sociales y políticos del turismo cultural", en Habitantes de Babel; políticas y poéticas de la diferencia., Ed. Laertes, 2000, Barcelona, p. 245.

9. MUMFORD, Lewis, "What is a city", Richard T. LeGates y Frederic Stout (eds.), 1996, Londres: Routdlege, pp.184-188).

10. MENDOLA, G., La ciudad postmoderna. Magia y miedo de la metrópoli contemporánea, Ed. Celeste. Barcelona, 2000.

11. El Green Plaza Shinjuku, es el mayor hotel-cápsula de Tokio y probablemente del mundo. El precio –4.300 yenes (31 euros)– da derecho a Hiroshi a pasar la noche en una cápsula, a guardar sus pertenencias en una estrecha taquilla en la que le esperan la yukata (el tradicional albornoz japonés) y una toalla, y a hacer uso de las instalaciones colectivas del hotel, que se publicitan como propias de un establecimiento de cuatro estrellas. El recepcionista ofrece una llave-pulsera a Hiroshi, que se ajusta a la muñeca, y le dirige hacia la zona de taquillas, estrechos espacios diseñados para contener un traje y un ordenador portátil, el equipaje del hombre de negocios japonés. Junto a medio centenar más de hombres silenciosos, cambia su traje por el albornoz, la única vestimenta permitida en el interior del hotel. Con las zapatillas de celulosa en las que luce el logo del Green Plaza, Hiroshi recorre interminables pasillos repletos de cápsulas que dan la sensación de encontrarse en un cementerio. Filas de dos pisos de nichos. Un piloto verde encendido avisa de cuáles están ya alquiladas, aunque la mayoría de ellas tiene recogida la esterilla de bambú que hace de puerta, y aparece vacía. Busca su cápsula, la 2136, y se introduce en el pequeño cubículo amarillo: 1 metro de alto, 1 de ancho y 1,90 de largo. Hace calor. Abre la boca del aire acondicionado, situada en el techo sobre la cabeza, a pocos centímetros de la única fuente de luz del interior. Una fresca corriente de aire inunda el pequeño nicho, acompañada de un susurro. Un blanco haz de luz revela los detalles del alojamiento, que no cuenta con ningún ángulo recto ni esquinas afiladas, que suponen un peligro en tan reducido espacio. En el lado izquierdo, la pared sólo cuenta con un espejo circular y un panel en el que se explican las rutas de escape en caso de emergencia. También se detallan algunas prohibiciones como la de fumar en el interior o la de pernoctar dos o más personas en un solo cubículo, algo incomprensible para la mentalidad occidental. El lateral derecho cuenta con un pequeño saliente a modo de repisa, y sobre él se encuentra el panel de mandos, con el que se controla desde la intensidad de la luz hasta el canal del televisor. Tras comprobar que la pantalla empotrada en el techo funciona, se dirige con su toalla al quinto piso del hotel, donde están los baños y las saunas comunitarias.

12. AUGÉ, Marc, Los "no lugares"; espacios del anonimato, Ed. Gedisa, Barcelona, 1998, p. 84.

X. MUSIQUE

THE ART OF NOISE AFTER FUTURISM - NON-MUSIC AND THE SIXTH SENSE OF SOUND ART

Rasmus Cleve Christensen

Biographie de l'Auteur:
Is a student of Modern Culture at the University of Copenhagen's Department of Arts and Cultural Studies and has mostly been engaged in writings on experimental music, radio and sound art.

Résumé de l'article:
Noise is the negation of music. It is the antithesis to music's harmony and beauty. From Futurist avant-garde experiments over contemporary noise music to recent sound art's focus on the inaudible, noise keeps subtracting from our conception of music at the same time expanding our vocabulary of sound.

The story of the avant-garde's influence on the evolution of 20th century music is that of a negative void absorbing the institution of music and altering it from the inside. A number of different art movements from Futurism and Dadaism to Fluxus devoted themselves to also having a radical musical output. The overall scheme being the deconstruction or dissolution of the basic ideas of classical Western musical theory and the conception of what music could be. This was in accordance with the overall project of the avant-garde: breaking down the institution of art and presenting an alternative or utopian worldview. Within the institution of music, the attempts were mostly carried out through what one might call non-music: either non-musical sounds, noise, incidental composing or – in the case of Fluxus – happenings in the form of non-musical acts (i.e. not playing a piano for four and a half minutes) or violent anti-musical acts (smashing the piano etc.).

And presenting a non-music within the institution of music was as much a political act as an aesthetic notion. A fairly radical shift in musical aesthetics and a change of pace in developing new composing techniques had already taken place. In the late 19th century the use of dissonance grew into a number of distinctly different approaches to music when composers such as Richard Strauss and Gustav Mahler cleared the way for Arnold Schönberg and Claude Debussy amongst others to present composing techniques that boded the ideas of later modernist music like atonality, the twelve-tone technique, polytonality, microtonality, tone clusters, serialism, extended techniques like prepared piano or the striking of violin strings etc. Unorthodox practice for some yet a natural progress in the eyes and ears of others, this change in aesthetics didn't quite match the more radical and politically potent approaches of the early avant-garde movements: an aesthetic change that would also cause social change.

A true negation of the concept of music was probably not presented until 1913 when a member of the Italian Futurist movement, painter Luigi Russolo, wrote a letter to his friend and fellow Futurist Francesco Balilla Pratella in the form of a manifesto entitled *L'arte dei rumori* (later translated into *The Art of Noises*). This manifesto was to become one of the most influential texts on musical aesthetics in the 20th century. In the manifesto Russolo put forth the idea of a new kind of music or an evolution of contemporary music that would reflect the modern industrialized world, which fascinated the Futurists so much. He wanted the noisy sounds of machines and urban life to be the actual tones and timbres of which music consisted. Russolo wished to radically change people's conception of what music could be. He wanted to expand our vocabulary of sounds and felt the time was right for musical noise.[1]

Russolo started building mechanical noise instruments to produce the sounds he wanted for musical purpose. He divided noise-sounds into several categories and built a different instrument for each one. He would then perform with orchestras of people playing the different noise instruments in compositions depicting modern life with titles such as *Risveglio di una città* (*Awakening of a City*) and *Convegno d'aeroplani e d'automobili* (*The Meeting of Aeroplanes and Automobiles*) both performed for the first time in 1914.

With his ideas and innovations many consider Russolo to be the father or inventor of noise music, which is today an established music genre.[2] I intend to explore the musical evolution from Russolo to contemporary noise music and sound art as well as discuss the difference between Russolo's art of noises and noise music today. This evolution is in many ways the history of non-music: the story of how radical ideas about music, sound and art became the foundation of a change in musical aesthetics and conception.

Firstly, I want to emphasize that Russolo's ideas in some cases have been taken too literally. He called his music – and the music he wanted contemporary music to evolve into – an art of noises, as in *sounds*, not simply a noise music.[3] This opens up to a new understanding of Russolo's ideas about incorporating noises into music. Because that is what he wanted: to produce noises in a musical context that would represent the modern industrialized world with its many noises coming from the industry's machines and other technology. But at the same time these noises where to fuse and create a more abstract musical soundscape that was more than the sum of its elements. In this way, Russolo's music was more a music of noises than a noise music per se.

I wish to trace the heritage of Russolo and his manifesto by demonstrating how most of his ideas are present in a lot of recent sound art that deals with recorded sounds and noises, and not so much in the noise music descending from the Futurists and other avant-garde movements. His idea of music has much more to do with the so-called industrial music of Britain's Throbbing Gristle or the French *musique concrète* than the synthetic and electronic noise bursts of for instance today's Japanese noise scene founded and led by such acts as Hanatarash, Hijokaidan, Incapacitants and Merzbow. Nevertheless, these are the ones given the label of noise music.

What is noise? A short etymology

Can noise be defined? According to Danish noise and music theorist Torben Sangild one single definition isn't possible. He instead provides three basic definitions of noise: an acoustic (relying purely on physics), a communicative (distortion or disturbance of a communicative signal) and a subjective one (what is noise to one person can be meaningful to another; what was considered unpleasant sound yesterday is not today).[4] None of them being musical, all of these definitions can be related to music. Acoustic noise like white noise (as that of an untuned radio) is used or approached in much noise rock and in harsh noise music. Distorting the electrical signal of an instrument is present in almost all harder rock music in the form of feedback or similar. And if noise wasn't a subjective term, a discussion about which sounds can be considered musical sounds wouldn't be as complicated.

Sangild also traces the meaning of the word noise in most Western languages to mean something aggressive, powerful and disturbing, filled with tension. It comes from the Greek *nausea* referring both to the roaring sea and the seasickness it causes. And for instance the German word for noise *Geräusch* derives from *Rausch*, which means intoxication.[5]

All these different meanings give an impression of noise not only meaning something powerful and disturbing but also something with a powerful, intoxicating or unpleasant effect. Thereby it stands somewhat in contrast to some of the basic ideas of Western musical theory such as beauty, melody and harmony. So what is noise in relation to music? Is it a nauseating music? A type of music without melody or harmony? Or music with no submission to rules or musical theory, consisting of abstract sounds with no obvious source or purpose?

THE PROBLEM WITH NOISE MUSIC

What we today refer to as noise music has a complex history. It bares obvious traces of the Futurists and other pre-war avant-gardes as well as other early 20th century musical innovators such as Schönberg or Debussy.[6] But the most noticeable influences come possibly from Fluxus and other avant-garde contenders of the 1950s and 60s where also electronics play a distinct role in composing and creating music, the most influential figures here perhaps being Karlheinz Stockhausen, Edgard Varèse and of course John Cage.

Noise theorist Paul Hegarty argues that some of Cage's work with its incidental sounds represents perfectly the tension between desirable and undesirable sound that according to Hegarty is one of the main characteristics of noise music.[7] One can almost draw a straight line from Cage's experiments in the past to the most radical noise bands of today. For instance Incapacitants whose aim it is to produce "pure noise" uninfluenced by musical ideas or even human intention echoes Cage's ideas of freeing music by letting any sound be musical sound. The incidental is a basic aspect of Cage's so-called chance music as for instance his *Imaginary Landscape No. 4* from 1951 where 12 radios play differently depending on what is being aired and how the performers adjust the radio tuners.

Merzbow is perhaps the most radical noise musician today with over 300 releases since 1979 consisting mainly of continuous harsh noise that gives the listener almost no chance to determine the source of the sounds in the music. As far as form goes one could make a visual comparison to the drip paintings of abstract expressionist Jackson Pollock. The unsystematic but massive layering of the somewhat formless material of paint leaves out any figurative elements and gives dominance to the supremacy of texture. Similarly Merzbow takes a sound that seems basically as noisy or abstract as musical sound gets and further evolves it into something even more abstract, layering sounds until they loose all rhythm and progression and finally become just a timeless maelstrom of frequencies; nothing but texture.

However the sonic universe of this and most contemporary noise music is mainly synthetic and explores a parallel world of sound that is produced mainly through experiments with electronics or extreme distortion of amplified sounds and instruments. Noise music is about finding the most abstract sounds that man can create. It is about exploring and digging deep into the backside of music pushing the limit of musical sound. It is equally as fascinated or occupied with technology as say the Futurists but stands in great contrast to Russolo's ideas of representing the world he was living in by reproducing the sounds it created.

Using electronics in music or composing music entirely on electronic devices like synthesizers or computers will almost inevitably have a synthetic sound less true to life. And therefore not be in accordance with Russolo's idea of music that depicts the real world.

A CONCRETE MUSIC

Searching for a Russolian music depicting the surrounding world through concrete sound compositions (a music of noises) it is much more rewarding to first look at the so-called *musique concrète* movement of post-war France. Like Russolo's music *musique concrète* bases musical composition on the use of real life sounds. Russolo couldn't record sounds, and therefore imitated them, but by the 1940s technology had made it possible to record and store sound on records (or the latest invention of magnetic tape) for later transformation into musical compositions. And in the case of *musique concrète* this transformation was achieved by cutting up, speeding up, reversing or looping the recorded sounds. Pierre Schaeffer who gave the music its name in 1948 borrowed his aesthetics from the sound of broken shellac records cutting up and accidently looping bits of a recording. He started playing around, manipulating and intentionally cutting up sounds that he recorded onto records and then played on numerous record players simultaneously to make sound collages. Schaeffer also layered the sound instead of merely cutting and splicing bits of sound together. He later shifted to using only tape recordings and hereby expanded on the montage experiments made with sound on celluloid film by pioneers like Dziga Vertov and Walter Ruttmann.[8]

With his inventions Schaeffer led a whole movement of European radio-technicians-gone-composers (and vice versa) producing sound experiments and music through tape manipulation. The sounds he used were everyday sounds of for instance railway stations as on *Etude aux Chemins de Fer* (*Railroad Study*, 1948). Hereby he can be seen as a successor of Russolo at the same time expanding the technique and the instruments by using the latest available technology.

A MUSIC OF INDUSTRY

The sound of industry, the aesthetics of breaking machinery and the cut-up technique of *musique concrète* was inspirational to the British performance art and musical group Throbbing Gristle who in the late 1970s invented the term industrial music to give name to their record label Industrial Records. A hate towards the record industry made them run their label as a sort of parody of that industry (hence the name) and a noisy destructive aesthetics was adopted to contrast the pop music of the time. But the industrial analogy goes farther than that. Throbbing Gristle's sound was made up of playing around with machines and recording in an abandoned factory in an industrial outskirt. It literally became an industrial sound. This influenced other contemporary bands and later the term industrial as a genre has been used to describe the music of Throbbing Gristle and other British groups of that period along with German bands like Einstürzende Neubauten. It is used to describe music that uses the sounds of the industry as musical sounds. Instruments are a blend of rock instruments, electronics and actual machines like power tools. Also the use of tape loops and cut-ups are present in especially the music of Throbbing Gristle. The sound and themes of the music reflects ambivalence towards technology and industry by on one hand being fascinated with the sounds of electronics and machines but also being the sound of machinery breaking and the dream of modern life shattering. The sound often has an overall gloomy even dystopian feel.

As Sangild agrees Russolo's music can be seen as an early form of industrial music.[9] Though his music was, in accordance with his Futurist sentiments, purely a fascination with and even a tribute to modern life (industry, speed and technology) the idea of music as a depiction of modern technological life and of making music about machines, using those very machines is present here in an early form.

Though there wasn't much talk of industrial music before them, Throbbing Gristle can then be seen as being on the verge of making an actual post-industrial music; at least when seen in continuation of Russolo. It is some of the first music to turn the wonders of electronic sound into something negative and dystopian, but it is still only the beginning of a music reflecting on life after the boom of an industrial age.

Looking for a music or art that keeps the ideas of Russolo alive today by elaborating on them and bringing them up to date both musically, technologically and ideologically, I want to bring attention to a fairly new branch of music or sound art that incorporates the ideas of Russolo in a much more accurate way than the music that calls itself and is called noise music and that actually doesn't even explore a noisy or destructive aesthetics that much in doing so.

THE RETURN OF THE REAL NOISES

Using the same source material but leaving out the cut-up techniques of *musique concrète* and expanding on the budding post-industrialism of Throbbing Gristle, field recorders are putting out entire albums of highly innovative recordings of the world surrounding them.

Field recording is the practice of taking microphones and recording equipment outside the studio and recording the sounds of "the real world" in the most direct least manipulated way. Mobile recording equipment has been improving continuously since the 1940s and today microphones are available that can pick up even the smallest sounds and vibrations. One type, the contact microphone, consists of an ultrathin plate of ceramic so-called piezoelectric material that can pick up microscopic vibrations going through solid objects. It just has to be in contact with its surface. This is now the technological foundation for a whole group of sound artist that base their work on the field recording technique, most prominently perhaps Japanese artist Toshiya Tsunoda who specializes in recording the sound of inert matter and the insides of hollow objects.

Born in 1964 in Kanagawa in the Greater Tokyo Area, Tsunoda received his Masters degree from Tokyo National University of Fine Arts and Music. He now lives and works in Yokohama. He first started releasing his work in public in 1994 and has released albums on both his own as well as European and American record labels throughout the 1990s and 2000s.

Unlike new age recording artists of the 1970s who put out meditative albums with the sound of the ocean, the wind in the trees or birds singing, Tsunoda uses his microphones to reveal and offer his listener a trip into a whole universe of sounds we have never heard before, because we haven't been able to. We can't fit into most hollow objects and we aren't able to sense when most surfaces vibrate just a little. Through Tsunoda's recordings we get a chance to go there and to sense those objects in a new way.

Titles like *The Air Vibration Inside a Hollow, Low Frequency Observed at Maguchi Bay, Vibrational Movements of Metal Plates* or "Solid Vibration of the Surface of a Concreted Wharf where a Marine Products Market Used to Be" give an impression of the microcosmic or even metaphysical universe that Tsunoda's art is devoted to. In Tsunoda's best work the sounds of vibrating surfaces or air travelling through the insides of pipes and other hollow objects come together and even borders on musical composition in an ambient repetitive manner. A great example is from his 2002 album *Pieces of Air*, which deals with the sound of air, steam and gasses moving and its effect on surfaces. In the track "Inside of a Pipe at the Seashore 1" the sound is as implied recorded inside a pipe at water level on the seashore. A distant whistling of wind or air running through the pipe mixes with the sound of the ocean just outside. Every now and then a wave hits the pipe and creates a bass-heavy plastic-like resonance easily confused with a beat or rhythm. This is where the recordings come closest to Russolo's industrial symphonies and *musique concrète*'s sound compositions of the everyday: when Tsunoda stumbles upon a microscopic real life musical composition in his surrounding environment.

A SIXTH SENSE

Russolo said that there was no silence left in the world because of industry and city life. With Tsunoda even the seemingly tranquil soundscape outside the city is not silent, but filled with a microcosm of noises. You could even say that his recordings become *clairaudient*[10] because they deal with sound that is not present in the world as it is sensed by human perception. The microphone or recording device becomes clairaudient in the way that it presents an extra-sensory perception of this world and thereby represents a world of sounds "hidden" from the human ear.

The concept of clairaudient art echoes of course Walter Benjamin's idea of the *profane illumination* linked with the Surrealist experience of art and everyday objects, which he believed to also have great revolutionary potential as described in his 1929 essay on Surrealism.[11] The concept of clairaudience in sound art brings actual sounds that are out of reach to the listener's attention. It illuminates that realm of sound, which is often overheard because it belongs to objects we have decided are mute. And at the same time clairaudience functions as a mere auditory equivalent to Benjamin's idea. Clairaudient sound art can help us expand our vocabulary of sounds and be a revolution of the sense of hearing, just as Russolo wanted. The clairaudient quality is perhaps where the idea of non-music stops subtracting and starts giving something back to the practice of sound perception, art and music.

Furthermore Tsunoda's work can be seen as a continuation of the idea of industrial music. Unlike Russolo's symphony of the great modern capital, Tsunoda rejects and leaves the city, focusing on the backside of industrialisation and urbanisation. He lives in the most densely populated area in the world, the Greater Tokyo Area, yet his recordings bear no witness of city life. As a field recorder, he could fill his DAT-tapes with all the furious, rampant and powerful sounds of the biggest city in the world, yet he chooses to walk the beaches of Yokohama and record little objects near the seashore that hardly make any sound at all. He fills his recordings with the noises of emptiness, of the outskirts and of technological material void.

If Russolo's art of noises was the first industrial music, Tsunoda's is the soundtrack of a post-industrial state of mind but an art of noises indeed. Tsunoda's music, like *musique concrète*, isn't really noisy. It just deals with noises (unwanted, overlooked or simply non-musical sounds) and can be associated with Russolo through the idea of industrial music – being the music depicting Modernity and technological life.

Russolo is not just the father of noise music. He can be seen as the father and predecessor of many of the ideas on which Modern music is founded. He was probably the first to present a music deliberately and manifestly opposed to the established conception of music, but one could say that the legacy from Russolo goes at least two ways: it has both inspired and helped lay the grounds for noisy music in general (dissonance, atonality, distortion, incidental composing, noisy aesthetics etc.) and thus for much Modernist music and today's noise music. But perhaps most of all he is the originator of the use of noises in music: everyday sounds and the sounds of modern life as musical material – and thereby quintessentially what I have labelled as non-music – that is truly the heritage of Luigi Russolo.

Noise shouldn't necessarily be taken literally as just being noisy or irregular sound. Noise can be seen as music's opposite; as the antithesis to what the term music meant at the beginning of the last century. And a hundred years later, fortunately, we still have a conception of music in constant motion.

NOTES:

[1]Russolo 2004: 10-11.

[2]Russolo is often credited as the first to talk of noise as music. See for instance Hegarty 2007: 5; Sangild 2003: 18-19; Sangild 2002: 9; Cox & Warner 2004: 60.

[3]The word *rumore* is Italian for noise (singular, a noise), but it also simply means a sound. As in English a sound can be noisy, loud or unexpected and is then called a noise. The plural *rumori* (used in the manifesto) translates into sounds, noises or simply noise. Alas an early translation of the manifesto entitled it *The Art of Noise* (Robert Filliou's translation originally published in 1967 by Something Else Press) while a later one has used the title *The Art of Noises* (translated by Barclay Brown and published in 1986 by Pendagron Press). Both translations make occasional use of the hyphenated *noise-sound* trying to provide an accurate meaning.

[4]Sangild 2003: 12-13; Sangild 2002: 5-8.

[5]Sangild 2003: 10; Sangild 2002: 5.

[6]For an ample description of the experiments in new musical language by composers Arnold Schönberg, Claude Debussy, Igor Stravinsky and others see Ross 2007: 43-66, 93-105.

[7]Hegarty 2007: 5.

[8]For details on the radio montage *Wochenende* (*Weekend*, 1928) by Walter Ruttmann, see Cory 1992: 340-41.

[9]Sangild 2003: 18, 32-33.

[10]Clairaudience literally means *clear hearing*. The term is used by soundscape theorist Raymond Murray Schafer to describe "clean hearing", a "total appreciation of the acoustic environment" and "exceptional powers of hearing". See Schafer 1994: 4,10-11. Adding to this the term's use within parapsychology where it alongside clairvoyance describes sensing in a paranormal manner, the term could be used to describe works by sound artists such as Toshiya Tsunoda, Christina Kubisch, Jacob Kirkegaard and Mats Björk.

[11]Benjamin 1999: 215-16.

BIBLIOGRAPHY:

"The Beauty of Noise: An Interview with Masami Akita of Merzbow" in Cox, Cristoph & Warner, Daniel (ed.): *Audio Culture: Readings in Modern Music*. New York: Continuum, 2004.

Benjamin, Walter: *Selected Writings, Volume 2, 1927-1934*. Cambridge, Massachusetts: Harvard University Press, 1999.

Cory, Mark E.: "Soundplay: The Polyphonous Tradition of German Radio Art" in Kahn, Douglas & Whitehead, Gregory: *Wireless Imagination: Sound, Radio and the Avant-Garde*. Cambridge, Massachusetts: MIT Press, 1992.

Hegarty, Paul: *Noise/Music: A History*. New York: Continuum, 2007.

Ross, Alex: *The Rest is Noise: Listening to the Twentieth Century*. London: Harper Perennial, 2007.

Russolo, Luigi: "The Art of Noises: Futurist Manifesto" in Cox, Cristoph & Warner, Daniel (ed.): *Audio Culture: Readings in Modern Music*. New York: Continuum, 2004.

Sangild, Torben: *Støjens Æstetik*. Copenhagen: Multivers, 2003.

Sangild, Torben: *The Aesthetics of Noise*. Copenhagen: Datanom, 2002.

Schafer, R. Murray: *The Soundscape: Our Sonic Environment and the Tuning of the World*, Destiny Books, 1994.

DISCOGRAPHY:

Both the music and liner notes of these releases have contributed to the descriptions of recordings in the article and this list also functions as a good starting point in exploring the history of some of the music(s) mentioned.

Hanatarash: *2*. Alchemy Records, 1988.

Hijokaidan: *King of Noise*. Alchemy Records, 1985.

Incapacitants: *As Loud as Possible*. Zabriskie Point, 1995.

Merzbow: *1930*. Tzadik, 1998.

Throbbing Gristle: *The Second Annual Report*, Industrial Records, 1977.

Toshiya Tsunoda: *Extract from Field Recording Archive #2: The Air Vibration Inside a Hollow*. Häpna, 1999.

Toshiya Tsunoda: *Extract from Field Recording Archive #3: Solid Vibration*. Infringitive, 2001.

Toshiya Tsunoda: *Pieces of Air*. Lucky Kitchen, 2002.

Various artists: *An Anthology of Noise & Electronic Music / First A-Chronology 1921-2001*. Sub Rosa, 2002.

Various artists: *Musica Futurista: The Art of Noises*. Salon, 2004.

JOHN CAGE: SILENCE AND SILENCING

Douglas Kahn
Professor of Media and Innovation
National Institute for Experimental Arts (NIEA)
University of New South Wales, Australia

Biographie de l'Auteur:

Douglas Kahn is Professor of Media and Innovation at the National Institute for Experimental Arts (NIEA) at the University of New South Wales, Australia. He was the Founding Director of Technocultural Studies and is Professor Emeritus in Science and Technology Studies at the University of California, Davis. Kahn is known primarily for his writings on the use of sound in the avant-garde and experimental arts and music. He is the author of *Noise, Water, Meat: A History of Sound in the Arts* and co-editor (with Gregory Whitehead) of *Wireless Imagination: Sound, Radio, and the Avant-garde*. More recently he has written on naturally occurring electromagnetism in science and the arts, a topic for which he received a 2006–2007 Guggenheim Fellowship.

With composer and founding editor Larry Austin, Kahn edited Source: Music of the Avant-garde, a collection of material drawn from the original *Source: Music of the Avant Garde* magazine series. His other projects include a collection, edited with the art historian Hannah Higgins, of essays and documents on the arts and early computing, *Mainframe Experimentalism*; and a book on the arts deployed across the electromagnetic spectrum, *Earth Sound Earth Signal*.

Kahn created the audiotape cut-up *Reagan Speaks for Himself* in 1980 using an interview conducted by Bill Moyers of Ronald Reagan when he was still a candidate for president. The first version was published on a Sub Pop audiocassette and the second version was published on a flexi-disc in RAW magazine. The audiotape was used in a dance mix by the Fine Young Cannibals and sampled by Eric B. & Rakim in their song "Paid in Full (Coldcut Mix)". Kahn appears in the 1995 film *Sonic Outlaws* by San Francisco filmmaker Craig Baldwin.
(http://en.wikipedia.org/wiki/Douglas_Kahn)

Résumé de l'article:

John Cage's ideas on sound, easily the most influential among the postwar arts, were developed with a great deal of dedication, imagination, and good will, within a complex of technical, discursive, institutional, cultural, and political settings, forever changing over the course of a long and productive career. They matured within the sphere of music and, until he began to branch out into other artistic forms, most of the ideas he adopted from elsewhere were brought into the fold of music. He was known for introducing noise and worldly sounds into music, in other words, for stepping outside the confines of Western art music, as well as proposing a mode of being within the world based on listening, through hearing the sounds of the world as music. However, when questioned from the vantage point of sound instead of music, Cage's ideas become less an occasion for uncritical celebration (as is too often the case among commentators on Cage) and his work as a whole becomes open to an entirely different set of representations. What becomes apparent in general is that while venturing to the sounds outside music, his ideas did not adequately make the trip; the world he wanted for music was a select one, where most of the social and ecological noise was muted and where other more proximal noises were suppressed.

> That a disagreeable noise should be as grateful to the ear as the sweet tones of a lyre is a thing I shall never attain to.
> —Meister Eckhart, cited by Ananda K. Coomaraswamy

Moreover, his ideas did not make the trip at a time when the social conditions of aurality and the nature of *sounds themselves*, in Cage's term, were continuing to undergo major transformations not immediately amenable to music as practiced. By midcentury, two decades after the first large onslaught of auditive mass media in the late 1920s, radio, phonography, and sound film had consolidated in the United States and expanded their overlapping positions. These media introduced on a social scale a newly pervasive, detailed, and atomistic encoding of sounds, gathering up all the visual, literary, environmental, gestural, and affective elements they brushed up against. Sounds proliferated by incorporating a greater divergence of cultural codes and worldly sources and generated still greater variety through internal means; the sheer number of sounds increased as they became freighted with multiple allusions and meanings. *Sounds themselves* took on multiple personalities and the nature of sound became less natural. Through the redundancies trafficked by means of mass culture, many sounds became naturalized and were capable of being perceived with greater speed. Under the guise of a new aurality, an opening up to the sounds of the world, Cage built a musical bulwark against the auditive culture, one founded on a musical identification with nature itself. During the 1960s when his interests shifted from musical to social issues, there was no corresponding shift to reconceptualize the sociality of sounds. At this point he decided to enter a tradition of mythic spaces by circulating the sociality of sounds through an impossible and implausible acoustics.

In this article, I will examine Cagean sounds at the amplified threshold of their disappearance—silence, small and barely audible sounds—and how the social, political, poetic, and ecological aspects correspondingly disappear. I will not venture into what Yvonne Rainer has called Cage's "goofy naivete" when it comes to politics,1 nor explore how Cage dealt with the theatrical, organizational, or institutional practices of Western art music, nor discuss Cage's compositional prowess. I will concentrate primarily on how his concept of sound failed to admit a requisite sociality by which a politics and poetics of sound could be elaborated within artistic practice or daily life. The immediate objection arises that he was just a composer, just making music, nothing else. Let us not confuse him with Elliott Carter. The core of Cage's musical practice and philosophy was concentrated on sounds of the world and the interaction of art and life; there is a musical specificity *to* be had within Cage's compositions, but it would be insufficient to understand his work as a whole. Indeed, my approach here takes Cage at his word. For instance, I take his slogan to *let sounds be themselves* very literally; I merely refuse to accept how Cage reduces sounds to conform to his idea of selfhood. When he hears individual affect or social situation as a simplification, I hear their complexity. When he hears music everywhere, other phenomena go unheard. When he celebrates noise, he also promulgates noise abatement. When he speaks of silence, he also speaks of silencing.

Silence has served as Cage's emblem. As a key to his developing work, silence (i.e., an absence of sound) was placed nicely between the odd materiality of sound and the organizational concerns of Western art music composition and theory. Organizationally, silence offset musical sound within duration and thereby established the basis by which rhythm and structure could accept all sounds by being privileged over harmony, pitch, and timbre, which he considered to be outside duration. Materially, silence shared duration with musical sound and would not contradict the extramusical sounds that Cage had already incorporated in his music. In this respect, silence took over where percussion, or rather the auspices of percussion, left off. Indeed, the rhetorical model for the ascendancy of silence in Cage's thought in the late 1940s can be found within his ideas of percussion/noise in the mid-1950s. At midcentury, once within the context of indeterminacy, silence then turned into its opposite: sound. At first, it was non-intentional sound, for instance, the sounds occurring within the concert space when musical sound was not being intentionally made. Just as with the older form of silence, these sounds of silence were heard (intentionally) as music. Eventually codified in the publication of *4'33"*, an ultimate *silent piece* could occur anywhere and anytime, all sounds could be music, and no one needed to make music for music to exist. As one indication of how much this new Cagean silence departed from common usage, loud sounds too could be silence. "Silence is all of the sound we don't intend. There is no such thing as absolute silence.

Therefore silence may very well include sounds and more and more in the twentieth century does. The sound of jet planes, of sirens, et cetera."2 The next step was to interpolate sound (and thereby music) back onto a seemingly intransigent silence of objects. If silence was actually sound, then all matter *too must* be audible, given the proper technology to detect the soundful activities at the level of subatomic vibrations. Matter is dissolved as technology denies inaudibility and forbids silence.

Before tracking the development of such a powerful nothingness, it is crucial to understand how for Cage sound and silence come back to music. With regard to the line separating sound and musical sound, Cage played a unique role in that he took the avant-garde strategy to its logical conclusion. Luigi Russolo initiated the strategy whereby extramusical sounds and worldliness were incorporated rhetorically or in fact into music in order to reinvigorate it. Cage exhausted this strategy by extending the process of incorporation to a point to every audible, potentially audible and mythically audible sounds, where consequently there existed no more sounds to incorporate music, and he formalized the performance of music to where it could be dependent upon listening alone. He not only *filled music up*, he left no sonorous (or potentially sonorous) place outside music, and left no more means to materially regenerate music.3 He *opened music up* into an emancipatory endgame.

At the same time, Cage *made music more musical*. He criticized what everyone took as music in the same manner that the inclusion of noise in music itself had been criticized, that is, sound (musical sound) was not meant to carry extraneous meanings. His best-known campaign, of course, was against self-expression, which he equated most commonly within the German Romantic tradition and the classicism of Beethoven: "Are sounds just sounds or are they Beethoven?"4 He eventually extended this concept to include a number of elements present inside and outside Western art music. He credits Varese for having "fathered forth noise" but then berates him for subjecting sounds to his imagination: "Rather than dealing with sounds as sounds, he deals with them as Varese."5 When it came to "jazz" Cage saw problems with ego-driven improvisation, along with measured time ("It is useful if I have to catch a train, but I don't think that catching a train is one of the most interesting aspects of my living"), orature, and collectivism ("The form of jazz suggests too frequently that people are talking. . . . If I am going to listen to a speech then I would like to hear some words"), among other attributes. 6 And after a certain point communication, ideas, and intention were also to be expunged so all that was left was a *sound in itself* (what could be termed, in a philosophical mix, "the call of the *ding-a-ling an sich"*). This tendency in Cage was a measure of the degree to which he was lodged within Western art music and how willing he was to carry further its processes of exclusion and reduction with respect to sound in general.7 It was as though he could legitimately extend the bounds of musical materiality only by proving an unflinching fidelity to musical areferentiality on its own turf.

Cage's battles within music informed the most fundamental features of his thought, including how he heard and conceptualized worldly sounds, how he understood the operations of signification, and how he formulated the role of the artist, in particular, his campaign against ego-investment and his concomitant interest in Asian religious thought and Christian mysticism. These considerations made their first coordinated impact on his thinking during the critical years 1948—52, from the proposal for his first silent composition, Silent *Prayer* (1948), to his most notorious composition, *4'33"* (1952).8 The link between these two silences, moreover, demonstrated how he developed techniques and rationale, while engaging the sounds and silences *of* the world, to musically silence the social.

MUCH TO CONFESS ABOUT NOTHING

In 4 *'33"*, commonly known as the silent piece, the performer sits at the piano and marks off the time in three movements, all the while making no sound.9 An unsuspecting audience (if one still exists) might attempt to reconcile the silence with its expectations before discovering, perhaps, what the piece might be. The initial absence of music might be taken as an expressive or theatrical device preceding a sound. When that sound is not forthcoming, it might become evident that listening can still go on if one's attention (and this is Cage's desire) is shifted to the surrounding sounds, including the sound of the growing agitation of certain audience members. Ostensibly, even an audience comprised entirely of reverential listeners would have plenty to hear, but in every performance I've attended the silence has been broken by the audience and become ironically noisy.

It should be noted that each performance was held in a concert setting, where any muttering or clearing one's throat, let alone heckling, was a breach of decorum. Thus, there was already in place in these settings, as in other settings for Western art music, a culturally specific mandate to be silent, a mandate regulating the behavior that precedes and accompanies musical performance. As with prayer, which has not always been silent, concertgoers were at one time more boisterous; this association was not lost on Luigi Russolo, who remarked on "the cretinous religious emotion of the Buddha-like listeners, drunk with repeating for the thousandth time their more or less acquired and snobbish ecstasy."10 *4'33"*, by tacitly instructing the performer to remain quiet in *all* respects, muted the site of centralized and privileged utterance, disrupted the unspoken audience code to remain unspoken, transposed the performance onto the audience members both in their utterances and in the acts of shifting perception toward other sounds, and legitimated bad behavior that in any number of other settings (including musical ones) would have been perfectly acceptable. *4'33"* achieved this involution through the act of silencing the performer. That is, Cagean silence followed and was dependent on a silencing. Indeed, it can also be understood that he extended the decorum of silencing by extending the silence imposed on the audience to the performer, asking the audience to continue to be obedient listeners and not to engage in the utterances that would distract them from shifting their perception toward other sounds. Extending the musical silencing, then, set into motion the process by which the realm of musical sounds would itself be extended.

Silence derived from the silencing of the instrument itself has its origin in the object status of the accoutrements of music; thus, any sheet music or instrument becomes music *in potentia* or the corpse of a music that has lived its life. In her 10 May 1951 diary entry Judith Malina wrote about a concert in which there was a performance of *"Imaginary Landscape No. 4 . . .* scored for 12 radios and 24 players. Silence is an important component." After the concert the instruments are moved out to the sidewalk and a friend drives up in a hearse to take them away. "John and Remy [Charlip] pile the silent music into the vehicle, which drives off trailing a funereal gloom."11 A similar objecthood overtakes certain performers in an orchestra when they are instructed by the score to remain silent; they join a tableaux as still and mute as their instruments and sheet music. The only difference between them and the performer of *4'33"* is that the latter is performing solo.

4'33" was not a gesture for Cage, but something he sincerely took to heart and one of the key moments in the development of his mature philosophy and practice. From this point on he would typically make comments such as, "If you want to know the truth of the matter, the music I prefer, even to my own or anybody else's, is what we are hearing if we are just quiet. And now we come back to my silent piece. I really prefer that to anything else, but I don't think of it as "my piece."12 What could have moved him to legitimize and compose (or vice versa) such a radical piece? Numerous reasons have been offered by Cage and others, which should come as no surprise considering how it provides a clean slate, silence, absence, a nothingness rife with potentiality, a blank screen on which so much about so little can be projected. The earliest precedent occurred, as Cage recollected (we shall later propose an earlier, deeper constituent), in 1940 while Cage was living in San Francisco.

> I had applied to be in the music section of the WPA, but they refused to admit me because they said that I was not a musician. I said, "Well, what am 1? I work with sounds and percussion instruments and so forth." And they said, "You could be a recreation leader." So I was employed in the recreation department, and that may have been the birth of the silent piece, because my first assignment in the recreation department was to go to a hospital in San Francisco and entertain the children of the visitors. But I was not allowed to make any sound while 1 was doing it, for fear that it would disturb the patients. So I thought up games involving movement around the rooms and counting, etc., dealing with some kind of rhythm in space.13

With its rules regarding silence, the hospital resembles the setting for a music concert. Recreation introduces performance into this space because recreation, unlike a concert, turns everyone into performers. Thus, in keeping kids quiet, Cage is keeping both the audience and performers quiet, ostensibly while a grander therapy ensues all around, and by doing so thus extends the hospital's requisite silence.

Cage's recollection, which came during a conversation with Peter Gena, is interesting because it was raised so rarely (perhaps once?) in reference to the genesis of *4'33"*. Instead, for Cage the most obvious motivation for the piece arose from his interest in oriental thought. When he first thought of the idea in 1948, he was "just then in the flush of my early contact with oriental philosophy. It was out of that that my interest in silence naturally developed: I mean it's almost transparent."14 By oriental Cage mainly meant South Asian and East Asian, although early Christian mystical texts and practices were often included and inferred. By 1952 Cage was familiar with several individuals and many texts that could have served as sources bridging orientalism and silence. Since the number of possible sources increased in retrospect over the years as Cage commented upon on *4'33"*, commentators have had difficulty in convincingly pointing out which one may have played a key role and how. Thus, more precise determinations of what Cage called oriental thought are hard to come by and, as will be argued, the restriction to "oriental" itself is not very accurate. The more accurate term at the philosophical locus of his generation of silence would be, if anything, *perennial*.

Cage also said that *4'33"* was provoked by his encounter with the white paintings of Robert Rauschenberg. Cage had probably seen them in New York at the Betty Parsons Gallery. Irwin Kremen, to whom Cage dedicated a version *of 4'33"*, remembers seeing the white and black paintings of Rauschenberg (December 1951) in Cage's New York apartment, in other words, prior to Cage incorporating the white paintings, along with Rauschenberg himself, into his 1952 Black Mountain event.15 "Actually what pushed me into it was not guts but the example of Robert Rauschenberg. His white paintings. . . . When I saw those, I said, 'Oh yes, I must; otherwise I'm lagging, otherwise music is lagging.' "16 He noticed how, on a canvas of nearly nothing, notably absent of the expressive outpourings characteristic of the time, another plenitude replaced the effusiveness in the complex and changing play of light and shadow and the presence of dust. Correspondingly, environmental sounds rushed in to fill the absence of musical sound in *4'33"*. Rauschenberg's paintings may have provoked Cage's silent piece or given him the courage to go ahead with it, but in this case their influence cannot be confused with an earlier development of the piece, since Cage had already had the idea in mind since at least 1948.

If we look back to 1948, to the first glint of the whiteness of what was to become *4'33"*, we find a number of factors which, in their totality, require a general reappraisal of Cage, a reappraisal I will attempt to initiate with this article. The key factor is a document entitled "A Composer's Confessions," the text of a lecture delivered at the National Inter-Collegiate Arts Conference held at Vassar College (28 February 1948). When asked in a 1982 interview about the type of silence involved in *4'33"*, Cage replied, "I'd thought of it already in 1948 and gave a lecture which is not published, and which won't be, called 'A Composer's Confessions.' "17 The curious thing about this statement is not that he had already been thinking about doing a silent piece four years prior to the 1952 date of composition of 4'33". But why, in 1982, nearly thirty-five years later during a discussion about the thirty-year-old piece, would Cage assert that the lecture won't *be published?* This interjection may have been just an offhand comment underscored by largely inconsequential considerations about the administration of his writings. On the other hand, the text of the lecture is very long and informative and, in retrospect, indispensable for understanding Cage's career and the genesis of his notion of silence. In it he proposed a new composition called Silent *Prayer,* which would consist of 3 to 4-1/2 minutes of sustained silence (the maximum time being just three seconds short of 4'33") to be played over the Muzak network. Many if not most texts from the period were published in *Silence* and A *Year from Monday,* several of them much less important and none that would duplicate the material covered in "A Composer's Confessions." Was this a departure from his usual openness? Was he concerned about this text being touched by the light of day? Why would Cage silence the birth of silence over the course of several decades, before it was finally published around his eightieth birthday?18 One could speculate that Cage chose not to publish the text because it would have unnecessarily complicated the specter of silence as it had developed over the course of the 1950s, that is, the folkloric Cage first presented in *Silence* (1961) would have run counter to the Cage involved in the silencings at the birth of silence.

What are these complications? To begin with, in the supposed transparency of Cage's oriental thought there are several relevant texts, individuals, and activities leading up to 1948, many of which will never be known.19 David Patterson has summarized many of these and observed Cage's overall predilection for South Asian references, a shift to East Asian ones, with a "rhetorical lurch" occurring between "Forerunners of Modern Music" (1949) and "Lecture on Nothing" (1950).20 In this respect, the South Asian sources would be of greatest relevance for Cage's Vassar lecture and, thus, the original genesis of Cage's silence would be Indian and not related to East Asian, or more specifically Zen, sources as has often been noted in discussions about *4'33".* Among the most notable South Asian sources were his friendship with Gita Sarabhai, who assisted Cage in learning about Indian music and aesthetics; Joseph Campbell; texts by Ananda K. Coomaraswamy, *The Transformation of Nature in Art* (1934) and, to a lesser extent, *The Dance of Shiva* (1948); and *The Gospel of Sri Ramakrishna.11* Yet, as we shall see, there are at least two more texts that play an important role within "A Composer's Confessions": Carl Jung's *The Integration of the Personality* (1940) and Aldous Huxley's *The Perennial Philosophy* (1946).22

What becomes apparent when these texts are examined is that all, with the exception of The Gospet *of Sri Ramakrishna,* are transparently concerned with cross-cultural perspectives.23 Coomaraswamy and Huxley both subscribe to Leibniz's *philosophia perennis,* evidencing the same global reach as Jung's collective unconscious. Therefore, although Cage's texts through 1949 cite South Asian and Christian mystics, his operant sources were much broader.24 For instance, Cage's motto—"Art Is the Imitation of Nature in Her manner of Operation"—vwas not from Coomaraswamy, as Cage repeatedly states, but from St. Thomas Aquinas, from whom Coomaraswamy had borrowed the idea: *Ars imitatur naturam in sua operatione.25* In all of these perennially philosophical sources, tranquillity, quiescence, austerity, blankness, nothingness, emptiness, and any number of other ideas related to silence, including silence itself, were quite common. Jung summed it up when he wrote, "We are always surprised by the fact that something comes out of what we call 'nothing.' "26 It should come as no surprise, then, that there are so many nothings and that they should be, all of them, so fecund.

The reason for Cage's reading in spirituality has been attributed to changes in his personal life during the 1940s, yet it was also significant that he, as an American, was attracted to timeless, global ideas during and after World War II.27 The war and its aftermath presented the United States with a cultural problem: how to estrange the character of its enemies while securing sympathies from certain domestic populations? For instance, one of Cage's compositions, A Book *of Music* (1944), was used by the Office of War Information, renamed *Indonesian Supplement No. I;* and broadcast to the South Pacific "with the hope of convincing the natives that America loves the Orient."28 This schism became intensified immediately following the war, since the domestic American populace was required to reconcile the decimation of the civilian populations of Hiroshima and Nagasaki with appeals to global commonality. The universalism and world betterment that swept the United States after the war, after the world had become its oyster, especially as it served the ideological front line in the Cold War, provided the cultural environment for popular projects of self-improvement; that most were detached, touristic, imperialistic, and appropriative did not rule out the possibility for more plausible engagements with cultures outside the Eurocentric sphere.

In this respect, the war repeated a problem posed by Jung in *The Integration of the Personality.* The "white man," as the translation wen was unable to contemplate the metaphysical conundrums by Lao Tze in the *Too Te Ching,* let alone answer them, because "he is forced to reject [it] as if it were a foreign body, for his blood refuses to assimilate anything sprung from foreign soil."29 There are indications that Cage read Jung's text closely, yet he chose to frame the sentiment through reference to Coomaraswamy. "[Coomaraswamy] convinced me of our naivete with regard to the Orient. At the time—it was at the end of the war, or just afterwards—people still said that the East and the West were absolutely foreign, separate entities. And that a Westerner did not have the right to profess an Eastern philosophy. It was thanks to Coomaraswamy that I began to suspect that this was not true, and that Eastern thought was no less admissible for a Westerner than is European thought."30 Jung, in the tradition of perennial philosophy, suggested that Westerners assume a disposition toward the wisdom of the East which, although they could not hope to repeat it, would at least lead them to traditions closer to home. "One must be able to *let things happen.* I have learned from the East what it means by the phrase 'Wu wei': namely, not-doing, letting be, which is quite different from doing nothing. Some Occidentals, also, have known what this not-doing means; for instance, Meister Eckhart, who speaks of'sich lassen,' to let oneself be."31 For Jung, the *way* of the Tao was to be developed in the West through the development of the personality, and the key to this development was the integration of the different parts of the psyche, primarily conscious mind ("the ego and the various mental contents") and the unconscious.32 A non-integrated psyche was not merely an obstacle to spiritual development, it impacted on all psychological matters and a range of physiological conditions. "Medical psychology has been profoundly impressed with the number and importance of the unconscious processes that give rise to functional symptoms and even organic disturbances. These facts have undermined the view that the ego expresses the psychic totality. It has become obvious that the 'whole' must include, besides consciousness, the field of unconscious events, and must constitute a sum total embracing both. The ego, once the monarch of this totality, is dethroned. It remains merely the center of consciousness."33

Many American artists during the 1940s, under the influence of surrealism, Freud, and Jung were interested in dethroning the monarchy of the ego in order to tap the unconscious. Such a mission provided ample opportunity for individuals to engage in self-expression while imagining an ineluctable communication at a level above or below society and culture (oneiric, instinctual, archetypal), and for a socialization of figures of the unconscious in ideas of a primitivism based in the body. between the Eastern and Western psychic states which subtended the ego: "The psyche called the superior or the universal mind in Hindu philosophy corresponds to what the West calls the unconsciousness."34 Yet, he was unwilling to subscribe to the body disciplines by which adepts reach the state of contact with the universal mind: "This is all very well, but scarcely to be recommended anywhere north of the Tropic of Cancer."35 Cage was not interested in self-expression, whether it was in music or in painting; he was also becoming less sure about communication, and his appropriation of other cultures for musical purposes was centered more on the operations of the mind than the body. Like Jung, Cage was interested in choosing among the ideas of the adepts without taking up any body practices. Over the course of a thousand pages Sri Ramakrishna was forever slipping off into *samadhi,* but Cage's interest remained solely with his wisdom, not in the practices that led to its development. Overall, Cage was less interested in getting the ego out of the way to enable the unconscious to come out into the world, than in removing the ego so more of the world could get *in* unobstructed. He wanted to be open to "divine influences" but not to the extent of fusing them with a world within.

"A Composer's Confessions" consists primarily of a long autobiographical sketch; the bulk of which pertains to a time before his most recent activities. At the very moment in the text in which Cage moves into the present and recent past he invokes Sarabhai, Coomaraswamy, and Jung. "After eighteen months of studying oriental and medieval Christian philosophy and mysticism I began to read Jung on the integration of the personality."36 He reiterates Jung's concerns regarding psychological and physiological health and applies them to the topic of people's occupations in contemporary society as a basis from which to focus on the vocation of composition.37 Composers like everyone else are prone to neuroses; however, "if one makes music, as the Orient would say, *disinterestedly,* that is, without concern for money or fame but simply for the love of making it, it is an integrating activity and one will find moments in his life that are complete and fulfilled."38

The term *disinterestedness* thereby becomes a tangible link between Cage's orientalism and his initial formulation of silence. I have not been able to locate where Cage might have derived the specific word— although it has cropped up in several texts,it has not occurred with the emphasis that might explain adoption into his vernacular—tut there is no shortage of sources when it comes to the concept. Sentiments similar to "letting things happen" and "not-being" can be found in Coomaraswamy's discussions of self-naughting, dementation, anonymity, and impersonality,39 and more specifically, both Cage and Coomaraswamy mention a similar disposition as it pertains to musicians. Coomaraswamy quotes Rabindranath Tagore in describing Indian musicians. "Our master singers never take the least trouble to make their voice and manner attractive. . . . Those of the audience whose senses have to be satisfied as well are held to be beneath the notice of any self-respecting artist [while] those of the audience who are appreciative are content to perfect the song in their own mind by the force of their own feeling."4° Cage emphasizes disinterestedness in performers and does so with a source from the Orient ("if one makes music, as the Orient would say, disinterested^. . ."). Within "A Composer's Confessions" Cage explained that he found a concert of music by Ives and Webern pleasurable because "when the music was composed the composers were at one with themselves. The performers became disinterested to the point that they became unself-conscious, and a few listeners in those brief moments of listening forgot themselves, enraptured, and so gained themselves."41 Making and listening to music disinterestedly is the means to integrate the personality "and that is why we love the art."42

Disinterestedness is also associated with Aldous Huxley's explanation of self-mortification and non-attachment in The *Perennial Philosophy,* including his own observation that "spiritual authority can be exercised only by those who are perfectly disinterested and whose motives are therefore above suspicion."43 He also cites St. Francois de Sales's "holy indifference" and Chuang Tzu's story of Confucius lending advice to a disciple regarding "the fasting of the heart," which links indifference to a model for Cagean listening. "Cultivate unity. . . . You do your hearing, not with your ears, but with your mind; not with your mind, but with your very soul. But let the hearing stop with the ears. Let the working of the mind stop with itself. Then the soul will be a negative existence, passively responsive to externals. . . . Living in a state of complete indifference—you will be near success."44 Fortified through its opposition to self-expression, *disinterestedness* remains an operative term through "Lecture on Something" (1951-52) and was only abandoned as chance and indeterminacy transformed it from an attitude and disposition into a reproducible and consistent technique.45 Later, disinterestedness took the most familiar form of a supercession of taste, which itself superseded style and genre, extramusicality and silence; recounting its roots, Cage said in a 1984 interview:

> I wanted to be quiet in a nonquiet situation. So I discovered first through reading the gospel of Sri Ramakrishna, and through the study of the philosophy of Zen Buddhism—and also an important book for me was *The Perennial Philosophy* by Aldous Huxley, which is an anthology of remarks of people in different periods of history and from different cultures—that they are all saying the same thing, namely, a quiet mind is a mind that is free of its likes and dislikes. You can become narrow-minded, literally, by only liking certain things, and disliking others. But you can become openminded, literally, by giving up your likes and dislikes and becoming interested in things.46

CANNED SILENCE

Disinterestedness, despite signaling the presence of a cultural other, when used within the context of "A Composer's Confessions" becomes implicated within an array of not-so-foreign values. It also becomes a means to commend the music of certain composers and celebrate the love of art, against the Western art music repertoire with its inflated importance, its claims to genius, posterity and masterpieces, as well as a means to counter academization and commercialization of the arts, self-expression, and art appreciation. In short, disinterestedness is the best response to all matters animated by "sheer materialistic nonsense."47 The first call for silence in Cage's lecture comes when his disinterestedness shifts from the sheer materialistic nonsense of Western art music and the arts in general to commercial music proper and the mass media in general. He invoked silencing through the power of someone who had already in effect silenced music, James Petrillo, president of the American Federation of Musicians (AFM). "Since Petrillo's recent ban on recordings took effect on the New Year, I allowed myself to indulge in the fantasy of how normalizing the effect might have been had he had the power, and exerted it, to ban not only recordings, but radio, television, the newspapers, and Hollywood."48

Prior to the war, recording had begun to fulfill its promise to make live music obsolete; in response, living musicians demanded proper remuneration from those who profited handsomely from the disembodied repetition of their performances. Petrillo and the AFM first responded in 1942 with a strike to enforce their decree that record companies pay royalties to their musicians on every pressing. The strike lasted for over two years during the middle of the war and cost AFM members millions of dollars in lost wages. Since Petrillo's base of operation was in Chicago, his presence must have been felt by Cage, who was living in Chicago in 1942 and working with professional musicians during the Columbia Workshop (CBS) radio production of The *City Wears a Slouch Hat*, his collaboration with Kenneth Patchen. In his lecture (28 February 1948) Cage was referring to Petrillo's second assault on record company practices, when a decree was issued (midnight on 31 December 1947) which extended the labor action to dance halls and radio shows dependent on recorded music. In Cage's fantasy, he wanted to extend Petrillo's silencing further still, to all of radio and other forms of mass media, whether they were audible or not. However, with the experience of the first decree in mind, the record companies put contingency plans in place and, consequently, only working musicians were silenced.49

Cage did go on to state what he hoped for from his fantasy. "We might then realize that phonographs and radios are not musical instruments, that what the critics write is not a musical matter but rather a literary matter, that it makes little difference if one of us likes one piece and another; it is rather the age-old process of making and using music and our becoming more integrated as personalities through this making and using that is of real value."50 Of course, for nearly a decade Cage had used phonographs and radios as musical instruments—phonograph records, turntables, and a radio station in 1939 in *Imaginary Landscape No. I* and a radio again in 1942 in Credo *in Us*—and was liable to use absolutely anything to make music. He was, in this instance, speaking rhetorically from inside Western art music as a practitioner and purveyor of "live" goods and even more immediately as a listener. Seemingly, by arguing for *liveness*, Cage was siding with the AFM against the record companies, but by 1948 the issue was not between live and recorded; it was a labor issue, one which seemed to be a distraction from the real social project of music. Phonographs and radios, the targets of the AFM decrees, are not important. In the terms of the text itself he was still attending the performance of Ives and Webern as a listener, where disinterestedness in *making* and *using music* had already led to "and that is why we love the art," but then he directed his attention to the performances reproduced on phonographs and radios, which followed a very different program.51 Instead of acknowledging the obvious differences between the two spheres of music, or contemplating the political realities of working musicians outside Western art music who act in an interested manner regarding their occupations, he returns again to the question of the integration of the personality and attempts to socialize it by implicating all musical activity in self-improvement. From where he sat in the text listening to music, all of music became "music" and the politics of music dissipated among the dispositions of individual personalities.

There is certainly the possibility that Cage's fantasy may have been an offhand remark, a quick way to snub commercialism in favor of the integrity of the individual, etc. However, there is more than just the kernel of truth in this particular jest, since this fantasy of a grand silencing of society had long been within his personal repertoire.

> One of the greatest blessings that the United States could receive in the near future would be to have her industries halted, her business discontinued, her people speechless, a great pause in her world of affairs created, and finally to have everything stopped that runs, until everyone should hear the last wheel go around and the last echo fade away ... then, in that moment of complete intermission, of undisturbed calm, would be the hour most conducive to the birth of a Pan-American Conscience. Then we should be capable of answering the question, "What ought we to do?" For we should be hushed and silent, and we should have the opportunity to learn what other people think.52

This was the text of Cage's speech, "Other People Think," for the Southern California Oratorical Contest in 1927, where he represented Los Angeles High School and won first prize. The rhetorical device of imagining a large social silencing was placed in a context very similar to that in "A Composer's Confessions."

Both instances of silencing create conditions for asking questions, which in turn lead to large transformations in consciousness. The social silencing in "Other People Think" provides the opportunity to ask the question "what ought we to do?" and to learn *that*, not *what*, other people think ("It is the produce of the mind of man, and in that it is truly great"),53 and this in turn promises a Pan-American Conscience. Within "A Composer's Confessions" a smaller quiet provokes the key question about making and using music with which the remaining text is concerned. Cage had moved into a "new apartment on the East River in Lower Manhattan which turns its back to the city and looks to the water and the sky. The quietness of this retreat brought me finally to face the question: to what end does one write music?"54 And then this question soon leads to a larger social silencing if Petrillo "had the power, and exerted it, to ban not only recordings, but radio, television, the newspapers, and Hollywood,"55 in recognition of the unimportance of reproduced commercial music, music critics, and musical tastes versus the real value of making and using music, integrating the personality, and cultivating disinterestedness and the wisdom of the Orient.

In "Other People Think" Cage only implied that the social transformation would come about through individual transformation of consciousness, whereas in "A Composer's Confessions" social transformation would come about only through personal acts by legions of solitary individuals: "That island that we have grown to think no longer exists to which we might have retreated to escape from the impact of the world, lies, as it ever did, within each one of our hearts."56 Both instances do share, however, the type of goofy political naivete Yvonne Rainer mentioned, the earlier speech in thinking that United States imperialism within Latin America would be moved by conscience (an opinion that might be expected from a high school student) and the Vassar lecture in conflating an issue of the political economy of music with self-improvement.

The second call for silence in "A Composer's Confessions" narrowed down the scope of the fantasy from silencing all the mass media to silencing just one aspect: Muzak. He planned "to compose a piece of uninterrupted silence and sell it to Muzak Co. It will be 3 or 4-1/2 minutes long—those being the standard lengths of "canned" music—and its title will be Silent *Prayer*. It will open with a single idea which I will attempt to make as seductive as the color and shape and fragrance of a flower. The ending will approach imperceptibility."57 In the late 1940s Muzak was piped over telephone lines into restaurants, workplaces, and other institutions, and was thus primarily a transmissional service like radio. The company was just beginning to make a transition to recorded systems situated in-house. Although it would be difficult to say whether the Muzak Co. would have been amenable to Cage's idea, failure to realize the project would not have been due to a lack of courage on Cage's part to approach the company. The unbridled confidence for which he was known had been boosted by the nationwide reception, in both senses of the word, of The *City Wears a Slouch Hat,* and his Boole *of Music* was broadcast throughout the South Pacific on military radio. He had always been very enterprising, unafraid to approach anyone who might be able to advance his projects, including a number of companies when he sought support for his Center of Experimental Music. There is no reason to believe that his proposal was a ruse.

There are several possible art connections. It is obvious that *4'33"* is just three seconds over the upper limit for canned music and, although much happened in the four years between the two pieces, if it was indeed chance that finally arrived at this duration, then it was at least a moment of objective chance, unwittingly, in the surrealist sense. The fact that it was canned recalls the ready-mades of Marcel Duchamp, with whose work Cage was quite familiar. Although Duchamp transposed a mass-produced object into an art venue, whereas Cage wanted to place an art object of canned silence alongside the other cans on the narrow - casted Muzak shelf, Silent *Prayer* could be thought of as a musical version of Air *de Paris,* Duchamp's bottled air. Then there was Ferruccio Busoni's well-known *Sketch of a New Esthetic of Music* (available in English translation from c. 1911), in which he stated that consummate players and improvisers "most nearly approach the essential nature of the art" during their employment of holds and rests. If properly isolated, the product *of* such playing could very well describe one of the bases for Cagean silence: "The tense silence between two movements—*in itself music,* in this environment—leaves wider scope for divination than the more determinate, but therefore less elastic, sound."58 I am not saying that Cage was thinking of Duchamp or Busoni at the time, and he certainly was not aware of F. T. Marinetti's radio *sintesi* written in the early 1930s, entitled I Silent *Parlano fra di Loro [Silences Speak Among Themselves],* the most notable precedent of an artwork in which silence took on its own presence.59

The most plausible connection with the past becomes apparent when we ask what would have attracted Cage to Muzak in particular, among all the other forms of mass media? What more so than Erik Satie's *furniture music?* Cage had a long-standing interest in Satie (he arranged the first movement of the *Socrate* for a Merce Cunningham dance, *Idyllic Song,* 1945), and by the time of his Vassar lecture he was deeply engaged with Satie's work. He was no doubt preparing for the Satie Festival lectures and concerts to be held at Black Mountain College that summer. At Black Mountain, concerts took place in the dining hall or pieces would be played by Cage on the piano in his cabin while people roamed about outside, the latter suggesting the ambiance of furniture music.60 Anyone involved in even modest research would have known about the two primary biographical texts on Satie—if Rollo Myers's *Erik Satie* (1948) was too late, then Pierre-Daniel Templier's *Erik Satie* (1932) was not—as well as the prominence of the "Erik Satie and his Musique d'ameublement" section in Constant Lambert's Music Ho.' (1934).61

Although usually solely attributed to Satie, *musique d'ameublement* [furniture music or furnishing music] was a collaboration with Darius Milhaud. It first took place in 1920 at an art gallery to act as an interlude for a play by Max Jacob. The introduction, read by Pierre Benin, was included in Myers's book. "We present for the first time, under the supervision of MM. Erik Satie and Darius Milhaud and directed by M. Delgrange, 'furnishing music' to be played during the entr'actes. We beg you to take no notice of it and to behave during the entr'actes as if the music did not exist. This music . . . claims to make its contribution to life in the same way as a private conversation, a picture, or the chair on which you may or may not be seated."62

To put music in the intermission required an unobtrusive music, otherwise it would be another performance and not an intermission at all, and this not-to-be-listened-to music evokes immediate comparison with Muzak. The association with Muzak would have been particularly noticeable in Templier's book where he cites a note from Satie assigning certain of his compositions their respective *musique d'ameublement* settings: *"The Banquet—*'Musique d'ameublement'—For an assembly-hall . . . *Phedre*—'Musique d'ameublement'—For a lobby. . . . *Phedon*— 'Musique d'ameublement'—For a shop window. "W This type of shift in settings from art to non-art and vice versa has been a regular feature of art through the twentieth century, having perhaps its most notable demonstration with the institutional tactics of Duchamp's ready-mades, while eliciting a certain circularity in the relationship of Cage's Silent *Prayer* and Satie's *musique d'ameublement.* Satie's performance was a displacement of one of his cafe haunts (people talking, ignoring the music) into an artistic space, whereas Silent *prayer* returns to the cafes and other non-art settings to replace Muzak with silence, that is, an unobtrusive music with something even more unobtrusive. Cage was not, like the protagonist in Heinrich Boll's story "Murke's Collected Silences," inside the institution trying to patch together some reprieve, but was instead trying to seek a bit of reprieve, an *entr'acte,* from a daily life where Muzak had become unobtrusively and insultingly pervasive. And there may have been a special consideration for choosing to silence Muzak among other forms of media: if one was to be involved in silencing, there was little danger of being accused of censorship, for in its unobtrusiveness Muzak had already assumed a certain self-censorship, and a hiatus of 4'/2 minutes would do nothing to disturb the pervasiveness. Silencing would only impose a brief intermission.

In his book Myers also discussed Satie's composition *Cinema* (1924) as another instance of *musique d'ameublement.* Indeed, it was likewise intended to take place within an intermission, yet this time it did not stand alone but accompanied Rene Clair's film *Entr'acte,* which was to function as the intermission to Francis Picabia's ballet *Reldche* (the name *Relache,* posted when a performance is canceled, is itself suggestive of the revoked performances of Silent *Prayer* and *4'33").* Cinema was comprised of segments of music, incidental both in itself and to the images in the film, cut in regularly measured lengths with no regard for conventional continuity (the simple structure is perhaps the clearest statement of Satie, the measurer of sounds). Cinema in general affords its own unobtrusiveness and silence with regard to sound in at least two ways. First of all, since film music must as a rule never overwhelm the images, action, or speech, it is relegated to a music heard but not-to-be-listened-to. Silence enters the picture with segments *ofHorspiehtreifen,* the delicate atmosphere of recorded silence whose purpose is to imperceptibly confirm the presence of a reproduction under way and not frighten the audience into thinking there has been a technical malfunction (which would require a break in the silence of the audience itself)- The silence of cinema audiences is—like that of concertgoers, people praying, and kids being entertained in hospitals—culturally specific, and a true silence, without the presence of the *Horspielstreifen,* would have the same effect as *4'33".*

Prayer could have been derived from Cage's understanding of how structure in Satie's music worked to equalize the status of silence with that of sound. In his lecture "Defense of Satie" at Black Mountain College, Cage gave a great deal of importance to structure, specifically as practiced by Satie and Webern and heralded by music from, following his perennial motif, the Orient and middle ages.64 Both Satie and Webern worked in a short form conducive to canned music, but Cage had more fundamental concerns. He figured that structure was determined by duration, which sound and silence shared, and in turn determined being from non-being: "Music is a continuity of sound. In order that it may be distinguishable from non-being, it must have structure."65 Pitch, loudness, and timbre, although they could be heard in musical sound, were not intrinsic to the being or non-being of music because they did not require duration, whereas "silence cannot be heard in terms of pitch or harmony: It is heard in terms of time length."66 This line of reasoning was one of Cage's platforms against harmony (thus Beethoven) and could be found in his earlier arguments for percussion and noise. Indeed, Satie's structure was "extramusical in its implications .. . into Satie's continuity come folk tunes, musical cliches, and absurdities of all kinds."67 Cage now called Satie's structure into service to privilege yet another element historically downplayed within Western art music: silence. Music was composed most fundamentally of sound and silence, and silence became a way of hearing time within the *being* of musical structure. Nevertheless, he was still thinking of sound and silence as being conventionally distinct from one another, a presence and an absence of sound. By the time of *4'33",* silence became only the absence of an intentional sound, whereas musical sound had become ever-present and omnipresent, filled with intentional or unintentional sound. Thus, *Silent Prayer* was not underscored by the same sense of silence as *4'33",* it was not a way to begin hearing and musicalizing the surrounding sound. If anything was meant to be heard it was conventional silence, in this case, the absence of the sound of Muzak, along the measured lengths of canned music. But why the *prayer* in *Silent Prayer?* I believe the reason can be found in Aldous Huxley's *The Perennial Philosophy,* specifically, at the juncture of the fifteenth and sixteenth chapters entitled *Silence* and *Prayer,* respectively. Huxley's book consists of his commentary on perennial philosophy, with substantial quotes from mystics, saints, monks, philosophers, psychologists, etc. Among the people quoted—many passages are nothing but a sequence of quotes—one can find all the individuals and approaches favored by Cage; moreover, one could find them within a relatively secular context. The problem with Coomaraswamy, Eckhart, and others, after all, was the difficulty of appropriating spiritual ideas without committing oneself overtly to deism. Huxley's chapter on silence is one of the shortest in the book, perhaps because three-quarters of the chapter is devoted to appeals to stop talking. The remaining section consists of one paragraph consisting of Huxley's own appeal for silence over the mass media. It is only one paragraph, but it cannot be taken lightly. Throughout the book Huxley maintains an evenhandedness about timeless, global matters. Here he steps out of character entirely and forthrightly condemns the present-day media.

The twentieth century is, among other things, the Age of Noise. Physical noise, mental noise and noise of desire—we hold history's record for all of them. And no wonder; for all the resources of our almost miraculous technology have been thrown into the current assault against silence. That most popular and influential of all recent inventions, the radio, is nothing but a conduit through which pre-fabricated din can flow into our homes. And this din goes far deeper, of course, than the ear-drums. It penetrates the mind, filling it with a babel of distractions—new items, mutually irrelevant bits of information, blasts of corybantic or sentimental music, continually repeated doses of drama that bring no catharsis, but merely create a craving for daily or even hourly emotional enemas. And where, as in most countries, the broadcasting stations support themselves by selling time to advertisers, the noise is carried from the ears, through the realms of phantasy, knowledge and feeling to the ego's central core of wish and desire. Spoken or printed, broadcast over the ether or on wood-pulp, all advertising copy has but one purpose—to prevent the will from achieving silence. Desirelessness is the condition of deliverance and illumination. The condition of an expanding and technologically progressive system of mass-production is universal craving. Advertising is the organized effort to extend and intensify craving—to extend and intensify, that is to say, the workings of that force, which (as all the saints and teachers of all the higher religions have always taught) is the principal cause of suffering and wrong-doing and the greatest obstacle between the human soul and its divine Ground.68

If one needed spiritual impetus or moral justification to silence any aspect of the mass media, in order to remove the obstacles that would *prevent the will from achieving silence,* no less, here it was in an emphatic end to a chapter entitled "Silence." On the facing page began the chapter "Prayer."

SILENCING TECHNIQUES

4'33" silenced music in order to hear the unintended, surrounding sounds, the noises, and ultimately the total environment. *Silent Prayer* silenced the sound of a music intended as environmental; Muzak was the surrounding sound meant to be as unobtrusive to the task at hand as audience sounds at a concert. Thus, during the twentieth-century Age of Noise, the most noted promulgator of musical noise was involved in the business of noise abatement. *Silent Prayer* was not alone in this respect because Cage, an inventor of techniques from an early age,69 developed several other techniques for eliminating, diminishing, or displacing the source of the noise, transforming the noise into something else, or canceling the noise by playing back its image, so to speak, in the negative. He did not translate these techniques into technological devices of active noise control, or act politically through popular protest and city ordinances to curb urban noises, but instead elaborated them through compositional, auditive, and physical means associated with music (the exception being his echoing of an anechoic chamber experience). Just as he incorporated noise as extramusical sound into music, so too did he accommodate urban noise through acts of composition and musical listening. Although he had railed against musical tastes, he also attempted through these techniques to transform what he personally found distasteful. These techniques have direct bearing upon how *Silent Prayer* is understood, yet this composition cannot be understood without another composition proposed in "A Composer's Confessions" at the very same time, *Imaginary Landscape No. 4,* "a composition using as instruments nothing but twelve radios."70 They need to be taken together, not only because the "two may seem absurd but I am serious about them,"71 but because they describe a paradigmatic range of noise abatement techniques as applied to commercial music.72

An early mention of such techniques occurred during 1943 and arose within the context of personal betterment (as it would five years later in "A Composer's Confessions"), or perhaps personal adaptation, when he was quoted as saying, "People may leave my concerts thinking they have heard 'noise,' but will then hear unsuspected beauty in their everyday life. This music has a therapeutic value for city dwellers."73 The noise in the city would not be physically diminished, but the citydwelling concertgoers would accommodate themselves to it by appreciating it differently, removing the aggravation if not the noise, while both noise and aggravation would continue to exist for non-concert-going city dwellers. In further statements, such facility pertained to self-betterment— becoming more open to the world, trying to coexist peacefully with it—and to the negotiation of his own tastes. He was not averse to silencing things, or at least contemplating doing so. Two years after proposing to silence commercial music using Silent *Prayer,* and in the longer shadow of "Other People Think," he finished his "Lecture on Nothing" (1950) with a droll frenzy of destruction and silencing.

Would you like to join a society called Capitalists Inc. (Just so no one would think we were Communists.)? Anyone joining automatically becomes president. To join you must show you've destroyed at least one hundred records or, in the case of tape, one sound mirror [tape recorder]. To imagine you own any piece of music is to miss the whole point: This is no point or the point is nothing; and even a long-playing record is a thing. A lady from Texas said: I live in Texas. We have no music in Texas. The reason they've no music in Texas is because they have recordings. Remove the records from Texas and someone will learn to sing.74

Whereas *Silent Prayer* was a silencing of unobtrusive music such that true unobtrusiveness could exist and its time could be heard, removing recordings in Texas meant silencing the music which silences "live" music, silencing silence for music to be heard. Here again we have Cage the practitioner and purveyor of "live" goods, but instead of calling for Petrillo to extend his silencing beyond the AFM musicians, he fantasizes about destroying the recordings and the means for playback.

Just as silence against silence could produce music, noise against noise could produce silence. Cage was involved in noise abatement at a particular time within which the Age of Noise had reached crescendo proportions, as the noise of wartime shifted over to the immediate postwar period, which consisted of the combined noises of militarism and commercialism. In "Lecture on Nothing," Cage mentioned how the sheer magnitude of the war and of postwar American artifice, as it presumptuously equated itself with *life* and *time* (the magazines), had weighed him down and compelled him to offer something quieter. "Halfintellectually and half sentimentally, when the war came along, I decided to use only quiet sounds. There seemed to be no truth, no good, in anything big in society. But quiet sounds were like loneliness, or love or friendship. Permanent, I thought, values, independent at least from Life, Time and Coca-Cola."75
Two years closer to the war, in "A Composer's Confessions," he responded more directly with a two-pronged approach for noise abatement: becoming quiet and marshaling loudness against loudness.

Being involved in the complexities of a nation at war and a city in business-as-usual led me to know that there is a difference between large things and small things, between big organizations and two people alone in a room together. Two of my compositions presented at the Museum [of Modern Art, 7 February 1943] concert suggest this difference. One of them, the *Third Imaginary Landscape,* used complex rhythmic oppositions played on harsh sounding instruments combined with recordings of generator noises, sliding electrical sounds, insistent buzzers, thunderous crashes and roars, and a rhythmic structure whose numerical relationships suggested disintegration. The other, four pieces, called *Amores,* was very quiet, and, my friends thought, pleasing to listen to.76

Throughout the Vassar lecture Cage pitted personal integration against the forces of social disintegration. Big business, loud war, big orchestras, harmony ("a device to make music impressive, loud and big, in order to enlarge audiences and increase box-office returns")" and through music back again to *contemporary* Christian society, Western culture, acquisition of money and fame, etc. He favored small and quiet things related to personal relationships in intimate situations, the Orient, earlier Christian teachings, pleasure and religion, the island of the heart, etc. "My feeling was that beauty yet remains in intimate situations; that it is quite hopeless to think and act impressively in public terms. This attitude is escapist, but I believe that it is wise rather than foolish to escape from a bad situation."78 Just as he had sought to escape the Age of Noise during the war with the quietness *of Amores* and the raucousness of *Imaginary Landscape No.* 3, so too did he apply the two-pronged approach of noise abatement to commercial music and radio (early Muzak was transmissional) with *Silent Prayer* and *Imaginary Landscape* No. 4, silencing Muzak to side with the quiet and the integrated, and writing radio music to pit disintegration against disintegration, noise against noise. Cage continued to employ such techniques throughout his life against the music that disgusted him, the music he otherwise no longer wished to hear, and the sounds of urban and domestic life. In "Composition as Process" (1958) he explained how Imaginary *Landscape No. IV* had enabled him to override his personal taste about the *sound* of radios, as had *Williams Mix* for Beethoven, *Imaginary Landscape* V for jazz, and *Concert for Piano and Orchestra* for bel canto. "It remains for me to come to terms with the vibraphone."79 The vibraphone plagued him until at least the late-1970s (it would be interesting to attempt to explain why the *vibraphone?).80* In a 1961 interview with Roger Reynolds, Cage still had not come to terms with Muzak. "If I liked Muzak, which I also don't like, the world would be more open to me. I intend to work on it. The simplest thing for me to do in order to come to terms with both those things would be to use them in my work, and this was, I believe, how so-called primitive people dealt with animals which frightened them."81

Reynolds revisited the question of persistent dislikes in an interview in 1977, but Cage did not single out Muzak.82 This turnaround might be explained by a plan Cage had to use Muzak in a composition. In 1962 his friend the sculptor Richard Lippold was commissioned to make a piece for the Pan Am building; however, he objected to his work sharing the same space with Muzak piped in by the building's proprietors. He asked Cage to provide the sound instead, so Cage proposed a sound work that used Muzak as source material to be manipulated. Perhaps because Cage's part of the Lippold commission was never realized, he became only partially accustomed to it, because in 1973 he had not completely come to terms with it. The Muzak company, he suggested in an interview, should consider including some of Satie's *musique d'ameublement* compositions because Muzak, "in a very weak way, attempts to distract us from what we are doing. . . . Whereas I think Satie's furniture music would like us to pay attention to whatever else it was that we were doing."83 In essence, therefore, he was proposing another version of *Silent Prayer,* this time supplanting Muzak with *musique d'ameublement* instead of silence. However, this does not result in an easy equation of silence and *musique d'ameublement,* since after *4'33"* silence was non-intentional sound to-be-listened-to, whereas *musique d'ameublement* was intentional and not-to-be-listened to. By replacing Muzak with *musique d'ameublement* because it would better serve the ostensible function of Muzak, Cage was calling for a Muzak not-to-be-listened-to, he was attempting to make Muzak more Muzakal.

It may have been his modern-primitive way of taming a frightening animal, but the animal still had a bad temperament; all those cultural cues and tuneful hooks, no matter how mollified and defanged, still provided a *very weak distraction* whereas *musique d'ameublement* provided *no distraction.* A chapter in Huxley's *The Perennial Philosophy* concentrates on how to deal with distractions through "spiritual exercises." "Some of the most profitable spiritual exercises actually make use of distractions, in such a way that these impediments to self-abandonment, mental silence and passivity in relation to God are transformed into means of progress."84 Such exercises were increasingly necessary because the Age of Noise was suffused with "a babel of distractions."85 However, if Cage had helped Muzak realize itself through use of *musique d'ameublement,* then there would be no distraction. Thus, a very weak distraction remained, at least to 1984 during yet another interview.86

When it came to urban noise, at the time of "A Composer's Confessions" he could still write about how his quiet apartment on the East River moved him to ask about the reasons for writing music, but by the 1980s he faced the question of intrusive street noise. "I wouldn't dream of getting double glass because I love all the sounds. The traffic never stops, night and day. Every now and then a horn, siren, screeching brakes, extremely interesting and always unpredictable. At first I thought I couldn't sleep through it. Then I found a way of transposing the sounds into images so that they entered into my dreams without waking me up."87 A burglar alarm lasting several hours resembled a Brancusi.

Musical noise no longer provided sufficient therapeutic value for city living; it became necessary to adapt to the new environment by combining the processes of musicalizing noise through listening and hypnogagic dreaming. What started out in the social realm of composition (city dwellers leaving a noise music concert to return more appreciatively to urban noise) retreated into techniques practiced by the individual alone. In addition to the inventiveness of this technique, he was still (in 1977) willing to engage in the old-fashioned technique of turning something off. "I think if I listened to [Conlon] Nancarrow for long, that I would have to finally say, please turn it off. The music that I don't have to turn off is precisely the music with us when we don't have any music. . . . and that is the 'Mind' with the capital 'm.' That is what I meant by my silent piece in 1952, and it is *still* that piece which is my favorite music. That's why I have—if I do have—any difficulty with any other music (even if it's my own). It's because of that love that I have that difficulty."88

One of the central effects of Cage's battery of silencing techniques was a silencing of the social, a feature which was evident throughout but which was articulated in different ways and different degrees. There was a retreat from the social in the time between *Silent Prayer* and *4'33"*, consisting of removing the silence from the public airwaves and placing it in concert hall, silencing a piano instead of mass culture, arriving at 4 1/2 minutes through organizational methods instead of industry standards, prying three movements into the time slot of canned music, acting directly against the Age of Noise and developing an amenable position within it. In other words, Silent *Prayer* was immersed in the patently social, whether that was the labor activity of the AFM or the business of mollified music, whereas a *4'33"* was removed to the special space of Western art music where associations with the social are more oblique. Cage practiced social silencing rhetorically in "Other People Think" and "A Composer's Confessions," whereas he took explicit action through musical means, including musical listening, where a person's social situation became one of *being within music.* Cagean chance and indeterminacy, developed during this same period, were techniques not only to eliminate himself from his music,89 but to eliminate the social situations in which he found himself, in particular, the one in which *Silent Prayer* and *Imaginary Landscape No. 4* were generated.

It should be stressed, however, that Cage's tack within the framework *of perennial philosophy* was not the only possible one, that spiritual techniques for dealing with the distraction of the social need not take recourse to immediate silencing of the social. If we go again to Huxley's *The Perennial Philosophy*, then we can imagine how a technique of listen ing could have been developed outside the socially deracinating influence of Western art music, one that could have led to silence without silencing. Among the spiritual exercises Huxley mentions that deal with distractions is one "much employed in India." "[It] consists in dispassionately examining the distractions as they arise and in tracing them back, through the memory of particular thoughts, feelings and actions, to their origins in temperament and character, constitution and acquired habit. This procedure reveals to the soul the true reasons for its separation from the divine Ground of its being."90

Applying this technique to aurality, if one begins with a notion that when humans hear and make sense of sound it is necessarily social, then, from the perspective of the individual, one's memory, thoughts, feelings, sensations, experiences, and actions will engender a knowledge of other things besides *the self* or a *sound in itself,* and transform any understanding of being and acting within the world. Only then, as Huxley writes, "having made the resolution to do what it can, in the course of daily living, to rid itself of these impediments to Light, it quietly puts aside the thought of them and, empty, purged and silent, passively exposes itself to whatever it may be that lies beyond and within."91 Cage merely skipped the first half of the exercise and went immediately to putting aside the thought of them.

CAGE AND THE IMPOSSIBLE INAUDIBLE

Cagean lore admits another key moment of silencing, his visit to an anechoic chamber, chronologically wedged in 1951 between Silent *Prayer* (1948) and *4'33"* (1952). "It was after I got to Boston that I went into the anechoic chamber at Harvard University. Anybody who knows me knows this story. I am constantly telling it. Anyway, in that silent room, I heard two sounds, one high and one low. Afterward I asked the engineer in charge why, if the room was so silent, I had heard two sounds. He said, 'Describe them.' I did. He said, 'The high one was your nervous system in operation. The low one was your blood in circulation.' "92 The anechoic chamber was the technological emblem for Cage's class of silencing techniques. It was clinical and discursive, exhibiting attributes of both a bona fide anechoic chamber used in acoustical research and the anecdotal chamber diffused through Cagean lore. It absorbed sounds and isolated two of Cage's usually inaudible internal bodily sounds, but in the process there was a third internal sound isolated, the one saying, "Hmmm, wonder what the low-pitched sound is? What's that highpitched sound?" Such quasi-sounds were, of course, antithetical to Cagean listening by being in competition with *sounds in themselves,* yet here he was able to listen and at the same time allow discursiveness to intrude in the experience, because such sounds would be absorbed by clinical and scientific discourse, if not by the materials of the chamber itself, which historically had been allowed to intrude on musical listening. Cage once may have appropriated Dayton Clarence Miller's *The Science of Musical* Sound, but here he went to the site where acoustic texts themselves are produced to secure an experiential and scientific legitimization for his musical thought, and to create his own anecdotal text, for the simple reason that he was in the process of extending music far past the assumptions exercised in any of the innumerable acoustics of music texts. At the same time, acoustics was the music for the rest of the world. No longer constrained by musical parameters of sound production, Cage could still isolate an ostensibly asocial body through a clinical hearing cordoned off from worldly influences as a case in point for listening to the whole world musically.

As generator of a new silence, the anechoic chamber visit was a variant of *4'33"* and while both took place in isolated space built for specialized audition, they muted different sounds and shifted attention in different directions, one to surrounding sounds, one to subtending sounds. *4'33"* muted the performer to shift attention to the sounds in the surrounding space, and by implication to environmental sounds in general, while the anechoic chamber muted the sounds of the surrounding space, cordoning off all environmental sounds and dampening sounds inside its waffled walls to shift attention to Cage's internal bodily sounds and by implication to the impossibility of silence and the pervasiveness of music.93 The anechoic chamber certified for Cage the impossibility of silence by becoming a padded cell for the refractory sound of his own irrepressible vital signs; however, he resisted transposing the conventional figure of silence split between presence and absence of sound, which he was in the process of abandoning forever, into a presence and absence of life and death. The chamber itself was already as dead as possible in order to detect the most minute presence of sound. Sounds are absorbed by the design and materials (composed of sizes smaller than wave forms, their job is to fracture) of the walls and picked up by microphones and other sensing devices which are monitored by researchers who have abandoned the space. The anechoic chamber was a *dead* acoustic and depopulated space in which performativity shifted to the hitherto inaudible internal sounds of Cage, the living, fleshy interloper, as if his own body was constituted of material which too had absorbed sounds. Of course, his death would bring these vital signs to an end, along with the consciousness required to acknowledge them, but it would not bring silence. Obviously, sounds would still exist in the dayto-day world without him, people would exist who could hear them, but what he had discovered was that there would also be an entire region of sounds which people could not hear, and it was this revelation of a combined impossibility of inaudibility and pervasive musicality which comforted him: "Until I die there will be sounds. And they will continue following my death. One need not fear about the future of music."94

Significantly, from this point on, Cage would increasingly employ technology as a discursive means for musical listening, not just practical musical production. The anechoic chamber was joined in this project by another piece of tangible and fictive technology, the microphone, and both pieces of technology had the job of amplifying small sounds; one did it through subtraction, the other through addition. To *hear sounds in themselves* one must first hear them. Small sounds and amplification went hand in hand, although their overall role changed over time. Earlier in his career, the amplification of small sounds served the cause of noise as a practical means to increase the number of "more new sounds" in the constitution of a modernist material fount, or to free them, in Cage's rhetoric of sonic emancipation. With his commitment to the impossibility of silence the world was suddenly overrun with small sounds and, although it would seem there would have been less immediate need for amplification because a plentitude of sounds was assured, amplification was still called on to perform rhetorically, far beyond its actual technological capabilities, to increase the number of possible sounds and to deny inaudibility. Small sounds also moved to inhabit the vicinity hitherto occupied by conventional silence. When silence became a type of sound, actual silence was merely a state of inaudibility, and everything known before as silence became nothing but small sounds contingent on amplification. Thus, the idea of small sounds became for Cage not only a negotiation between old and new silences, but eventually provided the reason for his development of implausible and impossible amplification technologies, which, like other major developments in communications technology, presumed and produced a different, perhaps only a revamped, world outlook.

Before considering Cage's amplified small sounds further, we need to ask about the practice of considering sounds according to *size*. In the realm of music, ideas about the sizes of sounds appeared at the turn of the century, when it had become apparent that existing means of musical notation were inadequate to the task of denoting smaller and smaller intervals and of representing many of the salient characteristics of sounds in general. These ideas were accompanied by appeals to the vernacular experience of hearing and to acoustics, their commonality occurring as acoustics continued, as it had since antiquity, to seek observational means for understanding sonic phenomena. While an individual might speak about the size of a sound, throughout the nineteenth century acoustics had busied itself with measuring and producing sounds through the development of visible sound (while at the same time mathematical modeling took acoustics further away from prosaic experiences of observation). Moreover, visualization meant that smaller and smaller increments and attributes of a sound became evident and, in turn, became the pride of acousticians who could publicly display them outside the laboratory. The avant-garde made quite a bit of mileage from affectionate parodies of the culture of science and technology and no one more so than the French (Jarry, Roussel, Apollinaire, Duchamp). It was left to Erik Satie to take on the ideas of size implicit in acoustical measurement by claiming that he was in fact a phonometrographer, a measurer of sound, not a musician.

> The first time I used a phonoscope, I examined a B flat of medium size. I can assure you that I have never seen anything so revoking. I called in my man to show it to him.
> On my phono-scales a common or garden F sharp registered 93 kilos. It came out of a fat tenor whom I also weighed.95

Meanwhile, developments of microphony and amplification in telephony, phonography, and radiophony concentrated on lowering the threshold to the transmission of smaller sounds. Western art music met these developments head on during the late 1920s in the technologically saturated space of the radio studio. Once the orchestra was transformed into a *radio* orchestra, the old amplitude hierarchies were warped and small sounds could have their day: "a harp, for example, even when played pianissimo, [could] be audible through no matter what orchestration." 96 By the 1950s, the combined approaches to the sizes of musical sound had become so well established that an advertisement in the *Village Voice* for the 1958 New York premiere of Varese's *Poeme electronique* promised "big sounds, not fat sounds."97

Cage demonstrated an interest in small sounds and amplification early in his career. In "The Future of Music" (1937) he called for centers for experimental music equipped with "means for amplifying small sounds."98 The magnetic audiotape piece *Williams Mix* (1952) listed as one of the six categories of sonic raw material "small sounds requiring amplification to be heard with the others" (as was the task with radio orchestra amplification). The instruction appears to have worked, if we believe the report from Robert Dumm of *Newsvueek*, who wrote in 1954 that he heard in *Williams Mix* a little sound "like a fly walking on paper, magnified."99 *Cartridge Music* (1960) also used "microphones and cartridges . . . connected to amplifiers that go to loud-speakers, the majority of the sounds produced being small and requiring amplification in order to be heard."100 Then, starting in 1962 with *O'OO"*, Cage began using amplification to render audible a range of small and inaudible sounds belonging to states and actions of the body, to other types of action, and to the signals of transmissions and radiation. Most importantly, he amplified amplification, extending audibility (thus musicality) to increasingly smaller sounds and to all sounds all the time. *O'OO"* itself was an electronic extension of music into everyday life and all fields of action. As Cage wrote, *O'OO"* is "nothing but the continuation of one's daily work, whatever it is, providing it's not selfish, but is the fulfillment of an obligation to other people, done with contact microphones, without any notion of concert or theater or the public, but simply continuing one's daily work, now coming out through loudspeakers."101 Cage claimed that "the piece tries to say . . . that everything we do is music, or can become music through the use of microphones. . . . By means of electronics, it has been made apparent that everything is musical."102

From this point on Cage was thorough in how he introduced technology, audition, and music absolutely everywhere. The air was saturated with activity and could give up its sounds when signals were thought to be sounds and radios and other receivers were thought to be amplifiers.

The air, you see, is filled with sounds that are inaudible, but that become audible if we have receiving sets. . . .
There were [in *Variations* VII (1966)] ordinary radios, there were Geiger counters to collect cosmic things, there were radios to pick up what the police were saying, there were telephone lines open to different parts of the city. There were as many different ways of receiving vibrations and making them audible as we could grasp with the techniques at hand.103

The received all-sound here was carried globally on the wave of a McLuhanesque prosthetic nervous system, even though Cage denied the synaptical signals of his own thought, let alone the political, military, and industrial barrage of what imperially and empirically pervades Lee de Forest's "Empires of the Air."104 And, according to Cage, the activities of the plant and insect worlds too awaited amplification.

That we have no ears to hear the music the spores shot off from basidia make obliges us to busy ourselves microphonically.105
I thought of sounds we cannot hear because they're too small, but through new techniques we can enlarge them, sounds like ants walking in the grass.106

The "music of the spores" imagines sounds having nothing to do with humans as music and puts Cage in a contradictory position with respect to his professed anti-anthropomorphism. At the minimum, it belongs to a nagging categorical imperialism in Cage's thought that should be taken into consideration in representations of his anarchism or ecology. Indeed, should there be some question about the nature of the influence of this aspect of Cage's thought on others, it is helpful to refer to R. Murray Schafer's statement in his book *The Tuning of the World*. In this book, which has shaped *acoustic ecology* and underpinned much electroacoustic music, Schafer explicitly states his indebtedness to Cage and consequently goes on to say that "today all sounds belong to a continuous field of possibilities lying *within the comprehensive dominion of music.* "107 When was the last time you heard the word *dominion* used in a sentence?

Cage completed the ubiquitous figure of musical sound when he extended amplification to the silence of objects and matter, which he would do wherever he happened to be at the time, "this table, for instance, around which we're sitting, is made experiential as sound, without striking it. It is, we know, in a state of vibration. It is therefore making a sound, but we don't yet know what that sound is."108 Technology would not only let us know what the sound is, it would also render music "a revelation of sound even where we don't expect that it exists."109 Thus, while he did not want to make his music into an object—this was his argument after a certain point against recording— he did want to make objects into music. In another circumstance, "If here, for musical pleasure, I could make audible to you what this book sounds like, and then what the table sounds like, and then what that wall sounds like, I think we would all be quite delighted."110 Or again, returning full circle to the anechoic chamber, he says, "Look at this ashtray."

It's in a state of vibration. We're sure of that, and the physicist can prove it to us. But we can't hear those vibrations. When I went into the anechoic chamber, I could hear myself. Well, now, instead of listening to myself, I want to listen to this ashtray. But I won't strike it as I would a percussion instrument. I'm going to listen to its inner life thanks to a suitable technology.
While in the case of the ashtray, we are dealing with an object. It would be extremely interesting to place it in a little anechoic chamber and listen to it through a suitable sound system. Object would become process; we would discover, thanks to a procedure borrowed from science, the meaning of nature through the music of objects.111

Cage's passion for striking tables and ashtrays (marking the philosophical status of the reality of this chair, that table) goes back to his meeting with the filmmaker Oskar Fischinger. In 1932 Fischinger began investigating the graphic synthesis of specific sounds on film; by the time he met Cage around 1936 the correspondences between sign and sound had been enveloped by spiritism, and when he heard a sound it was the *inner life* of an object speaking. "When I was introduced to him, he began to talk with me about the spirit which is inside each of the objects of this world. So, he told me, all we need to do to liberate that spirit is to brush past the object, and to draw forth its sound. That's the idea which led me to percussion. In all the many years which followed up to the war, I never stopped touching things, making them sound and resound, to discover what sounds they could produce. Wherever I went, I always listened to objects."112

Percussion was replaced by amplification as the means to listen to objects. Whereas percussion required striking objects or otherwise involving them in an action to hear their sound,113 amplification (and the muting of the anechoic chamber) required no such action on the part of objects because the sound-producing action took place continuously at the atomic level. Therefore, all matter sounded all the time and only the lack of proper technology prevented it from being music. Cage was not alone within modernist ranks, in which there was a long-standing notion that the soul, spirit, or essence of objects and matter was to be found within and communicated through vibrations. It is most familiar in terms of Kandinsky's *inner* sound, but took on a more scientific cast when Richard Huelsenbeck said in passing, "Bruitism is a kind of return to nature. It is the music produced by circuits of atoms,"114 or when the Italian Futurists F. T. Marinetti and Pino Masnata wrote in their manifesto "La Radia" (1933): "The reception amplification and transfiguration of vibrations emitted by matter. Just as today we listen to the song of the forest and the sea so tomorrow shall we be seduced by the vibrations of a diamond or a flower."115 Musically, it had been suggested by Varese's *Ionization* and later in the work of Iannis Xenakis,116 but it was Cage who situated it technically in a coherent theory of music.

Cage's dominion of *all sound* and of the corresponding capacity for *panaurality* is reminiscent of the totalizing reach of the Romantic utterance, resonating in voice or music throughout eternity and entirety, or of the nineteenth-century synaesthetes who also used their utterances to insinuate themselves throughout the cosmos. It is true that Cage explicitly sought to subvert tactics based in human centeredness, yet all he did was shift the center from one of utterance to one of audition. He simply became quiet in order to attract everything toward a pair of musical ears. He achieved through centripetal means the same centrality utterance achieved through centrifugal means. Indeed, Cage's musical renovation was built on a larger cultural association in which listening was thought to be intrinsically more passive, peaceful, respectful, democratic, and spiritual than speaking, as it intersected with Western art music which, on the one hand, had produced itself through the sonicity of utterance and, on the other, promoted a proscription against speaking, signification, and mimesis. Cage's shift, in other words, entailed a production of music through the sonicity of audition while retaining all other features of Western art music. Again, although Cage introduced this feature systematically into music, perhaps the reason it resembles earlier forms of totalization carried out in a register of utterance is because there were also earlier forms based on audition. For instance, if we were to replace God's panaural ear with Cagean amplification, this passage from George Sand's *The Seven Strings of the Lyre* (1839) could be moved forward 125 years. "Hear the voice of the grain of sand which rolls on the mountain slope, the voice which the insect makes, unfolding its mottled wing, the voice of the flower which dries and bursts as it drops its seed, the voice of the moss as it flowers, the voice of the leaf which swells as it drinks the dewdrop and the Eternal hears all the voices of the Universal Lyre. He hears your voice, O daughter of men, as well as those of the constellations; for nothing is too small for him for whom nothing is too great, and nothing is despicable to him who created all!"117

The force of Cage's centripetal pull was likewise registered on the voice of technology. While describing the means to hear the inner life of the ashtray, he says that "at the same time, I'll be enhancing that technology since I'll be recognizing its full freedom to express itself, to develop its possibilities."118 Seemingly, he ironically encouraged from technology what he discouraged among musicians, that is, expression, yet by "full freedom to express itself he meant within the function of hearing a submolecular sound itself, where the technology becomes realized by becoming transparent. In fact, he masked the technology's "signature," or rather the signatures of a specific piece of technology, the social exigencies built in to any technology and the meanings accumulated through use within different cultural settings, just as he omitted the mediational attributes of listening itself. Indeed, he was more attentive to the mediations of Jesus: "considering the lilies, which is a kind of silence; but now we know, through science, that the lilies are extremely busy. We could say that Jesus was not thinking microscopically, or electronically; but then we could agree with him, because the work of the lilies is not to do something other than themselves."119

Technologies are especially amenable to mediation when they happen to be communications technologies, the tools of the trade for Cage. By the 1950s, nearly three decades of full-scale auditive mass media (phonography, radio, and sound film) were followed by the dissemination of television. As the mass media introduced more and more sounds, individuals became generationally capable of apprehending sounds in their social complexity, and at an accelerated pace. It was a period of media expansion that began to forcibly usher in the lightning-quick delivery of the din today. It was no coincidence that Cage's progressive expansion into all sound occurred at the same time, or that his emblematic *silence* was founded on a silencing of communications technologies, or that he diminished and eradicated the sociality of the sounds of the auditive mass media throughout the 1950s and 1960s—all their wayward empirical, semiotic, poetic, affective, cultural, and political *noises*—or that a shift toward listening occurred as listening became more of a consumerist imperative. In this way, Cage unwittingly aped the expansionist economies generating the media saturation in the postwar years and presented a figure of a din undifferentiated by power.

Cage completed the dominion of all sounds during the 1960s at a time when he eventually became more interested in social and political issues. While his ideas of sound and sociality were becoming more global, sometimes literally so, he maintained a strict division between the two, "a being together of sounds and people (where sounds are sounds and people are people)." 120 He did not incorporate the social, or the ecological for that matter, into the immediate materiality of sounds, but only simulated their compass and complexity through undifferentiated totalization. That his music of objects, matter, and air happened to be both everywhere and inaudible, its sounds heard only through a faith in technology, placed it squarely in a mythic heritage in the West established at the time of Pythagoras. Most importantly, Cage's own deafness amid all this inaudible sound, that is, his inability to hear the significance of sound, meant a depleted complexity of what could be heard in any *sound in itself*. Consequently, his elaboration of panaurality and sonic pervasiveness was compensatory: a space fulfilled by a dispersion of the density of the social and ecological. If he could not hear the world through a sound, then he would hear a world of sound.

NOTES:

Epigraph from Ananda K. Coomaraswamy, *The Transformation of Nature in Art* (1934; New York: Dover, 1956), 67.

1. Yvonne Rainer, "Looking Myself in the Mouth," *October*, no. 17 (Summer 1981): 65-76.

2. Michael Zwerin, "A Lethal Measurement," in John *Cage*, ed. Richard Kostelanetz (New York: Praeger, 1970), 166.

3. Only a limited number of compositions may have overtly incorporated sounds in this way, but all of his music after the mid-1930s was discursively and philosophically dependent on this strategy. This general strategy within avant-garde music presents difficulties for musicology, for it requires new notions and analyses of musical materiality, including the establishment of a vantage point outside music, the source of the new materiality, in order to gain some type of critical distance. This would require an interdisciplinary approach, with corresponding transformation of the object of study, and would ideally then contribute toward a transformation of artistic practice.

4. John Cage, "Composition as Process" (1958), *Silence* (Middletown: Wesleyan University Press, 1961), 41. It is helpful to hear Cage read excerpts from this text in Dick Fontaine's 1967 film Sound.'.' (New York: Rhapsody Films, 1988), videocassette, to detect the degree of castigation in his questions and realize that the affable Cage of later years had not yet fully emerged.

5. John Cage, "Edgard Varese" (1958), *Silence,* 83-84. The way imagination impaired hearing was not restricted to Varese: "Composers are spoken of as having ears for music which generally means that nothing presented to their ears can be heard by them. Their ears are walled in with sounds of their own imagination." Cage, "45' for a Speaker" (1954), ibid., 155. Cage's criticism of Beethoven, Varese, and composers in general has implications for the question of structure and continuity in music. For his comments on Beethoven in this respect, see "Defense of Satie." Regarding Varese, he suggested a corrective measure that "discontinuity has the effect of divorcing sounds from the burden of psychological intentions" ("Edgard Varese," 84).

6. Michael Zwerin, "A Lethal Measurement," 161-67.

7. In this respect, he has not effected the historical rupture credited to him but instead exudes a loyalty to the mission of absolute music in the nineteenth century, with its roots in the Neo-Pythagoreanism of the sixteenth and seventeenth centuries. See John Neubauer, *The Emancipation of Musk from Language* (New Haven: Yale University Press, 1986), 45ff. and Epilogue.

8. The year 1952 was a good one for nothing to happen. Following Rauschenberg's white and black paintings of the year before, there was Beckett's *Waitingfor Godot* (1952), with its not-so-pregnant pauses scattered throughout a larger non-event. If Godot was a play "where nothing happens twice," then *4'33",* with its three movements, was a composition where nothing happens thrice. In 1952 also appeared the final version of Guy Debord's film *Hurlements en faveur de Sade,* which consisted of black and white *imageless* screens with a pared-down sound track of people speaking. Debord used another form of withholding in his 1961 address to the Group for Research on Everyday Life by not participating in the everyday life of the conference and, instead, delivering his speech using a tape recorder. "These words are being communicated by way of a tape recorder, not, of course, in order to illustrate the integration of technology into this everyday life on the margin of the technological world, but in order to seize the simplest opportunity to break with the appearance of pseudocollaboration, of artificial dialogue, established between the lecturer 'in person' and his spectators." Guy Debord, "Perspective for Conscious Alterations in Everyday Life," Si'tu*ationist International Anthology,* ed. and trans. Ken Knabb (Berkeley: Bureau of Public Secrets, 1981), 68-75. For an account of reductionism within the arts of this period, see Edward Strickland, *Minimalism: Origins* (Bloomington: Indiana University Press, 1993).

9. The piece was initially made up of three fixed lengths of silence (30", 2'23", I'4O") arrived at by using chance operations and then underwent modification when it was published in 1960.

10. For the historical nature of silence among audiences, see James H. Johnson, *Listening in Paris: A Cultural History* (Berkeley: University of California Press, 1995).

11. Remy Charlip was one of Merce Cunningham's dancers and the lover of Lou Harrison, who also had music performed the same evening. See Judith Malina, The *Diaries of Judith Malina,* 1947-1957 (New York: Grove Press, 1984), 163.

12. *John Cage,* ed. Kostelanetz, 12. On the question of whether it was or was not "his piece," he could go either way; e.g., "I think perhaps my own best piece, at least the one I like the most, is the silent piece." John Cage, *Conversing with Cage,* ed. Richard Kostelanetz (New York: Limelight Editions, 1988), 65.

13. John Cage in conversation with Peter Gena, "After Antiquity," A *John Cage Reader,* ed. Peter Gena and Jonathan Brent (New York: C. F. Peters Corporation, 1982), 169-70.

14. Stephen Montague, "John Cage at Seventy: An Interview," *American Music* (Summer 1985): 213.

15. Michael Kirby and Richard Schechner, "An Interview with John Cage," *Tulane Drama* Review, 10, no. 2 (Winter 1965): 53, reprinted in Happenings *and Other Acts,* ed. Mariellen R. Sandford (London: Routledge, 1995), 53. Irwin Kremen, e-mail message to Larry Solomon (17 June 1997), as posted to the Silence List. One of the other interesting, if fanciful, reasons that have been entertained is based on the observation that 273, the number of seconds in four minutes and thirty-three seconds, is the positive value of absolute zero (-273° C).

16. John Cage, Roger Shattuck, and Alan Gillmor, "Erik Satie: A Conversation," *Contact,* no. 25 (Autumn 1982): 22.

17. Stephen Montague, "John Cage at Seventy," 213. James Pritchett cites the lecture in connection with 4 *'33* "but then steers clear of the social implications within the text itself and states instead, "Thus the silent piece's origins lie not in Cage's works of the 1950s and 60s, but rather in the aesthetic milieu we are considering here: the late 1940s, the *String Quartet in Four Parts,* and the 'Lecture on Nothing.' " James Pritchett, *The Music of John Cage* (Cambridge: Cambridge University Press, 1993), 59.

18. *Musik Texte* nos. 40-41 (Cologne: August 1991) and *Musicworks* no. 52 (Toronto, Spring 1992). Subsequent citations to "A Composer's Confessions" will be to the *Musicworks* publication. Calvin Tomkins apparently had access to this text, perhaps from a publication of which I am unaware, when he wrote his portrait of Cage for *The New Yorker,* but he did not mention information relevant to the genesis of *4'33".* See Calvin Tomkins, The *Bride and the Bachelors* (New York: Penguin Books, 1976), 69-144.

19. Cage did not make matters easier by selling off portions of his library, including many of his Asian books, during some financially difficult times.

20. David Wayne Patterson, "Appraising the Catchwords, C. 1942-1959: John Cage's Asian-derived Rhetoric and the Historical Reference of Black Mountain College" (Ph.D. diss., Columbia University, 1996), 129. The inclusion of Meister Eckhart and other Christian mystics within the period of South Asian influence is explained by the chapter on Eckhart appearing in Coomaraswamy's *The Transformation of Nature in Art.*

21. Coomaras wamy, *The Transformation of Nature in Art* (1934) and *The Dance of Shiva* (Bombay: Asia Publishing House, 1948); Mahendranath Gupta, *The Gospel of Sri Ramakrishna* (New York: Ramakrishna-Vivekananda Center, 1942).

22. Carl Jung, The Integration *of the Personality,* trans. Stanley M. Dell (London: Kegan Paul, Trency, Trubner, 1940); Aldous Huxley, *The Perennial Philosophy* (London: Chatto andWindus, 1946).

23. Coomaraswamy's *The Transformation of Nature in Art* contains much Chinese, medieval Christian material, most significantly Meister Eckhart, and some Zen sources; *The Dance of Shiva,* more consistently Indian, contains chapters on "Intellectual Fraternity" and Nietzsche; while the Huxley and Jung texts are based entirely on cross-cultural comparisons and contain explicit references to East Asian sources. Jung also wrote about Meister Eckhart in *Psychological Types* (1923).

24. See Patterson, "Appraising the Catchwords," 72-73. In the same respect, his reliance on Jung should temper his familiar rejection of psychoanalysis as well as place him closer to the abstract expressionists to whom he was supposedly diametrically opposed.

25. Patterson, 95-99.

26. Jung, *The Integration of the Personality,* 11.

27. This is the point around which could pivot a fruitful comparison of avant-garde and modernist musics with that other postwar impulse of lounge, easy-listening, novelty, and exotica musics, what Ken Sitz has called Deep-50s music.

28. Cage, "A Composer's Confessions," 13. Henry Cowell advised the OWI "on serious works, American pieces, and music especially selected to go out to particular districts. . . . We used art music, old and new from all countries, and found that pieces by modern Americans whose style is not too complex were well received." Henry Cowell, "Shaping Music for Total War," *Modem Music* 22, no. 4 (May-June, 1945): 223-26.

29. Jung, *The Integration of the Personality,* 30-31.

30. John Cage and Daniel Charles, *For the Birds* (Boston: Marion Boyars, 1981), 105.

31. Jung, *The Integration of the Personality,* 31-32.

32. The last paragraph of this book states it explicitly: "When all is said and done, the hero, the leader, and saviour is also the one who discovers a new way to greater certainty. Everything could be left as it was if this new way did not absolutely demand to be discovered, and did not visit humanity with all the plagues of Egypt until it is found. The undiscovered way in us is like something of the psyche that is alive. The classic Chinese philosophy calls it 'Tao,' and compares it to a watercourse that resistlessly moves towards its goal. To be in Tao means fulfillment, wholeness, a vocation performed, beginning and end and complete realization of the meaning of existence innate in things. Personality is Tao." Jung, 304-5.

33. Jung, *The Integration of the Personality,* 4.

34. Jung, *The Integration of the Personality*, 15.

35. Jung, *The Integration of the Personality*, 26.

36. "A Composer's Confessions," 13.

37. The question of how spiritual matters relate to the workaday world of occupations runs throughout all the readings and move closer to one another in discussions of "vocations," i.e., callings, while Coomaraswamy expands the field of what Westerners might think as artists by listing more than eighteen professional arts, the sixty-four avocational arts in India, embracing "every kind of skilled activity, from music, painting, and weaving to horsemanship, cookery, and the practice of magic, without distinction of rank, all being equally of angelic origin." *The Transformation of Nature in Art, 9.* See also Patterson, 73-75.

38. "A Composer's Confessions," 13-14. In "Defense of Satie," a lecture given at Black Mountain College the summer after the Vassar lecture, Cage repeated the link between Jung and music: "Music then is a problem parallel to that of the integration of the personality: which in terms of modern psychology is the co-being of the conscious and the unconscious mind, Law and Freedom, in a random world situation. Good music can act as a guide to good living." *John Cage,* ed. Kostelanetz, 84.

39. Patterson, 86-92.

40. *The Transformation of Nature in Art,* 28.

41. "A Composer's Confessions," 14-

42. "A Composer's Confessions," 14.

43. Huxley, *The Perennial Phibsophy,* 143.

44. Huxley, 115 and 134.

45. In "Lecture on Nothing" (1950), Cage extended his idea of disinterestedness by associating it with a lack of interest in possessing things ("a piece of string or a sunset," "one's own home") or in possessing moments in time ("We need not destroy the past: it is gone"), and specified it by setting it against the conventional forms of continuity within Western art music ("themes and secondary themes; their struggle, their development; the climax; the recapitulation"). *Silence,* 110-11.

46. *Conversing with Cage* ,231.

47. "A Composer's Confessions," 15.

48. "A Composer's Confessions," 15.

49. Among them were the members of Spike Jones's band, who chose to satirize Petrillo openly, following his every command as though from military top brass. Cage had no apparent interest in Spike Jones, although the band would be celebrated in the post-Cagean ranks of Fluxus. See Jordan R. Young, *Spike Jones and His City Slickers* (Berkeley: Disharmony Books, 1984), 36 and 77. See also Russel Sanjek, *American Popular Music and Its Business* (New York: Oxford University Press, 1988), 3:229-30, 286. The big companies also had a new technology on their side: the same month as Cage's talk, ABC Radio Network announced it was going "all-tape" for nighttime programming, using the latest improvements on the German Magnetophone that had been discovered by American troops.

50. "A Composer's Confessions," 15. What critics wrote was also a *literary* matter, in accord with other instances of Cage's use of the term, because they were interested almost entirely in the playing of the literature, i.e., the repertoire, and not new music.

51. Two years later in "Lecture on Nothing" (1950) he stated, "Record collections, that is not music. The phonograph is a thing, not a musical instrument. A thing leads to other things, whereas a musical instrument leads to nothing." Silence, 125. The idea of an instrument literally leading to nothing which is music is, of course, the foundation of 4'33".

52. John Cage, "Other People Think" (1927), *John Cage,* 48.

53. "Other People Think," 48.

54. "A Composer's Confessions," 13.

55. "A Composer's Confessions," 15.

56. "A Composer's Confessions," 15.

57. "A Composer's Confessions," 15. The last two sentences are less enigmatic when taken as rhetorical devices. In this capacity, there is no synaesthetic shift away from in/audibility; the *idea* is to be made seductive as a means (short of interrupting his lecture • with several minutes of standing quietly at the podium) to induce his Vassar audience into imagining what it might be like to actually listen to "silence" for such a length of time and not immediately understand it as a withholding of labor. And in lieu of the type of markers of time or development which might provide an anticipation of an end, the end approaches imperceptibly and, thereby, approaches imperceptibility. He had, after all, associated disinterestedness with his own brand of continuity in music two years later in his "Lecture on Nothing," and it would be understandable that, within the realm of all the ends of disinterestedness, imperceptibility would lie near the end of the trajectory from quietness to silence.

58. Busoni, *Sketch of a New Esthetic of Music,* included in *Three Classics in the Aesthetic of Music* (New York: Dover Publications, 1962), 89. Emphasis in the original.

59. Translated by Victoria Kirby in Michael Kirby, Futurist *Performance* (New York: E. P. Dutton, 1971), 293.

60. See Patterson, "Appraising the Catchwords," 204 and 232. Patterson interviewed W. P. Jennerjahn, who places the invention of "happenings" not with Cage's Black Mountain *Piece* (1952) but with these cabin performances in 1948: "The music of Satie, played on two pianos inside the open window of one of the cottages on campus while the audience sat on the ground outside, or strolled about."

61. Rollo H. Myers, *Erik Satie* (1948; New York: Dover Publications, 1968); Pierre-Daniel Templier, *Erik Satie* (Paris: Les Editions Rieder, 1932); and Constant Lambert, *Music Ho! A Study of Music in Decline* (London: Faber and Faber, 1934). Cage was fluent in French by the time of his study of Satie.

62. Myers, *Erik Satie,* 60.

63. Templier, *Erik Satie,* 46, and cited in Alan M. Gillmor, Erik Satie (New York: W. W. Norton, 1988), 232.

64. "It took a Satie and a Webern to rediscover this musical truth, which, by means of musicology, we learn was evident to some musicians in our Middle Ages, and to all musicians at all times (except those whom we are currently in the process of spoiling) in the Orient." Also: "There can be no right making of music that does not structure itself from the very roots of sound and silence—lengths of time. In India, rhythmic structure is called Tala. With us, unfortunately, it is called a new idea." "Defense of Satie," *John Cage,* 81.

65. "Defense of Satie," 78-79.

66. "Defense of Satie," 81.

67. "Defense of Satie,"83.

68. Aldous Huxley, *The Perennial Philosophy,* 249-50. Jung's *The Integration of the Personality,* 10, contains a similar passage: "The enormous increase of technical facilities only serves to occupy the mind with all sorts of sensations and impressions that lure the attention and interest from the inner world. The relentless flood of newspapers, radio programs, and movies may widen or fill the external mind, while at the same time, and in the same measure, consciousness of the inner world becomes darkened and may eventually disappear altogether. But 'forgetting' is not identical with 'getting rid of.'"

69. While a student at Pomona College: "One day the history lecturer gave us an assignment, which was to go to the library and read a certain number of pages in a book. The idea of everybody reading the exact same information just revolted me. I make an experiment. I went to the library and read other things that had nothing to do with the assignment, and approached the exam with that sort of preparation. I got an A." Tomkins, *The Bride and the Bachelors,* 78.

70. "A Composer's Confessions," 15.

71. "A Composer's Confessions," 15.

72. In the interviews with Daniel Charles circa 1968, Cage defined Muzak to include the daily bill of fare for radio: "Music for factory workers, or for chickens to force them to lay eggs. The miscellaneous music played throughout the day by most radio stations." John Cage and Daniel Charles, For *the Birds,* 137.

73. Quoted in "Percussionist," Time (22 February 1943): 70; cited in Patterson, "Appraising the Catchwords," 108-9.

74. "Lecture on Nothing," *Silence,* 125-26.

75. "Lecture on Nothing," 117.

76. "A Composer's Confessions," 13. Credo *in Us* (1942), a percussion quartet piece with piano which included among its instruments a radio or phonograph, was composed and first performed during wartime. Instructions for the piece include the statement: "If radio is used, avoid news programs during national or international emergencies." In a 1965 interview, Cage recalled that "when the Second World War came along, I talked to myself, what do I think of the Second World War? Well, I think it's lousy. So I wrote a piece, *Imaginary Landscape No.* 3, which is perfectly hideous." Conversing *with Cage,* 59.

77. "A Composer's Confessions," 13.

78. "A Composer's Confessions," 13.

79. "Composition as Process (1958)," Silence, 30-31.

80. John Cage and Roger Reynolds, "A Conversation," Musical Quarterly 65, no. 4 (October 1979): 578.

81. John Cage, interview with Roger Reynolds," *John Cage* (New York: Henmar Press, Inc., 1962), 46.

82. Reynolds: "When [in 1961] I asked you about sounds that had been distasteful to you, such as Beethoven and the vibraphone, you mentioned Muzak. I especially admire the impulse to seek resistant materials, and wonder in this connection if there are any sounds you have recently come to find distasteful." Cage: "The only problem that I am aware of in terms of sounds themselves . . . it's still the vibraphone for me." John Cage and Roger Reynolds, "A Conversation," 578.

83. John Cage, Roger Shattuck, and Alan Gillmor, "Erik Satie: A Conversation," 22.

84. Huxley, 325.

85. Huxley, 249-50.

86. "The thing that makes Muzak tolerable is its very narrow dynamic range. It has such a narrow dynamic range that you can hear many other things at the same time as you hear Muzak. And if you pay attention carefully enough, I think you can put up with the Muzak— if you pay attention, I mean, to the things that are not Muzak." *Conversing with Cage,* 231.

87. Stephen Montague, "John Cage at Seventy," 205. In another interview Cage elaborated on the technique: "I translate the sounds into images, and so my dreams aren't disturbed. It just fuses. There was a burglar alarm one night and I was amazed because the pitch went on for two hours, was quite loud. It seemed to me to be going slightly up and slightly down. So what it became in my dreams was a Brancusi-like shape, you know, a subtle curve. And I wasn't annoyed at all." David Sears (1981), Conversing with Cage, 26.

88. John Cage and Roger Reynolds, "A Conversation" (1977), 577.

89. During the question period of his Norton lectures he said, "When I wrote *4'33"* I was in the process of writing the Music *of Changes*. That was done in an elaborate way. There are many tables for pitches, for durations, for amplitudes, all the work was done with chance operations. In the case of *4'33"*, I actually used the same method of working and I built up the silence of each movement, and the three movements add up to *4'33"*. I built up each movement by means of short silences put together." John Cage, J—VI (Cambridge: Harvard University Press, 1990), 20-21.

90. Huxley, 327.

91. Huxley, 327.

92. John Cage, A *Year from Monday* (Middletown: Wesleyan University Press, 1967), 134.

93. The impossibility of silence and the pervasiveness of music were closely related to the development of indeterminacy, which also occurred in the years between Silent Prater and *4' 33"*. When a piece of music is purposefully purposelessly made, Cage asks, "What happens, for instance, to silence? That is, how does the mind's perception of it change?" ("Composition as Process," Silence, 22-23). It no longer serves as a means of emphasis for taste or expressivity, or as an element marking a predetermined or developing structure. Because there are no goals, means become meaningless, because nothing is meant to be happening, whatever happens happens. If there is no determination that the absence of musical sounds (silence in the conventional sense) means the abeyance of a musical listening to any sounds, then what can be heard in the silence, as hitherto perceived, are the surrounding sounds. "Where none of these or other goals is present, silence becomes something else—not silence at all, but sounds, the ambient sounds. The nature of these is unpredictable and changing. These sounds (which are called silence only because they do not form part of a musical intention) may be depended upon to exist. The world teems with them, and is, in fact, at no point free of them" ("Composition as Process," 23). Consequently, silence itself disappears and transforms into its traditional opposite—sounds—and for Cage where there are sounds, especially a "world teeming in sounds," there will be music. It should be made clear, in this respect, that the freeing of musical intention in Cage is specifically geared to the intention to make music. The idea that intention, let alone a formidable culturally laden discursive framework, is present within the act of hearing sounds as music, does not receive equal attention.

94- John Cage, "Experimental Music," (1957), *Silence,* 8.

95. Erik Satie, "Memoirs of an Amnesiac," The *Writings of Erik Saae,* ed. and trans. Nigel Wilkins (London: Eulenburg Books, 1980), 58.

96. R. Raven-Hart, "Composing for Radio," *Musical Quarterly* 16, no. 4 (October 1930): 138.

97. An advertisement in the *Village Voice* for the U.S. premiere (9 November 1958) of Varese's *Poeme ekctronique* in New York, reproduced in George Brecht, *Notebook* (Cologne: Verlag der Buchhandlung Walther Konig, 1991), 2:86.

98. "Future of Music Credo," *Silence,* 6.

99. Robert Dumm, "Sound Stuff," *Newsweek* (11 January 1954): 76.

100. *John Cage,* 144.

101. Conversing *with Cage,* 69-70.

102. From a 1965 interview with Cage by Lars Gunnar Bodin and Bengt Emil Johnson, *Conversing with Cage,* 70.

103. From a 1970 interview with Nax Nyffeler, Conserving *with Cage,* 74. For a discussion of *Variations* VII, see Pritchett, *The Music of John Cage,* 153.

104. In a 1966 interview, Cage remarked, "We are living in a period when our nervous systems are being exteriorized by electronics, so that the whole glow [sic] is happening at once." Michael Zwerin, "A Lethal Measurement," 163. On the inaudibilities and disappearances in transmission and reception of "media that have reached their levels of saturation," see Friedrich Kittler, "Observations on Public Reception," Radio Rethink, ed. Diana Augaitis and Dan Lander (Banff, Canada: Walter Phillips Gallery, 1994), 75-85.

105. Cage, A Year From Monday, 34.

106. "An Interview with John Cage," *Tulane Drama Review,* 54.

107. R. Murray Schafer, *The* Tuning *of the World* (Philadelphia: University of Pennsylvania Press, 1977), 5. Emphasis in original.

108. *Conversing with Cage,* 106.

109. Conversing with *Cage,* 106.

110. Conversing with *Cage,* 70.

111. John Cage and Daniel Charles, For the *Birds,* 220-21. He states the same thing in "The Future of Music" (1974), *Empty Words* (Middletown: Wesleyan University Press, 1979), 179. "Within each object, of course, a lively molecular process is in operation. But if we are to hear it, we must isolate the object in a special chamber."

112. Cage and Charles, For *the Birds,* 73-74. Also: "[Oskar Fischinger] spoke to me about what he called the spirit inherent in materials and he claimed that a sound made from wood had a different spirit than one made from glass. The next day I began writing music which was to be played on percussion instruments" ("A Composer's Confessions," 9).

113. In 1948 Cage described a wider notion of percussion: "It is used in a loose sense to refer to sound inclusive of noise as opposed to musical or accepted tones." "A Composer's Confessions," 9.

114. Richard Huelsenbeck, "En Avant Dada: A History of Dadaism" (1920), in *The Dada Painters and Poets,* ed. Robert Motherwell (1951; New York: G. K. Hall, 1981), 26.

115. F. T. Marinetti and Pino Masnata, "La Radia" (1933), trans. Stephen Sartarelli, in *Wireless* Imagination: *Sound, Radio, and the Avant-garde,* ed. Douglas Kahn and Gregory Whitehead (Cambridge, Mass.: M.I.T. Press, 1992), 265-68.

116. Dane Rudhyar wrote the following on Varese's music: "Every tone . . . is a molecule of music, and as such can be dissociated into component sonal atoms and electrons, which ultimately may be shown to be waves of the all-pervading *sonal energy* irradiating throughout the universe, like the recently discovered cosmic rays which Dr. Millikan calls interestingly enough 'the *birth-cries* of the simple elements: helium, oxygen, silicon, iron.' " Cited in Henry Miller, "With Edgar Varese in the Gobi Desert," *The Air-Conditioned Nightmare* (New York: New Directions, 1945), 170-71.

117. George Sand, *Les Sept cordes de la lyre* (Paris: Flammarion, 1973), 111; cited in Joscelyn Godwin, *Music, Mysticism, and Magic* (New York: Arkana, 1987), 229.

118. Cage and Charles, For *the Birds,* 221.

119. Conversing with Cage, 230.

120. John Cage, "The Future of Music" (1974), *Empty Words,* 179.

XI. THÉÂTRE

CHARACTERISATION: THRESHOLD AND FLUIDITY

Rosanne Vitale
University of Windsor, Canada

Biographie de l'Auteur:
Received her PhD in Hispanic Languages and Literatures in 1988 from the University of California at Santa Barbara. Her fields of interest include modern Hispanic, Francophone and Italian theatre, the novel, art history, philosophy, phenomenology and performance studies. As Associate Professor of Spanish language and literature at the University of Windsor, enjoyed engaging her experience in theatrical performance studies and body phenomenology with her teaching methodology. Spurred by her curiosity and keen interest in interdisciplinary phenomena, took early retirement in 2009 to pursue her work in researching and developing KINESOPHIA – The Wisdom of Motion, a new and creative approach to the healing process for person afflicted by body issues (eating disorders, abuse survivors, AIDS sufferers, cancer survivors, etc.). At present, is engaged in working with a group of women in Kisumu, Kenya, with whom she is preparing a collection of stories written by the women themselves and illustrated by their children's drawings.

Résumé de l'article:
   Creation unfolds and is made flesh within the permeable boundaries of liminal space. As the Universe in its continuous dynamic process of creating and sustaining life within itself, the actor, in fashioning the image he lifts from the page, breathes life into the matter of the character and, thus, becomes creator and creation. Actor and character meet on a plane whereupon they perform the dance of Dionysus under the directive gaze of Apollo. Life on this plane sprouts through fluid movement possible solely in a state of consciousness that is forever integrating in which space and time serve as coordinates where the dramatic action, at once, reposes and springs forth to provide continuity and poetic logic. What the audience recognizes as reality on stage is the ever–creating dynamism occurring in the liminal space that is defined by and at the same time intimates and enmeshes the actor and the character. This is a secret space and, while the spectator is a vital creating element (the implied actor)[1], only the creation and not the creating must be made visible to the audience.
   The dynamics that take place within the threshold between actor and character, the actual motion of stepping–into–character must be muted in secrecy lest the character remain imprisoned in its design[2].
   The threshold is a concept in dramatic performance described by Michael Chekhov as the locus of permanent flux between the actor must enter where he meets the character he is creating. Within the threshold the actor and the character coalesce into an entity that is not divisible into two parts. Thus a subject-to-subject relationship is essential to bring to life the character. Actor and character inhabit the same atmosphere of permanent flux. Chekhov deems Dramaturgy independent of the other arts. The theatre, he says, starts when the actors and the director take the script into their hands. Their Creative Individualities are what make the theatre. The actor begins to explore the play and, within the same atmosphere, he is spurred on to explore himself. All the lines, all the situations in the play are silent for the actor until he finds himself within them, not as a reader with good artistic taste, but as an actor whose responsible task it is to translate the idiom of the dramaturge into the idiom of the actor-character. The written word must become the spoken one[3].
   The trajectory the written word undertakes to become spoken is a voyage traced by the actor using his body (flesh, awareness) as the soil through which will sprout the spoken word as only one sign of the character's awareness and existence. Awareness is expressed using the body as portal to the senses and perception.
   It is, of course, through perception that the body senses and through its awaring flesh that the body perceives. And this coming–into–awareness replete with all its accomplices in the form of techniques comes about in the threshold, the liminal space wherein the actor as the embodiment of the character and the character as the embodied creation of the actor presentiate each other, mirror each other, complement and enjoin with each other.
   In his quest to embody the character, the performer relies on diaphanous perspicacity. He must enmesh multiple perspectives in order to free himself from the rigid stance of dualism—actor-to-character progression. Cézanne reminds us that, "Il faut que le corps ait de la vigeur pour obéir à l'âme"[4] The actor must show perspicacity in his awareness of the character and this is achieved only through intimate knowing of the perspectives of the character as the actor–agent of the action. Interestingly, Robert Abirached writes that the character is, at the start, more a distinguishable trait than an integral entity and that it is presented to the audience as "une somme de signifiants, dont le signifié est à construire par le spectateur". The signifiers that make up the construct the audience sees as character are the essential properties that make the character seem natural or real; a personage to whom the audience can easily relate[5]. The credible character embodies likenesses or models of humanity that while not readily visible they must be immediately discernible. As the laws of Physics specify that nothing in the Universe takes place outside the laws of nature, so on the stage, realism can only be achieved within the laws of feasibility; even artifice must appear within a plausible context. It is not imperative that the forms interacting on stage evoke specific models after which they were fashioned. Communion with the stage demands that these forms make visible the brush strokes of nature, which illuminate their existence.

   A brilliant pronouncement on the reconciliation of the artificial and the natural on stage is made by Hamlet when he advises the players:

> ...let your own discretion be your tutor: suit the action to the word, the word to the action; with this special observance, that you o'erstep not the modesty of nature: for anything so overdone is from the purpose of playing, whose end, both at the first and now, was and is, to hold, as 'twere, the mirror up to nature; to show virtue her own feature, scorn her own image, and the very age and body of time his form and pressure.[6]

   This passage resounds in Cézanne's advice to return to the forms of nature in painting. Plato cautions us to be mindful of the "mirroring" nature of this exercise. The Athenian philosopher explains: "The quickest [way] perhaps would be to take a mirror and turn it round in all directions. In a very short time you could produce sun and stars and earth and yourself and all the other animals and plants and lifeless objects...Yes, in appearance, but not the actual things." (Republic, 327) The character, Plato maintains, represents the "reality that exists in the nature of things". The guiding principle here is nature, of course[7].
   The very business of playmaking, if it is to move the conscience of the audience, is to eschew lines and other constraints that delimit the very playing. It is tricky business, as the audience must witness the result of the machinations that take place within the threshold without ever being made aware of its existence. Every actor's goal to act natural must result from his ability to act naturally. The artist is naturally illuminated by his instinct. The trick of the trade is obfuscate the trick of the trade!
   The character is the character and shall always remain as such. The actor is the actor and shall always remain as such. The identity of the character is born and resides within the text. No number or manner of varying perspectives or stances adopted in the portrayal of the

character will alter the essence that engendered it. The actor facilitates for us, the spectators, the character as someone we "know about" to someone we "know" because we can "see" the character "in action". The character's actions which speak as eloquently as the character's words (or silence) enhance the reality of his existence. This "coming–into–being" of the character is signified through the perpetual enjoining of character–text–actor–spectator: all indispensable living parts of a whole. It naturally follows that the experience of the spectator is the determining factor in his manner of knowing. The perspective or stance the spectator adopts colours the reality the character achieves. This platitude often is the crux that determines the audience's taste or preference for certain characters and not others. Of course, this is predicated upon the spectator's readiness to be enlightened by the vastly diverse experience the myriad of theatrical characters can bestow upon the observer. In truth, a successful character is at the mercy of all its creative elements' willingness to play along.

The theatrical experience is one that occurs in liminal space. Theatre does not represent life, it does not imitate life, it does not mirror life. Theatre is not a "pseudo–duplicata" (Abirached) of quotidian reality. A play is a construct that is made to represent life; it is purposefully composed in the image of life. The aesthetic nature of a play is, as any work of art, to evoke emotion in the spectator, universally. Universality can only be achieved if the work evokes what is common to all; and nature is the most common phenomenon. The most salient quality of nature is that it is in permanent flux and this flux is the lifeblood of creation and creativity.

Creativity stifles in stillness. Creating is an act that presumes movement and attracts change. No creator sees her creation as the final product. Even the painter who puts down her paint brush at the completion of a piece does not view that work as an end unto itself, it is part of a continuum; of a movement towards an end that is an integral part of the movement. So does the actor perceive the creation of her character and its performance on stage? Because the theatrical experience occurs in liminal space, the actor and the character must be in constant embroiling, they must be in constant creating and in constant becoming. The character who is achieved is dead. Picasso provides an analogy in painting: "A painting is not thought out and fixed beforehand; while one is painting it, it follows the mobility of one's thoughts"[8]. Jean Gebser illuminates the subconscious process that is creativity when he writes:

> In creativity, origin is present. Creativity is not bound to space and time, and its truest effect can be found in mutation, the course of which is not continuous time but rather spontaneous, a causal and discontinuous. Creativity is a visibly emerging impulse of origin which "is" in turn timeless, or more accurately, before or "above" time and timelessness. And creativity is something that "happens" to us...creativity reveals the limitations of understanding...Creativity appears to be an irrational process, although it is actually arational...Since creativity is a potency or energy it cannot be grasped systematically and can at best be perceived systematically.[9]

As Gebser suggests, the vocabulary of creativity: "intuition, imagination, emotion or revelation" does not exhaust all the qualities of the creative person. While these are vital tools the actor must possess in order to create the character, there is a final and most insistent quality the actor cannot be bereft of: the ability to create beauty, to move the spectator poetically, to allow the audience to visit those places within themselves that have been obfuscated by daily existence, to teach the spectator to discover and converse with their own intimacy. Beauty visits the stage when there is movement and movement on the theatrical stage, as on the ballet and operatic stage, is born of poetry. If the performer lacks the awareness of poetry, the ability to evoke it, there will be no movement, there will be no beauty, there will be no life. There will be no art!

Life cannot spring forth on stage if the actor sees the character as an entity to embody as a final goal. This linear perspective on creation cannot but result in stillbirth. An actor moving in straight lines comes to a point, a stop where she becomes imprisoned. What is essential to the creative process on stage is that it be in permanent flux, that the process itself become the purpose (Halpern). Points, whether in time or space, bind and distract creativity by forcing the artist into an intellectual, hence perspectival, stance; unable to flow with the images her artistic perception brings to her.   Federico Fellini explains:

> I hate logical plans. I have horror of set phrases that instead of explaining reality tame it in order to use it in a way that claims to be for the general good but in fact is of no use to anyone. I don't approve of definitions or labels. Labels should go on suitcases, nowhere else. Myself, I should find it false and dangerous to start from some clear, well–defined, complete idea and then put it into practice. I must be ignorant of what I shall be doing and I can find the resources I need only when I am plunged into obscurity and ignorance. The child is in darkness at the moment he is formed in his mother's womb.[10]

This is nowhere more appropriately illustrated then in Chekhov's lessons on characterisation. As the actor prepares, she must be aware to represent the character in her time and space and at the same time render her timeless. The actor must not be bound by time perspective but use it as a tool in achieving aperspectivity, lodging herself within integral space where all players are one while retaining their individual identity.

In the same fashion, as the actor delves into the character's memory, she must not allow herself to be temporalised but must include this time in achieving a timeless character. This awareness of floating, unfixed process is rendered through a kind of split consciousness that is present during the performance of a character. There is a continuous, mutual reflecting between the actor and the character[11], a manner of being aware of each other as they engage in the creative dance that is performance. Perhaps an example of this is flamenco dancing where the two dancers who embody the dance are seen as one but never touch, never merely locate each other as points of reference rather as floating images forever being created with the dance.

The threshold, that Chekhov considers the third space, the neutral space, the space of highest energy where it all happens is the locus of the dance, not only as the physical representation the word intimates, but dance as we have alluded above, as the necessarily perpetual motion between the artist and her creation. But, how does the threshold come about? Does the artist create the threshold? Is it self–generating? If so, does the artist enter into it? Are preparations required? What is the process of being in the threshold, of awareness of the threshold...When asked about his methods of composition, Tchaikovsky said:

Generally speaking, the germ of a future composition comes suddenly and unexpectedly. *If the soil is ready*, that is to say.[12]

How is the soil readied? Chekhov suggests three very important tools in the process of characterisation:
1.Psychological gesture: everyday gestures idiomatic to the character
2.Imaginary body: invisible body the actor envisions within her own real, visible body
3.Imaginary centre: the Ideal is the centre of the chest, this imaginary centre can spring forth from anywhere on the body to lend realism to the character's circumstance. It is the space on her body the character speaks from.

The plane upon which the artist uses these tools is her body. As Michael Chekhov teaches "the actor imagines with his body". One can say that the actor's body delimits and expands the creative space, the threshold. This is not an imaginary space, not somewhere the actor goes to find the character; it is where the actor toils with all the elements available to her to perform his creation. The actor's body is the prime performer of the text. Stanislavski teaches to "feel the role, to live it."

In the Prologue to Six Characters in Search of an Author, Pirandello says that he has a servant and that her name is Fantasy. Fantasy is the most vital note, the recurring musical theme, the melody that accompanies the actor in her dance with her character. There is only one time to this music and it is now. To the beat of this universal music the actor initiates the composition of the character. Evgeni Vakhtangov postulates that as the locus of the creative process resides in the subconscious it is, therefore, not possible to teach it as teaching itself is a conscious process. He concludes that consciousness does not create what the subconscious does.

Instead of seeing creativity as a subconscious process, we prefer to view it as a gathering of awareness that spurts from the floating in and around each other of all structures of consciousness. Art, as Montréal director Gilles Maheu explains, results more often from the accidental and the random than from rational applications. And, that it is vital to distinguish between theories of play and techniques of play. Theories of play are reflections offered by those who practise the play as the actor or director. These theories are not a how–to compendium in characterisation, they offer insight gained through experience and invite in a sharing gesture instead of rational, direction instructional, posturing. While both reflection and discourse are essential to the process of playmaking, discourse will curtail action and this results in stagnation and eventual death.   We agree with Vakhtangov that the creative process cannot be learned but it can be perceived by delving into common areas of awareness. In other words, the creation is the teacher.

The actor's fantasy, or imagination[13], is his primary tool in developing and organising images and precepts germane to the character in order to bring the character into awareness. A character springs forth integrally and appears "real" when this process has eschewed rational dichotomies as mind/body or emotion/cognition A character created from a dichotomous stance will appear as an imitation of itself and remains, as Michael Chekhov would say, not believable. It is important here to note that in the performance of this task the actor must remain in the imaginary and not engage in ritual, although the imaginary can imply ritual. Characterisation is made of a series of instants, it floats, alighting nowhere. The actor's goal must never be that of possessing the character for as Dante warns, "Possession is one with loss". This awareness becomes inscribed onto the flesh of the actor who, through an act of belief in his creation, successfully inhabits that creation. Thus the character has become, as Merleau–Ponty points out, "authentically artificial". In other words, the audience is prepared to believe that the character on stage is a real representation of a construct.

There occurs an intertwining of the consciousness of the actor with that of the character; an intertwining not of strings that bind the two consciousnesses together but of flowing filaments that dance around and with each other while embracing and making visible the dramatic action. Per force, this dance includes the subject–object perspective between actor and character but in a relationship of polarity whereby one end includes and intimates the other; where the distance between the poles is the creative area, the liminal space where one, the other and both are in continual flux with the space itself. Each end lends its own consciousness to the limen in order to create it and, in turn is included and determined by it, the limen. As the actor then steps into her character, there occurs no dominant consciousness, but rather, a splitting of consciousness, in a fashion. This means that there is never a complete overtaking of the actor by the character. The actor does not surrender her consciousness to the character. The actor never becomes the character, in other words. What does take place is a sublimation of consciousness in the sense that the actor willingly allows the awareness of the character to supercede her own while she, the actor, remains always present in the process–a manner of submerging the ego. This delicate and perilous relationship can spring forth from the integral structure of consciousness. The balance is crucial to the character's integrity and to that of the actor. The dominance of any other structure at this point will result in catastrophe for the character and, especially for the actor who will not be able to "get out of character, or shake the character off".

In an exercise we performed during a Chekhov Workshop called the Memory Palace where each actor entered in character, we were to virtually shake off the character, upon exiting the imaginary structure. After successfully shaking off the character the actor's body or flesh is returned, as it were, to itself. My personal experience with this exercise is that while the character I embodied had now been shaken off, my body restored intact, it (my body) was not de–vested completely of the character. I have attempted to explain this in the following way: Because my body is the playing field or the limen where all occurs, and I as actor allow the character to unfold upon my flesh and because this cannot occur in a fashion that is neither determined nor localisable either in time or space, my body is part of the playing field where it shares flesh with the character, the awareness of the character becomes inscribed in my flesh as a familiar component of my awareness as being my body. Furthermore, as characterisation does not intimate the body as merely a concrete entity, but rather, as an element of awareness, vital and never stagnant, therefore, it would appear that whatever becomes enmeshed within my body as element of awareness will affect it to the full extent that its concretion and survival demand. This means that the elements of the character will remain even when the character has been shaken off as long as the character remains within the field of awareness of the actor. This is true even when the actor does not perform the actions and gestures of the character. Each time the character re– emerges, the actor recalls this awareness, not in a rational manner, but rather as though the actor was calling forth a part of himself. This recalling is a creative process in itself and usually sprouts forth even the slightest variation in the articulation of the character that does not alter or affect its integrality, only enhances its vitality. The Chekhovian actor will recall the character's universal gesture, that is the gesture the actor attributes to the character as archetype; then the actor will repeat the psychological gesture, which Chekhov describes as "a combination of thoughts (or Images), Feelings and, Will–impulses. We can say that a human being or a character in a play 'thinks,' feels', or 'wishes', something because his Thoughts, Feelings, or Will–impulses are the prevailing ones at that particular time. But all three functions are present and active in each psychological moment...We shall apply this term to visible (actual) gestures as well as to invisible (potential) gestures." (60)

Then the actor will recall the Atmosphere of a particular scene. And, to this Atmosphere the character reacts with her personal Feelings. Atmosphere and Feelings are not separate entities but co–exist and interact in the same space. Atmosphere is not delimited through scenes. It can envelop several scenes or parts thereof and is carefully planned and rehearsed.

On the stage nothing is left to chance. Does this deny spontaneous eruptions of creative insights? No, but these creative insights which may arise do so within a context, as integral parts of the dramatic action within which resides the character. All the tools an actor employs in the process of characterisation must have rhyme and reason. They must coalesce and integrate. As Gebser maintains, "...integrating is the process of making as well as letting, events happen." (228)

A most useful technique in performance is Eurythmy. Eurythmy, as practised in performance is the melding of Gestures with different vowels and consonants. Its originator, Rudolf Steiner, maintained that "Speech Formation must, for the speaker, of necessity be Art reaching to the point of sound, just as music must be Art reaching to the point of tone." (Chekhov, 75). Eurythmy connects human sounds and shows their interrelation. And while it is true that we cannot invent new sounds for those vowels and consonants we use everyday, we can create a new coloratura for them to suit our needs on the stage. These sounds and their variation in unison with the Psychological Gesture provide an essential characteristic to creating truth on stage and hence Harmony. From Harmony comes Beauty and Beauty is, at once, the vital force at the initiation and the integrating power of the performance in its entirety. Beauty is an end unto itself and the life force of any and all creation. Art needs no reason, Beauty is its reason. The creation of Beauty is the principal task of the artist. This must be undertaken within a perspective of truth and genuine feeling lest Beauty become a caricature of itself. The actor who portrays a character truthfully will be open and flexible and engage the other actors playing characters in a give–and–receive interaction that promotes movement and fluidity on stage. Characters who exist in rigidity do not invite fluidity in the others who inhabit the same atmosphere and thereby engender stillness and impenetrable silence around them. There is no Beauty in dead ends.

If we consider Beauty in purely aesthetic terms, then we must agree with Gebser who explains that what is beautiful is "only one—the more luminous— manifestation of the psyche." And, further on he notes "Mere contemplation or aesthetic satisfaction are psychically confined and restricted, at best approaching, but never fully realizing, integrality." In performance, as in all art, Beauty is essentially integral as it must per force not be deficient from any perspective. It incorporates all its elements and Itself in order to be the revealer of truths. On the stage, Beauty is manifested when the stage becomes a common place, a space inhabitable by all and even in the event of Theatre of Cruelty as with Artaud or the Theatre of Alienation as with Brecht, there must exist a common ground, a believable quality to the work, or Beauty suffers. The bodies on the stage who recite the text, embody the characters, incarnate the action and become the dance they perform with themselves and each other substantivate truth and thence Beauty.

As Federico García Lorca wrote "theatre is the word that rises from the page and becomes poetry." Beauty is poetry in motion. The poetic defines art as art and therefore beautiful. Motion and poetry are essential cohabitants of the creative space delineated by and inclusive of the boundaries represented by the actor and the character. It is only the fluid interaction among the actor, the character and the space they create and inhabit that motion is perpetuated engendering poetry and thus beauty and thus truth on the stage.

The satisfaction of the curiosity and justification of meaning that characterise the human condition is not the domain of the actor as we see in the following:

And so taking up those poems of theirs which seemed to me to have been crafted with special care, I asked them what the poems meant, so that I might at the same time learn something from them too. I'm ashamed, gentlemen, to tell you the truth, but say it I must. Just about everybody standing around could have explained better what their poems were about than the very ones who had composed them! And so I knew in brief compass this too about the poets, that they do not compose what they compose through skill, but by some instinct, that is, being inspired with the god just like those endowed with the gift of prophecy and soothsayers. For although they say many fine things, they don't have a clue what it is they're talking about.[14]

The inherent wisdom in Socrates' quote is striking in its relevance to all artistic endeavours. While it is true that instinct is a primordial force in the engendering of artistic expression, it is indispensable to accord equal importance to inspiration. Mention must be made of the experience, which serves the exigencies of the discipline in question. The latter, as artists will witness, lies in the mundane realm of the acquisition and refinement of the physical modus operandi of the technique of the art.

The substitution of the word technique for skill is intentional as the development of technique implies the awareness of innate skill or, as is preferable, ability or talent. The recognition of natural ability, talent or skill represents the concretion of an awareness born, not of the will of the ability itself, but rather, responds to a demand of expression sprouting from the instinct vitalised by inspiration. Vitez speaks of a "disponibilité au jeu" a question already posed by Stanislavski regarding the appropriation of the actor to the role.

"Le théâtre, Robert Abirached maintains, est d'abord le lieu de la représentation: il livre au spectateur des doubles du personnage, qui ne sont pas lui et ne sont pas eux–mêmes. Si quelqu'un y interprète, c'est l'acteur, à travers une alchimie mentale et physique dont il soumet le résultat au public"[15]. Theatrical performance, as any art form, intimates a coming–into–being of the piece, which requires the coming–into–being of those who will lend breath and flesh to the characters. Goethe's Prometheus exclaims: I believe you...why? This query serves as the first and ultimate concern of the actor. Simply stated: credibility is the sine qua non in the accomplishment of the thespian's labour. A believable, hence successful, character is one who does not reside at the point of focus of the actor's perspective. A character constructed with words on paper acquires and retains credibility through the life that is consistently breathed into him by the actor's inspiration and preparation. There is no point in time when a character is fully achieved. Strict linear progression, i.e. actor to character, results in a stop position at the end of the process. Stepping into character when the character is cemented on the stage boards is a most felicitous form of character assassination[16].

How, then, does the actor enter into a fruitful relationship with the character? Is it even possible to engage a personage who is nothing more than a virtual reality, as Josette Féral describes as "la rencontre de la réalité du comédien sur scène et la de l'illusion qu'il projette."[17]? Does the actor figure merely as a body who is fashioned to the character's demands? Or, as Jean–Pierre Ronfard suggests, does the character dwell at the nexus of the "relations qui existent entre cet être–là et les autres"[18]? Or as Jacques Lassalle wonders, does the actor fashion the character out of the text as the sculptor models the figure out of marble? We agree with those theatrical artists who caution against the perils of psychologism that threaten the actor who sees the character as an existing entity removed from himself; an identity to be gained, to be achieved. This does not intend, however, that the character must, necessarily, reside within the actor: that the actor must, ab initio, possess traits or qualities, specific to the character. These thoughts intimate a pre–existing directional relationship between actor and character that risks fixedness, an almost positivistic stance, stumbling blocks that obfuscate the path to the heart, the spirit, the soul: awareness itself. Rather it is a common energy that the actor perceives in the character, an energy that is, at once, not only qualifiable but also quantifiable. Such energy identifies and enmeshes the actor's and character's sensibilities, physicality and awareness. The successful performance, then, might result from the following equation where all parts are equal:

actor's sensibilities + efficacy of the text + audience awareness = truth on stage.

In other words, the actor, the text–in the encompassing sense–and the willingness of the audience to lend its participation: all in perpetual flux are the materia prima of the creation of life on the stage.

Flux is, as the ancients teach, the only constant in the Universe. None of the components of the theatrical event may appear as a relenting force. In lieu of being a prepondering, opaque presence, the body of the actor/character must exude energy and, thus, motion, adopting the pliability of the Dionysian dancer who, at all times, enjoins the concrete and the ethereal, light and dark with all degrees of the luminosity of the Impressionists; a continuous originating of energy among character, the actor and the audience. The joining of this three–pointed structure encloses the sacred space of the theatrical event.

The stage, which is the flesh upon which becomes inscribed this theatrical event, is the only locus where the character, the representation in the flesh of the text, gains and retains form and function. While the character becomes an entity sufficient unto itself, in a space relative to itself, in a time that is at least arbitrary, he acquires credibility only through the vital dynamism of the ever– occurring creative process, which is destroying and reconstructing reality with every pulsation of the flesh of the stage. The forces of life and death dialogue through the body of the actor. The seduction and interpenetration of all the expressions of flesh, the text, the actor, the character and the audience, resound in the creation of a universe whose precarious nature is, at once, its lifeblood and executioner.

Art is not created in a vacuum. The living being created on the stage that engenders the living being in the audience ignites the spark that ignites the primordial fire that is the experience of the theatrical event. The catalyst is the actor/character. But, caution, all does not reside in this entity. The actor/character is the élan vital that provides the energy/force that encompasses action/reaction; in other words, the intertwining fabric of reality on stage. Attitude, instinct, rationality: all that is creation, the greatest riches to be had and the greatest hunger to be satisfied, demand flux.

The character does not succeed the actor but is simultaneously characterised by the actor and the character as constructed by the dramaturge so that, both the actor and the character are simultaneously present and in constant flux within and with the single body that is the personage on stage.   Actor and character share a harmonious co–presence, although they may appear to be on opposite ends of the spectrum, in the process of characterisation. That is each represents one pole whose presence intimates the existence of the other and which determines the other's interconnectedness to itself. As Freeman illustrates: "They do not understand how that which differs with itself in is agreement: harmony consists of opposing tension, like that of the bow and the lyre." It is precisely this apparent tension that contributes to the character's longevity on stage.

Characters belong to that certain category of things that require uninterrupted movement and change in order to be. The character is in situ in flux, she reposes in flux. This does not intimate that the playwright's formulation of the character falls prey to the perspective of the actor nor that the essential characteristics or nature of the personage are open to discussion.[19]

Theatre, as all art, is a lie that illuminates truths. Theatre is a lie that appears as truth and requires the complicity of all those who know it's a lie to pretend to believe it is true. The actor and the spectator depart from a point common to both: Reality. And since Reality is perhaps the most subjective of states, the work of the actor is to illuminate within herself elements common to the audience and, the audience, in its turn, is called to accept the signs as the locus of interpenetration of the actor's awareness as character and the audience's awareness as performer of the vital act of faith. The result is the appearance of Reality coloured by the individual quality of the entente between performer and spectator. It is essential for the creator, the creation and the audience to achieve synchronicity and remain in permanent flux to serve the creation of the theatrical event.

NOTES:

1. In his masterful tome, *La crise du personnaje dans le théâtre moderne*, Abirached offers the insight that the character's existence is determined by the audience who contemplates him.

2. When the character is not permitted to exist independently of the actor, the modus of the performance becomes visible thus obliterating the character itself.

3. Michael Chekhov illuminates this thought in his book *On the technique of acting*, pg. 77.

4. Cézanne's stipulation that the body must possess the energy to obey the soul is a most appropriate lesson to the actor whose field of awareness is precisely his body.

5. It is, of course, not possible to measure the audience's emotional involvement accurately, although, this has been a principle concern since Aristotle. The integral character will succeed in affecting the audience's sense of identity by involving the spectator in a "moulting" which de-vests him (the spectator) of the identity he brought to the event and re-vests him with a new perspective of reality.

6. William Shakespeare. *Hamlet, Prince of Denmark*. (III, II).

7. In other words, on stage, the character, perceived by the audience, is a reality born of carefully crafted union between creation and mimesis which exist only in the duration of the dramatic action. And, in the same fashion that the dramatic action is a representation of a plausible reality, so the character is a construct of an agent of that reality. Upon deliverance of his last lines the character, as embodiment, ceases to exist until the next time his drama is played out on stage. However, what remains in the imagination or memory of the audience is the awareness of the archetype embodied by the character, thus, creating the illusion of recognisable characters as Macbeth or Medea or Willy Loman...

8. Pablo Picasso. *Picasso on Art*. Pg. 19.

9. Jean Gebser. *The Ever-Present Origin*, pg 313

10. Frank Barron, ed. Creators on Creating, pg. 31.

11. The character Alonso Quijana/Don Quijote comes to mind.

12. *Creators on Creating*, pg. 180.

13. Stanislavski defines imagination as a combination of diverse elements into a whole which does not correspond to reality. Imagination, he explains, consists in associating known objects, uniting, separating, modifying and recombining them.

14. Socrates. Apology. 22b2.c8.

15. Abirached, pg. 8.

16. Luigi Pirandello's *Henry IV* and Michel Tremblay's *Hosanna* are only two plays that illustrate this point.

17. Josette Féral. *Mis-en-scène et jeu de l'acteur*. Tome I. Pg. 61.

18. Ibid., p. 63.

19. It will occur to no one to play Blanche Dubois as a wishy-washy busybody who interferes with her sister's marriage. Nor does it seem plausible to interpret Lady Macbeth as a retiring wife who serves her husband's position. Pirandello's characters enter the stage as characters determined to tell their story and are not relegated to the wings by the "actors" who are rehearsing a play.

REFERENCES:

Abirached, Robert. *La crise du personnage dans le théâtre moderne*. Paris: Gallimard, 1957.

Aristotel. *Metafisica*. 8th edition. Madrid: Espasa–Calpe, 1975.

Ashton, Dore, ed. *Picasso on Art. A Selection of Views*. New York: Da Capo, 1972.

Chekhov, Michael. *On the Technique of Acting*. Ed. by Mel Gordon. New York: Harper and Collins, 1991.

Féral, Josette. *Les Chemins de l'acteur: Former pour jouer*. Montréal: Amérique, 2001.

——— . *Mise-en-scène et Jeu de l'acteur*. Tome 2. Montréal: Éditions Jeu/Éditions Lansman, 2001.

Gebser, Jean. *The Ever–Present Origin*. Translation by Noel Barstad with Algis Mickunas. Athens: Ohio UP, 1989.

Koestler, Arthur. *The Act of Creation*. England: Arkana, Penguin Books, 1989.

Langbaum, Robert. *The Mysteries of Identity. A Theme in Modern Literature*. Chicago and London: Chicago UP, 1977.

Pirandello, Luigi. *Enrico IV*. in *Il meglio del teatro di Luigi Pirandello*. Milan: Mondadori, 1993.

Plato. *The Republic of Plato*. Trans. by Francis MacDonald Cornford. London: Oxford UP: 1945.

Stanislavski, Constantin. *Creating a Role*. New York: Routledge, 1989.

Tremblay, Michel. Hosanna, *La duchesse de Langeais*. Ottawa: Leméac, 1984.

Vittorini, Elio. *The Drama of Luigi Pirandello*. Dover: New York, 1957.

A PASSAGE TO NEANT - THE SPECTATOR IN THE THEATRE OF SAMUEL BECKETT AND EUGENE IONESCO

Octavian Saiu
Associate Professor of Theatre Studies – NUTC Bucharest
Visiting Research Fellow – IGRS, SAS University of London
Vice-President - International Association of Theatre Critics, Romanian Section

Biographie de l'Auteur:
Has taught theatre and dramatic literature as Associate Professor at the National University of Theatre and Cinematography (NUTC) in Bucharest and as Guest Lecturer at the University of Otago in New Zealand. In 2008-2009, he was Visiting Fellow at the University of London. He holds a PhD in Theatre Studies (NUTC) and one in Comparative Literature (Otago). He has been actively involved in several worldwide theatre events and academic conferences in Romania, Israel, Canada, Brazil, New Zealand, Sweden, Ireland, etc. For three years, he was a presenter for Romanian National Television, coordinating TV shows about theatre, cinema and visual arts. Since 2004, he is the Chair of the Conferences of Sibiu International Theatre Festival. A former co-editor of *Theatre Nowadays*, he is a founding editor of *Romanian Studies in Theatre Theory*. He is currently the Vice-President of the Romanian Section of the International Association of Theatre Critics (IATC). He has published three theatre books, one of which received the Critics' Award in 2010. His most recent publication in English is the monograph *In Search of Lost Space* (NUTC Press, 2010).

Résumé de l'article:

IN PLACE OF AN INTRODUCTION

In her last book, Susan Sontag draws an improbable comparison between the inner space of the mind and the theatre hall, as the former is nothing, she beautifully suggests, but a universe in which 'we picture, and it is these pictures that allow us to remember' (2003: 88). Indeed, the memory of the theatre is the memory of theatrical images. It is, moreover, the memory of the theatrical space – the space of the performance on stage, but also the one occupied by each spectator. Only when these two spatial modes are brought together does theatre really come to life. It is this symbolic space that my essay will engage with, and not merely the one, more tangible, of the performance.
(Re)defining spectatorship in space has been a constant endeavour of all the masters of the theatre in the twentieth century, from the pioneers, Appia and Craig, to the new wave initiated by Peter Brook or Arianne Mnouchkine, to the more recent experiences of Pippo Delbono and Krzysztof Warlikowski. Beyond words, images, ideas, and even beyond the energy of the live performance, the space assumes cardinal importance in the theatre of the modern age. The new paradigms of theatrical space have been constantly shifting towards a formula that explicitly incorporates the space of the spectator. Yet everywhere – from the seeming night of the classical auditorium to the unlikely theatricality of the old factories and basements that were conquered by the revolutionary directors of the sixties – something always remains the same: the spectator occupies a shared space with others but at the same time is completely alone. It is the paradox of the audience, of any audience, for theatre is as personal an experience as it is a shared one: the private space of every single viewer and the "public sphere" (to allude to a famous formula) of the audience as a whole overlap. This essential dimension of spectatorship completes and transcends any experience of the actual theatrical space.
Breaking the pattern of the playwright whose work engages only with the endless space of the white page and who therefore has little concern for the stage space, and even less for the space of the audience, authors like Samuel Beckett and Eugene Ionesco tend to include the viewer in their works. Nevertheless, their respective attitudes toward the spectator remain quite different, which may add to a general reluctance to consider them representatives of the same literary "movement". Distinct in every possible way and yet linked by an evasive concept ("the theatre of the absurd"), Beckett and Ionesco imagined different models of spectatorship and created two distinctive spatial universes for the spectator. In a century of endless disputes over the sovereignty of the *actor* or the *director*, Beckett and Ionesco celebrate, albeit in two radically different ways, this Proustian presence of the *spectator*.
To compare their respective metaphors of spectatorial space is the aim of the following pages, and the plays that best illustrate them are Beckett's *Waiting for Godot*, *Endgame* and *Happy Days*, and Ionesco's *The Chairs*, *The Lesson*, and *Exit the King*. Such plays challenge the classical stance of spectatorship, to the extent that the space of the audience becomes the simple key to the most incomprehensible locks of the text. One may even say that in Beckett and Ionesco, the space is the message.

BECKETTIAN TIME AND SPACE

In his three greatest plays – *Waiting for Godot*, *Endgame* and *Happy Days* – Beckett conveys a feeling of existential entrapment through the characters' impossibility of escaping their spatial confines. While time and space are manifestly distinct from one another, they nevertheless run together in a strange compression. The setting of *Waiting for Godot* does not really change from the first to the second act: the 'four or five leaves' in the tree are more a metaphor for the passing of time than a countable physical symbol. And if Vladimir and Estragon move about and leave the stage, they always have to come back to the same space. In *Endgame*, Clov goes in and out, but Hamm, the central figure, remains on stage all the time, confined to his chair. He cannot move. Correspondingly, Winnie of *Happy Days* is always present on stage, buried in earth, unable to stir. Beckett describes a cycle of motion patterns in these three plays, from the tramps in *Waiting for Godot* to the immobile Winnie, a gradation from motion to stillness, from a possible escape to a definitive 'no exit'. The limitation of the body in space is the reverse of the dilation of time, and they both suggest the feeling of agony, of sheer torture that, through words, the characters try, desperately, to evade. As Steven Connor indicates, the more still these characters are, the more they speak (1988: 160). Beckett's belief that nothing really happens in the human existence is translated into the visual space of his plays – encapsulated in frozen images, dominated by this immovable dimension of space –, more than in the repetitiveness of their movement through time. These three different phases of spatial (im)mobility appear as successive stages of the same paradigm in which the Cartesian concept of the body as that which occupies space, the phenomenological notion of the body grounded in the world, and the metaphysics of presence are integrated. But Beckett alludes to these philosophical frames and concepts in an ironical way, only to subvert their authority, to suggest that philosophy and the history of ideas can provide no reliable answers. This distrust of philosophy explains, ultimately, why the body is equally present and absent on stage, why there is no true metaphysics of being in these works, but only a failed attempt at it.

RELATIVITY OF PRESENCE

Beckett defines a philosophical mode and a spatial metaphor – at the same time and through the same strategy. It is not a literary strategy, per se, as his texts, which praise 'impotence' and 'ignorance', seem to cry out for something beyond their lines, something that can make Beckettian drama complete: the theatrical space. While words programmatically deceive in his plays, Beckett creates a metaphorical space where everything is said beyond the language and sometimes against it. In his theatre, this space of the text, the stage, and the auditorium transcends the words:
Vladimir: Well? Shall we go?
Estragon: Yes, let's go!

They do not move
(Beckett, 1986: 51 and 87)

While these two lines can be, and have been, construed to mean so many different things, the motionless tableau cannot be anything else than what it is meant to be: two human beings who 'do not move'. Conversely, without the dustbins from which they speak, the dialogue between Nell and Nagg in *Endgame* would sound plausibly domestic. If the woman were not buried and she were living in a realistic setting, most of the monologue in *Happy Days* would even "make sense". Is Winnie echoing Ibsen's Hedda Gabler? Most probably, yet what separates the two characters is, more than anything, the space: if Hedda's entrapment is metaphorically suggested, Beckett's Winnie is a Hedda of an apocalyptic, immobile set. It is the visual context of the plays that accomplishes the message.

Beckett's theatricality is therefore inextricably linked to imagery in his texts. The sets he envisaged are unalterable, all designating what Alain Badiou calls "the fictional place of being" (2003: 49). The characters – like us all, the author seems to suggest – are trapped, but not in words, not in an endless time or a timeless ending, but in the absolute stillness of space, in the indeterminate passage between being and nothingness. In the three dramas *Godot*, *Endgame* and *Happy Days*, the impossible ending is not the trap of time/in time, but the inextricable consequence of being there, in an oppressive space that can be neither transformed nor abandoned. In the same space, the passing of time seems to lead to no change at all. Trapped in one visual mode, Beckett's plays never really end because the space itself does not change. Not only Schopenhauer or Kant may be evoked here, but also Zeno of Elea, 'that old Greek' (Beckett, 1986: 126), whose paradox of the grain that makes the heap is based on exactly the same principle of unchangeability.

The four leaves in the tree or the huge mound in which Winnie is buried imply, in this sense, just imperceptible changes brought about by time in space. An eternity might have passed between the first and the second part of *Waiting for Godot*, but because the space is almost the same, we do not notice, we do not know. 'Grain upon grain' (Beckett, 1986: 93), life is a slow dripping passage of time in *Endgame*, but the room-cell stays the same – an evocative image of the inescapable human condition, figured as inescapable space.

The Velasquez Effect

One of the evident philosophical motifs in the critical literature on Beckett is the dialectic between presence and absence. Since Robbe-Grillet's famous essay (Robbe-Grillet: 1965), the elusiveness and the ambiguity of "thereness" have become crucial for Beckett studies. The deterioration of presence in Beckett's drama is a paradoxical effect, for it goes against the core of the theatrical experience, whose best definition is that of being a meeting between an actor and a spectator, both present in the same space, at the same time. According to Ackerley and Gontarski, 'to subvert the senses that confirm theatre's concreteness, the thereness of the character, or to have the audience question what it thinks it sees', is one of Beckett's permanent concerns (2006: 67). To be there, to seem to be there, and not to be there at all, are three different manifestations of the same principle of absence despite evoked presence. The ambiguity of the objects' presence in space is in this sense like that of words, to which Beckett once directly referred: 'And more and more my own language appears to me like a veil that must be torn apart in order to get at the things (or the Nothingness) behind it' (1983: 171).

In the phenomenological strategy of subverting the thereness of presence, Beckett employs a subtle, yet effective, artistic device: the spatial trap. In his drama, stillness is a passage to *neant*. It is this stillness that defines the true space of Beckett's universe as a gap superimposed on the text, the stage and, more importantly, the audience. So, if one accepts the thesis that the set of *Endgame* describes the interior of a human skull, the fundamental question to be posed is: where are we, the audience, to be located in Beckett's space and how separable can we be from something that extends beyond itself to include us in its own space? Searching for an answer, one may discover that Beckett underlines the relativity of the spectator's presence in space in the same way that Velasquez does with his *Meninas*. What Velasquez creates using visual frames (windows, doors, mirrors), Beckett does by means of spatial modes (gaps and curtains): the spectator is ensnared in a specular space. The mysterious effect on the spectators is that they tend to be reflected by, and placed in, the work rather than outside it. This is comparable, in Foucault's terms, to the unique magic of the *Meninas*. In both *Meninas* and *Endgame*, the space becomes a *medium* and a *message* that redefines the ontology of the witness in relation to the work of art, in the sense that there is only one space that encompasses the author's and the viewer's universe. It is important to stress that the set of *Endgame*, with its two small curtained windows – suggesting a human skull indeed – perfectly resembles the bare set of the *Meninas*. This is, certainly, more than an optical illusion or cultural coincidence.

The set of Meninas, *which exactly like the world of* Endgame, *seems to be the interior of a human skull, where the eyes are suggested by two dark paintings*

THE EMPTY SPACE

In 1964, Peter Brook staged his famous production of *King Lear* as a Shakespearian *Endgame*, underlying the profound reverberation of Shakespeare in Beckett, but from the opposite direction, as in a backward game of influence: the absurdity of human existence and the tragedy of the war were the major themes that Brook invested in *King Lear*, reminding everyone of *Endgame*. More than these themes, Brook learned from Beckett the perfect economy of space. His 1964 show marked a shift from the rich Shakespearean scenery to the total simplicity of the set, to the aesthetics of the bare stage. This experience was the starting point of a theory which was to become the textbook of contemporary directing: *The Empty Space*. The debt that Brook owes Beckett, though never acknowledged, is obvious.

This connection is fascinating, because, indeed, Beckett's is always to be an empty space. Perhaps more philosopher than playwright in this sense, he prepares the stage to convey the idea of emptiness in human existence and, eventually, to make the spectators feel that around them, in the end, there is only emptiness. The bareness of Beckett's stage is an inviting topic for the critics. It has been likened to Yeats's drama (Roche, 1995: 29), and it can be also seen, to speak with Adorno, as an image of the Post-Auschwitz "wasteland" (Adorno, 1991). Stripping away the superfluous layers of theatricality – props, rich scenery, accessories – Beckett reaches the essence of minimalism: a few objects on stage, the actors, and the spectators. But what he never forgets is the curtain between. Because only when the curtain falls, the effacement of presence is complete and the spectator is alone in emptiness.

In his heroic search for the 'poor theatre', Grotowski, the other champion of minimalism in the theatre of the last century, dismissed the curtain as a useless accessory of bourgeois rituals. In his pure theatre, Beckett celebrates, precisely against this kind of sentiment, the metaphorical significance of the curtain. For this reason, every play he wrote ends with the same word – 'curtain!' The effect is most clearly reinforced in *Not I*, where the final directions are: 'Curtain fully down. House dark. Voice continues behind curtain, unintelligible, 10 seconds, ceases as house lights up '(Beckett, 1986: 383). The same powerful presence of the curtain is accentuated in *Breath*, the thirty-five-second miniature that takes place between two curtains. Even *Cascando* and *Words and Music*, written for radio, end, surprisingly enough, with the same word: 'curtain'. The curtain is thus the only possible ending in a universe otherwise dominated by a permanent eschatology (Clement, 1996:129).

A THEATRE OF SOLITUDE

The stillness, the silence, and the darkness Beckett sought for his characters typify the space of audience. The sensation of entrapment experienced by the characters on stage implies a pact with the viewer. From this perspective, the ideal spectator for *Waiting for Godot* is someone who is torn between staying and leaving, someone whose conscience is captured in a dialogue that may be imagined to run like this:

Let's go!
You can't go!
Why not?
You're watching the show?
Ah…

In his first play, *Eleutheria*, Beckett introduced a character called 'the spectator'. While this character is missing from later plays, its role defaults back to Beckett's audience. Never aiming to be entertaining or dynamic, all his plays redefine the position of the spectator: they challenge us to choose between staying and leaving. With Clov, one says: I will leave… Yet, just like Clov, like Estragon and Vladimir, like Hamm, one stays. And to stay is to witness. This impossible choice is entirely personal: it isolates one from the rest – hence the constant anxiety of any human being who becomes a witness to a Beckett play:

so there's an audience, it's a public show, you buy your seat and you wait
that's the show, you can't leave, you're afraid to leave, it might be worse elsewhere, you make the best of it, you try and be reasonable in the anguish of waiting, never noticed you were waiting alone, that's the show, waiting alone. (Beckett, 1979)

If the show means 'waiting alone', the audience inadvertently mirrors the void of the stage and 'finds itself both disembodied toward non existent viewing points and uncomfortably embodied within the seats they cannot escape' (Garner, 1993: 457). The act of perceiving is reflexive and what is viewed determines the condition of the viewer.
The curtain's fall is therefore, in Georges Banu's words, a 'fissure' in both time and space and also a way, the only one, of reconnecting the spectator with their own world. And then, in the end, when the curtain is down, there is an instant of silence and immobility in the entire theatre that echoes the last, unmoving image on stage. Beckett insisted on the actors' not returning for curtain calls: like the interpreters in Japanese theatre, the Beckett actor is expected to vanish in the shadows of the world behind the curtain and to never come back. This is a resounding statement, because in the end, there is no one else, and the spectator remains alone.
It is this feeling that makes Beckett's theatre a terrifying experience, more than Ionesco's or any other playwright's. Not only did Beckett write literature against literature, but he created theatre against theatre.

THE ANXIETY OF OTHERS

Unlike Beckett, Ionesco thought that, in the theatre, the spectator should never feel alone. He wrote simply to express an ambivalent feeling: an anxiety of others, which is at the same time an anxiety about others (Smith, 1996). To be there, surrounded by others, feeling the presence of others, this is the effect Ionesco aims to project on the spectator. He believed that theatre is for and about people, an authentic experience of ad-hoc companionship, not of loneliness. The principle translates to his characters in the most contradictory way: they simultaneously long for company and confront terrifying solitude. It is this conflict between one and the others that is at the centre of Ionesco's drama. This conflict can lead to murder in *The Lesson*, suicide in *The Chairs*, self-extinction in *Exit the King*, or bestial metamorphosis in *Rhinoceros*. Whilst Beckett's characters are alone, Ionesco's creatures cannot escape the desperate desire to interact, to talk, to address other people. The imaginary audience in *The Chairs* shows how this desire becomes a compulsion going beyond the limits of reality. The Old Man and The Old Woman try to defy loneliness by the means of playing an imaginary game with the imaginary others. If Vladimir and Estragon, just like Hamm and Clov, 'abuse each other' verbally to pass the time (Beckett, 1986: 69), the two old people from *The Chairs* have a radically different solution. Instead of waiting, they are filling the time by occupying the space with chairs. The chairs inundate the stage and become – in Todorov's words – emblematic objects, because they inscribe the space. In the actual experience of the play in a theatre production, the impact of this image amplifies its intended meaning: to watch empty chairs, accommodating an inexistent audience is to become more aware of one's own condition as a spectator among other, real, spectators.

PALIMPSESTS OF ABSENCE

In *The Chairs*, absence is not an undefined, diffuse entity. It becomes presence, an absent presence. As Ionesco himself admitted, it is neither the chairs, nor the couple that represents the most important presence of the play, but the non-existent public that the two characters aim to bring alive on stage. And this absence that is treated as presence is more than a theatrical effect. As suggested above, the absence of the guests in *The Chairs* is an ontological game of complicity Ionesco invites his real audience to play. His sense of irony reaches its highest point at the very end of the play, when the two characters say goodbye to this imaginary public, but also to us, the people watching – the silent addressees of all their words. The disintegration of language in the Orator's speech and the empty objects articulate the same sense of ambiguous absence/presence. One of Ionesco's stage directions is more relevant than any others: the Orator has to be 'a real person… If the invisible characters should appear as real as possible, the Orator should look unreal' (1962: 170). Entertaining themselves to death, the old couple leave the stage at the exact point when the ambiguity is at its upper limit, in space as well as in their language.
For Ionesco, the play, as a whole, is always more than characters' lines and, in this sense, the final stage directions become crucially relevant to the universe of the play. When the stage seems to be left empty, Ionesco suggests: 'For the first time human noises seem to be coming from the invisible crowd; snatches of laughter, whisperings, a 'Ssh!' or two, little sarcastic coughs; these noises grow louder and louder, only to start fading away again. All this should last just long enough for the real and visible public to go away with this ending firmly fixed in their minds. The curtain falls very slowly' (1962: 177). At a closer look, these last lines of the play situate the spectator, and not the actor or the character, at the centre of Ionesco's philosophy of theatre. In these final directions, he pushes the boundaries of theatricality, and defines his own conception of spectatorship and space. Like Beckett, he thinks of emptiness as the space without hope, the gap of sadness and despair. But his is never a completely empty space. 'The stage is empty, apart from the chairs, the platform, the confetti and paper streams over the floor' (1962: 177). The final scene of *The Lesson* is described in a similar manner: 'They go out. The stage is empty a few moments. A ring at the bell at the door on the

left' (1962: 217). The final scenes are quite different from the frozen tableaux of Beckett: Ionesco's world is always on the move, like a theatrical rendering of Brownian movement. And, while Beckett's topography describes a centre – the tree in *Godot*, the mound in *Happy Days*, the obsessive 'centre' of the room in *Endgame* –, Ionesco creates a decentralized world of objects, a transfiguration of an inner space that is irremediably broken into pieces: no centre, just margins and marginality.

THE 'PARADISE' OF CLOSED SPACE

In the theatre of the twentieth century, the closure of space as a manifestation of an implacable destiny is a constant existentialist theme, reminiscent of the Sartrean *No Exit*: 'Hell is other people!' Meanwhile, Ionesco holds a very different belief: there is always tension between action and space in his plays, but instead of being tragic it generates comedy and violence. 'The greater the gap between the action and the setting, the more comic and violent the effect' (Schechner, 1963: 187). There always seems to be a way out in his plays, but nowhere to go.
In a coda to her monographic study, Marie-Claude Hubert tackles the author of *The Bald Soprano* about the connections between language and space in his works. 'Anxiety of space', Huber calls it, referring to the labyrinthine construction of physical and symbolic space in Ionesco's plays – a catastrophic vision of the space without, hence the tendency of some characters to block any links with it. She also quotes Ionesco's Romanian essay *No*, his first major literary work, in which the fear of the outside world is a recurrent, predominant feeling. This 'anxiety of space' in Ionescian theatre, only equalled by the 'anxiety of others', completes the pattern of what might be called the anxiety of language. Ionesco (who was always far more disposed than Beckett to talk about his own plays) explains in this interview that there are two contradictory tendencies in the human nature: 'to close up in order to protect themselves, or to open and go out' (Hubert, 1990: 263). The hesitation between the two is emblematic for his works and has a comic immediacy beyond the words. It conveys the relativity of this closure. Moreover, Ionesco declares that '[p]aradise opens in a closed world' (Hubert, 1990: 265). This perplexing statement concludes an entire theory about closure versus openness in his oeuvre that is most revealing for his definition of the spectator's presence in space. A space that is always closed.
Ionesco's spectator does not want to leave the theatre at the end, because out there, there is this huge, chaotic world that the stage merely mirrors. 'The world is huge; this is why it is chaotic', Ionesco avers (Hubert, 1990: 264). In the theatre, surrounded by others, the spectator is never alone and therefore feels sheltered. Inside, there is comfort and, maybe, security, if there is such a thing as security in a theatre of total derision. As the overrun universe on stage is a truthful transfiguration of the real world that we want to forget, the auditorium becomes a somewhat protected territory. This is specifically why, when faced with the stage imagery, we do not recognize ourselves, but the chaos we left behind when we entered the theatre. In this sense, the stage reconstitutes the evilness of the real world, while the audience is placed in the uncharacteristic "paradise" of the space between.

IN PLACE OF A CONCLUSION

An implied witness, the spectator is essential to these two dramatists' writings, but while Beckett attempts to include them in the world and the space of the play, Ionesco seeks the opposite effect. Beckett uses minimalism, order and emptiness on a stage that looks like no man's land. Ionesco, on the other hand, places the action in the middle of the domestic setting of contemporary life, only to subvert its apparent stability and turn it into sheer chaos. The visual universe of the former is all order and stillness, the latter's is disorder and continual movement. Beckett's characters invoke a torturing absence – something or somebody that is invariably elsewhere. Ionesco's anti-heroes bring absence on stage and give it the prerogatives of presence. Whereas Beckett's universe is defined by stillness, Ionesco's world is all about motion. Challenging the Cartesian tradition in which the body is seen as an entity in space, Beckett brings nothingness into his world. Ionesco's world, however, always occupied by proliferating objects, always flooded with physical matter (boxes, chairs, cups, noses), denies the possibility of emptiness: his is a true rich theatre.
Getting away from writing prose, trying to escape the writer's solitude, Beckett tried to find shelter in the theatre: 'Theatre for me is first of all recreation from work on fiction. We are dealing with a given space and with people in that space. That is relaxing' (in Gontarski, 1992: XIII). Through the means of drama, Beckett had the chance to be the spectator of his own world, in the same way that Krapp is the listener of his. This sense of creating a spectacle, in Nietzschean terms, is to 'bear witness' in relation to one's own inner world, and subsequently in relation to oneself (Nietzsche, 1983: 33). Yet this experience of a private universe was, for the reclusive Beckett, the ultimate disillusionment, as he discovered that even there, in the theatre, he was alone. This is the unbearable loneliness of the spectator in the Beckettian drama.
Always full, too full, Ionesco's world threatens to fall apart and this effect entails a paradoxical sensation of comfort on the part of the audience. *Here* – in their seats, and not *there* – in the world of the stage or in the mad world outside the theatre, one may feel sheltered. Ionesco's spectator is positioned between the macrocosm outside and the microcosms represented by the plays (Hubert, 1990: 262). From a phenomenological perspective, one is removed from both, but never from the rest of the audience. Though essentially personal, Ionesco's theatre is at the same time a shared experience, that of witnessing among, and always together with, others. This is the most unlikely celebration of theatre spectatorship as a collective experience in a shared space.

REFERENCES:

C.A. Ackerley, and S. E. Gontarski (2006). The Faber Companion to Samuel Beckett; (London: Faber).
T.W. Adorno (1991). Notes to Literature, Vol.1 (New York: Columbia University Press).
Alain Badiou (2003). On Beckett (edited by Nina Power and Alberto Toscano) (Manchester Cinamen Press)
Georges Banu (1997). Le Rideau ou la felure du monde (Paris: A. Biro).
Samuel Beckett (1986). The Complete Dramatic Works (London: Faber and Faber).
Samuel Beckett (1983). Disjecta: Miscellaneous Writings and a Dramatic Fragment; Ed. Ruby Cohn (London: John Calder).
Samuel Beckett (1959). The Unnamable (London: Picador, 1979).
Peter Brook (1968). The Empty Space (London: Penguin, 1990).
Bruno Clément (1996). "De bout en bout (la construction de la fin d'après les manuscrits de Beckett)" in Claude Duchet and Isabelle Tournier (Ed.): Genèses des Fins, De Balzac a Beckett, de Michelet a Ponge; (Paris: Presses Universitaires de Vincennes)
Steven Connor (1988). Samuel Beckett – Repetition, Theory and Text (New York Basil Blackwell Ltd).
Stanton B.Garner Jr (Dec. 1993). "Still Living Flesh": Beckett, Merleau-Ponty, and the Phenomenological Body in Theatre Journal, Vol. 45, No. 4, Disciplinary Disruptions.
S. E. Gontarski (ed.) (1992). The Theatrical Notebooks of Samuel Beckett, Volume II, Endgame (Faber, London).
John Haynes and James Knowlson (2003). Images of Beckett (Cambridge: Cambridge University Press).
Marie-Claude Hubert (1990). Eugene Ionesco (Paris: Edition du Seuil).
Eugene Ionesco (1962). The Rhinoceros, The Chairs, The Lesson (London: Penguin Books).
Friedrich Nietzsche (1983). Ecce Homo (Middlesex: Penguin Books).
Alain Robbe-Grillet (1965). "Samuel Beckett or 'Presence' on the stage" in For a New Novel: Essays on Fiction (New York: Grove Press).
Anthony Roche (1995). Contemporary Irish Drama: From Beckett to McGuiness (New York: St. Martin's Press).
Richard Schechner (1963). "The Inner and the Outer Reality" The Tulane Drama Review, Vol. 7, No. 3. Spring.
Steve Smith (1996). "Signs of emptiness in Les Chaises" in Nottingham French Studies, Vol 35, No. 1.
Susan Sontag (2003). Regarding the Pain of Others (New York: Farrar, Strauss and Giroux).

BECKETT & IONESCO: THE ABSURD & RESISTANCE

Alparslan Nas (TURQUIE)

Biographie de l'Auteur:
Étudiant de la filière d'Études Culturels de l'Université Sabanci.

Résumé de l'article:
Une approche de l'absurde comme phénomène de résistance aux circonstances d'une époque de guerre et massacres.

"I don't know whether this world has a meaning that transcends it. But I know that I do not know that meaning and that it is impossible just now to know it."[1]

-I-

In "The Myth of Sisyphus", Albert Camus defines the notion of absurdity as follows:
"A world that can be explained by reasoning, however faulty, is a familiar world. But in a universe that is suddenly deprived of illusions of light, man feels a stranger. His is an irremediable exile, because he is deprived of memories of a lost homeland as much as he lacks the hope of a promised land to come. This divorce between man and his life, the actor and his setting, truly constitutes the feeling of Absurdity."[2]
In an era of wars and massacres, when death is most visible, according to Camus, "life" lost all its meaning. Hence man should not seek escape in suicide.[3] It is not surprising that in the plays of The Theatre of the Absurd, characters, despite their hopelessness and desperateness, struggle and resist. This struggle, which might be delineated as the endeavor to exist, originates within the feeling of what Camus names Absurdity. Camus defines the feeling of absurdity as a constitution which requires further interpretation: what he defines is the feeling of Absurdity, not the absurdity or the absurd itself. Camus, in intending to define the term, is unable to reach the core meaning of the absurd since there doesn't exist one.

-II-

On the other hand, Eugene Ionesco defines the term absurd as *"that which is devoid of purpose… Cut off from his religious, metaphysical, and transcendental roots, man is lost: all his actions become senseless, absurd, useless."*[4] In his definition, Ionesco's illustration of the absurd indicates a paradox, whenever he defines the term absurd by referring to the same notion of the absurd. The word, absurd lacks a proper signified. Therefore, despite all efforts of meaning assignment, the absurdity of the absurd lies within the condition that is devoid of meaning. In the remarks of Camus and Ionesco, the term "absurd" resists meaning assignment.
Eventually, one cannot firmly define the term "absurd". Then how can one define the notion of the Theatre of the Absurd? For Martin Esslin, the inventor and the foremost theoretician of the term, *"the Theatre of the Absurd is a part of the "anti-literary" movement, which has found its expression in abstract painting, with its rejection of "literary" elements in pictures; or in the "new novel" in France, with its reliance on the description of the objects and its rejection of empathy and anthropomorphism."*[5] Esslin, similar to Camus and Ionesco, doesn't assign particular meaning to the notion of the absurd. Instead, what he is able to do is to point out the relation between literature and abstract art of 40's and 50's Europe. One might argue that there can be an "abstract" painting, but not an "abstract" text of literature; since a literary text either conveys or calls for the act of concretization whenever it interacts with the reader. In Beckett's "Waiting for Godot" and Ionesco's "Rhinoceros", "absurdity" of the literary text seems to be the equivalent of "abstractness" in art, for the ways in which both notions challenge the ongoing structures through devaluation of ideas or defying the structures of artistic and literary production in art and literature. Nonetheless, these two texts, in actuating this act, touch upon the issues of resistance; such that, a counter-performance arises within Beckett's text, which invites the reader to read the text differently. Or, Ionesco's text depicts a character resisting against the mysteriously attractive, jouissance-like harmony of the rhinoceroses. Resistance becomes the sole characteristic element in the "Literature of the Absurd". Besides, resistance constitutes the absurd nature of these texts. Both the notion of absurd and the texts of the Theatre of the Absurd are embodied by resistances.

-III-

So far, as a conclusion we can say that the terms "absurd" and "absurdity" resists proper and direct definition and meaning assignment. These terms cannot be attached to certain referents and signifieds whatsoever. Secondly, in the texts which Martin Esslin calls as the texts of the Theatre of the Absurd,[6] either the narration or the structure of the literary text possesses certain kinds of resistances, which constitutes the texts' absurdity. Here, the term "resistance" needs exploration.

-IV-

Resistance against concretization: According to Blanchot, *"What most threatens reading is the reader's reality, his personality, his immodesty, his stubborn insistence upon remaining himself in the face of what he reads – a man who knows in general how to read."*[7] A man who knows how to read is a person who intends to concretize the text during the process of reading. Blanchot's statement is a reaction against reader-response literary criticism which encourages the reader to fill in the blanks, to imagine what happens in a literary text and to visualize it. Contrarily, one can argue that the reader should be blind and ignorant; the reader is not obliged to fill in the blanks since the reading is accompanied by the blanks themselves. Whenever one fills in the blanks, that one consumes the text.
In this regard, it is possible to read Vladimir as the metaphorical manifestation of blind reader who resists concretization, as when asked to describe his surroundings, he replies: *"It's indescribable. It's like nothing. There is nothing. There is a tree."*[8] Vladimir resists concretization and realizes the self-ignorant reader who voluntarily blinds itself to the text.

In "Rhinoceros", when Jean asks Berenger what he thought about the rhinoceros passed through the street, Berenger replies: *"Well… Nothing… It made a lot of dust."*[9] Despite all the ceaseless hurries, unresting arguments and alarming discussions regarding the existence of the rhinoceros, Berenger acts neutral. He only feels ashamed for he didn't shave that morning for her beloved Daisy.[10] Berenger cannot narrate the event properly, since he is not interested in the mystery of the rhinoceros as the others. Contrarily, Jean represents the Nietzschean *Übermensch*, who intends to find a logical explanation for every event happened around and whose life is organized and regulated by *will-power*.[11]

In this regard, the scene when rhinoceros passes through the street represents a gap in the literary text. That gap is alien to the reader. It is fascinating. Its uncanny presence constitutes a blank in the narrative, which shouldn't be filled in, so that the text could fulfill itself. However, the characters except Berenger handle the mission of concretization by focusing on the meaning of the rhinoceros. Since they cannot achieve a proper explanation despite the attempts of the Logician, they all turn into rhinoceroses. They do concretize the gap in the end, by dissolving their existences within that gap. They feel they have to concretize the text no matter what; they escape the meaninglessness of the blank in the text. The only way to escape that blank zone devoid of meaning is *to turn into one.*

-V-

The "gap" also contains political and social connotations. Ionesco mentions of "rhinocerosization" as follows:

"… I was amazed to witness the total conversion to fascism of everyone around me. It did not happen overnight of course; it was a gradual process. Little by little, everyone found sufficient reason to join the party in power. You would run into an old friend, and all of a sudden, under your very eyes, he would begin to change… I was to remain alone with my opinions." "I have been present at mutations. I have seen people transformed beneath my eyes… They lost their personality and it was replaced by another. They became other."[12]

The process Ionesco mentions of is the "thingification" of the self; identification with the thing from which the person escapes. Berenger, like Ionesco, struggles with Nazification; hence he resists against concretization, while Berenger's best friend Jean turns into a rhinoceros for in that cultural environment, "anyone who resists can survive only by being incorporated."[13] It is the rhinocerosization, bringing forth the issues of politics and literature together, asserting the rejection of the call from the text which expects from you to accept the text with its blanks. In that respect, Berenger, like Vladimir, represents the self-forgetting reader who resists concretization.

-VI-

Resistance against remembering & thinking: In "Waiting for Godot", Estragon and Pozzo represent the blind reader who constantly forget everything. Pozzo says, *"I don't remember having met anyone yesterday. But tomorrow I won't remember having met anyone today. So don't count on me to enlighten you."*[14] Moreover, Godot's messenger, Boy is also blind; since he tells Vladimir that he doesn't recognize him although he visited him the day before.[15] Furthermore, Vladimir's and Estragon's tendency for not to think becomes an issue of self-forgetting: "We are in no danger of thinking anymore….Thinking is not the worst….What is terrible is to have thought."[16] Since thinking is a process associated with remembering and acting rationally, the characters prefer not to think. Nevertheless they act; however as Ionesco suggests, their actions are devoid of purpose.

When Berenger tells Jean that he sometimes wonders if he exists, Jean replies; *"you don't exist my dear Berenger, because you don't think. Start thinking then you will."*[17] While Jean emphasizes the power of his will in a Nietzschean way, for Berenger, "life is a dream".[18] Berenger explains his attachment to alcohol as follows: "I'm conscious of my body all the time, as if it were made of lead, or as if I were carrying another man on my back. I can't seem to get used to myself. I don't even know if I am me. Then as soon as I take a drink, the lead slips away and I recognize myself, I become me again."[19] Berenger attains the essence of his existence by forgetting himself through reaching his unconscious. He always escapes from the acts of thinking and remembering. In other words, he resists against his consciousness, which dictates him to think and remember. In that manner, he enters in the realm of self-forgetfulness in order to realize his essential existence. Throughout the play, Berenger continues to be self-forgetting by refusing to remember even though every single human being – obsessively emphasizing logic and rationality, turns into rhinoceroses.

-VII-

Resistance *against* language: In "Waiting for Godot", Lucky utters a long speech which is totally nonsensical.[20] Firstly, Lucky's meaningless speech points at the notion of *pure language* which, for Benjamin, "no longer means or expresses anything."[21] Secondly, there exists the suffering of language. As Lucky kills the original language by expressing it without referring to a particular meaning, not only he frees the language from the illusion of reading and manifests the death of the language[22] but also his expression gives an idea about the *unreadability* of the text. Unreadability of Beckett's text implies that the signifier doesn't correspond to a particular signified. Due to the disconnection of the reference and the referent, the loss of origin in the literary text takes place.

Another component of unreadability and discontinuous narrative in Beckett's text consists of silences. According to Esslin, Beckett devaluates the language in order *"to communicate the incommunicable."*[23] Beckett occasionally suspends the narration by silences, since he intends to communicate the incommunicable. The author lacks in possessing the text by illustrating it with proper discourses and rational explanations; hence he communicates the incommunicable by inviting the reader to take part within the text so that the text could realize its existence. Consequently, the text proves that it desires the reader.[24]

Godot is incommunicable, and it can only be communicated by the devaluation of the language and *the loss of origin*. At this point, Beckett's text invites the reader in order for his text to realize its existence. Eventually, "since the reader "makes" the book, the work, becomes a work beyond the man who produced it…"[25] Beckett's text contains resistance to language; which aims at communicating the incommunicable and seeking active participation of the reader within the realization of the literary text.

-VIII-

Resistance *with* language: In terms of the relation between resistance and language, Ionesco's text differs from Beckett's. Unlike Beckett, in producing his text Ionesco doesn't devaluate the language. Instead of reconfiguring the language in a nonsensical way, Ionesco altogether abandons language; since at the end of the play, the only person uttering the language is Berenger. For Esslin, Ionesco, the persistent critique of Brecht, was *"postulating a far more radical alienation effect as he argued that the theatre must work with the veritable shock tactics; reality itself, the consciousness of the spectator, his habitual apparatus of thought – language – must be overthrown, dislocated, turned inside out, so that he suddenly comes face to face with a new perception of reality."*[26] While in Beckett's text, the language gets distorted for the reason regarding a signifier no longer corresponding to a signified, in Ionesco's text, the language itself is overthrown in order to achieve a total alienation effect. In Beckett's text, there still exist signifiers no matter what they do refer to particular referents or not, whereas in Ionesco's text, the author gets rid of every kind of signifier and signified, except for Berenger's.

In the end of the play, all you can encounter is the roaring of the rhinos and there is no one left to make sense of Berenger's utterances. Daisy, the last character to turn into a rhinoceros, tells Berenger: *"...We must try to understand the way their minds work, and learn their language."* Berenger replies: *"They haven't got a language. Listen... Do you call that language?"*[27] Daisy objects and finally she turns into a rhinoceros which she considers to be like Gods.[28] In the final scene of the play, Berenger utters a long triad, in which he asks himself: "What is my language? Am I talking French? Yes it must be French. I can call it French if I want, and nobody can say it isn't – I'm the only one who speaks it."[29] Despite the fact that he is the only one to have a language, Berenger resists and decides not to capitulate.[30] Berenger resists, by holding on to the only element which distinguishes him from the rest: the language. That language might be French or German, it doesn't matter since the language transforms into the "pure" language. In Ionesco's text, the language evolves within the narration; it becomes pure language with which Berenger resists against rhinoceroses. Thus Ionesco's text constitutes a resistance *with* language.

-IX-

Resistance and Lacanian jouissance: *The unpredictability of jouissance*[31] is brought forward in Beckett's text by the aid of the gaps as silences, actions of self ignorant characters or the inconsistencies of the narrative. Vladimir and Estragon's act of waiting in the end of both scenes refers to the "compulsion to repeat" in which both characters have pleasure in the act of waiting. According to Barthes, a state of jouissance is created when one seeks out the reader "without knowing where he is."[32] Eventually, the two not-knowing characters are in a state of jouissance throughout the play. Besides, silences in the play point at the existence of jouissance; as Barthes suggests that "pleasure can be expressed in words, jouissance cannot."[33] Moreover, one can achieve jouissance only by the abrasions or the gaps in the text, similar to Beckett's silences.[34]

In Rhinoceros, the state of jouissance should be explored by means of the relations between the characters. Surely, there is a trace of jouissance, however not similar to the ways in which Beckett devaluates the language. As I discussed earlier, the existence of a rhinoceros represents a "gap" in a literary text. Furthermore, the metaphor of the rhinoceros has its political and social connotations regarding the spread of Nazism. If one considers that gap, the appearance of a rhino, as a possible space from which the state of jouissance might arise, it is inevitable to speculate that the ones like Jean, Dudard and Logician (symbols of utmost rationality) are in a state of jouissance in their rhino states. In his triad, Berenger admits that "their song is charming – a bit raucous perhaps, but it does have a charm!"[35] Berenger is in envy of their state of jouissance. Previously, as opposed to Daisy who claims that "they are singing", Berenger objects: "They are roaring."[36] Daisy is fascinated with the singing of rhinoceroses and they remind her of Gods.[37] In an oceanic feeling which Daisy cannot resist, she turns into a rhinoceros.

On the other hand, there is a very crucial point to be underscored about Berenger's transformation. Irresponsible and unconscious about himself and his surroundings in the beginning of the play, Berenger develops a more conscious and curious approach through the end; especially visible during his dialogue with Dudard. He says to Dudard: *"Yes, but for a man to turn into a rhinoceros is abnormal beyond question."*[38] Moreover, Berenger begins to think and argue about the speculations raised by Logician regarding the species of the rhinoceroses.[39] Berenger is in favor of "attacking the evil at the roots" while Dudard disagrees and says: "Who knows what is evil and what is good? It is just a question of personal preferences."[40] In the beginning of the play, the ones like Jean, Logician and Dudard were interested in "analyzing" the phenomenon of rhinoceroses by emphasizing their distinct attributes compared to those creatures. They were sure of their humanness and they intended to construct rhinoceroses as the others. As evident in his statement, Dudard performs a relativistic approach through the end of the play, when the numbers of rhinos increase rapidly. As mentioned earlier, Dudard is about the thingify himself, to get incorporated; since he cannot resist the call from the "gap" constituted by the existence of rhinos.[41] In the meantime, Berenger becomes more aware of himself and his humanness; he is no longer self-forgetting individual. When Berenger thinks about his past relations with his friends who turned into rhinoceroses, Daisy reacts: *"...There is no point in reproaching yourself now. Stop thinking about all those people. Forget about them. You must forget all those bad memories. Berenger: But they keep coming back to me. They are very real memories."*[42]

Evidently, the source of jouissance as rhinoceros has a *transformative* effect. It takes a rational, logical person who believes in the Nietzschean will-power, constantly tending to think and remember, and turns that individual into a rhinoceros who sings in pleasure. Rhinoceros symbolizes the gate to jouissance. It is powerful, it provokes people. On the other hand, resisting against this provocation brings forth the conversion of self-forgetting person into a curious, conscious being who decides to struggle with what he calls the "evil". In that regard, turning into a rhinoceros is a positive event.

However, as stated earlier, what Ionesco means by rhinocerosization is the rapid Nazification of the country. This determines the point at which jouissance overlaps with Fascism. Hence one can speculate on the notion of a "political jouissance", a collective act occurring in the social space, which reveals an extreme amount of enjoyment on the individuals. Additionally, it is not surprising that both the notion of jouissance and Nazism is somehow related to *death*.

-X-

Beckett's text cultivates a devaluated language with respect to resistance against concretization, remembrance, the act of thinking and the very language itself. All of these aspects constitute his text's absurd nature. Vladimir and Estragon needn't seek survival in suicide since, as Camus stated, life no longer means something. Besides, when asked what was meant by Godot, Samuel Beckett answers: "*If I knew, I would have said so in the play.*"[43] Beckett is no different than Vladimir; he voluntarily prefers not to know how to read, think and how to write. Lucky's triad is one exception; in order to produce a nonsensical utterance, Beckett should consciously separate the utterances that make sense from the ones which don't make sense. He has to know, regulate and control Lucky's triad so that the utterances don't correspond to particular references. Hence, in producing a distorted language, as a writer he is in his most conscious state. This is not a criticism of Beckett; it is his contribution which points at the paradox of togetherness of language and non-language. Such that, in order to represent silences, the author has to write "silence" and he eventually fails to escape language. Despite all the efforts of presenting a non-language – devaluated, distorted one -, the author should pay attention to the language; there is no non-language without language. However, this doesn't mean that Beckett fails; as his text acknowledges the togetherness of non-language and the language, one can suggest that he points out the absurd nature of the language itself.

The only point which differentiates Ionesco from Beckett is that Ionesco's text progressively constitutes the resistant act with language; not against language as depicted in Beckett's text. Ionesco's text is interested in politics; however one cannot claim that it is political. In a grotesque way, Ionesco illustrates Nazification of the continent in his text. It is catastrophic; contains critiques of rationalism, Nietzscheanism, Nazism and even Sartrerian existentialism but the way the text performs itself as opposed to the phenomenon of rhinocerosization is unconventional; thus anti-political. Instead of suggesting a new path way for the struggle against Nazism and all others, Ionesco respectively eliminates all possible performances which would emerge as a reaction against rhinocerosization. The moment when Daisy and Berenger were about to consider getting married and having children so that they could resist against those weird creatures, Ionesco doesn't let his text to display an Adam & Eve story in the end. Instead of challenging Nazism on political realms, Ionesco accentuates the catastrophe against which Berenger struggles to resist all alone. The catastrophe reveals itself with the existence of a pure language. That pure language is at the same time dead, since no one speaks or understands it except for Berenger.

As one last remark, in spite of my speculations on the ways in which jouissance exists in Ionesco's text, together with Beckett's text, they can both be read as *texts of jouissance*, which imposes a state of loss, discomforts, unsettles the reader's historical, cultural, psychological assumptions, the consistency of the reader's tastes, values, memories and brings to a crisis the reader's relation with language.[44]

NOTES:

[1] Camus' absurdity implicates the impossibility of knowing. Therefore, one has no option other than voluntarily blinding him/herself to what Camus calls meaning. Camus, Albert. "The Myth of Sisyphus and Other Essays" New York: Vintage International, 1991. p. 51
[2] Esslin, Martin. "The Theatre of the Absurd." New York: Vintage Books, 2004. p. 23
[3] Ibid., p. 23
[4] Ibid., p. 23
[5] Ibid., p. 26
[6] Martin Esslin is first to coin the term "Absurd" Theatre in his book published in 1961 "The Theatre of the Absurd".
[7] Blanchot, Maurice. "Communication and the Work." The Space of Literature. Trans. Ann Smack. Lincoln and London: University of Nebraska Press, 1982. p. 198
[8] Beckett, Samuel. "Waiting for Godot" London: Faber and Faber, 2006. p.79
[9] Ionesco, Eugene. "Rhinoceros, The Chairs, The Lesson" London: Penguin Books, 2000. p. 18.
[10] Ibid., p. 34
[11] Ibid., p. 12
[12] C. Lamont, Rosette. "Ionesco's Imperatives: The Politics of Culture". University of Michigan Press: 1993. p. 137-138
[13] Adorno, Theodor W. & Horkheimer, Max. "Dialectic of Enlightenment" California, Stanford University Press: 2002. p. 104
[14] Beckett, Samuel. "Waiting for Godot" London: Faber and Faber, 2006. p.81
[15] Ibid., p. 84
[16] Esslin, Martin. "The Theatre of the Absurd." New York: Vintage Books, 2004. p. 60
[17] Ionesco, Eugene. "Rhinoceros, The Chairs, The Lesson" London: Penguin Books, 2000. p. 26
[18] Ibid., p. 20
[19] Ibid., p. 24
[20] Beckett, Samuel. "Waiting for Godot." London: Faber and Faber, 2006. p.36-37-38
[21] Benjamin, Walter. "The Task of the Translator: An Introduction to the Translation of Baudelaire's Tableaux Parisiens." In Illuminations. Ed. Hannah Arendt. Trans. Harry Zohn. New York: Schocken Books, 1968. p. 80
[22] de Man, Paul. "The Resistance to Theory." Minneapolis: University of Minnesota Press, 1986. p. 84
[23] Esslin, Martin. "The Theatre of the Absurd." New York: Vintage Books, 2004. p. 88
[24] Barthes, Roland. "The Pleasure of the Text." Trans. Richard Miller. New York: Hill&Wang, 1975. p. 6
[25] Blanchot, Maurice. "Communication and the Work." The Space of Literature. Trans. Ann Smack. Lincoln and London: University of Nebraska Press, 1982. p. 194
[26] Esslin, Martin. "The Theatre of the Absurd." New York: Vintage Books, 2004. p. 142
[27] Ionesco, Eugene. "Rhinoceros, The Chairs, The Lesson" London: Penguin Books, 2000. p. 118
[28] Ibid., p. 121
[29] Ibid., p. 122
[30] Ibid., p. 124
[31] Barthes, Roland. "The Pleasure of the Text." Trans. Richard Miller. New York: Hill&Wang, 1975. p.4
[32] Ibid., p. 4
[33] Ibid., p. 21.
[34] Ibid., p. 9-10-11
[35] Ionesco, Eugene. "Rhinoceros, The Chairs, The Lesson" London: Penguin Books, 2000. p. 123
[36] Ibid., p. 121
[37] Ibid., p. 121
[38] Ibid., p. 98
[39] Ibid., p. 100
[40] Ibid., p. 93
[41] In one of his interviews, Ionesco said that "Dudard is Sartre". "For Ionesco, Sartre's failure to denounce the existance of the gulags smacked of rhinoceritis of the Left." C. Lamont, Rosette. "Ionesco's Imperatives: The Politics of Culture". University of Michigan Press: 1993. p. 145
[42] Ionesco, Eugene. "Rhinoceros, The Chairs, The Lesson" London: Penguin Books, 2000. p. 113-114
[43] Esslin, Martin. "The Theatre of the Absurd." New York: Vintage Books, 2004. p. 44
[44] Barthes, Roland. "The Pleasure of the Text." Trans. Richard Miller. New York: Hill&Wang, 1975. p.14

REFERENCES:

Adorno, Theodor W. & Horkheimer, Max. "Dialectic of Enlightenment" California, Stanford University Press: 2002.
Barthes, Roland. "The Pleasure of the Text." Trans. Richard Miller. New York: Hill&Wang, 1975 Beckett, Samuel. "Waiting for Godot" London: Faber and Faber, 2006
Benjamin, Walter. "The Task of the Translator: An Introduction to the Translation of Baudelaire's Tableaux Parisiens." In Illuminations. Ed. Hannah Arendt. Trans. Harry Zohn. New York: Schocken Books, 1968.
Blanchot, Maurice. "Communication and the Work." The Space of Literature. Trans. Ann Smack. Lincoln and London: University of Nebraska Press, 1982.
C. Lamont, Rosette. "Ionesco's Imperatives: The Politics of Culture". University of Michigan Press: 1993.
Camus, Albert. "The Myth of Sisyphus and Other Essays" New York: Vintage International, 1991 de Man, Paul. "The Resistance to Theory." Minneapolis: University of Minnesota Press, 1986
Esslin, Martin. "The Theatre of the Absurd." New York: Vintage Books, 2004
Ionesco, Eugene. "Rhinoceros, The Chairs, The Lesson" London: Penguin Books, 2000

EN LOS LÍMITES DEL TEATRO: LA DIMENSIÓN PERFORMATIVA

Óscar Cornago Bernal
>Centro de Humanidades y Ciencias Sociales
>Consejo Superior de Investigaciones Científicas
>CSIC-Madrid

Biographie de l'Auteur:
Es investigador en el Centro de Humanidades y Ciencias Sociales del Consejo Superior de Investigaciones Científicas de Madrid. Su trabajo se ha especializado en historia del teatro contemporáneo y teoría de los medios. Actualmente dirige el proyecto "Imaginarios sociales en las culturas de la globalización: lo público y lo privado. Documentación y análisis de la creación escénica en Iberoamérica (2000-2010)". Entre sus libros se encuentran *La vanguardia teatral en España (1965-1975): del ritual al juego, Pensar la teatralidad* y *Resistir en la era de los medios: estrategias performativas en literatura, teatro, cine y televisión*. Forma parte de ARTEA y es coordinador del Archivo Virtual de las Artes Escénicas (http://artesescenicas.org). Ha estudiado y documentado la obra de directores contemporáneos en España y Latinoamérica en libros como *Políticas de la palabra, Éticas del cuerpo* y *Acercamientos a lo real*.

Résumé de l'article:
Este ensayo analiza las implicaciones estéticas que el desarrollo de la dimensión performativa tendrá en el panorama artístico de los años sesenta. La dimensión espacial y temporal de la obra pasaran a un primer plano, así como el carácter procesual y la presencia en tiempo real del espectador como principio activo de creación en la obra, características que no han dejado de desarrollarse hasta hoy. El estudio se centra en la influencia que esta dimensión performativa tuvo en el espacio teatral de aquellos años, deteniéndose en tres casos, el grupo canario Zaj, la escenificación de la obra de Brossa durante este período y la obra de Els Joglars del año 1972, *Mary d'Ous*, una de aportaciones del colectivo catalán a la vanguardia europea de aquel período.

> *Je voudrais que l´on puisse considérer*
> *la vie de tous les jours comme du théâtre.*
> John Cage[1]

En 1952, el compositor estadounidense John Cage organizó el primer *happening* después de la II Guerra Mundial en la escuela de verano del Black Mountain College, *Untitled Event*.[2] La iniciativa fue retomada por Allan Kaprow, quien en 1958 realizó otra acción artística con la misma denominación —*Untitled*— y un año más tarde en la Reuben Gallery de New York, espacio que iba a centralizar muchas de estas propuestas, presentaba los *18 Happenings in 6 Parts*. Estas acciones fueron multiplicándose y en 1962 George Maciunas puso en marcha el primer festival Fluxus, «Internationale Festspiele Neuester Musik», en Wiesbaden. El movimiento Fluxus, que tuvo un primer período de desarrollo entre 1961 y 1964, canalizó las producciones de un grupo importante de artistas, como La Monte Young, Dick Higgins, Nam June Paik, George Brecht, Robert Watts, Geoffrey Hendricks, Larry Miller, Shigeko Kubota o Mieko Shiomi.[3] Sin embargo, Fluxus no suponía más que un brillante exponente de una profusa corriente de vanguardia:

> Fluxus, in this early period, was just one of a number of a number of artistic groups —including Cobra, Letterism, International Situationism, Nouveau Réalisme, and Group ZERO in Europe, Gutai and Neo Dada Organizer in Japan, Happenings in the United States— that developed between the late 1940s and early 1960s as a response to, and reaction against, prevailing social, cultural, and artistic models.[4]

Como genuina ilustración del espíritu de la vanguardia, este grupo de iniciativas retomaban el camino abierto por Marcel Duchamp, el Dadaísmo y el Surrealismo durante las años veinte y treinta, para cuestionar la condición y naturaleza del arte en la sociedad, sus mecanismos básicos de significación, la relación entre objeto y espectador, y la actitud de este último frente al arte. Entre sus procedimientos básicos se encontraba la interrelación entre las diversas expresiones artísticas, a las que se le imprimió un denominador común desarrollando para todas ellas un aspecto performativo fundamental que las convertía en espectáculos. A partir de ahí, el encuentro entre estas iniciativas y el teatro, expresión espectacular y performativa por excelencia, no podía evitarse. Sin embargo, el hecho de que no se tratase en su origen de un movimiento propiamente teatral,[5] explica la asincronía entre esta vanguardia y las escénicas. La fusión entre arte y realidad cotidiana y la

---

1 Encuesta sobre el *happening* publicada en *Identités*, 13/14 (février 1966). Cit. en Sohm (ed., 1970: s/n).

2 El acto era desarrollado por una serie de artistas (el pianista David Tutor, el compositor Jay Watts, el pintor Robert Rauschenberg, el bailarín Merce Cunningham y los poetas Charles Olsen y Mary Caroline Richard) que, con escasa preparación conjunta, recibían una partitura con los tiempos dedicados a cada una de las acciones que debían desarrollar: poner discos antiguos, diapositivas o fragmentos de películas, ensayar en un piano, echar agua de una jarra a otra, leer poesía, bailar, componer en diferentes instrumentos. El evento tuvo lugar en la sala del comedor y sobre cada silla se había colocado una taza vacía, ante la que el espectador debía actuar de manera espontánea. Cage, a modo de director de orquesta, ataviado con traje negro y corbata, leía un texto sobre la relación entre música y Zen y fragmentos de las obras completas de Eckharts (Goldberg, 1988; Fischer-Lichte, 1998ª, 2010).

3 El minucioso desmantelamiento de un piano o un violín, la utilización del cuerpo para pintar sobre un papel en el suelo, la percusión rítmica y continuada de unos objetos con otros o la realización de diversas acciones metódicas y rituales sobre el cuerpo humano, como envolverlo en papel o cubrirlo con alguna sustancia, pueden ofrecer una idea aproximada de algunas de estas «acciones». Para una cronología y documentación de las numerosas actividades desarrolladas entre 1959 y 1970: Sohm (ed., 1970). Sobre Fluxus y su posterior desarrollo, especialmente en los festivales de 1982 y 1992, que volvieron a terner lugar en Wiesbaden: Ruhé (1979), Groos, Herborn y Petzold (1992), Jenkins (ed., 1993).

4 Smith (1993: 30)

5 Este movimiento tuvo su origen en las artes plásticas y, sobre todo ya para los años cincuenta y sesenta, en la música experimental. En este sentido, las clases de John Cage de Música Experimental en la New School for Social Research entre 1958 y 1960 fueron un elemento aglutinador determinante.

transformación radical en el modo de percibir y entender el hecho artístico fueron algunos de los objetivos característicos de este movimiento. Desbordando los estrechos márgenes impuestos por las instituciones y las escuelas de arte, llevaron una revolucionaria idea de la condición artística a la realidad inmediata, imponiendo una transgresora ruptura con los lenguajes y conceptos más convencionales, instrumentalizados ahora al servicio de esta nueva corriente. En este sentido, *Fontaine*, de Duchamp, obra de 1919 formada por un urinario enmarcado, adquirió un carácter fundacional. La mirada del espectador cobraba una importancia de primer orden al convertirse en el elemento transformador de la realidad en objeto artístico, coincidiendo, pues, una vez más con un mecanismo esencial al teatro, que acercaba ambos campos artísticos hasta llegar a confundirlos. El espectador abandonaba su función pasiva para desarrrollar, a través del acto de la mirada, una acción artística de naturaleza performativa y, por tanto, transformacional. Revestidas las acciones más cotidianas por su nueva condición artística, se creaba un nueva manera creativa, libre y lúdica de percibir la realidad/el arte. En los diferentes manifiestos y definiciones que se sucedieron durante los años sesenta, la tesis central giro en torno al *happening* como un nuevo modo de ver y entender la realidad concreta. El manifiesto «Neo-Dada in Music, Theater, Poetry, Art», leído por primera vez en 1962 en Wuppertal en el «Kleines Sommerfest: Après John Cage» decía: «If man could experience the world, the concrete world surrounding him (from mathematical ideas to physical matter) in the same way he experiences art, there would be no need for art, artists and similar "nonproductive" element»,[1] mientras que Ben distinguía en 1966 dos concepciones distintas de *happening*, la primera pictórica, la segunda performativa: «La seconde interprétation, qui s´appelle par ailleurs Evénement, proposition théâtrale, est la représentation de la REALITÉ PAR LA REALITÉ. C´est la communication de la prise de conscience que tous les détails de la réalité sont spectacle»,[2] o Claus Bremer —por citar solo algunos ejemplos— afirmaba: «Il permet de faire passer au spectateur le stade de la réceptivité pure pour l´aider à façonner lui-même non seulement le spectacle, mais aussi les contingences de la vie quotidienne».[3]

Esta tormenta vanguardista no podía pasar sin tener consecuencias determinantes para un panorama del teatro, que, como el de la música o las artes plásticas, también se había puesto en movimiento a la búsqueda de nuevos lenguajes que cuestionaban su condición artística en la sociedad actual. El debate en torno a la obra de arte produjo también en España una serie de iniciativas muy paralelas a las del resto del mundo que, llevando más allá la investigación en torno a la naturaleza de la creación artística, hicieron del proceso performativo de la acción el elemento central de la obra. La acciones performativas puras —es decir, con un grado de ficcionalidad mínimo en el que los conceptos de trama y personaje se encontraban reducidos a estructuras básicas— nacían como una problematización explícita del proceso de creación, presentándose como un arte *in statu nascendi*, cuyo discurso remitía a su propio estado de producción constante que rechazaba el aspecto perfectivo y acabado del objeto artístico, solo posible en el instante de su producción-recepción. La concepción afín a la vanguardia de la obra de arte como producto en desarrollo y no como objeto cerrado apuntaba al teatro como un campo de experimentación privilegiado. Este rasgo esencial de la naturaleza teatral como *work in progress* se convertía en eje del discurso artístico, que intentaba disociar los diferentes procesos de producción del objeto estético: composición, interpretación y recepción, de modo que cada uno recuperase toda su autonomía y capacidad creativa, en palabras de Cage: «Komponieren ist eine Sache, Performen eine andere, Zuhören eine dritte. Was können diese Dinge wohl miteinander gemein haben?».[4]

De esta suerte, la obra de arte, en un proceso de autorreflexión, llegaba al cuestionamiento de sus elementos esenciales, entre ellos el tiempo y el espacio. El acto de la creación a partir de una reflexión abstracta en torno a sus coordenadas espacio-temporales fue uno de los rasgos claves de la creación performativa. Por otra parte, el desarrollo de nuevos procesos de creación teatral, sostenidos esencialmente por otra concepción espacio-temporal de la escena, hizo que a menudo los artífices del hecho teatral encontrasen en la expresión musical uno de los modelos idóneos para este tipo de experimentación. El campo de la música reunía una serie de características formales que lo hacían especialmente adecuado para el desarrollo de un tipo de espectáculos que permitían, no solo un nivel mayor de abstracción, sino unos mecanismos de producción y recepción de significados libres de las limitaciones referenciales del sistema teatral hegemónico:

Tal vegada perquè la *perfomance* es basa en el joc de coordenades temps-espai i en la materialització d´un tema per l´acció directe del seu autor, ha trobat en la música un terreny de perfecta continuïtat i desenvolupament; sense l´intermediari de la càrrega cultural i fixadora que arrossega la pràctica artística tradicional, ni la mediatització de l´objecte, lliure de connotacions formals, la realitat sonora, minimalista d´ella mateixa, abstracció total, es fa i discorre en el temps i l´espai en la más eficaç comunicació amb l´espectador.[5]

Pero no solo tuvo lugar un movimiento desde el ámbito de la creación escénica hacia la música, sino que primeramente fue la corriente de música experimental la que describió un movimiento de aproximación a la conquista del espacio, superando sus límites sonoros para potenciar su expresión a través de la actividad física. Enmarcado por una firme voluntad característica de las vanguardias de superación de los límites tradicionales de cada una de las expresiones artísticas, las nuevas corrientes musicales coincidieron con la evolución teatral según modelos musicales, como la idea de canon y fuga en *Mary d´Ous*, de Els Joglars, o las variaciones sinfónicas como paradigmas de escritura dramática en Miguel Romero Esteo o Rodolf Sirera. Para estos autores, la estructura musical se presentaba como un atractivo modelo

---

1 Cit. en Jenkins (ed., 1993: 16).
2 Cit. en Sohm (ed., 1970: s/n).
3*Ibidem*. Encuesta sobre el *happening* publicada en *Identités*, 13/14 (février 1966).
4 Cit. en Charles (1989: 37).
5 Camps (1988: 225)

de creación, en un intento por llevar al arte escénico la libertad formal y autosuficiencia referencial de la que disponía la música. El mismo deseo de libertad radical explicaba que muchas de estas experiencias originadas en la música para llegar al teatro hayan preferido la eliminación de los sistemas verbales, ya que estos implicaban un fuerte anclaje de carácter mimético con la realidad exterior.

Frente al discurso narrativo, la corriente artística liderada por John Cage quedaba marcada por el discurso performativo, según la tipología establecida por Lyotard.[1] El *happening*, a diferencia de lo que ocurría con los discursos narrativos, no necesitaba ninguna otra legitimización que su propia presencia y funcionamiento como proceso de realización en un tiempo y en un espacio. El discurso performativo rechazaba cualquier otro metadiscurso que lo justificase, imponiendo al espectador una materialidad temporal y espacial que, renunciando a su capacidad referencial, se «presentaba» a sí misma, vacía de contenido y dejando en suspensión la producción de un significado concreto, y nada se presta a una más fácil repetición que aquello que ha sido vaciado de contenido o sentido. En este sentido, el teórico de la Posmodernidad presentaba la esencia de la performatividad como una práctica deslegitimizadora de la narratividad en función a un mecanismo espacio-temporal que se autojustifica:

> Performieren heisst wiederholen —und nichts lässt sich besser wiederholen als das Fehlen von Sinn oder Inhalt: das Wesen der Narrativität muss paradoxerweise wohl am Nullpunkt des «Narrativen» im herkömmlichen Verständnis gesucht werden. Die Performance ist also eine Praxis der Delegitimierung zugunsten einer zeitlichen Praxis, die im Akt des Performieren selbst eingebracht wird.[2]

Al mismo tiempo, esta concepción de la creación teatral performativa exigía un nuevo proceso de recepción al que el espectador de sistemas teatrales más tradicionales no estaba acostumbrado. La gratuidad inherente a muchas de las acciones performativas, presentadas como juegos, «números» teatrales o simples acciones cotidianas, y su clima de espontaneidad o creación inmediata, sin necesidad de apoyos ajenos a sus propias reglas, exigía la suspensión de la credibilidad por parte del espectador. Este tipo de espectáculos exigían una consideración como artefactos artísticos autónomos y no subordinados a la realidad exterior, con la que establecían otro tipo de relación indirecta que nada tenía que ver con la mímesis realista. El *happening* se convertía, pues, en la negación total de la mímesis teatral, no aspiraba a imitar ninguna realidad exterior al propio artefacto artístico realizado en escena, su única realidad era la presencia *hic et nunc* del actor, los objetos escénicos y la acción llevada a cabo. De ahí que la función del espectador cobrase más importancia que nunca, ya que era su mirada —en la medida en que partiese de una actitud creadora y no pasiva— la única que tenía poder de convertir la acción del actor en un objeto artístico. A diferencia de una puesta en escena que subrayase sus propios rasgos de teatralidad a través de una determinada gestualidad, decorados, telones o focos, y de cuya potencialidad teatral y artística, incluso sin la presencia del espectador, nadie dudaría, lo que tenía lugar en escena —el *happening*—solo se convertía en objeto estético por el efecto inmediato de la mirada del público. De esta suerte, definía Duchamp la actividad performativa como la capacidad transformadora de la mirada del espectador sobre un objeto o acción extraído de su contexto real. Desde esta perspectiva, el acto creador del *performance* se presentaba en primer lugar como un acto de lectura de un mundo entendido como escritura, cuya singularidad debía ser descubierta a partir de una percepción adecuada: «Performieren ist zunächst lesen: die Welt ist Schrift, sie ist schön da, es liegt an uns, ihr singularitäten zu entnehmen».[3] El espectador nunca sería tan consciente de su propia identidad dentro de la comunicación artística como frente a un objeto o acción que necesitaba de su mirada para transformarse en obra de arte. Su única legitimación recaía en la mirada del público, adquiriendo este, a través de la propia pragmática del espectáculo, la importancia fundamental que la vanguardia siempre le atribuyó. Este modo de creación teatral contrastaba fuertemente con las corrientes dominantes de metodología historicista o de carácter ideológico que buscaban en una ideología, pensamiento o ética la justificación del objeto estético.

No es de extrañar, pues, que una de las exégesis fundamentales no solo de este movimiento, sino de toda una nueva concepción del arte en el siglo XX, haya sido desarrollada por Umberto Eco a partir de una consideración revolucionaria del objeto artístico en su proceso de comunicación. *Opera aperta*, volumen publicado por primera vez en 1962, encontraba una de sus motivaciones iniciales —como el mismo autor explicaba en la introducción—[4] en la música experimental de los años cincuenta. En este conjunto de ensayos, se abordaba el estudio de una serie de poéticas —que el autor llamaba de la «obra abierta»— marcadas por una determinada actitud del artista «ante la provocación del Azar, de lo Indeterminado, de lo Probable, de lo Ambiguo, de lo Plurivalente»,[5] y que precisaban de forma especial de la intervención activa del espectador para su definición última. Entre las propuestas más significativas de «obras abiertas» que intentaron cuestionar radicalmente las reglas pragmáticas de la comunicación artística en los escenarios de España, hay que destacar las *acciones* del colectivo canario Zaj, así como algunos montajes de la obra de Joan Brossa. En este mismo contexto de cuestionamiento de los límites y condición de la comunicación espectacular, pero partiendo del otro lado de la creación escénica, es decir de un proceso propiamente dramatúrgico, ya con un mayor desarrollo del plano ficcional, se sitúa uno de los espectáculos más relevantes de la vanguardia en España, *Mary d'Ous*, deEls Joglars.

---

1 Lyotard (1979)

2 Lyotard, cit. en Charles (1989: 49).

3 Cit. en Charles (1989: 38).

4 «Pues bien, yo me daba cuenta en aquel ambiente de que las experiencias de los músicos electrónicos y de la Neue Musik en general representaban el modelo más acabado de una tendencia común a las varias artes...» (Eco, 1984: 6). El primer ensayo de este volumen fue escrito en 1959 a petición de Luciano Berio para la revista *Incontri musicali*.

5*Ibidem*, p. 35.

ZAJ: *CONCIERTO ZAJ* (1964)

El grupo Zaj fue fundado por el compositor canario Juan Hidalgo —alumno de John Cage en la ciudad alemana de Darmstadt en 1958—, el italiano Walter Marchetti y Ramón Barce, que dejó el grupo en 1966, fecha en que la artista plástica Ester Ferrer pasó a formar parte de él. Bajo la férula del argentino Maurizio Kagel, quien en 1963 lanzaba su manifiesto sobre el «teatro instrumental», y dentro de la corriente del *happening*, Zaj planteaba el debate en torno a la naturaleza de la creación musical para llegar a cuestionar las bases de la misma creación teatral. La teoría del «teatro instrumental» se apoyaba en las dos dimensiones básicas compartidas por el teatro y la música, a saber: un espacio para realizarse y un tiempo en el que transcurrir.[1] Estas dos dimensiones, convertidas en los materiales básicos para la creación de las artes musicales y teatrales, pasaban a ocupar el centro de atención explícito del discurso generado por el artefacto artístico.

El primer concierto Zaj, que pasó prácticamente desapercibido ante la crítica, fue organizado por Josefina Sánchez Pedreño, directora de Dido, Pequeño Teatro, el 21 de julio de 1964 en el Colegio Mayor Menéndez Pelayo,[2] y se abría con la legendaria obra de Cage *4'33"*, a continuación se interpretaban otras obras de Juan Hidalgo, Ramón Barce, Walter Marchetti y Cage.[3] Dos días antes se había celebrado una acción ZAJ en las calles de la capital, consistente, según rezaba el Documento-invitación redactado al efecto, en los siguientes puntos:

> zaj / invita a vd. / al traslado a pie de tres objetos de / forma compleja, construidos / en madera de chopo y cuyas / dimensiones son / 1'80 por 0'70, 1'80 por 0'70 y 2 por 1'80 / (pudiendo ser considerados dos de ellos como complementarios), por el itinerario / siguiente: batalla del salado - / embajadores - ronda de toledo - bailén - / plaza de españa - / ferraz - / moncloa - avenida de séneca, / con un recorrido total de 6.300 mts. / realizado por / juan hidalgo / walter marchetti / ramón barce / este suceso tuvo lugar en madrid / el pasado jueves 19 de noviembre de 1964 / entre 9,33 y 10,58 de / la mañana

El 9 de febrero de 1967, después de varios conciertos, exposiciones y dos festivales en Madrid y uno en Barcelona por diferentes espacios, se presentaban en el Teatro Beatriz, dentro del ciclo del TNCE y con la colaboración del Teatro Estudio de Madrid. Junto con Juan Hidalgo y Walter Marchetti, figuraban en el grupo Tomás Marco, Ramiro Cortés, Eugenio Vicente y José Luis Castillejo. El peculiar «concierto» tenía una duración de 60 minutos a lo largo de los cuales un actor tomaba una jarra llena de agua y comenzaba a verter su contenido sobre un vaso situado en el centro de una mesa colocada en la sala, todo ello realizado con «imperturbabilidad paleolítica».[4] Cuando rebosaba el recipiente, seguía vaciando el contenido, mientras que el agua inundaba la mesa y caía al suelo.

El mismo modo de creación teatral que proponía la obra constituía una reflexión en torno a los diferentes procesos de creación del objeto estético en el escenario, ya que se diferenciaban claramente la labor del compositor/autor/dramaturgo, el trabajo del intérprete y la función no menos creadora del espectador. Frente a la creación por parte del autor/compositor/dramaturgo, que se presentaba como un guión o partitura que, a imagen del pentagrama musical, solo pretendía marcar los ritmos, cambios de compases o dejar apuntados los temas, la realización del músico/actor encerraba todavía una gran libertad, libertad creadora espontánea y no previsible sobre la que se fundamentaba este tipo de *acción*, que buscaba la potenciación del azar y la casualidad en los resultados. De este modo, el progresivo fluir del agua a medida que el actor/músico la iba echando sobre el vaso producía un sonido que, en contraste alternante con los momentos de silencio en los que el agua no se vertía, ofrecía como resultado una especie de música o, mejor dicho, de teatro instrumental, que nunca iba a ser el mismo que en la realización anterior o posterior, ya que siempre intervenía un factor aleatorio no controlable *a priori*, como era la libertad del actor para ir haciendo caer el líquido. La recepción, en la que tuvieron lugar las previsibles chanzas a las que este tipo de espectáculo podía dar lugar, puso de manifiesto que se trataba de un modo de creación para el que no existía el horizonte de expectativas en la mayoría de los círculos teatrales españoles más renovadores que, hacia 1967, tenían en el discurso ideológico la primera y última meta de la creación teatral. La recepción en este ambiente de un espectáculo que se construía a partir del rechazo radical de cualquier discurso legitimizador hizo justicia a las previsiones. Su propio proceso de realización, mientras el actor hacía fluir el agua de la jarra, se justificaba a sí mismo. Incluso el término con el que se hacía denominar el grupo, del que tomaba el título el espectáculo, tenía una función de autorreferencialidad que la obra en sí reivindicaba: «Pregunta: ¿Qué significa Zaj? Respuesta: Zaj. ¿Qué persigue zaj? Zaj. ¿Cuál es la estética zaj? Zaj. ¿Qué finalidad tiene zaj? Como ya se ha dicho antes, zaj».[5]

El colectivo canario constituyó un significativo exponente de la creación performativa en España durante unos años en los que semejantes empresas artísticas de carácter radicalmente vanguardista brillaban por su ausencia. Zaj desarrolló una línea de creación y reflexión teatral y musical a la altura de las últimas corrientes renovadoras en el mundo occidental. A juicio de Bozal, que señalaba los años

---

1 Ramón Barce, «Un nuevo tipo de teatro musical» *ABC* (16.2.1965). Véase también el capítulo que se le dedica en el estudio de Charles (1989).

2 Aunque ya antes de la formación del grupo, Juan Hidalgo y Walter Marchetti ofrecieron diversos conciertos-acciones. La temporada 1959-1960, por ejemplo, participaban y en un ciclo de conciertos denominado Música Abierta, organizado por Club 49 de Barcelona en la Capilla de Santa Àgata. Para una cronología y documentación de los conciertos, festivales y artefactos Zaj en el marco de la vanguardia internacional durante los años sesenta: Sohm (ed., 1970).

3 El famoso concierto de Cage *4'33"* consistía en un partitura para piano de 4 minutos y 33 segundos de duración, durante la cual el pianista, una vez levantada la tapa del instrumento, permanecía inmóvil, limitándose a pasar sus páginas.

4 David Ladra, «*Zaj*», *Primer Acto*, 83 (1967), p. 66. La acción de verter un líquido de uno a otro continente fue uno de los *happenings* comunes a este movimiento.

5 Ladra, «*Zaj*». La ausencia de sentido lógico fue una de las bases estéticas de este movimiento, en el que la polémica sobre qué era el *happening* o qué significa Fluxus fue constante, como explicaba Robert Watts, lo esencial de Fluxus era igualmente que nadie sabía lo que era: «Das Wichtigste an *FLUXUS* ist, dass niemand weiss, was es ist. Es soll wenigstens etwas geben, das die Experten nicht verstehen. Ich sehe FLUXUS, wo ich auch hingehe» (Cit. en Groos, Herborn y Petzold (eds., 1992: 7).

comprendidos entre la fundación del grupo y 1972 como su período de máxima producción renovadora: «sin Zaj no se comprende el panorama del arte en España en los años sesenta y su posterior evolución».[1] Por su parte, Charles citaba este conjunto musical como los inicios del debate de la Posmodernidad, debate que aún continúa abierto. Maderuelo, en su ensayo sobre la música de los años ochenta, recordaba la importancia del colectivo décadas antes y aún en la actualidad:

Zaj en los años sesenta fue la auténtica vanguardia, un grupo que ponía una bomba en cada concierto o acción, en cada libro impreso. Bombas que abrieron brechas en el pensamiento y en la imaginación y que aún hoy, quince años después, siguen siendo la única referencia avanzada de que disponemos.[2]

CONCERT IRREGULAR (1968), DE JOAN BROSSA

La obra de Joan Brossa, caracterizada por una marcada tendencia a la transformación como categoría estética y a la separación, ruptura y mezcla de diferentes modos de expresión —mímicos, musicales, circenses o teatrales—, se encuadra igualmente en el más genuino espíritu de las vanguardias. El puro carácter performativo de su teatro y la autorreferencialidad radical de las acciones desarrolladas en escena provocaron, ya desde su primera representación, *Or i sal*, montado por la Agrupació Dramàtic de Barcelonaen 1961,el pataleo del público y el rechazo de la crítica. Igual que en el espectáculo del grupo canario, el teatro de Brossa demandaba una suspensión de la credibilidad por parte del espectador, de modo que la escena se concibiese como un espacio físico en el que una obra de arte iba a nacer, desarrollarse y morir en un período de tiempo y un marco espacial muy concretos, comparable con el lienzo en blanco donde el pintor se dispone a crear su obra, con el agravante de que, en el caso de la creación performativa, la obra solo tenía lugar en el momento en el que se estaba produciendo, pues luego desaparecía.

Ya en 1960 tuvo lugar *Opera 60,*un concierto-acción en colaboración con el compositor Mestres Quadreny. Las producciones conjuntas de estos creadores, Brossa y Quadreny, que se sucedieron a lo largo de los años sesenta —*Concert per a representar* (1964), *Conversa. Concert acció* (1965), *Tríptic carnavalesc* (1966)— fueron una excelente muestra de una producción sistemática pionera en la introducción del «teatro instrumental» y la teoría performativa en la escena catalana.[3] Los aires de renovación traídos con los años sesenta llegaron, aunque impulsados principalmente por otras formas de creación como la música, la plástica o la poesía visual, hasta el teatro. Resulta significativa la colaboración de un poeta, autor teatral y artista plástico como Brossa con un compositor en la creación de estas primeras obras en las que, en paralelo con el movimiento de vanguardia que estaba conociendo el resto del mundo occidental, se trataba de plantear la creación espacio-temporal a partir de unas bases nuevas. La producción poética, plástica y musical ofrecían las condiciones para la experimentación más radical y la ruptura con formas convencionales de creación que, en los círculos teatrales tradicionales, más dependientes de unos determinados requisitos económicos y sociales, eran difíciles de conseguir:

La renovació en la poesia i la música evidencien les possibilitats d´utilització del concepte «temps» com a suport, del «marc-espai» de la representació com a «espai», d´usar un tema, no necessàriament literari com a argument de l´acció, però especialment, la voluntat de desenvolupar aquests factors de manera directa, en presència del públic. Els ingredients de la *performance* ja estan doncs assajats en la seva versió inicial a Catalunya, de manera paral.lela al trajecte de FLUXUSInternacional.[4]

Concert irregular consistió en una serie de *gags* mudos entre un pianista y un piano al que se encontraba atada una cantante de ópera. Fiel a su concepción lúdica del arte, el poeta catalán ofrecía una parodia de la concepción seria y sesuda tanto de un recital lírico como de una obra de teatro. De nuevo, la creación musical y la creación teatral aparecían unidas a partir de los elementos espacio-temporales sobre los que se edificaban. Los diferentes *gags* se presentaban como variaciones sobre un mismo eje, formado por el pianista y la cantante. La reivindicación para la escena de un acto de creatividad artística plena, de alcanzar la pura poesía escénica, en el sentido etimológico de «poesía» como *poiesis* (creación), le hizo igualmente rechazar argumentos o tramas, así como abrazar esquemas musicales. La obra, concebida como homenaje a Leopold Frègoli, famoso transformista de principios de siglo a quien Brossa siempre tuvo como modelo de creador de ilusiones teatrales, no quiso reducirse a una recreación de la obra de este artista, lo cual hubiese supuesto un límite a la libertad creadora:

No es tracta doncs, de reconstruir cap història ni de dramatitzar res. Amb el buf d´un cert esperit de Frègoli, Arlequí, Pierrot i Colombina —el pianista, el piano i la cantatriu— s´inflen i es desinflen a la font d´un espectacle on la fantasia gratuïta i la imitació servil reculen davant la imaginació creadora. Per què un fet tan corrent en literatura i pintura no es sóna més sovint en el teatre?[5]

---

1 Bozal (1993: 532)

2 Maderuelo (1981: 16).

3 Camps (1988)

4*Ibidem*, p. 218.

5 Gasch (1972: 71). Rememoraba Brossa al genial artista con estas palabras que enlazan su propia obra con los añorados tiempos futuristas de trepidante invención y fantasía desatada: «Amb Frègoli sorgien, portades a l´escena, les primeres intuïcions dels temes del nostre temps: el predomini de l´acció, la rapidesa, la velocitat, tot allò que després havia de personificar el cinema, l´automobilisme, l´aviciació... S´illuminava la bateria. Atacava l´orquestra una marxa animada. I sorgia aquell home petit, àgil, nerviós, que en un instant, en un minut, en un segon, apareixia i desapareixia a la vista de públic, tot i canviant de vestimenta, de rostre, de veu i de figurra, com dotat d´un miraculós d´ubigüitat. [...]

Cuando Brossa definía sus primeras obras de teatro como poesía en movimiento o poesía visual[1] estaba atribuyéndole al movimiento o a la imagen el carácter de signo dominante en la creación escénica, por encima del signo lingüístico. Creación desenfadada, ausencia de causalidad, yuxtaposiciones alógicas de elementos inconexos, imaginación sorpresiva y, sobre todo, fantasía, ambiente de irrealidad y desbordamiento de la alegría fueron algunos de los rasgos formales a través de los cuales Brossa buscó la renovación de un arte anquilosado que había olvidado las ilimitadas posibilidades de creación que ofrecía la escena.

La obra, concebida en colaboración con el compositor Carles Santos, estuvo interpretada por este mismo, acompañado de Anna Ricci, y dirigida por Pere Portabella. El hecho de que no fuesen actores contribuyó a crear una atmósfera de espontaneidad e incluso de irracionalidad que provocó cierta sensación de extrañamiento, según el juicio del crítico de *Destino*: «Pere Portabella evitó hacer teatro y acertó en el tono absolutamente natural».[2] El acercamiento al teatro desde otros campos artísticos ajenos a los lenguajes tradicionales colocaba el fenómeno de la creación teatral bajo una perspectiva novedosa que permitió el desarrollo de otros códigos al contacto con artes como la música o la pantomima. La renuncia a utilizar los sistemas semióticos hegemónicos facilitó la creación de un ambiente enrarecido —«Un cierto "misterio" flotaba sobre la escena»—[3]que no podía pertenecer a ningún otro ámbito artístico más que al teatro.[4] El carácter lúdico de la obra de Brossa y su fuerte atracción por el dinámico e imaginativo mundo del circo era, sin duda, otro escollo con el que chocaba el público, acostumbrado a concebir el teatro como un discurso acerca de una parcela concreta de la realidad que sostenía la obra teatral y no como una creación autónoma e independiente en su naturaleza de artefacto estético. No deja de ser curioso el contraste entre la mala acogida e incluso rechazo que suscitó la obra en Barcelona y su aceptación y admiración en el Cubículo de Nueva York, para cuya representación Anna Ricci fue sustituida por la soprano Jeanne Beauvais, que tuvo que aprender catalán para la ocasión.

En 1973, Feliu Formosa, al frente del grupo El Globus, estrenaba en el Colegio de Arquitectos *RRRPRRR*, una de las setenta y dos piezas breves que forman el bloque de *Striptease i teatre irregular*. Calificada por su autor como una salida de payasos,[5] la obra consistía en payasos que entraban y salían durante cincuenta minutos con los más inesperados objetos (escobas, paraguas, sábanas, despertadores...) para efectuar una serie de acciones. Feliu presentó un fresco surrealista definido por la supuesta espontaneidad, falta de lógica y ausencia de causalidad.El espectáculo reivindicó su condición de fiesta de la imaginación en la que se exhortaba al público al disfrute de cada instante, ajeno totalmente al momento siguiente. Fàbregas advirtió que, desde la perspectiva del teatro más convencional, el montaje podía resultar irritante por banal, acusando la falta de un ritmo vivo que hubiese beneficiado a la obra. Según el crítico, únicamente el público menos intelectualizado pudo disfrutar sinceramente la obra y reír los juegos con complacencia.

ELS JOGLARS: *MARY D´OUS* (1972)

Situado también en la frontera de la creación teatral, aunque lejos ya del *happening* o la creación performativa radicalmente concreta, Els Joglars sorprendió a su público y desorientó a toda la crítica con un espectáculo de un alto grado de formalismo abstracto que compartía algunos elementos fundamentales con las teorías performativas de Duchamp, Cage o Kagel. De nuevo, los límites formales de la expresión teatral eran amenazados ante la introducción de modelos de creación provenientes del mundo de la música. Una vez más, el rechazo casi radical a la función referencial del lenguaje implicaba una autolegitimación de la obra de arte, aunque ya no como objeto real convertido en artefacto artístico por el efecto de la mirada del espectador, sino en tanto que estructura formal autónoma y plena que se presentaba ante el público como «obra abierta», lejos de la imposición de lectura alguna, tarea que pasaba a recaer en el espectador.

Mary d´Ous constituyó un espectáculo de trabajo colectivo e improvisación interpretativa a partir de una «partitura» dirigida por Albert Boadella. Como se explicaba en el programa de mano —«El muntatge va sorgir sobre improvisacions i estudis realitzats pels actors a l´entorn del tema genèric de l´estructura de la música transportada al procés dramàtic (cànon, fuga, contrapunt, variacions de tema, etc.)»—, la obra seguía un esquema musical que consistía en un preludio en el que se exponían los actores, gestos y sonidos que se iban a utilizar durante la representación, y dos temas, el primero basado en las formas de relación social entre los Johns y las Marys, y el segundo en torno a la relación de subordinación y servidumbre entre los Súper y los Semis.[6] Sobre ambos temas, como si de una sinfonía se tratase, se ofrecían diferentes variaciones que terminaban uniéndose en un *crescendo* final. Unos elementos escénicos mínimos en un espacio vacío —un paralepípedo de mecanotubo en forma de cubo que definía una zona exterior y otra interior y tres actores frente a tres actrices— constituían el punto de partida para los juegos musicales sobre el primer tema. Josep Maria Arrizabalaga explicó al grupo algunos procedimientos básicos como los conceptos

---

Rei de l´illusionisme, Frègoli sabia animar en carn i os immòbils i antics daguerreotips. En l´espai d´uns segons era successivament un emperador, un heroi nacional, un home de ciència famós, un músic cèlebre. En l´espai d´uns segons era criat, donzella, marquès, marquesa y amant» (*Ibidem*).

1 Doménech Font, «Tres patriarcas del teatro catalán», *Primer Acto,* 170-171 (jul.-ag. 1974), pp. 4-7.

2 Frederic Roda, «Concert irregular, de Brossa-Santos», *Destino* (19.10.1968).

3*Ibidem*

4 Aunque también se apuntaban los peligros de la recepción de una obra que quería crearse única y exclusivamente en el escenario reclamando toda su capacidad de autonomía creativa: «El peligro de un teatro imaginativo que intente subvertir las formas tradicionales del teatro burgués pero profundamente ambiguo en cuanto a las apetencias de cambio y por supuesto no demasiado asimilable a nuestra realidad cultural más inmediata, es precisamente este: o se queda en el baúl de los casos perdidos o, por el momento, pasa por ser una «boutade» vanguardista» (Font, «Tres patriarcas...», p. 7).

5 Fàbregas (1987: 88-89)

6 La obra se montó con «Ísimos» y «Vices», pero la censura les prohibió el uso de tales denominaciones, por lo que tuvieron que ser sustituidas por «Super» y «Semis». Es curioso que, después de diez años de trabajo del grupo catalán, esta constituyese la primera prohibición que recayó sobre un montaje suyo.

de fuga y contrapunto, y Boadella comenzó la construcción del montaje con sus alumnos del Institut del Teatre a partir de improvisaciones. En junio de 1972, por primera vez en la historia del grupo, el lugar de ensayos se trasladó a su domicilio particular en Pruït (Osona). El espectáculo se concluyó en Barcelona a principios de diciembre.

Iago Pericot satisfizo un antiguo deseo de colocar una estructura paralepípeda en un escenario, y un cubo de cuatro metros de lado quedó instalado en frente de la casa de campo de Boadella. El hecho de trabajar en plena naturaleza les permitió aprovechar la verticalidad del espacio, que hubiese sido imposible en las estrechas salas de ensayo de que disponían en Barcelona. La estructura geométrica fue adquiriendo a través de la interpretación un carácter polivalente—casa, edificio, despacho, paso de procesión, cuadrilátero de boxeo— hasta llegar a convertirse, ayudada por una amplia sábana elástica, en una representación abstracta del poder social. Frente a la profusión de objetos de su último montaje, *Cruel Ubris*, que superaban los doscientos, se optó por la austeridad extrema y la asepsia estética, como se decía en el programa de mano: «La intenció formal d´aquest espectacle pot resumir-se en la provatura d´aconseguir un màxim d´eficàcia escènica, amb un mínim d´elements argumentals i escenogràfics». Para contrarrestar la abstracción y austeridad del dispositivo escenográfico, Boadella rechazó la idea de Pericot de un vestuario moderno, aunque tampoco pudo llevar a cabo su deseo de realizar unos figurines de toreros y manolas. Finalmente, Fabià Puigserver diseñó tres figurines de marinero de Primera Comunión para los actores (Ferran Rañé, Jaume Sorribas y Andreu Solsona o Víctor M. de la Hidalga), y tres de novia para las actrices (Marta Català, Lluïsa Hurtado y Glòria Rognoni). A medida que se sucedían los ensayos, Pericot fue proporcionando objetos que sirviesen de soporte a la interpretación, seis taburetes iguales, una cinta y la tela elástica que, sujetas a las aristas, creaban figuras; afortunado añadido con el que el grupo logró imágenes de extraordinaria belleza plástica y que tan solo se incorporó en los ensayos finales. El resto del atrezzo fue creado a través de la interpretación mimada de los actores. El color blanco, dominante en la escena, y la austeridad escenográfica proporcionó una idea de limpieza, de laboratorio teatral, de precisión, casi de estudio de ballet. A medida que la obra se desarrollaba, los intérpretes se fueron despojando de sus ropas hasta quedar, en una evolución desde el barroquismo de los figurines iniciales hasta la desnudez total, con mallas ceñidas al cuerpo. La evolución estética de los figurines enfatizaba el desarrollo dramatúrgico de la representación, que fue abandonando el tono sarcástico, burlón y festivo por un cariz trágico con toques ceremoniales en el que el Súper, envuelto en la tela, iba engrosando su tamaño a medida que devoraba a sus súbditos. Al mismo tiempo, el carácter de parodia social que tenían los vestidos de novia y los trajes de marinero —crítica a los roles más convencionales que la sociedad burguesa atribuía a uno y otro sexo—, iba tornándose hacia un ámbiente más violento, que terminaba rozando la tragedia.

Boadella marcó los temas sobre los que se desarrollaron las improvisaciones. En el primero, canalizado a través de dos personajes, John y Mary —nombres que remitían a la cultura uniformante representada por Estados Unidos— y unas acciones mínimas, como la «batuda d´ous» que daba nombre a la obra, las llamadas a la puerta y los constantes saludos, los tres actores y las tres actrices se intercambiaban continuamente los papeles en un constante juego de variaciones sobre las diferentes posibilidades que presentaba el tema de los modales sociales y la hipocresía de las formas, especialmente dentro del marco de la perfecta pareja de casados instalada en su hogar feliz. Ya desde el comienzo del espectáculo tanto los gestos como los objetos se caracterizaron por su polivalencia, de modo que, a medida que transcurrían las acciones, se iban enriqueciendo con nuevos significados. La «batuda d´ous» se convertía en el gesto fundamental de la armonía familiar, que daba unidad a toda la primera parte, sublimación, además, del acto sexual. Igualmente, las constantes entradas y salidas, con los correspondientes ritos de recibimientos y despedidas, se cargaban de connotaciones sexuales. A menudo, cada gesto o acción, parodia de las convenciones sociales, encontraba su correspondencia en escenas de tipo violento o sexual que denunciaba la falsedad de estos códigos y ponía de manifiesto el contenido reprimido de muchos de ellos. La continua repetición de las acciones, ya sea en una misma escena o a lo largo de la obra, acentuaba su contenido crítico.Coherente con la depurada propuesta estética, Els Joglars siguió rechazando el código lingüístico como medio de comunicación escénica, limitando los signos verbales a la repetición de las palabras claves, como «Mary», «John», «Súper» o «Semi», con las más diversas entonaciones. Completando las ilustraciones sonoras, se emplearon ciertas onomatopeyas que recordaban el mundo de los cómics, como «cataclín, clin, clin» y la melodía del consultorio sentimental radiofónico de Elena Francis, código vivo en el mundo sentimental de una amplia clase media española, que contribuía a la parodia de ciertos lenguajes muy extendidos socialmente. En el segundo tema, en el que se abandonaba el tono paródico y hasta circense para pasar a la caricatura y llegar, finalmente, a una ambientación grave de tono trágico, los actores fueron encarnando de forma aleatoria el personaje de Súper o Semi, mientras que las actrices desarrollaban actitudes de subordinación y contrapunto, dando lugar a muy diferentes juegos escénicos en los que la utilización de la tela elástica ocupó un lugar central.[1]

En ambas partes, representadas sin interrupción, se aprovechó los diferentes espacios que describía el cubo: fuera-dentro y arriba-abajo. A partir de estos cuatro parámetros, los seis actores, divididos generalmente en tres y tres, fueron desarrollando un juego escénico ágil caracterizado por la medida, el control y la precisión de cada movimiento o gesto. La investigación teatral se centró en la creación de nuevos códigos de actuación que no respondiesen a una imitación directa de las formas sociales, sino a su representación paródica, caricaturesca o simbólica:

---

1 Frente al cariz paródico de la primera parte, Melendres, en su análisis del montaje, señalaba el aspecto deformante de este segundo momento, en el que ya no se representaban de forma genérica y burlesca las convenciones sociales, sino que se ofrecía una imagen caricaturizada de un elemento tomado directamente de la realidad, el General Franco, tras el personaje del Super, y Carrero Blanco como su segundo, el Semi: «En efecte, amb l´aparició a escena del Poder l´espectacle entra de forma clara en el terreny de la caricatura, de la imitació burlesca i estilitzada de personatges reals: Super i Semi, el totpoderós i el seu favorit» (Melendres, 1993: 291-300).

El primer tret del gest, a *MOD* [*Mary d´Ous*], és el seu refús de tot naturalisme: no intenta mai copiar o reproduir el gest real d´una persona o d´un conjunt de persones. És un signe construït a partir de l´experiència, però que no reflecteix directament aquesta experiència, no la reprodueix a la manera d´un actor que imita, per exemple, el gest d´un agricultor o d´un jutge. [...] L´actor de Joglars, en canvi, inventa un gest que cap jutge no faria mai, però que tots els espectadors atribueixen als jutges.[1]

Para acentuar la distancia con respecto a una expresión mimética de la realidad, se recurrió a la desincronización de los movimientos, su repetición obsesiva o el intercambio de papeles y posiciones entre los actores, que resaltaba el artificio y el alarde de creación teatral a los ojos del espectador. La triplicación de los personajes fue otro rasgo más que separaba la obra de las estéticas realistas.[2]

La precisión en el ritmo de las acciones buscaba el efecto de movimientos y gestos perfectamente fijados, como si los actores no supiesen llevar a cabo otros que aquellos que habían sido establecidos para la representación. El carácter formalizado de la interpretación prestaba a la obra un cierto tono ritualizante, acentuado en la segunda parte con la adoración al Súper. Todo adquiría cierto aire de aquello que posee una estructura fijada por siglos de repetición.[3] Al mismo tiempo, la rígida estructura formal se convertía en la única justificación de un discurso que, progresivamente, había ido perdiendo su legitimización originaria para quedar anquilosado, en el caso de *Mary d´Ous*, en una expresión ritualizada de los modos y formas en las relaciones sociales y en el ejercicio del poder que no pedía otra justificación que su propia realización. La formalización de la expresión y el discurso narrativo se situaban en relación inversa, de modo que a medida que se formalizaba la representación se perdía la legitimización discursiva.

El montaje de Els Joglars, aunque con ciertas referencias a un discurso narrativo todavía presente, volvía a reivindicar la radical autonomía formal de la obra de arte y dejaba libertad creadora al espectador para que este construyese el objeto estético a partir del artefacto artístico que se le presentaba en escena. La obsesiva repetición con variantes diversas de las formas en las relaciones sociales denunciaba el carácter anquilosado, ritual y hasta vacío de un ejercicio que, parafraseando a Charles, solo se justificaba en el mismo acto performativo que lo originaba. El mismo Boadella, retractándose de su obra, llegó a calificarla como un reto en el cual el grupo se propuso «ver si se podía aguantar alguna cosa encima de nada».[4] No obstante, siguiendo con las teorías desarrolladas a partir del *happening* sobre el poder de «presentación», más que de «re-presentación», del actor y el objeto en escena, Els Joglars llegó a crear una realidad exclusivamente teatral, con plena autonomía sobre la referencialidad mimética que subordinaba la obra artística al objeto real representado. De este modo, la extraña abstracción del cuadrilátero de mecanotubo iba reivindicando a lo largo de la representación su presencia material que, potenciando al mismo tiempo su capacidad de significación simbólica, era su realidad teatral, su única justificación auténtica e indiscutible sobre la escena:

El abstractizado espacio se va convirtiendo en algo material, extrañamente presente. Y el espectador, si es agudo, aceptará ese espacio como imprescindible, como insustituible. El único espacio «posible». He aquí el valor realista o «nuevo realista» del teatro que cada vez se nos va haciendo más necesario. Todo lo que en este real espacio se haga será realidad. Una realidad sorprendente. Una realidad eminentemente teatral.[5]

La progresiva evolución que experimentaba el espectáculo en sus diferentes lenguajes teatrales, desde el tono de parodia inicial, pasando por la caricatura del poder, para concluir con una representación simbólica de su ejercicio e influencia en la realidad, le imprimía un carácter híbrido y hetereogéneo que desorientó tanto al público más asiduo como a los críticos.[6] Sin llegar a desarrollar un argumento, como ocurrirá en su próxima producción, *Àlias Serrallonga*, el colectivo catalán abandonaba su antigua estructura fragmentaria en escenas cortas que tan solo compartían un tono común, para construir una obra que buscaba la comunicación de un mensaje a través del desarrollo de una estructura que, sin proponer un argumento, sí llegaba a establecer un discurso en torno al poder y las reacciones del individuo ante este. Ahora bien, este discurso narrativo legitimador estaba contado esencialmente a través de una realización performativa.

La línea dramatúrgica que había venido desarrollando Boadella desde sus primeros espectáculos de mimodrama, en la que se valoraba esencialmente los elementos escénicos sensitivos, capaces de transmitir una emoción al espectador, frente a la comunicación más intelectualizada, apuntaba a una concepción fenomenológica de la creación teatral en la que el ritmo, el movimiento, el gesto o un determinado sonido adquirían un carácter de signo dominante frente a la comunicación verbal, de naturaleza más racional, que no aparecerá plenamente hasta su siguiente espectáculo. Esta concepción esencialmente rítmica de la creación escénica acercaba el teatro de Els Joglars, y de forma

---

1 *Ibidem*, p. 46.

2 En este sentido, comparó Fàbregas (1987: 202) los juegos de variaciones sobre dos temas con la descomposición de un rayo de luz a través de un prisma o la proyección de un fragmento de película en el que las imágenes se pasaban en diversos sentidos.

3 En este sentido, resulta interesante destacar que Lyotard (1979) fundamentaba la práctica del discurso performativo en unos rasgos formales fuertemente marcados por la tradición, entre los que destacaba el ritmo. Las formas conservadas a través de los siglos mediante unos ritmos, movimientos y gestos perfectamente cifrados eran las que garantizaba la pervivencia del discurso performativo.

4 Cit. en Pérez de Olaguer (1987: 28).

5 Francisco Nieva, «¿Quién es Mary d´Ous?», *Primer Acto*, 156 (mayo 1973), p. 5.

6 Esta heterogeneidad formal fue criticada por Melendres (1983), quien apuntó la incompatibilidad de unos lenguajes tan diversos, justificados únicamente por el carácter de transición de esta obra en la evolución del grupo: «*MOD* [*Mary d´Ous*] formula en llenguatge simbòlic allò que no ha expressat ni en llenguatge paròdic ni en llenguatge caricatural: el conflicte entre l´esfera domèstico-sentimental i l´esfera del poder polític és tradueix a *MOD* en un conflicte entre llenguatges i la solució d´aquest conflicte en un llenguatge que no és la resolució dialèctica dels dos anteriors» (*ibidem*, p. 42).

especial *Mary d'Ous*, a las características formales del teatro ritual. liderado por Jerzy Grotowski[1] o Eugenio Barba: «El teatro, todo arte, pienso, es ritmo. Hay poca cosa más que ritmo. El teatro es una situación colocada en el tiempo. Todos los rituales primitivos de nuestros antepasados son ritmo. La catarsis se produce a través del ritmo».[2] De este modo, el mismo director del grupo describía su último espectáculo en términos radicalmente formales, de fuerte carácter sensorial, que le daban a la obra una autonomía y eficacia superior a aquellas que desarrollaban un discurso ideológico a través de su temática:

> es la construcción y destrucción de un tema, descomposición de la acción y cruzamientos. Siempre he creído en un teatro más sensorial y menos mental, teatro visual y rítmico, plástico, de climas. Tengo una forma musical de entender la escena. Para mí el teatro es ritmo y el ritmo puede con cualquier preconcebido ideológico. Se puede conseguir que el público aplauda cosas que van en contra de sus ideas al dejarse llevar por el ritmo.[3]

Por su parte, Nieva[4] relacionaba la depurada esencialidad con la que se presentaba el montaje con las formas más primitivas de teatro, tanto metafísica como antropológicamente; es decir, tanto el juego de los niños, que se basaba en unos elementos mínimos esenciales, como la expresión ritual de muchos pueblos, apuntaban a un «teatro pobre», en la terminología grotowskiana, que se volvía en busca del origen de la teatralidad.[5]

Frente a los ataques que esta aproximación formalista suscitó en los sectores de influencia marxista más ortodoxos, Monleón salía en defensa de una concepción del espectáculo abierta a una pluralidad de lecturas y su naturaleza no imitativa, en respuesta a aquellos que, desde posiciones estéticas más historicistas, reclamaron una mayor concreción y criticaron su excesivo grado de abstracción.[6] La necesidad de aplicar a la obra una lectura convertía también al espectador en creador, al igual que al «compositor», Boadella, y a los músicos/intérpretes/actores. Ya en el programa de mano, el mismo director advertía de la condición sensorial de su comunicación escénica, así como de su apertura para una recepción libre y activa por parte del público: «Hem volgut aconseguir un llenguatge més a prop dels sentits que de l´especulació purament intel.lectual, sense prejutgar, però, la possibilitat que cada espectador pugui formar les pròpies conclusions a partir de les imatges i dels sons que li són lliurats des de l´escena».[7]

Mary d'Ous se estrenó el 2 de diciembre de 1972 en el Teatro de la Associació Cultural de Granollers y llegaba a Madrid, al Teatro Beatriz, el 25 de abril de 1973. Ya la estructura escénica estuvo pensada para facilitar el transporte del montaje, que abrió las puertas de los circuitos internacionales al grupo. Se alcanzaron las 200 representaciones,[8] a lo largo de las cuales conoció un notable éxito de público y crítica, que, en términos generales, supo apreciar su calidad técnica, así como la novedad de su propuesta escénica. Los elogios a la interpretación, dirección, originalidad e imaginación fueron casi unánimes.[9] Dentro de esta aceptación mayoritaria de su perfección formal, el capítulo sobre la difícil exégesis del montaje fue el punto más controvertido en su recepción. En este sentido, la crítica de Madrid destacó algunos aspectos negativos.[10] Dentro del panorama crítico a que dio lugar, cabe destacar el análisis de Nieva;[11] quien, a la luz de las últimas corrientes renovadoras de carácter formalista desarrolladas por Europa, elogió la capacidad de creación plástica a través de nuevos medios formales, destacando la utilización de la tela elástica, «de una belleza plástica que resume aspiraciones escultóricas más allá de la materia, en un dinamismo cinético que seduce por su simplicidad tanto como por su precisión». Se refirió al montaje como una obra que apuntaba a una nueva manera de entender el teatro —«algo diferente, sorpresivo»— y al encanto que para el público español tenía «la virginidad» del lenguaje

---

1 La mezcla del tono grotesco, sarcástico y cruel con el más solemne carácter trágico, expresado a través de violentos cambios de ritmo, en ocasiones basados en melodías o tradiciones de cariz popular, incluso con tonos circenses en algunos momentos, son algunos de los rasgos que caracterizaron los espectáculos de Grotowski de los años sesenta y que pasaron desapercibidos, especialmente en lo que a elementos grotescos y populares se refiere, a los exponentes más ortodoxos de este tipo de teatro en España; sin embargo, todas estas claves configuraron el montaje de *Mary d'Ous*; sin que por ello se pueda hablar de una influencia directa del director polaco, sino que más bien respondería a corrientes latentes que dieron lugar a tendencias paralelas de renovación formal del teatro.

2 Boadella, cit. en Posa (1987: 9).

3 Boadella, cit. en Racionero (1987: 37). El mismo director continuaba calificando la segunda parte del espectáculo como más «floja», ya que en ella el discurso ideológico se hacía más patente.

4 Nieva, «¿Quién es Mary d´Ous?».

5 «Así comienzan muchos niños a jugar a las casas, trazando un cuadrilátero que será el escenario de su aventura. Así es como se comienza a jugar al teatro. Así el brujo y la cábala trazan el círculo de la cita y la invocación. Primer gran acierto de instinto» (*Ibidem*).

6 «Se diría que algunos echan de menos justamente aquello a lo que *Els Joglars* han renunciado: un alfabeto gestual, que hiciera de la pantomima el equivalente de un lenguaje verbal. Algo así como si cada palabra, o cada frase, hubiera de sustituirse automáticamente por un movimiento para que el espectador los fuese "traduciendo" a una obra escrita» (José Monleón, «*Mary d´ous*», *Triunfo* (5.5.1973)).

7 Desde este punto de vista, Fàbregas (1987: 202) priorizaba la propia realización/interpretación de la sinfonia teatral por encima de su composición: «Podríem dir, per simplificar les coses, que a *Mary d'Ous* és més important, molt més important, l´execució de la sinfonia que no pas la sinfonia mateixa».

8 Bartomeus (1987)

9 Pérez de Olaguer («*Mary d´ous*. Els Joglars», *Yorick*,57-58 (en.-mar. 1973), pp. 105-106), calificándolo como lo mejor del teatro catalán contemporáneo, juzgó el rigor profesional, la concreción formal y la crítica que planteaba el espectáculo de «poco menos que cronométrica», y lo presentó como el punto culminante en el ya largo camino de investigación de los lenguajes escénicos que había realizado este grupo. Font («*Mary d´ous*, de Els Joglars», *Primer Acto*, 154 (mar. 1973), pp. 71-73) lo calificó como el «más inteligente espectáculo teatral de los últimos años»

10 Álvaro (1974: 17-20). Prego (*ABC*), por ejemplo, lo descalificó por su abstracción, ambigüedad y falta de claridad. No obstante, la mayor parte del público joven no dejó de buscar las claves y guiños oportunos en cada uno de los gestos, movimientos y acciones de los actores, claves que, en muchos casos, ni siquiera fueron premeditadas: «Repentinas carcajadas intrigan a los no iniciados, cuando menos se esperan. Los espectadores se convierten así en colaboradores; la autoría se extiende, se multiplica. Una corriente de complicidad fluctúa entre el escenario y el patio de butacas. Acaso, como tantas veces, el público va más allá que el actor» (Molla, 1993: 47).

11 Nieva, «¿Quién es Mary d´Ous?».

creado por Els Joglars, y, sobre todo, destacó la aportación de Boadella en su intento por luchar por una concepción del teatro como creación artística plena y libre, y no sometida a intereses castradores ideológicos o sociales.

Algunos voces críticas, entre ellas la de Fàbregas, destacaron por su rechazo al formalismo de la obra.[1] No deja de sorprender, sin embargo, que una de las posturas más firmes contra la concepción esteticista de *Mary d´Ous* fuese la mantenida por el propio director del montaje. Boadella se retractó de la evolución dramatúrgica que para Els Joglars había supuesto *Mary d´Ous* con respecto al lenguaje teatral que habían desarrollado hasta entonces. Según numerosas declaraciones suyas, la obra había supuesto una concesión a la crítica, a los movimientos de vanguardia, al estudio teatral de laboratorio y la renuncia a una línea de teatro popular que, a partir de su siguiente producción, *Àlias Serrallonga*, el colectivo no volverá a abandonar. A pesar de todo, las concesiones hechas a la asepsia vanguardista y la abstracción, a cambio de un desvío de la tradición juglaresca mediterránea característica del grupo, no fueron en balde, ya que el espectáculo surtió sus efectos abriendo las puertas de los más prestigiosos circuitos de Europa a la formación catalana, que entró a formar parte del catálogo de la agencia internacional Oria, aunque no dejase de conocer uno de sus fracasos más estrepitosos en Berlín. A pesar de todo, Boadella corrigió el rumbo del grupo, renunciando al formalismo y al elitismo estético, para evolucionar hacia un arte concreto, bufonesco, cáustico y satírico, de tradición mediterránea, nacido con el frescor de la inmediatez y de la necesidad creadora a partir de la coyuntura social más cercana:

> *Mary d´Ous* representa la culminación de aquello que los intelectuales esperaban que yo hiciera. Después, nunca más me han perdonado que no siguiera por esta vía tan del gusto de los críticos y de los espectadores sofisticados. Pero lo que no saben estos es que es un camino muerto que lleva a un callejón sin salida, como la pintura abstracta. [...] ¿Empezaremos a entender la paradoja de Eugenio d´Ors: «todo lo que no es tradición, es plagio»?[2]

El director catalán se alejó de la abstracción formalista, de la creación artística que reflexionaba sobre su propia naturaleza artística, de la investigación sobre los límites de los diferentes medios de expresión, de la utópica superación de las fronteras formales entre música y teatro;[3] uno de los colectivos más prometedores del momento renunciaba, pues, a colocarse en la vanguardia de la creación teatral occidental, para seguir produciendo un teatro novedoso, creativo, orgulloso de sus trazas de viejo teatro de juglares, de alta calidad estética, pero atento siempre a los movimientos de la sociedad para reaccionar con rapidez ante ellos, respondiendo, desde la escena, de la forma más eficaz posible.

---

1 En este sentido, la crítica de *Cuadernos para el Diálogo*, fue una de las más radicales ya que, sin negar el dominio técnico de los actores, acusó un exceso de retoricismo hueco: «Seis actores, seis apasionantes dominios del propio cuerpo, vendrá a ser, en definitiva, los sostenedores esencialísimos de este espectáculo simple, hasta el punto de no justificar ni la excesiva retórica ni el interesante ritmo circense que es posible ver en la [...] segunda parte» (Antonio Thomas, «*Mary d´Ous*», *Cuadernos para el Diálogo*, 117 (jun. 1973), pp. 54-55).

2 Boadella, cit en Racionero (1987: 38). «El procedimiento de *Mary d´Ous* es una experiencia frustrada. [...] Y a partir de aquí doy una vuelta de ciento ochenta grados y me voy a *Alias Serrallonga*, porque hay una cosa que me aterroriza, y es que *Mary d´Ous* se convierte en un pasto muy importante para el esnobismo y la moda de aquel momento» (Boadella, cit. en Posa, 1987: 9).

3 No solo se trataba pues de evitar el snobismo o las corrientes de moda, sino de reconciliarse con lo que Boadella, como creador teatral, consideraba lo propio de este arte, renunciando a estéticas aspiraciones que acercasen el arte de Talía a otros campos como la música, la escultura o la pintura: «Esto me preocupa, es una cosa instintiva y veo que me he equivocado. Y también veo que es una experiencia frustrada porque lo que quiero conseguir es llegar a una comunicación estrictamente musical, y no es posible; porque yo utilizo otro arte diferente, que es el teatro. Después de *Mary d´Ous* o cambio a todos los actores y tomo bailarines y me meto en el mundo de los cánones y las fugas [...] o sigo con el actor, que es un individuo que no se eleva, que toca con los pies en el suelo» (*ibidem*).

REFERENCIAS BIBLIOGRÁFICAS:

ÁLVARO, Francisco, *El espectador y la crítica*, Valladolid, Graf. Ceres, 1960-1970.

— , *El espectador y la crítica*, Madrid, Prensa Española, 1971-1976.

BARTOMEUS, Antoni, «La obra», en *Mester de Juglaria. Els Joglars/25 años*, Barcelona, Generalitat de Catalunya/Ediciones Península, 1987, pp. 49-167.

BOZAL, Valeriano, *Summa Artis. Historia General del Arte (vol. XXXVII). Pintura y escultura españolas del siglo XX (1939-1990)*, Madrid, Espasa-Calpe, 1993.

CAMPS, Teresa, «Notes i dades per a un estudi inicial de l´activitat performance a Catalunya», *Estudis Escènics*, 29 (mar. 1988), pp. 215-233.

CHARLES, Daniel, *Zeitspielräume. Performance, Musik, Ästhetik*, Berlin, Merve Verlag, 1989.

ECO, Umberto, *Obra abierta*, Barcelona, Ariel, 1984.

FÀBREGAS, Xavier, *Teatre en viu: (1969-1972)*, Barcelona, Institut del Teatre, 1987.

FERRER, Esperanza y Mercè SAUMELL, «La dilación de los confines teatrales», *Cuadernos El Público*, 34 (1986), pp. 52-57.

FERRER, Esther, «Fluxus & Zaj», *Estudis Escènics*, 29 (mar. 1988), pp. 21-34.

FISCHER-LICHTE, Erika, «Grenzgänge und Tauschhandel. Auf dem Wege zu einer performativen Kultur», en en Fischer-Lichte, Kreuder y Plug (1998a: 1-20).

— , *Estética de lo performativo*, Madrid, Verbum, 2010.

GASCH, Sebastian, «Frègoli, Brossa i el "music-hall"», *Estudios Escénicos*, 16 (dic. 1972), pp. 70-76.

GOLDBERG, Roselee, *Performance Art: From Futurism to the Present*, London, Thames and Hudson, 1988.

GROSS, Ingrid, Gabriele HERBORN y Andreas PETZOLD, *Fluxus da capo: 1962 Wiesbaden 1992*, Wiesbaden, Kulturamt der Landeshauptstadt Wiesbaden, 1992.

JENKINS, Janet (ed.), *In the Spirit of Fluxus*, Minneapolis, WalkerArtCenter, 1993.

LYOTARD, Jean-François, *La condition postmoderne*, Paris, Les Éditions de Minuit, 1979.

MADERUELO, Javier, *Una música para los 80*, Madrid, Editorial Garsi, 1981.

MELENDRES, Jaume, «*Mary d´Ous*, un punt d´inflexió», *Estudis Escènics*, 22 (març 1983), pp. 39-58.

—, «Espejos Puigserver», en Graells y Hormigón (1993: 291-300).

MOLLA, Juan, *Teatro español e iberoamericano en Madrid 1962-1991*, Boulder/ Colorado, Society of Spanish and Spanish-American Studies, 1993.

PÉREZ DE OLAGUER, Gonzalo, «Crónica de una historia polémica», *Cuadernos El Público*, 29 (dic. 1987), pp. 25-35.

PERICOT, Iago, «Espacio-continente, espacio-contenido», *Cuadernos El Público*, 29 (dic. 1987), pp. 60-65.

POSA, Elena, «El instinto del bufón», *Cuadernos El Público*, 29 (dic. 1987), pp. 4-13.

RACIONERO, Luis, «El discurso», *Mester de Juglaria. Els Joglars/25 años*, Barcelona, Generalitat de Catalunya/Ediciones Península, 1987, pp. 15-48.

RUHÉ, Harry, *Fluxus, the most radical and experimental art movement of the sixties*, Amsterdam, "A", 1979.

SMITH, Owen F., «Fluxus: A Brief History», en Jenkins (1993: 22-37).

SOHM, Hanns (ed.), *Happening&Fluxus*, exh. cat., Cologne, Kölnischer Kunst-verein, 1970.

SOBRE *EL EXILIO Y EL REINO*, DE FERNANDO RENJIFO

Óscar Cornago Bernal
Centro de Humanidades y Ciencias Sociales
Consejo Superior de Investigaciones Científicas
CSIC-Madrid

Résumé de l'article:
En este ensayo se dialoga con la trilogía del poeta, dramaturgo y creador escénico, Fernando Renjifo, *El exilio y el reino*, analizando desde la perspectiva de sus distintas formas de ocurrencia cada uno de estos tres trabajos escénicos, al tiempo que se discute el concepto de historia que late en estas obras, la propia historia que ellas forman dentro de la trayectoria del autor y el modo de estar que el artista deja ver a través de su trabajo.

RIEN
de la mémorable crise
    ou se fût
       l´événement   accompli en vue de tout résultat nul

                         humain

N´AURA EU LIEU
une élévation ordinaire vers l´abscence

              QUE LE LIEU
                Stéphane Mallarmé, *Un coup de dés jamais n'abolira le hasard*

Es como si el tono de *El exilio y el reino* naciera de los versos de Antonio Gamoneda que se proyectan en *El lugar y la palabra*, el primero de los trabajos de la Serie:

Este es el único día digno de ser vivido ya que todos los otros días fueron días de negación.
Los sacerdotes hicieron negación y los comerciantes y los hombres de honor hicieron negación;
Y hubo negación en los niños y en los que resistían la tortura por causas justas y en los que estaban poseídos por la amistad;
Y los muslos que yo conocí con mi lengua se cerraron y los pezones que estuvieron en mis labios se endurecieron como sílice.[1]

Son del libro *Descripción de la mentira*, versos que se irán completando con los de Adonis, Mahmud Darwix e Ibn Hazm de Córdoba. Nos dan un cierto tono litúrgico, como de ceremonia escénica, que tienen estos trabajos. Estos versos hablan de un pasado mítico y, como toda palabra teológica, también de un presente, sobre todo de un presente que se hace al mismo tiempo que tiene lugar el ritual. Una ceremonia define una manera, no sólo de mirar, sino antes incluso, de estar (presente) frente a eso que va ocurrir, y estas obras se construyen sobre una dramaturgia escénica que gira en torno a un modo de estar, de situarse frente a la escena, que es también el pasado o su representación, esa representación (de la historia) que no va a tener lugar, porque estas pequeñas ceremonias, alrededor de una hora de duración cada una, son en primer lugar una ceremonia de la renuncia y del desvío, un acto público que se define por lo que no quiere ser, por su voluntad de no ser imagen, ni historia, por no ser obra ni interpretación, por no ser un acierto y tener conciencia de ello.

Supongamos, sin embargo, que el tema de estas tres obras, como de cualquier ritual, fuera efectivamente la historia, es decir, el pasado, la destrucción, como dice Gamoneda, "Cuanto ha sucedido no es más que destrucción", o esas ruinas que aparecen en los versos de Ibn Hazm, "Paraos ambos y preguntad a las ruinas dónde están sus antiguos moradores" y que vuelven a aparecer en tantos otros momentos de esas conversaciones en Beirut; supongamos, para no equivocarnos demasiado, que fuera al menos la historia de su autor, a quien no le gustara contar historias, o no supiera contarlas o no quisiera contarlas, porque hubiera perdido la fe en ellas o en el tipo de verdad que estas puedan contener, pero que a pesar de ello quisiera hablar del tiempo (que transcurre, como las historias, y como estas se van cargando de pasado, de ruinas) y del espacio en el que pasa (en el que sucede) este tiempo, ¿esa historia?

Y de ahí la idea recurrente de paisaje, de paisaje escénico entendido como un tiempo escrito en el espacio que tarda una mirada en recorrerlo, un tiempo-espacio en relación a una presencia que forma parte de él, sin dejar de estar fuera, por eso la indiferencia del paisaje ante quien lo mira, porque no hay nada fuera de él, porque lo contiene todo, pero por eso también la responsabilidad de quien forma parte de lo que está mirando. La culpabilidad pertenece al orden de la historia, se refiere a lo que sucedió en el pasado. Esta tensión entre un presente, convertido en hecho escénico, en ceremonia de renuncia, y la sombra de la representación (de la historia), el peso del pasado, da vida a estos paisajes en los que lo que pasa es sobre todo un tiempo, el tiempo que tarda una mirada en darse cuenta que más allá de la culpa está el paisaje del otro que es uno mismo.

---

1 Las citas están extraídas de la edición de Antonio Fernández Lera de *El lugar y la palabra. Conversación interferida. Beirut, Paisajes invisibles* y *Tiempos como espacios*, en la colección Pliegos de Teatro y Danza, núms. 31, 32, 33 (Madrid, Aflera Producciones, 2010).

Hay un paisaje indiferente.
Un paisaje nublado de polvo que parece haber suspendido en sí al tiempo.
Un presente indiferenciado de pasado y de futuro.
No hay culpa en el estado de las cosas.
Lo real es un desafío.
Pensemos que no hay culpa en el estado de las cosas.
(*De* Tiempos como espacios.)

La pregunta sería entonces cómo hablar del tiempo y el espacio, sin hacer una historia que los envuelva, que los congele en función de una mirada que deja de estar viva para quedar construida, detenida, como el paisaje convertido ya en imagen, en fotografía, en portada de periódico o video colgado en internet, entregado a la interpretación y a la mofa, a la demagogia, la especulación, el escándalo o el espectáculo. O dicho de otro modo, cómo seguir pensando la historia sin la historia, el ritual sin el mito, la ceremonia sin pasado. O dicho de otro modo, cómo seguir pensando mi historia, sin mi historia, pensándome yo sin mí, sin un pasado que determine el sentido del presente, de lo que estoy mirando, de lo que estoy haciendo ahora.

¿Cómo se mira desde fuera lo que no tiene contornos ni lugar preciso?
¿No es aquella una región profunda?
Hay historias que no tienen la lógica del pasado ni la lógica de la salvación.
¿Seremos capaces de soportar esto?
Estamos aquí.
(*De* Tiempos como espacios.)

Después de utilizar la escena para contar la historia de los otros, vino el presente en primera persona, la escena como espacio para mi historia, la representación de la no representación, que fue el punto de partida de *Homo politicus*, y después de eso, ¿cómo seguir hablando desde la escena de después de la representación, de después de la historia?, o expresado de otro modo, qué queda antes y después de la historia, antes y después de lo que ya somos.

Dónde estoy es curiosamente la pregunta que uno se hace cuando el bosque se abre.
¿Qué hay después y antes de la destrucción y la mirada?
La mirada es desigual (ocultación y poder).
El laberinto de lo cerrado se abre en su propia oscuridad.
No hay simulacro.
Hay error, sí, que ni siquiera el metarrelato de la mirada desmonta.
(*De* Tiempos como espacios.)

Esta es la pregunta que resuena callada en estas obras, donde ya desde el título, se sitúa la cuestión del tiempo y el espacio, de los lugares y la palabra, en el caso de la primera, *Conversación interferida. Beirut*, o de los espacios por los que pasa algo o alguien, un cuerpo o una mirada, y se transforman así en paisajes, en la segunda, una obra que fue cambiando bajo el título de *Paisajes invisibles*, y que luego quedó como *Impromptus*, en la versión mostrada en Montemor, escrita ya con un único cuerpo, el de Renato (Linhares), y el trazo, reducido a sonido, del pincel de Marta Azparren sobre el papel, o de los tiempos convertidos en espacio en la última de la Serie, *Tiempos como espacios*, donde pareciera que terminan resonando los versos de Mallarmé que encabezan estas líneas, *nada… tendrá lugar… sino el espacio.*

A pesar de estas y otras similitudes, estas historias sin quererlo tienen orígenes (o historias) distintos y responden a procesos también diversos, tanto que sería difícil pensar en una única historia, como mínimo habría que pensar en tres historias multiplicadas por tres espacios y retomadas *n* veces. ¿Cómo hacer una única historia con todo ello? La primera historia, que no es la primera, sino la segunda de la Serie, es la historia de lo que viene de atrás, es decir, la historia de casi todo lo que viene de atrás, que en aquel momento era el proyecto anterior, presentado igualmente como serie, *Homo politicus*, y que se extendió desde 2003 hasta 2007. Esta serie, formada por tres obras, vinculadas como en el caso de *El exilio y el reino* a espacios y personas distintas en cada ocasión, dejaba ver una evolución o una trayectoria —una historia, podríamos decir— que habría terminado conduciendo a esos *Paisajes invisibles* y de ahí a los *Impromptus*.

Como en el caso de *Homo politicus*, estas piezas estaban hechas con espacios vacíos ocupados en cada una de ellas de modo distinto por los cuerpos de los intérpretes. La relación entre el espacio y el cuerpo fue cambiando; la palabra y con ella la historia se fue adelgazando, y el cuerpo se hizo más visible, más presente, a través de un movimiento mínimo, esencial, que a su vez fue reformulando ese vacío central, que era el espacio escénico y desde el que crecía la obra. Este fue un recorrido largo, que empezó en Madrid, siguió en México y acabó en Rio de Janeiro, donde comenzaron los ensayos de la que habría de ser la segunda parte de *El exilio y el reino*, aunque en ese momento eso no se sabía, porque las historias se construyen siempre después, después de que pasaron, y en ese momento allí en Rio todavía estaba pasando. Comparándolo con esta que nos ocupa, la historia de *Homo politicus* vista desde hoy parece trazar un camino más claro, más lineal, tanto geográficamente como en términos de búsqueda estética.

La trayectoria que sigue con *El exilio y el reino* se traza de forma más azarosa, en contantes idas y venidas, entre Rio, Beirut, Niamey, Madrid, Montemor o Bilbao, caminos que se interrumpen para volver a retomarse y que no saben a donde conducen hasta que se recorren del todo. Este nuevo recorrido se concentra más en el tiempo, pero se extiende en la duda, en el no saber con certeza, en el errar y en el error. Ya no avanza trazando una línea bajo el signo de la búsqueda, la búsqueda de un lenguaje, de un lugar, de una identidad personal y artística, sino que permanece bajo la niebla de la renuncia. Se hace fuerte en su lugar escénico y en su tiempo detenido para expresar una voluntad de no participación, sin dejar por ello de participar, la necesidad de un tiempo suspendido para poder pensar, un gesto de apartamiento, de distancia, sin dejar de mirar al centro, al centro vacío del espacio que vuelve a ser punto de partida de esta Serie, como ya lo fuera de *Homo politicus*, pero de distinto modo. Ahora, paradójicamente, se parte de una certeza que es un error y que no plantea pregunta, ni pide respuesta, es la afirmación de un lugar en tiempo presente, de un no saber expresado con claridad, y sólo eso, casi nada.

Al grito de *no me fío, no me fío*, abría Angélica Liddell *Perro muerto en tintorería: los fuertes*, en el 2007, levantando una suerte de bandera programática, una postura frente al medio cultural; *El exilio y el reino*, unos años más tarde, parece susurrar un *no sé, no sé*, la expresión de una duda como afirmación igualmente programática de una postura poética y social. Un no saber que llega después de la desconfianza ante la historia, la historia del teatro, la historia de los teatros, que todavía se sentía en los comienzos de *Homo politicus*; un no saber que llega como la espera que viene después de la historia, o como el tiempo de reflexión que se abre después de la batalla rendida, que no es rendición, sino resistencia y crítica desde lo mínimo.

Este es el tiempo introspectivo a la vez que escénico, cerrado en sí mismo a la vez que abierto al público y a lo público, sobre el que se construye *El exilio y el reino*, cuando se vuelve la vista atrás desde esa última confesión ya mucho más explícita que es la tercera parte de la serie, *Tiempos como espacios*. Aquí todo se hace más explícito, sin renunciar a lo callado, al silencio de lo no dicho que viene a ocupar ahora ese centro vacío frente al cual se coloca al público.

En el centro casi nada, porque no sabemos qué poner en él, qué hacer con él, con qué representación llenarlo o qué historia contar sin renunciar a lo más importante, que es también lo más frágil, lo más difícil de percibir y lo más fácil de perder. Y nos situamos en los márgenes, para mirar y pensar. Los márgenes desde donde llega el sonido sin imagen de esas conversaciones de Beirut, fragmentos entrecortados de charlas de media noche, reflexiones de café, risas, juegos de palabras y la conversación entre un niño y el tendero. Al otro lado de la escena, las lecturas cara a cara entre Ziad Chakaroun y Alberto Núñez, que luego será cuerpo a cuerpo, ahora sí, en medio del escenario, sólo por un momento, detenido, para volver a abandonarlo. Historias robadas a la historia, como quería también Walter Benjamin, para preguntarse por el otro sentido, momentos de revelación que arrojan una luz sobre el pasado desde un instante que es juego, azar y deseo, muerte… porque todo aquí habla de muerte y destrucción, sin por ello rendir las armas a la historia (de las representaciones) de ciudades arrasadas y cuerpos marcados.

En el último de estos *Paisajes invisibles*, presentado en el Festival Sismo en Madrid, el gesto de renuncia se termina de concretar en un largo texto leído por Fernando. De algún modo, esta lectura marca el fin del trabajo físico, que estaba siendo realizado por Alberto Núñez y Ziad Chakaroun, y que apenas estaba comenzando, y la entrega de la obra para que la continúen dos intérpretes invitados, Gustavo Ciriaco y Estela Llovés, la razón de la entrega tiene que ver con la imposibilidad del deseo o la renuncia a la historia, a lo que tendría que haber sido, una derrota más: "La obra que ustedes están viendo no es la que a mí en principio me hubiera gustado que vieran [...] Por eso he decidido no presentarles lo que tenía pensado presentarles. Ante la imposibilidad, echo por tierra el péndulo, el arco, la flecha y el paisaje –la obra— que quería presentarles."

Cómo ser honesto con esta imposibilidad, se pregunta el artista. Y la respuesta la encuentra, de la mano de Miró, en ese aferrarse al vacío desde lo más frágil, un trazo en el aire, que no será recuperado, que no hará historia. De ahí la decisión de entregar la obra a lo inesperado, a lo que no se volverá a repetir. Un gesto de rendición hecho desde lejos, fuera de su tiempo.

Los márgenes, sin embargo, no se abandonan, Fernando leyendo en el margen y Marta Azparren dibujando trazos que se proyectan sobre una pantalla. También al margen la grabación de una luna cambiando lenta de posición a lo largo de una noche. En *Impromptus*, presentado en Escena Contemporánea, en Madrid, y luego aquí en Montemor también en el 2010, la obra se despoja de las proyecciones y la lectura; sólo queda Marta dibujando al margen de la escena, y el sonido de la pincel acompañando los movimientos sobre la arena de Renato. En la retrospectiva de toda la serie en la Cuarta Pared de Madrid no era la superficie infinita de la arena sino el espacio en blanco del papel sobre el que se escribe o de la nieve sobre la que se camina.

Y así llegamos, puestos a jugar con las trampas de la historia, a *Tiempos como espacios*, la tercera entrega, donde nuevamente tenemos a Alberto Núñez colocado en el margen, antes actor y luego figura quieta, ya en la versión de Montemor, que lee un texto frente a un espejo. Y en el centro de nuevo nada o casi nada, aunque esta vez y para sorpresa de todos el vacío viene de la mano de la representación, una extraña representación interpretada por dos actores que son de Niamey, pero pareciera que vienen de otro mundo, Aboubakari Oumarou y Pituá Alheri, o que vienen de otro mundo, pero en realidad son de Níger y traen su mundo con ellos. Conversaciones con aire de improvisación, risas, recorridos caprichosos, bromas y el tiempo suspendido, posturas detenidas entre las sillas; el mundo del escultor Juan Muñoz como un puente (escénico) para entender al otro, para entender lo otro, ese continente negro transformado en imagen y cuerpos con los que no sabemos qué hacer. Los actores hablan en un idioma africano, excepto en algunos pocos momentos en los que intercalan en francés textos de la obra, y no hay subtítulos; todo es extraño, distante y cercano, y lo cotidiano de estas charlas en un idioma que no se entiende o que parece que no podemos entender porque no entendemos las palabras, se conecta en una especie de rara continuidad con el estatismo de las posiciones escultóricas, miradas detenidas, cuerpos boca abajo, rostros inclinados, cuerpos sin miembros que observan por azar desde el otro lado.

De la mano de este extraño mundo, representación y vacío se reconcilian en una rara armonía que nos habla de un tiempo, el tiempo de la mirada que percibe este paisaje, incorporado al paisaje mismo, como si el que mirase perteneciera al espacio de esa representación, que está ahí esperándole, sin dejar por ello de estar fuera. Y uno se ve, como se dice en la cita de Deleuze incluida en el cuadernillo de *Paisajes invisibles*, como parte del mismo paisaje que está mirando, fuera y dentro de la historia por la potencia de una mirada convertida en realidad escénica, que es la mirada del creador. No se trata, por tanto, de esa representación carente de sentido, representación del absurdo o de la nada, de la que tanto nos habla el arte moderno, o mejor dicho: los que hablan del arte moderno, sino de una representación cuyo sentido pasa por la presencia del otro, de ese otro que soy yo mismo y que es un modo de estar, por eso son (están) teatrales. Porque es una representación que, como todo el mundo de Juan Muñoz, se construye a partir del otro, del que está mirando, por eso el espectador de algún modo, como en toda operación teatral, ya está presente desde antes, en forma de un vacío que preexiste y que volverá a ser cuando el espectador lo abandone. (¿Será eso lo que queda antes y después de la historia, de la destrucción?) La expresión de ese vacío en un entorno social, como el que conforman estas imágenes mirándose unas a otras, indiferentes pero presentes, nos hace sentirnos parte de él, apelando a un extraño sentimiento de responsabilidad del que está ahí, incluso si se queda al margen, incluso si sólo mira desde lejos.

Incluso aunque no participe de la representación, incluso aunque parezca ajena y desconocida, esta historia es la historia por tanto de quien mira, ávido de imágenes que transformen lo que toca en pasado, reduciendo la diferencia a lo ya conocido como parte de ese destino inevitable de destrucción que se llama historia. *El exilio y el reino* nos habla sobre todo de un tiempo o unos tiempos que se hacen sentir a través de espacios concretos; espacios de encuentro y ceremonia, de encuentro con los otros y con uno mismo convertido en el otro. Estos tiempos, a través de lugares distintos, dibujan un gesto de reflexión acerca de lo que se está haciendo, de lo que estamos haciendo, porque se trata de una pequeña ceremonia, en un sentido escénico como social o político. No es el tiempo de la representación, ni de la historia, ni del otro, ni siquiera de la escena, es el tiempo de una presencia que duda sobre cómo situarse frente a esa representación, frente a esa historia, frente al otro y su escena, una mirada que se interroga y no sabe, que se aleja, pero sin dejar de estar ahí, en un estar-haciendo, y desde ahí muestra su vacilación, que es su renuncia y su error como resistencia a hacer historias, sin dejar de pensarlas, pensar la historia (de la escena) y su lugar frente a ella.

Tomando esto último como punto de partida, empezando por el final, por la rendición de las armas, por la búsqueda de lo mínimo, un espacio en el que trazar un gesto, el gesto de una mirada, se levanta esa idea de disidencia, de exilio de la historia y exilio de la escena. Y desde ese lugar vivo se muestra una escena en la que no pasa nada o casi nada, un murmullo, quizá, unas risas, una conversación casual, una palabra, a lo sumo, una palabra o un movimiento que hace poesía, ofrecida (de ofrenda) como invitación a volver a pensar lo que pasó, es decir, lo que está pasando, el lugar del arte y del teatro, de los teatros de la historia, de las ruinas y los muertos.

¿Sentís acaso los residuos de la violencia?
Los siglos nos han enseñado: ¿sabremos acaso renunciar?
Recorrer otra vez el mismo espacio.
Lo real es un desafío a la mirada.
Hemos olvidado las leyendas de nuestra propia tribu pero repetimos sus palabras y sus hazañas.
Arranquemos el tiempo a la historia y su recorrido irreversible sin hablar de destino.
—Sin culpa ni satisfacción.—
Te defraudaré una vez más.
(De Tiempos como espacios.*)*

XII. CINÉMA

FROM *LA NOUVELLE VAGUE* TO *HISTOIRE(S) DU CINÉMA*: HISTORY IN GODARD, GODARD IN HISTORY

Colin Nettelbeck
Honorary Professorial Fellow
French Studies
School of Languages & Linguistics
French, Italian and Spanish Studies
University of Melbourne

Biographie de l'Auteur:

Is Professor of French at the University of Melbourne. He writes on twentieth-centuryand contemporary French literature, cinema and cultural history. His most recent book is *Dancing withDe Beauvoir: Jazz and the French* (Melbourne, 2004).

Résumé de l'article:

Throughout his career Godard has sought to create a cinematographic language capable of reflecting simultaneously on itself as cinema and on the world outside the cinema. This paper examines how Godard's work constitutes a form which incorporates historical traces and at the same time claims historiographical value for itself as a document capable of both documenting history and "making" history. In examining the complexities of the task Godard has set himself, the paper explores the tensions that exist between contemporary French history and cinema more generally.

How can one speak about the manner of speaking that Jean-Luc Godard has been practising for nearly fifty years now? Wouldn't it be necessary to argue not just with words, but with sounds and images, too?

Alexander Horwath[1]

Since the beginning of his cinematographic career in the 1950s, Jean-Luc Godard has maintained a crucial and prominent role as both a major filmmaker, and an uncompromising commentator on the nature and direction of French cinema production as a whole. He is also without question the most persistent revolutionary of cinematographic language of his time, not just in France but worldwide—with "language" here understood as embracing everything from audio-visual techniques and the direction of actors to the construction of over-arching narrative frames and style. Godard's own cinema language is full of complexity and has always been in flux—occasioning a level of obscurity that leaves many viewers perplexed, impatient, and even bored. That has not prevented him from being the world's most influential film-maker of the last half-century.

The focus of this particular study is on the relationship between Godard and history, and, through the case study of Godard, it examines the tensions between recent French history and cinema more generally. Along lines of investigation similar to those adopted by, among others, Antoine de Baecque, Christian Delage and Vincent Guigueno,[2] it explores the potential historical value of cinema as an artistic activity situated at the intersection of subjective expression and the power of the camera to register the external world with objective accuracy. It is hinged on a double perspective, whose two aspects have been called respectively—in a *clin d'oeil* to a habitual Godardian rhetorical trope—"History in Godard" and "Godard in History."

By "History in Godard" is meant the ways in which Godard's films can be considered as a form of testimony about the time of their making. From this viewpoint, the sound-image artifact has the status of a kind of historical document or "trace," which can serve in the construction of historical narrative about the particularly transformative period in French history that followed the Second World War and that corresponds to the time in which Godard has worked. Like any historical trace, a film must be scrutinized for its reliability—a process complicated by the subjective quotient in the object itself. But is the subjectivity of an artist necessarily any more suspect than that, for instance, of a letter from Napoleon to Josephine?

France's postwar era has been a time of rapid and extreme political change, as the particular tribulations of reconstruction and decolonization became entangled with the more global cleavages of the Cold War. Socially and intellectually, too, most prewar habits and patterns were violently shaken and even destroyed. It is hard to overstate the impact of the birth-control pill, for example, on sexual mores; but the developments of Marxist-and psychoanalytically-based philosophies were also powerful agents in what was to become a systematic dissolving of familiar and shared patterns of meaning, after which the world of the past would become literally unrecognizable for postwar generations.

All this is the material of Godard's films—from his very first feature film, *A bout de souffle* (1960), and early works like *Le petit soldat* (1960), *Les carabiniers* (1963), *Pierrot le fou* (1965), *Masculin féminin* (1966) and *Deux ou trois choses que je sais d'elle* (1967). It is even more obviously so in the films of his most politically engaged era, in the lead-up to 1968 and its aftermath: *La chinoise* (1967), for example, *Weekend* (1967), or *Tout va bien* (1972). If much of his more recent work— *Passion, Prénom Carmen, Je vous salue, Marie, Soigne ta droite, Nouvelle vague*, the epic *Histoire(s) du cinéma* and *Éloge de l'amour*—is more symbolico-metaphysical, and hence more oblique in its integration of contemporary socio-political preoccupations, it is not for all that, as we shall see, removed from historical pertinence.

At the very least, Godard appears to be an historical witness that one cannot afford to overlook in reflecting on the more profound changes that have occurred in France since the mid-twentieth century. In proposing Godard's very substantial body of work as having important metonymic value in relation to French history, we cannot entirely ignore the somewhat problematic nature of Godard's own "Frenchness," given that he is half Swiss, and has regularly spent much of his life in Switzerland. But it is not hard to argue that it is, overwhelmingly, the French experience that is at the core of his creative preoccupations. The vast majority of his films are set in France, and it is the "French" cinema—however blurred the edges of that reality may be—that has been the base for most of his work. Another potential problem with the metonymic idea is the diversity of Godard's films: this is not work that can be readily organized according to any obvious underlying unity of purpose, or even described in terms of a coherent evolution. It is, rather, a moving mosaic, betraying often quite sharp ideological and aesthetic shifts, and marked by unpredictable forays into the technology of sound and image production. And yet we can ask whether the very turbulence of the opus, with its multiple loose ends and scattered contradictions, is not in itself a reflection of the uncertainties of the times. On this level, too, history finds its way into Godard.

As for "Godard in History," this is intended not only to allow an evaluation of the historical place that the filmmaker deserves to occupy, but, more pointedly and more controversially, to account for and to scrutinize the ways in which Godard sometimes actually sets himself up as a proto-, or quasi-historian, claiming direct historical status for his filmic essays and narratives. In the specific field of cinema history, Godard is well served. As Colin MacCabe states in his recent biography, the attention paid to Godard's thought and work over the years has been prolific and global.[3] No other film director has had as much written about him. In more general histories, however, even those devoted specifically to culture, the acknowledgement of Godard's importance is much more sporadic, and often enough completely absent. In relation to May 1968, for example, Godard's work offers unparalleled insights into the charged atmosphere and ideological tangles of the time. Nonetheless, it receives widespread but scattered attention in Pascal Ory's *L'entre-deux-mai*, but notably less in Le Goff's *Mai 68: l'héritage impossible*. Charles Sowerwine alludes to the significance of a film like *Weekend* in relation to the anti-consumerist movement, but his emphasis remains on the political protests; and Godard does not feature at all in the studies by Joffrin or Ross.[4]

More revealing still is Godard's relationship with history as an epistemology—his attempts to claim historical value for his films. How, for instance, should a historian treat the filmmaker's 1972 comments to Robert Phillip Kolker about *Tout va bien*?

"In fact this movie is just a newsreel. In a way we summed up the last two years in France in an hour and a half."[5] Critically, Godard's claim is not just about himself. Through his total identification with film, it is also a claim for *cinema as history*—both as agent (seeking to change the world) and narrator (documenting the stories of the changes wrought). From the viewpoint of most historical approaches, Godard's utterances (verbal and filmic) can appear closer to those of an iconoclastic seer or a prophet: they are full of paradox and shadow, and of aphoristic generalizations that can as often be irritating as illuminating. One has only to open either of Alain Bergala's collections of Godard's interviews and reflections to realize how close one is to a mystical realm.[6] But to dismiss them too readily for that reason would be to overlook some serious questions that he raises about the nature and operations of historical narrative. With the aggressive intrusion of the work of Godard, recent French history is not in a safe place. Its definitions and parameters are questioned, and while its value in the quest for truth and understanding may be ultimately affirmed, this only happens through and after a process of systematic subversion.

The starting point for this study is the celebrated—but relatively under-discussed—work by Françoise Giroud, called *La nouvelle vague. Portrait de la jeunesse*, which appeared in book form in 1958.[7] Famously, this book was to give its name to the new movement in French cinema, which over the following two years saw the emergence of an extraordinary array of innovative filmmakers.[8] Giroud's own preoccupations, however, had little to do with the cinema. The opinion survey out of which she built her book was conducted in 1957 for the weekly *L'express*. It was a— rather approximate—attempt to take the temperature of the generation of eight million French people then aged between eighteen and thirty. The overall result was a surprisingly conservative picture of the France of the time. While unhappy with the current political regime, and concerned about the situation in Algeria and international security, these young men and women were overwhelmingly committed to the freedoms of democracy and confident in their benefits; they were largely pacifist and they believed in love and marriage; although conscious of social injustices, they were confident that these could be overcome and indeed described themselves as reasonably happy with their lot. There is little in this snapshot that anticipates either the revolution that was about to occur in French cinema—though theoretically Godard and Truffaut could both have been in Giroud's sample—or the powerful political confluence that was to destroy the Fourth Republic and shape the structures of the Fifth by sweeping Charles de Gaulle back into presidential office. In fact, the generation described by Françoise Giroud can be seen as representing the "before" in relation to which we can best evaluate what happened afterwards. They were the blank wall on which the writing had not yet appeared—writing which would affect them less than their younger siblings, or those born a few years later and who would reach the age of twenty in 1968.

The "writing" in question is in part De Gaulle's complete refashioning of France and its position in the world through a paradoxical process that married conservative, traditionalist nationalism with a thorough modernization of the economy, and that espoused a discourse of long-term continuities even as it set in train what Henri Mendras would later aptly call the "Second French Revolution."[9] But the writing was also that being done by a fearlessly experimental and self-assertive cinema, which was staking out for itself a predominant place in the nation's cultural life. By modeling revolutionary ways of seeing and behaving, the popular culture medium of cinema offered a readily accessible and stimulating counter-discourse to what was emanating from political circles. Alain Touraine, in his early reflections on May 1968, stressed the powerful impact of the graffiti explosion during that time, reading it as the most profound cultural expression of the whole liberation movement.[10] By then however, the cinema, Godard at its head, had been playing an analogous role for a decade already.

The political dimensions of the conflict between the Gaullist state and cinema were explicit. De Gaulle's efforts to control cinema included direct ministerial responsibility for censorship—and Godard suffered from this repressive mechanism on a number of occasions.[11] More symbolically, and more durably, the Cinémathèque affair in February 1968, in which Henri Langlois, the founding director of this unique institution, was summarily and clumsily fired from his position, led to a gathering of filmmakers into a powerful lobby-group within the French political framework.[12] Godard's contribution here was critical, and it can be seen as long-lasting, for it is possible to see in this set of events the origins of the ongoing social and political influence of film-makers as a group—what Jean-Pierre Jeancolas calls a "cinéma de la responsabilité."[13] Although in the Langlois Affair, film-makers were protesting about something that concerned them directly, their collective action already had wider social implications of the kind that would, over the following decades, see them crystallize into a direct political force over such matters as immigration policy and education.

It would be silly to assert that de Gaulle's vision was entirely retrogressive or that productions of French cinema in the 1958-1968 decade were devoid of conservatism. There was no facile dichotomy at work. Rather, this period, with its pressure-cooker turmoil, marked the birth of the new order, whose contours are still being defined today. There is almost total discontinuity between the young France of Giroud's survey and the new political, social and artistic realities that came into being even as the book was being published.

Denial and obfuscation about the realities of the French experience and behavior during the Second World War, and the concomitant creation of the myth of a French identity and dignity based on the resistance were integral to de Gaulle's program, and it would be many decades before that particular story was being satisfactorily told with any consistency. The argument here however, is that the de Gaulle era was also, and no less, the era of a new French cinema which, in its openness of form and spirit, not only *allowed* for the confrontation and working through of this traumatic material, but actually facilitated it. In other words, the cinema, during the Gaullian period, was a serious force of opposition, and, as such, it deserves much greater historical attention than it has so far received. It should not be forgotten that the first really telling blow to the Gaullian myth came neither through politics nor the admirable work of Robert Paxton,[14] but through the cinema, with Marcel Ophuls' *Le chagrin et la pitié*. As Jean-Michel Frodon has put it:

Paradoxe très moderne d'un travail de vérité comme celui effectué par Ophuls, et qui, en jetant bas le mensonge de l'Histoire officielle, ouvre la possibilité de remettre en cause l'Histoire elle-même, ses élans, ses tragédies, ses atrocités, mais aussi ses promesses de temps meilleurs.[15]

Despite the constraints on its release, the film had an audience of more than 600,000 spectators in Paris. From *Le chagrin et la pitié*, there is a direct cinematographic line back to Resnais's *La guerre est finie* (1966), Godard's *Les carabiniers* (1963) and *Le petit soldat* (1960) and *Hiroshima, mon amour* (Resnais 1957). There is no doubt that Paxton's *La France de Vichy* produced a huge shockwave in France; but it was not any larger than that produced by Louis Malle's equally corrosive *Lacombe, Lucien*, which drew huge audiences to the French cinemas in the same 1973-1974 season. In other words, as much as a revision of de Gaulle's version of history was right and necessary, the conditions of that revision, evident in the probing subversions of French cinema, were coexistent with the myth itself.

Does this suggest a possible basis for considering the period as a whole in terms of a fundamental continuity? It would be a brave, perhaps rash, person who proposed such a viewpoint. As we know, the historiography of post-war France is still multiply fractured along numerous and complex lines. Given the enormity of the events and the changes that have derived from them, this is not surprising. French historians have engaged in sharp and mostly unresolved debates about the national experience of the Second World War and how to account for it, with irreconcilable differences about the nature of the experience itself—that is, what should be included in the story—and about the ways in which the story should be constructed. These conflicts have had enduring consequences for the concept of French identity— Braudel's masterwork notwithstanding[16]—and without consensus about identity, historians are inevitably on shifting ground.

A key flaw in the Gaullist myth was, precisely, its arrogant determination to ignore the specific memories of so many key participants in the events for which it sought to account; not just those collaborationists who had made bad political choices, but whole sections of the population whose experience was in fact crucial to understanding the realities of the period, and therefore to building a stable future. These included most egregiously the 65,000 Jews deported to the death camps—very few of whom survived, but whose memory was never lost to their families, friends and acquaintances. But there were also other deportees, there were returning prisoners of war, and there were many tens of thousands of young men press-ganged into the *Service du travail obligatoire*. And of course, while de Gaulle, on his return to power in 1958 made the claim of understanding the "Françaises" as well as the "Français," his story of the French experience of World War II largely omitted French women altogether.

Revision and re-revision of the original post-war Gaullian version of events has not led to any durable narrative synthesis. Rather, as room has had to be made for material omitted or suppressed—such as the extent of the collaboration, the legitimacy of the Vichy Government, the persecution and deportation of Jews, and the almost complete ignoring of the place of women—the impossibility of elaborating a single narrative has become more evident. Tensions between memory and forgetting (and the problematic nature of accepting memory as historical testimony), the lack of availability (and sometimes of reliability) of archival material, the recriminatory and contentious climate amongst survivors, and, above all the longer-term social, political, and religious shifts within France and in global organization, are some of the contextual forces that have resulted in an increasing compartmentalization and fragmentation of historians' work.[17]

In the face of this historiographical uncertainty, Pierre Nora, in *Les lieux de mémoire*,[18] has produced one way of coming to terms with the chaotic unraveling that followed the collapse of the Gaullian myth, by projecting history as a way of reconstructing the past through the perspective of the present. In doing so, he has created a kind of symbolic miniature—albeit a sizeable miniature!—of contemporary French history-writing, calling upon a very large number of specialist historians who offer reflections on their field. Among the roll-call of participants are Georges Duby, Jacques Le Goff, François Furet, Mona Ozouf, Emmanuel Le Roy Ladurie, Madeleine Rebérioux, Alain Corbin, Michelle Perrot, Jean-Marie Mayeur, Jean-Pierre Rioux, Pierre Birnbaum, Catherine Maire, Christophe Charle, René Rémond and some dozens of other distinguished historians who in real life might seldom find themselves in each other's company. (One has only to recall the sharp exchange between Pascal Ory and Marc Fumaroli over *L'Etat culturel*, for instance, to admire Nora's reconciliatory powers.[19])

The work is itself a memorial to the eclectic pluralism of a kind of history that, in the end, leads less to any comprehensive overview, than to what one senses could have been an infinitely expandable collection of ingredients that Nora felt should not be left out. The pluralism is apparent in every aspect of the composition of the work, from the recourse to a multitude of authors through an organization process that at every point bursts through the seams that have been rather artificially stitched through it. Perhaps in homage to the Gallic tradition of tripartite presentation, it is arranged in three huge sections. The first two are devoted to the concepts of "La République" and "La Nation," but if these concepts are intended to offer some semblance of familiarity and unity, the detailed content included under the rubrics, while not perhaps completely arbitrary, challenges rather than confirms any sense of wholeness. The last major section of the work is called "*Les* France," and very explicitly, through some four dozen disparate chapters, explores the multiplicity of conflicts and divisions characterizing French life, as well as the fragile nature of even the most persistent traditions.

This is perhaps less history per se, than history in the making, a kind of kaleidoscopic user's manual for would-be historians of a culture whose changes are too numerous and profound to offer purchase to any single linear narrative. The historian of present time—as Nora styles himself—thus becomes a documentalist for some future historian of what will then be, plausibly, a more readily approachable and understandable past.

For all its inclusiveness, *Les lieux de mémoire* suffers from some notable omissions, one of which is any sustained treatment of the visual arts, and of photography and cinema in particular. In fact, only one chapter of any substance is fully devoted to an artistic work as such: Antoine Compagnon's treatment of Proust's *A la recherche du temps perdu.*[20] Despite this, the Nora model and approach do appear to offer a way of bringing Godard and cinema more fully into history. In part this is because Godard's work itself is structurally analogous to the processes at work in *Les lieux de mémoire*. This is the case if one considers the collection of individual films that make up his opus—whose diversity and aleatory development have been sketched out above. It is even more evidently so in the work that encapsulates most fully his vision and method, namely *Histoire(s) du cinéma* (begun in 1989 and developed over the following decade).

Like *Les lieux de mémoire*, *Histoire(s) du cinéma* is an epic undertaking, plural in its conception, simultaneously hugely ambitious in its scope and disarmingly modest in its execution. Godard believes in the cinema as a privileged—perhaps the most privileged—way of apprehending the passage of time. In undertaking to narrate the stories and histories of cinema, he also seeks to show just how indispensable cinema is in the preservation and narration of various critical events of the recent past. In fact, Godard's position could be summed up in this way: *given* the imperative to historicize present experience in order to be able to make sense of it, the camera is a more reliable instrument than the pen; and hence, cinema must offer a better record and account than books. Godard's constant recourse to the reading aloud of printed sources is a sign of his respect for the written word; but it is also an affirmation of cinema's ability to include print media in a way that they cannot reciprocate.[21]

This idea goes back to Astruc's late 1940s claims for the powers of the "caméra-stylo," and it underpins all of Godard's work which, as MacCabe rightly insists, is informed by the Bazinian aesthetic.[22] The fundamental vocation of cinema is nothing less than to transmit the truth. Now, Godard is obviously not so naïve as to believe that the vocation is always fulfilled. *Histoire(s) du cinéma* shows numerous examples of cinema betraying itself, from the crassnesses of Hollywood hegemony and Nazi use of propaganda to the failure of the New Wave to live up to the "vérités premières" that it discovered. But Godard's faith seems ultimately unshakeable, and is expressed in a language consistently shot through with spiritual, almost mystical vocabulary: the cinema is a phoenix, always able to rise from the ashes and to undertake again its redemptive work. Nièpce and Lumière, the pioneers of photography and cinema, redeemed western painting from its original sin of perspective. Godard's own enterprise, for its part, seeks to redeem a cinema dominated by facile storytelling—what he calls "une industrie de l'évasion"—that excludes humanity from its history rather than permitting participation in it.

Histoire(s) du cinéma shares with *Les lieux de mémoire* its sense of the impossibility of transmitting the whole story or a story of wholeness, while recognizing that the fragmented nature of the present can be endowed with meaning *only* by opening up passages to the past. More obviously than Nora and his team of historians, however, Godard situates himself at the heart of his narration; as well as hearing his voice, we frequently see his image as he constructs a moving collage of image and sound, where single frames or short clips are superimposed or folded into repetitive sequences that play alternately on the viewer's intellect, emotions, memory and curiosity. In this way, subjectivity is shown to be utterly integral to the whole enterprise. Fiction and documentary are not so much mixed as made to coexist in a simultaneity of epistemological equality. Each is different from the other, but each is able to suggest meaning in terms of the historical framework that, like some kind of immense fractal jigsaw puzzle, progressively fills out. The picture thus constituted has no claims to comprehensiveness. MacCabe, again, signals several important omissions, such as the Hollywood blacklist of the McCarthy era.[23] Godard's choices are subjective in the strongest possible sense: that is, they derive from the unfailing and undisguised presence of himself as subject in the whole composition process. As Horwath has astutely remarked, not only does Godard believe "that history consists of unfinished, incomplete, suddenly interrupted sentences," he has steadfastly refused to entertain any postmodern idea of the "death of the subject," and on the contrary maintains faith in "a cinema that conjoins the individual with the world."[24]

Whether, or to what degree, *Histoire(s) du cinéma* can be considered as history, or an alternative to history—or whether, as we suggested with Nora's work, it is the stuff from which history can be made—is open to a discussion beyond the scope of this article. That such a discussion should take place, however, seems incontrovertible. This particular work, and indeed Godard's work as a whole, poses an urgent challenge to the ways in which we think about the meaning and processes of history. Its conceptual foundation, with its nexus of subjectivity and documentary authenticity, together with its rich lode of historical traces, are such that any history of twentieth century France that ignored them would be unforgivably the poorer for doing so.

There is an excellent example of Godard the historian (or proto-historian) at work in his 2001 film *Éloge de l'amour*. In the episode in question, real-life historian Jean Lacouture is inserted into a fictional narrative in which representatives of Steven Spielberg arrive in a remote French village to buy the memoirs of an old couple of former resistance fighters. One of the Spielberg representatives is none other than Cordell Hull Jr, and while the point that Godard makes is a polemical one—that because the Americans have no past they need to steal European memory—the deeper comment here is historical, and that on two levels. Firstly, he is saying that the French have lost the capacity to give a meaningful account of their own history, and secondly, he is claiming that the content of that history is the subject of American appropriation. The link to Cordell Hull, Roosevelt's Secretary of State, situates the Second World War as the key moment of transformation, a point that he had already made in *Histoire(s) du cinéma* in relation to the American takeover of world cinema.[25] This also ties in with the part of the *Éloge de l'amour* that deals with the quest to restore to their rightful owners the huge numbers of works of art stolen by the Nazis during the Occupation period. The attempt to right an historical wrong is precisely the vocation that Godard sees for cinema in its capacity to redeem reality from its incomprehensibility.

Once again, this seems to be analogous to the kind of history that we find in *Les lieux de mémoire*, where the sense of the transitory is in constant tension with the desire to hold on to those products of time which, sometimes mysteriously, contain meaning for the community that produced them. In his essay on Proust, Antoine Compagnon asks how on earth "this homosexual and snobbish Jew could have become the uncontested model of the great writer in France?"[26] We could ask a similar question about the rich, quasi-delinquent Protestant boy from Lausanne in relation to French cinema. In a thoughtful article on Fellini's *La Dolce Vita*, Julien Neutres sees Fellini as having become "un véritable monument," thanks to his ability to create a common mythology through the articulation of individual and collective experience.[27] Something similar has happened with Godard. His work is already in itself a *lieu de mémoire*, and as such should be of keen interest to historians of contemporary France. But Godard, like Proust, is also a creator whose vision of history, in its blend of fiction and document, in its non-linear pluralisms, and in its insistence on the presence of the subject, presents permanent resistance to any historiography that leaves out or understates the work of the imagination, or that, in its ambition to create stories of general or holistic application, ignores the specificities of individual experience.

NOTES:

[1] Alexander Horwath, "The Man with the Magnétoscope: Jean-Luc Godard's monumental *Histoire(s)du cinéma* as SoundImage Textbook," *Senses of Cinema* 15 (July-Aug. 2001),http://www.sensesofcinema.com/contents/01/15/godard_horwath.html (first published 1998). I amgrateful to Kate Ravenscroft and Eleanor Davey for their research assistance and their help in thepreparation of this paper.

[2] See Antoine de Baecque and Christian Delage, eds., *De l'histoire au cinéma* (Brussels, 1998); alsoChristian Delage and Vincent Guigueno, *L'historien devant le film* (Paris, 2004).

[3] Colin MacCabe, *Godard: A Portrait of the Artist at 70* (London, 2003), 375.

[4] Pascal Ory, *L'entre-deux-mai. Histoire culturelle de la France, mai 1968 – mai 1981* (Paris, 1983);Jean-Pierre Le Goff, *Mai 68. L'héritage impossible* (Paris, 1998); Charles Sowerwine, *France since1870: Culture, Politics and Society* (Basingstoke, 2001); Laurent Joffrin, *Mai 68. Histoire desévénements* (Paris, 1988); Kristin Ross, *May '68 and its Afterlives* (Chicago, 2002).

[5] "Angle and Reality: Godard and Gorin in America," from *Sight and Sound* 42.3 (1973): 130-33, reproduced in David Sterritt, ed., *Jean-Luc Godard Interviews* (Jackson, 1998), 61.

[6] Alain Bergala, ed., *Jean-Luc Godard par Jean-Luc Godard*, vol. 1, 1950-1984 (Paris, 1985), and vol. 2, 1984-1998 (Paris, 1998). These volumes have almost biblical or *I Ching* value for Godardians.

[7] Published by Gallimard in the "L'air du temps" collection.

[8] Led by Godard and Truffaut, the New Wave included such pillars of the future French cinema industry as Eric Rohmer, Jacques Rivette, Claude Chabrol, Agnès Varda and Alain Resnais.

[9] Henri Mendras, *La seconde révolution française, 1965-1984* (Paris, 1988).

[10] Alain Touraine, *Le communisme utopique. Le mouvement de mai* (Paris, 1972), 216.

[11] See, for instance, MacCabe, *Godard*, 201-03; also Jean-Michel Frodon, *L'âge moderne du cinéma français. De la Nouvelle Vague à nos jours* (Paris, 1995), 142-53.

[12] Frodon gives a lively account of these events, 220-40; see also Sylvia Harvey, *May '68 and Film Culture* (London, 1978), 14-27.

[13] See Jean-Pierre Jeancolas, "Un cinéma de la responsabilité: esquisse de cartographie du cinéma français vivant en 1998," *Australian Journal of French Studies* 36.1 (Jan.-Apr. 1999): 12-25.

[14] Paxton's *Vichy France: Old Guard and New Order, 1940-1944* (London, 1972) was translated into French as *La France de Vichy, 1940-1944* (Paris, 1973). Marcel Ophuls' film was shot during the twilight of de Gaulle's reign, and after being banned from television (an interdiction that was to last until the Mitterrand government of 1981), was allowed a limited release in cinemas in 1971 (cf. Frodon, *L'âge moderne du cinéma français*, 267).

[15] Frodon, *L'âge moderne du cinéma français*, 269.

[16] Fernand Braudel, *L'identité de la France* (Paris, 1986).

[17] Some examples of different attempts to reconcile history and memory—and to articulate the tensionsbetween them can be found in Henri Rousso, *Le syndrome de Vichy, de 1944 à nos jours* (Paris, 1987,1990); Eric Conan and Henri Rousso, *Vichy, un passé qui ne passe pas* (Paris, 1994); AnnetteWieviorka, *L'ère du témoin* (Paris, 1988); Gérard Noiriel, *Sur la 'crise' de l'histoire* (Paris, 1996); Jean-Marie Guillon and Pierre Laborie, eds., *Mémoire et histoire. La Résistance* (Toulouse, 1995); forsome of the problems associated with accounting for the experience of women see for instanceFrancine Muel-Dreyfus, *Vichy et l'éternel féminin* (Paris, 1996).

[18] Pierre Nora, ed., *Les lieux de mémoire* (Paris, 1997).

[19] Fumaroli published *L'état culturel. Essais sur une religion moderne* (Paris) in 1991, and Ory's riposte appeared in "Où sont la culture et la mesure?" *Lu* (Oct. 1991), 8. See Colin Nettelbeck, "*L'immoraliste* turns ninety—or what more can be said about André Gide? An essay on cultural change," *Australian Journal of French Studies* 39.1 (1992), 120-21.

[20] Nora, *Les lieux de mémoire*, 3: 3835-69.

[21] An intriguing case-study of the subordination of written text to image-based history, if space permitted, would be *L'oeil de Vichy*, which Claude Chabrol, one of Godard's New Wave colleagues and strongest supporters, made in 1993. The film, scripted by key Vichy historians Robert Paxton and Jean-Pierre Azéma, is a chronological narrative fabricated largely from Vichy propaganda documentaries and newsreels, which are turned on their heads in a stunning indictment of the regime. Just why Chabrol came so late, relatively, to this story, would require a study in itself, but it is probably related to the deep ambiguities that emerged during the late years of Mitterrand's presidency.

[22] MacCabe, *Godard*.

[23] Ibid., 296.

[24] Horwath, "The Man with the Magnétoscope."

[25] "Si la première guerre mondiale avait permis au cinéma américain de ruiner le cinéma français, avecla naissance de la télévision, la deuxième lui permettra de financer, c'est à dire de ruiner, tous lescinémas d'Europe."

[26] Nora, *Les lieux de mémoire*, 3: 3856.

[27] Julien Neutres, "Le cinéma fait-il l'histoire? Le cas de *La Dolce Vita*," *Vingtième siècle, revue d'histoire* 83 (July-Sept. 2004), 62. My thanks to my colleague John West-Sooby for drawing my attention to this piece.

XIII. ASTRONOMIE

SPACE AND TIME -
THE ISSUE OF THE BEGINNING AND THE END

Abhay Ashtekar

Institute for Gravitation and the Cosmos,
Physics Department,
Penn State, University Park,U.S.A.

Biographie de l'Auteur:
Is the Director of the Institute for Gravitation and the Cosmos, Professor of Physics and holder of the Eberly Chair at Penn State. Before joining Penn State he was the Erasthus Franklin Holden Professor of Physics at Syracuse University and Professeur at Paris VI. He has given over 110 invited, plenary talks in various conferences and workshops world-wide, and has served on all Editorial Boards of all the major journals in his field. He is a Fellow of the American Physical Society, American Association for Advancement of Science and an Honorary Fellow of the Indian Academy of Science. He holds the degree Doctor Rerum Naturalium Honoris Causa from the Friedrich-Schiller Universität, Jena, Germany and Université de la Méditerranée, France. He served as President of the *International Society for General Relativity and Gravitation*.

Résumé de l'article:
In 1915, Einstein revolutionized the notions of space and time through his general theory of relativity. The age-old issue of the Beginning and the End underwent a profound change. I begin with a historical perspective and then explain the conceptual ideas and physical ramifications of general relativity, without recourse to advanced mathematics. Although the theory is widely regraded as one of the most sublime creations of the human mind, it has become increasingly clear that it too has serious limitations. To overcome them, one has to bring in quantum physics. The new theory will be even grander and will force us, once again, to dramatically revise the notions of the Beginning and the End. I conclude by providing glimpses of this new paradigm that awaits us in the 21st century.

I. FROM ANTIQUITY TO EINSTEIN

"As an older friend, I must advise you against it, for, in the first place you will not succeed, and even if you succeed, no one will believe you."
Max Planck to Albert Einstein, on learning that Einstein was attempting to find a new theory of space, time and gravity (1913). Fortunately for us, Einstein did not take this advice seriously.

Every civilization has been fascinated by notions of Space (the Heavens) and Time (the Beginning, the Change and the End). Early thinkers from Gautama Buddha and Lao Tsu to Aristotle commented extensively on the subject. Over centuries, the essence of these commentaries crystallized in the human consciousness, providing us with mental images that we commonly use. We think of space as a three dimensional continuum which envelops us. We think of time as flowing serenely, all by itself, unaffected by forces in the physical universe. Together, they provide a stage on which the drama of interactions unfolds. The actors are everything else —stars and planets, radiation and matter, you and me.

For over a thousand years, the four books Aristotle wrote on physics provided the founda-tion for natural sciences in the Western world. While Heraclitus had held that the universe is in perpetual evolution and everything flowed without beginning or end, Parmenides had taught that movement is incompatible with Being which is One, continuous and eternal. Aristotle incorporated both these ideas in his 'cosmogonic system. Change was now associ-ated with the earth and the moon because of imperfections. Changelessness was found on other planets, the sun and stars because they are perfect, immutable and eternal. In modern terms one can say that in Aristotle's paradigm, there was absolute time, absolute space *and* an absolute rest frame, provided by earth. This was the reigning world-view Isaac Newton was exposed to as a student at Cambridge in the years 1661-65.

Twenty years later, Newton toppled this centuries old dogma. Through his Principia, first published in 1686, he provided a new paradigm. Time was sill represented by a 1-dimensional continuum and was absolute, the same for all observers. All simultaneous events constituted the 3-dimensional spatial continuum. *But there was no absolute rest frame.* Thanks to the lessons learned from Copernicus, earth was removed from its hitherto privileged status. Galilean relativity was made mathematically precise and all inertial observers were put on the same physical footing. The Principia also shattered Aristotelian orthodoxy by abolishing the distinction between heaven and earth. The heavens were no longer immutable. For the first time, there were universal principles. An apple falling on earth and the planets orbiting around the sun were now subject to the same laws. Heavens were no longer so mysterious, no longer beyond the grasp of the human mind. Already in the beginning of the 1700s, papers began to appear in the Proceedings of the Royal Society, predicting not only the motion of Jupiter but even of its moons! No wonder then that Newton was regarded with incredulity and awe not only among lay people but even among leading European intellectuals. For example, Marquis de l'H^opital —well known to the students of calculus for the l'H^opital rule— eagerly wrote from France to John Arbuthnot in England about the Principia and Newton: "Good god! What fund of knowledge there is in that book! Does he eat & drink & sleep? Is he like other men?" As Richard Westfall put it in his authoritative biography of Newton, *Never at Rest,*

Newton was hardly an unknown man in philosophic circles before 1687. Nevertheless, nothing had prepared the world of natural philosophy for the Principia. ... A turning point for Newton, who, after twenty years of abandoned investigations, had finally followed an undertaking to completion, the Principia also became a turning point for natural philosophy.

The Principia became the new orthodoxy and reigned supreme for over 150 years. The first challenge to the Newtonian world view came from totally unexpected quarters: advances in the understanding of elecro-magnetic phenomena. In the middle of the 19th century, a Scottish physicist James Clarke Maxwell achieved an astonishing synthesis of all the ac-cumulated knowledge concerning these phenomena in just four vectorial equations. These equations further provided a specific value of the speed c of light. But this speed did not refer to a reference frame; it appeared as an absolute constant of Nature. But the notion of an absolute speed blatantly contradicted Galilean relativity, acornerstone on which the Newtonian model of space-time rested. This tension between Maxwell's electrodynamics and Newtonian notions of space and time dismayed natural philosophers. But by then most physicists had developed deep trust in the Newtonian world and therefore concluded that Maxwell's equations can only hold in a specific reference frame, called the *ether*. The value of the speed of light c that emerged from Maxwell's equations, they concluded, is relative to this ether. But by doing so, they in fact reverted back to the Aristotelian view that Nature specifies an absolute rest frame. Astate of confusion remained for some 50 years.

It was the 26 year old Albert Einstein who grasped the true implications of this quandary: It was crying out, asking us to abolish Newton's absolute time. In 1905 Einstein accepted the implications of Maxwell's equations at their face value and used simple but ingenious thought experiments to argue that, since the speed c of light is a universal constant, the same for all inertial observers, *Newton's notion of absolute simultaneity is physically untenable.* Spatially separated events which appear as simultaneous to one observer can not be so for another observer, moving uniformly with respect to the first. The Newtonian model of space-time can only be an approximation that holds when speeds involved are all much smaller than c. Anew, better model emerged and with it new kinematics, called *special relativity.*

Time lost its absolute standing. Only the 4-dimensional space-time continuum had an absolute meaning. Space-time distances between events are well defined but time intervals or spatial distances between them depend on the state of motion of the observer, i.e., of the choice of a reference frame. The new paradigm came with dramatic predictions that were hard to swallow. Energy and mass lost their identity and could be transformed into one another, subject to the famous formula $E = Mc^2$. The energy contained in a gram of matter can therefore illuminate a town for a year. Atwin who leaves her sister behind on earth and goes on a trip in a spaceship traveling at a speed near the speed of light for a year would return to find that her sister had aged several decades. So counter-intuitive were these implications that as late as the 1930s philosophers in prominent Western universities were arguing that special relativity could not possibly be viable. But they were all wrong. Nuclear reactors function on earth and stars shine in the heavens, converting mass in to energy, obeying $E = mc^2$. In high energy laboratories, particles are routinely accelerated to near light velocities and are known to live orders of magnitude longer than their twins at rest on earth.

In spite of these revolutions, one aspect of space-time remained Aristotelian: It continued to be a passive arena for all 'happenings,' a canvas on which the dynamics of the universe are painted. In the middle of the 19th century, however, mathematicians discovered that Euclid's geometry that we all learned in school is only one of many possible geometries. This led to the idea, expounded most eloquently by the G¨ottingen mathematician Bernhard Riemann in 1854, that the geometry of physical space may not obey Euclid's axioms —it may be curved due to the presence of matter in the universe. It may not be passive but could act and be acted upon by matter. It took another 61 years for the idea to be realized in detail.

The grand event was Einstein's publication in 1915 of his theory of *general relativity.* In 1908 while writing a review of special relativity, Einstein realized that while his 1905 space-time model successfully reconciled the predictions of Maxwell's electrodynamics, it was in deep conflict with Newton's theory of gravity. For, Newton's law of universal gravitational attraction required absolute time: the gravitational force between two bodies is inversely proportional to the square of the distance between them, measured at an instant of absolute time. As the earth moves around the sun, the force it exerts on the moon a la Newton changes instantaneously. Special relativity, on the other hand, had abolished absolute time. So Newton's law can not even be stated in Einstein's 1905 framework. In 1908 then, Einstein set himself the task of finding a new, better theory of gravity. It took him seven years of concentrated effort. As illustrated by the quote from Max Planck —the father of quantum mechanics— that I began this section with, most physicists did not appreciate even his goal, much less the partial fruits of his labor as they were published. In October 1915, Einstein finally accomplished his task. The notions of space-time changed again, and even more dramatically than ever before. On November 28th, 1915, Einstein wrote of his discovery of general relativity to his friend Arnold Sommerfeld in Munich, the first person to hold the Chair of theoretical physics in Germany:

> *During the last month, I experienced one of the most exciting and most exacting times of my life, true enough also one of the most successful.*

II. GRAVITY IS GEOMETRY

It is as if a wall which separated us from the truth has collapsed. Wider expanses and greater depths are now exposed to the searching eye of knowledge, regions of which we had not even a pre-sentiment.
—Hermann Weyl on General Relativity.

In general relativity, space and time continue to form a 4-dimensional continuum. But now the geometry of this continuum is *curved* and the amount of curvature in a region encodes the strength of gravity there. Space-time is not an inert entity. It acts on matter and can be acted upon. As the American physicist John Wheeler put it: *Matter tells space-time how to bend* and *space-time tells matter how to move.* There are no longer any spectators in the cosmic dance, nor a backdrop on which things happen. The stage itself joins the troupe of actors. This is a profound paradigm shift. Since all physical systems reside in space and time, this shift shook the very foundations of natural philosophy. It has taken decades for physicists to come to grips with the numerous ramifications of this shift and philosophers to come to terms with the new vision of reality that grew out of it. (For a detailed discussion, see [1].)

Einstein was motivated by two seemingly simple observations. First, as Galileo demon-strated through his famous experiments at the leaning tower of Pisa, the effect of gravity is universal: all bodies fall the same way if the only force on them is gravitational. Second, gravity is *always* attractive. This is in striking contrast with, say, the electric force where unlike charges attract while like charges repel. As a result, while one can easily create re-gions in which the electric field vanishes, one can not build gravity shields. Thus, gravity is omnipresent and non-discriminating; it is everywhere and acts on everything the same way. These two facts make gravity unlike any other fundamental force and suggest that gravity is a manifestation of something deeper and universal. Since space-time is also omnipresent and the same for all physical systems, Einstein was led to regard gravity not as a force but a manifestation of space-time geometry. Space-time of general relativity is supple and can be visualized as a rubber sheet, bent by massive bodies. The sun for example, being heavy, bends space-time significantly. Planets like earth move in this curved geometry. In a precise mathematical sense, they follow the simplest trajectories called geodesics — generalizations of straight lines of the flat geometry of Euclid to the curved geometry of Riemann. So, when viewed from the curved space-time perspective, earth takes the straightest possible path. But since space-time itself is curved, the trajectory appears elliptical from the flat space perspective of Euclid and Newton.

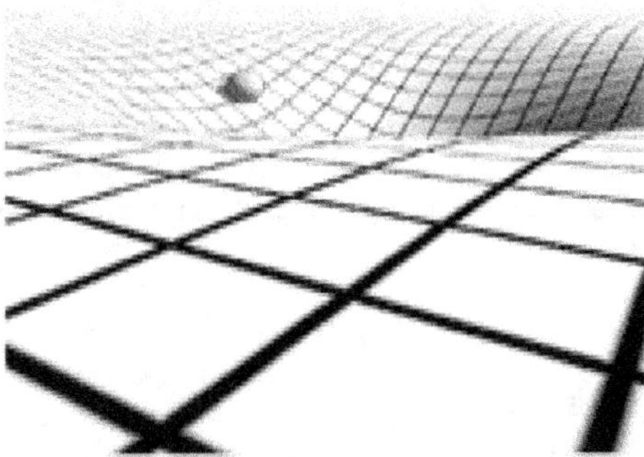

FIG. 1: An artist's depiction of planetary motion in general relativity. Heavy bodies such as our sun bend space-time. Planets go 'as straight as they can' in this curved geometry. In the flat space perspective of Newtonian physics, however, the same orbits appear to be elliptical, being eternally pulled to the sun by gravity. Thus the familiar gravitational force of Newtonian physics is just a 'poor man's way' of describing effects of space-time curvature using a flat space framework. Image: Boris Starosta, www. Starosta.com

The magic of general relativity is that, through elegant mathematics, it transforms these conceptually simple ideas into concrete equations and uses them to make astonishing pre-dictions about the nature of physical reality. It predicts that clocks should tick faster at Mont Blanc than in Paris. Galactic nuclei should act as giant gravitational lenses and pro-vide spectacular, multiple images of distant quasars. Two neutron stars orbiting around each other must lose energy through ripples in the curvature of space-time caused by their motion and spiral inward in an ever tightening embrace. Over the last thirty years, astute measurements have been performed to test if these and other even more exotic predictions are correct. Each time, general relativity has triumphed [2]. The accuracy of some of these observations exceeds that of the legendary tests of quantum electrodynamics. This combination of conceptual depth, mathematical elegance and observational successes is un-precedented. This is why general relativity is widely regarded as the most sublime of all scientific creations [3].

III. BIG BANG AND BLACK HOLES

The physicists succeeded magnificently, but in doing so, revealed the limitation of intuition, unaided by mathematics; an understanding of Nature, they discovered, comes hard. The cost of scientific advance is the humbling recognition that reality is not constructed to be easily grasped by the human mind.
—Edward O. Wilson. Consilience, The unity of Knowledge

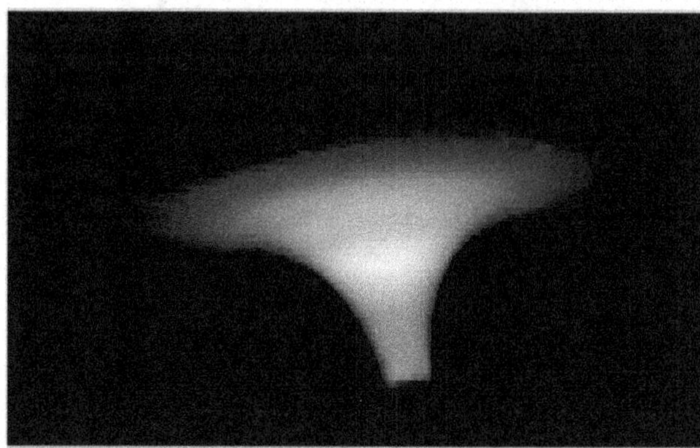

FIG. 2: A depiction of the universe originating at the Big Bang and then expanding. Time runs vertically. In general relativity the curvature becomes infinite at the Big Bang, tearing the very fabric of space-time continuum. The smooth conical surface depicts expanding space-time and the ragged edge at the bottom depicts the tearing of the fabric at the Big Bang. Image: courtesy of Dr. Pablo Laguna.

General relativity ushered in the era of modern cosmology. At very large scales, the universe around us appears to be spatially homogeneous and isotropic. This is the grand-est realization of the Copernican principle: our universe has no preferred place nor favored direction. Using Einstein's equations, in 1922 the Russian mathematician Alexander Fried-mann showed that such a universe can not be static. It must expand or contract. In 1929 the American astronomer Edwin Hubble found that the universe is indeed expanding. This in turn implies that it must have had a beginning where the density of matter and curvature of space-time were infinite. This is the *Big Bang*. Careful observations, particularly over the last decade, have shown that this event must have occurred some 14 billion years ago. Since then, galaxies are moving apart, the average matter content is becoming dilute. By combin-ing our knowledge of general relativity with laboratory physics, we can make a number of detailed predictions. For instance, we can calculate the relative abundances of light chemical elements whose nuclei were created in the first three minutes after the Big Bang; we can predict the existence and properties of a primal glow (the cosmic microwave background) that was emitted when the universe was some 400,000 years old; and we can deduce that the first galaxies formed when the universe was a billion years old. An astonishing range of scales and variety of phenomena!

In addition, general relativity also changed the philosophical paradigm to phrase questions about the Beginning. Before 1915, one could argue –as Immanuel Kant did— that the universe could not have had a finite beginning. For, one could then ask, what was there before? This question pre-supposes that space and time existed forever and the universe refers only to matter. In general relativity, the question is meaningless: since space-time is now *born* with matter at the Big Bang, the question "what was there *before*?" is no longer meaningful. In a precise sense, Big Bang is a boundary, a frontier, where space-time ends. General relativity declares that physics stops there; it does not permit us to look beyond.

Through black holes, general relativity opened up other unforeseen vistas. The first black hole solution to Einstein's equation was discovered already in 1916 by the German astrophysicist Karl Schwarzschild, while he was serving on the front lines during the First World War. However, acceptance of its physical meaning came very slowly. A natural avenue for the formation of black holes is stellar collapse. While stars shine by burning their nuclear fuel, the outward radiation pressure can balance the inward gravitational pull. But after the fuel is all burned out, the only known force that can combat gravitational attraction comes from the quantum physics: The so-called Pauli exclusion principle that has no analog in classical physics creates a novel repulsive force to counteract gravity. However, during his celebrated voyage to Cambridge, the 20 year old Subrahmanyan Chandrasekhar combined principles of relativity and quantum mechanics to show that, if a star is sufficiently massive, Pauli's repulsive quantum force will not suffice. Gravity would overwhelm this last repulsive force and the star would collapse to smaller and smaller radii, becoming denser and denser. During the thirties, he refined his calculations, providing irrefutable arguments for the stellar collapse. However, the pre-eminent British astrophysicist of the time, Arthur Eddington, abhorred the idea of stellar collapse and declared that in the 'correct' calculation, relativity should be abandoned![1] This delayed not only the recognition of Chandrasekhar's work but also the general acceptance of black holes by several decades.

Ironically, even Einstein resisted black holes. As late as 1939, he published a paper in the Annals of Mathematics arguing that black holes could not be formed by the gravitational collapse of a star. The calculation is correct but the conclusion is an artifact of a non-realistic assumption. Just a few months later, American physicists Robert Oppenheimer and Hartland Snyder published their now classic paper establishing that black holes do in fact result. These are regions in which the space-time curvature is so strong that even light can not escape.

Therefore, according to general relativity, to outside observers they appear pitch black. In the rubber sheet analogy, the bending of space-time is so extreme inside a black hole that space-time is *torn-apart,* forming a singularity. As at the Big Bang, curvature becomes infinite. Space-time develops a final boundary and physics of general relativity simply stops. In general relativity, just as the Big Bang singularity is the Absolute Beginning of space-time, the black hole singularities are the final frontiers representing Absolute Ends.

And yet, black holes appear to be mundanely common in the universe. General relativity, combined with our knowledge of stellar evolution, predicts that there should be plenty of black holes with 10 to 50 solar masses, the end products of the lives of large stars. Indeed, black holes are *prominent* players in modern astronomy. They provide the powerful engines for the most energetic phenomena in the universe such as the celebrated gamma ray bursts in which an explosion spews out, in a few blinding seconds, as much energy as a 1000 suns do in *their entire lifetime.* One such burst is seen every day. Centers of all elliptical galaxies appear to contain huge black holes of millions of solar masses. Our own galaxy, the Milky Way, has a black hole —Sagittarius A*— of about 3.7 million solar masses at its center.

IV. BEYOND EINSTEIN

A really new field of experience will always lead to crystallization of a new sys-tem of scientific concepts and laws.When faced
with essentially new intellectual challenges, we continually follow the example of Columbus who possessed the courage to leave
the known world in an almost insane hope of finding land again beyond the sea.
—W. Heisenberg. Recent Changes in the Foundation of Exact Science

General relativity is the best theory of gravitation and space-time structure we have today. It can account for a truly impressive array of phenomena [1, 2] ranging from the grand cosmic expansion to the functioning of mundane global positioning systems we use in our cars on earth. But it is incomplete because it ignores quantum effects that govern the sub-atomic world. Moreover, the two theories are dramatically different. The world of general relativity has geometric precision, it is deterministic; the world of quantum physics is dictated by fundamental uncertainties, it is probabilistic. Physicists maintain a happy, schizophrenic attitude, using general relativity to describe the large scale phenomena of astronomy and cosmology and quantum mechanics to account for properties of atoms and elementary particles. This is a viable strategy because the two worlds rarely meet. Nonethe-less, from the standpoint of unity of knowledge, this is highly unsatisfactory. Everything in our experience as physicists tells us that there should be a grander, more complete theory from which general relativity and quantum physics arise as special, limiting cases. This would be the *quantum theory of gravity.* It would take us beyond Einstein.[2]

At the Big Bang and black hole singularities the world of the very large meets the world of the very small. Therefore, although they seem arcane notions at first, these singularities are our gates to go beyond general relativity. It is now widely believed that real physics can not stop there. Rather, general relativity fails. We need to dramatically revise, once again, our notions of space and time. We need a new syntax.

Creation of this syntax is widely regarded as the greatest and the most fascinating chal-lenge faced by fundamental physics today. There are several approaches. While they gener-ally agree on a broad list of goals, each focuses on one or two features as the central ones, to be resolved first, in the hope that the other problems 'would take care of themselves' once the 'core' is well-understood. Here, I will focus on *loop quantum gravity* which originated in our group some twenty five years ago and has been developed by about two dozen research groups world wide [5]. It is generally regarded as one of the two leading approaches to the problem, the other being string theory [6].

In general relativity, space-time is modeled by a continuum. The new idea is that this is only an approximation, which would break down at the so called Planck scale -the unique length, $\ell_{pl} = \sqrt{Gh/c^3} \sim 10^{-33}$cm, that can be constructed from Newton's constant of Gravitation G, Planck's constant h of quantum physics and the speed of light c. This scale is truly minute, some 20 orders of magnitude smaller than the radius of a proton.[3] Therefore, even in the highest energy particle accelerators on earth, one can safely work with a continuum. But the approximation *would* break down in more extreme situations, in particular, near the Big Bang and inside black holes. There, one must use a *quantum space-time* of loop quantum gravity.

What is quantum space-time? Look at the sheet of paper in front of you. For all practical purposes, it seems continuous. Yet we know that it is made of atoms. It has a discrete struc-ture which becomes manifest only if you zoom-in using, say, an electron microscope. Now, Einstein taught us that geometry is also a physical entity, on par with matter. Therefore, it should also have an atomic structure. To unravel it, in the mid 90's researchers combined the principles of general relativity with quantum physics to develop a *quantum theory of ge-ometry*. Just as differential geometry provides the mathematical language to formulate and analyze general relativity, quantum geometry provides the mathematical tools and physical concepts to describe quantum space-times [5, 7].

In quantum geometry, the primary objects —the fundamental excitations of geometry— are one dimensional. Just as a piece of cloth appears to be a smooth, two dimensional continuum although it is obviously woven by one dimensional threads, physical space appears as a three dimensional continuum, although it is in fact a coherent superposition of these one dimensional excitations. Intuitively, then, these fundamental excitations can be thought of as *quantum threads* which can be woven to create the fabric of space. What happens, then, near space-time singularities? There, the continuum approximation fails. The quantum fluctuations are so huge that quantum threads can no longer be frozen into a coherent superposition. The fabric of space-time is ruptured. Continuum physics rooted in this fabric stops. But the quantum threads are still meaningful. Using a quantum generalization of Einstein's equations one can still do physics, describe what happens in the quantum world. In the absence of a space-time continuum, many of the notions habitually used in physics are no longer available. New concepts have to be introduced, new physical intuition has to be honed. In this adventure, quantum Einstein's equations pave the way.

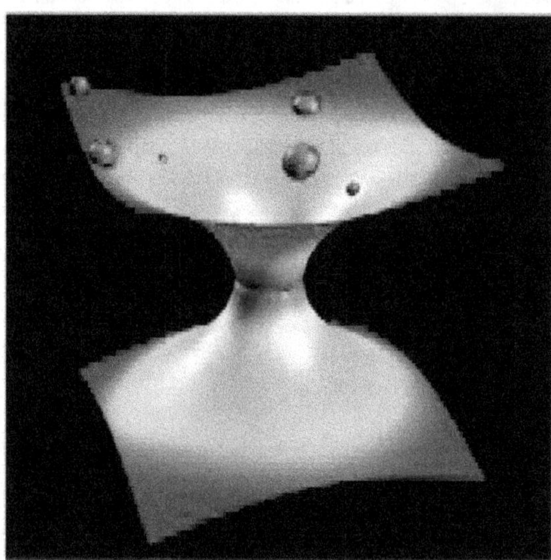

FIG. 3: An artist's representation of the extended space-time of loop quantum cosmology. Time again runs vertically. General relativity provides only the top half of this space-time which orig-inates in the Big Bang (see figure 2). Quantum Einstein's equations extend this space-time to the past of the Big Bang. The pre-Big Bang branch is contracting and the current post-Big Bang branch is expanding. The band in the middle represents the 'quantum bridge' which joins the two branches and provides a deterministic evolution across the 'deep Planck regime'. Image: courtesy of Dr. Cliff Pickover, www.pickover.com

Using these equations recently the Big Bang has been analyzed in detail (see, e.g., [7, 8]). It turns out that the partial differential equations of Einstein's, adapted to the continuum, have to be replaced by difference equations, adapted to the discrete structures of quantum geometry. Except very near the Big Bang, equations of general relativity provide an excellent approximation to the more fundamental ones. However, the approximation breaks down completely near the Big Bang, when the density ρ of matter approaches the Planck density

$$\rho_{\mathrm{pl}} = c^3/G^2\hbar \approx 10^{94}\mathrm{gm/cc}$$

.4 In quantum geometry, space-time curvature does become very large in this *Planck regime*, but not infinite. Very surprisingly, quantum geometry effects give rise to a *brand new repulsive force*, which is so strong that it overwhelms the usual gravitational attraction. General relativity breaks down. The universe bounces back. But quantum Einstein's equations enable us to evolve the quantum state of geometry and matter right through this Planck regime. The big bang is replaced by a quantum bounce.

Reliable numerical calculations have been performed in the so-called spatially homoge-neous case, widely used to model the universe on a large scale in cosmology. Continuum turns out to be a good approximation outside the Planck regime also on the 'other side of the Big Bang' [7, 8]. More precisely, in a forward-in-time motion picture of the universe, there is a contracting pre Big Bang branch well described by general relativity. However, when the matter density is approximately $0.4\rho_{\mathrm{pl}}$, the new repulsive force of quantum geometry, which is negligible until then, now becomes dominant. Instead of continuing the contraction into a big-crunch, the universe undergoes a big bounce, joining on to the post Big Bang expanding branch we now live in. Classical general relativity describes both branches very well, except in the deep Planck regime. There the two branches are joined by a quantum bridge, governed by quantum geometry.

The emergence of a new repulsive, quantum force has a curious similarity with the Pauli repulsive force in collapse of stars discussed in section III. There, a repulsive force comes into play when the core approaches a critical density, $\rho_{\mathrm{crit}} \approx \times 10^{14} \mathrm{gms/cc}$, and can halt further collapse, leading to stable neutron stars. This force, with its origin in the Pauli exclusion principle, is *associated with the quantum nature of matter*. However, as indicated in section III, if the total mass of the star is larger than, say, 5 solar masses, classical gravity overwhelms this force. The *quantum geometry repulsive force* comes into play at *much* higher densities. But then it overwhelms the standard gravitational attraction, *irrespective of how massive the collapsing body is*. Indeed, the body could be the whole universe! The perspective of loop quantum gravity is that it is this effect that prevents the formation of singularities in the real world, extending the 'life' of space-time through a quantum bridge.

Currently, work is under way to extend these results to more and more sophisticated models which incorporate inhomogeneities of the present day universe. But the overall scenario has fascinating philosophical implications for the issue of the Beginning and the End. For, the very paradigm to pose questions will again be shifted. If the questions refer to the notion of time that Einstein gave us, anotion that refers to a space-time continuum, there was indeed a Beginning. Not at the Big Bang though, but 'alittle later' when space-time can be modeled as a continuum. But if by Beginning one means a firm boundary beyond which physical predictions are impossible, then the answer is very different from that given by general relativity: in the more complete theory, there is no such Beginning. The issue of the End is qualitatively the same. The black hole singularities are also tamed by quantum geometry. Quantum space-time does not end there; the continuum approximation simply fails!

To summarize then, thanks to Einstein, our understanding of space and time underwent a dramatic revision in the 20th century. Geometry suddenly became a physical entity, like matter. This opened up entirely new vistas in cosmology and astronomy. But a new paradigm shift awaits us again in the 21st century. Thanks to quantum geometry, the Big Bang and black hole singularities are no longer final frontiers. The physical, *quantum* space-time is much larger than what general relativity had us believe. The existence of these new and potentially vast unforeseen domains has already provided a fresh avenue to resolve several long standing problems concerning both cosmology and black holes in fundamental physics. Even more exciting opportunities arise from new questions and the rich possibilities that this extension opens up.

Acknowledgments: This work was supported in part by the NSF grant PHY-PHY0854743 and the Eberly research funds of Penn State.

NOTES:

[1] Today, aPh.D. student would fail his qualifying exam if were to make such an argument. Leading quantum physicists like Bohr and Dirac readily agreed with Chandrasekhar privately, but did not think it was worthwhile to point out Eddington's error publicly. It was only in 1983 that Chandrasekhar was awarded the Nobel prize for this seminal discovery. For details, see, e.g., [4].

[2] Contrary to the common belief —rooted in Einstein's later views on incompleteness of quantum mechanics— he was quite aware of this limitation of general relativity. Remarkably, he pointed out the necessity of a quantum theory of gravity already in 1916! In a paper in the *Preussische Akademie Sitzungsberichte* he wrote: *"Nevertheless, due to the inneratomic movement of electrons, atoms would have to radiate not only electromagnetic but also gravitational energy, if only in tiny amounts. As this is hardly true in Nature, it appears that quantum theory would have to modify not only Maxwellian electro-dynamics but also the new theory of gravitation."* The new theory he refers to is his then year-old general relativity.

[3] For non-experts, it is often difficult to imagine how large a number 10^{20} is. So, the following illustration may help: $\$10^{20}$ would suffice to cover the US budget for a 100 million years at the 2010 rate!

[4] For comparison, the densest known matter in today's universe —the nuclear matter in neutron stars— is $\approx 10^{14} \mathrm{gm/cc}$; Eighty orders of magnitude smaller!

BIBLIOGRAPHY:

[1] A. Ashtekar, ed, *100 Years of Relativity. Space-time Structure: Einstein and Beyond* (World Scientific, Singapore, 2005).

[2] C. Will, *Was Einstein Right?* (Basic Books Inc., New York, 1986).

[3] S. Chandrasekhar, *Truth and Beauty. Aesthetics and Motivations in Science* (Penguin Books, India, New Delhi 1991), particularly Chapter 7.

[4] K. C. Wali, *Chandra, A Biography of S. Chandrasekhar*, (Penguin Books, India, New Delhi 1990).

[5] A. Ashtekar, in *The Universe: Visions and Perspective*, N. Dadhich and A. Kembhavi, eds (Kluwer Academic, Dodrecht, 2000); also available at http://arxiv.org/PS cache/gr-qc/pdf/9901/9901023v1.pdf

[6] S. Wadia, editor, Special Section on Legacy of Albert Einstein, *Current Science*, 89, 12 2034-2046

[7] A. Ashtekar, in *Einstein and the changing world view of physics*, (Springer, Berlin, at press); also available as physics/0605078.

[8] http://www.gravity.psu.edu/research/poparticle.shtml http://www.gravity.psu.edu/news.shtml

ORIGIN OF THE UNIVERSE AND UNBELIEF

Taner Edis

Professor of Physics
Truman State University, Kirksville, MO, USA

Biographie de l'Auteur:
Is professor of physics at Truman State University, Kirksville, MO, USA. He is the author of several books on science and religion, including *The Ghost in The Universe: God in Light of Modern Science* and *Science and Nonbelief*.

Résumé de l'article:
Traditional philosophical discussions about the origins and possible eternity of the universe have been superseded by modern physics. In the mid-twentieth century, the standard big bang model supported the notion of an origin in time, and was attractive to religious thinkers. More recent developments introducing quantum considerations, however, lead to pictures where commonsense assumptions about time and causality have to be abandoned. Present-day physical cosmology proceeds without any need for the supernatural.

Since religions usually claim that our universe was supernaturally created, denying that the universe has divine origins has been an important part of unbelief. The universe, unbelievers think, does not depend on any personal being outside of the natural order.

Philosophical discussions about the origin of the universe center on the classical cosmological argument for the existence of a God, expressing the intuition that everything contingent requires a cause, and that therefore the universe as a whole must be caused by something beyond the natural causes operating within the universe. As with most philosophical arguments, varieties of the cosmological argument are never absolutely conclusive. It is not strictly necessary that the universe have any cause, divine or otherwise. Nevertheless, to many philosophers a divine cause for the natural universe has seemed more plausible than the option left to unbelievers, which is to provide no explanation at all.

Recently, however, the debate over the origins of the universe has shifted away from traditional philosophical territory. With the maturing of physical science, the universe as a whole has become subject to investigation within physics. Indeed, modern physics has changed the very concepts involved in discussing origins, such as causality, or a universe. So currently, though the philosophical tradition continues to influence the debate, the question of how the universe came about is primarily addressed by physical cosmology.

Early ideas. Ideas about the origins of the universe took shape long before modern science. In antiquity, the alternative to stories of divine creation was to present the world as eternal, perhaps self-existing. The Greek philosophical tradition particularly encouraged belief in an eternal universe. Aristotle, for example, argued that some sort of God was necessary as a First Cause, but he also presented arguments that the world was eternal.

As Greek philosophy developed further, the notion of an eternal universe became more closely tied to philosophical ideas about divinity. The God of the philosophers had to be perfect: beyond time, beyond human passions, beyond anything subject to change. This meant that any direct involvement with the changeable realm of material objects would be an imperfection. Especially within Platonic philosophy, the highest divinity did not get its hands dirty with acts of creation. Instead, God "emanated," out of necessity, slightly less perfect intermediate beings such as Reason or Wisdom. These intermediates then did the actual work of shaping the material world. The universe depended on God—it derived its very reality from the God which was ultimately the only truly Real being—but it was also eternal. And with a universe eternally emanating from the divine layers of reality, there was less change even intermediaries had to be responsible for.

The Hellenistic period following Alexander's conquests, and the Roman Empire which followed, brought Greek speculative philosophy together with Near Eastern religious beliefs about creation. The version of Christianity that became the state religion of the Roman Empire tried to integrate philosophy and revealed beliefs in its theology, and later on medieval Islam faced a similar challenge. Reason and revelation agreed on many things such as the existence of a supreme being, but there were also points of friction. Pagan philosophy favored an eternal universe, but the guardians of revelation were reluctant to allow other eternal entities alongside their creator-God. The God of monotheism was much more personal, much more free to act, compared to the God of the philosophers who could seem too much in the grip of impersonal necessities. So monotheists developed a doctrine of creation ex nihilo. Creation from nothing went further than Near Eastern myths about divine forces shaping primeval chaos; not even raw material could be eternal like God.

Well into the middle ages, discussions of origins were framed by the contrast between the pagan option of an eternal (though dependent on God) universe and the monotheistic doctrine of creation out of nothing. Conceptually, the notion of creation from nothing was a potent source of headaches, but on the other hand, pagan concepts of eternity could also seem to harbor contradictions. Without the modern apparatus of transfinite mathematics to keep them straight, philosophers had plenty of opportunity to tie themselves into knots when thinking about infinities. Still, since an eternal universe was a pagan idea, it was attractive to the heterodox. Educated dissenters from officially-sanctioned religion could embrace an eternal universe as an intellectually respectable alternative. Both in Christendom and the lands of Islam, belief in the eternity of the universe became a marker of infidelity.

The scientific revolution radically changed the accepted picture of the universe. The heavens no longer revolved around the earth; in fact, the heavens no longer embodied divine perfection in contrast with the sublunar realms of change and decay. Copernican astronomy and Newtonian physics presented a world where the same laws of physics applied everywhere, all the time. They joined the heavens and the earth, and removed some of the old philosophical motivations to think the universe might be eternal. However, in the Newtonian clockwork universe, it was also hard to see how there could be a beginning in time. To reveal the presence of God, early modern science emphasized the classical design argument. Newtonian physics could not, it seemed, explain functional complexity. If the planets had stable orbits rather than undergoing haphazard motion, this must have been because a divine hand adjusted their orbits just so. Moreover, the complex structures of living things were clearly designed by an awesome intelligence. At the start of modern science, it remained easy to think that the history of the universe was as told in Genesis.

Eventually, however, Newtonian physics made it easier to conceive of a universe infinite in space and time. Problems such as the stability of orbits were solved within physics. Geologists found that our planet was much older than a few thousands of years. And finally, biological evolution showed that that complexity did not have to be due to intelligent design. At the end of the nineteenth century, it had become clear that the literal Genesis story was wrong.

Still, there remained one prominent physical argument that the universe was a divine creation in the distant past. This came from the second law of thermodynamics, which suggested that the universe would always change to become more disordered over time. The fate of the universe was a "heat death" in which everything became a featureless soup in a state of maximum entropy, able to sustain no life or any order of any interest. The religious implications of such a view were ambiguous; the notion of a heat death could just as easily feed into an atheism of a cosmic-pessimist style. But believers looked toward the origins of the universe. If the clockwork universe was winding down, there had to be a beginning where an outside force wound everything up. The initial order could not be provided by physics, and there had to be a beginning in time. Once again, the design and cosmological arguments reinforced one another.

Modern physical cosmology. In the first half of the twentieth century, and once again changed the debate over the origin of the universe. The most important theoretical development for cosmology was Einstein's general theory of relativity. Now physicists could treat space and time as a single geometric entity shaped by the distribution of matter/energy throughout the universe. Gravity was due to energy bending spacetime.

As it turned out, general relativity made it hard to construct static models of the universe, where the largest-scale structure of the universe looked more or less the same all the time. Einstein realized that his equations could include a "cosmological constant" term which led to a peculiar long-range repulsive force alongside ordinary gravity. A static universe required a non-zero cosmological constant. Soon, however, the issue was settled by observational evidence: astronomers discovered that our universe was expanding. And an expanding universe could be described without a cosmological constant.

Other new observations would also advance cosmology. Indeed, in the twentieth century, cosmology began to enjoy the mutual interaction between theory and observation that characterizes any successful science. Ideas about the origins of the universe could now be subjected to reality tests, becoming more than philosophical speculation. Aside from the expansion of the universe, other observations such as the cosmic microwave background radiation also supported the claim that our universe had started out, billions of years ago, from a much hotter and denser initial state. The Big Bang theory came to dominate cosmology in the second half of the twentieth century. In an expanding universe like ours, general relativity demanded that a singularity should exist back in time—not only was the universe once extremely hot and dense, it was infinitely so at the Big Bang. The Big Bang was, in fact, when the universe began.

It took no great leap of the religious imagination to equate the Big Bang, as the beginning of time, with a moment of creation. And so unbelievers, who have typically identified with the philosophical tradition of an eternal universe, have often been drawn to alternatives to Big Bang cosmology. The problem was, the alternatives were full of arbitrary assumptions, they failed to match the predictive success of the Big Bang, and they did not make sense of multiple independent lines of evidence as did the Big Bang.

One early rival to the Big Bang was the steady state universe, in which the universe was eternal and looked the same at all times. This required the continual creation of new matter as the universe expanded. Fred Hoyle and collaborators continue working on a "quasi-steady state cosmology" even today, but this has become a marginal effort which is considered a failure by the vast majority of cosmologists. Another alternative that preserved an eternal universe was the notion that the universe oscillated. The expansion of each phase of the universe would be followed by a contraction to a "big crunch," followed by a new Big Bang and another cycle of the universe. This too has numerous difficulties, from failure to fit observations to arbitrary theoretical assumptions needed to make the universe rebound after the big crunch and to overcome the problems due to increasing entropy throughout the cycles. "Plasma cosmology" is the most recent attempt to construct a serious physical alternative to the Big Bang, though it also suffers from numerous defects and thus has not found acceptance in mainstream cosmology.

The standard model of the Big Bang had, besides the beginning, another feature attractive to religious thinkers who were willing to let go of a literally interpreted Genesis. The natural outcome of the Big Bang was a universe that almost immediately collapsed on itself. Our universe has been around for about 14 billion years. It also looks very similar in all directions, even when areas of the universe farther than 14 billion light years apart are observed. But since no physical signal can travel faster than light, such areas could not have interacted with each other to become so similar. Our universe fit the standard Big Bang model, but nothing like our universe came about unless the parameters that went into the model were adjusted with uncanny precision. This suggested that not only was the Big Bang a moment of creation, but that the creator was a designer who fine-tuned the physics just so the universe could support intelligent life.

So early physical cosmology had ambiguous consequences for unbelief. On one hand, cosmology became an ordinary branch of physics, addressed in the typically naturalistic fashion that dominates modern physics. This development could only demystify the origins of the universe, supporting the view that we live in a natural world that can be understood without gods and demons. On the other hand, in the context of the longstanding philosophical dispute about the eternity of the universe, physical cosmology came down on the side of a universe with a beginning.

Even now, thinkers who argue that science supports theism typically make cosmology a centerpiece of their case. The "kalam cosmological argument" has become popular; it asserts that the universe has a beginning, that everything that begins has a cause, and that the only cause that can act to create a universe is outside of nature—the free choice of a personal agent. Proponents of such updated cosmological arguments usually also bring up cosmic fine-tuning, saying it proves the universe is a result of intelligent design.

Quantum cosmology. Cosmology today, however, is not so full as signs of God. Much of the current debate over cosmic origins and divine creation barely updates the traditional philosophical dispute; it continues to rely on commonsense understandings of time and causality which have been superceded by modern physics.

In relativity, time is tied to physical events such as the periodic ticking of a clock; time is not external to the physical universe. In general relativity, spacetime as a whole is curved by matter/energy; there is nothing especially odd if the geometry of spacetime turns out to be curved and finite rather than extending to infinity. It becomes easy to think of spacetime as self-contained, regardless of its overall shape. The standard Big Bang is not the beginning of the universe in some point of time external to the universe. Physically, time cannot be extended back before the Big Bang. In fact, in the standard picture, time before the Big Bang is a meaningless concept, just like it makes no sense to talk about a location north of the North Pole. A year before the Big Bang is like a place with a latitude of 500°. So thinking of a cause preceding the Big Bang becomes difficult.

The standard Big Bang could still allow an echo of a conventionally conceived cause of the universe, however. This is because the Big Bang is a singularity—a boundary of spacetime and hence a very special point. Attaching a God to the singularity can therefore seem attractive. Nevertheless, this is an arbitrary metaphysical exercise unless divine creation also succeeds in explaining some nontrivial features of the resulting universe. Hence a design argument, such as that for cosmic fine-tuning, has to all the real work.

Even then, there is a fundamental problem. General relativity, and hence the standard Big Bang, is not a quantum theory. Therefore it cannot be entirely correct. It should break down particularly where very high energies and very small distances are concerned—precisely the conditions immediately after the Big Bang. No adequate account of the origins of the universe will be possible without a quantum theory of gravity.

If general relativity warps commonsensical notions of time and causality, quantum mechanics forces an even more radical rethinking. Even in Newtonian mechanics, the laws of physics do not distinguish between forward and backward directions of time; the "arrow of time," or the direction in which entropy increases, emerges in many-particle systems. Quantum mechanics retains this time-reversibility and introduces true randomness in the behavior of particles. The quantum universe is not a place of definite causes and effects, with clockwork motion proceeding in deterministic fashion. Instead, it is a sea of random, uncaused events, where even a "virtual" particle popping into being or vanishing in a vacuum is not a miracle but just the routine way of things. Everyday causes and effects emerge in the macroscopic world, from a substrate of random interactions. In other words, the intuitions about causality and time which go into the classical cosmological argument and the traditional debate about the origins of the universe are not applicable to a quantum universe.

Unfortunately, physicists have not yet been able to combine gravity and quantum mechanics to obtain a full-blown theory of quantum gravity. Still, physicists have some idea about what an eventual theory of quantum theory of gravity should imply, and have been applying approximate quantum approaches to cosmology for some time. A common feature of quantum cosmologies is getting rid of the singularity as it stands in the standard Big Bang. This removes the last hint, weak though that was, that the physical universe might depend on something external to itself.

For example, the boundary-free cosmology of Hartle and Hawking, though somewhat outdated now, illustrates how the universe can be finite in time and yet entirely self-contained. Their model smears out the singularity, removing the boundary of spacetime that existed in the standard Big Bang. No point in the universe can be identified to attach a non-physical cause.

Another approach is inflationary cosmology. Originally, inflation was developed to account for some of the puzzles raised by the standard Big Bang, such as certain kinds of apparent fine tuning and the fact that the universe looked the same even for areas separated by more than 14 billion light years. Cosmology that includes quantum theories of elementary particles allows for a brief episode of "inflation" after the Big Bang, where a small bubble of spacetime expanded much faster than the speed of light. Inflation solved the problems it was supposed to address, and was also developed further. Notably, the notion of inflating universes into being naturally brings up the notion of multiple universe-bubbles, perhaps inflating into existence randomly somewhat like virtual particles in a quantum vacuum. Naturally, without a full theory of quantum gravity, none of these ideas can be worked out in a completely consistent fashion. Still, today, scenarios like chaotic eternal inflation, or infinite sets of universes linked together by what appear as singularities in general relativity (such as black holes), are commonly discussed in physical cosmology. Multiple universes have even been an impetus to think of populations of reproducing universes, and to speculate on whether a Darwinian-style mechanism ensures that large universes that create lots of black of holes, like ours, might be the most common variety.

A leading current approach to quantum gravity centers on the idea that the fundamental particles of physics are not extensionless points but strings or "m-branes." An immediate consequence of such theories is that there is a length scale beyond which objects cannot be compressed––the singularity disappears. String theory-inspired cosmological scenarios typically have an eternal universe, in that time can be extended back before the Big Bang. Still, the physics involved is alien to commonsense conceptions of time, so that thinking of such cosmological scenarios in terms of an eternal universe vs. a universe with a beginning is misleading. Neither of the traditional options are really in play any more.

Physical cosmology today is a rapidly changing field, with few settled conclusions. Large theoretical questions remain, from uniting gravity with quantum mechanics to figuring out problems with the cosmological constant. And improving observations continually produce surprises, such as the recent discovery that the expansion of the universe is accelerating. With better space-based telescopes to come, and further refinements to physical theories, cosmology will continue to change. So today's models of the origin of the universe are all highly uncertain. Nevertheless, some conclusions can be drawn.

Most importantly, physical cosmology has no need for the supernatural. The universe seems self-contained regardless of whether time can be extended back indefinitely. Any intervention by a supernatural creator would be a strange imposition on the structure of physics. The universe need not be eternal to be uncreated; the traditional debate is simply not relevant anymore. It is not a problem if there is no ultimate explanation for the universe, so that the universe appears uncaused. Modern physics heavily relies on randomness, finding that much in the universe appears to be fundamentally without cause, and that there is no good prospect to find a cause for such events. Physical science has been enormously successful in explaining the world in terms of combinations of chance and necessity—in terms of blind, purposeless, starkly physical processes. Cosmology has progressed in the same direction.

Attempts to provide a theistic explanation for the universe continue. At present, however, it is notable how bringing in God as an ultimate cause does not actually explain anything. Cosmology does not lack for unknowns and surprising discoveries, so any genuine explanation for the universe should be able to predict some new things. But current theistic ideas, including fine-tuning arguments, do not lead physicists to expect anything new; they produce only the dead silence of divine inscrutability. The classical cosmological argument has become irrelevant, and the design argument has become relegated to the fringes of science such as the "intelligent design" movement.

BIBLIOGRAPHY:

Craig, William Lane, and Quentin Smith. *Theism, Atheism and Big Bang Cosmology.* Oxford: Clarendon, 1993.
Edis, Taner. *The Ghost in the Universe: God in Light of Modern Science.* Amherst, NY: Prometheus, 2002.
Edis, Taner. *Science and Nonbelief.* Westport, CT: Greenwood, 2006.
Grant, Edward. *Science and Religion, 400 BC –AD 1550 From Aristotle to Copernicus.* Westport, CT: Greenwood, 2004.
Guth, Alan H. *The Inflationary Universe: The Quest for a New Theory of Cosmic Origins.* Reading: Addison-Wesley, 1997.
Hawking, Stephen W. *The Universe in a Nutshell.* New York: Bantam, 2001.
Price, Huw. *Time's Arrow and Archimedes' Point: New Directions for the Physics of Time.* New York: Oxford University Press, 1996.
Smolin, Lee. *The Life of the Cosmos.* New York: Oxford University Press, 1997.
Smolin, Lee. *Three Roads to Quantum Gravity.* New York: Basic, 2001.
Stenger, Victor J. *Has Science Found God? The Latest Results in the Search for Purpose in the Universe.* Amherst, NY: Prometheus, 2003.

THE SOLUTION OF THE N-BODY PROBLEM*

Florin Diacu

Department of Mathematics and Statistics
University of Victoria, British Columbia, Canada

Biographie de l'Auteur:
Obtained his Diploma in Mathematics at the University of Bucharest, got his Ph.D. in Heidelberg, taught in Dortmund, and was a postdoctoral fellow at the Centre de Recherches Mathematiques in Montreal. Since 1991 he has been a professor at the University of Victoria, in British Columbia, Canada. His main research interests are in *celestial mechanics* and *dynamical systems*. His forthcoming book *Celestial Encounters—The Origins of Chaos and Stability*, written with Philip Holmes of Princeton University, describes the historical background, the people, and the ideas that led to the birth and development of the theory of dynamical systems. It will be published in 19% by Princeton University Press.

Résumé de l'article:
The n-body problem is the problem of predicting the motion of a group of celestial objects that interact with each other gravitationally. Solving this problem has been motivated by the need to understand the motion of the Sun, planets and the visible stars. Its first complete mathematical formulation appeared in Isaac Newton's Principia (the n-body problem in general relativity is considerably more difficult). Since gravity was responsible for the motion of planets and stars, Newton had to express gravitational interactions in terms of differential equations. Newton proved in the Principia that a spherically-symmetric body can be modelled as a point mass. The problem of finding the general solution of the n-body problem was considered very important and challenging. Indeed in the late 19th century King Oscar II of Sweden, advised by Gösta Mittag-Leffler, established a prize for anyone who could find the solution to the problem.

> *The wind scrambles and thunders over hills*
> *with a voice far below what we can hear.*
> *Whalesong, birdsongs boom and twitter.*
> *Sea, air, everything's a chaos of signals*
> *and even those we've named veer and fall*
> *in pieces under our neat labels. Waves—*
> *how to speak of the structure of waves*
> *when all disperses and there's nothing fixed to tell?*
> —Philip Holmes, *Background Noise*

FOLK-MATHEMATICS

A *folk-tale* is a popular story uttered from one generation to the next. The main source of culture in times of old, oral tradition plays a marginal role in spreading scientific information today. Still, its significance is by no means negligible, and all domains of human activity are more or less influenced by it. Mathematics is no exception. We all know theorems we have never read in books or papers or learned about *at* formal presentations. We often don't know a reference, have no idea who proved that result, how, and when. Usually a colleague men- honed it at some conference dinner, during a coffee-break, or in a friendly discussion in OUT Department. It is striking, it sticks to our mind, and after a while it is part of our mathematical heritage—we just know it. Then we tell it further under similar circumstances, and so the wheel turns on. We will call this component of our knowledge *folk-mathematics*.

Without denying the positive role folk-mathematics plays in spreading information, we must admit that results gathered through it are sometimes misleading or misunderstood. A typical example is the *Cantor set*. Everybody knows that the middle-third Cantor set has zero Lebesgue measure, and many believe that the middle-fifth analogue has positive measure. Intuitively this sounds plausible: if we remove each time a smaller segment, the remaining quantity should be larger. Unfortunately, the intuition leads us astray this time. For any k, the middle-kth Cantor set has zero measure. Though a simple computation would show this, few do it, so the mistake propagates from one mathematician to the other. We can indeed obtain a Cantor set of positive measure by assigning a variable removal step. Delete first the middle-third segment, then the middle-ninth, then the middle-twenty-seventh, and so on. This algorithm will lead us to the desired result.

The above example is easy to check, but what are we up against when a more complicated folk-mathematical situation appears? Physicists and mathematicians less familiar with celestial mechanics, have asked me at different occasions to provide details about the "impossibility of solving the n-body problem." Some had heard that Poincaré had proved the result, others recalled only that such a theorem exists somewhere in the literature. After *ail*, this is a natural question. Since Abel and Galois proved the impossibility of solving algebraic equations of degree higher than five through formulae involving only roots, why should there not be an impossibility proof for solving the n-body problem?

The astonishment comes when we respond that the n-body problem has already been solved. Of course, the answer requires explanation, and since this old question of celestial mechanics continues to raise interesting challenges (as it has for the last three centuries), it is worth telling here the intriguing story and the unexpected consequences the most important attempts to obtain an explicit solution.

KING OSCAR'S PRIZE

Having its origins in Newton's *Principia,* the n-body problem of celestial mechanics is an initial-value problem forordinary differential equations: for given initial data $q_i(0)$, $\mathbf{q}_i(0)$, i=1,..., n (with $q_i(0)$ $q_j(0)$ for mutually distinct i and j), find the solution of the second-order system

$$m_i\ddot{\mathbf{q}}_i = \sum_{j \neq i}^{n} \frac{m_i m_j(\mathbf{q}_i - \mathbf{q}_j)}{|\mathbf{q}_i - \mathbf{q}_j|^3} \, , \, i = 1, \ldots, n, \qquad (*)$$

where m_i, m_2, . . . , m_n are constants representing the masses of n point-masses, and q_1, q_2,..., q_n... are 3-dimensional vector functions of the time variable t, describing the positions of the point-masses. For $n = 2$ the problem was completely solved by Johann Bernoulli in 1710 (see [B], [W], [DH]), but for more than a century and a half after Bernoulli's success, the case n 3 eluded the efforts of everyone.

Interest in the problem grew towards the end of the last century, when a special event made the best mathematicians look at celestial mechanics with more concern than ever before. In volume 7, 1885/86, *Acta Mathematica* announced the establishment of a prize in honour of King Oscar 11 of Sweden and Norway, to be awarded on the King's 60th birthday: 21 January 1889. The deadline for submission was set for 1 June 1888_Finding a convergent power-series solution of the above initial value problem, was the first—and the most important—among the four questions proposed by the three-member jury: Costa Mittag-Leffler (the editor-in-chief of *Acta)*, Charles Hermite, and Karl Weierstrass. The formulation of the first question, due to Weierstrass, who had shown growing interest in the problem himself, appeared in German and French as follows in our translation (a slightly different translation was given by Daniel Goroff in [11):

Given a system of arbitrarily many mass points that attract each other according to Newton's laws, under the assumption that no two points ever collide, try to find a representation of the coordinates of each point as a series in a variable that is some known function of time and for all of whose values the series converges uniformly.

This problem, whose solution would considerably extend our understanding of the solar system, seems capable of solution using analytic methods now at OUT disposal; we can at least suppose as much, since Lejeune Dirichlet communicated shortly before his death to a geometer of his acquaintance [Leopold Kroneckerl that he had discovered a method for integrating the differential equations of Mechanics, and that by applying this method, he had succeeded in demonstrating the stability of our planetary system in an absolutely rigorous manner. Unfortunately, we know nothing about this method, except that the theory of small oscillations would appear to have served as his point of departure for this discovery. We can nevertheless suppose, almost with certainty, that this method was based not on long and complicated calculations, but on the development of a fundamental and simple idea that one could reasonably hope to recover through persevering and penetrating research.

In the event that this problem remains unsolved at the close of the contest, the prize may also be awarded for a work in which some other problem of Mechanics is treated as indicated and solved completely.

Out of the 12 papers eventually submitted for the competition, 5 treated the n-body problem; none of them, however, obtained the required power-series solution. Under these circumstances the jury decided to award the prize to the 35-year-old Henri Poincaré, for his remarkable contribution to the understanding of the equations of dynamics (called Hamiltonian systems today) and for the many new ideas he brought into mathematics and mechanics. Indeed, Poincaré's memoir, later developed into his monumental 3-volume work *Les Méthodes Nouvelles de la Mécanique Céleste,* laid the foundations of several branches of mathematics and—most important—opened the way to qualitative methods, as opposed to the quantitative ones that had reigned in analysis since Newton and Leibniz.

Published in volume 12, 1890, of *Acta Mathematica,* Poincaré's memoir offered the first example of *chaotic* behavior in a deterministic system (it involved *homoclinic orbits* in a first-return map in the restricted 3-body problem). In fact Poincaré understood the complicated behavior of those orbits only after the prize was awarded to him. The first version of his paper, the one actually awarded the prize, incorrectly claimed that such orbits were stable, by missing the important fact that the homoclinic intersection might be transversal. Assaulted with questions by Edvard Phragmén, the assistant editor at *Acta* in charge of preparing the manuscript for publication, Poincaré finally discovered and corrected the mistake.

Phragmén had found Poincaré's work very hard to read. The initial version almost doubled in size after Phragmén's repeated requests for clarification. Writing about the subsequent 1895 paper entitled *Analysis Situs,* Jean Dieudonne [Di] characterized Poincaré's style in the following words:

As in so many of his papers, he gave free rein to his imaginative powers and his extraordinary intuition, which only very seldom led him astray; in almost every section is an original idea. But we should not look for precise definitions, and it is often necessary to guess what he had in mind by interpreting the context. For many results he simply gave no proof at all, and when he endeavored to write down a proof, hardly a single argument does not raise doubts. The paper is a *blueprint* for future developments of entirely new ideas, each of which demanded the creation of a new technique to put it in a sound basis.

Unfortunately Poincaré's correction came only after the memoir had been printed and some of *Acta's* issues delivered to subscribers. As editor-in-chief of *Acta,* as a member of the jury, and as a favorite of the King, Mit tag- Leffler was put in a delicate position. To defend the honor of the prize and his own credibility and position, he decided to recall the published issues and print the correct version. Poincaré agreed to bear the costs of the first printing: 3585 Swedish crowns and 63 ore, more than the 2500 crowns he had received for the prize (to understand the figures, bear in mind that MittagLeffler's annual salary as a professor at the University of Stockholm had been 7000 crowns in 1882) [A], [BG].

I do not go further into the history and the scandal that followed (the interested reader can find the historical and mathematical details in [DH], our forthcoming book about the origins and the development of chaos and stability). What matters now is the negative result proved by Poincaré in the prize memoir, a result that does show the impossibility of solving the n-body problem, but only by use of a certain method.

IS THIS PROBLEM UNSOLVABLE?

First integrals (or simply *integrals)* for systems of differential equations are functions that remain constant along any given solution of the system, the constant depending on the solution. In other words, integrals provide relations between the variables of the system, so each scalar integral would normally allow the reduction of the system's dimension by one unit. Of course, this reduction can take place only if the integral is an *algebraic—not* very complicated—function with respect to its variables, such that one variable can be expressed as a function of the others, lithe integral is *transcendent,* any attempt to obtain such an expression is pointless.

At the time of Poincaré, the method of solving systems of differential equations by finding first integrals was much in use. It had been known for a long time that the n-body problem had 10 independent algebraic first integrals: 3 for the center of mass, 3 for the linear momentum, 3 for the angular momentum, and one for the energy (see, e.g., [W], [D1], [D2]). This allowed the reduction of the primitive system from $6n$ variables (each point-mass is represented in space by 3 position and 3 velocity components) to $6n$ ᵧ 10. Jacobi had shown that using a so-called *reduction of nodes* (some symmetries), the dimension of the system could be further reduced to $6n - 12$, but this was not enough to understand even the

3-body problem—it still left a complicated 6-dimensional first-order system unsolved—not to mention higher values of *n*.

In 1887 the 39-year-old German mathematician Ernst Heinrich Bruns published in *Acta Mathematica* a surprising result [Brul: *the n-body problem has no integrals—algebraic with respect to the time, the position, and the velocity coordinates—except the 10 known ones.* Though some gaps were subsequently discovered in Bruns's proof, Poincaréhad no doubt that the result was true. In his prize paper he proved an even stronger theorem: *there are no integrals—algebraic with respect to the time, the posit km. and the velocities only—other than the 10 known ones.* In other words, these negative results showed it is impossible to solve the equations of motion of the n-body problem by reducing the dimension of the system with the help of first integrals.

This does not mean that the n-body problem is unsolvable, just that a certain method fails to solve it. In fact, standard results of differential equations theory show that any initial value problem for the equations (*), with initial data not starting from collisions, leads to the existence of a unique solution defined on a maximal interval, which is the whole real line if singularities do not occur. So the problem posed by King Oscar's prize made sense and could be solved, in principle. Unfortunately, the folk-mathematical tradition retained only one aspect of these results and perpetuated the wrong message that the n-body problem was unsolvable.

After a digression into the foundations of mathematics, I will tell how the n-body problem was later solved in the spirit of King Oscar's prize.

BROUWER'S ATTACK

All active mathematicians have opinions about what problems have importance, what branches are difficult, and what directions are promising in their own field. But unlike other sciences, whatever differences of opinion arise, all mathematicians agree that a result proved two millennia, two centuries, or two years ago, remains true forever. The progress of mathematics has little to do with the foundations. In spite of this, some prominent mathematicians have dedicated time and energy towards understanding the roots of their discipline. Sometimes, their efforts have raised polemics and disputes as sharp as those frequently met in other domains of human activity.

In 1913, the 32-year-old Luitzen Brouwer launched an attack against a well established mathematical method of reasoning. As an editor of the prestigious *Mathematische Anualen,* he rejected all submitted papers that used *reductio ad absurdum* as a method of proof. This led to a scandal. The editorial board held an emergency. meeting to save the reputation of the journal. The board resigned as a whole and reelected itself, except Brouwer. Offended by his colleagues' attitude and supported by his government, Brouwer immediately established a rival journal in Holland [G].

That embarrassing incident marked the beginning of a long fight between *intuitionism* and *formalism,* the main schools of mathematical-philosophical thought at the beginning of our century, each claiming to have found—against the other—the only viable way of laying the foundations of mathematics. The building of foundations had come to seem urgent due to the antinomies, known already by the Greeks, but which had now started to embarrass the recently established *set theory.*

The main objection of Brouwer's intuitionism against Huber t's formalism concerned *existence theorems.* Brouwer considered that a. nonconstructive argument cannot be accepted as proof of existence, so *reductio absurdum* seemed to him a good point to start the polemic. On the other hand Hilbert, who took Brouwer's action personally, attempted to show that every theorem can be deduced by logical steps from the postulates of a given axiomatic system. Unfortunately, in this respect the German mathematician was wrong.

In 1931, Hilbert's formalism received a sharp blow when the Austrian logician Kurt Giciel published his incompleteness theorem [Gö]. Gadel proved that *any sufficiently rich, sound, and recursively axiomatizable theory is incomplete.* A recent paper [CJZ] goes even further by showing that, in a quite general topological sense, incompleteness is a common phenomenon: *with respect to any reasonable topology, the set of true and unprovable statements is dense in the set* of all statements. This result has persuaded some mathematicians that the future of mathematics is not with proving theorems but with trying to estimate the probability that a result is true.

On the other hand, Brouwer's intuitionism—though never fully refuted by any other theory and still the object of some research—fell into oblivion, because it raised barriers which the mathematical community refused to acknowledge. Mathematics has developed almost undisturbed by the fight for its foundations.

We will further see, however, that the main idea of intuitionism is off target. In certain cases a constructive proof of existence brings no more information than a nonconstructive one. This is surprising, and the example I offer is the n-body problem.

THE SERIES SOLUTION

In 1913, when he launched the attack that would deprive him of editorial membership at the *Mathematische Annalen,* Brouwer was not aware of a paper published

in *Acta Mathematica* a few months before by a Finn of Swedish origin, Karl Sundman. If he had known and understood Sundman's work, Brouwer would probably never have developed his intuitionism.

Sundman's paper [Su3] revisited and republished some of his own results (inspired by a previous work of the Italian mathematician Giulio Bisconcini [Bi]) that had appeared in 1907 [Su1] and 1909 [Su2] in a Finnish journal of lesser fame and circulation. One of Sund man's achievements was to find, for almost all admissible initial data, a series solution of the 3-body problem. If he had gotten this result 22 years earlier, he would have probably been awarded King Oscar's prize.

Reading Sundman's paper *we* see that he obtained a series solution in powers of $t^{1/3}$ for the 3-body problem, a series convergent for all real t, except for a negligible set of initial conditions, namely, those for which *the angular nu»nentum is zero.* Indeed, Sund man proved first the convergence of the series as long as no collisions take place. (The importance of the method developed in that paper, which is based on the theory of functions of a complex variable, is analyzed in a nice article by Donald Saari [S].) Sundman also surmounted the impediment of binary collisions through a process he called *regularization,* which means to analytically extend the solution beyond the collision singularity, and which physically corresponds to an elastic bounce. In this case, his series still proves convergent for all real values of the time variable.

Unfortunately he could not apply the same method if a triple collision occurs, but he showed that such a collision can take place only if the angular momentum cancels, hence for a set of initial data having measure zero. (Even within this set, the subset of initial data leading to triple collisions has measure zero, as one of Saari's students has shown in his Ph.D. thesis fUl.) In 1941, Carl Ludwig Siegel proved that such a regularization is possible only for a negligible set of masses, so indeed, the analytic continuation of triple collisions is generically impossible [Si].

Sundman's method failed to apply to the n-body problem for $n > 3$. It took about 7 decades until the general case was solved. In 1991, a Chinese student, Quidong (Don) Wang, published a beautiful paper [Wa], [D1], in which he provided a convergent power series solution of the n-body problem. He omitted only the case of solutions leading to singularities—collisions in particular. (To understand the complications raised by solutions with singularities, see [D2].)

Did this mean the end of the n-body problem? Was this old question—unsuccessfully attacked by the greatest mathematicians of the last 3 centuries—merely solved by a student in a moment of rare inspiration? Though he provided a solution as defined in sophomore textbooks, does this imply that we know everything about gravitating bodies, about the motion of planets and stars? Paradoxically, we do not; in fact we know nothing more than before having this solution.

The following section deals with this apparent paradox.

THE FOUNDATIONS OF MATHEMATICS

What Sundman and Wang did is in accord with the way solutions of initial value problems are defined; everything is apparently all right; but there is a problem, a big one: these series solutions, though convergent on the whole real axis, have very slow convergence. One would have to sum up millions of terms to determine the motion of the particles for insignificantly short intervals of time. The round-off errors make these series unusable in numerical work. From the theoretical point of view, these solutions add nothing to what was previously known about the n-body problem.

This unusual situation makes us think once more about the foundations of our discipline. First of all, it illustrates that even a constructive solution can be useless from the practical point of view. Then why stick to it, why give intuitionism any concern? Well, this difficulty would still not keep us from sleeping soundly. How many of us really care about intuitionism when doing mathematics?

Unfortunately, doubt is also cast on the definition of a solution for an initial value problem attached to a differential equation. If our definition is meaningful, then shouldn't it exclude totally useless solutions? In certain cases all our efforts toward finding and writing down solutions might be as futile as Sisyphus's work; moreover, we have no way of knowing in advance when this will be the case. What to do then? Eliminate power series solutions from our definition? This would mean to negate two centuries of mathematics and throw many achievements away. Clearly there is no simple answer.

The third problem is connected to what "good" mathematics means. Consciously or not, we usually understand by this the mathematics promoted by famous mathematicians. No one would doubt that the mathematics of Weierstrass, for example, was and remains "good." But Weiersh-ass stated the first problem of King Oscar's prize, a problem tackled by the sharpest minds of the time. It was eventually solved exactly as the German mathematician had wished; still, a hundred years later, its solution presents only historical interest. Fortunately, the genius of Poincaré steered our discipline in the right direction—at least this is what we believe today. But how will mathematicians think a hundred years from now?

The n-body problem—a bulwark against the flow of time, a reliable landmark on the map of mathematics—has posed and continues to pose new challenges. Almost untouched, mysterious as in the beginning, it has survived 300 years of siege. It has kindled and witnessed a few revolutions: the beginnings of calculus, of qualitative methods, of relativity, of chaos; tackled numerically, it has contributed to the launch of satellites and to the first human step on the moon. Now it is disturbing the fundamentals of differential equations theory, the structure on which a significant part of modern science and technology is based. Do we have an answer to this last challenge?

NOTES:

*Dedicated to Philip Holmes, for his deep mathematics, for his warm and candid poetry, and for the immense intellectual joy he has instilled in me during the time our book took shape.

REFERENCES:

[A] K.G. Andersson, Poincaré's discovery of homoclinic points, *Archive for History of Exact Sciences* 48 (1994), 133-147.
[BG] J. Barrow-Green, Oscar H's prize competition and the error in Poincaré's memoir on the three body problem, *Archive* for *History of Exact Sciences* 48 (1994), 107-131.
[B] J. Bernoulli, *Opera Oninia,* vol. I, Georg Olms Verlagsbuchandlung, Hildesheim, 1968.
[Bi] G. Bisconcini, Sur le probleme des trois corps, *Acta Mathematica* 30 (1906), 49-92.
[Br] E.H. Bruns, Uber die Integrale des Vielkörper-Problems, *Acta Mathematica* 11 (1887), 25-96.
[CJZ] C. Calude, H. Jiirgensen and M. Zirnand, Is independence an exception? *Applied Math. Comput.* 66 (1994), 63-76.
[D1] F.N. Diacu, *Singularities of the N-Body Problem,* Les Publications CRM, Montreal, 1992.
[D2] F.N. Diacu, Painleve's conjecture, *The Mathematical Intelligencer* 15 (1993), no. 2,6-12.
DH] F.N. Diacu and P. Holmes, *Celestial Encounters—The Origins of Chaos and Stability.* Princeton University Press (to appear in August 1996).
[Di] Dieudonne, J., A *History of Algebraic and Differential Topology* 1900-1960, Birkhauser, Boston, Basel, 1989.
[G] R.L. Goodstein, *Essays in the Philosophy of Mathe-
matics,* Leicester University Press, 1965.
[Gö] K. Code], Uber formal unentscheidbare Satze der Principia Mathematica und verwand ter Systerne, *Monatshefte far Matheinatik und Physik* 38 (1931), 173-198.
[P] H. Poincaré, *New Methods of Celestial Mechanics* (with an introduction by D.L. Goroffl, American Institute of Physics, 1993.
[S] D.C. Saari, A visit to the Newtonian N-body problem via elementary complex variables, *The American Mathematical Monthly* 97 (1990), 105-119.
[Si] Cl. Siegel, Der Dreiersta, *Annals* of *Mathematics* 42 (1941), 127-168.
[Su1] K. Sundman, Recherches sur le probleme des trois corps, *Acta Societatis Scientiarurn Fennicae* 34 (1)07), no. 6.
[Su2] K. Sundman, Nouvelles recherches sur le probleme des trois corps, *Acta Socktatis Scientiarum Fennicae* 35 (1909), no. 9.
[Su3] K. Sundman, Memoire sur le probleme des trois corps, *Acta Mathematica* 36 (1912), 105-179.
[U] J.B. Urenko, Improbability of collisions in Newtonian gravitational systems of specified angular momentum. *SIAM 1. Appl. Math.* 36 (1979), 123-147.
[Wa] Q. Wang, The global solution of the n-body problem, *Celestial Mechanics* 50 (1991), 73-88.
[W] A. Wintner, *The Analytical Foundations of Celestial Mechanics,* Princeton University Press, Princeton, NJ, 1941.

ALGEBRAICALLY SIMPLE CHAOTIC FLOWS

Stefan J. Linz

Theoretische Physik I, Institut für Physik, Universität Augsburg, Allemagne

Julien Clint Sprott

Department of Physics, University of Wisconsin, Madison, USA

Biographie des Auteurs:

Stefan J. Linz ist Direktor des Linz AG: Strukturbildung Nichtlineare Dynamik & Forschungsgebiet, Institut für Physik, Universität Augsburg.

Der AG ist die Theorie komplexer Systeme mit Schwerpunkt Modellierung und theoretische Analyse zeitlicher bzw. raumzeitlicher Dynamik in solchen Systemen, die spontan durch das Wechselspiel von Nichtgleichgewicht, Nichtlinearität und Dissipation entstehen kann. Spezifisch unter- suchte Systeme sind zurzeit Depositions- und Erosionsprozesse (einschließlich Anwendungen bei nanotechnologisch relevanten Systemen), granulare Materie ("Sand"), Newtonsche und komplexe Fluide sowie elementare chaotische Systeme. Generelle Klammer ist die Frage, in wie weit mit 'einfachen' Modellen, typischerweise gegeben in Form von Differentialgleichungen (nichtlineare dynamische Systeme bzw. nichtlineare, z.T. nichtlokale und stochastische Feldgleichungen) oder zellularen Automaten, die reichhaltige, von regulär bis hin zu chaotisch reichende (raum)zeitliche Evolution in solchen Systemen beschrieben werden kann

Julien Clint Sprott earned his bachelor's degree from MIT in 1964 and his PhD in physics from the University of Wisconsin - Madison in 1969.

His professional interests are in experimental plasma physics and nonlinear dynamics.

Books: *Frontiers in the Study of Chaotic Dynamical Systems and Open Problems* [edited with Elhadj Zeraoulia] (World Scientific: Singapore, 2011); *2-D Maps and 3-D ODE's: A Rigorous Introduction* [with Elhadj Zeraoulia] (World Scientific: Singapore, 2010); *Elegant Chaos: Algebraically Simple Chaotic Flows* (World Scientific: Singapore, 2010); *Physics Demonstrations: A Sourcebook for Teachers of Physics* (University of Wisconsin Press: Madison, 2006); *Images of a Complex World: The Art and Poetry of Chaos* [with Robin Chapman] (World Scientific: Singapore, 2005); *Chaos and Time-Series Analysis* (Oxford University Press: Oxford, 2003); *Strange Attractors: Creating Patterns in Chaos* (M&T Books: New York, 1993); *Numerical Recipes: Routines and Examples in BASIC* (Cambridge University Press: New York, 1991); *Introduction to Modern Electronics* (John Wiley & Sons: New York, 1981)

Résumé de l'article:

It came as a surprise to most scientists when Lorenz in 1963 discovered chaos in a simple system of three autonomous ordinary differential equations with two quadratic nonlinearities. This paper reviews efforts over the subsequent years to discover even simpler examples of chaotic flows. There is reason to believe that the algebraically simplest examples of chaotic flows with quadratic and piecewise linear nonlinearities have now been identified. The properties of these and other simple systems will be described.

1. INTRODUCTION

Some aspects of chaos have been known for over a hundred years. Isaac Newton was said to get headaches thinking about the 3-body problem (Sun, Moon, and Earth). In 1890, King Oscar II of Sweden announced a prize for anyone who could solve the n-body problem and hence demonstrate stability of the solar system. The prize was awarded to Jules Henri Poincaré who showed that even the 3-body problem has no analytical solution [1, 2]. He went on to deduce many of the properties of chaotic systems including the sensitive dependence on initial conditions. With the successes of linear models in the sciences and the lack of powerful computers, the work of these early nonlinear dynamists went largely unnoticed and undeveloped for many decades.

In 1963, Lorenz published a seminal paper [3] in which he showed that chaos can occur in systems of autonomous (no explicit time dependence) ordinary differential equations (ODEs) with as few as three variables and two quadratic nonlinearities. For continuous flows, the Poincaré-Bendixson theorem [4] implies the necessity of three variables, and chaos requires at least one nonlinearity. More explicitly, the theorem states that the long-time limit of any "smooth" two-dimensional flow is either a fixed point or a periodic solution. With the growing availability of powerful computers, many other examples of chaos were subsequently discovered in algebraically simple ODEs. Yet the sufficient conditions for chaos in a system of ODEs remain unknown.

This paper will review early serendipitous and insightful discoveries as well as later extensive computer searches for the algebraically simplest chaotic flows. There are reasons to believe that the simplest such examples with quadratic and piecewise linear nonlinearities have now been identified. The properties of these systems will be described.

2. LORENZ AND RÖSSLER

The celebrated Lorenz equations are:

$$\dot{x} = -\sigma x + \sigma y$$
$$\dot{y} = -xz + rx - y \qquad (1)$$
$$\dot{z} = xy - bz$$

where the dot denotes a first time derivative ($\dot{x} = dx/dt$, etc.). Note that there are seven terms on the right-hand side of these equations, two of which are nonlinear (xz and xy). Also note that there are three parameters, for which Lorenz found chaos with $\sigma = 10$, $r = 28$, and $b = 8/3$. The number of independent parameters is generally $d+1$ less than the number of terms for a d-dimensional system, since each of the variables (x, y, and z in this case) and time (t) can be arbitrarily rescaled. The Lorenz system has been extensively studied, and there is an entire book by Sparrow [5] devoted to it.

Although the Lorenz system is often taken as the prototypical chaotic flow, it is not the algebraically simplest such system. In 1976, Rössler [6] proposed the following equations:

$$\dot{x} = -y - z$$
$$\dot{y} = x + ay \qquad (2)$$
$$\dot{z} = b + xz - cz$$

This example also has seven terms and three parameters, which Rössler took as $a = b = 0.2$ and $c = 5.7$, but only a single quadratic nonlinearity (xz).

As recently as 1993, Lorenz [7] wrote: "*One other study left me with mixed feelings. Otto Rössler of the University of Tübingen had formulated a system of three differential equations as a model of a chemical reaction. By this time, a number of systems of differential equations with chaotic solutions had been discovered, but I felt I still had the distinction of having found the simplest. Rössler changed things by coming along with an even simpler one. His record still stands.*"

What Lorenz apparently did not realize was that Rössler himself had much earlier (in 1979) found an even simpler system [8] given by:

$$\dot{x} = -y - z$$
$$\dot{y} = x \qquad (3)$$
$$\dot{z} = ay - ay^2 - bz$$

This system has only six terms, a single quadratic nonlinearity (y^2), and two parameters, giving chaos with $a = 0.386$ and $b = 0.2$. For some other values of the parameters, the dynamics are quasiperiodic, with a trajectory that lies on an invariant torus.

However, note that the simplicity of a system can be measured in various ways. Algebraic simplicity is one such way; topological simplicity is another. The Rössler attractor and most of the others in this paper are topologically simpler than the double-lobed attractor of Lorenz, but they are roughly equivalent in that they all tend to resemble the single folded-band structure produced by Eq. (2).

3. COMPUTER SEARCH

Also unaware of the simpler Rössler example, Sprott [9] embarked on an extensive search for autonomous three-dimensional chaotic systems with fewer than seven terms and a single quadratic nonlinearity and systems with fewer than six terms and two quadratic nonlinearities. The brute-force method [10, 11] involved the numerical solution of about 10^8 systems of autonomous ODEs with randomly chosen real coefficients and initial conditions. The criterion for chaos was the existence of a decidedly positive Lyapunov exponent [12].

He found fourteen algebraically distinct cases with six terms and one nonlinearity, and five cases with five terms and two nonlinearities. One case was volume-conserving (conservative), and all the others were volume-contracting (dissipative), implying the existence of a strange attractor. Sprott provided a table of the spectrum of Lyapunov exponents, the Kaplan-Yorke dimension [13], and the types and eigenvalues of the unstable fixed points for each of the nineteen cases. Interestingly, the Rössler example in Eq. (3) was not found, suggesting that even this extensive search was not exhaustive.

Subsequently, Hoover [14] pointed out that the conservative case A found by Sprott

$$\dot{x} = y$$
$$\dot{y} = -x + yz \qquad (4)$$
$$\dot{z} = 1 - y^2$$

is a special case of the Nosé-Hoover thermostated dynamic system that had earlier been shown [15] to exhibit time-reversible Hamiltonian chaos. Note that this case in general needs an adjustable parameter, but it turns out that chaos occurs for all coefficients equal to unity, and so it is especially simple in that sense. None of the fourteen cases with a single quadratic nonlinearity share that property, although there are two other chaotic cases with all unity coefficients and two quadratic nonlinearities with strange attractors. Chaos is observed in Eq. (4) for only a small range of initial conditions, one choice of which is $(x, y, z) = (0, 5, 0)$. The other eighteen chaotic cases were apparently previously unknown.

This search for algebraically simple chaotic systems was an outgrowth of earlier studies [16] in which Sprott showed that three-dimensional ODEs with quadratic nonlinearities and bounded solutions are chaotic for 0.38 ± 0.02 percent of the cases with uniform randomly chosen coefficients. The probability of chaos increases approximately as the square root of the dimension up to at least $d = 8$ as shown in Fig. 1. Also shown in Fig. 1 is the probability of chaos in systems governed by difference equations (iterated maps), whose behavior is contrary to the case of ODEs (flows) for reasons that are only partly understood. Whereas ODEs with quadratic nonlinearities require three dimensions to exhibit chaos, iterated maps can be chaotic with only one dimension. Similar studies [17] with randomly connected, discrete-time, artificial neural networks with a hyperbolic tangent squashing function show that the probability of chaos is small at low dimension and increases to nearly 100% at a dimension of about 100. The relative rarity of chaos in low-dimensional ODE systems is the reason chaos went largely unnoticed for so long and why new examples of simple chaotic systems are still being discovered. In a related study [18] Sprott showed that the average correlation dimension of chaotic d-dimensional flows with quadratic nonlinearities and uniform randomly chosen coefficients is approximately $1.07d^{0.3}$ and the average largest Lyapunov exponent is approximately $1.15d^{-0.84}$

4. JERK FUNCTIONS

In response to Sprott's work, Gottlieb [19] pointed out that Eq. (4) could be recast in the explicit third-order form

$$\dddot{x} = -\dot{x}^3 + \ddot{x}(x + \ddot{x})/\dot{x} \qquad (5)$$

which he called a "jerk function" since it involves a third derivative of x, which in a mechanical system is the rate of change of the acceleration, sometimes called the "jerk" [20]. It is known that any explicit ODE can be cast in the form of a system of coupled first-order ODEs, but the converse does not hold in general. Even if one can reduce the dynamical system to a jerk form for each of the phase space variables, the resulting differential equations may look quite different. Gottlieb asked the provocative question "What is the simplest jerk function that gives chaos?"

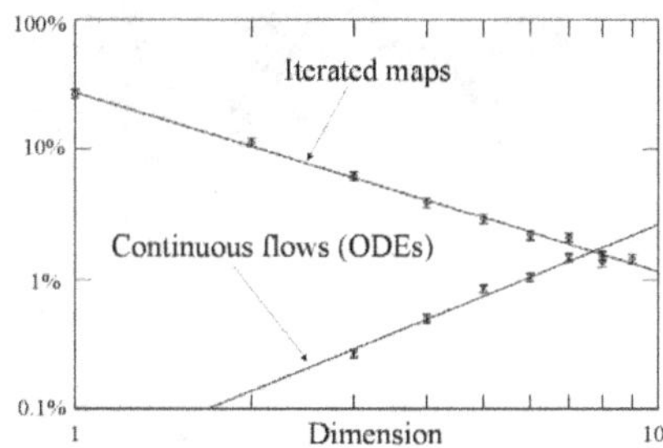

Figure 1. Probability of chaos for maps and flows of various dimensions.

One response was provided by Linz [21] who showed that the original Rössler model, the Lorenz model, and Sprott's case R can be reduced to jerk forms, albeit of very different complexity. The Rössler model in slightly modified form can be written as

$$\dddot{y} + [c - \varepsilon + \varepsilon y - \dot{y}]\ddot{y}$$
$$+ [1 - \varepsilon c - (1 + \varepsilon^2)y + \varepsilon\dot{y}]\dot{y} \qquad (6)$$
$$+ (\varepsilon y + c)y + \varepsilon = 0$$

where ε $(= a = b) = 0.2$ and $c = 5.7$ gives chaos. Note that the jerk form of the Rössler equation is a rather complicated quadratic polynomial with 10 terms. Figure 2 shows that the attractor in the $\dot{y} - y$ phase space is the familiar folded band.

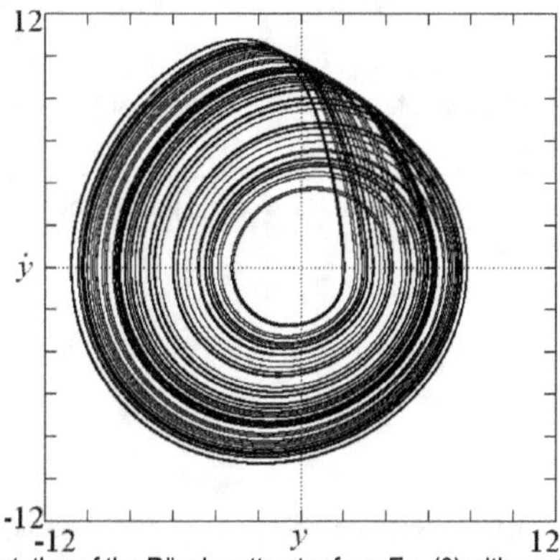

Figure 2. Phase-space plot of the jerk representation of the Rössler attractor from Eq. (6) with $\varepsilon = 0.2$ and $c = 5.7$.

The Lorenz model in Eq. (1) can be written as

$$\dddot{x} + [1 + \sigma + b - \dot{x}/x]\ddot{x}$$
$$+ [b(1 + \sigma + x^2) - (1 + \sigma)\dot{x}/x]\dot{x} \qquad (7)$$
$$- b\sigma(r - 1 - x^2)x = 0$$

The jerk form of the Lorenz equation is not a polynomial since it contains terms proportional to $\dot{x}/x$ as is typical of dynamical systems with multiple nonlinearities. Its jerk form contains eight terms. The phase-space plot of Eq. (7) in Fig. 3 shows the familiar double-lobed attractor.

Linz showed that Sprott's case R can be written as a polynomial with only five terms and a single quadratic nonlinearity

$$\dddot{x} + \ddot{x} - x\dot{x} + ax + b = 0 \qquad (8)$$

with chaos for $a = 0.9$ and $b = 0.4$. Its attractor as shown in Fig. 4 is a folded band similar to the Rössler attractor.

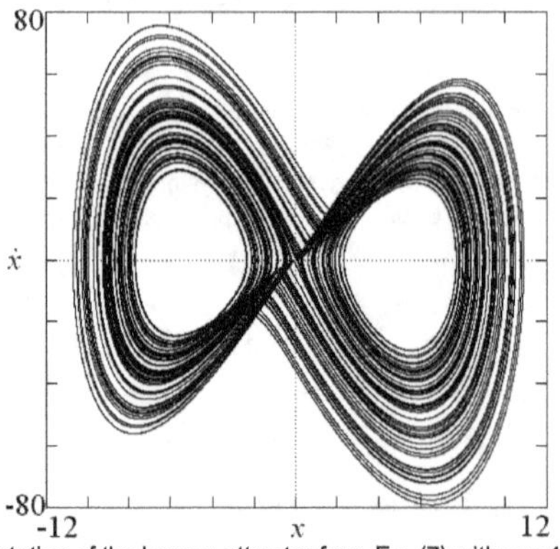

Figure 3. Phase-space plot of the jerk representation of the Lorenz attractor from Eq. (7) with $\sigma = 10$, $r = 28$, and $b = 8/3$.

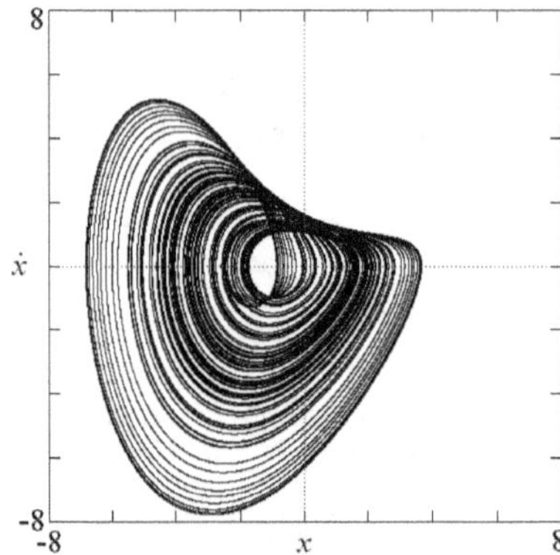

Figure 4. Attractor for Sprott's Case R from Eq. (8) with $a = 0.9$ and $b = 0.4$.

Clearly, the Lorenz and Rössler models are not candidates for Gottlieb's simplest jerk function that gives chaos, and Sprott's models demonstrate the existence of much simpler examples.

Meanwhile, Sprott also took up Gottlieb's challenge and embarked on an extensive numerical search for chaos in systems of the explicit form $\dddot{x} = J(\ddot{x}, \dot{x}, x)$, where the (jerk) function J is a simple quadratic or cubic polynomial. He found a variety of cases [22], including two with three terms and two quadratic nonlinearities in their jerk function,

$$\dddot{x} + a\ddot{x} - \dot{x}^2 + x = 0 \qquad (9)$$

with $a = 0.645$ and

$$\dddot{x} + a\ddot{x} - x\dot{x} + x = 0 \qquad (10)$$

with $a = -0.113$, and a particularly simple case with three terms and a single quadratic nonlinearity [23],

$$\dddot{x} + a\ddot{x} \pm \dot{x}^2 + x = 0 \qquad (11)$$

with $a = 2.017$. Its attractor is shown in Fig. 5. For this value of a, the Lyapunov exponents (base-e) are (0.0550, 0, -2.0720) and the Kaplan-Yorke dimension is $D_{KY} = 2.0265$. He also found systems of the form

$$\dddot{x} + a\ddot{x} + \dot{x} = G(x) \qquad (12)$$

where $G(x)$ is a second-degree (or higher) polynomial such as $x^2 - b$ or $x(x - b)$.

It is interesting to rewrite Eq. (11) as a dynamical system in the variables x, y, and z:

$$\dot{x} = y$$
$$\dot{y} = z \qquad\qquad (13)$$
$$\dot{z} = -az \pm y^2 - x$$

In this form, it is apparent that it has two fewer terms than the Lorenz or Rössler models and only a single quadratic nonlinearity (y^2). As a consequence, it is characterised by a single parameter (a). It is unlikely that a simpler quadratic form exists because it would have no adjustable parameters. The number of possibilities is quite small, and a systematic numerical check revealed that none of them exhibits chaos.

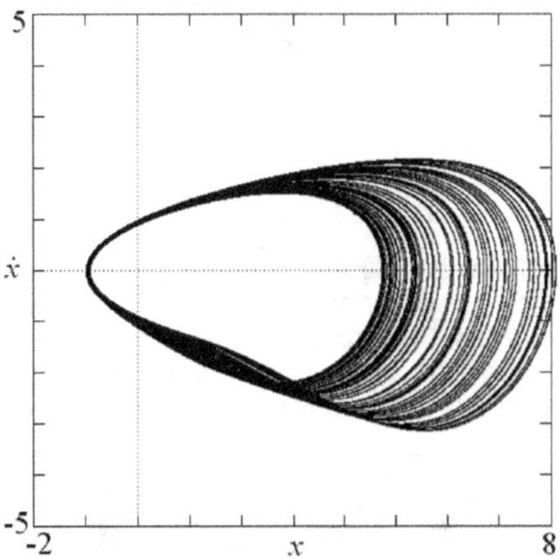

Figure 5. Attractor for the simplest chaotic flow with a quadratic nonlinearity from Eq. (11) with a = 2.017.

Equation (11) is simpler than any previously discovered case, both in its jerk representation and in its representation as a dynamical system. It was apparently overlooked in earlier searches because the range of a over which chaos occurs is quite narrow (2.0168... $<a<$ 2.0577...). It also has a relatively small basin of attraction, so that initial conditions must be chosen carefully. One choice of initial conditions that lies in the basin of attraction is $(x, y, z) = (0, 0, \pm1)$, where the sign is chosen according to the sign of the y^2 term in Eq. (13).

There is an alternate form for the simplest quadratic jerk function that can be written as

$$\dddot{x} + a\ddot{x} \pm x\dot{x} + x = 0 \qquad\qquad (14)$$

but this case is equivalent to Eq. (11) to within a constant as can be seen by differentiating Eq. (11) with respect to time and then renaming the variable $\dot{x}$ to x.

These systems, and most of the others in this paper, share a common route to chaos. The control parameter a can be considered a damping rate for the nonlinear oscillator. For large values of a, there are one or more stable equilibrium points. As a decreases, a Hopf bifurcation occurs in which the equilibrium becomes unstable, and a stable limit cycle is born. The limit cycle grows in size until it bifurcates into a more complicated limit cycle with two loops, which then bifurcates into four loops, and so forth, in a sequence of period doublings until chaos finally onsets. A further decrease in a causes the chaotic attractor to grow in size, passing through infinitely many periodic windows, and finally becoming unbounded when the attractor grows to touch the boundary of its basin of attraction (a crisis). A bifurcation diagram for Eq. (11), which is typical, is shown in Fig. 6. In this figure, the local maxima of x are plotted as the damping a is gradually decreased. Note that the scales are plotted backwards to emphasise the similarity to the logistic map, $x_{n+1} = Ax_n(1 - x_n)$ [24]. Indeed, a plot the maximum of x versus the previous maximum shows an approximate parabolic dependence, albeit with a very small-scale fractal structure. No cases were found with a toroidal attractor. Apparently, three-dimensional systems with a single quadratic nonlinearity cannot produce toroidal attractors.

Sprott also found a variety of chaotic jerk functions with cubic nonlinearities, the simplest of which have three terms and two nonlinearities. Two examples are

$$\dddot{x} + \ddot{x}^3 + x^2\dot{x} + ax = 0 \qquad\qquad (15)$$

with a = 0.25 and

$$\dddot{x} + a\ddot{x} - x\dot{x}^2 + x^3 = 0 \qquad\qquad (16)$$

with a = 3.6. He also found cases with four terms and one nonlinearity, including the old (circa 1966), but little known, Moore-Spiegel oscillator [25]

$$\dddot{x} + \ddot{x} + (T - R + Rx^2)\dot{x} + Tx = 0 \qquad\qquad (17)$$

which models the inviscid convection of a rotating fluid, where T is analogous to the Prandtl number times the Taylor number and R is analogous to the Prandtl number times the Rayleigh number. Moore and Spiegel reported "aperiodic behaviour" for $T = 6$ and $R = 20$; the term "chaos" was not coined until 1975 [26].

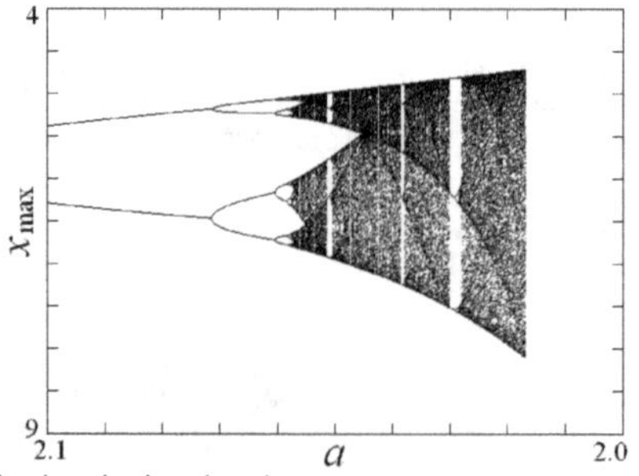

Figure 6. Bifurcation diagram for Eq. (11) as the damping is reduced.

A phase-space plot of the Moore-Spiegel attractor for these parameters is shown in Fig. 7. The regions in R-T space over which chaos occurs are shown in Fig 8, in which chaos is assumed to exist if the largest Lyapunov exponent exceeds 0.005 after 4×10^5 fourth-order Runge-Kutta iterations with a step size of 0.05. A more general equation of the same form as Eq. (17) was derived by Auvergne and Baglin [27] to model the motion of the ionisation zone of a star, and they also reported "irregular behaviour" and a broad power spectrum.

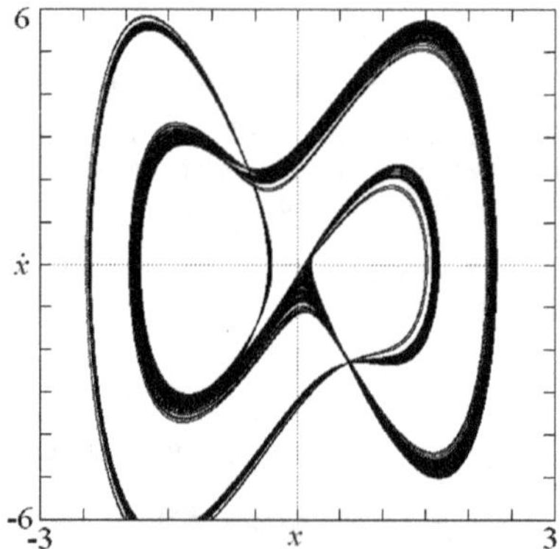

Figure 7. Attractor for the Moore-Spiegel oscillator in Eq. (17) with $T = 6$ and $R = 20$.

Sprott did not find dissipative chaotic jerk functions with fewer than four terms and a single cubic nonlinearity. The absence of chaos in Eq. (11) with a cubic instead of quadratic nonlinearity is curious since it contradicts the conventional wisdom that increasing the nonlinearity enhances the likelihood of chaos. It is evident that a certain amount of nonlinearity is required for chaos, but more is not necessarily better.

Recently, Malasoma [28] joined the search for simple chaotic jerk functions and found a cubic case as simple as Eq. (11) but of a different form

$$\dddot{x} + a\ddot{x} - x\dot{x}^2 + x = 0 \qquad (18)$$

which exhibits chaos for $a = 2.05$. Its attractor is shown in Fig 9. For this value of a, the Lyapunov exponents (base-e) are (0.0541, 0, -2.1041), and the Kaplan-Yorke dimension is $D_{KY} = 2.0257$. This case follows the usual period-doubling route to chaos, culminating in a boundary crisis and unbounded solutions as a is lowered. The range of a over which chaos occurs is very narrow, $2.0278... < a < 2.0840...$, which probably explains why it was missed in earlier numerical searches. There is also a second extraordinarily small window of chaos for $0.0753514... < a < 0.0753624...$, which is five thousand times smaller than the previous case. Malasoma points out that this system is invariant under the parity transformation $x \rightarrow -x$ and speculates that this system is the simplest such example.

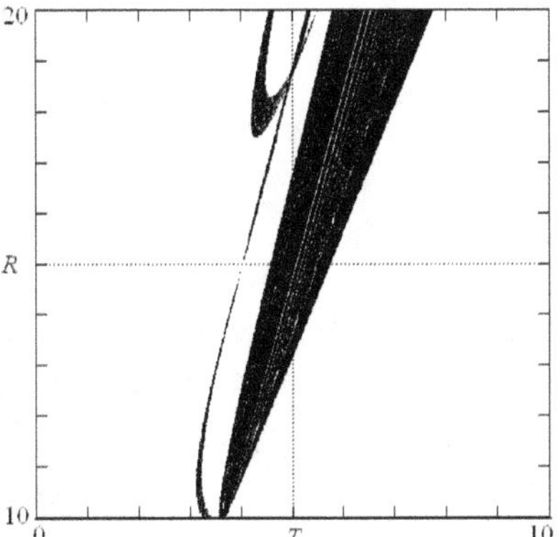

Figure 8. Regions of *R-T* space over which chaos occurs for the Moore-Spiegel oscillator in Eq. (17).

Both Linz and Sprott pointed out that if the jerk function is considered the time derivative of an acceleration of a particle of mass *m*, Newton's second law implies a force *F* whose time derivative is *dF/dt = mJ*. If the force has an explicit dependence on only $\dot{x}$, *x*, and time, it is considered to be "Newtonian jerky". The condition for $F = F(\dot{x}, x, t)$ is that *J* depends only linearly on $\ddot{x}$. In such a case the force in general includes a memory term of the form

$$M = \int^{t} G(x(\tau)) d\tau \qquad (19)$$

that depends on the dynamical history of the motion.

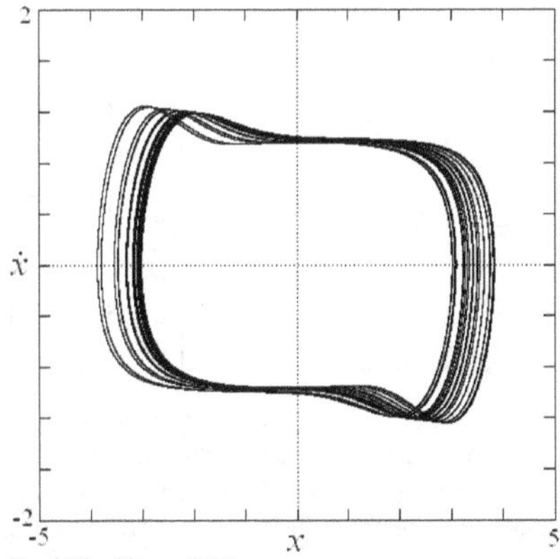

Figure 9. Attractor for the simple cubic flow in Eq. (18) with *a* = 2.05.

The jerk papers by Linz and by Sprott appeared in the same issue of the American Journal of Physics and prompted von Baeyer [29] to comment: "*The articles with those funny titles are not only perfectly serious, but they also illustrate in a particularly vivid way the revolution that is transforming the ancient study of mechanics into a new science—one that is not just narrowly concerned with the motion of physical bodies, but that deals with changes of all kinds.*" He goes on to say that the method of searching for chaos in a large class of systems "*is not just empty mathematical formalism. Rather it illustrates the arrival of a new level of abstraction in physical science… At that higher level of abstraction, dynamics has returned to the classical Aristotelian goal of trying to understand all change.*"

Eichhorn, Linz and Hänggi [30] summarized the situation with quadratic jerk functions that exhibit chaos. They used the method of comprehensive Gröbner bases [31] to show that all the previously mentioned chaotic flows with a single quadratic nonlinearity and some of those with multiple nonlinearities can be organized into a hierarchy of quadratic jerk equations with increasingly many terms. A slightly modified version of their results is shown in Table 1 with simplified parameters that produce chaos. Case JD_0 (not included by Eichhorn, et. al.) is a special case of JD_1 in which the constant term is zero. Such a categorization provides a simple means to compare the functional complexity of different systems and demonstrates the equivalence of cases not otherwise apparent. In a subsequent paper [32], the authors examined the simple cases JD_1 and JD_2 in more detail and identified the regions of parameter space over which they exhibit chaos, albeit with different forms chosen so that the locations of the fixed points are independent of the parameter values. In particular, JD_1 becomes

$$\dddot{x} = -\ddot{x} - a\dot{x} - bx + x\dot{x} \qquad (20)$$

and JD_2 becomes

$$\dddot{x} = -\ddot{x} - a\dot{x} - b(x^2 - 1/4) \qquad (21)$$

They also derived criteria for functional forms of the jerk function that cannot exhibit chaos. In particular, they showed that a jerk equation whose integral can be written as

$$\ddot{x} + \Omega(x,\dot{x}) = \int^t G(x(\tau))d\tau \qquad (22)$$

with G being either a positive or a negative semidefinite function for all x cannot exhibit chaos. Moreover, if G is of the form $G(x) = \widetilde{G}(x) + c$ with a positive (negative) constant c and a positive (negative) semidefinite function $\widetilde{G}$, the dynamics eventually diverge for all initial values, except for those that coincide with fixed points.

Table 1. Classification of simple chaotic polynomial jerk systems

Model	Equation	Parameters
JD$_0$	$\dddot{x} = a\ddot{x} + \dot{x}^2 - x$	$a = -2.017$
JD$_1$	$\dddot{x} = a\ddot{x} + bx$ $+ x\dot{x} - 1$	$a = -1.8$ $b = -2$
JD$_2$	$\dddot{x} = a\ddot{x} + b\dot{x}$ $+ x^2 - 1$	$a = -0.5$ $b = -1.9$
JD$_3$	$\dddot{x} = a\ddot{x} + b\dot{x}$ $+ cx^2 + x\dot{x} - 1$	$a = -0.6$ $b = -3$ $c = 5$
JD$_4$	$\dddot{x} = a\ddot{x} + b\dot{x}$ $+ cx^2 + x\ddot{x} - 1$	$a = -0.6$ $b = -2$ $c = 3$
JD$_5$	$\dddot{x} = a\dot{x} + bx^2$ $+ \dot{x}^2 - x\ddot{x}$	$a = 0.5$ $b = -1$
JD$_6$	$\dddot{x} = a\ddot{x} + b\dot{x} + cx^2$ $+ d\dot{x}^2 + x\ddot{x} - 1$	$a = -1$ $b = -1$ $c = 2$ $d = 2$
JD$_7$	$\dddot{x} = a\ddot{x} + b\dot{x} + cx^2$ $+ d\dot{x}^2 + ex\dot{x}$ $+ x\ddot{x} - 1$	$a = -1$ $b = 1$ $c = 2$ $d = -3$ $e = 1$

Concurrently, Fu and Heidel [33], with a technical correction by Gascon [34], proved that all three-dimensional, dissipative, dynamical systems with quadratic nonlinearities and fewer than five terms cannot exhibit chaos. They subsequently extended their results [35] to include conservative cases. More precisely, they rigorously proved their results for almost all conservative cases. The lone exception, $\dddot{z} = \dot{z}^2 - z^2$, appears numerically to have only periodic and unbounded solutions. Their work lends credence to the claim that Eq. (11) is the simplest chaotic flow with a quadratic nonlinearity.

Working independently, Thomas [36, 37] considered the terms in the Jacobian matrix of the system as feedback loops from which he was able to deduce candidate chaotic systems and the required signs of the coefficients. One such system is

$$\dot{x} = -y - z$$
$$\dot{y} = x + ay \qquad (23)$$
$$\dot{z} = x^2 - cz$$

with $a = 0.385$ and $c = 2$. This system can be reduced to the jerk form

$$\dddot{x} + (c - a)\ddot{x} + (1 - ac)\dot{x}$$
$$+ 2x\dot{x} - ax^2 + cx = 0 \qquad (24)$$

which by a transformation of variables is equivalent to case JD$_3$ in Table 1. The x^2 term in Eq. (23) can be replaced with other nonlinearities, including x^3, $\tanh(x)$, $\sin(x)$, and $\text{sgn}(x)$, yielding chaos for appropriate parameter values. These cases have multiple equilibrium points. Thomas also proposed a case with a single equilibrium (at the origin) given by

$$\dot{x} = ax - y - z$$
$$\dot{y} = x \qquad\qquad (25)$$
$$\dot{z} = x^2 - cz$$

with $a = 0.25$ and $c = 2$. Its jerk form is

$$\dddot{x} + (c - a)\ddot{x} + (1 - ac)\dot{x} \qquad\qquad (26)$$
$$+ 2x\dot{x} + cx = 0$$

which is a generalization of Eq. (14). By a linear transformation and rescaling, Eq. (26) is equivalent to case JD_1 in Table 1. The x^2 term in Eq. (25) can be replaced with x^3, yielding chaos for $a = 3.3$ and $c = 4$, and a jerk function similar to but slightly more complicated than Eq. (18). Thomas also suggested symmetric equations of the form

$$\dot{x} = -ax + f(y)$$
$$\dot{y} = -ay + f(z) \qquad\qquad (27)$$
$$\dot{z} = -az + f(x)$$

for which he found chaotic attractors for cubic polynomial and sinusoidal functions f. For example, $a = 0.18$ and $f(x) = \sin(x)$ gives chaos as shown in Fig. 10. With $f(x) = \sin(x)$, he also observed chaos in the conservative limit of $a = 0$. This particularly simple and elegant example has a trajectory that percolates chaotically within the infinite three-dimensional lattice of unstable steady states. Thomas calls this "labyrinth chaos." Unfortunately, its jerk representation is complicated because of the three nonlinearities. Equation (27) is a special case of the more general, cyclically symmetric system

$$\dot{x} = f(x, y, z)$$
$$\dot{y} = f(y, z, x) \qquad\qquad (28)$$
$$\dot{z} = f(z, x, y)$$

which has chaotic solutions for many choices of the nonlinear function f.

A convenient feature of chaotic jerk equations is that all three of the Lyapunov exponents can be determined from a numerical calculation of only the largest exponent. This exponent (λ_1) must be positive for chaos, and there must be one zero exponent (λ_2) corresponding to the direction of the flow. However, for a bounded system, the sum of the exponents $\lambda_1 + \lambda_2 + \lambda_3$ is the rate of volume expansion averaged along the orbit and must be negative or zero and given by $\partial J / \partial \ddot{x}$, which is equal to a for the Newtonian jerky cases JD_0 though JD_3 in Table 1. Hence the negative exponent is easily found from $\lambda_3 = a - \lambda_1$. The Kaplan-Yorke dimension then follows from $D_{KY} = 2 - \lambda_1 / \lambda_3$.

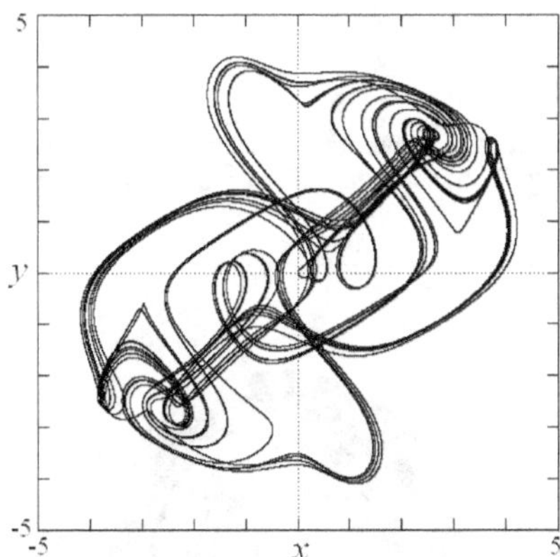

Figure 10. Attractor for the symmetric system of Thomas in Eq. (27) with $a = 0.18$ and $f(x) = \sin(x)$.

Cases whose exponents sum to zero are conservative, and their orbits fill a three-dimensional volume. Cases whose exponents sum to a negative value are dissipative, and they have a strange attractor with a dimension between 2 and 3. In either case, initial conditions must be chosen appropriately to ensure that they are in the basin of attraction for the dissipative systems and in the stochastic sea for the conservative systems. The emphasis here is on dissipative systems since they are more mathematically tractable and are better models of most natural systems.

5. PIECEWISE LINEAR JERK FUNCTIONS

Having found what appears to be the simplest jerk function with a quadratic nonlinearity that leads to chaos, it is natural to ask whether the nonlinearity can be weakened. In particular, the $\dot{x}^2$ in Eq. (11) might be replaced with $|\dot{x}|$. A numerical search did not reveal any such chaotic solutions.
However, one can formulate the question differently. Consider the system,

$$\dddot{x} + a\ddot{x} \pm |\dot{x}|^b + x = 0 \qquad (29)$$

which is equivalent to Eq. (11) when $b = 2$. For what values of a and b does this system exhibit chaos? Figure 11 shows the result of a numerical search in which chaos is assumed to exist if the largest Lyapunov exponent exceeds 0.005 after 4×10^5 fourth-order Runge-Kutta iterations with a step size of 0.05. There are indeed regions of chaos for $1 < b \leq 2$ as well as for larger values of b. However, there do not appear to be chaotic solutions for $b = 3$ as mentioned earlier. The spiral structure of the chaotic region in a-b space begs for an explanation. It appears that the region of chaos does not extend down to $b = 1$, but this is because systems with $|x| + |y| + |z| > 10^6$ have been discarded since they are considered unbounded. In fact, the attractor size is found to increase approximately as $\exp[1/(b-1)]$ for $1 < b < 2$.

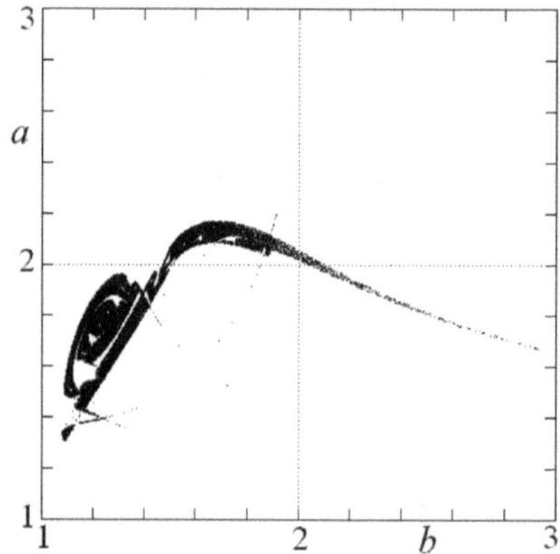

Figure 11. Regions of a-b space for which chaos occurs in Eq. (29).
In an extensive numerical search for the algebraically simplest dissipative chaotic flow with an absolute-value nonlinearity, Linz and Sprott [38] discovered the case

$$\dddot{x} + a\ddot{x} + b\dot{x} - |x| + 1 = 0 \qquad (30)$$

which exhibits chaos for $a = 0.6$ and $b = 1$. Chaos also occurs if the signs of both the last two terms are reversed, with an attractor that is a mirror image of the original about the $x=0$ plane. The attractor for this case as shown in Fig. 12 resembles the folded-band structure of the Rössler attractor.

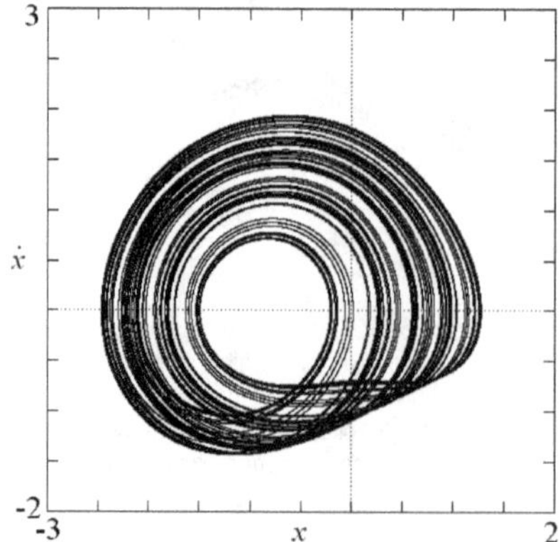

Figure 12. Attractor for the simplest chaotic system with an absolute-value nonlinearity from Eq. (30) with $a = 0.6$ and $b = 1$.
For these parameters, the Lyapunov exponents (base-e) are (0.035, 0, - 635), and the Kaplan-Yorke dimension is $D_{KY} = 2.055$. The abrupt change in direction of the flow at $x = 0$ is not evident in the figure because the discontinuity occurs only in the fourth time derivative of x.

The constant 1 in Eq. (30) affects only the size of the attractor. Chaos exists for arbitrarily small values of this constant, but the attractor and its basin of attraction shrink proportionally. This system exhibits a period-doubling route to chaos as shown in Fig. 13 and otherwise resembles the quadratic chaotic jerk functions previously described. This example relates to the quadratic flows as the tent map does to the logistic map. Linz and Sprott claim it is the most elementary piecewise linear chaotic flow and point out that the piecewise linear nature of the nonlinearity allows for an analytic solution to Eq. (30) by solving two linear equations and matching the boundary conditions at $x = 0$. Figure 14 shows the regions in a-b space for which chaos occurs in Eq. (30), in which chaos is assumed to exist if the largest Lyapunov exponent exceeds 0.005 after 4×10^5 fourth-order Runge-Kutta iterations with a step size of 0.05.

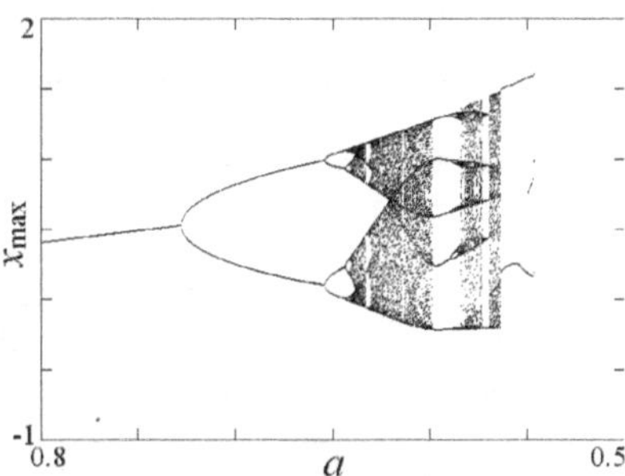

Figure 13. Bifurcation diagram for Eq. (30) with $b = 1$ as the damping is reduced.

More recently, Linz [39] has proved that chaos cannot exist in Eq. (30) if any of the terms are set to zero. He also notes that chaos is possible if the $|x|$ term in Eq. (30) is replaced with $|x^n|$, $|x|^n$, or x^{2n}, with n a positive integer, or more generally with any inversion symmetric function $f(x) = f(-x)$ that is either positive or negative for all x. Numerical experiments indicate that chaotic solutions with $f(x) = |x|^n$ exist for all nonzero n, including non-integer and negative values.

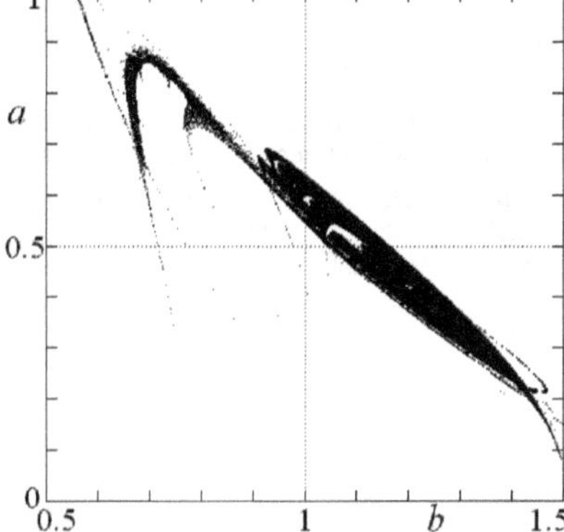

Figure 14. Regions of a-b space for which chaos occurs in Eq. (30).

In a recent paper, Fischer, Weiler, Fröhlich, and Rössler [40] propose a piecewise linear system whose jerk representation can be written as

$$\dddot{x} + a\ddot{x} + b\dot{x} + x - |x| + c = 0 \qquad (31)$$

which exhibits chaos for $a = c = 0.1$ and $b = 0.3$. It is intended to model an experimental example of chaos discovered in an electronic circuit [41]. They claim their system is "a maximally simple 3-variable ODE with a single letter-V shaped nonlinearity". Unfortunately, it has one more term and one more parameter than the case in Eq. (30), and thus it is not "maximally simple" in this sense, although the term $x - |x|$ can be written as $2 \min(x, 0)$.

Equation (30) and (31) are special cases of Eq. (12) in which $G(x)$ is a general nonlinear function with the properties described below. Integrating each term in Eq. (12) reveals that this system is a damped harmonic oscillator driven by a nonlinear memory term that involves the integral of $G(x)$ as shown in Eq. (22). Such an equation often arises in the feedback control of an oscillator in which the experimentally accessible variable is a transformed and integrated version of the fundamental dynamical variable. Despite its importance and the richness of its dynamics, this system has been relatively little studied. Coullet, Tresser, and Arneodo observed chaos in numerical simulations with a cubic nonlinearity [42] of the form $G(x) = bx(1 - x^2)$ with $a = 0.1$ and $b = 0.44$ and with a special piecewise linear [43, 44] form

$$G(x) = \begin{cases} -bx - b - c & \text{if } x \le -1 \\ cx & \text{if } |x| \le 1 \\ -bx + b + c & \text{if } x \ge 1 \end{cases} \qquad (32)$$

with $a = 0.1$, $b = 0.2061612$, and $c = 0.2171604$ that models a cubic nonlinearity and satisfies the Sil'nikov conditions for a homoclinic orbit [45-47]. Thus it is one case for which chaos can be rigorously proved rather than numerically indicated.

It does not appear generally known that chaos accompanies many functions $G(x)$, some examples of which are listed in Table 2. These systems are elementary, both in the sense of having the algebraically simplest autonomous ODE and in the form of the nonlinearity. The table lists typical values of b that give chaos for arbitrary values of c with $a = 0.6$, along with the numerically calculated largest Lyapunov exponents (LE) in base-e. The constant c is arbitrary and only affects the size of the attractor.

For bounded solutions, $G(x)$ must average to zero along the orbit, which means that any continuous $G(x)$ must have at least one zero at $x = x^*$. The stability of the fixed point at $(x^*, 0, 0)$ is determined by the solutions of the eigenvalue equation $\lambda^3 + a\lambda^2 + \lambda - G' = 0$, where $G' = dG/dx$, evaluated at $x = x^*$. This point is locally stable for $-a \leq G' \leq 0$ and undergoes a Hopf bifurcation at $G' = -a$, where $\lambda = \pm i$. Thus, one would expect chaotic systems of this form to require nonlinearity with either a positive slope at its zero crossing, or a large negative slope. Systems with $G' > 0$ apparently require at least two fixed points for chaos, but systems with $G' < -a$ only need one. All the cases in Table 2 have these properties. A scaling that preserves G' and the shape of $G(x)$ only affect the size of the attractor.

Table 2. Some simple functions $G(x)$ that produce chaos in Eq. (12) with $a = 0.6$.

$G(x)$	b	LE
$\pm(b\lvert x\rvert - c)$	1.0	0.036
$-b\max(x,0)+c$	6.0	0.093
$bx - c\,\mathrm{sgn}(x)$	1.2	0.657
$-bx + c\,\mathrm{sgn}(x)$	1.2	0.162
$\pm b(x^2/c - c)$	0.58	0.073
$bx(x^2/c - 1)$	1.6	0.103
$-bx(x^2/c - 1)$	0.9	0.126
$-b[x - 2\tanh(cx)/c]$	2.2	0.221
$\pm b\sin(cx)/c$	2.7	0.069
$\pm b\cos(cx)/c$	2.7	0.069

It is interesting to identify the maximally chaotic piecewise linear system. Of the cases in Table 2, the largest Lyapunov exponents occur for systems with $G(x) = bx - c\,\mathrm{sgn}(x)$. Using a variant of simulated annealing [48], the parameters a and b were adjusted to maximise the Lyapunov exponent. The result was $a = 0.55$ and $b = 2.84$, for which the Lyapunov exponents (base-e) are (1.055, 0, -1.655), giving an attractor with a Kaplan-Yorke dimension of $D_{KY} = 2.637$. The attractor as shown in Fig. 15 is contained within an extremely thin torus that nearly touches the boundary of its small basin of attraction so that initial conditions must be chosen carefully to produce bounded solutions. Initial conditions that suffice are $(x, y, z) = (0.03, -0.33, -0.3)$.

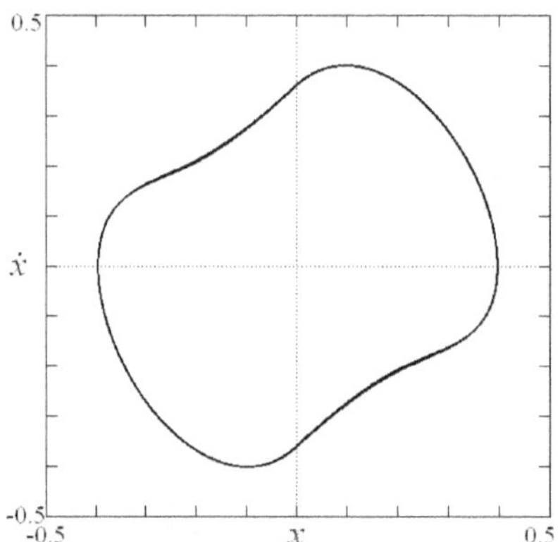

Figure 15. Attractor for the maximally chaotic system given by Eq. (12) with $a = 0.55$ and $G(x) = 2.84x - \mathrm{sgn}(x)$.

It is also interesting to identify the least nonlinear form of $G(x)$ for which chaos occurs, which we take to mean the two-part piecewise linear function with the smallest bend at the knee, θ. Of the cases in Table 2, this condition occurs for $G(x) = \pm(b\lvert x\rvert - c)$ with $a = 0.025$ and $b = 0.468$, for which $\theta\ (= 2\tan^{-1}b)$ is about $50.2°$. The basin of attraction is very small, and the chaotic attractor coexists with a nearby limit cycle. Initial conditions that suffice are $(x, y, z) = (0.9, 0, 0)$. Its attractor is shown in Fig. 16.

The chaotic cases described above by no means exhaust the list of simple jerk functions with chaotic solutions. In an extensive search for chaos in equations of the form

$$\dddot{x} = a\ddot{x} + b\varphi(\ddot{x}) + c\dot{x} + d\varphi(\dot{x}) + ex + f\varphi(x) + g \tag{33}$$

where $\varphi(x)$ is one of a variety of simple nonlinear functions, several dozen algebraically distinct cases were found with three terms on the right-hand side, and several hundred cases were found with four terms on the right-hand side. Cases whose coefficients have different signs are considered distinct, but not cases in which only the values differ. Table 3 lists a small selection of those cases, chosen to exclude ones that have already been described, ones with multiple nonlinearities, and ones that are a superset of a simpler equation listed in the table. These cases have not been carefully verified, and no values are given for the coefficients a and b that give chaotic solutions, except that they are positive. The coefficients are arbitrarily put into the leading terms. They are presented here to encourage further study and experimentation. Note that many of the cases are conservative and those cases require a careful choice of initial conditions and tend to have very small Lyapunov exponents.

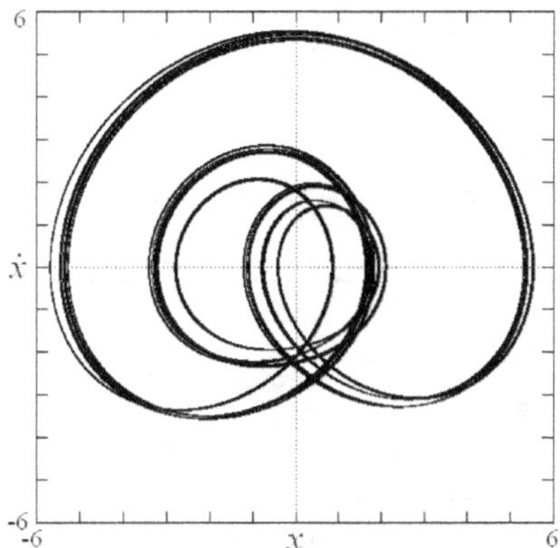

Figure 16. Attractor for the least nonlinear chaotic system given by Eq. (12) with $a = 0.025$ and $G(x) = 0.468|x| - 1$

6. ELECTRICAL CIRCUIT IMPLEMENTATIONS

The piecewise linear jerk functions described above are ideally suited for electronic implementation [49] because they can be accurately represented with resistors, capacitors, diodes and operational amplifiers. The general procedure is to start with the quantity $-\dddot{x}$ at the circuit input, and then successively generate $\ddot{x}$, $-\dot{x}$, and x with inverting integrators. These signals, perhaps with an additional constant voltage, are then appropriately combined to form the function $J(\ddot{x}, \dot{x}, x)$, which is then fed back to the input of the circuit. Such a circuit can be considered a nonlinear oscillator with positive feedback.

Table 3. Some additional simple systems with chaotic solutions for appropriate values of a and b (not given).

$\dddot{x} = a\ddot{x} - b\,\mathrm{sgn}(\ddot{x}) - \dot{x} - x$
$\dddot{x} = -a\dot{x} - bx + \cosh(x) - 1$
$\dddot{x} = -a\dot{x} \pm (|x| - 1)$
$\dddot{x} = -a\dot{x} \pm (x - x^3)$
$\dddot{x} = -a\dot{x} \pm b(x - \max(x,0) + 1)$
$\dddot{x} = -a\dot{x} \pm b(x - \min(x,0) - 1)$
$\dddot{x} = -a\dot{x} \pm (x - \sinh(x))$
$\dddot{x} = -a\dot{x} \pm x + x^2$
$\dddot{x} = -a\dot{x} \pm bx - \cosh(x) + 1$
$\dddot{x} = -a\ddot{x} + b\dot{x} - \dot{x}^3 - x$
$\dddot{x} = -a\ddot{x} + b\dot{x} - \sinh(\dot{x}) - x$
$\dddot{x} = -a\ddot{x} - \exp(\dot{x}) - x$
$\dddot{x} = -a\ddot{x} - b\dot{x} + \cos(\dot{x}) - x$
$\dddot{x} = -a\ddot{x} - b\dot{x} + x^2 - 1$
$\dddot{x} = -a\ddot{x} - b\dot{x} + x - \cosh(x)$
$\dddot{x} = -a\ddot{x} - b\dot{x} + x \pm \exp(x)$
$\dddot{x} = -a\ddot{x} - b\dot{x} - \min(x,0) - 1$
$\dddot{x} = -a\ddot{x} - b\dot{x} - x \pm \cosh(x)$
$\dddot{x} = -a\ddot{x} - b\dot{x} \pm (\cosh(x) - 1)$
$\dddot{x} = -a\ddot{x} - b\dot{x} \pm \cosh(\dot{x}) - x$
$\dddot{x} = -a\ddot{x} - b\dot{x} \pm x - x^2$
$\dddot{x} = -a\ddot{x} \pm b(\cosh(\dot{x}) - 1) - x$

As an example, Fig. 17 shows a circuit that solves Eq. (30) with $b = 1$. In this and the following circuit, only the inverting input to the operational amplifiers are shown; the noninverting inputs are grounded. If the fixed resistors are 1 Ω, the capacitors are 1 F, and the battery is 1 V, the circuit should work in real time and should produce chaotic oscillations when the variable resistor is adjusted to a value of $1/a \approx 1.67$ Ω. However, the frequency at the first Hopf bifurcation at $a = 1$ is only $1/2\pi$ Hz. A more practical implementation uses resistors of 1 kΩ and capacitors of 0.1 μF, giving a fundamental frequency of $f = 10^4/2\pi \approx 1592$ Hz at the first bifurcation. This frequency is well into the audio range so that the period doublings, periodic windows, and chaos, as shown in Fig. 13, are easily heard in the signal $x(t)$. The period doublings are even more pronounced when the signal x is integrated before amplification to enhance audibly the low frequencies.

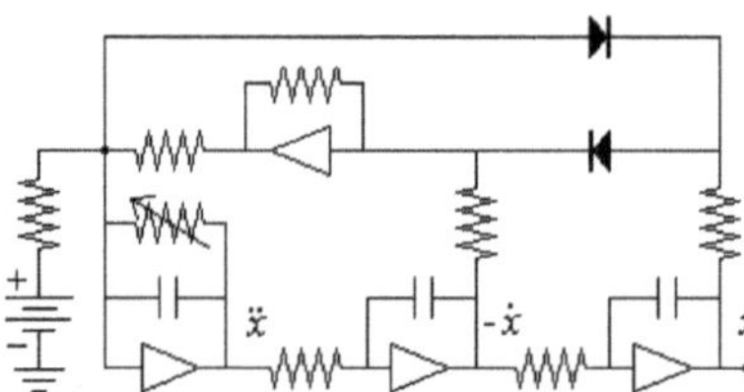

Figure 17. A chaotic circuit using inverting operational amplifiers and ideal diodes that solves Eq. (30) with $b = 1$.

The operation of the circuit in Fig. 17 should be apparent to anyone with operational amplifier design experience. However, it is not the simplest circuit that solves Eq. (12) with $G(x)$ as shown in Fig. 18 (a). One of the active integrators can be replaced with a passive integrator, and one of the diodes can be eliminated, resulting in a circuit with fifteen components rather than eighteen [50]. Elwakil and Soliman [51] have also devised a chaotic operational amplifier circuit with fifteen components using resistors, capacitors, and diodes, but the equations required to model it are much more complicated.

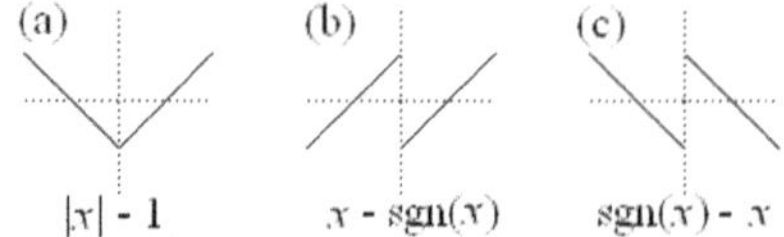

Figure 18. Some functions $G(x)$ in Eq. (12) that lead to chaos and are easily implemented electronically.

The functions shown in Table 2 suggest other nonlinear circuits. For example, the function $\mathrm{sgn}(x)$ is easily implemented with an operational amplifier that has no feedback and thus acts as a comparator, abruptly switching output from a large positive to a large negative value as the input voltage crosses zero. Special operational amplifier comparators are available that have orders of magnitude better frequency response and slew rates than those designed for linear operations. Figure 19 shows a circuit that solves the equation

$$\dddot{x} + a\ddot{x} + \dot{x} - x + \text{sgn}(x) = 0 \qquad (34)$$

with $a = 0.5$, whose nonlinearity is of the form shown in Fig. 18 (b). In this circuit, capacitors are in microfarads and all resistors are 1 kΩ.
This circuit has eleven components and might be the simplest chaotic circuit using only inverting operational amplifiers, resistors and capacitors. Its attractor is a single folded band similar to the Rössler attractor and other examples previously discussed. Equation (34) with the last two signs reversed as in Fig. 18 (c) also has chaotic solutions, with a double-scroll attractor similar to the Lorenz attractor, as shown in Fig. 20, but its circuit implementation requires an additional inverting amplifier. There is not a direct correspondence between simple equations and simple circuits, although the identification of one may suggest the other.

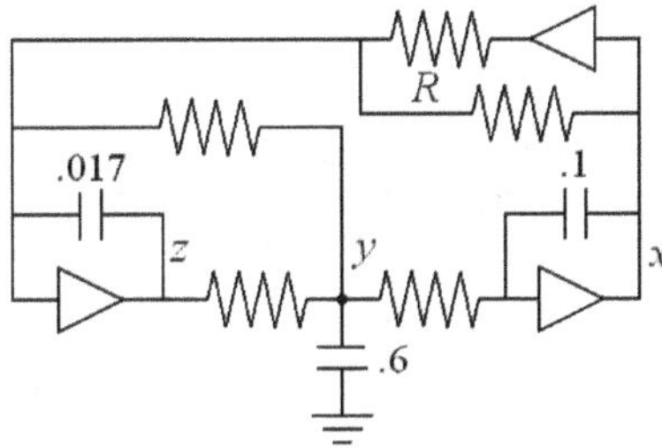

Figure 19. A chaotic circuit using inverting saturating operational amplifiers that solves Eq. (34) with $a = 0.5$.

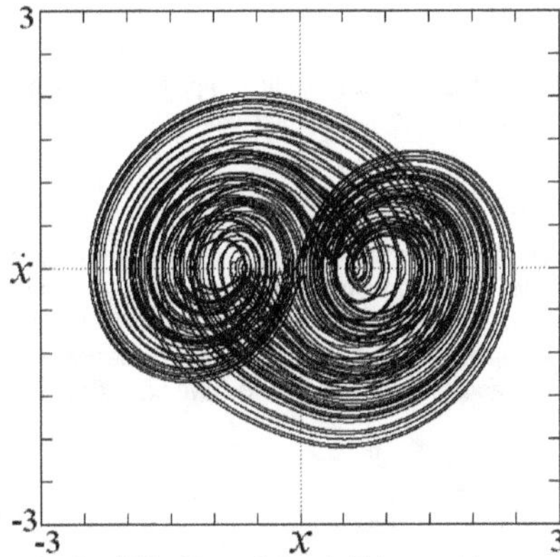

Figure 20. Attractor for the chaotic system given by Eq. (12) with $a = 0.5$ and $G(x) = \text{sgn}(x) - x$.
For some purposes, such as where size and expense are crucial, it may be important to minimize the required total capacitance and to keep the resistances small so that the whole circuit can be fabricated on a single chip. There is no fundamental reason why this cannot be done, although the challenge would be in simultaneously keeping the frequency low. Note that the initial charge on the three capacitors corresponds to the three initial conditions in the equations. Thus the circuits may not start properly if the initial values lie outside the basin of attraction for the desired solution.
These circuits are similar in spirit to Chua's circuit [52, 53] that uses two capacitors, an inductor, and diodes with operational amplifiers or transistors to provide a piecewise linear approximation to a cubic nonlinearity. A version of Chua's circuit using saturating operational amplifiers is shown in Fig. 21. The equations modelling this circuit can be reduced to

$$\dot{x} = a(y - h(x))$$
$$\dot{y} = x - y + z \qquad (35)$$
$$\dot{z} = -by$$

which is simple in the sense of having six terms and one nonlinearity, $h(x)$, whose form is similar to $G(x)$ in Eq. (32). However, its jerk representation is much more complicated:

$$\dddot{x} + \ddot{x} + (b - a)\dot{x} = \\ -a[\ddot{h}(x) + \dot{h}(x) + bh(x)] \qquad (36)$$

Because of the discontinuities in $\dot{h}$ and $\ddot{h}$, the dynamics are not continuous in the space of $(x, \dot{x}, \ddot{x})$. Since the contraction is not constant along the trajectory, it is more difficult to verify the Lyapunov exponents. Chua's circuit is more difficult to construct, scale to arbitrary frequencies, and analyse because of the inductor with its frequency-dependent losses, although a variant of Chua's circuit with only capacitors is possible [54]. Three reactive components (capacitors or inductors) are required for chaos in systems with continuous flows so that the Kirchhoff representation of the circuit contains three first-order ODEs.

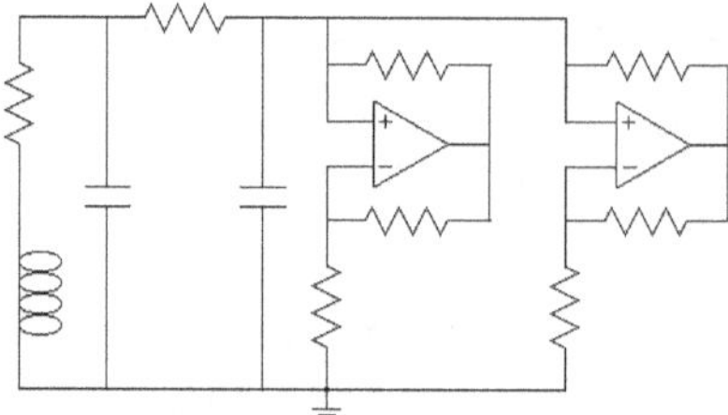

Figure 21. A version of Chua's circuit using saturating operational amplifiers.
Systems involving delta functions (derivatives of the step function) and hysteretic (double-valued) functions can also lead to chaos. Since the flow is discontinuous for such cases, chaos is possible with fewer than three variables. A 2-D chaotic circuit with thirteen components based on this idea has been developed by Tamaševičius, *et al.* [55].
A further 2-D chaotic example is provided by Dixon, *et al.* [56], in which the flow

$$\dot{x} = \frac{xz}{x^2 + z^2} - ax$$

$$\dot{z} = \frac{z^2}{x^2 + z^2} - bz - (1 - b) \tag{37}$$

is singular at the origin and all orbits are forced to approach the singularity. It is probably not the simplest such case. Such examples will not be further discussed because they are usually not good models for natural phenomena.

7. CONCLUSIONS

Many autonomous chaotic systems have been discovered and studied that are algebraically simpler than the Lorenz and Rössler systems that are usually cited as prototypical dissipative chaotic flows. The representation of these systems in terms of a single, autonomous, third-order, scalar ODE (a jerk equation) has simplified their identification and classification. Candidate equations have been found for the simplest such systems with quadratic and piecewise linear nonlinearities, Eq. (11) and Eq. (30), respectively. Those systems with piecewise linear functions are especially suited for electronic implementation, and several such circuits have been described. The simplest such circuit may not yet have been identified.

REFERENCES:

Peterson, I.: *Newton's Clock: Chaos in the Solar System*. W. H. Freeman, San Francisco, 1993

Barrow-Green, J.: *Poincaré and the Three Body Problem*. American Mathematical Society, Providence, RI, 1997

Lorenz, E. N.: Deterministic Nonperiodic Flow. *J. Atmos. Sci.*, vol. 20, pp. 130-141, 1963

Hirsch, M. W., and Smale, S.: *Differential Equations, Dynamical Systems and Linear Algebra*. Chapter 11, pp. 239-254, Academic Press, New York, 1974

Sparrow, C.: *The Lorenz Equations: Bifurcations, Chaos, and Strange Attractors*. Springer-Verlag, New York, 1982

Rössler, O. E.: An Equation for Continuous Chaos. *Phys. Lett. A*, vol. 57, nr. 5, pp. 397-398, 1976

Lorenz, E. N.: *The Essence of Chaos*. Chapter 4, pp. 148, University of Washington Press, Seattle, 1993

Rössler, O. E.: Continuous Chaos – Four Prototype Equations. *Ann.(N.Y.) Acad. Sci.*, vol. 316, pp. 376-392, 1979

Sprott, J. C.: Some Simple Chaotic Flows. *Phys. Rev. E*, vol. 50, nr. 2, pp. R647-R650, 1994

Sprott, J. C.: Automatic Generation of Strange Attractors. *Comput. & Graphics*, vol. 17, nr. 3, pp. 325-332, 1993

Sprott, J. C.: *Strange Attractors: Creating Patterns in Chaos*. M&T Books, New York, 1993

Wolf, A, Swift, J. B., Swinney, H. L., and Vastano, J. A.: Determining Lyapunov Exponents from a Time Series. *Physica D*, vol. 16, nr. 3, pp. 285-317, 1985

Kaplan, J. L. and Yorke, J. A.: Numerical Solution of a Generalized Eigenvalue Problem for Even Mapping. Peitgen, H. –O. and Walther, H. –O. (Eds.): *Functional Differential Equations and Approximations of Fixed Points, Lecture Notes in Mathematics*, vol. 730, pp. 228-256, Springer-Verlag, Berlin, 1979

Hoover, W. G.: Remark on "Some Simple Chaotic Flows". *Phys. Rev. E*, vol. 51, nr. 1, 759-760, 1995

Posch, H. A., Hoover, W. G., and Vesely, F. J.: Canonical Dynamics of the Nosé Oscillator: Stability, Order, and Chaos. *Phys. Rev. A*, vol. 33, nr. 6, pp. 4253-4265, 1986

Sprott, J. C.: How Common is Chaos? *Phys. Lett. A*, vol. 173, nr. 1, pp. 21-24, 1993

Dechert, W. D., Sprott, J. C., and Albers, D. J.: On the Probability of Chaos in Large Dynamical Systems: A Monte Carlo Study. *Journal of Economic Dynamics & Control*, vol. 23, nr. 8, pp. 1197-1206, 1999

Sprott, J. C.: Predicting the Dimension of Strange Attractors. *Phys. Lett. A*, vol. 192, nr. 5-6, pp. 355-360, 1994

Gottlieb, H. P. W.: Question #38. What is the simplest jerk function that gives chaos? *Am. J. Phys.*, vol. 64, nr. 5, pp. 525, 1996

Schot, S. H.: Jerk: The Time Rate of Change of Acceleration. *Am. J. Phys.*, vol. 46, nr. 11, pp. 1090-1094, 1978

Linz, S. J.: Nonlinear Dynamical Models and Jerky Motion. *Am. J. Phys.*, vol. 65. nr. 6, pp. 523-526, 1997

Sprott, J. C.: Some Simple Chaotic Jerk Functions. *Am. J. Phys.*, vol. 65, nr. 6, pp. 537-543, 1997

Sprott, J. C.: Simplest Dissipative Chaotic Flow. *Phys. Lett. A*, vol. 228, nr. 4-5, pp. 271-274, 1997

May, R: Simple Mathematical Models with Very Complicated Dynamics. *Nature* vol. 261, nr. 5560, pp. 459-467, 1976

Moore, D. W. and Spiegel, E. A.: A Thermally Excited Non-Linear Oscillator. *Astrophys. J.*, vol. 143, nr. 3, pp. 871-887, 1966

Li, T. Y, and Yorke, J. A.: Period Three Implies Chaos. *Amer. Math. Monthly*, vol. 82, nr. 10, pp. 985-992, 1975

Auvergne, M. and Baglin, A.: A Dynamical Instability as a Driving Mechanism for Stellar Oscillations. *Astron. Astrophysics*, vol. 142, pp. 388-392, 1985

Malasoma, J. –M.: What is the Simplest Dissipative Chaotic Jerk Equation which is Parity Invariant? *Phys. Lett. A*, vol. 264, nr. 5, pp. 383-389

von Baeyer, H. C.: All Shook Up. *The Sciences*, vol. 38, nr. 1, pp. 12-14, 1998

Eichhorn, R., Linz, S. J., and Hänggi, P.: Transformations of Nonlinear Dynamical Systems to Jerky Motion and its Application to Minimal Chaotic Flows. *Phys. Rev. E*, vol. 58, nr. 6, pp. 7151-7164, 1998

Becker, T. and Weispfenning, V.: *Gröbner Bases: A Computational Approach to Commutative Algebra*. Springer, New York, 1993

Eichhorn, R., Linz, S. J., and Hänggi, P.: Simple Polynomial Chaotic Jerky Dynamics. Submitted for publication

Fu, Z. and Heidel, J.: Non-Chaotic Behavior in Three-Dimensional Quadratic Systems. *Nonlinearity*, vol 10, nr. 5, pp. 1289, 1997

Fu, Z. and Heidel, J.: Erratum: Non-Chaotic Behaviour in Three-Dimensional Quadratic Systems. *Nonlinearity*, vol. 12, nr. 3, pp. 739, 1999

Heidel, J, and Fu, Z.: Nonchaotic Behaviour in Three-Dimensional Quadratic Systems II. The Conservative Case. *Nonlinearity*, vol. 12, nr. 3, pp. 617-633, 1999

Thomas, R.: Analyse et Synthèse de Systèmes à Dynamique Chaotique en Terme de Circuits de Rétroaction (Feedback Circuits). *Bull. de la Classe des Sciences*, vol. VII, nr. 6, pp. 101-124, 1996

Thomas, R: Deterministic Chaos Seen in Terms of Feedback Circuits: Analysis, Synthesis, "Labyrinth Chaos". *Int. J. Bifurcation and Chaos Appl. Sci. Eng.*, vol. 9, nr. 10, pp. 1889-1905, 1999

Linz, S. J., and Sprott, J. C.: Elementary Chaotic Flow. *Phys. Lett. A*, vol. 259, nr. 3-4, pp. 240-245, 1999

Linz, S. J., No-chaos Criteria for Certain Jerky Dynamics. Submitted for publication

Fischer, S., Weiler, A., Fröhlich, D., and Rössler, O.: Kleiner_Attractor in a Piecewise-Linear C¹-System. *Z. Naturforsch*, vol.54a, pp. 268-269, 1999

Kleiner, N.: Das Deterministische Chaos im Experiment. Krapp, H. and Wagenbaur, F. (Eds.): *Komplexiat und Selbstorganisation*, pp. 259-266, 1997

Coullet, P., Tresser, C., and Arneodo, A.: Transition to Stochasticity for a Class of Forced Oscillators. *Phys. Lett. A*, vol. 72, nr. 4-5, pp. 268-270, 1979

Arneodo, A., Coullet, P., and Tresser, C: Possible New Strange Attractors with Spiral Structure. *Commun. Math. Phys.*, vol. 79, pp. 573-579, 1981

Arneodo, A, Coullet, P., and Tresser, C.: Oscillators with Chaotic Behavior: An Illustration of a Theorem by Shil'nikov. *J. Stat. Phys.*, vol. 27, nr. 1, pp. 171-182, 1982

Sil'nikov, L. P.: A Case of the Existence of a Denumerable Set of Periodic Motions. *Sov. Mat. Kokl.*, vol. 6, pp. 163-166, 1965

Sil'nikov, L. P.: A Contribution to the Problem of the Structure of an Extended Neighborhood of a Rough Equilibrium State of Saddle-Focus Type. *Math. USSR Sbornik.*, vol. 10, pp. 91-102, 1970

Flendinning, P. and Sparrow, C.: Local and Global Behavior near Homoclinic Orbits. *J. Stat. Phys.*, vol. 35, nr. 5, pp. 645-696, 1984

Press, W. H., Teukolsky, S. A., Vetterling, W. T., and Flannery, B. P.: *Numerical Recipes in C: The Art of Scientific Computing*, Chapter 10, pp. 444-455, Cambridge University Press, Cambridge, 1993

Sprott, J. C: Simple Chaotic Systems and Circuits. *Am. J. Phys.*, in press

Sprott, J. C.: A New Class of Chaotic Circuit. *Phys. Lett. A*, vol. 266, nr. 1., pp. 19-23, 2000

Elwakil, A. S., and Soliman, A. M.: Two Modified for Chaos Negative Impedance Converter Op Amp Oscillators with Symmetrical and Antisymmetrical Nonlinearities. *Int. J. Bifurcation and Chaos Appl. Sci. Engr.*, vol. 8, nr. 6, pp. 1335-1346, 1998

Matsumoto, T., Chua, L. O., and Komoro, M: The Double Scroll. *IEEE Trans. Circuits Syst.*, svol. CAS-32, pp. 797-818, 1985

Matsumoto, T., Chua, L. O., and Komoro, M: Birth and Death of the Double Scroll. *Physica D*, vol. 24, nr. 1-3, pp. 97-124, 1987

Morgül, Ö.: Inductorless Realisation of Chua Oscillator. *Electronics Letters*, vol. 31, pp. 1303-1304, 1995

Tamaševičius, A., Mykolaitis, G., and Namajūnas, A.: Double Scroll in a Simple '2D' Chaotic Oscillator. *Electronics Letters*, vol. 32, pp. 1250-1251, 1996

Dixon, D. D., Cummings, F. W., and Kaus, P. E.: Continuous "Chaotic" Dynamics in Two Dimensions. *Physica D*, vol. 65, nr. 1-2, pp. 109-116, 1993

XIV. AGRICULTURE

MASANOBU FUKUOKA'S NATURAL FARMING AND PERMACULTURE

Larry Korn

Biographie de l'Auteur:
Is an educator, consultant, editor and author in the fields of permaculture, natural farming, sustainable landscaping and local food production.
After completing his BA degree in Asian Studies at University of California Berkeley, traveled to Japan to see first hand what life was like in Asia. He lived and worked on communes and traditional farms in the Japanese countryside. Among other rural farms, spent several years with Masanobu Fukuoka, a farmer and philosopher, on Shikoku Island. Mr. Fukuoka developed a special no-till way of farming to demonstrate the practical value of his spiritual principles.
Returned to the United States and helped translate and edit Mr. Fukuoka's book, The One-Straw Revolution, which was published by Rodale Press in 1978. He went back to Berkeley to earn degrees in Soil Science and Plant Nutrition. He then worked with the California State Department of Forestry analyzing soil erosion as part of a state-wide study to measure the effectiveness of logging practices.
Was editor of the Tilth publication, The Future Is Abundant: A Guide to Sustainable Agriculture (1982). It is a practical guide for applying permaculture and natural farming techniques to the Pacific Northwest.
He learned about landscaping plants and design while working at Berkeley Horticultural Nursery and then at Wintergreen Wholesale Nursery. In 1985, started Mu Landscaping, serving residential and commercial clients in the San Francisco Bay Area for over twenty three years.
Has taught many permaculture courses throughout the United States and has led workshops on natural farming and local food production. He has also written articles on gardening, natural farming and permaculture for publications such as Mother Earth News, Rodale's Organic Gardening and Tilth, some of which are presented on this website.
In 2008, relocated to Ashland, Oregon where he continues his work as an educator, consultant and author. During Summer 2009 and throughout 2010, will be touring and speaking in support of the 30th Anniversary republication of The One-Sraw Revolution English language translation by The New York Review of Books.

Résumé de l'article:
Masanobu Fukuoka is a farmer/philosopher who lives on the Island of Shikoku, in southern Japan. His farming technique requires no machines, no chemicals and very little weeding. He does not plow the soil or use prepared compost and yet the condition of the soil in his orchards and fields improve each year. His method creates no pollution and does not require fossil fuels. His method requires less labor than any other, yet the yields in his orchard and fields compare favorably with the most productive Japanese farms which use all the technical know-how of modern science.

Masanobu Fukuoka is a farmer/philosopher who lives on the Island of Shikoku, in southern Japan. His farming technique requires no machines, no chemicals and very little weeding. He does not plow the soil or use prepared compost and yet the condition of the soil in his orchards and fields improve each year. His method creates no pollution and does not require fossil fuels. His method requires less labor than any other, yet the yields in his orchard and fields compare favorably with the most productive Japanese farms which use all the technical know-how of modern science.

How is this possible? I admit, when I first went to his farm in 1973 I was skeptical. But there was the proof - beautiful grain crops in the fields, healthy orchard trees growing with a ground cover of vegetables, weeds and white clover. Over the two-year period I lived and worked there his techniques and philosophy gradually became clear to me.

I had not heard of permaculture at the time, but I can see now that Fukuoka's farm is a classic working model of permaculture design. It is remarkable that Fukuoka and Bill Mollison, working independently, on two different continents with entirely different environmental conditions should come up with such similar solutions to the question, "How can people on live this planet sustainably and in harmony with nature." Both claim that the principles of their system can be adapted to any climatic area.

MOLLISON AND FUKUOKA

Perhaps Fukuoka, in his book The One Straw Revolution , has best stated the basic philosophy of permaculture. In brief, it is philosophy of working with, rather than against nature; of protracted and thoughtful observation rather than protracted and thoughtless labour; and of looking at plants and animals in all their functions, rather than treating any area as a single-product system.

--BILL MOLLISON IN PERMACULTURE 2

Mollison and Fukuoka took entirely different routes to get to essentially the same place. Permaculture is a design system which aims to maximize the functional connection of its elements. It integrates raising crops and animals with careful water management. Homes and other structures are designed for maximum energy efficiency. Everything is made to work together and evolve over time to blend harmoniously into a complete and sustainable agricultural system.

The key word here is design. Permaculture is a consciously designed system. The designer carefully uses his/her knowledge, skill and sensitivity to make a plan, then implement it. Fukuoka created natural farming from a completely different perspective.

The idea for natural farming came to Fukuoka when he was about twenty five years old. One morning, as he sat at sunrise on a bluff overlooking Yokohama Bay, a flash of inspiration occurred. He saw that nature was perfect just as it is. Problems arise when people try to improve upon nature and use nature strictly for human benefit. He tried to explain this understanding to others, but when they could not understand he made a decision to return to his family farm. He decided to create a concrete example of his understanding by applying it to agriculture.

But where to begin? Fukuoka had no model to go by. "'How about trying this? How about trying that?' That is the usual way of developing agricultural technique. My way was different. 'How about not doing this, and How about not doing that?' - this was the path I followed. Now my rice growing is simply sowing seed and spreading straw, but it has taken me more than thirty years to reach this simplicity."

The basic idea for his rice growing came to him one day when he happened to pass an old field

which had been left unused and unplowed for many years. There he saw healthy rice seedlings sprouting through a tangle of grasses and weeds. From that time on he stopped sowing rice seed in the spring and, instead, put the seed out in the fall when it would naturally have fallen to the ground. Instead of plowing to get rid of weeds he learned to control them with a ground cover of white clover and a mulch of barley straw. Once he has tilted the balance slightly in favor of his crops Fukuoka interferes as little as possible with the plant and animal communities in his fields.

This is not to say that Fukuoka did not experiment. For example, he tried more than twenty different ground covers before noticing that white clover was the only one which held back weeds effectively. It also fixes nitrogen so it improves the soil. He tried spreading the straw neatly over the fields but found the rice seeds could not make their way through. In one corner of the field, however, where the straw had scattered every which way, the seedlings emerged. The next year he scattered the straw across the entire field. There were years when his experiments resulted in almost a total crop loss, but in small areas things worked out well. He closely observed what was different in that part of the field and next year the results were better. The point is, he had no preconceived idea of what would work the best. He tried many things and took the direction nature revealed. As far as possible, Fukuoka was trying to take the human intellect out of the decision making process.

His vegetable growing also reflects this idea. He grows vegetables in the spaces between the citrus trees in the orchard. Instead of deciding which vegetables would do well in which locations he mixes all the seeds together and scatters them everywhere. He lets the vegetables find their own location, often in areas he would have least have expected. The vegetables reseed themselves and move around the orchard from year to year. Vegetables grown this way stronger and gradually revert to the form of their semi-wild ancestors.

I mentioned that Fukuoka's farm is a fine model of permaculture design. In Zone 1, nearest his family home in the village, he and his family maintain a vegetable garden in the traditional Japanese style. Kitchen scraps are dug into the rows, are crops rotated and chickens run freely. This garden is really an extension of the home living area.

Zone 2 is his grain fields. He grows a crop of rice and one of barley every year. Because he returns the straw to the fields and has the ground cover of white clover the soil actually improves each year. The natural balance of insects and a healthy soil keep insect and disease infestations to a minimum. Until Bill Mollison read The One-Straw Revolution he said he had no idea of how to include grain growing in his permaculture designs. All the agricultural models involved plowing the soil, a practice he does not agree with. Now he includes Fukuoka's no-tillage technique in his teaching.

Zone 3 is the orchard. The main tree crop is Mandarin oranges, but he also grows many other fruit trees, native shrubs and other native and ornamental trees. The upper story is tall trees, many of which fix nitrogen and so improve the soil deep down. The middle story is the citrus and other fruit trees. The ground is covered with a riotous mixture of weeds, vegetables, herbs and white clover. Chickens run freely. This multi-tiered orchard area came about through a natural evolution rather than conscious design. It still contains many of the basic permacultural design features. It has many different plant and species, maximizes surface area, contains solar sunlight "traps" and maintains a natural balance of insect populations.

Fukuoka invites visitors from Zone 4 anytime. Wild animals and birds come and go freely. The surrounding forest is the source of mushrooms, wild herbs and vegetables. It is also an inspiration. "To get an idea of the perfection and abundance of nature," Fukuoka says, "take a walk into the forest sometime. There, the animals, tall trees and shrubs are living together in harmony. All of this came about without benefit of human ingenuity or intervention."

What is remarkable is that Fukuoka's natural farming and permaculture should resemble each other so closely despite their nearly opposite approaches. Permaculture relies on the human intellect to devise a strategy to live abundantly and sustainably within nature. Fukuoka sees the human intellect as the culprit serving only to separate people from nature. The "one mountain top, many paths" adage seems to apply here.

Natural farming and permaculture share a profound debt to each other. The many examples of permaculture throughout the world show that a natural farming system is truly universal. It can be applied to arid climates as well as humid, temperate Japan. Also, the worldwide permaculture movement is an inspiration to Fukuoka. For many years he worked virtually alone in his work. For most of his life Japan was not receptive to his message. He had to self-publish his books because no publisher would take a chance on someone so far from the mainstream. When his experiments resulted in failure the other villagers would ridicule his work. In the mid-1980's he came to a Permaculture Convergence in Olympia, Washington and met Bill Mollison. There were nearly one thousand people there. He was overwhelmed and heartened by the number and sincerity of the like-thinking people he met. He thanked Mollison for "creating this network of bright, energetic people working to help save the planet." "Now," he said, "for the first time in my life I have hope for the future."

In turn, permaculture has adopted many things from Fukuoka. Besides the many agricultural techniques, such as continuous no-tillage grain growing and growing vegetables like wild plants, permaculture has also learned an important new approach for devising practical strategies. Most importantly, the philosophy of natural farming has given permaculture a truly spiritual basis lacking in its earlier teachings.

Fukuoka believes that natural farming proceeds from the spiritual health of the individual. He considers the healing of the land and the purification of the human spirit to be one process, and he proposes a way of life and a way of farming in which this process can take place. "Natural farming is not just for growing crops," he says, "it is for the cultivation and perfection of human beings."

PERMACULTURE DESIGN COURSE

Bill Mollison

Biographie de l'Auteur:
Bruce Charles 'Bill' Mollison (born 1928 in Tasmania, Australia) is a researcher, author, scientist, teacher and naturalist. He is considered to be the 'father of permaculture', an integrated system of design, co-developed with David Holmgren, that encompasses not only agriculture, horticulture, architecture and ecology, but also economic systems, land access strategies and legal systems for businesses and communities. In 1978, Mollison founded The Permaculture Institute in Tasmania.
He received the Right Livelihood Award in 1981 with Patrick van Rensburg.

Bibliography:
Permaculture One: A Perennial Agriculture for Human Settlements (with David Holmgren, Trasworld Publishers, 1978) ISBN 978-0938240006
Permaculture One: A Perennial Agriculture for Human Settlements (con David Holmgren, Trasworld Publishers, 1978) ISBN 978-0-938240-00-6
Permaculture Two: Practical Design for Town and Country in Permanent Agriculture. Tagari Publications, 1979
Permaculture - A Designer's Manual. 1988. ISBN 978-0-908228-01-0
Introduction to Permaculture. 1991, revisado 1997. ISBN 978-0-908228-08-9
The Permaculture Book of Ferment and Human Nutrition. 1993, revisado 1997. ISBN 978-0-908228-06-5
Travels in Dreams: An Autobiography. 1996. ISBN 978-0-908228-11-9
The Permaculture Way: Practical Steps To Create A Self-Sustaining World, con Graham Bell. 2005. ISBN 978-1-85623-028-5
Smart Permaculture Design, con Jenny Allen. 2006. ISBN 978-1-877069-17-8
(http://en.wikipedia.org/wiki/Bill_Mollison)

Résumé de l'article:
Bill Morrison is the creator of permaculture (see Introduction to Permaculture 1 and 2). In the 1970s it was described as a beneficial grouping of plants and animals in relation to human needs, working toward an overall self-sufficiency of a home and community and perhaps as a "commercial attempt" with what could be grown with this system. The basic philosophy is to work with nature, not against it, in order to create a cultivated ecology which is designed to grow more produce than what is generally found in nature.

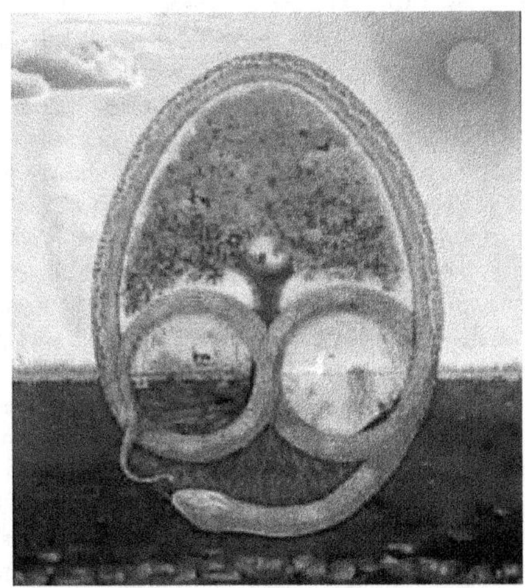

Transcript of full Permaculture Design Course given by Bill Mollison in 1981:

1. Preface
2. Introduction to Permaculture - Pamphlet I
3. Permaculture in Humid Landscapes - Pamphlet II
4. Permaculture in Arid Landscapes - Pamphlet III
5. Permaculture on Low Islands - Pamphlet IV
6. Permaculture on High Islands - Pamphlet V
7. Permaculture on Granitic Landscapes - Pamphlet VI
8. Permaculture for Fire Control - Pamphlet VII
9. Designing for Permaculture - Pamphlet VIII
10. Permaculture Techniques - Pamphlet IX
11. Forests in Permaculture - Pamphlet X
12. Water in Permaculture - Pamphlet XI
13. Permaculture for Urban Areas & Urban-Rural Linkages - Pamphlet XII
14. The Permaculture Community - Pamphlet XIII
15. The Permaculture Alternative - Pamphlet XIV
16. Permaculture for Millionaires - Pamphlet XV

FIRST INTRODUCTION
(Thomas Fischbacher)

The perhaps most amazing observation about the human species is that it so often abuses its unparalleled reasoning capabilities to spin to itself rational-sounding explanations of the world which do not stand up to scrutiny, only to come up with more excuses once confronted. In his article `In front of your nose', George Orwell put it like this: `we are all capable of believing things which we know to be untrue, and then, when we are finally proved wrong, impudently twisting the facts so as to show that we were right. Intellectually, it is possible to carry on this process for an indefinite time: the only check on it is that sooner or later a false belief bumps up against solid reality, usually on a battlefield.'

Coming up with an appropriate assessment of some situation, especially one we are deeply involved in, always is an extremely difficult task, mostly due to our inherent (mostly subconscious and involuntary) talespinning predisposition. Actually, we all know from everyday experience that, whenever we are on a wrong track, the earlier we correct that mistake the easier the (ultimately inevitable) correction will be. Given these circumstances, the most obvious question hence is: what can we do to learn when we have gone wrong -- and how can we find out as early as possible? This actually might even be the most central question of all religion. It is, for example, interesting to note that Jesus considered the capacity to see through the delusions produced by one's ego (by which it tries to make itself appear in the best possible light) as the essential pre-requisite for spiritual salvation.

So, if we for the moment accept that the self-image of ourselves and our activities that we hold on to may actually be seriously distorted by our egos trying to present us to ourselves in the best possible light, what would a peek in a hypothetical `magic mirror' show that is able to portray us as we really are? That is an extremely difficult problem, as we seem to be wired against learning the true answer.

But even if this may be the defining question behind what commonly is called `the human condition', and might be unsolvable to us, we may be able to approach it with a certain sense of pragmatism and make some important progress in doing so.

One interesting observation concerning the "big picture" effects of our presently dominant collective behaviour is that there is a quite visible pattern in our interactions with the living world around us: Once we learn to make use of something we find in the world we inhabit, we deal with it in such a way that we totally use it up, while at the same time making us so dependent on it that no longer having access to it causes serious stress to us. Then, as "need is the mother of all invention", our "cleverness" ultimately helps us to find some other resource which can functionally substitute the one just despoiled. In this way, we are - at times, slowly, at times, rather fast - climbing down a winding staircase, a vicious cycle of resource development, despoilment, crisis, innovation, and substitution, over to the then-next-best-available resource. This interpretation may or may not be correct, but if we take a close look at our history, the evidence that it by and large manages quite well to explain a large number of observations (such as the collapse of many past civilizations) should give us more than enough reason to stop for a moment and give it some thought. If this is what we really do - wouldn't that mean that, if we continue like this, then in all likelihood we would ultimately end up being driven to eat the grass and the earthworms from the soil for there is nothing else left which we have not destroyed before? Art has raised this question many times. This is, for example, the topic of the science fiction movie "Soylent Green".

When we get confronted with such an idea, how do we deal with it? In our western society, there seem to be two widespread reactions to it: The maybe less common one is "the environmentalist's" of considering this as our inevitable fate, with the only relevant question being whether we can slow down the inevitable degradation enough to retain a reasonable quality of living for the next few generations by curtailing our own exploitation in order to leave something for them to exploit. (Is it inappropriate to associate this thinking to "environmentalists" as strongly as this use of that term in the previous sentence seems to indicate? Most likely so. Still, quite a number of people have views which at least broadly match this concept.) The presently dominant reaction is "the economist's" of coming up with rational-sounding excuses based on the idea that "our cleverness always found a solution, and always will" - a comforting idea which we all perhaps would like to believe, but which undeniably quite strongly smells of human-ego-off-its-rocker-again, and doesn't actually fare well when confronted with the evidence. Essentially, this is little more but a thinly disguised head-in-the-sand attitude. (Comments on the appropriateness of ascribing this view to "economists" similar to those above also hold here.)

But how inevitable is this process of gradual destruction of everything we ever touch? The legendary ancient king Midas was cursed with his touch turning everything to gold. Is it an accurate description of our species that our touch ultimately turns everything to waste? Somehow, such an idea seems quite wrong, for if it were true, wouldn't that mean that we, as human beings, perform much worse in that respect than pretty much all the other species around us? Given our unparalleled abilities to act in a constructive way, shouldn't we instead be able to repair damage to our own habitat and that of others inhabiting this world like no other species on the planet?

This is a bold idea. A daring idea. Man as the ultimate repair species, our ultimate purpose being to speed up the restoration of damaged biological productivity wherever it occurs and with deliberation create stress-minimizing habitat for ourselves and other species around us. Gardening man turning deserts into forests.

Permaculture is not about philosophical investigations into the validity of this picture. Permaculture is all about making it happen.

Bill Mollison, who received the Right Livelihood Award (also known as the "Alternative Nobel Prize") for his "Permaculture" concept in 1981, managed to demonstrate quite dramatically what can be achieved by working with nature rather than trying to impose our will on it by force and gave many courses in which he taught his integrated framework. In these days, there are Permaculture associations in many countries that offer standardized "Permaculture Design Courses" based on Bill's lectures, and, in particular, the material in the Permaculture Designer's Manual. This set of lectures is a typographically more friendly re-edited variant (extended with many additional comments) of a freely available (in PDF form, at http://www.bettertimesinfo.org/pdc_all.pdf) transcript of one of the original Permaculture Design Courses given by Bill Mollison back in

1981. (With some advertisement material from the 80's removed, as it reasonably can be expected that this by now would at best be of historical value, e.g. to compare prices then and now.)

This material is interesting for many different reasons. For one, it is a free resource which gives quite a detailed idea what Permaculture is about. Likewise, it should serve to give a good idea of what Permaculture actually is not about! While Permaculture to a large extent is a clever amalgamation of rather sound simple physical, engineering, and ecological principles, it certainly is not some mystic esoteric occult Hippie New-Age woo woo hanky panky. True, Permaculture is attractive to many different groups of people, which may in particular include Hippies, Pagans and Druids, but just as well Biologists, Physicists, Hackers, and ordinary people. Furthermore, the main reference text on Permaculture, Bill Mollison's "Permaculture -- A Designer's Manual" unfortunately is a bit cryptic in some places, and these lecture notes frequently provide a different and much more colloquial re-phrasing of some important concepts, which can help a lot to comprehend what some technique is supposed to do and how it works. Still, for a more detailed and more well-structured discussion, one is very strongly advised to consult the "Permaculture Designer's Manual". Quite a fair bit of the content we find in this course transcript, and to much lesser degree in the Designer's Manual, is easily misinterpreted. For example, Bill occasionally says "10" when a physicist would rather say "about an order of magnitude". (Actually, this holds true for quite many works on resource management, including as well the Bible's use of the number "fourty", for instance.)

As with every involved subject, it usually pays to read through the introductory texts multiple times, as one inevitably will extract more information from it already having a rough map of the subject in mind. Dr. Thomas Fischbacher, who decided to embark on this transcription project, turning the old PDF lecture notes into more useful HTML form, learned a lot over time by linking different texts and sources. As all this background information is not available to the newcomer, he added a number of footnotes and comments to most of these chapters (more to follow) with the intention to build bridges into this subject in order to (hopefully) make it more accessible to people who so far never gave issues such as food production much thought. Unfortunately, there are a number of points where Bill can be rather misleading, especially if taken literally and unquestioned. While there is a lot of sense in much what Bill Mollison has to say, should you find that he just cannot be right in some issue, this presumably is a matter of missing context. In many situations, it should be pretty evident, however, when he is joking, for example. While most footnotes (hopefully) provide more context that might be helpful, it is quite well possible that some of them are not yet as helpful as they could be. With a subject as all-encompassing as Permaculture, as one's own understanding grows, the view on what is most important and helpful and what is not keeps on changing.

The first version of these pamphlets was numbered 1.0-1; later modifications which will add further footnotes and explanations will have version numbers 1.0-2, -3, etc. The major version number will only change should Bill Mollison himself start to make changes to the content. Later versions with additional information will (might) follow. Thomas Fischbacher would like to personally add that from his perspective the most important bit that is explained in a far better way in the Permaculture Designer's Manual than in these pamphlets is the discussion of the energy flows in natural systems and how to creatively put a large number of productive uses between source and sink. In his eyes, that issue alone definitely is reason enough to get the Designer's Manual.

Even if only a small part of what Bill Mollison has to teach us were right (T.F. is personally convinced he presumably is more right on a lot more things than pretty much anyone else) -- these texts at the very least should be highly useful to overcome many of the mental blockades our culture is facing at present. Studying historic reports of resource scarceness, these blockades often have been among the most important impediments.

However, as important as it is to make these approaches widely known which presumably are far closer to the right way to do things than anything we developed over the last two centuries, two things should be remembered: the first is that this is not a dogmatic approach. It certainly would be wrong trying to cast the underlying principles in stone, just as much as it would contradict Gandhi's principles to turn them into a formal catechism-type belief system. In particular, it is well possible that there is a number of things in here that will not work as expected, and it may often be trickier than first suspected to get things right (even though it is possible and should be done). Secondly, as the saying goes, "fair words plant no cabbages". If we want to go down that route (and it both seems to look rather promising and there by now is considerable experience with systems that have been set up according to these principles some decades ago), there is a lot of work that lies ahead of us which will require action where we have to involve ourselves personally, for example, getting urban garden-scale mini-farming going. After all, problems will not go away by just talking about possible solutions, rather than really tackling the big challenge!

SECOND INTRODUCTION
(David Hemenway)

Permaculture started in 1975 or 1976 as a public interest when Bill was talking about it to a friend who had a friend who was a radio interviewer on the national, government run, radio station in Melbourne. Bill was asked whether he wanted to do a talk-back program at this radio station. So he did. It turned out to be the most interesting talk-back program they had ever had. The board was just lit up for the rest of the day. People were asking what it was about and where could they get more information.

Bill, at that time, had a manuscript that he had been working on, just ideas. He thought now was the time to publish something because there was so much information needed. He had at least three thousand letters coming to him saying, "Where can I get more about this?"

At that time, David Holmgren was writing a thesis at the University about permaculture, working together with Bill who was directing his research. So they got the thesis together, Bill added some more, and they rushed together a book which turned into Permaculture One. Twenty-five thousand copies were printed. Within three years they were out of print.

Out of that came a group of people wanting to get together to talk about permaculture. They decided to set up an association. The Quarterly now has about three thousand direct subscribers. [Now known as The International Permaculture Journal, it has ceased publication, at least temporarily. However, there are quite a few active permaculture publications around the world. -D.H.]

Regional permaculture groups started. People get together once a month or every two weeks to talk about permaculture. Maybe they get something going politically or set up a bioregional association to let each other know what is going on regionally. They are swapping plants, and mapping species of trees in the bush which are good bearers of nuts, and operating a seed exchange, that sort of thing. Thirty-six of those groups in Australia arose in the first four years. Everywhere we hold a workshop, a group usually forms and starts doing something. Every one of those groups seems to be performing a different function.

About two years ago, Bill decided that Permaculture Two needed to come out because there was more information. There was also a need to update a lot of the material in Permaculture One and change the emphasis from theory to something more practical. We got the manuscript together that Bill had written. It was pretty haphazard. I went to stay with the editor of the Quarterly and we put it together and edited it some more. Then we had thirty thousand of those printed. This book is now reprinted.

Bill came over here to America last year, just lecturing and going from place to place with a few books and selling them, and scraping the money together so he could get to the next place, not really having much money, buying a van in California for $700 to get across here. It was during that really hot summer and the van died. Bill was stuck out in the middle of nowhere, dead van, and wondering whether this was all worth it?

Then he went to the Futures Conference in Toronto. There were probably 1500 people there. They gave him a little spot, and he gave a talk about permaculture. Someone asked him whether he would like to talk again. He said, "Yeah, ok." There were 700 people at the next meeting. And he was asked to talk again, and there was a bigger crowd. Bill was one of the main finishing lecturers. When things seem to fall down a bit, and no one knew where to go on from there, Bill got up and started talking, and everyone was going, "Wow! Listen to this guy!"

After Bill's trip across the USA, a few groups of people decided that they wanted to hold some more workshops. One of these was The Rural Education Center. And here we are. It probably depends on you as much as it does on us, now.

(T.F.: ...Removed some old advertisement material here...)

[A note on these lessons: In addition to the original parts of this document, a few extra lessons written by T.F. which are clearly marked as such have been added. The underlying reason for this is that deeper investigations showed that a number of additional explanations on subjects that seem to play a key role should be helpful to many readers. While Bill primarily deals with issues related to the soil, forests, water, climate, these additional chapters focus on more abstract issues related to the role of religion to resource management, reasons how we got into this highly dangerous situations and strategies to get out again, etc.]

INTRODUCTION TO PERMACULTURE - PERMACULTURE DESIGN COURSE BY BILL MOLLISON
PAMPHLET I

THE TERRIBLE TIME OF DAY[1]

(Comments in first transcript by Dan Hemenway (D.H.), in second transcript by Thomas Fischbacher (T.F.))
I don't think [2] anybody has summarized[3] what is happening on the face of the Earth.
In order to change our ways, we seem to need to terrify ourselves, anticipating tidal waves and catastrophes[4]. Now those things may come off, and the San Andreas fault may shift. But we can't do much about that[5]. What is really happening is something for which we, as human beings, are personally responsible. It is very general. Almost everything we say applies everywhere.
The real systems that are beginning to fail are the soils, forests, the atmosphere, and nutrient cycles. It is we who are responsible for that. We haven't evolved anywhere in the west (and I doubt very much everywhere else except in tribal areas) any sustainable systems in agriculture or forestry. We don't have a system. Let's look at what is happening.

FORESTS

Forests have been found to be far more important to the oxygen cycle than we ever suspected. We used to think oceans were the most important element. They are not. Not only are they not very important, contributing probably less than 8% of the oxygen in atmospheric recycling, but many are beginning to be oxygen-consuming[6]. If we release much more mercury into the seas, the ocean will be oxygen-consuming. The balance is changing. Therefore, it is mainly the forests that we depend on to preserve us from anarchic condition[7].
Of the forests, some are critically important, like the evergreen forests, of which there are two extensive systems. One is equatorial, multispecies; and the other, cool evergreen forests. Rain forests are critically important in the oxygen cycle, and in atmospheric stability.
The forests also provide a very large amount of our precipitation. When you cut the forest from ridges, you can observe the rainfall itself fall between 10% and 30%, which you could probably tolerate. What you don't see happen is that precipitation may fall over 86%, the rainfall being only a small fraction of the total precipitation[8]. It is quite possible on quiet, clear nights with no cloud, no rainfall recorded anywhere on any gauges, to have a major precipitation in forest systems. It is particularly true of maritime climates. Bit it is also true of all climates. Therefore it is possible to very rapidly produce semi-desert conditions simply by clearing trees from ridge top. This is being done at a great rate.
It is the character of forests to moderate everything[9]. Forests moderate excessive cold and heat, excessive run-off, excessive pollution. As forests are removed, immpderate extremes arrive. And of course, it is the forests that create soils. Forests are one of very few soil-creating systems.
What is happening to forests? We use a great many forest products in a very temporary way - paper and particularly newspaper. The demand has become excessive. At present, we are cutting one million hectares per annum in excess of planting. But in any one month that can rapidly change. Last month, for instance, that doubled because of clearing the Mississippi bottom land forests for soy beans[10].
Of all the forests that we ever had, as little as 2% remain in Europe. I din't think there is a tree in Europe that doesn't exist because of the tolerance of man or that hasn't been planted by man. There is no such thing as a primeval European forest[11]. As little as 8% remain in South America. And 15%, I think, is a general figure in other areas. So we have already destroyed the majority of forests, and we are working on a rather minor remnant. Cutting rates vary, depending on the management practices. But in general, even in the best managed forests, we have a constant loss of 4%, giving 25 more years to go[12]. But in fact, what we observe throughout Southwest Asia and in South America, and throughout the Third World, and wherever multinationals can obtain ownership of forests in the Western world, is about 100% loss. It is a "cut and run" system.
We have long been lulled into a very false sense of security by reassurances that the logging companies are planting eight trees for a tree cut[13]. What we are really interested in is biomass. When you take something out of the forest in excess of 150 tons and put something back which doesn't weigh much more than 10 ounces, you are not in any way preserving biomass.
What are the uses to which we put forests? The major uses are as newsprint and packaging material. Even the few remaining primeval forests are being cut for this. Forests that had never seen the footsteps of man, that had never experienced any human interference, are being cut for newsprint. Those are forests in which the trees may be 200 feet (60 meters) to the first branch, gigantic cathedrals. They are being chipped. There are trees in Tasmania much taller than your redwoods. These are being cut and shipped out as chips. So, for the most part, we are degrading the primeval forests to the lowest possible use[14].
That has effects at the other end of the system. Waste products from forests are killing large areas of the sea. The main reason why the Baltic and Mediterranean and the coast off New York have become oxygen-consuming is that we are carpeting the sea bottom with forest products. There are, broadly speaking, about 12.000 billion tons of carbon dioxide being released annually by the death of forests. We are dependant on the forests to lock up the carbon dioxide. In destroying forests, we are destroying the system which should be helping us. We are working on a remnant of the system. It is the last remnant which is being eroded.

CLIMATE

The effects of this on world climate are becoming apparent both in the composition of the atmosphere and in the inability of the atmosphere to buffer changes. In any month now, we wil break the world weather records in some way. In my home town, we are very isolated and buffered by ocean and forest. But we had in succession the windiest, the driest, and the wettest month in history, in two hundred years of recording. So really what's happening in the world climate is not that it is tending toward the greenhouse effect; it is not that it is tending toward the ice age; it is starting now to fluctuate so wildly that it is totally unpredictable as to which heat barrier you will crack. But when you crack it, you will crack it an an extreme and you will crack it very suddenly. It will be a sudden change. Until then, we will experience immense variability in climate[15]. That is what is happening.

We can just go cutting along, and in maybe twelve more years we won't have any forests.

There is still another factor. It would be bad enough if it were just our cutting that is killing forests. But since the 1920's, and with increasing frequency, we have been loosing species from forest to a whole succession of pathogens. It started with things like chestnut blight. Chestnuts were 80% of the forests that they occupied. So a single species dropping out may represent enormous biomass, enormous biological reserve, and a very important tree. Richard St. Barbe Baker[16]. pointed out that the trees that are going are those with the greatest leaf area per unit. First chestnuts, with maybe sixty acres of leaf area per tree[17]. Then the elms, running at about forty. Now the beeches are going, and the oaks, the eucalypts in Australia and Tasmania. Even the needle leaf trees in Japan are failing. The Japanese coniferous forests are going at a fantastic rate. So are the Canadian shield forests and the Russian forests.

THE PHASMID CONSPIRACY

Now we come to a thing called the phasmid[18] conspiracy. Each forest varies in each country in that its elms, its chestnuts, its poplars, its firs, are subject to attack by specific pathogens. Insects are taking some sort of cauterizing measures. The American reaction would be to spray; the British reaction would be to fell and burn; and in Australia, the reaction is to say: "Aah, what the Hell! It's going to be gone next year; let it go!"

Really, is it these diseases? What are the diseases? Phasmids are responsible for the death of eucalypts. There is the cinnamon fungus. In elms, it's the Dutch elm disease[19]. In the poplars, it's the rust. And in the firs, it's also rust. Do you think that any of these diseases are killing the forest?

What I think we are looking at is a carcass. The forest is a dying system on which the decomposers are beginning to feed. If you know forests very well, you know that you can go out this morning and strike a tree with an axe. That's it. Or touch it with the edge of a bulldozer, or bump it with your car. Then, if you sit patiently by that tree, within three days you will see that maybe twenty insects and other decomposers and "pests" have visited the injury. The tree is already doomed. What attracts them is the smell from the dying tree. We have noticed that in Austra- lia. Just injure trees to see what happens. The phasmids come. The phasmid detects the smell of this. The tree has become its food tree, and it comes to feed.

So insects are not the cause of the death of forests. The cause of the death of forests is multiple insult. We point to some bug and say: "That bug did it." It is much better if you can blame somebody else. You all know that. So we blame the bug. It is a conspiracy, really, to blame the bugs. But the real reason the trees are failing is that there have been profound changes in the amount of light penetrating the forest, in pollutants, and in acid rain fallout. People, not bugs, are killing the forests.

SOILS[20]

As far as we can make out, we have lost 50% of the soils we have ever had before 1950. We have been measuring pretty well since 1950. And we have lost another 30% of the soils that remain. Now this is as true of the Third World as it is in the Western World[21].

The rate at which soils are created is at about four tons per annum per acre - much less in dry areas. Soils are created by the fall of rain and the action of plants. The rate varies. In the desert, they are being created at a much lesser rate. But in these humid climates, at about four tons per acre. If you don't loose any more than four tons of soil per acre per annum, you are on a break-even.

But let us look at the usual thing. In Australia, we lose about 27 tons of soil per cultivated acre per annum. You do a lot better than that in America, however. Where you grow corn, you can loose as much as 400 tons per acre per annum[22]. While the average may be twenty, it will go as high as 400 or 500 tons. So we are not doing too well. In Canada, they are measuring the humus loss, and that is about the same. There, they are running out of humus. In the prairies, where they started with good humic soils, they are now down to a mineral soil base. Here is something that should be of interest to each of us. For every head of population - whether you are an American or an East Indian - if you are a grain eater, it now costs about 12 tons of soil per person per year for us to eat grain. All this loss is a result of tillage. As long as you are tilling, you are losing. At the rate at which we are losing soils, we don't see that we will have agricultural soils within a decade.

Apart from the soils that we lose directly by tillage, we are losing enormous quantities of soils to what is called desertifica- tion. In the state of Victoria, in Australia, we lose 800,000 acres this year to salt[23]. That means not only a loss of soils which are tilled, but also a loss of the soils that we don't till.

DEFORESTATION CAUSES SOIL LOSS

Now the main reason for disappearance of soils is the cutting of forest. And almost always the cutting of the forest is remote from where the soil is lost. That is, you can do nothing if your soil starts to turn salty here, because the reason lies way up the watershed, maybe a thousand miles away. We are now starting to get soil salting in humid climates in Australia. It is becoming a "factor out of place." It is no longer only occurring in deserts. It occurs in quite humid, winter-wet climates. How did this happen?

It is not a simple process, but it is easily understood. The rain, as it falls on hills and penetrates forests, has a net downward transfer. If we remove forests, we now have a net evaporation loss. Forests transmit clean water downward, and they release clean water into the atmosphere. This net downward transfer carries with it the salts which are an inevitable part of that additional four tons of soil per acre which is produced from breakdown of rocks[24]. These salts normally travel on out in deep leads. They are not surface systems. Fresh water runs from the surface and soaks down. Even in humid climates, we have much saltier water at depth than we have on the surface. This is because the trees act as pumps to keep the leads low.

If we cut the trees down, the deep leads rise at a measurable rate, and they are rising measurably across enormous areas in America, Africa and Australia. When they are up to about three feet below the surface, the trees start to die of "phasmids." And when they are up to about 18 inches below the surface, other crops start to die. When they reach the surface, they evaporate and the soil visibly goes to salt[25]. Then the Australian government starts providing free pumps to farmers and they start pumping out the salt water. Where can they discard the water they pump out? Big problem!

The next step is to have concrete delivered, so now water diverted from the rivers soaks into the soil while they are pumping the salt water off to the sea. And they have to be doing that forever. You now want a thousand thousand pumps. At the same time that the government is supplying pumps to farmers, it is leasing additional wood-chipping licenses to the multinationals, who are doing very well. They are selling pumps on one hand and wood chips on the other. It is a happy circumstance for some people, but a catastrophe for the Earth.

Most people, however, aren't doing very well at all. So we are losing soils and increasing desert at a simply terrifying rate. And that is without any plowing for agriculture. You ask if the analysts of the multinational firms are aware of these problems? No, they have degrees in economics and business management and all sorts of irrelevant areas.

Mining is also a major factor in salting on a local basis, and has accounted on its own for the loss of whole hardwood forests in areas of Western Australia and no doubt elsewhere. Mining brings up a lot of residues which are evaporated on the surface.

HIGHWAYS, CITIES AND WELLS

The largest single factor in Britain causing loss of soils is the construction of highways. It is also a major factor in America. In Britain, I think that there is a mile of highway for every square mile of surface[26]. And highways are being rapidly extended on the supposition that you will never need the soil and that highways will enable you to increase energy use. Highways account for the permanent loss of soils, as do cities.

Cities are located on the 11% of very good soils of the Earth. Canada is an interesting example, where cities are liable to obliterate the top quality soils, without any other factor, and in this decade, leaving agriculturalists to move on to less sustainable situations[27]. At the same time, we are calling for at least sus- tained production, and in some cases an increase of production, on the soils that remain. As the loss of agricultural soils is largely due to the excess application of energy - mechanical energy and also chemical energy - then the fact that we are attempting to sustain productivity on the remaining soils means that the rate of loss must increase due to the fact that we use more and more energy on less and less surface.

Other factors work for loss of soils. In the arid southwest of this country, there is a sort of cut and run agriculture in which you sink a bore [drill a well] and pump up semi-saline water to annual cultivated crop. You keep this up for four years. By then the surface is heavily mineralized and you must seek another area and sink another bore, which results in a sort of carpeting destruction. You can see it. There are two or three good years, then returns fall below economic level. The soils are usually glued together with carbonates and they give up. pH rises by about two points per annum. You might start at pH 8 and rapidly go to pH 11. It is then that you pull out.

We look now at wind deflection of soils. This has brought about failure of the inland soils in America. There are soils blowing out to Los Angeles and falling as red rain. Soils from Central Australia marginal areas fall on the cities as a sort of finely diluted mud, measurable at 12 tons per acre per day. Wind is a major factor in soil loss. The drier it gets, the more wind becomes the factor that we look to.

We don't have to look any further than the soil, or any further than the forest, to see a finite world. I think we can say with confidence that we don't have a sustainable agriculture anywhere in the world, or a sustainable forestry.

WATER

Let us move now to water. Even a decade ago, somebody said that water would become the world's rarest mineral. The water table everywhere is now falling rapidly. These are very ancient systems we are playing with. Many of them are about 40,000 years in evolution. No longer is there any way you can get cheap surface water. If you could, Los Angeles would buy it and use it. A major factor in this is the way we seal everything over in cities and towns. We don't get any recharge of soil water. We seal over huge areas with highways. We don't return water to the water table at all. As soon as water is in a river or creek it is gone. It is on its way to the sea, or it is evaporated on the desert salt pan. The flowing river is not really a very useful thing. It is on the way out.

There are two very critical areas for water. One is within cities[28]. The other is on the edge of deserts. Both are running into real trouble. Encroaching deserts are killing some millions of people now in Africa. It is visible from the air as migrations of herds and people out of the Sahara.

One of the dangers has been the long term disposal of atomic waste in the deep waters. Some of these are beginning to seep through the Sacramento Valley. You had better start counting the radioactivity coming in the water table in Maine, New Jersey and California, and, I have an idea, in lots of other places as well.

Industry has simply used deep bores to put dangerous wastes into the water table with the result that large areas of this water table have become unpotable. I think Boston has ceased to use its ground water. And you'll never be able to use it again. There will be no way you will ever clean that foul water.

In many towns and cities now, water is running at 700 parts per million dissolved salts, which is at about the limit of the tolerance of the human kidney. At 1100 parts per million, you would experience fainting, accumulation of water in the tissues all sorts of problems. Most deaths from that commonly occur in the cities, in Perth and Adelaide in Australia, in Los Angeles. In all these areas, perhaps, we shouldn't be using water for drinking. It's ok to shower in, although in Atlanta, the chlorine alone almost asphyxiates you when you shower. PCB's are a cause of sterility. I think about 20% of American males are now sterile by age 20.

The fact that water is becoming a scarce resource is manifestly ridiculous, because roughly half a million gallons fall on this roof right here annually. But you could be very short of water here soon unless you build tanks or surface storages to catch the water.

Now, of course the loss of trees has a pronounced effect on this increased scarcity of water in cycle. The water is not cycling. We are losing water on the surface of the Earth. I think that 97% of water is locked up at all times and only 3% goes into any cycling at all. We are reducing that very rapidly.

There are yet other factors. There is industrial pollution. There is a desperate scramble for energy sources, whether they are wood, coal, oil or atomic power. These are all really dangerous things to use in terms of the general life system. We are going toward real trouble. The danger is mainly in the end result - what comes out of the process, what goes up the chimneys. But in the case of wood, it is also the fact that you destroy a tree.

Chemicals. What can you say about them? Most every broad-scale release of chemicals has unforeseen and long term results. These chemicals include DDT, PCB's, dioxin and chlorine.

A DESPERATE FUTURE

At the very least, we have a desperate future. Our children may never believe that we had surplus food. It is mainly because of utterly ridiculous things. The entire output of atomic power in the United States is exactly equivalent to the requirements of the clothes-drying machines.

I literally can't stand being on the American highway. To me it is almost like being in a prison of madness. I can stand the background; but I can't stand the highways in Canada or here. Driving like crazy people. Where are they going? And why are so many of them going in that direction? They are all fleeing something. I would like to inquire what is in those trucks that are tearing down the road. Is it something of no use at all? Or something which is present where it is going? And often I have seen trucks, apparently carrying identical cargo, going in opposite directions, carting it here and there. The drivers tell me that they are carrying widgets.

Now all of this, including the energy problem, is what we have to tackle at once. It can be done. It is possible. It is possible to make restitution. We might as well be trying to do something about it as not. We will never get anywhere if we don't do anything. The great temptation, and one in which the academic takes total refuge, is to gather more evidence. I mean, do we need any more evidence? Or is it time to cease taking evidence and to start remedial action on the evidence already in? In 1950, it was time to stop taking evidence and start remedial action. But the temptation is always to gather more evidence. Too many people waste their lives gathering evidence. Moreover, as we get more evidence, we see that things are worse than they had appeared to be.

DESIGN FOR REMEDIAL ACTION[29]

When we design for permanence, we go generally toward forests, permanent pastures, lakes and ponds, and non-tillage agriculture. That is our business. Until we get more clues as to what will be sustainable[30], that is what we have to play with.

Industrial water can be supplied from roofs. Settlements can use that water. America is simply short of tanks[31]. Now there are different sorts of tanks. One is the kind you put under the down-spout from the roof of your house. Tanks of another sort are the cheap tanks - earth tanks. Absolutely no problem. Always enough water for all our uses - fresh water, which we presently let go into the sea.

We have three ways of water storage. We can store it in the soils; we can store it in surface earth tanks, and we can store it in sealed catchments. For an agricultural situation, we will use the soils. For domestic situations, we will use earth tanks. They are very much cheaper. For every 5,000 gallons we can store in concrete tanks, we can store 250,000 in Earth tanks at the same cost[32].

We have legal and financial strategies. We can convert locally into far more self-reliant bioregions. The people who are doing that are adding greenhouses to their houses and doing their own gardening. There is an immense conversion going on. That's where we start, dealing with an acre.

Now the thing that we have ignored, not only turned our backs on but often fled from, is conversion of high level investment capital to these low energy systems. There are a whole set of strategies to do so that we are assembling as an "Earth banks" service. Some of these strategies will benefit our social happiness as well.

The only way we can do things fast is by making the least number of moves in the fastest possible time, and by very rapid delegation of work to people. There is no hope that we can get this done in the next five years if we keep it to ourselves. Therefore, I have come here to break the monopoly of the elite alternative in America. We have got to let experts loose on the ground. We need hundreds and hundreds of them. We don't want at any time to patent anything or to keep any information to ourselves, not even keep our jobs to ourselves. The time for that is gone. What we are involved in is a cooperative, not a competitive, system. There are a very few of us operating at this end of the system, therefore we have to act in a very efficient way in order to create the greatest amount of change in the shortest period of time.

I think we have an ethic here: to stop admiring the people who have money. There has to be a big ethical change. It is an interesting time to be living in. The big twist we have to make is away from our educational system. All the methodologies and principles we use arose as a result of observation of natural systems, and are stated in a passive way. The mind twist that has to be made to create permaculture is to realize that you can get hold of that and do it. We have to make our knowledge active. We have to move from a passive to an active thought level.

AGRICULTURE IS A DESTRUCTIVE SYSTEM.

What are the strategies by which we don't need agriculture? Agriculture is a destructive system. Well, we need a lot more gardeners. Gardeners are the most productive, most hands-on sort of agriculturists. They always have been. There never has been any debate about it. When you make a farm big, you just accept a suddenly lower productivity and yield, but less people get it. That is why it is economically "efficient." When you talk about efficient farming of this order, you are talking about dollars. When you reduce the size of the owned landscape, providing you don't reduce the lots to less than a quarter of an acre, the agricultural productivity goes up. You get a lot of arguments to the effect that breaking up large farms into five acre blocks is uneconomic. Five acre blocks are. One to one-quarter acre blocks are not. They are highly productive.[33]

Now gardeners... How many gardeners are there in the United States? Fifty-three percent of households now garden. They garden only 600 square feet on the average. They make something like $1.50 a square foot. These household gardens are producing 18% of the food in the United States, at a value almost equivalent to total agriculture.[34]

Now let's look at Russia. The peasant farmer, on a half-acre to an acre, is producing some 84% of the food. The state farms, which occupy most of the agricultural land, produce the remainder. But the state farms are not doing their job. They have a 6% deficit, which is shipped in from Canada or the United States. The glamorous agriculture, the large scale, broad scale agriculture, is not the agriculture that is producing the food.

We are now down to about 20 basic foods. The day of soybeans is probably arriving. You can make just about anything out of soybeans.

CONTROL OF SEEDS

I don't think that there are very many seed companies left in the world that don't belong to a consortium of not more than 10 companies. It is certainly true in Australia. The seed is now being grown for and distributed by the multi-nationals. Can you buy a non-hybrid corn in the United States? Here and there. In Australia, we can't. But we do have one seed company. It is called Self-Reliance Seed Company in Stanley, Tasmania. Maybe we have two. [35]

The next move of the large seed-growing consortiums was to have been seed-patenting legislation. At this point, a lot of people started to get a bit suspicious. The patenting of biological materials was a slightly suspicious move. Then the World Council of Churches looked into the situation and produced Seeds of the Earth. The cat was out of the bag. So there has been a general ground-level revolt against takeover of a basic resource. Kent Whealy's Seed Savers Exchange is just one of these moves.

But one thing this may have taught is that you can't run away from systems. Holing up in two acres out in the New England forests isn't going to get you out of the system unless you are into a seed-growing operation and know exactly what you're doing. Most people do not. If you are training yourself to be a good gardener, there are still certain areas you just haven't got into, and seed growing is one of them. In one valley in Tasmania, among a group of hippies living there, you might find 50 Ph.D.s. Most of them are sitting home knitting or weaving or running around getting blackberries, just leaving it to the really ruthless people to get on with what they are doing. We must involve all our skills to organize life forces, not just a few.

In the permaculture garden, we must deal with the question of ways in which elements are to be placed. Some of these elements are manurial or energy-exchange systems for other elements; others are defensive elements that protect other plants in a whole set of ways; and some act as trellis systems for others or provide shade. So there are physical relationships involved and there are whole sets of rules that govern why certain elements are put together. And we understand some of these rules. A lot of them are quite obvious.

DIVERSITY

Diversity isn't involved so much with the number of elements in a system as it is with the number of functional connections between these elements. Diversity is not the number of things, but the number of ways in which things work.[36] This really is the direction in which permaculture thinking is headed. I was sitting up one evening, studying how many connections are made by putting just two elements together, a greenhouse and a chicken coop. I think I came up with 129 sorts of beneficial connections. So what we are really talking about is not some grandiose complication of 3,000 species on a site.

It would be nice to make 3,000 connections between 30 species or 30 elements, with those connections defined as being beneficial or non-beneficial. You can see hundreds of examples, particularly in social groups, where diverse interests are not necessarily beneficial. Diversity of itself doesn't give you any stability or advantage.

So what we are setting up is a sort of guild of things that work harmoniously together. There are rules to follow on placement within the area. There are rules that have to do with orientation, with zonation, and with the interactions. There are whole sets of principles which govern why we put things together and why things work.

The agriculture departments have defined agricultural land. What they mean is land which can be tilled. But I don't see any landscape as being non-agricultural. There is a whole hierarchy of productivity in landscape, and it all can be used for production. So there are really two strategies for our consideration in agriculture. One is to find out what is the minimum level to which we can reduce agricultural practice, and to go about that. Another is to find the level at which we can increase the use of land termed non-agricultural for agricultural products.[37] There are all sorts of new games to be played. I am literally amazed how little these forests in America are used for sustained productive purposes, as forests.

PRINCIPLES

Let us look at the sets of principles that govern these systems. These principles, rules and directives are based on the study of natural systems. Axioms are established principles or self-evident truths. A principle is a basic truth, a rule of conduct, a way to proceed. A law is a statement of fact backed up by a set of hypotheses which have proved to be correct or tenable. Theses and hypotheses are ideas offered up for proof or discussion. There are also rules and laws laid down which are neither rules or laws. They do not pay much attention to defining how they got there. Now I have evolved a set of directives which say: "Here is a good way to proceed." It doesn't have anything to do with laws or rules, just principles.

ENERGY, SOURCE, AND SINK

We deal with the Earth, which has a fairly constant energy input from other parts of the universe. We are dealing with energy which has a renewable source, the sun.[38]

Between the source and the sink is where we intervene. The more useful storages to which we can direct energy between the source and the sink, the better we are as designers. So what we are up to is making an efficient set of storages that are useful to man [sic.]. Some of these storages may be useful in the creation of other storages. The amount of complexity we can build into that flow, the amount that we can direct to useable storages in order to hold back energy until we start to use it, that's where the skill of the designer lies. Furthermore, a lot of energies unusable in a mechanical sense are usable in the biological sense. So we need biological as well as mechanical storages.[39]

Energy can be transferred from one form to another, but it cannot disappear or be destroyed or created. So we have a choice in the type of flow that we allow through the system. We can determine whether it is stored or whether we let it leave.

That is the choice we have with water, with rainfall. We can store it or we can let it leave; and if we let it leave, it becomes unavailable to us.

If we would recover it, there is a lot of work to making it available again. Engineers go down to the valley, because everybody can see there is water down in the valley. So they put a block in the valley and the water backs up behind it and you have water, a big lake down in the valley where it is least useful. Where it came from was up on the hills. Had the engineers stored the water where it came from, then they could have run it through all sorts of systems before they let it escape into the valley. The closer to the source that we can intervene, the greater use is the network that we can set up. So we edge up close to the source to start to intervene in the flow. It's not the amount of rainfall that counts, it is the number of duties we induce that water to perform that counts.

Not all energy that goes into the system is efficient. Whenev- er we change the line of energy, we lose a little. No matter how well we design, we must always lose a bit.

A lot depends on the maintenance of the global biological-chemical cycle of essential elements, particularly carbon, nitrogen, oxygen, sulphur and phosphorous. We are worried about some of these cycles.[40]

The probability of the extinction of a species is greatest when the density is very high or very low. There is a density dependence. You can see how high density is a dangerous thing for species because of very rapid transmission of plague resulting from the exhaustion of critical elements upon which the species depends. It is more difficult to see how very low densities are also critical situations. The factor of number is a factor ignored by most communes or communities.

I don't think we know of any society of man whose continuance depends on their own genetic health that can exist below 300 in population, and not even at that number without very rigorous genetic control. We are breeding for extinction in several areas. High density populations often also start to include an enormous range of genetic disasters or mutations.

It is possible to make small changes in a general system to bring about a higher chance of survival of the elements of the system, or high yield within the system. There is an horrific statement called the over-run thesis which says: "Our ability to change the face of the Earth increases at a faster rate than our ability to foresee the consequences of that change."

And there is the life-ethic thesis, which says that living organ- isms and living systems are not only means but ends. In addition to their value to man, or their instrumental value to human beings, they have an intrinsic worth which we don't allow them. That a tree is something of value in itself, even if it has no value to us, that notion is a pretty foreign sort of thought to us. That it is alive and functioning is what is important.[41]

RESOURCES

Resources are something you can feed into a system and increase its productivity, or its yield, or the number of useful storages. But if you continue beyond that point of productivity, then the system itself collapses. And that comes down to the statement that any integrated system can only accept that amount of energy that it can productively use. So you can over-manure anything, over-heat anything; you can over-plow anything.[42] Whether we are talking about money or manure, you can put too much of it in. What then happens is first you start to get less and less increase in yield and then more and more increase in a lethal factor. You can't continue to pour in more of the same thing and get a continued increase in yield.

A friend of mine went to Hong Kong. He ran a sort of energy budget on the city, paying a lot of attention to agriculture. He told me that the older Chinese agriculture (weeding by hand) produced, under very intensive conditions, using natural manures, about three times as much energy as it consumed. Then they modernized, utilizing small tractors, artificial fertilizer, and weeded by little hot jet flames. I think he said that they put 800% more energy in and got a 15% increase in yield. And then as they continued to pour in more energy, the yield decreased. By now they are into the same kick that we have. They only get 4% to 6% of that energy out again.

So agriculture went from an energy productive to an energy consuming system, just as the sea has gone from being oxygen producing to oxygen consuming, all because we are putting too much nutrient into it. You can do it to a pond very quickly and to a nation or a continent more slowly.

Then there are categories of resources that are of a totally different sort. There are resources which are unaffected by use. You can look at a beautiful view all day and it really doesn't affect the view. Information is such a resource.[43]

There is another category of things that is interesting in that they increase if you use them. The more you use them, the more that they increase. Some forms of browse fall into that category. Some categories of animals and plants increase each other by interaction, and some other categories of resource also do that. And some resources, particularly quick turnover resources, simply decrease if you don't use them. Annual grass is a good example. If not used, the amount of annual grass in the system decreases. To some extent, so does firewood in a fire-prone situation. It accumulates as a fuel for wildfire when all of it is consumed at once.

But most resources lie in the category of resources that need to be managed to maintain them. They are those which decrease if used. We will call them finite resources.

There is still another category made up of resources that, if you use them, decrease everything else. We have a good example of that in uranium or plutonium. Plutonium in use tends to lay waste to other resources and some of those uses are horrific. Things like dioxins[44], if used as a resource, start to decrease the general resource.

So resources have a sort of hierarchy of management and a hierarchy of being beneficial or not beneficial. Most of the things that make us happy either are very manageable or there are plenty of them. There a few things which we think we need, but which make us miserable.

I think we can pollute with time, and I expect that we can, also, with diversity. Just by putting a lot of things together, we might reach the stage where we pollute the system simply with diversity.

Petrol (gasoline) is a resource which has created disorder in Western society. I can't think when someone last productively used a gallon of gasoline. Nearly all of it is used non-productively. I used a pint or two once to destroy a nest of bull ants to which I am allergic. As far as I was concerned, that was productive. [45] I also do not know of a case in tractor economy where a machine produces more energy than it uses. You have to take the oil out of the ground, you have to refine it, you have to ship it. You argue that petrol fueled the jet upon which I traveled when I came over here. Right. But I came over here just so that you wouldn't have to go over there. It is true that petrol has some present uses - what I call restitutional uses. But generally speaking, the use of gasoline has resulted in terrible disorder. It reaches right into the social structure.

Chaos is really the opposite of harmony. It is conflicting competition and individualism. When everything is in chaos, if there are two or three of you going in one direction, you have to win, hands down, for everything else is really falling to pieces. So maybe we will win; maybe we are seizing an historic opportunity.

When we design, I keep coming back to what we do. We have a two-fold job: to recommend only the energies that are productive, energies that are not harmful, and to attempt to build harmony into functional organization, to pickup the pieces and make harmonious order.

We should not confuse order and tidiness. Tidiness is something that happens when you have frontal brain damage. You get very tidy. Tidiness is symptomatic of brain damage [46]. Creativity, on the other hand, is symptomatic of a fairly whole brain, and is usually a disordered affair. The tolerance for disorder is one of the very few healthy signs in life. If you can tolerate disorder, you are probably healthy. Creativity is seldom tidy.

Tidiness is like the painting of that straight up and down American with his fork and his straight rows. The British garden is a sign of extraordinary tidiness and functional disorder. You can measure it easily, but it doesn't yield much. What we want is creative disorder. I repeat, it is not the number of elements in a system that is important, but the degree of functional organization of those elements - beneficial functions.

Yield is the sum of useful energy stores. It is the sum of energy conserved and generated in systems. It is never just product yield, not the number of pounds of tomatoes, or pounds of fish, or of acorns - which is the normal way people have of measuring yield - but it is the sum of the energy in useful storages. Yield is a function of design, and it is theoretically unlimited. That is, I haven't seen a system where we can't, by better design, increase the yield.[47]

As the design itself is a function of our understanding of the system, so does the yield also depend upon the degree to which we understand things.[48] It is the intellect that decides all these things, rather than any extrinsic factors. I am not quite sure what the intellect is. I have put it as our ability to understand, which may not be intellectual but empathetical.

Between the source and the sink, diversity increases: energy stores may increase and organizational complexity may increase. Our job is to convert those pauses in the flux of some of those categories into beneficial resources. It is the number of niches in a system that will allow a number of species and varieties to co-survive. It is the woodpecker's hole within the forest.[49]

Now, again, the number of niches in a system depends on the design of the system. So now we have come to the active case. In situations which should be saturated with species, and with yield, we can make a vast difference by seeing where we can create more space, often by very small movements.[50] The numbers of pairs of pigeons breeding on a cliff depends on the number of ledges. It is easy to increase the ledges. Often, what is holding down a yield isn't the basic factor of food. In fact, food ceilings are very rare things to bump. It is some other factor totally unrelated to food. There are tons of food [acorns] around this environment [Wilton, New Hampshire], with nothing eating them.

What we must do is to see how things work, how different things work.

Tribal lore prescribes that one should only carry out necessitous acts, that non-necessitous behavior tends to be very destructive. The rest follows. Therefore, one apologizes for whatever one has to do and does it. But you don't see people doing unnecessary acts.[51]

Some time around 1952, I had a house in the bush, and I thought, as a curious thing to do, I wouldn't cut down a tree unless I had to. I never had to. But we could also live in the bush and cut trees down. Unfortunately, if you have money, it is hard not to. You are always doing something because you have to get rid of that money. Like petrol.

As I see it, tribal myth was a way to teach care of the environment. I believe that we are involved in a more complicated game than we had previously thought.

If you put fish and a set of algae in a pond, and one of those algae is particularly delicious, the fish chomp on the delicious algae until there are none of those left. Thus they disfavor them. Then the other algae, not palatable to the fish, increase, thereby controlling the fish, starving the fish out. Fish eats algae; algae destroys fish.

We let cattle go on landscapes, and the landscapes respond. The cattle disfavor plants that they like and thereby produce a system of plants that they don't like. That closes the landscape off to cattle. Some of those plants are poisonous to cattle. Time and time and time again, this is what we observe, that the landscape responds.

There is a response within the landscape against damaging things. I don't know how it works against one of these coal machines that chew up the Earth, but it probably has a long-term response, which may be acid rain. So, you don't push something without it sort of pushes back. We are into all this mechanical physics, which says that every action has an equal and opposite reaction. But the Chinese say, "No, that's not true." If you kick a living system, it kicks back harder. Its reaction is often unfairly oppressive. You might simply push someone out the door. That person re-enters with a pitch fork, not just pushing back in, but ready to poke holes in you.[52]

Now there are different sorts of acts. There are necessitous acts and harmful acts. But there are also beneficial acts. And that gives us another hypothesis - that you probably will get more good back than you design. And this seems also to be true. What has probably been happening from the beginning of a consciously designed system is that when we put three elements in conjunction so that they are pretty harmonious, other beneficial results come out that we didn't design. Now that has happened almost without exception.

This is something that isn't being taught: that once we have done one thing correctly it goes on and it proceeds to do a lot of other things by itself. This seems to be happening. So it looks like there is something going on there, and it is very hard to analyze. Sometimes, you make a single move, simple and right, which you intend to be beneficial, and you discover, if you stand back and observe it and leave it alone, that it goes on and gives you maybe another 10 benefits which you didn't count on. Then, if you look into it closely, although you put it together for a single reason - you had reasoned it out - you see that once you did that, there were 12 or 15 other reasons why you should have done it. I think we all know examples of this.[53]

When somebody clamped the greenhouse onto the front of the house instead of standing it out there in the sun, he may have done it for a single reason, to heat the house, perhaps, or simply to make it easier to tend it. But then lots of other good things came out of that.

We are not quite sure what they are doing, but the aboriginal groups go around polishing up their country with little ceremonies. They are fairly secretive about what they do, but certainly they are doing a little countryside adjustment. They have to do a little ceremony to keep the springs flowing along certain a mountainside. We laugh at them. We know those springs will flow whether they have a ceremony there or not. But if we take their religions away, the springs will stop flowing. You don't talk to idiots about advanced concepts. Anyway, they won't tell us much about what they know. I suppose they would worry about what we would do with the information.

So here is another whole way of thinking about things which I think we would find very productive, because it is a usable way to summarize a lot of things. We can make principles out of it, if we like. "Everything works both ways,"[54] is one of them. "If you do something right, it will do a lot more right itself," is another.

Now we have arguments as to whether we start from principles and to the real world, or - as I try to proceed - we go to the real world and get to principles. Do we look at what is really happening and sit down under a tree and think: "Well something like that is going on out here."? Or do we start going into nature and try to understand what is happening and then go to the garden? We have this argument about which way you proceed: Philosophy to garden or garden to philosophy. I think that there are people traveling both ways, people coming from the abstract to the garden and people coming from the garden to the abstract. Most of us are coming up out of the garden and heading towards the philosophy. A few have been up to the temple and are coming down to the garden.

I think, again, in our general education, and particularly in our primary education, that we get an awful lot of static phenomena taught to us, and cross sectional phenomena. But we are not taught interactive processes, and we are not taught much about the resonance of things. The real world that we live in is in constant flux. Things are on their way somewhere all the time. There isn't such a thing as a quiet picture of a natural phenomenon. Everything is on its way to other phases. Yet we teach things as sort of rigid truths. We are culturally blocked. It is because it is a scientific culture; we try to measure everywthing. There are different ways of coming at things. I can't handle symbols; some people cannot handle numbers; some cannot handle dimension. This is why it is beneficial to associate in small groups, just to try to bring different lights on the same truths, trying to comprehend the different shadows of reality. This dynamic is lacking in education.

There is something we ought to be sitting on the floor and talking about a lot. There is this harmonic that, if we could get hold of it, would give us a lot of understanding, a lot of control over events. Our job is to put things in the right place and then let them ripe. But to get one in the right place, we have to have a lot of information about it. Anything we are trying to place, whether it is a building or a tree or an animal or a road or a structure or a person, we have to know these things about it. We have to know its intrinsic functions, what is natural for it to do, the things it can't help doing by virtue of just being itself, being alive. Some animals and plants must spawn and they do that in different ways. Then there are things that we can categorize as yield, which we might be interested in. These may be of two or three levels or natures. There are what we might call direct yields. Chickens lay eggs. Then perhaps there are yields which are derived, secondary, or processed yields. Chicken manure will yield methane. And we have to know what the different yields are.

It also pays to know how elements function. They have behaviors, things that they do. They walk around or they sway about. They have properties. They will or will not reflect light. They have properties by reason of what they are. They have a color. They behave. They have a whole set of interactions and stimulus-response behaviors. Behaviors are short-term and long-term, too. Too often we comment on the short-term behavior of things, which isn't how they behave in the long term. Our science, and particularly psychology, suffers a great deal by not looking at the long-term behavior.

Now if we knew enough, if we had enough information, then a lot of these things could be listed for each element in the system, each entity. And then we could make a tremendous amount of design use of it. But they are not the things that are being listed as knowledge about the entities. You can obtain knowledge of almost anything about a tree except these things. Bad luck! Very little is known about the properties of a tree. As to the yield, it may be almost unknowable. I once tried to find out how people have used walnut trees. I found out that there is a people who base their whole culture on the walnut; other people may base their culture on bamboo. Or you can just take the walnuts by themselves. It is up to you.

If you have a fair idea of what is known about something, then you are able to place it so that it can function, so that its intrinsic function is possible to it. Then it will give its yields and its secondary yields can be taken advantage of, and it will behave in a friendly way because we put it near to things that are beneficial to it.

There is an enormous difference between the way we make a design in permaculture and the way an agriculturist would make it. Really, what we are up to is trying to let things function in a natural way.[55]

COMMENTS:

[1] A Frightening Introduction

(T.F.) Upon first reading of this chapter, it is very easy to get startled and emotionally involved to such an extent that one overlooks that this actually is not a collection of random bits and pieces selected with the main purpose of frightening the reader, but a very precise description and summary of those problems where action is most urgently needed, and why. It pays to re-read this chapter a few times after the first impression has worn off, and after one has read up on techniques in conjunction with advanced forest management, etc. These days, taking a close look just at fossil fuel depletion and climate change would be more than enough to frighten the hell out of pretty much anybody. Here, what is important is the `mapping overview' Bill gives over those issues Permaculture focuses most attention to, which is the essential resources water, soil, forests, food, biodiversity. While he does not mention it, what also is treated implicitly here -- and what permaculture largely is about -- is sane ways to make a living healing the earth, rather than being forced to live in a way that exploits primary production while at the same time defiling the very basis of civilization.

[2] I don't think...

(T.F.) Throughout these courses, which are a transcript of Bill talking, he uses a very colloquial style. Occasionally, one has to look out for a bit of wry humor that may be difficult to discover unless one tries to get an idea about the mood Bill may have been in when he talked to his students.

[3] summarized

(T.F.) As mentioned, this lesson is quite a precise summary of the structure-as-viewed-from-the-distance of the most pressing problems of the biosphere, certainly from the subjective viewpoint of Bill Mollison in 1981, but nevertheless remarkably accurate. In particular as he talks about many issues (such as erosion) most people are completely unaware of!

A quote from the book the brilliant astrophysicist Carl Sagan embarked upon writing as his legacy once he was diagnosed with cancer fits nicely with this issue:

"It's perilous and foolhardy for the average citizen to remain ignorant about global warming, say, or ozone depletion, air pollution, toxic and radioactive waste, acid rain, topsoil erosion, tropical deforestation, exponential population growth." (From: "The Demon-Haunted World: Science as a Candle in the Dark")

[4] Terrifying

(T.F.) It is not clear whether Bill means that his intention is to terrify the reader to convince him of the importance to act, or whether this is meant just as a general statement on the collective behaviour of homo sapiens. Personally, I would like to add that fear more often than not is an extremely dangerous motivation for going to action, as it interferes most badly with our judgement. Reading contemporary mail exchange by people such as Feynman, it becomes clear that Fear was what made U.S. physicists develop nuclear weapons: Fear of the Nazis getting them first. (A much more reasonable conclusion to draw presumably would have been to invest more effort into sabotage rather than trying to build such a weapon of their own - and after all, a special allied sabotage unit destroyed Germany's Heavy Water plant in Norway in 1943.)

What we always have to keep in mind is that it is very difficult to judge some process when one is so deeply involved that obtaining an exterior perspective becomes impossible.

[5] Responsibility

(T.F.) Permaculture can be seen as the daring experiment of running a culture according to appropriate principles so that it it is not bound to eventually fail because of self-made problems. Between 500 B.C. and 500 A.D., the Garamantes have been an important regional power in the Sahara Desert, using slaves for extensive mining operations to extract (non-renewable) underground fossil water for irrigation. When these water supplies eventually ran out, the kingdom declined and fragmented. On the other hand, there are indications that the Kogi people in the mountains of Columbia, who call themselves "The Elder Brothers" (in distinction to the rest of mankind, who they call "younger brother"), indeed may have been around for such a long time that in their own terms, the Spanish invasion has been a very recent event. There is a tremendous variation in terms of how well different cultures manage their essential resources, and how long they therefore survive. Quite often, cultures fail due to mis-management of natural resources. Perma-culture is an attempt work out strategies to pay due attention to the management of crucial resources so that a culture need not fail as a result of self-made problems.

[6] Oxygen-consuming oceans

(T.F.) A good refereence that puts this statement into proper perspective and explains more about the details would be helpful here. As this is the transcript of a talk, this certainly is excusable. Unfortunately, this also happens in many places in the "Permaculture Designer's Manual": more references to sources of claims would often be helpful. What Bill presumably means here is that, when temperature increases too much, forest soil starts to release large amounts of CO_2, making a forest effectively a source for atmospheric carbon rather than a sink.

[7] Environmental degradation and anarchic conditions

(T.F.) See e.g. background information on Richard St. Barbe Baker

[8] Precipitation and Forests

(T.F.) This is a very important statement! The role of forests for the water cycle cannot be understated. By clearing high forest and therefore severely interfering with the balance of the water cycle, the people of Hawaii managed to make the island of Kahoolawe un-inhabitable. (According to B.M.)

[9] Moderation

(T.F.) Weather extremes (such as for example late frosts) are one crucially important limitation to productivity. Lack of water is another. Forests moderate both, and much more. (One has to consider that about half of the mass of a living tree is biologically mobile water, so there is a lot of thermal mass standing around in our woods!)

[10] Soy Beans

(T.F.) To Bill Mollison, the soy bean seems to be an icon of "all that is going wrong in present-day agriculture". He refers to the deeper implications of soybean production quite often in his talks.

[11] Primeval European Forest

(T.F.) One may see subtle difficulties in the definition of what constitutes a primeval forest, but to be precise, there indeed still are some very small patches of primeval European forest, such as the Austrian Rothwald (about 40 km^2, which is about 15 square miles). Also, there is the Bialowieza Primeval Forest in Poland, of a size of about 1400 km^2 (540 mi^2), and presumably a few other tiny patches. In comparison, Forest would be the natural vegetation in our European climate, and taking Great Britan, virtually nothing of the original forest that covered its 260 000 km^2 (100 000 mi^2) remains.

[12] Primeval European Forest

(T.F.) Evidently, now in 2007 that these 25 years have passed, we have not run out of forests, so something profound must have been going on here. Looking back in history, deforestation was quite dramatic in the 70s, especially in Australia, where the export of woodchips was a rapidly growing industry. The Italian Nobel Laureate Dario Fo (1997, Literature) once stated that "geniuses grow out of a particular need for them" (or words to that effect), and so it is presumably not too surprising that, facing this dramatic situation, it was an Australian who came up with an integrated concept where things fall into the right places.

When viewed in this context with the particular historic background of Australia in the 70's, we presumably should forgive Bill these (from our present perspective) inaccuracies - or rather, we should be damn grateful he was not right on that issue!

The F.A.O. (Food and Agriculture Organization of the United Nations) provides data on annual deforestation rates at http://www.fao.org/DOCREP/005/Y7581E/y7581e16.htm, which make quite an interesting read (to some, at least). In the years 1990-2000, Haiti lost on average 5.7% of its forest per year, while Uruguay gained 5.0%. India gained 0.1%. However, numbers alone are not very useful without appropriate interpretation.

An interesting background article on Deforestation in Australia in the 70s is http://www.wrm.org.uy/deforestation/Oceania/Australia.html.

One general problem with the destruction of primeval forests is that we are interfering badly with a system that evolved into its present state over tens of thousands, maybe millions of years. So, this means in particular that, even when we grow trees where there once has been primeval forest, a lot of the biodiversity and hence resilience to external influences already has been irreversibly destroyed.

[13] Saplings

(T.F.) Of course, only a fraction of all saplings planted grow into mature trees. (I think Richard St. Barbe Baker mentioned a 1-in-6 ratio somewhere.)

[14] Lowest possible use

(T.F.) Common sense alone of course dictates making the best possible use of a scarce resource, degrading it only if necessary. This is a re-occurring theme in Permaculture.

[15] Climate Chaos

(T.F.) Bill presumably refers to general properties of a class of physical effects here known as "second order phase transitions". These are processes in which some of the general properties of a system change profoundly, but gradually. They differ in many ways from the much more well-known "first order phase transitions", such as the melting of ice and evaporating of water. One example for a second-order phase transition would be the gradual onset of magnetic order when a ferromagnet cools down below the Curie temperature. It is a general property of second-order phase transitions that as one comes close to them, fluctuations start to grow and get ever more violent. So, talking about so-and-so-many degrees of global warming may be seen as a red herring: the increasing frequency and violence of weather extremes is an even far more important problem than increasing temperatures!

[16] Richard St. Barbe Baker

(T.F.) This English forester (1899-1982) with the barely pronounciable name was widely known (for evident reasons) as the "Man of The Trees". It presumably can be safely claimed that so far, no person throughout history made a greater contribution towards the restoration of deserted and degraded land than Richard St. Barbe Baker (through the organizations he founded around the globe) - via tree planting programs.

Of special interest are reports of the Kenyan Mau Mau Uprising, where those regions that experienced considerable improvement of their natural capital through tree planting programs decades earlier remained comparatively peaceful, cf e.g. http://www.fao.org/docrep/91150e/91150e02.htm:

(...)

In appreciation of the many years of devoted service of Chief Josiah
Njonjo I invited him to come to London in 1953 as my guest for the
Coronation of Queen Elizabeth II. When his plane had touched down he
was interviewed by the British Broadcasting Corporation for their
daily programme, In Town Tonight:
"You are a Chief from Africa? " inquired the interviewer. "Yes"
said Josiah, "I hold King George's Gold Medal for long service and
now I have come to see his daughter crowned." "And what are the
duties of a Chief?" asked the man from the BBC. "The Chief is the
voice of the government to the people and the voice of the people to
the government." "Tell us about this Mau Mau business," said the
interviewer. "That is a long story," said the Chief, "and I am no
politician but I can tell you this. In my part of Kenya we have had no
trouble at all." "How do you account for that, Chief? " inquired the
interviewer. "Because over 30 years ago a forester taught us how to
plant and protect our native trees. We have kept the promise made to
him and so we have plenty of timber, plenty of fuel, plenty of clear
water and we have plenty of food, so no trouble."

(...)

Of course, this very short excerpt should only be seen as a starting point for further investigations, not a definitive final conclusion on the effectiveness of resource improvement programs to combat terrorism.

[17] Leaf Areas of Trees

(T.F.) Unfortunately I have very little detailed data on issues such as a tree's leaf areas, but from just standing under a few fully mature chestnuts, pacing out the radius of the crown and visually estimating the number of leaf layers in the tree (the "leaf area index"), I only can come to the conclusion that unless I grossly misunderstood something fundamental about the notion of "leaf area", Bill's numbers are way out of contact with reality (i.e. far too high) here. This is actually a somewhat discomforting re-occurring issue in particular with his "Permaculture Designer's Manual" as well: while all the underlying concepts and ideas seem to be quite sound and viable, the overall impression is to some extent marred by numbers and formulas that do not play an important role for the main text (such as the rough values of average leaf areas here), but are badly wrong. For example, the chemical formula for the hydroxy ion OH^- is consistently mis-printed in the P.D.M. (with two negative charges), the formula for Rutil (TiO_2) is given as TiFe, a 90-degree slope is called a "100% slope" (100% actually would be 45 degrees), the atmospheric concentration of CO_2 is given as "3-4%" in one place, etc. One place in the PDM where a major error has slipped in is in the chapter on "aquaculture" where an "18-fold yield gain" is reported for a specific fish bi-culture. Going back to the original F.A.O. article by Swingle on which much of this chapter is based, one sees that the underlying mistake was the duplication of a "9" digit in one number.

[18] Phasmids

(T.F.) Phasmids (Phasmatodea) are "stick insects", the name coming from the greek "phasma" (phantom). Here, Bill presumably(?) just uses this term in the sense of "some weird bug"/"pathogen".

[19] Tree Pathogens

(T.F.) Cinnamon Fungus (Pytophtora cinnamomi) is a root-rotting fungus belonging to the same genus as the (late) potato blight, Pytophtora infestans, which "caused" the tragic famine in Ireland ~1845. (More appropriately, one perhaps should claim that monoculture and land management politics were major reasons.) "Dutch Elm Disease" is a fungus disease that eradicated virtually all the elm trees in particular in the U.K. and other parts of Europe during the decades ~1970-2000. Bill wants to make the point that these diseases are just symptoms, with the real problem being that we cause so much stress to the trees that their immune systems no longer can cope with problems that otherwise would be minor.

This actually sounds rather plausible, considering that everyone of us knows how stress causes increased susceptibility to colds, etc. I have personally seen that there are still lots of elms around in colder and less polluted Sweden, and they look quite healthy. There are indications for another dramatic elm decline that occurred around ~3000 BC in Northern Europe, where Dutch Elm Disease or a close relative may have played a role.

[20] Soil

(T.F.) One of the most frightening characteristics of our culture is that we pay so extremely little respect to soil, because we are generally only very remotely aware on how important it is to our survival. I know it comes as a shock to many, but our formal education system completely fails to convey even the least bit of relevant knowledge about that which is so absolutely essential for our very existence on planet earth.

Some people even speculate that the story of Adam and Eve in the Book of Genesis in the Bible may actually refer to the beginning of agriculture, hence civilization. After all, "adam" and "adamah" (soil) are linguistically close relatives, as are as are "human" and "humus". If one starts to look into the issue of soil management, one soon starts to wonder whether "civilization", looking at its most visible lasting long-term impacts (on time scales of tens of thousands of years), is much more than an infectious disease of the topsoil on this planet. As it seems, this does not necessarily have to be the case, but we only have learned about the alternatives somewhat recently. Permaculture is precisely about these alternatives.

(Occasionally, I wonder whether it is just those nations behaving in the most irresponsible way which have been in contact with the soils sustaining them for the shortest amount of time...)

The fundamental theorem of soil management presumably can be stated like this: "You can fuck the soil, but in the end, the soil will then always come back to fuck you" (i.e. loss of agricultural productivity will lead to riot, genocide, rape, cannibalism).

[21] Past soil loss

(T.F.) Is it really this bad? Of course, when Bill Mollison talks about having lost 50% of the productive agricultural soils of the planet so far, this refers to the entire history of human civilization. It is interesting to compare his numbers against data from the F.A.O., as provided e.g. in this article: http://www.fao.org/sd/EPdirect/EPre0045.htm, in particular this statement: "Approximately 30% of the world's arable crop land has been abandoned because of severe soil erosion in the last 40 years". So, order-of-magnitude-wise, Bill is absolutely in agreement with the FAO here, and it also is pretty clear that the eventual result of such a process, unless reverted, can only be hunger on a massive scale. But we indeed have the knowledge and power to revert it. That is what matters here.

An interesting diagram on erosion is provided by the US Natural Resources Conservation Service: http://www.nrcs.usda.gov/Technical/land/nri03/images/eros_m9272_large.gif.

[22] Creation and destruction of topsoil

(T.F.) Of course, one should keep in mind here that 2.5 acres equal one hectare. (For those who do not know these units of measurement, 1 ha = 10_000 m^2, hence 1 acre is 4000 m^2. In Bavaria, a conventional traditional unit of measurement is the "Tagwerk", which is 1/3 ha. Literally translated, the term means "can be worked (presumably plowed) with a day's labour", so this human scale may also be visible in the slightly larger "acre".)

All in all, Bill's numbers - both on soil creation and soil loss - are quite high here. There may be soil losses of 500 tons per acre in a year, but this usually refers to catastrophic one-time `mudslide' events. Erosion rates have been as high as 40 tons per hectare per year in the U.S. and have come down somewhat for a variety of reasons, not all of them nice, unfortunately. Also, the given natural soil formation rates of ten tons per hectare(!) per year should be considered as rather high. Rough ballpark figures of soil formation rates usually seem to lie in the range 0.2-3 tons per hectare per year. (Actually, one has to be very careful here what one is talking about! If weathering of rock is the speed-determining factor, soil formation is a very slow geological process, but if it is accumulation of organic matter in already weathered rock, it may be possible to speed up that process quite considerably - with the additional benefit of taking carbon dioxide out of the atmosphere.)

[23] Salination

(T.F.) To give a rough idea, 800 000 acres (3200 km^2, 1200 mi^2) is a square 56 km (35 mi) by each side, or, expressed in more familiar terms, a constant salination rate that large would correspond to the loss of agricultural land about the size of the isle of ireland within 25 years' time. One wonders if this number is more accurate than the data on erosion rates, but does the precise value actually matter that much? After all, it certainly is a huge problem in the sense that something got quite badly out of balance, and unfortunately, soil salination is a problem that is very difficult to correct once it has occurred.

[24] Salt from weathering of rocks

(T.F.) It is interesting to note that one can get a surprisingly reasonable estimate for the age of the earth by setting the ocean's salinity (on average about 35 parts per thousand) in relation to the annual transport of salts into the ocean through rivers.

[25] Trees and the water table

Remember the moderating effect of trees? One especially important issue is keeping the water where it belongs, i.e. at the right depth. Surface evaporation leads to visible salination quite fast, but salt stress can start much earlier.

[26] Roads

Useful data on such issues can be found in the (annually updated) "CIA World Factbook" at https://www.cia.gov/library/publications/the-world-factbook/countrylisting.html. In 2007, there indeed are now 2.3 miles of road for every square mile in Britain!

This is an issue for multiple reasons, one of them being that compartementalization of land is very destructive to flora and fauna that cannot cross roads, as it creates genetic islands.

[27] Urban Sprawl

(T.F.) Evidently, cities arouse preferredly in locations with good agricultural soils. As cities grow, they therefore tend to damage those soils first which would have been best suited for agricultural production. Also, erosion will always remove the most fertile bit of soil first.

As bad as this is, one should at least consider making the best out of the present situation that already got quite out of hand: if there still is some good soil around and people live close to it, it can be used much more productively in horticulture than in agriculture. So, growing food on most of our present lawns will be an important strategy.

[28] Water and Cities

(T.F.) Water presumably is the most important limiting factor for big cities. When the allied forces conquered Nazi Germany, some cities had no other choice than to surrender once the allied forces got control over the waterworks.

Generally, the role of water is dramatically under-estimated by virtually everyone in our society. Intelligent water management is perhaps one of the most important issues for any civilization, on any scale from an entire city down to a small garden.

[29] Design for remedial action

The contents of this chapter parallel chapter 2 of the Permaculture Designer's Manual: "Concepts and Themes in Design". The two presentations nicely complement one another, the pamphlets being much more colloquial and occasionally providing some extra background, the book paying more attention to the general structure of the presentation. Unfortunately, the pamphlet text makes a somewhat fragmented, disconnected, and untidy impression, with many abrupt changes of subject, especially at first reading.

[30] Sustainability

T.F.: We have to bear in mind that "conscious design for sustainability" can be regarded as a rather radical concept: so far, man has not really managed to design any sustainable system, as every culture gradually destroyed or destroys its resource base. Some of them did (or do) so very fast, and hence can only be very temporary phenomena, while others are far better in terms of resource management, lasting tens of thousands of years. If mankind is to survive, learning how to properly design a really sustainable system presumably is the most pressing necessity, far more important than e.g. learning how to deflect asteroids that may impact earth (such things happen, but on timescales that are longer than the timescales relevant to the present sustainability crisis).

One of the interesting aspects is that most people in our culture are not really aware what - at a personal level - the key sustainability issues are we have to pay attention to. This issue is much more involved than one might expect, but for the average westerner who never gave such questions much thought before, the "Solar Living Sourcebook" and the work of the "Solar Living Institute" (http://www.solarliving.org) may be a useful first stop. But actually, sustainability is much less an issue of appropriate technology as it is an issue of mental attitude. So, a study of "low impact" cultures such as that of the Jain may turn out even more relevant than knowing about sustainable technology.

Personally, if I had to define the most important topics of sustainability, these would be, roughly in that order: (1) viable resource management and decision making strategies, (2) water, (3) shelter, (4) security, (5) food (and seed), (6) tools, (7) transport, (8) energy.

[31] Water Storage

T.F.: Presumably, many people would disagree on a phrase such as "america is simply short of tanks" when taken out of context. But actually, there is a lot to be known about simple, cheap, durable, efficient water storage techniques. The Permaculture Designer's Manual has quite a bit of information on that. (One notices that water storage is much more an important subject in Australia!)

[32] Gallons

T.F.: Australia seems to use the British imperial system where 1 gallon is about 4.5 liters, so 5000 gallons are roughly 23000 liters, and 250000 gallons are about 1.1 million liters.

[33] Efficiency of Gardening

T.F.: For those who do not garden themselves, there are many interesting reports on the history of efficient small-scale market gardens in the past. Certainly, Franklin Hiram King's description of Chinese agriculture in "Farmers of Forty Centuries" should be mentioned in that context. The book "Gardening for Profit" by Peter Henderson from 1882, which is available for free from Steve Solomon's online library at http://www.soilandhealth.org/03sov/0302hsted/030219marketgarden/marketgarden.pdf may also make an interesting read. There, he describes German market gardeners in New Jersey in the 19th century that produced an income from as little as 1000 square meters.

It is very important to pay close attention to this particular point Bill is making here! There is a world of a difference between `gardening' and `agriculture'/`farming'. In particular, much emphasis is on this one sentence:

When you make a farm big, you just accept a suddenly lower productivity and yield, but less people get it. That is why it is economically "efficient."

Personally, I would like to add that, looking at history, a re-occurring pattern is the replacement of cultural resource management by market-based mechanisms through (usually rather questionable) regulations that were introduced via salami tactics. For example, the British introduced Hut Taxes in Africa which, apart from generating revenue, served the additional purpose of forcing Africans to acquire something which otherwise would have been essentially useless to them: money. Through the artificially created need to earn money, the Colonialist's money, Africans were forced to participate in the colonial economy. The double strategy of providing pointless but attractively styled goods on the one hand as incentives and tricky regulations that require obtaining money on the other hand usually has proven to be very effective, over the years, to modify somewhat stable equilibria of cultural resource management (in which various forms of `money' also played a role, but not a dominant one) towards primarily money-dominated resource management. Can this process of "engineered monetarisation of society" be regarded as a faith-based (i.e. faith in the superiority of market mechanisms) missionisation?

[34] Gardening in the U.S.A.

T.F.: Of course, it would be interesting to have a proper source given for such numbers.

[35] Self-Reliant Seeds

D.H.: Self-Reliant Seeds is now defunct, but it was replaced by Phoenix seeds, also of Tasmania.

[36] Diversity

T.F.: The importance of this statement about diversity cannot be emphasized strongly enough!

A modern University may be a good example: usually there are lots of foreign students on the Campus, but rather than employing their special background to make maximum use of it, most institutions of higher learning are merely culture-agnostic or culture-tolerant, rather than fully aware of the cultural potential. So, bringing together many different elements by itself does not automatically mean to create diversity.

[37] "Creative Agriculture"

T.F. While agriculture in the conventional sense is damaging ecological systems to the extent it has to alter them, we must not forget that while on the one hand, conventional agriculture has ruined a considerable part of the soils that originally were present after the last ice age, there is on the other hand a large number of species that only can thrive in conditions as they are found in damaged or degraded ecosystems. So, these damaged soils offer a huge potential for improvement, and if we are able to restore their fertility in such a way that the plants we use to improve them can give us other yields as well (in the broadest possible sense), that is a good strategy. Anyway, in concentrating on the restoration of destroyed soils as a priority issue, we can learn a lot about ecosystems without playing with valuable fertile soil, possibly ruining that as well with our experiments.

[38] The end of the Sun

D.H.: Not true--the sun is using itself up. However it will expand and consume the Earth before it ceases to be a source of the shorter wavelengths.

T.F. on D.H.'s comment: It is actually not so clear whether the sun will eventually really consume the earth, as it will lose a considerable amount of its mass before it grows to monstrous proportions. Presumably, it will engulf the earth's present orbit, but due to solar mass loss, earth then may have shifted to a more faraway orbit. Anyway, this issue is purely academic for our purposes, as there are more relevant effects. Solar output will increase by about 10% over the next billion of years, which should upset many systems. Also, once earth's core cools off sufficiently for active volcanism to stop, life will be in trouble as well. But as much as we are interested in permanent solutions, who knows? Should we eventually manage to learn how to properly harvest energy from the sun, we might one day really learn to travel to distant stars. Most presumably not in 100 or 1000 years' time, but maybe in 100_000 years?

[39] Catching Energy

T.F.: Basically, intervening in the entropy-driven energy flow and catching that energy is what biological systems evolved to do, and are especially good at in particular with the highly erratic flows of energy (and nutrients as well) found in nature. That contributes a lot to their elegance and beauty. Digging up and burning nature's former abundance in the form of fossil fuels whenever we want to burn them is a rather blunt and simplistic way to obtain energy. Tapping and harvesting the flows present in nature is much more sophisticated and asks for the design of elegant and beautiful systems that pay attention to nature's characteristics. Building huge dams to harvest water power (in contrast so small and beautiful human scale systems) is just again trying to impose inappropriately blunt ideas on nature.

It should be pointed out that energy storage is a very broad concept here: edible calories in the form of grain certainly are one form of highly useful energy. Complex chemical molecules that are synthesized by plants, difficult to obtain otherwise, and can be used as medicine certainly are a very useful form of stored energy.

[40] Nutrient Cycles

T.F.: Unfortunately, our educational system does not pay any attention to the actually very important issue of teaching people about the way the major nutrient cycles work. So, one is particularly well advised to read up on how the major flows of essential nutrients, in particular phosphorous, work in these days. The idea of first mapping and then designing around natural nutrient flows (which furthermore should cycle as much as possible) is a central theme in permaculture design.

[41] On the intrinsic value of life

T.F.: There actually are surprisingly deep and highly important philosophical issues connected with this particular question. This is not at all an easy topic, and certainly not a matter to talk lightly about! Nevertheless, it unfortunately is beyond the scope of these pamphlets.

[42] Too Much Of A Good Thing

T.F.: It may be useful to think of an engine here: it was designed for a certain mode of operation and has an optimal energy throughput around which it will work best. Forcing far more energy through it than it was supposed to handle, we burn and actively damage the machinery.

[43] Information

D.H.: But information is preserved by use.

[44] Dioxin

T.F.: It should be mentioned that dioxin actually is a comparatively harmless molecule, "benzene with two carbon atoms in the ring replaced by oxygen". When that name comes up in environmental issues, what is rather meant instead usually is some particular chlorinated aromatic derivative of dioxine, such as the extremely toxic 2,3,7,8-tetrachlordibenzo-p-dioxine.

[45] Productive uses of Petrol

T.F.: Of course, this is an instance of Bill's somewhat strange humor.

[46] Tidiness as a form of brain damage

T.F.: One may wonder whether Bill thinks of artificially tidy structures such as ornamental gardens here.

[47] Yield measured in terms of energy storage

T.F.: This idea of "yield" very important and central concept, and quite different from the very narrowly used conventional idea of a "yield". The idea of "yield being unlimited in principle" sounds challenging, given that we certainly cannot harvest more energy than what comes in from the sun. There are presumably two aspects to this: the first is that what matters most to us is the amount of energy we have in our stores, ready for use when we want it, and only to a lesser extent some "harvesting quotient". The other issue is that solar energy is so abundant in comparison to the tiny fraction we can make use of that practically all the really important limits are of some other nature. Masanobu Fukuoka explains this in a very concise way: what we do is not to "improve yield", but "remove factors that limit yield".

[48] Yield as a function of our understanding

T.F.: The more we know about the potential uses of some resource, such as a species, the better we can appreciate and use it (alas, also abuse it) in a sensible way. It certainly is a worthwile exercise in that respect to learn to identify edible and otherwise useful plants. To most people, this comes as a major transformation where they start to become aware of actually being surrounded by incredible natural abundance.

[49] Niches

T.F.: Habitat is another central topic in permaculture. Usually, the important limiting factor is not so much food, as one might initially think, but very often, it is habitat. So, consciously providing and designing appropriate niches often is a very easy way of constructively designing ecosystems. Providing appropriate niches can be as easy as putting up a few poles for predatory birds to sit down on. Why would one want to attract certain species? The answer lies in the fundamental principle that "everything gardens". If we can make good use of the way how various species interact with their natural environment, we can make them do a lot of useful work we otherwise would have to do of our own (and might not manage to do as well)!

[50] Niche Design

D.H.: After first seeing where the unfilled niches, the empty spaces, exist, and filling them. Temperate ecosystems, in particular, often are incomplete.

[51] Unnecessary activity

T.F.: One has to note that our present economic system is very busy doing basically unnecessary things, creating unnecessary wants and then trying to satisfy them.

[52] Pitchfork

T.F.: Actually, Bill Mollison refers to a famous quote of the Japanese farmer-philosopher Masanobu Fukuoka. (It is attributed to him in the Permaculture Designer's Manual.) "If we throw mother nature out the window, she comes back in the door with a pitchfork."

[53] "Accidental" beneficial effects

T.F.: This certainly is true in software engineering. It often is amazing to see how applying the appropriate principles gives solutions which then automatically show ways how to resolve other problems in an elegant way.

T.F.: Philosophically, this is a very interesting and extremely important issue which our Western culture seems to have failed to understand properly for hundreds of years! As spiritual people from India know very well, and also as Gandhi knew, there is a very immediate reality to the concept of "Truth". How little we understand this can be seen in the Bible when Pontius Pilatus asks Jesus in his trial: "What is truth?". Unfortunately, in our society, the idea is widespread that Truth ultimately and exclusively depends on who is judging. But actually, this is not difficult to recognize as a big fallacy: Truth is what ultimately breaks your neck if you go on a confrontation course with the laws of reality. You may believe as hard as you want in having the power to fly in an extreme emergency, jumping from a high-rise building will teach you otherwise. Truth is what has un-done many a totalitarian regime in manifold ways. Even if the Nazis had managed to evade Truth in that one point that they never had the capability to take on Russia, their society would have been doomed due to other reasons where they were on conflict with reality, maybe only over a hundred years's time through the effects of inbreeding as a result of their ideas concerning eugenics. (One should note the similarity of this idea to the concept of Evil of Mary Baker Eddy, founder of "Christian Science": Evil only has the power to destroy itself.) While this "Truth is very real and will break your neck if you confront it and stubbornly ignore all warnings you will receive on your path" idea sounds rather brutal, everything has two sides. Unfortunately, as a consequence of the violence-centeredness of Western societies' world of thought, it is much more difficult to establish this point in the West than, for example, in Asian cultures. The other face of Truth is much more subtle, loving and nurturing and basically says: the closer one comes to the path of Truth, the more often it will happen that things start to unexpectedly work together in a harmonious way of their own. There is at least one good reason that can be articulated why this even should be expected: if competition alone were the driving force guiding the evolution of natural systems, then perhaps multi-cellular life never would have evolved on Earth. So, cooperation must play a very important role, and as we are talking about systems that have evolved over millions of years, we should not expect that our very limited knowledge about how nature works could ever be more than fragmentary. Rather, we should expect many mechanisms of cooperation at work in Nature that are unknown to us, but will kick in once we get some aspects of system design right. (Hence, presumably, the old saying: "Good Things Come In Threes": If we do two things right, we get a third one for free.) And why not? The different components of natural systems co-evolved together. So, what we have before us is a big puzzle of complicated pieces. And just as with an ordinary puzzle, once we manage to get a few things right, the puzzle starts to help us discover its own structure. The further we go, the easier it gets!

On the other hand, once we start doing something fundamentally wrong, we will create a host of problems that all have to be addressed individually, and will in turn again create new problems. (Hence the saying, "the main source of problems is solutions".) Take, for example, the Windows operating system. The reason why there nowadays is a big market for antivirus software (which nevertheless only has to offer a weak illusion of security and little real protection) is that the system is messy and full of holes in the first place. To a large extent, bad Windows security design also contributes greatly to the SPAM problem, as most SPAM emails are sent from backdoored Windows machines. There are many more examples where we have gone fundamentally wrong some time ago and keep on adding more complexity in a Sysiphus effort to deal with the effects of earlier problems.

Of course, the environmental crises must be seen in the same light: to many people, the ozone hole, climate chaos, deforestation, soil loss, falling groundwater tables, seem to be quite unrelated effects, and the future prospect of only being able to tackle a few of them but being undone by the others may make them despair. But actually, chances are that all these effects merely are symptoms of a deeper problem, which may be Student Man not paying proper attention to the teachings of Professor Nature, who constantly tries to keep on telling us how things are actually supposed to fit together!

[54] Everything works both ways

T.F.: When confronted with a difficult and seemingly unresolvable problem, it often helps to turn things around and look at the situation in the opposite way: seeing an effect as a cause, seeing the strikingly useful feature of a bad effect, etc. Penicilline was discovered in such a way.

Let us take for example the Energy Crisis. We commonly think that we have to do whatever we can in order to ensure a growing energy supply in order to feed a growing economy. But is this really the case? Energy, after all, is of very special nature: we can regard it as a kind of "universal joker", the Magic Wand that allows us to compensate for all kinds of mismatch between systems. Given enough energy, we can go skiing in the Sahara and grow coconuts on the South Pole. So, how would things look like if we instead took the perspective that whenever we have to use excessive amounts of energy, this may be a strong indication of a fundamental error in system design? Concerning what we said about "accidental beneficial connections" [53], we presumably should pay close attention whenever we need a lot of energy.

[55] Making things "function in a natural way"

T.F.: We must be aware that we are constantly surrounded by countless incredibly old programs, genetic and otherwise, that go on around us, inside us, between us, and that have evolved to play multiple different roles in complex systems that are far older and live much longer than anything in our cultural comprehension. Presumably, even "conscience" is some incredibly old program that in some form is present in many higher vertebrates. So, permaculture is a lot about making all these programs work the way they are supposed to work!

PERMACULTURE IN HUMID LANDSCAPES - PAMPHLET II

The category we are in now is humid landscapes, which means a rainfall of more than 30 inches [T.F.: 760 mm]. Our thesis is the storage of this water on the landscape. The important part is that America is not doing it.

The humid landscape is water controlled, and unless it is an extremely new landscape -- volcanic or newly faulted -- it has softly rounded outlines. When you are walking up the valley, or walking on the ridge, observe that there is a rounded 'S' shaped profile to the hills.

Where the landscape turns from convex to concave occurs a critical point that we call a keypoint.[2]

The main valley is the main flow, with many little creeks entering. At the valley head where these creeks start, we locate the major keypoint. From there on, the keyline starts to fall from one in 1,000 to one in 2,000 below contour. The dams we make in the lower valleys will be slightly lower at each point. They will not be at the keypoint.

Rain falling on the hilltop runs off. The paths described by single raindrops, wherever they fall, are similar in that they cross contours at right angles, because that is the shortest drop between two contours. Water takes the shortest path across the landscape from where it falls to where it hits the river line. It is along this path that raindrops are doing their thing. As soon as they are in the river valley, they are off to the sea.

It is possible to locate the keypoint from a contour map. Find where the contours start to spread. That is the keypoint.[3]

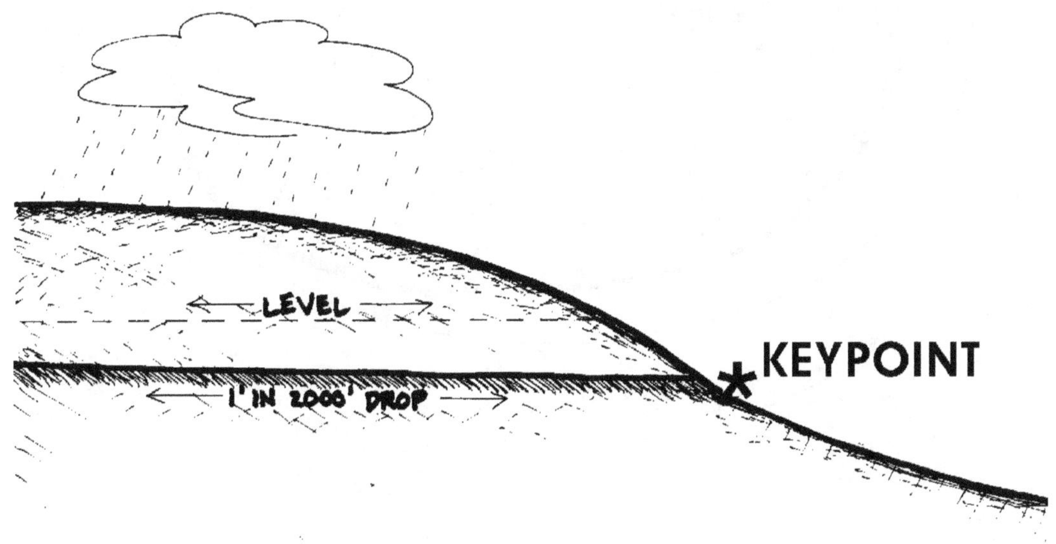

Having found the keypoint, we can now treat the whole landscape as if it were a roof and a tank.

Having found the keypoint, we can now treat the whole landscape as if it were a roof and a tank. In a fairly descending line, falling gently away from the horizontal, we put in a groove around the hill. This is the highest point at which we can work with mechanical tools. Above that, it is too steep. We make a little shelf around the hill leading to the keypoint. No matter where this water was going, we have now started to divert it, bringing it right around the hill to the keypoint. In effect, we have put a gutter around our roof, a very gently falling gutter. We started at the key point and extended a line that we lifted one foot at every 2,000 feet. We want to create a very, very gentle fall. Water just moves along it, and that is all. We have directed the water to our keypoint.[4]

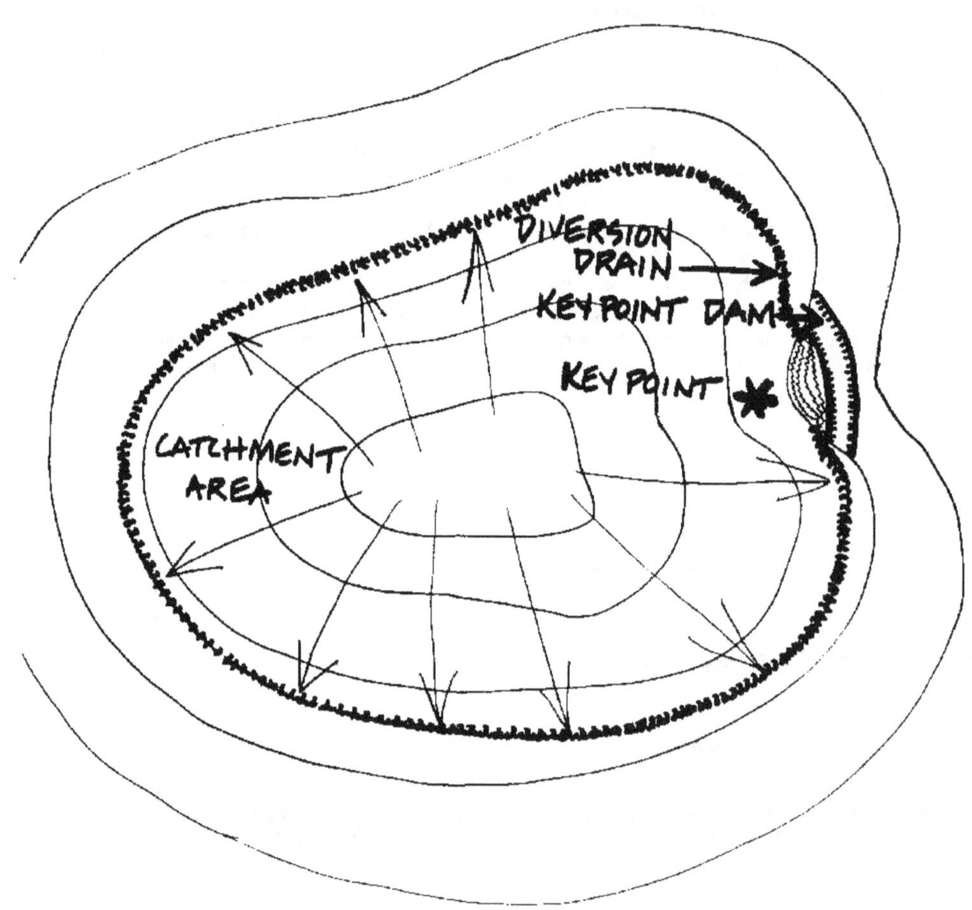

All runnoff from above the diversion drain is collected at the keypoint. This can be directed from an irrigation channel to any other point below. Slopes of these channels range from 1:200 to 1:2000

At the keypoint, we put a little dam; for it is the highest point in the profile of the valley that we can economically store water. It is a rather deep little dam, and we need a fair amount of Earth to build it. It is not the most economical dam that we will have, but it gathers all the water from the top of the hill to that point. We can make that keypoint dam as large as we can afford. It will enable us at any time of the year to run water right around this contour and let it fall on any area that we want. We lead the water out through the wall of the dam, either by siphon or a lock-pipe, allowing it to enter a contour drain. We control the flow in the drain by a sheet of canvas or plastic, fastening it like a flag to a very light plastic pipe. A chain attaches to the other end of the flag, serving as a weight. We may peg that flag down within the drain, holding back the flow until the drain has filled behind the flag. Then the water spills over, sheeting down across the hillside. About twice a year, in summer, this will usually be enough to keep the countryside very green.

If you want to put out a bush fire you just walk backwards with the flag, and you douse the whole hillside. One person can water hundreds of acres this way with no effort at all. It is very light work. No pumps.

"One person can water hundreds of acres this way with no effort at all"

For very large dams, holding five or six million gallons, you merely put a sliding gate or lock-pipe in the dam wall, generally about 18 inches square. This water will flow out about as fast as you can walk, walking fairly slowly. The drain being filled will follow you along. The most restful way to irrigate a large area in this way is to have two people and two flags. We peg here, and our friend goes 100 feet ahead and pegs. When we have soaked our part of the field, we just pull our flag, and our water flows on to his flag.

The depth of your ditch depends on the size of your dam. If you have a 5,000 gallon dam and a little garden, a small market garden, you can have a small ditch, and you can control the flow just by putting a spade in it.

Alternately, you can have something as big as a lake, for which you will need a large lock pipe with a big wheel on it, and the ditch itself may be half the size of this room. This will require a fair size flag. In this situation, we may be trying to irrigate 2,000 or 3,000 acres a day.

On large property, taking in a whole watershed, we may go on constructing further dams on a descending contour. Away we go, dam to dam to dam, falling all the way on this one to two thousand keyline. As long as your main dam is the highest, you can come down to all the little valleys, taking in both sides of the watershed. The keypoint should fall to both sides of the watershed. In the next valley, the dam is a little lower, and the next one a little lower. As for the river, it will flow quite continuously. The more storage you have on the hills, the longer that river will flow in summer.

You can also find situations in which one side of the valley is very, very steep, and the other side very gentle. In this case, it is possible to put storages on the gentler slope.

Sometimes, again, the keypoint is well up-slope on very gentle, low sloping country.

What we are up to is taking water off non-agricultural land, and preferably forested land, collecting the water and the snow melt that has filtered through this forest. We don't want to cultivate those upper slopes. They are too steep, and they shouldn't be cultivated. Depending on your soil, don't cultivate beyond a 19 degree slope. You can get guidance on this from your local soils people. Generally, the sandier it gets, the less slope you will cultivate. With clay, you might get away with cultivating at 20 degrees probably once or twice.

The keypoint decides not only the most economical place to start to catch the water; it also defines the point above which you should probably consider forestry, while using the land below for irrigated pasture, croplands, orchards, or even irrigated forest. If you are dealing with a fairly wild forest of walnut and other nuts, it is very useful to be able to pour water on just about the time you are going to harvest. Then all your husks split and the nuts drop out. Below the keypoint lies the potential for cultivation.

All this that I have been giving you is just a model. I don't expect the countryside to be like that, for here we may have rocks and falls and trees, and maybe a small pasture -- but just as a model, that is the way we would do it.

The slope with which we are working varies between sand and clay. Even with sand, if the drop is one foot in 2,000, we hardly shift a grain of sand in these ditches. We ran an eight mile ditch recently in northeast Tasmania. We got five or six miles along with one of these ditches -- it was in the summertime and it hadn't rained for months -- and there came a light, misty rain. We walked back a couple of miles and the ditch was running in the sand. It had been a guess, sort of a bet. We were doing it with a backhoe. It was just in sand, and it worked. We filled the first dam on the first day of light rain.

Here you are saying, you have rocks all over the place. Yet, it is very easy to go around outside them, or to bank up on outside of them. If they are as big as this room, run the ditch to the rock, let it drop down the side of the rock, pick it up at the bottom and go on. It is easy to go around a rock, just go around it and backhoe it. It may only need to be a little ditch, maybe just six inches deep.

The best way to answer your questions of how big this ditch needs to be is perhaps this way: The aboriginal people put mutton bird in casks. These people have an extraordinary dry sense of humor. They had a man from Sydney come down from a television team. He was interviewing an old friend of mine, a man named Devony Brown, and he was treating him as a simple-minded idiot, which Mr. Brown is not. He said, "Mr. Brown, you cut your birds, and you split your birds, and you put them in a barrel." And he said, "How many birds do you get in a barrel?"

"Well, oh, well, now," he says, "a small barrel, we don't get many, but you get me a big barrel and I'll get you a bloody lot of bird in it."

So does this answer your questions at all?

Look, if we are opening a valve on a 5,000,000 gallon dam, and we are getting rid of two and a half million gallons of water that day, we want a very big ditch -- right? If we are opening a valve in a 2,000 gallon Earth tank at the top of somebody's back yard, we just want a trickle through the garden.

There is another way to construct a ditch that makes a fantastic landscape. That is to make the ditch a lake. Just go along and make a very broad ditch, and widen it wherever it is easy, and let the whole ditch fill with water, and your ditch is also a storage lake. I have seen it done once. It really makes something of the landscape.

There is a point, perhaps beyond five or six million gallons, that you are out of agricultural storages and into civil work. That will be valley dams. They will be subject to floods. We do not worry about floods with these little storages. While they may impound much water, they are very low dams. If they break, a six inch flood rushes out for two hundred feet. We design only with the sort of dams that you would feel quite confident about constructing. You are not about to put in a dam that is going to flood the next five or six villages down the stream, that will require concrete spillways and chutes and all that.

Here on these wooded slopes, though you encounter rocks, bracken, and trees, you look and you can see that there are ditches out there right now in operation. It is up to you to find those ditches and determine how they are made, and who made them, and where they go. There are storages out there. I want you to find those storages and determine what they will do. This is early springtime. There are little ditches flowing all day long out there, carrying off snow melt. You call them roads. Just look and see how far those roads are diverting water around the landscape. You know, the driving of a vehicle around the keyline will bring the water to the dam. We should use the keyline system as our road system. Just go and have a look at the roads right here. See where this road collects the water and where it drops it, and see where it takes it from.

You are asking me why people didn't think of this keyline system earlier? Common sense is an uncommon quality.

Now we go back to the top profile. This time we will be dealing with the hill profile itself. What we have been discussing so far is the valley profile.

Any dams worth making in valleys are keypoint dams. The other dams, which we will now discuss, won't be in valleys.

Here is a typical profile of ridge tops, a skyline profile. What I consider now is the little saddles in the ridges. Some of them are not so little.

These saddles often mark points of weakness in the landscape, which may be massive, solid rock. The saddles mark those places where the rivers start coming down on both sides of the ridge. These rivers, obviously, have above them very large catchments. By making walls on either side, or perhaps on but one side of the saddle, we can obviously get very large and very high water storages. These are the highest water storages you can get on any property. These are real power storages. You may get one, or you might be able to get a whole series of these high storages on a single property.

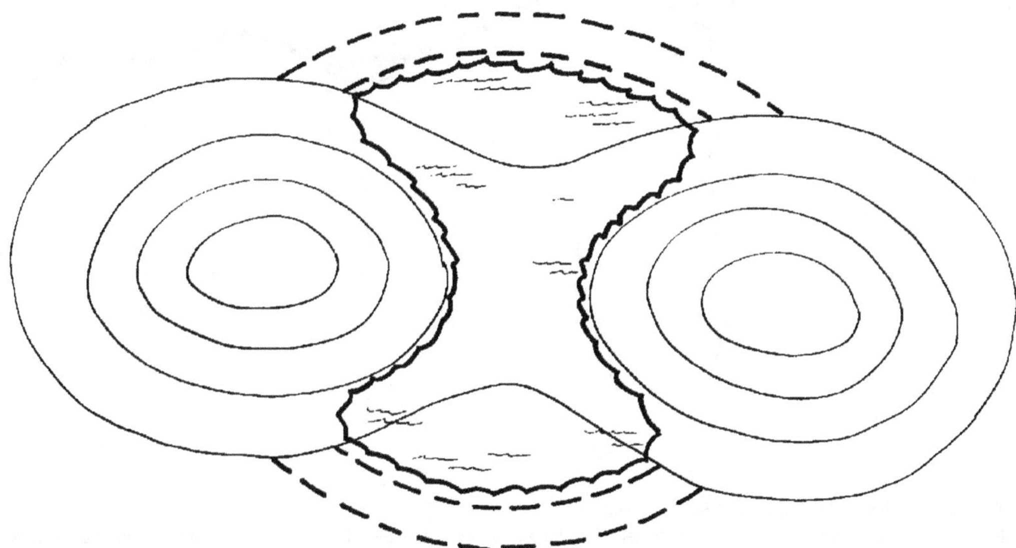

"By making walls on either side ... of the saddle, we can obviously get very large and very high water storages. These are the highest water storages you can get on any property"

Let us consider what these storages would be useful for. They are marvelous places for your house water supply. It might be possible to generate electricity with them. If we had a very broad saddle, maybe 300 feet wide, we would just have to make two wide semi-circular bowls on the side of the saddle. We would have a sheet of water running across the saddle, and could run a hydro-electric stream off that. With this perched 400 feet above one friend's garden beds -- a 400 foot fall is the maximum that you can get thick walled plastic pipe to hold at that -- when the tap is opened at the bottom, you should see the sprinklers! You can stage the pressure down. You need not bring it down at 400 foot pressure. You can bring it down 200 feet, put a stop valve on a tiny tank, maybe a 100 gallon tank that you carry up on your back, and start again from that little tank and bring it down the last 200 feet.

These are excellent storages for intermittent mechanical power, for operating a turbine, supplying mechanical power for grinding or for a sawmill. You can operate a washing machine. In Australia, we have a washing machine, one of our best. It looks like a concrete mixer and runs off a very simple little gizmo. There is also a spin dryer that works on a little water jet. When you have 100 feet of fall and a little jet and a small turbine, it is simply your tap adjustment that becomes your speed adjustment.

There are other reasons for these high dams. Up there where it may be a fairly arid landscape in summer, you will find that the complexity of wildlife and the number of species, the number of seed-eating birds like grouse and quail rise sharply once you have these small storages up high. Wild chicks of seed eating birds need water daily, within 24 hours. These little storages are very enriching. These little saddle dams, which sometimes occur naturally , are great places for wild life.

Another important use for these high storages is to run sprinklers in a fire protection system. Two sprinklers will cover your two precious acres. When fire comes, if you have a single tap to twist and the thing runs for half an hour, you are out of trouble. So all you need, really, is 1,200 gallons up there.

Those saddle dams are pretty permanent. Even the natural ones are there for thousands of years. What's more, these are often filling when you have very little water down below. They fill faster that the lower dams. We are going to get a lot of energy back out of them, for, remember, you will not be pumping water anymore. The energy required to set up this system is what I call restitutional mechanics; we use it just once.
Now we will go to the subject of contour dams.
For this, we choose the least sloping site. We build an Earth wall, and we run our diversion drains as usual. These contour dams can perch on the knoll of a hill, where it dwindles out.

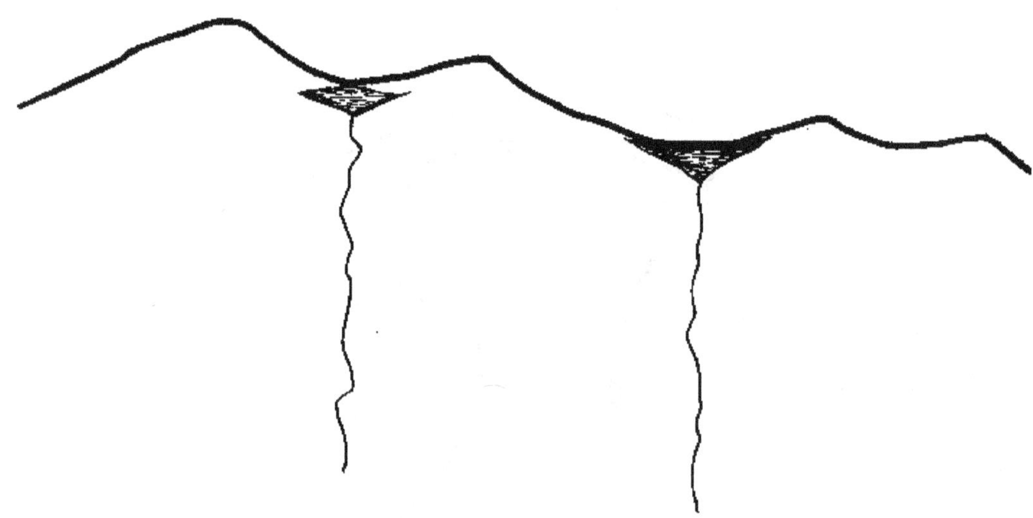

"The contour dam is a shallow dam with a large surface area."
The contour dam is a shallow dam with a large surface area. It will be a very, very cheap dam. For the amount of Earth moved, we are going to get a lot more water. So if there is any flattish area up high, even if we have to hand-cut out diversion drains for a hundred yards with shovels -- you don't need a big diversion drain -- we will get water way up there.
These dams have two or three effects. There is significant increase in the water table in the surrounding area because these dams all leak a little bit, and because you are running the water around those diversion drains, you get a better absorption. What we are doing is giving the water far more time on the landscape. We have decreased the rush-off of water.
You know, when it rains heavily, our storages fill first. So we have buffered the erosion by taking the first shock of water. After that, these dams continue to give to the water table as the water table dries out, so they are moderating systems. That's why throughout Australia the authorities encourage you to build as many of these small dams as you can build. It means that down in the large storages, the power storages, there will be far more constant flow of water and the chances of flooding mitigate.
These dams will stand up to any amount of rainfall, because they simply overflow. You put in a normal spillway, and when you put a spillway in, you always contour it away from the dam and grade it out so what you get is a sheet flow over it. Now you bring it out as a broad ditch and runs it along on contour, gradually letting the ditch taper out to nothing. We often plant the spilldown area with shrubs.
From the skyline of the landscape, we have observed the natural path of water. We diverted it to cheap storage points. With very cheap, extraordinarily cheap earth-works, we have stored that water permanently, and we have stored it for different uses at different levels.
It should be obvious to you that the high water should be water for cleanest use, and that as water comes downhill we can afford to let it become contaminated more and more with manurial pollutants for crops and with humic acid from forests.
We have set many priorities for our client. First, we get his domestic water supply for the house. We ought to do that before he ever starts mixing his concrete. We then look after the garden, the intensive garden; and then, lastly, we look after the extensive agricultural system.
This applies to people with larger properties. At present, we are doing the grand scale. We will put 13% to 15% of his landscape under water, if we can get it, and more if he chooses an aquatic crop.
You are asking how I define the "grand scale?" It depends upon whether you are an Australian, a Texan, or a New Hampshire man. In New Hampshire, 140 acres is a grand scale; in Texas, or in the Northern Territory of Australia, 5,000 square miles is reasonably modest property. In large, dry areas you are dealing with total catchments, total river systems. On an area up there in Northern Australia, there are five mountain ranges and five rivers, starting way up in the hills and ending with crocodiles down in the estuary. There we have gobs of landscape to play

around on. Usually we are dealing with areas larger than fifty acres. In this highly dissected country, little catchments may lie within modest properties.

In setting the water in the landscape, we also establish the placement of a number of other elements. If the first decision that we make is to control the water in the landscape, then the functions that it serves, the uses to which we put it, decide the subsequent placements, and the thing really does start to become harmonious.

We have talked a lot about Type One Errors, which a designer must avoid. One of those is the house on the hill, which I call the Berchtesgarten syndrome. You have heard of Adolph Schicklgruber[5], the famous paper hanger of the 1930's? He later became reasonably well off, and built a great concrete blockhouse on top of a crag, where, as far as I know, he could have perished of thirst. I don't know what his eventual fate was. Anyway, there is this urge among some people to get as high as you can, and look out upon things. Many clients have this syndrome, and you have to fight these illnesses.

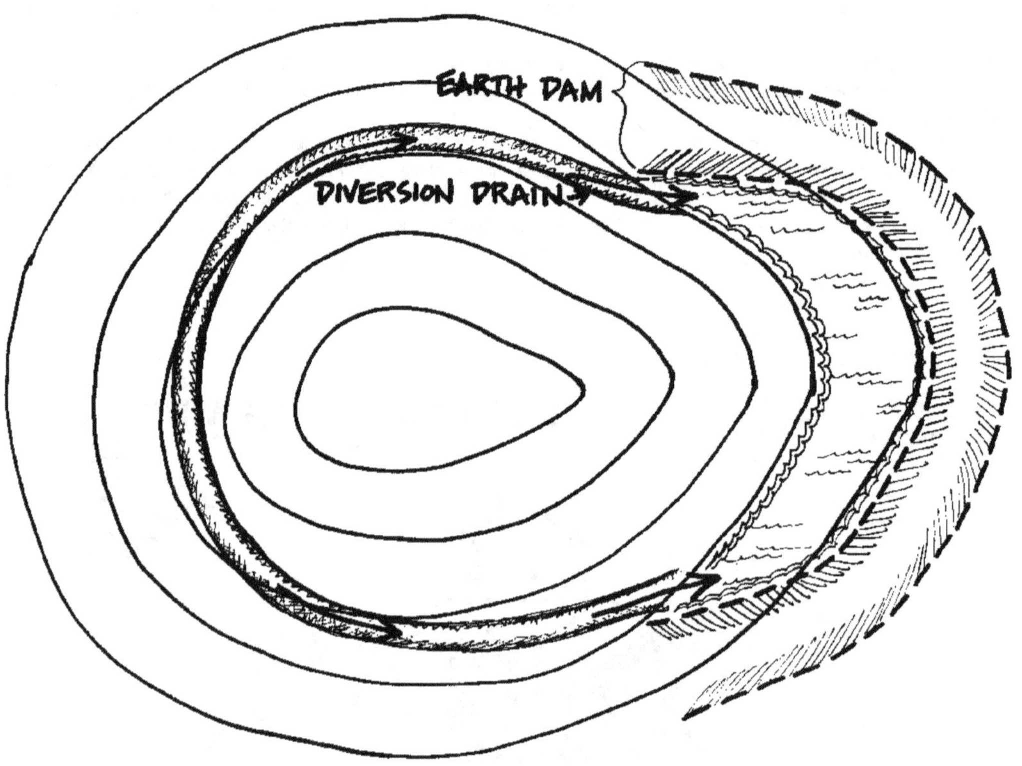

Your forest, properly, starts at the ridge top and comes down to the key point. This forested area has another factor going for it. It is your thermal belt. Let us look at the pattern of frost. If you can look at it from the air on a foggy day, you will see how it works, for the fog will imitate the frost. Here are your frosts moving across the ridge top. Occasionally a glob of it detaches and rolls downhill. Frost is not water; frost is treacle. Pour treacle on the landscape, and very stiff treacle at that. That is how frost and cold air behave. Frost does not behave like a stream flow; it behaves like fog. Frost moves out over the tree tops, pushing the warm air down. There is a warm thermal belt between the frost above the key point and the valley floor below.

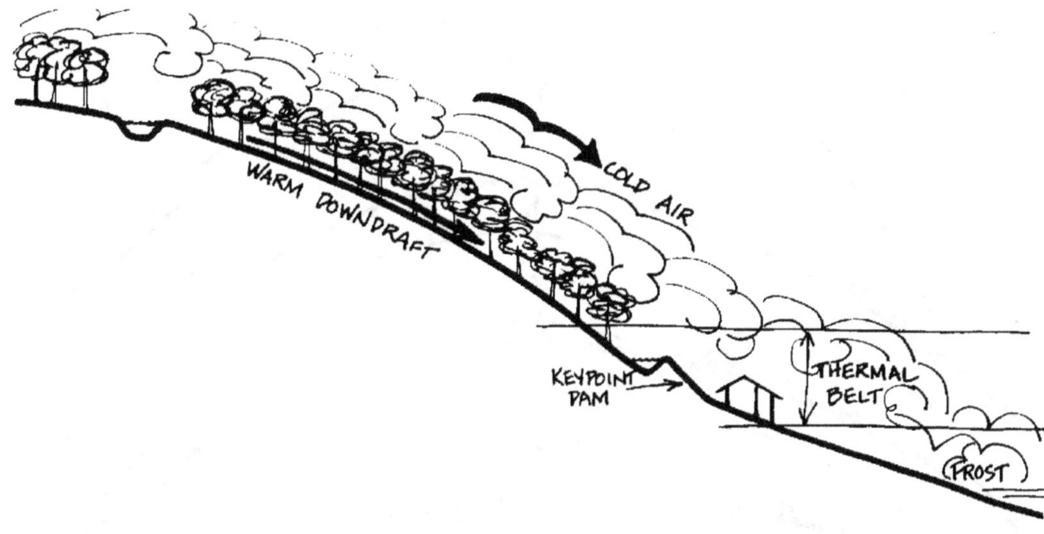

"Within this thermal belt, just below the keypoint, is where we site our clients."

As these gobs of frost move into the upper area of the forest that, even when it is a deciduous forest, still holds a lot of insulated water. It pushes the warm air out at the bottom. That air is several degrees warmer than the air entering at the top of the forest. Within this thermal belt, just below the key point, is where we tend to site our client. In that way, he has a racing start on thermal efficiency. It is the area where the first buds of spring break out, where the phenomenological calendar says that if you race up and down the hills, this is the best place to get started early in the spring. This is also the last area of autumn, where productivity disappears. So, it is a long season area. If you walk from there any night up to the crags above, you will go through a zone of decreasing temperature. With an evergreen forest above the keyline, even in snow, you will experience a warm down draft within the thermal belt.

If we put in a high meadow up there, it will probably frost, and so will the trees up at that level. You will see the rime on them there. We won't get that degree of frost down here in the thermal belt. We will be several degrees warmer.

There are several thousand reasons for avoiding the temptation to site a dwelling way up on the ridge top. Down below the key point, the clean water is above us, and the house is below that water. Another thing, fire sweeps with fantastic rapidity uphill, and good-bye Berchtesgarten, because you have two fronts hitting you from both sides at once. You have nowhere to go. Fire moves quickly through the forest above us. Yet, we very easily controlled it at as this lower site.

Once we have set the water system, even if we never fully construct it, we retain the potential for its construction. The rest of the system is set, too.

Let us come down now to another area for water storage. This is where we start to really store the great bulk of the water we are going to store, and we don't store it in the dams, we store it in the soils.

We hop on a little light tractor attached to our Wallace soil conditioner[6] and we start to comb parallel to the keyline. We comb the soils out. Of course, if you have forest below the keyline, this treatment won't be necessary, because the forest will be doing all that. The forest is driving down roots and they are rotting; it is putting little sticks on the landscape, and it is holding water up, and it is laying down duff. Let us say this is going to be agricultural land, so this is how we will proceed. If it is now agricultural and we are going to make it orchard or mixed forest, then we still proceed like this.

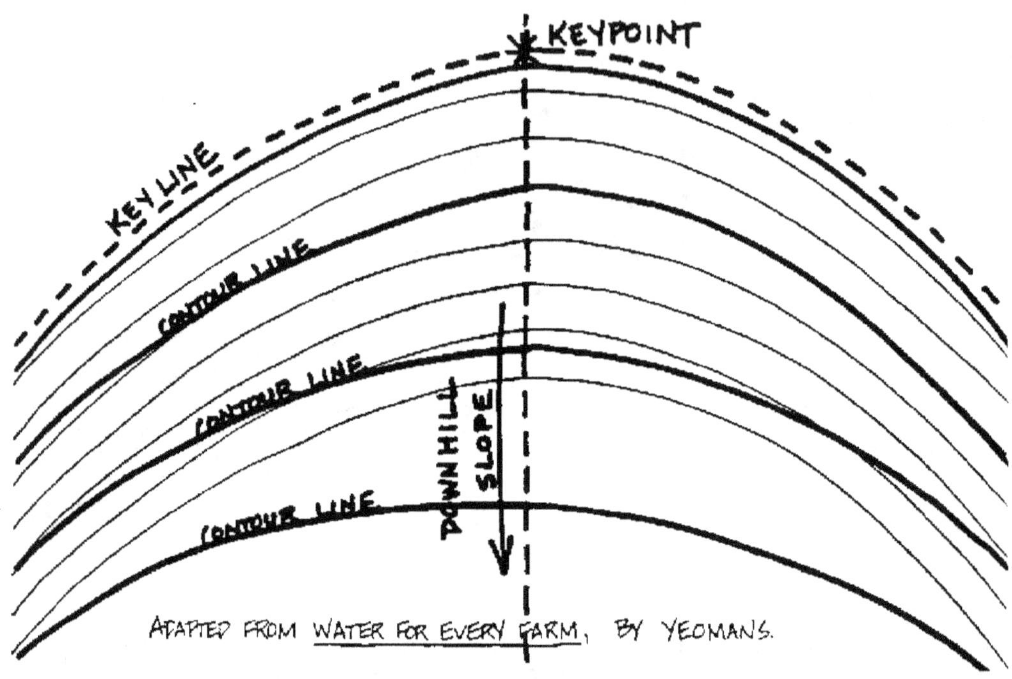

"We comb parallel to the keyline."

We now begin to create the greatest reservoir that we will have on the farm. This is the billion-gallon reservoir. It is the soil. You won't see any of this water, but it will be there. We just continue to comb the soil out, moving parallel to the keyline. As we do so, we provide greater soil storage of water closer to the ridges. This is just a technique to get the water out of the valley, back on to the high places.

The Wallace soil conditioner is a very simple farmer's machine, very rugged. It has a disc that runs along the soil and cuts it. It is very sharp, of excellent steel. This is followed by a shank that has a shoe at the base. You don't need to go more than 9 inches deep in the soil. The disc cuts through the soil, the shank follows the slit. The shoe widens the slit at its base. You shouldn't see more than a couple of teaspoonsful of Earth emerge along that opening. A very light tractor will do the job.

"We start to create the greatest reservoir that we will have on the farm."

We are creating these thousands of grooves, running faintly across slope. Starting up on contour at one in two thousand, any water flowing on this landscape initially follows these million little drains. As heavy rain falls, these fill to capacity. Then, the water overflows and descends to also charge fully the grooves below. Water is very quickly absorbed. Just look at the amount of absorption surface in a conditioned soil as against the original soil. The original soil was sloping downhill, probably compacted by cattle, probably further compacted by tractors, and the water was running off. Now your little holes are absorbing that water. When it gets down here, it starts moving out underground. So it can't evaporate -- the sun can't get at it.

Now we are starting to get soils which contain water to at least 9 inches depth. Those soils will absorb water roughly at about one inch per foot as interstitial water. So we start to hold the majority of normal rainfall within the farm. Interstitial water will continue on down and gradually go out the streams, but that may be at a very, very slow rate. Somewhere, you know, it may move out there at a distance of less than 10 feet a day, or in some areas, 20 feet in a year.

The Wallace soil conditioner is unlike a subsoiler, which is a tool of cultivation, and brings an enormous amount of Earth up on top. In spite of its ruggedness, the Wallace soil conditioner is very sophisticated, and it is designed to do exactly what I have described. It is designed to store water within the soil. Your subsoilers are not designed for this, neither are your chisel plows. We have done football fields with these soil conditioners and the next day then went out and played football.

What we are after is storing water. Once we treat the soil in this way, we never have to repeat it, unless we restock heavily with cattle for a couple of years, or run it over to and fro with tractors. It is the ideal tool to rehabilitate eroded soils, soils that we never intend to put back under cattle, soils that we want to devote to new uses, those places we want to reforest as quickly as possible with the highest chance of success.

Now there are a few conditions in which you don't use the soil conditioner. One is in very free sandy soils. Nor do you use it in forested landscapes, and of course you don't use it where maybe 90% of the soil is rock. Apart from that, in all other conditions, use it. Use your keyline as your base line to start your conditioning.

We will now describe how you start the keyline out. You use a Bunyip level, which is made up of about 80 feet of half inch hose. At either end it has clear, stiff plastic uprights inserted into it. These are rigidly fixed to two stakes. Fill the hose with water. Then bring these two stakes together and mark off a level point on them. Here they stand right together. We have the base of these stakes on a firm, level platform, and mark off the level. Drive a stake here at the keypoint. One now walks 80 feet around the hill and puts the stake up or down the hill until the water reaches that level, and drives in the marker. If we want a one in 2,000 contour drop, we bring it down in proportion to whatever distance we walked. Now all it takes is two kids to run keylines all over the landscape. They can do it in half an hour with this sophisticated bit of equipment invented by the ancient Chinese and originally made of pig's guts, but adaptable to modern materials. It is called the Bunyip level. You start at your knoll, or you descend across the landscape on your keyline. Or you strike a dead level thing for a swale, which we have not discussed yet.

If you don't have anyone around, and don't have any levels, you hop on your tractor, back as hard as you can into the valley, and then start driving gently around the hill, and continue on parallel to that situation. There is no need to fuss about it at all. We are not talking about anything very complicated, because all you want is for that water to travel maximum distance.

You can make wet spots on ridges. Geoff Wallace does a little half moon right up in a very steep little valley. He gets his tractor up there, combs out to the ridges, and puts a clump of trees on the ridge, so the trees are irrigated on the ridge points.

The results of the conditioning of soil are, first, a fantastic amount of water storage within the landscape; second, a soil temperature in winter that may be as much as 25 degrees Fahrenheit [T.F.: 14 degrees Celsius!] above that of the surrounding soils. Wet soil is an enormous heat mass, but you also have much air space in those soils. Conditioned soils commonly average 19 degrees Fahrenheit [T.F.: 11 degrees Celsius]] above the surrounding soil temperatures. It is frequent to see a field that has been soil conditioned unfrosted in a series of frosted fields, because very often it is just that 15 degrees to 19 degrees difference. So soil conditioning sharply decreases frost. Therefore it increases your growing season at both ends of the growing year. Trees will make a faster growth. Olives, that would maybe bear in 17 or 18 years, will normally bear within three years in conditioned soil. It pays to wait even two years or three years until this happened before you plant trees. You are still further ahead than if you planted first in compacted soils. You get roots following those lines right down into those little triangles, and then off themselves and going on further down, again making channels for water for even further penetration. We are not interested in going beyond a depth of nine inches. We can create that within a year from sub-soil. Seeds wash into those little crevices and germinate along those little ridges. The plow has an attachment, a little seed box that just drips seeds at pre-regulated rates into those crevices, and you can go from pasture into millet, or pasture into wheat right away. And you haven't cultivated. You can go from pasture into pumpkins, if you want to.

Before you do this, it is a good idea to mow or graze the area flat, then use your soil conditioner.

If it is a stubborn soil, really compacted, you only go down to four inches. Then you will see in these lines a very rigorous increased grass, which you let come out, and either take off as hay, or mow and lay flat, or graze off. Then you re-condition down to about nine inches. After you proceed either directly into crop or into orchard, or you start normal grazing sequences, which you continue for two years, or until you dig down and find that the results of conditioning have disappeared and your pasture is starting to degrade. Then you recondition your pasture. In normally strong soil, you wouldn't need to do that more than once every three or four years under quite heavy grazing. On football fields, you only need to do it every two or three years, and that is heavy compaction. You can see it is not a frequent treatment. In orchards, you don't need to regraze your orchard, because you are getting root depth from trees and root channels deep down in the Earth.

In some soils, you get hard pan, mostly as the result of the application of superphosphate and a high evaporation rate. When you put superphosphate on top, the rain carries it down to certain depths; then summer comes and the moisture evaporates and an insoluble tri-calcium phosphate forms in a concrete block 15 inches down. It is all right to use phosphate rock on calcareous soils, but not superphosphate. Those soils should never have superphosphate applied to them. That is a no-no. We will get into that in the tropical section. Superphosphate is a no-no on tropical calcium soils. It is a type one error. Superphosphate your atoll and you will concrete it. We will try to point out these type one errors as we go along. We just did one. The Berchtesgarten syndrome is a type one error. Once you have made that error, everything else you attempt will remain difficult forever. You invite a high energy situation for your client in perpetuity. They are always going to be in trouble. A little camp in the woods is another type one error. You can feel those errors in your bones. You are asking, How about building a house on a valley floor? There is nothing wrong with it if you want to make a specialty of freezing things. If that is what you want, then just down the valley, put a big belt of pine trees across it, and you can live in a refrigerator all your life, summer and winter. It is Eskimo ideal. If you must adapt an Eskimo to southern Minnesota, that's where you put him. For us sunny people, that is not the place. There are valley sites, however, which we will get to later, which we deliberately choose.

Now back to the subject of water in landscape. We store most of our water in our soil. We can get it there in two ways. If you have poor clients who can't afford this soil conditioner, we can get water in there with radishes. I mean large radishes, the daikon radish[7]. We use the same system. We slash, and we broadcast our daikon. The Daikon radishes spike our soil to about two feet. We never need to pull them because they are biennial and rot. If the area is too steep to use the soil conditioner, we use Daikon radish. We accomplish it biologically. Or we can plant real pioneer species of trees like your western red cedar, and they spike the soil. They are very good soil spikes. They start this process. If we have a very large area compacted, and we want to get into some crop or other, we can use that mechanical method. We might have to make a hole and put in a handful of compost with our radish so that it can get a start. If we are dealing with a very small area, we might dig holes and put little logs in and plant our vegetables where the logs are rotting under the ground. We can do all sorts of things like that. We can get it done.

What we are up to is opening the again, bringing it back to its forest absorption capacity, and we do it. Our main aim is to store the water in the soil. You can see now what happens when we let water drain, that irrigation drain, out across conditioned soil. It encounters a series of ribbed systems that run it out and store it up.

Now let us move on down to the lower slopes. As the grade decreases, so the amount of water stored per Earth moved starts to increase. Any impoundments we make lower down are very cheap, and, as you now know, there is no need to go into the valleys to make them on any level area. We can make them on the point of a ridge, and that may be flatter than the valley floor. This has an advantage in that we don't have a flood-rush over our dam walls. It is an easy situation where we have a diversion drain running from higher up, pooling on the ridge, and maybe running back into the next valley.

There is only one rule about the efficiency of dams. That is, the flatter the floor that you are flooding, the more water you get for dollars spent. It doesn't matter where that is, on an open field, or on a ridge, or in a valley floor. So when you are looking to large storage, you walk the valley floor and find where it levels. At the point where it starts to level, you often find that it tightly constricts, and you will find the logical valley dam site. Again, you are the best tool in determining this.

Valley Profiles

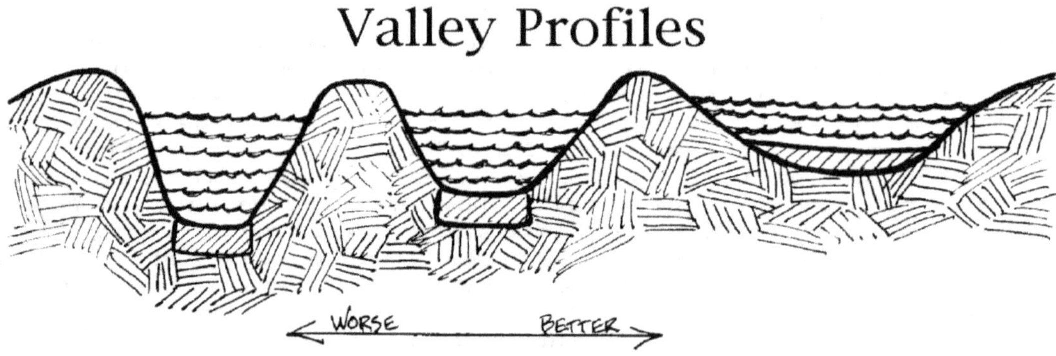

"The flatter the floor that you flood, the more water that you get for dollars spent."

It is a pleasant time of the year to do it now, because there is water trickling through the landscape.

Where it speeds up, that is where you are going to have to move a lot more dirt. Where it is moving slowly, that is the floor of your dam. Where it starts to speed up, that is where your dam wall will go. At this time of year, just when everything is melting, you can follow all the trickles across the landscape and work these little things out.

We will go now to your lower dams. They lie below your fields, below your animal houses, below your house, but maybe just below, because they are good for energy. They may be of very little use at all in this respect. Occasionally, though, they may be useful for turning mill wheels below. They may be useful in that with enough flow we can put a hydraulic pump, a hydraulic ram on, and lift domestic water up 10 feet for every foot of the fall. They may be useful for high volume, low flow energies, particularly if we are putting them across creeks. These are your old mill dams, mill ponds. They lie all around this district. There is one just up the road, and another one just down the road. They move big masses slowly by weight of water. However, for the most part, the energy low dams supply is not much good to us, so they are the last dams we install.

However, these are our production dams. Here we produce the highest amount of yield from water. They are the best dams for our fish and our wild life and water chestnuts, crayfish, all those little creatures. They do best down in these low dams because there is a nutrient flow into the dam of dissolved solids. Water that looks perfectly clear may carry a heavy weight of dissolved solids. You will find on analysis, more mass eroded from the hillside in clear water than you find in dirty water. Now the idea is to catch these nutrients in a biological net. We want to seize the nutrients, the dissolved solids in the water, the calcium, etc., without employing some high technology apparatus, and get these nutrients back on to the land.

You can do this by putting fodder plants in these ponds, algae, mussels, and snails. They will absorb that calcium and fix it, and you can get it back out again in the form of duck manure, fish, and wild rice. In this way, you are using very efficient little biological machines, working at the molecular level, straining out the nutrients before the nutrients leave your property.

The ideal situation is, starting with clean high dams, gradually dirty the water up with manurial nutrients -- keep your ducks on a slowing flow into some of these ponds, wash your pig manure into some of them -- then start putting this water through your wetland plant systems. You will be getting a high plant growth, which you take off. Then run the water on through other systems, and let it grow clean again. The water that you finally release into streams, the water that leaves your property, will be clean water.

Now you may not have the space to do all that, but, believe me, you don't need much space. In a mini-system we can do all that from here to the window. In clump, clump, clump, I can take you through a rice patch or a very high nutrient demand patch, or the taro patch; next, and algae-eating fish; into a rice patch; into a mussel pond with watercress. Now what we have is fairly clean water running out. Then you can let it go off. You can do all that in a space the size of this room.

In many places, of course, the keyline system is not an applicable way to treat your water. These are places in the Ozarks where people are sitting up in little headwater valleys, away above any keyline. They are sitting on tiny plateaus. They call it a cove.

Now you ask me, "What is the least slope you can put this biological net to use on?" There is no such thing as a least slope. We have country at home that has a three inch fall in a quarter of a mile. That is a least slope, and you can still use this system perfectly well on that. At that point you can swale it. You can actually go below the surface, dig out ponds that are below grade, that do not perch on top of the ground at all. The main volume is below the surface.

Just to summarize, I will run through it again. We first gathered clean water at the highest point for domestic uses. We added nutrients to water that we ran through our plant system; then we ran it off into marsh, carrying food from the natural productivity system to the trout; after converting nutrients to biological forms, we release clean water back into the stream. We can accomplish all this within a vertical drop of six feet, going from zone to zone to zone. So we are not talking necessarily about giant systems -- we can be talking about real little systems. Once you have worked out a technique for this form of landscape, you will find yourself hitting this situation repeatedly. It is the classical humid landscape. You will be recognizing it everywhere; you will be spotting saddle dams out of your car windows.

Right around here, and north and south of here, and increasingly as we go north toward Canada, you have very low grade landscapes with ice built bottoms, that have very slow water movement through them. They are basically marsh land. They are very cheap water storage systems very cheap marsh systems. Very low walls give you very extensive ponds. Keep your eye out for that kind o landscape. It is often very cheap land because cattle can't move around in the marshes, and the hills may be quite dry. Where people can't run cattle, land is sometimes cheap. If you can buy that land, you can get miles of water for very little Earth moved The best design decision, then, is to go into aquatic production, because the site suits to that, not to dry land production of cattle or corn. We spot those sites for clients who want to rear fish or trout or wild rice, or something else. There are also occassional sites where you have a basal dike across the landscape, which in geological times formed an ancient lake. Then the waters broke through the dike at one point and the river went on out, and what you have left is an extensive marsh with a very narrrow exit and very steep shallows to the exit.

The value of these high lake systems, saddle dams, and high meadows is well known. They afforded the traditional rich summer pastures used extensively in Switzerland and all cold climates as summer grazing meadows. Here is an excellent reason for opening up the flat ridges there. As you get closer to the coast, increasingly alkaline conditions commonly occur. Then you get a copper deficiency in animals. Their hoofs fall off; they aren't thrifty; they get lame quickly. Just shifting them temporarily up to those mountain pastures is good husbandry. All the young people go up with the herds to little huts. Everybody loves that move. These are really delightful times. If properly surrounded and broken up by trees, these are relatively warm. These are very valuable high meadows, and they are valuable for wildlife. They break up the canopy of the forest and give essential edge conditions for high productivity.

So the landscape, I believe, dictates in a very logical fashion how you treat it. If you just ruminate on this profile and its thermal advantages, its water advantages, its seasonal advantages, then I don't see any difficulty at all in coming to a set of totally logical decisions about how you begin to treat it, or where you had best place your client within it, or where you would advise him to undertake various sorts of endeavors. As a designer, you will have one last set of resolutions to make, and that will be to increase or decrease the various elements of this landscape according to your client's wishes. If, as typically happens, he hasn't a clue, you dictate the proportional break-up, always maximizing water and forest, because that still leaves the opportunity open for him to decrease them at any later date.

I will now deal briefly with minor form of water storage at great heights that can be hand constructed, called dieu-pond. These are very interesting and semi-mystical small catchments, dotting the British landscape. Mainly monasteries constructed these little catchments. They are said to be fed by `dieu'. It is the god Himself that sends down the rain.

Now they are normally sited where there is a mini-catchment, maybe a little cup-shaped area in the hill. They are hand dug, and therefore not machine compacted. They are often clay tamped. But they need not be. They can be dug in perfectly good holding conditions. Moreover, the material removed from them is laid out on the catchment so that we have the least vegetation there, and consequently a greater run-off into the dieu-pond. Dieu-ponds never dry up. They can range from about three feet to a maximum of about 20 feet in diameter. Two or three people can dig a dieu-pond in a day. Nothing to digging holes. You are laughing? Well, way, they dig this little hole so that its walls are three to one, which is about the resting angle of normally strong soil. Now the reason they don't dry up is that as they evaporate, the surface area decreases. They will always have some water. These ponds are the traditional high country watering points for stock. They do need cleaning out occasionally, because that little point at the bottom does fill with silt and leaves. It is an infrequent renewal. In very low summer periods, it pays to hop in there and drag the leaves out.

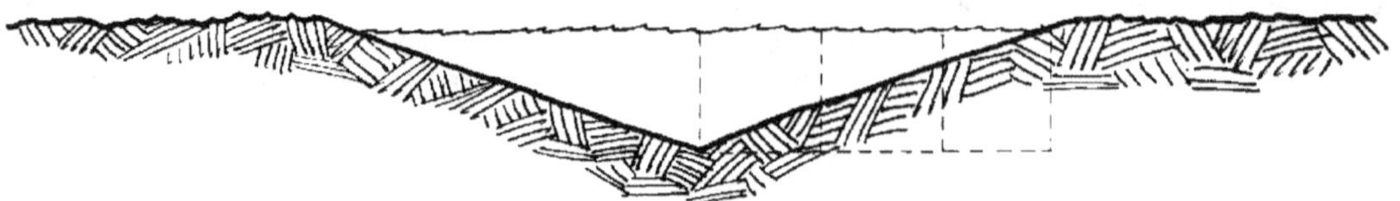

3:1 Dieu-Pond Slope

It is necessary to give the animals a stone access, or walk them into it on the low side. They will of themselves cause some collapse of the edges of it. For normally humid uplands, this is an eternal water supply, depending only on the number of stock watering it.

The builders of these dieu-ponds would never tell anybody how to build them. Old dieu-pond builders used to pass their secret one to the other. The secret is, you taper it. I never knew how they worked until I took physics. I just knew they worked. I have seen them all around the world -- little sloppy catchments. They work because they don't evaporate easily, and they fill from rainfall.

To the ordinary person, they look rather marvelous because there is no run-in, no streams, no springs, and here is a little pond of water. Today, we would hack one out with a backhoe, if not up to using a pick and shovel.

It is very likely that in future times low humid bottom lands, which have the lowest potential for soil loss, particularly if treated in some of the ways we will be discussing, will be the most valuable agricultural land. These areas may be in production long after we have lost all sorts of other soils. This is also where eroded soil accumulates. So those low-lying lands have a large amount of resilience. The only reason why we will be continuing to farm the lowlands is that we will probably be continuing to erode the uplands. Therefore, these are important areas. Very often, our design may keep them out of permanent uses into croplands. You may not see a tree crop that is appropriate to them; and you can often reserve them for main crop purposes. They are important areas, and becoming increasingly important.

We need to deal briefly now with mini-terraces. We may, at times have to site the client where we don't want to. You have clients, quite affluent people, who buy site unseen, subdivisional areas. It often becomes necessary to establish a terraced system for the garden. Design this in a series of planting areas of about waist height, two feet wide at the top, and maybe three or four feet at the base. The base of each tier is a walkway about 12 inches wide. Mulch the walkway and put mulch on the terraces as needed. We don't recommend more than three or four growing tiers in a series, and we don't recommend that they be any more than about forty feet long.

Your client is on this slope, digging in, living up there. He has his chickens above his garden, and the chickens are kicking the mulch downhill, giving him good mulch for his little terraces. The terraces are along the hill. We let moisture flow down in very fine discharges on these paths. We only permit him three or four terraces, and we don't let them come in a line, we stagger them so that we get a staggering of runoff of excess water. It comes off at separate points, so we get several little runoffs spreading over quite an area of hillside. We will keep the area just below our three or four terraces vegetated with permanent shrubberies, small fruits, brambles, and pumpkins, and things like that. The little terraced ridges are hand-patted and shaped so that the water does not run out of this area very easily. Rain falls, and there is no runoff over these 40-foot ledges.

Now the client can still be in trouble, especially the lady client. The ladies carry all the water. They have to get water on to these high sites with no chance of a catchment up hill, unless they have a friend and neighbor. You, as a designer, can give them two water sources. You can provide for a catchment tank for water collected from the roof of his house.

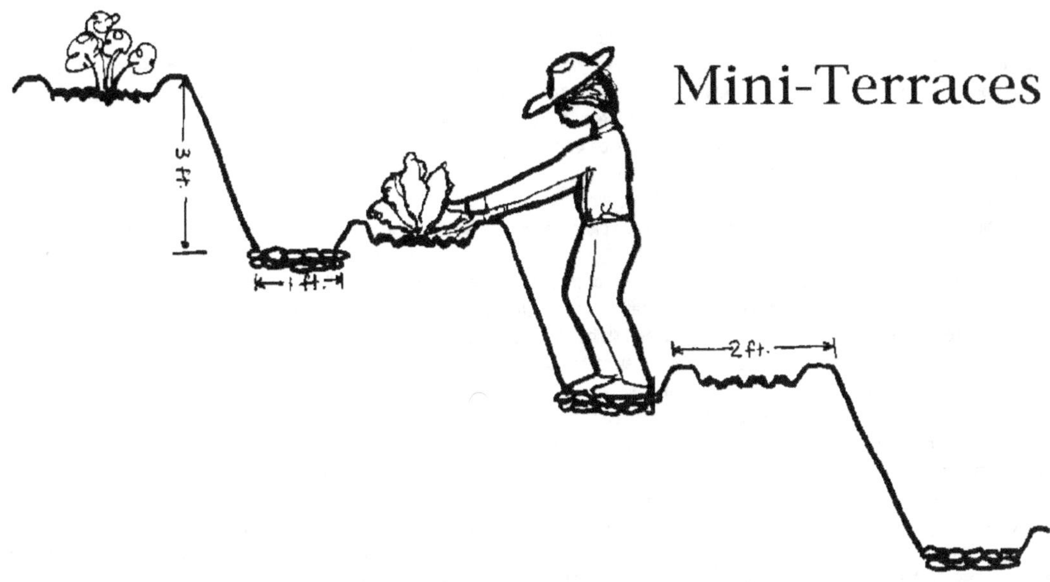

Mini-Terraces

Now from our water holding system we dig a little diversion drain and run it very gently across the hill, and maybe even drop a little bit of down pipe in it, directing the water on the trenches. We are not going to get a silt flow, because we have this area mulched, and when the water leaves, we make it run off on an uncultivated site. All the principles are exactly the same as in our keyline structure. We are still running little high keyline dams for him, but everything is small, and his garden is small, but it is productive, very productive!

There are two ways of managing chickens in this situation. You can put the chicken house down at the bottom near the terraces, or you can put it up at the top and the chickens will kick this mulch down to where it stops against this bottom fence. That will be the place from which we collect the mulch for the garden. This is what call the kickdown system. We plant this area with chicken forage trees to hold the slope.

Now we will go to a relatively brief discussion of terraces and paddy field.

You can make those on slopes as steep as you like. You can do a Nepalese terrace, you know, in which you get a square foot for every 10 feet you terrace; but normally you make them on easy slopes. I looked out of our bus once in Nepal. We were turning a corner and the back wheels were hanging over here, and there was about a 3,000 foot drop. Out there were two little terraces. There was a gentleman standing on one foot, a hoe on his shoulder, looking up at me. Oh, God, I thought. All he has to do is to lean back! Also, not far away there was a tree growing up like that, and a big branch hanging out over empty space -- no terrace below. There was a little girl on the road, and she ran up the trunk of the tree and sat on the branch without hanging on. My God! I can't stand to look at that! Forget those.

What we will discuss now are broad diversion and irrigation drains. You work right in them to see-saw your water across landscape. You usually have a little lip on the outer slope.

The drains fall across slope, and they may be very irregular in their width. There is no need to make them regular. We may be leading these diversion drains from a nearby creek, letting this trickle of water into them. We take this trickle of water and lead it into an agricultural situation.

This is not European gardening. You won't find anything about this in the British gardening book, because it is not straight, but has wavy edges on it; and it just isn't traditional.

Take a brisk look through world literature on the subject, and you will find 60 to 80 common, very high yielding plants that grow in marsh or water.[8] One whole group that may be of interest is the bee forages that grow in or near water. We will deal with them later, when we go into aquaculture.

On more gentle slopes than those upon which we constructed our terraces, we can indulge ourselves in water terraces, much more simply constructed. We can set up nutrient flow systems that are catching, introducing, and removing nutrients at different points in the cycle, using land animals for nutrient input, and the land plants to mop up the last of the nutrients in the water, while water plants and water animals do their parts in the cycle. We are into slightly different games here than those which we will talk about in aquaculture.

Another thing that you can recommend to clients as very pleasant work is water gardening. You can go into this form of terracing, or into dry terraces fairly fast. They are relatively easy to make and are very stable situations as far as soil loss goes.

Now we will consider the mechanics involved. On very low slopes, where we want to make diversion drains and channels, and in deserts, we make use of a thing called a spinner, which is simply a very large wheel ripping around behind a tractor. This wheel has little cups on it, and you just drive across the landscape and this wheel revolves and chews out a gentle channel and throws the dirt way up here, so there are no banks.

The ultimate result is a sort of drain through which the water runs along, not really visible on the landscape except in low-lying conditions. You can drive vehicles and tractors across the landscape and they just enter and leave it without a great deal of fuss.

The width of the drain depends on how big your spinner wheel is, normally maybe four feet wide, and a foot deep. These are very gentle drains for low slope systems. On steeper slopes, the most common form of drain is made by using a tilted blade. The tractor goes on slope here, and blade is on tilt so that it will scrape with a very gentle back slope, and that gives a little wall of Earth on the outside. If it is wide enough, it is also your road, contour road, and it can be grassed. If you have much land and a great big project, and you are meeting all sorts of slopes, including steep slopes, you might even backhoe, or drag line one of these out.

It is handy to put a fence on the upper side, if you are going to fence, so that you can use relatively low fencing.

These are things called delvers, which resemble joined double plows, which can be towed behind bulldozers. They have two wings behind them, and they throw out a V-shaped drain, while the soil is spread out to the sides by the wings. They are low-slope systems. These delvers are sometimes mounted on graders, and you grade across the landscape, delving away at the same time. Graders can be used to grade out low profile drains. So, well, you use whatever machinery you have. For very small systems, you can use just a single furrow plow, turning out a turf; and you can double plow. The farmer can travel along the hillside with his chisel plow or his soil conditioner. Then, fixing a light blade on the tractor, follow along removing the loosened soil. This is a system that is useful when we are dealing with horticulture.

It is normal to grass the spinner drains, just as part of the field.

We will go to dam wall construction. This is something you need to know, without ever having to do it.

For dams up to six or eight feet high -- these are small walls -- you don't fuss too much. You give it about two and one-half to one slope; on the rear side, three to one. You make a very broad crown. That's your dam. The broad top should enable whatever construction machinery you need to roll along it. It should be over a car-width wide. You can have a little bulldozer running back and forth while the big one scrapes it up. Avoid including rocks in the soil you use to build your dam. Rocks don't shrink and expand like other materials, and they make for many leaks. So when you strike rocks, bump those to one side. Tamp every foot of your wall as you build it up, using your machines to roll backwards and forwards, so that you have a rammed Earth wall. Up to eight feet, nothing much is going to happen to that. So it is fairly non-fussy.

What we have done is to remove the top soil, get rid of all the sticks and duff. If there is good clay soil underneath, we push this up, roll it down, push it up, roll it down, roll it backwards and forwards as we go.

That's it! You can drive across these dams. You will normally use them as low valley crossings, or to drive across gullies.

Your spillways need to be broad. You have your dam across the valley. You cut a spillway into the solid part of the hill, wind it out along contour, letting it shallow out and fail. You don't bring it around down below. If you are going in towards a continuous stream flow, you might very well do one of two things. You can either bring it out and pipe it down here and give that a splash area, or you can put a pipe in the system, an overflow pipe, which you lead out. These are small systems that we can handle in several ways. That is your typical dam.

When you come to building a dam 200 feet long and 20 feet wide, you have to do all this very cautiously. You make a trench here at the base of your dam site. You go down four or five feet until you strike very good clay at the bottom, then you start rolling. You pack that and the whole core of the dam with selected clay.

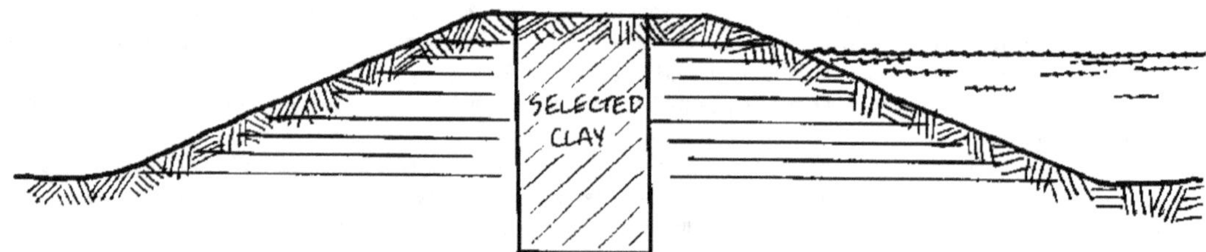

Batter slope cross section
for dams over eight feet high.

"You pack the whole core of the dam with selected clay."

Otherwise, the procedure is the same as for smaller dams. You do this, and hope for the best! The larger dam is a more serious job. The height of the back of the slope may be about eight feet, with an eight foot down wall. If you run into dry rock, you can lay it on the wall where you would expect some wave splash, if it is a shallow containment. Keep rocks out of your dam structure. On larger dams, you don't want any leaks. Line the whole vertical center right to the top with good clay. That will be a totally impermeable dam. Most soils, however, will roll down to an impermeable soil. If we are working in a granitic country, with coarse sand, we are not going to get a dam unless we do this core. The core stops the water, and this is what gives the dam stability.

That is how you make dams that stand above the surface. Many dams don't. There are many different sorts of dams. This is a barrier dam that goes across the valley. These are dams that run along contours. They are usually rolled Earth dams, and they are called contour dams. These are the ones you build up on knolls and slopes. Then there are dams below grade. On very flat lands, the way to hold water that runs in is to excavate the dam out, and throw the soil up. They are more properly called tanks -- Earth tanks. A spinner drain might lead into one of these Earth tanks, so that a very gentle flow is coming in below ground level. There is no way that these things will ever bust out.

Now when you are building Earth tanks, you can do all sorts of interesting things. You can sharply pile-up the removed soil to create a sun trap. When your pond fills, you have a good growing situation. Animals can come into this. You can pave that section with stone, if you want to. The deep edge is very abrupt, and you are unlikely to get much vegetation except right at the edge. The steep bank of Earth at the rear, which can be eight or nine feet high, can have trees in front of it. You are in a tropical climate there. If you want to be fancy, you can glass that off and you will have a fantastic situation, with winter reflection of sun giving maybe as much as 60% additional heat. You will have absorption of direct sunlight -- a good heat-up situation. If you want to put bamboo up on top of your Earth bank, you have maybe as much as 60% to 63% additional heat. The Earth bank itself stores heat.

There are two basic forms of bamboo. One is called monopodial, and one is called sympodial. Most of the bamboos are monopodial and form clumps. Sympodial bamboos are more or less runner bamboos. You can put them in here and they go out under the road and come out on the other side. Nobody uses sympodial bamboos because they are all small bamboos, seldom exceeding five feet in height. They are good for making arrows. So if you don't need arrows, forget them.

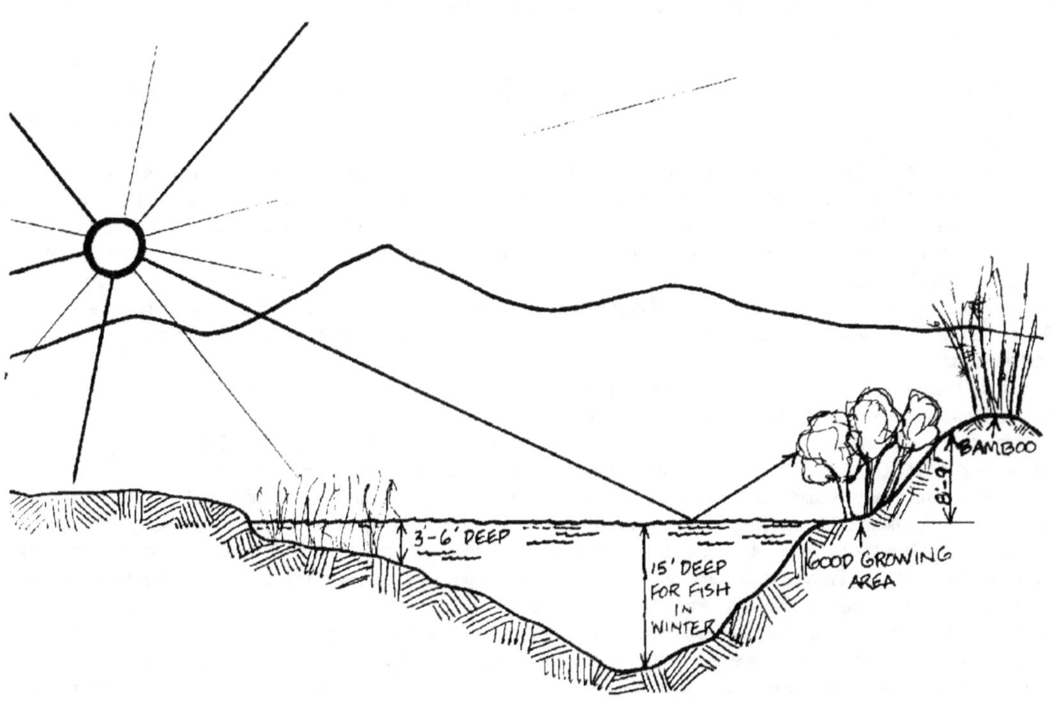

Now the monopodial bamboos are gigantic bamboos, sixty to eighty feet high. Some have big trunks on them. They are slow growing, with nice tender edible shoots. They never become rampant. A monopodial bamboo will form a clump as large as this room if no one is eating off it. If you are eating it, it won't be very big at all, because you eat the shoots.

If we are only going to grow plants in it, we can make our Earth tank about three to six feet deep. If we are going to hold fish in it, we need to kettle them out a little area, a fifteen foot hole somewhere, which you can backhoe in. It only needs to be a couple of feet wide and maybe six feet long for about fifty fish. Your pond does need that additional depth unless you are going to stock it with fish.

These Earth tanks fill from diversion drains. There's no need to find a spring for your water source. We just take a whole big runoff section. You can normally ignore springs in favor of an excellent, cheap site. Of course if a spring comes sited well, that is, if it is at the back of a plateau, we could run a very cheap contour dam and tie in the spring, and we would have a double hit. If the spring is on a steep slope, then you would need a contour plow. In that case, I would simply ignore the spring and bring the water round in contour to the dam. At the spring, you could do something quite different, which is the small, usual spring house with a small tank in it, something totally different from the large storage. If you are lucky, and your spring is above your diver- sion drain, you can bring it in to the dam. If you have a stream running through your Earth tank, it will just give a slow circulation to it.

Sometimes you will need to use pumps while the bulldozer is going, if you are down below the water surface. We have to use them intertidally, too, when you have to put in 12 hours of fast work -- otherwise, glub. When you are digging these, you move your days around to night, if you are digging a big one. And sometimes it rains.

Lock pipes, you can purchase. Those flags you fit in the ditches, you can make them out of a bit of pipe and canvas, and a piece of dog chain. Sprinklers you can buy commercially.

On a flat site you can grade up a wall and get maybe 20 acres of when it rains, which rapidly dries off. You can put a little concrete sill in your wall and have a sliding door, called a floodgate, which you can pull up and let all those twenty acres of water out into a chiseled two or three acre area. The floodgate is just like a board in a groove, a simple little thing. You can make those by hand. They all leak a little bit. Expect everything to leak a little bit. Even those lock pipes leak a little. That is normal. Dams leak a little.

We may run this water through our irrigation channel only twice a year, or something like that. Most of the time we let the water go, and therefore we have a normal spillway over the dam.

A dam may have these four things: a diversion channel leading in, an irrigation channel leading away, some device for releasing the water -- either a lock pipe or a siphon over the top -- and a spillway.

Now when you come to look at the dams -- and we will look at a few on this site -- the spillway may not go past the dam at all. We might be working on a site in which we have undulating country. We might take a spillway from the back of the dam and lead it into the next valley. There are all sorts of games we can play.

Contour dams are very cheap, no-fuss dams. They are dams in which the actual dam follows the contour and then swings back to ground level. Basically, the construction is the same as for other dams, but usually you put contour dams on pretty flat land, and you grade them up pretty quickly. They may be six feet high. It doesn't matter if you get a bit of grass or rock in them sometimes. They can be a little rougher. Just roll them down tightly and they will hold.

There are all sorts of reasons for little mini-ponds. Never neglect the little pond. When you are planting steep slopes with trees, you might put a little well at the end of your paths. On a steep slope, it pays to dig these little wells, and line them with plastic, or drop a tire in, which is the quickest. Then when you have to water the slope, you are always carrying a small amount of water down hill instead of a lot of water uphill.

Another use for mini-systems is when you go to broadscale quail or pheasants. You drop these little ponds through the landscape every 150 feet or so. Just make little holes.

If you have a lot of pear trees, you may want to rear frogs to get rid of pear slugs. You then place these little ponds all over the system.

Well, we have covered the keyline concept, and in with that falls all your lower slope control. And you have this bold idea of storing water right up on the top of the hills.

Only as a last resort do you dam the valleys. You only do that in emergen- cies, or for the creation of productive systems. Large-surface, relatively shallow, easily constructed, cheap lower productive dams are very good!

In dry areas, and in areas where you are growing very intensively, you might design some form of drip irrigation . Drip irrigation systems are very modest with water. For high value tree crops, they are critically important for establishment, but probably not thereafter.

There is another form of water control that is very interesting, given that we have some water uphill, and given that we have established an orchard on the hillside down below our glasshouse, which is bermed into the hillside directly above the orchard. We will grade little shelves almost on true contour all the way down, at about 40-foot spacing, which is about correct for orchard trees. Down the hill we go, grading these little platforms out and leaving the area in between them in grass. We will then plant our little trees in the outer edge of our swale. We have a pipe from our water source, which is uphill, and we bring it down and stop it.

We can lay a hose in these systems, or we can do another thing that is interesting. We can bury a pipe that comes up in the next system below for reverse siphoning. We can have these little reverse siphons going all the way down the slope. In that way we only need to run the hose in up here. The water enters the highest swale; it runs along and soaks up all the Earth, then enters the reverse siphon and runs down to the next level, and so on. One person can water hundreds of trees in about an hour.

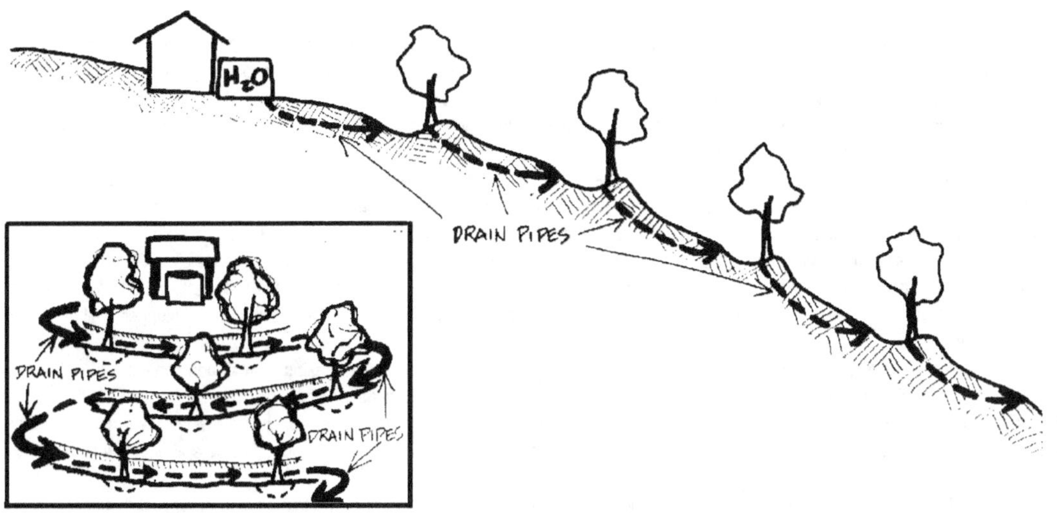

"We can bury a pipe that comes up in the next system."

Then you can do something very interesting. You can plant this swale to a highly nutritious crop, such as white clover. Then you mow the grass strip and throw all the grass on the swale. When it is looking all rich and good, you run along and regrade it, bringing that rich top soil up to your trees. Your trees will get bigger. You grade again, cutting it back a little bit. You do it two or three times. By that time, you have a great mound of black Earth, tree roots growing in it, and a well-defined walking platform that you can walk along, and an easy watering system. No problem with that one.

You stagger your trees down slope. You should also alternate species, putting your narrow leafed species up at the top -- peaches and apricots -- and your broad leafed species down below, because it is getting wetter all the way down.

That is a very easy way to run an orchard, and a very easy way to set it up. That is real Chinese style, building up the richness in your paths, and then scrape your paths off and put that around your plants. But always keep your stems free. You also have a nice little garden path in which to set your ladders for picking. It's a generally sensible little set-up.

When you get to very flat land with hardly any fall, you can make a trench, a side channel down the side of the field. The side channel has a little fall to it. We block off the side channel at intervals, and through these blocks we put short pieces of four to six inch pipes. We have a plug with a handle on it that fits into those pipes. When we let the water go into this side channel, it fills up to the first block, which we have plugged so that the water cannot go beyond this barrier. We have also done something else. Leading out through the side wall of this main drain, we have many little two inch pipes directing water out into our field. Our side drain conducts water through these little pipes out into graded channels running down the lengths of that field. There are trees on little banks between the channels. Again, this area has been planted with grains, and can be graded up to either bank. So we have banks made up of loads of clover and topsoil, with trees on them.

When all those little pipes are conducting water down over the first section of our field, we pull the plugs from the first barrier, and plug the second barrier. When that section of the field saturates, we move our plugs down to the next area. There can be four or five or even six or seven of these little two inch pipes leading the water in an even flow from the main drain to the irrigation channel. We can irrigate hundreds of trees with very little effort. That's for flat lands.

If we want switching systems, we put in another one of these barriers, and we just pull the plugs and let the water go down. We can direct water around contours, and along to other flat fields. It is a cheap, simple system, consisting of many short lengths of pipe and plugs that you carry with you.

This is not a trickle-flow system. The whole thing is running like blazes. When we need to irrigate, we go up and open our floodgate, and the main water channel comes down and hits that little channel, and we stop it here and it fills up, floods out; then we move on and the next section fills up and floods out, and so on. You let a lot of water go, and you thoroughly soak it. Then you plug the whole thing up by closing down your floodgates.

You can dig those trenches with a little crawler tractor, just a small machine, or you can do it with shovels. The best way to dig a trench with shovels is to use two men. You get a very broad shovel, with one man on it. Around the neck of the shovel, just above the blade, you put a rope, and then you put a toggle on the end of the rope. One man puts the shovel in and the other pulls, and you get a rocking motion up.[9] They can throw up banks about as fast as we can walk, very easily, no arm strain. One man is just moving sideways and putting the shovel in the ground, the other pulls, and away you go. Little Earth banks appear right across the country just like that. If you have to empty a load of gravel and have no dump truck, use that method, with one man standing on the ground pulling, and another just putting the shovel down in the middle. Painless. That is the way the Turks and Afghans contour enormous acreages of very shallow country. They will build and rebuild those contours every year, miles of them, just a couple of men. Ho! Ho! Ab-do!

One of the advantages of the keyline that very few persons see is that if you have a diversion drain above your fields and household systems, that works just as efficiently to remove excess water in winter as it does to direct water into your drains. A well-keylined and combed landscape that has been soil conditioned doesn't get boggy in winter and doesn't get dry in summer. People forget that the same drain that diverts water off the hillside also prevents bog situations and seepage situations below. Once your storages are full and your soil is charged, you can direct a winter run-off into a creek if you want to. You can take it off the landscape through this system, just as easily as putting it on. We often run a descending diversion around the valley slope just to keep the drain bottom dry in winter. The same diversion drain, plugged, will irrigate the valley in summer.

Now when you are wandering around with this diversion drain, bringing it down to your dam, and taking an irrigation canal out of your dam, if you come to a little gully or something, you can easily make a little pond there as you go. It is quite easy to do that.

Another way to go about bringing more water into the landscape, storing water on the land, is to run broad swales. This has a particular application in urban areas. A swale is a critical technology for winter-wet America that is not much used. It is also a very useful technology to use when laying out forests.

You cut shallow blade trenches on true contours, with no movement of water along the trenches. The trenches are quite broad, hardly ever less than four feet wide, and often much wider. You wouldn't do this on a steep slope, just a moderate to shallow slope system. You walk it out along the pegs; the bulldozer follows you. If you strike clay, leave it narrow, or else deepen it. As a rule, in clay, deepen your swale in profile, and in sandy and gravelly places, widen it.

Along the swale, where you think it will hold, you have little ponds in clay. Where you think it will soak into the ground, you widen the whole water system so the surface area is large.

Rain, particularly storms, comes down the swales, too. The water finds your widened areas, which are free, and soaks in, and thus charges your ground water instead of going down the hill and off the property. In three or four years, you will have 17 to 20 feet of fully charged soil. Your forest, just above your swale, is alive and has access to this water. Your forest will be alive when your neighbor's ground water has flowed away out of sight.

If you ever have the chance to design a suburb in a place where there is a semi-dry climate and storms, particularly summer storms, sudden rain rushes, this is how you do it: You run a hard-top road, swales, little bridges, houses that are back to back, footpaths, down pipes. This whole system is swales, with double rows of houses sitting between the swales. All the roof run-off is going into the swales, and all the road run-off is going into the swales. There is no guttering, no curbs. The swales sometimes pass under the roads.

An immense variety of treatment is possible, such as little block stepping stones across swales, little rocks across swales, little graveled areas, little ponds in swales, frogs croaking. You set your trees out along the swale edge, but not in front of the house, not on the sunny side of the houses. It can be a remarkable environment! The swales are probably never less than two feet deep, very gently shoaled edges on them, great places for children to run in the storms and hop into them. Then when the storm ceases, the water, because you have broadened the swale at places, seeps away within a day or so. The swales will then contain water only in the over-deepened clay areas, the little ponds that we made.

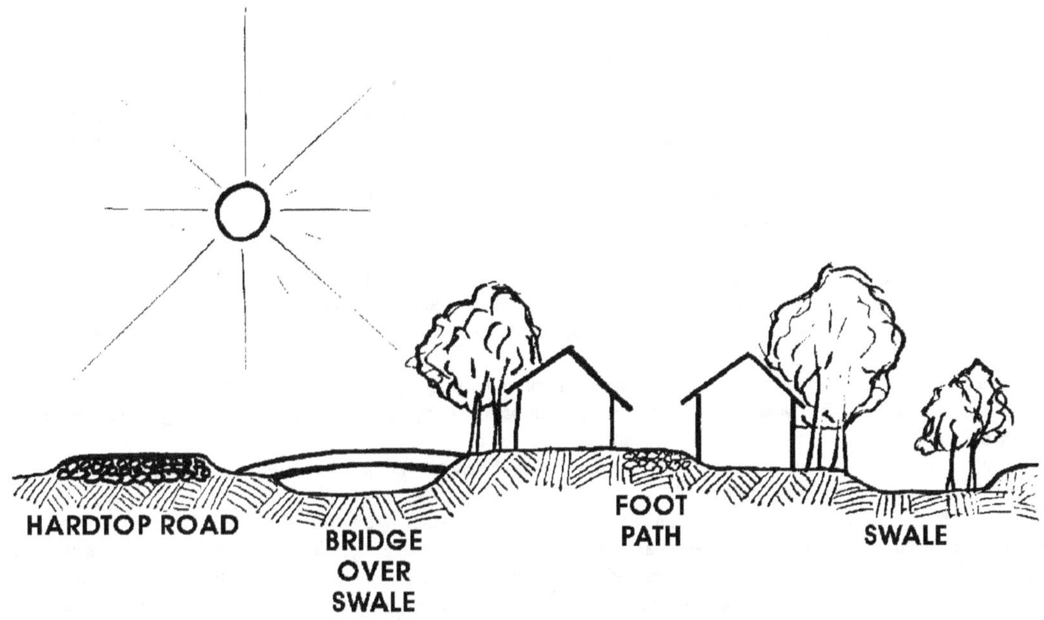

"Swales have a particular application in urban areas."

This system exists nowhere that I know of except in the village project at Davis, California[10]. Here they sit on a plain near Sacramento, and because of swales the place is an oasis in a desert of disaster. Nothing quite like Davis has ever happened in America, and is not likely to happen until we get out on the ground, 300 or 400 of us.

The trouble with America is that these things that people have been doing have been just with their own homes, keeping it to themselves. In Davis, you have the benefits of design orientation. A whole set of low-energy systems are demonstrated there. More of your urban areas should be permeable to rain so your street trees would remain healthy.

Ordinarily these urban swales will end up nowhere -- start nowhere and end up nowhere. However, if you do think there are going to be very catastrophic rains, then you can lead the end of the swale out of the situation into a more normal drainage system. But in moderate rainfalls, the swale can hold it all. The efficiency of the absorption in swales increases as they age and as trees grow along them, because the trees penetrate the subsurface and carry water down. I think Davis initially absorbed about 40% of its water, then 85%, and now 100%.

Now it is absorbing water from off-site into its swales. It collects run-off from off-site and gets rid of it on its site. So that is very good. The older the swales get, and the more the tree roots penetrate down into the swale, the better they get rid of water.

These swales do not have to be renewed. I think possibly if they decayed badly, you would probably have to just chew them a bit, but it is not a big job. You could do it with a couple of kids and a spade. No work repairing drainpipes; no pipes; no gutters; no curbs -- cheap![11]

Swales can also be quite useful growing situations. You might be able to raise ginseng up here in the swales. Your swales are obviously ideal sites for certain useful plants that like this moist, rich, highly mulched situation. Blueberries! You swale below a pine forest, grow blueberries in the swales. There are many techniques you can use with water in landscapes.

There are other good reasons for constructing swales. In a forest, many leaves will arrive in that swale, and they rot quickly there. It is a moist site. Your little salamanders run around in there. You can deliberately add to the leaves in the swale. It is a long composting system on site. Occasionally, you can take from the swale for the garden.

Swales greatly decrease the risk of forest fire because they collect a lot of fuel and rot it very quickly. Swales make for a far more moist forest than existed before. It is amazing how few trees you have to remove to run a swale in an existing forest. However, it is a good idea to swale a forest before you plant it as a forest. Some trees can stand in the swales.

Another reason for swales is that you are in an isolated place and there is no chance that you are going to be able to go out with your Land Rover and bring in mulch material for your garden, you can swale out from your garden, and mulch into your swales.

Now you decide the sort of mulch you bring in, because you plant trees above the swale to give you the mulch you want. We get alkaline mulch from western cedar, acid mulch from oaks, and so on. So you treat your garden from a continuing input from the mature system, thus reversing the axiom that maturity exploits immaturity. We make immaturity exploit maturity, because maturity is exploitable. It is also a great accumulator. Left alone, the forest will exploit the garden; but with us in control, the garden can exploit the forest.

I will show you an unusual technique, just throw this one in. You will discover these situations. Here is a little house that looks like a granite boulder. Its occupant is a rock freak. We have rock freaks in Australia, houses that just disappear in the rocks, and they look like a rock. All around this great granitic dome there is 40 feet of coarse sand, so good-bye water. You also have all sorts of granitic slabs and surfaces. So you run chicken wire around your granite, and go around with some cement and sand, constructing gutters, and you lead them into tanks.[12] We have done a lot of this. Some of those granite slabs are big. You bring the water down, and put your tank at the bottom. You have to be able to use your eyes. You look at that slab and say, "A roof! a roof! and it is uphill." No keyline is possible, but in these conditions building concrete works well.

Suppose you dig a little Earth dam up on a hill. It rains. Nothing happens. It keeps on raining. Nothing happens. You have a dry hole. Bad luck! A friend of mine had an open underground stream that ran like fury. He hired contractors to dig a dam. It should have worked. But he went a foot too deep, and -- glub. You can't predict these things.

Well, you now have two or three things you can do. What we have up here on the hillside is a big hole. We have a dry place. So we put a couple of sills there, and raise a roof, and pour a floor. We are in business. Nice place! Good barn, good storage, cheap! The only thing you have to make is a roof. It's a good place for cattle in winter. Haul in your hay. Trap door right up here, throw your hay down, wheel it out. Take advantage of having a dry hole.

Now, change the scene: The hole fills, either because you pump water in, or there comes a rainstorm. So it is not a real dry hole. Stand by the bank and throw in three packages of water dynamite. Boom! It bumps the bank, and any cracks in rocks are sealed with great water pressure. You might do it two or three times. That is fast, and often works.

Next scene: You have a dry hole? Just leave it dry. There are all sorts uses for dry holes. In dry climates, you can hop down in them and mulch them, and they are shady, an extra good growing situation.

Or you can do something else. When you see you are getting a fair amount of leakage, you can strew rich hay all around the edges of your pond. When the water turns green with algae, if there is a leak through cracks in the clay, the algae glue it up. You are gleying it, but with algae. But in midsummer it dries out. Didn't work. So now we are getting down toward the final solution. We put green sappy material right across it, six inches thick. We gather the mowings from the golf course, and anything we can obtain. We pack it down. We chip green leaves and sappy material, second cut hay. We cover all this with sand or plastic or old carpets or a combination of all of those. Then it starts to ferment. You can find out when it does, because it is slimy. As soon as it goes slimy, you fill it with water and it fills without any trouble, and will never leak again. It is called gley. The only reason why it might not work is if you didn't do it properly. So you then go at it again, and find the spots you didn't do properly, and do it properly right there, because the rest of it is permanent.

If it is a very big area and you have a very rich client, you run across it with bentonite, which is a clay that swells up to 14 times[13]. You spread a bit and roll it in hard, and then you fill it. That seals it. But it is costly. This is by far the most satisfactory solution.

There are many solutions that plug small holes, such as a sheet of plastic, or concrete. But gley is the best solution. You can make a dam in a gravel pit with it.

You would be lucky to dig a very dry hole, because usually it is on a slope. You can ordinarily get an entry out at slope level. Roofing it is easy. Nice and sound-proof in there. There was a big one that a friend of mine made. It should have worked, but it didn't He stuck in sides to it and turned it into an indoor auditorium. You can get in there with a rock band and not annoy anybody.

Once you set the water systems, you also have set a lot of other sys- tems. Wherever possible, your fencing and your access roads naturally follow your water systems, and can be well integrated. Both assist the water systems.

If you are wandering around with a curvilinear fence, you run a series of approximate short fences, because the only fence you can build is a straight fence. So your fences, and your tracks, your on-farm tracks, all follow that system. Then, if you do that, your animal tracks turn into keyline tracks because they follow the fences, and animals will also have beneficial effects on run-off. If you don't do that, then your animals always walk anti-keyline. They always walk ridge down to valley, and animals can become a major erosive influence. If you set your fences valley to slope, your animals walk your fences, and all their tracks will keyline where you can't get.

Everything follows from that. Your forests follow. Your forests grow above those channels. They are themselves very water-conserving and insure steady water-flow systems.

Your forests that are of high value, your constructed forests, are below those lines. You can irrigate these. There are special sets of trees that may go on the ridges, very hardy trees that don't need irrigation. You will need to determine for your area its ridge-top planting set of hardy, drought-proof trees.

So far, we have only been talking about the water characteristics of your system. I would like to look more closely now at any one dam that we build, and see what structures we need within it to have a biological input into the dam. There are only about three or four things we would need to do. Say that we put in a six foot valley dam for a lake. We pegged it all out before, so we knew exactly where that shoreline would be, and we may have logged it out before we built the dam.

We take some of our excavation material and make an island in our lake. If we have fierce winds across water, we make a barrier islands, so that we have a quiet patch of water in front of it. When we put our island in the lake, we have increased our shoreline. We may, if it is a bad fire site, in an area where people keep getting burned out every four years, put our client out here on a peninsula in the lake. We might do that for other reasons, too. We give him a deck out there and a little dinghy. Instead of leaving all our shoreline as a gradual shelving system, we might grade in here, making somewhat extensive, but constant-level marshes.

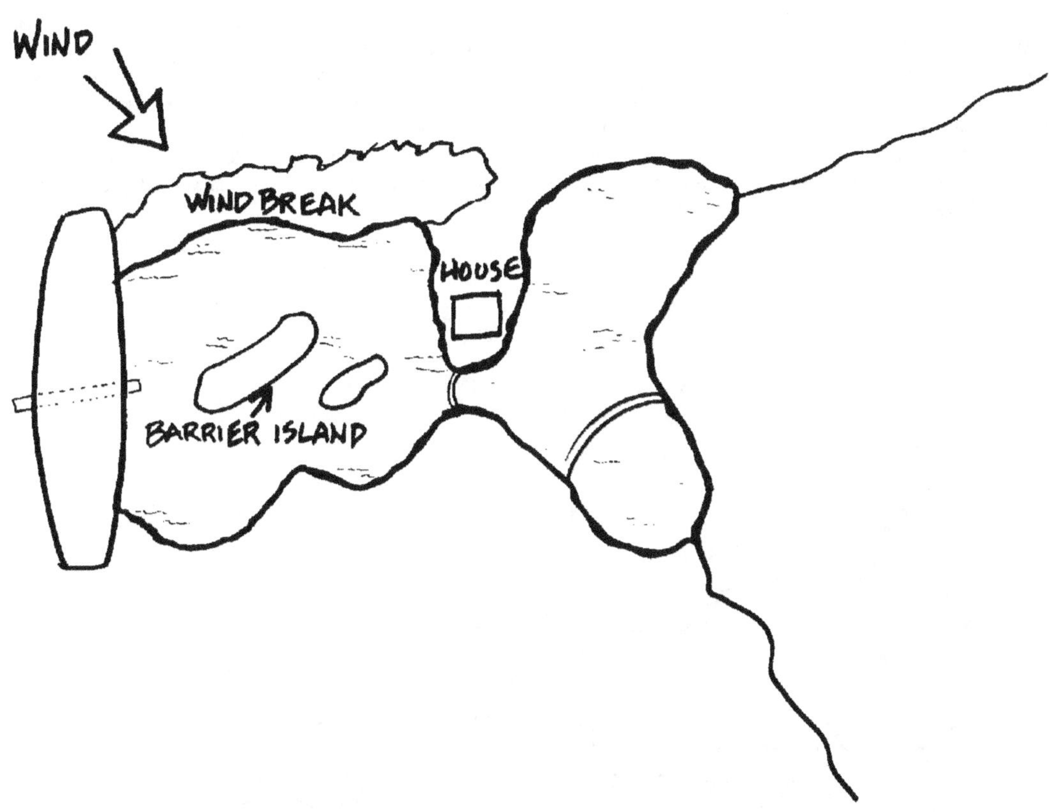

Structuring a biological dam.

If we know that we are going to be drawing quite a lot of water down from this, if we know that we might pull four feet off it sometimes, then before we make the main dam, we throw up low dams across easily dammed sections that flood at high water. In this way, even when the other water is four feet down, these dams hold and preserve the shoreline flora. Many small animals that live along the shore continue to have refuge. As the water rises again, it covers the whole area.

What we have done in there is to play around with the edge of the catchment, make shallows and barriers and islands -- all sorts of useful things. You can put little pillared cottages out on those islands, little contemplative places, quiet spots, little retreats. You can put little stepping stones out to those places. We have done that.

Put in some underwater stones. This makes it a very lively place. Water birds nest on those islands. They are fox-free, except in winter, when they are not nesting. The shelving along the edges gives a very broad planting spectrum. You can align those shelves at different levels, specifically for certain plants, eighteen inches to three feet for wild rice. You can make marshes by grading off, away from the edge of the dam. Those marshes come out of little low mud walls, so that they marsh up.

If your dam fails, you still have your marsh for arrowheads and other duck fodder. If you do all that first, then flood the situation, you have created something that looks very good.

When you draw off water, your island sticks out a bit higher. Your shallows are mud-dammed, almost at water level, so that the main water rises over them a bit, going through them in pipes near the surface, and when it falls, your little mud walls come out and hold the shallows. You don't bother about sub-surface dams where you have constant level productive water. Your larger fish can't get into some places that are too shallow and too weedy. They provide refuge for quite a lot of fry. We intend to make a biologically active system out of our water storages.

What we are giving you is classic solutions, ideas that you will have to adapt to individual circumstances.

Slopes give us a very great advantage, and I pay a lot of attention to slopes, to how a system can be laid out on slopes. When we have this gravitational advantage, it is possible to do all sorts of things.

This is a section of a ridge, and there is a ridge running along. We could put a little saddle dam here, and it would collect water from all around the higher area. People often go to hills and mountains because it is a romantic place where they can look out on the world down below. They want to be up there. You can use larger shelves to get people down a little below the ridge. You can get water to them from the saddle dam above. You can also use shelves for their garden.

Some of their wastes can add to that system. You can run off water to orchards further down. Then when you get down deep here into these valley systems, you can create wet forests, we will call them, that will block fire out, keep it from running up slope easily.

You have water control on slope, and you have fire control on slope. Get your clients to build their storage units up high, units that themselves do not use water, or use very little water -- the garages and the barns and the workshops. We don't have to supply these buildings with water, but their roofs can supply very cheap tank water. Put all tanks up on the slope above house roof level, if you can get them up there. You never fill a tank from a house roof, if you can avoid doing so. Of course, on the other hand, a friendly neighbor might do that, add a tank to his roof for the benefit of somebody further down hill. That can happen. There might be some cases where we supply them with wate rbetter than they could supply themselves.

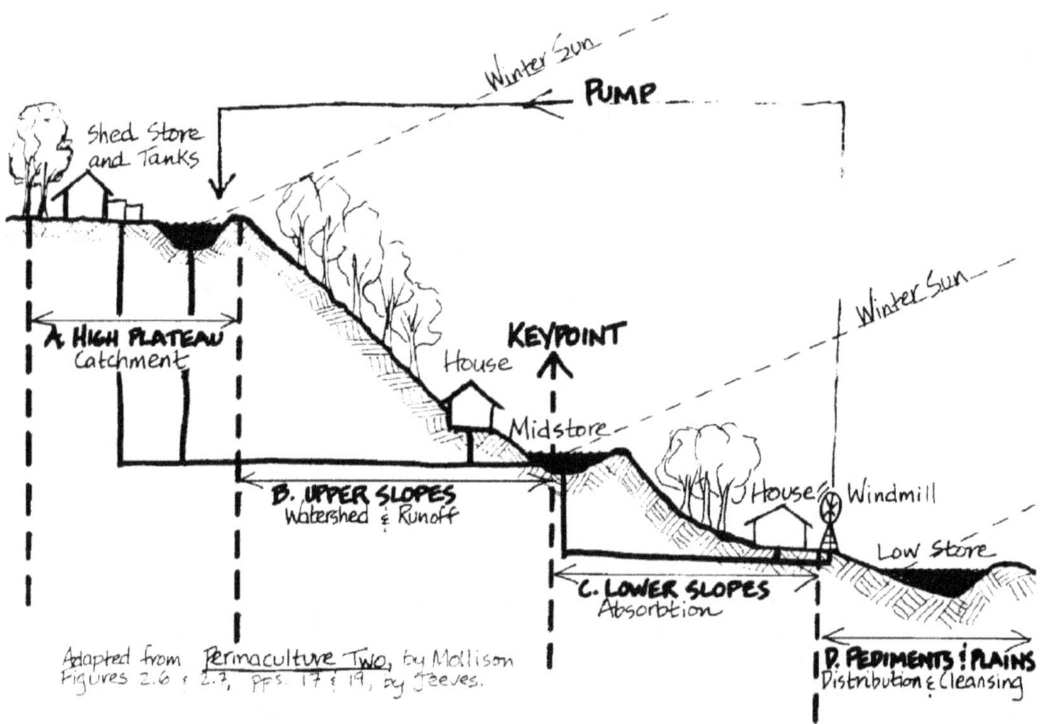

(Adapted from Permaculture Two, by Bill Mollison. (C) Figures 2.6, 2.7; pps 17 & 19, by Andrew Jeeves.)

"Slopes give us a very great advantage."

The diversion drain falls to the saddle; the road probably falls out to the slope; the garden should fall out from the saddle, so the water comes down from the saddle to the garden. So you must decide which inclination you give these various shelves as you work down the slope. It is obvious that if we can get water doing its work down slope and across slope, we are in a good position.

For reasons I could never fathom, you often see hot water or hot air collection systems on the roof. In level country, the good place for a hot water collector is below the sill level, so the thing thermo-siphons inside the system. You can clean it easily.

There is not much more chance of it being broken than the window itself. And it is low. Hot air systems also come down slope. I have friends who have set up large collectors on slope in front of their house, and bring hot air in low. Your hot air systems should go down slope, and low. Your water systems go up and run around.

You use all these techniques on slope. You must think it out, think which way the road will slant and for what reasons, and which way the gardens will slant, where your diversion drains must go in, what must come out, and so on.

If our slope is not an extreme slope, we can put a pond right here in front of the house. That is a great advantage. It is also a fire barrier, and it is a light reflector; it also makes for a pleasant environment. I think here we might attach glasshouses. We should examine each site to see if we couldn't also put a productive pond just in front of the attached glasshouse. The pond will provide additional heat buffering. It has the ability to absorb all but 15% of summer sunlight, while absorbing very little winter sunlight, and reflecting most of the winter sunlight into the living situation. A pond is a beautiful, automatic, self-regulating heating surface.

Where you can't get ponds, and you still want the effect of low winter light bounced up into the house, you can use white gravel, and highly reflective surfaces there. Snow is excellent!

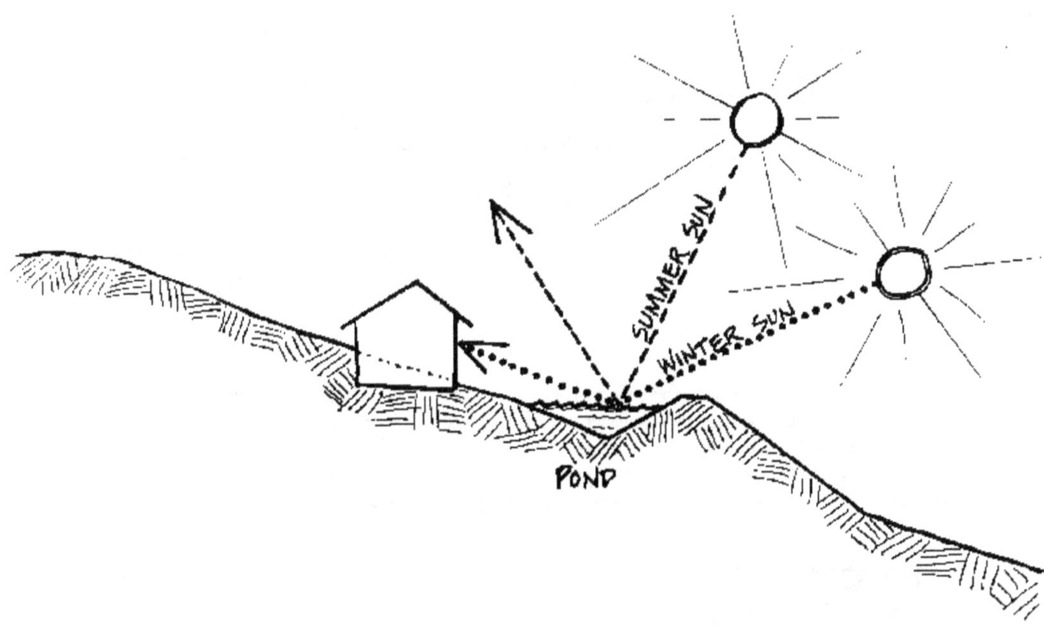

"A pond is a beautiful, automatic, self-regulating, heating surface."

On stony and steep slopes where you can't possibly run shelves along them, not even shallow shelves, you go to very small scale systems.

Here is a slope that we will describe as net and pan. You set up very shallow guide lines for drainage. You can hand cut the drains. You clear the slope of vegetation at the junctions, and make little flat planting platforms.

The intervals between these little platforms are those that would normally separate trees, squashed up a bit, because the advantage of slope is that tree crowns stack much better towards the light. You will get a lot more trees on a steep slope than you will get on flat land. Dribbles of water come down these drains, gathering in these pans that are absorbing overflow. It is, again, a small scale system. You can't run it on a very large scale, and you will have to interrupt it with planting bands. It is particularly effective in very rocky country that you would normally not use for orchards.

A group of five or six of us did a fairly large orchard in three days on a little system like this. We cut little flats in the slope, which we put a tree on, and we had a little water roll around it, soaking in. When it overflows, it comes down and soaks in.

Place your narrow leafed fruit trees here, and broader leafed species down there. There are exceptions to that. The fig is an exception. We put the fig higher because it is far more drought resistant. There are a few, but not many, narrow leafed trees that are high water demanding. You put the really drought resistant species up here. It has a secondary effect, too. Many of those drought resistant species are very good mulch providers. If you go high on the slope and put in tamarisks, and some of the pines that grow on the ridges, you get a good mulch layer to bring down hill.

After a few years, you can let your irrigation system decay, because your trees are established and probably don't need much water, or you can keep some of these maintained, depending upon conditions.

Arrange to have barn and loads coming into the barn on a level above the house. Have your animal accommodations up here. The wastes are thrown out here and rolled down to your annual garden system below. Your banks that are collecting water from the roof of your barn will provide a gravity flow system for the house and garden below.

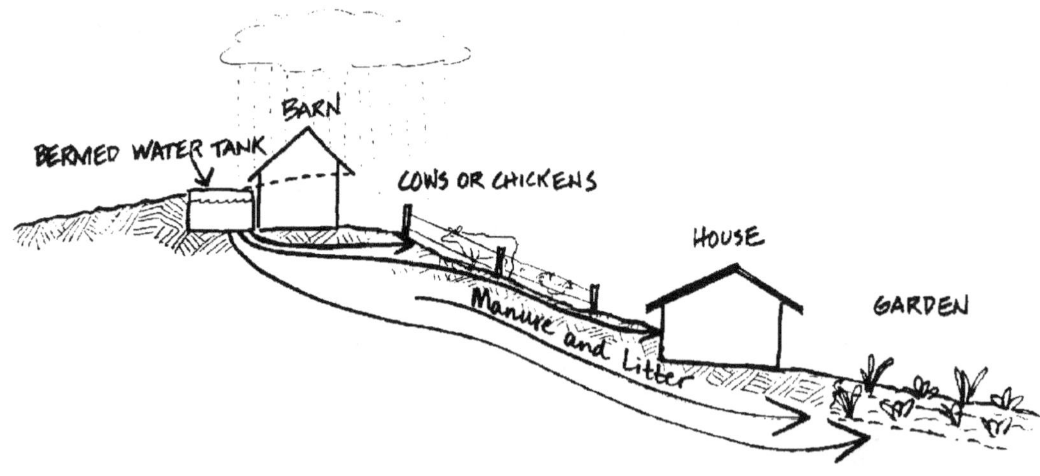

"Arrange to have barns on a level above the house."

Tanks themselves can be useful structurally. You can bury them to get them out of the way, or build over them; but you can also use them as quite bold structures. Often we trellis off them so that in summer you can be sitting under a trellis shade with a central ivy-covered tank that gives you a real cool place, real nice for hot climates.

Tanks can be structurally integrated into barns. In some areas, large tanks can be the base of the buildings. Buildings placed high on the slope can take tanks below them. The water will be used on lower areas, to which it runs down by gravity flow.

A net and pan slope

One of the advantages of locating chickens above the garden site is that the chickens will provide mulch waste for your garden, which can be easily brought down. That mulch will be already shredded. Chickens are shredding machines, and they also remove the seeds. So by the time your mulch has come to your garden it has received added nutrient, the weed seeds have been removed, and it is shredded.

It is mainly used right in the garden. You can also take it through a water system below the garden again, or within the garden. The idea is to strip the nutrients out the way down, getting a product for it. In this kind of system, your nutrients are falling down. You use your slope. How often you go to places and see all of this completely in reverse, and people are working hard because of that, pushing wheelbarrows uphill and carrying mulch uphill, carrying water uphill.

On slopes, fire will always travel uphill fast. Water, roads, Earth walls, stone walls, and short grazing systems toward the downhill sector are all fire defenses. Only in rare circumstances do you need to be really worried about hot downhill fires.

The way that we set up all these systems also suits fire control. A dam with an Earth bank is good fire control. A high access road is also good fire control. So once you get people correctly placed on the slope, and the elements correctly placed around them, you again find that you have done a lot more for other conditions, such as fire safety, than you had originally planned.

You might have planned that dam just for biological production. It works also as a fire barrier. You might not have planned for it to work for fire except to provide water. You will find it has high radiation defense because of its Earth wall, and so on.

Start to get things right and they get real right. That is the reason we put that rain forest in right at the base of the slope in the valleys.

In steep valleys low down, very steep valleys that you are not going to get to work in, and in which you don't put dams, you can, nevertheless, bring small drains out of the creek. They are usually hand made, or light machine herringbone systems that pull water out of the creek and drop it down the banks. You can set up rain forests very fast if you can saturate that valley with ferns and mosses. Once your rain forest is established, it becomes self-perpetuating. It holds its own water. Again, you can let those little diver-sion systems decay. So try to get your major advantages out of slope; don't let a slope go without using it.

Engineers generally want to dam a valley, put in a monstrous pond. That is their solution. Yet we have been able to set up these high water gravity flow systems without any trouble at all. Electrical pumps are one of the first things to go in a fire. A characteristic of fire on site is that you have no water unless you have gravity flow.

We will leave the hills now and look at some house situations on very flat lands. We will move out into the plains -- 300 acres, two foot drop.

There is no way out here that we can get all the advantages we had on the hills. I will describe a site plan that we designed. You could see all over that country for miles. Here, water is always stored below ground in tanks.

When I arrived on the scene, the excavating had already been done. The Earth was piled in four great heaps around the edges of the hole. That's a normal situation. It wasn't very aesthetic, not very pleasing. I said, "Where will we put the house?"

For a while, it didn't look very hopeful.

We first determined the directions from which summer cooling winds would be coming in, winter cold winds, and summer hot winds. In any westerly belt, the cold winds come from off sun, while hot winds come from on sun, from middle interior.

Depending on which side the continent lies, they will come from the Northeast or the Northwest. In your case, here in New England, hot winds come from the Southwest. Cooling winds will come in at about 45 degrees from the coastal summer winds. For each site, that set of characteristics is very easily determined. Any old timer will tell you. For the site itself, you then look for any deflection of that system.

So we brought the man back in, and got him to reorganize his Earth. We located his house so that it would have all the advantages of pond reflection, be sheltered from the south westerlies and from the hot winds, which would have to pass across water and through vegetation, because we planted the banks. For the cooling winds, we have a good brisk circulation going by Earth banks around the whole system. We don't have any noise on that site. It is very private.

So what I want to say about flat lands is that, rather than paying so much attention to the water and water surface, let us have a look at the Earth we move, at what we can do with Earth bank.

The fastest way to run a windbreak is to grade up Earth bank and swale. Rise a four to six foot Earth bank and start your planting work. The swale works perfectly well. The fall here was very minute across the site.

We did a diversion off our roadway. The water came in and around the pond and went out again. Part of the annual garden is water garden. Access from the living area to workshops and vehicle areas comes in through the bank.

We planned for a single story house surrounded by Earth bank, and a tall barn with water tank. That is the solution to the water problem in flat lands. You have to make your slopes, throw up your roofs, and throw up your tanks, while you keep your house low. Or, you can put up a high dwelling, but these upper rooms must be bedrooms, and the lower rooms, your service rooms. In that case, the house roof also becomes of uses as a water collector. That is an elegant site now, a highly admired site.

Don't be frightened to use Earth bank in flat landscapes. You can use water effectively for cooling. Flat areas are often hot. In general, you can use Earth banks in two ways. They give you a racing start in windbreaks; and they provide a very good livestock shelter with quick growing plantings on top. Those plants can be things like pampas grass and bamboos.

Earth banks are excellent radiation shields from fire, and they will decrease noise, particularly traffic noise.

There is one main rule to follow. From the crown of the road to the top of the Earth bank, we want to deflect in a straight line so that we clear the roof of the house. Vegetation does not do a lot for noise reduction unless you can get a hundred meters of it. It takes a lot of vegetation to absorb noise. Street noise is just like that. A well-insulated house with an Earth bank protection can be near a fairly noisy system and be quite quiet.

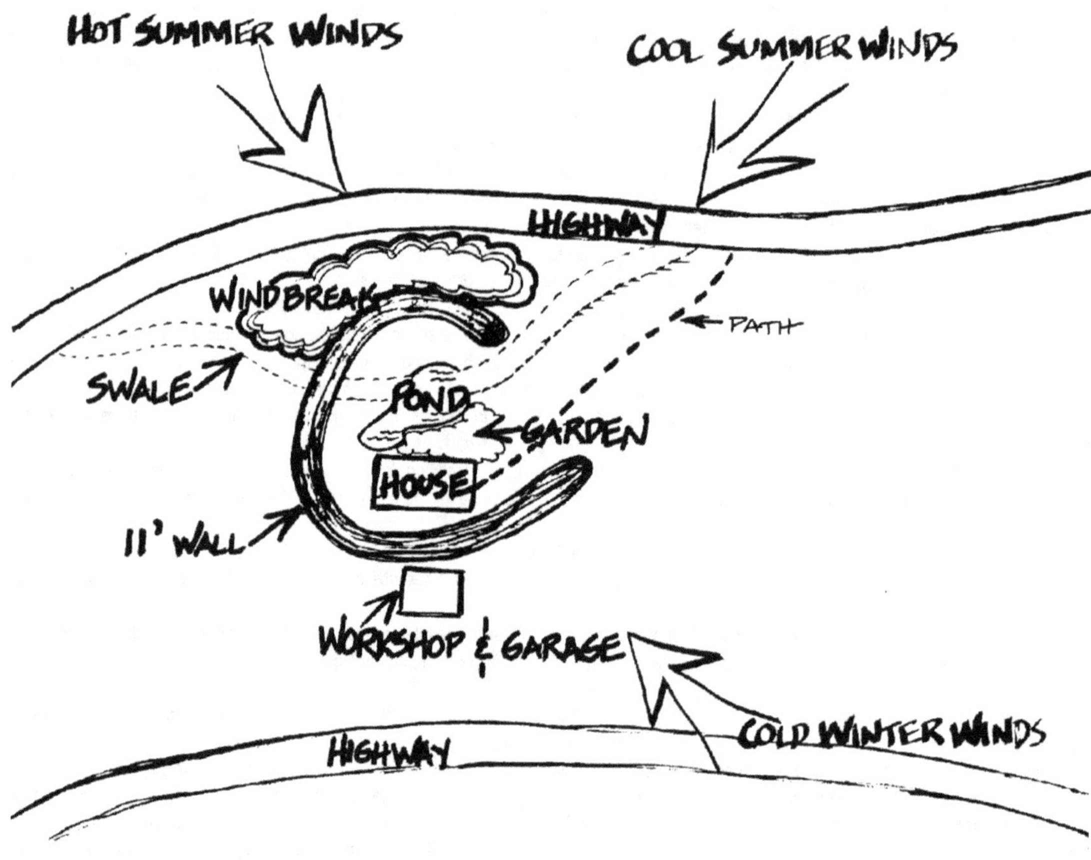

"We don't have any noise on that site. It is very private."

Achieving privacy and insulation against noise can really be a problem in some flat areas.

In flat land, you often find fairly eroded gullies with little steep banks. I will tell you of another real situation. It was a flat site, eroded gully. There is only one place to build here to get away from fairly noisy conditions. The client had made a dam across the gully with provision for draining it. What we did was use a backhoe to dig a cave under the house site. He built his house over the top of this cave. The cave extended beyond the house at both ends. It opened out to the pond at water level. We just trellised the top of it there.

Then at the other end of our cave, we glassed the top of it, making it integral with the house structure. It was very cheap to do, and very quickly done, because it was an alluvial plain. So he now has an underground glass house in which we also made a shower.

He is proposing to grow bananas there. The cave end next to the pond is his cold cave. So he has good heat control. He can bring heat up through the ducts anywhere within the structure. The cool end of the cave is good for storage of root vegetables.

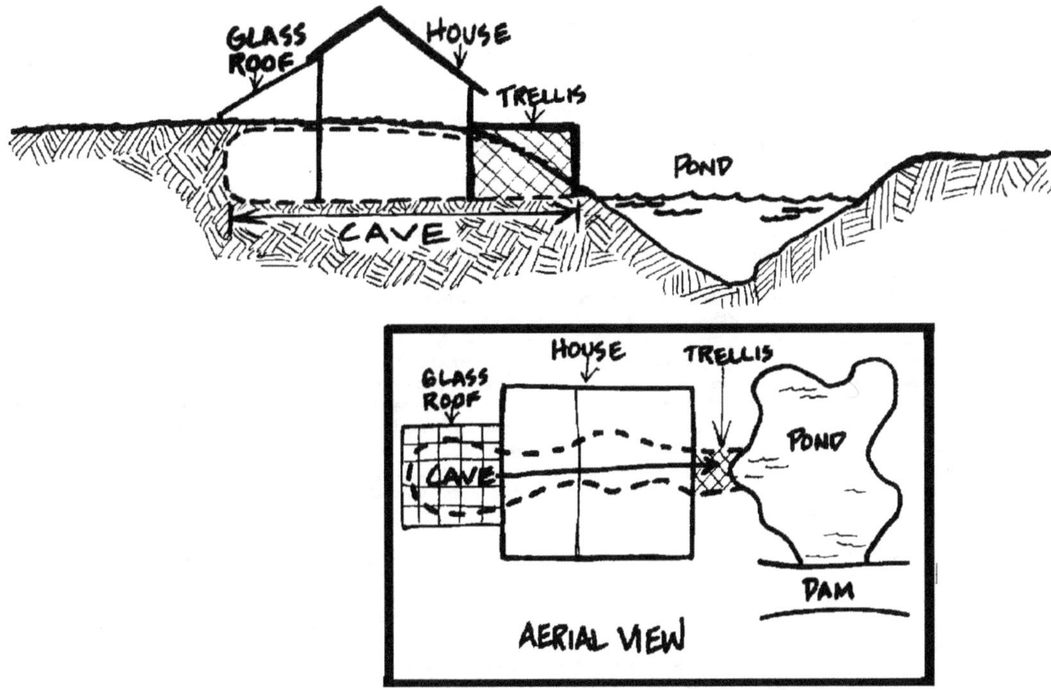

"He built his house over the top of this cave."

The whole thing opens out on the deck above, under the trellis, overlooking the water. His cave is dry as a chip inside. It is about a foot above the dam level. It is a beautiful place in the summer time, down, out of everybody's sight, by your own little lake, on your own deck, which you enter through your cave.

So in flatlands, you can do excavation on site in all sorts of ways.

We had another site, an excellent wild site, with a lot of excellent trees and other growth. But it was a very bad site for water. After a rain, you could see little twigs and leaves up against things. We designed a below-grade Earth tank, a lake. There was a lot of excavated dirt with which we made a peninsula into the water, about 9 feet above grade level.

We put his house, which was two story, up on this high peninsula. This is a high fire frequency site, with a fire about every fifth or eighth year. So we put the client on this peninsula. We got him up high enough so that from the second story he has a good view of the mountains. Surrounded on three sides by water, he has all the advantages of light reflection. As he is a good fisherman, we put fish in his pond.

We ran two very low Earth banks to deflect the down-flow of flooding rains away from the garden site. We directed all the water from off site into the dam site. When this water is flowing across landscape, it brings a lot of silt and mulch. These Earth banks we have thrown up accumulate leaf and silt that we transfer as mulch to the garden. That works very well. It is good mulching material and very cheap.

An enormous amount of water diverts through these Earth banks, flushing out the lake. Water diverts from the garden at the same time that silt and mulching materials deposit at the outside of the garden wall. The flotsam stops here and defends the dam from silting up.

The client has a couple of hundred acres. We restricted this whole thing to about two acres. He only wanted a small garden. He is a very good gardener. He is also the director of parks and gardens in Melbourne, and a landscape architect. He hired me to fix this place up.

This man wanted a windmill, a rather odd thing with all this water coming down across the site. Still, he wanted a windmill. He got a windmill. He was sort of fanatic about windmills.

I pointed out to him, though, that we could at any time raise the Earth bank with a tank in it, and we could run water off his roof for him. He knows that. He just wanted a windmill. He liked it. He sits and looks out of his window at his windmill.

His sole purpose in choosing a two story house was that he wanted to see mountains, which were on the shade side. So he had to get up above the trees. It gets very hot there in summer. We gave him a shaded veranda on his second story where he can sit and look at the mountains in the summer-time. This gets him up above the trees, rather than clearing trees to obtain a view. A two-story house is a very efficient structure for insulation.

Here are three totally different solutions to flatland situations. One solution defends from noise, and does something for privacy and cooling. The second one deals with a situation near a gully in a flatland. We gave the client an interesting house with low heat and a cool place to go in the summer. In this last situation, we gave our client a very sophisticated system of water control, plus a mulch collecting system. I can't tell you how to deal with flatlands in any general way. Just study the flora and see what your client wants, and what the problems are, whether privacy, noise, water, whatever. You can build up a whole set of solutions, and you have plenty with which to do it.

COMMENTS:

(D.H.: For more precise definitions of the terms used in the Keyline Method, we recommend a careful reading of the latest edition of Water for Every Farm... by P. A. Yeomans, available from Yankee Permaculture.)

[1] Humid Landscapes

T.F.: This part of the Pamphlet mostly deals with detailed information about small-scale systems for water management. Here, it is very interesting to note that intelligent water management played a crucial role for many successful ancient cultures, who often exceled at constructing sophisticated channel systems.

It is hard to exaggerate the importance of water management. The very survival of big cities depends to the largest extent on their water supply. At the end of WWII, cities had to capitulate once the allied forces gained control over their water supplies.

Actually, implementing long term stable small-scale water management systems to boost biological productivity could be a highly productive use of fossil fuels. It is highly concerning that we burn valuable resources for much more trivial tasks, without even considering such far more intelligent alternative uses!

It should be noted that water often turns out to be a very tricky subject in most "free" countries. Usually, access and usage of such fundamental resources is regulated to an unbelievable extent, far beyond what would be reasonable. While one would assume that the most sensible system of inter-regional water laws and regulations should just provide a viable framework for all parties affected by the usage of some localized resource to come to a reasonable agreement, what we see instead is an incredible amount of centralized control over even the smallest local resources. One may wonder to what extent water management even might have been abused as an effective way to exert control over society. It is very easy to drive people off the land and into cities by forcing them to earn money to gain access to essential resources such as water. Likewise, consumer protection laws frequently are much more about the protection of the role of the consumer, rather than the person: many of them serve the primary purpose to prevent people from short-circuiting the value-adding chain, especially in the food sector. Maybe one way to think about all this is that humans frequently abuse natural and non-renewable resources to construct and maintain megalomanic kingdoms. If such a kingdom runs into trouble, then one presumably would be well advised not make the mistake to assume that solutions only could come from the failing structures that have been established within that kingdom.

[2] Keypoint

T.F.: Simply put, a "keypoint" is a point of steepest ascent in a landscape. See the diagrams. It is a worthwile exercise to watch the overland flow of water during a downpour in a hilly landscape and to try to understand how it moves.

[3] On P.A. Yeomans' "Keyline System"

D.H.: Bill's treatment of keyline differs significantly from that of P. A. Yeomans, originator of the keyline plan. For a more detailed and more accurate treatment of keyline, see Water for Every Farm -- Yeomans Keyline Plan, an updated version of Yeomans' work available from Yankee Permaculture at the address on the cover.

T.F.: Steve Solomon provides a free web version of Yeomans' book "The Keyline Plan" at http://www.soilandhealth.org/01aglibrary/010125yeomans/010125toc.html. His "Soil and Health Library" has a number of other quite interesting titles as well.

[4] Working parallel to the water level

There are various techniques to determine lines parallel to the water level with very little effort. One is using a bunyip, the other one using a so-called "A-Frame".

[5] Adolf Schicklgruber

T.F.: Adolf Hitler's father was born with the name Alois Schicklgruber, which was changed to Alois Hitler when he was five -- his mother married Johann Georg Hiedler, and the registrar mis-spelled that name. There are persistent but false rumors that Adolf Hitler himself had been born under the name Adolf Schicklgruber. Bill Mollison presumably was aware of all this background and just wanted to make fun of Hitler by deriding him as "the famous paper hanger of the 1930s". It is pretty evident that he must have meant Hitler here, as the concrete block house certainly is the "Kehlsteinhaus" (called the "Eagle's Nest" by the allied forces), situated on the Kehlstein, above the Obersalzberg. See http://www.kehlsteinhaus.de/.

Personally, I find Mollison's attitude towards the idea of political power quite healthy and reasonable. Here is another piece from an interview with Bill, concerning the `special period' in Cuba, the large scale transition to low input sustainable organic agriculture in the 90s, which became necessary as a consequence of the economic collapse of the Soviet bloc, which meant for Cuba no longer being able to import large amounts of pesticides, fertilisers, and food:

Vlaun: Have you done any work in Cuba?

Mollison: No, But I'm proud to say that my students have done a lot.

They found what they called the "Green Team" and went into Cuba and

apparently have done a lot with home gardens and community gardens.

I told them not to take any notice of ... what's his name ... Fidel

because he's a notorious brown thumb. Fidel decided to plant

only sugar cane, you know, and left them in such a mess.

The whole interview can be found at: http://www.seedsofchange.com/cutting_edge/interview.asp

[6] The Wallace Soil Conditioner

T.F.: More detailed information on the Wallace soil conditioner can be found e.g. in Bill's book "Permaculture Two".

[7] Daikon Radishes

T.F.: In surprisingly many situations, a job that could be done by machines can also be done by some plant or animal species. (Mussoulini used Eucalypts to drain Italy's Malaria-infested Pontine Marshes). It is known that Fukuoka frequently used the daikon radish (Raphanus sativus) as a soil conditioner.

[8] High yielding species that grow in water

T.F.: For questions like these, the "Plants For A Future" project, initiated by Ken Fern, is an invaluable source for information: http://www.pfaf.org.

[9] The "Two Person Shovel"

T.F.: Bill Mollison briefly describes this "invention" as the "two person shovel" in the Permaculture Designer's Manual. However, the PDM description is rather difficult to understand unless one already knows what he is talking of! So, we see here a nice example where this more colloquial explanation gives complementary background to the material in the PDM.

Here, it is very enlightening to ask the question "what is the gist of this two-person shovel method"? Basically, what we have here is a very simple yet effective machine (not a tool), which is powered by humans: the "man-powered digger". How does it work? If a single person wants to dig a hole, or a swale, they have to expend a lot of energy that goes into body motion as the digger repeatedly switches back and forth between different operations. By analyzing the whole process and separating the individual stages, distributing the tasks of "putting the shovel into the ground" and "moving the earth" to two people in an intelligent way, we can eliminate quite many of the unnecessary movements. The morale of this story is manyfold: First, just as there are many plants and animals which can be used in a clever way to perform functions we nowadays use machines for, we sometimes can replace machines by "humachines", i.e. individuals working in a coordinated way that use simple tools such as ropes, levers, etc. to transfer energy between one another. Second, once one gets the abstract idea how some machine does its job, it can be fun trying to work out how to produce the same effect efficiently with a "humachine". (Side note: music may be used to great benefit to synchronize parts. One should mention that for stage illusionists, music is not only for influencing the mood of the audience, but also often serves as a clock to synchronize the illusionist with his team working behind the scenes.) We also can learn from the two-person shovel that the "division of labour" is a very, very old idea, much older than some people would like to make us believe. The major reason for our present material affluence actually is fossil fuels to a much larger degree than the "division of labour". A further lesson hidden in the two-person shovel is that, once one does the full energy analysis, the human body turns out to be incredibly efficient in comparison to big, blunt, and stupid machines. The reason? The amount of data processing available per Watt. While - as we will see - biofuels per se are not necessarily a bad thing, we have to think twice what we actually would want to use them for: Using as much corn and water as could be used to sustain an adult person for two days to let an electrical dish-washer process a single load of dishes is highly insane insofar as that we could have given the same amount of corn and water to the hungry person who would have accomplished the task of washing the dishes in a much more efficient way then!

So, a more difficult process such as double-digging should perhaps be split up in a clever way between three or four people, to maximize productivity.

[10] Davis Eco-Village

T.F.: Bill actually refers to http://www.villagehomesdavis.org/ here, a model Eco-Village project in Davis, California, that was started in 1975, with construction completed in 1981. There is a brief feature on this eco-village in the "Global Gardener" video.

[11] Permanent Swales

T.F.: Note the underlying principle: investing effort once to build useful long term stable systems that help us to work with nature, rather than ones where we constantly have to work in order to fight nature, which may have very different ideas about some site.

[12] Ferrocement

T.F.: Bill is talking about "ferrocement" here: while cement has good pressure stability, it is much less stable against pulling forces. By reinforcing cement with chicken wire, we can build structures that would use much more cement if built without. The Mexicans have a lot of expertise in building water tanks out of ferrocement. Be forewarned: when constructing water storage, there is about a dozen non-obvious things one can do wrong. Art Ludwig's book "Water Storage" is highly recommended (see www.oasisdesign.net)! In Jeff Nugent's audio recordings of a Permaculture Design Course, Bill Mollison also mentions Bamboo-Cement, replacing the wire in ferrocement by Bamboo, which has comparable mechanical properties.

[13] Bentonite

T.F.: The main component of Bentonite is Montmorillonite, a layered silicate mineral with rather strong swelling properties. Often, the glossy pictures of fractured soil one sees in newsmagazine articles on drought show clayey soils with a high fraction of strongly swelling components. Montmorillonite has very high cation exchange capacity, and people like market gardener Eliot Coleman deliberately use it to improve the CEC of their soils. (There also have been discussions about using a layer of Montmorillonite to artificially seal off nuclear waste buried underground.)

PERMACULTURE IN ARID LANDSCAPES - PAMPHLET III

In the classic arid landscape, there are two erosion levels. There is a receding scarp, traveling geologically backwards. There is a down-drop of the scarp, a back slope, and then a slope to the back-slope. Scarp is a very sharp place. Out in the desert we see buttes, residual bits of scarp left behind as the scarp retreats. Sometimes they connect to pediment. Sometimes they stand alone out in the plain. They may rise to a height of 40 to 400 feet. The Grand Canyon, a mile in depth, presents a big profile. These scarps and remains of scarps occur in sequences across the desert. It is the only profile you have in large areas of the desert.

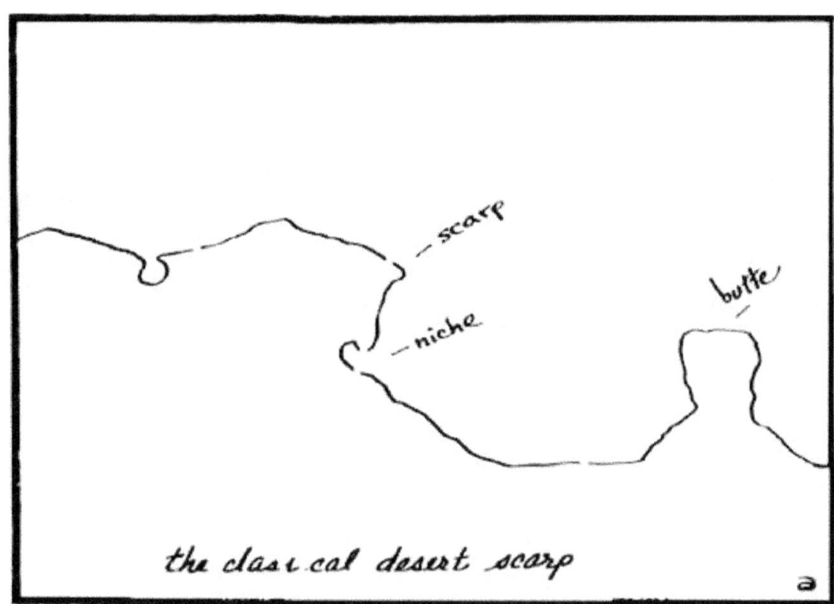

There is only one place to live in the desert where the sun is beaming down on this whole situation. At the bottom of the scarp there is always a notch, just before the pediment descends, caused by the splash of water falling from the top of the scarp. When water hits the pediment, it splashes and cuts that notch in there at the base of the scarp. Scarps in deserts usually consist of fairly soft rock. No matter what the original rock was, they get down to aluminum oxides, ferric oxides, and as they erode, an iron crust forms a hard red laterite cap. This capping is usually only about six inches thick. It covers the top of the scarp across the desert uplands and buttes. The rest of the scarp is of fairly soft material. Most desert rocks carve easily. In Anatolia, Turkey, southern Iran and Egypt, people have carved their way into the desert rock. This is fairly soft rock that will harden on exposure to air. It is possible with quite primitive tools to hew out a reasonable lot of dwellings in these scarps. The American Indians of the southwest desert areas have long made their homes in these scarps, and in those little niches at the foot of the scarp. Their dwellings may nestle right in under the summer overhang, but the winter sun can get in. Regardless, once you are 16 feet into the rock, your temperature variation is practically nil. So that is where you live.

The dwelling in the desert properly sits under the cliff. In hot deserts, it will always be on the shade side. In cold deserts, situate dwellings where the summer sun will miss the dwellings and winter sun will enter.

It is very dry in under there, even in rain. The only rain that comes over, comes off that runoff at the front of the cliff. You can cut gutters along the top of the cliff to redirect the rain, to stop the rain running off the front of the cliffs.

When it rains in the desert, it usually rains cats and dogs. It rains fishes and toads, too, and the water holes fill up with frogs and fish. Where rain water pours off those escarpments, there may be waterfalls, and the water pours down into a sort of swale that runs behind the scarp and then pours over the wadis, picking up an enormous load of sand, especially in the floors of these wadis. The water then surges out onto the desert floor. Obviously, it very quickly disperses. Yet, when coming down the constricted wadis, it is often three to six feet high.

This water soaks into the wadi soil. For a little while the surrounding vegetation reflects that. These places often support a quite reasonable vegetation, with trees growing in there, desert pines and hardy acacias. These will be quite green and quite large trees.

The most satisfactory place to locate a village is... up on the cliffs within the box canyon.

The most satisfactory place to locate a village is in these box canyons, up in cliffs within the box canyons. The advantage of this location is that a single fence across the entrance to the canyon often will keep out all large feral animals.

In the Australian desert there are camels that came in with a group of people we called Afghans. They actually weren't Afghans; they came from the Pakistani side of the Khyber pass. These people brought camels in to carry packs inland to the miners. Eventually they put a train in, which they named the Afghan. It runs up to Alice Springs. This train put all the Afghans out of business, so they settled down and married aboriginal women. You now find these Arabian aborigines all over the desert. They have all gone wild, too. Likewise, the camels went wild. There are thousands of those camels, and the bad ones are big bulls. They are dangerous animals. There are many dangerous animals in the desert, but the bull camels -- and there are thousands of them out there -- are very short tempered things.

So you put a fence across the entrance to the wadi. The people live inside, within the safety zone. All around the wadi rise these very abrupt cliffs. Canyons are usually rather narrow. Those box canyons may be 300 to 400 yards wide. The pediments come up off the floor and slope up to meet the cliffs. One box canyon will often have little box canyons going off it. At the bottom is a little trickle of water and the pediments meeting almost like a "V". The original drainage would have been coming to the front, where it found weakness lines, cutting back from the front and drawing the drainage into these weakness lines. They are often like that, almost like right angle fractures to each other. The process starts to cut the pediment up and eventually cuts off these residuals. They get detached and start to get lower and lower until they crumble to pieces. Most of the rock loosens up during the freezing and heating that goes on in the desert. Then it rains, and a whole lot of the loose stuff just rushes off out and distributes on the plain. The water in the desert shifts immense tonnages, because it falls as sudden and very heavy showers.

One time 12 hippies persuaded me under duress to go with them out to an area in West Australia. We went out there in a gigantic old van. We were 700 miles away from the last outpost, which wasn't much anyhow. It was a windmill. They reckoned they were going to settle out there. They were getting 700 square miles for $30,000, and they thought it was a good bargain. So here we were, running around in those trackless wastes in this old van. We settled in and probed around trying to find water.

The doves and the seed eating birds of the desert must drink and, if you follow them, you may find water. They were flying out of this particular wadi one day and we went back. Instead of finding water down in the wadi, where we spent a day or two looking, we found it when we got up in the scarp, at the place just before where these streams during the rain will fall over the edge. They swirl. That makes these water holes up on the scarp. That is the rule for this sort of desert. It is characteristic of the American desert as well. The water is up here just before the drop off. Sometimes you find holes full of sand up there that you can dig out, and there will be water in them. Sand will store water about 50% of its bulk. In sand, it is possible to store water without it evaporating. You can make a tank and fill it up with sand, and the water in between the sand grains is quite good. It can't evaporate, and other things can't get to it to drink it, so it is a good safe way to store water. [2]

We found free water on that escarpment. We spent most of the day sitting in this water. After 11 o'clock in the morning, the desert is a very hostile environment for man.

Nevertheless, desert vegetation grows very quickly if it is possible to get water to the plants. The soils are unexploited; they are all fresh mineral, every sort of mineral, tons of it. When you get water, the growth response is very fast. Out there, you would get fruiting grapes from a cutting within 15 months, and large amounts too. The sorts of things to grow out there are citrus and grapes. Apricots are typical desert plants; so are pistachios and almonds. Most of the normal vegetable crops can grow in the desert, particularly the melon crops. All deserts have natural melons. The Australian desert has one called the paddy melon. Within two miles of settlements, where people have been growing watermelons and cantaloupes, you find things that are half paddy melon and half cantaloupe. They get to be all sorts of sizes and shapes, but whatever they look like, they taste like paddy melons -- bitter!

So, given water, the growth potential is great. When the water comes into the wadis, it soaks away very quickly after its initial rush. For a while, the soils are very saturated, and that water lasts a long time. There may be damp soils there for a couple of years after a rain. That is the place to grow dates. In such soaked desert sands, vegetation reaches its maximum.

In the American southwest, pinion pines provide a staple food for the Indians. In a good year, a family of Indians can gather 60 bushels of pine nuts a day.

There are only certain situations in which the water is sufficient, the catchment large enough to be sufficiently reliable to support a small group of people and a modest agriculture. The limiting factor in the desert is not food. By no means is it food; it is water. You can't increase water where people don't believe in making drastic changes to the environment.

However, it is very simple to cut drain systems here on these high mesas and get the water at head, above the wadi floor. Or water very easily siphons over the edge of the wadi. Or one can just drill down to the water and turn a tap on. Even with a limited amount of escarpment above the house height, clean water can be collected for showers.

I think the only way you could collect enough water to maintain an extensive agriculture would be by a set of silt traps, and a fairly formal dam that would make possible a small permanent lagoon. I have seen a couple of places that have developed permanent lagoons, naturally, in very large wadis. They have been quite permanent, because the trees look as though they have been there for a long time. So it is necessary to take advantage of all the natural features of the desert.

You get your client up off the wadi floor, but down off the escarpment. The escarpment is just not agriculture country; it is hard iron rock. Any gardening that can take place must take place here at a lower level, and it has to be walled against flood. The small gardens must be walled. The trees are all right. Trees don't mind flood. A limited tree agriculture, with a great number of species, is possible here.

All desert peoples dry their food. On the opposite scarp, catching the hot sun, drying rooms can be cut, and things desiccate very quickly. Dates, dried apricots, and other long storage items like desert nuts are mainstays of desert people.

There are some very simple ecologies in deserts. In the North African desert the whole ecology is basically the date, the melon, the goat, and coffee, with the goat eating the melon, the date and the desert scrub. That is a total life system. It is a sort of six species ecology, and it will run for thousands of years. Everything you need is there. You have to ferment a few things, make a goat cheese.

Also plentiful in the desert is a whole group of seed eating birds, mainly pigeons and doves, but also an interesting set of quail. The desert will go to rest for years as seed and capsules. There is a huge production of seed.

There is one other storage form in deserts, and that is enormous tubers. The desert produces huge tubers, often from legumes. There is an enormous storage organ on a legume called yala -- I don't know if it even has a botanical name -- and it weighs 300 to 400 pounds. It lives in the dunes. Maybe for seven years nothing happens. Then it rains, and the yala pushes up and spreads out perhaps 200 yards of desert, a great green plant. It is a green legume with a pea flower. It has abundant seed. It dies back, pulls in and disappears about six feet under the sand. The aborigines find them by psychic divination. I think it has to be psychic divination. Anyhow, if I can get them to look for a yala for me, they will look around a dune and sing and edge about, edge about, edge about. Then they will dig a hole and hit it. Whether it is memory as to where the vine was, or whether there is some trace of it in the surface patterns of the dune, I can't find out, because I can't talk to them except in broken English. They eat these tubers, but they don't eat them very often. There are not many of them, and they tend to leave them for hard times. In the meantime, they eat many other things, including insects. There is a lot of food in the desert. You never run short of food. The essential scarce ingredient is water.

If we bore in the desert, we find good water when we bore close to the pediment. There is still activity through it, though perhaps very slow, and not much salinity. The further out in the plain we bore, salinity increases. Typically, you may go from about 200 or 300 parts per million of salt, which is quite low and non-detectable, to 1,100 parts per million, even only a mile off the scarp. You can't use that water. So with modern gear, we can put in windmills somewhere close to the scarp, so that the threat of absolute lack of water is fairly easily removed from those local areas. However, you would not bother much with windmills unless the natural water systems were exhausted. It is not a thing we could use continuously. We should not use it for making lawns or flushing toilets.

You must do a lot of water conservation. You can make brushwood fences, slightly reinforced, and plant low diversion banks across the wadi and out on to the desert so that you get absorption pans set up.

In Permaculture Two we have shown a different form of desert, with siphons going from one of these absorption pans to another. In rain, when one area fills, it will siphon to the next, and in this way, when we have fully charged the soils within one impoundment, any surplus water will siphon to the next, and charge it until that place is finished. In light rains, we might only get three of those impoundments fully soaked. When I went out there on a particular trip, we had 27 inches of rain, of which we got four inches in one day. That desert has a 10 inch average rainfall. So there is no meaning to desert rainfall. It hadn't rained for three years before that, and then 27 inches. That is how you get an average of 10 inches.

You can take those systems out as far as you like, so that some of them are infrequently irrigated. You would then put your hardiest plants at the furthest distance, and your softest, most water-demanding plants toward the water source. The great secret of growing plants in the desert is some form of drip irrigation, which can be very primitive, or very sophisticated. The primitive form is something like an ostrich egg with a single hole bored in it very near the plant. Water leaks from the bottom in little drips. It can also be as primitive as an old one-gallon wine flagon, of which many litter the desert around the camps. This is filled and inverted. The water drips through a small hole in the cap. It can be as sophisticated as a modern Israeli drip irrigation line.

If you listen carefully to St. Barbe Baker, you will hear him say that even three or four stones around a tree in the desert make a difference between survival and non-survival. Nobody quite knows why stone-mulch works. There are two schools of thought. I agree with both. If you put a pile of stones in the desert, it is often moist below them. The aborigines use stones in pits to collect moisture. They have little clay basins under them. Aborigines don't often reveal their desert sources, particularly of emergency water. You have to know exactly where they are, and push a straw down them and suck the water. Never is this water stored as visible water. Down in these pits below the rocks, it is usually moist. Two reasons have been given. One is that the rocks gain heat rapidly by day, becoming relatively hotter than the soil. They draw up water from the surrounding soil, creating a more rapid evaporation of the soil at that place. By night, they chill more rapidly than the surrounding sand. They are measurably cooler. Sometimes in the desert nights there is a positive humidity, and any moisture at all condenses within these rocks and drips into the sand. So probably both factors are operating. It is possible to plant a fig or some other tree and rock mulch it, and the tree seems to do very well. The desert figs, in their natural habitat, are always in these loose rock or boulder piles. Citrus also does very well in rock piles. So stone mulch is a valuable strategy.

Mulch of any sort is very plentiful in the desert. The aborigines thatch the water holes with quite a thick spinifex cover, just free of the water surface, just above it. They also thatch their desert day shelters thickly with spinifex. There is an enormous amount of mulch in all deserts except the dune deserts, which are rare anyway. Most deserts have a lot of vegetation. Mostly, it breaks up and blows around. You can trap it easily on fences. Many desert plants distribute themselves by releasing whole seed heads that ball across the desert. These settle against fences. You can easily accumulate very large quantities of mulch this way. All desert plants, notably the casuarinas and many of the pines, also deposit very large quantities of mulch. There is no getting out of mulching in the deserts. If you don't mulch, the pH of the soil on which you drip or put minute quantities of water rapidly rises and becomes toxic to plants. If you are dripping into mulch, there is a buffering from humic acids that indefinitely prevents that fast pH rise.[3]

You have to have a relatively large area of desert -- maybe three acres -- to furnish a sufficient quantity of mulch for a tenth of an acre, or a quarter of an acre. One of the tactics employed in deserts is to plant high mulch production species as barrier plants in windbreaks on banks. It is necessary to plant these banks to hold them all. One of the best plants for that is the tamarisk. This produces a very large amount of mulch. Other mulch producing plants are casuarinas and, of course, the desert pines. You can set tamarisk in the desert as live sticks, after three days soaking in water. Just push the sticks in and away they grow. Many of the casuarinas propagate in this way. They have very deep rooting systems. A whole group of useful plants is the mesquites. Roots may penetrate to over a hundred feet, which, near wadis, is really below the permanent water table. So many of the really deep rooted desert plants have no lack of water, and could probably transpire quite freely. The mesquites give a very heavy pod production.

A neglected group of plants that the western world hasn't looked at is the cacti. Some of the cacti have long been in cultivation, and produce very high quality agricultural products. Some of them have probably been continuously selected for at least four or five thousand years. This is true of the fruiting cacti. There is another group of cacti that produce abundant small fruits, very like strawberries. There is a cactus that produces little edible buttons. There are the prickly pears, which belong to the opuntia group. They came by way of the Spanish into Southern Europe, and are now common elements in Italian and Greek gardens, often used as hedgerows. They are variable in quality, but if you poke around in traditional Italian settlements, as we have in Adelaide, Australia, and Melbourne suburbs, you will find a whole range of seed-growing opuntia that produces a large fig-like fruit in the hundreds. The plates of the opuntia are perfectly good vegetables, rapidly propagated. They also make quite good barrier plants. This is one of the barrier plants you recommend for deserts. Both the opuntia and the mesquite will stop large, hoofed animals.

We have actually used the desert burrs, which are manifold. Every time you come out of the desert, you have to throw your thongs away. They are interpenetrated by sharp spines that eventually work through. You can use those burrs to carpet around isolated plantings, to prevent things like jackrabbits from approaching trees. You can plant desert defenses in what I call guerrilla planting strategies, a rock crevice defended by burrs and other spiny plants.

We have a series of adapted plants and animals and people who get along well in these conditions. All the desert peoples have developed quite specific vegetables. There is no lack of plant life and animal life for a restricted settlement. But there is an absolute lack of water, and you must look forward to three year storages.

Like other environments, it is very easy to rapidly increase the animal resources in the desert. For every one of these caves that we artificially construct, we will get an occupant. Homing pigeons and even domesticated pigeons are originally desert rock pigeons. You will see them at home in dry India and in dry Iran, living in those little holes in the rocks. You will see them on sea coasts and wherever there are any eroded rock holes. All you have to do is chisel more rock holes to get more pigeons, because there is just any amount of seeds in the desert, and there is enough water for animals with such light demand. So pigeons are number one desert domestic livestock.

Some of you may have seen pictures of the pigeon habitats built in Egypt. They are grandiose things, like little castles, all penetrated with thousands of holes, and enormous quantities of pigeons live in these pigeon castles. Pigeon manure is the best desert fertilizer. It is the highest market value manure we know. The Egyptians make the nesting hole big enough to lay two eggs, but to hold one young, so as they grow, one is pushed out and falls. Anyone can go and pick up all the fallen one. The other one grows. So the nests also are self-cleaning systems. All the wastes and the spare pigeons drop outside. There are also the eggs that may be harvested. One great advantage of growing pigeons in the desert is that, because of their nesting habits, they are almost predator-free, except for some hawks, and hawks are not very plentiful. So pigeons are a good and useful resource.

Another food source of the desert is the reptiles. They are to the desert what fish are to the coastal dwellers. Many names in the desert reflect this. We have things called sand mullets; but they are reptiles. Reptiles are large and plentiful because the second thing that is enormously common and widespread in deserts is insects, some of them nocturnal, but many are diurnal. So you have a lot of insectivorous animals. Again, the number of reptiles per unit area is determined by the scant shade provided by chance perched rocks or crevices. It is not determined by available food. So just by providing rock shelter, you can step up the number of reptiles. In some deserts the shade is so restricted, and crevices are so restricted, that thousands of reptiles may gather to over-winter in single rock piles. For instance, the rock piles are notorious places for rattlers to hibernate, maybe hundreds of them, into single crevice situations.

In Australia, we have very large lizards. They will sit and look at you for a long time, and if you make a move, they take off and hit 40 miles an hour on their hind legs. The road runner has nothing on them. They just blur. You can't believe it. All you see is just a little trail of sand sinking back into the desert.

The problems of the desert are obvious. One of those problems is the transportation of cargo. Camels are obvious pack animals, but nobody with any knowledge of camels wants anything much to do with them. They dribble on you, and nibble at you, run away, kick you, kneel on you, grab you by your appurtenances and shake you about. Bull camels are very savage animals, seldom very tame; and although the females are quite good, the bulls can get interested in them, and just when you are off on the female camel, the bull charges in and you get mixed up in the whole business. No place to be, I can tell you.

So one way out of that, I think, is to sail the deserts. I proposed to my hippie friends that we build an enormous trampoline with wheels, very large wheels, and hoist ourselves and roll softly across the desert under sail. Most deserts have steady winds, low, but steady. We worked out the actual proposal, but never found the $30,000, or we might have been off and gone. Bad luck. Not a good design. We worked out a route that we could sail cross-wind, and I was looking forward to rolling down the desert under a great desert moon with a gang of hippies and aborigines and drinking cactus juice. But it never happened. It might happen yet. We could reactivate the idea when we grow rich.

I don't know of a desert that doesn't have a termite problem. The termite is to the desert what the worm is to the humid lands. The termite is your primary decomposer. Termites can be a major problem in the deserts. There are very few major problems. Lack of water and termites would be your two foremost problems. Termites must exist in covert ways. Chickens may be a useful factor in allowing us to grow some things because they scratch around, uncover and eagerly seek out termites. The termites are usually in little mud tunnels that the chickens very easily kick to pieces. We also think that this flooding system, no matter how infrequent, will do a lot to destroy termites in the cultivated area. We have observed that they are not very plentiful where we have had a couple of inundations. We think this may have collapsed their little mud tunnels and drowned a few of them. However, they do reinfest, because they are flying adults. There are certain trees we can't grow because they destroy them. This is rather sad, in that some of the suitable trees such as carob are choice termite food. They love carob. They attack the living tree. So termite resistance in the desert is a primary factor to work for.

If you look at dry gardens, the marigold is a prime feature of those gardens. In even semi-arid situations, throughout Southwest Asia and in the Indian Deccan, you will see marigolds in the native gardens where they serve as a protection against eelworms (nematodes).

These things of very ancient usage sometimes become customs, incorporated into the religions of people. The cow in India is treated as a holy animal, for only the cow can convert the monsoon grasses into cooking fuels. The people of India simply cannot afford to eat the cow. Nearly 90% of the domestic fuel in rural India is dried cow manure. Throughout the whole nation, perhaps as much as 70% of the total cooking fuel is cow dung. So the cow has to be kept alive until it drops. In India, you have to be kind to the cow.

We might depend on the termites for a general turnover in the system from which we are drawing mulch and seed, but we must keep them out of our garden, and out of our orange trees. So we could run chickens around the marigolds. All these strategies are very simple. We mulch, and we rock mulch, and we are very conservative about water, and we don't stretch our system beyond the capacity of our water supply to carry through a three year drought.

Around our little tight life-capsule, our wadi, we also have a more widely distributed, easily available set of food, like the sand pines and the dates. Sometimes dates will grow for two or three miles out.

In very dry areas, we must give a lot of attention to the high shade. We can construct high trellises with termite proof wood like black locust or honey locust. We can trellis all our grapes, melons, and vine crops, using a lot of mulch at the base. Under the trellis we can grow our normal vegetables, because they won't stand the summer heat, and they get plenty of light through the trellis.

In the ground, we can put a moisture barrier, vertical plastic sheets dug into trenches that are refilled. It would be best if these penetrate at least three feet or even more. It could also be a clay tamped barrier, if you could have no plastic. Then the drip irrigation that we use has no lateral transfer out of that small system. That is critical. Put this barrier right around the garden. Then the water we put on here stays within the garden and travels up and down.

The barrier around, mulch within, and a trellis over it -- that is the desert garden.

The aborigines make little shelters that are heavily thatched, shade shelters that they can sit beneath. When they renew their thatch, the old thatch serves as mulch -- a sort of thatch to mulch, thatch to mulch situation. They also sweep the desert, using brooms, and run up little lines of these sweepings in the form of mounds. Around all aboriginal camps there is a little mounded mulch line. Discarded seeds lie under that mulch. So when it rains, food comes up in the mulch lines. They also sweep under their favorite trees, bringing mulch to the drip lines. They thatch and mulch over water; and they mulch over damp sand to retain moisture within it.

There are only two sorts of deserts in which people live. Only in rains do people cross the great expanses of flat deserts to oases. The oases are mainly wind deflected hollows. People don't live out there much. They live in these niches in the desert, as does almost everything else. These niches may go for seven or eight hundred miles across the desert. There is no lack of them.

The second form of desert is the desert with residuals. Great rocks stick out of the desert, great domes, very hard, and in this case not all soft, usually granite, almost nonerodible. Also, slabs come out and plunge under. There are many of these deserts throughout the world.

The desert with perhaps an average 10 inch irregular rainfall, if you have 400 acres of granite slab, the 40 acres directly surrounding it gets the equivalent of one hundred inches of rain, because none of that rain can soak onto the granite; it just runs straight off, and for hours after a rain it will just go on pouring off these slabs. Often there are depressions in these slabs in which to create little rock dams which can be very clean water dams.

At the edges of the mountain sections of these deserts, the hard rock mountains, there are innumerable opportunities to erect small dams. Desert dams are built of rock and cement. We don't build with earth wall in the desert. You can also blast out rock holes. These little rock wall dams get you right out of trouble. It is not difficult to store 100,000 gallons in these rock dams. You can build little rock diversion drains out of just a few inches of molded concrete, or little low stonewalls, and bring two or three of those cross channels into one.

You want a run-off area twenty times the area cultivated. So if you want to live on an acre, you will need a 20-acre run-off. It is possible also to create that run-off by sealing surface, to bituminize, or concrete a surface area, for run-off.

The desert is a pleasant but tight environment. The basic requirements are really very simple; the results very rewarding; the growth and production of plants are excellent.

As a designer, you are involved in strategy planning. You are going to sit at home for maybe eight weeks and work out a single truckload of provisions for three hippies, to last them about 18 months. These hippies will be moving out into the desert with a radio. They are a small pioneer group of hippies. They will be eating their dates and getting their plants in, and long before 15 months, they will have a solid vegetable garden base. Then they will be ready for more permanent people to move in to manage the heavier work systems. You, as a designer, impart the strategy and management, which is as important as the end result.

Increasingly, these days you will find yourself designing for a client group. Most people don't want that very solitary existence out on the land, just two of you sitting there, maybe scrapping and tearing each other to pieces. Many people enjoy a social relationship to others. So when a person gets a 200 acre section of land, he is looking for ways to share that land. That is what we often get involved in, designing where others would go, what functions they would take up, and how they would relate as a group. There are many non-sensical strategies like, "Let's all come together and live in this house and share everything." A recipe for disaster for most of us.

Observation is essential to good designing. Look around in the desert for trees that have a lot of drop[4]. Then move this kind of tree in as your windbreak and mulch provider. Look at how water itself is stored in nature. If you find a two mile lagoon, ask what made that lagoon. If you look hard, you might find that it was a single rock intruding into a sandy river bed. The river has to whistle around it and carry a heavier load. It is possible to copy that very simple strategy for scour-hole production, just by building those dikes to make water self-deflect. It is also possible to make winds deflate a hollow.

When you have a full water table, that is permanent water. On the edges of arid lands, some of these simple strategies encourage natural forces to do the digging. The Papago Indians, instead of using walls across the wadis, have used guard walls and brushwood to hold the flood waters on the flood plain until it soaks in, instead of just coming across the plain and then running away. The Egyptians also did this, allowing flood waters to lay silt across their fields. It was a disaster for Egypt that the Aswan high dam was built. It is a temporary event. It will fill up and turn into marsh and the water will come over the top again. But while it is there, it is a nuisance. Dams in deserts that are not at headwaters will fill up. The normal valley dams simply fill with silt because there is no vegetation to hold the country. The very definition of arid lands is that there is bare soil between plants. So you can use deflection walls, light dams to make scour holes. Observe what happens in nature and then imitate it, adapt strategies that have already evolved accidentally.

With your windmill, you return water to the system. Desert winds are seldom storms; they are always soft winds because of the immense buffering of the continent, and always fairly constant winds. A 20 to 25 foot-diameter windmill will return 25,000 gallons of water a day. That supplies a settlement of about five hundred people.

On escarpments and on any residual hills you have a very abrupt frost cut-off line, and it does not fluctuate more than six feet. It will frost up to that line, and above it, it won't. So put a little tank up there and do drip irrigation around the area below. Within a vertical distance of 20 feet you can go from water lilies to walnuts. Shade can adjust the intensity of the frosts. You can run all sorts of little mini-systems from hard frosting, which some plants require, to no-frost tropical environments, right on the same hillside. On some of the hills around central Australia where we deliberately did this, we had our perennial tomatoes up above the frost line, and the normal annuals, the peppers and melons down below.

The broadscale strategies of desert planting interest us, because one of our big jobs in the world is to start to replant the deserts. The largest area of global degradation that occurs each year is the increase in deserts. Therefore, it would seem to me that the biggest job we have as a group of environmental designers, is to start to decrease that effect[5]. Even small belts of trees have an amazing down-wind effect in the desert, and you don't have to be grandiose. Five hundred yards or a thousand yards of tree belt, if we can get it established, will moisturize the air down-wind for quite a distance. I think this is partly due to down-wind transpiring, and partly because we are getting a better return to atmosphere of some of the ground water. Certainly the effects become manifest soon after you start a system going.

Obviously, we should start from up-wind. We look at the constancy of the wind, and we start from the up-wind sector, carrying moisture before us into the desert. That is what is happening in Morocco and other areas. That is the strategy.

Another strategy is to seize these headwaters and stop much of the water from running off and disappearing into evaporation pans, alkali flats. Alkali is the Arabic term for sodium, potassium, potash. We start at the top of the headwaters with our system, up in the hills. You might follow the desert streams back and find yourself in an exotic, semi-humid environment. That is where you start, and you start reafforesting down from there. That rapidly chases the water out into the desert, clean water, flowing water. It can happen quite rapidly. Reafforest the watershed and follow the water that is generated out into the desert.

A third and obvious ploy is to use your oasis and these scattered and multitudinous settlements along escarpments as nucleated areas from which we start zoning out. Here, the main problem is the control of feral and hoofed animals. Settle a few hippies around the water holes. Keep hoofed animals away from the general plantings. The excessive number of goats, camels, donkeys, pigs, and cattle contributes to the spread of deserts. Twenty thousand horses is an enormous load for the landscape to carry.

Just the factor of having built a camp will often create an almost closed forest around the camp. We see these settlements with camp dogs that chase away wild animals, and around them there is a green patch.

So there are your three attack systems that you can use as broad strategies.

There is one other strategy. Papanek made a thing that was an imitation of a desert plant in plastic. He invented a plastic spiral with an encapsulated seed, along with some nutrient. This is designed to be dropped from airplanes. It imitates the desert seed as it hits the sand. As the wind blows, it bores in. Papanek has made thousands of these, which he proposes to fly over the desert with planes and bore all these seeds into the sand so the animals don't get them. Then when it rains, they germinate. Most desert seeds have a little thing like a bit of blotting paper on them that shrivels down. When you put water on it, it fills up. This is a little seed reservoir for water; and it is enough for the radical of the seed to start on down. While that is a great idea, its success would depend on there being a way to control browsers that would come in to destroy that new growth.

So you use a dog-hippie approach, a broadscale approach, an up-wind approach, and a headwater approach. All of these are quite valid approaches. All can generate water and vegetation locally, which also seems to generate water downhill. There is plenty of room out there in the desert, for all of us.

As the desert encroaches, the farmer starts to fail. You can see this right before your eyes, right across the whole area from Yugoslavia right through to Thailand and southward through Africa. The agriculturist is fighting a battle he can't win. As the water starts to dry up, and the animals encroach on the gardens, the poorer people who cannot fence start to lose ground to the animals. It is then that the herdsmen increase. As the herdsmen increase, so does the number of animals. When the herding economy becomes the main economy, that is just before the flash-out. After that, there is nothing but long migration and extinction and thin animals, and dying herdsmen staring towards the sunset. This is happening in front of your eyes in Africa. Herds are not appropriate in semiarid regions. Hoofed animals in particular are totally inappropriate.

Let us look at another feature of the desert, dunes and dune country. Dunes have water tables in them. Dune bases and dune heights are good places to start vegetation. The problem is that dunes move. By patterning your vegetation, you can increase or decrease your sand movement. The Chinese approach is typically Chinese. They bring rice mats into the desert. Back in the rice fields there are thousands of people weaving mats. They roll them up in enormous rolls and load them onto the railway carriages, and the carriages move them into the desert. There they cover the desert with rice mats. Through these mats they plant large trees, tamarisks and some of the Australian acacias. They have these trees growing in baskets full of humus -- big four man baskets. They cut holes in the mats and drop these enormous baskets in -- instant forest in the desert. These are desert trees and all they want is this racing start. Then they begin to generate water. It looks good. They probably have all these trees on standby, and then when there is a heavy rain, then they take them out, stick them in, and the trees follow the water table down.

Fences and basketry barriers are essential to stop the drifting of sand, particularly at the oasis. They need not be big fences. The essential thing is that the enclosures be small. Keep the enclosures down to about 100 feet square. You can't have very large enclosed areas or the sand will start moving. Keep the kids home from school and get them sticking little stick fences on 50 foot squares, then you rapidly can stabilize sand across hundreds of yards around a settlement, and start to work into forest, which will be totally stable. These little stick fences should be about 60% penetrable. They can be made out of thorn branches just stuck in little squares. They will stop sand advance. You shouldn't make very tight fences. They should have 40% or more gap.

Deserts may be peculiarly suited to aquaculture. A settlement in a desert is basically an island. The Australian continent is basically an atoll. People live on its perimeter. Its central lagoon is desert, and the oases within the lagoon are islands. So it is possible to do rather bold things in the desert, to experiment with plants and animal species in an aquaculture in ways that you probably wouldn't dare to try within general river systems. In these isolated desert situations there is no way they are going to get out of there. If you have a five mile lagoon within a landscape of desert, it is probably one of the richest potential aquaculture areas, given a sufficient volume of water.

There is a thorny mesquite that the Western Australians have proclaimed a noxious plant. The reason for this is that it is successful in the desert. It has started to carpet parts of Western Australia. Now we wouldn't look on it as noxious. It has been declared noxious because out there the cattle holdings are so large that nobody ever has really domesticated stock. There are no fences. You might say to a grazier, "How many cattle have you got?"

"Well, I dunno. Had a couple of fairly good years, could be 27,000 in there."

They try to round them up with helicopters. But the cattle have got used to the helicopters, and they stand under trees. So they try to get them with hard-biting dogs. The cattle have gotten used to the dogs and horses. They are hard to move. When they get into this thorny mesquite, there is no way you are going to muster them at all. You can't get horses in there, and the dogs won't bring them out, and the helicopters won't bring them out. So the reason that this desert growth is noxious is that you can't get the cattle out of it. All this is ridiculous. It has a good foliage drop and a stabilizing influence on the desert. As long as your attention is on cattle, it is noxious. But it is really good for the landscape, while cattle are not good for the landscape. Anyhow, the graziers are dying out, because they can't afford the petrol to keep helicopters running.

We can introduce things into the desert that are rampant. Initially, what we want in the desert is a state of rampancy, and what we should go for is rampancy of plant materials in the desert -- rampant, fast-breeding things. We had a prickly pear invasion in North Queensland in the dry-summer area, and the whole understory turned to prickly pear. The cattle were shut out by the prickly pear, so a second good forest started up in the prickly pears. But they got rid of the prickly pear so that the cattle could get back in. People just don't think out the very long range effects of rampancy. The long term effects of plant rampancy have been beneficial[6].

Well, we could experiment with many aquacultures in there. The desert is poor in aquatic species. All desert aquatic species are highly adapted. The frogs and the fish aestivate. They fill themselves up with water, dive into the mud, make a little mud bowl and live in it. You can dig them up and carry them around. There are many of these little bowls. The aboriginals stick a sharp-pointed straw in and suck the water from them. You can cut a little red brick out of an old water pan, take it home with you in a plastic bag and put it an aquarium and everything breaks out. Great lakes fill up, temporarily. It may be a five year lake. The lake fills up with fish, too. In the water holes there will be gigantic tadpoles, because when they turn into frogs, they have to be pretty big frogs. A little frog would dry up. At these water holes there are all sorts of birds. Sea birds will be arriving and sort of looking at you and waiting before they start walking down to the water and drinking.

So you can move in lagoon rushes; you can move in water lilies; you can move in root crop in marshes; you can move in fish; you can move in mussels; you can move in crayfish; and you can try all sorts of experiments and mixtures and get away with it in there. So when we come to our section on aquaculture, all things we will be saying there will really apply to permanent desert holes.

COMMENTS:

[1] Arid Landscapes

T.F.: What is missing from this lesson is a definition of "arid landscapes". While, technically speaking, some cold regions would qualify as "arid", this section only deals with hot deserts. Basically, the most important criterion for aridity is whether evaporation exceeds precipitation or not. Simply put, if you place an old oil barrel outside, and put some water in it, will it over time fill with water and overflow, or will it dry out? In the former case, we are dealing with a humid landscape, in the latter case, we are dealing with an arid one.

There is a lot of specialized information about arid landscapes in Bill Mollison's book "Permaculture Two", much more detailed than this very short lesson. Anyone who wants to do design for arid landscapes perhaps should have a look into that book. Also, there seem to be a number of important aspects to arid conditions that are discussed neither here nor in Permaculture Two. Therefore, as should always be the case, it may be most appropriate to talk to an expert about such systems.

Some sections of "Permaculture Two" are a bit difficult to understand upon a first reading. It really pays having read Fukuoka's "Introduction to Natural Farming" and then "The One Straw Revolution" first, as well as relevant sections from "Permaculture One" and the "Permaculture Designer's Manual". Also, the episode on arid regions of the "Global Gardener" video is quite illuminating to see what Bill actually is talking about.

[2] Water in the Desert

T.F.: The points to remember here are that (i) water management determines much of the design in deserts, (ii) water actually is available, but its distribution over time is highly irregular - so, we have to catch rainwater when it falls, to store it underground, often in the soil, to limit evaporation. Under normal conditions, only a negligible fraction of all the water falling would be available for biological purposes, the rest running off in rivers. So, here we have a situation where man, through observation and analysis, can greatly assist nature in revegetating barren landscapes.

[3] pH rise

T.F.: One of the main problems in arid regions -- well known in general and very well explained by Bill Mollison in some of his other publications -- is salt, alkali, and sodium. When water evaporates from the surface, it will deposit tiny amounts of dissolved material. Capillary action is responsible for salt crystals literally growing on top of bare soil in an arid environment. If the only cations in water were calcium, we would get a crust of calcium hydroxide/oxide and the pH would rise, but only up to about 8.4 or so, since this is the point of chemical equilibrium for calcium hydroxide to absorb carbon dioxide from the atmosphere and form calcium carbonate. The presence of alkali ions, in particular sodium, makes things much more complicated. On the one hand, carbonate formation only sets in at much higher pH, so indeed, pH levels can rise to 11, and on the other hand, at the microscopic level, sodium ions destroy the structure of clayey soil in a process known as deflocculation. Basically, what happens is that clay consists of microscopic stacks of flat plates negatively charged at the surface which are bound together by calcium (and magnesium) ions between these plates. Carrying two positive charges and having small radius, these ions have a rather high charge density. When sodium starts to replace calcium, its much smaller charge density does not suffice to bind these stacks of plates together and the microscopic structure of clay dissolves. In a desert, the end result is a highly basic, sodium toxic, hard, flat, even concrete-like ground.

[4] Observation of Nature

T.F.: As always, observing what already is there in order to get a clue about how the system works is one of the most important early steps. Study nature, not books.

[5] Replanting the Desert

T.F.: The emphasis Permaculture puts on repairing earlier damage to ecosystems cannot be overstated. At the same time, we have to stabilize our own habitat.

[6] Invasive Species

T.F.: Bill Mollison has occasionally been criticized for his views on using potentially invasive species, which may cause quite a lot of damage to ecosystems. There certainly are numerous and prominent examples -- like the introduction of Nile perch to Lake Victoria -- where the introduction of a new species has had a disruptive effect. What can be said about this issue is that (a) it is quite a bit more involved than what an overly naive "native - good / exotic - bad" perspective would suggest, (b) it is such an emotionally heated issue that the much required in-depth analysis often runs into obstacles. Unfortunately, Mollison does not explain the rationale behind his position in much detail in the Permaculture Designer's Manual. Some explanation of his point of view on "exotics" can be found in the last chapter of his autobiography ("Travels in Dreams"), titled "Philosophies for all occasions". Essentially, his main point is that, if one takes a very long term perspective on the modifications we humans have made to ecosystems (tens or even hundreds of thousands of years), then such ideas as eliminating our predators as well as regularly burning vegetation have had the long term effects of impoverishing ecosystems to the degree where nutrient cycling no longer functions as it once did -- i.e. in the long run, terrestrial ecosystems now lose nutrients from leaching much faster than before we interfered. What can we do to repair this problem? Ultimately, our best strategy may well turn out to be utilizing appropriate species to plug these holes in the mineral nutrient bucket.

PERMACULTURE ON LOW ISLANDS - PAMPHLET IV

A special arid condition exists on low islands. This is because islands, small islands in particular, even the islands in Boston Harbor, have very little water catchment and finite water storage. Of course, all water storage is finite, but some storages are more limited than others.

There are two classes of islands. These are low islands and high islands. Their origins are totally different. The low islands are residual islands. The high islands are volcanic islands or they are granitic islands, either resulting from recent volcanic activity or from folding of the ocean bed, bringing up granites.

All islands are in process of development and change. Often volcanoes come up, making new islands, islands marching off down the slopes and back into the sea again. Islands are appearing and disappearing in those volcanic areas. Many people have actually seen islands appear and disappear. It has happened in recent times. Islands are temporary events, and for a variety of reasons. But some islands have more permanence than others.

Inasmuch as islands have a limited catchment, what really happens in the low islands is that the fresh water sits on top of a salt-water base. You can actually measure the available fresh water. The top level of the water is often only three to five feet below the surface, and its bottom level only four or five feet below that. If you know the area of the island, you can work out the actual number of gallons of fresh water coming in, and the storage within the water table. Islands can be tropical paradises if a lot of people don't go piling in on them. If they do, it will soon be necessary to use seawater to drink, or start bringing in water. And the plants will die if the fresh water within the water table is drawn off and the water table is allowed to fill up with salt water.

You must not pollute this water table. Here, the dry toilet becomes a real necessity. You can't run even two or three septic tanks into that water table on a small island.

Conditions of aridity exist mainly on the low islands with a finite water storage. There, one must be very efficient about using water. You must employ a whole set of strategies. I have worked as a designer in these particular conditions. The demand for designers in the atoll marine islands is very, very high. We can't begin to fill that demand.

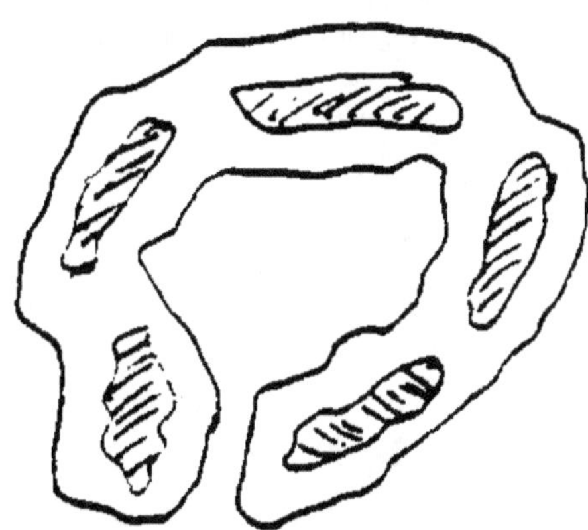

The atoll is basically a series of small islands around a closed lagoon, and the cay, which may be right beside it, is a small island surrounded by ocean.

The atoll is basically a series of small islands around a closed lagoon; and the cay, which may be right beside it, is a small island surrounded by ocean. The atolls are circular islands and a few little sand patches, just starting to be islands.

Atolls are composed of coral and sand, with an accumulation of biomass brought in by sea birds and migratory animals. The sea makes the island, really. These are calcareous islands, mainly calcium, either ground up shell, or coral, or both. Many of these islands are mined for phosphates In fact, all phosphates, no matter in what mineral structure they occur, have this derivation. They are accumulations of the manure of sea birds that have been feeding on sea animals.

The combination of phosphates and calcareous sands results in the formation in the soil of a layer of concrete about 18 inches down.

The combination of those phosphates and the calcareous sands forms the soil, which is free sand, and somewhat of a layer of "concrete" about 18 inches down. This concrete (calcium triphosphate) layer has various names. We will call it platen to differentiate it from another layer we will be discussing later in our study of tropical areas. This layer of platen varies in depth from maybe nine inches to two or three feet thick. It is often quite level on top, but of variable depth below. This has an effect on the water table Rain penetrates very little. The rain tends to follow this platen layer out and run off, and is thereby lost to storage on the island. Thus,only a very shallow-rooted agriculture is possible.

So how did all these low islands get these big trees, like coconut, growing on them? The answer is, almost exclusively, by human intervention. The coconuts have no trouble establishing on the high islands, which often lack platen because they do not have the calcium build-up that the low islands have. But, nearly always, whenever these trees appear on the low islands, they get there by human agency. Both the ancient and the modern Polynesian sagas document this well.

The tree keeps the platen open.

To start getting a foothold on these islands, it is necessary to shovel away the layer of sand and break up the platen below it, getting through to what is a rather brackish groundwater. Then, everything you can get in the way of humus, you put in that hole. When your hole is filling up, you put a tree in, preferably a coconut. The tree keeps the platen open. So, down from the tree trunk and around its circumference, the platen is cracked and permeable to rain. The tree sets up its own little ground water system. Then, to establish more trees, you go about this again and again.

Start the process of vegetation on these islands in this way. A lot of vegetation occurs naturally, such as various grasses, and queer little twisted plants, which can sometimes be peculiar to the island. However, to get a productive forest started, you are in for this platen smashing.

Now we will move to the magical ring garden. You all know that circles, like pyramids, have tremendous life forces and surges of energy[2]. Here is the ideal place to use them. Break up the platen and take it away. Heap up the sand around the edge. Fill up your circle with mulch and plant your vegetable crop in the mulch, putting a single drip system into the center. This makes a very successful island garden -- circle gardening. The fairies can dance around it.

Because drip-water normally will extend laterally about two to two and a half feet, you would probably have a maximum effective diameter of about four to five feet. If we make our hole deep enough -- and it need not be a deep hole -- it is also touching the water table at the base of the humus, and there is a "wick watering" system as well.

It is no good removing all the top sand, smashing up the platen and throwing it away, replacing the platen with mulch, and putting sand back over the mulch. A new layer of platen will reform above the mulch within twelve months. If you want to make a lot of concrete, that would be the way. You could smash it up every 12 months, take it away and make stone walls out of it.

Once you have started these drainage holes through the platen, the water rapidly turns quite fresh. When you first come on a calcareous island that has never been inhabited, then it is your trees and your first few plants that start the fresh water process. It will pay to put a lot of effort into those. Make some quite large holes, bring in canoe loads of mulch. The whole process, once you have started it off, will continue on its own.

We plant the inner edge of our ring garden with cabbages and peas and beans. We might put in a few more arid plants just on the outside or, we would put a circle of reinforcing wire into it, and grow cucumbers and beans up on this.

If we look at the geometry of what we have done, we may find that we have been pretty clever. Within a four foot circle we may have put twelve running feet of row crop within reach of a single drip point. That would be smart work, very efficient use of space.

What we don't want to do on an arid coral atoll is to set up a system of sprinklers. Before the water hit the ground, we would lose much of it to the hot wind. We would also lose water in surface evaporation. In addition, this would accelerate the formation of platen below the surface. So instead of using sprinkler systems, we make what is basically a large wick, composed of fibrous organic material. Then we start a small pipe or tap just going drip, drip, drip into our wick at the top. And we drip, drip at the center. By adjusting the drip rate, we can get this area fairly saturated. That water reaches out to the roots of the plants.

The center of your little ring garden is a very pleasant place to sit, so leave a few empty spots. You can sit surrounded by plants. Nobody can see you, and you are eating well.

Then it is up to you, for I have never really analyzed this -- I don't know whether you would go on making circle patterns, or whether you would make some linear patterns. The main thing, though, is to decrease the area of pathway, and concentrate the number of linear feet you are going to get in around the least number of drip points. It may be a matter of hose efficiency. I don't know; It is a subject that might require spending a couple of hours just working out a pattern.

However you design it, it is a garden that still needs application of mulch, and it needs watering. So, look at the linear efficiencies, and look at the fairies running around the edge of your rings, and the power surges going on around there!

Whether we are looking at an island in the bay out here, or at a calcareous island, we can't use septic tanks. The reason is that we are dealing with a very small water catchment system. We can't pump industrial wastes into an island water table. You have to govern the use of the surface with respect for the storages. On atoll systems, you have to store water as surface water.

It is possible to make small gley ponds, lined with leaves of papaw, grapes, banana -- anything that ferments very fast. Then pump it full of water from the ground well. You can thus double the amount of water that you have in that particular profile.

To keep sandy banks from collapsing, take coconut logs and line the banks with them. Once you have vegetation in this system, you are not so worried about instability of the banks.

A question that intrigued me was, "What would you ever grow in a pond on a coral atoll?" Because here is your fringing reef. You already have crayfish, fish - any amount of good seafood. I think probably the best thing to grow would be some aquatic plant food, something not common to the islands, also some rather exotic fresh water food such as prawns. Raise some ducks to feed the prawns via the algae cycle. If you are going to recommend water holes to seashore people who are already eating a lot of fish food, they probably don't want to grow fish in that area. I think if there are plenty of fish and plenty of shell fish, perhaps I would like some prawns and some of the very many varieties of tropical water crop that are high nutrient.

We can do something else. We can take the water out of our water hole. Go down very close to the water table, and you can grow semi-aquatics here, while growing plants of different root penetration just off the banks. That looks good and works well. Put some tubers up there on the bank, and other plants of different water demand down here.

It is quite possible for a pond to grow its own gley. Then allow it to fill gradually and grade the banks up, so that you turn it from a dry hole to a sealed pond by the, process of a crop, which you grow within the pond and roll down.

Another obvious and very plentiful source of water is any and all small roofs. Some of the water can be stored high up off the ground in above-ground tanks.

If your client insists on having septic tanks, the best thing to do is to put them right at the perimeter of the island. The general flow of water is outward, unless your water usage is exceeding the fresh water fall.

Arrange your settlement on the periphery of the island, and draw water from central areas. Even so, if you use an excessive amount of water, the sea enters the edges, quickly signified by the death of trees from the effects of salt. You will also have a reverse flow of those pollutants. If there are too many people on an island, then the beaches become unusable because of the pollutants dashing up in the sparkling green waters. So for these low islands, you have grow-hole technology: there is a pit, wick-watering gardening technology; there is gley technology for collecting free surface water, and for creating a growing situation. There is a roof catchment, and surface storage in tanks. And with this peripheral housing idea, you will be keeping your waste from the main water lanes. But to build up a large village at the center of your island could be a disastrous technique. You have to think your way through these situations all the time.

On all oceanic islands, whether low islands or high islands, we have two sets of wind, and two periods of calm. We have spring-autumn periods of calm, and we have winter-summer winds. For the most part, these winds are either northeast-southwest, or northwest-southeast. Winds of many land situations don't differ a great deal, but islands are usually of this nature. So you have wind-break problems and erosion problems.

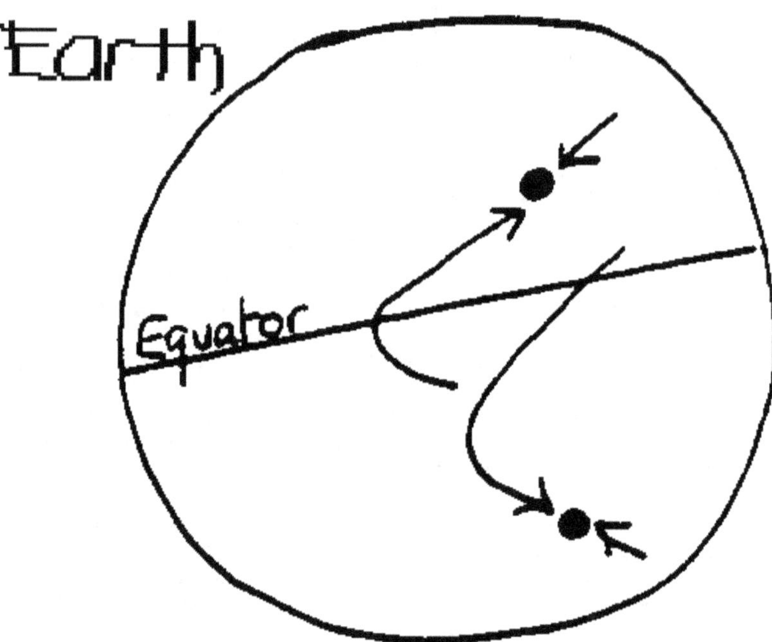

On all oceanic islands we have two sets of winds.

You have to be careful not to lose your island to erosion. It is quite possible to lose islands in this way. From the air, I have observed in these bays out here that waves are in the process of wiping out islands. Waves never cease to attack. Where the winds sweep on shore with waves, the process of erosion proceeds very rapidly. We can lose these islands because we let this wind attack directly.

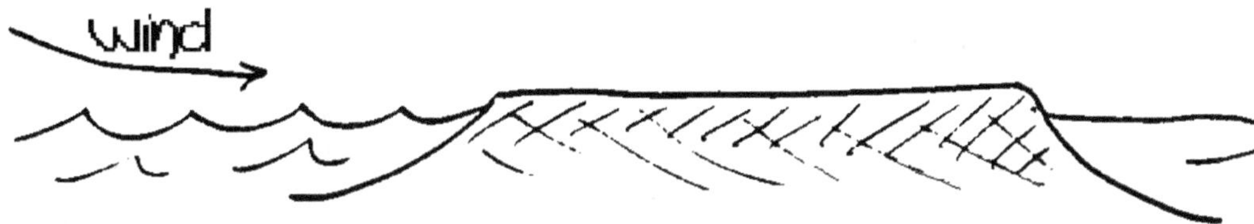

It is quite possible to lose islands to erosion.

This process can be diverted by some change, like a little tree on the shoreline deflecting the winds upward. As the number of trees increases, the wind deflects and the trees begin to win out against the sea. A whole set of plants can become established along the shoreline, actually stopping the force of wave erosion.

The highest that vegetation can build an island is to about six feet -- vegetation alone -- so don't tamper with this shoreline vegetation. Or, if you tamper with it, you better have other defenses ready. You could deliberately tamper with this vegetation, let the sea come inside your island, create a harbor effect, but then you should have very good, previously-built defenses around your harbor area. If you remove a strip of this deflecting vegetation, you have much broader wave running inland and coming with much greater force, because it is in a streamlined wind. Whenever the force of the wind lifts over vegetation, you get a low pressure coming in and the waves break further out and run much less up the beach. Don't muck around on these two very critical shorelines.

Remove the trees to make an airstrip, and you will have the sea come marching in across your airstrip, cutting it to pieces. Disaster. It will be hard to put that island back again. Contain an airstrip within vegetation, preferably at an angle to the winds. It is good to have trees alongside the airstrip and to keep your coastline intact. Then, when you drop below your tree level, you can land. The main thing is to preserve coastline vegetation at the ends of the air strip.

Atolls mainly need windbreaks on the outside areas. Atolls and cays have very different conditions of sea surrounding them. Cays have fairly turbulent seas around them; while the atolls have very quiet and shallow seas within them. Large regions of the internal lagoons are shallow, and are revealed at high tide. These are very rich growing areas; they have some land nutrient input from rainfall. So they are very productive. They have large fish -- sharks, rays, barracuda, schools of fish, mullet. Some atolls are really in a fish farm situation.

Mangroves occur within those atolls, though in some they are absent, because they have been utilized as firewood, or perhaps they just never got established there. But you can bring them in and they will quickly carry out the island into the lagoon. You can accomplish this in two ways. You can either put mangroves along raised barriers, which you make from logs and sand, forming further fish-trap enclosures, which may increase the fish population. There are plants that stand right here on the shoreline on which the waves break. Basically, there are three genera -- Pemphis, Tournefortia, and Scaevola. These are plants that will stand there in the sea, maybe growing about fifteen feet high. Behind them, you put a set of very tall plants. Where climate permits, you would use one of the palms. And it is possible to use the date palm. You don't ordinarily think of the date palm as being an island palm, but rather an oasis palm. But when you re-think the matter, you will see the basic conditions are very similar. We should be trying a lot more things, such as mangroves inland in the deserts. We should try many of our coastal species in the desert, and a lot more of our desert species on the coast.

It was an accidental occurrence that started some date palms growing on the Hawaiian coast. A Catholic priest on the Hawaiian Islands was eating a package of dates sent by a supporter. He discarded the pits, which sprouted and grew and took off along the coast just as well as the coconut palm.

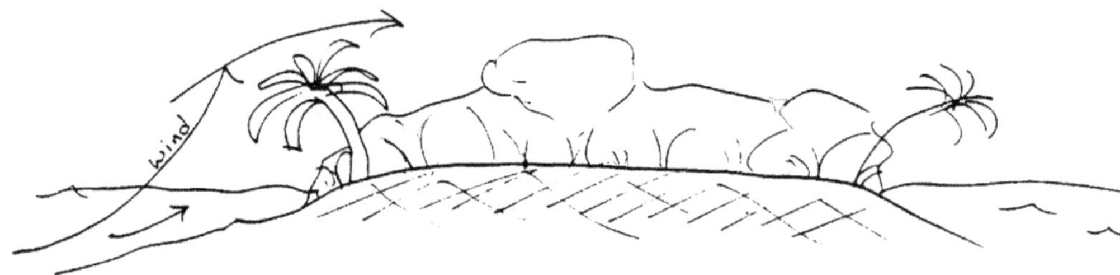

As the number of trees increases, the wind is deflected and the trees begin to win over the sea.

You are not going to get much bearing from the front line trees on an island coast. They are principally useful as a windbreak. The next line will give some yield; and from the third line of trees -- that's within fifty feet -- you will start to get a normal yield. The palms are very good along the coastline.

In cold climates, you may be setting out Coprosma. They will stand right on the coast. Coprosma repens, bayberries, will stand well towards the forefront, but not quite as far forward as these others. The New Zealand mirrorbush is another one. There is the beach plum, Prunus maritima. There are others such as Prunus catalonica, Rosa rugosa. They grow right on the beach. Just make sure, though, that the trees you bring in are growing on oceanic beaches. Many things will grow on the coastline of sheltered water, but will not take that front-line oceanic assault.

Now there is another set of front line plants that are for the main part needle-leaf plants. There is the whole group of Casuarina, tamarix, Monterey pine, and a great plant with wide climatic range, the Norfolk Island pine, and the Monterey cypress.

You are not looking for yield here. You are looking more to the mulch potential of this set of trees, because these trees stand front on the ocean, the first to receive the winds from the sea. They are the front-line species. Of course, you can mix them up. You can put a row of palms and needle leafs and broad leaves. There are a very few thick-leafed plants. The sea grape is one.

There is a very small group of plants that will not take any salt at all on their leaves. Some of these seem to be large nut trees. Chestnut does not like salt at all; and I don't think walnuts are real fond of salt on their leaves. Almonds, peaches, apricots, apples, have to be somewhat sheltered. The pistachio doesn't want salt at all.

Of all the vegetables I know of, none of them suffer badly from salt. Many grow near the sea.

So you put in a coastal defense system and maybe extend your island into your lagoon system. You might as well use these extensions for other reasons. They might incidentally be fish traps, rearing systems. Warn your client of the drastic results of hacking off the foreshore vegetation to get a better view. Re-establishing a coastline is very difficult once erosion has started. Watch your water balances. Recommend minimal use, and see that you get maximum surface storage. Maintain potential surface storage at all times.

Islands can be interesting experimental stations. Some weird animals have developed on island, such as the giant tortoises, the big ones that you can sit on. They are great lawn mowers, and very good at converting table scraps into fertilizer. A herd of giant tortoises is an excellent thing to have lumbering about in the undergrowth, cleaning up the old fallen coconuts. There is a whole series of land crabs that do quite a lot of work on islands as compost shredders and insectivores. They find insect larvae and consume them. They lessen wood beetle infestation. Pigs can be useful on islands, and they are fairly easily controlled. Ducks do well, and chickens.

You have to look at your nitrogen turnover on islands. Put in some nitrogenous species. There are many island legumes. Some of them are vines, ground vines; some are little trees; some are tall trees.

You can eat the leaves, the flowers, and the pods.of the horseradish tree, the Moringa. It is nice to have in the garden -- a vegetable hedge. It is quite a tall little tree. It grows to 20 or 30 feet.

So you look after the nutrients within the garden systems, you look after the windbreaks. You set out central gardening, and, on low islands, peripheral occupational zones to decrease the risk of contamination of the water table.

We would probably have to bring in worms, and bring in a handful of compost to get all our little bacterial and fungal and algae forms onto the island, because we can be starting from a sterile environment. We should bring in a handful of soil with almost every plant we bring in. These plants have soil associates. The nitrogen-fixing bacteria for legumes are not necessarily going to be there. There are also some varieties of trees that won't grow from seed unless started in their own soil.

Finally, a further word on mangroves with respect to their importance for the whole global nutrient cycle... Mangrove is a generic term for estuarial forest plants and the genera are drawn for the main part from sub-tropical and tropical rain plants, such as Sonnerata, Rhizopodia, Aegiceras and Nipa, in the palms. The Nipa palms are mangroves. Avicenna is another mangrove -- one that comes all the way to latitude forty. All of these have twisty stems and leathery leaves, and they stand out in these quiet tidal waters. As a system, they are very productive. I think perhaps the mangroves have the highest biomass turnover of any system. Aegicera is a superb honey plant, responsible for most of the tropical honey of good quality.

They all lay a very thick leaf mulch in the sea amongst their roots, which turns into a nice loose mud which people detest. So they cut down the mangroves, and get washed away when they do it. You can always put little walkways out into the mangroves, two planks wide, you know, if you have to walk through there.

You say that the bald cypress will tolerate tidal water? Well, then, there you have another mangrove. More species come in as you go up river in mixtures of sea and fresh water.

They all lay down this really rich leaf mulch, which goes through several animals like shrimps, little anthropoids, diatoms. That leaf is really used. The whole food chain starts within these seas. It is an area that is responsible for most of the offshore shrimp fisheries. The mangrove jacks and quite specific fish are associated with the mangrove stands. Mangroves are very enriching systems. They should be heavily encouraged and widely distributed. Instead, they are everywhere being degraded and filled in and drained and chopped. Then everyone wonders why fish are getting scarce.

The mangrove palms are useful, too. They have either some useful fruits, some honey yields, or some stem products. Some of the mangroves have very durable woods and timbers. Some have edible, if not particularly delicious, fruits. However, their real value is in the enormous life-turnover in the system. The mangroves are great places for crocodiles. There is nothing quite comparable to moving through the mangroves in a canoe at two miles an hour, with a 40 foot crocodile bellowing behind, who can touch 30 miles an hour if he speeds up. There are alligators in mangroves, and little fish that spit at you and bug their eyes. There are whole hosts of organisms ripping around in there, all of enormous value to the nutrient cycle.

And there we will leave the low islands, the atoll with its quiet lagoon, and the sun sinking slowly in the West.

COMMENTS:

[1] Low Islands
T.F.: One issue this lesson from the 80s does not talk about is climate change induced sea level rise. Considering that e.g. (according to the CIA world factbook) the highest point(!) on the Maldives is only 2.4 meters above sea level, this becomes a very real threat.
[2] Pyramids and stuff
T.F.: This comment evidently sounds quite esoteric. Considering the mention of "fairies" and another reference to "mystic powers" further down, we presumably have to attribute this to Bill's humor.

PERMACULTURE ON HIGH ISLANDS - PAMPHLET V

High islands have a wet slope and a dry slope.

Islands, whether or not they are volcanic, if they are over a thousand feet high, often have clouds. They will have a very humid top on them, and sub-humid slopes. There will be a wet slope and a dry slope, because seasonally you get winds -- summer winds and winter winds.

If the island is more than five degrees off the equator, it will have a dry and a wet side. The wet side will be pretty wet, so that the humid area comes down slope on one side, while the dry side may be quite dry. The water table is high; the catchment potentially good.

Fresh water often travels out beyond the island and bubbles up in the sea. Typically, around the island and off the coasts, there are fresh water springs below sea level. They are quite visible; they look like sort of shimmer in the water as it bubbles out of crevices, and you can drink from these springs. They are known to the peoples who do much diving.

We will take a look now at a high island in Hawaii. This island is half volcano. The other half blew up. Because of the high humidity of the air passing across all islands, there is quite a heavy rainfall over this area where winds rise, peak and fall. As the winds pass across and come down the opposite side of the island, they assist in the drying-out of that side. The winds, lose moisture as they entered the wet side of the island, heat up as they descend, and then have greater evaporative power. They are also working on a lower pressure system.

Back to the wet side, this is a wet area, and will be rain forest. If we do not intervene, the rain forest will slowly extend down, and so will the clouds, to lower and lower levels, in some cases, extend to the water line, even on the dry side. The whole island then becomes totally wet. What really happens is the wetness descends in the trees at ground level.

I have a little book, given to me by someone as I left Hawaii, called "Memories of Molokai", written by one of the descendants of the missionaries. This man grew up there. He says that fields that were dry grasslands when he was a boy are now wet and marshy forested areas. People now alive can remember the descent of the mists as the forest has extended. They remember when the mist was one thousand feet high, higher than it is today. You really observe a positive, fast response when forests take over. The amount of water generated on high islands is relevant to the amount of forest on those islands. Historically, springs have either dried up, or recommenced to flow, depending on whether the forest is extending, or being removed.

You can play around with the water, play around with forests, on these high islands. High islands lend to high-ridge storage of water, following the model we studied in the keyline system. We can direct water from catchment to catchment to catchment.

High islands are also good sources of wind and sun and water power. The ancient Hawaiians applied these principles.

Now we will look at the ancient Hawaiian land division.[2] As we look down on the island, we can see that there are natural volcanic run-off patterns, and river systems. The Hawaiian land subdivision followed the ridges between the valleys. It followed the natural division of the island, which was from the mountain ridge to the surrounding reef, including the section of lagoon between the shoreline and the river, and, in fact, extending over the reef. This was the Ohana division of the islands. It was a good division, arrived at, no doubt, after a whole series of extinctions and reinvasions, over some thousands of years. These very logical districts imparted control of the entire watershed from its origins to its discharge into the sea and beyond.

The Hawaiians independently invented the keyline system. They put a massive stonewall at the keyline and led the water from the upper valleys out to the ridges. They took it back to the valleys and out to the ridges at a lower level, then back to the valleys, and that was their taro lands. These keyline systems still exist. You can walk out the keyline and examine those terraces, sometimes cyclopean, built of enormous stones. They are forested from keyline up, and they confined foot traffic to the ridge tops -- very sensible people.

Forests were taboo areas, because they were the source of water[3]. They were used very carefully for essential purposes. Where the human and forest nutrient eventually reached the sea, they enclosed the area with rock wall. Within this enclosure, in three days' time, the sea will grab all nutrients and somehow fix them. In that case, it is the form of algae. In those enclosed ponds they raised millions of pounds of mullet. So they turned run-off nutrients into fish and ate the fish. Then, back up on the hillside, in the paddy field, the process started all over again. Real good. That quite stable ecology supported many thousands of people.

Well, we soon fixed that. A few missionaries and a few cattle[4], a touch of disease -- we set it all to rights, cutting up the system, building condominiums. The whole nutrient flow now goes into the sea. All the fish traps filled and became solid earth systems. There may be fewer people living on the islands now, and the islands themselves are far less able to afford them a living. Production is starting to decline rapidly. Righteous, but not smart.

We could re-institute the Ohana division, except that Ohana is a word in which the people are an integral part of the division. If you belonged to an Ohana, you belonged to a valley and a set of fields and a fish pond and a reef section. They guarded right out to the reef and over the reef by building underwater structures. Thus they created reef structures for additional fish shelter. The people were an integral part of this whole system[5]. The Ohana is a totality. I think it to be a nice concept. Its watershed, its people, its nutrient flow, its animals, everything, is a single, indivisible unit. Perhaps we could seize the headwaters here and start Ohanaing downhill.

That is a very nice system. You can go and examine what remains of it. Amazingly, there are those taro patches right on the nose of the ridges because they keylined right out to there. They keylined a little steeper than we do, because they did it by hand, and their little gutters were often stone lined. These gutters run out to quite amazingly steep ridges, right out to the points of the ridges where it was flatter. They grew taro in the paddy fields on those ridge points. You really can't better their system. You might change the elements of it. Taro is not for all of us. Poi is not an ideal food. It is pink and gluey, and tastes frankly of acid. But I have friends who dearly love it.

They did extraordinarily well in establishing the integrity and the nutrient flow in that system. It is all there, just waiting to be revived. On very exposed dry sites, they used tiny rock walls, little rock mulch walls in amazingly intricate cross-wind patterns, sometimes only ten feet apart. Behind those they grew dryland crop, like sweet potato. They also grew a dryland fern out there for mulch.

You can do no better than to study the ancient technology of the Hawaiian gardener. For what limited species he had at his command, he was a superb technician and an excellent designer. I wonder at and admire his works, which are totally ignored by the current population. This patterning is all over the landscape. When you look at it with a permaculture eye, it doesn't take you long to work out what they are up to.

Not that the modern Hawaiian can reinterpret that. While some of the old Hawaiians still use it, they are very old. If we could have really looked at the culture before we converted it, we could have learned a lot. There is only one bit of hope. The Hawaiians are buying back the islands. I think they might win if we keep marijuana illegal[6].

Now this is your technique in the high islands. Keep your upland slopes forested. Your island dictates the sort of forest. If your island is high enough -- two thousand feet high -- you have gained (in latitude) maybe seven to twelve degrees. So you can descend from plum and deciduous species, which have sufficient chilling up there, to ultra-tropical, equatorial species at sea level. You can play all sorts of climate games downhill. Low light tolerance trees go up here, too, because they are almost always mists around the higher area.

Mist often curiously reproduces the whole shape of the island in the air above it. This is typical of all islands. Often, coming from the sea, you can see the cloud that belongs to your island; you can recognize that cloud straight-away. That is the island you are approaching. After a while, you come upon its solid counterpart. The Maori described New Zealand as the land of the long white cloud. It is a long island.

In certain of the Hawaiian Islands, and many other high islands, it is quite typical to find valleys that have no sunlight all day. Those valleys are in eternal shadow. There is no solar evaporation in there, only transpiration by plants. The vegetation on that side, away from the sun, steeply descends to sea level as a rain forest. It is not much good fighting that. You might as well turn it into the sort of rain forest that you approve of. The rain forest works its way down the hillside by means of soil storage of water. It creates really wet soil conditions. As the forest comes down, it creates additional precipitation. The forest really sends its own water down at ground level, regardless of transpiration. The forest condensation and its protection of the soil from evaporation win over transpiration. Given that we have constant humidity, the forest always beats rainfall in terms of water storage.

But when the loggers headed into these forests for sandalwood, when the graziers came and burned up to the ridges, the clouds were pushed right up those ridges. Then they attacked the growth on the ridges for charcoal, and the ridges are drying up. They further propose to attack the higher levels, to clear the area off for their electric generators!

There are special problems related to the placement of housing on islands. These problems are currently, but temporarily, overlooked by the new island people. Opposite to streams, on tropical islands, fringing coral reefs will disappear, because the coral won't stand fresh water. Therefore, these openings in the fringing reef are normal entries for vessels into the harbors. They occur naturally. Or you can blast some out, if you feel brave enough to see what happens after that.

Oceanic islands, inevitably, at some period in their history, experience tidal waves. If the tidal wave doesn't slow up on the reef, the valley with no reef offshore acts as a funnel, and the tidal wave sweeps into it with ever-increasing velocity and ever increasing bore. These are particularly dangerous valleys for settlement in the lower parts of the valley, and the Hawaiians treated them as not even cultivation areas. They grew tree crop in them, mainly coconut. The coconut trees did a lot to decrease the wave velocity up the valley. So you must keep your client out of there. Unfortunately, Sheraton Hotels and a few other people don't know about that. They are sitting right there. The periodicity of tidal waves is about twelve to fifteen years. So we will see a lot of disappearance of white America on the Hawaiian Islands before too long.

Going inland from the shoreline, you are safe enough at the first elevation, if you have a sub-ridge within the major valley. It is usual for a tidal wave to penetrate more than a half mile in-shore. The Hawaiians also perch themselves up off the valley floor, on the sides of the valleys in case of reawakening volcanism. Volcanism is always accompanied by torrential rains and enormous and very rapid mud flows. People don't want to be in the path of that flow, which may descend with a speed of four hundred miles an hour. So they build their homes up here off the valley floor, and in from the valley mouth. Where there is a fringing reef, you can creep closer to the coast. You just might get a twelve foot wave instead of a hundred foot wave. Europeans settled tightly on the coast. They are just in between two tidal wave episodes. One happened not long back, and very probably there will be another one soon.

Ash flows, mud flows, flows down wadis, landslides, which come down these volcanic hillsides, dictate that you get on a point of a lower ridge. While this is a nice place in any locality, it is almost dictated by necessity on oceanic islands.

The other factor to be considered on oceanic islands is the cyclone. Therefore wind shelter becomes important, and particular attention must be paid to house construction. Earthquakes and mud slides, but particularly earthquakes, dictate that you reduce the mass of your house to the minimal. It would be best, particularly in tropical islands, if the house were made out of paper or light matting.

As a designer, the last thing you check out before you leave is to be certain that you haven't left some unfortunate client to a certain death. The paths of mud flows, the paths of tidal waves, the paths of cyclone damage, are all known if you make local inquiries. Look for traces and effects that show you where not to be when these events occur. So, having done all the rest of your planning, you had best be sure that you have put your client where he will have a maximum chance of getting out of any of these situations.

COMMENTS:

[1] High Islands

T.F.: Even if we do not design systems for high islands ourselves, there is a lot to be learned nevertheless from this chapter (and the corresponding parts of the Permaculture Designer's Manual). One of the reasons is that islands have a very interesting cultural history, which often includes seeing how natives learned from errors that led to major ecological catastrophes which decimated population. With energy scarcity, resource depletion, and climate chaos making headlines these days, things pretty much look as if it now were our turn to receive a lesson from nature in resource management. The better we understand these issues, and the better we are able to teach them, the better off we will be.

During the 1945-49 postwar hunger years, the Austian capital Vienna encountered massive problems with illegal fellings of trees in the surrounding woodland for fuel. It is of crucial importance to approach such problems with a dual strategy, on the one hand conveying to the people an idea of the importance and stabilising influence of woodland, on the other hand teaching them how to satisfy their most basic needs without having to cut down the forest.

[2] The Hawaiian Ohana System

T.F.: The Permaculture Designer's Manual contains complementary material, in particular diagrams and explanations, that are very useful for the understanding of the Ohana system. Still, it is presumably hubris to believe understanding all the relevant issues from such a short textual description.

[3] Taboos

T.F.: One should note here that religion and resource management go hand in hand. Unfortunately, this seems to be not at all evident to people that grew up with a western cultural background -- who generally live under the illusion that religion is about power, empires, and force, rather than about permanence.

[4] Cattle Farming

T.F.: One should note our culture's obsession with turning over wilderness to cattle farming. When one starts to look at nature's cycles, this often turns out to be a horrendously bad idea. For example, (according to the ecology textbook by Begon, Townsend and Harper, chapter 11) the problem with cattle farming in Australia is that native decomposers cannot deal with the dung of these large placental mammals. The endemic mammals of Australia are marsupilars such as the kangaroo, which produce a very different kind of dung. In order to deal with this problem, a number of dung beetle species have been introduced from Africa. Presumably, Australia would have been much better off not thinking about cows right from the start, but going into kangaroo farming instead. But, quite evidently, in our own culture, there have been traditional strong links between politics, pastoralism, and power for quite some time. One indication is that the latin word for money (or even wealth), 'pecunia' comes from 'pecus', which is the word for cattle.

[5] People as components of a system

T.F.: More often than not, the question whether something works or doesn't work more than anything else is a question of how we implement it. Biofuels? A few back-of-the-envelope calculations should convince everybody that it definitely is impossible to run a western industrialised civilisation at typical population densities on them, but this does not mean that they would not be a good idea for applications such as emergency medical service. After all, there seems to be a quasi-religious group of mostly U.S. citizens who seem to have drawn the conclusion that, as our present food system is highly dependent on fossil fuels on the one hand and claimed to be highly efficient on the other hand, it must be completely impossible to produce any food at all without using oil.

So, one should be very careful whenever claims of the type 'biofuels do not work' or 'wind power does not work' or 'rainwater harvesting does not work' arise. The problem here may be 'object-oriented thinking', in contrast to 'application-oriented thinking' or 'design-oriented thinking'. True, one will most likely encounter difficulties trying to provide sufficient water pressure for a washing machine to operate on harvested rainwater. But then this is an issue of what we would like to use rainwater for, not of rainwater harvesting (which may be an excellent idea for gardening purposes!)

[6] Marijuana

T.F.: One website that sheds some light on this humorous remark is http://justice.gov/ndic/pubs07/998/marijuan.htm. Marijuana grows really well in the Hawaiian climate and seems to be cultivated to a large degree by the natives. So, this must lead to a considerable flux of drug money from the U.S. economy into the hands of the natives. (Mollison gives some interesting background on the history of Hawaii and also the "pokalolo" (Hawaiian for Marijuana) economy in his autobiography.)

In fact, no matter what one may be made to believe by the educational system, personal medical effects of drugs are just half the story. At least just as important is their economic role. For example, as a result of Britain's large demand for Chinese goods in the 18th century (such as tea, porcelain, and silk), Britain amassed a considerable trade deficit which they had to pay for in silver. The strategy to counter this and halt the outflux of silver was to illegally import opium into the Chinese market. This eventually led to the Opium Wars of the 19th century.

PERMACULTURE ON GRANITIC LANDSCAPES - PAMPHLET VI

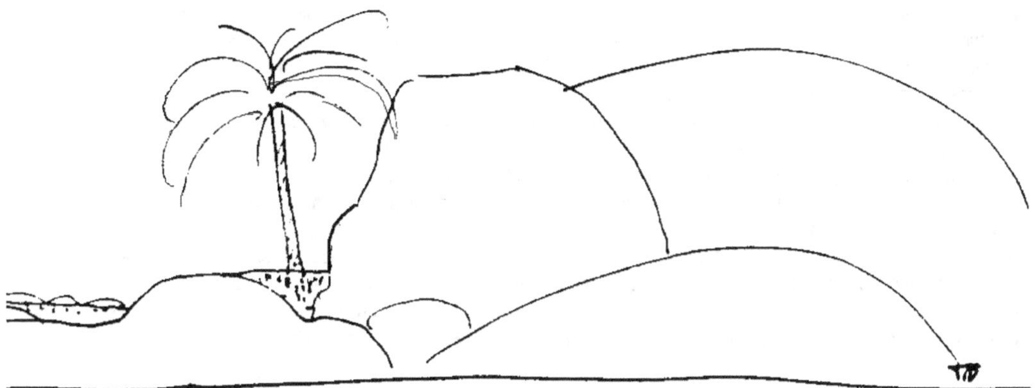

You can mulch right on top of rocks.

Granitic landscapes are somewhat like the residual desert -- slab landscapes with a lot of rocks. This landscape presents peculiar problems. Typically, there may be a hundred feet of permeable sand. Your chances of any significant storage of water anywhere in that landscape is very slight.

Yet millions of people live on those landscapes. The entire Perth plain of Australia is of this nature. It has about a two hundred foot depth of clean sand. You can't keep water on it. You may water it forever and the water just goes down and down. You can mulch it and the mulch is gone. A thick mulch is gone in six months. It just gets washed down into the sand. There is nothing to stop it. Mulch just breaks down into little particles and acids and flows on down between sand. It washes right down to wherever the water table happens to be at the time. All organic materials are washed down.

Near ancient rivers you will find people living on these plains -- plains extending out from large granitic areas, not subject to glaciation, and along major rivers that have receded, drying up a bit.

The water source is often bored wells. But that water is finite, and the usual story applies. Once you might have needed to bore to a depth of 20 feet. Now it is necessary to make a 2,000-foot bore, while the water is getting saltier and saltier the further you go down, because there is a natural stratification. There are different salt layers that have hard alkali.The ground water, the fresh water is flowing over the top of saltier water. As the fresh water is pumped off, the bore must go ever deeper and the water gets more expensive and saltier.

So small gley ponds, tanks, and very modest bore water use are requirements for the survival situation. Your garden area should probably be completely lined with plastic sheeting. You then can mulch, and humic acid at least will reach the roots of your plants. Your garden will then be sort of an underground tank.

It is necessary to treat the granitic landscape very much like the desert situation, even though the area may be reasonably humid.

Trees do well in this landscape, though I don't quite know why. So place a big accent on tree crop as a replacement for annual crop.

There can be no lawns. Lawns are total disasters. It takes 90 inches of water a year to maintain a lawn on siliceous sands. You may put on eight feet of water to keep your lawn alive, but there will be huge evaporative loss of water.

Around these rocks and dunes there may be numerous microclimates. You may be able to go from dates to strawberries.

Because of the reflectivity of granite, there are light and heat benefits. Incorporating the mass of these granite rocks into buildings is good strategy. It can be either under glass, or just incorporated under shade houses and used as evaporative cooling systems. It is sometimes possible to dig a rock out and incorporate that rock in the house.

There was a woman in Sydney who got sick of builders, and she set about designing her own house -- typical woman. So she headed for the rocks. What she has is nice rocks coming out in the bedroom, rock coming up through the walls into the living room. She has good evaporating cooling systems, little keylines running all over, covered with moss and ferns -- good permaculture design. It is a good idea, you see, to accept these natural features as part of the house. Glassed in, rocks are amazingly efficient heat stores, very cheap.

Working your way around this rocky landscape, you come upon all kinds of run-offs. You can put little blocks on the shelving areas and mulch there, right on the rock. You can mulch right on top of rocks and right beside the rock below, and get good little run-off systems going into those pockets. In the crevices, granite flakes off, and you find large sheets of that which you can lay out with a bit of assistance from a crowbar, and you can fill that area with mulch and make a growing area there.

You can grow on both sides of your rock in the shade, and in the semi-shade, in the morning sun and in the afternoon sun. Morning sun is the sun for the production of leaf; afternoon sun ripens. These are really interestingly detailed habitats, and you can almost sense what plants will grow in any of these pockets of mulch on rock, just by moving around in the system.

I have a friend who had about four acres of this granitic soil and four acres of dirt that he started to play with. His granitic area is slowly becoming far more productive than the other four acres of promising agricultural soil. He was using the stones for ripening and all sorts of things. By playing around in there, you can have a lot of fun, and create a really attractive environment. You see a pile of rocks down here, a lot of niches in there, good tomato and cucumber spots, places for vines to grow and climb on rock instead of fencing. There are banks and little shaded areas for strawberries, and on and on and on and on.

But it is hard to deal with that area out where there is no rock base. A modest gley pond, run-off tanks, bores, windmills. Deep siliceous sands are hard to deal with, and shouldn't be crowded up and settled. Tree crops are a vital factor in sustaining agriculture on siliceous sands. Nearly all the palms, many of the fruits, figs, grapes -- all those do quite well there with minimal work.

I have often wondered about the potential of a below-garden gley system. Dig off the earth, put a green mat layer in, and then return the earth. I don't know whether it would work. It might.

I'm not saying exactly what you can do around a situation of this sort. When you walk in there, you should be able to work out quite a lot that you can do. I would stick in little olives and date palms and grapes and raspberries and strawberries and marigolds all around in amongst these rocks, and direct little runnels to places -- lots of detail work. Nice! There is nothing like an old rocky river bed or a pile of stones to work in! A pile of logs is great -- big logs, I mean, a huge amount of niches, and a great potential. Just start people cleaning up the country.

PERMACULTURE FOR FIRE CONTROL - PAMPHLET VII

Fire in a landscape is a subject that I want to treat very seriously. It is a common hazard[1].

Fire has a periodicity specific to the site. This fire periodicity depends on two factors: First, the rate that fuel accumulates on site. This is a critical factor. The second factor is the amount of moisture contained on site. Any ridge top is far more fire prone than its valley systems. Typically, the vegetation of ridge tops may even be fire-dependent, with species that germinate well after fire burns the ridges. In the valley, on the other hand, you may get species that may be killed by fire, but which burn very suddenly. While ridges are more fire-prone than their adjoining valleys, so are the sun-facing sites more fire prone than their shaded slopes.

It is possible to work out the fire periodicity on site by examining the cross-section cut of an old tree in the area, or even from historical records of fire in the area. With a rainfall of 30 to 40 inches, a catastrophic fire will occur about every 25 or 30 years. I am not talking about a local spot fire. I am talking about a fire that races through a large area. `A lot can be done to change that cycle.

Advantage is gained if it can be delayed even one period. The less a site burns, the less it is likely to burn, because there will be more humus and more moisture incorporated into the site. On the other hand, the more it burns, the more likely it is to burn again soon. This is because fire removes a lot of moisture-retaining humus and kills a lot more than it consumes, resulting in a fire prone litter build-up. So the periodicity can change to a very short term if an area continues to burn. Areas that naturally experience fire every thirtieth year will burn every eighth or tenth year, once they are being burned at shorter intervals. Fire is a very destructive influence[2].

In permaculture landscapes, there are sequences of defense that you must throw up. What you must do is reduce fuel. That must be the primary strategy. You can do this by creating non-fuel surfaces, such as roads and ponds, by constructing swales and doing pit mulching, and reducing fuel by means of browsing or grazing.

It is very simple to protect the house site. You only need a hundred feet of non-fuel systems between the house and the forest. That is not very far; it is a raking job. Select plant species for this area that have fire-resistant characteristics, such as very high ash content, a very high water content, very low total bulk, and which grow densely. The ice plants, the Coprosmas, some of the thick-leaf evergreen plants, whose littler decomposes very fast, have leaves that are highly nutritious and don't last very long on the ground. A list of plant species useful for fire control in any area varies with the climate. Fire departments in fire-prone areas are often able to make recommendations.

Some trees, particularly the pines, and many of the leaf species, are litter accumulators. They form a hard and volatile litter that simply builds up and carries very large ground fire. Do not use plants to the fire danger side -- the downhill side -- which have high volatile oil content. Eucalypts are a positive no-no, and so are pine trees. Both are to some extent fire weeds. Both carry cones and hard fruits that often don't open until fires. After fires, you will see a widespread covering of new growth from the seed of these trees. That is what they are waiting for, a fire to enable them to extend their range a little.

So you halt fires by working from the valleys upward with plantings of low fuel vegetation. Re-establish the rain forest that would be on the site if it did not burn. Bring in a lot of species that naturally occur in the valleys.

Now let us look at the fire itself. What does the fire do? It doesn't burn much. It burns a few leaves, and perhaps buildings in its path. The real danger of fire is radiation. Four hundred feet before a fire, your hair catches alight. Two hundred feet, your body starts to split and your fat catches alight. At 100 feet, you are a torch. Radiation kills birds hundreds of feet from the fire[3]. They just fall out of the air. Fire kills pigs very quickly. They don't stand radiation. Goats survive quite well. They just lean into it. And human beings are good at surviving a fire because they dodge about and hide behind shadows.

So we need to throw fire shadows over the central part of the system that contains our client. We do it with earth banks, and we do it with trees like willows and poplars that have high water content and that throw out a black cloud of steam. They don't let radiation through. So on many sites that you will design, where fire will be a future hazard, you pay a lot of attention to setting up fire-protection. In California, almost every plant depends on fire, and all have high oils, because they have been selected through a long history of fires. Greece was once a land of wet rain forests, with enormous oak and columnar beeches. It has become a skeleton of its former self, and its fire frequency is up and up[4]. Now you really can't burn Greece because the dirt is burned, the plants are burned, the hills are burned, the rocks slip down hill and you can't burn rocks. The whole of the Mediterranean and much of North Africa has reached this condition.

What we must do is start reversing the process. If your client is in that chaparral, then you must pay particular attention to fire protection. You will have to give him somewhere to go to when a fire comes. You really can't save him on the surface. So you dig a T-shaped or L-shaped pit and earth it all up. It can be a length of road conduit, earthed over. Then your clients can hop underground and wait it out. When they are out of the radiation, they are out of trouble. In Coventry and other areas that were burnt in war, there were fire storms[5]. Standing in a fire shelter, I have watched the glass pouring out of the windows in my car. It is hot out there, you think. It melts out the bearings in your car. You can't drive. Always duck behind things in a fire. Just get out of the radiation. And keep your mouth shut. Don't breathe. Otherwise, your lungs burn out. So if you don't breathe until you get behind things, you are all right. The main thing is not to be in direct radiation. Often you can dig a fire shelter into a bank with a backhoe. In some areas, this work of a few minutes may be the critical factor for survival.

Otherwise, give good advise to your clients: "Go behind the house and sit down 'til the front of the house is alright. Then walk around to the front of the house, because the fire will have gone past." Instruct clients about the need for litter reduction on the ground. Give them good instruction in pit mulching and swaleing[6]. If you have a very bad fire site, construct a few big swales, and cover the swales with old carpet so that you get a very fast rot down. Put in a whole lot of plants that are quite fire-proof. You can stand behind a Coprosma, and you don't even feel the fire, just a hot steam bath.

You can take advantage of the normal attributes of the raking animals, such as chickens. They break up that ground litter and mix it with oxygen so that it really breaks down. Short grazers, such as sheep and wallaby, on the fire side, will reduce the standing litter to one inch, and you will not need to worry about ground fire.

Just experimentally, I have lit around mulches, and they are not a risk. Sawdust, too, is good safe mulch. Actually, you may get a half inch fire across the top. It starts to smolder burn but it doesn't go anywhere. It can be quickly put out. You don't need to worry about mulches.

The primary protection in fire is to have good sprinklers down hill. If you can turn on a couple of those, you can sit on the front verandah and enjoy the sight of water pouring over the landscape before the fire gets there. I've seen water from the fireman's hose coming six feet from the nozzle and going up in the air as steam. If, before a fire gets there, you've turned your sprinklers on, and the ground is wet, the fire won't cross that ground. If the fire is already there when you put the sprinklers on, then the water doesn't get very far out of the sprinkler. So you must start your defenses before the fire.[7].

Sprinkler systems on roofs are very critical. A house is lost when ashes fall all over the roof, slide down it, prop against chimneys and fill gutters. The wind is blowing; the heat returns in under the roof and catches tar paper and insulation, and starts burning from the ceiling under the roofing. That is the way 99% of houses ignite.

The safest houses in fire are wooden. They have a 13 to 15 percent higher survival than stone or brick, which is a surprise, of course. In analysis of some houses of equal risk that didn't survive, the brick outnumbered wood. Almost without exception, stone houses are taken by fire. Stone transmits heat rapidly to the inner surfaces. Bricks are equally fast heat transmitters. You can burn a wood house with a blow torch if you go around catching it in a lot of places. But a wooden house is very resistant. Basically, wooden houses won't transmit heat through the fabric, and their drafting systems are better than in brick houses. White painted wooden houses, and paint generally, anything that will reflect radiation, is a protection.

When you are planning for fire, you must specify the use of screens and fire hardware mesh, so that large particles cannot enter the house system. The gutters should also be screened. Wherever you are experiencing snow, fire, or heavy leaf drop on the roof, it becomes necessary to put a rolled-under section on the bottom edge of the roof, and put the gutter back under, below that. Leaves will fall off. They can't get in the gutter. Snow will slide off. When snow melts, the melt will go into the gutter. Fire ash will slide down and fall off. It won't get caught in the gutter, either. That is a good device, and it can be fitted to existing roofs.

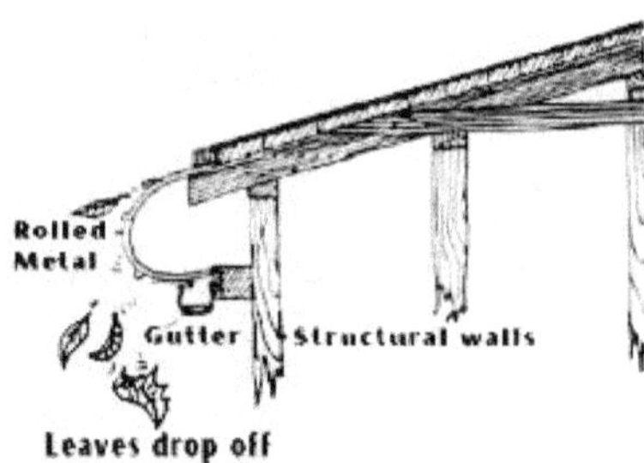

Rolled Roof Section. (T.F.: The original pamphlet edited by D.H. says: Illustration from Permaculture II by Bill Mollison (C) 1979, all rights reserved. Published by Tagari, 31 Rulla Rd., Sisters Creek TAS 73215 AUSTRALIA. Reproduced with permission.

Put a monsoon sprinkler on the ridge of the roof. It is only going to operate for a short period while the ash is falling. It will be the most sensible fixture that you can put on a house. The tap to it should be outside. Turn it on, and the whole house is being washed down for an essential half hour. The roof is continually washed, and the gutters are flowing. For this, you will need a gravity system, and it needs to be yours, because if it is part of a public system, every body will be drawing on it, and, likely, the system will be inadequate.

You must say to your client, "Well, look, we will give you a few simple specifics in housing design, and you must watch how you lay out your roads and ponds. That will give you a much better chance of survival." Also, advise your client about how to proceed in case of fire.

Fire builds up to high intensity about 2:00 to 3:00 p.m. Inevitably, the people at home are people with young children. Mostly, they won't have a vehicle. They are a vulnerable group, and they must be told what to do. If the fire comes from this side, they have to stand here with their woolies on, woolen jackets, blankets over them, and a bucket of water so that wool won't burn. Then go into this little shelter that we have provided and have a drink of water. We should try to get water in there. It's worth it. Just walk in there and sit down, and leave your woolen blanket in the water. Dig that shelter into a little hill just at the back of the house, normally away from the fire, on the slope. Go maybe six feet deep. Open your back door, and hop down into your little root cellar, which is also a fire shelter. We must look after the people in ways like that.

Advise people never to jump into water in fire. That is another no-no. There is no oxygen left in the water and they will faint straight away[8]. It is like painting somebody's body. We breathe a lot through our skins. The fish already are dying from oxygen loss before fires ever get there. The people in the water will faint and drown. So jumping in the pond is a no-no.

In some areas, we will totally ignore this whole business, because for most of their history, those areas never burned. The prospects of a sweeping fire are remote.

Even in humid climates, high forested areas in the continental interior are not invulnerable to fire. When things dry up, and the wind whips about at 50 to 60 miles an hour, just a backfire from a car can set the whole area aflame. Fire travels about 400 miles an hour. There is no running away from it; no driving away from it. When fire starts, it spirals up, and increases in breadth at the base. You will be looking up at the sky, and there is half of somebody's house, way ahead of the fire -- an incredible sight. You will be looking up at a blue sky, an upstream of smoke, and there goes that burning house, a great fire in the sky. Then it drops. At that point another spiral starts up. These big spirals go up, taking everything that is burning with them, then drop it out, to start new spirals. A fire will cover a thousand square miles in an hour. So most people who are in it are in it. You can't go away from it. You have to just hold your place and sit it out. Don't start running. Don't try to run ahead of it. You have more chance of surviving a fire if you run straight at it. If you run away from it you are dead. You have to just hold your place and sit it out. Don't start running. You can't drive your car, because the petrol will evaporate. Unlike Hollywood, gas tanks never blow up; cars never catch alight; only the tires do[9].

The sensible thing to do with high explosives, like drums of fuel and the like, is to store them away from a living situation, have them in separate sheds, a bit dispersed. When one ignites, it doesn't ignite the others.

Don't put your poor client at the head of a converging valley in the saddle. Don't put your client where you would normally put an efficient windmill. Don't put him where the ridges converge. No, no!

I witnessed an example of landscape architecture in an Australian fire-prone site. I was driving by this place, and I looked at this house -- I couldn't believe it! There was an acre of fire-promoting vegetation just across the way, converging eucalyptus trees with pampas grass. It had been constructed by a landscape architect. While the aesthetics were reasonable; the function could be fatal.

So in my mind, function always comes first, then aesthetics. A good function is often a very pleasing aesthetic. He could have had a couple fire banks up the driveway. We could have had given him a pond and, just below it, a Coprosma hedge.

Construct the pond in front of the house, with your road beside it. The bank of the pond should rise toward the fire side. You will find that there isn't any conflict between good fire control and good placement of your elements. But if you don't have the initial planning, all sorts of things can go wrong.

COMMENTS:

[1] Fire as a Common Hazard

T.F.: Indeed, this is a far more common hazard than most of us realize if we do some long-term thinking. On the one hand, as many of us live in the city, our perception is shifted badly -- we just do not notice them much. Also, the amount of detail media cover events such as forest fires is very different from the level of attention received by e.g. terrorist attacks. According to official statistics, there have been 930 forest fires in Germany in 2006. As the climate gets hotter and precipitation therefore more unpredictable, we will encounter more forest fires.

What one in particular has to realize here is that the present rate of human-made climate change is about 100 times as fast as natural processes. Nature actually was in a process of recovery from the changes induced by the end of the ice age before we set off climate change. The trees we plant today will grow up in a climate rather different from the one in which we make decisions what to grow. So, if we make the wrong decisions, they will fail, and if they fail, what will be the most likely occasions for their death (causes being, as Bill pointed out in the "phasmid conspiracy" section, multiple insult)? Bugs, mechanical failure in storms, and, of course, fire.

So, it is important to also pay close attention to this lesson. Furthermore, should you ever consider setting up systems in a forested region that is bound to become more arid, this is what you have to put a lot of emphasis on.

One further issue one should keep in mind when Bill Mollison talks about fire is that he and his family almost died in the severe Hobart fires of 1967. His autobiography contains fairly interesting additional material especially on processes that happen in the aftermath of such a fire and sensible strategies that can be employed to prevent major problems.

[2] Self Enforcement

T.F.: This means in particular that we can get self-enforced patterns from repeatedly burning down vegetation: where it burns well, it will burn even better in the future. The Australian aborigines must know a lot about these processes and actually use them constructively to establish systems. However, in the very long term (10000s of years), these methods also appear questionable.

[3] Fire Radiation

T.F.: For large fires, a huge amount of heat transport is not mediated by the flow of hot matter (i.e.hot air), but just by radiation - basically, just very intense light and infrared that heats up things at a distance.

One sad fact is that, in our culture, very few people have a sound commonsense idea about the behaviour of large scale fires, at least the size of a burning car or a burning tree - or even a burning house. As we are about to presumably enter a century of dire emergencies, we would do well -- as a society -- to generally step up our efforts in regular emergency training, which should include sessions where people can get first-hand experience of the effects of large fires.

[4] Greece

T.F.: Much of the Greek landscape was denuded as forests were felled in ancient times to produce wood for warships. Present vegetation is often dominated by small shrubs, thorny legumen, Nature's own "desaster repair" species such as gorse.

[5] Firestorms during wartime

T.F.: During WW2, it was soon discovered that fire sticks thrown at cities for illumination and guidance purposes so that bombers knew where to drop their load often were more destructive than the bombs themselves. So, strategies soon shifted towards focusing on deliberately creating a firestorm by first bombing away roofs (and destroying enough of the infrastructure to make putting out fires difficult), then setting timber beams and furniture ablaze. The German city of Dresden was destroyed in an "engineered firestorm" during WW2. The same tactics, however, did not work with Berlin, due to its special architectural characteristics.

[6] The Jean Pain System of Composting

T.F.: I included material on the Jean Pain system of composting from an Indian "appropriate technology" website, http://www.daenvis.org in this distribution. This is an integrated composting system which was originally designed to get rid of dangerous excessive fuel buildup in the woods, but, when done right (which admittedly is a bit tricky), will at the same time produce compost, winter heat, and biogas. So, we get four yields from one strategy, sound permaculture design.

[7] Sprinklers

T.F.: Again, this is self-enforcement at work. Fierce fire creates the right conditions for more fierce fire, so we better see we control it right at the beginning when this is easiest.

[8] Taking a bath

T.F.: While the idea of people fainting from entering oxygen-depleted water as their skins fail to breathe is wildly exaggerated, the advice is sound nevertheless: During a fire, there can be temporary phases of low oxygen which make people pass out, and passing out in water often means drowning. So, entering a body of water is not at all a good strategy.

[9] Exploding Cars

T.F.: Experienced first aiders as well as paramedics claim in unison that bizarrely distorted TV reality, in particular cars exploding in fire, often make people hesitate when they should rescue somebody out of a burning car. It is quite true that only under highly unusual circumstances (read: pyrotechnical preparations), you would see a car explode hollywood-style.

DESIGNING FOR PERMACULTURE - PAMPHLET VIII

D.H.: In this paper, Bill Mollison talks about training people to produce permaculture designs for others. This is an important approach. My own priority is to train people to produce their own designs and to train particularly gifted people to teach this skill to others. Permaculture can, potentially, solve the world environmental crisis. However, I believe that this can happen pnly if people everywhere integrate permaculture into what stands for their own culture and apply permaculture principles daily. Specialists who charge professional fees (rightly in my view) can be a small part of the solution. However, if that is what permaculture becomes predominantly, then permaculture will become, alas, part of the problem. Empowerment, not control, should be our goal. I believe that diversity of strategies, both empowering people directly to produce their own permaculture designs and providing professional assistence for more difficult design problems, are necessary for permaculture to reach its objective - a nurturing human habitation within the Earth's ecosystems.

T.F.: What I would like to add to D.H.'s remark from own personal experience (the nasty kind of thing taught to you by life, where the exam comes before the lesson): pay close attention not to get into a situation where a client specifically depends on you and your special skills only. Setting up systems for a client and showing them how to handle them is all fine, but for god's sake do not build systems where clients exclusively depend on you for continued maintenance. Even if you do it in a way motivated by good will, this can in the long run easily fail dramatically, and catastrophically. If you have to resort to strategies you neither can teach people directly nor give them prolonged access to via other means, then you cannot use those strategies, period.

PROFESSIONAL PERMACULTURE DESIGNERS' ETHICS

As a group of designers, we cooperate; we do not compete.

We do not duplicate each other's work. As far as possible, we create and use individual designs.

We care for our clients and are responsible to them.

The end to which we are working is the reforestation of the Earth and the restoration of its soils to health.

We care for the environment and wildlife. In all our design work, we side with that "super client," Gaia, which is an old Greek word for the Mother Earth Goddess. Earth was conceived of then as a living, thinking organism, a biological entity.

We seek the best, the most appropriate energy paths, utilizing appropriate energy.

We recycle at the highest level possible. Everything can be a resource. You must know how to use it. Use what you have. Try to make the least change produce the most effect.

A final ethic that we practice in our community in Tasmania is that we divest ourselves of everything surplus to our needs. But we don't ask you to do that.

The Role of the Professional Designer

As designers, your function is to know where to place things, and why. It is not your function to tell people how to garden, or how to build a house, or how to build a dam, although you may comment on all those things. Your function as a designer is to place things in the environment, and place them in such a way that you use their multiple functions, that you create low energy inputs for high yield and stability.

At the same time, your role is that of a creative observer. You must learn to observe nature, to recognize how to develop potential uses so that humans may benefit.

As designers, we try to build implementation groups, regional people who we can recommend to carry out the designs.

BUSINESS PRACTICES

We ask you to work for a year or two before you submit an application to the Permaculture Institute for a design diploma.

DESIGN COURSE TRAINING

We hope that, within a couple of years, teams from these design groups will get together and train more designers and implementers and run workshops to involve more people.

We offer scholarships in every course, and they are of this nature: If a person wants to work as a designer without charge, we do not charge him for the course; but he still has to pay the host group their basic cost. We will take one or two of those persons in every course. However, should the person start to charge for his work he should pay the fee to the people who trained him. We expect you to contact indigenous groups to inform them that such a course is scheduled, and that one or two scholarships are offered. If the course includes as many as 30 people, you can afford to take four people on a scholarship basis.

Presently, we are short of women as designers, and we need to compensate that deficiency, so half of design course participants must be women. Make it perfectly clear to all applicants that you are running the course for people who intend to become designers. Otherwise, you are wasting your time and theirs. This is heavy stuff; it is critical. While rural backgrounds are not necessary, it is essential that people have discipline and experience. Leave it to the hosting group to select from the applicants, making their selection on this basis.

I believe it is wisest to open some design courses to postgraduate students only; so in that way you will get economists and business management people. We are going to need all those skills.[1]

I want to emphasize that we should not be expecting our children to change the world. Unless we do it, our children do not have a world to change.

FINDING WORK

Conduct weekend workshops, from which jobs will come. Lecture. Write articles for local journals. Only when you are established, with a back-up team, should you advertise as permaculture designers. Start modestly and gain experience before you find yourself with more work than you can handle!

Charges for Design Jobs

In general,, we suggest that you charge for any work. However, almost without exception, you can organize a free job in the context of a paid job. Do the free work when you are in the area for paid job, thereby keeping your own cost down.

We tie our rates to those of local landscape architects. You have the individual right to set your fees. This discussion comes from our own past experience. It is usual to quote a price for a job, unless it is a job involving much work over a long time, in which case you might want to work on an hourly basis. Set down exactly what and how you do charge.

We have charged a daily rate for a normal job, which is up to about 40 acres, one day on site, and a typed, documented, and illustrated report later. The report would run about 15 to 20 pages.[2] The text should contain numerous small pictures, little details. Refer to books. We always finish every report with an invitation to the client to inquire further at no cost. Whenever we have second thoughts on our design, we inform the client in a letter.

When you get into a big job, over 100 acres, and they want a detailed design, you have to start quoting on a time basis. You may find that you want to do group work on the larger properties.

A pre-design report on any big job consists of outlining what is generally possible, and how you can be of help in the future doing intensive designs for specific areas. Never go into a big job and attempt to do the total design immediately. Give the client a brief from which he can decide how to proceed. You can figure the design cost at 1 1/2% to 2% of the total investment that the client will need to make in implementing design. Determine how much the client proposes to spend on improvements, and figure your fee at 1% to 2% of that amount You can quote on that basis. You usually charge about $35 per hour for professional permaculture design work.[3]

You may develop village projects, such as in Davis, California. Perhaps you can do a pre-design for the group, predirections for people moving into the settlement. Later, you might produce individual designs for the people moving in.[4]

There is another service that we can offer: a sheet of principles for people to hand to the architect who is planning to build their house. Also, we may assist the client in finding an architect to handle a special kind of structure.

Start a network, linking resource people -- horticulture, architecture, agricultural engineering, realty agent, public relations, office people.

FINDING PROPERTY FOR A CLIENT

You may be asked to find property for a client. The first criterion, and extremely important, is that the client have his own water supply potential on site. The second criterion is that the site suits what the client wants to do. The third criterion is that the site in its present usage has been undervalued. The fourth criterion is that the site preferably be multi-titled, or without limitations on the kind of structures you can build, and the number of people you can accommodate. Sometimes you can get property that runs into town sites that will permit you to place 20 or more people on an area. The fifth criterion is that you must know that for your client you can improve that property to a high level. Land that has been strip-mined is a good example. The sixth criterion is that we do not select land for a client that has been valued for sub-division, because that is the highest price, unless you see a particular resource there that has been overlooked in assessing the land's value. Finally, when you look for land for a client, you want to persuade the client to share your concern for the rehabilitation of the property.

There is a further reason why multiple titles are useful. The area may need a nursery. We might then site the nursery on a small title, so that somebody is in there involved in improving the place.

The charge for finding land is usually 1/2% of the purchase price of the property, just to find the property, plus an additional 1 1/2% on purchase, if they buy the property. You can figure the cost at about $400 a week plus expenses.

Keep a very keen eye on the local labor condition and the local market for particular land uses. This is different from the service offered by a real estate agent. You will be finding for a particular client a particular property, and cheaper than he can do it on his own. You charge the client, rather than, as in the case or a real estate agent, the seller of the property. It is not necessary to deal with a real estate agent, if you find the property and are able to contract for the purchase of it yourself. However, if you start to deal through a real estate agent, ethically, you continue to do so.

We have just begun to work as developers. There are villages that we are developing now; but our priority is to train more designers, because we do not have enough people to cope with all that work.

Energy budgeting and resource inventory are other services that you can offer. You will have to investigate your own price structure. I can think of many other services into which we could go. Soon, we should be the developers. We just don't have that power yet.

We want to acquire and preserve wild areas. whenever you travel and work and read, think of how to change large areas, such as dry lands, from cattle and sheep usage, which is destroying the land, to really productive areas. It might be as simple as the growing of aloe vera, which on a hundred acres is of greater value than sheep raising on 10,000 acres. When you get an idea, then you start to look for a client with the land, or you may start to look for someone who will buy the land to demonstrate such a revolutionary usage. You want to establish much of your design work as a demonstration site in some manner.

Have a good relationship with real estate people. I believe least 80% of the real estate agents support what we are doing. It would be good to print hand-outs for real estate agents, telling them about permaculture. Managing Land

The management of land may require a couple of months a year. We charge $2,000 to $5,000 a year, depending on the amount of work required. Many people own land on which they do not live, and which may be in some use. They want somebody just to keep an eye on the property. Real estate people in Australia earn an income from managing maybe as many as 50 local properties. They perform services such as buying in and selling stock. They arrange harvests; arrange markets. They charge a flat rate for these services. Often you might oversee five properties for one client. He would have to pay a resident manager a salary of about $15,000 a year. You can offer a frequent visit proposition where your fares are paid, at a charge of perhaps only $5,000 a year, and you can oversee three, four, or five of those properties.

But as a trained designer, that takes you right out. As fast as we train designers, we lose designers. If we act as managers, we will never have enough designers in the district! Some will go into long term urban development; some will be taken into management, and there are many other places where designers are disappearing, fixed into some on-going situation. Education is one of these.

REPORT WRITING

METHODOLOGY

Collect all data: the client's requirements, maps, local regulations.
Analyze the client's problems.
Recognize those permaculture principles that fit this particular situation and can be applied to the problems.
Apply permaculture principles specifically to the problems involved.
Design solutions in the form of edges, patterning, increased functional relationships.
Check everything over to make sure this solution adequately meets all the client's needs, takes care of all problems. Once you have covered everything, you can write the report.

THE REPORT

GENERAL DESCRIPTION OF SITE

Begin with a brief general description of the site and its placement in the region. This includes a very brief description of orientation of site, existing vegetation, existing water, soils.
Then draw a main map, with site broken into identifiable areas to be treated in detail later.

THEMES THAT AFFECT THE WHOLE SITE

It would be logical next to deal with themes such as Fire Protection, for example, describing steps the client will need to take to protect against the hazards of fire.
Another theme might have to do with legal issues pertaining to the client: as an example, the possible advantages of trusts, land trusts, a non-profit organization.
Community involvement would be a theme in the case of a client who would like to start a community on the site and needs help getting things together. You can recommend ways and means for getting people there, and for involving the local community.
Another theme, for a client contemplating going into a commercial crop, would be the Local Market Situation.
In some cases, Wildlife Control or Mosquito Control might be applicable themes.
After having dealt with general themes, proceed to:

DETAILS OF THE AREAS

You have, at the outset, defined the site as to zones. In writing your report, do not refer to specific zones in the same way that we refer to them in this course. Simply locate the areas, such as house site, intensive garden, etc. First, define each site by name. Then you may give to each separately identified site a location number, so that you have a map with each of these little areas numbered.
In your report, starting at the location you have numbered (1), work through each area, developing your design in depth. The first one will nearly always be the house site and the intensive garden area, because that is where the client ordinarily should be working first.

PRINCIPLES OF HOUSE DESIGN

If the client does not have a house already built, this section should include a quick description of energy requirements and recommendations of certain types of architecture. If you know a good builder, you could recommend one.

If there is an existing structure, you can make retrofit recommendations, involving climate amelioration with glass houses, shade houses, trellising, vines, earth banks, windbreaks, perhaps ponds in the garden.

Define where the garden goes, including space for small fruits. However, you do not need to go into specific gardening technique. You can refer to books on the subject and suggest that there are methods of gardening which save energy. List all book references in a Bibliography at the end of the report.

You may need to discuss the possibility of collecting rain water from the roof, and therefore suggest locating a tank or barn roof at a higher level so water can move by gravity flow downhill to the house and garden area.

Again, treat water as a theme, if your design includes many issues throughout the site pertaining to water.

You then go to the next area, which may be the orchard, or a small chicken forest forage system. If it is an orchard, you describe the planting systems, the management systems, and how to bring animals into the orchard.

In this way, you go through each area, dealing in detail with each of the problems the area involves.

You will find that drawings probably will help people to understand what you want to describe. You may need drawings similar to those in Permaculture Two illustrating horseshoe-shaped windbreaks. You should define the species in the windbreak. It may be useful to make some drawings of fencing layouts. You may want to do an enlarged drawing of a specific area, such as zone 1 and the intensive garden.

STANDARD DESIGNS

You will probably can slip some standard designs into your report, writing bridging pieces. You often can develop your own standard designs for a variety of situations. If you send them in to us, we will print them. You will get an author's margin for each one sold. If you are a good designer, you might go into the business of doing standard designs for a living.[5] Standard designs can deal which architectural themes as well as landscaping and agricultural design. Construction of an ice-house could be one example.

You will be getting towards the end of your report.

BIBLIOGRAPHY

When you have treated in detail all the themes and each of the individual areas, compile a bibliography. This will include all books that you have referred to in the report, plus others that may be relevant to the design.

You will need to become familiar with these books and keep abreast of new ones. It would help if some person in the consultancy group could be an information collector, making it a practice to run through the latest books.

A PLANT LIST

Your report should include a documented plant list. You will need to be careful in your recommendations, avoid including plants that are illegal in that region or that could become rampant on the site.

Initially you will need to get together a personal filing system for plants and animals, with information about each. You may need, on occasion, to make a specific list for a specific job, which may take a fair amount of research. You should familiarize yourself with local people who are a source of information on plant and animal species.

A RESOURCE LIST

This should include a list of people in the area who perhaps can help the client. This might include other clients for whom you have completed design jobs, whose properties they might visit, just to see what is happening.

You will need a list of resources for hardware, with reference to tools and technologies they will be need.

It is well to remember, as you do initial designs in an area, that it would be useful to establish people as suppliers of materials for further design jobs. A nursery would be very useful in this way.

PRIORITY STAGING/COST ANALYSIS

You will need to know how much money the client has to spend, and what he wants to ultimately accomplish. You will show him where to start, and approximately what it is going to cost, and work through everything in that way. You must never omit this, never hand this report to the client with all these lovely ideas, while he has no idea where to start, what to do first. You need to outline the best way to go about things.

There is something else that you may want to do, though it isn't always necessary: that is, to outline a management policy specific to permaculture, dealing with the succession of plants, succession, and how the client can speed things by time stacking. This is something that usually fits in at the end of the a report.

In your conclusion, make it clear that you do not guarantee anything in this report since many conditions can change because you are dealing with natural phenomena and changing environmental and market situations.

Assure the client that you will answer further questions at no extra charge. Ask him to feel free to write at any time, and indicate also that you will try to visit him occasionally, just to see how things are going.

Type-One Errors

Even an experienced designer can make errors . Keep a check-list and go over it frequently.

Error 1: Undertaking a design job for people whose aims are environmentally destructive, for example, a group that wants to hack out a hole in the forest for themselves. When approached by such people, you should always side with the super-client--the environment. More often than not, though, the people you are dealing with are really good people.

Error 2: Not telling your client the reasons for your recommendations. You must always explain why you have recommended, for example, putting this drain in there, which you may have designed to carry grey water to some particular secondary use.

Error 3: The recommendation of a difficult technology, beyond the client's ability to handle.

Error 4: Not supplying adequate management data, sufficient directions about how to run the place after the client gets it going. For example, the orchard needs specific management strategy, as does changing over from one system to another.

Error 5: Writing a report with a depersonalized approach. Your reporting style should be direct, friendly, and fairly personal.

Error 6: Failing to be specific, employing expressions that are loose and vague, like "fairly large."

Error 7: Poor patterning. Very carefully think through those edges and the link-ups between the different patterns incorporated in your design.

Error 8: Failing to recommend essential pre-treatments. For example, explain how the client should condition his soil for the uses that you recommend.

Error 9: Recommending the use of plant species illegal in that area.

Error 10: Failing to fully define the resources that are on site, and to explain how they can be useful. That, of course, involves your ability to see them.

DESIGN WORK

Though our immediate interest is the client, people are merely a temporary event on the site. Our real, underlying interest is the site itself, though we may not choose to tell everyone that. So we try to persuade our client to use good management principles. We have a marriage to make between the client and the site, by means of the design itself. What we are trying to do, really, is to design for the site itself a reasonable future.

It is essential to find out what your client's resources are. There are two or three categories of resources to which we need to attend. The client has skill resources, and experience resources. He has material resource and capital. We need to know the client fairly well, to sit down with the client or client group, and find out all about them, and specifically what they want. It is probable that they want a certain set of things, which might be cows, pigs, turkeys, chickens, and orchards. Try to find out all those things.

Learn about the lifestyle that the client group envisage. It may be one of partial self-reliance; or of some form or production on site; or simply some degree of self-reliance, which may be food only. Determine whether they want economic independence, or whether they are quite happy with their jobs, or whether they have the capacity to make an income on the site, even in a remote location. There are people who have this capacity. A good example is a potter. The client's main income, then, would be from an activity not really related to the site. The client's skills, then, comprise one set of resources.

Another set of resources are on the site itself. Many of these may not have been seen by the client to be resources. This is where you come in. This is where you have the opportunity to earn your fee, perhaps repaying your client several times over. If you are good at seeing the site's resources, then you have earned your fee.

Those resources vary. There may be rampant plant species on the site, as in the case of a city farm of 18 acres that is covered with fennel. Your client could clear the fennel and start doing something on the site. But if you read up on fennel, as I did when I encountered such a site, you will find that just a simple steam distillation process makes fennel valuable. Fennel has a fraction, very easily separated, which is the basis for licorice. The site was already "planted" to a very high value crop that would finance the development of the rest of the site. If you fail to see that, then you have missed your opportunity; you have just thrown most of your income away at the outset. If you do see it, not only can the client process his fennel, but he can buy more, and become a fennel processing center for the area. While there is nothing wrong with clearing the fennel to start an orchard, he might as well use it as he clears it. You, as an employed designer, need to show this to the client.

There are varied categories of resources on site. This is where your field observations come in. Are there grasshoppers? Are they a resource? You need to have at least some basic knowledge of herbs. Perhaps there is a resource there.

Sometimes below swamps and marshes there is a high value, bluish clay. The peats themselves in swamps are a product of high value. If you are going to dam an area, you might decide whether you are going to leave six inches of peat on the bottom, or three feet of it. What is the point of leaving three feet of peat in a dam site? You might as well take two feet of it out and leave six inches as your pond floor.

So you observe the property, looking for mosses and peat, for weeds and herbs and insect life. The site might even contain some salable seed. These are your Earth Resources.

Look for unlimited resources with profit potential. Are there sources of salable energy on the site? Is there a 100-foot all-year round flow of falls, or can you give your client that? Can your client sit at home munching his self-reliance carrots while the electric meter ticks in the opposite direction and the money flows in? Can he sell clean water, which is fast becoming the world's rarest mineral? Is there water on site that can be metered down-hill to other groups? Does your client have an excellent wind site? Is it worthwhile to forget farming and erect a wind energy system that enables him to sell power at wholesale? Is usable wood rotting or going to burn in the next bush fire?

If any of these things is there, then you give your clients their living. So be careful that you do not overlook the energy potential of the site.

We have found that in four years we can grow commercial balsa from seedlings. This was the first balsa plantation in Australia. A three-year old balsa tree is worth about $5,000.

Aloe vera is a burn ointment that retails in pots.

Get your client to put a little bit of capital that he was perhaps planning to put into a fence, or something else which he doesn't need, into the development of some income-producing enterprise.

This is the way you report. You talk with the clients, examine the site, then go home and spent a few days looking through literature or writing to a research librarian for information, for example, on fennel.

Another resource may be eucalyptus oil, which is worth $100 a gallon. But within that gallon there are three one-ounce fractions worth $1,000 an ounce. So with a second small step of fractional distillation in a tiny amount, using a one gallon still, you are $3,000 ahead. An apparatus that costs you $600 will pay for itself in the first distillation.

I had a client in India, the state government piggery, which raises pigs on 64 acres, spreading manure all over those 64 acres. There is so much of it that it kills everything. Yet they had a huge pig feed bill, for they fed the pigs grain. As I walked down the road, I could see breadfruit falling from the trees. They needed to plant those 64 acres to breadfruit and feed the breadfruit to the pigs, increasing the amount of valuable food for the neighborhood. Moreover, the government gets a cheap hog. I also suggested that they give the local farmers breadfruit trees and a pig, on a buy-back basis.

Look at forest management. If ever a fire sweeps across the site, it will remove hundreds of tons of biomass. Whether we remove it for some use, or whether we let it lie there to burn in a catastrophic fire, that is a debate. When you take out dead wood, you don't drop the soil 12 inches, as a fire will. It is well to remember also that we will be doing other forest management things: swaleing, and providing for the growing of more biomass, a lot more biomass. We will be putting a lot more energy through this forest than before. You can allow the forest to remain, as at present, at a crowded standstill, with a slight accretion value; or you can manage it to produce much more biomass.

The client may not see some of the site's resources., Meanwhile, he employs himself with little enterprises that bring him only a few dollars a year.

There are Earth resources: there are plant resources; and there are energy resources on the site. Water is a mineral that is salable. You see all the city health freaks staggering upstairs with two great bottles of water that they bought from some farmer. So if your client has a source of good water, he may be able to sell the water. He can analyze the water before he sells it. Around here, where you get all this acid rain, to sell water would be selling acid.

The site may hold yet other resources. You have to keep your eyes open. They could be animal resources, invertebrate or vertebrate. You must keep an eye out for what might be good there that isn't presently there. That site might be the greatest unplanted goldenseal farm in the country.

I characterize another set of resources as social resources. Does the site lend itself to seminar and teaching work? - To recreation? This depends on the location of the site and on available facilities.

So what can the site produce? All the better if that is a unique production. As a tropical crop, quinine, particularly that cultivated quinine from Java, with about 8% actual quinine in the bark, can be a valuable crop because all other forms of malarial control are failing, and quinine is coming back with a thump.

If the site suits some particular easily processed plant species of unique value, then maybe your client can grow a different cash crop than he had originally planned.

As an example, I turned the site of one client into water. I didn't leave much land surface except the area where he set his house. He went into Australia's first aquatic nursery. He can sell seed and plants and people can come and look at it.

Don't worry about being able to identify each of these plants. The world is full of botanists and horticulturists. All you have to do is design. You don't have to be a botanist; you don't have to be a bulldozer driver; you don't have to be a fence builder; you don't have to be an architect. What the designer has to do is look at the relationships.

This is a big job, becoming aware of site resources. I warn you, it is better to go around the site and contemplate it on your own. Make it absolutely plain to people that you must have a few hours on your own. You might use a spade. Look at the quality of the peat. You might find a bit of good clay. If you do, recommend to your client that he show it to a potter. The potter will give him the characteristics of the clay. That is what happened to us. We bought a 40-acre swamp, and we found that we had two feet of peat, and under the peat was a blue clay. We took it to a potter. He spun it on the wheel and it produced beautiful urns. He said, "I will pay you $6 a bag for that, and so will anybody." We had a clay mine that we didn't buy as a clay mine.

Make sure that if some resource is there, particularly wind power, that your client takes out a permit to exploit the resource on his own land. In America, the multinationals are getting wind power into the same category as mining resources. So if you have a good wind site and they find it, they could stake it out. So get your client to stake it out. It costs little to do this. The same goes for his clay. Get him to take out the miner's rights to his clay. That is part of your report work. It is your job to find out what has to be licensed in order to exploit it. Does he need a license to sell water from his land? I doubt it. If he is on his own hillside, he probably owns that water. Be sure to find out. If he doesn't, he had better take out a right to the water on his land before he gets bypassed. Clients on the seashore need special rights to collect seaweeds or driftwood, or shells. That is why you should have a good lawyer to see that there are no covenants on land when you buy it, or when your client buys it, or when you recommend that he buys it.

A recent client of mine found that he had a gold mine as well as another mine on his property that he thought was just a hole in the ground. They were chartered by the mines department and he had been subject to leases in past times; but the leases had lapsed. Your client might care to do a little part time gold mining, while making his pond. Or he might make a hanging garden in his quarry--another wonder of Ninevah.

Assemble your various resources--Earth resources; biological resources--plants, animals, and insect life; the energy resources of wind, water, wood, oil, and gas; and the social resources that might need rights. You will earn your fee.

If people choose not to live from their land, just point out the value of the available resources, and that somebody else might care to lease them. The client, in any event, might care to take out the rights to the resources on his property.

We have another category to look at, and that is a category frequently missed by consultants -- resources extrinsic to the site, resources that lie in the district. There are the resources of market, or maybe the resources of waste products, or the resources of certain unfulfilled demands in the area. There might be a need for such an item as a soil conditioner. You must point out these resources to your client.

A district may lack various things, such as hardware for which there may already be a demand. Obviously, this country around here is short of tanks. If it is a question of agency instead of manufacture, next year anyone selling tanks could be well off. Just print a pamphlet and leave one here and there; you don't have to have a tank. Sell three, then you get one free. The same arrangement may be responsible for selling certain other equipment useful for permaculture establishment. At least, have the distributor's rights; also, if possible, the manufacturing rights.

The district may produce wastes useful to your client. As you come and go to the job, you ask about these matters.

If you have done all that, you really have earned your fee without any design work at all. We are looking out for the site, increasing the number of ways in which the site stores energy, increasing soil productivity, and building soil fertility, rather than taking it out. If you make a client happy while you are doing that, good. If your client won't go along with some of these things, you can tell him that he wants somebody else, like the agriculture department, or a forestry commissioner, who will tell him how to cut his forest. You are not about to tell him how to cut his forest down. We have an ethic. We work on certain ethical basis.

If you get a rich client, watch it! Keep your mouth shut until you get things together and can present your report properly, and that's very good advice!

I went with one of my friends, who was a designer, to look at a design he had been working on only a few days before. He said to his client, "You should really have a diversion drain down here to increase this water output." His client immediately got out his bulldozer and charged uphill at about 25 degrees and put an incredibly bad canal around the hill. Keep your mouth shut. If it is a rich client, it must be done instantly! Just keep quiet until you get out of there and tell him how to do it properly. Otherwise, he may do it badly.

So you are ready for designing, and where do you start? First, you get your property boundaries set. On a big property, you might have to fly the bounds. Photography isn't much good to you. Maps aren't really, either, except to find out where you are going, or if you want records. It is really just a matter of playing around on your own. The most important step is to experience the site. You are your own best compound tool. You have senses for judging wind and temperature and evaporation and slope. You have eyes. Observation is your best tool. Experience is your second best tool. After that, apply other tools. It might be useful to suggest to your client that he start to make his own plans and decide upon some priorities.

Having determined the property boundaries, you may be in one of two positions. There may be certain things in place, in which case you have to work around them. You are then into a retrofit design. Your most difficult retrofit job is often right around dwellings and buildings, where most of the energy is burned. If you are asked to design a farm, you might point out to your client that you could save him much more money by starting around his house. Spend a day crawling under the foundations and poking about, and leave his farm alone, because his house is costing him much more than his farm. This case is typical.

But if you find yourself in the second position, where nothing has yet happened, it is a very happy state of affairs.

If nothing has yet happened, focus on to how to bring access into the site.[6] Where there are already access roads, determine who maintains them, whether, if you make a road, it will be publicly maintained. Design the access to minimize upkeep. A misplaced road into the site will cost more over time than almost anything else, including the house itself. If you design access according to keyline principles, even if you have another mile to go in your initial road, the maintenance of the road will be so light that you may save thousands of dollars. A road should run very gently across slope and do little turns on plateaus. The access road should run up the center of ridges, right on the top of ridges, so that it can drain. Often this is the only possible place to locate a road in rough country. There are occasionally good valley roads, running along rivers, but they need fairly high maintenance. The designer must pay much attention to access. It is there that you can save your client much money. Be sure to explain to the client why you are doing it that way.

Always finish your access upgrade to the dwelling, no matter if you have to drop it a little to run it upgrade to the house. There are various reasons for this. Most access roads that descend to the house carry water down around the house area, and it is always a nuisance. When your car battery is flat, there is nothing like being able to get a gravity roll. In a winter climate, it is good to have a road in the sun. You will have less shoveling to do. An access road can do all those things and still protect against fire. You can plant to stop snow drifting. Those are small points to which you must attend.

Placing access is your first move.

Then you locate the house site, or sites, if this involves a group of people. In a community design, stress in your report that the free selection of the house sites is just not acceptable. When a mob of hippies moves into a colony, half of them head for the ridge-top and sit right in the saddle dam, and the rest of them move into the bush. These two sites are type-one errors.

If several houses be constructed on a site, as in the case of a land trust where possibly 10 people will build homes, advise them that a designer should select those sites and connect them with access roads. Otherwise, the results will be the sort of thing we typically strike. I can give you a real example. A mob of hippies bought a big valley a few miles long. There was public access to the site. Every hippie either headed for the ridge, or else down below somewhere, and there were a succession of roads going up and down the slope. They should have built on a mid-slope position, with a single access road only about a third as long and indefinitely sustainable. All these roads that they built are already starting to gully out. You don't have the right to do that to land. Nobody has the right to do that to land.

We would designate sun-facing sites all the way along this road, sites that are totally private and totally serviceable from single water, single road systems. You must suggest to clients that these house spots be marked, and people have only to select from the marked sites.

There are criteria for the selection of the house site.

Consider the thermal position. Keep the house site away from the fire tunnels. A house on a ridge in a valley is very badly situated . The valley funnels wind, and the ridge catches it. Get your client off that ridge--just below the ridge. He will lose very little in view. Just get him from that top. On the other hand, it is not a bad site on a ridge where there is a minor ridge between two major ridges. When you are backing into the mountains looking out to the sun, you know, sitting on a little ridge between two ridges is ideal. That is a typical Appalachian site. You will see that time and again.

Look at these figures. Sixty per cent of the energy efficiency is lost just by being exposed. That applies even to your solar heat collector. It is only 40% efficient when high winds blow across it. Most of the heat simply blows away. Don't position a giant house on a bare ridge top. A place like that changes hands every four years, because nobody can stand the misery and the energy expense. If a place is a happy place, it very rarely changes hands, maybe three or four times in 200 years. The miserably sited place turns over very quickly. As a rule, the fewer trees around it, the oftener it resells. Lack of trees is a miserable thing for cattle and people.

So map out your access, pick your house site, and then look at your client's list of things the he wants to do. After you have pointed out resources, people might want to abandon some of these choices in favor of some new enterprise.

Now lay out the water systems. Try to lay out the water, access, and house sites as a single entity. Everything else will fit into that. You need not worry much about the details if you get this right.

There are two type-one errors -- very bad errors -- to avoid. One is to site your client on these ridges, or in wind tunnels, or in fire funnels. The other one is to put people in the bush, to make a tiny clearing in the bush and locate a house in there. From the moment people move to the site, they experience terrible conflict.

Our clients are usually very conservation minded people. They like squirrels and chipmunks and beavers. They don't ordinarily shoot them all day long. As soon as we locate a client in the scrub, we make him a very attractive target for all the local animal and bird population. They are racing for his pumpkins.

What happens? The woodchucks go there. So he has to kill the woodchucks. He didn't want to do that. What's more, he will kill woodchucks all his life. It's true. He has to shoot wallabies, kill woodchucks, go out with a club and beat possums on the head. Yet he is a gentle vegetarian soul. The animals are badly killed and mangled so the client gets a guilt complex. He heads back to town because he can't stand it. He has to leave it to somebody else to carry out this bloodthirsty business, all because you put him in the bush!

Perhaps he has a nice white pine by the fence, and he can't grow anything within 40 feet of it. So is he going to starve or kill the white pine? He is going to kill the white pine. Gradually, the site begins to look like a bit of penicillin in the middle of bacteria. Everything around gets murdered. The client turns into the usual redneck. For what turns a person into a redneck is constant killing. You can turn a gentle conservationist into a real rough person. You did it. That's your fault. Or, if it was somebody else who did it, then you have a retrofit job on your hands.

While it is a type-one error to site a client on a ridge top, subject to fire and cold, and often without water, you must also be careful not to put him where the next catastrophe is going to destroy him--mud flows, or volcanoes. Verify that you didn't do that. You should have this check-list before you when you write reports. These errors are very serious.

If you are asked to design for a site that is completely wooded, first have a long heart-to-heart talk with the client. See if it wouldn't be more sensible for him to buy certain foods from neighbors. See whether he really wants to clear garden space there. If he does, you might as well clear it. But point out to him that he can provide all his food from a very tight situation, such as a large attached glasshouse plus a fully enclosed and electric-fenced eighth of an acre. Suggest that he go in for highly intensive gardening.

There are places in Australia called conservation areas. In one, all 385 titles in the area are owned by groups with a single aim. They limit themselves to one eighth of an acre to live by, and they do it. So it means the whole area is a gigantic wildlife area with thousands of kangaroo and wallaby and possum. Each person who comes there--now by law--has to exist on an eighth of an acre. It can be done. Much food may be produced under glass. There are then no worries about bears and raccoons. Indeed, a tight situation may not be much more expensive than an extensive one.

You might also try to persuade the client to make money out of the forest and buy in his food. If not, go ahead and clear an acre of forest, and make sure the material cleared is used to the highest advantage.

ZONES

The human dwelling is the core of the design. That design might be for a settlement, a village, a town, a house, or a modest cave under the rock.

Around that core, we specify zones. These zones are not really concentric circles. You can indicate them as you like, but what I want to point out is that they are not bounded. It is a convenient, abstract way to deal with distances from the core of the design. Zones in a permaculture design represent places where you are more frequently or less frequently present. I call them zone one, two, three, etc., for purposes of identification. While I have seen people attempt to build those zones with circular fences, we did not do the design like that! Of course, it works perfectly well that way. But that is not really what we do.

I am talking about the distance from the core of the design. That which is farthest should require the least number of visits. The least-visited place around this house may be just below this window. It is more distant than the place in front of the barn. We go to the barn every day, twice a day, to milk cows. We probably go there for two or three other reasons as well. So, really, that patch of country in front of the barn is much closer to us than that bit of ground under this window. There is often a little bit of your house somewhere that you hardly ever see. Any of you who own a quarter of an acre can define maybe an eighth of it that you hardly ever visit. You may go there once a year. If you own 200 acres, there will be a large amount of it on which your foot never falls.

Zone one is the place where you are always present, where you make daily visits. It is around the entries to your house, and along the pathways between your house and any other object that you visit frequently. Clearly define those zone one areas. You place in them small plants, small animals, and those high energy, high production units that comprise the most important elements of self-reliance. The annuals there are in constant turnover, high demand, and the perennials there yield constantly. Keep there small animals that require care--the calves, chickens and ducklings. The more attention they must have, the closer you bring them. It's that simple. If you design this consciously, it is amazing how much more the site produces.

I often tell people to just imagine a big clump of parsley 20 feet away. You've made soup. You look out, it is raining, and you are in your floppy slippers, curlers in your hair. There is no way you are setting out to cover those 20 feet out and 20 feet back. So you do not get the harvest. That happens frequently. You plant so many things that you never harvest, and that do not get the attention they require because they are not under your eye.

It is true with the greenhouse. It is a bright morning. The day is just beginning to warm, and nobody has opened the vents. The seedlings start to cook, all because the greenhouse is way down there, a hundred yards from where anybody walks.

This zone one area doesn't really extend any more than 20 or 30 feet from the foundation of the house, and not from all the foundation. What we are really talking about is a little area that does not ever reach around to the back of the house. It's very close. From that, you get most of your food. If you have any sense, you get all your food except a couple of items from there.

It is nice to have a couple of little ponds in zone one, little four foot ponds, and one of those very close to a path. That's the one with the watercress. That is a pond from which you can take pounds and pounds of food.

It is full of tadpoles. This is frog city. Five or six gallons of tadpoles, and brother, you have many friends. It is really easy too, to select the frog you want. If you want frogs in the top of the trees, you take the frog eggs from the water surface. If you want frogs in the cabbages, you take eggs from mid-water; and if you want frogs running around in your mulch eating slugs, you have to scrape your pond bottom.

The reason is this: Your high life tadpoles, your tree frog tadpoles, are those tadpoles that are free swimmers, and tadpoles stratify in the water as the frogs stratify in the environment. Those tree frog tadpoles are buoyant, they will not sink. The frogs that burrow and scrub around in the leaf litter, have sinking tadpoles.[7] They have to swim hard to rise in the water, and don't very often do so. They live in the pond as the frogs live on land, down in the mulch. So you just make your decisions.

If you send children out after tadpoles, they only bring in high-living frogs, because they never get down to these bottom tadpoles. Those tadpoles in the base have heavily pigmented tails, and the frogs also are heavily pigmented frogs. These tadpoles have changeable colors and so do the frogs. They adopt the color of their surroundings. Big tree frogs climb maybe 80 feet from the ground. Medium size tree frogs occupy the shrubs and bushes, and little tree frogs are the ones that sit in your cabbages.

Within zone one, if you are doing mulch gardening, it is fully mulched. There is no bare soil. If you are a triple deep digger, it is fully made into beds[7*]. All those methods produce good vegetables. We will not make you choose a method. It depends upon what suits you. I'm lazy -- full mulch suits me. You are vigorous, triple digging suits you. Triple digging suits you now because you are young. Full mulching, you will grow into. So technique is not a fixed thing. It is something appropriate to occasion, to sources, to age, inclination and conviction. Mostly, it's a case of conviction. Well, it doesn't hurt to let people have their convictions sometimes -- if they are harmless convictions.

That's the annual garden. There are really two classes of plants in the annual garden -- those that you continually pick, or pick frequently and those that you harvest once or just a few times. The first group includes mainly the soft herbs, and the things that are yielding frequently, like broccoli, parsley, and most of the salad greens. If you don't cut the heads from broccoli, you lose production. If you have a broccoli around the corner, often half of it goes to seed before you get to it.

The other class of vegetable you eliminate when you do harvest them. They are your tubers, roots, head vegetables. Celery falls in between, depending on your habits. We always put celery on the paths, because we always just take two stalks. I never in my life used more than two stalks of celery at a time. I know people who grow celery in bunches and cut it right off. To them, celery is a head plant. To me it is a plucking plant. Those things you pluck closely follow your pathways; those things you cut off lay behind them. There is nothing more stupid than wading through a patch of cabbages to get to parsley, and nothing more logical than bordering paths with parsley, so that you never tread into the other area except maybe once or twice in its life. Design where your plants are to go, so your garden can be fully mulched with high turnover, mainly annuals, some perennials, some biennials.

This garden is under constant invasion. It is very attractive to weeds and running things. So once you have decided its borders, you might very well border it. Select border plants from those that do not permit invaders to penetrate them. You may still leave little areas unplanned, into which people can extend, if they want, or into which they put things that are aesthetically important.

In zone two, unless you have extraordinary resources, there is no way that you are going to continue a fully mulched garden. Two of us mulchers went to Orange Bathurse Agricultural College and laid two different mulch gardens for the agricultural students to look at, and to weigh and measure against their clean-till gardens. Ours was so good that the vegetables tasted better than theirs, produced a lot more. One chap went home and applied nine acres of it!

It is a common thing for people to build a house and then hunt for a garden site. Having found a place for a garden, they make one there. They build a glass house somewhere, and their chicken house. By this time they are worn out. They have to cart their manure to the garden. They lay out an orchard somewhere, and they are desperately trying to get it pruned. They didn't ever have enough time or sufficient understanding to enable them to put anything together.

People will have a little house on a residential block, surrounded by flowers and lawn and shrubbery. Behind the house, way back in a corner, hidden by some discreet trellis, they burn things and cultivate a modest vegetable garden.

You recognize that pattern. It is so universal that to move a cabbage to this lawn is a cause for total neighborhood consternation. A man in Tasmania moved four cabbages out on his nature strip. The council sent two trucks and seven men and had them removed. The truck pulled up, the men hopped out, took long handled shovels, dug out his cabbages, threw a couple in each of the trucks, stood there for a while and had a couple of cigarettes. That act of defiance by one citizen was formally wiped out with a great show of force. To plant cabbages on the nature strip was just indecent of him, totally indecent.

Why should it be indecent to make practical use of the fore half of your property or around your house where people can see it? Why is it low status to use that area? The condition really has one origin, and that is peculiar to England and to the whole British landscape ethic. The British tradition has produced the whole profession of landscape designers in the English speaking world, and much of the non-English speaking world. Where landscape gardeners have never existed, this separation doesn't exist. What you are really looking at here is a tiny little British country estate, designed for people who had servants. The tradition has moved right into the cities, and right down to quarter acre patches. It has become a cultural status symbol to present a non-productive facade.

Lawns are interesting. Remember, there were lawns before there were lawnmowers. In India there are lawns today where there are no lawnmowers. I took a photograph of the lawn being cut on the Taj Mahal. Thirty-six widows moved forward on their knees, cutting the grass with their little knives. Lawn is a salute to power.

The nuclear family these days is smaller, yet the house is bigger. The childless couple are flat out keeping up with this situation. As well as being the lord and lady of the house, they are often the sole caretakers of the whole property. They are in an awful trap, really. They don't use any of that lawn. They don't have any time to go out there and enjoy it. This is the whole basis of landscape architecture. It is a symbol of status.

Well, many people have started to ignore it. I have a friend who has brought the whole design forward in front of his house, and it has spilled out onto the council strip. Out in the street you are wading through pumpkins. Another instance--I was walking up a street in Perth one day, and suddenly in one corner the whole area came to life. Beans and peas and all sorts of vines were growing along the footpaths and up the trees. It looked like a real Eden in this desert of status.

In the Davis village project you have a very beautiful landscape, with nearly 90% of it of some use. But not quite all of it. We don't need to have everything to be utilitarian. There is no reason why we shouldn't have daffodils and cabbages growing together. The gladiola can be a genuine companion plant in an onion bed, so put onions with gladiolas, instead of planning gladioli in the front garden and onions in the back. Marigolds are good to have all through the place. So are nasturtiums, because of their root interference with anything that looks like white fly. They have a communal root interchange with things like tomatoes. When you pull your flowers out of your vegetable garden, up goes your pest problem. Well, we are the pioneers of the new ethic.

In warmer climates, we may even have a lemon tree in zone one. The lemon tree is a daily crop, a constantly used food. So is the lime tree. In the tropics, and even in Tasmania, people use some limes every day.

We must remember to include some access in zone one, and space for dumping organic matter, whether for compost or mulch. We want the space for it reserved, and perhaps screened from view.

I suggest that this zone be bordered and blocked from surrounding areas for several reasons. One is that we want it to be a very sheltered area because it has the highest energy flow-through, and it can provide practically the total food supply. The second reason is that we don't want crabgrass coming in here. So we must decide what row of plants we can put into the border. There are some desirable characteristics we are seeking. They could very well be fireproof. It would be good if they were dark underneath, and if they themselves were highly adapted to low light condition while under them nothing would grow. They should also have some use within zone one, as well as serving some function in zone two. Within zone two they might serve as forage. But in zone one we want manures for our garden.

You might fence zone one, particularly where there is any chance of conflict with animals. A very easy protection, and the cheapest, is a netted fence with an underground layer and a single electric wire standing four inches above the top of it on the outside. I don't know any predator that will get past that, underground, above ground, or climbing. Barriers two feet underground stop most burrowers. When you are not dealing with burrowers, put a layer of fencing on the ground outside and put a rock on that. Use one inch mesh. Inch-and-a-quarter mesh is too large. Chipmunks and baby rabbits will go through it. A three foot fence should be adequate for all but deer. For deer, you would need a higher fence.

We need well-defined criteria for zone one barrier plants. They should be good wind defenses that won't burn and do not allow much understory. Some of the sunflowers and the Jerusalem artichoke planted in a band about four feet wide are suitable. They establish very quickly. They do the job the year you plant them. The Siberian pea tree as a hedge would be a good barrier plant. As you clip it, you can lay the clippings directly in your annual garden as a mulch. We use Coprosma repens (New Zealand mirror plant).

Start your border inside the fence. With browsers on the outside, it provides a high value product for browsing animals, so we don't need to bother clipping on the outside. Clipping inside, we get a high potash-nitrogen mulch that rots quickly in the garden. We can trench it where we will be growing beans and peas, or we can just lay it under our mulch.

We plant a wind barrier along the opposite sector from the sun, so there is no need to worry about shade from these plants. It pays to run smaller permanent shelters within the garden, too. I believe the Jerusalem artichoke, the Siberian pea tree and comfrey perhaps best meet our criteria. We want a plant that is soft, easily pruned, nitrogenous, high potash, and preferably alkaline. Given that set of conditions, you will find maybe 50 plants for that barrier. These plants must be a total barrier, permitting no other vegetation to grow under them, because we want a non-weeding situation. The only weeds that grow are a few dandelions, which we permit, and a couple of bunches of clover, just for teas and salads. We don't have any other weeds in zone one.

Zone one is tightly controlled, weed free. I also like it to be absolutely dig free. Mainly, we eat it. Finish zone one with well placed, irregular entries, which may be cross-wind trellised. You can work it out real sweet, so that you can go through it on a slant, across wind. All this is critically important to the production within zone one.

Through this first zone, leave spaces for expansion. Zone one can expand or contract, depending on your back problems, your age, and the number of children you harbor. Your client may start out wanting a big garden now, then progress to wanting a small garden toward the end of his life. His perennial garden is then bearing. Permaculture designs adjust it to your age. Your yield increases while your digging decreases.

Zone two is not fully mulched. It may contain main crop gardens. They shouldn't be in that little area of annual garden. Here grow crops that you much use, much store, maybe only have a single harvest, maybe only visit three times to fully harvest. Stick a few tomatoes in zone one, but when you are putting in 50 plants, you are not going out every day and pick them, you are going to go through them two or three times, and eventually pull the whole plant, hang it inside and let it finish ripening. Your winter-keeping squash will go in zone two, while your zucchini and your patty-pan squash go quite close to the parsley. You are always nipping them. You could run through any plant list and quickly assign each of them to their functional zones. Zone two might be row-cropped. It need not be mulched. If you have a lot of free mulch, then mulch it. If you haven't, clean cultivate it.

You could put strawberries in zone two. You also could put some in zone one. Asparagus definitely goes in zone two. It has a very short season. You might not run this barrier hedge until after you had gone beyond your asparagus beds and a couple 13 of other things that might require mulch. [8]

The purposes of the zones is to design distances properly. When you do this, it just pays hundreds of times over. Every time I break my own rules--and I do--I'm sorry. Zone one is for lettuce, spinach, green beans, pole beans--the things you are picking every day and bringing in and going out for. It should have lots and lots of parsley. I've never seen anybody with enough parsley.

Raspberries I would put in zone two, perhaps 40 feet away. You are there every day in season, so they are still not far away. [9]

Pumpkins could grow anywhere. I've grown them a mile away at the edge of a swamp, which happened to be a nice spot. They stream through the trees.

Blueberries, in small numbers, are domestic crop. Fifty blueberry plants approaches commercial scale. Two hundred strawberry plants edges towards a commercial crop. You will have plenty of buckets to give away. Beyond that, you would have to start selling them, and be putting in eight or 10 hours a week on strawberries.

You have to think all this out, if you are going to design this in detail.

Get some area under glass. Whether you are designing for retrofit, or new construction, attach the kitchen to glass house with a connecting entrance. Provide a direct view from the dish washing area into the glass house. Put some life into your glass house--a covey of little quail--so that you are not looking at a static situation. Quail come and go--sometimes they take dust baths. Frogs will climb the kitchen window. If you have to stand somewhere doing tedious work, it is awful just to be looking at a blank wall. While looking into this highly interesting design, you don't mind the work at all. We've been able to arrange this in almost every house we've had a hand in designing. I like it. When I return to those places. I always look through those windows. Put a little soft turtle--not snapping turtles--in the pond. They disappear in the mulch, then come back to the pond. When there is something alive nearby, it gives a good feeling. A little turtle living in mulch will eat worms and slugs. Turtles are good little things to have in there. And you can't beat a gecko. The average gecko is designed for glass houses. He will go anywhere in a glass house, upside down, downside up, round about. [10]

Whenever possible, zone two should include the range of some high manurial animals like chickens. House them at the edge of zone one, or very close to it. We are deliberately exploiting a larger system (zone two) to enrich a smaller one (zone one). We do it through the medium of an animal collector.

If your client is on a hillside, and he intends to milk goats, you can use that expanded-mesh flooring in both the chicken and goat houses. You can walk on it. That is very good material, too, to use in mud situations, along entries into the house. Just lay eight feet of that. The mud falls under.

We advise our clients never to dig these animal shelters into the hillside, but project them out, and put in a mesh floor. Look what's on the edge of zone one! When you are working in a cabbage patch, you can grab your rake, reach under the chicken house and pull out manure. That works very well. We have designed several of these. Everybody has been very pleased with them. They always have dry, stored manure and shredded bedding ready to be transferred to the garden.

These animals range in zone two. For milk goats, it is easy to bring a corridor into zone two, with a range in zone three. Edge the corridor with Rosa rugosa, which is a good milk goat plant. Planted just outside a coarse mesh fence, the goats will be doing all the pruning as they come through the corridor. It is often possible to have chickens and ducks contained within zone two. Because they require daily attention, we bring the housing of those small domestic animals, and even the milk cow as close as we can. You can bring it very close without much problem. You can bring it right here where we will be using the manures and we won't have carting problems. The pig, I would usually stock to the back in zone two. In confined quarters, pigs can get a bit messy. It depends on how much range you have. When pigs run on grass, they're very clean animals, and can bed close to zone one. [11]

Zone two contains the pruned orchard, the main crops, spot-mulched crops, thin spread compost, rather than heavily applied mulch, lightly, rather than heavily manured crops. Zone two contains the foods that comprise the bulk of the storage goods of the client group, along with many additional elements, products from small animals. The outer zone is designed to bring the high turnover nutrient to the high turnover zone.

When we collect acorns and bring them in to the chickens, they provide high value manure, and high value mulch. Nut husk mulch is of high value. It is usually alkaline, and high in calcium content. So we gather thinly from the outer zones material that is recycled by the animals for use in the zone one area.

So far, in dealing with zonation, we haven't said anything about how we swivel these systems. We start in to play with them. We set elements on discs and spin the discs to see how they fit. I'm not going to start spinning the discs just yet. You can begin to list the elements: limited mulch, orchard main crop, and purely domestic animals, of which there aren't very many. The Chinese may limit themselves to the duck and the pig. We will include the chicken. In Asia, the quail will be included; in South America, the guinea pig. Western Europe and perhaps New Zealand might bring in geese. The pigeons would be important in many countries. If you look at the old names on maps, you will see that pigeons used to be an element in this culture. Where cot or cote is a part of the place name, there were pigeons.

We are creating a biological funnel. We are deliberately creating a nutrient vortex. We are bending the rules. Everything farms for itself, does exactly the same thing that we are doing. Animals do the same. The Emu may have been among the very first agriculturists. Look at the beaver. The beaver knows what he is doing.

These zones really do have imaginary borders. If you want to bring a milk cow into zone two, it might extend out to two acres. It is still a very limited area. It would be limited to a maximum of two acres. Anybody who is really controlling an acre is feeding many people. No doubt about that.

Did you ever, at any time in your life, make the mistake of plowing four acres and putting it down to vegetables? I did that. I hopped on my brand new tractor, ripped 12 acres of beautiful soil, bought large armfuls of seed and planted the whole 12 acres on my own. I only saw about an acre of it after that. I grew rich and fed hundreds of people on an acre of it.

So two acres is enough. It contains quite a variety of elements, elements that make life worth living, like the patch of apples, and the eggs from our chickens. If you fully develop these two acres, you have a very productive unit.

Some people live in financial self-sufficiency on an eighth of an acre. Other people need 500 acres. The multi-nationalists would need several million acres, scattered around the world.

If you think it out, you can earn a livelihood on a very tiny area. There is a man near Melbourne who provides the parsley for the town, which is about the size of Boston. Around Boston, you rarely see parsley, except little bits laying on the sides of plates, strewn on butcher shop meats, little bits of it within the salad, placed here and there. Much of it is not eaten. I always eat mine, but some people just leave it on their plate. So every day, each day of the year, this man harvests two boxes full of parsley and he makes a good living out of it.

There is another person who was a clerk in the city. An eight-acre farm in the hills, with a modest little house, was for sale. The previous owner had died. The city clerk had just enough money to put the deposit down on this property. He wanted to get out of the city, yet he was terrified to get out. This property was just at the limit where he could drive to his job. So he bought the property on a Tuesday, and went to work on Wednesday, Thursday and Friday. On Friday, when he came home, he looked around the garden. It looked pretty wild. There was nothing much that he could see to eat in there. So he determined to clean this garden so that he could get organized. He arose in the morning, took his tools, and was about to make a hole in this horrible mess, when a gentleman walked in, well dressed in a suit. The gentleman said, "Can I cut my flowers?"

The man asked, "Who are you?"

The gentleman said, "Well, I am an undertaker, and I had an arrangement with the former owner to get our flowers here each weekend."

So the gentleman gave him a check for $50 and wandered into that mess and came out with armsfull of flowers. That happened three times that weekend. This city clerk never went to work again. The previous owner had established a system so that every month of the year there were flowers. He died rich.

How much does it require to get out of the city? It all depends on how clever you are at discovering the needs in the surrounding area. You might just grow water chestnuts. It is up to your ingenuity. You can think big and have a thousand head of cattle, or 2,000 chickens. Or you can make a very good living and go around the world once a year on half an acre.

So it is up to you. If you want to enlarge that glass house and become a neighborhood supplier of certain essentials, then you wouldn't even need half an acre. If you want to go into the market against the beef growers, you make a big investment. But if you want to go into your own small market situation, you need very little.

One gross error that we have all made is to try to occupy too much land, and not really develop any of this land we have. A casual glance around this place here will show you that at least 90% of the resources are un-used, 10% partly used, and less than 1% used in any effective way. So you have two approaches. If you care for it foot by foot, you are high and dry long before anybody that tackles it on the broad scale. Not only does almost everything you do work, and everything you plant survive, if you treat it that way, fully occupying the area, you don't need to extend very far. But in broadscale orchards and hedgerows, the amount of success decreases as you extend. You will be putting much money into something that is not going to work anyhow. So, as designers, stress this nuclear approach.

We can point out on the site areas to reserve for vital uses, so that we won't be putting the future pond site by the house to some other purpose. We won't plant it to trees, but will prepare it for its eventual use.

The borders we need to establish will become apparent as we start to analyze the activities that the design requires. There will be many borders, not as simple as that one bordering the zone one garden. These have many criteria.

Beyond that, we come to zone three, which is just a name, of course. Here, we design unpruned fruit and nut production, with a high proportion of seedlings. We go into the management of existing resources. It is in this zone that the Portuguese graft onto existing oaks, or existing vines, or even wild vines. We start to adopt infrequent management strategies right along with our intensive cultivation strategy. We devise all sorts of self-harvesting systems. We use different techniques. We are into adjustment rather than ordering. We drop many of our power plays and become more sophisticated.

The animals within zone three verge on the non-domesticated. The animals themselves take on a different life style. You start to select species that are more self-caring. Most sheep are not domesticated animals, and can go within this zone. Milk sheep come closer in; the wool sheep go further out. Beyond that, there are only certain things we might bring into this zone. We might bring in water; and we might bring in firewood and structural timbers. It comes down to what your client wants, what he thinks is basic, and what he can handle. There may be clients who want to rear deer as their main activity. In that case, you shift zone three inwards, because the client doesn't want much of that zone two function.

You can bring a corridor of zone four right to the house, allowing you to feed deer at your back door. I like wallabies right where I can sit and talk to them.

It is easier to bring in birds, because gardens, shrubs, and trees attract them. For clients who are so very fortunate as to have a beaver dam or some wallaby or deer, you can often lead these wild elements to the house or very close to it. [12] You can attract them with plants or surplus nutrient, deciding which of those elements are appropriate. If you want to bring in a porcupine, you do an entirely different design than if you want to bring in a snapping turtle. For snapping turtles, you might need a canal coming in there, and many spare chickens running along the side of it. Then you'll get snapping turtles.

I had a client who had 8,000 acres. Every place he looked on that property, he could see a suitable place for a house. He couldn't make up his mind. So he asked me to help him decide. Within these 8,000 acres was a marsh, a low lying area. I said, "What will you do with that marsh?" He said, "Drain it, and sow it down to pasture".

Well, we had a fire problem in the area, so I didn't want those swamps drained. With a very low Earth wall, maybe three or four feet, we created a lake from the marsh, and a little house on this lake. Running right to the side of the house, we have lawns that are swan-wombat lawns, quite thick with swan and wombat. This at least gives the impression that he is a gentleman of leisure, with his green lawns stretching out along the lake shore. His lawnmowers are these wild elements.

He is tickled pink with this, really pleased with it all. Had we not used these elements, he would have extinguished them.

I have come fresh from another and opposite example. Andrew and I were employed by a vegetarian community that had several thousand acres. The site of that community was the only opening in the forest. These people don't eat animals, and they don't fence against them. They were trying to grow vegetables in there, and attempting to grow nut trees.

This environment attracted everything that ever ate vegetables. From that great forest came kangaroos, emus, wombats, dingoes, cockatoos. I need not go any further, because you haven't a single thing left--not an apple, a nut, a lettuce plant, or a pumpkin. They hired people to poison and kill those animals. All around their settlement, over a very large area of forest, there was nothing but death. All because they are vegetarians, there are now thousands of carcasses rotting in that bush.

What I am asking you to do is to take the opposite approach, guard the garden area and control some of the elements that enter into it, and let the other things live.

Well, I think we may have had an influence on them. We gave them a set of tactics, showed them how to use these animals advantageously for fire safety and for other considerations. They needn't eat them, but they could let them live.

They have plenty of money, so they can bring in guarded corridors. Around their caravan sites and camps they can have any number of wallaby. There was an area down the road that had done this, achieving total fire control, just from wallaby alone. Wallabies are very short grazers. Wombats are even shorter grazers. The average wombat hardly eats anything above an inch high.

That was an eerie place. I just felt awful in it. I had never been in such a bad place. There was a feel of death.

Dogs are bad. Many vegetarians have dogs. I was in a vegetarian community once where they had 36 people and 82 dogs. There is a lot of this in the world, I can tell you. I don't know what you would call it, but I think it is schizophrenia.

When people get hung up on some belief and try to impose that belief on the environment, they are forced to some horrific solutions. Imagine what it would be like in 10 years with that process continuing!

Here are situations where you intervene. Here you have to make that marriage between what the client wants and what the environment wants, looking out for the environment before you look after your client. Keep the swan, protect the emus, and still look after your client. You might have to do it with useful corridors.

I have probably completed some 800 designs. I always bring these wallabies in as lawnmowers; or deer, as sumac pruners; squirrels, as acorn gatherers. When clients begin to see how it works, they then start to value this other tribe, whereas before, they warred against it; they killed it. Your business is to adjust the site to the client's requirements, while protecting the site.

Extrinsic energies, energies coming into the site, need to be defined for each site regarding direction, intensity and frequency. Evaluate these things. If both intensity and frequency are low, you might not even consider them. If one is intense, if you get a high frequency or high intensity at low frequency, you take note. It is up to you to define the number of those influences that affect a center.

Sunlight and heat enter. This is a direct radiation. There is the flow of cold air or hot air masses across the country. Look to the transfer of colds--the lateral transfer of colds that travel across the surface, cold wind from the other way. You get a brisk south westerly wind hitting the side of the mountain and coming around due east on this side. Every time you get a south westerly wind, you get a screaming easterly. When you visit the site, you will learn about it. Forget the local weatherman. He's has his station two miles away. It is 100 feet from anything, and not near any hills. He is making abstract observations that don't apply to anybody in the district. On the site, right on that particular site, there is evidence of climatic long-time influences. Note these things.

The site itself tells you what happens there. I find it very difficult to work from maps. I might modify them very little when I get to the site, but I prefer to put the maps aside and go and look at the place.

There are cold winds coming in and hot winds coming in. We can use them in various ways. We can use them to cool, or we can use them to heat. Also, we can use them to neither cool nor heat. We can use a cold wind to generate enough energy to offset its cool. It is necessary to think in several different ways about each of these extrinsic energies.

You can make a perfectly good freezer with the sun, and a perfectly good heater with the wind. You make heat from wind using a simple device--a vertical axis windmill that stirs the water kettle inside the house. It has a kettle with fixed vanes. The force of the wind creates a tremendous turbulence. It generates heat. The colder it blows, the hotter it gets. Canadians use this technique .

There is another device that somebody described the other day. Hot desert winds may be used for cooling. Raise a winddodger, a little sail to bring the wind down to where you have pots full of water with wicks. The hotter the wind blows, the faster there is uprise of water in the wicks. This has a profound cooling effect.

Because there is a cold wind, it doesn't mean you need to be cold. Inside a closed situation, you take energy from another situation and make it work. You may use that energy to cool something; or you may use it to heat something. Define these energies, the intensities and frequencies, and then manage them.

In the summer there is a wind off the hot wind, which is itself a refreshing breeze. It is a low intensity, steady breeze, which is the one we use for cooling. Summer brings the fire catastrophe wind, which is a continental interior wind. We have a sector for cold winds, because cold wind comes in and backs around. In this region right here, you are in a circulation cell. You can see that the winds start to circle in steadily from that sector. In setting your defenses, you must treat the whole sector.

Depending on how much room you have, bring your access in to the side of the house site, so that it is possible to defend the house site from that wind path created by your access. It Is a type one error to place our client's house site on the edge of the property. Sometimes you don't have a choice, but if it is possible, move him in a bit.

Define considerations such things as wind, fire, and sun, as well as noise, privacy, views and aspects. People in flatlands appreciate the view of a distant mountain peak. They like to watch the light changing on it. Views are a component of the design. To obtain the desired view, you can move the site of the house up or down. You can give your client a pleasant look-out on the roof.

A retired sea captain will have a house with a bridge deck above. It will always have a telescope on it, and there will be a flagpole. When a few of these people settle around one area, it becomes the architectural norm of the area. Every home is patterned after that of the retired sea captain. It is cold and miserable on the flying bridge. You will want your pea jacket on, and you will need to be pacing back and forth just to keep warm. You will have the cook coming up and down, bringing you hot cocoa. All that escapes most people when they build this kind of house.

Your hardy open-water skipper has an open deck up here as well. There he is -- he's happy now. He's got his wheelhouse. When storms come, he goes up to his wheelhouse, gets out on the open deck, because he really has to con it then. He's just making sure no rocks come up in the middle of the night.

The worst problem is the one with the wind-view conflict. You get even a small hole through vegetation, and it gives you quite a draft, even when you have no severe wind problems. Leaving a gate open into a garden is very destructive.

A view is something that a person looks at when he first moves in, and when visitors come for the first time. He points out, and says, "It is a fantastic view."

They say, "Ah, it is, isn't it?"

Sometimes I say to my client, "I will throw your windbreak around your house, and I am going to build you a little retreat up here. It is going to have a little cupola in it with space for a few chairs. Make an expedition to the view." Clients like that idea. We make them travel to zone three to look at the view. It's a short trip, and it gets them out. They really look at it when they go there for that purpose.

I moved into a really fantastic spot once. I had picked it out from a map. I was looking down on the mountain from two or three thousand feet above. The cold wind came screaming over. There was a big forest behind. I had a grand panorama, could see the islands around. There are just miles of islands. I built a little lookout there, just to go there and look at that panorama, and kept my dwelling in a sheltered, cozy spot.

So you have solutions. They should be multiple. You may want to remind your client that it will never be the distant view that he will be always looking at. He will be looking at the quail in the glass house. He will spend much of his time looking at the near view, the detail, such as a bird-feeding table.

The best view to provide for a child, or an elderly person, or a sick person, is to put bird-attracting shrubs right against the window of their room. A friend of mine, a professor of botany, had a fuchsia that came half way up his window, and the birds worked there. He wrote more papers on the interaction of birds and flowers than he did on botany.

Well, I think we may have dealt with some of the view conflict problems. If we haven't solved everything to our client's satisfaction, we may have given him enough alternatives to get him fairly well looked after.

Consider the fire sector. There are obvious fire-immune elements in the zonation that you can place to intercept fire: mud crops, mulched garden, roads, short grazers, summer-green systems, low-litter plants. What you swing around and interpose toward the wind may be the very same set-up that you use to feed the pigs. Your windbreak could be a tall forest of marsh species. On rises, where there are no high hills on the other side of them, you may have to build a very high radiation break very close to the house. Where winters are long and cold, we might come tightly in with pines, or some columnar green species, to keep the house warm. You might put them tightly against the house and then start zoning out farther. They will be mulch-productive and they can be a place of winter refuge for birds and animals

For every element we place, we make it work in as many functions as possible. These are the ironclad rules of design. If you have those rules right, anybody, anywhere, can point to any element you place, and ask, "Why did you put that there?" and you have answers. "Because it collects manure, because it keeps the grass down, because it defends against fire." A designer must have answers or he is not a designer.

To some extent we are working on a three-dimensional system. The elevation of the sun, the slope of the surface, the flow of water, of air, all affect where we place things. All the elements must be used to the greatest benefit.

Besides length, breadth, depth and elevation, we have yet another element to consider--the time element. You must plan for evolution in the design. You can and should have quite an input into the orientation and the decision as to surfaces in and around dwellings. Because you know the whole site pattern, you should work with architects. Some of you here are architects. Interaction between the designer and the architect is a fruitful interaction.

In the time aspect, it always pays to set priorities. No client has unlimited resources. Therefore, you must set the criteria for the client's priorities. Try to persuade the client, no matter what his wishes, to install energy-productive systems first; second, or concurrently, energy-conserving systems; last, those that consume energy. We should design for caloric efficiency. Given that you have this as a theoretical layout, and a place to start, you can proceed with some competence, as you start throwing these wheels and sectors out.

The great difficulty in any design is determining where to start. We give you two or three good starting places. You can start a water lay-out. Then select a house site. Around the house site you start these wheels and spokes. That is a good, straightforward approach. Last, look at special features on the site, like a big rock on the seepage area, or a growth of sumac. When you consider these features, view them as resources. We can always build them into the design. People are always drying marshes, and digging rocks and getting rid of them. Just to save our client all that work, find some way to use their special characteristics. That is design.

EDGE

I move to a topic that fascinates me and to which I have given much thought. I call it edge. First, I want to define an edge. Where things join, there are edges. Those edges can be more or less complex. An edge is the interface. It is that steel- strong film, the surface between the water and the air; it's that zone around a soil particle to which water bonds with such fantastic force. It's the shoreline between land and water. It is the interface between forest and grassland. It is the scrub, which you can differentiate from grassland. It is the area between the frost and non-frost level on a hillside. It is the border of the desert.

Its characteristics are common to all those crossings. Everything I know of pauses there. I have never seen anybody with any sensibility walk straight from the forest onto the plain, or straight from the plain to the forest. Edge gives everything pause. Everything spends some time there. Further, in natural systems we find within edge a kind of species or productivity that sharply increases, and potential interactions increase. Therefore the energy flux is greater through the edge.

To realize the effects of this, look at those extraordinarily rich areas called reefs that divide the abyss from the atoll. All good agricultural scientists never gather samples from the edge. They will discard the first two meters and walk into the crop and sample within crop. Why? Because edge figures are often biased toward much higher production. The truth, according to agriculturists, lies only within the center. There are beneficent and non-beneficent edges. If we are agricultural scientists, we don't measure the yield of this windbreak. When unlike systems are butted against one another, one or both might measure a drop in yield. But, generally, we agree that the edge is very rich because it has species of one or the other medium plus species unique to itself.

We wouldn't do very well growing a tomato crop against a pine forest. Yet, a blueberry crop might grow well there. About all that there is not much doubt. There are many areas in which results have been measured, though I don't know of any book that has put it all together.

Edges enrich species and their interactions. In tidal marshes and in mangroves and in barrier reefs and at light edges, the interaction, the standing crop, the energy flux and yield are all greater. Therefore, by increasing the amount of edge in the design we probably can increase total energy flux. So we say to the agricultural scientist , "Why take the lesser yield? Why don't you just take that edge into account, increase the edge and double the yield?" But the scientific mind doesn't work like that. It works on a per-acre basis. However, it doesn't stop us from working like that.

So far, we have been looking at species and yields, diversity and energy flux. I will tell you how I came to of look at edge this way.

Whenever I would go through central Australia and spend some time around the aboriginal camps, I would see the women doing things that, for reasons I couldn't define, fascinated me. They were working with all sorts of pigments and all sorts of media to produce very elaborate patterns. The Pitjantjatjara women do much of it. These patterns are on windows and on dresses. When the women are sitting about telling stories, they make these patterns.

A basic part of the aboriginal society's belief is that women once knew everything, and that men had no knowledge. This is also the belief of the Celts. Men were in a stage of ignorance and greatly dependent, because the women only doled out bits of the results of their knowledge, never the processes. By a brave kind of raid into a section of celebration, the men were able to take a few important ceremonial objects. By observing the ceremony, they were able to seize a modicum of knowledge -- not much of it, but all that they have.

The men in the aboriginal tribe to whom I can talk, and who are permitted to tell me things, can't tell me anything about this. The women, to whom I cannot talk very well, can't tell me much about this because there is a lot about it that is none of my business. This is women's business.

The men don't know anything about it. They know about some other things, very different patterns; but they don't have any knowledge about this. I couldn't learn anything from the aboriginal men, and the aboriginal women said they are just their pattern, the pattern of stories, old stories. That's it for them. No more explanation.

One day I took off in a light plane to go north. We got lost in the desert. The pilot was nervous and we were wandering all over the place. From the moment we took off in this light plane my worries were over, because I saw at once that these patterns the Pitjantjatjara women are making are the patterns of the desert. I just went on with my camera, picking up variations on the women's patterns.

What the women were doing, and what they knew they were doing, was to describe aspects of desert ecology in terms of story and myth. These are ecological maps. They are accurate -- the spacings are precise. One woman talking to another woman a great distance away can send her to a single stone and a single salt pan at a distance, to a place where the other woman had never been and she will accurately locate it.

The aborigines would say that I had an unfair advantage when I went up in a plane. They can't do that. They have to go up on escarpments and look out on the patterns. Once I made the connection, I made a second jump in their estimation to what they call another 'revelationary level.' It was only about five days later that I was sitting with them and they brought a pattern out and I got it straight away, and I pointed to something and I said, "Women's camp." They said a word, and I said, "What is that?"

They said, "I think you are wise beyond most white men."

If you can get this grip on what these people are doing, you will see that it is representational of their whole life. You have to look first to the environment, the patterning of the environment, and then revelation after revelation follows.

So I was very happy with that, and that gave me much thought. Not only are the hills like that, and the plains like that, but I have since then looked at some of the beautifully illustrated books published here in America, and many of them have photographs taken from the air. There are many places where these patterns exist. In the Pitjantjatjara country, the celebration, the way, and the pattern are indistinguishable things -- a totality. The women have charge of most of the celebratory powers. The men have those parts that they pinched, and which the women bridge. There are always those areas where everyone joins in.

If you go to any part of tribal country, no matter where it is, there isn't any place where somebody isn't in charge of it. You have to make inquiry, "Who do I have to ask about this?"

They will say to you, "In that section, it will be that woman in that skin."

She will come there and talk to you about this. I will say to her, "Can I plant a tree up there?"

She will say, "Can't even go up there."

or

"Yes, you can plant some trees here."

Somebody is in charge of all of it. Nobody is in charge of the totality; and everybody has a bit -- which is interesting structuring when you think about it.

About 12 months later, I was driving to Albany, in West Australia. A friend, Dennis McCarthy, was with me. We were covering 180 miles a day and talking. I said to him, "Edge, McCarthy!" We were passing something that made me think about it.

McCarthy didn't say anything for about 20 minutes, and then he said, "Edge harmonics, Mollison."

I said, "Why ever did you say that?" He said, "Because I am a mathematician, and edge harmonics has been my study."

I said, "McCarthy, I don't know why I think this, but I suddenly think you said something very important."

In my life, and probably in yours, we go along and nothing happens--intellectually nothing happens. You come to the end of what you can do, and you are on a plateau. Then you get a feeling, just as if you are going to sneeze, a feeling that you have accumulated many insights and that something else is going to happen. Again you plateau. I thought about edge harmonics. I thought back straight-away to these patterns. I thought, "I'm nearly there."

So I said, "We come to edge from a different way. We come to edge from its geometry, from its structural characteristics, and we get out of that straight-line idea."

When you look at the patterns of the desert, or the tundra, or the villi in your intestines, or the surface of your brain, you can see that every time we take an area from here and put it there, moving in an even harmonic about that edge, though we haven't altered the area, we have enormously increased the edge. So, if you like, without taking any cows out of the paddock, we can induce an enormous yield at the edge of the paddock. Without reducing the oxygen surface of the pond, we can give it as many times more edge as we care to do.

The harmonics of the edge may decide how much genetic material exchanges between sections of the media, or across the edge. It decides matters such as shelter. It decides the productivity of the edge itself. We're on to something.

This verges on something else. Refer to my classical humid landscape profile (Pamphlet 2). This is a harmonic, and often an almost endlessly repeated harmonic, and it contains potential.

I figure that this horizontal elaboration of edge is what life forms do when that vertical elaboration is not possible. This is true of biochemical harmonic. This is also the case with a biophysical harmonic.

When one thing is no longer possible, then something else occurs. You will see that an increasing component of this results in a decreasing component of that. Both systems yield, but one yields in another modality. So I'm wondering here what entropy is, or whether entropy is even permitted? If that stops and that starts, then we haven't stopped being at work.

Maybe you will form that into a rigorous explanation. But I know with absolute certainty, over a whole range of phenomena, and from my own investigation into math, that the boundary condition is critically important to many things. We pay too little attention to the boundary condition.

We have here a very powerful tool. We should use that tool in design. Where it does not cost a lot, it might benefit us greatly to produce this type of edge condition. Sometimes, we might have to work out how to use it; and, sometimes, we cannot get it. Sometimes, we have a choice whether we do a simple, unelaborated design, or whether we elaborate it.

Imagine a surface in which, although the surface is equipotential, its components differ. Imagine we make a dead flat surface, some of which is salt, some of which is clay, and some of which is ice, and so on. Then we subject it to heat and light and various influences. It begins to move in different ways, and in the movement it will draw apart, and get together, and some of it will push at other parts of it. What results is that things start fitting into certain harmonics, depending on the degree of difference, the type of differences, the type of inputs and the things that happen to it. Sometimes it rains on it; and sometimes it dries out; sometimes it goes into little cracks: bits of it leave other bits. After much time has passed, it may take up some resolutions. Those resolutions now represent different chemical gradients across the surface. Of those chemical gradients, we get different biological components--more or less salt, more or less clay, and so on. Those start to elaborate the pattern with little dots and specks. Things like spin effects occur in discreet clumps in a certain zone--islands in your harmonic. These start to elaborate another pattern. [13]

It has given me another perspective on edge that I am still throwing around in my mind. I'm not sure that I really have any good grip on it, but I know it's there. The first level of revelation has arrived. I know it's there, and know why it's there, but I don't know how to handle it very well. It was there all the time. I hadn't seen it to be there; but now I do.

Take the blueberry as an example. It appears to grow at the edge of clearings in pine forest. We may have a client who has come through agricultural college. He wants to grow a lot of blueberries, which are going to be his commercial crop. Leave it to him to grow the blueberries, and he will clear his area, his pine forest and his pasture, and set out his blueberries as open row crop. I've seen it done. If we can persuade him to loop his rows of blueberries through his plantings of pines, and run his pastures into there, then we might get him the equivalent of an acre of blueberries on a quarter acre, and probably double the yield of the blueberries. [14]

When asks me, "How much land do I need for strawberries?" The true answer is, "I can't possibly imagine; I haven't had a go at it yet." [15]

I had some box-thorn clumps that were a couple hundred years old. I went through them with my slash hook, doing things to them. Going from a 35-pace diameter clump, I ended up with 286 paces of edge, and I still had the clump practically intact. I then went along planting the edge and experimenting. I found that I had also designed a fantastic number of climates. I had cold winds there, and I had hot, salty winds here. I had shaded, dry, cold, salty, hot, and wet areas. I had an enormous amount of potential within that box-thorn clump. I did this just before I came away on this last trip. I had only started to work on it.

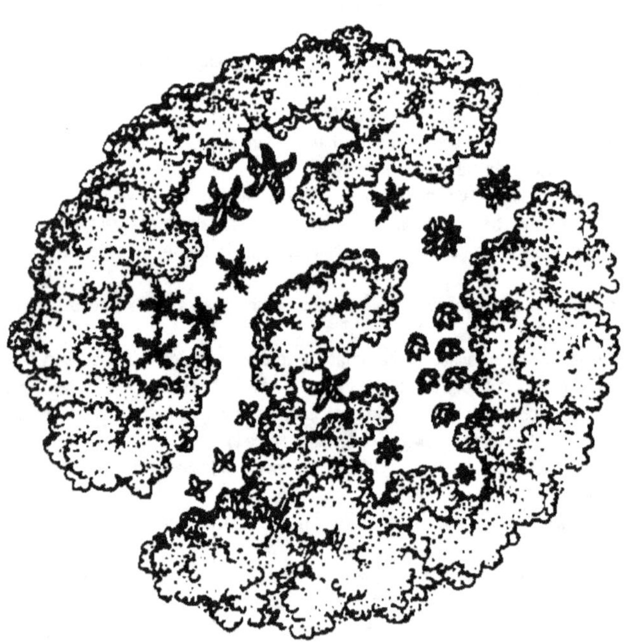

We can't grow avocados because of the hot salty winds. I said to myself, "I will put a few avocado patches in here -- I might even be able to grow bananas." I didn't know, but I said, "This feels like bananas to me." At the edge that was very hot, I planted avocado. It lived all right; but I had it in a desert environment, where the rain was shut off. I would have to bring water to them or pant a desert species of avocado. Just as I was starting to get sophisticated, to work out where I had done things wrong, as I was beginning to experience the situation, I left, and haven't been back. The last time I saw my banana, it was unfurling; but I don't know whether it was unfurling any bananas or not. It was over a thousand miles south of banana country. That thorn bush had a banana hole in it all right.

MICROCLIMATE IN THE BOX-THORN CLUMP

We are establishing an unmeasurable situation. We wouldn't say, "How much yield in an area?" I don't know. I have not wiggled around enough in here yet. I'm just lifting that idea, and I don't know how far I have lifted it. I think when it comes to doing what we must do, we can't devise suitable measuring tools for it. You, yourself, are everything you need.

I'm beginning to believe that rectilinear mathematics might have partly determined agriculture. If you establish something and then attempt to measure it, you are going to set up a grid. That is an easy way to deal with it. You set it up to measure such things as yield. When you have given your results, you have put your pattern on it, and people go right ahead spawning out thousands of these patterns. [16]

What we are dealing with is things that have predictive inferences only in a dynamic situation. The blueberries and the pines march into the field, and into the ponds. Once we observe the way things accumulate, possibly we can predict how much will accumulate, and from where, and in what time.

Learn to wander a bit through that landscape, which is how Mike Corbett led the bulldozer into his new settlement at Davis. He marched ahead of the blade, and he said to the bulldozer driver, "We are going to make swales. I don't know how to do it, so let it be!" The whole settlement is patterned on Corbett's wander on foot, stopping sometimes to look at the Earth, and then marching on, wandering through, looking back. That has been an extraordinarily effective wander. Many energies have come out of that little wander. So what I am saying to you is, do a drunken walk through your site, if nothing else. The flatter your site, the more appropriate is the drunken walk. That's no way to string fences, but within the site, once the boundaries are set, you can elaborate these things in this manner.

I don't want to leave this area alone I keep toying with it. It gives me lots of wonder.

In any case, I have designed with it. There are two ways that you can use it. You can carve it into the existing structure, or, if no structure pre-exists, you can superimpose it. I think we may arrive at something that looks like a scarp, the way a scarp ends up once it starts to retreat. A scarp doesn't retreat in line; it is intricately broken, throwing out ledges, pinching off islands, the desert buttes and towers. This situation is very easy to maintain because that is the way Nature would be doing it. Too often. you get a corps of land engineers who will hop down through the desert and straighten everything out, make it right. Now the desert is in trouble; because it really didn't want that.

Eventually, it breaks that constraint, breaks like a wild horse and plunges. Where we have structures, if we imitate the flux, we will get a much more easily maintained design, as well as having all these advantages of edge harmonics.

The botanists cannot tell you any of these things that we want to know. What is the harmonic of tea-trees along a swamp? That is why we have to write our own species index. Nothing published is going to be of use to us. We are not interested in the number of nuts per square foot.

There is God, giving an actual report on what He (sic) did. In the beginning there was nothing. The Earth was void. So what He did was strike off differences, to say, "There are waters above, and waters beneath." Before He did this, there was no difference. But now He has done it. He has divided the waters above from the waters below. Now He can place any number of events. He has a place in the void where He can start. As Almighty, He can make the rules. Any event that takes place on an equipotential surface will leave stresses in the media, and the media will rush to relieve stresses. Media interacting with media through the event will create an end event--like that! It looks like a tree! So from then on, a series of phenomena result.

Now we take over. We are doing this. We can start at any point on the sphere (Earth), and the results show at any opposite point on that sphere. It is becoming predictable. This part of a root system feeds this part of a tree crown.

So here is another way of thinking about things, particularly about the thrust of the event into the media. If you look at many trees, you see them spiraling through the landscape. Starting at the point of germination, they advance through the hills and into the sea. That enables you to read landscapes as to origin. It enables you to place anything that lies within such a place accurately. Think about a tree in terms of how suited it is to the environment in which you place it. You link what was previously a set of disparate phenomena in different disciplines into a single theoretical framework. It is pattern recognition.

PATTERN RECOGNITION

That is why certain things bug you and keep nibbling at the edge of your consciousness. You keep plateauing along, accumulating more examples. Then it impacts, and you get that "about to sneeze" feeling. The examples are getting so numerous that you are about to recognize the pattern. People have tried to assemble a set of patterns. Very few of those people present us with the heart of the pattern, that which fits together all the circumstances.

The only reason why you have to prune apple trees is that they mature too fast. The trees fruit too early and cannot support the weight of the fruit. Therefore you might care to adjust things so that you no longer have to prune. You do that by working away on one or another of these media. You can make it more difficult or less difficult here or there. Once you get that adjustment right, you are going to know how to do it. Furthermore, as soon as you look at a situation, you can immediately read from the tree itself whether somebody has work to do there or not. [17]

These are tools for creating edges. I am not much interested in laying around worshiping these tools or in putting them on charts and admiring them. I am very interested in going out there and working with them, imperfect though I find them initially. The more you work with them, the better they work for you.

I was lying in bed one night looking at the ceiling, and I was figuring -- the problem with these patterns is that the are all two-dimensional: they don't end in the air or go down into the ground. The image of a sea shell came to me. Well, shells assume that shape for a reason. It efficiently stacks much digestion into a little space. So I thought, "Well, why don't we make our gardens go up in the air and down in the ground?" We never think of that. We get the string and rake everything out and make it level, and we do all the patterns on the flat, and if the garden wasn't level to start with, we soon level it.

A ziggurat is a holy spiral that ascends a tower. You can see them all over the Persian plains. Some of them function as brick kilns. But some of them are holy places. Get a paper and cut a spiral in it, then lift it at the center. Up comes this little flat part. To prop it, you have to make little rough walls to keep your path in the air. Make a little rock cairn, and then wind the spirals up around the cairn. The next day I went out to the garden and built a ziggurat about six feet across at the base. I said to myself, "Why should it not go on burrowing down in the Earth, too?" It would give a completely different environment. The end of it could hold water. I built the whole thing in an afternoon.

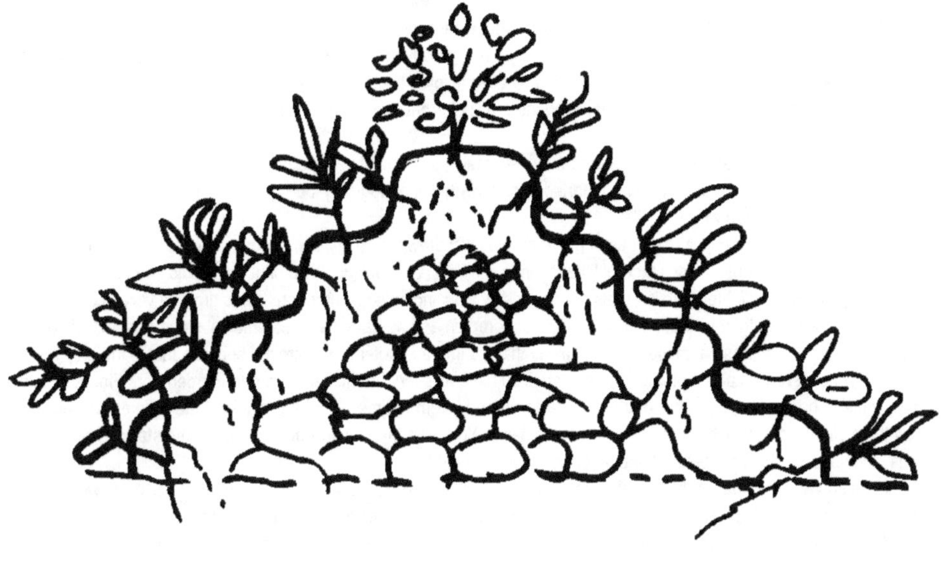

I had designed a variety of micro-climates, shaded and semishaded niches here and there, and bright, hot sunny places to the west and east. It is now a pretty little bed. It probably pays to use fairly permanent plants in this kind of bed. It is superbly adapted for culinary herbs. You have different drainages from group to group, different heats and shade. Well, about four months after I built it, I suddenly realized what an idiot I was. I found I had forgotten that I had two surfaces. It is possible also to grow out the sides of it, as well as on the flat. I tried to compute how many feet I've got into this. I think it is about 51 feet of row, which is quite a lot. There are no inter-row problems. You get much parsley and chives and thyme, with a little rosemary on top, and tarragon and other things down a little way. Maybe two of them would contain enough varieties to satisfy the most finicky cook. It could have all the herbs you commonly use.

It fits neatly outside the door, and is aesthetic. For the pond, just split open a plastic bag, put it in the bottom and fill it with dirt. You can grow a lot of watercress there.

I was really pleased with that. It condensed space, it reduced intercrop, cut down plant competition. Every plant has plenty of root space and plenty of climbing space. And it relieved the awful monotony of the flattened out landscape.

Another example is a circle-garden. I think we should pay a lot more attention to the advantages of these geometries, and the appropriateness of them. I wouldn't advise anyone to go spiraling all over their garden, or circling all over their garden, or wandering all over their garden. I think there are both appropriate and inappropriate geometries. I merely wanted to point out to you the elegance of that open spiral in a flatland situation. [18]

When you play with a site design, play with patterns. I believe one may play mainly with curvilinear patterns. Because, when you start to draw winds, like the winds that circle around the house, you have started a pattern that may logically be continued. You will find that you have designed other conditions that you can favorably use.

The aborigines were taught European gardening. As soon as supervision was withdrawn, their gardens began a subtle change. I regret that I never made a drawing of one of those gardens. It was made of little mounds, little lips, and looking down on it, you could see patterns there that took on all sorts of totemic shapes. I was delighted with it. I thought I never saw anything so non-European. It was growing very well, too.

As for the garden, the only Earth shaping they had done was in terms of ceremony. They have many ceremonial stone patterns. If you show them how to grow vegetables and don't impress a shape on them, away they go into their totemic patterning, because that is the only way they have ever shaped the Earth. I should have made a plan of that garden. You have all seen that model of an herb garden from Findhorn, with its spokes and circles. You come in here from geometry. Another place to come in from is time. All of these things are different dimensions of stacking. There are truly three dimensions, which are totally different elements. You have the primitive beginnings of time stacking when you put lettuce under pole beans, and get the lettuce out before the pole beans shade the lettuce.

There are far more sophisticated ways to slide the time scale into overlapping frames. Fukuoka deals with time stacking. What we observe in Nature is a set of successional elements. The whole jargon of ecology deals with what happens as time accumulates.

The British devised a system of high farming in which they divided pastures after the animals had been on them a few years. The proper rotation was, I think, every seven years. The pasture was plowed and put into a high nutrient demand crop, a green crop or something, followed by a grain crop, followed by a root crop, followed by maybe even a fallow year. It was then returned to grazing. That was a sustainable agriculture. It took them seven years. The got a variable crop out of it. This requires a band leader and an orchestra. They had to have a farm history, somebody who knew the system and was prepared to continue it. It all presumed continuity on the land, which is what everybody used to assume happened.

That system didn't really do anything much about time. It is a matter of technique, rather than time. What Fukuoka did was to lift these years and set them on top of each other. He didn't have to fallow, because he never removed the main part of the crop from the soil. He stacked his legumes with his grains, with his ducks, and with his frogs. He set his livestock in his crop at certain times instead of having a livestock site and a crop site. He stacked different crops together. He went one step further. He started the next crop before the last crop was finished. Besides pushing sequences on top of each other, he also pushed sequences into each other. In monsoon lands, they have grasses that grow right to the ceiling of this room. They dry and fall. At that point, the cattlemen burn them. Those grasses form a massive amount of material as they lie thick on the ground. The crowns and roots are there below the ground, ready to sprout with the next rain. Just before the rains, a permaculturist in South Queensland ran across the whole area with a roller and sowed it to rye. This produced an enormous rye crop in country where it would be hopeless to cultivate that land to grow rye. With cultivation, he would have lost all the dirt as soon as it rained. Moreover, he would never have defeated that horrible complex of plants with rye. He had read Fukuoka. He was perfectly happy with the rye crop. I suggested that he go into millet, after his rye, roll the rye down and plant millet.

All of this is very new. Fukuoka's book was published [in English] in November, 1978; it was reviewed and got on the market by 1979. People started to understand it by 1980. It is 1981.

In Australia, in permaculture associations, there are ever so many of these grain crops going. They are working at these stacking strategies-- grass to rye and quackgrass to wheat, and all that. We haven't finished figuring out these stacking strategies. These are just some of the aids towards it. I have trouble understanding what some of them are. There are many other things out there I don't understand.

COMMENTS:

[0] On Design

T.F.: Starting to do permaculture design might initially feel a bit awkward. Different people have different sorts of problems with it. What certainly is an obstacle especially for many western people is that our schooling system conveys a few "bad habits", such as "never involving oneself much with hands-on physics- or biology-related experimentation and play", or "believing that you are only permitted to do X once it was covered in a lesson, and then only to the extent it was discussed", or "believing that, essentially, everything that does not seem to have a straightforward answer is a question that must not be asked", etc. It is easy to see where these bad habits originate, as they serve to minimize friction in a "one teacher educates 30+ pupils" setting. So, many of us start from the mental concept that "design" were some rather "strange" new skill that must be mastered according to some book, while it is mostly about knowing the characteristics of building blocks well and using them in a clever way. But due to not being familiar with the basic concepts, even experienced designers from other areas (say, software designers) may initially struggle badly with permaculture design. Personally, a book that helped me a lot to grasp the role of design as an evolving and ever-changing cultural concept and process was Christopher Alexander's "The Timeless Way of Building" (best read in conjunction with his next book, "A Pattern Language"). Some software engineers may be remotely familiar with that name, for it inspired was became known as "Object-oriented design patterns". As a side note, this widely discussed collection software design patterns seems to lack both the deeply-rooted profoundness as well as the occasional awareness of its absence, so they are more like what Alexander would call the "madhouse balcony" non-pattern, i.e. work-around strategies that do not address the problem at the very core. Rather, generally accepted clever ways to open a tin with a pair of scissors.

To the beginning permaculture designer, the best advice is perhaps to first obtain information on the characteristics of some common building blocks by observing how they work in established systems. These may involve water tanks, straw bale or rammed earth buildings, chicken runs, food forest systems, compost toilets, "living machine" type wastewater treatment systems, polytunnels, rotational grazing schemes, tree nurseries, ponds, rafts, trellises, "hot sheds", etc. The degree of design competence one can command is a function both of creativity and practical knowledge on what will work and what will not.

[1] Design Students

D.H.: After working with Mollison's recommendations for some time, we found it useful to modify the approach as follows. First, hosts are required to recruit at least half women students. After encouraging indigenous people to attend, scholarships are used to assist in recruiting women, where payment is a barrier. In this way, some of the male/female balance in the permaculture movement is redressed. (In the US, and I suspect elsewhere, women typically earn two-thirds the pay for men yet often have the principal responsibility for rearing children as well.) All hosts are required to offer free or affordable child care at our courses. Again due to the imbalance factor, disadvantaged minorities also receive scholarship preference. We aim for one full scholarship for each six paid tuitions (or two half-scholarships, etc.) Almost always, we split the tuition evenly with hosts. The host can give as many scholarships as desired from his/her half, of course, and nominates people to receive our share of scholarships. We make the final decision on these. For more details, send at least US$10 to Yankee Permaculture at the address on the cover. Ask for the Elfin Permaculture full design course packet for hosts including scholarship information. Elfin Permaculture also offers a 10-day design intensive to qualify people to design their own homes. This has proven very effective. Because it offers far more design experience than is possible in our three-week Permaculture Design Course, which covers many topics, it has also proven useful as a preparation for the design course or for post-graduate work with advanced design assignments. We also find that a weekend workshop, Friday night through Sunday afternoon, is very useful, mainly because it is short enough for everyone to find time to attend but long enough to permit student design

[2] Reports

D.H.: We find that our reports often can run much longer than this. An Elfin Permaculture design report includes the design proper, a reference section or bibliography, a resource section, and an appendix. See the sample outline at the back of this paper. (T.F.: Not (yet?!) included in this transcript.)

[3] Fees

T.F.: Of course, monetary figures are quite out-dated here.

[4] Community

D.H.: A pre-design for a community is very similar to a set of zoning regulations in our experience.

[5] Standard Designs

T.F.: Removed two footnotes related to standard designs here. Actually, standard designs always are a tricky issue: one has to understand at what level they work. Presumably, "example designs" would be a much better term. Having a bunch of pre-prepared "standard designs", it may be very tempting to fall into the trap of prematurely adopting one of them rather than trying to understand the site properly. After all, one of the main sources for our problems is that we all too often force our ideas onto some site even if they may be inappropriate. On the other hand, it certainly is a good idea not to re-invent the wheel over and over again. So, what presumably works best is an approach that presents structural elements at different levels of hierarchy and teaches people how to understand them in terms of their internal and external connections of components, and how to adopt them to some particular real situation.

[6] Priorities

D.H.: I find that it is useful to first identify water resources and flows, then to site access, dwellings, and land uses.

T.F.: In less rural but e.g. suburban situations, it may be appropriate to identify some other important resource flow that determines the core structure of a design. While water often is the key resource that determines whether a design will succeed or fail, there may be other resources specific to the local situation that become similarly important. In particular, one should not only take into consideration material flows here, and one particular very important and often greatly underestimated factor for suburban people is a reliable supply of available time. One approach to increase available time often is to improve the number of beneficial connections between individual possessions, eliminating unnecessary baggage in the process.

[7] Tadpoles

D.H.: This probably does not apply to tadpoles everywhere.

[7*] "Triple deep diggers"

T.F.: Bill Mollison implicitly refers to the biodynamic french intensive (BFI) method of vegetable gardening here, which was pioneered by Alan Chadwick and refined by John Jeavons and contains elements from the techniques of old french market gardeners as well as pre-industrial chinese mini-farmers, but actually in its present incarnation very little biodynamic esoterics. The BFI method, or "the method", as gardeners usually call it, involves a set of techniques, the most visible one being deep soil preparation that involves temporarily removing a foot of topsoil in order to loosen a foot of the subsoil. This is called "double digging". The most relevant publications on the BFI method presumably are Jeavons' book "How to Grow More Vegetables" and the book by Jeavons and Cox "The Sustainable Vegetable Garden". Another good detailed book on "the method" that is full of practical advice also on issues such as preserving food is John Seymour's "The self-sufficient organic gardener". When Bill talks about "triple-digging here", he is trying to make fun of double digging. There are indeed special situations and special people who went into super-deep cultivation where they loosen the soil a full yard, but one usually would not go into something like that.

[8] Asparagus

D.H.: Design asparagus in connection with other crops. For example, it works well with tomatoes , which are a suitable companion crop, or curcubits, which will climb on the fronds. Asparagus benefits from ducks and chickens, which eat the asparagus beetle and add fertilizer. Ducks keep mulch relatively undisturbed, a benefit on sloped beds, while chickens will shred and scratch mulch on flat beds, keeping weeds from interfering. If the asparagus bed is just sunward of a plum orchard or thicket, poultry can be held in the plums until just asparagus cutting is over and the shoots have toughened, as poultry also control plum pests, especially early in the season. A plum thicket is excellent cover for chickens if pursued by predators. Poultry manure greatly increases asparagus yields. A good design might arrange poultry fence, gates, asparagus, and plums to permit poultry forage, tomatoes, or curcubits in asparagus, in rotation or according to management needs.

[9] Raspberries

D.H.: Raspberries are an edge species. Specifically, red raspberries suit dry, unny edges while black raspberries like partially or lightly shaded edges in well drained soil over moisture. Both work very well in poultry forages and either could be added to the asparagus design suggested above, forming an edge between the asparagus and plums or even a skirt around mature plum rees. Once the client indicates the species to include in the design, the properties of the species, site and climate indicate the correct arrangements.

[10] Proximity and attention

D.H.: . When we first lived in Florida [USA], I positioned my desk so that I looked out into the garden. Just incidental to doing my office work, I learned far more about interactions between my garden and the surrounding trees and jungle than ever I could in any other way. A key to permaculture is that we experience the inner zones intensely, thereby improving our chances of making the right moves in the small area where we do the most living.

[11] Pigs

D.H.: Locate feeder pigs so that they can be released in zone 1 and 2 gardens in the fall. Temporary fence lightly staked in place with a strand of electric insid about six inches from the ground, will confine them to the intended area. The stock fence need only slow them down so that they get the electric shock, which pigs detest. They will not only clean up crop residue, but eat grubs, slugs, snails, witchgrass (quack grass) and probably other stoloniferous grasses. Pigs are the quickest way to eradicate Jerusalam artichoke and will quickly destroy asparagus, so fence judiciously. Pigs do not stink, but if they are fed garbage, the portions they do not eat can stink badly. In cool fall weather, the odor is less so the pigs can be moved conviently closer. If started in spring, by fall they are eating a great deal and produce a corresponding amount of manure. The result is weed and pest free soil fertilized and lightly cultivated by rooting, ready for spring planting. Pigs are also useful in pastures where they selectively root out thistle and some other pasture weeds and in orchards after harvest, where they glean drops that could otherwise harbor pests over winter. Mollison describes Pig Raising and Free Range Forage Species in Yankee Permaculture Paper 19. Elfin Permaculture Consultancy has additional experience in using pigs in permaculture designs.

[12] Beavers

D.H.: Beaver may prove a little difficult to control in this manner. They may decide to build dams in very inconvenient places or they might move from the neighborhood, despite the expense of attracting them, as they practice long term rotations from dam site to dam site. Moreover, if they are successfully atracted, they may cut down trees that are important to the design. Not only do they cut their food trees, but they ring and kill non-food trees to favor those that they do eat. I know of no tree species that is safe from them.

[13] Patterns

D.H.: This is exactly what I have observed in the small patches of remnant prairie that I have been able to visit. While the land can be essentially flat, with little potential energy, life itself creates a dancing mosaic of edges, grasses, forbs, legumes in numerous species and varied stages of growth. This dance moves through time--as one species matures and goes to seed or rest, others emerge. Both in shape and in kind, the patterns unfold their complex harmonies as the seasons proceed. Probably any natural system achieves this level of intricacy and inter-related harmony, given sufficient eons of evolution. Mollison's proposal that we emulate such masterpieces of life and time is humbling. We haven't a chance to even begin properly unless we save every bit of the extant systems that have escaped the bulldozer mentality of Western society. We need these bits as teachers.

[14] Blueberries

D.H.: In designing pastures with blueberries, be aware that ruminants eat blueberry bushes. Established blueberry bushes thrive with hogs or poultry. Both eat fallen fruit, likely to be infested with larvae, and encourage production in other ways. Clearly Bill's comments about blueberries are speculative and not to be confused with recommendations.

[15] Strawberries

D.H.: Unlike blueberries, strawberries are not an edge species. Wild strawberries grow in open fields. As an early succession plant that grows in depleted soils, they may be at a temporal edge, but that's not the sort of edge discussed here.

[16] Patterns in Energy Flows

DH: This follows the most basic principle of design: Energy follows existing patterns. If we design rectiliniar patterns, we get simple, linear interactions. If we lay down a monocrop (equipotential, as Bill puts it), we create a ground state, no pattern, and energy transactions are minimal. Rarely is a rectilinear pattern optimum. If we wish to conserve energy (minimize flows), a spherical or round design element is required, e.g. a geodesic dome to shelter an artificial environment. When we want to amplify energy exchanges, we begin with something like a sine wave. Superimposed sine waves creeate the edge harmonics or, on a flat plane, moiré patterns (a cross section harmonic). Refering back to the prairie, this soon becomes too complex to think about. I believe that our intuitive faculties, most particularly our aesthetic sense, enable us to make modest steps toward the harmonics of natural systems. I believe that we are lost if we design mainly from our analytic faculty. This serves us well later,though, when we need to evaluate how well we have done on a small scale before applying our intuitive designs to a large territory.

[17] Work optimization

D.H.: In my observation, apple trees do not require pruning on the forest edge, particularly the shade edge (the north edge in the Northern Hemisphere.) Apple trees growing on the north sides of forests, or city buildings for that matter, never overproduce. Of course, because we want heavy production, we place them where they will overproduce, in the open. The point that Bill makes throughout these pamphlets is that we care more about total production of the entire design than about individual yield per tree. If the tree grows at a north edge, or surrounded by forest that has overtaken it, it needs no pruning or fertilizer. The main job is to collect the apples. The yield per tree is low compared to a commercial orchard. The yield per hour of labor or dollars of management input is exceedingly high, however, by the same comparison. As a component of forest or shelter belt that has its own yield and justification, the yield per unit area is infinite because we have taken up no extra space. (Any number divided by zero is infinity). Note that observing the apple tree in a wild state gives us one more design option. Not everyone has a forest or shelter belt. An elderly person may not want to climb apple trees at the edge of a forest to harvest, but find that a small, espalier tree growing up the face of his or her house is very suitable. While the actual labor per apple is high, the time may be incidental to other activities, such as enjoying the garden, watching over infant grandchildren playing in a sandbox, or simply pinched going out to the mail box and back. The labor is very light. And if it is not taken from other activities, but merely done incidental to other activities, the actual lost time in labor is zero, again an infinite yield per hour lost to preferred activities. Furthermore, if one enjoys caring for an apple tree, possibly a pleached arbor over a back door walk to an outdoor eating area, the labor is actually a yield, so long as we design the amount of work required within the limits of pleasure.

[18] Spirals

D.H.: Note that the spiral garden increases edge and edge effect, amplifying the potential for diversity. The circle garden decreases edge, so that the garden can be watered from a single drip point in the center. There are other effects, such as wind interaction, as well.

PERMACULTURE TECHNIQUES - PAMPHLET IX

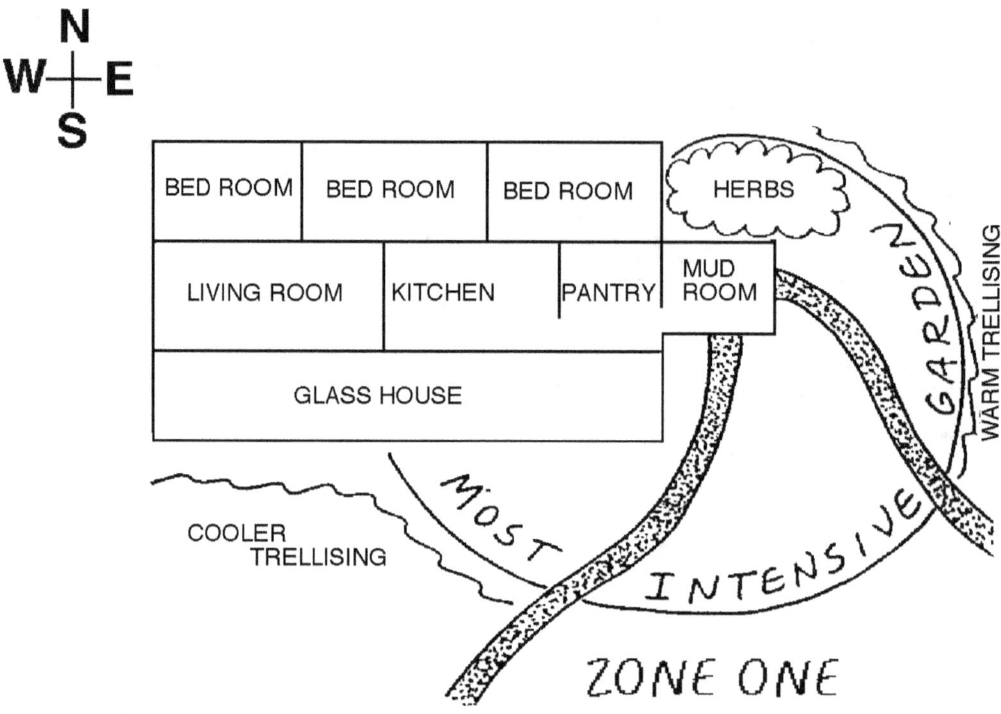

You are very likely to do more zone one planning than anything else. If your architects are half way capable and often they are not, what you have is a set up something like this.

You have mud room, pantry, kitchen, living room, bed, bed, bed -- or bed, bed, bed upstairs, each with an en suite toilet, of course!

The set-up of the house has to be like this for the functions to follow the zone. You can't depart very much from it. You can play around with ins and outs, jog it in, extend it out screen it, trellis it; but, basically your set-up is like that. It is the only efficient set-up. Yet, you are very likely to find kitchens on the north side, living rooms on the north side and beds on the south, where you can't sleep at night because of the heat.

But let's assume we've had some say in the layout here, and often we do.

In that case, the most intensive garden section is around the garden entries. In there, place a little herb spiral, and then a great mass of parsley. You can't have too much parsley. Chives also go here. They are your two critical herbs. Garlic is a crop that you pull at the end of the summer, and it can go in just everywhere that nothing else fits. If you have a hole, put in a clove of garlic, and that's it. Then plot the common herbs -- there are only three or four of them. They are tarragon, thyme, rosemary and sage. That's it. Add a couple of pots of mint. Dill does well here and there throughout the garden. If you only gather the seed, it doesn't have to be close to the door.

There are three or four sorts of chives, the Chinese chives, the ordinary chives with the little purple top, and the fine-leaf blue ones. They are all worth planting. They have slightly different yields in time.

As for parsley, what I do is start a bed of it going, and let that go to seed. I start a bed the following year. Then I pepper the heads all over the place, so that I get parsley throughout everything. I just take the heads and shake them out all over the garden. I throw it out where I want it to grow. I use it as mulch. So parsley is thickish. Once you get parsley thick, you never have to worry about it again. You always get parsley thick where you had a parsley bed.

Our winter is not as severe as yours. What we have been doing successfully is to put out our bell peppers in pots -- at least six or eight of them. Prune them in the fall and bring them in over the winter, and put them out again in the spring. You will have big, strong plants. We have had them going five years.

You will have worked out pathways out of this system, where you come from parking, paths to the barn, wherever you come and go. Take a section of this tract, and start to zone your plants along that track. Then start putting your beds in. Afterward, this will get messy in the ideal

Permaculture garden. You can start putting crops in rows in there, rows of lettuce, rows of cabbage, your plucking herbs, the plants you are continually pulling from, that are long standing. They may include celery, a minor quantity of tomatoes, New Zealand spinach, broccoli, zucchini and pattypan squash. Typically, you have a path with some chives or celery. Put celery here, too. Scatter chard along there, because it stands a long time. Peppers and tomatoes go further along. Radishes are a catch crop everywhere. Everything has radishes planted with it.

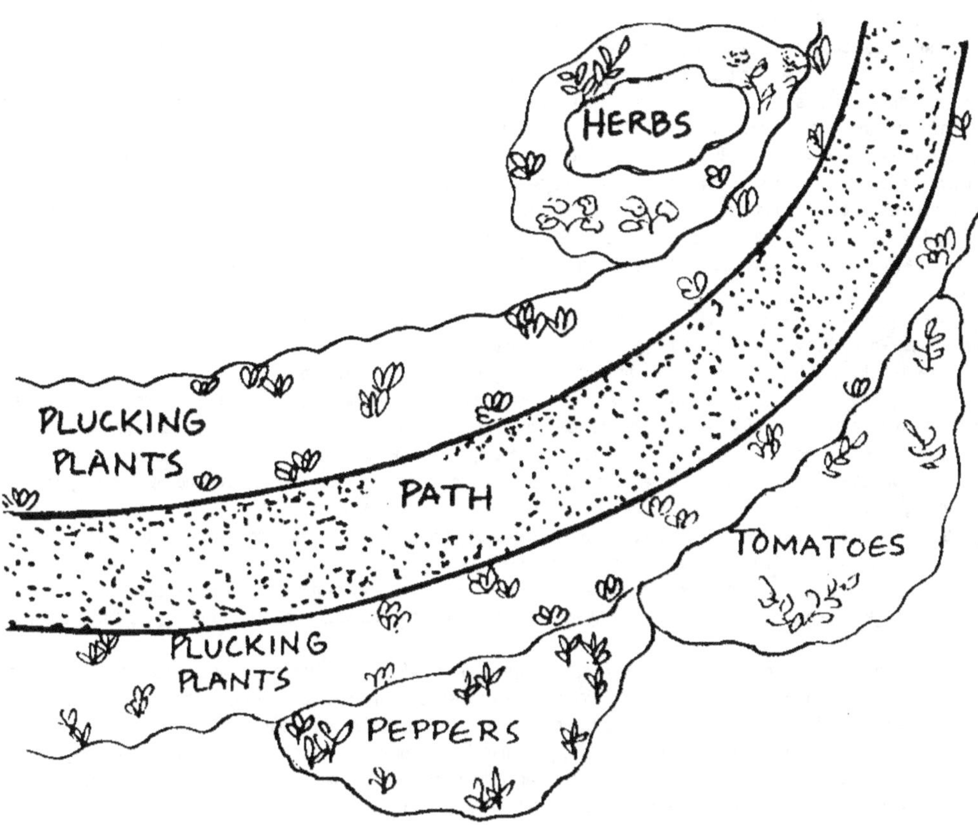

I don't think it is worth growing anything but trellising peas and beans.

Now your common root crops go further out, except, occasionally, things like beets from which you take some greens. Then comes the main crop, which will include the winter keeping squashes, corn, some carrots, main crop onions, parsnips, long term cabbages. I always put a nasturtium in here and there. The leaves are tasty in salad.

By summer, the Jerusalem artichoke is really up and out of the ground, forming a quick barrier hedge. Within the garden, you will have a few oddities scattered here and there. Cucumbers are part of the trellising system, and probably need to be on the hot side. There will be other things that can go on the cool side, like those scarlet runner beans. They are just about the best beans in the world.

You can establish conditions for a particular plant, or plants, and you keep that plant going in this spot year after year.

If you are dealing with a really small garden, it will pay you to set up a straw-box of potatoes, which is permanent. Board up an area something like eight feet by five feet. Throw some straw or seaweed into it. Set your potatoes 9 x 9 inches. Scatter a bit of ashes on, then fill up the box with straw, and let your client just pick potatoes from the straw. Some will grow green on top. Just push them down underneath. Keep the whole thing ticking all the time. No soil, no bottom. Poles make a very good frame. The bark rots off and adds nutrient. Never use much sawdust, unless it is quite scattered. It tends to cut off all the air. If you put in much leaf material, it mats, and you get an anaerobic condition. Use the same straw-box every year for your potatoes. We have had potatoes growing for 12 years in straw boxes. Some of the people I know, for as long as I can remember, have had their straw beds of potatoes. It doesn't matter if it is on concrete.

Near that, you grow a couple of comfrey plants, because for later plantings you should always include a comfrey leaf. Pick a comfrey leaf, put your potato in it, wrap it up, put it under the straw, and that is your potash and nutrients. Another thing you grow near the potato box is a little pot of mint to cook with your potato. As you are picking your potato, you pick your mint. Grow it in a pot to keep it from spreading.

The base of your straw box is a good environment for horseradish, which is a good companion plant for potatoes. You can make a special place for your horseradish. Get four old broken earthenware pots and sink them in the ground, leaving them out a little bit at the top. Every year, you refill these with good Earth and stick your horseradish root in it. Otherwise, you can't dig your horseradish. It grows straight, is easy to break, and very easy to lift.

Now let me tell you about composting as against mulch. Every time you compost, you decrease the nutrients, sometimes to one 20th of the original. Usually, though, you get about a 12th of the nutrient out of compost that you get out of mulch. So what have you done by composting? You have worked hard to decrease the nutrients badly. Most of them go into the air. Composting consumes them. We want to get right out of composting. We want to get back into sheet mulching. In composting, you are taking a lot of material, putting it into a small place, and letting the whole of the decomposition activity happen under hot conditions which can be appropriate for some things. When you mulch, you are spreading those materials and letting the process occur much more slowly on the surface of the soil. Any leach loss goes into the soil, and the general level of activity spreads across the whole of it. By the time the mulch has reduced to compost, most of the action has finished. If you want to get maximum value out of what you have, sheet mulch it. If you want to increase your nutrient base, do it efficiently.

There are some items that are good to compost, but you need a very, very small amount of compost, maybe a cubic yard, a four cubic foot box. That's for a king size gardener. For an average household, they need one of those drums. Just strew a little bit of compost on the seed bed, a little bit in seed trays, a little bit in your glass house. That is all you need. Most compost that you eventually get comes off your box of mulch. It incorporates into the Earth's surface.

Nearly everything we measure in compost is less that what we measure in the soil after sheet mulching. What you tend to have is a hyper-rich area around your compost heap, but you do not have that on your garden when you apply compost.

The best thing to do with mulch is to put it somewhere dry until you need it. If you are piling up leaves, pile them up underneath pine trees. They stay dry there, undecomposed. I mulch up to two-inch thick branches. Just lay them between the peas and the mulch. I use all the large bark sheets off trees. This creates a thick mulched area where you are going to put in plants. You can't put small seeds in a thick mulch.

Kitchen wastes can go directly to the garden. Just pick up a handful of mulch, scatter the garbage around a bit and put the mulch back. In winter, I freeze kitchen wastes into blocks. You can take a lot of tea leaves out and put it on the mulch and go back the next morning and they will have disappeared. It is the same with banana peels. I just take fat out and pour it on the ground.

Deal with weeds the same as with kitchen wastes. They lift out easily, even docks. I reverse them so their roots are in the air. Lift up the straw and drop it back on the top of the weed. I let those weeds grow big, too. They're good.

If you dig this material into your soil, you'll rob the soil of nitrogen. If you mulch with it, you will never see nitrogen deficiency. Your mulch is permeated with 70% nitrogen. Everything that wants nitrogen takes it right out of the air. The soils with this acid rain are getting nitric acids falling on them.

Worm manure, which is the highest tonnage per acre, is the best manure. Again, that's a good reason for not composting. Instead of the material burning down in the composting bin, the worms are eating it all over the surface, and you have a lot of worm manure. It takes three days, probably, in most gardens for worm cast to completely cover the layer of sawdust. You are getting high nitrogen, high potash, high phosphate. Worm castings test alkaline, which might be of interest to you, so that your mulch stratification after two or three years may go from a pH 6 to pH 3, if you are using some pine needles. What you have is a stratification of pH. If somebody says, "What pH have you got?", you say, "Everything." You will find plants putting out feeder roots at completely different levels, and you will find high alkaline and high acid plants side by side.

You have mussels in your creek. You can scatter the shells under your mulch and slowly they will all disappear. It takes three years. They just disappear on demand. I mulch oyster shells, scallop shells, pine needles, seaweed, hay, straw. We mulch some tin cans, particularly around our citrus.

Algae, a lot of lawn clippings, a lot of hops- these things get slimy. Don't apply a thick mulch of anything that is wet. You will get good gley, but it is not good for your garden. It must have air. Hay should first be put through chicken pens; straw you put straight on.

Now what you do is set up proper, permanent, well-designed small systems for each plant you are going to grow. If you are going to grow cucumbers, you make these holes, put up a wire mesh cylinder, about four feet high, and it's permanent, and you always grow your cucumbers there. You work all this out. In the general garden, you do a sort of spot rotation. Wherever you are manuring, as in cucumbers, potatoes, and things like your asparagus bed, you never rotate. For tomatoes, rotation is disadvantageous. Tomatoes grow better on the same spot. So you set up a permanent tomato bed. You treat each vegetable as a design problem.

In any community situation, it is a very good idea to give responsibility to different individuals for different areas. As an example, I never replant leeks. I let a certain number of them go to seed, then I take the bulbs off and set them straight out. I just did this before I left. Then some well-intentioned idiot comes into your garden and pulls your leeks out because they are running to seed. So you are two years behind again. They pull your lettuce out because it is going to seed. Of course, that is why you had it growing there. They plant something over the top of an area that you had pre-planted and were waiting for it to come up. So you are a long way behind. You can be up to four years behind; and if they destroy something you have been working on over a long time, they can set back 10 years of work.

If you can point out what you are doing, and if you have a very sympathetic friend and you work closely together, that's all right too. If you break functions up, one person attending to the compost, the other doing the planting, it is possible to work together over the same spot. However, it should be in different functions, one measuring and supplying, the other doing the actual structuring.

If you are going to mulch, you plant a quick-maturing lettuce leaf seed. You seed down an area and just put out seedlings. If you are growing seedlings in trays, just seize the opportunity to put them in anywhere.

Hay is full of seeds. You don't want to throw those seeds in your garden. So undo your bales of hay in your chicken run. The chickens can eat the seed. They also help to shred the hay, and add some manurial coating. After they have kicked it all over the place, you fork it out and put it on as mulch. If you are mulching in this way, maybe you won't need much manure.

In the future, we will become more sophisticated about mulch, and will be growing certain trees for their mulch. I am yet not certain which ones. We know some of them. We know some produce an alkaline mulch, some acid, and some have high potash, and some a nitrogen leaf litter. It is the work of a few months study to determine which ones suit a particular site. In the desert, we grow tamarisk and casuarina for their mulch. All bark is high in calcium.

If the area where you want to start your garden has heavy wet clay, you are in a happy situation. You are in for real trouble where there is siliceous sand. Clay is fantastic for water retention. Because you are mulching, your roots are well up in surface area, and don't have to encounter the clay. The clay holds enormous quantities of water. Sturdy clay gardens make the best mulch gardens.

If you wish to start a garden on lawn, just go straight on to it. At home, we have people who keep mulching across their lawn. This year, you decide that a bit of lawn is going to be a garden, so you mulch straight across it, and in a small handful of soil you plant all your little plants through the mulch. Put your potatoes at the base, and go straight into garden.

If you want to convert a lawn, it's a day's work. You never dig it. Here is one way to do it: You get a number of old tick mattresses. Take them home and just flop them on to the lawn. Cut little holes in these mattresses and drop potatoes through them. Put a handful of hay over them and that's all there is to it.

You work things out for each plant. There are certain crops that are traditionally planted with corn. Throughout the whole of Yugoslavia and southern Europe, and where there is a hot summer sun, corn goes with cucurbits. In the cornfields of southern Europe, manure and compost is shoveled off oxcarts in random little mounds three feet in diameter and two feet high. These little garden compost heaps may run right over a hundred acre area. Corn is planted in rows. But in these mounds they put runner pumpkins, melons, watermelons, and all sorts of cucurbits. The corn comes up and is harvested and the melons drop off. They are sitting all over the field like a million footballs.

Climbing beans are a second group of companion plants to corn. There may very well be others. In the event you are growing sweet corn, and are not interested in the cobs drying off, you will have to go out and get them. You also have to pick the beans. How are you going to wade through that crop?

Work out a band of corn about four feet across, hollow in the middle. In there, put your manure pile and plant your cucurbits. This way, you have also set up what is basically an edge. Plant your beans around it. Now you can pick all the corn and beans, and when it is time to harvest the pumpkins, your corn is finished up and you can get to them. That is a rich little area there, and you can keep it for your corn patch. If some of the beans get away, there is your bean seed. If some of your corn gets away, there is your corn seed.

The tomato won't stand the wind. It doesn't like it at all. So it needs a little shelter around it. It needs to be a south-facing shelter. Grow Jerusalem artichokes around the outside. They are well up before the tomatoes are in trouble with the wind. You can stake the tomatoes, if you want to.

Basil and parsley are good companion plants for tomatoes. So plant some parsley in there and quite a lot of basil in the hot spots. Your basil goes in on the south facing edge. Parsley doesn't care, it can go on the cold edge.

For white fly, we want nasturtium, which gives the essential root contact. There is an all-yellow, bunching nasturtium that doesn't run; it is a small plant and a fixed species. You can put a few in among your tomatoes.

If you worry about eelworm (nematodes) in tomato, you will need marigolds - - Tagetes minuta. Gooseberries are good for the control of specific tomato pests. So if you want to grow a few gooseberries, do that just outside, on the cool side of the tires.

We have our basil on the hot side, parsley on the cool side, marigolds in random little clumps, windbreak of Jerusalem artichoke, and cool wide windbreak of gooseberries. That is a good tomato production system.

As we close up in the autumn, we take some good tomatoes and put them whole under mulch. You get about 200 plants at each spot. This enclosure is thick with seedlings. Every remaining tomato is just remulched annually.

When I started my bed, I just brought a carpet out, mulched the top of it, and planted tomatoes in little mounds on top of the total. Plastic superphosphate bags, cut in half, slipped over four sticks, made a greenhouse for the newly transplanted tomato.

Never re-buy your tomato seed. I never bought but one lot of tomato seed. When you throw your tomatoes under mulch, there is always the starting of your main crop tomato. Tomatoes from these seedlings always ripen in time.

If you pinch out the tomato axil shoots and plant them right away, you can also have a whole succession of plants going. At the end of the session, if you have a good tomato plant, take its axil shoots out, plant these in peat pots and put them in the glass house. In the spring, you can plant them out.

We give our plants their culinary associates, which have a secondary effect of being weed barriers. When you go for your tomatoes, you get some basil and parsley right in the same basket.

If you want to put a couple of comfrey plants out there, do it. A comfrey leaf under the mulch near the root of your tomato will supply potash.

Try to deal with each thing in your annual garden system. Set up a system for your area, tune it up. Then write up a standard design, which can be printed and tucked in with every subsequent report, when it suits. It would suit an acre garden; it would not suit a 20-acre garden. You won't have to keep on telling people how to grow their tomatoes.

I will continue to insist that a pond, probably central, in some of these non-eroded areas is worth its place. A little pond in the herb spot is worth its place. After just a little bit of research, and going on data that is already extracted, we can find a great many very high yielding pond plants. These plants are in fairly constant production, because they are in a constant environment. Some of those belong in the annual garden. They belong in the high turnover garden. Some of the perennial pond plants belong in the annual garden of course.

So put in a couple of small ponds, perhaps four feet across and 18 inches deep. Some of them filled with about 12 inches of soil, and some of them filled with about four or five inches of soil.

A pond that size will turn out about two hundred or three hundred frogs about twice a summer. The tadpoles live in the pond, and the frogs live in the cabbages, lettuces, and mulch. They return to the pond and you must make a place for them to get out. A good sort of pond is one that is slightly higher than the surrounding soil level, built up and paved with stones. We put sweet alyssum and thyme and garlic between the stones. The alyssum trails into the edge of the water, and the little frogs climb out on it. Another thing you can do is to build up a little stone pile in the pond. Frogs will drown if they can't get out of ponds, so let them have a way out.

Mosquito control is accomplished in two ways. I always put a bit of garlic around the pond and just squeeze the bulbs out into it. That is the best. That kills the larva. Just float off your garlic oils. It's about 100% kill. The garlic doesn't kill tadpoles. The tadpoles eat some mosquitoes, but they are not a control measure. The second mosquito control measure is backswimmers. They, again, don't affect the tadpoles. Backswimmers fly in. If they don't, go and get them and put them in -- not the big ones, not assassin bugs, but backswimmers. We have mosquito control standard design that we have never printed up. It was written by a Ph.D. in mosquito control. Garlic is a lot more efficient than oil, and it leaves other organisms.

Ponds can be constructed from old stock tanks, an old bath, or, it's what you have. You can also make them on site, brick up the sides, plaster them inside. All sorts of variations are possible. In some areas where we work, we just dig a pond in the clay, and get a rammer and just ram it in.

Hot exposures around the house are good trellising situations. Trellis can effectively contribute to climate control. Use trellis right around to the kitchen windows. It should be deciduous trellis, up in summer and gone in winter: hops, grapes, runner beans. The hop is a noble vine, excellent for light pillows for children. It puts them off to sleep without a whimper, and a child can not choke on a hop pillow.

You don't want a cold wind across your house. You can control that with trellis. We continue our trellis systems, but for different reasons. Now we can go to evergreen climbers.

Use aromatic plants around the entry -- honeysuckles, jasmine, lilac. A garden should smell like a garden. It is pleasant to step out on a quiet evening into good smells. Stick some lily of the valley among your chives, right near the door. The formal entry should be visually pleasing, but also work in some things that need that reflection off the walls. It may be a good place for a few peppers.

There is a whole category of plants that will live in shade, but they won't yield as understory. Nearly all the small fruits will do reasonably well in the shade pattern of a small tree. The raspberry and strawberry bed will go there, and blackcurrants, if you are permitted to grow them. Gooseberries do perfectly well in shade, particularly the green gooseberry group.

If you are dealing with a retrofit on a brick house, give them ivy on the north facing walls. It makes a difference. It is 40% efficient against heat escape, and it cuts that wind drag against the wall right out. It also preserves the wall marvelously. A brick wall under ivy is in much better condition after a hundred years than it would be without it. This does not apply to wood, just to brick. However, if you want to go to the trouble of putting up a trellis just out from your wood walls, you can use ivy on the trellis. It will still the air flow. Many people won't go to that sort of trouble, so you can use trellising systems.

It is a very good idea, though, just to back up your trellis with something permanent, so that the trellis becomes a permanent part of the garden. If you are going to use stone, use something that comes above the stone that is not stone, because stone causes high turbulence. If you are going to use stone walling, pick flat stones and give it 40% penetrability. Have lots of holes right through it -- not for the lower two feet, but thereafter. It is much better to soften a stone wall with a plant that is higher than the wall and softish; otherwise you get real turbulence, low pressure zones, quick evaporation -- all the things you don't want.

Trellising can be horizontal as well as vertical. Often when you retrofit you can use horizontal trellising very effectively. You will be trying to prevent excess summer heating. Horizontal trellising is the way to go about that. On the horizontal trellis you will need summer green crops, winter deciduous crops. It is easy to adjust a trellis to cut out the summer sun and let the winter sun right in. As soon as you get to deserts, you can start to use the horizontal trellis as your major trellis. A horizontal trellis placed close in against the house gives a place to go when the weather gets bad. There are little animals that might come in there: pigeons, quail, rabbits in hutches, doves and pigeons in lofts; bees. Bees are best put up above pedestrian traffic, up on a shelf, so they are flying out above your head.

Then you must think where your weed barriers, paths, car park, entry, and mulch dump with go. The access paths will probably be established.

Once you have the garden set up into those little productive units, then your work is routine, easily achieved, almost self-done. The potatoes keep on potatoing, the tomatoes keep on tomatoing; your corn is an established system that continues to produce.

If our design is for an eighth acre with a large building on it, we would need to throw out all low yielding plants, such as globe artichokes, which take up a square meter and give three teaspoonsful of food. However, if we move out into a quarter acre, we could include a few low-yielding plants here and there. In limited space don't use sunflower, use Jerusalem artichoke. The Jerusalem artichoke is a really high yielding plant compared to sunflowers.

Into this area of permanent, undisturbed garden will come your little hedgerows. Fennel and other perennial umbelliferae ought to be dotted here and there for their value to wasps. Other things to build in around there are things that we have previously discussed, the weed barriers, the fire barrier plants, little permanent places where wrens can nest and wasps can winter over. Put in the sort of fruits you would normally be picking frequently, some of your raspberries and everbearing strawberries.

Because they flower all year, I always put a few fuchsias outside the bedroom window. They are nice to look at when you first look out in the morning.

You can sit down and take a vegetable list from any good vegetable book and throw half of them out and put the rest of them in here. List the ones you are going to put in here, and exactly where you are going to put them. Your glass house space is reserved and structured. It can wrap around a bit. We don't put any west windows in the glass house. Those are insulated walls. There is absolutely no (net) gain from windows in those walls. We use them as storage walls, a heat base.

Look at your house. If you have a thousand foot hill on the west, swing the whole glasshouse to mid-sky; forget about due south, come to mid-sky. Don't be so silly as to take a house and align it due south, when from 3 p.m. there is not going to be any sun on it, because your sun time is from eight to three. So put it in the middle of the sun time.

MOLLISON'S SOLUTIONS TO ENERGY PROBLEMS[1]

You build a glass house front as a focusing system. Then you beg, buy or borrow sun reflecting mirror systems and place them under the eaves so the focus is about eight feet off the ground out front of the house, and there's your driveway. You run your car under there, put a magnet on it and bring it up into focus and it melts. You have a hole in the ground and a copper pipe around the hole. Your car melts and drips in this hole.

That's at the end of autumn. Then you cover the hole up, and this copper pipe heats all your house and your hot water, and that runs all winter because you have molten metal down there. I reckon that is the solution to the American energy dilemma. Melt your car.

I do think, though, we could build houses that would of themselves be enormous energy collecting surfaces. We accidentally got it in Australia with an office building five stories high, which has these blind windows, copper glazed, or gold glazed windows. Its focal point is about 15 feet above the heads of pedestrians. You have a column of hot air just constantly ascending and the cold air is just rushing in and going up. Very rapidly, they didn't like the bottom floors.

I have other solutions to your energy dilemma. The best one is this. You have a stone used by the Indians -- soapstone -- with a fantastic thermal capacity.[2] Heat it up, put it inside the house structure where we need it most to cook and to heat the house. We will lead a little tube into it and plug it in. Any sunny day that you are running low, we will come along with our pickup truck and we will take out of our pickup truck a big fold-out focusing mirror. We will fire that heat back into your soapstone block. We have our meter. We will read the amount of calories we give you, and make it a little bit cheaper than oil. Now that is practical, easily done.[3]

It seems to me that the technological society seems to be looking for the technological solution, whereas this isn't really a high technology solution.[4] It is more like an old Indian trick. The Indian used to stick a slab of it up top of the communal fire and cart it back somewhere where they wanted to cook, and cook on it. They cooked on it for a couple of hours, then carried it back on a couple of green branches. I reckon that is a non-polluting system that is eminently practical, easily applied. Imagine a block of that in your glass house.

Do you want me to digress for a minute? I will give you another free invention, called "Mollison's sliding infinity parabolic calculator." I was the man that made the 35 cents Geiger counter[5]. The sun, infinity, parabolic ray -- it came to me. I took it down to the physics professors. They swore and cursed. There is always a mechanical solution, always a simple solution. Do you want to throw a proper bamboo screen up at the right curve? No problem. I will give you a few more inventions that are critical Permaculture inventions.

"Mollison's ultra-sophisticated, cheap, fast, solar heater." This invention came to me as I was walking along the beach at Molokai in my thongs, looking at the golf course. I thought I would head up into the bush to look at some date trees. I took off my thongs and started wandering across the sand. My feet started to cook. I was hopping from foot to foot. In agony, I put my thongs back on, and thought: My feet would cook here. The black sand was intolerably hot.

Mollison's Sliding Infinity Parabolic Calculator

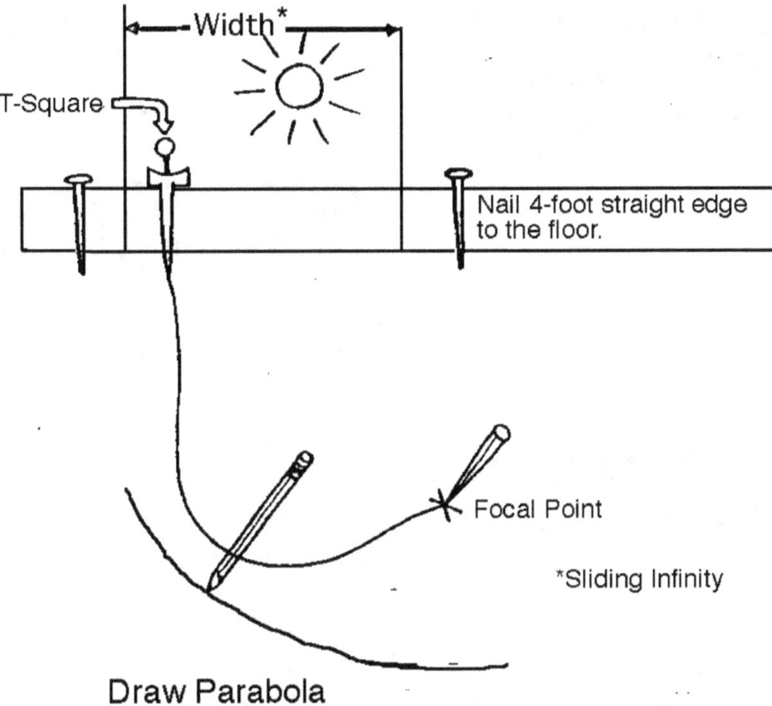

So what you do is run water pipes through a box of black sand. If your sand isn't black, you blacken it. Put some glass on top of it. What you have is something far more efficient than these metal collectors. You have a fantastic transmission of.heat, endless hot water, at no cost. You want another invention?

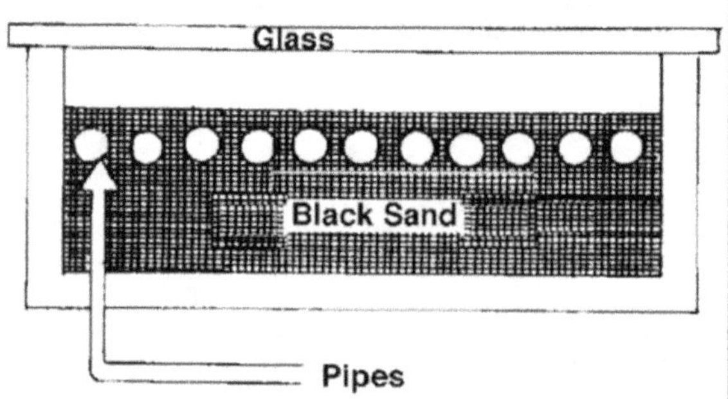

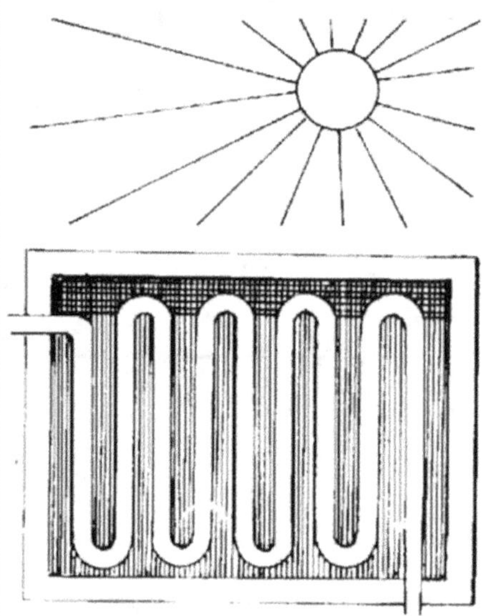

Mollison's Cheap, Fast, Solar Hot Water Heater

"Mollison's third world endless nitrogen fertilizer supply system." You will need a sand box, with a trickle-in system of water, and a couple of subsurface barriers to make the water dodge about. Fill the box with white sand and about a quarter ounce of titanium oxide (a common paint pigment). In the presence of sunlight, titanium oxide catalyzes atmospheric nitrogen into ammonia, endlessly. You don't use up any sand or titanium oxide in this reaction. It is a catalytic reaction[6]. Ammonia is highly water soluble. You run this ammonia solution off and cork the system up again. You don't run it continuously, because you don't want an algae buildup in the sand. You just flush out the system with water. Water your garden with it. Endless nitrogen fertilizer. If you have a situation where you want to plant in sand dunes, use a pound or two of titanium oxide. You will quickly establish plants in the sand, because nitrogen is continually produced after a rain. This solution is carried down into the sand. If you are going to lay down a clover patch on a sand dune, this is how you do it.

Mollison's Third World Endless Nitrogen Supply System

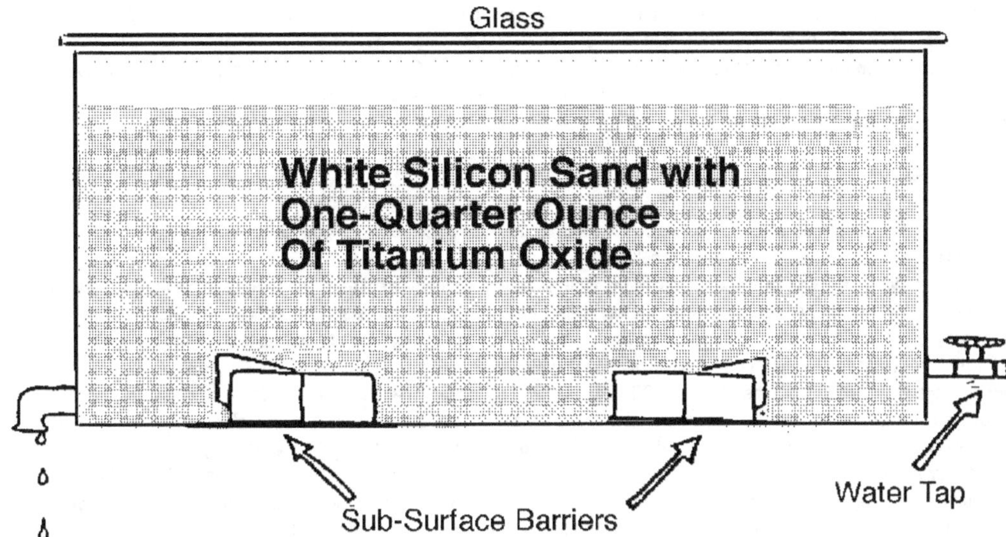

What I am saying is that everywhere around us, in the natural condition, these factories are working. That black sand has been cooking and dehydrating materials for ages. Just get a fish, split it, put it between two banana leaves, put it out there on the beach. Dehydrated fish. No flies. You can cook in it. That's better than your $3,000 metal collectors. Those things are applicable everywhere. Good permaculture technology.

You are asking me whether people use titanium oxide to create this reaction? No, they don't. They just haven't thought of it. In chemical abstracts, around 1977, a researcher noted this, and then went to a discussion of the whole atmospheric circulation. One of the mysteries of the atmosphere is that it has an excess of ammonia.

They have never accounted for it. When he considered the amount of dunes and deserts in the world, he said, "This is it!" Where do we get titanic oxide from? Sands. So he calculated it. Three acres of desert under this system would supply as much as a commercial fertilizer plant.

But we are not really interested in three acres of desert. We are interested in three square feet in some peasant's garden in Guatemala, or somewhere else. I obtained a bottle of titanium oxide for our village. I never got any more of it. You can buy it by the pound if you want to. It is a common filler in white paint, after they got rid of lead. In the deserts, his nitrogen evaporates into the atmosphere. That's why it is there. Rain occasionally carries it down. That's why deserts grow plants. That's why you can start into a system in a desert without necessarily starting off with nitrogen fixing plants.

But, look! I have no time to try anything. I just know that it works. I never tried that black sand box as a water heater, but I did a dance across the beach and I was persuaded.

My home is a good example of a place where it is always working. It has a basaltic coastline with many little steam holes in the basalt. Some are quite big. The sea is crashing in here, and the waves drifting inland, and it is also raining at times. So what really happens is that in these black basalt holes, you get seawater evaporating. What you have in those holes is a high saline solution, twice the amount of sea salt. When it rains, the rain water sits on it. So you get fresh water sitting on salt water. You can't dip your hand into that pool. It is a total sky focuser, a lens. The whole sky of light is focusing into this hole. Down there in that hole you have a high heat capacity solution that, you will note, is insulated at the top by water, which is a good insulator. So heat gathers in there, and it 's in basalt. All this is hot.

If you look in there, it is fascinating. You have a hot saline alga growing in there, violent looking stuff. You have different layers of mosquito larvae, belonging to different species of mosquito, but which are quite specific to that stratum. This demonstrates how common those sites must have been, over ages of time, when species have adapted just to that particular condition. It is real interesting.

It I were to make one, I would make it out of black concrete and I would put a straw right around it. Cook your spuds down in there.

Again, the body is a sensor. If you are playing around with a situation and you find a peculiar condition, you know, where your finger suddenly gets burned, or your feet get cooked, take note, take note! You think, as you are cooking away at the base, Eureka!

Everywhere, all this is happening naturally. A civil engineer on Molokai has a thermometer stuck in this beach, and he is busy with the idea. We could build these black sand heat collectors on top of people's water tanks. You wouldn't even need a glass top of it.

Well, well, well, where were we? We were just concluding planning in zone one. Parabolic house -- that's how we got there. Right on the edge of zone one, you can recommend growing multi-graft fruit, a mini-orchard. There is some validity in cordon fruit -- just single cordons, perhaps four feet long, each one a different apple. It's whip graft here. Just a little cordon fence made up of five sorts of apples. There's a man in California that has set up a cordon system in his back yard. He gets bushels and bushels of apples out of a tiny back yard. He grows 150 varieties. That is an extraordinarily high-value quarter acre. Dwarf fruit trees are very good in this zone, particularly peaches and citrus. This is the only area where I would recommend this. I would go to the cordon for pear and apple, and to the dwarfs for most the rest.

THE GREENHOUSE

While we are still in zone one, we might look inside the glass house. This glass house is adjusted to use the reflection of the winter snow. It would not have to be the winter snow, though; it could be white quartzite.

As soon as that system is a little larger, we put up two or three glass houses for different reasons. It seems to me that the glass house is a very sensible thing. However, they are not being sensibly used. Often, they are only used to extend the season with the same crops you would in any case grow in your garden and store. You want a minimal amount of that sort of crop in your glass house. Maybe just one of the glass houses you build will have that crop. One alone should supply enough winter greens.

Now what other sort of crops would be appropriate? There are really two groups. There is a set of critical species, and there is an income set.

One of the reasons that we are a heavy load on other parts of the world is that we keep turning their peasant economies into production economies for species out of our climate range, and much of our food is of that sort. Many spices and beverages fall into that category. Although some of them are beginning to be home grown, they need a high labor input. I have a list that I have extracted for Tasmania, which I thought out very carefully, and which you can think out for your area, which isn't so very different. Just look through your grocery list and your shelves. Maybe you use 20 fresh ginger roots a year. You put a green ginger root in a small tub and away it grows. You have a continuous ginger supply. You might -- and I would doubt it -- eat as many as 20 pineapples a year. This is another plant that is very easily grown, not only within the glass house, but within the house. It was the ordinary sort of indoor plant of the 1850's in England.

The pineapple needs a little technique. It needs ethylene to set fruit. Apples produce ethylene. You have to enclose the pineapple with an apple. Have a few apples ready as the pineapple flowers. Put them down at the base of the plant. Another thing you might do is to plant a single dandelion plant in a pot nearby, because it has constant ethylene production.

Vanilla is a fairly hardy orchid. It will grow up the rear wall of any greenhouse, any place that has some heat in it.

Cinnamon is a very easily propagated tree that grows from cuttings, and it coppices. When you cut a cinnamon stick off, you get four more. It is a two-year cycle crop. In a pot, it takes up about a square foot in a glass house. You can produce cinnamon for everybody in your area with one pot. Cinnamon is a very common roadside plant of the near tropics. You can distill the leaves for cinnamon oils. The leaves are a very high value fertilizer. It's a useful little plant.

Tea is a small shrub, which is a Camellia, a fairly cold-hardy shrub. In the tropics, it is a high altitude shrub. It is better as a green tea, but you can ferment it. Again, one plant gives you all the Camellia tea you want. It will grow in the open up to a latitude of about 40 degrees. Wherever Camellias grow, you can grow tea.

Coffee is a very shade tolerant indoor shrub that has beautiful flowers and a nice aroma. It will live in offices quite well, in just a well-lighted office, under fairly artificial light conditions. It bears heavy crops of berries. You can eat the berries. Spit out pits and take them home and roast them. You will get pounds and pounds of coffee berries off a single plant. It is a kind of weed tree of the shade.

To the extent that we import tea, coffee, cinnamon and ginger, we lay waste to a lot of distant peasant economies, cutting into their available land, using their land to grow this food for us, rather than growing food for themselves. We do that just so we can have non-food items.

So I think it is time we built some glasshouses to produce these items ourselves, and take our weight off other people. If somebody grows five or six tea plants in their glasshouse, they will have enough tea to supply 20 or 30 households. If you grow cinnamon, you can grow enough for 100 households. These are species that I think we are morally obligated to grow in some of our animal heated or solar heated glasshouses.

In inland Australia, where I put in two story glasshouses, there is no problem with growing bananas. Two banana plants would normally supply all the bananas that you would use for a family. You can get the necessary height in two ways. One is to build a single story glass house and drop the floor of it a story to make room for these tall plants. The other way is to build a two-story glass house. It is very effective, however, to drop it a story below ground, providing it is drained. It is good heat buffer, and your plants will get up to the light fast enough. You could grow vanilla beans and bananas in a pit glass house with just one story at ground level. Grow the dwarf cavendish banana. [There are several other dwarf varieties such as Raja Puri, Dwarf Orinoco, etc. Also, beware of severe thermal stratification problems in 2- story greenhouses. One story with dwarfs performs much better. -- DH]

TUMERIC IS EQUALLY EASY TO GROW.

There are many opportunities at present for deriving an income from plants grown in the glass house. The highest return is from flowers, bulbs, ferns and indoor plants. But you might profitably grow vanilla beans. These have to be hand pollinated. You do it with a feather. You really have to make but three trips to the vanilla bean, one to cut it and bend it down, one to pollinate it when it flowers, and one to clip the beans. You sweat the beans in a woolen blanket, and that's it. One plant gives you hundreds of beans. It is a better commercial crop than tomatoes. It is up to your ingenuity, really.

The alienation of third world land from food production is increasing. So if you can start into these crops, you will be doing a good job. Most of them are vegetatively reproduced.

The banana sends up four shoots. Give these to your friends. Cut off your spice plant and stick it in the ground, and off it grows. So will the papaw [papaya]. Anyhow, papaws are really self-seeding. They will come up all over the place. In cool areas they last for 30 or 40 years; whereas, in the real tropics, a papaw only lives for about four years.

So I would think about this aspect of glass house production. You have an opportunity to provide more than cabbages, you know. You can be supplying foods otherwise that you bring from a great distance at a great human cost.

I haven't given much thought to the interior of the glass house. It would be good to do so. I can simply point out to you that there are strategies. Quail are good inside the glass house. They keep cockroaches and whitefly down. Bring them into the house to clean up cockroaches periodically. The ideal nesting place for quail is under the curve of a pineapple plant. They will eat tiny insects; they eat whitefly.

Run a pipe from the outside pond to a small pond inside the glass house. Fish will come in and overwinter in the glass house.

I had a thought about taro production. Taro is a very ordinary root crop. It grows in water. But it is no use trying to grow it where it is frozen. So we can move our four or five taro plants indoors.

One critical plant that must be moved in is the Azolla, a nitrogen-fixing fern that grows on water. So we bring Azolla in, and, grateful plant that it is, it starts spreading all over within a week or two. There are 18 species of Azolla. They run right up to the Canadian border and right down to the equator. Sometimes it's red; most species are green.

Everything in the greenhouse is waste high. Underneath is rubble. So why not put a pond there? One thing that does well rooted in a pond is salable bulbs. Suspend them on mesh above the water.

I'll tell you what my friend does in Melbourne. He rents people's swimming pools and grows all of his spring bulbs in them before they start using the pools for swimming. He grows them on rafts.

Retrofit a swimming pool for biological production, with blueberry edges and frogs.

I don't feel we have got very excited about glasshouses yet. We have the technology. We have the uses right, the construction right, and we have started to get some of the crops right. But I think we have a long way to go. It should not take us long; but still, we have a long way to go.

KEEPING THE ANNUALS PERENNIAL

You may be able to get a system going so that there is no reason to buy seed again. Keep little bits of purple ribbon right by the door, and tie a piece of it around the plant you don't want to pull. Everyone should know what the sign is.

Just keep bringing the seeds in, or even hanging the plants up to dry without ever shelling them out. I think this is becoming critically important to us all.

You have, maybe, eight species of non cross-pollinating squash. If you are smart, you settle on a really satisfactory long-keeping pumpkin, a good cucumber, and agree with your friends that they set seed of one of a slightly different group. There is a perennial squash that just does not cross pollinate; it is quite a different species. There is a wide variety of species of squash -- Chinese and Japanese. You have a very large selection. You could grow nine sorts of squash that are not going to worry each other. We have dealt with pinching out the axillary shoots of tomatoes and peppers and bringing them in over winter, either under glass or just as a sill plant.

Leeks should be permanent in the system. You should let some go to seed and plant from bulbs all around the base, then sell the seed to someone else.

If you don't already know how to cross cut your cabbage stems, start in. Cut your cabbage, cross cut the stem, and you get four good little heads growing off that. I've gone further. I have cut right through, let the heads spread out, separate the four things and replant them as plants.

Celery is an interesting plant. It is a perennial plant, not an annual. In all Tasmanian gardens, they still have the perennial variety. Just keep pulling bunches off the side of it.

The trade has made annuals of many perennials because they are into seed production. I have found a wild lovage in Tasmania that tastes as celery and that is perennial.

With many plants, I just take the seed heads and shake them all over the garden in autumn. They fall through the mulch. I get celery, parsley, lettuces, and all that, coming up at random. It is very wasteful of seed. The same amount of seed would sell for $20. I am trying to shortcut this whole business of buying seed, growing and purchasing seedlings, transplanting them out, cutting off the whole plant at harvest, and buying more seed every year. We are trying to get plants suited to the site, and reduce the seed packet buying as much as we can.

In Tasmania, we have found that we get many apple seedlings from apple pips that have been tossed out along roadsides. Every seedling apple we grow is a good apple, so we never bother to graft. They are already heavily selected apples, and we grow them from seed. All the deciduous trees that we have were imported. There are no wild apple species.

We got a frost resistant orange from pips. Nectarines are always good from pips. Lemon will take frost. So will mandarin oranges. I've been running around New South Wales when all the mandarins were frosted to the ground. Break them off the ground, and their skins would be stuck on the ground. These trees don't mind frosting up of a night, a few degrees below.

A seed bed should be incorporated into the annual garden -- a little five square meter place for putting out seedlings. You want them coming all the time.

We save almost all the seeds of the fruit we eat, the pips. We let them dry, just along the windowsills. At the end of summer, when we have accumulated many of them, we pack them in sawdust and put them outside in a box. The rains fall on them and the frosts attack them. From then on, we start lifting the sawdust up and looking at it, and as soon as shoots start to peep out, we start putting them out all over the place. They are on their way. The more fruit you eat, the more fruit you grow. You catch up with yourself in about seven years.

FORAGE SYSTEMS AND ANIMALS IN ZONE TWO

Never in the history of the world has anybody designed and implemented animal forage systems.

White mulberry as chicken forage is as good as a double crop of grain. It is 17% protein. The mulberry crop is a very good chicken food for the period of bearing in which it occurs, and beyond it; because the chickens are getting seed long after the mulberries are gone. You can put in quite large mulberry plants from cuttings. You can put in four foot cuttings of about one and one half inch diameter. In the first autumn, take a rooting, and you can get several trees. You can completely fill the area and be into full mulberry production next year. In the United States, you have one of the very best black mulberries in the world. Two or three varieties will extend your harvest season.

The hawthorn group are great winter forage. So is the mountain ash.

When we come to the period of summer drought, we look to greens -- to comfrey, cleavers, and any amount of chard. There are gardeners at home who grow more chard for their chickens than they grow for themselves. In this part of your garden you might have some throw-overs, like chard, or weeds.

Really, what we should look to carry us through a drought would be the Siberian pea tree. They are common here; and they are very good nitrogen fixers, producing a lot of seed. The peasants of Siberia fed their poultry on this tree alone. This sort of seed is always there. The chickens will go on and off it. They don't pay it much attention when they are chasing mulberries. And they eat a lot of greens in the summer. But at some periods when maybe there is no other seed, they hit it. It is doing handy things for them, like growing sprouts on its own.

With an acre of black locust, which is your best fence post material, you may look forward to a 10,000 pound drop, minimal. Just outside this acre, you have a little Fukuoka plot producing another 2,000 pounds of grain, in case we made some wrong guesses in here.

Wherever there's frost heave, and we want to stabilize the soil, we drop some sunflower seed in mud balls so the birds don't eat them. You have lots of opportunity with frost heave. Sow those little patches to clover or sunflower seed.

Now you can bring tubers in; you can bring in some Jerusalem artichoke.

Say we have a half acre of this -- as a modest estimate, you may have 5,000 pounds of chicken forage in there, much higher in protein value than wheat, and a much more variable food. This would keep 40 chickens a year.

We have certain advantages here. We will have straw yards where we can grow lots of grain, by alternating a couple of yards to chickens. We have 5,000 pounds of fodder, at present, there. This would keep chickens for seven months a year. No need to go threshing and bagging your grains. You hang the sheaves up. The chickens will do all the husking and the threshing. Now that is without considering the forages and grasses, and the insects in this situation. I reckon we might have at least another 2,000 or 3,000 pounds of just protein.

Just before you plant, let the chickens and ducks in to dig out the slugs and clean up the ground. They won't get many of the seeds. Slugs and worms are much more delicious.

If we want to set up a new sort of chicken farm, we separate the chicken houses by about 150 feet. If you want to make it 200 feet, go right ahead. That's as far as a group of chickens range. You won't get any mixing up of the flocks.

Here's another fact for you. If you don't run any more than 400 chickens to an acre, you still have an entire herb and regrowth, with no bare soil. Four hundred is about the break even point. Three hundred is all right. It is good not to exceed 80 per flock. They are happier with about 50 to 60 per flock. It suits their social conditions best. You will need about five roosters to the flock, otherwise, the hens wander. So on an acre of ground you can set out four sorts of 60-chicken flocks, running roosters. You can have four entirely different breeds of chicken. The heavy breeds lay better in winter. The light breeds are spring and summer layers. For details, consult your chicken fancier, not your poultryman. You have good fanciers in America. You have a pheasant society; you have a duck fancier -- all those ecological bandits. They are sort of oil millionaires. Five acres under wire. They go out and pinch very rare ducks off everybody, and escape illegally, if necessary, in their own yachts. They are nuts.

By calculations I have made at home, I have enough food on there for 800 chickens now, off the shrub growth. That's based on something more than intuition. It's based on an actual plot. Now, I don't want to put 800 chickens on there, because I don't want bare ground.

Your conditions are different, because you have a winter close-down period, and you have some of your food in store. So grow more sunflowers, or whatever, but not all sunflowers, because if the chickens get too much sunflower seed, their feathers drop out. That's because there is too much oil in their body, and the feathers are very loosely attached in their sockets.

We wouldn't argue but that we are going to get cheaper eggs. We wouldn't argue but that we probably are going to get healthier chickens. Certainly I wouldn't argue but that we are going to get happier chickens, because what you have is a chicken out there really doing its own thing. We don't seem to get much disease in these chickens. They seem to maintain good health and they lay until they die. It's not one of these three-year systems. They often die at roost, having laid the day before. Some of them go six years in this. So no need to kill the layers. It is a cheap system. You can bring out a cart of eggs every day, and they don't cost a lot.

Get the system going with very large cuttings and pot planted things. Chickens cannot disturb little plants if you get them going in wire mesh, mulch or brush piles. Later in the season, when we get it going, we can load the area with two hundred chickens. In a few seasons of tuning and adjusting, we can bring it right up here to where we want it.

A pasture with above 400 chickens will show two effects. The amount of nitrogen starts to weaken the pasture, and the chickens will probably eat it out.

What we are really setting out is a much stronger root system than pasture, and we are setting up leaf mulch. It doesn't all have to be chicken food in there. Chinese chestnuts and hazelnuts can go in there. You will double and quadruple your yield of hazelnuts. What we have in there is high nitrogen demand, high commercial value crop dotted through the area. Chickens are cutting down the grass competition, and they are also eating the windfalls from apples and other fruits. So it is a chicken-orchard: chicken plus orchard, including vine crop.

A grain-fed animal itself keeps four chickens on just the grain in manure. Ducks with sheep are excellent. Ducks eat two things fatal to sheep: One is shallow water snails that carry fluke, and they also eat the fluke eggs. It doesn't hurt ducks or infest ducks. Ducks don't compete with the sheep. So in this way, you set up a high hygienic situation. The same goes for chickens and grain-eating herbivores. The chickens don't just eat grain. They eat encysted parasite eggs. Anything that has died, an animal that has been run over on the highway, just hang it up in the chicken run, convert it into larvae. That will sharply reduce the flies in your area, because these larvae will drop into the chicken pen and be eaten before they can hatch flies. Ducks are great fly catchers, too. If you bait the flies in, ducks will catch many of them. We can bring insects in to them by planting insect attracting plants.

Chickens with plum and cherries sharply reduce crawling, flying pests. All the pests that go into the soil and re-emerge are sharply reduced. With chickens given the shelter of trees, the depredation situation is practically nil.

What we are doing here is playing a new game, which nobody has ever played. They have played little bits of this game here and there. The people of Siberia and the tundra have played a little bit of it. In West Australia you can identify the old chicken yards by the fact that they contain the Canary Island tree lucerne, which, among the old timers, was the number one chicken seed forage. You can find every old Tasmanian pig sty, because it will contain oak trees. The British brought their oaks with their pigs and their poultry -- sensible people! Now all that remains of the pig sty is the ancient oak trees. The pigs are over there being fed grain, and the oaks are over here with nobody feeding on them. Because the grandchildren of these people went to the university and got educated, they found out from the agricultural department how to grow pigs. The old systems all went into decay. But there remained little bits of it.

I think it is good to run our chickens with the other animals. Then we have animal heat and the enormous heat of the decomposition of manures out there in the barn. If we build a glass house around it, we can use the heat; and if we use the methane, and the ammonia, and the CO2, then it is starting to look very good.

You want a few piles of quartzite gravel in range; and you will need broken shell. The crushed shells of fresh water mussels are good for that.

In North America you have a large continent with large marshes. You had a large wildfowl population. Your country has wildfowl-specific forages. You had your turkey ranges, your pigeon ranges, and your duck ranges. Among these enormous forage ranges, there are going to be critical forage species, very good ones. Long ago, we should have started using these systems, and not have been relying on the wheat fields to produce disease-stricken cows and poultry. I simply point out your grand opportunities here. If you go back and read the accounts of your early explorers, you will find that as they were coming up the river, they weren't looking at a flock of ducks every half mile; they were looking at ducks by the thousands. They were looking at flocks of passenger pigeons that darkened the sky from dawn to evening. There was a lot more nobility in the environment then. Just imagine the transfer of phosphates across this country.

We can take some of the native animals like the turkey, and start to manage those forests into turkey ranges, or we can bring in other species closely allied. In these wildlife forages we find many of the pioneer plants, the plants that step out into the grassland, plants that are not fussy, do not require all the mulching and harrowing and digging. They prepare the site for your following plants. I would pioneer with bird ranges across the country, and transfer into larger tree species.

If you have existing forest of low-forage species, you can adjust maybe five acres of it one way, five acres of it another way. You have great opportunities. You have no establishment problem. All you have is tuning problems. You worry about what vines to put up those oak trees. Where there are no forests, our concern is how we are going to get the oak tree up there.

Sixty per cent of the world's grains are fed to livestock. In the United States, not only are you doing that, but you are bringing in something like 100% of the produce of the South American fisheries. You are importing an enormous amount of protein from overseas. America does not feed the world. The peasant farmer of the third world feeds the world, including America. All the fish concentrate, the entire crop from the Chilean coast, comes into America as animal feed. That alone makes America a net importer of protein. They had put in a fish concentrate factory on our east coast in Tasmania. Certain whole fish stocks were wiped out this way.

We credit Melaleuca, which grows in most climates, with attracting about 60 per cent of our inland fish food. This grows all along our inland waterways. It attracts a great variety of honey-loving beetles and moths. So we can bring insects in. We can bias the whole situation toward the desired product. At the same time, we are not stuck on that product -- the fish, the chicken, the duck. We can move into mulberry jam, apples. I have seen hazelnuts growing inside and outside a chicken pen. Inside the chicken pen, the bushes are about three times as big, and they have at least twice the amount of leaves per cubic foot, as compared with the ones outside the pen. The nut crops easily quadruple the ones outside the pens.

I suspect that we removed an enormous amount of biomass from this landscape when we took away the chisel plow -- the marmots, gophers, moles; when we took away the free-flying pigeons. They were our phosphate mobilizers. The forest produced them and sent them out, saying "Feed me." In this way, the forest attracted the phosphate to itself. The animals are the mobile part of the forest, an aspect of the trees. Those birds are planting those trees; they are gardening those trees. You cannot take them away and expect to have a healthy forest. You can't. You can't have a healthy society, either. What you have is unhealthy plants, because their essential mobile components are missing. The animals are needed. I think when we start to balance these systems, you will see it reflected in tree health and tree growth. You may even see a big tree again one day.

I have seen an English walnut growing in a chicken pen, an old chicken pen, not now active, between one and two hundred feet across the crown, and still only 60 feet high, and that tree is only 120 years old. It yields bags and bags of walnuts. These trees around here don't look as if they are ever going to be big. They will get sick before they get big.

You have conditions here that are good for ground birds. There are all sorts of places to start up these activities, to create the little ecological islands. I don't think we need 70 per cent of this corn. If we could work out these little alternative systems, there would be no need for carting in all of this protein.

There is a film that we have seen in Australia; you may have seen it here. It shows the fishing operation of Chile, which has a desert coast. Off the coast, there are islands that were very high nitrate islands and phosphate. Here the westerly drift comes up, and with it billions of fish. Those fish are being taken and processed into fish protein concentrate for U.S. pigs.

Under the conveyor belt that goes from the holds of the fishing vessels up to the fish factories is a God-awful mess; and for a while you can't figure out what is happening. All you can see is arms and wings. It is the peasant women and the pelicans fighting for dropped fish, because both are starving. The pelicans are invading towns 200 miles inland, fighting with people for the remaining food that there is. That film indicates something is bloody awful.

So I think we must go into forage systems seriously. These forage forest situations are fantastic fire control situations. We usually have a high growth rate, really good plants, very little ground cover, hardly any litter accumulation. Because there is more nitrogen going into this forest through its animal populations, there is a very rapid break down of litter. It would be reasonable to choose hardy animals and these pioneer forage species to prepare for the following forest.

Time and again I have set up a situation, and then discovered that this ecology is working, and I hadn't realized it until I designed it. Somebody had been in there before, a good Designer!

Yet it is not quite the same old game we have to play. We have to play a new game. We are not into the game of shoving the continents together, and pulling them apart, arranging all sorts of new combinations, just to see what happens.

We have been impoverishing the globe, and we are into the greatest, most intensive phase of impoverishment right now. We know that as a result we are going to wipe out tens of thousands of plant and animal species. Whole elements are dropping out of ecologies everywhere.

The only way we can begin to make amends for that is to bring other elements into those ecologies, in an attempt to restore their function. The chestnuts were 80 per cent of the forest cover. They are gone, killed. What do we put back? What amends are we going to make to every animal dependent on that forest cover? Are you going to make amends with the Chinese chestnuts, or what are we going to do? Acid rain will knock out many of the species in northeast America. We may not be able to get those species back in that area, but we have to make amends. We have the potential to enrich the system. The chances are more than equal that we can enrich it.

Some of you keep returning to the rationale that there is an inherent danger involved in introducing plants not native to an area. I have a rationale, too. I use only native plants; they are native to the planet Earth. I am using indigenous plants; they are indigenous to this part of the Universe.[7]

Speciation is not something that is happening all the time. I believe that many of our systems are becoming time-saturated. I believe that too much time can accumulate in this system. It closes up. A forest that is rich, complex, with many other things in it, gradually evolves into a big old closed system, dominated by a few species. It is a bit like a free economy society that has resulted in a few old savage people accumulating everything. The die-off starts at the bottom, and you loose a lot of genetic diversity. Then it's the time to overturn it. Any social system that lasts too long seems to get time polluted -- chronically ill.

There is a man who had a 14-year-old sow. He fed it a lot of good things, including apples. He had pigs before her. About 17 years ago, in the corner of the pig pen there was a blackberry clump. An apple tree started there, and up it came. Then the apples started to fall, and the pigs got into the blackberries and moved them out, ripped them all out and left the apple tree. This fellow was a man of great sagacity. He went out and got a lot of apple trees, waded into the middle of his blackberries and planted trees in every blackberry clump he could find. He also planted peaches and quinces and figs and pears. He had a lot of blackberry on his farm; he was in fairly heavy rainfall foothill country.

Blackberries there are not the weak undersized things you see around here. They are violently rampant blackberries. They will fill gullies and be level across the top of them with the hills. The water flows down below. So he waded in and put in a grafted sometimes, but often seedling trees.

What happens in this situation is that the tree grows straight up to the light. It doesn't make any low branches. It grows very fast. It is the fastest growing situation you can find for fruit trees. The tree doesn't have any branches for maybe nine feet, and then it crowns out. When the apples start to fall, there will not be enough of them to attract anything except three or four rabbits, and they eat them. Then, in a couple of seasons, maybe, a lot of apples start to fall, and they start smelling good and getting lost in the blackberries and fermenting. At that point the cattle can't stand it. They wade into the blackberries up to their chest, picking out apples, and they tread heavy on the blackberries. Then the tree gets bigger, and it drops 30 bushels of apples. It is now partially shading the blackberries out. It also becomes absolutely impossible for the cattle to stay out. They smash the blackberries flat, and you have this gigantic apple tree with the big thick trunk, eight feet clear of branches. One of those trees is 70 feet across, and 60 feet high, yielding 70 bushels of apples. The cattle get about 40 bushels, and you can pick 30. At just 17 years old, it's a phenomenal tree.

I don't know whether you can imagine this farm; but you should see it. It has patches of eucalyptus and wattles, and here and there a gigantic fig tree, a gigantic apple tree, and an enormous pear tree. Twelve pear trees growing under similar conditions yield almost seven tons of fruit per tree. They are big. They are approaching 160 feet high. There is a flood plain with blackberries there, and these pear trees haven't any brambles at all under them. You can get on your ladder and pick the first 20 feet. The rest, from there on up, drop to the sheep and cattle.

I keep seeing this happening all the time. I thought, Of course! Here is the old European forest, in which lived the white ox, the old European white ox. On the edge of that forest, sneaking out into the plains, step after step, is the bramble. On the edge of this forest, the only place where it is doing any good, is the apple. Its fruit falls into the brambles. The seedlings come up and begin fruiting. Then comes the white ox. He comes and rescues the forest. That is how the forest advanced. Here comes your little boar out of the forest, rooting around in the blackberries for apples, and they will change the soil condition. They will make a high manurial situation, and will stimulate this edge growth of plants. Then on the forest will go, with apples out in front of it. You will find this happening like that all over the place. Geoff Wallace is doing this deliberately. He has run completely out of blackberries, wiped blackberries right off his property.

The main value of blackberry to tree is that it prevents grass competition at the roots. Grasses produce chemicals hostile to trees. There is a fight on between grassland and trees. Fire helps the grasses; brambles help the trees. Hence there is a whole conflict of pioneer species in grasslands. The bramble is really continually mulching the tree, keeping its root system free of grass. The tree grows much better there than in an open situation. A secondary effect is that the bramble growth pre-prunes the tree to a standard, prevents low branching, and the tree crowns out into a really classical old British type crown -- round, with a strong trunk. By the time the bramble is smashed, the bark is coming up from the root of the tree. It has all been timed. We couldn't have designed it better.

Somebody designed that for us. I just keep on this way, discovering something; then I go and have a look. It was there anyhow. After the forest is gone, when we are trying to grow the apple tree away from the forest, without the cattle, without the pigs, without the blackberries, we are going to have a lot of apple trees that are very unhealthy. In California, a lot of iris and fennel grow under apple trees. What you are looking for now is the tree's garden, the situation in which the tree can stand against the grass and still be very healthy. Now these are an interesting group of plants. Their main characteristic is that they are not surface fibrous-rooted plants. They do not set up that mat that intercepts light, rain, and prevents the percolation of water.

The nasturtium and any of the root thistles are very good plants. They are tap-rooted, large-leafed. They are clumped or have feathery fronds. Those are the sort of plants that do well under trees. You can design the apple garden, in which the apple will thrive according to its shade and sun requirements. If you start planting this garden with your apples, you get healthy, fast growing, non-cultivated trees.

We are building up a set of plants from which we can derive characteristics that will enable us to add plants with specific traits. These are very good grass barrier plants with a very fast rotting leaf crop, quick turnover plants. You can start to garden your orchard over with these species. At home, daffodils often grow under apple trees. You may want to sell daffodils and apples; or you may want to sell fennel and apples.

Go and take a look at where the mulberry, the fig, the pear, the apple and the quince have survived the ebb and flow of human settlement. Work out the characteristics of the understory. You are seeking a tree with about a nine to 12 inch incremental growth annually, continuously self-pruning at the crown, so that branches are not overlaying and smashing, and the fruit will not be small and crowded. In the blackberry patch, the tree is protected until it starts to bear. When the blackberries are removed, growth slows .

Another remarkable sight is avocados about 60 to 80 feet high, bearing three to four tons per tree. They have a lot of cattle manure under them, because cattle love avocados.

You are looking under the tree that you are scoring, and you are setting as an ideal that the tree makes the amount of increment a year that it would make if we are actively pruning. But you wouldn't be pruning. Instead, you might put a wedge of grass under it, and let that prune it back. You would disfavor growth just a bit.

At Tagari, we've been only two years on site, and I don't spend much time at home. When I am there, I'm out stacking Russell lupines, comfrey, thistles, and bamboo in under my orchard. I'm trying to bring in more nasturtium. We are not inviting cattle into our orchard. We are doing the gardening there.

Some of these situations are appropriate for chickens for forages; some are appropriate for garden productivity; and some may also be appropriate for wildlife or domesticated stock. We want a whole set of these gardens, isolated from one another.

Another good thing under trees is a proportion of slab stone. I don't know how much of the surface should be covered with slab. It may be the stone slab is doing the pruning. Stone slab is ideal watering -- instant run-off. It is not going to absorb and of the rainfall. It is high worm cast -- all the characteristics that we want.

Now for the fig, the rock pile is the perfect condition. I feel that by adding or removing more stone, we could prune those trees, because that is a very manageable proportion of the ground cover. If we want to lengthen the shoots, put stone on.

There are biological books that will give you the perching characteristics of birds. Most all open country birds require perches. All insectivores are perchers. Put a bird perch by that little tree and you will find instant mobilization of the insects around that point, and a substantial fall of phosphate there. It will make a difference. We have done it, and those trees where we have done it are healthy; and the trees where we have not done it are not. Those birds are eating seeds and insects and providing phosphorus for the tree. We throw these perches away after the tree is up and providing its own perching situation.

In a tropical location, there is a person who has done a beautiful thing. His trees are lychee trees, and grasses are really hostile to lychee trees. Those trees in grass will die. He put at the base of each tree a little five gallon can with a hole in it, and in each can he put four guinea pigs. Guinea pigs run around under the grass for a very good reason: There are a lot of owls. Those guinea pigs would leave one stick in a hundred of grass. They build up a high and low litter. They manure the tree. They cut most of the grass off, allowing free water penetration. All his trees with guinea pigs are doing very well. Now here is a cheap cultivation method. He has an army of guinea pigs there working for him, and it costs him very little. Yet he gets a very high growth rate in his lychees. During the four years that they have been working, those guinea pigs are about to make a millionaire out of him. So that is another applied plant-animal relationship that is a governing relationship.

Occasionally a python comes through. He lowers the guinea pig population. But guinea pigs breed up. Well, pythons are harmless, really.

It's that sort of situation that we are trying to set up. We are attempting to beat the grasses against the forest, preferably in a productive way.

THE BEE

I don't know about America, but in Australia flowering is unpredictable, and forests are being rapidly reduced to islands of plants. The average beekeeper knocks out well over a thousand kilometers a week. Some do 1500 a week, just shifting bees and getting water to them, traveling to them, and carrying off the honey. It has already reached the point where, if beekeepers stayed home and started planting forage systems, they would be infinitely better off.

There is a whole set of bee forages. They range from useful crop, such as rape and buckwheat, to marshland trees, the water tupelo, and marshland plants such as purple loosestrife and Caltha, the marsh marigold. There are very reliable honey trees, such as basswood, Tilia americana. There are many basswoods, not confined to America. The Tilia are elsewhere called lime trees. Purple loosestrife is a problem to marshes, but if it is there, it is good bee fodder. If you have it around you here, you might as well be using it as bee fodder. The Tasmanian leatherwood might grow in this climate. It has a super-high-quality honey. It has the interesting characteristic that the cherry laurel has. It produces nectar from its leaves, and from its flowers. Leatherwood has very active leaf nectaries. Just before the end of the season, empty the hives out and carry them into the leatherwood, and they will put out 100 pounds of honey every three days. Leatherwood will grow up with the forest and flower in it at crown , or flower as an interface. It is an indigenous species in Tasmania. This plant is a really fine tree in itself. It is good wood, a fine forest, a beautiful tree, and an incredible bee plant. In a two mile range it is customary to put in about 150 to 200 hives. Within this range, every one of these hives puts out 100 pounds of honey every three days, and all the time. Here, you would probably be lucky to hit 60 pounds in a season, unless you have a lot of Tilia. Leatherwood is an evergreen that grows in wet, snowy forests. It flowers the last of the season, mid-January with us. So it is going to be mid-July here.

What happens to a tree when it is moved from Australia to North America? It keeps its wits about it. It operates on day lengths as usual. We have shipped everything down, and it all grows. You send us autumn fruits from these oaks; we put them in and they don't drop till autumn. If it is springtime, we just plant them right away. Often we just give them a chill factor and plant them.

If you are planting for bees, there are a few rules. You plant a lot of the forage together. Clump your forages. It is not good to dot these things about the landscape. If you are going to put in leatherwoods, put 30 of them together in 10 different places. Put them in full sunlight, or on the sunny side of the situation. Don't put them near the hive. Keep them at least 100 yards or more from the hives. If you put them closer, the bees won't work them. I don't know why this is, but they don't. It is impossible to have too much low hedgerow between your hive sites and your forage sites. I mean as low as four feet. This enables the bees to work in unfavorable conditions. In very bad weather, the bees fly along the very low hedgerows that lead to the forage systems. These hedgerows are windbreaks, so they might as well be productive. Start out with thyme, rosemary, or whatever, and go on to low forage.

Wetland plants are excellent bee plants. People with wetlands might profitably go into apiary work. Conventional hives are built to shift bees around. Now we could re-think beehiving altogether, given that we don't have to lift hives around. I imagine what we might build is the bee barn, in which we pay far less attention to the weatherproofing and insulating individual hives. We would insulate the whole structure and have a whole set of exits for bees. We would work inside it and have a high light escape to which we can switch off. We unload, store, and process inside. So the whole operation becomes a sedentary operation with a sliding in and out of our bee clothes. You always put in a bee processing shed that steps down. Because honey is heavy stuff, your extractor has to be no more than waist level, and your storage drums below. Honey is a flow-down thing. That shed is always a step-down system -- three levels.

You say that in Czechoslovakia they are using this sort of system! I didn't know it already existed! I had to reinvent it! Great!

We must pay attention to the fitting out of pollen traps in the beehives. There are periods when they can be used, and periods when they are not used. Bee pollen is the best tree-grown flour for protein we can get. So we are right out of grain growing. The plants are already growing that grain, and it's hull-less. It has many good minerals, and is high in protein. You get as much pollen as you do honey. If you get 60 pounds of honey, you get 60 pounds of pollen. So it looks as if we might just shift right out of our grain growing situation. From a hundred hives, you will get pollen way beyond our individual needs.

Now we can figure that about 60 hives is a family's living. Moreover, those bees and the apiarist and his family are advantageous to any other system. They increase the apple crop; they increase the buckwheat; they increase the seed set in our gardens.

Again, we are into an interesting thing. We can go from crop and annuals into perennials in a staged system, which keeps our flow constant. We don't have to start with Tilia americana. We would wait four years before we can get a blossom on it. So, we start with rape, buckwheat, sunflowers, and all the other good things. There is a manifold system we can play with.

It is easy to choose your mid-season and late-flow plants. The flowering periods are generally known. Your beekeeper certainly knows them. The whole thing we are trying to do is to bring the food to the animals.

CATTLE FORAGE

It is very impressive to look at an ancient pasture, of which there are not many in the world. It is like going out and looking at the unplowed prairie. There are a few in Yugoslavia, and in other southern European countries where it hasn't been their habit to plow all the land. I took a picture of about two square meters of pasture on which I can count 18 flowering plants; but there are many not in flower. Some of those pastures would have some 30 or 40 species of plants per square meter. It is a pleasant day watching a cow going through those pastures. It is totally different from the grab and eat, grab and eat thing. The cow seeks her way through this complex. Inevitably, as she eats a good clover, she gets a mouthful, or half her mouth full of a bad tasting thing. So you have an interesting effect. Cattle are unlikely to browse that pasture severely, because many plants are protecting others, and many semi-dangerous, or semi- poisonous plants are in with the preferred plants. Newman Turner, whose books have recently been reprinted, points out in Fertility Pastures that whether she likes it or not, the cow takes her medicines all the time. The cows in those pastures are shiny and glossy and have nice washed noses and luminous eyes. The herdsmen go with them. They just sit with them. It's a pleasant occupation.

Most of the people who handle their own cattle never use dogs or horses or chase the cattle. Whenever they want to change 3,000 head, they yell "Comeon cow!" and all the cows put their heads down and follow him through into the next field.

Another friend of mine owns 700 acres. He is an organic gardener and a renowned pasturist. He hasn't used superphosphate for 17 years. The health of his cattle's has improved out of sight.

Now you get all sorts of problems with over-fertilization of grasslands. You get infertility; you get a rather pulpy kidney; you get many diseases as a result of locking up certain elements. The cattle look peaked. They chew on barns. They eat trees. They obviously suffer from lack of elements.

New Zealand, much more than Australia, is looking very much to tree crops for cattle pasturage -- to willows and poplars, and some eucalyptus. Cattle love the bark of these trees. It is quite possible to have enclosures of maybe five acres of tree leaves, which is much better than having a barn full of hay.

If you want fat cows, you plant rye grass and clover, but you will still get cows with worms and cows with deficiency symptoms. Newman Turner recommends a whole lot of perennial herbs that should be put along hedgerows. We know, for instance, that when cows can just browse along hazel tips and buds, the butterfat content in milk increases, and the cows are healthier. Cows will always eat some comfrey, though it is not a preferred plant.

You can go nutty about something like comfrey or dandelions. But as a component in food, these things are good. Some people were urging on everybody to feed their children, chickens, horses and cows on comfrey, until another gentleman said, "Look, be careful!"

Once a nut starts urging nutrition on someone, they are going to do it. They get their blenders down and start drinking green glue. It's stupid! Of course it is possible, under certain conditions, to damage the liver. So there has been a note of caution sounded. Nobody has found that comfrey will kill you; we are already certain it won't. Everybody I know eats comfrey and a few borage leaves, and we put borage leaves in our drinks. The main thing is, don't go to your garden and eat comfrey as your main food, like a lot of those people were doing. It is not the complete food; nothing is. Everything you do like that is stupid. The next thing you know, somebody will start the great cucumber scandal -- the cucumber diet. If you eat a hundred things, you are not very likely to die of it; and you will get everything you ever need. What you don't need, you spit out. The point is, in a varied diet you add a component where that component was short. Chicory is a marvelous plant for cattle.

A friend of mine in rural Tasmania has 8,000 acres. He plants about 500 acres a year. He doesn't buy clover and grass seed. He buys the weed seed. He gets the dandelion and the thistles. He got a pasture chicory from France. His pastures are remarkable pastures. There is grass and clover, but at a very low rate. He sows clover at about one and a half pounds per acre, and some of the gasses. But the main part is herbal pasture. He gets his herb seed form other people's weeds. His cattle look fantastic. These are very successful pastures. He has never cultivated more than one and a half inches deep, just scratches the soil and dribbles the seed along. He doesn't own any machinery. He contracts a man in with a soil scratcher and a seeder, and does the rest on foot. You turn the cattle in on it; they can bite down and smash it about. Turn them out, and it all comes out again.

Let's have a look at the actual cycle of pastures in a climate which goes through the year, even though it does have a hard winter. Let's look at an annual grass. It carries on to midsummer, falls away, has a blip in autumn and falls away, and comes up in the spring. It is mid-spring before the herbs start. Their peak is summer. The perennials to some extent duplicate this. They hang on much later in the summer. They collapse a bit, and they have a better winter fodder value. The perennial grasses are better grasses for winter. If we are going to raise the whole carrying capacity, we store the spring and summer excess, using haymaking as a strategy. However, these perennial pastures, which are of more value for that than the annual pastures, are quite critical as to the time when their food value is good. The dry stalks off the grasses when the seed is gone are really poor feed, just cellulose. The only way a ruminant can deal with cellulose is by additional input of two things: urea and molasses (sugar and a high nitrogen). Farmers in the dry marginal area float a half-full 40 gallon drum in a trough made from a from a 55 gallon drum cut in half lengthwise. In the trough made from the larger drum, there is a mixture of molasses and urea. The cattle lick this from the floating drum that turns within the mixture. It tastes horrible. They actually detest it. However, that supplies them with the basics that the bacteria in the ruminant require to break down cellulose.

If you put that out, you can feed your cattle on sawdust, newspapers, and cardboard. People do. They often bring loads of sawdust or any kind of cellulose they can get. Feedlots in the American West feed newspaper and urea. That's the American beef. You are eating your own newspapers, and a lot of bad news, too! They get the urea from chicken manure -- 6% chicken manure with molasses. It is the molasses that gets the bacteria active.

The sugar pod group, the mesquites, the honey locusts, carobs, and the sugary tips of such trees as striped maple, will help cattle take advantage of the dry perennial grasses. In a winter climate, the demand is really for carbohydrate fuels. So you design oaks and chestnuts. What you then find, to your surprise, is that this is the way it works. You don't have to design it in. God did that. Cattle grew up to take advantage of what was actually seasonal.

There are plants like Tagasaste and Coprosma -- evergreen and highly nutritious plants that go all year. Even though you let the cattle browse them, while they don't respond as fast over winter as they do in other seasons, they still regrow again. So you have three strategies, then, with these cattle and deer and goats and sheep. One is, instead of just relying on annual pastures, have areas of permanent, high-mineral mobilization herbs throughout all your pastures -- dandelion, chicory, comfrey. Have evergreens, standing, high-nutrition tree crop within forage range that the cattle will coppice. Have high-sugar summer pods that will carry cattle through the semi-arid seasons. This group is critically important to range capacity. Also, you must have a winter high carbohydrate source -- large nuts and acorns.

These are the truly perennial components -- the fruit of trees that stand in pasture.

In Sholto Douglas' book on forest farming, he describes an experiment in which he took part in East Africa, growing carob trees in big baskets, planting them out on an East African cattle range. The carrying capacity of the range went from one cow to 12 acres to 12 cows to an acre[8].

Let's face it, what happens is, you add correct components at the right time of the year. If animals are eating carob pods, they can then eat dry grass and utilize it.

One of the people in west Australia has milking goats. He feeds each goat three carob pods per day. He has one carob tree and it maintains eight goats for the year. It is not a particularly high yielding carob tree; it is 17 years old. What's more, he doesn't pick up all the pods; he just picks up enough pods to give his goats three a day, they can go out and chomp on very rough forage -- and the forage is very rough indeed where he is, for he is on a laterite cap. These goats milk well and do very well.

So it is obvious that if you have a food, which is a concentrate, and of which a small amount will allow the sheep or cattle to satisfactorily process range plants, then you lift the range capacity very abruptly.

The willows and poplars are good cattle-forage. If you are dealing with goats, you have to go into self-defended plants. That is where you use mesquite and honey locust instead of carob or apple. Apple is a good sugar plant. The plum is a good sugar plant. Plums are good summer browse. However, you can't let goats into plum or apple.

The British orchards used to have massive trees, not a branch up to eight or 10 feet, and then a big crown. Cattle and horses could run around underneath them, quietly fermenting their own alcohol in their stomachs.

There are the root crops, too. If you can't grow oats, grow turnips and fodder beets. So you have swap-offs. Unless you are in severe conditions, in which winter comes crashing down on you, there is absolutely no need to go into hay pressing and baling.

The dreaded pampas grass is ideal shading grass. Instead of shearing the sheep and turning them out into a barren landscape, you put them in three acres of pampas, and the survival rates are about the same as if you put them in insulated sheds. You need places for animals to shelter at critical periods. So you must plant dense shelter. The losses of milk or meat products can reach 20% in unsheltered environments. Cattle and sheep are simply unthrifty where they can't get shelter. You all have a mental image of cattle and horses standing back to the cold winds and just shivering away. They will lose eight or 10 pounds in a bad day. They look so miserable. They are miserable. So design a dense shading or shelter block, and I don't mean just a hedgerow. It must be a big clump of dense trees, or tall grasses. Many forage plants, once they mature, protect themselves. Another thing, cattle plant all those plants, particularly sugar pod plants. If you read your propagation manuals, you will see: "Treat this seed with sulfuric acid, hot water, chip it, or grind it." When cattle eat honey locust pods, they chip and grind the seeds. They can't break them, because they are too tough for their teeth. These seeds immerse in an acid bath in the cow's stomach, heat for a time, get packaged in manure, and are usually placed in a little hole that is stamped out near water. That's the best place to get your honey locust seed from -- right from the back of the cow. Those seeds have 90% to 100% germination. So the way to plant your range is to feed the animals going on to the range with those pods. They plant the range. In the Hawaiian Islands, in Australia, and in Argentina, cattle mainly propagate their own range plants.

When you look closely, you will see that each animal, whether it is a turkey or a bluejay, extends its own garden. Bluejays, being slightly short of connections in the brain, often put 50 to 60 acorns in somewhere, and forget where they put them. They plant acorns quite well. Squirrels accumulate nuts in places they often don't remember. By stuffing a few acorns down into a rotting log, they kick the oak forest along quite well.

Nearly every animal is at work planting its own garden, shifting its own materials about in a forgetful and sloppy manner. Humans plant melons, apples, tomatoes -- all sorts of things.

There is no point in trying to push cattle beyond their range. The sensible thing is to swap over into moose or reindeer, and as soon as you get to below 18 inches rainfall, go to black buffalo, antelope, or gazelles. Antelope range is on those dry savannas. In America, you had a higher stocking rate with your natural animals. There were the buffalo, and add white tail deer, the ground hogs, and prairie dogs. You had single colonies of prairie dogs a hundred miles in diameter. These were your chisel plows, and a mighty chisel plow. The high plains in Kenya, with scattered bunch grass and acacias, had maybe 20 common herds, all of which were perfectly good beef. Now people get the chain saw out and whack all the trees down, fence it all off, plow it, sow it down to high yielding pasture or perennial rye and white clover, and put up a lot of buildings. They bring in highly selected Hereford or King Ranch crosses and start running them. What they have is one-60th of the yield that they had before they went to that trouble.

That's exactly what's happened here in America. If you do your sums on your passenger pigeons and your marmots and your prairie dogs and your white tail deer, you will have 10 to 20 times the yield that you presently have in a stable situation, and your standing crop was enormously greater. We are not very intelligent. You had a situation in which you had a full on herd of swan, duck, deer, quail, turkey. Now if you had started to manage this situation, to maintain it, you would have been well below food ceilings.

What you have to do now is to encourage the smaller animals, because you now have property cut up by fences. Buffalo can't move with their seasons; therefore they can't maintain the bunch grasses. Their habit was to act to maintain their pasture. Cattle have a place. Cattle are forest animals. They are not pasture animals. You have to chase them out on to pastures. Really, cattle belong in cool forest swamplands. They love it. In summer, they spend all their time up to their bellies out in swamps, eating the swamp grasses. In winter they will come back into the forest edges.

That is where we got them from. That was their habit -- the white ox of the forests of northern Europe. We are talking here of beef cattle. Dairy cattle are much more highly evolved than most beef cattle. I think, though, that we consume too much milk and dairy products for too long. It has a place for a while.

If you let an animal go into a range where there is highly preferred food, it eats the highly preferred food and leaves less and less of it. This is particularly true if you stock a range heavily.

If we have a pond in which we put a fish that breeds up -- say a large- mouthed bass -- and that pond has a certain capacity, as the fish breed up, you can get 100 one-pound fish, 200 half-pound fish, 400 quarter-pound fish At one-quarter pound, they are hardly pan fish. At this point, your pond is heavily overstocked. One rule of fishing is never throw a small fish back. Always throw it over your shoulder to your chickens. Always return the large breeding fish, and eat the medium sized fish. Don't ever throw little fish back into the water; throw them up the bank.

We have trout in Tasmania in heavily fished waters, where the legal limit for trout is seven and one half inches. These trout breed and die at seven and one quarter inches. You have deer population in the United States, where you are allowed to shoot antlered deer, and the only kind of deer you have left are antlerless. We have heavily fished lobster populations that originally had reasonably slender foreparts and a rostrum. The legal measure was four and one quarter inches, point to point. It must have been a rostral fish. Now, nearly all our crayfish do not have rostrums, and those that do are still undersized.

This is like putting an electric wire across the street, set at five feet, two inches. If you are more than five feet, two inches, it cuts you off. It isn't long before everybody is five feet, one and a half inches, or else very tall people who are walking doubled over.

What we really need to do with any sedentary population of animals is to leave the large, fast-growers. We don't need a minimum size; what we need is a maximum size. We need to leave the very large, successful, healthy, fast-growing animals. Eat the young and half-grown animals. If people started eating cows and bulls and leaving the calves, they would be in a ridiculous position. The thing to do with crayfish is to make pots that only catch small crayfish and then you will always have tons of crayfish.

If you want to fill this pond up with fish , put in your bluegill or whatever, and there will be a million little fish, and the pond goes out of fishing. Put a screen across the pond, and put a couple of brown trout or a pike or two in there. They will keep those little fish out of the system, because the small fish can swim through to the pike. That is sort of reverse escapement. You can't let those pike into that pond, but we can let the little fish in to the pike, and you will always have pan fish in the pond. When they get too big to get through to the pike, they are right for us. You set that limit by putting in a two and one-quarter or two and tree-quarter inch mesh. Anything that can't go through a two and one-quarter inch mesh is good enough for you.

Now we have a chicken range. Hawks like chickens. If we are going to breed chickens, put a very thorny, brambly patch in each range in which we permit hens to raise chicks. We will get a high proportion of chickens from that. At home, we have a bush called the African boxthorn. It reaches the ground; it has millions of spines, and they go straight through your boots. Even cats can't prey within boxthorn. Dogs have no hope; they can't get within the crown.

Cats, if they get in there, want to move real slow. Chickens just slip through it fast, because they have little hard scaly legs. So escapement governs populations there; it protects breeders. You must give the same protection to highly selected foods. You have to put them in protected positions. Cut limbs with slash- hooks, and throw a patch of them on the ground in an animal's range, and put in a tree. Your food plant gets up and growing before the animal can get at it. That's exactly what Geoff Wallace did with his apple trees.

Some plants grow their own thorns, have their own protection; but many don't, so we must give it to them. So wherever we are dealing with range, and range management, we always have to think of this as a factor. We have to give our preferred animals some chance of not reducing their range, and a place to escape from predators.

I want to talk briefly about animals that are not normally considered in systems. I will just give you a few examples, so that you can get an idea of the range.

On the Hawaiian Islands, and only on the Hawaiian Islands, there is a sea mollusk that comes crawling up into the fast streams. It is real good eating. There is no other mollusk that I know of anywhere else in the world that lives in hot streams, crawling over rocks, browsing on algae and converting it into good food. It exists only on a few islands. But it is obviously transferable to that particular sort of niche, and could be a food source.

The coconut crab does all that shredding work and provides a lot of insect control.

The slender blue-tongue lizard eats slugs -- nothing else, just slugs.

The whole group of tiliqua in Australia are snail eaters. There are desert snail eaters, sub-tropical snail eaters, and cool to cold temperate snail eating lizards.

Then the geckos as a group are very good little pest controllers for glass houses.

We have mentioned the frogs and some of their characteristics that are beneficial in the control of quite specific pests that are otherwise chemically controlled.

Get the woodpecker on the bark, and the bantams under the trees, and the coddling moth incidence drops down to its usual about 1%.

A specific orchard pig, the Gloucester, is bred as an orchard forager. That's its place. The little wallaby, which are short browsers and live in dark thickets, maintain fantastic lawn systems. They are very soft in the system. They don't worry plants over 24 inches high. Geese are very similar, but a little harder than the wallabies when it comes to doing sward under nut trees. Geese-and-walnuts is an ancient combination.

The ideal farm: Sit there looking at your geese, and looking at your walnuts. Once a year you clip both of them (the geese, twice a year).

Some of the large land tortoises in sub-tropical or semi-tropical areas are short browsers and fast growers. They put on about 40 pounds in two or three years. They roll your lawns while they crop them. A herd of land tortoises would be much better for the grand Taj Mahal than 34 widows on their knees, cutting the grass with little knives. Turtles are easily controlled. Fencing is minimal.

Tasmania has perhaps 60 species of a strange little thing called a phreatoicid, a pedestrian amphipod[9]. It has a circular body section, and it walks slowly just below the mud and leaf surfaces. They are primarily decomposers in cold waters. They will be active all the time. Under the ice, they will be chomping up leaves. They don't occur anywhere else in the world except right down on the tip of South America. They are an Antarctic edge species; they follow the ice caps up and down. The only place they can do that is in Tasmania and a little bit of South America. They have also adapted. Some of them have come down the mountains a bit. In the Devonian ice age, you had them over here. You find them as fossil.

Where they exist, they are a major food of the introduced trout. Trout eat far more insect here in America. In Tasmania, they may eat 20% insect and 80% phreatoicide to trout, skipping a whole lot of intermediate steps.[10]

Again, in Tasmania, because it is an oceanic island, because it is the remnant of an old continent, we have extraordinarily large fresh water limpets. These occur only in one lake, and they are the only ones of their sort. They are cold water limpets and, again, a major food of fish in the waters where they occur, where there are rocky bottoms on the lakes. They are algae browsers, and where they occur, there is a very fast conversion to fish protein.

Now if we, at least on paper, figure some of the possible short cuts through the trophic pyramid, we always look for our primary decomposer, the algae browser groups, the diatom eaters. That's why grey mullet is such a fantastically important fish. It browses diatoms and it weighs 15 pounds. For brown trout, we begin with leaf algae, go to zooplankton, diatom, shrimp, and then up to another whole group of cold water fishes, the galaxid fish, then the trout. We will give it a 10 factor. It takes 10,000 pounds of leaf to make a pound of brown trout[11].

But if we go from leaf to phreatoicide to brown trout, we only need 100 pounds of leaf to produce a pound of brown trout. So we get a hundred times more brown trout by way of the phreatoicide food chain. Every time you go up a trophic step, the conversion consumes nine parts of every 10 of your food. Therefore, what we should be actively seeking out is these short-cuts, and particularly the large, low-level decomposers, chomping on leaf and algae and diatoms.

The role of the mussels is in phosphate fixation, and in calcium fixation. Now in your area, you should not eat those. It is better than you get that phosphate and calcium stopped before it goes to the sea, because it is phosphate and calcium that you are low on around here.

The phreatoicide is really too valuable to eat because it may be the only thing we can use to get those leaves mobile again. It would be like eating all the worms out of your field.

I am pointing out that if you don't start maintaining these systems, you are in real trouble, and many of these things will be wiped out. Let us not pussy-foot around. There are enormous processes of destruction. As far as we know now, in the Adirondacks there is no more cycling of nutrient. You better get busy and find an acid decomposer, and quickly. What's gone is gone. What we are trying to do is accommodate millions of people in places where a degraded and degrading environment can support but thousands. We must make pretty smart moves. Other than that, we can continue pussy-footing around until the whole system falls on your head[12].

What I am saying is that we should look far more closely at the functions of animals that are not normally considered as integral parts of constructed or even agricultural or aquatic systems, and see what particular value, what particular niche they might occupy to increase the number of useful nets in the energy flux. The phreatoicide is a fine example. We have many, many species of them, because in the Devonian there were billions of phreatoicides of varied sorts. Their pH range, too, is enormous. They did not come towards high alkali. They go towards high acid. The normal data reading in some of our rivers is pH 3.5. It is too acid for mollusks.

Consider your guard animals, too-animals that give adequate alarms to other animals -- guinea fowl for example. They are great for spotting practically any danger, and their alarms work for your other domestic poultry.

PRUNING SYSTEMS

You only prune very close to houses , or on very small properties. You all know of ordinary cut pruning: A very low tree; keep the thing going out as a low open situation. It is a good form of pruning for light, for easy picking, for easy handling of pest control, and so on. It would be a fairly normal thing to do. It is the form of pruning that most nurserymen can show you. It varies from place to place, and from species to species. But as a general method, it is perfectly adequate. Props between these branches keep them spread. You just pull a branch out when it is young and prop it into position to keep it spread. The main thing is to decrease the number of joints that are sharp, and to increase those in the main stem that come out fairly broad. These are the strongest ones. The idea is to force that branch out from the tree like that when it is young. It will be much stronger.

One additional thing, looking down on that tree as a system, we are apt to find that apples, pears, and most things are biennial bearing, so that you have heavy on, heavy off years. Now what you do is this: Think of the tree crown as divided into three sections. Start to prune around the tree, pruning heavily, lightly, and not at all, on your three separate sections. Then next year, the section that was previously lightly pruned gets heavily pruned. The unpruned section gets a light pruning, and the heavily pruned gets no pruning at all. You will find then that you don't have a biennial bearing tree any more, and can fairly competently predict the amount of fruit per annum that you will get. What you will get is a fair number of small fruit on the unpruned portion, a small number of large fruit on the heavily pruned portion, a small number of large fruit on the heavily pruned portion, and the most fruit, of medium size, on your lightly pruned portion. This cuts the pruning down, as you can see, to less than half the cuts you used to make. Moreover, it makes your crop far more predictable, so that you can govern the market much better, or even light domestic demand. In total, you get slightly more fruit than as if you let the thing run biennially. So you don't lose any fruit. But you get a variety of sizes[13].

If you are going to make this the central tree in beds, you can also follow in the beds a rotation around it, so that you are treating your bed sections on thirds as well; and you garden from high demand, to medium demand, to root crop, to high demand. You mulch on thirds: heavy mulch, light mulch, no mulch. You sort of make for yourself a little wheel that you keep spinning. There is no reason not to have that tree in the center of a garden plot, with its rosemary and other plant associates under it, many of which are specifically chosen to be the host species for wasps, which help the garden situation.

Now we go into zone two. Here you would not even bother to prune peaches, except to cut out dead wood, because the least pruning you give the whole group of peaches, cherries, and apricots, the better. The only reason you prune is to cut out dead wood and die-back, and to start branches around them. In zone two, continue to prune the pear and apple groups, and very vigorous, tall growing trees. This is how you do it. Let the stem grow to two or three feet high. Then you select four buds at right angles to each other, and you tie them down to the stem, using a thing called a twigger. Looking down the stem, you are going to have four branches set out at right angles to each other, spread out to maybe fifteen inches. Tie these down. Then let the stem grow on two feet clear, rubbing out any branches that come, and do it again. In 18 months to two years, you usually have a couple of those done. About the time you have done it four times, you won't have any main trunk left. You have taken the tree right out.

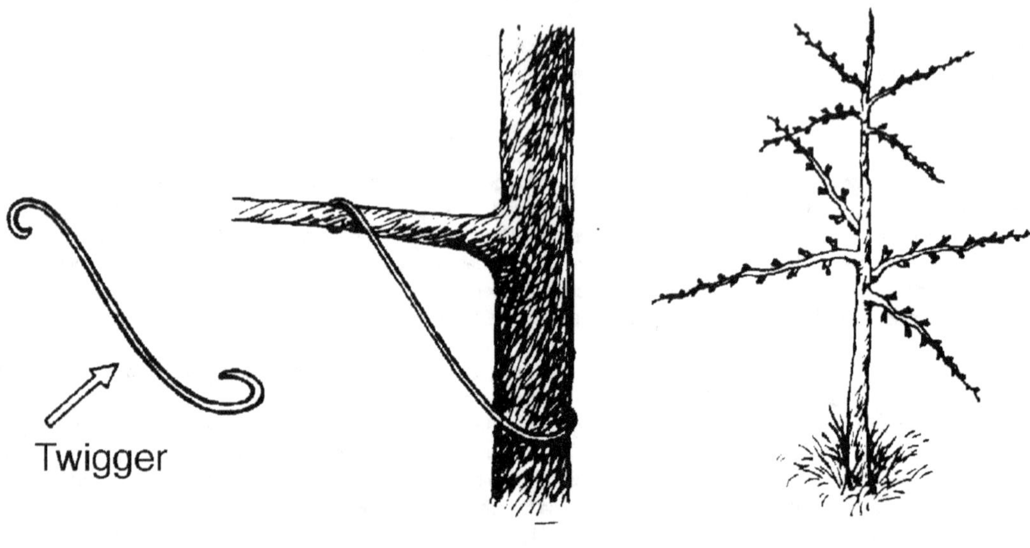

What you have now is a tree very thick at the butt, tapering very suddenly, a very strong thing. We are talking here about powerful trees that normally grow strongly and which would otherwise get very high on you.

We stop them from getting high; we suddenly pinch them off.

It is almost impossible to break those branches with fruit load. They are very powerful. Once you have it like that, you never bother with it again. Just cut off any water shoots. It is an immensely strong and durable tree that will last many years. You take out the branches after the first season's growth but sometimes you need to adjust them for part of the next season. What you have is 16 leaders; for each of these side branches is also a leader. So the tree is quite happy. It doesn't attempt to get away from the pattern. It gets fatter, produces more buds, but it doesn't break out of that pattern. Eventually, all these leaders turn into very large systems. Broadly speaking, there is very little pruning to this tree . It is a little-cared-for tree. Just use this method on large pears, apples, and plums that are very vigorous. It is cheaper to buy from the nurseryman a whip-graft tree the first year and start doing what you want.

The zone three form of tree is even simpler. There is only one thing to do. You see this all over Britain: Drive a very strong large stake and tie it up for eight feet, or plant it in the back of the bush and keep the trunk completely free of branches for eight feet. It takes four or five years. Then let it go, and it matures very rapidly into a very dome. You never prune that; you never even look at it. It will stand animals browsing around it and under it and through it, quite heavy animals.

So what you really have is three sorts of trees, all the same species. One needs a fair bit of attention, giving very predictable yields; the second one needs very little attention, yielding biennially. The last one gives a huge amount of apples or pears of a much smaller size, but it takes no work at all.

Now another thing I would tend to do in the outer zones is to go from grafted to seedling trees. It's too far to get to in the summer, and particularly in spring. Drive down the roadsides and mark all the apple seedlings this winter. Go back in spring and find out from the flower what variety they are. In mid-winter, go and lift them out of the roadside hedgerows. They would eventually only be graded out or smashed down by the road crew. We plant those trees out, sometimes by the hundreds. People keep throwing apples out of cars and renewing the stock. Good plums, too. You root prune and top prune, and if you are going to put it in near the dwelling, you graft. If you are going to put it farther out, just plant it out there, put a stake in it, take five branches off, and up grows its leader.

Anything we have grown from seed gives us a very good fruit. We only want a whole lot of fruit, good fruit.

In summary, around our fruit trees, we put in crops that will give secondary yields, maybe commercial yields. That ranges from flowers to edible products. Put in crops that will support the foraging animals, reduce pests, and increase manure. Bring in the right animals. Put in structures like the little ponds and rock piles that will invite the right animals. Put in flat rock to decrease grass competition, and to stop soil compaction. And, finally, put in the plant's culinary associates.

NOTES FROM THE EDITOR (D.H.:)

I'd like to elaborate on some of the topics Bill addresses here and in a few places disagree. One of the topics that I'd most like to comment on is the use of poultry in permaculture systems.

Bill's designs for poultry escapement will not work in most of the Western Hemisphere because we have a predator that is unreasonably competent, the racoon. Moreover, unlike most wild animal species, the racoon will slaughter as many chickens as possible, just for fun.

Racoons swim very well. Islands will not protect poultry. Waterfowl are among their favorite victims. They can climb fences, dig under them, or simply unlatch gates and walk in. They can turn door knobs, un-hook hook-and-eye catches and slide barrel bolts, though they need a way to reach these devices. If deep water is present, raccoons will drown dogs 10 to 20 times their size.

In this environment, poultry must be secure at night, when racoons are active. Fortunately, racoons are good to eat. Never trap a racoon and release it, however, as it will never be fooled by that type trap again and will be an intractable problem for you and/or others. Racoons are lazy and will walk into box traps to get husked corn, even if there is a cornfield nearby. In fact, they will go for the husked corn right in the cornfield itself. Barrel traps are reputed to work, but I've never encountered a racoon stupid enough to go into one. If you want to try, put a cull hen at the bottom of an open 55 gal. drum. Place a plank leading from a ground up to the open top of the drum. Supposedly, the racoon will go up the plank and jump in to get at the chicken. It can't get out.

If you hear a racoon struggle in a trap, do not wait until morning to deal with it. Other racoons will work to help it escape and often they succeed, particularly in live traps which otherwise minimize suffering of the animals.

In addition to the seed, chickens eat Caragana leaves. The same is true for honey locust leaves, and probably hose of other useful tree crop forage plants. If they are set out in the chicken run, be sure to protect them thoroughly. Otherwise, they can be planted a foot or more outside the fence. When the plants are large enough to tolerate loss of leaves up to two or three feet from the ground, you can move the fence back to include them in the range. Or just let the chickens out.

Geese, though they eat mainly grass, are death to seedling and sapling trees. They will ring the bark from them and kill them. Probably they are protecting their own forage. Once trees and shrubs are too tough for this damage, geese effectively suppress grass competition.

For more detailed information on poultry forage, see (TIPSY) , which features a special poultry forage section. The same issue also has a bee forage section, with lists and ratings of bee forage plants.

If you are interested in Caragana in particular, TIPSY No. 1 carries a very good article on that genus by Thelma Snell. Thelma's piece is probably the best that has been written in English. (Most material on Caragana is in Russian.)

Vol. I, No. 3 of (TIPS) contains a extensive survey of methods for managing soil in permaculture systems. Readers of this pamphlet may be especially interested in my comments on using chickens in conjunction with mulch. In temperate climates, chickens are let into the mulch before and after annual crops are grown. In tropical situations, they are rotated. I have observed that chickens get most of their food from the invertebrates that live in mulch. I suspect that chickens also eat raw compost.

An ideal plant for poultry forages is the black raspberry (Rubus occidentalis), at least in regions where raspberries are native. (Brambles can be rampant and should not be introduced as exotics.) The tip-layering black raspberries provide excellent cover for brooding hens, and they escape the depredations of racoons and skunks while nesting. Once chicks are hatched, steps must be taken to protect the family at night. Where tip-layering blackberries grow, these may be even more effective. Rubus does very well in conjunction with chickens.

Black raspberries spontaneously associated with umbrella-shaped fruit trees such as apples, growing at the drip line where they are very productive. As Bill notes regarding blackberries, they benefit the tree. Of course, there is more to it than he goes into, having to do with the ability of the blackberries to suppress grass, mobilize trace elements, and attract various kinds of animal life, from soil dwellers to birds. Raspberries do the same, though not as robustly. Chickens fit these systems well. They take the lower berries, about eight inches above their height (they jump), but leave the ones easiest for people to pick. They get some berries, but you get more than if they were not there. A happy chicken is a wonderful asset.

Watch out for Bill's admonition to mulch clay. It is easily overdone. The interface can be too moist, causing an anaerobic souring of soil and mulch that promotes diseases that, for example, kill tomato plants. Sandy soil greatly benefits from mulch because far less moisture is lost to evaporation. Sandy soil does not hold nutrients well, so the propensity of plants to feed at the mulch/soil boundary enables crops to take nutrient as it is released, before it leaches out of reach. Plan crop densities to fully utilize this release. It will take some experimentation with specific conditions, including mulch type.

Seaweed is a particularly valuable mulch for sandy and coarse soils because it forms a gel that holds moisture between soil particles. Grass clippings, which could not be used on other soils because they form a gley, suit sandy soils almost as well.

Note that there is one major drawback to mulch. In fall, mulch holds heat in the soil. On clear nights, particularly when there is a sudden temperature drop, even hardy plants such as broccoli will receive frost damage because the soil heat is unavailable to them. Annual plants must be mulched completely over their tops during cold snaps, to mitigate this effect. (Old bedspreads are easier to remove in the daytime than ordinary mulch.)

The effect is mainly with lower annuals. Trees reach past the effective benefit of soil radiation. They benefit from having soil temperatures more stable due to the insulating effects of mulch. Roots grow longer into the season and chance of frost heave is much less.

With Jerusalem artichokes, be aware that they are allelopathic -- they poison some other plants as do all other types or sunflowers. They can also be difficult to exterminate from a place, unless you have access to pigs. Pigs love them, can smell them underground, and, released in an unwanted patch after tubers have formed, they eliminate these plants entirely.

Pigs control grubs, slugs, and even poison snakes when let to forage in a garden after harvest. They are easily contained by electric fence, just inside a lightweight temporary woven wire fence. (The temporary fence slows them, and the electric repels them.)

By the way, you can also keep racoons from an area by putting a strand of electric fence about four inches above the top strand of woven wire. They climb the wire fence, which is perfectly grounded, and then reach for the top, electric strand. Zowie! They aren't seriously hurt physically, but they may never return. This is very effective.

Back to the pigs, they can be let in closer gardens as the cool weather closes them down. Cool weather means fewer smells. Pigs smell only when overcrowded or fed kinds of garbage they won't eat. (Its the garbage that smells.) They completely eliminate witch (quack) grass and other rampant grass weeds. They root out and eat the stolons, underground stems by which the grasses spread. Pig foraging is an excellent rotation in the permaculture garden.

Of course, they also do good things in the orchard/tree crops situation. As Bill points out, they will brave those brambles that have been doing other jobs for us, and get the fallen fruit from them. This prevents pests from overwintering in the fruit, and of course feeds the pigs. Pigs can fatten on fruit as well as on corn, but they need a lot more fruit. Bill has written a special paper on pig forage, available as Yankee Permaculture Paper No. 19, Pig Raising and Free Range Forage Species.

If you are following Bills advice on how to prune your tomatoes, make sure that they are indeterminate varieties, not determinate varieties. The first just keep on growing until something kills them. The determinate types (sometimes called bush varieties) have only so many shoots. If you remove shoots, you cut yield. Don't prune determinate tomatoes. They are good for dense plantings and have a high yield per unit area. Indeterminate tomatoes lend to trellising in various systems and have more design and companion planting potential.

Use alyssum around your plants to attract the "beneficial" insects that require pollen and nectar in their adult stages. It is perfect, and blossoms over a very long period.

Bill says, don't feed sunflowers to chickens because they make the feathers fall out easily. Thelma Snell, reading this after initiation into the joys of chicken plucking, suggested that we should save our sunflower seed to feed to those chickens we are about to slaughter. It will make the feather removal operation much easier! That's permaculture thinking folks. Just stand limitations on their heads to create opportunities.

COMMENTS:

[1] "Mollison's Solutions To Energy Problems"

T.F.: If you read the first paragraph of this section, then it shoule become pretty clear that Bill is in a joking mood here. That is extremely unfortunate, as energy is such a highly important subject these days. The topic of this subchapter and also its style -- deliberately, I would guess -- mimicks the extraordinary claims of snake oil sellers in the wild west to a large extent.

Evidently, the importance of solar energy utilization will increase greatly in the coming years. There are a number of relevant publications well worth a look, such as in particular an old book by Perlin and Butti, `A Golden Thread -- 2500 years of solar architecture and technology' which documents the utilization of solar energy throughout history. From this book, one learns a lot about the way energy utilization shapes society, about elaborate legal regulations by the Romans to handle fair access to the sun in architecture, ancient fuel trade legislation, the role of France as a rather coal-scarce colonial power in the development of solar machines, a number of interesting designs, non-obvious shortcomings, and much more.

Also, there are of course a number of very good modern books around that manage to discuss the important aspects (i.e. how to make sane economic decisions on small-scale energy issues, and where to spend how much effort on improving energy efficiency) that are of practical relevance when setting up sane systems on small scales.

[2] Soapstone

T.F.: Soapstone is a metamorphic mineral, mainly talc. Indeed, its density of about 3 g/cm^3 combined with a specific heat of about 1 J/g K give it a volumetric heat capacity of about 3 J/cm^3 K. Of course, water has an even higher heat capacity at 4.18 J/cm^3 K (4.18 J/g K), and there are other materials with very high volumetric heat capacity (iron being at about 3.5 J/cm^3 K), but for temperatures in the relevant range for cooking, soapstone indeed has remarkably high heat capcaity.

When it comes to storing heat in the 200-500 Celsius temperature range, there are a variety of techniques one can resort to. One promising idea is to use some salts or salt mixtures with particularly low melting points (such as sodium nitrate or potassium nitrate). Just as melting a solid takes a considerable amount of heat, that heat is regained if the molten substance re-freezes. This can make rather efficient heat stores.

[3] Practicality of selling concentrated sunlight

T.F.: Concerning the practicality of selling concentrated sunlight in such a way, I do not think anyone has started anything like such a business yet, and I pretty much doubt it would work out like this.

However, having a good size (say, 1 m^2) Fresnel lens (basically, a super-size sheet magnifier) around may be rather useful in some situations. It is very easy and straightforward (but a bit tedious) to set up an array of 200 or more 10 cm x 10 cm mirrors on a wooden board and individually fix them in such a way that all light goes to a common focus. Arrangements like these may work well to quickly heat up things to 200 - 300 degrees, but for higher temperatures, e.g. when trying to melt aluminium, the superior optics of a Fresnel lens should be hard to beat. There are examples on the Web showing that it is quite possible to melt small pieces of glass that way, and in some situations, it may even be possible to do something similar to welding with these optical systems.

From the perspective of physics, there are four laws to remember when it comes to highly concentrating sunlight: (1) Direct solar radiation hitting the upper atmosphere is about 1.3 kW/m^2. In order-of-magnitude calculations (and also when determining the power of solar panels) we usually assume a solar influx at ground level of about one kilo-watt per square meter (on an area onto which sunlight falls perpendicularly, that is). (2) The sun's surface has a temperature of about 6000 Kelvins (5700 Celsius), so that is sunlight's own temperature. This also is the absolute theoretical limit to the maximum temperature we can ever reach by concentrating sunlight. (3) Radiation intensity goes with the fourth power of the temperature, so, basically, in order to go from an equilibrium temperature of 300 K (about room temperature) to a temperature of about 600 K (about 330 Celsius), theory tells us we need at least a light concentration factor of (2:1)^4 = 16:1. In reality, we will usually find that we need something considerably higher, due to non-radiation losses. The upshot is: while sunlight does allow us to go to very high temperatures, we only achieve them if we concentrate it a lot. (4) Whenever we convert sunlight to power in such a way that we first heat something, there is an important theoretical limit in how efficient we can get that is given by the upper temperature we can reach. In particular, theory tells us that, if we produce steam at 100 degrees Celsius in a first step and then use this in a heat engine which is cooled e.g. by groundwater at 10 Celsius, we can at the very best hope for an efficiency that is given by dividing the temperature difference by the higher temperature, all temperatures expressed on the absolute scale (in Kelvins). So here, we would get 90 K / (273+100) K = about 24%. As it is difficult to come close to these theoretical limits, we may at best hope for about -- say -- 15% efficiency in such a scheme, giving us about 150W of power from one square meter of full sun. Whether this sounds like a lot or not depends on whether you are applying the human scale (in comparison to which that is quite a bit), or to expectations shaped during the fossil fuel age...

[4] Technology's role

T.F.: Indeed, we would be very well advised to regard our industrial technology as little more than one particular way to achieve certain results, rather than the only conceivable option open to us. As soon as we start to think along the lines of "what function is this machine supposed to perform" and "are there other ways to achieve comparable effects?" a whole universe of possibilities opens up! If, however, we think along the lines of "we need industry as a foundation of our way of life", this must inevitably lead to massive warfare over fuel resources.

The sad observation here is that virtually all our machines are horrendously inefficient. To give an example, a modern dish washer, which usually is marketed as "far more energy efficient than hand washing the dishes" may use about 20 liters of water and about 1.5 kilowatt-hours of electrical energy (that is 5.4 MJ of electrical energy). If we ran this machine on biofuel, say, grain, which we convert in a generator to electricity at a conversion efficiency of 30% (which may be about in the right ballpark of what a generator can give us), this means we would need 18 MJ of grain energy, or 4300 kilocalories. So, that amount of grain would easily suffice to feed a person for two days, probably even three, or let a person do hard manual work for an entire day. Now, if we gave that grain to a hungry Haitian rather than our dish-washer, as well of twenty liters for drinking and washing the dishes, how many dish washer loads would we expect him to be able to do?

While this clearly demonstrates that the human body is highly efficient, usually much more energy efficient than the machines we can design, this on the other hand does not mean that biofuels would be a bad idea intrinsically. There are a few applications where they would make a lot of sense, such as emergency medical transport, but these are very very limited indeed.

Another aspect to this issue: in the village where I come from, farmers once tried an experiment as they wanted to find out whether a 60 hp tractor stood any chance against 60 adults in a tug of war. The result was that the tractor did not stand the slightest chance against sixty people. We all to often forget that very simple fact that the number of horsepowers under the hood very very rarely is dictated by necessity, and more often than not by testosterone. Indeed, if we all could switch to a slower pace and much more regional trade, quite many of our transportation requirements could be easily satisfied with engines of less than five hp.

The morale from this discussion is: learn to see the basic needs behind technological wishes, then ask what other solutions there may exist to provide these.

[5] The 35 Cents Geiger Counter

T.F.: Some details are found in Bill Mollison's autobiography. In his young years, once worked as a scientific glass-blower at the University (not having had any training in that field, but having been the only applicant for the job) and developed ways to manufacture large numbers of Geiger counter tubes very cheaply. "35 Cents" does, of course, refer to a postwar price level.

[6] Ammonia production on TiO2

T.F.: This phenomenon really exists and there indeed are scientific studies on the phenomenen of the light-induced ammonia production from atmospheric nitrogen on desert sands, see e.g. "Nitrogen Photoreduction on Desert Sands under Sterile Conditions" by Gerhard N. Schrauzer, Norman Strampach, Liu Nan Hui, Miles R. Palmer and Jahanshah Salehi; Proceedings of the National Academy of Sciences of the United States of America, Vol. 80, No. 12, [Part 2: Physical Sciences] (Jun. 15, 1983), pp. 3873-3876.

I must admit I have not yet done the maths to see whether this strategy really could be viable for producing useful amounts of nitrogen fertiliser. Bill would have done us a great favour here if he had not intermixed jokes about "melting your car" (which I do not think anyone has done ever so far the solar way, certainly not for winter heating purposes) with serious discussions of physics and chemistry. (By the way - concerning the somewhat strange idea of "melting a car", this -- involuntarily -- once happened to Bill Mollison, in the Hobart firestorm of 1967.)

Actually, the photochemical/physical properties of TiO2 are quite exciting. It also forms the basis of the "Grätzel cell", a wet dye-based photovoltaic cell.

[7] Non-native and potentially invasive species

T.F.: This actually is one of the hairy points. Bill Mollison has been criticised not infrequently for his attitude towards using potentially invasive species, see the corresponding explanation in the chapter on arid landscapes.

[8] Cattle Stocking Densities

T.F.: The remarks on cattle stocking densities made in the chapter on forests hold here as well. However, this time, Bill is providing a checkable reference. While I personally have not done so so far, I strongly plan to check this source out in order to have the question resolved how far these claims are backed by literature. (Of course, checking them out by looking at reality would be infinitely preferable here. But ultimately, setting up such systems is preferable to that. And, seen in that light: the idea of designing forage systems evidently sounds right and quite reasonable. And indeed, we have not really done much of that so far. So, does it matter much if these extraordinary claims stand up to scrunity? If they do, that certainly would be highly remarkable. But even if not, we have plenty of other reasons to try that out!)

[9] Phreatoicids

T.F.: Bill Mollison refers to the suborder Phreatoicidea of the order Isopoda. The Phreatoicideans are southern hemisphere freshwater isopods. They range in length from a few millimeters to several centimeters, have been around for more than 300 million years on this planet. There are about 30 genera and 60 species, and the scientific literature on them is very limited, numbering only about 100 articles or so.

[10] Trout and Phreatoicide

T.F.: This paragraph evidently suffered in transcription. Bill explains that using phreatoicides to feed trout allows us to short-circuit the trophic ladder, which gives a much higher effective conversion efficiency, hence trout yield, that way.

[11] Conversion Efficiencies

T.F.: One issue with the "tropic ladder" (and presumably the reason why it has a fairly limited number of steps) is that the biomass produced by one organism through eating another organism is much smaller than the biomass of the original organism. This is what conversion efficiency is about. Evidently, in a narrow-minded approach to meat production, conversion efficiency is the one major criterion one would try to optimize the system for, and there is a vast literature and a large number of patents that deal with modifications of the metabolism of animals in order to improve conversion efficiency.

One widely employed method of improving conversion efficiency in industrial meat production is to feed sub-therapeutic levels of antibiotics to animals. One of the reasons why this is being done is to kill of intestinal microflora, which competes with the animal's organism for nutrients. Another reason is to decrease the amount of energy needed by the animal to deal with bacterial influences. There is the widespread dim perception that caged animals are being fed antibiotics in order to prevent epidemics. A more accurate picture would be that they are being fed antibiotics as this is one optimisation parameter that turned out useful in order to improve the (economically defined) meat production efficiency of the animal.

As `conversion efficiency' evidently is a major performance criterion in industrial meat production, it really pays to do a bit of research in order to get an idea how far we deviated from the way nature intended these organisms to function through consequent application of narrow-minded models in combination with powerful quantitative optimisation techniques. Precisely this particularly unholy combination seems to be what drives a lot of our present day madness. As another example, an application of insights from the mathematical/economic discipline of game theory made Richard Nixon almost start nuclear war in 1969, in `Operation Giant Lance'.

Evidently, conversion efficiency also matters to us. But the important difference is a difference in attitude. How narrow-minded are we in the exclusion of system characteristics from our models? How wise are we in allowing Nature to know things we do not know?

The assumed ratio of 10:1 is a bit high, perhaps it is not quite that bad in reality, but the idea of "up to about an order of magnitude" is roughly right. The statement Bill makes here is not to be taken quantitative, but to illustrate the principle.

The importance of trying to understand the internal gearing of an ecosystem by closely looking at its primary decomposers can hardly be overstated. And, actually, one can have interesting insights into the functioning (or non-functioning) of ecosystems surrounded by urban concrete by looking for primary decomposers - and asking the question what could be done to improve the situation.

[12] Nutrient cycling in the Adirondacks

T.F.: The Adirondack Mountains are a mountain range to the north east of New York. Bill most likely refers to the effects of acid rain here. Note that cycling creates opportunities for yield, so broken cycles mean that the carrying capcaity of the region has been dramatically diminished. Presumably, what he has in mind when talking about an "acid decomposer" is a decomposer that can work in a highly acidic environment, rather than a decomposer of acid.

[13] Biennial Bearing

T.F.: A number of fruit trees show the phenomenon of being able to get into an oscillating mode of production with alternating high and low yields, known as "biennial bearing". The reason is that a heavy crop produces substances in the tree which prevent fruiting in the coming year as a sort of self-defense of the tree against wearing itself out. In climatically difficult regions, biennial bearing is encountered rather frequently. Once it starts, it is difficult to correct.

FORESTS IN PERMACULTURE - PAMPHLET X

There are two aspects to forests: one is the composition of the forest, and the other is the set of intrinsic reasons for the forest's existence. Only when we have concerned ourselves with both aspects can we begin to learn how to manage a particular forest system. There are different management strategies for timber, and coppice, and fruit. There is no single management procedure. There may be a dozen. There is no reason why you shouldn't manage any single forest as many as a dozen different ways for totally different reasons.

Of the forests that you can define, there are probably these types: There is the forest that has a right to exist. Maybe it is a ridge top and steep slope forest, a forest that, because of its intrinsic value, we shouldn't think of trying to manage. The job they are doing is enormous. They are doing a lot for the whole of the country. When you get to the brow of the hill and start going down to the beaver pond, from that brow to the beaver pond is holy forest. You can bury your dead in it. Close your dead in the trees, so that the forest is dedicated. There's that sort of forest. Shall we call it the essential forest?

Then there are food forests--food for man. We can call them orchards, but there are other types also.

There is a forest for fuel production. Now here is where you can get really smart. Fuel is not necessarily wood.

Then there are forage forests. The elements of forage convert to other usable stores. This type of forest is for the use of other species besides man.

There is no need to think about these forests in blocks. These elements of a forest can inextricably mix in a sort of patchwork situation. Then, some, like bee forages, need to be clumped, for cross pollination, etc.

Then there is a whole class of structural forests that are not fuel forests. Bamboo is a good example.

Our management strategies will differ concerning the elements of the forest. The forest breaks down into functional assemblies. Then it breaks down for individual elements of the forest. The forest is a canopy. We should perhaps regard it as a complex organism, rather than as a collection of trees and animals. It's just a mighty great organism. You don't look upon your bladder as being something separate from your body. How could you pull the blue jays out of the forest and say they are not forest, but this tree is forest? Down here and up there are physical and functional interconnections in which the elements inextricably bind.

I went into one of these forests to look at scrub wallabies. I found it impossible to look at scrub wallaby without its 38 to 40 critically related species, of which some were plants and others are animals. Scrub wallaby had predators, competitors, parasites, food, poisons. You can't pull the wallaby out of that mess. You just have to open out your eyes, and your understanding too.

We have species functioning around forest openings, species that are edge species, species that are detached elements, pioneers. So we have edge species; we have withstand species; and we have species of the central forest. The forest is always in stage. It is never at standstill. Even on its own, it is not at standstill. It is marching up and down or round about. It is always in dynamic change.

We, therefore, recognize some stages, some serial staging, and some positioning in the forest. We use many of those edge species and pioneer species. When we construct a forest, we should pay attention to these rules, to the elements that best serve at these places.

Thus, we have functional divisions and we have movement divisions within the forest. When you look at the forest, it is all going on out there; it is all happening.

It is very interesting to look at the structure of language. Take the Oxford or the Webster's dictionary and strip out all the words in common usage in the dictionary that have anything to do with the landscape. You will find that you have hundreds, if not thousands, of sea qualifications -- seacoasts, headlands, bays, estuaries, tides, etc.; you have a reasonable set of words to do with open areas and level plains; and you have a very, very minor vocabulary to attempt to explain a forest. That's us.

Shift to the vocabulary of the Eskimo and you will find that he has a mass of words to describe conditions of snow and ice, sea and sea ice, but practically none at all which have to do with the forest.

This leads me to conclude that we never did pay much attention to these forests. We don't have an easy vocabulary to explain some of the things that we know are happening in the forest.

We don't seem to be forest people. Bad luck for the forest. We are coastal people, sea people, and riverside people.

FOOD FORESTS

So let's have a look at food forests. Two things about them may be of interest to us. One is yield. The other is equivalencies.

One interesting characteristic of the forest is that it doesn't fluctuate very much in its nutritional elements. Once you have measured up the proportion of sugar in the tree, you can propagate that tree, and are very likely to get those proportions. This is highly untrue for crops. Your grandfather was eating wheat at 17% protein, and you are eating wheat at 4% protein. All you have to do is throw a bit more nitrate on the ground and you have knocked out your lysine, or whatever -- the little bit that was in there -- and the wheat drops to an effective 2% protein. Those annual short-term crops are widely variable in nutritional yield. If you put high nitrate fertilizers on wheat and other grain crops, which you have to do once your soil is depleted, then one or two of the amino acids are not formed. I don't know why that is. Certainly there must be a pathway block somewhere.

Now what can we say about this? I think we can say that many tree species fulfill all our requirements for food. These are equivalent to foods that we would otherwise grow as row crops. This is particularly true of the tropics. We didn't design it this way. Any group that tries to sustain life in the tropics has to stick with trees that are all deep-rooted perennial systems. It is there that the nutrients cycle. This gets less true as we go toward cool, temperate, humid lands, where soil itself might hold much nutrient.

Nevertheless, if we look very closely at the total available food equivalence in trees, for example, we find that it is possible to go directly to that tree and eat its flowers and leaves. It is a salad tree. As you go toward the tropics, those trees start to proliferate, so that the necessity for 'green crop' is much less in the tropics; a few other trees are high value greenforage crop for man. The mulberry feeds many insects as well as silkworms and fish. Silkworm manure is good manure. Much conversion can be done from mulberry into agriculture. Fish feed directly on the mulberries that you plant beside the ponds. We should look amongst the trees and see how many of this type of green leaf trees would properly form a close-in trimmed or governed hedgerow for leaf production--a modest amount of it in northern climates, but in warmer climates, an immodest amount.

The drumstick tree, the old , is just a common hedgerow around the annual gardens throughout the tropics. Eat the flowers, leaves, and the fruits. So blind are we that we don't often see these trees as a part of other people's gardens. We would see them as a hedgerow, rather than as an integral part of the garden.

Why did we neglect plants that produce all our food needs -- the trees -- in favor of clearing? Why did we ever start wheat in these quantities when we had forests that would out produce any wheat crop at those equivalencies -- food as good, if not better, than wheat?

I'll tell you why. There have been two great factors responsible for the assault on the trees. One great loss of forest has been for war, particularly in the era of wooden vessels, which believe me, didn't end at least until the Second World War, during which vast numbers of wooden vessels were rammed and sunk. Moreover, we had a wooden airplane precursor, the Mosquito bomber. Most of the highly selected forests of Europe went out as armadas before the Industrial Revolution. It was in the early part of the Industrial Revolution that we cut trees for charcoal. That caused great loss of forest everywhere the Industrial Revolution reached. The tree, whatever its yield, was ignored for the fact that it produced charcoal. It was only when the supply of trees caved in that people started making a transfer to coal. Eventually, of course, petrol came. Petrol came along because of the urgent need to find fuel to continue the Industrial Revolution.

The people who came to this country came from a society already well into the Iron Age. If you want to look at the frontier of the Iron Age today, just look at where forests remain in the Third World. There they are -- charcoal burners smelting iron. When they started mining, they used huge amounts of wood for smelting operations, and enormous amounts underground.

Who is shipping the wood out? Who is using it? Wood from the people who have forests is being shipped to people who used to have them.

The old Irish are always lamenting the death of the trees. The little black Irish were the forest people. Their oaks went to the British. The big ginger Irish were up on the hill slopes. They were meat eaters, closer to the ice, and less in the forests -- big knees, big eyebrows, bit fat fingers, ginger hair, and they eat meat. They have short intestinal tracts, and can't deal with much vegetation.

The trouble is, once you've done the damage, you grow up in this naked landscape, and you think you belong in the fields. Once the damage is done, we grow accustomed to the damage. Our children are now growing up accustomed to extreme damage. That is the normality, to perpetuate the damage.

We are in a third period of waste today, the paper period. Every hippie you know is going to start a newsletter. Once, every hippie wanted to build a boat, sail across the sea, get some cattle and settle down. Now he wants to print a newspaper.

The Dark Ages were ages of forest culture. The information that remains about those times suggests that the trees were highly valued, highly selected, had high yields. You paid for the use of land based on the richness of the tree crop. From the forest, they derived all their bread, all their butter. The butter was made out of beechnuts -- highly selected beechnuts. There are still casks and casks of beechnut butter in Europe, buried in the peat, still in good condition. All the bread and cakes in Tuscany and Sardinia and a few other places are still made from chestnuts. Corsican muffins are made of chestnuts, not wheat flour. All the bread was made from the trees, and all the butter was made from the trees. There are your basics.

In your American southwest, the pinion pine nut is a staple Indian food. In one day a family of six can gather thirty bushels of pine nuts, and that's a year's supply. In South America, six trees support a family of Indians. Those great supports are a source of staple food. One white oak, in its year, will provide staple food for about six families. A good old American chestnut -- how many pounds did we get off one of those trees? At least four or five hundred pounds. There's a couple of families' food for a year, with no hacking and digging and sowing and reaping and threshing. Just dash out in autumn, gather the nuts and stack them away. There are still hoards of acorns in America in the ground. Occasionally people find them. These are hoards put down in old times and never used, never needed. Maybe somebody put five pounds of sweet acorns down in a bog, and when we dry the bog and start to plow, boom! Éacorns sprout up everywhere! They still germinate.

There is a whole list of trees that grow from the tropics to up past here, that can supply a staple food for man. Now don't get the idea that I don't want you to eat rice and wheat. A small patch of that you can have, if you are really stuck on grain forage.

When the forests were managed for their yield and their food equivalence, they were highly managed. Now there are only a few remnants of this in the world, in Portugal, and southern France. In Portugal, you can still find highly selected, highly managed oak trees, often grafted, and olives. The pigs and the goats and the people live together in a very simple little 4,000 yard area in which nobody is racking around with plows. In that economic situation, there is no need for an industrial revolution.

A few of these tree ecologies still remain up on steep mountain slopes, where it has been difficult to get up there to cut the trees down for boat building and industrial uses. The whole of Europe, Poland, and the northern areas once were managed for a tree crop, and the forest supplied all the needs of the people.

When populations were reasonably small, the food forests of the aborigines represented a resource in which the last thing ever thought of was a food shortage. A shortage of food was a situation just impossible to imagine. Forests were stable, and they were self-perpetuating. Those forests were doing many other things besides feeding people. Those weren't little squatty pruned trees, pleached trees. They were enormous trees. The pears would have been trees of two hundred and three hundred feet. The apples would have been enormous edge trees and semi-isolated trees. The oaks were really enormous.

You can still see a few forests of this nature in the world, but not many. In Australia, we have primeval forests. You can go into some of those forests and stand there and you just can't believe what you see. You might be standing in five hundredweight of nutmeg -- this is one tree. You get uphill a bit in these rain-forests and you start to run into bunya pines. Those bunya pines have 40-pound cones. The bunya is a tall tree. They go up a couple of hundred feet. Those cones would squash a cow. They fall with audible thumps all over the place. You only have to squat down there, lay down beside your cone and pick out that bunya seed -- very good eating, too. The potato yams are there -- you are up to your eyes in food. There is no way you need to go looking for food. There are large numbers of edible leaves and plums. Those forests have plums not even related to . They are all over the place. That is the sort of condition in which we can imagine that people once lived. Certainly, under these conditions there is no danger of losing soils and water and all the other accessory things. There is no danger of losing forests, because people who gather their food from the forest are in the business of propagating forests. There are enormous ranges of these food forests for which processing technology has been long forgotten. Many foods that are not food to us, in former times were staples.

Now, however, we can play new games, and we can make new assemblies of food forests. There are not one of those forests that are around us now that do not have all the secondary characteristics of forests: They are soil maintaining, moisture maintaining; they produce good wood -- there's nothing wrong with apple wood. The forest also produces many other species, plant and animal, that provide food.

In a wood economy, a wood ecology, the houses were great. I was in a house in Wales that was nearly 900 years old, a good solid old house. I stuck my pocket knife in the oak and it was like iron, black. It was built in an old Irish enclave in Wales when it was then in the forest. At present, it has some other little homes around it. It was a little forest village. The house was built out of oak beams and filled with stones. Everything that made up that house came directly out of that forest. When your oak is not yielding too well, or has grown too old, or lightning hits it, there's a house. Some of the trees standing in Tasmania will make six ordinary homes, and it will provide firewood for them for 12 years -- that's from an individual tree. Just one tree will house six families and give them their firewood for 12 years. The houses will last forever, or until they burn down.

In the tropics, it is possible to be food self sufficient from trees within two or three years. You start with things like bananas and papaya, and go on to a huge variety of fruits and nuts. There are lots of staples, too, like a coconut. Back about the 1940's, the coconut was fully used. "The Pacific Islands Year Book" gives 467 by-products around a tree like that. Breadfruit produces so much food that it becomes incredibly wasteful! The breadfruit is quick to propagate, and easy to grow.

I will tell you a little story. There is a man named Cliff Adam, living in a group of islands with about 40,000 people. Cliff got a grant from the United Nations to collect some food plants that might suit the area. They gave him $136,000. So he took off in his plane and kept sending home parcels. He left two or three friends there who kept planting all these trees. He sent back some 600 sorts of mango, 30 or 40 sorts of breadfruit, all sorts of guava, and so on. When he got back home, he then moved them out in rows on 68 acres near the shoreline. Then he got another 135 acres from the government, up on the hills. So he set out all these trees. About three or four years later, he had all sorts of cassava and all sorts of yams and taros that you could imagine. He said to me, "I am in a very embarrassing position."

I said, "What is wrong?".

He said, "Well I shipped this crop in that wasn't growing here traditionally." This was really a coconut economy. He shipped all these plants in, and he set them out as trials. So he said, "The problem is, what I was going to do was this: give the farmers different sorts of mangos, breadfruit trees, and all that, and I have been doing it; but already the production from my two hundred acres would feed the island, and that's experimental production. I am in the embarrassing position where, as agricultural research and nutrition officer, I am already alone responsible." He said to me, "What am I going to do?"

I said, "I dunno."

This is a difficulty wherever people undertake this sort of assembly. You haven't gotten very far along the road, maybe four to seven years along the road, when you've grown so much food the whole thing gets rather embarrassing, and if you are the agricultural officer of a small country, you could probably feed the country on the experimental plots. What's embarrassing is that there are dozens of small farmers. Values fall. They are not going to have any money any more.

So this is the problem in tropical areas. It is true for India. Our assessment of India is that there are six billion acres unplanted, planted to nothing. You can see it all over India. There is nothing on it. Yet India is starving on these little rice plots in the valleys, making a virtue out of it. The problem is that when we plant the land, people quickly become food self-sufficient. If you plant on an extended basis, then the whole structure of the economy is affected. What if nobody wants to trade or buy food? What if no one has to bother with it anymore? [2] So there are problems. They are problems of a different order than the problems that we think we have. That has happened to several people who have tackled it seriously within the last five years.

There is another man who's pushing his food jungle just out of habit. He doesn't have to make money. He has an income from property -- not much, but enough. A few years ago he started to build out the edge of a rain forest, moving out into the grasslands. He went about 30 yards, assembling trees. He has some 600 species of tropical trees. As soon as he had his trees going, he started to put in vines and epiphytes. By the second or third year, when I saw him, he was over his head in food. All around there was the sounds of food thudding to the ground. Now he's just gotten cracking. He had just assembled his species, and already he was in the embarrassing position where he could feed the whole coastline around him for miles. But he was still going on.

He developed some very interesting techniques. He used coconuts like a hand grenade. He would run out along the ridges into the grasslands, heaving coconuts down to the creeks. Boom! Boom! Of about every hundred, about four would take root and start up. He threw hundreds. So a person can run through the landscape bombing it with food.

He established his food pioneers, then grew coffee, cocoa, tea, grapefruit, mango -- just about anything you might name.

Many of those fruits had never grown in Australia before. They are all doing right well, including a packet of brazil nuts that he bought and put in. They all came up, so he bought four thousand and put them in, and they all were coming up. So he put all those out, along with as many coconut trees as he could heave in.

It could be exactly the same in India. You could run all over India and just throw a food carpet across the whole continent. India is basically an unplanted continent, the world's largest empty space, as far as I can see. Yet people are dying of starvation. The problem is the economy, and land ownership. You don't have a food problem. I don't think you will ever have a food problem. If you seriously started this roll away stuff, started to roll all over that place, you wouldn't get very far before you would have an embarrassing amount of food. In a money economy, it's all right only while nobody else is doing it. But what if everybody started doing it? Terrifying thought!

Now the position is already being faced in some small communities where there is such a surplus of food that there is no real economy in food at all.

Take the great North American continent. If you put coconuts where there is now nothing, but where coconuts would grow -- if we were to run around down there establishing three or four million coconut trees that would be yield in four years' time -- you couldn't sell coconuts any more. You say, in Florida, coconuts are now all being wiped out by a disease? Hmmmmm.

Let's then have a look at a typical Indian situation -- a few thousand miles of Indian road. Taxis are speeding down it; donkeys, and people; thousands of people walking up the sides of it. The main highways out of the cities are at least one hundred fifty yards wide, I would say. They run for hundreds of miles. I was setting off from central Bombay, trucking down the road. All along the road there were people starving and begging. The whole roadside area is rich with grasses that they feed the buffalo. Suppose that you plant coconuts just off the road, so they do not worry the traffic, and put papaws under the coconuts-papaws are good understory--and you can grow lots of other commercial crop between. Then you have food strips maybe 300 to 400 miles long, running out of Bombay in all directions. Enough food would grow there for the whole city of Bombay, where people are dying of starvation. You could do it within 18 months. We could put in bananas. India is the most heavily manured, unplanted farm in the world. She is six inches deep in human manure any time of the day or night--blood and bones, but much just ordinary manure. It would just grow into an instant food forest. In 12 months, people wouldn't have to go marching up and down the road going to work, would they? They could just sit at home and weave things and talk to each other.

Moreover, these are non-cooking foods. So it solves another gigantic Indian problem -- the need to cut the forests to cook their grains. The reason that they are in deep trouble is that they have gone to grains and pulses, which is an end ecology. It is the last game you play before oblivion. The cooking times are horrific. To make edible some of the pulses, you must cook them for six hours, particularly the soybean. The consumption of fuel to cook soybeans is absolutely horrific, enormously in excess of the food value you obtain from soybeans. We can say the same of rice. To sustain a soybean or rice or wheat economy, you need a vast amount of external fuel just to make it viable as a food. India is running out of the fuel to cook her food because she chose the foods that you have to cook.

There is also the guava, and the mango, and the limes. We could set up a full island of nutrition along those highways with just five or six species, and you would lack nothing. With the coconut, the banana and the papaw, you have a complete diet. India was once a jungle; the people were jungle people, and in the times that we can remember, the Ganges plain was a jungle. They were not eating all this pulse and rice then. These foods came in as the jungles were cleared. As this annual food base expanded, what once was jungle became the fuel base for cooking. They were thrown into this position where they needed an enormous natural fuel reserve. In Kabul, for instance, the forest has retreated 85 kilometers within the last five to eight years. Only the last remnant of jungle forest remains, and there is not one part of it that is not under heavy attack for fuel.

This is your last act. Ninety-eight percent of this stuff is presently being cooked on dung. Therefore the fields are not being manured. That is the last act, and they are well into that one. In areas where they have been into it for a long enough time, there is no longer any food production. So the whole dilemma is right there in front of you.

The big error was to go toward a grain crop instead of towards a tree crop. Yet within India you have the best tree crop research institute in the world. That institute covers a few acres. You will find people there who know more about the coconut palm, its cultivation and its uses than maybe anywhere else in the world. Many areas of the world now grow coconuts and guava from that research station. India has the best, most carefully chosen, most carefully cultivated varieties of guava. The same goes for the lime, and the papaya.

These are frustrated people. The problem with that kind of game is the same problem -- land ownership. The problem is that it threatens too much of the other economy. The whole question in everybody's mind is, "If we plant these fruit trees here -- and we can do it tomorrow -- and everybody's eating, what do we live on? How do we manage to pay the rent? How do we do that?"

A gentleman called Barry Slowgrove, who had the good fortune not to have had any experience in nutrition or in agriculture, an electronics man, and a business man, got sick in South Africa about ten years ago. His doctor told him to go and eat fruits and nuts, and only those that had been produced organically. So he ran around to see what he could get. He couldn't find such things. So he began looking for books that described their nurture. He picked out a set of fruits and nuts that for every month of the year gave him a complete food.

Then he sold his electronics business -- he had branches all over. He got a couple of million dollars. Then he set out all of these trees, the actual varieties that he knew, and all others that were analyzed. He set up a 12-month tree nutrition program in a nursery. He never had a nursery before. He read in areas that we would never dream of reading, such as the root temperature of avocados. He went on with nutritional analysis, doing the annual cycle. He found some amazing things about the annual cycle of nutrients in the case of the avocado -- the oil goes from 6% to 40%, and it all depends on the stage at which you eat them. He planted them all. Then he set them out.

He had six African assistants. By the fourth year from go, they and their families and he, himself, were eating 12 months of the year on a non-cook basis. After that, he set up an organization called "Trees Unlimited," and he sold whole nutrition, whole-year nursery kits, plus the implementation, to anyone who wanted it. Everybody who bought it got a guaranteed year-around uncooked food supply at top nutrition.

Then he came running over to Australia and said, "I want to do it here, and I am going to set up that nursery over here and then sell everybody in Australia these kits." He said, "I've got it worked out from temperate to tropical cool."

He handed his nursery system over to an institute. He does not have any personal part in it now. He is just running around trying to get everybody to adopt his system. He says, "This is it! This is it! This is the solution to everything -- no more fuel problems, no more cooking problems, no one on bad nutrition, you know, quick to do."

Now his technique is absolutely fantastic. He uses different colors of plastic for root temperature. He has different shading systems for different ages of trees. He goes out and sells his program. Then says, "OK, I'll get it going." He comes in and he bores all the holes where he is going to put trees on the property. He transfers the soil from the holes into pots. He takes the pots back to the nursery. He blocks all the little holes that he took soil from with his cans, which numbers to correspond with numbers on the pots, so that the soil in the pot has the same number as its hole. He goes and treats that potted soil in a variety of very interesting ways. He uses, for instance, sodium salts where you don't have enough water. He uses those in the soil because the plants need them, just as you do. He uses a seaweed gel; he uses more in sandy soils, and very little, if any, in clay. So the plants grow in the soil they are going back to, treating that soil. Now as they respond to that, he runs back to the hole, and he treats the area around the hole. When he has the hole ticking over, and the plant ticking over, he comes in, and in one day he puts the whole orchard in. The plants are already very high, and he advises you to water them once, when he puts them in, and never again.

I think Slowgrove's approach is extremely interesting. He went about it as a businessman would, totally unlike any approach that you ever heard of; he just went at it. He made it succeed. He systematized the whole thing. He made a lot of money at it. I mean, he made another few million dollars while he was doing it. You should see his tree catalog. It is something to see.

Slowgrove took an interesting road. He took the soil from the area in which the trees were to be planted, instead of using made-up nursery soil. He grew that tree in its own soil. He went through many simple sequences of treatment. He had the subspecies and the varieties that suited the climate anyhow. Then he amended the soil with a minimal amount of treatment, and likewise treated the area where the tree would grow. He used sodium salts and seaweed concentrate with the whole idea of cutting the need for watering down to a minimum.

What he didn't do, though, was to put any companion plants with these trees. He was just laying them out in rows. He was really zonked out by, or it may have been that another businessman had bought and which was on sale at the airports in Australia (These books just travel on their own all over the world, see!) This other businessman came running up to Slowgrove, because he had bought Slowgrove's trees and said, "Look at that!" Then Slowgrove realized he had left all the understory out, and had not used any of the design features of the system.

However, what he had done already was of excellent use. His whole purpose was human nutrition. He runs around the world eating fruits and nuts and he looks perfectly fit to me, and reasonably happy.

While he tackled an extraordinarily wide range of environments, he didn't tackle anything like New England or Canada. Quite obviously, you had people living here in heavily forested country and looking fit. That was also true of Canada. However, those people weren't eating entirely from tree crops; they were eating a lot of meats, and the further north one goes, the less do you see people dependent on vegetation.

I point out to you, though, that the total food supply was enormously above the requirements of the population. That food supply was above what it is today. If you make a comparison of the American livestock of the early invasion period with American domestic livestock today, you just had an enormously greater biomass in livestock. You know you had a far greater biomass in trees. So you had a lot more food on the ground in the days of the Indians than you have in the days of the whites. Now you have a lot more whites on the ground.

If you live like a European, you cannot garden like an Indian. No way. You're in problems. People who are simply plowing under native trees, then paving the area over with highways and cities, are blocking their ability to produce food.

Food forests, wherever they are tried, work extraordinarily well. There is a reasonably short delay between bringing trees in and taking their fruits off, but that delay is not critical because what you plant them into is a crop situation, as it is now. You go on cropping between them until you are swapping off what is now annual and biennial crop for tree crop, and even then you can go on cropping for quite a long while and take both.

In India, at the government pig killing station--the only Hindus that don't eat meat are a very small group; nearly all Hindus eat a little meat--well, this government pig-killing station is run by Hindus for Hindus. They raise pigs as they were taught by advisors, some of whom were Australians. They raise them on crushed grains. They have 68 acres around this piggery. But they haven't been taught what to do with pig manure. So they have a lot of little men with wheelbarrows carrying it out and dumping it all over those 68 acres.

About a quarter of a mile away there are some beautiful breadfruit trees, dropping breadfruit -- a lot more breadfruit than anyone would ever need to feed all the pigs they've got. So I suggested to them that they combine this breadfruit situation with papaya. You can't bring banana in because you can't run pigs in the banana, but they had plenty of people there, if they wanted to, they could bring banana in, and carry the banana to the pigs.

So we worked out what to do, and as far as I know they started doing it. Now they could run all that pig operation and a lot more than a pig operation on 68 acres. I said to them, "And the next step is to take this and the pigs, little pigs, and start to give it as a kit to lots of other farmers. Then you just do the killing for them and processing, or whatever." As far as I know, they have started that. They can easily kit out a whole district from such a center -- not just with its fruits, but with its meat base as well. They just hadn't thought of it. First, because they called in Western piggery experts, and second, because not one of the persons on the staff was a forester or fruit and nut person, or biologist. They were all technicians.

They were delighted. Now, not the person running it, but the second person, is an experienced forester, and he is getting on with this. They have very good foresters in India.

Those grains that they fed to the pigs came from Indian gardens, which amounts to a reduction downwards to one-tenth of its former food value. However, within eighteen months they should be a net exporter of fruit and pigs, which is a very rapid and resounding sort of change.

It is exactly the same with the government milking shed, and buffalo growing. They have people running around carrying grass, feeding all those buffalo.

Cliff Adam had tackled this, too, much to his own horror. Talk about growing livestock! Cliff had put in an acre of a thing called elephant grass, quick growing stuff, grows about four feet high [3]. It looks like sugar cane, and it's not far off sugar cane. Between the rows of elephant grass, he grew a tree called leucaena that many of you will have heard about. Under those trees he grew annual plants. He put in an acre of this. He had cows in a modern dairy. It was just like any barn except that instead of storing food, he was cutting the food and feeding the cows and milking them in the barn. He was running ten cows to the acre. He said, "I was going to extend to 10 acres, but this won't do. I will supply the entire milk of these islands, and what is the point? What I'm really here for is to tell farmers how to do it."

I said to him, "Well, I'll tell you another thing you can do. There's a lot of room for comfrey in there, and comfrey doesn't care if you are walking up and down on it. You will get five cuts a year off that."

He washes all the manure from the dairy down on a very simple row flowing system, back into the crop. So he has a wheel running in which he has ten cows to the acre with these two crops. The cows look good. They have been running about two years on this. He eliminated artificial fertilizer from the system. So what he has is a real full-on, high production dairy system in the tropics. He doesn't take the cows to the pasture; he takes the pasture to the cows. If you look at the field, there is short leucaena -- it just marches across the field. The whole field is bordered with coconuts, which are superb to the situation-lots of shelter and plenty of coconuts.

Only a little bit of capital and a little bit of land are needed to evolve these very simple systems of high intensity production. The best butter in the tropics, however, isn't butter; it is avocado. By a long, long way, it is much better than butter. There are many solutions for food forests -- amazingly fast, amazingly simple solutions -- and in forest forage, too, as we have just thrown in there.

Now the application of these systems is not confined to tropical areas. Using modern nursery techniques, we can get an initial year or two years in the nursery, while doing the ground preparation in the field. In the nursery, we can get the ordinary cold-temperate fruit and the nut trees to a stage that, in the field alone, they probably wouldn't reach in eight years. We can ship container specimens the year before they yield. So just by the application of good nursery technology and accelerated growth in the nursery, and then a field preparation, you can lead very quickly into it. The establishment and use of non-cook food forests is pretty simple. Cooking, by the way, is the major fuel use in the third world. So, you would never go into an island situation and advise them to put in a rice plot -- never! That would be the end of the island. Cut more trees to cook the rice, to extend the rice, to cut more tree.

I don't expect you could find a more conservative set of eaters in the world than the average Australian. It is meat and potatoes country, with the highest per capita consumption of meat in the world, except Argentina. But that is changing rapidly. What now appears in the shops is large quantities of avocado and other fruits, and nuts. Formerly, they were never produced or even offered for sale locally. People are rapidly adopting them. I don't think there is any problem in changing people's food habits. I haven't been into a part of the world where a gardener doesn't leap on a packet of new seed, if you will give it to him.

Just say, "Look, I got something for you here, it's a brand new plant."

"Looks good. What will I do with it?" "Stick it in and stand back, you know?"

"Good!"

I think the very interesting thing about the permaculture approach is that it predicates that you are going to be on reduced fuel consumption for cooking. I can't see any reason for using fuels for much of anything at all.

While I don't pretend to be a nurseryman -- we've just started working in this area -- I am very interested in Slowgrove's approach, and we are using some of his techniques. I have friends who are nurserymen, and they are carefully monitoring trees now. They find that by adjustment of shade and nutrients they can get probably four or five times the growth that we used to get in old open bed nursery conditions. They sell very large trees now in a very short time. Other nursery developments also are revolutionary, techniques such as cloning by root tip, single cell generation of plants. If we learn of a rare seed, we get one into Australia, and send it to a friend in Adelaide. He starts the seed. He starts from the root tip. One seed is enough to start a whole bunch of plants going. It's really the most rewarding domestic technique, to look after your plants and get them going in a sheltered and ideal environment. Meanwhile, you are working outside where they are going to go, to bring that environment up to optimal growing conditions. While you do that, you can be cropping the area and using it for purposes that might very well be manuring it. Then you move these trees out into the situation. It's not a broad scale technique; but as a domestic technique, setting up a family in food, it is a very good technique.

Slowgrove said that if you want to do a lot of this, if you want to do 4,000 acres for a community, first, start the nursery running while you get out on to the ground. He had set up a sort of nursery kit. We did that, too, in central Australia with the aborigines. We set up a small nursery kit, all of which fitted on the back of the truck. So when a group of aborigines goes to an outstation, they take their own nurseryman, who has been through a course of training and knows the nursery business. The nursery has everything with it. It has its own drip lines and sprinklers and shade house. They set up the nursery at the camp, and then they fill out as much as they want to around the area. It is really simple, because you give them a bundle of tamarisk sticks in water, and after they get them, they stick them in the sand, and they have tamarisk going. Then you give them a bundle of grape cuttings suited to their area, and they may have twenty varieties of grape cuttings. They get those going, and then away they go.

That nurseryman only needs to train for a couple of months. He is a tribal nurseryman, while he is needed. That nursery is built out of reinforcing mesh. It has a lot of grapes in it, and oranges, and all these goodies. They like their own foods, too, but they like these additional foods. There is absolutely no barrier to getting them to eat these foods.

All over India, you see big notices with Ghandi's name on them. Those notices carry one of old Mahatma's sort of instructions. They say that if every Indian planted a tree every year, the whole continent would be in very good order. They say it in Hindi; they say it in English. The trouble is, you can trudge for endless miles and you won't find a nursery or even a tree seed available. There isn't any. If you set up a nursery, you would rapidly become very rich, because all the people in India would come and get trees. They want trees; but there are no nurseries. There is not one nursery listed in the Yellow Pages in Bombay. (You can't get anyone on the phone there, but there are Yellow Pages.) So India could easily be revegetated, but it hasn't any trees for sale, not to anybody.

A group of interesting people in Bombay studied successful and non-successful undertakings. They found the most successful attempt to do anything to improve conditions within a village was made by a local farmer. He used a combination of very hard control and common sense. First, the problem was that there was a lot of disease in the village, and it affected his workers. So he forbade his workers to wash their clothes in the spring water on his farm. So they had to change their ways rapidly. They came downhill to wash their clothes instead of drinking the washing water. Thus he wiped out disease on his farm. Then he thought he would like to grow limes, because there was a big demand for limes, but none growing in the district. So he started a small nursery to grow limes. He grew rich by selling from the nursery, and he turned into a nurseryman, and enlarged his acreages. What he accomplished was a very simple thing locally, not a big deal. This was the most successful change in the village. There have been millions of dollars and thousand of Europeans coming and going with all sorts of free things, most having absolutely no effect, or no lasting effect.

But the real problem in India is land ownership. So maybe you will have to become a land owner to change things.

For a food forest, you must pay attention to the edge and to the species. Most trees bear on crown, but not all trees will stand within the clump. Some must remain on the edge. So when you set the thing up, you differentiate the crown bearers that are also edge species from the crown bearers that will stand within. These include the large nut trees. It is probably sensible to set your forest off with bark yielders and close planting in the interior of it, coming out. Then thin the forest for crown yields, then for edge yields. That way you have a structural forest within the food forest. It may be better to place your structural timber forest, as the core. As soon as we get a diameter of over 100 feet, we start to think of the center as maybe being structural. Then think about breaking the crowns and taking some edge in as a lake or something, and then starting again. That's the design.

However, within the tropical region we don't have to worry here, because we have stem bearers. Tropical forests, as soon as you get into there, you are into cocoa and all sorts of other trees, and into palms that are crown bearing. In the temperate forests, this is not the usual case.

Your oaks bear quite well within the canopy. So you can treat oaks as a forage and structural timber within the canopy. The way to get a really good mixed forest--and what most people don't do--is to put in a forest at very small intervals, with some species as little as three by three feet, but nearly any species as little as nine by nine, and put them in as seedlings. That forces them into a fast upright growth with a good trunk. You do modest trunk trimming, and you wait for bearing to start, and it will start with small trees. Then you might select for early bearings, easy nut crackability, low tannin, whatever. Start to cut out the trees that don't come up to your expectations, but that already have good trunk length. Then, keep on cutting them out until what you end up with is a good tree with excellent bearing potential on several characteristics, and then you let it develop the crown. The ideal way to go about it is in a graded way. It doesn't take so long either.

It wasn't more than a decade ago that some people bought an island and set it up -- a very overcrowded island -- with black walnut, because it was an investment thing. They were going to go along into the veneer trade. Well, black walnuts started to drop walnuts, and they found some really excellent walnuts among them. So they started to free these good walnuts. Now they are making a packet out of walnuts; they don't even know if they are going to bother with the veneer trade. They are heavily into a crushed nut business.

When you begin to get your trees established, then you can move in species like your striped maple and other useful plants. You might find it would be a good idea to put some grapes, or perhaps some other useful vine on some of them. One thing for sure, in fig country, as soon as figs are up and bearing, have a grape standing out there on the trellis, and when your fig is big enough, just lead your grape into the fig and then stop pruning it for good, because the grape reaches the crown of the fig and is wind pruned, and you just forget pruning it anymore. You do exactly the same with elm, black walnut, and blackwood-Tasmanian blackwood. They are all carrying grapes, and the grapes bear as heavily as they would if you pruned them. Because, in fact, they are pruned. No grapes can get out past the crown. I was standing by one of those trees down in West Australia, a fig tree. They were harvesting fig, grapes, fig, grapes. For grapes, obviously what you need is a tree of limited height, so that is a nice combination.

STRUCTURAL FORESTS

The strongest structural timber is growing round timber, uncut timber. You have species that are pioneer or edge species. Black locust is a very good example of this in America. It's a tree that is pioneering. It's a good soil builder. As fence posts, it is a very durable wood. It has the highest impact loading strength of any timber known. The black locust is the traditional mallet head. Therefore what you have is probably the best designed structural poles existing. We find black locust posts that have been setting ninety to one hundred years, and they are still near maximum strength. I don't know what you are paying for fence posts, but it's heading up towards $5 and $8 in Australia for six foot posts. You can put in those stems at 4,000 to 5,000 per acre, and you don't wait very long for a fence post. It's only about four to six years. And it coppices. That is another good thing about the black locust. The more you cut, the more you get. They also provide quite good chicken forage. In this way, they ideally suit to stocking with chickens. That will increase the nutrient level of that forest.

Another wood that has numerous domestic uses is bamboo. With bamboo you are not so fast into crop, unless you can persuade someone to let you break up their clump and dig out the root masses. Otherwise, you have to wait to develop your clumps of bamboo. It is generally 10 years before you can cut it. Bamboo very easily propagates. Mostly it is vegetatively propagated. There are two to four bamboos suited to the North American climate that are heavy seeders. These are useful for feeding wild life, but they are not particularly suitable structural bamboo. I don't know of any structural bamboos that are annual seeders. Even small bamboo, however, is useful for gardens. There is a large bamboo that I think may grow easily up here. It grows to about 60 feet, with a diameter of about four inches.

You can look them up, probably in Boston.

You could use many thousands of clumps of that throughout New England. It is good for cups and knives and plates, gutters, and down pipes, and reinforcement of concrete. You have to follow the rules. You have to cut it at two to four years of age, dry it for about eight months, and then when used as reinforcement in concrete it is two-thirds the strength of steel. The comparison is per diameter. If you use inch bamboo where you would use one-quarter inch steel, you get a lot more strength. It has the advantage over steel, of course, in that it doesn't rust in concrete. It is a much better reinforcement if you treat it carefully. It bonds better in concrete. It has many additional uses.

Bamboo shoots are excellent food. Fortunately, they can be eaten raw. So the bamboo is an excellent structural tree, as well as a food source[4].

Let's take another -- the cedar -- your eastern red cedar. It's a good structural tree, a good pioneer tree. It naturally starts to disappear into the forest that succeeds it. That's the time to take it, as soon as it starts to become eclipsed by the next succession. Tamarisk is another good structural tree -- excellent. There is a short list in of the trees that are really worthwhile to set out by thousands for structural work, particularly for pole and fencing timbers. Arbor vitae belongs on this list. We could make a much more extensive list. Many of these long duration trees weren't recorded there. So when you are planting for a client, and he has the room for it, give him a considerable edge of structural timber for a thousand year future. All the better if those timbers are pioneer species.

You might want to buffer the large nut trees from the round fruit trees. Put maybe a 20- to 30-foot planting of other trees in, or something else. These trees that must be buffered against have a root exudate, which is a mixture of creosols that kills out the species that are pioneering. That is how they increase against the edge. This whole group -- hickories, pecans, walnuts (juglans, meaning the balls of Jove)-put out that excretion. The large fruit trees that bear at the edge, must have a buffer forest between them and the central forest of large nut trees. The mulberry is a very good buffer tree because it stands right in against those nut trees with no sign of loss of crop, and the mulberry will stand right against fruit trees without impairing their crop. The elderberry is another excellent buffer. They snuggle up to both those groups. The black locust is another good buffering tree.

There are two sorts of structural forests. You can manage, of course, for saw log. That is what everybody is urging you to do, because of the huge spin-offs to other people in saw logging. However, a round pole is of far more use to you or your client. A very limited amount of saw log is needed -- only a small number of trees that you may need to rebuild your house, unless you are really interested in building houses for many other people. What we would have to weigh is how that use would compare with the trees' other uses in the forest.

So you have pole timbers and plank timbers. Management for these is different. You know how to manage for plank timber, or any forester can tell you, or there are books that will tell you. You pick out a true sort of tree with a clear trunk, and you free it a bit and look after it.

There are two ways to cut your forest. One is to continually fell the largest trees. When they come up to a certain diameter, you cut them. That gives you a continual production of round timbers in that forest. The other way to manage the forest is to cut out all the small and weak trees. The first method is a continual-product pole forest. The second, is an eventual-product forage forest. Now why not do some of both, if you are dealing with anything more than seven or eight acres of forest? If you manage timber for pole timber, and it is all posts of high duration, you are farther ahead on money value than you would be waiting 40 years for a plank.

I think you will find poles being used in construction much more commonly than in the past, particularly for accessory buildings. Australians now build houses in which they use about nine two-inch poles to build an entire framework. Then they just fill them in. There are many of those houses now being built. The whole structure is made of poles and then just filled in with mud, brick, stone, or whatever. The whole house framework costs around $800. The building stands on its poles, and is filled in with mud, wattling, board, or chicken wire and cement. Chicken wire and cement are great building materials. Some beautiful homes are chicken wire and cement homes[5].

Now let us look at coppice in terms of structural forests[6]. A whole set of plants is cut-and-come-again. We have mentioned black locust. Willows, poplars, ashes are all plants that you run as coppice. They are useful for furniture, handles, basketry. Your classical coppicing tree is the willow.

There are different reasons why you might coppice. You might for the bark, or for the timber, or for the forage. If you coppice for forage, you start your coppice above cow level, but to coppice for basketry, you can start below ground level. What you use is striped willow. You bury it in a good wet site as billets in rows. It shoots up and you coppice it again. You wouldn't get away with that with your cow in there. The Tasmanian basket makers, who are to the fifth generation in basketry, used this method. They have just a little patch of it, a half acre right outside their door, and they manure it and look after it.

I think that also ought to be used a lot more as a forage. Consider a quarter acre of that sort of coppice, something the cows will really rip into. You just have it ready so you can turn your cattle in and take them out, watching the amount of damage done. In some extensive cattle areas, if you have five or six acres of that sort of fodder locked up, it would carry you right through droughts. You can either cut it and throw it over, or let the cattle in, depending on how much damage you observe.

If you want to keep a stump from coppicing, the simplest thing to do is to throw something over the stump, a piece of carpet. Just exclude light from the stump. Cut a hole in the stump and put a little road salt in it.

For woven fences, you use hazel, oak, or ash. All of those are used.

What is poplar used for? It is good forage, good splitting, and good for inside work. It is not much good for outside use because it doesn't last long. You can't go into bent-wood chairs, or whatever, with it.

Another good tree, which is not American, is the tea-tree. It grows very thick. You can hardly get your hand in between the stems of it. It weaves well. We make all our baskets and all our lobster traps out of it. It has a high value oil in the leaves, so when you cut your tea trees, you also distill the heads. These tea trees are long lasting in fences. They last thirty to forty years. It sells 30 cents a stick at present. You don't put the butts in the ground. You use the sticks to fill in between black locust posts and rails. They will be there for 50 years as a fence or trellis. I put a row of rocks under them and stand them on the rocks. They hang there indefinitely. Those trees grow very fast. In five years you are ready for another cut. The oil that you distill from the heads gives them a double value.

I would like to discuss at some length the American forest as we now see its potential for management. I think if we go about its management very carefully, we will find that it is a high value standing system. I think there are two or three ways we can go about its management.

There are already pole stands of reasonable value with very few large trees. We can keep that part of the forest as pole stands and start to look at how we could use the poles. There are big areas of birch pole. I would use white birch plantings as reflective species in design in the district. I would make it coppice, too.

Let's look at what we have in the forest. We have many dying young trees. They are over-run eastern red cedars and understory trees that were beaten to the crown. They really represent only one thing -- firewood.

If we put in a dry distillation tank, which is just a simple brick system -- there are quite a few models, for the French use them quite a lot -- we would get charcoal, methane, creosote, methanol -- all of that. We would still have a readily saleable fuel as charcoal. There is a lot of forest right here on this place, and nearly any of it worth more than a cord of wood. After distillation, you still have charcoal left, which is an excellent cooking fuel. So it would be advantageous to go into dry distillation.

One of the very first illustrations in (?) is a diagram of how you could use that wood for a whole lot of products. The whole system is pretty low technology. You needn't release all your flue gases. Send your flue gases through pond water and get calcium carbonate. Precipitate it out and throw it on your fields. Throw it back in the lake. It releases a very clean gas to the environment, and you can recover methane. Now that would be a good way to use those dead and dying trees in the forest.

Your priorities in the forest at any time are to cut the trunks that are lying on the ground away from your live tree trunks. These are the ones which in fire scar the base of the living trees. The first tree you cut up on the ground is the one lying against the other trees. That is true still of many chestnuts. Old chestnut logs are often lodged against big standing trees. They don't seem to rot very quickly. Now in North Carolina, there is a lot of chestnut wood lying around. The reason it is good to move this material out, rather than leaving it there to rot is that, in North Carolina, for instance, it would never get to rot because the fire frequency is relatively high. What will happen is that all those ground fuels and any standing dead fuels will burn out. I think in most forests that ultimately is the plight of many cords of wood. It just simply goes in wildfire. At present, without knowing any more, I think it would be better to take those out for fuel. They are more than firewood. Dry distillation could be combined with the heating of homes, because we are going to get surplus heat from it.

What I am looking at is trees that have lost their bark already. Throughout the forest, there are many very old trees on their feet, still alive. Now we can leave those standing if we find occupancy in them of wild life and birds. Also, whenever we cut up old trees, we are going to get many hollow limbs. I think we should sell those as nest boxes. We should also fit them into the forest to increase the number of hole sites for squirrels and other forest animals, but particularly for the birds. Probably the reason there are so few birds in the forest is the lack of good nest sites. If we analyze what birds we have, we might find out we are missing on many of the hole nesters. At least we can put those hollow logs up as nests and try them out. It is not much trouble to refit hollow logs. You have good books on bird nest boxes and critical entrance sizes, etc.

If you put your nest boxes out in the open, you are going to get sparrows. We are more interested in the birds that nest within the woods. Sparrows don't fly very far into the woods to nest. I think we should be selling these nest boxes. It always saddens me to see hollow logs burned, good sound hollow logs. You can leave some of them in the forest; you can leave them standing upright, and flat down, and they will get occupied all right. We could leave the few in there that are riddled with holes, and there are but a few of them. They are not going to take up much space.

Then we should look at three or four management strategies in the forest. First, we need to lay out the end uses of their products. We have a whole set of bark, leaf, oil, and medicine products within these forests. We should attempt a crude economic analysis of the end product values.

We might be very sorry if we were reducing some of that material to charcoal. Nevertheless, we do have to heat presently with wood. The best way to do that, I figure, would be to build a dry distillation basement system. You load a container lined with brick, and you close it off. You light a fire underneath it. The wood inside can't combust, and your fire is still a twiggy fire. You steam everything out of it, all the juices, and it cooks. You cook that wood to charcoal, you bake it. Up come volumes of gas. Methane comes off. You can use 4% of your methane to pump the rest of it down to bottles, or you can pump it through a pipe into a gasometer. Then you pump the rest of the gasses along. Lime water will soak up the CO2, so you run these gases out in the open air or through a pond, and that cools them, and out comes your creosote, etc. You are into other sorts of games from then on. You get methane out of methanol. That cools rapidly in water. You close it up in a steel drum and lock it in.

In the old method of making charcoal, they covered it with mud, and they didn't collect any gases. They wasted most of the biomass. All the gases went to air. The French used to brick up a double area, one that was for the fire, and the other cooked the timber in it.

This system would supply all the gas for cooking and a great hot mass down below the house with which to heat the living area. We can take any amount of hot water off that. We have creosote for painting and proofing our planks. We can turn a black or silver birch into a non-rot product by creosote soak. And we have methanol to run the tractor on. I would like to see somebody set it up. Perhaps we have the practical situation for it right here.

Inner zones need to be far more productive in human and animal forages. So we decide which of these elements we will build into the animal forage systems. That will determine which elements of the forest we will favor, and which we will weaken, and in what direction we will steer the forest. We should look closely at the forest around here for their high potential for increased forage for man and animal. Their value as windbreak is also desperately important. If we were to go on clearing the forests without replanting close-in, wind stress would cut productivity on site. So we must manage for close-in windbreak. We next manage for human and domestic species forages.

Let's look at white pine. If we close up an area with white birch and put white pine behind, it might create a micro-habitat for food production, because we have a reflective system. We might screen with white birch near gardens.

We should be managing this near section of the forest for greatly increased productivity within the center of the site. So what we are managing toward is those high forage-drop species, such as oak and cherry and apple. We remove selectively and we replant or encourage selectively. If we are managing that area for oak drop, we can also do it in such a way that we are looking forward to maybe very long term, occasional oak tree cut.

In a large design, you may be selecting four or five house sites. Some of those can be in the open and some in the forest. Where do we want the forester? We want him in the forest. The one who takes care of the livestock needs to be near to the barn. Break your house sites up according to the functions of the half dozen people living and working on the site. The administrator needs to be closer. You have gardeners; you have nurserymen; you have foresters. A large forested area should take five families in forest product. It does not mean you necessarily have to have five houses in the forest. Some people might come in to be foresters. Or they might be living in a group situation.

Out there in that further zone of forest, we start to break up secondary and tertiary uses. We might try a few structural forests in close, or a few bamboo clumps -- bring them in.

Maybe they are still working like those birches are for secondary reason of shelter. Out here we might find a place that is very promising for future plank timbers. We need a plank forest. These areas all have to be managed differently. Some of them are already progressing towards what we want. The uses for which we manage a forest should not conflict with further foraging of wild life. Maybe in every area we will find a patch of forest that should really be for itself. We must always try to keep these places, because they are going to be doing things that may help us a lot out here, that may stop us from doing silly things out here later. We might be doing the wrong thing out here for the long term. Instead of taking out the trees for firewood, we might find that what the falling and rotting trees are doing in there is essential. So then we stop. These undisturbed areas can act as a control. Also, parts of the site really may be too dangerous to disturb, to constantly manage. You may find that these are very beautiful places. What do we want to bugger around in there for? We don't have to. We have a vast excess of this resource. We could leave some of it alone.

We have to decide what we can get out of the American forest, what are really valuable products. Our aims should be to leave as much of the biomass in the situation as possible, and to take out the smaller, highest value products. Seed is a good example. The forester here on this site should be a very busy person.

It is essential first to determine what the forest products are, then to look to what's happening in the market. What's the price of acetone? We know the value of some things, like methane. We don't have to worry about who is going to buy that. All our cooking gas is in that forest. Two technologies will extract it. One consists of composting the twigs, and the other is just good distillation technology. Both give us volumes of methane.

We must not forget that we have to trim our white oak to maximize its value, and therefore we are going to get trimmings. We have to use them somehow. We don't want a triangle of trimmings lying between the trees or all over the ground. That is a bad situation for fire. We can pile the brush into heaps. Brush piles are a good winter shelter for a whole host of animals. So also is your firewood, your cordwood, if left in the woods, not brought in. It will be full of lizards and salamanders. They live in this year's pile. The next year, you must build another pile for them.

While there are other potentialities in the woods, I think determining what they are is a job that should be tackled on site. There is a lot of work to be done here. The largest design problem in these wooded areas is the management problem.

One strategy for forest management now starting up in North Carolina sounds good to me. They assemble people who are in touch with the forest. They say, "OK, as an individual, I can't supply enough beech for this order, but as a group we can." They also, share tools and equipment.

Everybody is urging them to manage the forest to burn. We know this is true, for why else are they making all these stoves and things?

FORESTS & THE ATMOSPHERE

I want to discuss briefly what the forest is doing to the atmosphere. I will start off with one statement: Whatever it's doing, it is very, very complicated. It is not simple.

Let's take wind -- what the forest is doing to wind. Wind completely disappears in an effective forest within a thousand meters. The forest is swallowing it. It is absorbing the total force of even gale force winds within a thousand meters, except at the crown, where winds still continue to have some effect. I am not certain that we have an adequate explanation of what that energy becomes. I believe it may be wood. If we anchor the trees, the stem diameter remains constant, whereas if we move them, the stem diameter rapidly increases. So it may be that wind aids transpiration, or pumping, or cell production or something. Certainly, the energy of the wind is being converted within the forest to something; I'm not quite sure what. The forest is certainly using the wind, and I, for one, never heard any adequate explanation how that happens, nor have I seen anything written on it.

The forest forces 60% of the wind up. That starts a process. Now when the wind goes up, you get a high pressure on the windward side, and decreased evaporation, and at the same the face of the forest towards the wind catches a lot more rain than the other side. That is just simply observable. So it is wetter there. When the wind goes up, it does cause an increase in rainfall. The rainfall increases between 15% and 20%. That has been measured in Holland and Sweden. When we cut the forest, the actual rainfall in the region decreases in a set of figures lying between 10% and 30%.

Then there is a secondary effect. When forest forces wind up, it goes into sidewise spiraling, that causes belts of rain across the direction of the wind. Little patches of rain go on for several tree lengths past the trees, so that at intervals of five tree lengths rain increases in a belt transverse to the wind. So you get wet, dry, wet, dry past tree belts. The descending winds past the forest are warmer, less humid and turbulent, and often cause drying out. Some people think those pressure changes in the air have the greatest effect on soil moisture. It is a fact that the low pressure belt, produces higher evaporation, and occasionally a rain shower on the leeward side of the forest. The forest has other effects on the wind about which I will not go into detail, like reducing the wind, or warming the wind, and so on.

I doubt if you go a thousand feet within the forest you will experience any wind at all. As for a tree belt, if it is to be effective, we need to have about five trees wide, although a single belt at 40% penetrability has an effect as a wind break. When only about 40% of the wind passes through a tree belt, the wind diminishes rapidly within 100 to 200 meters. It becomes negligible. Around a plant stand, to the wind itself, I wouldn't trim. If you trim, it might cause a wind tunnel below the trees, which is a little miserable for animals. The idea of a hedge row is that it does come to the ground, or starts above the stone wall or something.

The wind carries dust, and it carries humidity. Without any rain, that is, on a foggy night with air moving into the forest it will, within a hundred meters, reduce the humidity in the air by about 50%. This is called positive interception. I believe this to be a major factor in all coastal forests, and on ridges within fifty miles of the coast. If we have air coming off the sea that is very humid, and particularly night air blowing into these forests, all you see is a constant dripping of moisture within the forest, even if there is no cloud in the sky.

That occurs in an individual garden. A lady named Marjorie Spear has a garden in which it rains constantly all night, every night, when it doesn't rain anywhere else in the district, where there are no trees to intercept this humid air. I think that what happens is that the air is relatively warm and leaves relatively cold. By the time the night winds strike the tree, the leaves are sensibly cool, and the moisture precipitates out rapidly on the myriad leaf surfaces. An individual tree has many acres of leaves. Moisture doesn't precipitate out on grasslands, except as dew. Yet, within the forest there are millions of gallons that come down. In Tasmania, up to 60% of our total precipitation is put down to this effect. Only 14% of that water falls as rain-trees catch 86%. Now we are a coastal island, a small island only a couple hundred miles across. Screens put up to imitate trees create high precipitation.

When you are cutting trees down, you won't notice the rain gauges over 15%, but you only have 14% of your moisture left. Now I think that is a critical factor for all coastal mountain ranges, for the first mountain inland from the coast. So that's what the forest is doing to the wind and to the humidity in the wind.

As for particles carried by the wind -- and again, I'm talking about a hundred meters of forest -- they are reduced sometimes to about a quarter of their previous occurrences in the air mass. We are talking about the dust and the other particles. Now as this may represent tons of particles, particularly if the winds have blown across soils and over industrially polluted areas, this means that the forest entraps much material. That leads me to suspect, and many people to state, that there is no shortage of any mineral or any element anywhere, because it is all on the move, particularly off seacoasts. It is being netted by the forests. It might be a slow process. Mineral might be used and fixed as fast as it is netted. But this really happens.

Conversely, when we come to organic particles -- I am talking about pollens, bacteria, and some oil droplets that are being released by the forest -- we get a reverse effect. What's happening is that the forests absorb tons of inorganic materials and release tons of organic materials. I was reading about the early voyagers approaching this continent in the Spring. Gigantic white pine forests grew here-. Up to 80 miles out in the Atlantic, pollen coated the decks of the vessels The voyagers thought it was sulfur. They talked of gigantic sulfurous rains. The whole sea was yellow with pollen. They thought there were volcanic eruptions ahead of them; they advanced with trepidation towards these shores, into these yellow skies. Imagine the biomass on the move there!

The organic particles are far more effective precipitation nuclei than the inorganic particles. We suspect that they are the important factors in atmospheric precipitation. So that is another effect of forests -- they give off nuclei upon which raindrops condense. So while forests are taking inorganic particles out of the system, they are releasing organic particles that go on in the air stream and therefore are available for condensation of rain further inland. About 60% of inland rain falls from forest clouds, not sea clouds.

Let us not deceive ourselves. Clean air contains an awful lot of stuff. Just lying on your back with a good pair of binoculars will persuade you that there is a lot of matter on the move up there. Tying nets through it will persuade you more, and putting up little traps will persuade you even more. There is a lot happening up there. Forests are a big factor.

What else is the forest doing? We will move to rainfall. Rain falls on the sea, the land, and the forest. On the sea, it simply cycles back again. I don't know what its effects are. It probably has some effect on plankton production. On the land, where it falls on the forests, the canopy absorbs almost all its energy. A big energy transaction goes on right on the canopy. The mechanical energy is almost all absorbed. Within any reasonable size forest in leaf, even a violent thunderstorm doesn't come into the forest as anything but a fine mist. I am talking about tons of water and thousands of pounds of kinetic energy. This just dissipates in the crown. This has a couple of obvious effects. This water never hits the Earth, so any erosion from that pelting rain, which is an enormous force, just doesn't happen within forests. The crown absorbs that energy. Then, if the rain is light, no water reaches the ground. It is quite possible in light rain for the top of the forest to absorb the total rainfall. That is easily seen on roads. In a reasonable light rain, under the trees the roads are dry. That water never does get to the ground, and is evaporated off the crown. That causes a profound cooling effect. Energy transactions of all sorts are taking place on the crown of trees. There is frictional slowing; there is impact absorption; the winds are being tangled and stopped; and this rain is being evaporated. So many energy transactions go on up there.

These transactions aren't going on very much below the crown; therefore the amount of energy being absorbed and dissipated on the Earth's surface is much less under forests. You get very little erosion in forest. If it rains modestly or heavily, the crown becomes saturated and water comes on down in a whole variety of ways. Some trees funnel water down the bark channels. Ten or 20 times the actual amount of rainfall will run down just around the stem. Other trees pass it down around the crown itself, as a circular rainfall. In a mixed forest, rain falls every which way -- some dripping outward, some running down under the branches, some funneling down the crevices of the trees. I just went into your forest the other day when it was snowing, and every tree was intercepting snow in a totally different fashion. The crystalline structure of snow and the shape it meets interact.

Let us think for a minute about something else. Eighty-six percent of the mass of that forest is water. Ninety-six percent of its leaves and twigs are water. That is an enormous weight on the Earth. That is a lot of water. It is an Earth load of tremendous mass. Really, the forest is a whole lot of vertical tanks. Some of them are very big tanks. I believe that we can load and unload the crust of the Earth in such a way that it will cause Earth movements. We know that quite modest dams will cause local earthquakes. We failed to see the forest as the enormous water mass that it is. I think if you want the continents to rise and fall and fracture and bugger around, then you can accomplish it by unloading the land of its forests. Play around with this water mass enough, and you will get it to happen. I think we unloaded a huge weight off continents when we removed our forests. I think we are dealing with more weight here than anybody has ever acknowledged or tried to measure.

Branches will break off trees, either in fierce gales, or at other times on very dead, still, humid nights. When the trees can't transpire, the enormous weight of the leaf water just smashes the branches down. That is the time not to be in the forest -- on still, misty nights. With no warning, just bang! Crash! Big branches fall on those nights. The trees can't support their own weight, any more than they can support the weight of fruit. Fruit is 96% water.

So a forest also sponges-up this water. But not always, I feel, through its roots. Much of it enters the tree through its leaves. There is a tremendous direct leaf absorption of moisture and of substances in solution. So it isn't just the roots that are at work taking in nutrient; it is also the leaves. The leaves also manufacture these nutrients as they pass inward into the tree. So the forest builds a lot of water into its mass.

The rest of the water, not absorbed by the trees, gets down to the ground. Here the litter and humus of the forest floor await it. No more water seeps down until the floor fully charges. That represents quite another mass of water. There may be six inches to a foot of water held in the landscape, but nothing moves the floor saturates. Then the water seeps into the mineral soils below the humus soils. Even down there, every foot of soil will hold an inch of rain. So if you have 30 inches of dirt, then a 3-inch rainfall won't move at all out of that forest situation. In between interception, 0absorption, the humus absorption and three feet of dirt, no water moves. Nothing is flowing. Thirty inches is minimal. Sometimes up to 60 inches of rain will be held because we have good deep dirt. It percolates so easily because it follows old root traces. Forest soils are totally bored out by old roots that have rotted out. They form all sorts of conduits to deeper levels of soils. Within the forests we don't get any significant evaporation of this through-fall of water. We are not going to lose much of this water through evaporation.

Let us look at the soil below the forest. First, the particles absorb all they can. Then water bonds tightly with each little particle. Clay, particularly, binds water very tightly. This surface tension effect comes into operation. Now when that has happened, the spaces between the particles, in which this effect doesn't occur, also will fill with water, and that water will start to percolate down. On it goes downward. Two fates await it. It can transpire, and the trees can bring it back out of the reservoir and into the air again, thus recharging the air with humidity. That air blows onward. Now that is a very fast effect. Even a modest line of trees up on a desert causes some rain downward. Trees transpire ground water most on hot days. This heavy evaporative transpiration increases the humidity of the region. When night falls, this may reprecipitate downwind. Water is flung in all directions. It is stopped and stored.

Then, when this system is full and when there is any slope, and there is always slope, some water may start to run off. On the floor of the forest, there is no such thing as a straight runoff system. Twigs and leaves and debris accumulate in immense amounts. Therefore, water persists longer in the landscape. Run-off is very, very slow in forests. If you follow a trickle, it performs some weird convolutions getting through the forest. It meets fallen logs, trunks, leaves, leaves that bank up and turn it. These impediments repeatedly halt the water. Its time on landscape is great through a forest as compared to the open, where it just goes whist! In the forest, it is impeded and impeded and impeded. In the open, the water runs off, and the rivers rise.

If you want to increase run-off into catchment, cut the forest, and for a very short term your reservoir fills faster with every rain. So the engineers reason, "Let's cut the forest to increase the run-off." They actually diminish the rainfall, drop the total water falling on the whole area to roughly 70% of what it was before.

Evaporation does not occur from the soil surface below the forest, because it is the roots deep down below that draw the water in and take it back up. The travel direction of water entering the forest is always downwards, and only upward as pure water that releases to the atmosphere. In a forest, water never travels upward again to the surface of the soil for evaporation. We therefore get no salting, no upward migration of salts to the soil of the forest. Then the water that was further down enters shattered rock and deep leads, maybe old buried river beds, and finds its way out into the streams.

As salts come up into the trees as essential nutrients, they are fixed in the forest. After you cut the forest, even if the streams continue to run clear, they contain enormous amounts of dissolved salts. We may be getting more tonnage running off cut-over forest land as dissolved salts than we get in actual silts. We have measured that in Tasmania. Tons of essential material, particularly calcium, washes from the forest when it has been cut. The forests were holding all of these minerals. They collected them, held them, turned them round and round and round in its usage. When you cut the forest, and there is nothing to hold them, these minerals go into the runoff. They go into the streams and flow to the sea. Much work unravels there, because the forest only slowly accumulated that calcium.

Now the other thing that the forest does to precipitation is that it catches snow and brings it to rest within the forest. The difference in melt period between snow outside and inside the forest is quite large. A forest probably delays melt at least a month. So really what the forest is doing is taking all the winter's precipitation that accumulated as snow and ice, holding it, and releasing it at a much slower rate over a longer period than would be the case without that forest. If we have just pastures and open ground, that winter snow will melt extremely quickly, and cause sudden flooding. What does the forest do to sunlight? The forest enters into energy transactions with light. We can't treat any tree, or any forest as a mass. It is a collection of individuals that do individual things to light. One obvious interaction resulting in energy exchanges occurs with sumacs. Look at the sumac. A light wind blows on a sunny day. The sumac turns from an absorber into a reflector. Suddenly its whole light-energy balance changes. It uses one energy to change its effect on another energy. It is in constant energy balancing.

I believe that trees have two or three methods by which they govern their energy intakes. One would be used by the aspen. The aspen is doing something with the wind on an energy basis, and when it's not doing it with the wind, it has an orientation basis that it is doing something with the sun. The ivy are certainly doing something with the orientation surface to sunlight all the time. They are governing to a constant. Other trees have shiny underleaves with matte-covered top leaves, and they do a trade-off, a wind trade-off.

In some forests in Tasmania, we cannot measure light in depths of the forest. There is total light interception. You don't have those forests here, but we have them. You can descend into the blackest midnight in the forests. You have to take torches down there in brilliant daylight. In Tasmania, you can go down 200 feet into some of these valleys and there is no measurable light down there. The forest totally intercepts ultra violet and passes through more of the red light, so that you have a different quality of light within the forest. Dark trees become radiators. The birches are reflectors. In the reflector species, the tree itself doesn't get much heat. In some species the tree becomes the heat store, and the heat storage system. It is 86% water heat storage. Even on very bitter nights in Tasmania, where we have thick forests above, we get a warm downdraft. What is happening is that the cold air is entering the upper parts of the forest, and there is a slow down-draft, and it is a slow downdraft through thousands of enormous water storages that have been absorbing heat all day.

Some of these mechanisms are so effective that a relatively small plant in an office deals with all the carbon dioxide problems in that office, and many of the carbon monoxide problems as well. We just need to know a lot more about this, because it is absolutely certain that, if we knew more about it, we could completely change the atmosphere of some of these buildings very favorably in terms of energy balances, and particularly in terms of health of the occupants. I suspect that we need to find out a lot more about what happens within the solar glass house, and that information is going to have a fairly beneficial effect on us.

The quality of air moving through the forests changes. The amount of negative ions increases sharply in the air stream, and most of the gases that are obnoxious to us are absorbed very efficiently. Negative ions are also excellent precipitator, which might account for the fact that much of the dust disappears in forests. There is nothing like a negative ion environment to cause clumping and precipitation. Negative ions will take cigarette smoke out of the air very efficiently in quite a large room. So will a small amount of trees.

Again, it is an error to suppose the forest stops at the soil surface. It doesn't. At least 40% of its mass is below the surface. So probably many of the figures we have thrown in here are in any case wrong because none of them are applying to the root. When a forester talks about the weight of a forest on Earth, he probably is not giving us the weight of a tree plus its roots. They estimate 5,000 cubic feet of wood in this tree, therefore 4,600 cubic feet of water. I believe they forgot the roots. Those roots are enormous storage organs. They are busy at work doing other things in the soil. We need to know what those roots are doing. We know they are on the move. They throw up whole masses towards the surface and pull them back, while they throw others down. They do it all seasonally. They live and die within the soil, leaving all sorts of channels and pathways open, which is going to greatly affect water. What's going on within those roots? Once we get below the top of the ground, we are in a whole new mystery zone. Certainly tree roots are breaking down primary rock material.

For all these reasons, and many that I haven't mentioned, because I consider them to be far too complex, forests are really worthwhile to just leave in place and really have a good look at, because mankind has never studied these forests. It wasn't until the 1950's that anybody I know of looked back through the rainfall records, and cutting record, and started to do some of the sums.

I will give you a statement that I am certain about: By the removal of ridge forests alone, we can produce deserts in any climate. By the removal of forests alone, we can remove soils. Now I am certain that the removal of the forest has been the main cause of the collapse of nations. Because when the forests go they just haven't the water, the soil, or the climate quality to sustain human life thereafter. So maybe we had better start to prize the forests a bit and to discover, not how to live without them, but how to live with them.

Before I leave, I want to say a little more about tree establishment. We have already talked a little bit about the nursery.

It may be necessary, particularly in sandy soils, to add basic nutrients. This may be necessary on acid soils and on alkaline soils. Sometimes it pays to use a little bit of superphosphate in sands and dunes. Zinc, iron, and most minerals are locked up by high calcium, and you won't get many tree species going unless you have a little bit of assistance.

I think the question of manuring trees has been taken very seriously by the forestry commissions. They are getting three and four times the growth rates from trees with one handful of superphosphate in sand. But additional superphosphate doesn't do any good at all, as usual.

Teaspoons & Butter Knives

Two old ladies north of Sydney evolved a system for reestablishing native forest in a national park on an area widely overrun by introduced exotic weeds and things. In short, the method they pursued was this: Given a very large area in which you want to change the nature of the forest, do it as a set of nuclei that are densely planted. Don't try to do it as a scatter of individual plants. This is really extremely important. Plant a small area, maybe half the size of this room, densely and close it out, weed out anything you don't want and turn the roots up, patch up the soil where you disturb it somehow with mulch and rally tightly established nuclei in defined areas. The placing of individual elements really isn't going to get you anywhere, or it is going to get you somewhere very, very slowly. When you put in nuclei and work from the perimeter of the nuclei, it is amazing how fast you can change the situation. What happens is your ecology, or whatever it is, helps itself, because your assembly is an entire one. I think it is more important to do this than to do anything else. That is something that if we fail to do it, we will fail.

There is one class of trees for which we need to compile a list. They are the trees that will stand alone in grassland or hostile areas. They are pioneer trees. It will pay you to just stop and look at pioneer species wherever you are, and just pop them down on your list, because they all have a set of characteristics in common. They don't mind grass competition. They are very hardy. They are drought resistant. They change the nature of the soil towards forest soils. These trees range from acacias -- of which there are hundreds, and they are all nitrogen fixers -- to western and eastern red cedars.

If you have good pioneer species suitable to a site that people eventually want to change into a forest, run over it with pioneers while they are thinking about it. Then they can go into whatever they want from there, cutting down the pioneer species as a manurial crop for their forest.

There is nothing wrong with western red cedar and eastern red cedar as a crop either. They are both useful as a crop while pioneering and reducing other competitors before forest establishment.

You have to do this to defeat grasslands. Then you may start your multinuclei approach. To get things back to a previous situation, on land that has been invaded, you do precisely the same. You start with the little groups of natives that remain, and get them in there to throw out exotics. Mend your holes with mulch, or with another plant that is native, and work outward from that.

Those two old ladies, using only spoons -- two spoons and a couple of blunt table knives -- re-established some 1,500 acres of native Australian bush in a badly managed forest. When they started, they were about 68 years old. They finished when they were 75. They wrote a little pamphlet about what they had done. They said, "Begin where most of the things are that you want. Then go in there with little knives and spoons and take out all the strangers. Encourage the others, and just patch up the damage." They did minimal damage and just kept rolling the edges out, and I am told that it is really a remarkable area now that it is free of exotics -- tall groves. It is north of Sydney in one of the parks.

Basically, this is also an approach used by Marjorie Spear, another woman past 80, though she did the opposite thing. She took a degraded and smashed-up native forest, really smashed it up, and expanded a totally exotic food forest into it in precisely the same way, by setting up a whole set of small, very densely planted nuclei, and taking the edges on out.

If you forget this particular point, you will scatter your resources, and many of your species will perish because they haven't their associates with them.

In sand wastes, we have been using the technique of burying all metallic domestic wastes, mulching, and then planting the perimeter. It seems to be working OK. You get gradual release of iron and zinc from old cans. Just fill a sand hole with this junk, layer it with humus, because it is not available unless there is humic acid, and then plant around it. I have many plants down in that sort of situation now, but I haven't been back lately. In soils, it is often a pH adjustment that is wrong, rather than an absolutely missing element, except in sands, where you are likely to have missing elements.

Righto! We have finished forests.

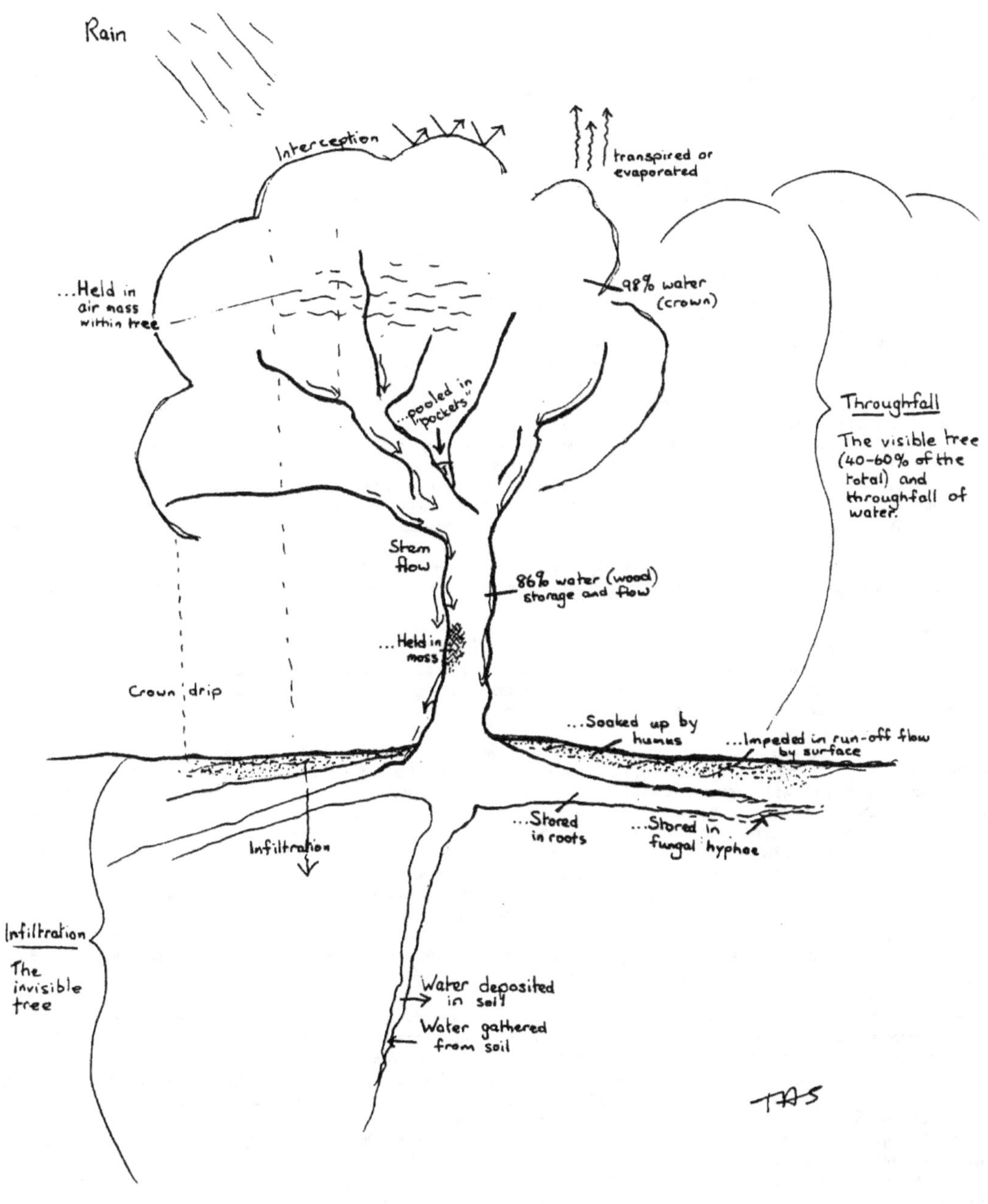
Rain
Interception
transpired or evaporated
...Held in air mass within tree
98% water (crown)
...pooled in "pockets"
Throughfall
The visible tree (40-60% of the total) and throughfall of water.
Stem flow
86% water (wood) storage and flow
...Held in moss
Crown drip
...Soaked up by humus
...Impeded in run-off flow by surface
...Stored in roots
...Stored in fungal hyphae
Infiltration
Infiltration
The invisible tree
Water deposited in soil
Water gathered from soil
TAS

COMMENTS:

[1] Forests

T.F.: The chapter on forests is both highly important and also presumably (in my own view) to a newcomer the most controversial one of the whole course. One issue is that one may all too easily get the over-enthusiastic impression that we just need to carpet all the earth's surface with forest to solve all our problems (this would not work -- forests are highly important systems, but there are places on the planet where a forest just is not the most stable and most suitable form of vegetation). More importantly, some of the claims made in this lesson are quite extreme, such as being able to feed ten cows (or even more) to the acre. Common stocking rates in Europe are more in the range of one cow per acre. Let us do some simple maths here to get an idea: ten cows per acre would be 25 cows per hectare. A small breed such as the Jersey will require approximately 1 ton of good hay per year (according to John Seymour), which should be equivalent to about 4 tons of greens. So, at 25 cows per hectare, we would be talking about producing 100 tons of greens per year from a single hectare of land, or about 10 kg/m^2/a. There have been (presumably exaggerated) reports on Comfrey producing such extremely high yields. If we take hay as a basis for a dry biomass computation, this would still be a yield of 2.5 kg/m^2/a. For comparison, typical good wheat harvests produce around 0.6-0.8 kg/m^2 (6-8 tons per hectare) of seed. In the "Earth Care Manual", Patrick Whitefield lists data for biomass productivity of various ecosystems (including tropical forests and salt marshes), which would make these implicitly given yields appear as very high, but not impossible. Another important issue would be diseases: at such high stocking rates, nature usually kicks in by reducing population through some kind of epidemia.

So, while the claims made here would be just imaginable, Bill unfortunately does not give any background where to find more information about the work of, in particular, Cliff Adam and Barry Slowgrove. He thanks Cliff Adam in the acknowledgement section of the Permaculture Designer's Manual, but apart from this my first attempts to dig out more information through additional research had not been met with much success, until I came across a digital audio recording of a Permaculture Design Course given by Bill Mollison in 1983. A transcript of the relevant part of that course is provided in [3].

Anyway, one important point to note here, however, is that such simple yield calculations more often than not are completely out of place when we talk about highly integrated systems. We just cannot compare observations made in crude monoculture situations with systems in which nutrients are cycling. Of course, when we talk about biomass yield by comfrey as above, part of the total biomass produced by the comfrey (which is more than what we get by cutting and weighing leaves) will inevitably have gone to microfauna feeding on its roots, or other systems. The fundamental problem with in particular those "oh my god, we are all going to die" calculations is that they take the framework for granted in which production is supposed to happen -- even if this seriously suffers from the disease of "inappropriate scale". Certainly, it is both useful and important to do "order of magnitude" estimates as above in order to find out whether something sounds anyhow possible or not. Yet, we also must always remember that in biology, the "natural" situation is that of a context of highly integrated material and energy transaction networks. Hence, we should be aware that any reasoning along such lines makes important over-simplifying assumptions. When it comes to stocking rates, the "John Seymour" perspective of treating a cow as an animal to be kept in a cowshed and counting the straws we feed to it may be appropriate in some situations, and not in others. (But this must not be understood as an invitation to throw all quantitative considerations out of the window!)

Still, this chapter is overly optimistic on some aspects. It should be read with a grain of salt and claims about yields should not be taken as a promise, otherwise disappointment is certain. (I once came across a web page where someone who evidently never grew anything in his life seemingly tried to start growing rice "Fukuoka-Style" basically by seeding rice into a lawn and not paying attention to anything. Well, what he got was a lawn with a very occasional rice weed in it and pretty much no rice production at all from that. So, quite in general: do use your common sense in what you expect! Actually, when I started gardening myself, my yields also were quite miserable at first. Gardening definitely does take experience.)

[2] Easy Food Self-Sufficiency

T.F.: While this at first may sound too good to be true, there is a very important and a very valid point in the issue of food production playing a central role in the economy. If we think about it, pretty much everyone agrees that small scale gardening is a much more area-productive way of growing food than industrial agriculture, so it may seem quite strange we ever gave it up in the first place. However, this is of course closely linked to the widespread ideology of treating food production as a lowly, primitive and rather unimportant activity. If we take the number of people immediately involved in food production on the land as a negative indicator for "development", without ever questioning this, then we are bound to end up with a lot of very serious problems.

Concerning self-sufficiency, it seems to pay great dividends to develop a sense for deliberate obstructionist regulations that force one to participate in the "money economy", i.e. offer your labour on the market, rather than becoming self-sufficient to a high degree. In fact, there are re-occurring patterns across times and peoples where self-sufficient village economies have been deliberately destroyed by a set of strategies with uncanny similarity throughout the ages. The plot usually involves introducing a demand in the population for the invading economy's currency through laws which force people to pay for something essential -- of course in the new currency. This will, over time, replace the original "device for trade and exchange" in a culture (and in fact, pretty much every culture has some kind of "money") with the new, exogenic money, for which that culture would not have had much use before. The implementation details of this strategy vary: When the British turned Sierra Leone into a colony, they imposed a "hut tax", hence forcing Africans to work in order to obtain British currency. As a consequence, Chief Bai Bureh started the "Hut tax war" in 1898. In India, the British forbade the Indians to both produce and trade salt among themselves, effectively enslaving them by forcing them to buy salt from them. One of the major achievements of Gandhi was to abolish the salt laws through a campaign of civil disobedience starting with the "Great Salt March". Similarly, one of the first new regulations in Iraq introduced by the U.S. after defeating Saddam Hussein al Tikrit was to force Iraqi farmers to buy seed, rather than using their own. (Paul Bremer's infamous "Order 81".) In Bavaria and other parts of Germany, many people remember how after World War II, regulations and laws concerning water usage forced farmers to give up their own wells and pay for water instead. I've heard (so far unconfirmed) rumors that there have been laws (and maybe still are) in France which prevent one from generating one's own electricity. (More information on this would be welcome!)

[3] Elephant Grass

T.F.: There are at least two kinds of grasses which are occasionally called "Elephant Grass" (or in particular in German, "Elefantengras"). Here, Bill most certainly refers to Pennisetum purpureum, also called "Uganda grass" - which grows quite high, has very high yields, is a favourite food of elephants, and has been considered as a biofuel. Then there are species belonging to the genus "Miscanthus", which also are in the family of the Poaceae (grasses). With Miscanthus, dry weight annual yields in Europe can indeed reach 25 tons/hectare/year, which would make the incredible sounding numbers given by Cliff Adam indeed quite feasible. These days, these high-yielding grasses are somewhat widely known and discussed, and in the context of biofuels they became famous for high yields. In the 80s, when this course was given, hardly anybody in the world had ever heard of them. The picture on the back of the Permaculture Designer's Manual shows Pennisetum purpureum.

Bill Mollison gave another course in 1983 which has been made available, in electronic form, by Jeff Nugent, in the form of (digitized) audio tapes. The following transcript from these tapes (near the end of tape 12B) should provide additional clarification:

(...) The best developed system like this I saw was in the Seychelles. The system went like this, it went: banna grass [Pennisetum purpureum], a tall pennisetum, and then it went leukaena, which is more tropical, it wouldn't go down here. Leukaena trees. Little ones. And then Comfrey, and then just repeat it across like that. And they cut it all off, by hand, in rows of three, and fed it concurrently to the animals. They ran fourteen cows to the acre on it. Every day, somebody will go out with a wheelbarrow and cut off three rows and bring it in to the cattle, milking cows. In country in which they had been running a cow to about 20 acres. So they decided to... There was actually an experimental farm where they decided to release the rest of the farm so to put in the coconut and other trees and brought it down to one acre. And, well they did that, they returned the manure to that, and they brought the manure input down to one-fifteenth of the original need on the broad scale. They used to have to use superphosphate and lime and stuff. On here, they said they were down to one-fifteenth of the manure and the soil was building so well that they thought they could abandon manuring. So they are running fourteen cows to the acre, not fourteen cows to two-hundred acres. And then they had less manure and they thought they are actually saving time, too. This is only one cut a day which was about an hour and a half a day to cut that and feed to the cattle. (...)

[4] Bamboo Shoots

D.H.: There is some risk of cyanide poisoning from uncooked bamboo shoots. I've eaten small amounts of sweet shoots with no ill effects, though.

T.F.: Actually, I doubt that as I did not know that and ate somewhat large amounts, still with no ill effect. It seems as if bamboo's cyanogenic glycoside, taxiphyllin, is an issue with some species but not others.

[5] Chicken wire and Cement

T.F.: The technique Bill is talking about here is ferrocement building. Indeed, ferrocement is a marvelous material that gives a lot of strength while being quite resource-economic. It is in particular also popular for cheap small scale appropriate technology water storage solutions. One highly recommended publication about this is Art Ludwig's book on "Water Storage".

[6] Coppicing

T.F.: Coppicing is a way of forest management which involves cutting stems at regular intervals, so basically harvesting the shoots from stumps at multiple-year intervals, in rotation. It once was a very widespread high art, and there still are many overstood (i.e. neglected, now unmanaged) coppice stools around in our woods. Virtually nobody today knows about coppicing anymore, but this most certainly will change in the future.

WATER IN PERMACULTURE - PAMPHLET XI

Almost all of the water on the earth is not moving. It is in the oceans or it is in the ice caps. I think 75% of all fresh water is unavailable. Of that fresh water in the world, there are only tiny amounts in lakes, ponds, soils, rivers and in the atmosphere. In total, less than 1% of that water moves. That's the amount that we have to work with.

The world mean average rainfall is 33.8 inches. Of the atmospheric water, 77% falls on the oceans, 23% on the land. Of the 23% falling on the land, 16 parts transpire or evaporate, leaving seven parts to run off and end in the ocean. Of the 7% runoff, 84% goes into the ocean and returns to the cycle.

The land, in addition to the rainfall, gets seven parts of its water from horizontal advection. That is where forests intervene.

This is a very simplified, generally accepted sort of model. The one real application we can make locally is in providing surface storage and soil storage of water. If we establish forests, we store a lot of water in the forests, too.

We can't do much about the rivers; and we can't do much about the atmospheric water. But, to me, it is clear that most of the world needs much more surface storage at greater heights than usual, not just in the low valleys. We need to reduce runoff. We can store water in soils that have been treated with the Wallace plow, and by constructing swales. Throughout urban areas, swales seem very appropriate.

It is the water available to us that decides what sort of plants we grow. While the average is 34 inches of rainfall, such figures are really meaningless, particularly during a plant's establishment. We must buffer extremes, particularly those drought extremes that seem to be happening more and more.

It is simply no good recommending plants to people, or designing orchards, unless you have cared for the water supply. Give them the ability to water at least twice in the summer. You must make absolutely certain that you have designed water storage so they can get water -- either off site, somehow, or on the site -- in the plant's establishment phases.

Seaweed and seaweed concentrates do a lot for water storage, working as gel in the soils. In the very dry soils, you can recommend the use of dried seaweed, powders and seaweed concentrates, to greatly assist water storage and plant resistance to wilt. Basically, it works on the surface film itself.

In our previous discussions of water storage, including the keyline system, we simply regarded it as reserve water supply. While in most places, ponds are made for cattle and stock watering, we design the water storages in themselves as highly productive systems.

We can get books on fish culture, but there are very few, if any, books on plant aquaculture. Do you know of any? Plants that grow in water are just a neglected part of aquaculture. Yet, as on land, we are going to get more yield out of those plants than we get from animals.

The water level of lakes and ponds changes from summer to winter, furnishing a variety of sites for aquatic plants that run from the water surface to rooted vegetation to marginal vegetation. Quite a few swamp trees can live here. In fact, they must not live more than 20 feet from the edge of water, yet never in the water. One of those is bamboo. Bamboos won't take sodden conditions. They live up on fairly well-drained soil, but they will send feeder roots down to water. Many such tree species grow well in wetland margins.

Within the water there are hummocks which are either exposed or not exposed. Many plants, like the bald cypress in Florida, live on hummocks or even develop hummocks. How they develop them, nobody is quite sure. Plants on these big bogs grow in little islands, too. The weight of the trees depresses the bog so that they become moated.

Whole sets of plants, including trees will grow out reed mats. We had a lake we called the lagoon of islands. It was just many moated islands with trees -- maybe hundreds of islands. The hydro-electric commission dammed it, flooded it up. It is now a sheet of clear water. Official vandalism! That area was not meant for storage. It was a beautiful habitat.

Intertidally, or between levels, there is another set of plants. They have certain characteristics. They die down, either in summer or in winter, depending on the sort of pond. They then rest as rhizomata or tussock systems.

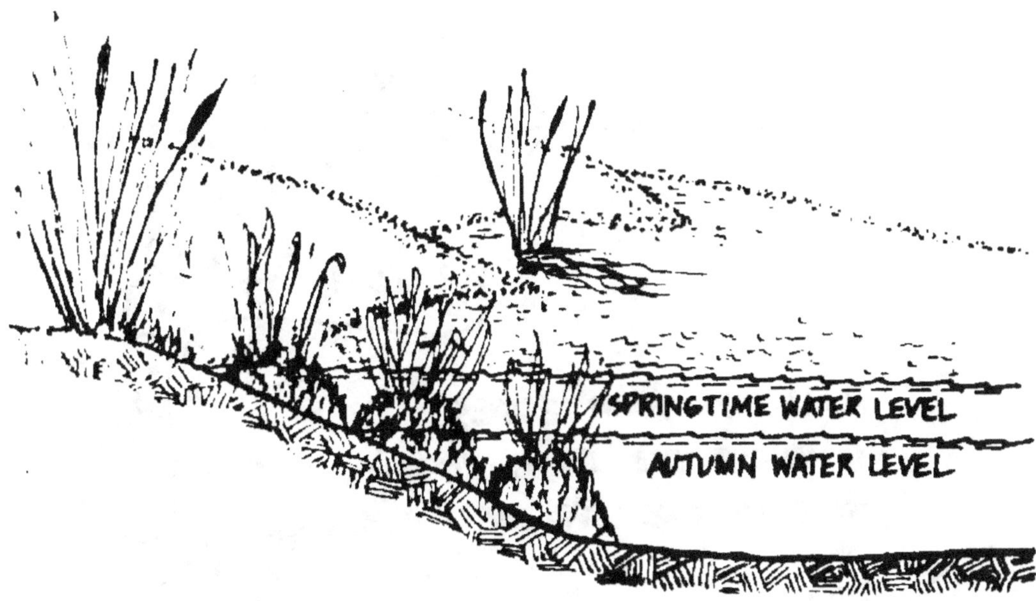

This is a very rich area and therefore difficult to manage. If a plant gets out of control there, there is nothing worse than to try to eradicate that plant from the situation. You want to be very careful about what edge plants you put in.

When I talk to you about this edge effect, I want to instill in you that you can maximize edges by creating islands and peninsulas. As you design a pond, decide what sort of edges you will put in it. If there are trees to be planted, plant them as a buffer, so that rushes are blocked from extension on to lawn. Decide upon your edges and put them in. If you get them in fast enough, then you won't get a completely rush-ridden pond of one species.

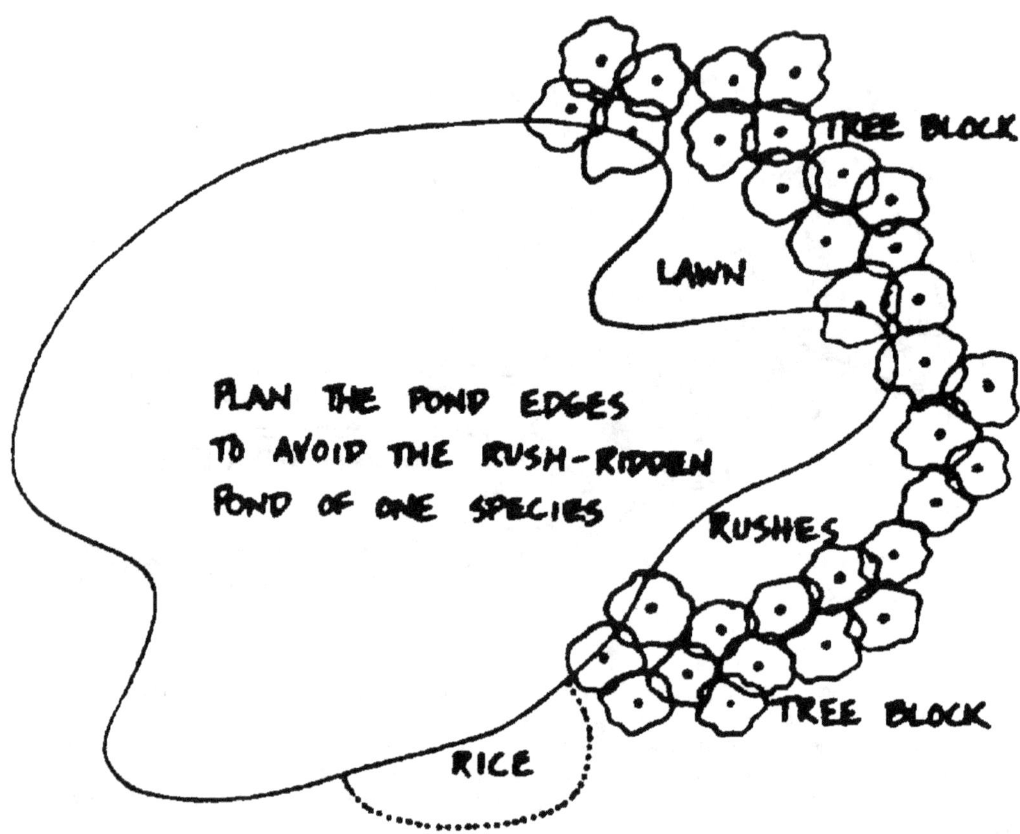

Different species of rushes and reeds serve varied uses. From these you get real heavy crops. That is where papyrus grows, and a whole group of things that are good for paper and fodder. That is where the reed for mats and the cattails grow.

My advice to the ordinary small homeowner is to put those cattails in the annual garden in a tiny little pond, and to cut off the tops to stop them from seeding. Keep them out of the main water storages. However, their seed can blow in at any time, and you have to pounce on them as soon as they start. Otherwise, they close off that marginal surface. Chinese water chestnuts, which are fairly hardy, grow there. They form large tubers, and so does Cyperus esculentis, the earth nut. This, again, is a rush [sedge].

Certain trees grow here where the water table is very shallow. The water table on these banks is only three or four feet down. This is a poplar spot or a willow spot.

Some swamp trees produce the most durable woods in the world, and some of them are the lightest woods in the world. I think Leiteria, the American genus, is the world's lightest wood, much lighter than balsa. They hold water in the stems. A lot of them have air cells throughout their stems and root systems. This is how they manage to live in water. They store oxygen as air in the plants themselves.

Other plants that you know very well are the arrowheads, the duck potatoes, an important wildfowl food. The Triglochin come up and lie along the surface, bearing heavy seed heads. These are eaten rather like leeks. They look like leeks, and you can treat them like leeks. Sagittaria, the duck potato, has at least 80 species and a wide climate range. It grows way up past here and way south of here.

Wild rice is a very important plant, if not for you, at least for all of your ducks. You have to put that seed into mud balls and throw it into your ponds. The seeds do not have a long air- storage life. Water plants often have seeds that are fat, squashy things, that fall from the plants, sink, and take root. Some are different, though, and will blow for miles like thistle. They bob around in the water. A few get eaten by ducks. They sink before the winter, and then take root in the bottom in springtime. Zizania (wild rice) is one of those. There are also a tropical Zizania. Zizania grows from the coast of Florida way up to central Canada. It grows in still lagoons, slow flowing rivers, oxbows -- that sort of situation. It doesn't like fast water, but it likes a bit of movement through the water, either wind induced or flow induced, and it likes a depth of 18 inches to three feet. You would probably do best to choose your seed from a situation that approximates that which you are going to be planting.

I see no reason at all why, instead of thinking ponds, you shouldn't think bogs, and create a hundred square yards of bog, and go into a special crop like the distillation of Calamus for oils. Forget about the pond, just fill it up with Calamus.

Phragmites is the super, plu-perfect thatch. Thatch of Phragmites lasts 40 to 60 years. It is as good as any roof. The only one that would last longer is a turf roof. Slate roofs always crack, scale off and piddle down.

Close to the water's edge, in soaked soils, there will be fly catching plants -- venus fly trap plants, pitcher plants, sundews, picking tiny little things out of the air and fastening them into the plants. When you come out into the water, you can have a few plants which root, come up, and float on top. They include all your so-called water lilies. The best way to plant those is to take a bag of manuring materials, tuck it into a good old tire, punch the tire in two or three places, and push it out with the water lily root buried in the bag inside the tire. It will come out of the tire and be out of the bag and constrained by the tire. You can always get it out again as a pond plant, and harvest it easily. That works well.[2]

Many of these deeper rooted species can be planted by putting them in clay balls containing as much nutrient as you wish to wrap with them. Just drop them in. Weight them with a stone if you want to: clay ball, stone, and a bit of horse manure with your seeds.

This is where the lotus lives. Some of the lotus have popcorn seeds. You may gather the seeds and pop them. There are many things that are good for popping, but we don't pop them. However, other people often do.

Here, which may be only three or four feet out, you also have the most important floating species, Trape, which runs from very cool to equatorial climate. The Chinese water chestnut lives here as a mud rush. The Indian water chestnut is a floating chestnut with an anchor, anchoring the stems. The chestnut floats. It is a beautiful sight in India to see ladies floating big bronze bowls along in front of them, picking the water chestnuts. You need skilled people, because you can't walk through the rows; they have to walk rather slowly through the stems, so they don't tear them off. It is a graceful and pleasant summer occupation. But no splashing and kicking about in there, because it will knock the stems to pieces. No hanky-panky or monkey business.

Beyond that, and beyond six to nine foot depth, the only thing we are much interested in is either a continuation of our good old fern Azolla or duck weed. on the surface. Azolla and duck weeds are both useful. The dreaded water hyacinth can be used, and used well, in restricted locations to clear up pollution. In warm climates, this plant is bad in large slow rivers. Here we want algae production, which practically ceases at 12 feet deep. The only reason we would want a space 12 to 15 feet deep in a pond is to allow fish to escape low oxygen, and high or low temperature conditions.

We are interested in algae bloom out here. When a white painted disc disappears at a depth of about two and a half feet, obliterated in a soft green water, you have a really well-manured pond. If the disk blacks out at about a foot, the pond is over- manured. If the disk can be seen at five feet, the pond is not well-manured -- you need to throw in more chicken manure to increase the bloom. If we are interested in the production of shrimps, prawns, yabbies, fish, or whatever, we want a well- manured pond with a soft green bloom.

Certain fish browse algae. Even the rainbow trout has gill rakers that enable it to collect algae and zooplankton. The brown trout lacks this feature.

With trees and bee plants, we use 200 species across all climates. I have no doubt there are 2,000 species that are of great use to us, many of them not entering into any catalog of plants because it just is not our habit of recent years to go splashing around in water getting our food. I guess the reason might be that most gardening ideas come from Britain. The British never get wet. If they get wet, it is to mid-shin, their trousers rolled up. That is probably the reason we never evolved these systems.

If you want a productive pond, you might very well incorporate it as a normal part of the garden. Further, I would say that a very small area, six feet in diameter, is well worth having as a production pond, with these elements in it. These are as good vegetables as any land vegetables. Watercress and cattails are two good examples.

In Australia, we have concrete tanks anywhere from five to 25,000 gallons. You buy them off the shelf. We have stock ponds of all sorts, little concrete ponds. The most handy one only costs $40. It is a very good little production pond. I got a sheet metal mold and rolled two molds for a six foot pond, two feet deep.

I am becoming convinced that you need frogs in your glasshouse because I think they are going to deal with a lot of those slow moving things. They are plu-perfect slug eaters.[3]

I am going to repeat some things that I have been throwing out offhand. The pH in ponds is between 6 and 8, that is, it is 100 to 200 times lower in acid than most garden soils. Good garden soil will go from pH 5 to 6.5. It is common to lime ponds. Lime them when you make them. Lime the whole base of the new pond. Then, just check the pH of the pond. Most things in the pond like lime. It is quite different from land culture in that respect. So keep checking on this pH. It is good in this climate to water your plants with limey pond.

The ideal structure for a pond is a sloping floor or a step floor. You should be able to fully drain it. It is even better if you are able to drain it into another pond and take it through a dryland cycle. After a few years as a pond, it will carry dryland crops three to four years without further manuring. One reason for this is the fantastic ability of the mud and the mud surface to fix passing nutrients from the water. One of the elements in those nutrients is the diatoms, which you can't see, The other one is fresh water mussels. Mussels pump nitrogen and phosphorus into the mud. They will filter about 200 gallons of water per day per mussel. The mussel draws from the water all of the little living forms and particle and shoots them out and buries them. It lives there on the mud surface and just has it's top lip out. It injects these nutrients into the mud floor of the pond. It lowers phosphorus in the whole system. Of all other plants, animals, seeds, anything, the mussels are the superior phosphorus fixer. So I consider it a valuable part of the pond to be harvested only modestly for chicken grit.

When you drain the pond for the dry cycle, shift most of the animals into another forage pond. Don't go to dry land culture unless you have at least one other pond to transfer your old pond waters into, together with your critical species.

It is good for intensively cultivated ponds to go through a dry stage. In the dry cycle, grow the heavy feeders in the first year, then taper off and finish with a modest crop. Then roll it down and re-flood it. Once your pond is held in gley, the gley itself goes down in the soil quite a ways and perpetuates itself. You have to start that fermenting process, but you don't have to continue it. If I had a delicate pond sitting on top of a sand dune, in no way would I play on it after I had gleyed it. Just use your sense.

It is possible to go out into a perfectly stable lagoon, dig a couple of post holes, and your lagoon runs out. Just punch the gley in a sufficient number of places to a sufficient depth and the whole thing drains. Ponds do obliterate in time. The ponds that most commonly obliterate are shallow ponds, made from fairly loose fill material. There are ponds, however, that don't obliterate in a millennia. Most of the operating ponds we would put up here on this site would be there many, many years later, and the ponds in our hills would also be there.

You will never see a pond obliterate, though, in your lifetime. The only way you will see that is to make a barrier dam in the desert. As soon as you fill a watercourse in a dessert, it will percolate nicely as a sand dune. A lot of the ponds built in Arizona are barrier ponds across water courses. They simply fill up with detritus. With the sort of ponds we are making, if there is any risk of that , what you do is use your pond as your source of manure. Cut the muck out and spread it on your fields. That is often done. These ponds are great places for trapping all of those things that are good to throw on the ground. [It is also possible to build silt traps to harvest these materials before the water enters the pond, prolonging its life. - DH]

Mussels don't hurt plants nor do shrimps or prawns. We have fresh water shrimp that are very good harvesters of algae, including diatoms. They are a prime step from diatoms to fish. As you get sub-tropical, these shrimp are big enough for human food. The little arthropods that we are talking about, the phreatocids, are harmless to plants. They eat the decaying matter from the plants, and keep the stems clean. They don't chew the stems. They don't eat green plants, nor do shrimp. There are some mollusks that we don't want in there: the spiral mollusks eat plants. On the other hand, some are large enough to eat. If you want to go into snail production - God forbid! - you would go into those. Otherwise, exclude spiral mollusks. If they get on top of you, the dry land cycle and the ducks will finish them.

Don't let children bring snails into your ponds because they eat green plants, and they can wipe out a pond. The crawfishes usually don't compete with fish and don't harm them. Try to get crawfish with restricted burrowing capacity. We have one called the yabbie. He is a long tunneler. He may go 25 feet. He might start on the inside wall of your dam and come out on the outside wall! Surprise, surprise! He comes out with great speed. But we have other crawfish, and so do you.

One of them that makes a restricted burrow. In fact, the best habitat for these species is beer cans. So we throw in a clutch of the beer cans tied to a cork or a ping pong ball. Throw out the ping pong ball. Draw 20 beer cans and take out 20 large size crawfish. Then sink your beer cans again. That's a slow way to do it. A fast way to make a little trap is with a ramp and slope. They go up the ramp and hop into the trap. In Australia, the cultivation of crawfish is becoming rather common, and some hundreds of acres of flat, previously non-productive land is under aquaculture.

The crawfish is a fantastic inland resource. They have them in Chicago. You should have them here. I don't know if anybody grows them here. We worked it out. A Scotch biologist figures that 30 quarter-acre ponds in marine culture would keep a family, supplying an income of $20,000 to $30,000. (1981 dollars)

Crawfish like ponds that are about three feet deep, and they like brush piles. Piles of limbs in the water can save them from getting eaten by predators. The traditional way that the Hawaiians and the Japanese fertilize their ponds is by doing exactly what the beaver does, letting bark and limbs rot in the ponds. You don't spread it over your pond, just put it on the edge where you are not cultivating.

Another real good thing to do around ponds is to strew bales of hay around the edge, both to seal ponds and to get diatoms working. Strew it half in and half out around the edge, kick it in if it rots off. Diatoms like hay. Often you can feed little fish by having a bowl of hay and water, and dipping the water out of the bowl and feeding it to the fish. What you are actually putting in is little flagellates and diatoms. They drift around in the air. There is no need to put them in there. They are in all water. Just scatter the hay around the edge, and kick a little more in. Ducks will add manure to it.

You can figure on eight ducks to a quarter acre. But the more ducks you put on, the more manure you get. Ducks give you an additional crop, and they greatly assist the turnover of the energy in the pond. It is possible to make provision for the ducks somewhere in that food cycle. Wild rice is good in this situation because it comes up in the vegetative stage, and it grows well above the duck. You harvest what you want. It has a three week dropping period. You gather it for four or five days, and the rest of it falls. It is superb duck food.

We have a lot of foxes and dogs that chase ducks. If you haven't got a pond big enough for an island, put a fence into the water; top net it -- that is essential. Put your duck shed back of that. The ducks will come out of this shed into the water and swim and browse and go back there to sleep. They know to do this from night one on. They don't want foxes either. Islands are good, though. But if it is murderous to ducks where you are, maybe you can't keep ducks.

Pond edges are good blueberry areas. Mints are invasive, but very productive. Another purpose for the pond might be to grow mints, particularly black mint. You don't need many acres of that. Two or three could bring you $70,000. You distill mint to menthol. It is good to grow mint if you are dairying and have dairy outwash. From that, you get powerful blooms of mint. So you might try a mint marsh for that black peppermint and do simple steam distillations. Mint is such a strong growing plant that it quickly exhausts even ponds. It will get pretty woody after a few years. In cold climates, it has a rest period, and you can re-manure. You can put it on edges; but because it is laterally invasive, I would put a couple of bushes on either side of where I was going to put mint -- dense bushes to keep it in its little patch.

A good place for bamboo is back from your ponds. They look great.

I won't go into a discussion of the fish you might place in your pond, because you have to know your local laws about fish. Catfish look like an obviously good pond fish because they are very low on the chain feeders, way down on the trophic ladder. And they are good eating. I wouldn't go past them to trout, unless you are real keen on trout.

If you are in the happy opportunity where you spot a hundred acres with a 15-foot wide outlet, land that used to be marsh, and somebody is selling it cheap, grab it. Stock it with trout. You can retire instantly, because just by net fishing, not manuring or anything, you will have a continual trout supply.

A man bought a cattle property. That land was jumping with grasshoppers, absolutely covered with grasshoppers. He was in a grasshopper that erupts annually. He was pretty despondent about growing cattle. The grasshoppers would remove everything. He built a pond. I said, "What's in your pond?"

He said, "Let's have a look." He threw in a net and pulled out an eight pound trout.

I said, "How long have these been here?"

He said, "Twelve months."

I said, "You are nutty! You have bulldozers and this great valley, and you're going to grow cattle?"

He said, "Now I got you right!"

I said, "Hills covered with grasshoppers!"

He put over a hundred acres into a big trout pond, and he just simply retired. He doesn't have to figure around feeding those trout and adjusting them. He has a hundred acres of this trout pond.

Trout are in beaver ponds. As long as they have that escape, shaded by a few trees, they don't demand a lot. They can take it a bit warmer or a bit colder than you think. They are optimal over 60 degrees Fahrenheit, but lower than that, they are still pretty active. Trout are an extensive fish. So if you have an extensive area under water, grow trout. But intensive trout are a curse, because you have fine adjustments to make, and it is a nuisance.

As large a yield as anyone knows of for the home farm is from blueberries and mulberries on the edge of the pond. Mulberries are great feed for stock in water, as well as on land. White mulberries are used extensively throughout the ponds and paddies of Asia for their leaf and fruit as feed. We want careful adjustment of maybe 20 species of plants and small animals low on the trophic ladder. That includes the shrimps, yabbies, crayfish, catfish, edge plants, pond plants, and ducks.

You can do little pond designs at home, with perhaps ducks for their eggs, and wild rice. Always include those mussels as decomposers.

There is a whole group of American grain plants that are ideal for ponds, marsh grasses with heavy seed yield for ducks.

Wherever you build your pond, don't forget its other functions: barrier functions, fencing functions. Often a long pond in the valley saves you a half a mile of fences. The pond has reflection functions and fire protection functions. It's a heat store. It usually becomes a recreational area. Put a big rock by the side of a deep area where children can safely dive. The pond has water cleaning functions. It efficiently collects in its mud essential nutrients. I believe the Chinese would say that the main value of their canals and ponds is for manuring their fields.

Sewage should be turned out into a marsh, not a pond. In that marsh, grow your mints, your bog plants. They have phenomenal sewage demand. But in this climate, send your sewage into a holding pond. Then let it seep through a marsh that can grow into trees. When it has passed through that, it has no solids left at all. It still holds a lot of dissolved nutrients, mainly phosphates and nitrates. You can let that go into your pond. You need a holding pond, because in winter the marsh plants are dormant and cannot purify water.

There is a Swiss study which might interest you. One of the plants which they mention is rush, Scirpus validus. They found this to be the most efficient water cleanser. One of my designs was for a town of 8,000 people, for which I did a sewage disposal, saving $30,000 a year in engineering work, and about the equivalent amount annually for fuels. The town is pleased with it. I turned it into an industrial base for the town, an employment system, through mint and bamboo. This was originally done on 50 acres; but the town has purchased an additional 1,500 acres and turned it into further raw materials. Also, I allowed for water fowl, and put underwater shelving into it. It has been so successful, that when I last heard of it, it had vast numbers of black swans and teal. While up in Canberra, they put in a $700,000 sewage cleaning plant which produces poisonous water. They make no apologies or anything for doing this.

Just give me a bulldozer and a sloping site. As for San Francisco, I could do their whole town. As it is, all they are doing is covering the sea floor with silt. It is horrible!

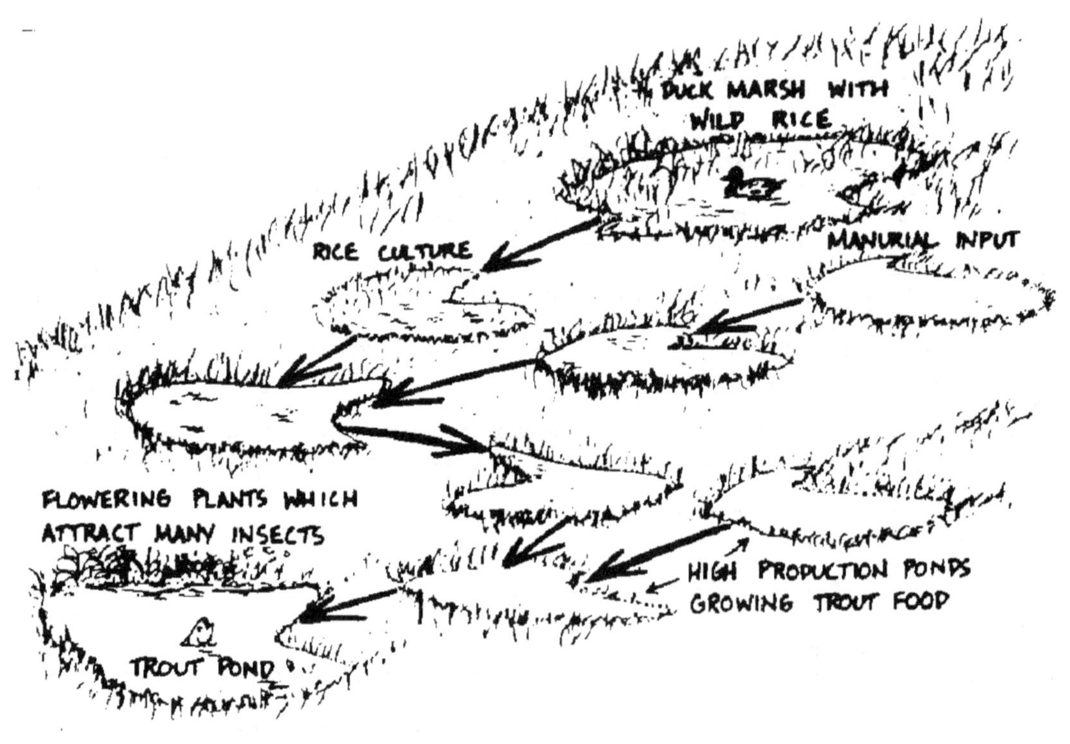

If we are just dealing with water culture, I believe that what we should do is set up single culture systems that flow one to the other, and we should design for them. Make a duck marsh with mussels, perhaps, and wild rice, an 18-inch deep flat pond. From there, we can go to ordinary rice crop, or paddy crop. From either of these, we can go to shrimp ponds that don't contain trout, or to a pond with any invertebrate that trout like. We are enriching the water, using some of it in crop, turning some of it into shrimp, and these ponds trickle to the trout pond, inevitably carrying shrimp on migration.

In Australia, there is a place that has an enormous clay base. It doesn't breed trout. Every year they stock thousands of trout and they grow well. Those trout eat a little fish called smelt. The smelt is found at one site, a quarry in which it can breed. The main food of the trout is the smelt which lives in this tiny quarry.

If we get production of tiny things that continually flow into a trout pond, we could greatly relieve the need to feed the trout, and maybe abolish it. You have a lamp that attracts a lot of bugs, an ultraviolet lamp, the patio light. Place a lamp of this sort over the pond, with a little fan in it, so that when insects come flying to it, the down draft hits them and they go straight into the water. With that sort of setup, you could do without manure input for crops. Have a few small ponds at different pH's, which suit small forage animals, some of which, in this case can be snails. These ponds would have trickle systems into the main pond where we harvest trout. Meanwhile, from the other ponds we take wild rice, rice, duck eggs.

It is polyculture, but not in the sense that we have it all in together. Some crops may not, in fact, grow with others, because we are adjusting totally different pH's. We might find a little phreatocid, or something -- a real good trout food -- that will go in a low pH. Meanwhile, we might heavily lime another pond for mollusk production. With their food flowing to them, the trout are perfectly happy. Maybe a few forage ponds around fish are the way to feed fish. There is no way the trout can come up the trickles, which are through little grilles. So what is coming down, they get, but they can't get at the sources.

Some little fast breeding fish, like stickleback, breed by millions, and, given certain high algae conditions, can be converted into trout. If you put them into a total polyculture, they would short-circuit the whole system. I think we've have many skilled games to play in aquaculture, interesting games too.

There were a lot of hippies at a conference. They had colored tents all over the place. I noticed that there were a lot of grasshoppers on the yellow tent. So I figured it would be good if you could float a big yellow balloon out here in the pond, just beyond the normal grasshopper's leap. They can see yellow and they will leap for it.[5]

Now, folks, we are going to take permaculture right out into the sea. We don't stop permaculturing at the shore lines. Down we go into the tide, the rocky main shore line, the main marshland, and the tidal marsh.

Tide ranges can run from two to 27 feet. The tide range that we need is really less than one foot. In some cases tides may occur only once a day. Tides are real weird things. Around the coast of America, you will be able to determine your tide ranges, and there are also tide tables. Twenty-seven feet -- something like that -- for the Bay of Fundy, Darwin, and many other places.

Those mud traps, of which you find many in Tasmania, are very ancient. Nobody has any record of them ever being built. They are quite possibly aboriginal. The Maoris have many. The other Polynesians also built them. They are simple tide traps, stone walls that don't quite reach the surface at high tide. They are about six inches below the surface. Fish swim over them at high tide. The tide drops six inches, and they are still quite happy in this lagoon. When they try to swim out, they find the tide has gone out through the rocks. These traps work best at night, which is why most people think they don't work. When you go to look at them by day, there is often not much left in them, but at night they are often full of fish.

Another good thing to do is to make a pond two or three feet deep in this tidal area, because fish otherwise will strand and turn into sea gull food. You will often find a client whose land in cludes some salt flat, even if the government has struck off a hundred foot tide reserve, above the high tide mark, as they frequently do. You will often find that back from that, for hundreds of yards, you have salt marsh. You can put a simple channel through that reserve area, if a channel doesn't already exist, just by driving backwards and forwards with your tractor for a while. The tide runs into these salt marshes in any case. It is possible, between tides, to dig inland ponds. There are only a few rules. They must have about a three-to-one side slope, a real gentle side slope. Then the rocks fall, and you can throw them up on the tide side to stop the sea winds coming in. Put some salt-resistant shrubs around your pond, and lead your water in through the channel. You could fill a pond with the next tide, if you wish. Then, depending on how deep that channel is -- and you can regulate it by shifting a board up or down -- you can give it a three inch, or six inch, or one foot tide range twice daily over that pond. It is the cheapest swimming pool you can build anybody, and self-flushing. It is always warm. It is inland. You can shelter it. The tide brings only a few inches of water over the warm water.

A variety of organisms, particularly oysters and mussels, grow best when their location is at 60% air exposure. For any kind of oyster, your local fisheries guide will tell you what air to water exposure is ideal. Broadly speaking, above that exposure you get much less meats, while below it, immersed, you get much more shell. But at the ideal exposure you get a modest amount of shell with a lot of meat. So if you have an oyster enthusiast, you can actually set him up with a situation in which he can raft or support oysters inland, which is much easier than having them out in the tide land, and which is self-governed to give them all ideal exposure. It is possible for a client to make a lot of money breeding oysters, selling off the spat.

If he has access to a lot of broken pot, he can set up a lobster city. Lobsters will not tolerate another lobster in the same hole. They will lose legs and things. Often you find that there is some fish processing somewhere, usually with waste product that you can feed to lobsters in these stacks. It amounts to the growing of a marine animal inland.

Another thing you can grow there is sponges. You can also grow flounder, if you can feed them. Lobsters and oysters are pretty immune from predation. But with the flounder and other fish, you might strike cormorant problems. Cormorants can be converted to fish food by hanging a five and a half inch net well off the bottom. It will drown them and fish will eat them. But you only do this when you are into intense fish production. Ponds in these areas offer no protection for fish. If you have any shelter, as soon as a cormorant hits the water, the fish takes for shel- ter. The cormorant might get one, but he doesn't get many. But in an open pond situation, he will murder a lot. You can bring the growth of lobsters to a standstill in dense populations, so that none will exceed three and a quarter inch carapace, simply because the density of lobsters is enormous. Let's look at the inlet. You can bring the tide in, maybe with banks supported by concrete. You can slide boards in, adjusting your tide range. You can also have funnels leading in so the sea comes in through funnels at night. A lot of small fish enter. Small round fish can't get back out again. You can bring a lot of fish into your ponds continually, with every tide. If you have a predator fish or lobsters in there, you can just keep them in food. Now I'll give a couple of instances of the human brain at work. They want a sea pond for the breeding of oyster spat. So what do they do? They go 50 feet above sea level, dig out dams, and pump sea water up 50 feet. They are doing that in Tasmania. Or they go into the sea and build a wall out at tremendous maintenance cost.

If you get hold of these saltings, and there are thousands of acres of them, you have the best goose grazing areas you ever saw.

Now what do you have in the way of plants for here? For salt flat tidal range, you have front line plants, the mangroves, if you are in a hot enough climate. On these salt marshes, you have various little fat plants at your grass roots. Salicornia is a great goose fodder. This is real goose country, where I think a lot of our domestic geese breeds come from. If you want to go into a very small industry, you can make Salicornia pickles, which sell well in England. A host of little plants out here are quite useful. You can plant here salt marsh honey plants. Sea lavender is a very good honey plant. There is an interesting plant, Spartina. It is called cord grass, used for weaving those fancy seat chairs. The old timers made cord from it. But it is far more important than that. Spartina is a heavy seed producer, and it is also a great forage crop for geese, and the base food for most of the cool water fish. No Spartina, no bluefish. It is a nurse ground for the young and their food. The bluefish industry depends on the Spartina and the Spartina depends on there never being an oil spill. So I advise you to collect some Spartina seed and send it down to me as rapidly as possible. After the next oil spill, I will send you back some seed, at a very minimal cost. It is a northern hemisphere plant. That environment is totally unoccupied in the southern hemisphere. It doesn't have a plant in it. Without Spartina, you don't have quahaugs either, because your quahog zone comes in here. We don't have quahaugs because we don't have Spartina.

When we come down into the sea grasses, it is very interesting. They are the Zostera and the Posidonia, the eel grasses. These are basic sea foods. They absorb nutrients quickly. I think it has been calculated that if you put a bag of super-phosphate out to them, in three days they will have absorbed all of it. When composted for about 10 days, they are the best insulation material you can get. They shed all their upper part, which comes ashore by the tons, either in autumn or early summer, depending on what variety they are. They heat up like fury when you pile them on your carts. The composting process burns out a lot of things that are on sea grasses that otherwise stink, while it leaves the frame of the sea grass. It is a chocolate color, fibrous stuff. As an insulation material, it doesn't have any of the risks of the mineral fibers. And they last forever. You can use that for garden mulch, but not where there are cattle, because they eat it. Put it straight on and forget about salt, unless you are in a location with below 20 inch rainfall. Put it on sopping wet.

Possibly, in this whole estuary the eelgrass will only blow ashore at one place. This is probable. But it is easily caught on fences.

It will be necessary to investigate your client's title. Ancient grant titles extend to low tide. There are still some in the United States. Titles which are not grants, but freehold -- they are not Crown charters -- will go to high tide. Modern titles may be set back 100 or so feet from the beach which has been converted into beach reserve. At the same time you can get, under lease, access to the intertidal zone. It is not difficult, and is very cheap. At least in Australia, everybody has the right, no matter who leases the area, to take a single eelgrass load. It is real good stuff and it is free to you. If you don't collect it, it either blows inland or wisps out, a silica skeleton that just helps to build up the beach plants a bit, while the rest of it breaks up and returns as mud into the channels and goes back to the sea. It probably fertilizes the sea further out. We have enough of this stuff in the world to insulate the world, safely. When you convert it to insulation you have put it to permanent use, at a big energy savings. Another thing about these little sub-tidal fences and screens for collecting long-shore drift is that other things arrive here: broken up shell, sometimes by tons.

I was on an island recently that was originally very low pH and has an acidic soil. They have been carting limestone onto it by boat for I don't know how long. They built a jetty with stone base, and they are still carting limestone in on this jetty. Yet I looked over the side of this jetty, and by my best estimate, there might be 1,100 tons of broken shell there, which is just limestone. Shell, itself, is salable in 50 pound bags to any responsible chicken keeper. It is quite expensive. It is a continually renewable resource of good lime for fields.

These little longshore drift traps can collect many things. If you look closely at natural things in this tide range, like a log that washed ashore, or an old wreck, or an old boat moldering away there, and you walk around and study it, you find that the tide comes in and out, and the longshore drift builds up. A deep and permanent pond forms there, and a shallow permanent pond in front of it. Nobody had to dig those, and nobody has to maintain them. All you have to do is to direct the tide into these scour-hole situations. They are excellent growing ponds.

Again, if you have the right title, or lease title, you can put in simple barrier systems, which may be fences or logs, or anything you can drag there. You can produce permanent ponds. You don't have to dig or maintain them. One thing that grows in there is octopus. If you simply provide the pots for them, they are occupied. At low tide they are ponds; at high tide, they are slightly flooded. Octopus have no place to rest in this whole situation, and it is full of little mollusks. They can't dig caves in there. They would like to be there because they eat mollusks. When you give them a pond, they have a place to breed. If you put pots in there -- ordinary clay pots -- each pot has an octopus in it. When the tide comes in, these hundreds of octopus come out of their pots and go out and eat shellfish. They come home and go back into the pot at low tide. They will do this as soon as you provide pots. I don't know where they come from. They apparently have just been swimming all over those browsing lands, looking for somewhere to live. It is a good octopus growing situation. It is also a very good place for growing sponges.

Now you can start to play around. There can be barrier fences, drift fences, pond scour holes. We can design for ourselves a complicated system which scours water and is self- maintaining, and brings in broken shells. You just combine a series of fairly natural drift events into a complex of fish trap, scour hole and growing situation.

It is enjoyable working around down there. We do a lot of it in miniature to start with, taking little logs down and watching the effect, building little fences. Then when you feel as though you are getting it right, scale them up. Always be looking along the shoreline at what is really happening. Observe when something happens -- where a reef runs out, or a log strands -- because there are lots of forces at work, and lots of material on the move all the way along here. You can bring it to where you want it.

I believe also that it would be very productive to run the same thing that we would run in large dams, what I call sub-surface dams. This would permit some of the waters, just for a while, to remain as quite water. I believe we could create large Zostera fields intertidally. The condition required for Zostera is a period of still water, not too much run of tide. I think that we could greatly increase the productivity of intertidal sand flows by installing shallow still-water systems. This I do know: in a tidal river that fills at high tide, where a natural barrier occurs in it, like a stone dike, that area will be full of Zostera and full of fish. It is very simple to duplicate that system by constructing leaky walls, just rubble walls. These are not dams. On open coastlines, you don't find Zostera. When the Zostera get mussels attached to them, and shrimp move into there, a whole series of events start to take place. It is a fascinating area to play with, that salt marsh to low tide.

We don't stop there; and we don't stop at this intertidal place, because certainly the Hawaiians kept on gardening right out into the reefs. So did the Irish. The Irish set out what they call fields. The fields are simply rows of stone across hard bottom. You can handle very large boulders in the sea. You come in along side of them, draw them on to boats, float them out, and roll them off. You can place them easily in the sea. They grow enormous quantities of desirable seaweeds on those fields. Many of those Irish fields are not harvested any more; but some are. They are visible from air, enormous acreages under water.

I went to Donegal and poked around on the barrens. I saw some very interesting things there. They make tiny little stonewalled fields. I said, "Why don't you enlarge these fields?"

They answered, "Because the smaller field produces more than the larger one."

I said, "Why?"

They said, "It is warmer."

You could feel the radiant heat from those walls.

They deliberately made their fields smaller and increased their productivity.

They also used the tide a lot. They cut the kelp, tie a big rope around it and pull it up, 10 or 12 tons of kelp on the move. They bring it in on the tide, right into the bog channels. When the tide goes out, there it is, right on the shore. They load donkeys and and away they go with the kelp. They can handle great weights in the water. All over the coast, you will see little hollow mounds. They fill these with kelp stems, which they stack and dry like firewood. They fire them with peat, and get the potash from the kelp stems for their fields. The fronds they lay down as mulch. It is a marginal existence, the only way they can exist, but it is quite enjoyable actually. They eat a lot of dulse and other seaweeds chopped in their porridge.

You can extend your aquaculture systems into estuaries. You can do beautiful swap-offs in estuaries, too. You can take cold water, fresh water, warm salt water from them. In estuaries, in adjoining ponds with totally different salinity grading, you can grow everything from trout to grey mullet to eels, because you have an intake of fresh water up there, as well as twice daily intake of warm salt water. So we can continue to design even onward and outward.

Another thing that I have seen working very well is very large raft culture. When the Irish salmon runs were good, they didn't worry about culturing salmon. Now two things have happened. Their authorities "improved" their rivers. Their idea of improving rivers was to get a bulldozer down the bed of the river. That destroyed all the old salmon weirs. Now salmon weirs are little log and rock constructions across the river. They oxygenated the water. The engineers did away with them, and the oxygen levels dropped. The salmon were wiped out. The Japanese got efficient with their gill nets at sea. They would catch nearly all the salmon bred in Ireland. So the Irish, not to be outdone, bring the salmon inshore and release them into giant floating rafts, moored in quiet tidal areas behind islands. They produce an amazing amount of salmon there in big flooded nets.

So you can go into rafting. I should mention at this point that rafts are applicable across the whole of the aquatic systems: tiny little ones on tiny little ponds for insect attractants; larger ones to grow plants at a fixed root level, including pot plants. Water culture is highly developed in southwest Asia. A raft remains constant and level, and you can set pots in rafts so that your plants are at the same depth at all times. One thing you can grow well on rafts is daffodils. You can set them out on chicken wire. Each little space holds a daffodil bulb,and its roots are just in the water. If it is a high nutrient water, you get a lot of daffodils. Vegetable crops could be grown on rafts, and they can grow rock cultures, mussels, oysters, and algae. It would be a good way to grow algae. You can make a ring, and a big net, and grow fish within the sea in that net system. The Irish had very large rings, and they walk boards around them, with four foot fences so the salmon couldn't jump out.

You can do large scale transfer of sea birds in nesting cycle, by keeping adults until the nesting cycle begins on part of the coast. A mutton-bird is a critically important food of the Tasmanians. You can keep the adults like chickens until they nest. When you release them, they return to the nest, and then you start a whole new colony. To some degree, you can do the same with seals. You have to kidnap the young seal, before they can swim, when they are not being fed, and they all start a new seal colony, too. So it is possible to colonize an abandoned area. Seal are critically important to inshore fisheries. The loss of seal dropped the inshore fisheries right down. What apparently happened was that the seals ate mainly spiny and whitefish, which have a high manurial turnover on the Zostera bed which, in turn, supports high quality food fish. When you kill off the seals, you kill off your manurial system. There are connections there that nobody ever made. They simply killed the seals for fur, and destroyed the inshore fisheries.

Another thing that nobody has made much use of except one man I know is the sea as a source of phosphate. Phosphate is carried by birds. Sea birds like islands, and specific roosting places. Look at a flock of gulls and cormorants roosting on an old bridgework. You will see quite species-specific roosts. You can make very attractive roosting systems by creating roosts on platforms in the sea or on islands. Well, this man built a platform with multiple roosts on a desert coast off west Africa. The platform was the size of a football field, with concrete pylons. He spent a lot of money doing it. And he was the subject of great laughter. He's gathered so much phosphate off that area that he's annually a millionaire, and he's laughing. He gathers it both as a liquid when rain falls, which he pipes ashore and evaporates on the shoreline, and as a solid which is shoveled into bags. Basically, he has reconstituted a phosphate island.

There are many phosphate islands in the world that are being mined, but very few that are being created. The potential for creating a small phosphate island serving a small village is a very simple affair, providing you look at your roosting situation. Two hundred terns always roosting in the right place will entirely supply maybe an island or a village. Phosphate is one of the critically lacking minerals in the Third World. Wherever you can get that organized, in a lake, or by the sea, or on the land, it is a good thing to have done. The Dutch build specific bat roosts throughout their fields, which control mosquitoes and give them a critical manure. You will see those bat roosts in the flatlands in Holland, slatted like racks for drying towels. These are ideal bat roosts. The insectivors hang from them. Their manure is carefully collected and carefully distributed. So the sea and lakes are good places for collecting phosphates. If you can achieve something like that, you will be making a better strike than anybody else for local self-sufficiency.

You know now about Spirulina, the hippie food additive.

Spirulina is an algae. It can be simply produced in tanks under continuous production system.

Spirulina desalinate water. A modest plant will desalinate 10,000 gallons of water a day, producing that much fresh water from salt or brackish water. Once it starts to produce fresh water, you can mix it with hyper-saline water coming in and put it back again through the tanks. It has a higher BTU than coal, if you want to use it as a fuel. It is about 86% total protein, of which 68% is a complete protein. It has no cellulose, so it is almost entirely digestible. In summer, it will give three crops a day. It is presently greatly over-priced, selling for about $30 a pound, dried. It should cost one and a half cents.

It will clean up sewage water; it will clean up grey water. You can feed it to your ducks and pigs, or turn it into a powder and eat it yourself. There is no need to eat the stuff. I merely propose this as part of aquaculture. It is very promising, I think. But I'm not going to do it. It is not my style of garden.

In places where you will be designing in arid lands, perhaps just summer arid lands, you will find people who are short of garden water and who have showers and sinks going into underground drains. Shunting systems can be installed, using a simple standard double mouth fitting, and gray water can then be run directly into mulch. This has been done successfully in dozens of places with summer arid areas where I have designed. Shower water is immediately taken up by plants.

Grey water can be recycled through glass houses. It releases its heat in there. A sensible thing to do is to put your shower in the glass house. You can shunt this relatively clean water directly to the gardens.

I previously described for you that half-pipe open on one side, designed to lead water from toilets directly to tree crop, and which won't become blocked by roots. I think this is really a sane and safe way to dispose of sewage. While I think there is nothing at all wrong with the flush toilet, I do think there is something awfully wrong with Los Angeles -- a crazy excess of everything, including the flush toilet.

This tile drains useful where we can get sufficient domestic water from uphill to run a flush toilet, and where we can grow trees on the outrun. I think it is an extraordinarily safe system. It has been on a long trial. It is now produced from standard plastic material. What size? If you use a lot of water, make a big drain. It falls at the normal drain-fall. About every four feet it has a two inch piece that fastens the bottom of the sections together. These act like little dams that slow the water, so that little ponds form continually behind them. This half pipe is placed upside down in an earth trench. It is buried in earth, but it is open on the bottom. It doesn't have stone on it or under it. It can even be laid in clay. You then plant trees beside it, even invasive trees, and away they grow. The man who made it originally made it out of half pipe and molded those little dams in it. Put it down below the frost line. It holds the water up as it goes along until absorption takes it out.

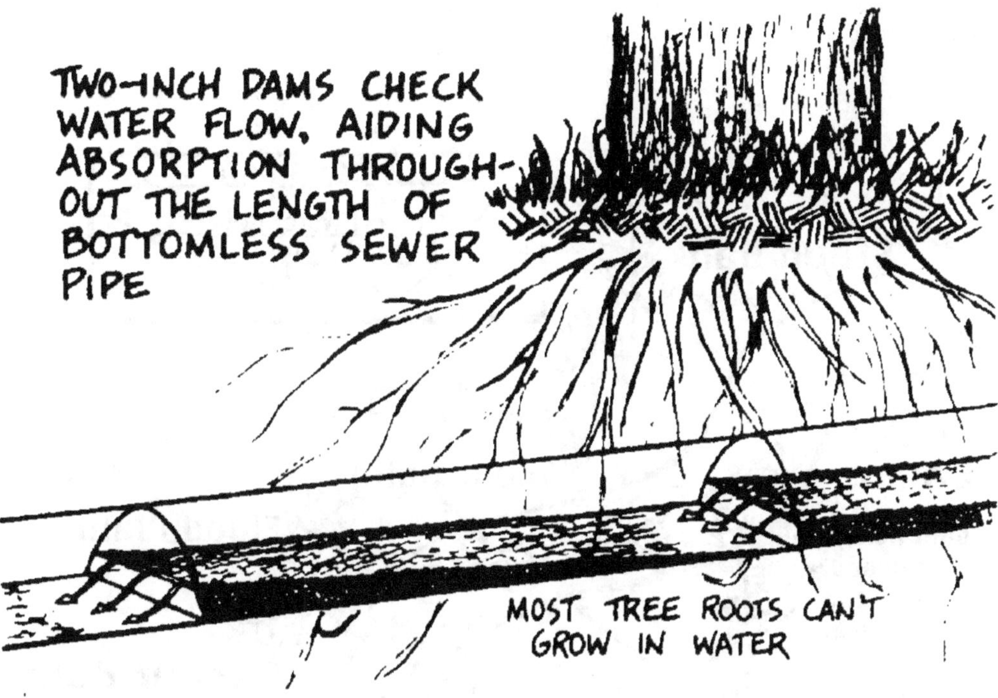

It works. Round pipes don't work, because they get invaded by roots. They will fill up with poplars and eucalyptus root. Leach fields work for a while, but these devices seem to work indefinitely.

The more you play with water, or walk on landscape where you can play with water, the more fascinating things you'll see that you can do. I do believe that if we really studied what the beavers are doing, we would already see some very smart work, just on flatlands. They are not building just one dam, they are building several dams, for all different reasons, and they are building little canals and bog places, and they are doing water control -- pretty good little fellows!

Here is something we have done on flood plains. If you have a row of trees along a river bank, which you often do have -- willows and poplars, you will notice that there is seldom more than four trees tilted over, until the next one is upright. I have not seen many flood plains that would push more than four trees down in a row. And they go on growing. The fifth tree usually has the full upright height of the tree. Casuarinas, willows, poplars, all withstand flood.

You can plant in two ways. In both cases, you start at right angles to the bank and do a nice taper towards the river. That way, you will create a scourhole lagoon in the river, which is a very handy thing, providing a low water area for fish. If you can pick a place where it is not rocky, you can create a permanent lagoon. You can bring in detritus, collect firewood, also collect a substantial amount of mulch. You can have a place that doesn't collect anything, but which does give some silt. So floods can provide you with a lot of wood, a lot of mulch, and a lot of silt.

This silt is a good place for a crop like asparagus. It likes an annual dressing of silt. In Australia, it is a channel weed -- it grows in the irrigation channels. It is four feet down with its roots.

In Australia, poplars grow to 90 feet high. Saw them off at the butt, dig an eight foot hole and lay them straight in position. A 90-foot hedge. It works. You grow your willows to sort of 30 feet high, saw them off, and plunk them in a hole. As long as you have them anchored, they'll grow. There are nurseries that will sell them to you at about 60 or 80 feet. Canadians would be transplanting at least 50 foot poplars, wouldn't they? No roots, just saw them off. Then you get another one that comes from the roots. That's why you run that nursery. You can take a 90 foot poplar and make two 45-foot poplars. You could take a 90 foot poplar and make three 30-foot poplars.

Now a word on very large dams such as the Aswan or any of those dams. They are mostly negative in their effect. All studies show that they reduce the fertility of the river below them by trapping the silt. They often sharply increase disease, and particularly in tropical lands, because the country is not scoured by floods. They always change the fisheries below. In Australia, for instance, they completely wipe out some species of fish for miles downstream because of the cold water released from the base of these dams. They have a very low biological use. They give rise to centralized power systems and, inevitably, to polluting industries at the other end of the usage chain. Generally speaking, they are a disaster. So we are mainly in favor of reasonably small impoundments.

There is always a nuisance damming the waterways. You have to pay a lot of attention to your spillway systems, and those dams may flood. But they have their uses. However, it is the last place to go for a dam.

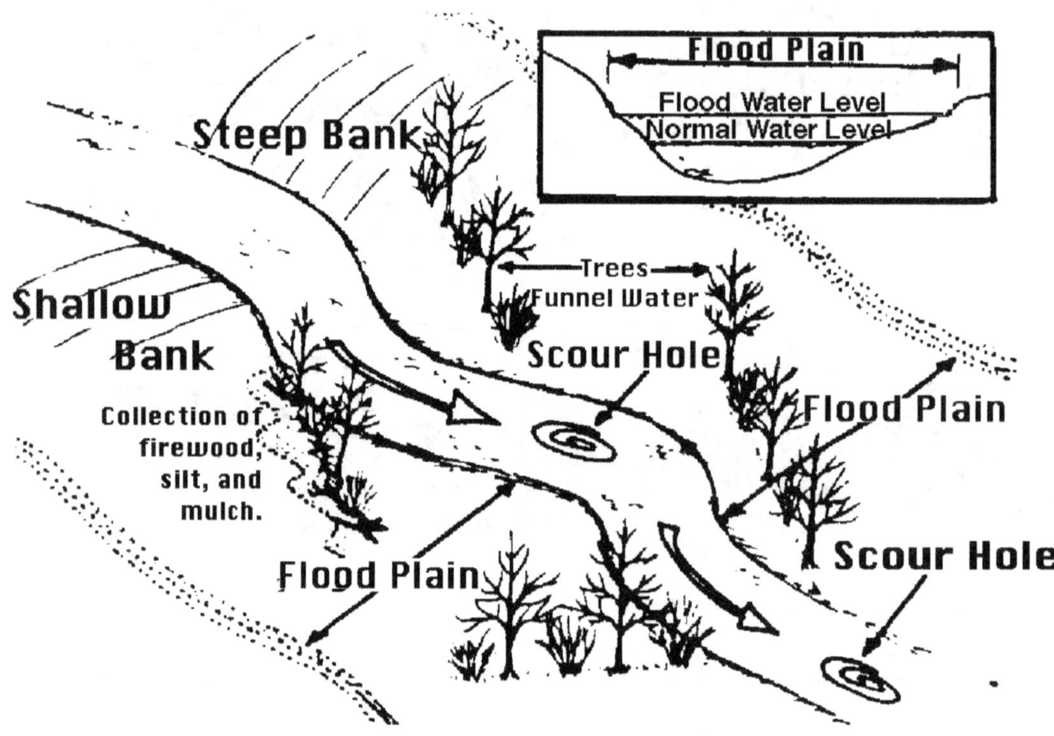

COMMENTS:

[1] Aquaculture
T.F.: The chapter on aquaculture in the "Permaculture Designer's Manual" is packed with a lot of detailed and very interesting information. Also here, this chapter is one of the central ones.
[2] tyres
D.H.: Because tires contain cadmium, an extremely toxic element, we usually delete Mollison's reference to various uses he finds for them. In this case, we left the reference in, assuming that the reader can find another way to do the same job.
T.F.: The problem with tires seems to be that Zinc oxide is used in their manufacture, which contains Cadmium impurities. (Zinc, Cadmium, and Mercury belong to the same group in the periodic table, hence are chemically similar and somewhat difficult to separate completely.)
[3] Slug eaters
D.H.: In my experience in North American greenhouses, toads (Buffo spp.) control slugs and cut worms well as all these are nocturnal. Bull frogs were of lit- tle value, probably because they feed in daylight when those pests are not active.
[5] Insects and colour
D.H.: Not all yellows are created equal. Insects use prismatic eyes to see colors, including yellow, as bands of the spectrum. People do see this "spectral yellow" as yellow. We also see mixtures of the red and green portions of the spectrum as yellow, whereas insects would see red plus green, not a composite color. For insect traps, use either a known "spectral yellow" or perform tests with insects. Seeing the trap as yellow is inconclusive.

PERMACULTURE FOR URBAN AREAS AND URBAN-RURAL LINKAGES - PAMPHLET XII

The urban scene is very interesting. As far as design goes, we apply very much the same principles in tiny areas that we were applying to larger areas. In the urban areas, you may have very little growing space. Then your main strategy is the choice of plants.

It is here that we must start to throw out slow bearing and low yielding plants, and perhaps start to abandon things like bush peas and bush beans. Go to trellises. Attend to trellising, because your vertical dimension is your greatest area.

Trellis as much as you can, if space is very restricted. If you have tall walls, you can trellis up and produce a lot of crop on vertical surface. You can do modest turf roofing on little roofs for herbs and things.

Often enough, because of the arrangement of old houses, where you don't have much southern exposure, the only strategy is to put a glasshouse within the roof. While it can grow some things, it is basically a heating system. It needs to be an active system; you will have to use fans. You just take the air down to the heat store. So you will need to go climbing around and looking within the roof, under floor spaces, and under stair spaces, and be prepared to use much trellis material.

You often can use reflecting surfaces to good effect -- old mirrors and aluminum foil will light up dark corners. A friend of mine haunted a mirror place, and got hundreds of strips of mirror that he put to use on a tiny house. The whole house was half as big as this room, with a tiny yard. He built up a fantastic reflector down on that yard. He reflected a lot of light back into the shade situation. Apart from that, there isn't a lot you can do.

The vegetables you plant will be lettuce, zucchini, and peppers -- those long-producing, high-yielding things. Encourage the use of as much glassed-in area as you can for the obvious reason that you get far more continuity in production, and far more controllable production. Do much shielding from wind.

In urban areas where buildings are brick or masonry, ivy is a very important shade plant, and it provides good external insulation. Where you cannot put up a little evergreen hedge to guard from cold wind, grow ivy on the wall. Let it grow thick. Our findings are that where you have a spring and autumn season in a highly variable climate, ivy alone can prevent 70% of the heat gain in the house. It is not quite as efficient at preventing radiant heat escape. It is only as good as 40% at that. What it does is check that rapid lateral flow of cold north-westerly winds that would otherwise go screaming along the walls.[1]

If you are going to use trellises on wooden walls, you need to organize it out from the walls. Box your trellis in and stop the wind that way.

As a designer, you will spend as much time laying out one of those small urban systems as you will a hundred acres, because it is far more careful work that you are up to. In the urban setting, lot size is critical. A suburb with lots not more than a half acre and not much less than a quarter acre can produce 28% more than the same amount of crop land that the suburb occupies. If you give people too much land, they tend to put it into lawns; and if you don't give them enough, they tend not to garden. The average quarter-acre lot seems to be an ideal lot size to produce gardens.

You can get poultry on a quarter-acre suburban lot. Don't recommend roosters, or peacocks.

The main thing to encourage in the city is a set of social strategies. There are many city people who cannot get direct access to land. I will run through those systems that we know of that are working. Probably you know about others.

The first one would be the allotment system, normally one-eighth acre plots. You can get access to these either through the community gardening organizations in America, or public lands in Britain.

Within Britain, they have a system that is a post office listing of people who want land, and opposite, a listing of people who have land. It is public. It is posted up in the post offices. You can go in and write up whether you want land, or you can write up whether you have land. What it has successfully done is match up many youngish gardeners with a lot of older people who are no longer able to keep their allotments or yards in order. It is generally an unspoken thing, as most things are in Britain, that if you are using somebody's garden, you don't pay rental, but you give them some vegetables. That is generally the way it operates. That system has been extraordinarily successful in locating land within the city for garden usage. Some landlords with an itinerant group of people prefer to let the garden of that house to a permanent resident nearby.

In Australia, much of the land reverts to the local authorities because absentee owners don't pay the rates and taxes. To locate these blocks of land, you must go to the local authority. We have done this. Then we bring in trucks and do a heavy planting over it. We make little paths, and put in water and sprinklers and hoses. Then in a ceremony, at which the mayor is often present, we donate it to the surrounding house owners. We give it to them as a food park. We hand them a sprinkler and a gladiolus, and everybody shakes hands. And we invite the press. You will find then that they keep that garden very well. Not one of those garden projects has failed.

You first have to find the land that the council owns. It is usually a neglected, boarded up lot. Ask the local people if they would like it. None of them ever say, "No." Then you go in and do the initial landscaping, because in poor neighborhoods they often have not the resources for this. We do stone block beds, and paths. The council often instructs their employees to drop off additional sawdust for paths, or leaves for mulch. Then we have a day we all landscape it -- council, residents, anybody else who is a garden freak. We plant it up, and then we present it to them. Everybody has a good time -- cook a few chickens.

You have to work with the local authority. They often are pleased to get rid of those areas. The property still belongs to your local councils; but, in effect, it has been given to the residents. There is no formal handing over of title; but if they tried to take it back, they would be voted out of office, so they just leave it with the residents. I have been back to see four of those places that I was involved in, and after three or four years they all still look good. I have been told by the councils, too, that they are very successful. This is right in the middle of an industrial urban neighborhood area.

The director of parks and gardens in that area is a permaculturist, and many of the gardeners in the city are, too. Instead of planting out all the trees that the council hands them, they grow potted trees that look as if they are decorative trees but, in fact, bear much edible fruit. Throughout the whole city of Melbourne, many fruit trees are now going in along streets and in parklands.

The garden club works very well. It is particularly suitable to low income groups who are really strapped, like high-rise people. It has to have an organizer, somebody devoted to it. The garden club operates very well in the Netherlands and places where land is very tight.

As an organizer, you get a large group of people to buy a farm with quite formally issued shares, fairly cheap. You can buy a $100,000 farm with a hundred $1,000 shares, $100 down, and the rest on time. You will have to negotiate the whole thing. It must always be accessible by public route. That is critical when people aren't well off. It must be where they can get to it by train or bus. You have to dicker with the local authorities; but you can often put overnight camps on it, and central toilet facilities.

Most people will move out there on Friday nights to spend the weekends. I've known camps of little caravans or small sheds that people make up from what they can salvage in the city.

You can then design the whole farm to include some forest, some lakes, some fishing, and then many allotments. It is often opened to the public to stroll through. They tend to grow quite a lot of flowers as well as vegetables, so they are quite pleasant places. That has been very successful.

Farm link is happening in the state of Victoria and is also operating in Japan. You link a small grower to 20 or 30 families in the city on a personal basis. They guarantee to buy his crop, and he guarantees to try to meet their needs in production. They meet and plan for the whole year. He tries to give them accurate estimates of crop harvesting times. They make a little schedule so they will be prepared to get all their apricots when they are ready, and get their peas and freeze them. That way, he will not be running in with these things at some time when they are not ready to take care of them. So the whole thing is discussed and mapped out for the year. It gives the farmer better than the wholesale price, and it gives the urban people something less than retail price. Everybody benefits. [Mollison describes here what has become the CSA ("Community supported agriculture") system.]

It is very common for those people to assist with labor at critical periods, and the farmer can easily arrange that, so that he can prepare to plant or hill up potatoes, or harvest on weekends. They arrange weekend work schedules. This labor is credited to those who work.

Another thing that has been happening in Australia is that the farmer is often able to provide mulch to urban gardeners, and they are often able to buy things for the farmer. They are on the spot to get spare parts for him, or to send out a grocery order for him, so that he is not under the necessity of visiting town and getting lost, and wasting hours just getting a single bolt. They can make these purchases and get them to him quickly. Everybody benefits.

It has gone beyond that with some of our people. They have built small shelters out on the farms for these people to come for family holidays. Again, there is a charge, but it is a very reasonable charge, much less than they would pay to go on holidays elsewhere, and they have a personal interest in the farm. They help with tree planting. That is working out very well. The Victorian government set it up, intending that the urban people should get some idea of the difficulties facing the farmer in terms of climate and crop, and it largely took off on its own. It is working to cut out the middleman and the markets, which the government never intended.

It's precisely the same way in Japan. So far as I know, it works very well there. Many people in the city are not full-on gardeners; they don't have access to land. For these people, this is a good strategy. We call it farm link.

In one case, a certain scout group that camps on a farmer's property does all the tree planting. An adult education group also has a single farm link where they go for all their educational requirements, and they are housed there. As a result the housing has been improving all the time. Their money helps to improve their accommodations.

We are running a close thing to it ourselves. We have friends in Melbourne who come over for summer holidays so their children can enjoy the beaches. They help us, to help pay for their accommodations, and accommodate us in the same way in Melbourne. So we have an urban-country link.

We have found that one of the things that urban groups can do for farmers is to assist in legal and accounting procedures for the farm. The British have another thing going called Working Weekends on Organic Farms [WWOOF]. That is extraordinarily popular. It is going on both in Australia and Britain. About 68% of the people want to break out from the city and town, but are often very uncertain about their abilities. Working weekends on an organic farm gives them the opportunity to visit with people who are already out, and find out how to put up fence, cut firewood, plant crops, harvest crops, and service machinery. That works very well. They pay to go and work and learn. Traveling around, we have come upon several farms whose major solid income is from

accommodating city people. Most of the people come during the children's holidays. The farmer has a little trout stream for fish, and he supplies firewood at no charge. The visitors help him with herding. I think this urban-rural work exchange is something we should work on. [WWOOF now operates in many countries.]

There are surpluses of material by building sites. A scouting group in town can often locate glass, good solid fencing, building materials, doors and windows, just at scrap prices. These are expensive in any rural area. So we find there are many beneficial linkages possible.

Another fast building thing, which is now widespread, is the food cooperative. Initially, they were just a good strategy within town. I think there are 40,000 of them here in the United States. They are strong and fairly well organized, too. Each of them commonly involves four to five hundred people. Some of those food coops are now buying a farm and putting a manager on it. There needs to be a key person who says, OK, this coop is going to own a farm and grow its own vegetables, and I'll find the manager and I'll find the farm and I'll find out about the financing.

In urban areas, I always find myself working more on strategy than I do on designs. It takes a little while to find land, but it's always there. The last one we designed was an 18-acre city farm in Melbourne. An unemployed group supply hardware or work. It is sort of a demonstration site for city people to come and see what works. Here is where you get to use urban sheet mulch. They will design and build attached glasshouses. There is an empty factory nearby where these kids can construct the frames. They can plant for you a complete herb garden. They will supply the plants and plant it for you. The idea of this group is to demonstrate a whole range of things which people can use within the city. This makes them a retailer of other people's hardware. They sell everything from stock ponds to windmills. The people of Melbourne Rural Institute of Technology, who are architects and engineers, are cooperating on it.

The core group is a sort of permaculture association in that district, and we ourselves were the designers. We have those 18 acres full up with design systems. Some of it is park walkway for the public. It is part of a large parkway we are now developing. There is a large picnic area where people can drive in and just eat. A perfectly ordinary house on the site that is being retrofitted. There are two or three little ponds. All sorts of demonstrations are going on there.

The city farm in Britain is slightly different, very tiny, and right in the city. What they are really aiming to do is to hold a very wide range of common farm animals under perfectly ordinary conditions. They have milk cows being milked and giving birth to calves, and goats and geese. This is more so that city children have something to look at which gives them some relationship to reality. There are 46 of these city farms. They all occupy very deprived areas where children have never been on a farm in their lives. Those children are there just gaping at cows being milked, and piglets suckling.

If they didn't have any rates and taxes, they would be a little economic unit, because they produce milk and cheeses and some spare stock. They also grow rabbits, worm beds and such things. They are very busy places. A lot of very tough youngsters run around there, mucking out and doing chores. These places could be self-supporting, but they do need the wage of a manager. Many of the city farms of London are voluntarily staffed.

But they don't quite make it financially. They are not an economic farm unit. They have to buy in their feed. They haven't enough land, ever, to produce it. Most of the British city farms were originally urban dairies. They just bought feed and sold fresh milk. They have been squeezed out by the price of land. They were economic units until the price of land started going up. In 1982, they were 85% self-funded by local sales and services.

In Australia, a friend of ours went around the city looking at all the chestnut trees and selecting good chestnut trees for grafting. He suddenly realized he had looked at three or four thousand chestnut trees. So! There were already a lot of chestnuts in the city! He then went around to the owners and offered them a wholesale price for their chestnuts, which in Australia is $2 a pound. They were all quite happy, because hardly any of them wanted more than a couple of buckets of chestnuts, while their trees produced hundreds of pounds. I first met him when he was up into the second year gathering chestnuts, and he had sold $70,000 worth of chestnuts that year, retail, which enabled him to buy a farm and start grafting chestnuts. Then he started to sell grafted chestnuts. He had a selection of thousands of trees to graft from. He has now developed the most successful grafting techniques in the town, and he is selling his grafted chestnut trees off at $15 each. I suggested to him that he also freeze a large quantity of selected seed.

He has made a special study of grafting. You graft chestnut according to the color of the nuts. There are dark brown and light tan and medium tan nuts. It is no good trying to graft a dark brown nut tree onto a light tan stock. So he sets out all his stock from dark brown nuts from his good dark brown trees, and he grafts to them. His success rate just went out of sight. That was something that nobody had ever taught him, and I don't think it has ever been recorded. He selects good seed, that he knows produces good chestnuts. He sells it to us cheap, and everybody can grow nuts at home.

Further, this man is suggesting to people who have room that they plant a chestnut tree. He gives them the tree, providing they contract their excess nuts to him. He has no trouble if people move, in talking to the next owner and saying, "I'll buy your chestnuts."

He has made a specialty of the chestnut. Yet, he started off without ever owning a chestnut tree. He is presently very well off.

Within the city of Melbourne, and within the city of San Francisco, there are about half a million citrus trees in people's back yards. Most of that fruit falls to the ground. In San Francisco, Jamie Jobb has started collecting this unwanted fruit. He gives it away.

In the city of Adelaide, there is a man running 9,000 sheep, which is a very respectable amount of sheep.

Each of these sheep rents out at $6 a week. He will place the sheep in your overgrown yard or somewhere at $6 a week. He shears it and drenches it. He owns a shearing shed in the suburbs, and a pickup truck and trailer, and he goes around and brings them in lots of one hundred or two hundred, shears them, and goes back out and drops them off again. The demand exceeds his supply.

Adelaide, and many of our areas, do not allow homeowners to have wild grass because of the fire hazard. It is quite expensive in rough ground to have someone mow and clean it up. So this man leads sheep in to reduce that fire danger. They get a sheep for a week at a price they would pay a man for an hour. And a sheep working for you in this situation does a lot more than a man. It is up to the property owner to fence the sheep.

This is an entirely different urban strategy. You look upon the city as a farm that already exists. It has very large areas for grazing. It always has plenty of surplus fruits and nuts, and all you have to do is organize it.

Another thing that is happening within cities is the group cooperative processing units. Australian immigrants -- the Greeks and Italians -- buy and install presses and vats for wine. You weigh in your grapes, and you can either get your grape juice back or take a proportion of the vat wines. That is quite a jolly affair. Throughout Australia, there are nut growers coops with centralized cleaning and packaging machinery.

We have hardly touched upon this whole subject. I believe that well-off people who can afford to put in processing machinery, and put it on rental in their district, should do so. Then everybody has access to a grain grinder locally. It should be the same for distillation, steam distillation, fine oil separations, oil fraction separation. We are urging this upon individual clients. We have some of these projects under way now. People need to press olives. It is a couple of hours work. They need to press their sunflower seeds.

In Yugoslavia, in the foyer of every town hall in small towns, there is an enormous large brass thing big, nearly two stories high. That is the town still. People bring in their plums. They are weighed in, and then the local council, or city council, issues slivovitz (plum brandy) in proportion to what you brought. The town distills it for you. If you have a bag of potatoes that are going off, you run it in to a fermenting center. They know the equivalent and you get that much alcohol fuel, paying only for the distillation. All these things must be local, of course, must be within fifty kilometers, normal movement range.

In 1979, in Germany, as a result of some years of research delegated to universities and to agricultural departments in Europe, there was a conference on future agricultural trends. They came up with 17 findings, of which the first three were these: They saw a return to small farms, particularly specialized farms from a half acre to fifteen acres. I, myself, have seen some of these farms, and they are doing right well. A 12-acre farm, working on just organic grape juice, grosses about $70,000 a year. They saw an increasing demand for self-pick and wayside sales. There is already a strong trend toward that. They foresaw that organically produced products would be the only products on demand in the future.

Agricultural college people from Australia and Canada, the United States and Europe attended that conference. However, the work was done in Hamburg, Germany. This cheered me up, because I feel as though it is sort of heading in the right direction: Small farms, organic products, and self-marketing systems.

There are aspects of this that might interest us as permaculture designers. Let us consider the self-pick sales. The ones that I have seen in operation suffer the most from people. They still pay well. The most successful one I've seen is a very simple set-up in Britain, a small-fruit production. It had gooseberries, strawberries, loganberries and black and red currants. They had much broader intercrop spacing than is usually the case, and they had made quite large mounds upon which the fruit grew. Those gooseberries were all right. No worry about people knocking the plants about. But they were moving out of raspberries. Strawberries also come in for a lot of trampling, but their strawberries were coping with it because they were mounded up and well mulched with sawdust. Although the crop density was low, the returns were very high. You could eat all you wanted to. People, in fact, don't eat much fruit. They are not very apt to get down two pints of strawberries, and they pick six and pay for six. You don't take into account that they have eaten two. This has been very successful. But there are design aspects to it that we should probably try to get at.

For the small farmer, the farmers' market is very good. The problems with these are mostly organizational. It pays the farmers to control the market space. Wherever they haven't done so, the rentals are always jacked up until the small general farmer can't afford it, and the whole market turns into a commercial operation trucked in, which is not what any of the local farmers wanted it to be. The necessary strategy is to get hold of the space, either by ownership or long-term lease. We have found one of the best things is to buy a set of old warehouses, then turn it over to marketing groups.

On most weekends between 9:00 a.m. and 3:00 p.m., people with a stall would take in between $300 and $400. For many small farmers, that is a sufficient income. I have friends who have completely built their house from this kind of market income. One or the other of a couple can run the market, and the other one can hold a job, or can work on the farm.

Farmers' markets in Tasmania are open one day, either Saturdays or Sundays. They are held in the cities, of which we have only two, and in the country towns. They are regional markets. They deal with a very broad range of merchandise. They deal with handicrafts, seedlings, small poultry and small animals, settings of eggs, as well as eggs, old clothes, breads, baking products, preserves, jams, fresh herbs and dried herbs, and some are really into things like soaps and shampoos. Oils, essential oils, rubbing oils, massage oils, and there are always a few religious groups in there. Bands are playing and there are hot drink stalls. Now that's a very good income. We made about $600 one weekend just with hot soups and things at the markets, and with strawberries and cream and coffee. They are great places that you can set up to assist the local people in their endeavors to make a viable economy in rural areas.

The wayside stalls, largely, are never manned. Now this is the way to get rid of main crop. You can put a mountain of pumpkins out there and they go off a few at a time, so you get rid of many of them. Wayside stands usually operate on the honesty system. They have a slot box for people to put the money in.

Sometimes people take the money, but very few people take the product. It is just not worth manning wayside stalls. You put your produce out in handy $1, $2 and $5 lots, and put slots in the table for people to drop the money into. The closer you get to town, the more likely you are to get your money box cleaned out. The wayside stall is for main crop. You might put in four acres of pumpkins. You won't get rid of them at a farmers' market very easily, but you will get rid of them at wayside stands. Wayside stands can also operate as shared enterprises, because they run all the week, and not everybody has a stall on a good traffic lane. So what you try to do is get joint leasing of a site that somebody owns, giving them a small income, and you can dump your products there, under some understanding with the person who owns the site. That is commonly done.

Another excellent way to sell is door to door. The best way to sell door to door is not in town; it is in the country. Much larger quantities are purchased per home in the country than in town. In town, people don't buy large quantities of food. I have never made less than maybe $300 a day, door to door. I used to do door to door every day. You get many cups of tea, bread and butter, and interesting conversations. Providing you can be fairly regular, you do right well. They want to see you on Thursday, and they want some idea about what you might have.

It was in 1951 that I was running a market garden and door to door sales on my own. I made thousands of dollars. I just did it for a year--very boring business, making money. It is! It was 1951 when I grew a crop of sweet corn. I had about an acre of it. It went very well. I put it in a basket and went around with it, and people said, "What's this stuff? What do you do with it?" Nobody knew what it was. I just knew what it was myself. It was the first year in which it was grown in Australia. So what we did was wrap it up -- and this is what you must do with all new crop -- we wrapped it up in a sheet of recipes and gave it away in a pair of ears. So if you get a very new crop, you should give the first lot away, and with recipes. When we first started baking, we gave little loaves of bread away. When we came back with sweet corn, we had no trouble whatever selling all we could produce. We even sold enough for people to freeze.

How do you set your prices? We always sold for less than the retail price in town. Many people go for a premium price on organic products. I don't think that is very fair, because it costs us less to produce, and when people are getting benefited for less cost, you can get rid of as much as you like. If you want more than $400 or $500 a week, you are off your head.

It was here in this market garden that I made my gross error. I laid down 12 acres of market garden on my own. I never saw eight acres of it. What a person forgets is the picking and pulling of it. I just invited people to come in and harvest the rest of it, because I never even saw it. I had an old Farmall tractor and just laid the whole lot down. But I never thought it all out; I was just picking for months and months. I had good moist cropland, good humus, a drained swamp. What all this means is that you should be recommending to your clients ways in which they can make their living, and you should have a full knowledge of these strategies.

I've noted here, and increasingly, that farmers are drawing more of their living from really social involvement, by running field days, offering recreational and sports holidays, or riding or trail facilities, by temporarily keeping people's horses or cattle. Most farms in Tasmania that are next to wilderness areas are doing very well. They offer accommodations and run some riding horses, with long trail roads. There aren't many of them, and they are always overbooked.

As designers, we should adopt the pioneering approach with our first designs, our first clients in any area. Try to stimulate them to take on the nursery function. We have people all over Australia now involved in single species or multi-species production. We have bamboo nurseries under way, aquatic nurseries under way, quail supplies under way, pigeon breeders. If you get your early clients to undertake this sort of function, then you can continually be recommending them as sources of supply to later clients.

In an area with many grasshoppers, a guinea fowl breeder does very well. You can recommend guinea fowl to everybody. The same holds true for soil conditioners like the Wallace plow. If your early client can afford to do so, he should buy this tool. Then you continue to recommend him to later clients. In Permaculture Quarterly we have a listing of all suppliers in district for all those items. Within 12 months to two years after you have started consultancy work, you should find that there is no trouble getting any species that you need, while at present, you don't even know where to start.

Along with your own clientele, who are largely suppliers, you are also able to locate suppliers within local garden groups. You can soon get a listing of people who will supply these oddities.

We also try, within district, to set up non-competitive client operations. We encourage people to concentrate more on what grows well on their property, and for others to leave the growing of that crop to them -- let them grow this crop for the whole district. Imagine, for instance, that you have a very suitable patch for grain production -- 12 acres. Tell all the other people around the district that so and so will produce the grain, while they get on with vegetables, or with fruit.

This is the very opposite of what has been happening under the agricultural department. They will fill a whole valley up with apple growers. They all go broke together, and they all boom together. What we should try to do is to seek out something that is not in district for a farm that is very suitable for it, and a person who wants to grow it, and tell others to get on with something else that is not there. That is really regional self-sufficiency.

As a local consultant and designer, you can have a lot of influence.

Grain production suits humid area flatlands that are easily watered, and there is not much of that sort of land in any district. So those people would normally be raising more grain. I recommend to them that they go ahead and put grain there, then everybody else can get orchards on slopes. What you are really trying to do is plan the region, as well as the client's farm. You are setting it up as non-competitive systems in which somebody, because they are producing most of the grain, has a market in the district.

Just a final word about the clients that you meet. Often they may be retired, steel workers or electronics people, for example. Very often you can recommend ways they can make use of their professional capacities. An itinerant accountant is a handy person to find. If your client is an itinerant accountant, you can recommend him to other clients. As permaculture designers, your job is more than to attend to the physical layout of the farm; it also extends to the services that the client might render to the whole district. As an instance, I was very interested in the fact that the man who collected chestnuts had separated from these trees several really good seed trees. We advertised his seed in the Permaculture Quarterly. He told me that has been worth $30,000 to him in seed orders, not only within Australia, but outside Australia. One touch like that, and maybe you have earned your fee 60 times over.

COMMENTS:

[1] Green Walls

T.F.: The insulation efficiency figures given here for green walls match those in "Permaculture II". However, one should perhaps not expect such a strong effect from the average wall cover. Still, there are plenty of other good reasons to use green walls.

THE PERMACULTURE COMMUNITY - PAMPHLET XIII

The subject we want to go into now is not just permaculture as it applies to integrating elements within ecosystems in beneficial ways. It also applies to the whole question of funding and cooperation between community, government and business. Using the same methods that integrate the elements of a garden system, we can attain surprisingly similar benefits accruing to the whole social system. We design a maximum number of functional connections with a minimal amount of legal complexity. This model works. It is working in Australia, and it will work for America; it will work for Britain. There are legal details that differ from country to country, but, basically this model works everywhere outside the Communist world.

First of all, we have a group of people that can be defined as a community. It can be a community of designers, a community of people living in one house, or a community scattered over the face of the Earth. All they have to do is to agree to a set of principles and ethics that guide them. These ethics are Earth care, people care, and a final one of non-profiteering, of not accumulating wealth beyond one's needs.[2]

We will now go to a description of the legal structure.

This community forms a company. This is a perfectly ordinary company such as it exists in all nations. Part of the function of all companies is to act as a trustee.[3] That is all that this company does. It does not trade, nor does it take any cash flow in or out. It issues shares of one dollar to each member. All members can be directors of the company. Now this part of the structure is just the same as that which many people have: a land trust, or a land bank, or a research institute. There are many of them being formed.

The Permaculture Institute, which is the name of this company, exists to work in areas of health, education, and agriculture. That gives the company a total broad spectrum basis of acting. Then, under trust drawn up according to the laws of your country, it would be normal to add, "for the good of all Americans."

This is a publicly oriented trust. It confers advantages, not all of them applicable in all countries. Generally this trust offers these advantages:

* This Institute usually has immunity from land taxes and rates and local council and local government charges.

* It has all sorts of potential links with other institutes. For instance, in agriculture, it is automatically a member of the World Free Seed Exchange, and can get seed from anywhere in the world at no cost. The whole of the World Seed is open to that. That includes 4,600 institutes and some 680 botanical gardens.

* It can make links and do joint research with any other institute of its kind, with joint funding, or funding staff arrangements and so on.

* It is also in an insulated situation. If this fails, so do all schools, churches, and most other important public institutions and offices. For they, likewise, cannot afford to pay those sorts of costs. It is uncommon, almost unheard of, for this to be raided by government or anybody else. It is also the way the rich structure their own money flow systems. They always have this as an outlet. The Ford Foundation is an example.

Critical, and often missing from structures of this sort, is a second trust, not connected with the Institute Trust, although under the company's trusteeship. This second trust is a nonprofit trading corporation. It occupies structures loaned to it by the Institute at no cost, because it funds the Institute. It is staffed free of charge by members of the community. So this is one company that owns no buildings, and employs no staff. It borrows from a political party, or a small external society, all its moveable fixtures, furnishings, and usable objects -- tractors, vehicles, typewriters, desks, chairs. So it also has no chattels.

Political parties enjoy some unique privileges in Australia. They need not declare their income, nor their membership, nor do they pay traffic fines. Because they are not corporate, they pay no income tax.

So what we have is the community, the company, and two trusts, maybe supported by one or two other external factors.

At the Trading Trust, there is nobody and nothing at home. Within the Trading Trust no risk is incurred. This also is precisely the structure of some merchant banks throughout the world. There is no one at home. So they incur no risk whatsoever. Although it is a legal structure, it is not a corporate entity.

This Trading Trust registers several businesses in which it cares to deal. Good businesses are:

* Travel agencies, because a lot of people we know need to travel, and those who act as agents may get 15% discount, free tickets, or perhaps free flights around the world.

* A publishing company, because information is vital. It is something on which we live.

* A consultancy, as another means of transmitting information on a global scale - information transmitted by people.

* A real estate operation is often appropriate.

* And, in our case, a seed company, which is owned by the Trading Trust.

Now the Trading Trust can also enter into business-sharing arrangements. It can hold shares in, and take part in other operations, such as consumer co-ops, workers' co-ops, and unemployment co-ops; and it can hold residential shares in other seed companies, or seed growing operations; it can hold shares internationally; it can participate on an international basis in trading cooperation. Therefore the Trading Trust has a very broad potential for joining in cooperative money flow, just as the Institute has a very broad potential for joining in cooperative research flow, and informational flow.

These two trusts are not only tax immune, but donations to them are often tax deductible. That has to be established, however. The money can route through any other institute within the country that has tax deductibility. The usual charge for that is a 2-4% handling charge that remains in that trust. As an example, if you want to give something to the Permaculture Institute to give to the Threshold Foundation, we would keep 2% just to cover the cost of handling the transfers. So it is a tax deductible operation -- not taxed, because nobody profits.

Money can come into the Trading Trust. Most of it came in by virtue of its own efforts, by businesses run by the Trading Trust itself. It comes in dribs, drabs, oddities, and occasionally, big lump sums. Money can come into the Trading Trust from government, and substantial amounts do. It comes in as normal business aids.

I will give you an example. Australia has a law that says that all businesses engaged in exporting are automatically remitted certain portions of all fares of exporters traveling overseas. The government regards consultancy and knowledge as an export. The reason the government provides these benefits is that isolated countries have to maintain a net inward cash flow for good balance of trade, and they offer a tremendous number of incentives to industries within that country likely to earn overseas dollars. If, year by year, our exports go up, then the amount to which they recompense us increases to a level of nearly 90%.

That is very nice for Australian exporters. If it costs us $8,000 to go overseas on business related to consultancy, or educational exportation of permaculture, they will give us $6,000 back.

Now if you are also a travel agent, you may receive from the plane company an additional discount on air fares, or, perhaps, a remission of the entire fare. In such a case, you may very well make a couple of thousand dollars on a world trip, just by traveling.

The exporter may also appoint agents in any country, to any number, to operate on its behalf; and the same thing applies for these agents. The agents of this exporter, in any country, flying into and from Australia, or from country to country, on behalf of this exporter, also get remission of those fares, plus something the Australians don't get, a full remission of accommodation costs.

If I appoint you as my agent on the East coast of America, and I want you to fly to Australia, or I want you to fly to Japan, in connection with an export item such as a book, some seeds, some knowledge, or a consultancy job, I can then, having appointed you as an agent, pay your fares initially. Seventy-five percent of those fares will be returned to me, plus all the costs for accommodation and other normal associated costs. The law of one country, such as Australia, enables any individual within that country to assist individuals in other countries. That is now common.

So there is a fantastic amount of potential in that alone for shifting people around the face of the Earth at very little cost.

Every June, an accountant makes up the accounts, puts in a report to the Department of Trade and Industry, which issues our refund in November. When we are away, we just send all our tickets home in June. We have to show how much income we brought to Australia from our trips abroad, as a part of normal accounting. We submit these trading accounts to the department of Trade and Industry.

Money comes in largely from trading efforts, but also from government and these business aids.

There are other business aids. The Australian government funds and fully refunds on the development of any invention or device that might be salable. The whole cost of development, productivity development of any salable invention is fully refunded by the government. Now these are not things that you must apply for; they are free, automatic, government business aids. You don't have to be under any bureaucrat, you don't have to fill out any forms to clients, you just get it. These are normal channels, with a capital flow from government to business.

But I find in our case, by far the largest and most significant flow, is the flow from what people earn.

This Trading Trust is a non-profit corporation. It has to distribute all profits. It distributes them in four ways:

1. It gives by far the greater amount to the Research Institute, thus getting a double tax exemption, because for one thing, it isn't taxable, and in the second place, it is a tax deduction.

2. It also gives to public charity, or any charity of its choice, which is another tax deduction. That can be aboriginal ethnic groups, which we fund.

3. There is a minor flow to a political party as donations, that exactly equals the cost of typewriters, desks, vehicles and tractors. The political party chooses to spend the gifts it receives on these things.

4. Lastly -- and this is a thin miserable stream -- it gives some of its money to these people who work within the Trading Trust and their dependents. At present, for Tagari -- I won't advise you to imitate this -- it is $21 per week. So last year, in a very large trading turnover, a sum of $20,000 might have been taken out for perhaps 40 volunteer workers living in the community. Every man, woman and child in Tagari receives the same amount. We don't differentiate between sexes or ages. If that person is one year old or ninety, male or female, he gets $21 a week, and that's it. From this amount these volunteer workers must buy their clothes and incidentals. Clothing is mostly from Vinny's Boutique (at Vincent de Paul Society), in Tagari -- clothes for the poor. We just don't have any expenses. We are all working in the Trading Trust full time. It provides transport to and from the situation. It used to provide bulk food; now it doesn't. It provides free seeds. These people live below the minimum income level, so they do not pay tax.

Let me tell you, this group, of all the people in the whole of Australia, is the most heavily self-taxed group. All their money goes to the public. We pay the highest to the public tax of any group within Australia, because all our money, except a tiny amount, goes to the public. Once it crosses that boundary, we can no longer use it or profit from it in any way. The Research Institute carries out work in health, education, and agriculture for the good of Australians. It can't employ anybody. No one can benefit personally from it.

The institute can sometimes help to people who wish to achieve something in line with our principles and ethics. There was a person who gave money to the Institute for the establishment of a child-birth center. We set up the Childbirth Institute in Queensland. She supplies an excellent staff that runs the childbirth center. They run it for the institute as part of its health program. It is for the public benefit. It would be fantastic if in this way we could set up many children's schools and childbirth centers!

Just occasionally, members of the public give substantial amounts of money to the Trading Trust. The largest sum we received was toward the seed company. There are certain trading operations you can enter into that are acts of defiance. Well-off people will often fund such acts of defiance, even when it is not tax deductible. The sum that we received allowed salaries to be paid to workers in the seed company. Some of those workers were members of the public; others were members of the Tagari community. These last (who are complete nuts!) only took $21 a week as their pay and put the rest back into the Trading Trust.

But they may not be complete nuts. This group could have kept all the money and paid taxes on it, if it exceeded taxability. As I pointed out, they have hardly any need for money.

It is possible to set up trading operations that are totally non-capitalized. In the publishing trade, it is normal to ask for pre-orders, and invite large publishers, who give printing money before the book is printed. There are other industries of this sort that don't require capital. You don't need capital to start up a travel agency, a consultancy, or a real estate business. All you need is people qualified and willing to do it.

Let us consider another subject now -- land. This is important to the function of the whole network and therefore has to be heavily insulated. Trading operations are not important. They can come and go. They are a nuisance.

The Institute, the public trust, will not take risks. All land donations go to the Trading Trust, not the Institute. The Trading Trust first pays all transfer costs. All part-owned properties lie in the risk area. Only fully owned property, and often those with some financing attached to them, pass into the Institute. Such land must also be heavily insulated from any claims against it from the outside, for the Institute cannot take risks, and will not accept properties that have any attachments on them.

Now within this area lie all real properties. Real property includes buildings, land, equipment, and rights. That is real property.

Property comes in through the trading departments in the form of copyrights and other things. Occasionally, the trading operation puts deposits on property such as land and houses; and when the property is fully paid off, passes it into the Institute, as a gift. Often a cooperative or community will give us a share in an enterprise, perhaps for a thousand dollars and a contour design job. That remains in the Trading Trust.

Land can come in from the public. It can come in from the government. Land can come from local government, land the local government does not want. Local government can launch city farms through this Institute. All this land comes in through the Trading Trust.

Now land accumulates, and can accumulate with extraordinary rapidity. There is absolutely no problem in 12 months in getting hold of several million dollars worth of land, no problem whatsoever in that. I mean hundreds of square miles of land. The problem is this: There is a lot of time and money involved in just passing that land in. What we really need is a volunteer group in the public to handle that. We have been offered large areas of land within Great Britain and France, and areas of Africa, and islands, and areas in Australia, in all its states- I mean huge areas. There is absolutely no problem in getting all the land anybody is wanting, providing you have a group set up to deal with it. They can't because it costs time. They have to go look at the land, and all sorts of things are involved. Sometimes it costs this group $4,000 or $5,000 just to get the land in here. So it has given up taking any land that is not paying its own way in. They don't want your land unless you are doing the whole problem bit of putting it in here. Then, there is also the matter of finding somebody who wants it. That can happen. If nobody wants to live on it, we cannot handle it.

The sort of properties that come in may be warehouses, office buildings, inner urban, suburban, or rural areas, for preservation or for development. These properties can be distributed amongst the activities sponsored by the Trading Trust, or used for purposes of health, or as retreats, or given to schools for educational purposes. There are many reasons why lands come into the Institute.

All this land then goes out to the public, to communities, cooperatives, or little groups that form to administer it; or it may in some cases be a single individual. We can give these people either limited tenancy, life tenancy, life tenancy inheritable, or transferable and inheritable tenancy. Or they may simply occupy it as public land, land open to the public.

Also, the Institute's funding returns to the public in its activities for health, education and agriculture.

Houses, not paid off, that are in the Trading Trust, are rented out to members of the community. The rent is remitted if these people work within the Trading Trust. But if they leave it, then the rent is directly incurred, even though they may have donated the house. If rent is paid, it may, however, be returned to the householder for repairs, etc. Houses are either owned by the Institute and given to community members on life lease, inheritable, or transferable; or these houses may be held by the Trading Trust and occupied by community members under temporary lease until such time as all costs are paid off.

When you think about a community, you ask, What is it that the community really wants to do? It probably wants to make enough money to support itself. More important, it probably wants to do good works, because people who enter into a community often do so for the purpose of doing good works. It usually wants to cooperate with other communities who have similar goals. But how infrequently do these communities set up a legal structure that enables them to do any of these things, and to achieve them efficiently in a very short time?

A proper legal structure gives a community a wonderful opportunity to unite with other groups at all levels, to put out tendril joints from trading operations, trade to trade, even to an individual isolated on a hillside, who can be appointed as an agent. It can deal with an individual isolate; it can deal with him so that both benefit. It can house, look after, and work with either an individual, a farm, a community, or another cooperative, and so on.

We have extraordinary close links at this level with an urban group who are discussing subsuming a similar structure. They don't need to go through the legal hassle to set it all up. They just join us as partners, or traders, or Institute people who serve as directors for their local area. This is a marvelous way to delegate responsibility to bioregions. It is also marvelous for an international set-up. It closely follows the merchant banking systems, that are themselves international, and it was designed and is advised by merchant bankers in Australia.

Incidentally, all its legal advice is free. The Australian legal profession makes no charge to public interest groups. In Australia, we have excellent international lawyers, and the lawyer association will send them free on our business. All legal offices in all capital cities are ours to use, free of cost. That gives us typist, offices, duplicating equipment, anywhere we like.

Much of our medical work and dental work is done at very low charge, or no cost, by people who understand our position, who respect what we are doing.

In summary, we are a group of friends who agree to a set of principles and ethics. As people, we can have no power over any other person, over any capital or indeed over any material goods. So what we have divested ourselves of is power, only power. However, we have access to libraries, and to international travel, when it serves a useful purpose. We enjoy the best of foods, great company. We do right well, but only because people like us. We cannot, as individuals, force anyone to do anything, because we don't have any power over anybody. As a group, we exist only if people like us. Otherwise, we are broke, dead, unloved.

COMMENTS:

[1] "The Permaculture Community"
T.F.: This title is a misnomer. More appropriately, it should be called `The Permaculture Economy'. To briefly summarize it, it deals with these issues: (1) In order to improve resilience within society, you have to get people out of artificial dependencies. I.e. your business is to help people save money. (2) If you get serious about such a strategy, you will inevitably come under attack, for you are undermining either the customer base or the power base of somebody else. (3) Hence, you have to make sure you strategically set up your activities in such a way that they are immune to a number of attacks. This is possible, using existing legal structures appropriately - most importantly, those which also form the basis for schools, churches, and other charitable organizations. So, read carefully, for this chapter is much more technical (legalistically speaking) as one may at first think.
[2] Community
T.F.: In Jeff Nugent's audio recordings, Bill Mollison talks about the strategy to form an unregistered association, which nevertheless keeps a register of members and is an entity in law. The bylaws of this association make adherence to a set of ethical principles mandatory for all members. This will be used later to give a juristic handle on un-ethical behaviour: Membership of this association will be made mandatory for some important posts, and violating the core ethical principles then can result in expulsion from the association. This safeguards against infiltration.
[3] Company Trustee
T.F.: One of the reasons to have a company rather than a person as a trustee here is risk elimination. One of the relevant risks is that people die of mundane accidents, while companies don't.

THE PERMACULTURE ALTERNATIVE - PAMPHLET XIV

I grew up in a little village in which there were no rich people, nor any poor. You had no fear of starving, nor any hope of becoming rich. We were all on one social level. If you were without something, you never had to worry about whether you would eat or not. My family members were the bakers there. We just supplied bread at no charge to people who couldn't buy bread. That sort of thing went on all the time. Then money started to accumulate, and we got a totally detached class of people.

There are plenty of resources in the world for everybody. There is land, food -- everything. The fact that some of the people are trying to accumulate these resources is the reason for the problems we have today. This centralization of resources has extended to the centralization of energy, which is causing our acid rain; and the centralized control of transport, which has resulted in our freeways.

We are attempting to provide opportunities for people to come out of this system.

What went wrong with the whole alternative movement was that it didn't offer an alternative. I have spoken to many persons who have said, "I wish I could do what you are doing. Can you employ me?"

I would have to say, "No, I can't, because what I am in isn't employment."

Increasingly, though, I have been able to say, "While I cannot employ you, I can give you a job in which you can earn your way, and you can leave your present job right now." We have been able to do that lately.

So we provide an alternative. But I know of few cases where the alternative isn't struggling just to look after itself. In most cases, it is not even feeding itself. Our action, if it is vigorous, completely changes that.

We ask, "What is your present employment?"

He answers, "I'm in this travel agency."

"Great! You can earn your money with us as a travel agent."

You might also earn your money with us as an accountant, or something else. We are now able to offer more opportunities of that sort.

In Tagari, we are not becoming our town's employer. Instead, we are changing our status from that of employee to that of a sharer in enterprises. What we are up to is providing the alternative for the person who would rather work with a jolly mob of people, laughing and giggling and packaging seed, and who know what they are up to, and who they are dealing with, and where the money goes.

Outside of what we are doing we haven't seen any great signs of an alternative appearing. Yet it is going to have to. I think the whole situation is ready for it. We just haven't thought of half the things we can do yet. Tagari handles a minute amount of enterprises because they are a minute community.

Most of the cities in Australia now have Permaculture associations. We have set up city farms. We get gifts of land into the Institute and transfer it to people within the cities, and so on. Many of those Permaculture people are heavily involved in work in the cities. On one hand, they are consultants; and on the other hand they participate in structuring the local social milieu. Some of them are working hard in the center of the town, and they won't come out.

So we want to support these people.

Anyone can begin a travel agency. Somebody right here can earn a living locally doing all that booking, and it would be very handy. Our consultants must do a lot of flying. How many are you flying to China? Twenty. What is it going to cost them in fares? Twenty people at $2,000 is how much? The normal agency fee is about I5%. $6,000 just to book their flight. To whom do we want to give that money? Give it to somebody who belongs to this group of people, where all the profit is not just going to the top, and never coming out anywhere in rural areas.

That is just an example of the hundreds of trips we must make. We are leaving here for directions north, south, east and west. Other people are coming here and leaving here. So we need a travel agent. But that is not a full time job. That keeps one of the people here digging the garden most of the time, and occasionally being a travel agent. What would you pay someone to take over the digging of your garden? $7 an hour? As a travel agent, you may book for anyone, of course. Then, if the business grows, you can pay two gardeners and a travel agent.

Everything we have done, we did the hard way. We had to study to become a travel agent. Now if we had known a travel agent, we could have operated as a local office. But we didn't. We had to learn how to become a travel agent. If we had known a real estate agent, we could have opened a local office.

The real estate business, as a function of Permaculture, doesn't necessarily give us any additional ownership of land. But it gives us a measure of control over what happens across a lot of land. That is what we want to achieve.

I would like people in America to take greater advantage of this real estate business. Somewhere in the consultancy may be -- there often is -- a qualified real estate person, or a person who might know someone who is qualified, whom they can appoint as an agent. Then you could operate Permaculture real estate branch offices.

It was two years before we could start to become real estate agents. Now we have found six real estate agents who are living as hippies. So we can get one straight away. They had become sick of the business -- just selling graziers more land. So they got out and went to live in the bush. But they still qualify as real estate agents. Real estate agents can also manage properties, earning management fees, getting paid perhaps $1,000 or $2,000 a year just to manage the hiring, and to oversee the property. They don't take any risk. They just do the leasing and management of the properties. A local real estate agent can spend the most of his time digging the garden, and occasionally driving down the road just to see that nobody is bulldozing up the trees, and that people are pruning the orchards on time, and so on. There is quite a range of employment opportunity here.

We are going to need someone right here to manufacture Yeoman's plow. What you do is put the components out to three small manufacturers. Somebody makes the shoe, and somebody else makes the shank. A couple of kids who have nothing else to do, an unemployed group, makes the frame, and they do ten at a time. If they can make the shanks, good. Our manufacturer then bolts the parts together, and we order the plows from him. He prints up a little brochure on the plow, and appoints distributors. That is all there is to it.

Our designers become the distributors. All they need to carry about is these little brochures that they hand out to their clients. Whenever a plow is wanted, one is broken down and packaged through to the client.

If you get smart, you might do all the manufacturing of it yourself. If you don't want to make shoes and discs and things out of special steel, you contract that part out. You might care to send out a card just to see if anyone wants to pre-order such a plow. If you get ten pre-orders, then you contract parts for ten. I point out that everything we do can be started without any capital, or with very little capital

How do you open a publishing business? You issue cards soliciting pre-orders, and you get your money in. You then spend all the money you get for pre-orders on printing. Remember that what you get for pre-orders is the retail price. So for every book you sell on pre-order, you will be able to print additional copies. What you have then is an additional supply of books, all yours, all paid for, after authors, editors, etc., get their percentage.

Our business is to teach people self-sufficiency. We do not handle anything that doesn't promote self-reliance. I don't see any necessity for any of our people to be running around looking for money. There is more money than we can handle right in these systems, if we manage them ourselves. But if we leave the management to others, there is none in it. In Australia, we have been able to distribute Permaculture Two through our own people. That is what we want to do.

Now what about seed and seed companies? Let me tell you about the Self-Reliance Seed Company [now replaced by Phoenix Seed Co.- Ed.]. It deals only in open-pollinated seeds. It deals only in varieties from which people can save their own seed. It will collect seed from anywhere in the world. If we ever set up a seed farm in Australia, we could get sprayed. So we must never set up a large seed farm. We break it up. What we want is for everybody here to say what seed they will grow, and what seed they will collect. What we are proposing to do is to print Self-reliance Seed Company envelopes to be issued with a rubber stamp that says, for example. Queen Anne's Lace. The grower requests 200 envelopes, and is sent the stamp and envelopes. The grower then collects the seed, fills the envelopes, and stamps them Queen Anne's Lace; and he receives what amounts to the price before retail. In this way the money returns to the grower, to the person who goes into the forest and collects the seed of the red oak. Nobody else gets a large margin. This person gets the grower's margin and the packager's margin. You will need a seed cataloger, who is really a publisher. It is normal for seed companies to list three packet sizes. You want a good handful of seed for a person who has a big garden. For the urban gardener, you want 10 carefully selected seeds -- 10 zucchini, for example -- for the urban gardener wants only 10 seeds.

We are not putting other good seed companies out of business. What we want is our seed. We want pea tree seed; we want all the Chinese seeds, the medicinal herbs. In our catalog, we list those open-pollinated seed companies, such as Johnny's Selected Seeds and Kent Whealy's Seed Savers Exchange. Our catalog advertises their wares, free of charge. If they would list ours, that would be good, too. Then we might agree to break into different sections of the market. The seed that we want is Permaculture Seed.

Every seed company that ever starts has to buy seed to begin. So in the back of the catalog, you ask growers to supply seed. You get into a garden movement, thereby involving many small growers. With very short-lived seeds, you give the collector's address, and the dates under which he will directly mail.

The other thing that can come out of this is seed exchanges, which are free. The only person who makes any money out of the seed exchange is the cataloger, who makes a charge for printing it up.

In the front of the catalog is a listing of the seed for sale, and in the back, is the Permaculture seed available as exchange. You only want one seed catalog for the United States. That really is a national job. I will tell you who wants to do packaging too -- that is the Watts' Self-Help Group. The Institute can get free seed from anywhere in the world, but these seeds cannot be sold. They can only be given to a grower for the purpose of starting his own supply. Then he can sell the seed from what he grows

Every seed we sell has instructions on how to save your own seed. We are selling self-reliance. What I hope will happen is that the seed exchange path will expand and expand, and that the selling aspect will reduce and reduce. There will always be a few people who want to buy their seed. I would hope that the amount we are putting out to the growers will reduce and reduce, so that eventually every plant wanted will be grown locally in the United States and elsewhere.

What we really want to do is to build up everywhere the important species for Permaculture, because there are many varieties we cannot get anywhere now. This catalog will list all the plants we ever want. These plants will be listed under Bee Forages, Chicken Forages, Cattle Forages, Deer Forages, Fireproof Plants, etc., and listed by zone.

You ask for a feed-back from the people getting the seed. If something is unsatisfactory, you inform the grower about what has happened. You just normally refund the full price of the packet, if it is unsatisfactory, and inform your grower. If your grower is a responsible person, he will refund you. If not, find another grower.

You know Thompson and Morgan Seed Company? They have about the largest seed catalog. Do you know what they operate out of? You say, probably a square block area? That's what I thought! They occupy a house smaller than any house around here, just a little old house, and little old ladies with spectacles are there in a tiny room. You can't get in there because there is just room for the lady and the chair. This place is beside the Essex Road, just out of London. I didn't believe it! I drove past it five times. I knew I was dealing with the world's largest international seed company, and I drove past it and parked, and eventually went to this little house to ask where it was, and that was it! There were bags of seeds in the porch, little old ladies everywhere. Children, during their school holidays were hired. That is (or was) the Thompson and Morgan Seed Company.

Because we are the middle class, people who have our wits about us, and who are well educated, we have to initiate things and take action. Then we pass it off.

While perhaps we can't give you $2,000 very often, we will give you the ability to earn a quarter of a million dollars fairly often. Then when you get too much action, you pass it off. You pass it off, because you see further places to go.

We decided as a policy, we would never give money away. Instead, we give enablements away. We will fund a college to teach an aboriginal gardener. We will not give the aborigines money. We will give orange trees to aborigines; we won't give them the money to buy orange trees. We give fishhooks, not fish. That is critically important. It is giving people self-reliance.

If you have someone who wants to start a Permaculture nursery, you can get the standard design on the nursery from us. Then you can build a standard for America. The nursery should be functional. The plants in the Permaculture section of the nursery should be placed in functional groups.

If you are setting up an aquaculture nursery, put a few tanks around your yard. If you throw the whole lot in the pond, you come out with one dominant species. So in the nursery, it is best to use stock ponds. On all the plants we sell, we indicate which is rampant, and how to deal with it.

Now what sort of hardware, and what sort of rights should we be looking for? We want good retrofit materials. So we are interested in glass, in ducting, in squirrel cage fans, and automatic opening vents, sealants, insulation. Look through the solar catalog. Pick out things that you think might be critically important in what we are doing and recommending to clients. Then go to the manufacturer and say, "Can I get distribution? would like distribution, prefer manufacture, but will be happy with retail."

Another sort of hardware that interests us is small processing hardware. Here is the big missing category. You can buy anything to produce anything you want, buy any little chipper, plow, seeder, bagger, but you can't find processing hardware. We want pressers, oil seed extractors, juicers, stills, dryers, all those things that are the real bases of self-sufficiency on a small site. Keep your eye out for things in this category.

In India, there are very good oil presses being produced by a manufacturer who may own the rights to it. He just might be overjoyed if you would walk into his shop and say, "Send us three of these and give us the American rights." You would then find a casting firm, perhaps in the alternative. Then you would contract out the screws and things for turning to repetition engineers. Finally, you would assemble it and get it on the market here.

Than there are little things, little bits of handy gear like a twigger, which is a bit of bent wire. You can give the manufacturing of this to a small group in an urban center. What they have to do is keep cutting the wire off and bending it. It is very handy. Our Sheltered Workshops in Tasmania make it. You can make the first twigger. Make it work, then hand the twigger over to a little group as their item. We invented it and gave it to a shelter group. They were perfectly capable of doing that so there are little things like that which we call hand off. They can be listed in the back of the seed catalog.

Another thing we need is a good bench still, made up of ordinary glass -- pitted glass will do. We also need a field still that can be carried into a field and set up for the crude distillation of perhaps a ton of material, which will allow you to distill mint oils.

A husker-grinder is another essential item. I have never seen a really good one except the Ripple Flow. All these that we have are either very slow, heat-generating, or high-energy things. If Permaculture obtains the rights to the manufacture of the husker-grinder, we've gotten it for all of us. That's the important thing. We can start to manufacture it right away, everywhere, on a local basis.

Now the whole idea of this is that you don't produce something for export to India or to Australia. In every case, we make it our policy to manufacture within range of the users. Well-off clients should be encouraged to put in a facility for the district. There is no point in having 5,000 husking systems all going parallel to each other. There is no point in having Geoff Wallace's plow on every farm. It should be on hire for the district, because a person only wants it for half an hour, sometimes two hours.

We need grain cleaners, seed cleaners, both for threshing and cleaning. This is an item someone may need to reinvent.

Let's look at something else now. We went to Toyota and said. "We have 51 consultants in the field. We own 17 Toyotas. What kind of deal will you give us if we register these as a fleet, and then everybody transfers to Toyotas?" Toyota has a range of vehicles, and they run well under rough conditions. We also have a design engineering group capable of making things for those Toyotas that cut the petrol consumption, or other attachments that take alcohol-gas, or they can make anything you wish. Toyota offered us 15% off the list price. Then we went to the taxation people and they told us that the Institute didn't have to pay sales tax.

There is no hope we can set up a vehicle manufacturing plant. What we can do is set up an arrangement with a present manufacturer and start to replace the bits until we have replaced most of the parts we are interested in. We do the same things with a tractor, so that our tractors will not break down. For a client who is starting with grassland and wants to progress to forest, a small eight to 20 horse-power tractor is a useful tool. He can run over the grassland, making dumps where he is putting his trees, and working the grassland, building up rapidly to really rich tree soils.

So what you need is a hardware assessment and selection group to run the whole of that business. You are going to have a lot of designers in this country. These groups who go into the manufacturing and supplying of these items have a really wonderful opportunity for marketing something absolutely specific to the requirements of Permaculture. Tanks are another hardware item that seems to be lacking here in America. The most useful size is quite shallow. It is 15 to 18 inches deep, and four to six feet in diameter, reachable to the center. That size tank is extraordinarily useful. You can produce a condition suitable for bulb growing by just laying an inch of water over it, saturating the soil. You can set up a pond with six or twelve inches of soil. These tanks are constructed of precast concrete, which is the best material for this purpose. They do not need a drain hole. Once they are full of water, you can't move them. They will then weigh maybe a thousand pounds. They are made easily from a mold. This would be a good product for a group of people to make. They are excellent as stock tanks -- for watering stock, small stock, or poultry. They can be ramped up for small stock. Catfish would grow in them, and tadpoles and little fish. If I were setting up an aquaculture nursery, I would set it up with 40 or 50 of these.

We have, among Tagari members, a split. We have a group of Luddites. Ludd was the leader of a group of men who went out with sledge hammers and broke up machinery. There are people in our group who have an instinctive distaste for computers. We have other people in our group who see a tremendous benefit in having computers. There is a package now you can get for $300 that fits on your Apple computer. It is coupled with the ham idea. It requires a ham radio's license. Anywhere on the face of the globe these little units listen for each other. Any one of these can talk to any one of the others, or automatically shunt. If you want to talk to anybody, to ask a question, or make a transfer through deal or barter, you put the data into the computer and press a button and it goes out to this one which catches it and stores it. There need be no one at home. If you are there, it can handle your answers within two seconds. If you are not at home, it stores the information until you put the answer in, and then it goes back. This operates across Canada now.

If you want a bee plant list from the stored information, the list comes back, and the computer records the name of the person who asked for it. An automatic account comes up in their name. There is a charge for the service only. There is no paper work involved, no lists being mailed.

As an example, say that Bruce has agreed to handle the lists and has an Apple computer and one of these devices. You can phone in your order to the local person who also has this device, and you say, "Give me a bee list for an alkaline hillside facing south in Timbuktu." This person puts it through to Bruce's computer. You are identified as to who you are, and Bruce's computer sends the information back. The local person whom you contacted says, "Here it is." That should be within two seconds, because what you are asking for is stored. You have your list, and alongside your name in Bruce's computer comes up the fact that you have sent for that list. Therefore you are charged $4. The charge comes back on your list, so you know what you owe. This is a very good way to trade and barter.

I had a message one night. I said, "Get your tape recorder." They got a tape recorder out and I gave them the whole story on seed patenting legislation in Australia and the way it was being edged in without anybody knowing. They relayed this tape to every state. It was also relayed to a group whose job is quick tape copying. They can do it in seconds. Then this group started mailing this information to all organic gardening groups, and we had Australia alerted the next morning. Thousands of notes were pouring in to politicians. We've that sort of organizational level in Australia, and have had for a long time.

We also have local radio programs that run regularly -- Permaculture half-hour programs -- and they are commonly reaching six to 12 million people weekly.

We are feared and respected, because we can bring the local government down, the state government. And we are prepared to do so. We jammed the parliamentary switchboard into Tasmania Parliament for a week, and they convened at midnight and changed legislation and got it out to us through radio because they couldn't get in or out by way of the lines to the Parliament house. It was for the purpose of stopping an evil substance from being sprayed over the farmlands from the air.

So what I'm telling you is if you do cooperate and stop chopping up the whole system into little bunches of people, which is a big feature of the American alternative, if you do speak with one voice, brother, you are a loud voice.

We have a Permaculture association that operates on a weekly schedule, linking up with six key points across the whole nation. You ring in to one of these key points if you have a message that you want to go out to the whole nation. We contact central, which sends the message out to all six key points, and all these key points have local dissemination groups. This is absolutely easy. It takes a person willing to spend one evening a week sitting in at the telephone and ringing all six points. He can jack them into each other. He rings and asks if there is anything you want to say to everybody that's that important, and you generally say, "Not tonight."

"OK. We have a message coming in for you...." The whole thing is dealt with within two hours. You don't use it for chatting.

Now you might have an important national message to go out, and you say, "Yes, to all stations this message ..." And that can go on tape and go out to all stations. In addition, our fast tape copying service group, called the Down to Earth Association will fast tape copy the message and send it to all members, who then get it to the local programs on all radio stations, and so it goes out to the man in the street that evening.

The specialty of the Down to Earth Association is working with media. Their tapes go to all sorts of people on both sides of the media -- on the government side of the media, and on the private side -- and these messages go out in their programs. They say, "We just got an interesting tape in which you might care to hear..." and it goes out to all the people in Melbourne. A lot of people tune into that station. It is Public Access. We have other people within such services and they can do other linking-calls.

The people who are voluntarily performing these services have to be persuaded. They have to be people like ourselves, who believe that what we are doing is ethical and good.

If we think something dangerous is going to happen, we have state emergency services. When that spray was coming, I rang the State Emergency Service and said, "I want you to put out a call for all pregnant women, all farms with animals, to stay indoors tomorrow."

They said, "Why?"

I said, "Here is why ... So you get all animals under cover over the whole state and all pregnant women under cover across whole state."

The State Emergency Service went into action. They cannot refuse to tell a population of a present danger. You do that a few times, and it becomes very embarrassing. Either they have to refuse to act, which is illegal; or if they act, it is very embarrassing. Those messages have to go out. These are tactics we have successfully used to shift whole national and state policy.

So we don't let something like seed legislation die. There are fighting groups set up in all Permaculture associations. Independently of the Permaculture association, as a result of the radio broadcasts, other people have set up fighting groups against these legislations.

Then we set up the act of defiance, the Self-Reliance Seed Company. Don't let it die. They give in, because it is too embarrassing, too public, too much voice, too much action against them. There is no use giving them information. That's just news. You give them the action basis.

Now you people here in this country are a set of individuals who are perfectly capable of operating in your own way. So I expect that you will get on with your jobs. That Bill Mollison happens to be anywhere doesn't matter. If he gets run over or drops out of sight in London, it is just another person. I don't want to be personally in charge of anything here. I would very much like you to adopt the attitude that you are forming a university of minds, a companionship; and I don't want any stratification happening in this network. That's what I want to say. Be sure to give people jobs, and be sure those jobs do not stratify. Our system will be superseded if it succeeds. It can go wrong if it succeeds, too. If that happens, other people will come and attack it and say they will be glad when we get out of it.

It looks as though what we are trying to do has to be done. I think it is awfully important. I can see in my life there is nothing else worth doing. I think it's life or death, and I'm hitting hard on the life side, if I can. That may be a hard decision for you to make, because it doesn't give you much. And I don't expect all of you to make that decision. But some of you may. The main thing we have to do is to get people within their own home country competent on their own ground, with a lot of support systems, right where they are.

Permaculture associations are spreading right into center of research and other establishments, and who knows what funnels out? There are Permaculture Associations all over Australia, and we didn't set more than about half of them up. They share species. They visit each other's places. They share housework cooperatives. Some of them who live in the city of Perth have identified every large useful tree in that city, found a fantastic resource of Permaculture value, found things we didn't even know existed, such as dragon's blood trees and South African wild plums. They will conduct anyone on a tour of the city to show them those trees, so people can see what they look like. They collect seed from these trees. They have a free seed exchange between themselves. They are powerhouses. Some of these groups number over 200 people in quite small districts. Often from the ranks of those associations come the next designers. They carry out a fantastic number of functions; you can pass off an enormous amount of work to those people. One group produces the Permaculture Quarterly, and how they do it, I don't know. [This has since failed. Ed.] It is a very big job they are doing.

There are more than 30 associations sending newsletters in, and some of them have meetings that as many as 200 people commonly attend.

The Permaculture association has taken over some really downtrodden sheep country, and they have moved in on it with thousands of seeds. God only knows what they are doing.

Housework cooperatives have begun within one of the associations. Seven women with small children -- and some who went through that nearly went crazy on their own -- meet on Saturdays, and they absolutely bang, bang the house. They clean it from top to bottom. Then they go out and do the same with the garden. They do this on each person's place with small children. Now they find they have very little to do. It gives people with small children a slight break in complete madness.

You know, when you have three little kids you can never get that housework done, and it drives you crazy looking at it. They also do the same for people newly moved into the district. They go, the whole group -- there may be a hundred of them turn up -- and they just say, "What do you want done?" And they do it. They bring trailers and trucks and tractors, and clean up all the old cars, take them to the dump, stack the wood, make the place look good. Then they have a big party. All that is going on happily in the world.

So what we are trying to do is get a lot of nice people together. If somebody is not nice, you drop them out of a cooperative net. Really, in some ways, I wouldn't like to cross some of Permaculture people, because some of the 70 toughest gangs in Watts cooperate with us.

Did I ever tell you about Watts? As the last thing, just before we close this section, let me tell you about Watts.

When I was in California talking to the Tree People, a reporter came in, a woman to interview me. She sounded scared about tomorrow. So I asked, "What are you going to be doing?"

She said, "I am going to interview a remarkable person down in Watts." I had heard of Watts she said, "I'm really scared about how I am going, to get in there, but, you know, I've got to go."

I said, "I'll go down with you. I don't mind."

And she said, "Oh, great! great! great!"

I said, "I'll throw myself in front of you and you can run, you know."

So down we went. It was about as we thought. There were a lot of gentlemen about, and ladies about, and it was a pretty tough looking place. We walked through something that made you feel as if you were coming past the executioner. It was like a place in London, a jewelry place where you go to sell a smuggled jewel, and you just pass a lot of heavies lying about with bulging pockets. They opened several doors, and little things opening and closing. As you are led in, your escape is cut off. Sitting in this place is a man called Barney Mull. He is a big Watts fellow. There he sits -- Barney. He said, "Come in!" All around the wall there are people who are wiping the skin from scars, holes in them, and big heavy pockets.

We got in there. We asked what this was?

He said he was a Bahai and that he had been a debt collector in Watts with a group of heavies, collecting rents from the people of Watts. That meant he had a group of agents under his control. He was collecting rentals, sometimes for churches and places that owned property in Watts. Then his family broke up, and he became an alcoholic. He lost his wife. When he became an alcoholic he became suicidal. He thought the best way to die was to walk into Watts, because he would surely die.

But while he was in the hospital as an alcoholic, a black doctor came and said to him, "Man, I got news for you, you get out of here or you are dead. If you come here and stay in as an alcoholic, you are dead." And he said, "I'm going to get you out tonight." This black doctor got him out and sent him away, because he knew that where he was nearly all alcoholics died.

So he went down to Watts. He thought he would die in Watts, because what he had done in Watts preyed on his conscience. So he went down to Watts and he lay down in a little thing still there, a little porch in front of a square building that was deserted, locked, and nailed up, and the porch measurement was about five feet by eight. He lay in there for eight years drinking wine, and never getting out except to go across to the pub get more wine on his relief check and come back with his wine and drink. So he didn't buy any food.

But he didn't starve, because all the little children going around Watts, little toughies, many of them in gangs of five and that, used to break their sandwiches in half and feed him, sit down and give him bottles of pop, and give him an apple occasionally. The children of Watts fed him for eight years. So, while he was in terrible condition physically, he was still alive at the end of eight years.

One day he decided to stand up. He got up and stopped these little kids and he said, "Listen! I owe you my life! Now life means nothing to me," he says, "My life is yours, I give you my life. You gave me my life. It's yours." He said, "I will never take any risks with it; I'll never get married to anybody -- nothing. I belong to you, to you -- see?"

These were tough little mobs. I mean they control the streets And when the mob is full, My God, they're armed! So he said, "We are going to do something. What's wrong here?"

And they said, "Well, we haven't any money; we got nothin' to do."

So he got this little mob, and they took him over, and in effect elected him boss. The porch was his office for the next couple of years. He started the Watts Self-Help Group.

So then he sits down with his mob, and they decide to go take over the next street. This is a tough proposition. Gang war. He worked out a strategy, which he still uses. He fitted them out with different colored baseball caps and things so everybody can see each other and know exactly where they are in the district. They drive in fast in a green van, so they are right in the middle of the next gang's territory. They pile out. The war chiefs, the four of them in the yellow hats, go and stand with their back to a corner, looking at each other so everybody's back is covered all the way.

So he has a scouting team out. Then he sends out some little green hats, and the little green hats start walking down the street. Barney and some other heavies come around this way. Sure enough, the gang pounces and surrounds these little green-hatted kids. They got 'em. And at that point the yellow hats see where the action is, and they point in that direction so all the rest knows where it is, and they start to walk down this side of them. Barney is coming up the other side, and the little green hats are surrounded. Two lots of heavies are standing around the gang. Finally Barney said to them -- you see, everybody was standing there like this, and everybody's pockets were full of pistols, knives, shotguns -- he says, "OK, you're dead!" He says, "You're dead! We got'cha. You're dead." He said, "We came here to kill ya, and we're going to kill ya." And the little kids, stiff like this, 'cause they know they got guns in their backs and guns in front of them, guns on the other side, and they are out-maneuvered. They recognized some of the yellow hat boys, 'cause they might be Chino, you know -- the real killers in the next block, or they might be from this site. So they start walking like this -- got to be as macho as they can.

So they all start walking up and down like this And the gang chief walks up and down too, you see. So they come to a deal. He's going to send his top man in at night and they are going to negotiate a deal, because they are dead, and their lives are ours. We've killed 'em.

Slowly, Barney has taken over 70 gangs that run the whole bloody district, run the employment and they run the gardens. If you want war, we got war.

So this is the Watts Self-Help Group. You have never been amongst a more hellion movement in all your life.

Barney and I are going to meet them. We are going to sit in a whitewashed room with four windows and people in arms. Everything in view, hands on the table. When the new gang chief comes in, he comes in with a shotgun and the darkness all around. He has his heavies behind him, and they got people across the street in cars. They check out every corner of that room to see that nobody is laying an ambush. And they throw all their scouts out to see they are not ambushed. They come in to start dealing. Or, they could open fire through the windows and kill us. That's their choice.

So they start dealing, and they go on dealing You know, you're going to treat these people fairly.

Fairness and openness are all they understand. And minding the boss on the line is all they understand, because they are getting shot every night. Maybe 46 cops go out just to wipe out seven of them. They got their knives when they go out, and they go out together with shotguns. The cops have determined this seven has to die tonight. So they are at war all the time. That's in Watts, in Los Angeles.

Want to come and help us? You already got to be dead before that, you see.

Oh, the newspaper reporter? Yes, she interviewed him and left, and Barney and I went on. And I took him out and introduced him to some Mexican groups whom I met independently -- they were walking up and down the street.

So, Barney doesn't drink any more, doesn't touch drink.

The firms around there have given him thousands of dollars. He counts it and then returns nearly all of it, and he has gone from 15% self-finance to 85% self-finance. He's gotten accountants working for him. All the firms would give him all their money to hold for them, because they can't operate unless they have money.

Did I see Watts tower?

Yea, but I was looking at a little porch near Watts tower, more than at Watts tower. I was looking at an area that was already taken over; I was looking at a lot of little gardens and green things.

Barney is dead. He was shot not long after I left there. But he had counted himself dead years before, and we must all count ourselves dead before we tackle real risks.

PERMACULTURE FOR MILLIONAIRES - PAMPHLET XV

I AM GOING TO GIVE YOU AN ANECDOTE.

When I was in Toronto at the Futures Conference, one thing I discovered was that the people critically interested in futures are those people who are making large investments. It wasn't a meeting of hippies. Hippies were in the two percent minority. This was the heart of Harbor Castle Hilton Hotel. I was in a pair of thongs, the only barefoot slopping in there. Here were investment bankers mobilizing their capital, some of their principals -- not often many of their principals. These are people who deal in futures. Every businessman has a little clique around him. He has long term friends. If you meet one businessman, you have contacted somewhere between ten and twenty, intimates who are commonly ringing up and are doing deals, and who have had long associations. They are old friends.

I was one of the few people there who were giving anything positive. I think I was the only person there who was giving any indication of a future that you might be able to control. There were people there who were proposing ideas out of my control and, I'm sure, out of yours. There were proposals for a future that would need a huge amount of plumbing, technological fix. Whereas, I was indicating futures well within every man's capacity.

I GAVE THEM THE EXAMPLE OF BABASSU PALM.

It is within every investor's capacity to organize the development of fuel supplies from biological materials. I gave them the example of the Babassu palm. The Babassu palm grows under the worst conditions on the exposed coast of India. These palms produce a high sugar sap. It comes down to a harvest of about ten to twelve thousand liters of fuel per acre annually. And they can be heavily intercropped. They furnish very good shade cover for intercrop; and there are vast areas in India in eroded seaside condition where these palms can grow. Besides, the palms give -- and for centuries have given -- a very large proportion of the building and thatch and carpeting material. So the situation is ideal, really, for an enormous energy production coupled with food, and the material for people to build their own dwellings. For they are building entire buildings out of thatch, and they are appropriate dwellings, because that thatch is absolutely water tight, low mass, and ideal for that climate. It is extraordinarily good for dwellings.

So we can do this. It is certain that we can put in something better than an oil well for an indefinite period, and with far less investment capital. Now there are dozens of these situations where we can operate, and they lie in all sorts of energy realms, including things like buffalo gourds and yellow trees in deserts, which are eventually going to out produce an oil well.

So people were listening pretty hard. What we want to do is to enable these people to take what they want out -- the palm juice -- and to provide a base level living for thousands more people. The processing is fairly minor. Intercropping within the whole situation would make the palms healthier, and the people living in there and attending this operation would get all the secondary and other spin-offs.

I AM TRYING TO SELL THE RICH THE IDEA OF COMMONWORK.

What I am trying to sell the rich is the idea of commonwork. It is functional stacking. The original meaning of the word is to put one painting on top of another. It is like laying on colors. What we are laying on is functions.

Now, for instance, if we get a large company to lease a large part of the Indian foreshore from the state of Maharashta and the start a Babassu palm production system, we would pay close attention to the ground. What we would set up would be an excellent sugar-palm production. This would be rich valley soil, and we would get a little keyline dam system going up along there. I worked out that sugar-palm system so the whole thing would be automatic harvest. No labor in harvesting except cutting the flower stems because the liquid is your saps. All we do is set up a whole system on an uphill slope and run it all down to one point. Then, in here, we would have other functions within the toddy sugar-palm system. There would be good places to live; they can graze cattle; they can take green-leaf Desmodium.

They can take production from a bean crop, to the advantage of the health of the toddy palm. We can get in honey production, too.

ALL THE INVESTOR WANTS IS TO EARN A RETURN.

We then have people who are looking after the toddy palms. We produce a crop. We produce honey. We practice aquaculture. The investor can let all of these go. All the investor wants is to earn a return from the alcohol production capacity of the site. All the other people own these other capacities. You would be surprised how many non-interfering overlays you can get on a site--overlays that will hold families in good health while maintaining an unending alcohol production.

Now the investor is not objecting to this, because he didn't want a fish production capacity; he didn't want a bee production capacity, and he didn't want grain crops. So these are the sort of propositions which businessmen are very willing to discuss. They don't even need to own the site. What they need to own then, is the right to the alcohol. As Gulbenkian says, "Let the meek inherit the Earth, just so long as I have the mineral rights.

So what is the logical way to go about this? Put the site into the Permaculture Institute. Then everybody receives the eternal right to that part of production in which they are interested. The Permaculture Institute holds and manages rights. Now that's a good proposition! Because what are they getting? Very low overhead, enriched crops, marvelous appearance in the eyes of the world -- Look what we're doing here! Everybody is doing exactly what they want to do. Here are happy people who are keeping their situation healthy, and which some supervising designer, probably on site, trained in permaculture principles, is making sure it's working. Every one of those palm trees takes little vanilla orchids. So the permaculture designer starts stacking in, and he gives the care of the vanilla orchids to yet another group.

THE RICH DON'T HAVE ANYBODY TO TELL THEM WHAT TO DO.

I see no reason for that not to happen. But what the rich don't have is anybody who can tell them what to do. I pointed out that they are not immune from acid rain; they are not immune from environmental disaster. They have no real desire to be moving among dead lakes, in a world that the wood chippers have stripped of the last of its forests, a world in which humankind is stranded on a naked rock. They own that they worry about it. But there is no leadership. They don't know where to look for leaders. They are thinking of funding schools to train people to be leaders. There is nobody to tell them what to do about the environment, how to handle this situation, give a businesslike, reasonable proposition. Nor is it possible to link to the alternative, because the alternative is not businesslike. The alternative has set up no structures that can integrate with ours. Now we have a structure. Here it is.
They understood. They can work in there with their banks; they can work in there with their investments. We can give spare lands over to them, of which we have several million acres that we are not using for this or that.
So we were the first people they ever met who were really alternative, really had ideas, really could suggest how they could invest their money, and who had a structure to which they could link. They just can't be running around themselves as individuals, or sending out people to try to find out how to link to the movements that are going on, and how to work with those movements to make a beneficial interface.

DIRTY MONEY!

Now there are those who say to us, "Don't go with them, it's dirty money." But then, there they are and here we are. We haven't 10 years to sort it out. It's war, or it's cooperation. For me it's going to be cooperation because war doesn't work. Opposition doesn't work. War replaces one lot of oppressors with another lot of oppressors.

THERE'S NO OPPOSITION.

There is no opposition in high echelons. So don't go looking for opposition; there is none. There is a high capacity for information gathering very rapidly. If we have data on acid rain, they can get it quicker. It's just that they had never thought to look. You give them that data, and say, "Go check it for yourself. Don't believe me." Do you know, this group can have it checked in maybe four days and get a high impact statement that is absolutely frightening? All they need to do is tell their very bright secretary to do it, and she, maybe, has a degree in biochemistry. She taps that acid rain, man, and brrrrrrrrrrr.....
I said, "Look, I don't want you to believe me, but I tell you what -- I'll give you four areas to look at and let you make up your own mind as to whether you have a future. Look at soils, forests, pollution, and acid rain. You look there." We are not meeting any opposition. What we are looking at is complete acceptance, acceptance of a real situation with a methodology to which the investor can link. That's the whole situation. That's the sort of methodology we are working out for them. It is a valid methodology.
Companies are basically immortal. You can talk to a company about putting in a 70-year investment. They look at very long term investments.
Because you just can't turn off all coal production, there are two ways you can work on it. One is suppression of pollutants, and the other one is very rapid generation of a vast resource to replace coal. That's got to be biological. Frankly, I also think that we must go toward the decrease of energy use. You might be moving toward a rapid development of biological resources and at the same time assisting in the decrease of energy use.
When we get to the end of that cycle, maybe nobody is making much money; but look at the money Corning is going to make out of your attached greenhouses. So you can spot in these futures, and these are real futures. Capital can be switched to energy decreasing modes; no problem doing that.

NOBODY IS INFORMED.

But the investor doesn't always have good advisor in these fields, either. Their own people are unequipped to advise. They are mainly graduates of economic schools and management schools. Those who employ them are for the main part people who inherited money. So nobody is informed. As soon as their vision widens to a comprehension of the future, they may say, Where can I use what I've got? or Where do I fit into this?
However, there is one problem. It's easy at the top to get these agreements, but that person usually has a set of underlings who get on with the actual work. Now that's where you strike trouble. It's exactly at the level of implementation that you strike trouble, because underlings are in the sort of desperate financial position where they are always looking out for their own corner. They don't want some parts of change, because there

is no corner for them, no way they can continue to carry out the sort of operations to which they have become accustomed. For this reason, it is the principals, rather than the underlings, who must become involved in large scale permaculture conversion.

Yet they must have assistance. What we need is thousands of qualified permaculture designers, capable of handling the implementation and managerial aspects. To set up these permaculture systems on a scale of two or three million dollars investment capital, or two or three billion dollar investment capital risk, will take many designers full time for many years to adjust it and tune it and extend it.

It is worth doing something that size, for that is going to be effective as an example. The investor will be able to say, "Look! This year we have water in, and we have apricots growing around the water, and there are now ten families living here that weren't here before. This water stimulates the growth of palm trees. In seven years time we may be getting crops off here and here and here. Just look at what we are going to get!

And we are seven years ahead of everybody else!" It is a 10,000- liter an acre business, every year. With 500 acres of that --What's that worth compared to a liter of petrol? You have a $5,000-an-acre business. So 500 acres of that is a 2.5-million-dollar proposition, and there are thousands of acres of it--thousands of acres with presently not another thing on them except starving people, a few dying cattle, and a few pariah dogs.

Although it might be possible to shift 10, 20, 30-million dollars capital across within a month or two, who, who is going to oversee it? For this, you don't want some inspired person who wants to do good. You want a thoroughly competent person who knows exactly what to do. So we are trying to train inspired people to become competent. You can't train competent people to become inspired; but, again, we might well just do that, too.

Now there are many, many of these propositions that are of great interest to me. There are large areas of waste land, of desert, and all of which have a fantastic potential for production. In the Australian desert, land can be purchased at maybe $120,000 for a 700 square miles, or $200,000 for 1,000 square miles. In such areas there are probably 500 miles of excellent date washes, without anything else. Again, an enormous output of sugars. And that still leaves most of your area really untouched.

At the same time, an equal part of the investment capital should be directed toward energy use. Do you know what we need in deserts? We need sail freighters. We could sail any desert in freighters, and large freighters, too. All we need is a hundred foot wide strip which is sown down. All deserts have constant winds of 15 miles an hour, blowing all the time, and enormous loads could be sailed across the desert and straight to the coast. Everything produced in the desert is self-stored. It is in dry storage. So at the same time they are developing date production, we want them to be building the technology that cuts out the 600-gallon diesel engine tank, and the highway, and the truck -- these things consume a lot more energy than is necessary.

It doesn't worry me if the investor doubles his money, providing we can go on doing what we are doing, providing they leave behind a huge number of people in charge of the land. In the end, you see, what you have is levels of function. All the investor buys is the product in which he is interested. The rest of it is the people's. That is all an investor is interested in when investing in an oil well -- just the oil.

The cheapest way to make a profit out of a forest might be to go and cut it down, chip it and leave. That's happening. It is happening because people aren't persuaded that such a course is a deadly action. So information becomes vital. It is necessary to get this turned off. The man going to Borneo, wood chipping it and running, isn't usually an associate of these investors. They are simply providing money at interest to fund his operation. They are handling his account. When the people providing money for these operations become convinced that this sort of thing must stop, they can take that man out of there within two or three months, just by slowing down and drying up the flow of money. They can stop that operation without doing anything that is illegal, no marches, no fuss. Now that is all possible. Even the Mafia has to route money through financial systems. If you have a lot of allies within those financial systems, then you can stop certain operations much faster than you can running around and sitting down in front of chain-linked fences and getting arrested. But there must be a lot more of us at it. What we're in for is a persuasion job.

PUT MY THONGS UNDER THE BED.

Some of us find all this enormously terrifying. It can throw a person into totally unaccustomed conditions. You're up 28 floors off the ground. Everybody is dressed smart and rushing in all directions, talking millions of dollars like mere pennies. The butler asked me, did I want to have my clothes laid out? I said, "Yea, put my thongs under the bed." That sort of thing is going on. You have private planes running you to and fro. I wanted to have a look at some palm trees. The plane is chartered to take me flying up the valley and land me, collect me some seeds, and bring me back.

WE CAN LINK TO ANY MULTINATIONAL.

These people must become sold on what we are doing, must become excited about this sort of thing, convinced that it is a good thing. The beauty of it is that we have a system set up by which we can link to any multinational. Now you can take on amateurish methodologies that do not work and have no outreach at all. Or you can take on a methodology that they know, and which suits their financial and money transfer operation extraordinarily well. That means large money for operations there in India. And the spin-off benefits from those operations they can pass on to the people of India.

The world is made up of two sorts of people that I approve of. There are people who stay home and look after their house -- I approve of those. And there are the people who are world-shakers. I approve of those, too. What we are dealing with here is the world-shakers.

We shouldn't be running around on the face of the Earth doing silly things. We should be centering in so that in two years time when you look at the globe, see what we are doing on the globe, it will look as if a lot of nuclei are all joining up. Everybody will be enjoying this. The financiers will be enjoying it; the people in the occupancy will be enjoying it; we will be enjoying it. It seems to me that this is where many us ought to be heading if we have any capacity at all.

ALL THAT WE WANT IS TO RAPIDLY GET REFORESTATION BACK ON THE EARTH.

There are these very large cattle and sheep ranching operations, and, being scarcely financial, they are cheap. The people who started up those ranches got the land for nothing, or for a shilling an acre, or ten cents an acre. They stocked them with half wild cattle. The sod went off, trodden into the ground. To buy that land now, with 400,000 cattle on it, you will never make money. So what we must see in property is a totally different function. It is essential to get all the cattle off those properties. In all of Australia, they probably don't produce as many cattle as in Essex in England. Thousands of cattle die for every one harvested, and if the market is no good, they don't harvest. We need to get these very large areas under control and very quickly. In one of those areas it would take ten of us to even see half of it, let alone direct operations.

SHOW THAT IT CAN BE DONE.

Our job is to make resolutions in conflict, to set up social meetings between people who have ideas and skills, and people who have the power to move things. Let's get a large section of these arid lands, sell the commonwork idea and get cracking out there on real arid land agriculture that counts on its own rainfall to make production. Show that it can be done. Then we've done a good thing. We give them all their money back. They have good real estate that we have substantially improved, and we have happy people all over the place carrying out functions. I have two Australian aborigines who are superb desert nurserymen. That's the sort of consultants we want on those jobs.

COMMENTS:

[1] The "Commonwork" Model
T.F.: In this section, Bill Mollison refers to the "Commonwork" model. This actually is much more important than "Permaculture for Millionaires" and hence presumably should be discussed instead here. Comparing this lecture transcript with Jeff Nugent's audio recordings (parts 16B and 17A) of one of Bill's Permaculture Design Courses, there are a number of serious omissions and shortcomings. For example, taking this passage:
What I am trying to sell the rich is the idea of commonwork. It is functional stacking. The original meaning of the word is to put one painting on top of another. It is like laying on colors. What we are laying on is functions.
This definitely refers to the term "Palimpsest", an alternative name (in fact, the original one) for the "Commonwork" model which does not occur in Dan Hemenway's transcript, although, curiously, this explanation of the term "Palimpsest" does. (The term "Palimpsest" usually denotes an ancient piece of canvas, onto which something has been painted or written on top of which something else has been written later. Maybe you have heard of the discovery of "the Archimedes Palimpsest" in recent years -- a piece of cow-hide onto which Archimedes had written which later was erased and written on by somebody else.) From what I've learned from Jeff's recordings, the "Palimpsest/Commonwork" model refers to "painting multiple layers of livings onto the land, one on top of another". According to the audio tapes, it has been used by a large group of Quakers near Kent, UK.
When taken out of context, one may get the idea that "commonwork" may have to do something with "communism" or "community". Actually, this is not at all the case.
The important ideas underlying the "Palimpsest" model consist of (as far as I understand it):
Dealing with the problem that a highly complex rural resource flow system (i.e. a farm designed not with a single product in mind, but as a complex flow network) needs a number of people to realize its full economic potential.
Maximizing the number of (modest) livings that can be put onto a piece of land by splitting the tasks into units which are specialized to the degree that they each allow a modest income of comparable size. (E.g. bee-keeping, tool repair, tool production, finance, laundry, communication services, providing energy, trade, communications services, healthcare, plumbing, etc. -- taking a certain amount of money, say 10000 - 15000 quid per year as a standard for "a living") The primary design goal is to maximize the number of rural livings, using appropriate degrees of specialization, rather than maximizing specialization. (I.e. if a 40-hours-a-week bee-keeping job could provide a far-more-than-modest income to a single apiarist, this then actually should be split into two more specialized modest 20-hour livings, e.g. honey production and bee health (including queen breeding)).
"Livings" come in the different categories of "primary production" (example: beeswax), processing (example: wax candles), and "services" (example: selling products on the market). Each "living" is split into three (or four) "modules", so, rather than supporting one person on a single living as an apiarist, there will be a group of three people each doing one-third of the job (earning one-third of a living that way, and two thirds in other ways). So, every person normally takes on three different roles, earning a third of a living from each. This has a number of benefits: people get more flexibility in defining their role in society, can more easily switch (part of) their occupation, have greater security, and as every role is provided by multiple elements, the construction comes with inherent resilience. (This nicely fits nature's principle of resilience that "every element serves multiple (but usually not too many) functions, every function is provided by multiple (but usually only a few) elements".)
If "livings" have been designed in an intelligent way, especially going for high-value niche products, there may be a considerable amount of spare time. Certainly, no one is prevented from using that time to do other jobs and make a lot of money out of them.
Meetings and processes of finding consensus are reduced to the necessary minimum: If something can be done without a group meeting, then there won't be such a group meeting. As every function is satisfied by three people, two of which have a quorum, both meetings and consensus processes effectively become unneccesary: decisions are brought down to just the level of those who are concerned by them. The tailor does not have to be involved in decisions concerning the apiarist team only.
There are a number of interesting sources that explain in more detail what Bill is talking about here. The original `Commonwork' model was adopted and evolved by a group of Quakers ear Kent. They now do have a website at http://www.commonwork.org. One should in particular also do some background research on the `Mondragon Cooperative' model to learn about tried and tested options and strategies for designing economies. A further important source (which I was unable to obtain so far) is the `Handbook for Community Economic Change' published by the Intermediate Technology Design Group (or was it the Schumacher Society)?

XV. DISCOURS ÉMERGENTS ET CONTRE-DISCOURS

EL NUEVO MUNDO: CIVILIZACIÓN Y BARBARIE

Marcos Cueva Perus

Instituto de Investigaciones Sociales
Universidad Nacional Autónoma de México

Biographie de l'Auteur:
Licenciatura: Facultad de Economía, Universidad Nacional Autónoma de México, con especialidad en Economía Internacional.
Doctorado: Universidad Pierre Mendès-France, Grenoble II, Francia, con especialidad en Economía Internacional.
Investigador Titular: Instituto de Investigaciones Sociales, Universidad Nacional Autónoma de México (IIS-UNAM).

Résumé de l'article:
Para Simone Weil, la barbarie es "un carácter permanente y universal de la naturaleza humana, que se desarrolla más o menos según las circunstancias que le permiten entrar en juego". Para Weil, si la distribución de fuerzas en una sociedad ya no puede refrenarla, la barbarie –un mal radical- puede resurgir. En esta perspectiva, no existe una línea recta en la Historia de la Humanidad que asegure el paso definitivo e irreversible de la barbarie a la civilización. En distintas sociedades, ambos elementos coexisten de modo latente y contradictorio: con el nacional-socialismo alemán quedó demostrado en el siglo XX que la modernidad y el progreso no representan una garantía contra el derrumbe de los pilares de la civilización. En la primera mitad del siglo XX, que el historiador británico Eric Hobsbawm bautizó como la "Era de las Catástrofes", la barbarie se apoderó del mismo continente de las Luces, el humanismo y la creencia en el progreso.

La Conquista del Nuevo Mundo, en el Sur como en el Norte, tuvo mucho de barbarie, aunque Occidente no haya querido reconocerlo. Por si fuera poco, las civilizaciones y las comunidades precolombinas, que hoy son objeto frecuente de idealización, también encerraban fuerzas bárbaras: algunos pequeños grupos practicaban el canibalismo, mientras los aztecas llevaban a cabo sacrificios humanos y los incas solían tener un trato cruel con los vencidos en las guerras, como ocurriera en el norte del actual Ecuador, donde miles de indígenas adolescentes sometidos por el poder incaico fueron decapitados y ahogados en la que desde entonces se conoce como Yahuarcocha ("laguna de sangre"). Eventos cruentos ocurrían también entre las variadas tribus del Norte americano. Contra lo que se adujera en 1992, no habían transcurrido 500 años de resistencia pura contra el invasor español: antes de que éste llegara a América, el mundo prehispánico, aún con todas sus riquezas materiales y espirituales, distaba mucho de ser idílico. Hasta hoy, algunos grupos étnicos de América Latina mantienen algunas costumbres bárbaras, entre las que se encuentran ciertas formas de castigo contra quienes transgreden las normas comunitarias. En el fondo, fueron la antropología y el turismo modernos, sobre todo de origen estadounidense (es Estados Unidos un país sin raíces), los que contribuyeron a mitificar a las comunidades indígenas del subcontinente y algunas del Norte.

La Conquista de América fue sin duda bárbara: en poco más de un siglo luego de la llegada de Colón, una auténtica hecatombe se produjo entre los vencidos en el Sur. Durante siglos, los pioneros y los colonos en el Norte se encargarían también de exterminar a los nativos, hasta encerrarlos en reservaciones. En el Norte como en el Sur se utilizó con frecuencia la traición a la palabra dada: los colonos del Norte desconocieron mediante el fraude muchos tratados con los indígenas, del mismo modo en que los conquistadores españoles engañaron a Moctezuma y Atahualpa. Ni la religión protestante, que no engendró humanismo alguno, ni la católica, aunque encontró excepciones entre los jesuitas del actual Paraguay o en figuras como Las Casas y Vasco de Quiroga, pudieron en realidad justificar la barbarie fundadora del continente americano.

En todo esto, las sociedades del Nuevo Mundo se distinguen de otras civilizaciones. Aunque acosados por las invasiones bárbaras, los romanos dejaron un legado universal, luego de la caída del Imperio. Cierto es que, en Roma, el "bárbaro" era el extraño habitante de los confines del Imperio, y que venía "de fuera". Pero Cicerón y Tácito tuvieron ya la intuición de que el bárbaro no era por fuerza la figura del Otro, el extranjero: en la propia cultura romana podían existir los gérmenes del mal radical.

Europa no se vio acosada durante mucho tiempo por la barbarie, y los musulmanes impregnaron el Sur de un auténtico aporte cultural. Los rusos resistieron numerosas invasiones, entre ellas las de los mongoles, sin perder su fisonomía propia, del mismo modo en que, ya en el siglo XX, consiguieron expulsar al invasor alemán. China, nunca colonizada del todo, se vio obligada desde el siglo XIX a someterse a varias potencias extranjeras, pero no perdió la herencia de una civilización milenaria. Tampoco fue el caso de la India. En Africa, el tráfico de esclavos, transportados hacia el Norte y el Sur de América, también fue prueba de la barbarie occidental. Con todo, pese a la sangría, las comunidades y las costumbres africanas no fueron destruidas del todo. La Conquista del Nuevo Mundo fue así la única que arrasó –sobre todo en el Norte- con todo lo que encontraba a su paso, con frecuencia por ignorancia. De este modo, el continente americano se quedó sin defensa ante las incursiones foráneas. Cuando la piratería se instaló en el Caribe, por ejemplo, no quedaba ya el menor rastro de las antiguas comunidades indígenas.

En el siglo XIX, la Conquista de la "frontera", en Estados Unidos, pero también en países como Brasil y Argentina, hizo el resto: para los criollos y sus descendientes, los grupos indígenas sobrevivientes eran poco menos que bárbaros, y fue en un contexto como éste que vio la luz la obra de un Sarmiento. Hasta hoy, en el caso de Brasil, el arrinconamiento de los últimos grupos nativos prosigue, sobre todo en la Amazonia. Y en Estados Unidos, las reservaciones indígenas, con importantes recursos naturales, también son objeto de codicia, pese a resistencias como las de Wounded Knee y Pine Ridge, hace ya varios años. Algunos grupos nativos han intentado en vano adaptarse a una "civilización" que tiene en realidad rasgos depredadores, en los que participan ahora numerosas corporaciones transnacionales.

Después de un siglo relativamente pacífico (el "largo" siglo XIX), la barbarie se enseñoreó, como ya se ha dicho, en el continente europeo. Desde 1917, al bolchevismo ruso se le retrató como si de una nueva amenaza bárbara se tratara: el ruso era, en muchos afiches de propaganda, apenas un cosaco cruel y sanguinario, dispuesto a acabar con Occidente y la "civilización cristiana". El enfrentamiento entre dos sistemas, el capitalista y el socialista, se convirtió así en el equivalente de la lucha por la sobrevivencia de la civilización contra la barbarie. Y ciertamente, la Unión Soviética adoptó rasgos de despotismo oriental. Pero la verdadera amenaza surgió con el nacional-socialismo alemán, en un país –Alemania- que había hecho en el pasado significativos aportes a la cultura universal, desde la literatura hasta la música. Con el holocausto, el sometimiento de numerosos pueblos y el exterminio en masa, el fascismo dejó en claro que la Humanidad, pese a todo el optimismo del siglo XIX, no se encontraba protegida contra el regreso del oscurantismo y la crueldad. El economista egipcio Samir Amin ha podido llamar así el periodo 1914-1945 la "nueva Guerra de Treinta Años", por referencia a la peste medieval. Desafortunadamente, algunas potencias europeas toleraron el ascenso de Hitler al poder con tal de vencer al bolchevismo.

Durante la Guerra Fría, el tono del enfrentamiento entre el Oeste y el Este no cambió demasiado, salvo en los periodos de coexistencia pacífica. Ya durante las administraciones Reagan, en los años '80 del siglo pasado, la lucha contra Moscú se convirtió en una "cruzada" contra el "Imperio del Mal". No fue tanto una defensa de la civilización y la cultura universal: se trató sobre todo de la ofensiva del "mundo libre", a diferencia de lo que podrían haber hecho los países de Europa Occidental, subordinados a Washington. El triunfo y la euforia se convirtieron en la expansión de la democracia y el libre mercado por doquier, pero el problema de la civilización quedó en segundo plano.

Como es sabido, en Estados Unidos, el país del capitalismo puro, no se creó una auténtica cultura colonial. Para finales del siglo XIX, con la derrota del populismo agrario, la cultura popular estadounidense comenzó a verse rebasada cada vez más por los fenómenos de masas. Si acaso, sobrevivió el aporte popular de la cultura negra (afroamericana), invaluable para los propios Estados Unidos y para la cultura universal, sobre todo en la música (con el blues y el jazz como precursores). En la gran sociedad de masas del Norte, la cultura popular ha permanecido a duras penas: no debe ser confundida, en todo caso, con el fanatismo puritano que se ha apoderado en los últimos tiempos de buena parte del territorio estadounidense y de algunas esferas gubernamentales, y que ha decidido gobernar al mundo con la "misión divina" del "pueblo elegido" desde la formulación del Destino Manifiesto, a finales del siglo XIX.

En el Sur del continente americano, la cultura popular, resultado de la fusión entre lo precolombino y lo español (y en algunos casos con el aporte africano), logró cierta sedimentación durante la época colonial. Esta sedimentación es visible hasta hoy, puesto que, pese al deterioro y el turismo, numerosos establecimientos de origen colonial han conservado su funcionalidad, aunque en ocasiones se esté perdiendo. A diferencia de lo sucedido en el Norte, ciertos fragmentos inorgánicos de la cultura indígena lograron reconstituirse y adaptarse al cambio impuesto por los colonizadores. No por ello lo indígena ha conseguido hacer un aporte a la cultura universal: las artesanías, por citar un ejemplo, no lo son, como tampoco ciertas formas adulteradas de vida comunal. Desde América, lo español tampoco aportò por si solo a la universalidad. Es solo en el siglo XX, con el convencimiento del mestizaje y de una lengua única (con la excepción apenas matizada de Brasil), que los latinoamericanos y caribeños consiguieron "salir al mundo" y proyectarse en él, en especial con la literatura y la música, con todos sus sincretismos, pero también con el rescate del pasado colonial y decimonónico. Curiosamente, la cultura popular, campesina sobre todo, logró hasta hace poco sobrevivir con un dejo de aristocracia que puede encontrarse por ejemplo en el habla colombiana. En perspectiva, y pese a la "americanización" reciente con los medios de comunicación de masas (sobre todo por el impacto televisivo), la cultura popular pareciera haber resultado más robusta en el Sur que en el Norte del continente. Es probable que también haya contribuido al sincretismo y la sobrevivencia de la cultura popular una Iglesia católica en muchos aspectos (no en todos) más tolerante (pese a las jerarquías) que el puritanismo anglosajón. Un cambio político de origen popular se antoja imposible en una sociedad como la estadounidense. Sigue siendo posible, dentro de ciertos límites, en América Latina y el Caribe.

La civilización, a la que el Sur del continente aspira, se caracteriza entre otras cosas por la capacidad para la reflexividad, de la que carecen los bárbaros. Para afianzar esta reflexividad, la cultura latinoamericana y caribeña cuenta aún con muchos recursos. Por el impacto de los fenómenos de masas y los medios de comunicación, y por la distribución de fuerzas sociales que está en juego, Estados Unidos pareciera haber perdido dos cosas: la capacidad para hacer aportes civilizatorios, y para la misma reflexividad, en un país que ya no es capaz de mirarse a sí mismo con cierto distanciamiento. Desde el punto de vista cultural, el futuro latinoamericano no está en la imitación ni en la mayor integración cultural con Estados Unidos. Desde esta perspectiva, también resulta limitada la idealización de "lo indígena" (frecuente entre las clases medias y los intelectuales) y de las "minorías" que el multiculturalismo ha puesto en boga, pasando por alto la herencia mestiza mayoritaria del subcontinente y su capacidad para integrar, así sea de manera precaria, los aportes de las más distintas latitudes (hasta la comida china en algunos países como Panamá, por citar solo otro ejemplo). La herencia cultural latinoamericana y caribeña, colonial en particular, no tiene por qué convertirse en un patrimonio muerto para consumo exclusivo del turismo local y foráneo. Por fortuna, el subcontinente americano tiene mayores capacidades de repliegue sobre el pasado (así sea el colonial) que el Norte.

El arte del pronóstico siempre es difícil, y sería precipitado afirmar que Estados Unidos se ha convertido hoy en el origen de nuevas barbaries, por más que no falten incluso las comparaciones con la Roma imperial, en las que algunos ideólogos estadounidenses se sienten a sus anchas. Con todo, no está de más ser vigilantes sobre los efectos de los fenómenos de masas, que niegan lo que las propias potencias occidentales quisieran promover, en particular el florecimiento de todos y cada uno de los individuos de una sociedad. Con sus enormes problemas, el mundo de principios del siglo XXI es quizás mucho más feliz que el del siglo XX: el destierro de la barbarie siempre latente en la naturaleza humana y la defensa de la civilización contra la "libertad de indiferencia" no han dejado por ello de estar a la orden del día.

H A. MURENA Y RODOLFO KUSCH: "BARBARIE" COMO SEDUCCIÓN O PECADO

María Rosa Lojo
Investigadora Principal
Consejo Nacional de Investigaciones Científicas y Técnicas
(CONICET)
Universidad de Buenos Aires

Biographie de l'Auteur:
Doctora en Letras por la Universidad de Buenos Aires, Investigadora Principal del Consejo Nacional de Investigaciones Científicas y Técnicas (CONICET) con sede en la Universidad de Buenos Aires.
Publicó veintitrés libros: cuatro de microficción y poema en prosa (Visiones, Forma oculta del mundo, Esperan la mañana verde y Bosque de Ojos, que recoge los tres anteriores más Historias del Cielo, inédito), cuatro de cuento (Marginales, Historias ocultas en la Recoleta, Amores insólitos, Cuerpos resplandecientes), siete novelas (Canción perdida en Buenos Aires al Oeste, La pasión de los nómades, La princesa federal, Una mujer de fin de siglo, Las libres del Sur, Finisterre, Arbol de Familia), seis de ensayo (La 'barbarie' en la narrativa argentina (siglo XIX), Sábato: en busca del original perdido, El símbolo: poéticas, teorías, metatextos, Cuentistas argentinos de fin de siglo, Los 'gallegos' en el imaginario argentino. Literatura, sainete, prensa; como coautora, editora y directora de investigación Identidad y narración en carne viva) y dos ediciones críticas: Lucía Miranda (1860) de Eduarda Mansilla y Sobre héroes y tumbas de Ernesto Sábato (Colección Archivos). Acredita también más de ciento cincuenta publicaciones de investigación, entre artículos en revistas especializadas, capítulos de libros y actas de congresos.
Dicta en la Universidad del Salvador un Seminario-Taller permanente en la Carrera de Doctorado. Dirige actualmente un Proyecto de Investigación Plurianual del CONICET (PIP) también radicado en la Universidad del Salvador. Es directora de varias tesis de doctorado.
Obtuvo, entre otros, el Primer Premio de Poesía de la Feria del Libro de Buenos Aires (1984), Premio del Fondo Nacional de las Artes en cuento (1985), y en novela (1986), Segundo Premio Municipal de Poesía de Buenos Aires, Primer Premio Municipal de Buenos Aires "Eduardo Mallea", en narrativa (1996), por la novela La pasión de los nómades. Recibió varios premios a la trayectoria: Premio del Instituto Literario y Cultural Hispánico de California (1999), Premio Kónex a las figuras de las Letras argentinas (1994-2003), Premio Nacional "Esteban Echeverría" 2004, por toda su obra narrativa, la Medalla de la Hispanidad (2009) y la Medalla del Bicentenario del Gobierno de la Ciudad de Buenos Aires (2010).
Ha sido traducida al inglés, italiano, francés, gallego y tailandés.

Résumé de l'article:
Este artículo compara El pecado original de América (1954) y La seducción de la barbarie (1953), los dos primeros libros de los pensadores argentinos, contemporáneos y de la misma generación, Héctor Álvarez Murena (1923-1975) y Rodolfo Kusch (1922-1979), respectivamente. La autora analiza similitudes y diferencias a partir de conceptos claves como "barbarie", identidad americana, pecado o seducción. Propone, entre otras cosas, que si bien ambas obras son especulaciones metafísicas e indagaciones en torno a la condición americana basadas en modelos mítico-religiosos, El pecado original de América ofrece una perspectiva cultural más sofisticada y mejor fundamentada que la de La seducción de la barbarie. Murena, a través del análisis literario de diversas obras, y valiéndose de su tesis de la mirada trans-objetiva, logra esbozar una teoría convincente de la espiritualidad americana. Kusch, por su parte, con una formación antropológico-filosófica, se limita a exponer sus ideas, sin sustentarlas con ejemplos literarios y, sobre todo, sin llegar al desarrollo persuasivo de una teoría.
Lo que ambos pensamientos tienen en común es, principalmente, la convicción de que existe una relación estrecha entre el suelo que se habita y la cultura que allí se desarrolla. A este determinismo geográfico se suman otras similitudes: la indagación en torno a la identidad, la "barbarie" (todo aquello que en América no es Europa) como variable a partir de la cual pensar la esencia americana, la idea de que "los elementos de la serie no europea, lo vital, natural, irracional, lo aterrador sagrado, constituyen lo auténtico" (Lojo, 417).
Ahora bien, si para Murena la tierra americana es el desierto al cual hemos arribado luego de haber sido expulsados del Paraíso (Europa), luego del pecado original, "lo propio", para Kusch América es "lo propio, lo real, es la vuelta hacia la Unidad perdida, hacia la cálida matriz telúrica donde conviven, latentes, los opuestos" (Lojo, 417). Mientras Murena asocia la idea de barbarie al horror y al pecado, Kusch propone que es justamente la barbarie aquello que redime del pecado: es la seducción de lo vivo y de lo verdadero. Otra gran diferencia: si para el autor de El pecado original de América la condición del americano es de una irremediable soledad, para Kusch, en cambio, existe un sentimiento de comunidad, proveniente de los indígenas, que mantiene la cohesión cultural del americano, a pesar de su sometimiento técnico y legal a la raza blanca. Asimismo, si bajo la mirada trágica de Murena, el hombre americano se encuentra en situación de desamparo y soledad (recordemos que en este esquema de pensamiento por ahora no entra el mundo precolombino) –aunque con potencialidades– Kusch cree que hay en el hombre americano (definido a partir del concepto de mestizaje, entendido como algo intrínseco al ser humano y devenido de su ambivalencia), un estado de miseria patente y una violencia vital mantenida en estado de latencia. Estas ideas, apunta la autora, llegarán a un desarrollo matizado y complejo en los libros de madurez del filósofo, como América profunda.

Héctor Álvarez Murena (1923-1975) y Rodolfo Gunter Kusch (1922-1979) —contemporáneos de la misma generación, cercanos hasta en la muerte— publicaron casi simultáneamente su primer libro de ensayos sobre la condición americana. El pensamiento de Murena causó pronto impacto, sorpresa, fue aplaudido o acerbadamente criticado. El de Kusch. aunque no ignoto, tuvo que aguardar casi hasta los años setenta para comenzar a ser más ampliamente divulgado y discutido.

Quisiera referirme —para compararlos— a sus dos primeros libros: El pecado original de América[1](1954)de Murena, y La seducción de la barbanc[2](1953) de Kusch. que dibujan ya una concepción del mundo y permiten prever dos destinos intelectuales por igual apasionados y. aunque divergentes. no exentos de afinidades profundas y secretas. Sólo el enunciado de estos títulos parece declarar a la vez una posible correspondencia y un contraste. «Pecado» y «seducción» son ideas estrechamente vinculadas, en la cosmovisión judeo-cristiana. por lo menos. ¿Consistirá el «pecado original de América» en haber cedido a «la seducción de barbarie»?, podrá arriesgar algún lector Pero puede ocurrírsele también al lector hipotético que la palabra «seducción» es mucho más ambigua en sus resonancias semánticas que «pecado». tanto, que no sólo lo demoníaco, lo malsano, lo aparencial, sino también lo bello, lo bueno, lo auténtico, seducen, o quieren seducir, y con más justos títulos. Una atenta lectura comparada contribuirá a responder estos interrogantes.

Es preciso aclarar primero que ambos enfoques son, radicalmente, especulaciones metafísicas que recurren a categorías mítico-religiosas y a modelos metafóricos. Los dos ensayos reivindican claramente su pertenencia al ámbito filosófico-literario y se contraponen a otros estudios con pretensiones sociológicas y científicas[3]. El núcleo del pensamiento deKusch puede resumirse en pocas palabras que definen el problema americano: demonismo vegetal y su consecuencia: el mestizaje. Un mestizaje que es previo a la Conquista y que nace en La ambivalencia de la criatura humana, desarmada ante la exuberancia abrumadora de la tierra —donde el hombre parece emerger apenas como un accidente—, pero que a la vez apunta, sin lograrlo del todo, a un desarrollo espiritual. Esta ambigüedad. que es ya insatisfacción, frustración, se expresa, para Kusch. en el símbolo de la Serpiente Emplumada maya, que «une, sin fundir, la verdad de la tierra (.,.) el codil, La serpiente con la verdad del cielo —el quetzal que simboliza la pureza espiritual...»[4]. Con la conquista el mestizaje se hace racial carnal y entonces lo europeo se identifica con «lo perfecto, lo armonioso». «lo blanco, lo consciente, lo social, ¡o luminoso», y lo indígena con lo demoníaco, lo destructor, lo telúrico, lo inconsciente. lo negro, lo antisocial, lo oscuro[5].

La Conquista, si por un lado aniquila al indio, tiene también el efecto de volcarlo hacia sus propias raíces, lo apega totalmente a la tierra, a lo natal. Ahora el nuevo mestizo indo-hispánico «adopta el formalismo de la ciudad, la expresión que ella concede, su civilización verbal, pero se conduce vitalmente según su autoctonía heredada a medias. El mestizo campea entre el silencio abisal de lo autóctono y el verbalismo ciudadano. pero atrapado siempre por el fondo irracional del continente»[6]. En esta oposición que a la vez constituye y consume al mestizo hay una sene de términos que se identifican con la realidad, con lo auténtico: la campaña, la tierra, lo interior, lo inconsciente e irracional, lo heredero y atávico, la vida, lo definitivo; en suma: *la barbarie.* La otra serie antagónica corresponde a la «ficción»: la ciudad, el espíritu, la periferia, la conciencia. lo racional, lo experimental y adquirido, lo intelectual, lo provisorio. *civilización*, el fin. Kusch concluye pronunciándose decididamente por la «barbarie». No porque ella sea mejor en una escala objetiva de valores, sino porque, en América, es lo *real* frente *a lo ficticio,* lo genuino frente a lo espurio. La historiografía válida, la literatura válida, serán las que reconozcan lo americano auténtico en lo bárbaro, en el demonismo. las que busquen la comprensión de América a partir de la barbarie misma, no de su negación.

Murena (al menos en la primera edición de *El pecado original de América*) no trabaja con la categoría de «mestizaje». Prácticamente desconoce lo anterior a la Conquista, declara la irremediable aniquilación de lo indígena («No hay nada más viejo o avejentado que esta América integrada por razas indígenas en vías de fusión total o de extinción y por individuos de razas no originarias de América...»[7]); el alma americana no es lo nativo: «es el alma europea expulsada del antiquísimo recinto de la historia. desterrada, contemplando su remoto asilo»[8], Para el europeo expulsado del Paraíso, Europa no es ya útil como espíritu, sus formas culturales no interpretan una tierra otra, son también, en definitiva, ajenas, esto es. ficticias. De allí que Murena decrete el *parricidio,* el necesario asesinato de los modelos europeos para que de la Nada crezca algo propio. Porque —es preciso notarlo— aquello que queda en América si de ella se extirpa a Europa. es. en el pensamiento de Murena. *Nada,* frente a (a cual se erige lo que Murena llama. «el horror». Con todo, esa «Nada» es, paradójicamente, una realidad muy compleja y no por entero negativa: por un lado, desvalimiento e indigencia ante la materia muda y proliferante. el indominado «mundo en bruto». Por otro, presencia abrumadora de Dios, un dios silente, salvaje, aterrador, caótico, que la palabra aún no ha conjurado. Pero *un Dios vivo.* Mucho más vivo que las imágenes divinas acuñadas por el completo y perfecto orbe europeo —corroído ya. subrepticiamente, por un germen de disolución interior— bajo cuyos códigos clausurados el antiguo Dios de la zarza ardiente había comenzado a morir. Y si lo que aparece como opuesto al espíritu europeo no es, en el discurso mureniano. «lo indio», es, en cambio, aquello con lo que. para Kusch, lo indio se identifica: el silencio, el demonismo vegetal, la «barbarie» que es desposesión y potencialidad, posibilidad de *ser.* Ambos parecen hablar esencialmente de lo mismo, aunque lo llamen de otro modo, aunque lo contemplen desde otro punto de vista. Ambos coinciden en afirmar que los elementos de la serie «no europea»: lo vital, natural, irracional, lo aterrador sagrado, lo oscuro, constituyen lo *auténtico,* o. para decirlo en las categorías de Kusch, lo *real* frente a la *ficción* (que es la *imitatio Europae);*o bien, en un lenguaje más caro a Murena, lo *propio* (el pecado) frente a lo *ajeno.* Pero hay una diferencia esencial en la dirección de la mirada. Mientras que admitir «lo propio» es en Murena, en primer lugar. el re-conocimiento de la indigencia, la aceptación de la culpa metafísica que ha provocado la expulsión. el destierro, desde Europa-Paraíso hacia América (el valle de lágrimas, la tierra baldía, el desierto: desierto simbólico, desierto semántico, aunque lo cubran selvas y lo ahoguen ríos) en Kusch la identificación de «lo propio». lo *real* es la vuelta hacia ¡a Unidad perdida, hacia la cálida matriz telúrica donde conviven, latentes, los opuestos:

> «La acción del mestizo es por ello la acción del Génesis, aunque inversa. Mantiene lo increado en latencia. retarda toda
> vitalidad ajena a él, toda visualidad ciudadana, destruye la ficción en sí misma y espera, en el sentido de la tierra. de su
> esencia biológica. del demonismo. el advenimiento de una integridad autóctona»[9].

La tierra, irracional y oscura, no es, empero. lo negativo. el vacio que absorbe al hombre y lo desnuda para la soledad y a menudo para la desesperación (como en Murena) sino el apoyo, la seguridad, el sentimiento de bienestar estable frente a la íntima desprotección de la ciudad. Si muchos impulsos que provienen de la tierra o se asocian con ella son violentos y destructivos, ello ocurre sobre todo porque son clandestinos, porque se los mantiene en la inconsciencia total. Traer a la conciencia lo telúrico. lo bárbaro —sostiene Kusch— equilibraría las fuerzas y prestaría a la sociedad americana el apoyo que sólo puede provenir de la vida y de la realidad misma.

Si en Murena cl concepto de «barbarie» se asocia con las ideas de *pecado* y *horror,* en Kusch concurre con las de *redención y seducción* (seducción de lo verdadero, de lo que vive). Esta seducción no es lo que causa el pecado, sino lo que *redime* de él: no es la mentira, sino lo que anula, con los argumentos de la verdad más incontestable, la gran ficción de la ciudad americana *ad usum Europae,)*. Claro que si Murena habla de *pecado.* de *horror* de *nada,* espera en ellos, como el cristiano espera en Dios: cree que el pecado será redimido, que el horror es uno de los rostros divinos, que de la nada saldrá algo: un cosmos nuevo. Pero esta gestación será durísima y difícil porque el europeo desterrado, o el indio cercenado de sus orígenes están absolutamente indefensos, en principio, frente a la entidad Inclemente mundo-Dios. Kusch, en cambio, cree en la persistencia de una actitud metafísica, de una cosmovisión pre-hispánica. más resistente que los monumentos de las culturas devastadas, sobre la que puede asentarse la nueva *Weltanschauung* mestiza.

Con todo, si nos ceñimos sólo a estos dos primeros libros, es Murena. quien ofrece la perspectiva cultural más compleja, más matizada, más fina, de aquello que es o puede ser auténticamente América. Su obra es la de un hombre de letras que analiza textos, autores concretos, buscando la verdad americana (Poe. Arlt. Quiroga. Martín Fierro, Florencio Sánchez,Martínez Estrada) mientras que Kusch (con su enfoque antropológico-filosófico más sistemático) se dedica ante todo a la exposición autónoma de su propio pensamiento, sin detenerse en la lectura interpretativa de otras obras para sustentar su tesis. Murena es. de los dos. quien establece la diferencia entre arte nacional y arte nacionalista (que abunda en tópicos deliberadamente «locales», pero carece del tono, del sentimiento americano profundo). Murena es quien distingue, también, entre los arquetipos de la «mala disposición» cultural: el «culto» que rechaza la «barbarie» de las provincias como si éstas fuesen un país ajeno. el que evita todo enfrentamiento con la propia tierra para arrancarle una cultura viva, y el «bárbaro» a ultranza, fanático y cerrado, que se hunde en la tierra y se sustrae a toda afinidad con el espíritu y a toda «contaminación» con lo extranjero. Kusch habla del «extranjerizante» y del «patriotero» en un sentido similar; habla del demonismo del caudillo americano, pero no encara los problemas planteados por la negatividad violenta y destructiva que el caudillo encarna. ni tampoco expone en forma convincente de qué manera, de la vegatalidad americana, de la barbarie americana, surgirá una nueva identidad cultural: introduce o roza, en fin, más problemas de los que desarrolla. Si Murena con su tesis de la mirada transobjetiva está ya proponiendo una teoría de la espiritualidad americana. Kusch aún no acomete de lleno esta cuestión. *La seducción de la barbarie* parece, frente a *El pecado original de América.* un libro a trechos confuso. abigarrado, rudo —también «bárbaro». La violencia conceptual a veces maniquea a Kusch, su optimisrno. su confianza a ratos inexplicable en cl poder salvador del demonismo. chocan contra la sutileza, el admirable estilo y el *pathos* trágico y profético de Murena, el mensajero de un Dios Desconocido, el que proclama la caducidad de todos los nombres sacros.

Pero Kusch crecerá. Estas insuficiencias se compensarán más tarde en otros libros. *América profunda* (1962)[10] transformará la meditación antropológica en aventura espiritual atravesada por una densa poesía. El conmovido e impecable fluir del lenguaje, la limpieza de los planteos., lo emparejarán con Murena. Los contenidos, claro, son distintos. Kusch explicará la cosmovisión americana a partir del sustrato metafísico-religioso indígena, entenderá la violencia de la barbarie como una consecuencia inevitable de esta misma cosmovisión que concibe al mundo como el delicado equilibrio necesario entre el Orden y el Caos, que no expulsa al Demonio, al Mal, sino que lo integra en la economía cósmica. La idea mureniana de la *íransobjetividad,* no está por otra parte. tan alejada de esa visión indígena del mundo que, también, traspasa los objetivos, las puras cosas, y se remite a lo divino que gobierna los avatares tras el juego cambiante de las apariencias. Lo divino es tanto *ira, moira,* fatalidad, como donación. Sólo una diferencia radical: si la mirada del americano es. para Murena. irremediablemente solitaria, para Kusch. en cambio, emerge del profundo sentimiento de *comunidad* del indígena; sentimiento que mantiene la cohesión cultural del sustrato a pesar de la dominación técnica y legal blanca.

Murena —es preciso notarlo— hablará luego, en sus «Observacionespara la segunda edición» de *El pecado original de América* (1965), de *mestizaje:* un mestizaje que puede ser racial, pero que es. sobre todo, espiritual. y que afecta a todos los habitantes de América: indios, criollos o inmigrantes europeos recién llegados, o sus descendientes. Hablará de los fantasmas no conjurados del suelo nativo que corroen «la inestable arena americana», como Kusch habló en *América profunda* de *fagocitación* de lo europeo por lo indígena y lo telúrico. En *El nombre secreto*[11], por fin, se referirá por primera vez al *genocidio* que la *barbarie europea* perpetró sobre los pueblos precolombinos, arrasando en una acción irreligiosa las razas y los números de la tierra que obsederán para siempre las ciudades mal fundadas, engendradas por la culpa de Caín. y por ese espíritu de los mercaderes al que constantemente alude Kusch. Murena llegará a comprender, incluso, los movimientos «bárbaros» de las masas acaudilladas. como un retorno al Origen que elimina la ficción de una Historia jamás construida realmente (porque nunca hubo verdadera fundación) y que son en este sentido, positivos, por desenmascaradores y porque recuperan o desnudan todas las posibilidades de ser que fueron malbaratadas por una Historia falsa. Será Murena también quien interprete el peculiar modo de vida y gobierno mejicano, por la persistencia de un sustrato indígena, intacto bajo el barniz de civilización occidental [12].

Así fueron aproximando los años a estos dos pensadores heréticos que propusieron en la década del 50 una nueva manera de encarar el problema de la condición americana[13]. Ambos creyeron que la cultura nace del nexo directo e insustituible con el suelo que sc habita. Ambos nos proporcionaron un punto de partida aún hoy vigente para replanteamos la cuestión de nuestra identidad: la «barbarie», es decir, aquello que en América *no* es Europa, no puede reducirse a Europa. Seducción o pecado, comunidad o soledad, violencia vital o desamparo trágico pero inevitable frente al mundo, miseria patente y riqueza oculta (la «latencia» en Kusch. las «potencialidades» en Murena), la «barbarie» fue para los dos ese punto de mira, desde la tierra de América, donde la criatura humana, con o sin el auxilio de los nombres sagrados, se alza frente a la ira del Dios vivo, y la conjura.

NOTAS:

1. Hemos utilizado dos ediciones: la primera. de Sur. 1954; la segunda de Sudamericana.1965. Citamos siempre la primera, a menos que se advierta expresamente.
2. Empleamos la primera edición. Buenos Aires. Raigal. 1953.
3. Kusch habla, en el prólogo, de la necesidad de un pensamiento vital, subjetivo, si es necesario, hasta «lindar con el caos» (p. 17): Murena. cuya aversión hacia la sociología creció con los años, califica sus ensayos de «mitos» personales, en la «Advertencia» que abre el libro.
4. *La seducción,.,.* p. 26.
5. Op. cit.. p. 34.
6. Op. cit.. p. 36.
7. *El pecado original de América,* p.176.
8. Op. cit., p.. 18.
9. *La seducción de la barbarie,* p.. 38.
10. *América pro/ini da,* Buenos Aires, Hachette. 1962, Para una bibliografía completa de Rodolfo Kuseh. ver «Bibliografía de Rodolfo Kusch (1922-1979)». por Mary Muchiut. Graciela Romano y Mauricio Langón, en *Megafòn,* Año IV. No. 11/12. En.-Dic. 1980. pp. 15-20.
11. Caracas. Monte Avila. 1969. en el ensayo homónimo que abre el libro.
12. Cfr. en el libro citado, «México. la sociología y el pobre de espíritu», artículo donde la ironía mureniana se ensaña con los procedimientos y eficacia de la sociología.
13. Ambos se colocan entonces en una actitud rebelde, contestataria. Murena se autoproclama «parricida» y Kush «hereje».

LAS TESIS DE FUKUYAMA SOBRE EL FIN DE LA HISTORIA

Andrés Huguet Polo
Universidad Nacional Mayor de San Marcos de Lima

Biographie de l'Auteur:
Antropólogo, Universidad Nacional Mayor de San Marcos de Lima.
Estudios de Maestría en Sociología, Pontificia Universidad Católica del Perú
Estudios de Maestría en Filosofía, Mención Epistemología. Universidad Nacional Mayor de San Marcos de Lima
Bachiller en Derecho y Ciencia Política, Universidad Nacional Mayor de San Marcos

Résumé de l'article:
La teoría de Francis Fukuyama, director delegado del Cuerpo de Planeamiento de Política del Departamento de Estado de los Estados Unidos, acerca del fin de la historia, a partir de su publicación en l989 (acompañando los procesos de desmoronamiento de los regímenes de Europa Oriental y la perestroika de Gorbachov) viene teniendo particular difusión, dado el contexto de predominio ideológico liberal y particularmente neoconservador que caracteriza la producción intelectual en la presente etapa del capitalismo.

No solamente por el tono triunfalista e inocultablemente hegemónico del documento, sino particularmente por la lógica de razonamiento y las tesis e interpretaciones que comporta, es que se hace importante analizarlo. Sobre todo cuando están comprometidos en sus análisis conceptos relacionados a la ideología, al papel de ésta en el conjunto de la sociedad y en el desarrollo de los acontecimientos humanos, a la historia y particularmente -en un tono predictivo- a las perspectivas de la historia. Todo ello además está indisolublemente ligado al análisis político y al uso de determinadas categorías al respecto.

Otra razón importante es que la tesis que comentaremos está construida para, desde el terreno ideológico y al decir del mismo Fukuyama, poner " el clavo final en el ataúd de la alternativa marxista-leninista a la democracia liberal". Dada la importancia del marxismo en la reflexión social de los últimos 150 años, la pretensión anotada redobla el interés por el análisis y la crítica.

> *"El principal efecto de 1989 es que el capitalismo y la riqueza han dejado, por el momento, de tener miedo"*. (Eric HOBSBAWN: *El día después del fin del siglo*).

> *"La república democrática es la mejor envoltura política de que puede revestirse el capitalismo"* (V.I. LENIN: *El Estado y la Revolución*.)

La teoría de Francis Fukuyama, director delegado del Cuerpo de Planeamiento de Política del Departamento de Estado de los Estados Unidos, acerca del fin de la historia, a partir de su publicación en l989 (acompañando los procesos de desmoronamiento de los regímenes de Europa Oriental y la perestroika de Gorbachov) viene teniendo particular difusión, dado el contexto de predominio ideológico liberal y particularmente neoconservador que caracteriza la producción intelectual en la presente etapa del capitalismo.

No solamente por el tono triunfalista e inocultablemente hegemónico del documento, sino particularmente por la lógica de razonamiento y las tesis e interpretaciones que comporta, es que se hace importante analizarlo. Sobre todo cuando están comprometidos en sus análisis conceptos relacionados a la ideología, al papel de ésta en el conjunto de la sociedad y en el desarrollo de los acontecimientos humanos, a la historia y particularmente -en un tono predictivo- a las perspectivas de la historia. Todo ello además está indisolublemente ligado al análisis político y al uso de determinadas categorías al respecto.

Otra razón importante es que la tesis que comentaremos está construida para, desde el terreno ideológico y al decir del mismo Fukuyama, poner " el clavo final en el ataúd de la alternativa marxista-leninista a la democracia liberal". Dada la importancia del marxismo en la reflexión social de los últimos 150 años, la pretensión anotada redobla el interés por el análisis y la crítica.

LAS TESIS CENTRALES.

El pensamiento de Fukuyama tiene un marco histórico bastante preciso: se trata de la coyuntura desarrollada a partir de 1989 en Occidente que ha estado signada por el inicio del desmoronamiento de los regímenes del "socialismo real" en Europa del Este. A la pregunta de qué es lo que significa este momento para occidente y el mundo, el autor responde que se trata ya no de una simple coexistencia entre capitalismo y socialismo, sino de la derrota de este último y de la victoria -para Fukuyama final- del capitalismo y del liberalismo como sistema político.

Se trata no solamente de que ya no existan alternativas viables al capitalismo como sistema económico, y ello estaría demostrado por el restablecimiento de relaciones de producción capitalista en Rusia, China y Europa del Este y su inclusión en la economía de mercado, sino que además se trata del triunfo de la idea occidental, que para Fukuyama es principalmente la cultura occidental de consumo.

> *"Podríamos resumir el contenido del estado homogéneo universal como democracia liberal en la esfera política combinada con un fácil acceso a video caseteras y estéreos en lo económico"*.

Políticamente este desarrollo significa -y en ello Fukuyama utiliza a Kojéve- la existencia del liberalismo como estado homogéneo universal. Se trata de que, al no existir regímenes políticos superiores, y al haber fracasado los modelos que se pretendían alternativos, la democracia capitalista aparece como el régimen político absoluto e ideal. Este habría resuelto todas las inquietudes ideológicas planteadas y el país representativo de aquél, los Estados Unidos de Norteamérica, habría satisfecho incluso los máximos y extremos ideales de igualdad y libertad:

> *"Como Kojeve advirtió, el igualitarismo de los Estados Unidos de hoy representa el logro esencial de la sociedad sin clases previsto por Marx "*

Por encima del triunfalismo y la confusión de conceptos explícita en la afirmación de Fukuyama, lo que trata de sustentar es que, después del advenimiento del estado democrático liberal en Europa del siglo XIX, no habría surgido ni podido aparecer, con real éxito y vigencia importante, ningún régimen político alternativo.! La cuestión de clase habría sido resuelta por el capitalismo y el liberalismo!. La decadencia del socialismo sería demostración precisamente de esta tendencia.

1989, para Fukuyama, al igual que lo fue 1806 después de la batalla de Jena para Hegel, muestra el fin de la historia, en el sentido del fin de los regímenes políticos.

He ahí el sentido del fin de la historia para Fukuyama: es el término de la historia ideológica, la universalización de la democracia liberal como forma final de gobierno humano. Se trata, siguiendo un esquema que se autodenomina hegeliano, del triunfo de la idea, de la razón universal concretizada en el Estado capitalista. No importa que este régimen no esté vigente en todo el planeta, ni tampoco que se manifieste con "imperfecciones". Para Fukuyama la victoria del fin de la historia es suficiente es en el plano de las ideas y no todavía en el plano material.

"(...)en el fin de la historia no es necesario que todas las sociedades se conviertan en exitosas sociedades liberales sino que terminen sus pretensiones ideológicas de representar diferentes y más altas formas de la sociedad humana"

Es, pues, el fin de las ideologías y de la historia. Paradójicamente, después de todo, un triunfo ideológico. Es el ajuste de cuentas, en este plano, que el capitalismo y el liberalismo hacen al "socialismo realmente existente" en retirada mundial. Después de que el mismo capitalismo había vivido, como señala Hobsbawn, en todo el siglo XX frente al fantasma de sus propias limitaciones y debilidades como sistema y con el temor de la posibilidad de un sistema alternativo.

La primera tesis, pues, de Fukuyama tiene que hacer con la afirmación que absolutiza como definitivo, a partir de la consideración de la situación de los regímenes socialistas, el triunfo en la historia del liberalismo como sistema político. Las criticas, por ello mismo han estado orientadas a este respecto, a considerar el carácter arbitrario de tal deducción. Ya no solo desde el punto de vista de la realidad material de los regímenes liberales que en su historia real se hallan lejos de los modelos teóricos remisibles a los ideólogos de la Ilustración, sino porque en realidad nada descarta la posibilidad de emergencia de teorías y prácticas políticas nuevas. Probablemente es aquí donde se ve el franco carácter apologético de las tesis de Fukuyama.

Ello resulta más claro cuando se sigue su razonamiento. La preeminencia del liberalismo en lo político y del capitalismo en lo económico -y de la cultura del consumismo en lo cultural- estará segura si se descartan lo que, a juicio del funcionario del departamento de Estado, son las dos principales posibles amenazas de magnitud atendible: la presencia de movimientos religiosos en política y el papel de los nacionalismos.

En efecto, para Fukuyama, ambos fenómenos no constituyen tampoco un peligro alternativo que realmente compita con la democracia liberal triunfante. Después de haber descartado el análisis de cualquier régimen pequeño -es evidente que busca comunicarnos que regímenes como el de Cuba no tienen para su discurso mayor importancia, como no la tienen tampoco los países del tercer mundo- afirma que el islamismo no ha constituido mayor alternativa, sobre todo por que la afiliación religiosa no es generalizable y se limita a los países musulmanes. Mas aún, la religión no es generalizable a la política.

Los nacionalismos resultan siendo otro fenómeno que podría ser entendido como de posibilidades alternativas o que, en todo caso, genera conflictos en el seno del propio mundo occidental capitalista. Fukuyama lo descarta por las siguientes razones:

a) el nacionalismo no es un fenómeno único, sino plural. Son demasiado diversas las alternativas y luchas nacionalistas y sus modelos para constituir una opción homogénea a la democracia liberal.
b) hay que distinguir entre nacionalismos sistemáticos con pretensiones políticas definidas (el nacionalsocialismo fascista, por ejemplo) de lo que podrían ser los nacionalismos tradicionales o espontáneos. Sólo los primeros pueden ser considerados como posible alternativa - y en realidad lo fueron, según Fukuyama,- a la idea liberal, pero fueron derrotados ideológica y materialmente.
c) mientras el liberalismo como ideología cuenta además con un programa comprensivo para la reorganización socioeconómica de la sociedad, los nacionalismos tradicionales no, y más bien muchos de ellos se compatibilizan con el capitalismo.
d) en realidad para Fukuyama los nacionalismos son fuente de conflictos sólo en las condiciones en que la democracia liberal es imperfecta, cuando el liberalismo es incompleto. El perfeccionamiento de la práctica liberal debería subsumir los movimientos nacionales.
e) Cuál es el resultado del fin de la historia desde el punto de vista de las relaciones internacionales?. Para Fukuyama se trata de una situación que aminora o desaparece los conflictos internacionales. La hegemonía capitalista y el predominio absoluto del liberalismo harán que en la sociedad post-histórica las luchas en gran escala entre estados desaparezcan. Se trata de la "mercadización-común" de las relaciones internacionales.

Sin embargo, quizás en términos más concretos y precisos, la consecuencia internacional es la división de la humanidad y los países y naciones en sociedades históricas y post-históricas. Por cierto esta última situación le corresponde a los países de Europa occidental y particularmente al régimen político norteamericano. La segunda es la de la gran mayoría de países, particularmente los del tercer mundo, limitados a condiciones que no les permiten entrar en la modernidad de la sociedad post-histórica. También podrán existir situaciones en las que las sociedades se estanquen en la historia, como la que se puede presentar en la evolución de la URSS, según el autor que comentamos, ante las amenazas del nacionalismo eslavófilo.

La descripción que el propio Fukuyama hace del tiempo post-histórico no puede ser mas patética: una sociedad unipolar, sin conflictos, incluso poco atractiva hasta para el mismo Fukuyama:

"El fin de la historia será un tiempo muy triste. La lucha por el reconocimiento, la voluntad de arriesgar la vida de uno por un fin puramente abstracto, la lucha ideológica mundial que pone de manifiesto bravura, coraje, imaginación e idealismo serán reemplazados por cálculos económicos, la eterna solución de problemas técnicos, las preocupaciones acerca del medio ambiente y la satisfacción de demandas refinadas de los consumidores. En el período post-histórico no habrá arte ni filosofía, simplemente la perpetua vigilancia del museo de la historia humana.Puedo sentir en mí mismo y ver en otros que me rodean una profunda nostalgia por el tiempo en el cual existía la historia. Tal nostalgia de hecho continuará alimentando la competición

y el conflicto incluso en el mundo post-histórico por algún tiempo. Aunque reconozco su inevitabilidad, tengo los sentimientos mas ambivalentes para la civilización que ha sido creada en Europa desde 1945 con ramales en el Atlántico Norte y en Asia. Quizás esta misma perspectiva de siglos de aburrimiento en el fin de la historia servirá para hacer que la historia comience una vez más."

COMENTARIOS.

1. Es inocultable la naturaleza conservadora del pensamiento de Fukuyama -en el sentido de concentrarse en la defensa del sistema establecido-. Pero además de ello se trata de una teoría que propicia el estatismo, la inamovilidad de la historia, aunque paradójicamente se reclame hegeliana. El substrato esencial de lo que sostiene Fukuyama pretende limitar la evolución política y económica de la humanidad a los limites del capitalismo -formulado además en términos totalmente ideales y ficticios, en función del libre mercado, dejando de lado en el análisis la acción imperial y de los monopolios-. Igualmente reduce las posibilidades políticas de la humanidad a los marcos, también ideales, de la democracia liberal. A contraparte de lo señalado por Fukuyama, es posible asumir una perspectiva más coherente con los cambios a que se asiste al final del siglo XX, en donde tiene lugar el surgimiento de nuevos actores históricos y la posibilidad de nuevos modelos al capitalismo en crisis y a la bancarrota del"socialismo realmente existente". Coincidimos con la siguiente afirmación, por cierto no de Fukuyama, al respecto:

> *"Junto al ocaso de este universo "campista" -el de los "campos" o polos: USA vs. URSS- está emergiendo con celeridad inusitada un nuevo mundo de personajes inéditos, de "nacionalidades sin historia" -hasta ayer ignoradas y discriminadas-, de sectores y de clases sociales, viejos y nuevos, que en distintos niveles y escenarios pugnan por el derecho a ser considerados ciudadanos con plenitud de derechos. En este propicio caldo de cultivo se incuban múltiples y originales ideologías en un proceso que aparece ante nuestros ojos como un caos de partes inconexas, mezcla original de nuevas y viejas visiones del mundo".* (Alberto DI FRANCO: Hacia dónde vamos?).

La defensa abstracta e ideal del liberalismo que hace Fukuyama -sin diferenciar los modelos de los ideólogos de la Ilustración de la practica concreta de la democracia capitalista- no puede ser suficiente para sostener su preeminencia no solamente frente al fracaso del "socialismo realmente existente" (efectivamente no democrático) sino frente a cualquier concepción posible que se manifieste o se haya manifestado temporalmente en la historia social; o lo que es mas grave, que esté en proceso de incubamiento y ebullición. En términos concretos, pretender la superioridad política de manera definitiva del sistema de sufragio norteamericano -por señalar lo más resaltante- no resiste el menor análisis. En todo caso, el argumento de Fukuyama que se basa en tachar de marginal a cualquier forma política diferente no resulta suficiente.

2. El eje de la preocupación de Fukuyama es el descarte del marxismo leninismo como alternativa a la democracia capitalista. Sin embargo su generalización resulta apresurada al desechar, en base a lo sucedido en URSS y Europa del Este, experiencias de otros países, que no por sus particularidades pueden ser descartadas de plano (China, Cuba. p. ej). Sobre todo si puede contemplarse la posibilidad, incluso en los marcos relativamente marginales a las mayorías mundiales, de modificaciones de esas experiencias socialistas, adaptándose a los cambios que la coyuntura mundial presiona.

3. La concepción que maneja Fukuyama acerca del papel que el marxismo otorga a la ideología adolece del conocido recurso de deformar la teoría que se critica, en este caso la teoría marxista. Sólo una interpretación totalmente mecánica del materialismo histórico, que no se remite ni a Marx ni a quienes con posterioridad lo han desarrollado, puede sostener que según el marxismo las ideologías cumplen un papel secundario en el desarrollo de la historia. Textos como la carta de Engels a Bloch (21/9/1890) -por citar el más recurrido- contestan de plano sus observaciones.

4. A su turno más bien el propio Fukuyama hace gala de un idealismo en algunos momentos ingenuo o insostenible, de carácter francamente apologético, al sobreestimar el papel de la ideología y de las opciones valorativas y culturales en casos como el del gasto militar en su país o en los países capitalistas centrales en general, dejando de lado el inocultable peso económico y la misma rentabilidad de los sectores dedicados a la producción de armas que dirigen dichas economías.

5. El mismo tipo de idealismo apologético se nota cuando se idealiza el liberalismo y su supuesto igualitarismo, incluso ignorando la existencia dentro de los regímenes que lo asumen de condiciones de pobreza. de explotación y de segregación. Para Fukuyama¡la cuestión de clase ha sido resuelta por el capitalismo liberal! y así no tiene mayor problema en sostener que:

> *"Las causas fundamentales de la desigualdad económica no tienen que ver con el substrato legal ni la estructura social de nuestra sociedad. (...) La pobreza negra en USA no es el producto inherente del liberalismo, sino más bien el legado de la esclavitud y el racismo que ha persistido mucho después de la abolición formal de la esclavitud".*

Como si la desigualdad y creciente miseria dentro del norte rico y la miseria del sur frente al norte no tuvieran que hacer solamente con las condiciones de producción capitalista a nivel mundial, sino también con las bases políticas y jurídicas que permiten la reproducción de esas mismas relaciones, es decir *"el substrato legal"* propio precisamente del liberalismo.

6. Finalmente, el mundo relativamente estable que plantea Fukuyama para la situación post-histórica, no escapa tampoco, a pesar de sus propias vacilaciones, al marco idealista y apologético que venimos anotando. Se trata para Fukuyama de un mundo en donde los datos de la miseria, desocupación, apartheid, mortalidad creciente, desequilibrio ecológico, creciente pobreza de continentes enteros, etc., resultan de segundo orden en el camino del fin de la historia, de la preeminencia del liberalismo como sistema y del capitalismo como forma económica. En

ese mundo, en el campo post-histórico, sin ideologías, pero sí con la ideología del fin de las ideologías, sólo puede tener sentido lo que Fukuyama reconoce como la "*tristeza*" del "aburrimiento" o la "*eterna vigilancia del museo de la historia*". Esto último,) puede interpretarse, quizás, como el control, no precisamente liberal, que el centro debe ejercer en la sociedad post-histórica sobre los países y sectores sociales que no hallándose en el vértice del imperio tienen que resignarse a los límites de la historia, es decir a la condición colonial o semicolonial?

Fin du présent ouvrage